Volker Kluge
Das Internationale Steuerrecht

# Das Internationale Steuerrecht

## Gemeinschaftsrecht
## Außensteuerrecht
## Abkommensrecht

von

## Dr. Dr. Volker Kluge

Rechtsanwalt in Berlin

4. Auflage

C.H. BECK'SCHE VERLAGSBUCHHANDLUNG
MÜNCHEN 2000

Die Deutsche Bibliothek – CIP-Einheitsaufnahme

*Kluge, Volker:*
Das internationale Steuerrecht : Gemeinschaftsrecht, Außensteuerrecht, Abkommensrecht / von Volker Kluge. –
4. Aufl. – München : Beck, 2000
3. Aufl. u. d. T.: Kluge, Volker: Das deutsche Internationale
Steuerrecht
ISBN 3 406 45237 X

ISBN 3 406 45237 X

© 2000 C. H. Beck'sche Verlagsbuchhandlung Oscar Beck oHG
Wilhelmstraße 9, 80801 München
Gesamtherstellung: C. H. Beck'sche Buchdruckerei Nördlingen
(Adresse wie Verlag)

Gedruckt auf säurefreiem, alterungsbeständigem Papier
(hergestellt aus chlorfrei gebleichtem Zellstoff)

# Vorwort

Mit dieser erstmals als umfassendes Handbuch vorgelegten 4. Auflage wird nicht nur ein komplett überarbeitetes, sondern letztlich ein völlig neues Werk vorgelegt. Ein repräsentatives Bild des internationalen Steuerrechts konnte im bisherigen Rahmen nicht mehr entworfen werden, unabhängig davon, daß auch der vorliegende (erheblich gewachsene) Umfang letztlich nur eine bescheidene Auswahl der schier unerschöpflichen Stoffülle vermitteln kann.

Im Bereich des internationalen Steuerrechts sind heute drei Rechtsbereiche darzustellen: neben dem bisherigen Außensteuerrecht und dem Abkommensrecht nunmehr auch das Gemeinschaftsrecht der EU – alle drei Bereiche gleichrangig und in ihren wechselseitigen Beziehungen zueinander. Darüber hinaus mußte auch ein Perspektivenwechsel („vom Inland ins Ausland" und „vom Ausland ins Inland") berücksichtigt werden. All dies in einer didaktisch wie stofflich überzeugenden Art aufzubereiten, erwies sich in Anbetracht der Stoffülle in vielen Bereichen als die eigentliche Schwierigkeit. Ohne Kompromisse war dieses Unterfangen nicht zu verwirklichen, weshalb bisweilen zwischengeschaltete Zusammenfassungen sowie für das Verständnis vor- und rückgreifende Verweise unverzichtbar waren.

Jedem der drei Rechtskreise – Gemeinschaftsrecht, Außensteuerrecht, Abkommensrecht – wurde ein eigenständiger Hauptteil gewidmet. Die Einflüsse beispielsweise des Gemeinschaftsrechts ziehen sich wie ein roter Faden durch die weitere Darstellung des Buches, was auch aus der Gliederung deutlich ersichtlich wird. Gleiches gilt im Verhältnis von Außensteuerrecht und Abkommensrecht: in die geschlossene DBA-Darstellung ist das vorangestellte Kapitel des Außensteuerrechts einbezogen worden und umgekehrt.

Die Neuauflage berücksichtigt Gesetzgebung, Verwaltung, Rechtsprechung und Literatur bis einschließlich 1. Januar 2000, hat also noch das Steuerbereinigungsgesetz 1999 und die drei am 31. Dezember 1999 veröffentlichten BMF-Schreiben (Betriebsstätten-Verwaltungsgrundsätze, Umlageverträge, atypische stille Beteiligung nach DBA-Recht) berücksichtigen können.

Das Verzeichnis der abgekürzt zitierten *Literatur* – zugleich als Bestand der verwendeten Monographien anzusehen – vermittelt einen Eindruck von der Vielzahl vor allem neuerer und neuester Erscheinungen in den

# Vorwort

Jahren 1998 und 1999, wobei dem juristischen und dem betriebswirtschaftlichen Schrifttum gleiche Aufmerksamkeit gewidmet wurde. Innerhalb weniger Jahre erschienen allein sechs bedeutende Festschriften (für Karl Beusch, Helmut Debatin, Hans Flick, Wolfgang Ritter, Lutz Fischer und zuletzt Albert J. Rädler), außerdem die gleichermaßen herausragende Gedächtnisschrift für Brigitte Knobbe-Keuk – allesamt mit dem internationalen Steuerrecht als zentralem Thema. Kein anderes steuerliches Teilgebiet hatte zuletzt eine derartige Resonanz im Schrifttum zu verzeichnen.

Die *Rechtsprechung* des EuGH, des BFH und der Finanzgerichte erhielt in der vorgelegten Neuauflage einen erheblichen Stellenwert. Zu einem überwiegenden Teil sind die Entscheidungen zur Veranschaulichung oft schwieriger Gestaltungen mit Sachverhalt und tragenden Gründen versehen worden. Die EuGH-Rechtsprechung ist bis einschließlich der *Eurowings*-Entscheidung in einem europarechtlichen Hauptteil zusammengefaßt, so daß hierauf immer wieder verwiesen werden konnte. Die Rechtsprechung des Bundesfinanzhofs und der Finanzgerichte ist den jeweiligen Abschnitten zugeordnet, wobei es bisweilen durchaus darum ging, ein möglichst vollständiges Bild zu gewinnen (beispielsweise zur Basisgesellschaft, zur Hinzurechnungsbesteuerung oder zur isolierenden Betrachtungsweise).

Auch wenn manches dafür spricht, daß das körperschaftsteuerliche *Anrechnungsverfahren* am Ende einer längeren Debatte um ein neues Unternehmenssteuerrecht keinen Bestand mehr haben wird, so wurde es gleichwohl als eines der zentralen Themen des Außensteuerrechts dargestellt. Zugleich wurden die europarechtlichen Gründe genannt (man kann auch generell von grenzüberschreitenden Bezügen sprechen), an denen das Anrechnungsverfahren scheitert – sowohl aus der Sicht des Inländers (EK 01-Problem) als auch aus der Sicht des Ausländers (Ausschluß vom Anrechnungsverfahren). Die *Brühler Empfehlungen* mit dem Halbeinkünfteverfahren als Alternative zum gegenwärtigen System einer Vollanrechnung wurden ansatzweise bereits berücksichtigt.

Mit der Einbeziehung der *Umsatzsteuer* und – erstmals – der besonderen *Verbrauchsteuern* war ausschließlich der Zweck der Einbindung in das europäische Recht verbunden. Im ersten und einleitenden Hauptteil wurde in gebotener Kürze das zwar in Teilen umstrittene, insgesamt aber wohl doch unverzichtbare Konzept einer Begründung des internationalen Steuerrechts aus dem Blickwinkel der Wettbewerbsneutralität dargestellt.

Herrn Dipl.-Kfm. Florian Müller-Kröncke, der mir bei den Korrekturen wertvolle Hilfe geleistet hat, verdanke ich die zahlreichen Beispiele, vor allem die Beispiele zur Veranschaulichung und zusammenfassenden Darstellung des körperschaftsteuerlichen Anrechnungsverfahrens. Für

VI

# Vorwort

den Verlag war die Satz- und Drucklegung des Werks nicht leicht, da mein vorrangiges Interesse an einem letztlich aktuellen Manuskript bisweilen mit dem legitimen verlegerischen Interesse nach einem Schlußstrich kollidierte. Ich schulde daher der engagierten Lektorierung der Neuauflage durch Frau Elisabeth Weber-Neumann und Frau Alexandra Theato großen Dank, auch dafür, daß sie manche meiner perfektionistischen Zumutungen mit Geduld und Verständnis ertragen haben; hierin schließe ich Herrn Albert Buchholz mit ein.

Morsum, im Januar 2000                                    *Volker Kluge*

# Inhaltsübersicht

## 1. Teil. Grundlagen des internationalen Steuerrechts

## 2. Teil. Gemeinschaftsrecht (Europarecht)

## 3. Teil. Außensteuerrecht (Einkommen- und Körperschaftsteuer bei internationalen Sachverhalten)

# Inhaltsübersicht

# Inhaltsverzeichnis

# Inhaltsverzeichnis

# Inhaltsverzeichnis

# Inhaltsverzeichnis

# Inhaltsverzeichnis

# Inhaltsverzeichnis

# Inhaltsverzeichnis

# Inhaltsverzeichnis

# Inhaltsverzeichnis

# Inhaltsverzeichnis

# Inhaltsverzeichnis

# Inhaltsverzeichnis

# Inhaltsverzeichnis

# Inhaltsverzeichnis

## 5. Teil. Sonstige Steuern bei Auslandsbeziehungen (Überblick)

# Inhaltsverzeichnis

# Inhaltsverzeichnis

# Abkürzungsverzeichnis

# Abkürzungsverzeichnis

# Abkürzungsverzeichnis

# Abkürzungsverzeichnis

XXX

# Abkürzungsverzeichnis

| | |
|---|---|
| WPg ............................ | Die Wirtschaftsprüfung (Zeitschrift) |
| WÜD ........................... | Wiener Übereinkommen über diplomatische Beziehungen v. 18. 4. 1961 |
| WÜK ........................... | Wiener Übereinkommen über konsularische Beziehungen v. 24. 4. 1963 |
| WÜRV ......................... | Wiener Vertragsrechtskonvention v. 23. 5. 1969 |
| zahlr. .......................... | zahlreich |
| ZEV ............................ | Zeitschrift für Erbrecht und Vermögensnachfolge |
| ZfB ............................. | Zeitschrift für Betriebswirtschaft |
| ZfbF ............................ | Zeitschrift für betriebswirtschaftliche Forschung |
| Ziff. ............................ | Ziffer |
| zit. .............................. | zitiert |
| ZollVG ........................ | Zollverwaltungsgesetz |
| zust. ........................... | zustimmend |

# Verzeichnis der abgekürzt zitierten Literatur
## (Kommentare, Monographien)

Achtermann u. a. ............. Schengen und die Folgen. Der Abbau der Grenzkontrollen in Europa, 1995

Albus .......................... Exportstrategien mittelständischer Unternehmungen Diss. Gießen 1989

Amann ......................... Dienstleistungen im IStR. Engineering, Management, Beratung, Lizenzverkehr, 1998

Andel .......................... Finanzwissenschaft, 4. Aufl., 1998

Arthur Anderson ............ Körperschaftsteuergesetz. Kommentar, Stand August 1999

Baehren ....................... Die Behandlung der Einkünfte aus Gewerbebetrieb im internationalen Steuerrecht unter besonderer Berücksichtigung der Doppelbesteuerungsabkommen der Bundesrepublik Deutschland, Diss. München 1957

Bähr ........................... Gewinnermittlung ausländischer Zweigbetriebe, 1971

Balke .......................... Steuerliche Gestaltungsfreiheit der Mitgliedstaaten und freier Warenverkehr im Europäischen Binnenmarkt, 1998

Ballreich ...................... Fallkommentar zum Umwandlungsrecht, 1999

Baranowski .................. Besteuerung von Auslandsbeziehungen, 2. Aufl., 1996

Bauer .......................... Zum Problem der internen und externen Wettbewerbsverzerrungen durch unterschiedliche Besteuerung, Diss. Heidelberg 1967

Bay ............................ Dividenden, Steuern und Steuerreformen, 1990

Bayer ......................... Steuerlehre, Steuerverfassung, Steuergesetz, Steuergericht, 1998

Beck ........................... Was ist Globalisierung, 4. Aufl., 1998

Beck-DBA ................... Doppelbesteuerungsabkommen (Beck'sche Textausgabe) – herausgegeben von Franz Wassermeyer, Stand 1. 1. 1999

Becker/Höppner/
Grotherr/Kroppen
(Hrsg.) – B/H/G/K ......... DBA-Kommentar, 1997

Becker/Kroppen ............. Handbuch der Verrechnungspreise, Stand Dezember 1999

v. Beckerath ................. Der Durchgriff im deutschen Außensteuerrecht, 1978

Bellstedt ...................... Die Besteuerung international verflochtener Gesellschaften, 3. Aufl., 1973

Berthold ...................... Die Steuerharmonisierungen gem. dem EWGV, ' ihre Rechtsproblematik im bes. f. die BRD, Diss. Würzburg 1966

Beutel ......................... Unternehmensstrategien international tätiger mittelständischer Unternehmer, 1986

Bieg ........................... Der Gerichtshof der Europäischen Gemeinschaften und sein Einfluß auf das deutsche Steuerrecht, 1997

Birkenfeld/Forst ............ Das Umsatzsteuerrecht im Europäischen Binnenmarkt, 3. Aufl., 1998

Blumenberg .................. Die Besteuerung der Gesellschafter-Fremdfinanzierung. Unter besonderer Berücksichtigung der Unternehmensverhältnisse in den USA, 1997

Blümich ....................... EStG, KStG, GewStG. Kommentar Stand Juli 1999

# Literaturverzeichnis

Böhmer .................... Die deutsche Besteuerung grenzüberschreitender Unternehmensverträge, 1991

Bökelmann .................... Gewinnzurechnung im Körperschaftsteuerrecht. Die Worldwide Unitary Taxation U.S.-amerikanischer Einzelstaaten und ihre Anwendbarkeit durch die Europäische Union, 1997

Bölter/Linner/Otto .......... Handbuch der Besteuerung von Fondsverträgen, 1997

Bone-Winkel .................. Internationale betriebswirtschaftliche Steuerbelastungsvergleiche, 1994

Braun .......................... EK50-Lücke bei der Internationalisierung der Geschäftstätigkeit deutscher Kapitalgesellschaften, 1993

Brock .......................... Der zwischenstaatliche Auskunftsverkehr innerhalb der Europäischen Union auf der Grundlage des EG-Amtshilfe-Gesetzes bei den direkten und indirekten Steuern, 1999

Brodhag .................... Vergleich der Besteuerung deutscher und französischer Kapitalgesellschaften unter besonderer Berücksichtigung der ertragsunabhängigen Besteuerung, 1997

Brons ...................... Nationale und internationale Besteuerung der Seeschifffahrt, 1990

Brünink ...................... Das Verhältnis der Normen des Außensteuergesetzes zu den Doppelbesteuerungsabkommen, 1997

Buhl ............................ Europäische Konzernverwaltungsstellen (European Headquarters), 1993

Bühler ...................... Prinzipien des internationalen Steuerrechts, 1964

Burmester .................... Grundlagen internationaler Regelungskumulation und -kollision, unter besonderer Berücksichtigung des Steuerrechts, 1993

Burmester (1986) ........... Probleme der Gewinn- und Verlustrealisierung, 1986

Buscher ...................... Verrechnungspreise aus Organisations- und agencytheoretischer Sicht, 1997

Carl/Klos .................... Leitfaden zur internationalen Amts- und Rechtshilfe in Steuersachen, 1995

Crezelius .................... Unternehmenserbrecht, 1999

Daiber ...................... Einkommensteuerliche Folgen bei Wohnsitzverlagerung ins niedrigbesteuernde Ausland, Diss. Erlangen-Nürnberg 1977

Dauses .................... Das Vorabentscheidungsverfahren nach Artikel 177 EG-Vertrag, 2. Aufl., 1995

Dautzenberg .................. Unternehmensbesteuerung im EG-Binnenmarkt, 2. Hb., 1997

Debatin ...................... Systematik des IStR und Grundzüge des deutschen Außensteuerrechts, in: Debatin/Wassermeyer

Debatin/Endres .............. Das neue DBA USA/Bundesrepublik Deutschland, 1990

Debatin/Wassermeyer .... Doppelbesteuerung. Kommentar zu allen deutschen Doppelbesteuerungsabkommen, Stand September 1999

Dehmer ...................... Umwandlungsgesetz, Umwandlungssteuergesetz, 2. Aufl., 1996

Denkert ...................... Zinsen und Steuern, 1997

Djanani ...................... Internationales Steuerrecht, 2. Aufl., 1998

Dolff ........................ Steuerprobleme einer „europäischen" Unternehmung, 1974

Dötsch ...................... Maßnahmen zur steuerlichen Einschränkung des Dividenden-Stripping durch das StandOG. Hefte zur int. Besteuerung Nr. 95, 1993

# Literaturverzeichnis

| | |
|---|---|
| Dötsch .......................... | Umwandlungssteuerrecht, 4. Aufl., 1998 |
| Dötsch/Cattelaens u.a. .... | Körperschaftsteuer, 12. Aufl., 1997 |
| Dötsch u.a. ..................... | Dötsch/Eversberg/Jost/Witt, Die Körperschaftsteuer, Stand August 1999 |
| Dreßler .......................... | Gewinn- und Vermögensverlagerungen in Niedrigsteuerländern und ihre steuerliche Überprüfung, 2. Aufl., 1995 |
| Dücker .......................... | Die Ertragsteuerbelastung von Auslandsinvestitionen unter besonderer Berücksichtigung der steuerlichen Verlustverrechnung, 1985 |
| Duhnkrack ..................... | Grenzüberschreitender Steuerdatenschutz. Reichweite und Grenzen der internationalen Auskunftserteilung durch deutsche Finanzbehörden, 1989 |
| Dürig ............................ | Der grenzüberschreitende Unternehmenskauf, 1998 |
| Ebenroth ....................... | Die verdeckten Vermögenszuwendungen im transnationalen Unternehmen, 1979 |
| Ebermann ...................... | Zur Abzugsteuer nach § 50a EStG bei Künstlern und Sportlern. Hefte zur int. Besteuerung Nr. 109, 1996 |
| Ebling .......................... | Unilaterale Maßnahmen gegen die internationale Doppelbesteuerung bei den Steuern vom Ertrag, Diss. Mainz 1969 |
| Eilers ........................... | Das Steuergeheimnis als Grenze des internationalen Auskunftsverkehrs, Köln 1989 |
| Emmert ......................... | Europarecht, 1996 |
| Endriss ......................... | Wohnsitz- oder Ursprungsprinzip, 1967 |
| Engel ........................... | Konzerntransferpreise im IntStR, 1986 |
| Escher .......................... | Die Methoden zur Ausschaltung der Doppelbesteuerung, 1974 |
| Festschrift Karl Beusch .. | Hrsg. von Beisse, Lutter, Närger, 1993 |
| Festschrift Helmut Debatin ............. | Außensteuerrecht, Doppelbesteuerungsabkommen und EU-Recht im Spannungsverhältnis, herausgegeben von Burmester/Endres, 1997 |
| Festschrift Lutz Fischer .. | Unternehmenspolitik und Internationale Besteuerung, herausgegeben von Hans-Joachim Kleineidam, 1999 |
| Festschrift Franz Klein ... | Steuerrecht, Verfassungsrecht, Finanzpolitik; herausgegeben von Paul Kirchhof, 1994 |
| Festschrift Albert J. Rädler ............. | Steuerrecht und europäische Integration, herausgegeben von Breuninger, Müller, Strobl-Haarmann, 1999 |
| Festschrift Wolfgang Ritter ............. | Steuerrecht, Steuer- und Rechtspolitik, Wirtschaftsrecht und Unternehmensverfassung, Umweltrecht, herausgegeben von Kley, Sünner, Willemsen, 1997 |
| Fischer/Warneke ............ | Grundlagen der internationalen betriebswirtschaftlichen Steuerlehre, 4. Aufl., 1998 |
| Flick/Piltz ..................... | Der Internationale Erbfall, 1999 |
| Flick/Wassermeyer/ Baumhoff ..................... | Außensteuerrecht. Kommentar, 6. Aufl., Stand August 1999 |
| Flore/Dörn/Gillmeister ... | Steuerfahndung und Steuerstrafverfahren, 1999 |
| Förster ......................... | Praxis der Besteuerung von Auslandsbeziehungen, 1999 |
| Forum der Internationalen Besteuerung Nr. 1 – Fischer (Hrsg.) .. | Internationaler Unternehmenskauf und -zusammenschluß im Steuerrecht |

# Literaturverzeichnis

Nr. 2 – Haarmann (Hrsg.) Die beschränkte Steuerpflicht
Nr. 3 – Fischer (Hrsg.) .. Besteuerung internationaler Konzerne
Nr. 4 – Haarmann (Hrsg.) Grenzen der Gestaltung im IStR
Nr. 5 – Fischer (Hrsg.) .. Wirtschaftsstandort Deutschland im IStR
Nr. 6 – Schaumburg
    (Hrsg.)............... Internationale Verrechnungspreise zwischen Kapitalgesellschaften
Nr. 7 – Haarmann (Hrsg.) Unternehmensstrukturen und Rechtsformen im IStR
Nr. 8 – Fischer (Hrsg.) .. Besteuerung wirtschaftlicher Aktivitäten von Ausländern in Deutschland
Nr. 9 – Piltz/Schaumburg (Hrsg.) ....... Unternehmensfinanzierung im IStR
Nr. 10 – Schaumburg/Piltz (Hrsg.) ...... Betriebsprüfung internationaler Sachverhalte
Nr. 11 – Schaumburg/Pilz (Hrsg.) ........ Internationales Umwandlungssteuerrecht
Nr. 12 – Haarmann (Hrsg.) Finanzierungen, Ausschüttungen und Nutzungsüberlassungen im IStR
Nr. 13 – Fischer (Hrsg.) .. Grenzüberschreitende Aktivitäten deutscher Unternehmen und EU-Recht
Nr. 14 – Fischer (Hrsg.) .. Steuerplanung zwischen Abkommens- und nationalem Außensteuerrecht
Nr. 15 – Fischer/Strunk (Hrsg.) ............... Steuerliche Aspekte des Electronic Commerce
Nr. 16 – Piltz/Schaumburg (Hrsg.) ....... Aufwand und Verlust bei internationalen Steuersachverhalten
Nr. 17 – Fischer (Hrsg.) .. Besteuerung des internationalen Unternehmenskaufs
Fränznick/Schutter ......... Praktikum der Besteuerung ausländischer Einkünfte, 1994
Frotscher ..................... Körperschaftsteuererklärung 1997, 1998
Frotscher/Maas .............. Körperschaftsteuergesetz,    Umwandlungssteuergesetz. Kommentar, Stand August 1999
Fu ..................... Die stille Gesellschaft im IStR aus deutscher Sicht, 1997
Gedächtnisschrift
Brigitte Knobbe-Keuk .... Beiträge von Flume, Jakobs u. a., herausgegeben von Wolfgang Schön, 1998
Geiger ........................... EG-Vertrag. Kommentar, 2. Aufl., 1995
Geissler ........................ Gewinnrealisierung am Ende eines Unternehmens, 1999
Glanegger/Güroff .......... Gewerbesteuergesetz, 4. Aufl., 1999
Gloria ........................ Das steuerliche Verständigungsverfahren und das Recht auf diplomatischen Schutz. – Zugleich ein Beitrag zur Lehre von der Auslegung der DBA, 1988
Göttsche ..................... Wohnsitzverlagerung natürlicher Personen ins Ausland, 1997
Götzenberger ............... Optimale Vermögensübertragung, 1997
Grams ........................ Besteuerung von beschränkt steuerpflichtigen Künstlern, 1999
Großfeld ..................... Basisgesellschaften im internationalen Steuerrecht, 1974
Großmann .................... Doppelt ansässige Kapitalgesellschaften im IStR, 1995
Grotherr ..................... Analyse der unterschiedlichen Konzernbesteuerungssysteme in den Mitgliedstaaten der EU im Hinblick auf Reformüberlegungen beim steuerlichen Organschaftskonzept Hefte zur internationalen Besteuerung Nr. 98, 1994

# Literaturverzeichnis

| | |
|---|---|
| Grotherr/Herfort/Strunk .. | Internationales Steuerrecht, 1998 |
| Grützner ........................ | Auslandsbeziehungen eines Steuerinländers, 1997 |
| Gutachten ..................... | der Steuerreformkommission (Schriftenreihe des Bundesministers der Finanzen Heft 17), 1971 |
| Gutachten ..................... | des wissenschaftlichen Beirats beim BdF zur Reform der internationalen Kapitaleinkommensbesteuerung, 1999 |
| Haas ............................. | Mitunternehmerschaften mit beschränkter Haftung – national und international, 1978 |
| Hahn, Walter ................. | Steuerpolitische Willensbildungsprozesse in der Europäischen Gemeinschaft, Diss. Saarbrücken, 1988 |
| Hahn, Hartmut ............... | Die Vereinbarkeit von Normen des deutschen IStR mit EG-Recht, IFSt-Schrift Nr. 378, 1999 |
| Handbuch des Außensteuerrechts 1999 | Bearbeitet von Franz Wassermeyer, 1999 |
| Hannes ......................... | Qualifikationskonflikte im IStR, 1992 |
| Haun ............................. | Hybride Finanzierungsinstrumente im deutschen und US-amerikanischen Steuerrecht, 1996 |
| Henkel .......................... | Die EuGH-Rechtsprechung zur Bilanz-, Fusions- und Mutter-Tochter-Richtlinie – Auswirkungen auf das innerstaatliche Bilanz- und Steuerrecht. Hefte zur int. Besteuerung Nr. 117, 1997 |
| Hermann/Heuer/ Raupach (H/H/R) ........... | Kommentar zur Einkommensteuer und Körperschaftsteuer einschließlich Nebengesetze, 21. Aufl., Stand Juni 1999 |
| Hermann/Heuer/ Raupach (H/H/R-StR) .... | Steuerreform 1999, 2000, 2002 |
| Herzig (Hrsg.) ............... | Bewertung von Auslandsbeteiligungen, 1992 |
| Herzig (Hrsg. 1994) ........ | Harmonisierung der Körperschaftsteuer – Systeme in den EU-Staaten, 1994 |
| Herzig (Hrsg. 1995) ........ | Gesellschafterfremdfinanzierung und Beteiligung an ausländischen Gesellschaften im Körperschaftsteuerrecht, 1995 |
| Herzig (Hrsg. 1996) ........ | Körperschaftsteuerguthaben bei grenzüberschreitenden Kooperationen, 1996 |
| Herzig (Hrsg. 1997) ........ | Steuerorientierte Umstrukturierung von Unternehmen, 1997 |
| Hey ............................... | Harmonisierung der Unternehmensbesteuerung in Europa, 1997 |
| Hintzen ........................ | Die deutsche Zwischenholding als Gegenstand der internationalen Steuerplanung, 1997 |
| Hoog ............................ | Das niederländische Erbschaft- und Schenkungsteuerrecht, 1996 |
| Hübschmann/Hepp/ Spitaler ........................ | Abgabenordnung, Finanzgerichtsordnung. Kommentar Stand Mai 1999 |
| IDW-Steuerfachtagung 1995 .................. | Globale Unternehmenstätigkeit und inländische Besteuerung, 1997 |
| Institut Finanzen und Steuern (IFSt-Schrift Nr. 339) ..................... | Konzernverrechnungspreise – Ökonomische Analyse eines Hauptproblems der internationalen Besteuerung, 1995 |

# Literaturverzeichnis

Institut Finanzen und
Steuern (IFSt- Schrift
Nr. 357) ........................ Bedeutung und Reichweite der richtlinienkonformen
Auslegung nationalen Rechts, 1997

Ipsen ............................. Völkerrecht, 3. Aufl., 1990

Jacobs ........................... Internationale Unternehmensbesteuerung: Deutsche Investitionen im Ausland. Ausländische Investitionen im In-
land. 4. Aufl., 1999

Jacobs ........................... Unternehmensbesteuerung und Rechtsform, 2. Aufl., 1998

Jakob ............................ Umsatzsteuer, 2. Aufl., 1998

Janssen .......................... § 8 a KStG: Zweck der Vorschrift und Kritik ihrer Ausgestaltung, 1997

Jatzke ............................ Das System des deutschen Verbrauchsteuerrechts unter
Berücksichtigung der Ergebnisse der Verbrauchsteuerhar-
monisierung in der Europäischen Union, 1997

Kaefer ........................... Verfahrensakten und Erläuterungen zum EuGH-Diskrimi-
nierungsfall Schumacker, 1996

Kaffanke ........................ Nationales Wirtschaftsrecht und internationale Wirt-
schaftsordnung, 1990

Kaminski ........................ Steuerliche Gestaltungsmöglichkeiten und deren Beurteilung bei der Verlagerung eines inländischen Unter-
nehmerischen Engagements in das Ausland, 1996

Kapp/Ebeling ................. Erbschaft- und Schenkungsteuergesetz, Kommentar,
11. Aufl., Stand Juni 1999

Kaufmann ...................... Die Körperschaftsteuerbelastung von Gewinnanteilen und
Verlustübernahmen inländischer Kapitalgesellschaften aus
der Beteiligung an ausländischen Gesellschaften, 1992

Kerath ........................... Maßstäbe zur Auslegung und Anwendung von Doppelbesteuerungsabkommen unter besonderer Berücksichtigung
des Verständigungsverfahrens, 1995

Kessler .......................... Die Euro-Holding, 1996

Kihm ............................. Die Besteuerung deutscher internationaler Unternehmungen, 1999

Kirchhof/Söhn ............... Einkommensteuergesetz. Kommentar, Stand August 1999

Klier .............................. Das DBA Deutschland-Polen, 1999

Knist ............................. Kapitalvermögen und Steuerhinterziehung, 1996

Köhler ........................... Die Steuerpolitik der deutschen internationalen Unternehmung im Einflußbereich der Hinzurechnungsbesteuerung,
1994

Komarek ........................ Verlustberücksichtigung im nationalen und internationalen Konzern, 1998

Kormann ........................ Die Steuerpolitik der internationalen Unternehmung,
2. Aufl., 1970

Koschyk ......................... Steuervergünstigungen als Beihilfen nach Artikel 92 EG-
Vertrag, 1999

Kowallik ........................ Die zivilrechtliche und steuerliche Vorteilhaftigkeit der
„Kapitalgesellschaft & Co. KG" für Direktinvestitionen
in Deutschland, den Niederlanden, England und den
USA, 1998

Krabbe .......................... Betriebsausgabenabzug bei ausländischen Schachteldividenden. Hefte zur int. Besteuerung Nr. 108, 1996

Kraft ............................. Die mißbräuchliche Inanspruchnahme von Doppelbesteuerungsabkommen, 1991

# Literaturverzeichnis

| | |
|---|---|
| Kranze u. a. | Besteuerung grenzüberschreitender Aktivitäten, 1996 |
| Kreutziger | Schwerpunkte bei der Besteuerung der internationalen Schiffahrt. Hefte zur int. Besteuerung Nr. 125, 1998 |
| Kreuz | Beteiligung an ausländischen Gesellschaften nach § 8 b KStG, 1997 |
| Kropholler | Internationales Privatrecht, 3. Aufl., 1997 |
| Kruse (Hrsg.) | Zölle, Verbrauchsteuern, europäisches Marktordnungsrecht, 1988 |
| Kruse, Viola | Sitzverlegung von Kapitalgesellschaften innerhalb der EG, 1997 |
| Krystek/Zur (Hrsg.) | Internationalisierung, 1997 |
| Kuckhoff/Schreiber | Verrechnungspreise in der Betriebsprüfung 1997 |
| Kuhlmann | Steuerliche Gestaltung von Direktinvestitionen ausländischer Unternehmen, 1996 |
| Kumpf | Besteuerung inländischer Betriebstätten von Steuerausländern, 1982 |
| Kumpf (1976) | Steuerliche Verrechnungspreise im internationalen Konzern, 1976 |
| Lammsfuß/Mielke | Fallsammlung IStR, 5. Aufl., 1996 |
| Lang, Jörg | Systematisierung der Steuervergünstigungen, 1974 |
| Lang, Michael (Hrsg.) | Die Zukunft des IStR, 1999 |
| Lang/Mössner/ Waldburger | Die Auslegung von Doppelbesteuerungsabkommen, 1998 |
| Lange | Die steuerrechtliche Behandlung des Anteilstausches im Anschluß an die Fusionsrichtlinie, 1994 |
| Lehmann (Hrsg.) | Internet- und Multimedialrecht (Cyberlaw), 1997 |
| Lehner (Hrsg.) | Steuerrecht im Europäischen Binnenmarkt, 1996 |
| Lehner/Thömmes u. a. | Europäisches und Internationales Steuerrecht, 1994 |
| Leiderer | Grenzüberschreitende Umstrukturierungen von EU-Kapitalgesellschaften im deutschen und österreichischen Ertragsteuerrecht, 1998 |
| Lenski/Steinberg | Kommentar zum Gewerbesteuergesetz, 9. Aufl., Stand November 1998 |
| van Lishaut | Umwandlungssteuerrecht, 2. Aufl., 1998 |
| Lornsen | Unilaterale Maßnahmen der Bundesrepublik Deutschland zur Ausschaltung der internationalen Doppelbesteuerung bei der Einkommen- und Körperschaftsteuer, Diss. Berlin 1986 |
| Lüthi | Die Revision des OECD-Musterabkommens. Hefte zur int. Besteuerung Nr. 121, 1998 |
| Lutter (Hrsg.) | Holding-Handbuch. 2. Aufl., 1995 |
| Macharzina/Oesterle | Handbuch Internationales Management, 1997 |
| Massbaum u. a. (Hrsg.) | Die deutsche Unternehmensbesteuerung im europäischen Binnenmarkt, 1994 |
| Matthiesen | Finanzinnovationen und Besteuerung. Ein internationaler Vergleich, 1999 |
| Meerpohl | Die Mutter-Tochter-Richtlinie der Europäischen Gemeinschaft und ihre Umsetzung in das Recht der Mitgliedstaaten, 1998 |
| Meiler | Der Mißbrauch von Verlustvorträgen und seine Vermeidung in der Europäischen Union, 1994 |
| Menck/Ritter u. a. | Internationale Steuerauskunft und Deutsches Verfassungsrecht, 1987 |

# Literaturverzeichnis

Mersch .......................... Die Hinzurechnungsbeteuerung nach den §§ 7 ff. AStG unter Berücksichtigung des Rechts der Doppelbesteuerungsabkommen, 1986

Mersmann .................... Die Ertragsbesteuerung inländischer Betriebsstätten und Tochtergesellschaften ausländischer Kapitalgesellschaften, 1966

Mersmann (1965) .......... Artikel „Internationale Doppelbesteuerung", in: Handbuch der Finanzwissenschaft, Bd. 4, 2. Aufl., (1965), S. 89 ff.

Mesenberg .................... Der steuerliche Ausgleich beim Grenzübergang im int. Handel, 1970

Meyding ...................... Umsatzbesteuerung und Europäischer Binnenmarkt, 1990

Meyer, H. ................... Die Vermeidung internationaler Doppel- und Minderbesteuerung auf der Grundlage des Ursprungsprinzips, Diss. Göttingen 1970

Mittermaier .................. Besteuerung von Personengesellschaften im Verhältnis USA-Deutschland, 1999

Möller ......................... ErbStG und ausländisches Erbrecht, Diss. Göttingen 1970

Möller, Marit Anette ...... Der Holdingstandort Schweiz, 1998

Momen ......................... Steuerneutralität grenzüberschreitender Spaltungen von Kapitalgesellschaften im deutschen Ertragsteuerrecht, 1997

de Morón ..................... Transnationale Besteuerung im Kontext der Globalisierung, 1996

Mössner u. a. ................ Steuerrecht international tätiger Unternehmen, 2. Aufl., 1998

Mössner/Blumenwitz u. a. Doppelbesteuerungsabkommen und nationales Recht, 1995

Müller ......................... Deutsche Steuerhoheit über ausländische Tochtergesellschaften, 1970

Müller, Dirk .................. Struktur, Entwicklung und Begriff der Verbrauchsteuern, 1996

Mutscher ...................... Die Kapitalstruktur von Betriebsstätten im IStR, 1997

Niemann ...................... Probleme der Gewinnrealisierung innerhalb des Konzerns, 1968

Nikolaus ...................... Unternehmenskauf über die Grenze, 1997

Oberheide .................... Die Bekämpfung der Steuerumgehung, 1998

OECD-Bericht ............... Steuerlicher Informationsaustausch zwischen den Mitgliedstaaten der OECD, 1994

Offerhaus .................... Einfluß der Steuern auf die Standortwahl von Industrieunternehmen, 1996

Oho ............................. Einkommensbesteuerung internationaler freiberuflicher Praxen. Hefte zur int. Besteuerung Nr. 116, 1998

Oppermann ................... Europarecht, 2. Aufl., 1999

Ott .............................. Theorie zur Entstehung der Institution „Holding" und zur Gestaltung ihrer Ordnungen, 1996

Pach-Hanssenheimb ....... Die Verstrickung von Wirtschaftsgütern in die deutsche Steuerhoheit, 2. Aufl., 1999

Pfitzer ......................... Zum Einfluß der Besteuerung auf die Finanzierung der zweistufigen internationalen deutschen Unternehmung, 1988

Philipp ........................ Befreiungssystem mit Progressionsvorbehalt und Anrechnungsverfahren, 1971

Picot u. a. .................... Die grenzenlose Unternehmung 3. Aufl., 1998

# Literaturverzeichnis

Piltz .............................. Die Personengesellschaft im internationalen Steuerrecht der Bundesrepublik Deutschland, 1981

Popkes .......................... Internationale Prüfung der Angemessenheit steuerlicher Verrechnungspreise, 1989

v. Poser und
Groß-Naedlitz ............... Der Qualifikationskonflikt bei DBA, Diss. München 1972

Pott ................................ Die Kollision unterschiedlicher Formen der Gesellschaftsbesteuerung im internationalen Steuerrecht, 1982

Potthof ........................... Finanzierung ausländischer Unternehmenseinheiten, Steuerliche Aspekte von Finanzierungsgesellschaften, 1997

Prang ............................. Die Vertragspolitik der Bundesrepublik Deutschland beim Abschluß von Doppelbesteuerungsabkommen, 1982

Pross ............................. Swap, Zins und Derivat, 1998

Pullen ............................ Körperschaftsbesteuerung nationaler und internationaler deutscher Konzerne, 1994

Pumbo ........................... Ausländische Einkünfte im körperschaftsteuerlichen Anrechnungsverfahren, 1995

Pütz ............................... Die Besteuerung von Kapitalgesellschaften im internationalen Vergleich unter besonderer Berücksichtigung ausländischer Direktinvestitionen, 1997

Rädler ............................ Die Direkten Steuern der Kapitalgesellschaften und die Probleme der Steueranpassung in den sechs Staaten der europäischen Wirtschaftsgemeinschaft, 1960

Rädler/Raupach .............. Deutsche Steuern bei Auslandsbeziehungen, 1966

Raupach ......................... Der Durchgriff im Steuerrecht, 1968

Raupach (Hrsg. 1999) ..... Verrechnungspreissysteme multinationaler Unternehmen, 1999

Rengeling u. a. ............... Rechtsschutz in der Europäischen Union, 1994

Riemenschneider ........... Abkommensberechtigung von Personengesellschaften und abkommensrechtliche Behandlung der Einkünfte aus Beteiligung inländischer Gesellschafter an ausländischen Personengesellschaften, 1995

Robisch ......................... Die umsatzsteuerliche Erfassung von Wertabgaben zu außerunternehmerischen Zwecken unter Berücksichtigung der europäischen Steuerharmonisierung, 1997

Rose ............................... Theorie der Außenwirtschaft, 1987

Roßmayer ...................... Ökonomische Analyse der Körperschaftsteuersysteme in der EU 1977

Rudolf ........................... Territoriale Grenzen der staatlichen Rechtsetzung, In: Territoriale Grenzen der staatlichen Rechtsetzung, Referate und Diskussion der 12. Tagung der deutschen Gesellschaft für Völkerrecht in Bad Godesberg vom 14. bis 16. 6. 1971, 1973, S. 7 ff.

Salzberger ...................... Die steuerliche Gewinnermittlung einer Konzernunternehmung in der Europäischen Union, 1994

Sander ........................... Der EuGH als Förderer und Hüter der Integration, 1998

Sander, Birgit ............... Körperschaftsteuerliche Anrechnungsverluste bei grenzüberschreitenden Kooperationen, 1999

Sapusek ......................... Ökonomische und juristische Analyse der Steuerharmonisierung in der Europäischen Union, Teil 1–3, 1997

Saß ................................ Grundzüge des IStR, 1997

Schaumburg ................... Internationales Steuerrecht. Außensteuerrecht, Doppelbesteuerungsabkommen. 2. Aufl., 1998

XLI

# Literaturverzeichnis

| | |
|---|---|
| Schaumburg (Hrsg. 1997) | Unternehmenskauf im Steuerrecht, 1997 |
| Schaumburg (Hrsg. 1998) | Steuerrecht und steuerorientierte Gestaltungen im Konzern (Kölner Konzernrechtstage), 1998 |
| Schaumburg (Hrsg. 1999) | Internationale Joint Ventures-Management-Besteuerung-Vertragsgestaltung, 1999 |
| Scherer ............... | Doppelbesteuerung und Europäisches Gemeinschaftsrecht, 1995 |
| Scherz ............... | Verrechnungspreise für unternehmensinterne Dienstleistungen, 1997 |
| Scheuchzer ............... | Konzernbesteuerung in der Europäischen Union, 1994 |
| Schlenker ............... | Gestaltungsmodelle einer identitätswahrenden Sitzverlegung von Kapitalgesellschaften über die Grenze, 1998 |
| Schliephake ............... | Steuerliche Gewinnabgrenzung internationaler Personengesellschaften, 1990 |
| Schmid ............... | Die internationale Steuerflucht, Möglichkeiten und Bekämpfungsmethoden, Diss. St. Gallen 1961 |
| Schmidt (Hrsg.) ............... | Einkommensteuergesetz, 18. Aufl., 1999 |
| Schrettel ............... | Rechtsfragen der beschränkten Steuerpflicht, 1994 |
| Schröder, Susanne ............... | Das Verbrauchsteuer-Binnenmarktgesetz ab 1. 1. 1993. Hefte zur int. Besteuerung Nr. 92, 1993 |
| Schubert ............... | Der Gemeinsame Markt als Rechtsbegriff – Die allgemeine Wirtschaftsfreiheit des EG-Vertrages, 1999 |
| Schuch ............... | Verluste im Recht der Doppelbesteuerungsabkommen, 1998 |
| Schwartz ............... | Kommentierung des Art. 220 EGV in Groeben/Thiesing/Ehlermann Kommentar zum EU-/EG-Vertrag, 5. Aufl., 1997 |
| Seidel ............... | Gewinnverschiebungen über die Grenze, 1972 |
| Sender u. a. ............... | Praktiker-Handbuch zur EU-Umsatzsteuer, 1998 |
| Sölch/Ringleb/List ............... | Umsatzsteuer. Kommentar, Stand Mai 1999 |
| Spitaler ............... | Das Doppelbesteuerungsproblem bei den direkten Steuern, 1936, Nachdruck 1967 |
| Sprengel ............... | Europäische Steuerbelastungsvergleiche – Deutschland – Frankreich – Großbritannien, 1995 |
| Stadler ............... | Die Besteuerung der Basisgesellschaften in der Schweiz, Diss. St. Gallen 1970 |
| Staringer ............... | Besteuerung doppelt ansässiger Kapitalgesellschaften, 1999 |
| Statzkowski ............... | Das Prinzip der Gewinnverwirklichung durch Steuerentstrickung im Deutschen Steuerrecht – De lege lata und de lege ferenda –, Diss. Berlin 1986 |
| Staudinger/Dörner ............... | EGBGB Art. 219–222; 230–236, 1996 |
| Staudinger/Großfeld ............... | EGBGB/IPR, Internationales Gesellschaftsrecht, 1998 |
| Staudinger/von Hoffmann | EGBGB Art. 38, 1998 |
| Staudinger/Magnus ............... | Wiener UN-Kaufrecht (CISG), 1994 |
| Staudinger/Merten ............... | EGBGB Art. 1, 2, 50–218, 1998 |
| Staudinger/Reinhart ............... | EGBGB/Internationales Vertragsrecht, 12. Aufl., 1998 |
| Staudinger/Sturm ............... | EGBGB/IPR, 1996 |
| Steven ............... | Zur Bedeutung ausländischer Finanzierungsgesellschaften für die Finanzierung ausländischer Tochtergesellschaften deutscher multinationaler Unternehmen, 1995 |
| Stöckler ............... | Die steuerlich optimale Rechtsform ausländischer Investoren in Deutschland, 1998 |

# Literaturverzeichnis

| | |
|---|---|
| Storck ..................... | Ausländische Betriebstätten im Ertrag- und Vermögensteuerrecht, 1980 |
| Streck ..................... | Körperschaftsteuergesetz, 5. Aufl., 1997 |
| Streu ..................... | Grenzüberschreitendes Leasing als Instrument der Konzernfinanzierung, 1997 |
| Striegel ..................... | Steuerflucht durch Basisunternehmen, 1973 |
| Sturm ..................... | Die verdeckte Gewinnausschüttung im Konzern, 1994 |
| Suermann ..................... | Einkommensteuerliche Behandlung von Währungsgewinnen und -verlusten, 1999 |
| Sutterer ..................... | Die internationalen Basisgesellschaften und ihre steuerrechtliche Behandlung, Diss. Mannheim 1969 |
| Teichner ..................... | Internationales Steuerrecht, 1967 |
| Theisen (Hrsg.) ..................... | Der Konzern im Umbruch – Organisation, Besteuerung, Finanzierung und Überwachung, 1998 |
| Thiede ..................... | Ökonomische Analyse der Körperschaftsbesteuerung bei ausländischen Einkünften, 1994 |
| Thümler ..................... | Körperschaftsteuerliches Anrechnungsverfahren und IStR, 1994 |
| Thun-Hohenstein ..................... | Der Vertrag von Amsterdam, 1997 |
| Tipke/Kruse ..................... | Abgabenordnung, Finanzgerichtsordnung, 16. Aufl., Stand Juli 1997 |
| Tittel ..................... | Das Verständigungsverfahren nach dem DBA, Diss. FU Berlin 1963 |
| Unfried ..................... | Steuerrecht und Dividenden-Stripping, 1998 |
| Utescher ..................... | Internet und Steuern, 1999 |
| H. Vogel ..................... | Zur steuerlichen Behandlung zwischenstaatlicher Kapitalinvestitionen unter besonderer Berücksichtung des Außensteuerrechts der Bundesrepublik Deutschland, 1964 |
| Kl. Vogel ..................... | Der räumliche Anwendungsbereich der Verwaltungsrechtsnorm. Eine Untersuchung über die Grundfragen des sog. internationalen Verwaltungs- und Steuerrechts, 1965 |
| Kl. Vogel (DBA) ..................... | Doppelbesteuerungsabkommen. Kommentar. 3. Aufl., 1996 |
| Vogel/Ellis ..................... | Steueroasen und Außensteuergesetz, 1981 |
| Vogel/Wassermeyer u. a. | Freistellung im IStR, 1996 |
| Vögele u. a. ..................... | Handbuch der Verrechnungspreise, 1997 |
| Völkel/Karg ..................... | Umsatzsteuer, 9. Aufl., 1999 |
| von Waldthausen ..................... | Steuerlastgestaltung im Einflußbereich der erweiterten Hinzurechnungsbesteuerung im Außensteuergesetz, 1999 |
| Walter ..................... | Die sog. „isolierende Betrachtungsweise" bei der Bestimmung der inländischen Einkünfte und des Inlandsvermögens der Ausländer, Diss. Heidelberg 1977 |
| Wassermeyer ..................... | Kommentierung des OECD-MA 1995 in Debatin/Wassermeyer, Doppelbesteuerung |
| Wassermeyer, Wolf ..................... | Das US-amerikanische Erbschaft- und Schenkungsteuerrecht, 1996 |
| Watrin ..................... | Erbschaftsteuerplanung internationaler Familienunternehmen, 1997 |
| Weiser ..................... | Rechtsprechung und Rechtssetzung auf dem Gebiet der direkten Besteuerung in der Europäischen Union – Freistellung oder Anrechnung, 1998 |
| Welge/Holtbrügge ..................... | Internationales Management, 1998 |
| Wengler ..................... | Die Begriffsbildung im IntStR, 1935 |

# Literaturverzeichnis

Widmann (Hrsg.) ........... Besteuerung der GmbH und ihrer Gesellschafter, 1994

Winkelmann ................. Steuerumgehung durch die Einschaltung ausländischer Kapitalgesellschaften, 1997

Woerner (Hrsg.) ............. Umsatzsteuer in nationaler und europäischer Sicht, 1990

Wöhrle/Schelle/Gross ..... Außensteuergesetz. Kommentar, Stand August 1998

Wolff ........................... Die Individualberechtigung aus Abkommen im internationalen Steuerrecht, Diss. München 1964

Wolff, Ulrich ................. Kommentierung des DBA-USA in Debatin/Wassermeyer, Doppelbesteuerungsabkommen

Zuber ........................... Anknüpfungsmerkmale und Reichweite der internationalen Besteuerung, 1991

# 1. Teil. Grundlagen des internationalen Steuerrechts

## A. Begriff des internationalen Steuerrechts, Abgrenzungen

(1) Für alle Spezialgebiete des internationalen Rechts und mithin auch **1** für das internationale Steuerrecht ist zunächst zu klären, wie das Adjektiv „international" zu verstehen ist: „International" kann bedeuten, daß es um die Erörterung von Normen geht, die der Quelle nach völkerrechtlicher Natur sind; der Begriff bezieht sich dann auf die Herkunft des Rechts. „International" kann aber auch das Sachgebiet als solches meinen; dann besagt der Begriff, daß es sich um ein Rechtsgebiet handelt, das „internationale Fälle", also Sachverhalte mit Auslandsberührung, zum Gegenstand hat. Im Rahmen dieser Veröffentlichung soll der Frage nachgegangen werden, ob und unter welchen Voraussetzungen ein Sachverhalt, der den Kreis der innerstaatlichen Rechtsordnung in irgendeiner Weise überschreitet, zu steuerlichen Wirkungen im Inland führt. Es wird also nach der Abgrenzung der Steuergewalt der Bundesrepublik Deutschland im zwischenstaatlichen Bereich gefragt. Noch einfacher ausgedrückt: Es geht um den **räumlichen Anwendungsbereich der Steuergesetze,** vorrangig der Sachnormen des Steuerrechts, aber auch der Normen des Verfahrenrechts (Sachverhaltsaufklärung).

Der Begriff „Anwendungsbereich" kann in einem doppelten Sinn verstanden werden: Es kann damit zum einen der Bereich gemeint sein, innerhalb dessen die betr. Normen durch Gerichte und Verwaltungsbehörden angewandt werden (intransitive Verwendung) – hierbei geht es um die Frage der Gesetzesanwendung und der Durchsetzbarkeit. Wo die Anwendung einer Norm in der Regel vom Normsetzer erzwungen werden kann, besteht deren regelmäßiger räumlicher Anwendungsbereich (Geltungsbereich) (*Staudinger/Merten* EGBGB Rz 38 zu Art. 1); zum anderen kann der Bereich der Sachverhalte gemeint sein, auf welche die verwaltungsrechtliche Norm entspr. ihrem Regelungsgehalt jeweils anzuwenden ist (transitive Verwendung); so *Kl. Vogel* S. 1 f. Hier geht es um den transitiven Anwendungsbereich.

Warum ist diese Frage von Bedeutung? Jeder geregelte oder zu regelnde Sachverhalt spielt sich in Raum und Zeit ab. Folglich müssen auch in jeder staatlichen Rechtsordnung der räumliche und zeitliche Geltungsbereich der einzelnen Gesetze, Verordnungen usw. bestimmt werden. Fehlt es an solchen Regelungen, würden alle staatlichen Rechtsnormen nicht für einen bestimmten Raum und nicht für eine bestimmte Zeit, sondern für alle irgendwo und irgendwann gegebenen Lebenssachverhalte gelten. Der Zeitfaktor wird im intertemporalen Recht berücksichtigt – er kann seinerseits, wie das Beispiel des intertemporalen IPR zeigt, mit Fragen eines räumlichen Anwendungsbereichs verbunden sein.

1

**2** Wie noch zu zeigen ist, wird die Besteuerung grenzüberschreitender Sachverhalte zunächst primär durch Normen nationaler Herkunft bestimmt. Daher wäre das Thema unvollständig behandelt, würden allein Normen internationaler Herkunft berücksichtigt. Umfassend wird die Thematik nur erörtert, wenn der Begriff „international" nicht auf den *Ursprung* der Normen, sondern auf ihren *Gegenstand* und damit auf die Frage nach dem „Raumtatbestand" (*Bayer* Rz 400ff.) bezogen wird. Der Wortsinn „international" steht einem solchen Verständnis ebensowenig entgegen wie ein fester und eindeutiger Sprachgebrauch (*Kl. Vogel* DStZ 1997, 270 mit Hinweisen zu dem Streit um die „Internationalität" des internationalen Steuerrechts, der mit Namen wie *Alessandro Garelli* (Diritto internazionale tributario, 1899) und *Achille Donati* (I trattati internazionale nell diritto costituzionale, 1906) verbunden ist.

**3** Wenn wir vom **internationalen Steuerrecht** sprechen, meinen wir mithin jenes Rechtsgebiet, das internationale Steuerfälle zum Gegenstand hat: Steuerfälle, bei denen irgendein Umstand über die Grenzen des eigenen Staats hinausweist, steuerrechtliche Sachverhalte mit einem internationalen Bezug. Das IStR umfaßt dann die Gesamtheit der Normen, die sich auf die Besteuerung von grenzüberschreitenden Sachverhalten beziehen, sei es, daß sie grenzüberschreitende Sachverhalte im Steuertatbestand erfassen, sei es, daß sie solche durch Beschränkung des Geltungsbereichs einer Norm auf einen Binnensachverhalt ausschließen. Soweit hierbei zwischen Gebietsansässigen und Gebietsfremden unterschieden wird – und diese Unterscheidung wird sich als bestimmend für die Regeln des IStR erweisen – könnte man daran denken, in entsprechender Anwendung eines IPR-Sprachgebrauchs bezüglich der Regeln für die Gebietsfremden von einem Fremdenrecht (Ausländerrecht) zu sprechen; im Mittelpunkt dieses Fremdenrechts stünden dann die Regeln der beschränkten Steuerpflicht. Aber diese Unterscheidung wird nicht getroffen, sie wäre auch ohne jeden Erkenntnisgehalt. Bezieht man den Begriff des IStR auf einen bestimmten Staat wie in diesem Buch auf die Bundesrepublik, dann ist die Gesamtheit der Rechtsvorschriften dieses Staats gemeint, die sich auf die Besteuerung grenzüberschreitender Sachverhalte beziehen. Geregelt wird dieses Gebiet durch Normen, die der Quelle nach entweder nationales oder internationales Recht sind. Die Normen, die nur dem Gegenstand nach international sind, werden unter dem Begriff **Außensteuerrecht** zusammengefaßt. Das internationale Steuerrecht der Bundesrepublik umfaßt dann das Außensteuerrecht dieses Staats sowie die für ihn geltenden **völkerrechtlichen Normen** mit steuerrechtlichem Inhalt (*Bühler* S. 1). Da Normen des Staatengemeinschaftsrecht (**Europäisches Gemeinschaftsrecht**) zwischen dem nationalen Recht der Einzelstaaten und dem Völkerrecht stehen, ist dieses Recht als dritte Quelle zu nennen (*Kl. Vogel* DStZ 1997, 269) – für das IStR ist es aber ebenfalls nur im Hinblick auf grenzüberschreitende Vor-

gänge von Interesse, nicht dagegen in dem Umfang, in dem es Binnensachverhalte mittels Rechtsangleichung vereinheitlicht.

Von diesem Verständnis des Normenbestandes für das IStR ausgehend
bedarf aber die Beschreibung als räumlicher Anwendungsbereich des
Steuerrechts einer Klarstellung im Verhältnis der Normen des Außensteuerrechts zu denen des Völkervertragsrechts: Ungeachtet aller noch zu
erörternden Probleme im Verhältnis dieser beiden Teilbereiche muß insoweit von Beginn an bedacht werden, daß den räumlichen Anwendungsbereich das Außensteuerrecht bestimmt und dieser Anwendungsbereich durch Völkervertragsrecht grundsätzlich nur beschränkt, also weder
selbständig festgelegt noch erweitert wird.

Damit erfüllt der Begriff des internationalen Steuerrechts eine ord-  **4**
nende Funktion; ob es möglich ist, mit ihm eine weitergehende System-
vorstellung zu verbinden, ist fraglich: *Schaumburg* (S. 3) lehnt dies
„mangels systematischer Konzeption" des IStR ab; in der Tat könnte
man fragen, was denn eigentlich – beispielhaft – die Hinzurechnungsbesteuerung (§§ 7ff. AStG), die Wertminderung von Anteilen durch Gewinnausschüttungen (§ 50c I EStG) und die Beteiligung an ausländischen Gesellschaften (§ 8b KStG) anderes als der Auslandsbezug
miteinander verbindet? Doch ist nicht zu verkennen, daß ein **Wettbewerbskonzept** für das IStR (dazu unter B III) durchgehend nachweisbar
ist und ermöglicht, den Normenbestand aus diesem Gedanken heraus „zu
verstehen". Die davon zu trennende Frage, ob für die Normen des deutschen internationalen Steuerrechts ein über den Auslandsbezug hinausgehendes formales Ordnungsprinzip gilt, ist dagegen schon wegen der
Verstreutheit der Normen zu verneinen: es gibt keine dem Art. 3ff.
EGBGB für das deutsche IPR entsprechende zusammengefaßte Kodifikation des Außensteuerrechts.

Wie *Kl. Vogel* gezeigt hat, ist gerade auf dem Gebiet des internationalen Steuer-  **5**
rechts der Gedanke einer zusammenfassenden Behandlung völkerrechtlicher und
innerstaatlicher Normen verbreitet, während auf dem Gebiet des internationalen
Verwaltungsrechts (ein Teil dessen das Internationale Steuerrecht ist) die Tendenz
besteht, nur die einschlägigen Normen des Völkerrechts, insbesondere des Völkervertragsrechts, zum Untersuchungsgegenstand zu erheben. Ursächlich hierfür ist nach
*Vogel* die Tatsache, daß die Steuerrechtswissenschaft mehr als andere Disziplinen der
Praxis zugewandt ist und daher auf die Erfordernisse der Rechtswirklichkeit abstellen
muß (*Kl. Vogel* S. 168f.).

Grenzüberschreitende Vorgänge bilden auch Anknüpfungspunkte für *Zölle* und  **6**
*Abschöpfungen*, die von § 3 AO als Steuern im Sinne dieses Gesetzes definiert sind.
Aber der Zoll ist wie die Abschöpfung keine Steuer, da er die Begriffsbestimmung
der Steuer in § 3 I 1 AO nicht erfüllt, wonach die Einnahmeerzielung mindestens Ne-
benzweck der Erhebung ist. Das Zoll- und Abschöpfungsrecht wird von wirtschafts-
politischen Zielsetzungen bestimmt, systemtragende Prinzipien des Steuerrechts
spielen keine Rolle. Daher gehört das Zollrecht systematisch auch nicht in den Bereich des IntStR, es führt stattdessen ein Eigendasein (zur Einführung *Kruse* (Hrsg.),
insbesondere dort die Beiträge von *Dänzer-Vanotti* S. 75 und *Lux* S. 153. Mit dem
Inkrafttreten des Zollkodex am 1. 1. 1994 ist das Zollrecht im Zollgebiet der Gemein-

schaft beim Warenverkehr mit Drittländern im Grundsatz *vollständig gemeinschafts-rechtlich geregelt* (s. Art. 23 EG). Nach Art. 4 Nr. 1 Zollkodex ist das „geltende Recht" Gemeinschaftsrecht oder einzelstaatliches Recht. Im Zollverwaltungsgesetz (BGBl. 1992, 2125) hat der deutsche Gesetzgeber ihm verbliebene Befugnisse geregelt und die Aufgaben der Zollverwaltung den Erfordernissen des Europäischen Binnenmarkts angepaßt.

**7**       (2) Aus methodischer Sicht ist der Untersuchungsgegenstand der **internationalen betriebswirtschaftlichen Steuerlehre** vom IStR abzugrenzen (zum **Methodenunterschied** Recht und Ökonomie grds. *Peter Bareis* StuW 2000, 81 ff.). Untersucht wird von ihr die Besteuerung als Bestimmungsfaktor grenzüberschreitender unternehmerischer Tätigkeit: Welchen Einfluß übt die Besteuerung auf betriebliche Funktionen (vor allem auf Investitionen und Finanzierung) aus – welche Regeln zur optimalen Gestaltung solcher grenzüberschreitenden Tätigkeit lassen sich hinsichtlich der steuerlichen Belastung erarbeiten? Von dieser Fragestellung ausgehend unterscheidet *Lutz Fischer* (*Fischer/Warneke*) die internationale Systemlehre (kritische Würdigung der lex lata, Untersuchungen de lege ferenda zum internationalen Steuerrecht), die internationale betriebswirtschaftliche Steuerwirkungslehre (die Abhängigkeit vom Bestimmungsfaktor Besteuerung) und die internationale betriebswirtschaftliche Steuerpolitik (Erarbeitung von Verhaltensnormen, die eine steuerlich zweckmäßige Gestaltung grenzüberschreitender Tätigkeiten gewährleisten). Die Systemlehre stellt die Rechtsquellen dar – ist mithin vom Gegenstand des IStR nicht zu unterscheiden, vermag aber die wirtschaftlichen Konsequenzen eines Tatbestandes mit ihren methodischen Regeln oft dem Juristen zu verdeutlichen. So ist es – um ein Beispiel zu nennen, eine Sache, den zentralen Begriff der Rechtsfolge einer Doppelbesteuerung mit Tatbestandsmerkmalen zu beschreiben, aber die ökonomischen Folgen hieraus abzuleiten und damit zugleich die Bedeutung der Tatbestandsmerkmale und ihrer Rechtsfolge zu bestimmen, eine ganze andere Sache. Deswegen ist es auch nicht überraschend, daß eines der gegenwärtig vorrangigen Probleme im IStR, insbesondere die Regeln des Außensteuerrechts am Binnenmarktkonzept der Europäischen Union zu messen, in einer umfassenden, methodisch begründeten Art und Weise erst einem Betriebswirt gelungen ist (*Dautzenberg* 2. Hb. 1997, s. dazu J 10). Die von der Systemlehre zu unterscheidende Steuerwirkungslehre fragt nach den Konsequenzen aus den vorgegebenen Regeln, um schließlich als Steuerpolitik die Gestaltungsfunktion einer entscheidungsorientierten betriebswirtschaftlichen Steuerlehre zum Ausdruck zu bringen: So beispielsweise durch praktisch bedeutsame Handlungsalternativen, die für die internationale Geschäftstätigkeit eines deutschen Unternehmens das Ziel einer Steuerminimierung erfüllen (*Fischer/Warneke* S. 1 ff., 9, 219).

# B. Inhalt der Normen, Zielvorstellungen

## I. Inhalt der Normen:
## IPR-Vergleich, Bedeutung ausländischen Rechts

Die Normen des Internationalen Steuerrechts eines Staats beantworten 1
die Frage, ob und inwieweit dieser Staat Sachverhalte mit Auslandsberührung besteuert. Den genauen Inhalt der Normen erkennt man am
besten durch eine Gegenüberstellung mit denen des internationalen Privatrechts. *Gabriele Burmester* hat die Unterschiede in Rechtsnatur und
Methode beider Normengruppen beachtet, aber die Gemeinsamkeit in
den Vordergrund gestellt (S. 265 ff.): Im Ziel und Ergebnis vergleichbares Instrumentarium, beide Bereiche beziehen sich auf staatsübergrei-
fende Sachverhalte und die Abstimmung der Folgen hieraus; in beiden
Fällen steht eine an der nationalen Sachnähe und dem internationalen
Konfliktpotential orientierte, auf Wechselseitigkeit angewiesene Begrenzung eigener Souveränität im Zentrum. Aber damit wird im Hinblick auf
das IStR schon ein Ergebnis vorweggenommen. Zunächst zeigt sich folgendes:

(1) Auch das internationale Privatrecht (IPR) kann als Gesamtheit aller 2
Fälle verstanden werden, bei denen Sachverhalte Auslandsberührungen
aufweisen. Doch in der Regel erfolgt die Begriffsbestimmung unter Berücksichtigung des besonderen Charakters der kollisionsrechtlichen
Verweisungsnormen (*Kaffanke* S. 41): Danach umfaßt das internationale
Privatrecht die Gesamtheit der Rechtssätze, die sagen, welchen Staats
Privatrecht anzuwenden ist. Es geht hier also um eine Rechtswahl, nämlich um die Feststellung des anwendbaren Rechts. Dieser Rechtswahl
liegt bekanntlich die Vorstellung der rechtlich gleichwertigen Privatrechtsordnungen zugrunde; keine Rechtsordnung, auch nicht die eigene,
wird a priori als höherrangig angesehen. Wer fremde Rechtsordnungen
als gleichwertig anerkennt, muß folgerichtig unter dem Gesichtspunkt
der sog. international-privatrechtlichen Gerechtigkeit die Notwendigkeit
der Anwendung auch ausländischen Rechts bejahen. Die Gerichte sind
folglich dazu berufen, auch fremdes Recht anzuwenden. Es ist das Bild
vom Staat als Schiedsrichter im IPR und dem Grundsatz der Gleichwertigkeit der Privatrechtsordnungen, das damit verbunden ist. Die Normen
des deutschen internationalen Privatrechts sagen daher zweierlei aus:
Wie weit ist deutsches Recht anwendbar? (Aussage über die Anwendung
des eigenen Rechts) und: Wie weit ist ausländisches Recht anwendbar?
(Aussage über die Anwendung ausländischen Rechts). Demgegenüber

geht es im internationalen Steuerrecht allein um den **Anwendungsbereich des eigenen Rechts,** also um die Frage, *ob* auf einen gegebenen Sachverhalt mit Auslandsberührung inländisches Sachrecht *anzuwenden ist* oder nicht (*BFH* BStBl. 1989 II, 320). Die Normen des internationalen Steuerrechts führen daher – von seltenen Ausnahmen im Recht fremder Staaten abgesehen (s. *Kl. Vogel* DBA Einl. Rz 26) – zu keiner Begründung der Steuerpflicht aufgrund der Anwendung ausländischen Steuerrechts. Und auch innerhalb des Normenbestandes des IStR ist die Begründung einer Steuerpflicht eingeschränkt: Selbst das Abkommensrecht (DBA) begründet keine Steuerpflicht und führt auch nicht zur Anwendung ausländischen Rechts.

3     (2) Die Feststellung, daß Steuerpflichten nicht durch ausländisches Recht begründet werden, daß mithin die Sachnorm (lex causae) immer durch eine lex-fori-Anknüpfung bestimmt wird und damit zugleich ihren räumlichen Geltungsbereich selbst festlegt, ist eine Aussage über die formale Struktur des internationalen Steuerrechts. Sie folgt aus einer Bestandsaufnahme vorhandener Rechtsnormen. Zweifelhaft ist, ob dies ein Zufallsprodukt rechtshistorischer Entwicklung oder Folge einer Regel des Inhalts ist, daß der Staat im Bereich des öffentlichen Rechts überhaupt nur sein eigenes Recht anwenden kann. Das Bestehen einer solchen Regel wird zwar im Schrifttum bisweilen behauptet, dabei wird die Regel jedoch – wie *Kl. Vogel* nachgewiesen hat – nur als ein angeblich anerkannter Satz des geltenden Rechts referiert. Insbesondere wendet sich *Vogel* gegen den Versuch, als Begründung hierfür eine völkerrechtliche Regel anzuführen. Denn es vermag nicht einzuleuchten, „daß eine Bestimmung über die Anwendung fremden Verwaltungsrechts für die Zwecke der eigenen Rechtsordnung zugleich einen Eingriff in die Verwaltung eines anderen Staates enthalten solle" (*Kl. Vogel* S. 201). Dem öffentlichen Recht wohnt allerdings der Gedanke der Territorialität des Rechts inne. Es wird von der Vorstellung beherrscht, daß die Bestimmungen des öffentlichen Rechts grundsätzlich nicht über die Landesgrenzen des rechtssetzenden Staates hinauswirken, so *BGHZ* 64, 189. Zur Frage, ob der handelnde Staat das öffentliche Recht eines anderen Staates auf Sachverhalte innerhalb der eigenen Grenzen anwenden darf s. *Kaffanke* S. 49, im wesentlichen auf *Kl. Vogel* aufbauend: Er unterscheidet das Strafrecht und das Steuerrecht, für die er die Geltung der Nichtanwendbarkeit anerkennt, von den Fällen, in denen der handelnde Staat ein eigenes Interesse daran hat, ein fremdes öffentliches Recht auf einen internationalen Sachverhalt anzuwenden. Jedoch heißt dies nicht mehr, als daß „die Einseitigkeit des Verwaltungsrechts durch keine zwingenden völkerrechtlichen oder staatsrechtlichen Gedanken begründet wird. Vielmehr könne in der Annahme der Einseitigkeit des Verwaltungsrechts ein rechtstheoretisches und auf die dogmatische Konstruktion zielendes Axiom gesehen werden".

Bewußt wurde oben die Formulierung gewählt, ausländisches Steuer- **4**
recht vermöge keine inländische Steuerpflicht zu begründen. Denn auch
jene, die dies Ergebnis als Folge der ihrer Auffassung nach bestehenden
Unanwendbarkeit ausländischen öffentlichen Rechts ansehen, dürften es
nicht für unzulässig halten, solches Recht aufgrund einer „Verweisung"
durch inländische Normen materiellen Rechts anzuwenden. Im IPR ist
anerkannt, daß es bei einem Auslandssachverhalt geboten sein kann, den
besonderen Gegebenheiten im Ausland Rechnung zu tragen, auch wenn
nach dem IPR das eigene materielle Recht zur Fallösung berufen ist.
Diese Rücksichtnahme kann auch im Steuerrecht geboten sein. Mithin ist
in solchen Fällen zwischen dem Geltungsbereich fremden öffentlichen
Rechts und der Anwendung eines solchen Rechts zu unterscheiden
(*Staudinger/Magnus* Rz 136 zu Art. 34 EGBGB; ein kontrovers diskutiertes Problem im IPR ist beispielsweise die Beachtlichkeit einer öffentlich-rechtlichen Genehmigung bei Auslandsemissionen mit inländischen
Folgen). Die These von der Nichtanwendbarkeit ausländischen öffentlichen Rechts bezieht sich daher nach *Vogel* überhaupt nur auf diejenigen
Fälle, „in denen es jeweils um die Anwendung fremder öffentlich-rechtlicher Normen auf die von der Behörde oder dem Gericht zu entscheidende Hauptfrage, d. h. auf die von ihnen im betreffenden Falle auszusprechende oder zur Anwendung zu bringende Rechtsfolge geht"
(*Kl. Vogel* S. 198). Schon im Außensteuerrecht und nicht erst im Abkommensrecht stellt sich bei der Auslegung einzelner Tatbestandsmerkmale immer wieder die Frage nach einer **Subsumtion ausländischer
Rechtsinstitute,** nach einer Einbeziehung auch ausländischer Wertungen. Wie das Ergebnis auch ausfällt: es handelt sich immer um die Anwendung des innerstaatlichen Rechts (*Prokisch* StuW 1993, 192). Dazu
einige Beispiele, deren Aneinanderreihung kein Ordnungsprinzip zugrunde liegt.

§ 12 Nr. 3 EStG beschränkt das Abzugsverbot nicht nur auf inländische Personensteuern – der Wortlaut bringt das nicht zum Ausdruck, die Systematik des Gesetzes
erzwingt aber ein solches Verständnis. § 34 c EStG regelt die Anrechnung der im
Ausland auf ausländische Einkünfte entrichteten Steuer im Rahmen der inländischen
Steuerschuld. Was sind hierbei ausländische Einkünfte? Sind sie nach den Regeln des
deutschen oder des ausländischen Rechts zu ermitteln? Letzteres wäre möglich, ohne
daß hiermit eine Rechtsfolgenbestimmung durch Anwendung fremden öffentlichen
Rechts verbunden wäre. Denn die Rechtsfolge bestimmt sich auch in diesem Falle
allein nach deutschem Recht. § 10 III AStG bestimmt für die Ermittlung der dem
Hinzurechnungsbetrag zugrundeliegenden Einkünfte die Anwendung des deutschen
Steuerrechts – schon diese Regelung zeigt, daß anderenfalls auch eine andere Lösung
und damit eine Anwendung ausländischen Steuerrechts möglich – manche meinen:
sachlich auch geboten – wäre. Der ausschüttbare Gewinn einer ausländischen Tochtergesellschaft als Berechnungsgrundlage für eine bei der inländischen Muttergesellschaft anrechenbare Steuer ist demgegenüber nach den handelsrechtlichen Gewinnermittlungsvorschriften des Ansässigkeitsstaates zu ermitteln (§ 26 II Satz 4 KStG;
Abschn. 76 XIII Satz 2 KStR). § 18 EStG nennt deutsche Berufsbezeichnungen wie
beispielsweise den Rechtsanwalt. Im Rahmen eines Typenvergleichs ist ein ausländi-

scher Rechtsanwalt daraufhin zu betrachten, ob dessen Berufsbild dem des deutschen Anwalts entspricht und ob eine vergleichbare Tätigkeit vorliegt (*Eckert* IStR 1999, 479). Im Urteil *BFH* RIW 1989, 751, ging es um die Aktivierung einer bestrittenen Forderung, über die Schweizer Gerichte zu entscheiden hatten. Der *BFH* ließ für die zivilrechtliche Vorfrage schweizerisches Rechts maßgeblich sein. Ob die Voraussetzungen der beschränkten Steuerpflicht gem. § 49 EStG gegeben sind, ist ebenso wie die Steuerberechnung und das Erhebungsverfahren grundsätzlich nach deutschem Recht zu entscheiden, soweit nicht Abkommensrecht Abweichungen zur Folge hat (*BFH* BStBl. 1988 II, 521). Wer i. S. des § 50a IV EStG Schuldner der Vergütung ist, bestimmt sich im Falle einer ausl. Personengesellschaft nach Auslandsrecht (*BFH* BStBl. 1989 II, 88). Die Voraussetzungen verdeckten Eigenkapitals bei einer Auslandskapitalgesellschaft durch zinslose Gesellschafterdarlehen ergeben sich aus dem deutschen StR; dieses stellt aber in den Voraussetzungen auf zivilrechtliche Sachverhalte ab, die nach dem Recht der Auslandsgesellschaft zu beantworten sind (*BFH* BStBl. 1990 II, 875). Im Urteil *BFH* RIW 1991, 1053 gestattete das Gericht dem Stpfl. den Abzug einer ausl. Geldstrafe als Betriebsausgabe trotz § 12 Nr. 4 EStG, weil die Verhängung der Geldstrafe der deutschen Rechtsordnung (ordre public) widersprach. Das Abzugsverbot für Geldbußen, Ordnungsgelder und Verwarnungsgelder ist gem. § 4 V Satz 1 Nr. 8 EStG begrenzt auf „von einem Gericht oder einer Behörde im Geltungsbereich dieses Gesetzes oder von Organen der Europäischen Gemeinschaften" festgesetzte Beträge; hier wird der Subsumtionsfrage von vornherein ausgewichen, denn „Ermittlungen zum Rechtscharakter ausländischer geldlicher Sanktionen unterhalb der Schwelle des kriminellen Unrechts würde die Verwaltungen überfordern" – so BT-Drucks. 10/1634 S. 9. Das Abzugsverbot für Schmiergeldzahlungen nach .§ 4 V Satz 1 Nr. 10 EStG, für das es seit dem Steuerentlastungsgesetz 1999/2000 /2002 keiner Sanktionierung mehr bedarf, bezieht sich deswegen auf inländische Strafverfahren, weil im Ausland geführte Strafverfahren nicht die Merkmale gem. §§ 153 bis 154e StPO aufweisen können; der Auslandsbezug wurde in tatsächlicher Hinsicht durch das Gesetz zur Bekämpfung internationaler Bestechung hergestellt (BGBl. 1998 II, 2327ff.), so daß die Beschränkung auf deutsche Sanktionen nicht zugleich zur Folge hat, daß sämtliche im Ausland geleisteten Schmiergeldzahlungen vom Abzugsverbot ausgenommen sind, s. *Wacker* in *Blümlich* Rz 298e zu § 4 EStG. Für die Frage, ob eine ausländische Gesellschaft besteht, kommt es auf ausländisches Zivilrecht an. Danach richtet sich auch die Frage einer Auflösung der Gesellschaft bei Ausscheiden eines Gesellschafters aus einer zweigliedrigen Gesellschaft, s. *BFH*/NV 1995, 864. Ein Schwerpunktthema im internationalen Steuerrecht bildet die Frage der ertragssteuerlichen Behandlung von Gesellschaften, die nach ausländischem Recht gegründet wurden. Die Rechtslage wird durch das Erfordernis eines Typenvergleichs bestimmt (Beispiele: *BFH*/NV 1992, 291; *BFH*/NV 1992, 600); aber gilt dies uneingeschränkt auch abkommensrechtlich – ist hier möglicherweise ein der ausländischen Gesellschaft in einem DBA eingeräumter Status im Inland zu berücksichtigen (dazu S 80)? Die Frage, ob die Herabsetzung eines Kapitals einer schweizerischen Kapitalgesellschaft gegeben ist, richtet sich nach schweizerischem Handelsrecht (*BFH* BStBl. 1993 II, 189). Ob eine nach niederländischem Recht gewährte Prämie für den Schiffsbau als Einkommensteuerermäßigung anerkannt wird auch für das deutsche StR bejaht *BFH* BStBl. II 1996, 441. Ob steuerrechtlich notwendige Grundlage für eine Mitunternehmerschaft gem. § 15 EStG eine allgemeine Gütergemeinschaft nach niederländischem Recht sein kann, bejaht *BFH* FR 1998, 613 unter Würdigung des ausländischen Güterrechts. Ob § 26 EStG die Wirksamkeit einer Ehe nach deutschem IPR voraussetzt (Art. 13 EGBGB) oder die Gültigkeit der Ehe nach dem Recht eines ausländischen Staates genügen läßt, hat *FG Hamburg* EFG 1997, 805 im erstgenannten Sinne beantwortet. Ob Leistungen eines ausländischen Versicherungsträgers solche aus der gesetzlichen Unfallversicherung im Sinne des § 3 Nr. 1 a EStG sind, ist nach deutschem Recht zu beurteilen, *FG Baden-Württemberg* EFG 1998, 379; Krankenversicherungsbeiträge eines Grenzgängers sind nicht entsprechend § 3 Nr. 62 EStG steuerfrei, *FG Baden-Württemberg* EFG 1998, 380. Ob also in Einzelfällen Tatbestandsmerkmale unter Einbeziehung ausländischen Rechts zu bestimmen sind, muß im Wege der Auslegung des innerstaatlichen Rechts geklärt werden. Als Beispiel einer ausdrücklichen Bestimmung sei § 33 a I EStG zur Frage einer gesetzlichen Unterhaltspflicht bei Unterhaltsaufwendungen für im Ausland wohnhafte Personen genannt. Die gesetzliche Unterhaltspflicht ist nach den Regeln des deutschen Rechts zu bestimmen (§ 33 a I 5 letzter Halbsatz EStG). Abzugrenzen sind die Fragen der Auslegung von Tatbestandsmerkmalen einer Sachnorm und der hierbei möglichen Berücksichtigung ausländischer Wertungen einerseits von den Fragen nach dem räumlichen Anwendungsbereich einer Sachnorm über die Grenze hinweg andererseits (zum letzteren s. im folgenden Rz 9) Solche Sachnormprobleme im Außensteuerrecht sind nicht mit den Qualifikationsfragen des IPR zu verwechseln, weswegen der Begriff hier zu vermeiden ist; bestenfalls – will man ihnen einen Ausdruck verleihen – kann man von der Subsumtion ausländischer Rechtsinstitute sprechen (*Kl. Vogel* DBA Einl. Rz 91 a).

(3) Das internationale Privatrecht besteht dementsprechend aus **Kolli-** 5 **sionsnormen**. Diese entscheiden im Gegensatz zu den **Sachnormen** nicht selbst, sondern verweisen nur auf die anzuwendende Sachnorm, treffen also die Rechtswahl (zu einer hiergegen gerichteten IPR-Lehrmeinung, Kollisionsnormen durch Sachnormen zu ersetzen, s. *Staudinger/ Sturm* Einl. IPR Rz 91 ff. – das aber hat mit den Normen des nationalstaatlichen IStR überhaupt nichts zu tun, weil IPR-Sachnormen gerade verhindern sollen, internationale Sachverhalte durch Kollisionsnormen zu nationalisieren; eine Parallele wäre insoweit jedoch zum Gemeinschaftsrecht zu ziehen). Diese Rechtswahlnorm findet sich im nationalen IPR des Forum-Staates. Der Tatbestand dieser Norm enthält regelmäßig zwei Elemente: einen Anknüpfungsgegenstand, der sich auf einen materiell-rechtlich ausgerichteten Systembegriff stützt, sowie einen Anknüpfungspunkt. Als Rechtsfolge ergibt sich die Anwendung des über den Anknüpfungspunkt gewonnenen Heimatrechts eines Beteiligten.

Da das IStR allein den Anwendungsbereich des eigenen Sachrechts bestimmt, eine Rechtswahl mithin ausscheidet (der Stpfl. hat es nur in der Hand, durch die Gestaltung der tatsächlichen Verhältnisse sich auch fremden Steuerrechtsordnungen auszusetzen), gibt es auch keine Kollisionsnormen. Allen Überlegungen, den Begriff der Kollisionsnorm auch im IStR nutzbar zu machen (z.B. durch die Unterscheidung einseitiger und zweiseitiger Kollisionsnormen), ist zu widersprechen, weil sie in der Rechtswahlfrage nicht klar genug den Unterschied zum Ausdruck bringen: Die Sachnormen des Steuerrechts bestimmen selber durch ihre Tatbestandsmerkmale die Grenzen ihrer Anwendung und sehen für grenzüberschreitende Sachverhalte ggf. Sonderregelungen gegenüber dem auf das Inland beschränkten Sachverhalt vor (*Kl. Vogel* DStZ 1997, 271; *Herz* S. 46; dort auch zur Anwendung des IPR im IStR). Die Anknüp-

fung im IPR stellt die Verbindung zwischen dem Anknüpfungsgegenstand (was ist konkret zu regeln) und dem anwendbaren Recht her. Die
Anknüpfung im IStR bestimmt die *Reichweite eigener staatlicher Besteuerung.* Gewiß: Auch die IPR-Literatur ist nicht immer konsequent –
so, wenn beispielsweise § 98 II GWB als „einseitige, räumliche Kollisionsnorm zwingender Art" dargestellt wird, obwohl die Norm (wie die
Normen des IStR) nur den räumlichen Anwendungsbereich des eigenen
deutschen Rechts, in diesem Fall des Kartellrechts, bestimmt (*Staudinger/
von Hoffmann* Rz 557 zu Art. 38 EGBGB). Man sollte aber auch deswegen den **Begriff der Kollisionsnorm dem IPR vorbehalten,** weil die
Interessen unterschiedlich gewichtet werden: Dem deutschen IPR-
Kollisionsrecht ist ein genereller Vorrang kollisionsrechtlicher Interessen
des Staates vor denen Privater fremd – während es im IStR auch dann
nur um die Interessen des Souveräns geht, wenn er dabei die Wohlfahrt
eigener Steuerbürger fördern will. Auch den völkerrechtlichen Vereinbarungen, hauptsächlich also den Doppelbesteuerungsabkommen, können
keine Kollisionsnormen entnommen werden, obwohl die damit verbundene Einschränkung des Außensteuerrechts häufig im Sinne einer Wirkung von Kollisionsnormen beschrieben wurde. Auch hier hat sich inzwischen durchgesetzt: Die Abkommensnormen beschränken das jeweils
eigene Steuerrecht inhaltlich, ihre Tatbestandsmerkmale können als zu
denen des innerstaatlichen Rechts hinzutretend gedacht werden. Im Anwendungsbereich eines DBA besteht also eine Steuerpflicht nur, wenn
und soweit neben den Tatbestandsvoraussetzungen des innerstaatlichen
Steuerrechts keine DBA-Schranken gegeben sind. Die DBA-Normen
sind daher keine „Kollisionsnormen" wie die des internationalen Privatrechts, sondern „Grenznormen" im Sinne des von *Karl Neumeyer* postu-
lierten „Internationalen Verwaltungsrechts" und fügen sich in die für das
Außensteuerrecht geltende Terminologie ein; zum Verhältnis IPR und
IStR vgl. im übrigen grdl. *Bühler* NJW 1956, 889ff.; *Escher* S. 35ff;
unter Einbeziehung auch des Europarechts *Dautzenberg* IStR 1997,
639.

6    (4) Ist man sich darüber klar, was das IPR vom IStR trennt, so hat es
doch seinen Reiz, nach vergleichbaren Fragestellungen zu suchen, wenn
dies zu einem besseren Normverständnis aufgrund des Vergleichs beitragen kann. Die Frage nach der richtigen (sachgemäßen) Anknüpfung hat
ein gemeinsames Fundament: Sowohl aus der Sicht des Gesetzgebers als
auch des Rechtsanwenders soll nicht irgendeine Rechtsordnung zur Fall-
regelung berufen werden (IPR) oder nicht jede beliebige grenzüberschreitende Tätigkeit einer Besteuerung unterliegen (IStR); dazu der
Hinweis auf erforderliche Konkretisierungen von Gattungsbegriffen im
IStR und IPR (*Georg von Schanz* einerseits, *Friedrich Carl von Savigny*
andererseits) bei *Kl. Vogel* in Festschrift *Lutz Fischer* S. 1018. Es gibt im
IPR das Problem der „Flucht aus dem eigenen Recht" (s. *Staudinger/*

*Magnus* EGBGB Art. 27 Rz 115) – wenigstens in Teilbereichen mit einer vergleichbaren Fragestellung des IStR: Ein Inlandsfall wird mit ausländischer, nicht billigenswerter Anknüpfung verbunden, um deutscher Steuerhoheit zu entgehen. Die Qualifikationsfrage bei der Anwendung von Doppelbesteuerungsabkommen legt einen Vergleich mit der IPR-Qualifikation nahe (s. S 65). Um Fragen eines direkten IPR-Einflusses auf das IStR geht es im Zusammenhang mit der Reichweite des deutschen Gesellschaftsstatuts (Sitztheorie) und der Abkommensberechtigung ausländischer Personengesellschaften (K 40; S 82).

## II. Normenbestand (Übersicht):
## Räumlicher Anwendungsbereich deutschen Steuerrechts

(1) Auf die Dreiteilung des Normenbestandes, nämlich    7
– Außensteuerrecht
– Völkerrechtliche Vereinbarungen
– Europäisches Gemeinschaftsrecht
wurde bereits einleitend hingewiesen. Dem folgt die Darstellung in der Weise, daß in einem ersten Hauptteil das Gemeinschaftsrecht, in zwei weiteren Hauptteilen das Außensteuerrecht mit dem darin eingeflossenen (umgesetzten) Gemeinschaftsrecht und in einem daran anschließenden Hauptteil die völkerrechtlichen Vereinbarungen zur Vermeidung der Doppelbesteuerung vorgestellt und die davon ausgehenden Rechtsfolgen für das Außensteuerrecht erörtert werden – die Beschränkungen und Ermäßigungen der zuvor dargestellten Tatbestände des Außensteuerrechts. In den dann folgenden Kapiteln zu weiteren Steuern sowie dem abschließenden Teil zur Sachverhaltsaufklärung werden alle 3 Rechtskreise jeweils zusammenhängend dargestellt. Vorweg soll noch kurz die Frage gestellt werden, inwieweit sich Auslegungsprobleme zum räumlichen Anwendungsbereich der jeweiligen Norm (Geltungsbereich der lex causae) selbst ergeben können. Hier ist zu differenzieren.

(2) Die **gemeinschaftsrechtlichen** und die **völkerrechtlichen Quel-**    8
**len** sind ohne weiteres erkennbar grenzüberschreitend ausgerichtet; ihr räumlicher Anwendungsbereich ist problemlos (zu bedenken ist im Hinblick auf das vereinheitlichte Gemeinschaftsrecht jedoch, daß sich dieses auch auf Binnensachverhalte zum Zwecke der Rechtsangleichung beziehen kann – beispielhaft hierzu die 6. USt-RL). Im **Außensteuerrecht** gibt es jeweils einen Kernbestand an Normen, der grenzüberschreitende Sachverhalte regelt: Im Bereich der Umsatzsteuer Normen zur Einfuhr und Ausfuhr; im Bereich der direkten Steuern der weltweit geltende Besteuerungsanspruch durch die Voraussetzungen der unbeschränkten Steuerpflicht; der auf das eigene Territorium beschränkte Besteuerungsanspruch durch die Voraussetzungen der beschränkten Steuerpflicht. Ei-

nen guten – wenn auch nicht den Normenbestand vollkommen erfassenden – Überblick geben

– einerseits der **Geschäftsverteilungsplan des Bundesfinanzhofes** für Revisionen im Bereich des internationalen Steuerrechts, soweit hierfür der I. Senat zuständig ist (für 1999 s. BStBl. 1999 II, 71):

– Verlustabzug für ausländische Einkünfte nach (den durch das Steuerentlastungsgesetz 1999/2000/2002 mit Wirkung vom 1. Januar 1999 aufgehobenen) § 2a III, IV EStG, § 2 AIG (seit VZ 1990 durch § 2a III, IV EStG ersetzt);
– die beschränkte Steuerpflicht einschließlich Fälle des § 1 III EStG, das Außensteuergesetz, die §§ 34c, 34d EStG und/oder die Auslegung von Doppelbesteuerungsabkommen;
– die Tarifvorschrift gem. § 32b I Nr. 2 EStG;
– den Steuerabzug vom Kapitalertrag und Erstattung der Kapitalertragsteuer gem. §§ 44b und 44c EStG;
– den Steuerabzug bei beschränkt Steuerpflichtigen (§ 50a EStG);
– die gesonderte Feststellung von Besteuerungsgrundlagen gemäß § 18 Außensteuergesetz;
– allgemeines Abgabenrecht, soweit eine Steuerstreitigkeit
  a) die Auskunftserteilung nach Maßgabe eines Rechtshilfe-, Amtshilfe- oder Doppelbesteuerungsabkommens, des § 117 AO 1977 und/oder des EG-Amtshilfe-Gesetzes oder
  b) die Weitergabe von Informationen an ausländische Behörden oder Gerichte oder deren Unterlassung betrifft.

– Andererseits der **Organisationsplan des Bundesministeriums der Finanzen,** der für den Bereich der Besitz- und Verkehrsteuern (Abteilung IV) in der Unterabteilung IV B u.a. die Zuständigkeit für internationales Steuerrecht und die EU-Steuerharmonisierung mit folgenden Referaten ausweist (Stand: Dezember 1998):

– Referat IV B 1a: Grundsatzfragen der internationalen Steuerpolitik; EU-Steuerharmonisierung (soweit nicht IV B 2); Zusammenarbeit mit den mittel- und osteuropäischen Staaten auf dem Gebiet des Steuerwesens
– Referat IV B 1b: Koordinierung der EU-Präsidentschaft für Abt. IV; Harmonisierung der Zinsbesteuerung; Verhaltenskodex
– Referat IV B 2: Grundsätzliche und allgemeine Fragen der Umsatzsteuer; EU-Umsatzsteuerharmonisierung
– Referat IV B 3: Doppelbesteuerungsabkommen (soweit nicht IV B 4, IV D 3 zuständig); Internationale Organisationen; Auslandsinvestitionsgesetz
– Referat IV B 4: Doppelbesteuerungsabkommen (soweit nicht IV B 3, IV D 3 zuständig); Außensteuergesetz; außensteuerliches Abgabenrecht
in der Unterabteilung IV C mit der Zuständigkeit u.a. für einzelne Steuern vom Einkommen und Ertrag Referate mit einem Bezug zum IStR ausweist
– Referat IV C 1: Einkommensteuer, unbeschränkte und beschränkte Steuerpflicht; Einkünfte aus Kapitalvermögen; Auslandinvestment-Gesetz
– Referat IV C 6 mit der Zuständigkeit für die Körperschaftsteuer (ohne weitere Differenzierung)
in der Unterabteilung IV D mit dem Referat IV D 3 (Doppelbesteuerungsabkommen, soweit nicht IV B 3, IV B 4 zuständig).

(3) Eine Vielzahl von Normen des Steuerrechts differenziert nicht 9 zwischen reinen **Binnensachverhalten** und **grenzüberschreitenden Sachverhalten.** Wenn im Einkommensteuergesetz bei der Behandlung der sieben Einkunftsarten (§§ 13 bis 24 EStG) der räumliche Geltungsbereich nicht jeweils bestimmt wird und auch die Tarifnormen (von § 32b, § 34c, § 34d EStG abgesehen) keine Differenzierungen treffen, dann heißt das nicht, daß er jeweils einer Auslegung zugänglich ist: denn den Tatbeständen ist eine räumliche Begrenzung auf das Inland nur in Ausnahmefällen zu entnehmen: So ist § 13a EStG auf die Ermittlung inländischer Einkünfte beschränkt (*BFH* IStR 1998, 212); § 32c EStG schließt von der Tarifbegrenzung bei gewerblichen Einkünften Gewinne ausländischer Betriebsstätten aus. Mit der Regel der unbeschränkten Steuerpflicht wird bestätigt, daß es auf den Ort der Einkünfteerzielung nicht ankommt. Deswegen stößt man bei der Frage nach dem räumlichen Anwendungsbereich des deutschen Steuerrechts kaum auf Probleme – solange man das Abkommensrecht und daraus folgende Zweifelsfragen nicht einbezieht. Ein Beispiel hierfür ist die Frage nach der Einbeziehung ausländischer Grundstücksverkäufe in einen gewerblichen Grundstückshandel für die Anwendung der Drei-Objekt-Grenze. Alle im Ausland verwirklichten Tatbestandselemente sind der Besteuerung im Inland zugrundezulegen, die Qualifizierung der Grundstücksverkäufe als private oder gewerbliche Betätigung hängt nicht vom Ort des Geschäfts, nicht von der Belegenheit des Grundstücks ab. Im Abkommensrecht stellt sich dagegen die Frage, ob dies mit Art. 13 I OECD-MA vereinbar ist (*Bornheim* DStR 1998, 1773; siehe hierzu S 264). Daß dessen ungeachtet gerade das **Welteinkommensprinzip** immer wieder zu Auslegungsproblemen führt (s. M 19) ist eine andere Sache – mit dem räumlichen Anwendungsbereich hat dies nichts zu tun. Auch das gesamte Verfahrensrecht der Abgabenordnung gibt insoweit gutes Anschauungsmaterial, als es grundsätzlich gleiches Recht für nationale und internationale Sachverhalte gelten läßt (dazu Teil D im Handbuch des Außensteuerrechts 1999, S. 1061 ff.). Mehr noch: Selbst die Anknüpfungsmomente wie Wohnsitz und Sitz der Gesellschaft, Betriebsstätte sind nicht danach unterschieden, ob Binnensachverhalte oder internationale Sachverhalte anzuwenden sind; richtig ist, daß daneben auch verfahrensmäßige Sonderbestimmungen für internationale Sachverhalte gelten – aber als solche klar erkennbar (beispielsweise § 90 II AO zur erweiterten Mitwirkungspflicht bei Auslandsbeziehungen). Andere Normen – insbesondere solche mit einem begünstigenden Inhalt – grenzen wiederum ab, indem sie ausländische Sachverhalte ausschließen. Beispiele: § 7k EStG begünstigt nur inländische Wohnungen; § 10e EStG knüpft die Steuerbegünstigung an eine Wohnung „in einem im Inland belegenen eigenen Haus" an; § 10 I Nr. 9 EStG setzt für den Sonderausgabenabzug von Schulgeld voraus, daß es sich bei der Schule um eine gem. Art. 7 IV GG staatlich

13

genehmigte oder nach Landesrecht anerkannte allgemeinbildende Ergänzungsschule handelt; nur inländische Kapitalerträge unterliegen einem
Quellensteuerabzug (§ 43 III EStG mit Ausnahmen beim Zinsabschlag);
Spenden an ausländische Körperschaften sind nicht abzugsfähig, es muß
sich insoweit um eine inländische juristische Person des öffentlichen
Rechts handeln; die Befreiungen von der Körperschaftsteuer gelten nicht
für ausländische beschränkt steuerpflichtige Körperschaften (§ 5 II Nr. 3
KStG); Ausländer sind vom körperschaftsteuerlichen Anrechnungssystem ausgeschlossen – anrechenbar ist auch nur eine inländische Körperschaftsteuer (§ 36 II Nr. 3 EStG). In diesen Fällen stellt sich den Finanzgerichten aber die Frage der Vereinbarkeit mit europäischem Gemeinschaftsrecht; unter Einbeziehung der Diskriminierungsverbote ist der
räumliche Anwendungsbereich der Norm zu überdenken: Im Falle des
*FG Saarland* (IStR 1997, 399) war zu klären, ob sich ein Stpfl. auch
dann auf § 10e EStG berufen kann, wenn er in EU-Grenznähe ein Gebäude errichtet; im Falle des *FG Berlin* (EFG 1995, 1066) stand die Abzugsfähigkeit einer Spende als Sonderausgabe an ein Kloster des Heiligen Berges in Athos an; und im Fall des *BFH* (FR 1997, 817) wurde ein
Sonderausgabenabzug für den Besuch eines in Großbritannien gelegenen
Internats begehrt. In allen Fällen wurden Diskriminierungen entweder
verneint oder Rechtfertigungsgründe hierfür angeführt, ohne daß es hier
um die Einzelheiten geht (hierzu im einzelnen der 2. Teil zum Gemeinschaftsrecht: es handelt sich um ein Schwerpunktthema des deutschen
IStR, wie eine Übersicht über europarechtlich möglicherweise nicht genügende Tatbestände des deutschen Steuerrechts unter K 69 zeigt).
Scheinbar im Widerspruch hierzu steht der Erlaß der *OFD Hannover*
(FR 1998, 1101) zur Verwirklichung steuerbegünstigter Zwecke im
Ausland durch inländische Körperschaften; doch geht es hier um eine
andere Frage: Das Tatbestandsmerkmal der Inlandseigenschaft des Spendenempfängers schließt nicht dessen grenzüberschreitende Tätigkeit aus,
dafür gibt die Norm nichts her: Die Zweckverwirklichung im Ausland ist
dem Grunde nach weder für die Steuerbefreiung noch für den Spendenabzug schädlich – eine Förderung der Allgemeinheit i.S. von § 52 AO
setzt nicht voraus, daß die Fördermaßnahmen Bewohnern oder Staatsangehörigen der Bundesrepublik zugute kommen; hier wird mithin im
Wege der Auslegung der räumliche Anwendungsbereich der Norm bestimmt, sofern die Fördermaßnahmen nicht von vornherein auf das Inland beschränkt sind wie der Naturschutz und die Landschaftspflege (s.
Nr. 18 der Anlage 7 zu R 111 I EStR). Mit der Kirchenzugehörigkeit bei
Zuzug im Ausland hatte sich der *BFH* FR 1999, 516 zu befassen: Wesentlicher Merkmale der Kirchenmitgliedschaft sind konfessionelle Beziehung einerseits und räumliche andererseits; die räumliche Beziehung
durch Wohnsitzaufnahme während eines Jahres ohne ausdrückliche Beitrittserklärung ist ausreichend: Die Rechtfertigung für die Mitgliedschaft

zuziehender ausländischer Bekenntnisverwandter ohne förmliche Beitrittserklärung ist in den Beziehungen der Kirchen untereinander zu suchen. Daß eine Norm auch bei klarer Abgrenzung die verfassungsrechtliche Frage nach Einbeziehung von Ausländern (bzw. weiterer Ausländer) aufwerfen kann, hat *Heuermann* (DStR 1997, 1631) am Kindergeldanspruch §§ 66 ff. EStG demonstriert.

(4) Mit der Frage des räumlichen Anwendungsbereichs der Norm ha- **10** ben jene Fälle nichts zu tun, deren Problematik lediglich darin besteht, daß grenzüberschreitende Sachverhalte bisweilen in besonderer Weise die **Abgrenzung der beruflichen von der privaten Sphäre** erfordern. Das Ausland „lockt" in besonderer Weise und der Versuch, einen Auslandsaufenthalt als beruflich veranlaßt darzustellen, stellt keine besondere Frage des internationalen Steuerrechts dar; es geht in diesen Fällen nicht einmal um eine Anwendung des § 90 II AO (erhöhte Mitwirkungspflicht des Steuerpflichtigen), sondern um das Aufteilungs- und Abzugsverbot des § 12 EStG. Typische Fallgestaltungen: Berufliche Veranlassung von Auslandsreisen (*BFH* RIW 1996, 176; *BFH* BStBl. 1997 II, 357; *BFH*/NV 1998, 157; *FG Nürnberg* EFG 1999, 221); strenge Anforderungen an den Nachweis des nahezu ausschließlich betrieblichen Charakters von Kongreßreisen (z. B. *OFD Hannover* FR 1999, 325); ausländischer Sprachschulbesuch vor Studiumbeginn als Berufsausbildung (*FG Nürnberg* EFG 1998, 955; *FG Köln* EFG 1999, 241); Collegebesuch in den USA als Berufsausbildung (*Hess. FG* EFG 1998, 882); Tätigkeit eines Anglistikstudenten als Fremdsprachenassistent als Berufsausbildung (*FG Düsseldorf* EFG 1999, 241); Aufwendungen für eine Auslandsexkursion im Rahmen eines Zweitstudiums als Fortbildungskosten (*Hess. FG* EFG 1999, 816); Schulgeldzahlungen für den Besuch einer internationalen Schule auch dann als Aufwendungen für die Lebensführung, wenn der Gesichtspunkt einer beruflich bedingten Mehraufwendung im Frage steht – der außergewöhnlichen Belastung steht § 33a V EStG entgegen (*FG Hamburg* EFG 1997, 1385); Umzugskosten eines ausländischen Arbeitnehmers in sein Heimatland zurück (*BFH* FR 1997, 260); zeitliche Zuordnung von Umzugskostenpauschalen (*FG Hamburg* EFG 1998, 1389); doppelte Haushaltsführung bei einem Hausstand im Ausland (*Thüringer FG* EFG 1998, 1254). An den beim *EuGH* anhängigen Fall Vestergaard und den hierzu vorliegenden Schlußantrag des Generalanwalts (IStR 1999, 502) anknüpfend hat *Dautzenberg* die berechtigte Frage gestellt, ob die Typisierung insbesonder bei Kosten für ausländische Fortbildungsmaßnahmen mit der Dienstleistungsfreiheit (Art. 49 EG) zu vereinbaren ist – oder ob nicht das Europarecht in Zukunft die Verwaltung dazu zwingen wird, von einer pauschalen und in der Tendenz ungerechten Typisierung „Inlandsfall gut – Auslandsfall kritisch" abzugehen und stattdessen einheitliche Maßstäbe unabhängig vom Geschehensort zu erarbeiten (IStR 1999, 504).

15

## III. Internationales Steuerrecht:
## Wettbewerbsneutralität als Zielvorstellung

### 1. Das Problem: Internationaler Handel und fehlende Normabstimmung

**11**   (1) Von welchen Zielvorstellungen läßt sich der Gesetzgeber bei der Abgrenzung seiner Steuergewalt im internationalen Bereich leiten? Die Antwort lautet: Grundsätzlich werden mit den Normen des internationalen Steuerrechts keine anderen Ziele verfolgt als mit den Normen, die innerstaatliche Sachverhalte zum Gegenstand haben. Steuern werden den Steuerpflichtigen zur Erzielung von Einkünften auferlegt (§ 3 I 1 AO). Warum sollte ein Staat mit der Besteuerung dort einhalten, wo ein Sachverhalt die eigenen Grenzen überschreitet? Das Recht der Staaten, ihr Steuersystem auch auf grenzüberschreitende Sachverhalte auszurichten, folgt aus der ihnen aufgrund ihrer Souveränität zustehenden **Steuerhoheit,** die die Steuergesetzgebungshoheit beinhaltet (*Ebling* S. 20f., 58f.). Hierbei soll zunächst unbeachtet bleiben, ob völkerrechtliche Normen einer beliebig weiten Ausdehnung eigenen Rechts auf internationale Sachverhalte entgegenstehen. Den Normen des Außensteuerrechts kommt daher im Kern keine andere Bedeutung zu als die der Sicherung der Besteuerung bei Auslandsbeziehungen. Die Regelung der Steuerpflicht (z. B. §§ 1 IV, 49 ff. EStG), besondere materielle Regelungen wie die Besteuerung bei Sitz- oder Geschäftsleitungsverlegungen in das Ausland (§ 14 KStG) oder die Berichtigung von Einkünften (§ 1 AStG) zur Regelung der Einkunftsabgrenzung bei international verbundenen Unternehmen gehören dazu ebenso wie Auskunfts- und Mitwirkungspflichten des Steuerpflichtigen, besondere Beweis- und Nachweislastverteilungen bei Auslandssachverhalten und die Regelung des internationalen Auskunftsverkehrs. Internationales und nationales Steuerrecht stehen – das soll zunächst damit klargestellt werden – nicht beziehungslos nebeneinander. Wenn das IStR in den folgenden Abschnitten vor allem unter dem Gesichtspunkt der Wettbewerbsfolgen betrachtet wird, dann heißt das weder, daß andere fundamentale Grundsätze (Leistungsfähigkeit, Gleichmäßigkeit, Praktikabilität) keine Bedeutung haben, noch heißt dies, daß für das nationale Steuerrecht die Wettbewerbsfrage eine geringere Bedeutung hat. Es soll nur den – insoweit wohl übereinstimmend mit einer überwiegend vertretenen Sicht – maßgeblichen Bestimmungsgrund hervorheben, wobei von vornherein klarzustellen ist, daß von den vielfältigsten Zusammenhängen, in denen **Wettbewerbs- und Neutralitätsfragen** erörtert werden, hier nur die Wanderungsbewegungen des Kapitals interessieren. Es geht nicht – um ein Beispiel zu nennen – um Fragen der Rechtsformneutralität, obwohl natürlich auch hiervon Kapitalströme beeinflußt werden können, wie das für Kapitalgesellschaften auch international geltende Trennungsprinzip zeigt. Im übrigen ergibt sich der Zusammenhang schon daraus, daß die Regeln des internationalen Steuerrechts in die Regeln des nationalen Steuerrechtssystems eingeordnet sind – **Binnensteuerrecht und Außensteuerrecht** repräsentieren nicht zwei getrennte Rechtskreise, sondern einen einzigen Rechtskreis. Wanderungsbewegungen über die Grenze sind Wanderungsbewegungen aus einem einheitlichen Rechtssystem heraus – Sonderregeln im eigenen Recht für grenzüberschreitende Sachverhalte ändern daran nichts. Deswegen teilt das internationale Steuerrecht seine Bewertung mit dem Gesamtsystem. Das ist noch an keiner anderen Stelle so klar zum Ausdruck gebracht worden wie im *BMF-Beiratsgutachten* zur „Reform der internationalen Kapitaleinkommensbesteuerung" (1999) im Zusammenhang mit der Kritik am deutschen Hochsteuersatzsystem (S. 99): „Der Beirat will deshalb deutlich sagen, daß die heutigen Steuersätze nicht auf fiskalischen Bedarfen beruhen, sondern ausschließlich darauf, daß der Gesetzgeber meinte, horrende, nur auf dem Papier stehende Steuerdrohungen mit Wohltaten für fast alle Pflichtigen verbinden zu müssen. Dies gilt nicht zuletzt im internationalen Steuerrecht, wo ganz absurde Steuersätze mit zahlreichen Vergünstigungen und Lenkungsnormen kombiniert wurden".

Wie die binnenmarktbezogenen Normen des Steuerrechts verfolgen auch die Normen, die an grenzüberschreitende Sachverhalte anknüpfen, bisweilen außerfiskalische Zwecke, für die nicht irgendein Förderungszweck bestimmt ist, sondern die gezielte Förderung internationaler Handelstätigkeit. Sie können die **internationale Tätigkeit fördern,** insbesondere Investitionsanreize schaffen, wie § 26 III KStG für Tochtergesellschaften mit Sitz und Geschäftsleitung in einem Entwicklungsland zur Folge hat, daß auf Gewinnausschüttungen von Tochtergesellschaften in Entwicklungsländern keine Körperschaftsteuer entfällt. Zu verweisen ist auch auf zwei inzwischen außer Kraft getretene Gesetze: das *Entwicklungsländer-Steuergesetz* v. 21. 5. 1979 (BGBl. I, 564) und das *Auslandsinvestitionsgesetz* v. 18. 8. 1969 BGBl. I, 121). Doch ist der frühere § 2 des AIG in § 2a III, IV EStG übernommen, § 2a EStG insoweit aber durch das Steuerentlastungsgesetz 1999/2000/2002 aufgehoben worden. Erwähnenswert ist auch der *Auslandstätigkeitserlaß* (BStBl. 1983 I, 470), nach dem die Bundesrepublik bei Arbeitnehmern, die für begrenzte Zeit zur Verrichtung bestimmter Tätigkeiten im Ausland weilen, auf eine Besteuerung der für diese Tätigkeit gezahlten Bezüge verzichtet, sofern kein DBA mit dem anderen Staat besteht. Für im Ausland eingesetzte Arbeitnehmer inländischer Arbeitgeber gilt eine – allerdings auf bestimmte Einkunftsteile beschränkte – Steuerbefreiung gem. § 3 Nr. 64 EStG. Normen können auch – wie die Holding-Privilegien in § 8b KStG – das Ziel haben, anders als die zuvor genannten Beispiele Kapital vorrangig in das Inland zu lenken. Mithin gilt das von der Steuerrechtswissenschaft erarbeitete Normensystem (Fiskalzwecknorm, Sozialzwecknorm, Vereinfachungszwecknorm) auch für die Besteuerung grenzüberschreitender Sachverhalte (*Schaumburg* S. 6).

Sie können aber auch **Hindernisse** gegen eine grenzüberschreitende Aktivität **begründen.** Ein herausragendes Beispiel dafür ist § 2a I EStG (negative ausländische Einkünfte): Entgegen dem Welteinkommensprinzip werden der Verlustausgleich für bestimmte negative ausländische Einkünfte (Verlustausgleich „nur mit ausländischen Einkünften der jeweils selben Art aus demselben Staat") und der Verlustabzug (§ 10d

EStG) eingeschränkt. Dahinter steht die außerfiskalische Zielsetzung, angeblich nicht sinnvolle Auslandsinvestitionen zu behindern, was letztlich wiederum auf einen Wettbewerbsaspekt zurückzuführen ist: Durch internationalen Handel keinen Wettbewerbsvorteil im Verhältnis zu anderen, heimischen Steuerpflichtigen zu erlangen. Aber auch dies ist keine Spezialität einer außensteuerrechtlichen Norm. Auch §§ 2 b, 15 a EStG haben einen „aktivitätshemmenden" Hintergrund.

**13**  (2) Mit dem Anspruch des Staats, seinen Finanzbedarf grundsätzlich auch aus der Besteuerung internationaler Sachverhalte zu decken und hierbei auch außerfiskalische Zwecke im herkömmlichen Sinne zu berücksichtigen, läßt sich zwar begründen, warum solche Sachverhalte überhaupt in den Steuergesetzen erfaßt werden. Die konkrete Ausgestaltung, die dieses Rechtsgebiet in der Bundesrepublik (und in einer Vielzahl anderer Staaten) erfahren hat, kann damit allein nicht erklärt werden. So stehen dem Ziel, die Steuereinnahmen zu erhöhen, die zahlreichen Doppelbesteuerungsabkommen zunächst entgegen. Und es ist zunächst auch unverständlich, warum der Gesetzgeber die „Hinzurechnungsbesteuerung" nach § 7 AStG u.a. davon abhängig macht, daß die inlandsbeherrschte Auslandsgesellschaft ihren Sitz in einem niedrig besteuernden Staat hat. Unverständlich bliebe einem unvoreingenommenen Betrachter auch eine neuere Rechtsentwicklung, wie sie beispielsweise an den §§ 1 a I, 44 d II EStG nachzuvollziehen ist: Regionale Begrenzung auf den Bereich der EU, EWR-Mitgliedstaaten; eine Steuerbefreiungsnorm knüpft an eine besondere persönliche Voraussetzung der Ansässigkeit in einem anderen EU-Staat.

Es müssen also besondere Zielsetzungen und Bedingungen sein, die der Gesetzgeber hier verfolgt und denen er entsprechen will, und denen er u.U. einerseits den Wunsch nach möglichst hohen Steuereinnahmen unterordnet, andererseits aber besondere Anstrengungen folgen läßt, grenzüberschreitende Sachverhalte tatbestandsmäßig zu erfassen. In der Terminologie *Gabriele Burmesters*, die zwischenstaatliche Regelungskonflikte auf ihre Ursprünge zurückführt, handelt es sich um die Frage internationaler Leistungsanforderungen und internationaler Leistungsgewährung (S. 150 ff.).

**14**  (3) Um zu verstehen, warum es im IStR einen Bestand an Sondernormen gibt, der diesem Rechtsgebiet damit auch eine Prägung verleiht, ist es erforderlich, sich den wirtschaftlichen Hintergrund grenzüberschreitender Tätigkeit gegenüber einer lediglich binnenmarktbezogenen Tätigkeit zu verdeutlichen. Im Verhältnis der Volkswirtschaften zueinander (Weltwirtschaft) erklärt die traditionelle **Außenhandelstheorie** Zustandekommen und Konsequenzen des internationalen Handels mit der *Ausnutzung komparativer Vorteile* (dazu *Andrea Maneschi*, Comparative Advantage in Internal Trade. A Historical Perspective, Cheltenham 1998). Die Teilnahme an Handelsbeziehungen bewirkt eine Wohlfahrtsverbesserung. Wirtschaftspolitische Maxime dieser Theorie ist die Maxime des freien Handels, staatliche Eingriffe sind nur in Ausnahmefällen mittels der Zollpolitik gerechtfertigt. Die moderne Außenhandelstheorie analysiert den internationalen Handel mit dem Werkzeug der Industrieökonomik, ohne damit vom Konzept komparativer Vorteile abzuweichen. Danach ermöglicht internationaler Handel die Ausnutzung von sog. Skalenerträgen (Stückkostenauswirkungen: zur Einführung *von Hagen* S. 240, 243). Die **Expansion des Welthandels** belegt, daß grenzüberschreitende Wirtschaftsbeziehungen das Ergebnis weltwirtschaftlicher Tätigkeit in zunehmendem Einfluß bestimmen: Der Welthandel wächst stärker als die Weltwirtschaft insgesamt. Nach einer von der WTO veröffentlichten Gegenüberstellung für die Jahre 1986 bis 1996 (FAZ 29. 2. 1998, 16) liegen die Exportzuwächse in jedem Jahr erheblich über den Produktionszuwächsen, teilweise (seit 1991 ununterbrochen) ist mehr als ein doppelter Zuwachs zu verzeichnen. Zur Förderung der eigenen Wirtschaft und im Widerspruch zur „reinen" Lehre können die Staaten Maßnahmen zur Verbesserung ihrer Standortbedingungen treffen und damit den „reinen" Wettbewerb verfälschen. Ein klassisches Instrument hierfür ist die Warenentlastung (Exportfall) bzw. die Warenbelastung (Importfall) durch besondere Abgaben mit dem Ziel, auf diesem Wege zu einem höheren Anteil am Welthandel zu gelangen.

Denn die in den einzelnen Staaten in jeweils unterschiedlicher Höhe **15** erhobenen Steuern gehören zu den künstlichen Produktionsbedingungen, solange der Aspekt, daß sie gleichzeitig die Grundlage der Produktion überhaupt durch Schaffung einer geeigneten Infrastruktur schaffen können, außer Acht bleibt. Sie sind daher geeignet, Wettbewerbsverzerrungen entstehen zu lassen und somit eine optimale Entwicklung des internationalen Handels zu verhindern. Diese Wirkung kann auf unterschiedliche Weise eintreten:

– Einmal ist es möglich, daß infolge der mit dem internationalen Handel zwangsläufig verbundenen Berührung mehrerer Staaten die Handelsware bzw. der den Handel betreibende Unternehmer einer mehrmaligen Besteuerung unterworfen wird. Trotz niedriger Produktionskosten einer Ware an einem bestimmten Ort kann deren Preis hierdurch so ansteigen, daß sich ein Import der Ware in ein anderes Land, in dem die Ware nur mit wesentlich höheren Produktionskosten hergestellt werden kann, nicht lohnt.

– Da in jedem Staat ein unterschiedlich hohes Steuerniveau besteht, kann es zur Verlagerung von Produktionsfaktoren von einem Land A in ein anderes Land B kommen, weil trotz gleich günstiger oder sogar ungünstigerer Bedingungen für die Produktion in B wegen der dort bestehenden niedrigeren Steuerbelastung die insgesamt verursachten Produktionskosten unter denen in A liegen.

Einerseits wird die Mobilität der wirtschaftlichen Ressourcen erstrebt, andererseits kann diese Mobilität zum Verlust von Steuereinnahmen führen; somit sind beide Ziele auf die gemeinsame Grundlage zurückzuführen, den Einfluß der Steuer möglichst zu neutralisieren. Der internationale Austausch von Gütern und Dienstleistungen soll von derartigen

Wettbewerbsverzerrungen möglichst frei sein, da anderenfalls eine optimale Weltproduktion nicht gewährleistet ist. Die Steuerpflichtigen sollen sich unter Einbeziehung steuerlicher Wirkungen nicht anders entscheiden als ohne solche Folgen, Steuern dürfen nur im Falle eines Marktversagens Entscheidungen bestimmen. Dementsprechend stehen zwei wettbewerbsrelevante Zielvorstellungen im Mittelpunkt des internationalen Steuerrechts, solange das Grundmodell eines weitgehend interventionsfreien Wettbewerbs von den Staaten akzeptiert wird: die Bekämpfung der Doppelbesteuerung und der Steuerflucht (zum Widerstreit beider Zielsetzungen *Kl. Vogel* StuW 1974, 195).

**16**    (4) An die Erkenntnis höherer Wohlfahrt durch internationalen Handel knüpft das Ziel eines *Gemeinsamen Marktes in der Europäischen Union* an: Die **Binnenmarktintegration,** die zwischen einer nationalen Wirtschaft und einer Weltwirtschaft einzuordnen ist, hat zu einem besonderen Rechtskreis des europäischen Gemeinschaftsrechts geführt, der das innerstaatliche Recht, hier aber vor allem die Normen des internationalen Steuerrechts, erheblich beeinflußt: Das Steuerrecht muß, wie im 2. Teil dieses Buches noch näher zu erläutern ist, dem gemeinschaftlichen Ziel der Binnenmarkt-Verwirklichung und damit einem System unverfälschten Wettbewerbs entsprechen. Die hieraus resultierenden Einflüsse, aber auch die zahlreichen Überschneidungen mit der Doppelbesteuerungsfrage und der Steuerfluchtproblematik rechtfertigen die Zielvorgabe, ein dem Binnenmarktkonzept entsprechendes Steuerrecht zu schaffen – zumal sich dieses Ziel problemlos in das Streben nach einer möglichst neutralen Steuerpolitik einordnen läßt (*Lehner* StuW 1998, 160). Allen Bedingungen, welche gegenläufigen Wirkungen wie Vermeidung der Doppelbesteuerung einerseits, Steuervermeidung andererseits sie auch haben (*Gabriele Burmester* in Festschrift *Debatin* S. 55) liegen einheitliche Wurzeln zugrunde: sie beruhen – ungeachtet der Einzelursachen – auf einer fehlenden Abstimmung der nationalen Steuerrechtsordnungen, auf einer fehlenden Abstimmung der nationalen Sachnormen. Im Ergebnis kann es zu einem Prozeß der Abstimmung kommen (Doppelbesteuerungsabkommen, Binnenmarktintegration), es kann aber auch zu weiteren Überschneidungen kommen (Steuervermeidungsmaßnahmen). Nur ein vollständiges System miteinander abgestimmter Sachnormen oder ein internationales Einheitsrecht, wie es in Teilbereichen des Zivilrechts geschaffen wurde (als einheitliches Kollisionsrecht, als einheitliches Sachrecht), würde die Beseitigung dieser Friktionen zur Folge haben. Nur muß – im Vorgriff auf die Frage nach einer Neutralitätskonzeption ab B 59 – klargestellt werden, daß die Beseitigung solcher Friktionen noch nicht die Fragen nach **Lenkung der Kapitalströme und Verteilung zwischen den Staaten** beantwortet.

**17**    Im innerstaatlichen Recht bestimmt der Staat das Steuerschuldverhältnis und damit zugleich die Prinzipien der Besteuerung; das tut er auch, soweit er Regeln für grenzüberschreitende Beziehungen setzt. Aber hierbei entsteht ein weiteres Verhältnis, in dem er Ziele bestimmen muß: das Verhältnis zu anderen Staaten. Will er die Überschneidungen der Steuersysteme wegen der nachteiligen Wettbewerbsfolgen nicht einfach hinnehmen – und dies tut kein Staat –, muß er Entscheidungen treffen, z.B. die Frage beantworten, ob überhaupt und wenn ja in welchem Umfang er von der bei einer grenzüberschreitenden Tätigkeit entstehenden Wertschöpfung einen Teil für sich beansprucht. Dies wäre die grundsätzliche Fragestellung nach den Anknüpfungsmerkmalen und der Reichweite der internationalen Besteuerung (vgl. dazu *Barbara Zuber* S. 81 ff.). Mit der Einbeziehung mehrerer Steuerhoheiten entstehen Konkurrenzverhältnisse. Zu den allgemeinen Wertprinzipien im Verhältnis des Steuerpflichtigen zu seinem Staat tritt das Verteilungsproblem zwischen den Staaten hinzu. Geht man davon aus, daß beide Verhältnisse von Gerechtigkeitspostulaten bestimmt werden, stellt sich die Frage ihres Ausgleichs untereinander als eines der zentralen Probleme des internationalen Steuerrechts eines jeden Staats. *Weiser* hat hierzu zutreffend angemerkt, daß die Rechtswissenschaft keine verbindlichen Aussagen treffen könne (S. 78); das *BMF-Beiratsgutachten* zur „Reform der internationalen Kapitaleinkommensbesteuerung" (1999) sieht ein Steuerchaos, solange die Staaten nicht bereit sind, in Kooperation miteinander sich für eine klare Konzeption zu entscheiden (S. 115 f.) – darum geht es im Themenkreis eines **Neutralitätskonzeptes**.

(5) Die bisherige Sicht zeigt, daß der Staat natürlich immer seine Interessen und die seiner Steuerpflichtigen vertritt. Hierbei können sich schon gegenüber den eigenen Staatsbürgern Interessenkonflikte ergeben. So wird der Staat bei seinen Bemühungen, die Doppelbesteuerung zu vermeiden, auch private Interessen fördern, der hohe Stellenwert dieses Ziels auch aus der Sicht des Stpfl. ist belegt. Bei seinen Bemühungen, die internationalen Fluchtbewegungen zu beeinflussen, wird er solange auf Zustimmung stoßen, solange er Bedingungen für Mindestbesteuerungen setzt – setzt er ihnen Schranken, muß er mit Ausweichreaktionen rechnen; denn das Ziel Mindestbelastungen zu nutzen, ist vielfältig nachgewiesen (*Kessler* S. 75). Daß Konflikte dieser Art vor allem Hochsteuerländer auszeichnet, bedarf keiner Erklärung. Nur geraten sie zunehmend in einen zweifachen Konflikt: in den mit den eigenen Steuerpflichtigen und in den mit fremden Staaten. Wenngleich die Interessen des Staats an der Teilhabe auch an der internationalen Wertschöpfung niemals in Zweifel gezogen wurden, ist internationales Steuerrecht traditionell aus der Verhältnis Staat/Steuerpflichtiger heraus betrachtet worden. Dem Verhältnis der Staaten zueinander widmete das IStR zunächst keine Aufmerksamkeit – dies schien Sache der Makroökonomie (Finanzwissenschaft) zu sein; beispielhaft ist auf *Andel* zu verweisen, der in seinem Lehrbuch zur Finanzwissenschaft „Aspekte des internationalen Finanzausgleichs" behandelt (S. 533 ff.). *Kl. Vogel* (Festschrift *Lutz Fischer* S. 1013 ff.) hat die Vorgeschichte des IStR im Revenue Act 1921 mit der Einführung des Anrechnungsverfahrens erläutert und einen Bogen zur aktuellen Auseinandersetzung um Prinzipien des IStR geschlagen, in der die Gerechtigkeit zwischen den Staaten eine wesentliche Rolle spielt. Und die Entwicklung des vergangenen Jahrzehnts zeigt: Das Verhältnis des Staats zu seinen Steuerpflichtigen ist wandelbar gewor-

den; und die Staaten sind untereinander zunehmend in einen Wettbewerb als Folge dieser Wandelbarkeit und Beweglichkeit geraten. Hiervon muß auch das IStR Kenntnis nehmen. Dies geschieht in Ansätzen. So nimmt die Arbeit von *Johanna Hey* unter den Arbeiten zu einer Harmonisierung der europäischen Unternehmensbesteuerung (s. dazu im einzelnen J 21) insoweit einen besonderen Rang ein, als sie die Leitlinien einer solchen Besteuerung auch unter dem Gesichtspunkt der Aufteilung des Steueraufkommens zwischen den Mitgliedstaaten bestimmt (S. 161 ff.). Und *Kleineidam* (Festschrift *Lutz Fischer* S. 691 ff.) hat – soweit ersichtlich – bei der Frage internationaler Einkünftezurechnung auf Betriebsstätten erstmals das „Postulat der Gerechtigkeit unter den Staaten in den Vordergrund gestellt.

**19**     (6) Steuerpolitische Gesichtspunkte sind mit der Konzentration auf das **Doppelbesteuerungsproblem,** auf die **Steuerfluchtproblematik** und auf ein **Binnenmarktkonzept** sicherlich nur sehr grob vereinfachend beschrieben, sehen in der Steuer auch nur einen Wettbewerbsfaktor, noch dazu einen solchen überwiegend störender Natur. Doch selbst wenn man zu einer tieferen Gliederung steuerpolitischer Gesichtspunkte bei der IStR-Gestaltung übergeht und hierin einbezieht (vgl. dazu *Grotherr* in *B/H/G/K* Rz 34 zu Art. 23 A/B MA):

– Wettbewerbsneutralität, Wettbewerbseingriffe
– Leistungsfähigkeit
– Verwaltungsökonomie
– Sicherung des nationalen Steueraufkommens
– Kapitalallokation
– Steuerflucht
– Förderung von ausländischen oder inländischen Direktinvestitionen
– Selbstbeschränkung staatlicher Souveränität
– Gleichbehandlung von Inlands- und Auslandsinvestitionen

Stets sind ihre Wirkungen – auf das Steuerrecht bezogen – mit einer entlastenden oder belastenden Folge verbunden und können Wanderungen von Produktionsfaktoren von Land zu Land beeinflussen. Das kann gewollt – das kann unerwünscht sein. Aber es besteht Konsens darüber, daß Wanderungen von Produktionsfaktoren allein aufgrund steuerrechtlicher Rahmenbedingungen einzelwirtschaftlich und volkswirtschaftlich auf Dauer nicht vertretbar sind, weil eine **weltweit effiziente Allokation des Faktors Kapital** damit behindert wird (zur Bedeutung des Einkommenseffektes hierbei *Suermann* S. 18). Das ist keine neue Erkenntnis: Wirtschaftspolitischer Punktualismus als privilegierender oder diskriminierender Eingriff in das Wirtschaftsgeschehen droht zu Lobby-Ausgaben zu führen, zur Umverteilung statt zu einer Wertschöpfung – statt knappe Ressourcen hinsichtlich denkbarer Verwendungsalternativen dorthin zu lenken, wo sie am besten zur Knappheitsminderung beitragen können; Preisbelastungen durch direkte oder indirekte Steuern und

Abgaben spielen hierbei eine ebenso wichtige Rolle wie Preisentlastungen durch gezielte Steuervergünstigungen (*Schüller* Ordo-Jb. 1998, S. 105 ff.). Im Steuerrecht ist aber in den letzten 5 Jahren ein bemerkenswerter Wandel in der Diskussion zu verzeichnen: Zunächst waren Maßnahmen steuerlicher Natur zur Lenkung internationaler Kapitalströme vorrangig unter dem Gesichtspunkt des Betroffenseins der einzelnen Wettbewerber gewürdigt worden. Der einzelne Staat war vor allem an den Folgen für seine Wirtschaftssubjekte interessiert – seine eigene Position, insbesondere die als Steuereinnehmer, sah er nur mittelbar berührt. Die neue Sichtweise stellt bei der Kritik an „interventionistischen" Maßnahmen von Drittstaaten nicht mehr nur die Belange eigener Steuerpflichtiger in den Vordergrund, sondern macht vorrangig staatliche Interessen an der Sicherung des bisherigen Steueraufkommens geltend.

Am Beispiel des Begriffs des **Steuerdumpings** (s. K 5) und der mit ihm verbundenen offiziellen staatlichen Verlautbarungen läßt sich das vielfältig nachweisen (s. dazu beispielhaft das Schreiben des *FinMin Baden-Württemberg* zu einer „Sammlung von Erkenntnissen über unfairen Steuerwettbewerb von Mitgliedstaaten der Gemeinschaft" unter Hinweis auf eine Ausarbeitung des wissenschaftlichen Dienstes des BT (Stand: März 1998 vom 8. Mai 1998). *Kerber* (Ordo-Jb. 1998 S. 255) spricht für die Wirtschaftspolitik bereits von einem „Paradigmenwechsel" – er ist für das IStR gleichermaßen bemerkenswert: Im bisherigen Staatsverständnis verstand sich der Staat als Monopolist, also als eine Instanz, der die inländischen Steuerpflichtigen letztlich nicht ausweichen konnten. Die Mobilität zwischen den Staaten stellt diese Voraussetzung aber in Frage. Die Möglichkeit einer Abwanderung als Reaktion auf eigenes oder fremdes Staatsverhalten ist nicht mehr eine zu vernachlässigende Größe. Der Staat selbst ist in einen Wettbewerbsprozeß einbezogen (**Standortwettbewerb**) – dies ist nicht mehr nur beiläufig in das Normverständnis einzubeziehen, es muß von Anfang an mitbedacht werden – anderenfalls Teilbereiche des IStR überhaupt nicht mehr zu verstehen sind (Beispiel DBA-Neuverhandlungen zur Reichweite der Freistellungs- oder der Anrechnungsmethode).

## 2. Das Doppelbesteuerungsproblem

### a) Begriff der Doppelbesteuerung

(1) Unter dem Begriff **Doppelbesteuerung** werden die verschiedenartigen Erscheinungsformen der Mehrfachbelastung mit Abgaben zusammengefaßt. **20**

Geht man vom Sprachgebrauch der wirtschaftlichen Praxis aus, so besteht die Doppelbesteuerung darin, daß ein und dasselbe Steuerobjekt (Einkommen, Umsatz, Kapital usw.) mehr als einmal besteuert wird. Hat z.B. ein Gewerbetreibender in einem Wirtschaftsjahr einen Gewinn erzielt, so kann dieser Gewinn der Einkommensteuer und der Gewerbeertragsteuer unterliegen (vgl. § 15 EStG, § 7 GewStG). Nach dem genannten Sprachgebrauch läge eine Doppelbesteuerung vor.

Rechtslehre und Rechtspraxis bedienen sich dieser Terminologie nicht; sie unterscheiden Doppel*belastung* und Doppel*besteuerung*. Doppel*belastung* ist auch ein nationales Phänomen; insoweit setzt sie voraus, daß derselbe wirtschaftliche Vorgang innerhalb einer nationalen Steuerordnung mit mehr als einer Steuer belastet wird. Dagegen hat der Begriff der Doppel*besteuerung* ausschließlich internationalen Bezug. Auf die Abweichungen der einzelnen in der Vergangenheit entwickelten Begriffsbestimmungen (vgl. nur *Spitaler* S. 74 ff.; *Isay* Int. FinanzR 1934, S. 111 ff.; *Hensel* SteuerR 3. Aufl. (1933), S. 17; *Dorn* StuW 1925, 1037 ff.; StuW 1926, 97 ff.; StuW 1927, 1399 ff.; StuW 1928 909 ff.) ist hier nicht näher einzugehen.

**21**     (2) Vorab ist zur Bedeutung des Begriffs folgendes klarzustellen (im übrigen s. hierzu unter c) Rechtsfolgen): Trotz seiner zentralen Bedeutung im IStR handelt es sich bei dieser begrifflichen Klärung nicht um die Auslegung eines Rechtsbegriffs der Doppelbesteuerung, was ja ohnehin eine Rechtsfolge voraussetzte, um die es zunächst nicht geht. Aus der Begriffsbildung können daher unmittelbar keine verbindlichen Orientierungsmaßstäbe gewonnen werden (*Wassermeyer* Vor Art. 1 MA Rz 1). Die begrifflichen Klärungen haben keine normative, sondern vorrangig eine deskriptive Funktion, die ihnen jedoch ein erhebliches Gewicht bei der Bestimmung des Zieles verleiht, die Doppelbesteuerung durch Gesetz und Vereinbarung zu vermeiden oder einzuschränken (*Kl. Vogel* DStZ 1997, 276). Dem steht nicht entgegen, daß der Begriff der Doppelbesteuerung bisweilen ausdrücklich als Tatbestandsmerkmal genannt wird: Nach § 34c VI Satz 3 EStG sind § 34c I und II entsprechend anzuwenden, wenn ein DBA „die Doppelbesteuerung nicht beseitigt"; in zahlreichen neueren DBA wird im Zusammenhang mit der sogenannten switch-over-Klausel (dazu S 131) auf eine „doppelte Besteuerung" Bezug genommen. Nach Art. 293 EG-Vertrag sind die Mitgliedstaaten verpflichtet, in Verhandlungen einzutreten, um die „Beseitigung der Doppelbesteuerung" ihrer Staatsangehörigen innerhalb der Gemeinschaft sicherzustellen. In der EG-Schiedsverfahrenskonvention 1990 (Verlängerung 1999) wird auf eine Doppelbesteuerung von „Gewinnen" Bezug genommen. Aus diesen Beispielen zieht *Grotherr* in *B/H/G/K* Grundlagen Teil 1, Abschn. 1 Rz 8 die zutreffende Folgerung, daß das **Vorliegen einer Doppelbesteuerung** in Einzelfällen auch ohne tatbestandsmäßige Bestimmung des Begriffs **von rechtlicher Bedeutung** sein und – wie § 34c VI Satz 3 EStG zeigt – einen Anspruch auf Beseitigung einer Doppelbesteuerung vermitteln kann. Andere Beispiele zeigen, daß die Beseitigung einer Doppelbesteuerung nicht einmal ausdrückliches Tatbestandsmerkmal sein muß, um einen Anspruch des Steuerpflichtigen zu begründen (s. dazu beispielsweise den Fall des *BFH* IStR 1997, 688 zur Feststellung einer „planwidrigen Doppelbesteuerung" bei der Anwendung des AStG). Welchen Inhalt der Begriff der Doppelbesteuerung in den genannten Fällen hat, ist aus dem jeweiligen Zusammenhang zu klären. Von diesen Fällen eines ausdrücklichen gesetzlichen Bezuges abgesehen, gibt es eine lange Tradition begrifflicher Bemühungen, bei denen jeweils vorab zu klären ist, welcher Zweck mit der Begriffsbildung verbunden ist. Hierzu unterscheidet *Grotherr* aaO Rz 9 einen konstitutiven Ansatz, den man mit der Vorgehensweise des Juristen gleichzusetzen hat, von einem zweckorientierten Ansatz, wie er insbesondere der Vorgehensweise des Gesetzgebers oder der DBA-Vertragspartner zugrundeliegt (was wollen wir ändern) und von einem ergebnisorientierten Ansatz, der für die betriebswirtschaftliche Steuerlehre typisch ist (im Prinzip interessiert weniger die Anzahl parallel zugreifender Fisci als die sich im Ergebnis errechnete Gesamtsteuerbelastung).

(3) An dieser Stelle geht es um den konstitutiven Ansatz als denkbare **22** Grundlage für einen **Rechtsbegriff Doppelbesteuerung:** Ob und inwieweit er im Einzelfall Verwendung findet – sei es bei der Auslegung eines Gesetzes, sei es bei einer zweckorientierten Sicht des Gesetzgebers oder der Vertragspartner, ist eine hiervon zu trennende Frage. Wenn mithin eine Vielzahl von Bezeichnungen nachzuweisen ist, die die Bandbreite der unterschiedlichen Interpretationen widerspiegeln (*Lornsen* S. 9): Doppelbesteuerung im engeren, weiteren, weitesten Sinn, formale und materielle, subjektive und objektive, echte und unechte, eigentliche und uneigentliche, technische, rechtliche, wirtschaftliche, schräge, horizontale und vertikale Doppelbesteuerung, dann muß man dieser Vielfalt gegenüber einfach klarstellen, daß in der Gegenwart trotz aller Zweifel im Detail über den wesentlichen Gehalt des Begriffs Übereinstimmung besteht (*Flick* StuW 1961, 681). Im übrigen wäre der Versuch einer genauen Abgrenzung wenig fruchtbar, „da es an zwingenden Rechtsfolgen fehlt, an denen die Definition rückschließend zu messen wäre", *Debatin* Systematik I Rz 10. Selbst für die Anwendung der DBA kommt es nur auf die Auslegung der jeweiligen Abkommensvorschrift an: Was Doppelbesteuerung begrifflich ist, ist für die DBA-Anwendung bedeutungslos (*Kl. Vogel* DBA Einl. Rz 4). Gleiches gilt für die Auslegung des Art. 293 des EG-Vertrags (Sicherstellung der Beseitigung „der Doppelbesteuerung innerhalb der Gemeinschaft" – *Ivo Schwartz* (Art. 220 a.F. Rz 79) versteht hierunter auch die „sich grenzüberschreitend auswirkende wirtschaftliche Doppelbesteuerung bzw. Doppelbelastung eines Wirtschaftsvorganges oder Vermögenswertes". Hiernach wird unter Doppelbesteuerung eine *Normenkonkurrenz* im zwischenstaatlichen Bereich verstanden, die dann vorliegt, wenn Steuergewalten der Bereiche *verschiedener* ursprünglicher Abgabenhoheiten berechtigt sind, *denselben Steuerschuldner* wegen *desselben Steuergegenstandes gleichzeitig* zu einer *gleichen* oder *gleichartigen Steuer* heranzuziehen.

aa) Es muß also zunächst eine zwischenstaatliche **Normenkonkur- 23 renz** zweier oder mehrerer ursprünglicher Abgabenhoheiten vorliegen. Dies ist ohne jeden Zweifel dann der Fall, wenn die Besteuerungsrechte völkerrechtlich selbständiger Staaten miteinander konkurrieren. Konkurrieren beispielsweise Abgabengewalten verschiedenen Ranges, die Steuer eines Gesamtstaates mit der einer Gemeinde eines anderen Staates, so mag man streiten (*Flick* AWD 1958, 124 f.; *Ebling* S. 23 f.) – Auswirkungen auf die Rechtspraxis hat dies nicht.

**24**      bb) Die von den verschiedenen Abgabenhoheiten verursachte Besteuerung muß sich auf das **gleiche Steuerobjekt** richten. Wollte man zur Bestimmung des Steuerobjekts nach der *Steuerquelle* im finanzwirtschaftlichen Sinne (Vermögen, Einkommen, Gewinne) fragen, wäre mangels ausreichender Bestimmbarkeit ein steuerlich brauchbares Abgrenzungsmerkmal nicht gegeben. Daher hat sich stattdessen eine Betrachtungsweise durchgesetzt, die die Steuertatbestände miteinander vergleicht, ohne hierbei völlige Übereinstimmung zu fordern (vgl. *Wengler* S. 150).

*Beispiel*: Im Staat A wird das gesamte Einkommen einer Person, im Staat B lediglich deren Gewinn aus einem hier betriebenen Unternehmen besteuert. Die Steuertatbestände sind dementsprechend unterschiedlich. Dennoch liegt eine Identität des Steuerobjekts hinsichtlich des im Staat B erzielten Gewinns vor, da dieser auch im Staat A im Rahmen der Besteuerung des gesamten Einkommens erfaßt wird.

Vom Steuerobjekt ist die Steuerbemessungsgrundlage (die für ein Steuerobjekt zum Zwecke der Steuerveranlagung ermittelte Größe) zu trennen. Der Doppelbesteuerungsbegriff setzt keine Übereinstimmung der Bemessungsgrundlagen voraus (*Lornsen* S. 14). So einleuchtend dies ist – wie könnte man anderenfalls überhaupt jemals von einem gleichen Steuerobjekt ausgehen – so problematisch erweist es sich, wenn man zugleich daraus folgerte, daß unterschiedliche Bemessungsgrundlagen den Doppelbesteuerungsbegriff nicht beeinflussen können. Wenn im Staate A Nettoeinkünfte und im Staate B Bruttoeinkünfte besteuert werden: Worauf ist dann die Doppelbesteuerung zu beziehen? Auf eine Einkunftsart – oder auf eine Einkunftsart in einer bestimmten Höhe? Das Problem wird uns noch bei der Auslegung des § 34c I EStG beschäftigen, vor allem aber ist an die § 3c EStG-Debatte um einen Betriebsausgabenabzug bei steuerbefreiten Schachteldividenden (seit 1. 1. 1999 § 8b VII KStG, s. dazu S 332) zu erinnern. Andererseits kann eine Steuerbemessungsgrundlage bereits geeignet sein, das Problem der Doppelbesteuerung zu lösen (Definition der Betriebsstätteneinkünfte in Art. 7 OECD-MA).

**25**      cc) **Identität des Steuersubjekts** bedeutet, daß in beiden Staaten dieselbe Person zur Zahlung der Steuer verpflichtet sein muß: das Steuersubjekt als das Rechtssubjekt eines Steuergesetzes, dem ein Steuergegenstand und die damit verbundene Steuerschuld zugerechnet wird. Hierbei kann es sich um eine natürliche oder juristische Person, aber auch um eine sonstige wirtschaftliche Einheit handeln, die nach dem Willen des Gesetzgebers zur Steuerzahlung herangezogen wird. Es spielt keine Rolle, ob diese Person die Steuer auch wirtschaftlich zu tragen hat. Wenn es etwa dem Verkäufer einer Ware gelingt, die entrichtete Steuer über den Preis auf den Käufer abzuwälzen, so bleibt doch der Verkäufer das nach

B. *Inhalt der Normen, Zielvorstellungen* 25 **B**

dem Gesetz zur Zahlung verpflichtete Steuersubjekt. Entscheidend ist also, daß das Steuersubjekt eine steuertatbestandsmäßige Beziehung zum Steuerobjekt aufweist (*Ebling* S. 33). Allerdings nimmt die überwiegende Lehre eine Doppelbesteuerung dann an, wenn eine Gesamthandsgemeinschaft in dem einen Staat selbständig zur Steuer herangezogen wird, während der andere Staat lediglich die hinter diesem Gebilde stehenden Personen zur Besteuerung heranzieht. Dahinter steht die Auffassung, daß unterschiedliche Einstellungen zur Eigenschaft eines Steuersubjektes den Sachverhalt der Doppelbesteuerung möglichst nicht beeinflussen sollen. Zurechnungsdivergenzen können sich auch bei Nießbrauch- und Treuhandverhältnissen ergeben. Deswegen kann nicht von einer Gleichheit der Steuersubjekte gesprochen werden, wenn in einem Staat bestimmte Einkünfte einer juristischen Person und in einem anderen Staat die aufgrund dieser Einkünfte ermöglichten Dividendenausschüttungen der Gesellschaft an ihre Gesellschafter besteuert werden (krit. *Flick* StuW 1960, 329 ff.; *Lornsen* S. 16 f. konzentriert die Frage auf das Erfordernis der wirtschaftlichen Identität des Steuersubjektes. Dann ist Identität auch gegeben, wenn die von zwei juristisch unabhängigen Steuerpflichtigen entrichtete Steuer wirtschaftlich von einem Subjekt getragen wird). Jedoch ist zu beachten, daß das **Merkmal der Identität** des Steuersubjekts nur noch **mit Einschränkungen den Begriff der Doppelbesteuerung kennzeichnet**. Sobald man nämlich von einer allgemeinen begrifflichen Klärung zur Rechtspraxis übergeht, zeigt sich ein Übergang zu einem wirtschaftlichen Verständnis. Es knüpft an das Problem einer selbständigen Besteuerung von Körperschaften an, also an die separate Besteuerung von Kapitalgesellschaftsgewinnen mit der Konsequenz der wirtschaftlichen Doppelbelastung von Gewinnausschüttungen. Um die Rechtfertigung dieser eigenständigen Besteuerung von Kapitalgesellschaftsgewinnen gibt es eine nie zu Ende geführte Diskussion, die zunächst ohne jeden Bezug zum IStR geführt wurde (dazu die ausf. Darstellung bei *Johanna Hey* S. 245 ff.). Die unterschiedlichen Körperschaftsteuersysteme in einzelnen Staaten können allesamt auf die Kernfrage nach der Gesellschafts- und Gesellschafterbesteuerung zurückgeführt werden. Alle Bemühungen um international einander angepaßte Körperschaftsteuersysteme haben dieses Verhältnis vorrangig zu klären. In der Praxis deutscher Gesetzgebung und Abkommenspraxis ist die besondere Doppelbesteuerungsproblematik ausgeschütteter Gewinne auch im internationalen Bereich anerkannt: es wird nicht grundsätzlich eine zu beseitigende Doppelbesteuerung anerkannt, wenn zwei Abgabenhoheiten dieselben Einkünfte steuerlich erfassen, es wird mithin nicht grundsätzlich auf die Identität des Steuersubjektes verzichtet. Es wird nicht einmal grundsätzlich eine zu beseitigende Doppelbesteuerung anerkannt, wenn ausgeschüttete Gewinne einer ausländischen Körperschaft im Inland erneut einer Besteuerung unterliegen: Es wird aber eine zu vermeidende wirtschaftliche Doppelbesteuerung unter den Bedingungen von Konzern-strukturen anerkannt (s. dazu die Regeln der indirekten Steueranrechnung im Verhältnis Muttergesellschaft-Tochtergesellschaft, das internationale Schachtelprivileg im Abkommensrecht und die DBA-Berichtigungs-folgen aufgrund eines Leistungsaustauschs zwischen verbundenen Un-ternehmen, im einzelnen hierzu *Kl. Vogel* DStZ 1997, 276). Wegen dieser Ausnahmen vom Erfordernis der Subjektidentität sieht *Schaumburg* (S. 589) die eigentliche Bedeutung des Merkmals nur noch darin, die Be-steuerung von Kapitalgesellschaften und ihren Gesellschaften außerhalb solcher Mutter/Tochter-Beziehungen grundsätzlich der Doppelbesteue-rungsproblematik zu entziehen. Mit der Identität des Steuersubjektes hängt eine weitere und durch Abkommensrecht hervorgerufene Frage zusammen: Abkommensrecht regelt nicht die innerstaatliche Zurechnung von Einkünften – deswegen könnte für Zwecke des Abkommensrechts der Doppelbesteuerungsbegriff nicht mehr auf die Doppelbesteuerung bei ein und demselben Steuersubjekt abstellen, sondern von einer Dop-pelbesteuerung bereits dann ausgehen, wenn sie durch besondere Zu-rechnungsregelungen des nationalen Rechts bei verschiedenen Steuer-subjekten entsteht (dazu S 25).

26    dd) **Identität der Steuerperiode** bedeutet, daß sich die Konkurrenz der Steueransprüche bei periodisch anfallenden Steuer auf den gleichen Besteuerungszeitraum beziehen muß. Wann die Steuer eingezogen wird, ist ebenso gleichgültig wie die Erhebungsform. Zur untrennbaren Ver-bindung des Zeitraums mit dem Steuergegenstand, dessen Bestandteil sie bereits ist, vgl. *Kl. Vogel* DStZ 1997, 276. Dem Merkmal kommt erheb-liche Bedeutung zu, wenn Erträge über mehrere Zeitabschnitte hinweg nicht ausgeschüttet werden, um sie vor der Besteuerung im anderen Staat abzuschirmen.

27    ee) Da im Vergleich der Steuern zweier Staaten wohl kaum eine Steuer anzutreffen ist, die einer solchen des anderen Staates völlig gleicht, ist nicht Gleichheit, sondern **Gleichartigkeit zweier Steuern** erforderlich. Die Frage nach der Gleichartigkeit steht im engen Zusam-menhang mit der „Gleichheit des Steuergegenstandes". *Lornsen* (S. 14) sieht daher hierin kein eigenständiges Merkmal; wo ein und derselbe Steuergegenstand erfaßt wird, spricht eine Vermutung für die Gleich-artigkeit der Steuer, mag die gesetzestechnische Gestaltung auch unter-schiedlich sein. Unterschiede in der Höhe der Steuer oder in ihrer Stellung im Steuersystem des jeweiligen Staates schließen nach alledem die Gleichartigkeit nicht aus, sofern die Steuergegenstände übereinstim-men (*Mersmann*, 1965, S. 92).

28    ff) Mit dem Sachverhalt einer doppelten Besteuerung wird etwas Ne-gatives, etwas zu Beseitigendes verbunden. Doch was ist zu beseiti-gen, wann ist von einer Beseitigung auszugehen? Dies berührt die Notwendigkeit eines **finalen Begriffs der Doppelbesteuerung,** wie ihn

beispielsweise der *EuGH* im Falle Gilly (s. K 52) bei der DBA-Anwendung verwendet: zu verhindern ist die Besteuerung ein und derselben Einkünfte in beiden Staaten, aber nicht zu gewährleisten ist damit, daß die Steuern eines Staates nicht höher sind als die im andere Staat erhobenen. Erst bei Einbeziehung der Folgen der Doppelbesteuerung – Berücksichtigung der im Ergebnis gegebenen Gesamtsteuerbelastung – ist wirtschaftlich eine Doppelbesteuerung gegeben: Wenn aufgrund internationaler Geschäftsbeziehungen die Steuerbelastung für den Steuerpflichtigen mit der Zahl der erhebenden Steuerhoheiten steigt. Soll also bei einer Maßnahme zur Beseitigung einer Doppelbesteuerung beurteilt werden, ob sie dieses Ziel erreicht hat, darf der Umstand, daß trotz allem noch zwei Staaten besteuern, für sich allein nicht als Doppelbesteuerung bewertet werden. Von den oben genannten Kriterien ausgehend wäre dies der Fall. Aber erst wenn im Ergebnis die Gesamtsteuerbelastung, die Steuerlast in beiden Staaten, ein bestimmtes Maß überschreitet, ist eine Doppelbesteuerung gegeben, oder besser: bestehen geblieben (*Lornsen* S. 18f.; *Kl. Vogel* DStZ 1997, 227). Dies ist die Sicht der betriebswirtschaftlichen Steuerlehre, die unter dem Stichwort der Gesamtbelastung auch den Umgang der Staaten miteinander bei DBA-Verhandlungen mitbestimmt. Angeknüpft wird dann an Steuerbelastungsunterschiede als Folge einer Internationalisierung, die negativ sein können (Doppelbesteuerung), aber auch positiv sein können und damit einen Übergang zur Steuervermeidungsproblematik ermöglichen. Der Fall der **Doppelbesteuerung** wird dann **als eine Gesamtsteuerbelastung** beschrieben, die höher ist als die in- und ausländische Besteuerung gegenüber landesbezogener Tätigkeit (zum Doppelbesteuerungsbegriff aufgrund der ökonomischen Folgen *Stefan Köhler* S. 12).

*b) Ursachen: Wohnsitzbesteuerung und Quellenbesteuerung*

(1) Jede Doppelbesteuerung hat ihren Ursprung in dem sich überschneidenden positiven Recht der einzelnen Staaten, sie entsteht also durch eine Normenkonkurrenz (*Ebling* S. 58; zu den Entstehungsgründen im einzelnen *Gabriele Burmester* S. 248ff.). Es geht hierbei zunächst lediglich um eine Beschreibung einer tatsächlichen Gegebenheit; die Frage des Vorrangs einer Besteuerung steht hierbei nicht zur Diskussion, sie ist erst Gegenstand unterschiedlicher Neutralitätskonzepte (Kapitalexport- und Kapitalimportneutralität). *Isay* hat recht anschaulich davon gesprochen, daß es an einer lückenlosen überstaatlichen Abgrenzung der Besteuerungszuständigkeiten fehlt (aaO, S. 116). Je räumlich weitreichender ein Staat seine Anknüpfungspunkte für die Besteuerung internationaler Sachverhalte wählt, um so größer wird die Gefahr, daß es zu Überschneidungen (Kollisionen) mit einem anderen Staat kommt. Um zu einem System der vielfältigen Überschneidungen zu gelangen, ist es

erforderlich, die von den Staaten gewählten Anknüpfungen für die Besteuerung zu ordnen. So verschieden die Anknüpfungen auch sein mögen, sie lassen sich in zwei Gruppen einteilen, wobei die Anknüpfungen so allgemein beschrieben werden, daß es zunächst einer Abgrenzung verschiedener Steuerarten nicht bedarf:

– Die Steuergesetze wählen die Art und Weise, in der eine Person mit dem Staat verbunden ist, zum Anknüpfungspunkt. Sie knüpfen also in irgendeiner Form an den *persönlichen Status* einer Person an.

*Beispiel*: In den Geltungsbereich eines Steuergesetzes fallen alle natürlichen Personen, die im Inland einen festen Wohnsitz, alle juristischen Personen, die im Inland ihren Geschäftssitz haben.

– Die Steuergesetze knüpfen an eine *wirtschaftliche Betätigung* an, die eine Person im Inland entfaltet, ohne Rücksicht auf die Umstände, unter denen diese Person mit dem Inland verbunden ist. Die Anknüpfung ist nicht personen-, sondern sachbezogen.

*Beispiel*: In den Geltungsbereich eines Steuergesetzes fallen alle (natürlichen und juristischen) Personen, die im Inland einen Warenumsatz tätigen.

Eine Besteuerung, die auf persönliche Beziehungen zu dem besteuernden Staat abstellt, wird als Besteuerung nach dem **Prinzip der Ansässigkeit** (oder *Wohnsitzprinzip*) bezeichnet. Demgegenüber spricht man vom **Ursprungs- oder Quellenprinzip,** wenn der Staat an wirtschaftliche Gegebenheiten unabhängig von persönlichen Beziehungen der den wirtschaftlichen Vorgang verursachenden Person zu dem Staat anknüpft. Man kann das Quellenprinzip alsdann in zweifacher Art und Weise verstehen: in einem Fall fehlt es an einem persönlichen Status, in einem anderen Fall interessiert er nicht – dieser letztgenannte Fall ist auch als **Territorialitätsprinzip** beschreibbar. Nochmals: Hierbei handelt es sich um eine Beschreibung, mit der keine Wertung im Sinne eines vorrangigen Konzepts oder gar eines vorrangigen Rechts des einen oder anderen Staates verbunden ist. So sollen fortan auch immer das Wohnsitz- und das Quellenprinzip verstanden werden: Als Aussagen über die tatsächliche Reichweite der Besteuerung, als Folgen einer tatsächlichen Anknüpfung – die wertende Betrachtung wird – hiervon abgegrenzt – durch die Neutralitätskonzepte der Kapitalexport- oder Kapitalimportneutralität bestimmt.

Die Begriffe „Wohnsitz"- und „Ursprungsprinzip" sind Gattungsbegriffe. Für sich genommen sind sie viel zu unscharf, um als praktisch brauchbare Anknüpfungen verwertbar zu sein. Sie müssen daher konkretisiert werden. Dieser Frage ist insbesondere *v. Schanz* nachgegangen. Er nennt als denkbare Anknüpfungspunkte in Ausfüllung des Wohnsitzprinzips (1) Bloße Ortszugehörigkeit (z. B. Touristen), (2) Domizilszugehörigkeit (Wohnsitz), (3) rechtliche Zugehörigkeit (Staatsangehörigkeit). Hinsichtlich des Ursprungsprinzips fordert *v. Schanz*, daß irgendeine wirtschaftliche Beziehung oder Verflechtung gegenüber dem die Steuer erhebenden Gemeinwesen bestehen müssen (*v. Schanz* FinArch 1892,

368). *Dorn* und *Spitaler* haben dazu den Begriff der „staatswirtschaftlichen Zugehörigkeit" eines Steuerguts entwickelt. „Ein bestimmtes Steuergut (bestimmte Einkünfte, ein bestimmter Ertrag, ein bestimmtes Vermögen u. dgl.) ist jenem Staat staatswirtschaftlich zugehörig, der dieses Steuergut steuertechnisch am besten erfassen und es auch am besten kontrollieren kann und der auch imstande ist, die entsprechende Steuerforderung am leichtesten und sichersten durchzusetzen (*Spitaler* Art. Doppelbesteuerung, in HdB I. 3. Aufl. (1956), Sp. 1458).

(2) Ob dem Wohnsitzprinzip der Vorzug gegenüber dem Ursprungs- 30 prinzip oder umgekehrt zu geben ist, soll hier zunächst ebenso dahingestellt bleiben wie die Frage, wie diese Prinzipien sich im Steuerrecht der Bundesrepublik niedergeschlagen haben. Wir konnten im Zusammenhang mit dem Begriff der Doppelbesteuerung ja bereits feststellen, daß hierzu eine begriffliche Lösung nicht möglich ist. In vorliegendem Zusammenhang interessiert losgelöst von allen konkreten Rechtsnormen nur die Frage, wie überhaupt und in welcher Form Doppelbesteuerungen zustande kommen. Diese Frage kann allein aufgrund der Anknüpfungspunkte für die Besteuerung nicht gelöst werden.

*Beispiel*: A, der einen Wohnsitz sowohl im Staat B als auch im Staat C hat, betreibt in beiden Staaten einen gewerblichen Betrieb.
– Beide Staaten verfahren nach dem Wohnsitzprinzip. Ob eine Doppelbesteuerung eintritt, hängt davon ab, in welchem Umfang beide Staaten Steuergüter in die Besteuerung einbeziehen. Möglicherweise beschränken sich beide Staaten hierbei auf Steuergüter innerhalb ihrer jeweiligen Grenzen.
– Beide Staaten verfahren nach dem Ursprungsprinzip. Dann nehmen sie wirtschaftliche Gegebenheiten innerhalb der eigenen Grenzen zum Anlaß der Besteuerung. Damit ist auch hier noch nicht entschieden, ob sich die Staaten auf inlandsbelegene Steuergüter beschränken oder solche Steuergüter nur zum Anlaß nehmen, auch auslandsbelegene Güter zu erfassen.
– Der eine Staat verfährt nach dem Wohnsitzprinzip, der andere nach dem Ursprungsprinzip. Wenn sich beide Staaten trotz der unterschiedlichen Anknüpfungspunkte auf inlandsbezogene Steuergüter beschränken, scheidet eine Doppelbesteuerung praktisch aus.

Zur Feststellung, ob eine Doppelbesteuerung vorliegt, muß also neben der **Angabe des Anknüpfungspunkts** eine **Aussage über das Ausmaß** *(den Umfang)* **der Besteuerung** erfolgen. Auch hier ist, bei aller Vielfalt im Detail, eine Ordnung möglich. Es ist zu unterscheiden zwischen

– einer Besteuerung, bei der der Staat sich nur auf inlandsbelegene Steuergüter beschränkt (inländische Einkünfte, Vermögen, Umsätze usw.) und
– einer Besteuerung, bei der der Staat seine Abgabengewalt auch auf auslandsbelegene Steuergüter ausweitet.

Wir bezeichnen eine Besteuerung entsprechend der ersten Alternative als *Territorialitätsprinzip*, entsprechend der zweiten Alternative als weltweit bezogene Besteuerung *(Universalitätsprinzip)*, vgl. statt aller *Debatin* Systematik Rz 22, 23.

Kombiniert man die Anknüpfungspunkte (Wohnsitzprinzip, Ursprungsprinzip) mit den Aussagen über die Reichweite der Besteuerung, so ergeben sich folgende Besteuerungsmodelle:

(1) Anknüpfungspunkt: *Wohnsitz*; Ausmaß der Besteuerung: *universal*. Das bedeutet: besteuert wird nur, wer zum Staat eine personelle Beziehung aufweist (Wohnsitz, Aufenthalt usw.); dieser Personenkreis unterliegt der Besteuerung ohne Rücksicht darauf, wo die Steuergüter belegen sind.
(2) Anknüpfungspunkt: Wohnsitz; Ausmaß der Besteuerung: territorial
(3) Anknüpfungspunkt: Ursprung; Ausmaß der Besteuerung: universal
(4) Anknüpfungspunkt: *Ursprung*; Ausmaß der Besteuerung: *territorial*

Aus Gründen, die am Beispiel der Anknüpfungsmomente und der Reichweite der Besteuerung im Einkommen- und Körperschaftsteuergesetz im einzelnen noch zu zeigen sein werden, wird die Besteuerungspraxis durch die Fälle (1) und (4) bestimmt aber nicht alternativ, sondern einander ergänzend. Vereinzelt tritt auch Fall (2) auf, während Fall (3) praktisch nicht relevant ist. Nunmehr lassen sich die **Ursachen einer Doppelbesteuerung** systematisieren (vgl. *Rädler* S. 237).

(1) Es treffen Fall (1) und (4) zusammen. Das bedeutet: Die Steuerpflicht wird in dem einen Staat durch den persönlichen Status des Steuerpflichtigen begründet und erstreckt sich auf Steuergüter im Inland und im Ausland; in dem anderen Staat wird sie durch dort belegene Steuergüter begründet. Da letztere auch im erstgenannten Staat der Besteuerung unterliegen, findet insoweit eine zweifache Besteuerung statt.
(2) Fall (1) trifft auf Fall (1): Die Steuerpflicht wird in beiden Staaten durch den persönlichen Status des Steuerpflichtigen begründet (z. B. Wohnsitz in beiden Staaten), und erstreckt sich jeweils auf in- und ausländische Steuergüter.
(3) Die Steuerpflicht wird in zwei Staaten dadurch begründet, daß ein wirtschaftlicher Vorgang unter Berührung beider Staaten vor sich geht, ohne daß jedoch der Steuerpflichtige in einem der beiden Staaten einen persönlichen Anknüpfungspunkt aufweist. Den Ursprung eines Steuerguts können hier gewissermaßen zwei Staaten für sich in Anspruch nehmen.

31  (3) Bezieht man nun einzelne Steuerarten ein, so ist – vor einer Darstellung im einzelnen – festzustellen: diejenigen Normen in Bereich der Einkommensteuer, der Körperschaftsteuer und der Erbschaftsteuer, die nach dem Prinzip weltweiter Besteuerung verfahren und damit eine unbeschränkte (nämlich nicht auf das eigene Staatsgebiet beschränkte) Besteuerung statuieren, erweisen sich als „kollisions- oder konfliktbegründend" und somit als eigentliche Ursache der Doppelbesteuerung. Dagegen ist eine Besteuerung nach Maßgabe des Territorialitätsprinzips von ihrem Ansatz her grundsätzlich auf die Vermeidung einer Doppelbesteuerung angelegt. Bei den Verkehrsteuern und Verbrauchsteuern liegt die Ursache einer etwaigen Doppelbesteuerung in einem unterschiedlichen Verständnis der Abgrenzung des Territorialitätsprinzips: Bestimmungslandprinzip (wo erfolgt der private Verbrauch) oder Ursprungslandprinzip (woher stammt die Ware); zum Ganzen *Schaumburg* S. 593 f.

## c) Rechtsfolgen

Die Forderung nach Vermeidung der Doppelbesteuerung wird heute in **32** der politischen Praxis allgemein anerkannt, da die negativen Auswirkungen zu offensichtlich sind. Sie sind eine Frage **des wettbewerbsverzerrenden Einflusses mehrfacher Besteuerung.** Die Forderung nach einer Beseitigung/Einschränkung der Doppelbesteuerung hat auch nichts gemein mit der Einschätzung der Steuer als eines Standortfaktors, ohne ihr hierbei einen Rang unter zahlreichen anderen positiven und negativen Standortfaktoren beizumessen. Die Steuer als solche ist zu verteidigen, die Doppelbesteuerung nicht. Im einzelnen führt die Doppelbesteuerung zu folgenden Wirkungen (*Meyer* S. 77 ff.; *Lang* S. 42).

(1) In *einzelwirtschaftlicher* (betriebswirtschaftlicher) Sicht wirkt sich eine Doppelbesteuerung als zusätzlicher Aufwand aus. Sie bewirkt aus der Sicht eines Investors, daß im internationalen Handel die Rentabilitätsschwelle höher als bei einer auf den nationalen Markt beschränkten Tätigkeit ist.

(2) *Volkswirtschaftlich* ließe sich die doppelte Steuerlast zunächst unter Hinweis auf den Finanzbedarf der Staaten rechtfertigen. Im anglo-amerikanischen Rechtskreis war es lange Jahre gefestigte Steuerrechtsauffassung, daß die Doppelbesteuerung im Grunde gar kein „Zuviel" an Last für den Stpfl. darstelle, daß vielmehr der, der die Gunst zweier Staaten in Anspruch nehme, für beide Staaten entsprechend den jeweiligen internen Regeln auch aufkommen müsse. Aber volkswirtschaftlich führt dies zu einer Erschwerung des internationalen Personen-, Güter- und Kapitalverkehrs. „Handelsverträge sind ohne entsprechende Regelungen zur Vermeidung der Doppelbesteuerung meist wenig wirksam. Kapitalanlagen im Ausland verlieren an Reiz, solange der Steuerpflichtige mit ausländischen Einkünften oder Vermögenswerten gegenüber den übrigen Steuerpflichtigen, die ihren steuerlichen Wohnsitz in dem gleichen Land haben, mehr oder weniger benachteiligt ist. Dabei ist der Steuerpflichtige bei Bestehenbleiben der Doppelbesteuerung regelmäßig auch gegenüber seinen Konkurrenten im Ausland im Nachteil, die nur dort besteuert werden. Als weiterer wichtiger Gesichtspunkt sei verzeichnet, daß die Besteuerung im Ausland neben der Besteuerung im Inland oft infolge ihrer Unübersichtbarkeit und formaler Schwierigkeiten wirtschaftliche Hemmungen verursacht" (*Mersmann* Art. Int. Doppelbesteuerung, S. 95).

Sollen diese Nachteile vermieden werden, müssen **Maßnahmen zur Verhinderung oder Einschränkung der Doppelbesteuerung** ergriffen werden. Dabei steht es den Staaten selbstverständlich frei, durch geeignete Maßnahmen auch solche steuerlichen Mehrfachbelastungen im internationalen Bereich auszuschalten, bei denen es sich nicht um Doppelbesteuerungen im oben genannten Sinne handelt; *Spitaler* hat für Maßnahmen, die über die Beseitigung der Doppelbesteuerung im oben genannten Sinne hinaus dem Verhältnis der Steuersysteme zweier Staaten zueinander und ihren wirtschaftlichen Auswirkungen Rechnung tragen, den Begriff der Ausgleichung der Steuersysteme geprägt (vgl. *Spitaler* Art. Doppelbesteuerung in: HdB I, 3. Aufl. (1956), Sp. 1458).

aa) Im Idealfall wäre die Doppelbesteuerung durch eine **Harmonisierung der Steuersysteme** der einzelnen Staaten, sei es durch Schaffung

33

eines Einheitsrechts, sei es durch aufeinander abgestimmte Rechtsordnungen, zu vermeiden. Diese müßten ihre Steuergesetzgebung dabei im Einklang mit den anderen Staaten so einrichten, daß Überschneidungen erst gar nicht eintreten. Doch dies ist bloße Utopie. Im übrigen ist festzuhalten: Steuerharmonisierung ist nicht gleichbedeutend mit dem Wegfall der Doppelbesteuerung; eine Steuerharmonisierung, die sich in der materiellen Rechtsangleichung erschöpft, würde nach wie vor die Überschneidungen verschiedener nationaler Steuergewalten bestehen lassen. Daher ist es konsequent, daß der EG-Vertrag völlig getrennt von den Rechtsgrundlagen für eine Rechtsangleichung (Art. 90ff.) die Forderung aufstellt, die Doppelbesteuerung innerhalb der Gemeinschaft zu beseitigen (Art. 293). Beseitigen heißt: die Doppelbesteuerung abzuschaffen – und zwar überall in der Gemeinschaft (*Ivo Schwartz* Art. 220 a.F. Rz 77).

bb) Überschneidungen der Steuergewalten müssen also im Prinzip hingenommen werden; auf dieser Basis sind Maßnahmen zu ergreifen, die praktisch wie Korrekturen der Steuerordnungen wirken. Das kann bedeuten, daß der Besteuerung der Grundsatz der Universalität zugrundeliegt, unter Einbeziehung der Korrekturen aber eher ein territoriales Steuersystem besteht. Methoden zur Vermeidung der Doppelbesteuerung sind dabei einseitige Maßnahmen der einzelnen Staaten (d.h. Maßnahmen in deren Außensteuerrecht) und zwischenstaatliche Abkommen. Die Tendenz geht seit Jahren dahin, durch ein immer dichter werdendes Netz von vertraglichen Vereinbarungen die Doppelbesteuerung zu mildern oder ganz auszuschließen. Einen innerstaatlichen Rechtssatz, daß internationale Doppelbesteuerung zu vermeiden ist, gibt es mit diesem allgemeinen Inhalt nicht. Es ist aber eingangs bei der begrifflichen Klärung darauf hingewiesen worden, daß es Ansatzpunkte gibt, im Einzelfall eine Doppelbesteuerung über die Vorgabe des Gesetzgebers hinausgehend zu beseitigen (Beispiele des § 11 I AStG und des § 50c EStG).

cc) Klarzustellen ist schließlich noch, daß eine Doppelbesteuerung nicht völkerrechtswidrig ist (dazu D 10).

### 3. Das Problem der Steuervermeidung (Steuerflucht)

*a) Begriff der Steuervermeidung*

33      (1) Es ist zunächst klarzustellen, daß einer bestimmten Gestaltung, der ein steuerlicher Zweck zugrunde liegt, nicht aus diesem Grunde die Anerkennung versagt werden und sie auch nicht den Entzug von Steuervorteilen zur Folge haben kann. Die grundsätzliche Anerkennung von Gestaltungen zur Steuerersparnis steht außer Frage (*Kl. Vogel* DStZ 1997, 274; *Rose/Glorius-Rose* zur neueren BFH-Rechtsprechung zur Steuerumgehung § 42 AO, DB 1997, 2397; *Spriegel/Schweiss* BB 1996, 1356; *Hans Flick* in Festschrift *Franz Klein* S. 329ff.). So unbestritten

dieser Grundsatz einerseits ist, so sicher ist die eher skeptische Einschätzung von Auslandsaktivitäten von Steuerinländern jenseits üblicher Exporttätigkeit andererseits. Zahlreiche Verhaltensweisen lösen die Frage nach Erläuterung des damit verbundenen Zweckes aus. Die Forderung „Steuerschlupflöcher" schließen, die mit bisweilen einfältiger Monotonie auch mit Bezug auf internationale Sachverhalte erhoben wird und der Verwendung des „Mißbrauchsbegriffs" in nichts mehr nachsteht, weist folgenden Befund aus: Es gibt neben der Doppelbesteuerungsproblematik einen zweiten Schwerpunkt, der dem Inhalt der IStR-Normen ein eigenständiges Gepräge verleiht, mit ihm eine vergleichbare, jedoch nicht analogiefähige Ursache fehlenden Rechtsausgleichs zwischen den Staaten hat und wettbewerbsverzerrende Folgen haben kann: die **Steuervermeidung durch Grenzübertritt**, plakativ auch als Steuerfluchtproblem beschrieben. Ob solche Steuervermeidungen ihre Ursache im Heimatstaat (unzumutbar empfundene Steuerbelastung) oder im Steuerfluchtstaat (Nutzung von Minderbelastungen) haben, ist für die Beschreibung von Erscheinungsformen bedeutungslos und ohnehin regelmäßig untrennbar miteinander verbunden; Bedeutung kann die Frage aus staatlicher Sicht erlangen, wenn es um Anpassungsmaßnahmen der Steuerpolitik geht. Anders als bei der Frage der Doppelbesteuerung geht es hier um internationale Minderbelastungen, um die Bevorzugung eines internationalen Sachverhalts gegenüber plangerecht belasteten Binnenvorgängen oder sonstigen nicht zusätzlich entlasteten Auslandsvorgängen (*Gabriele Burmester* S. 154). Für eine Vielzahl von Staaten sind gesetzliche Maßnahmen und Steuerreformdiskussionen mit dem zentralen Thema der Bekämpfung steuerlicher Mißbrauchsgestaltungen nachweisbar; der insoweit interessanteste Hinweis findet sich zum US-Steuerrecht bei *Hans F. W. Flick* IStR 1999, 430. Amerikanische Exportvergünstigungen für in Steueroasen angesiedelte US-Firmen sind von der WTO als illegale Steuerrabatte erklärt worden (FAZ 2000 Nr. 48, S. 13).

(2) Anders als bei dem Begriff der Doppelbesteuerung kann bezüglich **34** der Steuervermeidung auf **keine anerkannte**, überzeugende **Terminologie** zurückgegriffen werden; für ihn gilt noch mehr, daß er nicht als rechtsdogmatischer Begriff entwickelt wurde, sondern daß er vorrangig eine deskriptive Funktion erfüllt, mithin aus seiner Verwendung nicht auf eine Rechtsfolge geschlossen werden kann. Auf die Verbindung mit dem Begriff der Doppelbesteuerung unter dem Gesichtspunkt der Steuerbelastungsdivergenzen ist bereits hingewiesen worden: Steuervermeidung wäre danach gegeben, wenn die Gesamtsteuerbelastung als Folge der Internationalisierung geringer ist als bei einer ausschließlich inländischen Tätigkeit (*Stefan Köhler* S. 12). Die Verbindung beider Gesichtspunkte stellt auch *Gabriele Burmester* (S. 159 ff.) her: Internationale Verlagerungseffekte infolge gezielter Lenkungsabgaben (Doppelbesteuerung) oder Lenkungszuwendungen (Steuervermeidung). Doch ist

schon an dieser Stelle hervorzuheben: Der Begriff der Steuervermeidung entzieht sich einer Formalisierung, er kann nicht – wie es der Doppelbesteuerungsbegriff mit der Addition der Quellenbesteuerung und der Wohnsitzbesteuerung tut – mit einer Analogie hierzu erklärt werden, die damit nur den Fall der Keinmalbesteuerung erfaßte. Als Rechtsbegriff ist er im Abkommensrecht nachweisbar im Zusammenhang mit der sog. switch-over-Klausel, die an unbesteuert oder unangemessen niedrig, nicht oder nur ermäßigt besteuerte Einkünfte anknüpft (s. dazu S 68). Damit wird an ein unbestimmtes quantitatives Element angeknüpft, es handelt sich um eine ergebnisorientierte Betrachtung; diese Sicht scheint zu überwiegen (dazu *Grotherr* in B/H/G/K Grundlagen Teil 1 Abschn. 1 Rz 50 ff.). Möglich wäre auch eine Bestimmung anhand qualitativer Elemente – aber das setzt einen Maßstab voraus (angemessene wirtschaftliche Gestaltung? Vorgehensweise eines ordentlichen oder gewissenhaften Geschäftsleiters?). Die Voraussetzungen einer Spontanauskunft nach § 2 II Nr. 1 EG-AHG (s. dazu unter X 13) knüpfen mit der Vermutung, daß zum Zwecke der Steuerumgehung Geschäftsbeziehungen über dritte Mitgliedstaaten oder andere Staaten geleitet wurden, an ein solches Merkmal an.

*Bühler*, der den Begriff der „Minderbesteuerung" geprägt hat, sah hierin einen zusammenfassenden Ausdruck für alle Fälle, in denen die Besteuerung hinter dem zurückbleibt, was sie bei richtiger Anwendung der Steuergesetze auf den betreffenden Tatbestand hätte ergeben müssen. *Bühler* rechnet also zu den Fällen der Minderbesteuerung – vom geltenden Recht ausgehend – alle illegalen Maßnahmen, nämlich Steuerhinterziehungen und Steuerumgehungen. Die Ausnutzung legaler Vergünstigungen und Gestaltungsmöglichkeiten wird damit nicht erfaßt. *Bühler* bemerkt aber an anderer Stelle immerhin, daß man de lege ferenda fragen könne, „was vom Standpunkt der steuerlichen Gerechtigkeit zu diesen sehr weitgehenden Möglichkeiten der Gestaltung bei internationalen Verflechtungen zu sagen ist" (*Bühler* S. 169, 170).

**35**    (3) Ein an den bestehenden Normen ausgerichtetes Verständnis der Steuervermeidungsproblematik ist nicht geeignet, die dem Gesetzgeber gestellte rechtspolitische Aufgabe zu definieren und zu begrenzen und würde auch dem Effizienzgedanken nicht genügen. Das Problem ist mit der Sicherung des nach den Steuergesetzen gegebenen Steueranspruchs des Staates nicht erschöpft. Ebenso wie sich der Begriff der Doppelbesteuerung an ökonomischen Gegebenheiten und Zusammenhängen und nicht etwa ausschließlich an bisherigen gesetzgeberischen Maßnahmen zu orientieren hat, muß auch die Beschreibung von Steuervermeidungsvorgängen zunächst deskriptiv und damit gesetzesunabhängig sein. Sie knüpft an Wanderungsbewegungen an, die nichts mit einer gesamtwirtschaftlich produktiven Allokation von Ressourcen zu tun hat. Nur auf diese Art und Weise ist es auch möglich, der gegenseitigen Beeinflussung und Wechselwirkung von Rechtssetzung einerseits, ihrer praktischen Anwendung durch Gerichte und Verwaltungen und den daraus gezogenen praktischen Konsequenzen durch Steuergestaltungen seitens der

Steuerpflichtigen Rechnung zu tragen. In diesem Sinne versteht auch der *EuGH* den Begriff, wenn er staatliche Maßnahmen gegen die Steuerflucht als Rechtfertigung für Diskriminierungen untersucht (ICI-Fall, RIW 1998, 981: Gewinnverlagerung in das Ausland, Verlustverlagerung in das Inland ohne einen Rechtsfolgenbezug). Anzuknüpfen ist an die Rechtswirklichkeit, sie gilt es zu ordnen: Zu unterscheiden sind (*Kl. Vogel* DStZ 1997, 274):

– **Steuervermeidung** (auch Steuerplanung) als die vom Steuerpflichtigen gewählte, offen ausgewiesene und vom Gesetz nicht – jedenfalls gegenwärtig nicht – mißbilligte Gestaltung (Depotverlagerung in das Ausland zwecks Vermeidung der Zinsabschlagsteuer),

– **Steuerumgehung** (Unterfall der Gesetzesumgehung) als Ungewöhnlichkeit des gewählten Weges, das Anstreben einer Steuerminderung bei gleichzeitig fehlender beachtlicher wirtschaftlicher oder sonst nichtsteuerlicher Begründung (Depotverlagerung in das Vermögen einer beherrschten ausländischen Kapitalgesellschaft zwecks und allein wegen der Vermeidung einer Depotzurechnung zu steuerlichen Zwecken im Inland),

– **Steuerhinterziehung** als strafbare Verletzung von Steuergesetzen durch Verheimlichung von steuerrechtlich erheblichen Sachverhalten (Depotverlagerung in das Ausland, um den Besitz verschweigen zu können und die Erträge der Besteuerung zu entziehen). Das Schwergewicht liegt auf der Hinterziehung von Zinseinkommen, s. dazu die Forderung des *BMF-Sachverständigenbeirats* in seinem Gutachten zur Reform der internationalen Kapitaleinkommensbesteuerung (1999, S. 110). Den Begriff der Steuerflucht ausschließlich im Sinne steuerunehrlichen Verhaltens verwendet der Richtlinienentwurf der EU-Kommission zur Besteuerung von Zinserträgen innerhalb der Gemeinschaft. Ob Fälle der Steuerumgehung zugleich die Voraussetzungen einer Straftat erfüllen, ist einzelfallbezogen zu beantworten. Zweifellos legen bestimmte Konstruktionen einen Anfangsverdacht nahe, s. dazu *Dörn* in *Flore/Dörn/ Gillmeister* S. 253 ff. zur Steuerhinterziehung bei Einschaltung von Basisgesellschaften.

Schließt man die Steuerhinterziehung als bloßes Sachverhalts- und **36** Aufklärungsproblem aus, geht es bei der Steuerfluchtproblematik mithin – aus der Sicht des Steuerpflichtigen – um Steuervermeidung und Steuerumgehung. Die dafür bestimmenden Voraussetzungen und Umstände ergeben sich aus staatlichem Verhalten, sie sind Anlaß für Steuervermeidung und Steuerumgehung. Das ist – vor allem – das niedrige oder das hohe Steuerniveau, je nach Sicht. Man kann dies über die allgemeine Feststellung eines niedrigen Steuerniveaus im Zielstaat hinausgehend verdeutlichen: Im Zusammenhang mit der Bekämpfung schädlichen Steuerwettbewerbs zwischen Staaten haben sich die EU-Mitgliedstaaten auf einen „Verhaltenskodex für die Unternehmensbesteuerung" als einer politischen Verpflichtung geeinigt, wobei die für einen „schädlichen Steuerwettbewerb" und damit die hierdurch erlangten steuerlichen Vorteile danach beurteilt werden (vgl. dazu K 5)

- ob sie ausschließlich Gebietsfremden oder für Transaktionen und Gebietsfremden gewährt werden,
- ob die Vorteile völlig von der inländischen Wirtschaft isoliert sind, so daß sie keine Auswirkungen auf die innerstaatlichen Steuergrundlagen haben,
- ob die Vorteile ohne tatsächliche Wirtschaftstätigkeit und substantielle Präsenz in dem betreffenden Staat eingeräumt werden.

Wie nutzbringend eine solche an die Ursachen anknüpfende Systematisierung ist, zeigen regelmäßig veröffentlichte Länderberichte: Sie beschränken sich nicht auf die bloße Feststellung von Steuersatzunterschieden, obwohl ihnen eine herausragende Rolle zukommt. In der Regel handelt es sich um ein ganzes Bündel von begleitenden Maßnahmen. Beispielhaft ist auf eine aktuelle Veröffentlichung in der SZ 1999 Nr. 74 S. 27 unter der Überschrift „Das beste System in Europa" – Immer mehr Firmen schätzen die Niederlande als Niedrigststeuerland" hinzuweisen: Am Beginn steht die Feststellung niedriger Steuersätze; genannt werden ergänzend Vorteile für Transaktionen Gebietsfremder (in diesem Falle aufgrund der Gründung von Dachgesellschaften) und Holdingprivilegien, die nicht auf substantieller Präsenz beruhen.

Man kann – nun wiederum aus der Sicht des Steuerpflichtigen – solchen Kriterien die Strategien der Steuervermeidung einerseits und der Steuerumgehung andererseits nicht eindeutig zuordnen: Jeder Fallgruppe staatlicher „Leistungsgewährung" können beide Strategien zugeordnet werden. Aber tendenziell wird man sagen können: Vorteile ohne die Bedingungen tatsächlicher Wirtschaftstätigkeit und/oder Präsenz ziehen im höher besteuernden Staat eher Steuerumgehungsversuche nach sich und sind aus der Sicht dieses Staates eher „mißbrauchsverdächtig" – während die Nutzung von Vorteilen, die nur Gebietsfremden gewährt werden, ohne nähere Kenntnis der Vorteilsbedingungen insoweit ergebnisoffen ist. Und im Hinblick auf die **Effizienz der damit verbundenen Kapitalströme** ist zu vermuten, daß die erstgenannte Fallgruppe eher nichts mit einer produktiven Ressourcenbildung zu tun hat, während die zweitgenannte Fallgruppe auch hier näherer Untersuchung bedarf.

**37**    (4) Das Problem liegt auch in der für eine Steuerflucht bestimmenden Motivation. Sicherlich kann man schwerlich von Steuerflucht sprechen, wenn etwa ein Unternehmer seinen Wohnsitz aufgrund der angestrebten Nähe zum Absatzmarkt in ein niedrig besteuerndes Land verlegt, ohne daß die niedrige Besteuerung die Entscheidung beeinflußt hat. Effizienzgesichtspunkte würden gerade für eine Internationalisierung sprechen. Nur: Wenn der Gesetzgeber vor der Frage steht, gegen welche Fluchtvorgänge in niedrig besteuernde Staaten er durch entsprechende Ausdehnung seiner Steuerhoheit reagieren will, kann er schwerlich auf das Motiv des Flüchtigen abstellen. Soll der Begriff also den Bereich notwendiger Gesetzgebung definieren, muß er an objektive Tatbestände anknüpfen und darf nicht auf Motive des Steuerpflichtigen abstellen (*Jagdfeld* StuW 1972, 258; *Ruppe* in *H/H/R* Einf. ESt Rz 105: „Der Begriff hat einen negativen Beigeschmack und beinhaltet offenbar auch eine subjektive Komponente (Absicht der Steuerminderung). Damit wird er praktisch unbrauchbar."

Um eine begriffliche Klärung auf quantitativer Grundlage hat *H. Meyer* sich bemüht. Er benutzt wie *Bühler* den Begriff der Steuervermeidung, jedoch mit abweichendem Inhalt. *Meyer* sieht die Hauptursache der Steuervermeidung in der mangelnden gegenseitigen Abstimmung der Steuersysteme (insbesondere auf dem Gebiet der direkten Steuern) und der dadurch auf legalem Wege entstandenen „steuerfreien und steuerbegünstigten Räume". Den Umfang des „steuerfreien und steuerbegünstigten Raums" mißt *Meyer* an „demjenigen Steuerbetrag, den eine im Quellenstaat mit allen Einkünften steuerpflichtige Person für das gleiche Steuergut unter sonst gleichen Umständen bei richtiger Rechtsanwendung zu zahlen hätte" (*Meyer* S. 122). Insbesondere stellen nach *Meyer* alle jene Fälle keine Steuerflucht (Steuervermeidung) dar, in denen die Besteuerung im Quellenstaat aufrechterhalten bleibt, die bisherige Steuerbelastung im Wohnsitzstaat aber unterschritten wird. Er sieht in diesen Fällen in erster Linie Maßnahmen zur Vermeidung der Doppelbesteuerung. Indessen kann eine Steuerflucht ohne weiteres gleichzeitig die Funktion haben, einer doppelten Besteuerung zu entgehen. Für den Steuerfluchtbegriff kann nur entscheidend sein, ob es zu Wettbewerbsverzerrungen kommt. Das kann in den Fällen der Wohnsitzverlagerung trotz unveränderter Aufrechterhaltung der Besteuerung der in einem dritten Staat – dem Ursprungsstaat – erwirtschafteten Einkünfte in diesem Staat durchaus der Fall sein. Man denke nur an eine verminderte Besteuerung der im neuen Wohnsitzstaat erwirtschafteten Einkünfte und die damit verbundene Möglichkeit, die so ersparten finanziellen Mittel im alten Wohnsitzstaat im Konkurrenzkampf einzusetzen.                                                                                     **38**

(5) Einigkeit besteht hinsichtlich der Begriffsbildung insoweit, als die   **39**
Subjektidentität als begriffliche Voraussetzung für eine Steuervermeidung, Steuerumgehung anders als für den Begriff der Doppelbesteuerung *nicht* gefordert wird: Ein wirtschaftlich sinnvoller und rechtlich brauchbarer Begriff der Steuervermeidung muß auf diese Voraussetzung verzichten, weil – wie im einzelnen noch zu zeigen sein wird – eine Steuervermeidung in vielen Fällen nur mittels selbständiger Rechtsträger möglich ist (*Meyer* S. 122).

(6) Eine gewisse **Skepsis** gegenüber einer **allgemeingültigen Be-**   **40**
**schreibung des Steuerfluchtphänomens** ist allerdings unübersehbar. Die überwiegende Zahl der Veröffentlichungen knüpft entweder an die entsprechenden Tatbestände zur Bekämpfung der Steuerflucht an oder untersucht Verhaltensweisen in der Wirklichkeit und fragt nach der Anwendung des Gesetzes, ohne einen allgemeingültigen Begriff der Steuervermeidung vorauszusetzen.

Beispielhaft *v. Beckerath* S. 237; er untersucht die Möglichkeit eines Durchgriffs zur Bekämpfung der Steuerflucht, rät aber bei der Wertung der Steuerflucht zur Vorsicht und Zurückhaltung und hält die von dem Begriff umfaßten Erscheinungen für ungeklärt.
Beispielhaft *Vogel/Ellis u. a.*, hier *Kl. Vogel* S. 7 ff., der entschieden dagegen ist, eine Steuervermeidung, die sich im Rahmen der Gesetze und Abkommen hält, auch nur für moralisch anfechtbar zu erklären.
Differenzierend *Ruppe* (*H/H/R*) Einf. ESt Rz 105: Intern. Steuerausweichung als Oberbegriff; soweit sie darin besteht, die Tatbestandserfüllung zu vermeiden, wäre

von Steuervermeidung zu sprechen; wird der Tatbestand erfüllt, ohne die Steuerschuld zu begleichen, wäre Intern. Steuerhinterziehung gegeben. Die mißbräuchliche
Gestaltung fiele unter die Steuervermeidung. Das rechtspolitische Problem ihrer Bekämpfung liegt in der „heiklen Balance zwischen der Forderung nach intern. Freizügigkeit der Person und der Produktionsfaktoren und der Forderung nach Gleichmäßigkeit der Besteuerung wirtschaftlich vergleichbarer Sachverhalte" (*Ruppe*, Rz 106).

### b) Ursachen, Formen, Wirkungen

**41**     (1) Ursächlich für die Steuerflucht ist die Tatsache, daß die Besteuerung in den einzelnen Staaten dem Grunde und der Höhe nach unterschiedlich ist. Aus dieser fehlenden Steuerangleichung folgt eine Tendenz zur Abwanderung bzw. zur Verlagerung von Steuergütern in jene
Länder, in denen die Steuerlast geringer ist. Dementsprechend unterscheidet *Gabriele Burmester* in Festschrift *Debatin* (S. 58 ff.) systembedingte internationale Minderbesteuerung als Folge des fehlenden Ausgleichs zwischen den verschiedenen Rechtsordnungen und eine daran
anknüpfende, sie verstärkende gestaltungsbedingte internationale Minderbesteuerung. Ihr geht es bei der systembedingten Minderbesteuerung
vor allem um **Besteuerungslücken,** die ihre Grundlage in den steuerlichen **System- und Wertungsunterschieden** haben, wofür Qualifikati-
ons- und Quantifizierungskonflikte ursächlich sind. Daraus wird nochmals deutlich, daß die Steuervermeidung nicht analog zur Doppelbesteuerung allein aus dem Verhältnis des Wohnsitzstaates zum Quellenstaat erklärt werden kann. Der Fall, daß statt zwei sich überschneidender
Steueransprüche überhaupt kein Steueranspruch gegeben ist, stellt einen
Fall unter mehreren dar. Es kann Überschneidungen geben, die in formaler Hinsicht den Begriff der Doppelbesteuerung erfüllen und dennoch
als Ergebnis einer Steuervermeidung zu gelten haben. Führt eine Steuervermeidung zur Auflösung und Beendigung von Anknüpfungen (Wegzug), ist zur Doppelbesteuerung überhaupt keine Parallele mehr möglich.
Der jeweils fehlende Ausgleich der Steuerordnungen darf also nicht dazu
führen, den Begriffen weitergehende Identitäten als erforderlich zu verleihen. Klarzustellen ist auch, daß mit solchen Beschreibungen für eine
Feststellung ökonomisch mißbilligter Kapitalströme aufgrund des Steuerrechts überhaupt noch nichts gewonnen ist, da ja immer die Möglichkeit offen bleibt, hiermit anderweitige Verzerrungen auszugleichen.

**42**     – Am auffälligsten sind die Unterschiede in der Höhe der Steuerbelastung: Auch
wenn zwei Steuersysteme von den gleichen Prinzipien bestimmt werden, so ergeben
sich doch Tendenzen zu einer Steuerflucht, wenn die steuerliche Belastung aufgrund
unterschiedlicher Steuertarife in einem Staat geringer ist als in einem anderen. Ursächlich ist hier also ein **zwischenstaatliches Steuergefälle.** Es wird sich im Zusammenhang mit der Frage der Steuerlast und der Standortdebatte für das deutsche
Steuerrecht zeigen, daß hierin das Kernproblem für den Standort Deutschland gesehen wird.

**43**     – Aufgrund unterschiedlicher Besteuerung dem Grunde *nach* kann ebenfalls eine
Tendenz zur Verlagerung bestehen. Das ist einmal dann der Fall, wenn der Quellen-

staat die Besteuerung der innerhalb seiner Grenzen gelegenen Steuergüter stark einschränkt. Dann wird versucht werden, diejenigen Steuergüter in dieses Land zu verlagern, die der Besteuerung nicht unterliegen. Umgekehrt kann auch der Wohnsitzstaat die Besteuerung generell oder in bestimmten Fällen einschränken. Dann besteht eine Tendenz, den Wohnsitz hierin zu verlagern. Schließlich kann die Steuerflucht ein besonders hohes Ausmaß erreichen, wenn Steuerpflichtigen gelingt, einer eingeschränkten Besteuerung sowohl im Wohnsitzstaat als auch im Ursprungsland zu unterliegen. In bestimmten Fällen kann es sogar geschehen, daß der Ursprungsstaat und der Wohnsitzstaat jeweils von einer Besteuerung im anderen Staat ausgehen, so daß die Belastung im Ergebnis völlig entfällt.

Die Besteuerungsbedingungen (systembedingte Besonderheiten) die **44** – neben der Steuersatzhöhe – einen Standort aus steuerlicher Sicht für Investoren attraktiv werden lassen, sind zahlreich; häufig genannte **Standortfaktoren,** die steuergestaltende Reaktionen zur Folge haben, sind: internationale und nationale Schachtelprivilegien für eingehende Dividenden; Abzugsfähigkeit der zur Finanzierung aufgenommenen Darlehen und Zinsen; Möglichkeit ausschüttungsbedingter Teilwertabschreibung; Steuerfreiheit von Veräußerungsgewinnen bei einer Anteilsveräußerung; Vermeidung von Anrechnungsüberhängen bzw. des Heraufschleusens auf das höhere Steuerniveau im Sitzstaat einer Muttergesellschaft; Vermeidung oder Begrenzung von Quellensteuern, Nutzung grenzüberschreitender Körperschaftsteuer-Gutschriften, Sicherstellung der Abzugsfähigkeit von Aufwand, steuerbegünstigte Finanztransaktionen insbesondere mit Derivaten; steuerbegünstigtes Klima für bestimmte – ausgegliederte – betriebliche Funktionen: Holdingprivilegien als Beispiel, wobei rechtliche Rahmenbedingungen in EU-Staaten wie Belgien (Koordinierungszentren), Irland (Finanzierungsgesellschaften im „International Finance Service Centre") und Luxemburg (Holdingprivilegien) aus deutscher Sicht besonderer Anlaß eines Ärgernisses ist (zum Ganzen mit jeweils zahlreichen Nachweisen *Raupach* Gedächtnisschrift *Knobbe-Keuk* S. 699 ff.; *Kessler* S. 75; zum gegenwärtigen Stand s. B 54).

(2) Hieran knüpfen die zahlreichen Erscheinungsformen (tatsächliche **45** Maßnahmen, rechtliche Gestaltungen) an, die als Anpassungsverhalten an die eben genannten Besteuerungsbedingungen und damit möglicherweise auch als Fälle einer Steuervermeidung zu gelten haben; eine systematische Ordnung und Erfassung ist bislang nicht unternommen worden – doch scheint mit der Differenzierung von **Umleitungsfällen** und **Gewinnverlagerungen** eine erste Orientierung möglich zu sein (so *Fischer* DB 1996, 646, anknüpfend an die eingangs genannten Rechtsgrundlagen für spontanen Informationsaustausch in Art. 4 I der EG-Amtshilfe-Richtlinie: Geschäftsbeziehungen zwischen zwei Stpfl. in zwei Mitgliedstaaten werden „über ein oder mehrere weitere Länder in einer Weise geleitet . . . die in einem der beiden oder in beiden Mitgliedstaaten zu Steuerersparnis führen kann" – „Gründe für die Vermutung einer Steuerersparnis durch künstliche Gewinnverlagerungen innerhalb eines

Konzerns . . ."). Sieht man von der Einbeziehung eindeutiger Hinterziehungsfälle ab, könnten **typischen Erscheinungsformen** zugeordnet werden:
- Wohnsitzverlegung, Sitzverlegung in Niedrigsteuerstaaten,
- Gründung von Tochtergesellschaften in Niedrigsteuerstaaten mit „echten" und zugleich weitgehend vollständigen Aufgabenverlagerungen,
- Ausgliederung von Teilfunktionen in konzerneigene Dienstleistungs- und Finanzierungsgesellschaften, Herbeiführung einer Funktions- und Arbeitsteilung, die grundsätzlich alle Teilbereiche erfassen kann: Produktion, Vertrieb, Forschung und Entwicklung, Dienstleistungen, Finanzierung (Stichworte hierzu wären Holdingkonstruktionen, Finanzierungsgesellschaften, Koordinierungsstellen, Konzerneigene Versicherungen (Captives), Offshore-Banken),
- Verselbständigung der Finanzierungsströme gegenüber den Waren- und Dienstleistungsbewegungen,
- Umgründungsvorgänge,
- Verrechnungspreispolitik, Aufwandserhöhungen, Ertragsminderungen,
- Steuerumgehung durch Einschaltung ausländischer Kapitalgesellschaften in der Form „Controlled foreign company": nicht die standortausgerichtete internationale Arbeitsteilung steht im Vordergrund, sondern Abschirmeffekte,
- Gestaltungsmöglichkeiten als Folge des DBA-Rechts durch Treaty Shopping-, Directive Shopping-, Rule Shopping-Gestaltungen,
- Maßnahmen Nichtanrechnungsberechtiger gegen eine „Einmalbesteuerung"; Inanspruchnahme des Körperschaftsteuer-Anrechnungsguthabens durch ausländische Nichtanrechnungsberechtigte,
- Mißbräuchliche Anrechnung ausländischer Quellensteuer.

**46**    Praxisbezogene Untersuchungen zu Teilbereichen unternehmerischer Steuerplanung, die anspruchsvoll sowohl in qualitativer als auch in quantitativer Hinsicht die steuerfreien und steuerbegünstigten Räume in Gestaltungsüberlegungen einbeziehen, sind immer noch relativ selten. Als ein herausragendes Beispiel wäre *Kesslers* Untersuchung zur Steuerplanung und zur Standortwahl einer **Euro-Holding** (1996) zu nennen: *Kessler* legt Gestaltungsziele mittels Holdinggesellschaften einerseits und eine rechtsvergleichende Analyse und damit die Rahmenbedingungen andererseits zugrunde, um daraus abzuleiten: Welche Steuerwirkungen sind zu erreichen (qualitative Analyse), wie drückt sich die Verteilhaftigkeit rechnerisch aus (quantitative Analyse)? Die qualitative Analyse bezieht dann u. a. Gestaltungen ein wie die Umleitung von Gewinnausschüttungen, Verlagerung von Veräußerungsgewinn, Umformung nicht schachtelbegünstigter in schachtelprivilegierte Gewinne, zeitweilige Abschirmung von Gewinnen, Reduzierung von Anrechnungsüberhängen, grenzüberschreitende Ergebniskonsolierung, Nutzung nationaler Körperschaftsteuergutschriften. Die Belastungsrechnungen treffen eine Länderauswahl unter dem Gesichtspunkt der Minimierung von Quellensteuern, Optimierung grenzüberschreitender Körperschaftsteuergutschriften und Nutzung gespaltener Körperschaftsteuersätze (*Kessler* S. 279 ff.). Als jüngstes und hierin einzuordnendes Beispiel wäre die Arbeit von *Johannes von Waldthausen* zur Steuerlastgestaltung im Einflußbereich der erweiterten Hinzurechnungsbesteuerung (1999) zu nennen.

(3) Zu den wirtschaftlichen Folgen: eine **Steuervermeidung** ist aus **47** **einzelwirtschaftlicher Sicht** (z. B. aus der Sicht eines Unternehmens) in der Regel vorteilhaft, da sie geringere Steuerzahlungen zur Folge hat. Bisweilen kann sie aus der Sicht eines Unternehmens sogar notwendig erscheinen: dann nämlich, wenn eine Steuerflucht dazu verhelfen soll, sich der Konkurrenz eines niedriger besteuerten Unternehmens zu erwehren. Andererseits haben hieraus erklärbare Vermeidungsstrategien notwendigerweise neue Wettbewerbsvorteile gegenüber verbleibenden Sitzstaatunternehmen zur Folge. Es sind die verbesserten Investitionsmöglichkeiten aufgrund einer geringeren Steuerbelastung im Vergleich miteinander konkurrierender Unternehmen. Losgelöst von jeder Rechtsfolgenfrage zeigt dies ein einfaches Beispiel:

Die Gesellschaft *A* konkurriert mit der Gesellschaft *B* auf dem Gebiet des Staates *C* um die Gunst des Verbrauchers. *A* und *B* haben ihren Sitz in *C*. Eines Tages gründet *A* in einem niedrig besteuernden Staat *D* eine Tochtergesellschaft *X*. Hatte *A* zuvor ihre Produkte in *C* produziert und so auf dem Markt unmittelbar an den Verbraucher geliefert, so benutzt sie nunmehr *X* als Zwischenglied: Sie verkauft ihre produzierten Waren zu einem geringeren Preis als dem Endverkaufspreis an *X*, diese beliefert sodann den Markt im Staat *C*. Die Ware selbst braucht zwecks Einsparung von Transportkosten diesen Umweg nicht einmal zu nehmen; vielmehr kann *A* im Auftrag der von ihr beherrschten *X* unmittelbar an die Verbraucher in *C* liefern. Die Auslandsgesellschaft *X* erhält lediglich die Rechnungen. Ein Teil des Gewinns fällt als Folge dieser Konstruktion nunmehr im niedrig besteuernden Staat *D* an; nur ein entsprechend geringerer Teil unterliegt noch der höheren Besteuerung im Staat *C*. Die Steuerersparnis, die *A* dadurch erzielt, wird zwar vermindert, soweit *X* den von ihr erzielten Gewinn an *A* ausschüttet (wobei in *C* eine Besteuerung nach dem Universalitätsprinzip vorausgesetzt wird). Verzichtet die in *D* gelegene Gesellschaft *X* aber auf die sofortige Ausschüttung, kann sich *A* in der Regel den sog. *Kumulationseffekt* nutzbar machen. Dieser Effekt beruht darauf, daß *A* bei sofortiger Besteuerung des gesamten Gewinns (wie sie sich der Konkurrent *B*, der keine Auslandsgesellschaft zwischengeschaltet hat, gefallen lassen muß) vergleichsweise niedrigere Beträge zur Neuinvestierung, also z. B. zur Geschäftsausdehnung, zur Verfügung hätte. Die ausländische Gesellschaft „schirmt" also die Gewinne vor deren Ausschüttung vor der Besteuerung im Staat *C* ab; dazu *Kormann* S. 240; *Debatin* DStZtg 1964, 12 mit einem Rechenbeispiel.

In **volkswirtschaftlicher** und **finanzwirtschaftlicher** Sicht können **48** für das hochbesteuernde Steuerfluchtland erhebliche Nachteile entstehen: Es wandern Unternehmungen ab, dem inländischen Kapitalmarkt wird Kapital entzogen, möglicherweise werden Arbeitskräfte beschäftigungslos und sinken Steuereinnahmen bzw. deren Zuwachsraten ab. Den Nachteilen für das Steuerfluchtland stehen entsprechende Vorteile des Zuzugslands (auch Steuerinsel oder Steueroase genannt) gegenüber. In **weltwirtschaftlicher** Betrachtung könnte man insofern von einem Ausgleich der Vor- und Nachteile sprechen, zumal u. U. die niedrige Steuer als Anreiz wirkt, in wirtschaftlich bisher unerschlossenen Staaten zu investieren. Andererseits kann die niedrige Besteuerung aber auch dazu führen, daß – entgegen dem Gesetz der komparativen Kosten – die Güter und Dienstleistungen nicht in jenem Staat produziert bzw. erbracht werden, der die vergleichsweise günstigsten Bedingungen aufweist. Bei einer solchen Entwicklung würde das weltwirtschaftliche Sozialprodukt, verstanden als Gesamtergebnis der weltwirtschaftlichen Tätigkeit einer Periode, keine maximale Höhe erreichen. Im *BMF-Beiratsgutachten* (1999) zur Reform der internationalen Kapitaleinkommensbesteuerung heißt es hierzu abschließend (S. 31 f.): „Das internationale Steuergefälle behindert den Zufluß ausländischen Kapitals und treibt ineffizient viel Kapital ins Ausland ... Verzerrungen der internationalen Kapitallokationen stellen sowohl aus deutscher als auch aus internationaler Perspektive einen Schaden dar ... Die internationale Kapitallokation bleibt steuerlich unverzerrt, wenn die Steuerbelastung einer Investition trotz unterschiedlicher Steuersätze nicht vom Ort der Investition abhängt oder wenn keine Unterschiede in den Steuersätzen bestehen" – hierauf ist zurückzukommen. Sicherlich wäre es aus ökonomischer Sicht sinnvoll, den Staat auf Maßnahmen zu beschränken, die gesamtwirtschaftlich eine allokative Effizienz der Besteuerung herbeiführen und nur gegen sie gerichtete Wanderungsbewegungen belasten. Aber das ist schon deswegen nicht zu realisieren, weil nur selten verbindliche Aussagen zu „Fehlsteuerungen" möglich sind.

*c) Rechtsfolgen*

**49**     (1) **Gesetzliche Maßnahmen gegen die Steuerflucht** sind weder in Deutschland noch in anderen Staaten in einem mit den Maßnahmen gegen die Doppelbesteuerung vergleichbaren Umfang ergriffen worden. Immerhin dienten die ersten vertraglichen Regelungen auf dem Gebiet des Steuervölkerrechts (1843, 1845 Belgien-Verträge mit Luxemburg, Frankreich, Niederlanden) der gegenseitigen Amtshilfe in Steuersachen, waren also gegen die Steuerflucht gerichtet (*Gloria* S. 124). Die Bekämpfung der Doppelbesteuerung ist seit Jahrzehnten eine permanent wahrgenommene Aufgabe des Gesetzgebers; Aktivitäten gegen die Steuerflucht haben dagegen eher sporadischen, in neuerer Zeit allerdings zunehmend verstärkten, man wird sogar wagen können von einem vorrangigen Charakter zu sprechen. Denn wie noch zu zeigen sein wird, ist selbst im Abkommensrecht den Maßnahmen gegen eine Steuervermeidung zunehmende Bedeutung beizumessen. Für die unterschiedliche Intensität der Gesetzgebung in beiden Bereichen sind mehrere Gründe verantwortlich:

Einmal ist zu bedenken, daß angesichts der kontinuierlichen Aufwärtsentwicklung des Außenhandels in diesem Jahrhundert die Doppelbesteuerung *immer* als Last empfunden wurde, während die Steuerflucht ganz bestimmte nationale und internationale Verhältnisse voraussetzt. Hierzu gehören weitgehende Liberalisierung des internationalen Handels und des Devisenverkehrs und wirtschaftliche Prosperität jedenfalls jener Wirtschaftskreise, die das internationale Steuergefälle ausnutzen wollen. Diese Bedingungen sind nicht immer gegeben. Zum anderen steht die Gesetzgebung hier vor ungleich schwierigeren Aufgaben als bei der Gesetzgebung im Bereich der Doppelbesteuerung: Das ergibt sich einmal schon daraus, daß hier – anders als bei Maßnahmen gegen die Doppelbesteuerung – mit dem entschiedenen Widerstand der Betroffenen und deren Interessenvertreter gerechnet werden muß: Eine Politik der Bekämpfung von Steuerfluchterscheinungen kann ihrerseits Verlagerungen zur Folge haben, oder auch – aus ausländischer Sicht – die Meidung des Landes überhaupt. Die eigentlichen Schwierigkeiten aber folgen aus der Natur der Sache: Maßnahmen gegen die Steuerflucht berühren regelmäßig mindestens mittelbar andere Rechtsgüter (etwa die persönliche Freizügigkeit, die wirtschaftliche Entfaltungsfreiheit über die Staatsgrenze hinaus oder den internationalen Kapitalverkehr), an deren Erhaltung insbesondere die westlichen Industriestaaten interessiert sind. Hinzu kommt, daß – wie bereits angedeutet – bestimmte Steuerfluchterscheinungen im Interesse der Konkurrenzfähigkeit geradezu notwendig sind. Es bedarf also bei der Frage, inwieweit gegen die Steuerflucht rechtliche Maßnahmen ergriffen werden sollen, einer komplizierten Interessenabwägung, wobei es letztlich eine politische Frage ist, welche Steuerfluchterscheinungen im Interesse der Außenwirtschaft oder sonst Betroffener hingenommen und welche bekämpft werden sollen. Die Binnenmarktkonzeption innerhalb der EU hat daneben rechtliche Hürden errichtet, da das gesetzgeberische Motiv einer Bekämpfung der Steuerpflicht Gemeinschaftsgrundrechte beschränken kann (s. dazu insbesondere den *EuGH*-Fall ICI unter K 53).

(2) Daß allerdings **Maßnahmen gegen die Steuerflucht** nicht erst ein **50** Problem gegenwärtiger Gesetzgebung sind, zeigt eine Bestandsaufnahme älterer Vorschriften (dazu eingehend *Sutterer* S. 271 ff.). Das Gesetz gegen die Steuerflucht vom 26. 7. 1918 (RGBl. 1918, 951) sah vor, daß Angehörige des Deutschen Reiches, die ihren dauernden Aufenthalt im Inland aufgeben, der unbeschränkten Steuerpflicht in Beziehung auf die „Personalsteuern sowohl des Reiches wie der Bundesstaaten" unterworfen bleiben. Die „Verordnung betreffend die Reichsfluchtsteuer und sonstige Maßnahmen gegen die Kapital- und Steuerflucht" vom 8. 12. 1931 (RGBl. 1931, 731) sah eine Besteuerung des Vermögens bei dem Wohnsitzwechsel in das Ausland vor. Gemäß § 3 dieser Verordnung betrug die Steuer ein Viertel des gesamten, steuerpflichtigen Vermögens (vgl. im einzelnen *Jagdfeld* StuW 1972, 258 ff.). Für Körperschaften sah bereits § 18 des ersten einheitlichen Körperschaftsteuergesetzes 1920 die Besteuerung der in der Unternehmung gebildeten stillen Reserven bei Verlegung des Sitzes und des Ortes der Geschäftsleitung in das Ausland vor. Grundgedanke dieser Vorschrift war die Erfassung der zunächst nur aufgeschobenen Versteuerung unrealisierter Wertsteigerungen, doch wurde sie in der Literatur auch als Auswanderungssteuer verstanden (*Seweloh* StuW 1934, 957).

· In der Zeit nach 1950 schafften wirtschaftliches Wachstum, verbunden mit dem Abbau der Devisenbewirtschaftung und der Wiedereinführung der Freizügigkeit internationaler Wirtschaftsbeziehungen die Voraussetzungen für eine Steuerflucht auch in der Bundesrepublik, ohne daß deren Ausmaß jemals zu ermitteln gewesen wäre. Auf eine entsprechende Anfrage des Bundestags erging 1964 der sog. *Oasenbericht* der Bundesregierung (Steueroasenbericht BT-Dr. IV/2412), der einerseits eine Reihe von Einkommens- und Vermögensverlagerungen in Staaten mit niedrigem Steuerniveau darstellte, andererseits bereits eine Anzahl möglicher Bekämpfungsmaßnahmen nannte. Ein Erlaß der Finanzminister der Länder aus dem Jahre 1965 versuchte, in Anwendung des seinerzeit geltenden Rechts Maßstäbe festzulegen, nach denen Einkommens- und Vermögensverlagerung in Staaten mit niedrigem Steuerniveau die steuerliche Anerkennung versagt werden konnte (DB 1969, 910). Die Auseinandersetzung um diesen Erlaß kreiste insbesondere um die Frage, ob er auf einer gesetzlichen Grundlage beruhte; die Mängel des geltenden Rechts wurden hierbei deutlich (vgl. nur *Rädler/Raupach* DStZtg 1968, 249 ff.). Auch die *Steuerreformkommission*, die in Teil VI ihres Gutachtens die wichtigsten Problemkreise des Außensteuerrechts behandelte, sah die Möglichkeit zu steuerlichen Manipulationen, deren Ergebnisse mit den Grundsätzen einer gleichmäßigen Besteuerung nicht im Einklang stehen, stellte sich aber auf den Standpunkt, daß das geltende Recht nicht ausreiche, diese Manipulationen zu verhindern (Gutachten der *Steuerreformkommission*, Bonn 1971 (H. 17 der Schriftenreihe des BdF), S. 584, 586).

**51**    (3) Nach längeren Vorarbeiten wurde 1972 das Außensteuergesetz (AStG) verabschiedet, das ja u. a. mit dem Ziel geschaffen worden war, auch mißbräuchlichen Gestaltungen statt mit der allgemeinen Mißbrauchsnorm § 42 AO mit eindeutigen Tatbestandsmerkmalen zu begegnen – es allerdings nur unter Mißbrauchsüberlegungen sehen zu wollen, ist schlicht und einfach falsch. Nach wie vor steht es trotz inzwischen kaum noch zu überblickender Gesetze und Gesetzesvorhaben gegen die Steuervermeidung im Mittelpunkt dieses Teilbereichs des IStR – was der Rechtswirklichkeit allerdings nicht entspricht. *Wassermeyer* hat das Gesetz nach 25 Jahren der Erfahrungen einer kritischen Würdigung unterzogen (*Flick* Festschrift, S. 1057 ff.): Systematisch sei das Gesetz verunglückt, weil es zu einer Zersplitterung des Außensteuerrechts führte; die erweiterte beschränkte Steuerpflicht habe kein nennenswertes Steueraufkommen zur Folge gehabt, sie könne gestaltungsmäßig leicht unterlaufen werden; die Wegzugsbesteuerung zeige einen inkonsequenten Gesetzgeber, an ihrer Europatauglichkeit müsse gezweifelt werden. Die Hinzurechnungsbesteuerung als Kern des Gesetzes sei in Anbetracht der tatsächlichen Verhältnisse nur in ihrer prophylaktischen Wirkung zu rechtfertigen, im übrigen handele es sich um eine „Dummensteuer", von der Personen betroffen werden, die keinen Fachmann an ihrer Seite haben (s. N 395).

**52**    Übergeht man eher randläufige Entwicklungen nach dem Inkrafttreten des Außensteuergesetzes, läßt sich seit 1992 eine mit erheblichen systematischen Eingriffen verbundene Gesetzgebung zur Steuervermeidung (auch auf rein innerstaatliche Vorgänge bezogen) unter dem Stichwort der **Bekämpfung von Steuersparmodellen** (*Sarrazin* DStZ 1994, 289 ff.) feststellen. Das StÄndG 1992, das StandOG 1993, das StMBG 1993, das Gesetz zur Fortsetzung der Unternehmenssteuerreform 1997 und das Steuerentlastungsgesetz 1999/2000/2002 haben in mehreren Teilbereichen das Problem der Steuervermeidung wieder aufgegriffen – überwiegend unsystematisch und das Außensteuerrecht weiter komplizierend.

– Die Hinzurechnungsbesteuerung bei sog. Zwischeneinkünften mit Kapitalanlage-Charakter wurde eingeführt, in einem weiteren Schritt folgten Maßnahmen gegen die Verlagerung auf ausländische Finanzierungsgesellschaften (s. N 450).

– Die Einmalbesteuerung von Vergütungen für nichtanrechnungsberechtigte Anteilseigner soll sichergestellt werden (§ 8 a KStG, dazu P 110).

– Die Keinmalbesteuerung inländischer Körperschaftsgewinne durch Einschaltung nichtanrechnungsberechtigter Anteilseigner wird vermieden (verschiedene Spielarten des Dividenden-Stripping, dazu §§ 36 II Nr. 3 Satz 4, 50 c, insbesondere der gegen das Dividenden-Stripping gerichtete § 50 c X EStG, s. ab P 136).

– Versagt wird die Entlastung von deutschen Abzugssteuern für ausländische Kapitalgesellschaften aufgrund einer Mißbrauchsklausel in § 50 d I a EStG (dazu R 141).

– Geschlossen wurde ein Lücke in der Immobilienbesteuerung aufgrund von Verlagerungen von steuerpflichtigen Veräußerungsvorgängen in das Ausland (§ 49 I Nr. 2 f EStG), s. P 16.

– Eingeschränkt wird die trotz § 3 c EStG gegebene Möglichkeit, Betriebsausgaben bei steuerbefreiten ausländischen Dividenden in Abzug zu bringen (Ballooning-Konzept): § 8 b VII KStG (Steuerentlastungsgesetz 1999/2000/2002, Steuerbereinigungsgesetz 1999) begrenzt einen solchen Abzug (s. dazu S 331).

– Beseitigt wird mit der Streichung des § 2 a III, IV EStG (des früheren § 2 AIG) die Möglichkeit, Auslandsverluste bei steuerbefreiten DBA-Einkünften zu berücksichtigen; verwirklicht wird damit eine grundsätzliche Position, nach der Auslandsverluste nicht als negative Einkünfte zu berücksichtigen sind, wenn die Einkünfte nach Abkommensrecht im Inland steuerfrei sind (Steuerentlastungsgesetz 1999/2000/2002). Allerdings wird die Einordnung des früheren § 2 a III, IV EStG als Steuervermeidungsnorm kaum Beifall finden; eher wäre es zutreffend, sie als einen Ausgleich für einen anderenfalls drohenden Wettbewerbsnachteil einzuordnen.

(4) Bleibt zu fragen, welche Bedeutung die Mißbrauchsabwehr (§ 42 **53** AO) als Fall der Gesetzesumgehung für die Steuerfluchtproblematik hat. Im Anschluß an *Peter Fischer* (DB 1996, 644 ff.; Kommentierung des § 42 AO in *Hübschmann/Hepp/Spitaler* Rz 241 ff.) ist zunächst klarzustellen, daß es eine **rechtskreisspezifische Mißbrauchsabwehr** gibt: Jeder Rechtskreis muß sich in seinem Binnenbereich gegen Steuerumgehungen absichern. Deswegen lassen sich die Mißbrauchsfragen im Abkommensrecht, im europäischen Gemeinschaftsrecht und im nationalen Recht nicht einander gleichstellen, deswegen werden Gemeinschaftsrecht (s. z. B. N 285) und Abkommensrecht (s. R 100) auch gesondert erwähnt. Da die Umgehung des Steuerrechts erst dort beginnt, wo die Auslegung des Gesetzes endet, erweist sich eine spezialgesetzliche Vorschrift zur

Verhinderung der Umgehung als überflüssig, wenn und soweit durch Interpretation des Gesetzes dessen Zweck verwirklicht werden kann. Was bleibt, sind typische Fallgruppen (es gibt nicht „die Steuerumgehung" schlechthin), unter ihnen die Steuerflucht als „ein formales wirtschaftlich nicht berechtigtes Ausweichen gegenüber der inländischen Steuerpflicht durch Verlagerung auf objektiv funktionslose Rechtsträger"; da dieser Steuerfluchtbegriff ausschließlich an die Steuerumgehung anknüpft, stellt sich das Problem einer „Absicht" anders als bei den weitergehenden begrifflichen Eingrenzungen nicht – als Fall der Gesetzesumgehung ist eine solche Absicht nicht erforderlich (zur teilweise abweichenden *BFH*-Rechtsprechung s. *Fischer* DB 1996, 645 Fußn. 19, 20). Da sich das Außensteuerrecht in speziellen Tatbeständen gegen Steuervermeidungsstrategien wendet, wird sich als Grundproblem die Frage eines noch verbleibenden Anwendungsbereichs für § 42 AO ergeben. So ist beispielsweise im Zusammenhang mit dem Dividenden-Stripping zu klären, ob vor Inkrafttreten des § 50c X EStG auf Börsengeschäfte trotz der Börsenklausel in § 50 VIII Satz 2 a.F. EStG der allgemeinen abgabenrechtlichen Mißbrauchsnorm eine eigenständige Bedeutung zukommt (dazu P 147). Teilbereiche des IStR erklären sich andererseits auch daraus, daß die Rechtsprechung der Anwendung des § 42 AO durch die Verwaltung die Gefolgschaft versagte: Herausragendes Beispiel hierfür die Rechtsentwicklung bei der Gesellschafter-Fremdfinanzierung bis zum Inkrafttreten des § 8a KStG (s. P 113).

**54**   (5) In der gegenwärtigen Diskussion stehen wiederum **Steueroasen** im Vordergrund – und zwar **innerhalb der Europäischen Union** (s. B 45).

Da der Begriff der Steueroase länderbezogen und insoweit immer nur über generell gültige Strukturen eine Aussage trifft, ist innerhalb der EU nunmehr von einem unfairen Steuerwettbewerb die Rede; zu dem gemeinschaftsrechtlichen Hintergrund der Beihilfenproblematik s. K 6; die in diesem Zusammenhang noch vorzustellende Gruppe Verhaltenskodex hat am 29. 11. 1999 ihren Abschlußbericht vorgelegt und hierin insgesamt **66 nationale Steuerregelungen** innerhalb der Europäischen Union im Sinne des Verhaltenskodex zur Bekämpfung des **unfairen Wettbewerbs** eingestuft – es geht hier nicht um die Konsequenzen aus diesem Bericht, über die am 1. 1. 2000 noch keine endgültige Aussage möglich ist, weil der Ministerrat sich im Dezember 1999 über ein Steuerpaket insgesamt nicht einigen konnte. Hier geht es nur um eine Aufzählung herausragender Steuervergünstigungen – man muß sie sich auch nicht nur im Zusammenhang mit EU-Staaten vorstellen (vgl. hierzu *Jean Mueller* IWB Aktuell 1999 Nr. 23 und *Blumenberg/Lausterer* in Festschrift *Rädler* S. 1 ff.).

– Belgien mit Koordinierungszentren, Distributionszentren, Dienstleistungszentren
– Dänemark mit einer Holdingregelung

– Deutschland mit Kontroll- und Koordinierungszentren ausländischer Konzerne, Regelung gem. BMF-Schreiben BStBl. 1984 I, 458, seit 1. 1. 2000 BSt-Verwaltungsgrundsätze 4.4.
– Frankreich mit Headquarters und Logistikzentren
– Griechenland mit besonderen Regeln für Niederlassungen von Auslandsunternehmen
– Irland mit internationalen Finanzdienstleistungszentren in Dublin
– Italien mit dem Finanzdienstleistungs- und Versicherungszentrum in Triest
– Luxemburg mit Koordinierungszentren, Holding, Finanzierungsgesellschaften
– Niederlande mit der Bevorzugung konzerninterner Finanzaktivitäten, Holdingregelungen
– Österreich mit Holdingregelung, Steuerfreistellung für Dividenden aus Niedrigsteuergebieten
– Portugal mit den zollfreien Gebieten Madeira und Santa Maria
– Spanien mit Koordinierungszentren
– Regelungen in den abhängigen Gebieten Aruba, Gibraltar, Guernsey, Alderney, u. a.

## 4. Ein Binnenmarktkonzept als autonomes Ziel?

Die Doppelbesteuerung oder eine zu Kapitalfehlleitungen führende **55** Steuerflucht zu vermeiden: damit sind Wettbewerbseffekte verbunden – jedenfalls hofft der Gesetzgeber, daß er Verzerrungen des Wettbewerbs einschränkt und den Wohlstand damit fördert. Wettbewerbsneutrales internationales Steuerrecht als Ziel (als Zustand ist es ausgeschlossen) ist auf den Weltmarkt, auf die Gesamtheit aller Staaten gerichtet. Daneben findet eine Auswahl statt: Mit bestimmten Staaten werden völkerrechtliche Vereinbarungen getroffen; gegen bestimmte Staaten kann sich eine gegen die Steuerflucht gerichtete Gesetzgebung richten. Mit der bereits mehrmals angesprochenen **Binnenmarktkonzeption der Europäischen Union** stellt sich die Frage: Ist damit ein drittes und von den Maßnahmen für/gegen die Doppelbesteuerung und die Steuervermeidung unabhängiges, jedenfalls ihnen gegenüber abzugrenzendes Ziel gegeben? Kann sie sich hierin überhaupt einordnen?

Zunächst spricht alles dafür, mit einem Binnenmarktkonzept keine **56** anderen Ziele als die **Neutralitätspostulate der klassischen Außenhandelslehre** zu verbinden. Dafür könnte sprechen, daß eine anerkannte Definition des gemeinschaftsrechtlichen Wettbewerbsbegriffs fehlt, daß Einzelbestimmungen im EGV zwar wichtige, aber nicht begriffsabgrenzende Anhaltspunkte geben: Danach erfaßt die Aussage zum Wettbewerb sowohl staatliches Handeln (Art. 87ff.) als auch das Handeln von Unternehmen (Art. 81). Steuern werden vor allem wegen ihrer Preiswirksamkeit wettbewerbsrelevant; da staatliche Maßnahmen dem Gebot einer „zwischenstaatlichen Wettbewerbsneutralität" unterliegen, stellen unterschiedliche Steuerbelastungen dem Grunde nach eine Wettbewerbsverzerrung dar, mithin müßte Steuerneutralität als Ideal so verstanden werden, daß die internationalen Grenzen keinerlei Unterschiede bei der

Besteuerung der Unternehmen und der natürlichen Personen hervorbringen dürften; die steuerlichen Maßnahmen dürften nicht Unterschiede in den Produktionskosten vergrößern (*Weiser* S. 192 ff.); es wird sich vor allem für die direkten Steuern zeigen, daß die Realität des Binnenmarktes nur in Ansätzen solchen Vorstellungen entspricht.

57      Was aus dem **Binnenmarkt als Rechtsbegriff** folgt, ist der Darstellung des Gemeinschaftsrechts vorzubehalten (dazu der anschließende 2. Hauptteil). Daß aber – soll eine solche Konzeption einen auch noch so beschränkten Geltungsbereich haben – die Schaffung eines Binnenmarktes nicht auf der Grundlage der Bedingungen eines Weltmarktes funktionieren kann, liegt auf der Hand: Insoweit muß es sich um ein aliud handeln. Für den Weltmarkt gilt (vgl. *Dautzenberg* S. 28 ff.): Jedem Staat ist es aufgrund seiner Souveränität und im Rahmen der völkerrechtlichen Vorgaben (GATT-Vertrag als Beispiel) gestattet, seine Standortbedingungen zu bestimmen – zwischen den beiden Extremen des ungeschützten Wettbewerbs und der Abschottung. Will ein Staatenbündnis Binnenmarktverhältnisse schaffen, dann ist dies zwischen der einzelnen Volkswirtschaft und der Gesamtheit aller Volkswirtschaften auf dem Weltmarkt einzuordnen; es gibt nicht mehr nur Teilmärkte mit jeweils eigenständigen Rechts- und Wirtschaftssystemen; anstelle von Teilmärkten soll – innerhalb welcher Grenzen auch immer – ein einheitlicher Markt entstehen – wiederum auch hier in der Erwartung positiver Nettowohlfahrtseffekte (*Welfens* S. 295 mit Hinweisen auf empirische Befunde als Folge der Integrationswirkung der EG-Zollunion). Soll mithin eine Binnenmarktkonzeption verwirklicht werden, so müssen auch die damit verbundenen Teilbereiche das IStR mitbestimmen: In welchem Umfang, hängt von der Reichweite des Zieles ab. Das Ziel kann auf bestimmte wirtschaftliche Tätigkeiten beschränkt sein, es kann private Aktivitäten von vornherein ausschließen – das alles ist zunächst aber bedeutungslos. Entscheidend ist nur, daß bei der Geltung eines solchen Konzepts das Steuerrecht nicht frei von jeder Rücksichtnahme sein kann. Anderenfalls wäre die unrealistische Annahme zugrunde zu legen, daß jeder Steuerbelastungsunterschied im Binnenmarkt – so weit die Binnenmarktkonzeption reicht – durch andere Faktoren ausgeglichen wird. Die hierbei anzuwendenden Methoden sind sicherlich abhängig von der Rechtskonzeption des Binnenmarkts: Das kann durch Rechtsangleichung geschehen, die die eingangs erwähnten Steuerüberschneidungen ganz oder in Teilbereichen vermeidet. Erfolgt keine Rechtsangleichung, ist der Ausgangspunkt für jeden Teilnehmer kein anderer als der auf dem Weltmarkt – nur mit dem Unterschied, daß seine Souveränitätsrechte einer Beschränkung unterworfen sein müssen – anderenfalls seine Teilnahme am Binnenmarkt sinnlos wäre. Ob es dann ausreicht, einerseits Maßnahmen gegen die Doppelbesteuerung nach dem bewährten Muster zu treffen; ob es Maßnahmen gegen die Steuervermeidung überhaupt bedarf;

oder ob der Staat sein eigenes Steuerrecht insgesamt dahingehend zu überprüfen hat, ob es dem vereinbarten Ziel entspricht: Das alles wissen wir nicht, solange wir die Binnenmarktkonzeption nicht kennen, die verwirklicht werden soll.

Aber damit ist die eingangs gestellte Frage einer dritten Variante eines   **58** Neutralitätskonzepts für das internationale Steuerrecht dem Grunde nach beantwortet: Eine **Binnenmarktkonzeption** kann mehr erfordern als nur einen Ausgleich der Steuerunterschiede nach der Art der Bekämpfung der Doppelbesteuerung und der Vermeidung der Steuerflucht. Staaten können zwar miteinander vereinbaren: Zwischen uns Beteiligten eines Bundes sollen alle Doppelbesteuerungen vermieden werden; zwischen uns sollen keine Belastungsunterschiede bestehen, die Anreiz zu Steuervermeidungsstrategien geben – dann bedarf es eines weitergehenden Neutralitätsgebots nicht mehr. Aber sie können darüber hinausgehen: Sie können miteinander beschließen, ihre Grenzen für Gebietsfremde aus Vertragsstaaten so zu öffnen, daß die Grenze als Hindernis nicht mehr spürbar ist. Ist auf dieses Ziel hin jede Norm zu überprüfen, leuchtet auch ohne weitere Beweisführung ein: Mit den Maßnahmen gegen die Doppelbesteuerung und gegen die Steuerflucht werden hiervon nur noch Teilaspekte berührt. Das wiederum ist der *methodische Übergang zum Gemeinschaftsrecht.*

## 5. Neutralitätskonzepte: Kapitalexport- und Kapitalimportneutralität

### a) Zweck, Inhalt und Kritik

(1) Die Überlegungen zur Doppelbesteuerung und zur Steuervermei-   **59** dung führten zur **Steuer** als einen (auch) **wettbewerbsverzerrenden Faktor** – damit zur Notwendigkeit hiergegen gerichteter staatlicher Gesetzgebung. Offen blieb die Richtung des Handelns. Das führt zu Fragen, die mit der Begrifflichkeit der Doppelbesteuerung und der Steuerflucht allein nicht mehr zu lösen sind. Da an eine Sachnormabstimmung der Staaten untereinander überhaupt nicht zu denken ist, bleibt zu fragen, ob Maßstäbe für ein vernünftiges, die internationalen Kapitalströme und sonstigen Wanderungsbewegungen nicht verzerrendes internationales Steuerrecht der einzelnen Staaten wenigstens theoretisch zu gewinnen sind. An solchen Maßstäben könnte bestehendes Recht gemessen werden und Reformbedarf geltend gemacht werden. Abweichungen hiervon bedürften einer plausiblen Begründung. Über nationale Beurteilungskriterien für ein Besteuerungssystem besteht dem Grund nach kein Streit (ausf. *Johanna Hey* S. 113 ff.): Gleichmäßigkeit der Besteuerung (Besteuerung nach der Leistungsfähigkeit), Neutralitätspostulate bei der Unternehmensbesteuerung (Rechtsformneutralität, Finanzierungsneutralität, Verwendungsneutralität), Realisierbarkeit eines gerechten und neutralen

Steuersystems (Einfachheit und Praktikabilität, Steuerbefolgung, politische Konsensfähigkeit). Daß solche Kriterien bei grenzüberschreitenden Sachverhalten bedeutungslos werden könnten, kann von vornherein ausgeschlossen werden. Deswegen ist am Beginn dieses III. Abschnitts (B 11) darauf hingewiesen worden, daß internationales und nationales Steuerrecht nicht beziehungslos nebeneinander stehen und daß Prinzipien des Steuerrechts, die man als richtig anerkennt, nicht von der Frage eines Binnensachverhalts oder eines grenzüberschreitenden Sachverhalts abhängig sein können. *Menck* hat das auf den Punkt gebracht: Abgabenrecht kann systematisch nur befriedigen, wenn es nicht nur Binnensachverhalte, sondern auch internationale Sachverhalte kohärent regelt und dabei den Besteuerungsgrundsätzen der Leistungsfähigkeit, der Gleichmäßigkeit und der Wettbewerbsneutralität genügt (in *B/H/G/K* Grundlagen Teil 1 Abschn. 2 Rz 5). Aber das heißt nicht, bestimmten Prinzipien jeweils die gleiche Bedeutung beimessen zu müssen. So kann man im Hinblick auf die Leistungsfähigkeit eines Steuerpflichtigen durchaus die Auffassung vertreten, nach der Herkunft von Einkünften differenzieren zu müssen. In Übereinstimmung mit der überwiegenden Betrachtungsweise soll das **IStR** hier vorrangig unter dem **Gesichtspunkt der Wettbewerbsfolgen** untersucht werden. Das bedeutet:
– daß den Normen des IStR ein Einfluß auf die Wirtschaftlichkeit einer Auslandsinvestition und damit – makroökonomisch – ein Einfluß auf die Kapitalströme zugewiesen wird,
– daß ein solcher Einfluß auf die Kapitalströme zwar gebilligt wird, aber Wettbewerbsverzerrungen und damit gezielte und nachhaltig wirkende Lenkungsfolgen grundsätzlich nicht gewollt sind,
– daß die Normen des IStR aber nicht nur den Wettbewerb der jeweiligen Steuerbürger, sondern zugleich das Steueraufkommen zwischen den am Handel beteiligten Staaten beeinflussen,
– und daß sich damit die Frage stellt, ob bestimmte Besteuerungsprinzipien besonders geeignet sind, den internationalen Wettbewerb im Sinne der Erwartungen der Außenhandelstheorie und damit eine gerechtere Wohlstandsregelung zu fördern – womit natürlich im Prinzip nur gemeint sein kann, ob eher von einem Vorrang des Wohnsitzstaates oder des Quellenstaates auszugehen ist oder ob es letztlich nur darum geht, eines der beiden Prinzipien konsequent anzuwenden.

**60**    Im folgenden ist ausschließlich von der Frage der Neutralität der Steuern am Beispiel des **Faktors Kapital,** insbesondere in der Form der grenzüberschreitenden Direktinvestition, die Rede. Grundsätzlich ist davon auszugehen, daß die für den Produktionsfaktor Kapital geltenden Überlegungen auch auf den **Faktor Arbeit** übertragbar sind, daß es dem Faktor Arbeit aber an einer dem Kapital vergleichbaren Mobilität fehlt. Daß aber auch die internationale Belastung des Arbeitseinkommens zunehmend Probleme aufwirft, zeigt die jüngste Rechtsentwicklung (EuGH-Rechtsprechung, insbesondere der Fall Schumacker; fiktive unbeschränkte Steuerpflicht § 1 III EStG). Darüber hinaus führt die unterschiedliche Besteuerung als Folge auch der unterschiedlichen Mobilität zu einer Frage gerechter Besteuerung: Nach Berechnungen der EU-Kommission ist die steuerliche Belastung des Faktors Arbeit im europäischen Durchschnitt in den vergangenen zehn Jahren von 35 auf 42 Prozent gestiegen, dagegen die Besteuerung des Faktors Kapital von 45,5 auf 35 Prozent gesunken (SZ 1999 Nr. 88 S. 25).

(2) Wenn im Welthandel Doppelbesteuerung und Steuerflucht vermie- **61** den werden und – weitergehend – innerhalb einer Staatengemeinschaft als eines Ausschnitts hieraus trotz nicht vereinheitlichter Rechts- und Wirtschaftsbedingungen Binnenmarktverhältnisse hergestellt werden sollen, geht es für die Steuerpolitik der beteiligten Staaten – wie gezeigt wurde – nicht mehr nur um die Interessen ihrer eigenen Steuerpflichtigen, sondern zunehmend gleichrangig auch um ein **Verteilungsproblem:** Nach welchen Kriterien sollen die im internationalen Waren- und Leistungsaustausch erzielten **Wertschöpfungen** (Arbeitseinkünfte, Vermögenseinkünfte, Unternehmereinkünfte) besteuert werden? Daß die Staaten sich über die Vermeidung der *Doppelbesteuerung* einig sind, berührt eine Frage individueller Gerechtigkeit gegenüber dem Steuerpflichtigen, aber sie löst nicht das Problem, in welchem Umfang die Staaten das Besteuerungsgut unter sich aufteilen sollen. Ob die *Steuervermeidung* unter dem Gesichtspunkt individueller Gerechtigkeit gegenüber dem Steuerpflichtigen gesehen werden kann, ist eher zweifelhaft; aber wenn der Staat durch seine Steuerpolitik hiergegen Maßnahmen ergreift, beansprucht er jedenfalls einen höheren Teil des Steuerguts für sich. Und auch das *Binnenmarktkonzept* ist auf eine Verteilungsfrage ausgerichtet, deren Lösung teilweise weitere Harmonisierungsfortschritte bedingt. Die Verteilung kann einverständlich geregelt werden, sie kann einseitig beeinflußt werden. Soll bei dieser Verteilung das Gebot der Stärke und mithin der Zufall oder soll ein sachgerechtes Prinzip bestimmend sein? Gebietet das Neutralitätskonzept möglicherweise konkrete, hieraus folgerichtig abzuleitende Besteuerungsprinzipien? Verteilungspolitische Überlegungen bleiben zwar bei der Bewertung der Effizienz der Steuer unbeachtet, weil Maßstab hierfür nur deren Wirkung auf die Allokation der Produktionsfaktoren ist (*Suermann* S. 18) – der Gesetzgeber kann sich mit einer solchen Sichtweise nicht begnügen.

(3) Zur Bewertung des Zieles eines wettbewerbsneutralen Steuerrechts **62** haben sich mit Blickrichtung auf die internationalen Kapitalströme zwei Konzepte durchgesetzt (man kann auch sagen: Beurteilungsmaßstäbe): Die **Kapitalexportneutralität** und die **Kapitalimportneutralität.** Es handelt sich um **volkswirtschaftliche Begriffe,** die als Maßstäbe für gesetzgeberisches Handeln dienen sollen. Beide Begriffe sind fester Bestandteil aller Veröffentlichungen zum internationalen Steuerrecht geworden. Ein Steuersystem ist kapitalexportneutral, wenn die Besteuerung unabhängig vom Ort (Inland oder Ausland) wirtschaftlicher Betätigung erfolgt, die Steuer in bezug auf den Einsatzort des Kapitals neutral ist,

vereinfacht gesagt: sich nicht am Einsatzort orientiert. Ein Steuersystem ist kapitalimportneutral, wenn die Besteuerung am Ort der wirtschaftlichen Betätigung für alle identisch ist, unabhängig vom Herkunftsort des Kapitals. In beiden Fällen soll der Einfluß der Grenzüberschreitung neutralisiert werden – aber da nun einmal jedes Neutralitätskonzept mit unterschiedlichen Rechtssystemen konfrontiert ist, muß aus der Sicht der beteiligten Staaten eine Verteilungsregel eingreifen. Ist der Ort der Kapitalverwendung gleichgültig, kann nur der Herkunftsort die Bedingungen bestimmen. Ist der Ort der Kapitalherkunft dagegen gleichgültig, kann nur der Ort der Kapitalverwendung die Bedingungen bestimmen (was natürlich – wie sich sogleich zeigen wird – nicht ausschließlich als ein Entweder-Oder zu verstehen ist). Theoretisch und praktisch sind Zwischenlösungen denkbar – dies aber sind die beiden Grundmodelle. Es lassen sich auch andere Beurteilungsmaßstäbe denken – aber ihnen kommt keine Bedeutung zu, weil sie die erforderliche Verbindung zum konkreten Steuerrecht der Staaten aufgeben müßten. Dieses Grundmodell kann auch aus dem Gesichtspunkt heraus interpretiert werden, im internationalen Wirtschaftsverkehr das Prinzip einer Einmalbesteuerung zu verwirklichen; das läßt sich an den gegenwärtig in der OECD diskutierten Fragen der Besteuerung internationaler Investmentfonds demonstrieren, bei der drei Staaten zu berücksichtigen sind (Investor-Sitzstaat des Fonds-Quellenstaat) und der Fonds im Sitzstaat als bloße Durchlaufstelle von Steuerbelastungen verschont bleiben soll, da er weder als Staat der Kapitalherkunft noch als Staat der Kapitalverwendung gelten kann. Der Gegenüberstellung von Kapitalexportneutralität und Kapitalimportneutralität liegen auch Annahmen zugrunde, die auf **Skepsis** stoßen: So wurde bereits bei der Darstellung des Neutralitätskonzepts auf kritische Stimmen und die Forderung hingewiesen, den Begriff der Steuerneutralität, bezogen auf internationale Beziehungen, neu zu definieren; *Kl. Vogel* (StuW 1993, 386) hält die Unterscheidung zwischen Exportneutralität und Importneutralität daher grundsätzlich für verfehlt und hat zuletzt (Festschrift *Lutz Fischer* S. 1010) im Hinblick auf die Kapitalexportneutralität von deren „alten, abgegriffenen" Argumenten gesprochen. Und möglicherweise noch gravierender ist die Frage nach der tatsächlichen Bedeutung der Besteuerung als Bestimmungsfaktor für die Kapitalströme: Wenn ein Standortfaktor „Besteuerung" nur eine geringe Rolle bei der Entscheidung der handelnden Wirtschaftssubjekte spielt, stellt sich die Frage nach dem Nutzen der Diskussion für das Steuerrecht überhaupt – deswegen kann die Standortdiskussion auch in einer an der Tatbestandsmäßigkeit orientierten Darstellung nicht übergangen werden (zur Besteuerung als Standortfaktor s. C 1).

Daß eine **Gegenüberstellung von Kapitalexport- und Kapitalimportneutralität** zur Verdeutlichung eines Wettbewerbskonzepts von vornherein unbefriedigend sein und auf Skepsis stoßen muß, liegt auf der Hand: Wenn es zwar vielfältige Wettbewerbskonzeptionen, aber keine allgemeingültige Definition des Wettbewerbs und nicht einmal einen überzeugenden Wettbewerbsbegriff für eine Binnenmarktkonzeption gibt (die Reichweite im europäischen Gemeinschaftsrecht – schwankend zwischen der Einschätzung der Steuern als Wettbewerbshindernis und zwischen dem Steuerwettbewerb der Staaten – wird dies dokumentieren), wie kann es dann ein weltweit wirksames Neutralitätskonzept geben, da ein dafür geltender Wettbewerbsbegriff noch weniger zu bestimmen ist? Selbst wenn die Staaten Einigkeit über „Wettbewerbsverzerrungen" erzielten: Solange unterschiedliche Steuerbedingungen herrschen, kann es keine „neutralen" Regeln geben, die Einschätzung des Konzepts ist variabel: das Steuerniveau einerseits, der Standort des Konkurrenten andererseits führen zu völlig unterschiedlichen Wertungen. Die Staaten können sich allesamt auf ein Konzept einigen: ihre unterschiedlichen Bedingungen schließen Verzerrungen von vornherein ein – da die Annahme eines Ausgleichs im Wettbewerb durch andere Faktoren bestenfalls der Tendenz nach zutreffend sein kann. *Daher* lassen sich die Neutralitätsbedingungen nur unter restriktiven und deswegen unrealistischen Voraussetzungen erfüllen: gleiche Steuersätze, gleiche Besteuerungsprinzipien, identische Bemessungsgrundlagen (zusammenfassend und zur Kritik an beiden Ansätzen in der Literatur *Suermann* S. 21). *Dennoch:* Wenn man sich über die begrenzte Aussage zu den internationalen Kapitalströmen als Folge des eigenen Steuersystems klar ist; wenn man bedenkt, daß es immer nur um eine auf bestimmte Aspekte begrenzte Neutralitätsaussage gehen kann; daß Unterschiede in den effektiven Steuerbelastungen fortbestehen und – je nach dem Standort einer Vergleichsperson – sogar erhöht werden können: dann verdeutlichen die Begriffe von der Kapitalexportneutralität und der Kapitalimportneutralität immer noch auf geeignete Art und Weise das Problem der steuerlichen Wettbewerbsverzerrungen (*Johanna Hey* S. 151: Ein gesunder Skeptizismus gegenüber den Aussagen der klassischen Neutralitätspostulate darf nicht zur völligen Aufgabe des Konzepts führen. Die Suche nach „einer effizienten und gerechten Verteilung" kann nur mit solchen Prinzipien erfolgen). *Nur:* ein Neutralitätskonzept können sie lediglich im Rahmen unterschiedlicher Steuerbedingungen verwirklichen – also können sie Lösungen für die Beseitigung jeglicher Verzerrungen gerade nicht anbieten (so am Beispiel des Binnenmarktkonzepts *Weiser* S. 215 – aber das gilt auch ohne jeden Bezug auf den Binnenmarkt).

### b) Die beiden Konzepte: Vergleich ihrer Folgen

(1) Für die **indirekten Steuern** (Umsatzsteuer, Verbrauchsteuern) be-  **63** steht weitgehend Übereinstimmung über die Verwirklichung des Prinzips der Kapitalimportneutralität: Die Steuerlast wird durch das Bestimmungsland statt durch das Ursprungsland bestimmt, wobei mit dieser Unterscheidung untrennbar die Überzeugung der Staaten verbunden ist, daß eine Besteuerung am Ort des Warenverbrauchs den Fiskalinteressen am ehesten gerecht wird (zur Bewertung beider Prinzipien aus wirtschaftswissenschaftlicher Sicht mit zahlr. Nachweisen *Sapusek* S. 60 ff.; s. im übrigen V 1–4).

(2) Für die **direkten Steuern** ist eine solche grundsätzliche Überein-  **64** stimmung nicht nachweisbar (vgl. dazu die Darstellung der gegensätzlichen Positionen bei *Johanna Hey* S. 154 f.). Die Diskussion um den Vorzug der einen oder anderen Methode ist hier verbunden mit den Besteuerungsprinzipien des *Welteinkommensprinzips* und des *Quellenprinzips*, wobei man jeweils klarstellen sollte, aus der Sicht welches Staates

und welches Konkurrenten die Wettbewerbsfolgen gewürdigt (und nicht nur beschrieben) werden: Die Kapitalexportneutralität führt zu einer Einbeziehung auch im Ausland erzielter Einkünfte, erfährt aber Einschränkungen unter der Bedingung der Anrechnung der im Ausland gezahlten Steuern; die Kapitalimportneutralität bedingt eine Besteuerung der Einkünfte nur im Lande der Investition, stellt die Einkünfte im Herkunftsland (Wohnsitzstaat) mithin von der Besteuerung frei. Diese Besteuerungsprinzipien sind aber nicht etwa folgerichtig mit dem einen und mit dem anderen Neutralitätskonzept verbunden – es sind, wie zu zeigen war (s. B 30), auch ganz andere Kombinationen denkbar. Das Welteinkommensprinzip mit der Anrechnungsmethode und das Quellenprinzip mit der Freistellungsmethode sind daher als **Aussagen zur Reichweite der Besteuerung** von zugrundeliegenden **Wettbewerbskonzepten** gedanklich zu unterscheiden.

**65**  Aus diesem Grunde sollte man davon absehen, die Begriffe als inhaltlich übereinstimmend miteinander zu verknüpfen, wie es zuletzt das *BMF-Gutachten* zur „Reform der internationalen Kapitaleinkommenbesteuerung" (1999) getan hat (S. 34, 59): Hier bewirkt das Wohnsitzprinzip, daß die regionale Kapitalallokation steuerlich unverzerrt bleibt und damit das Ziel der Kapitalexportneutralität (regionale Produkteffizienz) bezeichnet, während das Quellenprinzip die steuerliche Gleichbehandlung aller in einem bestimmten Staat getätigten Investitionen und damit Kapitalimportneutralität zum Ausdruck bringt. Damit diese Übereinstimmung gegeben ist, müssen aber jeweils weitere Bedingungen mit den Begriffen Wohnsitzprinzip und Quellenprinzip verbunden werden. Daher sind die Begriffspaare auseinanderzuhalten: Kapitalexport- und Kapitalimportneutralität fragen nach Wettbewerbskonsequenzen und sind somit an wirtschaftlichen Folgen (erwartete Kapitalströme) ausgerichtet; Wohnsitz- und Quellenprinzip beantworten die rechtliche Frage nach der Anknüpfung der Steuerhoheit. Die unterschiedlichen Aussagen werden deutlich, wenn man sich klar macht, wie sehr die **mit dem Wohnsitzprinzip verbundene Kapitalexportneutralität** von der Gestaltung der Anrechnung ausländischer Steuern im Wohnsitzstaat abhängt und wie problematisch die **mit der Freistellung verbundene Kapitalimportneutralität** ist, wenn sie auf ausländische Verluste übertragen wird.

**66**  (3) **Kapitalexportneutralität** bedeutet, daß Gewinne aus Investitionen im Ausland steuerlich im Inland nicht anders als Investitionen im Inland behandelt werden; die Steuerpolitik soll Standortentscheidungen nicht beeinflussen, die Standortwahl seitens de Kapitalanbieter wird durch das Steuersystem nicht beeinflußt. Nun aber ist auf das Problem der **Doppelbesteuerung** zurückzukommen, da das Modell der Kapitalexportneutralität nicht Freiheit von jeder Quellensteuerbelastung im Ausland unterstellen kann: Betätigt sich der Investor in einem Hochsteuerland und fordert eine Quellensteueranrechnung über seine Steuerschuld im Inland hinaus, kann sich sein Heimatstaat fragen, warum er Anreize für eine Investition in einem Hochsteuerland schaffen solle und damit den Nutzen dieses Staates mehren solle: Er wird deshalb die Doppelbesteuerung zwar beseitigen, aber zugleich die Anrechnung begrenzen; er wird auch im Falle der Betätigung seines Steuerpflichtigen in mehreren

Staaten einen Ausgleich von hohen und niedrigen Auslandssteuern nicht unbeschränkt zulassen – er wird also das Prinzip der Kapitalexportneutralität im Interesse des eigenen Steueraufkommens in Teilbereichen aufgeben (*Lehner* StuW 1998, 166 ff. am Beispiel der Kapitalexportneutralität in der Praxis des US-amerikanischen Steuerrechts). Bezieht man die ungleichen Bedingungen in verschiedenen Sitzstaaten ein (insbesondere unterschiedlich hohe Steuersätze), wird ein gleich hohes Ergebnis in einem Staat A aufgrund wirtschaftlicher Betätigung unterschiedlich hoch am jeweiligen Sitz in den Staaten B, C, D besteuert; dann mag zwar jeder Sitzstaat darauf verweisen, daß er dem Gebot der Kapitalexportneutralität durch die Steueranrechnung gefolgt sei – in der Konkurrenzsituation der in verschiedenen Sitzstaaten B, C, D ansässigen Unternehmen ist das Neutralitätsgebot nicht einzuhalten. Die exportierenden Investoren konkurrieren mithin zu den Bedingungen verschiedener Herkunftsländer. Man könnte sagen: Länder, die für ausländische Einkünfte die Anrechnungsmethode anwenden, exportieren mit den Investitionen aus ihrem Land auch ihr eigenes Steuersystem – aber nur, solange die inländische Steuergutschrift die ausländische Belastung ausgleicht (*Weiser* S. 212).

(4) Die **Kapitalimportneutralität** trifft mit der Folge der Freistellung  **67**
von der Besteuerung im Herkunftsland des Kapitals – dem Staat der Ansässigkeit – anders als die Kapitalexportneutralität, eine Aussage zur Besteuerung auch in dem anderen Staat und bestimmt damit die Maßgeblichkeit des ausländischen Steuerniveaus, also des Betätigungsortes. Will man alle Konkurrenten eines von Landesgrenzen bestimmten Marktes den gleichen steuerlichen Rahmenbedingungen unterwerfen, ist nur dieses Prinzip sachgerecht. Der Verweis auf ansonsten unterschiedliche Besteuerungsbedingungen in den verschiedenen Sitzstaaten und damit gegebene unterschiedliche Ausgangspositionen im Wettbewerb ist in Anbetracht tatsächlicher Besteuerungsdifferenzen sinnlos, denn von solchen Unterschieden geht das Neutralitätskonzept im IStR ja gerade aus, wenn man es nicht auf das unrealistische Modell gleicher Steuersätze reduzieren will. Aber wie die Gestaltung des Anrechnungsverfahrens letztlich die Verwirklichung der Kapitalexportneutralität bestimmt, so gilt auch hier: Es ist eine Sache, das Konzept der Kapitalimportneutralität zu präferieren – eine ganz andere Sache, das Freistellungsprinzip konsequent und dann auch bei unliebsamen Steuerverlagerungen in Niedrigsteuerstaaten unbegrenzt aufrechtzuerhalten.

(5) Für das Gebot der **Kapitalexportneutralität** wird – insoweit über-  **68**
einstimmend mit der Rechtfertigung des Wohnsitzprinzips – das Prinzip einer Besteuerung nach dem Leistungsfähigkeitsprinzip geltend gemacht: Es werden also Systemmängel bezüglich des Wettbewerbsgedankens wegen des höherrangigen Prinzips leistungsgerechter Besteuerung hingenommen. Alle inländischen Steuerpflichtigen werden gleich behandelt,

unabhängig vom Ort ihrer Einkünfteerzielung. Daneben werden allerdings auch Wettbewerbsgesichtspunkte – vor allem in der englischsprachigen Literatur – geltend gemacht (dazu *Suermann* S. 21). Für das Gebot der **Kapitalimportneutralität** wird geltend gemacht, daß steuerliche Wettbewerbsverzerrungen auf dem Auslandsmarkt durch Geltung des dortigen Steuerniveaus beseitigt werden, so daß von einer Besteuerung relativer Leistungsfähigkeit auszugehen ist (zum Vergleich *Otto H. Jacobs* S. 23; *Kl. Vogel* DStZ 1997, 273). Will man den internationalen Handel fördern, kann nur die Herstellung gleicher Konkurrenzbedingungen auf dem Auslandsmarkt Geltung beanspruchen. Das entspricht auch der Niederlassungsfreiheit und damit der Binnenmarktkonzeption mit ihrem Ziel, unter den Bedingungen des Tätigkeitsstaats handeln zu können, beinhaltet aber zugleich die Gefahr, daß aus einem Wettbewerb der Steuersysteme ein ruinöser Wettbewerb der Staaten um möglichst anziehende Bedingungen und die Wettbewerbssituation derjenigen, die den Schritt auf solche Märkte nicht nachvollziehen, ständig verschlechtert wird. Nur wenn eine Besteuerung nach dem Welteinkommensprinzip höherrangige Prinzipien geltend machen könnte, müßte der Kapitalexportneutralität der Vorzug gegeben werden: Gerechtigkeitserwägungen des Wohnsitzstaates müßten (sollten) den Vorrang haben. Aber dieser Gesichtspunkt könnte nur mit dem Hinweis auf das Prinzip der Leistungsfähigkeit geltend gemacht werden; ob aber das Prinzip der Leistungsfähigkeit tatsächlich eine unterschiedlose Einbeziehung inländischer und ausländischer Einkünfte bedingt, ist problematisch (ablehnend *Kl. Vogel* in Festschrift *Franz Klein* S. 361 ff.: Es sprechen mehr Gründe sowohl der individuellen als auch der zwischenstaatlichen Gerechtigkeit dafür, der Besteuerung allein inländischer Einkünfte – sowohl bei Ansässigen als auch bei Nichtansässigen – den Vorzug zu geben).

**69**  (6) Im Gutachten zur „Reform der internationalen Kapitaleinkommensbesteuerung" des *BMF-Beirats* (1999) sind beide Methoden einem Vergleich unterzogen worden. Sieht man zunächst von dem Hintergrund dieses Vergleichs und damit von der überaus deutlichen Kritik am hohen deutschen Steuersatzniveau ab (dazu unter C 6), dann kommt der Beirat zu dem Ergebnis der konsequenten Orientierung an einer klaren Konzeption „die wie ein Befreiungsschlag den Weg aus einem Steuerdschungel weist" (S. 116) – aber nur unter Beachtung von zusätzlichen Bedingungen:
– Kapitalexportneutralität (Orientierung am Wohnsitzprinzip) erlaubt eine Besteuerung nach der Leistungsfähigkeit und läßt dennoch Spielraum für einen internationalen Wettbewerb. In diesem System kommt vor allem dem internationalen Informationstausch eine besondere Rolle zu (Aufhebung des § 30a AO als Beseitigung des sog. Bankgeheimnisses). Im DBA-Recht ist die Freistellungsmethode durch die Anrechnungsmethode zu ersetzen.

– Kapitalimportneutralität (Orientierung am Quellenprinzip): Die Staaten müßten sämtliche Einkommen unter Beachtung international vereinbarter Mindeststeuersätze besteuern; keine Rücksichtnahme auf persönliche Leistungsfähigkeit, weil sie im Abzug im Quellenstaat „entpersonalisiert" ist, rechtsform- und finanzierungsneutrale Unternehmensbesteuerung.

*c) Die beiden Konzepte: Nachweise im deutschen Recht, Abwägung*

(1) Wendet man sich vom Prinzipiellen weg und fragt nach der prakti-  **70** schen **Verwirklichung der Neutralitätskonzepte im IStR der Bundesrepublik** unter Einbeziehung der Doppelbesteuerung und der Steuervermeidung, wird der Tendenz nach bei den direkten Steuern ersichtlich:
– das *Doppelbesteuerungsproblem* der eigenen Steuerbürger wird einseitig (unilaterale Maßnahmen) durch das Kapitalexportkonzept bestimmt; in völkerrechtlichen Vereinbarungen ist das Kapitalimportkonzept jedenfalls bei den Unternehmereinkünften mitbestimmend, unterliegt aber zunehmender Kritik und Besorgnis und mithin Einschränkungen aus Gründen der Steuervermeidung (Maßnahmen gegen ungerechtfertigte Inanspruchnahme von Abkommenserleichterungen, Aktivitätsklauseln usw.).
– Maßnahmen gegen die *Steuervermeidung* können nur aus der Sicht einer Kapitalexportneutralität interpretiert werden – ob immer zu Recht, ist eine ganz andere Frage. Der Zweck solcher Maßnahmen ist überwiegend mit der Vorstellung verbunden, daß die geltend gemachten Anknüpfungen für eine Kapitalimportneutralität nicht sachgerecht sind und einen Konkurrentenvergleich nicht auf dem Auslandsmarkt, sondern auf dem nationalen Markt erzwingen – anderenfalls auf dem einheimischen Markt erhebliche Wettbewerbsverzerrungen zu befürchten sind (was aber im Prinzip immer als nachteilige Folge der Kapitalimportneutralität zu befürchten ist, wenn das ausländische Steuerniveau niedriger ist). Man kann an den Maßnahmen gegen die Steuervermeidung auch erkennen: Selbst der prinzipielle Vorrang des Konzepts der Kapitalimportneutralität unter Verzicht auf eine Besteuerung ausländischer Einkünfte im Herkunftsstaat wird keinen Staat bewegen, taten- und interessenlos schrankenloser Steuersubstanzverlagerung zuzusehen. Mit Recht, solange es bei solchen Verlagerungen gar nicht darum geht, in einer Konkurrenzsituation auf einem ausländischen Markt bestehen zu müssen. Wo es aber um Konkurrenzverhältnisse geht, kann nur das Konzept der Kapitalimportneutralität als sachgerecht anerkannt werden;
– die Besteuerung der *inländischen Anteilseigner ausländischer Kapitalgesellschaften* wird solange vom Grundsatz der Kapitalimportneutralität bestimmt, solange die Gewinne der ausländischen Kapitalgesellschaften nicht ausgeschüttet werden (Folge der auf dem Trennungsprinzip beruhenden Abschirmwirkung). Aber: unter den Voraussetzungen des

Außensteuergesetzes (Hinzurechnungsbesteuerung) erfolgt ein Zugriff auf einbehaltene Gewinne ausländischer Kapitalgesellschaften. Grundlage dieses Wechsels zur Kapitalexportneutralität ist die Annahme eines „typisierten Mißbrauchs" der Rechtsform einer ausländischen Kapitalgesellschaft unter bestimmten Bedingungen. Man kann unter dem Gesichtspunkt der Kapitalexportneutralität überlegen, ob man diesen Gesichtspunkt völlig vom Mißbrauchsgedanken löst und statt dessen nur noch auf die Voraussetzung niedriger ausländischer Belastung abstellt. Ihr Zweck wäre dann, standortpolitisch nachteilige Folgen sehr hoher Belastungsunterschiede zu vermeiden, die Wirkungen der Kapitalimportneutralität mithin zu begrenzen und eine Fehlleitung von Kapitalströmen in diesen Fällen typisierend zu unterstellen. Das Problem einer solchen Vorgehensweise liegt in der damit verbundenen weitgehenden Durchbrechung des Trennungsprinzips für juristische Personen. Das deutsche Steuerrecht folgt dieser Lösung nicht;

– die Besteuerung der *inländischen Anteilseigner ausländischer Kapitalgesellschaften* unter der Bedingung des Trennungsprinzips ist von einer grundsätzlichen Unterscheidung zwischen dem Kapitalanleger und dem unternehmerisch Beteiligten bestimmt: Berücksichtigung einer steuerlichen Vorbelastung ausgeschütteter Gewinne durch Steuerbefreiung bzw. durch Anrechnung ausländischer Steuern der ausländischen Gesellschaft selbst nur bei unternehmerischer Beteiligung, nicht bei einer lediglich renditeorientierten Beteiligung. Bei der letztgenannten Beteiligung ist hiernach keine Rücksichtnahme auf einen ausländischen Markt erforderlich im Sinne der Kapitalimportneutralität – das Leistungsfähigkeitsprinzip und damit die Kapitalexportneutralität ist maßgeblich (wogegen sich Kritiker der Kapitalexportneutralität wie *Kl. Vogel* (Festschrift *Lutz Fischer* S. 190) wiederum vehement wehren); zu möglichen Konsequenzen der *Brühler-Empfehlungen* s. N 162;

– werden ausländische Erträge von einer Wohnsitzbesteuerung freigestellt und mithin kapitalimportneutral behandelt, dann scheint die *Nichtberücksichtigung ausländischer Verluste* im Wohnsitzstaat nur konsequent zu sein. Tatsächlich aber verstößt der Wohnsitzstaat damit gegen das Prinzip der Besteuerung nach der Leistungsfähigkeit, von dessen Beachtung er auch durch Neutralitätskonzepte nicht entbunden ist. Die Kapitalimportneutralität wiederum stünde der Berücksichtigung ausländischer Verluste im Wohnsitzstaat nicht entgegen, im Gegenteil: Im Ergebnis wird durch eine fehlende Verlustberücksichtigung ein Sachverhalt mit einem Auslandsbezug gegenüber einem Binnensachverhalt benachteiligt;

– für das *Neutralitätskonzept innerhalb der Europäischen Union* und damit für einen Binnenmarkt gibt es keine eindeutige Präferenz, weil dies ein Verständnis der Marktfreiheiten und der europarechtlichen Diskriminierungsverbote als Vorfrage beinhaltet. Am Beispiel der Mutter/Toch-

ter-Richtlinie wird sich zeigen, daß beide Konzepte jedenfalls in Teilbereichen als gleichwertig gelten. Es spricht einiges für die Kapitalimportneutralität (*Dautzenberg* S. 696), nur bleibt es unbestritten der Bundesrepublik unbenommen, im Wettbewerb der Steuersysteme einem „unfairen
Wettbewerb" mit kapitalexportausgerichteten Eingriffen zu begegnen.

(2) Gegenwärtig gibt es als Folge der eingangs erwähnten und er- **71**
neuten Steuerfluchtdiskussion (Stichwort: **Steuerdumping innerhalb
der Europäischen Union**) auch eine daran anknüpfende neue Diskussion um eine Einschränkung, ja bis hin zur generellen Ablehnung der
Freistellungsmethoden und damit der Kapitalimportneutralität überhaupt.
Über die Bewertung der beiden Verfahren in der Diskussion des Finanzausschusses des Deutschen Bundestages vgl. *Hausner* in *Vogel/Wasser-
meyer* u. a., S. 50 ff.: Freistellungsmethode ist als Regelmethode beizubehalten, sie entspricht den Interessen eines exportabhängigen Landes;
Anrechnungsmethode ist vorzuziehen, insbesondere in den Steuerdum-
ping-Beziehungen; ein DBA-Vorbehalt eines Methodenwechsels ist anzustreben, falls der Vertragspartner sein Steuerrecht so ändert, daß dort
keine oder nur eine geringe Besteuerung bestimmter Einkünfte stattfindet. Im Verhaltenskodex der OECD (1998) wird ebenfalls das Freistellungssystem dann für unbrauchbar erklärt, wenn Einkünfte aufgrund
„schädlicher Praktiken" von Auslandssteuern entlastet worden sind.
Einen katastrophalen Eindruck hinterließ ein Gesetzentwurf des Landes
*Baden-Württemberg* BR-Drucks. 12/98, der unter bewußter Verletzung
bestehender Abkommen für einen umfänglichen Katalog von als passiv
zu definierenden Einkünften zur Anrechnungsmethode übergehen und
die Freistellungsmethode nur noch für aktive Einkünfte gelten lassen
wollte – er wurde zurückgezogen, die mit ihm zum Ausdruck gebrachte
Denk- und Gesinnungsart ist auf Dauer registriert worden (*Kl. Vogel* in
Festschrift *Lutz Fischer* S. 1008); Steuerrecht wird hier im Verständnis
der Kölner Schule zu einer beliebigen Schröpfungstechnik deformiert.

(3) Nochmals zum Ausgangspunkt zurück: Verwirklichung der Kapi- **72**
talimportneutralität durch **Freistellung von Steuerlasten,** Verwirklichung der Kapitalexportneutralität durch **Steueranrechnung** – immer
aus der Sicht des Ansässigenstaates (des Heimatlandes des Kapitals bzw.
des Kapitalgebers, des Landes der unbeschränkten Steuerpflicht im Sinne
des Außensteuerrechts). Diese Beschreibung taugt für den Modellfall,
aber sie muß als Beschreibung der Realität relativiert werden. Das hat
zum einen seine Ursache darin, daß die Methodenwahl „Freistellung
oder Anrechnung" eine Seite, die tatbestandsmäßige Verwirklichung dieser Methoden aber eine andere Sache ist, worauf bereits an mehreren
Stellen hingewiesen wurde. Beide Methoden sind zwar dadurch grundsätzlich zu unterscheiden, daß sie sich an einer unterschiedlichen Gesamtsteuerbelastung orientieren: Die Freistellungsmethode am Steuerniveau des Quellenstaates, die Anrechnungsmethode am Steuerniveau des

eigenen Staates. Im übrigen ergeben sich für beide Methoden spezielle Besteuerungsunterschiede als Folgen ihrer tatbestandsmäßigen Umsetzung – die Frage ist dann nur, ob diese Rechtsfolgen mit dem ursprünglichen Neutralitätskonzept noch zu vereinbaren sind – oder ob sie sich im Gesetzgebungsverfahren verselbständigt haben. Beispiel: Die Freistellungsmethode berücksichtigt wie erwähnt im Staate der Ansässigkeit auch keine im Ausland erwirtschafteten Verluste – aber nicht als Folge, die das Konzept der Kapitalimportneutralität gebietet, sondern als davon unabhängige Rechtsfolge. Ist eine Weiterausschüttung aus dem Ausland unter Geltung der Freistellungsmethode vereinnahmter Dividenden seitens einer inländischen Tochtergesellschaft an eine inländische Muttergesellschaft oder an inländische Kleinaktionäre mit einer Erhöhung der Körperschaftsteuer (Herstellung der Ausschüttungsbelastung) zu verbinden oder kann sie unterbleiben? Was gebietet die Kapitalimportneutralität und was folgt aus dem Gesetz (in diesem Fall aus § 8b I KStG, ohne daß uns das Ergebnis hier interessiert)? Für das Anrechnungssystem lassen sich vielfältige tatbestandsmäßige Umsetzungen denken, sei es bei der Ermittlung der ausländischen Einkünfte, sei es bei der Frage einheitlicher oder nach Ländern aufgeteilter Anrechnungsbeträge, sei es bei der Frage der Zusammenfassung oder nach Staaten aufgeteilter ausländischer Belastungen gegenüber der Steuerbelastung im Heimatstaat. Da nun beide Methoden aus der Sicht des Staates der Ansässigkeit ein bestimmtes Wettbewerbskonzept verwirklichen sollen, in ihren Wirkungen aber einer vielfältigen gesetzgeberischen Gestaltung zugänglich sind, kann es einen eindeutigen **Zusammenhang** zwischen dem **Wettbewerbskonzept** und der im Tatbestand der Norm verwirklichten **Steuertechnik** nicht geben, was nun wiederum nur heißen kann: Die Konzepte selbst sind nicht eindeutig und umfassend gegeneinander abzugrenzen. Ist die Alternative **Freistellungs- oder Anrechnungssystem** mithin schon unter dem Gesichtspunkt des Wettbewerbs und damit zugleich unter fiskalischen Aspekten in ihren Wirkungen schwer zu beurteilen, so kommen die **Gestaltungsmöglichkeiten der Steuerpflichtigen** hinzu, insbesondere im Bereich der international tätigen Unternehmen. Sie sind – wie die Probleme der Steuervermeidung zeigten – in der Lage, ihre Steuerbelastung weitgehend von den Steuerbedingungen ihrer Sitz- und Tätigkeitsstaaten abzukoppeln. Der Staat hat in Teilbereichen die Regie über sein eigenes Verteilungskonzept im Verhältnis zu anderen Staaten verloren, er ist nicht mehr seinen eigenen Steuerpflichtigen gegenüber in der Stellung eines Monopolisten (siehe bereits B 19).

Diese Zusammenhänge hat *Menck* (IWB Aktuell 1998, 770) sehr klar dargestellt mit dem Ergebnis: Der Wettbewerb der Steuerrechtsordnungen werde vom Wettbewerb der Gestaltungskonzepte und Gestaltungspotentiale überdeckt und beim heutigen Stand der Verhältnisse in den Hintergrund gedrängt, mit der Folge: „Dies überlagert auch das Verhältnis von Anrechnungs- und Freistellungssystem. Tatsächlich setzt das Freistellungssystem eine streng internationale Abstimmung voraus, soll es als Hüter des Wettbewerbs zwischen den Fisci wirken. Diese Abstimmung müßte das Entstehen unbesteuerter Bereiche vermeiden; die Einhaltung des internen Steuerniveaus auch komplexer Steuerplanung gegenüber sichern und den Wettlauf der Fisci beenden, mit attraktiven Nischen verminderter Besteuerung international mobile Gestaltungselemente nach sich ziehen. Das ist dann auch der Grundgedanke der jüngsten Programme von EU und OECD."

(4) Zuzustimmen ist daher der differenzierten Haltung *Otto H. Jacobs* **73** S. 29: Das **Nebeneinander beider Methoden** hat pragmatische Gründe, wobei fiskalische Ursachen und Gründe praktischer Rechtsanwendung und Rechtsdurchsetzung überwiegen. Die Kapitalimportneutralität ist vorzuziehen, wenn eine feste wirtschaftliche Verknüpfung mit dem Ausland gegeben ist und Wettbewerbsinteressen wie Marktnähe usw. bestimmend sind – dann rechtfertigt sich auch die Relativierung des Leistungsfähigkeitsprinzips aus der Sich des Wohnsitzstaats. Deswegen stellt sich die Frage der Kapitalimportneutralität nicht bei reinen Exportgeschäften, da sie vom Inland aus abgewickelt werden; deswegen hat der gesamte Themenbereich der sogenannten Briefkasten- und Domizilfirmen aus ihrem Anwendungsbereich auszuscheiden. Wann konkrete Verknüpfungen mit den Standortbedingungen des Auslands vorliegen, ist immer eine Sache des Einzelfalles. Sie wird auch dadurch nicht erleichtert, daß man die beiden Gruppen unternehmerische und nicht-unternehmerische Einkunfterzielung unterscheidet und an die Art der Einkommenserzielung anknüpft (Residualeinkommen einerseits, Kontrakteinkommen andererseits) – damit werden wiederum nur unproblematische Fälle erfaßt, während der gesamte Zwischenbereich einer Wertung nach beiden Seiten zugänglich ist (zum Ganzen *Barbara Zuber* S. 118 ff.). Soweit *Jacobs* auch unterschiedliche Wettbewerbsverhältnisse im Inland und im Ausland als Voraussetzung für die kapitalimportbezogene Besteuerung fordert, ist ihm allerdings zu widersprechen; im Gegenteil: Gerade dann, wenn tatsächliche und signifikante Unterschiede in den Standortbedingungen nicht bestehen, hat der mit der Kapitalimportneutralität verbundene Effekt der Niederlassungsfreiheit eine den internationalen Handel fördernde Wirkung.

(5) Die vorstehenden Überlegungen zeigen zugleich, vor welchen **74** Schwierigkeiten ein **Systemausgleich zwischen den Staaten** steht: Es müßte über das Neutralitätskonzept nicht nur eine grundsätzliche Einigung erfolgen; es müßten auch die Detailfragen insbesondere zur Abgrenzung ausländischer Einkünfte geklärt sein – denn die Wettbewerbsfrage müßte sowohl aus der Sicht des Staates der Ansässigkeit als auch der wirtschaftlichen Betätigung in gleicher Weise gelöst werden. Die unrealistische Voraussetzung gleicher Steuersätze ist ein gewichtiges Argument gegen die Neutralitätskonzepte – aber dies zeigt gerade die Bedeutung des unterschiedlichen Steuerniveaus zwischen den Staaten.

# C. Standortdebatte und Reformüberlegungen

1    Die nationale Besteuerung als einen Wettbewerbsfaktor bei grenzüberschreitenden Sachverhalten möglichst zu neutralisieren, ist zwar eine
aus den Lehren der traditionellen Außenwirtschaftstheorie zu ziehende
Konsequenz. Sie ist aber, wie schon der Zusammenhang zwischen
EU-Binnenmarktkonzept und nationaler Besteuerung zeigte, in dieser
einseitigen Form nicht haltbar: weil sie mit der Besteuerung nur den
„Opfergedanken" verbindet, ohne zugleich zu berücksichtigen, daß gerade als Folge der Besteuerung hervorragende Produktionsbedingungen
(Infrastruktur) geschaffen werden können (deswegen spielen Vertei-
lungsgesichtspunkte für die Neutralitätskonzeptionen kaum eine Rolle,
da der Staat für sie ohnehin zurückgibt, was er einnimmt). Als Ausgangspunkt für das Reformthema muß dieser einseitige Gedanke genügen, wenn man sich die Besteuerung als einen insgesamt nicht oder nicht
vollständig durch andere Bedingungen ausgeglichenen Rahmen denkt.
Die tatsächliche (nachweisbare) Bedeutung der Besteuerung als Standortfaktor wird nach Auswertung vorliegender empirischer Untersuchungen eher skeptisch beurteilt (*Offerhaus* S. 260: Der Einfluß der Besteuerung ist nachrangig).

## I. Steuerlast und Standortdebatte

2    Die Staaten vermögen mittels der Gestaltung ihres internen Steuerrechts **Standortwettbewerb** zu betreiben. Unabhängig von der Gestaltung des internationalen Steuerrechts ist zu fragen, inwieweit das nationale Steuerrecht für die internationale Unternehmenstätigkeit als ein
Hemmnis anzusehen ist, weil die Steuerbedingungen im Inland im Vergleich zu anderen Staaten nachteilig wirken. Denn die Bedingungen des
internen Steuerrechts können für den Verbleib der eigenen und die An-
ziehung fremder Steuerpflichtiger wichtige Bedingungen setzen. In der
*Bundesrepublik* wird gegenwärtig über die **Bedingungen als attraktiver
Standort** eine sehr heftige Diskussion geführt, in der neben anderen
Faktoren (Lohnkosten, Lohnnebenkosten) auch die Besteuerung Aufmerksamkeit findet. Plakatives Stichwort und noch nicht gegenstandslos
geworden: Der Exodus hat begonnen (Der Spiegel Nr. 4/1992).

3    (1) Ob dies tatsächlich der Fall ist, kann nur ein Rechtsvergleich zeigen, also ein **Steuerbelastungsvergleich.** Der aber ist schwierig, weil
jeder internationale Vergleich unter der Verschiedenheit der Bemessungsgrundlagen und unter der unterschiedlichen Subventionierung insbesondere der Unternehmenstätigkeit und bestimmter Investitionen lei-

det; mit einem bloßen Tarifvergleich ist es mithin nicht getan. Die Aussagekraft eines Steuerbelastungsvergleichs setzt eine Reform der Bemessungsgrundlagen in Richtung harmonischer Abstimmung und einen Subventionsabbau voraus – kaum erreichbare Ziele. Solange diese Voraussetzung aber nicht gegeben ist, „ähnelt ein Steuerbelastungsvergleich bei der Standortwahl eines Unternehmens dem Wagnis, einen Minotauraus in einem Labyrinth ohne Wollknäuel aufzusuchen" (*Lang* StuW 1989, 4f.).

Deswegen kann es auch nicht überraschen, daß die in den vergangenen Jahren in der Öffentlichkeit diskutierten Steuerbelastungsvergleiche (*DIW-Gutachten* 1989, Standortuntersuchungen von *Boss* 1988 und *Esser* 1990, *Ifo-Institut* zur Werkzeugmaschinenindustrie 1988, *DV-gestützte* Steuerbelastungsanalyse von *Otto H. Jacobs* 1991) erhebliche Abweichungen aufweisen, da sie allesamt nur Modellcharakter haben – und ihr Ergebnis mithin immer nur als Ergebnis der gewählten Modellvoraussetzungen verstanden werden kann (vgl. die umfassende Darstellung bei *de Morón* S. 62ff.). Nur ändert dies nichts an der Bedeutung solcher Belastungsvergleiche im Anbetracht der absoluten und relativen Höhe der Steuerbelastung – unabhängig davon, welchen Rang dem Standortfaktor Steuer im Rahmen für oder gegen eine Entscheidung grenzüberschreitender Tätigkeit, für oder gegen ein bestimmtes Land, für oder gegen eine bestimmte Form des Handelns im Ausland zugemessen wird.

(2) Der Betriebswirtschaftler *Dieter Schneider* hat in mehreren Veröf- **4** fentlichungen (WPg 1988, 281, 328; StuW 1989, 328; BB 1990, 534; StuW 1991, 354) zu den **Methoden und Ergebnissen der Messung der Unternehmenssteuerbelastung** Stellung genommen. Zu dem hierbei auch untersuchten Steuerbelastungsvergleich auf internationaler Ebene heißt es immer noch aktuell:

– internationale Steuerbelastungsvergleiche, die sich auf Steuersatz und andere Rechtsvergleiche beschränken, verfälschen mehr als sie informieren. *Schneider* nennt konkrete Fehlerquellen, u.a. den aus deutscher Sicht häufig angeführten Verweis auf international überwiegend niedrigere Spitzensteuersätze; hierbei werde übersehen, daß nur aus dem Zusammenwirken von sämtlichen Bemessungsgrundlagen einschließlich der Verlustverrechnungsmöglichkeiten und Subventionen mit den Steuertarifen Verläßliches über die wirtschaftliche Steuerbelastung zu erfahren ist;

– internationale Steuerbelastungsvergleiche legen regelmäßig für empirisch (auf der Grundlage von Bilanzstatistiken) ermittelte Modellunternehmen eine gedachte Steuerveranlagung unter einer Reihe von Vereinfachungen zugrunde (Veranlagungssimulation). Was damit im Ergebnis gemessen wird, sind die Verteilungsfolgen des Steuerrechts: Was bleibt von einem erzielten Einkommen nach Berücksichtigung der Steuerbelastung übrig. Fazit: Wer die Verteilungsfolgen des Steuerrechts beurteilen will und dazu vom steuerpflichtigen Gewinn ausgeht, darf als belastend nur vom Gewinn bzw. Gewerbeertrag abhängige (also bei der Gewinnermittlung nicht abzugsfähige) Steuern einstufen. In der Praxis aussagekräftig können letztlich nur Vergleiche sein, die nach den Entscheidungswirkungen des Steuerrechts fragen. Wer wissen will, welche Wirkungen mit einer Produktionsaufnahme im Lande x verbunden sind, interessiert sich im Ergebnis für die Höhe der Rendite nach Berücksichtigung der Steuerbelastung: Tritt eine Gewinnvergünstigung oder eine Gewinnverschlechterung ein? Will er um die Folgen seiner Entscheidung wissen, muß er im Grundsatz alle Änderungen bei den Steuerzahlungen durch das geplante Investitionsvorhaben zu erfassen suchen: Das ist die Ermittlung einer effektiven Grenzsteuerbelastung, während der Belastungsvergleich anhand der Veranlagungssimulation die Durchschnittssteuerbelastung ermittelt.

**5**     (3) Neuere Überlegungen und Ansätze haben daher die **methodischen Anforderungen an einen Steuerbelastungsvergleich** verbessert, um globale, dann aber – jedenfalls als Entscheidungsgrundlage für Investoren – kaum brauchbare Ergebnisse zu vermeiden. *Sprenger* hat in einem Steuerbelastungsvergleich für Kapitalgesellschaften und Anteilseigner die Länder Deutschland, Frankreich und Großbritannien einbezogen, die investitionsrechnerischen Verfahren bestimmt und ist zu dem Ergebnis gelangt, daß – unter den gegebenen Bedingungen – die effektive Gesamtsteuerbelastung auf der Ebene der Kapitalgesellschaften in Deutschland mit etwa 47% über derjenigen in Großbritannien (etwa 25% und Frankreich (etwa 40%) liegt; zur Einbeziehung dieser 3 Staaten s. auch *Schreiber/Künne* StuW 1996, 43 ff. Ohne Bezugnahme auf einen konkreten Ländervergleich hat *Bone-Winkel* im Wege der Typologie eine überschaubare Zahl typischer betriebswirtschaftlicher Entscheidungssituationen aufgestellt, die den Belastungsvergleich von Anfang an vom unnötigen Ballast lediglich „im allgemeinen" geltender Bedingungen befreien. Zu weiteren Methodenanfragen und bisher durchgeführte internationale Steuervergleiche zuletzt *Offerhaus* S. 71 ff.

**6**     (4) Ungeachtet der Kritik an den vorliegenden Steuerbelastungsvergleichen ist jedoch vorherrschend die **Bewertung der Bundesrepublik im internationalen Vergleich als Hochsteuerland mit einem ungewöhnlich komplizierten Recht.** Deutschland gilt für die überwiegende Zahl von Standortbetrachtungen im internationalen Vergleich eher als „unattraktiv" –, völlig unabhängig vom Stellenwert der Besteuerung im Jahre 1996 nahm die Bundesrepublik unter den Zielländern für Direktinvestitionen Rang 18 ein (SZ 1997 Nr. 254 S. 27), während sie als internationaler Investor für ausländische Direktinvestitionen den Rang 4 mit ca. 50 Mrd. DM einnahm; der Trend ist 1997 fortgesetzt worden, es liegt – wie seit Jahren – die Zahl der Direktinvestitionen deutscher Unternehmen im Ausland mit 51,5 Mrd. DM erheblich über der Zahl ausländischer Direktinvestitionen im Inland mit lediglich 4,2 Mrd. DM (SZ 1998 Nr. 14 S. 21). Für das Jahr 1998 sind vom Bundeswirtschaftsministerium genannt worden ausländische Direktinvestitionen in Deutschland in Höhe von 35 Mrd. DM gegenüber 146,4 Mrd. DM deutsche Direktinvestitionen im Ausland (FAZ 1999 Nr. 172). Nach einer im November 1998 veröffentlichten Umfrage des DIHT (SZ 1998 Nr. 258 S. 21) bei rund 25 000 Unternehmen hat ein Drittel der westdeutschen Unternehmen in dieser Befragung konkrete Auslandsplanungen mitgeteilt – als Bestand-teil einer mittel- bis langfristigen Unternehmensstrategie zum Aufbau oder zur Erweiterung ausländischer Produktions- oder Vertriebskapazi-täten. Nicht zu übersehen sind allerdings Mitteilungen über Rückzüge aus dem Ausland (Der Tagesspiegel 1999 Nr. 16600 S. 17: Immer mehr Firmen kehren nach Deutschland zurück – Der Standort ist besser als sein Ruf).

(5) Es sind zur Frage des Steuerstandorts Deutschland zwei Auffas- **7** sungen nachweisbar. Die eine Auffassung (sie wird vor allem vom DGB vertreten) wendet sich gegen Steuersatzsenkungen im oberen Bereich, jedenfalls gegen solche, die den Spitzensteuersatz (ESt) bis oder unter 40% gesenkt sehen wollen. Diese Ansicht kann geltend machen, daß die Bundesrepublik bei der Frage des prozentualen Anteils von Steuern und Sozialabgaben jedenfalls innerhalb der EU unterhalb des Mittelwerts liegt (1997 41,6% – Durchschnittswert für die EU 42,6% – s. dazu der Eurostat-Bericht FAZ 1998 Nr. 228 S. 28). Methodisch kann sich diese Auffassung auf *Dieter Schneider* stützen, der, an vorhandenes Zahlen-material aufgrund effektiver Grenzsteuerbelastungen anknüpfend, zu dem Ergebnis gelangt, daß Einzelfälle der Kombination von Investition und Finanzierung sehr unterschiedliche Ergebnisse zeigten, so daß eine pauschale Senkung der ESt- und KStSätze nicht zu empfehlen ist. Nötig wäre stattdessen „ein Ausmisten ineffizienter, gegen Gleichmäßigkeit und Einfachheit verstoßender Steuerarten und Steuerbemessungsgrund-lagen. Soweit finanzierbar, ist eine allgemeine Entlastung geboten; aller-dings nicht in Form pauschaler Steuersatzsenkungen, sondern durch eine differenzierte Reform der Steuerstruktur" (StuW 1989, 335). Ansätze da-für im Steuerentlastungsgesetz 1999/2000/2002 sind aber nicht zuletzt deswegen kritisiert worden, weil eine nachhaltige Steuersatzsenkung un-terblieben ist. Nach dem derzeitigen Stand (1. Januar 2000) soll es zu ei-ner Reduzierung der Unternehmenssteuerbelastung ab 1. 1. 2001 auf der Grundlage einer Steuerbelastung einschließlich der Gewerbesteuer in Höhe von 35% kommen. Eine Untersuchung der Universität Maastricht (SZ 1999 Nr. 115 S. 25) sieht die Bundesrepublik im Hinblick auf die Steuerlast der Unternehmen mit 50% Nominalbelastung und 38,5% tat-sächlicher Belastung in Europa an der Spitze der Hochsteuerstaaten.

(6) Die Ansicht **zu hoher Steuersätze als standortbezogene negative** **8** **Investitionsbedingung** ist als die zunehmend herrschende anzusehen. Sie kann sich auf statistische Daten stützen: Nach einer OECD-Studie für die Jahre 1991–1997 bestehen auffällige Zusammenhänge zwischen der Arbeitslosigkeit und der Höhe des Steuerniveaus (s. dazu die Gegenüber-stellung OECD, Main Economic Indicators and Revenue Statistics 1995/96). Im *BMF-Beiratsgutachten* zur „Reform der internationalen Kapitaleinkommensbesteuerung" (1999) sind die Argumente gegen die angebliche „relative Bedeutungslosigkeit" von Hochsteuersätzen zu-

sammengefaßt (S. 12; s. auch *Feldmann* StuW 1998, 114 ff.; *Herzig* WPg 1998, 282):

- Bei der Standortwahl handelt es sich um eine Grundsatzentscheidung – ihr lassen sich nicht Tatbestände, die möglicherweise Steuervergünstigungen auslösen, entgegenhalten.
- Niedrige nominale Steuersätze kommen allen Unternehmen des Staates zugute, punktuelle Vergünstigungen nutzen nur einem Teil der Unternehmen, ihr Fortbestand ist – wie das Steuerentlastungsgesetz 1999/2000/2002 zeigt – politisch eher gefährdet.
- Die Bedeutung nominaler Steuersätze wird besonders bei internationalen Gewinnverlagerungen deutlich, weil hierbei ausschließlich die tarifliche Belastung des Gewinns eine Rolle spielt – der Anreiz zur Verlagerung beruht auf schlichtem Vergleich nominaler Steuersätze.
- Und schließlich der psychologische Gesichtspunkt: International überhöhte Steuersätze haben eine „nicht zu unterschätzende plakative Wirkung".

## II. Reform und Reformüberlegungen

**9**   (1) Zentrales Thema einer Reformpolitik war im Jahre 1997 die schließlich gescheiterte **Steuerreform;** hierbei ging es jedoch ohnehin nicht um eine vollständige Überarbeitung des gesamten deutschen Steuerrechts einschließlich der Regelung grenzüberschreitender Vorgänge. Schwerpunkt war die Einkommensteuerreform; das Konzept der Petersberger Steuervorschläge für die Jahre 1998/1999 sah vor, den Höchststeuersatz für gewerbliche Einkünfte von 47% bis auf 35% zu senken, was vorrangig mit dem Erfordernis des internationalen Standortwettbewerbs begründet wurde.

**10**   (2) Ausdrücklichen Bezug auf das Außensteuerrecht nahmen Vorschläge zur Änderung des Außensteuergesetzes. Die Reformpläne für 1998/99 betrafen § 8 III AStG (Senkung der Grenze für die Annahme einer niedrigen Ertragsteuerbelastung von 30% auf 25%); Anhebung der Grenze des § 10 VI Satz 3 AStG von 60% auf 70% für Zwischeneinkünfte mit Kapitalanlagecharakter. Im Bereich der beschränkten Steuerpflicht sollten mit der Reform 1998/1999 zusätzliche Besteuerungstatbestände eingeführt werden (Besteuerung beschränkt steuerpflichtige Einkünfte aus nichtselbständiger Tätigkeit eines Geschäftsführers oder Vorstandsmitglieds einer Gesellschaft mit Geschäftsleitung im Inland; Besteuerung beschränkt steuerpflichtiger Einkünfte aus nichtselbständiger Tätigkeit des Bordpersonals von Schiffen oder Luftfahrzeugen von Unternehmen mit Geschäftsleitung im Inland; Besteuerung der Sozialversicherungsrenten von im Ausland lebenden Rentnern); begründet wurde dies damit, daß DBA-Recht der Bundesrepublik hierfür Besteuerungsmöglichkeiten aufrechterhielt, die es nunmehr durch das innerstaatliche Recht auch zu nutzen galt. Im Rahmen des Steuerentlastungsgesetzes 1999/2000/2002 wurden diese Vorstellungen nicht umgesetzt.

(3) Weitere Reformpläne zeigten, daß ein **Schwerpunkt** staatlicher- **11** seits in der **Bekämpfung der Steuerflucht** gesehen wird, vorrangig unter dem Gesichtspunkt des im Zusammenhang mit dem europäischen Gemeinschaftsrecht zu erörternden Steuer-Dumpings in der EU. Beispielhaft hierfür die Ausführungen von *Reuß* (IStR 1997, 673) zum Reformstau im internationalen Steuerrecht, der – aus der Sicht der Finanzverwaltung – im Kern nur einen Reformbedarf zur weiteren Einschränkung der Steuervermeidung anerkennt; passend der unter B 71 bereits genannte Entwurf eines Gesetzes zur Änderung des Außensteuergesetzes und anderer Gesetze (AStÄG), den das Land Baden-Württemberg 1998 in den Bundesrat eingebracht hatte und der einschneidende Änderungen des IStR der Bundesrepublik vorsah – er wurde aber nicht wegen der ausschließlich gegen die Steuervermeidung gerichteten Tendenz erheblicher Kritik unterzogen, sondern weil ihm handwerkliches Ungeschick und Mißachtung sowohl völkerrechtlicher Verträge als auch des Gemeinschaftsrechts vorzuwerfen war. Seine Umsetzung insgesamt stand wohl ernsthaft zu keinem Zeitpunkt an; nur können seine Aussagen die Stimmungslage kennzeichnen. Aus der Gesamtheit der Meinungsäußerungen einschließlich dieses Entwurfs ergaben sich Forderungen

– nach einer Änderung bei der Berücksichtigung ausländischer Verluste, insbesondere nach der Streichung von § 2a III, IV EStG, die mit dem Steuerentlastungsgesetz 1999/2000/2002 verwirklicht wurde;
– nach einer Änderung des § 3c EStG mit seinem Abzugsverbot von Ausgaben im Zusammenhang mit steuerfreien Einnahmen für steuerbefreite Gewinnausschüttungen einer ausländischen Gesellschaft, die im Steuerentlastungsgesetz 1999/2000/2002 und alsdann im Steuerbereinigungsgesetz 1999 mittels eines Kompromisses gelöst wurde (§ 8b VII KStG);
– nach einer Aufhebung des § 8b II Satz 2 KStG, der den Abzug von Verlusten bei der Veräußerung ausländischer Beteiligungen ermöglichte. § 8b II Satz 2 KStG ist mit dem Steuerentlastungsgesetz 1999/2000/2002 geändert worden, dieser Verlustabzug wurde beseitigt;
– nach Maßnahmen gegen Steuerdumping; der genannte Oasenbericht, der sich auf die EU-Mitgliedstaaten beschränkt und die steuerlichen Sonderregelungen vor allem in Belgien, Irland, Italien, den Niederlanden, Portugal und Spanien problematisiert, hat Anlaß zur Vorbereitung bilateraler und nationaler Maßnahmen gegeben. Der „unfaire Wettbewerb" soll eingedämmt werden mittels eines Verhaltenskodexes mit Grundregeln der Fairneß; in diesem Zusammenhang ist vor allem auf eine in Aussicht genommene, zum gegenwärtigen Zeitpunkt eher als unrealistisch einzuschätzende Einigung der EU-Staaten über eine europaweite Quellensteuer bei den Zinseinkünften hinzuweisen (zum Richtlinienentwurf s. K 8);
– nach einem Übergang von der Freistellungs- zur Anrechnungsmethode bei sogenannten passiven Einkünften (so das AStÄG) – oder noch weitergehend nach der Beseitigung der Freistellungsmethode überhaupt (so *Reuß*, aaO, S. 14). Das wiederum steht nun in krassem Gegensatz zu den Überlegungen, welches Neutralitätskonzept im IStR verwirklicht werden und inwieweit dem Modell einer Kapitalimportneutra-

lität gefolgt werden soll. Der *BMF-Beirat* hat in seinem Gutachten zur „Reform der internationalen Kapitaleinkommensbesteuerung" (1999) davon gesprochen, daß ein die Freistellungsmethode für ausländische Einkünfte realisierender Staat sich verwundbar erweise, „weil ausländische Angriffspolitiken zur Verlagerung von Steuerbemessungsgrundlage und Produktionstätigkeit ins Ausland führen" (S. 73) und angeregt, ggf. trotz entgegenstehenden DBA-Rechts mittels eines „Vorschaltgesetzes" generell zur Anrechnungsmethode überzugehen (S. 49); bisher liegen konkrete Gesetzespläne hierzu nicht vor (s. dazu bereits oben B 71; zur weiteren Frage der Freistellungs- oder Anrechnungsmethode im DBA-Recht s. S 320);

– nach Maßnahmen gegen Besteuerungslücken in den Doppelbesteuerungsabkommen: Maßnahmen gegen Treaty shopping, Directive shopping, Double dips, Limited Liability Companies, Hybrid Entities, Captives, Verrechnungspreisbildung im Konzern; fiktive Steueranrechnungen sollen – jedenfalls für bestimmte Länder – beseitigt werden;

– und schließlich, um nicht nur die direkten Steuern zu erwähnen, sondern immer wieder in Erinnerung zu rufen, daß es auch im Bereich der Mehrwertsteuer noch um die nationale Verwirklichung eines weitergehenden Binnenmarktkonzepts geht, Hinweis auf die BR-Drucks. 637/96 („Ein gemeinsames Mehrwertsteuersystem – ein Programm für den Binnenmarkt") mit Vorschlägen zur Gleichstellung inländischer und innergemeinschaftlicher Umsätze mit der Besteuerung am Sitzort, einem grenzüberschreitenden Vorsteuerabzug, einem Aufkommensausgleich auf der Grundlage statistischer Daten und einer Annäherung der Steuersätze (dazu V 13).

**12**    Das alles ist Ausdruck eines Spannungsverhältnisses vor allem unter dem Gesichtspunkt der **EU-Binnenmarktproblematik.** Einerseits wird der *Europäische Gerichtshof* seine Rechtsprechung zu den Grundfreiheiten fortsetzen und (krasse) Diskriminierungen und Beschränkungsverbote unabhängig von einem gemeinschaftsrechtlichen Harmonisierungsvorbehalt untersagen; wie tief Einschnitte in das nationale Recht als Folge dieser Rechtsprechung sein werden, ist nicht prognostizierbar. Andererseits wird sich hieraus auch das ständige Erfordernis einer Anpassung des nationalen Rechts ergeben, zahlreiche Beispiele hierfür werden im Zusammenhang mit den Folgen der *EuGH*-Rechtsprechung genannt und werden im Verlauf der Darstellung noch zu nennen sein. Und andererseits zeigt die Steuerdumping-Diskussion auch Tendenzen, die nun wiederum in eine entgegengesetzte, dem Binnenmarkt abgewandte Richtung zielen. Entscheidend für die Lösung dieser aktuellen Zielkonflikte wird es sein, inwieweit ein Verhaltenskodex den Steuerwettbewerb innerhalb der EU tatsächlich zu normalisieren vermag; s. dazu K 5 ff.; eingehend zum Verhältnis des geltenden Körperschaftsteuerrechts zum Gemeinschaftsrecht s. N 111, P 93.

### III. Das BMF-Beiratsgutachten 1999

**13**    Das *BMF-Beiratsgutachen* zur „Reform der internationalen Kapitaleinkommensbesteuerung" ist an verschiedenen Stellen bereits berücksichtigt worden, insbesondere zur Standortproblematik und bei der Frage eines Neutralitätskonzeptes (s. B 48, B 65). Die Kernaussage des Gutachtens lautet: Das deutsche internationale Steuerrecht ist reformbedürftig; insbesondere als Folge des zwischen Deutschland und dem Ausland bestehenden Steuergefälles wird es als „investitions- und beschäftigungsfeindlich" erklärt, gerügt wird eine „mangelnde Systemhaftigkeit, die schon für sich genommen Komplikationen, Ungerechtigkeiten und Ineffizienzen schafft" (so S. 24). Im Vordergrund steht für den wissenschaftlichen Beirat das Konzept „Senkung der Steuersätze bei gleichzeitiger Verbreiterung der Bemessungsgrundlage". Vorgeschlagene Streichungen von Vergünstigungen im Zusammenhang mit ausländischen Einkünften (s. C 11) sind teilweise vom Steuerentlastungsgesetz 1999/2000/2002 aufgegriffen worden: Streichung des § 2a III, IV EStG und anteilige Begrenzung des Schuldzinsabzugs bei steuerfreien Auslandseinkünften (nunmehr § 8b VII KStG); dem weiteren Beiratsvorschlag, auch § 8b II KStG und damit eine unilaterale Freistellung ausländischer Veräußerungsgewinne zu beseitigen, ist das Steuerentlastungsgesetz 1999/2000/2002 nicht gefolgt. Im übrigen verlangt der Beirat wie unter B 69 erwähnt eine **konsequente Methodenwahl:** entweder eine Orientierung am **Wohnsitzprinzip** oder eine solche am **Quellenprinzip.** Die Orientierung am Wohnsitzprinzip setzt einen Abbau des Steuergefälles voraus, da anderenfalls Einkunftsverlagerungen befürchtet werden. Es setzt zudem einen konsequenten Verzicht auf Freistellungen ausländischer Einkünfte und zwar maßvolle, jedoch gegenüber dem jetzt durch §§ 7–14 AStG gegebenen Rechtszustand erweiterte Zugriffsbesteuerung auf nicht ausgeschüttete Gewinne ausländischer Tochtergesellschaften inländischer Muttergesellschaften voraus. Das alles aber steht unter dem Vorbehalt einer internationalen Vereinbarung zur Erfassung der Zinsen aus Kapitalanlagen; nur unter dieser Bedingung kann von einer effektiven Durchsetzung des Wohnsitzprinzips die Rede sein. Damit aber erweist sich das Konzept einer Wohnsitzbesteuerung gegenwärtig als undurchführbar, wie der Stand der Vorbereitungen einer EU-Richtlinie zur effektiven Zinsbesteuerung zeigt (dazu ab K 8). Bleibt die konsequente Orientierung an einer Quellenbesteuerung. Sie setzt nach der Überzeugung des Beirats eine weltweite Vereinbarung über eine Mindestbesteuerung im Idealfall voraus – realistisch gedacht würde wohl schon die Beteiligung der wichtigsten Wirtschaftsregionen ausreichen. Entscheidend wäre für ein solches System, daß nur bereits im Quellenstaat versteuerte Erträge die Staatsgrenzen überschreiten: Nach der Logik eines fast weltweiten Systems der Quellenbesteuerung fällt hiernach die Steuerautonomie im Bereich der Kapitaleinkommen (als Gegensatz zum Arbeitseinkommen verstanden) weg. Die Steuer nimmt im Quellenstaat keine Rücksicht auf die persönliche Leistungsfähigkeit, weil sie als Abzug im Quellenstaat entpersonalisiert ist. Dem Wohnsitzstaat verbleiben Harmonisierungsmöglichkeiten zwischen Kapitaleinkommen und Arbeitseinkommen.

Die **Unternehmensbesteuerung** ist in einem solchen System **rechts-form- und finanzierungsneutral:** Gewinne unterliegen im jeweiligen Quellenstaat dem Kapitaleinkommensteuersatz. Ausschüttungen und Veräußerungsgewinne bleiben im Wohnsitzstaat steuerfrei. Der Beirat ist realistisch genug, anzuerkennen, daß wegen des erforderlichen hohen Maßes an Kooperation in beiden Konzepten an eine kurzfristige Verwirklichung nicht zu denken ist. Deswegen ist es letztlich auch weniger ein Reformkonzept für das deutsche internationale Steuerrecht als ein solches für ein abgestimmtes System der Steuerrechtsordnungen der verschiedenen Staaten, das an ein Neutralitätskonzept für eine internationale Kapitaleinkommensbesteuerung anknüpft.

## IV. Brühler Empfehlungen 1999

**14**     Einzugehen ist an dieser Stelle auf die Empfehlungen einer vom BMF eingesetzten Kommission, deren Auftrag darin bestand, ein Konzept für eine grundlegende **Reform der Unternehmensbesteuerung** zu erarbeiten. Das hierbei vorgegebene Ziel einer rechtsformneutralen Unternehmensbesteuerung, bei der alle Unternehmenseinkünfte mit höchstens 35% besteuert werden sollen, stand nach den Vorgaben zur Umsetzung mit Beginn des VZ 2000 an. Ob eine Unternehmensbesteuerung auf der Grundlage der Empfehlungen dieser Kommission („Brühler Empfehlungen") zum 1. Januar 2001 zu verwirklichen ist, kann zum gegenwärtigen Zeitpunkt (1. Januar 2000) ebensowenig beantwortet werden wie die Frage einer Reform der Unternehmensbesteuerung zu diesem oder einem späteren Zeitpunkt überhaupt – ungeachtet der jetzt bekannten Pläne der Bundesregierung. An dieser Stelle interessiert lediglich, ob von den Brühler Empfehlungen (BB 1999, 1188) das Außensteuerrecht und damit die Besteuerung internationaler Unternehmenstätigkeit beeinflußt werden könnte. Eine solche Beeinflussung ergibt sich bereits aus der weiteren Zielvorgabe, bei einer Reform die fortschreitende **europäische Integration** und die **globale Verflechtung der Wirtschaft** zu beachten.

Im Mittelpunkt der Brühler Empfehlungen steht die Besteuerung von Kapitalgesellschaften und Anteilseignern. Der Schnitt zum gegenwärtigen System des körperschaftsteuerlichen Anrechnungsverfahrens ist rigoros: Die Kommission empfiehlt die Abschaffung dieses Systems; es ist mit seiner Gliederungsrechnung und dem Bescheinigungsverfahren äußerst kompliziert, mißbrauchsanfällig und europarechtlich insbesondere im Hinblick auf die Kapitalverkehrs- und die Niederlassungsfreiheit bedenklich. Nun kann an dieser Stelle nicht die europarechtliche Problematik und damit zugleich die grenzüberschreitende Problematik des geltenden Körperschaftsteuersystems dargestellt werden – dies bleibt dem Hauptteil „Außensteuerrecht" vorbehalten (insbesondere N 111, P 90).

Doch vorab wenigstens dies: Gewinne von Kapitalgesellschaften unterliegen bei der Gesellschaft der Körperschaftsteuer und im Ausschüttungsfall bei einem inländischen Anteilseigner der Einkommensteuer. Um eine Doppelbelastung des von der Körperschaft erwirtschafteten Gewinns zu mindern, ist die von der Gesellschaft gezahlte Körperschaftsteuer nach einem komplizierten System (Herstellen der Ausschüttungsbelastung, Gliederungsrechnung) grundsätzlich auf die Einkommensteuer des Anteilseigners anrechenbar. In diesem System hat die Körperschaftsteuer Vorauszahlungscharakter. Nur: dieses System wendet sich an den inländischen Anteilsinhaber, ist insoweit auch in sich abgeschlossen, aber wirksam nur innerhalb der eigenen Grenzen; es wirkt nicht grenzüberschreitend. Der ausländische Anteilseigner ist vom Anrechnungssystem ausgeschlossen, eine ausländische Körperschaftsteuer, mit der Gewinne einer inländischen Körperschaft belastet sind, findet keinen Eingang in das Anrechnungssystem und damit für den Anteilseigner. Und beim Steuerinländer als den Anrechnungsberechtigten ist nur deutsche Körperschaftsteuer anrechenbar.

Nach der Empfehlung der Kommission tritt an die Stelle des Anrechnungsverfahrens eine Definitivbesteuerung der Kapitalgesellschaften mit einem einheitlichen Steuersatz, der unter dem Gesichtspunkt der internationalen Wettbewerbsfähigkeit bei 25% liegen sollte. Die Gewinnausschüttungen der Kapitalgesellschaft werden in diesem System beim Anteilseigner nur zur Hälfte erfaßt und in die Einkommensbesteuerung einbezogen **(Halbeinkünfteverfahren)**; dadurch wird die steuerliche Vorbelastung der Dividende aufgrund der Definitivbelastung der Körperschaft beim Anteilseigner in pauschaler Form berücksichtigt und – so die Kommission – „im Ergebnis eine Doppelbelastung der ausgeschütteten Gewinne vermieden". Durch den weiteren Vorschlag, Gewinnausschüttungen ausländischer Kapitalgesellschaften „bei ausreichender steuerlicher Vorbelastung wie inländische Gesellschaften" zu behandeln und bei den inländischen Gesellschaftern nur zur Hälfte der deutschen Einkommensteuer zu unterwerfen, **gilt das Halbeinkünfteverfahren unabhängig von der Herkunft der Dividenden.** Es gilt im übrigen ein quotenunabhängiges Schachtelprivileg: Zur Vermeidung von Mehrfachbelastungen sind Gewinnausschüttungen an inländische Kapitalgesellschaften ohne Rücksicht auf eine bestimmte Beteiligungshöhe und Mindestbesitzzeit von der Körperschaftsteuer befreit. Und auch hier soll für Gewinnausschüttungen gelten, daß eine entsprechende Anwendung eine ausreichende steuerliche Vorbelastung im Ausland voraussetzt. Das vorgeschlagene Modell führt zwar zu einer Entlastung des Unternehmens, aber zu einer höheren Belastung der Ausschüttungsempfänger: die Gewinnausschüttungen sind bereits mit einer Steuer von 25% vorbelastet und sollen nochmals zur Hälfte bei der Ermittlung des Einkommens angesetzt werden. Die Steuergutschrift mit Steueranrechnung als Kern des

gegenwärtigen Anrechnungssystems würde entfallen. Nur: Das Halbeinkünfteverfahren entlastet Anteilseigner mit hohem persönlichen Steuersatz in einem höheren Ausmaß; insoweit ist auf das Beispiel unter
N 67 im Anschluß an das zusammenfassende Beispiel für die Wirkung
des geltenden Anrechnungssystems zu verweisen.

Unabhängig davon, ob der an die **Brühler Empfehlungen** anknüpfende **Vorschlag
der Bundesregierung vom 21. 12. 1999 zur Unternehmenssteuerreform** umgesetzt werden wird, sind zum jetzigen Zeitpunkt Konturen eines konkreten Systems
noch nicht erkennbar. Aus der Sicht eines ausländischen lnvestors wäre zu bedenken,
welche Folgen die Gleichbehandlung von Thesaurierung und Ausschüttung hätte – jedenfalls entfielen damit Vorteile eines Schütt-aus-Hol-zurück-Verfahrens. Aus der
Sicht des deutschen Investors mit Auslandsinteressen würde das Halbeinkünfteverfahren einen gravierenden Mangel des geltenden Systems im Falle einer Ausschüttung
an die Aktionäre beseitigen (dazu eingehend ab N 57). Auf der Ebene einer inländischen Körperschaft, die ausländische Dividendenerträge vereinnahmt, wäre nach
den Empfehlungen der Kommission einerseits ein umfassendes Schachtelprivileg
gegeben (da es auf eine bestimmte Beteiligungsquote nicht mehr ankäme, wäre wohl
nicht mehr von einem „Schachtelprivileg" zu sprechen, es handelte sich um eine
systemimmanente Befreiung) – andererseits kann sich mit der einschränkenden
Bedingung „bei ausreichender steuerlicher Vorbelastung" eine Fülle restriktiver Vorstellungen verbinden. Überhaupt keine Hinweise liegen für die Frage steuerlicher
Abzugsfähigkeit und damit im Zusammenhang stehender Aufwendungen vor, aber es
könnte einiges dafür sprechen, daß das Abzugsverbot des § 3 c EStG nicht gelten soll.
Knapp ein halbes Jahr nach Veröffentlichung kann von einer besonderen Resonanz
keine Rede sein, sie ist wohl erst im Verlaufe des Jahres 2000 auf der Grundlage
der konkreten Reformvorschläge der Bundesregierung zu erwarten; die Skepsis
überwog zunächst: s. *Johanna Hey* BB 1999, 1135: „Glücklich kann man über den
Vorschlag eines Halbeinkünfteverfahrens dennoch nicht sein. Denn finanziert wird
die Reform – insbesondere die Absenkung des Körperschaftsteuersatzes – durch die
Kleinanleger . . . Ärgerlich sind alle Aussagen der Kommission, die diese Belastungsfolgen verschleiern"; *Schulze zur Wiesche* FR 1999, 698: Die Abschaffung des Anrechnungsverfahrens mag wegen der fortschreitenden europäischen Integration
geboten sein, die zunehmende Globalisierung ließ eine Steuergutschrift mit Steueranrechnung an Bedeutung verlieren (dazu M 61) – aber die Steuerersparnis der Unternehmen durch die definitive Körperschaftsteuer wird durch die Gesellschafterbesteuerung hinsichtlich der ausgeschütteten Gewinne ohne Anrechnung auch bei
einem hälftigen Ansatz auf die Gesellschafter verlagert, die doppelte Besteuerung
„wird sicherlich in der Praxis den verdeckten Gewinnausschüttungen zu neuer Blüte
verhelfen". Und *van Lishaut* FR 1999, 940: Möglicherweise wird die Börsenstellung
von Unternehmen mit hohen Auslandseinkünften im Verhältnis zu Unternehmen mit
überwiegenden Inlandseinkünften gestärkt – das wird man für den EG-Raum mit
dem Gedanken der Freiheit des Kapitalverkehrs rechtfertigen können – nur hat es mit
dem rechtspolitischen Ziel der Reform, die „Wettbewerbsfähigkeit des Standorts
Deutschland gegenüber dem Ausland" zu stärken, wenig gemein; eine erste systematische Darstellung der Brühler Empfehlungen von *Johanna Hey* in *H/H/R* Einf.
KSt Rz 192ff.

# D. Grenzen staatlicher Gesetzgebung

Bei der Darstellung der Ursachen der Doppelbesteuerung wurde oben **1**
auf die Bedeutung der Anknüpfungspunkte und des Umfangs der Besteuerung bei internationalen Sachverhalten hingewiesen. In diesem Zusammenhang ergeben sich zwei Fragen: Sind die Staaten in der Wahl
dieser Anknüpfungspunkte frei? Können sie das Ausmaß der Besteuerung beliebig regeln? **Grenzen für den räumlichen Anwendungsbereich eines Gesetzes** können sich aus dem (nationalen) Verfassungsrecht
und aus dem Völkerrecht ergeben. Nach den Überlegungen zur Möglichkeit eines in Teilen vereinheitlichten internationalen Steuerrechts der
Staaten bedeutet dies, auf den Boden gegenwärtig bestehender Gegebenheiten zurückzukehren. Nicht mehr das Maß wünschenswerter Prinzipi-
enharmonie (Wohnsitz- oder Quellenbesteuerung) interessiert, sondern
die „Vorfrage" eines aus der Sicht eines einzelnen Staates ohnehin zu
beachtenden Rahmens.

## I. Verfassungsrechtliche Grenzen

Das Grundgesetz verbietet nach einhelliger Auffassung nicht, grenz- **2**
überschreitende Sachverhalte zu regeln, wie es umgekehrt auch nicht für
jede Norm, für die eine ausdrückliche Regelung des territorialen Geltungsbereichs fehlt, die unbegrenzte räumliche Geltung anordnet (*Rudolf*
S. 15). Ein Verbot der Doppelbesteuerung folgt weder aus Art. 3 GG,
noch aus der grundsätzlichen Entscheidung des Verfassungsgebers für
eine offene Staatlichkeit (Art. 24–26 GG), noch aus Art. 23 Satz 1 GG
mit der grundgesetzlichen Geltungsbeschränkung (dazu Einzelheiten bei
*Schrettl* S. 94 ff.). Innerhalb der EU stellt die Beseitigung der Doppelbesteuerung ein allgemeines Ziel des primären Gemeinschaftsrechts dar
(*Scherer* S. 88). Auf die verfassungsrechtliche Problematik einer unterschiedlichen Besteuerung der Gebietsansässigen und der Gebietsfremden
ist noch einzugehen (s. L 30).

## II. Völkerrechtliche Grenzen

Wenn hiernach der räumliche Anwendungsbereich deutschen Steuer- **3**
rechts grundsätzlich in das Belieben des Gesetzgebers gestellt ist, so
schließt das nicht aus, daß sich Begrenzungen aus dem Völkerrecht ergeben (wobei hier zunächst von der Möglichkeit abgesehen werden soll,
aufgrund völkerrechtlicher Verträge die Anwendung innerstaatlichen
Rechts auf grenzüberschreitende Sachverhalte auszuschließen). Allgemeine Grundsätze des Völkerrechts sind vom innerstaatlichen Gesetzge-

ber gem. Art. 25 GG als Bestandteil des Bundesrechts zu beachten. Es stellt sich also die Frage, ob „das allgemeine Völkerrecht Regeln enthält, die für das Internationale Steuerrecht unmittelbar von Bedeutung sein könnten. Die Feststellung derartiger völkerrechtlicher Regeln ist deshalb besonders schwierig, weil es sich durchweg um Normen des Gewohnheitsrechts handelt, die nirgendwo kodifiziert sind; schon die Frage, ob eine bestimmte Norm existiere (d.h. gelte), ist deshalb oft kontrovers" (*Kl. Vogel* DStR 1968, 429). Man muß auch vorsichtig mit der Annahme solcher Normen sein, denn: „im Völkerrecht dominieren die harten Realitäten; die Staaten sind in der Regel nicht geneigt, sich einer Norm zu beugen, deren Geltung als Völkerrechtsnorm nicht einwandfrei erwiesen ist. Ein unbegründeter Optimismus hinsichtlich der Geltung einer Norm kann deshalb nur ablenken von der eigentlichen Aufgabe, durch entsprechende Verträge das Völkerrecht in dem wünschenswerten Sinne zu gestalten" (*Kl. Vogel* DStR 1968, 429). Nach allgemeinen völkerrechtlichen Regeln (dazu *BVerfGE* 23, 317; 66, 64) sind Exterritoriale von den staatlichen und kommunalen direkten und persönlichen Steuern befreit (hierzu unter Punkt 4).

### 1. Völkerrechtliche Geltung des Territorialitätsprinzips?

**4**    Darf der Staat nach Völkerrecht überhaupt Sachverhalte besteuern, die fremdes Staatsgebiet berühren? Oder ist allein eine Besteuerung entsprechend dem **Territorialitätsprinzip** völkerrechtskonform, so daß der Staat nur Sachverhalte besteuern darf, die sich auf dem eigenen Staatsgebiet verwirklicht haben (inländische Einkünfte, Umsätze usw.)? Denn daß zu den selbstverständlichen Souveränitätsrechten eines jeden Staates gehört, Steuern zumindestens auf die Einkünfte zu erheben, die einer auf seinem Gebiet ausgeübten Tätigkeit zuzurechnen sind, bedarf keiner Begründung. Das Territorialitätsprinzip hat die Rechtspraxis und die Rechtswissenschaft bis gegen Ende des vergangenen Jahrhunderts bestimmt (*Kl. Vogel* S. 89 ff.). Das Prinzip war, wie staatliche Proteste und Entscheidungen nationaler und internationaler Gerichte beweisen, völkerrechtlich fundiert (vgl. die zahlreichen Nachweise bei *Müller* S. 63 ff.), es handelte sich also nicht nur um eine zufällig übereinstimmende Staatenpraxis, sondern um eine vom Rechtsbewußtsein der damaligen Zeit getragenen Auffassung.

> *Beispiel*: Daß das Territorialitätsprinzip auch im Steuerrecht zugrunde gelegt wurde, zeigt der Report der New York Tax Commission von 1872, der die Besteuerung eines inländischen „resident" wegen seiner ausländischen Einkünfte als „räuberisches Vorgehen" verurteilte (vgl. *Müller* S. 61).

**5**    Sowohl in der Gesetzgebung als auch in der Rechtsprechung ist aber seit Ende des vergangenen Jahrhunderts eine **Abkehr vom Territorialitätsprinzip** erfolgt. Im geltenden Völkerrecht existiert keine Regel mehr, die den räumlichen Anwendungsbereich nationalen Rechts durch das Territorialitätsprinzip grundsätzlich einschränkt (*Rudolf* S. 18) (was natürlich nicht ausschließt, das Prinzip aus rechtspolitischen Überlegungen auf einzelnen Teilgebieten der Rechtsordnung zu verwirklichen). Wichtigster Anwendungsbereich des Territorialitätsprinzips ist das öffentliche Recht, das in seiner Geltung vielfach auf das Staatsgebiet des Erlaßstaates begrenzt wird. Dahinter steht als Grund die völkerrechtliche Souveränität jedes Staates; daß dies nicht gleichzusetzen ist mit der Unanwendbarkeit ausländischen öffentlichen Rechts, war bereits in der Einleitung klargestellt worden: Geltungsbereich fremden öffentlichen Rechts und Anwendung dieses Rechts sind auseinanderzuhalten. Im übrigen lassen sich selbst im Internationalen Privatrecht bei der Frage der Anknüpfung zahlreiche territoriale Rücksichtnahmen nachweisen: Territorialität als Bestimmung des räumlichen Anwendungsbereichs (*Kropholler* § 22 I).

– Die **Anwendung des Territorialitätsprinzips** im Steuerrecht könnte sich gera- **6** dezu **aufdrängen**, wenn dieses Prinzip geeignet wäre, Überschneidungen zwischen den einzelnen Staaten zu verhindern. Das Doppelbesteuerungsproblem wäre damit von selbst erledigt, Verträge zum Zwecke der Bekämpfung der Doppelbesteuerung wären überflüssig. Das Territorialitätsprinzip ist auch in der Tat im Bereich der indirekten Steuern weitgehend verwirklicht und hat hier bewirkt, daß Doppelbesteuerungsprobleme nur unbedeutende Randerscheinungen darstellen. Unter Hinweis hierauf hat *Schulze-Brachmann* (StuW 1964, 589 ff.) die Verwirklichung des Territorialitätsprinzips auch im Bereich der direkten Steuern gefordert. Man könnte für das Territorialitätsprinzip auch geltend machen, daß der Steueranspruch eines Staates zwar grenzüberschreitend erhoben werden kann, daß notwendige Verwaltungsmaßnahmen zu dessen Verwirklichung aber auf das eigene Territorium zu beschränken sind.

– Das **Territorialitätsprinzip** weist jedoch nach Ansicht seiner Kritiker **Mängel** auf, die ungeachtet der Auswirkungen auf die Doppelbesteuerung eine Verwirklichung nicht ratsam erscheinen lassen. Hierbei wird insbesondere auf die Gefahr der Verlagerung von Einkünften aus hochbesteuernden Staaten in Staaten mit niedrigerer Steuerlast verwiesen. Denn wenn keine ausländischen Steuergüter mehr in die Besteuerung einbezogen werden, ist der Anreiz zur Steuerflucht in das niedrig besteuernde Ausland noch größer; *Schulze-Brachmann* hat diesen Effekt gebilligt und den Kritikern entgegengehalten, es müssen angesichts der Entscheidung der Bundesrepublik für einen liberalisierten Kapitalverkehr dem einzelnen Kapitalanleger überlassen bleiben, wie, wo und wann er sein Kapital investiere; es sei nicht Aufgabe des Steuerrechts, kapitallenkend einzugreifen (StuW 1964, 605). Mit diesen Überlegungen können indessen die Bedenken gegen das Territorialitätspinzip nicht ausgeräumt werden: Zum einen bedeutet Liberalisierung des Kapitalverkehrs keinesweg, daß zusätzliche, gewissermaßen flankierend wirkende steuerrechtliche Maßnahmen zu treffen sind, um einen tatsächlichen Kapitalfluß in Gang zu setzen. Auch der Hinweis auf die kapitallenkende Funktion des Steuerrechts geht in diesem Zusammenhang fehl, wie in Ergänzung der Ausführungen zur angestrebten Wettbewerbsneutralität der Besteuerung leicht einzusehen ist: Gegenüber dem niedriger besteuernden Ausland wirkt sich die Einbeziehung beispielsweise der ausländischen Einkünfte in die Steuerbemessungsgrundlage für die Einkommensteuer geradezu steuerneutral aus, indem sie nämlich zu verhindern sucht, daß Investitionsentscheidungen nur aufgrund des Steuergefälles getroffen werden.

– Möglicherweise könnten aber die Mängel des **Territorialitätsprinzips** geringer bewertet werden als die Vorteile, die mit einer endgültigen **Lösung des Doppelbesteuerungsproblems** verbunden wären. Wenn die Staaten nur noch den Ursprung einer Betätigung als Anknüpfungspunkt wählen, und die Besteuerung auf Inlandseinkünfte beschränken, scheint es keine Überschneidungen der Steuergewalten mehr zu geben. Das entscheidende Problem liegt jedoch in der Unbestimmtheit des „Ursprungs" einer Betätigung. Bei der Beantwortung dieser Frage würde sich kaum ein Staat Zurückhaltung auferlegen und den Ursprung aus diesem Grunde in Zweifelsfällen in seinem Sinne interpretieren. Die Unbestimmbarkeit gilt übrigens für sachliche und persönliche Anknüpfungsmomente mit territorialem Bezug gleichermaßen. *Spitaler* lehnte es daher ab, im Territorialitätsprinzip die Lösung des Doppelbesteuerungsproblems zu sehen. Es ist nach seiner Ansicht „ein wenig durchdachtes Ordnungsprinzip, das man in der Verlegenheit anwendet. Selbst diejenigen, die es konsequent ausbilden wollten, sind nicht zum Ziel gekommen, weil schon die Lösung der Vorfrage, nämlich die zweifelsfreie Bestimmung der „Lage" mancher „Sachen" große Schwierigkeiten verursacht" (*Spitaler* S. 423; vgl. auch *Lang* S. 129. Auch *Kl. Vogel* (S. 142) hat aufgrund seiner Auseinandersetzung mit dem Territorialitätsprinzip die mangelnde Nutzbarmachung des allgemeinen Prinzips im Einzelfall gerügt und es als eine Leerformel bezeichnet. Auch rechtspolitische Gründe können aus diesem Grunde für eine Rückkehr zum Territorialitätsprinzip nicht angeführt werden.

– Wo der Gesetzgeber den **Territorialitätsgedanken verwirklicht** hat und den Inlandsbezug in den Mittelpunkt der Norm stellt, wie bei den Regeln für die beschränkte Einkommensteuerpflicht (§ 49 EStG), hat er sich als unsystematisch erwiesen; denn die den Inlandsbezug herstellenden Qualifikationsmerkmale sind bei den verschiedenen Einkunftsarten derart unterschiedlich ausgeprägt, daß sie insgesamt als willkürlich erscheinen – so *Schaumburg* S. 178. Und selbst für eine Steuer wie die Gewerbesteuer, deren Gegenstand ausdrücklich auf das eigene Territorium bezogen ist, werden sich zahlreiche Abgrenzungserfordernisse und Überschneidungen wegen grenzüberschreitender Tätigkeit ergeben. Für die ebenfalls territorial ausgerichteten Umsatzsteuer und besonderen Verbrauchsteuern haben sich Regeln zur Abgrenzung des Besteuerungsanspruchs herausgebildet, die für den Rechtslaien diese territoriale Beschränkung kaum noch erkennen lassen (Ort der Lieferung und sonstigen Lieferung im Umsatzsteuerrecht als Beispiele hierfür).

– Nach der Darstellung von *Kl. Vogel* (Festschrift *Lutz Fischer* S. 1007 ff.) sind in den Vereinigten Staaten in den letzten Jahren **neue Befürworter des Territorialitätsprinzips** erkennbar; danach sollen die Vereinigten Staaten insbesondere für die Einkünfte multinationaler Unternehmen aus ihren ausländischen Tochtergesellschaften und Betriebsstätten ein territoriales System der Besteuerung einführen. Eine weitergehende Auffassung tritt für einen generellen Übergang zum Territorialitätsprinzip ein. Der Gesichtspunkt einer Rücksichtnahme auf Völkerrecht spielt allerdings hierbei keine Rolle. Solche Überlegungen knüpfen vielmehr entweder an Überlegungen zu einer verbesserten Wettbewerbsfähigkeit amerikanischer Unternehmen auf ausländischen Märkten oder – unter Rückgriff auf Theorien zur gerechten Verteilung der Steuerlast unter Bürgern – an Gerechtigkeitsvorstellungen für den internationalen Bereich. Grundlage solcher Überlegungen ist gerade die Prämisse, daß das Völkerrecht für die Abgrenzung der Besteuerung zwischen den Staaten keine ausreichenden Anhaltspunkte ergibt.

## 2. Das Prinzip der eingeschränkten Territorialität

7      Eine völkerrechtliche Bindung der Staaten besteht allein darin, daß sie auf dem Gebiet eines anderen Staats keine Hoheitsakte vornehmen dürfen. Doch schließt diese Regel nicht aus, „daß Gesetze des Steuerrechts

Steuerpflichtigen an im Ausland verwirklichte Sachverhalte anknüpfen, sofern jeweils diese Steuerpflichten nach der zugrundeliegenden Absicht nur durch entsprechende Hoheitsakte im Inland realisiert werden sollen" (*Kl. Vogel* DStR 1968, 430). Das bedeutet jedoch nicht, daß der Gesetzgeber in der Lage wäre, jeden beliebigen Anknüpfungspunkt zu wählen und die Besteuerung beliebig weit auszudehnen. Gäbe es keine Hindernisse, so bedeutete dies: Ein deutsches Steuergesetz, das alle Personen mit deutscher Muttersprache der deutschen ESt unterwerfen würde, wäre ebenso völkerrechtsmäßig wie ein solches, das die Steuerpflicht auf alle Personen ausdehnen würde, die bis zu 500 km von der Bundesgrenze entfernt ihren Wohnsitz haben oder einer bestimmten politischen Anschauung anhängen: Will man dem Völkerrecht nicht den Charakter einer Rechtsordnung überhaupt absprechen, muß der Steuerhoheit vom Völkerrecht eine Grenze gesetzt werden (*v. Beckerath* S. 143). Die Staatenpraxis fordert vielmehr – wie auch die oben aufgestellte Systematik der Anknüpfungsmomente des internationalen Steuerrechts gezeigt hat – **für extraterritoriale Gesetze inländische Anknüpfungsmomente.** Dabei handelt es sich nicht nur um ein mehr oder weniger zufällig entstandenes übereinstimmendes Verhalten der Staaten; dies Verhalten folgt vielmehr aus der Überzeugung der Staaten, zu ihm verpflichtet zu sein. Besondere Hinweise hierauf geben staatliche Proteste gegen Ausdehnungen der Steuerhoheit, die über die genannten Grenzen hinausgingen (Nachweise bei *Müller* S. 85 ff.). Der Grundsatz der inländischen Anknüpfungsmomente wird auch als Prinzip der eingeschränkten Territorialität bezeichnet *(Müller* S. 76). Eine positive Regelung, wie die konkrete Anknüpfung beschaffen sein muß, ist damit freilich nicht gegeben. Das Prinzip der eingeschränkten Territorialität enthält nur das Verlangen nach einem Minimalgehalt der Anknüpfung, es setzt also der territorialen Geltung des staatlichen Rechts nur eine Schranke insoweit, als ein bloßer Auslandssachverhalt nicht ausreicht. Als erforderlich wird ein „inländischer Anknüpfungspunkt" gefordert, der die Erfassung des ausländischen Sachverhalts rechtfertigt (Prinzip der wirtschaftlichen Zugehörigkeit: dazu zuletzt ausführlich *Schrettl* S. 91 ff. am Beispiel der beschränkten Einkommensteuerpflicht). Das entscheidende Anknüpfungskriterium für die Regelung ausländischer Sachverhalte durch inländische Normen ist in der wirtschaftlichen Zugehörigkeit zu erblicken.

Diese Abgrenzung liegt den nationalen Steuergesetzen ebenso wie den Doppelbesteuerungsabkommen zugrunde und wird als Prinzip auch im Steuerrecht weitgehend anerkannt. Der Grundsatz der Notwendigkeit von Inlandsbeziehungen „als Ausprägung des Rechtsmißbrauchs oder Willkürverbots" fragt hierbei nicht, zu welchem Staat die stärkeren wirtschaftlichen Beziehungen bestehen und schließt auch nicht aus, daß neben der wirtschaftlichen Zugehörigkeit zum Inland auch eine wirtschaftliche Zugehörigkeit zum Ausland gegeben ist (*v. Beckerath* S. 17). *Gabriele Burmester* (S. 280 ff.) spricht von einem **völkerrechtlichen Mindeststandard** aufgrund des Völkergewohnheitsrechts als Minimalkonsens, der durch ein allgemeines völkerrechtliches Verbot wirtschaftlicher Einmischung durch staatenübergreifende steuerliche Belastungswirkungen zu ergänzen sei – worin sich zugleich die zweischneidige Natur des Steuerrechts mit sowohl belastenden als auch lenkenden Folgen ausdrückt. Nur: eine Übereinstimmung über allgemeine Nichteinmischungsregeln ist nicht nachweisbar. Mit dem Erfordernis notwendiger Inlandsbeziehungen ist das völkerrechtliche Verbot mißbräuchlicher Rechtsausübung verbunden – aber eine spezifische steuerliche Konkretisierung ist nicht nachweisbar (wie die Literaturnachweise bei *Gabriele Burmester* (S. 283 ff.) zeigen, werden die angeschnittenen völkerrechtlichen Begrenzungen fast ausschließlich im internationalen Kartellrecht erörtert).

**8**    Die unter dem Begriff der **Globalisierung** erörterte moderne internationale Wirtschaftstätigkeit ist dadurch gekennzeichnet, daß am internationalen Wertschöpfungsprozeß immer mehr Staaten beteiligt sind berührt werden) und eine Zuordnung der anteiligen Wertschöpfungsbeträge zu den einzelnen Staaten als Ursprungsstaaten immer schwieriger wird – auf einer solche Prämisse nachweisbarer Zuordnung basiert aber das Territorialitätsprinzip in seiner eingeschränkten Form (zur Globalisierung unter dem Gesichtspunkt der Anknüpfung s. M 64). Von der völkerrechtlichen Fragestellung nach den Grenzen einer Anknüpfung zu unterscheiden ist die Frage, ob die Staaten **Gesichtspunkte der Effizienz und der Gerechtigkeit** zu beachten haben; den bei der IStR-Gestaltung zu beachtenden Bedingungen (Doppelbesteuerung und Steuervermeidung) liegen solche Erwägungen zugrunde. Sie können sich an dieser Stelle treffen: Das Gebot eingeschränkter Territorialität setzt eine Schranke; zugleich könnte es aber den richtigen Weg gegenüber einem Besteuerungsmodell weisen, das die persönliche Ansässigkeit mit dem Prinzip weltweit ausgerichteter Bemessungsgrundlagen verbindet und den Gedanken einer Exportneutralität in den Vordergrund stellt: Maßgeblich sind die Verhältnisse am Ursprung der Tätigkeit (dies ist die Grundsatzfrage nach den Anknüpfungsmerkmalen und der Reichweite der internationalen Besteuerung, s. *Barbara Zuber* S. 142 ff.). Dazu auch *Mössner* in *Kirchhof/Söhn* Rz 146 zu § 2 a EStG; *FG Baden-Württemberg* EFG 1994, 646: „Wenn ein Einkommen nicht auf dem Binnenmarkt eines Staates, sondern auf dem Weltmarkt erzielt worden ist, schwächt sich die Legitimationskraft des Wohnsitzstaates für den Zugriff auf dieses Einkommen wesentlich ab. Der Inlandswohnsitz ordnet lediglich die individuelle finanzielle Leistungsfähigkeit regional zu; die Gebietshoheit über den Wohnsitz rechtfertigt aber nicht notwendig auch den Steuerzugriff auf das von diesem Wohnsitz aus empfangene und verwendete Einkommen". Aber auch solche Überlegungen liegt die stillschweigende Annahme zugrunde, daß sich die Produktionsfaktoren den Ort ihrer Verwendung aufgrund eines unverfälschten Wettbewerbs suchen. Konzepte wie die der eingeschränkten Territorialität bei gleichzeitiger Zurückweisung weltweiter Besteuerungsansprüche scheitern, wenn sich die Staaten in einen Wettlauf um das Angebot günstigster Steuerbedingungen für Ausländer begeben; das aber ist eine weltweit zu beobachtende Politik, wie EU- und OECD-Empfehlungen für und Bemühungen um einen fairen Steuerwettbewerb der Staaten gezeigt haben.

Mehrmals haben Finanzgerichte Auslandssachverhalte zum Anlaß genommen, das **9** Problem der grenzüberschreitenden Erstreckung von Gesetzen zu erörtern. Der Schwerpunkt solcher Überlegungen betrifft den **ausreichenden Inlandsbezug** bei der Besteuerung von Steuerausländern, nur vereinzelt geht es um **extraterritoriale Fragen** der Inländerbesteuerung (hierzu am Beispiel der Hinzurechnungsbesteuerung N 390): *FG Hamburg* (EFG 1986, 369) hält die Heranziehung eines **Ausländers als Haftenden** für die deutsche Einfuhrumsatzsteuer bei Vorliegen eines inländischen Anknüpfungspunktes für zulässig. „Zwar bestehen nach dem Völkerrecht für die abgabenrechtliche Inanspruchnahme eines Ausländers Schranken, die weiterreichen können als die Begrenzungen, die das innerstaatliche Recht eines Staates für die Inanspruchnahme eigener Staatsangehöriger zieht. Die Inanspruchnahme eines Ausländers für eine inländische Abgabe stellt aber dann keine völkerrechtswidrige Einmischung in den Hoheitsbereich eines fremden Staates dar, wenn hinreichende sachgerechte Anknüpfungspunkte für die Abgabenerhebung in dem Staat gegeben sind, der die Abgaben erhebt. Diesen völkerrechtlichen Grundsatz hat der Internationale Gerichtshof in Den Haag mit Urteil vom 7. 9. 1927 in dem sog. Lotus-Fall dargelegt."

*FG Hamburg* (EFG 1988, 39) legt am Beispiel der früheren Börsenumsatzsteuer für Auslandsgeschäfte eines Inländers dar, daß das Territorialprinzip keine allgemeine Regel des Völkerrechts darstelle; ein Eingriff in die Gebietshoheit eines fremden Staates erfolge nicht. Die Freiheit der Staaten, Sachverhalte außerhalb der eigenen Gebietshoheit zu regeln, setze eine „sinnvolle Anknüpfung" voraus. „Es müssen hinreichende sachgerechte Anknüpfungsmomente vorliegen, wenn die Regelung nicht als eine völkerrechtswidrige Einmischung in den Hoheitsbereich eines anderen Staates angesehen werden soll. Die Anknüpfungsmomente und ihre Sachnähe müssen einem Mindestmaß an Einsichtigkeit genügen . . . Daß eine besonders enge Verknüpfung des Auslandssachverhalts zu dem Gebiet des Staates bestehen muß, der den Sachverhalt einer abgabenrechtlichen Regelung unterwirft, ist nicht erforderlich." In diesem Sinne auch *Nds.* FG (EFG 1989, 199).

*FG München* (EFG 1998, 12669) zur Frage der Durchführung eines **Steuerabzugs durch einen ausländischen Vergütungsschuldner** (Weltsportverband) gem. § 50 IV EStG: Die Inlandsbeziehung wird durch das Tatbestandsmerkmal eines „Vergütungsschuldners" für eine inländische Darbietung i. S. des § 49 I Nr. 2 d EStG" hergestellt – Bedenken könnten sich aus dem Gesichtspunkt „staatlich begrenzter Finanzgewalt" ergeben – dementsprechend fragt das *FG München* nach „Mindestforderungen an diesen auch nach Ansicht des Senats erforderlichen Inlandsbezug", was wiederum nur im Einzelfall entschieden werden kann (zur Entscheidung s. Q 40). Trotz formaler Erfüllung des genannten Tatbestandsmerkmals kann mithin eine Steuerabzugsverpflichtung an einem fehlenden ausreichenden Inlandsbezug des „Vergütungsschuldners" scheitern.

Bei der Anwendung des **Progressionsvorbehalts bei zeitweiser unbeschränkter Steuerpflicht** (§§ 32 b I Nr. 2, 2 VII Satz 3 EStG, dazu M 70) wird die deutsche Besteuerung auf ausländische Einkünfte während eines Zeitraumes ausgedehnt, in dem überhaupt keine Beziehung des Steuerpflichtigen zum Inland besteht – ausreichend ist die während eines Teils des Veranlagungszeitraums gegebene Anknüpfung. Bedenken wegen des fehlenden inländischen Anknüpfungspunktes hat *FG Baden-Württemberg* (IStR 1999, 469) – während *FG Köln* (IStR 1999, 470) lediglich einen Verstoß gegen Völkervertragsrecht für möglich hält. Die beiden letztgenannten Fälle zeigen, daß es sich bei der Frage eines hinreichenden Inlandsbezuges im Kern um die Frage einer allgemeinen Regel des Völkerrechts i. S. des Art. 25 GG handelt.

### 3. Kein völkerrechtliches Verbot der Doppelbesteuerung

**10**     Aus den voranstehenden Überlegungen folgt: Die internationale Doppelbesteuerung ist die Folge der Anknüpfung mehrerer Steuerrechtsordnungen an denselben Steuergegenstand. Läßt das Völkerrecht aber derartige Mehrfachanknüpfungen zu, so läßt sich folgerichtig vom Grundsatz her auch kein völkergewohnheitsrechtlicher Satz nachweisen, wonach die internationale Doppelbesteuerung völkerrechtswidrig ist (*Gloria* S. 195; *Schrettl* S. 78). In diesem Sinne lauten auch die beiden FG-Urteile (EFG 1988, 40 und 1989, 199), in denen jeweils abgelehnt wurde, die Frage einer auch im Ausland gegebenen Steuerpflicht überhaupt zu prüfen. Hierzu zuletzt *Gabriele Burmester* (S. 277): Eine einheitliche Rechtsüberzeugung und übereinstimmende Praxis lassen sich weder aus Grundsätzen internationaler Zusammenarbeit und Offenheit noch aus dem vorhandenen Netz an Doppelbesteuerungsabkommen herleiten; immerhin zeigen örtliche und inhaltliche Vereinheitlichung bestimmter Regelungen die Bildung regionalen bzw. partikulären Völkergewohnheitsrechts, so daß nicht mehr nur von einer lediglich rücksichtnehmenden Völkerrechtssitte oder einer bloß moralischen Verpflichtung die Rede sein könne: „Durch fortschreitende Verdichtung und Vervollständigung des gleichgerichteten internationalen Vertragsnetzes, rechtlich vorgegeben von den steuerlichen Musterabkommen bzw. den internationalen wirtschaftlichen Angleichungsverträgen und tatsächlich vorangetrieben vom wirtschaftlichen Interessenbedarf, sowie durch eine damit übereinstimmende und auch innerstaatlich sich verfestigende Praxis der Staatengemeinschaft ist vielmehr der Weg einer Weiterentwicklung hin zum allgemeinen Völkergewohnheitsrecht vorgezeichnet, zu einer völkergewohnheitsrechtlichen nachträglich – begrenzenden Herstellung steuerspezifisch sachgerechter nationaler Erfassungssysteme mit der Folge einer Ausschaltung internationaler Steuerkumulationen.“

**11**     Besteht ein Doppelbesteuerungsabkommen, so muß aber die damit verbundene Bindungswirkung relativiert werden. Das moderne Abkommensverständnis geht davon aus, daß jeder Staat auf ein originäres Besteuerungsrecht verweisen kann (Inanspruchnahme der Finanzhoheit als spezifische Ausprägung einheitlicher Staatsgewalt, s. *Gabriele Burmester* S. 187ff.) – dieses originäre Besteuerungsrecht wird und kann ihm auch nicht durch Abkommensregelungen genommen werden. Dies gilt auch dann, wenn er für bestimmte Einkünfte eine Steuerfreistellung vereinbart hat. Er „übt“ dann auf einen bestimmten Steuergegenstand bezogen sein „Besteuerungsrecht“ nicht mehr aus, aber als „originäres Besteuerungsrecht“ verbleibt es ihm (*BFH* IStR 1997, 664). Von diesem Rechtsverständnis ausgehend ist die völkerrechtliche Vereinbarung nicht mehr unangreifbar – sie ist es um so weniger, wenn man ihren Rang innerhalb des geltenden Rechts bestimmt (dazu im einzelnen ab R 6).

Eine mit dem Abkommensrecht verbundene völkerrechtliche Frage-  **12**
stellung ist die nach einer Meistbegünstigung: Auch sie würde sich als
eine Grenze staatlicher Gesetzgebung erweisen. Der Gedanke einer Meistbegünstigung hätte zur Folge, daß sich Personen auf DBA-Rechtsfolgen
berufen könnten, für die mangels Ansässigkeit dieser Personen in einem
der beiden Vertragsstaaten das Abkommen nicht gilt. Innerhalb der EU
könnte dies zur Folge haben, daß sich EU-Bürger unter allen innergemeinschaftlichen Abkommen des ihn berührenden Quellenstaats auf das
Abkommen berufen könnten, das die für sie jeweils günstigste Regelung
ausweist (*Stockmann* IStR 1999, 129 ff.; zur EU-rechtlichen Problematik
s. S 94 ff.).

### 4. Steuerbefreiung für ausländische Diplomaten (WÜD/WÜK; § 3 Nr. 29 EStG)

(1) Mit § 3 Nr. 29 EStG wird innerhalb dieses ersten und einleitenden  **13**
Teils eine konkrete, einen grenzüberschreitenden Sachverhalt betreffende
steuerrechtliche Norm vorgestellt: Gehalt und Bezüge der Diplomaten
und Konsulatsangehörigen. Ihre Herausnahme aus dem besonderen Teil
ist durch eine völkerrechtliche Verknüpfung sicherlich gerechtfertigt;
aber sie weist auch eine weitere Besonderheit aus: Sie ist in das Schema
des besonderen Teils (Außensteuerrecht): Inländerbetätigung im Ausland
einerseits, Ausländerbetätigung im Inland andererseits, nicht ohne weiteres einzuordnen. Die Norm ist mit der Thematik der **diplomatischen
Immunität sogenannten Exterritorialer als eines völkerrechtlichen
Gewohnheitsrechts** verbunden, dessen Kern die Unterlassung jeglicher
Behinderung der diplomatischen Funktionen des „Entsendestaats" im
„Empfangsstaat" ausmacht. Hierzu zählt auch die Befreiung des Diplomaten von den direkten Steuern des Empfangsstaats, obwohl eine unmittelbare Behinderung der Mission in der Unterwerfung der Diplomaten
unter dessen Steuerrecht kaum zu sehen ist (*Wengler* Völkerrecht Bd. II
(1964), S. 957). Jedenfalls folgt § 3 Nr. 29 EStG dieser Regel, die nach
Art. 25 GG insoweit ohnehin Bestandteil des Bundesrechts ist, als sie eine Steuerbefreiung für Gehalt und Bezüge der Diplomaten und Konsulatsangehörigen des Entsendestaats beinhaltet. Die Thematik wird jedoch
vor allem vom Völkervertragsrecht bestimmt, so daß die Bedeutung der
allgemeinen völkerrechtlichen Regeln zur Immunität in den Hintergrund
getreten ist (*Tipke/Kruse* Rz 2 zu § 2 AO): Zum einen das Wiener Übereinkommen über diplomatische Beziehungen 1961 (WÜD) und das Wiener Übereinkommen über konsularische Beziehungen 1963 (WÜK) –
zum anderen auch eine Vielzahl zwischenstaatlicher Vereinbarungen einschließlich der Doppelbesteuerungsabkommen (dazu das *BMF*-Schreiben
BStBl. 1999 I, 405. Mit solchen völkerrechtlichen Verträgen werden allgemeine Regelungen des Völkerrechts in innerdeutsches Recht transfor-

miert, ohne daß es auf eine Übereinstimmung ankäme (*BFH* BStBl. 1990 II, 4; dazu auch das Vorlageverfahren an das *BVerfG* Art. 100 II GG). Im übrigen gilt hinsichtlich des Rangverhältnisses: Soweit Völkervertragsrecht (vor allem WÜD/WÜK) allgemeine Regeln des Völkerrechts kodifiziert, ergibt sich deren Vorrang gegenüber § 3 Nr. 29 EStG aus Art. 25 GG. Ist Völkervertragsrecht nicht auf allgemeine Regeln des Völkerrechts zurückzuführen, ist eine Vorrangklausel nicht gegeben. Völkerrechtliche Verträge sind dazu dem einfachen Gesetzesrecht gleichzusetzen und können nach ihrer Inkraftsetzung als innerstaatliches Recht abgeändert werden (daß § 2 AO hieran nichts ändert, wird sich im Recht der DBA zeigen, s. ab R 6). Soweit die Steuerbefreiung des § 3 Nr. 29 EStG hinter völkervertraglichen Befreiungsregelungen zurückbleibt, kommt es mithin auf den zeitlichen Vorrang an, im übrigen auf die Eigenschaft eines allgemeinen Völkerrechtsgrundsatzes. Beispiel: § 3 Nr. 29 EStG begünstigt nicht die Familienmitglieder der dort genannten Personen, während Art. 37 I WÜD die zum Haushalt eines Diplomaten gehörenden Familienmitglieder in die Vorrechte und Immunitäten einbezieht. Daß die Einbeziehung vom Familienmitgliedern auf einen allgemeinen Völkerrechtsgrundsatz zurückzuführen ist (so *Schaumburg* S. 140), kann schon wegen der fehlenden Abgrenzung dieses Personenkreises nicht nachgewiesen werden. Dennoch dürfte die Anwendung des Art. 37 I WÜD zutreffend sein, weil das WÜD in diesem Punkt der ursprünglichen, zeitlich vorangegangenen Regelung des § 3 Nr. 29 EStG (StÄndG 1958, BStBl. 1958 I, 412) gegenüber vorrangig ist. Für Entsendestaaten, die dem WÜD/WÜK noch nicht rechtswirksam beigetreten sind, ist auf die Verwaltungsanordnung der Bundesregierung über die steuerliche Behandlung der diplomatischen und berufskonsularischen Vertretungen ausländischer Staaten MinBl Fin 1950, 631 hinzuweisen (s. auch Erlaß *FinSen Berlin* IStR 1995, 85); allerdings stellt sich im Verhältnis zu diesen Staaten die Frage, ob direkt auf WÜD/WÜK zurückgegriffen werden kann, weil es sich insoweit inzwischen wegen der dauerhaften internationalen Akzeptanz um allgemeine Regeln des Völkerrechts im Sinne des Art. 25 GG handelt (*Tipke/Kruse* Rz 4 zu § 2 AO).

**14**     (2) Art. 34 WÜD **befreit Diplomaten im Empfangsstaat** „von allen staatlichen, regionalen und kommunalen Personen- und Realsteuern", nimmt von dieser Befreiung aber u. a. aus „Steuern und sonstige Abgaben von privatem, im Hoheitsgebiet des Empfangsstaats gelegenem unbeweglichem Vermögen, es sei denn, daß der Diplomat es im Auftrag des Entsendestaats für die Zwecke der Mission im Besitz hat" und „Steuern und sonstige Abgaben von privaten Einkünften, deren Quelle sich im Empfangsstaat befindet". § 49 WÜK enthält eine entsprechende Befreiungsvorschrift für Konsularbeamte und Bedienstete des Verwaltungs- und technischen Personals sowie die mit ihnen im gemeinsamen Haushalt lebenden Familienmitglieder. Der Sache nach bedeutet dies zweierlei: Steuerfrei sind die Gehälter und Bezüge, die der Entsendestaat seinen Bediensteten im Empfangsstaat zahlt – insoweit übereinstimmend mit der Rechtsfolge des § 3 Nr. 29 EStG. Die im Inland erzielten Einkünfte können dagegen der Steuerpflicht unterliegen, ohne daß WÜD/WÜK oder allgemeine völkerrechtliche Regeln die hierbei anzuwendenden Regeln der Steuerpflicht (unbeschränkte oder beschränkte Steuerpflicht?) näher bestimmen. Es kann mithin weder aus dem Völkerrecht noch aus § 3 Nr. 29 EStG gefolgert werden, daß der dort genannte Personenkreis „nur" beschränkter Steuerpflicht unterliegen kann und eine unbeschränkte Steuerpflicht ausgeschlossen ist. Den Regeln ist eine sachliche Steuerbefreiung zu entnehmen ohne weiterreichende Konsequenzen.

Hieraus erklärt sich der Anlaß für die Entscheidung *BFH/*NV 1997, 664: Die Klägerin hatte eine Zusammenveranlagung mit ihrem Ehemann, einem ausländischen Konsulatsbeamten, gefordert. Sie verwies auf den beiderseitigen inländischen Wohnsitz. Der *BFH* hält die Anwendung der Regeln der unbeschränkten Steuerpflicht für möglich, sofern das Ansässigkeitskriterium hierfür gegeben ist. Hierfür aber stellt er besondere Anforderungen unter Rückgriff auf Art. 71 WÜK und der dort genannten Voraussetzung einer **ständigen Ansässigkeit** (s. auch Art. 37, 38 WÜK). Eine solche „ständige Ansässigkeit" stellt neben dem Aufenthalt einer Person auch auf den Aufenthaltsgrund ab. Die Verwaltungspraxis nimmt eine solche ständige Ansässigkeit der ausländischen entsandten Bediensteten nur dann an, wenn der Leiter der konsularischen Mission an das Auswärtige Amt eine entsprechende Mitteilung macht (s. zuletzt *FSen Berlin* IStR 1995, 85). Dies würdigt der *BFH* überzeugend: Es handele sich um eine nicht zu beanstandende Praxis; sie berücksichtigt einerseits die Interessen des Entsendestaats, die durch die ständige Anwesenheit des Konsulatsbeamten im Empfangsstaat und die damit verbundenen Einschränkungen des Exterritorialitätsstatus berührt sein können. Sie beläßt andererseits dem Konsulatsbeamten das Wahlrecht, sich für die unbeschränkte Steuerpflicht zu entscheiden, indem er seinen Missionschef zu einer entsprechenden Mitteilung veranlaßt. Sieht er aber hiervon ab – so der *BFH* – spricht alles dafür, daß er nur vorübergehend im Inland verbleiben und seinen Status als Exterritorialer beibehalten will. Da im Streitfall eine solche Mitteilung nicht vorlag, konnten die Regeln der unbeschränkten Steuerpflicht und damit eine Zusammenveranlagung nicht zur Anwendung gelangen. Der *BFH* hat mithin in materiell-rechtlicher Hinsicht die Voraussetzungen der unbeschränkten Steuerpflicht unter den Bedingungen des Völkervertragsrechts abgewandelt und verfahrensrechtlich eine offensichtlich international verbreitete Handhabung angewendet. Die Regelungen in Art. 49 WÜK modifizieren insoweit die unbeschränkte Steuerpflicht.

(3) Daran ändert auch die sachliche Befreiung in § 3 Nr. 29 EStG **15** nichts. Die Voraussetzungen für die in § 3 Nr. 29 genannten „diplomatischen Vertreter ausländischer Staaten, die ihnen zugewiesenen Beamten und die in ihren Diensten stehenden Personen" und „Berufskonsuln, Konsulatsangehörigen und ihres Personals" ergeben sich aus den WÜD/WÜK-Begriffsbestimmungen. § 3 Nr. 29 Buchst. a Satz 2 und § 3 Nr. 29 Buchst. b Satz 3 EStG schließen die Steuerbefreiung unter unterschiedlichen Bedingungen aus: Für Diplomaten gilt sie „nicht für deutsche Staatsangehörige oder für im Inland ständig ansässige Personen", für Berufskonsuln gilt sie „nicht für Personen, die im Inland ständig ansässig sind oder außerhalb ihres Amtes oder Dienstes einen Beruf, ein Gewerbe

oder eine andere gewinnbringende Tätigkeit ausüben". Das Merkmal der
„ständigen Ansässigkeit" ist (s. das genannte *BFH*-Urteil) enger als die
Anknüpfungspunkte „Wohnsitz/gewöhnlicher Aufenthalt" und bringt
zum Ausdruck (s. beispielsweise Art. 39 I WÜD), daß sich auf die Steuerfreiheit nur berufen kann, wer *aufgrund seiner Tätigkeit* in der ausländischen Mission im Inland verweilt; wer sich im Inland bereits aus anderen Gründen aufhält, soll nicht privilegiert sein (dazu *Bergkemper* in
*H/H/R* Rz 17 zu § 3 Nr. 29 EStG: so ist beispielsweise die im Inland le-
bende französische Ehefrau eines Deutschen, die in Deutschland eine
Tätigkeit bei der französischen Botschaft aufnimmt, bereits hier ständig
ansässig, so daß § 3 Nr. 29 EStG nicht in Betracht kommt). Wie schon
der *BFH*-Entscheidung zur Anwendung der Regeln der unbeschränkten
Steuerpflicht zu entnehmen ist, steht § 3 Nr. 29 EStG damit im Gleichklang mit WÜD/WÜK; die Regelung ist erst mit StMBG 1993 getroffen
worden, die Begründung (BT-Drucks. 12/5630 S. 56) hat auch darauf
verwiesen, daß die Steuerbefreiung auf das international übliche Maß
begrenzt wird. Der Hinweis von *Jütte* (IStR 1995, 95), statt § 3 Nr. 29
EStG anzupassen, hätte der Gesetzgeber die Vorschrift wegen WÜD/
WÜK als Völkergewohnheitsrecht „gleich ganz streichen können", ist
nach alledem jedoch nicht zutreffend; § 3 Nr. 29 konkretisiert das Völkerrecht für einen einzigen Sachverhalt und ist eben in diesem Punkt
nicht deckungsgleich mit diesem Recht (so auch *v. Beckerath* in *Kirch-
hof/Söhn* Rz. A 830 zu § 3 EStG; anders *Hensel* RIW 1999, 665). Zu einem weiteren Anwendungsfall (Zinsabschlag auf inländische Kapitalerträge ausländischer diplomatischer und konsularischer Vertretungen und
ihrer Mitglieder) s. *OFD Nürnberg* IStR 1993, 334. Ist aufgrund der
ständigen Ansässigkeit eine unbeschränkte Steuerpflicht gegeben, ist
einschlägiges DBA-Recht zu beachten (Ansässigkeitsfiktion? Besteuerung bei „ständiger Ansässigkeit? Dazu *Jütte* IStR 1995, 86).

## 2. Teil. Gemeinschaftsrecht (Europarecht)

## E. Einordnung, Übersicht

Von der Stellung innerhalb der Normenhierarchie ausgehend scheint die vorrangige Darstellung des autonomen Gemeinschaftsrechts zwingend geboten. Andererseits stellt das europäische Gemeinschaftsrecht kein geschlossenes Steuersystem dar – selbst dort nicht, wo Rechtsangleichung und Rechtsvereinheitlichung relativ fortgeschritten sind (Umsatzsteuer, besondere Verbrauchsteuern); von einem harmonisierten Recht – dies sogar in der Form eines Einheitsrechts – kann nur im Zollrecht die Rede sein. Eine vom innerstaatlichen Recht losgelöste **Gesamtdarstellung des autonomen Gemeinschaftsrechts** (einbezogen das primäre und das sekundäre Recht) würde – mehr oder weniger – zusammenhanglos **nur Teilaspekte darstellen und erklären.** Aus darstellerischer – was ja zugleich heißt: didaktischer – Sicht zeigt sich übrigens bei der Einordnung des Rechts der Doppelbesteuerungsabkommen ein vergleichbares Problem: Auch hier ist der Rang innerhalb der Normenhierarchie eine Seite, das Verständnis nur auf dem Hintergrund jener Normen des Außensteuerrechts, von denen das Abkommensrecht es befreit oder dessen Tarifnormen es beeinflußt, eine andere Seite. Wie das Verständnis für das Abkommensrecht mithin die Kenntnis des Außensteuerrechts voraussetzt, setzt das Verständnis für das gemeinschaftliche Steuerrecht die Kenntnis des Außensteuerrechts, (teilweise) sogar die des Abkommensrechts voraus. Aber das ist eine wechselseitige Sicht. Deswegen ist – um den Preis einer geschlossenen, aber inhaltlich eher unverständlichen Darstellung – eine Zweiteilung in der Erörterung des Gemeinschaftsrechts erfolgt. Im folgenden Abschnitt werden die steuerrechtlichen Bezugnahmen des Gemeinschaftsrechts dargestellt und jene Grundlagen vermittelt, ohne die kein Verständnis einer Kommissionsmaßnahme oder einer Entscheidung des Europäischen Gerichtshofes in steuerrechtlichen Fragen möglich ist, ohne die aber auch eine Darstellung des Außensteuerrechts als des innerstaatlichen Rechts nicht mehr gelingt. Dazu gehören die **Kernaussagen des EG-Vertrags,** das Wissen um das **Binnenmarktkonzept,** das Verständnis für das **Subsidiaritätsprinzip** zu den direkten Steuern, die **Rechtsprechung des Europäischen Gerichtshofes** zu den EG-Grundfreiheiten und dem Diskriminierungsverbot in Anbetracht eines nur begrenzten armonisierungsgebotes. Am Beispiel des Steuerrechts wird exemplarisch gezeigt werden, wie die Rechtsentwicklung in Europa durch zwei gegensätzliche Entwicklungen

bestimmt wird: **Vereinheitlichung der Rechtsordnungen oder Wettbewerb untereinander** (*Dreher* JZ 1999, 105 ff.). Das alles bedingt bisweilen Vorgriffe; insbesondere werden – wenn auch nur referierend und
auf den Kern reduziert – die bisherige Kommissionstätigkeit genannt und
die steuerrechtliche Spruchpraxis des Europäischen Gerichtshofes in einer Übersicht vorgestellt (ab K 38). Ein Hinweis auf den später zu erörternden Zusammenhang ist damit jeweils verbunden. Wem die Zusammenhänge bereits bekannt sind, der mag die Darstellung als Repetitorium
verstehen. Wem sie nicht bekannt sind, dem soll dieser Abschnitt als vor
die Klammer gezogen vermitteln, daß zum Verständnis der Normen des
Steuerrechts der Bundesrepublik das Gemeinschaftsrecht mit bedacht
werden muß – daß sich damit zugleich das bereits kurz vorgestellte Konzept der „Binnenmarktverträglichkeit" in das Neutralitätskonzept für das
internationale Steuerrecht einordnet.

## F. Grundlagen: EWGV, Einheitliche Europäische Akte, Maastricht, Amsterdam

(1) Um zu einer korrekten Terminologie anzuhalten, muß von der ge- **1** genwärtigen Rechtslage ausgehend ein Blick zurück und ein Blick nach vorne erfolgen. Die geltende Rechtslage wird durch den am 2. 10. 1997 unterzeichneten, mit Wirkung zum 1. 5. 1999 in Kraft getretenen, damit den Unionsvertrag von Maastricht (1992) ablösenden **Vertrag von Amsterdam** bestimmt: Er ist die Grundlage der Europäischen Union (EUV: Vertrag über die Europäische Union). Man spricht von einer „Dreisäulen-Architektur" der Europäischen Union und meint damit: die Europäische Gemeinschaft, die Europäische Atomgemeinschaft und die Europäische Gemeinschaft für Kohle und Stahl als erste Säule (eigentliche Supranationalität); die gemeinsame Außen- und Sicherheitspolitik als zweite Säule. Die Zusammenarbeit in den Bereichen Justiz und Inneres als dritte Säule. Diesen drei Bereichen entspricht die Einteilung des EUV in den Artikeln 8 bis 29. Uns interessiert nur die **Europäische Gemeinschaft** als Bestandteil der ersten Säule.

(2) Zurückzuführen ist die Europäische Gemeinschaft (und nur sie, **2** nicht der EUV als Ganzes) auf den EWGV als einen der beiden Bestandteile der Römischen Verträge 1957, den „Vertrag zur Gründung der Europäischen Wirtschaftsgemeinschaft" (EWGV vom 25. 3. 1957, geändert durch die immer wieder zitierte Einheitliche Europäische Akte EEA 1986 als Grundlage der Binnenmarktkonzeption). Alle Normen des früheren EWGV müssen seit dem Vertrag von Maastricht (jetzt Amsterdam) nach dem EGV zitiert werden (der sich aber nach wie vor auf das Datum des EWGV-Zustandekommens am 25. 3. 1957 bezieht). Herbeigeführt hat diese Änderung der EUV. Nur die Europäische Gemeinschaft, nicht dagegen die Europäische Union, besitzt Rechtspersönlichkeit – für die EU handeln die Mitgliedstaaten.

(3) Der Vertrag von Amsterdam bedeutet nach der EEA 1985 und **3** Maastricht 1992 die dritte umfassende Reform der Gründungsverträge. Gegenüber Maastricht (aber auch bereits EEA 1985) erfolgt – für das Steuerrechtsthema – keine Rechtsänderung; die EGV-Numerierung wurde verändert – die neue Numerierung ist im folgenden Text beachtet worden, ggf. durch einen ergänzenden Hinweis, wobei der zitierweise des *EuGH* (s. IStR 1999 Nr. 20/II) insoweit gefolgt wird, als der EG-Vertrag in der nach dem 1. 5. 1999 geltenden Fassung grundsätzlich als EG zitiert wird. Dagegen wird der Vertrag über die Europäische Union als EUV zitiert – Zitate beziehen sich auf die Fassung seit Amsterdam; zur neuen EU-Verfassung *Berg/Karpenstein* EWS 1998, 77 ff.; Text und Gegenüberstellung s. *Thun-Hohenstein* 1998. Der **EG-Vertrag (EG)** ist

der für unser Thema maßgebliche Vertrag, da er **Rechtsgrundlagen für gemeinschaftsrechtliches Steuerrecht** enthält.

4   (4) Mit dem EWR-Vertrag (Vertrag über den Europäischen Wirtschaftsraum) vom 2. 5. 1992 sind die Ziele der Europäischen Union – soweit sie die Errichtung binnenmarktähnlicher Verhältnisse betreffen – auch für die EFTA-Staaten Island, Liechtenstein und Norwegen relevant (Art. 310 EG als Grundlage solcher Assoziierungsabkommen). Der gemeinschaftsrechtliche Auftrag einer Rechtsangleichung im Steuerrecht ist jedoch aus dem EWR-Vertrag ausgeklammert.

## G. Der Vorrang des Gemeinschaftsrechts

(1) Den Verfassern des EWGV 1957 konnte die spätere Bedeutung 1
des von ihnen geschaffenen Rechtskreises „Europäisches Gemeinschaftsrecht" noch nicht bewußt sein: Sie handelten auf der Ebene des Völkerrechts (dabei ist es hinsichtlich des Abschlusses und der Ratifizierung
der Gemeinschaftsverträge und ihrer Änderung auch geblieben) – und
mangels besonderer Bestimmungen in den Verträgen selbst war zu erwarten, daß aus der Sicht der beteiligten Mitgliedstaaten künftig auch insoweit die Regeln des Verhältnisses Völkerrecht/innerstaatliches Recht
gelten müßten. Welche Folgen aber selbst aus der – noch verbliebenen –
völkerrechtlichen Zuweisung zu ziehen sind (z.B. für die Möglichkeit
einer vorzeitigen Vertragsbeendigung), ist unklar (*Geiger* Art. 240 a.F.
Rz 3).

(2) Aus deutscher Sicht ist das **Rangverhältnis zwischen völker-** 2
**rechtlichem Abkommensrecht und innerstaatlichem Recht** vom
Grundsatz her geklärt; zu den konkreten Fragestellungen bei der Anwendung der Doppelbesteuerungsabkommen s. R 93 ff. Wäre mithin das
Gemeinschaftsrecht als Völkerrecht anzuwenden, würde dies zur Folge
haben: Vorrang der Verfassung, Vorrang des Völkerrechts gegenüber
älteren Bundesgesetzen – aber grundsätzlicher Vorrang nachfolgender
Bundesgesetze vor älteren völkerrechtlichen Verträgen; schließlich die
bundesverfassungsgerichtliche Kompetenz der Auslegung völkerrechtlicher Verträge im innerstaatlichen Bereich (Art. 100 II GG). Schon allein
aus deutscher Sicht – aber kaum abweichend von den Regeln der Mitgliedstaaten – müßten sich alsbald die Gleichsetzung des Gemeinschaftsrechts mit dem Völkerrecht als unvereinbar mit der supranationalen Idee
der Europäischen Gemeinschaft erweisen. Lösbar ist der damit gegebene
„Keim einer Auslösung von innen" auch nicht mit der Öffnungsklausel
des Art. 24 GG (Übertragung von Hoheitsrechten), da damit nicht die
Rangfrage gelöst werden kann (zu den Folgen eines völkerrechtlichen
Verständnisses des Gemeinschaftsrechts *Emmert* S. 141).

(3) Deswegen hat der *Europäische Gerichtshof,* nach Art. 220 EG für 3
die Wahrung des Rechts bei der Auslegung und Anwendung des Vertrags zuständig, seit 1994 (Entscheidung Costa/ENEL Slg. 1964, 251)
**für das Gemeinschaftsrecht den Vorrang vor dem nationalen Recht**
beansprucht: „Die Verpflichtungen, die die Mitgliedstaaten im Vertrag
zur Gründung der Gemeinschaft eingegangen sind, wären keine unbe-
dingten mehr, sondern nur noch eventuelle, wenn sie durch spätere Ge-
setzgebungsakte der Signatarstaaten in Frage gestellt werden könnten".
Daraus folgt, „daß dem vom Vertrag geschaffenen, somit aus einer autonomen Rechtsquelle fließenden Recht wegen dieser seiner Eigenständig-

keit keine wie immer gearteten innerstaatlichen Rechtsvorschriften vorgehen können, wenn ihm nicht sein Charakter als Gemeinschaftsrecht aberkannt und wenn nicht die Grundlage der Gemeinschaft selbst in Frage gestellt werden soll". Diesen **Vorrang** beanspruchen primäres und sekundäres Gemeinschaftsrecht – **als Anwendungsvorrang, nicht als Geltungsvorrang** mit der Folge einer Verwerfung nationalen Rechts; daher bleibt im Kollisionsfall das nationale Recht bestehen, kann mithin für andere als gemeinschaftsrechtlich relevante Sachverhalte auch in Zukunft angewendet werden (*Emmert* S. 143). Im Simmenthal-Urteil 1978 (Slg. 1978, 629 ff.) hat der *EuGH* den Vorrang nochmals konkretisiert, „daß jeder im Rahmen seiner Zuständigkeit angerufene staatliche Richter verpflichtet ist, das Gemeinschaftsrecht uneingeschränkt anzuwenden und die Rechte, die es dem Einzelnen verleiht, zu schützen, indem er jede möglicherweise entgegenstehende Bestimmung des nationalen Rechts, gleichgültig, ob sie früher oder später als die Gemeinschaftsnorm ergangen ist, unangewendet läßt". Der Primat des Völkerrechts macht – grundsätzlich – vor den Pforten des innerstaatlichen Rechts halt, ein Durchgriff auf den einzelnen Bürger ist ohnehin nicht gegeben. Das Gemeinschaftsrecht wirkt dagegen unmittelbar in die nationalen Rechtsordnungen hinein (*Dauses* S. 18). Mit diesem Vorrangverhältnis sind noch nicht alle Fragen geklärt. Die Frage, ob es Grenzen eines solchen Vorrangs aufgrund der innerstaatlichen Verfassung gibt, ist im Verhältnis GG/Gemeinschaftsrecht nicht endgültig geklärt, hier aber nicht weiter zu problematisieren (zu den „Solange I" und „Solange II"-Beschlüssen, zum Maastricht-Urteil (jeweils *BVerfG*) s. *Dauses* S. 22 ff.; umfassend zum bundesverfassungsgerichtlichen Rechtsschutz *Rengeling/Middeke/Gellermann* S. 503 ff. und – am Beispiel einer fiktiven Inflationssteuer als Maßnahme der EU-Währungspolitik *Reiner* DStZ 1999, 826; zur Frage, ob das „vorrangige Gemeinschaftsrecht" im Einzelfall überhaupt anwendbar ist, s. J 2; und zur Frage, wie nationale Gerichte dem Vorrang anwendbaren Gemeinschaftsrechts gegenüber innerstaatlichem Recht Geltung verschaffen sollen, s. ab K 28.

**4**     (4) Aus der Rangstellung des Gemeinschaftsrechts kann ein **Interesse** der Mitgliedstaaten folgen, im Einzelfall **zum Völkerrecht zurückzugehen,** bilaterale oder multilaterale Abkommen untereinander zu vereinbaren und deren Auslegung der EuGH-Kompetenz zu entziehen. Art. 293 EG verweist ausdrücklich auf die Möglichkeit einer völkervertraglichen Rechtsvereinheitlichung – aber ob es zugleich deren Souveränität zugunsten einer gemeinschaftlichen Kompetenz begrenzt, ist strittig (zur Diskussion s. die Beiträge in *Lehner/Thömmes* u. a. S. 60 ff.; zur vertraglichen Rechtsvereinheitlichung zwecks „Beseitigung der Doppelbesteuerung innerhalb der Gemeinschaft" und der hierzu einschlägigen Schiedskonvention s. K 16). Jedoch hindert die völkervertragliche Vorgehensweise der EU-Staaten andererseits nicht, die Zuständigkeit des *EuGH* zu vereinbaren: So die prinzipielle Auslegungskompetenz des *EuGH* für das EVÜ (Römisches Übereinkommen über das auf vertragliche Schuldverhältnisse anzuwendende Recht): Tertiäres Gemeinschaftsrecht (*Staudinger/ Magnus* Rz 7 zu Einl. Art. 27ff. EGBGB). Wegweisend könnte eine Regelung in dem am 2. 9. 1999 paraphierten neuen DBA-Österreich sein, mit der die Zuständigkeit des *EuGH* für Auslegungskonflikte begründet werden soll. Die Bedeutung einer solchen Zuständigkeitsregel kann sich aber erst mit Kenntnis der DBA-Auslegungsfrage erschließen (ab S 34).

(5) Steuerrechtliche Relevanz hat der EG-Vertrag auch in der **Rang-** 5 **frage des Gemeinschaftsrechts gegenüber Doppelbesteuerungsabkommen,** die vor seinem Inkrafttreten (als EWGV) am 1. 1. 1958 vereinbart worden waren. Art. 307 EG regelt das Verhältnis zu völkerrechtlichen Vereinbarungen mit Drittstaaten und sichert insoweit den Anwendungsvorrang älteren Rechts. Für den EG-Binnenbereich (Inter-Se-Abkommen zwischen den Staaten) gilt dies nicht; diese haben mit dem Beitritt ihre Abkommen „ex nunc und pro futuro" geändert: Lex posterior derogat legi priori (*Scherer* S. 54). Im *EuGH*-Fall avoir fiscal (s. K 39) berief sich die französische Regierung für die Aufrechterhaltung einer EG-vertragswidrigen Regelung des nationalen Steuerrechts auf eine fehlende Rechtsvereinheitlichung des fraglichen Steuerrechts, machte mithin ein auf das Völkerrecht zurückzuführendes allgemeines Zurückbehaltungsrecht in Ansehung eigener vertraglicher Verpflichtungen geltend. Dazu *Bieg* (S. 132): Zwar ist das Völkerrecht subsidiär neben dem Gemeinschaftsrecht anwendbar; das Wesen eines Integrationsvertrages beinhaltet jedoch, eigenen Leistungsverpflichtungen uneingeschränkt und unbedingt nachzukommen, hier mithin EG-Grundfreiheiten zu beachten (s. dazu bereits Rz 3). Soweit Frankreich sich in diesem Verfahren auf DBA-Recht berief, konnte der *EuGH* ebenfalls dem nicht folgen. Nach dem Verhältnis DBA-Recht zum EG-Vertrag hätte Frankreich sich ohnehin nur auf Drittstaaten-DBA vor dem 1. 1. 1958 berufen können; dem stünde Art. 307 II EG-Vertrages entgegen (Verpflichtung der Mitgliedstaaten, Einvernehmen zwischen EGV und Altverträgen herzustellen).

## H. Das Integrationsziel:
## Binnenmarktkonzept und Subsidiaritätsprinzip

**1** (1) Die Präambel des EG-Vertrags gibt (schon in der ursprünglichen Fassung des EWGV) dem Wunsch einer „fortschreitenden Beseitigung der Beschränkungen im zwischenstaatlichen Wirtschaftsverkehr" Ausdruck. Die **grundlegende Integrationsaufgabe** besteht seit 1957 in der Verwirklichung eines Gemeinsamen Marktes (Art. 2 unter späterer Ergänzung der „Wirtschafts- und Währungsunion" durch die EEA 1987). Der Gemeinsame Markt dient der Schaffung eines einheitlichen Wirtschaftsraums, in ihm sind alle Hemmnisse im innergemeinschaftlichen Handel beseitigt; ein solcher Markt bedingt nach außen eine gemeinsame Zoll- und Handelspolitik. In ihm herrscht Marktfreiheit (freier Waren-, Personen-, Dienstleistungs- und Kapitalverkehr), Verfälschungen durch staatliche und private Maßnahmen sind unterbunden (vgl. die zusammenfassende Darstellung bei *Geiger* Art. 2 Rz 6). Andererseits ist auf Art. 6 III des Vertrages von Amsterdam (EUV) hinzuweisen, der die nationale Identität der Mitgliedstaaten sichern soll. Für die **steuerrechtliche Integration** erwachsen hieraus keine Grenzen. Denn nicht das ohnehin unpopuläre Steuerrecht, sondern Sprache, Kultur und Brauchtum prägen die Identität und die Individualität eines Staats; die Steuerhoheit als Lebensnerv der Mitgliedstaaten zu bezeichnen mag aus politischer Sicht zutreffen, das europäische Vertragswerk sieht das nüchterner (s. *Johanna Hey* gegen *Birk* (DStJG 1996, 71 f.), S. 341 Fußn. 3; *Dreher* JZ 1999, 108).

**2** (2) Die insgesamt wechselvolle Geschichte der Verwirklichung dieses Zieles ist hier nicht darzustellen. Es besteht Übereinstimmung in der Bewertung der ersten 15 bis 20 Jahre des Gemeinsamen Marktes: Die Integrationskraft war Ende der 70er Jahre weitgehend erloschen; seit 1980 war die Einschätzung verbreitet, es müsse ein grundsätzlich anderer Weg zur Erreichung der Aufgaben des Art. 2 EG beschritten werden, sollte man über die sicherlich nicht unbedeutenden Ergebnisse (insbesondere im Zollrecht) hinausgelangen. Mit dem berühmten *Weißbuch 1985* der Kommission wurde das Integrationsziel neu und gegenüber dem EWGV 1957 erweitert (und zugleich die erforderliche Rechtsangleichung konkret benannt): Die schrittweise Verwirklichung des Binnenmarktes der Gemeinschaft, ein **Europa ohne Grenzen** wurde als Ziel proklamiert und mit der „Einheitlichen Europäischen Akte" 1996 der EWGV angepaßt. Im Art. 14 EG wird der Binnenmarkt bestimmt als „Raum ohne Binnengrenzen, in dem der freie Verkehr von Waren, Personen, Dienstleistungen und Kapital gemäß den Bestimmungen dieses

Vertrags gewährleistet ist". Die Bedeutung dieses Integrationszieles lag nicht so sehr in grundlegend neuen inhaltlichen Zielsetzungen; es lag und liegt vielmehr in der Besinnung der EG auf ihre ursprüngliche Aufgabe der Herstellung eines wirklichen gemeinsamen Marktes, in der Erkenntnis, daß die wirtschaftliche Primäraufgabe weiterer beständiger Anstrengungen bedurfte (zur Entwicklung *Oppermann* S. 475 ff.). Das **Binnenmarktprojekt** hat eine bisher beispiellose Gesetzgebungsaktivität der EG ausgelöst: Über dreiviertel der ca. 300 im Weißbuch 1985 genannten Gesetzgebungsvorhaben waren auf der Gemeinschaftsebene schon 1990 verabschiedet; es gibt Schätzungen, wonach inzwischen 80% der deutschen Wirtschaftsgesetzgebung in irgendeiner Form Berührungspunkte zum Gemeinschaftsrecht haben (Nachw. bei *Dautzenberg* S. 7 Fußn. 27).

Zur Erreichung des Intergrationszieles **Binnenmarkt** mußten zahlreiche nationale Rechtsvorschriften angepaßt oder Rechtsvorschriften vereinheitlicht werden; um Behinderungen gegenüber eine grenzüberschreitende Tätigkeit abzubauen, insbesondere Diskriminierungen zu verhindern (sei es auf dem Wege vom Inland in das EG-Ausland, sei es auf dem Wege vom EG-Ausland in das Inland).

An dieser Stelle ist erneut auf die überragende Bedeutung der *EuGH*-Rechtsprechung zu verweisen. Wie bereits erwähnt ist die Gemeinschaftsrechtsordnung völkervertragsrechtlichen Ursprungs, Vorrang gegenüber den nationalen Rechtsordnungen der Mitgliedstaaten mußte ihr erst der *EuGH* verschaffen. Der nächste Schritt war mit der Frage verbunden, ob das Gemeinschaftsrecht nur die Gründung einer neuen internationalen Organisation und damit lediglich Rechte und Pflichten der Vertragsstaaten und der neu geschaffenen EWG zum Gegenstand hatte oder **subjektive Rechte einzelner Bürger** zur Folge haben sollte. *Thure Schubert* hat die Entwicklung **von einer Völkerrechtsgemeinschaft zu einer Rechtsgemeinschaft** beschrieben: Die ursprüngliche Gemeinschaftsverfassung als „seelenloses Wesen, das den Bürger als Mittelpunkt der Rechtsgemeinschaft völlig vergessen hatte" – vor allem die *EuGH*-Kompetenz zur Auslegung des Gemeinschaftsrechts (Art. 234 EG) führte dazu, nicht nur die völkerrechtlichen Ursprünge der Gemeinschaft zu überlagern, sondern Grundfreiheiten des EG-Vertrages für unmittelbar anwendbar zu erklären und damit „Freiheiten des Marktbürgers" zu schaffen: „Diese Rechtsprechung hat die Gestalt der Gemeinschaftsverträge und der Gemeinschaften entscheidend verändert. Der damit eingeschlagene Weg der Subjektivierung des Gemeinschaftsrechts war zwar nur ein Mittel für andere Zwecke, förderte aber die Erkenntnis, daß letztlich die Marktbürger die die Gemeinschaft tragenden Rechtssubjekte sind" (S. 147); zu den Folgen hieraus s. zunächst J 2, 3, vor allem aber die relevante Rechtsprechung zum Steuerrecht ab K 38.

(3) Bei allen Meinungsverschiedenheiten über die genaue Bedeutung **3** und Umsetzung des Begriffs des Binnenmarks war man sich jedenfalls darüber einig, daß die **Grenzkontrollen (Personenkontrollen) abzuschaffen** sind. Die Versuche, dies innerhalb der Gemeinschaft zu erreichen, scheiterten zunächst, weswegen die Benelux-Staaten, die Bundesrepublik und Frankreich 1985 das Übereinkommen betr. den schrittweisen Abbau der Kontrollen an den gemeinsamen Grenzen (Schengen I) unterzeichneten; dem folgte 1990 das Übereinkommen zur

Durchführung des Vertrages Schengen I (Schengen II): Erst dieses Abkommen verpflichtete tatsächlich zum Abbau der Grenzkontrollen. Beide
Abkommen sind in der Bundesrepublik am 26. 3. 1995 in Kraft getreten.
Statt auf gemeinschaftsrechtliche Mechanismen zurückzugreifen wurde
auf die völkervertragsrechtliche Form ausgewichen – was wiederum die
Frage der EG-Vereinbarkeit aufgeworfen hat (*Eppiney* in *Achermann*
u. a., S. 32 ff.). Die Frage wurde jedoch mit dem Abschluß der Ratifizierung des Amsterdamer Vertrages gegenstandslos, da der Schengen-
Besitzstand in den EU-Rahmen einbezogen ist.

**4**     (4) Der Hinweis auf das Schengen-Abkommen und den erforderlichen
Abbau der Personenkontrollen an den Grenzen ist deswegen erforderlich, weil hier das **Integrationsziel** sehr einfach zu bestimmen ist: Es erfordert die Überwindung der Grenzen; ohne diese Grundlage lassen sich
die gemeinschaftsrechtlichen Grundlagen des gegenwärtigen Umsatz-
und Verbrauchsteuerrechts, insbesondere die unerträgliche Kompliziertheit des gegenwärtigen Umsatzsteuerrechts, nicht wirklich verstehen
(dazu V 11). Aber jenseits solcher eher banalen Aussagen: **Was für ein
Maßnahmenkatalog ist mit dem Binnenmarktkonzept verbunden?**
Müßte nicht die vollständige Rechtsvereinheitlichung – ein Steuerrecht
für alle Staaten – der Konzeption des Binnenmarkts ohne Grenzen am
ehesten entsprechen? Steht nicht jeder Unterschied von Staat zu Staat einer Binnenmarktkonzeption entgegen?

**5**     (5) Die Frage bedarf keiner Erörterung, weil der EG-Vertrag die Antwort hierauf im Sinne eines klaren „Nein" selbst erteilt. Art. 3 EG ordnet
der Gemeinschaft „konkrete Aufgaben" zu, darunter einen „Binnenmarkt, der durch die Beseitigung der Hindernisse für den freien Waren-,
Personen-, Dienstleistungs- und Kapitalverkehr zwischen den Mitgliedstaaten gekennzeichnet ist." Er setzt aber in Art. 5 der an sich daraus folgenden allumfassenden Gemeinschaftskompetenz Grenzen: Hiernach
wird die Gemeinschaft in den Bereichen, die nicht – wie die Landwirtschaft – in ihre ausschließlich Zuständigkeit fallen, „nach dem Subsidiaritätsprinzip nur tätig, sofern und soweit die Ziele der in Betracht gezogenen Maßnahmen auf Ebene der Mitgliedstaaten nicht ausreichend
erreicht werden können und daher wegen ihres Umfangs oder ihrer
Wirkungen besser auf Gemeinschaftsebene erreicht werden können."
Dies ist das Prinzip der „beschränkten Verbandskompetenz" – es wird
auch als „Architekturprinzip Europas" bezeichnet. Daraus folgt bei der
konkreten Umsetzung der **Subsidiaritätstest** (*Emmert* S. 175):
– Werden auf der Ebene der Mitgliedstaaten die Ziele einer in Betracht
   gezogenen Maßnahme nicht ausreichend erreicht?
– Kann die Gemeinschaft die Regelungsziele besser erreichen als ein
   Mitgliedstaat oder eine Gruppe von Staaten?

Aus diesem Grunde muß man die Diskussionen, die innerhalb der EU – vor allem
von Deutschland auch im Hinblick auf die Ratspräsidentschaft im 1. Halbjahr 1999 –

im Jahre 1998 geführt wurden, zurechtrücken und differenzieren: Soweit sich die Bundesregierung – vorübergehend und mit der Person des kurzzeitig beschäftigten Finanzministers *Lafontaine* verbunden – für eine *weitgehende Harmonisierung* aussprach, erwiesen sich solche Vorstellungen aus politischen Gründen nicht durchsetzbar, wobei sich diese Haltung auf den EG-Vertrag stützen kann (Beispiel hierzu SZ 1998 Nr. 273 S. 23: „Bundesfinanzminister *Oskar Lafontaine* hatte sich Anfang dieser Woche beim Treffen der EU-Finanzminister für eine Angleichung der Steuersätze stark gemacht. Auf massive Kritik ist diese Initiative bei der britischen Regierung gestoßen. Die Deutschen wollten mit Hilfe Brüssels die britischen Steuern erhöhen, heißt es in London"). Versuche, das deutsche Hochsteuerniveau auf diese Art und Weise „wettbewerbsfähig" zu machen, waren und sind international völlig chancenlos. Ihr folgt inzwischen – von wenigen an Transferleistungen interessierten Interessengruppen abgesehen – nicht einmal das eigene Land. Im Gegenteil: Der Sachverständigenrat zur Begutachtung der wirtschaftlichen Lage hat im Bericht 1998 eine weitere EU-Steuerharmonisierung ausdrücklich mit dem Hinweis auf erforderlichen Steuerwettbewerb zurückgewiesen; dieser sei nützlich, nämlich „als wichtiges Instrument zur Bändigung ausufernder Staatstätigkeit" – zitiert nach der SZ Nr. 268 S. 21. Deswegen sind auch alle deutschen Bemühungen – wiederum mit der Person des früheren Finanzministers *Lafontaine* verbunden – das Einstimmigkeitsprinzip für Steuer- und Finanzfragen in der EU aufzugeben, nicht durchzusetzen (FAZ 1998 Nr. 283 S. 14 zitiert den stellvertretenden Vorsitzenden des Haushaltsausschusses im EU-Parlament mit den Worten „wenn die Bundesregierung ihre durch vollmundige Wahlversprechen entstehenden Haushaltslöcher über eine Steuererhöhung durch die europäische Hintertür schließen will, ist das ein Mißbrauch der Europapolitik"). Der andere Aspekt gemeinschaftsbezogener Forderungen betrifft die Frage des „unfairen Wettbewerbs" innerhalb der EU. Diesen einzugrenzen ist deutsche Politik schon vor dem Regierungswechsel 1998 gewesen (der frühere Finanzminister *Theo Waigel* im SPIEGEL 33/1997 S. 25: „Die graben uns das Wasser ab"); ihr folgt aber inzwischen auch die Politik der EU-Kommission selbst (Stichworte: Steuerkodex; gemeinsame EU-Zinsbesteuerung, dazu ab K 5) – weil das Binnenmarktkonzept durch „unfairen Steuerwettbewerb" gefährdet ist.

(6) Das **Subsidiaritätsprinzip** ist als fundamentaler Grundsatz des  **6** Gemeinschaftsrechts, **als dem Harmonsierungsauftrag Grenzen setzend,** in einem nicht mehr überschaubaren Umfang Gegenstand von Untersuchungen geworden. Um die **Problemstellung im Steuerrecht** zu verdeutlichen, ist das Prinzip hier aber nicht weiter abstrakt zu vertiefen. Es kann das Subsidiaritätsprinzip nur am konkreten Regelungsbereich verdeutlicht werden. Denn ob Maßnahmen etwa im System des Verbraucherschutzrechts gemeinschaftsrechtlich zu lösen sind, kann nur nach anderen Faktoren (Maßstäben) als die für die Reichweite des Binnenmarktprinzips im Steuerrecht maßgeblichen Bestimmungsfaktoren beantwortet werden: Es geht um das jeweils konkrete „Ziel der in Betracht gezogenen Maßnahme" des Art. 5 EG. Hierbei kann Art. 3 g) eine Tendenz für ein konkretes Verständnis des Subsidiaritätsprinzips verdeutlichen, wenn es dort heißt, daß als konkrete Aufgabe ein System zu schaffen ist „das den Wettbewerb innerhalb des Binnenmarkts vor Verfälschungen schützt – jedenfalls legt die unbestreitbare Eigenschaft der **Steuer als Wettbewerbsfaktor** dies nahe.

# J. Steuerrecht und Integrationsziel

## I. Die EG-Grundlage: Kein einheitliches Steuerrecht

**1**  (1) Nicht auf Überraschung stoßen wird die Mitteilung, daß es keine ausschließliche Zuständigkeit im Steuerrecht für das Gemeinschaftsrecht gibt. Aus dem **Subsidiaritätsprinzip** ist zunächst zu folgern: Es ist keine unmittelbare Aufgabe der Gemeinschaft, ein gemeinsames Steuersystem, ein einheitliches Steuerrecht zu schaffen. Das ist nicht nur das Ergebnis eines über die Jahre hinweg entwickelten Vertragsverständnisses, sondern ist dem EG-Vertrag direkt zu entnehmen. Ein Richtlinienentwurf für ein einheitliches Steuerrecht in den Mitgliedstaaten wäre mit Art. 3, 5 EG nicht zu vereinbaren. Auch das allgemeine Diskriminierungsverbot des Art. 12 – das dann in den Marktfreiheiten konkretisiert wird – vermag ein solches einheitliches Steuerrecht nicht zu rechtfertigen: Die unterschiedliche Behandlung der Bürger durch unterschiedliche Hoheitsträger in ihrem jeweiligen Zuständigkeitsbereich ist ohne weiteres zulässig; die Festlegung der Steuergesetze fällt in den Zuständigkeitsbereich der Mitgliedstaaten, unterschiedliche Steuersätze für gleich hohe Einkünfte können daher nicht als Diskriminierung angesehen werden (*Emmert* S. 144); deutlich *Wassermeyer* DB 1998, 30 zur Unterscheidung unbeschränkter/beschränkter Steuerpflicht: „Solange die EG nicht selbst Staat in diesem Sinn ist, dem ein eigenes Steuererhebungsrecht zusteht, kann die bloße Ansässigkeit einer Person in einem EG-Mitgliedstaat nicht die Forderung nach deren unbeschränkter Steuerpflicht in allen EG-Staaten rechtfertigen ... Die Ungleichbehandlung unbeschränkt und beschränkt steuerpflichtiger Personen bedeutet deshalb als solche weder eine Verletzung von Art. 3 GG noch eine Diskriminierung. Ob gemeinschaftsrechtlich mithin – um ein Beispiel zu nennen – eine Grundlage dafür vorhanden ist, einheitliches Steuerrecht zu schaffen, hat *Eckart Klein* in *Lehner* (Hrsg.) S. 24 ff., am Beispiel einer $CO_2$-Steuer erörtert; er hält das nach dem gegenwärtigen Vertragsinhalt nicht für zulässig, bestenfalls mitteilbar durch Schaffung einer „Vorratsrichtlinie" (dort auch zum Recht der Erhebung gemeinschaftseigener Steuern bezüglich der Steuern auf die Bezüge ihres Personals).

**2**  (2) In dem nach dem Subsidiaritätsprinzip gegebenen Rahmen für das – wie wir wissen: vorrangige – Gemeinschaftsrecht gilt alsdann: Der Vertrag ist mehr als ein Abkommen, das nur wechselseitige Verpflichtungen zwischen den Mitgliedstaaten begründet: es ist vielmehr von der **unmittelbaren Geltung des Gemeinschaftsrechts auszugehen**. Das Gemeinschaftsrecht gilt als objektives Recht, hat mithin auch unmittelbaren normativen Bezug auf jeden betroffenen Einzelnen. Dies gilt für das primäre Gemeinschaftsrecht (Gründungsverträge, Beitrittsverträge), für die Verordnungen (Art. 249 II EG) und die Richtlinien. Für die Richtlinien gilt jedoch einerseits die Besonderheit, daß deren Wirkungen nur auf dem Wege über den nationalen Umsetzungsakt herbeizuführen sind (Art. 249 III EG: Die Richtlinie ist für jeden Mitgliedstaat, an den sie gerichtet wird, hinsichtlich des zu erreichenden Zieles verbindlich, überläßt jedoch den innerstaatlichen Stellen die Wahl der Form und der Mittel). Andererseits können auch Richtlinienbestimmungen unmittelbare Wirkungen entfalten – insoweit muß aber auf die europarechtliche Literatur verwiesen werden (*Dauses* S. 7 ff.; *Emmert* S. 152 ff., hier auch zur Unterscheidung zwischen der **unmittelbaren Geltung** und der **unmittelbaren Anwendbarkeit** des Rechts).

Doch ist hierbei wiederum zu unterscheiden: Im *EuGH-Fall* Denkavit **3** (dazu P 98) führte die unmittelbare Anwendung des Gemeinschaftsrechts (Richtlinienrecht), das vom deutschen Gesetzgeber nicht zutreffend in innerstaatliches Recht umgesetzt worden war (Art. 3 II der Mutter/Tochter-Richtlinie 1990 und § 44d II EStG), zur unmittelbaren Anwendung der Richtlinie zugunsten des Stpfl.; dieser darf sich vor den nationalen Gerichten auf den Text der Richtlinie berufen. Im *EuGH-Fall* Daihatsu (IStR 1998, 31) war zu klären, ob Personen einen Maßregelantrag wegen einer unterbliebenen Offenlegung von Jahresabschlüssen gegen die an sich zur Offenlegung verpflichteten Gesellschaft beantragen dürfen. Nach deutschem Recht (§ 335 HGB) schieden sie als Antragsteller eines solchen Maßnahmeantrages aus; die zugrundeliegende Richtlinie war aber möglicherweise nur unzureichend umgesetzt worden. Nach Auffassung des EuGH stellte sich in diesem Fall die Reichweite des Gemeinschaftsrechts nicht, weil jedenfalls Verpflichtungen für einen Einzelnen nicht durch – noch umzusetzendes bzw. unzureichend umgesetztes Richtlinienrecht – begründet werden können.

## II. Die EG-Aussagen zum Steuerrecht
### (Art. 90–93, Art. 94, 96, 293 EG)

(1) Der einschlägige (ausdrücklich auf das Steuerrecht bezogene) **4** Normenbestand des EG-Vertrages ist beschränkt. Im maßgeblichen Themenbereich des Verbots diskriminierender inländischer Steuern und Abgaben ist das 2. Kapitel des VI. Titels im EG-Vertrag (steuerliche Vorschriften) nicht isoliert zu betrachten, sondern im Zusammenhang mit zwei weiteren Rechtskreisen zu behandeln (Verbot von Einfuhr- und Ausfuhrzöllen sowie Abgaben gleicher Wirkung in Art. 23, 25 EG einerseits, Verbot mengenmäßiger Ein- oder Ausfuhrbeschränkungen und Maßnahmen gleicher Art in Art. 28–31 andererseits). Das auf das Steuerrecht bezogene Verbot der mittelbaren oder unmittelbaren Erhebung höhe-

rer inländischer Abgaben auf importierte Produkte (Art. 90) setzt nämlich eine Abgrenzung gegenüber den anderen beiden Rechtskreisen voraus (*Emmert* S. 339 ff.). Wird eine finanzielle Belastung als innerstaatliche Steuer identifiziert, ist die entweder zulässig (weil nicht diskriminierend) oder unzulässig, weil diskriminierend. Ist sie zulässig, findet eine weitere Prüfung nach den beiden anderen Gruppen nicht mehr statt. Deswegen ist die Abgrenzung der Verbotskreise von entscheidender Bedeutung (dazu *Geiger* Art. 95 a.F. Rz 3 ff.). Das Verbot der Diskriminierung gleichartiger Waren (Art. 90 I) umfaßt indirekte Steuern auf Waren (Umsatzsteuer, Verbrauchsteuern): Verboten ist eine diskriminierende Ungleichbehandlung. Über seinen Wortlaut hinaus erstreckt sich das Diskriminierungsverbot auch auf die Belastung durch Abgaben im Falle der Ausfuhr inländischer Waren in andere Mitgliedstaaten. Bei der Überprüfung differenzierender und progressiver Steuersysteme genügt allerdings die Feststellung, daß ausschließlich importierte Erzeugnisse in die höchsten Steuerkategorien fallen, noch nicht für eine diskriminierende Wirkung. Unzulässig sind solche Differenzierungen, wenn sie nicht anhand herkunftsneutraler Kriterien erfolgen und keine gerechtfertigten Ziele verfolgen (zur Auslegung des Art. 90 und zur Abgrenzung seines Anwendungsbereiches ist auf die Monographie von *Barbara Balke,* insbes. S. 149 ff., zu verweisen). Art. 91 setzt der Rückvergütung inländischer Abgaben beim Warenexport Grenzen; Abgaben die nicht auf die Ware selbst erhoben werden (Ertragsteuer) scheiden als Bemessungsgrundlage aus und dürfen nicht rückvergütet werden. Art. 97 a.F. (kumulative Mehrphasensteuer) war bereits gegenstandslos, weil kein Mitgliedstaat nach diesem System noch eine Umsatzsteuer erhob. Art. 93 verläßt den Rahmen der in Art. 90 ff. enthaltenen Diskriminierungsverbote (die damit die Existenz von Steuergrenzen zwischen den Staaten voraussetzen) und erteilt einen **Harmonisierungsauftrag für die indirekten Steuern** (Umsatzsteuer, Verbrauchsteuern) – zuständig ist der Rat, er entscheidet einstimmig. Aber auch hieraus läßt sich keine Rechtsvereinheitlichung ableiten: die Einschränkung besagt „soweit diese Harmonisierung für die Errichtung und des Funktionieren des Binnenmarkts ... notwendig ist". Darüber hinausgehende Rechtsangleichungen sind unter Hinweis auf Art. 94, 96 möglich.

5    (2) Daß sich Art. 94 (**Rechtsangleichung**) auch auf das **Steuerrecht** bezieht, folgt aus dem ausdrücklichen Hinweis in Art. 95 II (Rechtsangleichung im Binnenmarkt mit qualifizierter Mehrheit gegenüber dem Einstimmigkeitserfordernis in Art. 94 – aber eben nicht anwendbar u.a. „für die Bestimmungen über die Steuern"). Jedenfalls beseitigt Art. 94 nicht die Rechtsetzungskompetenzen der Mitgliedstaaten, will sie statt dessen aufrechterhalten: Danach werden Richtlinien erlassen „für die Angleichung derjenigen Rechts- und Verwaltungsvorschriften der Mitgliedstaaten, die sich unmittelbar auf die Errichtung oder das Funktionie-

ren des Gemeinsamen Marktes auswirken". Mehr als mit der aus dem Binnenmarktkonzept und dem Subsidiaritätsprinzip abzuleitenden Struktur und Wirkungsweise solchen Gemeinschaftsrechts ist auch dem Art. 94 nicht zu entnehmen.

(3) Art. 293 EG fordert die Mitgliedstaaten auf, untereinander Ver- **6** handlungen zur Beseitigung der Doppelbesteuerung einzuleiten, soweit dies erforderlich sein sollte; zu den zahlreichen Auslegungsfragen dieser unklar formulierten Norm *Ivo Schwartz* Art. 220 (jetzt Art. 293) Rz 74 ff.; zur praktischen Bedeutung *Hahn* DStZ 1992, 663. Für das gemeinschaftsrechtliche Verständnis ist – zumindest von theoretischer – Bedeutung, daß Art. 293 einerseits die Mitgliedstaaten bei ihrer Vertragspraxis zur Einhaltung des EG-Vertrags zwingt. Andererseits hindert er die Gemeinschaft nicht daran, die Regelungen zur Vermeidung der Doppelbesteuerung zu harmonisieren – wobei wiederum das Subsidiaritätsprinzip zu beachten ist. Die Frage, ob gemeinschaftsrechtliche Vorgaben für EU-interne bzw. EU-externe Abkommensbeziehungen abzuleiten sind, kann nur im Zusammenhang mit Fragen der persönlichen Abkommensberechtigung und sachlicher DBA-Regelungen gesehen werden. Im Falle Gilly hat der *EuGH* jedenfalls klargestellt, daß Art. 293 EG nicht als unmittelbar geltender Rechtssatz zugunsten einzelner, sondern nur als Rahmenbestimmung für Verhandlungen zur Beseitigung der Doppelbesteuerung zu verstehen ist (zum Fall Gilly s. K 52).

## III. Das Steuerrecht der Mitgliedstaaten: zwischen Differenzierung und Harmonisierung

### 1. Zum Stand der Diskussion

(1) Weil das Subsidiaritätsprinzip gilt und weil Art. 94 EG keine **7** Rechtsangleichung um der Vereinheitlichung willen gestattet, steht jede EU-Tätigkeit in Richtung einer **Harmonisierung des Steuerrechts** (für direkte Steuern überhaupt, für indirekte Steuern über Art. 93 hinausgehend) auf dem **Prüfstand der Erforderlichkeit.** Ein – wie differenziert auch immer gegebener – Wettbewerb der Steuersysteme ist damit vorgegeben (*Weber-Grellet* StuW 1995, 337; *Stockman* FR 1996, 697), weswegen einige politische Diskussionen in der Gegenwart, über Brüssel ein eigenes Hochsteuersystem innerhalb der EU gegen einen Steuerwettbewerb abzuschirmen, gegenstandslos sind (s. dazu bereits H 5). Betrachtet man aus völkerrechtlicher Sicht den Einigungsprozeß bis Maastricht, dann ist *Lang* in Festschrift *Flick* S. 873 in seiner Gesamtbewertung zuzustimmen: einerseits die Europäische Union als ein den politischen Einigungsprozeß tragender Staatenbund, andererseits aber auch die nationale Identität der Mitgliedstaaten sichernd. Folgerichtig sind die **europäischen Steuerrechtsordnungen** den gegenläufigen Ten-

denzen der **Harmonisierung und der Differenzierung ausgesetzt.**
Doch wie weit reicht die nationale Identität, wann ist gemeinschaftsrechtliches Handeln angesagt? Helfen Forderungen wie die nach einem,
„fairen Wettbewerb" der Staaten weiter (*Runge* in Festschrift *Flick*
S. 957 ff. und in Festschrift *Rädler* S. 563 ff.)? Der rechtliche Rahmen,
innerhalb dessen ein Wettbewerb der Systeme stattfinden soll, aber auch
zu begrenzen ist, wird durch das Subsidiaritätsprinzip bestimmt; der
Maßstab seiner Geltungsgrenze wird durch das in Art. 3 c) vorgegebene
Binnenmarktziel gegeben, der durch die Beseitigung der Hindernisse
für den freien Waren-, Personen-, Dienstleistungs- und Kapitalverkehr
zwischen den Mitgliedstaaten gekennzeichnet ist" – der Schutz vor „Verfälschung des Wettbewerbs" in Art. 3 g) ist eine weitere konkrete Ge-
meinschaftsaufgabe, aber vom Binnenmarktkonzept noch abgehoben.

**8**     (2) Allen Versuchen, in der **Besteuerung** einen **den Wettbewerb generell verfälschenden Faktor** zu sehen, um hieraus einen weitreichenden Harmonisierungsauftrag für das Steuerrecht abzuleiten, steht die
Verfassung der Gemeinschaft mithin entgegen. Es ist für eine Vielzahl
von Veröffentlichungen und Stellungnahmen charakteristisch, daß sie die
Wirkungen steuerlicher Unterschiede aufzeigen und dies mit der Forderung einer Rechtsvereinheitlichung verbinden. Aber das ist falsch, jedenfalls ist es – am EG-Vertrag als Rechtsgrundlage gemessen – nicht vertretbar. An die Feststellung steuerlicher Unterschiede müssen – um einen
Harmonisierungsbedarf zu begründen – weitere, an das Prinzip des Binnenmarktes im vertraglichen Verständnis ausgerichtete Überlegungen
anknüpfen.

**9**     (3) Auch hierfür finden sich in der Literatur zahlreiche Ansätze; es ist
aber das ausschließlich *Dautzenberg* zukommende Verdienst, einen methodisch überzeugenden Rahmen entwickelt und die Frage der gemeinschaftsrechtlichen Relevanz steuerrechtlicher Fragestellungen der Belie-
bigkeit entzogen zu haben. *Dautzenberg* hat eine Methode entwickelt,
**Fälle nichtausgleichbarer** – mithin dem Gemeinschaftsrecht zugängli-
cher – **Steuerbelastungsfaktoren** abzugrenzen; er wendet dieses Konzept alsdann auf die seit Jahren diskutierten offenen Kollisionsfälle an.
Ob man *Dautzenberg* zu einzelnen Fragestellungen nun folgt oder nicht:
Ein erheblicher Teil der Literatur zu diesem Thema hat nach seiner
Monographie nur noch rechtshistorische Bedeutung. Daneben aber sind
hervorzuheben: *Kl. Vogels* Anknüpfungen an den Normenbestand des
nationalen IStR, *Raupachs* und *Johanna Heys'* Verlangen nach einer
gemeinschaftsweiten Unternehmensbesteuerung. Zur Unternehmensbesteuerung gibt es zudem eine Anzahl hervorragender Analysen und Vorschläge zu Systemvereinheitlichung – sie knüpfen aber allesamt ausschließlich an die Körperschaftsteuerproblematik und damit an eine
bestimmte Rechtsform an, ohne bei der Analyse den Subsidiaritätsge-
sichtspunkt zu befolgen. Diese Arbeiten sind daher im Zusammenhang

mit den Reformüberlegungen zum deutschen Körperschaftsteuerrecht vorzustellen (s. dazu N 259).

## 2. Methoden der Abgrenzung

*a) Dautzenberg: Fälle nichtausgleichbarer Steuerbelastungsunterschiede*

(1) Im bisherigen Verlauf der Darstellung ist zwischen den indirekten 10 und den direkten Steuern nicht unterschieden worden – sieht man von den genannten Rechtsquellen im EG-Vertrag ab. Nochmals: Trotz Art. 93 (Harmonisierungsauftrag für die indirekten Steuern) ist auch insbesondere die Umsatzsteuer einer weiteren Rechtsangleichung zugänglich. Nur: Wie noch zu zeigen ist, sind für die indirekten Steuern in den meisten relevanten Sachfragen schon binnenmarktangeglichene, wenn auch im Bereich der Umsatzsteuer ausdrücklich als Übergang bezeichnete Lösungen geschaffen worden. Das hat zur Folge, daß die Harmonisierungsdebatte, soweit es um das Spannungsverhältnis nationales Steuerrecht / Erforderlichkeit gemeinschaftlichen Rechts geht, überwiegend im Bereich der Ertragsteuern (direkte Steuern) geführt wird; jedoch wächst gegenwärtig, wie zu zeigen sein wird, die Ungeduld mit der Übergangslösung im Umsatzsteuerrecht. Dementsprechend hat sich auch *Dautzenberg* auf die direkten Steuern beschränkt. Nur: Bei der Frage beispielsweise vereinheitlichter Mehrwertsteuersätze in Europa wäre das methodische Werkzeug kein anderes. Der von der Kommission im Juli 1997 vorgestellte „Aktionsplan für den Binnenmarkt" bezieht sich folgerichtig auf beide Steuerarten: Verzerrungen insbesondere bei der Besteuerung von Kapitalerträgen werden neben der Forderung nach weiterer Mehrwertsteuerangleichung erhoben.

(2) *Dautzenberg* bestimmt zunächst den Standort der Fragestellung: Es 11 geht um eine europarechtliche Frage des Steuerrechts; da mit den rechtlichen Vorgaben wirtschaftliche Ziele angestrebt werden, müssen diese Ziele mit den dafür vorhandenen Methoden der Betriebswirtschaftlichen Steuerlehre gelöst werden. Denn: Binnenmarktbehinderungen als Folge geltenden Rechts auszumachen, ist eine Frage der Steuerwirkung; Verbesserungsvorschläge zu unterbreiten, ist Sache einer „wertend-normativen Betriebswirtschaftlichen Steuerlehre" (aaO, S. 15) – es ist aber zugleich das Handwerkszeug, das der Gesetzgeber benötigt.

(3) **Steuerliche Unterschiede zum Anlaß einer Harmonisierungs-** 12 **forderung** zu nehmen hat für *Dautzenberg* nur Sinn, wenn ansonsten gleiche Rahmenbedingungen herrschen. Nur dann folgt aus unterschiedlichen steuerlichen Bedingungen, daß „die Wettbewerbschancen ökonomisch gleich leistungsstarker Anbieter auseinanderdriften" (aaO, S. 22); sind andere relevante Rechtsgebiete unterschiedlich geregelt und beeinflussen den Wettbewerb, „so ist der Endeffekt der steuerlich bedingten Einflüsse auf die Position der Unternehmen im Wettbewerb zunächst un-

gewiß" (aaO, S. 22). Die allen bisherigen Überlegungen zugrundeliegende Bedingung „sonst gleicher Rahmenbedingungen" ist unrealistisch, auch noch im Stadium der vollständigen Verwirklichung des Binnenmarktes; sie wird übrigens oftmals nicht einmal als Voraussetzung erkannt. Den Zielen des Binnenmarktkonzeptes entsprechend ist daher von der Voraussetzung auszugehen, „daß alle nichtsteuerlichen Rahmenbedingungen für Unternehmen in verschiedenen Mitgliedstaaten auch unterschiedlich geregelt sein können" – dann stellt sich für *Dautzenberg* die Frage, „für welche steuerlichen Regelungen sich auch unter diesen Umständen noch wettbewerbsverzerrende Wirkungen nachweisen lassen." Im bestehenbleibenden **Wettbewerb der Systeme** kann das nur bedeuten: eine Abschottung einzelner Binnenmärkte gegeneinander darf nicht begünstigt werden – womit zugleich die Abgrenzung zum Wettbewerb in der Weltwirtschaft gegeben ist, wo zur Förderung der eigenen Wirtschaft – auch unter GATT-Geltung – nahezu jede denkbare Maßnahme zur Standortverbesserung oder Standortabschottung getroffen werden kann. Der Binnenmarkt stellt sich mithin als Zwischenstufe zwischen einer einzelnen Volkswirtschaft und dem Weltmarkt dar (aaO, S. 30).

**13**     (4) Um die Relevanz der Steuerbelastung im Binnenmarkt aufzuzeigen, nimmt *Dautzenberg* die Sicht eines „Kapitalanlegers" ein, der eine Investitionsentscheidung zu treffen hat: Der strebt Gewinnmaximierung an; irrelevant ist für ihn, wie sich ein gegebener Gewinn aus Erträgen und Aufwendungen zusammensetzt – die Steuerbelastung geht in die Gesamtheit der Aufwendungen als unselbständiger Posten ein. Die bloße Zielsetzung einer „Steuerminimierung" wäre irrational; der rational handelnde Anleger läßt sich nicht von der Steuerbelastung, sondern nur von den erzielbaren Nettorenditen beeinflussen. Denkbar ist, daß die Unterschiede in den Steuersätzen die Unterschiede in der Bruttorendite (also vor Steuerabzug) genau auszugleichen: Dann ist der Kapitalanleger zwischen beiden Staaten indifferent – er mag sein Gefühl sprechen lassen. Woraus andererseits folgt, daß sich bei unterschiedlichen wirtschaftlichen Ausgangsbedingungen sogar die Notwendigkeit einer unterschiedlichen Besteuerung im Gemeinsamen Markt ergibt (aaO, S. 33). Um Wettbewerbsverzerrungen im Binnenmarkt zu vermeiden, müssen im Ergebnis nach Abzug der Steuern tendenziell gleiche Nettorenditen erwirtschaftet werden – bei dieser Konstellation ist nochmals der Charakter der Steuerbelastung als unselbständiger Rechnungsposten hervorzuheben. An dieser Stelle wird auch wiederum das **Subsidiaritätsprinzip** in der Darstellung *Dautzenbergs* deutlich: Hiernach „müssen die Mitgliedstaaten die Bedingungen dafür, daß in ihrem Gebiet eine ausreichende Bruttorendite von den Unternehmern geschaffen werden kann, selbst schaffen. Maßnahmen der Gemeinschaft sind nur zulässig, wenn die Mitgliedstaaten allein vorhandenen Wettbewerbsverzerrungen nicht abhelfen können oder dies auf Gemeinschaftsebene einfacher ist," (aaO, S. 34) – wobei hier dahingestellt bleiben soll, ob die weitere Formel „oder dies auf Gemeinschaftsebene einfacher möglich ist" noch mit dem Wortlaut des Art. 5 EG zu vereinbaren ist. Jedenfalls ist die Grenze für das Gemeinschaftsrecht damit bestimmt: Läßt sich ein steuerlicher Nachteil der Unternehmen eines Mitgliedstaates theoretisch durch Änderung der Steuergesetze oder anderer Standortfaktoren ausgleichen und als Folge dieses Ausgleiches eine Bruttorenditenanpassung erzielen, ist eine Harmonisierungsregelung unzulässig (aaO, S. 35). Bei dem insbesondere aus deutscher Sicht dringend angemahnten gemeinschaftsrechtlichen Vorgehen für eine Zinsbesteuerung (s. dazu den gegenwärtig diskutierten Kommissionsentwurf zu einer Quellensteuer oder zur Verpflichtung von Kontrollmitteilungen) müßte also – im Lichte des so verstandenen Subsidiaritätsprinzips – wenigstens bedacht werden, ob nicht innerstaatliche Maßnahmen erfolgreich sein könnten – nur eben bislang einfach unterlassen wurden (z. B. die immer wieder erhobene Forderung nach niedrigeren Steuersätzen).

(5) Für die Wissenschaft folgt daraus das Programm, das ihr das **14** Subsidiaritätsprinzip bezüglich des Steuerrechts aufgibt: **Harmonisierungsbedarf ist nur da gegeben, wo ein Ausgleich der Belastungsunterschiede anderweitig nicht mehr möglich ist.** Diese Fälle sind herauszufinden (aaO, S. 37). Dabei schränkt *Dautzenberg* seinen Untersuchungsgegenstand ein. Er geht von drei Anpassungsfällen (Fälle an sich notwendiger Anpassung) aus; in diesen drei Grundfällen bestehen nichtkompensierbare steuerliche Wettbewerbseinflüsse, d.h. die einzelnen Mitgliedsstaaten sind auf gemeinschaftsrechtliche Vorgehen angewiesen:
a) Nur noch die Besteuerung ist für Anlageentscheidungen maßgeblich – alle anderen Standortfaktoren sind irrelevant, weil sie die Rendite nicht beeinflussen.
b) Nur noch die Besteuerung ist für Anlageentscheidungen maßgeblich – alle anderen Standortfaktoren beeinflussen zwar die Entscheidung, gleichen sich aber aus:
c) Die Besteuerungsunterschiede üben einen solchen Einfluß auf die erzielbare Nettorendite aus, daß der durch die möglichen Anpassungen anderer Belastungs- und Entlastungsfaktoren nicht mehr ausgeglichen kann – ein Nachweis, der – so *Dautzenberg* – nicht erbracht werden kann, weil „ein Staat grundsätzlich unendlich viele Möglichkeiten hat, Standortbedingungen zu beeinflussen." Es kann also im konkreten Fall nie ausgeschlossen werden, daß noch Kompensationsmöglichkeiten denkbar wären, an die der nationale Gesetzgeber nur nicht gedacht hätte" (aaO, S.38).

(6) Mithin unterstellt *Dautzenberg* bei seiner Untersuchung zur **Ver- 15 einbarkeit nationalen Steuerrechts mit dem Binnenmarktkonzept,** daß Besteuerungsunterschiede durch andere Sandortfaktoren grundsätzlich und auch praktisch ausgeglichen werden könnten. Anpassungen werden nur in den Fällen a und b gefordert. Im Wettbewerb der Systeme als zwingend erforderliche Bedingung des Subsidiaritätsprinzips wird – dies ist das Ergebnis – bewußt die Möglichkeit offengehalten, daß die einzelnen Staaten durch unterschiedliche rechtliche Rahmenbedingungen die von Anlegern nachgesuchte Rendite beeinflussen; damit werden die natürlichen durch die Geographie, Geschichte, Kultur usw. gegebenen Standortbedingungen beeinflußt, sie sollen dadurch ausgeglichen werden (aaO, S. 45).

(7) Als hierzu ergänzendes Entscheidungskriterium (für die Frage ei- **16** nes Harmonisierungsbedarfs oder eines Verweises auf nationale Anpassung) führt *Dautzenberg* den Binnenmarktbegriff in Art. 14 EG ein: Er hat die „wirtschaftswissenschaftlichen Idealvorstellungen" zu lenken.

Der EG-Binnenmarkt ist demnach dann erreicht, wenn die sog. Grundfreiheiten (freier Warenverkehr, Freizügigkeit der Arbeitnehmer, Niederlassungsfreiheit der Unternehmen, Dienstleistungsfreiheit und freier
Kapitalverkehr) im vertraglich vorgesehenen Umfang erreicht sind und
Binnengrenzen wirtschaftlich nicht mehr spürbar sind. Den Vergleich
mit einer einheitlichen Volkswirtschaft hat er nicht zu bestehen (aaO,
S. 55). Aus dem Zusammenspiel der Grundfreiheiten leitet *Dautzenberg*
– insoweit anknüpfend an die Rechtsprechung des *EuGH* und die Literatur zum EG-Vertrag – „Diskriminierungs- und Beschränkungsverbote
als Hauptstrukturelemente der Binnenmarktdefinition" ab: Danach hat
eine Ungleichbehandlung, die an die Nationalität und/oder Ansässigkeit
eines Unternehmens anknüpft, EG-weit keinen Bestand. Es darf – weitergehend – die Herkunft eines vorhandenen Produkts oder eines eingesetzten Kapitals, die Grenzüberschreitung als solche, nicht Ursache einer
ungleichen Behandlung sein; was möglich bleibt – weil dem System-
wettbewerb gerade entsprechend –, ist die Ungleichbehandlung „je nach
Ort des Geschehens". Ob höherrangige Rechtsgrundsätze und/oder Öffnungsklauseln im Einzelfall solche Diskriminierungen und Beschränkungen rechtfertigen, sei zunächst dahingestellt.

**17**     (8) *Dautzenbergs* weitere Untersuchung konzentriert sich vor allem auf die Erfordernisse zur Umsetzung der Niederlassungsfreiheit, weil sie die besonders bedeuten-
den langfristigen unternehmerischen Entscheidungen Gründung, Umstrukturierung,
Kauf von Unternehmungen betrifft; Besteuerungsunterschiede zwischen Unternehmen werden betrachtet, die sich bei im übrigen gleich relevanten Faktoren ergeben
(aaO, S. 81 ff.).

**18**     (9) Die auf solcher methodischer Grundlage untersuchten nationalen Steuervorschriften beziehen sich (aaO, S. 65 ff.) u. a. auf
a) die grundsätzliche Vereinbarkeit von Unterschieden der nationalen Einkommens
   und Periodisierungsvorschriften mit dem Binnenmarkt,
b) die Auswirkungen einer grenzüberschreitenden Umstrukturierung auf die Ein-
   kommenserfassung,
c) die Auswirkungen einer Umstrukturierung mit Sitzveränderung,
d) die Auswirkungen von Verrechnungsbehinderungen (ausländische Einkünfte;
   Verlustverrechnung zwischen Mutter- und Tochterunternehmen),
e) die Auswirkungen von beschränkten Verlustvortragsregelungen,
f) die Auswirkungen unterschiedlicher Steuersatzregelungen,
g) die Auswirkungen von unterschiedlichen Körperschaftsteuersystemen,
h) die Auswirkungen der Besteuerung von Anteilsrechten.
     Auf die Einzelergebnisse wird in den späteren Teilen – wenn auch nur bisweilen
ergebnis- statt problemorientiert – verwiesen.

### b) Klaus Vogel: Geeignete Gestaltung der IStR-Regeln

**19**     Unabhängig von der mit dem Subsidiaritätsprinzip verbundenen Notwendigkeit eines Wettbewerbs der Steuersysteme (der dann natürlich
auch Gefahren eines unfairen Wettbewerbs nicht ausschließen kann)
folgt aus Einsicht in den bisherigen tatsächlichen Verlauf, daß der Prozeß
einer Rechtsangleichung auch dort, wo er unabweisbar ist, nicht allein

von Rechtsregeln bestimmt wird. Der Fortgang einer erforderlichen Harmonisierung wird auch dadurch bestimmt, was jeweils konsensfähig und daher durchsetzbar ist. Ein systematischer Ablauf ist jedenfalls nicht zu erwarten. Daher entwickelte *Kl. Vogel* (StuW 1993, 360 ff.) zunächst ein Konzept, das zwischen den internationalen Steuerrechtssystemen der Mitgliedstaaten und ihrem jeweiligen Bestand des (sonstigen) materiellen Steuerrechts unterscheidet: Vorrang hat danach eine geeignete Gestaltung der Regeln des internationalen Steuerrechts (aaO, S. 385, 386); zu den Auswirkungen insbesondere auf das DBA-Recht der Mitgliedstaaten *Lehner* (*Lehner/Thömmes* u. a., S. 19 ff. und zuletzt StuW 1998, 173). Legt man *Dautzenbergs* Methodik zur Vereinbarkeit nationaler Vorschriften mit dem Binnenmarktkonzept zugrunde, sind solche Einschränkungen auf den IStR-Normenbestand zwar nur bedingt haltbar. Aber sie bestätigen dieses Konzept doch beispielsweise für Anzahl und Höhe von Steuersätzen (*Dautzenberg* S. 426 ff.) – sehen aber u. a. für die nationalen Körperschaftssteuersysteme ein Defizit an Binnenmarkttauglichkeit (aaO, S. 590). Für ein weitgehendes Verständnis im Sinne erforderlicher Rechtsangleichung *Rädler* IStR 1996, 224; *Saß* DB 1998, 34).

*c) Arndt Raupach/Johanna Hey: Gemeinschaftsweite Unternehmensbesteuerung*

(1) *Raupach* hat einen – in die Methodik *Dautzenbergs* problemlos **20** einzubeziehenden – Aspekt im Wettbewerb der Steuersysteme aufgegriffen: Dieser „neigt mittlerweile dazu, zu einem Wettkampf der nationalen Fisci auszuarten. Die Einräumung von nationalen Steuervergünstigungen für standortflexible Holding- und Finanzierungsgesellschaften und die Versuche anderer Staaten, sich dagegen durch Mißbrauchsvorschriften und Übergriffe auf sog. controlled foreign companies zu wehren, nimmt zum Teil groteske Formen an. Die Bundesrepublik hat sich gegen „Steuerdumping" ausgesprochen und gleichzeitig etwas gewunden erklärt, sie sei bei der Mißbrauchsbekämpfung praktisch am Ende ihres Lateins ... Auf die Dauer mag dazu kommen, daß steuerliche „Dumping"-Maßnahmen nicht verhindert werden können, während sich umgekehrt die Bekämpfungsmaßnahmen an der Kapitalverkehrsfreiheit werden messen lassen müssen. Dadurch entsteht unübersehbar ein starker Harmonisierungsdruck. *Albert Rädler* hat sarkastisch darauf hingewiesen, daß der Wettlauf der Steuersysteme wohl nicht einmal bei einem Unternehmensteuersatz von Null enden werde, sondern erst bei einem Minus-Steuersatz, wenn man gewährte Beihilfen einbezieht" (*Raupach* in Gedächtnisschrift *Knobbe-Keuk* S. 678 f.). Diesen Wettbewerb stellt *Raupach* auf dem Hintergrund der nationalen, insbesondere aber des **deutschen Systems der an die Rechtsform anknüpfenden Besteue-**

**rung und der damit verbundenen Nachteile** dar: Die grenzüberschreitende Unternehmenstätigkeit wird in erster Linie durch die wachsenden
internationalen Konzernunternehmen bestimmt – hier aber liefen die
nationalen Besteuerungskonzepte an der Praxis internationaler Konzern-
besteuerungen vorbei. Das Steuerrecht knüpft an Rechtsformen (und
klassische Anknüpfungsmerkmale) an und will der in ihren Grenzen ansässigen Unternehmenseinheit einer ihrer Funktion entsprechenden Gewinn zuordnen: Deswegen die Rechtsprechung zur ausländischen Basisgesellschaft, deswegen die Zugriffsbesteuerung nach dem AStG,
deswegen die Korrektur von Verrechnungspreisen im internationalen
Konzern und deswegen die Probleme bei der Gewinnaufteilung Stamm-
haus/Betriebsstätte. Alle diese Methoden der Gewinnzuordnungen sind
bedingt tauglich; modernen flexiblen Organisationen entsprechen sie
nicht mehr (*Raupach* aaO, S. 708). Deswegen ist ein Denkansatz für eine
**europäische Unternehmensbesteuerung** nach *Raupach* als Ausweg aus
dem gegebenen Chaos ein Gebot. In seinem Mittelpunkt steht ein Be-
triebssteuersystem zur Überwindung rechtsformabhängiger Unternehmensbesteuerung – damit nicht mehr nur körperschaftsteuerbezogen und
das Prinzip der Konzerneinheitsbesteuerung – begleitet aus innerstaatlicher Sicht von einer Rückkehr des deutschen Körperschaftsteuer-
Anrechnungsverfahrens zum klassischen Körperschaftsteuersystem mit
ermäßigten Steuersätzen für ausgeschüttete Gewinne (s. zuletzt *Raupach*
StbJb 1998/99, 35 ff.).

21    (2) Die Arbeit von *Johanna Hey* zur Harmonisierung der Unternehmensbesteuerung in Europa (1997) **konkretisiert erstmals ein Unter-
nehmensteuermodell** und berücksichtigt – wie *Raupach* – den Aspekt
der Rechtsformneutralität, da sie zwar einerseits nur die Besteuerung
ausländischer Kapitalgesellschaftsgewinne und ausländischer Anteilseigner behandelt, womit das Schwergewicht der Arbeit bei der Harmonisierung der Körperschaftsteuern als einer speziellen europarechtlichen
Fragestellung läge (dazu erst N 227, N 259). Die Arbeit unterscheidet
sich jedoch von den noch vorzustellenden **Beiträgen zur Körperschaftsteuerharmonisierung** durch ihre direkte Anknüpfung an gemeinschaftsrechtliche Vorgaben, während die Mehrzahl der anderen
Beiträge den wirtschaftlich unbefriedigenden einzelstaatlichen Ansatz an
nationale Anknüpfungspunkte in den Vordergrund stellt. Zudem kann
Rechtsformneutralität nur gesichert werden, wenn ein Körperschaftsteuersystem in ein Unternehmensteuersystem umgewandelt wird. *Frau Hey*
sieht als **Kernproblem die Beschränkung der körperschaftsteuerlichen nationalen Entlastungssysteme auf Inlandssachverhalte** (s. dazu bereits die Brühler Empfehlungen G 14); am Beispiel des deutschen
Steuerrechts wird das noch eingehend an der Behandlung ausländischer
Einkünfte deutscher Kapitalgesellschaften, insbesondere der fehlenden Anrechnung ausländischer Körperschaftsteuer auf die Einkom-

mensteuer, und am Ausschluß ausländischer, also auch EU-ansässiger Steuerbürger vom körperschaftsteuerlichen Anrechnungsverfahren zu erörtern sein.

– Deswegen ist in einer Phase 1 ein **Abbau von Diskriminierungen ausländischer Steuerbelastungen** unter Beibehaltung des geltenden landesrechtlichen Systems vorzunehmen (ggf. mittels einer Richtlinie Art. 94 EG). Die Einbeziehung von Auslandssachverhalten erfolgt durch die Gleichstellung von ausländischer und inländischer Körperschaftsteuerbelastung im Rahmen des jeweiligen Entlastungssystems. Aus deutscher Sicht wäre also ausländische Körperschaftsteuer auf die Einkommensteuer des Dividendenempfängers anzurechnen. Der Wohnsitzstaat hätte mithin die Körperschaftsteuer des Quellenstaats zu integrieren. Allerdings hätte hierbei nach diesem Vorschlag eine Beschränkung zu erfolgen, solange unterschiedliche Körperschaftsteuersysteme mit unterschiedlich hohem Entlastungsniveau in der Gemeinschaft fortbestehen: Bei Staaten mit unterschiedlichen Entlastungssystemen wie im Verhältnis der Bundesrepublik zu der überwiegenden Anzahl der Mitgliedstaaten richtet sich das Maß der Anerkennung im Ausland entrichteter Körperschaftsteuer nach dem Staat mit dem geringeren Entlastungsniveau. In dieser Phase 1 sind auch Kapitalertragsteuern auf Dividenden als Ursache internationaler Doppelbesteuerung zu beseitigen, und zwar über die Voraussetzungen der Mutter/Tochter-Richtlinie hinausgehend.

– In einer Phase 2 sind die nationalen Steuerrechtsordnungen der Mitgliedstaaten umzugestalten, soweit dies für die Einführung eines „einheitlichen integrierten Unternehmenssteuersystems" erforderlich ist (als Teilbereiche nennt *Frau Hey* die generelle Besteuerung von Veräußerungsgewinnen, den Abbau persönlicher und sachlicher Steuerbefreiungen und eine Senkung der Steuersätze). Das Körperschaftsteuersystem ist in ein **Unternehmenssteuersystem** mit einem möglichst weiten Anwendungsbereich umzugestalten und nicht nur auf gewerbliche Gewinne zu begrenzen. Der durch eine allgemeine Unternehmensteuer mögliche größere Handlungsspielraum bei der Steuersatzgestaltung erlaubt eine „Abkoppelung" von Einkommensteuerspitzensatz und Unternehmensteuersatz ohne Konsequenzen für die Rechtsformneutralität.

– Schließlich die Phase 3 mit dem Ziel der **Vereinheitlichung der Unternehmensbesteuerung in der Gemeinschaft.** Dabei ergibt sich die Vorfrage nach dem Verhältnis der Unternehmenssteuer zur Einkommensteuer: Da eine Rückkehr zur Doppelbelastung wie im früheren deutschen Körperschaftsteuersystem vor 1977 ausgeschlossen wird, stellt sich die Frage einer Freistellung von ausgeschütteten Unternehmensgewinnen oder nach einem Anrechnungssystem. Dazu *Frau Hey* (zusammenfassend): „Gerade unter der Voraussetzung, daß die Körperschaftsteuer von einer allgemeinen Unternehmensteuer abgelöst wird, führt nur eine Anrechnung der Unternehmensteuer auf die Einkommensteuer zu zufriedenstellenden, an der Leistungsfähigkeit orientierten Belastungsergebnissen für alle Anteilseignergruppen. Aufgrund der vielfältigen Pluspunkte einer Anrechnung der Unternehmen – auf die Einkommensteuer im Hinblick auf Steuergerechtigkeit und Gleichmäßigkeit der Besteuerung ist diesem System daher im Rahmen einer Harmonisierung der Vorrang zu geben" (S. 359). Für die gemeinschaftsweite Anwendung folgt daraus, daß ein **grenzüberschreitendes europaweites Anrechnungssystem** zu schaffen ist: Ausländische Unternehmensteuer wird – begrenzt auf die Höhe der inländischen Unternehmensteuer – dieser gleichgestellt und in diesem Umfang beim Anteilseigner wiederum begrenzt auf die Höhe der Einkommensteuerschuld angerechnet. Abgelehnt wird damit von *Frau Hey* eine unbegrenzte Anrechnung: sie wäre zwar wünschenswert, um eine tatsächliche Gleichstellung von in- und ausländischer Investition zu erzielen. Aber als Gebot „fiskalischer Rücksichtnahme" sind Erstattungen ausländischer Unternehmensteuern, die aus eigenen Steuermitteln des Wohnsitzstaats bezahlt werden müssen, zu vermeiden. Zumindest sind sie solange zu vermeiden, „solange die Rollen der kapitalexport – und kapitalimportorientierten Staaten in der Gemeinschaft noch so ungleich verteilt sind" (S. 361).

# K. Das Gemeinschaftsrecht: Der gegenwärtige Stand

## I. Indirekte Steuern, Verbrauchsteuern

Auf der Grundlage des damit im EG-Vertrag vorgegebenen Rechts- **1**
rahmens ist das **gegenwärtige Umsatzsteuerrecht EU-weit durch eine
Dreiteilung** zu charakterisieren: Regelungen ohne grenzüberschreitenden
Bezug, mithin vom Binnenmarktkonzept nicht beeinflußt; Normen, die
speziell auf den Europäischen Binnenmarkt ausgerichtet sind, und Normen, die das Verhältnis zu Drittländern zum Gegenstand haben. Hier gilt
weiterhin das Bestimmungsprinzip mit den klassischen steuertechnischen
Instrumenten Einfuhrbesteuerung und Besteuerung der Ausfuhr. Erstrebt
wird ein zweigeteiltes System und mithin eine Anpassung inländischer
und innergemeinschaftlicher Umsätze (zu den Einzelheiten ab V 11). Im
Bereich der sonstigen Verbrauchsteuern ist auf der Grundlage Art. 93 EG
mit der Verabschiedung von insgesamt sieben Verbrauchsteuerrichtlinien
und ihrer Umsetzung durch das Verbrauchsteuer-Binnenmarktgesetz
1992 den Binnenmarkterfordernissen insoweit entsprochen, als Grenzkontrollen entfallen sind (das gilt auch für die Umsatzsteuer). Aber an
die Stelle der Grenzkontrollen sind wie bei der Umsatzsteuer komplizierte Erfassungen in den Unternehmen selbst getreten – und im übrigen
sind auch Systemwidrigkeiten bestehen geblieben (hierzu im einzelnen
V 40).

## II. Direkte Steuern (Ertragsteuern)

### 1. Zur bisherigen Rechtsentwicklung

(1) Die nur beiläufige Einbeziehung direkter Steuern in den EG- **2**
Vertrag (im Anschluß an den EWGV) und der auf die indirekten Steuern
beschränkte Harmonisierungsauftrag (Art. 93) beruhten letztlich auf der
noch zur Zeit der Gemeinschaftsgründung vorherrschenden Ansicht, nur
indirekte Steuern könnten den Wettbewerb beeinträchtigen. Da nun aber
die Hemmnisse für die Verwirklichung des Binnenmarktes als Folge der
Systemunterschiede im Bereit der direkten Steuern als mindestens gleich
groß anzusehen sind, konnte es bei dem Befund einer „fehlenden Er-
mächtigungsgrundlage" nicht bleiben. Die Binnenmarktkonzeption konnte
sich jedenfalls an dieser Gewichtung im Gründungsvertrag nicht mehr
ausrichten. Der praktischen gemeinschaftsrechtlichen Arbeit gingen zahlreiche Untersuchungen insbesondere ökonomischer Natur voraus, wobei
die Auswirkungen unterschiedlicher Körperschaftsteuersysteme und

Körperschaftsteuersätze auf die Finanzpolitik von Unternehmen domi-
nierten (dazu *Sapusek* S. 121ff.; konzentrierte Darstellungen der bisherigen Ansätze zur Steuerharmonisierung bei *Herzig* in *Lehner* (Hrsg.),
S. 121ff.; *Johanna Hey* S. 67ff.; *Weiser* S. 198ff.).

**3**   (2) In Anbetracht der vorrangigen Bedeutung der Körperschaftsteuer
im internationalen Wirtschaftsaustausch wundert es auch nicht, daß
– wie in den theoretischen Arbeiten – auch die zunächst lediglich vorbereitende Kommissionsarbeit hieran anknüpfte: Der *Neumark-Bericht*
(1962) sah ein Binnenmarktkonzept nur auf der Grundlage eines gemeinsamen Körperschaftsteuersystems zu verwirklichen und schlug ein solches System auf der Grundlage eines gespaltenen Steuersatzes für thesaurierte und ausgeschüttete Gewinne, mit einem in allen Mitgliedstaaten
einheitlichen proportionalen Körperschaftsteuersatz vor. Die *Van den
Tempel-Studie* (1971) sollte die Zweckmäßigkeit einer Reduktion der
Doppelbelastung mit Körperschaftsteuer und Einkommensteuer untersuchen und die Körperschaftsteuersysteme vergleichen. Sie sprach sich für
ein einheitliche System auf der Grundlage des klassischen Körperschaftsteuersystems aus (keine Entlastung auf der Ebene der Anteilseigner, aber niedrig zu bemessende Körperschaftsteuersätze; gleichmäßige
Behandlung von ausländischen und inländischen Investoren). Dem *Ruding-Ausschuß* 1992 wurden von vornherein Grenzen gesetzt; daher
knüpfte er an die „Leitlinien zur Unternehmensbesteuerung" der Kommission (1990) an, in dem das Ideal einer Vollharmonisierung der
Ertragsteuern aufgegeben und dem Subsidiaritätsprinzip Rechnung getragen wurde. Er sollte daran anknüpfende Empfehlungen erarbeiten –
die aber dann der Kommission doch zu weit gingen, so daß in den späteren *„Leitlinien für die Unternehmensbesteuerung im Rahmen der Ver-
tiefung des Binnenmarktes"* (1992) nur wenige Vorschläge aufgegriffen
wurden. Ein harmonisiertes Körpersteuersystem sollte die Voraussetzungen eines Mindest-Körpersteuersatzes von 30%, die Erhebung
einer Quellensteuer auf die Dividende von 30% und die Vermeidung
jeder Form einer internationalen Doppelbesteuerung erfüllen; darüber
hinaus konnte sich der Ruding-Ausschuß nicht auf ein einheitliches
europäisches System einigen. Die im Auftrag des Ruding-Ausschusses
entwickelten und dem Bericht als Anhang beigefügten Vorschläge von
*Rödler/Blumenberg* konzentrieren sich auf die Entlastung des Anteilseigners und verstehen sich als eine Kompromißlösung gegenüber dem Anrechnungssystem (zu den einzelnen Vorarbeiten *Johanna Hey* S. 67ff.,
speziell zu den Ruding-Empfehlungen *Fantozzi* in Festschrift *Beusch*
S. 184ff.). Im anschließenden Bericht über die Verbesserung der steuerlichen Rahmenbedingungen für kleine und mittlere Unternehmen wird
die Beschränkung auf das „unerläßliche Mindestmaß" hervorgehoben
(1994).

(3) Es hat in der Vergangenheit eine Anzahl von **Richtlinienentwürfen** gegeben, **4** **die nicht zur Umsetzung gelangten.** Es ist müßig, Mutmaßungen über die Gründe des Scheiterns anzustellen. Ob es vorrangig nur der nicht herzustellende Konsens gewesen ist oder die Einsicht, daß das Binnenmarktkonzept eine solche Maßnahme nicht erfordere. Jedenfalls sind zu nennen Entwürfe zur Harmonisierung der Körperschaftsteuersysteme und der Quellensteuerregelung 1987, Harmonisierung der Gewinnermittlungsvorschriften 1988, Harmonisierung der Vorschriften über die Zahlungen von Zinsen und Lizenzgebühren zwischen Mutter- und Tochtergesellschaften verschiedener Mitgliedstaaten 1991, einheitliche Regelung für Unternehmen zur Verlustberücksichtigung für ihre in anderen Mitgliedsstaaten belegenen Betriebsstätten und Tochtergesellschaften 1990. Im Augenblick steht im Mittelpunkt des Interesses ein Richtlinienvorschlag mit dem Ziel, ein Minimum an effektiver Besteuerung von Zinserträgen innerhalb der Gemeinschaft zu verwirklichen (1997): Er steht in einem engen Zusammenhang mit der Steuerdumping-Diskussion innerhalb der EU (s. im folgenden Abschnitt zum Problem des unfairen Steuerwettbewerbs). Der Richtlinienvorschlag wiederum ist Bestandteil eines teils vorgelegten, teils noch vorzubereitenden Steuerpakets mit dem weiteren Ziel, für Lizenzgebührenzahlungen und Zinszahlungen zwischen verbundenen Unternehmen (Richtlinienentwurf 1998) und für die Unternehmensbesteuerung eine Einigung des Rats der Wirtschafts- und Finanzminister vom 1. Dezember 1997 umzusetzen, mit denen der „schädliche Steuerwettbewerb" beendet werden kann (Presse-Mitteilung der Kommission vom 20. Mai 1998); zum aktualisierten Richtlinienvorschlag für die Quellensteuerfreiheit von Zinsen und Lizenzgebühren im zwischengesellschaftlichen Verhältnis s. N 226; zum Richtlinienvorschlag zur Verlustberücksichtigung s. N 224.

## 2. Das gegenwärtige Hauptproblem: Der unfaire Steuerwettbewerb

### a) Der Verhaltenskodex

Im Binnenmarktbericht 1995 stellt die Kommission immerhin fest, daß **5** die geltenden Steuerrechtsordnungen ein ordnungsgemäßes Funktionieren des Binnenmarktes immer noch erschweren. Im Diskussionspapier „Steuern in der EU" wird der Wettbewerb zur zentralen Sorge: „Monti-Papier" (1996), das auf die **„Dumping" Problematik** eingeht und – neben konkreten Anpassungsvorschlägen – erstmals die Forderung nach einem „internationalen Verhaltenskodex" erhebt, um der „Steuerunterbietung" zwischen den Staaten entgegenzutreten. Der Gedanke einer Harmonisierung der „Lohnbesteuerung" wird erstmals geäußert; zu den Kommissionsüberlegungen im einzelnen *Lehner* StuW 1998, 160. In die Dumping-Diskussion einzubeziehen ist ein Bericht der *Bundesregierung* an die EU, der Steueroasen in den Mitgliedstaaten zum Gegenstand hat und sich gegen die Beihilfepraxis der Kommission gegenüber einigen Staaten im Zusammenhang mit der Lenkung von Kapitalströmen (belgische Coordination Center, International Financial Service Centers in Dublin) wendet. Die Bundesrepublik weist hierbei auf innerstaatliche Maßnahmen gegen solche Anziehungspunkte hin – bringt aber gleichzeitig zum Ausdruck, daß die Möglichkeiten gegen solche Verlagerungen damit erschöpft sind (was nun wiederum nichts anderes bedeuten soll, als daß „anders nicht ausgleichbare Belastungsdifferenzen" ein gemeinschaftliches Vorgehen erfordern (zum Bericht der *BR* IStR 1997, Beihefter 1). Zu verweisen ist ferner auf eine Ausarbeitung des wissenschaftlichen Dienstes des Deutschen Bundestages zum Thema „Steuerwettbewerb und Steuerdumping in der EU-Steuerausweichstrategien, Gegenmaßnahmen, EU-Initiativen" (Stand März 1998), die zu folgendem Ergebnis gelangt: „Daß ein funktionierender internationaler Steuerwettbewerb ein sowohl in ökonomischer als auch in politischer Hinsicht unverzichtbares Element des weltweiten Wirtschaftsgeschehens ausmacht, das ganz natürlich auch einen Wettbewerb der Staaten untereinander um unternehmerische Investitionen beinhaltet, kann ernsthaft nicht bestritten werden. Dem Versuch von Hochsteuerländern, durch Abschluß eines europäischen „Steuerkartells" dem Zwang zur Senkung ihrer Spitzensteuersätze auszuweichen, kann aber langfristig kein Erfolg beschieden sein. Im europäischen Bereich sind steuerliche Maßnahmen mit Dumpingcharakter zu bekämpfen, wobei eine stärkere steuerliche Harmonisierung unter Einschluß der regulären Steuersysteme auf dem Gebiet der Unternehmensbesteuerung hilfreich sein könnte". Das knüpft an die eingangs (H 5) getroffene Feststellung an, zwischen einer allgemeinen Harmonisierungsforderung ohne konkreten EG-Bezug und der Steuerdumping-Diskussion strikt zu unterscheiden. Bereits im März 1997 hatte in der EU eine *Gruppe Steuerpolitik* die Arbeit aufgenommen. Ihre Ziele (IStR 1997, Beihefter 7): Bestimmungen eines Verhaltenskodex, um den unlauteren steuerlichen Wettbewerb einzuschränken; eine gemeinsame Grundlage für Kapitalertragsteuer zu erarbeiten; allgemein Maßnahmen zur Beseitigung der steuerlichen Hindernisse für das Funktionieren des Binnenmarkts vorzubereiten. Auf der Ratstagung im Oktober 1997 stand die **Verhaltenskodexfrage** an, wozu erstmals konkrete Thesen genannt wurden (Ausgangspunkt: „Der Rat sieht jene steuerlichen Maßnahmen als potentiell schädlich an, die gemessen am normalen Belastungsniveau des betreffenden Staates eine deutlich niedrigere Effektivbesteuerung einschließlich Nullbesteuerung bewirken."). Gleichzeitig – im Gegenzug zum Kodex – soll die Kommission die „Handhabung der Gestattung staatlicher Beihilfen inkl. Zulassung von Steueroasen transparent machen" (IStR 1997, Beihefter 21). Am 1. 12. 1997 nahm der Rat der Finanzminister der EU eine entsprechende Resolution an. Der Verhaltenskodex für die Unternehmensbesteuerung sieht eine Stillhalte- und eine Rücknahmeverpflichtung vor: Verpflichtung, keine neuen schädlichen steuerlichen Maßnahmen im Sinne dieses Kodex zu treffen; geltende Vorschriften unter diesem Gesichtspunkt zu prüfen und erforderlichenfalls zu ändern; Instrumente gegenseitiger Unterrichtung und Erörterung der unter den Kodex fallenden Maßnahmen; Bildung einer besonderen Überwachungsgruppe hierzu mit einer Berichterstattungspflicht. Die Kommission ist um einen jährlichen Bericht über die Anwendung des Kodex und über die Anwendung der staatlichen Beihilfen steuerlicher Art ersucht worden. Als unter den Kodex fallend sind Maßnahmen beschrieben, die gemessen am üblicherweise in dem betreffenden Mitgliedstaat geltenden Besteuerungsniveau eine deutlich niedrigere Effektivbesteuerung einschließlich einer Nullbesteuerung bewirken. Steuerliche Vorteile sollen danach beurteilt werden, ob sie (s. die Übersicht und den Bericht zum gegenwärtigen Stand bei *Saß* FR 1999, 77; die Kriterien wurden bereits im Zusammenhang mit der begrifflichen Klärung der „Steuerflucht" genannt)

- ausschließlich Gebietsfremden oder für Transaktionen mit Gebietsfremden gewährt werden,
- als Vorteile völlig auf der inländischen Wirtschaft isoliert sind, so daß sie keine Auswirkungen auf die innerstaatliche Steuergrundlage haben,
- als Vorteile nicht an tatsächliche Wirtschaftstätigkeit und substantielle Präsenz in dem betreffenden Staat geknüpft sind.

Der organisatorische Rahmen für die im Kodex vorgesehene Prüfgruppe ist geschaffen worden (Prüfgruppe Verhaltenskodex seit dem 9. 3. 1998).

Inzwischen liegt eine Mitteilung der Kommission (11. 11. 1998) über die Anwen- **6** dung der Vorschriften über **staatliche Beihilfen** auf Maßnahmen im **Bereich der direkten Unternehmensbesteuerung** vor (BStBl. 1999 I, 205). Bei den Bemühungen um einen fairen Steuerwettbewerb sind auch staatliche Beihilfen einzubeziehen, da Art. 87 I EG solche Beihilfen untersagt, soweit sie den Handel zwischen den Mitgliedstaaten beeinträchtigen. Die Kommissionsmitteilung grenzt staatliche Beihilfen von allgemeinen Maßnahmen ab. Wesentlich für die Anwendung des Art. 87 auf eine steuerliche Maßnahme ist ihr Ausnahmecharakter zugunsten bestimmter Unternehmen, der sich auch nicht aus den Grund- oder Leitprinzipien des Steuersystems erklärt. Die Kommissionsmitteilung nennt als Beispiele unterschiedliche Vorschriften in Abhängigkeit von der Rechtsform, Beschränkung bestimmter Steuervorteile auf bestimmte Unternehmensarten bzw. Unternehmensfunktionen oder bestimmte Produktionszweige. Stellt eine steuerliche Maßnahme eine Beihilfe nach Art. 87 I EG dar, kommen Ausnahmen vom Verbot in Betracht (Art. 88 II EG). Auf keinen Fall – so die Mitteilung – darf die Kommission Beihilfen genehmigen, die gegen Vorschriften des EG-Vertrages (Diskriminierungsverbote) verstoßen. Einer der Kernsätze in der Mitteilung: „Die Qualifizierung einer gemäß dem Verhaltenskodex schädlichen steuerlichen Maßnahme berührt nicht die eventuelle Qualifizierung der Maßnahme als staatliche Beihilfe. Dagegen wird die Prüfung der Vereinbarkeit von steuerlichen Beihilfen mit dem Gemeinsamen Markt auch unter Berücksichtigung der Auswirkungen dieser Beihilfen, die durch die Anwendung des Verhaltenskodex erkennbar werden, vorzunehmen sein" . . . . Damit die Kommission staatliche Beihilfen zur Förderung der wirtschaftlichen Entwicklung bestimmter Gebilde als mit dem Gemeinsamen Markt vereinbar ansehen kann, müssen diese „im Verhältnis zum angestrebten Ziel angemessen und auf diese ausgerichtet sein". Die Prüfkriterien für Beihilfen mit regionalpolitischer Zielsetzung erlauben bei der Prüfung von steuerlichen Beihilfen auch die Berücksichtigung anderer möglicher Effekte dieser Beihilfen, insbesondere solcher Auswirkungen, die durch die Anwendung des Verhaltenskodex erkennbar werden. Das Thema ist umfassend von *Mirko Koschyk* (1999) behandelt worden; s. auch *Blumenberg/Lausterer* in Festschrift *Rädler* S. 1 ff.

Die „Gruppe Verhaltenskodex" hat (Stand Dezember 1998) dem Wirt- **7** schafts- und Finanzministerrat der EU (ECOFIN) einen Zwischenbericht vorgelegt, der sich mit Vergünstigungen für Dienstleistungstätigkeiten innerhalb eines Konzerns und denjenigen für Finanz- und Versicherungsleistungen beschäftigt. Die Gruppe hat sich geeinigt, eine vergleichende Studien über für den Kodex relevante Verwaltungspraktiken in den EU-Staaten durch einen externen Berater erstellen zu lassen und die Kommission zu beauftragen, einen Vergleich der Effektivbelastung der Tätigkeiten von Holding- und anderen Konzerngesellschaften zu erstellen; zum aktuellen Stand der Berichterstattung über 66 Steuerregelungen s. bereits B 54; zur Einordnung in die Basisgesellschaft N 365; zur Verbindung mit der Hinzurechnungsbesteuerung N 453.

*b) Grenzüberschreitende Zinsbesteuerung*

**8**    (1) Die Einbeziehung des Problems einer EU-einheitlichen Zinsbesteuerung an dieser Stelle weicht insoweit von der Darstellung des Gemeinschaftsrechts in diesem Buch ab, als alle Richtlinien und Richtlinienentwürfe in die Systematik des Außensteuerrechts bzw. in die Systematik des Abkommensrechts einbezogen werden. Der Grund dafür liegt auf der Hand: Mit dem Richtlinienrecht ist keine Steuermaterie systematisch geordnet und geregelt worden, das Recht ergänzt im Kern vorhandenes nationales Recht. Das gilt im Prinzip auch für die EU-Bemühungen, ein Minimum an **effektiver Besteuerung grenzüberschreitender Zinsen in der Gemeinschaft** herzustellen. Die Verbundenheit mit der allgemeinen Frage eines Steuerwettbewerbs, vor allem die besondere Problematik der notwendigen Einbeziehung auch dritter Staaten ist aber genügender Anlaß, den Richtlinienentwurf schon an dieser Stelle vorzustellen und in den allgemeinen Teil des Gemeinschaftsrechts einzubeziehen. Der Sache nach gehörte der Richtlinienentwurf einerseits in das Kapitel der sonstigen Einkünfte (seien die Einkünftebezieher Inländer oder seien sie Ausländer, ergänzend in das Kapitel „Sachverhaltsermittlung", wo er (X 13) nur noch kurz erwähnt wird.

**9**    (2) Der dem Richtlinienvorschlag zugrundeliegende Zinsbegriff betrifft nach Art. 5 Zinsen als „Erträge aus Forderungen jeder Art"; diese Einschränkung wird damit begründet, daß Zinserträge aus direkten Sparanlagen für die Gebietsansässigen aller Mitgliedsstaaten steuerpflichtige Einkünfte darstellen. Richtig ist wohl, daß eine Quellensteuerverpflichtung für Dividendenerträge (außerhalb des Anwendungsbereichs der Mutter/Tochter-Richtlinie) und für renditeabhängige Zinsen aus Kapitalmarktgründen nicht durchsetzbar wäre – es gilt ja ohnehin, den grundsätzlichen Widerstand einiger Staaten (Luxemburg, Großbritannien) gegen eine sachlich zwar eingeschränkte, aber europaweite Quellensteuer zu überwinden. Die Kommission schlägt ein sogenanntes **Koexistenzmodell** vor: Staaten, die das **Quellensteuerabzugsverfahren** praktizieren, können dies beibehalten, wenn eine Minimalbelastung von 20% gewährleistet ist; anderenfalls sollen **als Ausgleich Kontrollmitteilungen** über die Einkünfte ausländischer Zinsempfänger an die Wohnsitzstaaten verschickt werden.

(3) Die Forderung nach einem Minimum effektiver Besteuerung von **10** Zinsen basiert auf der Kommissionsfeststellung, daß keine Koordination der einzelstaatlichen Systeme für die Besteuerung von Zinserträgen besteht, insbesondere bezüglich der Behandlung von Gebietsfremden; diesem Personenkreis ist es daher möglich, „jeder Form der Besteuerung ihrer in einem anderen als dem Mitgliedstaat Ihres Wohnsitzes erhaltenen Zinsen zu entgehen". Darin aber ist ein Verstoß gegen das Binnenmarktprinzip zu sehen: „Diese Möglichkeit der Steuerflucht im Kapitalverkehr zwischen Mitgliedstaaten führt zu wirtschaftlichen Verzerrungen, die mit dem Bestehen des Binnenmarkts nicht vereinbar sind", zugleich wird festgestellt, daß entsprechend Art. 5 EG (Subsidiaritätsprinzip) „die Ziele dieser Richtlinie, nämlich die effektive Besteuerung der Zinserträge in der gesamten Gemeinschaft, auf der Ebene der Mitgliedsstaaten nicht ausreichend erreicht werden". Das unzureichende Recht in den Mitgliedstaaten für die Zinserträge der Gebietsfremden wird bereits am Beispiel des deutschen Rechts deutlich: Bei Bank- und Anleihezinsen, die Steuerausländern zufließen, wird ein Zinsabschlag (§ 43 Nr. 7 EStG) nicht einbehalten, da sich die beschränkte Einkommensteuerpflicht des § 43 EStG nicht auf Zinserträge des § 20 I Nr. 7 EStG erstreckt (s. zur Zinsbesteuerung von Ausländern *Denkert* S. 68ff.; *Hartmut Förster* S. 263; zur EU-weiten gegenwärtigen Lage *Saß* FR 1999, 80; kuriose Folge nach Einführung der Zinsabschlagsteuer: nach Feststellungen der Bundesbank ist der weitaus größte Teil der in das Ausland geflossenen deutschen Spargelder als „ausländische" Geldanlagen und Wertpapierkäufe in das deutsche Finanzsystem zurückgekehrt, s. FAZ 1998 Nr. 181 S. 24).

(4) Das Problem auch nach der Verabschiedung einer solchen Richtlinie bestünde **11** in der EU-Territorialität der Zahlstelle: Nach Art. 6 des Entwurfs kann die Richtlinie nur für Zinsen gelten, „die durch eine innerhalb des Hoheitsgebiets, auf das der EG-Vertrag gemäß seinem Artikel 299 Anwendung findet, gelegene Zahlstelle gezahlt werden". Damit wären „Wanderungsbewegungen" des Kapitals in Drittstaaten eine fast zwangsläufige Folge; daher verweist der Entwurf auf die Notwendigkeit, „Verhandlungen auf bilateraler oder multilateraler Ebene mit ihren wichtigsten Handelspartnern unter den Drittländern mit dem Ziel einzuleiten, die effektive Besteuerung der von dieser Richtlinie erfaßten Zinserträge zu gewährleisten, die von Zahlstellen in diesen Drittländern an Gebietsansässige der Mitgliedstaaten gezahlt werden". Schon die Verabschiedung des Richtlinienentwurfs erweist sich als schwierig: Großbritannien hat zum gegenwärtigen Zeitpunkt (Stand 1. 1. 2000) die ablehnende Haltung nicht nur nicht aufgegeben, es überwiegt gegenwärtig die Auffassung von einem „Scheitern der EU-Zinsbesteuerung" (FAZ 1999 Nr. 261 S. 25). Teils wird das System einer Abgeltungssteuer (Belgien, Irland, Österreich, Schweden) präferiert (skeptisch zur Abgeltungssteuer das *BMF-Beiratsgutachten* (1999) S. 84; am Beispiel

der österreichischen Abgeltungssteuer hat *Matthiesen* (FR 1999, 248 ff.) Anwendungsprobleme im deutschen Recht untersucht; zur Integration einer Abgeltungssteuer in das Steuersystem, zugleich eine ökonomische Analyse der Kapitaleinkommensbesteuerung in Deutschland und der EU s. *Wagner* DB 1999, 1520 ff. Aber wie eine Kooperation mit Drittstaaten gelingen soll, ist völlig unklar. Offensichtlich fanden bereits mit der Schweiz im März 1999 Gespräche statt; hierzu jedenfalls die FAZ 1999, Nr. 71 S. 25, nach der die EU-Pläne in der Schweiz als „wirr" gelten.

**12**    (5) Das *BMF-Beiratsgutachten* zur „Reform der internationalen Kapitaleinkommensbesteuerung" (1999), das in der Zinsbesteuerung einen Schwerpunkt sieht, erwähnt den vorliegenden Richtlinienentwurf nicht, ist aber gegenüber dem Ziel der Harmonisierung der Quellensteuern skeptisch eingestellt: Anreize zur Steuerflucht bestünden, solange der vereinbarte Mindeststeuersatz Spitzensteuersätze in einzelnen Staaten unterschreite; hohe Quellensteuersätze aber seien ohnehin nicht durchzusetzen. Daher konzentriert sich das BMF-Beiratsgutachten auf den erweiterten Informationsaustausch (S. 46 ff.), der innerhalb des Gemeinschaftsgebiets aus zwei Elementen bestehen müsse: Mitteilungen über grenzüberschreitende Kapitaleinkünfte innerhalb der EU, Mitteilungen über Zahlungen in das und aus einem Drittlandsgebiet. Aber der vorliegende Entwurf bezieht in Art. 7 (System der Information) nur Informationen über die erstgenannten Einkünfte ein.

### 3. Gemeinschaftsrechtliches Steuerrecht (Übersicht)

**13**    (1) **EG-Amtshilfe-Richtlinie 1977** über die gegenseitige Amtshilfe zwischen den zuständigen Behörden der Mitgliedstaaten im Bereich der direkten Steuern und der Mehrwertsteuer mit späteren Änderungen (darunter die Zusammenarbeitsverordnung zur Umsatzsteuer); Umsetzung in innerstaatliches Recht durch das EG-Amtshilfe-Gesetz (s. dazu X 13).

**14**    (2) **Mutter/Tochter-Richtlinie 1990** mit der Zielsetzung, ein einheitliches Entlastungssystem zur Vermeidung der Doppelbesteuerung ausgeschütteter Gewinne sowohl auf der Ebene der Mutter- als auch auf der Ebene der Tochtergesellschaft; Befreiung der Gewinnausschüttungen von Tochtergesellschaften eines Mitgliedstaates an ihre in einem anderen Mitgliedstaat ansässige Muttergesellschaft von der Quellensteuer (Auswirkungen im innerstaatlichen Steuerrecht s. N 220, P 97).

**15**    (3) **Fusions-Richtlinie 1990** mit der Zielsetzung, von der Richtlinie umfaßte grenzüberschreitende Umgründungsvorgänge von steuerlichen Behinderungen zu befreien (Auswirkungen im innerstaatlichen Steuerrecht s. N 281, P 175).

**16**    (4) Rechtssystematisch nicht einwandfrei ist die Ergänzung der genannten Normen um das **EG-Schlichtungs-Übereinkommen 1990** an dieser Stelle: Es gehört zwar zusammen mit der Mutter/Tochter-Richtlinie und der Fusionsrichtlinie zu dem an 23. 6. 1990 vom Rat der Europäischen Union verabschiedeten „Dreier-Paket im Bereich der Unternehmenssteuern"; realisiert wurde damit aber nicht der auch hier vorliegende Richtlinienentwurf; vielmehr wurde ein multilateraler völkerrechtlicher Vertrag verabschiedet, der damit eigenen Regeln unterworfen ist und nicht der Rechtskontrolle durch den EuGH unterliegt (jedenfalls ist dies, obwohl es möglich gewesen wäre, nicht vereinbart worden – s. zur Problematik bereits G 4). Ziel des Schlichtungs-Verfahrens ist die Vermeidung bei Gewinnberichtigungen zwischen verbundenen Unternehmen innerhalb angemessener Frist. Das Übereinkommen trat am 1. 1. 1995 in Kraft, am 25. 5. 1999 unterzeichneten die EU-Mitgliedstaaten die Verlängerung der Konvention als völkerrechtlichen Vertrag, der der Ratifizierung durch alle Mitgliedstaaten bedarf (zur Systematik und Einordnung in das innerstaatliche Recht s. S 84).

## III. EG-Grundfreiheiten und EuGH-Rechtsprechung zu den direkten Steuern

Die eher bescheidenen Fortschritte in der Rechtsangleichung und **17** Rechtsvereinheitlichung werden nun allerdings von einem zunächst gänzlich unverfänglichen Themenkreis überlagert, der die nationalen Steuerrechtsordnungen der Mitgliedstaaten in Anbetracht des nur begrenzten Harmonisierungsvorbehalts in einem nicht leicht nach vollziehbaren Ausmaß beeinflußt hat. Grundlage hierfür ist der **mit den EG-Grundfreiheiten verbundene beachtliche „effektive Rechtsschutz" durch den EuGH** unabhängig von einem Harmonisierungsvorbehalt für die direkten Steuern im EG-Vertrag. Er veranlaßt die Steuerpflichtigen eines EU-Staates zunehmend dazu, sich gegenüber dem eigenen Staat auf EU-Grundfreiheiten zu berufen und dies mit der Aussicht auf ein *EuGH*-Vorabentscheidungsverfahren zu verbinden. Die Darstellung der EG-Grundfreiheiten beschränkt sich in Anbetracht der steuerrechtlichen Thematik auf wenige Hinweise zu ihrem Inhalt. Worum es geht: Ein integrierter Wirtschaftsraum erfordert Freiheit und Gleichheit der Marktteilnehmer; nur wenn Verkehrsfreiheiten garantiert werden können und hiergegen gerichtete Beschränkungen beseitigt werden, ist ein System unverfälschten Wettbewerbs möglich. Was der EG-Vertrag hierbei den Mitgliedstaaten (Gemeinschaftstreue in Art. 10) und der Gemeinschaft selbst (Art. 3 lit. c, h) auferlegte, erwies sich als unzureichendes Instrumentarium.

### 1. Die EG-Grundfreiheiten (Übersicht)

(1) Art. 3 EG bestimmt den Binnenmarkt als einen Markt, „der durch **18** die Beseitigung der Hindernisse für den freien Waren-, Personen-, Dienstleistungs- und Kapitalverkehr zwischen den Mitgliedstaaten gekennzeichnet ist." Und Art. 14 EG zwingt die Gemeinschaft zur Ver-

wirklichung der Grundfreiheiten: Freier Warenverkehr (Art. 28 ff. EG), Freizügigkeit der Arbeitnehmer (Art. 39 ff. EG), Niederlassungsfreiheit der Unternehmer (Art. 43 ff. EG), Dienstleistungsfreiheit (Art. 49 ff. EG), Freiheit des Kapitalverkehrs (Art. 56 ff. EG). Die **Bedeutung dieser Grundfreiheiten für das Steuerrecht erschließt sich erst mit Kenntnis der EuGH-Rechtsprechung.** Zunächst und unbefangen entnimmt man Art. 3, 14 EG ein Programm, das gemeinschaftsrechtlich zu verwirklichen ist – was es zweifellos im Kern auch ist. Die eigentliche Bedeutung dieser Grundfreiheiten erwies sich jedoch bei der Prüfung ihrer *Reichweite* in der Anwendung und Auslegung *nationalen Rechts.* Hier zeigte sich, daß der Vorrang des Gemeinschaftsrechts, seine unmittelbare Anwendbarkeit und das Vorabentscheidungsverfahren Art. 234 EG eine Verwirklichung der Grundfreiheiten – losgelöst von der Schaffung sekundären Gemeinschaftsrechts – in einem zunächst kaum für möglich gehaltenen Umfang bewirkte; in einem kaum für möglich gehaltenen Umfang deswegen, weil die im EG-Vertrag statuierten Harmonisierungspläne jedenfalls für die direkten Steuern für solche Ergebnisse nichts hergeben. Die zentrale Rolle nahm hierbei der **EuGH als Förderer und Hüter der Integration** ein (so der Titel der monographischen Darstellung von *Sander*). Die vom *EuGH* hierbei verwendete, regelmäßig wiederkehrende Formel lautet: Direkte Steuern fallen zwar in die Zuständigkeit der Mitgliedstaaten – doch müssen diese ihre Befugnisse „unter Wahrung des Gemeinschaftsrechts auszuüben und deshalb jede offensichtliche oder versteckte Diskriminierung aufgrund der Staatsangehörigkeit unterlassen, s. zuletzt in Sachen *Frans Gschwind,* IStR 1999, 598 (Rz 20). Die Rechtsprechung zu diesen Grundfreiheiten hat wiederum eine solche Fülle von Literatur und Meinungen, Entdeckung neuer Fallkonstellationen usw. zur Folge gehabt, daß es völlig ausgeschlossen ist, im Rahmen dieser Darstellung eine auch nur halbwegs erschöpfende Darstellung zu versuchen. Einige Hinweise müssen genügen.

**19**   (2) Voranzustellen ist das allgemeine Verbot der **Diskriminierung aus Gründen der Staatsangehörigkeit** (Art. 12 EG) – Ein Verbot, das dann in den Bestimmungen der Grundfreiheiten konkretisiert wird. Verboten ist damit grundsätzlich die Ungleichbehandlung von Inländern und Ausländern aufgrund der Staatsangehörigkeit – und sei sie auch hinter anderen Merkmalen (Ansässigkeit natürlicher Personen und Gesellschaften) versteckt; solche Merkmale könnten „im Gesamtzusammenhang der Regelung aus sachlichen Gründen gerechtfertigt sein" (*Geiger* Art. 6 a.F. Rz 8). Nicht in den EG-Anwendungsbereich fällt die Inländerdiskriminierung (genauer: die Diskriminierung reiner Inlandssachverhalte) durch das nationale Recht in den Fällen ohne Bezug zu den gemeinschaftsrechtlichen Regelungen. Das soll nicht etwa zum Ausdruck bringen, der EG-Vertrag ermögliche eine Inländerdiskriminierung. Es bedeutet stattdessen: Jeder, der ein gemeinschaftsrechtlich verbürgtes

Recht wahrnimmt, kann sich auch dem eigenen Staat gegenüber auf den Schutz des Gemeinschaftsrechts berufen – aber der Schutz wird nicht relevant, wenn er nichts tut, was das Gemeinschaftsrecht schützt (*Dautzenberg* IStR 1998, 306). Der Gemeinsame Markt bedingt nicht die im Gesamtgebiet gegebene absolute wirtschaftliche Chancengleichheit (*Geiger* Rz 12).

(3) Die **Freiheit des Warenverkehrs** (Art. 28 ff. EG) verlangt, daß **20** alle Waren innerhalb des Binnenmarkts ohne Beschränkung grenzüberschreitend gehandelt werden können. Weder Exporte noch Importe (Art. 28, Art. 29 EG) dürfen innergemeinschaftlich beschränkt werden – Ausnahmen müssen durch zwingende Erfordernisse gerechtfertigt werden. Hauptsächliche Grundlage, gemeinschaftsrechtlich die Freiheit des Warenverkehrs zu sichern, bilden für das Steuerrecht Art. 93, Art. 94 EG.

(4) Parallel zum freien Austausch von Waren schützt Art. 49 EG die **21** **Freiheit des Dienstleistungsverkehrs** im Rahmen einer selbständigen Erwerbstätigkeit; eine Niederlassung in einem anderen Mitgliedstaat ist nicht erforderlich. Es muß sich um grenzüberschreitende Tätigkeit handeln, so daß – wiederum – eine bloße „Inländerdiskriminierung" nicht erfaßt wird. Das bedeutet, daß wesentliche Elemente einer Transaktion über die Grenzen eines Mitgliedstaates hinausweisen müssen (Beispiele bei *Emmert* S. 400 f.). Die steuerrechtliche Bedeutung der Freiheit des Dienstleistungsverkehrs hat *Bieg* (S. 285 ff.) exemplarisch am Beispiel des § 10 I Nr. 9 EStG untersucht (Sonderausgabenabzug bei Besuch einer Privatschule aber beschränkt auf staatlich genehmigte Schulen, woraus die Verwaltung das Erfordernis einer inländischen Schule ableitet, DB 1993, 2003); dazu das unter B 9 erwähnte Urteil des *BFH* FR 1997, 817. Zu verweisen ist ferner auf das *EuGH*-Urteil in Sachen Eurowings unter K 56.

(5) Neben der Freiheit, ihre Waren und Dienstleistungen im Ausland **22** abzusetzen, räumt Art. 43 ff. EG Unternehmen (das sind natürliche Personen, Kapitalgesellschaften, Personengesellschaften) auch **das Recht** ein, **sich** selbst auf Dauer **in einem anderen Mitgliedstaat niederzulassen** (Hauptniederlassung, Zweigniederlassung, Tochtergesellschaft). Der Berechtigte kann sich auf das Gebot der Inländergleichbehandlung berufen: Er kann die gleichen Bedingungen und Rechte wie die Inländer geltend machen (Diskriminierungsverbot). Die weitere Entwicklung zu einem Beschränkungsverbot besagt: Aufnahme und Ausübung einer selbständigen Tätigkeit können zwar von der Beachtung interner Vorschriften abhängig gemacht werden, doch muß dies durch das Allgemeininteresse gerechtfertigt sein. Das eigentliche Problem, der Zutritt zum Markt des Aufnahmelandes, ist damit gesichert (zur Rechtsentwicklung über das Diskriminierungsverbot hinausgehend hin zu einem Beschränkungsverbot *Everling* Gedächtnisschrift *Knobbe-Keuk*

S. 608 ff.): Die Mitgliedstaaten sind verpflichtet, die Niederlassungs-freiheit zu fördern. Da die einzelnen Formen der freien Niederlassung nach der *EuGH*-Rechtsprechung gleichberechtigt sind, ist auch die Beeinträchtigung der Entscheidungsfreiheit zwischen den verschiedenen Organisationsformen untersagt (*Dautzenberg* S. 183 mit *EuGH*-Nachweisen; s. dazu auch das *EuGH*-Fallmaterial, insbesondere bereits die frühen Entscheidungen avoir fiscal und Commerzbank).

**23**     (6) Die **Freizügigkeit der Arbeitnehmer** (Art. 39 ff. EG) umfaßt ebenfalls sowohl ein Diskriminierungs- als auch ein Beschränkungs-verbot; letzteres hat der *EuGH* in Sachen *Gilly* nun erstmals bestätigt (s. Fallmaterial K 52). Zur Arbeitnehmerfreizügigkeit ist insbesondere auf das Schumacker-Urteil des *EuGH* zu verweisen.

**24**     (7) Die **Kapitalverkehrsfreiheit** (Art. 56 ff. EG) ist seit Maastricht als unmittelbar wirksames, allgemeines Beschränkungsverbot ausgestaltet. Das Kapital soll innerhalb Europas den Ort der ertragreichsten Anlage suchen (optimale Allokation); erfaßt wird der grenzüberschreitende Transfer von Geld- und Sachkapital; die Finanzierung von Direktinvesti-tionen in gewerblichen Niederlassungen oder Tochtergesellschaften ist ebenso geschützt wie der Beteiligungserwerb. Die unternehmerische Niederlassung in einem anderen Mitgliedstat verwirklicht damit die Grundfreiheiten Niederlassungsrecht und Kapitalverkehrsfreiheit: Bei der Niederlassungsfreiheit steht die Berufsausübung im Vordergrund, bei der Kapitalverkehrsfreiheit der Transfer des Kapitals. Der Steuervorbe-halt in Art. 58 I a EG stellt klar, daß eine Unterscheidung nach der ab-kommensrechtlichen Ansässigkeit (Wohnort oder dem Letztverwen-dungsort des Kapitals (Kapitalanlageort) eine sachgerechte Unterschei-dung darstellen kann (zum Inhalt der Kapitalverkehrsfreiheit und zu den denkbaren steuerrechtlichen Folgen *Schön* aaO, S. 743 ff. und *Dautzen-berg* RIW 1998, 537 ff.; zur Frage, ob sich die Kapitalverkehrsfreiheit mit der unterschiedlichen Besteuerung der Vergütung für Eigenkapital und Fremdkapital vereinbaren läßt, s. *Dautzenberg* S. 65); zur behaupte-ten Rechtsgrundlage für die Anrechnung von Körperschaftsteuer für ausländische Dividenden eines im Inland unbeschränkt Steuerpflichtigen über § 36 II Nr. 3 Satz 1 EStG hinausgehend s. *FG München* EFG 1998 S, 1076 und in diesem Buch N 64.

## 2. Verfahrensrechtliche Grundlagen (EU-Rechtsschutz, Vorabent-scheidungsverfahren, Bindungswirkung)

**25**     (1) Das **Europarecht** wirkt wegen des Rangs und seiner unmittelbaren Anwendbarkeit auf Verfahren nach nationalem Recht vor den nationalen Behörden und Gerichten ein; es hat daneben **ein eigenes Rechtsschutz-system** bei der Kommission und den Gerichten der EU (EuGH und EuG) statuiert. Die Aufgabe des *EuGH* umfaßt die Wahrung des Rechts bei der Auslegung und Anwendung des EG-Vertrages; hierzu zählt die Befugnis, Rechtslücken zu füllen und das Recht fortzubilden; zu seiner Auslegungsmethode *Wolfgang Schön* in: *Lehner* (Hrsg.), S. 171ff. Dieser Rechtsschutz aufgrund des Gemeinschaftsrechts und die Rechtsschutzverfahren vor dem *EuGH (und EuG)* sind hier nicht weiter zu behandeln; eine knappe, aber sehr instruktive Einführung bei *Emmert* S. 121f.

(2) Steuerrechtlich bedeutsam in den Direktverfahren vor dem *EuGH* **26** ist die Aufsichtsklage der Kommission gegen Mitgliedstaaten (Vertragsverletzungsklage der Kommission Art. 226 EG wegen Verstoßes gegen bindende Normen des Gemeinschaftsrechts). Dazu gehört auch die Nichtumsetzung von Richtlinien. Wie sich aus dem Stand der beim *EuGH* anhängigen Verfahren in Abgabeangelegenheiten zum Stichtag 31. 12. 1999 (BStBl. 1999 II Nr. 22 Beilage 4/1999) ergibt, waren beim *EuGH* bspw. 14 Aufsichtsklagen der Kommission in Umsatzsteuersachen anhängig, darunter 2 Verfahren gegen die Bundesrepublik. Wegen der Einführung einer Abzugsteuer auf Vergütungen an ausländische Dienstleistungserbringer (§ 50a VII EStG) im Steuerentlastungsgesetz 1999/2000/2002 hat die EU-Kommission bereits die erste Stufe eines Vertragsverletzungsverfahrens wegen eines Verstoßes gegen die Dienstleistungsfreiheit eingeleitet (IStR 1999 Nr. 16, III) – das Verfahren wird mit dem Steuerbereinigungsgesetz 1999 und der darin vorgenommenen Aufhebung des § 50a VII beendet werden (s. dazu Q 42).

(3) Sieht man von hier nicht weiter interessierenden Ausnahmen ab **27** (Wettbewerbsrecht, Beihilfenaufsicht, Antidumping- und Antisubventionsrecht, gemeinschaftsinternes Bedienstetenrecht), liegen Umsetzung und Vollzug des Gemeinschaftsrechts bei den Mitgliedstaaten. Das Steuerrecht ist hierfür typisch. Selbst der gemeinsame Zolltarif und die landwirtschaftlichen Marktordnungen werden von mitgliedstaatlichen Stellen vollzogen. Folge hiervon ist die Beschäftigung der einzelstaatlichen Gerichte auch mit Gemeinschaftsrecht; die innerstaatliche Geltung ist Art. 10 EG zu entnehmen (eine zum 31. 12. 1998 veröffentlichte Übersicht über die beim *BFH, BVerfG* und *EuGH* anhängigen Steuerverfahren weist für das gemeinschaftsrechtliche Zollrecht ca. 30 beim *BFH* anhängige Verfahren aus, s. DB Beilage Nr. 3/99). Die innerstaatliche Wirkung kann eine unmittelbare sein – dann kann sich der Einzelne vor dem nationalen Gericht hierauf berufen (s. oben J 3 den *EuGH*-Fall Denkavit); es kann sich um nicht unmittelbar anwendbares Gemeinschaftsrecht handeln, das noch der Umsetzung bedarf (s. oben J 3 den *EuGH*-Fall Daihatsu) – auch dieses Recht kann begrenzte Folgen auf den Einzelnen ausüben. Jedenfalls: Der nationale Richter ist damit der „ordentliche" Richter des Gemeinschaftsrechts hinsichtlich aller unmittelbar geltenden Rechtssätze (*Dauses* S. 44). Daraus folgen zwei grundsätzliche Probleme

a) Wie ist zu gewährleisten, daß Gemeinschaftsrecht von Mitgliedstaat zu Mitgliedstaat gleichen Auslegungsprinzipien unterworfen ist?

b) Einzelpersonen sind nach dem Klagesystem der Verträge grundsätzlich nicht befugt, das Gemeinschaftsrecht unmittelbar vor dem EuGH anzugreifen oder geltend zu machen – jedenfalls ist dies der für das Steuerrecht geltende Befund.

**28**  Aus der „Lösung" dieser beiden Fragen ergibt sich die Bedeutung des **Vorabentscheidungsverfahrens** nach Art. 234 EG: Es ist ein Instrument zur Koordinierung der Rechtsprechung der mitgliedstaatlichen Gerichte auf dem Gebiet des Gemeinschaftsrechts – und zugleich hat es sich – wie das Fallmaterial zeigen wird – zu einem wichtigen „Garanten" der individuellen Rechte der Gemeinschaftsbürger entwickelt; die Zahl der Eingänge der letzten Jahre (1995: 251; 1996: 256; 1997: 239; 1998: 264) zeigt seine Bedeutung (zusammenfassende aktuelle Gesamtdarstellungen zur *EuGH*-Rechtsprechung im Steuerrecht und ihrem Einfluß auf das deutsche Steuerrecht bei *Heinicke* DStR 1998, 1332 und *Hirsch* DStZ 1998, 489; der zum 31. 12. 1998 bekanntgegebene Stand der beim *EuGH* anhängigen Verfahren in Abgabeangelegenheiten (DB Beilage Nr. 3/99) weist deutsche Vorlagebeschlüsse aus: Einkommensteuer 2 Fälle, Gewerbesteuer 1 Fall, Körperschaftsteuer 1 Fall, Umsatzsteuer 5 Fälle, Tabaksteuer 1 Fall; weitere deutsche Vorlagebeschlüsse betreffen die Ausgleichsabgabe, Ausfuhrerstattung, Einfuhrabgaben, Eingangsabgaben, Zollerlaß, Zolltarifierung, Bananenmarktorganisation, und die Milchreferenzmenge.

**29**  Es hat sich nämlich gezeigt, daß ein Großteil der gemeinschaftsrechtsbezogenen Verfahren vor den nationalen Gerichten die **Vereinbarkeit von innerstaatlichem Recht mit unmittelbar geltendem Gemeinschaftsrecht** betrifft – nicht eine durch Gemeinschaftsakte bewirkte Belastung. Folge: Vor den nationalen Gerichten werden Rechte des Gemeinschaftsrechts geltend gemacht – insbesondere die Grundfreiheiten des EG-Vertrages – und gleichzeitig damit nicht bzw. nicht mehr zu vereinbarendes innerstaatliches Recht – das Steuerrecht kann für diese Entwicklung beispielhaft geltend (s. das Fallmaterial im folgenden Abschnitt). Faktisch werden damit **Vertragsverletzungen der Mitgliedstaaten** gerügt (*Dauses* S. 49) – und neues Gesetzesrecht zugleich damit mittelbar und ohne das Verfahren Art. 226 EG angeregt (oder erzwungen?). Somit erweist sich dieses *EuGH*-Vorgehen als Ausgleich für die fehlende Direktklage. Das ist aber nur der eher formale Gesichtspunkt. Materielle Bedeutung kommt diesen Verfahren dadurch zu, daß sie außerhalb der Harmonisierungsgrundlagen im EG-Vertrag und deren zäher, von unendlich langwierigen Diskussionen begleiteter Umsetzung einen Harmonisierungsprozeß ganz anderer Art einleiten.

**30**  (4) Zu den Einzelheiten des Vorabentscheidungsverfahrens ist auf die monographischen Bearbeitungen von *Dauses* und *Rengeling* u. a. zu verweisen. In verfahrensmäßiger Hinsicht ist hervorzuheben, daß es sich um ein **nichtstreitiges Verfahren** ohne kontradiktorische Parteien handelt, in dem lediglich alle Beteiligten ihren Standpunkt zur Richtervorlage vortragen können (*Clausnitzer* IWB 11 Gr 1, 140).

a) Art. 234 beschränkt den Anwendungsbereich des Vorabentschei- 31
dungsverfahrens strikt auf **Normsätze des Gemeinschaftsrechts** – nationales Recht ist als solches kein Gegenstand, wird auch nicht ausgelegt.
Folgerichtig ist auch die Vereinbarkeit nationalen Rechts mit dem vorrangigen Gemeinschaftsrechts nicht Prüfungsgegenstand – da dies ja
eine Rechtssatzauslegung des nationalen Rechts erforderte. Der *EuGH*
nimmt in seinen Entscheidungen hierauf immer wieder Bezug, s. etwa
*EuGH*-Fall Braathens Sverige zu einer Umweltschutzgabe für die gewerbliche Luftfahrt RIW 1999, 803 unter Rz 14: Nach ständiger Rechtsprechung kann der Gerichtshof im Verfahren nach Art. 234 zwar nicht
über die Vereinbarkeit der nationalen Vorschriften mit dem Gemeinschaftsrecht entscheiden – er ist jedoch befugt, „dem vorlegenden Gericht alle Hinweise zur Auslegung des Gemeinschaftsrechts zu geben, die
es diesem ermöglichen, bei der Entscheidung über das bei ihm anhängige
Verfahren die Frage der Vereinbarkeit zu beurteilen". Aber die *EuGH*-
Entscheidungszuständigkeit ist auch dann gegeben, wenn gemeinschaftsrechtlichen Normen im nationalen Recht ein Anwendungsbereich zukommt, der über den gemeinschaftsrechtlich vorgegebenen Rahmen hinausgeht (*EuGH*-Fall Leur-Bloem, s. N 286; *de Weerth* RIW 1998, 473);
gleichfalls dann, wenn das Gemeinschaftsrecht aufgrund autonomer Verweisung Anwendung findet (*Wolfgang Schön* aaO, S. 198). Damit wird
die konkrete und **fallspezifische Fragestellung des vorlegenden Gerichts** deutlich, etwa: *FG Köln* Vorabentscheidungsbeschluß Saint
Gobain zur Betriebsstättendiskriminierung (IStR 1997, 557) Frage Nr. 1:
„Ist es mit dem geltenden Gemeinschaftsrecht, insbesondere mit Art. 52
i.V. mit Art. 58 EWGV (Fall älteren Rechts!) vereinbar, daß einer in
Deutschland gelegenen Betriebsstätte einer Kapitalgesellschaft mit Sitz
in einem anderen Mitgliedstaat nicht unter den gleichen Voraussetzungen das Schachtelprivileg für Dividenden aufgrund eines DBA mit einem
Drittstaat gewährt wurde wie Kapitalgesellschaften mit Sitz in Deutschland?" In der Sachverhaltsschilderung nennt das *FG Köln* zwar die
Rechtsgrundlagen des innerstaatlichen Rechts, die – würden sie zur Anwendung gelangen – zur Abweisung der vor dem FG Köln erhobenen
Klage führen müßten. Aber die Fragestellung zeigt, daß es auf den Tatbestand im einzelnen nicht ankommt. Es geht aus *EuGH*-Sicht nicht um
die Reichweite des § 26 KStG – es geht um die Reichweite des Gemeinschaftsrechts auf einen ihm unterbreiteten Lebenssachverhalt. Dementsprechend **entscheidet der EuGH auch nicht den Ausgangsrechts-
streit,** kassiert mithin auch nichts, sondern führt – wie im Fall Saint
Gobain – lediglich aus, daß Grundfreiheiten „einer Regelung entgegenstehen oder – wie im Fall Gschwind – Grundfreiheiten „der Anwendung
einer Regelung nicht entgegenstehen (s. die *EuGH*-Leitsätze IStR 1999,
592 und 597) – er verbleibt vor dem nationalen Gericht. Der *EuGH* klärt
nur abstrakt und generell die gemeinschaftsrechtliche Vorfrage. Deswe-

gen – wenn auch folgenlos – unzutreffend die Vorlage EG Köln (IStR 1997, 755): „Verstößt es gegen Art. 48 EGV, daß nach § 1 III 2 i. V. mit § 1 a I Nr. 2 EStG . . .

Die Kompetenzfrage wird gegenwärtig im **deutschen Bilanzsteuerrecht** kontrovers erörtert, insoweit also ohne einen konkreten Bezug zum IStR. Dennoch sind einige Hinweise erforderlich: Der *EuGH* hat auf einen Vorlagebeschluß des *FG Köln* zu Fragen nach der Auslegung der Richtlinie über den Jahresabschluß von Gesellschaften bestimmter Rechtsformen (Vierte Richtlinie 78/660/EWG) zur Bildung von Pauschalrückstellungen Stellung genommen (DB 1999, 2035). Um die materiellrechtliche Problematik geht es hier nicht, sondern allein um die *EuGH*-Kompetenz für Fragen des deutschen Steuerbilanzrechts. Dazu zunächst ein Seitenblick auf die *BFH*-Rechtsprechung: *BFH*-Vorlagebeschluß an den Großen Senat BStBl. 1999 II, 129 mit der Fragestellung, ob solche nach dem Inhalt von Vorschriften der Vierten Richtlinie des Rates über den Jahresabschluß von Gesellschaften dem *EuGH* vorzulegen sind; und in einem weiteren Vorlagebeschluß des *BFH* (BStBl. 1999 II, 558) heißt es, der Senat gehe im übrigen davon aus, „daß die Beurteilungskompetenz des *EuGH* ohnehin nicht auf steuerrechtliche Bilanzierungsfragen ausstrahlt". In dem eingangs erwähnten *EuGH*-Urteil BB 1999, 2035 ist die Kompetenzfrage aber nicht einmal problematisiert, sondern wie selbstverständlich beansprucht worden: 4. EG-Richtlinie – Bilanzrichtliniengesetz als Transformationsgesetz hierzu – einkommensteuerliche Gewinnermittlung unter Beachtung handelsrechtlicher Vorgaben (Maßgeblichkeitsprinzip). Nunmehr die *EuGH*-Vorlagebeschlüsse des *FG Hamburg* zur Bilanzierung von Kreditrisiken (EFG 1999, 1026), zur Wertaufhellung (EFG 1999, 1033) und zur **Klärung einer Vorabentscheidungszuständigkeit** überhaupt bei Anwendung der nicht nur für Kapitalgesellschaften, sondern gleichermaßen für andere Kaufleute geltenden Rechnungslegungsvorschriften der §§ 238 ff. HGB (EFG 1999, 1022). In der letztgenannten Entscheidung grenzt sich das *FG Hamburg* mithin vom *BFH* ab, da der *BFH* der Ansicht ist, daß allein das nationale Gericht über die Notwendigkeit der Vorlage entscheidet (dazu *Weber-Grellet* DStR 1999, 1648; *Kolb* in Festschrift *Rädler* S. 377 ff.; *Wolf-Dieter Hoffmann* DStR 1999, 1686 unterscheidet: Die *EuGH*-Kompetenz ist gegeben, der Vorlagebeschluß des *BFH* an den Großen Senat ist mit einem „Ja" für den *EuGH* zu bescheiden – doch bleibt die Frage, ob es der Rechtspraxis dienlich ist, daß jedes *FG* und auch der *BFH* bei einer einigermaßen grundlegenden Streitfrage den *EuGH* zur Auslegung von Bilanzsteuerrecht anruft).

**32**   b) Zur **Vorlageberechtigung** und **Vorlageverpflichtung:** Es gilt ein Beurteilungsermessen des nationalen Gerichts, in sogenannten Gültigkeitsfragen (Zweifel an der Gültigkeit gemeinschaftsrechtlicher Normen) allerdings eine Verpflichtung auch für nichtletztinstanzliche Gerichte (*Clausnitzer* IWB 11 Gr. 1, 142 m. Nachw.). Voraussetzung ist im übrigen die fehlende subjektive Gewißheit des Richters über den Bestand und Inhalt des maßgeblichen Gemeinschaftsrechts. Die Vorlageberechtigung der Untergerichte steht außer Zweifel: Die angebliche Konkurrenz der Bindungswirkung von – Revisionsurteilen nach § 126 V FGO und dem Vorlageverfahren Art. 234 EG, die *FG Rheinland Pfalz* EFG 1995, 378 zugunsten des nationalen Rechts löste, besteht wegen der Vorrangwirkung des Gemeinschaftsrechts nicht (*Rainer* IStR 1995, 388). Eine Vorlageverpflichtung besteht für das letztinstanzliche Gericht (Art. 234 III EG) – wer das ist, ist streitig (konkrete oder abstrakte Bestimmung?). Die Verfassungsbeschwerde steht einer Vorlageverpflichtung nicht entgegen, ebenfalls nicht die mit der Beschwerde angreifbare Nichtzulassung einer Revision (zur Diskrepanz *BFH/BVerwG Dauses* S. 112). Zur gerichtlichen Überprüfung von finanzgerichtlichen Nichtvorlagebeschlüssen an den EuGH *BFH* IStR 1996, 482; *Schauhoff* IStR 1996, 494. Für die Praxis ist entscheidend: Da der Steuerpflichtige kein eigenes Anrufungsrecht hat, kommt es darauf an, im finanzgerichtlichen Verfahren insoweit eine entsprechende Überzeugung des Gerichts herbeizuführen. Doch ist klarzustellen, daß über die *EuGH*-Anrufung von Amts wegen und ggf. gegen den Parteiwillen entschieden wird.

c) **Umfang der Vorlagepflicht:** Der Erweiterung in den genannten 33 Gültigkeitsfragen steht eine Einschränkung der Vorlagepflicht in den Auslegungsfragen gegenüber; die Vorlagepflicht entfällt, wenn eine gesicherte *EuGH*-Rechtsprechung besteht – oder wenn die richtige Anwendung offenkundig ist. Nur: eine solche Feststellung unterliegt wesentlichen Bedingungen, zentraler Test muß sein: Ist mit einer abweichenden Entscheidung durch die Gerichte anderer Mitgliedstaaten oder dem *EuGH* zu rechnen? *Wolfgang Schön* aaO, S. 195: Es muß daher immer wieder auf den geringen Spielraum hingewiesen werden, den die CILFIT-Doktrin des EuGH den nationalen Gerichten bietet. Auch wenn nicht jeder Anwaltsschriftsatz, der sich auf europäische Normen beruft, das Gericht zur Vorlage verpflichtet, so müßte doch jede ernsthafte wissenschaftliche oder gerichtliche Äußerung zur Vorlage Anlaß geben. Das Problem der CILFIT-Doktrin besteht darin, daß der Verzicht auf eine an sich gebotene Vorlage keine deutlichen Sanktionen nach sich zieht.

d) Rechtsfolgen einer **Verletzung der Vorlagepflicht:** Vertragsver- 34 letzungsverfahren Art. 226, 227 EG – doch ist zu beachten, daß der *EuGH* in einem Vorlegungsfall als gesetzlicher Richter Art. 101 I Satz 2 GG gilt (BVerfG in Solange II, *Heitsch* EuGRZ 1997, 461).

e) Ob eine **Vorlagepflicht schon im Aussetzungsverfahren** (§ 69 35 FGO) zu beachten ist, hat der *BFH* (IStR 1988, 302) unter Hinweis auf das lediglich summarische Verfahren verneint (billigend *Dauses* S. 112). Doch die Frage hat zu lauten: Kommt im Hauptsacheverfahren eine Vorlageverpflichtung in Betracht – oder ist von einer solchen Verpflichtung sogar auszugehen? Die Vorlage selbst bleibt dann dem Hauptsacheverfahren vorbehalten (*Lausterer* IStR 1998, 305 – weitergehend *Dautzenberg:* Der BFH darf sich zur Reichweite des Art. 234 EG überhaupt nicht äußern).

f) Das Vorlageverfahren setzt voraus, daß im **konkreten Fall die** 36 **Verletzung einer Grundfreiheit** in Betracht kommt: Vorlageverpflichtete Gerichte können nur dann den *EuGH* um eine Entscheidung gemeinschaftsrechtlicher Fragen ersuchen, wenn diese Vorlagen entscheidungserheblich sind: das vorlagewillige Gericht muß die europarechtliche Zweifelsfrage geprüft haben und sie darlegen und damit den *EuGH* in

die Lage versetzen, eine gemeinschaftsrechtliche Klärung herbeizuführen; deswegen ist *Wassermeyers* Überlegung, auch dann zu einer Vorlagepflicht zu gelangen, wenn zwar im konkreten Fall keine Verletzung
einer Grundfreiheit in Betracht kommt, jedoch eine solche zu befürchten
ist, wenn eine andere Person den gleichen Besteuerungstatbestand verwirklicht hätte (DB 1998, 29), mit Art. 234 EG nicht zu vereinbarten
(*Wassermeyers* Anliegen ist, sich eine befürchtete Gleichheitsverletzung
durch den *EuGH* mit der Wirkung einer Folgevorlage an das *BVerfG*
gem. Art. 100 GG bestätigen zu lassen).

37    (5) Schließlich zur Frage der **Bindungswirkung der EuGH-Entscheidungen.** Urteile des *EuGH* haben feststellende und auslegende
Wirkung, aber die gemeinschaftsrechtlichen Normen werden vom *EuGH*
nicht auf den konkreten Einzelfall angewendet. Die feststellende Wirkung bezieht sich auf die **verbindliche Auslegung des Gemeinschaftsrechts** – nationales Recht wird weder ausgelegt noch seine Gültigkeit
beurteilt. Deswegen sind die Staaten auch nicht zu einer unmittelbaren
Reaktion verpflichtet. Um so wichtiger wird die Bindungsfrage für die
spätere innerstaatliche Rechtsprechung. Aus der Kompetenz des *EuGH*
zur abschließenden Auslegung von Gemeinschaftsrecht ergibt sich, daß
die nationalen Gerichte das Gemeinschaftsrecht in der vom *EuGH* vertretenen Auslegung anzuwenden oder aber die Sache erneut vorzulegen
haben. Das Problem hierbei ist die Voraussetzung einer „gleichen Streitfrage": Sie liegt vor, wenn es um einen in den wesentlichen Punkten vergleichbaren Sachverhalt geht, der zur Entscheidung ansteht; hierzu *Görk*
(DStR 1999, 283), der den Problemkreis am Beispiel der Frage einer
wertabhängigen Handelsregistergebühr als einer europarechtlich unzulässigen Steuer untersucht:

Ausgangspunkt ist die *EuGH*-Entscheidung Fantak zur EU-Rechtswidrigkeit von
**Handelsregistergebühren** in Dänemark (IStR 1997, 77): nach der Richtlinie 69/335/
EWG betreffend die indirekten Steuern auf die Ansammlung von Kapital ist eine Erhebung einer Steuer mit den Merkmalen einer Gesellschaftsteuer außerhalb der von
ihr genannten Voraussetzungen untersagt. Eine solche Steuer auf die Ansammlung
von Kapital wurde aber in einer nicht mehr kostenorientierten Registereintragungsgebühr für Handelsregistereintragungen in Dänemark erkannt. Das *BayObLG* (DStR
1999, 291) hat die Rechtsprechung des *EuGH* auf das wertgebundene System der
Eintragungsgebühren des deutschen Handelsregisters (§§ 26, 32 KostO) übertragen
und unter dem Hinweis auf die Fantask-Entscheidung eine Gebührenerhebung als im
Mißverhältnis zum tatsächlichen Aufwand stehend gekennzeichnet. *Görk* hat dies
kritisiert, weil trotz einer gleichgelagerten Abgabenstruktur die Handelsregister in
Deutschland und Dänemark nicht vergleichbar seien, die Gebührenstruktur auch an
anderen Maßstäben ausgerichtet sei. In der Gebührenlastverteilung nach deutschem
System sei auch keine Besteuerung zu erkennen. Der Sachverhalt, über den der
*EuGH* zu entscheiden hatte, weiche daher ab, es bedürfe einer erneuten *EuGH*-
Vorlage.
    Macht ein Beschwerdeführer im Revisionsverfahren eine Abweichung von einer
*EuGH*-Entscheidung geltend, so kann er nach *BFH*/NV 1999, 928, dies nur mit der
Rüge der grundsätzlichen Bedeutung, aber nicht mit der Divergenzrüge angreifen.

## 3. Fallmaterial (EuGH-Rechtsprechung 1986–1999)

Die steuerrechtlich relevanten, immer wieder zitierten *EuGH*-Ent-  **38** scheidungen werden im folgenden jeweils nach dem gleichen Schema skizziert: Kurzbezeichnung des Falles (Name des Betroffenen), strittiger Punkt und damit berührte EG-Rechtsposition, *EuGH*-Entscheidung, Verweis auf die Folgen, die an anderer Stelle behandelt werden. Das hat zur Folge, daß spätere Hinweise nur noch einen Bezug auf die Kurzbezeichnung des Falles erfordern. Daß damit einige Rechtsfragen schon vor ihrer systematischen Einordnung behandelt werden, ist hinzunehmen; der Vorteil einer zusammenhängenden Darstellung kann nicht in Frage gestellt werden. Die Rechtsprechung beschränkt sich (mit Ausnahme des Falles Halliburton) auf die direkten Steuern; doch wiederum muß zur Vermeidung von Mißverständnissen im Verhältnis der direkten zu den indirekten Steuern dazu erläutert werden: Die Umsatzsteuer ist nicht etwa frei von Problemen; im Gegenteil: die Verfahren vor dem *EuGH* (Vorabentscheidungensersuchen und Vertragsverletzungsverfahren) haben zahlenmäßig ein solches Gewicht, daß die Rechtsprechung – wie das Umsatzsteuergesetz überhaupt – längst nur noch von Spezialisten überblickt wird (vgl. nur die Jahresberichte von *Huschens,* zuletzt RIW 2000, 100 ff.; die bereits mehrfach erwähnte Verfahrensübersicht zum 31. 12. 1998 weist 35 anhängige *EuGH*-Verfahren zur Umsatzsteuer aus – gegenüber 11 Verfahren zur ESt, KSt, GewSt DB Beilage Nr. 3/99). Aber es sind Detailfragen, die keine Grundsatzprobleme nach der Reichweite des Binnenmarktkonzepts mehr aufwerfen. Daher ist insoweit auf die wenigen Hinweise zur *EuGH*-Rechtsprechung unter V 9 zu verweisen: die Verwirklichung der Grundfreiheiten steht auch in Umsatzsteuerfragen zwar regelmäßig auf dem Prüfstand (vgl. zuletzt *EuGH* in Sachen Société Baxter zur Frage der Niederlassungsfreiheit im Falle einer außerordentlichen Abgabe vom Umsatz vor Steuern bei der Verwertung von Arzneispezialitäten IStR 1999, 563), doch vorrangig geht es um die Auslegung von Tatbestandsmerkmalen insbesondere des sekundären Gemeinschaftsrechts. Eine systematische Ordnung erfolgt nicht, ist an dieser Stelle auch nicht erforderlich. Es geht vorrangig um die **Abfolge der Entscheidungen,** lediglich die späteren Entscheidungen Centros und Gschwind wurden früheren Entscheidungen zugeordnet; zu einer „ordnenden Sicht" des Entscheidungsmaterials s. *Thömmes* StbJb 1998/99 S. 179.

(1) **Fall Avoir fiscal** (*EuGHE* 1986, 273): Frankreich versagte einen Anrech-  **39** nungsanspruch (avoir fiscal) für die auf Dividenden einer französischen Kapitalgesellschaft lastende Körperschaftsteuer, wenn diese Dividenden vereinnahmt werden von einer französischen Betriebsstätte (ihr war also die Beteiligung zuzurechnen) eines ausländischen Unternehmens.
Der europarechtliche Ansatz: Das französische Steuerrecht besteuert Betriebsstätten ausländischer Gesellschaften grundsätzlich wie Gesellschaften selbst mit ihrem

Sitz in Frankreich. Die Festlegung der Besteuerungslage ist identisch. Dann kann die Niederlassungsfreiheit (Art. 43 EG) berührt sein, indem der Betriebsstätte anders als der Tochtergesellschaft eine Anrechnung versagt wird.

*EuGH*: Die Versagung führt zu einer ungerechtfertigten Benachteiligung französischer Betriebsstätten gegenüber Tochtergesellschaften, deren Gesellschafter in anderen Mitgliedstaaten ansässig sind. Art. 43 EG garantiert jedem Staatsangehörigen eines Mitgliedstaates die Begünstigung der Inländerbehandlung, auch wenn er sich in einem anderen Mitgliedstaat nicht über eine Tochtergesellschaft, sondern über eine Betriebsstätte niederläßt. Die Besonderheit dieses Falles war die problemlose Feststellung einer steuerlichen Diskriminierung, nachdem der *EuGH* die Niederlassungsfreiheit nicht mit einer bestimmten Rechtsform verknüpfte. Damit wurden Steuernormen, die an einen Gesellschaftssitz anknüpfen (Tochtergesellschaft in Frankreich) kraft potentieller Diskriminierungswirkung gegenüber der Betriebsstätte einer gemeinschaftsrechtlichen Überprüfung zugänglich. Die jeweilige beschränkt körperschaftsteuerpflichtige Gesellschaft wurde mit ihrer Betriebsstätte in Frankreich nicht anders als eine unbeschränkt körperschaftsteuerpflichtige behandelt – mit Ausnahme eben des avoir fiscal. Frankreich wollte diesen Nachteil durch anderweitige Vorteile kompensiert sehen und einen Vergleich zwischen der Betriebsstätte und der Tochtergesellschaft aufgrund erheblicher Unterschiede in tatsächlich und steuersystematischer Hinsicht für unzulässig erklären. Von einer nicht vergleichbaren Ausgangssituation konnte der *EuGH* aber nicht ausgehen, die Regeln der Gewinnbesteuerung in Frankreich widerlegten dieses Argument. Auch Vorteile, die die französische Regierung kompensatorisch geltend machen wollte, waren fernliegend, inhaltlich oder zeitlich in ganz anderen Bereichen angesiedelt und von lediglich mittelbarer Art, so daß ihnen der EuGH keine Beachtung schenken konnte (Bedeutung vor allem des Unmittelbarkeitskriteriums). Über den konkreten Fall hinausgehend ist die avoir-fiscal-Entscheidung von grundsätzlicher Bedeutung, weil sie die generelle Anwendbarkeit der Niederlassungsfreiheit im Bereich der direkten Steuer nicht mehr mit dem Erfordernis eines EGV-Harmonisierungsvorbehalts verknüpft. Hier liegt der **Schlüssel zum Verständnis der Bedeutung der Grundfreiheiten** in der *EuGH*-Sicht, dessen Argumentation auf einer Auslegung der unterschiedlichen Ziele von Grundfreiheiten einerseits und nur beschränkter Harmonisierungsbefugnis (Art. 94 EG) beruht. Um das richtig zu verstehen, muß man sich einfach die Frage stellen, wie es möglich ist, daß **trotz einer nur beschränkten Harmonisierungsbefugnis** mit kaum sichtbaren materiellen Konturen einerseits der *EuGH* andererseits – wie die Entscheidung avoir fiscal bereits zeigt – **tief in nationales Recht eingreifen kann?** Für den *EuGH* gibt es keinen Widerspruch zu Art. 94 EG: Grundfreiheiten zielen darauf ab, den Gemeinschaftsbürger zu schützen; die Harmonisierungsbefugnis gewährt der Gemeinschaft eine Kompetenz, Hindernisse aus der Unterschiedlichkeit der Rechtsordnungen zu beseitigen (das kann auch Grundfreiheiten betreffen). Entscheidend ist der unterschiedliche Normadressat, so daß es in der Tat zutreffend ist, die Auslegung und damit die Rechtsfolgen der Grundfreiheiten vom Inhalt des Art. 94 EG zu lösen. Zur avoir fiscal-Entscheidung *Otto H. Jacobs* S. 179, vor allem aber *Bieg* S. 116ff. Zu den Folgen (§ 8b IV KStG, § 26 VII KStG und zur Steuersatzproblematik für Betriebsstätten (40% seit dem 1. 1. 1999, zuvor 42%) s. ab P 39. Die *EuGH*-Entscheidung Saint Gobain (K 55) knüpft hieran an.

**40**  **(2) Fall Daily Mail** und **Fall Centros,** zunächst **Daily Mail** (*EuGHE* 1988, 5483): Eine britische Gesellschaft wollte ihren Verwaltungsitz in die Niederlande verlegen (Sitzverlegung unter Identitätswahrung), bedurfte aber hierzu wegen der Sicherstellung des Steueranspruchs auf die stillen Reserven der Zustimmung der Finanzverwaltung, die ihr verweigert wurde.

Der europarechtliche Ansatz: Ist dies mit dem Grundsatz der Niederlassungsfreiheit zu vereinbaren? Ist es überhaupt möglich, die Sitzverlegung mit einem Zugriff auf stille Reserven zu verbinden? Damit verbunden und seit der folgenden Entscheidung Centros (1999) in einer Vielzahl von Veröffentlichungen diskutiert das Problem: einerseits der grundsätzliche Richtungsstreit um die Anknüpfung im internationalen Gesellschaftsrecht (Gesellschaftsstatut) an den Ort der Gründung (**Gründungstheorie**) **oder** an den Ort des effektiven Verwaltungssitzes (**Sitztheorie**); nach der in Deutschland geltenden Sitztheorie kann eine Gesellschaft mit inländischem Verwaltungssitz nicht wirksam nach ausländischem Recht gegründet werden. Andererseits der Streit um die Auswirkungen der gemeinschaftsrechtlichen Niederlassungsfreiheit (Art. 43 EG) auf das internationale Gesellschaftsrecht der Mitgliedstaaten – die an Daily Mail und nunmehr verstärkt an Centros anknüpfende Diskussion fragt nach der Vereinbarkeit der Sitztheorie mit der Niederlassungsfreiheit. Diesen Ausgangspunkt hat man sich zu vergegenwärtigen. Im Fall Daily Mail ist die ablehnende Entscheidung der Finanzverwaltung gebilligt worden, ohne daß die steuerliche Problematik erörtert wurde. Die Begründung liegt im Gesellschaftsrecht. Zwar betont der *EuGH*, daß auch das Verlassen des Herkunftsstaats als eine nach Art. 43 EG geschützte Verhaltensweise gilt. (Man wird einen solchen Niederlassungsvorgang auch in einem engen Zusammenhang mit der Kapitalverkehrsfreiheit als Problem der Direktinvestition im EU-Nachbarstaat sehen müssen; zum Verhältnis beider Grundfreiheiten s. *Bieg* S. 142). Aber eine nur steuerlich wirkende Sitzverlegung sei sachlich nicht mehr von der Niederlassungsfreiheit geschützt. Wegen der noch nicht vollzogenen Harmonisierung der nationalen Gesellschaftsordnungen (Gründungstheorie oder Sitztheorie) innerhalb der Gemeinschaft hält der *EuGH* das Problem der identitätswahrenden Sitzverlegung für noch nicht lösbar, weswegen gesellschaftsrechtliche Beschränkungen der Niederlassungsfreiheit nicht entgegenstehen. *Everding* in Gedächtnisschrift *Knobbe-Keuk* S. 613: Maßgebend waren die grundlegenden Unterschiede der nationalen Rechtsvorschrift; der Gerichtshof glaubte offensichtlich, „die dem Richterrecht gesetzten Grenzen zu überschreiten, wenn er den durch sehr unterschiedliche nationale Rechtsvorschriften begründeten Status der zur Niederlassung berechtigten juristischen Personen gemeinschaftlichsrechtlich aus Art. 43 EG ableiten würde". Die Daily Mail-Entscheidung war bereits Anlaß, die Frage einer identitätswahrenden Sitzverlegung unter der Geltung der Sitztheorie überhaupt und – weitergehend – die identitätswahrende Sitzverlegung im EU-Binnenmarkt intensiv zu erörtern. Gemessen an der Kernaussage im Fall avoir fiscal ist im Hinblick auf die geltend gemachten Unterschiede im nationalen Recht der EU-Staaten jedoch zu fragen, ob nun doch ein Harmonisierungsvorbehalt geltend gemacht wurde? Die Antwort darauf lautet: Ja, aber nur für dieses Teilproblem – und die Rechtfertigung hierfür beruht auf der Akzeptanz und mit Art. 48 EG erfolgter Respektierung nationaler Kollisionsregeln (Sitztheorie). Zur Daily Mail-Entscheidung *Bieg* S. 130ff.; *Bungert* AG 1995, 499; *Otto H. Jacobs*, S. 180; *Voß* StuW 1993, 165; *Viola Kruse* S. 170ff. Die Frage einer Wegzugsbesteuerung ist seitdem vom EuGH nicht mehr erörtert worden, die Frage ist europarechtlich mithin ungeklärt (*Dautzenberg* IStR 1998, 306). Auswirkungen auf das Außensteuerrecht sind unmittelbar nicht feststellbar, da es schon am Ansatzpunkt der Entscheidung fehlt. Denn der Wegzug einer Gesellschaft ist im deutschen Recht nicht von einer behördlichen Entscheidung abhängig. Von einer indirekten Wirkung ist aber auszugehen, wenn der *EuGH* grundfreiheitsbeschränkende Normen des Heimatstaats *mit Wirkung für den auswanderungswilligen Steuerinländer* einer gemeinschaftsrechtlichen Prüfung unterzieht. Zu den insoweit innerstaatlichen Problemen § 12 I KStG (M 78) und § 6 AStG (M 81); zum derzeitigen Stand des Verhältnisses Gemeinschaftsrecht/Sitztheorie *Staudinger/Großfeld* Rz 119ff. Hinzuweisen ist auf einen Vorschlag für eine 14. RL über die Verlegung des Sitzes einer Gesellschaft in einen anderen Mitgliedstaat mit Wechsel des für die Gesellschaft maßgebenden Rechts (Stand 22. 4. 1997), mit Begründung abgedruckt in ZIP 1997, 172ff. In der Entscheidung **Centros** (DB 1999, 625) hat der

*EuGH* nunmehr einen Verstoß gegen Art. 43, 48 EG darin gesehen, daß ein Mitgliedstaat die Eintragung einer Zweigniederlassung einer Gesellschaft verweigert, weil diese zwar in einem anderen Mitgliedstaat rechtmäßig errichtet wurde, dort aber keine Geschäftstätigkeit entfaltet. Die Gesellschaft beabsichtigte, ihre gesamte Geschäftstätigkeit im Staate der Zweigniederlassung auszuüben, ohne dort eine Gesellschaft zu errichten. Damit ist nach Auffassung des *EuGH* eine Umgehung des Gründungsrechts im Staate der Zweigniederlassung möglich – es bleibt diesem Staat unbenommen, geeignete Maßnahmen gegen Betrügereien vorzunehmen. Die Umgehung – das ist wohl die zentrale Aussage im Falle Centros – stellt für sich allein keine mißbräuchliche Ausnutzung des Niederlassungsrechts dar: „Das Recht, eine Gesellschaft nach dem Recht eines Mitgliedstaats zu errichten und in anderen Mitgliedstaaten Zweigniederlassungen zu gründen, folgt nämlich im Binnenmarkt unmittelbar aus der vom EG gewährleisteten Niederlassungsfreiheit". Dazu *Meilicke* DB 1999, 627: Mit diesem Urteil „macht der *EuGH* der **Sitztheorie** den Garaus" in diesem Sinne auch eine Anzahl weiterer Stellungnahmen; inzwischen haben skeptischere Stimmen sich – mit Recht – Gehör verschafft, etwa *Bungert* DB 1999, 1841 ff.: Angesichts der *EuGH*-Tendenz, nur die konkrete Vorlagefrage in ihrem konkreten Sachverhalt mit tendenziell pragmatischem Ansatz zu beschreiben, ist es zu gewagt zu folgern, das Recht des effektiven Verwaltungssitzes nicht mehr auf alle anderen Maßnahmen und Inhalte anwenden zu können, die dem Gesellschaftsstatut unterfallen. Und in einer umfangreichen Untersuchung der „Konfliktlinien zwischen internationalem Gesellschaftsrecht und Niederlassungsfreiheit" zuletzt *Sonnenberger/Großerichter* RIW 1999, 721 ff.: die Centros-Entscheidung trifft unmittelbar eine relativ enge Aussage; es ist keineswegs gesichert, ob in Fällen originären Auseinanderfallens von Verwaltungssitz, Satzungssitz und Gründungsort, bei Wegzug und Zuzug von Gesellschaften Konsequenzen für einen Mitgliedstaat hieraus zu ziehen sind, dessen IPR von der Sitztheorie ausgeht. Jedoch: da die *EuGH*-Rechtsprechung insoweit nicht absehbar ist, bleibt zu überlegen, ob „passives Abwarten und Hoffen" rechtspolitisch zweckmäßig ist. Nur auf diesem Hintergrund sollten sich Fragen der körperschaftsteuerlichen Auswirkungen der Centros-Entscheidung stellen (zur unbeschränkten Körperschaftsteuerpflicht L 16, zur Wegzugs- und Zuzugsbesteuerung ab L 71 bzw. M 79, zur Anwendung des § 8 b I KStG N 63, zur Anwendung des § 8 b II KStG N 201, zur Organschaft N 155, ab P 39) – nicht aber unter dem Gesichtspunkt „im Steuerrecht aufzuspürender Elemente der Sitztheorie", die „nunmehr kaum noch zu rechtfertigen" sind (so aber *Sörgel* DB 1999, 2236), oder schlicht und einfach Centros als Entscheidung zu interpretieren, „daß die in Deutschland herrschende Sitztheorie nicht mit der Niederlassungsfreiheit vereinbar ist" (*Eilers/Wienands* IStR 1999, 291).

**41**  **(3) Fälle Biehl I, Biehl II** (*EuGHE* 1990, 1779; IStR 1995, 531 ff.): Luxemburg läßt zuviel einbehaltene Steuern auf Löhne und Gehälter eines Staatsangehörigen eines Mitgliedstaates, der nur während eines Teil des Jahres in Luxemburg beschäftigt/niedergelassen war, der Staatskasse verfallen. Die Wirkung eines solchen Verfalls bedeutet der Sache nach, daß ein progressiver Tarif für den Veranlagungszeitraum in einem solchen Fall konsequent durchgehalten wird. Und hierum ging es Luxemburg: Das gewählte Progressionssystem zu rechtfertigen, anderenfalls ungerechtfertigte Vorteile zu befürchten wären. Allerdings kann eine Erstattung aus Billigkeitsgründen in einem Rechtsmittelverfahren erfolgen.

Der europarechtliche Ansatz: Die Freizügigkeit eines Arbeitnehmers (Art. 39 ff. EG) eines Mitgliedstaates kann beeinträchtigt sein, wenn diskriminierende Vorschriften zur tariflichen Ausländerbenachteiligung bestehen.

Der *EuGH* ist dem gefolgt. Die Freizügigkeit der Arbeitnehmer gebietet die Abschaffung jeder auf der Staatsangehörigkeit beruhender unterschiedlicher Behandlung, ihr kommt keine geringere Bedeutung als der Niederlassungsfreiheit zu. Der rechtliche Ausgangspunkt bei einer Prüfung ist hierbei folgender: Bei der *Ansässig-*

*keit* des Steuerpflichtigen – in diesem Fall ging es um die Bedingung einer einjährigen Ansässigkeit – kann es sich um ein Differenzierungskriterium im Steuerrecht
handeln, das mit mittelbarer Diskriminierung verbunden ist; damit hat der *EuGH* die
Parallele zum Sitz als möglichen Anknüpfungspunkt einer Diskriminierung (Fall
avoir fiscal) gezogen und nochmals klargestellt, daß **mittelbare Diskriminierungen**
vom Diskriminierungsverbot erfaßt sind. Damit ist die Verbindung einer fehlenden
Ansässigkeit mit der beschränkten Steuerpflicht einer prinzipiellen Prüfungskompe-
tenz durch den *EuGH* unterworfen. Das Differenzierungskriterium „Ansässigkeit"
entfaltet mithin eine der Unterscheidung nach der Staatsangehörigkeit (als einer direkten Diskriminierung) vergleichbare Wirkung (dazu ausführlich *Bieg* S. 190ff.).
Konkret heißt dies nun: Das Kriterium einer einjährigen Ansässigkeit im Inland für
eine mögliche Erstattung zuviel einbehaltener Steuern birgt auch dann, wenn es un-
abhängig von der Staatsangehörigkeit angewandt wird, die Gefahr der nachteiligen
Folgen gerade für Angehörige anderer Mitgliedsstaaten. Sicherlich wurden von dieser
Regelung auch Luxemburger erfaßt, die im jeweiligen Veranlagungszeitraum ihren
Heimatland-Wohnsitz aufgaben. Die streitige Erstattung wurde aber vor allem Nicht-
Luxemburgern versagt; zu dem damit verbundenen Problem der Häufigkeit nachtei-
liger Ungleichbehandlung (Vergleichsgruppenbildung) s. *Bieg* S. 193. Eine bloße
Verwaltungspraxis, die gegen solches Recht zur Geltung kommt, ist nicht ausrei-
chend. Die Biehl-Entscheidungen problematisieren kaum die Diskriminierungen –
ebensowenig wie die avoir-fiscal-Entscheidung. Es geht um verfahrensrechtliche
Gleichstellung unbeschränkter und beschränkter Steuerpflichtiger – dies obliegt allen
Mitgliedsstaaten, ohne daß es (wichtig zur Abgrenzung gegenüber dem Fall Schumacker) auf die Höhe der im Lande (hier Luxemburg) erzielten Einkünfte ankommt.
Zur *EuGH*-Entscheidung *Rainer* IStR 1995, 533. Zu den damit verbundenen Fragen
des innerstaatlichen Rechts bei einem Wechsel der Steuerpflicht während des Kalenderjahres §§ 2 VII, 32 b Nr. 2 EStG, Jahresveranlagung bei unterjährig Beschäftigten
unter Einbeziehung des Progressionsvorbehalts (M 71); Beseitigung verfahrensmäßiger Diskriminierungen bei der beschränkten Steuerpflicht § 50 V Satz 4 Nr. 2 EStG
(dazu Q 28), § 50a IV (dazu Q 34); zu den Folgen für die Möglichkeit eines Billig-
keitserlasses §§ 163, 227 AO s. *Bieg* S. 195.

(4) **Fall Bachmann** (*EuGH* 1992, 249): Ein deutscher Staatsbürger verlegt seinen  **42**
Wohnsitz nach Belgien, um dort ein Arbeitsverhältnis aufzunehmen. Er hatte noch in
Deutschland verschiedene Versicherungsverträge abgeschlossen und begehrte in Bel-
gien den Abzug der Versicherungsprämien im Rahmen seiner belgischen Einkommenbesteuerung. Dies verweigerte Belgien: Der Einnahmeverlust, der sich aus dem
Abzug der Beträge zur Lebensversicherung ergibt, wird durch die Besteuerung der
von den Versicherern zu zahlenden Versorgungsbeträge ausgeglichen. Würde der
Stpf. in die Bundesrepublik zurückziehen, wäre dies nicht gesichert. Im Vergleich
zum Fall Biehl stellt hier eine Norm selbst die Gefahr einer Diskriminierung dar – im
Fall Biehl ging es insoweit nur um die gegebene Gefahr, eine Norm werde sich besonders zum Nachteil ausländischer Steuerpflichtiger auswirken.

Der europarechtliche Ansatz, die Freizügigkeit der Arbeitnehmer, griff in diesem
Fall zwar grundsätzlich: Art. 39 EG steht Rechtsvorschriften eines Mitgliedstaats
entgegen, die die Abzugsfähigkeit von Beiträgen zur Alters- und Krankenvorsorge
von der Voraussetzung abhängig machen, daß diese Beiträge auch in diesem Staat
gezahlt werden. Der *EuGH* rechtfertigte aber das belgische Verhalten mit dem
Grundsatz der **Kohärenz der Steuerregelung** (Wechselbeziehung zwischen Abzugsfähigkeit und späterer Einkünftebesteuerung), stellt also fiskalische Interessen in den
Vordergrund. Der *EuGH* erachtet damit bereits die Berufung auf ein nationales Interesse an der Erhaltung der innerstaatlichen Regelungssystematik, zumindest soweit
unmittelbare Normzusammenhänge geltend gemacht werden, als ausreichendes Allgemeininteresse; der Regelungsbereich wird zum Wert an sich. Die Analyse der Ent-

scheidung durch *Bieg* S. 219 ff. hat fundamentale Widersprüche aufgedeckt. Zum einen hat der *EuGH verkannt,* daß von einer grundsätzlichen Systemgleichheit der Vergleichsgruppen auszugehen gewesen wäre, so daß eine Rechtfertigung als Folge eines Systemunterschiedes ausscheiden mußte – erforderlich wäre deswegen, zusätzliche Allgemeininteressen zur Rechtfertigung der Diskriminierung geltend zu machen. Vor allem aber erwies sich das belgische Steuerrecht insoweit selbst als „inkohärent", als es um die Nichtabzugsfähigkeit und die Nichtbesteuerung ging (Widerlegung des Kohärenz-Konzepts durch die belgische Steuerpraxis selbst, insbesondere durch sein Abkommensrecht, wie die Regelung des Besteuerungsrechts für Versicherungsleistungen im Wohnsitzstaat Art. 21 DBA-Belgien zeigt). Die Bachmann-Entscheidung wurde daher überwiegend kritisiert, sie scheint auch mit der Wielockx-Entscheidung überwunden zu sein; s. dazu neben der Arbeit von *Bieg* insbesondere *Thömmes* in Gedächtnisschrift *Knobbe-Keuk* S. 827 ff.; *Saß* in Festschrift *Debatin* S. 387; *Saß* FR 1998, 5; *Otto H. Jacobs* S. 182. Zu der Problematik der Kohärenz s. die Änderung des § 10 I Nr. 2 EStG durch das StMBG 1993 in § 10 I Nr. 2 a II Nr. 2 a EStG; zur gewerbesteuerlichen Hinzurechnung bei im Ausland gemieteten Wirtschaftsgüter s. *EuGH*-Fall Eurowings unter K 56.

**43**   **(5) Fall Werner** (EuGHE 1993, 429): Ein deutscher Staatsangehöriger wohnt seit 1961 (aus privaten Gründen) in den Niederlanden, übt aber seinen Beruf im Inland aus. Er bezieht Einkünfte aus selbständiger Tätigkeit. Das deutsche FA behandelt ihn mangels Wohnsitzes / ständigen Aufenthalts als beschränkt Steuerpflichtigen und versagt ihm das Ehegatten-Splitting.

Den europarechtlichen Ansatz des Verstoßes gegen die Niederlassungsfreiheit wies der *EuGH* zurück. Es verstoße nicht gegen Art. 43 EG, wenn ein Mitgliedstaat eigenen Staatsangehörigen, die ihre Berufstätigkeit in seinem Hoheitsgebiet ausüben und hier ihre wesentlichen Einkünfte erzielen, dann einer höheren Steuerbelastung unterwirft, wenn diese Staatsangehörigen statt im Inland aus privaten Gründen in einem Mitgliedstaat leben. Hintergrund einer solchen Feststellung war die **Notwendigkeit eines grenzüberschreitenden Sachverhalts,** der über den nationalen Rahmen hinausgeht – anderenfalls eine Anwendung des EG-Vertrages insoweit nicht möglich ist. Nach Ansicht des *EuGH* reichte in diesem Fall der bloße Umstand eines Wohnsitzes im EU-Nachbarstaat nicht aus, die Grundfreiheit der Niederlassungsfreiheit zu berühren. Der *EuGH* ging mithin von einem Sachverhalt mit einem lediglich innerstaatlichen Bezug aus, auf den gemeinschaftsrechtliche Bestimmungen mangels gemeinschaftlicher Grundlage nicht anwendbar seien – hier könnte man das Erfordernis eines Harmonisierungsvorbehalts bzw. harmonisierten Rechts nennen. Es bleibt in solchen Fällen bei der Anwendung nationalen Rechts. Da die Gemeinschaft als Wirtschaftsgemeinschaft konzipiert ist und weitergehende Ansätze erst mit Maastricht (Unionsbürgschaft) verbunden sind, lag die restriktive Handhabung des „grenzüberschreitenden Moments" nahe. Daß aber auch zum Zeitpunkt der Werner-Entscheidung bereits eine andere Sicht möglich gewesen wäre, hat *Bieg* (S. 167) nachgewiesen: die Auffassung, eine rein private Wohnsitznahme im Ausland falle mangels wirtschaftlichen Aspekts aus dem Anwendungsbereich der Grundfreiheiten heraus, war als Mobilitätshindernis mit den integrativen Zielen eines Binnenmarkts auch damals bereits erkennbar unvereinbar. Bei der Frage der Bedeutung dieser Entscheidung für die Gegenwart und für künftige Rechtsentwicklungen ist nun aber ohnehin zu beachten, daß nach Art. 18 EG nunmehr jeder Unionsbürger das Recht hat, sich im Hoheitsgebiet der Mitgliedstaaten frei zu bewegen und aufzuhalten. Deswegen könnte sich der *EuGH* – nochmals mit dieser Sache befaßt – über diese neue Grundfreiheit nicht hinwegsetzen. Deswegen kann der Entscheidung auch kaum noch Wegweisendes entnommen werden, zumal die Grundsatzfrage der Diskriminierung beschränkt Steuerpflichtiger wegen der Staatsangehörigkeit nicht erörtert wurde (zur Kritik *Thömmes* aaO, S. 809; *Herzig/Dautzenberg* DB 1997, 10 halten sie für überholt). Mit der Werner-Entscheidung sind jedoch Fragen nach der Reichweite des Anwendungsbereiches der Grundfreiheiten verbunden worden, wobei der plakative, aber mißverständliche Begriff einer „Inländerdiskriminierung" die Grenzen des Anwendungsbereichs verdeutlichen soll; für den freien Warenverkehr Art. 28, 30 gilt nicht einmal mehr diese Einschränkung; zur Anwendbarkeit dieses EG-Teilgebietes auf rein innerstaatliche Sachverhalte in der *EuGH*-Entscheidung Pistre (1997) s. *Weyer* Europarecht 1998, 435 ff. Zu der in der Bundesrepublik über die *EuGH*-Entscheidung in Sachen Werner hinausgehenden Grenzpendlerbesteuerung (Einpendler mit Inlandseinkünften) s. die fiktive unbeschränkte Steuerpflicht § 1 III EStG ab L 53; zur Bedeutung für § 6 AStG s. M 84.

(6) **Fall Commerzbank** (EuGHE 1993, 4017): Die britische Finanzverwaltung **44** verweigert einer deutschen Bank mit einer britischen Zweigniederlassung einen Zuschlag zum Erstattungsanspruch für überzahlte Steuern, in Großbritannien Ansässige erhalten diesen Zuschlag.

Europarechtlicher Ansatz ist wie im Avoir fiscal-Fall die Niederlassungsfreiheit. Im Falle Avoir fiscal bestand die Besonderheit des Sachverhalts darin, daß es um die körperschaftsteuerliche Behandlung von Betriebsstätten ausländischer Kapitalgesellschaften ging und eine Gleichstellung im übrigen mit der Besteuerung ansässiger Gesellschaften erfolgte. Auch hier stand ein allgemeiner Ausschlußtatbestand an, der nur an die Ansässigkeit anknüpfte ohne erkennbaren Vorteilsausgleich.

Die Diskriminierung lag auf der Hand und war auch nicht zu rechtfertigen. Mit dem Commerzbank Fall stellt der *EuGH* klar (was aber im Kern bereits in avoir fiscal angelegt ist), daß eine gesetzliche Anknüpfung an den Sitz einer Gesellschaft eine versteckte Diskriminierung zur Folge haben kann: Der steuerliche Sitz kann eine versteckte Diskriminierung bedeuten, wenn seine Anwendung die Gefahr beinhaltet, daß es besonders zu Lasten ausländischer Gesellschaften wirkt, weil gerade sie in der Regel ihren steuerlichen Sitz im Ausland haben. Die Betonung liegt aber auf der Möglichkeit einer Diskriminierung – von einer per se Unwirksamkeit dieses Ansässigkeitskriteriums kann in Anbetracht seiner überragenden Bedeutung im IStR nicht ausgegangen werden (*Bieg* S. 177). Entscheidend ist erst, ob sich **Ansässige und Nichtansässige in einer vergleichbaren Situation** befinden, wobei das Problem wie immer in der Vergleichsgruppenbildung liegt. Er liegt jedenfalls hier nicht darin, daß derselbe Steuergegenstand erfaßt wird. Der *EuGH* beschränkt sich auf die Verzinsungsfrage und kann insoweit keinen Unterschied zwischen ansässigen und nichtansässigen Gesellschaften feststellen, die die Zuschlagsregelung rechtfertigen könnte. Ein Vorteilsausgleich aufgrund einer bloß mittelbaren Begünstigung schied aus. Ohnehin ist bei einer Steuernorm, die wie in diesem Fall als allgemeine Ausschlußvorschrift für Gebietsfremde formuliert ist, grundsätzlich davon auszugehen, daß die Benachteiligung mit dem Vorteil bei einem anderen Besteuerungstatbestand gekoppelt ist. *Bieg* (S. 181) hat die Commerzbank-Entscheidung als ein „in der Gesamtheit der Aussagen lobenswertes Urteil" bezeichnet: Indem die Entscheidung auf Grundsätze aus der avoir-fiscal-Entscheidung aufbaut, zeigt sie Kontinuität, es wird eine klare Prüfungsstruktur erkennbar. Zu den Folgen: Die Verzinsung von Rückerstattungsansprüchen §§ 233 ff. AO unterscheidet ohnehin nicht nach der Ansässigkeit.

(7) **Fall Halliburton** (*EuGHE* 1994, 1137): Eine in den Niederlanden ansässige **45** Gesellschaft – eine internationale Holding – hält sämtliche Anteile an einer deutschen Tochtergesellschaft; im Rahmen einer Umstrukturierung veräußert diese Tochtergesellschaft ihre Niederlassung in den Niederlanden, zu der auch ein Grundstück gehört, an eine ebenfalls der Holding zuzurechnende Tochtergesellschaft. Die Niederländische Finanzverwaltung erhebt Grunderwerbssteuer: Transaktionen solcher Art sind von der Steuer befreit, wenn es um interne Strukturierungen geht – doch setzt dies als Veräußerin eine Gesellschaft niederländischen Rechts voraus – hier aber hat eine deutsche Gesellschaft veräußert.

Europarechtlicher Ansatz: Die Niederlassungsfreiheit und die Dienstleistungsfreiheit könnten berührt sein, weil die deutsche Veräußerin benachteiligt ist: Hätte sie sich in den Niederlanden statt mittels einer dort befindlichen Betriebsstätte durch eine dort ansässige Kapitalgesellschaft betätigt, wäre die Steuer nicht angefallen. So hat dies auch der *EuGH* gesehen: die Zahlung einer Abgabe anläßlich des Verkaufs erschwert den Verkauf und stellt eine verbotene Diskriminierung dar. Die Diskriminierung lag in diesem Fall wiederum auf der Hand, problematisch konnte nur die Rechtfertigung sein: Schwierigkeit für die niederländischen Behörden, gleichwertige Rechtsformen im Mitgliedstaat zu erkennen. Der *EuGH* verwies insoweit auf die EG-Amtshilfe-Richtlinie (1977); damit war im übrigen die Anwendung auch auf eine sog. Einmalsteuer gesichert (zur Halliburton-Entscheidung *Saß* FR 1998, 4).

**46**      **(8) Fall Schumacker** und **Fall Gschwind,** zunächst Fall **Schumacker** (*EuGHE* 1995, 225): Ein belgischer Staatsangehöriger wohnt in Belgien, pendelt von dort aber täglich nach Köln; verheiratet, die Ehefrau ist nicht berufstätig und erzieht ein Kind. Sämtliche Einkünfte unterliegen der deutschen Besteuerung; als verheirateter Alleinverdiener, aber im Inland nicht Ansässiger, wurde er – den damals geltenden Regeln des deutschen Steuerrechts entsprechend – der Steuerklasse I zugeordnet. Der *BFH* hatte in drei Urteilen eine solche Besteuerung für verfassungs- und gemeinschaftskonform bewertet und auf Billigkeitsmaßnahmen verwiesen (zuletzt *BFH* BStBl. 1990 II, 701). Im Falle Schumacker lehnte die FV dies ab.

Europarechtlicher Ansatz: Der **Verweigerung von Vergünstigungen im Verhältnis zu den unbeschränkt Stpfl.** kann die Arbeitnehmerfreizügigkeit entgegenstehen. Der *EuGH* knüpft an den seit Biehl bekannten Umstand an, daß das Differenzierungskriterium der Ansässigkeit eine mittelbare Diskriminierung bewirken kann, stellt auf den Umstand der ausschließlichen Einkünfteerzielung im Inland ab und gelangt von hier aus zur Diskriminierung: Ansässiger (unbeschränkte Stpfl.) und Nichtansässiger weisen in einem solchen Fall keinen „objektiven Unterschied" mehr auf; mit der Feststellung einer Gleichartigkeit ungleich behandelter Sachverhalte ist die Diskriminierung gegeben. Art. 39 EG stehe einer Differenzierung zwischen der unbeschränkten und der beschränkten Stpfl. (solche Bedenken hatte der *BFH* im Vorlagebeschluß geäußert) nicht entgegen. Im Grundsatz sei auch ein sinnvoller Zusammenhang zwischen dem Recht des Wohnsitzstaates zur Besteuerung des Welteinkommens und der korrespondierenden Pflicht zur Berücksichtigung der persönlichen Steuerkraft anzuerkennen. Wenn aber der Gebietsfremde wie hier im Wohnsitzstaat (Belgien) keine nennenswerten Einkünfte erzielt und sein zu versteuerndes Einkommen im wesentlichen im Nachbarstaat Deutschland bezieht; dann kann der Wohnsitzstaat Belgien mangels Besteuerungsmasse keine Rücksicht auf seine persönliche Lage nehmen. Der Diskriminierungstatbestand besteht dann darin, daß die persönliche Lage des Gebietsfremden weder im Wohnsitzstaat noch im Beschäftigungsstaat berücksichtigt wird. Das deutsche Argument eines untrennbaren Zusammenhangs zwischen dem Recht zur Besteuerung des Welteinkommens und der Berücksichtigung der persönlichen Lage schon zur Vermeidung von Doppelbegünstigungen trifft diese Fallkonstellation nicht mehr. Die Besteuerung des Welteinkommens und zugleich die Berücksichtigung der persönlichen Steuerkraft mag mit dem Kohärenzgedanken erklärt werden. Besteuerungsneutrale Gleichwertigkeit von Vorteilen und Nachteilen treffen auf den beschränkt Steuerpflichtigen als Regelfall zu: Der Steuerausländer wird mit seinen – aus deutscher Sicht – ausländischen Einkünften nicht besteuert; diesem Vorteil steht die unterbliebene Berücksichtigung persönlicher Verhältnisse als Nachteil gegenüber. Im Fall Bachmann treffen sich aber Vorteil und Nachteil nicht: Das Besteuerungssystem reagiert nicht darauf, daß der Grenzgänger keine bzw. keine wesentlichen weiteren ausländischen Einkünfte hat, so daß der „gewährte Steuervorteil ins Leere läuft" und die vorhandene Gleichwertigkeit zerstört (*Bieg* S. 248). Umgekehrt und für das europarechtliche Verständnis der unbeschränkten und der beschränkten Steuerpflicht ist beachtenswert: Befinden sich Ansässiger und Nichtansässiger in unterschiedlich objektiver Lage, entfällt der Diskriminierungstatbestand. Nicht jede steuerliche Ungleichbehandlung des Nichtansässigen begründet mithin eine Diskriminierung; erst wenn die objektiv gleiche Lage Ansässiger und Nichtansässiger eine Gleichbehandlung gebieten (was nur scheinbar eine Frage der richtigen Sachverhaltsermittlung ist), ist eine Diskriminierung gegeben. Der grundsätzlich neue Ansatzpunkt ist die **Theorie der Zusammenschau**: Diskriminierungstatbestände sind nicht allein Folge der Normen eines Mitgliedstaats, sie können sich auch als Resultat eines Zusammenwirkens zweier Rechtsordnungen darstellen („negativer Kompetenzkonflikt" zwischen Beschäftigungsstaat und Wohnsitzstaat, da es beide ablehnen, Steuerermäßigungen für persönliche und familiäre Belastungen zu gewähren). Eingehend zum Schumacker-Urteil *Bieg* S. 222 ff.; *Thömmes* aaO, S. 810 ff.; *Saß* FR 1998, 3 f.; Wiedergabe der Verfahrensakten bei *Kaefer*. Zu den Folgen hieraus für das Grenzpendlergesetz I und das Grenzpendlergesetz II (§ 1 III EStG), nämlich Einpendler mit Inlandseinkünften s. ab L 53. Das Urteil ist überwiegend gebilligt worden. Offen blieb hiernach, ob das in § 1 III EStG vorgesehene Erfordernis einer mindestens 90%igen Einkunfterzielung im Inland mit der Auslegung der Grundfreiheit des Art. 39 II EG zu vereinbaren ist. Ist insbesondere bei Ehepaaren die Einbeziehung des Einkommens des im Ausland ansässigen Ehegatten in die Berechnung der 90%-Grenze als Anspruchsvoraussetzung für die Inländergleichstellung des in Deutschland ansässigen Ehegatten statthaft? *Thömmes* StbJb 1998/99, 181: Weiterer Handlungsbedarf für den deutschen Gesetzgeber als Folge der zu erwartenden Entscheidung erscheint aus der Sicht des Verfassers wahrscheinlich – mit ihm die überwiegende Zahl der Autoren. Nunmehr *EuGH* in Sachen **Frans Gschwind** (IStR 1999, 597): hier war zu klären, ob die Verweigerung des Splittingtarifs für verheiratete Gemeinschaftsbürger, die in Deutschland arbeiten und in einem Mitgliedstaat ansässig sind, gegen Art. 39 EG verstößt. Gschwind war als niederländischer Staatsangehöriger und in den Niederlanden wohnend in der Bundesrepublik tätig und erzielte steuerpflichtige Einkünfte in der Bundesrepublik in Höhe von ca. 58% der gemeinsamen Einkünfte. Er wurde gem. § 1 III, § 1 a I Nr. 2 EStG mit seinen Einkünften als unbeschränkt Steuerpflichtiger, jedoch wie ein Nichtverheirateter besteuert, weil die Einkünfte seiner Ehefrau in den Niederlanden sowohl die absolute Bagatellgrenze von 24 000 DM pro Jahr als auch die Quote von 10% der kumulierten Gesamteinkünfte des Haushalts überstiegen.

Der *EuGH* hat zunächst die **Grundsätze des Falles Schumacker** in Erinnerung gerufen: Differenzierung zwischen unbeschränkter und beschränkter Steuerpflicht ist gerechtfertigt, weil in der Regel nicht vergleichbare Situationen gegebene sind. Eine diskriminierende Unterscheidung zwischen Gebietsansässigen und Gebietsfremden ist nur gegeben, „wenn ungeachtet ihres Wohnsitzes in verschiedenen Mitgliedstaaten nachgewiesen wäre, daß die beiden Gruppen von Steuerpflichtigen sich in Anbetracht des Zweckes und des Inhalts der fraglichen nationalen Vorschriften in einer vergleichbaren Lage befinden. Nach der Rechtsprechung des Gerichtshofes ist dies der Fall, wenn der Gebietsfremde in seinem Wohnsitzstaat keine nennenswerten Einkünfte hat und sein zu versteuerndes Einkommen im wesentlichen aus einer Tätigkeit bezieht, die er im Beschäftigungsstaat ausübt" (Rz 26, 27). Diese Voraussetzungen sind hier nicht gegeben, der *EuGH* grenzt den Fall Schumacker insoweit klar ab: „Die Einkünfte von Herrn Schumacker machten nämlich praktisch die Gesamtheit der Einkünfte seines Haushaltes aus, und weder er noch seine Ehefrau hatten in ihrem Wohnsitzstaat nennenswerte Einkünfte, die eine Berücksichtigung ihrer persönlichen Lage und ihres Familienstandes erlaubt hätten. Durch die Festsetzung einer prozentual ausgedrückten Grenze für die in Deutschland zu versteuernden und einer in absoluten Zahlen ausgedrückten Grenze für die nicht der deutschen Steuer unterliegenden Einkünfte eröffnet das deutsche Recht jedoch gerade die Möglichkeit, der persönlichen Lage und dem Familienstand der Steuerpflichtigen im Wohnsitzstaat auf einer ausreichenden Besteuerungsgrundlage Rechnung zu tragen" (Rz 28). Oder mit Blickrichtung auf den Wohnsitzstaat: „Da etwa 42% des Welteinkommens des Klägers und seiner Ehefrau in seinem Wohnsitzstaat erzielt werden, kann dieser Staat die persönliche Lage und den Familienstand des Kl. entsprechend den nach den Rechtsvorschriften dieses Staats vorgesehenen Modalitäten berücksichtigen, da die Besteuerungsgrundlage dort ausreicht, um eine solche Berücksichtigung zuzulassen" (Rz 29). Damit – so *Kischel* IWB 11 a Rechtsprechung S. 390 – dürfte hinsichtlich der EG-Rechtmäßigkeit der steuerlichen Behandlung beschränkt steuerpflichtiger im Rahmen von § 1 III EStG „erst einmal Ruhe eingekehrt" sein; in diesem Sinne auch *Göttsche:* das klare Bekenntnis des *EuGH* zu den starren Grenzen des § 1 III EStG ist begrüßenswert und schafft Rechtssicherheit; kritisch *Stapperfend* FR 1999, 1079: die Entscheidung überrascht – der *EuGH* nimmt seine bisherige Rechtsprechung zum Gebot der Gleichbehandlung von Gebietsansässigen und Gebietsfremden teilweise zurück, ohne dies aber ausdrücklich zuzugeben. Zu § 1 III EStG insgesamt s. ab M 53; zur Frage der Vereinbarkeit mit der vor Gschwind ergangenen Entscheidung in Sachen Asscher s. zunächst K 49.

**47**    (9) **Fall Wielockx** (*EuGHE* 1995, 2493): Ein belgischer Staatsangehöriger, in Belgien wohnhaft, geht in den Niederlanden einer freiberuflichen Tätigkeit nach. Nach niederländischem EStG können Selbständige Vorsorgeaufwendungen von ihrem steuerpflichtigen Einkommen abziehen; dieser Abzug wird aber nur hier Ansässigen gewährt. Diese Altersrücklage wird einkommenserhöhend mit Vollendung des 65. Lebensjahres aufgelöst.

Europarechtlicher Ansatz ist die Niederlassungsfreiheit; der *EuGH* stellt wie im Schumacker-Fall klar, daß eine unterschiedliche Behandlung von Ansässigen und Nichtansässigen grundsätzlich mangels steuerlicher Vergleichbarkeit die Grundfreiheiten nicht beeinträchtigt. Er bejaht in diesem Fall aber die Diskriminierung, weil der Stpfl. in den Niederlanden seine gesamten Einkünfte erzielt – dann darf ihm im Vergleich zu den Ansässigen der Abzug zur Bildung einer Altersrücklage auch nicht verwehrt werden. Daß die aus der Altersrücklage später fließenden Einnahmen in Belgien versteuert werden (Gesichtspunkt der **Kohärenz**), steht dem nicht entgegen. Die Feststellung zur Diskriminierung beruhen auf Erklärungen wie im Schumacker-Urteil – nur eben hier und erstmals im Rahmen der Niederlassungsfreiheit für beschränkt Stpfl. (im Falle Werner war die weitere Fallbehandlung an der deutschen Staatsangehörigkeit gescheitert), da es um gewinnmindernde Beiträge zur Altersrückstellung im Rahmen geschäftlicher Aktivitäten ging. Der Fall Wielockx betraf materiell-rechtlich eine Sonderregelung in den Niederlanden; im Heimatland Belgien hätte Wielockx diese Begünstigung mangels einer Rechtsgrundlage nicht eingeräumt werden können – weswegen *Thömmes* (IWB 11 Gr. 2, 221 ff.) die Entscheidung „nicht für überzeugend begründet" hält. Aber es geht dem *EuGH* offenkundig nicht um die Alternativsituation: Was wäre, wenn der Schwerpunkt der Einkünfteerzielung nun doch in Belgien läge? – es geht, wenn der Schwerpunkt der Einkünfteerzielung nicht im Staat der Ansässigkeit liegt, um eine Gleichbehandlung nach diesem Recht, ohne anschließende Rechtskontrolle: Wie wäre denn die Situation im Staate der Ansässigkeit gewesen? Der *EuGH* hat den Rechtfertigungsgrund für eine Diskriminierung, die im Falle Bachmann dargelegte steuerliche Kohärenz, der Sache nach zwar nicht aufgegeben, aber nunmehr den Gesichtspunkt einer „strengen Wechselbeziehung" zwischen steuerlichem Vorteil und Nachteil entweder auf der Ebene der Einzelperson oder auf der mitgliedstaatlichen Ebene im Wege der Gegenseitigkeit konkretisiert: Nicht irgendwie geartete Zusammenhänge, sondern allein unmittelbar einander bedingende Bestimmungen erfüllen diese Voraussetzung. Zum Fall Wielockx *Bieg* S. 261 ff.; *Saß* FR 1995, 647.

(10) **Fall Svensson-Gustavsson** (*EuGHE* 1995, 3955): Luxemburg verweigerte   **48**
schwedischen Staatsbürgern eine soziale Beihilfe für den Wohnungsbau
(Zinsvergütung), weil hierfür die Darlehensgewährung durch ein in Luxemburg zu-
gelassenes Kreditinstitut erforderlich ist. Zur Begründung verweist Luxemburg auf
den Zusammenhang zwischen der Zinsvergütung und dem mittelbaren Rückfluß über
die Steuer auf Gewinne der Finanzinstitute.
Europarechtlicher Ansatz: Die Dienstleistungsfreiheit und die Freiheit des Kapitalverkehrs. Der *EuGH* bejahte die Diskriminierung und führte zur **Kohärenz einer**
**Sonderregelung** aus, dazu fehle es hier schon an einem „erforderlichen unmittelbaren Zusammenhang zwischen der Gewährleistung der Zinsvergütung und deren Finanzierung durch ein Steueraufkommen". Zum Fall Svensson-Gustavson *Saß* in
Festschrift *Debatin* S. 388; *Rainer* IStR 1996, 47 mit Hinweis auf die § 8 a KStG-
Problematik; *Saß* FR 1998, 2.

(11) **Fall Asscher** (*EuGHE* 1996, 3089): Ein niederländisch Staatsangehöriger   **49**
übte in den Niederlanden und in Belgien eine jeweils selbständige Erwerbstätigkeit aus, er wohnte in Belgien (Zuzug aus den Niederlanden). In den Niederlanden
wäre er tariflich den dort Ansässigen gleichgestellt, wenn er dort mindestens 90%
seines Welteinkommens erzielt, anderenfalls ein höherer Ausländertarif anwendbar
wäre. Die Niederlande verweisen darauf, daß keine Sozialversicherungsbeiträge erhoben und den Gebietsansässigen der Abzug der Sozialversicherungsbeiträge verwehrt sei.
Europarechtlicher Ansatz: Zunächst war wegen einiger Übereinstimmungen mit
dem Sachverhalt im Werner-Fall klarzustellen, daß es nicht nur um eine von den
Niederlanden zu regelnde Inländerproblematik ging. Entscheidend für den EuGH ist
insoweit die Ausübung einer wirtschaftlichen Tätigkeit in zwei Mitgliedstaaten:
Schon die grenzüberschreitende Einkunfterzielung im Ausland ansässiger Inländer
ist damit grundrechtsrelevant. *Bieg* (S. 275) zieht daraus den folgerichtigen Schluß,
daß es auf den Aspekt einer weiteren Tätigkeit im Wohnsitzstaat überhaupt nicht ankommen dürfe. Es kann eine Diskriminierung (Niederlassungsfreiheit) darin gesehen
werden, daß auf bestimmte Gebietsfremde ein höherer Einkommensteuersatz angewendet wird als er für Gebietsansässige und für diese gleichgestellte Personen gilt.
Der *EuGH* hat eine Diskriminierung festgestellt: Anders als im Falle Schumacker
zieht der *EuGH* die tatsächlichen Verhältnisse des Steuerpflichtigen hier nicht mehr
heran, um die Vergleichbarkeit zu bejahen. Da es vorliegend um eine **tarifliche Dis-**
**kriminierung** geht, spielt nur der unterschiedliche Steuersatz eine Rolle. Es bestehe
auch kein unmittelbarer Zusammenhang zwischen dem erhöhten Steuersatz für Gebietsfremde, die weniger als 90% ihres Welteinkommens hier erzielen, und der Befreiung von Sozialversicherungsleistungen: Es ist einem Mitgliedstaat mithin verwehrt, mit steuerrechtlichen Maßnahmen in Wirklichkeit den Zweck zu verfolgen,
den Nichtanschluß an ein System der sozialen Sicherheit auszugleichen. Wie im
Falle Schumacker geht es im Falle Asscher um die Frage der Steuersatzdiskrimini-
rung – mit dieser Entscheidung steht nun fest, daß sie die Grundfreiheiten auch dann
berühren kann, wenn das Gesamteinkommen nicht vollständig / nahezu ausschließlich aus dem Tätigkeitsstaat (hier Niederlande) stammt. Damit ist der Fall Asscher
Grundlage der an den *EuGH* gerichteten Erwartungen geworden, Diskriminierungen
aufgrund des Steuertarifs zu beenden und mithin nach dem Fall Schumacker ein
weiteres Mal tief in die Gestaltung der beschränkten Steuerpflicht einzugreifen; daher
die zugunsten der bestehenden Rechtslage (§ 1 III EStG) inzwischen erledigte *EuGH*-
Vorlage durch das *FG Köln* (Fall Gschwind unter K 46). Will man zwischen den
Fällen **Gschwind** und **Asscher** keinen Widerspruch sehen, wird man die Frage des
Splitting-Tarifs nicht als Tariffrage, sondern als Familienvergünstigung einordnen
müssen, in diesem Sinne bereits *de Weerth* RIW 1997, 483; zum Fall Asscher im übrigen *Bieg* S. 273 ff., *Rainer* IStR 1996, 332, IStR 1998, 341.

**50**   **(12) Fall Futura/Singer** (FR 1997, 567): Eine in Luxemburg befindliche Betriebsstätte einer französischen Kapitalgesellschaft beansprucht den Abzug von Verlusten von später erwirtschafteten Gewinnen. Dies setzt voraus, daß die Verluste im wirtschaftlichen Zusammenhang mit Einkünften aus dieser Betriebsstätte und den in ihr ausgeübten Tätigkeiten stehen. Darüber hinaus müssen aber die Bücher der Betriebsstätte im Betriebsstättenstaat (Luxemburg) geführt und aufbewahrt werden.

Europarechtlicher Ansatzpunkt kann nur Art. 43 EG (Niederlassungsfreiheit) sein. Der *EuGH* billigt die Voraussetzung eines Zusammenhangs zwischen Gewinnen und Verlusten aus luxemburgischen Tätigkeiten – dies entspricht dem steuerlichen Territorialitätsprinzip und beinhaltet keine Diskriminierung. Doch die Voraussetzung, hier auch die Bücher zu führen, bewirkt eine doppelte Führung von Büchern: Eigene Bücher der Gesellschaft, getrennte Bücher für die Zweigniederlassung. Es gibt hierfür auch keine zwingende Begründung. Die luxemburgischen Behörden können die Verluste auch anhand der Bücher der Gesellschaft prüfen und im übrigen Amtshilfe nach der EG-Richtlinie 1977 in Anspruch nehmen; es fehlt mithin an einer Rechtfertigung der Diskriminierung. *Saß* (FR 1998, 6) hat das Urteil unter dem Gesichtspunkt des Vorbehalts des Grundsatzes der Verhältnismäßigkeit für die nationalen Maßnahmen gegen die Steuerumgehung interpretiert (an das Urteil Leur-Bloem (FR 1997, 685) anknüpfend – mit möglicherweise weitreichenden Konsequenzen für § 8 a KStG verbunden (dazu P 116); zu § 148 AO und zu § 50 I Satz 2 EStG s. P 26; W 9.

**51**   **(13) Fall Safir** (DB 1998, 1065): Schweden unterwirft Kapitallebensversicherungen einer unterschiedlichen Besteuerung: Ist der Versicherer in Schweden ansässig, zahlt dieser 27% auf einen Ertrag aus dem Versicherungskapital. Ist der Versicherer nicht in Schweden ansässig, zahlt der Versicherte für die gezahlten Prämien jeweils eine Steuer in Höhe von 15%. Schweden macht für diese unterschiedliche Regelung geltend, daß eine Gleichbehandlung ausscheide, daß es aber notwendig sei, die Steuerlücke zu schließen, die sich aus der fehlenden Besteuerung der Sparleistungen im Rahmen von Kapitallebensversicherungen bei nicht in Schweden niedergelassenen Gesellschaften ergeben würde.

Europarechtlicher Ansatz: Verletzung der Dienstleistungsfreiheit Art. 49 EG. Der *EuGH* bejaht eine solche Verletzung und begründet sie mit zwei Gesichtspunkten. Der eine Punkt ist weniger von allgemeinem Interesse: Eine Reihe bürokratischer Maßnahmen sind geeignet, Versicherungsnehmer vom Vertragsabschluß Nichtansässiger abzuhalten; hinzu kommt aber, daß trotz einer Berücksichtigung der Steuerlage im EU-Staat die Besteuerung von Sparleistungen in den meisten Fällen höher sein kann als die Besteuerung solcher Sparleistungen bei in Schweden niedergelassenen Gesellschaften; dieser Steuervergleich sei im übrigen schwierig, wenn nicht unmöglich. *Voß* (DB 1998, 1066) hat das Urteil in eine Reihe mit Bachmann, Wielockx und Svensson-Gustavsson gestellt und die Entscheidung dahingehend interpretiert, sie beruhe nicht so sehr auf der materiellen Mehrbelastung als auf gravierenden technischen Komplikationen. Dafür gibt die Entscheidung aber nichts her; auch ohne die technischen Komplikationen hätte der *EuGH* aufgrund einer vorliegenden unterschiedlichen Steuerbelastung der Prämien die Diskriminierung bestätigt. Er weist auch selbst den Weg: Eine pauschal berechnete Besteuerung der Erträge aus dem Lebensversicherungskapital – was entgegenstehen sollte, sie auch von Nichtansässigen zu erheben, ist ohnehin nicht klar geworden. *Dautzenberg* (FR 1998, S. 17) hat die Frage der Konsequenzen für die deutsche Besteuerung aufgeworfen: Wo bringt das gewählte System der Besteuerung so schwere beschränkende Effekte für den grenzüberschreitenden Verkehr mit sich, daß schon die Grundsatzentscheidung des Gesetzgebers als Diskriminierung einzustufen wäre? Er hält eine Erörterung der erweiterten beschränkten Steuerpflicht (§ 2 AStG) und der Hinzurechnungsbesteuerung (§§ 7 ff. AStG) unter dem Gesichtspunkt einer „hinreichend schweren Beschränkung" für möglich; s. dazu N 396.

**(14) Fall Gilly** (IStR 1998, 336): Die Eheleute Gilly haben ihren Wohnsitz in  **52** Frankreich nahe der deutschen Grenze. Er: Franzose, in Frankreich tätig. Sie: besitzt beide Staatsangehörigkeiten und arbeitet in Deutschland im öffentlichen Dienst. Ihre Dienstbezüge 1989–1993 wurden dem Kassenprinzip im DBA entsprechend in Deutschland besteuert – aber auch in Frankreich (Ansässigkeit) – unter Anrechnung der deutschen Steuer. Frau Gilly wird damit anders besteuert als in gleicher Lage befindliche, aber im privaten Sektor Tätige. Angerechnet in Frankreich wird jedoch nicht der genaue Betrag der in Deutschland gezahlten Steuern, sondern als Folge stärkerer Progression im deutschen EStG ein geringerer Betrag.

Europarechtlicher Ansatz: Ist die Freizügigkeit der Arbeitnehmer (Art. 39) berührt, wenn für Grenzgänger wie Frau Gilly eine unterschiedliche Besteuerung vorgesehen ist, je nach ihrem Tätigkeitsbereich? Gebietet die Freizügigkeit eine Steueranrechnung in Höhe der in Deutschland erhobenen Steuer (vollständige Doppelbesteuerung)? Der *EuGH* anerkennt keine Diskriminierung. Die unterschiedliche Besteuerung im Vergleich der Privaten zu öffentlichen Bediensteten beruhe auf der Befugnis der beiden Staaten, im DBA unterschiedliche Anknüpfungen zu wählen und damit „die Kriterien für die Aufteilung ihrer Steuerhoheit untereinander festzulegen" – im übrigen „ergibt sich die Vorteilhaftigkeit oder Nachteiligkeit der steuerlichen Behandlung der betroffenen Steuerpflichtigen nicht so sehr aus der Wahl des Anknüpfungsfaktors, sondern aus dem Niveau der Besteuerung in dem angesichts der mangelnden gemeinschaftsrechtlichen Harmonisierung der Steuersätze für die direkten Steuern zuständigen Staat." Hinzuzufügen ist diesen Ausführungen nichts – die bisherige *EuGH*- Rechtsprechung gab für eine Diskriminierung in diesem Punkte ohnehin nichts her. Viel interessanter sind die **Überlegungen zur Doppelbesteuerung**, die nach Anwendung des streitigen Steueranrechnungsverfahrens bestehen bleibt. Dazu der *EuGH:* Das DBA soll verhindern, „daß ein und dieselben Einkünfte in beiden Staaten besteuert werden. Es soll nicht gewährleisten, daß die Steuern, die von dem Steuerpflichtigen in dem einen Staat erhoben werden, nicht höher sind, als diejenigen, die von ihm in dem anderen Staat erhoben werden." Den Wohnsitzstaat – hier also Frankreich – zu einer höheren Steueranrechnung zu zwingen würde „seine Souveränität auf dem Gebiet der direkten Steuern beeinträchtigen" – die Grundfreiheiten erwähnt der *EuGH* hierbei überhaupt nicht. Daß nun wiederum in der Bundesrepublik bei der Besteuerung nach dem Kassenprinzip die persönlichen Verhältnisse keine Rolle spielen, führt der *EuGH* auf die Unterscheidung zwischen den Gebietsansässigen und Gebietsfremden zurück (unbeschränkte und beschränkte Steuerpflicht). Zu dem Fall Gilly vgl. *Rainer* (IStR 1998, 340), *Lehner* (IStR 1998, 341) und *Kischel* (IWB Gr. 11 a, 282 ff.); *Saß* (DB 1998, 1482) hat die Folgen für die Freizügigkeit auf den Punkt gebracht: Wer in einem anderen EU-Staat arbeitet, muß eine dort gegebene höhere Belastung in Kauf nehmen, solange sie nicht auf einer Diskriminierung beruht; vom Heimatstaat wiederum ist nicht zu erwarten, daß er evtl. bestehende Diskriminierungen des Tätigkeitsorts ausgleicht.

**(15) Fall ICI** (IStR 1998, 467): In Großbritannien wurden Verluste einer inländi-  **53** schen Tochter der Imperial Chemical Industries ICI als einer Konsortialgesellschaft bei der ICI nicht anerkannt. Begründung: Ein Abzug für geschäftliche Verluste bei der Muttergesellschaft setzt voraus, daß es sich bei der ICI um eine Holdinggesellschaft handelt (Halten von Aktien von 90%igen Tochtergesellschaften, die Handelsgesellschaften sind) und diese Tochtergesellschaften ihren Sitz im Vereinigten Königreich haben. Von insgesamt 23 Gesellschaften, die der Holding zuzuordnen waren, hatten 19 Gesellschaften einen ausländischen Sitz, darunter auch in EU-Staaten.

Europarechtlicher Ansatz: Steht die Niederlassungsfreiheit (Art. 43 EG) einer solchen Beschränkung auf Untergesellschaften mit einem inländischen Sitz entgegen? Der *EuGH* bejaht dies. Er hebt zunächst nochmals hervor, daß seine Kompetenz keinen Harmonisierungsvorbehalt erfordert: Die direkten Steuern fallen zwar in die Zuständigkeit der Mitgliedstaaten, doch müssen diese ihre Zuständigkeit unter Wahrung des Gemeinschaftsrechts ausüben. Der Anwendungsbereich der Niederlassungsfreiheit bedarf in diesem Fall einer Klarstellung: Sie sichert insbesondere die Inländerhandlung im Aufnahmestaat (wie beispielsweise in den Fällen avoir-fiscal und Commerzbank leicht nachzuvollziehen). Im Fall ICI geht es zunächst lediglich um eine interne Verlustverrechnung mit der Besonderheit, daß sich die den Verlust ausweisende Holding über ausländische Tochtergesellschaften betätigt. Ohne daß hier die Einzelheiten in rechtsvergleichender Hinsicht interessieren, wird man davon auszugehen haben, daß schon ein nationaler Verlustausgleich zwischen selbständigen Gesellschaften an enge Voraussetzungen geknüpft ist (Organschaft im deutschen Recht) und daß ein **Verlustausgleich über die Grenze** als seltene Ausnahme anzutreffen ist (*Saß* BB 1999, 449 verweist nur auf Dänemark). Der Ausgangspunkt bezüglich der Niederlassungsfreiheit ist aber für den *EuGH* auch in solchen Fällen gegeben (was bereits aus dem Daily mail-Fall folgt). Sie verbietet auch, daß der Herkunftsstaat die Niederlassung seiner Staatsangehörigen oder einer nach seinem Recht gegründeten Gesellschaft in einem anderen Mitgliedstaat behindert. Die beiden Vergleichsgruppen, zwischen denen Diskriminierungen zu verhindern sind, sind also Ansässige, in einem Falle mit EU-weiter Betätigung. Vorschriften wie die hier in Rede stehenden zur Steuerermäßigung für Verlust verwenden somit das Kriterium des Sitzes einer kontrollierten Tochtergesellschaft, um eine unterschiedliche Besteuerung herbeizuführen; sie behalten die Gewährung des Steuervorteils Gesellschaften vor, die Tochtergesellschaften mit einem inländischen Sitz kontrollieren. Ist diese Ungleichbehandlung zu rechtfertigen? Großbritannien berief sich auf die Gefahr einer Steuerumgehung (bei Einbeziehung ausländischer Tochtergesellschaften bestünde die Gefahr der Gewinnverlagerung in das Ausland und der Verlustverlagerung in das Inland). Daß der *EuGH* hiermit nicht mehr zu beeindrucken war, mußte eigentlich klar sein. Deswegen fiel die Entgegnung hierauf kurz und in der Sache zutreffend aus: Das britische Recht versteht sich in diesem Punkt nicht als Maßnahme gegen „rein künstliche Konstruktionen", sondern erfaßt jede Situation, „in der die Mehrzahl der Tochtergesellschaften eines Konzerns ihren Sitz, aus welchen Gründen auch immer, außerhalb des Vereinigten Königreiches hat." Der Sache nach bedeutet dies, der britische Steuergesetzgeber hätte es in der Hand gehabt, differenzierte Voraussetzungen statt eines Pauschalausschlusses vorzunehmen (Verhältnismäßigkeitsgrundsatz). Im **Fall Société Baxter** zur außerordentlichen Abgabe vom Umsatz hat der *EuGH* nochmals klargestellt, daß „die Wirksamkeit der steuerlichen Kontrolle ein zwingender Grund des Allgemeininteresses" sein kann, der eine Beschränkung rechtfertigen könnte – in diesem Fall bestand aber eine Regelung, die dem Steuerpflichtigen der Sache nach gar keinen Entlastungsnachweis ermöglichte (IStR 1999, 564). Das weitere Argument bezog sich auf die drohende Gefahr von Steuermindereinnahmen, da ein Ausgleich durch die Besteuerung der Gewinne der außerhalb des Vereinigten Königreichs ansässigen Tochtergesellschaften nicht möglich sei. Das ist wiederum der Kohärenzgedanke, und auch hier kann die *EuGH*-Stellungnahme nicht überraschen: Es fehlt an einem unmittelbaren Zusammenhang zwischen der Steuerermäßigung für die Konsortialgesellschaft ICI wegen der Verluste einer ansässigen Tochtergesellschaft und der Besteuerung der Gewinne der außerhalb des Vereinigten Königreichs ansässigen Gesellschaften (Personengleichheit). Im übrigen weist der *EuGH* darauf hin, daß Steuermindereinnahmen nicht zu den in Art. 46 EG genannten Gründen und daher nicht als zwingender Grund des Allgemeininteresses anzusehen sind, der zur Rechtfertigung einer Ungleichbehandlung angeführt werden könnte. In diesem Verfahren hatte der *EuGH* noch die Frage eins Drittstaatenbezugs zu klären: Hätte die Holding hauptsächlich Tochtergesellschaften mit Sitz in Drittländern kontrolliert, so fiele das nicht in den Anwendungsbereich des EGV, auch nicht des Art. 24 EG.

In einer ersten Stellungnahme hat *Saß* (BB 1999, 449) wegen der Auswirkungen der Entscheidungen auf folgenden Umstand hingewiesen: Das Urteil könne nicht

direkt auf den anders liegenden Fall der Verluste einer ausländischen Tochtergesellschaft in einem EU-Staat angewendet werden, doch stelle sich die Frage eines
„erst-recht-Schlusses"; zur Problematik der Verluste ausländischer Tochtergesellschaften s. N 224. Hinzuweisen ist in diesem Zusammenhang auf das noch 1999 ent-
schiedene *EuGH*-Verfahren zur Beschränkung eines innerkonzernlichen Verlustausgleichs auf Transferzahlungen inländischer Gesellschaften **Fall X AB und Y AB**, den
Mitgliedstaat Schweden betreffend (IStR 2000, 18); zum Schlußantrag des Generalanwalts s. *Dautzenberg* IStR 1999, 534 mit Hinweisen auf die Organschaftsproble-
matik. Zu möglichen Folgen für die Hinzurechnungsbesteuerung s. N 396.

(16) **Fall Royal Bank of Scotland** zur Betriebsstättenbesteuerung (IStR 1999, **54**
341): Die Royal Bank als Kapitalgesellschaft mit Sitz im Vereinigten Königreich und
einer Zweigniederlassung in Griechenland unterliegt mit ihrem in Griechenland erzielten Gewinn einem 40%igen Steuersatz. Griechenland besteuert dort ansässige
Banken mit einem niedrigeren Steuersatz in Höhe von 35%. Diesen Steuersatz begehrt auch die Royal Bank.

Europarechtlicher Ansatz: Es kann gegen die Niederlassungsfreiheit Art. 43 EG
und gegen das Diskriminierungsverbot Art. 12 EG verstoßen, daß allein Gesellschaften mit Sitz in Griechenland in den Genuß eines **niedrigeren Steuersatzes** gelangen.
Der *EuGH* bejaht dies: Bei Gesellschaften dient der Sitz ebenso wie die Staatsangehörigkeit bei natürlichen Personen der Bestimmung der Zugehörigkeit zur Rechtsordnung eines Staates; würde man zulassen, daß der Mitgliedstaat der Niederlassung
nach Belieben „eine ungleiche Behandlung allein deshalb vornehmen kann, weil sich
der Sitz einer Gesellschaft in einem anderen Mitgliedstaat befindet, so würde diese
Vorschrift ausgehöhlt" (der *EuGH* verbindet die Rz 22 der Entscheidung mit dem
avoir fiscal-Urteil). Eine solche Ungleichbehandlung, an den Sitz anknüpfend, liegt
vor. Ist sie aber auch diskriminierend? Entscheidend dafür ist die objektive steuerliche Situation, in der sich die Royal Bank im Vergleich zu ansässigen Gesellschaften
befindet. Der *EuGH:* Im Hinblick auf die Bemessungsgrundlagen sind keine Unterscheidungen nachweisbar, die eine Ungleichbehandlung rechtfertigen könnten. Die
Differenzierung zwischen der unbeschränkten Steuerpflicht und der beschränkten
Steuerpflicht „hindert jedoch nicht daran, die Situation beider Gruppen von Gesellschaften bei Gleichartigkeit sämtlicher übrigen Faktoren in bezug auf das Verfahren
zur Ermittlung der Besteuerungsgrundlage als vergleichbar anzusehen" (Rz 29).
Rechtfertigungsgründe im Rahmen derselben Steuervorschriften, die die Ungleichbehandlung begründen, liegen nicht vor, Gründe des Art. 46 EG wurden nicht geltend
gemacht. Für das deutsche Körperschaftsteuerrecht stellt sich danach die Frage, ob
mit der Niederlassungsfreiheit zu vereinbaren ist, die steuersatzmindernden Gewinnausschüttungen (von 40% auf 30%) nur unbeschränkt steuerpflichtigen Gesellschaften vorzubehalten (dazu P 39). Zu dem Urteil *Dautzenberg* FR 1999, 825: Es sollte
die Unterscheidung zwischen unbeschränkter und beschränkter Steuerpflicht über-
dacht und eine Debatte geführt werden, wo diese Unterscheidung noch erforderlich
ist; damit ist auch *Dautzenberg* von der von ihm zunächst vehement vertretenen Ansicht abgerückt, nach der eine Unterscheidung beider Steuerpflichtigen europarechtlich überhaupt nicht mehr zulässig sei (s. M 36). Und in einer weiteren Urteilsanmerkung *Eicker* (IWB 11a Rechtsprechung S. 347ff.): Das Ende der immer wieder
kritisierten Steuersatzungleichbehandlung dürfte absehbar sein, angesichts der
„offensichtlichen Unhaltbarkeit dieser Differenzierung sind bei deren Aufrechterhaltung sogar Schadensersatzansprüche in Erwägung zu ziehen".

(17) **Fall Saint-Gobain,** ebenfalls zur Betriebsstättenbesteuerung (IStR 1999, **55**
592). Die Entscheidung klärt, daß trotz entgegenstehenden innerstaatlichen Rechts
einer in Deutschland gelegenen Betriebsstätte einer EU-Kapitalgesellschaft Vergünstigungen zu gewähren sind, die aber aufgrund zwischenzeitlicher Rechtsänderun-
gen nunmehr tatsächlich gewährt werden: Internationales körperschaftsteuerliches

Schachtelprivileg nach dem DBA und einem Drittstaat (s. § 8 b IV KStG) und mittelbare Anrechnung der Körperschaftsteuer nach § 26 II KStG (s. § 26 VII KStG). Die französische Compagnie de Saint-Gobain SA unterhält in der Bundesrepublik eine Betriebsstätte und unterliegt mit den inländischen Einkünften der beschränkten Körperschaftsteuerpflicht (§ 2 I KStG). Nach § 8 I KStG i. V. mit § 49 I Nr. 2 a EStG fallen unter die inländischen Einkünfte im Sinne der beschränkten Steuerpflicht die Einkünfte aus einem inländischen Gewerbebetrieb. Die Saint-Gobain SA hält über das Betriebskapital der inländischen Betriebsstätte 10,2% der Aktien einer in den USA ansässigen Corporation, 98,63% des Kapitals einer deutschen AG und 99% des Kapitals einer deutschen GmbH. Zwischen der Betriebsstätte der Saint-Gobain SA und den beiden deutschen Gesellschaften besteht ein Organvertrag gem. § 18 KStG. Im Rahmen des deutschen Organschaftsrechts ist allein die Muttergesellschaft als Organträgerin für das vom Organkreis erzielte Ergebnis steuerpflichtig. Die Gewinne der beiden deutschen Gesellschaften (AG, GmbH) – die an die deutsche Betriebsstätte der SA abgeführt werden – enthalten Dividendenerträge in der Schweiz und in Italien ansässiger Tochtergesellschaften der deutschen AG bzw. GmbH, in Österreich ansässiger Tochtergesellschaften unter den Voraussetzungen des internationalen körperschaftsteuerlichen Schachtelprivilegs. Die Einkünfte aus diesen Beteiligungen werden mithin der inländischen Betriebsstätte der SA zugerechnet (§§ 14, 18 KStG). Das FA lehnte es vor dem Inkrafttreten der §§ 8 b IV, 26 VII KStG (Standortsicherungsgesetz 1993) ab, die der inländischen Betriebsstätte der SA aus den USA und aus der Schweiz zugeflossenen Dividenden von der deutschen Körperschaftsteuer zu befreien und begründete dies damit, daß die DBA der Bundesrepublik mit diesen Drittstaaten zwar eine solche Befreiung vorsähen, sie aber unbeschränkt steuerpflichtigen Gesellschaften vorbehielten. Das FA gewährt der inländischen Betriebsstätte der Saint-Gobain SA die Vergünstigung der unmittelbaren Anrechnung nach § 26 I KStG; es rechnet also auf die inländische Körperschaftsteuerschuld die von ihr bereits gezahlte ausländische Quellensteuer an, die in den einzelnen Ansässigkeitsstaaten der ausschüttenden Gesellschaften erhoben worden war. Eine indirekte Steueranrechnung gem. § 26 II KStG, die zur Anrechnung einer ausländischen Steuer geführt hätte, die auf Gewinne der ausländischen Gesellschaften im Ansässigkeitsstaat erhoben worden waren, lehnt das FA ab. Der *EuGH* hatte mithin zu klären, ob die ab VZ 1994 geltende innerstaatliche Rechtslage, die das von der Saint-Gobain SA gewünschte Ergebnis brachte (s. P 40, S 331), aus europarechtlichen Gründen schon für vorangegangene Zeiträume zu gelten hatte.

Europarechtlicher Ansatz: Steht die Niederlassungsfreiheit des Art. 43 EG einer Regelung entgegen, nach der einer in Deutschland gelegenen Betriebsstätte einer Kapitalgesellschaft mit Sitz in einem anderen Mitgliedstaat nicht unter den gleichen Voraussetzungen wie Kapitalgesellschaften mit Sitz in Deutschland Vergünstigungen gewährt werden: Befreiung von der Körperschaftsteuer für Dividenden, die in Drittstaaten ansässige Gesellschaften ausgeschüttet haben, aufgrund eines Doppelbesteuerungsabkommens mit einem Drittstaat (internationales körperschaftsteuerpflichtiges Schachtelprivileg); Anrechnung der Körperschaftsteuer, die in einem anderen Mitgliedstaat als der Bundesrepublik auf die Gewinne einer dort ansässigen Tochtergesellschaft erhoben worden ist, auf die deutsche Körperschaftsteuer gemäß nationalen Rechts. Der *EuGH*: Mit der Niederlassungsfreiheit ist für die nach den Rechtsvorschriften eines Mitgliedsstaates gegründeten Gesellschaften, die innerhalb der Gemeinschaft ihren satzungsmäßigen Sitz, ihre Hauptverwaltung oder ihre Hauptniederlassung haben, das Recht verbunden, ihre Tätigkeit in dem betreffenden Mitgliedstaat durch eine Tochtergesellschaft, Zweigniederlassung oder Agentur auszuüben (Hinweis auf ICI): Art. 43 und 48 EG stellen sicher, „daß die Gemeinschaftsangehörigen, die von ihrer Niederlassungsfreiheit Gebrauch machen, sowie die ihnen dort gleichgestellten Gesellschaften im Aufnahmestaat wie Inländer behandelt werden".. Der EuGH hat keine Schwierigkeiten, die Voraussetzungen **unterschiedlicher Behandlung der inländischen Betriebsstätte** der ausländischen EU-Gesellschaft **gegenüber inländischen Gesellschaften** festzustellen: Die Versagung der Vergünstigungen trifft in erster Linie die ausländischen Gesellschaften und gründet sich auf das Sitzkriterium – das Sitzkriterium aber dient wie die Staatsangehörigkeit dazu, die Zugehörigkeit zur Rechtsordnung eines Staats zu bestimmen (Rz 35, 37, 38). Daraus folgt (Rz 42): Wenn die im Ausgangsverfahren vor dem *FG Köln* streitigen Steuervergünstigungen den in Deutschland gelegenen Betriebsstätten ausländischer Gesellschaften versagt werden, „sind für letztere Schachtelbeteiligungen über deutsche Betriebsstätten weniger attraktiv, da nach den deutschen Rechtsvorschriften und den Doppelbesteuerungsabkommen nur die deutschen Tochtergesellschaften, die als juristische Person unbeschränkt steuerpflichtig sind, in den Genuß der betreffenden Steuererleichterungen kommen können, wodurch die freie Wahl der für die Ausübung einer Tätigkeit in einem anderen Mitgliedstaat geeigneten Rechtsform, die Art. 52 I Satz 2 EGV (jetzt 43 I Satz 2 EG) den Wirtschaftsteilnehmern ausdrücklich einräumt, eingeschränkt wird". Somit stellt sich Frage einer Rechtfertigung. Die Bundesregierung macht geltend: Betriebsstätten ausländischer Gesellschaften befänden sich in einer objektiv anderen Situation als inländische Gesellschaften – was der EuGH zurückweist: Ausländische Gesellschaften mit inländischer Betriebsstätte und inländische Gesellschaften befinden sich in einer objektiv vergleichbaren Lage, weil der Dividendenbezug in jedem Falle steuerbar ist; und Rz 48: „Inländische und ausländische Gesellschaften befinden sich vor allem deshalb in einer vergleichbaren Lage, weil die unterschiedliche Behandlung in Wirklichkeit erst auf der Stufe der streitigen Steuervergünstigung auftritt. Die Verweigerung dieser Vergünstigungen im Falle ausländischer Gesellschaften, die in Deutschland eine Betriebsstätte unterhalten hat zur Folge, daß ihre theoretisch auf die „inländischen" Einkünfte ... beschränkte Steuerpflicht sich in Wirklichkeit auf die aus dem Ausland stammenden Dividenden an ausländischen Kapitalgesellschaften erstreckt. Für die streitigen Fragen sind die sonstigen Unterschiede zwischen beschränkter und unbeschränkter Steuerpflicht ohne Bedeutung, weil das Welteinkommen aufgrund der Gewährung der genannten Steuervergünstigungen, die den beschränkt Steuerpflichtigen gerade nicht zugute kommen, weder die von ausländischen Gesellschaften ausgeschütteten Dividenden noch ... umfassen." Die von der Bundesregierung geltend gemachten Mindereinnahmen rechtfertigen keine Ungleichbehandlung, sie finden sich nicht unter den in Art. 46 EG aufgeführten Gründen und sind auch nicht als zwingender Grund des Allgemeininteresses anzusehen Die Bundesregierung verwies schließlich auf einen Vorteil, der die Versagung rechtfertige: Bei der Abführung von Gewinnen der Betriebsstätte an die ausländische Hauptgesellschaft handele es sich mangels eigener Rechtspersönlichkeit nicht um eine Gewinnabführung als Dividende wie im Falle einer Tochtergesellschaft, so daß auch keine Quellensteuererhebung in Betracht käme. Der *EuGH:* Selbst wenn man hierin einen Vorteil sähe, könnte dies keinen Verstoß gegen die Verpflichtung rechtfertigen, die Inländerbehandlung hinsichtlich der betreffenden Steuervergünstigungen zu gewähren. Schließlich hat die Bundesregierung zur Rechtfertigung der Versagung aufgeführt, der Abschluß bilateraler Abkommen mit einem Drittstaat falle nicht in den Zuständigkeitsbereich der Gemeinschaft: Mangels gemeinschaftsrechtlicher Harmonisierungsregelungen für diesen Bereich unterliege die Frage, ob Betriebsstätten im Rahmen eines DBA mit einem Drittstaat das internationale Schachtelprivileg für Dividenden zu gewähren sei, nicht dem Gemeinschaftsrecht; die Ausdehnung der in den Abkommen mit Drittstaaten vorgesehenen steuerlichen Vergünstigungen auf andere Sachverhalte wäre mit dieser Kompetenzverteilung nicht vereinbar.

Der *EuGH* unter Hinweis auf den Fall *Gilly:* Den Mitgliedstaaten steht es frei, im Rahmen bilateraler Abkommen die Anknüpfungspunkte für die Aufteilung der Steuerhoheit festzulegen. Jedoch: Bei der Aufteilung der Steuerhoheit mittels **Abkommensrechts** können die Mitgliedstaaten sich nicht über die gemeinschaftlichen Rechtsvorschriften hinwegsetzen; in dem Fall eines DBA zwischen einem Mitgliedstaat und einem Drittland verpflichtet der Grundsatz der Inländerbehandlung diesen Mitgliedstaat, „die in diesem Abkommen vorgesehenen Vorteile den Betriebsstätten ausländischer Gesellschaften unter den gleichen Voraussetzungen wie den inländischen Gesellschaften zu gewähren" (Rz 58). Gemeinschaftsrechtliche Verpflichtungen stellen Verpflichtungen aus Drittstaaten-DBA nicht in Frage; zudem hat der deutsche Gesetzgeber mit dem Standortsicherungsgesetz 1993 dies bestätigt, da er hiermit die körperschaftsteuerlichen Vergünstigungen auf die Betriebsstätten ausländischer Gesellschaften einseitig ausgedehnt und damit die unterschiedliche steuerliche Behandlung der Betriebsstätten gegenüber den Gesellschaften mit Sitz oder Geschäftsleitung in Deutschland beseitigt hat (Rz 60). Zu dem Urteil *de Weerth* IStR 1999, 628: Es ist nach der vorangegangenen *EuGH*-Rechtsprechung eigentlich selbstverständlich, daß einer Betriebsstätte auch die Anrechnung der Körperschaftsteuer nach § 26 II KStG zu gewähren ist (jetzt § 26 VII KStG). Doch ist als bedeutsame Fortentwicklung der bisherigen *EuGH*-Rechtsprechung zu bewerten, daß das körperschaftsteuerliche Schachtelprivileg einer inländischen Betriebsstätte einer EU-Kapitalgesellschaft immer dann zu gewähren ist, wenn das von Deutschland als Betriebsstättenstaat mit einem ausländischen Staat abgeschlossene DBA das Schachtelprivileg vorsieht, da der *EuGH* aus abkommensrechtlicher Sicht damit eine Betriebsstätte einer Person gleichsetzt (dazu s. R 163). Ein Grund für diese Abweichung – so *de Weerth* – dürfte sein, daß der deutsche Gesetzgeber durch § 8 b IV KStG zu erkennen gegeben hat, daß eine Gleichstellung von Betriebsstätte und Kapitalgesellschaft bei der Besteuerung als gerechtfertigt anzusehen ist; folge man dieser Gleichstellung, könne europarechtlich für die Anrechnung von ausländischen Steuern auf Zinsen und Lizenzgebühren nichts anderes gelten.

**56**   (18) **Fall Eurowings** zur deutschen Gewerbesteuer (IStR 1999, 691): Eurowings führt in Deutschland und Europa Linien- und Charterflüge durch. 1993 leaste sie für 467 914 DM ein Flugzeug von einer irischen Kapitalgesellschaft. Das FA rechnete dem Gewerbeertrag gem. § 8 Nr. 7 GewStG die Hälfte dieses Betrages hinzu. Steht eine solche Hinzurechnung im Widerspruch zu Art. 59 EG (Freier Dienstleistungsverkehr)? § 8 Nr. 7 GewStG schreibt eine Hinzurechnung vor, wenn der Vermieter nicht der Gewerbesteuer unterliege, und zwar unabhängig davon, ob er in Deutschland oder in einem anderen Mitgliedstaat ansässig ist.

Der *EuGH:* Da das Leasing eine Dienstleistung i. S. Art. 49 EG darstellt, verlangt Art. 50 EG nicht nur die Beseitigung jeglicher Diskriminierung des Dienstleistenden aufgrund seiner Staatsangehörigkeit, sondern auch die Aufhebung aller Beschränkungen des freien Dienstleistungsverkehrs. Darauf kann sich Eurowings auch als Empfänger einer Dienstleistung berufen. Es ist eine steuerliche Ungleichbehandlung gegeben: Die Hinzurechnung gem. § 8 Nr. 7 GewStG erfolgt stets zu Lasten deutscher Unternehmen, die Wirtschaftsgüter von Vermietern mit Sitz/Wohnsitz in einem anderen Mitgliedstaat mieten, da diese ihrerseits wie der Gewerbesteuer unterliegen. Hingegen unterbleiben solche Hinzurechnungen überwiegend, wenn diese Unternehmen Wirtschaftsgüter von gleichfalls in Deutschland ansässigen Vermietern mieten, da diese ihrerseits i. d. R. gewerbesteuerpflichtig sind. Dies kann deutsche Unternehmen davon abhalten, sich an einen EU-ansässigen Vermieter zu wenden. Die Ungleichbehandlung ist nicht zu rechtfertigen. Weder aus Gründen der **Kohärenz**, noch aus Gründen einer möglicherweise geringeren steuerlichen Belastung des im anderen Mitgliedstaat ansässigen Vermieters. Ein etwaiger Steuervorteil für Dienstleistende in Form ihrer geringen steuerlichen Belastung in dem Mitgliedstaat, in dem sie ansässig sind, gibt einem anderen Mitgliedstaat nicht das Recht, die in seinem Gebiet ansässigen Empfänger der Dienstleistungen ungünstiger zu behandeln – solche kompensatorischen Abgaben würden den Binnenmarkt in seinen Grundlagen beeinträchtigen. In einer ersten Urteilsanmerkung *Kaefer/Tillmann* IWB 11 a Rechtsprechung, 396: „Das Urteil hat erhebliche wirtschaftliche Bedeutung für die gesamte Leasingbranche. Diese war bisher durch die nunmehr für unwirksam erklärten Hinzurechnungsvorschriften vor Anbietern aus andere EU-Mitgliedstaaten weitgehend abgeschirmt ... Die Entscheidung des EuGH bringt den deutschen Gesetzgeber in Zugzwang" – nur in welche Richtung?; zur Gewerbesteuer s. T 14 ff.; zur § 8 a KStG-Problematik *Hey* RIW 2000, 66.

*(einstweilen frei)*      **57–59**

## 4. Fallmaterial: Das zugrundeliegende Prüfungsschema

(1) Soweit es um die Vereinbarkeit innerstaatlichen Rechts mit den **60** EGV-Grundfreiheiten geht, sind auf der Grundlage des bislang vorliegenden *EuGH*-Fallmaterials **bestimmte Prüfungsschritte als methodische Grundlage** für die Klärung entwickelt worden. Drei Bedingungen sind hierbei vorab zu nennen, weil sie inzwischen vom *EuGH* nicht mehr problematisiert werden. Seit avoir fiscal steht fest, daß die EG-Grundfreiheiten im Bereich der direkten Steuern nicht unter einem Harmonisierungsnormen stehen, weil sich die Wahrung der Grundfreiheiten und die Harmonisierungsnormen an unterschiedliche Normadressaten richten. Das erklärt den effektiven Rechtsschutz durch den *EuGH* trotz mangelnder Fortschritte in der Harmonisierungsfrage. Damit ist zugleich eine damit zusammenhängende weitere Bedingung gegeben: Eine fehlende Harmonisierung rechtfertigt nicht die Beibehaltung von EG-widrigen Normen nationalen Steuerrechts, ein völkervertragsrechtliches Zurückbehaltungsrecht gibt es hier nicht. Und die dritte Grundbedingung: es muß sich um einen grenzüberschreitenden Fall handeln – der *EuGH* hat nicht über Fälle der Inländerdiskriminierung zu entscheiden.

(2) Am Beginn einer jeden Prüfung hat die **Feststellung einer über- 61 haupt einschlägigen EG-Grundfreiheit** zu stehen (hinzu kommen andere und den Gesetzgeber bindende, unmittelbar anwendbare Normen des Gemeinschaftsrechts wie das EU-Richtlinienrecht, dessen Verletzung durch den staatlichen Gesetzgeber nicht mehr den Nachweis einer Verletzung von Grundfreiheiten erfordert; hiervon ist aber in diesem Zusammenhang nicht die Rede, siehe dazu J 2, 3). Da Art. 12 EG Diskriminierungen aus Gründen der Staatsangehörigkeit verbietet, liegt es nahe, die Prüfungen von Diskriminierungen hierauf zu beschränken und die Staatsangehörigkeit als Merkmal einer tatbestandsbezogenen Vergleichsgruppe zu fordern. Diskriminierungen lägen dann nur vor, wenn der Tatbestand einer Steuerrechtsnorm einen steuerlichen Nachteil für EU-Ausländer oder einen steuerlichen Vorteil für Deutsche gewährleistete. Das wäre aber nach den Anknüpfungen in den nationalen Steuerrechten völlig leerlaufend, da die Staatsangehörigkeit überhaupt kein Tatbestandsmerkmal darstellt (zum deutschen Recht s. § 1 EStG). Für den

*EuGH* sind deshalb vom Diskriminierungsbegriff auch alle versteckten Formen der Diskriminierung, die durch die Anwendung anderer Unterscheidungsmerkmale (Sitz, Wohnsitz) tatsächlich zu dem gleichen Ergebnis führen, umfaßt. Der belgische Staatsangehörige Schumacker (s. *EuGH*-Fall K 46) mußte mithin keine Norm des deutschen Steuerrechts suchen, die ihn wegen seiner Nichtdeutschen Staatsangehörigkeit, sondern wegen seines Wohnsitzes in einem EU-Land diskriminierte, und die Bundesrepublik konnte ihm nicht entgegenhalten, ihn als belgischen Staatsangehörigen diskriminiere man doch nicht, die Staatsangehörigkeit sei völlig gleichgültig.

**62**   (3) Ist eine einschlägige EG-Grundfreiheit berührt, dann ist zu klären, ob sie durch die nationale Steuernorm beeinträchtigt wird. Zu klären ist, „was überhaupt zu der zu prüfenden Norm gehört" (*Herzig* IDW-Steuerfachtagung 1996, S. 146) – was nichts anderes heißt, als die Norm des nationalen Rechts in einen Zusammenhang zu stellen. Einzelheiten hierzu müssen dem Fallmaterial entnommen werden – hier genügt die nochmalige Feststellung, daß ein gesamter Regelungskomplex als Grundlage einer Beeinträchtigung heranzuziehen ist. Es geht mithin – um ein einziges und nicht auf eine konkrete *EuGH*-Entscheidung bezogenes Beispiel zu nennen – bei der Frage der Vereinbarkeit des Ausschlusses eines EU-Staatsangehörigen vom körperschaftsteuerlichen Anrechnungsverfahren mit EG-Grundfreiheiten nicht allein um den Tatbestand des § 36 II Nr. 3 EStG, sondern es kann nur um die Gesamtheit der Normen, um die Systematik des körperschaftsteuerlichen Anrechnungsverfahrens gehen; *Herzig* aaO, S. 146: „Mehrere formal gesehen verschiedene Vorschriften können nicht voneinander isoliert werden, wenn sie inhaltlich so miteinander zusammenhängen, daß sie ein untrennbares Ganzes bilden." Es geht mithin (auch) um das Merkmal der Kohärenz, mit dem ein enger, nachvollziehbarer und unmittelbarer inhaltlicher Zusammenhang bestimmter Tatbestände gemeint ist.

**63**   (4) Besteht über den Umfang der zu überprüfenden Regelung Klarheit, kann mit der Prüfung einer **Beeinträchtigung als der Kernfrage** begonnen werden (hierzu grundlegend *Bieg* S. 89). Die Feststellung eines diskriminierenden Charakters einer innerstaatlichen Norm bedeutet, daß wesentlich gleiche Situationen ungleich oder wesentlich ungleiche gleich behandelt werden. Für die Beurteilung diskriminierender Wirkungen im Steuerrecht ist daher entscheidend, ob sich im Hinblick auf die begehrte Steuerrechtsnorm der ausgeschlossene Steuerpflichtige eines anderen Mitgliedsstaats grundsätzlich in derselben Situation wie ein tatbestandlich erfaßter Steuerpflichtiger befindet.

– Damit hat eine erste Prüfung im Hinblick auf eine vergleichbare Ausgangslage zu erfolgen. Eine Diskriminierung per se gibt es nicht, es bedarf des Vorliegens einer Vergleichsgruppe, die in rechtlicher und/ oder tatsächlicher Hinsicht mit wesentlichen Merkmalen der betroffenen

Gruppe übereinstimmt. Ein beschränkt steuerpflichtiger EU-Bürger, der $^9/_{10}$ seiner Einkünfte in seinem Heimatstaat erzielt, kann nicht die Regeln der unbeschränkten Steuerpflicht im Quellenstaat Deutschland für sich beanspruchen, da er keine Vergleichsgruppe, die der unbeschränkten Steuerpflicht unterliegt, geltend machen kann.

– Hieran schließt sich die Frage an, ob sich bei dem nach der Norm einschlägigen Sachverhalt eine andere Rechtsfolge ergäbe, wenn der eine Diskriminierung geltend machende EU-Bürger dieser Vergleichsgruppe angehörte. Aber eine abweichende Rechtsfolge muß noch keine Benachteiligung darstellen.

– Es kommt darauf an, ob die **abweichende Rechtsfolge eine Diskriminierung** darstellt. Eine Diskriminierung erfordert über die ungleiche Behandlung hinaus die weitere Feststellung, daß die fragliche Maßnahme (das kann auch eine Unterlassung sein) eine Benachteiligung gegenüber der Vergleichsgruppe bewirkt. Zu beachten ist hierbei einerseits ein Kompensationsverbot: Nachteile einer Regelung können nicht mit Vorteilen gerechtfertigt werden, die dem Steuerpflichtigen in einem ganz anderen Zusammenhang erwachsen. Dagegen müssen alle Vor- und Nachteile der Gesamtregelung als Prüfungsmaßstab berücksichtigt werden. Dazu *Herzig* S. 147: Es ist also nicht möglich, die Verweigerung persönlicher Freibeträge bei der Erbschaftsteuer damit zu rechtfertigen, daß dem Steuerpflichtigen bei der Einkommensteuer durch pauschal festgelegte Quellensteuersätze Vorteile erwachsen könnten. Aber man kann die Regelung, die einem Steuerausländer die Abzugsfähigkeit von Ausgaben versagt, nicht ohne weiters nachteilig einstufen, wenn ihm zugleich im Gegensatz zum Inländer auch die Steuerpflicht zugehöriger Einnahme erlassen wird.

Dieser Prüfungsakt ist von der zusätzlichen Prüfung zu unterscheiden, ob eine Diskriminierung wegen **berücksichtigungsbedürftiger höherrangiger Rechtswerte** hingenommen werden muß: „ . . . doch macht es für die Beurteilung einen erheblichen Unterschied, ob der Gesetzgeber die Legitimation für eine Ungleichbehandlung aus der konkreten steuerlichen Situation des Betroffenen herleiten kann oder ob ein grenzüberschreitender Sachverhalt trotz sachlich übereinstimmender Besteuerungsgrundlagen aus allgemeinen Erwägungen des öffentlichen Wohls diskriminiert wird" (*Schön* in Gedächtnisschrift *Knobbe-Keuk* S. 759); zu den Rechtfertigungsgründen steuerlicher Diskriminierungen *Thömmes* in Gedächtnisschrift für *Knobbe-Keuk* S. 795 ff.; im übrigen ist auf das *EuGH*-Fallmaterial zu verweisen, insbesondere auf die zuletzt im Fall ICI genannten Gründe drohender Steuermindereinnahmen und Steuerfluchtvorkehrungen.

## 5. Konsequenzen der EuGH-Rechtsprechung: Verdacht gemeinschaftswidrigen Steuerrechts

**64**   (1) Einerseits: Die Verwirklichung der europäischen Grundfreiheiten stößt als Folge der nationalen Gestaltung der direkten Steuern und des beschränkten Harmonisierungsauftrags auf Hindernisse. Andererseits: Der Bereich der direkten Steuern fällt als solcher beim gegenwärtigen Stand des Gemeinschaftsrechts nicht in die Zuständigkeit der Gemeinschaft. Jedoch: die Mitgliedstaaten müssen ihre Befugnisse unter Wahrung des Gemeinschaftsrechts ausüben; die ihnen hierbei gesetzten Grenzen zu bestimmen macht den Kern der *EuGH*-Rechtsprechung seit 1986 aus. Daraus folgt der Zwiespalt, wie ihn alle mit der Thematik Vertrauten in ihren Veröffentlichungen zum Ausdruck bringen. Er ist mit den bislang wenig geklärten Problemen verbunden, **in welchem Verhältnis die beschränkten Harmonisierungsgebote des EGV für die direkten Steuern zu den Diskriminierungsverboten stehen.** Die Harmonisierung vollzieht ein Minimalprogramm, eine sehr strenge Rechtsprechung legt Einzelheiten des deutschen Einkommensteuerrechts fest (so *Lang* in *Lehner* (Hrsg.), S. 45 und die weiteren Diskussionsbeiträge, auf die hier nur verwiesen werden kann). Schlagwortartig ließe sich sagen: Das mitgliedstaatliche Steuerrecht als „Souveränitätsfluchtweg" nach Lektüre des EG-Vertrages, der *EuGH* als „Ersatzgeber für Steuerharmonisierung", vgl. *Bieg* S. 103, 395. Der *EuGH*-Hinweis auf unterschiedliche Normadressaten kann nur die Kompetenz erklären, aber materiell-rechtlich zur Lösung nichts beitragen. Die entscheidende Frage nach den Grenzen einer Rechtsfortbildung des nationalen Rechts durch den EuGH ist jedenfalls gegenwärtig nicht zu bestimmen (ein Problem nicht nur des Steuerrechts – am Beispiel des Bürgerlichen Gesetzbuches hat *Thomas Möllers* bereits die Frage einer Rechtsfortbildung contra legem gestellt, s. Europarecht 1998, 20ff.).

**65**   (2) Das Gemeinschaftsrecht begründet keine Meistbegünstigung, sondern schützt (nur) vor Diskriminierungen (*Wassermeyer* DB 1998, 29). Um diese Aussage verständlich zu machen, sollte man drei Fragestellungen auseinanderhalten:

– die Besteuerungsverhältnisse in den einzelnen Mitgliedstaaten und die Frage einer Besteuerungsgleichheit im Sinne einer Lastengleichheit der Unionsbürger; sie gibt es nicht – sie gibt es auch dann nicht, wenn ein solcher Vergleich nur auf das Verhältnis der internationalen Steuerrechtsordnungen der Mitgliedstaaten abstellte (eingehend *Birk* in *Lehner* (Hrsg.), S. 63 ff.);

– die Abgrenzung der Besteuerungszuständigkeit im Verhältnis zweier EU-Staaten einerseits;

– die Frage nach der gemeinschaftsrechtlichen Berechtigung einer Unterscheidung zwischen der unbeschränkten und der beschränkten Steuerpflicht (d.h. einer Anknüpfung unbeschränkter Steuerpflicht an Wohnsitz und Gesellschaftssitz).

(3) Daß alle Mitgliedstaaten die Befugnis haben, ihre Hoheitsrechte **66** auf dem Gebiet der Besteuerung gegeneinander durch von ihnen jeweils konkret bestimmte Anknüpfungen abzugrenzen, kann ihnen nicht bestritten werden. Gewiß: damit sind Unterschiede verbunden (zum Wechselspiel der Anknüpfungen ist gerade der Fall Gilly lehrreich, s. Urteilspunkte Rz 25 ff.) – aber sie begründen noch keine Diskriminierungen (vielleicht sollte man einschränken: jedenfalls solange nicht, solange sie sich an den herkömmlichen Mustern wie dem OECD-MA orientieren, s. Rz 41 des Urteils). Das bedeutet also: Die klassischen Anknüpfungen im IStR haben auch gemeinschaftsrechtlich Bestand – ungleiche Folgen vergleichbarer Sachverhalte (einerseits der öffentlich Bedienstete, andererseits der privatwirtschaftlich Beschäftigte) eingeschlossen; aber die Anknüpfungen wie Sitz und Ansässigkeit sind der Diskriminierungskontrolle unterworfen, wie der Vorbehalt für Drittstaaten-DBA im Fall Saint Gobain zeigt.

(4) Damit steht aber folgerichtig zugleich fest: **Auch im Binnen-** **67** **markt besteht die Unterscheidung zwischen der unbeschränkten und der beschränkten Steuerpflicht fort** – mangels gemeinschaftrechtlicher Vereinheitlichungs- oder Harmonisierungsmaßnahmen muß sie wohl auch fortbestehen (s. M 34). Folge hiervon: solange die EU nicht selbst Staat ist und ihr kein eigenes Steuererhebungsrecht zusteht, kann die bloße Ansässigkeit einer Person oder einer Gesellschaft in einem EU-Mitgliedstaat nicht die Forderung nach deren unbeschränkter Steuerpflicht in allen Mitgliedstaaten bewirken – weder zugunsten noch zu Lasten des Ansässigen. Die Ungleichbehandlung unbeschränkt und beschränkt Steuerpflichtiger bedeutet deshalb noch keine Diskriminierung (*Wassermeyer* DB 1998, 30 – zuletzt nochmals bestätigt im *EuGH*-Fall Gilly). Erst wenn – von dieser Grundlage ausgehend – vergleichbare Sachverhalte (gleiche/fast identische Situation) unterschiedliche, für den EU-Ausländer benachteiligende Rechtsfolgen nach sich ziehen, ist eine Diskriminierung gegeben. Bei gleicher steuerlicher Ausgangslage dürfen EU-Ausländer nicht schlechter behandelt werden. Die Feststellungen zum vergleichbaren Sachverhalt können einfach sein (avoir fiscal, Commerzbank) – sie können aber – wie die Diskriminierungsfälle natürlicher Personen zeigen – schwierig sein, weil das ganze Spektrum personenbezogener Besteuerungsmerkmale berücksichtigt werden muß. Ob sich im Bereich des Steuertarifs die Vergleichbarkeitsfrage anders stellt, es insbesondere nicht auf eine Gesamtschau ankommt, ist umstritten.

(5) Die Frage der Diskriminierung berührt aber – wie das Fallmaterial **68** zeigt (Werner, Asscher, zuletzt auch ICI) – nicht nur die **Ausländerdiskriminierung,** sondern auch die **Inländerdiskriminierung.** Hierzu liegt

eine immerhin noch relativ aktuelle *BFH*-Stellungnahme vor, die sich auf den EuGH-Fall Werner bezieht und hieraus folgert: Die in diesem Urteil vom *EuGH* vertretene Auffassung, daß sich ein Deutscher nicht gegenüber Deutschland auf die Verletzung des Art. 43 berufen kann, wenn seine einzige Auslandsberührung durch den Wohnsitz in einem anderen EG-Mitgliedstaat besteht, ist nicht überholt (*BFH* IStR 1998, 302). Nun ist – worauf bereits bei der Vorstellung des Falles Werner hingewiesen wurde – seit Maastricht auch das Aufenthaltsrecht aus privaten Gründen (Art. 18 EG) gegeben, so daß der Hinweis auf den Fall Werner ohnehin zur Problematik einer Inländerdiskriminierung nichts mehr beitragen kann. Seit Ascher aber steht im übrigen das Gegenteil fest: Ein EU-Bürger kann sich auch gegenüber seinem Heimatstaat auf den uneingeschränkten Schutz des Gemeinschaftsrechts berufen (*Dautzenberg*, IStR 1998, 306). Im übrigen lese man hierzu Rz 21 des Falles Gilly – Rechte gegenüber seinem Heimatstaat geltend zu machen wird vom *EuGH* nicht einmal als Problem gesehen.

**69**      (6) Eine aktuelle **Bestandsaufnahme gemeinschaftsrechtlicher Einflüsse,** die an die Zusammenstellung bei *Heinicke* DStR 1998, 1332 ff. anknüpft (allerdings ohne Wiedergabe seiner Differenzierung zwischen zweifelsfreien deutschen Regelungen und verbleibenden Diskriminierungszweifeln), sie zwar ergänzt, aber keine Vollständigkeit beansprucht ergibt:

– der Fragenkreis fortbestehender Unterscheidung zwischen unbeschränkter und beschränkter Steuerpflicht (dazu ab M 34); Fragen zu § 1 III Satz 2/§ 1 a EStG (90% Grenze), § 1 III Satz 4 EStG (Nachweispflichten des Steuerpflichtigen für Auslandseinkünfte): Der gesamte Fragenkreis ist Gegenstand ab M 53;

– Wechsel zwischen unbeschränkter und beschränkter Steuerpflicht und Einbeziehung in Deutschland nicht besteuerter ausländischer Einkünfte in den Progressionsvorbehalt (§§ 2, 32 b I Nr. 2 EStG, dazu M 71);

– Verlustausgleichsbeschränkung des § 2 a I, II EStG, dazu N 18;

– Beschränkungen des § 3 EStG (Steuerbefreiung) auf Inlandszahlungen, z. B. § 3 Nr. 2 Arbeitslosengeld nur nach Inlandsgesetzen;

– Verweise des § 5 EStG auf die handelsrechtlichen Grundsätze ordnungsmäßiger Buchführung. Offen ist, in welchem Umfang die Regelungen in der 4. EG-Richtlinie (Jahresabschluß von Gesellschaften) bzw. deren Umsetzung im Bilanzrichtlinengesetz auch die steuerrechtliche Gewinnermittlung beeinflussen; dazu am Beispiel der Teilwertabschreibung auf Beteiligungen N 224; eine knappe Übersicht zur *EuGH*-Zuständigkeitsfrage s. zu K 31;

– § 10 I Nr. 8 EStG, Beschränkung des Sonderausgabenabzugs für Vergütungen an Hausbeschäftigte auf Falle der Zahlung inländischer Sozialversicherungsbeiträge durch unbeschränkt Steuerpflichtige;

– § 10 I Nr. 9 EStG mit der Beschränkung des Sonderausgabenabzugs auf Schulgeld an Inlandsschulen (s. dazu den Hinweis unter B 9);

– § 10e EStG mit der Beschränkung der Steuervergünstigung auf inländische Steuerpflichtige und im Inland belegene Objekte (s. dazu den Hinweis unter B 9);

– Aufteilungs- und Abzugsverbot Privatsphäre/berufliche Sphäre im Zusammenhang mit der Auslandsberührung s. B 10;

– Europatauglichkeit des körperschaftsteuerlichen Anrechnungssystems, zentrale Tatbestandsmerkmale in § 36 II Nr. 3 EStG mit der Beschränkung der Anrechnungsmöglichkeit von Körperschaftsteuer auf unbeschränkt Steuerpflichtige und auf inländische Steuern (s. dazu N 64, 111, 227, 260; P 90);

– §§ 20/43 ff. EStG unter Hinweis auf die laufenden Fahndungsmaßnahmen deutscher Strafverfolgungsmaßnahmen im Zusammenhang mit Kapitalverlagerungen (s. dazu T 13);

– § 50 I Satz 2 EStG (Verlustabzug nach § 10d EStG nur aufgrund von im Inland verwahrten Unterlagen) und § 50 III Satz 2 EStG (Mindeststeuer von 25% bei Steuerpflichtigen, die nicht unter § 50 I Satz 6 oder § 50 V Nr. 2 oder Nr. 3 oder § 1 III/§ 1 a EStG fallen (s. dazu P 26; Q 25; W 9);

– Sonderbesteuerung beschränkt Steuerpflichtiger mit – im Normalfall – abgeltendem Steuerabzug nach §§ 1 IV, 49 ff., 50 a IV EStG außerhalb der oben genannten Sonderregelungen (s. dazu Q 47); zu weiteren Problembereichen der beschränkten Steuerpflicht s. die Hinweise bei *Heinicke* ebenda;

– Börsenklausel des § 50 c X EStG als Verstoß gegen die Kapitalverkehrsfreiheit, dazu P 149;

– die erweiterte beschränkte Steuerpflicht (§ 2 AStG) als mögliche Diskriminierung eigener Staatsbürger (s. M 61);

– Wegzugsbesteuerung § 6 AStG, dazu M 83;

– unbeschränkte Körperschaftsteuerpflicht und EU-ausländischer Satzungssitz: Klassifizierungsfrage gem. § 1 I KStG mit Folgefragen wie die der Anwendung des § 8 b I, II KStG, dazu M 16, 17, N 63;

– Beschränkung der Körperschaftsteuerbefreiung auf unbeschränkt steuerpflichtige Körperschaften (§ 5 II Nr. 3 KStG), wogegen für eine gemeinnützige, nach EU-ausländischem Recht anerkannte, aber nur beschränkt steuerpflichtige Stiftung Bedenken erhoben worden sind (Verstoß gegen die Niederlassungsfreiheit, dazu *Eicker*, IWB 11 Gr. 2 S. 365);

– Gesellschafter-Fremdfinanzierung § 8 a KStG, s. den Hinweis P 115;

– Auflösung der inländischen Betriebsstätte beschränkt körperschaftsteuerpflichtiger EU-Gesellschaften (Wegzugsbesteuerung § 12 KStG), dazu M 81;

– Organschaft: doppelte Inlandsansässigkeit des Organs als Diskriminierung, dazu N 155; zu § 15 Nr. 2 KStG P 40;

– die Steuersatzungsregelung für beschränkt steuerpflichtige Körperschaften in § 23 III KStG ohne Berücksichtigung eines Ausschüttungssteuersatzes: Bis zum 31. 12. 1998, 42%, seit dem 1. 1. 1999 40%. Hauptanwendungsfall ist die beschränkt steuerpflichtige ausländische Kapitalgesellschaft mit inländischer Betriebsstätte oder Beteiligung an einer inländischen Personengesellschaft, im Vergleich zu den Ausschüttungen einer deutschen Tochtergesellschaft an eine EU-Muttergesellschaft führt dies zu einer möglicherweise EGV-widersprechenden Diskriminierung (s. dazu N 111, P 39);

– § 8 b VII KStG mit der Folge einer fiktiven Behandlung steuerbefreiter Schachteldividenden als Betriebsausgaben, was die Frage ihrer Vereinbarkeit mit der Mutter/Tochter-Richtlinie zur Folge hat (s. dazu S 332);

– die nur beschränkt mögliche Berücksichtigung der Verluste ausländischer Tochtergesellschaften in EU-Staaten (s. dazu N 224, 225);

– Fusionsrichtlinie und deutsches Recht: Verschmelzungs- und Spaltungsmöglichkeiten (P 176), möglicherweise nicht zu vereinbarende Voraussetzungen in § 23 I UmwStG (N 289), in § 23 III UmwStG (N 290), in § 23 IV UmwStG (N 29, P 177); Fusionsrichtlinie und unterbliebene Begünstigung von Mitunternehmeranteilen (N 286, 337);

– Außensteuergesetz: Hinzurechnungsbesteuerung, dazu N 396;

– die Rechtsprechung zur Basisgesellschaft, s. N 377;

– Berichtigung von Einkünften (§ 1 AStG), dazu der Hinweis N 258;

– Doppelbesteuerungsabkommen und Gemeinschaftsrecht, insbesondere die Meistbegünstigungsproblematik, dazu D 12, R 93;

– Gemeinschaftsrechtliche Fragen des Erbschaftsteuerrecht (U 2) und des Gewerbesteuerrechts (T 15).

Abschließend zu dieser Dauerthematik des internationalen Steuerrechts *Menck* (IStR 1997 Nr. 16 XIV) nach den zurückliegenden Erfahrungen: Urteile des *EuGH* werden ihrerseits wegen ihrer „minimalistischen Begründungen" kritisiert, eignen sich aber andererseits zur Ableitung von „Leitsatzkaskaden", die die Rechtsanwendung bis tief in das Detail binden sollen. Hinter jeder Entscheidung eröffnen sich neue Felder europarechtlicher Verbindung; es scheinen hier „die Verhältnisse von Treibsanden zu herrschen: Tastende Rechtsprechung und die Beweglichkeit der juristischen Argumentation erzeugen für die Beratung Sogwirkungen und Ungewißheiten".

# 3. Teil. Außensteuerrecht
## (Einkommen- und Körperschaftsteuer bei internationalen Sachverhalten)

## L. Internationalisierung und internationales Steuerrecht: Zusammenhänge

(1) Beeinflussen die Steuerrechtsordnungen der Staaten, vor allem 1
ihr jeweiliges Außensteuerrecht, unternehmerische Entscheidungen zur
grenzüberschreitenden Tätigkeit; beeinflussen sie die konkrete Standortwahl? Und umgekehrt: Erklären Abläufe und Unternehmensstrukturen
im Zusammenhang mit der Internationalisierung des Wirtschaftsgeschehens Teile der nationalen Steuerrechtsordnungen? Wer reagiert auf wen,
wer bestimmt und wer folgt? Das internationale Steuerrecht, oder konkreter: das Außensteuerrecht fragt nach Anknüpfungen und damit zugleich nach den Begrenzungen der eigenen Steuerhoheit. Die von der
Steuerlast Betroffenen haben sich darauf einzustellen: Sie tun dies mit
den **Instrumenten internationaler Steuerplanung** mit dem Ziel der
**Minimierung der Steuerlast.** Sie nutzen hierbei einerseits den Rahmen
des eigenen Rechts, vor allem aber die Steuerchancen aufgrund des internationalen Steuergefälles. Für die internationale Steuerplanung gibt es
vielfältige Systematisierungen, unter denen die Einteilung bei *Otto H.
Jacobs* (S. 633) – aus betriebswirtschaftlicher Sicht – besonders sinnvoll
ist, weil sie eine direkte Verbindung mit den Fragestellungen und Problembereichen des IStR ermöglicht. *Jacobs* unterscheidet
– Planung der Gruppenstruktur, was im Kern Rechtsformwahl und
Beteiligungsorganisation bedeutet – und was zu den Fragen nach der
Anknüpfung des Steuerrechts führt. Diese grundlegenden Strukturfragen
bestimmen auch – der Tradition der Darstellungen des IStR folgend – die
weitere Untergliederung des Außensteuerrechts, soweit die unternehmerische Betätigung betroffen ist (dafür wird zur Abgrenzung noch der Begriff der ausländischen Direktinvestition eingeführt werden),
– Steuerung der Bemessungsgrundlagen: Darunter versteht *Jacobs* die
„Nutzung des Steuergefälles dem Grunde und der Höhe nach, beispielsweise Finanzierungspolitik, Verrechnungspreise, Qualifikationskonflikte"; die Beziehungen zum Steuerrecht sind hier schon schwieriger darzustellen, es besteht kein greifbarer systematischer Zusammenhang mehr,
der Rechtsrahmen ist nicht mehr eindeutig zu bestimmen und abzugrenzen, die Verhältnisse kehren sich teilweise um: die Unternehmen stel-

len sich nicht mehr nur – wie bei der Rechtsform – vorrangig auf die gesetzlichen Rahmenbedingungen ein; es sind vielmehr die Unternehmensgestaltungen innerhalb eines zunächst eher großmaschigen Normengeflechts, auf die der Gesetzgeber ggf. zu reagieren hat. Es sind hier teilweise in sich abgeschlossene Bereiche des IStR entstanden, die im Rahmen einer zusammenfassenden Gesamtdarstellung dieses Rechtsgebietes zwar zu erfassen und systematisch einzuordnen sind, aber nicht mehr mit dem Anspruch auch nur annähernder Vollständigkeit; Beispiele hierfür sind die Verrechnungspreisproblematik und die Finanzierung international tätiger Unternehmen. Hierbei hat es in Teilbereichen eine Annäherung gegeben: Während aus der Sicht der Handelnden betriebliche Funktionen im Vordergrund stehen, für die sich die Fragen der Ausgliederung, der Verselbständigung und der Verlagerung in ein anderes Land stellen, waren für das deutsche Außensteuerrecht von seinen Grundlagen her solche betrieblichen Funktionen uninteressant, weil letztlich nur die Rechtsform und die Anknüpfung interessierten. Das ist schon mit dem Außensteuergesetz (1972) verändert und unterschiedliche Rechtsfolgen sind mit unterschiedlichen betrieblichen Funktionen verbunden worden (s. M 68). Die Entwicklung des Steuerrechts ist seither durch eine zunehmende Spezifizierung von Tatbestandsmerkmalen gekennzeichnet, die der „Steuerung der Bemessungsgrundlagen" durch die Unternehmen entgegenwirken (Beispiel hierfür: Die Behandlung der Gesellschafter-Fremdfinanzierung in § 8 a KStG).

– Vermeidung konzerninterner Gewinnrealisierung, womit *Jacobs* die Dynamik eines Unternehmensgeschehens zum Ausdruck bringt, „eingebunden in sich ständig verändernde wirtschaftliche, rechtliche und steuerliche Rahmenbedingungen," woraus sich notwendige Anpassungsprozesse und Reorganisationsmaßnahmen ergeben und bei denen der Steuerplaner „steuerliche Barrieren (Gewinnrealisierung, Transaktionssteuern) auf dem Weg zur Neuausrichtung der Organisationsstrukturen möglichst klein halten oder sogar beseitigen" zu suchen hat. Hier setzt wiederum der Gesetzgeber den Rahmen, der zwar flexibles Handeln nicht ausschließt, aber doch keinen Vergleich mit den Handlungsalternativen bei der Bestimmung der Bemessungsgrundlage erlaubt. Fragen der „Neuausrichtung der Organisationsstrukturen" werden im folgenden als Annex und jeweils nur zur ersten Einführung behandelt.

2      (2) Dies alles ist jedoch zu relativieren und klarzustellen, daß das Steuerrecht für die internationale Unternehmenstätigkeit nicht das „Maß aller Dinge" ist – und wo der Steuerpflichtige im Einzelfall die Besteuerung und deren Vermeidung als alleiniges Unternehmensziel verfolgt, er eher mit einer staatlichen Reaktion „Maß für Maß" zu rechnen hat. Daß das Steuerrecht nicht einmal bei der Frage nach einem konkreten ausländischen Standort einen vordersten Rang einnimmt, ist bereits im einleitenden Teil vermerkt worden (s. C 1). Deswegen ist es nützlich und notwendig,

auch im Rahmen einer Darstellung des internationalen Steuerrechts bei grenzüberschreitenden Unternehmensbeziehungen die theoretisch eher überschätzte, praktisch und auf das Ganze gesehen eher untergeordnete Rolle der steuerrechtlichen Rahmenbedingungen und der **steuerlichen Planung bei der Internationalisierung der Unternehmenstätigkeit** zu beachten. Die volkswirtschaftlichen Grundlagen sind an dieser Stelle ebenso vorauszusetzen wie die Entwicklung der Weltwirtschaft und ihr stetig höherer Zuwachs gegenüber der weltweiten Wertschöpfung (s. B 14). Auch die Globalisierung der Wirtschaft mit ihrer Intensivierung und räumlichen Ausdehnung des Wettbewerbs, mit ihrer geographischen Aufteilung von Wertschöpfungsprozessen und der damit verbundenen Anknüpfungsproblematik des Steuerrechts ist bereits angesprochen worden. Das alles sind Einzelaspekte. Was aber ist als Antrieb für die Internationalisierung wirksam und welchen Rang nehmen die hierbei steuerrechtlichen Fragen ein? Es ist dies die **Lehre vom internationalen Management:** Ihr liegt die Frage zugrunde, warum bestimmte Unternehmen international tätig werden und wodurch solche Unternehmen Wettbewerbsvorteile gegenüber Unternehmen erzielen können, die ausschließlich national tätig sind. Ein – wenn auch nur ganz oberflächlicher – Blick auf diesen modernen Forschungszweig zeigt, daß Vorstellungen wie die bereits erwähnten vom „Wettbewerbsvorteil durch Steuerflucht" sicherlich einen didaktischen Sinn, für die Wirklichkeit grenzüberschreitender Tätigkeit aber keine Repräsentanz haben.

(3) Die internationale Managementforschung will Handlungsempfeh- **3** lungen für länderübergreifende Austauschprozesse entwickeln; sie umfaßt einerseits die internationale Unternehmensführung, andererseits die internationale Betriebswirtschaft, der die betriebliche Sachfunktion „Steuerbelastung" zuzuordnen ist. Nur um diesen Teilaspekt geht es hier. Dabei hat sich in den vergangenen 40 Jahren in der Realität ein bemerkenswerter Wandel gezeigt, den man alsdann auch in der Entwicklung des internationalen Steuerrechts nachvollziehen kann: Während die Jahre 1960–1980 von einer sich entwickelnden Internationalisierungssituation bestimmt waren (going international), sind die Jahre seit 1980 durch eine einerseits immer noch wachsende, aber doch vollzogene Internationalisierung bestimmt (being international). Mit diesem Merkmal gehen andere Merkmale in ihrer zunehmenden Bedeutung im Zeitablauf konform, etwa: Bedeutung von Internationalisierungsstrategien (zunächst geringe, nunmehr hohe Bedeutung); Bedeutung von Internationalisierungsformen (1960–1980: Export, Auslandsrepräsentanzen, Verkaufsniederlassungen; seit 1980: Kooperation, ausländische Tochtergesellschaften) – dementsprechend hat die internationale Managementforschung ihren Schwerpunkt völlig verlagert: Ging es zunächst darum, Erkenntnisse über die optimale Gestaltung eines einzelnen Auslandsengagements aus der Sicht eines bestimmten Unternehmens zu gewinnen, so besteht nunmehr „das

zentrale unternehmungspolitische Problem nicht mehr in der möglichst effizienten Anpassung an unterschiedliche nationale Umweltbedingungen, sondern in der Nutzung länderübergreifender Skalen-, Synergie- und Lerneffekte. Die internationale Managementforschung wendet sich deshalb zunehmend Problemen des Managements multinationaler Unternehmungen zu, innerhalb dessen die Optimierung aller in- und ausländischen Engagements einer Unternehmung im Mittelpunkt steht" (*Welge/ Holtbrügge* S. 48). Man kann die Entwicklung – zeitlich wiederum parallel verlaufend – an den **Schwerpunktthemen des internationalen Steuerrechts** nachvollziehen: Zunächst standen die klassischen Fragen nach der „optimalen Gestaltung der einzelnen Auslandsengagements" im Vordergrund; eine unübersehbare Zahl von Veröffentlichungen in Zeitschriften, Monographien kann hierzu registriert werden. Stellvertretend hierfür – wenn auch jüngeren Datums – kann auf Titel wie *Carsten Kuhlmann* „Steuerliche Gestaltung von Direktinvestitionen ausländischer Unternehmen" (1996) oder *Manfred Stöckler* „Die steuerlich optimale Rechtsform ausländischer Investoren in Deutschland" (1998) oder – spezieller *Stefan Köhler* „Die Steuerpolitik der deutschen internationalen Unternehmung im Einflußbereich der Hinzurechnungsbesteuerung" (1994) verwiesen werden. Aber die Entwicklung auch im IStR zur „Nutzung länderübergreifender Skalen-, Synergie- und Lerneffekte" ist längst vollzogen worden: Sei es in Teilaspekten eines bestimmten rechtlichen Rahmens, der untersucht wird (Stichwort: Verrechnungspolitik anstelle einer richtlinienkonformen Darstellung der Verrechnungspreisproblematik; Ansätze dazu beispielsweise bei *Zirfas des Moron* (Transnationale Besteuerung im Kontext der Globalisierung, 1996, S. 130 ff.); oder Holdingstrategien statt bloßer Subsumtionsarbeit, dazu beispielsweise *Wolfgang Kessler* (Die Euro-Holding, 1996) oder *Brigitte Hintzen* (zur deutschen Zwischenholding, 1997); sei es in den Gesamtdarstellungen von *Fischer/Warneke* (4. Aufl. 1998) und von *Otto H. Jacobs* (4. Aufl. 1999) – insbesondere verdeutlicht durch den Vergleich mit den jeweiligen früheren Auflagen.

**4**    (4) Die „Optimierung aller in- und ausländischen Engagements einer Unternehmung"– als ein Teilbereich der Optimierung wäre die Steuerplanung zu nennen – hat vor allem multinationale Unternehmen zum Gegenstand, die sich durch eine Reihe von Merkmalen auszeichnen (*Welke/Holtbrügge* S. 49): Es sind u. a. strukturelle Merkmale (vor allem: Direktinvestitionen im Ausland statt bloßer Leistungs- und Lieferungsbeziehungen), es sind Leistungsmerkmale (hohes Auslandsgewicht auf die Gesamtdaten wie Umsatz, Gewinn bezogen), es sind Verhaltensmerkmale (etwa eine auslandsorientierte Unternehmenskultur). Erst mit dem multinationalen Unternehmen kann der Begriff der Globalisierung als einer „möglichst weltweiten Integration" verbunden werden, die Aufgabe, ständig „die Vorteile, die sich aus der Anpassung an die jeweiligen lokalen Bedingungen ergeben, mit den Vorteilen einer weltweiten Integration aller Aktivitäten auszubalancieren", die auch in letzter Konsequenz zu einem „geozentrischen Führungskonzept" führt, in dem „erfolgreiche Managementtechniken unabhängig ihres Ursprungs weltweit eingesetzt werden" (ebenda, S. 50, 52). Das ist nun allerdings der Punkt, in dem die Gesetzgebung zum IStR bisher nicht gefolgt ist und wohl auch – auf nationaler Ebene – nicht mehr folgen kann: Dem wirtschaftlichen Sachverhalt eines „multinationalen Unternehmens" – verstanden als höchste Internationalisierungsform eines Konzerns – entspricht keine Rechtsform und damit auch keine Anknüpfung des Außensteuerrechts. Das wiederum ist Anlaß für reformbezogene Untersuchungen zur Konzernbesteuerung, die zwar überwiegend aus der Perspektive des Binnenmarktkonzeptes und damit des harmonisierten Gemeinschaftsrechts verfaßt wurden (beispielsweise *Johanna Hey, Joachim Bökelmann, Marco Scheuchzer, Wolfgang Salzberger*), die aber alle an einen davon unabhängigen Sachverhalt anknüpfen: Das juristische Trennungsprinzip wird der wirtschaftlichen Einheit eines solchen internationalen Unternehmensverbundes nicht mehr gerecht, es bedarf offensichtlich der rechtlichen Kenntnisnahme einer wirtschaftlichen Einheit vom Grundsatz her, also eines **länderübergreifenden Organschaftskonzepts.**

(5) Die verbleibende zentrale Frage nach den **Ursachen der Interna- 5 tionalisierung aus einzelwirtschaftlicher Sicht** (warum ist grenzüberschreitender Handel für mich vorteilhaft?) könnte für das IStR aus der Sicht der Staaten aus Gründen der Interventionsmöglichkeiten (Kapitalexportneutralität oder Kapitalimportneutralität) von Interesse sein. Aber es ist – wie eingangs erwähnt – Zurückhaltung geboten; Wanderungsbewegungen in Steueroasen stehen für Teilbereiche, aber nicht für das Gesamtgeschehen. Durch sie verursachte staatliche Abwehrmaßnahmen sind oft genug durch ein Mißverhältnis zwischen gesetzgeberischem Aufwand, zunehmendem Transparenzverlust des Gesetzes einerseits und Ertrag andererseits gekennzeichnet, so daß nur die Hoffnung präventiver Wirkung auf der Habenseite verbleibt (am Beispiel der erweiterten Hinzurechnungsbesteuerung zeigt dies *von Waldthausen* S. 307). Die Außenhandelstheorien der Volkswirtschaftslehre können das Verhalten der einzelnen Handelnden nicht erklären, schon deswegen nicht, weil den Theorien der absoluten und komparativen Kostenvorteile die zunehmend unrealistische Annahme immobiler Produktionsfaktoren zugrunde liegt. Sie können damit eher Export und Import erklären, aber nicht **ausländische Direktinvestitionen als einen Entscheidungsprozeß.** Die Internationalisierung ist aber hierdurch gekennzeichnet: Kapitaltransfers, die mit Ertrags- und Kontrollmotiven verbunden sind, und sich von Portfolioinvestitionen (Finanzinvestitionen) unterscheiden. Portfolioinvestitionen werden von Ertragsmotiven bestimmt, sind aber nicht mit

unternehmerischen Zielen verbunden. Vereinfacht ausgedrückt: Der Gründung einer Tochtergesellschaft steht der Erwerb einer Aktienzahl gegenüber – die Unterscheidung im Außensteuerrecht (und im Abkommensrecht) ist von erheblicher Bedeutung und mit dem „internationalen Schachtelprivileg" verbunden (s. dazu N 131). Für solche **internationalen Direktinvestitionen** – in der weiteren Darstellung mit den Begriffen der unselbständigen Niederlassung (Betriebsstätte) und der Gründung bzw. dem Erwerb von Auslandsgesellschaften verbunden – gibt es eine Reihe von Erklärungsversuchen, in die zwar das Bestehen eines internationalen Steuergefälles problemlos einzuordnen ist, denen aber fast allen gemeinsam die untergeordnete, eher nebensächliche Rolle dieses Steuergefälles bzw. des Steuerrechts überhaupt ist. Auf dieser Linie liegt die Skepsis des *BFH* im Vorlagebeschluß zur Tarifspreizung und deren Verfassungsmäßigkeit (HFR 1999, 639 ff.): „Ohnehin sind Aussagen über ein steuerlich motiviertes Investitionsverhalten von Unternehmern weitgehend spekulativ. Generelle Prognosen darüber ... dürften wenig verläßlich sein."

**6**   Nach *Welge/Holtbrügge* (S. 62 ff.) sind als vorrangige Erklärungsversuche anzusehen: die Produktionslebenszyklustheorie von *Vernon* (1966), in der ausländische Direktinvestitionen durch Preiselastizitäten und Lohnkostendifferenzen bestimmt werden; der ressourcentransferorientierte Bezugsrahmen von *Fayer-Weather* (1975), der die Beweglichkeit der Produktionsmittel betont; die verhaltensorientierte Theorie der Internationalisierung von *Aharoni* (1966), die Internationalisierung als Verhandlungsprozeß zwischen Entscheidungsträgern versteht und in denen Mitläufer-Effekte einen hohen Rang einnehmen; die Lerntheorie der Internationalisierung von *Johanson/Vahlne* (1977), die Marktbindung und Marktwissen den entscheidenden Einfluß zuweist und die fortschreitende Organisationen von der Niederlassung bis zur Tochtergesellschaft als einen „organisatorischen Lernprozeß" beschreibt; der „Diamant-Ansatz" der Internationalisierung von *Porter* (1991), der die inländischen Wettbewerbsvorteile zugrunde legt und aus ihnen Internationalisierungstendenzen ableitet, sie aber mit dem Zufall (Ereignisse außerhalb der Herrschaftsgewalt einer Unternehmung) und staatlichem Handeln verbindet; die Standorttheorie der Internationalisierung, die die Direktinvestitionen in einem bestimmten Land vor allem durch die Standortfaktoren dieses Landes bestimmt sieht, unter denen wiederum staatliche Investitionsanreize und Steuervorteile eine hohe Wertschätzung genießen (*Tesch,* 1980); Die monopolistische Vorteilstheorie (*Hymer/Kindleberger* 1960/1969), die Direktinvestitionen mit hohen Wettbewerbsvorteilen im Heimatstaat erklärt, da andererseits die zunächst zwangsläufig gegebenen Wettbewerbsnachteile für eine Tochtergesellschaft auf dem Auslandsmarkt auszugleichen sind; in der Internationalisierungstheorie *(Buckley/ Casson* 1976) werden Exporte und Lizenzvergaben den Direktinvestitionen gegenübergestellt und Transaktionenskosten als entscheidend für Direktinvestitionen bewertet; in der eklektischen Theorie der internationalen Produktion (*Dunning* 1979) bilden Standortvorteile die Voraussetzung für Direktinvestitionen, während für Portfolio-Engagements und Lizenzvergaben schon bloße Eigentumsvorteile genügen. Dabei sind die genannten Ursachenforschungen bilateral ausgerichtet: Ein Unternehmen denkt in den Kategorien seines Heimatstaates und eines Exportlandes, Aussagen zu den internationalen Tätigkeiten der multinationalen Unternehmen können nur beschränkt gültig sein. Die Investitionen unter weltweiten Gesichtspunkten zu planen, ist Anliegen beispielsweise der Theorie des globalen Wettbewerbs (*Porter* 1989) mit

der Hervorhebung eines Zwangs zur globalen Integration, anderenfalls Wettbewerbsfähigkeit nicht mehr gesichert ist; der Theorie der operationalen Flexibilität *(Kogut*
1989), in der zunehmende Unsicherheit, Varianz und Diskontinuität von Umweltentwickungen den Aufbau eines multinationalen Netzwerkes bedingt und belohnt wird
durch Arbitragevorteile; schließlich die postmoderne Theorie des internationalen
Managements (*Welge/Holtbrügge* 1998), die Wettbewerbsvorteile multinationaler
Unternehmen nicht mehr mit Hilfe monokausaler Ansätze erklärt, sondern „zentrale
Leitmotive der Postmoderne" – zunehmende Bedeutungslosigkeit des Raumes, zunehmende Verdichtung der Zeit, Ausrichtung an internationalen Subkulturen – für
ihre Strategien verantwortlich macht. Klarzustellen ist: Alle diese Versuche werden
hier nur nach *Welge/Holtbrügge* (S. 59 ff.) referiert. Sicherlich wäre es eine Arbeit für
sich, alle Einzelaussagen auf die Bedeutung des Steuerrechts und des internationalen
Steuergefälles hin zu untersuchen – eine ganz andere Frage wäre dann immer noch
die nach der tatsächlichen Relevanz. Da jedoch allen Arbeiten auch empirische Untersuchungen zugrunde liegen, bleibt festzuhalten: Die Rolle der steuerlichen Bedingungen, des internationalen Steuergefälles ist auf die Gesamtheit der internationalen
Austauschbewegungen bezogen eher zweitrangig. In einer Reihe von Aussagen wird
ihr überhaupt keine „besondere Rolle" zugewiesen, in anderen Aussagen ist sie wenigstens ohne Spekulation einzuordnen.

# M. Grundlagen: Anknüpfung und Formen der Steuerpflicht

## I. Anknüpfung, Inlandsbegriff

**1**    (1) Die erste Frage bei der steuerlichen Erörterung eines Sachverhalts mit Auslandsberührung, der die Bundesrepublik in irgendeiner Weise betrifft, ist bei jeder Steuerart gleich: Besteht eine deutsche Besteuerungskompetenz (*Bellstedt* S. 1). Dazu bedarf es der Klärung, ob das innerstaatliche Recht (das Außensteuerrecht) hierfür **Anknüpfungen** vorsieht. Im internationalen Privatrecht bestimmt die Anknüpfung das anzuwendende Recht, die für die Beantwortung der jeweils gestellten Rechtsfrage maßgebliche Rechtsordnung. Im internationalen Steuerrecht bestimmt die Anknüpfung nur die Reichweite des eigenen Rechts – oder aber (aus entgegengesetzter Sicht) begrenzt damit die Reichweite des eigenen Rechts, was zugleich Abschirmung vor den Rechtsfolgen des eigenen Rechts bedeutet. Es geht daher bei der Bestimmung der Anknüpfungspunkte nur vordergründig um eher reizlose Definitionsfragen wie die des Innehabens einer Wohnung bei Ehegatten- und Familienrechtsverhältnissen oder die des Ortes tatsächlicher Geschäftsleitung bei Einmischungen des Gesellschafters in die Geschäftsführung; es geht stattdessen um eine Grundfrage des IStR überhaupt, mit Konsequenzen für die beteiligten Staaten genauso wie für die grenzüberschreitend tätigen Steuerpflichtigen. Insbesondere die Beweglichkeit der Anknüpfungspunkte schafft Probleme; hier ist zum einen die Globalisierungsproblematik angebunden (s. dazu M 64); im übrigen ist schon an dieser Stelle folgendes zu vermitteln: Die Beweglichkeit der für natürliche Personen geltenden Anknüpfungen (Wohnsitz, gewöhnlicher Aufenthalt) und damit auch eine etwaige Abschirmung durch den Wechsel der Anknüpfungspunkte ist eine pure Selbstverständlichkeit auch dann, wenn sie vom früheren Heimatstaat bedauert wird. Deswegen sind hiergegen gerichtete staatliche Maßnahmen wie die einer Wegzugsbesteuerung (§ 6 AStG) oder einer Sonderanknüpfung (§ 2 AStG) mit erheblichen Vorbehalten zu bewerten. Problematischer ist hingegen die Beweglichkeit der Anknüpfung im Zusammenhang mit Gesellschaftsformen zu beurteilen. Hier knüpft das Steuerrecht – zivilrechtlicher Tradition folgend – auch dann an die Rechtsform an, wenn es sich um eine Teileinheit einer wirtschaftlichen Einheit (Konzern) handelt; es beachtet also bei der Anknüpfung zunächst nicht den wirtschaftlichen Zusammenhang juristisch verselbständigter Teile; da dies in einer von multinationalen Gesellschaften bestimmten arbeits- und funktionsteiligen Wirtschaft zu einer unhaltbaren Aufteilung des Einkommens auf die beteiligten Staaten führen kann, müssen Hoch-

162

steuerstaaten wie die Bundesrepublik ein kompliziertes Normensystem entwickeln, um die Anknüpfung an die Rechtsform in Teilen zu korrigieren: Das ist der methodische Zusammenhang der Anknüpfungsfrage mit Schwerpunkten des IStR (Stichworte: Mißbrauchsgesetzgebung, Hinzurechnungsbesteuerung, Gewinnabgrenzungsprobleme).

(2) Bei der Abgrenzung der Steuergewalt gegenüber grenzüberschreitenden Vorgängen ist es von grundsätzlicher Bedeutung, ob der Staat die Besteuerung an eine Form persönlicher Zugehörigkeit zu ihm anknüpft *(Wohnsitzprinzip)* oder eine wirtschaftliche Betätigung innerhalb seiner Grenzen *(Ursprungsprinzip)* zum Besteuerungsanlaß wählt. Einkommensteuer, Körperschaftsteuer und Erbschaftsteuer zeichnen sich dadurch aus, daß beide Anknüpfungen zur Begründung verwendet werden (systematische Abhandlung aller persönlichen und sachlichen Anknüpfungen bei *Mössner (Mössner u.a.)*, S. 54 ff.).

Das Steuerrecht knüpft daran die Folgen einer unbeschränkten bzw.  **2** beschränkten Steuerpflicht und bestimmt damit die **Reichweite des eigenen Rechts** unterschiedlich. Es scheint wenigstens mißverständlich zu sein, wenn *Menck* in *Mössner u.a.,* S. 54 dazu anmerkt, das deutsche Steuerrecht unterscheide nicht scharf zwischen den Voraussetzungen seiner Anwendbarkeit (Kollisionsnorm) einerseits und dem sachlichen Gehalt der Besteuerung (Sachnorm) andererseits; das Steuerrecht spreche stattdessen bei den direkten Steuern von unbeschränkter und beschränkter Steuerpflicht, unglücklich gewählte Begriffe, die sich auf den räumlichen Anwendungsbereich der staatlichen Sachnormen beziehen. Demgegenüber ist nochmals in Erinnerung zu rufen und an späterer Stelle (Bedeutung der isolierenden Betrachtungsweise) hierauf zurückzukommen: Es geht nur um die Reichweite eigenen Rechts, mithin bedarf es der Unterscheidung von Kollisionsnorm und Sachnorm nicht; es bedarf nicht einer besonderen Kollisionsnorm, weswegen dieser Begriff auch keine Anwendung mehr finden sollte – nur noch zur IPR-Abgrenzung dienen kann. Den räumlichen Anwendungsbereich bestimmt die Sachnorm selbst oder sie bestimmt es im Zusammenhang mit der Grundregel zur unbeschränkten bzw. beschränkten Steuerpflicht. Würde sich – um ein Beispiel zu nennen – bei der Auslegung des § 15a EStG ergeben, daß Auslandsbeziehungen nicht hierunter fallen, so wäre das ausschließlich ein Problem der Sachnorm – ohne daß es auf eine Unterscheidung von Kollisionsnorm und Sachnorm ankäme. Eine ganz andere Frage ist die nach einer eigenständigen Bedeutung des Prinzips des Welteinkommens auf der Grundlage einer unbeschränkten Steuerpflicht. Deswegen hat es auch keinen Sinn, die erweiterte beschränkte Steuerpflicht nach § 2 AStG als Mischform aus Elementen der unbeschränkten und der beschränkten Steuerpflicht zu begreifen (so aber *Menck* aaO, S. 55) – es geht um nichts anderes als eine Sonderanknüpfung, eine besondere Bestimmung des räumlichen Anwendungsbereichs von Sachnormen gegenüber den beiden Grundformen der Anknüpfung, der unbeschränkten und der beschränkten Steuerpflicht. Die Besteuerung der Nichtansässigen ist in Deutschland seit Beginn des 19. Jahrhunderts in den Kodifizierungen nachweisbar, systematisch behandelt in der preußischen Steuerreform von 1820 – in modernem Gewand seit dem preußischen EStG von 1891. Das EStG 1925 knüpfte nicht mehr an eine Staatsangehörigkeit an, ging vom Nationalitätsprinzip zum Territorialitätsprinzip über; mit dem EStG 1934 wurde dann die uns vertraute Unterscheidung in § 1 EStG aufgenommen (zur Rechtsentwicklung *Koblenzer* IStR 1997, 97ff.).

**3**     (2) Vorgezogen werden kann der **Inlandsbegriff,** da er gleichermaßen für die Einkommen- und Körperschaftsteuer gilt. Die Anknüpfungspunkte für die unbeschränkte Einkommen- und Körperschaftsteuerpflicht (Wohnsitz, gewöhnlicher Aufenthalt; Sitz, Ort der Geschäftsleitung) müssen im Inland nachweisbar sein. Der Begriff des Inlands, seine Reichweite, ist gesetzlich nicht bestimmt. Er umfaßt die Bundesrepublik – und das heißt deren hoheitliche Grenzen und ist damit identisch mit dem Geltungsbereich des Grundgesetzes. Völkerrechtlich als exterritorial geltende Grundstücksteile sind hierin eingeschlossen (die Repräsentationstheorie stellt wesentlich auf die Stellung des Diplomaten als Repräsentanten eines souveränen Staates ab, daher § 3 Nr. 29 EStG: Steuerfreiheit der Diplomatenbezüge und Konsularbeamten, s. bereits D 13). Zollgrenzen sind zur Bestimmung des Inlands nicht maßgeblich. Deswegen sind dem Inland zuzuordnen Zollausschlüsse (deutsche Hoheitsgebiete, die wie das sogleich genannte Büsingen einem ausländischen Zollgebiet angeschlossen sind), zollfreie Gebiete (Ausschluß vom deutschen Zollgebiet, ohne einem ausländischen Zollgebiet angeschlossen zu sein); Zollanschlüsse gehören folgerichtig nicht zum Inland, ebensowenig wie im Ausland belegene Grundstücke der Bundesrepublik. Zum Inland gehört auch der Raum über und unter der Erdoberfläche. Handelsschiffe, die zur Führung der deutschen Flagge berechtigt sind, sind dem Inland zuzuordnen, solange sie sich in inländischen Gewässern (3-Meilen-Zone) oder auf hoher See befinden; für deutsche Luftfahrzeuge gilt entsprechendes (zum Ganzen *Stapperfend* in *H/H/R* Rz 57 zu § 1 EStG).

**4**     **Büsingen** ist eine zur Bundesrepublik Deutschland gehörende Gemeinde, deren Gebiet von der Schweiz umgeben ist. Unbeschadet der politischen Zugehörigkeit ist Büsingen dem schweizerischen Zollgebiet angeschlossen, s. hierüber den entsprechenden Staatsvertrag BGBl 1967 I, 2030. Die Wirtschaft Büsingens wird weitgehend von schweizerischen Kaufkraftverhältnissen bestimmt, was sich für einzelne Bürger nachteilig auswirken kann. Die deutsche Finanzverwaltung trägt dem durch Billigkeitsmaßnahmen Rechnung. Im Falle des *BFH* BStBl 1989 II, 614 verlangte ein in Büsingen wohnender, außerhalb in Baden-Württemberg tätiger Rechtsanwalt Herabsetzung seiner EStSchuld um 15%, weil für ihn der Tatbestand einer verengten unbeschränkten Stpfl. gelte, hilfsweise beanspruchte er im Anschluß an § 2 III EStG einen Exklaven-Entlastungsbetrag, hilfsweise Anerkennung des Wohnsitzes in Büsingen als dauernde Last bzw. Grundlage für eine außergewöhnliche Belastung (§ 33 EStG). Der *BFH:* Es fehlt jeweils an einer Rechtsgrundlage: „Nach § 1 Abs. 1 Satz 1 EStG sind natürliche Personen, die im Inland einen Wohnsitz oder ihren gewöhnlichen Aufenthalt haben, unbeschränkt einkommensteuerpflichtig. Zum „Inland" in diesem Sinne gehört das Gebiet der Bundesrepublik Deutschland . . . Für die Abgrenzung des Bundesgebiets sind die hoheitlichen Grenzen und nicht die Zollgrenzen maßgebend. Deshalb gehören zum Inland auch Zollausschlüsse . . . wie Büsingen. Wer die tatbestandlichen Voraussetzungen des § 1 Abs. 1 Satz 1 EStG erfüllt, ist unbeschränkt steuerpflichtig. Einschränkungen der unbeschränkten Steuerpflicht, wie sie der Kläger wegen der besonderen wirtschaftlichen Verhältnisse im Zollausschluß Büsingen für rechtlich geboten erachtet, können weder aus dem Wortlaut des Gesetzes noch aus seinem Sinn und Zweck abgeleitet werden. Es besteht kein Grund, etwaige Unbilligkeiten, die bei der Besteuerung infolge der Nichtberücksichtigung des Kaufkraftgefälles auftreten können, durch eine Abschwächung der unbeschränkten Steuerpflicht auszugleichen". Die Aufzählung der in § 2 III EStG die Summe der die Einkünfte mindernden Beiträge ist abschließend, das Fehlen eines Exklavenentlastungsbetrages sei auch nicht verfassungswidrig. §§ 10 I Nr. 1 a, 33 I EStG lägen tatbestandlich nicht vor. Eine Verfassungsbeschwerde gegen dieses Urteil wurde zurückgewiesen (RIW 1991, 963).

Nach § 1 I 2 EStG/§ 1 III KStG gehört zum Inland auch der der Bun-   **5** desrepublik Deutschland zustehende **Anteil am Festlandsockel**, soweit dort Naturschätze des Meeresgrundes und des Meeresuntergrundes erforscht oder ausgebeutet werden. Der Festlandsockel gehört völkerrechtlich nicht zum Inlandsbegriff (zur uneinheitlichen Staatenpraxis *Ipsen* S. 717) – aus dem Völkervertragsrecht folgt aber eine auf die Erforschung und Ausbeutung der Naturschätze begrenzte Souveränität, die die Bundesrepublik auch beansprucht (zu den Rechtsquellen – vorrangig der Genfer Konvention über den Festlandsockel – *Stapperfend* aaO, Rz 97, 98 zu § 1 EStG). Liegen die Voraussetzungen des § 1 I 2 EStG vor, gehört der Anteil des Festlandsockels zum Inland, jedoch nur insoweit, als dort Naturschätze erforscht oder ausgebeutet werden; systematische Überlegungen sprechen daher für eine Einordnung in die Regeln über die Abgrenzung der beschränkten Steuerpflicht (Bestimmung der inländischen Einkünfte), die Einordnung in §§ 1 EStG, KStG bedeutet eine „unrichtige Plazierung" (*Schaumburg* S. 119; *Stapperfend* aaO, Rz 94 zu § 1 EStG). Denn ein Wohnsitz oder gewöhnlicher Aufenthalt (etwa auf einer Bohrinsel) kann ebensowenig wie der Ort der tatsächlichen Geschäftsleitung die unbeschränkte (deutsche) Steuerpflicht nach sich ziehen, weil sich die völkervertragsrechtlich abzuleitenden Hoheitsrechte der Bundesrepublik ausschließlich zweckgebunden auf den Meeresgrund beziehen.

## II. Unbeschränkte Steuerpflicht:
## Anknüpfung und Rechtsfolgen

Natürliche Personen sind zum Zwecke der Besteuerung des Einkom-   **6** mens unbeschränkt steuerpflichtig, wenn sie im Inland einen Wohnsitz oder den gewöhnlichen Aufenthalt haben (§ 1 I 1 EStG). Körperschaften, die in § 1 KStG genannt werden, sind zum Zwecke der Besteuerung des Einkommens unbeschränkt körperschaftsteuerpflichtig, wenn sie ihren Sitz oder ihre Geschäftsleitung im Inland haben (vgl. dazu auch die Anknüpfung für einen zum Lohnsteuerabzug verpflichteten inländischen Arbeitgeber in § 38 I Nr. 1 EStG). Bei der „Bereederung im Inland" handelt es sich für die Anwendung des § 5a EStG zwar um eine eigenständige Voraussetzung neben der erforderlichen Geschäftsleitung im Inland – aber hierbei geht es nicht um eine Frage der Steuerpflicht, sondern um eine neue Gewinnermittlungsart für den Betrieb von in Deutschland bereederten Schiffen im internationalen Handelsverkehr. Liegen Anknüpfungen der genannten Art vor, so wird die Rechtsfolge hieraus als Besteuerung nach dem **Welteinkommensprinzip** bezeichnet (Universalprinzip). Man kann dies auch so zum Ausdruck bringen: Natürliche Personen zeichnet eine gewisse „Unbeweglichkeit" aus, weil ein Wohnsitz sich regelmäßig nicht variieren läßt, ohne daß dies nicht zugleich mit erheblichen Änderungen in der Lebensführung und den wirtschaftlichen Aktivitäten verbunden wäre; diese Variierung ist für grenzüberschreitend tätige Gesellschaften erheblich einfacher. Es scheint, als erschöpfe sich die Problematik dieser Normen in der bloßen Bestimmung der Anknüpfung, also einer inhaltlichen Bestimmung der Begriffe Wohnsitz usw.; das ist jedoch nicht zutreffend, weil mit der Grenzüberschreitung die Qualifizierung einer Person selbst zweifelhaft sein kann; für die Bestimmung einer natürlichen Person ist das auszuschließen; sobald aber Gesellschaftsformen in die Betrachtung einbezogen werden, wird sich wieder das Problem divergierenden Rechts stellen. Deswegen die folgende Zweiteilung: Beschreibung der Merkmale und Statusfragen.

## 1. Die Anknüpfungsmerkmale: Wohnsitz, Aufenthalt, Sitz, Ort der Geschäftsleitung

**7**     (1) Wohnsitz ist nach § 8 AO der Ort, an dem der Steuerpflichtige eine Wohnung unter Umständen innehat (objektiver Umstand), die darauf schließen lassen, daß er die Wohnung beibehalten und benutzen wird (subjektiver Umstand). Der Begriff der Wohnung umfaßt alle Räumlichkeiten, die zum Wohnen geeignet sind; räumliche Fixierung ist erforderlich, so daß ein fahrender Wohnwagen keine Wohnung ist. Problematisch ist das Angemessenheitskriterium (Berücksichtigung des Lebensstils), jedenfalls gibt es einige ältere *FG-Urteile,* die hierauf abstellen (*Mössner* in *Mössner u.a.,* S. 59). Die Wohnung „innehaben" bedeutet, daß der Berechtigte darüber nach Belieben i.S. der tatsächlichen Verfügungsmöglichkeit verfügt; die objektiven Umstände müssen darüber hinaus darauf schließen lassen, daß die Wohnung beibehalten und benutzt werden soll. Das damit zum Ausdruck gebrachte Zeitmoment ist jedoch nicht näher bestimmt; *BFH* BStBl. 1990 II, 95, geht von der 6-Monats-Frist des § 9 Satz 2 AO aus: ist diese nicht erreicht, ist zwar vorübergehend eine Wohnung innegehabt, aber kein Wohnsitz begründet; ob jede von vornherein befristete Innehabung einer Wohnung aus dem Wohnsitzbegriff ausscheidet, ist noch nicht geklärt (s. *FG Nürnberg* EFG 1996, 783). § 8 AO ist Ausdruck der wirtschaftlichen Zugehörigkeit einer Person zu einem Land. Die damit verbundene unbeschränkte Steuerpflicht nach dem Prinzip des Welteinkommens verlangt eine hinreichende Verbindung der Person mit dem Land, eine nur vorübergehende Verfügung über eine Wohnung kann mithin die weitreichende Rechtsfolge nicht ausreichend begründen. Zur Frage der zwar längerfristig zur Verfügung stehenden, aber nur anläßlich von kurzfristigen Inlandsbesuchen benutzten Wohnung *BFH* BStBl. 1989 II, 182: Wohnsitz liegt vor, weil die tatsächliche Gestaltung entscheide, nicht aber die Absicht, hier ggf. keinen Wohnsitz begründen zu wollen. Zur Problematik der unregelmäßigen Nutzung *Mössner* aaO, S. 61: Im Begriff der Wohnung steckt ein Element der Beständigkeit, das auf übliche Wohnweisen verweist. Aus der Benutzung der Räumlichkeiten muß ein ausreichendes Indiz für eine wirtschaftliche Eingliederung in das Inland folgen. Der *BFH* (IStR 1997, 405) teilt diese Auffassung nicht – der ständig nutzungsbereite Zustand ist ausreichend. Widerlegen kann dies der Stpfl. nur durch Vermietung oder durch Familiennachzug (Residenzpflicht). Zur Wohnsitzmehrheit im Inland und Ausland und einem **Mittelpunkt der Lebensinteressen** s. *FG Baden-Württemberg* EFG 2000, 72 u. M 19. Zu den Folgen für den **Kindergeldanspruch** gem. § 62 I EStG *Mössner* IWB 3a Gr. 1, 832.

(2) Den **gewöhnlichen Aufenthalt** (*Jakob:* Tatbestandsreserve) hat jemand dort, **8** wo er sich unter Umständen aufhält (objektiver Umstand) die erkennen lassen, daß er an diesem Ort oder in diesem Gebiet nicht nur vorübergehend verweilt (subjektives Merkmal) (§ 9 AO). Während der Wohnsitz auf einen Stützpunkt, nämlich die Wohnung, abstellt, beinhaltet der Begriff gewöhnlicher Aufenthalt ein nicht nur vorübergehendes Verweilen unabhängig von der Existenz eines solchen Stützpunktes (*Deppe* StuW 1982, 332 ff.). Ein längerer, jedoch kein ständiger Aufenthalt wird vorausgesetzt. Der Aufenthalt kann daher unterbrochen sein, muß aber insgesamt zusammenhängen. Der Begriff ist recht unbestimmt, bereits der *RFH* sprach von einer „dehnbaren Fassung" und von der Unmöglichkeit „allgemein gültiger Richtlinien" (RStBl 1935, 1415). *BFH* BStBl. 1989 II, 956 versteht ihn als „dauernd", was wiederum keine ununterbrochene Anwesenheit voraussetzt. Die Fiktion des gewöhnlichen Aufenthalts gem. § 9 Satz 2 AO besteht in der unwiderlegbaren Vermutung, daß eine natürliche Person, die sich länger als sechs Monate im Staatsgebiet aufhält, eine für ihren gewöhnlichen Aufenthalt hinreichende Bindung an das Inland aufweist. Kurzfristige Unterbrechungen stehen dem gewöhnlichen Aufenthalt nicht entgegen (§ 9 Satz 2 AO). Allerdings kann auch ein kürzerer tatsächlicher Aufenthalt ausreichen, wenn die ursprüngliche Absicht auf einen längeren Aufenthalt bezogen war (*BFH* BStBl. 1978 II, 118). Der gewöhnliche Aufenthalt ist nicht gegeben, wenn der Stpfl. unter Benutzung einer im Ausland gelegenen Wohnung lediglich seine Tätigkeit im Inland ausübt (*BFH* BStBl. 1988 II, 944); damit scheiden Grenzgänger (Arbeitnehmer, Unternehmung) aus, anderenfalls auch keine Abgrenzung zu § 49 EStG möglich wäre. Der Grenzgänger benötigt, soll er unter § 9 AO fallen, wenigstens Räume.

(3) Eine Körperschaft, Personenvereinigung oder Vermögensmasse hat ihren **Sitz 9** an dem Ort, der durch Gesellschaftsvertrag, Vereinssatzung, Stiftungsgeschäft oder dergleichen bestimmt ist (§ 11 AO). Hierbei kommt es allein auf rechtliche und nicht auf wirtschaftliche Faktoren an (*Bellstedt* S. 5). Der Satzungssitz ist Rechtsmerkmal, durch Statutenbestimmung festgelegt. Mit der Anknüpfung an den Sitz im Inland erfolgt eine Bindung an das Gesellschaftsrecht. Die Gesellschaft hat nur dann einen inländischen statuarischen Sitz, wenn sie nach den Vorschriften des deutschen Gesellschaftsrechts gegründet worden ist und ein Liquidationsgrund nicht besteht (*Großmann* S. 40). Bei Handelsregistereintragungen kommt es darauf an, ob ihnen konstitutive Bedeutung zukommen oder wie – bei Zweigniederlassungen – nur Ordnungsbestimmungen erfüllt werden. Daraus folgt auch: Ein Satzungssitz in Deutschland darf nicht fiktiv sein, der Satzungssitz stimmt mit dem Verwaltungssitz überein. Nach der maßgeblichen Sitztheorie heißt dies: Es handelt sich um einen nach deutschem Recht zulässigen Satzungssitz, was eine Gründung nach deutschem Recht er-

fordert; dafür ist aber wiederum ein Verwaltungssitz in Deutschland Voraussetzung. Der Verwaltungssitz – für die Sitztheorie Anknüpfungspunkt zur Bestimmung des Gesellschaftsstatuts – wird durch den Ort der Willensbildung der Leitungsorgane besteuert (zu weiteren Bestimmungen *Viola Krause* S. 23 ff.).

**10**    (4) Die **Geschäftsleitung** ist gem. § 10 AO der „Mittelpunkt der geschäftlichen Oberleitung". Diese Definition ist jedoch keineswegs eindeutig und muß daher präzisiert werden, hierbei sind im Gegensatz zur Bestimmung des Sitzes wirtschaftliche Umstände entscheidend. Daher kann eine nach ausländischem Recht errichtete Gesellschaft wegen eines wirtschaftlichen Sachverhalts der unbeschränkten Körperschaftsteuerpflicht unterliegen. *BFH* BStBl 1999 II, 437. Der Begriff der „Geschäftsleitung" ist: vor allen durch die Rechtsprechung des *RFH* konkretisiert worden (gute Übersicht bei *Fischer/Warneke* S. 57 ff.). Hiernach wird die geschäftliche Oberleitung von der Person ausgeübt, die zur wirtschaftlichen Leitung bevollmächtigt ist. Es ist daher zunächst festzustellen, wer der wirkliche „Oberleiter" des Unternehmens ist (*BFH* BStBl. 1936, 804). Hierfür ist nicht die *juristische Berechtigung* des Vorstands einer AG entscheidend, sondern die Frage, welche natürliche Person die *tatsächliche* Leitung ausübt. Dabei kann nicht ohne weiteres davon ausgegangen werden, daß die nach dem Gesetz zur Leitung befugten Organe die Geschäfte der Gesellschaft führen (*Bellstedt* S. 8). So kann z. B. der Mehrheitsgesellschafter trotz Vorhandensein eines personenverschiedenen Vorstands als wirklicher „Oberleiter" anzusehen sein; freilich genügt hierfür die kapitalmäßige Beherrschung der Gesellschaft allein ebensowenig wie die nachhaltige Wahrnehmung der Gesellschaftsrechte: zur Frage der die Oberleitung ausfüllenden Geschäfte *Fischer/Warneke* S. 60. An dem Ort, an dem die auf diese Weise bestimmte Person ihre geschäftliche „Oberleitung" ausübt, befindet sich die Geschäftsleitung i. S. des § 10 AO. Zusammenfassend *Hessisches FG* (EFG 1998, 518): „Maßgeblich ist jeweils der Ort, dem unter Beachtung der Struktur und der Art des Unternehmens nach dem Gesamtbild der Verhältnisse in organisatorischer und wirtschaftlicher Hinsicht die größte Bedeutung zukommt. Dies ist regelmäßig der Ort, an dem bei einer GmbH der bestellte Geschäftsführer seine Tätigkeit entfaltet, im allgemeinen dort, wo er ein Büro hat. Anlaß zur Abweichung besteht aber dann, wenn der Gesellschafter seine gesellschaftliche Machtbefugnis überschreitet und an einem anderen Ort als dem Büro des Geschäftsführers wie ein solcher agiert ... Er überschreitet seine Aufsichtsbefugnisse und übt die geschäftliche Oberleitung über das Unternehmen aus, wenn er in den gewöhnlichen Geschäftsverkehr hereinredet, sich dauernd über die einzelnen Geschäfte auf dem laufenden halten läßt und die Abwicklung der laufenden Geschäfte durch seine Entscheidung maßgeblich beeinflußt ... Damit ist er als faktischer Geschäftsführer anzusehen"; s. auch *BFH* BStBl. 1998 II, 86 mit einer Zusammenfassung der für Kapitalgesellschaften geltenden Grundsätze und deren Übertragung auf eine Personengesellschaft (Gewerbesteuerpflicht einer Partenreederei). Zuletzt *BFH* BStBl. 1999 II, 437 zur **Geschäftsleitungsbetriebsstätte** im Inland: für sie kommt es weder auf eine feste eigene Geschäftseinrichtung noch auf eine Anlage an, die der Tätigkeit des Unternehmens dient; die Geschäftsleitungsbetriebsstätte kann sich auch in der Geschäftsführerwohnung oder in einem vom Vertragspartner bereitgestellten Baucontainer befinden. Bei mehreren örtlich begrenzten Geschäftsleitungen für ein körperschaftssteuerpflichtiges Gebilde ist eine Schwerpunktbetrachtung anzustellen (*BFH* BStBl. 1966 III, 207; BStBl. 1991 II, 554). Es sind **mehrere Mittelpunkte** möglich, s. *BFH* DStRE 1998, 233. Problematisch kann der inländische Ort einer Geschäftsleitung nur dann sein, wenn hier kein Sitz gegeben ist oder es sich um nicht rechtsfähige Personenvereinigungen und Vermögensmassen handelt. Abzugrenzen ist der Ort der Geschäftsführung vom tatsächlichen Verwaltungssitz für die Zwecke des internationalen Privatrechts (Sitztheorie) wegen der unterschiedlichen Funktionen. Der tatsächliche Verwaltungssitz bestimmt das anwendbare Recht für sämtliche die

jeweilige Gesellschaft betreffenden Rechtsverhältnisse (IPR), der Ort der Geschäftsleitung die Reichweite der Besteuerung aus fiskalischer Sicht; zum Verhältnis *Stau-
dinger/Großfeld* Rz 229. Globalisierung und moderne Kommunikation bedeuten **ab-
nehmende Lokalisierung der Unternehmen**, an einem einzigen Ort: Zu den Folgen
für § 10 AO *Breuninger/Astrid Krüger* in Festschrift *Rädler* S. 79 ff.

## 2. Gesellschaftsstatus und Anknüpfung

(1) Einkommensteuerpflichtig sind nur natürliche Personen, mithin  **11**
alle Menschen von der Vollendung der Geburt bis zum Tode. Für die
Steuerpflicht und die Rechtsfähigkeit gelten die gleichen Voraussetzungen – die anzuknüpfende Person steht mithin außer Frage. Doch schon
durch die Einbeziehung der Personengesellschaften in die Einkommensbesteuerung ergeben sich Fragen: Nach dem innerstaatlichen Steuerrecht
(§ 15 EStG) unterliegen Personengesellschaften nicht als solche der Ein-
kommen- oder Körperschaftsteuer; ihre Einkünfte werden steuerlich unmittelbar den Gesellschaftern zugerechnet. Gilt dies auch für Personengesellschaften, die nach ausländischem Recht gegründet worden sind?
Das deutsche IStR behandelt ausländische Personengesellschaften nicht
anders als deutsche Personengesellschaften; wird einer solchen Gesellschaft im ausländischen Steuerrecht – typenwidrig – der Status eines
Steuersubjektes zuerkannt und das Einkommen nicht direkt den Gesellschaftern zugerechnet, bleibt das deutsche Steuerrecht bei seiner Einordnung: Es handelt sich um Gesellschaftereinkünfte. Seit der Venezuela-Entscheidung des *RFH* (RStBl. 1930, 444) kommt es für die
Anwendung des § 15 EStG auf die Struktur und die wirtschaftliche
Bedeutung eines ausländischen Personenzusammenschlusses an; entspricht dies einer deutschen Personengesellschaft, sind die Regeln der
Mitunternehmerschaft anzuwenden (**Typenvergleich,** s. auch *BFH*
BStBl. 1968 II, 695; *BFH* BStBl. 1992 II, 972).

(2) Das wiederum leitet zunächst in gänzlich unproblematischer Weise  **12**
zur Bedeutung des Status für das Körperschaftsteuerrecht über: Ergibt
der Typenvergleich auf der Grundlage der Venezuela-Entscheidung, daß
es sich um eine Kapitalgesellschaft handelt, scheidet eine Anwendung
des Einkommensteuergesetzes mangels Vorliegens einer natürlichen Person aus (wobei die Reichweite des § 3 I KStG zunächst unbeachtet
bleibt). Die Frage ist nur: Wie ist sie einzuordnen? Daß diese Frage nicht
bedeutungslos ist, folgt schon daraus, daß in einer Vielzahl von Normen
an konkrete Rechtsformen des Körperschaftsteuerrechts angeknüpft wird
– nicht nur an die Körperschaftsteuerpflicht schlechthin, daß diese konkreten Rechtsformen aber allesamt auf deutsches Recht bezogen sind
(Beispiel: § 8 b I KStG, so daß die Vorschrift auf EK 01-Ausschüttungen,
die eine ausländische Körperschaft mit inländischer Geschäftsleitung erhält, nicht anwendbar ist). Das Körperschaftsteuerrecht knüpft in § 1 abschließend an zivilrechtliche Rechtsformen an, die einleitenden Oberbe-

griffe „die folgenden Körperschaften, Personenvereinigungen und Vermögensmassen" sind bedeutungslos; anders in § 2 KStG: Danach sind „Körperschaften, Personenvereinigungen und Vermögensmassen, die weder ihre Geschäftsleitung noch ihren Sitz im Inland haben", beschränkt körperschaftsteuerpflichtig – hier folgt keine Aufzählung wie in § 1 I Nr. 1–6. Es ist jedoch unbestritten, daß auch diese Aufzählung erst durch § 1 I erschlossen wird (*Streck* § 2 KStG Rz 3). Ergibt also der eingangs erwähnte Typenvergleich eine in §§ 1, 2 KStG einzuordnende Gesellschaft, ist nach der weitgehend akzeptierten Rechtsprechung des *BFH* die Frage nach ihrer Rechtsfähigkeit zu stellen: Das körperschaftsteuerpflichtige Gebilde kann rechtsfähig sein, es kann ihm aber auch die Rechtsfähigkeit fehlen. Diese Vorfragen sind zunächst unabhängig vom Vorliegen eines der beiden Anknüpfungspunkte – liegen aber Anknüpfungspunkte vor, kann dies uU eine weitere Problematik zur Folge haben.

**13**   – Handelt es sich um eine ausländische Gesellschaft, die nach den Regeln des IPR (Sitztheorie) als eine rechtsfähige Körperschaft anzusehen ist, und die auch zuvor den Typenvergleich bestanden hat (anderenfalls sich die IPR-Frage nach der Rechtsfähigkeit erst gar nicht gestellt hätte), handelt es sich um Gesellschaften im Sinne des § I Nr. 1, Nr. 4 KStG. Die weitere Frage nach den Anknüpfungspunkten hat auf diese Feststellung keinen Einfluß mehr: Es handelt sich dann um eine unbeschränkt oder beschränkt körperschaftsteuerpflichtige Rechtsform im Sinne der §§ 1, 2 KStG.

**14**   – Handelt es sich um eine ausländische Gesellschaft, der nach den IPR-Regeln wegen des Auseinanderfallens von Satzungssitz und effektivem Verwaltungssitz keine Rechtsfähigkeit im Inland zukommt, die aber den Typenvergleich wiederum bestanden hat, dann kann es für die Frage einer beschränkten Steuerpflicht nach § 2 KStG eigentlich überhaupt kein Anwendungsproblem geben – bestenfalls könnte sich die Frage des § 3 KStG stellen. Ein Problem für das deutsche IStR ergibt sich aber, wenn ein solches zwar körperschaftlich organisiertes, der Rechtsfähigkeit aber ermangelndes Gebilde im Inland Anknüpfungspunkte (Ort der Geschäftsleitung als tatsächlicher Ort der Verwaltung) aufweist; die **steuerrechtliche Fragestellung wird durch die Sitztheorie belastet:** Folgt man nämlich der Sitztheorie, so führt ein schon bei der Gründung oder aber späteres Auseinanderfallen von Gründungsrecht und dem Recht am Ort des tatsächlichen Verwaltungssitzes zum Verlust der Rechtsfähigkeit (Fallgruppen: Verlegung des Verwaltungssitzes unter Beibehaltung des Satzungssitzes; Verlegung des Satzungssitzes unter Beibehaltung des Verwaltungssitzes; Gleichzeitige Verlegung von Verwaltungssitz und Satzungssitz). Nur muß man die Frage nach der fehlenden IPR-Rechtsfähigkeit (Sitztheorie) und der daraus zu ziehenden Folgerung von der Frage nach den Ursachen befreien. Richtig ist nur, daß am Beginn der Erörterung des Problems ein Erlaß zur steuerlichen Behandlung der non-resident-limiteds mit Geschäftsbetrieb ausschließlich in Deutschland stand, und wegen des nach der Sitztheorie damit verbundenen Verlustes der Rechtsfähigkeit ein Ausscheiden aus der Körperschaftsteuerpflicht geltend gemacht wurde (Erlaß DB 1985, 258). Der *BFH* hat dann in der lesenswerten Entscheidung BStBl. 1992 II, 972 den Zusammenhang mit der Sitztheorie insoweit gelöst – jedoch zugleich – im Sinne der Sitztheorie – klargestellt: Für die Anwendung der § 1 I Nr. 1, 4 KStG hat strikte Rechtsformabhängigkeit zu gelten; fehle es daran, ist aber die Körperschaftsteuerpflicht (nur) nach §§ 1 I Nr. 5, 3 I KStG begründbar; dafür entscheidend ist wiederum der Typenvergleich: „Daß sich die Geschäftsleitung einer ausländischen Kapitalgesellschaft im Inland befindet und ihr damit nach der Sitztheorie die Rechtsfähigkeit im Inland fehlt, kann danach ihre Körperschaftsteuerpflicht nicht grundsätzlich ausschließen. Es muß vielmehr im Einzelfall geprüft werden, ob die im Ausland rechtsfähige Körperschaft, Personenvereinigung oder Vermögensmasse, die ihre Geschäftsleitung im Inland hat, dem Typ und der tatsächlichen Handhabung nach einer Kapitalgesellschaft ... entspricht und – wenn das der Fall ist – ob sie selbst den Tatbestand der Einkünfteerzielung erfüllt oder ob das Einkommen nach dem KStG oder dem EStG bei anderen Steuerpflichtigen zu versteuern ist". Zur Frage der Anwendung des körperschaftsteuerlichen Anrechnungsverfahrens s. § 43 KStG und Hinweis auf Abschn. 96 XXI Satz 4 KStR. Zum Typenvergleich mit einer zusammenfassenden Darstellung der Rechtslage und einer Länderübersicht s. Erlaß *FM Brandenburg* RIW 1993, 876; Entscheidungsmaterial hierzu bei *Frotscher* Rz 42 zu § 1 KStG; rechtsdogmatisch ist auf die Arbeit von *Anette Schlenker* (S. 70 ff.) zu verweisen.

– In diesen Zusammenhang gehört aus der Sicht der Sitztheorie auch   **15** die Frage der Rechtsfolgen einer Sitzverlegung; insoweit ist jedoch auf die Gesamtdarstellung des Wegzugs/Zuzugs (s. M 72) zu verweisen.

– Die *EuGH*-Entscheidung Centros (K 40) läßt – jedenfalls für den   **16** Teilaspekt der Betätigung mittels einer in einem Mitgliedstaat gegründeten Zweigniederlassung – das Argument der Sitztheorie gegen eine Umgehung strengerer Gründungsvorschriften im Mitgliedstaat der Gesellschaft nicht gelten (Niederlassungsfreiheit). Daraus folgert *Meilicke* (DB 1999, 628): Eine Diskriminierung einer im Inland unbeschränkt steuerpflichtigen Körperschaft wegen des ausländischen Satzungssitzes und damit als Folge der Sitztheorie sei nicht mehr möglich. Und *Sörgel* (DB 1999, 2237) gibt die Sitztheorie bereits zugunsten der Gründungstheorie auf und sieht mit der Frage des Typenvergleichs auch zugleich die Frage nach der Klassifizierung im Sinne des § 1 I Nr. 1 KStG beantwortet. Folglich werden nach *Sörgels* Ansicht in Zukunft eine niederländische B.V. ebenso wie eine englische Ltd. bei Zuzug in das Inland unbeschränkt steuerpflichtig nach § 1 I Nr. 1 KStG – könnten also die Schachtelvergünstigungen des § 8b I, II KStG in Anspruch nehmen (s. N 63). Ein bedenklicher Schluß: Es geht in der *EuHG*-Entscheidung um eine Registereintragung und nicht um steuerrechtliche Folgen (s. zu behaupteten weiteren Konsequenzen im Zusammenhang mit der Wegzugs- und Zuzugsbesteuerung (§ 12 KStG) unter M 79, zu Organgesellschaften unter N 155).

17    (3) Können Sitz und Geschäftsleitung mithin auseinanderfallen, so führt dies wie mehrere Mittelpunkte einer geschäftlichen Oberleitung zur **Doppelansässigkeit von Gesellschaften:** Gleichzeitiges Bestehen unbeschränkter Steuerpflicht in zwei verschiedenen Staaten. Dies führt zu einem besonderen Problembereich des IStR: Da doppelte Ansässigkeit auch als Folge von Abwanderungs- bzw. Zuwanderungsvorgängen auftritt (Verlegung der tatsächlichen Geschäftsleitung unter Beibehaltung des Sitzes als typischer Fall), folgen hieraus zunächst Fragen einer an den Wegzug bzw. Zuzug anknüpfenden Besteuerung (dazu die Hinweise ab M 71). Doppelansässigkeit kann mit einer mißbräuchlichen Gestaltung zusammenhängen: In der genannten Entscheidung des *BFH* BStBl. 1992 II, 972 konnte der mit der Gründung einer ausländischen Gesellschaft verfolgte Zweck der Abschirmung nicht erzielt werden, weil ein inländischer Anknüpfungspunkt nachweisbar war (dazu N 376). Doppelansässigkeit kann andererseits typisierte Mißbrauchsvoraussetzungen beseitigen: Durch Herbeiführung unbeschränkter Körperschaftsteuerpflicht entfallen die Voraussetzungen der Hinzurechnungsbesteuerung gem. §§ 7 ff. AStG (dazu N 401). Im übrigen sind vor allem steuerliche Privilegien daraufhin zu untersuchen, inwieweit sie eine Voraussetzung für beide Anknüpfungen enthalten; herausragendes Beispiel hierfür ist das Erfordernis einer doppelten Anknüpfung für den Organträger und für die Organgesellschaft (dazu N 155). Das Beteiligungsprivileg des § 8b I KStG setzt inländische Geschäftsleitung oder inländischen Sitz voraus, so daß eine doppelansässige Gesellschaft diese Voraussetzung erfüllt; nur: vom Privileg nicht erfaßt werden nichtrechtsfähige Vereine u.s.w. i.S. des § 1 I Nr. 5 KStG – woraus aufgrund der *BFH*-Rechtsprechung (s. M 12) und der daraus folgenden Einordnung solcher Gesellschaften das Privileg entfällt (s. auch Abschn. 41 II Satz 2 KStR). Ob innerhalb der EU diese Sicht aufgrund des *EuGH*-Urteils in Sachen Centros (K 40) noch haltbar ist, ist allerdings umstritten (dazu *Eilers/Wienands* IStR 1999, 295). Mit § 8b II KStG (steuerfreie Veräußerungsgewinne) ist die Frage verbunden, ob doppelansässige Kapitalgesellschaften aufgrund des DBA-Schachtelprivilegs bzw. der indirekten Steueranrechnung § 26 II KStG zur steuerfreien Vereinnahmung internationaler Schachteldividenden berechtigt sind (dazu das Beispiel bei *Eilers/Wienands* S. 296). Gewinnausschüttungen aufgrund einer Beteiligung an doppelt ansässigen Gesellschaften werfen Fragen eines Kapitalertragsteuerabzugs auf (§ 43

III EStG: Kapitalerträge sind inländische, wenn der Schuldner Wohnsitz, Geschäftsleitung oder Sitz im Inland hat). Schließlich die Frage eines DBA-Schutzes: Sind doppelansässige Gesellschaften abkommensberechtigt? (dazu R 171); zu den Voraussetzungen und Steuerfolgen doppelt ansässiger Kapitalgesellschaften ist auf die Monographie von *Staringer* (1999) und auf *Breuninger/Astrid Krüger* in Festschrift *Rädler* S. 79 ff. zu verweisen.

### 3. Rechtsfolgen: Welteinkommensprinzip

(1) Die unbeschränkte Einkommen- und Körperschaftsteuerpflicht hat **18** eine weltweite Zurechnung von Einkünften zur Folge: Auf den Ort der Einkünfteerzielung kommt es nicht an, auch die im Ausland erzielten Einkünfte werden in die Bemessungsgrundlage einbezogen. Das soll sich allerdings in dieser direkten Form nicht aus dem Gesetz ergeben, sondern als Folge eines Umkehrschlusses und des Zusammenhangs der §§ 1 I, IV, 2 I, 2a, 34 c, 34 d und 49 EStG. So folgert *Stapperfend* aus § 2 I, daß die unbeschränkte Steuerpflicht sowohl inländische als auch ausländische Einkünfte erfassen muß (*H/H/R* Rz 88 zu § 1 EStG; s. auch *Schaumburg* S. 133). Das ist sicherlich richtig, aber die Frage nach der Rechtsgrundlage für eine weltweite Besteuerung ist einfacher zu beantworten. Sie folgt aus den Sachnormen selbst, sowohl aus den §§ 13 ff. EStG als auch aus § 49 EStG: So wie die §§ 13 ff. EStG den räumlichen Anwendungsbereich der Steuerrechtstatbestände nicht auf das Inland begrenzen, begrenzt § 49 EStG selbst durch seine Tatbestandsmerkmale den Anwendungsbereich der dort genannten Tatbestände. Daraus folgt: Die §§ 1 EStG, 1 und 2 KStG bestimmen die Anknüpfungspunkte, § 2 I EStG legt den Umfang der Besteuerung dem Grunde nach fest – kann aber mangels einer Bestimmung der Einkünftetatbestände nicht mehr als das zum Ausdruck bringen, daß sich beide Grundformen der Besteuerung unterscheiden. Erst mit den Tatbeständen der sieben Einkunftsarten steht fest, daß es sich in der Tat um einen weltweiten Besteuerungsanspruch handelt.

(2) Das bedeutet nicht, daß die Frage nach seiner systematischen Ver- **19** wurzelung im Ertragsteuerrecht bedeutungslos wäre: Erschöpft sich seine Bedeutung in der Reichweite der einzelnen Normen? Handelt es sich im übrigen lediglich um einen unverbindlichen Programmsatz? Oder kommt dem Welteinkommensprinzip eine tragende Bedeutung bei der Auslegung des Gesetzes zu (normkonzipierendes Prinzip, s. *Schaumburg* aaO, S. 133)? Mit einer Vielzahl von Problemen im IStR ist jedenfalls neben Tatbestandsproblemen und/oder Rangfragen im Hintergrund die Frage zutreffender **Folgerungen aus dem Prinzip der Besteuerung des Welteinkommens** verbunden. Um ein ganz aktuelles Beispiel zu nennen: Kann sich unter Hinweis auf dessen Rechtsfolgen der **Mittelpunkt der**

**Lebensinteressen** gegen das formale Wohnsitzargument bei mehreren Wohnsitzen im Inland und im Ausland auswirken (so *FG Baden-Württemberg* EFG 2000, 72 gegen den *BFH*).

20    (3) Für die Frage der Tatbestandsmäßigkeit einer Einkünfteerzielung i.S. der §§ 13ff. EStG ist der **Ort ihrer Herkunft** – wie bereits mehrfach betont – bedeutungslos. Gesetztechnische Gründe wie § 34c EStG (Anrechnung der Steuer auf ausländische Einkünfte), aber auch systematische Überlegungen (Auslegung der erweitert beschränkten Steuerpflicht) legen jedoch nahe, schon bei der Behandlung des Welteinkommensprinzips die Einkünfte nach ihrer Herkunft zu unterscheiden und gegeneinander abzugrenzen. Daß das Welteinkommensprinzip und das Quellenprinzip eine **Unterscheidung in inländische und ausländische Einkünfte** bedingen, liegt auf der Hand. Dementsprechend kennt das Gesetz als Folge des Welteinkommensprinzips, ohne dies tatbestandlich besonders hervorzuheben: ausländische Einkünfte als die im Ausland erzielten, inländische Einkünfte als die im Inland erzielten Einkünfte; und darüber hinaus regelt das Gesetz tatbestandsmäßig ausländische Einkünfte (§ 34d EStG) und inländische Einkünfte (§ 49 EStG) – wobei der unterschiedliche Normzweck hier außer Betracht bleibt: Hier geht es nur um die quellenmäßige Zusammensetzung des Welteinkommens. Den Begriffen Inland und Ausland kommt hier keine staatsrechtliche, etwa mit der Frage eines Geltungsbereichs verbundene Vorstellung zu. Es geht vielmehr um eine spezifische steuerrechtliche Bedeutung: im Vordergrund steht einmal die Vermeidung von Doppelbesteuerungen (inländische Einkünfte), zum anderen die Ausübung der Steuerhoheit trotz fehlender räumlicher Zuordnung eines Steuersubjekts (*Kirchhof* in *Kirchhof/Söhn* § 2 Rz B 53). Würden §§ 34d, 49 EStG ausländische und inländische Einkünfte abschließend und umfassend beschreiben, wäre die Zusammensetzung des Gesamtbetrags der Einkünfte damit geklärt. Schon der Umstand, daß § 49 EStG nicht spiegelbildlich für das Inland beschreibt, was § 34d dem Ausland zuordnet, zeigt aber, daß es mit der Erfassung der Einkünfte damit nicht sein Bewenden haben kann. Da § 49 EStG nicht beabsichtigt, sämtliche Inlandseinkünfte der beschränkten Steuerpflicht zu unterwerfen, könnte eine andere Methodik der Abgrenzung an § 34d ansetzen und alle dort ausgeschlossenen Einkünfte als **nichtausländische Einkünfte** einordnen – nur ist dieser Begriff wiederum nicht gleichzusetzen mit den inländischen Einkünften. Dementsprechend sind nach der Herkunft zu unterscheiden

– inländische Einkünfte, wie sie § 49 EStG umgrenzt,
– ausländische Einkünfte, wie sie § 34d EStG bestimmt (wobei darauf hinzuweisen ist, daß das EStG ausländische Einkünfte als positive Einkünfte in § 34c und als negative Einkünfte mit Auslandsbezug in § 2a EStG erwähnt, der Auslandsbezug in § 2a EStG aber allein auf die dort genannten Tatbestandsmerkmale bezogen bleibt),

– sonstige Einkünfte, die zweifelsfrei den Einkünften nach den §§ 13 ff.
EStG zuzuordnen sind, bei denen aber die Herkunftsfrage zu klären
ist. Hier müssen wiederum zwei Gruppen unterschieden werden:
– Es gibt Einkünfte, die von § 34 d EStG nicht als ausländische
Einkünfte erfaßt werden, die insoweit also – aus deutscher Sicht –
nicht ausländischer Herkunft sind (Umkehrschluß aus § 34 d), die
aber nicht in § 49 EStG als inländische Einkünfte erfaßt werden.
Fälle hierzu: bei den Einkünften aus Gewerbebetrieb solche, die
weder einer inländischen noch einer ausländischen Betriebsstätte
zuzuordnen sind; ein im Ausland ansässiger Gläubiger erzielt von
einem im Inland ansässigen Schuldner Darlehenszinsen, ohne daß
das Darlehen besichert ist; die Zinsen sind weder inländische
(§ 49 I Nr. 5 EStG) noch ausländische Einkünfte (§ 34 d Nr. 6
EStG); Fall des im steuerlichen Niemandsland Tätigen (*BFH* RIW
1991, 966).
– Es gibt Einkünfte, die einerseits inländische im Sinne des § 49 EStG
und andererseits auch ausländische Einkünfte im Sinne des § 34 d
EStG sind. Fälle hierzu: Einkünfte aus selbständiger Arbeit, die in
der Bundesrepublik ausgeübt, aber im Ausland ausgewertet werden
– oder umgekehrt (§§ 49 I Nr. 3, 34 d Nr. 3 EStG); oder Kapitaleinkünfte bei doppeltem Wohnsitz des Schuldners oder bei gleichzeitiger Sicherung durch inländischen und ausländischen Grundbesitz
(§§ 49 I Nr. 5, 34 d Nr. 7 EStG).
Hinzuweisen ist noch auf eine verunglückte Formulierung in § 1 II
EStG, wo es um Einkünfte geht, „die ausschließlich im Inland einkommensteuerpflichtig sind." Abgesehen davon, daß nur Personen einkommensteuerpflichtig sind: Es geht hier nicht um eine Quellenbezugnahme,
sondern um Einkünfte, die nicht mit einer ausländischen Steuer belastet
sind.

(4) Der Gesetzgeber bestimmt mithin weder inländische noch auslän-  **21**
dische Einkünfte nach dem abstrakten Merkmal des Ortes der Einkünfteerzielung, sondern bestimmt sie durch einzelne Merkmale mit einem
jeweils bestimmten Ortsaspekt (etwa: eine im Ausland gelegene Betriebsstätte). Bei der Beschreibung dieser Merkmale geht es nicht mehr
unmittelbar um das Welteinkommensprinzip, da es hierfür der Unterscheidung nicht bedarf. Deswegen ist die Umschreibung der inländischen
Einkünfte nur erforderlich, um die beschränkte Steuerpflicht zu regeln;
die Umschreibung der ausländischen Einkünfte nur, um darauf lastende
ausländische Steuerbeträge zu ermitteln.

(5) Die Entscheidung des Gesetzgebers, an die Ansässigkeit des Steu-  **22**
erpflichtigen innerhalb seiner Grenzen das Welteinkommensprinzip zu
knüpfen, wird mit dem **Leistungsfähigkeitsprinzip** begründet (*Debatin*
FR 1969, 277 ff.); demgegenüber wird das Territorialitätsprinzip (verstanden als Beschränkung der Besteuerung auch bei persönlichen An-

knüpfungspunkten mit der Folge einer Nichtberücksichtigung ausländischer Einkünfte – mithin scharf zu trennen vom Ursprungsprinzip aus der Sicht des Quellenstaats als einer Anknüpfung; gemeint ist mithin ein Ursprungsprinzip im Sinne einer generellen Beschränkung auf das eigene Territorium) insbesondere aus Gründen der internationalen Gerechtigkeit vertreten (*Schulze-Brachmann* StuW 1964, 589 ff., s. dazu bereits D 6). Grundsätzlich wird auch aus verfassungsrechtlicher Sicht ein Besteuerungssystem für möglich gehalten, bei dem sich der Gesetzgeber für eines der beiden Prinzipien oder für eine Kombination der Prinzipien entscheidet (*Schaumburg* S. 137). Diese Differenzierung ist im internationalen Steuerrecht nicht nur durch die Unterscheidung der unbeschränkten von der beschränkten Steuerpflicht erfolgt; nachweisbar sind auch zahlreiche Korrekturen des Welteinkommensprinzips selbst durch Maßnahmen zur Vermeidung der Doppelbesteuerung. Im übrigen liegt das Problem bei der Frage nach dem für und wider einer Besteuerung nach dem Welteinkommensprinzip darin, zunächst die Zuordnungsfrage zu klären: Es besteht offensichtlich Einigkeit darüber, daß die Geltung des Territorialitätsprinzips anstelle des Welteinkommensprinzips eine nachhaltige Verwurzelung im fremden Gebiet voraussetzt; der bloße grenzüberschreitende Sachverhalt kann noch nicht die Frage nach einer Verlagerung der Steuerzuständigkeit auslösen. Ist die Zuordnungsfrage im Sinne des Territorialitätsprinzips geklärt, schließt sich die Frage der Steuerbedingungen an: Fragen eines niedrigen Steuerniveaus, ggf. Verzicht auf eine Besteuerung – ggf. dann mit Rückwirkungen auf den Wohnsitzstaat. Und schließlich ein weiteres Problem: Verbindet man unter dem Gesichtspunkt der Leistungsfähigkeit die Ansässigkeit mit dem Welteinkommensprinzip, muß man sich darüber klar sein, damit an einen typischen Fall anzuknüpfen; denn Ansässigkeit und Schwerpunkt der wirtschaftlichen Betätigung entsprechen einander. Die Durchlässigkeit der Grenzen, die Beweglichkeit von Arbeit und Kapital haben aber eine Sachverhaltensgestaltung zur Folge, die damit nicht mehr übereinstimmt: Ansässigkeit kann sich darauf beschränken, in einem Lande nur zu wohnen – zum Arbeiten und um Kapital anzulegen aber die Grenze zu überschreiten. Die „doppelte Sicht" der unbeschränkten Steuerpflicht (*Saß* DB 1996, 295), nämlich: eine Gesamtmenge inländischer und ausländischer Einkünfte mit einem progressiven Steuereffekt zu bilden – andererseits aber die persönliche Lage des Stpfl. durch Minderungen der Bemessungsgrundlage zu berücksichtigen, stimmt nicht mehr mit den Anknüpfungen überein. Wie bei allen Grundproblemen des IStR (S. 1. Teil B 32, 41) geht es auch hier um die unzulängliche Abstimmung der Steuerordnungen.

**23**   (6) Die **Durchbrechungen des Welteinkommensprinzips** hat *Schaumburg* (S. 139 ff.) systematisiert: Aus Gründen der Fiskalimmunität (Steuerbefreiung des § 3 Nr. 29 EStG aufgrund der Wiener Übereinkommen über diplomatische und konsularische Beziehungen, WÜD 1961, WÜK 1963; dazu bereits D 13); aus Gründen der Verlustausgleichsbeschränkung in § 2a I, II EStG (dazu N 14) und in § 10 I Satz 3 AStG (dazu N 424); aus volkswirtschaftlichen Gründen durch Steuerfreistellung nach dem innerstaatlichen Recht (§ 34c V EStG, dazu N 44); die Anrechnungsmethode bei der Vermeidung der Doppelbesteuerung (§ 34c EStG, dazu ab N 22) kann wegen ihrer Folgen (Maßgeblichkeit des innerstaatlichen Steuerniveaus) hier nicht eingeordnet werden; sie ist vielmehr Ausdruck des Welteinkommensprinzips. Zu Recht ordnet *Schaumburg* aber die Steuerfreistellung durch Doppelbesteuerungsabkommen hierin ein; dies soll zum Anlaß genommen werden, die **Besteuerungsfolgen für einen Ansässigen mit ausländischen Einkünften** näher unter dem Gesichtspunkt zweier Vergleiche zu betrachten.

(7) Welteinkommensprinzip, Besteuerung nach der Leistungsfähigkeit **24** und Gleichmäßigkeit der Besteuerung stehen für die Befürworter des Welteinkommensprinzips in einem direkten Zusammenhang; aus der Sicht des Staats der Ansässigkeit sei es ausgeschlossen, inländisches und ausländisches Einkommen ungleich zu behandeln (*Debatin* FR 1969, 277 ff.). Der Grundgedanke einer vergleichbaren Besteuerung wird aber aus Gründen der Wettbewerbsneutralität – worauf bereits mehrfach hingewiesen wurde – vielfältig aufgehoben, und dies aus der Sicht des Welteinkommensprinzips, also aus der Sichtweise eines Ansässigen, in zweifacher Weise. Vergleicht man zwei unbeschränkt Steuerpflichtige mit und ohne Auslandsbezug, so ist immer dann eine ungleiche Besteuerung gegeben, wenn für die ausländischen Einkünfte das Gebot der Kapitalimportneutralität verwirklicht wird. Daß sich die Einkommenslage desjenigen, der im Ausland Einkünfte erzielt, damit gegenüber einem auf das Inland in seiner Tätigkeit beschränkten Steuerpflichtigen ganz gravierend verbessern kann, wird eben mit Sachgründen gerechtfertigt – zeigt aber wiederum, daß jedenfalls aus innerstaatlicher Sicht nur noch bedingt von einem Welteinkommensprinzip zu sprechen ist. Daß damit zugleich auch ein auf Wettbewerbsneutralität ausgerichtetes Besteuerungskonzept fragwürdig ist, liegt auf der Hand. Kein anderes Bild ergibt sich bei den Besteuerungsfolgen, wenn man zwei unbeschränkt Steuerpflichtige mit vergleichbaren Auslandsbezügen aus verschiedenen ausländischen Staaten miteinander vergleicht; bezieht man die bilateralen Doppelbesteuerungsabkommen in die Besteuerung ein, können sich für der Sache nach ein und demselben Sachverhalt zweifache Besteuerungsfolgen ergeben: Nicht-DBA-Land, DBA-Land mit dem Gesichtspunkt der Kapitalexportneutralität, DBA-Land mit dem Gesichtspunkt der Kapitalimportneutralität (wobei wir die Folgen eines Abkommensabschlusses bei Kapitalexportneutralität dem Nicht-DBA-Fall gleichsetzen). *Wassermeyer* hat diese Besteuerungsunterschiede unter dem Gesichtspunkt untersucht, ob sich darauf ein Zwang zu einem mul-

tilateralen Abkommen, jedenfalls eine strikt einheitliche DBA-Politik ergeben kann, wenn Rechtfertigungen für unterschiedliche Regelungen nicht erkennbar sind (DB 1998, 31). Für das Welteinkommensprinzip läßt sich dies nicht erklären – weswegen wohl aus dieser Sicht der behauptete Zusammenhang mit dem Prinzip der Leistungsfähigkeit und der Gleichmäßigkeit der Besteuerung schlicht und einfach auf einen Programmsatz reduziert ist.

## III. Beschränkte Steuerpflicht: Anknüpfung und Rechtsfolgen

### 1. Anknüpfung (inländische Einkünfte)

**25**     Die Frage einer beschränkten Steuerpflicht stellt sich nur dann, wenn inländische Einkünfte ohne Vorliegen persönlicher Anknüpfungspunkte vorliegen; angeknüpft wird mithin an ein **Sachstatut**. Es hat also keinen Sinn zu sagen: Jede Person, die keine personelle Anknüpfung zum Inland aufweist, ist beschränkt steuerpflichtig. Sie kann es sein; sie ist es aber nur, wenn Einkünfte im Sinne des § 49 EStG gegeben sind. Dann allerdings ist nicht entscheidend, ob eine sachliche Steuerbefreiung (beispielsweise aufgrund DBA-Rechts) eingreift – sie läßt eine persönliche Steuerpflicht im Inland unberührt (zur Frage einer ausländischen Gesellschaft als einer beschränkt körperschaftsteuerpflichtigen Person trotz sachlicher Steuerbefreiung *BFH* IStR 1998, 182 mit Anm. *Wassermeyer*). Die unbeschränkte Steuerpflicht unterscheidet sich nicht dadurch von der beschränkten Steuerpflicht, daß bei ihr keine Trennung zwischen Steuersubjekt und Steuerobjekt möglich ist (so *Schaumburg* S. 162) – die Bedeutungslosigkeit einer persönlichen Anknüpfung hat mit der Steuersubjekt-Steuerobjektfrage nichts zu tun. Die Bestimmung des Steuersubjekts folgt im übrigen folgerichtig auch keinen anderen Regeln als bei der unbeschränkten Steuerpflicht: Natürliche Personen einerseits, Gesellschaftsformen andererseits, bei denen die Frage der Einkommensteuerpflicht ihrer Beteiligten oder die Körperschaftsteuerpflicht der Gesellschaft als solcher zu klären ist. Die dann der Besteuerung unterliegenden inländischen Quellen sind gleich, da die Generalverweisung in § 8 I KStG auch § 49 EStG einschließt. Die Rechtsform eines ausländischen Unternehmens wirkt sich im Verlaufe der folgenden Darstellung erstmals bei der Besteuerung inländischer Betriebsstätten aus (vgl. dazu P 33, 34), da hier die Rechtsform den Steuersatz bestimmt. Die sachlichen Anknüpfungspunkte des § 49 EStG sind von Einkunftsart zu Einkunftsart verschieden; hervorragende Bedeutung kommt für gewerbliche Einkünfte hierbei der Betriebsstätte als Anknüpfung zu (Betriebsstättenprinzip des IStR; dazu N 11 – zu den Anknüpfungen für andere Einkünfte als gewerbliche s. Q 1 ff.).

## 2. Rechtsfolgen: Quellenbesteuerung

(1) Sie ergeben sich hinsichtlich des Umfangs der erfaßten Einkünfte **26** aus § 49 EStG: § 49 EStG umschreibt als Sachnorm die territorialen Anknüpfungspunkte, nach denen die inländischen, der beschränkten Steuerpflicht unterworfenen Einkünfte abzugrenzen sind. Sie grenzt diese der beschränkten Steuerpflicht unterworfenen inländischen Einkünfte damit von den nicht inländischen ab (so *BFH* BStBl. 1990 II, 1056) – aber daraus darf, wie die Zusammensetzung der Einkünfte nach ihrer Quelle gezeigt hat, nicht der Schluß gezogen werden: Alle nicht von § 49 EStG erfaßten Einkünfte sind nicht-inländische Einkünfte. Deswegen ist es auch nicht sinnvoll, den Inhalt des § 49 EStG dahingehend zu beschreiben, er erweitere die Tatbestandsvoraussetzungen der §§ 13 bis 23 um solche Tatbestandsmerkmale, die die vorgenannten Einkünfte als inländische Einkünfte qualifizieren (so aber *Kraft* in *H/H/R* Rz 7 zu § 49 EStG), wenn nicht sogleich dies dahingehend eingeschränkt wird, daß es sich um inländische Einkünfte im Sinne des § 49 EStG handelt.

Denn die Anknüpfungen in § 49 EStG bewirken nicht nur eine Begrenzung auf das Territorium des Inlands, sondern schränken die Besteuerung unabhängig von der räumlichen Reichweite auch materiellrechtlich im Vergleich zur unbeschränkten Steuerpflicht ein. Anders ausgedrückt: Es werden inländische Einkünfte in einem reduzierten Umfang gegenüber der unbeschränkten Steuerpflicht erfaßt (Zinseinkünfte, gewerbliche Einkünfte ohne Anknüpfung), was wegen des damit ausgeschlossenen Verlustausgleichs auch nachteilig sein kann. Es hat also nur einen Sinn, im Zusammenhang mit der beschränkten Steuerpflicht von inländischen Einkünften im Sinne des § 49 EStG zu sprechen. Der Einkünftekatalog des § 49 I knüpft in sämtlichen Tatbeständen durch einen ausdrücklichen Hinweis an die §§ 13 bis 23 EStG an, erfaßt also deren Tatbestandsmerkmale mit. Deswegen hat § 49 EStG (entgegen *Schaumburg* S. 177) konstitutive Bedeutung und wiederholt nicht nur, was sich bereits aus § 2 I EStG ergibt. Die **Bedeutung des § 49 EStG** erschöpft sich nicht darin, den Inlandsbezug der in den §§ 13 bis 23 EStG genannten Einkunftsarten herzustellen: Er bildet die **der Besteuerung zugrunde zu legende Sachnorm.** Übereinstimmung besteht in der Frage der „mit schweren Systemfehlern durchsetzten §§ 49, 50 und 50 a EStG": einerseits die nur lückenhafte Erfassung der Inlandseinkünfte, wobei die Abgrenzungskriterien nicht immer nachvollziehbar sind; zum anderen die Abgeltungswirkung des § 50 V Satz 1 EStG, die zu einer gleichheitswidrigen Bruttobesteuerung statt einer angezeigten Nettobesteuerung führt (*Schaumburg* S. 250). Die erweitert beschränkte Steuerpflicht nach § 2 AStG (dazu M 58) ist überhaupt nur auf dem Hintergrund dieser systematisch unbefriedigenden Lösung der beschränkten Steuerpflicht verständlich.

27    (2) Auch die Besteuerung der beschränkt Steuerpflichtigen wirft –
nicht anders als bei den unbeschränkten Steuerpflichtigen – Fragen der
gleichmäßigen Besteuerung auf, sobald bilaterale Doppelbesteuerungsabkommen einbezogen werden. Denn damit wird das Prinzip einer Kapitalimportneutralität, das dem § 49 EStG aus der inländischen Sicht
zugrunde liegt, wiederum mannigfach durchbrochen, ohne jegliche Ge-
währ eines entsprechenden Steuerausgleichs im Wohnsitzstaat. *Wassermeyer* (DB 1998, 31) am Beispiel der Besteuerung von Bauausführungen
jeweils über die Dauer von 9 Monaten, einmal durch ein luxemburgi-
sches Unternehmen mit gewerbesteuerlichen Folgen, einmal durch ein
französisches Unternehmen ohne solche Folgen: „Es geht hier um die
Frage, ab welcher Dauer eine Betätigung auf dem deutschen Markt abkommensrechtlich ein Besteuerungsrecht zugunsten Deutschlands auslöst. Bei den inländischen Unternehmen ist diese Voraussetzung schon
wegen seiner Ansässigkeit im Inland erfüllt. Bei ausländischen Unternehmen müssen zusätzliche zeitliche Voraussetzungen erfüllt sein. Es
geht darum, diese zeitliche Grenze einheitlich zu ziehen." Die *EuGH*-
Fälle Gilly und Saint Gobain haben grundsätzliche Fragen hierzu aufgeworfen (s. dazu ab R 94).

### IV. Unbeschränkte und beschränkte Steuerpflicht: Verhältnis zueinander

#### 1. Zum Charakter als Personensteuern

28    Zweck der unbeschränkten Steuerpflicht ist eine dem Leistungsfähigkeitsprinzip entsprechende Besteuerung des Welteinkommens, Zweck
der beschränkten Steuerpflicht eine Heranziehung zur Einkommensteuer
und Körperschaftsteuer in dem Umfang, in dem das erzielte Einkommen
dem inländischen Markt zuzuordnen ist (*BFH* BStBl. 1994 II, 29). Der
Rechtfertigungsgrund liegt auch bei der beschränkten Steuerpflicht im
Prinzip der Leistungsfähigkeit, nur eben mit dem Unterschied, daß bei
ihr die Frage, welcher Teil der Leistungsfähigkeit der Besteuerung
zugrunde zu legen ist, anders als für die unbeschränkt Steuerpflichtigen
beantwortet wird (*Kl. Vogel* in Festschrift *Franz Klein* S. 371). Auf die
weitere, aber hiervon abzugrenzende Frage nach ökonomischer Zweckmäßigkeit und Steuergerechtigkeit zwischen den beteiligten Staaten wurden bereits hingewiesen (ab B 61).
    Die Beschränkung auf inländische Einkünfte bei der beschränkten
Steuerpflicht und die fehlende Ansässigkeit im Inland legen die Vermutung nahe, daß es sich bei der beschränkten Steuerpflicht anders als
bei der unbeschränkten Steuerpflicht um eine Steuer mit Objektsteuercharakter handelt – anders als bei Personensteuern steht bei ihnen der
Steuergegenstand im Vordergrund, persönliche Verhältnisse sind nicht

oder nur sehr beschränkt maßgebend. Den Objektsteuercharakter gegenüber der unbeschränkten Steuerpflicht könnte man damit belegen, daß

- Sonderausgaben nicht berücksichtigt werden, nachdem die Abzugsfähigkeit von Steuerzinsen nach den §§ 233a, 234 und 237 AO als Sonderausgaben nach § 10 I Nr. 5 EStG für alle Steuerpflichtigen durch das Steuerentlastungsgesetz 1999/ 2000/2002 ab VZ 1999 beseitigt wurde,
- Pauschbeträge für Werbungskosten (§ 9a EStG) und Sonderausgaben (§ 10c EStG), Freibetragsregelung (§ 16 IV EStG), Sparerfreibetrag (§ 20 IV EStG), Altersentlastungsbetrag (§ 24a EStG), Kinderfreibeträge (§ 32 EStG), Splittingprivileg (§ 32a VI EStG), Abzüge wegen außergewöhnlicher Belastung (§§ 33, 33a EStG), Pauschbeträge für Behinderte, Hinterbliebene und Pflegepersonen (§ 33b EStG) und Kinderbetreuungskosten (§ 33c EStG) nicht berücksichtigt werden,
- Einkünfte, die dem Steuerabzug unterliegen, sowie bestimmte Einkünfte aus Kapitalvermögen (§ 20 I Nr. 5, 7 EStG) weder beim Verlustausgleich mit anderen Einkunftsarten noch bei Verlustabzug des § 10d berücksichtigt werden dürfen (§ 50 II EStG),
- der Splittingtarif ausscheidet, die Einkommensteuer sich grds. nach der Grundtabelle bzw. im Abzugsverfahren nach der entsprechenden Lohnsteuerklasse I bemißt, sofern nicht ein Steuerabzug nach festen Steuersätzen erfolgt (§ 50 III Satz 1, § 50a II, IV EStG),
- die Mindeststeuer 25% beträgt (Ausnahme: beschränkt steuerpflichtige Arbeitnehmer) (§ 50 III Satz 2 EStG),
- mit dem Steuerabzug eine Abgeltungswirkung eintritt (§ 50 V Satz 1 EStG),
- und der Ausschluß der Körperschaftsteuer-Anrechnung (§ 50 V Satz 2 EStG) erfolgt.

Zur systematischen Darstellung der Rechtsfolgen der beschränkten **29** Steuerpflicht s. Q 21 ff. Berücksichtigt man die neuere Rechtsentwicklung zu den Sonderformen der Besteuerung (insbesondere die fiktive (beschränkte) unbeschränkte Steuerpflicht §§ 1 III, 1a EStG), berücksichtigt man die Annäherung an die unbeschränkte Steuerpflicht bei den Einkünften aus nichtselbständiger Arbeit, die Anwendung des progressiv gestalteten Steuertarifs in den Veranlagungsfällen, läßt sich die Einordnung in die Objektsteuerung nicht rechtfertigen; zutreffend daher *Schmidt/Heinicke* § 49 EStG Rz 2: Abweichend von der unbeschränkten Steuerpflicht ist der Charakter der ESt als Personensteuer bei der beschränkten Steuerpflicht nach § 1 IV zwar nicht verlorengegangen, er wird aber wesentlich mitbestimmt durch objektsteuerartige Züge.

## 2. Verfassungsrechtliche Fragen

(1) Die Ungleichbehandlung unbeschränkt und beschränkt Steuer- **30** pflichtiger knüpft an einen sachlichen Grund an: Mit der Ansässigkeit im Inland ist typischerweise die Möglichkeit einer umfassenden Teilhabe an der Infrastruktur dieses Staates gegeben; daß diese Unterscheidung vom Grundsatz her aus verfassungsrechtlichen Gründen in Frage steht, ist nicht ersichtlich (vgl. die Nachweise bei *Stapperfend* aaO, Rz 31 vor §§ 1, 1a EStG). Dabei lassen sich zwei grundsätzliche Ansatzpunkte un-

gleicher Behandlung unterscheiden: Aus der Sicht des Ansässigen könnte der weltweite Besteuerungsanspruch in Frage gestellt werden – was aber offensichtlich ernsthaft bislang nicht geltend gemacht worden ist; es geht in der Diskussion hierüber allein um Fragen der Opportunität. Der verfassungsrechtlich relevante Problemkreis ist also nicht bei der räumlichen Abgrenzung einer Sachnorm zu suchen; berührt wird er bei der Rechtfertigung der **unterschiedlichen Gestaltung der beschränkten gegenüber der unbeschränkten Steuerpflicht:** Hier wird ein Defizit an Rücksichtnahme auf die Interessen der Steuerausländer im Vergleich zu den Steuerinländern geltend gemacht; ein Defizit, das im wesentlichen die objektsteuerartigen Bestandteile der beschränkten Steuerpflicht zum Gegenstand hat – und das aufgrund des Gemeinschaftsrechts einer verschärften Rechtskontrolle unterworfen ist. Daraus wird ersichtlich: Aus verfassungsrechtlicher Sicht geht es nicht um den Fortbestand der unbeschränkten und der beschränkten Steuerpflicht überhaupt, es geht um die Unterschiede von Fall zu Fall.

**31**    (2) Die Unterschiede haben sich an Art. 3 I, 14 GG zu messen: Die Willkürformel des BVerfG ist in einer Vielzahl von Entscheidungen auch für das Steuerrecht verfeinert worden (Übersicht bei *Massbaum* IWB 3 Gr. 3 1139 ff.): Bindung an den Grundsatz der Steuergerechtigkeit, Gebot der Steuergerechtigkeit (Ordnungsprinzipien), Leistungsfähigkeitsprinzip – geprägt vom allgemeinen Gleichheitsgrundsatz. Unter diesen Gesichtspunkten werden Unterscheidungen beider Steuerpflichten problematisiert (Übersicht bei *Stapperfend* aaO, Rz. 32 zu §§ 1, 1 a EStG; die Frage inwieweit einzelne Normen des Steuerrechts überhaupt unter dem Gesichtspunkt des Gleichheitssatzes als Gegenstand einer konkreten Normenkontrolle in Betracht kommen, ist hier nicht weiter zu problematisieren – hierzu (am Beispiel des § 32 c EStG) ist auf *Wernsmann* FR 1999, 242 zu verweisen):

– vor allem die Abgeltungswirkung des § 50 V Satz 1 EStG, die Geltung des Bruttoprinzips für beschränkt Steuerpflichtige anstelle des Nettoprinzips: Die Steuer wird nicht von den Einkünften, sondern von den Einnahmen ohne Berücksichtigung von Betriebsausgaben und Werbungskosten erhoben; nach den Analysen *Kumpfs* in *H/H/R* Rz 152 zu § 50 EStG) und *Schaumburgs* (S. 172) ist überzeugend dargelegt worden, daß diese Abweichung von den Regeln für unbeschränkt Steuerpflichtige nicht zu rechtfertigen ist und die Willkürgrenzen überschreitet; zur verfassungsrechtlichen Rechtfertigung der Abgeltungswirkung s. *FG Hamburg* IStR 1997, 342 mit Anm. *Grams* (IStR 1997, 346);

– die möglicherweise im Einzelfall konfiskatorisch oder sogar erdrosselnd wirkende Besteuerung (*BFH* BStBl. 1990 II, 704);

– die Nichtanwendung des Splittingverfahrens (*BVerfG* DStR 1970, 83; *BFH* BStBl. 1990 II, 704);

- die Nichtberücksichtigung des Existenzminimums (*BFH*/NV 1992, 736);
- die Nichtgewährung der Körperschaftsteueranrechnung und -vergütung für Steuerausländer (dazu noch eingehend N 93); das *FG München* EFG 1998, 1076 hat dieser Frage nur die Wiedergabe des Gesetzes gewidmet und hinzugefügt: „Der Gleichheitsgrundsatz gebietet nur unter bestimmten Voraussetzungen die für Inländer geltende Begünstigung auch Gebietsfremden zu gewähren. Diese Voraussetzungen liegen hier offenkundig nicht vor."

(3) Da die **grundsätzliche Unterscheidung** aus verfassungsrechtlicher Sicht auf keine Bedenken stößt, die inhaltliche Gestaltung – insbesondere die Beschränkung auf nur einen Teil inländischer Einkünfte – zwar systematische, aber verfassungsrechtlich nicht angreifbare Mängel aufweist, kann es in der Tat auch nur um Einzelwirkungen gehen. Das wiederum bedeutet: Solange sich die Regeln für die beschränkte Steuerpflicht auf die fehlenden persönlichen Anknüpfungen im Inland willkürfrei zurückführen lassen, sind sie bedenkenfrei; das gilt insbesondere für die unberücksichtigt gebliebenen Familienlasten, Sonderausgaben und außergewöhnlichen Belastungen sowie die Versagung des Splittingtarifs – soweit besteht auch in der Literatur Übereinstimmung (vgl. für alle *Schaumburg* S. 173); erst wenn trotz fehlender persönlicher Anknüpfung der Sache nach die Situation eines beschränkt Steuerpflichtigen mit der eines unbeschränkt Steuerpflichtigen vergleichbar ist (Steuerausländer – aber Einkünfteerzielung im Inland als Grundfall) ist zu unterscheiden: Dann kann nach *Schaumburg* wegen Art. 3 I GG ein Steuererlaß verfassungsrechtlich geboten sein – wenn der Quellenstaat (aus welchen Gründen auch immer?) die persönliche Leistungsfähigkeit nicht berücksichtigt (*Schaumburg* mit zahlreichen Nachweisen, S. 173 f.). Aber ein solches Gebot der Rücksichtnahme ist aus Art. 3 I GG nicht abzuleiten, bestenfalls kann in krassen Fällen eine Abwägung unter dem Gebot der Steuergerechtigkeit zwingend geboten sein. Auch bei den vom Regelfall – Zusammenhang zwischen Nichtansässigkeit und ausländischem Mittelpunkt – möglicherweise gravierend abweichenden Sachverhalten ist die Besteuerungsfolge auf eine vom Gesetz sachbereichsbezogene Unterscheidung zurückzuführen. Daher: Billigkeitserwägungen auf einfachgesetzlicher Grundlage – aber nicht verfassungsrechtlich geboten. Praktisch geht es in solchen Fällen darum, ob der Gesetzgeber mit dem begrenzten Kreis von Steuerpflichtigen, auf die er im Rahmen §§ 1 III, 1 a EStG Rücksicht genommen hat, das verfassungsrechtlich Gebotene in ausreichendem Umfang getan hat (s. dazu ab M 53). Ergibt sich im Einzelfall eine Härte, weil die typische Verbindung einer Ansässigkeit mit Lebens- und Einkommensschwerpunkt im Wohnsitzstaat nicht gegeben ist, bedarf es keiner neuen Grenzziehung zwischen den Anknüpfungen, sondern einer Anwendung von Billigkeitsgrundsätzen.

**33**     Deswegen kann der Ansatz des *BFH* BStBl. 1987 II, 682, aufgrund eines Belastungsvergleichs zur ungleichen Behandlung eines beschränkt Steuerpflichtigen zu gelangen, auch nicht richtig sein (überzeugend *Stapperfend* aaO, Rz 31): Die einkommensteuerliche Gesamtbelastung des beschränkt Steuerpflichtigen im Inland und im Ausland muß nicht mit derjenigen eines unbeschränkt Steuerpflichtigen übereinstimmen – ein solcher Belastungsvergleich erfaßt nur einen Bruchteil jener Umstände, die die unterschiedliche Besteuerung rechtfertigen. Wenn man mithin überhaupt nach einer verfassungsrechtlich bedenklichen Ungleichbehandlung sucht, dann nur in den unterschiedlichen Belastungsfolgen im Inland selbst. Zum zitierten *BFH*-Urteil s. auch das ablehnende *BMF*-Schreiben BStBl. I, 721: Es ist nicht zutreffend, daß für die verfassungsrechtliche Beurteilung auch die Belastung durch ausländische Steuer zu berücksichtigen sei.

### 3. Europarechtliche Fragen

**34**     (1) Die gemeinschaftsrechtliche Zulässigkeit einer Unterscheidung zwischen der unbeschränkten und der beschränkten Steuerpflicht steht außer Frage, sie begründet für sich genommen noch keinen Diskriminierungsvorwurf, weil es schon an der mangelnden Vergleichbarkeit beider Gruppen fehlt: Das ist aus dem *EuGH*-Fallmaterial bis zum Fall Frans Gschwind bereits abgeleitet worden (s. die Hinweise zu K 46). Die Frage geht – übereinstimmend mit der des Verfassungsrechts, wenn auch mit anderen Konsequenzen – mithin dahin, ob die konkrete Gestaltung der Besteuerung in Abhängigkeit von der Ansässigkeit den gemeinschaftsrechtlichen Vorgaben entspricht. Da bislang nur ein Bruchteil des Normenbestandes einer gemeinschaftsrechtlichen Überprüfung *(EuGH)* unterzogen wurde, sind Prognosen notwendig, sowohl aus der Sicht eines betroffenen Steuerpflichtigen als auch aus der Sicht des Gesetzgebers. Erkennt der Gesetzgeber eine europarechtswidrige Rechtslage, hat er eine Anpassung (stille Harmonisierung) zu bedenken – zumal der EU-Vertrag den Gesetzgeber ohnehin dazu verpflichtet, binnenmarktkonforme Gesetze zu erlassen (so wie die Gerichte verpflichtet sind, die Gesetze binnenmarktkonform zu interpretieren). Die Interpretation des vorhandenen Entscheidungsmaterials erfolgt in der Weise, daß die Urteilsgründe nach „wegweisenden Hinweisen" untersucht werden – wobei bisweilen außer acht gelassen wird, wie fallgebunden die Ausführungen sind; das gilt insbesondere für die Umstände, die von den beteiligten Mitgliedstaaten zur Rechtfertigung einer Diskriminierung angeführt werden, und die zu widerlegen für den *EuGH* in einigen Fällen fast schon zwingend geboten schien. Es hat wenig Sinn, die gegenwärtig verbreiteten Mutmaßungen über gemeinschaftswidriges nationales Recht (s. die Übersicht K 69) anzureichern und einen eigenen auf Überzeugung

von der gemeinschaftsrechtlichen Unverträglichkeit basierenden Katalog
von Normen aufzustellen, die demnächst die Europaprüfung nicht bestehen. Die Literatur tut hier bisweilen – wie die jüngste Diskussion um den
Fall Centros zeigt – zuviel des Guten – wobei die Begründung hierfür
sehr einfach ist: Der *EuGH* hat die „teilnehmenden Beobachter" durch
die Entscheidungen Schuhmacker, Wielockx und Asscher „verwöhnt" –
man erwartet weitere Systemeinbrüche. Mit einiger Wahrscheinlichkeit
wird jedes Urteil neue Überraschungen, vor allem neue Interpretations-
möglichkeiten mit sich bringen – es kann aus der Sicht einer IStR-
Einführung dann nur darum gehen, aus dem vorhandenen Material das
„hier und jetzt" einzuschätzen.

(2) Im *EuGH*-Verfahren Schuhmacker gaben Stellungnahmen ab: Die   **35**
Bundesrepublik, Griechenland, Frankreich, Niederlande, Großbritannien – allesamt die herkömmliche Unterscheidung uneingeschränkt
rechtfertigend. Im übrigen wurde durchgehend geltend gemacht, es
komme nicht auf eine Benachteiligung in einem konkreten Falle an, es
komme auf eine prinzipielle Betrachtung an (vgl. *Kaefer* S. 165 ff.).

(3) Was zum **Fortbestand der Unterscheidung zwischen der unbe-**   **36**
**schränkten und der beschränkten Steuerpflicht** dem *EuGH*-Fallma-
terial zu entnehmen ist, hat vor allem *Dautzenberg* zu klären versucht
und ist hierbei in den Folgen zunächst auch am weitesten gegangen. *Dautzenbergs* Ansatzpunkt: Die beschränkte Steuerpflicht stellt grundsätzlich
eine ungerechtfertigte Ungleichbehandlung unter ansonsten vergleichbaren Umständen für einen EG-Ausländer gegenüber einem unbeschränkt Steuerpflichtigen dar – die Unterscheidung zwischen eschränk-
ter und unbeschränkter Steuerpflicht muß daher bei der Besteuerung von
EU-Angehörigen in jedem Einzelfall gerechtfertigt werden können. Daraus folgt der Schluß: Nach der Rechtsprechung des *EuGH* bedarf die
beschränkte Steuerpflicht einer grundlegenden Neukonzeption und einer
neuen Begründung (*Dautzenberg* S. 119; DB 1996, 2248 ff.). *Dautzenberg* leitete schon aus dem Schumacker-Urteil ab: Alle Vorschriften, die
an die übliche Unterscheidung anknüpfen, erfüllen von vornherein eines
der Tatbestandskriterien einer verbotenen Diskriminierung – aber eine
bloße Reduzierung auf die Erkenntnisse des Schuhmacker-Falles
(Steuerausländer erwirtschaftet sein Einkommen im Inland) sei schon
mit dieser Entscheidung selbst ausdrücklich überwunden; dazu verweist
*Dautzenberg* auf Rz 31 und 36 des Urteils (s. Fußn. 103 auf S. 121).
Aber der Wortlaut bei der Rz 31 ist eindeutig – soweit man je überhaupt
von der Eindeutigkeit eines Wortlauts ausgehen kann. In Rz 31 wird die
unterschiedliche Ausgangslage bestätigt (in Rz 41 Asscher bestätigt –
und in Rz 34 der Entscheidung Gilly aus einem ganz anderen Gesichtspunkt noch vertieft), so daß damit schon *Dautzenbergs* Ansatz einer
grundsätzlichen Diskriminierung nicht nachvollziehbar ist – jedenfalls
aus *EuGH*-Sicht (und nur um diese geht es); in Rz 31 (Schumacker)

heißt es nämlich kurz: Im Hinblick auf die direkten Steuern befinden sich Gebietsansässige und Gebietsfremde in der Regel nicht in einer vergleichbaren Situation – und dann folgt aus Rz 36, wann keine vergleichbare Situation europarechtlich gegeben ist: Wenn der Gebietsfremde im Staate seiner Ansässigkeit keine nennenswerten Einkünfte hat, dieser Staat ihm folglich auch keine auf seine persönliche Lage und seinen Familienstand Rücksicht nehmende steuerliche Vergünstigung gewähren kann – er aber seine wesentlichen Einkünfte im Beschäftigungsstaat = Quellenstaat bezieht. *Das* ist die Diskriminierung, nicht schon die bloße am Wohnsitz orientierte Unterscheidung – und dementsprechend stellt sich für den *EuGH* die Frage einer Rechtfertigung auch erst auf der Grundlage dieses von der Regel abweichenden Falles; mehr ist der Schumacker-Entscheidung nicht zu entnehmen, jedoch ist diese Grundposition inzwischen mehrmals bestätigt worden, zuletzt im Falle Gschwind: **Objektive Unterschiede** zwischen der Situation der **Gebietsansässigen** und der **Gebietsfremden,** s. IStR 1999, 598 f. (Rz 22, 23). Schwieriger in einem Gesamtzusammenhang zu sehen ist zunächst die *EuGH*-Entscheidung Asscher. Hier geht es um eine Steuersatzproblematik: Durfte ein Gebietsfremder in den Niederlanden in der untersten Progressionsstufe einer höheren Besteuerung (Steuersatzunterschied) unterworfen werfen als ein Ansässiger? Wie wir bereits wissen (oben K 49), sah der *EuGH* hierin unabhängig von der Höhe der Einkünfte im Quellenstaat (so kann man das Urteil jedenfalls nur verstehen) eine Diskriminierung. Wegen dieses fehlenden Bezuges zu einer Einkunftshöhe wurde nun die 90%-Grenze für die Möglichkeit einer Grenzpendlerbesteuerung in § 1 III EStG in Frage gestellt (s. dazu sogleich M 55) – was schon für sich genommen problematisch war: Asscher wollte einen günstigeren Steuersatz und keine familienbezogene Vergünstigung – ob man dies alles unter dem Gesichtspunkt des Tarifs zusammenfassen kann, ist zweifelhaft. Im Asscher-Fall hatte der Quellenstaat die höhere Besteuerung auch damit gerechtfertigt, daß der Gebietsfremde nicht in vergleichbarer Weise der Progression unterliege wie der inländische Steuerpflichtige. Dazu verwies der *EuGH* in Rz 47 seiner Entscheidung auf das beiderseitige DBA und den darin vorgesehenen Progressionsvorbehalt im Wohnsitzstaat Belgien; *Dautzenberg* aber leitet aus Rz 47 ab: Allgemein von Bedeutung ist dabei die Feststellung, daß abweichende Steuersätze im Rahmen der beschränkten Steuerpflicht nicht mit Progressionsargumenten gerechtfertigt werden können, weil es dem Quellenstaat freistehe, auch für beschränkt Steuerpflichtige einen Progressionsvorbehalt in sein Steuerrecht einzuführen (DB 1996, 2248) – was nicht zutrifft; der *EuGH* hat zu einer solchen Möglichkeit überhaupt keine Stellung bezogen und sich auf den Progressionsvorbehalt im Wohnsitzstaat bezogen. Der Fall Asscher legt nahe – insoweit mit *Dautzenberg* übereinstimmend –, Diskriminierungen aufgrund des Steuertarifs als mit den Grundfreiheiten des

EGV nicht in Übereinstimmung stehend zu begreifen. Nur: Die Steuersatzfrage wirft mit Sicherheit auch andere Fragen einer Rechtfertigung als die im Falle Asscher vorgetragenen auf; auch die Überlegungen *Kramers* (RIW 1996, 954) nach einem Zusammenhang zwischen einer Schlechterstellung durch einen höheren Tarif (Diskriminierung) und einer gleichermaßen durch eine breitere Steuerbemessungsgrundlage bewirkte höhere Belastung mißverstehen die Überlegungen des *EuGH*. Vorweg zu klären ist die vergleichbare Ausgangssitutation – dann erst beginnt der gemeinschaftsrechtliche Ansatz. Auf den objektiven Einkünftebezug abgestellt hieß das im Asscher-Fall: Es liegt überhaupt keine unterschiedliche Situation vor – warum dann der Steuersatzunterschied? Aber genau dieser Ansatz taugt nicht mehr bei der Feststellung, daß beschränkt Steuerpflichtige keine Sonderausgaben abziehen dürfen (so aber *Kramer*).

(4) Es war jedenfalls nach den vorliegenden *EuGH-Entscheidungen* **37** kein Anlaß gegeben, das Wohnsitzkriterium aufzugeben; die Anpassungen des Gesetzgebers durch Sonderanknüpfungen (§§ 1 III, 1 a EStG) sind ausreichend – es gab und gibt auch keine zwingende Begründung, von der 90%-Grenze abweichen zu müssen; eine andere Interpretation des Asscher-Urteils bei *Bieg* (S. 278) deckte sich zwar mit Vorlagebeschlüssen deutscher Finanzgerichte (dazu M 55); der *EuGH* hat jedoch im Fall Gschwind (IStR 1999, 597) die Grenzziehung als mit den EG-Grundfreiheiten in Übereinstimmung stehend erklärt. Damit ist vom *EuGH* zur Differenzierung der Steuerpflichten vom Grundsatz her nichts mehr zu erwarten. Eine ganz andere Frage ist es, über ein Reformmodell als einen Gesetzgebungsakt „stiller Harmonisierung" nachzudenken, in dem die beschränkte Steuerpflicht als Optionsalternative gilt, anderenfalls eine Besteuerung von EG-Ausländern nach § 1 I EStG zu erfolgen hat (so *Dautzenbergs* Vorschlag DB 1996, 2249); zwingend geboten ist er nicht. *Dautzenberg* stellt die *EuGH*-Rechtsprechung einseitig unter dem Gesichtspunkt eines Vergleichs des Gebietsfremden mit dem Gebietsansässigen dar; seit Schumacker wissen wir aber: Nicht allein die einseitig diskriminierende Vorschrift des nationalen Rechts (wie in den Fällen avoir-fiscal und Commerzbank), sondern die **Zusammenschau des eigenen und des Rechts fremder Mitgliedstaaten** ist entscheidend (sehr plastisch nennt *Wolfgang Schön* dies den „Quantensprung" in der *EuGH*-Rechtsprechung, IStR 1995, 121). In der Folgezeit wird es nun ausschließlich für einzelne unterschiedliche Rechtsfolgen darum gehen, wo die Grenzen dieser „Gesamtschau" auf beide Staaten liegt; um eine Beseitigung der Unterschiede zwischen beschränkter und unbeschränkter Steuerpflicht geht es nicht (so schon *Brigitte Knobbe-Keuck* als Vertreterin der Kommission im Fall Schuhmacker, s. dazu den Prozeßbericht von *Rädler* FR 1994, 707). Das anerkennt nunmehr auch *Dautzenberg* (s. bereits zu K 46).

**38**    (5) Schließlich ein letzter Hinweis: Neben der gleichen/ungleichen Situation beschränkt/unbeschränkt Steuerpflichtiger war auf die ungleiche Besteuerung zweier beschränkt Steuerpflichtiger verwiesen worden (s. oben M 26). Kann das gemeinschaftsrechtlich von Bedeutung sein? *Wassermeyer* hat ohne weitere Begründung auf den *EuGH*-Fall Wielockx verwiesen (DB 1998, 31) – Rz 24 dieses Urteils mit der Anwendung des Gedankens der Kohärenz auf der Ebene der Vertragsstaaten bleibt aber bei der bilateralen Beziehung; und die Gilly-Entscheidung bestätigt dies – jedenfalls solange die jeweiligen Anknüpfungen den üblichen völkerrechtlichen Rahmen einhalten. Gemeinschaftsrechtliche Folgen waren daher zunächst nicht zu prognostizieren.

### 4. Völkervertragsrecht und Diskriminierungsverbote

**39**    Im Anschluß an Art. 24 I des OECD-Musterabkommens (Staatsangehörige eines Vertragsstaates dürfen im anderen Vertragsstaat keiner anderen Besteuerung der damit zusammenhängenden Verpflichtung unterworfen werden, die anders oder belastender ist . . .) stellt sich die Frage der Differenzierung der unbeschränkten und der beschränkten Steuerpflicht auch hier: Nicht-Ansässige werden aber hiervon ausdrücklich ausgeschlossen; es wird klargestellt, daß der Ort der Ansässigkeit ein wesentliches Kriterium dafür ist, ob zwischen zwei Steuerpflichtigen „gleiche Verhältnisse" bestehen. Die *EuGH*-Rechtsprechung zur Diskriminierung nach der Ansässigkeit (als versteckte Diskriminierung nach der Staatsangehörigkeit) ist mithin nicht übertragbar. Taugliche Vergleichsperson kann nach Art. 24 nur ein Staatsangehöriger des anderen Vertragsstaats sein, der im selben Staat ansässig ist wie der Stpfl., der sich auf die Vorschrift beruft. Innerhalb der Gruppe der im Vertragsstaat Ansässigen bzw. Nichtansässigen darf eine Diskriminierung nach der Staatsangehörigkeit nicht vorgenommen werden (*Kl. Vogel* DBA Rz 29a, 29i zu Art. 24). Unter diesen Gesichtspunkten kann auch an Einzelheiten der Unterscheidung keine Kritik geübt werden (anders *Wassermeyer* MA Rz 16 Art. 24: Fraglich ist die Berechtigung des Mindeststeuersatzes gem. § 50 III Satz 2 EStG).

**40–49** *(einstweilen frei)*

### V. Sonderanknüpfungen: Abgewandelte Formen der Steuerpflicht

### 1. Überblick

**50**    Für die Körperschaftsteuer verbleibt es bei der Unterscheidung der unbeschränkten von der beschränkten Steuerpflicht; für die **Einkommensteuer gibt es 5 abgewandelte Formen der persönlichen Steuerpflicht,**

deren Kern in gemeinschaftsrechtlichen Auswirkungen zu sehen ist (§§ 1 III, 1a EStG). Soweit die Entstehungsgeschichte gemeinschaftsrechtliches Vorverständnis erfordert, kann auf frühere Ausführungen verwiesen werden. Soweit die abgewandelten Formen nun ihrerseits gemeinschaftsrechtliche Fragen nach sich ziehen (was insbesondere für § 2 AStG gilt), ist darauf hinzuweisen. Insgesamt muß sich die Darstellung in engem Rahmen halten; alle Kommentare zum Einkommensteuergesetz enthalten ausführliche Beschreibungen der Tatbestandsmerkmale. Zusammengefaßt geht es

– um die **erweiterte unbeschränkte Steuerpflicht** gem. § 1 II EStG für Personen ohne Wohnsitz im Inland mit völkerrechtlichen Vorrechten – mit der Folge einer unbeschränkten Steuerpflicht, die sich nicht von der des § 1 I EStG unterscheidet,
– um die **beschränkt unbeschränkte Steuerpflicht** aufgrund inländischer Einkünfte (unter Beachtung von Einkunftsgrenzen) für Personen ohne inländische Ansässigkeit nach § 1 III EStG – mit der Folge, trotz der an sich gegebenen Voraussetzungen der beschränkten Steuerpflicht (§ 1 IV EStG) im Falle eines Antrags als unbeschränkt Steuerpflichtige behandelt zu werden – aber wiederum unter Beschränkung auf die Einkünfte im Sinne des § 49 EStG,
– um die **beschränkt unbeschränkte Steuerpflicht** für Ehegatten und Kinder von Staatsangehörigen eines EU- oder EWR-Mitglieds nach § 1a EStG – wobei angeknüpft wird an den Steuerpflichtigen eines EU- oder EWR-Mitgliedstaates mit beschränkt unbeschränkter Steuerpflicht nach §§ 1 I, 1 III EStG,
– um die **beschränkt unbeschränkte Steuerpflicht** für Familienangehörige von Auslandsbediensteten, wobei angeknüpft wird an den Steuerpflichtigen mit unbeschränkter Steuerpflicht nach §§ 1 I, 1 III EStG,
– um die **erweiterte beschränkte Steuerpflicht** nach § 2 AStG, die im Falle einer Auswanderung aus der Bundesrepublik die Mängel der tatbestandlichen Erfassung inländischer Einkünfte durch § 49 EStG beseitigen will.

Die Entstehungsgeschichte ist für alle Normen umfassend dokumentiert bei *Stapperfend* Rz 15ff. vor §§ 1, 1a EStG.

## 2. Sonderanknüpfung des § 1 II EStG: Deutsche Diplomaten im Ausland

Die Vorschrift betrifft deutsche Staatsangehörige, die als **öffentliche 51 Auslandsbedienstete** mit einer Entlohnung aus einer inländischen öffentlichen Kasse im Ausland keiner unbeschränkten Steuerpflicht unterworfen sind – obwohl dort grundsätzlich die persönlichen Anknüpfungen gegeben sind; im Inland fehlt es an einer solchen persönlichen Anknüpfung. Im Ausland ist eine Besteuerung in einem der beschränkten deutschen

Steuerpflicht entsprechenden Umfang gegeben. Unter diesen Voraussetzungen ist der Steuerpflichtige im Inland unbeschränkt steuerpflichtig im
Sinne des § 1 I EStG. Die Vorschrift scheint zunächst einen unsystemati-
schen Gesichtspunkt in das System der persönlichen Steuerpflicht hin-
einzutragen; das ist jedoch nicht der Fall. Ihr liegen – wenn auch in un-
zulänglicher Art und Weise – Gerechtigkeitsüberlegungen zugrunde. Ihren Ursprung hat die Norm in § 14 II StAnpG (1934), sie galt nur für
Auslandsbeamte und wurde 1974 in erweiterter Form in § 1 II auf Personen mit völkerrechtlichem Status erweitert. Sie ist Spezialvorschrift gegenüber § 1 I, III, IV. Von dem hierunter fallenden Personenkreis wird
grundsätzlich vermutet, er habe keinen Einfluß auf Bestimmung seiner
Ansässigkeit; hieraus ergeben sich verfassungsrechtliche Bedenken, als
§ 1 II EStG – wie weite Teile des Rechts und der Rechtswirklichkeit –
den öffentlichen Dienst in einem insgesamt gesehen längst unerträglich
und anmaßend gewordenen Umfang bevorzugt; das Argument trifft auch
auf genügend viele Beschäftigte in der Privatwirtschaft zu (die unter anderen und engeren Voraussetzungen unter § 1 III EStG fallen können).
Es darf nur eine der beschränkten Steuerpflicht ähnliche Steuerpflicht im
Ausland gegeben sein – anderenfalls doppelte unbeschränkte Steuerpflicht zu befürchten wäre (angesprochen ist mithin der günstige Aspekt
der Besteuerung der Ansässigen – die umfassend Berücksichtigung der
persönlichen Verhältnisse). Beispiel *BMF*-Schreiben FR 1995, 33 zur
Besteuerung der in die USA vermittelten Lehrkräfte: diese gelten als in
den USA nicht ansässig, unterliegen dort nur der Einkommensteuer, soweit sie Einkünfte aus amerikanischen Quellen beziehen. § 1 II Satz 1
2. HS dehnt die erweiterte unbeschränkte Steuerpflicht auf die zum
Haushalt der deutschen Auslandsbediensteten gehörigen Angehörigen
aus, soweit sie selbst die deutsche Staatsangehörigen besitzen. Besitzen
sie diese nicht, dann können sie dessen ungeachtet erweitert unbeschränkt steuerpflichtig sein, wenn sie keine Einkünfte oder nur Einkünfte beziehen, die ausschließlich im Inland steuerpflichtig sind.

*Beispiel* zu § 1 II EStG (*Franznick/Schutter* S. 37): B ist im auswärtigen Dienst der
Bundesrepublik als Diplomat in Schweden beschäftigt. Er lebt seit Jahren mit seiner
Ehefrau und seinem minderjährigen Sohn in Schweden. B ist nach § 1 II EStG auch
ohne inländische Ansässigkeit unbeschränkt steuerpflichtig (deutsche Staatsangehörigkeit, entsprechendes Dienstverhältnis und Arbeitslohn aus einer öffentlichen Kasse
gem. § 1 II Nr. 2 EStG), als Diplomat nach Art. 34 WÜD in Schweden nur in einem
der beschränkten ESt ähnlichen Umfang zur Steuer herangezogen. Die übrigen Familienmitglieder sind als zum Haushalt gehörende Angehörige ebenfalls unbeschränkt
einkommensteuerpflichtig – für sie gilt in Schweden Art. 37 I WÜD. Steuerfolgen
entsprechen im übrigen § 1 I EStG.

**52**     Zum **Nato-Truppenstatut:** Deutsche Bundeswehrsoldaten können bei
·    Vorliegen der anderen Voraussetzungen hierunter fallen (Ausländische
Soldaten im Inland können der beschränkten Steuerpflicht unterworfen
werden – Ansässigkeit im Verwendungsstaat ist durch Art X I Satz 1

ausgeschlossen). Die Besteuerung der deutschen **EU-Mitarbeiter** folgt eigenen Regeln (Protokoll über die Vorrecht und Befreiungen der EG als primäres Gemeinschaftsrecht, BGBl. 1965 II, 1482); sie fallen nicht unter § 1 II EStG, weil sie die Voraussetzungen des § 1 II Nr. 2 EStG nicht erfüllen: Wohnsitzfiktion – Freistellung von nationalen Steuern (EG-Bezüge), nicht befreite außerdienstliche Einkünfte – Interne Besteuerung der EG-Mitarbeiter: Daß Zweifel an einer angemessenen Belastung angebracht sind, daß sich sogar die Frage einer Scheinbesteuerung mit Alibifunktion stellt, kann keinen Außenstehenden mehr überraschen; Einzelheiten der mißlichen Situation bei *Klinke* IStR 1995, 217 und *Koschyk* IWB 11 Gr. 2, S. 319 ff. **UNO-Bedienstete** sind von allen Steuern auf ihre Dienstbezüge befreit (Übereinkommen über Vorrechte und Immunitäten, BGBl. 1980 II, 941). ZU den WÜD/WÜK-Regelungen für Diplomaten s. bereits D 13.

### 3. Sonderanknüpfung des § 1 III EStG: der Grenzpendler als Symbol

Die Vorschrift bildet – jedenfalls in ihrem Zusammenhang mit § 1 a **53** EStG – den Kern der durch die Binnenmarktkonzeption und die *EuGH*-Rechtsprechung (Fall Schumacker) erstmals wahrgenommenen Problematik: **Ansässigkeit und Welteinkommensprinzip** müssen nicht immer einander vom zugrundeliegenden Sachverhalt her zuzuordnen sein; diese Problematik ist hier als bekannt vorauszusetzen (s. oben K 46; M 34). Nunmehr ist nach den im deutschen IStR gezogenen Konsequenzen zu fragen. Verbunden ist dies mit dem Begriff des Grenzpendlergesetzes I ab VZ 1994 (BStBl. 1994 I, 440), daran anschließend das Grenzpendlergesetz II (BStBl. 1996 I, 1506) mit umfangreichen Korrekturen durch das Jahressteuergesetz 1996. Das **Gesetzpendlergesetz I** hatte noch nicht das Ehegatten-Splitting einbezogen; zur Rechtfertigung hatte die Bundesregierung darauf verwiesen, daß anderenfalls eine Besserstellung der Grenzpendlerehegatten einträte, weil deren Einkünfte nicht in die Besteuerung miteinbezogen würden. Die bislang angeordnete Abgeltungswirkung des Steuerabzugs bei beschränkter Steuerpflicht wurde dadurch durchbrochen, daß im Rahmen der Anwendung des § 50 IV eine Veranlagung des Ausländers stattfinden sollte. Das Gesetz wurde als „Flop" bezeichnet (eine Analyse im Hinblick auf das Gemeinschaftsrecht bei *Bieg* S. 251 ff.) – im Rahmen des Jahressteuergesetzes 1996 wurde mit dem **Grenzpendlergesetz II** das Schumacker-Urteil in das EStG integriert. Die Neuregelung erfolgte in § 1 III EStG, der inhaltlich weitgehend dem aufgehobenen § 50 IV Satz 1–4 EStG/GrenzpendlerG I entspricht: Es geht um die **teilweise Gleichstellung bestimmter beschränkt Steuerpflichtiger mit unbeschränkt Steuerpflichtigen;** sie sind abzugrenzen gegenüber Grenzgänger-DBA-Regelungen (dazu S 290): Natürliche Personen ohne inländische personelle Anknüpfung werden danach auf Antrag im Hinblick auf ihre inländischen Einkünfte (§ 49 EStG) als unbeschränkt Steuerpflichtige behandelt, wenn ihre Einkünfte im Kalenderjahr mindestens zu 90% der deutschen Einkommensteuer unterliegen oder die nicht der deutschen Einkommensteuer unterliegenden Einkünfte nicht mehr als 12000,– DM im Kalenderjahr betragen (Betragskürzungen sind möglich; zur Einkünfteberechnung nach § 1 III *OFD Köln* IStR 1997, 729). Problematisch ist aufgrund der Verlustausgleichsbeschränkung des § 2 III EStG seit dem Steuerentlastungsgesetz 1999/2000/2002 die Folge nicht mehr im selben Veranlagungszeitraum ausgeglichenener negativer Einkünfte: Haben sie „im Kalenderjahr" der deutschen Einkommensteuer unterlegen (dazu *Lüdicke* IStR 1999, 194)? Folge dieser unbeschränkten Steuerpflicht, bei der die wesentlichen Merkmale der beschränkten Steuerpflicht (Nichtansässigkeit) erhalten bleiben, ist mithin nicht das bekannte Welteinkommensprinzip: Es bleibt bei der Besteuerung der Inlandseinkünfte und insoweit bei der Besteuerung der inländischen Einkünfte i.S. des § 49 EStG – nur eben mit Besteuerungsfolgen, die der unbeschränkten Steuerpflicht angenähert sind. Sie wird bisweilen fiktive unbeschränkte Steuerpflichtig genannt (was bezüglich der Ansässigkeit zutreffend ist), oder auch unbeschränkte Steuerpflicht auf Antrag oder – sachlich am einleuchtendsten – beschränkt unbeschränkte Steuerpflicht (*Kumpf/Roth* StuW 1996, 262 Fußn. 31 – mit dem zutreffenden Hinweis, daß § 1 III besser in den Rahmen des § 49 EStG eingeordnet gehörte). Gegenüber der unbeschränkten Steuerpflicht bleibt es bei dem Steuerabzug nach § 50a EStG; eine Zusammenveranlagung mit dem ebenfalls im Ausland ansässigen Ehegatten ist nicht möglich. Das Ehegattensplitting – eine der wesentlichen materiell-rechtlichen Diskriminierungen auch noch im Grenzpendlergesetz I – bei Ehegatten, die beide die Voraussetzungen des § 1 III EStG erfüllen, wird nur dann gewährt, wenn zusätzlich die Voraussetzungen des § 1a EStG erfüllt sind; deswegen ist § 1a EStG nicht nur eine Ergänzungsvorschrift zu § 1 I–III, sondern der eigentliche Hintergrund für die Fiktion der unbeschränkten Steuerpflicht von Grenzpendlern (so *Schmidt/Heinicke* § 1a EStG Rz 1); oder noch anders betrachtet: § 1 III betrifft nur den Grenzpendler selbst, das Schwergewicht der systematischen Änderung der persönlichen Steuerpflicht folgt erst aus § 1a EStG. Auf den Gedanken des § 1 III EStG hätte der innerstaatliche Gesetzgeber in Anbetracht der Mobilität des Produktionsfaktors Arbeit auch selbst kommen können – **erst der § 1a EStG** betrifft den Kern einer **Binnenmarktkonzeption.** Hinzuweisen ist noch auf die Umsetzung der im Schumacker-Urteil erhobenen Forderung des *EuGH*, dem Unionsbürger unabhängig von der Einkunftskonstellation im Tätigkeitsstaat eine verfahrensrechtliche Gleichstellung, insbesondere durch Zurverfügungstellung entsprechender Ausgleichsverfahren bei Überbesteuerung u.ä. zu gewähren. Nach § 50 V Satz 4 Nr. 2 EStG haben EU- bzw. EWR-Arbeitnehmer einen Anspruch auf Veranlagung auf der Grundlage einer Antragsveranlagung; zu den Bedenken aus gemeinschaftsrechtlicher Sicht *Bieg* S. 260.

Mißt man § 1 III EStG am Schumacker-Urteil des *EuGH*, fällt auf, daß **54** alle Steuerpflichtigen die Voraussetzungen erfüllen können: Die EU-Zugehörigkeit ist nicht Tatbestandsmerkmal (anders dann § 1 a I EStG), die Staatsangehörigkeit spielt keine Rolle. Folglich fallen unter § 1 III EU-Staatsangehörige wie Schumacker, Auslandsdeutsche wie Werner (s. K 43), alle Auslandsansässigen mit Inlandseinkünften, öffentliche Bedienstete ohne den Status § 1 II EStG. Soweit die 90%-Grenze inländischer Einkünfte gilt, liegt mit der *EuGH*-Entscheidung in Sachen Gschwind (K 46) nunmehr eine Bestätigung für dieses Tatbestandsmerkmal vor. Im Schumacker-Urteil wird von dem wesentlichen Teil der Einkünfte und der Gesamtheit der Familieneinkünfte ausgegangen (Rz 38); im Asscher-Fall spielte die Höhe der Einkünfte keine Rolle, das galt für zahlreiche Autoren als Beleg für die gemeinschaftsrechtliche Unverträglichkeit des § 1 III; es ist daher nochmals darauf hinzuweisen, daß es im Falle Asscher in Anbetracht des anderen Problemkreises darauf auch gar nicht ankommen konnte (s. oben M 36).

Die **Frage der Grenzwerte** wurde durch das *Finanzgericht Köln* (Fall Gschwind) **55** und durch den *BFH* (Britischer non-resident) dem *EuGH* vorgelegt (IStR 1997, 755): Fälle, in denen es um die Zusammenveranlagung § 1 III in Verbindung mit § 1 a EStG geht, die die aber auch vor Kenntnis des § 1 a EStG hier eingeordnet werden sollen. Den Fall Gschwind hat der *EuGH* inzwischen entschieden (s. K 46). Das Ehepaar Gschwind ist in Deutschland beschränkt steuerpflichtig; der Einpendler G. kann aber nicht unter § 1 III EStG fallen, weil seine Einkünfte im Vergleich zum Familieneinkommen weniger als 90% und die Einkünfte der Ehefrau im Wohnsitzstaat Niederlande mehr als 24 000,– DM betragen. Der Vergleich mit einem niederländischem Ehepaar in Deutschland ergibt eine höhere Besteuerung – einzig und allein aufgrund des Wohnortes. Der *EuGH* erkennt keinen Verstoß gegen Art. 39 EG. Er verbietet hiernach nicht, das Recht zur Wahl des Splittingverfahrens und des Splittingtarifs davon abhängig zu machen, daß die Einkünfte beider Ehegatten mindestens zu 90% der deutschen Einkommensteuer unterliegen, sofern dieses Wahlrecht bei gebietsansässigen Ehegatten keinerlei Bedingungen unterliegt; s. dazu auch die Anmerkung zum vorangegangenen Vorlagenbeschluß von *Kischel*, IWB 11 Gr. 2, 337 ff., der vor der Entwicklung warnt, das Ansässigkeitsmerkmal weiter aufzulösen und damit die Verteilung der Besteuerungshoheit zwischen den Mitgliedstaaten ersatzlos außer Kraft zu setzen). Der *BFH* hat sich mit einem Vorlagebeschluß (DB 1998, 1494) angeschlossen und ernstliche Zweifel an der Vereinbarkeit der 90%-Grenze der §§ 1a I Nr. 2 und 1 III Satz 2 EStG mit Art. 39 EG geltend gemacht. Der Unterschied zum Fall Gschwind des *FG Köln*: Der Antragsteller ist im Falle des *BFH* im Inland unbeschränkt steuerpflichtig (in Großbritannien als „non-resident") und hat deshalb in Deutschland sein Welteinkommen zu versteuern. Streitig ist die Anwendung des Splittingtarifs auf das von ihm im Inland zu versteuernde Einkommen. Eine Familienbesteuerung in Großbritannien ist nicht möglich. Es kommt im Streitfall darauf an, ob der Antragsteller aus Gründen des möglicherweise verletzten Art. 39 EG Anspruch auf Anwendung des Splittingtarifs und den in Deutschland zu versteuernde Einkommen unter Berücksichtigung des Progressionsvorbehalts (§ 32b I Nr. 2 EStG) hat. Die Ehefrau erzielte in diesem Fall in Großbritannien eigene Einkünfte, weshalb beide Eheleute zusammen genommen nicht die Voraussetzungen der 90%-Grenze des § 1 III EStG erfüllen. Mißverständlich ist der Begriff des Grenzpendlers, Einpendlers – aber als Symbolfigur sicherlich eingängig: Die Voraussetzungen knüpfen an beliebige Inlandseinkünfte an – eine räumliche Nähe des Nichtansässigen ist nicht erforderlich, das Aktiendepot bei einer inländischen Bank ist ausreichend.

Unter § 1 III EStG fallende Personen werden **auf Antrag** als unbeschränkt steuerpflichtig behandelt. Bei der Ausübung des Wahlrechts muß der Steuerpflichtige bedenken, daß ein (ausschließlich positiver) Progressionsvorbehalt gem. § 32b I Nr. 3 gilt: Einkünfte, die nach DBA-Recht steuerfrei sind oder „bei Anwendung von § 1 III oder § 1a . . . im Veranlagungszeitraum nicht der deutschen Einkommensteuer unterliegende Einkünfte, wenn deren Summe positiv ist", werden mithin bei der Steuersatzbestimmung berücksichtigt. Deswegen *Sandra Grosse:* Damit läßt sich das Wahlrecht des Steuerpflichtigen als Wahl zwischen „zwei Übeln" verstehen: Die im Rahmen der beschränkten Steuerpflicht (§ 1 IV EStG) nur begrenzte Möglichkeit, von den Einnahmen Abzüge geltend zu machen, und der Progressionsvorbehalt bei einer Besteuerung als fiktiv unbeschränkt Steuerpflichtiger (StuW 1999, 358; dort auch ein Modell zur Optimierung der Steuerpflicht auf der Grundlage eines Steuerbelastungsvergleichs für Arbeitnehmer und Nichtarbeitnehmer).

### 4. Sonderanknüpfung des § 1a EStG: der gemeinschaftsbezogene Kern

**56**  (1) Diese Vorschrift kann nur im Zusammenhang mit § 1 III EStG verstanden werden – weswegen die *EuGH*-Vorlagebeschlüsse des *FG Köln* (Fall Gschwind) und des *BFH* (Britischer non-resident) und die *EuGH*-Entscheidung im Fall Gschwind bereits dort erörtert wurden, weil es um Tatbestandsmerkmale des § 1 III geht: § 50 I Satz 5 EStG schließt die beschränkt Steuerpflichtigen von einer Reihe von Vergünstigungen aus (s. dazu die Gegenüberstellung der unbeschränkten und der beschränkten Steuerpflicht M 27); davon ist eine Reihe von Vergünstigungen durch die beschränkt unbeschränkte Steuerpflicht des § 1 III EStG bereits gewährt, etwa Sonderausgabenabzug, Pauschbeträge, Freibeträge, Kindergeld, außergewöhnliche Belastungen, Anspruch auf Veranlagung (§ 46 EStG). Über diesen von § 1 III EStG bereits gezogenen Rahmen geht – bezogen auf den Bereich der Mitgliedstaaten der EU/EWR – **§ 1a EStG** nun hinaus und **baut weitere Unterschiede zur beschränkten Steuerpflicht ab:** Bestimmte familienbezogene Vergünstigungen, die an sich die unbeschränkte Steuerpflicht des § 1 I EStG voraussetzen, knüpfen nicht mehr nur an eine inländische Ansässigkeit an. Der dafür erforderliche Inlandsbezug wird durch § 1a I Nr. 1–4 EStG bestimmt (fingiert). Es geht im Kern

– um **Unterhaltsleistungen** an den geschiedenen oder dauernd getrennt lebenden Ehegatten (§ 10 I Nr. 1 EStG): Der Empfänger muß, damit ein Sonderausgabenab-

zug möglich ist, nicht unbeschränkt steuerpflichtig sein, aber er muß seinen Wohnsitz oder gewöhnlichen Aufenthalt im EU/EWR-Mitgliedstaatenbereich haben;
– um die **Ehegattenveranlagung/**das Splitting/ die Lohnsteuerklasse III (§ 26 I Satz 1 EStG): Für diese Zusammenveranlagung einschließlich aller sonstigen Zusammenveranlagungsvergünstigungen (Verdoppelung von Höchst- und Pauschbeträgen usw.) fingiert § 1 a die unbeschränkte Steuerpflicht des Ehegatten im Ausland – wobei einer der Ehegatten unbeschränkt steuerpflichtig nach § 1 I, II, III sein muß und zugleich EG/EWR-Staatsangehörigkeit besitzt – zudem muß (und das ist zur Abgrenzung gegenüber § 1 III EStG der Kern der Norm) der andere Ehegatte im EG/EWR-Ausland ansässig sein; auch für sich genommen vorliegende beschränkte unbeschränkte Steuerpflicht gem. § 1 III dieses Ehegatten ist nicht ausreichend.

*Beispiele:* US-Gastarbeiter (§ 1 I EStG), Ehefrau in den USA wäre aufgrund eigener Einkünfte im Sinne des § 1 III Satz 2 EStG im Inland unbeschränkt steuerpflichtig: Kein Splittingtarif, da sie nicht Mitglied eines EG/EWR-Staates ist; wenn ja: da ihr Mann unter § 1 I EStG fällt, würde § 1 a EStG ergänzend eingreifen; oder: Holländer erzielt im Inland Einkünfte; er ist in zweiter Ehe verheiratet, zwei gemeinsame Kinder; Ehefrau erzielt in Holland Einkünfte 15 000 DM; Zahlungen des Holländers an Unterhaltsleistungen 20 000 DM; geschiedene Ehefrau lebt in Italien. Der Wohnsitz des holländischen Ehepaares ist in Holland: Keine unbeschränkte Steuerpflicht des Mannes gemäß § 1 I EStG, aber § 1 III EStG (Antrag!); dann gem. § 1 a I Nr. 2 EStG auf Antrag Zusammenveranlagung nach § 26 b EStG, denn die Voraussetzungen sind gegeben: 90 % Inlandseinkünfte, nicht-inländische Einkünfte übersteigen nicht den Betrag in Höhe von 24 000 DM; wegen der Unterhaltsleistungen vgl. § 1 a I Nr. 1 EStG (Bescheinigung der italienischen Finanzverwaltung erforderlich); im Inland aufgrund von DBA-Regelungen der Höhe nach nur beschränkt steuerpflichtige Einkünfte werden nicht als inländische Einkünfte behandelt (zu den Beispielen *Schmidt/Heinicke* § 1 a EStG Rz 19; *Lammsfuß/Mielke* S. 24).

§ 1 a EStG ist eingangs (M 50) als eine zwar abgewandelte, aber eigenständige Form der unbeschränkten Steuerpflicht dargestellt worden. Zutreffend hat aber *Herlinghaus* (*F/W/B* Rz 20 f. zu § 1 a EStG) auf einen systematischen Unterschied verwiesen, da § 1 a EStG eine Form der unbeschränkten Steuerpflicht nur für bestimmte Fälle fingiert. Der eigenständige Regelungsgehalt ist jedoch gegeben: Wer die Voraussetzungen des § 1 I, II nicht erfüllt, kann nach § 1 a EStG als unbeschränkt Steuerpflichtiger behandelt werden. Nachdem die Einkunftsgrenzen vom *EuGH* gebilligt worden sind, werden nennenswerte europarechtliche Bedenken nicht mehr geäußert. *Schmidt/Heinicke* nennt den Behindertenfreibetrag nach § 33 c V EStG, der nicht auf die Eltern übertragbar ist, weil dies deren unbeschränkte Steuerpflicht voraussetzt. Die Anknüpfung an die Staatsangehörigkeit statt an einen bloßen Wohnsitz in einem EU/EWR-Staat wird europarechtlich nicht beanstandet, da das EU-Recht nur für Staatsangehörige der EU-Mitgliedstaaten gilt; mit der Frage der versteckten Diskriminierung (Anknüpfung an Wohnsitz/Sitz) hat diese Voraussetzung innerhalb des § 1 a EStG ohnehin nichts zu tun.

(2) Die **Sonderanknüpfung** in § 1 a II EStG hat zum Ziel, denjenigen **57** Angehörigen des öffentlichen Dienstes, die keinen diplomatischen oder konsularischen Status besitzen (also nicht unter § 1 II EStG fallen), die

Vergünstigungen des § 1 a I Nr. 2–4 zu verschaffen; die Regelung ist nur in den Fällen anwendbar, in denen der Steuerpflichtige aufgrund eines dienstlichen Auftrags im Ausland wohnt; er muß die deutsche Staatsangehörigkeit besitzen, darf im Inland nicht ansässig sein, steht in einem inländischen öffentlich-rechtlichen Dienstverhältnis und wird hierfür aus einer inländischen öffentlichen Kasse entlohnt, und er wird im Staate seiner Ansässigkeit nur in einem der beschränkten Steuerpflicht ähnlichen Umfang zu einer Einkommensteuer herangezogen; im übrigen müssen die Einkommensbedingungen des § 1 III EStG gegeben sein; die 2. Variante des § 1 a II EStG will deutsche Diplomaten, die gemeinsam mit ihren Ehegatten nicht die Voraussetzungen der unbeschränkten Steuerpflicht des § 1 II EStG erfüllen (beispielsweise wegen fremder Staatsangehörigkeit), steuerlich nicht schlechter behandeln als andere Angehörige des öffentlichen Dienstes, die an einem ausländischen Dienstort tätig sind und damit unter die 1. Variante des § 1 a II EStG fallen. Sofern diese Personen Einkünfte ausschließlich oder fast ausschließlich in der Bundesrepublik erzielen, sollen ihnen auch die familienbezogenen Entlastungen nach § 1 a I Nr. 2–4 EStG zugute kommen. Da § 1 a II EStG die Tätigkeit an einem ausländischen Dienstort erfordert, werden Vergünstigungen für öffentliche Versorgungsempfänger, die aus privaten Motiven außerhalb des EG/EWR-Raumes wohnen, von den familienbezogenen Vergünstigungen des § 1 a I EStG ausgeschlossen; das führt zu einer Schlechterstellung für Personen mit aktiven oder Ruhestandsbezügen im Inland, die sich ohne Auslandsbeschäftigung außerhalb des EU/EWR-Raumes niederlassen (*Schmidt/Heinicke* § 1a EStG Rz 33: § 1 a II nahezu unverständlich verklausuliert); zu den Tatbestandsmerkmalen im einzelnen *Stapperfend* Rz 50 ff. zu § 1a EStG und *Herlinghaus* Rz 40 ff. zu § 1 a EStG – leider ohne eine systematische Einordnung und ohne vergleichende Darstellung der steuerlichen Wirkungen, was nur ein Beleg dafür ist, daß Normen solchen Spezialbezugs von keinem allgemeinen Interesse mehr sind, in ihren Voraussetzungen und beschränkt wirksamen Vergünstigungen auch nicht mehr transparent.

## 5. Sonderanknüpfung der §§ 2, 5 AStG: Auswanderung in ein Niedrigsteuerland

*a) Das Problem: Steuerliche Vorteile durch Ausscheiden aus der unbeschränkten Steuerpflicht*

**58**      Natürliche Personen, die in der Bundesrepublik unbeschränkt einkommensteuerpflichtig sind, genießen grundsätzlich bei Vermögensanlagen in niedrigbesteuernden Gebieten keine steuerlichen Vorteile, da sie die daraus fließenden Einkünfte dem „Universalprinzip" entsprechend auch im Inland zu versteuern haben. Etwas anderes gilt nur, wenn sich ein Doppelbesteuerungsabkommen zugunsten des Steuerpflichtigen auswirkt, wovon hier zunächst abgesehen wird. Voraussetzung für die unbeschränkte Steuerpflicht ist bei natürlichen Personen der Wohnsitz im Inland. Entfallen durch Wohnsitzaufnahme im Ausland die Anknüpfungspunkte – oder gibt es wie im Falle des „Umherziehenden" solche nicht – für die unbeschränkte Steuerpflicht, so tritt beschränkte Steuerpflicht mit den inländischen Einkünften (§ 49 EStG) ein. Der **Wechsel in die beschränkte Steuerpflicht** kann steuerlich zu Nachteilen, aber auch zu erheblichen Vorteilen führen. Letztere treten dann ein, wenn der Steuerpflichtige seinen Wohnsitz in einem niedrigbesteuernden Staat nimmt und die dadurch entstehende steuerliche Minderbelastung durch die deutsche beschränkte Steuerpflicht nach den §§ 49 ff. EStG nicht ausgeglichen wird.

So werden deutsche Steuern überhaupt erspart, wenn der Wegfall der unbeschränkten Steuerpflicht keine beschränkte Steuerpflicht nach sich zieht, weil die vom Auswanderer im Inland erzielten Einkünfte von § 49 EStG nicht erfaßt werden: Das gilt etwa für Zinsen aus Forderungen, für die keine grundpfandrechtliche Sicherung besteht; sie fallen zwar unter die unbeschränkte, nicht aber unter die beschränkte Steuerpflicht (§ 20 I Nr. 7 EStG im Vergleich zu § 49 I Nr. 5c EStG). Bei Dividenden, Lizenzgebühren und einigen anderen Einkünften tritt zwar beschränkte Steuerpflicht ein, doch wird die Steuer nicht mehr nach dem allgemeinen Tarif, sondern nach festen Sätzen erhoben, die wesentlich unter den Spitzensätzen des Einkommensteuertarifs liegen. Doppelbesteuerungsabkommen, die das Besteuerungsrecht für bestimmte Inlandseinkünfte dem neuen Wohnsitzstaat zuweisen, ohne wegen des dort herrschenden niedrigeren Steuerniveaus eine der deutschen entsprechende Besteuerung herbeizuführen, können diese Wirkungen noch unterstützen.

Der Oasenbericht der Bundesregierung (BT-Drucks. IV/2412, S. 10) stellte auch bereits im Jahre 1964 fest:

„In der Öffentlichkeit haben in jüngster Zeit vor allem die Wohnsitzverlegungen in benachbarte Länder mit niedrigem Steuerniveau besondere Aufmerksamkeit und Kritik gefunden. Dies kann bei dem ersichtlich erheblichen Umfang der Einkommens- und Vermögensverlagerungen in gewissen Einzelfällen nicht überraschen, zumal sich die Ansiedlung begüterter Deutscher an bestimmten Orten des benachbarten Auslands stark gehäuft hat. Diese Beobachtungen zeigen, daß Wohnsitzverlegungen in niedrig besteuernde Länder hohe Steuervorteile ausgelöst haben. Dabei dürfen einzelne bedeutende Sonderfälle allerdings nicht ohne weiteres verallgemeinert werden. Sicher ist allerdings, daß die bestehenden Steuergefälle auch in der Zukunft einen wesentlichen Anreiz zu Wohnsitzverlegungen bieten können, mögen auch die steuerlichen Motive bei solchen Wohnsitzverlegungen nicht allein ausschlaggebend sein."

Auch das Gutachten der Steuerreformkommission (Bonn 1971, S. 571 f.) kritisiert diesen Zustand. Während sich der Oasenbericht hinsichtlich der zu treffenden Maßnahmen nicht festgelegt hatte, wurde im Gutachten der Kommission vorgeschlagen, eine Revision der Doppelbesteuerungsabkommen mit niedrigbesteuernden Staaten herbeizuführen und dabei anzustreben, jene Einschränkung, die die Abkommen in bezug auf § 49 EStG vorsehen, für Auswanderer erst nach Ablauf von fünf Jahren nach der Wohnsitzverlegung wirksam werden zu lassen.

*b) Die Erweiterung der beschränkten Steuerpflicht durch das Außen-*
*steuergesetz*

**59**     Das Außensteuergesetz ist diesem Vorschlag nicht gefolgt, da die
Mehrzahl der steuerlich interessanten Zuzugsgebiete unberücksichtigt
geblieben wäre. § 2 AStG hält daran fest, daß Steuerpflichtige, die im
Inland weder ihren Wohnsitz noch ihren gewöhnlichen Aufenthalt haben,
aus der unbeschränkten Steuerpflicht ausscheiden. Auch Auswanderer
sind mithin „Gebietsfremde" und unterliegen nur noch der beschränkten
Steuerpflicht. Diese **beschränkte Steuerpflicht** ist aber in den §§ 2 bis 4
AStG für einen bestimmten Personenkreis und unter bestimmten Voraussetzungen **erweitert worden.** Man spricht insoweit von einer „erweiterten beschränkten Steuerpflicht". Vorrangiger Zweck des § 2 AStG ist
mithin, die Mängel der beschränkten Steuerpflicht in bestimmten Fällen
zu beseitigen. Überschneidungen sind nicht möglich: Die unbeschränkte
Steuerpflicht ist mit Anwendung des § 2 AStG beendet, die beschränkte
Steuerpflicht wird erweitert.

**60**     Diese erweiterte beschränkte und zeitlich auf die Dauer von 10 Jahren
befristete Steuerpflicht gilt für natürliche Personen, die in den letzten
zehn Jahren vor dem Ende ihrer unbeschränkten Steuerpflicht als Deutsche insgesamt mindestens fünf Jahre unbeschränkt steuerpflichtig waren
und nunmehr in einem ausländischen Gebiet ansässig sind, in dem sie
mit ihren Einkommen einer niedrigen Besteuerung unterliegen. Auswanderer mit fortbestehender Ansässigkeit im Inland fallen nicht darunter
(Doppelwohnsitz); ob die deutsche Staatsangehörigkeit fortbesteht, ist
nicht entscheidend, „Auswanderungen" von Körperschaften und Personengesellschaften werden nicht erfaßt: Bei Personengesellschaften wirkt
sich eine Sitzverlegung auf eine unbeschränkte Steuerpflicht von Mitun-
ternehmern nicht aus; bei Körperschaften entfällt ein vergleichbarer
„Wegzug" aus gesellschaftsrechtlichen Gründen (s. dazu ab M 72). Eine
niedrige Besteuerung liegt nach § 2 II AStG vor, wenn die Belastung
durch die in dem ausländischen Gebiet erhobene Einkommensteuer bei
einer in diesem Gebiet ansässigen unverheirateten natürlichen Person mit
einem steuerpflichtigen Einkommen von 150 000 DM um mehr als ein
Drittel geringer ist als die Belastung eines Steuerinländers in der Bundesrepublik unter sonst gleichen Bedingungen (abstrakter Belastungsvergleich); oder eine Vorzugsbesteuerung gegenüber der allgemeinen Besteuerung zu einer erheblichen Minderung der Einkommensteuer führen
kann. Die stpfl. Person kann jeweils den Nachweis erbringen, daß die
„von ihrem Einkommen insgesamt zu entrichtenden Steuern mindestens
zwei Drittel der Einkommensteuer betragen, die sie bei unbeschränkter
Steuerpflicht nach § 1 I EStG zu entrichten hätte". Weitere Voraussetzung ist das **Vorhandensein wesentlicher wirtschaftlicher Interessen**
im deutschen Inland. Wann solche Interessen gegeben sind, umschreibt

§ 2 III AStG: Es handelt sich um qualitative Merkmale (Art inländischer Einkunftsquellen wie die Einzelunternehmertätigkeit), alternativ um quantitative Merkmale; letztere liegen nach § 2 III Nr. 2 beispielsweise vor, wenn Einkünfte des Steuerpflichtigen im Inland (Einkünfte, die bei unbeschränkter EStpfl. nicht-ausländische Einkünfte im Sinne des § 34d EStG sind) im Veranlagungszeitraum mehr als 30% seiner gesamten Einkünfte ausmachen oder den Betrag von 120000 DM überstiegen haben.

Zu der erforderlichen Vergleichsrechnung bei unterstellter unbeschränkter Steuerpflicht *BFH* RIW 1987, 401: Unter den von dem Einkommen insgesamt zu entrichtenden Steuern sind sowohl die deutschen als auch die ausländischen Steuern zu verstehen: Es sind also auch die ausländischen Steuern zu ermitteln, die angefallen wären, wenn bei gleichen Einkünften der Steuerpflichtige nicht beschränkt, sondern unbeschränkt steuerpflichtig gewesen wäre. Bei der Ermittlung der deutschen ESt ist die mögliche Anrechnung ausländischer Steuern nach § 34c EStG zu berücksichtigen.

Sind die genannten Voraussetzungen erfüllt, ist der Steuerpflichtige **61** gem. § 2 I AStG bis zum Ablauf von 10 Jahren nach Ende des Jahres, in dem die unbeschränkte Steuerpflicht geendet hat (Folge: günstigster Auswanderungszeitpunkt am 31. 12. eines Jahres, ungünstigster am 1. 1. eines Jahres), über die beschränkte Steuerpflicht i. S. des EStG hinaus beschränkt einkommensteuerpflichtig mit allen Einkünften im Sinne des § 2 I 1 erster Halbsatz EStG (Aufzählung der 7 Einkunftsarten), die bei unbeschränkter EStpflicht nichtausländische Einkünfte im Sinne des § 34c I EStG sind. § 34c I EStG rechnet ausländische Steuer auf ausländische Einkünfte an; ausländische Einkünfte wiederum werden im § 34d EStG näher bestimmt. Am sinnvollsten ordnet man daher den Umfang der erweiterten beschränkten Steuerpflicht vom Umfang des Welteinkommens ausgehend (s. L 19): dann fallen hierunter die inländischen Einkünfte im Sinne des § 49 EStG, mit denen der Auswanderer ohnehin unter § 1 IV EStG fiele. Aber daneben werden die nichtausländischen Einkünfte i. S. des § 34d EStG erfaßt, die nicht zugleich inländische Einkünfte i. S. d. § 49 sind (die Darlehenszinsen aus einem unbesicherten Darlehensverhältnis, die der Auswanderer von einem im Inland ansässigen Schuldner vereinnahmt, als Beispiel). Der *BFH* versteht die auf § 1 IV EStG zurückzuführende Steuerpflicht als selbständig neben der über § 49 EStG hinausgehenden, während eine andere Auffassung in § 2 AStG der Sache nach lediglich eine Aufstockung, Anreicherung der beschränkten Steuerpflicht § 1 IV EStG erkennt (zum Streit *Flick/Wassermeyer* in *F/W/B* Rz 23, 23a, 23b zu § 2 AStG). Der lex specialis-Charakter wirkte sich nach der Auffassung des *BFH* (BStBl. 1995 II, 868) auf den Solidaritätszuschlag aus: Abgabenpflichtig sind danach nach § 1 EStG Steuerpflichtige (dazu gehört § 1 IV), dazu gehörte aber nicht der nichtausländische Teil der Einkünfte, der nicht zugleich unter § 49 EStG fällt; als Reaktion hierauf nunmehr § 2 Nr. 2 SolZG 1995. Die Schwierigkeit eines Umgangs mit § 2 AStG liegt insoweit einfach in der fehlenden enumerativen Aufzählung wie in § 49 EStG (dazu Rz 2.5 = Umfang der Steuerpflicht im Anwendungserlaß zum AStG vom 2. 12. 1994, BStBl 1995 I, Sondernummer 1). Vorteile der erweiterten beschränkten Steuerpflicht können sich durch Verlustausgleich ergeben; nach 2.5.1.2. des Anwendungserlasses gilt das Verlustausgleichsverbot des § 50 II EStG nicht. Durch die generelle Einbeziehung negativer erweiterter Inlandseinkünfte in den Verlustausgleich und die Suspendierung des § 50 II EStG kann die Steuerbemessungsgrundlage bei einem nach § 2 AStG erweitert beschränkt Stpfl. geringer sein als bei einem normal beschränkt Stpflichtigen; dazu *Göttsche* S. 193 mit einem Rechenbeispiel; anders *Wassermeyer* IStR 1996, 30 f.: Mit § 2 AStG ist nicht die Festsetzung einer niedrigeren Steuer beabsichtigt, die EStSchuld nach §§ 1, 49 ff. EStG ist eine Mindeststeuer, die auch beim Bestehen einer Steuerpflicht nach § 2 AStG festzusetzen ist.

Sind hiernach die Regeln der erweiterten beschränkten Steuerpflicht anzuwenden, so unterliegen die genannten Einkünfte nach § 2 V AStG dem Steuersatz, der sich unter Einbeziehung sämtlicher, d. h. auch der ausländischen, Einkünfte ergibt (Progressionsvorbehalt); die Einkommensteuer ist gem. §§ 50 III Satz 1, 32 a I EStG nach der Grundtabelle zu entrichten. Der Steuersatz beträgt mindestens 25 %. Unterliegen die inländischen Einkünfte dem Steuerabzug vom Kapitalertrag oder dem Steuerabzug aufgrund des § 50 a EStG, so ist die Einkommensteuer damit nicht abgegolten (vgl. aber für die normale beschränkte Steuerpflicht § 50 V EStG); es findet statt dessen eine Veranlagung unter Anwendung des Normaltarifs statt (ein instruktives Beispiel bei *Lammsfuß/Mielke* S. 123 ff.); zur Anrechnung deutscher KSt s. R 213 h EStR. Zur Möglichkeit eines Nachweises einer höheren inländischen Steuerbelastung als bei unbeschränkter Steuerpflicht s. § 2 VI AStG.

Zur **Kritik des § 2 AStG** seien folgende Punkte hervorgehoben:

(1) Die Anknüpfung der erweiterten beschränkten Steuerpflicht an die Staatsangehörigkeit des Abwanderers (vom *BVerfG* BStBl. 1986 II, 643 gebilligt) ist mit der Anknüpfung an die Ansässigkeit nur schwer zu vereinbaren, sie ist sachfremd (*Schaumburg* S. 252). Das Argument des *BVerfG*, für diese Beschränkung spreche das Argument, Ausländer nicht von der Rückwanderung in ihre Heimat abzuhalten, paßt nicht in das Anknüpfungssystem – es stellt selbst eine sachfremde Überlegung an. Oder wäre das Gegenteil überhaupt vertretbar, nämlich damit Deutsche an der Auswanderung hindern zu wollen? Die europarechtliche Frage nach der Diskriminierung auch eigener Staatsangehöriger ist sicherlich berechtigt (*Schaumburg* S. 252) – die bisher vom *EuGH* erörterten Rechtfertigungsgründe für die Diskriminierung lassen jedenfalls keine Berechtigung erkennen. Die bei der Einführung geltend gemachten Gründe lassen eine gewisse Scheinheiligkeit erkennen, wenn man auf den Zeitpunkt des Vorliegens wesentlicher wirtschaftlicher Interessen abstellt: Schädlich ist dadurch der Erwerb wirtschaftlicher Interessen auch dann, wenn der Auswanderer diese erst innerhalb des Zehnjahreszeitraums nach Beendigung der unbeschränkten

Steuerflucht erwarb (*Flick/Wassermeyer* aaO, Rz 90 zu § 2 AStG). Das Tatbestandsmerkmal der deutschen Staatsangehörigkeit kommt als steuerliches Gestaltungselement nur bei sehr langfristig planenden Auswanderern in Betracht (dazu *Göttsche* S. 202). Dementsprechend muß bei der Gestaltung im Vordergrund stehen, wesentliche inländische Interessen aufzugeben bzw. zu reduzieren.

(2) Die **erweiterte beschränkte Steuerpflicht kann** wegen der vielfältigen Ge-   **62** staltungsmöglichkeiten leicht **umgangen** werden. Insoweit **enthält lediglich § 5 AStG** eine notwendige Ergänzung zu § 2 AStG: Da § 2 AStG nur natürliche Personen betrifft, könnte die Steuerpflicht dadurch umgangen werden, daß ein Auswanderer seine wesentlichen wirtschaftlichen Interessen nicht unmittelbar, sondern mittelbar über eine ausländische Kapitalgesellschaft verfolgt. Ausschüttungen der Gesellschaft wären ausl. Einkünfte und die Anteile an der Gesellschaft kein erweitertes Inlandsvermögen. Eine inl. Besteuerung wäre also nur insoweit möglich, als diese Gesellschaft im Inland beschränkt steuerpflichtig ist. Eine solche Gesellschaft wird in § 5 AStG **zwischengeschaltete Gesellschaft** genannt und die in ihr aufgefangenen nichtausländischen Einkünfte werden unter bestimmten Voraussetzungen den Gesellschaftern zugerechnet, die die persönlichen Voraussetzungen der erweiterten beschränkten Steuerpflicht erfüllen. § 5 AStG erfaßt also den ausgewanderten Steuerpflichtigen, § 7 AStG den nicht ausgewanderten Steuerpflichtigen (s. N 383). Aber der Auswanderer muß für § 5 AStG nicht die Voraussetzung wesentlicher wirtschaftlicher Interessen erfüllen. Für die erfaßten Einkünfte ist § 8 AStG maßgeblich – im Ergebnis werden mithin erfaßt inländische Einkünfte, die, wenn sie im Ausland erzielt würden, als passive Einkünfte i.S. des § 8 AStG zu bestimmen wären. Liegt die nach § 7 Abs. 2 AStG berechnete Beteiligungsquote unter 50%, entfällt die Hinzurechnungsbesteuerung nach § 5 AStG. Ein an sich erweitert beschränkt Stpfl. kann mithin dadurch, daß er seine inländischen Interessen bis auf einen gewissen Umfang auf eine Gesellschaft verlagert, für die die Beteiligungsvoraussetzungen nach den §§ 5 und 7 AStG nicht erfüllt sind, die Steuerpflicht vermeiden. Nach der ursprünglichen Fassung des § 5 AStG mußte „eine" Person im Sinne des § 2 AStG allein oder zusammen mit unbeschränkt Stpfl. im Sinne des § 7 AStG an der zwischengeschalteten Gesellschaft beteiligt sein, also mehr als 50% der Anteile halten. Eine erweiterte beschränkte Stpfl. konnte mithin nicht entstehen, wenn ein Ausgewanderter, der an sich erweitert beschränkt stpfl. gewesen wäre, sein gesamtes inländisches Vermögen auf eine Auslandsgesellschaft verlagerte und die Anteile gemeinsam mit seiner ebenfalls ausgewanderten Ehefrau zu je 50% hielt (*Daiber* S. 113). Durch das ErbStRG 1974 wurde die Einschränkung des § 5 Abs. 1 AStG auf „eine" Person im Sinne des § 2 AStG beseitigt, so daß diese Gesetzeslücke geschlossen ist. Die Entstehung einer erweitert beschränkten Stpfl. kann trotz Auswanderung und Berührung eines niedrig besteuernden Staates ferner durch Kombination der Wahl des Wohnsitzes des Stpfl. und des Sitzes der zwischengeschalteten Gesellschaft vermieden werden. Denn die Steuerpflicht des § 5 AStG setzt voraus, daß die zwischengeschaltete Gesellschaft in einem Gebiet ansässig ist, in dem ihre Erträge mit weniger als 30% besteuert werden. Begründet ein Auswanderer den Sitz der Gesellschaft in einen höher besteuernden Staat und verlegt seinen eigenen Wohnsitz in ein Niedrigsteuerland, fehlt es an einer Anknüpfung (*Daiber* S. 114). Die erweiterte beschränkte Steuerpflicht kommt ferner nicht zum Zuge, wenn der Steuerpflichtige seine inländische Einkunftsquellen (Wertpapiere, Grundstücke usw.) veräußert und in ausländischen Einkunftsquellen anlegt (*Kreile* BB 1972, 930). Daß der Auswanderer der erweiterten beschränkten Steuerpflicht hier nicht mehr unterliegt, scheint auf den ersten Blick sogar mit den Zielvorstellungen des Gesetzes übereinzustimmen. Da der Auswanderer nunmehr sämtliche Beziehungen zum Inland abgebrochen hat, steht die Gleichmäßigkeit der Besteuerung und die Wettbewerbsneutralität in Bezug auf die Verhältnisse in der Bundesrepublik nicht mehr zur Debatte. Wenn man aber in der erweiterten beschränkten Steuerpflicht

Nachwirkungen der früher bestehenden unbeschränkten Steuerpflicht sieht, die ihre Rechtfertigung nicht nur in Gleichheits- und Wettbewerbsüberlegungen, sondern auch in der Überlegung findet, daß der Auswanderer dem Staat auf diesem Weg ein Entgelt dafür entrichten soll, daß er die Infrastruktur der Bundesrepublik zehn Jahre lang (oder mehr) zur Vermögensansammlung genutzt hat, erscheinen derartige Lücken in einem anderen Licht (dazu *Salditt* StuW 1972, 18).

**63**     Um Fragen einer **Einkünftezurechnung und** einer **Umgehungskonstruktion** ging es im Falle des *BFH* BStBl. 1999 II, 123: Der Kläger hatte als Auswanderer i.S. des § 2 AStG in die Schweiz Zinsen aus einem Festgeldguthaben bei einer inländischen Bank und Zinsen aus einem Gewährleistungseinbehalt eines inländischen Vertragspartners K erhalten. Das Festgeldguthaben diente in einem Steuerstreit als Sicherheitsleistung; insoweit machte der Kläger geltend, er sei veranlaßt worden, das Festgeldguthaben im Inland zu belassen – hätte das FA nicht eine Sicherheitsleistung für die Steuerschuld verlangt, wäre das angelegte Geld sogleich in das Ausland transferiert worden. Der *BFH* stellte zunächst klar, unter welchen Voraussetzungen eine Abtretung zu einer Zurechnung der Zinseinkünfte zum Zessionar führe; nach den getroffenen Vereinbarungen müssen die Zinsen sein eigenes Vermögen mehren; das sei nicht der Fall, wenn der Zedent die anfallenden Zinsen dafür verwenden kann und soll, eigene Verbindlichkeiten gegenüber dem Zessionar zu tilgen. Im Falle des abgetretenen Festgeldguthabens war vereinbarungsgemäß eine Verrechnung der Zinsen mit den Steuerschulden erfolgt, mithin erfüllte der Kläger die Voraussetzung des Einkünfteerzielens – auf technische Umstände der Abwicklung komme es nicht an. § 2 AStG stellt nur auf das Überschreiten bestimmter Einkunftsgrenzen ab, nicht aber auf die Gründe für das Vorhandensein dieser Einkünfte – daher komme es auf den Hintergrund nicht an. Die Abtretung eines verzinslichen Gewährleistungseinbehalts nach einem zuvor erfolgten Anteilsverkauf an den K als Inländer durch den Kläger war in der Weise ausgestaltet, daß der Niederländer T für seine Tätigkeit im Zusammenhang mit der Abtretung der Anteile ein einmaliges Entgelt erhielt; dem Käufer K der Anteile, der den Gewährleistungseinbehalt vorgenommen hatte, wurde die Abtretung nicht offengelegt. Der *BFH* sah hierin einen Gestaltungsmißbrauch in der Variante, Einkünfte auf andere Personen zu verlagern, um auf diese Weise steuerliche Vorteile zu erzielen; die Abtretung an T sei mit dem Ziel erfolgt, den Eintritt der erweiterten beschränkten Steuerpflicht in der Person des Klägers zu vermeiden: „Sonstige wirtschaftliche Gründe für die erfolgte Abtretung sind weder erkennbar noch vom Kläger geltend gemacht worden. Insbesondere waren mit der Abtretung kein Übergang von Chancen oder Risiken auf T verbunden, da dieser einerseits nicht an den vereinnahmten Zinsen teilhatte und andererseits – wie der Kläger ausdrücklich eingeräumt hat – bei der abgetretenen Forderung ein Ausfallrisiko nicht bestand. Bedenkt man außerdem, daß der „Kaufpreis" für die Forderung sich unmittelbar an den von K geleisteten Zahlungen orientierte, so ist das Ziel der gewährten rechtlichen Konstruktion offenkundig: Der Kläger wollte wirtschaftlich weiterhin Inhaber der Forderung bleiben und die hieraus erzielten Erträge vereinnahmen, durch die formale Verlagerung der Forderung auf T aber die ansonsten drohende Besteuerung vermeiden. Zu diesem Zweck wurden die von K geschuldeten Zahlungen gleichsam durch den von T zu zahlenden Kaufpreis ersetzt, wobei aber der Kläger gleichwohl die Zahlungen vereinnahmte und diese sodann gegenüber T mit dem Kaufpreis „verrechnete". Hierin liegt eine atypische, allein auf systemwidrige steuerliche Vorteile abzielende Gestaltung, die deshalb als mißbräuchlich i.S. des § 42 AO zu bewerten ist." Damit hatte der Kläger nicht-ausländische Einkünfte erzielt, die mehr als 120 000 DM betrugen und damit wesentliche wirtschaftliche Interessen im Inland; das DBA-Schweiz stand dem nicht entgegen (Art. 4 IV Satz 1 DBA-Schweiz).

(3) § 2 AStG stellt nicht auf das *Motiv* des Wohnsitzwechsels ab, trifft also auch denjenigen, der aus sachlichen Gründen die Bundesrepublik verläßt. Wie immer bei

der Erfassung einer „Steuerspargestaltung" stellt sich die Frage nach den Ursachen und Beweggründen. Der Gesetzgeber wird regelmäßig eine Motivforschung vermeiden wollen, was zugleich bedeutet, daß er in einer Anzahl von Fällen „weit über das Ziel hinausschießt" (*Flick/Wassermeyer* aaO, Rz 60 zu § 2 AStG: Die deutsche Unternehmenserbin, die in die Schweiz heiratet; der Inhaber eines inländischen Wertpapierdepots, der aus berufsbezogenen Gründen in die Schweiz umzieht; der am inländischen Unternehmen bereits beteiligte Unternehmersohn, der im Ausland seine berufliche Weiterbildung betreibt).

## VI. Globalisierung und Anknüpfungsfrage

(1) Der tatsächliche Kern, der mit dem häufig ohne Inhalt und Abgrenzung benutzten, daher auch bis zum Verdruß strapazierten Begriff der Globalisierung – als Gegensatz zur Regionalisierung, Lokalisierung – verbunden ist, besteht nicht in der Internationalisierung wirtschaftlicher Prozesse überhaupt: Ein solcher Prozeß ist längst nachweisbar, nur unter anderen Begriffen (Internationalisierung, Multinationalisierung usw.); **was die Globalisierung hiervon abweichend beschreibt,** besteht im Kern darin, daß rechtliche Strukturen und Landesgrenzen ihre bisherige Bedeutung verlieren, daß stattdessen Kapital, Management, Technologie und bis zu einem gewissen Grade auch Arbeitskräfte global verfügbar sind (*Raupach* in *Theisen* (Hrsg.), S. 61). Im einleitenden Teil ist die mit der Globalisierung einhergehende Veränderung im Zusammenhang mit Neutralitätskonzepten genannt worden (s. B 61; D 8): Der Staat ist gegenüber mobilen Produktionsfaktoren nicht mehr in der Rolle eines Monopolisten. Aus der Sicht eines Soziologen stellt sich die global agierende Wirtschaft als Fall einer entmachteten nationalstaatlichen Politik dar, die die Grundlagen der Nationalökonomie und der Nationalstaaten untergräbt; sie vermag zwischen Investitionsort, Steuerort, Produktionsort und Wohnort selbsttätig zu unterscheiden und diese gegeneinander auszuspielen; während der Nationalstaat ein Territorialstaat ist und seine Macht in der Bindung an einen bestimmten Ort gründet, unterläuft eine Weltgesellschaft im Gefolge der Globalisierung diesen territorial gebundenen Nationalstaat, „weil eine multiple, nicht ortsgebundene Vielheit von sozialen Kreisen, Kommunikationsnetzwerken, Marktbeziehungen, Lebensweisen die territorialen Grenzen des Nationalstaats quervernetzt" (*Ulrich Beck* S. 14ff.) – und die Folgen für die Steuer als bisherige „Säule nationalstaatlicher Autorität": „Diese Steuerhoheit ist an den Kontrollzugriff auf wirtschaftliche Aktivitäten innerhalb eines bestimmten Territoriums gebunden – eine Prämisse, die im Zuge weltgesellschaftlicher Handlungsmöglichkeiten immer fiktiver wird. Unternehmen können in einem Land produzieren, in einem anderen die Steuern bezahlen, in einem dritten staatliche Ausgaben in Form von Infrastrukturmaßnahmen verlangen. . . . Demgegenüber verfangen sich die Versuche der Nationalstaaten, sich abzuschließen, in Widersprüchen. Denn um in

**64**

der weltgesellschaftlichen Konkurrenz zu bestehen, müssen einzelne Länder Kapital, Menschen, Wissen anlocken. Die Gladiatoren des Wirtschaftswachstums, die von Politikern umworben werden, unterminieren die Autorität des Staates, indem sie zwar seine Leistungen beanspruchen, aber ihm die Steuern entziehen. Das Pikanteste ist: Ausgerechnet die Reichsten werden zu virtuellen Steuerzahlern, und ihr Reichtum beruht nicht zuletzt auf dieser Virtuosität des Virtuellen" (*Beck* S. 19). Ganz anders – distanziert und ohne jede Leidenschaft – beschreibt der Ökonom die Globalisierung: Für immer mehr Unternehmen steht die Schaffung einer globalen Wertschöpfungskette durch „global sourcing" auf der Tagesordnung (*Wieland* in *Krystek/Zur* S. 527).

**65**   (2) Im Gefolge der Globalisierung hat sich im Steuerrecht eine eigenständige Disziplin **Transnationale Steuerplanung** entwickelt (s. bereits B 44) – die Fragestellungen sind nicht immer neu, aber sie werden inzwischen unter dem Stichwort „internationales Steuermanagement" in einem völlig veränderten, breit angelegten Rahmen erörtert: Die Steuern werden in das Zielsystem der Unternehmen eingebunden (was wiederum für sich genommen nicht neu ist) und die Globalisierung als Anlaß ausgewählter Fallstudien betrachtet, in denen das Steuerrecht auf seine Möglichkeiten untersucht wird, den Vorgang der „globalen Wertschöpfungskette" bei minimaler Grenzsteuerbelastung bis hin zur Steuervermeidung zu begleiten; Beispiele hierfür „Steuermanagement zwischen Globalisierung und Regionalisierung" mit Themen zur steuergünstigten Repatriierung von Gewinnen, steuergünstiger Arbeits- und Funktionsteilung zwischen inländischen und ausländischen Konzerneinheiten in Teilbereichen wie Finanzierung, Produktion und Vertrieb, die Wahl geeigneter Standorte für Holding-, Dienstleistungs- und Finanzierungsgesellschaften (so eines der Generalthemen auf der Steuerrechtlichen Jahresarbeitstagung (JbFSt 1997/98 S. 325 ff.) Oder: „Globale Unternehmenstätigkeit und inländische Besteuerung", so die *IDW-Steuerfachtagung* 1996 mit dem Vortrag von *Endres* zur Neuordnung des Europageschäftes unter steuerlichen Gesichtspunkten unter der Prämisse, daß an die Stelle von Ländergrenzen Funktionsdenken getreten ist (S. 91). Oder: Steuermanagement in multinationalen Konzernunternehmungen mit den Teilbereichen Standortwahl, Unternehmenserwerb, Funktions- und Arbeitsteilung zwischen Konzerneinheiten, Repatriierung von Gewinnen (*Raupach* in *Theisen* (Hrsg.), S. 127 ff.). Managementkurse werden angeboten „Internationale Steuersparmodelle – Möglichkeiten und Grenzen" (1997); die Wissenschaft hat ihre ersten Beiträge veröffentlicht (Beispiel *de Moron* mit ausgewählten Fallstudien zu steuerlichen Globalstrategien (S. 93 ff.). Das internationale Steuerrecht kann aber solche Fragestellungen nicht allein und einseitig unter dem Gesichtspunkt der Einordnung des Steuerrechts in ein Zielsystem der Unternehmung erörtern; dies ist ein sicherlich interessanter Aspekt, aber eben nur ein Teilaspekt, für den die betriebswirtschaftliche Steuerlehre ohnehin gegenüber der Rechtswissenschaft mit der plausibleren Methodik ausgestattet ist. Zugleich müssen auch die staatlichen Interessen berücksichtigt und nach Reaktionen auf eine solche Entwicklung gefragt werden. Ansätze dafür waren mit der Steuerfluchtproblematik bereits verbunden; aber der bisherige Verlauf schien das System des Gesetzgebers bestehen zu lassen; Steuerflucht (Steuervermeidung, Steuerumgehung) erwies sich als ein in den überlieferten Grenzen erfaßbares, wenn auch schwierig und mit komplizierterer Gesetzgebung verbundenes Geschehen. **Die Globalisierung wirft ein mit der Steuervermeidung nicht mehr deckungsgleiches Problemfeld auf.** Wenn man das zentrale Kennzeichen der globalen Strategien darin erkennt, daß Wertschöpfungsprozesse ohne Rücksicht auf Landesgrenzen zerlegt werden und der Einsatz neuer Informationstechnologien zugleich eine „Entmaterialisierung von Transaktionen" zur Folge hat (*Herzig* WPg 1998, 285), steht die bisherige nationalstaatliche Anknüpfung der Besteuerung – die schon genügend Probleme wegen der fehlenden Grenzabstimmung aufwirft – zwangsläufig auf einem Prüfstand. Mobile Produktionsfaktoren entziehen sich dem Zugriff der Steuerbehörden: Es geht um Fragen der Sachverhaltserfassung mit den bisher bekannten Anknüpfungen der Steuerhoheit (und um insoweit Mißverständnisse zu vermeiden: Steuerhoheit verstanden als Ausfluß einer einheitlichen souveränen Staatsgewalt; so klarstellend *Kl. Vogel* in Festschrift *Franz Klein* S. 362).

(3) Die Anknüpfungen als Grundlage einer Ausübung staatlicher Sou- **66** veränität setzen Subjekte voraus, denen ein rechtliches (Sitz der Gesellschaft) und ein tatsächliches Substrat (Wohnsitz, Aufenthalt, Ort der Geschäftsleitung, Betriebsstätte) zuzuordnen ist. Von den Subjekten wissen wir: natürliche Personen einerseits, Gesellschaftsformen andererseits. Natürliche Personen können im Zeitalter der Kommunikationstechnologien ihre Landesgrenzen verlassen, ohne hierbei ihre wirtschaftlichen Interessen im Inland vernachlässigen zu müssen; sie können auch „umherziehen" („Steueroase" auf See – mit der „World of ResidenSea" entsteht ein schwimmendes Millionärsheim" – so Der Spiegel 1998 Nr. 23; grds. zur **abnehmenden Lokalisierung** von Unternehmen als Rechtsproblem im internationalen Steuer- und Gesellschaftsrecht *Breuninger/ Astrid Krüger* in Festschrift *Rädler* S. 79 ff.). Die Anknüpfung an die Rechtsform im Körperschaftsteuerrecht wirft dagegen Fragen ganz anderer Qualität auf. Mit den gesellschaftsrechtlichen Strukturen verbundener Unternehmen hat sich ein Unternehmenstyp entwickelt, auf den das Steuerrecht nicht vorbereitet ist. Schon im internen Steuerrecht (Binnensachverhalte) ergeben sich aus der Unternehmensverflechtung Fragen nach der Reichweite der Selbständigkeit als Steuersubjekt. Mit der Rechtsfigur der Organschaft (§ 14 KStG, § 2 II Nr. 2 UStG, § 2 II GewStG) hat der Gesetzgeber jedenfalls in Teilbereichen die Konse-

quenz aus solchen Verflechtungen gezogen und Organgesellschaft und Organträger weitgehend als ein Unternehmen behandelt. Aber die Organschaft ist nicht gleichermaßen über die Grenzen ausgerichtet: Für den Fall einer im Inland ansässigen Muttergesellschaft und einer im Ausland ansässigen Tochtergesellschaft scheidet sie aus (§ 14 I KStG) – während eine ausländische Muttergesellschaft mit einer inländischen Tochtergesellschaft immerhin über § 18 KStG (Zweigniederlassung der ausländischen Gesellschaft im Inland) die Zurechnung des deutschen Organs zu den beschränkt steuerpflichtigen Einkünften des ausländischen Gesellschafters ermöglicht (zur Bedeutung der Organschaft bei grenzüberschreitenden Beziehungen s. N 137). Den wirtschaftlichen Gegebenheiten internationaler Konzernstrukturen wird damit aber nicht Rechnung getragen, denn:

**67**     – Bei der Organisation großer internationaler Unternehmen steht nicht mehr die an rechtliche Strukturen anknüpfende **Aufbauorganisation im Vordergrund** (die Gesellschaft X im Lande A hat diesen bestimmten Aufgabenbereich, die Gesellschaft Y im Lande B jenen); sie wird abgelöst durch eine **Prozeßorganisation** (*Herzig* WPg 1998, 281): Zwischen Beschaffungsmarkt und Absatzmarkt werden Abläufe organisiert und durch die Kommunikationstechnologien unterstützt, die die rechtlichen Strukturen und staatsrechtlichen Grenzen nur noch unter dem Gesichtspunkt von Steuerarbitragefragen (*Herzig* S. 282), der Reduzierung konsolidierter Steuerbelastung (*Müller* IStR 1996, 452) betrachten. Was darunter konkret zu verstehen ist, hat *Borrmann* anhand der Globalisierungsstudien von *Kearny* unter dem Gesichtspunkt erörtert, mit einer anforderungsgerechten Organisationsstruktur die „Globalisierungsstrategie" zu unterstützen:

> „Bei einem Viertel der befragten Geschäftsbereiche ist das Auslandsgeschäft noch in einer „International Division" zusammengefaßt. Bei allen anderen dominieren weltweite, produktbezogene Organisationsformen. Von diesen hat die Mehrzahl ihr Entscheidungszentrum im ursprünglichen Heimatland des Konzerns. 29 Geschäftsbereiche haben ihr Entscheidungszentrum außerhalb des Ursprungslandes angesiedelt und sind damit in aller Regel weiter fortgeschritten auf dem Weg zu einer anforderungsgerechten globalen Organisation. Diese ist insbesondere dadurch gekennzeichnet, daß ihre Entscheidungsstrukturen eindeutig auf die Affinitäten der jeweiligen globalen, regionalen und lokalen Markt-, Ressourcen-, Wettbewerbs- und Entscheidungsanforderungen ausgerichtet sind, die die Strategie bestimmen. Hierzu gehört auch, daß das jeweilige weltweite Entscheidungszentrum nicht mehr automatisch im Land des Konzernsitzes, sondern dort angesiedelt wird, wo es seine Aufgabe aufgrund der erforderlichen Infrastruktur, Know-how-Verfügbarkeit, Führungskräfteattraktivität und relativen Marktnähe am besten erfüllen kann. Dies gilt auch für das Erreichen von weltweit, regional oder lokal zuständigen Know-how-Zentren für bestimmte Markt/Produkt-Segmente. In aller Regel führt dies für den Gesamtkonzern zu hybriden Organisationsstrukturen" (*Borrmann* in *Macharzina/Oesterle* S. 818). Die Rechtseinheit interessiert überhaupt nicht mehr. Auf einen einfachen Nenner hat dies *Raupach* gebracht: „Wir Juristen sind natürlich stolz, wenn wir rechtsformbezogen argumentieren, und wir sind in zweiter Linie stolz, wenn wir dann diesen Rechts-

formen Funktionen zuordnen; wir sollten aber zur Kenntnis nehmen, daß sich moderne Wirtschaft von dieser funktionalen Einteilung und von dieser funktionalen Gliederung löst. Heute versucht man Betriebsabläufe möglichst ohne Schnittstellen zu organisieren, vom Beschaffungsmarkt bis hin zum Absatzmarkt" (JbFSt 1997/98, S. 328).

– Als Folge hiervon tritt die rechtliche Unternehmensstruktur als zen-  **68** traler Anknüpfungspunkt für die Besteuerung in den Hintergrund, sie wird verdrängt durch eine „virtuelle Organisation" (*Herzig* S. 281), die sich nicht mehr in das Anknüpfungsschema insbesondere des Mittelpunktes der geschäftlichen Oberleitung nach § 10 AO einordnen läßt – es fehlt an sachverhaltsbezogenen Zuordnungsmöglichkeiten; damit ist zugleich die bisherige Unterscheidung zwischen Inlands- und Auslandsmärkten jedenfalls in Teilbereichen „weitgehend obsolet" geworden – andererseits gibt es – verstreut und unsystematisch – **funktionsorientierte Ansätze im deutschen Steuerrecht** und damit eine Relativierung der Rechtsformabhängigkeit: funktionslose Auslandsgesellschaften als Basisgesellschaften, Aktivitätserfordernisse als Voraussetzung für Privilegien, Verrechnungspreiskorrekturen auf der Grundlage einer Funktionsverteilung usw. (zum Ganzen: *Raupach* in *Theisen* (Hrsg.), S. 152 ff.).

– Läßt sich schon aus der Sicht nur eines Staates die wirtschaftliche  **69** Realität eines global tätigen Unternehmens nur noch schwer mit den traditionellen Anknüpfungen in Verbindung bringen (dies wird sich insbesondere am Betriebsstättenbegriff erweisen, s. dazu am Beispiel des Electronic Commerce P 8; auch das internationale Privatrecht hat mit der Auflösung klassischer Strukturen im Bereich der Kommunikationstechnologie seine Mühen, beispielhaft *Bachmann* in *Lehmann* (Hrsg.), zum Thema Internet und IPR, S. 169 ff., S. 178), so wird aus der Sicht mehrerer beteiligter Staaten die Frage nach der **Verteilung der Steuersubstanz** zu einer zentralen Frage überhaupt. Aber nicht mehr in dem oben erörterten Sinne, welches Wettbewerbskonzept (Kapitalimport- oder Kapitalexportneutralität) verfolgt werden soll; es wird zu einem **Erfassungsproblem** überhaupt: Wie soll denn bei einem weltweit ausgedehnten Produktionsablauf, wiederum begleitet oder sogar ersetzt durch entmaterialisierte Vorgänge wie die einer bloßen Datenübermittlung, das Zurechnungsproblem gelöst werden; welchen Anteil hat aus der Sicht des beteiligten Staates A das von ihm als seiner unbeschränkten Steuerpflicht unterworfene Steuersubjekt B an einem solchen weltweit ausgedehnten Wertschöpfungsprozeß, in dem Vernetzungen zu einem „nehmen und geben" zahlreicher Beteiligter führen? Zentrale Bedeutung erlangt damit die **internationale Einkünfteabgrenzung** zwischen den einzelnen Unternehmenseinheiten und damit auch zugleich zwischen den Staaten; dies ist nicht der Punkt, um über technischen Verfahren hierbei nachzudenken (zu den gebräuchlichen Methoden s. ab S 131); es geht um die grundsätzliche Frage, ob eine solche Methode der Anknüpfung an einzelne Transaktionen (die dem Steuerrecht zugrunde liegt, und die auch dann nicht verlassen wird, wenn man Packetbetrachtungen „package deal" einführt) unter dem Eindruck globaler Unternehmensbeziehungen überhaupt noch sachverhaltsangemessen sind; was *Raupach* EU-bezogen fordert (gemeinschaftsweite Unternehmensbesteuerung), erweist sich unter diesen Gesichtspunkten bereits als zu eng.

**70**   – Doch die Medaille Globalisierung – wenn es denn eine ist – hat zwei Seiten. Die eine Seite ist die, die der Soziologe *Ulrich Beck* beschrieben hat: Globalisierung als ein Geschehen bislang ohne eine transnationale Gegenmacht (S. 14), Weltgesellschaft ohne Weltstaat und Weltregierung (S. 195) – die Euphorie über die damit erlangten Gestaltungsvorteile, wie sie insbesondere in den betriebswirtschaftlich ausgerichteten Veröffentlichungen zum Ausdruck kommt, die Empfehlungen der oben erwähnten und auf das globale Steuermanagement ausgerichteten Beratungsempfehlungen sind hierzu Annex. Die andere Seite sind die entgegengesetzt wirkenden **Abschirmungstendenzen der Staaten:** Doppelbesteuerungen infolge fehlender Gegenberichtigung (was sich der eine Staat zusätzlich holt, wird von einem anderen Staat nicht ausgeglichen, s. dazu S 120); verschärfte einseitige Maßnahmen gegen eine Mißbrauchsbekämpfung (sowohl im Außensteuerrecht (s. oben B 55 ff.) als auch im Abkommensrecht (s. dazu S 100). Andere Staaten wünschen sich Teilbereiche des weltweiten Produktionsgeschehens gegen Gewährung günstiger Standortbedingungen einzugliedern, was zu dem aktuellen EU- und OECD-Problem eines fairen Steuerwettbewerbs geführt hat (s. bereits K 5).

Als ein Beispiel für die Rücksichtnahme auf die Interessen anderer Staaten wird der Entwurf der US-Finanzverwaltung (IRS) zur Einkünftezuordnung beim *Global Trading* genannt; es handelt sich um Fallkonstellationen, in denen international tätige Finanzdienstleister ihr internationales Wertpapier- und Derivategeschäft unter arbeitsteiliger Einschaltung von rund um die Uhr abwechselnd tätigen Auslandsniederlassungen und/oder Tochtergesellschaften betreiben und die in Anbetracht der Mobilität des Faktors Kapital und der Mobilität des ihn bewegenden Faktors menschlicher Arbeitskraft die Strukturen der Globalisierung und die Auflösung klassischer Anknüpfungen besonders deutlich zeigen (zu den US-Regulations und ihrer Würdigung *Häuselmann* RIW 1998, 391 ff.). Es ist die Aufgabe des Internationalen Steuerrechts, die **Globalisierungsdebatte** auch um den **Aspekt der Steuergerechtigkeit** zwischen den Staaten zu bereichern und aus seiner Sicht klarzustellen, daß weltweit ausgerichtete Steuerstrategien ohne staatliche Kontrolle keine Wohlfahrtssteigerung im Sinne *Paretos* nach sich ziehen können.

## VII. Wechsel der Steuerpflicht; Ausscheiden aus der Steuerpflicht (Steuerentstrickungsproblem)

### 1. Wechsel der Steuerpflicht/Zuzug

**71**   (1) Bei einem Wechsel zwischen den Formen der Steuerpflicht handelt es sich zunächst um ein verfahrenstechnisches Problem, da ein solcher Wechsel zu einem beliebigen Zeitpunkt des Jahres stattfinden kann und damit die Abschnittsbesteuerung von Einkommen- und Körperschaftsteuer in Frage steht: Die Steuern sind Jahressteuern, die Grundlagen für die Festsetzung sind jeweils für ein Kalenderjahr zu ermitteln. Vollzieht sich während des Kalenderjahres ein **Wechsel zwischen der unbeschränkten und der beschränkten Einkommensteuerpflicht,** sind nach § 2 VII Satz 3 während der beschränkten Steuerpflicht erzielte inländische Einkünfte in eine Veranlagung zur unbeschränkten Steuerpflicht einzubeziehen. Die Einbeziehung umfaßt auch Einkünfte, die während der Zeit der beschränkten Steuerpflicht im Inland einem Steuerabzugsverfahren unterliegen, welches wegen § 50 V Satz 1 EStG endgültig wäre: Für die Fälle der temporären unbeschränkten Steuerpflicht wird mithin die Abgeltungswirkung aufgehoben. Das ist schon bei einem Vergleich mit einem beschränkt Steuerpflichtigen, der zu keinem Zeitpunkt im Inland ansässig gewesen ist, kaum verständlich. Geltend gemacht wurden Gleichheitsgründe (s. BT-Drucks. 13/1558, 156): Ziel des Gesetzgebers war es, dem zeitweise unbeschränkt Steuerpflichtigen nicht nur den Vorteil auf der Ebene der Bemessungsgrundlage zu nehmen, also die jahresbezogenen Frei-, Höchst- und Abzugsbeträge ggf. mehrmals zu bekommen, sondern darüber hinaus auch für das gesamte Kalenderjahr einen Steuersatz nach der weltweiten Leistungsfähigkeit zu erreichen. Zur Kritik an der systematischen Einordnung der Norm *Mössner* (IStR 1997, 227): Die gehörte eigentlich in § 50 V angeordnet – im übrigen folge (unabhängig von der Wortwahl „einbeziehen" oder „hinzurechnen" (wie vor der Änderung durch das Jahressteuergesetz 1997) dies ohnehin zur Anwendung der Verfahrensregeln zur unbeschränkten Steuerpflicht. Mit der „Einbeziehung" auch der beschränkt steuerpflichtigen Einkünfte steht jedenfalls fest: Es gibt nur einen Veranlagungszeitraum – der ESt-Tarif ist einheitlich anzuwenden (*Schmidt/Heinicke,* § 2 EStG Rz 62). Ausländische Einkünfte, die der Steuerpflichtige außerhalb der Zeit der Anknüpfung für die unbeschränkte Steuerpflicht während des Kalenderjahres bezieht, werden im Wege eines Progressionsvorbehalts nach § 32b I Nr. 2 EStG einbezogen.

Am Beispiel des noch für 1998 geltenden Tarifs haben *Apel/Oltmanns* (DB 1998, 2560) die damit verbundenen Steuerfolgen dargestellt: Ausgehend von einem gleichmäßig auf 12 Monate verteilten Bruttoarbeitseinkommen in Höhe von 120000 DM und einer Steuerlast bei ganzjähriger Steuerpflicht im Inland in Höhe von 34615 DM ergibt sich bei einer dreimonatigen Steuerpflicht im Inland und neunmonatiger ausländischer Steuerpflicht im Inland eine Belastung in Höhe von 8653 DM gegenüber der Altregelung (bis VZ 1995 getrennte Veranlagungen) in Höhe von 4000 DM. Bei sechs Monaten im Inland und im Ausland 17307 DM gegenüber 12381 DM, bei neun Monaten im Inland und drei Monaten im Ausland 25961 DM gegenüber 22396 DM.

Gegen die Neuregelung werden abkommensrechtliche Bedenken geltend gemacht (s. dazu S 341), aber auch ein Verstoß gegen Art. 39 EG (Arbeitnehmerfreizügigkeit): Zwar trifft der Progressionsvorbehalt gleichermaßen Wegziehende, so daß ein Deutscher und ein EU-Ausländer keinen unterschiedlichen Vergleichsgruppen angehören. *Apel/Oltmanns* sehen aber eine Diskriminierung darin, daß es in Deutschland verwurzelten Staatsangehörigen prinzipiell leichter fallen wird, einen Doppelwohnsitz beizubehalten (S. 2564). Damit ist das allgemeine Problem angesprochen: Wie erkennt der *EuGH* in einem Vorabentscheidungsverfahren, daß bei einer Bestimmung die Gefahr besteht, sie werde sich besonders zum Nachteil ausländischer Arbeitnehmer auswirken. Nennenswerte Überlegungen zur Häufigkeitsproblematik hat bislang nur *Bieg* (S. 208 ff.) angestellt und ist zu dem Ergebnis gelangt, daß die *EuGH*-Äußerungen hierzu zu unklar geblieben sind, um inhaltliche Aussagen zu gestatten. Aus der Sicht des die Sache vorlegenden Gerichts käme es ohnehin nur auf die Diskriminierung im Einzelfall an.

Während *FG Köln* (IStR 1999, 469) keine Zweifel am Progressionsvorbehalt bei zeitweiser unbeschränkter Steuerpflicht hat, äußert *FG Baden-Württemberg* (IStR 1999, 468) ernstliche Zweifel an der Rechtmäßigkeit, soweit der Steuerpflichtige während der Zeit seiner beschränkten Steuerpflicht keine inländischen Einkünfte bezieht, da das deutsche Besteuerungsrecht auf ausländische Einkünfte ausgedehnt sei, obwohl für den betreffenden Zeitraum kein Inlandsbezug bestehe.

**72**     (2) Im **Körperschaftsteuerrecht** geht es um keine Progressionsfolge, wohl aber stellt sich die **Identitätsfrage.** Verlegt eine ausländische Kapitalgesellschaft unter Beibehaltung ihres ausländischen Sitzes ihre Geschäftsleitung in das Inland, so ist die Statusfrage zu stellen. Das Gesetz regelt in § 12 I KStG nur den umgekehrten Fall der Verlegung vom Inland in das Ausland – der „Umzugsfall" in das Inland ist nicht geregelt. Wird die Existenz der Körperschaft im Ausland trotz Verlegung der Geschäftsleitung weiterhin anerkannt, ist das nach Verlegung im Inland existierende Körperschaftsteuersubjekt identisch mit dem vor Verlegung im Ausland existierenden. Die Rechtsfähigkeit im Ausland bestimmt die Frage der Anwendung des § 1 I Nr. 1 oder § 1 I Nr. 5 KStG (s. L 14). Daraus folgt: Der Wechsel in eine unbeschränkte Steuerpflicht löst grundsätzlich keine Folgen aus. Sofern vor Eintritt in eine unbeschränkte Körperschaftsteuerpflicht die ausländische Kapitalgesellschaft wegen einer inländischen Betriebsstätte beschränkt körperschaftsteuerpflichtig gewesen ist, stellt sich auch nicht die Frage nach den steuerlichen Folgen dieses Wechsels. Man könnte zwar unter Hinweis auf § 12 II KStG eine Betriebsstättenschlußbesteuerung verlangen, weil die inländische Betriebsstätte auf einen anderen übertragen wird; da aber die Verlegung der Geschäftsleitung in das Inland unter Wahrung der steuerlichen Identität erfolgt, scheidet eine Schlußbesteuerung aus (*Thiel* GmbHR 1994, 279; *Schaumburg* S. 1144). Problematisiert ist dieser Fall unter Hinweis auf denkbare andere nachteilige Steuerfolgen von *Baranowski* (IWB 3 Gr. 4, 399): Bezieht man nämlich Vermögensgegenstände außerhalb des bisherigen Betriebsstättenvermögens ein, kann es zu einer Wertzuwachsbesteuerung im Inland kommen (entsprechende Anwendung des *BFH-Urteils* BStBl. 1996 II, 312 zum Fall einer Wohnsitzverlegung in das Inland und einer inländischen Besteuerung von Wertzuwächsen einer wesentlichen Beteiligung vor dem Zuzug, s. dazu O 2). *Baranowski* hält es daher für sinnvoll, die Steuersubjektidentität zu verneinen und beim Wechsel in die unbeschränkte Steuerpflicht unter Anwendung des § 20 III UmwStG eine Befugnis zum Teilwertansatz anzunehmen; doch wie *Baranowski* konzediert, ergibt sich aus dem *BFH-Urteil* BStBl. 1992, 972 (L 14) wohl keine andere Konsequenz als die einer Identität nach dem Zuzug. Es stellt sich die Identitätsfrage anders, wenn eine ausländische Kapitalgesellschaft sowohl ihre Geschäftsleitung als auch ihren Sitz in das Inland verlegt und das ausländische Gesellschaftsrecht hierin einen Auflösungsgrund sieht; dann ist nach der Sitztheorie zur Erlangung der Rechtsfähigkeit im Inland eine Neugründung nach deutschem Gesellschaftsrecht und Eintragung in ein inländisches Handlungsregister erforderlich. Ist im Inland bereits eine Betriebsstätte gegeben, so stellt sich die Frage einer Schlußbesteuerung nach § 12 II KStG deswegen, weil gesellschaftsrechtlich – anders als im vorangehend erörterten Fall – keine Subjektidentität gegeben ist. Die im Inland gegründete Kapitalgesellschaft ist ein anderes Rechtsgebilde als ihre Vorgängerin. Die Frage einer Bindung des Steuerrechts an das Zivilrecht stellt sich damit. Sind dem KStG Anhaltspunkte dafür zu entnehmen, daß die Identitätsfrage unabhängig von Zivilrecht gelöst werden kann? § 1 I KStG kennt sowohl rechtsfähige als auch nichtrechtsfähige Subjekte – der Verlust der Rechtsfähigkeit im Ausland kann mithin kein ausreichender Grund gegen die Identität sein – und zwar unabhängig von einer Neugründung im Inland (*Siegers* in *D/E/J/W* Rz 189 b zu § 2 KStG; dort auch mit Hinweisen zu den Auswirkungen auf das Veranlagungsverfahren unter Anwendung des § 2 VII Satz 3 EStG).

(3) Das **Ausscheiden aus der Steuerpflicht** bedeutet Ausscheiden aus **73** deutscher Steuerhoheit; der Wechsel von der unbeschränkten zur beschränkten Steuerpflicht den Übergang vom Welteinkommensprinzip zum Quellenprinzip. Solange das Ausscheiden bewirkt, daß künftige Einkünfte nicht mehr der deutschen Besteuerung unterliegen, ist dies nur folgerichtig. Aber das Ausscheiden aus der Steuerpflicht kann auch zur Folge haben, daß während der Zeit der unbeschränkten Steuerpflicht im Inland gebildete stille Reserven, die der deutschen Besteuerung im Auflösungsfall unterlägen, ihr entzogen werden. Solche Wirkungen werden als **Fälle einer Steuerentstrickung** zusammengefaßt (hierzu grundlegend die Arbeiten von *Statzkowski* und *Geissler*); der Begriff ist gesetzlich nicht geregelt. Unterschieden wird die subjektbezogene von der objektbezogenen Steuerentstrickung. Bei der subjektbezogenen Entstrickung findet – vergleichsweise, aber nicht identisch – steuerrechtlich statt, was das IPR als Statutenwechsel bezeichnet (Änderung des Anknüp-

fungsgrundes führt zu anderen kollisionsrechtlichen oder materiell-rechtlichen Normen: eine Rechtsordnung löst die andere ab): Der Steuerpflichtige beendet die unbeschränkte Steuerpflicht, sei es unter Fortsetzung als beschränkter Steuerpflichtiger, sei es unter Ausscheiden aus der deutschen Besteuerung überhaupt.

Neben der subjektbezogenen Steuerentstrickung gibt es die objektbezogene Steuerentstrickung, die an die Überführung von Wirtschaftsgütern in das Ausland anknüpft; sie können einander ergänzen, sie können unabhängig voneinander auftreten. Das Thema hat in den vergangenen Jahren durch die Verlagerung insbesondere eines inländischen unternehmerischen Engagements in das Ausland erhebliche Bedeutung erlangt: Als Fälle einer vollständigen Verlagerung in das Ausland, als Verlagerung von Teilaktivitäten hat es Fragestellungen nach Gestaltungsmöglichkeiten im Rahmen einer Verlegung oder als Alternativen zur Verlegung (Unternehmensverkauf, grenzüberschreitende Umstrukturierungen) zur Folge gehabt – da Gegenstand der Darstellung hier vorrangig die **subjektbezogene Steuerentstrickung** ist, ist hinsichtlich der objektbezogenen Steuerentstrickung zu verweisen auch auf N 350.

**74**     (4) Das geltende deutsche Ertragsteuerrecht kennt Gewinnrealisierungstatbestände (Aufdeckung der stillen Reserven durch Veräußerungsvorgänge, durch Entnahme von Wirtschaftsgütern, durch eine Betriebsaufgabe) – aber ob es einen allgemeinen Realisationsgrundsatz der Steuerentstrickung, einen Besteuerungstatbestand bei der Gefährdung späterer Besteuerung stiller Reserven kennt, ob mithin einzelne Normen die für ein analogiefähiges Prinzip notwendige systematische Geschlossenheit und Normendichte enthalten, ist fraglich. Immerhin gibt es mit § 8b II KStG einen gesetzlichen Fall der gebilligten Steuerentstrickung (s. N 201). *BFH* BStBl. 1978 II, 147 hat ausdrücklich festgestellt, daß dem Einkommensteuerrecht ein Besteuerungstatbestand fremd ist, „nach dem allein der Wegzug eines Stpfl. in das Ausland eine Besteuerung begründet". Der Gesetzgeber regelt einige Sachverhalte des Ausscheidens aus bzw. der Beschränkung der deutschen Steuerhoheit: Die Verlegung der Geschäftsleitung einer Körperschaft in das Ausland (§ 12 KStG) und die sogenannte Wegzugsbesteuerung (§ 6 AStG); Teilwertansatz eingebrachten Betriebsvermögens (§ 20 III UmwStG); Veräußerung einbringungsgeborener Anteile (§ 21 II Nr. 2 UmwStG); § 6b IV Nr. 2–4 EStG als Fall einer aufgeschobenen Gewinnrealisierung. Der Fall, daß die in einem Gewerbebetrieb angesammelten stillen Reserven eines Einkommensteuerpflichtigen aus der inländischen Steuerhoheit ausscheiden, ist weder ausdrücklich im EStG noch in ertragsteuerlichen Nebengesetzen geregelt. Anlässe für ein **Ausscheiden aus deutscher Steuerhoheit** sind vielfältig: Betriebsverlegung mit und ohne Wohnsitzverlegung in einen DBA-Staat, Betriebsverlegung mit Wohnsitzverlegung in einen Nicht-DBA-Staat; nachträgliches Inkrafttreten eines DBA. Allerdings sind diesen Fällen solche gegenüberzustellen, in denen die Betriebs- bzw. Wohnsitzverlegung nicht zu einem Ausscheiden aus deutscher Steuerhoheit führt: Betriebsverlegung in das Ausland unter Beibehaltung des inländischen Wohnsitzes, sofern mit dem neuen Betriebsstaat kein DBA besteht; Wohnsitzverlegung unter Beibehaltung des inländischen Betriebs. Ohne sich auf einen allgemeinen Entstrickungstatbestand zu beziehen und ungeachtet eines fehlenden Tatbestandes des **Ausscheidens stiller Reserven** aus inländischer Einkommensteuerhoheit, hat die Rechtsprechung in Fällen einer Wohnsitz- und/oder Betriebsverlegung eine Besteuerung auf der Grundlage des **Betriebsaufgabetatbestandes** begründet. Es handelt sich um (vgl. *Geissler* S. 257 ff.):

– **Betriebsvermögen wird** in einen DBA-/Nicht-DBA-Staat **verlagert** (überführt). **75** Abkommensrecht kann bewirken, daß das Besteuerungsrecht für die Einkünfte dem (neuen) Belegenheitsstaat zusteht (Betriebsstättenprinzip, s. S 53), der dann auch die im verlagerten Betriebsvermögen enthaltenen stillen Reserven besteuert. Grundlegend hierzu *BFH* BStBl. 1970 II, 175 zum Fall der Überführung eines betrieblichen Einzelwirtschaftsgutes aus dem inländischen Stammhaus in eine in Österreich belegene Betriebsstätte. Unter Hinweis auf § 4 I Satz 2 EStG (Entnahme) führt der *BFH* aus: Besteht mit dem ausländischen Staat kein DBA, bleiben die in dem überführten Wirtschaftsgut enthaltenen stillen Reserven aufgrund der fortbestehenden unbeschränkten inländischen Steuerpflicht (Welteinkommensprinzip) dem deutschen Besteuerungsrecht unterworfen – der Entnahmetatbestand ist nicht erfüllt. Besteht – wie im vorliegenden Fall mit Österreich – ein DBA, das „das Besteuerungsrecht für die Einkünfte der Betriebsstätte dem Belegenheitsstaat zuweist, so scheiden die in den Wirtschaftsgütern enthaltenen stillen Reserven bei ihrer Überführung in die ausländische Betriebsstätte aus dem steuerlich erheblichen Bereich aus." Der Fall, daß der ganze Betrieb unter Fortdauer der unbeschränkten Steuerpflicht in einen ausländischen DBA-Staat unter Geltung des Betriebsstättenprinzips verlegt wird, ist vom *BFH* nicht beschieden worden, jedoch zweifellos im genannten Sinne zu lösen. § 6 V EStG (Steuerentlastungsgesetz 1999/2000/2002) knüpft die Buchwertfortführung nunmehr an das Tatbestandsmerkmal „sofern die Besteuerung der stillen Reserven sichergestellt ist" – was nach der Gesetzesbegründung BT-Drucks. 14/23 weder im DBA- noch im Nicht-DBA-Fall gegeben ist (dazu P 32, S 61). Zum nachträglichen Inkrafttreten eines DBA *BFH* BStBl. 1976 II, 246: Voraussetzung für die Annahme einer Betriebsaufgabe sei, daß die Wirtschaftsgüter durch eine Entnahmehandlung oder durch einen Rechtsvorgang aus dem Betrieb ausscheiden; betrachtet man das DBA-Inkrafttreten als einen Rechtsvorgang, so hätte dies immer noch nicht die Folge des Ausscheidens aus einem Betriebsvermögen – einen allgemeinen Grundsatz der Steuerentstrickung gibt es nicht.

– **Wohnsitzverlegung in das Ausland** ohne Verlagerung (Überführung) von Wirt- **76** schaftsgütern: Hierzu *BFH* BStBl. 1971 II, 630 im Falle eines im Inland unbeschränkt steuerpflichtigen Binnenschiffahrtsunternehmers, dessen Wohnsitzverlegung in die Schweiz zugleich die nach dem DBA maßgebliche Verlagerung des Ortes der tatsächlichen Geschäftsleitung nach sich zog. Der *BFH* sah hierin eine Betriebsaufgabe gem. § 16 III EStG; zur Begründung verwies er auf dessen Sinn und Zweck der Sicherstellung der Besteuerung stiller Reserven. Der Entscheidung des *BFH* BStBl. 1977 II, 336 lag der Fall eins nach Italien umziehenden Erfinders zugrunde; da dieser seine Patente mitnahm, lag auch eine Betriebsverlegung vor – doch darauf kam es nicht an. Der *BFH*: Die Wohnsitzverlegung eines freiberuflich tätigen Erfinders in das Ausland führt zur Auflösung der in den Patenten ruhenden stillen Reserven wegen Betriebsaufgabe, wenn durch die Wohnsitzverlegung das inländische Besteuerungsrecht entfällt. Und *BFH* BStBl. 1978 II, 494 zum Fall eines unbeschränkt Steuerpflichtigen, der seinen Betrieb verpachtet hatte unter Wahl der Betriebsfortführung und alsdann in das Ausland zog: Die bloße Wohnsitzverlegung könne zur Umqualifizierung bisher gewerblicher Einkünfte in Einkünfte aus Vermietung und Verpachtung führen – der *BFH* lehnte dies aber ab, indem er den Pächter als ständigen Vertreter des Verpächters nach § 49 I Nr. 2 a EStG würdigte und damit eine Umqualifizierung vermied. Demgegenüber *BFH* BStBl. 1978 II, 144 (VIII. Senat gegenüber Entscheidungen zum Wohnsitzwechsel des I. Senats): Eine Gewinnrealisierung setzt voraus, „daß überhaupt Betriebsvermögen vorhanden ist, das in das Ausland verlegt wird."

**77**    Zur Kritik *Göttsche* (Wohnsitzverlagerungsfälle als steuerverschärfende Analogie) und – umfassend und eingeordnet in die Problematik einer Gewinnrealisierung am Ende eines Unternehmens überhaupt – *Geissler* S. 276 ff.: Fälle der Überführung von Wirtschaftsgütern in DBA-belegene Betriebsstätten sind nach den Gewinnabgrenzungsregeln des DBA-Rechts zu lösen (dazu S 61) – es handelt sich der Sache nach daher nicht um ein Problem der innerstaatlichen Steuerentstrickungsdogmatik – das gilt aber dann auch für den Fall eines nachträglich vereinbarten Abkommens. In den übrigen Fällen des tatsächlichen Ausscheidens stiller Reserven aus deutscher Steuerhoheit ist der **Betriebsaufgabetatbestand** ebenfalls nicht erfüllt: dieser ist – anders als ein Typusbegriff – durch eine abschließende Zahl von Tatbestandsmerkmalen bestimmt. Der Tatbestand setzt voraus, daß eine Auflösung erfolgt; wird aber die gleiche werbende Tätigkeit fortgesetzt, fehlt es am Merkmal der Einstellung. Auf das Merkmal einer Einstellung werbender Tätigkeit könnte verzichtet werden, wenn gem. § 16 III EStG die DBA-Existenz bzw. die Beendigung inländischer Steuerpflicht zu berücksichtigen wäre. *Geissler* (S. 281): Der Wortlaut des § 16 III EStG gibt für ein Betriebsaufgabenverständnis nichts her; eine sachliche Steuerpflicht könne nicht alleine deshalb bejaht werden, weil die persönliche Steuerpflicht entfiele; der *BFH* „praktiziert mit seinem Gesetzesverständnis eine vom Wortlaut gelöste, freischwebende teleologische Auslegung. Die Betriebs- und/oder Wohnsitzverlegung kann – ebensowenig wie die innerstaatliche Betriebsverlegung – mangels Auflösung der steuerjuristischen vergegenständlichten Funktionseinheit in der von § 16 III EStG vorausgesetzten tatbestandlichen Form nicht mehr unter den möglichen Wortsinn des Betriebsaufgabetatbestandes gefaßt werden." Kann das Ergebnis der *BFH*-Rechtsprechung durch eine Analogie gerechtfertigt werden? Die überwiegende Auffassung lehnt dies ab (Ausnahme *Costede* StuW 1996, 19 ff.), dem schließt sich die Rechtsprechung – wie erwähnt – an, praktiziert eine solche Analogie aber durch die tatbestandswidrige Auslegung des Betriebsaufgabetatbestandes. Die Analogie selbst ist auch nicht zu begründen: § 1 EStG kann mit der Bestimmung persönlicher Steuerpflicht kein übergeordnetes Entstrickungsprinzip tragen; § 6 b IV Nr. 2–4

EStG versteht sich ohnehin nur als gesetzliche Ausnahmevorschrift: eine steckengebliebene Gewinnrealisierung hat spätere Realisierung stiller Reserven im Inland zu gewährleisten; § 12 KStG mit den Folgen des Verlustes unbeschränkter Körperschaftsteuerpflicht versteht sich als konstitutiv und nicht etwa als Umsetzung eines ohnehin gegebenen Entstrickungstatbestandes; § 6 AStG beruht nicht auf Unzulänglichkeiten des EStG, sondern auf DBA-Problemen – auch wenn in der Gesetzesbegründung andere Hinweise nachweisbar sind. Auch aus §§ 20 III, 21 II Nr. 2 UmwStG ist **kein übergeordnetes Entstrickungsprinzip** abzuleiten, allenfalls die Wertung, daß eine steckengebliebene Gewinnrealisierung die Gewährleistung inländischer Besteuerung erfordert. Diese Normen vermögen auch nicht in einer Gesamtschau die für eine Rechtsanalogie erforderliche Prinzipiensicherheit zu schaffen; ein übergeordnetes Entstrickungsprinzip ist nicht nachweisbar. Es gibt mithin Fälle (Verlagerung von Betriebsstättenvermögen in einen DBA-Staat), in denen es schon deswegen keines Entstrickungstatbestandes bedarf, weil kein Ausscheiden aus deutscher Steuerhoheit erfolgt (Betriebsstättenprinzip, s. S 61); und es gibt Fälle, in denen Besteuerungsgüter mangels Tatbestandes aus deutscher Steuerhoheit folgendes ausscheiden (zum Ganzen *Geissler* S. 285 ff.).

## 2. Wegzugsbesteuerung: § 12 KStG

Im Zeitpunkt des **Ausscheidens aus der Steuerverstrickung** werden **78** zwei Fälle tatbestandsmäßig erfaßt – was belegt, daß ein allgemeines Prinzip einer gewinnrealisierenden Entstrickung nicht existiert; beide Fälle sind hier nur kurz zu erwähnen, da die systematische Einordnung in die Entstrickungsfrage Vorrang vor den Details hat (zu den Einzelheiten *Wacht* in *Arthur Anderson* Rz 1 ff. zu § 12 KStG). Soweit die Wegzugsfrage mit einer Zuzugsfrage verbunden ist (Wechsel von einer beschränkten Steuerpflicht aufgrund einer inländischen Betriebsstätte in eine unbeschränkte Steuerpflicht aufgrund inländischer personeller Anknüpfung), sind die Fälle bereits unter Punkt 1. erörtert worden.

(1) § 12 I KStG: Eine unbeschränkt steuerpflichtige Körperschaft **ver- 79 legt ihre Geschäftsleitung und/oder ihren Sitz in das Ausland** und scheidet dadurch aus der unbeschränkten Steuerpflicht aus; Folge: Es ist ein Verlegungsgewinn nach entsprechender Anwendung des § 11 KStG (Liquidationsbesteuerung) zu versteuern; hierbei werden die stillen Reserven realisiert; maßgeblich ist der Zeitpunkt der Beendigung der unbeschränkten Steuerpflicht – anders als bei der Liquidationsbesteuerung gibt es keinen Abwicklungszeitraum. Es kommt grundsätzlich zu einem Rumpf-Wirtschaftsjahr und einem Nebeneinander von laufendem Ergebnis und Verlegungsgewinn. Die Schlußbesteuerung nach § 12 KStG führt zu einer Tarifbelastung (§ 23 KStG). Eine Herabsetzung auf die Aus-

schüttungsbelastung ist nach überwiegend vertretener Auffassung nicht
möglich (für alle: *Streck* § 12 KStG Rz 8): Das Anrechnungsverfahren
setzt im Zeitpunkt der Ausschüttung die unbeschränkte KStPflicht voraus – mithin ist darauf zu achten, daß vor deren Verlust Maximalaus-
schüttungen zur Vermeidung der Definitivbelastung erfolgen; § 41 KStG
(entsprechende Anwendung der §§ 27–40 KStG bei sonstigen Leistungen) scheidet sowohl vom klaren Wortlaut als auch von der KSt-Syste-
matik aus.

Strittig sind zwei Fragen: Ist Voraussetzungen für die Schlußbesteuerung die tatsächliche Verlagerung des Betriebsvermögens? Gegen die Auffassung der Finanzverwaltung die Literatur (*Schaumburg* S. 1142): Wegen der Steuerverhaftung ist eine
Schlußbesteuerung nicht gerechtfertigt; anders *Baranowski* (IWB 3 Gr. 4, 402): Im
Hinblick darauf, daß die wegziehende Kapitalgesellschaft aus dem körperschaftsteuerlichen Anrechnungsverfahren ausscheidet, sei für eine teleologische Reduktion des
§ 12 I KStG kein Raum. Wirkt sich die Sitztheorie bei der Frage des Verlustes der
unbeschränkten Steuerpflicht aus? Nach der Sitztheorie führt allein die Verlegung des
Satzungssitzes sowie die alleinige Verlegung des Ortes der tatsächlichen Geschäftsleitung in das Ausland zum Verlust der nach inländischem Gesellschaftsrecht gegebenen Rechtsfähigkeit; das wäre wie im Zuzugsfall (M 72) für das Steuerrecht kein
Hindernis, den Wegzug eigenständig zu beurteilen. Nach der Sitztheorie führen die
beiden genannten Verlegungen zur Liquidation im Inland (vgl. *Viola Kruse* S. 32 ff.;
*Anette Schlenker* S. 97 ff.). Hieraus folgert eine Auffassung (*Streck* § 12 KStG Rz 3),
das führe bereits zur unmittelbaren Anwendung des § 11 KStG (Liquidationsbesteuerung); dagegen *Schaumburg* S. 1141, wonach es darauf ankommt, daß weiterhin die
Voraussetzungen einer unbeschränkten Steuerpflicht möglich sind, wenn auch nicht
mehr nach § 1 I Nr. 1 KStG, sondern nach § 1 I Nr. 5 in Verbindung mit § 3 I KStG.
Es gibt wie im Zuzugsfall keinen Grund, dem Zivilrecht zu folgen. Obwohl der Frage
der *identitätswahrenden Sitzverlegung* für Freizügigkeit und Niederlassungsfreiheit
innerhalb der Europäischen Union erhebliche Bedeutung beigemessen wird, kann der
Gemeinschaftsrecht hierzu nichts Verbindliches beitragen – was sich schon an den
fortdauernden Bemühen um eine IPR-Klärung des Problems ablesen läßt (zum Stand
*Bellingwout* RIW 1997, 550 ff.). Entgegen einer Anzahl von Autoren (zuletzt *Sörgel*
DB 1999, 2237), hat *EuGH*-Centros (K 40) das Problem nicht geklärt. Hält man eine
identitätswahrende Sitzverlegung für möglich, unterbleibt dann eine Schlußbesteuerung, wenn die Körperschaft den inländischen Satzungssitz beibehält; Voraussetzung
für eine solche identitätswahrende Sitzverlegung ist die unterbliebene Löschung des
Satzungssitzes einschließlich einer Liquidation und die Lösung vom Zivilrecht
(*Raupach* in Forum Nr. 7 S. 51 f.).

**80**     (2) § 12 II KStG: Eine **inländische Betriebsstätte** einer beschränkt
körperschaftsteuerpflichtigen Person **wird aufgelöst** oder in das Ausland
verlegt oder ihr Vermögen als Ganzes an einen anderen übertragen. Behandelt § 12 I KStG die Beendigung der unbeschränkten Steuerpflicht,
behandelt § 12 II KStG diejenige der beschränkten Steuerpflicht – aber
nicht in genereller Weise, sondern nur für den Fall einer bisherigen
Anknüpfung mittels einer Betriebsstätte. § 11 KStG ist hier mangels unbeschränkter Stpfl. nicht anzuwenden. Abzugrenzen sind bloße Innentransaktionen, die die beschränkte Steuerpflicht für die Betriebsstätte
nicht in Frage stellen (Umwandlung in eine deutsche Personengesell-

schaft; Zusammenfassung mehrerer Betriebsstätten). Als Folge der Absenkung der KSt-Ausschüttungsbelastung auf 30% und durch den Wegfall der Kapitalertragsteuer auf Antrag im EU-Bereich ab dem 1. Juli 1996 (§ 44d I Satz 3 EStG) könnte aus der Sicht der deutschen Besteuerungsfolgen ein Anreiz gegeben sein, inländische Betriebsstätten ausländischer Unternehmen (Steuersatz seit dem 1. 1. 1999: 40%) in inländische Tochter-Kapitalgesellschaften umzuwandeln; hierzu und zu § 12 II letzter Halbsatz „unberührt bleiben die Regelungen des Umwandlungssteuergesetzes" s. P 54.

(3) Europarechtlich werden folgende Überlegungen angestellt: § 12 I  **81** KStG wirkt für die inländischen Gesellschaften beschränkend im Hinblick auf die Niederlassungsfreiheit, da sie grundsätzlich nicht die Aufdeckung der stillen Reserven als Preis für einen „Umzug" akzeptieren werden; freiwillige Gewinnrealisierungen sind bestenfalls zur Nutzung von Verlustvorträgen von Interesse. Zwar sind von der Norm nur Steuerinländer betroffen – aber der mittelbare Zwang, einen Binnensachverhalt zu belassen, könnte als Beschränkungsverbot angesehen werden. Das Interesse des Staates an der Erfassung der stillen Reserven stellt einen Rechtfertigungsgrund dar, jedoch entfällt ein solcher, wenn die Besteuerung dieser Reserven sichergestellt ist. Verbleibt der Betrieb im Inland erweist sich § 12 I KStG als gemeinschaftswidrig; die Einschränkung im daily-mail-Fall des *EuGH* bezog sich nur auf den Fall einer identitätswahrenden Sitzverlegung. § 12 II KStG kann in diesem Sinne ebenfalls gemeinschaftswidrig wirken (*Bieg* S. 160; *Knobbe-Keuk* StuW 1990, 376ff.).

### 3. Wegzugsbesteuerung: § 6 AStG

(1) Natürliche Personen, die insgesamt mindestens 10 Jahre nach § 1 I  **82** EStG unbeschränkt steuerpflichtig waren (nicht ununterbrochen; mehrere Zeiträume sind zusammenzurechnen), deren unbeschränkte Stpfl. durch Aufgabe des Wohnsitzes oder des gewöhnlichen Aufenthaltes endet und die eine wesentliche Beteiligung i.S. des § 17 EStG an einer inl. Kapitalgesellschaft halten, ohne daß es auf die Dauer des Besitzes ankommt, haben im Zeitpunkt der Beendigung der unbeschränkten Stpfl. einen Veräußerungsgewinn i.S. des § 17 II EStG zu versteuern. Anders als § 2 AStG kommt es auf das ausländische Steuerniveau nicht an; auch die Staatsangehörigkeit spielt keine Rolle. Der Zeitpunkt, zu dem die Beteiligung erworben wurde, ist unerheblich. Wird die unbeschränkte Stpfl. als beschränkte unbeschränkte Stpfl. des § 1 III EStG fortgesetzt, ist § 6 AStG anzuwenden – anderenfalls im Falle der Beendigung der Steuerpflicht nach § 1 III EStG eine unvertretbare Lücke im Verhältnis zu § 1 I EStG gegeben wäre. Auf die Veräußerung der Anteile kommt es nicht an. Im Falle des Wegzugs wird kein Veräußerungspreis erzielt; an seine

Stelle tritt der gemeine Wert der Anteile (§ 6 I Satz 3 AStG). Liegt der gemeine Wert der Anteile beim Wegzug unter den Anschaffungskosten, wird kein Veräußerungsverlust realisiert: So unter Hinweis auf den Zweck der Norm *BFH* v. 28. 2. 1990, BStBl. 1990 II, 615. Systematisch stellt § 6 AStG eine Ausweitung des § 17 EStG dar, die dessen Tatbestände unberührt läßt. Veräußert mithin der Auswanderer später die Anteile, folgt die Besteuerung im Rahmen seiner beschränkten Stpfl. aus § 49 I Nr. 2 e EStG, jedoch unter Kürzung des bereits besteuerten Vermögenszuwachses. § 6 III AStG trifft Sonderregelungen, in denen sich mithin die Anwendung des § 42 AO erübrigt: Unentgeltliche Übertragung der Anteile auf beschränkt Steuerpflichtige; Begründung einer Ansässigkeit in einem DBA-Staat als Hauptproblem – dazu S 262; Einlage der Beteiligung in eine Betriebsstätte in einem DBA-Staat; Tausch der Anteile gegen Anteile einer ausl. Kapitalgesellschaft; alle Ersatztatbestände lassen sich aus Systemgründen ableiten; zwei instruktive Beispiele bei *Lammsfuß/Mielke* S. 127 ff.

**83**     (2) Anlaß für den Tatbestand war ein viel diskutierter Steuerfall des Jahres 1968, der zur Bezeichnung der Norm als *„Lex Horten"* führte; ob das sachlich überhaupt zutreffend ist, mag auf sich beruhen. Jedenfalls wird die Besonderheit des § 6 und damit auch zugleich seine Systemwidrigkeit deutlich: Die Besteuerung knüpft an einen fiktiven Veräußerungsgewinn, allein die tatsächliche Änderung der Ansässigkeit löst die Besteuerung aus. § 6 will verhindern, daß ein Stpfl. stille Reserven in das Ausland verlagert und sie damit der deutschen Besteuerung entzieht – daher auch die BFH-Folgerung, daß die Verlagerung stiller Verluste in das Ausland gerade nicht vom Regelungszweck des Gesetzes erfaßt ist, ja damit sogar zu einer steuerbegünstigenden Norm erstarken würde. Vergleicht man nun § 6 mit den Formen der Steuerpflicht, stellt man fest: § 6 knüpft an die unbeschränkte Steuerpflicht an, läßt die Besteuerung an einen Sachverhalt anknüpfen, der für die Begründung der erweitert beschränkten Steuerpflicht maßgebend sein kann und will wie diese die Wirkungen der beschränkten Steuerpflicht als nicht ausreichend anerkennen. Dem EStG liegt grundsätzlich das Prinzip zugrunde, nur realisierte Wertsteigerungen zu besteuern – darin liegt der Systemverstoß.

**84**     (3) Der *BFH* hat in einem Verfahren nach § 69 FGO die Frage erörtert, ob die **Wegzugsbesteuerung mit Art. 3 GG und mit den Grundfreiheiten des EG-Vertrags vereinbar** sei (IStR 1998, 301). Die unterschiedliche Behandlung wesentlich und nichtwesentlich Beteiligter rechtfertigt der *BFH* mit § 49 I Nr. 2 e EStG; es handele sich lediglich um eine zeitliche Vorverlagerung der Besteuerung – was dem Tatbestand, der nicht an einen Umsatzakt anknüpft, nicht gerecht wird. Das soll hier auch nicht weiter interessieren. Zur gemeinschaftsrechtlichen Problematik hat sich der *BFH* auf den *EuGH*-Fall Werner bezogen

(s. oben K 43). Danach konnte sich Werner, der als Deutscher einen belgischen Wohnsitz nahm und in Deutschland weiterhin seine Berufstätigkeit ausübt, nicht auf eine Verletzung der Grundfreiheiten berufen. Unterstellt, der Stpfl. sei Staatsangehöriger eines anderen EU-Staates, sei nach Belgien umgezogen und arbeite nun auch dort: Dann wäre eine Verletzung der Grundfreiheiten gerechtfertigt; „Die Steuersouveränität der Mitgliedsstaaten erlaubt diesen, ihr Steuersystem nach eigenem Ermessen auszugestalten. Dadurch bedingte Beschränkungen der Grundfreiheiten müssen hingenommen werden, wenn sie unvermeidbar sind, um das Funktionieren des Steuersystems zu gewährleisten. ... Will Deutschland sein Besteuerungsrecht auf diese stillen Reserven nicht aufgeben, kann es dies im Falle eines Wegzuges nur mit Beendigung der unbeschränkten Steuerpflicht nach Maßgabe des § 6 I AStG durchsetzen". Die heftige Kritik an dem Urteil basiert einerseits auf den formalen Mängeln (Rechtsgrundlagen falsch zitiert; neuere Entwicklungen nicht beachtet, die das Werner-Urteil als gegenstandslos zu betrachten nahelegen; die fehlende Kompetenz zur Auslegung europäischen Rechts mißachtet usw.), andererseits aber auch auf einer Annahme materiellrechtlicher Unvertretbarkeit: § 6 AStG beschränkt im vorliegenden Fall das durch Art. 18 EG geschützte Aufenthaltsrecht und die durch Art. 56 in Verbindung mit Art. 58 EG geschützte Kapitalverkehrsfreiheit. Daß es nicht um das „Funktionieren des deutschen Steuersystems" gehen kann, werde schon an der begrenzten Reichweite des § 17 EStG deutlich – was der *EuGH* tatsächlich an Rechtfertigungsgründen für Diskriminierungen anerkennt, schlägt sich in der Entscheidung überhaupt nicht nieder (vgl. *Lausterer* IStR 1998, 303; *Dautzenberg* IStR 1998, 305; dem *BFH* folgend *Hartmut Hahn* DStZ 2000, 14 ff.).

# N. Inländerbetätigung im Ausland: Einkünfte aus unternehmerischer Betätigung

## I. Direktgeschäfte

**1** (1) Im einfachsten Fall einer internationalen unternehmerischen Betätigung tritt das inländische Unternehmen vom Inland aus durch Warenlieferungen, Leistungen aller Art wie Lizenzgewährung, Darlehensvergabe, Wissensvermittlung usw. an den ausländischen Markt heran, ohne sich dabei in irgendeiner Form im Ausland niederzulassen, z.B. dort ein Geschäft zu gründen oder ein Verbindungsbüro zu errichten. Die praktischen Probleme liegen hier eher bei den Umsatz- und Verbrauchsteuern.

**2** Für solche grenzüberschreitenden Sachverhalte hat sich der **Begriff des Direktgeschäftes** als Abgrenzung **gegenüber einer ausländischen Direktinvestition** durchgesetzt: kein gesetzlicher Tatbestand des Steuerrechts, sondern ein wirtschaftlicher Sachverhalt wird damit beschrieben. Mit dem Direktgeschäft wird der gesamte gewerbliche Leistungsaustausch über die Grenze ohne festen Stützpunkt im Abnehmerland erfaßt (*Jacobs* S. 280f.). Als Grundfall kann man die Veräußerung von (beweglichem und unbeweglichem) Vermögen betrachten. Für die deutsche Besteuerung spielt es keine Rolle, ob etwa die aus Liefergeschäften resultierenden Gewinne (oder Verluste) des inländischen Unternehmens durch Lieferungen in das Ausland oder innerhalb des Inlands entstanden sind. Denn da der inländische Unternehmer, sei es eine natürliche Person, sei es eine Körperschaft usw., unbeschränkt steuerpflichtig ist, gilt das Universalprinzip. Es bedarf daher insoweit nicht einmal eines Rechtsbegriffes „ausländische Einkünfte". Andererseits wird der Staat, in den die Ware versendet wird, das in der Bundesrepublik ansässige Unternehmen nicht mit dessen erzielten Gewinnen besteuern: Eine Besteuerung aufgrund personeller Anknüpfungspunkte scheidet nach den gewählten Voraussetzungen aus. Es käme daher überhaupt nur eine Besteuerung aufgrund des Ursprungsprinzips in Frage, wobei als Anknüpfungspunkt die Warenlieferung dienen könnte. Zumindest die bloße Warenberührung wird von der Praxis des Internationalen Steuerrechts der Staaten nicht als Anknüpfungspunkt für die Ertragsbesteuerung anerkannt (Ausfluß des sogleich erörterten **Betriebsstättenprinzips**).

**3** Verschiedentlich wird allerdings darauf hingewiesen, daß der Export nach manchen Entwicklungsstaaten einer ausländischen Gewinnsteuer unterliegt, in anderen Staaten insbesondere an Bauausführungen und Montagen angeknüpft wird, wobei in der Regel Bruttogrößen statt saldierte Größen zugrunde gelegt werden (*Jacobs*

S. 381). Im übrigen gibt es wegen der Verbreitung moderner Kommunikationsmittel ohnehin schon eine längere Diskussion über die Berechtigung des Staates zur Besteuerung aller innerhalb seiner Grenzen erzielten Einkünfte, also auch aus Warenlieferungen. Die IFA hatte sich dieser Thematik schon 1973 angenommen (vgl. dazu den Generalbericht von *Ludwig* Cahiers de Droit fiscal international Bd. 58 a (1973). S. I/2).

Mit dem Einsatz dezentraler Telearbeit und des Electronic Commerce hat die Problematik in den letzten Jahren eine neue Dimension erreicht: Arbeits-, Handels- und Vertriebsaktionen eines Unternehmens mittels elektronischer Medien. Damit ist es vergleichsweise einfach, eine anderenfalls erforderliche ausländische Niederlassung zu vermeiden, z. B. durch Vornahme eigener Geschäftätigkeit nicht über einen eigenen Internet-Server, sondern über den eines unabhängigen Internet-Providers, der sich vertraglich verpflichtet, eine Verbindung zwischen Kunden und Homepage des Unternehmens herzustellen. Damit verliert die zum gesicherten Standard des IStR zugehörige **Differenzierung zwischen einem Direktgeschäft und einer Betriebsstätte** im Hinblick auf ein Quellenbesteuerungsrecht in einem Teilbereich ihrer Legitimation: Dem Electronic Commerce ist eine Tendenz zur Wohnsitzbesteuerung immanent – für Staaten mit überwiegendem Import von Leistungen im Electronic Service stellt sich die Frage der Sicherung des Steueraufkommens; über den gegenwärtigen Diskussionsstand unterrichten *Lutz Fischer* und *Strunk,* Hefte zur internationalen Besteuerung Nr. 120; *Tanja Utescher* (Internet und Steuern 1999); s. im übrigen zur Betriebsstättenproblematik P 8.

(2) Im übrigen muß man sich bei der Klärung der **ausländischen Rechts-  4 folgen solcher Direktgeschäfte** von der deutschen Besteuerung im Rahmen der gewerblichen Einkünfte als der hier gewählten Voraussetzung lösen und die Einkunftsart im Ausland und aus der Sicht des ausländischen Staates isoliert betrachten: Dann ergeben sich neben bzw. ergänzend zu den Grundformen der Lieferung und der Leistung alle nur denkbaren Sachverhalte mit daraus erzielten Einkünften: aus Beteiligungen an ausländischen Kapitalgesellschaften Dividendeneinkünfte, aus der Darlehensvergabe an ausländische Schuldner Zinseinkünfte, aus der Verwertung von Rechten Lizenzeinnahmen, aus der Vermietung von Sachen, Sachinbegriffen Mieteinkünfte, aus der Arbeitnehmerentsendung usw. Inwieweit sich hieraus Anknüpfungspunkte für eine beschränkte Steuerpflicht ergeben, muß dem ausländischen Recht entnommen werden. Ob das deutsche Steuerrecht die Leistungsbeziehungen anerkennt, ob die Rechtsfolgen im Ausland (etwas die Zahlung einer Quellensteuer) als Tatbestandsmerkmale wiederum inländische Rechtsfolgen auslösen, sind die hier interessierenden Fragen. Zur weiteren Darstellung ist nur darauf hinzuweisen, daß für die deutsche Besteuerung des inländischen, einkommen- oder körperschaftsteuerpflichtigen Unternehmens die Zusammensetzung des erwirtschafteten Gewinns zunächst völlig gleichgültig ist: Vom Grundsatz her ist der Gewinn weder in einen inländischen und einen ausländischen Ursprung aufzuteilen noch nach der Art der Leistungseinbringung zu qualifizieren. Nur dann, wenn bestimmte Rechtsfolgen an eine engere Voraussetzung als die der einheitlichen Einkunftsart „gewerbliche" Einkünfte anknüpfen, würden sich Aufteilungsprobleme

ergeben (Beispiel der Einkünfte aus einer ausländischen Beteiligung im Rahmen eines inländischen Betriebsvermögens und der Frage besonderer Voraussetzungen der Anrechnung einer ausländischen Steuer). Später – im Rahmen der Einkünfte eines Steuerinländers aus grenzüberschreitenden Sachverhalten außerhalb der Unternehmenstätigkeit – werden solche besonderen Leistungsbeziehungen wie die Zurverfügungstellung von Eigenkapital, Fremdkapital, Verwertung von Rechten usw. isoliert betrachtet und es wird nach den inländischen Rechtsfolgen außerhalb der § 15 EStG, § 8 II KStG gefragt (s. ab Q 1): **Direktgeschäfte** ohne Einschränkung auf eine bestimmte **inländische Einkunftsart**.

5      (3) Wir haben uns daran gewöhnt, von dieser Einkünfteeinteilung auszugehen und den gewerblichen Einkünften die sonstigen Einkunftsarten gegenüberzustellen. Diese Einteilung wird auch im Außensteuerrecht konsequent durchgeführt, zumal auch ausländische Einkünfte unabhängig von den ausländischen Rechtsfolgen in die Begrifflichkeit des deutschen Steuerrechts eingeordnet werden. Im Abkommensrecht werden sich hierzu auf der Ebene der Anwendung des Abkommens einige Abweichungen insbesondere in der Frage einer Zuordnung zu den gewerblichen Einkünften oder den Beteiligungseinkünften ergeben, ohne daß damit aber die innerstaatliche Zuordnung in Frage gestellt werden könnte. Die **Abgrenzung gewerblicher Einkünfte** gegenüber anderen Einkunftsarten steht aber bereits in der Gegenwart auf dem Prüfstand. Im Zusammenhang mit der Binnenmarktkonzeption und der Suche nach einer europatauglichen Unternehmensbesteuerung war auf die Überlegungen einer Vereinheitlichung in der Gemeinschaft verwiesen worden: *Johanna Heys* Vorschlag einer Umgestaltung der Körperschaftsteuersysteme in Unternehmensteuersysteme, s. J 21. Dieses Modell basiert auf einem Anwendungsbereich einer **Unternehmensteuer,** der **nicht auf gewerbliche Gewinne begrenzt** ist. Der Unternehmensteuerbereich ist in diesem Modell abzugrenzen gegenüber dem Konsumbereich, so daß selbst private Vermögensverwaltung von ihm noch erfaßt wird. Ein Wechsel der Kapitalanlageform bleibt folgenlos, eine progressive Einkommensteuer greift erst ein, „wenn Kapital den Spar- und Investitionssektor endgültig verläßt" (*Hey* S. 352) – das Außensteuerrecht hätte es in einem solchen System nur noch mit einer Unternehmensteuer aus grenzüberschreitender Tätigkeit zu tun.

6      (4) Bei der Frage nach der steueroptimalen Gestaltung ausländischer unternehmerischer Beziehungen nimmt das Direktgeschäft erwartungsgemäß nur einen geringen Stellenwert ein. *Jacobs* schließt bei der Erörterung der Gestaltungsalternativen das Direktgeschäft aus, weil es gegenüber der ausländischen Betriebsstätte, der Tochterkapitalgesellschaft und der Tochterpersonengesellschaft nicht als gleichwertige Alternative anzuerkennen ist (S. 707). *Lutz Fischer* stellt das Direktgeschäft in einen Zusammenhang mit einer Betriebsstätte als Alternative (S. 247 ff.) und

unterstellt hierbei für den Fall eines reinen Direktgeschäftes eine Liefergewinnbesteuerung im Quellenstaat. Von solchen, ohnehin nur für den Einzelfall aussagekräftigen Vergleichen abgesehen interessiert sich die Betriebswirtschaftslehre für bloße Exportbeziehungen nur unter dem Gesichtspunkt einer fortschreitenden Entwicklung von unregelmäßigen Exportbeziehungen bis hin zur Begründung eigener Produktionsstätten im Ausland; in dieser Entwicklung spiegelt sich ein unternehmens-individueller Lernprozeß, bei dem der Exportphase die besondere Bedeutung der Wissensermittlung und Wissensaneignung über den ausländischen Staat zukommt (*Kumar/Epple* in *Macharzina/Oesterle* S. 311 ff.). Bei den organisatorischen Voraussetzungen für einen solchen Markteintritt werden zwar Zoll- und Steuerpräferenzen als Teil anstehender Rechtsfragen genannt, das Steuerrecht selbst (des eigenen Staates, des fremden Staates) spielt offensichtlich überhaupt keine Rolle (vgl. das Schema der Abwicklung eines Exportauftrages bei *Raupp* in *Macharzina/Oesterle* S. 36 f.). Die bloße **Lieferbeziehung** gilt jedenfalls zusammen mit der **Lizenzvergabe**, bedingt auch noch zusammen mit dem Franchising-System über die Grenze, als eine **risikoarme Internationalisierungsform** (*Welge/Holtbrügge* S. 109). Übergangsformen zur Auslandsniederlassung als der längerfristig angelegten Verlagerung wirtschaftlicher Aktivitäten sind in vielfältiger Form denkbar und bergen auch insbesondere bei Produktions- und Marktverlagerungen das Risiko einer nicht beabsichtigten Betriebsstättengründung in sich (aus deutscher Sicht ist als Beispiel auf *BFH* BStBl. 1993 II, 462 zur Verdeutlichung des Problems zu verweisen, s. P 7); bei jeder Auslandsmontage (Lohnveredelung) ist ein Grenzbereich berührt – der Einschnitt aus der Sichtweise des internationalen Steuerrechts erfolgt jedenfalls mit der Errichtung unselbständiger Niederlassungen im Ausland, die die Voraussetzungen für eine Quellenbesteuerung erfüllen.

## II. Unselbständige Auslandsniederlassungen

Intensive Auslandsbeziehungen können grundsätzlich nur durch eine 7 organisatorische Verbindung mit dem Ausland geschaffen werden. Erst mit ihnen verbinden sich für den inländischen Unternehmer Einfluß- und Kontrollmöglichkeiten auf dem ausländischen Markt – trotz aller Fortschritte der Kommunikation. Doch der Schritt muß bedacht werden: Hoher Kapitaleinsatz, wirtschaftliche und politische Risiken, hohe Management-Anforderungen, Steuerungs- und Kontrollkosten und schließlich Einschränkung bislang gegebener Beweglichkeit durch langfristige Ressourcenbindung sind als Nachteile in die Waagschale zu werfen (*Welge/Holtbrügge* S. 108, 120 ff.). Die Ansiedlungsform ist zu klären: Neugründung? Unternehmenskauf? Der Wahl des Markteintrittszeitpunktes, idealtypisch als Pionier- oder Folgeverhalten zu unterscheiden, steht an. Das äußere Erscheinungsbild derartiger unselbständiger Niederlassungen kann mannigfach sein: Lager, Auslieferungsstellen, Kontore usw. Ihnen gemeinsam ist, daß sie keine Rechtssubjekte sind. Das deutsche internationale Unternehmen ist wirtschaftlich und rechtlich eine Einheit. Die ausländischen Grundeinheiten können im Geschäftsverkehr nicht als eigenständige Rechtssubjekte auftreten und erscheinen im jeweiligen Domizilland als Teile eines inländischen Rechtssubjektes. Zwischen den einzelnen Teilbereichen des Unternehmens findet kein rechtsgeschäftlicher Leistungsaustausch statt; soweit Austauschbeziehungen vorhanden sind, handelt es sich um unternehmensinterne Vorgänge.

### 1. Der Grundsatz: Wohnsitzprinzip im Inland, Quellenprinzip im Ausland

**8**     (1) Dem Universalprinzip entsprechend wird ein inländisches Unternehmen, das im Ausland durch einen Vertreter oder durch eine unselbständige Niederlassung tätig wird, im Inland auch mit dem Teil des gesamten Gewinns besteuert, der auf die Aktivitäten im Ausland entfällt. Der im Inland gelegene Teil des Unternehmens **(Stammhaus)** und die im Ausland befindliche **Niederlassung** bilden ein untrennbares Ganzes **(Gesamtunternehmen),** sie sind Glieder eines einheitlichen, im Inland ansässigen (d. h. hier die personellen Anknüpfungspunkte aufweisenden) Unternehmens. Daher ist auch hier zunächst ein Rechtsbegriff „ausländische Einkünfte" nicht erforderlich. Der Fall ist nicht anders zu beurteilen, als betriebe das inländische Stammhaus mehrere inländische Zweigniederlassungen (*Bellstedt* S.198). Für die jährlich erfolgende Bilanzaufstellung des Unternehmens ist es im Grund genommen belanglos, ob sich dessen Wirtschaftsgüter im Inland oder im Ausland befinden, denn weder die handelsrechtliche noch die steuerrechtliche Bilanzierung wird in dem untersuchten Fall hierdurch beeinflußt: Die Wirtschaftsgüter, die der ausländischen Niederlassung dienen und im Ausland belegen sind, dienen ebenso dem Gesamtunternehmen wie die im Inland belegenen Wirtschaftsgüter. Dementsprechend unterscheiden das Handels- und Steuerrecht auch nicht zwischen der inländischen und der ausländischen Belegenheit des Vermögens. Welteinkommensprinzip und Anwendung deutscher Einkunftsermittlungsvorschriften korrespondieren miteinander. Die Pflicht zur Buchführung und Bilanzierung gem. § 238 HGB umfaßt denn auch das ausländische Betriebsstättenvermögen des inländischen Kaufmanns (natürliche Person, Personengesellschaft, juristische Person). Demzufolge ist über die Geschäfte ausländischer Betriebsstätten nach deutschem Handelsrecht ordnungsgemäß Buch zu führen; diese Aufzeichnungen dienen gem. §§ 140, 141 AO auch steuerlichen Zwecken (dazu *Streck* BB 1972, 1365). Eine Betriebsstättenbuchführung, wenn sie als eine gesonderte Buchführung angelegt ist, ist als Bestandteil einer in diesem Fall aus zwei Buchführungskreisen bestehenden Unternehmensbuchführung zu betrachten. § 5 EStG gilt, sofern Buchführungspflicht besteht, auch für die Ermittlung ausländischer Einkünfte – ansonsten gilt § 4 III EStG (s. *Stobbe* in *H/H/R* Rz 12 zu § 5 EStG).

(2) **Bücher** und die sonst erforderlichen **Aufzeichnungen** sind gem.   **9** § 146 II AO im Inland zu führen und hier aufzubewahren (zu den Aufzeichnungs- und Mitwirkungspflichten BSt-Verwaltungsgrundsätze 1.1.4.2); doch gestattet § 146 II Satz 2 AO hiervon abzugehen, soweit für ausländische Betriebsstätten nach dortigem Recht eine Verpflichtung besteht, Bücher und Aufzeichnungen zu führen, und diese Verpflichtung auch erfüllt wird. In diesem Fall müssen nach §146 II Sätze 3, 4 AO „die Ergebnisse der dortigen Buchführung in die Buchführung des hiesigen Unternehmens übernommen werden, soweit sie für die Besteuerung von Bedeutung sind. Dabei sind die erforderlichen Anpassungen an die steuerrechtlichen Vorschriften im Geltungsbereich dieses Gesetzes vorzunehmen und kenntlich zu machen." Strittig ist, was das „in die Buchführung des hiesigen Unternehmens übernommen werden" bedeutet: Übernahme nur eines Jahresergebnisses oder Übernahme der Einzelpositionen? Dazu *Schröder* in *Mössner u. a.* S. 249: Das Betriebsstättenvermögen ist kein einheitlicher Bilanzposten; es ist vielmehr bei den jeweiligen Einzelpositionen in der Handelsbilanz und in der Steuerbilanz des Unternehmens auszuweisen. Eine unvollständige Übernahme des Betriebsstättenabschlusses ist handelsrechtlich unzulässig und macht einen Bestandsvergleich nach § 4 I EStG unmöglich. Anpassungen an die einkommensteuerrechtlichen Gewinnermittlungsvorschriften sind gemäß § 146 II Satz 4 AO kenntlich zu machen (s. auch § 60 II EStDV).

(3) Von der Buchführung zu unterscheiden ist das weitere Problem   **10** der **Währungsumrechnung** (dazu BSt-Verwaltungsgrundsätze 2.8). Werden die Bücher in den Fällen des § 146 II AO in Fremdwährung geführt, ist eine DM-Umrechnung erforderlich; zur Möglichkeit einer erstmaligen *Euro-Buchführung* ab 1. 1. 1999 und letztmals bis 31. 12. 2001 möglichen DM-Buchführung s. das Euro-Einführungsschreiben des *BMF* (BStBl. 1999 I, 1625). Zudem stellt sich die Frage, ob eventuelle Währungserfolge inländischen oder ausländischen Einkünften zuzurechnen sind, wenngleich die Frage solange ohne Auswirkungen bleibt, solange man nur ein einheitliches Ergebnis benötigt. Die Frage der Währungsumrechnung ist eine Frage der Grundsätze ordnungsgemäßer Buchführung, es ist ein **Teil der Bewertung.** Da der Gewinn nach deutschen Vorschriften zu bestimmen ist, kann ausländische Währung kein Bemessungsfaktor sein. Währungsschwankungen stellen mithin unter mehreren Bewertungsfaktoren einen solchen dar (*Suermann* S. 182). Jedes Umrechnungsverfahren ist zulässig, soweit nicht gegen materielle GOB (Realisationsprinzip, Imparitätsprinzip, Einzelbewertungsgrundsatz) verstoßen wird

(*BFH* BStBl. 1990 II, S. 57, 175). Die bloße Umrechnung des Jahres-ergebnisses einer ausländischen Betriebsstätte zum Stichtagskurs, der der Gedanke einer einheitlichen Umrechnung für Aufwendungen und Er-träge zugrunde liegt, wäre als Schätzungsmethode und aus Verein-fachungsgründen zwar wünschenswert, verstößt aber gegen den Einzel-bewertungsgrundsatz. Die Einzelumrechnung aller Geschäftsvorfälle als anderer Extremfall ist aus praktischen Gründen unvertretbar. Die sog. Zeitbezugsmethode bewertet Anlagegegenstände und Vorräte grundsätz-lich mit historischen Kursen auf der Basis der Fremdwährungsbilanz, so daß es insoweit nur noch eines Umrechnungsaktes bedarf. Allerdings ist das Niederstwertprinzip zu beachten: Liquide Mittel, Aufwendungen und Erträge werden auf den Bilanzstichtag bewertet. Zu Einzelheiten der Währungsumrechnung s. *Otto H. Jacobs* S. 577 ff. und *Schröder* aaO, S. 251 ff. Die weitere Frage der Zuordnung von Währungsgewinnen und -verlusten zur Betriebsstätte oder zum Stammhaus stellt sich vor allem vor dem Hintergrund umrechnungsbedingter Währungserfolge, die in der eigenen Erfolgsrechnung der ausländischen Betriebsstätte nicht entste-hen, da diese fremdwährungsbezogen ist. Dessen ungeachtet besteht Einigkeit über die Zuordnung zum Ergebnis der Betriebsstätte (BSt-Ver-waltungsgrundsätze 2.8.1: erfolgswirksam mit dem Eigenkapital der Be-triebsstätte zu verrechnen). Dazu *BFH* BStBl. 1997 II, 128 mit einer geradezu lehrbuchmäßigen Diktion (wobei der Umstand eines bestehen-den Doppelbesteuerungsabkommens wie in der weit überwiegenden Zahl der Entscheidungen zu Problemen der Betriebsstättenbesteuerung über-haupt keine Rolle spielt).

Der *BFH*: „Die Ermittlung ausländischer Einkünfte richtet sich nach innerstaatli-chem deutschen Recht. Besteht eine ausländische Betriebsstätte und fordert der Be-triebsstättenstaat die Führung von Büchern nach seinen handels- und steuerrechtli-chen Vorschriften, so müssen hierbei zwar die Ergebnisse dieser ausländischen Buchführung in die Buchführung des deutschen Stammhauses übernommen werden, § 146 II Satz 4 AO. Gleichwohl bleibt es bei der Maßgeblichkeit des deutschen Steu-errechts. § 146 I Satz 4 AO beinhaltet keine materiell-rechtlichen Regelungen, durch die die allgemeinen innerstaatlichen Gewinnermittlungsvorschriften verdrängt wür-den. Im Streitfall führt dies zur Anwendung von § 4 I EStG . . . . Dies bedingt, daß sich bei Geschäftsvorfällen, die in ausländischer Währung ausgewiesen sind, unter Beachtung der vorgenannten Prinzipien ordnungsgemäßer Bilanzierung auch der je-weilige Wechselkurs als einer der für die Bewertung der Wirtschaftsgüter relevanten Faktoren niederschlägt. Der nach Maßgabe des deutschen Steuerrechts ermittelte Gewinn beinhaltet sonach nicht nur die von der Tätigkeit der ausländischen Betriebs-stätte resultierende Vermögensmehrung in Fremdwährung, sondern zugleich damit in Zusammenhang stehende wechselkursbedingte Wertverluste oder Wertsteigerungen. Die Umrechnung ist Bestandteil der Gewinnermittlung der Betriebsstätte".

**11**    (4) Auf der anderen Seite wird aber auch der ausländische Staat, wenn er unsere Besteuerungsprinzipien teilt, – dem Quellenprinzip entspre-chend – sich auf den Standpunkt stellen, daß jene Erträge, die von der innerhalb seiner Grenzen belegenen und tätig gewordenen unselbständigen Niederlassung erwirtschaftet wurden, seiner Einkommen- bzw. Körperschaftsteuer zu unterliegen haben. Diese Überlegung ist Ausdruck des **Betriebsstättenprinzips:** Nach ihm sollen gewerbliche Einkünfte, die ein nicht ansässiges Unternehmen im Inland (vom deutschen Unternehmen aus gesehen also in diesem Fall im Ausland) erzielt, dort erst besteuert werden, wenn gewisse organisatorische Einrichtungen des Unternehmens erkennen lassen, daß sich das Unternehmen hier nachhaltig und dauernd betätigen will (zum Betriebsstättenprinzip grdl. *Bühler* S. 174). Eine Tätigkeit ohne festere Bindung – wie die oben genannten Liefergeschäfte – soll dagegen keine ertragsteuerlichen Folgen auslösen. Das Betriebsstättenprinzip beinhaltet mithin eine Aussage nach zwei Richtungen und bedeutet praktisch (*Storck* S. 28): Der Domizilstaat der Betriebsstätte besitzt die Gestaltungsmöglichkeit bei der Festlegung des Betriebsstättenbegriffs und ordnet der Betriebsstätte die Bemessungsgrundlage zu, wobei verschiedene Zurechnungskonzepte denkbar sind: Es kann nach dem Prinzip der wirtschaftlichen Zugehörigkeit vorgegangen werden. Hierbei ist der Betriebsstätte der Teil des Gesamtgewinns zuzuweisen, der der Bedeutung ihrer Tätigkeit im Rahmen des Gesamterfolgs entspricht; entsprechendes gilt für die Zurechnung des Vermögens. Es kann aber auch die Besteuerung aller auf dem Territorium des Betriebsstättenstaates erwirtschafteten Erfolge (und des dort belegenen Vermögens) erfolgen: Prinzip der Attraktivität der Betriebsstätte bzw. in eingeschränkter Form als Prinzip der „Geschäfte gleicher Art". Der ausl. Betriebsstätte werden hier auch solche Tätigkeiten des deutschen Stammhauses im Ausland ertragsteuerlich zugerechnet, die ohne Berührung der Betriebsstätte direkt vom Stammhaus aus durchgeführt werden. Die meisten Staaten wenden im Rahmen ihrer allgemeinen Ermittlungsvorschriften das Prinzip der wirtschaftlichen Zugehörigkeit an.

    Im internationalen Steuerrecht der Industriestaaten einschließlich der **12** Bundesrepublik hat sich der Begriff „Betriebsstätte" als Bezeichnung des sachlichen Anknüpfungspunkts für gewerbliche Einkünfte nichtansässiger Unternehmen durchgesetzt. Ob die unselbständige Auslandsniederlassung eines deutschen Unternehmens im Einzelfall in diesem Sinne eine Betriebsstätte darstellt, richtet sich nach den Tatbestandsmerkmalen im Außensteuerrecht des jeweiligen Sitzstaates der Niederlassung (Übersicht über das Außensteuerrecht anderer Staaten bei *Baehren* S. 82 ff.). Erfüllt die konkret gewählte Organisationsform die Voraussetzungen nicht, wird die unselbständige Niederlassung nicht von der Einkommen- bzw. Körperschaftsteuer des ausländischen Staates erfaßt. Erfüllt sie ihn, entsteht für den ausländischen Staat das schwierige Problem, den **Betriebsstättenerfolg** zu ermitteln. Warum *nur* der Betriebsstätte? Weil der ausländische Staat entsprechend der sachbezogenen Anknüpfung (Betriebsstätte) die Besteuerung auf die Einkünfte beschränkt, die innerhalb seines Territoriums erzielt wurden. Aus der Sicht des Sitzstaates der

Unternehmung, der die ausländische Betriebsstätte als unselbständiger Teil eines Gesamtunternehmens zuzurechnen ist (hier also aus *deutscher* Sicht), ist die Frage, wo die Einkünfte erzielt worden sind, dagegen uninteressant: Denn der Fiskus dieses Staates (hier der Bundesrepublik) interessiert sich zunächst nur für das Gesamtergebnis des Unternehmens (Ausfluß des Universalprinzips, wobei an dieser Stelle noch von den aus der Steueranrechnung entstehenden Problemen abgesehen wird). Daher ist es gleichgültig, wie sich der Gewinn auf die Betriebsstätte und das Stammhaus verteilt, so daß auch die im internationalen Steuerrecht problematischen Gewinnverlagerungen in das Ausland jedenfalls für das hier zu ermittelnde Verständnis keine Rolle spielen (*Seidel* S. 29). Dennoch ist auch aus dieser Sicht eine Aufteilung erforderlich: Aus gewerbesteuerlichen Gründen (§§ 2 I 1, 9 Nr. 3 GewStG) und wegen der Anrechnung ausländischer Steuern gem. § 34c EStG, § 26 I KStG. Hier wird uns erstmals der **Rechtsbegriff ausländische Einkünfte** begegnen.

Als Ergebnis ist festzuhalten: Ist durch die unselbständige Niederlassung im Ausland ein Anknüpfungspunkt begründet worden, unterliegen die *dort* erzielten Gewinne einer doppelten Besteuerung. Im Ausland werden sie – isoliert vom Gesamtergebnis – aufgrund des Ursprungsprinzips, im Inland – als unselbständiger Teil eines Gesamtergebnisses – aufgrund des Universalprinzips erfaßt.

13    (5) Da aus der Sicht des deutschen Steuerrechts ein einheitliches Stammhausergebnis zu ermitteln ist, gibt es kein unmittelbares Zuordnungsproblem: nur mittelbar für die Zwecke der Anrechnung ausländischer Steuern ist eine gesonderte Ermittlung jenes Teils der Einkünfte erforderlich, auf die eine ausländische Steuer erhoben wird (s. zur Anrechnung ab N 20). Die mit der Verlagerung von betrieblichen Funktionen in ausländische Betriebsstätten verbundenen Fragen ergeben sich aus der Sicht des deutschen Fiskus vorrangig dann, wenn damit Besteuerungssubstanz – hier: gewerblicher Gewinn – aus der deutschen Besteuerung ausscheidet (Fall der DBA-Betriebsstätte bei Geltung der Freistellungsmethode) oder wenn es für den deutschen Fiskus im Rahmen der beschränkten Steuerpflicht darum geht, der „Teileinheit" ein Ergebnis zuzuweisen. Fragen nach den Folgen einer Gewinnverlagerung durch Verrechnungspreisgestaltung oder auf für sich genommenen „nicht lebensfähige ausländische Teileinheiten" (Stichwort: die ausländische Betriebsstätte als „verlängerte Werkbank" bzw. „Lohnhersteller" für das Stammhaus) werden daher in einen anderen Zusammenhang gestellt (s. S 61).

## 2. Die Einschränkung: die verlustbringende Betriebsstätte

*a) Universalprinzip und § 2a EStG*

14    (1) Folgerichtig müßten Verluste der ausländischen Betriebsstätte im Rahmen des Welteinkommensprinzips die inländischen Bemessungs-

grundlagen der ESt/KSt mindern. Das Betriebsstättenergebnis müßte mithin auch im Verlustfall grundsätzlich im Feststellungszeitpunkt in die inländische Steuerbemessungsgrundlage des Stammhauses einbezogen werden, es müßte eine unmittelbare Verrechnung der Betriebsstättenverluste mit den inländischen Einkünften des Stammhauses erfolgen (innerperiodischer Verlustausgleich, der einen horizontalen Ausgleich innerhalb ein und derselben Einkunftsart ebenso wie einen vertikalen Ausgleich zwischen verschiedenen Einkunftsarten einschließt); ebenfalls müßte der Verlustrücktrag bzw. der Verlustvortrag gem. § 10d EStG (interperiodischer Verlustausgleich) möglich sein. Das ist im Prinzip auch richtig, erfährt aber eine rechtspolitisch außerordentlich umstrittene, verfassungsrechtlich jedoch gebilligte Durchbrechung durch § 2a EStG. Durch § 2a EStG können bei der Ermittlung des Gesamtbetrags der Einkünfte nicht mehr sämtliche ausländischen Verluste berücksichtigt werden. § 2a EStG schränkt den Verlustausgleich und den Verlustabzug bestimmter negativer Einkünfte mit Auslandsbezug ein und ist mithin als Ausnahmevorschrift zu § 2 III und zu § 10d EStG zu verstehen. Vergleichbare Sonderregelungen quellenspezieller Verlustverrechnungsbeschränkung finden sich in den §§ 2b, 15 IV, 15a, 22 Nr. 3, 23 III EStG. Die vom Ausgleich mit bzw. Abzug von positiven in- und ausländischen Einkünften ausgeschlossenen Einkünfte mit einem Auslandsbezug (wegen § 2a I Nr. 7 EStG nicht einfach „negative ausländische Einkünfte") dürfen im Veranlagungszeitraum und in den folgenden sieben Veranlagungszeiträumen nur noch mit positiven ausländischen Einkünften jeweils derselben Art aus demselben Staat verrechnet werden. Der Zweck dieser Einschränkung besteht darin, zu Lasten des inländischen Steueraufkommens keine volkswirtschaftlich problematischen Verwendungszwecke verfolgen zu können; *Probst (H/H/R* Rz 11 zu § 2a EStG) deutet § 2a als eine dem Rechtsinstitut der Liebhaberei entsprechende Regelung, soweit ausländische Verluste endgültig vom Abzug ausgeschlossen sind (zur „bareboat"-Vercharterung des § 2a I Nr. 6b EStG s. *Grotherr* IWB 3 Gr. 3, 1293). **Verluste ausländischer Betriebsstätten** fallen zunächst uneingeschränkt unter die **Verlustausgleichsbeschränkung des § 2a I EStG,** werden aber von dieser Rechtsfolge wieder ausgenommen, sofern sie **förderungswürdige Aktivitäten (§ 2a II EStG)** ausüben; dann sind die Verluste auch weiterhin ausgleichsfähig, in diesem Fall ergeben sich keine Unterschiede zur Berücksichtigung inländischer Verluste. Die „anerkannten Tätigkeiten" schlagen sich in einer sogenannten Aktivitätsklausel nieder, die im geltenden Steuerrecht – in den Einzelheiten und Abweichungen nur schwer durchschaubar – eine erhebliche Rolle spielt; erwähnt sollen hier im Vorgriff auf spätere Darstellungen die §§ 7 AStG und 26 II KStG sowie Aktivitätsklauseln, an die abkommensrechtliche Freistellungen geknüpft werden, sein. Übt die ausländische Betriebsstätte die hiernach vom Gesetzgeber positiv bewerteten Tätigkeiten aus, bleibt es bei dem Verlustausgleich bzw. Verlustabzug. Die begünstigten Tätigkeiten bestehen in der Herstellung oder Lieferung von Waren, Gewinnung von Bodenschätzen oder der Bewirkung gewerblicher Leistungen; nicht begünstigt sind Errichtung und Betrieb von Anlagen, die dem Fremdenverkehr dienen und die Vermietung und Verpachtung von Wirtschaftsgütern. Die auf ausländische Betriebsstätten und andere Tätigkeiten bezogene Verlustausgleichsbeschränkung könnte durch Zwischenschaltung einer ausländischen Kapitalgesellschaft und verlustbedingte Teilwertabschreibungen umgangen werden – dagegen § 2a I Nr. 3a EStG (s. N 138).

*Beispiel:* (*Mössner* in *Kirchhof/Söhn* A 2 zu § 2a EStG): Ein deutscher Hotelier, der zwei Hotels betreibt, von denen das eine mit Gewinn und das andere mit Verlust abschließt, kann, wenn beide Hotels im Inland liegen, Gewinn und Verlust ausgleichen, sowohl untereinander, als auch mit anderen Einkünften. Befindet sich ein Hotel im Inland, das andere im Ausland und erwirtschaftet das im Inland gelegene einen Verlust, tritt keine Änderung ein. Liegt hingegen das verlustbringende im Ausland, so bleibt dessen Verlust beim inländischen Gewinn unberücksichtigt und darf nur mit gewerblichen Gewinnen der nächsten sieben Jahre in dem betreffenden Staat ausgeglichen werden. Liegen die Hotels in unterschiedlichen Staaten, wird der Gewinn des einen im Inland besteuert, der Verlust des anderen bleibt hingegen unberücksichtigt. Dieser darf weder mit dem Gewinn des Hotels im anderen Land, noch mit anderen Einkünften, auch nicht mit positiven Einkünften aus einer aktiven gewerblichen Betriebsstätte (R 5 EStR), aus dem gleichen Staat ausgeglichen werden.

**15**    (2) § 2a EStG enthält eine Durchbrechung zweier Prinzipien (bedingt vergleichbar mit dem Hinzurechnungsverbot negativer Hinzurechnungsbeträge in § 10 I Satz 3 AStG): Zunächst wird das Welteinkommensprinzip durchbrochen. Denn wenn es für die Einkommensteuer gleichgültig ist, welchen geographischen Ursprungs Einnahmen sind, kann es auch keinen Unterschied machen, aus welchem Land die die Leistungsfähigkeit mindernden Ausgaben stammen. Im übrigen wird das Prinzip der Verlustbehandlung durchbrochen. Wir werden an einer anderen Stelle (S 323) feststellen, daß vom Grundsatz her erst die Existenz eines DBA und die daraus abzuleitende Freistellung von Einkünften zu einer objektiven Steuerbefreiung führt, die nicht nur positive, sondern auch negative Einkünfte von der deutschen Besteuerung ausnimmt. Besteht aber kein solches DBA, müßten sich Verluste hiernach wegen des geltenden Nettoprinzips als Bestandteil einer Besteuerung nach der Leistungsfähigkeit grundsätzlich auswirken. Dem folgt § 2a EStG nicht. Das *BVerfG* hat eine gegen die Anwendung des § 2a EStG erhobene Verfassungsbeschwerde nicht angenommen (IStR 1998, 376; die Verfassungsbeschwerde richtete sich gegen *BFH* BStBl. 1992 II, 192. Zweck der gesetzlichen Regelung ist in erster Linie die Unterbindung der Verlustanrechnung bei Verlustzuweisungsgesellschaften gewesen, tatsächlich trifft sie jede Investition eines Inländers im Ausland, die das Ergebnis gewöhnlicher Geschäftstätigkeit ist und bei der der steuerliche Gesichtspunkt herbeizuführender Verluste überhaupt keine Rolle spielt. Von der Abzugsbeschränkung werden nach *Schröder* (aaO, S. 270) auch Verluste aus Aufwendungen einer gescheiterten Betriebsstättengründung für nichtproduktive Zwecke erfaßt – ein systematisch nicht zu vertretendes Ergebnis, weil es den „Stein des Anstoßes" überhaupt noch nicht gibt und mithin die Gründungsaufwendungen allein in einem Veranlassungszusammenhang mit dem inländischen Stammhaus stehen. Zur Prüfung der Aktivitätsklausel bei Verlusten am Beginn oder Ende einer Tätigkeit R 5 III EStR. § 2 a EStG muß wegen der systemwidrigen Einschränkung des Welteinkommensprinzips restriktiv ausgelegt werden. *BFH* BB 1999, 668 hat dies jedoch am Beispiel des Erwerbs einer stillen Beteiligung an einem ausländischen Handelsgewerbe (§ 2 a I Satz 1 Nr. 5 EStG) bestätigt und **vorbereitende Aufwendungen** den Verlustausgleichsbeschränkungen unterworfen, wenn das Vorhaben scheitert. Er leitet dies aus einer „gegenständlich beschränkten Gewinnermittlung" im Rahmen des § 2 a I EStG ab – eine wenig überzeugende Entscheidung, deren eher beiläufig geäußerter Kern darin besteht, daß nicht nur von „Einkunftsquellen", sondern von „betreffenden Einkunftsquellen und Vorgängen" die Rede ist. Es wird an einen Ablauf statt an ein Ergebnis angeknüpft – nur fehlt für diese Gleichstellung jede Begründung. Zur Frage einer Steuerplanung im Rahmen des § 2 a I, II EStG s. *Massbaum* (in *Massbaum* u.a. S. 365): Verlustvermeidung durch hohe Eigenkapitalausstattung der Betriebsstätte bei gleichzeitiger Darlehensinanspruchnahme im Inland, Tätigkeitsausübung durch einen ausländischen ständigen Vertreter, im Rahmen der Ausgleichsmöglichkeit nach § 2 a II Satz 1 EStG Verlagerung von Gewinnen einer ausländischen Betriebsstätte in diesen Staat. Zu Betriebsstättenverlusten in DBA-Fällen und § 2 a III, IV a. F. EStG s. S 323.

(3) Nach *BFH* BStBl. 1991 II, 136 bewirkt die Verlustverrechnungs-  **16** beschränkung gesetzessystematisch einen völligen **Ausschluß der erfaßten Einkünfte** von der inländischen Besteuerung. Damit wirkt der Ausschluß nicht nur auf die Bemessungsgrundlage, sondern auch auf die Festsetzung des Steuersatzes, es gibt keine Progressionsmilderung durch Verluste (zum Progressionsvorbehalt § 32 b EStG und zur Wirkung des § 2 a I EStG in Abkommensfällen s. S 340 ff.).

(4) Vor allem *Schaumburg* (S. 147 ff.) rügt die fehlende einheitliche  **17** Konzeption: die Auswahl der in dem Diskriminierungskatalog erfaßten Verluste erscheint willkürlich, innerhalb des hier allein interessierenden § 2 a I Nr. 2 EStG macht er Plausibilitätsdefizite geltend. Warum – so *Schaumburg* – werden bestimmte Verluste aus ausländischen gewerblichen Betriebsstätten der Verlustausgleichsbeschränkung unterworfen, nicht aber Verluste aus einer entsprechenden Tätigkeit von ständigen Vertretern? Durch § 2 a II Satz 1 EStG werden in Fällen mittelbar ausgeübter aktiver Tätigkeit der ausländischen Betriebsstätte nur unmittelbare

Beteiligungen von mindestens einem Viertel aus der Verlustausgleichsbeschränkung ausgenommen – diskriminiert aber bleiben im ausländischen Betriebsvermögen gehaltene Beteiligungen von weniger als einem
Viertel sowie mittelbare Beteiligungen über Landes- und Funktionshol-
dings (Wertungswidersprüche innerhalb des § 2a I Nr. 2, aber auch im
Verhältnis zu § 8b V KStG, § 8 II AStG).

*b) Europäisches Recht: Binnenmarktkonzept und Ausgleich von Betriebs-
stättenverlusten*

**18**   (1) Was der deutsche Gesetzgeber mit § 2a I, II EStG bewirkt, ist als
besondere Ausprägung des Territorialitätsprinzips zu kennzeichnen – mit
dem Territorialitätsprinzip aber wegen der Beschränkung auf bestimmte
ausländische Verluste systematisch nicht zu vereinbaren. Die Verrech-
nungsbeschränkung ist auch nicht mit dem Rechtsgedanken des § 3c
EStG zu vereinbaren – im Gegenteil widerspricht sie durch die Einbeziehung positiver Einkünfte dieser Grundlage. Überlegungen zum Wohnsitzprinzip und zum Territorialitätsprinzip verdeutlichen die System-
fremdheit dieser Norm. Hindernisse für einen Ausgleich zwischen
inländischen und ausländischen Einkünften sind innerhalb der EU mit
dem Binnenmarktkonzept nicht zu vereinbaren: Die Investition bzw. der
Dienstleistungsexport in dem Sektor, dessen Einkünfte nicht mit den
schon vorhandenen inländischen oder anderen ausländischen Einkünften
saldiert werden können, wird gehemmt und statt dessen die Investition in
dem Bereich, in dem ein ungehinderter Ausgleich möglich ist, gefördert.
Das stellt eine Beeinträchtigung des Beschränkungsverbots des EG-
Vertrages dar, für die keine Rechtfertigungsgründe geltend gemacht
werden können (*Dautzenberg* S. 309 f.; *Komarek* S. 143; *Massbaum* aaO,
S. 350, anders *BFH* BStBl. 1991 II, 140 und ihm folgend *Probst* aaO,
Rz 20 mit einer an der *EuGH*-Rechtsprechung gemessen unhaltbaren Argumentation – sowohl im Hinblick auf eine Diskriminierung als auch auf
eine Rechtfertigung, die § 2a EStG als gegen den Mißbrauch gerichtet
versteht). Die EG-Kommission erkannte jedenfalls in der **Verlustproblematik Harmonisierungsbedarf.**

**19**   (2) Der Richtlinienvorschlag der EG-Kommission vom 28.11. 1990 zu
Auslandsverlusten (Vorschlag für eine Richtlinie über eine Regelung für
Unternehmen zur Berücksichtigung der Verluste ihrer in anderen Mitgliedstaaten belegenen Betriebsstätten und Tochtergesellschaften, ABl.
EG Nr. C 53 S. 30 – hier nur Betriebsstättenverluste interessierend) will
mit Art. 5 die Mitgliedstaaten verpflichten, auf Verluste der Betriebstätten ihrer Unternehmen eine der beiden gängigen Methoden (Anrechnungsmethode oder Freistellungsmethode mit Nachversteuerung)
anzuwenden. Hervorzuheben ist die Rechtsformneutralität: Das Unternehmen, das sich im EG-Bereich grenzüberschreitend mittels einer Betriebsstätte betätigt, kann eine Kapitalgesellschaft ebenso wie eine natür-

liche Person oder ein Zusammenschluß solcher Personen sein; zu einer Übersicht der Einzelvorschläge *Saß* BB 1991, 1163; *Dautzenberg* S. 334. Sieht man von den Beschränkungen des § 2 a EStG auf bestimmte Auslandsverluste ab, so würde sich die Forderung dieses Richtlinienvorschlags in das deutsche System, die Doppelbesteuerung unilateral grundsätzlich nach der Anrechnungsmethode zu vermeiden, problemlos einordnen lassen. Nur: Zwischen der Bundesrepublik und den EG-Staaten bestehen Doppelbesteuerungsabkommen, die hinsichtlich der ausl. Betriebsstättenergebnisse nicht nach der Anrechnungsmethode, sondern nach der Freistellungsmethode vorgehen. Daraus könnte die Außerachtlassung von Verlusten folgen – (s. dazu im Zusammenhang mit dem DBA-Recht S 323); jedenfalls folgt hieraus im Ergebnis, daß eine Umsetzung einer solchen Richtlinie in das interne deutsche StR nicht auf systematische Schwierigkeiten stoßen wird. Die Schwierigkeiten bereitet umgekehrt das deutsche Recht mit seinen investitionsspezifischen Beschränkungen, die – nochmals betont – mit den EG-Grundfreiheiten nicht zu vereinbaren sind, jedenfalls nicht auf der Grundlage des § 2 a II Satz 1 EStG. Von deutscher Seite scheint aber hier wenig Kompromißbereitschaft zu erwarten zu sein (s. BR-Drucks. 96/91, S. 2).

### 3. Wohnsitzprinzip und unilaterale Maßnahmen gegen die Doppelbesteuerung: Übersicht

Wie oben vorausgesetzt, soll die Doppelbesteuerung nicht durch ein **20** zwischenstaatliches Abkommen beseitigt bzw. gemildert sein. Sind die Staaten an einer Beseitigung oder Milderung der Doppelbesteuerung auch für die vertraglosen Fälle interessiert, müssen sie für diese Fälle **einseitige (unilaterale) Maßnahmen** zur Verhinderung der Doppelbesteuerung vorsehen. Der Inhalt solcher Maßnahmen besteht darin, daß der einzelne Staat im Wege der Selbstbeschränkung auf die ihm nach seinen nationalen Steuergesetzen aufgrund des verfolgten Welteinkommensprinzips zustehenden Steueransprüche ganz oder zum Teil verzichtet. Solchen einseitigen Maßnahmen kommt in der Praxis eine große Bedeutung zu, da das Netz der Doppelbesteuerungsabkommen lückenhaft ist (die Bedeutung folgt ganz einfach aus der Anzahl selbständiger Staaten und der DBA-Zahl mit rund 75). Die Frage, welcher der beiden Staaten in einem Fall wie dem hier untersuchten die Maßnahmen ergreifen soll, läßt sich sinnvoll nur dahin beantworten, daß die Maßnahmen jeweils vom Ansässigenstaat und der von ihm beanspruchten unbeschränkten Steuerpflicht ausgehen müssen. Denn wenn der Ansässigenstaat seine Besteuerungskompetenz auch auf ausländische Einkünfte erstreckt, ist es nur konsequent, die darauf lastenden Steuern in irgendeiner Form zu berücksichtigen (*Debatin* FR 1970, 4). Wir werden im Abkommensrecht auf eine völlig identische Fragestellung stoßen und sie nicht

233

anders beantwortet finden (s. ab S 320). Methoden zur einseitigen Bekämpfung der Doppelbesteuerung durch den Wohnsitzstaat (Staat der Ansässigkeit) lassen sich in vielfältiger Form finden:

**21**    So kann der Staat nach der sog. **Freistellungsmethode** (tax exemption system) auf die Besteuerung bestimmter ausl. Einkünfte verzichten, insoweit also das Territorialitätsprinzip verwirklichen. Diese Methode kann mit dem **Progressionsvorbehalt** (exemption with progression) verbunden werden: Dabei wird das verbleibende Einkommen des Steuerpflichtigen dem für das Gesamteinkommen (also unter Einbeziehung der freigestellten Einkünfte) geltenden progressiven Steuersatz unterworfen. Die am weitesten verbreitete einseitige Maßnahme ist die **Anrechnung** der im Ausland auf die ausl. Einkünfte gezahlten Steuern bei der auf das „Welteinkommen" an sich entfallenden Inlandsteuer (tax credit against tax system). Eine weitere Möglichkeit, die im Ausland gezahlten Steuern bei der Besteuerung im Inland zu berücksichtigen, besteht in der **Abzugsmöglichkeit** dieser Steuern von der Bemessungsgrundlage. Die im Ausland gezahlte Steuer wirkt sich dann praktisch wie eine Betriebsausgabe oder wie Werbungskosten aus (zum Ganzen eingehend *Lornsen* S. 46 ff.). Die innerstaatlichen Maßnahmen zur Beseitigung der Doppelbesteuerung stellen einen Schwerpunkt des IStR dar; zudem sind sie auch für das Abkommensrecht von Bedeutung, weil dort zwar die Methodik der Beseitigung dem Grunde nach bestimmt wird, die Einzelheiten aber aus dem innerstaatlichen Recht folgen. Im Rahmen einer Gesamtübersicht über IStR-Probleme muß es für eine Vielzahl von Problemen bei einer systematischen Einordnung und einer schwerpunktmäßigen Skizzierung bleiben; bei anderen Problemen muß eine gewisse Vollständigkeit angestrebt werden, und hierzu zählen eben die unilateralen Methoden. Hierbei ist insbesondere die neuere *BFH*-Rechtsprechung vollständig berücksichtigt. Bislang ist nach der **Rechtsform des Stammhauses** nicht differenziert worden. Da nun aber erstmals die Steuerbemessungsgrundlage und der daran anknüpfende Steuerbetrag im Mittelpunkt stehen, folgt hieraus zwingend eine **Unterscheidung nach einkommen- und körperschaftsteuerlicher Einordnung** (s. auch 1.1.4.1 BSt-Verwaltungsgrundsätze).

## 4. Das einkommensteuerpflichtige Stammhaus: Anrechnung, Abzug ausländischer Steuern

*a) Voraussetzungen der Anrechnung (§ 34 c I EStG)*

**22**    Das deutsche Steuerrecht geht für natürliche Personen und für Körperschaften grundsätzlich nach der Anrechnungsmethode vor (vgl. §§ 34 c EStG, 26 I KStG). Die Anrechnungsmethode setzt am Steuerbetrag und nicht an der Bemessungsgrundlage an, weswegen die Anrechnung der ausländischen Steuer anders als deren Abzug nach § 34 c II auch die Gewerbeertragsteuer nicht beeinflußt. Die Anrechnung ist von folgenden *Voraussetzungen* abhängig, wobei hier zunächst die Anrechnung bei unbeschränkt stpfl. natürlichen Personen erörtert wird. Denn dies ist der persönliche Geltungsbereich des § 34 c EStG, während sein Gegenstück § 26 KStG für unbeschränkt steuerpflichtige Körperschaftsteuersubjekte gilt. Zum Verhältnis des § 12 AStG zu § 34 c EStG s. N 439. Sowohl zur Anrechnung ausländischer Steuern nach § 34 c I EStG als auch zur Möglichkeit des Abzugs bei der Einkünfteermittlung nach § 34 c II, III EStG soll es nach dem Ergebnis von Prüfungen der Rechnungshöfe sowie bei

Ressortprüfungen zur häufigen Feststellung unzutreffender Rechtsanwendung gekommen sein. Dies hat die *OFD Frankfurt* in einer Rundverfügung zum Anlaß einer systematischen Darstellung der „Steuerermäßigung bei ausländischen Einkünften" (RIW 1999, 313 ff.) genommen.

(1) Die Steueranrechnung findet bei **unbeschränkt Steuerpflichtigen**  **23** statt. Beschränkt Steuerpflichtige konnten bis zum Veranlagungszeitraum 1979 ausländ. Steuern in der BRD nicht steuermindernd berücksichtigen lassen. § 50 VI EStG hat hier eine wichtige und systematisch beachtenswerte Änderung gebracht; dazu P 36.

Daß beschränkt steuerpflichtige natürliche Personen und Körperschaften ihre im Ausland gezahlten Steuern in der Bundesrepublik im übrigen grundsätzlich nicht anrechnen können, wird mit der Überlegung begründet, daß diese Personen ihre persönlichen Anknüpfungsmomente regelmäßig im Ausland besitzen, daher der Auslandsstaat entsprechende Maßnahmen durchführen soll (*Rädler-Raupach* S. 352).

(2) Es ist – dem traditionellen Verständnis der Voraussetzungen einer  **24** rechtlich mit Folgen verbundenen Doppelbesteuerung entsprechend – **Subjektidentität** erforderlich: Der inländische Schuldner muß zugleich Schuldner der ausländischen Steuer sein – in welcher Form die Steuer erhoben wird, ist nicht entscheidend. Probleme der Subjektidentität treten in zwei Fällen auf: bei unterschiedlicher Qualifikation von Gesellschaften im Inland und im Ausland – aber da der hier zunächst dargestellte Fall ja gerade von einer unselbständigen Auslandsniederlassung ausgeht, kann er keine Probleme aufwerfen. Ein zweites und zugleich zentrales Thema des IStR – die Anrechnung ausländischer Steuern, die auf dem Gewinn einer ausschüttenden ausländischen Gesellschaft ruhen – könnte sich auch in diesem Fall stellen: Die ausländische Betriebsstätte vereinnahmt Dividenden einer ausländischen Körperschaft, die Dividenden sind mit einer ausländischen Körperschaftsteuer „vorbelastet". Diese Vorbelastung ist aber nicht dem unbeschränkt Einkommensteuerpflichtigen zurechenbar, weder indirekt noch direkt. Daß eine indirekte Zurechenbarkeit dennoch für eine Steueranrechnung unter besonderen Bedingungen ausreichen kann, wird im folgenden Kapitel zu § 26 II–V KStG zu zeigen sein. Aus der Sicht des § 34c I ist jedenfalls klarzustellen, daß es in solchen Fällen schon an der Subjektidentität fehlt, im übrigen aber auch andere Einkünfte betroffen sind. Daß zudem die auf den Dividendeneinkünften lastende ausländische Körperschaftsteuer gemäß § 36 II Nr. 3 Satz 1 EStG nicht auf die deutsche Einkommensteuerschuld angerechnet werden kann, ist keine Frage der Anrechnung ausländischer Steuer im Sinne des § 34c I EStG, sondern eine Frage des Systems des körperschaftsteuerlichen Anrechnungsverfahrens (dazu *FG München* EFG 1998, 1076 ff. und eingehend ab N 111).

(3) Es müssen **aus einem ausländischen Staat stammende Einkünf-**  **25** te gegeben sein – und nur solche Steuern sind anrechenbar, die in einem Staat erhoben werden, aus dem die Einkünfte auch stammen (*BFH*/NV

1999, 1318). Obwohl an dieser Stelle nur Einkünfte aus ausländischen Betriebsstätten interessieren und andere ausländische Einkünfte in einem anderen Zusammenhang genannt werden (ab Q 4), ist auf die Rechtsgrundlage für die **Bestimmung ausländischer Einkünfte** hier näher einzugehen. Der Auslandsbezug ist staatsbezogen zu verstehen, daher zu Einkünften aus der Tätigkeit im steuerlichen Niemandsland *BFH* RIW 1991, 966: Der Stpfl. war als Kartograph nichtselbständig in der Antarktis im Rahmen einer Forschungsexpedition eingesetzt; § 34c EStG setzt in allen Absätzen voraus, daß der Stpfl. ausl. Einkünfte bezieht und diese Einkünfte sowohl einer ausl. als auch einer inl. Besteuerung unterliegen. Hieran fehlt es in einem solchen Fall: „Weder liegen bei der hier gegebenen nichtselbständigen Tätigkeit im steuerlichen Niemandsland . . . ausl. Einkünfte . . . vor, noch gilt es, – mangels Belastung der in der Antarktis erzielten Einkünfte mit ausl. Steuern – den außenwirtschaftlich mißlichen Effekt einer internationalen Doppelbesteuerung zu vermeiden oder abzumildern". Da die Herkunftsfrage (Quellenfrage) nicht immer leicht zu beantworten ist, führt § 34d die Einkünfte abschließend auf, die als ausländische i.S. des § 34c EStG sowie aller Vorschriften, die auf § 34c verweisen (wie § 50 V EStG, § 26 VI KStG), zu betrachten sind. So sind gem. § 34d die hier interessierenden gewerblichen Einkünfte nur dann ausländischen Ursprungs, wenn sie durch eine im Ausland belegene Betriebsstätte oder durch einen im Ausland tätigen ständigen Vertreter erzielt werden. Knüpft ein ausländischer Staat die Steuerpflicht ausnahmsweise bereits in den Tatbestand der Lieferung an, ist eine solche ausländische Gewinnsteuer nicht anrechnungsfähig (s. aber § 34c III). Bedurfte es überhaupt einer Aufzählung der ausländischen Einkünfte, hätten nicht lediglich die für die inländischen Einkünfte in § 49 EStG enthaltenen Grundsätze spiegelbildlich auf die ausländischen Einkünfte übertragen werden zu brauchen? Der Umkehrschluß ist aber problematisch, weil die Zielsetzungen der §§ 34c und 49 unterschiedlich sind (siehe auch bereits M 19). § 49 bestimmt nicht allgemein den Begriff der inländischen Einkünfte, sondern umschreibt nur die der beschränkten Stpfl. unterliegenden inländischen Einkünfte. Die spiegelbildliche Behandlung in- und ausländischer Einkünfte würde im übrigen unerwünschte gegenläufige Folgen zeigen. Einschränkung der Vermeidung der Doppelbesteuerung – Erweiterung beschränkter Steuerpflicht (und umgekehrt). Nicht unumstritten ist die abschließende Aufzählung der ausländischen Einkünfte. Aus der Sicht der Kapitalexportneutralität müßte gefordert werden, daß jede Heranziehung der objektiven Steuerpflicht im Ausland zu einer Anrechnung nach § 34c (also auch bei der Besteuerung eines Liefergewinnes), doch bedeutete dies Abhängigkeit von ausl. Steuergesetzen.

An der lückenhaften Erfassung der Anknüpfungsmerkmale für ausländische Einkünfte in § 34d EStG hat vor allem *Schaumburg* (S. 637) Kritik geäußert und für die gewerblichen Einkünfte darauf verwiesen, daß sie weit hinter den unter § 2 I Nr. 2

EStG erfaßten Einkünften zurückfallen. Beispiel eines Berufssportlers, der im Ausland gewerbliche Einkünfte ohne Betriebsstättenbegründung erzielt. Nach der Wertung des Gesetzgebers fällt der seitenverkehrte Fall eines ausländischen Sportlers unter § 49 I Nr. 2 EStG, der des Inlandsansässigen aber nicht unter § 34 d Nr. 2 EStG, so daß eine Anrechnung einer im Ausland gezahlten Steuer nicht möglich ist. Die dadurch entstehende Lücke wird durch § 34 c III EStG gemildert, der anwendbar ist, wenn ein ausländischer Staat Einkünfte besteuert, die nach deutschem Rechtsverständnis „inländische Einkünfte" sind (zu § 34 d s. im übrigen O 6).

(4) Der ausländische Staat muß den im Inland ansässigen Steuer- **26** pflichtigen zu einer **der deutschen Einkommen- bzw. Körperschaftsteuer entsprechenden Steuer** herangezogen haben – die Steuer muß sich auf aus diesem Staat stammende Einkünfte beziehen (dazu das Beispiel *BFH*/NV 1999, 1318). Anlage 8 zu R 212 a EStR enthält ein Verzeichnis ausländischer Steuern, die der deutschen Einkommensteuer entsprechen, das aber nicht als abschließende Aufzählung zu verstehen ist. Für die „strukturelle Entsprechung" kommt es entscheidend auf die Identität des Besteuerungsgegenstandes an (*BFH* BStBl. 1997 II, 91); unerheblich für die Abgrenzung ist die Erhebungsform (Veranlagung oder Quellensteuerabzug, s. *BFH* BStBl. 1992 II, 607). Keine der deutschen ESt entsprechende Steuern sind ausländische Verkehrs- und Verbrauchsteuern, Zölle, Export- und Importabgaben usw.; der Abzug solcher Steuern kann nach § 34 c III oder – wenn es sich nicht um Steuern nach § 12 Nr. 3 EStG handelt – als Werbungskosten oder Betriebsausgaben in Betracht kommen (*Probst* in *H/H/R* Rz 62 zu § 34 c EStG). Zur mißbräuchlichen Anrechnung ausländischer Quellensteuer *OFD Frankfurt a. M.* RIW 1999, 158 (Dividendenstripping mit Auslandsaktien): Ein in einem Drittstatt Ansässiger verfügt über Wertpapiere des Quellenstaats; der Drittstaat rechnet Quellensteuern nicht an. Deswegen veräußert er die Wertpapiere kurz vor Vereinnahmung der Erträge an einen unbeschränkt Steuerpflichtigen mit Gewinneinkünften. Zwischen den Beteiligten wird der spätere Rückkaufpreis der Wertpapiere unter Berücksichtigung der Erträge und der steuerlichen Folgen im Inland festgelegt. Die deutsche Steuer auf die Erträge wird um die anzurechnende Steuer gemindert, aus der Rückveräußerung der Wertpapiere ergibt sich ein gewinnmindernder Verlust. Da außer der Steuervermeidung kein erkennbarer wirtschaftlicher Zweck verfolgt wird, geht die Verwaltung von einem Mißbrauchsfall § 42 AO aus (hiergegen *Schneider* RIW 1999, 336 unter Hinweis auf übliche Dienstleistungen spezialisierter Unternehmen im schwierigen Bereich der Erstattung bzw. Anrechnung von Quellensteuern bestimmter Staaten).

(5) Liegen die genannten Voraussetzungen vor, ist eine Anrechnung **27** ausländischer Steuern auf die inländische Steuerschuld möglich: Es handelt sich mithin um eine **Steuerbetragsermäßigung;** ermäßigt wird die tarifliche ESt, nicht etwa die auf die ausländischen Einkünfte entfallende Steuer; das Ergebnis der Ermäßigung ist die festzusetzende ESt (zur

Rechtssystemaik *Wassermeyer* FR 1991, 681). Aus der Zuordnung zu den Tarifvorschriften folgt die Anwendung des § 34 c I bei zusammen veranlagten Ehegatten mit Wirkungen für die Höchstbetragsermittlung (*FM Niedersachsen* IStR 1996, 491; R 212 c EStR). Ein einfaches Beispiel soll die Steueranrechnung verdeutlichen (nach *Lammsfuß/Mielke* S. 35):

Inländischer Gewerbetreibender A vertreibt seine Waren über ein syrische Niederlassung (mit Syrien besteht kein DBA). Das inländische Stammhaus ermittelt einen Gewinn für den Inlandsbereich in Höhe von 100 000 DM, für die syrische Niederlassung in Höhe von 20 000 DM. Für die syrische Niederlassung hat A Steuern (impôt sur le revenue) in Höhe von 2000 DM gezahlt. Aus im Inland gelegenen Grundstücken vereinnahmt A Einkünfte in Höhe von 10 000 DM, aus einer oHG-Beteiligung entfällt auf A ein Verlustanteil in Höhe von 70 000 DM. Abzugsfähige Sonderausgaben betragen 8000 DM; A ist verheiratet und wählt Zusammenveranlagung gem. § 26 b EStG. Die ausländischen Einkünfte fallen unter § 34 d Nr. 2 EStG und § 34 c I EStG. Die impôt sur le revenue ist eine der deutschen Einkommensteuer entsprechende ausländische Steuer. Summe der Einkünfte + 60 000 DM ./. Sonderausgaben 8000 DM, zu versteuerndes Einkommen 52 000 DM, Einkommensteuer (Splittingtabelle) 6970 DM ./. 2000 DM Steuern im Ausland = 4970 DM inländische Steuerschuld.

**28**    (6) Doch derart unproblematisch ist die Anwendung des § 34 c nur in wenigen Fällen. Das Beispiel läßt noch nicht erkennen, daß **drei Beschränkungen** zu beachten sind, daß eine vierte Beschränkung zwar diskutiert, inzwischen wohl aber nicht mehr in Erwägung gezogen wird.

**29**    (aa) Der anrechenbare Betrag darf die deutsche Steuer nicht übersteigen, die auf die ausländischen Einkünfte aus einem Staat entfällt (§ 34 c I Satz 2 EStG; dazu R 212 b EStR). Zunächst ist daher die deutsche Steuer vom Gesamteinkommen (also einschließlich der ausländischen Einkünfte) zu ermitteln. Unter Gesamteinkommen ist „das zu versteuernde Einkommen" zu verstehen (§ 2 V EStG). Sodann ermittelt man den Betrag an deutscher Steuer, der anteilmäßig auf die Einkünfte aus dem betreffenden ausländischen Staat entfällt. Das ist der **Höchstbetrag der anrechnungsfähigen Steuer.** Er wird als Durchschnittsteuer entsprechend der Formel

$$\text{deutsche Steuer} \times \frac{\text{ausländische Einkünfte}}{\text{Summe der inländischen und ausländischen Einkünfte}}$$

errechnet.

Es ist mithin eine Anrechnungsmethode gegeben, die als „verhältnismäßige" beschrieben werden kann. Die Belastungswirkung für die ausländischen Einkünfte folgt dem jeweils höheren Steuerniveau mit dem deutschen Steuerniveau als Untergrenze.

Vom genannten Beispiel ausgehend hieße das: 6970 × 20 000 : 60 000 = 2323 als maximal anzurechnender Betrag ausländischer (syrischer) Steuer. Alle drei Rechengrößen bedürfen einer näheren Betrachtung; doch wichtiger als die eher rechtstechnischen Details ist die Frage nach dem Warum einer Höchstbetragsregelung. Warum rechnet der Staat – dem Welteinkommenprinzip konsequent folgend – ausländische Steuern nicht in der Höhe ihres tatsächlichen Anfalls an?

Ein **Verzicht auf eine Höchstbetragsregelung** wäre als Methode der vollen An-  **30** rechnung (full credit) zu kennzeichnen. Im Ergebnis bedeutete das die Maßgeblichkeit eines höheren ausländischen Steuerniveaus im Inland. Durch eine volle Anrechnung tritt in einem solchen Fall eine Minderung der inländischen Steuer auf die inländischen Einkünfte ein, das ausländische Steuerniveau verschafft sich einen immer größeren Teil der tariflichen Belastung, es verdrängt die inländischen Steuerbeträge. Vergleicht man die Methode voller Anrechnung mit der Freistellungsmethode mit Progressionsvorbehalt, so wird – ein höheres Steuerniveau unterstellt – ihre Vorteilhaftigkeit deutlich; erst die Höchstbetragsregelung begrenzt den „Verlust" des inländischen Fiskus: Höher als die Freistellung unter Progressionsvorbehalt kann er dann nicht mehr sein. Bei einem niedrigeren Steuerniveau tritt dagegen eine Kompensation zugunsten des Wohnsitzstaates ein: Die ausländischen Einkünfte werden in ihrer Belastung auf das höhere Steuerniveau des Wohnsitzstaates „hochgeschleust". Auf einen einfachen Nenner gebracht bedeutet die Höchstbetragsregelung: Der Staat macht sich die Vorteile zunutze, die ein niedrigerer ausländischer Steuertarif gewährt; er schützt sich aber vor Nachteilen, sobald die Steuer des anderen, ausländischen Staates der Einkünfteerzielung die höhere ist (*Kl. Vogel* DBA Rz 162 zu Art. 23). Wegen dieser unterschiedlichen Folgen muß auch im Hinblick auf die mit der Anrechnungsmethode verbundene Kapitalexportneutralität (s. B 64) eingeschränkt werden: Im geltenden Anrechnungssystem mit Höchstbetragsbegrenzung wird Kapitalexportneutralität im Wohnsitzstaat nur bei einem höheren Niveau in diesem Staat herbeigeführt – nur die volle Anrechnungsmethode wäre nach beiden Vergleichen im Sinne der konsequenten Kapitalexportneutralität zu verstehen (*Christiana Djanani* S. 109). Der Anrechnungshöchstbetrag kann allenfalls der inländischen Gesamtsteuer entsprechen – übersteigen kann er sie nicht; somit sind auch Erstattungen ausgeschlossen – das folgt rechnerisch bereits aus dem Multiplikator „deutsche Steuer". Durch die Höchstbetragsbegrenzung wird eine ausländische Steuer auf ausländische Einkünfte nur in der Höhe angerechnet, in der der inländische Staat selbst die ausländischen Einkünfte besteuert. Ist die auf die ausländischen Einkünfte im Ausland erhobene Steuer niedriger als die deutsche Steuer, werden im Ergebnis alle in- und ausländischen Einkünfte unterschiedlich in Höhe deutscher Einkommensteuer mit einem einheitlichen Durchschnittssteuersatz belegt – ist die ausländische Steuer höher, verbleibt ein **Anrechnungsüberhang;** ein Anrechnungsüberhang verbleibt auch bereits dann, wenn es im Inland zu keiner Besteuerung kommt. Einen Vor- oder Rücktrag von Anrechnungsüberhängen kennt das innerstaatliche Recht nicht – zur möglichen Alternative eines Steuerabzugs statt einer Steueranrechnung sogleich. Man kann das aber unter dem Gesichtspunkt des Welteinkommensprinzips und der Besteuerung nach der Leistungsfähigkeit kritisch sehen (s. vor allen *Schaumburg* S. 650) – es ist aber aus der Sicht des Wohnsitzstaates völlig undiskutabel, auf der Grundlage eines full credit die Belastung inländische Einkünfte in Extremfällen gegen Null tendieren zu lassen (so auch *Probst* aaO, Rz 45). Es ist – gegenüber den Kritikern – auch daran zu erinnern, daß nicht einmal im Konzept einer gemeinschaftsweiten Unternehmensteuer die Forderung nach einer unbegrenzten Anrechnung einer ausländischen Unternehmensteuer geltend gemacht wird – und es ist zuletzt auch zu berücksichtigen, daß im **System der Neutralitätskonzeptionen** Verteilungsfragen zwar außer Betracht bleiben, aber keinesfalls Steuerverlagerungen rechtfertigen können, die das Wohnsitzprinzip verteilungsmäßig in Frage stellen.

Für die drei Größen deutsche Einkommensteuer als inländische Ge-  **31** samtsteuer, ausländische Einkünfte und Summe der inländischen und ausländischen Einkünfte gilt folgendes – wobei es zunächst weniger um die damit verbundenen Details geht, sondern um die Wirkungen auf das Ergebnis eines höheren oder geminderten Höchstbetrages: Je geringer der Betrag der inländischen Steuer oder der der ausländischen Einkünfte angesetzt wird, um so geringer der Höchstbetrag und damit desto größer die Gefahr eines Anrechnungsüberhanges. Dies vorausgeschickt gilt: Der Betrag der **deutschen Einkommensteuer als Bezugsgrundlage** versteht sich als die „bei der Veranlagung des zu versteuernden Einkommens – einschließlich der ausländischen Einkünfte – nach den §§ 32 a, 32 b, 32 c und 34 b ergebende deutsche Einkommensteuer". Damit werden alle Abzüge, die in § 2 III, IV, V EStG nach der Ermittlung der Summe der Einkünfte berücksichtigt werden, im Verhältnis der ausländischen Einkünfte zur Summe der inländischen und ausländischen Einkünfte auch auf die ausländischen Einkünfte abgewälzt und mindern damit den Höchstbetrag; Kritik hierzu bei *Schaumburg* S. 655 unter Hinweis auf den Gedanken des § 50 l Satz 5 EStG, im Rahmen beschränkter Steuerpflicht Abzugsbeträge, die der Lebensführung statt der beruflichen Sphäre dienen, im Quellenstaat auszuschließen und auf den Wohnsitzstaat zu verweisen – konsequenterweise dürfte es dann bei der Anrechnung ausländischer Steuern nicht zu einer widersprüchlichen Wertung kommen. In der Tat dürfte es andere als fiskalische Gründe nicht geben, erst an das zu versteuernde Einkommen anzuknüpfen statt einen fiktiven, höheren Steuerbetrag aus der Summe der inländischen und ausländischen Einkünfte zu ermitteln. Die im Nenner der Höchstbelastungsformel stehende **Summe der Einkünfte** (statt des geringeren, bis zum StÄndG 1992 geltenden „Gesamtbetrags der Einkünfte", s. § 2 III EStG) bezieht sämtliche ausländischen Einkünfte ein – während im Zähler des Bruches die ausländischen Einkünfte eines Landes stehen (sog. per-country-limitation der Höchstbetragsregelung, s. § 68 a EStDV). Nicht ausgleichsfähige Verluste wie §§ 2 a, 15 a EStG mindern folgerichtig auch nicht die Summe der Einkünfte, wohl aber die ausgleichsfähigen Verluste: Je geringer die Summe der Einkünfte, desto höher der Anrechnungsbetrag auf eine bestimmte Größe X ausländischer Einkünfte bezogen. Daß der Betrag nach deutschem Steuerrecht insgesamt zu ermitteln ist, versteht sich von selbst. Die im Zähler stehenden **ausländischen Einkünfte** sind ihrer Höhe nach ebenfalls nach deutschem Steuerrecht zu ermitteln (*BFH* BStBl. 1990 II, 57). Werden im Ausland Einkünfte besteuert, die im Inland nicht steuerbar oder steuerfrei sind, scheiden sie aus der Steueranrechnung und damit auch aus der Höchstbetragsregelung aus; Einkünfte, die im Ausland nicht steuerpflichtig sind, aber im Inland zur Besteuerung herangezogen werden, erhöhen den Höchstbetrag: so *BFH* BStBl. 1996 II, 263: Die deutsche Einkommensteuer entfällt auch dann auf die aus dem Staat X stammenden Einkünfte, wenn auf ihnen keine Steuer des Staates X lastet; dabei ist es irrelevant, aus welchem Grund dort keine Steuer erhoben wird: Dies kann gleichermaßen auf dem Fehlen einer Steuerpflicht, auf einer gesetzlichen Steuerbefreiung, auf einem Erlaß oder auf einer tatsächlichen Nichtbesteuerung beruhen; § 34 c I Satz 2

EStG unterscheidet nicht danach, ob ausländische Einkünfte mit einem bestimmten Prozentsatz oder mit 0 % belastet sind.

Mehrere *BFH*-Entscheidungen jüngeren Datums zeigen die Detailfragen bei der **32** **Ermittlung der ausländischen Einkünfte.** Im *BFH*-Urteil IStR 1994, 502 ging es um ausländische Zinserträge, die von einer inländischen Kommanditgesellschaft mit ihren Bruttoerträgen vor Abzug der ausländischen Quellensteuern zum Zwecke der Steueranrechnung den darauf entfallenden Quellensteuern gegenübergestellt wurden. Das Finanzamt reduzierte die Bruttoerträge, verminderte mithin den Betrag der ausländischen Einkünfte und damit die Höhe anrechenbarer Steuern: Abgesetzt wurden Refinanzierungskosten, sonstige Gemeinkosten und eine Teilwertabschreibung. Der *BFH*: Den Einkünften im Sinne des § 34 d EStG können nur solche Aufwendungen zugeordnet werden, die in einem direkten wirtschaftlichen Zusammenhang zu der Einnahmeerzielung stehen und bei einer Person, die die Einnahmen im Privatvermögen erzielt, als Werbungskosten abgesetzt werden könnten. Das bedeutet einerseits, daß die deutsche Vergleichsteuer auf die ausländischen Einkünfte nicht bereits aus dem Verhältnis der Bruttozinsen zur Summe der Einkünfte zu errechnen ist, sondern daß auch im Zähler Einkünfte – Zinseinkünfte – anzusetzen sind, so daß zugehörige Ausgaben zu berücksichtigen sind. Das bedeutet aber andererseits, daß eine Einkunftsermittlung nach „betriebswirtschaftlichen Grundsätzen" – also Ermittlung eines Nettobetrages, wie bei einer Kommanditgesellschaft eigentlich zu erwarten war – ausscheidet. Das leitet der *BFH* daraus ab, daß § 34 d Nr. 6 EStG ausdrücklich an § 20 EStG anknüpfe. Das mag praktikable Ergebnisse nach sich ziehen, erweist sich aber im Rahmen einer Gewinnermittlung als wohl eher unvertretbar, weil es an § 34 d Nr. 2 a EStG (Einkünfte aus Gewerbebetrieb) vorübergeht: § 34 d Nr. 6 EStG stellt für gewerbliche Einkünfte aus Kapitalvermögen auch ohne Auslandsbetriebsstätte die Auslandsbezogenheit her, ändert aber nichts an ihrer Charakterisierung als Einkünfte aus Gewerbebetrieb (*Kramer*, IStR 1998, 16) und damit an der Notwendigkeit der Ermittlung eines Nettobetrages, so daß es nicht auf einen Vergleich mit einem Privatmann ankommen kann.

Im Urteil *BFH* IStR 1997, 495 ist dieses Verständnis des Begriffs der ausländischen Einkünfte bestätigt worden. Die Klägerin, ein inländisches Versicherungsunternehmen mit Aktienstreubesitz in verschiedenen Staaten, hatte die daraus vereinnahmten Dividenden mit ihren Bruttobeträgen angesetzt, während das Finanzamt die Bruttobeträge um Zuführungen zu Deckungsrückstellungen, Zuführung zu Rückstellungen wegen Beitragsrückerstattungen, Gewerbeertragsteuer und allgemeine Verwaltungskosten kürzte. Als Folge blieb ein Teil der ausländischen Steuern von der Anrechnung ausgeschlossen. Der *BFH*: Gleichgültig, ob der Einkünftebegriff im Zähler der Höchstbetragsformel als Brutto- oder Nettobetrag zu verstehen sei; es komme nur darauf an, was unter ausländischen Einkünften im Sinne des § 34 d Nr. 6 i. V. mit § 20 I EStG zu verstehen sei. Auch insoweit verbleibt es bei der Gewinnermittlung nach § 5 I EStG, allerdings gehen in diesen Teilbetrag nur solche Einnahmen und Aufwendungen ein, die die Eignung haben, in die Bemessungsgrundlage der Einkünfte aus Kapitalvermögen i. S. des § 20 I EStG einzugehen. Hiernach konnten Zinsen als Folge einer Zuführung zur Deckungsrückstellung nicht den Bruttobetrag mindern, weil sie nicht den ausländischen Beteiligungserträgen zuzurechnen sind; auch Rückstellungen wegen Beitragsrückerstattung standen hiermit in keinem Zusammenhang; die Gewerbesteuer fiel nicht auf Einkünfte aus Kapitalvermögen; unmittelbar zuordnungsfähige Verwaltungskosten – wie beispielsweise Reisekosten – sind dagegen in Abzug zu bringen und um den Höchstbetrag der Anrechnung zu mindern.

An beide Entscheidungen knüpft *OFD Frankfurt a. M.* (RIW 1998, 657) zur „Zuordnung von Betriebsausgaben zu Einnahmen aus ausländischen Quellen" an und ergänzt diese um den Hinweis: Bei Einnahmen inländischer Kreditinstitute aus ausländischen Quellen sind die für die Refinanzierung angefallenen Zinsaufwendungen bei der Ermittlung der ausländischen Einkünfte in Abzug zu bringen. In diesem Fall bestünde eine enge Verbindung zwischen dem Aktivgeschäft und dem Passivgeschäft, eine entsprechende Anwendung der BFH-Entscheidung zu Versicherungsunternehmen sei auf Kreditinstitute nicht übertragbar. Ablehnend *FG Düsseldorf* IStR 1999, 437 mangels eines Veranlassungszusammenhangs auch bei Kreditinstituten.

33    Wird die ausländische Steuer auf einen Bruttobetrag berechnet und knüpft die inländische Steuer an einen Nettobetrag an wie in den vorgenannten Fällen, kann man auf den Gedanken kommen, die ausländische Steuer nur in Höhe eines Teilbetrages anzurechnen: dem Verhältnis des Bruttobetrages zum verminderten Nettobetrag entsprechend auch die ausländische Steuer zu mindern; in diesem Sinne *BFH* BStBl. 1992 II, 1987 – womit von der Literatur bereits eine weitere (dann vierte) Anrechnungsbeschränkung befürchtet wurde (*Wassermeyer* FR 1991, 680): Hiergegen aber bereits das *BMF*-Schreiben BStBl. 1992 I, 123; die Rechtsprechung wurde schließlich aufgegeben durch *BFH* BStBl. 1994 II, 727: Ist die Bemessungsgrundlage der ausländischen Einkünfte in Inland niedriger als im Ausland, so ist die anzurechnende ausländische Steuer dennoch ungekürzt bei der Höchstbetragsrechnung gem. § 34c I Satz 2 anzusetzen. In der Tat ist eine solche Beschränkung als Folge des Vergleichs der Bemessungsgrundlagen mit § 34c I unvereinbar: Die ausländischen Einkünfte sind nach dem inländischen Steuerrecht zu bestimmen, aber der Betrag der darauf entfallenden ausländischen Steuer ist als feste Größe zu übernehmen; man kann auch eine Differenz zwischen der ausländischen und der inländischen Steuerbemessungsgrundlage nicht als Freistellung von der deutschen Besteuerung interpretieren und daraus den Schluß ziehen, insoweit sei die Doppelbesteuerung bereits vermieden. Dann wäre auch die oben genannte *BFH*-Entscheidung zu der Einbeziehung ausländischer Einkünfte auch bei Steuerfreiheit im Ausland nicht mehr vertretbar – obwohl sie den Anrechnungsgedanken nur folgerichtig fortführt. Eine unterschiedliche Berechnungsmethode zieht mithin keine weitere Anrechnungseinschränkung als diejenige nach sich, die sich ohnehin durch eine eventuelle Minderung des Zählerbetrages ergibt (zu der außerordentlich kontrovers diskutierten Frage *Kaufmann* IStR 1994, 419 gegen *Köhler* FR 1993, 490 und *Mathiak* FR 1991, 736).

34    Da die Ermittlung der **Höhe der ausländischen Einkünfte** nach den Grundsätzen des deutschen Rechts erfolgt, hat dies auch zur Folge, daß **Gewinnverschiebungen zu korrigieren sind.** Es handelt sich dabei – grob vereinfachend gesehen – um Fälle, bei denen das Inlandsunternehmen der ausländischen Betriebsstätte mehr oder weniger Gewinn zum Zwecke der ausländischen Besteuerung zuweist als dieser tatsächlich erwirtschaftet hat.

Aus der Sicht des *inländischen Unternehmens* kommt derartigen Gewinnverschiebungen zwischen Stammhaus und Betriebsstätte keine Bedeutung zu: Befindet sich die Betriebsstätte in einem *niedrig* besteuernden Staat, so wirkt sich dies nicht auf die steuerliche Gesamtbelastung aus, da die Anrechnungsmethode (§ 34c EStG, § 26 I KStG) den Zustand herstellt, als sei das gesamte Einkommen im Inland erzielt worden. Befindet sich die Betriebsstätte aber in einem Land, das ein *höheres* Steuerniveau als die Bundesrepublik aufweist, so wirkt sich die Höchstbetragsregelung des Anrechnungsverfahrens aus. Der Steuerpflichtige kann im Falle einer höheren ausländischen Steuer den Teil der ausländischen Steuer, der über die Inlandsteuer hinausgeht, im Wege der Anrechnung nicht ersetzt erhalten. Für die *beteiligten Staaten* hat jedoch eine Gewinnverlagerung erhebliche Bedeutung. Aus der Sicht des Wohnsitzstaates werden durch die Steueranrechnung Gewinne praktisch ganz oder teilweise von der inländischen Besteuerung freigestellt. Mithin wirkt sich ein überhöhter Betriebsstättengewinn und die daraus folgende höhere Auslandsbesteuerung im Wege der Anrechnung zu Lasten der Bundesrepublik aus (*Seidel* S. 30; *Rädler-Raupach* S. 398).

Es ist an dieser Stelle auf die **Abgrenzung des Betriebsstättengewinns vom Gewinn des Stammhauses** aber nicht weiter einzugehen: Die korrekte Ermittlung des Betriebsstättengewinns hat aus deutscher Sicht in dem hier erörterten Fall nur mittelbare Bedeutung: es soll das Anrechnungsverfahren richtig durchgeführt werden. Unmittelbare Bedeutung kommt der Gewinnaufteilung zwischen Stammhaus und Betriebsstätte erst zu, wenn nicht der Gesamtgewinn besteuert wird, sondern lediglich der Gewinn eines der beiden Unternehmensteile. Aus deutscher Sicht ist dies der Fall, wenn ein ausländisches Unternehmen eine Betriebsstätte im Inland betreibt. Bei der Erörterung dieses Sachverhalts (ab P 20) wird ausführlich auf die Gewinnermittlung einzugehen sein. Die BSt-Verwaltungsgrundsätze betonen an mehreren Stellen aber zutreffend die jeweils übereinstimmenden Ergebnisse, etwa 3.1.3 zur Lohnfertigung durch inländische oder ausländische Betriebsstätten.

(bb) Nach der Begrenzung durch die Höchstbetragsregelung folgt die **35** **zweite Begrenzung der Anrechnungsmethode:** Anrechenbar ist nur die tatsächlich im Ausland festgesetzte und gezahlte und keinem Ermäßigungsanspruch mehr unterliegende Steuer. Das bedeutet – aber ohnehin schon aus den bisherigen Überlegungen folgend –, daß nicht der Höchstbetrag, sondern, wenn die ausländische Steuer geringer ist, nur diese anzurechnen ist. Damit wird ein Mangel des „Anrechnungssystems" deutlich, auf den bereits *Bühler* (S. 195) hingewiesen hat. Wenn ein ausländischer Staat dem inländischen Unternehmen zum Zwecke des Investitionsanreizes Steuerermäßigungen gewährt, kann der Inländer auf die inländische Steuerschuld weniger Steuern anrechnen lassen. Steuerliche Vergünstigungen, die der ausländische Staat dem Steuerpflichtigen gewährt, kommen somit letztlich dem Ansässigenstaat zugute, obwohl sie nicht auf einem allgemein gegebenen niedrigeren Steuerniveau beruhen, sondern Folge einer gezielten Steuerpolitik sind. Es handelt sich um einen Nachholeffekt des verhältnismäßigen Anrechnungsverfahrens, der im Hinblick auf das Welteinkommensprinzip konsequent ist (zur fiktiven Steueranrechnung in DBA-Fällen S 366). Den Nachweis über die Höhe der ausländischen Einkünfte und Steuern hat der Stpfl. durch Vorlage entsprechender Urkunden (Steuerbescheid, Quittung über die Zahlung) zu führen (§ 68b EStDV). An einer Festsetzung ausländischer Steuer fehlt es nicht deswegen, weil die Steuer statt von einer Behörde des ausländischen Staates durch Steuerbescheid durch einen privaten Arbeitgeber angemeldet wurde (*BFH* BStBl. 1992 II, 607); im Zusammenhang mit der ausländischen Betriebsstätte sicherlich eine folgenlose Feststellung. Zur Umrechnung ausländischer Einkünfte ist auf N 10 zu verweisen; die ausländische Steuer ist nach dem für den Tag der Zahlung geltenden Kurs umzurechnen (R 212a I EStR mit Hinweis zur Euro-Umrechnung).

36    (cc) Und schließlich die **dritte Begrenzung der Steueranrechnung:** Die Anrechnung der ausländischen Steuern erfolgt nach § 34c I 3 EStG nur insoweit, als sie auf die im Veranlagungszeitraum bezogenen Einkünfte entfallen. Es müssen also die ausländischen Einkünfte dem Inländer nach Maßgabe des deutschen StR im Bemessungszeitraum zuzuordnen und für diesen Bemessungszeitraum und für die entsprechenden Einkünfte muß die ausländische Steuer festgesetzt und erhoben worden sein; daß die auf diese Einkünfte entfallende ausländische Steuer für denselben Zeitraum festgesetzt und gezahlt worden ist, ist unerheblich. Diese Steuer muß lediglich (für welchen Zeitraum auch immer) überhaupt festgesetzt und gezahlt sein. Zum Fall einer zeitlichen Verschiebung zwischen der in- und ausländischen Veranlagungsperiode *BFH* BStBl. 1991 II, 922. Da die Anrechnung eine Steuererhebung im Inland voraussetzt, ist in Verlustjahren eine Anrechnung ausländischer Steuern ausgeschlossen, worin *Grotherr* eine zusätzliche Höchstbetragsregelung sieht (*B/H/G/K,* Rz 248 zu Art. 23 A/B MA); daß in Verlustjahren aber eine Anrechnung ausgeschlossen ist, folgt bereits aus der Höchstbetragsformel und dem Multiplikator eines deutschen Steuerbetrages. Die Unverwertbarkeit ausländischer Steuern wirkt sich in einem solchen Falle aber nicht nur im Verlustentstehungsjahr, sondern auch in den folgenden Jahren aus. Denn der Verlustvortrag zehrt einen in Folgejahren erwirtschafteten Jahresüberschuß auf, wodurch eine Anrechnung dann anfallender ausländischer Steuern entfällt (*Lornsen* S. 115f.).

37    (7) § 34c I EStG wirft Probleme im Verhältnis zu §§ 2a, 15a EStG und Fragen nach der Wirkung der Tarifbegünstigung des § 32c EStG auf. Entfällt eine zu berücksichtigende ausländische Steuer auf negative ausländische Einkünfte, die unter das Ausgleichsverbot des § 2a EStG fallen, so ist eine Steuer im Rahmen des für den betreffenden ausländischen Staat ermittelten Höchstbetrags nach § 34c I anzurechnen; sämtliche Einkünfte aus ein und demselben Staat werden zusammengefaßt – daher entfällt eine Anrechnung, wenn in einem Staat lediglich negative, unter das Ausgleichsverbot fallende Einkünfte anfallen. Entscheidend ist, ob ausländischen Einkünften eine anteilige deutsche Steuer

zugeordnet werden kann (*OFD Frankfurt a. M.* RIW 1999, 315). Liegt ein Anwendungsfall des § 15a EStG vor, soweit durch den im Ausland erzielten Verlust ein negatives Kapitalkonto entsteht oder sich erhöht, scheidet eine Steueranrechnung aus, wenn der Steuerpflichtige aus diesem Staat keine weiteren positiven Einkünfte bezogen hat. Ansonsten gilt das Prinzip einheitlicher Betrachtung eines Staats; entscheidend ist wiederum eine auf ausländische Einkünfte – wenn auch als Gesamtsaldo – entfallende deutsche Steuer (ebenda, S. 315). Ausländische gewerbliche Einkünfte sind durch den im § 32c II EStG enthaltenen Verweis auf § 9 Nr. 3 GewStG insoweit aus dem Kreis der tarifbegünstigten gewerblichen Einkünfte ausgenommen. § 32c EStG ist jedoch bei der Ermittlung des Anrechnungshöchstbetrags zu berücksichtigen (s. N 31). Folglich wird bei Anwendung der Tarifbegünstigung durch den Entlastungsbetrag gem. § 32c IV EStG der Durchschnittssteuersatz auf alle Einkünfte gemindert und der Anrechnungshöchstbetrag gesenkt. Der Vorteil der Tarifbegünstigung wird daher teilweise durch eine geringere Anrechnung ausländischer Steuern kompensiert (ebenda, S. 317) – eine mit der Tarifbegünstigung materiell-rechtlich zusammenhanglose Rechtsfolge.

*b) Mängel der Anrechnung*

In der vorangegangenen Darstellung war bereits ein grundsätzlicher **38** Einwand gegen das bestehende System einer unilateralen Maßnahme der Anrechnung ausländischer Steuern genannt worden: Die Problematik der Höchstbetragsregelung als Ausdruck einer lediglich verhältnismäßigen Anrechnung und ihre Vereinbarkeit mit dem Welteinkommensprinzip; doch ist im Hinblick auf die Auswirkungen eines höheren Steuerniveaus auf eine Höchstbetragsregelung nicht zu verzichten. Gegebenenfalls sind vom Steuerpflichtigen im Hinblick auf das höhere Steuerniveau und damit verbundene Anrechnungsüberhänge Verlagerungen von Steuersubstanz zu erwarten. Als steuersystematisch problematisch erweist sich die Bezugnahme auf die veranlagte Einkommensteuer – aber als Wettbewerbsfaktor wird man das nicht beurteilen können. Mängel, die zweifellos die Wettbewerbsfähigkeit beeinflussen und sich auch nicht etwa als konsequente Durchführung eines verfolgten Zieles der Kapitalexportneutralität rechtfertigen lassen, wären (s. bereits *Reuter* FR 1973, 170 ff.):

(1) *Es fehlt eine Gesamtbetrachtung der im Ausland gezahlten Steu-* **39** *ern.* Die genannten Anrechnungsvorschriften gehen von einzelnen Steuerarten (hier: Einkommen- und Körperschaftsteuer) aus; viele Staaten haben aber kein so differenziertes Steuersystem wie die Bundesrepublik und erheben statt einer Vielzahl von Einzelsteuern z. B. lediglich eine hohe Einkommensteuer. Dann konzentriert sich bei dem Steuerpflichti-

gen die Anrechnung auf diese Steuerart; wegen der Höhe der ausländischen Steuer besteht dabei die Gefahr, daß im Ausland gezahlte Beträge bei der Anrechnung ausfallen.

**40**　　(2) Auf die Möglichkeit, daß durch die in § 34 d EStG erfolgte abschließende Aufzählung der inländischen Einkünfte i. S. des § 34 c EStG *eine Anrechnungsfähigkeit entfallen kann,* wurde schon hingewiesen. Allerdings spielt dieser Gesichtspunkt eine geringe Rolle. Im übrigen gebietet § 34 c III EStG in diesen Fällen den Abzug der ausländ. Steuer bei der Ermittlung des Gesamtbetrags der Einkünfte.

**41**　　(3) Eine Anrechnung ausländischer Steuern ist nur möglich, wenn der deutsche Steuerpflichtige für das gleiche Jahr, für das die ausländische Steuer festgesetzt und bezahlt ist, in der Bundesrepublik Einkommen- oder Körperschaftsteuer zu entrichten hat. Grundlage des Anrechnungsverfahrens ist also eine *effektiv bestehende Doppelbesteuerung.* Anrechnungsvor- und -rückträge sind daher ausgeschlossen.

**42**　　(4) Bei den genannten Anrechnungsverfahren wird jeder ausländische Staat für sich betrachtet, es findet also *keine Gesamtschau* statt. Steuern eines ausländischen Staats, die bei der Anrechnung wegen der geschilderten Begrenzungen nicht zum Zuge kommen, können daher im Inland auch nicht unter Ausnutzung eines Spielraums verrechnet werden, der bei der Anrechnung der Steuern anderer Staaten verblieben ist. Das Ergebnis kann eine Gesamtsteuerbelastung erheblich über dem Niveau des inländischen Steuerrechts sein.

*Beispiel (Reuter* FR 1973, 471; vgl. auch *Schieber* DStR 1975, 209): Ein Stpfl. hat einen Durchschnittssteuersatz von 35 %. Er hat ausländische Einkünfte aus dem Staat A in Höhe von 100 000 DM, auf die er eine Quellensteuer von 20 % gleich 20 000 DM entrichtet hat. Diese Steuer kann er anrechnen. Es verbleibt also ein Anrechnungsspielraum von 15 % gleich 15 000 DM. Er hat außerdem ausländische Einkünfte von 200 000 DM aus dem Staat B. Diese sind mit ausländischer Steuer von 50 % gleich 100 000 DM belastet. Anrechenbar sind jedoch nur 35 % gleich 70 000 DM. Von den im Staat B gezahlten Steuern fallen also 30 000 DM aus der Anrechnung heraus. Trotzdem ist es nicht möglich, den verbliebenen Anrechnungsspielraum für Steuern des Staats A in Höhe von 15 000 DM auszunutzen. Die 30 000 DM überhängenden Steuern des Staats B verblieben als echte zusätzliche Belastung des steuerpflichtigen Inländers.

Wegen dieser Wirkungen wird de lege ferenda eine overall-limitation statt der per-country-limitation auf der Grundlage der Formel

$$\text{deutsche Steuer} \times \frac{\text{Summe aller ausl. Einkünfte}}{\text{Summe der Einkünfte}}$$

gefordert. Nichtanrechnungsfähige Steuerüberhänge, die nach geltendem Recht auf unterschiedliche Steuersätze im Ausland zurückzuführen sind, könnten hierdurch vermieden werden (eingehend zu den Vor- und Nachteilen – letztere im Falle ausländischer Verluste – *Lornsen* S. 118 ff.).

*c) Abzug ausländischer Steuern gem. § 34c II, III EStG*

§ 34c II EStG ermöglicht auf Antrag, statt der Anrechnung die aus- **43** ländische Steuer bei der Ermittlung der Einkünfte abzuziehen. Der Abzug knüpft an die Voraussetzungen des § 34c I an. Der **Steuerabzug ist damit eine Einkommensermittlungsvorschrift, keine Tarifvorschrift** wie § 34c I EStG. Ausländische Steuer wandelt sich in Betriebsausgaben um. Anders als die Anrechnung ausländischer Steuern reduziert die Abzugsmethode gleichzeitig den Gewerbeertrag und damit auch die Gewerbesteuer. Aus der Eigenschaft als Einkunftsermittlungsnorm folgt, daß sich der Steuerabzug immer nur in Höhe des jeweiligen Differenzsteuersatzes auswirken kann. Durch den Steuerabzug kann sich die ausländische Steuer im Rahmen eines Verlustvortrags oder -rücktrags selbst dann auswirken, wenn die ausländischen Einkünfte in einem Verlustjahr anfallen und eine Steuerminderung im Anrechnungsverfahren nicht möglich ist (*Lornsen* S. 165 f.). Das Wahlrecht muß für die gesamten Einkünfte und Steuern aus demselben Staat einheitlich ausgeübt werden. Es ist mithin nicht möglich, für die auf positive Einkünfte aus einem Staat entfallenden Steuern die Anrechnung und für die auf negative Einkünfte aus diesem Staat entrichteten Steuern den Abzug zu begehren. Anders bei Herkunft aus verschiedenen Staaten; hier kann das Wahlrecht unterschiedlich ausgeübt werden. Zusammenveranlagte Ehegatten müssen den Antrag nicht einheitlich stellen (*OFD Frankfurt a.M.* RIW 1999, 319). Die ausländischen Steuern müssen auf jene einzelnen Herkunftsarten aufgeteilt werden, von deren Einnahmen sie im Herkunftsland erhoben wurden. Ein einheitlicher Abzug ist nicht möglich. Im Falle des § 180 I Nr. 2a AO hat jeder Beteiligte das Wahlrecht auszuüben, es besteht keine Pflicht zur einheitlichen Wahlausübung. Nach der Konzeption des § 34c EStG liegt die Bedeutung des § 34c II darin, die **Mängel der Anrechnungsmethode zu mildern;** eine Beseitigung dieser Mängel durch den Abzug ist ausgeschlossen. Erörtert wurde, ob § 34c II nicht nur deklaratorische Bedeutung habe, weil ausländische Steuern ohnehin als Betriebsausgaben abzugsfähig seien. Aber § 12 Nr. 3 EStG beschränkt das Abzugsverbot eben nicht nur auf inländische Personensteuern (eingehend *Schaumburg* S. 661). Sind positive inländische Einkünfte gegeben und besteht kein Anrechnungsüberhang, ist die Anrechnung stets günstiger: Bei ihr wird die gesamte ausländische Steuer gemindert, beim Abzug nur um das Produkt aus dem inländischen Differenzsteuersatz – der immer weniger als 100% beträgt – und der ausländischen Steuer. Nur wenn ein Höchstbetrag die Anrechnung limitiert, kann die Abzugsmethode von Vorteil sein (zum rechnerischen Nachweis *Heiner Richter,* BB 1999, 615). Sind die inländischen Einkünfte negativ, ist die Abzugsmethode günstiger (zu den mathematischen Ableitungen *Gudrun Reichert* DB 1997, 131; s. auch *Otto H. Jacobs* S. 184ff.).

§ 34c III EStG gewährt den Steuerabzug in drei Fällen, in denen die Voraussetzungen für die Anrechnung gem. § 34c I EStG nicht erfüllt sind. Ein Antrag ist nicht erforderlich. Der erste Abzugsfall betrifft ausländische Steuern vom Einkommen, die nicht der deutschen ESt/KSt entsprechen. Der zweite Abzugsfall betrifft den Fall, daß ausländische Steuern vom Einkommen nicht in dem Staat erhoben werden, aus dem die Einkünfte stammen; z.B. die Einkommensteuer eines zweiten Wohnsitzstaates von drittstaatlichen Einkünften. Der dritte Abzugsfall betrifft die ausländischen Steuern, die nicht von ausländischen Einkünften i.S. des § 34d EStG erhoben werden (Stichwort: ausländische Steuern auf Liefergewinne). Der Abzug führt zu einer Minderung der inländischen Bemessungsgrundlage; von einem Betrag in Höhe der ausländischen Steuer wird mithin im Inland keine Steuer erhoben. Der Abzug wirkt sich im Jahre des Zuflusses der ausländischen Einkünfte oder in Verlustjahren über Verlustvortrag und Verlustrücktrag aus; der progressiv ausgestaltete EStTarif verstärkt die Wirkung des Abzugs. Ihrer Wirkungsweise entsprechend ist es eine Methode der Milderung der Doppelbesteuerung; Kapitalexportneutralität kann sie nicht gewährleisten (zum ganzen ausf. *Lornsen* S.168 f.).

### d) Billigkeitsmaßnahmen (§ 34c V EStG)

**44**    Die in § 34c V EStG vorgesehenen Billigkeitsmaßnahmen sind den obersten Finanzbehörden der Länder und dem BMF vorbehalten: Erlaß oder Festsetzung in einem Pauschbetrag für die auf ausländische Einkünfte entfallende deutsche Einkommensteuer, „wenn es aus volkswirtschaftlichen Gründen zweckmäßig ist oder die Anwendung des Absatzes 1 besonders schwierig ist". Hierbei handelt es sich um individuelle Maßnahmen. Allgemeine Pauschalierungsregelungen sind für Betriebsstätteneinkünfte und für Arbeitseinkünfte gegeben. Der hier allein interessierende Pauschalierungserlaß für Betriebsstätten in Nicht-DBA-Staaten (BMF-Schreiben vom 10. 4. 1984, BStBl 1984 I, 251) sieht vor: Bestimmte gewerbliche Einkünfte und Einkünfte aus selbständiger Arbeit unbeschränkt Stpfl. werden auf Antrag begünstigt. Die ESt/KSt auf die pauschal zu besteuernden Einkünfte beträgt 25% der Einkünfte, höchstens 25% des zu versteuernden Einkommens. Der Pauschalierungserlaß ist nicht für Einkünfte aus einem DBA-Staat anzuwenden. Der Erlaß findet seine Rechtfertigung in den Unzulänglichkeiten der Steueranrechnung, insbesondere in den Fällen, in denen der ausländische Staat Steueranreize für Investitionen gewährt, die bei der Steueranrechnung vorrangig dem deutschen Fiskus zugute kommen.

### e) Abkommensrecht und § 34c EStG

**45**    Das Abkommensrecht und die damit verbundenen Methoden der Doppelbesteuerung stehen hier nicht zur Diskussion (s. dazu S 320). Allerdings ist auf § 34c VI EStG schon an dieser Stelle hinzuweisen. Danach ist § 34c I, II, III EStG nicht anzuwenden, wenn die Einkünfte aus einem ausländischen Staat stammen, mit dem ein DBA besteht. Aber die Auslegung dieser Norm erweist sich als problematisch: Im Falle *BFH* BStBl. 1998 II, 471 ging es um eine schweizerische AG, die in der Schweiz veranlagt worden war; später stellte sich deren Ansässigkeit in der Bundesrepublik heraus, für die gleichen Zeiträume wurde nunmehr hier eine Veranlagung durchgeführt. Die AG beantragt den Abzug der schweizerischen Steuer vom Gesamtbetrag der Einkünfte. Die auch von der Schweiz besteuerten Einkünfte sind zweifelsfrei keine ausländischen Einkünfte i. S. des § 34 d, sondern inländische Einkünfte. Mithin kann es nur um eine Anwendung des § 34 c III EStG gehen. Aber steht das DBA-Schweiz diesem Abzug entgegen? Der BFH: Nach dem Wortlaut des § 34 c VI EStG kommt es nicht nur darauf an, daß ein DBA besteht. Die Vorschrift ist enger gefaßt. Die Einkünfte müssen ausländische sein, diese Voraussetzung liegt nicht vor, es fehle an jedem ausländischen Anknüpfungspunkt (s. auch die kurze, aber lesenswerte Anmerkung von *Wassermeyer* IStR 1998, 476). Das Steuerbereinigungsgesetz 1999 hat darauf reagiert mit einem § 34 c VI Satz 4 und eine Anwendung des § 34 c III ausgeschlossen in **Mißbrauchsfällen** („es sei denn, die Besteuerung hat ihre Ursache in einer Gestaltung, für die wirtschaftliche oder sonst beachtliche Gründe fehlen oder das Abkommen gestattet dem Staat die Besteuerung dieser Einkünfte"). *BFH/NV* 1999, 1317 hat zum Verhältnis des § 34 c VI zu § 34 c I klargestellt, daß § 34 c I entweder unanwendbar ist, weil die Einkünfte nicht aus dem besteuernden DBA-Staat stammen oder – wenn dies der Fall ist – § 34 c VI ihn ausschließt. Offen ließ der *BFH,* ob § 34 c III EStG Fälle abkommenswidriger Besteuerung erfaßt – das ist mit dem Steuerbereinigungsgesetz 1999 nunmehr geklärt.

### 5. Das körperschaftsteuerpflichtige Stammhaus: Anrechnung, Abzug ausländischer Steuern (§ 26 I, VI KStG)

*a) Voraussetzungen der Anrechnung, des Abzugs*

Im Bereich der **körperschaftsteuerlichen Subjekte** müssen **zwei 46 Problemkreise einer Doppelbesteuerung** unterschieden werden. Die internationale Doppelbesteuerung entsteht dadurch, daß die Auslandseinkünfte der Körperschaft sowohl im Ausland als auch im Inland besteuert werden, sie entsteht also in der Person dieser Körperschaft. Hiergegen richtet sich § 26 I KStG. Dies wird künftig als außensteuerliche Anrechnung bezeichnet. Das nationale Doppelbesteuerungsproblem (wirtschaftliche Doppelbelastung) einer Körperschaft basiert auf der Trennung Gesellschaft/Gesellschafter: Durch die Anrechnung der KSt auf die ESt (oder KSt) des Anteileigners wird die körperschaftsteuerliche Belastung der Ausschüttungen (körperschaftsteuerliches Anrechnungssystem) beseitigt. Danach berührt das Anrechnungssystem nach dem Körperschaftsteuerrecht die Notwendigkeit, die internationale Doppelbesteuerung zu mildern bzw. zu beseitigen, überhaupt nicht. Aber völlig unverbunden sind beide Fragestellungen nicht. Auf den ersten Blick scheint die Anrechnung des § 34c I EStG wirtschaftlich wie die des § 26 I KStG zu wirken. Bezieht man aber in die Folgen des § 26 I KStG die Frage ein, ob die sich aus der Anrechnung einer ausländischen Steuer ergebende Beseitigung bzw. Ermäßigung der inländischen KSt dem Anteilseigner im Falle von Gewinnausschüttungen zugute kommen kann, ergibt sich ein differenziertes Bild. Dies ist die Frage nach der **Wirkung der international ausgerichteten Steueranrechnung** als einer unilateralen Methode zur Vermeidung der Doppelbesteuerung **auf das Körperschaftsteuersystem.** Sie ist wiederum Teil eines umfangreichen Problembereichs des IStR und unter der Bezeichnung „Ausländische Einkünfte bzw. ausländische hierauf entfallende Körperschaftsteuer im körperschaftsteuerlichen Anrechnungssystem" nicht weniger oft behandelt als die weitere, erst unter P 90 sich ergebende Frage nach der Rechtsstellung von Steuerausländern im deutschen KSt-System. Diese beiden Themen sind dadurch miteinander verbunden, daß alle in der Praxis anzutreffenden **körperschaftsteuerlichen Anrechnungssysteme auf Binnensachverhalte beschränkt sind,** die Anrechnungsfolgen sich mithin nicht auf den Fall unterschiedlicher Ansässigkeit von Gesellschaft und Gesellschafter erstrecken. Hiervon ausgehend wird im Kapitel „Inländerbetätigung im Ausland" die Wirkung einer ausländischen Körperschaftsteuervorbelastung auf einen inländischen Anteilseigner, im Kapitel „Ausländerbetätigung im Inland" dagegen die Wirkung einer inländischen Körperschaftsteuervorbelastung auf einen ausländischen Anteilseigner gezeigt.

**47**    (1) Die **direkte Steueranrechnung gem. § 26 I KStG** steht den unbeschränkt stpfl. Körperschaften zu. Der in § 26 I KStG verwendete Begriff der ausl. Einkünfte wird in § 34d EStG geregelt. Zur Ermittlung der ausl. Einkünfte und zum Begriff anrechenbarer ausl. Steuern vom Einkommen ist auf die Ausführungen zu § 34c EStG zu verweisen. Die direkte Steueranrechnung verfolgt keinen anderen Zweck als § 34c I EStG: Rechtsgrund, Rechtsfolge und Technik der Anrechnung. Der mit § 34c EStG gegebene Rahmen wird erst mit der indirekten Anrechnung des § 26 III–V KStG verlassen.

**48**    (2) Für die direkte Anrechnung ist wie bei § 34c EStG nicht die Bemessungsgrundlage Ansatzpunkt – das Einkommen bleibt unverändert – es ist die auf die ausl. Einkünfte entfallende Körperschaftsteuer zu errechnen: Die sich bei der Veranlagung des zu versteuernden Einkommens einschließlich der ausl. Einkünfte ergebende KSt ist im Verhältnis der ausl. Einkünfte zur Summe der Einkünfte aufzuteilen. Da aus § 23 I KStG ein Proportionalsteuersatz folgt, kann die auf die ausl. Einkünfte entfallende inl. KSt auch einfacher berechnet werden: Die ausl. Einkünfte werden mit dem aus § 23 I KStG folgenden Steuersatz multipliziert. Daher: Summe der Einkünfte 600 000 DM, hierin 100 000 DM ausl. Einkünfte. Deutsche KSt auf die Summe der Einkünfte (40 %)

240000 DM, hiervon KSt auf ausl. Einkünfte 100000 DM × 40% = 40000 DM.

(3) Auch hier ist der Höchstbetrag der Anrechnung ausl. Steuer zu be- **49** achten: Die Anrechnungsbegrenzung folgt aus § 26 VI KStG (wegen der Tarifregelung nicht aus § 8 I KStG) und dem dortigen Verweis auf § 34 c I Sätze 1, 2 EStG nach der Formel

$$\text{Höchstbetrag der Anrechnung ausl. KSt.} = \frac{\text{inl. KSt} \times \text{ausl. Einkünfte}}{\text{Summe der Einkünfte}}$$

Inländische KSt ist gem. § 26 VI Satz 3 KStG die KSt, die sich vor Anwendung der Vorschriften über das körperschaftsteuerliche Anrechnungsverfahren ergibt, d. h. ohne Berücksichtigung von ausschüttungsbedingten Körperschaftsteuerminderungen oder -erhöhungen (§ 26 VI Satz 3 KStG), es ist also immer von der Tarifbelastung auszugehen. Gewinnausschüttungen und damit zusammenhängende KSt-Änderungsbeträge nach § 27 KStG wirken sich auf den Höchstbetrag nicht aus (§ 26 VI Satz 3 KStG).

*Beispiel* zur Höchstbetragsermittlung: Inl. GmbH erzielt 1999 inl. Einkünfte 250000 DM, ausl. Einkünfte aus dem Staat 1 125000 DM (darin enthalten ausl. Quellensteuer 40000 DM), ausl. Einkünfte aus dem Staat 2 125000 DM (darin enthalten ausl. Quellensteuer 80000 DM). Ermittlung der KSt: KSt nach Tarif (§ 23 KStG) 40% von 500000 DM = 200000 DM. Anrechenbare Steuer Staat 1 200000 × 125000 : 500000 = Höchstbetrag 50000 DM. mithin kann die Quellensteuer des Staates 1 voll angerechnet werden. Anrechenbare Steuer Staat 2 Ermittlung des Höchstbetrages wie für Staat 1, es verbleibt der Höchstbetrag. Deutsche KSt: 200000 DM ./. (40000 DM + 50000) = 110000 DM.

(4) Bei Anwendung der **Abzugsmethode** (§ 34c II EStG i. V. mit **50** § 26 VI KStG) als einer Einkommensermittlungsvorschrift statt einer Tarifnorm wird die ausländische Steuer von den ausländischen Einkünften als Betriebsausgabe abgezogen; der verbleibende Betrag unterliegt der deutschen Körperschaftsteuer (Tarifbelastung 40%). Die Abzugsfähigkeit beschränkt sich nicht nur auf die auch bei der Anrechnung berücksichtigungsfähigen ausländischen Steuern, sondern auch auf andere festgesetzte und gezahlte, keinem Ermäßigungsanspruch mehr unterliegende Steuern. Wie im Zusammenhang mit der Einkommensteuer ist auch hier für die Körperschaftsteuer klarzustellen, daß die Methode günstiger sein kann als die Anrechnung (vgl. dazu *Lornsen* S. 169 ff.; *Müller-Dott* in *F/W/B* Rz 232 ff. zu § 26 KStG).

(5) Man kann sich die erforderlichen Rechenoperationen in Anwendung **51** der einzelnen Tatbestandsmerkmale anhand des entsprechenden amtlichen Vordrucks Anlage AE zu den Erklärungsvordrucken zur Körperschaftsteuer verdeutlichen. Die Anlage AE, gegliedert nach Tatbestandsalternativen, nimmt unter Teil C (ausländische Einkünfte mit anzurechnender ausländischer Steuer) in den Zeilen 11 bis 17 die Zahlen zur „Anrechnung ausländischer Steuer nach § 26 I KStG i. V. mit § 34c I EStG bzw. nach § 26 VI i. V. mit § 50 VI und § 34c I EStG" auf. Sie ist in einen di-

rekten Zusammenhang mit der Anlage A zur Körperschaftsteuererklärung (nichtabziehbare Aufwendungen) zu stellen, die in Zeile 7 Angaben
zu „ausländischen Steuern vom Einkommen" erfordert, die bei der Einkommensermittlung hinzugerechnet werden, soweit sie das Bilanzergeb-
nis gemindert haben. Hier zur konkreten Anschauung das Beispiel zu
N 50 und die Wiedergabe des entsprechenden Teils aus der Anlage AE
nebst einigen daran anschließenden Hinweisen (nach *Frotscher* S. 88 ff.):

| | Staat 1 | Staat 2 | |
|---|---|---|---|
| Zeile 11 Nach deutschem Steuerrecht ermittelte auslän-<br>dische Einkünfte einschließlich ausländischer Steuern;<br>nach Verlustausgleich und Verlustabzug nach § 2a<br>EStG | 125 000 | 125 000 | |
| Zeile 12 Darauf entfallende ausländische Steuer, die<br>der deutschen KSt entspricht und keinem Ermäßi-<br>gungsanspruch mehr unterliegt | 40 000 | 80 000 | |
| Zeile 13 Summe der Einkünfte i. S. des § 34c I Satz 2<br>EStG | | | 500 000 |
| Zeile 14 Höchstbetrag der Anrechnung | 50 000 | 50 000 | |
| Zeile 15 Niedrigerer Betrag aus Zeilen 12 und 14 | 40 000 | 50 000 | |
| Zeile 16 Anzurechnende ausländische Steuern | | | 90 000 |
| Zeile 17 Nicht anzurechnende ausländische Steuern | | | 30 000 |

– Zeile 11 erfaßt die ausländischen Einkünfte einschließlich der ausländischen an-
rechenbaren und nichtanrechenbaren ausländischen Steuern; die nicht anrechenbaren
Steuern werden in Zeile 17, die anrechenbaren Steuern in Zeile 16 erfaßt.
– Zeile 12 erfaßt diejenige ausländische Steuer, bei der die Voraussetzungen der
Anrechenbarkeit mit Ausnahme der Höchstbetragsregelung gegeben sind; soweit die
Höchstbetragsregelung zu einem Anrechnungsüberhang führt, geht dieser in die Zei-
le 17 ein. Fehlt es aber der Anrechenbarkeit aus anderen Gründen (weil beispielswei-
se die ausländische Steuer noch einem Ermäßigungsanspruch unterliegt, sie nicht der
deutschen Körperschaftsteuer entspricht, die erforderlichen Nachweise fehlen), gehen
sie in die Zeile 17 ein, nicht aber in Zeile 12. Deswegen müssen die Ergebnisse aus
Zeile 16 und 17 nicht dem Betrag in Zeile 12 entsprechen.
– Zeile 12a zu Organgesellschaft interessiert hier nicht.
– Zeilen 13–16 dienen der Ermittlung der anzurechnenden ausländischen Steuern
unter Berücksichtigung der für den jeweiligen Staat ermittelten Höchstbeträge (per-
country-limitation), der jeweils niedrigere Betrag aus den Zeilen 12 und 14 ist in
Zeile 15 einzutragen.
Die Anlage AE nimmt unter Teil D (ausländische Einkünfte, für die nach § 26 VI
KStG i. V. mit § 34c II oder III EStG der Abzug der ausländischen Einkünfte bean-
tragt wird bzw. entsteht) in den Zeilen 66–69 die entsprechenden Zahlen auf.

*b) Körperschaftsteuersystem 1977: Ausländische Einkünfte und anre-*
  *chenbare Steuern*

*aa) Gesellschaftsebene: Ausschüttungsbelastung und Gliederungsrech-*
  *nung*

**52**  (1) § 27 I KStG sieht vor, daß alle Gewinnanteile der Körperschaft
(hier: das körperschaftsteuerpflichtige **Gesamtunternehmen, die ausländische Betriebsstätte einschließend**) – auf den Gewinn vor Steuer

bezogen – die Körperschaft mit 30% Ausschüttungsbelastung verlassen: **Herstellen der Ausschüttungsbelastung.** Die Rechtsnatur der Ausschüttungsbelastung war nach der Körperschaftsteuerreform 1977 zunächst nicht geklärt: Tarifbelastung, bloße Vorauszahlung auf die ESt des Anteilseigners oder Körperschaftsteuer mit eigener Bemessungsgrundlage (*Pumbo* S. 56)? *BFH* BStBl 1991 II, 150, hat die Ausschüttungsbelastung als Körperschaftsteuer qualifiziert, die auf die Ausschüttung selbst, aber nicht auf den Gewinn oder das Einkommen entfällt; die Herstellung habe nur den Zweck, jede Ausschüttung mit einer KSt in Höhe von $3/_7$ der Bardividende zu belasten. Ausgangspunkt für die Herstellung dieser Ausschüttungsbelastung ist die Tarifbelastung; sie ergibt sich in erster Linie aus § 23 KStG; dort aber der Vorbehalt (§ 23 V KStG), daß die KSt, die sich nach den Tarifvorschriften ergibt, nach den Vorschriften des Vierten Teils des KStG (§§ 27–47) zu mindern oder zu erhöhen ist. Die Tarifbelastung folgt mithin nicht unmittelbar aus der Versteuerung bzw. Nichtversteuerung steuerpflichtiger bzw. steuerfreier Gewinne. Die Anwendung des § 27 KStG setzt voraus, daß zuvor die Gliederung des verwendbaren Eigenkapitals abgeschlossen ist, denn die Gliederungsrechnung liefert die Ausgangsgrößen für die Ermittlung der Minderung bzw. Erhöhung der KSt. Entscheidend ist nun, daß zur **Tarifbelastung** i. S. des § 27 KStG als Grundlage der Herstellung der Ausschüttungsbelastung **nur Belastung** des Eigenkapitals der Kapitalgesellschaft **mit deutscher Körperschaftsteuer** zu verstehen ist. Natürlich stellt auch ausl. Körperschaftsteuer eine Belastung und damit eine Vermögensminderung dar, nur nicht eine solche, die sich vor Berücksichtigung der KSt-Änderung infolge einer Gewinnausschüttung ergibt. Ausl. KSt rechnet selbst dann nicht zur Tarifbelastung i. S. des § 27 KStG, wenn sie der inl. KSt gleichgestellt und gem. § 26 I KStG auf die festzusetzende KSt anzurechnen ist: Die auf die Körperschaftsteuer angerechneten ausländischen Steuern mindern daher die Tarifbelastung (dazu *BFH* BStBl. 1997 II, 91).

(2) Technisch erfolgt dies durch die **Eigenkapitalgliederung i.S. des** **53** **§ 30 KStG,** wobei es hier ausschließlich um die Entwicklung **nicht mit Körperschaftsteuer belasteter Teilbeträge** geht. Die Zuordnung der auf die ausländischen Einkünfte entfallenden Steuern wird in § 31 I Nr. 3 KStG geregelt, sofern sie nicht bereits als Betriebsausgaben die Einkünfte gemindert haben. Zunächst ist die jeweilige Tarifbelastung der betreffenden Einkunftsteile im Sinne des § 27 II KStG zu ermitteln. Dies erfolgt nach der Formel

$$\frac{\text{deutsche Körperschaftsteuer nach Anrechnung} \times 100}{\text{ausländische Einkünfte} - \text{anrechenbare ausländische Steuer}}$$

(*Jacobs* S. 91). Sind die ausl. Einkünfte im Ausland nicht mit einer Steuer belastet worden, führen sie nach Abzug der Tarifbelastung (40%) zu einem Zugang im EK 40 in Höhe von 60 % der ausländischen Einkünfte; führt die Anrechnung ausl. Steuer zu einer vollständigen Beseitigung der inl. KSt, tritt eine Mehrung bei dem Eigenkapital i. S. des § 30 I Nr. 1 i. V. mit § 30 II Nr. 1 KStG ein: Das EK 01 umfaßt hier nur Vermögensmehrungen, die aus ausl. Einkünften stammen; Eigenkapitalteile, die nicht mit Körperschaftsteuer belastet und aus ausländischen Einkünften entstanden sind. Zwischen diesen beiden Fällen führt die Anrechnung zu ermäßigt belasteten Eigenkapitalteilen, die gem. § 32 II KStG zwischen EK 01 und EK 30 (Eigenkapitalteile aus Einkommensteilen, die einer Körperschaftsteuer von 30 % unterliegen, § 30 I Nr. 2 KStG) oder zwischen EK 30 und EK 40 (Eigenkapitalteile aus Einkommensteilen, die der Körperschaftsteuer ungemildert mit 40 % unterliegen, § 30 I Nr. 1 KStG) aufzuteilen sind. Die Formeln zur Aufteilung folgen aus Abschnitt 87 III KStR (s. dazu *Cattelaens* Wpg 1993, S. 71, DB 1994, 1641), bei Drucklegung jedoch noch bezogen auf eine Tarifbelastung in Höhe von 45 %. Sie werden hier in Anlehnung an ein zusammenfassendes, der Wiederholung dienendes Beispiel zum Zusammenhang zwischen den ausländischen Einkünften und dem Körperschaftsteueranrechnungssystem zusammen mit dem amtlichen Vordruck vorgestellt: Vordruck KSt 1 G/D zur „Aufteilung ermäßigt belasteter Eigenkapitalanteile aus ausländischen Einkünften" (s. N 66).

**54**     Zur Verdeutlichung Beispiele nach *Otto H. Jacobs* (S. 90 ff.), aber Zahlen angelehnt an das zusammenfassende Beispiel N 65, so daß die Tabelle dies dann nochmals verdeutlichen wird:

1. Die ausländische Steuer übersteigt den Anrechnungshöchstbetrag, Tarifbelastung mithin Null, Zugang zum EK 01 – Einkünfte aus einer ausländischen Betriebsstätte 100 000, ausländische Steuer 44 000, mithin Anrechnungsüberhang 15 000; Zugang zum EK 01 100 000 ./. 55 000 = 45 000.

2. Die deutsche Körperschaftsteuer übersteigt die nach § 26 I KStG anrechenbare ausländische Steuer, Aufteilung der ausländischen Einkünfte in Abhängigkeit von ihrer Tarifbelastung mit deutscher Körperschaftsteuer (§ 32 KStG) in einem dreistufigen Verfahren.

– Ermittlung der jeweiligen Tarifbelastung § 27 II KStG, Ermittlung des aufzuteilenden Eigenkapitalzugangs, Aufteilung auf die Teilbeträge des verwendbaren Eigenkapitals; Einkünfte aus einer ausländischen Betriebsstätte 100 000, ausländische und in vollem Umfang anrechenbare Steuer 40 000. Tarifbelastung 40 % von 100 000 = 40 000.

– Wenn es sich um inländische Einkünfte handelte – aber angerechnet werden ausländische, mithin keine Tarifbelastung bewirkende Steuern 25 000, so daß als Tarifbelastung nur verbleiben 40 000 ./. 25 000 = 15 000. Zweiter Schritt: Ermittlung des aufzuteilenden Eigenkapitalzugangs 100 000 ./. 15 000 ./. 25 000 = 60 000 DM und eine Tarifbelastung in Höhe von 20 %. Dritter Schritt (vgl. Abschnitt 87 II, III KStR): Aufteilung auf die Teilbeträge des verwendbaren Eigenkapitals auf der Grundlage einer Tarifbelastung < 30 % auf EK 30 und EK 01: Zugang zum EK 30 = Tarifbelastung × 7/3 = 15 000 × 7/3 = 35 000. Zugang zum EK 01 = Gesamter Zugang zum verwendbaren Eigenkapital 60 000 DM (100 000 ./. 25 000 ./. 15 000) ./. 35 000 (Zugang EK 30) = 25 000. Bei einer Aufteilung der Teilbeträge des verwendbaren Eigenkapitals auf der Grundlage einer Tarifbelastung > 30 %, mithin Aufteilung EK 30 und

EK 40, ist eine geringere ausländische Steuer anzusetzen; beispielsweise 10 000. Tarifbelastung in diesem Fall 20 000 (40 000 deutsche Körperschaftsteuer, hierauf 10 000 ausländische Steuer angerechnet) = 33,33 %. Zugang zum EK 30 = $^{42}/_{10}$ der anrechenbaren Auslandssteuer = 10 000 × $^{42}/_{10}$ = 42 000. Zugang zum EK 40 = Zugang zum verwendbaren Eigenkapital = 60 000 (100 000 ./. 30 000 ./. 10 000) ./. 42 000, Zugang zum EK 30 = 18 000.

(3) Die gliederungsrechtlichen Folgen der Abzugsmethode sind ein- **55** fach: Die entsprechenden ausländischen Einkünfte sind nach Abzug der ausländischen Steuer und der Tarifbelastung als Zugang beim EK 40 zu erfassen (§ 31 I Nr. 2, 3 KStG).

(4) Verluste, die sich nach den steuerlichen Vorschriften über die **56** Gewinnermittlung ergeben, sind bei der Ermittlung des nichtbelasteten Teilbetrags im Sinne des § 30 II Nr. 2 KStG abzuziehen (= sonstige steuerfreie Vermögensmehrungen EK 02), so § 33 I KStG. Es erfolgt damit keine Verrechnung mit belastetem EK und insoweit kein definitiver Verlust von Körperschaftsteuer wie bei den nichtabziehbaren Aufwendungen. Auf der Ebene des zu versteuernden Einkommens wird nicht zwischen positiven und negativen ausländischen Einkünften unterschieden, daher *BFH* IStR 1998, 50: Der Wortlaut des § 33 I gestattet keine solche Aufteilung mit der Folge der Zuordnung zum EK 01 einerseits (positive Teile) und zum EK 02 andererseits (negative Teile): Es darf nur ein saldierter Einkommensbetrag in das vEK eingestellt werden; dies entspreche auch dem Sinn der Gliederungsrechnung, weil die durch den Verlustausgleich „untergehenden" ausländischen Einkünfte nicht mehr ausgeschüttet werden können. In diesem Sinne zählen sie nicht mehr zum vEK. Dies jedenfalls gelte für das Verlustentstehungsjahr: nur ein Saldoausweis im EK 02. Was geschieht nun gliederungsrechtlich im Verlustabzugsjahr: Können rückzutragende Verluste anteilig mit positiven ausländischen (neben übrigen positiven inländischen) Betriebsstätteneinkünften verrechnet werden? Der *BFH:* Der Verlustabzug vollzieht sich innerhalb der Einkommensermittlung und ist bei der Ableitung des Einkommens aus dem Gesamtbetrag der Einkünfte vorzunehmen; er mindert diesen Gesamtbetrag: „Besteht der Gesamtbetrag der Einkünfte sowohl aus inländischen als auch aus ausländischen, so liegt in Ermangelung einer anderweitigen positiven Regelung eine anteilige Verrechnung des Verlustabzuges mit den in- und ausländischen Einkünften auf der Hand ... Die hier vertretene Auffassung bedeutet methodisch die analoge Anwendung der zu § 34 c I Satz 2 KStG geltenden Rechtsgrundsätze, ... einer gesetzlichen Zuordnungsregelung, die nur in § 34 I Satz 2 EStG in der Form einer Verhältnisrechnung enthalten ist." Die Problematik erschließt sich erst durch Einbeziehung unterschiedlicher Steuerfolgen, dazu eingehend einerseits *Pinggera* BB 1997, 2557, andererseits die Urteilsanmerkung *Wassermeyer* IStR 1998, 51.

*bb) Gesellschafterebene: Gewinnausschüttungen, Nachversteuerungs-*
*problem (alte EK 50 Lücke, §§ 40 Nr. 1, 8b I KStG)*

**57**    (1) Bis zu diesem Punkt entspricht die Wirkung der unilateralen Methode der Anrechnung (aber auch des Abzugs) ausländischer Steuern auf
die inländische Körperschaft den Wirkungen auf eine natürliche Person:
**Die deutsche Körperschaftsteuer wird ermäßigt bis hin zur völligen
Beseitigung.** Belastungsmäßig erfolgt bei niedrigerem ausländischen
Steuerniveau aber eine Hochschleusung der Steuerlast, die auf den ausländischen Einkünften ruht, auf das Inlandsniveau, also auf die Tarifbelastung 40 %, wobei dies die belastungsmäßige Untergrenze darstellt.
Anrechnungsüberhänge erhöhen die belastungsmäßige Untergrenze. **Das
Bild** vergleichbarer Steuerwirkungen wandelt sich, **ist jedenfalls differenzierter, sobald die Gesellschafterebene** betrachtet wird, es mithin
zu Gewinnausschüttungen kommt. Bisher ist nur die Gesellschaftsebene
betrachtet und lediglich indirekt, gewissermaßen vorbereitend, der Aus-
schüttungsaspekt berührt worden: Zwar beträgt der Regelsteuersatz der
Körperschaftsteuer seit dem 1. 1. 1994 45 %, seit dem 1. 1. 1999 40 %,
und ist auch auf den gesamten Unternehmensgewinn anzurechnen; ihm
kommt auch Definitivcharakter für die nicht abziehbaren Ausgaben zu;
denn bei der Gliederung des verwendbaren Eigenkapitals werden diese
Ausgaben gemäß § 31 I KStG vom verwendbaren Eigenkapital abgezogen, weder die Kapitalgesellschaft noch deren Anteilseigner können die
darauf lastende Körperschaftsteuer zurückerhalten (zu den hierdurch entstehenden Steuernachteilen bei internationaler Unternehmenstätigkeit
und Gestaltungsüberlegungen, nicht abziehbare Aufwendungen aus-
zugliedern, s. *Michael Müller* IStR 1997, 77). Aber im übrigen besitzt
der **Regelsteuersatz praktische Relevanz nur für thesaurierte Gewinne;** im Ausschüttungsfall wirkt sich die Herstellung der Ausschüttungsbelastung aus (zu den im Abkommensrecht zu suchenden Gründen
für einen Ausschüttungssteuersatz von zunächst 36 %, seit 1994 30 %, s.
S 175). Um diese Ausschüttungsbelastung herstellen zu können, muß
zu jedem Zeitpunkt bekannt sein, welcher Tarifbelastung der zur Ausschüttung herangezogene Gewinn in der Vergangenheit unterlag – deswegen § 30 I KStG mit den drei (Haupt-)Eigenkapitalgruppen, in die
ausländische Einkünfte wie gezeigt einzuordnen sind – alles auf der Gesellschaftsebene und für sich genommen noch folgenlos. Mit der **Gesellschafterebene** kommt das **Anrechnungssystem als zentrales Reform-
werk im Körperschaftsteuersystem 1977 zur Anwendung.** *Einerseits*:
Der Anteilseigner erhält neben seiner Bardividende von seiner Gesellschaft eine Bescheinigung über die Höhe seiner anrechenbaren Körperschaftsteuer (§§ 44 ff. KStG), die ³/₇ der Bardividende beträgt (von der
sogleich zu behandelnden EK 01-Ausschüttung abgesehen) und die als
Teil der Gesamtdividende vom Anteilseigner zu versteuern ist (§ 20 I

Nr. 3 EStG). § 36 II Nr. 3 EStG führt zur Anrechnung der bescheinigten Körperschaftsteuer auf die Steuerschuld des Anteilseigners: Die Körperschaftsteuer erweist sich als Vorauszahlung auf die Einkommensteuerschuld. *Andererseits:* Nicht zur Anrechnung gebracht werden kann die anrechenbare Körperschaftsteuer von Anteilseignern, bei denen die Dividende im Inland nicht voll zur Einkommensteuer (oder Körperschaftsteuer) herangezogen wird. Das führt zum Ausschluß ausländischer Steuerpflichtiger als Anteilseigner vom Anrechnungsverfahren – interessiert hier aber wegen der Voraussetzung inländischer Anteilseigner noch nicht (s. dazu P 90). Und nochmals *andererseits:* Der Zwang zur Herstellung einer Ausschüttungsbelastung, bei der nur – wie bereits bekannt – inländische Körperschaftsteuer „zählt", und die – sogleich zu erörternde – Beschränkung der Anrechnung von Körperschaftsteuer auf die Steuerschuld eines Anteilseigners allein auf inländische Körperschaftsteuer bewirken im Ergebnis, daß die steuerliche Entlastung, als die sich die unilaterale Maßnahme zur Vermeidung der Doppelbesteuerung versteht, rückgängig gemacht wird. Das ist – in aller Kürze – **der mit dem internationalen Steuerrecht verbundene Problembereich des geltenden Körperschaftsteuersystems** (Anrechnungssystem). Im folgenden soll die aufgrund unilateraler Maßnahmen zur Vermeidung der Doppelbesteuerung bei der Gesellschaft zu verzeichnende Steuerermäßigung bei ausländischen Einkünften auf deren weiteren Bestand im körperschaftsteuerlichen Anrechnungsverfahren hin untersucht werden.

(2) Mit der **Ausschüttung von Gewinnen an die Gesellschafter** wer-  **58** den die Konsequenzen aus der Herstellung der Ausschüttungsbelastung und der Gliederung des verwendbaren Eigenkapitals deutlich. Grundsätzlich sollte man mit der Vorstellung an das Problem der Ausschüttungsfolgen herangehen, daß es nicht darauf ankommt, ob Gewinnausschüttungen aus inländischen oder ausländischen Einkünften vorgenommen werden. Das ist aber nicht der Fall: Das körperschaftsteuerliche Anrechnungsverfahren, das die steuerliche Entlastung von ausgeschütteten Gewinnen sicherstellen soll, führt im Ergebnis zu einem **Abbau inländischer Körperschaftsteuerbelastung** der ausschüttenden Gesellschaft und einer Kompensation durch die individuelle Ertragssteuerbelastung des Anteilseigners – das sind die beiden Stufen des Anrechnungsverfahrens auf Gesellschafts- und Gesellschafterebene. In die Besteuerung auf der Gesellschaftsebene sind die ausländischen Erträge einbezogen: hier in diesem Zusammenhang durch eine Methode der Anrechnung ausländischer Steuern, später wird die Freistellungsmethode hinzukommen (DBA-Freistellungen für ausländische Betriebsstättengewinne). Bei dieser Anrechnungsmethode kann es – wie im vorangehenden Abschnitt gezeigt wurde – zu einem Zugang beim unbelasteten verwendbaren Eigenkapital EK 01 kommen (wie bei einer Freistellung), es kann aber auch in Abhängigkeit von der Höhe der Tarifbelastung zu Zugängen beim bela-

steten verwendbaren Eigenkapital EK 40 und EK 30 kommen; auf das Beispiel zur Gliederungsrechnung N 54, N 66 ist ebenso zu verweisen wie auf das den gesamten Abschnitt zusammenfassende Beispiel unter N 65.

**59**  Das mit ausländischen Einkünften seit der Einführung des Körperschaftsteuerrechnungssystems 1977 verbundene Problem mußte daher darin bestehen, daß mit dem Übergang von der Thesaurierung zur Ausschüttung die inländische Körperschaft die Ausschüttungsbelastung herzustellen hatte, so daß es bei der Verwendung von EK 01 zu einer Körperschaftsteuererhöhung von 30% kam. Folglich wäre die Maßnahme zur Vermeidung von Doppelbesteuerung (§ 26 I KStG) nur vorläufiger Natur und würde im Ausschüttungszeitpunkt rückgängig gemacht. Diese **begrenzte Wirkung einer Tarifermäßigung nur für den Thesaurierungsfall stellt keine Sonderbehandlung ausländischer Einkünfte dar,** sondern gilt auch für steuerbefreite und steuerermäßigte inländische Einkünfte. Nur: Das Anrechnungssystem, wie es 1977 verabschiedet worden war, führte im Ergebnis für die ausländischen EK 01-Einkünfte zu einer doppelten steuerlichen Belastung, da die ausländische Steuerbelastung auf der Anteilseignerebene nicht angerechnet wurde (und auch nicht angerechnet wird). Der Mangel des Körperschaftsteueranrechnungssystems 1977 des Ausschlusses ausländischer Körperschaftsteuer von der Anrechnung bei der Besteuerung des inländischen Gesellschafters: Er wird zwar vor allem bei internationalen Konzernbeziehungen unter Beteiligung rechtlich selbständiger Teileinheiten (Mutter/Tochter-Verhältnisse, Mutter/Tochter/Enkel-Verhältnisse) beschrieben, ist aber schon hier im Falle einer unselbständigen ausländischen Niederlassung einer inländischen Körperschaft nachvollziehbar. Belastungsvergleiche bei der Vereinnahmung inländischer und ausländischer Einkünfte würden bis zur Thesaurierung eher neutral ausfallen (Steueranrechnungsmethode, vergleichbares ausländisches Steuerniveau), um dann im Weiterausschüttungsfall gravierende Differenzen zu zeigen: Einer Körperschaftsteuerminderung aufgrund eines Zugangs zum EK 40 bei inländischen Einkünften stünde die Körperschaftsteuererhöhung ($30/100$) bei den ausländischen Einkünften gegenüber. Bei solchen unterschiedlichen Wirkungen stellte sich natürlich die Frage einer Rechtfertigung. Die hier genannte Wirkung, die mit dem EK 01 verbunden ist, ist Teil eines „geschlossenen Systems" der Entlastung des Gewinns von der Körperschaftsteuer und der Zielsetzung, die **Einmalbesteuerung im Inland sicherzustellen;** verwirklicht wird dies in diesem Fall dadurch, daß beim Anteilseigner nur von der Gesellschaft **gezahlte deutsche Körperschaftsteuer** anrechenbar ist. National abgeschlossen, zeigt es bei Auslandsbeziehungen „Friktionen im Gefolge" (*Wrede* in *H/H/R* Rz 10, 16 vor Art. 27 KStG). Die negativen Folgen für die Ausschüttung nicht mit deutscher Körperschaftsteuer belasteter ausländischer Einkünfte glaubte man mit dem

Hinweis darauf relativieren zu können, daß die Verwendungsfiktion in § 28 III KStG einen Ausgleich biete (s. *Manke* StBJb 1977/78, S. 287). Die Reihenfolge des § 30 KStG sieht vor, daß mit der Ausschüttung der tarifbelasteten Einkommensteile begonnen wird und daß zuletzt die unbelasteten Teilbeträge aus dem EK 01 ausgeschüttet werden. Damit ist vom Gesetzgeber in der Tat sichergestellt worden, daß **Gewinnausschüttungen vorrangig aus dem Inlandsgewinn** zu bestreiten sind.

(3) Tatsächlich aber erwies sich die **Reihenfolge der Verwendung** **60** **mit zunehmender Internationalisierung der Unternehmenstätigkeit** als unzureichende Lösung, da die Internationalisierung sowohl zunehmende absolute als auch relative Anteile der ausländischen Einkünfte im Vergleich zu den inländischen Einkünften nach sich zog. Für die Entwicklung des verwendbaren Eigenkapitals bedeutete dies deutlich höhere EK 01-Zugänge als EK 50-Zugänge (bis VZ 1993 als die hier entscheidende Zäsur). Je verstärkter ausländische Engagements, desto größer die Gefahr, für Ausschüttungen auf die im EK 01 gespeicherten steuerfreien ausländischen Einkünfte zurückgreifen zu müssen. Als **Ursachen solcher EK 50-Lücken** erwiesen sich mithin einerseits die unterschiedliche Behandlung von in- und ausländischen Einkünften im Anrechnungsverfahren und andererseits Ungleichgewichte im verwendbaren Eigenkapital. Die daraus resultierenden unternehmenspolitischen Konsequenzen knüpften an den letztgenannten Punkt an und mußten als Zielvorgabe ein ausgewogenes Verhältnis zwischen EK 50 und EK 01 schaffen, das Gewinnausschüttungen aus dem EK 50 ermöglichte und den Thesaurierungsbedarf möglichst mit EK 01 abdeckte. Zur Gesamtproblematik bis zur gesetzlichen Neuregelung durch den StandOG 1993 ist auf die bewundernswerte Schrift von *Ursula Braun* zur EK 50-Lücke zu verweisen (ins. ab Seite 13 ff; s. aber auch *Thümler*, S. 163 ff.). *Frau Braun* bezog auch bereits Lösungsvorschläge in ihre Untersuchung ein (ab S. 228 ff.): die steuerfreie Durchleitung von EK 01 mit einem Verzicht in § 40 KStG auf die Körperschaftsteuer-Erhöhung bei EK 01-Verwendung; die Zuordnung steuerfreier ausländischer Einkünfte – weitgehend identisch mit der erstgenannten Variante; Einbeziehung ausländischer Steuern mit dem Begriff der Tarifbelastung gem. § 27 II KStG (Anrechnung über die Grenze). Wir setzen, um das nochmals herauszustellen, inländische Beteiligte voraus – die Einbeziehung auch ausländischer Anteilseigner und die dann gegebene Folge für die Ausschüttung von ausländischen Einkünften für diesen Personenkreis folgt ab P 90.

(4) Die **Lösung im StandOG 1993,** mit dem auch die Steuersätze von **61** 50 auf 45 = Tarifliche Belastung und von 36 auf 30 = Ausschüttungsbelastung gesenkt wurden, knüpfte an die erstgenannte Reformüberlegung an: Es bleibt bei dem **Ausschluß der Anrechnung einer ausländischen Körperschaftsteuer** (§ 36 II Nr. 3 EStG als Rechtsgrundlage hierfür) – einer der heftigst umstrittenen Punkte vor allem unter dem Gesichtspunkt

des europäischen Binnenmarktes (s. dazu unter N 111). Aber: Die ausschüttende Gesellschaft, bei der EK 01 als für Ausschüttungen verwendet gilt, muß die Ausschüttungsbelastung nicht mehr herstellen, eine Ausschüttung führt zu keiner Körperschaftsteuererhöhung: § 40 Nr. 1 KStG – ohne Differenzierung nach dem Ausschüttungsempfänger – allerdings bei unveränderter Belastung der Ausschüttung mit Kapitalertragsteuer (§ 43 I Nr. 1 und Nr. 6 EStG. Doch eine entscheidende Differenzierung ist zu beachten, wenn es (wie hier) zu Ausschüttungen von ausländischen Betriebsstätteneinkünften kommt, die teilweise (oder völlig) im EK 01 ihren Niederschlag gefunden haben; alsdann werden Hinweise verständlich wie: „So mußte der Chemiekonzern Bayer für 1998 zum ersten Mal in seiner Geschichte Auslandserträge für die Dividende heranziehen, um den Aktionären die Verzinsung ihres Kapitals zu sichern" (FAZ 1999 Nr. 65 S. 1).

**62**    – Anteilseigner und **Empfänger der Gewinnausschüttung solcher EK 01-Beträge ist eine natürliche** (voraussetzungsgemäß in dem hier betrachteten Fall, ohne tatbestandsmäßige Voraussetzung zu sein: eine im Inland ansässige) **Person.** Der Zufluß der aus EK 01 finanzierten Gewinnausschüttung führt bei ihr zu Einkünften aus Kapitalvermögen (§ 20 I Nr. 1 EStG). Während der Dividendenempfänger für Ausschüttungen aus dem EK 45 (bzw. EK 40 nach der Tarifsenkung 1. 1. 1999) und dem EK 30 ein Anrechnungsguthaben erhält ($\frac{3}{7}$ der Dividende), entfällt dies für Ausschüttungen aus dem EK 01, da § 36 II Nr. 3 Satz 1 EStG ausdrücklich anordnet, „soweit diese nicht aus Ausschüttungen stammen, für die Eigenkapital im Sinne des § 30 II Nr. 1 KStG als verwendet gilt." Die aus EK 01 gezahlte Dividende wird mithin beim Anteilseigner mit dessen individuellem Einkommensteuersatz belastet. Ausländische Körperschaftsteuer aber findet keine Berücksichtigung im körperschaftsteuerlichen Anrechnungsverfahren, weil § 36 II Nr. 3 hierfür „die Körperschaftsteuer einer unbeschränkt körperschaftsteuerpflichtigen Körperschaft oder Personenvereinigung" voraussetzt. Folge: Die unilaterale Maßnahme auf der Ebene der Gesellschaft (also des körpersteuerpflichtigen Stammhauses für ausländische Betriebsstätteneinkünfte) geht bei der Ausschüttung ins Leere; die Erhebung einer Quellensteuer im Betriebsstättenstaat führt beim **Stammhaus-Anteilseigner** zu einer definitiven Zusatzbelastung auch dann, falls für die inländische Gesellschaft § 26 I KStG zur Anwendung gelangt und eine Doppelbesteuerung vermeidet. Der Sache nach bedeutet dies eine **Nachversteuerung,** soweit die anrechenbare Steuer größer oder gleich der inländischen Steuer ist bzw. die anrechenbare Steuer kleiner ist als die inländische Steuer und die erforderliche Eigenkapitalverteilung zu einer EK 01-Zuweisung führt (zur Problematik der von der Anwendung beim Anteilseigner ausgeschlossenen ausländischen Körperschaftsteuer *Pumbo* S. 31 ff.; *Potthof* S. 61 f.; nachvollzogen werden kann dieser Effekt der Nachversteuerung am Beispiel unter Rz 65). Das Nettoeinkommen eines inländischen Gesellschafters aus ausländischen Einkünften ist geringer als ein entsprechendes Einkommen aus inländischen Quellen; gegenüber den Verhältnissen auf der Ebene der inländischen Kapitalgesellschaft ergibt sich eine Diskriminierung ausländischer Gewinne (*Otto H. Jacobs/Spengel* in Festschrift *Ritter* S. 116 mit einer Belastungsanalyse für Deutschland, Frankreich und Großbritannien). Weil die Ausschüttungsbelastung aufgrund des § 40 Nr. 1 KStG nicht herzustellen ist, könnte man an den Vorteil einer höheren Bardividendenausschüttung durch die Gesellschaft denken, doch besteht für den hier genannten Personenkreis wegen der fehlenden Anrechenbarkeit der ausländischen Steuerbelastung im Ergebnis wohl eher kein Interesse an der Ausschüttung einer EK 01-Dividende (vgl. die Gegenüberstellung einer EK 01/EK 45-Ausschüttung bei *Eilers/Wienands* in *F/W/B* Rz 71 zu § 8 b KStG; daher *Raupach:* Gewinnausschüttungen aus dem EK 01 führen bei natürlichen Personen zu „Dividenden zweiter Klasse" (JbFSt 1997/98, S. 331).

– Anteilseigner und **Empfänger einer Gewinnausschüttung ist eine zur Glie-**   **63** **rung ihres verwendbaren Eigenkapitals verpflichtete unbeschränkt steuerpflichtige Körperschaft** i. S. des § 1 I Nr. 1, 2, 3 oder 6 KStG, vor allem also Kapitalgesellschaften, ohne daß es auf eine Mindestbeteiligungsquote ankommt (daher: kein Schachtelprivileg, sondern ein **Beteiligungsprivileg**). Voraussetzungsgemäß handelt es sich bei dem inländischen = körperschaftsteuerpflichtigen Stammhaus um eine unbeschränkt steuerpflichtige Kapitalgesellschaft. Schüttet dieses Stammhaus Gewinnanteile aus, für die gemäß der Fiktion des § 28 III KStG EK 01 als verwendet gilt, dann bleiben solche Bezüge bei der Ermittlung des Einkommens einer Empfängerin als einer zur Gliederung ihres verwendbaren Eigenkapitals verpflichteten unbeschränkt steuerpflichtigen Körperschaft außer Ansatz: § 8 b I KStG. Im Schema zur Ermittlung des zu versteuernden Einkommens bedeutet dies Steuerbilanzgewinn ./. steuerfreie Ausschüttungen nach § 8 b I KStG (s. dazu den Körperschaftsteuervordruck KSt 1 A in Zeile 44 a). Da die Vorschrift die Ausschüttung aller im Ausland erzielten, im Inland steuerfreien Einkünfte von der Besteuerung beim Empfänger freistellt, fallen hierunter die in diesem Abschnitt behandelten steuerpflichtigen ausländischen Betriebsstätteneinkünfte, wenn die nach § 26 I KStG in Verbindung mit § 34 c I EStG anzurechnende ausländische Steuer mindestens so hoch ist wie die deutsche Körperschaftsteuer (das wiederum folgt aus der bereits behandelten Gliederungsrechnung). Der Gesetzgeber hat mit § 8 b I KStG damit ein der **körperschaftsteuerlichen Organschaft vergleichbares Instrument** zur steuerfreien Weiterleitung bislang nicht besteuerter Einkünfte geschaffen, seine Anwendung aber auf einen bestimmten Personenkreis beschränkt (*Antweiler* in *Arthur Anderson* Rz 29 zu § 40 KStG). Die Steuerfreistellung des § 8 b I KStG ist nach § 8 b I Satz 2 KStG vom Nachweis einer EK 01-Verwendung durch eine von der ausschüttenden Körperschaft zu erstellenden Steuerbescheinigung (§§ 44, 45 KStG) abhängig. Damit verwirklicht § 8 b I KStG den Zweck, die Schaffung **inländischer Holdingstrukturen steuerlich zu begünstigen** (dazu BT-Drucks. 12/4487, 38): Denn eine „Weiterausschüttung" bleibt steuerfrei – wobei die Abfolge „ausländische Betriebsstätte – inländisches Stammhaus – begünstigter inländischer Dividendenempfänger § 8 b I KStG" diesem Grundmodell einer Holding noch nicht entspricht, sondern die Beteiligung an einer ausländischen, ihrerseits Gewinnanteile ausschüttenden Gesellschaft voraussetzen würde (dazu erst N 190). Dennoch ist die Entscheidung des Gesetzgebers, die Begünstigung der Weiterausschüttung nicht von einer Qualifikation als Dividendenausschüttung einer ausländischen Gesellschaft abhängig zu machen, zutreffend. Die Bedeutung des § 8 b I KStG liegt letztlich nicht in einer grundsätzlichen Reform der Besteuerung ausländischer Einkünfte, sondern verbessert nur die Bedingungen für eine Weiterausschüttung im Unternehmensverbund (*Thiede* S. 121; s. im übrigen das Berechnungsbeispiel unter Einbeziehung alten und neuen Rechts bei *Eilers/Wienands* aaO, Rz 76). Unter Hinweis auf das *EuGH*-Urteil in Sachen Centros (K 40) wird geltend gemacht, der Kreis begünstigter Empfänger habe sich nunmehr auf „Zugezogene Gesellschaften" zu erstrecken, die bislang unter § 1 I Nr. 5 KStG fielen und den Bedingungen des § 1 I Nr. 1, 2, 3 oder 6 nicht entsprachen (so *Sörgel* DB 1999, 2238); dafür gibt das Urteil in Sachen Centros nichts her.

### cc) Das somit verbleibende Problem: Körperschaftsteuersystem und Ausschluß ausländischer Körperschaftsteuer

Die im ausländischen Staat auf die ausländischen Betriebsstätteneinkünfte erhobene Körperschaftsteuer ist für den deutschen Anteilseigner   **64** verloren, nicht anders als im Fall der Beteiligung an einer ausländischen Kapitalgesellschaft – insoweit leitet dieser Teil bereits zum Folgeabschnitt über. Schon an dieser einfachen Fallkonstallation der ausländischen Betriebsstätte einer inländischen Körperschaft zeigt sich der Dualismus des Körperschaftsteuersystems 1977: Das Anrechnungsverfahren mit der Körperschaftsteuer als Vorauszahlung auf die Einkommensteuerschuld des Anteilseigners gilt national – grenzüberschreitend aber gilt das klassische System der wirtschaftlichen Doppelbelastung, wie es vor 1977 das Körperschaftsteuerrecht insgesamt bestimmte (zur Kritik zuletzt *Thiel* StBJb 1997/98, S. 79, 80, 91 und StBJb 1998/99, S. 71 ff.). Daß die Rechtslage seit Jahren Gegenstand kritischer Auseinandersetzungen ist, kann nicht überraschen. Immerhin wurden im Zusammenhang mit der Vorbereitung des StandOG 1993 Überlegungen zur Anerkennung einer ausländischen Körperschaftsteuer als Vorbelastung angestellt, deren Verwirklichung aber letztlich aus Haushaltsgründen scheiterte (dazu *Zeitler/Krebs* DB 1993, 1051 und *Cattelaens* StuW 1993, 249). **Nur durch eine Anrechnung über die Grenze läßt sich die isolationistische Wirkung von Anrechnungssystemen beseitigen** (*Otto H. Jacobs* S. 130 mit Hinweis auf grenzüberschreitende Körperschaftsteuergutschriften in der DBA-Praxis, aber auch als unilaterale Maßnahmen in Großbritannien und Italien). Ansonsten gibt es – unterhalb einer solchen grenzüberschreitenden Körperschaftsteueranrechnung – eine Reihe von Vorschlägen, die teilweise schon unmittelbar im Zusammenhang mit der Reform 1977 diskutiert wurden: *Herzigs* Vorschlag einer „differenzierenden Ausschüttung", bei der das für eine Ausschüttung als verwendet geltende Eigenkapital in Abhängigkeit von der jeweiligen Interessenstruktur auf die Anteilseigner zu verteilen wäre (FR 1977, 129 ff.; 162 ff.; dazu im Zusammenhang mit der Frage nach Gestaltungsmöglichkeiten zur gezielten Zuwendung von EK 01-Teilbeträgen nach Schaffung des § 8 b I KStG *Eilers/Wienands* aaO, Rz 128 und hier N 213 zur Frage eines Dividenden-Streamings bei ausländischen Anteilseignern); *Kuhn* (FR 1979, 315) schlug eine Anrechnung ausländischer Steuern nach § 34 c EStG direkt bei dem Gesellschafter vor – die unilaterale Maßnahme wäre direkt beim Anteilseigner wirksam wie beim Gesellschafter einer Personengesellschaft; *Ritter* (BB 1983, 325) schlug eine Zuordnung steuerbefreiter bzw. ermäßigt besteuerter Einkünfte zu dem Kapitalteil mit einer Belastung in Höhe der Thesaurierungsbelastung vor, als Minimallösung aber wenigstens eine Einstellung in das Eigenkapital mit einer Belastung in Höhe der Ausschüttungsbelastung; von einer Vielzahl von Autoren wurde die Forderung nach der Deklaration der ausländischen Steuern als Tarifbelastung gem. § 27 KStG erhoben (vgl. nur *Flick* DB 1977, 34; *Brezing* AG 1979, 257; *Herzig* StuW 1990, 32); *Lornsen* (S. 308 ff.) vertrat die Lösung einer beschränkten Qualifizierung ausländischer Steuern als Tarifbelastung. Von der gegenwärtigen Rechtslage im StandOG 1993 (§ 8 b I KStG) ausgehend wurde von *Rädler* (in Festschrift *Beusch* S. 691) und von *Krebühl* (DB 1994, 501) gefordert, dem Anteilseigner einen Anrechnungsanspruch zu verschaffen. Eine Ausschüttung aus dem EK 01 generell steuerfrei zu behandeln, so daß sie als solche nicht mehr interessiert, forderten *Brezing* (AG 1979, 254) und *Mayer-Wegelin* (DB 1985, 1760). Am Ende des Jahres 1999, in Kenntnis der vorliegenden Reformvorschläge – und insbesondere der **Brühler Empfehlungen** zum Halbeinkünfteverfahren (C 14) ist eine Prognose zu einer Anrechnung ausländischer Körperschaftsteuer möglicherweise wegen der bevorstehenden Beseitigung des Anrechnungsverfahrens gegenstandslos; anzumerken bleibt jedoch, daß die Thematik gar nicht mehr erkennen läßt, ob primär körperschaftsteuerliche, generell beklagenswerte Mängel oder vorrangig die Europatauglichkeit des Systems geltend gemacht wird (dazu sogleich unter N 111). Dennoch ist die Auseinandersetzung mit den Reformvorschlägen lohnenswert, da sie einen Schwerpunkt des IStR über die fiskalische Sichtweise des eigenen Staates hinausgehend betrachtet (ausführlich zu sämtlichen Alternativvorschlägen *Pumbo* S. 119ff.). Gegenwärtig jedenfalls wird die Diskussion zentral um die **Vereinbarkeit der Rechtslage mit dem Europäischen Recht** geführt: Die unterschiedliche Behandlung in- und ausländischer Dividenden sowie in- und ausländischer Anteilseigner als Behinderung des Kapitalverkehrs und als Ursache von Diskriminierungen.

*dd) Körperschaftsteuersystem und ausländische Betriebsstätteneinkünfte: ein zusammenfassendes Beispiel*

Das folgende Beispiel – sowohl für den bis zum 31. 12. 1998 gelten- **65** den Steuersatz in Höhe von 45% als auch für den seit dem 1. 1. 1999 geltenden Steuersatz in Höhe von 40% – soll einschließlich der Anmerkungen die Zusammenhänge nochmals und in konzentrierter Form verdeutlichen, vor allem aber den einzelnen Rechenoperationen die Rechtsgrundlage zuordnen. Das Beispiel gestattet vor allem dadurch einen **Vergleich mit inländischen Einkünften,** als in der 1. Spalte mit einem ausländischen Steuersatz von 0% und damit einer fehlenden Belastung des Einkommens mit ausländischer Steuer eine Bedingung hergestellt wird, die inländischen Einkünften entspricht.

Steuersätze im Ausland

## Tarifbelastung der Körperschaftsteuer bis VZ 1998

|  | 0 % | 10 % | 14,29 % | 21,43 % | 25 % | 40 % | 45 % | 50 % |
|---|---|---|---|---|---|---|---|---|
|  | 45 % |  |  |  |  |  |  |  |
| [1] Auslandseinkünfte | 100,00 | 100,00 | 100,00 | 100,00 | 100,00 | 100,00 | 100,00 | 100,00 |
| [2] Ausl. ESt/KSt | 0,00 | –10,00 | –14,29 | –21,43 | –25,00 | –40,00 | –45,00 | –50,00 |
| [3] Inländische Vermögensmehrung [1+2] | 100,00 | 90,00 | 85,71 | 78,57 | 75,00 | 60,00 | 55,00 | 50,00 |
| [4] Bemessungsgrundlage Inlands-KSt = Auslandseinkünfte vor Ausl. ESt/KSt | 100,00 | 100,00 | 100,00 | 100,00 | 100,00 | 100,00 | 100,00 | 100,00 |
| [5] Tarifbelastung § 23 I KStG | –45,00 | –45,00 | –45,00 | –45,00 | –45,00 | –45,00 | –45,00 | –45,00 |
| [6] Auslandsanrechnung | 0,00 | 10,00 | 14,29 | 21,43 | 25,00 | 40,00 | 45,00 | 50,00 |
| [7] Inländische Tarifbelastung (§ 27 II KStG) | –45,00 | –35,00 | –30,71 | –23,57 | –20,00 | –5,00 | 0,00 | 0,00 |
| [8] Inl. Vermögensmehrung nach Abzug der inländischen Tarifbelastung [3+7] | 55,00 | 55,00 | 55,00 | 55,00 | 55,00 | 55,00 | 55,00 | 55,00 |
| [9] Belastung der inl. Vermögensmehrung [3] mit inl. KSt [7] | 45 % | 39 % | 36 % | **30 %** | 27 % | 8 % | 0 % | 0 % |
| [10] Eigenkapitalgliederung: | | | | | | | | |
| EK 45 | 55,00 | 29,33 | 18,33 | 0,00 | 0,00 | 0,00 | 0,00 | 0,00 |
| EK 30 | 0,00 | 25,67 | 36,67 | 55,00 | 46,67 | 11,67 | 0,00 | 0,00 |
| EK 01 | 0,00 | 0,00 | 0,00 | 0,00 | 8,33 | 43,33 | 55,00 | 50,00 |
| [11] Ausschüttungsbeträge | | | | | | | | |
| aus EK 45 (7%/55 der obigen Beträge) | 70,00 | 37,33 | 23,33 | 0,00 | 0,00 | 0,00 | 0,00 | 0,00 |
| aus EK 30 (100 % der obigen Beträge) | 0,00 | 25,67 | 36,67 | 55,00 | 46,67 | 11,67 | 0,00 | 0,00 |
| aus EK 01 (100 % der obigen Beträge – keine Anrechnung!) | 0,00 | 0,00 | 0,00 | 0,00 | 8,33 | 43,33 | 55,00 | 50,00 |
| [12] Barausschüttung | 70,00 | 63,00 | 60,00 | 55,00 | 55,00 | 55,00 | 55,00 | 50,00 |
| [13] Auf ESt anzurechnende KSt (3/7) | 30,00 | 27,00 | 25,71 | 23,57 | 20,00 | 5,00 | 0,00 | 0,00 |
| [14] zu versteuernde Einkünfte aus Kap. Verm. (§ 20 EStG) | 100,00 | 90,00 | 85,71 | 78,57 | 75,00 | 60,00 | 55,00 | 50,00 |
| [15] ESt (nach Voraussetzung konstant 50 %) | –50,00 | –45,00 | –42,86 | –39,29 | –37,50 | –30,00 | –27,50 | –25,00 |
| [16] Netto-Verfügungsbetrag | 50,00 | 45,00 | 42,86 | 39,29 | 37,50 | 30,00 | 27,50 | 25,00 |

**Steuersätze im Ausland**

**Tarifbelastung der Körperschaftsteuer ab VZ 1999**

| Steuersätze im Ausland | 0% | 10% | 14,29% | 21,43% | 25% | 40% | 45% | 50% |
|---|---|---|---|---|---|---|---|---|
| [1] Auslandseinkünfte | 100,00 | 100,00 | 100,00 | 100,00 | 100,00 | 100,00 | 100,00 | 100,00 |
| [2] Ausl. ESt/KSt | 0,00 | -10,00 | -14,29 | -21,43 | -25,00 | -40,00 | -45,00 | -50,00 |
| [3] Inländische Vermögensmehrung [1+2] | 100,00 | 90,00 | 85,71 | 78,57 | 75,00 | 60,00 | 55,00 | 50,00 |
| [4] Bemessungsgrundlage Inlands-KSt = | | | | | | | | |
| [5] Auslandseinkünfte vor Ausl. ESt/KSt | 100,00 | 100,00 | 100,00 | 100,00 | 100,00 | 100,00 | 100,00 | 100,00 |
| Tarifbelastung § 23 I KStG | -40,00 | -40,00 | -40,00 | -40,00 | -40,00 | -40,00 | -40,00 | -40,00 |
| [6] Auslandsanrechnung | 0,00 | 10,00 | 14,29 | 21,43 | 25,00 | 40,00 | 40,00 | 40,00 |
| [7] Inländische Tarifbelastung (§ 27 II KStG) | -40,00 | -30,00 | -25,71 | -18,57 | -15,00 | -0,00 | 0,00 | 0,00 |
| [8] Inl. Vermögensmehrung nach Abzug der inländischen Tarifbelastung [3+7] | 60,00 | 60,00 | 60,00 | 60,00 | 60,00 | 60,00 | 55,00 | 50,00 |
| [9] Belastung der inl. Vermögensmehrung [3] mit inl. KSt [7] | 40% | 33% | **30%** | 24% | 20% | 0% | 0% | 0% |
| [10] Eigenkapitalgliederung: | | | | | | | | |
| EK 40 | 60,00 | 18,00 | 0,00 | 0,00 | 0,00 | 0,00 | 0,00 | 0,00 |
| EK 30 | 0,00 | 42,00 | 60,00 | 43,33 | 35,00 | 0,00 | 0,00 | 0,00 |
| EK 01 | 0,00 | 0,00 | 0,00 | 16,67 | 25,00 | 60,00 | 55,00 | 50,00 |
| [11] Ausschüttungsbeträge | | | | | | | | |
| aus EK 40 (70/60 der obigen Beträge) | 70,00 | 21,00 | 0,00 | 0,00 | 0,00 | 0,00 | 0,00 | 0,00 |
| aus EK 30 (100 % der obigen Beträge) | 0,00 | 42,00 | 60,00 | 43,33 | 35,00 | 0,00 | 0,00 | 0,00 |
| aus EK 01 (100 % der obigen Beträge – keine Anrechnung!) | 0,00 | 0,00 | 0,00 | 16,67 | 25,00 | 60,00 | 55,00 | 50,00 |
| [12] Barausschüttung | 70,00 | 63,00 | 60,00 | 60,00 | 60,00 | 60,00 | 55,00 | 50,00 |
| [13] Auf ESt anzurechnende KSt (3/7) | 30,00 | 27,00 | 25,71 | 18,57 | 15,00 | 0,00 | 0,00 | 0,00 |
| [14] zu versteuernde Einkünfte aus Kap. Verm. (§ 20 EStG) | 100,00 | 90,00 | 85,71 | 78,57 | 75,00 | 60,00 | 55,00 | 50,00 |
| [15] ESt (nach Voraussetzung konstant 50%) | -50,00 | -45,00 | -42,86 | -39,29 | -37,50 | -30,00 | -27,50 | -25,00 |
| [16] Netto-Verfügungsbetrag | 50,00 | 45,00 | 42,86 | 39,29 | 37,50 | 30,00 | 27,50 | 25,00 |

*Anmerkungen:*

[1] Da es um das Zusammenwirken des deutschen Körperschaftsteuersystems 1977 mit der davon zunächst völlig unabhängigen Anrechnung ausländischer Steuern als Methode zur Vermeidung der internationalen Doppelbesteuerung geht, beschränkt sich das Beispiel auf ausländische Einkünfte. Die Einbeziehung des Effektes einer fehlenden ausländischen Steuer in der 1. Spalte gleicht dies im Ergebnis jedoch aus. Am Beispiel einer Vorbelastung 0 läßt sich daher nachvollziehen, warum der inländische Anteilseigner trotz ausländischer Einkünfte in den Genuß eines Anrechnungsguthabens gelangt. Nicht die Eigenschaft aus dem Ausland stammender Einkünfte steht dem entgegen, sondern die fehlende oder geminderte inländische Tarifbelastung. Siehe dazu auch das Beispiel bei *Otto H. Jacobs/Sprengel* in Festschrift *Ritter* S. 116 mit ergänzenden Erläuterungen und Hinweisen. Soweit ausländische Einkünfte ihre Herkunft im Inland haben und inländischer Körperschaftsteuer unterlagen, ist auf N 320 zu verweisen.

[2] Der tatsächlich im Ausland entrichtete Steuerbetrag ohne Rücksicht auf die Höchstbetragsregelung, aber im übrigen den Anrechnungsbedingungen entsprechend (siehe Zeile 6).

[3] Die Zeile zeigt, daß für die inländische Vermögensmehrung Grundlage des verwendbaren Eigenkapitals die um die ausländischen Steuern gekürzten Einkünfte sind (§ 31 I 3 KStG) – wobei es auf die Anrechenbarkeit (in Zeile 6) nicht ankommt.

[4] Bemessungsgrundlage für die inländische Körperschaftsteuer ist das zu versteuernde Einkommen: Auslandseinkünfte vor Berücksichtigung ausländischer Steuern, da es sich um nichtabzugsfähige Aufwendungen (§ 10 KStG) handelt.

[5] Körperschaftsteuer = inländische KSt nach Tarifbelastung gem. § 23 I KStG: 45 % bzw. 40 %.

[6] Anrechnung ausländischer Steuern gem. § 26 I KStG. Bei einem ausländischen Steuersatz in Höhe von 50 % und seit 1. 1. 1999 auch bei 45 % wirkt sich die Höchstbetragsregelung aus, die Anrechnung führt zu keinem anderen Ergebnis als bei einem Steuersatz von 45 % (siehe Zeile 7) bzw. seit 1. 1. 1999 bei 40 %.

[7] Die Höhe der zur Anrechnung gelangenden ausländischen Steuern bestimmt die inländische Tarifbelastung gem. § 27 II KStG: Was hat der deutsche Fiskus vereinnahmt?

[8] Die inländische Vermögensmehrung ist Grundlage der Eigenkapitalgliederung: Daher wirkt sich in der letzten Spalte der Anrechnungsüberhang (5) aus, über den die Gesellschaft ja tatsächlich nicht mehr verfügen kann.

[9] Abschn. 87 I KStR unterscheidet bei der Aufteilung auf die Eigenkapitalfonds zwischen einer Tarifbelastung, die unter 30 % liegt und einer solchen, die über 30 % liegt. Dabei ist die inländische Tarifbelastung (Zeile 7) in das Verhältnis zur inländischen Vermögensmehrung (Zeile 3) zu setzen. An dieser Stelle ist auch zu erklären, warum im Beispiel ausländische Steuersätze 14,29 % und 21,43 % eingeführt werden. Um den Punkt × (ausländische Steuerbelastung) zu finden, an dem die 30 % gegeben sind und damit eine komplette Einstellung in das EK 30 erfolgt, muß wie folgt gerechnet werden:

$$\frac{\text{deutsche Tarifbelastung} ./. \times}{100\% - \times} = \text{deutsche Ausschüttungsbelastung } (0,3)$$

$$\times = \frac{\text{deutsche Tarifbelastung} - \text{deutsche Ausschüttungsbelastung}}{100\% - \text{deutsche Ausschüttungsbelastung}}$$

Das bedeutet: Bei einer Tarifbelastung von 45 % wird bei einer ausländischen Steuerbelastung von x = 21,43 % die gesamte inländische Vermögensmehrung (Zeile 8) in das EK 30 eingestellt; bei einer Tarifbelastung von 40 % nimmt x einen entsprechenden Wert von 14,29 % an. Mit sinkendem Thesaurierungssteuersatz (Tarifbelastung) und gleichbleibendem bzw. ansteigendem ausländischen Steuersatz wächst die Gefahr einer Einstellung in das EK 01.

[10] Abschnitt 87 I KStR unterscheidet zwischen unterschiedlichen Verfahrensweisen zur Aufteilung auf die Eigenkapitalfonds, weil bei einer inländischen Tarifbelastung der inländischen Vermögensmehrung unterhalb von 30% eine Aufteilung auf das EK 01 und das EK 30 erfolgt, während oberhalb von 30% eine Aufteilung auf das EK 30 und das EK 40 bzw. EK 45 vorzunehmen ist. Ziel ist es, eine Aufteilung zu finden, die zu der inländischen Tarifbelastung paßt. Für den ersten Fall wird das EK 30 als das $^7/_3$-fache der inländischen Tarifbelastung bestimmt, das EK 01 ergibt sich aus der Differenz zum Betrag nach Zeile [8]. Vgl. Abschnitt 87 II KStR.

Im zweiten Fall ist eine Ableitung der neuen Formeln erforderlich:
Die inländische Tarifbelastung (St – Zeile 7) ergibt sich nach den neuen Steuersätzen als: $$St = {}^3/_7\,EK\,30 + {}^4/_6\,EK\,40$$
EK 40 läßt sich durch die Differenz aus der inländischen Vermögensmehrung nach Abzug der inländischen Tarifbelastung (EK) und dem EK 30 substituieren:
Aus **EK 40 = EK – EK 30** folgt: $$St = {}^{18}/_{42}\,EK\,30 + {}^{28}/_{42}\,EK - {}^{28}/_{42}\,EK\,30$$
Durch Zusammenfassung und Umstellung von EK 30 und St ergibt sich folgende Formel: $${}^{10}/_{42}\,EK\,30 = {}^{28}/_{42}\,EK - St$$
Daraus folgt dann: $$EK\,30 = {}^{28}/_{10}\,EK - {}^{42}/_{10}\,St$$

[11] Die Ausschüttungsbeträge zeigen die Wirkung des § 40 Nr. 1 KStG: keine Körperschaftsteuererhöhung, soweit Teile der ausländischen Betriebsstättengewinne wegen § 26 I KStG in inländischer Körperschaftsteuer befreit sind: Wirkung wie EK 30. Zur Ausschüttung selbst: Sind keine ausländischen Steuern angefallen, entspricht die Barausschüttung der bei entsprechenden inländischen Einkünften. Ansonsten bestimmen Tarifbelastung bzw. Tarifbelastung und Anrechnungsüberhang deren Höhe. Nicht besonders hervorgehoben wurde der Abzug der Kapitalertragssteuer (§ 43 I Nr. 1 EStG). Die Höhe der Barausschüttung wird mithin durch die Herabsetzung des Thesaurierungssatzes dadurch beeinflußt, daß sich ein Anrechnungsüberhang schon bei einem entsprechend geringeren ausländischen Steuersatz auswirkt.

[12] Erfolgt die Barausschüttung an eine durch § 8 b I KStG begünstigte Körperschaft, wäre das Beispiel zu beenden mit den Hinweisen: keine Körperschaftsteuer-Anrechnung wegen § 36 II Nr. 3 EStG, aber Kapitalertragsteuer-Anrechnung gem. § 36 II Nr. 2 EStG. Und: Einstellung des steuerfrei gestellten Einkommens (im 40%-Beispiel: 16,67 bzw. 25 bzw. 60 bzw. 50 bzw. 55) wiederum in das EK 01: § 30 II Nr. 1 KStG – irgendwann käme es zur Ausschüttung an unbeschränkt steuerpflichtige natürliche Personen (oder Körperschaften i. S. § 1 I Nr. 4, 5 KStG) – dann wäre im Beispiel fortzusetzen: Die EK 01-Ausschüttung (bei 40% ab 14,29% ausländischer Steuer) ist steuerpflichtiger Kapitalertrag § 20 I Nr. 1 EStG (insoweit entfällt die Erhöhung um ein Körperschaftsteuer-Guthaben nach § 20 I Nr. 3 EStG): das kann in den letzten 4 bzw. 5 Spalten nachvollzogen werden. Entscheidend ist, daß mit der fehlenden inländischen Tarifbelastung der „Verlust" an anzurechnender Körperschaftsteuer einhergeht: Die Barausschüttung berücksichtigt, was nach Zahlung ausländischer Steuern noch vorhanden ist (und bei der Besteuerung angerechnet werden durfte) – aber auf den Gesellschafter bezogen wirkt sich das nicht mehr aus. Am Beispiel der Auslandsbelastung ab VZ 1999 für einen ausländischen Steuersatz 40%: Die inländische Vermögensmehrung, die ja bereits um die ausländische Steuer gekürzt wurde, unterliegt als Barausschüttung nochmals und ungekürzt der 50%igen Einkommensteuer – so als hätte es nie eine Vorbelastung gegeben.

[13], [14], und [15] bedürfen keiner weiteren Erläuterung mehr.

[16] Das Sinken des Nettoverfügungsbetrages mit zunehmendem ausländischem Steuersatz ist dadurch bedingt, daß die ausländische Steuer zwar auf die Körperschaftsteuerschuld des vereinnahmenden Stammhauses angerechnet wird, aber bei der Einkommensteuer des Anteilseigners die Einkünfte aus Kapitalvermögen mindert, weil sie nicht als Vorauszahlung auf die deutsche Einkommensteuer gilt.

**66**    Aus diesem Beispiel wird nunmehr der Fall einer 10%igen ausländischen Steuerbelastung der ausländischen Einkünfte als Muster für die Aufteilung ermäßigt belasteter Eigenkapitalanteile aus ausländischen Einkünften (§ 32 II KStG) ausgewählt (Tarifbelastung 40%) und in der Reihenfolge des amtlichen Vordrucks KSt 1 G/D vorgegangen. Die Aufteilung ist bei einer Reihe von Sachverhalten erforderlich und damit in solchen Fällen dieser Vordruck anwendbar (s. dazu die Auflistung bei *Frotscher* S. 241). Hier interessiert der Grundfall der Steueranrechnung gem. § 26 I KStG i. V. mit § 34c I EStG. Bei der indirekten Steueranrechnung §§ 26 II, 26a, V KStG (s. das Beispiel N 175) wird hierauf dann nur noch zu verweisen sein.

Aufteilung des Eigenkapitals nach Vordruck KSt 1 G/D

**Ermittlung des Vomhundertsatzes der Tarifbelastung**

|   |   | DM 1 | DM 2 |
|---|---|---|---|
| 1 | Ermäßigt besteuerte ausländische Einkünfte (einschließlich der darauf entfallenden ausl. Steuern) | 100 | 100 |
| 2 | darauf entfallende KSt nach dem Steuersatz von 40 % | 40 | |
| 3 | abzüglich der tatsächlich gezahlten anzurechnenden ausländischen Steuer vom Einkommen | –10 | –10 |
| 6 | [Inländische Vermögensmehrung im Beispiel zu N 65] | | 90 |
| 7 | Tarifbelastung | 30 | –30 |
| 8 | aufzuteilender Teilbetrag | | 60 |
| 9 | Tarifbelastung in % = [Betrag lt. Zeile] × 100/[Betrag lt. Zeile 6] | | 33,33 % |

**Aufteilung des Zugangs zum verwendbaren Eigenkapitel**

|   |   | DM 1 | DM 2 | Summe der Teilbeträge DM 3 | EK 40 DM 4 | EK 30 DM 5 | EK 01 DM 6 |
|---|---|---|---|---|---|---|---|
|  | Wenn die prozentuale Tarifbelastung (Zeile 9) 30% oder mehr beträgt: | | | | | | |
| 10 | Aufzuteilender Betrag (Betrag aus Zeile 8) | | 60 | 60 | | | |
|  | Vom Betrag lt. Zeile 10 sind in Höhe der Ausschüttungsbelastung (30%) belastet: | | | | | | |
| 11 | Betrag lt. Zeile 3 × $^{42}/_{10}$ | 42 | | 42 | | 42 | |
| 13 | Zugang zum EK 30 | 42 | | –42 | | 42 | |
| 14 | Restbetrag = Zugang zum EK 40 | 18 | | 18 | 18 | | |

– Die Zeilen 1 bis 3 bedürfen keiner Erläuterung mehr, Zeile 4 des Vordrucks ist hier nicht einschlägig und deswegen weggelassen.
– Zeile 7 weist die inländische Tarifbelastung aus und entspricht der Zeile 7 im vorangestellten Beispiel – und führt zur Zeile 8: der aufzuteilende Teilbetrag des verwendbaren Eigenkapitals.
– Zeile 9: Vomhundertsatz der Tarifbelastung. Daraus folgt: Entweder 30 % oder mehr, dann in den Zeilen 10 bis 14 eine Aufteilung in EK 40 und EK 30; oder weniger als 30 %, dann in den – hier weggelassenen – Zeilen 15–17 eine Aufteilung in EK 30 und EK 01.

*ee) Körperschaftsteuersystem und ausländische Betriebsstätteneinkünfte: Halbeinkünfteverfahren*

**67**      Zum Zeitpunkt des Manuskriptabschlusses (1. Januar 2000) gibt es keine sichere Prognose eines künftigen Körperschaftsteuerrechts. Ob mithin die **Brühler Empfehlungen** mit ihrem Vorschlag eines Halbeinkünfteverfahrens und der damit verbundenen **Gleichstellung der ausländischen Einkünfte mit inländischen Einkünften** verwirklicht werden, ist offen. Klar ist, daß deren Verwirklichung für die Ausschüttung ausländischer Einkünfte an natürliche Personen eine deutliche Verbesserung zur Folge hätte: Die von inländischen Kapitalgesellschaften vereinnahmten ausländischen Erträge werden in verfügbarer Höhe (Quellenbesteuerung) – sei es tarifbelastet (25%) wie in den hier behandelten Fällen, sei es steuerbefreit wie beispielsweise aufgrund eines DBA-Schachtelprivilegs – an den Anteilseigner weitergegeben, ohne daß der Mangel eines Anrechnungsguthabens wie eine Nachversteuerung wirkte. Statt dessen unterliegen die ausländischen Einkünfte wie ausgeschüttete inländische Einkünfte nur zur Hälfte der Einkommensteuer. Folge: Es könnten Kapitalgesellschaften mit einem hohen Grad der Internationalisierung zur Finanzierung der Dividendenansprüche der Anteilseigner auf Auslandseinkünfte zurückgreifen, ohne mit dem Nachversteuerungsproblem (alte EK 50-Lücke, spätere EK 45/50-Lücke) konfrontiert zu werden. Vergleicht man im einfachsten Fall bei einer Gewinnausschüttung in Höhe von 100 aus dem EK 01 das jetzt geltende Recht mit dem Halbeinkünfteverfahren, ergäbe sich (s. *Schiffers* GmbHR 1999, 744):

| | bisheriges Recht | Halbeinkünfteverfahren |
|---|---|---|
| Bardividende | 100 | 100 |
| ./. anrechenbare KSt | Voraussetzungen nicht erfüllt | Wegfall überhaupt |
| Einkünfte | 100 | 50 |
| ESt 50% | 50 | 25 |
| Zufluß nach Steuern | 50 | 75 |

**68**      Das Problem dieser Methodik liegt, wie unter C 14 dargestellt, in der **Besserstellung hoch belasteter Gesellschafter:** Bei einem angenommenen Steuersatz von 20% wäre nach dem gegenwärtigen Recht ein Zufluß in Höhe von 80, nach dem künftigen Recht in Höhe von 90 zu verzeichnen – während der hoch besteuerte Gesellschafter sich von 50 auf 75 Nettozufluß verbessert. Das folgende Beispiel verzichtet auf die Wiedergabe der dazwischenliegenden Rechenschritte, da diese sich für das geltende Recht ohnehin aus dem Beispiel zu N 66 ergeben. Es zeigt übersichtlich die verbesserte Situation des Dividendenempfängers, es zeigt andererseits die unterschiedlichen Belastungsfolgen; die Voraussetzung einer „ausreichenden Vorbelastung im Ausland" bleibt hier folgendes:

**Gegenwärtiges Recht:** Gegenüberstellung eines 50%igen und eines 20%igen Steuersatzes des Ausschüttungsempfängers bei Tarifbelastung mit KSt 40%

| Steuersätze im Ausland | 0% | 10% | 40% | 45% | 50% |
|---|---|---|---|---|---|
| Netto-Verfügungsbetrag bei ESt-Satz 50% | 50 | 45 | 30 | 27,50 | 25 |
| Netto-Verfügungsbetrag bei ESt-Satz 20% | 80 | 72 | 48 | 44 | 40 |

**Halbeinkünfteverfahren:** Gegenüberstellung eines 50%igen und eines 20%igen Steuersatzes des Ausschüttungsempfängers bei Tarifbelastung mit KSt 25%

| | | | | | |
|---|---|---|---|---|---|
| Netto-Verfügungsbetrag bei ESt-Satz 50% | 56,25 | 56,25 | 45 | 41,25 | 37,50 |
| Netto-Verfügungsbetrag bei ESt-Satz 20% | 67,50 | 67,50 | 54 | 49,50 | 45 |

*(einstweilen frei)*                                                          **69–99**

## 6. Gründungsfragen, Umstrukturierung der Betriebsstätte

(1) Da das Ergebnis des Stammhauses ein einheitliches unter Einbe- **100** ziehung des von der ausländischen Betriebsstätte erwirtschafteten Anteils ist, stellen sich Probleme der Zuordnung von Aufwendungen im **Gründungsstadium** nicht. Bei vorbereitenden Gründungskosten erfolgt daher eine Zuordnung zum Aufwand des Stammhauses, ohne daß es darauf ankäme, ob die Betriebsstättengründung erfolgt oder scheitert (hierzu BSt-Verwaltungsgrundsätze 2.9.1). Die mit diesem Fragenkreis verbundene Problematik entsteht erst, wenn das Betriebsstättenergebnis abgesondert zu ermitteln ist. Der Fall des inländischen Bauunternehmens, das sich auf fünf ausgeschriebene Bauprojekte im Ausland bewirbt, bei einer Ausschreibung den Zuschlag erhält, wirft hier nicht die Frage auf, ob dieser einen damit verbundenen Betriebsstätte auch die Kosten der vier vergeblichen Bewerbungen zuzuordnen sind, wenn es sich um ein Nicht-DBA-Land handelt. Die Aufwendungen gehen in das Gesamtergebnis ein (zur DBA-Problematik s. S 61).

(2) Errichtet ein inländisches Unternehmen durch Ausgliederung be- **101** stehender Unternehmensteile eine ausländische Betriebsstätte und **über-**

**führt hierbei Wirtschaftsgüter in das Ausland**, so kann die Übertragung erfolgsneutral zum Buchwert erfolgen (BSt-Verwaltungsgrundsätze 2.6.1 – Klarstellung im Hinblick auf Irritationen aufgrund des Steuerentlastungsgesetzes 1999/2000/2002; s. dazu auch N 330). Das hiermit verbundene Problem einer Steuerentstrickung wegen des Ausscheidens stiller Reserven aus deutscher Steuerhoheit ist bereits erörtert worden (M 74). In dem betrachteten Fall wird der Ertrag der ausländischen Betriebsstätte aufgrund des Welteinkommensprinzips in das Ergebnis des Stammhauses einbezogen, so daß „Steuersubstanz" vom Grundsatz her nicht verlorengeht. Der *BFH* hat zu dieser Frage bisher nur indirekt Stellung genommen und sieht offensichtlich keinen Entnahmetatbestand gegeben (*BFH* BStBl. 1970 II, 175; *BFH* BStBl. 1989 II, 187). § 6 V EStG i.d.F. des Steuerentlastungsgesetzes 1999/2000/2002 untersagt eine buchwertneutrale Überführung von Wirtschaftsgütern zwischen zwei dem Steuerpflichtigen gehörenden Betriebsvermögen nur in bestimmten Fällen. Das Tatbestandsmerkmal „sofern die Besteuerung der stellen Reserven sichergestellt ist" kann nach der bisherigen Rechtsprechung als gesichert angesehen werden: Das übertragene Wirtschaftsgut bleibe dem deutschen Steuerzugriff „verstrickt". Zum Problem wird dann erst die Übernahme in eine in einem DBA-Land belegene Betriebsstätte und Anwendung der Freistellungsmethode (S 61). Folgt man dieser Ansicht, dann stellt sich für eine ausländische Betriebsstätte eines inländischen Unternehmens in einem Nicht-DBA-Staat auch nicht die Frage, ob die Ausstattung dieser Betriebsstätte außerhalb eines Übergangs von Sachwerten und Rechten als Überlassung bewertbarer Geschäftschancen anzusehen ist. Anders wäre hiernach der Fall einer inländischen Liquidation unter Fortsetzung der Geschäftätigkeit im Ausland zu betrachten – s. hierzu die Diskussionsbeiträge auf der IDW-Steuerfachtagung 1996 von *Haarmann* und *Wassermeyer* S. 88. Wird statt einer Verlagerung von Wirtschaftsgütern ein ausländisches Betriebsvermögen erworben, so scheidet im hier untersuchten Fall einer ausländischen unselbständigen Betriebsstätte ein Anteilserwerb (share deal) grundsätzlich aus. Aus der Sicht des inländischen Stammhauses stellt sich die Frage einer Kapitalausstattung und Kapitalzuordnung zur ausländischen Betriebsstätte (dazu P 30).

**102**    (3) Zu den Umstrukturierungen der ausländischen Betriebsstätte gehört zunächst deren **Veräußerung** (zur **Auflösung** und Stammhauszuordnung BSt-Verwaltungsgrundsätze 2.9.2). Ein hierbei erzielter Gewinn ist im Rahmen der Stammhausveranlagung unter Anrechnung ausländischer Steuern zu versteuern. Wird die ausländische Betriebsstätte in eine ausländische Personengesellschaft eingebracht, so fällt dieser **Einbringungsvorgang** unter das Umwandlungssteuergesetz (UmwStG). In § 24 I ist von der Einbringung eines Betriebs/Teilbetriebs in eine Personengesellschaft die Rede, ohne daß eine Beschränkung auf eine inländische

Personengesellschaft gegeben ist. Dies ist auch systemgerecht, weil die Personengesellschaft als Betriebsstätte jedes einzelnen Mitunternehmers gilt, so daß das Betriebsstättenvermögen auch nicht aus der deutschen Besteuerung ausscheidet: Der Steuerinländer ist als Mitunternehmer weiterhin an den stillen Reserven des eingebrachten Betriebsstättenvermögens und darüber hinaus auch an den in der Personengesellschaft bereits vorhandenen stillen Reserven beteiligt (*Schröder* in *Mössner* u.a., S. 340f.). Wird die ausländische Betriebsstätte (außerhalb der EU befindlich) in eine ausländische Kapitalgesellschaft (EU – oder nicht EU – ansässig) eingebracht, ist der Einbringungsvorgang als Veräußerungsgeschäft zu behandeln und bei Gewährung von Gesellschaftsanteilen an der aufnehmenden Gesellschaft der gemeine Wert der Anteile als Veräußerungspreis zugrunde zu legen (*Schmidt* EStG § 16 Rz 279). Dieser Einbringungsfall wird auch durch die Ausnahmen von einer grundsätzlichen Gewinnrealisierung nicht berührt: § 20 I UmwStG regelt Voraussetzungen für eine erfolgsneutrale Einbringung nach § 20 II–IV UmwStG; Voraussetzung hierfür ist aber die unbeschränkte Steuerpflicht der aufnehmenden Gesellschaft – diese Voraussetzung liegt hier nicht vor. Aufnehmende Gesellschaft für das ausländische Betriebsstättenvermögen kann natürlich auch eine inländische Kapitalgesellschaft sein – dann können die Voraussetzungen des § 20 II–IV, im Fall der Ausweisung eines Buchgewinns § 20 V UmwStG, gegeben sein. Handelt es sich bei der aufnehmenden Gesellschaft um eine EU-Kapitalgesellschaft und bei der ausländischen Betriebsstätte um eine EU-Betriebsstätte, sind die Voraussetzungen der in nationales Recht umgesetzten Fusionsrichtlinie (§ 23 III UmwStG) zu prüfen (dazu unter N 112). Aus dem Betriebsstättenvermögen im Ausland können auch **Abspaltungen** erfolgen: Unter der Voraussetzung der Sicherung stiller Reserven (§ 11 I Satz 1 Nr. 1 UmwStG) kann eine Gewinnrealisierung unterbleiben. Die Bedingung ist stets erfüllt, wenn das abgespaltene Vermögen in einem Nicht-DBA-Staat verbleibt und die Teilbetriebsbedingung erfüllt ist. Die unilaterale Methode einer Steueranrechnung steht auch hier der Sicherstellung der Besteuerung nicht entgegen (*Leila Momen* S.184).

*(einstweilen frei)* **103–109**

## 7. Europäisches Recht und ausländische Betriebsstätte

Vorgezogen wurden bereits die europarechtlichen Überlegungen zur **110** Frage der Betriebsstättenverluste wegen des engen Sachzusammenhangs mit § 2a EStG (N 18). Und klarzustellen ist auch vorab, daß die ausländischen Betriebsstätteneinkünfte in den europarechtlichen Überlegungen eher eine untergeordnete Rolle spielen, weil vorrangig Beteiligungseinkünfte interessieren (Beispiel: die Mutter/Tocher-Richtlinie). Andererseits muß jedoch immer wieder daran erinnert werden, daß die Proble-

matik ausländischer Einkünfte und damit die **Nichtanrechnung ausländischer Körperschaftsteuer** im deutschen Körperschaftsteuersystem insoweit unteilbar ist. Einzelne Harmonisierungsziele sind auf Tochterkapitalgesellschaften und auf Betriebsstätten gleichermaßen ausgerichtet.
Das galt ursprünglich für Verluste, das gilt gegenwärtig für den Richtlinienvorschlag zu Zins- und Lizenzzahlungen (s. N 226).

*a) Binnenmarktkonzept: Körperschaftsteuer und ausländische Einkünfte*

**111**  Die Fragen eines **binnenmarktfreundlichen Körperschaftsteuersystems** und – davon kaum zu trennen, wenngleich mit weitergehenden
Sachproblemen – einer **Harmonisierung der Körperschaftsteuersysteme** werden aus der Sicht des internationalen Steuerrechts vorrangig
immer zwei Probleme zu lösen haben: Wie werden im Ausland erwirtschaftete Gewinne besteuert und wie werden ausländische Anteilseigner
in das System einbezogen. Zwar müssen beide Problembereiche unter
dem Gesichtspunkt eines „europatauglichen Körperschaftsteuersystems"
in einem Zusammenhang gesehen werden. Aber die Behandlung ausländischer Einkünfte im deutschen Körperschaftsteuerrecht erzwingt keine
Lösung in Abhängigkeit von der Stellung des ausländischen Gesellschafters im körperschaftsteuerlichen Anrechnungsverfahren – will man
das Anrechnungsverfahren beibehalten. Wenngleich in den Konzepten
für ein europäisches Körperschaftsteuersystem beide Fragen zu behandeln sind, so liegt doch das Schwergewicht auf der Frage nach der Stellung des ausländischen Anteilseigners – und damit bei der Ausländerbetätigung im Inland (s. P 90). Was die Besteuerung ausländischer
Einkünfte betrifft, wird die Binnenmarktproblematik kaum jeweils am
Beispiel ausländischer Betriebsstätteneinkünfte erörtert, sondern regelmäßig im Zusammenhang mit der Direktinvestition mittels einer Tochtergesellschaft (grenzüberschreitende Dividendenflüsse); entweder wird
die EU-Direktinvestition mittels Betriebsstättengründung durch ein körperschaftsteuerpflichtiges inländisches Stammhaus überhaupt nicht beachtet (so bei *Roßmayer*), oder sie wird bewußt ausgeklammert (*Hey* S. 5f.).
Für *Dautzenberg* (S. 545) ist unter dem Gesichtspunkt des Binnenmarktes vorrangig die Ausländerbetätigung im Inland wegen des besonderen Steuersatzes von 42% bzw. 40% seit dem 1. 1. 1999 für Gewinne
ausländischer Gesellschaften ohne die Möglichkeit einer KSt-Minderung
für die von der Betriebsstätte an das Stammhaus ausgeschütteten Gewinne von Bedeutung (dazu P 39); die kompensatorische Wirkung einer
Anrechnung ausländischer Steuer mit dem Ziel, auch dem Anteilseigner
als Privatmann und Letztbegünstigten die Steueranrechnung nach § 26 I
KStG zu erhalten, sieht *Dautzenberg* differenziert (S. 549): Würde eine
entsprechende Gutschrift für eine ausländische Direktinvestition in dem
Maße gewährt, in dem dieser Staat seinen eigenen Investoren eine Gutschrift einräumt, so würde die Bundesrepublik für ihre eigenen Steuer-

bürger bei Investitionen in solchen Staaten in der Tat binnenmarkt-konforme Zustände bewirken. Problematisch wäre aber eine solche An-rechnung, wenn der ausländische Staat die Körperschaftsteuer als De-finitivbelastung gestaltet, da dann eine neue Wettbewerbsverzerrung entstünde: Die ausländischen Unternehmen könnten Renditeansprüche deutscher Anleger leichter befriedigen. Wie ernst dieser Hinweis zu nehmen ist, zeigen die **Brühler Empfehlungen zum Halbeinkünf-teverfahren:** Die Gleichstellung inländischer und ausländischer Erträge setzt danach eine „ausreichende Vorbelastung im Ausland" voraus (s. C 14). Die Thematik hat jedenfalls bislang keine besonderen und EU-bezogenen Reformvorschläge zur Folge gehabt, den Entwurf einer KSt-Richtlinie aus Jahr 1975, der ein Teilanrechnungsverfahren vorsah, hat die Kommission 1990 zurückgezogen.

Aktualität hat die Frage der **Anrechnung ausländischer Körper-schaftsteuer** durch ein Abmahnschreiben der EU-Kommission aus dem Jahre 1995 (Vertragsverletzungsverfahren Art. 226 EG) sowie durch die Entscheidung des *FG München* (EFG 1998, 1076) – und letztlich natür-lich durch die gegenwärtigen Überlegungen zu einer Reform der Unter-nehmensbesteuerung gewonnen. Da die Voraussetzung einer Anrech-nung durch das Tatbestandsmerkmal der „Körperschaftsteuer einer unbeschränkt körperschaftsteuerpflichtigen Körperschaft oder Personen-vereinigung" in § 36 II Nr. 3 EStG bestimmt wird und die Tarifbelastung der inländischen Körperschaft ausländische Körperschaftsteuer nicht be-rücksichtigt, stellt sich mithin im Kern die Frage nach der **Europataug-lichkeit des § 36 II Nr. 3 EStG** (dem Sachverhalt im Verfahren *FG München* lag der Besitz ausländischer Aktien eines Steuerinländers zugrunde – es besteht aber zur Vorbelastung ausländischer Einkünfte ei-nes körperschaftsteuerpflichtigen Stammhauses insoweit kein prinzi-pieller Unterschied; es mögen lediglich andere Renditenüberlegungen als die im Falle des *FG München* anzustellen sein). Das *FG München* geht auf die Kernfrage einer Gleichstellung inländischer und ausländischer Einkünfte nicht ein, sondern ordnet das Problem dem Sitzstaat der aus-schüttenden Körperschaft zu (was in dem hier betrachteten Fall der aus-ländischen Betriebsstätte entsprechend anzuwenden wäre): Dieser Staat habe die Regelungskompetenz, er müßte ggf. eine Körperschaftsteuer auch an Gebietsfremde weiterreichen. Und die Kohärenz des Steuersy-stems wird geltend gemacht: „Das System der „durchgereichten KSt" setzt voraus, daß der Fiskus, der insoweit nur als Zahlstelle fungiert, die Beträge auch einnimmt. Nach dem deutschen Voll-Anrechnungsver-fahren wird daher die KSt-Anrechnung nur vorgenommen, soweit der ausgeschüttete Gewinn überhaupt mit KSt belastet ist . . . Wird danach nicht belastetes Eigenkapital ausgeschüttet (sog. EK 01 und EK 04), kommt es nicht zur KSt-Anrechnung . . . Diesem Regelungsmechanis-mus widerspräche es, die auf den (dänischen) Dividenden lastende aus-

ländische KSt beim Kläger zu versteuern und anschließend auf dessen
ESt anzurechnen. Diese ausländischen KSt-Beträge werden vom deutschen Fiskus nicht vereinnahmt. Es würde sich daher nicht um eine
„durchgereichte KSt" handeln. Für Steuern eines andern Staates fehlt
aber Deutschland die Dispositionsbefugnis." Wenngleich dem *FG München* in einigen europarechtlichen Bezugnahmen nicht zu folgen ist (die
angeführte *EuGH*-Rechtsprechung zur Kohärenz beispielsweise ist nicht
einschlägig), so ist uneingeschränkt zu konzedieren: Die **Verteilungsfrage zwischen den Staaten** ist mit dem vorgegebenen deutschen Anrechnungssystem geklärt – aber hält das einer europarechtlichen Überprüfung stand? Oder kann Deutschland insoweit dazu gezwungen
werden, eine vollständige Neutralität herbeizuführen und die bislang
grundlegenden Unterschiede zwischen der Besteuerung eines Inländers
mit inländischen Dividendenerträgen und eines Inländers mit inländischen Dividendenerträgen ausländischer Herkunft aufzugeben? Dies
würde die Teilung des Steueraufkommens mit dem ausländischen Staat
bedeuten (s. *Mössner/Kellersmann* DStZ 1999, 516). Die **Brühler Empfehlungen** mit dem Halbeinkünfteverfahren auf der Grundlage einer
Aufgabe des Anrechnungssystems haben in praktisch allen Punkten
Kritik erfahren – mit der Ausnahme der Einbeziehung ausländischer
Einkünfte und der damit verbundenen **Gleichstellung inländischer und
ausländischer Einkünfte** (N 67). Damit wäre das gemeinschaftsrechtliche Problem mithin gelöst. Im Rahmen des gegenwärtig geltenden
deutschen Körperschaftsteuersystems sollte – abschließend – ein Punkt
noch bedacht werden. Manchmal scheint es – jedenfalls wäre das *FG
München* ein Beleg hierfür – als sei die Anrechnung nur inländischer
Körperschaftsteuer eine unverrückbare Basis des geltenden Rechts, so
selbstverständlich, daß sie im Gesetzgebungsverfahren zur Körperschaftsteuerreform 1977 auch nicht einmal besonders problematisiert wurde.
*Mössner/Kellersmann* (S. 511) haben aber darauf verwiesen, daß bereits
seit 1972 mit dem System einer indirekten Steueranrechnung (§ 26 II–V
KStG – dazu ab N 159) es jedenfalls in einem Teilbereich ausländischer
Einkünfte zu einer Berücksichtigung im Ausland gezahlter Körperschaftsteuer kam. Der Vergleich ist mit äußerster Zurückhaltung zu
ziehen, da die indirekte Steueranrechnung systematisch nicht in das Anrechnungssystem, sondern in die Methodik unilateraler Maßnahmen gegen die Doppelbesteuerung einzuordnen ist. Dennoch bedeutet sie einen
„Brückenschlag" zum aktuellen Thema.

*b) Fusionsrichtlinie und Umstrukturierung von Betriebsstätten (§ 23 I,
    III UmwStG)*

**112**    (1) Mit der Verabschiedung der Mutter/Tochter-Richtlinie, der Fusionsrichtlinie und des Schiedsabkommens durch den EG-Ministerrat am
23. 7. 1990 ist ein vorläufiger Schlußpunkt in der Entwicklung des **in-**

ternationalen Konzernrechts auf der Grundlage des EU-Binnen-marktkonzeptes gesetzt worden. Erreicht wurde damit eine weitgehende steuerneutrale Gewinnausschüttung im Mutter/Tochter-Verhältnis, das an dieser Stelle wegen einer bloßen Stammhaus/Betriebsstättenbeziehung noch nicht interessiert. Die **Fusionsrichtlinie** (zur systematischen Darstellung ab N 281) will grundsätzlich eine steuerneutrale Einbringung über die Grenze ermöglichen: Sie dient dem Zweck, steuerliche Nachteile zu beseitigen, die bei Fusionen, Spaltungen, der Einbringung von Unternehmensanteilen und dem Tausch von Anteilen, die Kapitalgesellschaften verschiedener Mitgliedstaaten betreffen, entstehen. Sie verwirklicht dieses Ziel, indem ein Aufschub der Besteuerung des Wertzuwachses (stille Reserven) von eingebrachten Vermögenswerten bis zu deren tatsächlicher Veräußerung eingeführt wurde – unter gleichzeitiger Sicherstellung der Besteuerung durch den Staat der einbringenden Gesellschaft im Zeitpunkt der späteren Realisierung. Voraussetzung ihrer Anwendung ist die Beteiligung von Kapitalgesellschaften aus mindestens zwei Mitgliedstaaten. Die Bundesrepublik hat die Fusionsrichtlinie in § 23 I–IV UmwStG (Einbringung in der Europäischen Union) umgesetzt und in § 23 I, III die Fälle geregelt, in denen unbeschränkt steuerpflichtige Kapitalgesellschaften Betriebe oder Teilbetriebe buchwertneutral in EU-Kapitalgesellschaften einbringen können. Das bedeutet zugleich, daß die Einbringung einer Betriebsstätte durch eine natürliche Person als Einzelunternehmen oder durch eine Personengesellschaft in eine aufnehmende EU-Kapitalgesellschaft eine steuerpflichtige Gewinnrealisierung zur Folge hat, sich mithin von der Einbringung in eine Kapitalgesellschaft außerhalb des Anwendungsbereichs der Fusionsrichtlinie nicht unterscheidet.

(2) Das bedeutet für den Fall der **Einbringung einer ausländischen 113 und in einem EU-Staat belegenen Betriebsstätte** durch eine unbeschränkt steuerpflichtige Kapitalgesellschaft in eine EU-ansässige Kapitalgesellschaft gegen Gewährung von Gesellschaftsanteilen die entsprechende Anwendung des § 20 IV Satz 1 UmwStG und damit Buchwertverknüpfung auf der Ebene der Auslandsgesellschaft: § 23 III UmwStG – nach Ansicht von *Engl* in Festschrift *Rädler* S. 192 gegen die Fusionsrichtlinie verstoßend. EU-Kapitalgesellschaften sind aus deutscher Sicht die AG, die GmbH und die KGaA; die EU-Kapitalgesellschaften der Unionsländer sind in der Anlage zur Fusionsrichtlinie abschließend aufgeführt. § 23 III UmwStG setzt die Einbringung eines Betriebs- oder Teilbetriebs voraus – danach würde eine Betriebsstätteneinbringung möglicherweise nicht in jedem Fall die Voraussetzungen erfüllen. Aber: Der in § 23 I UmwStG genannte „Teilbetrieb" ist nach der Legaldefinition der Fusionsrichtlinie und damit nach geringeren Anforderungen auszulegen (*EuGH* im Urteil Leur-Bloem, dazu *Henkel* S. 22 und – gegenüberstellend *Engl* aaO, S. 191). Zu weiteren Fallgestaltungen zur Ein-

bringung nach § 23 UmwStG (ausländische EU-Kapitalgesellschaft und inländischer Betrieb/Teilbetrieb, s. ab N 288). Daß die inländische Kapitalgesellschaft in eine ausländische EU-Gesellschaft auch einen inländischen Betrieb/Teilbetrieb unter den Bedingungen einer Wertverknüpfung einbringen kann, geht zwar über die Systematik hier hinaus, soll aber der Vollständigkeit halber ergänzt werden (§ 23 I UmwStG).

**114**    (3) § 2a IV EStG – ohnehin durch das Steuerentlastungsgesetz 1999/ 2000/2002 aufgehoben – knüpfte an den Fall einer Umwandlung (zum Begriff R 5 VI EStR) einer in einem ausländischen Staat belegenen Betriebsstätte in eine Kapitalgesellschaft an und sollte Umgehungen der Verlustverrechnungsbeschränkung verhindern: wenngleich § 2a IV EStG an eine in einem DBA-Staat belegenen Betriebsstätte anknüpfte, deren Verlust der Steuerpflichtige nach § 2a III Satz 1 oder Satz 2 EStG ausgeglichen oder abgezogen hat und der nach § 2a III Satz 3 noch nicht wieder hinzugerechnet wurde, nach unseren Bedingungen aber gerade kein DBA-Land berührt wird, muß wegen des Sachzusammenhangs ein Hinweis erfolgen, da mit allen EU-Staaten DBA bestehen: Generelle Nachversteuerung bei einer Umwandlung aufgrund des Steuerbereinigungsgesetzes 1999 (§ 52 III Satz 5 EStG, s. auch S 323).

**115–119**    *(einstweilen frei)*

### III. Die Gründung einer ausländischen Kapital- oder Personengesellschaft: das Qualifikationsproblem

**120**    Das inländische Unternehmen, das im Ausland Direktinvestitionen tätigen will, kann diese rechtlich verselbständigen und eine Personengesellschaft oder eine Kapitalgesellschaft gründen bzw. sich an vorhandenen Gesellschaften beteiligen. Vor der Darstellung der hiermit verbundenen steuerlichen Wirkungen ist auf die Frage einzugehen, wie das deutsche Steuerrecht die Beteiligung an ausländischen Gesellschaften qualifiziert; ob es insbesondere die ausländische Rechtsform dem Gründungsstatut entsprechend anerkennt. Es geht mithin um die Qualifikation nicht-natürlicher Personen als Steuersubjekte.

**121**    Wenn ganz allgemein von der Anerkennung ausländischer Gesellschaftsformen im Inland gesprochen wird, ist die Frage gemeint, ob nach den Regeln des JPR die im Ausland gewählte Rechtsform im Inland für Zwecke des Privatrechts anerkannt wird. Zu der hiermit verbundenen Diskussion um die Gründungs- und Sitztheorie s. bisher K 40, M 12.

Aus steuerrechtlicher Sicht ist die Frage der Qualifikation als Steuersubjekt mit der Frage der **Abschirmwirkung** vor dem deutschen Fiskus verbunden. Denn die Anerkennung als eigenständiges Steuersubjekt entscheidet, ob die Ertragsbesteuerung des inländischen Anteilinhabers auf die Erfassung ausgeschütteter Gewinne beschränkt ist oder ob seine Steuerpflicht in das ausländische Gebilde hineingreift und die dort bestehenden Verhältnisse in seine Steuersphäre einzubeziehen sind (zur Abschirmwirkung unter N 135; zum Transparenzprinzip unter N 303).

Die Frage nach der internationalprivatrechtlichen Anerkennung einer **122** Auslandsgesellschaft kann dahingestellt bleiben, wenn das **Steuerrecht die Anerkennungsfrage** vom bürgerlichen Recht unabhängig beantwortet. Daß es das jedenfalls für **Personengesellschaften** tut, ergibt sich unmittelbar aus § 15 Nr. 2 EStG: Hier wird gerade nicht an die bürgerlich-rechtliche Rechtsform angeknüpft; es ist vielmehr zu fragen, ob eine Mitunternehmerschaft vorliegt (BSt-Verwaltungsgrundsätze 1.1.5.2; *Wassermeyer* IStR 1995, 49). Dies gilt auch für ausländische Rechtsträger, soweit sie bei einem Typenvergleich einer Mitunternehmerschaft (OHG, KG, BGB-Gesellschaft) entsprechen. Dies gilt auch dann, wenn der ausländische Rechtsträger in seinem Sitzstaat wie eine Körperschaft besteuert wird. Ist beispielsweise ein in der Bundesrepublik unbeschränkt Steuerpflichtiger an einer argentinischen „Sociedad de responsabilidad limitada" beteiligt, so hindert deren Körperschaftsteuerpflicht in Argentinien nicht ihre Mitunternehmerstellung in der Bundesrepublik und damit auch nicht die Zurechnung von – ausgeschütteten und nichtausgeschütteten – Gewinnanteilen zum unbeschränkt steuerpflichtigen Inländer nach §15I Nr. 2 EStG. Anders dagegen § 1 KStG, nach dem die **Körperschaftsteuerpflicht an die Rechtsform** anknüpft. Genauer gesagt: Sie knüpft an wirtschaftliche Veranstaltungen an, die das Körperschaftsteuergesetz mit ihren bürgerlich-rechtlichen Bezeichnungen beschreibt. Da sich aus dem Körperschaftsteuergesetz nichts ergibt, was auf Ausnahmen schließen läßt, muß davon ausgegangen werden, daß das Gesetz alle wirtschaftlichen Veranstaltungen erfassen will, denen das bürgerliche Recht die Bezeichnung einer juristischen Person gibt. Die abstrakten Oberbegriffe wie „Kapitalgesellschaften" und „juristische Personen" können dem Wortlaut nach ohne weiteres auch ausländ. Gesellschaften erfassen. Insbesondere die für den Auffangtatbestand des § 1 I Nr. 4 KStG („sonstige juristische Personen des privaten Rechts") entscheidende Frage der Rechtsfähigkeit könnte für ausländ. Gesellschaften problemlos beantwortet werden. Im übrigen verleiht § 1 I Nr. 5 KStG auch nichtrechtsfähigen Vereinen, Anstalten, Stiftungen und anderen Zweckvermögen des privaten Rechts die Steuerrechtsfähigkeit unter der Voraussetzung des § 3 KStG, daß das Einkommen nicht unmittelbar bei den Beteiligten zu versteuern ist.

Während also bei ausländischen wie bei inländischen Personengesell- **123** schaften gem. § 15 EStG nicht nach der Rechtsform, sondern nach der – von der Rechtsform unabhängigen – Mitunternehmerschaft des einzelnen Gesellschafters zu fragen ist, stellt sich im Rahmen des § 1 KStG die Frage, ob die Anknüpfung des Körperschaftsteuerrechts auch für juristische Personen gilt, die ihre Rechtsfähigkeit *nach ausländischem Recht* erlangt haben. Dies ist ein **Qualifikationsproblem:** Es wird die Rechtsnatur eines Instituts der ausländischen Rechtsordnung untersucht, um die für dieses Rechtsinstitut zutreffenden Normen einer anderen – nämlich der inländischen – Rechtsordnung zu ermitteln (*Kl. Vogel* AöR 84, 63; StuW 1982, 288). Dabei kann entweder die *lex fori* oder die *lex causae* entscheidend sein.

**124**    Das entscheidende Argument für eine **Qualifikation nach der lex fori** ergibt sich aus dem verfassungsrechtlichen Gleichheitsgedanken (*Kl. Vogel* S. 331). Dies hat bereits der *RFH* in der „Venezuela-Entscheidung" von 1930 entschieden, deren Überlegungen auch heute noch überwiegend anerkannt werden. Der Deutsche Gesetzgeber – so der *RFH* – „hatte keinen Anlaß, eine besondere Bestimmung über die Behandlung der ausländischen juristischen Personen zu treffen und sie etwa ohne weiteres ausdrücklich den deutschen juristischen Personen gleichzustellen. Eine derartige Vorschrift wäre schon deshalb bedenklich gewesen, weil ihre Auswirkung im Hinblick auf die Mannigfaltigkeit der ausländischen juristischen Personen gar nicht zu übersehen gewesen wäre. Insbesondere hätte sich daraus eine Rechtslage ergeben können, die der Verwirklichung des Grundsatzes, wirtschaftlich gleiche Verhältnisse nach Möglichkeit auch steuerlich gleichzubehandeln, entgegengestanden wäre. Bei dieser Sachlage ist davon auszugehen, daß grundsätzlich die Entscheidung über die steuerrechtliche Behandlung einer juristischen Person bzw. ihrer Gesellschafter im Einzelfall nach den leitenden Gedanken des Einkommensteuer- und Körperschaftsteuergesetzes zu treffen ist" (RStBl. 1930, 444). Eine Qualifikation nach der lex causae hätte zudem die Gefahr bedeutet, daß ausländisches Recht gezielt zum Träger ausländischer öffentlicher Interessen gemacht werden könnte (*Großfeld* S. 53; *Wengler* S. 105; *Bühler* S. 77; krit. *Hintzen* DStR 1971, 327). Die Frage der Qualifikation ist zuletzt eingehend von *Pott* untersucht worden. Er bestätigt das Ergebnis der Venezuela-Entscheidung: „Die richtige Auslegung geht dahin, daß alle als Tatbestände für die Zuordnung zu einer Besteuerungsform genannten Rechtsformen im Hinblick auf ausländ. Gesellschaften als Typenbegriffe verstanden werden, die die den genannten deutschen Rechtsformen in der Struktur vergleichbaren ausländ. Gebilde erfassen. Soweit dabei ein Rechtsformbegriff in seiner Reichweite eingeschränkt wird, liegt darin eine teleologische Reduktion" (*Pott* S. 77; s. auch *Wurster* FR 1980, 588). Die Konsequenzen der im „Venezuela-Fall" entwickelten Rechtsansicht bestehen darin, daß es für das Steuerrecht nicht auf die international-privatrechtliche Anerkennung einer Gesellschaft ankommt. Je nach Gestaltung des konkreten Falls kann vielmehr entweder

(1) die ausländische Rechtsform im deutschen Steuerrecht anerkannt werden oder

(2) eine ausländische juristische Person wegen ihrer rechtlichen Struktur aus dem Kreise der körperschaftsteuerpflichtigen Gebilde ausscheiden (Venezuela-Fall, s. auch Thailand-Fall *BFH* BStBl. 1988 II, 588) oder aber

(3) eine ausländische Personengesellschaft aus den unter (2) genannten Gründen der Körperschaftsteuerpflicht unterliegen. (Hierzu *RFH* RStBl. 1931, 200; grdl. *Jakobs* StuW 1970, 600; diese Grundsätze gelten auch für nichtrechtsfähige ausl. Gebilde, die einer dt. nichtrechtsfähigen Personenvereinigung, Anstalt, Stiftung oder einem anderen Zweckvermögen entsprechen, das nach § 1 I Nr. 5 i.V.m. §§ 2, 3 KStG der KSt unterliegt; dazu *Raupach* DStZtg 1969, 220).

Problematisch könnte sein, ob eine vom internationalen Privatrecht   125 unabhängige Qualifikation entspr. der *lex fori* auch dann gilt, wenn die Rechtspersönlichkeit internationalprivatrechtlich nicht anerkannt wird, beispielsweise in dem bereits erörterten Fall einer nach ausländischem Recht gegründeten Gesellschaft mit Verwaltungssitz im Inland (M 72, 79), die *Ebenroth/Neiß* (BB 1990, 154) nicht unter Hinweis auf die Venezuela-Entscheidung gelöst wissen wollen. Sie meinen, in der Venezuela-Entscheidung ginge es gerade nicht um die Diskrepanz zwischen der Nichtanerkennung der Rechtsfähigkeit einerseits und der Steuersubjektivität nach § 1 I KStG andererseits, sondern um die Einordnung eines an sich rechtsfähigen Gebildes. Demgegenüber ist hier – vor allem in Anschluß an *Debatin* (BB 1977, 1157) – der tragende Gesichtspunkt der Venezuela-Entscheidung gerade in der Anerkennung einer vom Zivilrecht getrennten Wertung zu sehen; in diesem Sinne auch zuletzt *Henkel* RIW 1991, 565; *Eppler* DB 1991, 1949). Dann aber ist eine differenzierte Fragestellung für den Fall fehlender Rechtsfähigkeit (als Folge der Sitztheorie) nicht zu erkennen. *BFH* BStBl. II 1992, 263 entscheidet die Frage nicht, will aber „solche Sitzverlegungen nicht durch zusätzliche steuerl. Anreize fördern“. Zur jüngsten Entwicklung der *EuGH*-Rechtsprechung und der damit verbundenen Forderung nach einer Neuorientierung im internationalen Gesellschaftsrecht s. K 40, M 16 zu *EuGH*-Centros.

*(einstweilen frei)*   126–129

## IV. Ausländische Kapitalgesellschaft und inländischer Gesellschafter

Die Besteuerungsprobleme, die das in der Regel unter einheitlicher   130 Leitung stehende, also einen internationalen Konzern bildende Gespann inländische Muttergesellschaft ausländische Tochtergesellschaft aufwirft, gehören sicherlich zu den interessantesten Fragen des internationalen Steuerrechts. Das gilt aus der Perspektive eines jeden Staats und unabhängig davon, ob innerhalb der eigenen Grenzen die Mutter- *oder* die Tochtergesellschaft ansässig ist. Obwohl der wirtschaftliche Tatbestand „Konzern“ durch das Überschreiten einer Landesgrenze nur geringfügig beeinflußt wird, steht das Steuerrecht (wie auch das Gesellschaftsrecht) im Vergleich zum nationalen Konzern vor gänzlich neuen Problemen (*Menck* DStZtg 1972, 65). Der **nationale Konzern** ist in einem einheitlichen Rechtsgebiet mit gleichem Steuerdruck auf alle Gesellschaften tätig. Es ist daher im Grunde genommen – spezielle Sachverhalte einmal ausgeklammert – wenig bedeutsam, in welcher Konzerngesellschaft Gewinn zur Besteuerung anfällt. Die einzelnen Gesellschaften eines **internationalen Konzerns** werden entsprechend der Vielfalt der Rechtsordnungen dem Grunde und der Höhe nach unterschiedlich besteuert. Jeder der beteiligten Staaten ist daran interessiert, einen zutreffend abgegrenzten Teil des gesamten Konzerngewinns zu erfassen. Unter der Voraussetzung, daß die Auslandsgesellschaft in der Bundesrepublik als ein körperschaftsteuerpflichtiges Subjekt anerkannt wird, ergeben sich bei der Beteiligung eines inländischen Unternehmens (natürliche oder juristische Person) Steuerfolgen, die man zusammenfassend und in ihren Schwerpunkten mit den Begriffen der Abschirmwirkung, des Verlustausgleichsausschlusses, der Frage einer Gewinnrepatriierung und der Frage nach der Reichweite der Anerkennung von Leistungsbeziehungen beschreiben kann. Damit jedenfalls sind die wesentlichen Kernfragen angeschnitten; es ist jedoch zunächst erforderlich, auf eine Abgrenzung einzugehen, die schon an anderer Stelle kurz erörtert wurde: Direktinvestitionen müssen wirtschaftlich von Portfolioinvestitionen unterschieden werden – da dies mit rechtlichen Konsequenzen verbunden ist.

## 1. Grundlagen

### a) Direktinvestition und Portfolioinvestition

**131** (1) Da es (und solange es) ein rechtsformneutrales Betriebssteuer-Konzept nicht gibt, ist zwischen der Besteuerung von Personenunternehmen und Kapitalgesellschaften zu unterscheiden; damit verbunden ist die unterschiedliche Behandlung ausgeschütteter bzw. thesaurierter Gewinne. Stehen sich somit zwei Konzepte einer Gewinnbesteuerung – für Personenunternehmen einerseits, für Kapitalgesellschaften andererseits – gegenüber, so ist für Kapitalgesellschaften eine weitere Differenzierung erforderlich. Sie beeinflußt nicht etwa die rechtsformabhängige unterschiedliche Besteuerung einbehaltener und ausgeschütteter Gewinne als gesetzliches Prinzip, wohl aber betrachtet sie die Empfänger von Gewinnausschüttungen der Körperschaften nicht als eine einheitliche Menge; sie nimmt – in Ansätzen – **Rücksicht auf Konzernverhältnisse**. Von der Thematik der unternehmerischen Betätigung ausgehend bedarf die Beteiligung inländischer Gesellschafter an einer ausländischen Kapitalgesellschaft daher zunächst einer Beschränkung: Beherrscht eine inländische Kapitalgesellschaft eine ausländische Kapitalgesellschaft, so besteht an der Zuordnung einer solchen Tätigkeit zu einer unternehmerischen Tätigkeit selbst dann kein Zweifel, wenn sich die inländische Anteilsinhaberin jedweden wirtschaftlichen Einflusses auf die ausländische Tochtergesellschaft enthält und lediglich Dividendeneinnahmen bzw. Veräußerungsgewinne realisiert. Erwirbt ein inländischer Privatmann einige Aktien eines ausländischen Unternehmens, so ist das private Vermögensverwaltung, aber keine unternehmerische Betätigung. Man könnte auf eine differenzierte Betrachtung verzichten, wenn die Rechtsfolgen identisch wären, jedenfalls Beteiligungsquoten und Beherrschungsverhältnisse für die Besteuerung von Gewinnausschüttungen keine Rolle spielten. Dann wäre es mit der unterschiedlichen Vereinnahmung im Rahmen der Einkommensteuer und der Körperschaftsteuer einerseits, im Rahmen der Einkünfte aus Kapitalvermögen bzw. gewerblicher Einkünfte andererseits getan. Weil aber durchaus unterschiedliche Rechtsfolgen zu verzeichnen sind, bedarf es einer Unterscheidung. Diese Unterscheidung knüpft zumeist nicht an bestimmte Tatbestandsvoraussetzungen an und ist daher auch nicht als Versuch zu verstehen, eine sichere Abgrenzungsregel zu gewinnen, sie ist vielmehr als eine „problemorientierte" Unterscheidung aufzufassen – ohne die bestimmte Regeln wie beispielsweise die Notwendigkeit von Mindestbeteiligungsquoten zur Erlangung steuerlicher Vorteile etwa bei der sogenannten indirekten Steueranrechnung oder für den Eintritt nachteiliger Rechtsfolgen wie die eines Durchgriffs bei der Hinzurechnungsbesteuerung nicht zu verstehen sind. Im europäischen Recht – um ein anderes Beispiel zu nennen – knüpft Art. 43 EG (Niederlassungsfreiheit) an eine selbständige Erwerbstätigkeit an, die u. a. mittels Tochtergesellschaften durch Angehörige eines Mitgliedsstaates ausgeübt wird. Nicht jede Beteiligung erfüllt diese Voraussetzungen – es ist unbestritten, daß für die Einordnung der Beteiligung einer Kapitalgesellschaft unter dem Schutz dieser Niederlassungsfreiheit die Voraussetzung einer Einflußnahme auf die Tochtergesellschaft erforderlich ist. Hieraus erklärt sich die Beteiligungsvoraussetzung nach Art. 3 der Mutter/Tochter-Richtlinie (mindestens 25 % am Kapital der Tochtergesellschaft mit der Möglichkeit, durch nationales Recht ein geringeres Beteiligungsausmaß zu bestimmen). Die Kapitalverkehrsrichtlinie (1988) ordnet Beteiligungen an Aktiengesellschaften der „Beteiligung an neuen oder bereits bestehenden Unternehmen" zu, wenn das vorhandene Aktienpaket „entweder nach den bestehenden nationalen Rechtsvorschriften oder aus anderen Gründen dem Aktieninhaber die Möglichkeit gibt, sich tatsächlich an der Verwaltung dieser Gesellschaft oder an deren Kontrolle zu beteiligen". Dementsprechend knüpfen auch Überlegungen zu einer harmonisierten Unternehmensbesteuerung in Europa konsequent an die Unterschiede zwischen der bloßen Stellung eines Anteilsinhabers und der eines auf dem ausländischen Markt konkurrierenden Wettbewerbs an (vgl. nur *Johanna Hey* S. 199 ff., S. 362 ff.).

(2) Es geht mithin um die grundsätzliche Frage, ob und wenn ja mit **132** welchen unterschiedlichen Rechtsfolgen Fälle eines bloßen Beteiligungsbesitzes (Portfolio-Anlage) von einer unternehmerischen Zwecken dienenden Beteiligung zu unterscheiden sind. In der **Theorie der inter-**

**nationalen Direktinvestition** (L 5) wird eine strikte Unterscheidung durchgeführt: Ertrags- und Kontrollmotive, unterschiedliche transferierte Ressourcen (Kapital, Anlagegüter, Technologien, Mitarbeiter, Knowhow, im Ausland erwirtschaftete Gewinne) unterschiedliche Anlageformen (Gründung und Beteiligung), langfristiger Zeithorizont bei den **Direktinvestitionen** stehen vorrangig den bloßen Ertragsmotiven, auf Kapital beschränkten Transfers, Anlageformen in Aktien, Obligationen, Immobilien- und Investmentfonds und einem eher kurz- bis mittelfristigen Zeithorizont bei den **Portfolioinvestitionen** gegenüber. Die Frage des „ob überhaupt" ist durch einige Beispiele geklärt und bedarf – für unterschiedliche Rechtsfolgen – einer Begründung. Der bloße Umstand, daß das Gesetz eine solche Differenzierung anerkennt, ist noch nicht ausreichend. Im internationalen Bereich erschließt sich die Unterscheidung dem Grunde nach wiederum durch Wettbewerbsüberlegungen. Die unternehmerische Betätigung muß den Wettbewerb auf den ausländischen Märkten bestehen, folglich ist eher das Ziel einer Kapitalimportneutralität anzustreben und hat eine Wohnsitzbesteuerung zurückzutreten; die privaten Kapitalanlegerinteressen genügende Besteuerung ist eher an der Kapitalexportneutralität auszurichten, eine Wohnsitzbesteuerung hat nicht zurückzutreten, weil Bezugspunkt dieses Neutralitätskonzeptes ja gerade die Verhältnisse im Wohnsitzstaat sind. Doch ist wiederum das mögliche Mißverständnis zu vermeiden, es handele sich insoweit um folgerichtige Beziehungen. Das ist, wie ein Vergleich mit anderen Rechtsordnungen zeigt, nicht der Fall – es ist unsere und die gemeinschaftsrechtliche Sicht (vgl. nur zur US-amerikanischen Diskussion um ein Freistellungssystem des Treasury Department für die Anteilseignerebene *Hey* S. 309). Während sich für die privaten Kapitalanlegerinteressen die Bezeichnung als Portfolio-Anlage durchgesetzt hat (*Dautzenberg* S. 475; *Otto H. Jacobs* S. 62), wird für die **Unternehmenstätigkeit** überwiegend – als Gegensatz – von einer **Direktinvestition als Oberbegriff** gesprochen: grenzüberschreitende Investitionen mit dem Ziel der Erlangung eines maßgeblichen Einflusses auf die im Ausland zutreffenden unternehmerischen Entscheidungen (*Kuhlmann* S. 2); die Direktinvestition umfaßt dann auch die **Gründung einer ausländischen Betriebsstätte** und die Gründung bzw. die **Beteiligung an einer ausländischen Personengesellschaft;** bei der Gründung oder dem **Erwerb der Anteile an einer ausländischen Kapitalgesellschaft** soll damit jedenfalls eine Beteiligung, die ausschließlich dem Rendite- oder Kapitalsicherungsinteresse des Investors dient, hiervon ausgeschieden werden. Eine andere Sicht unterscheidet mit der Einteilung in Schachteldividenden und Portfoliodividenden zwei verschiedene Einkunftsarten und will damit einen eigenständigen Oberbegriff der „Dividenden" vermeiden, s. *Brigitte Hintzen* S. 54 Fußn. 424, bezieht mithin die Gegenüberstellung auch nur auf die Beteiligtenstellung an einer Kapitalgesellschaft.

(3) Ob die Grenze zwischen einer Direktinvestition und einer lediglich anlageori- **133** entierten Finanzinvestition – sofern sie überhaupt von Bedeutung sein soll, s. nämlich anders § 8b I KStG; **Brühler-Empfehlungen** – bei 5, 10 oder 25% Anteilsbesitz liegt, ist sicherlich generell weder zu bejahen noch zu verneinen. Nur: Wenn sich – aus welchen beachtlichen Gründen auch immer – die Frage einer eher kapitalimportneutralen oder einer eher kapitalexportneutralen Besteuerung stellt, muß sich der Gesetzgeber oder müssen sich die Vertragsparteien eines Doppelbesteuerungsabkommens festlegen. Sie können solche fundamentalen Unterschiede in den Rechtsfolgen nicht an auslegungsbedürftige Beherrschungskriterien im Einzelfall knüpfen, sie müssen sie typisieren und durch Zahlen bestimmen. Allerdings genügt es für das deutsche Steuerrecht noch nicht, auf den Unterschied zwischen einer Direktinvestition und einer Portfolio-Investition zu verweisen, wenn man nicht zugleich auf rechtsformspezifische Unterschiede auf der Gesellschaftsebene verweist. Ein erstes Beispiel dafür hat bereits die Weiterausschüttung ausländischer, in Betriebsstätten erwirtschafteter Einkünfte gezeigt: Anrechenbarkeit ausländischer Steuer nach § 34c I EStG unmittelbar auf eine inländische Steuerschuld – reines Prinzip der Kapitalexportneutralität jedenfalls bei einem geringeren Steuerniveau im Ausland. Anrechenbarkeit ausländischer Steuer nach § 26 I KStG – zwar auf der Ebene der Gesellschaft den Folgen der Anrechnung nach § 34c I EStG folgend, aber mit unterschiedlichen Rechtsfolgen bei ihrer Weiterausschüttung an einkommensteuerpflichtige oder ihrerseits körperschaftsteuerpflichtige Anteilseigner. Das muß hier nicht mehr wiederholt werden, verweist aber auf ein durchgehend nachweisbares Muster: Die an der Kapitalimportneutralität ausgerichtete unternehmerische Betätigung ist nicht rechtsformneutral bestimmt, sondern es knüpfen – wie die indirekte Steueranrechnung gem. § 26 II KStG, die Mutter/Tocher-Richtlinie und die Schachtelvergünstigungen im DBA-Recht zeigen – entlastende steuerliche Maßnahmen an die Körperschaftsteuerpflicht des Zahlungsempfängers, so daß Gewinnthesaurierungen bei Auslandseinkünften in ausländischen Kapitalgesellschaften und im Ausschüttungsfall an inländische Kapitalgesellschaften grundsätzlich präferiert sind. Zu ergänzen ist in diesem Zusammenhang noch die an die Beteiligungshöhe anknüpfende Meldepflicht nach § 138 II Nr. 3 AO: Eine unmittelbare Beteiligung von 10% und eine mittelbare Beteiligung von 25% ist anzeigepflichtig (hierzu *FG Berlin* und die Urteilsanmerkung von *Hensel* IStR 1999, 46).

(4) Soweit in den Überlegungen zu einer europatauglichen Unterneh- **134** mensbesteuerung Portfolioinvestitionen überhaupt eine Rolle spielen, wird einerseits eine Gleichstellung gefordert (*Johanna Hey* S. 348 am Beispiel der Kapitalertragsteuer), andererseits an der bisherigen Differenzierung festgehalten (*Otto H. Jacobs/Spengel* in Festschrift *Ritter* S. 139).

*b) Steuerfolgen: Abschirmwirkung, fehlendes Organschaftskonzept, fehlender Verlustausgleich und Gewinnrepatriierung*

(1) Mit der **Abschirmwirkung** wird zunächst nichts anderes als das **135** aus dem Zivilrecht bekannte Trennungsprinzip zum Ausdruck gebracht: Mit der Gründung einer ausländischen Kapitalgesellschaft sind – anders als bei Betriebsstätten – die Ertrags- und Vermögensteile der Auslandsgesellschaft vom Ertrag und Vermögen ihrer Anteilseigner zu trennen. Aber das ist keine Besonderheit einer grenzüberschreitenden Betätigung: Es handelt sich um das „zentrale Strukturmerkmal" auf

nationaler und internationaler Ebene: Die Rechtsfähigkeit einer einzelnen Gesellschaft unabhängig von Beteiligungs- und Herrschaftsstrukturen untereinander in ihrem Gegensatz zum Transparenzprinzip für Mitunternehmerschaften und der damit verbundenen anteiligen steuerlichen Zurechnung zu ihren Gesellschaftern. Dieses Prinzip auf das Steuerrecht übertragen führt zu einer rechtsformgeleiteten Besteuerung. Während aber auf der nationalen Ebene praktisch aller Staaten bei Konzernsachverhalten – ganz unscharf, aber hier völlig ausreichend: bei Sachverhalten, bei denen das rechtliche Trennungsprinzip den tatsächlichen Austauschbeziehungen nicht mehr gerecht wird – das Steuerrecht auch die wirtschaftliche Einheit der rechtlich unabhängigen Gesellschaften beachtet (Organschaftskonzept), sind solche Regelungen bei grenzüberschreitenden Unternehmensverbindungen nur in Ansätzen nachweisbar. Die rechtsformabhängige Anknüpfung ist in ihren Grundlagen und in ihrer systematischen Stellung bereits erörtert worden (s. M 12). Neben der Suche nach einem auch für grenzüberschreitende Sachverhalte tauglichen Körperschaftsteuersystem stellt die Frage nach einem auf **einen internationalen Konzern ausgerichteten Besteuerungskonzept** einen Diskussionsschwerpunkt im internationalen Steuerrecht dar. Beide Fragen sind miteinander verbunden, wenn es um die Möglichkeit geht, ein Körperschaftsteuersystem zu finden, das nicht kooperationshemmend wirkt – dennoch sind sie methodisch zu trennen: Steht die Frage nach Körperschaftsteuerguthaben bei grenzüberschreitenden Sachverhalten, darunter grenzüberschreitender Kooperation, im Mittelpunkt der Frage nach einem vor allem gemeinschaftsrechtlich tauglichen Körperschaftsteuersystem (dazu bereits ausf. N 111), wird die Frage der **Konzernbesteuerung** durch die **Reichweite bzw. Aufhebung des Trennungsprinzips** bestimmt. Denn das Trennungsprinzip kann aus einer wirtschaftlichen Sicht auf das Steuerrecht übertragen nur die Portfolioinvestition zutreffend abbilden, die frei ist von irgendwelchen Einflüssen und Leistungsbeziehungen auf Gesellschafter und Gesellschaft. Je mehr als Folge einer Direktinvestition hinter der rechtlichen Selbständigkeit eine wirtschaftliche Einheit entsteht, um so weniger kann erwartet werden, daß die Einzeleinkommen der Gesellschaften in ihrer Gesamtaddition einem von der Einheit insgesamt erwirtschafteten, vom Markt bestätigten Einkommen entspricht: Aus der Anwendung der Trennungstheorie können sich für die „wirtschaftliche Einheit" als Ganzes sowohl Steuermehrbelastungen als auch Steuerminderungen gegenüber einer rein national tätigen, auf der Grundlage eines Organschaftskonzepts besteuerten Einheit ergeben (*Kessler* S. 18).

**136**     Daraus folgt zwangsläufig, daß die **Abschirmwirkung** nicht nur **als** rechtliche Folge des Trennungsprinzips beschrieben werden kann – sie kann aus der Sicht eines Handelnden zugleich **Gestaltungsziel** sein. Das

IStR begnügt sich mit der Feststellung der Abschirmwirkung, die betriebswirtschaftliche Steuerlehre sieht sie unter dem Gesichtspunkt der Minimierung der Steuerbelastung und verbindet sie zunehmend mit der Frage nach der **Auslagerung betrieblicher Funktionen auf Auslandsgesellschaften** (s. *Jacobs* S. 837); die Abschirmwirkung fragt nach Anknüpfungen für die deutsche Steuerhoheit bzw. schließt solche Anknüpfungen aus – die Abschirmwirkung als Gestaltungsziel fragt nach den wirtschaftlichen Bedingungen, unter denen ein solcher Ausschluß als unternehmerisches Ziel beachtenswert ist und nach den rechtlichen Bedingungen, inländische Anknüpfungspunkte zu vermeiden.

Schließlich ist darauf hinzuweisen, daß die Abschirmwirkung sich als abkommensrechtliche Folge auch für ausländische Betriebsstätten ergeben kann – nicht als Folge des Trennungsprinzips, sondern als Folge einer besonderen Methode, die internationale Doppelbesteuerung zu vermeiden (s. dazu S 328).

(2) Die Abschirmwirkung stellt im Ausland erwirtschaftete und dort **137** im Vermögen der ausländischen Gesellschaft einbehaltene Gewinne von der deutschen Besteuerung frei: Eine Anknüpfung für die Besteuerung von der ausländischen Gesellschaft thesaurierter Gewinne ist weder im Rahmen einer beschränkten Steuerpflicht (es fehlt an einer inländischen Quelle) noch im Rahmen einer unbeschränkten Steuerpflicht (es fehlt an einer steuerpflichtigen Einnahme) gegeben.

(3) Die Kehrseite der auf dem Trennungsprinzip beruhenden Ab- **138** schirmwirkung ist die **fehlende Ausgleichsmöglichkeit des Verlustes der ausländischen Kapitalgesellschaft.** Bei Konzernverhältnissen sind Organschaftsverhältnisse mit grenzüberschreitenden Voraussetzungen (vom Ausnahmefall zur inländischen Betriebsstätte einer ausländischen Kapitalgesellschaft (s. P 38) abgesehen) nicht möglich. Organgesellschaft kann für Zwecke der KSt nur eine inländische Kapitalgesellschaft sein, die sowohl Sitz als auch Geschäftsleitung im Inland hat (§ 14 Satz 1 und § 17 Satz 1 KStG) – eine ausländische Tochtergesellschaft scheidet mithin aus – dazu N 155. Möglich ist eine Vornahme einer **Teilwertabschreibung** auf die Beteiligung an der ausländischen Gesellschaft unabhängig von der Rechtsform des inländischen Gesellschafters, sofern Verluste auf Fehlmaßnahmen beruhen und wenn es sich nicht um übliche Anlaufverluste handelt; es ist aber für den Fall einer Teilwertabschreibung zu prüfen, ob ein Verlustausgleich unbeschränkt oder nur beschränkt mit positiven Einkünften der jeweils selben Art aus demselben Staat möglich ist: Der unbeschränkte Verlustausgleich setzt voraus, daß die ausländische Gesellschaft seit ihrer Gründung oder während der letzten fünf Jahre eine aktive Tätigkeit ausgeübt hat (§ 2a II Satz 2 EStG). Denn § 2a I Nr. 3a EStG verhindert die Umgehung des § 2a durch Zwischenschaltung einer ausländischen Gesellschaft. Der Anwendungsbereich dieser Norm ist gegenüber § 2a I Satz 1 Nr. 1 oder Nr. 2

(s. N 14) umfassender, da sie keine Betriebsstättenbedingung erfordert: Alle Aktivitäten werden erfaßt – dementsprechend weit versteht sich allerdings auch die Aktivitätsklausel des § 2a II Satz 2 EStG. Zu der systematisch im anderen Zusammenhang behandelten Frage einer ausschüttungsbedingten Teilwertabschreibung nach § 8b VI KStG s. N 207, zur Binnenmarktkonzeption und der Verlustberücksichtigung s. unter N 224. Damit sind Verluste ausländischer Tochterkapitalgesellschaften grundsätzlich nur im Rahmen ihrer eigenen ausländischen Besteuerung ausgleichsfähig. Thema des IFA-Kongresses 1998 war auch die steuerliche Behandlung von Verlusten; der umfangreiche deutsche Nationalbericht von *Orth* (IWB 1 IFA-Mitteilungen, 1453 ff.) stellt auch die grenzüberschreitenden Wirkungen dar.

**139**    (4) Von der Abschirmwirkung ausgehend hat das *BMF-Beiratsgutachten* zur „Reform der internationalen Kapitaleinkommensbesteuerung" (1999) auf den „Anreiz für die Mutter, Gewinne der Tochter nicht auszuschütten, sondern im Ausland zu belassen", hingewiesen und dies mit einem Beispiel verbunden (S. 25): Bei Annahme einer Belastung von 47% durch Körperschaftsteuer und Solidaritätszuschlag im Inland und 30% im Ausland hat der Konzern Mittel in Höhe von 70 zur Verfügung, wenn er einen Gewinn in Höhe von 100 im Ausland thesauriert, während nur 53 verbleiben, wenn der Gewinn nach Ausschüttung an die Inlandsmutter bei dieser thesauriert wird. Das Gutachten hat diese Feststellung alsdann relativiert: Einerseits durch den Hinweis auf darlehensweisen Kapitaltransfer in das Inland, so daß eine „realwirtschaftliche Verzerrung" nicht entsteht. An anderer Stelle weist das Gutachten darauf hin, daß solche mit der Abschirmwirkung verbundenen Steuerfolgen mit einer an einer Kapitalexportneutralität ausgerichteten Systematik nicht zu vereinbaren sind: Von diesem Grundsatz ausgehend müßte das deutsche Steuerrecht auf einbehaltene Gewinne ausländischer Kapitalgesellschaften, an denen inländische Personen oder Gesellschaften beteiligt sind, in vollem Umfang zugreifen – jedoch widerspräche ein umfassender Zugriff internationalen Gepflogenheiten (S. 41).

**140**    (5) Nun muß man aber die Abschirmungsfolge schon aus tatsächlichen Gründen relativieren, denn unabhängig von ihrem Standort im Inland oder im Ausland: Eine Kapitalgesellschaft besteht nicht um ihrer selbst willen, sie dient letztlich hinter ihr – direkt oder mittelbar – stehenden natürlichen Personen und soll deren Einkommen vermehren. Eine Gewinnthesaurierung zum Zwecke der Selbstfinanzierung im Ausland auf Dauer ist möglich, aber als Unternehmensziel unrealistisch. Die Abschirmwirkung eröffnet zwar auch andere Gestaltungsmöglichkeiten als nur die Thesaurierung oder die Gewinnausschüttung an inländische Anteilseigner. Ihr Vorteil wird vor allem bei einer Reinvestition im Ausland erkennbar, worunter auch gesellschaftsrechtliche Umstrukturierungen fallen –, aber auch aus ihr soll letztlich Einkommenszuwachs für die inländischen Anteilseigner folgen.

Deswegen: Aus steuerlicher Sicht ist eine Gewinnthesaurierung im Ausland immer dann von Vorteil, wenn mit der Repatriierung dieser Gewinne – unabhängig von ihrer Form – unweigerlich eine zusätzliche Besteuerung im Inland (Ansässigkeit der Gesellschafter) verbunden ist. Das ist nicht unter allen Umständen der Fall, da die Abschirmwirkung der Sache nach auch im Ausschüttungsfall unter den Bedingungen eines internationalen Schachtelprivilegs (S 329) und bei einer Weiterausschüttung unter den Bedingungen des § 8b I KStG (N 190) greift – aber eben nicht zu Gunsten natürlicher Personen als Anteilseigner. Als Gestaltungsziel taugt eine solche Sicht aber dann nicht, wenn die inländischen Gesellschafter ihr Vermögen in der Auslandsgesellschaft gebunden haben und auf Ausschüttungen angewiesen sind. Stehen Gesellschafter einer inländischen Kapitalgesellschaft mithin vor der Entscheidung über eine Ausgliederung betrieblicher Funktionen, dann müssen sie bei der Gründung einer ausländischen Tochtergesellschaft diesen Gesichtspunkt bedenken; sie könnten dann auch daran interessiert sein, die Ausgliederung zwar nicht grundsätzlich aufzugeben, die Aufgabe der ausländischen Gesellschaft aber auf „Beistelleistungen" zu reduzieren und insbesondere den gewinnträchtigen Vertrieb der inländischen Gesellschaft (dem Mutterhaus) vorzubehalten. Der Sache nach geht es mithin um eine Art **Ausschüttungsmanagement.** Eine andere Möglichkeit, Repatriierungsprobleme möglichst gering zu halten, wäre die Vermeidung von Dividendenzahlungen und ihr Ersatz durch Zinszahlungen im Wege der Gesellschafter-Fremdfinanzierung der ausländischen Tochtergesellschaft (zur steuergünstigen Repatriierung von Gewinnen in Kapitalgesellschaftskonzernen Diskussionsbeiträge von *Wassermeyer, Prinz* und *Theisen* JbFSt 1997/98, S. 328ff.). Besteht kein Ausschüttungsbedarf „zur Lebensführung" beteiligter natürlicher Personen, lassen sich Gestaltungen zur steuergünstigeren Verwendung der erwirtschafteten Gewinne als der bloßen Thesaurierung in der ausländischen Tochtergesellschaft denken. Hier ist vor allem an die Einschaltung einer Zwischenholding in einem niedrig besteuerten Drittstaat zu denken, die aus der ausländischen Tochtergesellschaft ausgeschüttete Dividenden als Schachteldividenden ohne zusätzliche Steuerbelastung vereinnahmt und ihrerseits die Gewinne in weitere Projekte reinvestiert; aber das führt bereits zur hier noch nicht interessierenden Frage, ob die Abschirmwirkung auch in solchen Fällen Bestand hat.

(6) Das *BMF-Beiratsgutachten* zur „Reform der internationalen Kapitaleinkommensbesteuerung" (1999) hat zudem auf ein „steuerrechtliches Detail" aufmerksam gemacht, als dessen Folge die Abschirmung von Gewinnen durch ausländische Kapitalgesellschaften manchen Vorteil verliert. Bei der Ausschüttung in einem späteren Jahr kommt es unter der Anrechnungsmethode für ausländische Steuern (§§ 34c EStG, 26 I KStG) zwar zur Nachversteuerung, jedoch verbleibt ein Zinsvorteil, weil der Barwert künftiger Steuerzahlungen unter dem Wert sofort zahlbarer Steuern liegt. Aber: anrechenbar sind nur im Ausschüttungsjahr gezahlte ausländische Steuern; insofern unterliegen thesaurierte Gewinne bezüglich der in den Jahren vor der Ausschüttung gezahlten ausländischen Steuer einer Doppelbesteuerung. Das Gutachten folgert daraus, aufgrund der gegenläufigen Teilwirkungen (Zinsvorteil – Doppelbelastung) sei „die strategische Nutzung der Abschirmwirkung nur bei hohen Steuer-

**141**

satzdifferenzen und langen Planungszeiträumen sinnvoll" (*BMF-Beirats-gutachten* S. 42 mit einem Beispiel).

*c) Anpassungsverhalten: Finanzierung, Verlagerung und Nutzungs-überlassung, Leistungsaustausch*

**142**   (1) Es geht hierbei nicht um die Frage von Gestaltungsalternativen für eine ausländische Direktinvestition, sondern nur um die Frage, ob die Besteuerung einer auslandsbeherrschten Tochtergesellschaft und ihrer inländischen Gesellschafter **Fragen einer Steuerstrategie** aufwirft. Mit der Entscheidung für die Gründung bzw. den Erwerb einer ausländischen Kapitalgesellschaft sind die steuerlichen Konsequenzen eines Auslands-engagements ebensowenig bestimmt wie bei der Gründung einer auslän-dischen Betriebsstätte. Es lassen sich eine Reihe von Faktoren nennen, die die Steuerwirkungen beeinflussen; Änderungen solcher Faktoren füh-ren innerhalb derselben Gestaltungsalternative – in diesem Falle die ausländische Kapitalgesellschaft – zu Belastungsunterschieden. Dies Einflußgrößen zu bestimmen ist Aufgabe der international ausgerichteten betriebswirtschaftlichen Steuerlehre: *Otto H. Jacobs* (S. 706 ff.) bei-spielsweise hat 10 Einflußfaktoren näher untersucht, die allesamt für die Gestaltungsalternative in der Form einer Kapitalgesellschaft von Rele-vanz sind. Im Rahmen einer Einführung in das IStR ist einigen Faktoren deswegen Aufmerksamkeit zu widmen, weil mit ihnen Tatbestandsfol-gen besonderen Gewichts verbunden sind; andere Faktoren – wie bei-spielsweise die Frage eines vorhandenen Abkommens zur Vermeidung der Doppelbesteuerung – bestimmen ohnehin den Aufbau dieses Buches (ebenso wie die Rechtsform der inländischen Spitzeneinheit); die Pro-blematik des Ausschüttungsverhaltens wurde bereits berührt. Von her-ausragender Bedeutung erweisen sich Fragen der Finanzierung des Aus-landsengagements und Fragen der Erfolgssituation des inländischen Anteilsinhabers und der ausländischen Tochtergesellschaft als Frage nach der Verteilung. Ausgeklammert bleiben Fragen, die mit den Stich-worten „Funktionsverlagerung", „Outsourcing" u. ä. zusammenhängen – es wird mithin eine gegebene Aufgabenstruktur (Ablauforganisation) nicht verändert – dazu erst N 350.

**143**   (2) Für einen Steuerinländer (natürliche Person, Mutterkapitalgesell-schaft) stellt sich aus steuerlicher Sicht die Frage, in welchem Umfang der **Finanzmittelbedarf der ausländischen Tochtergesellschaft** durch die Gewährung von Eigenkapital oder durch die Gewährung von Gesell-schafterdarlehen zu decken ist; das ist die Frage nach einem Belastungs-vergleich zwischen der Eigen- und der Fremdfinanzierung – nicht (noch nicht) die Frage einer Einschaltung von besonderen Finanzierungsgesell-schaften, die – aus der Muttergesellschaft ausgegliedert – konzerneigene Dienstleistungen spezieller Art erbringen (s. N 350). Je nach den Steuersätzen im Inland und Ausland, den unterschiedlichen Gewinnermittlungsvorschriften, den Methoden zur Vermeidung der Doppelbesteuerung, im ausländischen Staat als Quellenstaat erhobenen Abzugsteuern auf Kapitalerträge kann es günstiger sein, die ausländische Tochtergesellschaft mit Eigenkapital oder Gesellschafterfremdkapital auszustatten. Ein „Patentrezept" für die optimale Form der Kapitalausstattung gibt es nicht, aber „richtungweisend" wäre bei isolierter Betrachtung der Tochtergesellschaft deren Ergebnisreduzierung (und damit Belastungsreduzierung) als Folge einer Zinsbelastung durch Fremdfinanzierung. Für den inländischen Gesellschafter folgt hieraus die Frage nach einer unterschiedlichen Besteuerung vereinnahmter Kapitalerträge als Zinsen oder als Dividenden. Es kommt hier nicht auf ein konkretes Ergebnis an, zumal die steuerrechtlichen Folgen eines Dividenden- oder Zinszuflusses aus einem Nicht-DBA-Staat noch nicht bekannt sind, es kommt nur auf denkbare Parameter und ihre grundsätzlichen Folgen an. Bei dem inländischen Anteilseigner wird eine entscheidende Rolle spielen, inwieweit er Refinanzierungskosten (für den Erwerb der ausländischen Beteiligung, für die Beschaffung der weitergegebenen Fremdmittel) steuermindernd in Abzug bringen kann; Bedeutung wird auch der Erfolgsstatus erlangen: Erwirtschaftete die ausländische Tochtergesellschaft Verluste, ist die Finanzierung der ausländischen Gesellschaft mit Fremdkapital zu vermeiden, da der hierdurch verursachte Zinsaufwand den Verlust der ausländischen Gesellschaft erhöht, zugleich die aus dem Ausland fließenden Zinserträge die inländische Steuerbemessungsgrundlage erhöhen. Erzielt der inländische Anteilseigner Verluste, weist dagegen die Fremdfinanzierung mit Blickrichtung auf die ausländische Gesellschaft tendenziell Vorteile auf, da die aus dem Ausland vereinnahmten Zinsen keine Steuerbelastung im Inland auslösen und die steuerliche Bemessungsgrundlage der Auslandsgesellschaft im Ausland verringern (zur Fülle denkbarer Gesichtspunkte *Otto H. Jacobs* S. 737 ff.). Die herausragende Bedeutung eines internationalen Steuergefälles wird an mehreren Entscheidungsalternativen deutlich (*Blumenberg* S. 94 f.); so wäre bei gleich hohen Fremdkapitalzinsen im In- und Ausland vorzuziehen, die Mittel vom Steuerinländer grundsätzlich dort aufzunehmen, wo die steuerliche Wirkung des Zinsabzugs am größten ist, also in Ländern mit hohem Steuersatz. Aus der Sicht eines deutschen Anteilseigners an einer ausländischen Kapitalgesellschaft soll hierbei die Frage einer eventuellen Anrechnung bzw. eines Anrechnungsausschlusses von der Körperschaftsteuerbelastung der ausländischen Gesellschaft unberücksichtigt bleiben (sie interessiert erst aus der Sicht des ausländischen Gesellschafters im Zusammenhang mit § 8 a KStG).

Worum es letztlich aus der Sicht des inländischen Anteilseigners geht, **144** ist die Erlangung eines höheren Nettoeinkommens nach Versteuerung (Gesamtkapitalverzinsung) – ein Vorteil, der nicht identisch ist mit der

Eigenkapitalrendite der ausländischen Gesellschaft. Die Grundstruktur aller **Belastungsvergleiche zwischen Eigenkapital und Fremdkapital** zeigt das folgende Beispiel von *Blumenberg* (S. 61):

| **Finanzierungsalternative** | Alternative A | Alternative B |
|---|---|---|
| Eigenkapital | 50000 | 20000 |
| Fremdkapital | 50000 | 80000 |
| Gesamtkapital | 100000 | 100000 |
| **Tochtergesellschaft** | | |
| Bruttogewinn vor Zinsen | 15000 | 15000 |
| ./. Zinsen für Gesellschafter-Darlehen | 5000 | 8000 |
| Bruttogewinn vor Steuern | 10000 | 7000 |
| Ausländische KSt (30%) | 3000 | 2100 |
| Dividende | 7000 | 4900 |
| **Inländische Muttergesellschaft** | | |
| Dividende (Annahme: wegen eines | | |
| Schachtelprivilegs steuerfreie Einnahme) | 7000 | 4900 |
| Zinseinnahmen | 5000 | 8000 |
| KSt (40%) | 2000 | 3200 |
| Nettoeinkommen | 10000 | 9700 |

Die ausländische Tochtergesellschaft erzielt eine auf das Eigenkapital bezogene Rendite in Höhe von 14% (A) und 24,5% (B) – aber die Gesamtkapitalverzinsung im Fall A beträgt 10% und im Fall B nur 9,7%.

**145**      Mit Recht wird in allen Untersuchungen zur Frage des optimalen Verhältnisses zwischen einer Eigenkapitalfinanzierung und einer Gesellschafterfremdfinanzierung darauf hingewiesen, daß steuerliche Gesichtspunkte nur einen unter mehreren Aspekten ausmachen. Am Beispiel des § 8a KStG wird zu zeigen sein, daß das deutsche Außensteuerrecht auf eine unbegrenzte Fremdfinanzierung deutscher Tochtergesellschaften durch Steuerausländer mit einer Schrankenziehung reagiert hat und keine unbegrenzten Folgen einer Fremdmittelausstattung durch wesentlich Beteiligte hinnimmt. Dem liegt nicht etwa die Vorstellung zugrunde, der Gesetzgeber wisse um ein „zutreffendes Verhältnis" zwischen Eigen- und Fremdkapital – die Betriebswirtschaftslehre als einschlägige Disziplin gibt auch keine Antwort auf eine „richtige" Relation, so daß das Problem einer optimalen Kapitalstruktur immer nur im Einzelfall und bei Kenntnis aller Einflußfaktoren lösbar wäre. Deswegen müssen auch Regeln im ausländischen Steuerrecht, die solche Kapitalrelationen betreffen, ausschließlich unter dem Gesichtspunkt der damit verfolgten fiskalischen Zwecke gewürdigt werden. Der Steuerinländer, der eine ausländische Tochterkapitalgesellschaft erwirbt, muß **ausländische Unterkapitalisierungsregelungen** (weitere Stichworte: thin capitalization rules oder debt-to-equity ratios) bei seiner Finanzierungsentscheidung beachten (s. dazu *Grotherr* Forum Nr. 9, S. 49 ff.; aus deutscher Sicht eines ausländischen Anteilseigners § 8a KStG). Schließlich ist darauf hinzuweisen, daß sich die Finanzierungsfrage aus der Anteilseignersicht im internationalen Bereich ebensowenig wie im nationalen Bereich auf die Frage der Hingabe von Eigenkapital oder Fremdkapital reduziert. Sieht man von speziellen Fragestellungen in multinationalen Unternehmungen wie denen eines „Cash-Managements" ab (steueroptimale Steuerung der Finanzbestände), dann geht es vor allem darum, Finanzierungsinstrumente zu nutzen, die nicht mehr eindeutig dem Fremdkapital oder dem Eigenkapital zuzuordnen sind: es handelt sich um den Einsatz hybrider Finanzierungsinstrumente.

(3) Aus der breiten Skala von Möglichkeiten einer Senkung des Erfolgs einer ausländischen Tochtergesellschaft ist ferner die zunehmend auf Interesse stoßende **Nutzungsüberlassung** zu nennen. Sie hat bisher im IStR keine geschlossene Darstellung gefunden, weil auch hierbei Fragen der Preisbildung (Verrechnungspreise) im Vordergrund stehen (Beispiel *Isensee* IStR 1999, 531 zur Nutzungsüberlassung eines Absatzmarktes und zur Bemessung einer Lizenzgebühr hierfür). Schon die Erfassung der tatsächlichen Vorgänge bereitet in Anbetracht der vielfältigen Formen Schwierigkeiten. *Haarmann* (IDW-Steuerfachtagung 1996, S. 62ff.) unterscheidet nach der Bewertung des Vorgangs: Ist Gegenstand der Überlassung ein Sachwert oder ein Recht, eine bewertbare Geschäftschance oder entzieht sich der Gegenstand einer Bewertung und Konkretisierung? Als Grundfall solcher Nutzungsüberlassung kann das grenzüberschreitende Leasing beurteilt werden: hierbei erwirbt die Tochtergesellschaft nicht selbst abschreibungsfähige Wirtschaftsgüter, sondern erhält diese von der Muttergesellschaft auf der Grundlage eines Leasingvertrages. Für die zu treffende Finanzierungsentscheidung kann bedeutsam werden, daß sich Leasing als ein Instrument zur Umgehung von Gesellschafter-Fremdfinanzierungen eignet (*Streu* S. 138). **146**

(4) Schließlich eignet sich die Gründung einer ausländischen Tochtergesellschaft zur **Steuerplanung mit Verrechnungspreisen und Umlagen.** Denn mit der Leistungsverrechnung innerhalb einer wirtschaftlichen Einheit (inländische Muttergesellschaft – ausländische Tochtergesellschaft) wird „das Ergebnis der einzelnen Konzerneinheiten fixiert", die Abrechnung der innerkonzernlichen Geschäftsbeziehungen bestimmt die „Aufteilung des gesamten Steuersubstrats auf die beteiligten Hoheitsgebiete" (*Otto H. Jacobs* S. 863). Das zugrundeliegende Problem ist das einer „Einkünftezuordnung", das schon im Zusammenhang mit der ausländischen Betriebsstätte kurz erwähnt, aber wegen der fehlenden Abschirmwirkung einer in einem Nicht-DBA-Staat gelegenen Betriebsstätte und wegen der deswegen zunächst auch nur mittelbaren Bedeutung für die Anrechnung ausländischer Steuer nicht vertieft wurde. Aber die Frage einer Einkünftezuordnung zwischen den Unternehmensteilen ein und desselben Steuersubjekts (Stammhaus und Betriebsstätte) ist gegenüber der Einkünftezuordnung zwischen verschiedenen Steuersubjekten (Steuerinländer und ausländische Tochtergesellschaft) von anderer Qualität (ein- **147**

gehend *Schaumburg* S. 1202 ff.): Der einheitlichen Einkünfteermittlung steht die Notwendigkeit einer gesonderten Einkünfteermittlung gegenüber. Aber weil andererseits die Steuersubjekte im Falle einer ausländischen Tochtergesellschaft wirtschaftlich eine Einheit darstellen können, sind **Geschäftsbeziehungen** im Verhältnis zwischen Anteilseigner und Tochtergesellschaft als solche **zwischen verbundenen Unternehmen** durchweg nicht von den zwischen fremden Dritten üblichen Interessengegensätzen geprägt. Das verbindet wiederum beide Fälle miteinander. Ob sie dessen ungeachtet einer einheitlichen oder einer unterschiedlichen Lösung unterworfen werden, steht damit noch nicht fest. Die Frage wird sich stellen, ob der Umstand möglicher Rechtsbeziehungen durch Vertragsabschluß im Falle der ausländischen Tochtergesellschaft und der Ausschluß solcher vertraglichen Beziehungen im Verhältnis Stammhaus und Betriebsstätte von Bedeutung ist oder ob die Rechtsfolgen einer Gewinnkorrektur auf einen einheitlichen Gedanken zurückzuführen sind. Verbunden ist dies mit der Thematik der Rechtsgrundlagen der verdeckten Gewinnausschüttung, der verdeckten Einlage, der Einkünftekorrekturvorschrift des § 1 AStG und den damit in tatsächlicher Hinsicht aufgeworfenen Fragen einer Verrechnungspreisproblematik (s. dazu N 255).

**148, 149**    *(einstweilen frei)*

### 2. Die Besteuerung der ausländischen Kapitalgesellschaft (im Sitzstaat; im Inland)

**150**    (1) Der **Sitzstaat der Tochtergesellschaft** knüpft im Regelfall wie das deutsche Steuerrecht an den Sitz im Inland die unbeschränkte Steuerpflicht. Das deutsche Unternehmen, das die Funktion einer Konzernspitze hat, wird nicht in diese Besteuerung einbezogen. Die Besteuerung der Kapitalgesellschaftsgewinne neben der Besteuerung der ausgeschütteten Gewinne durch die Einkommensteuer wird mit der Vorstellung des „Unternehmens an sich", einem Wirtschaftsgebilde, bei dem die Gesellschafter immer mehr zu Obligationären werden und die Leitung der Betriebe in Händen Dritter liegt, begründet (*Meichssner* S. 2). Sie ist für praktisch alle Staaten systembildend geworden. Die im Inland ansässigen Gesellschafter der Kapitalgesellschaft sind im Ausland mit den dort erzielten Einkünften aus Gewinnausschüttungen regelmäßig beschränkt steuerpflichtig (Quellenbesteuerung).

**151**    (2) Unabhängig von ihrer Beherrschung durch inländische Gesellschafter kann die **Auslandsgesellschaft in der Bundesrepublik tätig** werden: Sie kann Direktgeschäfte ohne Niederlassung tätigen (Exporte, Lizenzvergaben usw.); sie kann Direktinvestitionen tätigen (Betriebsstätte, Gesellschaftsgründung). Zu klären ist jeweils, ob die ausländische Kapitalgesellschaft mangels einer inländischen subjektiven Anknüpfung der beschränkten Steuerpflicht unterliegt; als Körperschaft fällt sie unter

§ 2 Nr. 1 KStG, wenn sie inländische Einkünfte im Sinne des § 49 EStG erzielt. Ob im Inland erzielte Einkünfte ausgeschüttet werden, ist unbeachtlich. Das aber berührt insgesamt den unter P und Q behandelten Themenkreis der Ausländerbetätigung im Inland.

### 3. Die Besteuerung der inländischen Gesellschafter

*a) Im Sitzstaat der Tochtergesellschaft: Besteuerung der Gewinnausschüttungen*

Der inländische Gesellschafter wird im Sitzstaat der Tochtergesell- **152** schaft mit den empfangenen **Gewinnausschüttungen** der beschränkten Steuerpflicht unterliegen; international verbreitet ist eine **Quellenbesteuerung** mit einer üblichen Bandbreite zwischen 15–35 % der Bruttoausschüttung, wobei die Steuer mit der Erhebung der Quellensteuer in der Regel abgegolten ist. Hierbei ist an dieser Stelle zu beachten: Es ist Abkommensrecht ausgeschlossen und damit eine vertragliche Quellensteuerbegrenzung; bei dem Sitzstaat der Tochtergesellschaft handelt es sich um keinen EU-Staat, da hier die Mutter/Tochter-Richtlinie Quellensteuern auf Gewinnausschüttungen einer Tochtergesellschaft an die in einem anderen EU-Staat ansässige Steuergesellschaft grundsätzlich entfallen läßt (s. N 220). Beispiele zu Quellensteuersätzen im Rahmen der dann noch verbleibenden und praktisch relevanten Fälle der ausländischen beschränkten Steuerpflicht bei *Jacobs* S. 447. Die einleitend genannte Entscheidung der Gesellschafter über die Finanz- und Kapitalstruktur der ausländischen Gesellschaft wirkt sich aus: Bei der Fremdfinanzierung im Ausland wirkt der Zinsaufwand bei der Tochtergesellschaft ergebnis- und steuerreduzierend, im Rahmen der beschränkten Steuerpflicht müssen die inländischen Gesellschafter auch mit einer Quellenbesteuerung der Zinseinnahmen rechnen. Dem stehen die Wirkungen bei der Eigenfinanzierung gegenüber: die Doppelbelastung der Dividendenzahlungen mit ausländischen Steuern.

*b) Im Inland: Gewinnausschüttungen der Auslandsgesellschaft*

Die Bundesrepublik erhebt Körperschaft- bzw. Einkommensteuer nur **153** vom inländischen Unternehmen (dem Anteilseigner), sie erfaßt daher grundsätzlich die von der Auslandsgesellschaft erzielten Gewinne nur insoweit, als sie an die inländischen Gesellschafter (Muttergesellschaft) ausgeschüttet werden. Solange die Tochtergesellschaft die Gewinne thesauriert, sind sie gegen die deutsche Besteuerung „abgeschirmt". Dies gilt selbst dann, wenn ein inländischer Gesellschafter wesentlich oder gar allein an der Auslandsgesellschaft beteiligt ist. Ein Durchgriff findet grundsätzlich nicht statt. Das Steuerrecht verwirklicht in diesem Fall das Konzept einer Kapitalimportneutralität und unterscheidet sich damit grundlegend vom Fall der ausländischen Betriebsstätte, der – jedenfalls im Nicht-DBA-Fall – vom Grundsatz der Kapitalexportneutralität bestimmt wird.

Auf mehrere Besonderheiten ist hier hinzuweisen: Trotz ausländischen Sitzes kann die Auslandsgesellschaft im Inland unbeschränkt körperschaftsteuerpflichtig sein, sofern der Ort der Geschäftsleitung sich im Inland befindet, da dies ein Anknüpfungsmoment für die unbeschränkte Körperschaftsteuerpflicht ist (vgl. § 1 I KStG). Dazu *BFH* BStBl 1999 II, 437 am Beispiel einer rumänischen Kapitalgesellschaft und dem Ort der Geschäftsleitung in der inländischen Wohnung ihres Geschäftsführers. Weiter ist zu erwägen, ob die „Abschirmung" gegen die deutsche Besteuerung im Regelfall dadurch ganz oder teilweise hinfällig wird, daß (a) die Existenz der ausländischen Tochtergesellschaft nicht anerkannt wird, (b) einzelnen Transaktionen zwischen dem inländischen Unternehmen und der ausländischen Gesellschaft die Anerkennung versagt wird, oder (c) auf die nicht ausgeschütteten Gewinne der Auslandsgesellschaft durchgegriffen wird, indem diese der inländischen Muttergesellschaft zugerechnet werden. Diesen Fragen ist im Zusammenhang mit der Darstellung des Rechts der Basisgesellschaft und der Zwischengesellschaft (§§ 7 ff. AStG) nachzugehen.

**154**     Dem Verbund Muttergesellschaft/Tochtergesellschaft wird also **kein Statut der Einheitsbesteuerung** zugebilligt. Dies ist Ausdruck des eingangs vorgestellten Trennungsprinzips zwischen der Gesellschaft und ihren Gesellschaftern. Das deutsche Steuerrecht erkennt auf dem Gebiet der Ertragsteuern durchaus einzelne Elemente einer Konzernbesteuerung an, nämlich die Organschaft mit dem vorrangigen Ziel der Ergebnisverrechnung zwischen rechtlich selbständigen Unternehmen und das Schachtelprinzip (*Böhmer* S. 319).

**155**     Ohne Bedeutung ist im vorliegenden Fall die **internationale Organschaft** nach deutschem Recht, die dieses Trennungsprinzip überwindet: Gem. § 18 KStG kann ein ausländisches Unternehmen unter den dort genannten Voraussetzungen zwar Organträger sein, wenn es im Inland eine im Handelsregister eingetragene Zweigniederlassung unterhält (dazu P 38). Eine ausländische Kapitalgesellschaft kann auch dazu dienen, im Inland über eine geschäftsleitende Holding eine Organschaft zu begründen. Eine ausländische Tochtergesellschaft kommt aber umgekehrt als Organgesellschaft nicht in Frage. Denn die Organgesellschaft muß gem. § 14 Nr. 3 KStG nicht nur unbeschränkt steuerpflichtig sein, sondern Sitz *und* Geschäftsleitung im Inland haben (anders bei der Gewerbesteuer-Organschaft bis VZ 1998, bei der es nur auf ein „inländisches gewerbliches Unternehmen" ankam, *BFH* IStR 1999, 243; s. nunmehr § 2 II GewStG). Folglich können bei den hier untersuchten Fällen keine Organverhältnisse bestehen. Mit dieser **doppelten Inlandsanbindung** soll eine bessere Nachprüfbarkeit der Voraussetzungen der Organschaft im Inland ermöglicht werden. Auch eine inländische Zweigniederlassung der ausländischen Gesellschaft kann nicht eine Organgesellschaft für körperschaftsteuerliche Zwecke sein (§ 18 KStG betrifft nur den Organträger). Es entbehrt jeder Grundlage, aus dem *EuGH*-Urteil in Sachen Centros (s. K 40) eine Diskriminierung einer nach ausländischem Recht begründeten, in das Inland „zugezogenen", mithin hier eine Anknüpfung aufweisenden Gesellschaft durch § 14 KStG abzuleiten (so aber *Sörgel* DB 1999, 2238).

Auch der Abschluß grenzüberschreitender Unternehmensverträge (Gewinngemeinschaften, Teilgewinnabführungsvertrag, Beherrschungsvertrag, Gewinnabführungsvertrag) führt nicht zum Wegfall der Anknüpfung an die Steuerpflicht eines jeden beteiligten Unternehmens. Hinsichtlich der Vielzahl der gesellschafts- und steuerrechtlichen Probleme ist auf die Monographie von *Böhmer* (1991) zu verweisen.

Damit wirkt sich – wie eingangs dargestellt – die Abschirmwirkung **156** nachteilig aufgrund eines **fehlenden Verlustausgleichs** zwischen verbundenen Unternehmen aus. Wird aber außerhalb einer Organschaft von der Muttergesellschaft ein Verlust „übernommen", so führt das grundsätzlich zu einer Zuschreibung beim Beteiligungswert; die Möglichkeit einer sofortigen Teilwertabschreibung ist praktisch ausgeschlossen. Aus diesem Grunde knüpfen Reformvorstellungen an eine Einschränkung des Trennungsprinzips in einer Unternehmensgruppe bei einer tatsächlichen Verlustübernahme an – tatsächlich aber ist bislang nicht einmal eine Realisierung der europäischen Vorstellungen zu einem Verlustausgleich im Mutter-Tochterverhältnis erfolgt (s. dazu N 224; zur Verlustberücksichtigung auch im internationalen Konzern *Komarek* S. 276 ff.). Daß ein Schachtelprivileg die Verlustproblematik nicht lösen kann, versteht sich von selbst. Ausgeschüttet werden Gewinne, Verluste können nur „thesauriert" werden.

*aa) Der einkommensteuerpflichtige Gesellschafter: Anrechnung ausländischer Steuern (§ 34 c EStG)*

Keine besonderen Probleme bereiten die Steuerfolgen der Vereinnah- **157** mung ausländischer Gewinnausschüttungen durch einen einkommensteuerpflichtigen inländischen Anteilseigner, der – als unternehmerische Betätigung – die Beteiligung an der Auslandsgesellschaft in inländischem Betriebsvermögen hält. Für die nach § 34 c EStG erforderliche Steuersubjektidentität kommt es nicht darauf an, ob die Quellensteuer auf die Gewinnausschüttung im ausländischen Staat bei der ausschüttenden Gesellschaft selbst erhoben wird. Die Bestimmung als „ausländische Einkünfte" ist nach § 34 d Nr. 6 EStG vorzunehmen. Anrechenbar sind nur ausländische Steuern, die auf die Einkünfte aus Kapitalvermögen als Quellensteuern erhoben werden; die ausländische Körperschaftsteuer auf den Gewinn der Kapitalgesellschaft ist beim Anteilseigner nicht anrechenbar und nicht abziehbar (insoweit ist nochmals auf N 111 zur Grundsatzfrage der Anrechnung ausländischer Körperschaftsteuer zu verweisen und auf *FG München* EFG 1998, 1076: Die Steuern betreffen nicht nur ein anderes Steuersubjekt, sondern auch andere Einkünfte, sie betreffen den Gewinn der ausländischen Kapitalgesellschaft, nicht die Kapitaleinkünfte des inländischen Anteilseigners. Da bei ausländischen Abzugsteuern – als Regelfall – kein Nachweis einer behördlichen Festsetzung möglich ist, ist eine Bescheinigung über die für Rechnung eines anderen abgeführte ausländische Abzugsteuer erforderlich (*BFH* BStBl. 1990 II, 607). Der Steuerpflichtige muß jedoch in Zweifelsfällen im Inland darlegen, in welcher Weise die Steuer, deren Abzug er begehrt, im inländischen Staat erhoben wurde (*BFH* IStR 1993, S. 71). Zur Ermittlung der Dividendeneinkünfte s. bereits die Hinweise auf neuere *BFH-* Rechtsprechung unter N 32.

*bb) Der körperschaftsteuerpflichtige Gesellschafter: Anrechnung auslän-*
*   discher Steuern (§ 26 I KStG)*

**158**   Ob die inländische Körperschaft bei der Ermittlung ihres zu versteuernden Einkommens ein Betriebsstättenergebnis oder eine ausländische
Bruttodividende berücksichtigt hat, ist bedeutungslos. Alle Überlegungen hierzu bis hin zum zusammenfassenden Beispiel (N 65) gelten auch
für den Fall einer vereinnahmten Gewinnausschüttung: Es handelt sich
um ausländische Einkünfte i.S. des § 26 I KStG. Nachdem die Anrech-
nungsvoraussetzungen dem Grunde und der Höhe nach bestimmt wurden, kommt es auf ihre Qualifizierung nicht mehr an. Einkommensteuer
und Körperschaftsteuer entsprechen einander in Voraussetzungen und
Folgen, solange im Rahmen der Körperschaftsteuer im Inland nicht die
Gesellschafterebene berührt ist. Erst die nun **folgende indirekte Steuer-**
**anrechnung hat keine Entsprechung bei der Einkommensteuer.**

*cc) Der körperschaftsteuerpflichtige Gesellschafter: Trennungsprinzip*
*   und indirekte Steueranrechnung (§ 26 II, III, V KStG)*

**159**   (1) Würde das Trennungsprinzip im Falle einer Gewinnausschüttung
der ausländischen Tochtergesellschaft an den deutschen Anteilsinhaber
(der eine natürliche Person, eine Personen- oder Kapitalgesellschaft sein
kann) konsequent fortgesetzt werden, käme es zu einer dreifachen Besteuerung der erzielten und ausgeschütteten Gewinne: Diese unterliegen bei der Tochtergesellschaft in ihrem Staat als dem Sitzstaat der Körperschaftsteuer; sodann erhebt dieser Staat in seiner Eigenschaft zugleich
als Quellenstaat von dem dort beschränkt steuerpflichtigen deutschen
Anteilsinhaber anders als bei der Stammhauseigenschaft eine Quellenabzugsteuer (Kapitalertragsteuer); schließlich muß der *deutsche Anteilsin-*
*haber* wegen seiner *unbeschränkten Steuerpflicht* die ihm zugeflossenen
vorbelasteten Dividenden versteuern. Handelt es sich bei dem deutschen Anteilsinhaber um eine natürliche Person oder um eine Personengesellschaft, wird die ausländische Quellenabzugsteuer gem. § 34 c
EStG angerechnet; handelt es sich um eine Körperschaft, erfolgt Anrechnung gem. § 26 I KStG. Eine wirtschaftliche internationale Doppelbesteuerung (Doppelbelastung) bliebe aber dadurch bestehen, daß die
von der ausländischen Tochtergesellschaft als selbständiges Steuersubjekt auf ihren erzielten und ausgeschütteten Gewinn in ihrem Sitzstaat
gezahlte Körperschaftsteuer im Inland nicht angerechnet werden kann,
da die Steueranrechnung gem. § 34 c EStG, § 26 I KStG die **Gleichheit**
**des Steuersubjekts** voraussetzt, an der es hier fehlt. Das Anrechnungssystem nach der Körperschaftsteuerreform 1977 kann für den Anteils-

eigner nicht eingreifen: Denn Voraussetzung für die Anrechnung von Körperschaftsteuer ist gem. § 36 II Nr. 3 EStG, daß es sich um die geschuldete deutsche KSt einer unbeschränkt steuerpflichtigen Körperschaft handelt. Nicht einmal die deutsche KSt, die auf die Ausschüttung einer beschränkt steuerpflichtigen Körperschaft entfiele, wäre anrechenbar – auch dann nicht, wenn die beschränkt steuerpflichtige Körperschaft für die Ausschüttung Gewinne verwendet, die ihr aus der Beteiligung an einer unbeschränkt steuerpflichtigen Gesellschaft zugeflossen sind und daher im Inland zuvor der deutschen KSt unterlagen. Darauf beruht bei der Besteuerung ausländischer Betriebsstätteneinkünfte die Kompensation zuvor erfolgter Anrechnung ausländischer Steuern, nur daß es dort um eine direkte Steuerbelastung des inländischen Stammhauses mit eigenen ausländischen, in Betriebsstätten erwirtschafteten Einkünfte ging, während es nunmehr um die Steuerbelastung einer zwar inlandsbeherrschten, aber selbständigen ausländischen Gesellschaft geht. Aber schon bei der Darstellung der europarechtlich problematischen Nichtanrechnung ausländischer Körperschaftsteuer (N 111) war auf eine Brückenschlagfunktion zwischen den Maßnahmen zur Vermeidung internationaler Doppelbesteuerung und der Anrechnungssystematik verwiesen worden: darum geht es nunmehr (zu weiteren Fragen der Doppelbelastung von Konzerngewinnen im IStR: N 387, 418, 427 ff., 453, S 175, 329, T 9).

(2) Handelt es sich bei dem **Anteilseigner** um eine **unbeschränkt steuerpflichtige Körperschaft** des § 1 I KStG, gilt folgendes:

– Schüttet die ausländische Kapitalgesellschaft Dividenden an die in- **160** ländische Kapitalgesellschaft aus, entsteht eine Doppelbesteuerung: Sie ergibt sich nicht erst daraus, daß zu der Besteuerung der ausschüttenden Körperschaft die Besteuerung des Anteilseigners hinzutritt (klassischer Fall der steuerlichen Doppelbelastung der Dividenden, dem bei einem Binnensachverhalt durch das körperschaftsteuerliche Anrechnungsverfahren begegnet werden soll), sie entsteht vielmehr bereits in der Person der Körperschaft selbst: Die ausländischen Einkünfte der inländischen Körperschaft werden sowohl im Ausland (Quellenabzugssteuer) als auch im Inland (die empfangenen Dividenden unterliegen der Körperschaftsteuer zum Normaltarif von 40%) besteuert. Hier greift die unter N 158 genannte direkte Steueranrechnung gem. § 26 I KStG ein: Entsprechend § 34 c I EStG wird die Anrechnung einer Quellenbesteuerung durch den Sitzstaat der Muttergesellschaft geregelt.

– Soweit die Doppelbesteuerung der Ausschüttungen ausländischer **161** Kapitalgesellschaften, an Quellensteuern auf die Ausschüttung anknüpfend, die die inländische Muttergesellschaft selbst betreffen. Im Gegensatz zu dieser direkten Anrechnungsproblematik geht es bei der Frage der indirekten Anrechnung um die von der ausländischen Tochtergesellschaft selbst auf ihren Gewinn gezahlte Steuer im Ausland, mithin um die **Vorbelastung des ausgeschütteten Gewinns** – bislang durfte insoweit von einer Definitivbelastung ausgegangen werden. Die Bezeichnung **indirekte Steueranrechnung** bringt zum Ausdruck, daß die anzurechnende ausl. Steuer den inl. Anteilsinhaber nicht direkt belastet, sondern nur indirekt, und zwar durch eine entsprechende Minderung der Ausschüttung der ausl. Tochtergesellschaft. Es geht daher mangels Subjektidentität im folgenden nicht um das klassische Doppelbesteuerungs-, sondern um das Doppelbelastungsproblem. Als **doppelbesteuerungsrechtliche Maßnahme** ist sie – um das nochmals zu betonen – von „der körperschaftsteuerlichen Anrechnung gem. § 36 II Nr. 3 EStG zu unterscheiden, aber dieses Gebot „strengstens" beachten zu müssen (*Kl. Vogel* Rz 101 a zu Art. 23) hat nur im Zusammenhang mit dem Tatbestand des § 36 II Nr. 3 EStG Sinn – ansonsten ist es auch dem übergreifenden Thema der „Vorbelastung mit Körperschaftsteuer" (national/international) zuzuordnen.

**162**   – Zum Verständnis der gesetzlichen Regelung folgende Überlegung: Das frühere Körperschaftsteuerrecht vor der Reform 1977 war ein „klassisches System" der ungeminderten Doppelbelastung, wie es in der Europäischen Union gegenwärtig noch von den Niederlanden angewendet und mit dem Trennungsprinzip begründet wird und wie es gegenwärtig wieder von Kritikern des europauntauglichen Anrechnungssystems vorgezogen wird: Eine Körperschaftsteuer auf der Ebene der Gesellschaft, die im deutschen System vor 1977 unterschiedliche Steuersätze für Gewinnthesaurierungen und Gewinnausschüttungen kannte; eine grundsätzlich volle Belastung der Gewinnausschüttungen bei den Anteilseignern, ohne daß die auf der Ausschüttung lastende Körperschaftsteuer Berücksichtigung fand: Doppelbelastung ausgeschütteter Gewinne – gemildert aber durch ein Schachtelprivileg bei der Dividendenvereinnahmung durch eine inländische Kapitalgesellschaft. Die wirtschaftlichen Folgen dieses Privilegs bestanden darin, daß infolge der steuerfreien innerkonzernlichen Gewinnausschüttungen der Gewinn – gleichgültig, auf welcher Stufe des Konzerns er erwirtschaftet wurde – ohne zusätzliche Steuerbelastung an die Konzernspitze gebracht werden konnte. Mit dem im KStG 1977 eingeführten Anrechnungsverfahren wurde die Doppelbelastung vermieden: Die Körperschaften bleiben grundsätzlich körperschaftsteuerpflichtig; der Mechanismus des Anrechnungsverfahrens greift ein, wenn der Anteilseigner Ausschüttungen der Körperschaft bezieht: Dann wird bei der ausschüttenden Gesellschaft eine einheitliche Körperschaftsteuerbelastung in Höhe von 30% hergestellt und auf der Ebene der Anteilseigner die verbleibende KSt auf deren persönliche Steuer angerechnet. Die Anrechnung bewirkt damit, daß die Belastung der Gewinnausschüttungen mit KSt entfällt, die Ausschüttungen nur noch mit der Steuer des Anteilseigners (ESt/KSt) belastet werden. Daß hierbei eine ausländische Körperschaftsteuer nach dem körperschaftsteuerlichen Anrechnungssystem auf die Steuerschuld des Anteilsinhabers nicht angerechnet werden kann, ist bereits eingehend dargestellt worden N 64, N 111. Die Körperschaftsteuerreform wollte die Doppelbelastung ausgeschütteter Gewinne beseitigen, die Einmalbelastung aber weiterhin gewährleisten; dabei sind nur die deutsche ESt und KSt, nicht aber ausländische Steuern zu berücksichtigen. Bei der Weiterausschüttung ausländischer Einkünfte können also keine ausländischen Steuern, sondern es kann nur deutsche Körperschaftsteuer angerechnet werden – aber schon vor der Einführung dieses Systems 1977 wollte der Gesetzgeber berücksichtigen, daß anders als bei Gewinnausschüttungen innerhalb der eigenen Grenzen die Gewinne ausländischer Tochtergesellschaften keiner einheitlichen Körperschaftsteuer unterlegen haben, die Belastung je nach dem Steuerniveau des Staats, in dem die Tochtergesellschaft ansässig ist, differiert. Dies hat die Wahl zwischen zwei grundsätzlich voneinander verschiedenen „Privilegien" zur Folge, wenn man den Effekt einer **Dreifachbesteuerung bei einer Gewinnausschüttung ausländischer Dividenden** an eine inländische Körperschaft mildern oder vermeiden will (hierzu eingehend *Menck* DStZtg 1972, 71 f.; *Debatin* DB 1975, 1714 ff.; 1764 ff.).

(1) Einmal kann das **Schachtelprivileg des früheren § 9 KStG** international gestaltet werden. Folge: Der ausgeschüttete Gewinnanteil der ausländischen Tochter wäre im Staat der Mutter (hier also der Bundesrepublik) von jeder Steuerbelastung befreit. Es bliebe bei der Belastung entsprechend dem Steuerniveau im Lande der Tochter, jedenfalls solange die inländische Gesellschaft die empfangenen Gewinne thesauriert. Hierauf stellen an die **Brühler Empfehlungen** (C 14) und damit an die Aufgabe des Anrechnungssystems anknüpfende Überlegungen der Bundesregierung (Mitteilung 21. 12. 1999) ab, zur Vermeidung der mehrfachen Dividendenbesteuerung innerhalb einer Unternehmensgruppe unabhängig von Beteiligungshöhe und Besitzzeit und unabhängig von inländischer oder ausländischer Herkunft eine **Dividendenfreistellung** zu gewähren.

(2) Der besteuernde Staat – hier die Bundesrepublik– kann aber auch den der Muttergesellschaft aus dem Ausland zufließenden Gewinnanteil im Ergebnis so besteuern, als **hätten sich der Gewinnerzielungs- und der auf ihn folgende Ausschüttungsvorgang im Inland abgespielt**. Die steuerliche Belastung eines Konzerns ist dann aus der Sicht der Bundesrepublik grundsätzlich davon unabhängig, ob ein nationaler oder internationaler Konzern vorliegt. Dies wird erreicht, indem die Ausschüttung der ausländischen Tochter bei der Mutter voll besteuert wird, auf die Steuer aber alle direkten Steuern angerechnet werden, die den Gewinn im Sitzstaat der Tochter und an die Tochter selbst anknüpfend belastet haben. Im Ergebnis wird also – anders als nach der Methode des internationalen Schachtelprivilegs – der Muttergesellschaft dadurch, daß ihre Töchter in Staaten mit niedriger Steuerlast ansässig sind, kein Steuervorteil gegenüber Muttergesellschaften mit Töchtern in höher besteuernden Staaten verschafft.

– Die Entscheidung für dieses oder jenes Verfahren ist Ausdruck unterschiedlicher außenwirtschaftlicher Motive. Die Bundesrepublik hat sich, soweit sie überhaupt das Privileg gewährt, für die letztgenannte Methode entschieden. Statt ein zur Freistellung führendes Schachtel- **163**

privileg auf Gewinnausschüttungen ausländischer Tochtergesellschaften
zu erstrecken, wurde durch das Außensteuerreformgesetz 1972 § 26 II–V
KStG mit der Möglichkeit einer **indirekten Steueranrechnung** geschaffen. Ist man sich über den grundsätzlichen „doppelbesteuerungs-
rechtlichen" Hintergrund klar (Stichwort: internationale Wettbewerbsfähigkeit) und grenzt die Maßnahme von der körperschaftsteuerlichen
Anrechnung gem. § 36 II Nr. 3 EStG ab, so bleibt: Auch bei der indirekten Steueranrechnung wird KSt einer ausschüttenden Gesellschaft
angerechnet, aber eben ausländische KSt; vor allem aber: Der „anrech-
nungsbegünstigte Personenkreis" ist beschränkt auf unbeschränkt steuerpflichtige Körperschaften, Personenvereinigungen und Vermögensmassen; es wird eine Mindestbeteiligung von 10 % gefordert und die
ausländische Tochtergesellschaft muß bestimmte Tätigkeitsmerkmale
erfüllen. Während also die Körperschaftsteuerreform 1977 jegliche
Doppelbelastung mit inländischer KSt und ESt vermeiden will, dient
die indirekte Anrechnung § 26 II–V KStG bei bestimmten Beteiligungen
im Verhältnis zum Ausland der Vermeidung der Doppel- und Mehrfachbelastung mit Körperschaftsteuer, indem sie eine ausländische Vorbelastung berücksichtigt. Aber sie wählt hierbei aus. Die indirekte
Steueranrechnung ist hiernach der nationale Versuch einer Angleichung
der steuerlichen Gesamtbelastung der Gewinne eines international ver-
flochtenen inländischen Mutterunternehmens an das nationale Steuerniveau.

Nochmals zum **Vergleich: Die direkte Steueranrechnung** gem. § 26 I KStG will
die internationale Doppelbesteuerung desselben Rechtssubjekts vermeiden – angerechnet wird die Steuer, die zu Lasten des inländischen Steuerpflichtigen im Ausland
in der Form einer Quellensteuer erhoben wird. Die **indirekte Steueranrechnung**
geht weiter: es wird diejenige Doppelbesteuerung beseitigt (gemildert), die dadurch
entsteht, daß die gleiche Steuersubstanz (der im Ausland von der Tochtergesellschaft
erwirtschaftete Gewinn) sowohl bei der Tochtergesellschaft selbst als auch bei der
die Gewinnausschüttungen empfangenden inländischen Muttergesellschaft besteuert
wird. Mit dem körperschaftsteuerlichen Anrechnungssystem (1977) ist das wegen
seiner Binnenbezogenheit nicht möglich; mit dem klassischen Körperschaftsteuersystem ist zwar eine doppelte Erfassung, nicht aber eine – konzernbedingte – mehrfache Besteuerung zu rechtfertigen. Man kann von einem „Durchgriff auf die Steuerschuld des ausländischen Steuersubjekts" sprechen (*Thiede* S. 173). Es wird sich aber
zeigen, daß auch die Entlastung mittels indirekter Steueranrechnung, sobald die Gesellschaftsebene verlassen wird und Gewinnausschüttungen der Muttergesellschaft an
ihre Aktionäre selbst einbezogen werden, rückgängig gemacht wird. Die praktische
Bedeutung des § 26 II KStG als der „Grundnorm" für die indirekte Steueranrechnung
ist eher gering: Im Abkommensrecht ist ein DBA-Schachtelprivileg bestimmend, innerhalb der EU tritt § 26 II a KStG ein.
    Die amtliche Begründung zum Gesetzesentwurf (BT-Drucks. IV/2883 Rz 41)
brachte den konzeptionellen Grund zum Ausdruck: Das Verfahren, „das international
zunehmend Verbreitung findet . . . richtet im Ergebnis die Gesamtbesteuerung der
von ausländischen Töchtern ins Inland abgeführten Gewinne nach der Belastung aus,
die einer einmaligen Erhebung der deutschen Körperschaftsteuer entspricht. Diese
Konzeption bringt, soweit die deutsche Besteuerung betroffen ist, eine vollständige

Beseitigung der Doppelbelastung. Gleichzeitig wird aber vermieden, daß Beteiligungen an ausländischen Tochtergesellschaften unilateral besser behandelt werden als solche an inländischen Gesellschaften. Schließlich läßt diese Lösung auch für internationale Verhandlungen Spielraum, dessen es bedarf, um deutschen Investoren über internationale Steuerverträge Erleichterungen von oft drückender ausländischer Quellensteuer zu verschaffen".

(3) Zunächst eine Übersicht über § 26 II–V KStG:                                        **164**

§ 26 II regelt den Grundtatbestand der indirekten Steueranrechnung bei einer internationalen Schachtelbeteiligung mit einer inländischen Muttergesellschaft.

§ 26 II a KStG setzt Art. 4 der Mutter/Tochter-Richtlinie um.

§ 26 III enthält die Fiktion, daß bei Geschäftsleitung und Sitz in einem Entwicklungsland die anrechenbare ausländische Steuer ebenso hoch ist wie die infolge der Gewinnanteile ausgelöste deutsche KSt.

§ 26 IV regelt Nachweise, die die Muttergesellschaft zu erbringen hat.

§ 26 V dehnt den Grundtatbestand auf Schachtelerträge aus, die eine inländische Muttergesellschaft über eine ausländische Tochtergesellschaft von einer ausländischen Enkelgesellschaft empfängt.

(4) Nach § 26 II KStG wird die **Anrechnung auf Antrag** der deut-   **165** schen Muttergesellschaft unter folgenden Voraussetzungen gewährt (Die Literatur ist unübersehbar; eine besonders gelungene neuere Darstellung bei *Baumgärtel/Perlet* in: *Maßbaum* u. a. S. 870 ff.):

(1) Die Muttergesellschaft muß als Körperschaft, Personenvereinigung oder Vermögensmasse unbeschränkt körperschaftsteuerpflichtig sein. Als Organträger kann die Muttergesellschaft die indirekte Steueranrechnung für die Organgesellschaft beanspruchen – bei der dann die erforderlichen Beteiligungsvoraussetzungen gegeben sein müssen (s. Abschn. 76 V KStR). Natürliche Personen und Personengesellschaften sind ausgeschlossen. Die bei Privilegien häufig zu stellende Frage, ob die Zwischenschaltung einer Personengesellschaft, an der ausschließlich begünstigte Körperschaften beteiligt sind, zur Inanspruchnahme ausreicht (vgl. zur § 8 b I KStG-Diskussion *Eilers/Wienands* in *F/W/B* Rz 100 zu § 8 b KStG), ist hier klar zu verneinen, da eine „unmittelbare Beteiligung" zum Tatbestand gehört.

(2) Es muß eine (unmittelbare) Beteiligung an einer Kapitalgesellschaft mit Sitz und Geschäftsleitung außerhalb der Bundesrepublik (Tochtergesellschaft) bestehen. Liegt auch nur einer der beiden Anknüpfungspunkte (Sitz bzw. Geschäftsleitung) im Inland, ist unbeschränkte Körperschaftsteuerpflicht gegeben, so daß die Problematik der Doppelbelastung nicht mehr gegeben ist.

(3) Die Muttergesellschaft muß ununterbrochen seit mindestens 12 Monaten vor dem für die Ermittlung des Gewinns maßgebenden Abschlußstichtag zu mindestens 10% unmittelbar am Nennkapital der Tochtergesellschaft beteiligt sein. Eine mittelbare Beteiligung über eine Tochtergesellschaft ist nicht ausreichend, dazu § 26 V KStG. Eine 10%-Beteiligung allein an den Stimmrechten reicht nicht aus. Maßgeblich ist das gesamte von allen Gesellschaften erbrachte Eigenkapital. Für die Mindestbesitzdauer ist der Abschlußstichtag des Wirtschaftsjahres der Muttergesellschaft maßgeblich, in dem die Gewinnanteile der Tochtergesellschaft berücksichtigt werden. Ist die Mindestbeteiligungsquote erfüllt, erstreckt sich die Begünstigung auch auf weitere Anteile als Folge einer Kapitalerhöhung (Abschn. 76 VI Satz 1 KStR); weitergehend *Baumgärtel/Perlet* aaO, S. 877 unter Hinweis auf den Wortlaut des § 26 II ohne relativierende Formulierung, wonach eine Anrechnung nur „insoweit" möglich sei, als die geltend gemachte Quote seit mindestens 12 Monaten unverändert bestehe.

(4) Die Bruttobeträge der Tochtergesellschaft (insoweit ein wesentlicher Unterschied gegenüber EU-ansässigen Tochtergesellschaften nach § 26 II a) müssen ausschließlich oder fast ausschließlich aus begünstigten Tätigkeiten stammen; das zeigt besonders deutlich, daß der Gesetzgeber nicht nur eine bloße Anrechnungstechnik schuf, sondern sie mit strikten Werten und Vorgaben versah – während § 36 II Nr. 3 EStG keine Technik beinhaltet. Auf ein niedriges ausländisches Steuerniveau kommt es nicht an. Dividendeneinkünfte gehören beispielsweise grundsätzlich nicht hierzu. Hierüber wird aber im Zusammenhang mit der Durchgriffsbesteuerung nach §§ 7 ff. AStG zu sprechen sein. Maßgebend für die Beurteilung, ob die Tochtergesellschaft diese Voraussetzung erfüllt, sind die Verhältnisse in dem Wirtschaftsjahr der Tochtergesellschaft, für das diese die Ausschüttungen vornimmt. Wird die Aktivitätsklausel nicht erfüllt, wird die indirekte Steueranrechnung insgesamt verweigert (sog. Infektionswirkung).

Sind die genannten Voraussetzungen gegeben, muß die Muttergesellschaft die von der Tochtergesellschaft bezogenen Gewinnanteile zwar der Körperschaftsteuer unterwerfen. Auf *ihre* Körperschaftsteuerverpflichtung ist jedoch eine vom Gewinn der Tochtergesellschaft erhobene Steuer in bestimmten Grenzen anzurechnen. Hierbei ist unter einer vom Gewinn erhobenen Steuer jede Steuer zu verstehen, für die der Gesamtgewinn bzw. einzelne Einkünfte als Bemessungsgrundlage dienen.

„In Betracht kommen Steuern des ausländischen Staats oder seiner Gebietskörperschaften. Dabei ist es unmaßgeblich, von welchem Staat die Steuer erhoben wurde. Es kann sogar eine deutsche Steuer zur Anrechnung kommen, wenn etwa die Tochtergesellschaft aus der Bundesrepublik Einkünfte bezogen hat, die der inländischen beschränkten Steuerpflicht unterliegen. Die vom Gewinn der ausländischen Tochtergesellschaft erhobene Steuer muß auch nicht – wie in § 26 I KStG gefordert – der deutschen Körperschaftsteuer entsprechen (*Lempenau* BB 1972, 1047)."

**166** Anrechnungsfähig ist die Steuer, die die Tochtergesellschaft für das Wirtschaftsjahr entrichtet, für das sie die Ausschüttung vorgenommen hat. Diese Steuer muß festgesetzt und bezahlt sein und darf keinem Ermäßigungsanspruch mehr unterliegen. Die Umrechnung der ausländischen Steuer erfolgt wie bei direkter Anrechnung zum Devisenkurs des Tages ihrer Zahlung (Abschn. 76 XI Satz 3 KStR). Doch wie bei der direkten Steueranrechnung sind **auch bei der indirekten Steueranrechnung Höchstbetragsbegrenzungen** zu beachten. Die im Ausland entrichtete Steuer ist nur insoweit anrechenbar, als sie
– auf ausgeschüttete Gewinne entfällt
– der Beteiligungsquote der Muttergesellschaft entspricht
– die deutsche Körperschaftsteuer nicht übersteigt
– und hierbei auch eine ggf. vorgenommene direkte Steueranrechnung in die Berechnung einzubeziehen ist.

**167** Ehe diese Höchstbetragsbegrenzungen näher erläutert werden, ist noch eine mit der Rechtsfolge des sogenannten **Aufstockungsbetrages** verbundene Eigenart der indirekten Steueranrechnung zu verdeutlichen (§ 26 II Satz 5 KStG): „Der anrechenbare Betrag ist bei der Ermittlung der Einkünfte der Muttergesellschaft den auf ihre Beteiligung entfallenden Gewinnanteilen hinzuzurechnen". Die anrechenbare

Steuer wird mithin den steuerpflichtigen Einkünften hinzugerechnet – warum? Die indirekte Anrechnung bezieht sich nur auf die Steuer und nicht auch auf die Bemessungsgrundlage bei der ausländischen Kapitalgesellschaft. Ausländische Einkünfte, die der ausländischen Steuer zugrunde liegen, sind „abgeschirmt", anders als bei der direkten Anrechnung, aber wegen des Trennungsprinzips nur folgerichtig. Einkünfte sind aber grundsätzlich als Beträge vor Abzug der Ertragsteuern anzusehen (s. die Ausgangsspalten unter N 65 als Beispiel zur direkten Anrechnung) – was bei der Anrechnung nach § 26 II mithin nicht „nachvollzogen" werden kann, aber durch die Hinzurechnung der anrechenbaren ausländischen Steuern zu den steuerpflichtigen Gewinnanteilen formal kompensiert wird (*Thiede* S. 173). Oder von ihrer Wirkung ausgehend: Die Aufstockung verhindert, daß die ausländische KStG einerseits nicht in der Bemessungsgrundlage der deutschen Steuer enthalten ist, andererseits aber auf die deutsche Steuer angerechnet und so in zweifacher Weise berücksichtigt wird (*Schaumburg* S. 703 mit der Unterscheidung zwischen anrechenbarer Steuer, auf die sich der Wortlaut bezieht, und nach Berücksichtigung einer direkten Steuerabrechnung tatsächlich anzurechnender Steuer, dazu auch Abschn. 76 XIV KStR). Die Höhe des Aufstockungsbetrages entspricht mithin der Steuerbelastung, die auf der von der Muttergesellschaft enthaltenen Dividende lastet; komplizierter gestaltet sich seine Ermittlung, wenn unter Einbeziehung der direkten Steueranrechnung der Maximalbetrag als Obergrenze der Anrechnung zu bestimmen ist – s. N 173.

Zurück zu den **Höchstbetragsbegrenzungen:**
– Die anrechnungsfähige Steuer ist nur in dem Maße anrechenbar, in **168** dem der ausschüttungsfähige Gewinn der Tochtergesellschaft effektiv an die Muttergesellschaft ausgeschüttet wird; und sie ist nur insoweit anrechenbar, als sie der Beteiligungsquote entspricht.

„Werden daher beispielsweise nur 50 % des ausschüttungsfähigen Ertrags eines Wirtschaftsjahrs der Tochtergesellschaft an die mit 100 % beteiligte Muttergesellschaft ausgeschüttet, so sind auch nur 50 % der vom Gewinn der Tochtergesellschaft für dieses Wirtschaftsjahr erhobenen Steuer auf die Körperschaftsteuer der Muttergesellschaft anrechenbar. Im übrigen ist höchstens der dem Anteil der Muttergesellschaft am Nennkapital der Tochtergesellschaft entsprechende Teil der Steuer anrechenbar: diese Klausel kann sich bei Vorzugsdividenden oder verdeckten Gewinnausschüttungen an die Muttergesellschaft auswirken (vgl. *Lempenau* BB 1972, 1047)."

**Gegenüberzustellen sind** also **effektive Ausschüttungen und ausschüttungsfähiger Gewinn.** Hinsichtlich des ausschüttungsfähigen Gewinns ist von dem nach im Lande der Tochter geltenden handelsrechtlichen Vorschriften ermittelten Gewinn des Wirtschaftsjahrs auszugehen, für das die Ausschüttung vorgenommen wird. Maßgebend ist der Gewinn vor Bildung offener Rücklagen und beeinflußt von der Auflösung offener Rücklagen. Steuern sind als abzugsfähiger Aufwand ebenso wie steuerfreie Einkünfte als Erträge hierbei zu berücksichtigen.

*Beispiel:* Die inländische AG *X* ist an der ausländischen AG *Z* mit 40 % beteiligt. AG *Z* hat im Wirtschaftsjahr 1998 einen ausschüttungsfähigen Gewinn von 1000 DM erzielt. 1999 werden für das Wirtschaftsjahr 1998 600 DM ausgeschüttet. An die inländische AG *X* fließen entsprechend der 40%igen Beteiligung Dividenden in Höhe von 240 DM. Die AG *Z* hat anrechnungsfähige Steuern in Höhe von 400 DM entrichtet. Welchen Betrag kann die AG *X* hiervon anrechnen?

Das Verhältnis der Schachteldividenden zum ausschüttungsfähigen Gewinn beträgt 240 : 1000, also 24%. Damit sind auch 24% der anrechnungfähigen Steuern tatsächlich anrechenbar, also 96 DM (24% von 400). Die 96 DM überschreiten auch nicht den Höchstbetrag, nämlich die dem Anteil der AG X am Nennkapital der AG Z entsprechenden Teil der Steuer (40% von 400 DM = 160 DM).

*Anrechnungsfähige* und *anrechenbare Steuern* sind mithin zu unterscheiden; die anrechenbare Steuer kann höchstens so hoch wie die anrechnungsfähige Steuer sein. Einschränkungen ergeben sich aus dem Verhältnis ausgeschütteter Gewinnanteile zum ausschüttbaren Gewinn und dem Verhältnis der Anteile der Muttergesellschaft am Nennkapital, formelhaft:

$$\text{anrechenbare Steuer} = \frac{\text{ausgeschütteter Gewinnanteil der Muttergesellschaft vor Quellensteuerabzug} \times \text{ausl. Steuer}}{\text{ausschüttbarer Gewinn der Tochtergesellschaft}};$$

*höchstens* aber nach der Formel:

$$\frac{\text{Anteil der Mutter am Nennkapital der Tochtergesellschaft} \times \text{ausl. Steuer}}{\text{Nennkapital der Tochter}}$$

*Beispiele:* (1) Die MG ist zu 50 v.H. am Nennkapital und den Ausschüttungen der TG beteiligt. Der Gewinn TG vor Steuer beträgt 100, hierauf wurde entrichtet eine ausländische Steuer i.H. von 40; ausschüttbarer Gewinn = Ausschüttung 60, demnach Ausschüttung MG 30:

Anrechenbare Steuer: $\dfrac{30}{60} \times 40 = 20$

(2) Wie (1), aber der an die MG ausgeschüttete Gewinn beträgt 42.

Anrechenbare Steuer: $\dfrac{42}{60} \times 40 = 28$,

höchstens aber 50 v.H. (Anteil am Nennkapital) der ausländischen Steuer = 20.

(3) Wie (1), aber der ausschüttbare Gewinn wird nur zu 40 v.H. ausgeschüttet (Anteil MG: 12):

Anrechenbare Steuer: $\dfrac{12}{60} \times 40 = 8$

Der anrechenbare Steuerbetrag, d.h. der Teil der anrechenbaren ausländischen Steuer, der effektiv zur Anrechnung kommt, wird nun – wie erläutert – bei der Muttergesellschaft dem von ihr bezogenen Gewinnanteil *hinzugerechnet,* so daß sich ihr körperschaftsteuerliches Einkommen erhöht (§ 26 II Satz 5 KStG, sog. Aufstockungsbetrag).

§ 26 II Satz 4 KStG definiert den ausschüttbaren Gewinn als den nach handelsrechtlichen Vorschriften ermittelten Gewinn des Wirtschaftsjahres, für das die Tochtergesellschaft die Ausschüttung vorgenommen hat; dabei handelt es sich um eine nach ausländischem Recht ermittelte Größe, steuerbilanzielle Abweichungen bleiben außer Betracht. Die weitere Regelung „vor Bildung oder Auflösung von offenen Rücklagen" hat zur Folge, daß der Teil der anrechenbaren Steuer, der auf die gebildete Rücklage entfällt, verloren geht; gleiches gilt, wenn in Verlustjahren Rücklagen ausgeschüttet werden; *Baumgärtel/Perlet* (aaO, S. 886) legen § 26 II Satz 2 KStG daher – auf einen solchen Fall bezogen – in der Weise aus, daß eine auf den ausgeschütteten Dividenden „ursprünglich" lastende Steuer bei einer späteren Ausschüttung anrechenbar ist – aber das ist eine Auslegung gegen den Wortlaut und vom Sinne her wegen des Satzes 4 gerade nicht geboten. Die weitere Regelung „erhöht um verdeckte Gewinnausschüttungen, soweit diese den Gewinn vermindert haben", versteht Abschn. 76 II KStR als „soweit sie im Ausland zu der Steuer herangezogen werden, die vom Gewinn der Tochtergesellschaft erhoben wird". Zu den „Ungereimtheiten" dieser Norm *Müller-Dott* in *F/W/B* Rz 388 zu § 26 KStG: Eine sachgerechte Lösung würde voraussetzen, daß dem vGA-Empfänger auch die dadurch ausgelöste KSt in vollem Umfang zugute kommt – die Limitierung durch das Beteiligungsverhältnis führt zu einem ungenutzten Anrechnungsrestbetrag.

– Nach den Begrenzungen als Folge einer Teilausschüttung und einer **169** nicht 100%igen Beteiligung ist als dritte Begrenzung und als Folge des Verweises in § 26 VI Satz 1 KStG auf § 34c I Satz 2 EStG die **Höchstbetragsregelung** – und dies wiederum verstanden als per country limitation – anwendbar: Die ausländische Steuer kann nächstens auf den Teil der Körperschaftsteuer (Tarifbelastung) angerechnet werden, der auf die Einkünfte aus dieser Beteiligung entfällt. Als Bestandteil der in die Rechnung einbezogenen Gewinnanteile ist der Aufstockungsbetrag = anzurechnende ausländische Steuer zu berücksichtigen. Somit ergibt sich der Höchstbetrag aus 40% Steuersatz × ausländische Einkünfte (Dividende + Aufstockungsbetrag).

*Beispiel:* Die deutsche Muttergesellschaft ist zu 50% am Neukapital und den Ausschüttungen einer ausländischen Tochtergesellschaft beteiligt, Handelsbilanzgewinn 100, ausländische Ertragsteuer hierauf 40. Die Tochtergesellschaft schüttet einen Betrag in Höhe von 90 aus, davon 45 an die deutsche Mutter. Die anrechenbare Steuer beträgt $^{45}/_{100} \times 40 = 18$, womit zugleich der Aufstockungsbetrag bekannt ist. Auf die ausländische Beteiligung der deutschen Muttergesellschaft entfällt eine deutsche Körperschaftsteuer und damit als Höchstbetrag der Anrechnung 40% × (45+18) = 25,2. Der Betrag der anzurechnenden Steuer wird mithin nicht begrenzt. Der Betrag an verbleibender inländischer Körperschaftsteuer errechnet sich, wenn vom Höchstbetrag wiederum die anrechenbare Steuer vom Aufstockungsbetrag abgezogen wird, mithin 25,2 ./. 18 = 7,2. Probe: 7,2 deutsche KSt + 18 ausländische Steuer = 25,2 Tarifbelastung.

Damit lassen sich die Wettbewerbswirkungen der indirekten Methode **170** der Steueranrechnung beschreiben (vgl. *Thiede* [im Anschluß an *Otto Gandenberger*] S. 187 ff.).

– Die am Konzept der Kapitalexportneutralität orientierte Anrechnungsmethode wird nur für ausgeschüttete Gewinne erreicht (insoweit vergleichbar mit den dem inländischen Stammhaus direkt und ohne Ausschüttungsproblematik zurechenbaren Betriebsstättenergebnissen und ohne Einbeziehung der Gesellschafterebene).

– Die im Ausland thesaurierten Gewinne unterliegen als Folge der Abschirmwirkung damit einer kapitalimportneutralen Besteuerung. Die mit der **unterschiedlichen Behandlung von Ausschüttung und Thesaurierung** verbundene Wirkung wird als „Deferral" bezeichnet und stellt aus der Sicht einer kapitalexportneutralen Besteuerung eine Durchbrechung dieses Systems dar, die auch eine Vermengung beider Neutralitätskonzepte zur Folge hat: Deferral bedingt eine steuerliche Besserstellung der Kapitalgesellschaft gegenüber Betriebsstätten (und auch Personengesellschaften) als Folge der mit dem Trennungsprinzip verbundenen Abschirmwirkung und steht auch einer Gewinnverwendungsneutralität entgegen.

**171**    – Schließlich als vierte Begrenzung § 26 II Satz 6 KStG, wonach die anrechenbare Steuer „erst nach der nach Absatz 1 anrechenbaren Steuer" anzurechnen ist, mithin **begrenzt ist durch die direkte Steueranrechnung.** Abschn. 76 XVI KStR: „Die anrechenbare ausländische Steuer der Tochtergesellschaft darf höchstens in Höhe des Betrages angerechnet werden, der als deutsche Körperschaftsteuer nach Vornahme der direkten Steueranrechnung (Abzug der Quellensteuer) verbleibt". Ohne eine solche Begrenzung würde mehr ausländische Steuer angerechnet werden als inländische Steuer auf ausländische Einkünfte entfällt, die Tarifbelastung mithin im Ergebnis auf inländische Einkünfte verringert (zum rechnerischen Nachweis s. die Beispiele bei *Jacobs* S. 66).

Das daraus folgende Problem für die Höhe der maximal indirekt anzurechnenden Steuer = Aufstockungsbetrag schlägt sich in einer Neuberechnung nach der Formel

$$(40\% \times \text{Gewinnanteil der Muttergesellschaft}) - \text{Quellensteuer} \times \frac{100}{100 - 40\%}$$

nieder:

*Beispiel:*

| | |
|---|---|
| Ausländischer Gewinnanteil | 100 |
| Anrechenbare ausländische Quellensteuer | 15 |
| Höchstbetrag für die indirekte Steueranrechnung (Aufstockung) | |

$$(40\% \times 100) ./. 15 \times \frac{100}{100 - 40} = 66,4\%$$

Probe:

| | | |
|---|---|---|
| Gewinnanteil | 100 | |
| Aufstockung | 66,4 | |
| 40% Tarifbelastung | 66,4 | ( = 51,4 + 15) |

**172**    (5) Für Schachtelbeteiligungen an Gesellschaften mit Geschäftsleitung und Sitz in einem **Entwicklungsland** (dazu Anlage zu § 5 KStDV) gilt nach § 26 II KStG eine Regelung, deren Zweck es ist, die von Entwicklungsländern läufig gewährten besonderen steuerlichen Vorteile für Investitionen ausländischer Anleger im Entwicklungsland nicht durch eine kompensatorische Besteuerung in der Bundesrepublik zunichte zu machen: eine fiktive Steueranrechnung, die als Freistellung wirkt. Auch verdeckte Gewinnausschüttungen nehmen an der Vergünstigung teil. Hier soll also nicht das deutsche, sondern das ausländische Steuerniveau entscheidend sein. Wäre das deutsche Steuerniveau in diesen Fällen maßgebend, wäre praktisch der deutsche Fiskus der eigentliche Begünstigte. Dies wird technisch dadurch erreicht, daß zwar die von der Tochtergesellschaft bezogene Schachteldividende in das körperschaftsteuerpflichtige Einkommen einbezogen, jedoch unterstellt wird, daß der vom Gewinn der Tochtergesellschaft erhobene anrechenbare Steuerbetrag der auf die bezogenen Gewinnanteile entfallenen Körperschaftsteuer entspricht. Damit wird ein Quasi-Schachtelprivileg eingeführt und zugleich dem Gesichtspunkt der Kapitalimportneutralität entsprochen. Der Aufstockungsbetrag nach § 26 Abs. 2 Satz 5 KStG bleibt dabei außer Betracht, vgl. Abschn. 76 XVII KStR.

*Beispiel:* Muttergesellschaft ist zu 100% am Nennkapital und den Ausschüttungen einer in einem Entwicklungsland ansässigen Tochter beteiligt und hat dort auf 10 000 DM Gewinnanteile 4000 DM Steuern entrichtet. Ihre inländischen sonstigen Einkünfte betragen 90 000 DM. Die anzurechnender Steuer errechnet sich $\frac{10\,000}{100\,000} \times 0,40 = 5000$ DM, so daß nach § 26 II KStG noch 1000 DM inländische Körperschaftsteuer die Anpassung an das deutsche Steuerniveau bewirkten. Aber dieser Betrag wird nach § 26 III KStG nicht erhoben.

(6) Schließlich das internationale Schachtelprivileg des § 26 V KStG **173** für **Enkelgesellschaften,** also mittelbare Beteiligungen: Ist die deutsche Muttergesellschaft an einer Auslandsgesellschaft mittelbar über eine Tochtergesellschaft i.S. des Abs. 2 beteiligt, so könnte sie für die Ausschüttungen der ausländischen Untergesellschaft (Enkelgesellschaft), die sie über die ausländische Obergesellschaft (Tochtergesellschaft) erreichen, das Privileg des § 26 II nur in Ausnahmefällen geltend machen. In solchen Ausnahmefällen bedarf es dann auch nicht des weitergehenden Privilegs, z.B. in Fällen, in denen die Ausschüttungen der Enkelgesellschaft unterhalb der Schädlichkeitsschwelle des § 26 II KStG verbleiben und die Tochtergesellschaft selbst im übrigen nur aktive Tätigkeiten ausübt. Im übrigen aber sind die Einkünfte der Auslandstochter (Dividendeneinkünfte) – abgesehen von Dividendeneinkünften i.S. des § 8 II AStG – nicht begünstigt. Derartige Bezüge würden also grundsätzlich einer mehrfachen Belastung durch ausländische und inländische Steuern unterliegen. § 26 V KStG soll diese Wettbewerbsnachteile ausschließen, die ja letztlich nur aufgrund des Unternehmensaufbaus entstünden (*Müller,* DStZtg 1973, 254). Es trifft eine Sonderregelung für den Fall, daß zwar nicht die Tochtergesellschaft, wohl aber eine Enkelgesellschaft, an der die Muttergesellschaft über eine ausländische Tochtergesellschaft mindestens zu $^1/_{10}$ mittelbar beteiligt ist, ausschließlich oder fast ausschließlich bestimmte begünstigte Einkünfte erzielt. Wenn in einem solchen Fall die Enkelgesellschaft Gewinne an die Tochtergesellschaft ausschüttet und diese die Gewinne an die inländische Muttergesellschaft weitergibt, so werden die Gewinnanteile so behandelt, als hätte sie die deutsche Mutter direkt von der Enkelgesellschaft

bezogen. § 26 V KStG fingiert einen Direktbezug von der Enkelgesellschaft.

„Festzuhalten ist indessen, daß Gegenstand der deutschen Besteuerung unverändert der Dividendenbezug der deutschen Muttergesellschaft ist, so daß zwar die darauf ruhende Quellensteuer, nicht aber diejenige, die im Staat der Enkelgesellschaft auf die Dividendenausschüttung an die Tochtergesellschaft erhoben worden ist, auf die deutsche Steuer angerechnet werden kann. Die Gesetzregelung verändert mithin nicht den Dividendenzufluß als Besteuerungsgrundlage der deutschen Muttergesellschaft, sondern es wird hierauf nur die Steuerbehandlung übertragen, die sich ergäbe, wenn die Erträge direkt von der Enkelgesellschaft stammten" (*Debatin* Systematik II Rz 86).

Zu klären sind (s. dazu auch die Reihenfolge der sehr ausführlichen Erläuterung in Abschn. 76 XVIII KStR)
– die Beteiligungsvoraussetzungen: Die erforderliche Mindestbeteiligung ist immer dann gegeben, wenn der prozentuale Anteil der Muttergesellschaft am Nennkapital der Tochtergesellschaft, multipliziert mit deren Anteil am Nennkapital der Enkelgesellschaft, mindestens das Produkt 1000 ergibt;
– die Tätigkeitsmerkmale der Enkelgesellschaft – mit der Besonderheit in § 26 V Satz 3 Nr. 1 gegenüber der Tochtergesellschaft: Das Halten von Beteiligungen § 8 II Nr. 2 AStG ist „schädlich";
– der Ausschüttungszusammenhang: § 26 V Satz 1 KStG nimmt Bezug auf das Wirtschaftsjahr der Muttergesellschaft; die Enkelgesellschaft muß in demselben Wirtschaftsjahr der Muttergesellschaft, in dem diese Gewinnausschüttungen der Muttergesellschaft bezogen hat, ihrerseits Gewinnausschüttungen an die Muttergesellschaft vornehmen;
– die begünstigten Gewinnanteile, die der Höhe nach in dreifacher Hinsicht begrenzt sind (*Baumgärtel/Perlet* aaO, S. 899): (1) durch das Ausmaß der mittelbaren Beteiligung der Mutter an der Enkelgesellschaft, (2) durch die Begrenzung bei sonstigen Erträgen der Tochtergesellschaft, (3) durch Gewinnausschüttungen der Tochter- und der Enkelgesellschaft. Dazu in dieser Reihenfolge die folgenden

*Beispiele:* (1) MG ist zu 75 % an TG beteiligt, diese zu 75 % an EG, demnach ist MG an EG zu 56,25 % mittelbar beteiligt, auf MG entfällt also 56,25 % der Gewinnausschüttungen der EG. EG schüttet insgesamt 100 aus, davon 75 an TG. TG schüttet insgesamt 200 aus, an MG also 150. Dann ist ein Betrag von 56,25 (= 100 × 56,25 %) begünstigt.
Gleiche Ausgangsdaten, aber EG schüttet insgesamt 500 aus, davon 375 an TG. Schüttet TG insgesamt 200 aus – an MG also 150 –, so ist der gesamte von TG an MG ausgeschüttete Betrag begünstigt. Denn auf MG entfällt also Teil der Gewinnausschüttung EG 281, 25 (= 500 × 56,25 %).
(2) MG ist zu 100 % an TG, diese zu 100 % an den EG 1 und 2 beteiligt, die je 100 ausschütten. Die TG erwirtschaftet weitere Bruttoerträge 100 und schüttet 150 an die MG aus. Von den Ausschüttungen an die MG ist ein Betrag in Höhe von 100 (150 × $^{200}/_{300}$) als aus Ausschüttungen der Enkelgesellschaft stammend anzusehen; 50 hat die MG normal zu versteuern.

(3) Beispiel wie (2), die TG schüttet an die MG 400 aus. Maximal begünstigt nach § 26 V sind Ausschüttungen in Höhe von 200 (die mittelbaren Gewinnausschüttungen von EG 1 und EG 2 begrenzen die begünstigten Gewinnanteile.

(4) Das Zusammenwirken der Höchstgrenzen bedeutet: die Gewinnanteile, für die die Schachtelvergünstigung des § 26 V gewährt wird, entsprechen dem sich nach den Höchstbegrenzungen ergebenden kleinsten Betrag (*Baumgärtel/Perlet* aaO, S. 901).

(7) Bezieht man die Gesellschafterebene ein, ergibt sich wiederum **174** keine Abweichung gegenüber dem Fall der ausländischen Betriebsstätteneinkünfte. Dies soll am folgenden Beispiel (s. dazu auch *Fischer/ Warneke* S. 163) nochmals nachvollzogen werden, wobei dieses Beispiel im Anschluß unter N 175 den in dem Vordruck Anlage AE entsprechenden Zeilen zugrunde liegt.

**Indirekte Anrechnung der KSt nach § 26 II und V KStG**

*Aktualisierung des Beispiels zu N 171:*

[1] Jahresüberschuß in der Handelsbilanz von Steuern     210,00
[2] Vom Jahresüberschuß der ausländischen Tochter
    erhobene Ertragsteuer     –110,00
    Anteil am Nennkapital der Tochtergesellschaft     100%
[3] Ausschüttung an die inländische Muttergesell-
    schaft     100,00
[4] zu Lasten der Muttergesellschaft einbehaltene
    Quellensteuer (§ 26 I KStG)     – 15,00
[5] Inländische Vermögensmehrung     85,00
[6] Anders als bei den Betriebsstätteneinkünften
    (N 65) kann die Bemessungsgrundlage für die
    Tarifbelastung/Auslandsanrechnung nicht ohne
    den „Zwischenschritt" der Einbeziehung des
    Aufstockungsbetrages ermittelt werden, daher
    $[(0,40 \times 100) - 15 \times {}^{100}/_{60}]$     41,67
[7] Bemessungsgrundlage (zu versteuerndes körper-
    schaftsteuerliches Einkommen) 85 + 15 + 41,67     141,67
[8] Tarifbelastung § 23 I KStG     56,67
[9] ausländische Steuern
    Anrechnung § 26 I KStG (Quellensteuer)     – 15,00
    Anrechnung § 26 II KStG (indirekte Anrechnung)     – 41,67
[10] inländische Tarifbelastung (§ 27 II KStG)     0,00
[11] Inländische Vermögensmehrung (wie unter [5]) zur
    Weiterausschüttung verwendbar oder als Gewinn
    nach Steuer bei Thesaurierung anzusehen (EK 01)     85,00
[12] in Falle der Weiterausschüttung aus dem EK 01 er-
    gibt sich eine Bardividende:     85,00
[13] abzgl. einzubehaltende Kapitalertragsteuer 25%     – 21,25

| [14] Vorläufiger Nettozufluß beim Gesellschafter | 63,75 |
|---|---|
| [15] anrechenbare Kapitalertragsteuer | 21,25 |
| [16] zu versteuerndes Einkommen | 85,00 |
| [17] Einkommensteuer (50%) anrechenbare Kapitalertragsteuer 21,25 | − 42,50 |
| [18] Nettozufluß beim Gesellschafter | 42,50 |

**175**     (8) **Vorgehensweise nach Anlage AE zur KSt-Erklärung**

Zeile

*Gliederungspunkt 3.a)*

| 22 | ausländischer Handelsbilanzgewinn | | 100,00 |
|---|---|---|---|
| 23 | Bildung (−)/Auflösung (+) von Rücklagen, soweit nur in der HB ausgewiesen | | 0,00 |
| 24 | berichtigter (= ausschüttbarer) Handelsbilanzgewinn | | 100,00 |
| 25 | Ausschüttung der ausländischen Tochtergesellschaft | | 100,00 |
| 26 | von der Ausschüttung lt. Zeile 25 entfallen auf uns | | 100,00 |
| 27 | Zeile 26 in v.H. der Zeile 25 | | 100% |
| 28 | ausländische Körperschaftsteuer der ausländischen Tochtergesellschaft | | 110,00 |
| 29 | anrechenbarer Teil der ausländischen Steuer Betrag lt. Zeile 28 × [Betrag lt. Zeile 26/Betrag lt. Zeile 24] | | 110,00 |
| 30 | Betrag lt. Zeile 28 × v.H.-Satz des Anteils am Nennkapital der ausl. TG | 100% | 110,00 |
| 31 | niedrigerer Betrag lt. Zeilen 29 und 30 | | 110,00 |

*Gliederungspunkt 3.b)*

| 32 | Höchstbetrag der Anrechnung: Betrag lt. Zeile 26 (nach Abzug etwaiger Betriebsausgaben i.S.d. Abschn. 76 Abs. 15 KStR | | 100,00 |
|---|---|---|---|
| 33 | Körperschaftsteuer 40% vom Betrag lt. Zeile 32 | 40,00 | |
| 34 | abzgl. ausländischer Quellensteuer | − 15,00 | |
| 35 | verbleiben | 25,00 | |
| 36 | Betrag lt. Zeile 35 × 100/60 | 41,66 | |
| 37 | dazu: niedrigerer Betrag aus Zeilen 36 oder 31 (= Aufstockungsbetrag) | | 41,66 |
| 38 | steuerpflichtige ausländische Einkünfte | | 141,66 |
| 39 | Körperschaftsteuer (40% des Betrags lt. Zeile 38) | | 56,66 |
| 40 | direkte Anrechnung (Beträge lt. Zeile 34) | 15,00 | |
| 41 | indirekte Anrechnung (Betrag lt. Zeile 37) | 41,66 | |
| 42 | Summe der anzurechnenden ausländischen Steuern | | 56,66 |

43 Verbleibende deutsche Körperschaftsteuer (Zeile
39 abzgl. Zeile 42) 0,00

Hierbei handelt es sich – nachdem der für § 26 I KStG geltende Abschnitt des Vordrucks bekannt ist s. N 66 – um den Vordruckteil „Indirekte Steueranrechnung nach § 26 II, II a, V KStG".

(9) Besondere Gliederungsprobleme sind mit der indirekten Steueran- **176** rechnung nach § 26 II, III, V KStG nicht verbunden. Der im Zusammenhang mit der Besteuerung ausländischer Betriebsstätteneinkünfte vorgestellte Vordruck KSt 1 G/D zur „Aufteilung ermäßigt belasteter Eigenkapitalanteile aus ausländischen Einkünften" (§ 32 II KStG) ist anwendbar bei ausländischen Einkünften mit direkter und indirekter Steueranrechnung: Während bei der direkten Anrechnung in Zeile 3 die direkt anzurechnende ausländische Steuer einzutragen ist, ist es bei der indirekten Anrechnung die indirekt anzurechnende Steuer nach § 26 II, V, während in Zeile 4 eine ausländische Steuer in dem Fall einer fiktiven Anrechnung nach § 26 III KStG einzutragen ist. Die Aufteilung der Tarifbelastung kann folgerichtig erfolgen – es gibt gegenüber der Steueranrechnung gegenüber § 26 II KStG keine Unterschiede. Dies wird aus dem zusammenfassenden Beispiel unter N 175 deutlich: Daß der den Anrechnungshöchstbetrag übersteigende Betrag ausländischer direkter Steuer dem EK 01 zuzuordnen ist, während solche Rechtsfolge für § 26 II KStG nicht möglich ist, versteht sich von selbst: Der nicht angerechnete Steuerbetrag bei der indirekten Steueranrechnung hat bei der inländischen Muttergesellschaft keine Vermögensminderung bewirkt.

(10) Die zur Anrechnung berechtigte inländische Körperschaft kann **177** wahlweise auch den **Abzug der ausländischen Steuer** bei der Ermittlung der Einkünfte beantragen, wenn die Voraussetzungen für eine direkte Anrechnung der ausländischen Steuer gegeben sind (§ 26 VI Satz 1 KStG i. V. mit § 34c II EStG): Sind die Voraussetzungen für die Anrechnung nicht erfüllt – weil beispielsweise keine der deutschen Körperschaftsteuer entsprechende ausländische Steuer erhoben wird –, ist ein Abzug von Amts wegen vorzunehmen (§ 26 VI Satz 2 KStG). Eine Pauschalierung oder ein Erlaß der Körperschaftsteuer ist unter den gleichen Bedingungen wie bei der ESt möglich (§ 26 VI i. V. mit § 34c V EStG).

*(einstweilen frei)* **178–189**

*dd) Der körperschaftsteuerpflichtige Gesellschafter: das inländische*
 *Beteiligungsprivileg (§ 8b I KStG)*

Das Beteiligungsprivileg des § 8b I KStG besteht darin, daß Gewinn- **190** ausschüttungen einer inländischen Kapitalgesellschaft auf dem EK 01 (§ 30 II Nr. 1 KStG) an eine unbeschränkt steuerpflichtige Körperschaft i. S. des § 1 I Nr. 1, 2, 3 oder 6 KStG bei der Ermittlung des Einkommens der empfangenden Körperschaft als steuerfreie Einnahmen zu behandeln sind. Das ist nun aber bereits alles bekannt: Am Beispiel vereinnahmter ausländischer Betriebsstätteneinkünfte durch die inländische Kapitalgesellschaft und deren Weitergabe an eine Kapitalgesellschaft als Anteilseigner sind die Rechtsfolgen des § 8 b I KStG, auch die Vorgeschichte dieser Vorschrift, dargestellt worden (N 63) – und um nichts anderes geht es an dieser Stelle. Wenn nun hier § 8 b I KStG nochmals hervorgehoben wird, dann aus zwei Gründen: der eine ist ein Gesichtspunkt zusammenhängender Darstellung; der unter N 200 ff. folgende steuerfreie Veräußerungsgewinn § 8 b II KStG steht nicht mehr mit beliebigen Auslandsengagements in Beziehung, sondern nur mit ausländischen Tochtergesellschaften – knüpft insoweit aber systematisch (wenn auch nicht tatbestandsmäßig) an § 8 b I KStG an. Der andere Gesichtspunkt ist der der eigentlichen Zielrichtung des § 8 b I KStG; daß auch ausländische, mit Körperschaftsteuer vorbelastete Betriebsstätteneinkünfte das Privileg „ungeschmälerten Durchreichens" genießen, ist eine Sache; daß es dem **Standortsicherungsgesetz 1993** aber **vorrangig um ein Holdingprivileg** nach dem Vorbild anderer europäischer Rechtsordnungen ging und es insoweit vor allem grenzüberschreitende Beteiligungsstrukturen privilegieren wollte, eine andere Sache und zugleich auch der Kern des § 8 b I KStG. Gegenüber der Rechtslage vor dem StandOG 1993 müssen zur Abwehr steuerlicher Nachteile keine Unternehmensverträge mehr abgeschlossen werden, um im Inland die steuerfreie Durchschüttung an einen Organträger zu bewirken; es müssen Auslandsbeteiligungen nicht mehr unmittelbar im Bestand einer deutschen Muttergesellschaft gehalten werden; Auslandsgewinne müssen nicht bei derjenigen inländischen Tochtergesellschaft thesauriert werden, die auch die Auslandsbeteiligung hält; s. *Buyer (D/E/J/W* Rz 11 zu § 8 b KStG): Beteiligungen müssen nicht mehr „umgehängt", Auslandsgewinne nicht mehr „eingesperrt" werden, es wird „ein höheres Maß an Flexibilität beim Aufbau und bei der Finanzierung von Konzernen begründet".

**191**     Die **Holding-Frage** ist zunächst eine Frage der Betriebswirtschaftslehre. Über Entstehungsgründe und Erscheinungsformen gibt es zahlreiche Veröffentlichungen, die Kernfrage ist aber wohl strittig: Ist eine Holding als ein bloßer rechtlicher Rahmenwechsel zu verstehen – ausgerichtet allein auf Finanzierungsmärkten –, oder werden mehr als nur angestammte Geschäftsfelder verlassen (hierzu die Monographie von *Jürgen Ott* zur Entstehung der Institution Holding – aber auch die krit. Besprechung von *Roeder* ZfbF 1998, 310). Hier genügt es, auf den Zweck der **organisatorischen Zusammenfassung von Beteiligungen** hinzuweisen. Unter steuerlichen Gesichtspunkten geht es um Reduzierung von Quellensteuern, Nutzung von DBA-Schachtelprivilegien, die Konsolidierung von positiven und negativen Ergebnissen, die steuerwirksame Finanzierung des Beteiligungsportfolios, Minimierung der Steuerpflicht auf Veräußerungsgewinne in Hochsteuerländern, Nutzung von Steuergutschriften, Vermeidung von Anrechnungsüberhängen und die Umformung von Einkünften – so die Aufzählung bei *Otto H. Jacobs* S. 774 ff. mit umfangreichen Erläuterungen und Beispielen hierzu. Es gab und gibt eine Reihe von Staaten, die durch ein für die genannten Zwecke geeignetes Steuerrecht als Holdingstandorte gelten: Niederlande,

Belgien, Luxemburg, Großbritannien, Österreich und Schweiz. Daneben genannte Steueroasen ohne Verbindung mit dem DBA-Netz der Industrie- und Dienstleistungsstaaten scheiden eher aus; auch zu den Bestimmungsfaktoren für den jeweils geeigneten Holdingstandort ist auf *Otto H. Jacobs* S. 790 zu verweisen. Im Hinblick auf die Regelung in § 8b I, II KStG gilt nun auch die Bundesrepublik als ein geeigneter Holdingstandort: denn der frühere Effekt einer Herstellung der Ausschüttungsbelastung insbesondere empfangener DBA-steuerbefreiter Schachteldividenden bei deren Weiterausschüttung (weil belastetes Eigenkapital nicht in ausreichendem Umfang zur Verfügung stand) führte zu Finanzierungsnachteilen die einem Holdingstandort Deutschland entgegenstehen mußten. Nur ein detaillierter Vergleich fremder Holdingstrukturen würde eine zusammenfassende Würdigung des deutschen Rechts gestatten: es bliebe dann aber immer noch der Nachteil der in der Regel niedrigeren ausländischen Steuerbelastung, der sich zwar nicht auf die empfangenen Beteiligungserträge, wohl aber auf sonstige Einkünfte und auf den Mitarbeiter-Einsatz auswirkt (Vergleiche mit anderen Staaten aus neuerer Zeit liegen für die Schweiz *(Marit Möller)* und für Luxemburg *(Axel Kihm,* insbes. S. 398 ff.) vor.

*(einstweilen frei)* **192–199**

## *ee) Der körperschaftsteuerpflichtige Gesellschafter: steuerfreie Veräußerung einer ausländischen Beteiligung (§ 8b II KStG)*

(1) Einerseits ist der **Regelungsgehalt des § 8b II KStG von dem des** **200** **§ 8b I KStG klar abzugrenzen:** § 8b I ermöglicht im Inland die steuerfreie Vereinnahmung auf der 2. Beteiligungsebene von den zuvor auf der 1. Beteiligungsebene (bzw. Stammhausebene) steuerfrei vereinnahmten ausländischen Erträgen: Das können ausländische Betriebsstätteneinkünfte sein, das können ausländische Beteiligungserträge sein. Mindestbeteiligungen sind nach keiner Richtung erforderlich – erforderlich ist die Gewinnausschüttung aus dem EK 01 und die unterbliebene Herstellung eines Ausschüttungsbelastung. § 8b II KStG begründet demgegenüber die Freistellung eines im Ausland erzielten Gewinns aus einer Beteiligungsveräußerung, setzt also tatbestandlich auf der 1. Ebene der Beteiligung an (während § 8b I KStG die Steuerfreiheit auf der Beteiligungsebene (bzw. Stammhausebene) als Tatbestandsmerkmal voraussetzt und nicht als Rechtsfolge begründet). Eine Stammhaussituation gibt es bei § 8b II KStG nicht: Während die begünstigten Körperschaften im Inland nach § 8b I, II KStG übereinstimmen (§ 1 I Nr. 1, 2, 3 und 6 KStG), setzt § 8b II eine Beteiligung an einer „ausländischen Gesellschaft" voraus und verknüpft dies entweder mit den Voraussetzungen eines erst zu einem späteren Zeitpunkt vorgestellten DBA-Schachtelprivilegs (s. dazu S 329) oder mit dem im vorangegangenen Abschnitt vorgestellten Schachtelprivileg als Voraussetzung einer indirekten Steueranrechnung. Die weiteren Belastungswirkungen sind aber wiederum identisch und erklären die übereinstimmenden Rechtsformen der inländischen Begünstigten: Wegen der Zuordnung der steuerfreien Veräußerungsgewinne zu Einkunftsteilen i.S. des § 30 II Nr. 1 KStG (EK 01) kommen bei der Ausschüttung dieser Veräußerungsgewinne wieder die Rechtsfolgen des § 40 Nr. 1 KStG und auf der Anteilseignerebene die des § 8b I KStG

315

zur Anwendung – dann also auf der 2. Beteiligungsebene identische Rechtsfolgen –, während bei einer Ausschüttung an Personen, die die Voraussetzungen des § 8 b I KStG nicht erfüllen (natürliche Personen als Anteilseigner), der nunmehr hinreichend bekannte Effekt einer Nachversteuerung eintritt: Die Ausschüttungen – auch aus zuvor steuerfrei vereinnahmten Erträgen aus der Beteiligungsveräußerung – unterliegen uneingeschränkt der Einkommensteuer. Es bedarf auch keiner weiteren Ergänzung des im vorigen Kapitel vorgestellten Beispiels, da der wirtschaftliche Hintergrund für die Bemessungsgrundlage, die Tarifbelastung und die Eigenkapitalgliederung ab Spalte 7 bedeutungslos ist: Die nach § 8 b II KStG steuerfreien Veräußerungsgewinne werden in Spalte [12] dem EK 01 zugeordnet und können deshalb ohne weitere Steuerbelastung „durchgeschüttet" werden (§ 40 KStG) – ob dann auf der Seite des Anteilseigners nach § 8 b I KStG (wie im Beispiel) eine natürliche Person die Erträge vereinnahmt, ist für die Gesellschaftsebene belanglos.

**201**     (2) Der Sache nach bedeutet **§ 8 b II KStG, Vergünstigungen für Schachtelbeteiligungen** (es ist mithin kein bloßes Beteiligungsprivileg mehr wie § 8 b I KStG) auch auf sog. Einmalausschüttungen in Gestalt von **Veräußerungsgewinnen aus einer ausländischen Schachtelbeteiligung** auszudehnen (so die Begründung BT-Drucks. 12/4487, S. 38). Damit soll eine steuerliche Gleichbehandlung der Veräußerung einer Schachtelbeteiligung an einer ausländischen Tochtergesellschaft mit der wirtschaftlich identischen Vollausschüttung durch die ausländische Tochtergesellschaft an die inländische Muttergesellschaft bewirkt werden statt den Veräußerungsgewinn der normalen inländischen Körperschaftsteuer zu unterwerfen. Vor Inkrafttreten des § 8 II KStG waren hierzu Umwege erforderlich. In seiner Wirkung geht § 8 b II KStG über diesen erklärten Gesetzeszweck hinaus (*Brigitte Hintzen* S. 134, Fußn. 136): Mit der Freistellung des Veräußerungsgewinnes werden nicht nur die infolge Thesaurierung in der ausländischen Kapitalgesellschaft und im Ausland schon einmal versteuerten offenen Rücklagen steuerfrei gestellt, sondern auch die im Ausland bisher unversteuert gebliebenen stillen Reserven, die mit dem Veräußerungserlös realisiert werden. Die Freistellung der offenen Reserven bedeutet Vermeidung einer Doppelbesteuerung (in wirtschaftlicher Sicht), die Freistellung der stillen Reserven bedeutet eine Entstrickung der Auslandsbeteiligung aus der deutschen Steuerverhaftung. Die ursprünglich weitere privilegierende Rechtsfolge des § 8 b II Satz 2 KStG, nach der **Veräußerungsverluste** trotz der Steuerfreiheit von Veräußerungsgewinnen abzugsfähig bleiben, ist mit dem Steuerentlastungsgesetz 1999/2000/2002 aufgehoben worden („Verluste, die bei der Veräußerung, Auflösung oder Kapitalherabsetzung nach Satz 1 entstehen, sind nicht abziehbar").

**202**     (3) In dem hier erörterten Zusammenhang knüpft die Steuerfreiheit derartiger Veräußerungsgewinne an die Voraussetzungen der indirekten

Steueranrechnung nach § 26 II, III KStG an: Das erweiterte Schachtelprivileg kann in Anspruch nehmen, wer für Ausschüttungen der ausländischen Tochtergesellschaft entweder § 26 II oder § 26 III in Anspruch
nehmen konnte. Mithin sind die Voraussetzungen für eine Mindestbeteiligungsquote, Mindestbesitzzeit und eine aktive Tätigkeit der ausländischen Gesellschaft erforderlich; die Aktivitätserfordernisse werden
durch § 8b II Satz 3 KStG noch durch einen zeitlichen Vorbehalt ver-
schärft. Ob § 8b II KStG voraussetzt, daß im Falle des Dividendenzu-
flusses eine nach § 26 II, III KStG anrechenbare Auslandssteuer tatsächlich entstanden wäre und diese ihrer Höhe nach der deutschen KSt
entsprechen muß, könnte wegen des Zwecks der Begünstigung fraglich
sein. Doch der Wortlaut des § 8b II KStG ist eindeutig: Die Regelung
des § 8b II KStG greift unabhängig davon, in welcher Höhe Auslandssteuer auf Dividenden direkt angerechnet wurden oder anzurechnen wären
(*Eilers* in *Schaumburg* (Hrsg. 1997), S. 49). § 26 IIa (EU-ansässige Kapitalgesellschaften) wird nicht genannt, was bedeutet, daß bei EU-ansässigen Tochterkapitalgesellschaften ebenfalls eine aktive Tätigkeit erforderlich ist. Wie auf der 2. Beteiligungsstufe die Gewinnausschüttungen
(§ 8b I KStG) bleiben die Veräußerungsgewinne auf der 1. Beteiligungsstufe (§ 8b II KStG) „bei der Ermittlung des Einkommens" außer Ansatz, bestimmen aber die „Summe der Einkünfte" (einhellige Meinung:
*Schaumburg* S. 719, Schema der Ermittlung des zu versteuernden Einkommens bei *Frotscher* S. 7). Die Steuerfreiheit erstreckt sich auf die
Gewinne aus der Veräußerung der gesamten Beteiligung oder eines Teils
der Beteiligung, auf Gewinne anläßlich der Auflösung der Gesellschaft
oder anläßlich einer Kapitalherabsetzung (zur Erfassung weiterer Ge-
winnrealisationen bei einer Wertaufholung (Ansatz der Auslandsbeteiligung mit dem höheren Teilwert), Tauschvorgängen (Umstrukturierung
des ausländischen Beteiligungsbesitzes), Unterpreisveräußerungen [ver-
deckte Gewinnausschüttung, verdeckte Einlage] s. *Schaumburg* S. 719,
720). Ausnahmen (Einschränkungen) von der Steuerbefreiung folgen aus
§ 8b I Satz 3 KStG (dazu sogleich Abschnitt ee) und aus § 8b III KStG.
§ 8b III KStG steht mit vorangegangenen Umstrukturierungen im Zusammenhang (dazu unter N 289).

(4) Die Steuerfreiheit von Veräußerungsgewinnen gem. § 8b II Satz 1 **203**
KStG wirft die Frage auf, ob die inländische Gesellschaft an einer **Teil-
wertabschreibung** wegen einer nachhaltigen Wertminderung (§ 6 I
Nr. 2 EStG) aufgrund des **Abzugsverbots des § 3c EStG** (steuerfreie
Einnahmen, mit denen Ausgaben in unmittelbarem wirtschaftlichem
Zusammenhang stehen) oder aber aufgrund der Neuregelung im Steuer-
entlastungsgesetz 1999/2000/2002 wegen des Verlustabzugsverbots ge-
hindert ist. § 8b II Satz 2 KStG steht dem nicht entgegen; zur Frage des
Abzugsverbots des § 3c EStG ist bereits fraglich, ob eine Teilwertabschreibung als Ausgabe im Sinne des § 3c EStG in Betracht kommt;

*BFH* BStBl. 1989 II, 599 hat dies offengelassen. Faßte man den Ausgabenbegriff weit und verstünde eine Teilwertabschreibung hierunter, fehlte es an dem von § 3 c EStG vorausgesetzten Zusammenhang mit steuerfreien Einnahmen; dies könnten nur Dividendenausschüttungen sein (so auch im aufgehobenen *BMF*-Schreiben BStBl. 1997 I, 99 unter Rz 1.4.3). Im übrigen bestätigt § 8 b VI KStG dieses Ergebnis: dort ist bestimmt, daß ausschüttungsbedingte Teilwertabschreibungen auf Beteiligungen i. S. des § 8 b II KStG unzulässig sind – woraus im Umkehrschluß die Zulässigkeit aller übrigen Teilwertabschreibungen folgt (ausf. *Eilers/Wienands* in *F/W/B* Rz 275 ff. zu § 8 b KStG). Die Neuregelung des § 8 b VII KStG durch das Steuerentlastungsgesetz 1999/2000/2002 hat hieran nichts geändert, da § 8 b II KStG in dessen Anwendungsbereich nicht einbezogen wurde (s. *BMF*-Schreiben BStBl. 2000 I, 71). Auch die weitere Frage, ob Aufwendungen, insbesondere Finanzierungsaufwendungen auf ausländische Beteiligungen einem Abzugsverbot oder einem nur beschränkten Abzug unterliegen, steht mit der Neuregelung des § 8 VII KStG in keinem Zusammenhang. Maßgeblich ist damit allein die **Reichweite des § 3 c EStG**. Nach einer kontrovers geführten Diskussion hat der *BFH* zur Frage des steuerfreien Dividendenbezugs Stellung genommen; die Urteile *BFH* BStBl. 1997 II, 57, 60 und 63 werden im Zusammenhang mit der Vereinnahmung steuerbefreiter DBA-Dividenden behandelt (s. S 332; dort auch zur Neuregelung durch § 8 b VII KStG). Aber diese Rechtsprechung blieb nicht ohne Einfluß auf § 8 b II KStG. Denn: Abschn. 41 XVI KStR geht von einer **Anwendung des § 3 c EStG auf § 8 b II KStG** und damit auf steuerfreie Veräußerungsgewinne aus (wie übrigens auch auf § 8 b I KStG). Hierbei sind aber seit der zitierten *BFH*-Rechtsprechung deren Grundsätze zu beachten, die sich aus dem (aufgehobenen) *BMF*-Schreiben BStBl. 1997 I, 99 ergeben. Danach ist eine Zuordnung von Betriebsausgaben nach § 3 c EStG nur insoweit zulässig, als ein Veräußerungsgewinn im betreffenden Wirtschaftsjahr vereinnahmt wird; übersteigen die Betriebsausgaben den steuerfreien Veräußerungsgewinn, ist der Überhang abziehbar. Der *BFH* hat in der Entscheidung BStBl. 1997 II, 60 ausdrücklich die Bedeutung des § 8 II KStG für eine Standortförderung hervorgehoben und den Weg versperrt, über § 8 II KStG Finanzierungsaufwendungen insgesamt dem § 3 c EStG zuzuordnen.

*ff) Der körperschaftsteuerliche Gesellschafter: Gewinnminderung als Folge einer Teilwertabschreibung seiner Beteiligung (§§ 8 b I Satz 3, 8 b II Satz 1, 8 b VI KStG)*

**204**    Nochmals zurück zu § 8 b I KStG (steuerbefreite Gewinnausschüttungen, wenn die Gewinnausschüttung der Tochtergesellschaft aus steuerfreien ausländischen Einkünften stammt), zu § 8 b II KStG (Steuerfreiheit von Veräußerungsgewinnen bei ausländischen Beteiligungen) und zu § 26 II, II a, III, V KStG (indirekte Steueranrechnung bei internationaler Schachtelbeteiligung als Anrechnung der Ertragsteuern einer ausländischen Tochtergesellschaft auf die Körperschaftsteuer der ausländischen Muttergesellschaft): In allen Fällen sieht der Gesetzgeber die **Gefahr einer doppelten Inanspruchnahme der Steuerbegünstigung** durch einen Vorgang in der Vermögenssphäre (Beteiligungsansatz) mit gewinnmindernder Folge; die Regelungen sind miteinander vergleichbar, der Begriff der gewinnmindernden „ausschüttungsbedingten Teilwertabschreibung" bzw. der Teilwertabschreibung ist als zentrales Tatbestandsmerkmal anzusehen (s. im übrigen zu weiteren Fällen einer gewinnmindernden ausschüttungsbedingten Teilwertabschreibung § 50 c EStG ab P 136; zu § 2 a I Nr. 6 c und Nr. 7 EStG s. N 14, N 138). Es ist jedoch zu unterscheiden: § 8 b I Satz 3 KStG betrifft eine inländische Beteiligung (die Beteiligung an einer inländischen Tochtergesellschaft, die steuerbefreite ausländische Erträge vereinnahmt); §§ 8 b II und 8 b VI KStG betreffen dagegen eine ausländische Beteiligung (die ausländische Tochtergesellschaft). Während § 8 b I, VI KStG nur ausschüttungsbedingte Teilwertabschreibungen betreffen, betrifft § 8 b II KStG jede Teilwertabschreibung:

– Gewinnminderungen, die sich infolge der Gewinnausschüttung durch eine **Teil-** **205** **wertabschreibung des Beteiligungsansatzes** der inländischen Tochtergesellschaft ergeben, bleiben nach § 8 b I Satz 3 bei der steuerlichen Gewinnermittlung außer Ansatz. Als Ursachen für eine ausschüttungsbedingte Teilwertabschreibung kommen in Betracht offene Rücklagen und stille Reserven auf der Ebene der ausländischen Enkelgesellschaft oder als EK 01-Bestände auf der Ebene der inländischen Tochtergesellschaft, die als Teil der Anschaffungskosten in dem auf der Ebene der Muttergesellschaft ausgewiesenen Beteiligungsansatz an der inländischen Tochtergesellschaft aktiviert wurden (*Bruns* in *Arthur Anderson* § 8 b KStG Rz 75; im übrigen ist auf die Darstellung des § 50 c EStG (ab P 136) zu verweisen). Damit wird eine doppelte Begünstigung des Dividendenempfängers verhindert: einerseits eine Gewinnausschüttung steuerfrei zu vereinnahmen, andererseits eine unmittelbar hieraus folgende, mit ihr begründete Teilwertabschreibung gewinnmindernd zu berücksichtigen. Zu ergänzen ist dies um die Regelung des § 8 b I Satz 3 Nr. 2 KStG bei Gewinnminderungen, die u. a. durch Veräußerung des Anteils entstehen, soweit sie (wie die Teilwertabschreibung) auf die Gewinnausschüttung zurückzuführen ist (zu den damit verbundenen Beweislast- und Bewertungsproblemen *Eilers/Wienands* in *F/W/B* Rz 141.1 zu § 8 b KStG).

– Eine Steuerbefreiung von Gewinnen aus der Veräußerung einer Auslandsbeteili- **206** gung ist nach § 8 b II Satz 1 KStG ausgeschlossen, soweit in früheren Jahren **Teilwertabschreibungen auf diese Anteile** gewinnmindernd berücksichtigt wurden und soweit diese Gewinnminderung nicht durch den Ansatz eines höheren Teilwerts ausgeglichen worden ist. Auch hier ist der Zweck der einer Verhinderung einer Doppelbegünstigung: Der Veräußerungsgewinn darf bei demselben Steuerpflichtigen nicht auf eine gewinnmindernde verlustbedingte Teilwertabschreibung der Beteiligung zurückzuführen sein, da anderenfalls eine Teilwertabschreibung einerseits ohnehin schon gewinnmindernd wirkte und nun noch einen darauf beruhenden steuerfreien Veräußerungsgewinn nach sich zöge. Deswegen bleibt die Steuerfreiheit insoweit erhalten, als der Beteiligungsansatz zwischenzeitlich nach Wertaufholungsgrundsätzen wieder erhöht wurde. Zu der im Hinblick auf § 3 c EStG aufgeworfenen Frage, ob Teilwertabschreibungen mit Inkrafttreten des § 8 b II KStG nicht ohnehin ausgeschlossen sind und ob im Zusammenhang mit dem Erwerb und dem Halten der Schachtelbeteiligung stehende Aufwendungen zum Beispiel für eine Fremdfinanzierung des Beteiligungserwerbs dem Abzugsverbot des § 3 c EStG unterliegen s. bereits N 203 sowie *Bruns* aaO Rz 139 ff. Es erfolgt jedenfalls eine Nachversteuerung der früher geltendgemachten Gewinnminderung, die Steuerbefreiung wird mithin auf den Betrag begrenzt, um den der Veräußerungspreis die ursprünglichen Anschaffungskosten übersteigt. Das Beispiel in Abschnitt 41 VIII KStR zeigt die fehlende zeitliche Begrenzung (Erwerb 1975, Teilwertabschreibung 1982, Veräußerungserlös 1999).

**207**     – Führt eine **Gewinnausschüttung zu einer Teilwertabschreibung,** so ist diese Teilwertabschreibung nicht gewinnmindernd anzusetzen, wenn die Gewinnausschüttung nach § 26 II, II a, III, VII KStG begünstigt ist. Auch hiermit sollen Doppelbegünstigungen vermieden werden: einerseits die Anrechnung ausländischer Steuern im Wege der indirekten Anrechnung, andererseits eine anschließende ausschüttungsbedingte Gewinnminderung. Wie in einer dem § 50 c EStG zugrundeliegenden Sachverhaltsgestaltung könnte auch eine ausschüttungsbedingte Teilwertabschreibung für eine Beteiligung an einer ausländischen Tochtergesellschaft den wirtschaftlichen Effekt nach sich ziehen, einem zur Anrechnung inländischer Körperschaftsteuer (körperschaftsteuerliches Anrechnungssystem statt Anrechnung ausländischer Steuer!) nicht berechtigten Steuerausländer ein Anrechnungsguthaben zu verschaffen (*Bruns* in *Arthur Anderson* Rz 218 zu § 8 b KStG; *Herzig/Hötzel* DB 1988, 2270) – ein Problem, das seinen systematischen Standort bei der Ausländerbeteiligung im Inland und damit bei § 50 c EStG hat. An § 8 b VI KStG wird einerseits heftige Kritik geübt (Vermengung der Ertrags- und Vermögenssphäre; fehlende zeitliche Begrenzung, s. dazu *Eilers/Wienands* in *F/W/B* Rz 440 ff. zu § 8 b KStG), andererseits wird der Zusammenhang mit der Steuerfreiheit ausländischer Veräußerungsgewinne (§ 8 b II KStG) zur Rechtfertigung des § 8 b VI KStG hervorgehoben (*Simon* IStR 1999, 103). Im übrigen ist auf die Wahlmöglichkeit der indirekten Steueranrechnung zu verweisen (zu § 8 b VI KStG s. auch N 272).

*gg) Durchleitung deutscher Erträge über eine ausländische Gesellschaft (Joint-Venture-Problematik)*

**208**     (1) Der inländische Anteilseigner kann ausländische Körperschaftsteuer, die auf Einkünften einer ausländischen Betriebsstätte oder auf der Dividende einer ausländischen Kapitalgesellschaft lastet, im Inland nicht anrechnen (erst im Zusammenhang mit dem DBA-Recht ist über einige bilaterale Lösungsansätze zu berichten, in denen vom Ausland Körperschaftsteuerguthaben gewährt werden): das ist die wesentliche Erkenntnis aus den vorangegangenen Hinweisen zu den körperschaftsteuerlichen Folgen vereinnahmter ausländischer Erträge, zurückzuführen auf das auf rein nationale Sachverhalte beschränkte Anrechnungssystem. Für diesen Aspekt gilt ebenso wie für den ab P 90 zu behandelnden Ausschluß des ausländischen Anteilseigners vom körperschaftsteuerlichen Anrechnungsverfahren: Die Anrechnungsmethode versagt, wenn Gesellschaft und Gesellschafter in zwei unterschiedlichen Staaten ansässig sind. Keine zusätzliche Beschränkung, sondern folgerichtig mit dieser Konsequenz verbunden ist der Anrechnungsausschluß auch in dem Fall, in dem **inländische Erträge** auf dem Wege **über Gewinnausschüttungen einer ausländischen Gesellschaft** (gleiches gilt für die Betriebsstätteneinkünfte) **in das Inland zurückfließen.** Das hat *Herzig* in *Herzig* (Hrsg.

1994), S. 93 anschaulich verdeutlicht: Inländische Erträge ermöglichen nur dann eine Anrechnung der deutschen Körperschaftsteuer, wenn sie über eine nationale Konzernstruktur geleitet werden – fließen sie jedoch einem inländischen Anteilseigner über eine ausländische Körperschaft zu, geht im derzeitigen deutschen Körperschaftsteuersystem das **inländische Anrechnungsguthaben verloren.**

(2) Dies verdeutlicht folgendes einfaches Beispiel (*Bogenschütz* Fo- **209** rum Nr. 12, S. 56):

– Inländische GmbH schüttet inländische Erträge an den inländischen Anteilseigner aus: Gewinn vor KSt 100, daraus mögliche Gewinnausschüttung 70; der inländische Anteilseigner rechnet auf den empfangenen Gewinnanteil in Höhe von 70 Körperschaftsteuer 30 an und versteuert 100.

– Inländische GmbH schüttet inländische Erträge an eine ausländische Zwischenholding aus, von dort werden sie über eine inländische Muttergesellschaft an den inländischen Anteilseigner ausgeschüttet: Die inländische GmbH kann – wie im vorangegangenen Beispiel – eine Gewinnausschüttung in Höhe von 70 vornehmen, aber auf den von der inländischen Muttergesellschaft aus dem EK 01 ausgeschütteten Gewinnanteil ist keine Anrechnung der Körperschaftsteuer möglich, auch wenn – wie hier – eine Vorbelastung nur mit inländischer Körperschaftsteuer besteht. Im System des Körperschaftsteuerrechts handelt es sich um ausländische Einkünfte. Statt eines Ertrages (50%ige Steuerbelastung) von 50 im ersten Fall (70 + 30 = 100, davon 50%) ist nur ein Ertrag von 35 (50% von 70) zu verzeichnen. Dieses Beispiel verdeutlicht aber nur noch einmal, was sich aus dem zusammenfassenden Beispiel zu den ausländischen Einkünften im Körperschaftsteuersystem (N 65) ohnehin ergab, wenn man den Fall fehlender ausländischer Belastung mit der Vereinnahmung inländischer Erträge gleichsetzt und sich zugleich vorstellt, daß die aus dem Ausland vereinnahmten Erträge im Inland erwirtschaftet wurden.

(3) Damit aber erweist sich die **Vernichtung von Anrechnungsgut-** **210** **haben** durch einen Grenzübertritt als ein Kooperationshemmnis: Die Einbringung von Beteiligungen an inländischen Unternehmen in ein ausländisches Unternehmen führt dazu, daß die Anteilseigner nach der Einbringung des Unternehmens eine geringere Bruttodividende als zuvor erlangen: Nichts anderes geschieht im umgekehrten Fall der Einbringung einer ausländischen Beteiligung in ein deutsches Unternehmen. Dieser – zunächst nur inlandsbezogene – Effekt eines Anrechnungsverlustes wird aber verstärkt, wenn man in einem Kooperationsmodell (Joint-venture-Entstehung) auch die Folgen für den ausländischen Partner betrachtet. Grundfälle zum Verständnis sind nach *Herzig* (IStR 1996, 196) die Betriebseinbringung und der Anteilstausch.

– **Die Betriebseinbringung:** Der Betrieb einer deutschen Kapitalge- **211** sellschaft wird gegen Gewährung von Gesellschaftsrechten in eine ausländische Kapitalgesellschaft eingebracht, eine ausländische Kapitalgesellschaft bringt ihren Betrieb gegen Gewährung von Gesellschaftsrechten ein. Im ersten Fall wird die ausländische Gesellschaft über eine inländische Betriebsstätte beschränkt steuerpflichtig, im zweiten Fall wird die deutsche Gesellschaft mit ihrer ausländischen Betriebsstätte dort beschränkt steuerpflichtig. Die Ertragslage vor der Kooperation stellt sich bei Vollausschüttung und Anrechnung wie in Deutschland wie folgt dar:

|                    | D       | Ausland  |
|--------------------|---------|----------|
| Gewinn vor KSt     | 100     | 100      |
| KSt                | ./. 30  | ./. 33   |
| Nettogewinn        | 70      | 67       |
| Dividende          | 70      | 70       |
| KSt-Gutschrift     | + 30    | + 33     |
| Gewinnausschüttung | 100     | 100      |

Die Ertragslage stellt sich im ersten Kooperationsfall (Einbringung in eine ausländische Kapitalgesellschaft) nicht als eine Ertragsverdoppelung dar: Aus einem Gesamtertrag von 200 wird ein Gesamtertrag von 141,5, so daß ein Kooperationsverlust in Höhe von 58,5 zu verzeichnen ist. Die Begründung hierfür:

|                                                          | D       | Ausland  |
|----------------------------------------------------------|---------|----------|
| [1] Gewinn vor KSt                                       | 100     | 100      |
| [2] KSt 40%/33%                                          | ./. 40  | ./. 33   |
|                                                          | 60      | 67       |
| [3] Dividende je Anteilseigner-<br>gruppe ½ × 60 + ½ × 67 | 63,5    | 63,5     |
| [4] Ausländische KSt-Gutschrift                          | –       | 16,5     |
| [5] Deutsche KSt-Gutschrift                              | –       | –        |
| [6] Gesamtertrag                                         | 63,5    | 80,5     |

[1] Damit ist der Ursprung der Einkünfte gemeint; sie werden von der ausländischen Gesellschaft vereinnahmt.

[2] Körperschaftsteuersatz für inländische Betriebsstätten ausländischer Kapitalgesellschaften seit VZ 1999 40%.

[3] Quotale Zuordnung der Gesamtdividende: Anrechnungssysteme eröffnen nicht die Möglichkeit, inländische Gewinnanteile gezielt den inländischen Anteilseignern und ausländische Gewinnanteile gezielt ausländischen Anteilseignern zuzuordnen – darauf folgen Definitivbelastungen, die sich für den deutschen Auslandseigner auswirken: ein Anrechnungsguthaben in Höhe von 20 deutscher Körperschaftsteuer und 16,5 ausländischer Körperschaftsteuer ist „verloren", ein Anrechnungsguthaben in Höhe von 20 deutscher Körperschaftsteuer ist für den ausländischen Anteilseigner verloren. Rechnerisch ist dies in den Zeilen [4] und [5] zum Ausdruck gekommen.

[4] Die Körperschaftsteuergutschrift für den ausländischen Anteilseigner in seinem Heimatstaat als Sitzstaat der Gesellschaft ist systemgerecht und entspräche dem deutschen System. Daß der deutsche Gesellschafter keine ausländische Körperschaftsteuer anrechnen kann, folgt aus § 36 II Nr. 3 EStG (Körperschaftsteuer einer unbeschränkt körperschaftsteuerpflichtigen Körperschaft: die ausländische Kapitalgesellschaft kann dem inländischen Anteilseigner selbst dann keine Körperschaftsteuer-Gutschrift vermitteln, wenn sie selbst deutsche Körperschaftsteuer entrichtet hat). Aus § 36 II Nr. 3 EStG folgt mithin die Begründung für beide Bestandteile des Kooperationsverlustes. Daß dem ausländischen Gesellschafter keine deutsche Körperschaftsteuer vermittelt werden kann, ist aus der Sicht seines Staates mit keinen anderen Gründen zu beantworten als aus der Sicht der Bundesrepublik für ihren ansässigen Anteilsinhaber.

Auch im Falle der Einbringung in eine deutsche Kapitalgesellschaft ist ein Kooperationsverlust durch Verlust von Anrechnungsguthaben die Folge – nur verbessert sich die Stellung des deutschen Gesellschafters und verschlechtert sich die Stellung des ausländischen Gesellschafters gegenüber dem Ausgangsfall. Der Kooperationsverlust beträgt nunmehr 48, statt der früheren Gewinnausschüttungen 2 × 100 sind 152 zu verteilen.

|  | D | Ausland |
|---|---|---|
| [1] Gewinn vor KSt | 100 | 100 |
| [2] KSt | ./. 30 | ./. 33 |
|  | 70 | 67 |
| [3] Dividende je Anteilsgruppe |  |  |
| ½ × 70 + ½ × 67 | 68,5 | 68,5 |
| [4] Ausländische KSt-Gutschrift | – | – |
| [5] Deutsche KSt-Gutschrift | 15 | – |

Die Zeilen 1–5 sind nicht mehr zusätzlich erklärungsbedürftig. Daß ausländische Körperschaftsteuer (Zeile 5) nicht anrechenbar ist, folgt wiederum aus § 36 II Nr. 3, diesmal aus dem Tatbestandsmerkmal „soweit diese nicht aus Ausschüttungen stammen, für die Eigenkapital im Sinne des § 30 II Nr. 1 KStG als verwendet gilt".

– **Der Anteilstausch:** Die Kooperation erfolgt in der Weise, daß die **212** deutschen und die ausländischen Anteilseigner ihre Anteile an der jeweils nationalen Gesellschaft entweder in eine ausländische oder in eine deutsche Gesellschaft einbringen und hierfür Gesellschaftsanteile erwerben (Umwandlung einer unmittelbaren in eine mittelbare Beteiligung). Die Ausgangslage ist identisch: Vor der Kooperation haben beide Beteiligte Gewinnausschüttungen in Höhe von jeweils 100 erlangt. Die Ertragslage für den Fall der Einbringung in eine ausländische Kapitalgesellschaft stellt sich wiederum nicht als Ertragsverdoppelung, sondern als Ertragsminderung dar: Aus einem Gesamtertrag 200 wird ein Gesamtertrag 153,5, so daß ein Kooperationsverlust in Höhe von 46,5 zu verzeichnen ist. Die Begründung hierfür:

|  | D | Ausland |
|---|---|---|
| [1] Ausländische Muttergesellschaft |  |  |
| Gewinn vor KSt |  | 100 |
| KSt |  | ./. 33 |
|  |  | 67 |
| [2] Deutsche Tochtergesellschaft |  |  |
| Gewinn vor KSt | 100 |  |
| KSt | ./. 30 |  |
|  | 70 |  |
| [3] Ausschüttung an die ausländische Muttergesellschaft | | 70 |
| – weder Quellenbesteuerung noch weitere eigene Steuerlast hierauf | | |
| [4] Daraus folgende Gesamtausschüttung der ausländischen Muttergesellschaft | | 137 |
| [5] Ausschüttung an die beiden Anteilseigner | 68,5 | 68,5 |
| [6] Ausländische KSt-Gutschrift | – | 16,5 |
| [7] Deutsche KSt-Gutschrift | – | – |
| [8] Gesamtertrag | 68,5 | 85 |

[1] Situation vor der Kooperation
[2] Situation vor der Kooperation
[3] Kooperationsfall
[4] Gesamtausschüttung
[5] Verteilung auf die beiden Gesellschafter
[6] Nunmehr greift der Anrechnungsverlust; im Beispiel *Herzogs* (IStR 1996, 199) erhält der deutsche Anteilseigner aufgrund des konkreten Beispiels Frankreichs eine Körperschaftsteuergutschrift (avoir fiscal) aufgrund DAB-Frankreich Art. 20 Ib (bb).
[7] Dagegen kann die ausländische Kapitalgesellschaft weder ihren deutschen noch ihren ansässigen Anteilseignern eine deutsche Körperschaftsteuergutschrift vermitteln (System des Anrechnungsverfahrens: ausländische Steuer als Definitivbelastung).

Und schließlich die Anteilseinbringung in eine deutsche Kapitalgesellschaft: Aus einem Gesamtertrag 200 wird ein Gesamtertrag in Höhe von 152, der Kooperationsverlust beträgt 48.

|  | D | Ausland |
|---|---|---|
| [1] Deutsche Muttergesellschaft |  |  |
| Gewinn vor KSt | 100 |  |
| KSt | ./. 30 |  |
|  | 70 |  |

|  | D | Ausland |
|---|---|---|
| [2] Ausländische Tochtergesellschaft |  |  |
| Gewinn vor KSt |  | 100 |
| ./. KSt | ./. | 33 |
|  |  | 67 |
| [3] Ausschüttung an die deutsche Muttergesell- |  |  |
| schaft – ohne weitere Steuerfolgen | 67 |  |
| [4] Daraus folgende Gesamtausschüttung |  |  |
| der deutschen Muttergesellschaft |  |  |
|  | 137 |  |
| [5] Ausschüttung an die beiden Anteilseigner | 68,5 | 68,5 |
| [6] Ausländische KSt-Gutschrift | – | – |
| [7] Deutsche KSt-Gutschrift | 15 | – |
| Gesamtertrag | 83,5 | 68,5 |

Eine ergänzende Anmerkung ist hierzu nicht mehr erforderlich. Es ist leicht erkennbar, daß die Abweichung der beiden Endergebnisse ihre Ursache im geringeren deutschen Körperschaftsteuersatz hat, die Differenz der Steuersätze aber zur Hälfte ausgeglichen wird durch ein entsprechend höheres Anrechnungsguthaben. Verdeutlicht wird mit diesen Beispielen jedenfalls ein spezifisches **Körperschaftsteuer-Problem internationaler Kooperationen:** beruhen solche Kooperationen auf einer gesellschaftsrechtlichen Verbindung mit ausländischen Partnern, dann treten steuerliche Zusatzbelastungen insbesondere für Muttergesellschaften aus einem Staat mit einem Körperschaftsteuer-Anrechnungssystem auf (*Kessler* in *Schaumburg* (Hrsg. 1998), S. 183 ff.).

(4) Diese Steuerfolgen waren und sind Anlaß, Ausweichstrategien zu **213** finden. Das Grundproblem hierbei ist aber nicht die Frage einer selektiven Ausschüttung, die unter dem Stichwort „isolierte Zuwendung von EK 01 an einzelne Anteilseigner" bzw. „Dividenden-Streaming" bereits erörtert wurde (s. N 64); hierbei handelt es sich um eine Rechtsfrage eines nationalen Körperschaftsteuersystems. Die mit der internationalen Kooperation verbundene Problematik ist vorgeschaltet. Bei ihr geht es darum, die **Dividendenströme entsprechend ihrer wirtschaftlichen Entstehung zu lenken** und das Gemeinschaftsunternehmen möglichst zu umgehen. Denn die Beispiele haben gezeigt, daß die Weitergabe an das Gemeinschaftsunternehmen das eigentliche Problem hervorruft; wäre dieses Problem lösbar, würde sich die Rechtsfrage einer gezielten Dividendenausschüttung ohnehin nicht mehr stellen (deswegen teilweise mißverständlich *Eilers/Wienands* in *F/W/B* § 8 b KStG Rz 128, im folgenden dann aber die klar abgegrenzte Thematik der Rechtsfrage isolierter EK 01-Zuwendung).

Dazu *Kessler* aaO, S. 188: „Um eine solche unmittelbare Ausschüttung der Dividenden von der operativen Tochtergesellschaft an die im jeweiligen Tätigkeitsstaat ansässigen Anteilseigner sicherstellen zu können, müssen die Dividenden bildlich gesprochen an dem Gemeinschaftsunternehmen vorbei gelenkt werden. Gleichzeitig soll aber auch die gemeinsame Willensbildung auf der Ebene der Joint-Venture-Gesellschaft erhalten bleiben. Beide Ziele zusammen können nur erreicht werden, wenn die Anteilseigner neben der Beteiligung an dem Gemeinschaftsunternehmen, die der Koordination der Willensbildung dient, auch eine unmittelbare Beteiligung an der betreffenden Tochtergesellschaft halten, die ihnen einen direkten Dividendenbezug ermöglicht. Das Recht zum Dividendenbezug muß daher von den Stimmrechtsanteilen abgekoppelt werden". *Haarmann* in *Herzig* (Hrsg. 1996) hat unter der Überschrift „Verknüpfung von Beteiligungen zur Sicherung des Anrechnungsguthabens (**Stapled Stock**)" über erste praktische Erfahrungen berichtet, zur Vermeidung des Verlustes des Anrechnungsguthabens Strukturen zu schaffen, die einerseits die Stimmrechte bündeln, jedoch den unmittelbaren Zugriff auf die Gewinne der Gesellschaft im eigenen Lande schaffen (S. 41 ff.) *Bogenschütz* (Forum Nr. 12, S. 53 ff.) hat das Modell der Verknüpfung von Beteiligungen konkretisiert. Danach werden die Beteiligungen an Gemeinschaftsunternehmen von deren Anteilseignern auf der Grundlage eines Joint-Venture-Vertrages gehalten, in dem die Gewinnaufteilung vereinbart wird. Jedes der beiden Unternehmen hat die Betriebseinheiten, deren Ergebnis aufzuteilen ist, in inländische Gesellschaften eingebracht. Die Mehrheit der Stimmrechte erlangt das Gemeinschaftsunternehmen (erste Art von Gesellschaftsanteilen), stimmrechtslose Vorzugsaktien (zweite Art von Gesellschaftsanteilen), die den Gewinnbezug vermitteln, erlangt das jeweilige Joint-Venture-Unternehmen. Schütten beide verselbständigten „Betriebsteile" ihre „Heimaterträge" aus, kommt es mangels eines Umwegs der Dividendenströme über das Gemeinschaftsunternehmen auch nicht zu einem Verlust von Anrechnungsguthaben. Zu weiteren Modellen („Income Access Shares" mit Gewinnpooling und „Personengesellschaftsstrukturen") s. *Otto H. Jacobs* S. 822 ff. und dem abschließenden Hinweis, daß die Komplexität solcher Modelle, die allesamt einen hohen gesellschaftsrechtlichen Aufwand erfordern, nochmals die Problematik der Körperschaftsbesteuerung über die Grenze verdeutlichen. Denn alle Modelle „sind ohne Vorabstimmung mit der Finanzverwaltung im Wege der verbindlichen Auskunft nicht anzuraten" (s. auch *Mencks* Würdigung des Modells *Bogenschütz* in Forum Nr. 12, S. 93 als „Kunstwerk – es müßte aber von höherer Warte aus diskutiert und beurteilt werden"); zuletzt zum Thema *Kessler* (*Schaumburg*, Hrsg. 1999), S. 191 ff. und *Breuninger* (ebenda), S. 213 ff. und die Monographie von *Birgit Sander* zu Anrechnungsverlusten bei grenzüberschreitenden Kooperationen (dazu *Menck* IStR 1999, Nr. 23/III).

**214–219**   *(einstweilen frei)*

## 4. Europäisches Recht: Binnenmarktkonzept und inländischer Gesellschafter

*a) Mutter/Tochter-Richtlinie und Gewinnausschüttungen ausländischer EU-Tochterkapitalgesellschaften (§ 26 II a KStG)*

**220**    (1) Die Mutter/Tochter-Richtlinie (K 13) ist gegen die Doppelbesteuerung von Gewinn gerichtet, die eine in einem Mitgliedstaat ansässige Tochtergesellschaft an eine in einem anderen Mitgliedstaat ansässige Muttergesellschaft ausschüttet – es ist die mit der indirekten Steueranrechnung gem. § 26 II, III, V KStG auf der Ebene einer deutschen Muttergesellschaft verbundene Besteuerungsfolge (zur deutschen Tochtergesellschaft einer EU-ansässigen Muttergesellschaft s. P 97). **Ziel der**

**Mutter/Tochter-Richtlinie** ist es, steuerliche Benachteiligungen zu vermeiden, denen eine gemeinschaftsweit operierende Unternehmensgruppe im Vergleich zu dieser nur auf einem nationalen Markt tätigen Gruppe ausgesetzt ist; die Schaffung eines gemeinsamen Steuersystems für Mutter- und Tochtergesellschaften verschiedener Mitgliedstaaten soll die Zusammenarbeit auf der Gemeinschaftsebene erleichtern und damit das Binnenmarktkonzept auf einem Teilbereich verwirklichen. Für den Staat der Muttergesellschaft sieht die Mutter/Tochter-Richtlinie in Art. 4 I vor: als erste Variante die Befreiungsmethode, nach der sämtliche von der Muttergesellschaft empfangenen Gewinne befreit sind; Ausschüttungen der Muttergesellschaft an deren Anteilseigner sind nicht erfaßt. Ob die Richtlinie dem Staate der Muttergesellschaft eine Aufrechnung mit Verlusten der Muttergesellschaft ermöglicht und ihr damit die Möglichkeit nimmt, die Verluste der laufenden Periode mit Gewinnen späterer Jahre aufzurechnen, ist zwar strittig (*Sapusek* S. 536), wegen der in der Bundesrepublik verwirklichten Anrechnungsmethode auch nicht relevant, aber im Ergebnis zu bejahen. Als zweite Variante sieht Art. 4 die Anrechnungsmethode vor: Gewinnausschüttungen von Tochtergesellschaften werden in die Bemessungsgrundlage einbezogen, die Doppelbesteuerung wird durch eine Methode der indirekten Steueranrechnung vermieden. Regelungen zur Berechnung des Steuerbetrages oder des Verfahrens der Anrechnung enthält Art. 4 I nicht, so daß den Mitgliedstaaten eine autonome Lösung möglich ist. Für mehrstufige Konzerne enthält Art. 4 I keine Regelung (zum Inhalt der Richtlinie und zur Umsetzung in den EU-Staaten s. *Sapusek* S. 927 ff., *Meerpohl* S. 36 ff.).

(2) In der Bundesrepublik wurde die **Mutter/Tochter-Richtlinie 221 durch das StÄndG 1992 zum 1. Januar 1992 umgesetzt:** Für inländische Tochtergesellschaften von EU-Muttergesellschaften durch § 44 d EStG (dazu P 97), **für inländische Muttergesellschaften durch § 26 II a KStG.** Da die Bundesrepublik mit den EU-Staaten ein geschlossenes Netz von DBA unterhält, hätte die Mutter/Tochter-Richtlinie auch durch DBA-Änderungen mit den einzelnen Mitgliedstaaten in das nationale Recht umgesetzt werden können. Doch ist die Umsetzung durch eine generelle Norm erfolgt und „systemgerecht" eingeordnet worden: Die zum Zwecke der Umsetzung der Richtlinie neue Vorschrift des § 26 II a KStG entspricht sowohl hinsichtlich des Tatbestandes als auch hinsichtlich der Rechtsfolge dem § 26 II KSt, enthält aber einige Erleichterungen:

– Als deutsche Muttergesellschaft gelten die in § 26 I KStG genannten Rechtsformen (das geht über die Richtlinie hinaus, die in einer Anlage eine Rechtsformaufzählung enthält); als ausländische Tochtergesellschaften diejenigen Gesellschaften, die in der Nr. 1 der Anlage 7 zum EStG genannt werden. Es entfällt damit im Verhältnis zu EU-Staaten ein Typenvergleich der ausländischen Rechtsform. Auch eine Prüfung der gezahlten ausländischen Steuer am Maßstab der deutschen Körperschaftsteuer entfällt, da auch insoweit die Anlage gilt – sie ist insgesamt auf den Wortlaut der Richtlinie zurückzuführen. Die Ansässigkeit ist nach DBA-Recht zu bestimmen, was zur Folge hat, daß das Abkommensrecht die steuerliche Ansässigkeit der ausländischen Tochtergesellschaft nicht der Bundesrepublik zuweisen darf. Der gegenüber § 26 II KStG gewichtige Unterschied besteht im Verzicht des deutschen Gesetzgebers auf eine Aktivitätsklausel (was aber – wie bereits erwähnt – nicht auf § 8 b II KStG durchschlägt). Während die Mutter/Tochter-Richtlinie die Privilegierung mit einer Beteiligungshöhe von 25 % verbindet, bleibt es für die Anwendung des § 26 II a KStG bei dem Erfordernis einer 10 %igen Mindestbeteiligung. Die Beteiligungsdauer (Mindestbesitzzeit von 12 Monaten vor Ende des Veranlagungszeitraumes oder des davon abweichenden Gewinnermittlungszeitraumes) gilt als Verstoß gegen Art. 3 II, da die Richtlinie eine Mindestbesitzzeit lediglich für die Zukunft verlangt (*Meerpohl* S. 86; *Henkel* S. 33 unter Hinweis auf das *EuGH-Urteil* in Sachen Denkavit zu § 44 EStG).

– Hinsichtlich der identischen Normen der Durchführung der Steueranrechnung in § 26 II und § 26 II a KStG wird geltend gemacht, daß die Anrechnung auf höchstens die Steuer, die dem Anteil der Muttergesellschaft am Nennkapital der Tochtergesellschaft entspricht, nicht durch die Richtlinie gedeckt ist. Dadurch kann die Anrechnung bei Vorzugsdividenden und Genußrechten eingeschränkt sein; die Richtlinie fordert aber eine Anrechnung des Steuerteilbetrages, den die Tochtergesellschaft für die von ihr ausgeschütteten Gewinne entrichtet hat (*Altheim* IStR 1993, 359).

222    Wegen des eingangs erwähnten DBA-Netzes wirkt die Anrechnung nach § 26 II a KStG nur subsidiär, da in den Abkommen grundsätzlich die weitergehende Freistellungsmethode vereinbart worden ist (s. S 330, dort auch zur **Anwendung des § 8 b VII KStG**); soweit aber die Freistellungsmethode mit einem Aktivitätsvorbehalt verbunden ist (DBA Portugal, DBA-Spanien) und diese Voraussetzungen im konkreten Fall nicht vorliegen, greift § 26 II a KStG.

223    (3) Das in der Mutter/Tochter-Richtlinie vorgesehene Wahlrecht für eine Freistellung ausländischer Gewinnanteile oder für eine Steueranrechnung wirft noch einmal die Frage auf, ob das **Binnenmarktkonzept** eher auf der Grundlage einer **Kapitalexportneutralität** (Anrechnung ausländischer Steuern) **oder** einer **Kapitalimportneutralität** (Freistellung) zu verwirklichen ist. Legt man das Wahlrecht zugrunde, könnte man davon ausgehen, daß das Binnenmarktkonzept mit beiden Methoden vereinbar ist. Allerdings beruht das Wahlrecht auf einer pragmatischen Entscheidung: Die erste Fassung der Mutter/Tochter-Richtlinie von 1969 sah nur die Freistellungsmethode vor und entsprach damit kontinentaleuropäischer Tradition; die Einführung der Anrechnungsmethode in Art. 4 hatte ihren Grund in dem Beitritt von Großbritannien, Irland und Dänemark 1973 und der damit notwendig werdenden Rücksichtnahme auf die anglo-amerikanische Tradition der Anrechnungsmethode (*Meerpohl* S. 46). Der Gemeinschaftsgesetzgeber hat also damit keine Grundsatzentscheidung getroffen, sondern Rücksicht auf steuersystematische Bedingungen im einzelnen genommen. *Dautzenberg* (S. 693 ff.) sieht das Binnenmarktkonzept nur bei Anwendung der Freistellungsmethode verwirklicht, da nur dann eine Gleichheit der Wettbewerbschancen zwischen den ausländischen Unternehmen und dem auf dem betreffenden

Markt selbst beheimateten Unternehmen gegeben ist. Doch ist an eine Entwicklung, die die Freistellungsmethode durch den Gemeinschaftsgesetzgeber zwingend vorschreiben könnte, gegenwärtig überhaupt nicht zu denken. Dies auch mit Recht, da es völlig ausgeschlossen ist, die Problematik steuerlicher Wettbewerbsbedingungen auf eine Gegenüberstellung von Kapitalexport- und Kapitalimportneutralität und anschließende Hinwendung zur Kapitalimportneutralität zu stützen. Aus der Sicht des deutschen Gesetzgebers wäre es zu Beginn der 90er Jahre schon nicht mehr vorstellbar gewesen, eine Freistellung mit dem Verzicht auf jede Aktivitätsklausel zu verbinden – das Wahlrecht in der Mutter/Tochter-Richtlinie ist eine richtige Entscheidung gewesen und bestätigt, worauf einleitend (B 62) hingewiesen worden war: Die Begriffe Kapitalexportneutralität und Kapitalimportneutralität dienen der Veranschaulichung eines Problems, das sie nicht lösen können.

*b) Verluste ausländischer EU-Tochterunternehmen (Richtlinienentwurf)*

(1) Für Verluste ausländischer Tochtergesellschaften besteht grund-  **224** sätzlich keine direkte Kompensationsmöglichkeit. Da die Tochtergesellschaft ein eigenständiges Steuersubjekt ist, können ihre Verluste im Inland nicht steuermindernd berücksichtigt werden: Als unbeschränkt steuerpflichtiges Subjekt gibt es sie im Inland nicht – Verlustanrechnungsmöglichkeiten im Rahmen der Besteuerung der Muttergesellschaft existieren nicht, einer grenzüberschreitenden Organschaft in der Konstellation einer inl. Mutter und einer ausl. Tochter hat das Steuerrecht – wie erwähnt – eine klare Absage erteilt (*Ebenroth* AG 1990, 304). Die bis zum Veranlagungszeitraum 1989 mögliche Bildung einer Verlustrücklage nach § 3 des Auslandsinvestitionsgesetzes 1969, BGBl. I, 1214, ist durch das Steuerreformgesetz 1990 entfallen (inländische Steuerpflichtige konnten danach für Verluste aus ausländischen Tochterkapitalgesellschaften eine steuerfreie Rücklage bilden, womit vor allem Anlaufverluste erfaßt werden sollten). Sind somit die Verluste der Auslandsgesellschaft nur im Rahmen ihrer eigenen ausländischen Besteuerung kompensierbar, so ist die grundsätzliche Nichtberücksichtigung dieser Verluste bei der ausländischen Muttergesellschaft durch die Möglichkeit einer Teilwertabschreibung auf die Beteiligung zwar durchbrochen, jedoch unter außerordentlich engen (dazu *BFH* BStBl. 1970 II, 89) Voraussetzungen; inzwischen wird bezweifelt, daß die Voraussetzungen der **Teilwertabschreibung** auf Beteiligungen **mit dem Gemeinschaftsrecht vereinbar** sind – ohne daß es hierbei auf einen grenzüberschreitenden EU-Bezug ankäme. Zwar läßt § 6 I Nr. 2 EStG keinen gemeinschaftsrechtlichen Bezug erkennen, die Norm ist auch ohne Parallelregelung im europäischen Recht; eine gemeinschaftsrechtliche Brücke ist aber von § 253 II Satz 3 HGB zur Vierten Richtlinie einerseits, von § 253 II Satz 3 HGB

zu § 5 I EStG (Maßgeblichkeitsprinzip) andererseits und damit auch vom Gemeinschaftsrecht zum Bilanzsteuerrecht zu schlagen; zu den damit verbundenen materiellen Fragen s. *Herkenroth/Körner/Rodewald* DStR 1999, 9. Damit verbunden ist die bereits erörterte und vom Großen Senat des BFH zu beantwortende Frage, wer über die Vorlagebedürftigkeit einer bilanzsteuerrechtlichen Frage zu entscheiden hat (zum derzeitigen Verfahrensstand s. K 31). Schließlich ist auf die mit dem Steueränderungsgesetz 1992 eingeführte **beschränkte Verrechnungsfähigkeit einer Teilwertabschreibung** auf eine ausländische Beteiligung mit positiven Einkünften zu verweisen: § 2a I Nr. 3a EStG. Der Gesetzgeber ging davon aus, daß eine § 2a I-Regelung nur mit Einbeziehung ausländischer Betriebsstätteneinkünfte mit dem Gleichheitssatz nicht zu vereinbaren sei, wenn zugleich mittelbar – auf dem Wege über eine Teilwertabschreibung – Verluste einer ausländischen Tochtergesellschaft, ohne Rücksicht auf eine aktive oder passive Tätigkeit, zu einer inländischen Einkommensminderung führen könnten (s. N 138). Dementsprechend ist die Aktivitätsklausel des § 2a II EStG ausgedehnt worden und zugleich eine Ergänzung um Beteiligungsbesitz erfolgt, der als Landes- oder Funktionsholding zu qualifizieren ist (zu diesen Begriffen N 420f.).

**225**    (2) Geht man von der Niederlassungsfreiheit des Art. 43 EG aus und bedenkt, daß diese gleichermaßen die Betätigung durch ausländische Betriebsstätten und durch ausländische Tochtergesellschaften garantiert, beide Formen als gleichwertig ansieht und steuerliche Vorschriften die Wahl zwischen beiden Organisationsformen nicht beschränken dürfen (*EuGH* in Sachen Avoir fical, s. K 39), dann erscheint der bei der Betriebsstättenbesteuerung bereits vorgestellte **Richtlinienvorschlag** (1990) zur Berücksichtigung von Verlusten insoweit als konsequent, als er zunächst auch die **Verluste EU-ansässiger Tochtergesellschaften** einbezog. Dennoch muß man eine solchen Vorschlag auch auf der Grundlage des Trennungsprinzips würdigen – und dabei ergeben sich eben gravierende Unterschiede schon bei der Haftungsfrage. Deswegen ist es auch nur konsequent, daß für ausländische Tochtergesellschaften anders als bei ausländischen Betriebsstätten die Verlustberücksichtigung grundsätzlich ausscheidet. Nur zwei Mitgliedstaaten der EG sehen gegenwärtig überhaupt die Möglichkeit vor, ausländische Tochter-Verluste mit Gewinnen der inländischen Mutter zu verrechnen (Dänemark, Frankreich – dazu der Ländervergleich bei *Sapusek* S. 1029ff.). Der Kommissionsvorschlag ist zum einen durch seine Rechtsformneutralität hervorzuheben: Es kommt nicht auf die Rechtsform der Mutter an, diese hat ein „Unternehmen", aber eben keine Kapitalgesellschaft allein zu sein. Bei einer so weitreichenden Rechtsfolge kann natürlich nicht mit Beteiligungsquoten im Sinne des klassischen Schachtelprivilegs operiert werden; unter Tochtergesellschaften werden daher nach dem Kommissionsvorschlag Kapitalgesellschaften verstanden, die mindestens zu 75% beherrscht werden (die internen Vorschriften der Mitgliedstaaten fordern regelmäßig höhere Beteiligungen). Ein hoher Beteiligungssatz entspricht dem Gedanken der Gleichbehandlung mit Betriebsstättenverlusten, doch steht dies andererseits der grenzüberschreitenden Kooperation entgegen, wie sie dem Konzept der Fusions-Richtlinie entspricht (*Saß* BB 1991, 1163). Zum anderen ist auf die vorgesehene Methode der Nachversteuerung hinzuweisen: Verluste einer Tochtergesellschaft werden im Jahre ihrer Entstehung bei der Muttergesellschaft abgezogen; dieser Verlustabzug wird rückgängig gemacht, sobald bei der Tochtergesellschaft wieder Gewinne anfallen. Aus deutscher Sicht wird man schon jetzt erhebliche Bedenken geltend machen müssen (aber aus der Sicht der überwiegenden Mitgliedstaaten wird nichts anderes folgen), da nach deutschem Recht eine Zusammenrechnung von Gewinnen und Verlusten mehrerer Steuersubjekte grundsätzlich nicht vorgesehen ist und der Verlustabzug im internen Recht nur im Organschaftsfall mit Ergebnisabführung (§§ 14–19 KStG) möglich ist. Der Richtlinienvorschlag jetzt verwirklicht würde daher zu einer Ungleichbehandlung ausl. und inl. Tochterunternehmen führen, da bei letzteren die Organschaftsvoraussetzungen eine finanzielle, wirtschaftliche und organisatorische Eingliederung der Tochter in die Muttergesellschaft erfordern, der Richtlinienentwurf aber lediglich finanzielle Eingliederung voraussetzt (dazu *Carl* EuZW 1991, 369). Man kann nicht prognostizieren inwieweit eine verpflichtende EG-Richtlinie durchzusetzen ist. Jedenfalls hat die Kommission in einem revidierten Vorschlag zu Auslandsverlusten nur auf Betriebsstättenverluste, nicht auf Verluste ausländischer EU-Tochtergesellschaften Bezug genommen.

*c) Zins- und Lizenzzahlungen von und an ausländische EU-Tochterunternehmen (Richtlinienvorschlag)*

Hierzu liegt seit März 1998 (Abl. EG vom 22. 4. 1998 Nr. C 123/9) **226** ein Richtlinienvorschlag zur steuerlichen Erleichterung der grenzüberschreitenden Mutter/Tochter-Beziehungen in Parallele zur Mutter/Tochter-Richtlinie vor. Der dem Richtlinienvorschlag zugrundeliegende Begriff „verbundene Unternehmen" versteht darunter nicht nur (wie die Mutter/Tochter-Richtlinie) Gesellschaftsbeziehungen in gerader Linie (mit einer Mindestbeteiligung von 25%), sondern auch Beziehungen in der Seitenlinie (Schwestergesellschaften unter gemeinsamer Kontrolle). Der Kern des Richtlinienvorschlages besteht in der Vermeidung der Doppelbesteuerung durch **Quellensteuerfreiheit bei Zins- und Lizenzgebührenzahlungen:** Diese Einkünfte sollen nur noch im Staat der empfangenden Gesellschaft besteuert werden (was der deutschen DBA-Praxis ohnehin weitgehend entspricht, s. dazu S 210, S 230). Der Wegfall der Quellensteuer setzt voraus, daß die empfangende Gesellschaft mit den Zinsen und Lizenzgebühren in ihrem Ansässigkeitsstaat einer „normalen" Besteuerung unterliegt: Die Steuer darf nicht niedriger sein als der Satz, der sonst üblicherweise auf derartige Einkünfte bei Gesellschaften in dem betreffenden Staat angewendet wird (Art. 7). Damit soll der Zwischenschaltung von „Empfängergesellschaften" in EU-Staaten vorgebeugt werden, die solchen Gesellschaften gezielt Steuervergünstigungen einräumen – was zugleich auf dem Hintergrund der Diskussion um einen „unfairen Steuerwettbewerb" und den dagegen gerichteten „Verhaltenskodex" verständlich wird. Im übrigen enthält Art. 6 eine Mißbrauchsvorschrift unter Bezug auf das nationale Recht, vergleichbar der Fusions-Richtlinie (Art. 11 I a) bzw. der Mutter/Tochter-Richtlinie (Art. 1 II). Zur Anwendung der vorgesehenen Richtlinie auf Zahlungen von und an Betriebsstätten ist bereits hingewiesen worden (s. N 110).

*d) Binnenmarktkonzept, Körperschaftsteuer und Vorbelastung ausländischer Einkünfte*

**227**     Hierzu kann vollständig auf N 111 zur ausländischen EU-Betriebsstätte verwiesen werden. Der Mangel des auf den landeseigenen Markt ausgerichteten körperschaftsteuerlichen Anrechnungssystems als Folge einer Nichtanrechnung ausländischer Körperschaftsteuerbelastung hat sich schon bei dieser Auslandsstruktur gezeigt. Diesen Mangel einheitlich zu beseitigen – für ausländische Betriebsstätteneinkünfte ebenso wie für Dividendenausschüttungen ausländischer Tochtergesellschaften – bestimmt die überwiegende Zahl der genannten Reformvorschläge (im einzelnen s. *Cattelaens* StuW 1993, 249 ff. bis zur – später nicht umgesetzten – Beschlußempfehlung des BT-Finanzausschusses zur Anrechnung ausländischer Körperschaftsteuer (1993), die Körperschaftsteuern auf Gewinne ausländischer Betriebsstätten und Körperschaftsteuern ausländischer Tochtergesellschaften gleich behandelte sowie zuletzt die **Brühler Empfehlungen mit der Gleichstellung inländischer und ausländischer Einkünfte**). Deswegen ist die Binnenmarktproblematik auch insoweit nicht differenziert zu sehen. Man könnte ergänzen, daß die Joint-Venture-Problematik mit ihrem gemeinschaftsweiten Anwendungsbereich dies noch einmal verdeutlicht: Mehrbelastungen durch EU-weite Betätigung gegenüber der reinen Inlandstätigkeit können nicht binnenmarktkonform sein (*Otto H. Jacobs* S. 824).

**228–249**     *(einstweilen frei)*

**5. Der Leistungsaustausch zwischen Muttergesellschaft und ausländischer Tochtergesellschaft**

*a) Das Problem: Abschirmwirkung und Verrechnungspreise*

**250**     Die rechtliche Unabhängigkeit der ausländischen Tochtergesellschaft wird nicht nur dadurch anerkannt, daß deren Gewinne vor der Ausschüttung von der deutschen Besteuerung abgeschirmt sind, sondern auch dadurch, das der Leistungsaustausch zwischen dem inländischen Unternehmen und der Auslandsgesellschaft wie der zwischen unabhängigen Unternehmen angesehen und besteuert wird: Zwischen den einzelnen zu einem Konzern gehörenden Gesellschaften werden in der Regel ständig Waren, Kapital und Dienste ausgetauscht. Hierin spiegelt sich die mehr oder weniger enge wirtschaftliche Verbundenheit der einzelnen Gesellschaften. Es lassen sich vielfältige Unterscheidungen treffen, etwa (im Anschluß an *Niemann* S. 35 ff.; *Seidel* S. 19 f.):

(1) Lieferung von Roh-, Hilfs- und Betriebsstoffen, unfertigen und fertigen Erzeugnissen und Waren. Mit diesen Produkten wird in der Regel ein ständiger Leistungsaustausch durchgeführt.

(2) Lieferung von Wirtschaftsgütern des Anlagevermögens wie Grundstücke, Maschinen, Betriebs- und Geschäftsausstattung, immaterielle Anlagewerte wie Patente usw.

(3) Überlassung der eben genannten Wirtschaftsgüter zur Nutzung (Pacht, Miete); Zurverfügungstellung von Kapital gegen Verzinsung.

(4) Überlassung von Erfahrungen (Know-how).

(5) Zentrale Lösung gemeinsamer Aufgaben (Forschung, Entwicklung, Rechtsberatung usw.).

Bei dem Leistungsaustausch stellt einer der Beteiligten Produktionsfaktoren (Arbeit, Kapital, Grund und Boden) zur Verfügung, um seine Leistung erbringen zu können. Hierfür entstehen Aufwendungen. Muß die Gesellschaft, die die Leistung erbringt, der anderen Gesellschaft diese Aufwendungen in Rechnung stellen? Muß sie hierbei einen angemessenen Gewinn erwirtschaften oder kann sie sogar Preise fordern (besser: in Rechnung stellen), die sie gegenüber einer anderen, nicht konzernmäßig verbundenen Gesellschaft nicht realisieren könnte? Bei der Beantwortung dieser Fragen sind zwei Probleme zu unterscheiden: einmal die Frage, inwieweit das Zivilrecht (Gesellschaftsrecht) Preisgestaltungen der genannten Art verhindert bzw. einschränkt (*Wäldle* AG 1974, 370 ff.; *Ebenroth* S. 323 ff.), zum anderen das Problem, inwieweit – unabhängig vom Zivilrecht – das Steuerrecht die vereinbarten Bedingungen anerkennt. Mit „Anerkennung" ist hier etwas ganz anderes als im Zivilrecht gemeint: Die steuerliche Nichtanerkennung eines Leistungsaustauschs läßt dessen zivilrechtliche Wirksamkeit unberührt, es läßt den Leistungsaustausch nur nicht so auf die Besteuerungsgrundlagen (hier also auf den Gewinn) einwirken, wie es die Parteien beabsichtigt haben. Für solche Korrekturen besteht im internationalen Bereich ein erhebliches Bedürfnis. Denn wenn z.B. für Leistungen, die die ausländische Tochtergesellschaft der deutschen Muttergesellschaft erbringt, letztere beliebig hohe Entgelte zahlen und deren Abzug als Betriebsausgaben fordern könnte, wäre nicht mehr sichergestellt, daß die Bundesrepublik einen adäquaten Teil des gesamten Konzerngewinns besteuern kann.

*Beispiel:* Eine inländische Aktiengesellschaft gewinnt Rohstoffe. Hierbei fallen 1000 DM Aufwendungen pro Einheit an (Löhne, Abschreibungen, Zinsen usw.). Sie veräußert diesen Rohstoff an ihre ausländische Tochtergesellschaft für 2000 DM pro Einheit. Die Auslandsgesellschaft nimmt eine Bearbeitung des Rohstoffs vor; die hierdurch verursachten Aufwendungen betragen ebenfalls pro Einheit 1000 DM. Sodann veräußert sie eine Einheit für 10 000 DM. Der Konzern hat verdient 10 000 DM Markterlöse ./. 2000 DM Aufwendungen = 8000 DM. Die Bilanz der Inlandsgesellschaft weist aber nur einen Gewinn von 1000 DM auf. Dagegen hat die Auslandsgesellschaft – zunächst vor der deutschen Besteuerung abgeschirmt – 7000 DM verdient. Unterstellt, das Preisniveau für die in beiden Staaten von den jeweiligen Gesellschaften eingesetzten Produktionsfaktoren zur Gewinnung und Bearbeitung des Rohstoffs ist gleich, dann haben beide Gesellschaften nicht nur wertmäßig, sondern auch mengenmäßig pro Einheit die gleiche Anzahl von Produktionsfaktoren eingesetzt (etwa jeweils 30 Arbeitsstunden, 30 Maschinenstunden usw.). Womit ist es zu rechtfertigen, daß bei gleichem Einsatz der überwiegende Teil des Gewinns auf die Auslandsgesellschaft fällt?

Ist das Steuerniveau im Ausland niedriger als in der Bundesrepublik, besteht für das inländische Unternehmen – insbesondere bei 100 %iger Beteiligung an der Auslandsgesellschaft – ein Anreiz, Teile des **im Inland erwirtschafteten Gewinns bei der ausländischen Tochtergesellschaft auszuweisen,** also Steuerverschiebungen vorzunehmen (*Seidel* S. 15). Insofern unterscheidet sich dieser Fall von der Betriebsstättenbesteuerung als Aufteilung eines gegebenen Gewinns im Nicht-DBA-Fall durch die Folgen nur im Rahmen einer Anrechnung ausländischer Steuern. Ganz anders im hier untersuchten Fall: Die rechtliche Selbständigkeit der Auslandsgesellschaft und der fehlende Anknüpfungspunkt für die unbeschränkte Steuerpflicht im Inland bewirken die Herausnahme (Abschirmung) von deren Gewinnen aus der deutschen Besteuerung.

Man hüte sich, das **Problem der Verrechnungspreise** zu dramatisieren und es einzig und allein auf Motive der Ausnutzung des internationalen Steuergefälles zurückzuführen. Ein empirisch untermauerter Beweis hierfür fehlt (*Engel* S. 32 mit einem Überblick über empirische Studien). Ohnehin muß eine Muttergesellschaft eine Gesamtbelastung kalkulieren, die die Folgen einer Gewinnausschüttung berücksichtigt. Eingehende Untersuchungen unter Berücksichtigung der dann gegebenen Steuerfolgen bei *Engel* S. 34 ff., der zu dem Ergebnis gelangt, daß bei der Methode der Steueranrechnung im Staat der Muttergesellschaft die Vorteile aus Gewinnverlagerungen in Wegfall geraten, wenn die Auslandsgewinne an die Muttergesellschaft ausgeschüttet werden. Neben der Ausnutzung des internationalen Steuergefälles werden als denkbare Motive für Gewinnverlagerungen die Verringerung der Zollbelastung bei Wertzöllen, Ausweichen von Devisenrestriktionen und Wechselkursrisiken, Ausweis geringer Gewinne bei Joint ventures (um größere Dividendenzahlungen an die fremden Anteilseigner zu vermeiden), Verlustkompensation, Minderung der Haftungsmasse einer notleidenden Einheit und der bilanzielle Ausweis eines gleichbleibenden oder stetig steigenden Gewinns genannt (eingehend *Engel* S. 40 ff.; dort (S. 49 ff.) auch zu den vielfältigen Beschränkungen, die die theoretisch vorhandenen Anreize für Transferpreismanöver in der Praxis erheblich abschwächen).

**251**     *(einstweilen frei)*

Unter dem **Gewinn einer Konzerngesellschaft** kann verstanden wer- **252** den, was diese Gesellschaft zum Gesamtkonzerngewinn beiträgt (sog. Konzernbetrag oder Gliedgewinn). Aus der Rechnungslegung der einzelnen Konzerngesellschaften wären, um das Ergebnis der einzelnen Konzerngesellschaft zu bestimmen, Eingriffe zu eleminieren, durch die Verschiebungen zwischen den Gewinnen der Konzerngesellschaften bewirkt wurden. Ein Verfahren zur Ermittlung des Ergebnisses der einzelnen Konzerngesellschaft muß mithin den Beitrag dieser Gesellschaft zum Gesamtkonzernergebnis feststellen. Das Verfahren muß verhindern, daß durch die Verrechnung unangemessener Entgelte für interne Leistungen das Land der Gewinnentstehung und des Gewinnausweises auseinanderfallen. Zwei Möglichkeiten sind denkbar, den **Gewinn** einer Konzerngesellschaft **frei von den genannten Gewinnverlagerungen** zu errechnen (*Kumpf* 1976, S. 30ff.).

– Zum einen kann das Ergebnis des Gesamtkonzerns mittels eines ge- **253** eigneten Maßstabes verursachungsgerecht auf die einzelnen Konzerngesellschaften aufgeteilt werden. Man könnte zum Beispiel eine einheitliche Feststellung der Einkommen vornehmen, die in mehr als einem Staat erwirtschaftet wurden, und die sodann auf die beteiligten Staaten in dem Verhältnis aufteilen, in dem deren Produktionsfaktoren zur Erzielung dieses Einkommens beigetragen haben; nach einem Vorschlag sollten Ermittlung und Aufteilung des Gewinns unter der Regie einer Weltsteuerbehörde erfolgen (*Kumpf* 1976, S. 31 m. Nachw.; am Beispiel der US-Unitary Taxation *Salzberger* IStR 1999, 97ff.; s. dazu auch N 260). So richtig das Konzept vom Ansatz her ist, da es vom **Gesamtkonzerngewinn** ausgeht, so klar ist jedoch die Erkenntnis, daß es **keinen geeigneten Maßstab zur Aufteilung** gibt. Als Maßstäbe für die Verteilung können zwar alle nur denkbaren Größen genannt werden: Maßstäbe, die wie Lohnsumme, Betriebsvermögen, Anzahl der eingesetzten Maschinen usw. von den in den Konzerngesellschaften eingesetzten Produktionsfaktoren ausgehen, oder Maßstäbe, die wie der Umsatz oder die produzierte Stückzahl an den Leistungsausstoß der Gesellschaften anknüpfen. Gegen jeden einzelnen Maßstab lassen sich aber zahlreiche Argumente anführen. Ihnen allen liegt die Erkenntnis zugrunde, daß der Gewinn das Ergebnis einer Vielzahl von Gewinnbildungsfaktoren ist und kein einzelner Faktor alleinige Repräsentanz beanspruchen kann. Die in der OECD zusammengeschlossene Staatengemeinschaft sowie zahlreiche andere Staaten haben sich gegen solche „globalen Gewinnaufteilungsmethoden" ausgesprochen (*Baumhoff* in *F/W/B* Rz 258 zu § 1 AStG).

– Zum anderen kann der **Beitrag der einzelnen Konzerngesellschaft 254 zum Gesamtkonzernergebnis** ermittelt werden, indem man von der Rechnungslegung der Konzernglieder ausgeht (*Kumpf* 1976, S. 69). Die Verfälschung des Ergebnisses durch konzerninterne Transaktionen, die Gewinnverschiebungen zur Folge haben, muß hierbei im Wege einer

Korrektur der steuerlichen Bemessungsgrundlage ausgeglichen werden. Dieser Grundsatz wird als dealing-at-arm's length oder kurz als **arm's-length-Prinzip** bezeichnet: Die Fechter müssen sich auf Armeslänge gegenüberstehen. Das Ausmaß der Gewinnverschiebungen kann nur auf der Basis von Vergleichswerten ermittelt werden, die man als „richtig" anerkennt. Als ein solcher Vergleichswert hat sich im internationalen Steuerrecht **der unter Fremden vereinbarte Preis** durchgesetzt (dazu S 120). Doch ist es wohl nicht mehr zutreffend, insoweit nur noch das IStR als Bezugspunkt zu wählen. *Wassermeyer* bemüht sich seit längerer Zeit (zuletzt StbJb 1998/99, S. 157 ff.) um eine einheitliche Grundlage im innerstaatlichen Recht und im IStR. Der Fremdvergleich hat seine Grundlage im **Veranlassungsprinzip**, weil es bei Gewinnkorrekturen immer um die Bestimmung des tatsächlichen Veranlaßtseins einer Leistung durch eine Einkunftsquelle geht. Unter diesem Gesichtspunkt sind internes Steuerrecht und die Verrechnungspreisproblematik im IStR auf die im deutschen Steuerrecht geltenden Gewinnkorrekturvorschriften zurückzuführen. Gewinnkorrekturen auf dieser Basis werden dann einheitlich als Korrekturen nach der „Dealing at arm's length"-Klausel bezeichnet: Die im Konzern vereinbarten Entgelte müssen sich am Verhalten unabhängiger Unternehmen messen lassen. Die Vorteile dieses Konzepts lägen in einer Einzelbetrachtung der konzerninternen Leistungen und in der Anwendbarkeit auf alle Konzerne. Nachteilig wird vermerkt, daß dieses Konzept zu einer Realisierung konzerninterner Gewinne führt, aber grundsätzlich einem Verlustausgleich entgegensteht. Letzteres kann dazu führen, daß die Summe der besteuerten Teilgewinne innerhalb eines internationalen Konzerns den Konzerngesamtgewinn übersteigt und ein internationaler Konzern dadurch gegenüber einem nationalen Konzern benachteiligt wird (*Kumpf* 1976, S. 75). Ein zentraler Kritikpunkt bildet die Unbestimmtheit des Prinzips: Es kann nur selten exakt festgestellt werden; ob das Entgelt für eine konzerninterne Leistung dem arm's-length-Prinzip entspricht. Es gibt daher zahlreiche Bemühungen im internationalen Vergleich, den Unsicherheitsbereich einzuengen. Die gegenwärtige Diskussion wird vor allem von der Frage bestimmt, ob vor dem Hintergrund globaler Unternehmensstrategien das Prinzip der Maßgeblichkeit eines Fremdvergleichs noch Bestand haben kann, da zunehmend in Frage steht, ob der Ergebnisbeitrag eines einzelnen Geschäftsvorfalles als Grundlage des Fremdvergleichs sich im Gesamtergebnis eines Unternehmens entsprechend niederschlägt, oder ob die Gefahr eher zufallsbedingter Verteilungen besteht (dazu *Kleineidam* in Festschrift *Hans Flick* S. 857 ff.; *Baumhoff* aaO, Rz 259). Eine **systematische Darstellung** der damit zusammenhängenden Fragen erfolgt **innerhalb des DBA-Rechts** und dort zu Art. 9 MA (s. ab S 120).

**255**    Geht man von einem das gegenwärtige Anrechnungssystem ablösenden Körperschaftsteuerrecht auf der Grundlage des **Halbeinkünftever-**

**fahrens** aus (Brühler Empfehlungen unter C 14), ergäbe sich als Folge der Absenkung des Körperschaftsteuersatzes auf 25% eine wesentlich geringere Belastungsdifferenz gegenüber der Gewinnausschüttung als im gegenwärtigen Recht. Während im geltenden Recht durch Leistungsbeziehungen als Alternative zur Gewinnausschüttung eine deutliche Minderung der Steuerbelastung erreicht werden kann, ergäbe sich nach Verwirklichung des Halbeinkünfteverfahrens eine weitgehende Annäherung der Belastungssituation. Im Vergleich zur Gewinnthesaurierung erfolgte bei Leistungsbeziehungen eine deutliche Schlechterstellung (im einzelnen mit einem vergleichenden Beispiel *Schiffers* GmbHR 1999, 744 f.).

*b) Gewinnkorrekturen (verdeckte Einlage, verdeckte Gewinnausschüttung; § 1 AStG)*

(1) Minderungen des inländischen Gewinns im Sinne des § 4 I EStG, **256** die durch ein Gesellschaftsverhältnis veranlaßt sind, sind dem Bereich der Einkommensverwendung zugeordnet. Im Verhältnis zu einer ausländischen Tochtergesellschaft kommen hierfür als Rechtsgrundlagen in Betracht: die verdeckte Einlage, die verdeckte Gewinnausschüttung und § 1 AStG. Im Verhältnis zu einer inländischen Tochtergesellschaft ist es die **verdeckte Gewinnausschüttung,** die das Recht der Einkünftekorrekturen bestimmt, weswegen sie systematisch dargestellt wird bei der Ausländerbestätigung im Inland (inländische Tochtergesellschaft – siehe dazu P 74). Im Verhältnis der inländischen Muttergesellschaft zur ausländischen Tochtergesellschaft folgt hieraus eine Gewinnerhöhung im Inland, für die ggf. die Voraussetzungen des § 26 II–V KStG (indirekte Steueranrechnung) zu prüfen sind.

(2) **Verdeckte Einlagen** sind weder im Handelsrecht noch im Steuer- **257** recht ausdrücklich gesetzlich geregelt; § 30 II Nr. 4 KStG verwendet den Begriff „Einlagen der Anteilseigner", § 4 I EStG gebietet für Zwecke der Gewinnermittlung (Vermögensvergleich) den Abzug von Einlagen. § 6 VI EStG (Steuerentlastungsgesetz 1999/2000/2002) nennt die **verdeckte Einlage** als Tatbestandsmerkmal, versteht sich aber als gegen die erfolgsneutrale Übertragung von Wirtschaftsgütern nach Maßgabe des Tauschgutachtens und innerhalbe einer Betriebsaufspaltung gerichtet: keine Übertragung von Wirtschaftsgütern zwischen zwei Steuersubjekten ohne die Aufdeckung vorhandener stiller Personen. Eine verdeckte Einlage liegt vor, wenn ein Gesellschafter oder eine ihm nahestehende Person einer Kapitalgesellschaft einen einlagefähigen Vermögensvorteil ohne Gegenleistung zuwendet und diese Zuwendung ihre Ursache im Gesellschaftsverhältnis hat (Abschn. 36a I Satz 1 KStR mit Rechtsprechungshinweisen). Als Grundfall wäre *BFH* BStBl. III, 722 anzuführen: Verzicht eines Gesellschafters auf eine Darlehensrückzahlung gegenüber der GmbH als Schuldnerin. Die GmbH bucht das Darlehen gewinnerhö-

hend aus. Die Rechtsfolge besteht in einer Verminderung des Einkommens außerhalb der Bilanz. Einlagefähig sind nur Vermögensvorteile, die bei der empfangenden Kapitalgesellschaft bilanzierungsfähig sind. Dies folgt aus § 4 I Satz 1 EStG, der eine Neutralisierung, d. h. den Abzug von Einlagen von der Betriebsvermögensänderung vorschreibt; nichtbilanzierbare Werte können nicht von der Betriebsvermögensänderung abziehbar sein *(BFH (GrS)* 1988 II, 348; *Dötsch* u. a., S. 122). Daraus folgt, daß **Nutzungsüberlassungen** nicht Gegenstand einer verdeckten Einlage sein können, insoweit ist § 1 AStG zu prüfen. Das Wesen der verdeckten Einlage besteht in einer Vermögensmehrung der Gesellschaft, die im Falle eines Ausweises als Gewinnerhöhung zu korrigieren ist; denn die Vermögensmehrung ist nicht von der Gesellschaft erwirtschaftet worden, sondern vom Gesellschafter. Auf der Ebene der im Ausland ansässigen Gesellschaft geht es mithin aus der Sicht deutschen Steuerrechts darum, eine verdeckte Einlage nicht gewinnerhöhend wirksam werden zu lassen. Auf der Gesellschafterebene (im Inland) führt die verdeckte Einlage als Rechtsfolge zu nachträglichen Anschaffungskosten auf die Beteiligung (Maßgeblichkeit des Teilwerts nach den Verhältnissen des Gesellschafters), der Gesellschafter kann die verdeckten Einlagen nicht als Werbungskosten oder Betriebsausgaben abziehen.

258   (3) **§ 1 AStG** als weitere Vorschrift mit der **Rechtsfolge einer Einkünftekorrektur** setzt Einkünfte voraus, die aus Geschäftsbeziehungen zum Ausland erzielt werden (Leistungen aus dem Inland in das Ausland). Unter der Voraussetzung, daß in den Geschäftsbeziehungen zum Ausland Bedingungen vereinbart sind, die von denen abweichen, die untereinander fremde Dritte unter gleichen oder ähnlichen Verhältnissen vereinbart hätten, und dadurch die im Inland steuerpflichtigen Einkünfte gemindert werden, ist eine nur steuerlich wirkende Korrektur der aus der einzelnen Geschäftsbeziehung zum Ausland erzielten Einkünfte vorzunehmen. § 1 AStG ist unabhängig vom eingeschränkten Anwendungsbereich („unbeschadet anderer Vorschriften") in der Systematik des deutschen Steuerrechts als eine zentrale Norm im Problembereich der „Gewinnverlagerungen in das Ausland" anzusehen. Zu europarechtlichen Bedenken *Baranowski* IWB Editorial Nr. 23/1998. Der Norm kommt vor allem deshalb eine fundamentale Bedeutung zu, weil mit ihr ausdrücklich das **Abweichen vom Fremdvergleich** als den Umfang einer Gewinnkorrektur bestimmend angesehen wird – hierauf wird im Zusammenhang mit Abkommensrecht (Art. 9 OECD-MA) noch ausführlich einzugehen sein; für die verdeckte Einlage ist dies dem Gesetz nicht, für die verdeckte Gewinnausschüttung nicht mit dieser Klarheit zu entnehmen. § 1 AStG sieht denn auch folgerichtig keine Möglichkeit vor, das Abweichen vom Fremdverhalten im Einzelfall zu erklären und zu rechtfertigen (*Wassermeyer* StBJb 1998/99, S. 167f.; dort auch zum „Irrtum des Gesetzgebers von 1972", statt der Schaffung eines Maßstabs des

Fremdverhaltens als Grundlage für die Vornahme von Einkünftekorrekturen einen eigenständigen, aber nicht mit dem sonstigen innerstaatlichen Recht abgestimmten Einkünftekorrekturtatbestand zu schaffen (S. 170); s. auch *Wassermeyer* in *F/W/B* § 1 AStG Rz 8). Die Auffassung der Verwaltung zu den einzelnen Tatbestandsmerkmalen des § 1 AStG folgt aus dem Anwendungserlaß (AEAStG) als *BMF*-Schreiben BStBl. 1994 I, Sondernummer 1. In 1.0.1. dieses Schreibens wird für den Begriff der „Nahestehenden Person", den Berichtigungsmaßstab (Grundsatz des Fremdverhaltens) und die Behandlung von Berichtigungsbeträgen auf die „Grundsätze für die Prüfung der Einkunftsabgrenzung bei international verbundenen Unternehmen (Verwaltungsgrundsätze)" = *BMF*-Schreiben BStBl. 1983 I, 218 verwiesen. Diese Verwaltungsgrundsätze legen für den Bereich der Finanzverwaltung fest, wie § 1 AStG (aber auch die verdeckte Einlage und die verdeckte Gewinnausschüttung) insoweit auszulegen ist. Hierzu und zu den OECD-Verrechnungspreisrichtlinien s. innerhalb des DBA-Rechts N 120 ff. Da § 1 AStG nur „unbeschadet anderer Vorschriften" anzuwenden ist, hat die Rechtsgrundlage der „verdeckten Einlage" Vorrang. Allerdings ist das sich daraus ergebende Konkurrenzverhältnis ungeklärt. Im Grundsatz geht es darum, ob immer dann, wenn auch die Tatbestandsvoraussetzungen einer anderen Korrekturvorschrift, wie hier die der verdeckten Einlage, erfüllt ist, dies § 1 I AStG ausschließt oder ob § 1 I AStG neben § 4 I Satz 1 EStG insoweit anwendbar ist, als sich aus § 1 weitergehende Gewinnkorrekturmöglichkeiten ergeben (*BFH* IStR 1998, 240 mit Hinweis auf ein späteres Hauptverfahren). Die verdeckte Einlage führt – wie gezeigt – zur Rechtsfolge nachträglicher Anschaffungskosten auf die Gesellschafterbeteiligung; damit ist die Annahme einer Geschäftsbeziehung und damit einer Minderung der Einkünfte aus der Geschäftsbeziehung (§ 1 AStG) ausgeschlossen. Daß § 1 AStG insoweit aber einen eigenen Anwendungsbereich erhalten hat, ist auf die BFH-Rechtsprechung zur fehlenden Einlagefähigkeit von Nutzungsüberlassungen eines Gesellschafters an seine Gesellschaft zurückzuführen.

Zur **verdeckten Einlage** und zur **Einkünfteberichtigung gem.** § 1 **259** AStG folgendes Fallmaterial (zur Hinzurechnungsbesteuerung s. auch N 408, N 423):

Eine inländische Muttergesellschaft gibt ihrer ausländischen Tochtergesellschaft ein **zinsloses Darlehen.** Der Wert dieser Zinslosigkeit ist auf 10 000 DM zu beziffern. Die Beteiligung beträgt 100 000 DM. Nach *BFH* BStBl. 1988 II, 348, liegt keine verdeckte Einlage vor, da der Vorteil in der Zuwendung eines Nutzungsrechts besteht. Folglich ist § 1 AStG anzuwenden. Nach Tz 8.1.1.c der Verwaltungsgrundsätze ist der unangemessene Vorteil der Zinslosigkeit dem Gewinn der Muttergesellschaft außerhalb der Bilanz hinzuzurechnen, Bilanzpositionen werden nicht berührt. Der Berichtigungsbetrag bleibt als Merkposten bestehen und wirkt sich nach Tz. 8.3.2 der Verwaltungsgrundsätze im Falle der Beteiligungsveräußerung als Aufwandsposten und damit gewinnmindernd aus. Folgen des körperschaftsteuerlichen Anrechnungs-

verfahrens nach den KStReform 1977: Die außerbilanzielle Hinzurechnung von
10 000 DM zum Gewinn führt zu einer Steuerbelastung von 40 % = 4000 DM ohne
Vermögenszuwachs. Um die insoweit entstandene KSt in das Anrechnungsverfahren
einzubeziehen, ist ein Zugang beim verwendbaren EK 40 in Höhe von 4000 DM vorzunehmen und zugleich in das EK 02 ein Korrekturbetrag in Höhe von ./. 10 000 DM
einzustellen (s. auch R 83 I Nr. 2 EStR). Die Korrekturbuchung ist erforderlich, weil
die Gewinnberichtigung nach § 1 AStG keinen bilanziellen Niederschlag findet und
sich das verwendbare EK aus der Bilanz ableitet (§ 29 I KStG). Bei Ausschüttung aus
EK 02 erfolgt eine Körperschaftsteuerminderung gem. § 27 I KStG von 1000 DM, so
daß 5000 DM ausgeschüttet werden und die anrechenbare Körperschaftsteuervorbelastung 4000 DM beträgt. Hat sich aber im Gegenzug EK 02 um 10 000 DM Korrekturbuchung gemindert, so daß eine Ausschüttung insoweit nicht mehr erfolgen kann,
kann es auch nicht mehr zu einer Körperschaftsteuerheraufschleusung um 4000 DM
kommen. Somit ist im Ergebnis die durch die Berichtigung nach § 1 AStG ausgelöste
KSt voll zur Anrechnung an die Anteilseigner weitergegeben, ohne d aß bei der Gesellschaft eine Vermögensmehrung verbleibt (Beispiel und Lösungsweg nach *Ja-
cob/Hörmann* BB 1991, 737; zur EK-Gliederung s. auch *Dötsch* § 31 KStG Rz 55–
57). Zur zinslosen Darlehensgewährung einer inländischen KG an eine ausländische
Tochtergesellschaft *BFH* RIW 1990, 848: War die Darlehensgewährung als Einlage
zu beurteilen, liegen nachträgliche Anschaffungskosten auf die Beteiligung vor.
Daneben wäre dann keine selbständige und nach § 1 AStG zu bewertende Geschäftsbeziehung gegeben. Hierzu fehlten aber erforderliche Feststellungen zum ausländischen Gesellschaftsrecht. Zur Berichtigung selbst führt der *BFH* aus, die Rechtsfolge
des § 1 I AStG bestehe in der Berichtigung der Einkünfte; ein aktivierbares Wirtschaftsgut „Zinsforderung" existiere nicht.

K, beschränkt steuerpflichtig, ist an der inländischen AG & Co. KG als Kommanditist wesentlich beteiligt. Die ausländische CH-AG ist eine dem A nahestehende
Person (§ 1 II Nr. 1 3. Alternative AStG). Der Gewinnanteil des K bei der AG & Co.
KG ist unter Anwendung der Rechtsfolge des § 1 I AStG zu ermitteln. Die CH-AG
bediente sich zur Ausarbeitung eines Angebots und zur Durchführung von Aufträgen
in arabischen Staaten der inländischen AG & Co. KG. Die inländische AG & Co. KG
lieferte die Vertragsgegenstände gegen Kostenerstattung und erhielt zudem einen
„Gewinnanteil" in Höhe von 5 % des Warennettowertes. Das *FA* korrigiert den Gewinn auf der Grundlage des § 1 AStG: die AG & Co. KG als Steuerpflichtige und die
CH-AG als ihr nahestehende Person. Schließt § 4 I AStG die Anwendung des § 1 I
AStG aus? Es handelt sich um eine **Sach- und/oder Leistungsentnahme** und kann
mithin außerhalb von Geschäftsbeziehungen einzuordnen sein. Der *BFH* im Aussetzungsverfahren: § 1 I AStG enthält keine Rechtsgrundlage dafür, um eine Privatbe-
ziehung in eine Geschäftsbeziehung umzuwandeln. Deshalb kann nicht ausgeschlossen werden, daß eine Dienstleistungsentnahme, die der Steuerpflichtige für eine ihm
nahestehende Person verwendet, trotz der Regelung in § 1 I AStG mit den Selbstkosten zu bewerten ist. Dazu *Wassermeyer* (IStR 1998, 243): Die eigentliche Brisanz
der Entscheidung liegt in der Tatsache, daß § 1 AStG rechtsfolgemäßig eine Einkünftekorrektur zum Fremdvergleichspreis und die Entnahme nur eine solche zum
Teilwert erlaubt. Der Fremdvergleichspreis umfaßt regelmäßig einen angemessenen
Gewinnaufschlag, für den Teilwert bilden die Wiederbeschaffungskosten die Obergrenze, im Regelfall entspricht der Teilwert den Herstellungskosten. Die Annahme
einer Entnahme ist mithin für den Steuerpflichtigen günstiger. Problematisch ist ein
Inlandsvergleich, da dies zwangsläufig zu einer Entnahme führte (§ 1 AStG wäre unanwendbar, weil es an Geschäftsbeziehungen zum Inland fehlte). Führt aber die die
Inländsvergleich, da dies zwangsläufig zu einer Höherbesteuerung, könnte
dies bezüglich einer EU-Ansässigkeit zu einer Diskriminierung führen. Wie die Sach-
entnahme ist auch der Fall einer **Nutzungs- und Dienstleistungsentnahme** zu be-

handeln. Beispiel *Wassermeyer* in *F/W/B* Rz 95 zu § 1 AStG: inländischer Bauunternehmer überläßt seinem im Ausland ansässigen Bruder eine Baukolonne zu einem unangemessen niedrigen Preis, damit dieser im Ausland ein Haus errichten kann. In Höhe des unentgeltlichen Teils liegt eine Dienstleistungsentnahme vor, die nach *BFH* BStBl. 1990 II, 8 mit den Selbstkosten des inländischen Bauunternehmens zu bewerten ist. Dies schließt § 1 AStG aus, obwohl der „dealing-at-arm's-length-Preis" regelmäßig über den Selbstkosten liegen wird.

### c) Exkurs: Körperschaftsteuerharmonisierung als EU-übergreifendes Problem

(1) Auch die Konzernbesteuerung betrachtet mithin den Konzern nicht **260** als ein Steuersubjekt, sondern knüpft an die Rechtsform der konzernzugehörigen Gesellschaften an. Wenngleich die **Körperschaftsteuersysteme** in Europa erheblich voneinander abweichen (aktuellster Stand bei *Johanna Hey* in *H/H/R* Einf. KSt ab Rz 230)

– Deutschland, Italien und Frankreich mit Vollanrechnungssystemen,
– Großbritannien mit einem Teilanrechnungssystem,
– Niederlande und Luxemburg mit einem klassischen System der Doppelbelastung von Gesellschaft und Anteilseignern,
– Griechenland mit einem System abzugsfähiger Dividenden,

so zeichnen sie sich doch insgesamt dadurch aus, daß sie **weder finanzierungsneutral** sind (wobei die Finanzierungsneutralität auf eine Reihe von unterschiedlichen Besteuerungsfaktoren bezogen werden kann wie Gewinnausschüttung/Gewinnthesaurierung, Kapitalgesellschaften und Personengesellschaften, Tochterkapitalgesellschaften und Betriebsstätten, inländische und ausländische Anteilseigner, Eigen- und Fremdfinanzierung), **noch** nennenswerte Ansätze für ein **grenzüberschreitendes Organschaftskonzept** enthalten (denn von wenigen und dann eng begrenzten Ausnahmen abgesehen wird für die Möglichkeit einer steuerlichen Ergebniszusammenfassung die Ansässigkeit der in einen Konsolidierungskreis einbeziehbaren Konzerngesellschaften gefordert, teilweise werden wie in der Bundesrepublik doppelansässige Gesellschaften ausgeschlossen, vgl. die Hinweise bei *Grotherr* S. 16 f.). Die Frage der Finanzierungsneutralität kann auch durch ein reformiertes Körperschaftsteuersystem, sei es im nationalen, sei es im internationalen Rahmen, nicht gelöst werden. Hierzu bedarf es eines rechtsformübergreifenden Unternehmenssteuerkonzepts (zu den **Brühler Empfehlungen** in diesem Punkt *Johanna Hey* BB 1999, 1197). Anders ist es mit organschaftlichen Gestaltungen über die Grenze als ein Teil der Zurechnung eines Gesamtergebnisses zu einem international tätigen Konzern: das ist das Problem einer Körperschaftsteuerharmonisierung.

(2) Die **Körperschaftsteuerharmonisierung** wird in der gegenwärtigen Diskussion fast ausschließlich unter dem Gesichtspunkt eines EU-Binnenmarktkonzepts geführt. Dementsprechend geht es primär um das Anrechnungssystem als ein Hindernis bei grenzüberschreitenden Koope-

rationen (dazu bereits N 208). Die gegenwärtig geführte Diskussion um
eine Rückkehr zu einem klassischen System als ein System ohne Entlastung (zuletzt *Herzig/Sander* StuW 1999, 135) hat mithin einen europarechtlichen Kern, der in diesem Buch an verschiedenen Stellen zum
Ausdruck gebracht wird. Eine solche Diskussion würde es ohne die Bedeutung der EG-Grundfreiheiten nicht geben. Es ist aber in Erinnerung
zu rufen, daß ursprüngliche Überlegungen zu einem harmonisierten,
grenzüberschreitend brauchbaren Körperschaftsteuersystem entweder
ohne EU-Bezug erfolgten oder aber einen EU-Bezug ohne zutreffendes
Binnenmarktkonzept zugrunde zu legen. Die Arbeit von *Dautzenberg* hat
aber gezeigt, daß eine **Systemvielfalt innerhalb der EU** dem Binnenmarktkonzept nicht widersprechen muß; entscheidend sind statt dessen
die Unterscheidungen nach der Ansässigkeit der besteuerten Gesellschaften oder der zugehörigen Anteilseigner. Demgegenüber geht es in
den seit Mitte der 80er Jahre geführten Reform- und Harmonisierungs-
überlegungen vor allem um die Überwindung einer rechtsformabhängi-
gen und am Trennungsprinzip ausgerichteten Besteuerung hin zu einem
Einheitskonzept, in dem es vor allem um die Zusammenführung von Ge-
sellschaftsergebnissen und die Verlustrechnung geht. Herausragende
Beiträge hierzu sind – trotz teilweise auch nicht mehr vertretbarer EU-
Bezüge – die Arbeiten von *Wolfgang Salzberger* (Problematisierung
eines Fremdvergleichsprinzips, Forderung einer teilweisen Zwischener-
gebnisermittlung, Billigung eines Konzepts der Verlustverrechnung mit
Nachversteuerung); von *Michael Pullen* (keine generelle Verlustverrechnung mit Nachversteuerung und auch keine generelle Zwischengewinneliminierung, sondern abhängig von bestimmten Beteiligungsbedingungen – *Pullen* ist ohnehin einer Angleichung der Konzernbesteuerung an
die Besteuerung unverbundener Unternehmen gegenüber skeptisch eingestellt); und von *Marco Scheuchzer* (allerdings anknüpfend an eine
rechtsvergleichende Analyse für die EU-Staaten verfolgt er die betriebswirtschaftliche Einheitsbetrachtung: Vermeidung der Mehrfachbesteuerung konzernintern ausgeschütteter Gewinne, Verlustausgleich zwischen
Konzerngesellschaften, Neutralisierung der Zwischenergebnisse). Umgesetzt ist von diesen Empfehlungen im Kern praktisch nichts – nicht auf
nationaler Ebene und nicht auf der Ebene der EU, von weiteren Länder-
bezügen ganz zu schweigen. Im Gegenteil: sobald im Gewerbesteuergesetz eine eher unbedeutende Lücke im Organschaftskonzept (Doppelansässigkeit) deutlich wurde ist sie geschlossen worden (s. N 155). Die
Fremdenvergleichsgrundlage bei der Besteuerung verbundener Unternehmen, an der schon wegen ihrer fundamentalen Bedeutung für das
steuerrechtliche Veranlassungsprinzip nicht zu rütteln ist, steht Überlegungen zur Zwischengewinneliminierung diametral entgegen. Somit
wird verständlich, daß die früheren Harmonisierungs- und Vereinheit-
lichungsthemen fast bedeutungslos geworden sind und lediglich das Or-

ganschaftskonzept mit einer EU-weiten Verlustberücksichtigung Chancen einer Verwirklichung hat.
*(einstweilen frei)* **261–269**

## 6. Gründungsvorgang; Umstrukturierungen

*a) Gründung; Erwerb (asset deal, share deal; § 20 I Satz 2 UmwStG)*

(1) Die ausländische Tochtergesellschaft kann ihre Existenz auf einen **270** Gründungsvorgang oder auf einen Erwerbsvorgang zurückführen. Bei einer **Neugründung** hat die inländische Muttergesellschaft deren rechtliche Voraussetzungen zu klären, mithin das Niederlassungsrecht und das Recht der einzelnen ausländischen Gesellschaftsformen im Sitzstaat der Tochtergesellschaft; sie hat die steuerlichen Aspekte im Gründungsstaat zu berücksichtigen (gibt es – entsprechend der früheren deutschen Kapitalverkehrsteuer – Steuerfolgen für den Kapitalverkehr oder die Einbringung bestimmter Wirtschaftsgüter?). Für die Besteuerung der inländischen Muttergesellschaft ist die Frage einer Gewinnrealisation von Bedeutung: Werden als Gegenleistung für die ausländische Beteiligung Barmittel aus vorhandenem oder im Wege einer Kapitalerhöhung bzw. einer Fremdmittelaufnahme zusätzlich bereitgestelltem Vermögen verwendet, beschränkt sich der Vorgang auf gewinn-neutrale Bilanzumschichtungen bzw. Bilanzerweiterungen? Aus der Sicht der deutschen Muttergesellschaft wird es auf deren Qualifikation als einkommen- bzw. körperschaftsteuerpflichtiges Gebilde wohl nicht ankommen, da auch bei einem der Einkommensteuer unterliegenden inländischen Anteilsinhaber grundsätzlich von einer Zurechnung zum Betriebsvermögen auszugehen ist. Daher ist lediglich der Vollständigkeit Rechnung zu tragen, wenn auf § 17 EStG (nochmals) hinzuweisen ist. Wird die ausländische Tochtergesellschaft mit Sachkapital der inländischen Muttergesellschaft ausgestattet, so handelt es sich bei dem Vorgang der **Hingabe dieser Wirtschaftsgüter** gegen Gewährung der Beteiligung um einen steuerpflichtigen Veräußerungsvorgang, der zur Aufdeckung der stillen Reserven der eingebrachten Wirtschaftsgüter bei der inländischen Gesellschaft führt (BStBl. 1988 II, 374). Auf die örtliche Belegenheit dieser Wirtschaftsgüter kommt es ebensowenig an wie auf die Zurechnung zu einem abgrenzbaren Betriebsstättenvermögen oder auf die Möglichkeit organisatorischer Verselbständigung (Teilbetrieb); auch auf eine fortdauernde Steuerverhaftung (inländische Betriebsstätte der ausländischen Tochtergesellschaft und damit beschränkte Steuerpflicht gemäß § 49 I Nr. 2 a EStG) kommt es nicht an. Ob also die inländische Muttergesellschaft im Inland gelegene Einzelwirtschaftsgüter oder eine Gesamtheit von Wirtschaftsgütern, ob sie im Ausland belegene und dort bisher möglicherweise einer Betriebsstätte zurechenbare Wirtschaftsgüter als Sachmittel an die ausländische Tochtergesellschaft einbringt, ist bedeutungslos: § 23 I

UmwStG greift nicht mangels Voraussetzung einer EU-Kapitalgesellschaft – hierzu erst unter N 289. § 20 UmwStG kann nicht zur Anwendung gelangen, da es die unbeschränkte Steuerpflicht der aufnehmenden (hier: neu gegründeten) Kapitalgesellschaft voraussetzt. Fehlt es an einer Gegenleistung für die hingegebenen Wirtschaftsgüter, kommen die Regelungen zur verdeckten Einlage zur Anwendung, die ebenfalls eine Realisierung der stillen Reserven in den übertragenen Vermögenswerten zur Folge haben (*BFH* BStBl. 1990 II, 86). Eine Betriebsaufspaltung zwischen einer inländischen Muttergesellschaft als Besitzunternehmen und einer ausländischen Tochtergesellschaft als Betriebsgesellschaft könnte – wäre sie überhaupt denkbar – nicht den erhofften Erfolg bringen: Eine Buchwertübertragung von Wirtschaftsgütern auf der Grundlage der Betriebsaufspaltungsregeln scheitert daran, daß die übergebenden Wirtschaftsgüter aus der deutschen Steuerhoheit ausscheiden (dazu *OFD Hamburg* DStR 1996, 427; der Anwendungsbereich der Betriebsaufspaltungsregeln ist daher beschränkt auf die Überführung von Wirtschaftsgütern der inländischen Muttergesellschaft auf eine inländische Betriebsstätte; vgl. *Herzig* in *Schaumburg* (Hrsg. 1998), S. 102.

**271**    Dem Gründungsvorgang gleichzusetzen ist der sogenannte **Mantelkauf**: Ein bestehender ausländischer Gesellschaftsmantel wird zum Zwecke der wirtschaftlichen Neugründung eines Unternehmens erworben; zwar aus der Sicht des deutschen Steuerrechts (unmittelbar) folgenlos (der Verlustabzug unter den Bedingungen des § 8 IV KStG hat für die ausländische Tochtergesellschaft ohnehin keine Bedeutung), aber aus der Sicht der deutschen Muttergesellschaft möglicherweise eine interessante Variante (zum Mißbrauch von Verlustvorträgen innerhalb der Europäischen Union und der Frage einer damit verbundenen Störung des Binnenmarktes *Meiler* insbes. S. 221 ff.).

**272**    (2) Beim Erwerb einer bestehenden ausländischen Kapitalgesellschaft durch die inländische Muttergesellschaft bestehen die beiden bereits genannten **Möglichkeiten des Anteilserwerbs** (share deal) und des Erwerbs der Gesamtheit der Wirtschaftsgüter der ausländischen Gesellschaft (asset deal) – von der **Anteilseinbringung** und der **Fusion** als weitere Möglichkeiten abgesehen (N 274). Von den bilanziellen Folgen ausgehend läßt sich ein **share deal** als Fortführung der Buchwerte der Wirtschaftsgüter wie vor dem Beteiligungserwerb charakterisieren; beim **asset deal** kommt es über eine Aufstockung der Buchwerte der einzelnen Wirtschaftsgüter des Betriebsvermögens zu einer erhöhten Abschreibungsbasis – diese stillen Reserven liegen beim share deal quasi „brach" (*Thiel* DB 1995, 1196). Dieser Vorteil des asset deal wird um so deutlicher, je mehr der im Kaufpreis bezahlten stillen Reserven auf Wirtschaftsgüter mit kurzer Restnutzungsdauer entfallen. Die Interessenlagen von Erwerber und Veräußerer fallen auseinander. Die inländische Muttergesellschaft als Erwerberin ist grundsätzlich an einer Umsetzung der für den Erwerb entrichteten Anschaffungskosten in steuermindernd wirkende Abschreibungen interessiert (asset deal), während die Veräußerin eher an einem share deal interessiert ist, wenn und sofern gerade an die Beteiligungsveräußerung steuerliche Privilegien knüpfen (wenn wir uns einen inländischen Anteilsinhaber an der ausländischen Tochtergesellschaft vorstellen, wird das am Beispiel des erörterten § 8b II KStG ganz deutlich, da § 8b II eine Beteiligungsveräußerung voraussetzt). Um beiden Interessenlagen gleichzeitig gerecht zu werden und um dem Nachteil des share deal, durch Kapitalgesellschaftsanteile nur über nicht abnutzbare Wirtschaftsgüter zu verfügen, auszuweichen, wird in der Praxis ein sogenanntes **Kombinationsmodell (step-up-Modell)** angewendet, bei dem der zunächst erfolgende Anteilskauf (share deal) mittels einer eingeschalteten Erwerbsgesellschaft innerhalb der Sphäre des Käufers in einen asset deal „umgewandelt" wird. Dieser Vorgang ist auch beim Erwerb einer ausländischen Kapitalgesellschaft möglich, setzt aber die Kenntnis ausländischen Rechts voraus. Besondere Erwerbsstrategien außerhalb der Alternativen werden daher aus der Sicht des deutschen Steuerrechts erst bei dem Erwerb einer inländischen Tochtergesellschaft durch eine ausländische Muttergesellschaft vorgestellt (s. N 163; dazu *Otto H. Jacobs* (S. 760): „... Erwerbsstrategien, mit denen die Ziele von Veräußerer und Erwerber kombiniert und ggf. Buchwertaufstockungen auch bei einem ursprünglichen Anteilserwerb erreicht werden können, finden sich im internationalen Rechtsvergleich eher selten"). Aus der Sicht der deutschen Muttergesellschaft ist nach dem Erwerb einer ausländischen Kapitalgesellschaft noch auf § 8b VI KStG (früher § 26 VIII KStG) hinzuweisen (s. bereits N 207): Danach wird die steuerliche Anerkennung einer ausschüttungsbedingten Teilwertabschreibung versagt, wenn die aus der Beteiligung fließenden Dividendenausschüttungen entweder aufgrund eines DBA-Schachtelprivilegs (S 329) oder nach dem hier erörterten Verfahren indirekter Steueranrechnung (§ 26 II, IIa, III KStG) begünstigt sind; zu den Folgen für ein kombiniertes Erwerbsmodell beim Erwerb einer ausländischen Beteiligung *Winkelhausen/Kroth* in: *Maßbaum* u.a, S. 820; *Brigitte Hintzen* S. 147; zu **Kaufstrategien** grds. *Kraft* DStR 2000, 95 ff.

(3) Geht es bei allen diesen Überlegungen im Kern um die Nutzung **273** des Kaufpreises für die ausländische Tochtergesellschaft als den künftigen Gewinn dieser inländischen Muttergesellschaft minderndes Abschreibungspotential, so knüpft eine andere Zielsetzung an die unmittelbare **Verrechnung etwaiger Fremdkapitalaufwendungen** (Finanzierungskosten) beim Erwerb der ausländischen Gesellschaft mit den Gewinnen der ausländischen Tochtergesellschaft. Dieses Ergebnis kann auf zwei Ebenen erreichbar sein: Auf der Ebene der ausländischen Tochtergesellschaft selbst als unmittelbare Beeinflussung des von ihr erwirtschafteten ausschüttbaren Gewinns. Dieses Ergebnis wäre denkbar, wenn im Aus-

land die Tochtergesellschaft und eine dort zwischengeschaltete Akquisitionsgesellschaft nach einer der deutschen Organschaft vergleichbaren Regelung steuerlich zusammenveranlagt werden (*Otto H. Jacobs* S. 761, mit Hinweis auf das US-amerikanische Steuerrecht). Auf der Ebene der deutschen Muttergesellschaft setzt der „Verrechnungseffekt" voraus, daß die Finanzierungsaufwendungen als Betriebsausgaben abzugsfähig sind. Die Frage der Reichweite des § 8 b VII KStG (S 329) spielt hierbei keine Rolle, da der begrenzte steuerliche Abzug von Betriebsausgaben im Zusammenhang mit internationalen Schachtelbeteiligungen nur an die DBA-Freistellung solcher Einkünfte anknüpft. Schließlich stehen beim Erwerb von ausländischen Kapitalgesellschaften Bemühungen um Quellensteuerreduzierungen bzw. Quellensteuervermeidungen im Mittelpunkt (dazu die Übersicht bei *Salomon/Riegler* IStR 1993, 557 ff.).

274   (4) Soweit ein Anteilserwerb (share deal) an der (bestehenden) ausländischen Kapitalgesellschaft durch die inländische Muttergesellschaft in Rede steht, ist dieser nach § 20 I Satz 2 UmwStG auch als ertragsteuerneutraler Vorgang in der Form der **Einbringung von Anteilen in eine inländische Kapitalgesellschaft** gegen Gewährung von Gesellschaftsrechten möglich: Die übernehmende Muttergesellschaft muß als unbeschränkt steuerpflichtige Kapitalgesellschaft (§ 1 I Nr. 1 KStG) nach der Einbringung die Mehrheit der Stimmrechte an der beherrschenden Kapitalgesellschaft besitzen und als Gegenleistung neue Anteile an der aufnehmenden Gesellschaft gewähren (Neugründung; Kapitalerhöhung); zur Abgrenzung hiervon: nicht möglich ist es, die Beteiligung an einer inländischen Kapitalgesellschaft im Wege eines Anteilstauschs einzulegen, da die übernehmende Gesellschaft nicht das Erfordernis unbeschränkter Körperschaftsteuerpflicht erfüllt, insoweit nur innerhalb der EU § 23 IV UmStG – s. N 291. Die Person des Einbringenden spielt keine Rolle – dies ist der entscheidende Gesichtspunkt für eine hier interessierende Umstrukturierung der ausländischen Tochtergesellschaft: § 20 UmwStG trifft hinsichtlich der Person des Einbringenden oder der eingebrachten Anteile keine Einschränkungen, so daß auch Anteile an einer ausländischen Kapitalgesellschaft durch in- oder ausländische Einbringende in die inländische Kapitalgesellschaft als Muttergesellschaft eingebracht werden können. § 20 II Satz 1 UmwStG in Verbindung mit § 20 II Satz 6 UmwStG gewährt als Rechtsfolge der aufnehmenden inländischen Muttergesellschaft das Wahlrecht, die übernommene Beteiligung mit dem Buchwert, einem Zwischenwert oder dem Teilwert anzusetzen. Der Wert, mit dem die inländische Muttergesellschaft die Beteiligung an der ausländischen (der übernommenen) Beteiligung ansetzt, bestimmt gemäß § 20 IV Satz 1 UmwStG für den Einbringenden den Veräußerungspreis und damit – für den Fall eines inländischen Anteilsveräußerers – auch einen etwaigen Veräußerungsgewinn. Eine steuerneutraler Anteilstausch

ist durch Buchwertfortführung möglich. Das hat eine Verdoppelung der stillen Reserven zur Folge, die aber in reinen Inlandsfällen durch das Körperschaftsteueranrechnungssystem nicht zu einer Doppelbelastung führt, sondern die steuerliche Einmalbelastung der stillen Reserven sicherstellt (der damit gemeinte Zusammenhang ist bei *Brigitte Hintzen* S. 122, Fußn. 100 ausführlich dargestellt). Ist der Einbringende beschränkt steuerpflichtig und somit nicht zur Teilnahme am körperschaftsteuerlichen Anrechnungsverfahren berechtigt, muß die Steuerneutralität des Anteilstausches durch eine Einbringung zum Buchwert infolge der doppelten Verstrickung der stillen Reserven unter deutscher Steuerhoheit ohne Anrechnungsmechanismus u. U. mit echten steuerlichen Doppelbelastungen bezahlt werden, sofern es sich bei der Beteiligung an der inländischen Mutter-Kapitalgesellschaft um eine wesentliche Beteiligung handelt (§ 49 I Nr. 2 a EStG). Doch können die Anteile an der ausländischen Gesellschaft (Tochtergesellschaft) auf die nunmehr als Muttergesellschaft wirkende inländische Kapitalgesellschaft durch ausländische Anteilseigner zunächst ohne ertragsteuerliche Folgen übertragen werden, da die Bundesrepublik im Regelfall vor Einbringung der Beteiligung kein Besteuerungsrecht hatte (anders als bei einer inländischen Beteiligung, s. wiederum § 49 I Nr. 2 a EStG); eine tabellarische Übersicht der Besteuerungsfolgen bei Einbringung von Anteilen in inländische Einbringende – allerdings durch die Einbeziehung einer inländischen Beteiligung über den hier erörterten Teilaspekt der ausländischen Beteiligung hinausgehend – bei *Brigitte Hintzen* S. 125 mit weiterführenden Anmerkungen. Nochmals: Außer Betracht bleiben hier Einbringungen von Beteiligungen an EU-Kapitalgesellschaften, da für sie vorrangig § 23 IV UmwStG gilt – zur Anwendungskonkurrenz mit § 20 I Satz 2 UmwStG in diesem Fall sogleich unter M 291. Denkbar ist es, den hier betrachteten Fall der Einbringung einer Beteiligung an einer ausländischen Kapitalgesellschaft in eine inländische Muttergesellschaft als Anwendung des § 8 b II KStG zu betrachten, da diese Vorschrift auf tauschähnliche Vorgänge anwendbar ist. Die Konkurrenzsituation besteht darin, daß der Steuerpflichtige durch eine Einbringung der Anteile zum Buchwert gem. § 20 I Satz 2 UmwStG eine Gewinnrealisierung vermeiden oder einen Gewinn unter Inanspruchnahme der Steuerbefreiung des § 8 b II KStG realisieren kann; zu den unterschiedlichen Folgen s. *Brigitte Hintzen* S. 138. Das ebenfalls in diesem Zusammenhang regelmäßig erörterte Tauschgutachten des BFH bleibt hier außerhalb der Betrachtung, da es mit Inkrafttreten des Steuerentlastungsgesetzes 1999/2000/2002 keine Rechtsgrundlage mehr hat.

(5) Die Entstehung der ausländischen Tochtergesellschaft statt durch **275** einen Gründungsakt mit anschließendem Erwerb einer eigenen Ausstattung bzw. der Übertragung von einzelnen Wirtschaftsgütern bzw. durch einen Erwerbsvorgang (Beteiligungserwerb mit und ohne Gewährung ei-

gener Anteilsrechte) bleibt schließlich zu ergänzen einerseits durch die Einbringung einer ausländischen Betriebsstätte: das ist der bereits unter N 102 im Zusammenhang mit der Betriebsstättenbesteuerung erörterte Veräußerungs- und damit Gewinnrealisierungsfall. Er bleibt andererseits zu ergänzen um den Fall der Einbringung einer ausländischen Personengesellschaft als künftiges Vermögen der ausländischen Tochtergesellschaft; dazu das Kapital über ausländische Personengesellschaften inländischer Steuerpflichtiger (ab N 331).

### b) Umstrukturierungen außerhalb des EU-Bereichs

**276**  (1) Die ausländische Tochtergesellschaft kann selbst Gegenstand einer von der inländischen Muttergesellschaft gestalteten Umstrukturierung sein: bei ausländischen Umwandlungen, Verschmelzungen und Spaltungen kann ein inländischer Bezug neben der Ansässigkeit des Gesellschafters im Inland zusätzlich durch Inlandsvermögen der ausländischen Tochtergesellschaft hergestellt werden. Auch hierbei muß – dem Aufbau folgend – selektiv vorgegangen werden, so daß Formwechsel aus und in eine Personengesellschaft dem folgenden Abschnitt vorbehalten bleiben.

**277**  (2) Eine terminologische Bestimmung, die dann auch eine unkomplizierte Einordnung eines jeden denkbaren Falles ermöglicht, ist vorab erforderlich. Der Systematik *Schaumburgs* in Forum Nr. 11, S. 1 ff. folgend, sind im Bereich des **internationalen Umwandlungssteuerrechts** inländische Umwandlungen mit Auslandsbezug (eine inländische Gesellschaft stellt den Bezug zum deutschen Recht her, der grenzüberschreitende Sachverhalt wird durch ausländische Gesellschafter und/oder ausländisches Vermögen hergestellt), ausländische Umwandlungen mit Inlandsbezug (der Bezug zum deutschen Recht wird durch Ansässigkeit von Gesellschaften und/oder inländisches Vermögen einer ausländischen Gesellschaft hergestellt) und grenzüberschreitende Umwandlungen (der internationale Bezug wird durch Gesellschaften in beiden Staaten hergestellt). Inländische Umwandlungen (Beispiel: die inländische Betriebsstätte einer ausländischen Kapitalgesellschaft wird in deren inländische Tochtergesellschaft umgewandelt) mit einem Auslandsbezug interessieren hier nicht, sie sind erst Gegenstand der Ausländerbetätigung im Inland (s. zur inländischen Tochtergesellschaft P 169); grenzüberschreitende Umwandlungen werden einbezogen, soweit sie in Richtung eines ausländischen Staates gehen (Herausverschmelzung, Abspaltung, inlandsbezogener Formwandel); die umgekehrte Richtung (Hineinverschmelzung, Hineinspaltung) bleibt wiederum der Ausländerbetätigung im Inland vorbehalten. Führt man sich dieses Schema vor Augen, kann es keine Einordnungsschwierigkeiten geben; zu einer Bestandsaufnahme **ausländischer Umwandlungen mit einem Inlandsbezug** s. *Klingberg/ von Lishaut* FR 1999, 1209.

– Die Umwandlung **(Rechtsformwechsel) der ausländischen,** aber 278
inlandsbeherrschten **Tochtergesellschaft** wirft zunächst gesellschaftsrechtliche und steuerliche Fragen des Sitzstaates der Tochtergesellschaft
auf (dazu *Greif* IStR 1998, 66; Überblick über das Recht in Frankreich,
Großbritannien, Österreich, Schweiz und USA bei *Grotherr* Forum
Nr. 11, S. 152ff.). Aus deutscher Sicht können sich für die ausländische
Tochtergesellschaft Folgen aus einer beschränkten Steuerpflicht wegen
einer inländischen Betriebsstätte ergeben (§ 12 II KStG), die hier jedoch
nicht weiter interessieren. Aus der Sicht des deutschen Rechts interessiert, inwieweit eine ausländische Umwandlung durch das inländische
Steuerrecht berührt wird: Da der Fall der Umwandlung der ausländischen Kapitalgesellschaft in eine Personengesellschaft noch ausgeklammert wird, bleibt es bei einer Umwandlung in eine andere Kapitalgesell-
schaftsform oder – systematisch zwar außenstehend, der Sache nach aber
einzubeziehen – bei einem Verlust der rechtlichen Eigenständigkeit
durch Umgründung in eine ausländische Betriebsstätte (nicht zu verwechseln mit dem steuerneutral möglichen Fall der Einbringung der Beteiligung an der ausländischen Tochtergesellschaft in eine ausländische
Betriebsstätte). Der letztgenannte Fall wirft aus der Sicht des Steuerrechts kaum Probleme auf: In der Aufgabe der Beteiligung an der ausländischen Gesellschaft und des im Wege der Liquidation übernommenen Betriebsvermögens, das anschließend der ausländischen Betriebsstätte zuzuordnen ist, ist ein Veräußerungsgeschäft zu sehen, so daß die
in der Beteiligung der inländischen Muttergesellschaft vorhandenen stillen Reserven aufzulösen sind (*Otto H. Jacobs* S. 1013). Zugunsten
einer inländischen Kapitalgesellschaft ist § 8b II KStG zu beachten,
der nicht nur für einen Veräußerungsgewinn (Veräußerung der Beteiligung) die Steuerfreiheit bewirkt, sondern auch für einen Auflösungsfall. Für einen inländischen, der Einkommensteuer unterliegenden Gesellschafter ist jedenfalls von der Realisierung und Besteuerung stiller
Reserven auszugehen (sei es im Rahmen des Betriebsvermögens, sei
es als wesentliche Beteiligung gem. § 17 EStG). Handelt es sich um
einen Rechtsformwechsel, bei dem die durch das ausländische Recht
vorgegebenen Strukturen unverändert bleiben (identitätswahrende Umwandlung), wird man für die Ebene der ausländischen Gesellschaft
wohl eine Gewinnrealisierung nach ausländischem Recht ausschließen
können, aus deutscher Sicht ist in einem solchen Fall ein Veräuße-
rungstatbestand zu verneinen, zumal es im innerstaatlichen Recht
(UmwStG) keine Grundlage für eine Übertragungsfiktion für einen solchen Fall gibt.

– Die **Verschmelzung einer ausländischen Kapitalgesellschaft** mit 279
einer anderen, im Ausland ansässigen und fremdbeherrschten Kapitalgesellschaft (abzugrenzen ist der Fall einer „ausländischen Umwandlung (Verschmelzung) mit Inlandsbezug" vom hier nicht angesprochenen

Fall einer „grenzüberschreitenden Umwandlung (Verschmelzung)" unter Beteiligung inländischer Gesellschafter und/oder im Inland gelegenen Vermögens) vollzieht sich nach ausländischem Gesellschafts- und Steuerrecht; für die inländische Muttergesellschaft stellt sich die Verschmelzung als Anteilstausch dar. Hat der inländische Gesellschafter die Rechtsform einer im Inland ansässigen Kapitalgesellschaft, ist wiederum § 8 b II KStG anwendbar. Anderenfalls führt aber der Anteilsaustausch nach allgemeinen Gewinnermittlungsgrundsätzen zur Aufdeckung der in den Gesellschaftsanteilen der übergehenden Kapitalgesellschaft enthaltenen stillen Reserven. Das Bewertungswahlrecht des § 11 UmwStG kann mangels Inlandssachverhalts nicht in Anspruch genommen werden (für eine analoge Anwendung des § 13 UmwStG, sofern das Besteuerungsrecht der in den Anteilen enthaltenen stillen Reserven im Inland nicht verlorengeht, *Henkel* in *Mössner* u.a., S. 719). Für vorhandenes inländisches Betriebsstättenvermögen der untergehenden ausländischen Kapitalgesellschaft ist auf § 12 II KStG zu verweisen (gegen eine Schlußbesteuerung überzeugend *Schaumburg* S. 1149: Verschmelzungsbedingt geht inländisches Betriebsstättenvermögen von einer beschränkt steuerpflichtigen Kapitalgesellschaft auf eine andere beschränkt steuerpflichtige Kapitalgesellschaft über – durch einen solchen Rechtsträgerwechsel wird aber kein Besteuerungsrecht der Bundesrepublik in Frage gestellt).

**280**  – Die Spaltung als Gründungsvorgang (Herausspaltung aus einem ausländischen Betriebsvermögen) ist bereits genannt worden (s. N 102), hier geht es nunmehr um **Spaltungsvorgänge bei der ausländischen Tochtergesellschaft:** Ob das zivilrechtlich und wenn ja unter welchen Bedingungen und mit welchen steuerrechtlichen Folgen möglich ist, bestimmt das ausländische Recht: Zu inländischen Besteuerungsfolgen für den inländischen Anteilseigner kann es bei Aufspaltungen bzw. Abspaltungen kommen, da in diesem Fall neue Anteile an dem übernehmenden Rechtsträger erworben werden – anders als im Falle einer für den Beteiligten nicht relevanten Ausgliederung, bei der die übertragende Gesellschaft selbst Anteile an dem aufnehmenden Rechtsträger erwirbt. In den Fällen der Aufspaltung und Abspaltung ist für den inländischen Anteilseigner als Kapitalgesellschaft wiederum § 8 b II KStG anwendbar, im übrigen ist grundsätzlich von einer Gewinnrealisierung auszugehen; denn daß ein Veräußerungsvorgang gegeben ist, erschließt sich aus §§ 15 I i.V. mit § 13 I, II UmwStG für inländische Spaltungsvorgänge. Wie bei der Verschmelzung wird aber auch hier eine analoge Anwendung des § 13 UmwStG befürwortet (*Henkel* aaO, S. 722), sofern das Besteuerungsrecht der Bundesrepublik gesichert ist. Bei dem von einem Spaltungsvorgang berührten Vermögen kann es sich um eine inländische Betriebsstätte und um Anteile an einer inländischen Kapitalgesellschaft handeln (dazu *Leila Momen* S. 462 ff.).

*c) Europäisches Recht: die Fusionsrichtlinie*

*aa) Inhalt der Fusionsrichtlinie*

(1) Die Fusionsrichtlinie (Richtlinie des Rates über das gemeinsame **281**
Steuersystem für Fusionen, Spaltungen, die Einbringung von Unternehmensteilen und den Austausch von Anteilen, die Gesellschaften verschiedener Mitgliedstaaten betreffen) ist zusammen mit der bereits vorgestellten Mutter/Tochter-Richtlinie und dem Schlichtungsübereinkommen am 23. Juli 1990 erlassen worden. Ihre Zielsetzung (s. bereits N 112) ergibt sich aus der Präambel: Die erfaßten Umgründungsvorgänge sollen nicht durch besondere Beschränkungen, Benachteiligungen oder Verfälschungen aufgrund steuerlicher Vorschriften der Mitgliedstaaten behindert werden; es sind wettbewerbsneutrale steuerliche Regelungen für solche Umgründungen zu schaffen, die steuerlichen Hemmnisse bei grenzüberschreitenden Unternehmenszusammenschlüssen innerhalb der Gemeinschaft zu beseitigen. Zu beseitigen ist die **Benachteiligung grenzüberschreitender Umstrukturierungen** gegenüber Vorgängen innerhalb der Grenzen eines Mitgliedstaates. Während für landesbezogene Umstrukturierungsvorgänge regelmäßig eine steuerneutrale Umsetzung möglich ist, führen grenzüberschreitende Unternehmenszusammenschlüsse regelmäßig zur Aufdeckung stiller Reserven. Weder auf der Ebene der Gesellschaft noch auf der Ebene der Gesellschafter soll es zu einer Besteuerung stiller Reserven kommen – aber es soll auch keine vollständige Steuerfreistellung erfolgen, was neue wettbewerbsverzerrende Effekte zur Folge hätte und keine fiskalischen Interessen wahrte.

(2) Der persönliche Anwendungsbereich der Fusionsrichtlinie wird **282**
einerseits dadurch bestimmt, daß es sich um grenzüberschreitende Umstrukturierungen handelt, an denen Gesellschaften aus zwei oder mehreren Mitgliedstaaten beteiligt sind; einbringende (erworbene) und übernehmende (erwerbende) Gesellschaft müssen den Status einer **Gesellschaft eines Mitgliedstaates** aufweisen: Unternehmen mit einer der im Anhang der Richtlinie aufgeführten Rechtsformen, die nach dem Steuerrecht eines Mitgliedstaates hier ansässig sind und nicht aufgrund eines DBA mit einem dritten Staat als außerhalb der Gesellschaft ansässig zu gelten haben und die ohne Wahlmöglichkeit der Körperschaftsteuer (bzw. verwandter Steuern) unterliegen. Damit verbunden ist die Überzeugung, daß Verschmelzungen auf nicht in der EU ansässige Unternehmen oder Spaltungen auf Gesellschaften außerhalb der Gemeinschaft das Binnenmarktkonzept der Unionswirtschaft nicht fördern.

(3) Der sachliche Geltungsbereich der Richtlinie umfaßt **vier Um-** **283**
**gründungstypen** – wobei die Richtlinie zugleich Legaldefinition dieser Umstrukturierungen enthält:

– **Fusion,** verstanden als Verschmelzung im Sinne einer Aufnahme durch eine bereits gegründete Gesellschaft, verstanden als Verschmelzung durch Neugründung, verstanden als Verschmelzung durch Aufnahme durch den Alleingesellschafter,

– **Spaltung,** verstanden als Vorgang, „durch den eine Gesellschaft zum Zeitpunkt ihrer Auflösung ohne Abwicklung ihr gesamtes Aktiv- und Passivvermögen auf zwei oder mehr bereits bestehende oder neugegründete Gesellschaften gegen Gewährung von Anteilen am Gesellschaftskapital der übernehmenden Gesellschaften an ihre eigenen Gesellschafter, und gegebenenfalls einer baren Zuzahlung, anteilig überträgt . . . ", woraus folgt, daß die Fusionsrichtlinie als einzige Spaltungsform die Aufspaltung zuläßt (Spaltung zur Neugründung bzw. zur Aufnahme) – im Gegensatz zu den Spaltungsarten Aufspaltung, Abspaltung, Ausgliederung nach § 123 UmwG und den daran anknüpfenden Regelungen im UmwStG (§§ 15, 19, 20 ff.),

– **Einbringung von Unternehmensteilen** (s. bereits N 112), worunter ein Vorgang zu verstehen ist, „durch den eine Gesellschaft, ohne aufgelöst zu werden, ihren Betrieb insgesamt oder einen oder mehrere Teilbetriebe in eine andere Gesellschaft gegen Gewährung von Anteilen am Gesellschaftsvermögen der übernehmenden Gesellschaft einbringt" – wobei die Einbringung in eine bestehende oder neu gegründete Gesellschaft eines anderen Mitgliedstaates möglich ist. Charakteristisch für diesen Vorgang ist der Fortbestand der am Einbringungsvorgang beteiligten Gesellschaften und Gesellschafter: Die einbringende Gesellschaft wird nicht aufgelöst, sondern erhält Anteile an der übernehmenden Gesellschaft, Einbringende und übernehmende Gesellschaft sind in unterschiedlichen Mitgliedstaaten ansässig. In welchem Staat sich der Betrieb (Teilbetrieb) befinden kann (muß), regelt die Richtlinie nicht. Mangels einer territorialen Beschränkung ist die Fusionsrichtlinie somit unabhängig davon anwendbar, ob sich der Betrieb/Teilbetrieb im Staat der einbringenden/im Staat der übernehmenden Gesellschaft oder in einem dritten Staat innerhalb oder außerhalb der EU befindet (*Sapusek* S. 967); die Verbindung mit den bisher bekannten IStR-Problemen wird vor allem durch Umstrukturierungsmaßnahmen einer Betriebsstätte bestimmt (Beispiel: Einbringung einer in der Bundesrepublik befindlichen Betriebsstätte einer EU-ansässigen Gesellschaft außerhalb der Bundesrepublik in eine hier ansässige Kapitalgesellschaft),

– **Anteilstausch** (s. bereits N 113), worunter die Fusionsrichtlinie den Vorgang versteht, daß eine Gesellschaft am Gesellschaftskapital einer anderen Gesellschaft eine Beteiligung erwirbt, die ihr die Mehrheit der Stimmrechte verleiht. Der Beteiligungserwerb muß sich gegen Gewährung von Anteilen an der erwerbenden Gesellschaft vollziehen. Es geht um Einbringung von Unternehmensanteilen, nicht um die Einbringung von Unternehmen oder Unternehmensteilen (der Anteilstausch ist ein Unterfall der Einbringung, s. *Wassermeyer* Forum Nr. 1, S. 114). Man spricht beim Anteilstausch auch von einer unechten Fusion (shares for shares transaction).

**284** (4) **Steuerneutralität** auf der **Gesellschaftsebene** und Steuerneutralität auf der **Gesellschafterebene** sind zu unterscheiden. Auf der Gesellschaftsebene geht es um stille Reserven des eingebrachten Vermögens im Zeitpunkt der Umstrukturierung. Art. 4 der Richtlinie ordnet einen Steueraufschub an (zur Terminologie hierbei *Sapusek* S. 970), schließt jedoch nicht aus, daß dem Steuerpflichtigen ein Wahlrecht eingeräumt wird. Die materiellen Voraussetzungen, unter denen die Fusionsrichtlinie die Steuerneutralität gewährt, werden beschrieben als (*Herzig/Dautzenberg/Heyeres* DB 1991/Beilage 12 S. 6):

– Teilbetriebsbedingung: Die von der Aufdeckung der stillen Reserven „bedrohte Einheit" muß mindestens den Charakter eines Teilbetriebes haben – denn anderen-

falls wäre keine Abgrenzung zu Gewinnrealisierungen durch ein laufendes Geschäft möglich,
– Betriebsstättenbedingung: Die von der Aufdeckung der stillen Reserven „verschonten Wirtschaftsgüter" müssen nach der Umstrukturierung Teil einer Betriebsstätte in demselben Staat wie vorher sein – da nur so der Steueranspruch für den bisher berechtigten Staat gesichert ist,
– Steuerverhaftungsbedingung: Die von der Aufdeckung der stillen Reserven „verschonten Wirtschaftsgüter" müssen nach der Umstrukturierung noch der Steuer unterliegen – da anderenfalls ein endgültiger Steuervorteil in Aussicht steht: Die Wirtschaftsgüter müssen nach der Umstrukturierung zum steuerlichen Ergebnis der Betriebsstätte beitragen, sei es als Beitrag zum laufenden Gewinn, sei es als Ergebnis einer Veräußerung.

Als Ausnahme vom Grundsatz der Steuerneutralität ist (neben der Regelung der Konfusionsgewinne) auf die Behandlung früherer Verluste hinzuweisen (Verlustvorträge, landesübergreifender Verlustausgleich). Die nationalen Rechte bewirken regelmäßig den Untergang eines Verlustvortrags; die Fusionsrichtlinie erlaubt den Mitgliedstaaten, hierfür eigenständige Regelungen zu treffen, wobei es im Vergleich zu nationalen Vorgängen keinen Unterschied geben darf. Für einen landesübergreifenden Verlustausgleich (s. der bis zum 31. 12. 1998 geltenden § 2a III, IV ESt) sieht die Richtlinie die Möglichkeit vor, die Nachversteuerung schon beim Rechtsträgerwechsel der Betriebsstätte vorzunehmen und damit die Steuerstundung im Zeitpunkt der Umstrukturierung vorzeitig zu beenden.

Für die Gesellschafterebene bestimmt Art. 8 der Richtlinie, daß durch Umstrukturierungen keine Besteuerung des Veräußerungsgewinns ausgelöst werden darf. Auch hier geht es mithin um die Sicherstellung durch weitere Steuerverstrickung der stillen Reserven für die betroffenen Fisci. Die Umsetzung für Steuerneutralität auf der Gesellschafterebene hängt von der Art des Umstrukturierungsvorganges ab. Grundsätzlich sichert die Buchwertfortführung die Steuerverstrickung, im übrigen können – je nach der gesetzlichen Ausgangslage – Bedingungen geschaffen werden, die die Steuerpflicht bei fusions-, spaltungs-, einbringungs- und anteilsaustauschgeborenen Anteilen „in gleicher Weise" wie vor dem Umstrukturierungsvorgang ermöglicht. Die Einbringung von Betrieben und Teilbetrieben und die Einbringung von Gesellschaftsrechten (Anteilstausch) wirft ein weiteres Problem der Steuerneutralität dadurch auf, daß eine zusätzliche Anteilseignerebene entsteht.

(5) Die Anwendung der Richtlinienbestimmungen kann – bei Vorliegen der persönlichen und sachlichen Voraussetzungen – versagt werden, sofern die Voraussetzungen eines allgemeinen **Mißbrauchsvorbehalts** oder eines speziellen Mitbestimmungsvorbehalts gegeben sind (Art. 11). Der allgemeine Mißbrauchsvorbehalt erlaubt die Nichtanwendung in Fällen, in denen der begünstigte Vorgang „als hauptsächlichen Bewegungsgrund oder als einen der hauptsächlichen Bewegungsgründe die **285**

Steuerhinterziehung oder -umgehung hat", was bedeutet, daß es – für den Fall der Steuerumgehung – an einer vernünftigen wirtschaftlichen Begründung der Umstrukturierung fehlt.

Dazu *Herzig/Dautzenberg/Heyeres* aaO, S. 18: Die Unangemessenheit kann nur darin liegen, daß das System der Steuerneutralität auf Fälle ausgedehnt wird, für die es nicht gedacht ist; diese Frage ist nach europäischem Recht zu beantworten, „denn wenn man auf Verzerrungen in der Besteuerung Rücksicht nehmen würde, die durch Unterschiede zu nationalen Steuersystem der Einzelstaaten entstehen, würde es möglich, den Anwendungsbereich des EG-Steuersystems für Umstrukturierungen durch die Gestaltung des Steuersystems der Einzelstaaten auszuhöhlen. Der einzelne Mitgliedstaat ist vielmehr gehalten, die nationalen Gesetze im erforderlichen Umfang so zu ändern, daß die Ziele der Richtlinie verwirklicht werden, und somit gehen Mißbräuche, die aus der ungenügenden Anpassung des gesamten nationalen Steuersystems an die Richtlinie resultieren, ausschließlich zu seinen Lasten. . . . Eigentlicher Zwecke ist der nach dem Vorgang erreichte organisatorische Zustand: Fusion, Spaltung, Einbringung und Anteilstausch stellen lediglich rechtliche Instrumente dar, mit denen der neue Zustand der Unternehmung erreicht werden kann. Eine Mißbrauchsvorschrift muß diese Tatsache Rechnung tragen und darf gerade nicht auf die eingesetzten rechtlichen Gestaltungen, sondern auf den verwirklichten Endzustand schauen und beurteilen, inwieweit dieser Zustand den Zielen des Gesetzes widerspricht. Gestaltungen im Rahmen der Fusionsrichtlinie wären somit daraufhin zu überprüfen, ob durch die Gestaltung binnenmarktähnliche Verhältnisse entstehen, denn dies ist als Ziel der Richtlinie in der Präambel ausdrücklich genannt. Lediglich binnenmarktähnliche Verhältnisse werden dann angestrebt, wenn durch eine Gestaltung eine Besteuerung vermieden wird, die nicht anfallen würde, wenn ein wirtschaftlich vergleichbarer Vorgang sich im Inland abspielen würde. Eine Besteuerung wird dagegen mißbräuchlich vermieden, wenn der zugrundeliegende wirtschaftliche Vorgang auch in einem rein nationalen Rahmen Steuern auslösen würde. Letzteres ist insbesondere bei Verkaufsvorgängen der Fall, da diese in allen EG-Staaten zur Aufdeckung der stillen Reserven führen. Werden nur Binnenmarktverhältnisse angestrebt, so ist der erreichte Steuervorteil nicht unangemessen, so kompliziert und unnatürlich die gewählte Gestaltung auch sein mag . . . Diese Auslegung hat den Vorteil, daß sie zu einer hinreichenden Rechtssicherheit auf dem Gebiet des allgemeinen Mißbrauchsvorbehalts führt."

Der spezielle Mitbestimmungsvorbehalt kann dieselben Rechtsfolgen wie der allgemeine Mißbrauchsvorbehalt zur Folge haben (Versagung der Richtlinienanwendung, Rückgängigmachung bereits gewährter Vorteile) und bezieht sich auf die Beteiligung deutscher Gesellschaften, da nur hier eine Mitbestimmung der Arbeitnehmer in Organen der Gesellschaft anzutreffen ist.

**286**  (6) Zur **Umsetzung der Fusionsrichtlinie** in den Mitgliedstaaten s. *Sapusek* S. 977 ff. Zur Frage der zutreffenden Umsetzung in nationales Recht ist auf die *EuGH*-Entscheidung Leur-Bloem (IStR 1997, 539) zu verweisen.

Die Klägerin (Frau Leur-Bloem), Alleingesellschafterin von zwei GmbH niederländischen Rechts, beabsichtigte den Anteilserwerb an einer neu gegründeten GmbH in den Niederlanden (einer Holding). Die Bezahlung der erworbenen Anteile sollte durch Austausch mit Anteilen an den beiden erstgenannten Gesellschaften erfolgen, so daß die Holding Alleingesellschafterin der beiden GmbH wäre, die Klägerin nach diesem Vorgang mittelbare Alleingesellschafterin der beiden alten GmbH. Liegt in einem solchen Fall ein Austausch von Anteilen im Sinne der Richtlinie vor? Greift die Mißbrauchsklausel ein? Zunächst war in Anbetracht des lediglich **inlandsbezogenen Sachverhalts die Kompetenz des *EuGH* zur Auslegung zu klären** (s. bereits K 31). Der *EuGH* hat seine Zuständigkeit bejaht: Er ist auch dann für die Auslegung von Gemeinschaftsrecht zuständig, wenn das Gemeinschaftsrecht zwar den fraglichen Sachverhalt nicht unmittelbar regele, der nationale Gesetzgeber aber bei der Umsetzung der Bestimmungen einer Richtlinie in nationales Recht beschlossen habe, rein innerstaatliche Sachverhalte und von der Richtlinie gedeckte Sachverhalte gleich zu behandeln. Ein zunächst „befremdliches" Ergebnis – aber nachvollziehbar, da es dem *EuGH* um einen umfassenden Schutz seiner eigenen Rechtsprechungshoheit geht. Den verbindet der *EuGH* mit der Feststellung, daß eine einheitliche Auslegung erforderlich ist, wenn sich „nationale Rechtsvorschriften zur Regelung rein innerstaatlicher Sachverhalte nach den im Gemeinschaftsrecht getroffenen Regelungen (richten), um insbesondere zu verhindern, daß es zu Benachteiligungen der eigenen Staatsangehörigen oder – wie im vorliegenden Fall – zu Wettbewerbsverzerrungen kommt" (Rz 32 der Entscheidung; zur Entscheidungskompetenz *Herlinghaus* (IStR 1997, 535) und *Rainer* (IStR 1997, 544). Zur Mißbrauchsfrage bestätigt der *EuGH* die Relevanz der Richtlinie, Reorganisationsmaßnahmen nicht durch besondere Beschränkungen aufgrund steuerlicher Vorschriften zu behindern: Bei der Prüfung, ob der beabsichtigte Vorgang auf vernünftigen wirtschaftlichen Gründen beruht, „können sich die zuständigen nationalen Behörden jedoch nicht darauf beschränken, vorgegebene allgemeine Kriterien anzuwenden; sie müssen vielmehr eine globale Untersuchung jedes Einzelfalls vornehmen. . . . Eine Fusion oder Umstrukturierung in Form eines mit der Neubildung einer Holding-Gesellschaft, die als solche kein Unternehmen besitzt, verbundenen Austauschs von Anteilen kann auf vernünftigen wirtschaftlichen Gründen beruhen. Desgleichen können solche Gründe die rechtliche Umstrukturierung von Gesellschaften erforderlich machen, die bereits in wirtschaftlicher und finanzieller Hinsicht eine Einheit bilden. . . . Nach dem Wortlaut und den Zielen von Art. 11 sowie den Zielen der Richtlinie setzt der Begriff der vernünftigen wirtschaftlichen Gründe mehr als das bloße Streben nach einem rein steuerlichen Vorteil voraus. Eine Fusion durch Austausch von Anteilen, mit der nur dieser Zweck (Anmerkung: Steuerfolge eines horizontalen steuerlichen Verlustausgleichs zwischen den Gesellschaften) verfolgt wird, ist deshalb kein vernünftiger wirtschaftlicher Grund i. S. d. genannten Artikels". Zu denkbaren Konsequenzen der Entscheidung Leur-Bloem für die Auslegung des in Deutschland umgesetzten Rechts: Frage der Teilbetriebsvoraussetzung, unterbliebene Begünstigung von Mitunternehmeranteilen, Gewährung neuer Anteile s. *Henkel* S. 22 ff.; jedenfalls die unterbliebene Begünstigung von Mit-unternehmeranteilen durch den deutschen Gesetzgeber im Vergleich § 20 I Satz 1 UmwStG zur Umsetzung der Fusionsrichtlinie in § 23 I Satz 1 UmwStG gibt mangels persönlichen Anwendungsbereichen der Richtlinie keinen Anlaß, ein Vorabentscheidungsverfahren zu erwägen; der von *Henkel* hilfsweise erwogene Verstoß gegen die Niederlassungsfreiheit verkennt den gerade mit der Fusionsrichtlinie gesetzten Rahmen.

(7) Mißt man den Inhalt der Fusionsrichtlinie am **Binnenmarktkon- 287 zept,** so ist zunächst festzustellen: Die Wertung, anläßlich einer grenzüberschreitenden Umstrukturierung von einer nach nationalem Steuerrecht ausgelösten Steuerpflicht aufgrund der Beurteilung als Veräußerungsvorgang abzusehen, ist zutreffend. Allerdings bleibt die Lösung der Fusionsrichtlinie in einigen Punkten hinter dem Ziel der Verwirklichung eines Binnenmarktkonzepts zurück. Aus den denkbaren Umstrukturie-

rungen wird eine Auswahl getroffen: So bleibt die Sitzverlegung innerhalb der EU ein ungelöstes Problem, grenzüberschreitende Fusion und Spaltung scheitern praktisch an fehlenden gesellschaftsrechtlichen Grundlagen. Das Erfordernis der Beteiligung von mindestens zwei Gesellschaften in unterschiedlichen EU-Staaten schließt Richtlinienrecht aus bei Kapitalgesellschaften, die ausländische Betriebsstätten besitzen, aber alle im selben Staat ihren Sitz haben (eingehend *Dautzenberg* S. 216 ff.).

### bb) Umsetzung der Fusionsrichtlinie (§ 23 UmwStG)

**288**   (1) Zunächst ist klarzustellen, daß die Fusionsrichtlinie in Teilbereichen jedenfalls aus der Sicht der Bundesrepublik nicht umzusetzen ist: Für grenzüberschreitende Fusionen und Spaltungen fehlt es an einer gesellschaftsrechtlichen Grundlage für eine Gesamtrechtsnachfolge, der deutsche Gesetzgeber hat daher bislang nur die Vorschriften über die Einbringung von Unternehmensteilen und den Austausch von Anteilen in deutsches Gesetz umgesetzt. Ob aus einer fehlenden EU-einheitlichen rechtlichen Grundlage für grenzüberschreitende Fusionen und Spaltungen tatsächlich die Folgerung gezogen werden kann, eine Umsetzung sei nicht erforderlich, ist umstritten (vgl. für die Spaltung *Leila Momen* S. 9; *Engl* in Festschrift *Rädler* S. 175 ff.). An Versuchen hat es jedenfalls nicht gefehlt, Wege aufzuzeigen, grenzüberschreitende Fusionen und Spaltungen auch ohne Inanspruchnahme gemeinschaftsrechtlicher Vorschriften zu ermöglichen. Damit stellt sich die Frage einer unmittelbaren Wirkung der Fusionsrichtlinie für die noch nicht umgesetzten Teile.

**289**   (2) Den **Grundfall einer steuerneutralen Einbringung auf der Grundlage der umgesetzten Fusionsrichtlinie enthält § 23 I UmwStG:** Die Einbringung eines inländischen Betriebs/Teilbetriebs in eine ausländische EU-Kapitalgesellschaft gegen Gewährung von Gesellschaftsrechten. Daß ein solcher Fall als Veräußerungsgeschäft außerhalb ausländischer EU-Kapitalgesellschaften zur Aufdeckung der stillen Reserven führt, ist nochmals in Erinnerung zu rufen (s. N 270). Bis zur Umsetzung der Fusionsrichtlinie scheiterte eine Buchwertverknüpfung in allen Fällen daran, daß § 20 UmwStG nur die Einbringung in eine unbeschränkt körperschaftsteuerpflichtige Kapitalgesellschaft begünstigte; § 23 I UmwStG ermöglicht nunmehr die buchwertneutrale Einbringung durch eine unbeschränkt steuerpflichtige Kapitalgesellschaft in eine (beschränkt steuerpflichtige) EU-Kapitalgesellschaft gegen Gewährung neuer Anteile an der Übernehmerin. Die deutsche Kapitalgesellschaft macht dadurch, kurz gesagt, ihren inländischen Betrieb oder Teilbetrieb durch Einbringung zur inländischen Betriebsstätte einer ausländischen Kapitalgesellschaft; der Betrieb (Teilbetrieb) unterliegt weiterhin der deutschen Steuerhoheit, wechselt aber von der unbeschränkten in die beschränkte Steuerpflicht (*Henkel* in: *Mössner* u.a., S. 635). Als problematische Voraussetzungen des § 23 I UmwStG gelten:

– die Beschränkung der einbringenden = inländischen Gesellschaft auf die Rechtsform einer Kapitalgesellschaft gem. § 1 I Nr. 1 KStG und der damit gegebene Ausschluß einer „inländischen Mutter" als natürliche Person oder Personengesellschaft, so daß in solchen Fällen das jeweils einbringende Unternehmen zuvor in eine inländische Kapitalgesellschaft umgewandelt werden mußte – problematisch deswegen, weil zwar dies in Übereinstimmung mit der Fusionsrichtlinie steht, aber einen Verstoß gegen die Niederlassungsfreiheit gem. Art. 43 EG bedeuten könnte (*Henkel* aaO, S. 635),

– die Beschränkung des Einbringungsobjektes auf „Betriebe, Teilbetriebe" und damit der Ausschluß von Mitunternehmeranteilen im Betriebsvermögen der inländischen Kapitalgesellschaft, obwohl der für Inlandssachverhalte maßgebliche § 20 I UmwStG gleichrangig „Betriebe, Teilbetriebe, Mitunternehmeranteile" nennt (die fehlende Regelung wird damit erklärt, daß in den meisten EU-Staaten der Begriff des Mitunternehmeranteils unbekannt ist – was kein Hinderungsgrund gewesen wäre. Zur strittigen Konstruktion der Zuordnung eines Mitunternehmeranteils zu einer inländischen und damit dann die Voraussetzung der Einbringung erfüllenden Betriebsstätte *Widmann* Forum Nr. 3, S. 98; zum Ausschluß der Mitunternehmeranteile s. im übrigen N 336,

– die Voraussetzung der Gewährung „neuer Anteile" durch die übernehmende ausländische Kapitalgesellschaft (dazu *Henkel* aaO, S. 689 mit dem Hinweis, daß die Fusionsrichtlinie „Anteile an der übernehmenden Gesellschaft" ausreichen lasse),

– die Verdoppelung der stillen Reserven, da diese nicht nur in der inländischen Betriebsstätte der ausländischen Kapitalgesellschaft fortgeführt, sondern darüber hinaus auf die der einbringenden Kapitalgesellschaft gewährten Gesellschaftsanteile übertragen werden.

Bringt die deutsche Aktiengesellschaft ihren inländischen Teilbereich in eine französische societé anonyme ein, bleiben bei Buchwertfortführung stille Reserven der Betriebsstätten in der societé steuerverhaftet; die deutsche AG bewertet die erworbenen Anteile mit dem Buchwert des eingebrachten Betriebsvermögens. Die stillen Reserven im Betriebsvermögen unterliegen bei ihrer Auflösung als Definitivbelastung der beschränkten Körperschaftsteuerpflicht (§ 49 I Nr. 2 a EStG i. V. mit 2 I KStG), die stillen Reserven im Beteiligungsansatz unterliegen der unbeschränkten deutschen Körperschaftsteuerpflicht (woran das DBA-Frankreich nichts ändert). Zur Berechtigung der Verdopplung der stillen Reserven bei Auslandssachverhalten einerseits (ablehnend) *Henkel* aaO, S. 640, *Förster/Dautzenberg* DB 1993, 646): Die Erfassung der in den Wirtschaftsgütern der inländischen Betriebsstätte enthaltenen stillen Reserven ist auch ohne deren Übertragung auf die neuen Gesellschaftsanteile gewährleistet, da die bei der Veräußerung der inländischen Betriebsstätte durch die ausländische Körperschaft entstehende deutsche Körperschaftsteuer mangels eines insoweit in Betracht kommenden Anrechnungsverfahrens als endgültige Belastung bestehen bleibt. Das ist zutreffend – aber die doppelte Erfassung wird mit einem anderen Gesichtspunkt gerechtfertigt (s. *Thiel* GmbHR 1994, 281): Es wird verhindert, daß sich der Einbringende von seinem bisherigen wirtschaftlichen Engagement durch Veräußerung der enthaltenen Anteile steuerfrei trennen kann; zwar würde die Zulassung eines steuerfreien share-deals nichts an der weiteren Steuerverhaftung der stillen Reserven in den eingebrachten Wirtschaftsgütern bei der Tochtergesellschaft ändern. Jedoch würde ihre Realisierung und Besteuerung hinausgeschoben, bei nicht abschreibungsfähigen Wirtschaftsgütern ggf. zeitlich unbeschränkt.

– Da es sich um Anteile an einer ausländischen Kapitalgesellschaft handelt, stellt sich allerdings die Frage, warum in Anbetracht der ohnehin steuerfreien Vereinnahmung des Veräußerungsgewinns (§ 8b II KStG) überhaupt hierin eine Problem zu sehen ist? Die Antwort lautet: Weil die Versteuerung der aufgedeckten stillen Reserven in diesem Fall mit Hilfe des § 8b II KStG nicht verhindert werden kann. Es gilt statt dessen eine Begünstigungssperre nach § 8b III KStG. Denn nach § 8b III KStG ist § 8b II KStG u.a. dann nicht anzuwenden „für die Anteile an einer ausländischen Gesellschaft", wenn ein Einbringender diese Anteile als Gegenleistung für eine Einbringung nach § 23 I UmwStG „zu einem unter dem Teilwert anzusetzenden Wert erworben hat" und „wenn die Veräußerung, Auflösung oder Kapitalherabsetzung innerhalb eines Zeitraums von sieben Jahren nach dem Zeitpunkt der Einbringung stattfindet". Es handelt sich hierbei um eine Norm zur Vermeidung von Gestaltungsmißbräuchen: Der Gesetzgeber nimmt eine Steuerersparnis als hauptsächlichen Bewegungsgrund für die Gestaltung an, wenn die für das eingebrachte Betriebsvermögen erlangten Anteile innerhalb von sieben Jahren nach dem Einbringungsvorgang wieder veräußert werden. Denn ohne § 8b III KStG konnte „steuerpflichtiges Besteuerungspotential in steuerbefreites Besteuerungspotential umgewandelt werden" (*Eilers/Wienands* in: *F/W/B* Rz 310 zu § 8b KStG), indem im Anschluß an die Einbringung eines zuvor steuerverhafteten Betriebsstättenvermögens die erworbene Beteiligung steuerfrei nach § 8b II KStG auch dann veräußert werden würde, wenn das Einbringungssubstrat = Betriebsstättenvermögen nicht steuerfrei hätte veräußert werden können. Die Gewinnbesteuerung fragt auch nicht nach dem Zeitpunkt der Bildung stiller Reserven, erfaßt also auch den Fall ihrer Entstehung nach der Einbringung. In dem genannten Fall kann mithin die deutsche AG die Beteiligung an der societé erst mit Ablauf der Siebenjahresfrist unter Inanspruchnahme des § 8b II KStG steuerfrei veräußern.

**290** (3) **Der zweite** und in die hier erörterte Systematik einzuordnende **Grundfall** der Einbringung (s. bereits den Hinweis N 113), der auf die **Fusionsrichtlinie** zurückzuführen ist, ergibt sich aus § 23 III UmwStG: Statt einer inländischen Betriebsstätte (Betrieb, Teilbetrieb) wird **eine ausländische EU-Betriebsstätte in eine ausländische EU-Kapitalgesellschaft eingebracht** (ebenfalls als Fall einer „Herausverschmelzung" bei *Schaumburg* S. 1112 eingeordnet). Auch hier gilt der Ansatz des eingebrachten Betriebsvermögens durch die übernehmende Gesellschaft als Anschaffungskosten für die erhaltenen Anteile (§ 23 III i.V. mit § 20 II Satz 1 UmwStG) – während die Einbringung außerhalb des EU-Bereichs zum Teilwertansatz der Beteiligung führte. Für die Anwendung des § 8b II KStG gilt – wie bei § 23 I UmwStG – die Einschränkung durch § 8b III KStG. Inwieweit hier aber überhaupt von einer Umgehung auszugehen ist, erscheint problematisch (*Ulrich Wolff* IStR 1993, 404). Der ausländischen Kapitalgesellschaft seht ein Wertansatzwahlrecht zu, der von ihr gewählte Wert gilt für die einbringende inländische Gesellschaft als Anschaffungskosten der Beteiligung – diese Wertverknüpfung verhindert, daß das Vermögen der Betriebsstätte mittelbar durch den Verlauf der Beteiligung ohne Steuerbelastung veräußert werden kann. Ohne diese Wertverknüpfung könnte die inländische Gesellschaft die Beteiligung mit dem Teilwert ansetzen, so daß bei ihrer Veräußerung kein Gewinn entstünde. Nur: Aus Gründen des DBA-Rechts (zu Art. 13 II OECD-MA s. S 252) hätte die inländische Kapitalgesellschaft ohnehin das EU-belegene Betriebsstättenvermögen ohne deutsche Steuerbelastung veräußern können. Deswegen spricht *Henkel* (aaO, S. 642) von einer Diskriminierung von EU-Fällen, da bei der Einbringung zu einer ausländischen Betriebsstätte gehörigen Betriebsvermögens außerhalb der EU unabhängig von der Bewertung des eingebrachten Betriebsvermögens durch die aufnehmende ausländische Gesellschaft die gewährten Anteile in Deutschland stets mit dem Teilwert des eingebrachten Betriebsvermögens anzusetzen sind.

(4) Den **dritten Grundfall** der umgesetzten **Fusionsrichtlinie** enthält   **291** § 23 IV UmwStG: Der **steuerneutrale Anteiltausch als Einbringung von Anteilen** an einer EU-Kapitalgesellschaft in eine andere EU-Kapitalgesellschaft (in der Terminologie *Schaumburgs* (S. 1113) ebenfalls eine Herausschmelzung", aber auf der 1. Stufe statt durch Betriebsstättenübertragung durch eine Anteilsübertragung, der sich dann – um ein der echten Verschmelzung entsprechendes Ergebnis zu erzielen – auf der 2. Stufe wiederum eine Liquidation der inländischen Kapitalgesellschaft anschließt). Anders als bei der Einbringung von EU-Betriebsstätten (inländische: § 23 I, ausländische § 23 III) muß es sich bei der Person des Einbringenden nicht um eine unbeschränkt steuerpflichtige Kapitalgesellschaft handeln – begünstigt ist die Einbringung der Anteile durch jede unbeschränkt und beschränkt steuerpflichtige natürliche oder juristische Person: Mit der Person des einlegenden Gesellschafters werden also keine besonderen Tatbestandsvoraussetzungen verbunden, aber er ist natürlich rechtlich und tatsächlich am Einbringungsvorgang beteiligt: Der Systematik der Gliederung folgend handelt es sich bei dem einlegenden Gesellschafter um eine im Inland ansässige Person; die ist – als Muttergesellschaft – beteiligt an einer EU-ansässigen Kapitalgesellschaft, die als erwerbende EU-Kapitalgesellschaft den Einbringungsgegenstand erwirbt: eine Beteiligung an einer erworbenen EU-Kapitalgesellschaft. Erworbene und erwerbende Kapitalgesellschaft können in demselben EU-Staat ansässig ein (abweichend von der Fusionsrichtlinie).

Zur Verdeutlichung ist auf das (hier angepaßte) Beispiel einer Joint-Venture-Gründung bei *Otto H. Jacobs* (S. 1008) zu verweisen: Eine deutsche AG verfügt über Beteiligungen an einer inländischen und EU-auslandsansässigen Kapitalgesellschaft. Eine andere Gesellschaft (beliebige Ansässigkeit, beliebige Rechtsform) ist ebenfalls an einer EU-ansässigen Kapitalgesellschaft beteiligt. Beide „Muttergesellschaften" gründen eine Holding niederländischen Rechts, diese ist die erwerbende (aufnehmende) Gesellschaft und sie erwirbt die Anteile an den Tochterunternehmen mit EU-Ansässigkeit (erworbene Gesellschaft). Das einfache Beispiel verdeutlicht: Es geht um einen Unternehmenserwerb durch Anteilstausch bzw. durch Einbringung von Unternehmensanteilen, die an dem Tausch bzw. Einbringungsvorgang beteiligten Gesellschaften bestehen fort. Mit der Einbringung von Betrieben und Betriebsteilen wie in § 23 I, II UmwStG hat dies nichts zu tun (s. *Wassermeyer* Forum Nr. 1, S. 114).

Sofern die aufnehmende EU-Kapitalgesellschaft (in dem Beispiel die niederländische Holding) nach der Anteilseinbringung unmittelbar die Mehrheit der Stimmrechte an der EU-Kapitalgesellschaft besitzt, deren Anteile eingebracht wurden (in dem Beispiel die erworbenen Gesellschaften der deutschen AG), als Gegenleistung für die eingebrachten Anteile neue Anteile an der aufnehmenden Gesellschaft gewährt werden (*Engl* in Festschrift *Rädler* S. 186: EU-widrig) und die aufnehmende Kapitalgesellschaft die im Zuge der Einbringung von der deutschen AG erhaltenen Anteile nicht innerhalb von sieben Jahren nach der Einbringung veräußert: Die deutsche Einbringende kann den Vorgang steuerneutral abwickeln, wenn die in Holland ansässige Holding die Buchwerte der Anteile an der erworbenen Gesellschaft fortführt (Verweis auf § 20 IV Satz 1 UmwStG). Das ist problematisch, weil der Fusionsrichtlinie eine solche Bedingung nicht entnommen werden kann – lediglich Buchwertfortführung beim Einbringenden – und das Recht des Ansässigkeitsstaats dem entgegenstehen kann (s. *Bärtels* IStR 1999, 463 mit dem Gestaltungshinweis, die einzubringenden Anteile auf eine inländische Betriebsstätte der übernehmenden EU-Kapitalgesellschaft zu übertragen). § 23 IV Satz 2 UmwStG führt wiederum zur Verdoppelung der stillen Reserven: im Buchwertansatz der aufnehmenden EU-Kapitalgesellschaft (der Holding) und in den Anteilen, die die deutsche AG nunmehr hält. Hinsichtlich der Folgen ist darauf zu verweisen, daß für einen rein nationalen Einbringungsfall das körperschaftsteuerpflichtige Anrechnungsverfahren die Einmalbesteuerung der stillen Reserven sicherstellt – während es beim grenzüberschreitenden Anteilstausch zu echten Doppelbesteuerungen kommen kann; aus der Sicht der deutschen Kapitalgesellschaft hat § 8b II KStG das Problem jedoch gelöst. Zur Kritik an der Verdoppelung der stillen Reserven infolge der Buchwertverknüpfung s. *Otto H. Jacobs* S. 1010, *Widmann* § 23 UmwStG Rd. Nr. 7585 15; zur Behandlungsfrist des § 26 II UmwStG s. *Hintzen* S. 128.

**292–299** *(einstweilen frei)*

## V. Ausländische Personengesellschaft und inländischer Gesellschafter

Zu behandeln ist eine nach ausländischem Recht gegründete Personen- **300** gesellschaft, deren Gesellschafter sämtlich oder zum Teil in der Bundesrepublik ansässig sind, deren Geschäftsleitung sich aber *im Ausland* befindet. Ebenso wie das deutsche Recht kennen auch die Rechtsordnungen anderer Staaten die Unterscheidung zwischen Personen- und Kapitalgesellschaften und zwischen nicht rechtsfähigen und rechtsfähigen Personenvereinigungen (*Piltz* S. 29: ausf. Länderhinweise bei *Haas* S. 93 ff.; *Otto H. Jacobs* S. 481). Die Frage der Anerkennung solcher Gesellschaften (Frage nach Bestehen und Rechtsfähigkeit einer im Ausland gegründeten Gesellschaft im Inland) stellt sich im IPR wie für juristische Personen. Im deutschen Steuerrecht wird der Begriff als Tatbestandsmerkmal häufig verwendet (vgl. §§ 138 II Nr. 2 AO, 19a V Nr. 3 EStG, §§ 8 Ziff. 8, 9 Ziff. 2, 12 III Ziff. 2 GewStG, § 16 I AStG). Die Finanzverwaltung spricht von „im Ausland errichteten Personengesellschaften" (AEAStG Rz. 7.2.2), von **Personengesellschaft ausländischen Rechts** (*BdF*-Schreiben RIW 1976, 305). In diesem Sinne verwendet auch das Schrift-tum den Begriff (zuletzt *Schaumburg* Stbg 1999, 103), ohne daß mit der Verwendung des Begriffs bereits die Frage nach der Einordnung einer solchen Gesellschaft zu Zwecken der deutschen Besteuerung als Personengesellschaft oder als Kapitalgesellschaft entschieden ist. Jedenfalls wird der uns interessierende Aspekt solcher Gesellschaften wie bei der im Ausland gegründeten Kapitalgesellschaft durch die **Internationalität des Gesellschafterkreises** bestimmt. Ebenso wie das deutsche Recht kennen auch die Rechtsordnungen anderer Staaten die Unterscheidung zwischen Personen- und Kapitalgesellschaften und zwischen nicht rechtsfähigen und rechtsfähigen Personenvereinigungen (*Piltz* S. 29; s. auch *IFA-Kongreß* 1995 in Cannes). Wenn auch nur unter dem Vorbehalt hiermit keine Rechtsfolgen zu verbinden, könnte man von einer „Zwischenstellung zwischen der rechtlich völlig unselbständigen Betriebsstätte und der uneingeschränkt rechtsfähigen Kapitalgesellschaft" *(Otto H. Jacobs)* zur Verdeutlichung sprechen.

Besteuerungsprobleme bei „internationalen Personengesellschaften" **301** gelten als besonders schwierig. Dafür sind 3 Gründe ursächlich (*Schliephake*, S. 18 ff.):

1. Vielfalt der Rechtsformen im internationalen Vergleich.

2. Fehlen einer einheitlichen nationalen Besteuerung: Unterschiede ergeben sich aus den einzelnen Steuerarten; zudem knüpft die Einkunftsart nicht wie bei den Kapitalgesellschaften an die Rechtsform an, sondern hängt von der jeweiligen Tätigkeit der Gesellschaft ab (im deutschen Recht die Frage nach der Gewerblichkeit).

3. Unterschiedliche Besteuerung in den einzelnen Staaten: Das Kapitalgesellschaftskonzept einerseits, das Transparenzprinzip andererseits. Hinzu kommt als „Orchidee, die nur in wenigen Staaten blüht" (*Christian Schmidt* Forum Nr. 14, S. 44) das Mitunternehmersystem mit Sondervergütungen und Sonderbetriebsvermögen.

4. Die – hier zunächst ausgeklammerte – Frage nach der Qualifikation einer Personengesellschaft als Person im DBA-Recht (dazu erst ab S 80). Wann immer besondere Schwierigkeiten im Zusammenhang mit der Besteuerung international tätiger Personengesellschaften erörtert werden, erweist es sich als DBA-Problem. Deswegen ist außersteuerrechtliche Betrachtung unter Außerachtlassung des DBA-Rechts weitgehend Wiedergabe bekannten und konfliktfreien Wissenstoffes.

**302** In der Praxis verbreitet sind Zusammenschlüsse von Unternehmen, um bestimmte Hilfstätigkeiten für die einzelnen Unternehmen durchzuführen: Forschung und Entwicklung, Lagerung, Einkaufstätigkeiten. Es wird unter den Beteiligten alsdann ein costen-sharing vereinbart mit der beabsichtigten Folge, die Aufwendungen ohne Gewinnaufschlag zu verteilen und bei den einzelnen Beteiligten als Betriebsausgaben abzusetzen. Hier ist die Frage zu klären, ob man den ausländischen Zusammenschluß nur als ein „Werkzeug" eines jeden einzelnen Beteiligten ansehen kann, der selbst tätig wird und für den die Frage einer Betriebsstätte am Ort des Geschehens zu klären ist; oder ob von einer getrennt zu beurteilenden, verselbständigten Personengesellschaft mit einer Betriebsstätte auszugehen ist, die für die Beteiligten auftragsgemäß tätig wird und für die es dann auch nicht mehr nur um eine Verteilung von Kosten, sondern um die Zurechnung eines am Fremdvergleich orientierten Preises geht. Für Umlageverträge unter den Bedingungen des *BMF*-Schreibens BStBl. 1999 I, 1122 (dazu S 158) – Poolmitglieder – ist von einer Innengesellschaft ohne Mitunternehmerschaft oder Betriebsstätte auszugehen.

## 1. Grundlagen: Qualifikationsfrage, Transparenzprinzip und Gewinnrepatriierung

**303** (1) Die Qualifikationsfrage beinhaltet auf der Ebene des deutschen Steuerrechts die Prüfung, ob das ausländische Wirtschaftsgebilde mit einer Personen- oder Kapitalgesellschaft des deutschen Rechts vergleichbar ist; die ausländische zivilrechtliche Zuordnung ist ebensowenig maßgeblich wie die ausländische Besteuerung. Im Gegensatz zum IPR wird eine durch das Gründungsrecht verliehene Rechtspersönlichkeit nicht automatisch für steuerrechtliche Zwecke übernommen, vielmehr wird eine „steuerartenbezogene Beurteilung" des jeweiligen ausländischen Rechtsgebildes vorgenommen (*Mittermaier* S. 140). Entscheidend ist der bereits mehrfach erwähnte Typenvergleich (*RFH* RStBl. 1930, 444; *BFH*

BStBl. 1968 II, 695). Da Gegenstand dieses Kapitels nicht mehr eine ausländische Kapitalgesellschaft, sondern eine ausländische Personengesellschaft ist, soll damit zugleich das Ergebnis des Typenvergleichs im Sinne einer nach deutschem Steuerrecht erfolgten Wertung als Mitunternehmerschaft zum Ausdruck gebracht werden. Hinter der Bezeichnung **ausländische Personengesellschaft** hat man sich also einen bereits durchgeführten und zur Mitunternehmerschaft führenden Typenvergleich vorzustellen. Zu denkbaren Kombinationsmöglichkeiten und zur Systematik *Christian Schmidt* aaO, S. 44; Rechtsformenübersicht s. BSt-Verwaltungsgrundsätze 1.1.5.2 und Anhang Tabellen 1 und 2:

– Die **Wertungen** des deutschen Steuerrechts und des ausländischen Steuerrechts **stimmen überein,** d. h. die ausländische Personengesellschaft wird in ihrem Sitzstaat steuerlich als transparent angesehen, steuerpflich-tig sind die Gesellschafter mit dem auf sie entfallenden Gewinnanteil – sei es im Rahmen einer unbeschränkten, sei es im Rahmen einer beschränkten Steuerpflicht. Auf weitere Unterschiede (Mitunternehmerschaftskonzept) soll es nicht mehr ankommen, so daß in dieser Gruppe einzuordnen wären einerseits Staaten mit einem dem deutschen Recht vergleichbaren Konzept wie Österreich, andererseits aber auch Staaten, denen Sondervergütungen/Sonderbetriebsvermögen unbekannt sind.

– Die ausländische Personengesellschaft stellt sich als solche aufgrund eines Typenvergleichs des deutschen Steuerrechts dar, wird aber nach dem Recht des **Sitzstaates der Gesellschaft als Kapitalgesellschaft** beurteilt, jedenfalls als solche besteuert (mit oder ohne Option). Beispiel: *BMF*-Schreiben zur rumänischen Offenen Handelsgesellschaft und Kommanditgesellschaft (BStBl. 1997 I, 863, ohne daß es hier auf den DBA-Bezug dieses Schreibens ankäme): Beide Gesellschaftsformen sind nach rumänischem Handelsrecht juristische Personen, Gewinne unter-liegen der rumänischen Körperschaftsteuer – aus deutscher Sicht wird aber eine Beteiligung eines unbeschränkt Steuerpflichtigen hieran als die eines Mitunternehmers bewertet – es handelt sich um Personengesellschaften; oder *BMF*-Schreiben zur tunesischen OHG/ KG BStBl. 1997 I, 796: Diese sind „nach den Kriterien des deutschen Steuerrechts Mit-unternehmerschaften. Nach tunesischem Handelsrecht sind sie juristische Personen und werden nach tunesischem Steuerrecht als solche besteuert"; oder *BMF*-Schreiben zu Personengesellschaften S.R.C./S.C. spanischen Rechts (DB 1998, 1208): Sie sind „nach Art. 28 des spanischen Zivilgesetzbuches juristische Personen und werden auch als solche in Spanien besteuert. Gleichwohl sind sie bei Anwendung des deutschen Steuerrechts als Personengesellschaften einzustufen … Knüpft das deutsche Steuerrecht an die Rechtsform einer ausländischen Kapitalgesellschaft an, so ist eine spanische Personengesellschaft nicht als Kapitalgesellschaft, sondern als Personengesellschaft einzustufen. Dies gilt insbe-sondere für die Anwendung des AStG sowie des § 26 Abs. 2 bis 5 KStG und des § 9 Nr. 7 GewStG".
– Die ausländische Gesellschaft stellt sich aufgrund eines Typenvergleichs **als Kapitalgesellschaft** dar, wäre also in das vorangegangene Kapitel einer ausländischen Tochtergesellschaft einzuordnen; sie wird aber ungeachtet ihrer handelsrechtlichen Struktur **wie eine Personengesellschaft besteuert** (Transparenzprinzip). Als Beispiel ist auf die argentinische „sociedad de responsabilidad limitada" zu verweisen: Sie entspricht nach argentinischem Handelsrecht der deutschen GmbH und damit einer Kapitalgesellschaft; steuerrechtlich wird sie in Argentinien aber wie eine Personengesellschaft behandelt mit der Folge, daß ihr Gewinn unabhängig von einer Gewinnausschüttung anteilig besteuert wird. Für die Besteuerung deutscher Anteilseigner einer solchen S.R.L. ist nach deutschem Steuerrecht eine Mitunternehmerschaft auszuschließen, die deutschen Anteilseigner erzielen Beteiligungserträge (§ 20 I Nr. 1

EStG). § 15 I Nr. 2 EStG ist unanwendbar, steuerbar und steuerpflichtig sind nur Gewinnausschüttungen an die inländischen Anteilseigner (*Wassermeyer* IStR 1999, 50 gegen *FinMin* Hessen, IStR 1994, 549 – allerdings unter Einbeziehung der weiteren Frage nach der Abkommensberechtigung der S.R.L. für das DBA-Argentinien, auf die es in diesem Zusammenhang – um das nochmals hervorzuheben – noch nicht ankommt). Einzuordnen wäre hier der Fall *BFH* HFR 1992, 109 zur Beteiligung an einer griechischen EPE (GmbH) – die Entscheidung selbst wird jedoch ausschließlich durch Überlegungen zum Abkommensrecht bestimmt (s. auch Frau *Knobbe-Keuk* RIW 1991, 316).

Hat die ausländische Personengesellschaft das Wahlrecht, entweder wie eine Personengesellschaft oder wie eine Kapitalgesellschaft besteuert zu werden, so beeinflußt die Ausübung der Option die Einordnung der Gesellschaft als Folge des Typenvergleichs nicht. Dazu am Beispiel der Vereinigten Staaten (Check-the-Box-Verfahren) *Ulrich Wolff* in *Debatin/ Wassermeyer* Rz. 26 zu Art. 1 USA.

**304**    Von der Frage der Einordnung der ausländischen Gesellschaft als Mitunternehmerschaft abzugrenzen ist die Frage der **Qualifikation der Einkünfte,** die ein inländischer Mitunternehmer bezieht. Grundlage im deutschen Steuerrecht ist § 15 I Nr. 2 EStG, wonach die Gewinnanteile eines Mitunternehmers und die Sondervergütungen als Einkünfte aus Gewerbebetrieb gelten. Die Einkünfte werden nach nationalem Recht qualifiziert und nach § 4 I, III EStG ermittelt (BSt-Verwaltungsgrundsätze 1.1.5.4). Unter den Voraussetzungen des § 15 III Nr. 2 EStG wird der Gewinnanteil unabhängig von der Tätigkeit unter die gewerblichen Einkünfte subsumiert (Internationalisierung der Geprägetheorie, vgl. *Marion Farnschläder/Ilona Kahl* IWB 3 Gr. 3, 1179ff.). Das bedeutet, daß bei Personengesellschaften durch Gesellschaft-Gesellschafterverträge auch „grenzüberschreitend" keine Vorteile erzielt werden. Die **Gewinnverwendungspolitik** hat bei Personengesellschaften keinen Einfluß auf die Höhe der Gesamtsteuerbelastung – jedenfalls aus deutscher Sicht. Aus deutscher Sicht – unter Außerachtlassung der Besteuerungsfolgen im Sitzstaat – gelten auch für inlandsbeherrschte ausländische Personengesellschaften die im Vergleich mit Kapitalgesellschaften „tendenziellen" Vor- und Nachteile: Werden **Gewinne ausgeschüttet,** sind ausländische Personengesellschaften im Vergleich zu Kapitalgesellschaften tendenziell vorteilhaft. Keine Bedeutung kommt hierbei der Tarifbegrenzung zu; zwar ist die Belastung der gewerblichen Gewinne der Höhe nach begrenzt ist (§ 32c EStG: 47%), während für Dividenden einer Kapitalgesellschaft auf der Ebene des Anteilseigners der Einkommensteuersatz auf bis zu 53% steigen kann. Aber soweit die Gewinne auf ausländische Betriebsstätten entfallen (dazu sogleich), gilt die Tarifbegrenzung nicht (§ 32c II Satz 2 Halbsatz 2 EStG). Gewinnanteile an ausländischen Personengesellschaften sind aber grundsätzlich nur auf der Ebene der Gesellschafter besteuert – anders als Gewinnausschüttungen ausländischer Kapitalgesellschaften. Werden **Gewinne thesauriert,** sind Kapitalgesellschaften im Vergleich zu Personengesellschaften tendenziell vorteilhaft, sofern Gesellschafts-Gesellschafter-Verträge eine größere Bedeutung haben und eine gleichfalls 40%ige Körperschaftsteuer im Ausland unterstellt wird (zu den Vergleichen grundsätzlich *Jacobs* Unternehmensbesteuerung und Rechtsform, S. 446f.). Und auch der Einfluß des **Verlustfalls** auf die Rechtsform führt tendenziell gegenüber dem reinen Inlandssachverhalt zu keiner anderen Aussage: In Verlustsituationen weisen Kapitalgesellschaften gegenüber Personenunternehmen steuerliche Nachteile auf – sofern nicht § 2a I, II EStG bei letzteren einer Einbeziehung in den Verlustausgleich und Verlustabzug entgegensteht bzw. durch § 15a EStG begrenzt wird. Außerhalb dieser Einschränkungen gilt für eine Beteiligung an einer ausländischen wie an einer inländischen Personengesellschaft, daß die aus der unternehmerischen Tätigkeit entstehenden Verluste unmittelbar den Gesellschaften zugerechnet und bei diesen in den Verlustausgleich und Verlustabzug einbezogen werden. In einen Vergleich mit der Gründung einer ausländischen Kapitalgesellschaft wären noch einzubeziehen die Hinzurechnungsbesteuerung, die nur bei einer Beteiligung an einer ausländischen Kapitalgesellschaft in Betracht kommt; die Wegzugsbesteuerung (§ 6 AStG), die nicht den Fall des Wegzugs eines inländischen Gesellschafters einer ausländischen Personengesellschaft betrifft (zumal auch § 6 AStG nur Beteiligungen an inländischen Kapitalgesellschaften erfaßt); die Gesellschafter-Fremdfinanzierung, die auch im internationalen Vergleich grundsätzlich nur Kapitalgesellschaften betrifft.

(2) Das **Transparenzprinzip** bedeutet Verwirklichung eines Mitunternehmerkonzepts – aus deutscher Sicht und im internationalen Vergleich vielfältig nachweisbar, aber eben nicht die einzige denkbare Vorge-hensweise, wie an den Beispielen gezeigt wurde. Wie ist diese Besteuerungskonzeption in die bisher bekannten grenzüberschreitenden Formen unternehmerischer Betätigung einzuordnen? Das ist zugleich Anlaß, den bisherigen Gang der Darstellung in der **Reihenfolge Betriebsstätte – Kapitalgesellschaft – Personenunternehmen** zu rechtfertigen. Mit der Betriebsstätte und der Kapitalgesellschaft sind zwei Besteuerungskonzeptionen verbunden: Die Besteuerung des internationalen Einheitsunternehmens (Stammhaus/Betriebsstätte) einerseits, die Besteuerung international verbundener, rechtlich getrennter Unternehmen (Mutter-/Tochtergesellschaft) andererseits. Das Trennungsprinzip und die damit verbundene Abschirmwirkung kennzeichnen den Unterschied: Das gesamte Ergebnis der wirtschaftlichen Einheit entsprechend dem Welteinkommensprinzip einerseits, erst die Gewinnausschüttung an die inländischen Anteilseigner als Veranlassung, dem Welteinkommensprinzip Geltung zu verschaffen, andererseits. In diese beiden Besteuerungskonzeptionen ist die internationale Tätigkeit einer Personengesellschaft einzubeziehen – und das kann nur aufgrund einer Wertung erfolgen

**305**

(*Schliephake* S. 36), von einer folgerichtigen Anwendung des einen oder anderen Konzepts kann keine Rede sein; das aus deutscher Sicht angewendete Mitunternehmerkonzept spricht gegen ein Trennungsprinzip und damit gegen eine Abschirmung. Aber das heißt nicht, daß sich hieraus zwangsläufig eine der Stammhaussituation entsprechende Rechtslage ergibt, weil anders als bei dem Stammhaus/Betriebsstätten-Zusammenhang immerhin ein Beteiligungsverhältnis besteht. Das wiederum könnte aus der Sicht des Quellenstaates ebenso wie aus der Sicht des Sitzstaates zu Anknüpfungen ganz eigenständiger Art führen, bei der der territoriale Zusammenhang verbunden mit weiteren Merkmalen, eine Besteuerung rechtfertigen könnte. International besteht weitgehend Übereinstimmung darüber, daß die grenzüberschreitende Beteiligung an einer Personengesellschaft als eine in dem **Sitzstaat gelegene Betriebsstätte** gewertet wird – womit zugleich klarzustellen ist, daß die grenzüberschreitende Beteiligung (Gesellschafteransässigkeit in dem einen Staat, Gesellschaftssitz in dem anderen Staat) nicht per se eine Betriebsstätte am Sitz der Gesellschaft darstellt: Die Personengesellschaft hat statt dessen selbst eine Betriebsstätte zu unterhalten – ob diese nun ihren Gesellschaftern zuzurechnen ist oder auch ihr selbst, wird man auf dem Hintergrund der Entwicklung seit Aufgabe der Bilanzbündeltheorie im Sinne der zweiten Alternative zu lösen haben (dazu eingehend *Schliephake* S. 37 ff.). Aus der Sicht des deutschen Rechts daher *Schaumburg* S. 1189: Personengesellschaften sind für die Zwecke der Einkommenbesteuerung keine Steuersubjekte, so daß insoweit stets auf die Gesellschafter abzustellen ist; das hat zur Folge, dem Staat des Sitzes der Gesellschaft statt der Wohnsitzfunktion die Quellenfunktion zuzuordnen. Doch sind Personengesellschaften insoweit als partielle Steuerrechtssubjekte zu verstehen, als sie Merkmale des Besteuerungstatbestandes verwirklichen; sie sind selbständige Gewinnerzielungs- und Gewinnermittlungssubjekte. Dieses Mitunternehmerkonzept gilt sowohl für nach deutschem als auch für nach ausländischem Recht errichtete Personengesellschaften: Personengesellschaften mit gewerblichen Betriebsstätten vermitteln jedem einzelnen Gesellschafter über dessen Beteiligung an der Gesellschaft eine Betriebsstätte. Die Beteiligung selbst ist nicht der Betriebsstätte gleichzusetzen. Das wiederum bedeutet, daß die Einkünfte aus einer ausländischen Personengesellschaft keine Beteiligungseinkünfte vermitteln.

Die Eigenschaft der Personengesellschaft als partielles Steuerrechtssubjekt, das Einkünfte erzielt und dessen Gesellschafter diese Einkünfte erst über seine Gewinn- und Verlustbeteiligung erlangt, bleibt nicht folgenlos. Zwischengeschaltete Personengesellschaften vermögen auf diese Weise Privilegien bzw. deren Weitergabe an Gesellschafter zu hindern. Beispiel zu § 8 b I KStG, wenn zwischen der auslandsbeherrschenden deutschen Muttergesellschaft und deren körperschaftsteuerpflichtigen Gesellschaftern eine **Personengesellschaft zwischengeschaltet** ist. Oder zu § 26 II KStG: Ist die Unmittelbarkeit der Beteiligung an der ausländischen Tochtergesellschaft noch gegeben, wenn die Schachtelbeteiligung über eine Personengesellschaft von einer Mutterkapitalgesellschaft gehalten wird? Nach § 15 Nr. 3 KStG bleibt § 8 b I KStG insoweit anwendbar, als der Organträger eine Personengesellschaft ist und ein Gesellschafter der Personengesellschaft dem in § 8 b I KStG begünstigten Personenkreis angehört; *Eilers/Wienands (F/W/B)* Rz 100.7 zu § 8 b KStG; darin ist ein verallgemeinerungsfähiges Prinzip zu sehen, „wonach körperschaftsteuerliche Privilegien insoweit auf Personengesellschaften anwendbar sind, als an ihnen Kapitalgesellschaften beteiligt sind, die bei unmittelbarer Anwendung steuerlich privilegiert wären" – jedenfalls müsse bedacht werden, ob Privilegien (wie beim DBA-Schachtelprivileg) nicht auf das „unmittelbare Halten" beschränkt sind. Mit dem Verständnis der Personengesellschaft im deutschen Steuerrecht hat diese Auffassung allerdings nichts mehr zu tun – und sie ist auch mit dem Wortlaut – jedenfalls des § 8 b I KStG – nicht zu vereinbaren; die Ausschüttung wird im Rahmen der Gewinnermittlung der Gesellschaft zugeordnet – das schließt die Anwendung des § 8 b I KStG aus (*Buyer* in *D/E/J/W* Rz 35 b zu § 8 b KStG).

## 2. Die Besteuerung der ausländischen Personengesellschaft

### a) Im Sitzstaat: Mitunternehmer- oder Kapitalgesellschaftskonzept

Das Ergebnis des Typenvergleichs als ausländische Personengesell- **306** schaft läßt auf den Sitzstaat bezogen offen, nach welchem Konzept der ausländische Staat selbst im konkreten Einzelfall vorgeht: Ob er die Gesellschaft nach Kapitalgesellschaftsgrundsätzen als Steuersubjekt anerkennt und dann – folgerichtig – an ihre Ansässigkeit die unbeschränkte Steuerpflicht knüpft, oder ob er ebenfalls das Transparenzprinzip verwirklicht (mit und ohne Sondervergütungen). Im letztgenannten Fall knüpft er an die einzelnen Gesellschafter an, denen Gewinnanteile zuzurechnen sind. Unterstellen wir, daß die Gesellschafter ausschließlich ihren Wohnsitz in der Bundesrepublik haben, hieße das deren Besteuerung im Rahmen einer beschränkten Steuerpflicht. Die Frage nach der territorialen Anknüpfung des Sitzstaates im Rahmen einer beschränkten Steuerpflicht des inländischen Gesellschafters ist grundsätzlich geklärt: Es ist die – konkret nach den jeweils geltenden Merkmalen nachzuweisende – Betriebsstätte, da – wie gezeigt – die bloße Beteiligung diese Voraussetzung nicht bereits erfüllt. Eine andere Frage ist die, ob die Steuerpflicht im Einzelfall nach dem anzurechnenden Recht schon an einen bloßen Beteiligungsbesitz anknüpft. Bei der Frage des Umfangs der beschränkten Steuerpflicht im Sitzstaat der Personengesellschaft ergeben sich für Einkünfte aus Drittstaaten (das kann auch die Bundesrepublik als Wohnsitzstaat des Gesellschafters) besondere Anknüpfungsfragen: Da im Rahmen der beschränkten Steuerpflicht grundsätzlich eine dem deutschen Steuerrecht (§ 49 EStG) vergleichbare „quellenorientierte Konzeption" zu erwarten ist, sind die zurechenbaren, nämlich aus dem Sitzstaat stammenden Einkünfte, zu ermitteln und abzugrenzen. Zu drohenden Doppelbesteuerungen in solchen „Dreiecksfällen" s. den *IFA-Kongreß 1995* (Cannes): Wenn der Sitzstaat („partnership-Staat") nicht-ansässige Gesellschafter besteuert, sollte dieser Staat diesem nichtansässigen Partner angemessene Abhilfe gegen Doppelbesteuerungen für Einkommen aus einem Drittland gewähren (Resolution III, 1, s. IWB IFA-Mitteilungen S. 1396). Verwirklicht der Sitzstaat das Kapitalgesellschaftskonzept, so unterliegt die Gesellschaft als ansässiges Steuersubjekt der unbeschränkten Steuerpflicht, die beschränkt steuerpflichtigen, in der Bundesrepublik ansässigen Gesellschafter sind mit dem an sie ausgeschütteten Gewinnanteil steuerpflichtig. Die genannte Resolution (*IFA-Kongreß 1995*) hat wegen daraus folgenden Doppelbesteuerungen auf den Wohnsitzstaat verwiesen (Punkt II 2.1).

### b) Im Inland: fehlende Steuersubjekteigenschaft

**307**     Voraussetzungsgemäß ist die ausländische Personengesellschaft eine Mitunternehmerschaft im Sinne des deutschen Steuerrechts: Betätigt sie sich auf dem inländischen Markt – sei es mittels einer Unter-Betriebsstätte – sei es durch Lieferungs- und Leistungsaustausch, so entsteht nicht etwa das Problem einer beschränkten Steuerpflicht im Inland – jedenfalls solange die Gesellschafter ausschließlich im Inland ansässige sind. Aus deutscher Sicht sind daher in einem solchen Fall die unbeschränkt steuerpflichtigen Gesellschafter von Interesse, denen über den jeweiligen Gewinnanteil der aus beiden Aktivitäten zusammengesetzte Gewinn der Gesellschaft zugerechnet wird. Die Frage einer beschränkten Steuerpflicht wird relevant, wenn an der ausländischen, auf dem deutschen Markt eine Betriebsstätte unterhaltenden Personengesellschaft ein im Ausland ansässiger Gesellschafter beteiligt ist; in einem solchen Fall ist wiederum abzugrenzen zwischen dem der inländischen und dem der ausländischen Betriebsstätte der ausländischen Personengesellschaft zuzurechnenden Gewinn (*BFH* BStBl. 1996 II, 563).

### 3. Die Besteuerung der inländischen Gesellschafter

### a) Gewinnermittlung, Buchführungspflicht

**308**     Anders als bei der ausländischen Tochterkapitalgesellschaft ist nun eine weitere Unterscheidung nach dem Sitzstaat der Gesellschaft und dem Staat der Ansässigkeit nicht mehr erforderlich, weil mit der Vorstellung des Mitunternehmer- und des Kapitalgesellschaftskonzepts im Sitzstaat auch die Stellung des Gesellschafters erfaßt wurde. Bei dem inländischen Gesellschafter kann es sich um eine natürliche Person, eine inländische Personengesellschaft (doppelstöckige Gesellschaft) oder eine inländische Kapitalgesellschaft handeln. Er unterliegt entsprechend dem Welteinkommensprinzip mit den Einkünften aus der ausl. Personengesellschaft ebenso der deutschen ESt/KSt wie mit den Einkünften aus einer deutschen Personengesellschaft. Gemäß § 138 Abs. 2 Nr. 2 AO ist dem zuständigen Finanzamt die „Beteiligung an ausl. Personengesellschaften" mitzuteilen. Die Gewinnermittlung ist nach den Regeln des deutschen Steuerrechts vorzunehmen. Davon zu unterscheiden ist die Frage des Ortes, an dem die Bücher geführt werden. Die Gesellschaft hat diese im Ausland zu führen; eine **inländische Buchführungspflicht für die Gesellschafter besteht nicht;** lediglich bei fehlender Verpflichtung im Ausland kann den inländischen Gesellschafter eine Rechnungslegungsverpflichtung treffen (§ 141 I AO). BSt-Verwaltungsgrundsätze verpflichten ihn in 1.1.5.3 zur Vorlage und Auskunft. Sind an der ausl. Personengesellschaft mehrere Steuerinländer beteiligt, werden ihre Einkünfte aus Gewerbebetrieb gesondert (§ 180 Abs. 1 Nr. 2a AO) und einheitlich (§ 179 Abs. 2 Satz 2 AO) festgestellt; dem Rechtsgedanken des § 180 Abs. 3 AO folgend findet keine gesonderte Feststellung der Einkünfte statt, wenn an der ausl. Personengesellschaft neben Steuerausländern nur ein Steuerinländer beteiligt ist (zuletzt *FG München* EFG 1998, 1268).

Anknüpfungspunkt für die Gewinnermittlung nach deutschem Recht **309** sind die ausländischen Buchführungsergebnisse (§ 146 II AO). Bei gewerblicher Tätigkeit sind die Gewinnermittlungsvorschriften des § 4 I und § 4 III EStG maßgeblich. § 5 I EStG findet keine Anwendung, da es sich bei dem Jahresabschluß nach deutschem Recht um keinen solchen handelt, zu dessen Aufstellung eine rechtliche Verpflichtung i. S. des § 5 I EStG besteht: „Die Regelung des § 5 I EStG bezieht sich in beiden Alternativen nur auf einen Jahresabschluß, der dem deutschen Handels- oder Steuerrecht entsprechend aufgestellt wurde. Dies ergibt sich aus der Verweisung des § 5 I EStG auf die handelsrechtlichen Grundsätze ordnungsgemäßer Buchführung. Diese Verweisung ist eine solche auf deutsches Handelsrecht. Ausländische Grundsätze ordnungsmäßiger Buchführung sind nicht angezogen," *BFH* BStBl. 1989 II, 57; s. auch *Stobbe* (*H/H/R* § 5 EStG Rz 12; zur Anwendung des § 5 EStG bei vorhandener inländischer Betriebsstätte BSt-Verwaltungsgrundsätze 1.1.5.4). Im Urteil des *BFH* auch Einzelheiten des deutschen Rechts:

Nach den Grundsätzen ordnungsmäßiger Bilanzierung sind bei der Gewinnermittlung einer ausländischen Personengesellschaft gemäß § 4 Abs. 1 EStG alle Geschäftsvorfälle zu berücksichtigen, auch wenn sie in einer ausländischen Währung ausgewiesen sind. Gleichzeitig müssen die o. g. Bilanzierungsprinzipien geachtet werden. Zwar bestimmen die Grundsätze ordnungsmäßiger Bilanzierung nicht, in welcher Währung der Gewinn zu ermitteln ist. Letztlich dient jedoch die nach § 4 Abs. 1 EStG aufzustellende Bilanz (Steuerbilanz) inländischen Besteuerungszwecken. Deshalb ist die Steuerbilanz entweder in DM aufzustellen oder das Ergebnis einer in ausländischer Währung aufgestellten Bilanz in DM umzurechnen. Wird letzterer Weg eingeschlagen, so ist der Gewinn unzutreffend ermittelt, wenn ein Umrechnungsverfahren gewährt wird, das zu einem mit den o. g. Bilanzierungsprinzipien nicht in Einklang stehenden Gewinnausweis führt. Zur Gewinnermittlung einer ausländischen Personengesellschaft s. auch *BFH* BStBl. 1992 II, 94; *BFH* BStBl. 1997 II, 128; *Greif* in: *Mössner* u. a. S. 582ff.

**310**     Da nach deutschem Steuerrecht allein die Gesellschafter Adressaten der Einkünftezuordnung sind und der dem Gewinnanteil zugrundeliegende Gewinn der Personengesellschaft auf der Gesellschaftsebene zu ermitteln ist, scheidet unter den gegebenen Voraussetzungen einer **Einkünftekorrektur nach § 1 AStG** eine bei dem Anteil des Gesellschafters ansetzende Korrektur aus (anders AEAStG Rz 1.4.3). Mit Hilfe des § 1 AStG kann aber der Gewinn einer Personengesellschaft aufgrund von Geschäftsbeziehungen zu einem Nicht-DBA-Staat erhöht werden, was sich aus deutscher Sicht dann in einer Erhöhung der Gewinnanteile der inländischen Gesellschafter niederschlägt (dazu *Wassermeyer* in *F/W/B* § 1 AStG Rz 241).

*b) Gewinnfall: Anrechnung ausländischer Steuern (§ 34c EStG, § 26 I KStG)*

**311**     Nach § 15 I Nr. 2 EStG setzt sich die Bemessungsgrundlage des inländischen Mitunternehmens aus dem Gewinn- bzw. Verlustanteil und den Sondervergütungen zusammen. Unter § 15 I Nr. 2 EStG fallen Vergütungen, die der Inländer für Leistungen im Dienst der ausländischen Mitunternehmerschaft erhält und die bei wirtschaftlicher Betrachtung als Beiträge zur Förderung des Gesellschaftszwecks anzusehen sind. Der inländische Gesellschafter unterliegt mit den auf ihn entfallenden Einkünften aus der ausl. Personengesellschaft im Ausland der beschränkten Steuerpflicht. Zur Vermeidung oder Milderung dieser Doppelbesteuerung kommen unter der Voraussetzung fehlenden Abkommensrechts nur unilaterale Maßnahmen (§§ 34c EStG, § 26 Abs. 1, 6 KStG) in Betracht. Auf divergierende Einkunfts- und Zuflußqualifikationen insbesondere bei den Sondervergütungen kommt es nicht an. Bei einer Beteiligung mehrerer inländischer Gesellschafter ist eine einheitliche und gesonderte Feststellung gem. § 180 I Nr. 2 a AO erforderlich. Für jeden ausländischen Staat sind entsprechende Feststellungen zu treffen (s. *BFH* BStBl. 1990 II, 951 und *BFH* BStBl. 1992 II, 188 f.). Die Steueranrechnung scheitert nicht daran, · daß neben unbeschränkt Steuerpflichtigen auch beschränkt Steuerpflichtige beteiligt sind, bei denen eine Anrechnungsmöglichkeit nicht besteht.

**312**     Die Frage einer indirekten Steueranrechnung gem. § 26 II KStG kann sich hier nicht stellen, weil vom Ergebnis eines Typenvergleichs im Sinne einer Mitunternehmerschaft auszugehen ist. Allerdings kann gerade der Ausschluß vom Verfahren indirekter Steueranrechnung gem. § 26 II KStG Anlaß sein, bei Bestehen ausländischer Tochtergesellschaften deren Gewinnausschüttungen in ausländischen Personengesellschaften zu vereinnahmen; daraus kann nicht eine Eignung der ausländischen Personengesellschaft für eine Holdingfunktion abgeleitet werden. Die unterschiedlichen Rechtsstrukturen werfen bei der **Anrechnung Fragen der**

**Subjektidentität** auf: Steht das im Ausland auf eine nach unserem Rechtsverständnis gegebene Personengesellschaft angewendete Trennungsprinzip (Kapitalgesellschaftskonzept) einer Steueranrechnung entgegen? Der ausländische Staat erhebt in diesem Fall eine Körperschaftsteuer auf den Gewinn der Gesellschaft, der nach deutschem Steuerrecht anteilig dem Gesellschafter zuzurechnen ist. Über ihre Anrechnung besteht jedoch kein Streit, weil sich eine auf den Gesellschaftsgewinn erhobene Steuer als „Mitunternehmersteuer" darstellt und nach deutschem Recht damit jeweils der gleiche Steuerpflichtige zur Besteuerung herangezogen wird (*Otto H. Jacobs* S. 511; *Probst* in *H/H/R* Rz. 56 zu § 34 c EStG). Für Quellensteuern auf Ausschüttungen scheidet eine Anrechnung aus, da es an ausländischen Einkünften fehlt – es liegen nicht steuerbare Entnahmen aus der Sicht des deutschen Steuerrechts vor (*Christian Schmidt* IStR 1996, 18; *BMF-Schreiben* BStBl. 1997 I, 863 zu Gewinnauszahlungen einer rumänischen Personengesellschaft ˋS.N.C./ S.C.S).

Auch Sondervergütungen werfen die Frage anrechenbarer Steuer auf, **313** wenn die ausländische Personengesellschaft in ihrem Sitzstaat als selbständiges Steuersubjekt behandelt wird: Die Sondervergütungen haben dann den Gewinn gemindert, die Höhe des nach ausländischem Recht ermittelten Gewinns liegt unter dem nach inländischem Recht ermittelten Erfolg. Können ausländische Quellensteuern im Rahmen einer beschränkten Steuerpflicht des inländischen Gesellschafters auf solche Vergütungen im Inland angerechnet werden? Auch diese Frage wird – soweit ersichtlich – einhellig bejaht (*Krabbe* in: *Blümlich* Rz 21 zu § 34 c EStG – dort auch eine zusammenfassende Übersicht der aus den Qualifikationsunterschieden für die Anwendung des § 34 c EStG ergebenden Fragen; *Jacobs* S. 511 mit Hinweis auf eine isolierende Betrachtung der ausländischen Verhältnisse).

Schließlich die Frage der Anrechnung von Quellensteuern eines Drittstaates: Die ausländische Personengesellschaft hat aus einem Drittstaat **314** Dividenden vereinnahmt und hierfür in diesem Staat eine Quellensteuer entrichtet. Kann ein inländischer Mitunternehmer einen anteiligen Betrag nach § 34 EStG anrechnen? Das setzt voraus, die Dividendeneinkünfte als „aus diesem Drittstaat stammend" einzuordnen – was nicht möglich ist. Denn (*Jacobs* S. 512): „Beachtet man, daß dem inländischen Gesellschafter die Anteile am Gesamterfolg der Personengesellschaft und damit auch die Anteile an den Drittstaatseinkünften der Gesellschaft grundsätzlich nur mittelbar, nämlich aufgrund der mitunternehmerschaftlichen Beteiligung, zugewiesen werden, so können für Zwecke der deutschen Steueranrechnung die Drittstaatseinkünfte nur als aus dem Domizilstaat der Personengesellschaft stammend angesehen werden. Diese Beurteilung ergibt sich auch aus der Berücksichtigung des Prinzips der wirtschaftlichen Zugehörigkeit bei der inhaltlichen Abgrenzung des Betriebsstättenprinzips." Daher: Statt einer Anrechnung der Steuerabzug nach § 34 c III EStG.

*c) Verlustfall*

**315**    Die Attraktivität der ausländischen Personengesellschaft als Gestaltungsinstrument beruht vor allem auf Vorteilen gegenüber der ausländischen Tochtergesellschaft in Verlustfällen: Während für die ausländische Tochtergesellschaft mit der Abschirmwirkung auch der unmittelbare Verlustausgleich über die Grenze entfällt, als Organgesellschaft nur eine in Deutschland unbeschränkt steuerpflichtige Kapitalgesellschaft in Betracht kommt und Teilwertabschreibungen auf die Beteiligungsbuchwerte entweder nur unter engen Voraussetzungen (jedenfalls nicht bei bloßen Anlaufverlusten) möglich sind oder gänzlich ausscheiden (§ 2a I Nr. 3a EStG), wird das negative Ergebnis aus der Beteiligung an einer ausländischen Personengesellschaft beim inländischen Gesellschafter unmittelbar mit anderen Einkünften verrechnet bzw. mindert den Bilanzgewinn direkt. Für die **Behandlung der Auslandsverluste** kann daher auf die Ausführungen zur ausländischen Betriebsstätte (s. N 14) verwiesen werden. Es sind jedoch **zwei Verlustverrechnungsbeschränkungen** zu beachten:

**316**    (1) Der bereits genannte § 2a EStG schränkt den Verlustausgleich und den Verlustabzug ausländischer Verluste aus bestimmten Tätigkeiten ein. Vor allem § 2a I Nr. 2 und Nr. 5 EStG können im Zusammenhang mit den ausländischen Personengesellschaften wirksam werden: negative (passive) ausländische Einkünfte „aus einer in einem ausländischen Staat belegenen gewerblichen Betriebsstätte" und „aus der Beteiligung an einem Handelsgewerbe als stiller Gesellschafter und aus partiarischen Darlehen, wenn der Schuldner Wohnsitz, Sitz oder Geschäftsleitung in einem ausländischen Staat hat." Mit den Verlustverrechnungsbeschränkungen sollten gerade unerwünschte Steuerersparnismöglichkeiten als Folge einer Beteiligung an Auslandsverlustzuweisungsmodellen getroffen werden (BT-Drucks. 9/2074; s. auch *BFH* BStBl. 1991, 136 und die beiden *BFH*-Entscheidungen IWB 3a Gr. 1, S. 773, 778 zu Fällen vor Inkrafttreten des § 2a EStG am 1. 1. 1983). Das Verlustausgleichsverbot bewirkt einen völligen Ausschluß der erfaßten Einkünfte von der inländischen Besteuerung (also nicht nur auf die Bemessungsgrundlage, sondern auch auf die Steuersatzbestimmung wirkend – ein negativer Progressionsvorbehalt ist damit ausgeschlossen). Negative (passive) Einkünfte aus einem ausländischen Staat können nur mit positiven Einkünften der jeweils selben Art aus demselben Staat ausgeglichen werden. Zur Reichweite des Verlustabzugsverbots bei inländischen Gesellschaftern einer ausländischen Personengesellschaft *Hess. FG* EFG 1998, 1310: Die Gesellschafter hatten ihrer Gesellschaft ein Darlehen gegeben, das sich als uneinbringlich erwies. Konnten sie den Verlust hieraus als Be-

triebsausgabe geltend machen? Das FG lehnte einen Betriebsausgabenabzug ab, da dieser Verlust einen (unselbständigen) Bestandteil des Auf-
gabeverlustes der ausländischen Gesellschaft darstelle, mithin unter das
Ausgleichsverbot des § 2a I Nr. 2 EStG falle, da nicht in einer aktiven
Auslandsbetriebsstätte angefallen. Die von den Gesellschaftern zur Verfügung gestellten Darlehensvaluten sind als „im Ausland gelegenes Sondervermögen zu qualifizieren", mithin deren Verlust als Teil der ausländischen gewerblichen Einkünfte." Für diese Überlegungen kam es auch
nicht darauf an, ob die für das Darlehen empfangenen Zinsen DBA-
Recht berührten, so daß die weitergehende Frage, ob die Zuordnung des
Besteuerungsrechts für bestimmte Teile einer im anderen Staat gelegenen Einkunftsquelle an den Ansässigkeitsstaat nicht nur die Erträge, sondern auch die Substanz der Einkunftsquelle umfaßt, verneint wurde
(*Krabbe* IWB 1 Kurznachrichten S. 303).

(2) Eine Beschränkung des Verlustausgleichs und des Verlustabzugs, **317**
die sowohl inländische als auch ausländische Sachverhalte betrifft, ergibt
sich aus § 15a V Nr. 3 EStG: Einem Kommanditisten (oder anderen Personen, soweit ihre Haftung der eines Kommanditisten vergleichbar ist),
dem Verlustanteile zugewiesen werden, wird ein Verlustausgleich beschränkt; soweit Verluste zu einem negativen Kapitalkonto führen oder
ein bereits bestehendes Kapitalkonto erhöhen, sind solche Verlustteile
nicht mehr innerperiodisch mit anderen Einkünften ausgleichsfähig, sondern können nur mit zukünftig anfallenden Beteiligungsgewinnen verrechnet werden. Die Begrenzung der Verlustausgleichsmöglichkeit wirkt
sich auf die Anrechnung ausländischer Steuern (§ 34c EStG) aus: Bei
ausländischen Personengesellschaften ohne eine inländische Betriebsstätte wird in den Jahren, in denen ein negatives Kapitalkonto entsteht
oder sich erhöht, der Höchstbetrag der Anrechnung in bezug auf andere
positive Einkünfte aus demselben Staat erhöht; in den Folgeperioden der
Gewinnminderung durch gespeicherte verrechenbare Verluste gemindert.
Bei ausländischen Personengesellschaften mit einer inländischen Betriebsstätte sind die Steuerwirkungen des § 15a EStG davon abhängig,
wo der zum negativen Kapitalkonto führende Verlust erzielt wird (zu den
Einzelheiten *Jacobs* S. 519 ff. mit Beispielen; dort auch zum Verhältnis
§ 15a zu § 2a EStG).

*(einstweilen frei)* **318–329**

## 4. Gründung; Umstrukturierungen

*a) Gründung und Erwerb; § 24 I, II UmwStG*

(1) Die ausländische Personengesellschaft kann im Wege einer Bar- **330**
gründung oder im Wege einer Sachgründung errichtet werden; es können
aber auch von einer bereits errichteten ausländischen Personengesellschaft die Anteile erworben werden. Die **Bargründung** ist unproblema-

tisch, weil sie keine Gewinnrealisierungsfragen aufwirft. Bei der **Einbringung von Sachwerten** aus einem inländischen Betriebsvermögen stellt sich die Frage einer Gewinnrealisierung. Nach den BSt-Verwaltungsgrundsätzen 2.6.4 kommt bei der Überführung eines Wirtschaftsgutes aus einem inländischen Betriebsvermögen in eine ausländische Personengesellschaft eine aufgeschobene Besteuerung nicht in Betracht – es handelt sich um eine Sonderregelung gegenüber dem Fall der Überführung von Wirtschaftsgütern in ausländische Betriebsstätten (s. dazu N 101): Danach hat ein Ansatz mit dem Fremdvergleichspreis zu erfolgen – womit veränderten Anteilsverhältnissen aufgrund Einbringungen begegnet werden soll. Der **Kauf von Anteilen** an einer Personengesellschaft, auch der von Anteilen an einer ausländischen Gesellschaft, wird steuerrechtlich dem Erwerb von Einzelwirtschaftsgütern (Asset deal) gleichgestellt: Nicht die (zivilrechtlich) erworbenen Anteile, sondern die erworbenen Wirtschaftsgüter werden mit den Anschaffungskosten bewertet (bzw. Aufnahme aufgestockter Werte und eines miterworbenen Geschäftswertes in einer Ergänzungsbilanz). Für die hier allein interessierende Investition in einem Nicht-DBA-Land gibt es auch keine Zurechnungsprobleme für Finanzierungskosten eines einzelnen Anteilserwerbers als inländische Sonderbetriebsausgaben. Die **Anteilsveräußerung** fällt für einen einkommensteuerpflichtigen Veräußerer unter § 16 I EStG, für einen körperschaftsteuerpflichtigen Veräußerer handelt es sich um einen laufenden Geschäftsvorfall. § 8 b I KStG ist nicht anwendbar, da es an der Voraussetzung einer ausländischen Gesellschaft im Sinne des § 26 II, III KStG fehlt. Eventuelle Doppelbesteuerungen aufgrund des Veräußerungsvorganges fallen unter § 34 c EStG, § 26 I KStG.

**331**     (2) Für die **Umstrukturierung der ausländischen Personengesellschaft** aus gesellschaftsrechtlicher deutscher Sicht gilt zunächst wie für die ausländische Tochterkapitalgesellschaft, daß grenzüberschreitende Umwandlungen (Rechtsformwechsel, Verschmelzung, Spaltung) nicht möglich sind, da § 1 I UmwG nur die Umwandlung von Rechtsträgern im Inland regelt: Es kann mithin – um nur Beispiele zu nennen – eine ausländische Personengesellschaft nicht mit einer inländischen Personen- oder Kapitalgesellschaft verschmelzen; ausländische Umwandlungen mit einem Inlandsbezug (hier schon aufgrund der inländischen Gesellschafter gegeben) sind möglich, vollziehen sich rechtstechnisch aber allein nach Maßgabe des für den Sitz der ausländischen Personengesellschaft maßgeblichen Rechts; gleiches gilt für den Rechtsformwechsel. Während bei den Umstrukturierungen der ausländischen Tochtergesellschaft immer auch § 8 b II KStG bedacht werden muß, entfällt eine solche Sondernorm für die ausländische Personengesellschaft. Die Anwendung der Fusionsrichtlinie scheitert an der Rechtsform – dessen ungeachtet ist dies gliederungsmäßig durch einen besonderen Abschnitt (N 336) hervorgehoben worden.

(3) Grenzüberschreitende Verschmelzungen und Spaltungen sind mithin nur mittels einer Einzelrechtsnachfolge möglich:

– Der steuerneutrale Weg aus einer **Kapitalgesellschaft in eine Per-** 332 **sonengesellschaft** nach dem UmwStG setzt einen Formwechsel, eine Verschmelzung oder eine Spaltung nach den Regeln des handelsrechtlichen Umwandlungsgesetzes voraus. Soll eine ausländische Personengesellschaft das Betriebsvermögen einer **inländischen Kapitalgesellschaft** oder deren Anteile gegen Gewährung von Gesellschaftsrechten übernehmen (Herausverschmelzung), so ist § 24 UmwStG heranzuziehen (Einbringung eines Betriebs, Teilbetriebs oder Mitunternehmeranteils in eine Personengesellschaft): Denn § 24 I UmwStG beschränkt den Anwendungsbereich nicht auf eine „inländische" Personengesellschaft, sondern setzt nur eine Personengesellschaft voraus. Aufnehmende Personengesellschaft kann auch eine ausländische Personengesellschaft sein, wenn diese die Voraussetzungen einer Mitunternehmerschaft erfüllt (*Widmann/Mayer* Rz 87 zu § 24 UmwStG). Die Buchwertfortführung nach § 24 II UmwStG setzt aber voraus, daß inländisches Betriebsstättenvermögen von der ausländischen Personengesellschaft fortgeführt wird: Hier ist auch – anders als im Falle des § 20 III UmwStG – keine Entstrikkungsklausel erforderlich, weil durch die Einbringung des inländischen Betriebsstättenvermögens die Steuerverhaftung in jedem Fall bestehen bleibt. Die anschließende Liquidation der inländischen Kapitalgesellschaft und die Auskehrung der Anteile an der ausländischen Personengesellschaft führt sowohl auf Gesellschafts- als auch auf Gesellschafterebene zur Realisation stiller Reserven (*Schaumburg* GmbHR 1996, 504 f.). Für ausländisches Betriebsstättenvermögen ist – vom DBA-Fall abgesehen – eine Buchwertverknüpfung nach § 24 UmwStG nicht möglich; das folgt zwar nicht unmittelbar aus dem Gesetzestext, bleibt auch in einigen Kommentaren unerwähnt (beispielsweise bei *Widmann/ Mayer*, s. die insoweit nicht eindeutigen Hinweise Rz 87, 16 zu § 24 UmwStG). Zur Begründung *Schaumburg* (S. 1104): „Das in § 24 II UmwStG verankerte Bewertungswahlrecht wird nämlich der Personengesellschaft unmittelbar als eigenständiges Gewinnerzielungs- und Gewinnermittlungssubjekt eingeräumt. Das setzt voraus, daß die Personengesellschaft im Inland eine von der Reichweite des deutschen Steuerrechts erfaßte Bilanz, in der das Bewertungswahlrecht zur Geltung gebracht werden könnte, aufzustellen hat. Da dies bei ausländischen Personengesellschaften mit ausländischen Betriebsstätten nicht der Fall ist, bleibt die Steuervergünstigung des § 24 UmwStG versagt mit der Folge, daß die Einbringung ausländischen Betriebsstättenvermögens durch die inländische Kapitalgesellschaft in die ausländische Personengesellschaft zu einer steuerpflichtigen Gewinnrealisierung der in dem ausländischen Betriebsstättenvermögen ruhenden stillen Reserven führt" (falls nicht aufgrund eines DBA der Bundesrepublik die Besteuerungsberechtigung fehlt). Der umgekehrte Fall der Verschmelzung einer ausländischen Kapitalgesellschaft auf eine inländische Personengesellschaft als „Hineinverschmelzung" ist Gegenstand des Abschnitts der Ausländerbetätigung im Inland (Gründung einer inländischen Personengesellschaft s. P 210). Soll eine **ausländische Kapitalgesellschaft** auf eine ausländische Personengesellschaft übertragen werden, so ist dies bei Vorhandensein inländischen Betriebsstättenvermögens auf der Gesellschaftsebene ein Fall des § 12 II KStG (umstritten, da das deutsche Besteuerungsrecht gesichert ist). Für die inländischen Anteilseigner führt dies zu einem Anteilstausch mit den Folgen des § 17 EStG oder zur Steuerfreiheit, sofern die Voraussetzungen des § 8b II KStG gegeben sind (zu diesem Umwandlungsfall *Klingberg/van Lishaut* FR 1999, 1222).

**333**    – Die Verschmelzung einer **inländischen Personengesellschaft** (Herausverschmelzung) ist durch Einbringung des inländischen Betriebs oder durch Einbringung der Gesellschaftsanteile an der inländischen Personengesellschaft in die ausländische Gesellschaft möglich: In beiden Fällen ist eine Buchwertübertragung nach § 24 II UmwG möglich – in diesem Fall auch bei der Übertragung ausländischen Betriebsstättenvermögens. Zwar könnte man auch hier – wie bei der Herausschmelzung ausländischen Betriebsstättenvermögens aus einer ausländischen Kapitalgesellschaft – argumentieren, das in § 24 II UmwStG eingeräumte Bewertungswahlrecht sei nur an Personengesellschaften mit inländischem Betriebsstättenvermögen gerichtet, da nur insoweit eine Buchführungsverpflichtung gegeben ist. Nur: In Nicht-DBA-Fällen geht Besteuerungsgut für die deutsche Besteuerung nicht verloren, weswegen *Schaumburg* – wie bei der Kapitalgesellschaft für ein Bewertungswahlrecht aus Billigkeitsgründen eintritt (GmbHR 1996, 513); hiergegen allerdings die einhellige Meinung (vgl. nur *Dehmer* § 24 UmwStG, Rz 112).

**334**    – Wie die grenzüberschreitende Verschmelzung ist auch die **grenzüberschreitende Spaltung** mangels einer Gesamtrechtsnachfolge nur auf indirektem Wege durch Einzelrechtsnachfolge möglich. Die in Betracht kommenden Umstrukturierungsvorgänge orientieren sich hierbei an den durch Aufspaltung, Abspaltung und Ausgliederung vorgegebenen Zielen: Aus einer inländischen Kapitalgesellschaft erfolgt eine Teilbetriebsübertragung auf die ausländische Personengesellschaft (Herausspaltung in den Formen der Aufspaltung, Abspaltung und Ausgliederung), wobei für Einbringungsvorgänge bezüglich inländischen Betriebsstättenvermögens die Buchwertfortführung gem. § 24 II UmwG unstreitig ist, für die Einbringung ausländischen Betriebsvermögens gelten die vorstehenden Bedenken (anders *Schaumburg* S. 1128, 1130).

**335**    (4) Für einen **Rechtsformwechsel der ausländischen Personengesellschaft** ist allein ausländisches Recht maßgeblich. Der grenzüberschreitende Bezug wird durch die inländischen Gesellschafter hergestellt. Ist der Formwechsel ausländischer Rechtsträger nach ausländischem

Recht identitätswahrend ohne eine Vermögensübertragung möglich und nicht zugleich rechtsformüberschreitend, dann fehlt es an einem Veräußerungsvorgang. So könnte ein Formwechsel von einer Personengesellschaft ausländischen Rechts nach der Art einer KG in eine Kapitalgesellschaft & Co. KG steuerneutral für die inländischen Gesellschafter erfolgen (zu einigen, allerdings wenig aussagekräftigen Hinweisen *Kowallik* S. 192 ff.). Ist der Formwechsel rechtsformüberschreitend ausgestaltet, ist nach *Schaumburg* (S. 1154) von der Übertragungsfiktion des UmwStG auszugehen: Denn die für den rechtsformüberschreitenden Formwechsel anwendbaren Vorschriften §§ 14, 25 UmwStG setzen einen Formwechsel nach den Regeln des UmwG voraus. Konkret hieß dies für eine rechtsformwechselnde Umwandlung einer ausländischen Kapitalgesellschaft (und umgekehrt), daß diese Vorgänge aus der Sicht des deutschen Steuerrechts als Umwandlung mit Vermögensübertragung zu qualifizieren ist, auch wenn die gesellschaftsrechtliche Wertung hierin nur einen formwechselnden Organisationsakt ohne Vermögensübertragung darin sieht (hierzu zuletzt *Greif* IStR 1998, 67; s. auch *BFH* BStBl. 1989 II, 794).

*b) Europäisches Recht: Fusionsrichtlinie und Ausschluß der Personengesellschaft (§ 23 UmwStG)*

(1) § 23 UmwStG behandelt **Einbringungsvorgänge innerhalb der** **336** **EU** und setzt – wie wir bereits wissen – die Fusionsrichtlinie in deutsches Recht um. Die Fälle des § 23 I, III, IV sind bereits bekannt; § 23 II UmwStG, den Fall der Einbringung einer inländischen Betriebsstätte durch eine beschränkt steuerpflichtige Kapitalgesellschaft in eine andere EU-Gesellschaft betreffend, bleibt dem Gliederungsfall der inländischen Betriebsstätte einer ausländischen Kapitalgesellschaft vorbehalten (s. P 55). Allen Fällen des § 23 UmwStG ist jedenfalls gemeinsam, daß auf der Seite der Übernehmerin nur unbeschränkt körperschaftsteuerpflichtige Kapitalgesellschaften die Voraussetzungen erfüllen. Eine Personengesellschaft als aufnehmende Gesellschaft scheidet also aus. Es ist mithin nicht möglich, § 23 UmwStG dafür zu nutzen

– daß eine unbeschränkt körperschaftsteuerpflichtige Gesellschaft ihren inländischen Betrieb in die inländische Betriebsstätte einer ausländischen Personengesellschaft einbringt: § 23 I UmwStG setzt eine inländische Betriebsstätte einer EU-Kapitalgesellschaft voraus,

– daß eine beschränkt steuerpflichtige EU-Kapitalgesellschaft ihre inländische Betriebsstätte in eine Personengesellschaft mit Sitz im Inland oder EU-Ausland einbringt, weil eine solche Einbringung nur in eine unbeschränkt oder beschränkt steuerpflichtige EU-Kapitalgesellschaft möglich ist,

– daß eine unbeschränkt körperschaftsteuerpflichtige Gesellschaft ihre ausländische EU-Betriebsstätte in eine ausländische Personengesellschaft

einbringt, weil ein solcher Vorgang eine beschränkt steuerpflichtige EU-
Kapitalgesellschaft voraussetzt,

– daß Mitunternehmeranteile steuerneutral getauscht werden, weil
§ 24 IV UmwStG „Anteile an einer EU-Kapitalgesellschaft" voraussetzt.

**337**   (2) Der **Ausschluß der Personengesellschaften vom Anwendungsbereich der Fusionsrichtlinie** ist rechtssystematisch zu verstehen: Er
beruht darauf, daß eine Körperschaftsteuerbelastung – aus der Sicht der
Staaten ohne ein körperschaftsteuerliches Vollanrechnungsystem – definitiv werden soll, eine steuerneutrale Überführung stiller Reserven aus
der körperschaftsteuerlichen in die einkommensteuerliche Sphäre also zu
verhindern ist. Doch ist die daraus erklärbare Beschränkung auf Kapitalgesellschaften zu weitgehend (*Herzig/Dautzenberg/Heyeres* DB 1991
Beilage Nr. 12/1991, 16): Es wäre ausreichend gewesen, analog zur Teil-
betriebs-, Betriebsstätten- und zur Steuerverhaftungsbedingung eine vierte allgemeine Bedingung als „Körperschaftsteuerbedingung" aufzunehmen, was immerhin den Anwendungsbereich erheblich erweitert hätte
auf Verschmelzungen und Einbringungen zwischen Personengesellschaften und deren Einbringung in Kapitalgesellschaften. Bei der Umsetzung der Fusionsrichtlinie ist hinsichtlich der Personengesellschaften im
innerstaatlichen Rechtsvergleich aber auf eine weitere Einschränkung zu
verweisen: § 23 I UmwStG ist mit § 20 I UmwStG zu vergleichen: § 20 I
UmwStG knüpft an die Einbringung eines Betriebs/Teilbetriebs/Mitun-
ternehmeranteils in eine unbeschränkt körperschaftsteuerliche Kapitalgesellschaft an, während § 23 I UmwStG die Einbringung eines Betriebs/
Teilbetriebs in eine inländische Betriebsstätte einer beschränkt körperschaftsteuerpflichtigen EU-Kapitalgesellschaft nennt. Es fehlt der Mitunternehmeranteil. Damit führt die Einbringung eines Mitunternehmeranteils in eine beschränkt steuerpflichtige EU-Kapitalgesellschaft stets
zur steuerpflichtigen Realisierung der in dem Mitunternehmeranteil enthaltenen stillen Reserven (DBA-Recht wie immer in diesem Zusammenhang ausgeklammert). Anders jedoch, wenn ein solcher Mitunternehmeranteil Bestandteil des eingebrachten Betriebs/Teilbetrieb ist (allerdings
umstritten, s. *Widmann/Mayer* Rz 31 zu § 23 UmwStG).

Die Nichteinbeziehung des Mitunternehmeranteils in die Einbrin-
gungsobjekte des § 23 I UmwStG hat unmittelbar mit dem persönlichen
Anwendungsbereich der Fusionsrichtlinie nichts zu tun, deswegen ist es
problematisch, insoweit von einem der Fusionsrichtlinie entsprechenden
Rechtszustand zu sprechen (*Widmann/Mayer* Rz 33). Vgl. aber hierzu
die Podiumsdiskussion Forum Nr. 11 S. 239, anläßlich der *Ulrich Wolff*
auf eine entsprechende Frage insoweit auf die Fusionsrichtlinie verwies,
als diese den Vorgang der Einbringung von Mitunternehmeranteilen
nicht als Vorgang der Einbringung von Betrieben versteht: „Das ist darauf zurückzuführen, daß trotz des Werbens der deutschen Delegation
hierfür die anderen Mitgliedstaaten das abgelehnt haben, weil sie ver-

mutlich das Problem nicht verstanden hatten. Das beruht möglicherweise darauf, daß Mitunternehmeranteile in manchen anderen Ländern nicht wie Anteile am Betriebsvermögen behandelt werden, sondern als selbständige Wirtschaftsgüter, unter Umständen immaterielle Wirtschaftsgüter. Dies ist die eine Feststellung. Zum anderen hat man in den Mitgliedsstaaten mit der Umsetzung der Richtlinie Neuland betreten. Für internationale Umstrukturierungen hat man sich deshalb vorsichtig verhalten und im Prinzip nur umgesetzt, was die Richtlinie verlangt hat."

*(einstweilen frei)* **338–349**

## VI. Gewinnverlagerung, Abschirmwirkung und Steuerfluchtbekämpfung

### 1. Zur Verlagerungsproblematik

(1) **Verlagerungsvorgänge** (als Überführungen innerhalb eines Un- **350** ternehmens, als Übertragungsvorgänge zwischen zwei Rechtsträgern – als Verlagerung gegenwärtiger oder künftig zu bildender Steuersubstanz) stellen gegenwärtig das **zentrale Thema des IStR** dar. Doch es fehlt bislang an einer ordnenden Zusammenfassung und dogmatischen Gesamtsicht. Schon die Einordnung ist nicht klar: handelt es sich um ein mit der Steuerflucht untrennbar verbundenes Thema? Sieht man die Steuerfluchtthematik eng mit dem niedrigeren ausländischen Steuerniveau verbunden, scheidet ein solcher Zusammenhang aus. Zwar ist das internationale Steuergefälle steuerlicher Ausgangspunkt auch und vor allem bei Verlagerungen; aber umgekehrt werden Verlagerungen nicht allein und nicht einmal vorrangig unter steuerlichen Gesichtspunkten getroffen. Verlagerungsvorgänge sind statt dessen die sichtbare Folge der sogenannten **Restrukturierungs-Bewegung:** An die Stelle des Blickes auf die vertikale hierarchische Gliederung tritt eine horizontale Prozeßorientierung – das Unternehmen versteht sich als ein Bündel von Kernprozessen, funktionsübergreifende Aufgabenbeantwortung einerseits und Arbeitsteilung andererseits lösen klassische Unternehmensgliederungen ab (sehr eingehend ist dieser Prozeß von *Raupach* in *Theisen* (Hrsg.), S. 70 ff. beschrieben worden). An das Ergebnis solcher Verlagerungen anknüpfend beschäftigen sich insbesondere betriebswirtschaftliche Autoren mit typischen Funktionen als Folge einer Verselbständigung. Beispielhaft sei auf die Darstellung bei *Otto H. Jacobs* (S. 844 ff.) – dort unter der Überschrift „Typische Grundmuster für die Einschaltung konzerneigener Dienstleistungsgesellschaften" – verwiesen:

– Finanzierungsgesellschaften
– Treasury Centers
– Versicherungsgesellschaften (Captives)
– Factoring- und Reinvoicing-Gesellschaften

- Managementgesellschaften, Kontroll- und Koordinierungsstellen
- Immobiliengesellschaften
- Übernahme sonstiger Dienstleistungsfunktionen.

Das deckt sich weitgehend mit einer Sichtweise aus der Betriebsprüfung, die den Verlagerungsfall selbst in den Mittelpunkt stellt. Dazu *Kuckhoff/Schreiber* (IStR 1999, 321 ff., 353 ff.) unter der Überschrift „grenzüberschreitende Funktionsverlagerung", die unterscheiden

- Produktionsverlagerung
- Verlagerung der Vertriebsfunktion
- Verlagerung von Planungs-, Koordinierungs- und Kontrollfunktionen in das Ausland (einschl. Treasury Centers, Factoring-Gesellschaften).

**351**  (2) Solchen Gliederungen liegen Situationen zugrunde, in denen die **Strukturentscheidungen** gefallen sind. Mit welchen steuerlichen Folgen sind sie (möglicherweise) verbunden? Steuerrechtlich lassen sich zwei Ansatzpunkte denken: Zum einen ist es der Akt der Verlagerung selbst; zum anderen sind es die mit der Verlagerung verbundenen Folgen.

– Die **Verlagerung selbst** ist zunächst mit dem bereits bekannten Thema der Steuerentstrickung verbunden. Hier wird an greifbare – bilanzierungsfähige – Vermögenssubstanz angeknüpft und aus der Sicht des Steuerrechts nach der künftigen Sicherstellung der Besteuerung vorhandener stiller Reserven gefragt. Das Thema ist mit der Wegzugsproblematik verbunden (s. M 71 ff.). Doch ein umfassender Lösungsansatz ist dies nicht, weil die Regelungen für die Entstrickung von Wirtschaftsgütern kein allgemeines Entstrickungsprinzip als Tatbestand begründen können. Vorrangig bildet die **Betriebsstättenbesteuerung** den Schwerpunkt der Entstrickungsproblematik – hier aber wiederum als Problemfall nur durch ein vermeintliches Ausscheiden aus deutscher Steuerhoheit im DBA-Fall entstanden, dazu S 61. Werden statt greifbarer Wirtschaftsgüter Funktionen und Geschäftschancen verlagert, scheitert der bilanzielle Ansatz. Die BSt-Verwaltungsgrundsätze lassen für „selbstgeschaffene immaterielle Wirtschaftsgüter" die allgemeinen Grundsätze gelten (2.6.1). Im Verhältnis **rechtlich selbständiger Unternehmen** ist an die Rechtsgrundlagen für Einkünftekorrekturen anzuknüpfen; verdeckte Gewinnausschüttungen und verdeckte Einlagen wirken im Verhältnis der inländischen Muttergesellschaft zur ausländischen Tochtergesellschaft (s. N 256 ff., N 351) ebenso wie im Verhältnis der inländischen Tochtergesellschaft zur ausländischen Muttergesellschaft (s. P 74 ff.). Das damit verbundene Problem wird gegenwärtig in der Literatur unter dem Stichwort der **Geschäftschancen** erörtert.

– Wird statt an die Verlagerung selbst an die **der Verlagerung folgenden Geschäftsabläufe** angeknüpft, so geht es um das Problem künftiger, laufender Gewinnabgrenzung. Im Verhältnis des inländischen Stammhauses zur ausländischen Betriebsstätte bringen die BSt-

Verwaltungsgrundsätze dies in 2.6 (Überführung von Wirtschaftsgütern) und in 2.7 (Aufwands-/Ertragsaufteilung) zum Ausdruck (s. dazu ab P 20). Im Verhältnis rechtlich selbständiger Unternehmen geht es für das Steuerrecht um das Problem eines am Fremdvergleichsmaßstab orientierten laufenden Leistungsaustauschs – aber es geht hierbei bis an die Grenze der Anerkennung rechtlich gegebener Strukturen (Verlustgesellschaften, Problem der sogenannten verlängerten Werkbank: das berührt das Thema der Wechselwirkung zwischen **Funktionsverlagerung und Verrechnungspreisbemessung** (S 163).

– Aus dieser Gegenüberstellung der Steuerentstrickung einerseits, der Aufwands- und Ertragsaufteilung bzw. Gewinnabgrenzung andererseits wird bereits deutlich, daß es statt eindeutiger Abgrenzung Überschneidungen gibt. Für steuerrechtliche und an den Tatbestand gebundene Folgen kommt es auf eine solche Grenzziehung ohnehin nicht an.

(3) Vom Neutralitätskonzept des IStR ausgehend wären nützliche, **352** notwendige Verlagerungen als Auslandsinvestitionen im Sinne der Außenhandelslehre abzugrenzen von denen als Folge wettbewerbsverzerrender Bedingungen, die ihrerseits weitere Wettbewerbsverzerrungen zur Folge haben. Aus der Sicht des inländischen Steuerrechts ist die Abgrenzung identisch mit den Grenzen einer kapitalimportneutralen Besteuerung. Doch die Verwirklichung eines kapitalexportneutralen Steuersystems – also die Maßgeblichkeit des eigenen Steuerniveaus – setzt voraus, daß nach Verlagerungsfällen noch Anknüpfungen möglich sind. Die erweiterte beschränkte Steuerpflicht nach § 2 AStG hat dies verdeutlicht: Der Wegzug ist nur deswegen mit Folgen verknüpft, weil er unter Zurücklassung inländischer Quellen erfolgte. Eine allgemeine Formel für Gewinnverlagerungen aufzustellen, für die der Maßstab einer kapitalexportneutralen Besteuerung zu gelten hat, ist vergeblich. Die Tatbestandsmerkmale könnten die Vielfalt der Lebenswirklichkeit nicht erfassen; wo unter eingeschränkten Bedingungen der Versuch einer allgemeinen Abgrenzung unternommen wird, mißlingt er (Beispiel *Hess. FG* EFG 1997, 540: „Der Senat wertet schon eine . . . „idealtypisch" konzipierte und praktizierte Outsourcing-Instrumentalisierung zur „Gewinnabsaugung" . . . als durch das beherrschende Gesellschaftsverhältnis veranlaßte Steuerumgehung"). Ist eine allgemeine Beschreibung jener Verlagerungsfälle, die kapitalexportneutral zu besteuern sind, nicht möglich, verbleibt nur die Möglichkeit einer kasuistischen Betrachtung des Einzelfalls oder einer typisierenden gesetzlichen Lösung. Sie hat im Zusammenhang mit der Gründung ausländischer Gesellschaften vor allem an die *Abschirmwirkung* anzuknüpfen. Hierzu gibt es zwei Lösungsversuche: In der **Rechtsprechung zur Basisgesellschaft** geht es um den Verlagerungsakt selbst; die **Hinzurechnungsbesteuerung** nimmt den Verlagerungsakt (Ausgliederung) hin und knüpft an die Folgen an.

*(einstweilen frei)* **353–359**

## 2. Die Basisgesellschaft

### a) Rechtsgeschichte; gegenwärtige Bedeutung

**360**   Mit dem Begriff der Basisgesellschaft wird das klassische Instrument zur Nutzung der Steuervorteile in niedrig besteuernden Staaten verbunden – sei es der allgemeine Steuervorteil eines niedrigen Steuerniveaus, sei es der besondere Steuervorteil für eine bestimmte „Fördermaßnahme" eines Ausländers. Vor Inkrafttreten des Außersteuergesetzes beherrschte die Basisgesellschaft die Diskussion um Steuerfluchtprobleme vollkommen: Der Begriff hatte symbolischen Charakter – mit ihm verband sich die Vorstellung des „vor der Besteuerung Flüchtenden" überhaupt. Dabei stand der Begriff zugleich für eine neue Sicht, die nicht mehr nach Rechtsformen katalogisierte, sondern nach Funktionen – insoweit nicht anders als Begriffe wie Holdingunternehmen, Joint-ventures, Managementgesellschaften usw. Dennoch gilt es, die Basisgesellschaft gesondert zu betrachten und sie nicht in eine Reihe mit Gesellschaften mit besonderer Aufgabenstellung zu stellen. Dann könnte man in der Basisgesellschaft die einfachste **Form eines Outsourcing** sehen – nur würde das den besonderen rechtlichen Aspekt nicht treffen. Es geht nämlich bei der Anwendung dieses Begriffes auf bestimmte Erscheinungsformen einer grenzüberschreitenden Betätigung nicht primär um das damit entfaltete Geschehen, sondern das damit verbundene Ergebnis, trotz formaler Voraussetzungen den **Abschirmeffekt** gegenüber der eigenen Steuerhoheit in Frage zu stellen, ihn möglicherweise letztlich zu verlieren. Nur dann hat der Begriff einen abgrenzenden Sinn: Eine Gesellschaft, die auf dem Prüfstand des § 42 AO steht und die Prüfung besteht, ist hier rechtlich nicht als Basisgesellschaft zu bezeichnen. Für sie mag man wieder auf einen funktionsbezogenen Inhalt zurückgreifen und sie – beispielsweise – als Holdingunternehmer, Managementgesellschaft usw. charakterisieren. Vor Inkrafttreten des Außensteuergesetzes war die Steuerfluchtdiskussion – wie erwähnt – zentral mit diesem Begriff untrennbar verbunden. Das hat sich inzwischen geändert – das Inkrafttreten des Außensteuergesetzes hat zwar nicht zur Aufgabe des Begriffs der Basisgesellschaft geführt, aber den Schwerpunkt verlagert. Hinzu kommen spezialisierte Themen, die am Mißbrauchsgedanken ausgerichtet sind: Beispielsweise die vom Ausland hier eingesetzte Basisgesellschaft (§ 50 d I a EStG) – anders als das ursprüngliche Verständnis der Basisgesellschaft als eine von Inländern beherrschte ausländische Gesellschaft; hinzu kommen Tatbestandsmerkmale, die einen Mißbrauch grundsätzlich gebilligter Konstruktionen verhindern sollen (beispielsweise § 8 b III KStG). Das alles relativiert die Bedeutung des Begriffs und der Erscheinungsform einer Basisgesellschaft. Der tatsächliche Stoff aber, der mit ihr verbunden ist, stellt immer noch ein überaus lehrreiches Fundament für das Verständnis der Mißbrauchsproblematik im IStR dar. Man kann die Mißbrauchsproblematik der speziellen Fälle (insbesondere im Abkommensrecht) ohne das Fundament der Basisgesellschaft, wie es sich in einigen Jahrzehnten in der Rechtsprechung entwickelt hat, nur schwer nachvollziehen. Das Anschauungsmaterial, das die Basisgesellschaft bietet, ist daher zu nutzen.

### b) Begriffliche Grundlagen (Abgrenzungen)

Unter Basisgesellschaft wird im folgenden das klassische Instrument zur Nutzung der Steuervorteile der niedrig besteuernden Staaten verstanden.

(1) Ein Unternehmen verfolgt langfristig das Ziel, einen möglichst **361** hohen Gewinn zu erwirtschaften, es müssen sich alle unternehmerischen Teilbereiche (Beschaffung, Finanzierung, Absatz, Hilfsfunktionen durch Dienstleistungen usw.) dieser Zielsetzung unterwerfen. Dies gilt auch für die Steuerpolitik der Unternehmung. Ihr Ziel ist es, dementsprechend den Gewinn langfristig dadurch zu steigern, daß – unter Beachtung von Nebenbedingungen, die von anderen Unternehmensbereichen gesetzt werden – die Steuerbelastungen möglichst niedrig gehalten werden (zum Begriff der Steuerpolitik *Kormann* S. 29 ff.). Eine solche Steuerpolitik wird von jeder auf rationaler Basis geführten Unternehmung betrieben. Gerade einer grenzüberschreitenden Unternehmung stehen nun, wie bereits mehrfach erwähnt, besondere Gestaltungsmöglichkeiten zur Verfügung, die die inländische Steuerbelastung erheblich mindern und daher nicht in jedem Fall von dem betroffenen Staat hingenommen werden können. *Kormann* hat drei Teilbereiche betrieblicher Steuerpolitik unterschieden, auf die in unterschiedlichen Zusammenhängen bereits mehrfach hingewiesen wurden (s. auch *Fischer/Warneke* S. 231 f. unter Einbeziehung eines „weiteren Alternativenbündels" internationaler Konzernstrukturierung).

(1) Welchen Einfluß hat die Besteuerung auf die *Standortwahl* der internationalen Unternehmung?

(2) Welchen Einfluß hat die Besteuerung auf die statutarische Struktur der Grundeinheiten? Dies ist jener Fragenkomplex, der die steuerlichen Wirkungen der Auslandslieferungen, Auslandsbetriebsstätten und Auslandsgesellschaften vergleicht.

(3) Welchen Einfluß hat die Besteuerung auf die *Lenkung des Gewinns*?

Unter Erfolgslenkung ist hierbei die „buchmäßige Aufteilung des Gesamtgewinns eines Unternehmensverbands auf die Unternehmensteile unter dem Aspekt der Steuerminimierung" zu verstehen (*Fischer/Warneke* S. 389). Das bedeutet konkret zweierlei: Ein möglichst großer Teil des Gesamtgewinns einer internationalen Unternehmung muß bei der Einheit anfallen, bei der die Gewinnerzielung am niedrigsten besteuert wird; zum anderen muß versucht werden, steuerlich ungünstige Gewinn-ausschüttungen möglichst zu vermeiden, um die „abschirmende" Funktion aufrechtzuerhalten (*Kormann* S. 147). Letzteres ist freilich nur in bestimmten Grenzen möglich, da der Kapitalbedarf einzelner Unternehmenseinheiten u. U. nur durch entsprechende Gewinntransfers gedeckt werden kann. Was den erstgenannten Punkt betrifft, so legt er aus der Sicht einer deutschen Muttergesellschaft nahe, die gewinnschaffende Tätigkeit möglichst ins niedrig besteuernde Ausland zu verlagern und im Extremfall nur noch Beteiligung an ausländischen Gesellschaften zu verwalten. Es ist offensichtlich, daß eine solche Unternehmenspolitik nicht durchführbar ist: Der Ort, an dem die notwendigen Produktionsmittel vorhanden sind, wird nur selten der Ort sein, an dem die Besteuerung am günstigsten ist. Dem entspricht die oben getroffene Feststellung, daß die Besteuerung regelmäßig nicht ausschlaggebend für die Standortentscheidung einer Unternehmung ist. Das bedeutet freilich nicht, daß die aus komplexen Motiven heraus gegründete ausländische Tochtergesellschaft nicht *auch* ein Instrument der Steuerpolitik sein könnte. Im Gegenteil: **Sachverhaltsgestaltungen zur Gewinnverlagerung** zeigen, daß wenn schon nicht die Gründung der Auslandsgesellschaft selbst, so doch der laufende Leistungsverkehr mit dieser in den Dienst der Erfolgslenkung gestellt werden kann. Der Versuch, den Gesamtgewinn buchmäßig anders als die einzelnen Gesellschaften zu verteilen, als es den realen Güter- und Leistungsströmen der Unternehmung entspricht, ist nichts anderes als praktisch betriebene Erfolgslenkung. Diese Politik findet ihre Grenze in den Korrekturvorschriften des § 1 AStG, der verdeckten Einlage und der verdeckten Gewinnausschüttung – ohne daß diese Grenzen klar erkennbar wären (s. N 350).

*Beispiele:* Die inländische Kapitalgesellschaft A produziert im Inland Waren, die sie in einem niedriger besteuernden Staat absetzt. Steuerpolitisch sinnvoll wäre es, die gesamte Tätigkeit in diesen Staat zu verlagern. Da aber am Ort keine Produktionsfaktoren in genügendem Ausmaß vorhanden sind, kommt allein die Gründung einer Tochtergesellschaft zum Zwecke des Warenabsatzes in Frage. Die Produktion wird nach wie vor im Inland durchgeführt. Ist somit die Standortwahl nicht allein unter steuerpolitischen Gesichtspunkten getroffen worden, so könnte doch versucht werden, durch entsprechende Erfolgslenkung zum gleichen Ergebnis zu gelangen.

Nun sind jedoch Fälle denkbar, bei denen eine Auslandsgesellschaft vorrangig und in Extremfällen **ausschließlich den Zweck verfolgt, durch Verlagerung** von Einkünften (in der Regel, aber nicht ausschließlich aus unternehmerischer Tätigkeit) und des hierfür benötigten Vermögens inländischer Steuerpflichtiger einer hohen Steuerbelastung zu entgehen. Um dieses Ziel zu erreichen, muß eine Verlagerung in Staaten mit niedriger Steuerlast (Steueroasen) erfolgen. Anders als bei den zuvor behandelten Tochtergesellschaften „normaler Art" stellt die Besteuerung hier den entscheidenden Faktor bei der Entscheidung über

Errichtung bzw. Nichterrichtung dar: Ohne die steuerliche Entlastung ergibt die Gesellschaftsgründung im Ausland keinen Sinn. Im einzelnen werden derartige Gesellschaften – die sog. **Basisgesellschaften** (der *BFH* spricht auch von Oasengesellschaften) – durch folgende Merkmale gekennzeichnet (hierzu *Striegel* S. 17 ff.):

(2) Die Basisgesellschaft wird von ausländischen (hier deutschen) **362** Kapitalgebern errichtet bzw. erworben. Damit sie steuerpolitisch wirksam eingesetzt werden kann, muß der Kapitalgeber in der Lage sein, entsprechend der Rechtslage im Basisstaat seinen Willen durchzusetzen (*Rädler* StuW 1964, 551 f.). Der mit Basisgesellschaften erstrebte Zweck kann auch durch Steuerausländer erreicht werden: Dieser Problemkreis ist mit den Stichworten „Monaco-Urteil" des *BFH* § 50d I a EStG verbunden (s. dazu R 138).

(3) Die wirtschaftlichen Interessen des Basisunternehmens befinden **363** sich außerhalb seines Sitzlandes (*Debatin* DStZtg. 1964, II). Man spricht daher auch vom Vorliegen eines *doppelten zwischenstaatlichen Verhältnisses.* Verfolgt das Unternehmen einige wirtschaftliche Interessen im Sitzland, kann es grundsätzlich – ungeachtet der Abgrenzungsfragen – nicht als Basisgesellschaft bezeichnet werden (*Schmid* S. 54). Als „wirtschaftliche Interessen" kann man die Beziehungen zur Muttergesellschaft, Untergesellschaften, Betriebstätten, anderen Kapitalnehmern und Kapitalgebern, Geschäftspartnern usw. bezeichnen (wobei natürlich jeweils nur das Gesamtbild über den „Sitz" der Interessen entscheiden kann) (*Stadler* S. 7).

(4) Welche Aufgaben übernimmt die Basisgesellschaft? Nach Ansicht **364** mancher Autoren kann sie jede betriebswirtschaftliche Funktion ausüben (*Striegel* S. 21; *Rädler* StuW 1964, 553). Voraussetzung sei jedoch ein gewisser Grad an Standortelastizität, da sie anderenfalls an bestimmte Orte gebunden sei (*Bühler* S. 110 f.). Diese Auffassung verträgt sich nur schlecht mit der Voraussetzung, daß die **wirtschaftlichen Interessen** der Auslandsbasis **außerhalb des Sitzlandes** liegen müssen: Denn wo anders als beispielsweise am Ort der Produktion sind die Interessen einer *Produktionsgesellschaft* denkbar? Produktionsgesellschaften als einfachstes, einleuchtendes Beispiel scheiden daher aus dem Kreis der Basisgesellschaften aus. Dafür spricht auch, daß die Gründung solcher Gesellschaften allein aus steuerlichen Gründen praktisch undenkbar ist; mindestens gleichrangig müssen echte außersteuerliche Motivationen vorhanden sein. Schwierig wird es bei der Übernahme der *Absatz*funktion. Hier dürfte bei entsprechender Risikoübernahme – unabhängig vom weiteren Weg der Ware – ebenfalls ein eigenes wirtschaftliches Interesse im Sitzstaat gegeben sein. Klassische Aufgabenbereiche, bei denen Hilfsfunktion im Dienste der Muttergesellschaft ohne eigene wirtschaftliche Interessen im Sitzland vorliegen können, sind die der *Holdinggesellschaft* (Verwaltung bzw. bloßes Halten von Beteiligun-

gen), der *Verwaltungsgesellschaft* für Vermögensteile, die keine Beteiligung darstellen (etwa Lizenzen), der *Ein- und Verkaufsgesellschaft* (wobei die Basis für das herrschende inländische Unternehmen die Ein- und Verkaufstätigkeit übernimmt) und der *Dienstleistungsgesellschaft* (Basis übernimmt Planungs- und Beratungsaufgaben u.ä.). Da es zunächst nur darum geht, einen Typus statt klar abgrenzbarer Merkmale zu beschreiben, ist die im Zusammenhang mit der indirekten Steueranrechnung bekanntgewordene, im Kern im Außensteuergesetz bestimmte Unterscheidung zwischen aktiven und passiven Tätigkeiten ein Anhaltspunkt; ein anderer, ihm entsprechender Punkt aus der Sicht der Kapitalexport- bzw. Kapitalimportneutralität wäre die Teilnahme am Wettbewerb im Ausland: Wo sie gegeben ist, kann nicht von einer lediglich steuerorientierten Basisgesellschaft gesprochen werden.

Doch bleibt festzuhalten, daß gerade über diesen Punkt bisher keine Einigkeit erzielt worden ist. Falsch wäre es jedenfalls, sich unter Basisgesellschaften nur die berühmten und funktionslosen „Briefkastengesellschaften" (Domizilgesellschaften, Sitzgesellschaften, Durchlaufgesellschaften u.ä. Bezeichnungen) vorzustellen; zu deren Tätigkeit – überspitzt ausgedrückt – nur eine Posteingangs- und Postausgangsstelle benötigt wird. Und selbst bei Rechts- und Geschäftsbeziehungen zu **Domizilgesellschaften,** die bestimmungsgemäß in ihrem Sitzstaat keiner kommerziellen Tätigkeit nachgehen dürfen, ist Vorsicht geboten und zu klären, ob sie im Einzelfall nicht doch beispielsweise typische Handelsgeschäfte betreiben (s. *Jürgen Schmidt* IStR 1999, 398). Denn unter den zunächst nur als Beschreibung eines besonderen wirtschaftlichen Sachverhalts fallenden Begriff der Basisgesellschaft könnten – um ein Beispiel von *Kormann* aufzugreifen – auch **Holdinggesellschaften mit weitreichenden Management-Funktionen** fallen. Hierunter sind nach *Kormann* die sog. „European Headquarters für die europäischen Aktivitäten amerikanischer internationaler Konzerne", zu verstehen, die aber auch sowohl von europäischen wie amerikanischen Konzernen für ihre Interessen in anderen Kontinenten unterhalten werden. Diese Gesellschaften können im Einzelfall umfangreiche operative Aufgaben erfüllen (*Kormann* S. 218). Allerdings kann nach den bisherigen Überlegungen die Eigenschaft dieser Gesellschaften als Basisgesellschaften zweifelhaft sein, und man wird begriffliche Auseinandersetzungen hierüber seit Geltung der Hinzurechnungsbesteuerung ohnehin nicht mehr führen müssen. Der Zweck der Errichtung einer Basisgesellschaft liegt in der Ausnutzung des Steuergefälles. Kann davon noch gesprochen werden, wenn sich eine Unternehmung aus betriebswirtschaftlichen Gründen dazu entschließt, ihre vielfachen Beteiligungen an Gesellschaften in zahlreichen Staaten in einer Auslandsgesellschaft zu konzentrieren und hierfür eine Gesellschaft in einem niedrig besteuernden Staat gründet? Die meisten Autoren entgehen dieser Schwierigkeit, indem sie sich nicht auf eine Diskussion der Gründungsmotive einlassen. So definiert *Grossfeld* S. 5, Basisgesellschaften als „zwischengeschaltete Auslandsbasen, die als Drehscheibe für Wirtschaftsbeziehungen zum Ausland dienen. Sie werden von Kapitalgebern . . . in einem ausländischen Staat . . . errichtet, entfalten dort aber keine oder nur eine geringe Geschäftstätigkeit". *Kormann* S. 215, spricht davon, daß Basisgesellschaften „überwiegend" aus steuerlichen Gründen errichtet werden. Um den Begriff *für die Steuerlehre* nutzbar zu machen, sollte man in dieser Frage klar Stellung beziehen und von einer Basisgesellschaft nur dann sprechen, wenn steuerliche Gründe für die Verlagerung in das Ausland entscheidend waren, so *H. Vogel* S. 72. Das bedeutet: Die Ausgliederung betrieblicher Funktionen in ein niedrigbesteuerndes fremdes Land, ohne dort interessenmäßig gebunden zu sein, führt zu keiner Basisgesellschaft, wenn die Entscheidung primär betriebswirtschaftlich (das soll heißen: außersteuerlich) motiviert ist, mag die Entscheidung für ein *bestimmtes* Land bei gegebenen Alternativen auch aus steuerlichen Gründen gefallen sein. Freilich: Der *Gesetzgeber* kann – darauf wurde schon hingewiesen (o. § 3 und 3 a) – bei eventuellen Maßnahmen diese Differenzierung kaum beachten. Wir werden sehen, daß alle Fragestellungen bei der Vorstellung des konkreten Fallmaterials wiederkehren.

(5) Zur **Wahl des Basislandes:** Auslandsbasen werden nicht nur, wie **365** *Striegel* (S. 19) meint, hauptsächlich, sondern überhaupt in Ländern errichtet, die ein günstiges Steuerklima aufweisen. Anderenfalls liegt keine Basisgesellschaft vor. Denn nicht nur die Einkunftsverlagerung als solche kennzeichnet die Basisgesellschaft, sondern das Ausweichen von der höheren Steuerbelastung. Das günstige Steuerklima ist mit der Bedingung eines fehlenden oder nur geringen Auskunftsverkehrs mit anderen Staaten verbunden.

Die Staaten, die als „Steueroasen" angesehen werden können und in denen die Gründung derartiger Basen in Betracht kommt, lassen sich wie folgt gliedern (*Kormann* S. 220ff.; Feststellungen über wichtige Gebiete mit niedriger Besteuerung enthalten die Anlagen zu § 8 AStG zum *BdF*-Schreiben vom 2. 12. 1994 – Grundsätze zur Anwendung des Außensteuergesetzes – BStBl. 1995 I Sondernummer 1).

(1) Staaten, die überhaupt keine Einkommen- (bzw. Körperschaft-)steuer erheben (Andorra, Bermuda- und Bahama-Inseln)
(2) Staaten, die keine oder eine besonders niedrige Einkommensteuer auf Holdinggesellschaften erheben (Schweiz, Liechtenstein, Luxemburg)
(3) Staaten, die keine Einkommensteuer auf das Einkommen aus ausländischen Quellen erheben, weil sie das Territorialitätsprinzip weitgehend verwirklichen (Panama, Venezuela, Liberia).
Neben diesen Fällen, in denen das allgemeine Steuerniveau eines Staats das Beurteilungskriterium für die Frage „Steueroase" – ja oder nein" abgibt, ist aber auch der Fall gleichberechtigt einzuordnen, daß ein an sich hoch besteuernder Staat durch die Gewährung einzelner Steuerprivilegien (z.B. internationales Schachtelprivileg) als Steueroase dient (hierzu *Wassermeyer*, StuW 1979, 90). Das wiederum führt nun direkt zur Problematik des Steuerwettbewerbs der Staaten. Denn die Auswahl möglicher Basisstaaten ist längst nicht mehr auf den überlieferten Kreis von Staaten begrenzt, bereits die Anlage zu § 8 AStG im genannten BMF-Schreiben mit Feststellungen über wichtige Gebiete mit niedrigen Steuersätzen usw. nennt 7 EU-Staaten.
Die folgende Aufzählung beansprucht zwar keine Vollständigkeit, sie knüpft aber an eine aktuelle Ausarbeitung des wissenschaftlichen Dienstes des Deutschen Bundestages mit dem Stand März 1998 an, die folgende Staaten nennt (s. auch B 54, K 7):
– Belgien (Steuervergünstigungen für multinationale Unternehmen: Koordinierungszentren, Handelszentren, Dienstleistungszentren),
– Niederlande (Finanzierungsgesellschaften, Holdingstandort),
– Luxemburg (Holdinggesellschaften, Koordinierungszentren, Finanzierungsgesellschaften, Standort grenzüberschreitender Investmentfonds),
– Frankreich (Koordinierungszentren, Logistikzentren),
– Irland (Finanzdienstleistungen als Dublin Docks, Financial Services Center),
– Österreich (Holdingstandort),

- Madeira, Azoren als integraler EU-Bestandteil (Offshore-Finanzunternehmen, Holdingstandort),
- Kanarische Inseln als EU-Gebiet (Offshore-Region),
- Gibraltar (Holdingstandort),
- Kanalinseln (Offshore-Bankgeschäft, internationale Investmentaktivitäten),
- Isle of Man (Offshore-Finanzzentrum, Offshore-Lebensversicherungsgeschäft),
- Malta (Offshore-Unternehmen),
- Schweiz (Sonderregelungen für ausländisch beherrschte Gesellschaften),
- Liechtenstein (Briefkastengesellschaften).

**366** (6) Schließlich zur Frage ihrer **Rechtsform:** Überwiegend wird die Ansicht vertreten, die Basisgesellschaft müsse mit eigener Rechtspersönlichkeit ausgestattet sein (*Debatin* DStZ 1964, 9). Abweichend hiervon halten *Rädler* und *Striegel* die eigene zivile Rechtsfähigkeit nicht für ausschlaggebend (*Rädler* StuW 1964, 555). So meint *Striegel*: „Um betriebswirtschaftliche Funktionen ausüben zu können, ist grundsätzlich keine besondere zivilrechtliche Ausgestaltung notwendig" (S. 19). Das ist für sich genommen richtig, trifft aber nicht den Kern des Problems der Basisgesellschaft: Nicht die Ausgliederung betriebswirtschaftlicher Funktionen macht das Wesen der Basisgesellschaft aus, sondern die spezielle Zielrichtung, unter der sie geschieht. Soll der Zweck, der mit ihrer Gründung verfolgt wird, erreicht werden, müssen die in der Basis erzielten Gewinne von der inländischen Besteuerung abgeschirmt werden. Dafür aber bedarf es grundsätzlich einer eigenen Rechtspersönlichkeit, jedoch kann eine DBA-Freistellung einen vergleichbaren Effekt haben: Das leitet dann bereits über zur später aufgegriffenen Frage, inwieweit im Recht der Doppelbesteuerungsabkommen „Basiskonstruktionen" besonderer Regelungen bedürfen (s. zur DBA-Mißbrauchsproblematik ab R 100).

**367** (7) Zusammenfassend kann die Basisgesellschaft daher definiert werden als Typus besonderer wirtschaftlicher Zielsetzung und insoweit selbständiger Rechtsträger, der von inländischen natürlichen oder juristischen Personen im Ausland zum Zwecke der Vereinnahmung von Erträgen ohne wesentliche steuerliche Belastung gegründet wird und im Sitzland keine oder nur geringe eigene wirtschaftliche Interessen verfolgt. Der **Gründungsakt** muß nicht offen erfolgen – die Einschaltung eines sogenannten Domizilträgers, der auch die Anteile treuhänderisch hält, zeigt dies; deswegen kommt den **Mitwirkungspflichten inländischer Steuerpflichtiger** eine hohe Bedeutung zu (s. *Jürgen Schmidt* IStR 1999, 398 ff.). Äußerlich geschieht also bei Gründung einer derartigen Gesellschaft nichts anderes als die oben erörterte Gründung einer Tochtergesellschaft im Ausland: Abgrenzungskriterium der Basisgesellschaft gegenüber der „normalen" Tochtergesellschaft ist die Tatsache, daß bei ihr der steuersparende Aspekt im Vordergrund steht und Antrieb für die Auslandstätigkeit ist. Wenn demgegenüber bisweilen gesagt wird, die (normale) Tochtergesellschaft unterscheide sich von der Basisgesellschaft dadurch, daß sie sich ausschließlich oder doch überwiegend in ihrem Domizilstaat betätige (*Sutterer* S. 10) so ist dies kein hinreichendes Abgrenzungskriterium: Eine Gesellschaft, die in einem hochbesteuernden Staat und ohne Inanspruchnahme spezieller Steuervergünstigungen ansässig ist, ohne dort eigene wirtschaftliche Interessen zu verfolgen, ist ebensowenig eine Basisgesellschaft wie die, die in einem niedrig besteuernden Staat eigene Interessen verfolgt. Verfolgt sie aber in einem niedrig besteuernden Staat keine eigenen wirtschaftlichen Interessen, so mag der *Gesetzgeber* hierin generell Steuerflucht sehen; *in wirtschaftlicher Betrachtung* können aber auch in solchen Fällen echte außersteuerliche Gründe für die Gründung entscheidend gewesen sein. Soweit handelt es sich um eine Beschreibung aus einer wirtschaftlichen Betrachtung heraus mit dem Ziel, einen in der Wirklichkeit anzutreffenden Typus grenzüberschreitender Tätigkeit abzugrenzen. Eine solche Abgrenzung ersetzt aber keinen Steuertatbestand – falls ein solcher erforderlich wäre. Insbesondere enthält sich diese Begriffsbestimmung jeder Wertung Angemessenheit oder Unangemessenheit einer Gestaltung.

## c) Steuerrecht und Basisgesellschaft

Im folgenden sollen an drei einfachen Beispielen (Gutachten der **368** Steuerreformkommission, Bonn 1971, H. 17 der Schriftenreihe des BdF, S. 584) die steuerlichen Wirkungen der Einschaltung von Basisgesellschaften gezeigt werden, die eintreten würden, wenn man sie wie normale ausländische Tochtergesellschaften behandelte.

*Beispiel 1:* Der Steuerpflichtige X errichtet im Land A, in dem Vermögensgesellschaften einer nennenswerten steuerlichen Belastung nicht unterliegen, eine Kapitalgesellschaft und überführt beträchtliche Teile seines Privatvermögens auf diese Vermögensgesellschaft.
– *Ergebnis:* Die Erträge des der ausländischen Kapitalgesellschaft zugeführten Vermögens sind fortan der inländischen Besteuerung entzogen, es sei denn, daß sich die ausländische Gesellschaft dazu entschließt, die von ihr erwirtschafteten Erträge an den im Inland ansässigen Anteilseigner als Dividende auszuschütten. Regelmäßig pflegen derartige Gesellschaften dies nur in geringem Umfang oder überhaupt nicht zu tun.

*Beispiel 2:* Der Gewerbetreibende Y entnimmt seinem Betriebsvermögen einen Betrag und führt diese Geldsumme einer von ihm errichteten ausländischen Vermögensverwaltungsgesellschaft zu. Diese gewährt aus dem ihr zugeführten Vermögen dem Y ein hochverzinsliches Darlehen, das an die Stelle der zuvor entnommenen Eigenmittel tritt.
– *Ergebnis:* Die Darlehenszinsen, die Y an seine ausländische Gesellschaft bezahlt, sind im Inland nicht steuerpflichtig, bei Y jedoch als Betriebsausgaben abzugsfähig.

*Beispiel 3:* Der Fabrikant Z errichtet in dem niedrig besteuernden Land B, mit dem ein Doppelbesteuerungsabkommen besteht, eine Patentverwertungsgesellschaft. Er überführt die von ihm entwickelten Patente auf diese Gesellschaft. Die Gesellschaft erteilt dem Z auf die so erworbene Patente eine Lizenz, wofür Z möglichst hohe Lizenzgebühren zahlt.

– *Ergebnis:* Die Lizenzzahlungen unterliegen regelmäßig der Besteuerung im Wohnsitzstaat; andererseits sind die Zahlungen bei Z als Betriebsausgaben abzugsfähig.

**369**     Die Beispiele machen deutlich, daß die spezielle **Technik bei der Errichtung von Basisgesellschaften** darin besteht, „der Besteuerung durch ein hochbesteuerndes Land dadurch auszuweichen, daß der Anknüpfungspunkt für die jeweilige Steuer vermieden wird, ferner in einer geschickten Ausnutzung des Außensteuerrechts dieser Staaten und der von ihnen vielfach geschlossenen Doppelbesteuerungsabkommen" (*Grossfeld* S. 6). Dies wird bei der Errichtung von Auslandsbasen durch eben die Maßnahmen erreicht, die einleitend als Ursache für Steuerfluchterscheinungen genannt wurden, nämlich

(1) *Vermeidung der unbeschränkten Steuerpflicht;* um sie zu erreichen, dürfen in der Bundesrepublik keine Anknüpfungspunkte gem. § 1 KStG bestehen.

(2) *Vermeidung der Besteuerung auch im Rahmen der beschränkten Steuerpflicht,* (steuerfreie Vereinnahmung von Einkünften im Quellenstaat). Hierfür müssen die Anknüpfungspunkte für die beschränkte Steuerpflicht vermieden werden. Das bedeutet z. B. für ausländische gewerbliche Einkünfte, daß sie ohne Errichtung einer Betriebsstätte erzielt werden müssen.

**370**     Die bisher genannten Überlegungen zielen auf die **Gewinnerzielung** ab. Sie führen zu bestimmten Standortentscheidungen und lassen das Problem der „Basisgesellschaften" entstehen. Aber ein zweiter Punkt – den natürlich auch Gesellschaften ohne Basisfunktion zu beachten haben – ist die Frage der **Gewinnausschüttung** (hierzu aus betriebswirtschaftlicher Sicht *Kormann* S. 147 ff.; zur Gewinnrepatriierung bereits N 140). Denn die von den Basisgesellschaften erzielten Einkünfte sind einer Besteuerung durch die hochbesteuernden Staaten grundsätzlich nur solange entzogen, als sie nicht dorthin zurückfließen. Werden sie im Ausland thesauriert und zur Kapitalbildung investiert, so entsteht im Vergleich zu einem inländischen Unternehmen der Vorteil, den wir als Kumulationseffekt bereits kennengelernt haben.

### aa) Prüfungsschema (steuerrechtliche Schranken)

**371**     Welche steuerlichen Schranken bestehen in der Bundesrepublik nach allgemeinem Steuerrecht gegen Wirkungen der genannten Art? Die insbesondere seit dem Oasenbericht geführte Diskussion um die Basisgesellschaften versuchte eine Antwort auf die Frage zu geben, ob die deutsche Steuerverwaltung die Basisgesellschaft und die mit ihr durchgeführten Transaktionen hinzunehmen hat oder ob das Steuerrecht Möglichkeiten bietet, der Einkunftsverlagerung zu begegnen. Dabei hat sich außerhalb des Anwendungsbereichs und ohne Rücksicht auf das Verhältnis zum Außensteuergesetz, auch ungeachtet aller Diskussionen und Kontroversen um den Einzelfall, zu den steuerrechtlich relevanten Fragen folgende Betrachtung durchgesetzt:

(1) Ein **gesellschaftsrechtlicher Ansatz** bestünde darin, einer auslän- 372
dischen Basisgesellschaft als einer Briefkastengesellschaft nach der im
deutschen Internationalen Gesellschaftsrecht herrschenden **Sitztheorie**
**die Rechtsfähigkeit** *abzusprechen* und dies auf das Steuerrecht durchschlagen zu lassen. Soweit ersichtlich wird dieser Weg bei der Ertragsbesteuerung nicht mehr erwogen, zumal die fehlende inländische zivilrechtliche Rechtsfähigkeit noch nicht zwangsläufig den Verlust einer
Abschirmung bedeutet. Für grunderwerbsteuerliche Zwecke ist dieser
IPR-Gedanke verfolgt worden: Gleichlautende Erlasse der Länderfinanz-
ämter betreffend die „Erteilung der Unbedenklichkeitsbescheinigung bei
Grundstücksgeschäften mit Domizilgesellschaften" wiesen die Finanzämter an, Erwerbern von Grundstücken die steuerliche Unbedenklichkeitsbescheinigung gem. § 22 GrEStG zu verweigern, wenn an dem Erwerbsvorgang Briefkastengesellschaften beteiligt waren: Gesellschaften,
im Ausland gegründet, bei denen der tatsächliche Verwaltungssitz von
ihrem statutarischen Verwaltungssitz abweicht. Entspreche der tatsächliche Verwaltungssssitz nicht dem statutarischen Sitz und könne die Gesellschaft nicht nachweisen, an ihrem tatsächlichen Sitz (zum Beispiel
Deutschland) im Handelsregister eingetragen zu sein, so gelte sie im Inland als nicht rechtsfähig und könne keinen steuerpflichtigen Erwerbsvorgang im Sinne des § 1 I Nr. 1 GrEStG verwirklichen. Die Verwaltungsauffassung war ohnehin umstritten (vgl. dazu *Braun* RIW 1996, 86)
– ist aber durch *BFH*-Beschlüsse (RIW 1996, 85, 87) gegenstandslos
geworden: Der *BFH* hat die Aufgabenverteilung zwischen Grundbuch-
amt und Finanzbehörde verwiesen: Hiernach ist die Unbedenklichkeitsbescheinigung auch demjenigen zu erteilen, der behauptet, es sei eine
wirksame Auflassung gegeben. Die Annahme fehlender Rechtsfähigkeit
als Folge der Anwendung der Sitztheorie scheiterte im übrigen aus tatsächlichen Gründen. Der Ansatz, mittels der Sitztheorie die Abschirmwirkung mit einer auf das Ertragssteuerrecht übertragenen Argumentation zu verhindern, scheidet aus und ist auch nicht erforderlich. Deswegen ist es auch nicht erforderlich, in diesem Zusammenhang auf die
Diskussion um das *EuGH*-Urteil Centros einzugehen und nach Konsequenzen für die Sitzanknüpfung des deutschen internationalen Gesellschaftsrechts und Auswirkungen auch für das Steuerrecht zu fragen – die
Sitzanknüpfung ist für das Thema nicht (nicht mehr) relevant.

(2) Ob die Basisgesellschaft ein **körperschaftssteuerpflichtiges Ge-** 373
**bilde** darstellt, und damit aufgrund des Trennungsprinzips grundsätzlich
in der Lage ist, die erzielten Gewinne vor der deutschen Besteuerung
„abzuschirmen", hängt davon ab, ob die Rechtsform der ausländischen
Gesellschaft einer inländischen, von der Körperschaftsteuer erfaßten
Rechtsform entspricht. Bei entsprechender Kenntnis des ausländischen
Gesellschaftsrechts ist es unschwer möglich, eine Gesellschaftsform zu
wählen, die der genannten Bedingung entspricht.

**374**     (3) Über die Frage, ob es möglich ist, die Basisgesellschaft als solche
wegen ihres Ziels, Gewinn vor der inländischen Besteuerung abzuschirmen, **in Einzelfällen nicht anzuerkennen,** ist in der Literatur über viele
Jahre hinweg eine lebhafte Kontroverse geführt worden. Dabei ging es
insbesondere darum, ob und wann die ausländische Gesellschaft unter
Berufung auf § 41 II AO (Scheingeschäfte) oder auf § 42 AO (Steuerumgehung) als nichtexistent angesehen werden kann. Dabei vertrat etwa
*Debatin* die Auffassung, bei Einkommens- und Vermögensverlagerungen in Basisländern zunächst zu fragen, „ob der ausländischen Basis
eine Eigenständigkeit mit steuerlicher Wirkung zuzuerkennen ist . . . Die
Wertungsmaßstäbe der §§ 41, 42 AO beherrschen das gesamte Steuerrecht. Es wäre daher systemwidrig, sie nicht auch zur Beurteilung der
Anerkennung steuerlicher Subjektfähigkeit heranzuziehen" (DStZ 1968,
362). Alle Versuche, hierfür in Ausfüllung der allgemeinen Wertungsmaßstäbe brauchbare Beurteilungskriterien zu schaffen (vgl. etwa
*Striegel* S. 73), erwiesen sich jedoch als erfolglos. Die Rechtsprechung in
Finanzsachen hat es denn auch längst aufgegeben, das Problem der Basisgesellschaften von hier aus zu lösen (*BFH* 1968 II, 695).

Ein gesellschaftsrechtlichter Gründungsakt ist wertfrei und kann daher nicht als
Rechtsmißbrauch beurteilt werden". In diesem Sinne auch *Großfeld:* „Inwieweit man
die Einschaltung der Basisgesellschaft als Umgehung ansehen kann, hängt regelmäßig in erster Linie von den einzelnen beabsichtigten und getätigten Geschäften ab. Es
ist daher häufig zweckmäßiger, sich von vornherein auf eine Beurteilung und gegebenenfalls Korrektur der jeweiligen Geschäfte einzustellen, also an die Gestaltung
der einzelnen Rechtsbeziehungen mit der Basisgesellschaft anzuknüpfen und sie am
Maßstab des § 42 AO zu messen. Eine generelle Nichtanerkennung der Gesellschaft
nach § 42 AO wird nur selten in Betracht kommen" (S. 78).
*Dreßler* (S. 235) als Vertreter der Finanzverwaltung sieht in der Errichtung der Gesellschaft ein Scheingeschäft, „wenn sie niemals am wirtschaftlichen und gewerblichen Verkehr teilnehmen soll und auch tatsächlich nicht teilnimmt, sondern ihre
Existenz nur durch ein Firmenschild an der Außenfront ihres Sitzdomizils kundtut . . .
Das gilt vornehmlich für sogenannte Fakturierungsgesellschaften, die als funktionslose Rechtsgebilde oft nur auf Briefköpfen bestehen, somit fingiert sind, nach außen
in keinerlei Hinsicht in Erscheinung treten können und lediglich als Empfänger für
Gewinn- oder Vermögensverlagerungen ausgedacht sind. Selbst ihre Eintragung in
das Gesellschaftsregister hindert die Annahme einer bloßen Scheinverwendung nicht,
wenn das ihr zugrundeliegende Rechtsgeschäft ein Scheingeschäft war; der von ihrer
Registereintragung ausgehende Rechtsschein ist dabei unbeachtlich" – aber das zeigt
nur, daß Gründungsvorgang und spätere Ereignisse nicht klar abgegrenzt werden. Es
bedarf, einer solchen Sicht nicht – denn die angesprochenen vorgetäuschten Verlagerungen stellen sich als Scheingeschäfte und damit als Steuerhinterziehungsvor-
gänge dar.

**375**     (4) Trotz Sitzes im Ausland kann die Basisgesellschaft auch als ausländisches Rechtssubjekt im Inland **unbeschränkt steuerpflichtig** sein,
wenn der Ort der Geschäftsleitung im Inland liegt. Hat beispielsweise der
im Inland ansässige Gesellschafter die Geschäftsführung in alleiniger
Hand, kommt eine unbeschränkte Steuerpflicht in Betracht, so daß die

mit der Gründung der Basis beabsichtigten Vorteile entfallen. Da sich diese Voraussetzung aber leicht vermeiden läßt, wird es nur selten gelingen, die Basis in die unbeschränkte Steuerpflicht einzubeziehen (s. aber *BFH* BStBl. 1992 II, 972).

(5) Auch wenn die Rechtsfähigkeit der Basisgesellschaft i. S. des Kör- **376** perschaftsteuergesetzes anerkannt wird, können die **Vermögens- und Einkunftsverlagerungen** auf die Gesellschaft u. U. **steuerlich ignoriert** werden. Hiermit hat sich vor allem der sog. Steueroasenerlaß beschäftigt. Nach ihm ist die steuerliche Anerkennung zu versagen in den sog. **Scheinfällen** und **Mißbrauchsfällen** (Koordinierter Ländererlaß betr. Verlagerung von Einkünften und Vermögen in sog. Steueroasenländer DB 1965, 910; BStBl. 1965 II, 74; die Lit. zu diesem Erlaß ist fast unübersehbar; herausragende Beiträge; *Debatin* DB 1965, 1022 ff., 1065 ff., StuW 1967, 313 ff.; *Ebling* AWD 1970, 16 ff.; *Menck* DStR 1969, 483 ff.; *Rädler/Raupach* DStZ 1968, 249 ff.).

– **Scheinfälle** liegen vor, wenn der gegebene Sachverhalt nur scheinbar die Voraussetzungen der geltend gemachten Rechtsfolge erfüllt. Das ist nach dem genannten Erlaß etwa bei fehlendem Ausgleich zwischen Leistung und Gegenleistung der Fall.

Nach § 42 II AO sind Scheingeschäfte für die Besteuerung ohne Bedeutung, so daß verlagerte Vermögenswerte einschließlich der aus ihnen bezogenen Einkünfte sowie verlagerte Gewinne dem Einkommen des Steuerinländers zuzurechnen sind.

– **Mißbrauchsfälle** liegen vor, wenn der Sachverhalt und die geltend gemachte Rechtsfolge sich zwar entsprechen, die steuerliche Anerkennung gem. § 42 AO aber zu versagen ist, weil die gewählte Gestaltung einen Rechtsmißbrauch darstellt. Ein solcher Mißbrauch ist gegeben, wenn der Steuerpflichtige Formen und Gestaltungsmöglichkeiten des bürgerlichen Rechts wählt, die gegenüber den wirtschaftlichen Vorgängen, Tatsachen und Verhältnissen unangemessen, d. h. durch keine wirtschaftlichen oder sonst beachtlichen Gründe gerechtfertigt sind. Das Merkmal der Unangemessenheit hat nichts mit der Ungewöhnlichkeit einer Gestaltung zu tun (hierzu am Beispiel zwischengeschalteter ausländischer Kapitalgesellschaften *Klein* FR 1999, 286). Der Oasenerlaß versuchte, die Unangemessenheit einer Gestaltung aus der wirtschaftlichen Funktion des ausländischen Rechtsträgers abzuleiten und führte dazu wörtlich aus:

„Die Spanne der möglichen Fallgestaltungen ist dabei außerordentlich weit. Auf der einen Seite stehen die Fälle, in denen z. B. unbeschränkt Steuerpflichtige in sog. Steueroasenländern über beherrschte Gesellschaften Produktionstätigkeiten ausüben: hier kann ein Rechtsmißbrauch selbst dann nicht bejaht werden, wenn die Produktionstätigkeit lediglich aus Gründen der geringeren Besteuerung vom Inland ins Ausland verlagert worden ist. Auf der anderen Seite stehen die Fälle, in denen die wirtschaftliche Beziehung mit dem Inland in ihrem wesentlichen Gehalt unverändert bleibt und daher die gewählte, in das Oasenland führende Rechtskonstruktion schon in sich so ungewöhnlich ist, daß der Rechtsmißbrauch offenkundig ist. Das ist z.B. anzunehmen, wenn ein unbeschränkt Steuerpflichtiger dem von ihm beherrschten ausländischen Rechtsträger Patente oder andere Schutzrechte überträgt, oder sie bei diesem entstehen läßt und selbst darauf Lizenzen nimmt oder dem ausländischen Rechtsträger Kapitalien zuführt und sich diese als Darlehen zurückzugewähren läßt; ähnlich liegen die Fälle, in denen in der Bundesrepublik ansässige Künstler als Angestellte ihres eigenen, beherrschten ausländischen Rechtsträgers auftreten."

Ist ein Mißbrauch i.S. des § 42 AO gegeben, so sind die durch die mißbräuchliche Gestaltung verlagerten Vermögenswerte als Einkünfte dem Steuerinländer zuzurechnen. Abgesehen davon, daß die Richtungsangabe des Oasenerlasses (Ableitung des Mißbrauchs aus der wirtschaftlichen Funktion des ausländischen Rechtsträgers) an sich problematisch ist, sind damit im Einzelfall so schwierige Auslegungsprobleme verbunden, daß nur einige Extremfälle eindeutig zu lösen sind. Dies sind insbesondere die „Kreisgeschäfte" (Stpfl. Inländer entnimmt seinem Betrieb ein Wirtschaftsgut, überträgt es auf eine Auslandsgesellschaft, diese stellt ihm das Wirtschaftsgut sodann entgeltlich zur Verfügung; einen darüber hinausgehenden Wirkungskreis hat die Auslandsgesellschaft nicht). Im folgenden sollen die maßgeblichen finanzgerichtlichen Entscheidungen vorgestellt werden – damit wird auch dem Umstand eines Case Law auf diesem Teilgebiet des IStR Rechnung getragen. Zur steuerstrafrechtlichen Frage bei Einschaltung von Basisgesellschaften s. *Dörn* in *Flore/Dörn/Gillmeister* S. 253 ff.; dort auch zum Nachweisproblem insbesondere auf der Grundlage von Auskünften des *Bundesamtes für Finanzen.*

377 (6) Wird die Rechtsprechung zur Basisgesellschaft durch **europäisches Recht** beeinflußt? Daß gerade EU-Staaten eine erhebliche Bedeutung erlangt haben, ist an mehreren Stellen deutlich geworden (s. die Länderaufzählung N 366, s. das Urteil des *FG-Baden-Württemberg* EFG 1997, 540 zu N 378); auf das *EuGH*-Urteil in Sachen Centros wurde bereits hingewiesen (N 373). Gegen Basisgesellschaften gerichtete Maßnahmen könnten einerseits als Beschränkungen der EG-Grundfreiheiten wirken, andererseits sich aber zur Rechtfertigung auf die Bekämpfung der Steuerumgehung berufen.

Die bislang umfangreichste Erörterung der Bekämpfung der Steuervermeidung als Rechtfertigung der Beschränkung der Grundfreiheiten ist dem *EuGH*-Urteil in Sachen ICI (s. K 53) zu entnehmen; *Hahn* hat dieses Urteil sorgfältig analysiert (IStR 1999, 609 ff.) und herausgearbeitet: Eine umgehungsbegründende Steuerminderung tritt nicht ein, weil ein Sachverhalt so gelagert ist, daß Steuern an den Fiskus eines anderen Mitgliedstaats zu entrichten sind. *Hahn* folgert dies zutreffend aus dem *EuGH*-Hinweis, daß die Niederlassung einer Gesellschaft außerhalb des Vereinigten Königreichs als solche noch nicht eine Steuerumgehung impliziert, „da die betreffende Gesellschaft auf jeden Fall dem Steuerrecht des Niederlassungsstaates unterliegt" – und es gibt keinen einzigen Anhaltspunkt dafür, der *EuGH* könnte bereit sein, diese Aussage steuerniveaubedingt zu relativieren. Daraus folgt: Das Ausnutzen eines Steuergefälles zwischen den Mitgliedstaaten ohne Hinzutreten weiterer Umstände stellt keine Steuerumgehung dar – entscheidend ist die „Künstlichkeit" einer Konstruktion. Unterstellt man, daß in der im folgenden wiedergegebenen Rechtsprechung das Erfordernis einer „niedrigeren Steuerschuld" nicht, das Erfordernis einer „unangemessenen Gestaltung" aber eine zutreffende europarechtliche Würdigung beinhaltet, lassen sich hieraus keine Einwendungen ableiten. Problematisch aber wird sich unter diesen Gesichtspunkten die typisierende Mißbrauchsbekämpfung auf der Grundlage der §§ 7 ff. AStG erweisen (s. N 397).

### bb) Fallmaterial

Der Anwendungsbereich des § 42 AO wurde zunächst durch den *BFH* einge-  **378** schränkt (BStBl. 1971 II, 721). Nach dem Urteil stellt eine Basisgesellschaft, für deren **Gründung ein vernünftiges Motiv** geltend gemacht werden kann, keine mißbräuchliche Gestaltung dar, und sind auch die mit ihr vorgenommenen Rechtsgeschäfte anzuerkennen. In der Annahme vernünftiger Erwägungen ging der *BFH* sehr weit. So sah er die Gründung einer Schweizer GmbH zur Sicherung der Vermögensinteressen eines Inländers in Krisenfällen als „außersteuerlich beachtlich" und damit nicht als mißbräuchlich an. Dieses Merkmal „außersteuerlich beachtlich" ist bei der Anwendung des § 42 AO deshalb von entscheidender Bedeutung, weil ungewöhnliche Gestaltungen (hier: die Gründung einer Schweizer Gesellschaft) dann angemessen sind, wenn sie sachlich gerechtfertigt sind; die Rechtfertigungsgründe dürfen jedoch nicht ausschließlich steuerlicher Natur sein. Das Entscheidende an dem genannten *BFH*-Urteil war jedoch nicht die Ablehnung einer Anwendung des § 6 StAnpG (§ 42 AO), sondern die **Anwendung des § 39 II Nr. 1 AO.** Nach dieser Vorschrift werden Wirtschaftsgüter, die durch einen Treuhänder zu treuen Händen für einen Treugeber erworben sind, dem Treugeber zugerechnet. Nach Auffassung des *BFH* hat eine in einem Oasenland gegründete Gesellschaft dann treuhänderisches Eigentum, das im Inland ansässige Beteiligten zugerechnet wird, wenn kein Interessenübergang von dem Anteilseigner auf die Basisgesellschaft stattgefunden und der Anteilseigner sich alle Grundsatzentscheidungen vorbehalten hat. Das Urteil wurde insoweit durchweg ablehnend kommentiert (vgl. *Flick/Wassermeyer* DB 1972, 110 ff.; *Saldit* StuW 1972, 27 ff.; *Meilicke/Hochfeld* BB 1972, 505 ff., *Brezing* FR 1972, 201 ff.; *Friedrich* BB 1972, 845 ff.) und bewies die Schwierigkeiten im Umgang mit den allgemeinen Wertmaßstäben des Steuerrechts auf dem Gebiet der Basisgesellschaften.

Doch davon rückte der *BFH* alsbald wieder ab und führte (DB 1975, 1056) folgendes aus: „Der erkennende *Senat* hätte Bedenken, einen Gesellschaftsvertrag deshalb als Treuhandvertrag zu behandeln, weil die Gesellschafter in Ausübung ihres beherrschenden Einflusses auf die Geschäftsführung der Gesellschaft einwirken. Denn diese Auffassung wäre mit der Anerkennung der GmbH als Gesellschaft mit eigener Rechtspersönlichkeit nicht vereinbar. Jede GmbH dient den Interessen ihrer Gesellschafter. Die Versammlung der Gesellschafter ist oberstes Organ der Gesellschaft mit weitreichenden Befugnissen. Die Geschäftsführer sind in ihrer Tätigkeit tatsächlich und rechtlich von den Gesellschaftern abhängig. Das Vermögen der Gesellschaft steht wirtschaftlich den Gesellschaftern zu, was vor allem im Anspruch der Gesellschafter auf den Bilanzgewinn und auf das Auseinandersetzungsguthaben zum Ausdruck kommt. Diese starke Stellung der Gesellschafter der GmbH beruht allein auf gesellschaftlichen Vorschriften und nicht auf einem Treuhandverhältnis zwischen der Gesellschaft und den Gesellschaftern. Sie rechtfertigt es, die Gesellschafter in gewissem Sinne als wirtschaftliche Eigentümer des Unternehmens zu bezeichnen. Damit ist aber nicht das wirtschaftliche Eigentum i. S. des Steuerrechts gemeint, das zur Zurechnung des Vermögens der Gesellschaft an die Gesellschafter führen würde. Eine derartige Zurechnung verstieße gegen die Vorschriften über die Bildung und Erhaltung des Stammkapitals" (dazu *Flick/Wassermeyer* DB 1975, 1674 ff.).

*BFH* BStBl. 1977 II, 261 ließ als beachtlichen Grund den Beteiligungserwerb im Basisland und/oder in Drittländern gelten; für die **Entfaltung einer eigenen wirtschaftlichen Tätigkeit** genüge es aber nicht, nur das Stammkapital zu halten oder mit diesem Kapital oder mit zusätzlichen Darlehensmitteln eines Gesellschafters angeschaffte Wertpapiere zu halten; notwendig sei eine Beteiligung am allgemeinen wirtschaftlichen Verkehr – Maßnahmen in einem angemessenen und vernünftigen wirtschaftlichen Zusammenhang. *BFH* BStBl. 1977 II, 263 anerkannte als beachtliche Gründe nur solche, welche die Wahl des Sitzes und der Rechtsform gerade in diesem Fall rechtfertigten. Und *BFH* BStBl. 1977 II, 268 anerkannte den Zweck des Beteiligungserwerbs im In- und Ausland und die Ausnutzung günstiger Finanzierungsmöglichkeiten im Ausland.

Im Falle des *BFH*-Urteils BStBl. 1981 II, 339 waren die Kläger bis 1964 die alleinigen Gesellschafter der 1956 gegründeten K-GmbH mit Sitz im Inland, die Einzelhandel mit Waren über mehrere Filialen betrieb. Am 2. 1. 1964 gründeten die Kläger die S-GmbH mit Sitz in der Schweiz mit einem Stammkapital von 20 000 sfr. Nach den Statuten war Zweck der S-GmbH der Erwerb und die dauernde Verwaltung von Beteiligungen an ausländischen Unternehmen. Alleiniger Geschäftsführer war ein Schweizer. Am 9. 12. 1964 veräußerten die Kläger ihre Anteile an der K-GmbH DM zum Nennwert an die S-GmbH. In einer Gesellschaftsversammlung am 5. 7. 1965 beschlossen sie, der Geschäftsführer der S-GmbH möge sich künftig um Beteiligungen an Firmen in europäischen Ländern bemühen. Bemühungen im Jahre 1965 um Beteiligung an einer Fabrik in Italien und an einer Fabrik im Inland blieben erfolglos. Bis 1970 wurden auch keine anderen Beteiligungen übernommen. Die K-GmbH nahm, anders als in den Vorjahren, von 1965 bis 1968 Gewinnausschüttungen vor; die S-GmbH gewährte aus den ihr daraus zugeflossenen Mitteln in den Jahren 1965 bis 1968 Darlehen an die K-GmbH und an die Kläger. Diese verwandt die ihnen zur Verfügung gestellten Mittel zum Erwerb von Grundstücken und den Aufbau von Gebäuden, die dann an die K-GmbH vermietet wurden. Der *BFH* billigte die Auffassung des Finanzamtes, die Einschaltung der S-GmbH stelle einen Mißbrauch von Formen und Gestaltungsmöglichkeiten des bürgerlichen Rechts dar und sei für die Einkommens- und Vermögensbesteuerung der Kläger nicht zu beachten: Die für die Steuererhebung zugrunde zu legende Gestaltung ist die von Gewinnausschüttungen und Zinszahlungen durch die K-GmbH an die Kläger sowie die des Fehlens von Zinszahlungen der Kläger an die S-GmbH, weil dies die angemessene Gestaltung ist. Das **Merkmal einer wirtschaftlichen Tätigkeit** ist hiernach dann nicht erfüllt, wenn die Gesellschaft ohne sonstige unternehmerische Betätigung eine geschäftsleitende Funktion nur gegenüber einer Tochtergesellschaft ausübt oder zwar weitere Anteile an Tochtergesellschaften hält, sich dabei aber auf die Ausübung der Gesellschafterrechte beschränkt.

Im Urteil des *BFH* BStBl. 1982 II, 150 hatte ein in Monaco ansässiger Ausländer A in der Schweiz eine X-AG gegründet, die sich ihrerseits an einer deutschen Y-AG beteiligte. Die Y-AG schüttete an die X-AG Dividenden aus, für die diese unter Berufung auf das deutsch-schweizerische DBA die Erstattung der zunächst von X abgeführten Kapitalertragsteuer begehrte. Unter Berufung auf den Charakter als reiner Domizilgesellschaft wollte ihr die Finanzverwaltung dies verweigern: A habe die X-AG nur gegründet, um vom deutschen Fiskus Erstattung zu erlangen. Der *BFH* folgte dieser Auffassung nicht; soweit er den Anwendungsbereich der Mißbrauchsvorschrift mit der Begründung einengte, die Gründung einer Kapitalgesellschaft im Ausland durch einen Ausländer sei ein das inländische Steuerrecht nicht berührender Vorgang und entziehe sich grundsätzlich der Beurteilung nach § 42 AO, ist das Urteil inzwischen durch spätere *BFH*-Rechtsprechung gegenstandslos; hierauf wird an anderer Stelle (s. S 138) noch eingehend einzugehen sein, weil es um eine von einem Steuerausländer ausgehende Tätigkeit geht. Unabhängig von dieser systematischen Einordnung der Entscheidung ist aber auf den für § 42 AO maßgeblichen Kern hinzuweisen: Die angeführten Gründe, warum eine mißbräuchliche Gestaltung nicht vorliege, überzeugen jedenfalls im Lichte anderer Entscheidungen nicht. Der *BFH*: „Nicht selten wird zur Wahrung einer gewissen Anonymität bei der Gründung einer . . . Kapitalgesellschaft eine natürliche oder juristische Person zwischengeschaltet. Vielfach werden bestimmte Vermögensinteressen einer Person in einer Kapitalgesellschaft zusammengefaßt, von dieser verwaltet und die Erträgnisse nutzbringend angelegt und verwertet. Vom Standpunkt der inländischen Rechtsprechung aus kann es nicht als unangemessene Gestaltung angesehen werden, wenn eine in Monaco ansässige Person sich über eine schweizerische AG an der Gründung einer AG in der Bundesrepublik beteiligt". Schon *BFH* BStBl. 1983 II, 605 konnte nur noch vom Grundsatz her mit dem Urteil BStBl. 1982 II, 150 eine Übereinstimmung feststellen. In der Sache selbst hieß es: „Die Einschaltung der AG war unangemessen. Nach den tatsächlichen Feststellungen des angefochtenen Urteils war die AG mindestens in den Streitjahren eine reine Domizilgesellschaft ohne eigenes Personal und ohne eigenen Telefonanschluß; sie entfaltete **keine eigene wirtschaftliche Tätigkeit. Irgendwelche vernünftigen außersteuerrechtlichen Gründe** für die Einschaltung der AG sind entgegen der Ansicht des FG nicht erkennbar." Im Streitfall waren durch Niederländer über eine zwischengeschaltete schweizerische AG deutsche Interessen wahrgenommen worden. Im Falle *BFH*/NV 1986, 509 wurde der Wareneinkauf für ein inländisches Unternehmen von einem belgischen Unternehmen über eine schweizerische Gesellschaft abgewickelt, deren Geschäftstätigkeit durch Organe des inländischen Unternehmens im Inland ausgeübt wurde (Bestellung, Umfakturierung). Damit stand eine fehlende Beteiligung am allgemeinen wirtschaftlichen Verkehr fest. Dazu der *BFH*: Es durfte nicht offenbleiben, ob für die Errichtung der schweizerischen Gesellschaft **wirtschaftliche Gründe** maßgebend waren; hier war geltend gemacht worden, ein direkter Warenbezug durch die inländische Gesellschaft schied aus tatsächlichen Gründen aus – selbst unter Einbeziehung eines Preisaufschlags für die zwischengeschaltete Gesellschaft sei aber der Warenbezug von dem belgischen Unternehmen immer noch preiswerter gewesen als von seinem Konkurrenten.

Mehrmals war das Verhältnis der Mißbrauchsvorschrift zu der Voraussetzung der **unbeschränkten Steuerpflicht** zu klären (*BFH* BStBl. 1985 II, 2; *FG-Baden-Württem-berg* RIW 1985, 994; *BFH* BStBl. 1986 II, 490; *FG Düsseldorf* RIW 1988, 670; *BFH* RIW 1989, 1010; *FG Düsseldorf:* „Die Bestimmung der geschäftlichen Oberleitung kann . . . nicht davon abhängig gemacht werden, ob die Geschäftstätigkeit der Zwischengesellschaft nach § 42 AO zugerechnet werden kann. Vielmehr führt umgekehrt die Tatsache, daß die Geschäftsleitung sich im Inland befindet, zur unbeschränkten Steuerpflicht, so daß es an einem Umgehungserfolg fehlt und für die Anwendung des § 42 AO kein Raum ist."

Zur grundsätzlichen Voraussetzung einer gesellschaftsrechtlichen Verflechtung zwischen der Auslandsgesellschaft und dem inländischen Steuerpflichtigen *BFH* BStBl. 1989 II, 216: Der im Inland ansässige Kläger hatte mit einer Gesellschaft in Liechtenstein einen Vertrag geschlossen, mit dem er seine frühere freie Handelsvertretertätigkeit als Angestellter dieser Gesellschaft ausübte; dieser flossen alsdann auch die Provisionen zu. Da eine Beteiligung an der Gesellschaft nicht nachzuweisen war, schied eine Zurechnung der Einkünfte gem. § 42 AO aus. Im Streitfall konnte die Provision dennoch dem Kläger zugerechnet werden, weil die Vereinbarung mit der Gesellschaft in Liechtenstein als Scheingeschäft qualifiziert werden konnte.

Zur zwischengeschalteten Gesellschaft, die zugleich eine eigenständige wirtschaftliche Funktion ausübt, zunächst *BFH* BStBl. 1986 II, 496: Anfangs hielt eine schweizerische Gesellschaft nur Wertpapiere, später erwarb sie ein Hotel und führte dies. Der *BFH* bejahte den Mißbrauch für die Zeit bloßen Haltens eines Wertpapierpaketes, da insoweit für die Zwischenschaltung im niedrig besteuernden Ausland wirtschaftliche oder sonst beachtliche Gründe fehlten und sie keine eigene wirtschaftliche Tätigkeit entfaltet wurde. Zur subjektiven Seite (Steuerumgehungsabsicht) führte der *BFH* aus, „daß nach den Grundsätzen der freien Beweiswürdigung die Zwischenschaltung einer Basisgesellschaft im niedrig besteuernden Ausland regelmäßig den Rückschluß auf eine bestehende **Steuerungsumgehungsabsicht** erlaubt:" wenn die objektiven Voraussetzungen gegeben sind. „Machen die vorgegebenen Ziele die Zwischenschaltung der ausländischen Gesellschaft nicht plausibel und liegt der Sitz im niedrig besteuernden Ausland, so rechtfertigen beide Umstände zusammengenommen die Annahme, daß die Zwischenschaltung ausschließlich der Umgehung der Besteuerung im Inland liegt". Der *BFH* setzt sich alsdann mit einer Reihe behaupteter Gründe für die Zwischenschaltung ein (Sondierung guter Beteiligungen durch schweizerischen Fachmann, Sicherung des Vermögens in Krisenzeiten und im Erbfall) und versagt ihnen die Anerkennung. Aber: Zu einem späteren Zeitpunkt wurde die Hotelführung aufgenommen. Hat aber eine zwischengeschaltete Gesellschaft eine **eigenständige erwerbswirtschaftliche Funktion** und kommt sie dieser Funktion nach, „so besteht im Regelfall steuerrechtlich keine Möglichkeit, bestimmte Einkunftsteile oder Vermögensgegenstände . . . einem hinter ihr stehenden Gesellschafter zuzurechnen. Dies gilt auch dann, wenn die Einkunftsteile oder Vermögensgegenstände in keinem objektiven Zusammenhang zu der erwerbswirtschaftlichen Funktion der Gesellschaft stehen . . . Eine aktive ausländische Gesellschaft kann durchaus zusätzlich Einkünfte aus passivem Erwerb erzielen, ohne deshalb steuererrechtlich dem Mißbrauchsvorwurf ausgesetzt zu sein . . . Etwas anderes kann nur gelten, wenn die aktive wirtschaftliche Betätigung im Verhältnis zu dem sog. passiven Erwerb von völlig untergeordneter Bedeutung ist oder wenn im Einzelfall besondere Umstände hinzutreten, die die Verbindung der aktiven wirtschaftlichen Betätigung mit dem passiven Erwerb ausnahmsweise als Mißbrauch erscheinen lassen." Dieser aus rechtlichen und tatsächlichen Gründen zweifelhaften Beurteilung sog. **„Mischfälle"** ist *FG Nürnberg*, RIW 1988, 576 nicht gefolgt: „Ein plausibler Grund . . . ist nur dann erkennbar, wenn diese Betätigung auch einen ausreichenden objektiven Zusammenhang mit dem passiven Erwerb aufweist . . . Bleibt dagegen, trotz der von vornherein ausgeübten oder später hinzugekommenen eigenständigen erwerbswirtschaftlichen Betätigung hinsichtlich des passiven Erwerbs alles beim alten, d. h. ist für die Zwischenschaltung hinsichtlich des Kapitalvermögens kein wirtschaftlich vernünftiger Grund erkennbar, so vermag eine solche kumulative Betätigung der Deponierung von Wertpapiervermögen bei diesem Rechtsträger als Steuerumgehung nicht zu beseitigen. In der späteren, denselben Sachverhalt betreffenden Entscheidung *BFH*, BStBl. 1993 II, 84 hat der *BFH* dann klargestellt: Die Zwischenschaltung von Basisgesellschaften erfüllt den Tatbestand des Rechtsmißbrauchs, „wenn für ihre Einschaltung **wirtschaftliche oder sonst beachtliche Gründe fehlen** und wenn sie **keine eigene wirtschaftliche Tätigkeit** entfalten". Diese Rechtsprechung beruht auf einer tatsächlichen Vermutung: „Vermutet wird, daß derjenige, der für die Zwischenschaltung einer Gesellschaft im niedrig besteuernden Ausland keine plausiblen Gründe angeben kann, mit dieser Zwischenschaltung ausschließlich die Umgehung der Besteuerung im Inland verfolgt . . . Vermutungsbasis ist . . . ausschließlich das Fehlen wirtschaftlicher oder somit beachtlicher Gründe. Demgegenüber gehört das in der sog. Oasenrechtsprechung zusätzlich genannte Erfordernis des Fehlens einer eigenen wirtschaftlichen Tätigkeit nicht zu der Vermutungsbasis." Der Zusammenhang, in den der *BFH* dieses Merkmal stellt, ist ein (auch) verfahrensrechtlicher: „Zu den Tatsachen, die geeignet sein können, dem Richter seine Überzeugung zu nehmen (der *BFH* meint damit die Vermutungsbasis), gehört auch eine beachtliche eigene, selbständige wirtschaftliche Tätigkeit der ausländischen Gesellschaft. Der Hinweis in der sog. Oasenrechtsprechung des *BFH*, daß die ausländische Gesellschaft eine eigene wirtschaftliche Tätigkeit entfalten muß, ist in diesem Sinne zu verstehen. Übt die Gesellschaft eine solche Tätigkeit nicht aus, bleibt es – wenn nicht sonstige beachtliche Gründe vorliegen – bei der Vermutung des Gestaltungsmißbrauchs. Das gilt auch, wenn diese Tätigkeit von ganz untergeordneter Bedeutung ist." Also: Fehlende plausible Gründe für die Zwischenschaltung begründen eine Vermutung für einen Rechtsmißbrauch – eigene wirtschaftliche Aktivität, so ist nicht nur von ganz untergeordneter Tätigkeit ist, vermag die aus der Plausibilität nicht verständlichen Zwischenschaltung zu rechtfertigen. Die dann folgenden Ausführungen des *BFH*: „Dasselbe gilt mangels entsprechenden Beweiswertes der aktiven Tätigkeit auch dann, wenn andere Umstände für das Vorliegen einer rechtsmißbräuchlichen Gestaltung sprechen. Solche Umstände hat die Rechtsprechung allgemein dann angenommen, wenn die Gestaltung, gemessen am Ziel, *ungewöhnlich* und *unangemessen* ist" – muß man offensichtlich wie folgt lesen: Nennt der Steuerpflichtige **plausible Gründe** für die Zwischenschaltung, ergibt aber eine aus Maßstab des § 42 AO getroffene Wirkung Ungewöhnlichkeit und Unangemessenheit des Zieles, dann ist der Fall nicht anders als der Fall fehlender plausibler Gründe zu behandeln. In beiden Fällen kann aber der **Nachweis eigener beachtlicher wirtschaftlicher Tätigkeit** dieses Urteils revidieren. Im Streitfall waren plausible Gründe für die Zwischenschaltung nicht nachweisbar – welche Rolle spielte mithin der Hotelbetrieb? Insoweit – so der *BFH* – handelt es sich „nur um eine besondere rechtliche Beziehung der aktiven Tätigkeit der GmbH dienenden Wirtschaftsgüter zu dem beherrschenden Gesellschafter der GmbH als Besitzunternehmen" – also keine beachtliche eigene Tätigkeit.

*BFH* BStBl. 1989 II, 216 stellte im Falle eines zwischen einem Inländer und der liechtensteinischen Gesellschaft E bestehenden Anstellungsvertrages über eine Generalvertretung als eines Scheingeschäfts klar, daß die Rechtsprechung zur Frage der Steuerumgehung durch Einschaltung ausländischer Basisgesellschaften nur dann Anwendung finde, wenn zwischen den an der ausländischen Gesellschaft beteiligten Personen und inländischen Steuerpflichtigen eine **gesellschaftsrechtliche Verflechtung** bestehe. Die mit einem Generalvertretervertrag zwischen dem Inländer und der E verbundenen Folgen waren nicht gezogen wurden, aber eine gesellschaftsrechtliche Beteiligung des Inländers an der E nicht nachweisbar.

*BFH* BStBl. 1990 II, 113 stellte das Verhältnis der Mißbrauchsabwehr (§ 42 AO) zur Hinzurechnungsbesteuerung klar (dazu N 392). Zum Anwendungsbereich des § 42 AO heißt es, wenn eine gewählte Gestaltung den wirtschaftlichen Vorgängen nicht angemessen gewesen sein sollte, könne sie sich nicht zugunsten der Kläger auswirken: § 42 AO dient der Korrektur von Gestaltungen, die zu einer **höheren Steuer** führen, als bei einer den wirtschaftlichen Vorgängen angemessenen Gestaltung angefallen wäre; es fehlt dabei an dem Tatbestandsmerkmal des Mißbrauchs von Formen und Gestaltungsmöglichkeiten des bürgerlichen Rechts zur Steuervermeidung (im vorliegenden Fall hätte sich durch die Anwendung des § 42 AO eine niedrigere Steuer als bei der Anwendung der §§ 7ff. AStG ergeben).

Im Falle des *BFH*, IStR 1996, 340 war auf dem Hintergrund einer DBA-rechtlichen, hier nicht weiter interessierenden Frage zu klären, ob einer ausländischen A-AG (Domizilgesellschaft ohne eigenes Personal) eine Geschäftstätigkeit zuzurechnen war, die eine J-AG (ebenfalls mit ausländischem Sitz) im Namen der A-AG für das Interesse einer Ö-GmbH (an der die J-AG beteiligt war) ausübte. Von der eigenen Tätigkeit der A-AG hing es ab, ob eine Einlage der J-AG oder eine verdeckte Gewinnausschüttung der Ö-GmbH anzurechnen war. **Wer verwirklichte den Tatbestand unternehmerischer Tätigkeit?** Der A-AG wäre sie nur zuzurechnen, wenn sie ein Unternehmerrisiko trage. Der *BFH*: „Zum einen war die A-AG eine sog. Domizilgesellschaft, d. h. eine Gesellschaft ohne eigenes Personal, ohne eigene Geschäftsräume und ohne eigene Geschäftsausstattung. Zwar schließt dies die Zurechnung des

Unternehmerrisikos gegenüber der A-AG nicht aus. Die höchstrichterliche Rechtsprechung zu sog. Oasengesellschaften belegt, daß eine von den allgemeinen ertragssteuerlichen Grundsätzen abreichende Zurechnung nur mit Hilfe des § 42 AO möglich ist . . . Jedoch ist es unter Fremden unüblich, einen Vertrag mit einer Gesellschaft abzuschließen, die einerseits nur Domizilgesellschaft ist und andererseits auf Grund ihrer fehlenden Geschäftsausstattung die vertraglich zu erbringende Leistung nicht erbringen kann. Daran ändert auch das im modernen Wirtschaftsleben geübte „outsourcing" von Unternehmen nichts. Ein solches **„outsourcing"** wird nicht im Verhältnis zu Domizilgesellschaften betrieben. Die Funktion der A-AG als einer Domizilgesellschaft spricht deshalb indiziell gegen die Übernahme eines Unternehmerrisikos". Zwischen der A-AG und der J-AG bestand eine Zusammenarbeitsvereinbarung – aufgrund derer nach den tatsächlichen Feststellungen des Finanzgerichts ein Unternehmerrisiko auf die A-AG überging. Insoweit stand die Möglichkeit einer bloßen und unbeachtlichen Gewinnverlagerung von der J-AG auf die A-AG an. Dazu der *BFH*. „Bei der Abwägung aller Indizien, die für und gegen die Übernahme eines Unternehmerrisikos durch die A-AG sprechen, kann der allgemeine Vermutungssatz nicht unberücksichtigt bleiben, daß derjenige, in dessen Namen gehandelt wird, auch das diesbezügliche Risiko trägt. Jedenfalls kann nur dann von einer anderweitigen Risikozurechnung ausgegangen werden, wenn das Handeln für einen anderen hinreichend sicher festgestellt wird. Zwar mag in diesem Zusammenhang das Unternehmerrisiko bewertet werden können. Auch mag es für die A-AG objektiv nicht sehr groß gewesen sein. Jedoch müssen auch risikoarme unternehmerische Tätigkeiten steuerlich zugerechnet werden. Es rechtfertigt deshalb das geringe Unternehmerrisiko allein noch nicht, die im Namen einer Person ausgeübte Tätigkeit steuerlich als nicht für deren Rechnung ausgeübt zu behandeln . . . Revisionsrechtlich ist die Vorentscheidung auch insoweit nicht zu beanstanden, als die Anwendung des § 42 AO verneint wurde. Das FG hat insoweit auf die Zwischenschaltung der A-AG in die Geschäftsbeziehung zwischen der J-AG und der Ö-GmbH abgestellt und diese nicht für mißbräuchlich erklärt. Richtigerweise besteht jedoch keine entsprechende Zwischenschaltung, sondern eine Art „Marktüberlassung" durch die J-AG oder die Ö-GmbH gegenüber der A-AG."

Zwei bislang eher wenig beachtete (Ausnahme: *Raupach/Burwitz* in Festschrift *Rädler* S. 539 ff.), obwohl lange erwartete Entscheidungen liegen zur **Basisgesellschaft in einem EG-Niedrigsteuerland** vor: *FG Baden-Württemberg*, EFG 1997, 1442 (zum Abdruck ist wegen identischen Inhalts beider Entscheidungen nur ein Urteil gelangt – beide Entscheidungen sind im Revisionsverfahren anhängig). Die Klägerin als eine deutsche Versicherungsgesellschaft war an einer irischen Wertpapierhandelsgesellschaft L in niedrigbesteuerten **Internationalen Service-Center** in Dublin beteiligt (s. dazu die vorangestellte Länderübersicht). Eine D-Managementgesellschaft wurde von der L als Investmentmanager beauftragt. L tätigte Käufe und Verkäufe von Wertpapieren. Der Hintergrund des Falles ist ein Problem der Anwendung des DBA-Irland (kann die Klägerin die in Irland erzielten Einkünfte aufgrund des DBA in Deutschland steuerfrei vereinnahmen?), der aber hier keine Rolle spielt. Die Frage, ob das Abkommensrecht einer Anwendung des § 42 AO entgegensteht, wird an anderer Stelle behandelt (s. S 137), sie kann daher hier dahingestellt bleiben – ebenso wie ein europarechtlicher Hintergrund (s. S 143). Wirtschaftlicher Hintergrund ist auch in diesem Falle die schon vom *BFH* IStR 1966, 340 berührte **Frage eines Outsourcing** (Auslagerung bestimmter Funktionen aus operativer Gesellschaftstätigkeit als eine Form dezentraler Organisation). Hier hatte das *Hessische FG* (EFG 1997, 540) bereits klargestellt, daß Outsourcing „als solches" keinen Zurechnungsdurchgriff nach § 42 AO rechtfertige. Die Einschaltung einer Gesellschaft L mit dem Zweck, als Service-Center-Gesellschaft im Inland anerkannt zu werden und an der Schaffung qualifizierter Arbeitsplätze mitzuwirken, stehe jedoch

andererseits einer Sachverhaltswürdigung nach § 42 AO nicht entgegen. Das Finanzgericht: „Gem. § 42 AO kann durch den Mißbrauch von Gestaltungsmöglichkeiten
des Rechts das Steuergesetz nicht umgangen werden. Der Mißbrauchstatbestand ist
nicht in der irischen Fördermaßnahme zu sehen, sondern in der Zwischenschaltung
der streitigen Gesellschafter durch die Klägerin. Diese Zwischenschaltung hat nach
Überzeugung des Senats den alleinigen Zweck, die deutsche Besteuerung zu umgehen. Eine Gesellschaft, die sich darauf beschränkt, Nennkapital oder zusätzliche
durch Darlehensmittel eines Gesellschafters angeschaffte Wertpapiere zu halten und
zu verwalten, kann die mißbräuchliche Gestaltung nicht widerlegen. Der Senat geht
davon aus, daß die von den streitigen Gesellschaften entfaltete Tätigkeit durch Vorstand, Angestellte und Managementgesellschaften nur eine Alibifunktion hatte und
lediglich der Steuervorteil einer Einschaltung einer ausländischen Basisgesellschaft
erreicht werden sollte . . . Der **Steuerersparniszweck allein erfüllt keine angemessene wirtschaftliche Gestaltung** . . . Die Übertragung der Vermögensverwaltung
von Wertpapiergesellschaften D (outsourcing) reicht im niedrig besteuernden Ausland nicht aus, um die Anwendung des § 42 AO auszuschließen." Begründungen für
die L – Zwischenschaltung in Irland hält das FG nicht für überzeugend: „Es ist nicht
ersichtlich, daß die Klägerin in Dublin über die L außergewöhnliche Erfahrungen auf
dem internationalen Markt gemacht hätte und dadurch auf ein einzigartiges ausländisches know-how zurückgegriffen hätte. Diese Erfahrungen hätte die Klägerin überall,
selbst im Inland, machen können. Zumindest hätte sie bei direkter Einschaltung der D
die gleichen ggf. außerordentlichen Erfahrungen machen können. Weshalb beim Engagement in europäischen Währungen für die Klägerin gerade durch die Einschaltung
der L mittelfristig höhere Renditen zu erzielen gewesen wären als ohne diese Zwi-
schenschaltungen, ist dem Senat nicht ganz nachvollziehbar; ebenso nicht, weshalb
das Wertpapier-Portefeuille der L anders und günstiger habe zusammengesetzt sein
können, als bei der Klägerin bei einer Direktanlage. Die Klin. kann ohne weiteres
direkt und überall jedes Wertpapier kaufen, das diese Gesellschaften kaufen können.
Sicherheit und Streuung der Kapitalanlage bedürfen ebenso nicht der Zwischenschaltung . . ." Wendet man die Methodik des *BFH*-Urteils BStBl. 1993, 84 zum
Verhältnis eigener wirtschaftlicher Tätigkeit und plausibler Begründung der
Zwischenschaltung an, dann ist die *EFG*-Entscheidung in Kurzform wie folgt zu
lesen: Wir erkennen keine überzeugenden Gründe für die ISFC-Gesellschaft – die uns
vorgetragenen Gründe, selbst wenn sie plausibel wären, beseitigen aber auch nicht
die weitergehende Annahme einer unangemessenen Gestaltung (Vergleich zum
Direktgeschäft); daraus leiten wir die Vermutung eines Gestaltungsmißbrauchs ab.
Der hätte durch eine beachtenswerte eigene Tätigkeit der Gesellschaft widerlegt
werden können – diese **Tätigkeit** aber hatte **nur Alibifunktion**. Es ist für das *BFH*-
Verfahren zu prognostizieren, daß die nicht ausreichende aktive Tätigkeit
„revisionssicher" begründet ist. Überprüfbar erscheinen die Ausführungen zur „Vermutungsbasis" für den Gestaltungsmißbrauch (s. hierzu auch N 453).

Ein vorletztes und lehrreiches Beispiel *FG München* EFG 1998, 612: Der Kläger
war an einer inländischen P-KG als atypischer stiller Gesellschafter beteiligt; seinen
Anteil hatte er vor seinem Ausscheiden aus der KG einer Briefkastengesellschaft in
Liechtenstein unter Realisierung eines Verlustes veräußert. Das FA rechnete ihm bei
der einheitlichen und gesonderten Gewinnfeststellung einen Veräußerungsgewinn zu.
Das *FG München:* „Auch ohne Anwendung der Rspr. zu den Basisgesellschaften ist
jedoch ein Rechtsmißbrauch nach den allgemeinen Grundsätzen jedenfalls dann gegeben, wenn ein Inländer aufgrund von ihm behaupteter Rechtsverhältnisse Gewinne
in das Ausland verlagert, ohne daß beachtliche Gründe für diese Gestaltung angeführt
werden können. Dies setzt eine auf den Gesamtumständen aufbauende hohe Wahrscheinlichkeit voraus, daß entweder der Stpfl. oder eine ihm nahestehende Person die
außergewöhnliche Gestaltung selbst gesteuert hat". Eine eher kuriose Feststellung:

Der Kläger veräußerte seine Beteiligung – daß der mithin diesen Vorgang auch „steuert", liegt auf der Hand. Das *FG*: Es bestehen sowohl bei Anwendung der allgemeinen Mißbrauchsgrundsätze wie auch bei Berücksichtigung der Rspr. zu den Basisgesellschaften keine Zweifel an der Zurechnung des vollen Veräußerungsgewinns aus dem Verkauf der stillen Beteiligung an der P-KG beim Kläger. Bei der liechtensteinischen Gesellschaft handele es sich um eine im niedrig besteuernden Ausland ansässige Domizilgesellschaft ohne eigene Büroräume und erkennbare eigene wirtschaftliche Betätigung. Die für sie aufgetretenen Personen seien aus einer Vielzahl von Fällen als Domizilgeber entsprechender Gesellschaften bekannt. Die Ermittlungen Bp liefern damit ausreichende Anhaltspunkte für die Behandlung dieser Gesellschaft als reine Domizilgesellschaft. Beachtliche Gründe für ihre Einschaltung in den Verkauf der stillen Beteiligung seien nicht erkennbar. Nach Ansicht des FG sollte der durch den Kläger vorgelegte Kaufvertrag mit der Domizilgesellschaft lediglich dazu dienen, den Veräußerungsgewinn ins Ausland zu verlagern, um dadurch eine Nachversteuerung nach § 2 I Satz 3 AIG zu vermeiden. Aufgrund der rechtsmißbräuchlichen Einschaltung der Domizilgesellschaft durch den Kläger können „Zweifel über den Zeitpunkt des Vertragsabschlusses zurückgestellt werden . . . Unter Beachtung der durch die Einschaltung von Domizilgesellschaften beabsichtigten Anonymisierung ergibt die Gesamtwürdigung aller Umstände auch ausreichende Anzeichen, aus denen sich eine gesellschaftsrechtliche Verflechtung . . . ableiten läßt. Zum einen idiziert bereits die **Einschaltung von Domizilgesellschaften** in steuerlich äußerst günstige, wirtschaftlich meist jedoch ungewöhnlich negative Geschäftsvorfälle eine engere Verflechtung der Beteiligten, da letztlich erst hierdurch der wirtschaftliche Erfolg des Geschäftes sichergestellt wird. Zum anderen deutet auch die Bestellung des Klägers zum Treuhänder und Bevollmächtigten der V-Gesellschaft auf eine entsprechend enge Verflechtung hin". Daß die Entscheidung im Ergebnis zutreffend ist, steht wohl außer Frage – aber außer Frage steht auch die fehlerhafte Begründung: Es ist kein Fall einer Anwendung des § 42 AO schon wegen **des fehlenden Nachweises einer Beteiligungsverflechtung.** Die Veräußerung einer Beteiligung an einen fremden Dritten kann für sich genommen keinen Mißbrauchsvorwurf begründen, insofern ist auch eine damit verbundene Gewinnverlagerungsabsicht überhaupt nicht nach Maßstäben des § 42 AO überprüfbar. Die Gestaltung ist als solche folgenlos, die Frage des Verkaufs der Beteiligung überhaupt und an welchen Dritten weder zu rechtfertigen (sie ist hinzunehmen) noch kann sie unangemessen sein. Die Fragestellungen und Feststellungen des Finanzgerichts gehen in eine ganz andere Richtung: die vor seinem Ausscheiden erfolgte Veräußerung der stillen Beteiligung an die Domizilgesellschaft als **Scheingeschäft** zu charakterisieren. Die dafür erforderlichen Sachverhaltsfeststellung war nach der vom *FG* referierten schriftlichen Stellungnahme durch Vertreter der Domizilgesellschaft auch gegeben. War es kein Scheingeschäft, hätte also die Domizilgesellschaft den Nachweis erbracht, daß der Kläger nicht im Ergebnis an sich selbst, wohl aber an eine nahestehende Person veräußert hatte, würde sich die Frage einer Angemessenheit von Leistung/Gegenleistung stellen. Der methodisch insoweit richtige Weg ist *BFH* RIW 1998, 494 zu entnehmen. An der inländischen GmbH war der in der Schweiz ansässige N beherrschend beteiligt. Mit einer schweizerischen Domizilgesellschaft, an der N beteiligt war, bestand ein Darlehensverhältnis. Das Finanzamt behandelte die Zinszahlungen der GmbH als verdeckte Gewinnausschüttungen: N stehe hinter der Domizilgesellschaft und sei eine der V-GmbH nahestehende Person. Da es sich um eine Domizilgesellschaft ohne eigene Geschäftstätigkeit handele, sei der Darlehensvertrag so zu beurteilen, als sei er mit der dahinterstehenden Person N abgeschlossen. Der *BFH*: Abzustellen ist auf den zwischen der GmbH und der Domizilgesellschaft abgeschlossenen Darlehensvertrag. Entgegen der Auffassung des FA bestehe steuerlich gesehen keine Rechtsgrundlage dafür, den Darlehensvertrag dem N zuzurechnen. § 42 AO findet keine Anwendung, weil weder N noch die schweizerische Domizilgesellschaft mit den Zinsen im Inland steuerpflichtig sind bzw. wären (§ 49 I Nr. 5c) EStG). Durch die **Zwischenschaltung der Domizilgesellschaft** als Darlehensgläubiger werden keine deutschen Steuergesetze umgangen.

Und schließlich zuletzt ein wegen des Geschäftsvolumens, aber auch ansonsten ungewöhnliches Urteil des *FG Köln* EFG 1999, 922: Es geht um die **Zwischenschaltung einer ausländischen Finanzierungsgesellschaft in die Darlehensgewährung an eine Schwestergesellschaft.** Zu einem US-Konzern (C-Gruppe) gehören die deutsche Klägerin und die in den USA ansässige Schwestergesellschaft B. B plant ein umfangreiches Bauvorhaben – zum Zwecke der Finanzierung dieses Bauvorhabens wird in den USA eine Gesellschaft A gegründet, deren Anteile die deutsche Klägerin hält. A sagt der B ein Hypothekendarlehen zu, die Mittel für die A beschafft die deutsche Klägerin bei einem inländischen Bankenkonsortium. B verkauft das Bauprojekt und tilgt mit dem Mitteln das von der A gewährte Darlehen; A wird liquidiert, die Liquidation führt bei der Klägerin 1991 zu einem steuerpflichtigen Liquidationsgewinn. Das Finanzamt sieht die Einschaltung der A als rechtsmißbräuchlich i.S. des § 42 AO an und nimmt die Besteuerung so vor, als wenn A nicht existiere, sondern die Klägerin das Hypothekendarlehen unmittelbar an B vergeben hätte. Das *FG Köln* widmet der **Konzernstruktur** (der C-Gruppe) **keine Beachtung,** es sieht den Fall mithin nicht unter dem Gesichtspunkt einer von der C-Gruppe bestimmten internationalen Aufgabenteilung; der Fall hat daher mit den klassischen Verlagerungsfällen auch nichts zu tun – das Projekt ist von Anfang an arbeitsteilig organisiert worden; es bleibt zu hoffen, daß die – zugelassene – Revision diese Fragen beachtet – der Fall ist in die bislang bekannten Sachverhaltsgestaltungen nicht einzuordnen. Das *FG Köln* reduziert den Fall auf die Beziehungen der Klägerin zur A, insoweit ist der erforderliche gesellschaftsrechtliche Bezug gegeben. Für die Gründung der A und deren Zwischenschaltung in die Darlehensgewährung an B werden außersteuerliche Gründe nicht anerkannt – oder besser gesagt, sie werden vom *FG Köln* zurückgewiesen. Das Gericht sieht den Sinn der gewählten Gestaltung darin, die von B gezahlten Zinsen bei A zu einem Steuersatz von 34% zu thesaurieren und insgesamt erst kurz vor Liquidierung der A als DBA-Dividende steuerfrei zu vereinnahmen, gleichwohl die Refinanzierungskosten im Inland steuermindernd abzuziehen. A habe **keine eigene wirtschaftliche Tätigkeit** entfaltet; es handele sich zwar nicht um eine „klassische Briefkastenfirma", dessen ungeachtet sei eine eigene wirtschaftliche Tätigkeit nicht nachweisbar. Die Frage ist, ob es bei einem von vornherein länderübergreifend geplanten Geschäft auf solche Umstände überhaupt ankommt. Die Klägerin hat auch unter dem Gesichtspunkt der Refinanzierungsaufwendungen keine Steuersubstanz verlagert, ihr ist von Anfang an nur ein bestimmtes Geschäftssegment übertragen worden. Es wäre mithin an den gegebenen Strukturen anzuknüpfen gewesen und sie unter dem Gesichtspunkt einer verdeckten Gewinnausschüttung zu untersuchen, statt eine angemessene Gestaltung an deren Stelle zu setzen, um dann in einem zweiten Schritt diese darauf zu untersuchen, ob sie den Anforderungen genügt, die an das Handeln eines ordentlichen und gewissenhaften Geschäftsleiters gestellt werden (so aber *FG Köln* S. 924). *Kraft* hat von „sattsam bekannten Rechtsgrundsätzen zu Basisgesellschaften" gesprochen (Forum Nr. 17, S. 92) – deren Tragweite ist noch längst nicht überschaubar.

### cc) Folgerungen

Trotz der vielfältigen, oft nur im Zusammenhang mit dem konkreten **379** Sachverhalt verständlichen Einzelaussagen ist der Kern der *BFH*-Rechtsprechung durch die Merkmale der niedrigen ausländischen Besteuerung, der fehlenden beachtlichen Gründe und die fehlende Entfaltung eigener

wirtschaftlicher Tätigkeit zu beschreiben. Die erforderliche Absicht –
wenn sie hervorgehoben wird – bedarf dann keiner weiteren Feststellung
mehr. Das Verhältnis der „beachtlichen Gründe" zur eigenen wirtschaftlichen Tätigkeit ist durch die Entscheidungen *BFH* BStBl. 1993 II, 84
und 1986 II, 496 geklärt. Wirtschaftliche oder sonst beachtliche Gründe
werden anerkannt, wenn im Ausland ein Konzern aufgebaut werden soll
und für die Basisgesellschaft hierfür eine geschäftsleitende Funktion
vorgesehen ist (*Henkel* in *Mössner* u.a. S. 743 mit Nachw.). Die Frage
der Vermögensverlagerung zur Sicherung in Krisenzeiten kann nicht
eindeutig beantwortet werden, da sich das Treuhandurteil BStBl. 1971 II,
721 auf einen „kleinen Teil" des Gesamtvermögens bezieht, während
sich *BFH* BStBl. 1986 II, 496 als Mißbrauch auf einen „beträchtlichen
Teil" des Vermögens bezieht (entgegen *Henkel* ist dies kein Fall für
§ 11 III FGO). Zur eigenen wirtschaftlichen Tätigkeit ergibt sich aus den
Urteilen des *BFH* BStBl. 1975 II, 553, 1977 II, 268 und 1992 II, 1026
für Finanzdienstleistungen für inländische Tochtergesellschaften, denen
hierdurch internationale Kapitalmärkte erschlossen werden, daß damit
kein Mißbrauch verbunden ist. Bei Holdingtätigkeiten hat *BFH* BStBl.
1977 II, 268 den Rahmen abgesteckt, soweit der Beteiligungserwerb in
Frage steht, während *BFH* BStBl. 1981 II, 339 die vorgesehene geschäftsleitende Funktion anerkannt hat. Der Hinweis *Henkels* (S. 745), ob in
Anbetracht der steuerlichen Begünstigung deutscher Zwischenholdings
(§ 8b KStG) umgekehrt ausländische Holdinggesellschaften überhaupt
noch als Mißbrauchsfall betrachtet werden dürfen, ob dies nicht als Fall
eines „venire contra factum proprium" zu bewerten sei, verkennt den
nach den Regeln der Hinzurechnungsbesteuerung ohnehin nur noch verbliebenen engen Anwendungsbereich. Und im übrigen ist klarzustellen:
Bewertet wird ja letztlich aus deutscher Sicht nicht primär „das Halten"
der Beteiligungen als solches, sondern die Verlagerung – deswegen ist ja
die in einem anderen Zusammenhang ergangene Entscheidung *FG Köln*
EFG 1999, 922 so problematisch. Dann muß man mit Blickrichtung auf
§ 8b KStG sagen, daß vergleichbare Verlagerungsfälle über die Grenze
hinweg in die Bundesrepublik aus deutscher Sicht eben uninteressant
sind. Die Problematik des Anwendungbereiches des § 42 AO im Falle
ausländischer Basisgesellschaften dürfte sich inzwischen auf die Frage
konzentrieren, inwieweit der Einkünftekatalog des § 8 I Nr. 1–7 AStG
den Anwendungsbereich beeinflußt, inwieweit sich also die in § 8 I
AStG normierten Tätigkeiten auf die von der Rechtsprechung entwik-
kelten Kriterien auswirken (dazu N 392). Zu den Rechtsfolgen einer
Verwirklichung des § 42 AO: bei einer mißbräuchlichen Einschaltung
einer Basisgesellschaft wird als wirtschaftlich angemessene Gestaltung
die unmittelbare Einkunfterzielung durch den Steuerinländer unterstellt;
ob hierbei ausländische Steuern angerechnet werden können, ist strittig
(dazu bejahend in der Irland-Entscheidung des *FG-Baden-Württemberg*

EFG 1997, 1442; anders wiederum *FG Köln* EFG 1999, 924, soweit solche Steuern wie auch andere Kosten ohne Zwischenschaltung nicht entstanden wären).

**3. Die Zwischengesellschaft (Hinzurechnungsbesteuerung gem. §§ 7 ff. AStG)**

*a) Konzeption, Gesamtüberblick, Einordnung und Kritik*

(1) Mit dem Ziel eines aus steuerlicher Sicht gerechten internationalen **380** Wettbewerbs versucht das Gesetz, das deutsche Außensteuerrecht so zu gestalten, daß als ungerechtfertigt anzusehende Steuervorteile entfallen. Der Gesetzgeber geht von der Frage aus, welche steuerliche Beurteilung jene Einkünfte erfahren sollen, die in von Inländern beherrschten ausländischen Gesellschaften (Mehrheitsbeteiligung) aufgefangen und von der deutschen Besteuerung nicht erfaßt werden, und beantwortet sie dahin, daß Steuervorteile aus dem internationalen Steuergefälle erhalten bleiben, soweit sie mit **aktiver** (werbender, steuerunschädlicher) Tätigkeit im ausländischen Staat verbunden sind. Werden dagegen Steuervorteile aufgrund einer niedrigen Besteuerung mittels einer **nichtwerbenden** Tätigkeit (Basistätigkeit) erwirtschaftet, wird dem durch die Besteuerung im Inland begegnet: Mit den Einkünften der Auslandsgesellschaft werden die inländischen Gesellschafter anteilig steuerpflichtig, ohne tatsächlichen Zufluß werden bei der ausländischen Gesellschaft angefallene Einkünfte „hinzugerechnet". Es findet mithin ein Durchgriff statt, weil mit der Zurechnung der Einkünfte an den Gesellschafter vom zivilrechtlichen Trennungsprinzip abgewichen wird. Damit wird deutlich, wie der Gesetzgeber den von Wissenschaft und Praxis entwickelten Begriff der „Basisgesellschaft" verwertet hat. In den Gesetzesmaterialien (Leitsätze der BR, 3 Referentenentwürfe, Kabinettsentwurf bis zur Regierungsbegründung BT-Drucks. VI/2883 und dem schriftlichen Bericht des Finanzausschusses zu BT-Drucks. VI/3537 der Jahre 1970, 1971) taucht immer wieder das **Zentralproblem der Steuerflucht durch Einschaltung ausländischer Basisgesellschaften** auf. Sowohl das Begriffselement der niedrigen ausländischen Besteuerung wie auch das des mangelnden wirtschaftlichen Interesses im Sitzland kehren wieder: Bei den Einkünften aus „passiven" bzw. „nichtwerbenden" Tätigkeiten handelt es sich um nichts anderes als um Einkünfte aus Tätigkeiten, bei denen kein wirtschaftliches Eigeninteresse der Auslandsgesellschaft in ihrem Sitzstaat gegeben ist bzw. eine solche Vermutung durch den Gesetzgeber aufgestellt wird. Das Vorliegen solcher Einkünfte allein reicht freilich nicht aus; es muß der steuersparende Effekt hinzutreten. Andererseits genügt der so umrissene objektive Tatbestand; nicht maßgeblich ist, ob gerade das Motiv der Steuereinsparung den Ausschlag für die Gründung der Auslandsgesellschaft gegeben hat. Die Eigenständigkeit der Aus-

landsgesellschaft, ihre steuerliche Anerkennung bleibt unangetastet. Mit den Worten *Mencks* in *Blümich* Vorb. §§ 7–14 AStG Rz 12 ausgedrückt: Das Gesetz erkennt die Gestaltung an und greift auf ihren Gestalter zu. Damit zwangsläufig verbunden ist die Frage, wie sich eine solche Vorgehensweise in die deutsche **Steuerrechtsdogmatik** einordnet: was ist der Gegenstand der Besteuerung – sind es ausländische Einkünfte oder ist es eine fingierte Ausschüttung? Eine gegenüber der Anwendung des § 42 AO völlig andere Fragestellung. Vorab dies: Das Gesetz vermeidet den Begriff „Basisgesellschaft" und führt stattdessen den Begriff „Zwischengesellschaft" ein. Es gibt aber nicht die Zwischengesellschaft per se (so wie man von *der* Basisgesellschaft gesprochen hat), sondern es gibt lediglich i. S. einer Zurechnung Einkünfte, für die eine ausländische Gesellschaft Zwischengesellschaft ist. Die Zwischengesellschaft ist mithin kein gesellschaftsrechtlich existentes Gebilde, als das die Basisgesellschaft noch darstellbar war. Es handelt sich vielmehr um ein „steuerliches Konstrukt" für jene Einkunftsteile einer Gesellschaft, die als Zwischeneinkünfte zu bezeichnen sind (*Köhler* S. 40). Diese Einkünfte werden bei den inländischen Anteilseignern erfaßt; die Zwischengesellschaft selbst ist kein deutsches Steuersubjekt.

**381**  (2) Bevor die Tatbestandsvoraussetzungen und die Rechtsfolgen – unter Einbeziehung bisher vorliegender Rechtsprechung – im einzelnen genannt werden, soll eine auf jede Problematisierung verzichtende **Gesamtschau der §§ 7 ff.** AStG erfolgen: Was erschließt sich für einen verständigen Betrachter aus dem Text der §§ 7–14 AStG, ggf. unter Zuhilfenahme der Gesetzesmaterialien? Es ist dies ein Versuch, losgelöst von (fast) jeglicher Auslegungsproblematik den **Gesetzeskern, seine zentralen Aussagen gegeneinander abgegrenzt** zu erfassen. Daran sollen sich einige grundsätzliche Anmerkungen und Kritikpunkte anschließen – bewußt den Einzelheiten der gesetzlichen Regelung vorgezogen.

**382**  – Der Überschrift des vierten Teiles des Außensteuergesetzes und den Überschriften der §§ 7, 10 AStG sind die zentralen Begriffe zu entnehmen, auch zwei zentrale Aussagen sind bereits möglich: Zwar geht es um eine „Beteiligung an ausländischen Gesellschaften", nicht aber um deren Steuerpflicht, sondern um die „Steuerpflicht inländischer Gesellschafter" – und diese wird (§ 10 II AStG) durch einen „Hinzurechnungsbetrag" bestimmt.

Zwar gibt es nach dem Wortlaut des § 10 II AStG nur einen einzigen Hinzurechnungsbetrag, aber es gibt ganz offensichtlich zwei ihn bestimmende Teilmengen: Denn in § 10 VI AStG heißt es „soweit im Hinzurechnungsbetrag Zwischeneinkünfte mit Kapitalanlagecharakter enthalten sind", nachdem schon § 7 AStG solche Zwischeneinkünfte hervorgehoben hat und auch die §§ 11 IV, 12 III, 14 II, IV, 20 II, III und 21 VII solche näher umschriebenen Zwischeneinkünfte besonders hervorheben. Das legt nahe, die Zwischeneinkünfte grundsätzlich aufzuteilen und trotz eines einzigen Hinzurechnungsbetrags die Hinzurechnung insoweit gedanklich zu trennen; aus dem Text erschließt sich zwar, daß ansonsten von bloßen Zwischeneinkünften keine Rede ist; aber es kann nach dem Wortlaut kaum ein Zweifel daran bestehen: Zwischeneinkünfte als Oberbegriff stellen den Grundfall einer „Steuerpflicht inländischer Gesellschafter" dar – in ihnen können als eine Teilmenge solche mit Kapitalanlagecharakter enthalten sein.

– Alle die Teilmenge des Hinzurechnungsbetrags bezeichnenden **383** Normen bleiben zunächst unbeachtet. Die §§ 7–14 AStG handeln von unbeschränkt steuerpflichtigen natürlichen und juristischen Personen, die an einer ausländischen Gesellschaft beteiligt sind: Insoweit keine andere Ausgangssituation als der unter N 130 dargestellte Fall der Gründung einer ausländischen Kapitalgesellschaft, für die die Abschirmwirkung einerseits, die Besteuerung der inländischen Anteilseigner erst im Falle einer Gewinnrepatriierung andererseits die wesentlichen Merkmale sind. Noch eine andere Abgrenzung ist möglich: Ausgewanderte natürliche Personen und ihre ggf. über zwischengestaltete ausländische Gesellschaften gehaltenen wirtschaftlichen Inlandsinteressen fallen unter § 5 AStG – dazu bereits M 61.

Das Verständnis einer ausländischen Basisgesellschaft als ein Anwendungsfall des § 42 AO war der erste Schritt, **die Abschirmwirkung zu beseitigen** (wobei sich diese Aussage natürlich nur auf die technische Wirkungsweise bezieht, zutreffend *Hahn* IStR 1999, 616). Nunmehr folgt dieses Ergebnis direkt aus dem Wortlaut einer Norm: Nach § 7 I AStG sind „Einkünfte, für die diese Gesellschaft Zwischengesellschaft ist", bei jedem von ihnen – den unbeschränkt Steuerpflichtigen – „steuerpflichtig". Von der eigenartigen Formulierung „für die diese Gesellschaft Zwischengesellschaft ist" ist zunächst abzusehen. Ehe mithin bekannt ist, unter welchen Bedingungen eine Gesellschaft als „ausländische Zwischengesellschaft" in dem Kreis der ausländischen Gesellschaften einer Sonderrolle einnimmt, ist klar: Die Rechtsfolge unterscheidet sie von dem „Standardfall", der mit der Abschirmwirkung verbunden ist; Einkünfte einer ausländischen Gesellschaft werden als Einkünfte der an ihr beteiligten Steuerinländer schon vor einer Ausschüttung behandelt, so als wäre es ein Vorschuß auf eine demnächst erwartete Gewinnausschüttung: § 10 II AStG ordnet den Hinzurechnungsbetrag den „Einkünften aus Kapitalvermögen im Sinne des § 20 Abs. 1 Ziff. 1 EStG" zu und stellt eine Zuflußfiktion auf („gilt . . . als zugeflossen") – woraus nun zugleich folgt, daß es keine besondere, von den Regeln des EStG unabhängige „Hinzurechnungssteuer" gibt. Bestätigt wird die Sichtweise einer „vorweggenommenen Dividende" und eine damit verbundene Besteuerung als „vorweggenommene Interimsteuer" (*Köhler* S. 72) durch § 11 AStG und die damit vorgesehene Berücksichtigung einer späteren Ausschüttung, wenngleich sich bei unbefangener Textlektüre der Sinn und Zweck des Kürzungsvorgehens nicht erschließt.

– **Wann ist eine ausländische Gesellschaft Zwischengesellschaft** für **384** die genannte Rechtsfolge der Besteuerung eines Hinzurechnungsbetrages? Die Voraussetzungen werden allesamt in § 7 I AStG genannt – es handelt sich um drei Tatbestandsvoraussetzungen: eine persönliche Voraussetzung, zwei sachliche Voraussetzungen.

Die **persönliche Voraussetzung** wird durch Beteiligtsein unbeschränkt Steuerpflichtiger an der ausländischen Gesellschaft „zu mehr als der Hälfte" zum Ausdruck gebracht – was aber zu trennen ist von der „zuzurechnenden Beteiligung am Nennkapital der Gesellschaft" des einzelnen unbeschränkt Steuerpflichtigen als Rechtsfolge. Als Tatbestandsvoraussetzung bedeutet das persönliche Merkmal eine „inländerbeherrschte Auslandsgesellschaft" – als Rechtsfolge kommt es auf die Beteiligungshöhe nicht mehr an. Ist eine Auslandsgesellschaft „inländerbeherrscht", erfüllen auch Bagatellbeteiligungen die Rechtsfolge einer Hinzurechnung nach § 10 II AStG. Als Tatbestandsvoraussetzung wird das Erfordernis des Beteiligtseins „zu mehr als der Hälfte" in § 7 II–IV AStG näher bestimmt (während § 7 V AStG die Rechtsfolge in einem besonderem Fall betrifft). Die **sachlichen Voraussetzungen** folgen aus § 8 AStG – zu dem § 7 AStG überleitet: Wenn ein Beteiligtsein zu mehr als der Hälfte vorliegt, die ausländische Gesellschaft mithin inländerbeherrscht wird, so setzt die Rechtsfolge einer Hinzurechnung „Einkünfte, für die diese Gesellschaft Zwischengesellschaft ist" voraus. Inhaltlich wird dies erst in § 8 AStG (Einkünfte von Zwischengesellschaften) durch zwei sachliche Merkmale bestimmt; insoweit eine zentrale Bestimmung innerhalb der §§ 7–14 AStG, als § 8 AStG die der Hinzurechnung unterliegenden Einkünfte im Detail umschreibt und damit „die Spreu vom Weizen trennt" (*F/W/B* Rz 1 zu § 8 AStG) – und deren niedrige Besteuerung im Sitzstaat der ausländischen Gesellschaft als weitere Bedingung nennt. Während die persönliche Voraussetzung der „Inländerbeherrschung" den Inlandsbezug herstellt, wird der auslandsbezogene Teil des Tatbestandes durch Merkmale bestimmt, die an die ausländische Gesellschaft anknüpfen. Die ausländische, jedoch von Steuerinländern beherrschte Gesellschaft ist Zwischengesellschaft, wenn ihre Einkünfte aus bestimmten Tätigkeiten (§ 8 I AStG) oder aus einer bestimmten Beteiligung (§ 8 II AStG) stammen – wobei der Gesetzgeber alle nicht ausdrücklich als steuerunschädlich bestimmten Tätigkeiten hierunter versteht: Einkünfte, die „nicht stammen aus . . ." – erst Zwischeneinkünfte mit Kapitalanlagecharakter werden positiv bestimmt. Sind hiernach die sachlichen Voraussetzungen der Hinzurechnungsbesteuerung gegeben, dann kommt es aufgrund des § 9 AStG zur Rechtsfolge des „Außer-Ansatz-Lassens", sofern Freigrenzen nicht überschritten werden (Bedingung einer relativen Freigrenze auf der Ebene der ausländischen Gesellschaft, Erfordernis der Einhaltung zweier absoluter Freigrenzen bei der ausländischen Gesellschaft).

**385**    – An die Beziehung zu einer ausländischen Gesellschaft anknüpfend kann man sich unschwer vorstellen, wie die Hinzurechnungsbesteuerung zu umgehen wäre, bliebe es bei der Regelung in § 7 I AStG: Die ausländische Gesellschaft erfüllt nicht die Bedingungen des § 7 I i. V. mit § 8 – erst eine nachgeschaltete Gesellschaft erfüllt diese Voraussetzungen. Daher die Regelung in § 14 AStG zu den **nachgeschalteten Zwischengesellschaften.**

Ist eine ausländische Gesellschaft (Obergesellschaft) an einer anderen ausländischen Gesellschaft (Untergesellschaft) allein oder zusammen mit unbeschränkt Steuerpflichtigen gemäß § 7 AStG beteiligt (wobei es – wie noch zu zeigen sein wird – sinnlos ist, dem Text selbst eine überzeugende und noch praktisch handhabbare Regelung entnehmen zu wollen, auf welches Beteiligungsverhältnis genau abzustellen ist), so sind Zwischeneinkünfte dieser nachgeschalteten ausländischen Gesellschaft der ausländischen Obergesellschaft „zuzurechnen". Was Zwischeneinkünfte einer nachgeschalteten Gesellschaft sind, folgt aus § 8 AStG, also wiederholt sich auf jeder weiteren Stufe einer nachgeschalteten Gesellschaft diese Prüfung, jedoch mit einer Besonderheit, daß diese Einkünfte dann als steuerunschädlich betrachtet werden, wenn sie „aus Tätigkeiten oder Gegenständen stammen, die einer unter § 8 Abs. 1 Nr. 1 bis 6 fallenden eigenen Tätigkeit der ausländischen Gesellschaft dienen", wobei die ausländische Gesellschaft die Obergesellschaft ist.

– Sind damit die materiellen Voraussetzungen für Zwischeneinkünfte **386** genannt, ist die **Rechtsfolge** der Besteuerung des einzelnen Anteilseigners zu klären: Damit ist überzuleiten nach § 10 AStG, „die Brücke zwischen den Verhältnissen der ausländischen Gesellschaft und dem einzelnen Anteilseigner" (*F/W/B* Rz 6 zu § 10 AStG).

Hier ist es ganz offensichtlich erforderlich, den Text in einer anderen Reihenfolge der Absätze zu lesen. § 10 III AStG ist die Ausgangsvorschrift für die Ermittlung des Hinzurechnungsbetrags: Danach sind dem Hinzurechnungsbetrag „zugrundeliegenden Einkünfte" – eine der beiden sachlichen Tatbestandsvoraussetzungen – „in entsprechender Anwendung der Vorschriften des deutschen Steuerrechts zu ermitteln" – die Vorschrift beinhaltet eine Einkünfteermittlungspflicht des/der in ihrer Gesamtheit beherrschenden Steuerinländer und bezieht sich auf den einem einzelnen Steuerinländer hinzuzurechnenden Betrag: Also gibt es entsprechend der Anzahl der Steuerpflichtigen eine entsprechende Zahl von Hinzurechnungsbeträgen – was zugleich zu § 18 I Satz 2 AStG überleitet (einheitliche Feststellung der dem Hinzurechnungsbetrag zugrundeliegenden Zwischeneinkünfte); der weitere Halbsatz des § 10 III Satz 1 trägt zum Verständnis des Gesamtzusammenhangs nichts bei. § 10 III Satz 2 bestimmt hierbei die Gleichwertigkeit der Gewinnermittlungsarten §§ 4 III, 4 I, 5 EStG. Ergänzt wird § 10 III AStG durch § 10 IV AStG: Bei der Ermittlung der Einkünfte, „für die die ausländische Gesellschaft Zwischengesellschaft ist, dürfen nur solche Betriebsausgaben abgezogen werden, die mit diesen Einkünften in wirtschaftlichem Zusammenhang stehen" – was zu Aufteilungen führt, wenn Ausgaben sowohl mit aktiven als auch mit passiven Tätigkeiten in einem wirtschaftlichen Zusammenhang stehen. § 10 I AStG bestimmt für den einzelnen Steuerpflichtigen den Hinzurechnungsbetrag – dieser wird gesetzlich definiert als Zwischeneinkünfte der ausländischen Gesellschaft abzüglich ihrer Steuern vom Einkommen und Ertrag, bei denen es sich nicht um ohnehin als Betriebsausgaben abziehbare betriebliche Steuern handelt (§ 10 III AStG). § 10 I Satz 2 AStG regelt das zeitliche Auseinanderfallen von Erhebungszeitraum und Entrichtungszeitpunkt. Allerdings ist die Bestimmung nicht abschließend, andere Bestimmungen beeinflussen den Hinzurechnungsbetrag: zunächst aufgrund der bereits bekannten Zurechnung aufgrund nachgeschalteter Zwischengesellschaften (§ 14 AStG), alsdann durch § 10 III Satz 5 (Verlustabzug) und aufgrund von Schachtelgewinnen und Veräußerungsgewinnen (§ 13 AStG). Nach § 10 I Satz 3 entfällt die Hinzurechnung, sofern sich ein negativer Betrag ergibt – was rechtssystematisch dem § 10 II AStG zuzuordnen ist. § 10 II AStG bestimmt – wie bereits erwähnt –, daß der Hinzurechnungsbetrag zu den Einkünften aus Kapitalvermögen gehört – wobei es sich um den berichtigten Hinzurechnungsbetrag als eine Quasi-Ausschüttung handelt (*F/W/B* Rz 42 zu § 10). Der anzusetzende Hinzurechnungsbetrag ist also begrifflich keine (fiktive) Einnahme, sondern ein „Einkünfteerhöhungsbetrag"; daran knüpfen die unterschiedlichen Antworten auf die **Frage nach dem Besteuerungsgegenstand der Hinzurechnungsbesteuerung.** § 10 II AStG bestimmt auch die anteilige Zurechnung: Der Hinzurechnungsbetrag „gilt unmittelbar nach Ablauf des maßgebenden Wirtschaftsjahres der ausländischen Gesellschaft als zugeflossen" (also am 1. Januar des folgenden Jahres, wenn das Wirtschaftsjahr der ausländischen Gesellschaft dem Kalenderjahr entspricht).

– Der Hinzurechnungsbetrag des § 10 I AStG als gesetzliche Definition **387** (Zwischeneinkünfte abzüglich Steuern vom Einkommen und Vermögen) ist vom Hinzurechnungsbetrag des § 10 II AStG als dem für die Besteuerung des Anteilseigners maßgeblichen Betrag zu unterscheiden; der Hinzurechnungsbetrag des § 10 II AStG berücksichtigt bereits die

Zurechnung der Zwischeneinkünfte einer nachgeschalteten Gesellschaft und beachtet alsdann die in §§ 11–13 AStG vorgesehenen Kürzungen und Hinzurechnungen: Um ihn vom Hinzurechnungsbetrag des § 10 I AStG abzugrenzen, hat sich im Anschluß an die Terminologie der Finanzverwaltung in den Vordruckformularen der Begriff des anzusetzenden Hinzurechnungsbetrages durchgesetzt.

Mithin ist noch der Inhalt der §§ 11–13 AStG zu klären, um zu diesem Besteuerungsobjekt zu gelangen: § 11 I AStG sieht die Kürzung des Hinzurechnungsbetrages um Gewinnanteile vor, die der unbeschränkt Steuerpflichtige von der ausländischen Gesellschaft bezieht – und zwar in dem Kalender- und Wirtschaftsjahr, in dem der Hinzurechnungsbetrag nach § 10 II AStG anzusetzen ist. Damit wird – ungeachtet aller Schwierigkeiten im Umgang mit dieser Norm – jedenfalls zum Ausdruck gebracht, daß eine doppelte steuerliche Berücksichtigung ein und denselben Ertrags vermieden werden soll. Die zunächst aufgrund des § 10 II AStG ausgelöste Hinzurechnungsbesteuerung wird durch eine normale Ausschüttungsbesteuerung ersetzt. Da die §§ 7–14 AStG nur gegen „abgeschirmte ausländische Gewinne" gerichtet sind, eine Steuerverschärfung insgesamt aber nicht beabsichtigt ist, hätte ein anderes Vorgehen bedeutet, eine nach dem Hinzurechnungszeitpunkt erfolgende Ausschüttung nach den allgemeinen Regeln nochmals zu besteuern. Daran knüpft wiederum § 11 II AStG an und sieht als Ergänzung eine Erstattung doppelt erhobener Steuer vor – verbunden wurde dies mit einer 4-Jahres-Grenze aus Gründen der Praktikabilität. Der Ergänzungstatbestand des § 11 III AStG erfaßt Fälle einer Anteilsveräußerung. § 12 AStG sieht ein Wahlrecht bezüglich der zu Lasten der Gesellschaft erhobenen Steuern vor (§ 10 I AStG): Abzug von der Besteuerungsgrundlage wie in § 10 I vorgesehen oder Anrechnung auf die vom Hinzurechnungsbetrag erhobene inländische Einkommen- oder Körperschaftsteuer. Ziel des § 13 AStG ist es, den Steuerpflichtigen bei mittelbarer Beteiligung (mehrstufiger Konzernaufbau) so zu stellen, als hätte die Untergesellschaft die Gewinnausschüttungen statt an die ausländische Obergesellschaft unmittelbar an die Steuerinländer vorgenommen: Dem Steuerpflichtigen werden die Vergünstigungen gewährt, die er bei unmittelbarem Bezug der Beteiligungserträge hätte in Anspruch nehmen können. Der Norm liegt ein Besteuerungsmodell zugrunde, das bei seiner Einführung umstritten war; eine den Leitsätzen der Bundesregierung vom 17. 12. 1970 vorangegangene Stellungnahme der Steuerreformkommission war zu dem Ergebnis gelangt, **Holdinggesellschaften aus der Zurechnungsbesteuerung herauszunehmen** (wesentliche Beteiligung als werbende Leitung, mithin aktive Führung der Geschäfte der ausländischen Gesellschaft). Dies **wollte der Gesetzgeber nicht mittragen.** Eine andere Überlegung könnte nach dem Ursprung ausgeschütteter Gewinne fragen und immer dann, wenn eine steuerunschädliche Tätigkeit am Ende einer Beteiligungskette nachweisbar wäre, die sich daran anschließenden Ausschüttungen unabhängig von der Zahl der Stufen außerhalb der Hinzurechnungsbesteuerung stellen. Wie aber aus § 8 II AStG folgt, sind solche Überlegungen an einen dreistufigen Konzernaufbau gebunden. Für eine weitere Stufenzahl ist grundsätzlich von passiven einnahmenden Beteiligungserträgen auszugehen. Die damit an sich verbundenen Konsequenzen werden aber in den Fallgestaltungen dann noch nicht gezogen: Schüttet eine ausländische Gesellschaft mit steuerunschädlicher Tätigkeit Gewinnanteile an eine andere ausländische Gesellschaft aus und kann der Steuerinländer geltend machen, bei einer unmittelbaren Beteiligung und einem daran anknüpfenden unterstellten Direktbezug der Gewinnanteile hätte er gegenüber der Hinzurechnungsbesteuerung einen steuerlichen Vorteil, so wird seine Steuerschuld im Ergebnis beseitigt oder gemildert. § 13 II ergänzt diese Regelung für Fälle, in denen die ausschüttende Gesellschaft ihren Sitz oder ihre Geschäftsleitung im Inland hat; § 13 III enthält eine Freistellung von der Hinzurechnungsbesteuerung für Gewinne aus einer Anteilsveräußerung durch eine ausländische Gesellschaft.

– Durch das Steueränderungsgesetz 1992 wurden die bereits als Teil- **388** menge des (einheitlichen) Hinzurechnungsbetrages bezeichneten **Zwischeneinkünfte mit Kapitalanlagecharakter als besonderer Tatbestand** geschaffen: Grundlage dieser Sonderregelung ist § 10 VI AStG, der die Wirkung des bisher noch nicht genannten § 10 V AStG für diese Art von Zwischeneinkünften beseitigt.

Daher zunächst nochmals zurück zur allgemeinen Hinzurechnungsbesteuerung: Auf den Hinzurechnungsbetrag sind nach § 10 V AStG die Bestimmungen der DBA entsprechend anzuwenden, die anzuwenden wären, wenn der Hinzurechnungsbetrag an den Steuerpflichtigen ausgeschüttet worden wäre. Da nach der Systematik in diesem Buch Abkommensrecht zunächst ausgeklammert wird, ist § 10 V AStG in diesem Zusammenhang nicht zu erörtern – s. zur Bedeutung des § 10 V AStG daher erst unter N 427, 453, R 10. Der Anlaß für die Schaffung der besonderen Zwischeneinkünfte mit Kapitalanlagecharakter war aber eine abkommensrechtliche Ausgangslage, so daß es wenigstens zum Verständnis dieses Bezuges eines DBA-Hinweises bedarf: Sieht ein Doppelbesteuerungsabkommen die Freistellung für Gewinnausschüttungen an eine inländische Kapitalgesellschaft vor, so ist der Hinzurechnungsbetrag nach Maßgabe des anzuwendenden Abkommensrechts freizustellen. Denn nach § 10 V AStG sind auf den Hinzurechnungsbetrag die DBA-Vorschriften anzuwenden, „die anzuwenden wären, wenn der Hinzurechnungsbetrag an den Steuerpflichtigen ausgeschüttet worden wäre". Das bedeutet zugleich Anerkennung des Vorrangs völkerrechtlicher Vereinbarungen (§ 2 AO), nachdem mit der Qualifikation des Hinzurechnungsbetrages in § 10 II AStG zunächst vom Gesetzgeber uneingeschränkt deutsches Recht für maßgeblich erklärt wurde (Rz. 10.5.1 AEAStG: „Er unterliegt damit uneingeschränkt der deutschen Besteuerung"). Die entscheidende und mit der Teilmenge (sie kann den gesamten anzusetzenden Hinzurechnungsbetrag ausmachen) der „Zwischeneinkünfte mit Kapitalanlagecharakter" verbundene Rechtsfolge besteht nun darin, daß diese Einkünfte auch bei an sich nach § 10 V AStG entgegenstehendem Abkommensrecht der Besteuerung unterworfen werden. In systematischer Sicht bedeutet dies, daß mit Blickrichtung auf die Rechtsfolgen der Hinzurechnungsbesteuerung eine Dreiteilung der Einkünfte in aktive, in normale passive und in passive Einkünfte mit Kapitalanlagecharakter erforderlich ist. Zwischeneinkünfte mit Kapitalanlagecharakter können der Sache nach nur Einkünfte sein, die gleichzeitig die Voraussetzungen aktiver Tätigkeit in § 8 I, II AStG nicht erfüllen. § 10 VI Satz 2 AStG beschreibt sie als Einkünfte der ausländischen Zwischengesellschaft, „die aus dem Halten der Verwaltung, Werterhaltung oder Werterhöhung von Zahlungsmitteln, Forderungen, Wertpapieren, Beteiligungen oder ähnlichen Vermögenswerten stammen" – wobei die Ausnahme von dieser Grundregel hier zunächst unberücksichtigt bleibt. Für diese Einkünfte ist neben der vorrangig hervorzuhebenden Rechtsfolge nicht mehr entgegenstehenden Abkommensrechts zurückzukehren zu den Voraussetzungen der Hinzurechnungsbesteuerung in § 7 AStG: Ist eine ausländische Gesellschaft Zwischengesellschaft für Zwischeneinkünfte mit Kapitalanlagecharakter i. S. des § 10 VI Satz 2 AStG und ist ein unbeschränkt Steuerpflichtiger an der Gesellschaft zu mindestens 10% beteiligt, dann sind die Voraussetzungen des § 7 I AStG modifiziert: Einerseits genügt eine inländische Beteiligung in Höhe von 10% statt einer inländerbeherrschten ausländischen Gesellschaft, andererseits erfolgt eine Hinzurechnung nur gegenüber diesem in Höhe von mindestens 10% an der Zwischengesellschaft Beteiligten, es erfolgt keine Einbeziehung weiterer „Minibeteiligungen" wie bei der deutschbeherrschten Gesellschaft des § 7 I AStG.

Auf die weiteren Anpassungen des AStG ist im Zusammenhang mit einem Gesamtüberblick nicht einzugehen – dazu ab N 450. Für den Gesamtüberblick ist es ausreichend, sich klarzumachen, daß der Gesetzgeber für einen Teilbereich der passiven
Einkünfte, die man plakativ als Einkünfte von Holding- und Finanzdienstleistungsgesellschaften beschreiben kann, besondere Rechtsfolgen und Voraussetzungen für die
Hinzurechnungsbesteuerung aufgestellt hat. Die Ursache hierfür kann nur in dem gesetzgeberischen Willen gesucht werden, die Abschirmwirkung über den Rahmen der
§§ 7 ff. AStG hinaus einzuschränken. In der Beschlußempfehlung und dem Bericht
des Finanzausschusses zum StÄndG 1998 (BT-Drucks. 12/1506) ist dies klargestellt worden: Zentrale Bestimmung ist, daß eine Berufung auf Doppelbesteuerungsabkommen für „Zwischeneinkünfte mit Kapitalanlagecharakter" beseitigt wird; damit
wird die bisherige vertragskonforme Wirkung des § 10 V AStG insoweit beseitigt.

**389**      (3) Auf der Grundlage dieses Gesamtüberblicks sind einige **grundsätzliche Anmerkungen zur Hinzurechnungsbesteuerung** als Kern
des AStG bereits möglich – unabhängig von den eher „technischen" Einzelheiten der Regelung. Die Frage ist vor allem, wie sich das Gesetz in
das sonstige System des Rechts einordnet.

**390**      – Zunächst stellt sich das Problem einer gegen das Trennungsprinzip
gerichteten Besteuerung in völkerrechtlicher Hinsicht. Denn fraglich ist,
ob gegen diesen Durchgriff **völkerrechtliche Bedenken** bestehen. Zwar
wird – anders als bei dem aufgehobenen § 15 II StAnpG – nicht die ausländische Gesellschaft, sondern der in der ausländischen Gesellschaft
entstandene Gewinn bei dem inländischen Anteilseigner besteuert. Die
Zurechnung stellt also eine innerstaatliche Maßnahme dar, die ausschließlich den der unbeschränkten Steuerpflicht unterliegenden beherrschenden Anteilseigner der ausländischen Gesellschaft trifft. Hieraus
könnte der Schluß gezogen werden, daß das Besteuerungsrecht des
Staats, in dem die beherrschte Auslandsgesellschaft Sitz und Geschäftsleitung hat, nicht beeinträchtigt wird. Mit Recht hat *Großfeld* dieser Feststellung indessen entgegengehalten, daß auch die Hinzurechnungsbesteuerung nach § 7 AStG zu **extraterritorialen Wirkungen** von u. U.
nicht unerheblicher Stärke führen kann. *Großfeld* nennt u. a. Kollisionen
mit dem vielfach anzutreffenden Grundsatz der treuhänderischen Bindung der Macht des Großaktionärs, sowie Einflüsse auf die Dividenden-
politik der Unternehmung, die möglicherweise nicht mehr vom Interesse
des Unternehmens, sondern allein des Anteilseigners bestimmt werden
(*Großfeld* S. 180); er gelangt daher zu dem Schluß, daß bei der steuerlichen Erfassung der inländischen Gesellschafter eine Rücksichtnahme
auf ausländische Interessen geboten sei. Das bedeutet, daß sich die
Durchgriffsbesteuerung in den Grenzen einer sachlichen Interessenabwägung zu halten hat. *Großfeld* (S. 182) sieht hierin ein Gebot praktischer Politik, denn es sei andernfalls nur zu leicht mit unerwünschten
Gegenreaktionen der betroffenen ausländischen Staaten zu rechnen. Bei
der Interessenabwägung ist nach ihm davon auszugehen, daß „Gesell-
schaftsgebilde, die eng mit der Wirtschaft eines ausländischen Staats
verbunden sind und ein hinreichendes Maß organisatorischer Selbstän-

digkeit besitzen, nicht den Einwirkungen eines anderen Staats in ihren internen Verhältnissen unterworfen werden. Das innere Gleichgewicht der fremden Wirtschaft würde sonst leicht gestört, Erwartungen würden enttäuscht und Verhaltensweisen herbeigeführt, mit denen im Bereich des ausländischen Staats und angesichts seiner Wirtschafts- und Sozialstruktur sonst nicht oder nicht im selben Umfang gerechnet werden müßte (*Großfeld* S. 184). Die Frage der Vereinbarkeit der Durchgriffsbesteuerung mit dem Völkerrecht wird von der Literatur nicht mehr erörtert, und die völkerrechtliche Literatur nimmt sie mangels Interesse am Steuerrecht (*Wilhelm Wengler* und *Ottmar Bühler* waren die großen Ausnahmen in der Verbindung des Völkerrechts und des Steuerrechts) nicht zur Kenntnis; immerhin spricht für ihre Bejahung, daß das Außensteuergesetz mit der Voraussetzung der passiven Einkünfte auf eine nur lockere Verbindung der Auslandsgesellschaft mit dem Sitzstaat abstellt (*Wassermeyer* RIW 1983, 354). Von der Frage des allgemeinen Völkerrechts zu trennen ist die nach der Vereinbarkeit mit Abkommensrecht. Unabhängig von der Lösung in AStG (N 388) ist darauf hinzuweisen, daß jedenfalls der OECD-Steuerausschuß in einer solchen Besteuerung keinen Kollisionsfall sieht, daß es sich vielmehr um innerstaatliche Regelungen handelt, für die es keines bestätigenden DBA-Vorbehalts bedarf (s. MA-Kommentar Nr. 24, 25 zu Art. 1).

– Unter dem Gesichtspunkt der Wettbewerbsneutralität der Besteuerung stellt sich die Frage, *welches* **Wettbewerbskonzept die Hinzurechnungsbesteuerung** verfolgt. Es ist dies die Konzeption der Kapitalexportneutralität mit der Besonderheit, daß sie dieses Prinzip nicht mehr innerhalb der klassischen Besteuerungsprinzipien verwirklicht. Sie setzt sich über das Trennungsprinzip hinweg – wobei aber daran zu erinnern ist, daß im Lichte der wettbewerbsneutralen Konzepte die Abschirmwirkung ohnehin niemals ganz unumstritten war (s. N 139). Unter diesem Gesichtspunkt ist nochmals auf das *BMF-Beiratsgutachten* zum internationalen Steuerrecht zu verweisen, das die Hinzurechnungsbesteuerung unter diesem Aspekt gewürdigt und vorgeschlagen hat, auch eine Tatbestandsausweitung zu erwägen. Doch ist hiergegen Skepsis angebracht, da nicht ersichtlich ist, auf welche Einkünfte die Hinzurechnungsbesteuerung über § 8 I AStG hinausgehend unter dem Gesichtspunkt mangelhafter Verwurzelung im Sitzstaat konkret zu erweitern wäre. **391**

– Schließlich die eher rechtstechnische, doch systematisch klärungsbedürftige Frage nach dem **Verhältnis der §§ 7ff. AStG zur Mißbrauchsabwehr** auf der Grundlage des § 42 AO. Das Verhältnis ist Gegenstand zweier *BFH*-Entscheidungen: **392**

Im Falle des *BFH* BStBl. 1992 II, 1026 war die Einschaltung zweier schweizerischer Holdinggesellschaften strittig, die gegenüber ihren Tochtergesellschaften (jeweils kanadische Gesellschaften) **Finanzierungsfunktionen** ausübten. Diese Finanzierungskativitäten erfüllten einerseits Tatbestandsteile des § 8 I Nr. 7 AStG, führten aber insgesamt nicht zu einer aktiven Tätigkeit, weil sich die beiden schweizerischen Holdingsgesellschaften entgegen den Bedingungen des § 8 I Nr. 7 bei ihren inländischen Gesellschaftern refinanzierten. Die hieran anknüpfende Überlegung des *BFH* könnte man als „Leitbildfunktion" des § 8 AStG kennzeichnen: An sich ist die gewählte Gestaltung typischer- und vom Gesetzgeber gewollterweise nach §§ 7 ff. AStG zu besteuern – dann aber „hebt die vom Gesetzgeber mit den Vorschriften verfolgte Regelungsabsicht das Mißbrauchsverdikt auf . . . (es) muß die Schlußfolgerung gezogen werden, daß das bloße Erzielen von Einkünften aus passivem Erwerb für sich genommen nur eine Hinzurechnungsbesteuerung auslöst, jedoch noch keinen Mißbrauchsvorwurf rechtfertigt. Um § 42 AO anwenden zu können, müssen weitere Umstände hinzutreten, die die Gestaltung als Manipulation kennzeichnen." Für den *BFH* konnte es hiernach dahingestellt bleiben, ob die beschränkten Funktionen der beiden Holdinggesellschaften als ausreichender wirtschaftlicher Grund für deren Einschaltung zu werten sind, die Frage ließe sich auf der Grundlage des ausgewerteten Fallmaterials bisheriger *BFH*-Entscheidungen auch nicht eindeutig beantworten. Jedenfalls: die im Streitfall gewählte Gestaltung konnte am Gesetzeszweck der §§ 7 ff. AStG gemessen nach Ansicht des *BFH* nicht mehr als Mißbrauch betrachtet werden. Der *BFH*-Entscheidung BStBl. 1992 II, 1029 lag der Fall einer schweizerischen und grundstücksverwaltenden Gesellschaft zugrunde, die bei einem schweizerischen Rechtsanwalt unter dessen Kanzleianschrift domizilierte und weder über eigene Geschäftsräume noch über eigenes Personal verfügte. Ein sachlicher Grund für eine **Zwischenschaltung bei der Einkünfteerzielung aus Vermögensverwaltung** war nicht erkennbar. Der *BFH*: Die Rechtsfolge des § 42 setzt gegenüber § 7 AStG früher an, und zwar bereits bei der Einkünftezurechnung; § 7 AStG erfaßt nur Fälle, in denen die Einkünfte der Zwischengesellschaft und nicht einer anderen Person zuzurechnen sind; dabei setzt die „logisch vorrangige Anwendung des § 42 AO voraus, daß die Tatbestandsvoraussetzungen der Vorschrift im Einzelfall erfüllt sind. Darin fehlt es, wenn die Hinzurechnungsbesteuerung auf die Gesamtdauer der Gestaltung gesehen eine höhere inländische Steuer auslöst" (Hinweis auf *BFH* BStBl. 1990 II, 113). Für den *BFH* ergaben sich in diesem Fall die über die passiven Einkünfte hinausreichenden Umstände aus dem bloßen Domizilcharakter der schweizerischen Gesellschaft: „Ihre Einschaltung in die Einkünfteerzielung war in erster Linie formaler Natur . . . die Gesellschaft entfaltete keine eigene wirtschaftliche Tätigkeit. Für ihre Einschaltung fehlt es auch an sonstigen beachtlichen Gründen. Damit war die tatsächlich gewählte Gestaltung weniger auf einen typischerweise unter die §§ 7 ff. AStG fallenden Sachverhalt als vielmehr auf die bloße Steuerumgehung gerichtet".

Das Verhältnis des § 42 AO zur Durchgriffsbesteuerung auf der Grundlage der *BFH*-Rechtsprechung ist von *Marion Winkelmann* eingehend untersucht worden. Sie hält die *BFH*-Rechtsprechung zum Verhältnis § 42 AO/§§ 7 ff. AStG methodisch für nicht ausreichend fundiert: Zum einen sei die Konkretisierung des Gesetzeszwecks der §§ 7 ff. AStG dann ohne Bedeutung, wenn es sich um eine Gestaltung handelt, deren Tatumstände nicht ausdrücklich im AStG normiert sind (S. 190), wenn mithin die Leitfunktion des § 8 AStG nicht mehr umgesetzt werden könne. Die besonderen Umstände, die nach Ansicht des *BFH* eine Manipulation qualifizieren, vertragen sich nicht mit § 7 AStG: Warum soll der Fall eines Rechtsträgers ohne Geschäftsräume im Rahmen des § 7 AStG keinen Platz haben, wie ist das mit der Teleologie der Hinzurechnungsbesteuerung zu vereinbaren? Die Lösung des *BFH* – so die Autorin – reine Domizilgesellschaften nicht vom Gesetzeszweck des § 7 AStG erfaßt wissen zu wollen, andere ausländische Gesellschaften mit einer gewissen Mindestausstattung, aber ohne wirtschaftliche Funktion von §§ 7 ff. AStG dagegen erfassen zu lassen, sei bestenfalls als pragmatische Abgrenzung erklärbar. Geht man auf den Gesetzeszweck zurück, so könne man nur eindeutige Aussagen zu § 42 AO machen (funktionslose Rechtsträger ohne eigene wirtschaftliche Tätigkeit und eingeschaltet ohne beachtliche Gründe); den Gesetzeszweck der §§ 7 ff. AStG in vergleichbarer Weise zu bestimmen, mißlinge. Denn die Hinzurechnungsbesteuerung stellt nicht auf das Verhältnis von wirtschaftlichem Hintergrund und äußerer Gestaltung ab, sondern es wird die Verlagerung bestimmter wirtschaftlicher Tätigkeiten in das niedriger besteuernde Ausland mißbilligt. Dabei aber werden Tätigkeiten erfaßt, die eindeutig als eigene wirtschaftliche Tätigkeit einer Basisgesellschaft gelten könnten. Vorrangiger Gesetzeszweck der §§ 7 ff. AStG sei es nicht, funktionslose Gebilde zu erfassen. Für beide Normen ist daher von einer im Kern unterschiedlichen gesetzlichen Zielrichtung auszugehen. Davon ausgehend sei eine Lösung der Normenkonkurrenz möglich: Grundsätzlich stehen beide Normen gleichberechtigt nebeneinander; liegt ein Sachverhalt im Anwendungsbereich beider Normen, wird die Norm vorrangig angewendet, mit deren Gesetzeszweck die Erfassung des jeweiligen Sachverhalts stärker korrespondiert. Das Einkünftebild des § 8 AStG gäbe für die Abgrenzung nichts her. Konkret: Übt die Gesellschaft keine eigene wirtschaftliche Funktion aus und sind beachtliche Gründe für ihre Einschaltung nicht zu erkennen, sei vorrangig auch dann § 42 AO anzuwenden, wenn ihr Erscheinungsbild ansonsten von einer aus § 8 AStG abzuleitenden passiven Tätigkeit bestimmt werde. Übt sie eine eigene Tätigkeit aus, greife § 7 AStG. Fazit: Im Unterschied zu *BFH*-Auffassung ist § 42 AO „die bedingungslos vorrangig anzuwendende Norm", sind die §§ 7 ff. AStG „subsidiär anwendbaren Normen". Ändert sich ein wirtschaftlicher Hintergrund durch die Einschaltung der Basisgesellschaft nicht, ist § 42 AO anzuwenden. Stimmen äußere formale Gestaltung und wirtschaftlicher Hintergrund überein, ist § 42 AO unanwendbar, die Verlagerung wird aber möglicherweise durch §§ 7 ff. AStG mißbilligt. §§ 7 ff. AStG haben danach die Funktion einer Lückenschließung, die die übrigen Normen zur Abwehr von Verlagerungen von Einkünften und Vermögen in das niedrig besteuernde Ausland gelassen haben. Rechtsmißbräuchlich eingeschaltete funktionslose Rechtsträger werden mit strengeren Rechtsfolgen belegt (§ 42 AO). Danach bestehen am Ergebnis *BFH* BStBl. 1992 II, 1026 (Fall des kanadischen Beteiligungsbesitzes) für die Autorin Zweifel; der Beteiligungsbesitz für sich genommen wäre wohl nicht ausreichend (*BFH* BStBl. 1981 II, 341), die Finanzierungsfunktion könne nach den Umständen nicht als „vollwertig" anerkannt werden, da der wirtschaftliche Hintergrund durch die Einschaltung der Basisgesellschaften gegenüber einer direkten Beteiligung und Darlehensgewährung durch den Steuerpflichtigen nicht verändert wurde. Der Umstand, daß die Tätigkeiten in den Anwendungsbereich der §§ 7 ff. AStG fielen, werde durch die vorrangige Anwendung des § 42 AO verdrängt; zutreffend entschieden habe unter diesen Voraussetzungen der *BFH* den Fall BStBl. 1992 II, 1029. Dem entspricht das bereits unter N 378 am Schluß vorgestellte Urteil des *FG Köln* EFG 1999, 923. *Marion Winkelmann* untersucht alsdann Sachverhalte außerhalb des Anwendungsbereichs der Hinzurechnungsbesteuerung, für die es nur um eine Anwendung des § 42 AO gehen könne:

– Gestaltungen mit beschränkt Steuerpflichtigen (dazu P 71, S 138),
– Gestaltungen mit Inanspruchnahme der Konzernfinanzierungsklausel in § 10 VI Satz 2 Nr. 3 AStG, bei denen nach dem eindeutigen Wortlaut des Gesetzes eine Umgehung der Hinzurechnungsbesteuerung nicht in Betracht kommt (s. N 454),
– Gestaltungen im Zusammenhang mit der Höhe der Beteiligung, um eine Beherrschungsbeteiligung unbeschränkt Steuerpflichtiger zum Ende des Wirtschaftsjahres zu vermeiden,
– Gestaltungen im Zusammenhang mit der Beteiligungsstruktur: durch die Einbringung der Anteile an der ausländischen Gesellschaft in eine durch ein DBA geschützte ausländische Betriebsstätte oder Personengesellschaft,
– Gestaltungen im Zusammenhang mit der Besteuerungshöhe, da es bei der Anwendung des § 42 AO auf eine bestimmte Besteuerungshöhe wie die 30%-Grenze in § 8 III AStG nicht vorkommt.

**393**   – Läßt sich für die §§ 7–14 AStG ein zugrundeliegendes Konzept (System) nachweisen, mit Hilfe dessen die Einzelaussagen des Gesetzes verständlich und Zweifelsfragen bei der Anwendung des Gesetzes lösbar werden? Anders ausgedrückt: Ist die Zurechnung im Rahmen der §§ 7 ff. AStG „dogmatisch zu erfassen"? In der Sprache des Steuerrechts bedeutet dies die Frage nach dem **Steuerobjekt der Hinzurechnungsbesteuerung** (was wird besteuert) und seiner **Zurechnung zu einem Steuersubjekt.** Die Frage war vom Erlaß des Außensteuergesetzes an eng mit der abkommensrechtlichen Vereinbarkeit verbunden, was sich – rückblickend – als außerordentlich problematisch wohl als Irrweg, erweist. Es wurden von den Regeln der Hinzurechnungsbesteuerung (insbesondere von § 10 V AStG) Brücken zum DBA-Recht geschlagen und umgekehrt der Versuch gemacht, die Sprache des DBA-Rechts in die Regeln der Hinzurechnungsbesteuerung zu transformieren (s. dazu R 10), ohne die Eigenständigkeit des nationalen Rechts einerseits und des Abkommensrechts andererseits zu beachten. Stellt man mithin die Frage nach einer abkommensrechtlichen Subsumtion zurück (s. dazu bereits N 388), dann verliert der Streit um die Dogmatik der Hinzurechnungsbesteuerung an Gewicht. Die einzelne Rechtsfrage ist ohnehin in erster Linie anhand im Gesetz getroffener Regelung zu entscheiden, die Theorien können nicht mehr als „nützliche Schlüssel zum Gesetzesverständnis" sein (*Menck,* aaO, Rz 14 Vorb. §§ 7–14 AStG). Die Diskussion ist geprägt von zwei Auffassungen: Die **Repräsentationstheorie** versteht die Hinzurechnungsbesteuerung als eine Steuerpflicht sui generis; die §§ 7–14 AStG begründen einen originären, für sich stehenden Steueranspruch gegenüber dem Hinzurechnungsverpflichteten – es besteht keine Identität mit dem Gewinn der ausländischen Gesellschaft aus passiven Einkünften.

Die **Ausschüttungstheorie** sieht die Hinzurechnungsbesteuerung von einer Ausschüttungsfiktion (Fiktion einer vorweggenommenen Gewinnausschüttung) geprägt: Von der ausländischen Gesellschaft erzielte Zwischeneinkünfte werden dem Inländer fiktiv zugerechnet, die Rechtfertigung hierfür bietet die Beteiligung an der Auslandsgesellschaft. Das Gesetz sieht in der noch nicht verwirklichten Möglichkeit, die Zwischeneinkünfte auch ausschütten zu können, bereits eine eigene Leistungsfähigkeit des Gesellschafters. Da es faktisch „zwei Betroffene (Beteiligte)" bei der Hinzurechnungsbesteuerung gibt, die ausländische Gesellschaft und den inländischen Steuerpflichtigen, liegt den beiden Auffassungen zwangsläufig eine unterschiedliche Gewichtung der Aussagen des Gesetzes zugrunde: Sind diese Aussagen eher auf die ausländische Gesellschaft oder auf den inländischen Steuerpflichtigen bezogen? Und wie so oft hat sich letztlich eine vermittelnde Auffassung durchgesetzt (zu den beiden Auffassungen mit zahlr. Nachw. s. *Brünink* S. 45 ff.).

Im Falle des *BFH* BStBl. 1998 II, 176 waren die im Inland ansässigen Kläger an **394** einer Aktiengesellschaft schweizerischen Rechts (der GR) als einer Gesellschaft mit ausschließlich passiven Einkünften zu 100% beteiligt. Die GR veräußerte Beteiligungen an ausländischen Gesellschaften an eine B-KG, an der die Kläger als Mitunternehmer beteiligt waren. Da die Verkaufspreise unter den Verkehrswerten lagen, wurde die Differenz als verdeckte Gewinnausschüttung der GR behandelt und der Hinzurechnungsbetrag erhöht. Im finanzgerichtlichen Verfahren (*FG Nürnberg* VII-19/89 = Datev-Dokumentennummer 0172354) argumentierten die Kläger gegen den Ansatz einer verdeckten Gewinnausschüttung wie folgt: Verdeckte Gewinnausschüttungen könne es schon begrifflich auf der Ebene der Zugriffsbesteuerung nicht geben; Steuerrechtssubjekt sei insoweit nämlich nicht die ausländische Gesellschaft, die von den §§ 7 ff. AStG gar nicht erfaßt werde, sondern allein der inländische Gesellschafter. Dieser habe im übrigen eine eventuelle verdeckte Gewinnausschüttung als unbeschränkt steuerpflichtiger Anteilseigner ohnehin nach § 20 I Nr. 1 EStG als Kapitaleinkünfte zu versteuern, mithin handele es sich nicht einmal um „abgeschirmte Einkünfte", um die es ausschließlich bei der Hinzurechnungsbesteuerung gehe. Nachdem schon das *FG Nürnberg* diese Argumente zurückgewiesen hatte, nahm der *BFH* die Argumentation der Kläger zum Anlaß, klarzustellen: Verdeckte Gewinnausschüttungen erhöhen die Zwischeneinkünfte, denn: „Einkunftserzielungssubjekt ist die Zwischengesellschaft. Deren Einkünfte sind in entsprechender Anwendung der Vorschriften des deutschen Steuerrechts zu ermitteln (§ 10 III Satz 1 EStG). Die von den Klägern ... vertretene Auffassung, wonach Einkunftserzielungssubjekt die inländische Steuerpflichtigen sind, teilt der Senat nicht ... Dies folgt aus der der Hinzurechnungsbesteuerung immanenten Systematik. Zwar sind die inländischen Gesellschafter und nicht die Zwischengesellschaft im Inland steuerpflichtig (vgl. § 7 I AStG). **Von der subjektiven Steuerpflicht ist aber die Frage zu unterscheiden, wer die Einkünfte erzielt.** Dies ist zwar im Regelfall der Steuerpflichtige. Es ist dem Gesetzgeber aber nicht verwehrt, unter besonderen Voraussetzungen einem Steuerpflichtigen Einkünfte hinzuzurechnen, die ein Dritter erzielt. Letzteres ist in den §§ 7 ff. AStG geschehen. So liegt der Hinzurechungsbesteuerung des AStG der Gedanke zugrunde, fiktive Gewinnausschüttungen der ausländischen Gesellschaft den inländischen Beteiligten „hinzuzurechnen" (§ 10 I Satz 1, II AStG). Da – ausschüttbare – Gewinne tatsächlich nur die ausländische Gesellschaft als eigener Rechtsträger erzielt, sind folglich deren Gewinneinkünfte in entsprechender Anwendung der Vorschriften des deutschen Steuerrechts zu ermitteln. Dem inländischen Gesellschafter soll lediglich der so ermittelte anteilige Gewinn hinzugerechnet werden. Wäre dieser bereits Einkunftserzielungssubjekt, so wäre für eine „Hinzurechnung" begrifflich kein Raum . . . Das FA versteht unter „Einkünfte" i.S. des § 7 I AStG den Hinzurechnungsbilanzgewinn zuzüglich vGA. Auch in der Literatur wird diese Auffassung einhellig geteilt . . . Der Senat hält diese Auslegung für zutreffend". Das weitere Argument einer „fehlenden Abschirmwirkung" wurde im Revisionsverfahren nicht mehr aufgegriffen, nachdem das *FG Nürnberg* insoweit in seiner Entscheidung auf die §§ 11, 12, 13 II AStG verwiesen hatte, aus denen bereits folge, daß eine inländische Steuerpflicht nicht in jedem Falle einer Hinzurechnungsbesteuerung entgegenstehe. Auf die *BFH*-Entscheidung ist noch in einem anderen Zusammenhang (§ 11 AStG) zurückzukommen – weitere Überlegungen zur Dogmatik des AStG sind damit nicht mehr erforderlich. Eine andere und letzte Frage ist dann die nach der Qualität der Gesetzgebung. Man kann das **Modell des AStG** – wie es der *BFH* interpretiert und wohl anders auch nicht interpretierbar ist – als widersprüchlich bewerten. Dies ist *Schaumburgs* (S. 414) Sicht: Die Rechtsfolge (zweistufig betrachtet: §§ 7 und 8 AStG einerseits, § 10 II AStG „umqualifizierend" hieran anknüpfend) ist nicht mit dem Hinzurechnungsobjekt deckungsgleich, es besteht ein „Systembruch mit der Folge, daß auch die diesbezüglichen Normen der §§ 7–14 AStG in sich widersprüchlich sind". Doch wie hätte ein solcher „Systembruch" verhindert werden können? Indem das Gesetz entweder den Repräsentanzgedanken oder aber den Ausschüttungsgedanken einseitig, mithin konsequent verfolgt hätte, wäre es gleichfalls zu schwierigen, möglicherweise zu nicht mehr lösbaren Anwendungsproblemen gekommen. Der **Systembruch** liegt nicht in der Berücksichtigung beider Gesichtspunkte, sondern in dem zugrundeliegenden, ihr vorangehenden **Durchgriffsfolge**. Entscheidet sich der Gesetzgeber für einen Durchgriff und beseitigt das Trennungsprinzip, ist eine dogmatisch saubere Lösung ausgeschlossen.

**395**   – Steht die Hinzurechnungsbesteuerung einer internationalen Kooperation und möglicherweisen **grenzüberschreitenden Beziehungen überhaupt entgegen?** Am Beispiel ausländischer Joint Ventures unter der Beteiligung von Steuerinländern läßt sich natürlich jedes Tatbestandsmerkmal einer passiven Tätigkeit als Hinderungsgrund interpretieren – ob aber überhaupt auf diesen Teilbereichen ein Kooperationsbedürfnis besteht, ist nicht ersichtlich (zu ausländischen Joint Ventures und §§ 7ff. AStG *Schaumburg* in *Schaumburg* (Hrsg. 1999), S. 368ff.). Beachtlicher sind die Hinweise *Krafts* (Forum Nr. 17, S. 96ff.) zu den steuerlichen Gefahren beim Kauf ausländischer Konzerne. Die Voraussetzung der Mindestbeteiligung von mehr als 50% ohne Mindestdauer, d.h. auch am Ende des jeweiligen Wirtschaftsjahres, kann „fatale" Folgen haben: Der Erwerber kauft sich u.U. auch für die Vergangenheit in die Hinzurechnungsbesteuerung ein. Sein Befund lautet daher: Die aktuelle Form der Hinzurechnungsbesteuerung wird den Anforderungen an moderne steuerrechtliche Rahmenbedingungen internationaler Unternehmenskäufe und Unternehmensstrukturierungen nicht mehr gerecht; der Gesetzgeber ist aufgerufen, das AStG den „Belangen grenzüberschrei-

tender Unternehmenskäufe" anzupassen: es ist zu vermeiden, daß sich
der inländische Erwerber eines ausländischen Konzerns in eine Hinzurechnungsbesteuerung einkauft – „Nach-Erwerbs-Reorganisationen" sind
nicht zu erschweren bzw. zu vereiteln (S. 107).

– Bestehen **europarechtliche Bedenken** gegen die Hinzurechnungs- **396**
besteuerung? *Hahn* hat unter Hinweis auf das ICI-Urteil des *EuGH*
(K 53) geltend gemacht (IStR 1999, 609 ff., s. bereits unter K 377 zur
Basisgesellschaft), daß die Regeln über die Hinzurechnungsbesteuerung
diskriminierende Wirkung haben: Der ICE-Fall betrifft eine Holdingkon-
struktion über eine ausländische Tochtergesellschaft zu einer ausländischen Enkelgesellschaft – man müsse das Vorenthalten von Vergünstigungen wie im ICI-Fall mit der „Auferlegung von Sonderbelastungen"
im AStG gleichsetzen, so daß nach deren Rechtfertigung zu fragen sei.
Für die Bekämpfung der Steuerumgehung leitet *Hahn* aus dem ICI-Urteil
ab: **Typisierte Mißbrauchsformen** sind nicht gemeinschaftskonform, da
sie darauf hinauslaufen, daß in Teilbereichen Diskriminierungen oder
Beschränkungen vorliegen; das Ausnutzen eines Steuergefälles zwischen
den Mitgliedstaaten ohne Hinzutreten weiterer Umstände könne nicht als
Steuerumgehung beurteilt werden. *Hahn* weist zwar darauf hin, daß
Art. 43 EG keine lediglich vermögensverwaltende Tätigkeit schützt, daß
aber der von § 8 AStG erfaßte Bereich eher generell wirtschaftlichen
Tätigkeiten zuzuordnen ist. *Hahn* entnimmt der *EuGH*-Rechtsprechung
zur Mißbrauchsproblematik, daß es allein auf das Vorliegen einer
**künstlichen Konstruktion** ankomme, § 8 I AStG ein solches Erfordernis aber nicht kenne: Das ICI-Urteil lehre, daß auch die Tätigkeit einer
reinen Holding in den Schutzbereich des Art. 43 EG falle, daß es mithin
ohne Bedeutung sei, auf welcher Stufe des Konzernaufbaus die Erwerbstätigkeit stattfinde: „Deshalb führt die von § 8 II AStG i.V. mit
§§ 7, 14 AStG ausgehende Rechtsfolge, die darin besteht, daß auf einer
der oberen Stufen des Konzerns mangels „ausschließlich" aktiver Tätigkeiten die aus der Erwerbstätigkeit resultierenden Einkünfte zu passiven
werden, zu einem Verstoß gegen Art. 43 EG. Denn auch hier bedürfte
es der Feststellung einer konkreten Steuerumgehung. Dem mehrstufigen Konzernaufbau als solchem haftet aber ein Element des Künstlichen,
der unangemessenen Gestaltung, nicht an. Ein gemeinschaftsrechtlicher
Rechtfertigungsgrund ist somit nicht gegeben." Das alles entwickelt
*Hahn* folgerichtig und überzeugend; bedenklich ist die kurz angebundene
Zurückweisung des Arguments, auch die Vermeidung einer Hinzurechnungsbesteuerung durch entsprechendes Ausschüttungsverhalten
(§ 11 AStG) spreche nicht gegen eine Behinderung – auch ein mittelbarer Zwang zur Ausschüttung stelle eine Behinderung der Niederlassungsfreiheit dar. Sollte es jemals zu einer *EuGH*-Vorlage kommen: eine
Prognose für eine europataugliche Hinzurechnungsbesteuerung ist nicht
möglich.

**397**    – *Wassermeyer* hat unter dem Titel „25 Jahre Außensteuergesetz" (Festschrift *Flick* S. 105 ff.) die **Hinzurechnungsbesteuerung** als das Kernstück des AStG einer zusammenfassenden und zugleich **kritisch abwägenden Sicht** unterzogen: „Sie bringt zwar kaum Steuermehraufkommen in die Kassen des BMF, dafür aber um so mehr Arbeit für Steuerpflichtige, ihre Berater, die Finanzverwaltung und die Gerichte. Die Rechtfertigung der Hinzurechnungsbesteuerung wird heute in ihrer prophylaxen Wirkung gesehen. Diese prophylaxe Wirkung ist zwar denkbar, sie kann aber nicht gemessen und deshalb auch nicht nachgewiesen werden. Man kann sie glauben oder nicht. Wahrscheinlich wird auch zum 50. Geburtstag des AStG dasselbe mit seiner prophylaxen Wirkung noch gerechtfertigt. Jedenfalls steht der prophylaxen Wirkung der kaum noch zu überbietende Schwierigkeitsgrad des AStG gegenüber. Dasselbe ist im wahrsten Sinne des Wortes nicht mehr handbar. Dies gilt insbesondere für seine Anwendung durch die Finanzverwaltung. Ihr fehlen die Spezialisten. Und in einer abschließenden Betrachtung, die an die später vom *BFH* aufgehobene und unter N 394 genannte Entscheidung des *FG Nürnberg* anknüpft: „Die Hinzurechnungsbesteuerung ist eine gesetzliche Regelung, die nur von wenigen Fachleuten verstanden wird und praktiziert werden kann. Sie ist damit eine Dummensteuer. Von ihr werden die Personen betroffen, die über keinen Fachmann verfügen ... Das Grundübel liegt in dem Schwierigkeitsgrad des AStG". Konkret rügt *Wassermeyer* die Regelung der Niedrigbesteuerung in § 8 III AStG, insbesondere die Festlegung der Niedrigsteuergrenze bei weniger als 30%, den vom Gesetzgeber nicht „fortgeschriebenen" Katalog aktiver Einkünfte in § 8 I AStG trotz tatsächlicher Entwicklungen (Stichworte: Factoring, Franchising), die Regelungstechnik in § 8 I AStG (Grundsätze, Ausnahmen von den Grundsätzen, Ausnahmen von den Ausnahmen), die verfehlte Regelung sog. Mitwirkungstatbestände in § 8 I AStG, den mit einem Erwerb passiver Beteiligungen durch einen Steuerinländer verbundenen „Einkauf in eine Hinzurechnungsbesteuerung", die praktisch bedeutungslose Freigrenzenregelung in § 9 AStG, die mangelnde Beseitigung von Doppelbesteuerungen durch § 11 AStG und die „im Ansatz" zu verstehende, inhaltlich aber nur „schwer verständliche" Regelung der Zwischeneinkünfte mit Kapitalanlagecharakter. *Schaumburg* hebt in seiner Darstellung der Hinzurechnungsbesteuerung (S. 411 ff.) den Gesetzeszweck hervor, die Aufschub- bzw. Abschirmwirkung ausländischer Kapitalgesellschaften gegenüber der deutschen Besteuerung zu beseitigen und mißt daran den generellen Ausschluß beschränkt Steuerpflichtiger als Anteilseigner, weil auch insoweit eine Abschirmwirkung gegeben ist, sofern die Ausschüttungen aus den ausländischen Kapitalgesellschaften im Inland der beschränkten Steuerpflicht unterliegen (Fall der Zugehörigkeit einer solchen Beteiligung zu einem inländischen Betriebsvermögen [Betriebsstätte] des beschränkt Steuerpflichtigen); über § 8 AStG werden sowohl inländische als auch ausländische Einkünfte der ausländischen Gesellschaft erfaßt, was wiederum dann mit dem genannten Zweck der Hinzurechnungsbesteuerung nur schwer zu vereinbaren ist, wenn diese Einkünfte bereits der beschränkten Körperschaftsteuerpflicht im Inland unterlagen; den Zusammenhang zwischen der Beseitigung der Abschirmwirkung und passiven Einkünften, die einer niedrigen Besteuerung unterliegen, übergeht der Gesetzgeber an einigen Stellen: So fällt unter § 8 I Nr. 7 AStG auch eine ausländische Gesellschaft, die aus ihren aktiven Tätigkeiten erzielte Gewinne darlehensweise an nicht aktiv tätige fremde Dritte im Ausland vergibt; von einem Systembruch müsse gesprochen werden, wenn ein Beteiligungsprivileg (§ 8 II AStG) bereits dann verloren gehe, wenn eine ausländische Untergesellschaft Einkünfte aus einem passiven Erwerb erziele, aber keiner niedrigen Besteuerung unterliege (steuerliche Infektionswirkung), obwohl die ausschüttende ausländische Untergesellschaft selbst die Voraussetzungen einer Zwischengesellschaft (§ 7 I AStG) nicht erfüllt; auch die Maßgeblichkeit der Einkünfteermittlungsvorschriften deutschen Steuerrechts (§ 10 III Satz 1 AStG) bewirken einen Systembruch: von der Ausschüttungsfiktion des Gesetzes ausgehend wäre nach *Schaumburg* folgerichtig auf den ausschüttungsfähigen Gewinn nach den Regeln des jeweiligen ausländischen Handelsrechts auszugehen – zumal eine Divergenz zwischen fiktiver Ausschüttung einerseits und tatsächlich möglicher Ausschüttung zu Doppelbelastungen führt, wenn die letztgenannte hinter der fingierten Ausschüttung zurückbleibt. Übersteigen die tatsächlichen Ausschüttungen den Hinzurechnungsbetrag, erfolgt eine zeitlich begrenzte Rückgängigmachung der Hinzurechnungsbesteuerung der vorangegangenen vier Kalenderjahre (Wirtschaftsjahre) – eine nicht zu begründende zeitliche Limitierung. In der nun folgenden ausführlicheren Darstellung der Voraussetzungen und Rechtsfolgen der Hinzurechnungsbesteuerung ist auf die genannten Punkte zurückzukommen.

*(einstweilen frei)* **398, 399**

### b) Voraussetzungen der Hinzurechnungsbesteuerung

(1) § 7 I, VI AStG enthält als *Grundtatbestand alle Tatbestandsvor-* **400** *aussetzungen der Hinzurechnungsbesteuerung*; näher umschrieben werden diese Voraussetzungen in § 7 II–V, in § 8 sowie in § 10 VI AStG. Jedoch bleiben zunächst alle auf die erweiterte Hinzurechnungsbesteuerung (Zwischeneinkünfte mit Kapitalanlagecharakter in § 7 VI AStG) bezogenen Vorschriften unberücksichtigt (dazu unter d). Für den Grundtatbestand der Hinzurechnungsbesteuerung bestimmt § 7 I AStG die Voraussetzungen: ein inländischer Steuerpflichtiger, der an einer von Inländern beherrschten ausländischen Gesellschaft beteiligt ist, deren passive Einkünfte einer niedrigen Besteuerung im Ausland unterliegen. Zur besseren Übersicht zunächst die Reihenfolge, in der die Tatbestandsvoraussetzungen näher betrachtet werden:

– Eine ausländische Gesellschaft als Voraussetzung (2)
– Eine Beteiligung inländischer Gesellschafter, wobei Beteiligungsquote und Hinzurechnungsquote zu unterscheiden sind (3)
– Einkünfte aus passivem Erwerb, die einer niedrigen Besteuerung unterlagen; (4a) zur niedrigen Besteuerung und (4b) zur Abgrenzung der Einkünfte aus passivem Erwerb.

**401** (2) Die Hinzurechnungsfolge nach §§ 7 ff. AStG setzt eine **ausländische Gesellschaft** als eine Körperschaft, Personenvereinigung oder Vermögensmasse im Sinne des Körperschaftsteuergesetzes voraus, die weder Geschäftsleitung noch Sitz im Inland hat und die nicht gemäß § 3 I KStG von der Steuerpflicht ausgenommen ist. Damit stellt das Gesetz klar, worum es geht: Die Hinzurechnungsfolge ist in ihrer Wirkungsweise **gegen die Abschirmwirkung** für ausländische Erträge gerichtet, deswegen die Rechtsformbestimmung mittels eines Verweises auf das KStG und deswegen der Ausschluß inländischer Anknüpfungen. Ausländische Betriebe, Betriebsstätten und Beteiligungen an ausländischen Personengesellschaften sind außensteuerrechtlich mit keiner Abschirmfolge verbunden, wenn vom DBA-Recht und daran anknüpfend § 20 II AStG (hierzu erst R 10) abgesehen wird; ebensowenig wie inländische Betriebsstätten ausländischer Kapitalgesellschaften, denen eine Beteiligung an einer ausländischen Gesellschaft zuzurechnen ist, im Rahmen einer beschränkten Körperschaftsteuerpflicht eine Hinzurechnungsbesteuerung auslösen, obwohl hier ein vergleichbarer Abschirmeffekt gegeben ist (weswegen *Schaumburg* S. 431 die generelle Suspendierung der Hinzurechnungsbesteuerung nicht gerechtfertigt sieht). Ohne Bedeutung für die Hinzurechnungsfolge ist eine beschränkte Steuerpflicht der ausländischen Gesellschaft hinsichtlich inländischer Einkünfte, ebensowenig wirkt sich die Qualifikation als der einer Zwischengesellschaft auf Rechtsbeziehungen zu anderen Steuerinländern aus. Die Qualifikation als Körperschaftsubjekt setzt einen Typenvergleich voraus (s. dazu N 124). Im Hinblick auf den Verweis auch auf § 3 I KStG kann § 7 I AStG insoweit vereinfacht wie folgt gelesen werden: Als ausländische Gesellschaft gilt jede Person, die weder Geschäftsleitung noch Sitz im Inland hat und die körperschaftsteuerpflichtig wäre, wenn sie Geschäftsleitung oder Sitz im Inland hätte (*F/W/B* § 7 AStG Rz 11).

*Beispiele: FG Hamburg* EFG 1988, 281 zur Anstalt liechtensteinischen Rechts als einer ausländischen Gesellschaft i.S. des § 7 I AStG: Es muß das ausländische Unternehmen ein Gebilde sein, das seiner Struktur nach auch unter § 1 KStG gefaßt werden könnte, wenn es seinen Sitz im Inland hätte – eine Beschränkung, die nicht erforderlich ist, auf die es aber in diesem Fall nicht ankam, da die Anstalt unter § 1 Nr. 4 KStG einzuordnen war. *BFH* BStBl. 1989 II, 13 hat einen liechtensteinischen Trust stillschweigend der Hinzurechnungsbesteuerung unterworfen – er ist ebenfalls als sonstige juristische Person des Privatrechts (§ 1 I Nr. 4 KStG) zu verstehen. Auf ausländische Personengesellschaften aller Art einschließlich der GmbH & Co. KG ist § 7 I AStG nicht anwendbar (*F/W/B* Rz 11 d zu § 7 AStG).

(3) Auf die ausländische Gesellschaft als solche kann es nicht an- **402** kommen, bestimmend sind die **Beteiligungsvoraussetzungen.** Eine vorhandene Beteiligung und deren Höhe sind – dies im Überblick vorangestellt – in dreifacher Hinsicht von Bedeutung: als Zählregel für die Feststellung einer Inländerbeherrschung (§ 7 II, IV AStG), als Grundlage für eine Steuerpflicht einer bestimmten Person dem Grunde nach (§ 7 I, V AStG) und als Aufteilungsregel für die gesamten Zwischeneinkünfte (§ 7 I, V AStG). Grundlage für die Hinzurechnungsbesteuerung ist ihre **Inländerbeherrschung.** Sie ist nach § 7 AStG gegeben, wenn unbeschränkt Steuerpflichtige (natürliche oder juristische Personen) zu mehr als der Hälfte beteiligt sind.

Die inländische Personengesellschaft, die eine Beteiligung an einer ausländischen Gesellschaft hält, ist nicht Steuersubjekt der Einkommensteuer, sondern versteht sich als bloßer personenmäßiger Zusammenschluß von Steuerpflichtigen. In einem solchen Fall trifft die Rechtsfolge der Hinzurechnung die Personengesellschaft – deren Gewinn aber einschließlich des Hinzurechnungsbetrages auf die Gesellschafter aufzuteilen ist. *BFH* BStBl. 1996 II, 122 weist die Besteuerungsgrundlagen der Personengesellschaft zu, es besteht mithin in einem solchen Fall auch nur ein Hinzurechnungsbetrag.

Das „Beteiligtsein zu mehr als der Hälfte" als Voraussetzung einer **403** Hinzurechnungsfolge wird in § 7 II AStG näher bestimmt: Die Beteiligungsbeherrschung ist gegeben, wenn unbeschränkt Steuerpflichtigen „allein oder zusammen mit Personen im Sinne des § 2 ... mehr als 50 vom Hundert der Anteile oder der Stimmrechte an der ausländischen Gesellschaft zuzurechnen sind": Mehrheitsbeteiligung oder Stimmrechtsmehrheit. Es muß nur eines der Kriterien erfüllt sein. Auf einen tatsächlich seitens der Inländer ausgeübten beherrschenden Einfluß kommt es nicht an. Haben Inländer die Mehrheit der Anteile jedoch nicht die Stimmrechtsmehrheit, fehlt es ohnehin an einem solchen Einfluß, aber die Voraussetzung des § 7 II Satz 1 AStG ist gegeben. Der Personenkreis des § 2 AStG erfaßt (nach der Begriffsabstimmung in § 5 AStG) natürliche Personen, die in den letzten 10 Jahren vor dem Ende ihrer unbeschränkten Steuerpflicht nach § 1 I Satz 1 EStG als Deutsche insgesamt mindestens 5 Jahre unbeschränkt einkommensteuerpflichtig waren und die Voraussetzungen des § 2 I Satz 1 Nr. 1 AStG erfüllen. Das bedeutet eine „schrankenlose Einbeziehung" von Personen, die die Tatbestandsvoraussetzungen der erweiterten beschränkten Einkommensteuerpflicht erfüllen und führt damit „zu unsinnigen, weit über die Grundwertungen der Hinzurechnungsbesteuerung hinausgehenden Ergebnissen", weil es keine zeitliche Begrenzung für die Einbeziehung gibt (*Schaumburg* S. 434; zur offensichtlich mißglückten Formulierung *F/W/B* Rz. 44, 44 a zu § 7 AStG). Für die Berechnung der Beteiligungsquote (Stimmrechtsquote) bezieht § 7 II Satz 2 AStG auch Anteile ein, „die durch eine andere Gesellschaft vermittelt werden", also mittelbare Beteiligungen an der ausländischen Gesellschaft, die ein unbeschränkt Steuerpflichtiger oder eine Person i. S. des § 2 AStG über „nicht unbeschränkt steuerpflichtige Körperschaften hält", so Rz 7.2.1 AEAStG (denn mittelbare Beteiligungen über inländische Gesellschaften sind ohnehin in den Kreis der Steuerinländer einzubeziehen). Gegenüber der Rechtsfolge der Hinzurechnungsbesteuerung ist zu beachten, daß die Berücksichtigung einer mittelbaren Beteiligung nur für die Frage der „Inländerbeherrschung" von Bedeutung ist; denn die Steuerpflicht eines inländischen Gesellschafters setzt eine unmittelbare gesellschaftsrechtliche Beteiligung an der ausländischen Gesellschaft voraus.

Da die vermittelnde „andere Gesellschaft" eine ausländische Gesellschaft ist, ist § 7 II Satz 2 AStG eng mit dem die Rechtsfolge der Hinzurechnungsbesteuerung mitbestimmenden § 14 AStG zu den „nachgeschalteten Zwischengesellschaften" verbunden. Dies verdeutlichen die Beispiele bei *F/W/B* Rz 77 zu § 7 AStG, hier ausgewählt die Beispiele 6 und 7: Beteiligte an der ausländischen X-GmbH zu je 50% sind der Steuerinländer A und die ausländische Y-GmbH; die Y-GmbH wird vom Steuerinländer B beherrscht. Die X-GmbH ist „inländerbeherrscht", da für Zwecke der Berechnung der mittelbare Anteil des B – durch die Y-GmbH vermittelt – nach § 7 II AStG mitzählt (50% + 25%). Für B gibt es kein Problem mittelbarer Beteiligung: soweit die Y-GmbH ihrerseits eine Zwischengesellschaft i. S. des § 7 AStG ist, greift § 7 II Satz 1 AStG ein; im Verhältnis der X-GmbH zu Y-GmbH ist die X-GmbH eine nachgeschaltete Zwischengesellschaft (§ 14 AStG), deren Zwischeneinkünfte anteilig den Zwischeneinkünften der Y-GmbH hinzuzurechnen sind. Und: Beteiligte an der ausländischen X-GmbH zu je 50% sind der Steuerinländer A und die ausländische Y-GmbH; an der Y-GmbH sind der Steuerinländer B zu 20%, im übrigen Steuerausländer beteiligt. Die X-GmbH ist inländerbeherrscht, weil über § 7 II Satz 2 AStG die mittelbare Beteiligung des B über die Y-GmbH bei der Berechnung „zu mehr als der Hälfte" einzubeziehen ist. Für B kommt eine Hinzurechnungsfolge nicht in Betracht, weil die X-GmbH nicht inländerbeherrscht ist, folglich wirkt sich auch eine Berücksichtigung der Einkünfte der X-GmbH bei der Y-GmbH über § 14 AStG nicht aus.

**404**     § 7 III AStG bestimmt für unbeschränkt Steuerpflichtige, die unmittelbar oder über Personengesellschaften an einer Personengesellschaft beteiligt sind, „die ihrerseits an einer ausländischen Gesellschaft im Sinne des Absatzes 1 beteiligt ist", daß sie (die unbeschränkt Steuerpflichtigen) „als an der ausländischen Gesellschaft beteiligt" gelten. Die Vorschrift gilt als „ungenau formuliert" (*F/W/B* Rz 82 zu § 7 AStG), sie wird auch kontrovers verstanden. Zunächst ist zu klären: Bezieht sich § 7 III AStG auf die Rechtsfolge der Hinzurechnung oder wirkt sie sich nur auf die Frage der „Inländerbeherrschung" aus? Zur Rechtsfolgenfrage ist nach § 7 I AStG zurückzuverweisen. Dort sind unbeschränkt Steuerpflichtige genannt, deren Steuerpflicht „auf die zuzurechnende Beteiligung am Nennkapital" abstellt. Von der Rechtsfolgenseite her gesehen stellt sich damit die Frage der von einer inländischen Personengesellschaft gehaltenen Beteiligung an einer Auslandsgesellschaft. Das Gesetz weist hierzu eine Lücke auf: einerseits fehlt es der inländischen Personengesellschaft an der Steuersubjektfähigkeit – weswegen es ihrer Einbeziehung nicht bedarf (daher der Hinweis Rz 792 auf die Steuerpflicht der an ihr Beteiligten) – aber andererseits stellt § 7 I AStG auf eine dem Steuerinländer „zuzurechnende Beteiligung am Nennkapital" ab – die es im Falle einer von einer inländischen Personengesellschaft gehaltenen Beteiligung nicht gibt. Dazu *F/W/B* § 7 Rz 9.1: Die Gesetzeslücke ist im Wege teleologischer Auslegung dahin zu schließen, daß man die Personengesellschaft gleichzeitig als den personenmäßigen Zusammenschluß von Steuerpflichtigen versteht; dann umfaßt der Begriff der unbeschränkt Steuerpflichtigen auch diejenigen, die sich zu einer Personengesellschaft zusammengeschlossen haben. Dann bleibt zur Rechtsfolge im Hinblick auf eine durch eine inländische Personengesellschaft gehaltene Beteiligung an einer ausländischen Gesellschaft nur noch zu klären, ob die Hinzurechnungsfolge die Gesellschafter oder die Gesellschaft trifft. Dazu (wie bereits erwähnt) *BFH* BStBl. 1996 II, 122: Es besteht nur ein Hinzurechnungsbetrag. Gleichzeitig hat der *BFH* klargestellt, daß § 7 III AStG nur zur Bestimmung der „Inländerbeherrschung" heranzuziehen ist. Hat sie aber nur die Bedeutung, Beteiligungen über zwischengeschaltete Personengesellschaften als unmittelbare Beteiligungen an Zwischengesellschaften anzusehen, erweist sie sich als lediglich klarstellend, als den Tatbestand einer bloß unmittelbaren Beteiligung ausschließend (§ 39 II Nr. 2 AO). Konstitutive Bedeutung hat die Norm hiernach (*F/W/B* Rz 84 zu § 7; *Schaumburg* S. 440) für ausländische Personengesellschaften, denen das maßgebende ausländische Recht eine eigene Rechtspersönlichkeit gewährt, weshalb das Vermögen dieser Gesellschaften steuerlich nicht ohne weiteres als Vermögen ihrer Gesellschaft angesehen werden könnte. In diesem Fall hat aber dann § 7 III AStG auch für die Rechtsfolge des § 7 II AStG die Bedeutung unmittelbarer Zurechnung.

§ 7 IV AStG bestimmt die Zurechnung von Anteilen und Stimmrech- **405** ten zu einem unbeschränkt Steuerpflichtigen, „die eine Person hält, die seinen Weisungen so zu folgen hat oder so folgt, daß ihr kein eigener wesentlicher Entscheidungsspielraum bleibt. Diese Voraussetzung ist nicht schon allein dadurch erfüllt, daß der unbeschränkt Steuerpflichtige an der Person beteiligt ist". Hat § 7 IV AStG ausschließlich Bedeutung für die Beherrschungsquote – wie die Stellung des § 7 IV AStG nahelegt – oder regelt er auch die Rechtsfolge?

Die inländische GmbH war zu 100% an der belgischen N.V. beteiligt, die ihrerseits 60% der Anteile an einer luxemburgischen Holding (CL) hielt. Die restlichen 40% der Anteile an der Holding entfielen auf eine luxemburgische Gesellschaft. Das FA betrachtete die luxemburgische CL als Zwischengesellschaft und rechnete Gewinnanteile der CL in Höhe von 60% gem. § 7 I i. V. mit § 7 IV AStG unmittelbar der GmbH zu. Der *BFH* (BStBl. 1984 II, 260): Die Einkünfte der CL (der luxemburgischen Holding) sind bei der GmbH nicht nach § 7 I AStG steuerpflichtig. Zwar ist die Inländerbeherrschung gegeben (über die mittelbare Beteiligung an der belgischen N.V.), doch die inländische GmbH ist nicht am Nennkapital der CL beteiligt: „Die der N.V. zustehende Beteiligung kann nicht gemäß § 7 IV AStG heranzogen werden, um eine sechzigprozentige Beteiligung der GmbH am Nennkapital der CL i. S. des § 7 I AStG zu begründen, was eine Zurechnung von 60 v. H. der Einkünfte der CL bei der GmbH nach sich ziehen würde. Der Senat folgt insoweit nicht der Ansicht des FG . . . § 7 IV AStG regelt nach Auffassung des Senats – wie § 7 II AStG – nur die Frage, in welchen Fällen von einer Beteiligung unbeschränkt Steuerpflichtiger „zu mehr als der Hälfte" auszugehen ist. Dies ergibt sich – im Gegensatz zu der Regelung in § 7 II AStG („im Sinne des Abs. 1") – nicht unmittelbar aus dem Wortlaut, sondern aus dem Zusammenhang, in dem die Bestimmung des § 7 IV AStG steht". Der *BFH* verweist auch auf das Tatbestandsmerkmal „Beteiligung am Nennkapital" als Teil der Rechtsfolge und die fehlende Übereinstimmung mit dem Begriff der „Anteile" in § 7 IV AStG. Bestätigt sieht der BFH sich auch durch den Wortlaut des § 7 V AStG als eine auf die Rechtsfolge abzielende Norm, die dementsprechend ausdrücklich auf die „Beteiligung am Nennkapital" Bezug nimmt, während ein solcher Bezug in § 7 IV AStG fehlt.

**406**  (4) Erst die in § 8 AStG genannten sachlichen Voraussetzungen der „Einkünfte aus passivem Erwerb" (§ 8 I, II AStG) und der „Niedrigbesteuerung" (§ 8 III AStG) verdeutlichen das Ziel des Gesetzes: **Kapitalexportneutralität trotz der Abschirmwirkung ausländischer Kapitalgesellschaften** dann durchzusetzen, wenn eine echte Wettbewerbssituation auf dem ausländischen Markt wegen der Tätigkeitsmerkmale verneint wird und ein Steuergefälle genutzt wird. Umgekehrt heißt das: Die Abschirmwirkung ausländischer Gesellschaften bleibt unberührt, wenn die ausländische Gesellschaft Einkünfte aus aktiver Tätigkeit erzielt oder keiner niedrigen Besteuerung unterliegt. Mit § 8 AStG wird der **Begriff der Zwischengesellschaft** eingeführt. Die ausländische Gesellschaft (§ 7 I AStG) ist „Zwischengesellschaft für Einkünfte, die einer niedrigen Besteuerung unterliegen und nicht stammen aus:"

**407**  (4 a) Zunächst zur **niedrigen Besteuerung:** Nach § 8 III AStG liegt sie vor, „wenn die Einkünfte weder im Staat der Geschäftsleitung noch im Staat des Sitzes der ausländischen Gesellschaft einer Belastung durch Ertragsteuern von 30 vom Hundert oder mehr unterliegen, ohne daß dies auf einem Ausgleich mit Einkünften aus anderen Quellen beruht, oder wenn die danach in Betracht zu ziehende Steuer nach dem Recht des betreffenden Staates um Steuern gemindert wird, die die Gesellschaft, von der die Einkünfte stammen, zu tragen hat". Von den Einzelheiten abgesehen: betroffen sind nicht nur klassische Oasenländer – Hochsteuerländer können durch besondere Bedingungen einbezogen werden, aber auch durch besondere Gestaltungen der Steuerpflichtigen. Da die Hinzurechnungsbesteuerung zwischen aktiven und passiven Einkünften unterscheidet, innerhalb der passiven Einkünfte aber die von § 13 AStG erfaßten Gewinnausschüttungen wiederum von der Besteuerung ausnimmt, stellt § 8 III für das Tatbestandsmerkmal der niedrigen Besteuerung klar, daß „Einkünfte, die nach § 13 vom Hinzurechnungsbetrag anzunehmen sind, und auf sie fallende Steuern" unberücksichtigt bleiben. § 8 III AStG ist mit § 2 AStG (niedrige Besteuerung bei einem Wohnsitzwechsel in niedrig besteuernde Gebiete, s. dazu N 60) der Sache nach zu vergleichen, aber erheblich einfacher gestaltet, als der Vergleich mit einer fiktiven inländischen Steuerlastquote entfällt (*F/W/B* § 8 AStG Rz 115). Hierzu Rz 8.3.2.1 AEAStG: Zu berücksichtigen ist nicht nur der allgemeine Tarif, sondern es sind auch in Betracht kommende Vorzugssätze und Befreiungen für Einkünfte aus passivem Erwerb oder für Gesellschaften ohne aktive Tätigkeit und die Steuerbemessungsgrundlage zu berücksichtigen; beträgt die Steuerbelastung weniger als 30%, kann die Ertragsteuerbelastung gleichwohl nach Rz 8.3.2.3 AEAStG über dieser Grenze liegen, beispielsweise weil die ausländische Gesellschaft mögliche Vorzugssätze oder Befreiungen nicht beansprucht hat. Aber die Ertragsteuerbelastung kann auch trotz eines zugrundeliegenden Satzes über 30% nach Rz 8.3.2.4 AEAStG unter dieser Grenze liegen, beispielsweise weil die ausländische Gesellschaft besondere Ermäßigungen und Befreiungen erlangt hat. Zusammenfassend *F/W/B* Rz 116: **Belastung versteht sich abstrakt** und bedeutet, daß die Einkünfte zwar eingebettet in die tatsächlichen Verhältnisse, aber bereinigt um Sonderfaktoren zu sehen sind, die zwar Einfluß auf die effektive Steuerlast haben, jedoch die im ausländischen Steuerrecht vorgesehene Normalbesteuerung dieser Einkünfte nicht berühren. Die Einkünfte, die bei der Berechnung zugrunde zu legen sind (s. § 10 III Satz 1 AStG), sind nach den Regeln des deutschen Steuerrechts zu ermitteln – was auch unter Berücksichtigung der nach einer ausländischen Bemessungsgrundlage erhobenen ausländischen Steuer seinen Sinn behält (dazu die Kritik von *Wurster* FR 1984, 331 einerseits und die ausf. Stellungnahme von *F/W/B* Rz 119b andererseits): Der deutsche Gesetzgeber kann die Frage der Niedrigbesteuerung nicht an die ausländische Bemessungsgrundlage anknüpfen, da dies verbunden wäre mit einer Einstufung auf Grundlage einer „Willkür des Steuersystems des ausländischen Staates"; kritisch *Wassermeyer* zuletzt jedoch in Festschrift *Flick* S. 1065, wo von einem „an sich unsinnigen Denkansatz" die Rede ist. Zur Ermittlung der Ertragsteuerbelastung ist auf die beiden Anlagen zu § 8 AStG im AEAStG zu verweisen: Anlage 1 mit Feststellungen über wichtige Gebiete mit niedrigen Steuersätzen, Vorzugssätzen oder Steuerbefreiungen für juristische Personen, unterschieden nach europäischem und außereuropäischem Raum; Anlage 2 mit Feststellung über Gebiete mit einem Normalsatz der Ertragsteuer für juristische Personen.

*BFH* BStBl. 1988 II, 983 lag ein Fall zugrunde, in dem der Kläger beantragte, den Hinzurechnungsbetrag aus Billigkeitsgründen nicht zu berücksichtigen, weil der von einer brasilianischen Holding steuerfrei erzielte Veräußerungsgewinn aus der Sicht Brasiliens als steuerliche Investitionshilfe zu gelten habe (steuerfreie Übertragung von stillen Reserven aus Grundstücken auf Kapitalanteile). Der Kläger berief sich auch auf die Möglichkeit eines Steuererlasses aus volkswirtschaftlichen Gründen (§ 34c V EStG). Der *BFH*: Der Gesetzgeber hat mit der Regelung in § 8 AStG bewußt in Kauf genommen, daß ausländische Kapitalgesellschaften auch dann als

Zwischengesellschaft anzusehen sind, wenn sie in einem hoch besteuernden Staat gezielte Steuervergünstigungen in Anspruch nehmen. Damit liegt keine über die Wertungen des Gesetzgebers hinausgehende rechtliche Aussage vor, die einen Erlaß wegen sachlicher Unbilligkeit (§ 163 I AO) rechtfertigen würde. Auf die Beweggründe für die Gründung der Zwischengesellschaft komme es ebensowenig an wie auf die Beweggründe der ausländischen Steuervergünstigung; die Pauschalierungsvorschrift in § 34c V EStG ist nach Ansicht des *BFH* auf die der Hinzurechnungsbesteuerung unterliegenden Zwischeneinkünfte nicht anwendbar.

Schließlich die Alternative einer niedrigen Besteuerung, „wenn die danach in Betracht zu ziehende Steuer nach dem Recht des betreffenden Staates um Steuern gemindert wird, die die Gesellschaft, von der die Einkünfte stammen, zu tragen hat". Dazu Rz 8.3.3.1 AEAStG unter der Überschrift „Niedrige Besteuerung von Dividenden": Eine Gewinnausschüttung, die die ausländische Gesellschaft bezieht, ist stets niedrig besteuert, wenn sie entweder aufgrund eines Schachtelprivilegs von den Steuern des Sitzstaates befreit ist oder – das betrifft die hier genannte Alternative – der Sitzstaat nach seinem Recht auf seine Steuer von der Gewinnausschüttung im Wege der „indirekten Steueranrechnung" Steuern vom Gewinn anrechnet, die von der ausschüttenden Gesellschaft entrichtet worden sind; auf die tatsächlichen Belastungsverhältnisse soll es in diesem Fall nicht ankommen. Geregelt wird damit der im deutschen Recht von § 26 II KStG erfaßte Fall einer indirekten Steueranrechnung, bei der es um die Ertragsteuern der ausschüttenden Gesellschaft und deren Anrechnung im Staat der Dividendenempfängerin geht. Nach *F/W/B* (Rz 131 zu § 8 AStG) ist vor allem an den Fall einer englischen Holding gedacht (s. dazu auch Art. XVIII DBA-Großbritannien). Daß die Anrechnung von Steuern unter den Bedingungen einer „indirekten Steueranrechnung" stets zu einer Niedrigbesteuerung führt, erscheint „grob unbillig" und um so weniger verständlich, als die Bundesrepublik dem System indirekter Steueranrechnung zeitgleich mit dem Inkrafttreten des AStG Anerkennung verlieh (*F/W/B* Rz 133 mit einem die Folgen klarstellenden Beispiel).

§ 8 III AStG ist erheblicher Kritik unterzogen worden (*Schaumburg* S. 465 ff.; *Baumgartl/Perlet* in *Maßbaum* u. a., S. 202; *Wassermeyer* in Festschrift *Flick* S. 1065). Der Kern dieser Kritik gewinnt in der gegenwärtigen Steuersatzdiskussion in der Bundesrepublik besondere Beachtung, denn die im AStG maßgebliche Belastungsgrenze in Höhe von 30% gilt als zu hoch (*Wassermeyer*: Wie kann die Niedrigsteuergrenze ab 29,9999% ausgesetzt werden, wenn der deutsche Regel-KSt-Satz bei 30% liegt?). Eine solche Belastungsgrenze ist hiernach in der Tat mit einer Steueroasenproblematik nicht mehr in jedem Fall verbunden, sondern in Richtung einer weiteren Verwirklichung der Kapitalexportneutralität zu verstehen. Gerügt wird, daß nur auf Ertragsteuern abgestellt wird, obwohl es Staaten gibt, die ihr Steueraufkommen durch hohe indirekte Steuern erzielen und deshalb nicht als Steueroasen qualifiziert werden können – jedoch ein problematisches Argument im Hinblick auf die passive und damit eher „umsatzfeindliche" Tätigkeit der ausländischen Gesellschaft. Im Ausland in Anspruch genommene Steueranrechnungen werden ungleich und ohne erkennbaren rechtfertigenden Grund behandelt: Direkte Steueranrechnungen (§§ 34c I EStG, 26 I KStG) bleiben unberücksichtigt (Rz 8.3.2.5 AEAStG), weil der Begriff der niedrigen Besteuerung nicht auf die gezahlte oder geschuldete ausländische Steuer abstellt, sondern auf die abstrakt geschuldete Steuer – Steuerfreistellungen als Folge eines DBA-Schachtelprivilegs führen dagegen zu einer niedrigen Besteuerung; hieran schließt sich dann die Sonderregelung für die indirekte Steueranrechnung, der nach *Schaumburg* (S. 469) „jeder rechtfertigende Grund fehlt" und die selbst dann ausländische Holdinggesellschaften in den Anwendungsbereich der §§ 7ff. AStG einbezieht, wenn deren Einkünfte nicht niedrig besteuert sind; es sei unverständlich, daß die Bundesrepublik Maßnahmen zur Vermeidung der Doppelbesteuerung ausländischer Staaten übergeht, die Bestandteil des eigenen Rechts sind.

(4b) Das zweite sachliche Merkmal einer Zwischengesellschaft: die **408** Hinzurechnungsbesteuerung greift nur **bei passiven Einkünften** der ausländischen Gesellschaft ein, bei Einkünften, für die das Wettbewerbskonzept der Kapitalimportneutralität dem Gesetzgeber nicht mehr als angemessene Besteuerungsfolge gilt. Der Gesetzgeber hat aber in § 8 I, II AStG keinen Katalog passiver Einkünfte aufgestellt, sondern einen Katalog aktiver Tätigkeiten in § 8 I Nr. 1–7 AStG unter in § 8 II AStG Beteiligungseinkünfte, die unter das Funktions- und Landesholding-Privileg fallen. Sind Einkünfte hierunter nicht subsumierbar, handelt es sich um passive Einkünfte. Mit dieser Gesetzestechnik wird – sieht man von unvermeidlichen Auslegungs- und Abgrenzungsfragen ab – eine lückenlose Erfassung passiver Tätigkeiten dem Grunde nach bewirkt. Es bieten sich verschiedene Systematisierungen an. Nach dem jeweiligen Tatbestandsaufbau kann man (wie *Köhler* S. 36) unterscheiden (1) uneingeschränkt aktive Einkünfte § 8 I Nr. 1, 2 (z.B. Land- und Forstwirtschaft), (2) bedingt aktive Einkünfte § 8 I Nr. 3, 4 (Bank- und Versicherungsunternehmen, Handel), (3) sehr bedingt aktive Einkünfte §§ 8 I Nr. 5–7, II (Dienstleistungen, Vermietung und Verpachtung, ausländische Finan-zierungstätigkeit, Schachteldividenden bei Landes- und Funktionsholding). Man kann dies in funktioneller Hinsicht verdeutlichen durch eine Einteilung (*Henkel* in *Mössner* u.a., S. 760ff.) in (1) Aktivitäten kraft Wirtschaftszweigs (Land- und Forstwirtschaft, Kreditinstitute, Versicherungsunternehmen), (2) Aktivitäten mit Funktionsnachweis (Handel, Dienstleistungen, Vermietung und Verpachtung), (3) verselbständigte Hilfstätigkeiten (Finanzierungstätigkeiten) und (4) Beteiligungserträge oder durch eine Einteilung *(Menck* in *Blümich* § 8 AStG Rz 4) in (1) Vermögensverwaltungsgesellschaften, (2) Holding- und Finanzierungsgesellschaften, (3) Innerkonzernliche Handels- und Dienstleistungsgesellschaften. Aber solche Einteilungen tragen bestenfalls zur Veranschaulichung bei, zur Auslegung einzelner Merkmale taugen sie nicht. Die Aufzählung „läßt keinen roten Faden erkennen", das Verständnis „wird durch zahlreiche Ausnahmen und Ausnahmen von den Ausnahmen erschwert", unterschiedliche Formulierungen zur Abgrenzung in Rz 8.0 des AEAStG sind „Zeugnis für die bei der Abgrenzung der einzelnen Nummern des Tätigkeitskatalogs des § 8 bestehenden

Unklarheiten" (so *F/W/B* § 8 AStG Rz 6a, 7, 8a). Für die Frage einer aktiven Tätigkeit kommt es auf die eigene Gesellschaftstätigkeit an, wobei der Ort der Ausübung bedeutungslos ist. Zu dabei denkbaren Zurechnungsproblemen s. unten *BFH* BStBl. 1993 II, 222.

**Außerhalb der Zugriffsbesteuerung** liegen hiernach Einkünfte aus Land- und Forstwirtschaft, der Herstellung, Bearbeitung, Verarbeitung oder Montage von Sachen, der Erzeugung von Energie, dem Aufsuchen und der Gewinnung von Bodenschätzen (Urproduktion, Handwerk). Bei dem Betrieb von Kreditinstituten und Versicherungsunternehmen, die für ihre Geschäfte einen in kaufmännischer Weise eingerichteten Betrieb unterhalten, handelt es sich ausnahmslos um aktive Einkünfte. Allerdings ist zu beachten, daß konzerninterne Geschäfte nach dem *„Bleibe-im-Land-Prinzip"* – zur Steuerschädlichkeit führen können, sofern es sich um Geschäfte mit Steuerinländern handelt, die an der ausländischen Gesellschaft gem. § 7 AStG beteiligt sind und damit zum Kreis der „Mehrheitsbeherrscher" gehören. Der Handel gilt grundsätzlich ebenfalls als werbende Tätigkeit; ist jedoch der Steuerinländer oder eine ihm nahestehende Person Lieferant oder Abnehmer, ist der bei der Auslandsgesellschaft anfallende Gewinn als Gewinn aus nichtwerbender Tätigkeit zu den Basiseinkünften zu rechnen. Den Steuerpflichtigen bleibt aber der Gegenbeweis offen, daß die Auslandsgesellschaft einen für derartige Handelsgeschäfte in kaufmännischer Weise eingerichteten Betrieb unter Teilnahme am allgemeinen wirtschaftlichen Verkehr unterhält und die zur Vorbereitung, dem Abschluß und der Ausführung der Geschäfte gehörenden Tätigkeiten ohne Mitwirkung des inländischen Steuerpflichtigen oder einer ihm nahestehenden Person ausübt (§ 8 I Nr. 4 AStG); dazu *F/W/B* Rz 42 zu § 8 AStG: unschädliche Einkünfte mit Ausnahmen und Ausnahmen von den Ausnahmen. Einkünfte aus Dienstleistungen sind grundsätzlich ebenfalls als werbende Tätigkeit aufgeführt, doch sind auch hier Ausnahmen und wiederum Ausnahmen von den Ausnahmen zu beachten (vgl. § 8 I Nr. 5 AStG). Einkünfte aus Vermietung und Verpachtung sind werbender Natur, es sei denn, es handele sich um Einkünfte aus der Verwertung von Patenten, Urheberrechten und anderen immateriellen Wirtschaftsgütern, für die nicht nachgewiesen ist, daß sie aus der Auswertung eigener Forschung- und Entwicklungsarbeiten der ausländischen Gesellschaft stammen, an denen weder der Inländer noch ihm nahestehende Personen mitgewirkt haben (§ 8 I Nr. 6a AStG). Nach § 8 I Nr. 7 AStG schließlich liegen Einkünfte aus aktiver Tätigkeit ohne eine Ausnahmevorschrift vor, wenn diese aus der darlehensweisen Vergabe von Kapital stammen, das ausschließlich auf ausländischen Kapitalmärkten aufgenommen und auf Dauer im Ausland gelegenen Betrieben oder Betriebstätten zugeführt wird, die selbst ihre Bruttoerträge ausschließlich oder fast ausschließlich aus einer werbenden Tätigkeit i.S. des § 8 AStG beziehen. Es liegt auf der Hand, daß ein solcher „Merkmalskatalog" eine Fülle von Auslegungsfragen nach sich zieht. Dabei muß man grundsätzliche, durch alle Gruppen sich hindurchziehende Probleme von den innerhalb einer einzelnen Gruppe zu lösenden Fragen unterscheiden. Das ist am Aufbau des AEAStG Rz 8 nachzuvollziehen. Danach ist die Frage, welche Tätigkeiten einer ausländischen Gesellschaft zuzurechnen sind, nach den allgemeinen ertragsteuerlichen Grundsätzen zu beurteilen und eine Tätigkeit demjenigen zuzurechnen, für dessen Rechnung sie ausgeübt wird.

Im Falle des *BFH* BStBl. 1993 II, 222 ging es um eine **schweizerische Domizilgesellschaft** A-AG eines inländischen Anteilseigners, deren **Zweck der Import und Export von Waren** war und den sie dadurch erledigt hatte, daß sie durch einen Zusammenarbeitsvertrag die schweizerische J-AG mit der Vorbereitung und Abwicklung ihrer Importgeschäfte beauftragte. Die Warenlieferungen gingen an eine österreichische GmbH, an der die genannten Personen beteiligt waren. Dabei sollte die J-AG die durch den gemeinsamen Einkauf zu erwartenden günstigeren Bedingungen auch zugunsten der A-AG nutzen. Der *BFH* hielt im Streitfall für ungeklärt, ob die Tätigkeit der A-AG als Handel oder als Dienstleistung zu beurteilen sei, konnte die Frage aber offenlassen, weil sich ein der A-AG steuerlich zuzurechnendes Entgelt unter beiden Alternativen als Bruttoertrag aus aktiver Tätigkeit darstellte: Für die Handelsalternative fehlte es am Merkmal der Lieferung an einen unbeschränkt Steuerpflichtigen, für die Dienstleistungsalternative aber hätte sich die A-AG der J-AG bedient, die in der Bundesrepublik nicht unbeschränkt steuerpflichtig war. Deswegen konnte die Ausnahmeregelung des § 8 Nr. 5 a AStG nicht eingreifen. Soweit bewegt sich das Urteil innerhalb der Abgrenzungen zwischen einzelnen Merkmalen des Tätigkeitkatalogs. Aber darüber hinaus hielt der *BFH* für klärungsbedürftig, ob der A-AG überhaupt Bruttoerträge zugeflossen und damit zurechenbar waren. Es lag nahe, die ihr zugeflossenen Vermögensmehrungen als **verdeckte Einlagen** zu qualifizieren, da die Einkaufstätigkeit von ihr selbst mangels einer Ausstattung nicht erbracht werden konnte und nur der J-AG möglicherweise ein Entgelt zustand; ein wirtschaftliches Argument, warum der Warenempfänger nicht direkt mit der J-AG kontrahierte, sei nicht ersichtlich: „Wenn die J-AG bei dieser Sachlage ein ihr zustehendes Entgelt der A-AG überließ, so spricht der tatsächliche Geschehensablauf für die Annahme einer Vermögenszuwendung, deren Veranlassung in der Beteiligung der J-AG an der A-AG zu suchen ist. Eine solche Veranlassung würde aber verdecktes Eigenkapital auslösen"; auch eine mißbräuchliche Zwischenschaltung der A-AG schließt der *BFH* nicht aus: Zusammenwirken der Gesellschafter der J-AG mit denen der Warenempfängerin zu dem Zweck der Gewinnverlagerung. Im Streitfall ging es zudem um die Frage einer Inanspruchnahme eines Schachtelprivilegs nach Art. 24 I Nr. 1 b DBA-Schweiz für Ausschüttungen der A-AG an den inländischen Anteilseigner.

Das **zentrale Problem des § 8 AStG** ist unabhängig von den einzel- **409** nen Gruppen und ihren bestimmenden Merkmalen die „Konkretisierung des Tätigkeitenbegriffs, wie er in der Bestimmung als Anknüpfungspunkt für die Hinzurechnungsbesteuerung umschrieben ist" (*F/W/B* Rz 8 zu § 8 AStG), was mithin mit dem Tatbestandsmerkmal „stammen" zu verbinden ist – es geht schlicht und einfach um die Frage, inwieweit – tätigkeitsbezogen – eine Aufsplitterung möglich ist.

Zur Verdeutlichung *BFH* BStBl. 1990 II, 1049: An der luxemburgischen E-AG war der Kläger unter den Voraussetzungen des § 7 I AStG beteiligt. Die E-AG war als Organ der luxemburgischen E-AG & Co. KG tätig, die ihrerseits aktive Tätigkeiten i. S. des § 8 Nr. 2 AStG ausübte. Die E-AG erzielte aus ihrer Beteiligung an dieser Personengesellschaft Einnahmen: Geschäftsführungstätigkeit für die E-AG & Co. KG, Zinserlöse, Gewinnanteil. Das FA vertrat die Auffassung, die Vergütung für die Geschäftsführungtätigkeit habe als Einkünfte aus passiven Dienstleistungen gem. § 8 I Nr. 5 a AStG zu gelten, weil sich die E-AG zur Ausübung der Geschäftsführungstätigkeit des Klägers als einer unbeschränkt steuerpflichtigen Person bedient habe. Der *BFH* klärte zunächst die Rechtsnatur der aus einer Personengesellschaft vereinnahmten Beteiligungserträge – dazu sogleich. Zur Auslegung des Tätigkeitenbegriffs führt der *BFH* aus: Jede im Kern produktive Tätigkeit kann Teile einer Handels-, Dienstleistungs- oder Finanzierungstätigkeit mitumfassen, jedoch ergäbe sich mittelbar aus § 8 II Nr. 2 AStG, daß bei der Subsumtion unter § 8 AStG nicht auf die Einzeltätigkeiten abzustellen sei: „Wirtschaftlich zusammengehörende Tätigkeiten sind einheitlich zu subsumieren" – das ist der **Kern der funktionalen Betrachtungsweise.** Maßgebend sei die Tätigkeit, auf der nach allgemeiner Verkehrsauffassung das wirtschaftliche Schwergewicht liege; auf diesem Hintergrund anerkennt der *BFH* die freie Entscheidung von Gesellschaft und Gesellschafter, „ob sie die Verpflichtung zur Geschäftsführung als Gesellschafterbeitrag verbunden mit einem Gewinn vorab für den betroffenen Gesellschafter vereinbaren, oder ob sie außergesellschaftsrechtliche Rechtsbeziehungen z. B. in der Form eines besonderen Arbeits- und Geschäftsführungsvertrages begründen ... Ist aber die Geschäftsführungstätigkeit der E-AG als deren Gewinnanteil aus der Beteiligung an der E-AG & Co. KG anzusehen, so ist nach der Verkehrsauffassung dessen einheitliche Subsumtion unter den Katalog des § 8 I AStG geboten ... Damit kann unentschieden bleiben, ob nicht in gleicher Weise zu entscheiden gewesen wäre, wenn zwischen der E-AG und der E-AG & Co. KG ein echter Dienstvertrag zustande gekommen wäre."

*F/W/B* (Rz 8 zu § 8 AStG) haben unter dieser Prämisse das Einführungsschreiben zum AStG (BStBl. 1974 I, 442) untersucht; an dessen Stelle ist der Anwendungserlaß (AEAStG BStBl. 1995 I Sondernummer 1) getreten, der zwar immer noch unterschiedliche Merkmale benutzt, um die funktionale Betrachtungsweise zum Ausdruck zu bringen. Aber zur grundsätzlichen Abgrenzung unter Rz 8.0.2 ist er von der früheren – wohl einschränkend zu verstehenden – Formulierung „wenn die Einkünfte in unmittelbarem wirtschaftlichen Zusammenhang mit der aktiven Tätigkeit der Gesellschaft stehen" abgewichen. Es heißt nun unter Bezugnahme auf *BFH* BStBl. 1990 II, 1049: Maßgebend ist die Tätigkeit „auf der nach allgemeiner Verkehrsauffassung das wirtschaftliche Schwergewicht liegt." Und als Folgerung hieraus: „Danach sind im Rahmen einer aktiven Gesamttätigkeit anfallende betriebliche Nebenerträge den Einkünften aus der aktiven Tätigkeit zuzuordnen. Diese Tatsachen sind vom Steuerpflichtigen nach § 90 II AO darzulegen. Betriebliche Nebenerträge in diesem Sinne sind gegeben, wenn die Einkünfte nach der Verkehrsauffassung zu einer aktiven Tätigkeit gehören und bei dieser, das wirtschaftliche Schwergewicht liegt (z. B. Einkünfte aus für die aktive Tätigkeit notwendigen Finanzmitteln, Einkünfte aus der Vermietung von Werkswohnungen oder der Verpachtung von Vorratsgelände eines ausgeübten Gewerbebetriebs). Einkünfte sind in vollem Umfang dem passiven Erwerb zuzurechnen, wenn sie zwar durch eine aktive

Tätigkeit mitverursacht sind, die passive Tätigkeit aber nach der Verkehrsauffassung einen Bereich mit eigenständigem wirtschaftlichen Schwergewicht darstellt".

Die folgenden Anmerkungen zum Tätigkeitskatalog des § 8 I AStG **410** beschränken sich auf wenige Hinweise.

Die **Einkünfte aus Land- und Forstwirtschaft** bestimmen sich man- **411** gels eigenständiger Bestimmung in § 8 I Nr. 1 AStG nach §§ 13, 14 EStG.

Die **industrielle Tätigkeit** des § 8 I Nr. 2 AStG ist vom Grundsatz her **412** unproblematisch; bei einem Warenerwerb und seiner „Bearbeitung, Verarbeitung" kommt es auf die Entstehung eines Gegenstandes „anderer Markgängigkeit" an, die Ware darf von der ausländischen Gesellschaft, „nicht nur geringfügig behandelt worden" sein (so 8.1.2.2 AEAStG) – der Handel (Vertrieb) ist unter den genannten Bedingungen funktional der industriellen Tätigkeit zuzuordnen, anderenfalls kommt eine Aufspaltung in industrielle Tätigkeit und Handel nicht in Betracht. AEAStG: Kennzeichnen, Umpacken, Sortieren, das Zusammenstellen von erworbenen Gegenständen zu Sachgesamtheiten gelten nicht als Be- oder Verarbeitung. Auch das „Aufsuchen und die Gewinnung von Bodenschätzen" ordnet § 8 I Nr. 2 AStG der industriellen Tätigkeit zu; ein Vertragsabschluß über die Ausbeutung fällt unter § 8 I Nr. 6 AStG (wie überhaupt für alle an die aktiven Tätigkeiten der Nr. 2 anknüpfenden Vermietungstätigkeiten die einheitliche Anknüpfung an Nr. 6 geboten erscheint, s. *F/W/B* Rz 31 zu § 8 AStG).

Zu den ausnahmslos unschädlichen Einkünften zählen **Einkünfte aus** **413** **dem Betrieb von Kreditinstituten oder Versicherungsunternehmen,** „die für ihre Geschäfte einen in kaufmännischer Weise eingerichteten Betrieb unterhalten." Abgestellt wird hier abweichend von den anderen Tatbeständen auf einen Unternehmenstypus statt auf Geschäfte, so daß solche Geschäfte außerhalb des Bankenbereichs beispielsweise als Dienstleistungen einzuordnen sind. Rz 8.1.3.1 AEAStG bezieht sich auf Bankgeschäfte und Versicherungsgeschäfte im Sinne des KWG/VAG und bestimmt den in „kaufmännischer Weise eingerichteten Betrieb" als eine Unternehmensausstattung in sachlicher und personeller Weise, „daß sie mit Fremden Bank- oder Versicherungsgeschäfte in einem ein Kreditinstitut oder Versicherungsunternehmen begründenden Umfang abschließen und ausführen können." Was die letztgenannte Voraussetzung qualifizieren soll, ist unklar, Rechtsprechung hierzu auch nicht gegeben. Interessanter ist, was 8.1.3.3 AEAStG von Bank- und Versicherungsgeschäften ausschließen will (Holding, Vermögensverwaltung sowie Übernahme von Finanzaufgaben im Konzern, Factoring für verbundene Unternehmen) und was 8.1.3.4 AEAStG nach der funktionalen Betrachtungsweise der aktiven Tätigkeit zuordnet (Erträge aus der Mittelanlage). Alsdann aber sieht § 8 I Nr. 3 AStG eine Ausnahme von der aktiven Tätigkeit vor: auch wenn die genannten Voraussetzungen erfüllt sind, liegt eine passive Tätigkeit vor, wenn die in Betracht stehenden Geschäfte überwiegend (d. h. zu mehr als 50%) betrieben werden mit unbeschränkt Steuerpflichtigen, die nach § 7 AStG an dem ausländischen Unternehmen beteiligt sind, und/oder unbeschränkt oder beschränkt Steuerpflichtigen, die diesen unbeschränkt Steuerpflichtigen nahestehen. Zu den schwierigen Fragen, worauf sich das „Überwiegen" beziehen muß (8.1.3.6 AEAStG weist auf eine Gewichtung nach wirtschaftlichen Gesichtspunkten) und für welchen Zeitraum die Bezugsgröße zu ermitteln ist s. *F/W/B* Rz 41 zu § 8 AStG; Rechtsprechung ist hierzu nicht bekannt; *Schaumburg* (S. 450) hält den Umsatz für eine zuverlässige Maßgröße, was aber mit dem Wortlaut „Geschäfte" nicht zu vereinbaren ist.

**414  Einkünfte aus Handelstätigkeit** gem. § 8 I Nr. 4 AStG verstehen sich als unschädliche Einkünfte mit Ausnahmen (. . . und nicht stammen aus dem Handel, soweit nicht . . .) und Ausnahmen von den Ausnahmen (. . . es sei denn . . .). Auf einen kurzen Nenner gebracht (*Menck* aaO, Rz 35 zu § 8 AStG): Aktive Tätigkeit vom Grundsatz her – passiv aber, wenn über die ausländische Gesellschaft deutscher Export oder Import Nahestehender abgewickelt wird, sie aber tatsächlich keine volle Verteileroder Leistungsfunktion erfüllt. Für den Handelsbegriff ist die Warenlieferung typisch (8.1.4.1.1 AEAStG), abzugrenzen ist er gegenüber der Vermittlungtätigkeit (Dienstleistungstätigkeit i. S. § 8 Nr. 5 AStG) und der Be- und Verarbeitungtätigkeit. Zum Handel mit Rechten und Grundstücken ist die Zuordnung zu § 8 I Nr. 4 AStG deswegen problematisch, weil die Norm selbst nur von Gütern oder Waren spricht, worunter körperliche Gegenstände zu verstehen sind. Rechtsprechung hierzu liegt nicht vor, zuzustimmen ist *F/W/B* Rz 44 zu § 8 AStG, die das Sachziel in den Vordergrund stellen und insoweit keinen Unterschied zwischen dem Handel mit Sachen und Waren einerseits und mit Rechten oder Grundstücken andererseits anerkennen. Auch unter dem Gesichtspunkt des Kerns einer Handelstätigkeit, der in der Anschaffung und der Weiterveräußerung besteht, ist die Gleichsetzung gerechtfertigt. *Schaumburg* (S. 451) hält dies deswegen für nicht vertretbar, weil sich dann ein passiver Erwerb nur für Güter und Waren ergeben könnte – denn die Begriffe führt § 8 I Nr. 4 AStG erst bei den Ausnahmevorschriften a und b im Zusammenhang mit dem Erfordernis einer konkreten Warenbewegung auf. Diese Differenzierung ist aber in der Tat unvermeidbar. Wann gehört der Handel zum passiven Erwerb? Verständlich werden die Voraussetzungen wenn man *Schaumburgs* allgemeine Umschreibung voranstellt: danach ist § 8 I Nr. 4 AStG mit mehreren auf unterschiedlichen Ebenen angesiedelten Ausnahmeregelungen durchsetzt mit der Folge, daß im Ergebnis „lediglich eigenständig operierende Handelsgesellschaften mit weit verzweigtem Kundennetz" aktiv tätig sind (S. 450f.) – und die Gründe dafür lassen sich bereits aus der Rechtsprechung zur Basisgesellschaft ableiten: die Regelung geht gegen zwischengeschaltete ausländische Handelsgesellschaften (Vertriebsgesellschaften, Einkaufsgesellschaften), deren Zweck es ist, **Gewinnspannen** im niedrig besteuernden Land **vor der deutschen Besteuerung abzuschirmen.** Handel als passiver Erwerb ist daher gegeben, soweit die Ware von einem inländischen Gesellschafter oder einer nahestehenden Person aus dem Inland (Vertrieb) oder an einen inländischen Gesellschafter oder eine nahestehenden Person in das Inland (Einkauf) geliefert wird. Auf eine Beteiligungshöhe des inländischen Gesellschafters kommt es nicht an, eine Mini-Beteiligung genügt, um auch für die anderen – möglicherweise völlig unbeteiligten – Gesellschafter die Hinzurechnungsfolge auszulösen. Zur Einbeziehung auch „nahestehender Personen" kritisch *F/W/B* Rz 50 zu § 8 AStG: die Einbeziehung ist bedenklich, weil kein Entlastungsbeweis möglich ist; der Gesetzgeber mutet damit den beteiligten Personen zu, die Lieferungen auf die Voraussetzungen des „Nahestehens" hin zu prüfen, was bei verzweigten Beteiligungsverhältnissen problematisch ist. Für die zwischengeschalteten Einkaufs- und Verkaufsgesellschaften ist eine „körperliche Warenbewegung" erforderlich. Im bereits genannten Fall des *BFH* BStBl. 1993 II, 222 schied ein passiver Handel aus, weil die schweizerische A-AG nicht an eine unbeschränkt Steuerpflichtige lieferte. Trotz Einschaltung einer Vertriebs- oder Einkaufsgesellschaft sind aber wiederum aktive Handelstätigkeiten gegeben, wenn nachgewiesen wird, „daß die ausländische Gesellschaft einen für derartige Handelsgeschäfte in kaufmännischer Weise eingerichteten Geschäftsbetrieb unter Teilnahme am allgemeinen wirtschaftlichen Verkehr unterhält" und „die zu Vorbereitung, dem Abschluß und der Ausführung der Geschäfte gehörenden Tätigkeiten ohne Mitwirkung eines solchen Steuerpflichtigen oder einer solchen nahestehenden Person ausübt." Aus der Sicht der Hinzurechnungsbesteuerung sind diese beiden Voraussetzungen geeignet, den wirtschaftlichen Schwerpunkt dem Ausland zuzuordnen und die Abschirmwirkung zu billigen. Die Voraussetzungen des in kaufmännischer Weise eingerichteten Geschäftsbetriebs entsprechen denen in § 8 I Nr. 3 AStG. Der Begriff der Teilnahme am allgemeinen wirtschaftlichen Verkehr ist wie im innerstaatlichen Recht auszulegen, s. *BFH* BStBl. 1985 II, 124 (zum Dienstleistungsbereich in § 8 I Nr. 5 AStG ergangen): danach ergibt sich, daß eine solche Bedingung nur vorliegen kann, „wenn der Geschäftsbetrieb auf einen Wechsel bei den Kunden angelegt ist ... Unterhält die A-GmbH einen für das Bewirken ... eingerichteten Geschäftsbetrieb und ist dieser darauf angelegt, die in Rede stehenden (Leistungen) nur gegenüber den Tochtergesellschaften der A-GmbH zu erbringen, wird von der A-GmbH kein Geschäftsbetrieb unter Teilnahme am allgemeinen wirtschaftlichen Verkehr unterhalten ... Die Teilnahme am allgemeinen wirtschaftlichen Verkehr muß vielmehr gerade von dem Geschäftsbetrieb ausgehen, der für das Bewirken der (Leistungen) eingerichtet ist, die zu den schädlichen Einkünften i. S. des § 8 AStG führen können." Der Mitwirkungstatbestand (s. auch § 8 I Nr. 5 b, Nr. 6 a, Nr. 6 e) ist gegeben (BT-Drucks. VI/3537), „wenn diese Personen Tätigkeiten übernehmen, die funktional Teil der ausländischen Gesellschaft zufallenden Vertreter- oder Leistungsfunktion sind. Dazu ergänzend 8.1.4.3.1 AEAStG, wonach dies auch dann gelte, wenn das Entgelt für diese Leistungen wie unter unabhängigen Dritten bemessen worden ist. Als Beispiele für eine Mitwirkung nennt der AEAStG die Vertriebsübernahme, Leitung eines Vertretereinsatzes, Übernahme von Finanzierungsaufgaben und des Handelsrisikos. Unter 8.1.4.3.2 AEStG werden demgegenüber Handlungen genannt, bei denen keine Mitwirkung gegeben sein soll, z. B. für die Abnehmer der ausländischen Gesellschaft Nebenleistungen zu erbringen (technische Einweisung des Kunden), Werbung ohne Kundenkontaktierung durchzuführen, ein Streckengeschäft zu tätigen. Schädlich ist dagegen jedwede Mitwirkung, durch die Aufgaben übernommen werden, die der ausländischen Vertriebs- oder Einkaufsgesellschaft im Rahmen ihrer Handelstätigkeit obliegen und üblicherweise nicht vom Vertragspartner oder dritten Unternehmen übernommen werden (*Schaumburg* S. 453). Zu einer Reihe von **Musterfällen zum Mitwirkungstatbestand** unter Einbeziehung der Lösungshinweise seitens der FinVerw s. *F/W/B* Rz 58 h–58 r zu § 8 AStG: Global- oder Einzelprüfung von Handelsgeschäften? Der Mitwirkungstatbestand bezieht sich auf das einzelne Geschäft – Mitwirkung daran begründet noch keinen Hinzurechnungstatbestand für andere Geschäfte, bei vertraglich festgelegter Funktionsverteilung kann die Handelstätigkeit überhaupt in Frage stehen. Bedeutung einer Konzernbindung, Beschaffung der Grundausstattung und betrieblicher Rückhalt? Es ist zu fragen, was der ausländischen Gesellschaft an Tätigkeiten verbleibt – dann sind die an eine Funktionsverteilung anknüpfenden Handlungen unschädlich. Entsendung und Delegation von Angestellten des inländischen Unternehmens? Es kommt auf die Weisungsbefugnis an. Eigene Vertriebsunterstützung des inländischen Unternehmens? Es kommt darauf an, was branchenüblicherweise vom Hersteller unabhängigen Händlern zur Verfügung gestellt wird. Bloße Vertriebsbetreuung durch Vertriebsgesellschaft? Im Hinblick auf 8.1.4.3.1 AEAStG eher bedenklich, weil die Handelstätigkeit damit überhaupt in Frage steht. Montage und Handel in verschiedenen Fallkonstellationen? Keine Hinweise im AEAStG, problematisch könnte wiederum sein, ob noch Handelstätigkeit gegeben ist. Einsatz von Koordinationsstellen? Aufsichtstätigkeit begründet keine Mitwirkung – schädlich kann aber Eingriff in einzelne Geschäfte sein. Bei Tätigkeiten zwischengeschalteter Gesellschaften ist klarzustellen, für wen sie tätig werden. Zusammenarbeit von Auslandsgesellschaften? Es kommt auf klare Funktionsverteilung einerseits, auf den zu bewahrenden Kern der Handelstätigkeit andererseits an. Eintreten der ausländischen Gesellschaft in vorbereitete Geschäfte? Vorbereitete Geschäfte pflegen nicht übertragen zu werden, grundsätzlich problematisch. Verunglückter Handel, bei dem im Innenverhältnis Rechte und Pflichten aus dem Vertrag auf das inländische Unternehmen übertragen werden? Tätigkeit einer Stützpunktgesellschaft, die zur Dienstleistung führt. Formuliert man die Handelstätigkeit abschließend ausschließlich unter dem Blickwinkel aktiver Einkünfte, kann man die Vorschrift wie folgt lesen (*Henkel* in *Mössner* u.a. S. 761): Der Handel ist aktiv, wenn er zwischen fremden Dritten betrieben wird; er bleibt aktiv, wenn er zwar zwischen verbundenen (nahestehenden) Personen betrieben wird, aber keine Inlandsbindung (Einfuhr, Ausfuhr) hat. Liegt eine solche Inlandsverbindung vor, bleibt der Handel aktiv unter den Voraussetzungen eines Funktionsnachweises (qualifizierter Geschäftsbetrieb und betriebliche Eigenständigkeit). Zur grundsätzlichen Kritik an den Mitwirkungstatbeständen des § 8 I Nr. 4, 5, 6 AStG *Wassermeyer* in Festschrift *Flick* S. 1066: Sie sollten nicht mehr zur Annahme passiven Erwerbs führen – stattdessen sollten Mitwirkungstatbestände über § 1 AStG gelöst werden.

– Für **Einkünfte aus Dienstleistungen** gilt ein Tatbestandsaufbau wie **415** für den Handel: Einkünfte aus Dienstleistungen gem. § 8 I Nr. 5 AStG verstehen sich als unschädliche Einkünfte mit Ausnahme (... soweit nicht die ausländische Gesellschaft ...) und Ausnahmen von den Ausnahmen (... es sei denn ...). Unter den Begriff der Dienstleistungen fallen alle wirtschaftlichen Verrichtungen, die statt der Sachgütererzeugung in persönlichen Leistungen bestehen: gewerbliche Dienstleistungen (Transport, Baubetreuung als Beispiele), technische Planleistungen (Forschung, Werbung, Entwicklung als Beispiele), Dienstleistungen im kulturellen Bereich (Literatur- und Pressewesen als Beispiele), freiberufliche Tätigkeiten (Architekten, Ärzte, Rechtsanwälte usw.), Dienstleistungen des täglichen Lebens (Gaststätten- und Beherbergungswesen, Krankenhausbetrieb als Beispiele) und die Tätigkeit der Handelsvertreter, Makler, Spediteure, Lagerhalter usw. sowie sonstige Mitwirkungshandlungen an gewerblichen Tätigkeiten. Verwaltung eigenen Vermögens fällt nicht unter den Begriff der Dienstleistung, daher handelt eine Holding in eigenem Interesse, wenn sie für die von ihr gehaltenen Beteiligungen konzernleitende Maßnahmen vornimmt. Davon ist auch grundsätzlich bei der **Abspaltung von Leitungs- und Verwaltungsfunktionen** aus einer Unternehmenseinheit auszugehen, da eine eigene Aufgabenerfüllung gegeben ist. Dienstleistungen gegenüber einer Konzernspitze ist dagegen Tätigkeit im Fremdinteresse – sicherlich im Einzelfall eine schwierige Grenzziehung, dazu *Menck* Rz 53 zu § 8 AStG: Dienstleistungsnehmer kraft Organisation und allgemeiner Weisungsbefugnis der Konzernspitze und unabhängig von der Leistungsverrechnung. Tätigkeiten, die die ausländische Gesellschaft gegenüber fremden Dritten erbringt, bewirken aktive Einkünfte; allerdings gilt dies nur, solange die

Dienstleistungen sich aufgrund einer funktionellen Betrachtungsweise als eigenständige Tätigkeiten erweisen.

Welche schwierigen Aufklärungsprobleme der Tatbestand aufwerfen kann, zeigt beispielhaft *BFH* BStBl. 1985 II, 120: Die schweizerische A-AG stand an der Spitze eines Teilkonzerns, im Verhältnis zur sie beherrschenden inländischen Klägerin fällt sie unter § 7 AStG. Die A-AG vereinnahmte für Beratungen und Revisionen gegenüber nachgeordneten Tochtergesellschaften Vergütungen, die das Finanzamt als steuerliche Einkünfte aus Dienstleistungen bei der inländischen Klägerin der Hinzurechnungsbesteuerung unterwarf. Der *BFH* rügte das Fehlen tatsächlicher Feststellungen, die es ihm ermöglicht hätten, abzugrenzen: Handelte es sich bei den „Dienstleistungen" um Maßnahmen der vom inländischen Unternehmen ausgeübten Konzernleitung – dann gegenüber der A-AG verdeckte Gewinnausschüttungen und Zuordnung aus der Sicht des inländischen Unternehmens zu den Beteiligungseinkünften § 8 II AStG (denn: die nachgeordneten Tochtergesellschaften hätten einem Nichtgesellschafter eine Vergütung für Dienstleistungen im Interesse des herrschenden Unternehmens nicht gewährt); als Vergütungen für Dienstleistungen käme eine Hinzurechnungsfolge grundsätzlich nicht in Betracht, es sei denn, ein Fall des § 8 I Nr. 5 b läge vor. Soweit den Dienstleistungen vertragliche Beziehungen nur zwischen der A-AG und den nachfolgenden Tochtergesellschaft zugrunde lägen, komme es auf ein Auftragsverhältnis zwischen ihr und dem inländischen Unternehmen an.

Von der grundsätzlich aktiven Tätigkeit nimmt das Gesetz den „Bedienensfall" aus: die ausländische Gesellschaft bedient sich für die Dienstleistungen eines gem. § 7 I AStG beteiligten Inländers (bzw. einer ihm nahestehenden Person, wobei die nahestehende Person ein Entgelt hierfür erhalten und hiermit im Inland steuerpflichtig sein muß). Warum „sich bedienen" statt – wie in § 8 I Nr. 4 AStG – „Mitwirkung"? Dazu *F/W/B* Rz 63a, 63h zu § 8 AStG: Zwar sei ein vernünftiger Grund für die Unterscheidung nicht erkennbar, aber suche man einen Sinn, dann könne von einem „sich bedienen" nur die Rede sein, wenn die Dienstleistung in den Aufgabenbereich der ausländischen Gesellschaft falle, sie die Dienstleistung schulde und das „sich bedienen" als Subunternehmerbeziehung anzusehen ist, oder negativ ausgedrückt: es darf keine indirekten Beziehungen zwischen den inländischen Gesellschaften und dem Dienstleistungsempfänger geben. Allerdings sieht 8.1.5.2.1 AEAStG dies offensichtlich enger, da hiernach das Merkmal schon durch ein „Heranziehen" dieses Personenkreises erfüllt ist – auch wenn an der Erfüllung einer eigenen Verpflichtung kein Zweifel bestünde. Dahinter steht das klassische Verständnis von der Dienstleistung „in Person". Neben dem „Bedienensfall" der „Einbringungstatbestand", der zu passiven Einkünften dann führt, wenn die Dienstleistung dem vorstehend genannten Personenkreis erbracht wird (s. für den Handel § 8 I Nr. 4b AStG), der Anteilseigner oder eine ihm nahestehende Person also Gläubiger einer Dienstverschaffung sind; auf den Leistungsort (Inland oder Ausland) kommt es nicht an. Zu der Ausnahmeregelung, die wiederum zu unschädlichen Einkünften führt, ist klarzustellen: sie bezieht sich nur auf den „Erbringungstatbestand"; hierfür ist der Nachweis des Steuerpflichtigen erforderlich, daß „für das Bewirken derartiger Dienstleistungen" die qualifizierenden Merkmale des eingerichteten Geschäftsbetriebes unter Teilnahme am allgemeinen Wirtschaftsverkehr ohne Mitwirkung des Steuerpflichtigen gegeben sind (die Voraussetzungen entsprechen der Handelsregelung). Auch hierzu ist zur Verdeutlichung auf Musterfälle zu verweisen (zu denen *F/W/B* aber – Stand August 1990 – darauf hinweisen, daß es hierzu keine Meinungsäußerung der FinVerw gibt), die den Transportbereich und die Planung betreffen, s. *F/W/B* Rz 69 a– 69 n zu § 8 AStG.

Auch die **Einkünfte aus Vermietung und Verpachtung** sind dem **416** Grunde nach aktiver Natur, doch zeigt der Tatbestandsaufbau, daß es sich im Prinzip wegen deutlicher Durchbrechungen um grundsätzlich passive Einkünfte handelt (*F/W/B* Rz 70 zu § 8 AStG). Der AEAStG drückt dies in Rz 8.1.6.1 zutreffend aus: „Nach Maßgabe des § 8 I Nr. 6 AStG gehören Vermietung und Verpachtung zum passiven Erwerb, wenn nicht eine der drei folgenden Ausnahmen vorliegt . . .". Der Begriff der Einkünfte aus Vermietung und Verpachtung versteht sich i. S. des § 21 EStG unter Ausschluß der Subsidiaritätsklausel – was aber wiederum wegen der Verweisung des § 10 III Satz 1 AStG auf § 2 II Nr. 1 EStG nach tatbestandsmäßiger Klärung zu gewerblichen Einkünften (und damit zur Besteuerung von Veräußerungsgewinnen) führen kann, s. *F/W/B* Rz 70a, b zu § 8 AStG. § 8 I Nr. 6 AStG teilt die „Ausnahmetatbestände" in drei Gruppen, zunächst (§ 8 I Nr. 6a AStG) die Überlassung der Nutzung von Rechten, Plänen, Mustern, Verfahren, Erfahrungen und Kenntnissen, und nimmt sie vom passiven Erwerb aus, wenn es sich um die Verwertung eigener Forschungs- und Entwicklungsarbeit ohne schädliche Mitwirkung handelt; um „eigene" Forschungs- und Entwicklungsarbeit" muß es sich handeln; erwirbt die ausländische Gesellschaft Rechte (vom Anteilseigner, von Dritten) und verwertet sie, führt dies zu passiven Einkünften; Selbstnutzung ist kein Fall der Nr. 6a. Die zweite Gruppe (§ 8 I Nr. 6b AStG) betrifft die Vermietung oder Verpachtung von Grundstücken, ermöglicht aber aktive Einkünfte, wenn die Einkünfte daraus nach DBA-Recht dann steuerbefreit wären, wenn sie vom Anteilseigner unmittelbar bezogen wären – das betrifft somit nicht im Inland belegene Grundstücke aufgrund des Belegenheitsprinzips des Art. 6 OECD-MA. *Schaumburg* (S. 458) hat an diese Regelung die Frage angeknüpft, warum der Gedanke für § 8 I AStG nicht allgemeine Geltung habe, so daß Einkünfte aus passivem Erwerb nur dann vorlägen, wenn im Falle des direkten Bezugs durch inländische Anteilseigner diese aufgrund des eingreifenden DBA-Rechts überhaupt der deutschen Besteuerung unterlägen (*F/W/B* verstehen § 8 I Nr. 6b AStG als Ergänzung zu Art. 24 I Nr. 2 DBA-Schweiz, s. Rz 78 zu § 8 AStG). Schließlich die dritte Gruppe in § 8 I Nr. 6c AStG, die die Vermietung oder

Verpachtung von beweglichen Sachen als passive Einkünfte bestimmt, aber als aktive Tätigkeit betrachtet, wenn dies im Rahmen eines qualifizierten Geschäftsbetriebs und ohne schädliche Mitwirkung erfolgt. Im Hinblick auf die Erweiterung gegenüber § 21 I Nr. 2 EStG (Sachinbegriffe) ist § 8 I Nr. 6 c AStG ausschließlich als gegen ausländische Leasing-Gesellschaften gerichtet zu verstehen (*Schaumburg* S. 458; *Wassermeyer* in Festschrift *Flick* S. 1067: eine unverständliche Regelung, weil praktisch bedeutungslos).

**417** Schließlich die **Einkünfte aus der Aufnahme und Ausleihe von Auslandskapital,** für das der Steuerpflichtige bestimmte Nachweise erbringen muß, um eine aktive Tätigkeit zu begründen (§ 8 I Nr. 7 AStG). Ohne diese Nachweise sind solche Kapitaleinkünfte der ausländischen Gesellschaft mithin passive Einkünfte (der Tatbestandsaufbau weicht mithin von den vorangehenden Beschreibungen der Tätigkeitsmerkmale ab) – falls sie nicht funktional einer anderen Einkunftsart einschließlich § 8 II AStG für Beteiligungseinkünfte unterliegen, wie ja überhaupt die gegen § 8 I Nr. 7 AStG gerichtete Kritik die fehlende Abstimmung mit § 8 II AStG rügt: es stellt einen Widerspruch dar, wenn das Halten von Beteiligungen als vergleichbare Form des Kapitaltransfers in das Ausland unter den Voraussetzungen des § 8 II AStG aktive Tätigkeiten begründet, während vergleichbare Formen einer Darlehensvergabe die Hinzurechnungsfolge auslösen, vgl. bereits *Hollatz/Maebus* DB 1978, 605). Vom Wortlaut des § 8 I Nr. 7 AStG ausgehend lassen sich folgende Bedingungen für einen Fall aktiver Einkünfte vorstellen: Die ausländische und unter § 7 AStG fallende Gesellschaft nimmt bei einer Bank auf dem eigenen oder dem Kapitalmarkt eines Drittlandes ein Darlehen auf; exakt diese Darlehensmittel werden im eigenen Staat der unter § 7 I AStG fallenden ausländischen Gesellschaft oder in Drittstaaten darlehensweise an Betriebe mit aktiver Tätigkeit (§ 8 I Nr. 1–6 AStG) verliehen; auf dem deutschen Markt darf eine Verleihung dieser Mittel an Betriebe erfolgen, ohne daß die Voraussetzungen des § 8 I Nr. 1–6 AStG erfüllt sein müssen. Diese einengenden Merkmale erschließen sich verständlicher, wenn man nach Beispielen für eine passive Tätigkeit sucht. Solche können nach dem Wortlaut aus formalen Gründen bereits dann gegeben sein, wenn die Identität zwischen den aufgenommenen und den darlehensweise weitergegebenen Mitteln nicht nachweisbar ist; doch ist hier eine indirekte Zuordnung möglich, s. Rz 8.1.7.3 AEAStG. Aus eher formalen Gründen ist sie auch dann gegeben, wenn inländischen Anteilseigner oder nahestehende Personen in die Kapitalaufnahme ohne Offenlegung ihrer Stellung eingeschaltet sind (zum Merkmal der Aufnahme des Kapitals „auf ausländischen Kapitalmärkten" s. Rz 8.1.7.2 AEAStG). Entscheidend sind die Kapitalströme, die verhindert werden sollen. Da die aktive Tätigkeit aufgenommene Darlehensmittel voraussetzt, scheidet eine darlehensweise Weitergabe liquider Mittel seitens der ausländischen

Gesellschaft aus, sie führt zu passiven Einkünften (dies berührt bereits die Teilmenge „Zwischeneinkünfte mit Kapitalanlagecharakter", s. dazu ab N 450). *Schaumburg* (S. 459) sieht hieran anknüpfend das mit § 8 I Nr. 7 AStG zum Ausdruck gelangte Ziel des Gesetzgebers, inländische Gesellschaften „zur Ausschüttung zu zwingen"; in der Gesetzgebungsgeschichte ist dies nicht nachweisbar, § 8 I Nr. 7 AStG ist auch erst in den dritten Referentenentwurf aufgenommen worden. Weder die Regierungsbegründung noch der Bericht des Finanzausschusses geben eine Begründung für die mit dem Tatbestand verbundenen Beschränkungen. Es scheint dem Gesetzgeber weniger um einen generellen „Ausschüttungszwang" gegangen zu sein (insoweit übt § 8 I Nr. 7 AStG keinen über andere Tatbestände hinausgehenden Zwang aus) als um eine Schrankenziehung gegenüber der zunehmenden **Bedeutung ausländischer Finanzierungsgesellschaften international verbundener Unternehmen.** Bei der darlehensweisen Weitergabe liquider Mittel durch die ausländische Gesellschaft könnte man den Gedanken der Hinzurechnungsbesteuerung konsequent fortgesetzt sehen, wenn es um die aus passiver Tätigkeit stammenden Mittel geht (Einkünfte in diesem Fall werden aber regelmäßig schon nach der funktionalen Betrachtungsweise passiver Natur sein) oder wenn die Eigenmittel vom Anteilseigner zur Verfügung gestellt werden. Warum aber eine darlehensweise Vergabe aus aktiver Tätigkeit verdienter Mittel zu einer passiven Tätigkeit führt, ist nicht nachvollziehbar. Die Aufnahme des Kapitals muß „ausschließlich auf ausländischen Kapitalmärkten" erfolgen – warum damit eine Darlehensaufnahme im Inland anders als die entsprechenden Tätigkeiten im Ausland behandelt werden, ist nicht einsichtig (*F/W/B* Rz 85 b zu § 8 AStG). Die aktive Tätigkeit setzt voraus, daß das Kapital im Ausland unterhaltenen Betrieben oder Betriebsstätten zugeführt wird, die ihre Bruttoerträge ausschließlich oder fast ausschließlich aus aktiver Tätigkeit erzielen – nachvollziehbar, soweit die Darlehensvergabe an Anteilseigner oder nahestehende Personen erfolgt, nicht mehr verständlich bei ausländischen Darlehensnehmern als fremde Dritte. Lediglich bei der Darlehensvergabe an inländische Betriebe kommt es auf deren Tätigkeit nicht an (Regelung im StandOG 1993 unter Berücksichtigung der Gesellschafter-Fremdfinanzierung § 8 a KStG). Zur Kritik am derzeitigen Rechtszustand *F/W/B* Rz 85 b zu § 8 AStG: Dieser an sich zu begrüßende erste Schritt bedeutet noch keine „in sich abgestimmte Gesamtlösung" – die Darlehensvergabe an fremde Dritte sollte dann jedenfalls als aktive Tätigkeit qualifiziert werden, wenn der fremde Dritte in einem Hochsteuerland ansässig ist; innerhalb eines Konzerns sollten Einkünfte aus Darlehensvergabe an § 8 II AStG (Beteiligungserträge) angebunden werden. Außerhalb aktiver Tätigkeit liegt die Mittelaufnahme durch die ausländische Gesellschaft, um sie eigenen betrieblichen Zwecken zuzuführen; schon deswegen, weil hier eine „darlehensweise Vergabe" nicht möglich ist. Die

Darlehensvergabe an das ausländische Unternehmen i. S. des § 7 AStG erfordert eine ausschließliche Kapitalaufnahme „auf ausländischen Kapitalmärkten" (der Begriff des Kapitalmarkts umfaßt auch den Geldmarkt, versteht sich lediglich als Abgrenzung gegenüber dem inländischen Markt, *F/W/B* Rz 85 g zu § 8 AStG); die Kapitalaufnahme darf nicht bei einer dem Anteilseigner oder der ausländischen Gesellschaft nahestehenden Person erfolgen. Zum Merkmal der „Aufnahme auf ausländischen Kapitalmärkten" s. die Beispiele Rz 8.1.7.2 AEAStG, die mit dem Hinweis verbunden sind „und keine mittelbare Kreditaufnahme auf dem inländischen Markt vorliegt"; das wird man schwerlich auf die Mittelkunft selbst beziehen können (Refinanzierung des Kapitalgebers) – es geht allein um die erkennbaren Umstände, unter denen die ausländische Gesellschaft die Mittel aufgenommen hat und die eine Zuordnung zum ausländischen Kapitalmarkt ermöglichen (man kann die kaum überschaubare Lebenswirklichkeit und die komplexen Sachverhalte, die mit diesem Tatbestandsmerkmal verbunden sind, nicht anders als mit Regeln über den Beweis der ersten Anscheins lösen, so *F/W/B* Rz 85 k zu § 8 AStG: abzustellen ist daher auf den Sitz des Kreditgebers). Zur Kapitalaufnahme „bei" bestimmten Personen fällt auf, daß der Anteilseigner an der ausländischen Gesellschaft selbst nicht genannt ist (. . . und nicht bei einer ihm oder der ausländischen Gesellschaft nahestehenden Person . . .) – da dieser Anteilseigner nicht mehr in jedem Falle die Voraussetzungen einer „nahestehenden Person" erfüllt, ist ein widersinniges Ergebnis" festzustellen (*F/W/B* Rz 85 zu § 8 AStG), über das der AEAStG Rz 8.1.7.2 jedoch hinweggeht; aus der Vielzahl der Kritiker sei abschließend *Wassermeyer* genannt: Die Vorschrift macht keinen Sinn, sie ist in sich widersprüchlich. Entweder man erweitert den Tatbestand in vernünftigen Grenzen oder man streicht die Vorschrift ersatzlos (Festschrift *Flick* S. 1067). Zum Einfluß der Hinzurechnungsbesteuerung für Einkünfte aus Finanzierungstätigkeiten bei sog. Finanzierungsgesellschaften ist auf die Monographien von *Potthof* (S. 72 ff.) und *Steven* (S. 84 ff.) zu verweisen.

**418**     – Der Katalog des § 8 I Nr. 1–7 AStG ordnet **Beteiligungseinkünfte** der ausländischen Gesellschaft nicht einer aktiven Tätigkeit zu – vom Grundsatz her und vom Vergleich mit dem Tätigkeitskatalog, insbesondere § 8 I Nr. 7 AStG, einerseits ein kaum überraschendes Ergebnis. Die Vereinnahmung der Gewinnausschüttungen nachgeordneter ausländischer (oder inländischer, die Grenze überschreitender) Untergesellschaften durch die inländerbeherrschte ausländische Gesellschaft könnte sogar als Symbol passiver Einkünfte dienen, wenn man nur die Ebene des Anteilseigners betrachtet. Andererseits werden im deutschen Recht **Holdingkonstruktionen** auch über die Grenze durchaus wohlwollend betrachtet: im Außensteuerrecht § 8 b I, II KStG, im DBA-Recht Schachtelbefreiungen. Damit verfolgte Zwecke sind vielfach auf ausländische

Besteuerungsbedingungen ausgerichtet. **In Zwischengesellschaften anfallende Dividenden gelten jedenfalls als passiv.** Das gilt auch uneingeschränkt, solange den Beteiligungen der ausländischen Gesellschaft i. S. des § 7 AStG kein unternehmerisches Engagement gegenüber den nachgeordneten Untergesellschaften zugrunde liegt. Solange es sich mithin wegen der Geringfügigkeit des Anteilsbesitzes um Beteiligungen handelt, bei denen der Anlagezweck im Vordergrund steht. An diese Unterscheidung anknüpfend (s. bereits N 131) hat auch der Gesetzgeber des AStG Sonderregeln für wesentliche Beteiligungen in die Regeln zur Hinzurechnungsbesteuerung aufgenommen (ausländische Holdinggesellschaften). Die erste Sonderregelung betrifft allein die – ausnahmsweise – Zuordnung solcher Beteiligungseinkünfte zu aktiver Tätigkeit in § 8 II AStG. Dabei muß man sich jedoch insoweit vom bisher bekannten Verständnis des Schachtelprivilegs lösen, da ein inländisches (ebenso wie ein grenzüberschreitendes DBA-)Schachtelprivileg – wie beispielsweise die Regeln zur indirekten Steueranrechnung in § 26 II KStG gezeigt haben – eine inländische Kapitalgesellschaft voraussetzt. Der Ansatzpunkt der Hinzurechnungsbesteuerung ist die unbeschränkt steuerpflichtige Person – folglich werden Sonderregeln zur Abgrenzung aktiver und passiver Einkünfte insoweit nicht einfach die Voraussetzungen des auf Kapitalgesellschaften ausgerichteten Schachtelprivilegs übernehmen. Daher: für die Anwendung des § 8 II AStG und damit für die Abgrenzung aktiver/passiver Beteiligungseinkünfte bei der ausländischen Gesellschaft ist es unerheblich, ob der inländische Anteilseigner eine natürliche oder juristische Person ist. Das **Schachtelprivileg** versteht sich mithin **aus der Sicht der ausländischen** und **unter § 7 AStG fallenden Gesellschaft** als einer ausländischen Obergesellschaft. Vom Grundsatz ausländischer Beteiligungserträge als Einkünfte aus einer passiven Tätigkeit nimmt § 8 II AStG zwei Sachverhalte aus. Unter diesen Voraussetzungen werden die Beteiligungserträge keiner Hinzurechnungsfolge unterworfen, die ausländische Gesellschaft ist insoweit keine Zwischengesellschaft. Man bezeichnet die Ausnahmen mit der Kurzformel **Landesholding** (§ 8 II Nr. 1 AStG) und **Funktionsholding** (§ 8 II Nr. 2 AStG). Die „abgesonderte" Behandlung in § 8 II AStG darf aber nicht vergessen lassen, daß es – auf die ausländische Gesellschaft i. S. des § 7 AStG bezogen – um keine besonderen Strukturen im Tatbestandsaufbau gegenüber anderen Einkünften geht. Der Sache nach reiht sich § 8 II AStG in die Aufzählung des § 8 I AStG ein und hätte als § 8 I Nr. 8 wie der Tatbestand des § 8 I Nr. 7 aufgebaut werden können (Einkünfte aus einer Beteiligung an einer anderen ausländischen Gesellschaft, für die der Steuerpflichtige nachweist, daß . . .). Nochmals: Vom Grundsatz her bedeutet die Zuordnung von Beteiligungseinkünften zu den passiven Einkünften, daß die Ausschüttung einer nachgeordneten ausländischen Untergesellschaft an eine ausländische Gesellschaft i. S. des § 7 I AStG zur Entstehung passiver Einkünfte führt, ohne daß es auf eine aktive oder passive Tätigkeit der nachgeordneten Gesellschaft oder auf das Steuerniveau in ihrem Sitzstaat ankäme. Die **Gewinnverwendung verwandelt grundsätzlich aktive in passive Einkünfte**; Holdingeinkünfte erweisen sich als solche grundsätzlich passiver Natur, weil Weiterausschüttungen mit einer Umqualifizierung verbunden sind. Die Bedeutungslosigkeit des Steuerniveaus am „Ort des Verdienens" zeigt sich vor allem dann, wenn eine ausländische Gesellschaft i. S. des § 7 I AStG an einer im Hochsteuerland Bundesrepublik ansässigen Kapitalgesellschaft beteiligt ist und von ihr Gewinnausschüttungen empfängt. Der Gesetzgeber hat mit letzter Konsequenz diese schon dem Grunde nach problematischen Hinzurechnungsfälle dann doch nicht verwirklicht. Er hat zwei Ausnahmefälle in § 8 II AStG geschaffen, hinzu kommt der den Rechtsfolgen zuzuordnende § 13 AStG.

**419** Zum besseren Verständnis dieser Fälle sei zunächst hervorgehoben: § 8 II AStG beschäftigt sich mit der Hinzurechnung von **Einkünften einer ausländischen Obergesellschaft.** Dies ist die Gesellschaft, an der eine unmittelbare Beteiligung eines unbeschränkt Steuerpflichtigen besteht. Diese Feststellung ist wichtig zur Abgrenzung des § 8 II von dem unten erörterten § 14 AStG, der sich mit der Hinzurechnung von **Einkünften der ausländischen Untergesellschaft** beteiligt, jener ausländischen Gesellschaft also, an der ein unbeschränkt Steuerpflichtiger über die ausländische Obergesellschaft eine mittelbare Beteiligung hält; denn es stellt sich bei den Beteiligungserträgen ja sofort die Frage: wenn aus aktiver Tätigkeit nachgeordneter Gesellschaften bei Gewinnausschüttungen auf der Ebene der ausländischen Obergesellschaft passive Einkünfte entstehen – was geschieht dann mit passiven Einkünften nachgeordneter Gesellschaften, die erst gar nicht an die ausländische Obergesellschaft gelangen – jedenfalls ist dies kein Problem des § 8 II AStG. Ist an der ausländischen Obergesellschaft ein anderer unbeschränkt Steuerpflichtiger in der genannten Art mittelbar beteiligt, so ist die Obergesellschaft nur für den *unmittelbar Beteiligten* Obergesellschaft, für den *mittelbar Beteiligten* dagegen Untergesellschaft. Einfacher ausgedrückt: Es geht in § 8 II AStG um die Zurechnung von Ausschüttungen der ausländischen Untergesellschaft – und zwar der ersten Untergesellschaft – an die ausländische Obergesellschaft. Die ausländische Untergesellschaft muß daher, damit § 8 II AStG überhaupt anwendbar ist, Erträge an die ausländische Obergesellschaft ausschütten. Hieraus darf jedoch nicht der Schluß gezogen werden, daß § 8 II AStG nur reine Holdinggesellschaften betrifft; es werden auch ausländische Gesellschaften umfaßt, die *neben anderen Tätigkeiten* die Funktion einer Holdinggesellschaft ausüben. Abzugrenzen ist § 8 II AStG auch gegenüber § 13 AStG; denn auch § 13 betrifft Beteiligungserträge, indem gewisse Schachteldividenden von der Hinzurechnung ausgenommen werden: § 13 begünstigt aber passive

Schachteldividenden, qualifiziert sie mithin nicht in aktive Einkünfte um (daher: Strukturholding), **während § 8 aus passiven Einkünften aktive Einkünfte macht**; daraus ergibt sich auch der Vorrang des § 8 AStG.

Schließlich – auch dies zum Grundverständnis des § 8 II AStG – die wiederholt gestellte Frage nach der Beteiligung an ausländischen Personengesellschaften als ausländischen Untergesellschaften der ausländischen Obergesellschaft. Da die Mitunternehmerschaft aus der Sicht des deutschen Steuerrechts der Einzelunternehmerschaft gleichsteht, erzielen die Beteiligten aus der Sicht des § 8 AStG Tätigkeitseinkünfte statt Beteiligungseinkünfte; deren aktive Tätigkeit schlägt auf den „Gewinnanteil" durch, ebenso wie eine passive Tätigkeit (grundlegend hierzu *BFH* BStBl. 1990 II, 1049 gegen eine auch nur analoge Anwendung des § 8 II AStG auf Gewinnanteile an ausländischen Personengesellschaften).

Das *Beispiel* von *F/W/B* zu § 8 AStG verdeutlicht die mit Beteiligungseinkünften einhergehende Qualifikationsänderung unter Einbeziehung auch bereits des § 14 AStG: Die X-GmbH in Brasilien erzielt produktive Einkünfte; sie schüttet ihre Gewinne an die schweizerische Y-GmbH aus, die damit passive Beteiligungserträge erzielt; schüttet die schweizerische Y-GmbH an eine in der Schweiz ansässige, deutschbeherrschte Z-GmbH aus, greift die Hinzurechnungsbesteuerung § 7 I AStG; werden die Gewinne bei der Y-GmbH thesauriert, greift die (mittelbare) Hinzurechnung § 14 I AStG. Hätte die X-GmbH thesauriert, würden die Regeln der mittelbaren Zurechnung (§ 14 III AStG) mangels passiver Einkünfte nicht zur Anwendung gelangen. Die Ausschüttung über mehrere Stationen löst „fast zwangsläufig" eine Hinzurechnungsbesteuerung aus.

Unter der Voraussetzung, daß die ausländische Obergesellschaft zu mindestens 25% an der ausländischen Untergesellschaft seit Beginn des für die ausländische Obergesellschaft maßgeblichen Wirtschaftsjahrs unmittelbar beteiligt ist, werden die Erträge der ausländischen Obergesellschaft dem Steuerinländer in folgenden Fällen nicht als passive Einkünfte zugerechnet:

– Die ausländische Untergesellschaft hat Geschäftsleitung und Sitz in **420** demselben Staat wie die ausländische Obergesellschaft und bezieht ihre Bruttoerträge ausschließlich oder fast ausschließlich aus den unter § 8 I Nr. 1–6 AStG fallenden Tätigkeiten **(Landesholding)**. Ausschüttungen aus aktiver Tätigkeit im Zusammenhang mit der Darlehensvergabe gem. § 8 I Nr. 7 AStG sind mithin ausgeschlossen, ebenso wie die Erträge aus Beteiligungen an den dieser Untergesellschaft nachgeschalteten weiteren Gesellschaften, die nicht die Voraussetzungen aktiver Tätigkeit erfüllen. „Landesholding" heißt nicht, daß die ausländische Obergesellschaft nur eine Holdingfunktion ausüben darf; übt sie nur eine Holdingfunktion aus, ist ihre Existenz nicht unter allen Bedingungen vor der Anwendung des § 42 AO geschützt. Die entscheidenden Voraussetzungen haben in der Person der ausländischen Untergesellschaft zu bestehen: deren Sitz und Geschäftsleitung befinden sich im Staat der ausländischen Obergesellschaft und diese Gesellschaft erzielt die genannten Einkünfte. Der Sache nach bedeutet das zweierlei: An sich als passiv eingestufte Einkünfte werden unter diesen Voraussetzungen zu aktiven Einkünften. Und eine Ausschüttung wird nur im dreistufigen Aufbau begünstigt (erst § 13 AStG betritt einen mehr als dreistufen Konzernaufbau, setzt aber voraus, daß die bei aktiven Untergesellschaften anfallenden Gewinne „durchgeschüttet werden"). Ist der inländische Anteilseigner über die ausländische Obergesellschaft an drei hintereinander geschalteten Untergesellschaften beteiligt, dann bricht bei Durchschüttungen das Privileg aktiver Beteiligungseinkünfte bei Ausschüttungsempfang durch die vorletzte Gesellschaft und Weitergabe an die als Landesholding in Betracht kommende Gesellschaft ab: denn die auf diese Weise an die ausländische Obergesellschaft ausgeschütteten Erträge der ersten ausländischen Untergesellschaften erfüllen nicht mehr die Voraussetzungen aktiver Einkünfte i. S. des § 8 I Nr. 1–6 AStG (s. das Beispiel *F/W/B* Rz 102 zu § 8 AStG). Die ausschüttende Gesellschaft muß ihre Bruttobeträge ausschließlich oder fast ausschließlich aus Tätigkeiten im Sinne des § 8 I Nr. 1–6 AStG erzielen. Unter Bruttoerträgen (s. a. § 26 II KStG) ist jede steuerlich relevante und in Geld zu bewertende betrieblich veranlaßte Vermögensmehrung einer Rechnungsperiode oder verstehen (*Schaumburg* S. 463), das Gesetz stellt mithin nicht darauf ab, ob die passiven Einkünfte überhaupt zu einem Gewinn bei der Untergesellschaft führten (*F/W/B* Rz 106 zu § 8 AStG: Wenn der Gesetzgeber auf die Herkunft der Beteiligungserträge abstellt, sind Bruttobeträge der falsche Bezugspunkt, da man sie nicht ausschütten kann; die gestatten auch keine Aussage über die Herkunft der ausgeschütteten Beträge).

Zur Frage, was unter „**fast ausschließlich**" i. S. des **§ 8 II AStG** zu verstehen ist, s. *BFH* BStBl. 1996 II, 122: Die schweizerische E-AG als Untergesellschaft schüttete einen Betrag in Höhe von 3,636 Mio. sfr an die inländerbeherrschte schweizerische T-AG aus. In den Einkünften der E-AG waren passive Zinseinkünfte enthalten, die weniger als 5% ihrer gesamten Bruttoerträge ausmachten. Unter Hinweis darauf, daß es sich bei dem Finanzierungsbereich um einen eigenständigen Bereich passiven Erwerbs handele, rechnete das Finanzamt dem inländischen Anteilseigner die von der T-AG vereinnahmten Beteiligungserträge zu. Der *BFH*: Der Wortlaut zwingt dazu, die Bagatellgrenze an den tatsächlich bezogenen Bruttoerträgen ausschüttenden E-AG auszurichten; andere Bemessungsgrundlagen (Einkünfte, Vermögen, Arbeitslöhne) scheiden damit aus: Der Begriff „fast ausschließlich" läßt für sich allein genommen nicht erkennen „bei welchen %-Satz die Bagatellgrenze liegen soll. Andere Rechtsnormen mit einem vergleichbaren Inhalt habe man als eine 90%-Grenze verstanden, was auch der Gesetzgeber des AStG wußte. Auch die Bagatellregelung in § 9 AStG spreche dafür. Im übrigen: Das Gesetz differenziert nicht zwischen verschiedenen Einkünften aus passivem Erwerb, es gibt also keine Einkünfte, die „etwas mehr oder etwas weniger dem passiven Erwerb zuzuordnen sind". Das richtete sich gegen Abschn. 76 IX KStR mit der Differenzierung, daß passive Bruttoerträge auch bei geringerem Umfang dem Gewinn der Gesellschaft gleichwohl den aktiven Charakter nehmen, „wenn sie aus einem eigenständigen Bereich passiven Erwerbs stammen, der nicht einer eigenen aktiven Tätigkeit der Gesellschaft dient." Die Bagatellgrenze des § 8 II Nr. 1 AStG entscheidet nach Auffassung des *BFH* darüber,

„welcher Bodensatz" passiven Erwerbs auf der Ebene der ausschüttenden Tochtergesellschaft als unschädlich für die Gewährung der Steuerermäßigung gegenüber der Muttergesellschaft angesehen werden kann; ein bestimmter „Bodensatz" sei aber immer gegeben (Erträge aus kurzfristig angelegten liquiden Mitteln usw.) – es kann nicht der Sinn der Bagatellgrenze des § 8 II Nr. 1 AStG sein, die Anwendung praktisch auszuschalten, wenn Dividenden von Tochtergesellschaften mit hohen Umsätzen empfangen werden.

– Die ausländische Obergesellschaft hält die Beteiligung an der Unter-   **421**
gesellschaft in wirtschaftlichem Zusammenhang mit eigenen unter § 8 I
Nr. 1–6 AStG fallenden Tätigkeiten, und die Gesellschaft, an der die
Beteiligung besteht, bezieht ihre Bruttoerträge ausschließlich oder fast
ausschließlich aus solchen Tätigkeiten **(Funktionsholding)**. Im Falle der
Funktionsholding ist die ausländische Obergesellschaft also selbst aktiv
tätig und hält im wirtschaftlichen Zusammenhang mit dieser Tätigkeit eine Beteiligung an einer Gesellschaft, die ihrerseits Einkünfte aus
aktiver Tätigkeit erzielt; anders als bei der Landesholding kann sich die
Funktionsholding mithin nicht auf die Ausübung einer bloßen Holdingfunktion beschränken.

*Beispiel:* Die inländische GmbH 1 ist an der schweizerischen GmbH 2, diese
wiederum an der in Liechtenstein ansässigen GmbH 3 beteiligt. Die GmbH 2 produziert Waren, die von der GmbH 3 auf dem liechtensteinischen Markt abgesetzt werden (weitere Beispiele bei *Lempenau*, DStZ 1975, 52).

Diese Regelung geht über die „Landesholding" insoweit hinaus, als
sie auch Einkünfte aus Schachtelbeteiligungen an aktiv tätigen Gesellschaften eines anderen Landes erfaßt. Sie ist umgekehrt enger als die
„Landesholding", weil hier die ausländische Obergesellschaft keine reine
Holdinggesellschaft sein darf. Allerdings erhält das Gesetz keine Aussage über das Verhältnis der aktiven zu den passiven Tätigkeiten der
*Obergesellschaft*, da sich die Voraussetzung der „ausschließlichen oder
fast ausschließlichen Tätigkeit i.S. von § 8 I Nr. 1–6 AStG" auf die ausländische Untergesellschaft bezieht. Rz 8.2.3 AEAStG bestimmt den
wirtschaftlichen Zusammenhang als den zu einer eigenen aktiven Tätigkeit; es genügt nicht, Interessen eines Dritten zu fördern, ein wirtschaftliches Interesse, das lediglich auf das Halten von Beteiligungen gerichtet
ist, ist unerheblich.

## c) Rechtsfolgen der Hinzurechnungsbesteuerung

Die bisher genannten Voraussetzungen bezogen sich vorrangig auf die   **422**
Verhältnisse bei der ausländischen Gesellschaft. Die nun vorzustellenden
**Rechtsfolgen beziehen sich auf die Person des Steuerinländers,** setzen
aber im Hinblick auf die erforderliche Einkunftsermittlung bei der Zwischengesellschaft und deren Verhältnissen an. Nach § 10 I AStG sind die
nach § 7 I AStG steuerpflichtigen Einkünfte bei dem Steuerinländer „mit

dem Betrag, der sich nach Abzug der Steuern ergibt, die zu Lasten der ausländischen Gesellschaft von diesen Einkünften ... erhoben worden sind, anzusetzen (Hinzurechnungsbetrag)". Daraus folgt die **gesetzliche Definition des Hinzurechnungsbetrages**, der sich aus den Zwischeneinkünften der ausländischen Gesellschaft abzüglich ihrer Steuern zusammensetzt (wobei betriebliche Steuern unmittelbar Betriebsausgabencharakter und bereits das Ausgangsergebnis gemindert haben, andererseits von der ausländischen Gesellschaft zu Lasten Dritter einbehaltene [abzuführende] Quellensteuern nicht dazu gehören und die im Falle einer Gewinnausschüttung an den inländischen Gesellschafter erhobene Quellensteuer die Anrechnung nach §§ 34c, 26 KStG betrifft). Durch den Abzug der zu Lasten der ausländischen Gesellschaft gezahlten Steuern orientiert sich die Hinzurechnung an dem Nettobetrag, der auch nur zur Ausschüttung zur Verfügung stünde. Es sind alle Steuern abzugsfähig, die für das maßgebende Wirtschaftsjahr der Zwischengesellschaft (auf die nach § 7 I AStG steuerpflichtigen Einkünfte entfallenden Steuern) entstanden sind und in der Jahresfrist auch tatsächlich entrichtet wurden. Aus § 10 I Satz 2 AStG folgt nämlich, daß die nach Satz 1 abziehbare Steuer erhoben und entrichtet sein muß – ansonsten kommt es auf den Zeitpunkt ihrer Entrichtung ohne einen Zusammenhang mit den Einkünften an, bei denen sich dann der Abzug auswirkt. Da nun nach § 10 II Satz 1 AStG der Hinzurechnungsbetrag als zu den „Einkünften aus Kapitalvermögen im Sinne des § 20 I Ziff. 1 EStG" zugehörig gilt, liegt es nahe, diesen in § 10 II Satz 1 AStG genannten Hinzurechnungsbetrag als identisch mit dem in § 10 I AStG genannten zu verstehen. Das aber ist nicht richtig, der Gesetzesaufbau gilt als verfehlt: Der Hinzurechnungsbetrag i.S. des § 10 I AStG ist von dem entsprechenden Begriff in § 10 II AStG zu unterscheiden; der Gesetzgeber hat das Problem nicht erkannt, daß von dem für die Besteuerung letztlich maßgebenden Betrag erst in § 10 II AStG die Rede ist, und bei diesem § 10 II AStG Berichtigungen des Hinzurechnungsbetrages nach Maßgabe der §§ 11–13 AStG erfolgt sind (*F/W/B* Rz. 12 zu § 10 AStG). Die Zurechnung nach § 14 AStG bleibt wegen der erforderlichen Abgrenzung gegenüber der Hinzurechnung zunächst unbeachtet. Der – so gesehen noch ungeteilte – Hinzurechnungsbetrag ist ein in die Systematik des EStG/KStG kaum einzuordnender Rechenposten, was schon der Abzug der Steuern vom Einkommen und Vermögen belegt.

**423**  (1) Die **Höhe des** beim Steuerinländer **anzurechnenden Hinzurechnungsbetrages** bestimmt als „Ausgangsvorschrift" § 10 III AStG. Nach § 10 III Satz 1 AStG sind „die dem Hinzurechnungsbetrag zugrundeliegenden Einkünfte" zu ermitteln „in entsprechender Anwendung der Vorschriften des deutschen Steuerrechts". Die ausländische Gesellschaft ist i.d.R. im Inland weder steuer- noch einkünfteermittlungspflichtig – folglich treffen Steuerinländer Einkünfteermittlungspflichten so, wie sie bestünden, wenn er selbst die Zwischeneinkünfte originär erzielt hätte. **Einkünfteerzielungssubjekt** bleibt aber die ausländische Gesellschaft – der Steuerinländer ist nur **Ermittlungs- und Zurechnungssubjekt** (*F/W/B* Rz 601 zu § 10 AStG). Für den Fall, daß mehrere Steuerinländer beteiligt sind, bezieht sich § 10 III AStG auf den dem einzelnen Steuerinländer hinzuzurechnenden Betrag: es gibt dann entsprechend viele Hinzurechnungsbeträge (§ 18 I Satz 2 AStG schreibt hierfür eine einheitliche Feststellung der dem Hinzurechnungsbetrag zugrundeliegenden Zwischeneinkünfte vor). Die Einkünfteermittlungspflichten des Steuerinländers erstrecken sich nur auf die Zwischeneinkünfte; zur Gewinnermittlung bei Gesellschaften mit gemischten Einkünften Rz 10.4 AEAStG (Gesamtermittlung oder Sonderermittlung). Ist die Frage einer Einkünfteermittlung nach § 2 II Nr. 1 EStG (Gewinn) oder nach § 2 II Nr. 2 EStG (Überschuß der Einnahmen über die Werbungskosten) nach den Verhältnissen der Zwischengesellschaft oder nach den Verhältnissen der Beteiligten Inländer zu entscheiden?

*BFH* BStBl. 1998 II, 468 lag der Fall der Beteiligungen an einer vermögensverwaltenden schweizerischen AG zugrunde, die die Kläger in ihrem jeweiligen Privatvermögen hielten. Wäre auf die Frage abzustellen, ob die schweizerische AG nach deutschem Recht Bücher führen müßte, wenn sie diesem Recht unterworfen wäre (so die Argumentation des BMF: die deutschen handelsrechtlichen Normen und § 5 EStG müßten hypothetisch zugrunde gelegt werden). Der *BFH*: Aus welcher Sicht sich **die maßgeblichen Einkünfteermittlungsvorschriften** für die Anwendung des § 10 III Satz 1 AStG bestimmen, bleibe hier unentschieden: Aus Klägersicht: § 2 II Nr. 2 EStG (Privatvermögen). Aus der Sicht der ausländischen Gesellschaft folge im Streitfall nichts anderes, denn § 8 II KStG finde keine Anwendung, da die Vorschrift auf die Verpflichtung zur Führung von Büchern nach den Vorschriften des deutschen HGB abstelle, aber nicht auf eine solche nach schweizerischem Recht. Die Frage, ob die ausländische Gesellschaft nach deutschem Recht Bücher führen müßte, wenn sie diesem Recht unterworfen wäre, stelle sich nicht: § 10 III Satz 1 AStG verlagert weder den Sitz und/oder Geschäftsleitung der Zwischengesellschaft in das Inland noch unterwirft er die Zwischengesellschaft Vorschriften, deren Tatbestandsvoraussetzungen diese Gesellschaft nicht erfüllt. Es werden nur die Anteilseigner verpflichtet, die Zwischeneinkünfte nach den Vorschriften des deutschen Steuerrechts zu ermitteln, also komme es auf die Art der erzielten Einkünfte an. Sowohl § 5 EStG als auch § 141 AO setzen Einkünfte aus Gewerbebetrieb bzw. einen gewerblichen Unternehmer voraus, die danach erforderlichen Voraussetzungen des § 15 II EStG sind in der Person der ausländischen Gesellschaft nicht erfüllt. § 10 AStG verwandele keine Überschußeinkünfte i. S. des § 2 Nr. 2 EStG in Gewinneinkünfte.

Sind bei der Ermittlung der dem Hinzurechnungsbetrag zugrundeliegenden Einkünfte **Berichtigungen nach § 1 AStG** möglich? Im *BFH*-Fall BStBl. 1988 II, 868 waren die Einkünfte schweizerischer (in dem Fall nachgeschalteter) Gesellschaften, die Anteile an Gesellschaften in Drittstaaten hielten, korrigiert worden: Wegen der Gewährung zinsloser Darlehen wurden daraus resultierende Zinsvorteile den Gesellschaften gem. § 1 AStG hinzugerechnet. Dazu der *BFH*: § 1 AStG findet nur auf Gesellschaftsbeziehungen Anwendung, die ein Steuerpflichtiger zum Ausland unterhält; die Verweisung in § 10 III Satz 1 AStG auf die Vorschriften des deutschen Steuerrechts bewirkt keine Verlagerung der Zwischengesellschaft in das Inland, die Gesellschaft bleibt im Ausland ansässig: „Dann aber hat sie regelmäßig keine Geschäftsbeziehungen „zum Ausland", sondern nur solche „im Ausland" oder „zum Inland". Solche bloßen Geschäftsbeziehungen „im" Ausland oder zum Inland gestatten nicht die Anwendung des § 1 AStG. Die Einkünfte können auch nicht nach anderen Rechtsgrundlagen dem ausländischen Gesellschafter zugerechnet werden. Dazu verweist der *BFH* auf die Entscheidung des *GrS* BStBl. 1988 II, 348: danach kann eine Kapitalgesellschaft, die einer ihr nachgeschalteten Kapitalgesellschaft einen unentgeltlichen Nutzungsvorteil im Sinne einer zinslosen Darlehensgewährung einräumt, diesen steuerrechtlich nicht gewinnerhöhend ansetzen.

**424**      Zur Anwendung der Vorschriften des deutschen Steuerrechts im einzelnen ist auf die Gesamtdarstellung bei *F/W/B* Rz 73 bis 133 zu § 10 AStG zu verweisen. Zur Methodik des Vorgehens beispielhaft die Frage der Anwendbarkeit des § 2 a EStG: Die Vorschrift ist unanwendbar, weil das Ziel des § 10 AStG ist, nur ein im Ausland erwirtschaftetes positives Ergebnis hinzuzurechnen (vgl. § 10 I Satz 3 AStG) – der uneingeschränkte Verlustausgleich im Rahmen des § 10 d EStG wird von den Zielen der Hinzurechnungsbesteuerung voll getragen – das Ziel des § 2 a EStG, unerwünschten Auslandsinvestitionen gegenzusteuern, bedeutet nur die Verluste der im Inland steuerpflichtigen Person zu erfassen; § 10 III Satz 5 AStG stünde anderenfalls im Widerspruch zu einer § 2 a-Anwendung (*F/W/B* Rz 753). Zur Möglichkeit einer Gewinnermittlung nach § 4 III EStG s. § 10 III Satz 2 AStG, der dem Steuerpflichtigen ein entsprechendes Wahlrecht einräumt. **Verluste,** die bei Einkünften entstanden sind, für die die ausländische Gesellschaft Zwischengesellschaft ist, können nach § 10 III Satz 5 AStG „in entsprechender Anwendung des § 10 d EStG abgezogen werden", aber es handelt sich hierbei nicht um einen Verlustausgleich zwischen mehreren Zwischengesellschaften eines Steuerpflichtigen, da das Gesetz den Ansatz eines **negativen Hinzurechnungsbetrages** ja ausschließt: Bezogen auf eine einzige ausländische Gesellschaft ist daher klarzustellen, daß die Hinzurechnungsbesteuerung nur den positiven Saldo aller Zwischeneinkünfte dieser Gesellschaft erfaßt, so daß Teilgewinne und Teilverluste auszugleichen sind. Ergibt sich nach alledem ein negativer Hinzurechnungsbetrag, so ist dessen Hinzurechnung nach § 10 I Satz 3 AStG untersagt (. . . so entfällt die Hinzurechnung). Das ist der Sache nach auch einleuchtend: Eine negative Hinzurechnung würde ja sogar über die Rechtslage nach allgemeinem Steuerrecht hinausgehend die Auslandsinvestition begünstigen. Ob nun in § 10 III Satz 5 AStG mit Verlust dieser von der Hinzurechnung ausgeschlossene Betrag gemeint ist oder nur der Verlust, der bei den Zwischeneinkünften selbst entstanden ist, ist strittig; es geht konkret hierbei um die Frage des Steuerabzugs, ob mithin ein negativer Hinzurechnungsbetrag als Folge eines Steuerabzugs gem. § 10 I Satz 1 AStG abziehbar ist; *F/W/B* Rz 151 zu § 10 AStG: Der Wortlaut des § 10 III Satz 5 ist eindeutig – es sind nur Verluste abziehbar „die bei Einkünften entstanden sind". Dagegen Rz 10.3.5.1 AEAStG: Der Verlustabzug ist nach Abzug der Steuern, die zu Lasten der ausländischen Gesellschaft von diesen Einkünften ... erhoben worden sind, und nach Anwendung des § 13 AStG ... vorzunehmen (womit auch im Hinblick auf § 13 AStG entgegen der Ansicht von *F/W/B* Rz 153, 154 die Berechnung erfolgt). Da § 10 III AStG den Verlustabzug auf die einzelne ausländische Gesellschaft bezieht, an der der Steuerinländer beteiligt ist, können negative Hinzurechnungsbeträge folglich mit anderen positiven Hinzurechnungsbeträgen aus der Tätigkeit anderer Zwischengesellschaften nicht ausgeglichen werden. Im übrigen: Änderungen des § 10d EStG schlagen auf die Ermittlung der Zwischeneinkünfte voll durch. Daß schließlich die „Freigrenzen bei gemischten Einkünften" nach § 9 AStG die Möglichkeit eines Verlustabzugs nicht berühren, folgt aus § 10 III Satz 5. Zur Ermittlung der Zwischeneinkünfte schließlich § 10 IV AStG, wonach nur solche Betriebsausgaben abgezogen werden, „die mit diesen Einkünften in wirtschaftlichem Zusammenhang stehen". Es geht hierbei um das Problem, ob der Anwendungsbereich dieser Norm auf Gesellschaften mit gemischter Tätigkeit beschränkt ist (zur Abgrenzung Rz 10.4.1 AEAStG) oder ob auch „reine Zwischengesellschaften" nicht abzugsfähige Betriebsausgaben als Folge des § 10 IV AStG haben können. Die Frage zurechenbarer Betriebsausgaben hat aber ihren Standort bereits in § 10 III Satz 1 AStG (so im Ergebnis *F/W/B* Rz 168a zu § 10 AStG), so daß § 10 IV AStG nur gemischte Tätigkeiten erfaßt (die von *Grotherr/Herfort/ Strunk* S. 377 für reine Zwischengesellschaften genannten Fälle der Beschränkung eines Betriebsausgabenabzugs wegen Aufwendungen im persönlichen Gesellschaftsinteresse oder wegen eines fehlenden wirtschaftlichen Zusammenhangs am Beispiel der Zuordnung eines ertragslosen Bereichs zur ausländischen Gesellschaft sind mit dem Veranlassungsprinzip und damit mit § 10 III Satz 1 AStG zu lösen). Zur Umrechnung eines zunächst in ausländischer Währung ermittelten Betrages s. Rz 10.1.1.4 AEAStG.

(2) Zurück zu § 10 I, II AStG, denen aus grundsätzlichen Überlegungen § 10 III AStG vorgezogen wurde. § 10 I AStG enthält die gesetzliche **425** Definition des Hinzurechnungsbetrages, nur ist dieser Hinzurechnungsbetrag nicht mit dem gemäß § 10 II AStG beim Steuerinländer anzusetzenden Betrag identisch. Für den Hinzurechnungsbetrag als dem der Höhe nach durch § 10 III AStG bestimmten Betrag folgt aus § 10 I AStG, „daß er sich nach Abzug der Steuer ergibt, die zu Lasten der ausländischen Gesellschaft erhoben worden sind". Da aber auf die Bestimmung des Hinzurechnungsbetrages neben § 10 III AStG auch andere Normen des AStG selbst einwirken (Schachteldividenden, Verlustvor- und Verlustrücklage), erklärt sich hieraus die Reihenfolge einer Berechnung, die der Steuerlast des § 10 I Satz 1 AStG einen nachfolgenden Rang zuweist. Hieraus erklären sich die verschiedenen Schemata zur Ermittlung der Besteuerungsgrundlagen als Anlagen zu Rz 10.0.3 im AEAStG. Im Schema I für Fälle eines einstufigen Beteiligungsaufbaus

werden von den Einkünften aus passivem Erwerb (§ 10 III AStG) ausgehend sogleich entrichtete Steuern nach § 10 I Satz 1 AStG und alsdann ein Verlustabzug berücksichtigt (was, wie gezeigt, strittig ist, worauf es hier aber nicht ankommt). Für mehrstufige Beteiligungsaufbauten wird in den Schemata II, III alsdann klargestellt, daß Schachteldividenden gem. § 13 AStG vor dem Steuerabzug berücksichtigt werden. Unter Einbeziehung und mithin im Vorgriff auch nachgeschalteter Gesellschaft gem. § 14 AStG sieht das Schema bei *F/W/B* (Rz 15 zu § 10 AStG) wie folgt aus:

Einkünfte der ausländischen Obergesellschaft aus passivem Erwerb (§ 10 III AStG)

./. Schachteldividenden gem. § 13 AStG

./. Verlustvorträge, Verlustrückträge

./. Steuern vom Einkommen und Vermögen gem. § 10 I AStG

+ zuzurechnende Einkünfte nachgeschalteter Zwischengesellschaften gem. § 14 AStG (ggf. Abzug negativer Ergebnisse)

./. Steuern vom Einkommen und Vermögen nachgeschalteter Gesellschaften

**Hinzurechnungsbetrag** i.S. des § 10 I Satz 1 AStG, von dem zum **anzusetzenden Hinzurechnungsbetrag** durch Hinzurechnung anrechenbarer Steuern i.S. der §§ 12, 13 I Nr. 1b und durch den Abzug von Ausschüttungen i.S. des § 11 AStG zu gelangen ist.

**426** (3) Der Hinzurechnungsbetrag gehört nach § 10 II Satz 1 AStG zu den **Einkünften aus Kapitalvermögen** (§ 20 I Satz 1 EStG), er gilt unmittelbar nach Ablauf des maßgebenden Wirtschaftsjahrs der ausländischen Gesellschaft als zugeflossen.

*Beispiel: A*, unbeschränkt steuerpflichtig, ist an einer Zwischengesellschaft zu 60% beteiligt. Das Wirtschaftsjahr der Zwischengesellschaft ist mit dem Kalenderjahr identisch. Die Gesellschaft hat 1998 passive Einkünfte in Höhe von 1000. Dann sind dem *A* am 1.1.1999 steuerpflichtige Einkünfte in Höhe von 600 zugeflossen. Wäre das Wirtschaftsjahr der Gesellschaft bereits am 30.9.1998 zu Ende gegangen, hätte *A* den Betrag am 1.10.1999 und damit noch im Veranlagungszeitraum 1999 vereinnahmt.

Gehören die Anteile an der Auslandsgesellschaft zu einem Betriebsvermögen, so erhöht der Hinzurechnungsbetrag den nach dem Einkommen- oder Körperschaftsteuergesetz ermittelten Gewinn des Betriebes für das Wirtschaftsjahr, das nach dem Ablauf des maßgebenden Wirtschaftsjahrs der ausländischen Gesellschaft endet (§ 10 II Satz 2 AStG). Bei einer inländischen Kapitalgesellschaft führt die Hinzurechnungsbesteuerung mithin zwangsläufig und ausschließlich zu gewerblichen Einkünften. Im Hinblick darauf, daß der Hinzurechnungsbetrag nicht tatsächliche, sondern fiktive Einkünfte repräsentiert, ist die Hinzurechnung außerhalb der Bilanz vorzunehmen (zur Erfassung in der Anlage AE zur Körperschaftsteuererklärung s. *Frotscher* S. 95 f.). *F/W/B* Rz 56 zu § 10

AStG verweisen auf die zu § 1 AStG ergangene Entscheidung *BFH* BStBl. 1990 II, 875, wonach sich dessen Rechtsfolge in dem Ansatz fiktiv erhöhter Einkünfte erschöpft. Übertragen bedeutet dies, daß der Hinzurechnungsbetrag weder als eine Forderung, noch als ein Steuerbilanzposten mit Beteiligungscharakter noch als eine Betriebseinnahme, sondern als ein **fiktiv wirkender Einkünfteerhöhungsbetrag** anzusehen ist. Dessen ungeachtet ist der Hinzurechnungsbetrag Teil des Einkommens, das gemäß § 47 II Nr. 1a KStG für Zwecke der gesonderten Feststellung gem. § 47 I Nr. 1 KStG festzustellen ist und in die Gliederung des verwendbaren Eigenkapitals (§ 30 KStG) eingeht: Zuordnung nach § 30 I Nr. 1 KStG zu den ungemildert mit Körperschaftsteuer belasteten Eigenkapitalteilen; da der Hinzurechnungsbetrag mit keiner tatsächlichen Vermögensmehrung verbunden ist, ist bei dem nicht mit Körperschaftsteuer belasteten verwendbaren Eigenkapital gem. § 30 II Nr. 2 KStR in gleicher Höhe ein Minderbetrag anzusetzen (Anpassung der Gliederungsrechnung an das verwendbare Eigenkapital aus der Steuerbilanz mittels Erhöhung oder Verringerung des EK 02, s. *Streck* Rz 15 zu § 30 KStG; *Frotscher* S. 141).

(4) Besteht mit dem Land, in dem die Zwischengesellschaft ansässig **427** ist, ein **Doppelbesteuerungsabkommen,** so gilt der Hinzurechnungsbetrag aufgrund „entsprechender Anwendung des DBA-Rechts als Gewinnausschüttung der ausländischen Gesellschaft (§ 10 V AStG). Die hiermit verbundene Problematik soll an dieser Stelle nicht vertieft werden, insoweit ist auf das DBA-Recht (s. R 10, S 1999 – einführend bereits N 388) zu verweisen. Die Finanzverwaltung leitet jedenfalls aus § 10 V AStG ab, daß er hiernach grundsätzlich uneingeschränkt der deutschen Besteuerung unterliegt (Rz 10.5.1 AEAStG). Das hat zur Folge, daß ein im Abkommen vereinbartes internationales Schachtelprivileg auch für die Hinzurechnungsbesteuerung gilt, wobei – wie bereits erwähnt – für Zwischeneinkünfte mit Kapitalanlagecharakter gem. § 10 VI AStG dieser Verweis nicht gilt. Zu beachten ist die unterschiedliche **Auswirkung des int. Schachtelprivilegs** bei der Behandlung des Hinzurechnungsbetrags gegenüber den Einwirkungen im Rahmen des § 13 I Nr. 1a AStG (s. unten): Während es bei der Behandlung des Hinzurechnungsbetrags als Gewinnausschüttung nur um das Verhältnis inländischer Anteilseigner/ausländische Zwischengesellschaft geht, geht es im Rahmen des § 13 um das Verhältnis inländischer Anteilseigner/Zwischengesellschaft/ausländische Untergesellschaft. Besteht daher an der Zwischengesellschaft eine mindestens 25%ige Beteiligung einer inländischen Kapitalgesellschaft, werden die Zwischeneinkünfte bei Bestehen eines Doppelbesteuerungsabkommens in der Regel von der deutschen Besteuerung freigestellt.

Im Verhältnis zu einigen Staaten wie beispielsweise zu Belgien (Art. 23 I Nr. 3 des Abkommens) wird nur ein eingeschränktes internationales Schachtelprivileg gewährt.

In diesem Zusammenhang ist besonders die Regelung im Abkommen mit der Schweiz von Interesse, die das internationale Schachtelprivileg für deutsche Gesellschaften an aktive Tätigkeiten der schweizerischen Beteiligungsgesellschaft knüpft (Einzelheiten bei *F/W/B* § 10 AStG Rz 170 ff.; zu § 10 V AStG vgl. weiterhin *Flick-Wassermeyer* FR 1975, 63; *Lempenau* DStZtg 1975, 53).

**428**  (5) In engem Zusammenhang mit der Regelung der Dividendeneinkünfte im § 8 AStG als Teil der sachlichen Voraussetzung der Hinzurechnungsbesteuerung ist die Rechtsfolge der **Begünstigung von Schachteldividenden in § 13 AStG** zu sehen. Soweit die Voraussetzungen für Schachtelprivilegien in § 13 I Nr. 1a und Nr. 2, II, III AStG erfüllt sind, folgt hieraus eine Kürzung des Hinzurechnungsbetrags; § 13 I Nr. 1b AStG enthält eine tarifliche Anrechnungsvorschrift. Gegenstand der Begünstigung ist ein **dreistufiger Konzernaufbau** – weitere „Verzweigungen" führen ungeachtet der Einkünftequalifikation grundsätzlich zur Hinzurechnungsbesteuerung (Ausnahme für § 14 AStG s. N 445). Und beschränkt ist die Regelung auf ausländische Enkelgesellschaften mit aktiven Einkünften.

Nach § 8 AStG begründen Beteiligungserträge bei der ausländischen Gesellschaft als der Obergesellschaft die Zugriffsbesteuerung, sofern nicht die Voraussetzungen des § 8 II AStG gegeben sind. Die Einbeziehung der Dividenden, die die ausländische Obergesellschaft empfängt, in die Zurechnungsbesteuerung soll aber grundsätzlich zu keiner höheren Steuerbelastung führen, als sie gegeben wäre, wenn die Dividenden von den ausländischen Untergesellschaften ohne Zwischenschaltung einer ausländischen Obergesellschaft in das Inland geflossen wären. Um dieses Ziel zu erreichen, nimmt § 13 AStG im Ergebnis Schachteldividenden unter bestimmten Voraussetzungen von der Hinzurechnungsbesteuerung ganz oder teilweise aus; Maßstab des § 13 AStG ist die Fiktion einer unmittelbar an den Steuerinländer erfolgten Gewinnausschüttung (was wäre, wenn . . .). Fehlt es an den dort genannten Voraussetzungen, gilt die allgemeine Regelung: Die Beteiligungseinkünfte unterliegen in vollem Umfang der Durchgriffsbesteuerung, auch wenn sie ihren Ursprung in einem hochbesteuernden Staat haben. Als sachliche Steuerbefreiungsvorschrift will § 13 AStG nicht schädliche Einkünfte in unschädliche umwandeln, sondern es stellt lediglich schädliche und im Hinzurechnungsbetrag der Zwischengesellschaft enthaltene Einkünfte von der Besteuerung beim inländischen Anteilseigner frei (*Mersch* S. 52). Im Rahmen des § 13 AStG sind nur **Schachteldividenden** begünstigt; dem gegenüber erfaßt § 8 II AStG **Einkünfte aus Beteiligungen** schlechthin. Aus diesem Grunde fallen Veräußerungsgewinne nicht unter § 13 AStG (Ausnahme: § 13 III AStG); hierzu *Lempenau* DStZtg 1975, 54. Durch § 13 I Satz 2 AStG ist die Anwendung von § 13 I Satz 1 für den Fall ausgeschlossen, daß die Gewinnanteile der ausl. Gesellschaft nach § 26 V KStG (dazu N 173) oder nach § 9 Nr. 7 Satz 2, 3 GewStG zu berücksichtigen sind. Partielle Schachtelvergünstigungen im Verhältnis zu Enkelgesellschaften sollen sich also im Rahmen des § 13 AStG nicht doppelt auswirken.

§ 13 AStG ist nur dann anwendbar, wenn es zu Ausschüttungen der Enkelgesellschaft an die ausländische Obergesellschaft kommt. Doch ist klarzustellen: § 13 AStG spricht von ausländischen Gesellschaften schlechthin, bezieht sich also nicht ausdrücklich auf die ausländische Untergesellschaft, könnte mithin dem Wortlaut nach auch nachgeschaltete Gesellschaften ansprechen. Aber aus der Systematik des Gesetzes folgt: Die Vorschriften der §§ 7–13 AStG sind eben nur auf die ausländische Gesellschaft als Obergesellschaft ausgerichtet – Zwischeneinkünfte einer nachgeschalteten Obergesellschaft werden nur über § 14 AStG erfaßt (*F/W/B* Rz 14 zu § 13 AStG). Hierin stimmt die Vorschrift mit § 8 II AStG überein. Anders als bei § 8 II AStG muß aber der unbeschränkt Steuerpflichtige ein inländisches Körperschaftsteuersubjekt sein (denn die hier interessierende Regelung des § 13 I AStG bezieht sich allein auf die Körperschaftsteuer). Vorauszuschicken ist schließlich noch, daß gem. § 13 IV AStG für die Anwendung der Privilegien des § 13 AStG „der Steuerpflichtige als zu dem Teil an der ausschüttenden Gesellschaft beteiligt anzusehen ist, der seinem Anteil am Nennkapital der ausländischen Gesellschaft, bezogen auf deren Beteiligung an der ausschüttenden Gesellschaft, entspricht". Nach Rz 13.4 AEAStG werden unmittelbar gehaltene Beteiligungen nicht einbezogen (dagegen fast einhellig die Literatur, s. nur *Schaumburg* S. 486). Demnach ist die mittelbare Beteiligungsquote (%) gleich der unmittelbaren Beteiligungsquote des Steuerinländers an der Zwischengesellschaft, multipliziert mit der durch 100 geteilten unmittelbaren Beteiligung der Zwischengesellschaft an der ausländischen Untergesellschaft.

*Beispiel:* Die inländische Muttergesellschaft ist an der ausländischen Obergesellschaft zu 80% beteiligt, diese wiederum an der ausländischen Untergesellschaft zu 50% beteiligt. Die mittelbare Beteiligungsquote beträgt

$$80 \times 50 : 100 = 40\%.$$

Drei Voraussetzungen sind für alle Schachtelprivilegien des § 13 AStG gleich: (1) Zwischenschaltung einer ausländischen Gesellschaft zwischen dem Inländer und der aktiven Auslandsgesellschaft. (2) Die ausschüttende Enkelgesellschaft muß ihre Bruttoerträge ausschließlich oder fast ausschließlich aus unter § 8 I Nr. 1 bis 6 AStG fallenden Tätigkeiten beziehen – was zugleich ausschließt, daß das Schachtelprivileg immer dann eingreift, wenn nur auf irgendeiner Stufe Einkünfte aus aktiver Tätigkeit erzielt werden. (3) Eine mittelbare Beteiligung des Inländers an der aktiven Gesellschaft in Höhe einer Schachtelbeteiligung in Höhe von 10% (§ 8b V KStG). An diese Voraussetzungen knüpfen nun drei Entlastungsregelungen.

**429**    – Aufgrund des **körperschaftsteuerlichen Schachtelprivilegs** gem.
§ 13 I Nr. 1 a AStG sind die Dividenden zu Gunsten bestimmter unbeschränkt steuerpflichtiger Körperschaften von der Hinzurechnungsbesteuerung ausgenommen, wenn die ausländische Gesellschaft, welche
die Gewinne ausschüttet (ausländische Untergesellschaft), keine unbeschränkt steuerpflichtige Kapitalgesellschaft ist, ihre Bruttoerträge ausschließlich oder fast ausschließlich aus Tätigkeiten i. S. des § 8 I Nr.
1–6 AStG herrühren, und die Gewinnanteile von der Körperschaftsteuer befreit wären, wenn der unbeschränkt Steuerpflichtige sie unmittelbar von
der ausschüttenden, also der ausländischen Untergesellschaft (Enkelgesellschaft) bezogen hätte. Dies bezieht sich auf die Regelungen der
Doppelbesteuerungsabkommen über die Schachteldividenden. Zum Verständnis muß hier ein Vorgriff auf die Darstellung des Rechts der Doppelbesteuerungsabkommen erfolgen (s. S 329). Zwischen der Bundesrepublik und einer Vielzahl von Staaten bestehen Doppelbesteuerungsabkommen, die ein Schachtelprivileg über die Grenze – also nicht nur
eine Anrechnung der im Ausland gezahlten Steuern, sondern steuerfreie
Vereinnahmung der Beteiligungserträge unter näheren, im jeweiligen
Abkommen geregelten Voraussetzungen – gewähren. Hat die ausländische Untergesellschaft (Enkelgesellschaft) ihren Sitz in einem Staat,
mit dem ein solches Abkommen besteht, so kann der inländische Gesellschafter (die inländische Muttergesellschaft) die Ausschüttungen steuerfrei vereinnahmen, wenn die Anteile an der ausländischen Untergesellschaft unmittelbar hielte. § 13 I Nr. 1 a AStG soll verhindern, daß durch
die Zwischenschaltung eines Basisunternehmens dem deutschen Unternehmen in diesen Fällen ein Nachteil entsteht.

*Beispiel (F/W/B)* § 13 AStG Rz 37): Die deutsche GmbH A ist zu 100% an einer
schweizerischen GmbH B beteiligt, die ihrerseits zu 100% die Anteile an einer französischen GmbH C besitzt. Schüttet GmbH C an GmbH B aus, so sind diese insoweit
passive Einkünfte, es sei denn, es lägen die Voraussetzungen des § 8 II AStG (Funktionsholding) vor. Sind diese Voraussetzungen nicht gegeben, ist § 13 AStG zu prüfen.
Würde GmbH C unmittelbar an GmbH A ausschütten, könnte GmbH A aufgrund von
Art. 20 III des Doppelbesteuerungsabkommens mit Frankreich die Beteiligungserträge
steuerfrei vereinnahmen. Diese Freistellung von der deutschen Besteuerung aufgrund
eines Doppelbesteuerungsabkommens übernimmt § 13 I Nr. 1a für Zwecke der Körperschaftsteuer. Allerdings muß GmbH C aktive Bruttoeinkünfte erzielen. Hätte die
GmbH C ihre Erträge thesauriert, verschöbe sich die Problematik nach § 14 AStG.

Im Ergebnis führt die Verweisung in § 13 I Nr. 1 a also dazu, daß die
in den einzelnen Abkommen für die Gewährung des Schachtelprivilegs
aufgestellten Tatbestandsmerkmale von § 13 I Nr. 1 a AStG übernommen
werden: Anhand des jeweiligen DBA ist zu prüfen, welche Personen berechtigt sind, das Schachtelprivileg in Anspruch zu nehmen – einseitige
Erweiterung jedoch auf alle Fälle der Beteiligung unbeschränkt steuerpflichtiger Körperschaften, Personenvereinigungen und Vermögensmassen durch *BMF-Schreiben* FR 1984, 69. Die jeweiligen Abkommen

fordern fast ausnahmslos als Voraussetzung für das internationale Schachtelprivileg eine Mindestbeteiligung in Höhe von 25%. Durch § 8 b V KStG hat die Bundesrepublik die in den DBA enthaltenen Schachtelquoten einseitig auf 10% gesenkt. Für jedes DBA ist zu prüfen, ob die in Frage stehenden Gewinnanteile begrifflich unter das DBA-Schachtelprivileg fallen. Angesprochen ist jeweils das Abkommen, das die Bundesrepublik mit dem Staat geschlossen hat, in dem die *ausschüttende* Gesellschaft ihren Sitz oder ihre Geschäftsleitung hat. Fallen Sitz und Geschäftsleitung in zwei verschiedene Staaten, so sind ggf. zwei Abkommen alternativ anzuwenden, wobei es ausreicht, daß die Voraussetzungen eines Abkommens gegeben sind.

*Beispiel:* Die inländische GmbH 1 ist zu 60% an der schweizerischen GmbH 2, diese zu 40% an einer aktiv tätigen GmbH 3 in Frankreich beteiligt. Die Ausschüttung der GmbH 3 sind keine Schachteldividenden i.S. des § 13 I Nr. 1a AStG, da die GmbH 1 an der GmbH 3 mittelbar nur zu 24% (60% von 40%) beteiligt ist. Das Abkommen mit Frankreich verlangt aber als Schachtelbeteiligung in Art. 20 III eine Beteiligung von mindestens 25%.

§ 13 I Nr. 1a AStG spricht von der Rechtsfolge „vom Hinzurechnungsbetrag ausnehmen" und versteht sich als sachliche und zugleich persönliche Steuerbefreiungsvorschrift. Die bei der Zwischengesellschaft zugeflossenen Schachteldividenden, die als passive Einkünfte in den Hinzurechnungsbetrag eingegangen sind, müssen mithin aus diesem wieder ausgenommen werden. Ausgenommen werden aber nur Schachteldividenden, die von aktiven ausländischen Kapitalgesellschaften stammen. Es ist deshalb denkbar, daß im anzusetzenden Hinzurechnungsbetrag Dividenden enthalten sind, die zwar nach dem zutreffenden Abkommensrecht Schachteldividenden darstellen, aber nicht unter die Kürzungsvorschrift fallen. Zu den daraus folgenden Konsequenzen *Mersch* S. 61. Die weitere Konsequenz der Steuerbefreiung folgt über § 10 III AStG aus § 3c EStG, wonach die mit solchen Beteiligungserträgen in unmittelbarem wirtschaftlichem Zusammenhang stehenden Betriebsausgaben unberücksichtigt bleiben (Einzelheiten bei *F/W/B* Rz 33 ff. zu § 13 AStG).

– Gem. § 13 I Nr. 1b AStG sind die Gewinnanteile, die die ausländi- **430** sche Obergesellschaft von der ausländischen Untergesellschaft bezieht, nur mit dem Betrag zur Körperschaftsteuer heranzuziehen, der sich nach Berücksichtigung des § 12 AStG aus der Anwendung des § 26 II, III, IV KStG ergeben würde, wenn der unbeschränkt Steuerpflichtige die Gewinnanteile unmittelbar von der ausschüttenden Gesellschaft bezogen hätte; Voraussetzung ist auch hier wie bei § 13 I Nr. 1a AStG, daß die Untergesellschaft keine unbeschränkt steuerpflichtige Kapitalgesellschaft ist und ihre Bruttoerträge aus aktiver Tätigkeit bezieht. Das bedeutet: Kommt ein internationales Schachtelprivileg und damit die Anwendung des § 13 I Nr. 1a AStG nicht in Betracht, wird nach § 13 I Nr. 1b AStG die **indirekte Steueranrechnung** gem. § 26 II–IV KStG gewährt. Die

Schachteldividenden, die die ausländische Obergesellschaft vereinnahmt, werden also auch hier so behandelt, als hätte die inländische Muttergesellschaft sie von der ausländischen Untergesellschaft (Enkelgesellschaft) bezogen. Der Hinweis auf § 12 AStG (Steueranrechnung) wird verstanden als eine grundsätzliche Klarstellung zum Verhältnis der §§ 12, 13, nach der die Rechtsfolge des § 13 I Nr. 1 b AStG nach Berücksichtigung des § 12 AStG eintritt (zu den unterschiedlichen Anrechnungen, die damit angesprochen sein könnten, s. *F/W/B* Rz 51 zu § 13 AStG: § 12 betrifft die ausländische Obergesellschaft und damit ausländische Steuern auf Zwischeneinkünfte; § 13 Steuern der ausschüttenden Untergesellschaft. ' Von der Enkelgesellschaft einbehaltene Quellensteuern sind – weil die Zwischengesellschaft betreffend – nach § 10 I AStG zu berücksichtigen. Deswegen wird § 26 I KStG nicht genannt).

**431**  – § 13 II AStG betrifft **Schachtelvergünstigungen bei Inlandsbeteiligungen:** Gewinnanteile, die eine ausländische Obergesellschaft von einer unbeschränkt steuerpflichtigen Kapitalgesellschaft bezieht; diese Gewinnanteile sind mit dem auf den unbeschränkt Steuerpflichtigen Anteilsinhaber an der ausländischen Obergesellschaft entfallenden Teil vom Hinzurechnungsbetrag auszunehmen, wenn der Steuerpflichtige eine unbeschränkt steuerpflichtige Körperschaft, Personenvereinigung oder Vermögensmasse und mindestens mit 10% an der ausschüttenden Gesellschaft beteiligt anzusehen ist.

*Beispiel:* Die deutsche GmbH A ist zu 100% an einer schweizerischen GmbH B, diese wiederum zu 100% an einer deutschen GmbH C beteiligt. GmbH B thesauriert die von der deutschen GmbH C an sie ausgeschütteten Gewinne. Ohne Einschaltung der schweizerischen GmbH könnte GmbH A für Ausschüttungen der GmbH C das nationale Schachtelprivileg (§ 9 KStG) in Anspruch nehmen. Die bei der GmbH B thesaurierten Gewinnausschüttungen der GmbH C sind gem. § 13 II AStG von der Hinzurechnungsbesteuerung ausgenommen.

Die Bedingung, daß die ausschüttende Kapitalgesellschaft ihre Bruttoerträge ausschließlich oder fast ausschließlich aus aktiver Tätigkeit bezieht, unterbleibt hier, da eine Unterscheidung in aktive und passive Einkünfte bei Steuerinländern wegen der deutschen Besteuerung nicht stattfindet. Die Ausschüttungen der inländischen Kapitalgesellschaften an die Zwischengesellschaft werden stets von der Hinzurechnungsbesteuerung als passive Einkünfte erfaßt und im Thesaurierungsfall dem Inlandsbeteiligten in Form des Hinzurechnungsbetrages zugerechnet. Bei unmittelbarer Beteiligung der Muttergesellschaft an der ausschüttenden inländischen Kapitalgesellschaft wäre die Muttergesellschaft in den Genuß des Anrechnungsverfahrens nach der KStReform 1977 gelangt. Der ausländische Anteilseigner (die Zwischengesellschaft) ist aber von der Anrechnung im Regelfall ausgeschlossen; daher die Herausnahme gem. § 13 II AStG aus dem Hinzurechnungsbetrag – wiederum verständlich auf dem Hintergrund des Zieles, Steuererleichterungen zuzubilligen, die bei unmittelbarem Bezug der Beteiligungserträge eingetreten wären.

– § 13 III AStG ist kein Schachtelprivileg im eigentlichen Sinne; seine **432** Rechtsfolge besteht darin, einen begünstigten Veräußerungsgewinn als letzte Gewinnausschüttung aus dem Hinzurechnungsbetrag auszunehmen. Veräußert nämlich eine ausländische Gesellschaft Beteiligungen, so wird sie unter den Voraussetzungen der §§ 7, 8 AStG für die Veräußerungsgewinne zur Zwischengesellschaft. Sie erzielt Einkünfte aus passiver Tätigkeit, die grundsätzlich der Hinzurechnungsbesteuerung unterliegen. § 13 III AStG will derartige Veräußerungsgewinne freistellen, wenn auch die Ausschüttungen der Gesellschaft, deren Anteile veräußert wurden, nach § 13 Abs. I, II begünstigt gewesen wären.

*Beispiel (Mersch* S. 70): Die deutsche Y-AG ist zu 100% an der in Liechtenstein ansässigen X-AG beteiligt. Diese besitzt eine 60% Beteiligung an der Produktionsgesellschaft Z in Brasilien. X veräußert ihre Anteile an der Z an eine Tochtergesellschaft der Y-AG. Zwischen Brasilien und der Bundesrepublik besteht ein DBA mit Schachtelprivileg; die Ausschüttungen der Z an die X-AG wären für die Hinzurechnungsbesteuerung gem. § 13 I Nr. 1 a AStG begünstigt; ein etwaiger Veräußerungsgewinn ist deshalb wegen der Beteiligung der Y-AG an X aus dem Hinzurechnungsbetrag der Y-AG auszunehmen.

(6) Der **Hinzurechnungsbetrag ist gem. § 11 I AStG um Gewinn-** **433** **anteile zu kürzen,** die der unbeschränkt Steuerpflichtige Anteilsinhaber in dem Kalenderjahr oder Wirtschaftsjahr, in dem der Hinzurechnungsbetrag nach § 10 II AStG anzusetzen ist, von der ausländischen Gesellschaft bezieht. Die dem § 13 AStG nachfolgende Darstellung trotz der im Gesetz vorrangigen Stellung erklärt sich daraus, daß Übereinstimmung über die Reihenfolge der Berücksichtigung besteht: die Einkünfte aus passivem Erwerb nach § 10 III AStG werden zunächst um die Schachteldividenden und dann um Ausschüttungen der Zwischengesellschaft gekürzt. § 11 AStG wird auf dem Hintergrund des § 10 II AStG als einer auf den frühestmöglichen Zeitpunkt bezogenen Ausschüttungsfiktion („gilt unmittelbar nach Ablauf des maßgebenden Wirtschaftsjahres der ausländischen Gesellschaft als zugeflossen") der Sache nach verständlich: Gewinnausschüttungen der Zwischengesellschaft bewirken, was der Gesetzgeber an sich will: Die Abschirmwirkung wird beseitigt. Die von der Hinzurechnungsbesteuerung erfaßten Einkünfte aus passivem Erwerb sind nach der Vorstellung des Gesetzgebers solche, die die beteiligten Steuerinländer auch originär in eigener Person hätten erzielen können – sie stehen zu Ausschüttungszwecken jedenfalls zur Verfügung, wenn man die als Folge der Ermittlung des Hinzurechnungsbetrages auf der Grundlage des deutschen Rechts möglichen Abweichungen ausklammert (*BFH* BStBl. 1995 II, 629). Werden sie ausgeschüttet, kann eine zuvor bereits erfolgte Hinzurechnungsbesteuerung nicht zu einer doppelten Besteuerung führen. Die Hinzurechnungsbesteuerung des § 10 II

AStG als definitive Besteuerung einer unterbliebenen Ausschüttung zu gestalten, wäre verfassungsrechtlich nicht haltbar gewesen (zur Regelung des § 11 II AStG als „verfassungsrechtlich noch vertretbar" sogleich).

Hätte der Gesetzgeber das mit § 10 II AStG verbundene Verständnis der **Besteuerung als Quasi-Ausschüttung**, als Fiktion einer Ausschüttung zum frühestmöglichen Zeitpunkt, folgerichtig fortgeführt, wäre die nachträgliche Korrektur des zeitlich früher realisierten Hinzurechnungstatbestandes die zutreffende und eine Doppelerfassung ausschließende Lösung gewesen – ihr gleichgestellt wäre die Lösung eines ertragsteuerfreien Bezuges der späteren Gewinnausschüttungen. Der Gesetzgeber hat keinen der beiden denkbaren Lösungswege „in reiner Form" verwirklicht, sondern einen „gemischten Weg eingeschlagen" (*F/W/B* Rz 4 zu § 11 AStG): Die tatsächliche Gewinnausschüttung (§ 11 I AStG: „beziehen") wird besteuert – weswegen die Darstellung des Hinzurechnungsbetrages als einer Quasi-Ausschüttung nur bedingt gilt; der Besteuerung des Zuflusses wird mithin Vorrang vor der Hinzurechnungsbesteuerung eingeräumt. Aber: Mit dem Bezug dieser Gewinnanteile ist in zeitlicher Hinsicht verbunden eine Kürzung des Hinzurechnungsbetrages; fiktiver Zufluß des Hinzurechnungsbetrages und tatsächlicher Bezug der Gewinnanteile müssen stets in denselben Ermittlungszeitraum fallen, dagegen kommt dem Wirtschaftsjahr, für das die Ausschüttung erfolgt, keine Bedeutung zu. Erfolgt ein periodenkongruenter Gewinnverwendungsbeschluß, so erfolgen damit Beschlußfassung und Hinzurechnung periodenkongruent; das Gesetz ermöglicht damit, mittels ordentlicher Gewinnausschüttung den anzusetzenden Hinzurechnungsbetrag zu schmälern oder zu eliminieren (*Köhler* S. 57).

**434**   Ist mit § 11 I AStG gesichert, daß die **Hinzurechnungsbesteuerung durch tatsächliche Gewinnausschüttungen kompensiert** wird und eine definitive Hinzurechnungsbesteuerung vermeidbar ist? Dagegen sprechen bereits einige Tatbestandsmerkmale: Hinzurechnungsbetrag und Gewinnanteile müssen nicht notwendig nach den gleichen Gewinnermittlungsgrundsätzen ermittelt werden, der nach dem ausländischen Recht ermittelte ausschüttungsfähige Gewinn kann geringer sein als der Hinzurechnungsbetrag, so daß selbst für den Fall einer Vollausschüttung eine definitive Hinzurechnungsbesteuerung die Folge ist; treten Währungsschwankungen zwischen Hinzurechnung und Ausschüttung hinzu, kann ebenfalls eine definitive Hinzurechnungsbesteuerung verbleiben (*Köhler* S. 59). Andererseits ist allerdings zu berücksichtigen, daß es keinen sachlichen Zusammenhang zwischen dem Hinzurechnungsbetrag und abziehbaren Ausschüttungsbeträgen gehen muß, so daß § 11 I AStG auch für Gewinnausschüttungen aus einer aktiven Tätigkeit gilt (*BFH* BStBl. 1995 II, 631: Die wirtschaftliche Identität zwischen anzusetzenden Hinzurechnungsbeträgen und der Dividende ist nicht garantiert, die Dividende kann auch aus Gewinnen stammen, die vor dem Inkrafttreten des AStG oder aus aktiven Tätigkeiten des § 8 I, II AStG stammen). § 11 I AStG führt nur zu einer Kompensation, wenn der unbeschränkt Steuerpflichtige, der Hinzurechnungsbesteuerung unterworfen wurde, die Gewinnanteile bezieht. Ein Gesellschafterwechsel vor Bezug der Gewinnanteile führt zum Verlust der Kürzungsmöglichkeit; es besteht jedoch nicht das Erfordernis einer Anteilsidentität, mithin geht die Kürzungsmöglichkeit bei einer teilweisen Anteilsübertragung nicht verloren (so der Erlaß *FinMin Nordrhein-Westfalen* mit einem Beispiel StEK AStG § 11 Nr. 1). Daß die Rechtsfolge des § 11 I AStG Identität der Gesellschaft bezüglich des Hinzurechnungsbetrages und der Gewinnausschüttung voraussetzt, versteht sich von selbst (*Schaumburg* S. 508: logische Folge der Gesellschaftsbezogenheit der dem Hinzurechnungsbetrag zugrundeliegenden Zwischeneinkünfte). Zu welchen Problemen die **Identität des Ermittlungszeitraums** führen kann, zeigt die bereits erwähnte *BFH*-Entscheidung BStBl. 1998 II, 176 im Anschluß an *FG Nürnberg* VII – 19/89 (s. bereits N 394): Den Klägern als den Anteilseignern der schweizerischen GR-AG, die Zwischeneinkünfte bezog, waren im Jahre 1 verdeckte Gewinnausschüttungen als Beteiligungserträge i.S. des § 20 I Nr. 1 EStG zugerechnet worden. Im Jahre 2 wurde ihnen die Ausschüttung im Rahmen des für dieses Jahr ermittelten Hinzurechnungsbetrages noch einmal zugerechnet, wobei infolge der Regelung des § 11 AStG nicht der Hinzurechnungsbetrag des Jahres 2, sondern des Jahres 1 (bzw. – mittels Steuererstattung gem. § 11 AStG – der des Jahres 0) gemindert wurde. Dabei blieb ein Betrag (im Streitfall 1,77 Mio. DM), der mangels entsprechender Hinzurechnungsbeträge nicht mehr verrechenbar war und dementsprechend zu einer echten Doppelbesteuerung führte. Dazu das *FG Nürnberg*: Dieses Ergebnis, das auf dem zeitlichen Auseinanderfallen zwischen dem Zufluß der verdeckten Gewinnausschüttung und der zeitverschobenen Regelung des § 11 AStG beruht, ist nach Auffassung des Senats „zunächst unvermeidbar, da der insoweit eindeutige Wortlaut des § 11 AStG keine Differenzierung zwischen offenen und verdeckten Gewinnausschüttungen zuläßt . . . Allerdings wird dieses Ergebnis allgemein als in der Sache unbillig empfunden . . . Über den Erlaß einer dementsprechenden Billigkeitsmaßnahme kann indessen in diesem Verfahren, in dem es um die Rechtmäßigkeit der Feststellungen von Besteuerungsgrundlagen geht, nicht entschieden werden." Der *BFH* hat die Entscheidung des *FG Nürnberg* in diesem Punkt nicht gebilligt und methodisch klargestellt: „Auch bei einem eindeutigen Gesetzeswortlaut kann eine Gesetzeslücke entstehen. Das ist hier der Fall: Die verbleibende Doppelbesteuerung „ist planwidrig". Das Gesetz ist, gemessen am zugrundeliegenden Plan, lückenhaft geblieben. Das der Hinzurechnungsbesteuerung zugrundeliegende Ziel wird in der Gesetzesbegründung deutlich dokumentiert: Demnach sollten nur gegen die unmittelbare Besteuerung „abgeschirmte" Einkünfte erfaßt werden. Nur eine ungerechtfertigte Ausklammerung aus der deutschen Besteuerung sollte vermieden werden. Über die Einebnung ungerechtfertigter Steuervorteile hinaus sollte das Gesetz allerdings zu keiner Steuerverschärfung führen . . . Dieser Gesetzesplan ist in Fällen der vorliegenden Art aufgrund der zu engen Fassung des § 11 I AStG nicht verwirklicht worden." Der *BFH* hat (einem Lösungsvorschlag *Schaumburgs* folgend) eine sinngemäße Anwendung des § 11 I AStG vorgenommen und den Hinzurechnungsbetrag um die bereits im Vorjahr zugeflossene verdeckte Gewinnausschüttung gekürzt. Ungeachtet der methodischen Grundlegung ist das Urteil als überraschend zu bewerten – möglicherweise auch nur nachvollziehbar auf dem Hintergrund der Vorgeschichte eines nur auf die beschränkte Steuerpflicht begrenzten Auskunftersuchens – jedenfalls ist davon auszugehen, daß die Würdigung dieses Geschehensablaufs wie durch *Wassermeyer* (s. N 397) erläutert die Urteilsfindung beeinflußte. Das Ziel, solche **Doppelbelastungen zu vermeiden,** wird auch durch die zeitliche Begrenzung des § 11 II AStG im Einzelfall in Frage gestellt. Denn in den Fällen, in denen die tatsächlichen Ausschüttungen den Hinzurechnungsbetrag in dem Veranlagungsjahr übersteigen, erfolgt nach § 11 II AStG eine Rückgängigmachung der Hinzurechnungsbesteuerung der vorangegangenen vier Kalender- oder Wirtschaftsjahre. Erstattungen weiter zurückliegender Jahre scheiden aus, die in diesen Perioden gezahlte Steuer ist „verloren": Es muß spätestens im Jahr 5 ein Ausschüttungsüberschuß vorliegen, um noch eine Erstattung aus dem Jahr 1 erzielen zu können – im Jahre 0 entrichtete Steuern auf den Hinzurechnungsbetrag sind nicht mehr erstattbar (*Köhler*

S. 58). Im *BFH*-Fall BStBl. 1995 II, 631 hatten die Kläger gegen die **zeitliche Begrenzung des § 11 II AStG** verfassungsrechtliche Bedenken geltend gemacht: Der Ausschüttungsüberschuß des Jahres 1982 führte entsprechend § 11 II AStG zu Erstattungen der Jahre 1978–1981 – die Kläger begehrten eine Erstattung auch von Hinzurechnungsbeträgen für die Jahre 1973, 1975 und 1977. Der *BFH:* Es ist „verfassungsrechtlich noch vertretbar, wenn der Gesetzgeber die Rechtsfolge des § 11 II AStG zeitlich begrenzt, um auf diese Weise die ausländischen Zwischengesellschaften zu einer zeitnahen Ausschüttung der aus passivem Erwerb stammenden Gewinne zu zwingen. Die Kläger hätten durch rechtzeitige Fassung entsprechender Gewinnverteilungsbeschlüsse . . . die tatsächlich eingetretene „Doppelbesteuerung" verhindern können."

**435**     Wie ist der **Erstattungsbetrag** nach § 11 II AStG zu ermitteln?

Im Falle *BFH* BStBl. 1983 II, 14 hatte das FA einen Erstattungsbetrag für einen der Einkommensteuer unterliegenden Steuerpflichtigen nach der Formel

$$\frac{\text{Hinzurechnungsbetrag}}{\text{Gesamtbetrag der Einkünfte}} \times \text{EStSchuld}$$

und damit die auf den Hinzurechnungsbetrag entfallende Einkommensteuer als auf dem durchschnittlichen Steuersatz beruhend errechnet. Der *BFH:* Bei einer derartigen Auslegung käme es im Rahmen des § 11 II AStG lediglich zur Erstattung der ESt, die aufgrund des im Kalenderjahr der Hinzurechnung maßgebenden durchschnittlichen Steuersatzes entfiele. Das sei jedoch nicht die Wirkung, die der Gesetzgeber mit § 11 II AStG beabsichtigt habe. Es sei statt dessen der Erstattungsbetrag in der Weise zu ermitteln, daß der Einkommensteuer unter Einbeziehung des Hinzurechnungsbetrags die Einkommensteuer gegenüberzustellen ist, die sich ergeben hätte, wenn lediglich der um die Gewinnanteile gekürzte Hinzurechnungsbetrag in das zu versteuernde Einkommen einbezogen worden wäre. Denn: dies führt nicht nur zu einer Entlastung von der ESt, die aufgrund des maßgebenden durchschnittlichen Steuersatzes auf den Hinzurechnungsbetrag entfällt, sondern zu einer höheren Entlastung, weil sich der Steuersatz durch die Minderung des Einkommens um die bezogenen Gewinnanteile ermäßigt. Damit verweist der *BFH* auf eine Schattenveranlagung. Für Zwecke der Körperschaftbesteuerung ist hierbei die Tarifbelastung zu berücksichtigen, ohne daß es auf das spätere Ausschüttungsverhalten ankäme. Im Falle *BFH* BStBl. 1995 II, 629 hatten die Kläger die unterschiedliche Behandlung unbeschränkt steuerpflichtiger natürlicher Personen einerseits und unbeschränkt steuerpflichtiger Kapitalgesellschaften andererseits als Beteiligte ausländischer Zwischengesellschaften gerügt. Der *BFH:* Unterschiede folgen aus dem körperschaftsteuerpflichtigen Anrechnungsverfahren – aber sie wirken sich nicht auf die Festsetzung eines Erstattungsbetrages gem. § 11 II AStG aus (zu den Einzelheiten *F/W/B* Rz 38–38e zu § 11 AStG). Zur Verrechnung des Ausschüttungsüberschusses eines Jahres mit mehreren noch nicht verrechneten Hinzurechnungsbeträgen nach der zeitlichen Reihenfolge s. Rz 11.2.4 AEAStG.

**436**     Schließlich ist noch auf den Ergänzungstatbestand des § 11 III AStG zu verweisen: Veräußert der Steuerinländer Anteile an der ausländischen Gesellschaft, so ist § 11 II AStG mit der Maßgabe anzuwenden, „daß die zu erstattenden Beträge die auf den Veräußerungsgewinn jeweils zu entrichtende ESt/KSt und Gewerbesteuer nicht übersteigen dürfen". Der Zweck der Vermeidung der Doppelbelastung gebietet Rücksichtnahme darauf, daß dem Veräußerer nunmehr die Kürzungs- und Erstattungsmöglichkeiten abgeschnitten sind, obwohl er mit dem Veräußerungspreis auch nichtausgeschüttete Erträge honoriert erhält und als Veräußerungsgewinn zu besteuern hat. Aus der Begrenzung in § 11 III AStG folgt, daß keine Erstattung vorzunehmen ist, soweit der Veräußerungsgewinn nicht steuerpflichtig oder im Jahr der Veräußerung keine Steuer angefallen ist. Die Kürzung des laufenden Hinzurechnungsbetrages nach § 11 I AStG ist nicht möglich, nur die Erstattung nach § 11 II AStG (Redaktionsversehen?). Folge: eine Doppelbelastung ist nur soweit vermieden, als der Veräußerungsgewinn den Hinzurechnungsbetrag übersteigt. Rz 11.3.2 des AEAStG hierzu: Aus Vereinfachungsgründen kann die Steuererstattung in der Weise erfolgen, daß der Veräußerungsgewinn um den Hinzurechnungsbetrag gekürzt wird, soweit er zur Steuer herangezogen wird.

§ 11 III AStG regelt nicht den Fall der **Liquidation der Zwischengesellschaft** und die Auskehrung des verbleibenden Vermögens an die Gesellschafter. Sind Liquidationserlöse Gewinnanteile i. S. des § 11 I AStG oder Veräußerungserlöse i. S. des § 11 III AStG? Im Falle des *BFH* IStR 1998, 667 erfolgte zum 30. 11. 1989 die Liquidation mit anschließender Vermögensauskehrung an den Kläger; der beantragte, den Hinzurechnungsbetrag 1989 um einen gleich hohen Teilbetrag des Liquidationserlöses gemäß § 11 I AStG zu kürzen und den Restbetrag des Erlöses gem. § 11 II zur Durchführung der Erstattung der auf die Hinzurechnungsbeträge 1985–1988 entfallenden ESt festzustellen. Das FA lehnte eine Kürzung des laufenden Hinzurechnungsbetrages (1989) ab. Der *BFH:* eine Kürzung des Hinzurechnungsbetrages nach § 11 I AStG findet nicht statt, da Liquidationsgewinne nicht unter das Tatbestandsmerkmal des § 11 I AStG subsumierbar sind – hierbei wird auf die Systematik des § 20 I Nr. 1, 2 EStG zurückgegriffen. Folge: Nur Ausschüttungen i. S. des § 20 I Nr. 1 EStG werden in den Grenzen des § 11 I, II AStG rückgängig gemacht. Die Auskehrung des Liquidationsüberschusses stellt aber auch keine Veräußerung i. S. des § 11 III AStG dar – auch insoweit verweist der *BFH* auf die Systematik des EStG (§ 17 IV EStG). Unter Hinweis auf die unter N 434 genannte Entscheidung *BFH* BStBl. 1998 II, 176 wird auch hier eine planwidrige Gesetzeslücke erkannt: „Nach § 10 II Satz 1 AStG wird der Hinzurechnungsbetrag wie Einkünfte aus § 20 I Nr. 1 EStG behandelt und gilt unmittelbar nach Ablauf des maßgebenden Wirtschaftsjahres der ausländischen Gesellschaft als zugeflossen. Werden die dem Hinzurechnungsbetrag zugrundeliegenden Einkünfte tatsächlich ausgeschüttet oder erhält der Gesellschafter aufgrund seiner Anteile mittelbar die bisher nicht ausgeschütteten Einkünfte über den Kaufpreis, so muß zur Vermeidung einer vom AStG nicht beabsichtigten doppelten Erfassung der Einkünfte ein Ausgleich stattfinden." Der *BFH* schließt die Lücke durch Anwendung des § 11 III AStG, da Veräußerungsgewinne dem Liquidationserlös insoweit entsprechen. Damit wird der Sache nach erreicht, daß auch im Falle der Liquidation das einmal mittels der Hinzurechnungsbesteuerung erreichte Besteuerungsniveau nicht mehr unterschritten wird.

(7) Wie bereits erwähnt, werden für die Ermittlung des Hinzurechnungsbetrages nach § 10 I AStG die von den Einkünften der ausländischen Gesellschaft erhobenen Steuern abgezogen; damit sind die Steuern gemeint, für die die ausländische Gesellschaft unmittelbar Steuerschuldner ist und die nicht als Betriebsausgaben bei der Ermittlung des Hinzurechnungsbetrages nach den Regeln des deutschen Steuerrechts berücksichtigt werden. §12 AStG räumt dem Steuerpflichtigen auf Antrag das **437**

Wahlrecht ein, auf seine Einkommen- oder Körperschaftsteuer, die auf den Hinzurechnungsbetrag entfällt, die **Steuern anzurechnen, die nach § 10 I AStG abziehbar sind.** In diesem Fall (so § 12 I Satz 2 AStG) ist der Hinzurechnungsbetrag um diese Steuern zu erhöhen. Die Erhöhung (Aufstockungsbetrag) verhindert die zweifache Berücksichtigung eines Abzugs anrechnungsfähiger Steuer. Was natürlich auch durch Unterlassen bzw. Rückgängigmachung des in § 10 I Satz 1 AStG vorgeschriebenen Steuerabzugs möglich gewesen wäre (etwa: in einem solchen Fall hat der Steuerpflichtige den Steuerabzug gem. § 10 I Satz 1 AStG zu unterlassen bzw. auszugleichen), hat der Gesetzgeber nach der „Logik des Gesetzesaufbaus" (*F/W/B* Rz 23 zu § 12 AStG) wie folgt geregelt: Wenn nach § 12 I Satz 2 AStG der Hinzurechnungsbetrag um die Steuern zu erhöhen ist, der Hinzurechnungsbetrag sich aber nach § 10 I AStG als Saldo zwischen den Einkünften aus passivem Erwerb und abziehbaren Steuern versteht, dann betrifft die Erhöhung einen bereits gebildeten Hinzurechnungsbetrag und ist der Rechtsfolge der Steueranrechnung zuzuordnen. Daher *F/W/B* Rz 23: Die Erhöhung ist in der logischen Reihenfolge der Kürzungen und Erhöhungen dort anzusiedeln, wo auch die Anrechnung ihren Platz hat, mithin im Tarifbereich. Im Schema I als Anlage 3 zu Rz 10.0.3 des AEAStG ist vom Hinzurechnungsbetrag ausgehend eine Ausschüttung der Zwischengesellschaft bis zur Höhe eines positiven Hinzurechnungsbetrages berücksichtigt, wonach sich ein Grundbetrag ergibt, der um die Höhe eines Aufstockungsbetrages zu berichtigen ist (*F/W/B* Rz 23: der Aufstockungsbetrag mindert so oder so den Ausschüttungsüberschuß nach § 11 II AStG).

**438**   Hängt die Anrechnung der abziehbaren Steuern davon ab, ob Ausschüttungen erfolgt sind? Wird die Anrechnung hierdurch beschränkt? Dem *BFH* BStBl. 1984 II, 468 lag der Fall der Beteiligung an einer schweizerischen Zwischengesellschaft zugrunde: Einkünfte aus passivem Erwerb 18 867 DM abzüglich darauf entfallende Steuern gem. § 10 I Satz 1 AStG 4022 DM, mithin Hinzurechnungsbetrag nach Steuern 14 845 DM. Eine nach § 11 AStG zu berücksichtigende Ausschüttung in Höhe von 11 031 DM führte zu einem verbleibenden Hinzurechnungsbetrag in Höhe von 3 814 DM. Der inländische Beteiligte beantragte Anrechnung der ausländischen Steuern nach § 12 AStG. Das Finanzamt errechnete den Erhöhungsbetrag als Folge der Ausschüttung anteilsmäßig aus dem Gesamtbetrag der Steuern

$$4022 \text{ DM} \, ./. \left( \frac{4022 \text{ DM} \times 11\,031 \text{ DM}}{18\,867 \text{ DM}} \right) = 1671 \text{ DM},$$

woraus sich ein Hinzurechnungsbetrag in Höhe von 1671 DM + 3 814 DM = 5485 DM ergab. Der hier allein interessierende Teil der Entscheidung bezieht sich auf die Frage, ob die Ausschüttung den Betrag anrechenbarer Steuern gem. § 12 AStG mindert. Der *BFH:* Die gem. § 10 I AStG abziehbaren Steuern können nur bis zur Höhe der ESt/KSt angerechnet werden, die auf den Hinzurechnungsbetrag entfällt. § 12 II AStG verweist auf § 34 c I EStG wegen der Berechnungsmethode. Die Verweisung bezieht sich damit darauf, wie die auf den Hinzurechnungsbetrag entfallende deutsche Steuer (§ 12 I AStG) zu ermitteln ist – aber aus § 12 II AStG kann nicht entnommen werden, daß nur eine der deutschen Einkommensteuer entsprechende Steuer einbezogen werden kann (das bezog sich auf die Anrechnung einer schweizerischen Steuer auf das

Kapital), noch daß die Anrechnung durch eine Ausschüttung beschränkt werde: „Nach § 11 AStG führt die Ausschüttung nicht unmittelbar zu einer Minderung der Anrechnung, wohl aber zu einer Minderung des Hinzurechnungsbetrages. Dies hat im Rahmen des § 12 AStG für die Anrechnungsmöglichkeit insoweit Bedeutung, als diese auf die ESt/KSt beschränkt ist, die auf den Hinzurechnungsbetrag entfällt. Eine Minderung des Hinzurechnungsbetrages gem. § 11 AStG hat daher dann Auswirkung auf die Anrechnung, wenn die anzurechnende Steuer höher ist als die deutsche Einkommen- bzw. Körperschaftsteuer, die auf den geminderten Hinzurechnungsbetrag anteilig entfällt . . ." Es wird also durch § 12 II AStG auf den Modus verwiesen, der den maximal anrechnungsfähigen Betrag in Abhängigkeit von der anteilig darauf entfallenden inländischen Belastung bestimmt; der Aufstockungsbetrag umfaßt die volle ausländische Steuer – der davon zu unterscheidende Anrechnungshöchstbetrag bestimmt sich durch

$$\text{ESt/KSt} \times \frac{\text{maßgeblicher Hinzurechnungsbetrag}}{\text{Summe der Einkünfte.}}$$

Die Anrechnung erfolgt auf die ESt/KSt, die auf den Hinzurechnungs- **439** betrag entfällt. Ist der anzusetzende Hinzurechnungsbetrag wegen § 10 V AStG steuerfrei oder entfällt eine Besteuerung wegen einer Gewinnausschüttung (§ 11 AStG), entfällt die Anrechnung. Der Abzug der Steuer ist mithin in allen Verlustfällen günstiger wegen des Erhalts einer Verlustvortrags- bzw. Rücktragsmöglichkeit. Das Beispiel von *F/W/B* Rz 13 zu § 12 AStG zeigt die im Falle einer Ausschüttung zu beachtende Rücksichtnahme auf die Rechtsfolge der Steuererstattung nach § 11 II AStG. Bei Zwischeneinkünften in Höhe von 1000 und hierauf entfallenden Steuern zu Lasten der ausländischen Gesellschaft sowie einer Ausschüttung in Höhe von 600 ergibt sich für einen Steuerabzug ein Erstattungsanspruch gem. § 11 II AStG in Höhe von 1000 ./. 500 ./. 600 = 100, im Falle der Steueranrechnung ein in Verlust geratener Anrechnungsüberschuß: 1000 ./. 500 + 500 ./. 600 = 400 anzurechnender Hinzurechnungsbetrag, auf den unter der Voraussetzung einer inländischen Steuerlastquote von 50% eine inländische Steuer in Höhe von 200 anzurechnen ist, mithin ein Anrechnungsüberschuß von 500 ./. 200 = 300 verbleibt. Grundsätzlich aber gilt (nicht anders als im Fall des § 34c EStG), daß die Anrechnungsmethode ohne Erreichung der Anrechnungshöchstgrenze (wovon als Regelfall wegen der niedrigen Besteuerung auszugehen ist) zu einer Gesamtbelastung wie im Falle der Ausschüttung führt. Mit dem Antrag wird jeweils nur eine einzelne Veranlagungsperiode und eine Zwischengesellschaft angesprochen, so daß sich der Steuerpflichtige jedes Jahr und für jede Zwischengesellschaft neu entscheiden kann. Umstritten ist, ob eine Aufteilung der Steuern erfolgen und der Steuerpflichtige den Antrag nach § 12 I Satz 1 AStG auf einen Teil der abziehbaren Steuern beschränken kann. Der AEAStG Rz 12.1.3 verneint dies, da nur von einem Gesamtbetrag anrechnungsfähiger Steuer ausgegangen wird, der überwiegende Teil der Literatur bejaht die Frage. Dazu *Köhler* (S. 267): Für eine Antragsbeschränkung spricht die Zulässigkeit im Rahmen des § 26 II KStG. Im übrigen: Verneint man eine Begrenzbar-

keit, tritt der kaum zu billigende Zustand ein, daß bei Hinzurechnung
und geringen Gesamteinkünften der Standort in einem besonders niedrig
besteuerten Gebiet durch die Anrechnungsregelung günstiger gestellt
wird als in einem relativ höher (bis 29,9999%) besteuerten Gebiet. Vor
allem aber folgt – wie das Beispiel *Köhlers* S. 268 zeigt – bei nicht be-
grenzbarer Aufstockung eine zusätzliche Gewerbeertragsteuer, die auf
einen überschüssig erhöht anzusetzenden Hinzurechnungsbetrag entfällt.
Die Anrechnungsvorschrift des § 12 AStG ist schließlich noch abzugrenzen gegenüber § 13 I Nr. 1b AStG: Sie betreffen unterschiedliche Stufen
(*Schaumburg* S. 516).

### d) Nachgeschaltete Zwischengesellschaften (§ 14 AStG)

**440**     (1) Der Hinzurechnungsbetrag wird andererseits um die Einkünfte sog.
nachgeschalteter Zwischengesellschaften erhöht (§ 14 AStG). Diese
Regelung ist erforderlich, um **Umgehungen der §§ 7ff. AStG vorzubeugen.** Ohne sie könnte der Steuerinländer zwischen sich und seine ausländische Gesellschaft (Zwischengesellschaft) eine weitere ausländische
Gesellschaft zwischenschalten, in die er die Anteile an der Zwischengesellschaft einbringt (mittelbare Beteiligung). Sodann könnte er Vorkehrungen gegen Ausschüttungen von der nachgeschalteten an die vorgeschaltete Gesellschaft treffen (nachgeschaltete Gesellschaft ist die ausl.
Untergesellschaft, vorgeschaltete Gesellschaft die ausl. Obergesellschaft).

Die in der nachgeschalteten Gesellschaft erwirtschafteten Gewinne würden ohne
§ 14 AStG nicht der Hinzurechnungsbesteuerung unterliegen: Denn nach § 7 II Satz 2
AStG werden mittelbare Beteiligungen nur bei der Frage berücksichtigt, ob eine
Auslandsgesellschaft „deutschbeherrscht" ist. Die Zurechnung der Einkünfte folgt
hingegen der dem Gesellschafter „zuzurechnenden Beteiligung am Nennkapital der
Gesellschaft". In diesem Sinne zurechenbar ist nur die unmittelbare Beteiligung
an der vorgeschalteten Gesellschaft. Diese Gesellschaft vereinnahmt in dem hier
erörterten Fall aber nichts, folglich könnten ihr auch keine passiven Einkünfte zugerechnet werden. Daraus folgt: §§ 7–13 AStG erfassen die inländerbeherrschte ausländische Obergesellschaft, für die wegen einer unmittelbaren Beteiligung von unbeschränkt Steuerpflichtigen die Hinzurechnungsfolge ausgelöst wird. Auf diese
Obergesellschaft bezog sich das bisherige Prüfungsschema – ohne daß dies dadurch
auch nur relativiert wurde, daß für § 8 II AStG auch die Bedingungen einer nachgeschalteten Gesellschaft von Interesse waren. Mit den §§ 7–13 AStG ist aber nicht
eine von der inländerbeherrschten ausländischen Obergesellschaft ihrerseits beherrschte ausländische Untergesellschaft in die Hinzurechnungsbesteuerung einzubeziehen. Solange letztere ihre Erträge thesauriert, gäbe es bei der allein dem Zugriff
nach §§ 7–13 AStG ausgesetzten Obergesellschaft keine Einkünfte i.S. des § 8 AStG,
die die Hinzurechnungsfolge des § 10 auslösen könnten. Sobald statt der mittelbaren
Beteiligung eine unmittelbare Beteiligung unter den Bedingungen des § 7 AStG
nachweisbar ist, greifen die §§ 7–13 AStG wieder. Daher Rz 14.0.2 AEAStG: § 14
AStG ist nicht anzuwenden, wenn eine Beteiligung an der Untergesellschaft einem
unbeschränkt Steuerpflichtigen unmittelbar zuzurechnen ist (z.B. aufgrund der §§ 39,
41 oder 42 AO). In diesem Fall unterliegt dieser der Hinzurechnungsbesteuerung
nach den §§ 7–13 AStG unmittelbar.

Aus diesem Grunde erweist sich die Einbeziehung nachgeschalteter Zwischengesellschaften als eine systemimmanente Notwendigkeit (*F/W/B* § 14 AStG Rz 6), ohne sie könnte die Rechtsfolge der Hinzurechnungsbesteuerung unterlaufen werden: § 14 AStG als Ersatznorm, die die Zwischeneinkünfte mittelbar gehaltener ausländischer Beteiligungen für den Hinzurechnungszweck **auf eine** unmittelbar gehaltene **Brückenkopfgesellschaft** hochrechnet, so *Menck* aaO, Rz 29 zu § 7 AStG. § 14 AStG bedeutet, die Prüfung der Voraussetzungen der §§ 7–13 AStG für jede nachgeschaltete Gesellschaft zu wiederholen. Schüttet die nachgeschaltete Gesellschaft (§ 14 AStG) an die Obergesellschaft (§ 7 AStG) aus, so wird die Ausschüttung als Beteiligungsertrag der Obergesellschaft hinzurechnungsmäßig erfaßt; die doppelte Erfassung auch auf der Ebene der ausschüttenden Gesellschaft wird dadurch vermieden, daß deren Zwischeneinkünfte gem. § 14 II AStG um die Ausschüttung gekürzt werden.

Gegen die „Abschirmung" im dargestellten Sinne richtet sich § 14 AStG wie folgt: Ist eine ausländische Gesellschaft, an der unbeschränkt Steuerpflichtige oder Personen i.S. des § 2 AStG mehrheitlich beteiligt sind, an einer anderen ausländischen Gesellschaft allein oder zusammen mit unbeschränkt Steuerpflichtigen zu mehr als der Hälfte beteiligt, so werden die Zwischeneinkünfte der nachgeschalteten Gesellschaft der vorgeschalteten Gesellschaft zu dem Teil, der auf die Beteiligung dieser Gesellschaft an der ausländischen Untergesellschaft entfällt, zugerechnet.

(2) Nach § 14 I Satz 1 AStG ist eine Zurechnungsbesteuerung über **441** den durch die §§ 7–13 AStG zunächst vorgegebenen Rahmen hinausgehend möglich, sofern die bisher ausschließlich betrachtete ausländische Gesellschaft „allein oder zusammen mit unbeschränkt Steuerpflichtigen gemäß § 7 an einer anderen ausländischen Gesellschaft (Untergesellschaft) beteiligt" ist. Zwei Voraussetzungen sind einfach ableitbar: Die ausländische Untergesellschaft darf keinen inländischen Anknüpfungspunkt aufweisen; das erscheint wegen der in diesem Fall gegebenen inländischen Besteuerung als konsequent – es ist jedoch daran zu erinnern, daß im Falle der Ausschüttung einer inländischen Gesellschaft an eine ausländische Obergesellschaft grundsätzlich passive Einkünfte bei letzterer entstehen (s. N 418). Und: Die Beteiligung der ausländischen Obergesellschaft an der nachgeschalteten Gesellschaft ist eine direkte Beteiligung – denn Fälle einer mittelbaren Beteiligung werden erst in § 14 III AStG genannt. Wie aber ist bei dem Beteiligungsstrang Mutter-Tochter-Enkel **die Mindestbeteiligung zu berechnen?** Was bedeutet „allein oder zusammen mit unbeschränkt Steuerpflichtigen gem. § 7 AStG" – die sog. Beherrschungsbeteiligung? Zunächst ist zu klären, ob die ausländische Obergesellschaft wie im Falle des § 7 AStG inländerbeherrscht sein muß – der Wortlaut des § 14 I AStG bezieht den Verweis auf § 7 AStG nur auf die ausländische Untergesellschaft, weswegen man

auf den Gedanken kommen könnte, es sei letztlich gar nicht mehr von Bedeutung, wenn gegenüber die ausländische Obergesellschaft ihren Beteiligungsbesitz vermittele. Rz 14.0.1 AEAStG hat die Frage geklärt: Die übertragende Zurechnung nach § 14 AStG greift ein, wenn eine ausländische Obergesellschaft an einer ausländischen Zwischengesellschaft beteiligt ist und an beiden Gesellschaften unbeschränkt Steuerpflichtige oder Personen im Sinne des § 2 AStG zu mehr als der Hälfte beteiligt sind. Zur Begründung wird darauf verwiesen, daß § 14 AStG als ein Ergänzungstatbestand für die Zwecke der Anwendung der §§ 7–13 AStG zu gelten habe und dies im Hinblick auf die Inländerbeherrschung der ausländischen Obergesellschaft eine „teleologische Reduktion" gebiete *(Schaumburg* S. 531), daß nur diese Auslegung sachgerecht sei im Hinblick auf die Zurechnung von Zwischeneinkünften über die Obergesellschaft den Steuerinländern gegenüber *(Baumgärtel/Perlet* in *Maßbaum* u.a., S. 230). Mit Rz 14.0.1 AEAStG ist aber auch zugleich die weitere Frage geklärt, ob es für die Beteiligung der Obergesellschaft an der Untergesellschaft darauf ankommt, in welcher Höhe die Obergesellschaft unbeschränkt Steuerpflichtigen den Beteiligungsbesitz vermittelt. Da der in § 7 AStG genannte Personenkreis an beiden Gesellschaften zu mehr als der Hälfte beteiligt sein muß, geht nur der Teil der Beteiligung der Obergesellschaft an der Untergesellschaft in die Berechnung der erforderlichen Beteiligungsquote des § 7 II AStG ein, den die Obergesellschaft diesem Personenkreis (Steuerinländer) vermittelt. *F/W/B* Rz 21 zu § 14 AStG verstehen die Verwaltungsauffassung – die dem Wortlaut des § 14 I AStG widerspricht – als eine „an den Zielen der Hinzurechnungsbesteuerung orientierte sachliche Billigkeitsmaßnahme", die „Auswüchse zu verhindern sucht, die eine nur am Gesetzeswortlaut haftende Auslegung zwangsläufig nach sich zieht". Anders *Baumgärtel/Perlet* aaO, S. 231, die hierin bereits eine dem Wortlaut entsprechende Auslegung sehen, da dem Vorliegen einer Beteiligung gem. § 7 AStG die „Inländerbeherrschung" begriffsimmanent sei.

Einige *Beispiele* sollen die **Frage der Beteiligungsbeherrschung** verdeutlichen: Der Steuerinländer A beherrscht zu 100% die ausländische Obergesellschaft, er ist mit ihr zu jeweils 50% an der ausländischen Untergesellschaft beteiligt: Gegenüber A eine Hinzurechnung nach den §§ 7–13 bezüglich der Obergesellschaft und wegen seiner direkten Beteiligung insoweit auch bezüglich der Untergesellschaft; im Verhältnis zur Obergesellschaft ist die Untergesellschaft im übrigen nachgeschaltet i.S. des § 14 I AStG. Der Steuerinländer A ist zu 51% an der ausländischen Obergesellschaft beteiligt, der Ausländer B zu 49%; an der ausländischen Untergesellschaft ist die ausländische Obergesellschaft zu 30%, der Ausländer B zu 40% und der Steuerinländer C zu 30% beteiligt. An der ausländischen Untergesellschaft sind Steuerinländer beteiligt: A = 15,3% (51% von 30%) und C = 30%, mithin nur 45,3%. An der ausländischen Obergesellschaft sind der Steuerinländer A zu 5% und der Steuerausländer B zu 95% beteiligt, die ausländische Obergesellschaft besitzt 100% der Anteile an der ausländischen Untergesellschaft. Steuerinländer müssen unmittelbar und/oder mittelbar zu mehr als der Hälfte beteiligt sein, die mittelbare Beteiligung in

Höhe von 5% ist nicht ausreichend. Der Steuerinländer A ist 100% an der ausländischen Obergesellschaft beteiligt, diese zusammen mit dem Steuerinländer B zu jeweils 50% an der ausländischen Untergesellschaft. A muß sich als Steuerinländer die von einem anderen Steuerpflichtigen unmittelbar an der Untergesellschaft gehaltene Beteiligung zurechnen lassen, Konsequenz des eindeutigen Wortlauts „allein oder zusammen mit unbeschränkt Steuerpflichtigen gemäß § 7 AStG beteiligt". An der ausländischen Obergesellschaft sind der Steuerinländer A und der Ausländer B zu jeweils 50% beteiligt, die Obergesellschaft ist an der ausländischen Untergesellschaft zu 40%, der Steuerinländer B zu 60% beteiligt. Die Untergesellschaft ist inländerbeherrscht (60% + 20%), aber als nachgeschaltete Untergesellschaft kommt sie mangels einer inländerbeherrschten Obergesellschaft nicht in Betracht; gegenüber A greifen die Regeln der §§ 7–14 AStG (Beispiele im Anschluß an *F/W/B* Rz 20, 22, 23 und *Schaumburg* S. 531 ff.).

(3) Neben der Voraussetzung einer Beherrschungsbeteiligung ist die **442** **Qualifikation der Untergesellschaft als Zwischengesellschaft** für die Rechtsfolge einer Hinzurechnung erforderlich: Nach § 14 I sind „für die Anwendung der §§ 7–13 die Einkünfte der Untergesellschaft, für die diese Zwischengesellschaft ist und die nicht nach § 13 vom Hinzurechnungsbetrag auszunehmen sind"... hinzuzurechnen. Maßgeblich sind die Verhältnisse bei der Untergesellschaft selbst. Der Rechtsfolge des § 14 AStG unterliegen mithin Zwischeneinkünfte der nachgeschalteten Untergesellschaft (AEAStG: der übertragenden Zurechnung), soweit nicht die dieser Gesellschaft zugeflossenen Einkünfte aus Tätigkeiten oder Gegenständen stammen, die einer unter § 8 I Nr. 1–6 AStG fallenden eigenen Tätigkeit der vorgeschalteten Gesellschaft dienen, soweit es sich nicht handelt um Gewinnausschüttungen i. S. des § 8 II AStG oder um Gewinnausschüttungen, die unter § 13 AStG fallen, wenn der Inlandsbeteiligte unmittelbar an der ausschüttenden Gesellschaft beteiligt wäre. Auf der **Stufe der Untergesellschaft** ist mithin die Frage der **Tätigkeitsmerkmale** und die der **niedrigen Besteuerung** zu klären. Ob die Einkünfte der Untergesellschaft wie originäre eigene Einkünfte der Obergesellschaft zu behandeln sind oder die Rechtsfolge des § 14 AStG darin besteht, von der Untergesellschaft eigenständig und gesondert ermittelte Einkünfte zu übernehmen, ist zwar strittig, im Hinblick auf den Aufbau und den Wortlaut des § 14 AStG im letztgenannten Sinne zu beantworten. Allerdings ist klarzustellen, daß bei dieser Frage Voraussetzungen und Rechtsfolgen der Zurechnungsbesteuerung nicht mehr klar gegeneinander abgrenzbar sind, deswegen ist insoweit auf die Ausführungen zu (4) zu verweisen. Zu den für eine eigenständige Betrachtung der Einkünfte der Untergesellschaft sprechenden Argumenten zählen vor allem die für diese Untergesellschaft bereits genannten vorgesehenen Korrekturen nach § 14 I AStG.

Dabei bezieht sich die Anwendung des § 13 AStG auf die der Untergesellschaft selbst zugeflossenen Beteiligungserträge, die bei dieser thesauriert wurden, da anderenfalls § 13 AStG im Rahmen der Hinzurechnungsbesteuerung für die Beteiligung an der Obergesellschaft greifen würde – auf den damit gegebenen Zusammenhang zwischen den §§ 13, 14 AStG wurde bereits verwiesen (N 428). Auf der Stufe der Untergesellschaft sind eigenständig die Voraussetzungen des § 13 AStG zu prüfen – daß zwischen ihr und der unbeschränkt steuerpflichtigen Kapitalgesellschaft eine ausländische Obergesellschaft zwischengeschaltet ist – möglicherweise auch weitere „vorgeschaltete Gesellschaften" (s. § 14 III AStG), spielt keine Rolle: Die in § 13 vorgesehene Fiktion des unmittelbaren Zuflusses bei dem inländischen Beteiligten überspringt alle zwischengeschaltete Gesellschaften (*F/W/B* Rz 94 zu § 14 AStG). Die Ausnahmeregelung des § 14 AStG für den Fall, daß die Einkünfte der nachgeschalteten Gesellschaft aus Tätigkeiten oder Gegenständen stammen, die einer unter § 8 I Nr. 1 bis 6 fallenden eigenen Tätigkeit der ausländischen Obergesellschaft dienen, weist auf die Funktionsholding des § 8 II Nr. 2 AStG als Ausnahme von den an sich passiven Beteiligungserträgen hin, findet aber – insoweit ein abweichender Tatbestandsaufbau – auch dann Anwendung, wenn die Untergesellschaft (nochmals: die im Falle des § 14 AStG ihre Erträge thesauriert) ihre Bruttoerträge ausschließlich aus den erwähnten passiven Tätigkeiten erzielt, diese passiven Tätigkeiten jedoch in einem wirtschaftlichen Zusammenhang mit aktiven eigenen Tätigkeiten der Obergesellschaft stehen; zur Verdeutlichung ist auf das Beispiel einer Patentverwertungsgesellschaft bei *F/W/B* Rz 105 zu § 14 AStG zu verweisen.

**443**     (4) Die **Rechtsfolge** der Erfassung auch **nachgeschalteter Zwischengesellschaften** besteht darin, daß das ermittelte Ergebnis der Untergesellschaft der Obergesellschaft zuzurechnen ist und bei ihr unmittelbar in die Hinzurechnung nach den §§ 7–14 AStG gelangt – diese Zurechnung erfolgt im Zeitpunkt ihrer Entstehung, d. h. in der letzten logischen Sekunde vor Ablauf des Wirtschaftsjahrs der Untergesellschaft (so Rz 14.1.5 AEAStG). Das gilt gleichermaßen für alle an einem Strang befindlichen Untergesellschaften: alle zeitgleich erzielten Zwischeneinkünfte gelangen damit zeitgleich in die Hinzurechnung. Damit verbunden aber sind schwierige dogmatische Fragen.

Der Gegenstand der Zurechnung ist bekannt und als Voraussetzung für die Rechtsfolge des § 14 AStG genannt worden: Zwischeneinkünfte der nachgeschalteten Gesellschaft im Umfang, wie ihn § 14 I AStG bestimmt; ein eigenes Ergebnis der Untergesellschaft mithin. Über die **Art und Weise der anschließenden Zurechnung** ist damit noch nichts gesagt, auch nicht darüber, ob zwischen dieser Zurechnung und der Hinzurechnung im Verhältnis des inländischen Anteilseigners zur unmittelbar auslandsbeherrschten Obergesellschaft ein Unterschied besteht. *F/W/B* (Rz 7 zu § 14 AStG) haben zur Entstehungsgeschichte des § 14 AStG erläutert, daß ihm ursprünglich eine Konzeption zugrunde lag, bei der nachgeschaltete Zwischengesellschaften der Obergesellschaft kein Jahresergebnis, sondern Wirtschaftsgüter und von ihnen realisierte Sachverhalte nach Art des § 39 II AO vermittelten. Möglicherweise ist dies noch in der Regierungsbegründung zum AStG unter Rz 116 zum Ausdruck gekommen, wenn es dort heißt, Folge der Berücksichtigung nachgeschalteter Zwischengesellschaften sei, „daß in den Hinzurechnungsbetrag, den der Steuerinländer auf Grund seiner Beteiligung an der zwischengeschalteten Gesellschaft zu versteuern hat, auch die Einkünfte *einbezogen werden*, die in der nachgeschalteten Gesellschaft aufgefangen worden sind" – statt „zuzurechnen". § 14 AStG könnte auch die thesaurierten Erträge der Obergesellschaft als Beteiligungserträge wie § 10 I Satz 2 AStG zurechnen – aber von einer solchen Umqualifikation ist in § 14 AStG nicht die Rede. Der Wortlaut des § 14 I AStG bestimmt, daß Einkünfte der Untergesellschaft zuzurechnen sind und daß dies „für die Anwendung der §§ 7 bis 13" bei der Obergesellschaft zu geschehen hat. Hieraus hat der *BFH* BStBl. 1988 II, 868 zum Verständnis des

§ 14 AStG dann abgeleitet (auf das damit verbundene materiellrechtliche Problem negativer Zwischeneinkünfte der Untergesellschaft ist sogleich einzugehen): „Die Zwischeneinkünfte der Untergesellschaft werden der Obergesellschaft „für die Anwendung der §§ 7–13" AStG zugerechnet. Schon daraus folgt, daß die Zurechnung der Hinzurechnung logisch vorangeht. Die §§ 7–13 AStG . . . werden unmittelbar erst auf der Ebene der Obergesellschaft, d. h. nach durchgeführter Zurechnung und erst im Rahmen der Hinzurechnung angewendet . . . Unter „Zurechnung" wird im Steuerrecht allgemein die Zuordnung einer Besteuerungsgrundlage in persönlicher Hinsicht verstanden . . . Die Zuordnung in persönlicher Hinsicht läßt die zuzurechnende Besteuerungsgrundlage inhaltlich unverändert. Sie bestimmt gleichzeitig den Zurechnungszeitpunkt, weil eine Besteuerungsgrundlage in dem Augenblick in persönlicher Hinsicht zuzuordnen ist, in dem sie entsteht. Entsprechend sind Zwischeneinkünfte i. S. des § 14 I AStG im Zeitpunkt ihrer Entstehung zuzurechnen. Sie entstehen in der letzten logischen Sekunde vor Ablauf des Wirtschaftsjahres der Untergesellschaft, deren Zwischeneinkünfte zuzurechnen sind. Dem Begriff der Zurechnung liegt damit ein anderer Inhalt zugrunde als dem der Hinzurechnung. Zwar enthalten beide Begriffe den Wortteil „Zurechnung". Jedoch folgt aus § 10 II Sätze 1 und 2 AStG, daß der Gesetzgeber mit der Hinzurechnung eine Zeitverschiebung . . . verbunden hat. Außerdem werden die hinzuzurechnenden Einkünfte durch § 10 II Satz 1 AStG in Beteiligungserträge umqualifiziert. Beide Rechtsfolgen sind mit der Zurechnung nach § 14 I AStG nicht verbunden. . . Wenn § 14 I AStG eine Zurechnung von Einkünften vorschreibt, dann behandelt die Vorschrift die Untergesellschaft nach Art einer verselbständigten Betriebsstätte der Obergesellschaft. Nur so ist die Zurechnung von Einkünften aller Art in der letzten logischen Sekunde des ablaufenden Wirtschaftsjahres der Untergesellschaft zu erklären. Nach dieser Diktion mag es immer noch zutreffend sein, daß über das „Wesen der Zurechnung tiefgreifende Meinungsverschiedenheiten bestehen" *(F/W/B* Rz 7, 41 ff. zu § 14 AStG), so ist aber nicht ersichtlich, daß dem *BFH* gegenüber in dieser Frage noch ein überzeugendes Argument geltend gemacht werden kann. Man darf die **durch das Gesetz vorgegebene Abgrenzung der Zurechnung von der Hinzurechnung** nur nicht dahingehend mißverstehen, es gäbe keine Gemeinsamkeiten: Die Tatbestandsvoraussetzungen wurden bereits genannt, hinsichtlich der Rechtsfolgen gilt für beide die Ermittlung nach den Vorschriften des deutschen Rechts, ohne daß dies in § 14 I AStG zum Ausdruck kommen mußte; denn mit der Zurechnung sind d. h. die Einkünfte der ausländischen Untergesellschaft als dem Hinzurechnungsbetrag zugrundeliegende Einkünfte zu betrachten, so daß § 10 III Satz 1 AStG anwendbar ist.

Der Sache nach bedeutet dies: Es ist zwar von einem **selbständigen Ergebnis der Untergesellschaft** auszugehen – aber die Selbständigkeit könnte nur bis zum Vollzug der Zurechnung in der letzten logischen Sekunde des für die Ermittlung der Zwischeneinkünfte maßgebenden Wirtschaftsjahres der Untergesellschaft andauern. Mit dieser Zurechnung gehen die Einkünfte der Untergesellschaft in die Hinzurechnungsbesteuerung ein und werden nunmehr demjenigen als Zwischeneinkünfte zugerechnet, der an der Obergesellschaft beteiligt ist. Das könnte Folgen für die Frage haben, welchen Einfluß die nach § 14 AStG zugerechneten Zwischeneinkünfte auf die Prüfung der Tatbestandsvoraussetzungen der Hinzurechnungsbesteuerung bei der Obergesellschaft haben. Die Frage der Ermittlung der Zwischeneinkünfte einer nachgeschalteten Gesellschaft hat damit nichts zu tun; es geht nicht um die Eigenständigkeit dieser Einkünfte auf der Ebene der Untergesellschaft, sondern um den

möglichen Verlust dieser Eigenständigkeit auf der Ebene der Obergesellschaft. Wohl aber geht es um die Frage der „Infektion der Einkünfte
der Obergesellschaft", die *F/W/B* Rz 63 an Beispielen der Niedrigbesteuerung des § 8 III AStG erläutern: Die ausländische Obergesellschaft
vereinnahmt eigene passive Einkünfte von 100 bei 31%iger Steuerbelastung, hinzugerechnet werden ihr 100 passive Einkünfte der nachgeschalteten Untergesellschaft, die in derem Sitzstaat einer 10%igen Besteuerung unterliegen. Verlieren die Einkünfte der Untergesellschaft ihre
Selbständigkeit, unterliegen die gesamten Einkünfte der Hinzurechnungsbesteuerung (Steuerlastquote 15,3%), anderenfalls läge die Voraussetzung nur für die Einkünfte der Untergesellschaft vor. Dazu
Rz 14.1.3 AEAStG: Ob eine niedrige Besteuerung vorliegt, ist für jede
Untergesellschaft gesondert zu prüfen. Zugunsten der Auffassung, daß
die (zeitlich) zugerechneten Einkünfte fortan wie originäre eigene der
Obergesellschaft zu gelten haben, spricht die Betriebsstättenparallele des
*BFH*. Nur hat der *BFH* sich für das weitere Schicksal des zugerechneten
Betrages nicht interessiert – seine Interpretation bezog sich auf die Entstehung, Zusammensetzung und die Übernahme der Zwischeneinkünfte.
Den Aufbau des § 14 AStG im Hinblick auf die Zusammensetzung dieser Einkünfte wird man allerdings auch nicht für eine Lösung heranziehen können (so *F/W/B* Rz 60), weil auch damit nur die ursprüngliche
Selbständigkeit erklärt werden kann. Entscheidend ist ein anderer Gesichtspunkt, den *F/W/B* Rz 58 geltend machen: Zugerechnet werden nach
§ 14 AStG Zwischeneinkünfte, also weder Tätigkeiten noch Einnahmen
und Ausgaben (keine Anlehnung an § 39 II AO). Wenn aber nur Einkünfte und nicht dazugehörige Tätigkeiten zugerechnet werden, dann
spricht in der Tat alles dafür, daß die zugerechneten Zwischeneinkünfte
die Verhältnisse bei der Obergesellschaft nicht verändern können, zumal
auch zugerechnete Einkünfte nicht unter den Begriff der Bruttoerträge
fallen. Daraus erklärt sich die Darstellung und das Verständnis der
**Zurechnung als bloße Durchlauffunktion,** die *F/W/B* Rz 57 mit einem
Güterzug vergleichen, der am Ort des Sitzes der Obergesellschaft zusammengesetzt wird und in dem jeder Waggon den zuzurechnenden Betrag einer ausländischen Gesellschaft repräsentiert. Ergeben sich für eine
ausländische Gesellschaft keine Zwischeneinkünfte, ist der entsprechende Waggon trotz seiner Zugehörigkeit zum „Beteiligungsnetz" nicht be-
laden. Die Summe der Zwischeneinkünfte aller Waggons bildet die
Bemessungsgrundlage des Hinzurechnungsbetrages (gegen die These
*Debatins* DB 1978, 1195 von einer Brückenkopf-Funktion der Obergesellschaft). Die Konsequenzen aus diesem Rechtsverständnis: Die Einkünfte behalten außerhalb der Zurechnungsfolge ihre Selbständigkeit
und können mithin den Charakter der Obergesellschaft als aktive oder
passive Gesellschaft nicht verändern; die jeweilige Obergesellschaft muß
mithin selbst keine Zwischengesellschaft sein, was zugleich bedeutet,

daß zwischengeschaltete Gesellschaften mit aktiver Tätigkeit oder in Hochsteuerländern nachgeschaltete Zwischengesellschaften nicht abschirmen (s. die Übersicht bei *Baumgärtel/Perlet* aaO, S. 226).

Noch einmal zurück zu den *Verhältnissen der ausländischen Untergesellschaft* und **444** der Ermittlung ihrer Zwischeneinkünfte. Auf den ersten Blick scheint es so, als habe auch für sie § 10 I Satz 3 AStG zu gelten, wonach Verluste (negative Zwischeneinkünfte) die Hinzurechnung entfallen lassen. Im bereits genannten Fall des *BFH* BStBl. 1988 II, 868 hatte die Klägerin die Einbeziehung von Verlusten in die Ermittlung des Hinzurechnungsbetrages einer schweizerischen Obergesellschaft gefordert, die Untergesellschaften in der Schweiz erzielt hatten. Der *BFH* hat die Klägerin bestätigt und die Ansicht vertreten, daß § 14 I AStG auch die **Zurechnung negativer Zwischeneinkünfte** erfaßt. Er hat hierzu zunächst auf die Unterscheidung der Zurechnung von der Hinzurechnung abgestellt, was hier nicht mehr zu wiederholen ist. Im übrigen hat er an den in § 14 I AStG gewählten Begriff der Zwischen*einkünfte* angeknüpft: „Es kommt hinzu, daß § 10 I Satz 3 AStG mit der Erwähnung des „negativen Betrages" an den negativen Hinzurechnungsbetrag i.S. des § 10 I Satz 1 AStG anknüpft. Ein negativer Hinzurechnungsbetrag ist die Summe oder der Saldo aus den (ggf. negativen) Zwischeneinkünften und den nach § 10 I Satz 1 AStG abzugsfähigen Steuern. Nach § 14 I Satz 1 AStG werden dagegen nur die Zwischeneinkünfte der Untergesellschaft und nicht deren „Zurechnungsbetrag" zugerechnet. Die Anknüpfung des § 10 I Satz 3 AStG an den negativen Hinzurechnungsbetrag spricht deshalb auch dafür, daß die Vorschrift nicht auf „negative Zwischeneinkünfte" angewendet werden kann. Dies gilt um so mehr, als nach einhelliger Auffassung der Begriff „Einkünfte" im Ertragsteuerrecht sowohl positive (Gewinn oder Überschuß der Einnahmen über die Werbungskosten) als auch negative umfaßt (Verlust oder Überschuß) der Werbungskosten über die Einnahmen). Dieser Grundsatz muß auch für § 14 AStG gelten ... Die Hinzurechnung gemäß § 10 I und II AStG und die Zurechnung gemäß § 14 I AStG sind deshalb zweierlei. Da die Rechtsfolge des § 10 I Satz 3 AStG ausdrücklich nur für die Hinzurechnung negativer Beiträge gilt, kann sie nicht auf die Zurechnung nach § 14 I AStG übertragen werden ... (es ) folgt ein Verlustausgleichsverbot auch nicht aus dem System der Hinzurechnungsbesteuerung. Zwar kann eine Untergesellschaft an ihre vorgeschalteten Obergesellschaften keine Verluste ausschütten. Darauf stellen es aber weder § 14 I AStG noch das System der Hinzurechnungsbesteuerung ab. Wenn § 14 I AStG eine Zurechnung von Einkünften vorschreibt, dann behandelt die Vorschrift die Untergesellschaft nach Art einer verselbständigten Betriebsstätte ... § 14 AStG hat das Ziel, die Hinzurechnungsbesteuerung auf nachgeschaltete Zwischengesellschaften auszudehnen. Hieraus folgt nur, daß die Hinzurechnungsbesteuerung unabhängig davon eingreifen soll, auf welcher Stufe Einkünfte aus passivem Erwerb erzielt werden. Würden die Verluste, deren Zurechnung streitig ist, unmittelbar von der ausländischen Obergesellschaft erzielt, so wäre ihre Berücksichtigung im Rahmen des Systems der Hinzurechnungsbesteuerung eine Selbstverständlichkeit. Dies belegt, daß die Erfassung von Verlusten aus passivem Erwerb nicht den Zielen der Hinzurechnungsbesteuerung widerspricht. Dieser Grundsatz muß auch für die Zurechnung i.S. des § 14 I AStG gelten." Zu den daraus folgenden Problemen eines Verlustabzugs nach § 10 III Satz 5 AStG (Verbot zweifacher Auswirkung) *F/W/B* Rz 84, 84a, 84d zu § 14 AStG. Auf die Untergesellschaft bezogen ist auch § 14 II AStG, der die Berücksichtigung von Gewinnausschüttungen der ausländischen Untergesellschaft an die ausländische Obergesellschaft vorsieht („ist in entsprechender Anwendung des § 11 I um Gewinnanteile zu kürzen ..."). Denn zu verhindern ist, daß der inländische Beteiligte diese Einkünfte erneut zu versteuern hat, wenn sie von der Untergesellschaft ausgeschüttet und bei dem Inlandsbeteiligten als der Obergesellschaft zugeflossene Beteiligungserträge in die Hinzurechnungsbesteuerung einbezogen werden. Diese Doppelbelastung wird vermieden, indem der der übertragenden Zurechnung unterliegende Betrag um derartige Dividenden gekürzt wird und von den Gewinnausschüttungen die in den vier vorangegangenen Jahren zugerechneten Beträge abgesetzt werden, soweit ein Ausschüttungsüberschuß gegeben ist (Rz 14.2.1 AEAStG). Auch zum Zeitpunkt des Eintritts der Rechtsfolge des § 11 II AStG ist auf *BFH* BStBl. 1988 II, 868 zu verweisen: Die Rechtsfolge des § 11 II AStG tritt erst in dem Kalender- oder Wirtschaftsjahr ein, in dem die zuzurechnenden Zwischeneinkünfte als Teil eines Hinzurechnungsbetrages nach § 10 II AStG anzusetzen sind, nicht etwa jeweils im Jahr der Dividendenausschüttung der Untergesellschaft an die Obergesellschaft; zur Kritik an dieser zeitverschobenen Kürzung *Schaumburg* S. 542.

**445**     (5) Für **weitere nachgeschaltete Zwischengesellschaften** bestimmt § 14 III AStG die entsprechende Anwendung von § 14 I, II AStG. § 14 I AStG betrifft nur die ausländische Untergesellschaft im Verhältnis zur ausländischen Obergesellschaft als nachgeschaltete Gesellschaft. Den Umgehungsgedanken verfolgt § 14 III AStG damit nur konsequent weiter: Es kommt für die Hinzurechnungsfolge im Inland nicht darauf an, wieviel Stufen (Grad der mittelbaren Beteiligung) den Steuerinländer von der thesaurierenden Zwischengesellschaft trennen. Ungeachtet der Feststellung, daß – unterstellt, die Beteiligungsbedingungen des § 7 AStG sind erfüllt – die Zahl der Stufen nicht entscheidend ist, folgt daraus noch nicht die Art und Weise der Zurechnung: Erfolgt sie stufenweise von vorgeschalteter zu vorgeschalteter Gesellschaft oder unmittelbar zur ausländischen Obergesellschaft? Dazu Rz 14.3 AEAStG: Die Zurechnung vollzieht sich „in der letzten logischen Sekunde des jeweiligen Wirtschaftsjahrs der untersten Untergesellschaft durch alle vorgeschalteten Untergesellschaften hindurch bis zur Obergesellschaft. Es ist jedoch nicht zu beanstanden, wenn bei abweichendem Wirtschaftsjahr der untereinanderstehenden Gesellschaften die Weiterverrechnung von der unteren auf die obere Stufe jeweils in der letzten logischen Sekunde der übergeordneten Gesellschaft zugelassen wird. Voraussetzung ist, daß dies nicht zu schwerwiegenden zeitlichen Verschiebungen führt" – was in der Sache die Anerkennung der Stufentheorie bedeutet, die von *F/W/B* Rz 128a als allein zutreffend wegen § 14 I zweiter Halbsatz AStG bezeichnet wird (anders *Schaumburg* S. 545 Fußn. 537). In den Beteiligungsvoraussetzungen, d.h. zur Übertragung der Grundsätze des § 14 I AStG auf einen mehr als dreistufigen Beteiligungsaufbau gilt folglich, daß eine deutschbeherrschte Obergesellschaft, eine deutschbeherrschte nachgeschaltete Untergesellschaft sowie weitere deutschbeherrschte nachgeschaltete Untergesellschaften gegeben sein müssen. Im Beispiel von *Baumgärtel/Perlet* aaO, S. 232 folgt der 80%igen Beteiligung des Steuerinländers an der Obergesellschaft deren 80%ige Beteiligung an der UG (1) sowie deren 75%ige Beteiligung an der UG (2) – die Restbeteiligungen fallen auf Ausländer. Die Zurechnungsbesteuerung endet von der Beteiligungsquote her gesehen bei der noch deutschbeherrschten UG (1), an UG (2) sind Steuerinländer nur noch mittelbar zu 48% beteiligt (80% von 80% = 64%, 64% von 75%).

Schließlich ein *zusammenfassendes Beispiel:* Die inländische A-AG ist an einer Zwischengesellschaft 1, die Zwischengesellschaft 1 an einer Zwischengesellschaft 2 beteiligt, die wiederum von einer Holdinggesellschaft einerseits und einer Handelstätigkeit ausübenden Gesellschaft andererseits Gewinnanteile ausgeschüttet erhält. Hinsichtlich der Holdingeinkünfte vermag die Zwischengesellschaft keine Abschirmwirkung entfalten, nach § 14 AStG erfolgt Zurechnung zur Zwischengesellschaft 1. Unterstellt, die Handelstätigkeit ausübende Gesellschaft befindet sich in einem DBA-Staat, ist das jeweilige internationale Schachtelprivileg (§ 13 I Nr. 1 a AStG) zu prüfen. Handelt es sich bei dem Steuerinländer um eine natürliche Person, so könnte bezüglich der in der Zwischengesellschaft 2 vereinnahmten Erträge ein internationales Schachtelprivileg nicht greifen. Eine Landesholding (§ 8 II Nr. 1 AStG) scheidet aus, eine Funktionsholding (§ 8 II Nr. 2 AStG) soll wegen unterstellter passiver Tätigkeit der Zwischengesellschaft 2 ausscheiden.

(6) Schließlich noch § 14 II AStG: Entlastung bei **Ausschüttungen** **446** **innerhalb des Beteiligungsnetzes:** Schüttet die Untergesellschaft die bei ihr angefallenen Zwischeneinkünfte aus, fallen sie bei der Obergesellschaft als Beteiligungseinkünfte an. Die Folgen daraus sind bekannt, aber es bedarf einer besonderen Regelung gegen die mit § 14 AStG verbundene Doppelbelastung. § 14 II AStG knüpft zwar an § 11 AStG an, wechselt aber in der Gesetzestechnik. Die Doppelerfassung wird teilweise durch Absehen von der übertragenden Hinzurechnung (Entlastungslösung), im übrigen durch Ausschluß der Ausschüttung aus den Zwischeneinkünften (zu den Gründen des Methodenwechsels *Menck* aaO Rz 34 zu § 14 AStG: die Ausschüttung muß bei der (ausländischen) Obergesellschaft nicht immer eine Hinzurechnungsfolge auslösen, daher soll die Hinzurechnung der Zwischeneinkünfte Vorrang vor der Hinzurechnung ihrer Ausschüttung haben, deshalb ist eine Steuererstattung nicht möglich). Und schließlich § 14 IV AStG – ein DBA-Thema (dazu R 10, einführend bereits N 388): Eingeschränkt wird damit die entsprechende Anwendung der DBA-Befreiung nach § 10 V AStG für die zugerechneten Einkünfte der Untergesellschaft – es geht hierbei also allein um die Hinzurechnung an die Inlandsbeteiligten.

*(einstweilen frei)* **447–449**

## e) Zwischeneinkünfte mit Kapitalanlagecharakter (§§ 7 VI, 10 VI AStG)

(1) Mit dem Steueränderungsgesetz 1992 wurden die Regeln der Hin- **450** zurechnungsbesteuerung ergänzt um Zwischeneinkünfte mit Kapitalanlagecharakter, diese Regelung wiederum modifiziert durch das StMBG 1993. Bei diesen Zwischeneinkünften handelt es sich nicht um Einkünfte, die über den bisherigen Rahmen der Gruppe passiver Einkünfte zugeordnet werden. Der Rahmen, innerhalb dessen Zwischeneinkünfte mit Kapitalanlagecharakter von Bedeutung sind, ist mit den Regeln der Hinzurechnungsbesteuerung bereits abgesteckt worden, er

wird von der Einkunftsseite her gesehen nicht überschritten. Das bedeutet, da auch die Voraussetzung der niedrigen Besteuerung keiner Änderung unterworfen ist, daß Zwischeneinkünfte mit Kapitalanlagecharakter niedrig besteuerte Einkünfte aus passivem Erwerb sind; was nicht den Voraussetzungen des § 8 AStG entspricht, kann auch nicht die Voraussetzungen für Zwischeneinkünfte mit Kapitalanlagecharakter erfüllen. Deswegen sind Zwischeneinkünfte mit Kapitalanlagecharakter eine Teilmenge der Zwischeneinkünfte überhaupt: Das legt der Begriff nicht unbedingt nahe; man könnte zunächst daran denken, daß mit diesen Einkünften ein weiterer, von § 8 AStG bislang nicht erfaßter Tätigkeitsbereich umschrieben ist. Deswegen ist diese Klarstellung zum Verständnis voranzustellen. Doch dieses Verständnis als das einer Teilmenge soll nicht verbergen, daß man sich vom gesetzgeberischen Ziel ausgehend die verschärfte Hinzurechnungsbesteuerung auch als einen gänzlich eigenständigen Normenkomplex vorstellen könnte.

**451**     (2) Den Sinn der Erfassung besonderer Zwischeneinkünfte als solche mit Kapitalanlagecharakter macht man sich am besten klar, wenn man die Rechtsfolgen voranstellt und sie mit den bisher bekannten Rechtsfolgen für Zwischeneinkünfte vergleicht. Wenn man sich den Zweck der Hinzurechnungsbesteuerung nochmals in Erinnerung ruft, geht es um die Überwindung der Abschirmwirkung – weswegen man die Gesetzesaussage auch als einen Appell des Gesetzgebers verstehen kann, auf Gewinnthesaurierungen unter den gegebenen Umständen zu verzichten und statt dessen Gewinnausschüttungen vorzunehmen. Nunmehr ist die Interessenlage eine andere: Es geht nicht mehr darum, die Abschirmwirkung im ursprünglichen Sinne als Auslandsthesaurierung zu überwinden; es geht im Kern nicht mehr darum, weitere Maßnahmen gegen die Abschirmwirkung von Kapitalgesellschaften in traditionellen oder neuen Steueroasen zu treffen, sondern darum, **steuerfreie Gewinnausschüttungen aus der Vereinnahmung bestimmter passiver Einkünfte zu verhindern.** Da dies der Sache nach ein anderer Ansatzpunkt ist, stellt sich sogleich die Frage, warum die Regelung in ein- und demselben Gesetz erfolgte. Warum ist die mißliebige Steuerbefreiung nicht direkt als Stein des Anstoßes beseitigt worden?

**452**     (3) Wäre es um eine Steuerbefreiung des innerstaatlichen Rechts gegangen, hätte diese in der Tat nur eingeschränkt werden müssen. Es ging aber vorrangig um eine **Materie des Abkommensrechts**, der Ansatzpunkt lag mithin außerhalb eines unkomplizierten direkten gesetzgeberischen Einflusses; er lag insoweit auch außerhalb des Anwendungsbereichs des Außensteuergesetzes, wie er nun einmal auf der Grundlage einer entsprechenden Anwendung der Abkommensvergünstigungen konzipiert worden war (§ 10 V AStG): Wenn die Bundesrepublik mit bestimmten Staaten vereinbart hatte, daß für Ausschüttungen an eine inländische Muttergesellschaft Steuerfreiheit unter den Bedingungen eines

Schachtelprivilegs gewährt wird, dann kann man eine spätere Verbitterung über eine solche Rechtsfolge unter dem Gesichtspunkt einer verfehlten Abkommenspolitik oder unter dem Gesichtspunkt veränderter tatsächlicher Umstände sehen. In jedem Fall böte sich an, Abkommensrecht in Übereinstimmung mit dem Vertragspartner anzupassen. Die Gesetzesentstehung zeigt, daß sie nur auf dem Hintergrund bestimmter Gestaltungen zu verstehen ist, das internationale Steuergefälle mittels DBA-Rechts im Inland nutzbar zu machen, ohne daß spätere vertragliche Änderungen durchsetzbar gewesen wären. Die Verbindung mit der Hinzurechnungsbesteuerung des Außensteuergesetzes liegt nun einfach darin: So wie die ursprüngliche und gegen die Abschirmwirkung gerichtete Tendenz nicht die Auslandsbeziehung als solche treffen wollte, sondern Auslandsbeziehungen, die als eher künstlich eingestuft wurden – so konnte sich auch die Kritik an Gestaltungen unter Nutzung von Abkommensrecht nicht gegen Auslandsbeziehungen überhaupt richten – das wäre ja ein Widersinn gewesen. Es konnte nur darum gehen, nicht jede Geschäftsbeziehung der einmal unterworfenen Abkommensfolge unterzuordnen. Da nun einmal mit den Regeln der Hinzurechnungsbesteuerung eine Linie zwischen schädlichen und unschädlichen Einkünften gezogen war, lag es nahe, hier anzusetzen. Sie wurde nicht neu gezogen, sie wurde aber auch nicht einfach übernommen, aus ihr wurde statt dessen eine Teilmenge gebildet. Deswegen ist die zusammenfassende Sicht bei *Bogenschütz/ Kraft* IStR 1994, 153 auf den Ursprung der Gesetzeserweiterung bezogen zutreffend: Kerninhalt war, im Ausland niedrig besteuerte Einkünfte, „die aufgrund des Zusammenwirkens abkommensrechtlicher und außensteuerrechtlicher Vorschriften häufig im Inland unbesteuert blieben, in Deutschland der Besteuerung zu unterwerfen." Anders ausgedrückt: Man kann sich die Regeln der Hinzurechnungsbesteuerung bis zum StÄndG 1992 wegdenken und es dennoch für möglich halten, daß im StÄndG 1992 nur dieser (verschärfte) Teil der Hinzurechnungsbesteuerung umgesetzt worden wäre.

(4) An dieser Stelle ist daher kurz die Vorgeschichte im Umkreis des **453** Abkommensrechts zu skizzieren. Daß es dazu wiederum eines Vorgriffs bedarf, ist unausweichlich. Doch die Strukturen, um die es hierbei geht, sind leicht verständlich und unter N 427 bereits erfaßt:

Die Bundesrepublik verfolgt im Rahmen der von ihr abgeschlossenen DBA die Politik, als Wohnsitzstaat ein **internationales Schachtelprivileg** zu gewähren; es setzt regelmäßig eine inländische Kapitalgesellschaft als Muttergesellschaft voraus, die in bestimmter Höhe an einer ausländischen Tochtergesellschaft beteiligt ist. Für die deutsche Abkommenspraxis wird sich aus der Sicht der Bundesrepublik als Staat der Ansässigkeit erweisen, daß dieses internationale Schachtelprivileg neben Betriebsstätteneinkünften und Einkünften aus unbeweglichem Vermögen der wichtigste Anwendungsfall einer Steuerbefreiung darstellt (s. S 329). Der Zweck liegt auf der Hand – er begleitet uns im IStR für körperschaftsteuerpflichtige Muttergesellschaften wie ein roter Faden: Bei einem mehrstufigen Konzernaufbau soll eine steuerliche

Mehrfachbelastung vermieden werden. Denn diese entsteht dadurch, daß der Gewinn grenzüberschreitend sowohl auf der Stufe der Muttergesellschaft und nach der Ausschüttung sodann auf der Stufe der Tochtergesellschaft der Körperschaftsteuer unterworfen wird, ohne daß das gegenwärtig noch geltende Körperschaftsteuersystem dies verhindert (*Schaumburg* S. 1051; s. bereits N 159). Für das Verständnis der Hinzurechnungsbesteuerung für Zwischeneinkünfte mit Kapitalanlagecharakter auf dem Hintergrund des DBA-Rechts sind zwei Umstände dieses **internationalen Schachtelprivilegs** von entscheidender Bedeutung. Einerseits spielt es (grundsätzlich, Ausnahme DBA-USA) keine Rolle, ob die Gewinne der ausländischen Tochtergesellschaft im Vertragsstaat überhaupt einer Besteuerung unterlegen haben; auch die Frage einer Quellenbesteuerung für Ausschüttungen an die Muttergesellschaft beeinflußt nicht die Rechtsfolge inländischer Steuerbefreiung. Einschränkungen ergeben sich aber daraus, daß die überwiegende Zahl deutscher DBA das Privileg mit einem **Aktivitätsvorbehalt** verknüpft; was der Gesetzgeber mit vergleichbarer Zielsetzung in § 8 I, II AStG als Bedingung nennt, trotz ggf. niedriger Besteuerung im Ausland einer Hinzurechnungsbesteuerung ausweichen zu können, wiederholt sich im Abkommensrecht (seit 1966): Die Steuerfreiheit der in das Inland ausgeschütteten Gewinnanteile wird mit der Qualität der zugrundeliegenden Tätigkeit verbunden. Sind die Bedingungen hierfür nicht erfüllt, entfällt das abkommensrechtliche Schachtelprivileg, die Dividenden unterliegen der deutschen Körperschaftsteuer. Nun gibt es **Vertragsstaaten, mit denen das internationale Schachtelprivileg ohne Aktivitätsvorbehalt vereinbart** wurde; beispielhaft zu erwähnen sind Belgien, Irland, Luxemburg und Niederlande. Werden dort besondere Tätigkeiten steuerliche Vergünstigungen gewährt, so heißt dies grenzüberschreitend, daß die deutsche Muttergesellschaft weitgehend von ausländischen und inländischen Steuerlasten befreite Erträge vereinnahmt. Solange dies mit dem Konzept der Kapitalimportneutralität zu vereinbaren ist, mag man dies als folgerichtig bewerten. Aber wenn es an einer wirklichen Wettbewerbslage im Ausland fehlt, erweist sich die Steuerbefreiung im Ergebnis als den Wettbewerb im Inland verfälschend, so daß Kapitalexportneutralität geboten ist. Konkret angesprochen sind die in der Literatur umfangreich behandelten **steuerprivilegierten Gesellschaften** (vgl. die EU-Beihilfenproblematik unter K 6): Die durch die irische Steuergesetzgebung in der „Dublin Docks Area" begünstigten Gesellschaften (dazu bereits unter N 378), Koordinierungsstellen für konzerninterne Dienstleistungen in Belgien und Luxemburg (*Malherbe* IStR 1997, 74 für Belgien, *Friedrich* IWB 5 Luxemburg Gr. 2, 82), Finanzzentren für die Niederlande usw. Gegenüber der grundsätzlich verfolgten Abkommenspolitik zeigt sich: Steuervergünstigungen gehen nicht mehr mit aktiven Tätigkeiten im Ausland einher, die Begrenzung durch das Gebiet der Kapitalexportneutralität bei passiven Einkünften ist aufgehoben. *Otto H. Jacobs* (S. 443): „Es handelt sich dabei nicht um bloß passive Einkünfte, sondern darüber hinaus um solche, die eine außerordentlich hohe regionale Mobilität aufweisen und sich daher für nur steuerlich motivierte Einkünfteverlagerungen besonders anbieten. Eine genaue Analyse der einschlägigen Regel- und Ausnahmevorschriften zeigt, daß der Gesetzgeber bei der Qualifikation dieser Einkunftsart keineswegs undifferenziert vorgeht. . . Unter wettbewerbspolitischer Betrachtung können demnach kaum Einwände gegen die gegenwärtige Besteuerungspraxis gemacht werden." Der Bundesrepublik ist es bisher nicht gelungen, auch in diesen Fällen vorhandenes Abkommensrecht um Aktivitätsklauseln zu ergänzen. Deswegen die „verschärfte Hinzurechnungsbesteuerung" (*Schaumburg* S. 555): Während die allgemeine Hinzurechnungsbesteuerung in § 10 V AStG die abkommensrechtliche Freistellung auch für den Hinzurechnungsbetrag beachtet (s. N 427), ist mit den Zwischeneinkünften mit Kapitalanlagecharakter diese Bindung beseitigt (treaty-overriding-Klausel des § 20 II AStG als einseitige Maßnahme, um die Steuerbefreiungen der DBA – wenn sie denn tatbestandsmäßig vorlägen – zu unterlaufen – dazu R 10). Wie sehr die Gesetzesgeschichte davon beeinflußt worden war, zeigt der Bericht des Finanzausschusses BT-Drucks. 12/1506 zur Änderung des AStG: Die jetzt vorgesehene Regelung weist hiernach folgende wesentliche Züge auf: Zentrale Bestimmung ist, daß eine Berufung auf DBA für „Zwischeneinkünfte mit Kapitalanlagecharakter" und damit die bisherige vertragsüberschießende Wirkung des § 10 V AStG insoweit beseitigt wird. Und: Eine besondere Regelung stellt sich, daß die Neuregelung überall eingreift, wo die Schachtelfreistellung über die Grenze in Frage kommt, d.h. bei Beteiligungen von 10% oder mehr; damit wird Umgehungen durch internationale Beteiligungsstreuung entgegengetreten. Es ist hiermit auch klar die Rechtfertigung einer Mißbrauchsbekämpfung zum Ausdruck gebracht worden. Bedenken gegen eine Verträglichkeit mit europäischem Recht knüpfen hieran an, weil insbesondere die mit der verschärften Hinzurechnungsbesteuerung getroffenen Dublin-Docks-Finanzierungsgesellschaften staatliche Fördermaßnahme in Anspruch nehmen, die zudem als Beihilfen von der EU-Kommission genehmigt wurden (*Tulloch* DB 1992, 1446; *Rädler/Lausterer/ Blumenberg* DB 1996, Beilage 3; *Raupach/Burwitz* in Festschrift *Rädler* S. 539 ff.). Die bereits mehrfach erwähnten Entscheidungen des FG Baden-Württemberg zur Einschaltung irischer Finanzanlagegesellschaften (s. unter N 378) haben diesen Komplex nur beiläufig berührt, da das anstehende Problem über § 42 AO gelöst wurde.

(5) Die **besonderen Voraussetzungen für die Hinzurechnungsbe-** **454** **steuerung für Einkünfte mit Kapitalanlagecharakter ergeben** sich aus § 7 VI AStG als eigenständiger Tatbestand gegenüber § 7 I AStG, während für die Rechtsfolge des § 7 VI AStG auf § 7 I AStG verwiesen wird. § 7 VI AStG erweitert gegenüber § 7 I AStG das persönliche Merkmal einer Beteiligung von Steuerinländern zu mehr als der Hälfte an einer ausländischen Gesellschaft: Die Beteiligung des unbeschränkt Steuerpflichtigen muß zwar mindestens 10% betragen, doch ist damit nicht mehr das Erfordernis einer deutschbeherrschten Gesellschaft verbunden. Es muß mindestens ein unbeschränkt Steuerpflichtiger die Mindestbeteiligungsquote erfüllen; ist ein unbeschränkt Steuerpflichtiger mit weniger als 10%, ein anderer Steuerpflichtiger mit mehr als 10% beteiligt, greift § 10 VI AStG nur den zuletzt genannten Steuerpflichtigen gegenüber ein. Für den erstgenannten Steuerpflichtigen kommt eine Hinzurechnungsbesteuerung nur unter den Bedingungen des § 7 I AStG (deutsch-beherrschte Gesellschaft) in Betracht. Ist die ausländische Gesellschaft deutschbeherrscht, kommen auch für einen weniger als 10% Beteiligten die Regeln der besonderen Hinzurechnungsbesteuerung zur Anwendung (s. dazu den Wortlaut des § 10 VI AStG, der darauf abstellt, daß im Hinzurechnungsbetrag Zwischeneinkünfte mit Kapitalanlagecharakter enthalten sind – nicht aber daß es sich um die Mindestbeteiligung in Höhe von 10% handelt). Für Zwecke der Berechnung der Beteiligungsquote wird nur auf unmittelbare Beteiligungen abgestellt, erweitert beschränkt steuerpflichtige Personen werden (anders als bei § 7 II AStG) nicht einbezogen. Soweit ersichtlich bestehen über diese Grundsätze der Neuregelung keine Differenzen.

Problematisch ist die relevante Beteiligungshöhe für die Zurechnung von Zwischeneinkünften mit Kapitalanlagecharakter bei nachgeschalteten Gesellschaften (§ 14 AStG): Im Gegensatz zur verschärften Hinzurechnungsbesteuerung soll die Zurechnung gem. § 14 I AStG erst ab einer Mehrheitsbeteiligung i. s. des § 7 II AStG eintreten, so daß der „Gleichlauf der Tatbestandsvoraussetzungen zwischen ausländischer Obergesellschaft und Untergesellschaft" für Zwischeneinkünfte mit Kapitalanlagecharakter folglich durchbrochen wäre (*Stefan Köhler* IStR 1993, 105 ff. mit dem Ergebnis, daß § 14 AStG auch auf § 7 VI AStG verweist; so auch *Schaumburg* S. 569). Durch das Absinken der unmittelbaren Beteiligungsquote auf 10% statt der Inländerbeherrschung wird die Parallele zu den DBA-Steuerbefreiungen aufgrund des internationalen Schachtelprivilegs bei einer Mindestbeteiligung von 10% an der ausländischen Gesellschaft hergestellt (s. § 8b V KStG) – die oben genannte Gesetzesbegründung verwies zudem auf die Gefahr einer Beteiligungssplitterung. An dieser Stelle wird jedoch deutlich – worauf schon eingangs hingewiesen wurde: § 7 VI AStG ist aus der DBA-Abwehr erklärbar, geht aber darüber hinaus. Denn das internationale Schachtelprivileg kann grundsätzlich nur von Kapitalgesellschaften in Anspruch genommen werden, während § 7 VI auch unbeschränkt einkommensteuerpflichtige Anteilseigner mit der Folge trifft, daß nach § 11 IV Satz 1 AStG eine Kürzung des Hinzurechnungsbetrages um tatsächliche Ausschüttungen unterbleibt (zu gebotenen Billigkeitsmaßnahmen *Schaumburg* S. 558).

455     (6) **Welche Merkmale grenzen nun die Zwischeneinkünfte mit Kapitalanlagecharakter ab?** Nochmals: Die Rechtsfolge des § 7 VI besteht in der Modifikation der Rechtsfolge des § 7 I AStG. § 7 VI AStG ist in das System der Hinzurechnungsbesteuerung integriert, so daß Abweichungen ausdrücklich als solche genannt sein müssen (*F/W/B* Hinzurechnungs-Best., Rz 51, 52). Mithin wird der sich aus § 8 I, II AStG ergebende Katalog passiver Einkünfte nicht erweitert, sondern folgerichtig eingeschränkt. Die Technik des Gesetzgebers ist hierbei unterschiedlich. Während passive Einkünfte in § 8 I, II AStG aus einem Umkehrschluß folgen (. . . und nicht stammen aus . . .), werden sie in § 10 VI AStG ausdrücklich genannt: Es geht um Einkünfte mit hoher Mobilität, Einkünfte aus passivem Erwerb einer ausländischen Gesellschaft, die aus dem Halten, der Verwaltung, Werterhaltung oder Werterhöhung von Zahlungsmitteln, Forderungen, Wertpapieren, Beteiligungen oder ähnlichen Vermögenswerten stammen; zur Problematik der „scheinbar vier alternativen Tätigkeitsformen" s. *F/W/B* Rz 210 zu § 10 AStG. Hier genügt *Schaumburgs* Feststellung (S. 560), daß „typischerweise die Einkünfte von Holding- und Finanzdienstleistungsgesellschaften erfaßt" werden, weshalb es sich auch beim „ähnlichen Vermögen" nur um Finanzanlagen oder um Geldvermögen handeln kann. Im AEAStG Rz 10.6.2 heißt es hier: „Dies sind Einkünfte des § 20 EStG ebenso wie Einkünfte unter anderem aus Finanzierungsleasing, soweit es sich nicht um eine Vermietungstätigkeit handelt, Factoring, Finanzinnovationen und Termingeschäften, die niedrig besteuert sind . . ." Das einfachste Beispiel zum Verständnis des Anwendungsbereichs des § 10 VI AStG stellen die in einer ausländischen Zahlstelle zentral gesammelten Geldbestände dar, die dort verzinslich angelegt werden. Der Zusammenhang mit § 8 AStG führt zur Beachtung auch der funktionalen Betrachtungsweise: Wenn die ausländische Gesellschaft unter § 8 I, II AStG fallende Haupttätigkeiten

ausübt und Einkünfte mit Kapitalanlagecharakter hieraus als Neben- oder Folgeeinkünfte erzielt, ist § 10 VI nicht einschlägig. Dazu AEAStG Rz 10.6.3: „Keine Zwischeneinkünfte mit Kapitalanlagecharakter sind Einkünfte im Sinne des § 8 I Nr. 3 AStG aus Kapitalanlagen der Kreditinstitute oder Versicherungsunternehmen . . . Das gleiche gilt für Einkünfte im Sinne des § 8 I Nr. 7 und 8 II AStG. Einkünfte, die an sich Kapitalanlagecharakter haben, sind Einkünften aus aktiver Tätigkeit zuzuordnen, wenn sie in unmittelbarem wirtschaftlichen Zusammenhang mit der aktiven Tätigkeit stehen". Wenn § 10 VI Satz 2 Nr. 1 AStG insoweit einen Ausnahmetatbestand bildet, so läuft dies im Ergebnis weitgehend leer; *F/W/B* Rz 225 zu § 10 AStG: dies beruht darauf, daß der Gesetzgeber den logischen Gesetzesaufbau nicht betrachtet hat, da alle Einkünfte, die keine Zwischeneinkünfte sind, auch nicht in die Hinzurechnungsbesteuerung eingehen; die Möglichkeit, diese Vorschrift als Umschreibung der funktionalen Betrachtungsweise zu verstehen, scheidet aus. Die Differenzierung bei *Baumgärtel/Perlet* in *Maßbaum* u. a. S. 242 bezüglich einer passiven Haupttätigkeit, die selbst nicht die Voraussetzungen von Einkünften mit Kapitalanlagecharakter erfüllt, ist zutreffend. Danach unterliegen die von einem passiven Handelsunternehmen erzielten Einkünfte aus Geldvermögen (z. B. Zinsen) grundsätzlich nicht der besonderen Hinzurechnungsbesteuerung. Die weitere Ausnahme (§ 10 VI Satz 2 Nr. 2 AStG) setzt voraus, daß die genannten Einkünfte mit Kapitalanlagecharakter „aus Gesellschaften stammen, an denen die ausländische Zwischengesellschaft zu mindestens einem Zehntel beteiligt ist" – womit ein weitreichendes Holdingprivileg gewährt wird. Es kommt, um dem Streifzug von *F/W/B* aaO, Rz 228 durch Kriterien der Holdingbehandlung im AStG zu folgen, für die Nichtanwendung des § 10 VI Satz 1 AStG unter der Voraussetzung der 10%igen Beteiligung nicht darauf an, ob die nachgeschaltete ausschüttende Gesellschaft im Inland oder im Ausland ansässig ist, ob die Voraussetzungen des § 8 II oder des § 13 AStG erfüllt sind, ob die Beteiligung der ausländischen Zwischengesellschaft in einem wirtschaftlichen Zusammenhang mit eigenen aktiven Tätigkeiten steht, ob die nachgeschaltete ausschüttende Gesellschaft ihre Bruttoerträge zumindest fast ausschließlich aus Tätigkeiten i. S. des § 10 I Nr. 1–6 oder aus Beteiligungen i. S. des § 8 II erzielt, ob es sich bei den Beteiligungserträgen um eine offene oder um eine verdeckte Gewinnausschüttung handelt oder ob die Beteiligungserträge im Sitzstaat der ausländischen Zwischengesellschaft einer hohen oder einer niedrigen Besteuerung unterliegen. Damit wird im Ergebnis verhindert, daß Einkünfte mit Kapitalanlagecharakter doppelt bzw. bei mehr als dreistufigem Konzernaufbau mehrfach erfaßt werden. Da die von der Holdingklausel geforderte Mindestbeteiligungsquote von 10% bei grenzüberschreitenden Konzernen in aller Regel erfüllt sein dürfte, entfällt für typische Holdingeinkünfte im Ergebnis die verschärfte Hinzurechnungsbesteuerung und damit die Hinzurechnungsbesteuerung insgesamt, wenn die ausländische Zwischenholding in einem Staat ansässig ist, dessen DBA mit der Bundesrepublik ein internationales Schachtelprivileg ohne Aktivitätsvorbehalt vermittelt (*Schaumburg/Jesse* in *Lutter* [Hrsg.], S. 643 mit Hinweis auf Niederlande, Luxemburg, Belgien, Österreich und Irland; das Beispiel von *Baumgärtel/Perlet* aaO, S. 246 verdeutlicht die Zusammenhänge). Durch § 10 Satz 2 Nr. 3 AStG werden Einkünfte aus im Ausland erbrachten Dienstleistungen der ausländischen Gesellschaft aus der Regelung herausgenommen; die Bedeutung dieser Vorschrift ist gering. *Schaumburg* S. 563 nennt passive Leasing-, Factoring oder Forfaitierungsleistungen, die mit ihrem angemessenen Entgeltteil („einem nach dem Maßstab des § 1 AStG angemessenen Teil der Einkünfte") trotz eines funktionalen Zusammenhangs von den auf den Finanzierungsanteil entfallenden Zwischeneinkünften mit Kapitalanlagecharakter abgespalten und aus den Zwischeneinkünften mit Kapitalanlagecharakter ausgeklammert werden. Schließlich die Sonderregelung in § 10 VI Satz 3 AStG für Zwischeneinkünfte mit Konzernfinanzierungscharakter. Nur 60% solcher Zwischeneinkünfte unterliegen der verschärften Hinzurechnungsbesteuerung, wenn der Steuerpflichtige nachweist, „daß sie aus der Finanzierung von ausländischen Betriebsstätten oder ausländischen Gesellschaften stammen, die in dem Wirtschaftsjahr, für das die ausländische Zwischengesellschaft diese Zwischeneinkünfte bezogen hat, ihre Bruttoerträge ausschließlich oder fast ausschließlich aus unter § 8 I Nr. 1–6 fallenden Tätigkeiten oder aus § 8 II fallenden Beteiligungen beziehen und zu demselben Konzern gehören wie die ausländischen Zwischengesellschaft". AEAStG Rz 10.6.6: Innerkonzernliche Finanzierung ausländischer Betriebsstätten und konzernzugehöriger Gesellschaften ohne Rücksicht darauf, woher die Mittel stammen; Einkünfte aus innerkonzernlicher Finanzierung, die nicht bereits gem. § 8 I Nr. 3, 7 AStG als Einkünfte aus aktiver Tätigkeit zu qualifizieren sind und die – falls passive Einkünfte gegeben sind – ggf. vorrangig § 10 VI Satz 2 Nr. 3 (trennbare Finanzdienstleistungen) unterliegen (*Schaumburg* S. 564). Im Ergebnis bedeutet dies, daß bei der Rechtsanwendung aktive Einkünfte, regulär passive Einkünfte, passive Einkünfte mit Ausnahme der Konzernfinanzierungseinkünfte und passive Kapitalanlageeinkünfte aus der Konzernfinanzierung zu unterscheiden sind.

**456** (7) Nach § 7 VI AStG sind unter den Bedingungen der besonderen Zwischeneinkünfte mit Kapitalanlagecharakter „diese Zwischeneinkünfte bei diesem Steuerpflichtigen in dem in Absatz 1 bestimmten Umfang steuerpflichtig, auch wenn die Voraussetzungen des Absatzes 1 im übrigen nicht erfüllt sind". Daraus folgt: die **Rechtsfolge des § 7 VI AStG** ergibt sich aus § 7 I AStG, so daß für die Zwischeneinkünfte mit Kapitalanlagecharakter im Grundsatz die §§ 9–13 AStG gelten, soweit keine besondere Regelung getroffen wurde. Die wichtigste abweichende

Rechtsfolge wurde bereits einleitend genannt, da nur über sie die besonderen Bestimmungen für Zwischeneinkünfte mit Kapitalanlagecharakter zu verstehen sind: Mit der Regelung in § 10 VI AStG, daß § 10 V AStG nicht gelte (jedenfalls dann nicht gilt, wenn die dort genannten Freigrenzen überschritten werden), wird die Abschirmwirkung entgegenstehenden Abkommensrechts beseitigt (zur Problematik eines treaty overriding s. S 10). Allerdings entfällt die Möglichkeit einer Inanspruchnahme der DBA-Schutzwirkung erst, wenn alternativ eine der beiden Voraussetzungen erfüllt ist: Bruttobeträge aus Zwischeneinkünften mit Kapitalanlagecharakter betragen mehr als 10% der den gesamten Zwischeneinkünften zugrundeliegenden Bruttoerträge – oder die bei einer Zwischengesellschaft oder bei einem Steuerpflichtigen hiernach außer Ansatz zu lassenden Beträge übersteigen insgesamt 120000 DM. Zur beispielhaften Verdeutlichung dieser Grenzen ist auf *Bogenschütz/Kraft* IStR 1994, 155ff. zu verweisen. Verschärfte Hinzurechnungsbesteuerung und DBA-Recht gehen nicht – spiegelbildlich – konform. Es gibt im Anwendungsbereich der Hinzurechnungseinkünfte mit Kapitalanlagecharakter Einkünfte, für die der durch § 10 V AStG vermittelte Abkommensschutz erst gar nicht gilt, wobei die natürliche Person als inländischer Anteilseigner vorrangig zu nennen ist, ein weiteres Beispiel ist das ohnehin wegen einer Aktivitätsklausel nicht zur Anwendung gelangende DBA-Schachtelprivileg.

(8) Die weitere Rechtsfolge, die von der allgemeinen Hinzurech- **457** nungsbesteuerung abweicht, folgt aus § 11 IV AStG. Sie hat die **Ausschüttung von Gewinnanteilen bei Zwischeneinkünften mit Kapitalanlagecharakter** zum Gegenstand und führt gegenüber § 11 I AStG zu einem abweichenden System der Vermeidung der Doppelbesteuerung: Eine Kürzung um Gewinnausschüttungen wie bei § 11 I AStG kommt nicht in Betracht – kann auch nicht in Betracht kommen, wenn man die Zielrichtung dieser verschärften Hinzurechnungswirkung bedenkt. Sie will auch eine steuerfreie Gewinnausschüttung vermeiden. Hierdurch kann die vom Gesetzgeber gewollte Einmalbesteuerung der Zwischeneinkünfte mit Kapitalanlagecharakter nicht durch Vornahme von Ausschüttungen umgangen werden, wenn das betreffende Abkommen die Freistellung von Dividenden auch ohne Aktivitätsklausel vorsieht. Denn ohne § 11 IV Satz 1 AStG würden etwa aufgrund eines DBA-Schachtelprivilegs steuerfreie Gewinnanteile zum Fortfall der Hinzurechnungsbesteuerung von Zwischeneinkünften mit Kapitalanlagecharakter führen. Die vom Gesetzgeber durch § 10 VI Satz 1 AStG beseitigte Abschirmwirkung bestehenden Abkommensrechts würde ohne Kürzungsverbot im Falle der Ausschüttung leerlaufen, erst § 11 IV Satz 1 AStG bewirkt, daß es insoweit stets bei der Besteuerung des Hinzurechnungsbetrages verbleibt (sehr deutlich abgrenzend gegenüber der allgemeinen Hinzurechnungsbesteuerung *Schaumburg* S. 566). § 11 IV Satz 1 AStG be-

zieht sich auf den „Teil des Hinzurechnungsbetrages, für den § 10 V nach § 10 VI nicht anzuwenden ist" – Zwischeneinkünfte mit Kapitalanlagecharakter i. S. § 10 VI Satz 2" (im einzelnen *F/W/B* Rz 61 ff. zu § 11 AStG) – und nennt für sie als Rechtsfolge, daß dieser Teil des Hinzurechnungsbetrages (genauer: des anzusetzenden Hinzurechnungsbetrages) „nicht nach Abs. 1 um Gewinnanteile gekürzt" werden darf. Diese Zwischeneinkünfte unterliegen damit endgültig der Hinzurechnungsbesteuerung. Dafür § 11 IV Satz 2 AStG: Die Gewinnanteile sind steuerfrei, soweit sie diese Zwischeneinkünfte mit Kapitalanlagecharakter nicht übersteigen.

**458**   (9) Wird die Auslandsbeteiligung über eine **ausländische Betriebsstätte des Steuerinländers gehalten** und erzielt diese Betriebsstätte aus einer solchen Beteiligung Einkünfte mit Kapitalanlagecharakter, so werden solche Betriebsstätteneinkünfte von der deutschen Besteuerung freigestellt, sofern mit dem Betriebsstättenstaat ein DBA vereinbart und für die von der inländischen Besteuerung freigestellten Einkünfte nicht die Bedingung aktiver Einkünfte vorgesehen ist. Damit wäre es inländischen Steuerpflichtigen möglich, die verschärfte Hinzurechnung zu umgehen. Hiergegen richtet sich § 20 II AStG, der in diesem Fall statt einer Freistellung die Anrechnung der im ausländischen Staat erhobenen Steuern vorsieht (zur treaty-overriding-Klausel s. bereits S 10).

*f) Mitwirkungspflicht, Sachverhaltsaufklärung, Feststellung von Besteuerungsgrundlagen (§§ 16–18 AStG)*

**459**   (1) Die Mitwirkungspflicht des Steuerpflichtigen gem. § 16 AStG erweitert die Pflicht gem. § 160 AO (s. dazu W 10, 11). Die Auskunftspflicht des § 17 AStG spezifiziert § 90 II AO (s. dazu W 4). Für die der Hinzurechnung unterliegenden Einkünfte von Zwischengesellschaften gibt § 17 II AStG einen Schätzungsanhalt, wenn der Steuerpflichtige die Mitwirkung an der Feststellung der Besteuerungsgrundlagen versagt oder vorgelegte Unterlagen lückenhaft sind: Untergrenze 20%, wenn eine Vollschätzung durchgeführt werden muß.

**460**   (2) Die Besteuerungsgrundlagen für die Anwendung der §§ 7–14 AStG sind gesondert festzustellen (§ 18 AStG), auch dann, wenn nur ein einziger Steuerpflichtiger beteiligt ist. Die so festgestellten Besteuerungsgrundlagen werden vom Veranlagungsfinanzamt in das allgemeine Besteuerungsverfahren jedes Inlandsbeteiligten übernommen. Im Verfahren nach § 18 erläßt das Feststellungsfinanzamt (§ 18 II AStG) einen Feststellungsbescheid. Zum Inhalt der gesonderten Feststellung s. Rz 18.1.2. AEAStG. Zur Abgrenzung gegenüber nicht erforderlichen Feststellungen – das betrifft vor allem den Hinzurechnungsbetrag i. S. des § 10 I Satz 1 AStG – s. *BFH* IStR 1998, 668.

# O. Inländerbetätigung im Ausland: Sonstige Einkünfte

## I. Steuerpflicht, Einkünfteermittlung und Einkünftekorrekturen (§§ 2 I EStG, 1 AStG)

(1) Bei den sonstigen Einkunftsarten geht es um keine anderen Frage- **1** stellungen als den im Zusammenhang mit unternehmerischer Tätigkeit im Ausland erörterten. Die Grundlagen werden durch die Regeln der unbeschränkten Steuerpflicht bestimmt – mögliche Folgen knüpfen an einen ausländischen Bezug, vereinfacht ausgedrückt an einen Ort der Einkünfteentstehung an. Von der unbeschränkten Steuerpflicht ausgehend bedarf es für die einzelnen Einkunftsarten keiner Bestimmung „ausländischer Einkünfte", da die sachlichen Voraussetzungen des Steuertatbestandes von vornherein inländische und ausländische Einkünfte erfassen. Es gibt innerhalb der sieben Einkunftsarten keine Einkunftsart, die den Tatbestand räumlich auf das Inland begrenzt oder für ausländische Einkünfte besondere Tatbestandsmerkmale nennt. Das schließt nicht aus, daß der Auslandsbezug besondere Auslegungsprobleme nach sich zieht – die Regel ist dies nicht. Man kann daher den Grundsatz aufstellen, daß die **Einkünftequalifizierung** durch den **Ort der Tätigkeit** nicht beeinflußt wird.

Deswegen erweist sich der Hinweis auf einen Auslandsbezug eines Falles bisweilen als überflüssig. Dies läßt sich am Beispiel des *BFH*-Falles BStBl. 1999 II, 167 zeigen. Der Leitsatz lautet: Ein international tätiger Berater von Berufsfußballspielern ist typischerweise nicht freiberuflich, sondern gewerblich tätig. Bei der Frage, ob der als Berater von Fußballspielern tätige Kläger Einkünfte aus freiberuflicher Tätigkeit (ein dem Beruf eines beratenden Betriebswirts oder einen ähnlichen Beruf ausübend) oder aus gewerblicher Tätigkeit erzielte, hat der „internationale Wirkungskreis" überhaupt keine Rolle gespielt. Zur Einbeziehung der Veräußerung wesentlicher Beteiligungen an ausländischen Kapitalgesellschaften (§ 17 EStG) nur beiläufig *FG Köln* GmbHR 1999, 933: Die Frage einer steuerrechtlich bedeutsamen Anteilsabtretung ist, „da es sich um die Konsequenzen des Vertrags für das deutsche Steuerrecht – nämlich um die zutreffende Beteiligungshöhe nach § 17 EStG – handelt, nach den im deutschen Steuerrecht geltenden Maßstäben zu beantworten" – s. im übrigen auch bereits die Hinweise zu B 9.

Die **Zuordnung ausländischer Einnahmen** zu den steuerpflichtigen Einkünften wirft – soweit ersichtlich – kaum Probleme auf; soweit der Tatbestand (wie §§ 20, 21 EStG) an Rechtsverhältnisse des deutschen Rechts anknüpft, ist im Wege eines Rechtsvergleichs zu ermitteln, ob ausländische Rechtsverhältnisse alle wesentlichen Merkmale erfüllen (zu den Einkünften aus Kapitalvermögen gem. § 20 EStG s. *Wassermeyer* in *Kirchhof/Söhn* Rz A 10, C 51 zu § 20 EStG). Kritik der Einbeziehung ausländischer Einkünfte in die einzelnen Einkunftsarten ist kaum nachweisbar. Ein Beispiel hierfür wäre der Hinweis von *Peter Fischer* in

*Kirchhof/Söhn* Rz B 354 zu § 22 EStG: Wiederkehrende Zuwendungen aus dem Ausland – ist eine einschränkende Auslegung des § 22 Nr. 1 Satz 2 EStG des Inhalts geboten, daß es auf das Erfordernis des Gebers als einer unbeschränkt steuerpflichtigen Person nicht ankommt? *Peter Fischer:* Der Vorrang des § 2 I EStG als verbindliche Auslegungshilfe gebietet eine einschränkende Auslegung des § 22 Nr. 1 Satz 2 EStG; ein Grund für die Besteuerung der ausländischen Bezüge beim Empfänger ist nicht erkennbar. Der Empfänger erzielt weder durch „sozialpflichtige Marktteilhabe" Einkommen, noch geht es (wie bei § 50 I Satz 6 EStG) darum, eine Abzugsfähigkeit zu Lasten der inländischen Besteuerung „interpersonell korrespondierend" auszugleichen.

2      (2) Die Ermittlung der Höhe der für die Besteuerung im Inland maßgebenden Einkünfte ist auch bei Auslandsbeziehungen grundsätzlich allein nach den Regeln des deutschen Steuerrechts vorzunehmen. Für die Ermittlung der Einkünfte gilt wie für die Bestimmung der Einkunftsart, daß der Ort der Einkunftserzielung für die Anwendung der Einkünfteermittlungsvorschriften nicht von Bedeutung ist. Die **Einkünfteermittlung folgt der Steuerbarkeit der Einkünfte** – deswegen beziehen sich einerseits Regeln zu Einkünfteermittlung bei beschränkt Steuerpflichtigen nur auf die zu ermittelnden inländischen Einkünfte (deutlich *BFH* IStR 1998, 212) – aber daraus ergibt sich zugleich der Anwendungsbereich der Einkünfteermittlungsvorschriften für inländische und ausländische Einkünfte gleichermaßen für die unbeschränkte Steuerpflicht. Deswegen ist die Entscheidung *BFH* BStBl. 1996 II, 312 zur Steuerpflicht von Wertzuwächsen wesentlicher Beteiligungen vor Eintritt in die unbeschränkte Steuerpflicht zutreffend. Es sind auch keinerlei besondere Regeln für „ausländische Einkünfte" zu nennen (sieht man von der sogenannten Tonnagesteuer § 5a EStG ab), solange nicht für irgendeinen Zweck die Ermittlung einer solchen Teilmenge erforderlich ist; deswegen ist die systematische Einordnung „Besonderheiten bei der steuerlichen Berücksichtigung ausländischer Einkünfte" bei *Grotherr/Herfort/ Strunk* S. 66 nicht zutreffend – § 34d EStG hat keinen anderen Zweck als den einer Tatbestandsergänzung zu § 34c EStG. Selbst wenn aber eine Teilmenge „ausländische Einkünfte" zu ermitteln ist: dann gelten keine anderen Grundsätze als die für ausländische Einkünfte als Bestandteil der Bemessungsgrundlage für das zu versteuernde Einkommen; „Rücksichtnahme" gebieten nur Besonderheiten des Sachverhalts. Für ausländische Einkünfte gibt es auch keine besonderen und nur diese betreffenden Buchführungs- und Aufzeichnungspflichten; schon für die ausländische Betriebsstätte wurde auf die allgemeine Regelung in §§ 140ff. AO verwiesen. Eine isolierende Betrachtungsweise im Bereich ausländischer Einkünfte (wie für die beschränkte Steuerpflicht in § 49 II EStG) gibt es insoweit nicht – maßgeblich ist § 2 I EStG (*Wied* in *Blümich* Rz 15 zu § 34d EStG).

Die genannte Besonderheit der Ermittlung ausländischer Einkünfte betrifft eine **3**
pauschale Gewinnermittlung bei Handelsschiffen im internationalen Verkehr nach
der **Tonnage** (§ 5 a EStG). Es handelt sich um eine steuerliche Begünstigungsvor-
schrift, die Geschäftsleitung und Bereederung im Inland voraussetzt. Der Gewinn
muß auf „den Betrieb von Handelsschiffen im internationalen Verkehr" entfallen –
nicht begünstigt sind Hochseefischerei und der Einsatz von Schiffen zwischen deutschen Häfen oder einem deutschen Hafen und der freien See (s. *H/H/R-Wendt* Steuerreform 1999/2000/2002 unter Berücksichtigung des Steuerentlastungsgesetzes
1999/2000/2002).

(3) Wie der Ort der Einkünfteerzielung ist auch die **Währung**, in der **4**
Einkünfte erzielt werden, für die Qualifikation bedeutungslos. Es bedarf
in solchen Fällen lediglich einer Umrechnung, was bei schwankenden
Währungskursen Ermittlungs- und Zuordnungsprobleme aufwerfen
kann. Anders als bei den gewerblichen Einkünften (s. N 10) ist das Wäh-
rungsproblem bei den privaten Einkünften nicht mit periodischen Bewertungsfragen vorhandener Bestände verbunden. Währungserfolge sind
auch steuerfrei, wenn sie außerhalb der betrieblichen Sphäre anfallen.
Die Umrechnung selbst ist unproblematisch: Werden Beträge am An-
schaffungs- und Veräußerungszeitpunkt sofort konvertiert, ist der Um-
tauschkurs, ansonsten der Kurs bei Abfluß bzw. Zufluß maßgeblich. Zur
Frage der Umrechnung der ausländischen Steuerzahlungen im Anrechnungsverfahren s. R 212 a EStR: Die ausländische Steuerlast ist zu dem
Kurs am Tag der Zahlung der Steuer umzurechnen (zur Erbschaftsteuer
s. die hiervon abweichende Auffassung *BFH* BStBl. 1991 II, 522 und
dazu U 18; zur Währungsfrage insgesamt *Suermann* S. 194 ff.).

(4) Liegt ein Einkünfteerzielungstatbestand i. S. des § 2 I EStG vor, so **5**
kann es unter den Bedingungen des § 1 AStG zu einer **Minderung von**
**Einkünften** gekommen sein. Denn es kommt hierfür weder auf eine bestimmte Einkunftsart noch auf eine bestimmte Einkunftsermittlung an.
§ 1 AStG gilt für „Einkünfte aus Geschäftsbeziehungen zum Ausland" –
womit aber nicht auf eine Tätigkeitsausübung im Inland abgestellt wird;
es ist vielmehr unerheblich, ob die Tätigkeit, die einer bestimmten Einkunftsart zugeordnet wird, im In- oder Ausland ausgeübt wird – entscheidend ist nur die Auswirkung der Einkünfteminderung im Inland, so
daß eine Geschäftsbeziehung „zum Inland" oder von dem einen ausländischen Staat zu einem anderen nicht genügt (*Wassermeyer* in *F/W/B*
Rz 232 zu § 1 AStG). § 1 AStG soll Einkünfteverlagerungen in das
Ausland verhindern. Geschäftsbeziehungen liegen nach § 1 IV AStG vor,
„wenn die den Einkünften zugrundeliegende Beziehung entweder beim
Steuerpflichtigen bei der nahestehenden Person Teil einer Tätigkeit
ist, auf die §§ 13, 15, 18 oder 21 des EStG anzuwenden sind oder wären,
wenn die Tätigkeit im Inland vorgenommen würde". Unschädlich ist
mithin die Zuordnung zu den Einkünften aus nichtselbständiger Arbeit,
aus Kapitalvermögen, zu den sonstigen Einkünften und zum gesamten
Bereich der Einkommensverwendung.

Dazu die Beispiele von *Wassermeyer* aaO, Rz 897, 901: Unbeschränkt steuerpflichtiger Privatmann A gibt seinem ausschließlich im Ausland lebenden Sohn S ein Darlehen gegen unangemessen niedrige Zinsen, das dieser für Zwecke seines ausländischen Betriebs, zum Erwerb eines Einfamilienhauses und zum Erwerb eines Segelbootes verwendet. Entweder der Steuerpflichtige (A) oder die ihm nahestehende Person (S) müssten eine Tätigkeit der in § 1 IV AStG genannten (schädlichen) Art ausüben – ohne daß es auf den Ausübungsort ankäme. Wo S tätig wird, ist daher nicht entscheidend, auch nicht, ob er beschränkter Steuerpflicht unterliegt (AEAStG Rz 1.4.1). Die Minderung der Zinseinkünfte ist im Inland (A) eingetreten, es gibt auch keinen korrespondierenden Vorteil im Inland. Soweit S das Darlehen für sein Unternehmen verwendet, handelt es sich um eine Tätigkeit i.S. des § 15 EStG, weshalb eine Geschäftsbeziehung zu bejahen ist. Hinsichtlich des Einfamilienhauses könnte § 21 EStG in Betracht kommen (Vermietung). Für das Segelboot könnte § 22 Nr. 3 EStG in Frage kommen – damit aber wird keine Geschäftsbeziehung i.S. des § 1 IV AStG ausgelöst. Oder: Anstellungsverhältnis eines Steuerinländers zu einer ihm nahestehenden, gewerblich tätigen ausländischen Kapitalgesellschaft: für diesen zwar eine Geschäftsbeziehung (§ 19 EStG), wohl aber für die ausländische Kapitalgesellschaft (§ 15 EStG) – anders wiederum, wenn diese nur Wertpapiere verwalten würde (§ 20 EStG), da in diesem Fall nicht § 8 II KStG anzuwenden ist (*BFH*/NV 1990, 161).

## II. Anrechnung, Abzug ausländischer Steuern: Ausländische Einkünfte (§ 34 d EStG)

6 Trotz der Grundregel der unbeschränkten Steuerpflicht und der ihr folgenden Einkünfteermittlung gibt es Anlässe für eine Notwendigkeit **getrennter Ermittlung ausländischer Einkünfte.** Die herausragendste Bedeutung kommt der getrennten Ermittlung infolge DBA-rechtlicher Steuerfreistellung oder Steueranrechnung zu (s. dazu ab S 320). Innerstaatliches Steuerrecht erzwingt eine gesonderte Ermittlung ausländischer Einkünfte zum Zwecke der Anrechnung ausländischer Steuern (bei den sonstigen Einkünften vorrangig § 34 c EStG): Ausländische Einkünfte sind hierbei aber nicht nach abstrakten Merkmalen zu bestimmen, sondern bestimmen sich nach § 34 d EStG. Auch für diese Einkünfte gilt, daß sich ihre Höhe nach den Regeln des deutschen Steuerrechts ergibt (s. dazu bereits am Beispiel der gewerblichen Einkünfte N 10). Dieser Grundsatz gilt nicht nur für § 34 c EStG, er gilt auch für die Bestimmung des Steuersatzeinkommens in § 32 b EStG. Die für eine getrennte Ermittlung der ausländischen Einkunftsteile (als Nettoeinkünfte) erforderliche Abgrenzung ist nach Veranlassungsgrundsätzen vorzunehmen, wobei das ertragsteuerliche Veranlassungsprinzip auf einen wirtschaftlichen „Veranlassungs"-Zusammenhang zwischen Aufwendungen und einer bestimmten steuerbaren Einkunftquelle (und nicht zwischen Aufwendungen und Einnahmen) zu beziehen ist (*Wassermeyer* in Forum Nr. 16, S. 38; *Amann* DB 1997, 796; anders *Baranowski* StbJb 1997/98, S. 511 f., der die Auffassung vertritt, es fehle überhaupt an einer gesetzlichen Regelung zur Ermittlung ausländischer Einkünfte). Zur Aufwandszuordnung ist auf die beiden *BFH*-Urteile BStBl. 1994 II, 657 und 799

hinzuweisen, die bereits im Zusammenhang mit den gewerblichen Einkünften (N 32) vorgestellt wurden. In der Entscheidung *BFH* BStBl. 1997 II, 657 sind bestimmte Einnahmen oder aber Aufwendungen aus der Summe der „ausländischen Einkünfte aus Kapitalvermögen" ausgeklammert worden, ohne daß damit der Veranlassungsgrundsatz eingeschränkt wurde (*Wassermeyer* aaO, S. 42). § 34 d EStG ist mithin nur im Zusammenhang mit der Anrechnung ausländischer Steuern zu sehen, nicht etwa folgt aus § 34 d EStG die Steuerbarkeit ausländischer Einkünfte. Der Tatbestand der Einkünfteerzielung (§§ 13–24 EStG), die Steuerbarkeit von Einkünften ist unter Einbeziehung der ausländischen Einkünfte vor der Anwendung des § 34 d EStG bereits geklärt; für ausländische Einkünfte stellt sich im Rahmen der Veranlagung alsdann die Frage, ob und inwieweit ausländische Steuern anrechenbar sind. Voraussetzung dafür sind ausländische Einkünfte i. S. des § 34 d EStG. Für gewerbliche Einkünfte, die im Ausland erzielt werden, ergab sich als Voraussetzung einer Qualifikation als ausländische Einkünfte, daß sie mittels einer im Ausland gelegenen Betriebsstätte oder durch einen im Ausland tätigen ständigen Vertreter erzielt werden. Nun kann für jede Einkunftsart anhand des § 34 d EStG geklärt werden, welche Merkmale erforderlich sind, um Einkünfte zum Zwecke der Anrechnung ausländischer Steuern als ausländische Einkünfte annehmen zu können. Die wegen des Verzichts auf das alleinige Merkmal eines ausländischen Ortes der Entstehung oder Erzielung von Einkünften entstehenden Lücken werden, wie im Zusammenhang mit den gewerblichen Einkünften gezeigt wurde, durch § 34 c III EStG geschlossen; denn danach ist ein Steuerabzug möglich, soweit zwar eine ausländische Belastung gegeben, das Merkmal der ausländischen Einkünfte aber nicht erfüllt ist. Im übrigen ist die praktische Anwendung des § 34 d EStG nicht von § 34 c EStG zu lösen. § 34 d EStG läßt beispielsweise offen, ob ausländische Einkünfte für bestimmte Einkunftsarten zusammengefaßt werden können; erst aus § 34 c EStG folgt die Landesbezogenheit. Die vom *BFH* zunächst kontrovers beantwortete Frage, ob die betreffenden ausländischen Einkünfte im Inland steuerfrei sind oder nicht (s. N 31), hat mit den Merkmalen des § 34 d EStG ohnehin nichts zu tun. Das Grundkonzept des § 34 d EStG, für ausländische Einkünfte einen numerus clausus zu schaffen, hat *Schaumburg* (S. 635) heftiger Kritik unterzogen: Es widerspreche dem Leistungsfähigkeitsprinzip, einerseits alle Einkünfte im Rahmen des Welteinkommensprinzips der Besteuerung zu unterwerfen, andererseits aber die Doppelbesteuerung nur für ganz bestimmte Einkünfte zu vermeiden. Deswegen handele es sich bei § 34 d EStG um eine systemwidrige Vorschrift. Verfehlt sei auch die Konzeption, § 34 d EStG wie § 49 I EStG (beschränkte Steuerpflicht) auszugestalten. An der Kritik *Schaumburgs* ist zutreffend, daß die Norm systematisch nur schwer einzuordnen ist. In das Wettbewerbskonzept – in diesem Fall die Kapitalexportneutralität –

fügt sie sich überhaupt nicht ein; und Gründe, die immer wieder gegen eine unbegrenzte Anrechnung geltend gemacht werden, fügen sich in ein System anerkannter und nicht anerkannter ausländischer Einkünfte ebenfalls nicht ein – sie können nur an die Höhe der ausländischen Steuer anknüpfen.

Es bleibt wohl keine andere Erklärung übrig als die auch von *Schaumburg* genannte Gefahr, daß bei einer „unbeschränkten Steueranrechnung" – gemeint ist: bei schrankenloser Hinnahme der Qualifikation des ausländischen Staates als „ihm zuzurechnende Einkunftsquellen" – die Besteuerung im Quellenstaat zu Lasten des Wohnsitzstaates ausgedehnt wird. Insoweit wird dann auch die Anlehnung an § 49 EStG als auf den „Gegenseitigkeitsgedanken" zurückführbar verständlich. Wäre gegenüber der Gefahr einer Ausdehnung der Quellenbesteuerung in anderen Staaten eine Begrenzung ausländischer Einkünfte dem Grunde nach tatsächlich erforderlich (wofür es kaum Anhaltspunkte gibt) – wäre noch statt einer enumerativen Aufzählung an die Alternative eines abstrakten Ortsmerkmals zu denken. Wegen der dann drohenden Auslegungsfragen ist allerdings § 34d EStG vorzuziehen. Die Anmerkungen zu den einzelnen Anknüpfungen des § 34d EStG beschränken sich auf wenige Hinweise – es geht einerseits um den Bezug zum Grundtatbestand (Regelung der Steuerbarkeit in den §§ 13–24 EStG), andererseits – wenn auch dem Stoff vorgreifend – um einen Vergleich mit der beschränkten Steuerpflicht.

**7**    Die **Land- und Forstwirtschaft** (§§ 13, 14 EStG) führt zu ausländischen Einkünften, wenn es sich um eine „in einem ausländischen Staat" betriebene Land- und Forstwirtschaft handelt (Belegenheitsprinzip). Indem § 34d Nr. 1 EStG „Einkünfte der in den Nummern 3, 4, 6, 7 und 8c genannten Art, soweit sie zu den Einkünften aus Land- und Forstwirtschaft gehören" einbezieht und damit den Einkünftebereich erweitert, kommt darin der in den §§ 20 III, 21 III, 22 Nr. 3 EStG genannte Gedanke der Subsidiarität zum Ausdruck. Wichtig ist die Abgrenzung gegenüber den Einkünften aus Gewerbebetrieb und Vermietung und Verpachtung wegen der engeren Anknüpfungen, unter denen Einkünfte als ausländische zu bewerten sind. Mit der beschränkten Steuerpflicht in § 49 I Nr. 1 EStG ist praktisch Übereinstimmung gegeben. **Einkünfte aus Gewerbebetrieb** (§ 34d Nr. 2 EStG) wurden durch die Einbeziehung der Anrechnung ausländischer Steuern als ausländisch qualifizierte Einkünfte bereits eingehend vorgestellt; doch ist in diesem Zusammenhang nochmals daran zu erinnern, daß diese Qualifizierung eine ausländische Betriebsstätte oder einen ausländischen ständigen Vertreter voraussetzt; gerade in dieser Beschränkung wird die eigentliche Problematik des § 34d EStG deutlich: Da die unbeschränkte Steuerpflicht ausländische gewerbliche Einkünfte schrankenlos einbezieht (§§ 15, 16 EStG), setzen die Bedingungen der ausländischen Betriebsstätte und des ausländischen ständigen Vertreters markante einengende Bedingungen. Es liegt daher nahe, dem Sinn und Zweck des § 34c I EStG folgend bei der Bestimmung dieser Begriffe auch ausländisches Recht zu berücksichtigen (*F/W/B* Rz 39 zu § 34d EStG) und damit Friktionen zu mildern. Systematisch wiegt schwerer der Hinweis *Schaumburgs* (S. 637), daß die durch § 34d Nr. 2 EStG erfaßten Einkünfte nicht an die durch § 49 I Nr. 2 EStG der beschränkten Steuerpflicht unterworfenen Einkünfte heranreichen. Als krasses Beispiel einer solchen Diskrepanz ist auf ausländische und im Inland ihre Leistung verwertende **Künstler und Sportler** zu verweisen, bei denen die beschränkte deutsche

Steuerpflicht unter der Voraussetzung einer gewerblichen Tätigkeit keiner festen Anknüpfung bedarf (zu § 49 I Nr. 2d EStG s. P 12) – während im Gegensatz hierzu ausländische Einkünfte und damit die Anrechnung ausländischer Steuern gem. § 34c I EStG die ausländischen Anknüpfungspunkte Betriebsstätte/ständiger Vertreter vorauszusetzen (zu den hieraus folgenden Doppelbesteuerungen *Enneking* DStR 1997, 1912). Zu den ausländischen Einkünften aus Gewerbebetrieb gehören auch „Einkünfte der in den Nummern 3, 4, 6, 7 und 8c genannten Art, soweit sie zu den Einkünften aus Gewerbebetrieb gehören" – was wiederum eine Anlehnung an den genannten Subsidiaritätsgedanken des EStG und damit den Ausschluß möglicherweise engerer Anknüpfungen bedeutet; zu den ausländischen gewerblichen Einkünften gehören auch jene „die aus Bürgschafts- und Avalprovisionen erzielt werden, wenn der Schuldner Wohnsitz, Geschäftsleitung oder Sitz in einem ausländischen Staat hat" – hier ist auf die Interessen inländischer Gläubiger in einem speziellen Fall Rücksicht genommen worden, weil wohl verschiedene ausländische Staaten an solche Provisionszahlungen eine beschränkte Steuerpflicht anknüpfen und die Bundesrepublik dieser Ausdehnung Rechnung tragen wollte (*F/W/B* 34d EStG Rz 84). Für den Bereich der Einkünfte aus der **Seeschiffahrt und der Luftfahrt** hat § 34d Nr. 2c EStG das Betriebsstättenprinzip verlassen – in Anlehnung an § 49 Nr. 2b EStG für die beschränkte Steuerpflicht (dazu P 10). Für **Einkünfte aus selbständiger Arbeit** (§ 18 EStG) werden Einkünfte als ausländische qualifiziert, sofern die Arbeit in einem ausländischen Staat ausgeübt oder verwertet werden – spiegelbildlich zu § 49 I Nr. 3 EStG. Es kann wegen der Gleichwertigkeit der Merkmale „Ausübung" und „Verwertung" der Fall eintreten, daß die Einkünfte aus dem Ausland stammen, obwohl sie gleichzeitig inländische sind, beispielsweise bei inländischer Ausübung und ausländischer Verwertung – anders als bei § 34d V EStG, wonach die Verwertung nichtselbständiger Arbeit im Ausland nicht zur Annahme ausländischer Einkünfte führt, wenn die Tätigkeit im Inland ausgeübt wird. Ausgeübt wird die selbständige Arbeit dort, wo die maßgebende Person sich bei der konkreten Ausübung der Berufstätigkeit physisch aufhält. Verwertet wird die selbständige Arbeit dort, wo ihr Erfolg eintritt, ohne daß der Ort des Erfolgseintritts gleichzeitig der Tätigkeitsort ist – es muß der Arbeit mithin über ihre Ausübung hinaus ein eigenständiger wirtschaftlicher Wert zukommen. Die Tatbestandsmerkmale werden eingehend – wenn auch mit dem Stand 1990 – bei *F/W/B* aaO, Rz 92ff. unter Einbeziehung des umfangreichen Entscheidungsmaterials dargestellt; es muß aber darauf hingewiesen werden, daß es sich hierbei um Entscheidungen zu § 49 I Nr. 3 EStG handelt – wegen der spiegelbildlichen Übereinstimmung sind die Voraussetzungen jedoch auf § 34d EStG zu übertragen (zu § 49 I Nr. 3 EStG s. Q 1). Gemäß § 34d Nr. 4 EStG sind aus ausländische Einkünfte anzusehen **Einkünfte aus der Veräußerung von Wirtschaftsgütern**, „die zum Anlagevermögen eines Betriebs gehören, wenn die Wirtschaftsgüter in einem ausländischen Staat belegen sind", und Einkünfte aus der Veräußerung „von Anteilen an Kapitalgesellschaften, wenn die Gesellschaft Geschäftsleitung oder Sitz in einem ausländischen Staat hat." Auch diese Vorschrift – von der Systematik der Anknüpfung an die §§ 13–24 EStG abweichend – beinhaltet eine Rücksichtnahme auf weitergehendes Quellensteuerrecht (Besteuerung von „capital gains") ausländischer Staaten; es kommt nicht auf eine Zugehörigkeit zum Betriebs- oder Privatvermögen an, insbesondere ist keine ausländische Betriebsstätte erforderlich. Ob der Voraussetzung einer inländischen Steuerpflicht bedarf, ist strittig; *Schaumburg* (S. 641): Obwohl § 34d EStG hinsichtlich der Anteile an ausländischen Kapitalgesellschaften nicht auf §§ 17, 23 EStG verweist, müssen deren Voraussetzungen erfüllt sein – die Erfassungsbreite des § 34d EStG ist „stets begrenzt" durch die Reichweite der unbeschränkten Steuerpflicht. Anders *F/W/B* Rz 105: Fehlt es an einer Steuerpflicht, kann die Steuer auf ausländische Einkünfte nach § 34c II EStG abgezogen werden. § 34d EStG kann jedoch keine über § 34c EStG hinausgehende Rechtsfolge entnommen werden. Ein Abzug ausländischer Steuer setzte daher in diesem Fall wenigstens die Voraussetzungen des Auffangtatbestandes § 34 c III voraus. Zwar überwindet § 34 c III EStG damit die Voraussetzung der ausländischen Einkünfte und schließt Lücken des § 34 d EStG – aber ausländische Steuer kann auch nach § 34 III EStG nur abgezogen werden, soweit sie auf Einkünfte entfällt, die der deutschen ESt unterliegen; diesen Rahmen kann auch § 34 d EStG nicht verlassen. § 34 d Nr. 5 EStG regelt, inwieweit **Einkünfte aus nichtselbständiger Arbeit** zu den ausländischen Einkünften gehören; auch hier ist aufgrund der spiegelbildlichen Regelung der beschränkten Steuerpflicht ein Rückgriff in Zweifelsfragen zur reichhaltigen Rechtsprechung des § 49 I Nr. 4 EStG (s. Q 4) möglich. Alternativ wird auf die Ausübung oder die Verwertung abgestellt, ohne daß wie bei § 34 d Nr. 3 EStG gleicher Rang besteht; wird die Arbeit im Inland ausgeübt, aber im Ausland verwertet, hat das Anknüpfungsmerkmal der Ausübung Vorrang, so daß inländische Einkünfte gegeben sind. Neben diesen beiden Tatbeständen steht selbständig und gleichberechtigt die Voraussetzung der Einkünfte, die „von ausländischen öffentlichen Kassen mit Rücksicht auf ein gegenwärtiges und früheres Dienstverhältnis" gewährt werden. § 34 d Nr. 5 Satz 2 EStG schließt ausdrücklich ausländische Einkünfte aus, wenn diese von inländischen öffentlichen Kassen „mit Rücksicht auf ein gegenwärtiges oder früheres Dienstverhältnis gewährt werden" – und zwar auch dann, wenn die Tätigkeit in einem ausländischen Staat ausgeübt wird oder worden ist" – was von *Schaumburg* zutreffend unter Hinweis auf ein damit nicht übereinstimmendes internationales Verständnis des Kassenstaatsprinzips kritisiert wird (S. 643). Anzumerken ist, daß mit dem Kassenstaatsprinzip ohnehin das Ärgernis vielfältig voneinander abweichender Regelungen im Abkommensrecht verbunden ist (dazu S 311) – hier bleibt auf das Ärgernis einer unabgestimmten Regelung mit § 49 I Nr. 4 EStG hinzuweisen, der (umgekehrt) inländische (deutsche) Einkünfte unter vergleichbaren Voraussetzungen wie § 34 d Nr. 5 Satz 2 EStG nicht ausschließt: In der Bundesrepublik tätige Arbeitnehmer, die von ausländischen öffentlichen Kassen bezahlt werden, sind mit ihren Einkünften aus nichtselbständiger Arbeit beschränkt steuerpflichtig. Der Wertungswiderspruch liegt auf der Hand: auf derartige Einkünfte im Ausland gezahlte Steuer ist nicht anrechenbar, aber gleichartige Einkünfte unterliegen der beschränkten Steuerpflicht. § 34 d Nr. 6 EStG bestimmt **Einkünfte aus Kapitalvermögen** (§ 20 EStG) als ausländische Einkünfte, wenn entweder der Schuldner im Ausland ansässig ist oder das Kapitalvermögen durch ausländischen Grundbesitz gesichert ist. Das geht über den Spiegelbildfall des § 49 I Nr. 5 EStG hinaus. Es genügt, wenn eines der Anknüpfungsmerkmale vorliegt, selbst wenn die Einkünfte gleichzeitig inländische sind (s. dazu im einzelnen *Wied* in *Blümlich* Rz 48 ff. zu § 34 d EStG). **Einkünfte aus Vermietung und Verpachtung** (§ 21 EStG) werden gem. § 34 d Nr. 7 EStG als ausländische Einkünfte bestimmt, soweit das unbewegliche Vermögen oder die Sachinbegriffe in einem ausländischen Staat belegen oder die Rechte zur Nutzung in einem ausländischen Staat überlassen worden sind; das geht über die Merkmale des § 49 I Nr. 6 EStG hinaus und gilt als weitgehende Anknüpfung, die Doppelbesteuerungen verhindert; denn hier ist die Belegenheit alleiniger Anknüpfungspunkt. Berührungspunkte zur Betriebsstätte: bei einer Nutzung in einer ausländischen Betriebsstätte Zuordnung zu § 34 d Nr. 2 a EStG; die Nutzung in einer inländischen Betriebsstätte eines ausländischen Unternehmens führt nicht zu ausländischen Einkünften. Als Folge der Verweisung auf § 21 EStG wird eine zeitliche Begrenzung der Rechtsüberlassung vorausgesetzt, umfaßt also nicht die Veräußerung. Die Veräußerung kann aber unter § 34 d Nr. 8 c EStG fallen, da eine Überlassung schlechthin auch die Veräußerung umfaßt (*Wied* aaO, Rz 56, 57). **Sonstige Einkünfte** i. S. des § 22 EStG sind dann als ausländische Einkünfte einzuordnen, wenn der zur Leistung wiederkehrender Bezüge Verpflichtete in einem ausländischen Staat ansässig ist, bei Spekulationsgeschäften die veräußerten Wirtschaftsgüter in einem ausländischen Staat belegen sind und bei

Einkünften aus Leistungen, einschließlich der Einkünften aus Leistungen i.S. des § 49 I Nr. 8 EStG, der zur Vergütung der Leistung Verpflichtete im Ausland ansässig ist (§ 34d Nr. 8 EStG). § 34d Nr. 8 EStG ist ein Auffangtatbestand, unter den im wesentlichem Einkünfte aus der Nutzung beweglicher Sachen sowie Know-how-Vergütungen und Einkünfte aus der Veräußerung von Rechten fallen (*Schaumburg* S. 645).

Zu ergänzen ist dieser an § 34d EStG und damit an der Perspektive **8** der Steueranrechnung ausgerichtete Überblick über ausländische Einkünfte durch den Hinweis auf **Erträge aus Anteilen an ausländischen Investmentfonds.** Grundlage für die Besteuerung dieser Erträge sind die §§ 17 ff. des Gesetzes über den Vertrieb ausländischer Investmentanteile und über die Besteuerung der Erträge aus ausländischen Investmentanteilen (Auslandinvestment-Gesetz). Die Behandlung dieser Erträge folgt – wie für die aus inländischen Investmentanteilen – dem Grundsatz der steuerrechtlichen Transparenz. Danach hat der Anteilscheininhaber die Erträge aus Investmentanteilen grundsätzlich so zu versteuern, als ob er sie unmittelbar bezogen hätte; durch die Zwischenschaltung des Investmentfonds soll keine höhere steuerrechtliche Behandlung, im Prinzip aber auch keine niedrigere Belastung eintreten. Bei der steuerrechtlichen Behandlung der Anteilscheininhaber werden drei Gruppen von Anteilscheinen unterschieden: registrierte Fonds (öffentlicher Vertrieb im Inland oder Zulassung zum Börsenhandel), nicht registrierte Fonds mit einem inländischen Vertreter, solche ohne einen inländischen Vertreter. Zu den steuerlichen Folgen und den anrechenbaren Steuern s. *OFD Kiel* FR 1999, 1015 ff. Zu den Änderungen des Steuerentlastungsgesetzes 1999/ 2000/2002 – Einbeziehung der Gewinne aus Termingeschäften – und den Folgen hieraus für ausländische Investmentfonds s. *Hennig* BB 1999, 1901 ff.

### III. Verlustausgleichsbeschränkung (§ 2a I, II EStG)

Im Zusammenhang mit der Besteuerung einer ausländischen Betriebs- **9** stätte ist für den Fall gewerblicher Verluste bereits § 2a EStG erörtert worden: Die in § 2a I Satz 1 EStG aufgezählten negativen Einkünfte mit Auslandsbezug dürfen im Veranlagungszeitraum ihrer Entstehung nur mit positiven ausländischen Einkünften der jeweils selben Art aus demselben Staat ausgeglichen werden. Kann ein Ausgleich nicht erfolgen, mindern diese negativen Einkünfte die positiven Einkünfte der jeweils selben Art, die der Steuerpflichtige in den folgenden VZ aus demselben Staat erzielt (§ 2a I Satz 2 EStG). Ein davon abweichender weitergehender Verlustausgleich oder Verlustabzug gem. § 10d EStG ist ausgeschlossen (§ 2a I Satz 1 Halbsatz 2 EStG). Die neuere Sicht dieser **Verlustausgleichsbeschränkung** versteht § 2 I, II EStG **als eine Liebhabereiregelung** (s. dazu bereits N 14), die Tatbestände erfassen „negative ausländische Einkünfte" – und wie bei § 34d EStG geht es nicht um das Ergebnis von Einkunftsarten i.S. des § 2 II EStG, sondern um Teilmengen davon; für die bereits erörterten gewerblichen Einkünfte werden nur solche aus einer ausländischen Betriebsstätte erfaßt oder es sind nur einzelne Aufwendungen (Teilwertabschreibungen) betroffen. Im übrigen beziehen sich diese negativen ausländischen Einkünfte auf eine in einem ausländischen Staat belegene land- und/oder forstwirtschaftliche Betriebsstätte (§ 2a I Nr. 1 EStG), auf die Beteiligung als stiller Gesellschafter im Ausland (§ 2a I Nr. 5 EStG), auf die Vermietung oder der Verpachtung unbeweglichen Vermögens von im Ausland belegenen Immobilien/Sachinbegriffen (§ 2a I Nr. 6a EStG, auf die Vercharterung von Schiffen (§ 2a I Nr. 6b EStG). Nach der Systematik von *Probst* (Forum Nr. 16, S. 21) handelt es sich insoweit um laufende Teileinkünfte, die zu ergänzen sind um einmalige (außerordentliche) negative Teileinkünfte, wobei hier nur noch auf die unmittelbaren Auslandsbeteiligungsverluste (§ 17 EStG) hinzuweisen ist. Wie für die Zwecke der Anrechnung einer ausländischen Steuer müssen diese Einkünfte dem Grunde und der Höhe nach abgegrenzt werden. Anders als bei den Gewinnminderungen aus Teilwertabschreibungen (§ 2a I Nr. 3a, 6c, 7a EStG) handelt es sich – wie bei der Ermittlung für Zwecke der Anrechnung ausländischer Steuern – um die Ermittlung von Nettogrößen. Daraus folgt die Notwendigkeit der Ausgabenabgrenzung innerhalb der Einkunftsart und damit der Aufwandszuordnung nach den allgemeinen Grundsätzen (Veranlassungsprinzip). Wird diese Abgrenzung unterlassen, können Ausgaben zu Unrecht „in den Sog" des § 2a I EStG gezogen oder davon ausgenommen werden (*Probst* aaO, S. 22). Die Frage des Verhältnisses der Steueranrechnung gem. § 34c I EStG zu § 2a I, II EStG ist bereits im Zusammenhang mit den gewerblichen Einkünften (ausländische Betriebsstätte) erörtert worden. Auf die Kritik an § 2a I, II EStG war ebenfalls bereits hingewiesen worden. Soweit sonstige ausländische Einkünfte betroffen sind, wird geltend gemacht (*Schaumburg* S. 148ff.), daß Einkünfte aus Land- und Forstwirtschaft nach den Wertungen des deutschen Steuerrechts durchweg als besonders förderungswürdig angesehen werden – deswegen sei die uneingeschränkte Zuordnung zur Verlustausgleichsbeschränkungsregel ein „nicht auflösbarer Wertungswiderspruch". Auch die uneingeschränkte Einbeziehung der Verluste aus stillen Gesellschaften und partiarischen Darlehen ginge „weit über die Zielsetzung des § 2a I, II EStG hinaus", da die Aktivitätsklausel wie bei der Land- und Forstwirtschaft ausgeschlossen sei. Die Zuordnung von Verlusten aus der Vermietung und Verpachtung von unbeweglichem Vermögen und Sachinbegriffen verdanke „seine Entstehung dem seinerzeitigen Angebot steuersparender ausländischer Bauherrenmodelle und Leasingmodelle", müsse aber auch auf dem Hintergrund abkommensrechtlicher Besonderheiten (DBA-Spanien, DBA-Schweiz) gesehen werden.

# P. Ausländerbetätigung im Inland:
# Einkünfte aus unternehmerischer Betätigung

Die Organisationsformen, mittels derer ein im Ausland ansässiges **1**
Unternehmen (Einzelunternehmen, Personengesellschaft, Kapitalgesellschaft) wirtschaftliche Beziehungen zur Bundesrepublik anknüpfen kann,
sind keine anderen als diejenigen der Inländerbetätigung im Ausland.
Wirtschaftlich wird gegenwärtig die Attraktivkraft des Standortes Bundesrepublik im int. Vergleich kontrovers diskutiert (s. C 6). Dabei sind
die Inlandslieferungen ausländischer Unternehmungen ebenso wie umgekehrt Auslandslieferungen inländischer Unternehmungen unproblematisch: Betätigt sich das ausländische Unternehmen auf dem deutschen
Markt nur durch Lieferungen, die es vom Ausland aus bewirkt, entstehen
in der Bundesrepublik keine einkommen- bzw. körperschaftsteuerlichen
Wirkungen.

## I. Errichtung unselbständiger Inlandsniederlassungen

## 1. Anknüpfungspunkte der beschränkten Steuerpflicht

### a) Die Betriebsstätte (§ 49 I Nr. 2a EStG)

(1) Gründet das ausländische Unternehmen im Inland eine Betriebs- **2**
stätte, wird es gem. § 2 I EStG bzw. § 2 I Nr. 1 KStG i.V. mit § 49 I
Nr. 2 EStG mit den hier erzielten Einkünften aus Gewerbebetrieb steuerpflichtig. Der Gründung einer Betriebsstätte steht die Bestellung eines
ständigen Vertreters gleich. Damit kommt den Begriffen „Betriebsstätte"
und „ständiger Vertreter" entscheidende Bedeutung zu. Diese Begriffe
haben keine andere Funktion als im internationalen Steuerrecht anderer
Staaten: Sie sind einerseits Ausfluß des **Ursprungsprinzips,** beschränken es aber gleichzeitig. Die Beschränkung liegt darin, daß Gewinne aus
gewerblicher Tätigkeit in der Bundesrepublik, die ohne einen derartigen
Anknüpfungspunkt (z.B. durch die erwähnten Direktlieferungen), erzielt
werden, nicht der Besteuerung unterliegen. Das bedeutet konkret: Bloße
Warenlieferungen aus dem Ausland in das Inland, Datenzurverfügungstellung auf einem inländischen PC, kurzfristige Bauausführungen und
Montagen, bloße Reparatur- und Instandsetzungsarbeiten begründen keine Anknüpfungen für eine Quellenbesteuerung gewerblicher Einkünfte.
Doch können gewerbliche Einkünfte ohne eine Betriebsstätte/ständigen
Vertreter der beschränkten Steuerpflicht unterliegen, wenn einer der
Auffangtatbestände (§ 49 II c–f) gegeben ist oder die isolierende Be-

trachtungsweise mittels Wegfalls eines im Ausland gegebenen Gewerb-
lichkeitsmerkmals zu einer Erfassung – dann aber im Rahmen eines anderen Tatbestandes der beschränkten Steuerpflicht – führt.

**3**     (2) Fragen der Betriebsstättenbesteuerung haben – nach Jahren kaum
nachweisbarer Beschäftigung mit diesem Thema – wieder ein erhebliches Interesse gefunden; herausragende Beiträge sind zu verzeichnen
(*Kumpf* in Forum Nr. 2, S. 27: Wer spricht eigentlich noch von inländischen Betriebsstätten?; *Roth* StbJb 1997/98, S. 427: Man kann sagen, sie
ist aus einem Dornröschenschlaf erwacht; *Weber/Werra* in Festschrift
*Flick* S. 285 „Auf den Spuren eines unbekannten Wesens"). Das hat
wohl vier Gründe: Zum einen Vorgeschichte und Diskussion um Entwurf und dann veröffentlichte BSt-Verwaltungsgrundsätze (dazu *Baranowski* IWB 3 Gr. 2, 813; *Strunk/Kaminski* IStR 1997, 513; IStR 2000,
33), einige Entscheidungen der Finanzgerichte zum anderen, schließlich die Folgen einer zunehmend virtuellen Geschäftswelt und ihre Folgen für die beschränkte Steuerpflicht (*Strunk/Zöllkau* INF 1998, 609);
vor allem aber *EuGH*-Rechtsprechung zur Betriebsstättenbesteuerung,
zuletzt *EuGH* in Sachen Royal Bank of Scotland (K 54), in Sachen
Saint-Gobain (K 55). Die Diskussion zeigt, daß einige Besteuerungsprobleme nicht befriedigend zu lösen sind, weil und solange die Reichweite
der Selbständigkeitsfiktion nicht geklärt ist.

**4**     (3) Begreiflicherweise legt die Anerkennung des „Betriebsstättenprinzips" die Tendenz nahe, die Anknüpfungsmomente – und damit den
Bereich der inländischen Steuerpflicht ausländischer Unternehmungen –
weit zu fassen; der deutsche Gesetzgeber ist von dieser Tendenz nicht
frei geblieben, vgl. dazu *Bühler* S. 177 f. Zu beachten ist jedoch, daß der
Betriebsstättenbegriff im deutschen Steuerrecht neben seiner Funktion
im internationalen Bereich auch Aufgaben im nationalen Bereich zu
erfüllen hat und daß auch von daher eine Beeinflussung stattgefunden
hat; dazu eingehend *Kumpf* S. 29. Zum Verhältnis des Betriebsstättenbegriffs in § 4 V Nr. 6 EStG zu dem des § 12 AO s. *Kumpf* Forum Nr. 2,
S. 30.

**5**     Gem. § 12 AO ist **Betriebsstätte** i. S. der Steuergesetze jede feste Geschäftseinrichtung oder Anlage, die der Ausübung des Betriebs eines
Unternehmens dient. **Geschäftseinrichtung** kann jeder körperliche Gegenstand oder jede Zusammenfassung körperlicher Gegenstände sein, die
geeignet sind, Grundlage einer Unternehmenstätigkeit zu sein; der Betriff
der Anlage ist entbehrlich. Das Merkmal **fest** bedeutet, daß eine örtliche
Fixierung notwendig ist; Räumlichkeiten sind nicht erforderlich, vielmehr reicht das Vorhandensein einzelner Wirtschaftsgüter (Schreibtisch)
aus: es genügt mithin, daß die Geschäftsentfaltung organisatorisch loka-
lisiert ist. *Fest* beinhaltet aber auch, daß die Einrichtung auf eine gewisse
Dauer bestehen muß und die in ihr ausgeübte Tätigkeit nicht nur vorübergehend sein darf, sie muß einen gewissen Grad von Ständigkeit

haben. Die erforderliche Nachhaltigkeit bedeutet nicht das Erfordernis einer unbegrenzten Dauer; eine sechswöchige Tätigkeit aufgrund eines Einzelauftrages erfüllt das Merkmal nicht (*BFH* RIW 1993, 349). Um eine feste Geschäftseinrichtung zur Betriebsstätte werden zu lassen, muß in ihr die **Tätigkeit des Unternehmens ausgeübt werden,** sie muß der Tätigkeit eines Unternehmens dienen. Die Art der Tätigkeit ist bedeutungslos, doch muß sie dem Gesamtunternehmen dienen. Deswegen ist es unerheblich, ob in oder durch die Geschäftseinrichtung Haupt- oder Hilfstätigkeiten, wesentliche oder unwesentliche Tätigkeiten erbracht wurden, und auch Personal ist nicht erforderlich (zum ganzen *Kumpf* S. 30 ff.). Dies bedeutet, daß die Geschäftseinrichtung unter der nicht nur vorübergehenden Verfügungsgewalt des Unternehmens stehen muß (tatsächliche Dispositionsmacht), so daß eine bloße Mitbenutzung von Räumen und Einrichtungen anderer Unternehmungen und Einrichtungen nicht ausreichend ist (*BFH* BStBl. 1991 II, 462); das Merkmal ist jedoch umstritten, s. dazu die Diskussionsbeiträge von *Wassermeyer* und *Kumpf* Forum Nr. 2, S. 47 ff.; in ihr muß der Geschäftstätigkeit nachgegangen werden, und zwar nachhaltig (nach Ansicht der Finanzverwaltung ist dies bei mehr als 6 Monaten der Fall). Sehr anschaulich hat der *RFH* den Begriff der Betriebsstätte umschrieben (RStBl. 1930, 54):

„Darunter fallen nicht nur diejenigen Arbeiten, die unmittelbar auf die Hervorbringung der den Gegenstand des Unternehmens bildenden Waren oder Leistungen gerichtet sind, sondern alle Hilfstätigkeiten, die nur mittelbar den Zweck des Unternehmens zu fördern bestimmt sind. Ob die Einrichtungen kaufmännischer, buchhalterischer, technischer oder bloß handwerklicher Art sind, ist unerheblich. Erforderlich ist nur, daß es sich um Verrichtungen handelt, die dem Betrieb, der Erreichung des Zwecks des Unternehmens planmäßig dienen. Nicht erforderlich ist, daß in der Betriebsstätte Verhandlungen mit Dritten geführt oder Geschäftsabschlüsse getätigt werden. Auch auf die Wichtigkeit der betreffenden gewerblichen Verrichtung kommt es nicht an. Auch nebensächliche Betätigungen können die Annahme einer Betriebsstätte begründen, wenn sie nur mit dem Gewerbebetrieb verbunden sind, ihm in irgendeiner Weise dienen. Überhaupt ist es unerheblich, welche wirtschaftliche Bedeutung die örtliche Tätigkeit der Betriebsstätte im Rahmen des Gesamtbetriebs hat. Insbesondere kommt es nicht darauf an, ob in der Betriebsstätte eine gütererzeugende oder – bei Verkaufsunternehmen – eine güterumsetzende Tätigkeit stattfindet; so ist es anerkannten Rechts, daß auch Lagerräume, Speditionskontore u. dgl. Betriebsstätten bilden können; dasselbe gilt auch von Räumen, in denen nur Listen geführt und Lohnzahlungen vorgenommen werden, oder in denen technische oder andere Hilfstätigkeiten des eigentlichen Gewerbeunternehmens verrichtet werden."

§ 12 Satz 2 AO enthält einen Katalog von Betriebsstättenbeispielen. **6** Danach sind als Betriebsstätten insbesondere anzusehen die Stätte der Geschäftsleitung, Zweigniederlassungen, Geschäftsstellen, Fabrikations- oder Werkstätten, Warenlager, Ein- oder Verkaufsstellen, Bergwerke, Steinbrüche oder andere stehende, örtlich fortschreitende oder schwimmende Stätten der Gewinnung von Bodenschätzen. Bauausführungen oder Montagen, auch örtlich fortschreitende oder schwimmende, wenn

a) die einzelne Bauausführung oder Montage oder b) eine von mehreren zeitlich nebeneinander bestehenden Bauausführungen oder Montagen oder c) mehrere ohne Unterbrechung aufeinander folgende Bauausführungen oder Montagen länger als sechs Monate dauern.

7    (4) Die Merkmale sind durch Beispiele aus der neueren Rechtsprechung zu verdeutlichen:

Hinzuweisen ist auf die BSt-Verwaltungsgrundsätze: allgemeine Hinweise in 1.1.1, spezielle Hinweise zu **Banken, Versicherungen, Bauausführungen und Montagen, Schiffseinsätzen, Bodenschatzsuche** und **Explorationen** ab 4. Aus der jüngeren Rechtsprechung des *BFH* sind zunächst zwei Entscheidungen hervorzuheben, weil sie zugleich stellvertretend für vergleichbare zahlreiche („moderne") grenzüberschreitende Sachverhalte stehen. Das Urteil BStBl. 1990 II, 166, betrifft einen **Unternehmensberater** mit Sitz in der Schweiz, Hauptbetätigungsfeld jedoch im Inland. Hierbei wird der schweizerische Unternehmensberater durch eigene Mitarbeiter tätig oder bedient sich von Fall zu Fall selbständig tätiger Spezialisten aufgrund von Unterverträgen (free-lancer); in beiden Fällen erfolgt die **Beratung in den Räumen der inländischen Kunden.** Kann man insoweit von einer fliegenden Betriebsstätte sprechen (s. *FinVerw* DB 1982, 2378), wonach eine Abfolge wechselnder, also unfester Geschäftsräume in ihrer Gesamtheit eine feste Geschäftseinrichtung darstellt? Dies verneint der *BFH:* Der Stpfl. muß über eine Geschäftseinrichtung eine nicht nur vorübergehende Verfügungsmacht besitzen, bloße Nutzungsberechtigung und tatsächliche Mitbenutzung sind nicht ausreichend. Klärungsbedürftig bleibt in solchen Fällen die Frage eines ständigen Vertreters; zur Anknüpfung s. auch *Nds.FG,* RIW 1991, 1055. Im Urteil BStBl. 1990 II, 983 entschied der *BFH* den Fall einer englischen Privat-Company Limited by Shares, die im Inland zu Schweißarbeiten an Eisenbahnwaggons herangezogen worden war, ohne daß eine feste Geschäftseinrichtung bestand. Möglich ist aber das Vorliegen der Montagevoraussetzungen (§ 12 II Nr. 8 AO), worunter Zusammenfügen und Umbau von vorgefertigten Einzelteilen, nicht dagegen bloße Reparatur- und Instandsetzungsarbeiten fallen. Im *BFH*-Urteil BStBl. 1993 II, 462 hatte ein General-Manager einer ausländischen Gesellschaft in einem Hotel einen Arbeitsraum erhalten. Grundlage hierfür: Ein Managementvertrag zwischen dem Hotel und der ausländischen Gesellschaft. Als Grundsatz gilt: Es fehlt die nicht nur vorübergehende Verfügungsmacht über die Räumlichkeiten – doch hier stellt der *BFH,* anders als im Urteil des schweizerischen Unternehmensberaters, auf die Verwurzelung ab, im Rahmen eines langjährigen Vertragsverhältnisses zur Ausübung der Tätigkeit ständig einen Raum zur Verfügung zu stellen.

Nach den genannten Merkmalen kann eine automatische Anlage die Bedingungen einer Betriebsstätte erfüllen. Durch das Urteil des *BFH* zur **Pipeline als Betriebsstätte** ist ein neuer Akzent gesetzt worden (*Roth* S. 429; dazu die Diskussion StbJb 1997/98, 493 ff.). Der *BFH* hatte zu entscheiden, ob die unterirdischen Rohrleitungen einer ausländischen Gesellschaft, dem Transport von Rohöl und Rohölprodukten dienend, einschließlich aller sonstigen Einrichtungen (Pumpenstationen mit Betriebsgebäuden) als Betriebsstätte einzuordnen seien. Die Voraussetzung der „festen Geschäftseinrichtung" ist unproblematisch: ein Bezug zur Erdoberfläche ist nicht erforderlich, die erforderliche Lokalisation erfordert einen solchen Bezug nicht, eine unterirdische Geschäftseinrichtung ist in besonders qualifizierter Weise mit dem Erdboden fest verbunden. Problematisch erweist sich aber das Merkmal der „Tätigkeit des Unternehmens". Hierzu hält der *BFH* den Rohöltransport für ausreichend: „Der Einsatz von Personen (Unternehmer, Arbeitnehmer, fremdes weisungsabhängiges Personal, Subunternehmer) in oder an der Geschäftseinrichtung ist nicht in jedem Fall erforderlich, vielmehr reicht insbesondere bei vollautomatisch arbeitenden Einrichtungen das Tätigwerden des Unternehmens *mit* der Geschäftseinrichtung aus" (*BFH*

IStR 1997, 147). *Wassermeyer* (StbJb 1997/98, 494) hält das Urteil für bedenklich unter Einbeziehung des § 28 II GewStG und sieht das Urteil unter fiskalischen Gesichtspunkten, wo es wiederum zweischneidig wirkt; dazu *Wassermeyer* Forum Nr. 2, S. 49: „Es hat zwei Seiten, ob wir eng interpretieren oder nicht. Wenn wir eng interpretieren, begünstigen wir den Ausländer, der im Inland tätig wird, aber wir benachteiligen in anderen Fällen den Inländer, der im Ausland tätig ist. Wir vergrößern gleichzeitig den Bereich der inländischen und der ausländischen Einkünfte". *Runge* (StbJb 1997/98, 496) sieht weniger die Betriebsstättendefinition berührt als die Frage einer Haupt- oder Hilfsfunktion. Ob es – auf DBA-Recht bezogen – auf die Frage des „dienens" (so § 12 AO) oder des „ausübens" (so Art. 5 OECD-MA) ankommt, verneint *Roth* (S. 430): Der Tätigkeit eines Unternehmens unmittelbar dienen (= ausüben) kann auch der Transport von Gütern, und sei es nur der innerbetriebliche Transport. Zur Anwendung des Rohrleitungsurteils des *BFH* auf Telekommunikationseinrichtungen eines ausländischen Mobilfunkanbieters s. *Slapio/Bornemann* IWB 3 Gr. 2, 799. Der **Ort der Leitung** ist nach *BFH* BStBl. 1994 II, 148 Betriebsstätte qua definitione und setzt keine fest Geschäfteinrichtung voraus; der *BFH* sieht in den Fällen des § 12 Satz 2 AO keine Beispielsfälle für Betriebsstätten, die im Einzelfall die Voraussetzungen des Satzes 1 erfüllen müssen, sondern eine Definitionserweiterung (dazu *Lüdicke* Forum Nr. 8, S. 40, der jedoch für andere Fälle des § 12 Satz 2 AO wie den Geschäftsstellen, Fabrikationsstätten und Ein- und Verkaufsstellen mit Recht die allgemeinen Merkmale der Betriebsstätte voraussetzt).

(5) Probleme des Betriebsstättenbegriffs werden gegenwärtig vorrangig **8** am Beispiel des **Electronic Commerce** und **digitaler Transaktionen** (zur Abgrenzung *Kreienbaum* StbJb 1998/99, S. 415) und hier des Internets erörtert; darunter ist ein dezentraler, weltweiter Verbund von Computernetzwerken auf der Basis eines systemunabhängigen Kommunikationsstandards zu verstehen; der Unterschied zu den traditionellen Informationstechniken liegt in der Möglichkeit, multimediale Informationen nicht nur empfangen, sondern auch senden zu können. Für den Teilnehmer spielt der Ort, an dem er sendet und empfängt, praktisch keine Rolle mehr. Der entscheidende ökonomische Impuls für solchen Informationsaustausch ergibt sich aus der Produktivitätssteigerung und den daraus folgenden Kosteneinsparungen: Durch den digitalen Informationsaustausch realisierte Kostenvorteile erstrecken sich auf die gesamte Wertschöpfungskette, von der Beschaffung über die Produktion bis hin zum Vertrieb einschließlich damit verbundener unternehmensinterner Leistungsprozesse. Verbunden mit einer Umstellung auf digitale Medien ist eine „Entmaterialisierung" des Wirtschaftsverkehrs, was bereits im Zusammenhang mit der Anknüfungsproblematik kurz erwähnt worden war. Steuerliche Tatbestandsmerkmale, die an physische Vorgänge oder Zustände anknüpfen, werden an Bedeutung verlieren, was zwangsläufig die Betriebsstättenproblematik berührt. Räumliche Entkoppelung der Marktpartner und die Dezentralisierung der Leistungserstellung geben zunehmend Anlaß zu der Frage, inwieweit das geltende nationale und internationale Steuerrecht solchen Bedingungen gewachsen ist; zum vorangehenden Text *Kessler* StbJb 1998/99, S. 333 ff., der zu dem Ergebnis

gelangt: Der Electronic Commerce ist „ein Beispiel für die Friktionen, die sich ergeben, wenn ein Besteuerungssystem, das sich am Leitbild einer exportorientierten Industriegesellschaft orientiert, mit den Realitäten einer postindustriellen Dienstleistungsgesellschaft konfrontiert wird, die auf der Schwelle zum 21. Jahrhundert steht." Aus fiskalischer Sicht müsse mittel- und langfristig vor allem mit einer Umverteilung des Steueraufkommens zu rechnen sein: Virtualisierung und Globalisierung bewirken, daß der Besteuerungsanspruch der Staaten, in denen die Konsumenten digitaler Güter ansässig sind, mangels körperlicher Präsenz faktisch weitgehend leerläuft; potentielle Gewinner sind die Staaten, in denen die Anbieter ansässig sind (S. 343 f.).

Damit ist nach den Auswirkungen eines unmittelbar zwischen Unternehmen und Kunden vollzogenen Electronic Commerce gefragt, bei dem örtliche Stützpunkte zum Staat des Kunden in Form lokaler Präsenz nicht mehr erforderlich sind. Kosten für Zwischenhandel, Vertreter, feste örtliche Einrichtung u. ä. lassen sich durch einen unmittelbaren Zugang des Nutzers zu einem anbietenden Unternehmen über die Web Site auf einem Server, der an irgendeinem Ort der Welt plaziert ist, in bedeutendem Umfang reduzieren – von dieser Feststellung ausgehend haben zahlreiche Autoren die Auswirkungen auf den Anknüpfungspunkt „Betriebsstätte" untersucht (vgl. nur *Kowallik* DStR 1999, 225; *Strunk* BB 1998, 1824; *Strunk/Zöllkau* FR 1998, 592; *Pinkernell* StuW 1999, 281; *Eikker/Scheifele* IWB 3 Gr. 2, 783; *Rosemarie Portner* in Festschrift *Rädler* S. 519 ff. und in StbJb 1998/99, S. 351 ff. sowie IStR 1999, 641); letzterer folgend kann der gegenwärtige Diskussionsstand wie folgt zusammengefaßt werden: Ausgehend von dem „Rohrleitungs-Urteil" des *BFH* ist zu klären, ob ein im Ausland ansässiges Unternehmen im Inland eine Betriebsstätte unterhält, wenn dieses Unternehmen auf einem im Inland oder im Ausland unterhaltenen eigenen oder fremden Server über eine Web Site verfügt, über die im Inland ansässige Kunden, Abnehmer Informationen des ausländischen Unternehmens erhalten und daran anknüpfend Geschäfte abschließen können. Ist der Server im Ausland plaziert, gäbe es für einen Ansatz für eine inländische Betriebsstätte nur die Nutzung im Inland belegener Telekommunikations-Einrichtungen (Computer, Leitungsnetze, Kabel, Schaltstellen, Modem) durch den inländischen Kunden („physische Internet-Infrastruktur"). Zwar sieht die Autorin in den Telekommunikations-Einrichtungen im Anschluß an den *BFH* eine feste Geschäftseinrichtung – nur werden diese durch Telekommunikationsunternehmen beziehungsweise Zugangsanbieter genutzt, die den Zugang zum Internet ermöglichen und damit das ausländische Unternehmen erreichbar machen. Da dem ausländischen Anbieter weder die Sachherrschaft zusteht noch eine Steuerung der Einrichtung durch ihn erfolgt, kann dem ausländischen Unternehmen diese Einrichtung nicht zugeordnet werden. Durch die Nutzung solcher Einrichtungen wird nicht die Tätigkeit des ausländischen Unternehmens ausgeübt, sondern eine Dienstleistung durch das Telekommunikationsunternehmen oder den Zugangsanbieter erbracht. Bei einem Server im Inland können der Computer, auch die auf dem Server installierte Web Site als Geschäftseinrichtung betrachtet werden. Fraglich ist, ob das Merkmal der Dauerhaftigkeit erfüllt ist: Die örtliche Anbindung des Servers ist jedenfalls für den Kunden unbeachtlich und eine Web Site jederzeit und ohne Wirkungen auf den Kunden von einem Server auf den anderen zu verlagern. *Rosemarie Portner* zieht daher die Parallele zur Sonderregelung für Bauausführungen und Montagen, so daß der Server lediglich innerhalb eines Zeitraums von 6 Monaten (§ 12 Satz 2 Nr. 8 AO) bzw. nach DBA-Recht innerhalb eines weiterreichenden Zeitraums (OECD-MA: 12 Monate) in das Ausland zu verlegen wäre. Wird eine feste Geschäftseinrichtung bejaht, käme es nach dem Rohrleitungsurteil des BFH nicht auf inländischen Personaleinsatz an. Insgesamt besteht – je nach dem Standpunkt des Betrachters – die Hoffnung oder die Befürchtung, daß sowohl in den Quellenstaaten (Staat des Kunden) als auch in den Wohnsitzstaaten Verlust an Steuersubstrat verloren geht, daß die „virtuelle Welt" die Steuererhebung grundsätzlich erschweren wird und unter diesen Prämissen Besteuerungsalternativen bedacht werden (zum Vorschlag einer Abzugssteuer, die grundsätzlich bei allen Zahlungsvorgängen ansetzt, die über das Internet abgewickelt werden und die zu einer durchgehenden Besteuerung am Ort des Verbrauchs führen würde s. *Kreienbaum* StbJb 1998/99, S. 436). Eine erste offizielle Stellungnahme zur Frage der Begründung einer Betriebsstätte durch die Installation eines Internetservers liegt mit der Vfg. der *OFD Karlsruhe* IStR 1999, 439 vor – allerdings nur zur Frage einer vorbereitenden Handlung i. S. des Art. 5 IV OECD-MA; eine Klärung der Betriebsstättenproblematik ist damit nicht verbunden.

*b) Der ständige Vertreter (§ 49 I Nr. 2 a EStG)*

Das zweite (selbständige) Anknüpfungsmoment für die Besteuerung **9** gewerblicher Einkünfte ausländischer Unternehmer ist die Bestellung eines inländischen ständigen Vertreters. Der ständige Vertreter wird in § 13 AO als Person definiert, „die nachhaltig die Geschäfte eines Unternehmens besorgt und dabei dessen Sachweisungen unterliegt. Ständiger Vertreter ist insbesondere eine Person, die für ein Unternehmen nachhaltig 1. Verträge abschließt oder vermittelt oder Aufträge einholt oder 2. einen Bestand von Gütern oder Waren unterhält und davon Auslieferungen vornimmt." Die Prüfung, ob ein ständiger Vertreter gegeben ist, hat erst nach der Feststellung zu erfolgen, daß mangels einer Geschäftseinrichtung keine Betriebsstätte gegeben ist. Das für die Betriebsstätte erforderliche Merkmal der Ortsfestigkeit ist hier nicht vorauszusetzen. Die Nachhaltigkeit der Geschäftsbesorgung soll eine gewisse Planmäßigkeit erfordern und sich nicht nur in einer gelegentlichen oder vorübergehenden Tätigkeit erschöpfen. Die Feststellung der Weisungsgebundenheit kann bei rechtlich selbständigen Vertretern schwierig sein. Bei weiter Interpretation des Kriteriums wäre sein Vorliegen immer zu bejahen. Damit verlöre es aber die ihm zugedachte abgrenzende Funktion. Es erscheint daher richtiger, immer nur dann sachliche Weisungsgebundenheit, die die personelle Anknüpfung begründet, anzunehmen, wenn das vertretene Unternehmen in die Vertretungsausführung – und zwar nicht nur fallweise – aktiv eingreift", so *Kumpf* S. 49. Auch der Vertreter muß nachhaltig die Geschäfte eines Unternehmens besorgen.

*Beispiel (Kumpf* S. 55 ff.): Ein *Handelsvertreter* nach § 84 HGB kann ständiger Vertreter sein, wenn er an Stelle des Unternehmens Handlungen vornimmt, die in dessen betrieblichen Bereich fallen, und an dessen Weisungen sachlich gebunden ist. Arbeitet er für ein Unternehmen, ohne eine allgemeine Vollmacht zu Vertragshandlungen und -abschlüssen zu besitzen, so wird er gem. Abschn. 222 I EStR nicht als ständiger Vertreter behandelt. Ein *Kommissionär* wird nicht als ständiger Vertreter des ausländischen Kommissenden behandelt, solange seine Tätigkeit für den Kommissenden nicht über den Rahmen seiner ordentlichen Geschäftstätigkeit hinausgeht (Abschn. 222 I EStR). Auch ein *Makler* gilt nach Abschn. 222 I EStR solange nicht als ständiger Vertreter, als er Geschäftsbeziehungen für das ausländische Unternehmen im Rahmen seiner ordentlichen Geschäftstätigkeit unterhält (s. auch BSt-Verwaltungsgrundsätze 1.1.2). *Reisende* sind bei nur gelegentlicher Entsendung durch ein ausländisches Unternehmen ins Inland keine ständigen Vertreter.

Die gesetzliche Formulierung des Begriffs „ständiger Vertreter" geht auf *BFH*, BStBl. 1972 II, 785 zurück. Eine inländische Schiffsmaklerfirma war für eine Auslandsgesellschaft tätig und hierbei auch an deren Weisungen gebunden. Die Tätigkeit wurde im Rahmen des eigenen Geschäftsbetriebs durchgeführt. Nach Ansicht des *BFH* muß „zwischen dem ausländischen Unternehmer und dem ständigen Vertreter kein persönliches Abhängigkeitsverhältnis bestehen, das über den Rahmen einer sachlichen Weisungsgebundenheit hinausgeht ..." Damit entfällt aber auch der Grund für die Annahme, „ein selbständiger Gewerbetreibender müsse, um ständiger Vertreter zu sein, Handlungen außerhalb des Rahmens seines eigenen (selbständigen) Gewerbebetriebs vornehmen. Denn sachlich weisungsgebunden kann ein Gewerbetreibender auch im Rahmen seines eigenen Gewerbebetriebs sein ... Geht der Zweck dahin, einen im Inland erwirtschafteten Vorteil dem ausländischen Unternehmer steuerlich zuzurechnen, so kann es nicht darauf ankommen, ob der ständige Vertreter – je nach der Zweckbestimmung und Struktur seines eigenen Betriebs – den Einsatz im Rahmen dieses eigenen Betriebs oder außerhalb desselben erbringt. Solche in der Person und der betrieblichen Organisation des Vertreters begründeten Zufälligkeiten sind – insbesondere auch im Lichte einer im Gleichheitsgrundsatz (Art. 3 GG) orientierten verfassungskonformen Auslegung – nicht geeignet, eine unterschiedliche Behandlung des ausländischen Unternehmers zu rechtfertigen." Zur Vertreterstellung einer *inländischen Tochtergesellschaft BFH* BStBl. 1995 II, 238. Ob der Geschäftsführer einer ausländischen Kapitalgesellschaft als ständiger Vertreter im Inland tätig werden kann, bejaht *FG München* EFG 1998, 1491. Die Bedenken hiergegen knüpfen an die Überlegung an, daß ein Unternehmen weder sein eigener Vertreter sein noch sich zu einem solchen bestellen kann – bei juristischer Person ist aber zwischen der Gesellschaft als dem Unternehmer und ihrem Geschäftsführer als gesetzlichem Vertreter zu unterscheiden; zur Abgrenzung der festen Geschäftseinrichtung von einer Vertreterbetriebsstätte – allerdings DBA-bezogen – s. *Wassermeyer* IStR 1999, 405. Im Zusammenhang mit dem Electronic Commerce wird erörtert, ob Telekommunikationsunternehmen oder Netzprovider als ständige Vertreter des beschränkt Steuerpflichtigen in Betracht kommen. Solange es an einer Weisungsgebundenheit und rechtlichen und/oder wirtschaftlichen Abhängigkeit dieser Unternehmen vom ausländischen Steuerpflichtigen fehlt, kommt eine solche Anknüpfung nicht in Betracht. Das bloße Unterhalten eines Grundstücks begründet keine Betriebsstätte; zur Frage eines Pächters als ständiger Vertreter s. aber das Hotelpächter-Urteil des *BFH* BStBl. 1978 II, 494.

*c) Sonderregelung für Schiffahrt- und Luftfahrtunternehmen (§ 49 I Nr. 2b, c)*

Schließlich die gesonderte Behandlung der Schiffahrt- und Luftfahrt- **10** unternehmen gem. § 49 I Nr. 2b EStG: Hiernach unterliegen als inländische Einkünfte der beschränkten Steuerpflicht Einkünfte aus Gewerbebetrieb, die durch den Betrieb eigener oder gecharterter Seeschiffe oder Luftfahrzeuge aus Beförderungen zwischen inländischen und von inländischen zu ausländischen Häfen erzielt werden einschließlich der Einkünfte aus anderen mit solchen Beförderungen zusammenhängenden, sich auf das Inland erstreckenden Beförderungen. Insoweit tritt das Erfordernis einer Betriebsstätte oder eines ständigen Vertreters als Anknüpfungspunkt für die beschränkte Steuerpflicht zurück (zur Betriebsstättenbegründung beim Schiffseinsatz s. BSt-Verwaltungsgrundsätze 4.5). Stattdessen gilt als Anknüpfungspunkt bereits die weit lockerere Inlandsbeziehung des „Beförderungsvorgangs". Nicht erfaßt werden Beförderungen von ausländischen zu inländischen Häfen oder von inländischen Häfen zur freien See. Insgesamt bestehen für solche Unternehmen also drei Anknüpfungspunkte. Die Gründe hierfür liegen in der Praxis mancher ausländischer Staaten, deutsche Schiffahrtsunternehmen dann zu einer Ertragsteuer heranzuziehen, wenn ein Schiff im ausländischen Hafen lediglich Ladung lädt oder löscht (*Bellstedt* S. 56; eingehend *Ritter* DStZ 1971, 16; als branchenspezifische Diskriminierung dargestellt bei *Brons* S. 214). Gem. § 49 III EStG sind die Einkünfte auch dann, wenn die genannten Unternehmen im Inland eine Betriebsstätte oder einen ständigen Vertreter unterhalten, mit 5% der vereinbarten Beförderungsleistung zu versteuern. Die Tonnagebesteuerung gem. § 5a EStG ist nicht anwendbar, weil sie eine Subvention für deutsche Reedereien bewirkt (Geschäftsleitung im Inland).

Gem. § 49 IV EStG sind abweichend von § 49 I Nr. 2 EStG Einkünfte der genannten Unternehmungen steuerfrei, wenn ihre Geschäftsleitung sich in einem ausländischen Staat befindet, der inländischen Unternehmen eine entsprechende Steuerbefreiung gewährt, und das Bundesministerium für Verkehr die Steuerbefreiung nach § 49 IV 1 EStG für verkehrspolitisch unbedenklich erklärt hat. Zu den Staaten, denen gegenüber eine Steuer zu erheben ist bzw. die Voraussetzungen der Steuerfreiheit festgestellt wurden, *OFD Hannover* IStR 1997, 564.

**11**    Pool-Einkünfte der Seeschiffahrt und Luftfahrt behandelt § 49 I Nr. 2c EStG, der an § 49 I Nr. 2b EStG anknüpft und ihn auf Sachverhalte ausdehnt, bei denen die Einkünfte im Rahmen einer Betriebsgemeinschaft oder eines Pool-Abkommens erzielt werden. Es werden mithin auch Unternehmen besteuert, die nicht selbst die Voraussetzungen des § 49 EStG erfüllen. Danach wird ein Unternehmen mit den von einem anderen Unternehmen erbrachten Beförderungsleistungen besteuert, wenn sich diese Leistungen auf das Inland erstrecken oder vom Inland ausgehen und das Unternehmen hieran erfolgsmäßig teilnimmt; einer Betriebsstätte oder eines ständigen Vertreters im Inland bedarf es nicht. Ein anderes Unternehmen, das am Pool beteiligt ist und die Beförderung durchführt, muß Sitz oder Geschäftsleitung im Inland haben. Die Pauschalierung (§ 49 III EStG) gilt hier nicht (§ 49 III 3 EStG).

*d) Gewerbliche Tätigkeit von Sportlern, Künstlern (§ 49 I Nr. 2d EStG)*

**12**    Überläßt eine ausländische Kapitalgesellschaft einen Künstler, Sportler o. ä. einem inländischen Unternehmen oder Veranstalter, so wäre eine daran anknüpfende beschränkte Steuerpflicht problematisch. Bewertete man die Einkünfte der ausländischen Kapitalgesellschaft als gewerbliche, so scheidet mangels Anknüpfungspunktes (Betriebsstätte, ständiger Vertreter) eine Steuerpflicht aus. Mit § 49 I Nr. 2d EStG werden solche Einkünfte nicht etwa als gewerbliche fingiert, sondern die Norm setzt die Merkmale einer gewerblichen Tätigkeit voraus. Nur einer Betriebsstätte oder eines inländischen Vertreters bedarf es nicht mehr: Solche Einkünfte werden auch ohne diese Anknüpfungen aufgrund eines Inlandsbezuges der beschränkten Steuerpflicht unterworfen. **Der Inlandsbezug ist bereits in den Fällen der Ausübung oder Verwertung gegeben.** Vor allem Künstler und Sportler hatten sich vielfach einer Steuerpflicht nach § 49 I Nr. 3, 4 EStG dadurch entzogen, daß sie als Arbeitnehmer einer ausländischen Kapitalgesellschaft auftraten. Personen, die selbst Einkünfte i. S. der §§ 18, 19 EStG erzielen (Künstler und Sportler mit eigenen Darbietungen, s. *BFH* BStBl. 1993 II, 303), fallen unter § 49 I Nr. 3, 4 EStG (dazu Q 1, Q 4). Eine auch gegenüber dem vor 1986 geltenden Recht neue beschränkte Steuerpflicht wird für Inlandsauftritte gewerblicher ausländischer Berufssportler und Artisten begründet.

**13**    § 49 I Nr. 2d EStG fingiert – wie bereits erwähnt – keine gewerblichen Einkünfte; es müssen die Tatbestandsmerkmale für Einkünfte aus Gewerbebetrieb vorliegen. Hierunter fallen vor allem ausländische Berufssportler, Eis-Revuen, Torneetheater und Zirkusunternehmen sowie sog. Künstlerverleihgesellschaften und Konzertdirektionen, gewerblich organisierte Orchester, Schauspiel- und Opernunternehmen, sofern die Darbietungen bei physischer Anwesenheit dieser Personen im Inland erfolgen und der genannte Personenkreis im Inland keine Anknüpfung aufweist und damit dann bereits unter § 49 I Nr. 2a EStG fiele (*Schaumburg* S. 197). Angeknüpft wird statt dessen an bestimmte **Darbietungen** als Tätigkeiten bzw. **Verwertungstatbestände.** Der Darbietungsbegriff knüpft an eine Veranstaltung an, bei der eigene oder fremde Werke präsentiert werden – wo eine Darbietung ohne persönliche Präsentation erfolgt, fällt sie nicht unter § 49 I Nr. 1d EStG. Ob der Auftritt einmalig ist, als Live-Auftritt erfolgt, über Medien ausgestrahlt wird, ist nicht entscheidend (im einzelnen *Maßbaum* in *H/H/R* Rz 521 zu § 49 EStG). Es muß sich um künstlerische, sportliche, artistische oder ähnliche Darbietungen im Inland handeln (wobei immer die Gewerblichkeit zu klären ist). Neben der Darbietung ist in § 49 I Nr. 2d EStG die Verwertung als Anknüpfung genannt.

*BFH* BStBl. 1998 II, 440 hatte über den Fall der Gesang- und Musikwerke türkischer Interpreten zu entscheiden. Diese hatten im Inland weder eine Betriebsstätte noch einen ständigen Vertreter. Der Steuerinländer A war berechtigt, deren Gesang- und Musikwerke in der ganzen Welt zu vermarkten. Das FA ging davon aus, daß die türkischen Interpreten in der Türkei erstellte künstlerische Darbietungen im Inland verwertet hatten und nahmen den Steuerinländer A als Haftungsschuldner in Anspruch. Der *BFH*: Nach dem klaren Wortlaut komme es darauf an, ob im Inland ausgeübte Darbietungen im Inland verwertet werden. Nunmehr im Steuerentlastungsgesetz 1999/2000/2002 die neue Regelung, bei der eine **Verwertung nur im Inland** für die Erfüllung des Tatbestandes ausreichend ist – die Bedenken, die *Wassermeyer* IStR 1998, 372 gegen den Verwertungstatbestand geltend gemacht hat, bestehen damit fort. Von diesen grundsätzlichen Bedenken abgesehen sind auch mit der Neufassung des Gesetzes erhebliche Auslegungsprobleme verbunden. So stellt sich (s. *Lüdicke* IStR 1999, 195) die Frage, welche Person die im Ausland ausgeübte Darbietung im Inland verwerten muß. Nach dem Wortlaut des § 49 I Nr. 2d EStG kann dies eine andere als die Einkünfte erzielende Person sein, sie müßte danach nicht einmal Vertragspartner des Einkünfteerzielers sein. Zu welchem Zeitpunkt die Verwertung im Inland erfolgt sein muß, ist ebenso unklar wie der Ort des Vertragsabschlusses. *Lüdicke* zeigt an einem Beispiel (in Anlehnung an das Beispiel 10 des *BMF*-Schreibens BStBl. 1996 I, 89ff.), daß die Neufassung des § 49 I Nr. 2d EStG auf eine quasi-Liefergewinnbesteuerung hinauslaufen kann: Ein ausländischer Fernsehsender erwirbt von einem ausländischen Fußballverein die weltweiten Live-Ausstrahlungsrechte für ein im Ausland stattfindendes Spiel. Der ausländische Fernsehsender überläßt die Rechte für Europa einem europäischen Fernsehsender, der das Spiel live u.a. in der Bundesrepublik ausstrahlt. Die Darbietung wird im Inland von dem Sender verwertet (ausgestrahlt). Ob lediglich ein Teil der insgesamt erhaltenen Vergütungen und ggf. welcher Anteil beschränkt steuerpflichtig sein soll, ist unklar.

§ 49 I Nr. 2d EStG erfaßt die genannten Einkünfte „einschließlich der **14** Einkünfte aus anderen mit diesen Leistungen zusammenhängenden Leistungen": Nebenleistungen, die untrennbar mit einer Darbietung bzw. Verwertung verbunden sind (Autogrammstunden, Interviews, Talkshows, Werbe-/Ausrüstungseinkünfte, Vermietung von Werbeflächen im Rahmen der Veranstaltung, s. *Schmidt/Heinicke* Rz 32 zu § 49 EStG). Es sind Leistungen, die der beschränkt Steuerpflichtige selbst erbringt, unabhängig davon, ob ein gesonderter Vertragsabschluß gegeben ist. Die

Einkünftequalifikation im Falle ausländischer Künstler und Sportler erweist sich wegen der nicht einfach gegeneinander abzugrenzenden verschiedenen Tatbeständen schon als schwierig in der Sache selbst. Folgenschwer wird die Abgrenzung durch den ggf. damit verbundenen Quellensteuerabzug (dazu § 50a EStG, s. ab Q 34).

Zu den verschiedenen Fällen s. *BMF*-Schreiben BStBl. 1996 I, 89, grundlegend *Schauhoff* IStR 1997, 5. Einige Abgrenzungsfälle nach *Ebermann* S. 2 ff.: Beim **Künstlerverleih** schließt eine Kapitalgesellschaft mit dem Künstler einen Anstellungsvertrag; in einem Vertrag mit einem inländischen Veranstalter verpflichtet sie sich, ihren Angestellten zur Erbringung von künstlerischen Darbietungen zur Verfügung zu stellen. Die Kapitalgesellschaft erzielt Einkünfte nach § 49 I Nr. 2d EStG – wäre der Künstler selbst Vertragspartner, erzielte er Einkünfte nach § 49 I Nr. 3 EStG. Voraussetzung ist jedoch, daß die Künstlerverleihgesellschaft nicht nur die Funktion einer reinen Vermittlerin hat – der Künstler also in die Gesellschaft eingegliedert ist (zur Eingliederung einer gastspielverpflichteten Opernsängerin *BFH* BStBl. 1996 II, 493 – daran anknüpfend *OFD Berlin* IStR 1997, 438 f.). Bei der **Leistungsaufspaltung** schuldet der Künstler/Sportler seine berufspezifische Leistung, die Kapitalgesellschaft erbringt die erforderlichen technischen Hilfeleistungen (Lichteffekte, Toneffekte, Bühnenaufbau usw.). Für den Künstler/Sportler gilt § 49 I Nr. 2d oder Nr. 3; für die Kapitalgesellschaft kommt es auf den noch nach § 49 I Nr. 2d EStG erforderlichen Zusammenhang an. Auftritt unter Abspaltung einzelner Persönlichkeitsrechte des Auftretenden (Vermarktung des Namensrechts): Vereinbart ein inländischer Veranstalter mit dem Künstler/Sportler einen Auftritt und mit einer Kapitalgesellschaft die Befugnis, den Namen des Auftretenden zu nutzen, so kann darin ein Scheingeschäft liegen. Dieser Nutzungsvertrag regelt, was sich bereits aus dem Auftrittsvertrag ergibt (Hinweis auf *BFH* BStBl. II 814, 640). Bei einem **Ausrüstungsvertrag** verpflichtet sich der Sportler gegenüber einem Produzenten, bei Veranstaltungen bestimmte Produkte zu nutzen: § 49 I Nr. 2d EStG. Räumt der Künstler/Sportler das Recht ein, mit seinen geschützten Persönlichkeitsrechten Werbung durch Anzeigenserien u. ä. zu betreiben: § 49 I Nr. 6 EStG. Im Fall des *FG Hamburg* IStR 1997, 177 hatte eine ausländische Kapitalgesellschaft mit einer dort ansässigen Band einen **Konzerttournee-Vertrag** abgeschlossen; die Kapitalgesellschaft schloß mit einer im Inland ansässigen Marketinggesellschaft einen Vertrag über ein Sponsoring durch einen inländischen Autohersteller. Der Vertrag regelte Mitwirkung der Band an Werbespots, Durchführung der bereits anderweitig organisierten Europa-Tournee, Werbung und Promotion hierbei durch den Sponsor. Der verfahrensrechtliche Hintergrund betrifft § 50a IV EStG und damit verbundene Fragen der Rechtsstellung des inländischen und des beschränkt steuerpflichtigen Vergütungsschuldners (dazu Q 34). Materiell-rechtlich war der Umfang der beschränkten Steuerpflicht der ausländischen Kapitalgesellschaft zu klären: Kraft Rechtsform kann keine Gewerblichkeit unterstellt werden, weil bei einer im Ausland ansässigen Kapitalgesellschaft das Merkmal des § 8 II KStG fehlt. Jedoch handelt es sich bei der Vermarktung der durch Künstler bzw. eine Band zu erbringenden Leistungen einer Kapitalgesellschaft um eine gewerbliche Tätigkeit. Die Auftritte der Musiker in den Konzerten stellen künstlerische Darbietungen dar – auf die Personenidentität zwischen Leistungsanbieter und auszuübendem Künstler kommt es nicht an; das Merkmal der Darbietung im Inland steht außer Frage. Zur Veranstaltungswerbung als Nebenleistung: Die Mitwirkung der Künstler hängt mit der Darbietung zusammen, ebenso wie Werbung für Tonträger-Aufnahmen mit deren Verwertung, mithin „Einkünfte aus anderen mit diesen Leistungen zusammenhängenden Leistungen". Problematisch bleibt die begleitende Werbung zugunsten des Autoherstellers: Es kommt hier darauf an, ob ein unmittelbarer kausaler Zusammenhang mit den Darbietungen besteht (Einkünfte

„durch" künstlerische Darbietung und damit zusammenhängende Leistungen). Dazu das FG Hamburg: Bei einer Wechselwirkung in der Weise, daß gleichzeitig für die Veranstaltungen geworben wird, kommen Nebenleistungen in Betracht. Solche Leistungen sind aber dann „originär gewerblich, wenn die Künstler im wesentlichen ohne eigenschöpferischen Spielraum ihren Bekanntheitsgrad zur Produktwerbung einsetzen, etwa mittels Namens- oder Imagewerbung … Das gilt selbst bei der Überlassung oder Neuherstellung von Foto-, Film- oder Tonaufnahmen von Künstlern für Printwerbung oder kurze Werbespots".

*e) Veräußerung wesentlicher Beteiligungen (§ 49 I Nr. 2e EStG)*

Unter den Voraussetzungen des § 17 EStG erzielte Einkünfte aus An- **15** teilen an Kapitalgesellschaften mit Sitz oder Geschäftsleitung im Inland unterliegen als gewerbliche Einkünfte der beschränkten Steuerpflicht. Vorrangig gilt § 49 I Nr. 2a EStG in Fällen, in denen Veräußerungserlöse innerhalb eines Betriebsvermögens entstehen.

*f) Gewerbliche Einkünfte aus der Vermögensveräußerung (§ 49 I Nr. 2f EStG)*

Zu den inländischen Einkünften gehören auch die gewerblichen Ein- **16** künfte aus der Veräußerung bestimmter inländischer Gegenstände, und zwar dann, wenn die Einkünfte weder einer inländischen Betriebsstätte noch einem ständigen Vertreter zuzurechnen sind (unbewegliches Vermögen, Sachinbegriffe und Rechte i. S. des § 49 I Nr. 6 EStG). Die mit dem StMBG 1993 entstandene Norm versteht sich als Schließung einer Besteuerungslücke. Aus der Gesetzesbegründung (BT-Drucks. 12/5630): Die neue Regelung geht davon aus, daß ausländische gewerbliche Investoren ohne Betriebsstätte/ständigen Vertreter im Rahmen ihrer gewerblichen Tätigkeit im Inland belegene Immobilien erwerben und sie nach Ablauf der Spekulationsfrist veräußern, ohne mit dem Veräußerungsgewinn der deutschen Besteuerung zu unterliegen. Tritt DBA-Recht hinzu, ist auch von einer Steuerfreiheit im Wohnsitzstaat auszugehen (Belegenheitsprinzip, s. S 251). Die neue Regelung soll das Besteuerungsdefizit und damit auch unerwünschte Steuergestaltungen bei Immobilieninvestitionen ausländischer Objektgesellschaften im Inland beseitigen; die Regelung „dient der Gleichbehandlung ausländischer vermögensverwaltender Kapitalgesellschaften mit inländischen vermögensverwaltenden Kapitalgesellschaften. Bei inländischen vermögensverwaltenden Kapitalgesellschaften werden kraft Rechtsform (§ 8 II KStG) Gewinne aus der Veräußerung von Immobilien stets als Einkünfte aus Gewerbebetrieb qualifiziert; die neue Regelung bestimmt daher, daß das Gleiche für ausländische Körperschaften gelten soll, die inländischen Kapitalgesellschaften vergleichbar sind". § 49 I Nr. 2f EStG verzichtet mithin auf das Merkmal der Betriebsstätte und definiert die Veräußerungsvorgänge als gewerbliche Tätigkeit unabhängig davon, ob die Voraussetzungen für eine Gewerblichkeit im übrigen gegeben sind (zur Entstehungsgeschichte lehrreich *Thömmes* in Forum Nr. 8, S. 110ff.; sein Hinweis, die Fiktion gewerblicher Einkünfte hätte systematisch in § 8 II KStG ihren Platz finden müssen, wäre nur für den Fall einer generellen Lösung für ausländische Kapitalgesellschaften zutreffend). Im übrigen geht das Gesetz über den geltend gemachten Zweck hinaus, da auch Gewinne aus der Veräußerung von Sachinbegriffen und Rechten erfaßt werden. Erforderlich ist in allen Fällen ein bestimmter Inlandsbezug (Belegenheit des Vermögens). Für natürliche Personen und für ausländische Personengesellschaften bleibt es bei dem Erfordernis der Gewerblichkeit. Strittig ist die Frage der Gewinnermittlung.

*FG Berlin* EFG 1998, 1590 lag der Fall einer ausländischen Kapitalgesellschaft zugrunde, die 1992 ein Grundstück in Berlin erworben und nach Ablauf der Spekulationsfrist das Grundstück weiterveräußert hatte. Das FA setzte die Höhe der Einkünfte als Differenz des Verkaufspreises zu den Anschaffungskosten an. Die ausländische Kapitalgesellschaft forderte, statt von den historischen Anschaffungskosten vom Teilwert am 1. Januar 1994 auszugehen (Inkrafttreten des StMBG). Das FG in seinem rechtskräftigen Urteil: Die Berechnung der Einkünfte ergibt sich aus einer Analogie zu den §§ 17 II, 23 III EStG; die allgemeinen Vorschriften der §§ 4 ff. EStG sind nicht anzuwenden. Denn diese Vorschriften sind nicht „auf die Erfassung eines punktuellen, einmaligen Besteuerungstatbestandes, sondern auf die zeitraumbezogene Feststellung des Gesamtergebnisses einer gewerblichen Tätigkeit ausgerichtet. Demgegenüber unterwirft § 49 I Nr. 2f EStG gerade nur einen einmaligen Vorgang, nämlich die Veräußerung bestimmter WG, der beschränkten Steuerpflicht. Daher ist der wirtschaftliche Vorgang mit den Fällen der §§ 17 II, 23 III EStG vergleichbar ... für den Ansatz der historischen Anschaffungskosten spricht die vom Gesetzgeber verfolgte Intention der Schließung einer Gesetzeslücke ... Die Aufdeckung sämtlicher stiller Reserven des veräußerten Grundbesitzes wird aber nur durch den Ansatz der ursprünglichen Anschaffungskosten gewährleistet ... Die Vorschrift verstößt bei Zugrundelegung der hier vertretenen Auslegung nicht gegen das aus Art. 20 III GG hergeleitete Rückwirkungsverbot, da es sich hier um eine grundsätzlich zulässige unechte Rückwirkung bzw. tatbestandliche Rückanknüpfung handelt" (so im wesentlichen bereits *Hendricks* IStR 1997, 229 ff.).

**17–19** *(einstweilen frei)*

## 2. Das Betriebsstättenergebnis

### *a) Abgrenzung der Ermittlungs- von der Aufteilungsfrage*

**20**    (1) Kehren wir nunmehr zum Ausgangspunkt der Gründung einer Betriebsstätte im Inland zurück und stellen zunächst fest, daß auch hier gilt, was zu den Betriebsstätten von Steuerinländern im Ausland aufgeführt wurde: Die inländische Betriebsstätte ist ein unselbständiger Teil des im Ausland ansässigen Unternehmens; der Gewinn, den sie erwirtschaftet, stellt nur einen unselbständigen Teil des von dem ausländischen Unternehmen insgesamt erwirtschafteten Gewinns dar. Die Besteuerung der Betriebsstätte mit dem von dieser erzielten Gewinn birgt daher das Problem in sich, daß die Tätigkeit, die die Betriebsstätte ausübt, in vielen

Fällen derart unselbständig ist – erst im Zusammenhang mit der vom ausländischen Stammhaus ausgeübten Tätigkeit wird die Arbeit der Betriebsstätte sinnvoll –, daß die isolierte Betrachtung der Betriebsstätte die Realität nicht exakt abbildet. Aus diesem Grunde wird die gem. § 49 EStG erforderliche **Gewinnermittlung der Betriebsstätte** als eines der schwierigsten Probleme des internationalen Steuerrechts angesprochen (so zuletzt *Weber/Werra* in Festschrift *Flick* S. 285). Für **Vertreterbetriebsstätten** gelten die folgenden Hinweise dem Grunde nach zwar auch; es wird aber darauf hingewiesen, daß ein wie ein fremder Dritter honorierter Vertreter eine weitergehende Einkünftezuordnung zum ausländischen Unternehmer verhindert (s. dazu auch R 222 I Satz 2, 3 EStR); eine befriedigende Einbeziehung der Vertreterbetriebsstätte in die Abgrenzungsregeln Stammhaus/Betriebsstätte ist bislang nicht erfolgt, es fehlt an einer konzeptionellen Grundlage (zum gegenwärtigen Stand vor allem *Otto H. Jacobs* S. 586 ff.).

„Der Gewinn entsteht aus dem Zusammenwirken zahlloser Faktoren, deren Beitrag isoliert nicht meßbar ist. So wie die exakte Gewinnzerlegung auf die gewinnbildenden Faktoren nach dem Verursachungsprinzip betriebswirtschaftlich unmöglich ist und unlösbar bleiben wird, ist auch die Ermittlung des Gewinns von Zweigbetrieben als den unselbständigen Teileinheiten internationaler Unternehmen nicht exakt zu bewältigen." *(Bähr* S. 43; s. auch *Kumpf* S. 98).

Zu diesen tatsächlichen Schwierigkeiten kommt hinzu, daß für Auslandsunternehmer, die in Staaten mit niedrigerem Steuerniveau als dem der Bundesrepublik ansässig sind, ein Anreiz bestehen kann, das wirtschaftliche Ergebnis der Betriebsstätte im Inland bewußt niedrig zu gestalten. Der Leistungsaustausch zwischen dem Stammunternehmen im Ausland und der inländischen Betriebsstätte bietet dafür genügend Möglichkeiten (*Bähr* S. 44). Für den inländischen Fiskus kommt es darauf an, derartige „Manipulationen" aufzudecken. Man muß sich aber darüber klar sein, daß auch eine von solchen Maßnahmen freie Gewinnrechnung der Betriebsstätte den „tatsächlich erzielten", den „richtigen" Gewinn nicht ausweisen kann, weil es eine solche Rechengröße nicht gibt.

Angesichts dieser Schwierigkeiten sollte man meinen, daß das Einkommensteuergesetz hinreichende Anhaltspunkte zur Ermittlung des Betriebsstättengewinns gibt, um einer Rechtsunsicherheit oder Rechtszersplitterung vorzubeugen; man wird ferner annehmen, daß genügend Judikatur vorliegt. Beide Voraussetzungen treffen nicht zu: § 50 I EStG enthält lediglich bestimmte Modifikationen und Ergänzungsvorschriften zu den allgemeinen Regeln; grundsätzlich gelten demnach die Vorschriften des Einkommensteuergesetzes zur Gewinnermittlung bei unbeschränkt Steuerpflichtigen auch für die beschränkt Steuerpflichtigen (*Bähr* S. 45). Aber diese Regeln sind auf ein einheitliches Unternehmen bezogen, bei dem es keinen Anlaß zur Ergebniszuordnung zu Teileinheiten gibt.

**21**      (2) Da Stammhaus und Betriebsstätte ein einheitliches Unternehmen
darstellen, zwischen Stammhaus und Betriebsstätte mithin keine schuld-
rechtlichen Beziehungen wie zwischen Dritten bestehen, bedarf es anders
als zwischen rechtlich voneinander unabhängigen Unternehmen (s. P 72)
einer Unterscheidung zwischen der **Gewinnermittlung und der Gewinnabgrenzung** (Einkünfteermittlung, -abgrenzung bzw. -zuordnung).
Es bedarf der Klärung, ob sich die Zuordnung eines Teilergebnisses auch
auf das Gesamtergebnis auswirkt; die Antwort darauf lautet: nein.

*b) Die Ergebnisermittlung des Einheitsunternehmens*

**22**      Die Gewinnermittlungsfrage kann man verstehen als Frage nach den
Rechtsgrundlagen für Buchführungs- und Bilanzierungsfragen – sie ist
aber hier zunächst in einem anderen Sinne gemeint: Geht es bei der Er-
mittlungsfrage um einen Gesamtgewinn, der die Einheit des Unterneh-
mens zu beachten hat – oder ist schon der Gesamtgewinn, bevor die
Verteilungsfrage zu klären ist, nicht mehr identisch mit einem Stammhausergebnis, das keine Abgrenzungs- und Verteilungsfrage zur Folge
hat. Anders ausgedrückt: Sind die Teilergebnisse von Stammhaus und
Betriebsstätte aus einem am Markt, also gegenüber Dritten, verdienten
Gesamtgewinn abzuleiten oder sind bereits Gewinnrealisierungen im
Verhältnis Stammhaus – Betriebsstätte möglich? Es geht hierbei um die
**Reichweite des Realisationsprinzips:** Kann der inländischen Betrieb-
stätte ein Gewinn zugeordnet werden, den das Gesamtunternehmen nicht
erzielt hat? Wenngleich hierzu eine unübersehbare Zahl von Veröffentlichungen zu registrieren ist, oft genug die hier berührte Frage mit der
Abgrenzungs- bzw. Zuordnungsfrage vermengt wird, scheint doch Übereinstimmung zu bestehen, daß grenzüberschreitende Innentransaktionen
zwischen Stammhaus und Betriebsstätte nicht zu Einkünften führen; Beispiele hierzu *Schaumburg* (S. 1169): keine Gewinnrealisierungstatbestände, sondern nur Anknüpfungsmerkmale für spätere Aufteilung nach
einer Marktrealisation; *Weber/Werra* in Festschrift *Flick* S. 296: dem
Realisationsprinzip ist dadurch Rechnung zu tragen, daß die Besteuerung
der Erfolgsbeiträge von Stammhaus und Betriebsstätte immer bis zu dem
Zeitpunkt hinausgeschoben wird, in dem sich der jeweilige Aufwands-
und Erfolgsbestandteil für das Gesamtunternehmen auswirkt; *Becker* in
Festschrift *Debatin,* S. 26: bei der von ihm begründeten These vom
Funktionsnutzen geht es immer nur um die zutreffende Verteilung eines
tatsächlich im Gesamtunternehmen entstandenen Gewinns, deswegen
geht es bei ihm insoweit auch nur um Quasi-Geschäftsvorfälle; *Wassermeyer* Art. 7 MA Rz 185: von der Fiktion einer Selbständigkeit der Betriebsstätte ist nicht bei der Ergebnisermittlung als solcher, sondern erst
im Zuge der Ergebnisabgrenzung auszugehen – diese wiederum setzt ein
nach „den allgemeinen Grundsätzen ermitteltes Ergebnis" voraus; pro-

blematisch dagegen ebenda Rz 323, 324 im Zusammenhang mit dem „Theorienstreit um die Selbständigkeit der Betriebsstätte"; *Strunk/Kaminski* in ihrer Kommentierung des damals vorliegenden Betriebsstättenerlaßentwurfs 1997 (IStR 1997, 515): die Einkünfteaufteilung darf nicht dazu führen, daß es zu Gewinnen aus Innenumsätzen zwischen der Betriebsstätte und dem Stammhaus kommt; *Roth* (StbJb 1997/98, S. 436): Aus den allgemeinen Gewinnermittlungsvorschriften läßt sich für die Frage der Erfolgszuordnung nichts ableiten, denn sie beziehen sich auf das Gesamtunternehmen und nicht die Einzelteile – was die beiden eingangs genannten und abgegrenzten Fragestellungen noch einmal in ihrer Unterschiedlichkeit klar zum Ausdruck bringt. Deutlich auch die BSt-Verwaltungsgrundsätze, die in 2.3 von der Zurechnung „nur eines Teils des Ergebnisses des Gesamtunternehmens" ausgehen.

*c) Die Ergebnisabgrenzung Stammhaus/Betriebsstätte*

Die Frage der Ergebnisabgrenzung (Ergebniszuordnung) ist die vor- **23** rangig im IStR behandelte Frage: Sie teilt das aus der Ergebnisermittlung folgende Ergebnis auf. Gibt es hierfür bestimmte Methoden – dies ist der Anwendungsbereich der direkten und der indirekten Gewinnermittlungsmethode. Sind Maßstäbe vorgegeben? Hat eine innerbetriebliche Leistungsverrechnung nach Drittvergleichspreisen zu erfolgen oder ist nur eine Kostenzuordnung vorzunehmen?

(1) Literatur und Rechtsprechung haben zum Zweck der Betriebsstät- **24** tenbesteuerung zwei **Methoden zur Abgrenzung des von der Betriebsstätte erwirtschafteten Gewinns** entwickelt: die direkte und die indirekte Methode (*Kormann* S. 117ff.; *Baehren* S. 142ff.; *Rädler/Raupach* S. 89ff.; *Mersmann* S. 74ff.; *Bähr* S. 40ff.; *Kumpf* S. 111ff.; *Fink* RIW 1988, 43; *F/W/B* § 34d EStG Anm. 51–74; *Becker* DB 1989, 10; *Kramer* StuW 1991, 151). Man mache sich dabei immer wieder klar, daß damit die Frage der zutreffenden Zuordnung von gegebenen und nicht etwa fingierten Aufwendungen und Erträgen zum Stammhaus und zur Betriebsstätte verbunden ist; das Problem der Einkünftezuordnung mithin, aber in einem zunächst formalen Sinn. Die Frage eines Maßstabes bei etwaigen Leistungsverrechnungen bleibt zunächst ausgeklammert. Es ist auch auf den Aspekt der Gewinnermittlung zurückzukommen, soweit es nicht mehr um die Reichweite des Realisationsprinzips innerhalb des einheitlichen Unternehmens geht wie unter (2), sondern um die Frage nach Bilanzierungs- und Buchführungspflichten – sie erweisen sich als mit der Abgrenzungsfrage eng verflochten – trotz methodisch erforderlicher Trennung.

Die Aufteilung „zerschneidet die Einheit des Unternehmens. Mit steuerrechtlicher Fiktion wird die Betriebsstätte als verselbständigt gedacht, indem ihr der Gewinn zuzuordnen ist, den sie als unabhängiges Unternehmen unter sonst gleichen oder ähnlichen Bedingungen erzielt hätte. Aber soweit man mit dieser Fiktion auch gehen will, im Endpunkt ist auch steuerlich nicht wegzuwischen, daß Betriebsstätte im einen und Unternehmensstammhaus im anderen (Staat) Teile ein und desselben Unternehmens sind. Als solche können sie nicht wie getrennte Vertragspartner einander gegenübertreten, wie dies bei noch so enger unternehmerischer Verbundenheit bei rechtlich selbständigen Unternehmen wesensbedingt ist. Bei ihnen (den rechtlich selbständigen Unternehmen) geht es darum, für ihren gegenseitigen Leistungsaustausch den Preis zu bestimmen, der geschäftsfremde Gewinnverlagerungen ausschließt. Im Kern handelt es sich um die zutreffende Fixierung von Vertragsentgelten, weshalb man kurz vom „Entgeltsprinzip" spricht. Mit dem Blick auf die grenzüberschreitende Konzernverflechtung hat sich dafür das Kennwort „Konzernverrechnungspreise" eingebürgert. Maßstab des Entgeltprinzips ist stets der Preis, den voneinander unabhängige Unternehmen unter gleichen oder ähnlichen Bedingungen vereinbart hätten – kurz der „Fremdvergleich". Im Verhältnis zwischen Unternehmensstammhaus in einem und Betriebsstätte im anderen (Staat) hat das Entgeltsprinzip keinen Platz. Zwar gibt es naturgemäß auch zwischen dem Stammhaus und der Betriebsstätte Leistungsbewegungen, aber sie haben nicht den Charakter eines vertraglichen Leistungsaustausches (*Debatin* BB 1990, 827).

Bei der direkten Methode stellt man sich diese Betriebsstätte als eine wirtschaftlich selbständige Einheit vor und ermittelt ihr Vermögen und ihr Ergebnis auf der Basis einer nur die Betriebsstätte betreffenden Rechnungslegung oder auch Schätzung; bei der indirekten Methode geht man vom Gesamtvermögen und -ergebnis des Unternehmens aus und versucht alsdann mittels eines geeigneten Schlüssels eine Aufteilung auf das Stammhaus und die Betriebsstätte (*Kumpf* StbJb 1988/89, S. 409).

**25**   (2) Bei der **direkten Methode** wird die an sich unselbständige Betriebsstätte für Zwecke der Besteuerung wie ein selbständiger Gewerbebetrieb behandelt und ihr Gewinn dementsprechend aus einer gesonderten Buchführung der Betriebsstätte ermittelt. Hierin liegt ein Nachteil dieser Methode, da sich aus der Betriebsstättenbuchführung ein steuerlicher Gewinn ergeben kann, obgleich das Gesamtunternehmen (Betriebsstätte einschließlich ausländischem Stammhaus) einen Verlust erlitten hat, so daß damit bereits materiell-rechtliche Fragen der Grenzen der Selbständigkeitsfiktion berührt sind. Andererseits entspricht diese Methode dem Prinzip der staatswirtschaftlichen Zugehörigkeit des jeweiligen Steuerguts. Ein weiterer Vorteil dieser Methode liegt darin, daß alle für die Besteuerung notwendigen Unterlagen innerhalb der Landesgrenzen vorhanden sind, so daß ein Minimum an internationaler Rechtshilfe erforderlich ist. Doch ist auch für die direkte Methode zunächst klarzustellen: Für die Ermittlung der zutreffenden Aufwands- und Ertragszuordnung kommt es nicht an auf: die Buchführung nicht an: Unzutreffende Zuordnungen sind zu korrigieren.

**26**   – Die gesonderte Ermittlung des inländischen Betriebsstättengewinns in Unabhängigkeit von der Rechnung des Stammhauses im Ausland setzt eine Betriebsstättenbuchführung voraus. Denn nur eine solche erlaubt es, für die Betriebsstätte einen selbständigen Jahresabschluß aufzustellen (*Kormann* S. 121). Damit entsteht die Frage nach der Verpflichtung der inländischen Betriebsstätte zur Buchführung. Handelt es sich bei der Betriebsstätte um eine Zweigniederlassung, so ist sie in das Handelsregister einzutragen und nach handelsrechtlichen Vorschriften buchführungspflichtig (§§ 13d, 28 HGB). Diese Buchführungspflicht ist nach § 140 AO auch im Interesse der Besteuerung zu erfüllen. Hinsichtlich der Betriebsstätten, die keine Zweigniederlassungen sind, wird sich die Buchführungspflicht regelmäßig aus § 141 I AO ergeben; der Umfang der Buchführungspflicht erstreckt sich nur auf die inländische Betriebsstätte. Besteht eine Buchführungspflicht nach Handelsrecht, ist der Gewinn nach § 5 EStG zu ermitteln (*Stobbe* in *H/H/R* Tz 13 zu § 5 EStG). Hinsichtlich des Orts der handelsrechtlichen Buchführung gilt, daß ein solcher weder durch Gesetz noch durch die Grundsätze ordnungsmäßiger Buchführung vorgeschrieben ist. Steuerrechtlich sind Bücher und die sonst erforderlichen Aufzeichnungen im Inland zu führen und aufzubewahren (§ 146 II Satz 1 AO). „Für den Fall einer ausländischen Betriebsstätte sieht § 146 II Satz 2 AO ausdrücklich vor, daß keine Bücher im Inland zu führen sind, wenn nach dem Recht des Betriebsstättenstaates die Verpflichtung besteht, Bücher und Aufzeichnungen dort zu führen und diese Verpflichtung auch erfüllt wird. Angesichts fortschreitender Internationalisierung des Rechnungswesens und neuer Möglichkeiten der Datenverarbeitung für grenzüberschreitende Anwendungen sollte auch für inländische Betriebsstätten die Möglichkeit eingeräumt werden, der Buchführungspflicht ganz oder teilweise im Ausland zu genügen, soweit die Verfügbarkeit der Buchführung und der ihr zugrunde liegenden Unterlagen im Inland sichergestellt ist. Eine solche Erleichterung könnte gem. § 148 AO bewilligt werden" (*Kumpf* S. 180; zur Verlagerung der Buchführung in das Ausland *OFD München* RIW 1998, 420). Allerdings können nach § 50 I Satz 2 EStG beschränkt Steuerpflichtige Verluste u. a. nur dann im Inland geltend machen, wenn sie sich aus Unterlagen ergeben, die im Inland aufbewahrt werden. Dann stellt sich die Frage, inwieweit Erleichterungen auf der Grundlage des § 148 AO Folgen für die Zulässigkeit eines inländischen Verlustabzugs haben. Im Hinblick auf die *EuGH*-Entscheidung Futura-Singer (s. K 50) werden hiergegen europarechtliche Bedenken geltend gemacht: Die nach fremdem EU-Recht gegründeten Gesellschaften unterliegen bereits nach dem Sitzrecht Buchführungs- und Aufbewahrungspflichten, so daß die zusätzliche Pflicht zwar nicht diskriminiere, wohl aber behindere (*Thömmes* StbJb 1998/99, S. 183; s. dazu auch W 9).

– Die Gewinnermittlung erfolgt konkret in der Weise, daß der Betriebsstätte aufgrund ihrer Tätigkeiten diejenigen Erträge und Aufwendungen zugerechnet werden, wie es dem von ihr erbrachten Erwirtschaftungsbeitrag entspricht (*Debatin* BB 1990, 828). Dies ist der Inhalt der **Selbständigkeitsfiktion der Betriebsstätte.** Diese Fiktion, die nicht an der juristischen Unselbständigkeit rüttelt, wirft keine Schwierigkeiten **27** auf, solange sich die Betriebsstätte im Geschäftsverkehr mit außenstehenden Dritten bewegt. Normalerweise wird sich aber die Betriebsstätte – nicht anders als im Verhältnis von Mutter- und Tochtergesellschaft – in einem regen Lieferungs- und Leistungsverkehr mit ihrem Stammhaus befinden. Auf welcher Grundlage dies zu erfolgen hat, ist keine Frage, die sich nach der Art und Weise der Gewinnermittlung (direkte oder indirekte Methode) beantwortet.

**28**    (3) Anders als die direkte Methode geht die **indirekte Methode** vom Gesamtgewinn des Unternehmens aus (Stammhaus einschließlich Betriebsstätte), beachtet also die rechtliche und wirtschaftliche Einheit des Unternehmens (*Kormann* S. 118), und verteilt den Gesamtgewinn nach bestimmten, im Einzelfall jeweils zu entwickelnden Verteilungsschlüsseln auf Betriebsstätte und Stammhaus. Dabei wird der Gesamtgewinn nach den Regeln des deutschen Rechts errechnet.

*Beispiel*: Ein ausländischer Gewerbetreibender, der die Herstellung und den Verkauf von Automobilen betreibt, hat in Deutschland mehrere Verkaufsfilialen. Sein Gesamtgewinn für 1999 beträgt 1 Million DM. Er hat insgesamt 10 Millionen DM Roheinnahmen erzielt, wovon auf deutsche Verkaufsfilialen 2 Millionen DM entfallen. Nach den Feststellungen der Veranlagungsbehörde sind die Herstellungstätigkeit und die Verkaufstätigkeit etwa gleichwertig, also mit jeweils 500 000 DM am Gesamtgewinn beteiligt. Von dem auf die Verkaufstätigkeit entfallenden Gewinn ist dann ein dem Verhältnis des im Inland erzielten Umsatzes zum Gesamtumsatz entsprechender Bruchteil zu errechnen und als „inländische Einkünfte" zur Einkommensteuer heranzuziehen, also 500 000 DM : 10 = 50 000 DM.

Die Methode scheint zwar von ihrem Ausgangspunkt her den tatsächlichen Gegebenheiten Rechnung zu tragen, indem sie von der Einheit des Unternehmens ausgeht; ihre eigentliche Problematik liegt aber in der Wahl des Verteilungsschlüssels. Dafür bedarf es der Feststellung, welche Maßgröße als charakteristischer Gewinnbildungsfaktor eines Betriebs angesehen werden kann. Das kann wohl kaum jemals für einen einzigen Maßstab gesagt werden. Daher ist gerade hier eine Flucht in Gemeinplätze erkennbar.

Als Verteilungsmaßstäbe werden etwa genannt: Bruttolöhne, Umsätze. Betriebseinnahmen, das Vermögen, das Betriebskapital, die Produktionskosten, die produzierte Stückzahl, die Zahl der Arbeiter und Angestellten, der Wert der Gebäude, die beförderten Personen oder die Fracht bei Verkehrsunternehmen.

Relativ brauchbare Ergebnisse lassen sich mit dieser Methode erzielen, wenn die im ausländischen Stammhaus und in der inländischen Betriebsstätte ausgeübten Tätigkeiten ähnlich bzw. vergleichbar sind (Beispiele: Stammhaus und Betriebsstätte erbringen Transportleistungen mit den gleichen Transportmitteln). Haben Stammhaus und Betriebsstätte verschiedene Aufgaben zu erfüllen (z.B. Produktion in der Betriebsstätte, Vertrieb durch das Stammhaus), erscheint jeder Verteilungsschlüssel als willkürlich (*Mersmann* StuW 1966, 336). *Kumpf* (StbJb

1988/89, S. 410) bezeichnet sie als Hilfslösung für Sonderfälle, die sich wegen besonders enger Verflechtung (Bau- und Montagebetriebsstätten), wegen geringer Größe oder wegen fehlender Unterlagen der direkten Methode verschließen. Hinweise auf *BFH* BStBl. 1988 II, 663 und BStBl. 1972 II, 785.

(4) Es ist das Verdienst *Bährs*, die beiden genannten Methoden der **29** Zuordnung als **besondere Schätzungsverfahren i.S. des § 217 AO** erkannt zu haben. Denn beide Methoden folgen nicht aus der unmittelbaren Anwendung der Gewinnermittlungsvorschriften des Einkommensteuergesetzes, die sich ja nur in bezug auf die Gewinnermittlung eines Einheitsunternehmens verstehen. Dies ist bei der indirekten Methode ohne weiteres ersichtlich, gilt aber auch für die direkte Methode. Denn die Gewinnermittlung nach §§ 4 ff. EStG wird – so *Bähr* – bereits dann verlassen, „wenn die sichere Ermittlung und Berechnung der Besteuerungsgrundlagen für die Betriebsstättenbesteuerung nicht mehr möglich ist. Sobald aber Fremdvergleichspreise für den Ansatz angemessener innerbetrieblicher Verrechnungspreise herangezogen werden wie bei der ... Selbständigkeitsfiktion, ist die sichere Ermittlung und Berechnung der Besteuerungsgrundlagen unzweifelhaft bereits verlassen, und zwar infolge der Umstände aufgrund objektiver Unmöglichkeit exakter Ermittlung" (S. 182). In Abgrenzung hierzu spricht *Bähr* von der *„Normalmethode"*, die immer dann anzuwenden sei (und dementsprechend eine Schätzung verbiete), wenn die Selbständigkeit der Niederlassung realiter gegeben sei und nicht fiktiv hergestellt werden müsse. Erst wenn keine korrekte Buchführung gegeben ist, dann ist eine Anwendung der Schätzungsmethoden möglich. Eine Berichtigung einzelner Bilanzposten stellt noch keine Verletzung der üblichen Ermittlung und Berechnung der Besteuerungsgrundlagen dar. Anderenfalls wäre auch im Verhältnis Mutter-/ Tochtergesellschaft statt von der Anwendung der üblichen Gewinnermittlungsmethoden von der direkten Gewinnermittlungsmethode zu sprechen, sofern der Leistungsverkehr wertmäßig korrigiert wird. Für das Verhältnis der genannten Methoden zueinander folgt hieraus nach *Bähr*: Zunächst ist zu fragen, ob die Normalmethode anzuwenden ist. *Bähr* weist jedoch darauf hin, daß dies in der Mehrzahl der Fälle nicht durchführbar sein wird (S. 183). Existiert keine oder nur eine unzulängliche Betriebsstättenbuchführung, so ist zu schätzen. Existiert eine selbständige Buchhaltung – und sei sie noch so korrekturbedürftig – muß zunächst auf ihrer Grundlage versucht werden, im Wege der direkten Methode den Gewinn zu ermitteln (*Bähr* AWD 1972, 238). Erst wenn hierbei objektiv unüberbrückbare Schwierigkeiten entstehen, könne der Gewinn im Wege der indirekten Methode aus dem Gesamtgewinn der Unternehmung ermittelt werden. Den Standpunkt vom Vorrang der direkten gegenüber der indirekten Methode vertritt auch die Rechtsprechung, wenngleich sie Praktikabilitätserwägungen hierfür ausschlaggebend sein läßt (so bereits

*RFH* RStBl. 1928, 109; zuletzt zum Vorrang *Fink* RIW 1988, 44 und
BSt-Verwaltungsgrundsätze 2.3: Vorrang insbesondere bei Ausübung
unterschiedlicher Funktionen).

**30**     (5) Der eigentlichen Ergebnisabgrenzung vorgelagert, von ihr aber
nicht zu trennen ist die Frage einer **Zuordnung von Wirtschaftsgütern.**
Sie ist aber wiederum abzugrenzen gegenüber der Frage der **Kapitalausstattung der Betriebsstätte** als Schuldposition oder als Eigenkapitalausstattung – mit dieser letztgenannten Frage verbunden ist die der steuerlich erfolgswirksamen Verrechnung von Zinsen. Bei der Frage der
Zuordnung der Wirtschaftsgüter ist auf deren Funktion abzustellen. Besondere Probleme bestehen bei Wirtschaftsgütern, die sowohl dem
Stammhaus als auch der Betriebsstätte dienen; hierzu *BFH* BStBl. 1987 II,
550, nach dem es vom erkennbaren Willen der Geschäftsleitung abhängt,
welchem Teil die Wirtschaftsgüter zugeordnet sein sollen: Zuordnung
zum Stammhaus oder zur Betriebsstätte, während der Ertrag bzw. Aufwand zwischen beiden nach Maßgabe der Nutzung aufzuteilen ist. Die
BSt-Verwaltungsgrundsätze (2.4) betonen besondere Zentralfunktionen
des Stammhauses, aus denen abgeleitet wird, daß ihm in der Regel auch
eine Zurechnung zu folgen habe: das Halten der dem Gesamtunternehmen dienenden Finanzmittel (nicht aber die von der Betriebsstätte erwirtschafteten überflüssigen Mittel) und Beteiligungen, wenn sie nicht einer
in der Betriebsstätte ausgeübten Tätigkeit dienen (Einzelheiten hierzu bei
*Strunk/Kaminski* IStR 2000, 35 ff.). Das Urteil des *BFH* BStBl. 1996 II,
563 sieht ein Indiz für die Zuordnung zum Stammhaus dann, wenn die
Einkünfte in gleicher Weise bzw. ohne Einfluß auf deren Höhe auch vom
Stammhaus erzielt werden könnten. Die spezielle Frage nach der Be-
triebsstättenkapitalstruktur (in der Literatur unter dem Stichwort der
Dotation von Betriebsstätten erörtert) wird in den BSt-Verwaltungsgrundsätzen (2.5) auf der Grundlage eines Fremdvergleichs gelöst: soweit die Dotierung diesem Vergleich nicht entspricht, wird Fremdkapital
in Eigenkapital umqualifiziert, bis das Dotationskapital dem Fremdvergleichsmaßstab entspricht. Grundlage hierfür ist unter Hinweis auf *BFH*
BStBl. 1972 II, 374 und BStBl. 1986 II, 785 ein äußerer Fremdvergleich
mit Funktions- und Risikoanalyse. Ist ein vergleichbares Unternehmen
nicht gegeben, kann eine schätzungsweise funktionsgerechte Aufteilung
erfolgen. Für den Fall der Funktionsgleichheit von Stammhaus und Betriebsstätte wird die Eigenkapitalquote des Stammhauses als geeigneter
Maßstab angeben, sog. Kapitalspiegel. Zur Kapitalspiegeltheorie *BFH*
BStBl. 1965 III, 24 und BStBl. 1986 II, 785; *Wassermeyer* StbJb
1997/98, S. 525: Die Kapitalspiegelmethode ist die einzige, bei deren
Anwendung man rechnen kann und die die Gewinnung praktikabler
Zahlen ermöglicht. Man sollte es den Unternehmen überlassen darzulegen, warum die Eigenkapitalausstattung der Betriebsstätte vernünftigerweise eine andere als die des Stammhauses sein soll; dagegen *Runge*

aaO., S. 526: Wo paßt der Kapitalspiegel – er paßt nur dort, wo gleiche Funktionen ausgeübt werden, also z.B. beide produzieren. Vor der Verteilung muß das Verhältnis in der Funktionsgewichtung hergestellt werden. Die Kapitalstrukturproblematik ist in der Monographie von *Mutscher* eingehend dargestellt worden. Er knüpft an die Selbständigkeitsfiktion und fragt nach der Kapitalstruktur, die die Betriebsstätte voraussichtlich hätte, wäre sie ein selbständiges Unternehmen – hierzu werden Standort, Rendite, Wachstum und Vermögensstruktur als Schätzgrundlagen genannt (S. 134ff.). Den praktizierten Methoden (u.a. Zuordnung der Finanzmittel nach deren tatsächlichen Verwendungszwekken, Kapitalspiegelmethode, Zuordnung nach Maßgabe der unternehmerischen Entscheidung und Abstellen auf einen Vergleichsbetrieb) haftet der Mangel an, daß dem tatsächlichen Finanzierungsverhalten eines selbständigen Unternehmens in zu geringem Maße Rechnung getragen wird (S. 122ff.). Nicht zuzustimmen ist *Strunk/Kaminski* IStR 1997, 516, wonach ein *BMF*-Schreiben das Problem einer verbindlichen Eigenkapitalausstattung nicht lösen könne; nichts gemeinsam hat das Betriebsstättenproblem mit der Vorgeschichte des § 8a KStG (dazu P 113).

(6) Die **Frage der Ergebnisaufteilung** und damit zugleich die Frage **31** der Verteilung eines Steuerguts zwischen den beteiligten Staaten ist mit dem Hinweis auf die direkte und die indirekte Methode nur in formaler Hinsicht geklärt. Nicht beantwortet wurde die Frage, welchen Maßstäben diese Aufteilung zu genügen hat. Dabei mag man sich zunächst einen Fall vorstellen, bei dem Stammhaus und Betriebsstätte ausschließlich (und getrennt voneinander) Drittbeziehungen eingehen. Unterstellt man – völlig unrealistisch – das Fehlen jeglichen internen Leistungsaustauschs, könnte man bei Anwendung der direkten Methode schon fast von einer Gewinnermittlung wie eines unabhängigen Dritten sprechen. Da nun aber die Realität durch Leistungsbeziehungen untereinander und durch miteinander verflochtene Leistungen gegenüber Dritten bestimmt wird, stellen sich die Fragen einer Einkünftezuordnung als die nach Aufwands- und Ertragszuordnung sowie der Leistungsverrechnung. Damit erweist sich die Notwendigkeit einer Abgrenzung des Realisationsproblems nochmals: Denn mit seiner Ablehnung im Verhältnis Betriebsstätte und Stammhaus ist noch nicht bestimmt, in welchem Umfang eine **innerbetriebliche Leistungsverrechnung** für steuerliche Zwecke **nach Drittvergleichspreisen oder nur als Kostenzuordnung** vorgenommen werden darf (*Weber/Werra* in Festschrift *Flick* S. 297). Wie zur Reichweite des Realisationsprinzips gibt es auch hierzu eine praktisch unübersehbare Fülle von Beiträgen. Kurz zusammengefaßt wird man sagen können: Die Zuordnung erfolgt nach dem **Fremdvergleichsprinzip** (dealing at arm's length-Prinzip) – doch besteht **keine Einigkeit über Rechtsgrundlage und Reichweite.** Man wird hierzu auch vergeblich die BSt-Verwaltungsgrundsätze heranziehen.

Beispielhaft sei zunächst auf *Roth* (StbJb 1997/98, S. 436 ff.) hingewiesen: Er hält den Fremdvergleichsmaßstab „für ein tragfähiges Zurechnungsmodell", rügt aber die fehlende gesetzliche Normierung und die nicht konsequente Anwendung. Denn: weder im Rahmen der unbeschränkten Steuerpflicht (§ 34 c I EStG) noch im Bereich der beschränkten Steuerpflicht sei eine Rechtsgrundlage für einen Fremdvergleichsgrundsatz sichtbar; § 50 I EStG enthalte nur eine Regelung hinsichtlich der Betriebsausgaben. Die andere, vor allem von *Wassermeyer* in mehreren Beiträgen (zuletzt StbJb 1997/98, S. 507, 513 und StbJb 1998/99, S. 157 ff.) vertretene Ansicht besagt: Es gibt § 4 IV EStG und das durch diese Vorschrift im deutschen Steuerrecht konzipierte **Veranlassungsprinzip;** interpretiert wird es durch den Fremdvergleich. Hinter § 49 I Nr. 2 EStG steht in Klammern ein Hinweis auf § 15 EStG, daraus folgt, daß Betriebsstättengewinne solche im Sinne des § 15 II, III EStG sein müssen, die aber werden gem. §§ 4, 5 EStG ermittelt, woraus sich auch der rechtliche Zusammenhang zum Veranlassungsprinzip ergibt. Es ist zur Rechtsgrundlage noch auf § 1 AStG hinzuweisen: Die Norm ist nicht anwendbar, da im Verhältnis der inländischen Betriebsstätte zum ausländischen Stammhaus keine Beziehungen zwischen einem Steuerpflichtigen und einer ihm nahestehenden Person vorliegen. Zur Frage der Reichweite des Fremdvergleichsprinzips geht es um die Fragen der Übertragung von materiellen und immateriellen Wirtschaftsgütern des Anlagevermögens, der Lieferung von Wirtschaftsgütern des Umlaufvermögens, der Erbringung von Dienst- und Regieleistungen, Nutzungsüberlassungen und der Kapitalausstattung der Betriebsstätte. Aus der Sicht eines höheren inländischen Ertragsteuerniveaus könnte das ausländische Stammhaus versuchen, eine Erfolgsverlagerung zu Lasten der inländischen Betriebsstätte vorzunehmen (*Stöckler* S. 61). Deswegen stellt sich nach der grundsätzlichen Anerkennung einer Aufteilung des Gesamtergebnisses nach dem Fremdvergleichsmaßstab die Frage, ob dies für alle denkbaren Leistungsbeziehungen gilt und – soweit er gilt – ob die Methoden zu den verbundenen Unternehmen (ab S 120) anwendbar sind. Es werden hier zwei Auffassungen vertreten: Für die Abrechnung aller Innentransaktionen auf der Basis des Fremdvergleichs läßt sich der vor allem von *Becker* vertretene **Funktionsnutzengrundsatz** nennen: Der Maßstab für die Aufteilung wird durch die in den Teileinheiten wahrgenommenen Funktionen gefunden. Der Nutzen, der im Zusammenhang mit einer bestimmten Tätigkeit erwirtschaftet wird, wird dem jeweiligen Tätigkeitsbereich zugeordnet und damit der tatsächlich entstandene Gewinn funktionsgerecht auf die beiden Teilbereiche aufgeteilt. *Becker* verdeutlicht dies an einem Beispiel: Dem Stammhaus ist ein bestimmter Gewinn zweifelsfrei zuzuschreiben, den es auch liquide vorhält. Demnächst benötigt die Betriebsstätte Finanzmittel, die sie von einer Bank oder vom Stammhaus erhalten könnte. Stellt das Stammhaus die Mittel der Betriebsstätte zur Verfügung, nimmt es eine Finanzierungsfunktion wahr. Der Gesamtgewinn des Unternehmens ist aufzuteilen nach den wahrgenommenen Funktionen: Finanzierungsnutzen gebührt dem Stammhaus, Produktionsnutzen der Betriebsstätte (Festschrift *Debatin* S. 29). Dagegen die **Erwirtschaftungsgrundsatz** (*Debatin* DB 1989, 1692 und 1739): Es gibt Leistungen, die Teil der unternehmerischen Eigenausstattung sind, so daß Gesichtspunkte einer Vergütung auszuscheiden haben, nur eine Aufwandszuordnung in Betracht kommt. Theoretisch kann nur die Auffassung des Funktionsnutzens überzeugen; rechtliche Begründung und konkreter Zurechnungsmaßstab der Erwirtschaftungstheorie bleiben demgegenüber unklar, im Prinzip spricht das Argument, niemand könne an sich selbst verdienen (*Debatin*), gegen jegliche Verrechnung.

**32**      (7) Anhand einiger **Beispiele aus der Rechtsprechung und der Literatur** unter Einbeziehung der **BSt-Verwaltungsgrundsätze** sollen im folgenden praktische Probleme im Zusammenhang mit der Aufteilungsproblematik erörtert werden (s. auch die an den Entwurf des Betriebsstättenerlasses anknüpfende Darstellung von *Dahnke* PISTB 1999, 13; 2000, 28). Grundsätzliche Ausführungen zur Ermittlung inländischer Betriebsstätteneinkünfte eines ausländischen Unternehmens im Urteil des *BFH* BStBl. 1989 II, 140. Auf den Ort der Verausgabung kommt es ebensowenig an wie auf die buchhalterische Behandlung: Der Teil des Gesamtergebnisses ist als Gewinn der Betriebsstätte zuzuordnen, der sowohl durch ihre Tätigkeit als auch durch ihre Existenz erwirtschaftet wird. Die Selbständigkeitsfiktion der Betriebsstätte hat zur Folge, daß das Stammhaus und die Betriebsstätte einander Leistungen erbringen können: „In diesem Fall müssen die Kosten erfolgsmäßig dem leistungsempfangenden Unternehmensteil zugerechnet werden. Zu den Kosten der Leistungen können auch sog. Gemeinkosten des leistenden Unternehmensteils gehören." Das ist zugleich der Kernpunkt der Entscheidung, denn er schließt etwaige Gewinnaufschläge bei der Leistungsverrechnung aus. Aber: Davon zu unterscheiden ist die Frage, ob nicht der Betriebsstätte ein Ertrag des Stammhauses oder dem Stammhaus ein Ertrag der Betriebsstätte zuzurechnen ist. Dazu *BFH* aaO: „Sog. Innentransaktionen zwischen dem Stammhaus und der Betriebsstätte oder umgekehrt führen zu einer erfolgsmäßigen Verrechnung zwischen den betroffenen Unternehmensteilen nur in dem Jahr, in dem sich die Kosten nach deutschem Steuerrecht für das Gesamtunternehmen aufwandsmäßig auswirken." Letzteres ist nicht sehr klar ausgedrückt, klar ist aber, was gemeint ist: Ist nach den Grundsätzen der Gewinnrealisierung für das Einheitsunternehmen ein Ertrag auszuweisen, dann – und erst dann – stellt sich die Frage nach der Zuordnung und ggf. der Aufteilung. Praktisch bedeutet dies in der Mehrzahl der Fälle, daß die tatsächlich und mit dem Leistungsaustausch zur Verrechnung gebrachten Aufwendungen mit einem Gewinnaufschlag zu versehen sind – in der Regel zeitlich nachfolgend. Schließlich geht der *BFH* auch auf Regie- und Kontrollkosten des Stammhauses ein. Sie können im Verhältnis Mutter-Tochtergesellschaft nicht umgelegt werden, weil die Muttergesellschaft eine eigene Aufgabe als Gesellschafterin wahrnimmt. Hier aber stellt sich allein das Zuordnungsproblem nach der wirtschaftlichen Verursachung. Ein betriebsnotwendiger Zusammenhang ist nicht erforderlich, § 50 I EStG verlangt nur einen wirtschaftlichen Veranlassungszusammenhang. Die **Selbständigkeitsfiktion** erfährt eine wichtige Einschränkung: Sie wird dort nicht angewendet, wo sie nach Ansicht der Rechtsprechung zu **künstlichen Gewinnverlagerungen** führt – das ist mithin der eigentliche kritische Ansatz für die Funktionsnutzenlehre: Zinsen, Lizenzgebühren und andere Zahlungen, die die Betriebsstätte an das Stammhaus für von dieser empfangene Darlehen, Patente oder andere Rechtsüberlassungen (Verrechnung von Nutzungsentgelten) leistet, sollen bei der Betriebsstätte keine abzugsfähigen Betriebsausgaben sein und ihren Gewinn nicht schmälern (*RFH* RStBl. 1938, 46). *Debatin* (DStZtg 1966, 213) hat diese Rechtsprechung gebilligt: Trotz der Selbständigkeitsfiktion sei der Unternehmer nicht nur Unternehmer für das Stammhaus, sondern gleichermaßen auch für die Betriebsstätte. Es sei daher ein Widersinn, wenn die Betriebsstätte Entgelte für ihre Ausstattung entrichten wolle, für die das Gesamtunternehmen selbst nichts zu leisten habe, weil es sich um den Einsatz des Unternehmers handele. Die an den Funktionsnutzen anknüpfenden Autoren lehnen diese Auffassung ab und sind der Ansicht, die Selbständigkeitsfiktion müsse konsequent verwirklicht werden (*Bellstedt* S. 356). *Bähr* vermutet den eigentlichen Grund für die beschränkte Anwendung der Fiktion in der Furcht vor der Prüfung der Angemessenheit der Verrechnungspreise derartiger Leistungen (*Bähr* S. 85; s. auch *Becker* EuropStZ 1971, 95 ff.; *Kumpf* StbJb 1988/89, S. 418; *Becker* DB 1989, 10).

Zur **Aufwands- und Ertragsaufteilung** stellen die **BSt-Verwaltungsgrundsätze** (gleichermaßen geltend für Inlands- und Auslandstätigkeit) in 2.7 in den Mittelpunkt „Aufwendungen des Stammhauses für die Betriebsstätte, die nicht direkt zugeordnet werden können" und nennen als Beispiele Finanzierungs-, Geschäftsführungs- und allgemeine Verwaltungskosten, für die es allein auf das Veranlassungsprinzip ankommt. Bei der Einordnung sind „Erkenntnisse einer betrieblichen Kostenrechnung heranzuziehen" – der Vorbehalt hierzu wird von *Strunk/Kaminski* IStR 2000, 37 f. zu Unrecht in Frage gestellt. Aufwendungen oder Erträge können auch pauschal oder nach Kostenblöcken aufgeteilt werden – aber der Vorrang möglicher und sachgerechter Einzelabrechnung ist zu beachten. Die Verwaltungsgrundsätze nennen Anlässe für Aufwandskorrekturen (Regiekosten, Werbeaufwand, Forschung und Entwicklung, Zinsanteile), was als Anleitung für den Betriebsprüfer gedacht ist. Die Ausführungen zu den fehlgeschlagenen Gründungsaufwendungen beziehen sich auf das umstrittene *BFH*-Urteil BStBl. 1983 II, 566. Für den Auflösungsfall gilt eine Stichtagsregelung für die Zurechnung (noch) zur Betriebsstätte (Tz 2.9.2). Einzelfragen regeln die Grundsätze zu Aufwendungen für Dienstleistungen, Werbung und Markterschließung, Zinsen und sonstige Vergütungen, Geschäftsführungsaufwendungen, allgemeine Verwaltungsaufwendungen und für ähnlichen Aufwand. Dienstleistungen als Haupttätigkeit der Betriebsstätte „sind mit dem Fremdvergleichspreis aus dem Staat der leistenden Unternehmenseinheit anzusetzen ... Ist ein Fremdvergleichspreis nicht festzustellen, ist es nicht zu beanstanden, wenn der Gewinn der Betriebsstätte nach der Kostenaufschlagsmethode unter Berücksichtigung eines Gewinns von 5 v. H. bis 10 v. H. ermittelt wird ... Soweit die Dienstleistungen Nebentätigkeiten darstellen, kommt ein Gewinnaufschlag nicht in Betracht." Das darf nicht mißverstanden werden: **es geht nicht um Ausweis unrealisierter,** erst intern definierter **Gewinne, verteilt wird vielmehr ein zuvor ermittelter Gewinn.** Die heftige Kritik von *Strunk/Kaminski* (S. 39) an der Dominanz der Kostenaufschlagsmethode gegenüber anderen Verrechnungspreismethoden (dazu ab S 120) verkennt deren vorrangige Bedeutung für verbundene Unternehmen. Mag es im Verhältnis Stammhaus/Betriebsstätte auch insoweit um den **Fremdvergleich** gehen, so kann von einer strengen Methodenübernahme keine Rede sein. Zur **Lohnfertigung** (Tz 3.1.3) wird zwar auf das Ergebnis eines fremden Lohnfertigers verwiesen – aber wann liegt eine solche Lohnfertigung vor (dazu S 150)? Beschränkt sich das Verhältnis Stammhaus/Betriebsstätte auf die **Oberleitung der Betriebsstätte** durch das Stammhaus, soll dem Stammhaus „ein angemessener Anteil am Gesamtergebnis zuzurechnen ... über den Aufteilungsmaßstab müßten im Einzelfall geeignete Feststellungen getroffen werden." Für **Werbeaufwand** wird auf das Veranlassungsprinzip und auf die Frage einer

Haupt- oder Nebentätigkeit abgestellt. Zu den **Aufwendungen für Markterschlie-ßung** verweisen die Verwaltungsgrundsätze auf die *BFH*-Rechtsprechung zu den verbundenen Unternehmen (s. S 129). Auch für **Geschäftsführungsaufwendungen** und für allgemeine Verwaltungsaufwendungen steht das Veranlassungsprinzip im Mittelpunkt; Aufwendungen, die durch das Unternehmen als Ganzes entstehen (z. B. Aufwendungen der rechtlichen Organisation des Unternehmens), sind sachgerecht aufzuteilen, ggf. mit Durchschnittszahlen (Buchführung, Rechtsberatung, Revisions- und Prüfungswesen, Kontroll-, Regie- und vergleichbare Leistungen des Stammhauses gegenüber der Betriebsstätte, zeitlich begrenzte Arbeitskräfteüberlassung usw.). Schließlich beziehen sich die Ausführungen zu den besonderen Betriebsstättenformen (Tz 4) auch auf die Ergebnisverteilung: Banken, Versicherungen, Bauausführungen und Montagen, See- und Binnenschiffe, Bodenschatzsuche und -gewinnung, Explorationen und Transportanlagen. Hervorzuheben sind die **Kontroll- und Koordinierungsstellen** (s. B 54): Geschäftseinrichtungen von Konzernspitzen, die Tochtergesellschaften und Betriebsstätten im anderen Staat oder in anderen Staaten überwachen und koordinieren (beispielsweise Rechnungswesen, Programme, Betriebsabläufe), und ggf. verwaltungsmäßige Leistungen erbringen; als Betriebsstätte geführt gebührt solcher Kontroll- und Koordinierungsstelle ein angemessener Gewinn; bei der Abgrenzung ihrer Einkünfte „sind in der Regel kostenorientierte Entgelte zu berücksichtigen. Es ist daher nicht zu beanstanden, wenn der Gewinn der Betriebsstätte nach der Kostenaufschlagsmethode unter Berücksichtigung eines Gewinnzuschlags von 5 v. H. bis 10 v. H. ermittelt wird."

## d) Betriebsstättenbesteuerung: Grundlagen (§§ 50 EStG, 51, 8 b IV, 26 VII KStG)

(1) Einkünfte aus einer Betriebsstätte im Inland fallen unter die be-  **33** schränkte Einkommen- bzw. Körperschaftsteuerpflicht (§§ 1 IV EStG, 2 Nr. 1 KStG i. V. mit § 49 I Nr. 2 a EStG). Bei inländischen Betriebsstätten ausländischer Gesellschaften kann zweifelhaft sein, ob beschränkte Einkommen- oder Körperschaftsteuerpflicht anzunehmen ist. Die Qualifikation, ob eine einkommensteuerpflichtige Mitunternehmerschaft oder eine körperschaftsteuerpflichtige Körperschaft vorliegt, richtet sich allein nach deutschem Steuerrecht (*Kumpf* S. 186). **Beschränkt einkommensteuerpflichtige Steuerausländer** haben ihr zu versteuerndes Einkommen nach der Grundtabelle (§ 32 a I EStG) zu versteuern (§ 50 III Satz 1 EStG). Die Einkommensteuer beträgt mindestens 25% des Einkommens (§ 50 III Satz 2 EStG); s. hierzu der Vorlagebeschluß des *FG Düsseldorf* (P 39). Für **beschränkt körperschaftsteuerpflichtige Steuerausländer** beträgt die Körperschaftsteuer nach Aufhebung des § 23 III KStG durch das Steuerentlastungsgesetz 1999/2000/2002 wie für unbeschränkt steuerpflichtige Körperschaften 40%. Die besonderen Vorschriften des § 50 EStG gelten für beschränkt Einkommensteuerpflichtige und für beschränkt Körperschaftsteuerpflichtige (§ 8 I KStG). Im einzelnen sind bei der KSt anzuwenden (Abschn. 27 I Nr. 1 KStR): § 50 I Sätze 1–3 und 5, II und VI und VII EStG, ferner §§ 50a IV–VII, 50b, 50c, 50d EStG. Zu erinnern ist an zwei Besonderheiten: § 50 I Satz 2 EStG schränkt für Verluste die Anwendung des § 10d EStG (Verlustabzug)

dahingehend ein, daß die Verluste mit inländischen Einkünften in wirtschaftlichem Zusammenhang stehen (zur Aufbewahrung inländischer Unterlagen s. P 26). Dieser wirtschaftliche Zusammenhang ist auf die Verluste zu beziehen: Es muß sich um Verluste handeln, die aus inländischen Einkünften entstanden sind, also um negative inländische Einkünfte. Inwieweit diese Verluste dann abgezogen werden können, bestimmt sich nach § 10d EStG, eingeschränkt durch § 50 II Satz 2 EStG, wobei letztere Vorschrift gewerbliche Einkünfte aus einer Betriebsstätte nicht betrifft. Im Gegenteil: Die Einschränkungen werden hinfällig, wenn die dort genannten Einkünfte in einer Betriebsstätte anfallen (*Kumpf* in *H/H/R* § 50 EStG Rz 84). Einkünfte, die dem Steuerabzug unterliegen, sowie Einkünfte i.S. des § 20 I Nr. 5 und 7 EStG dürfen mit einem Betriebsstättenverlust nicht ausgeglichen werden (Einschränkung des Verlustausgleichs gem. § 50 II 1 EStG). Jedoch ist zu weiteren Einzelheiten bestehender Sondervorschriften für beschränkt Steuerpflichtige auf die Darstellung ab Q 22 zu verweisen.

**34**     Ist der ausländische Stammunternehmer für die inländischen Einkünfte seiner Betriebsstätte **beschränkt körperschaftsteuerpflichtig,** so stellt sich eine Körperschaftsteueranrechnungsfrage nach der KStReform 1977 zunächst nicht: Es fehlt bereits am Merkmal der Einnahmen i.S. des § 20 I Nr. 1 EStG (Gewinnanteile) bzw. § 20 I Nr. 2 EStG (Bezüge aufgrund einer Kapitalherabsetzung). Die Besteuerung betrifft ein Einheitsunternehmen, es kann zu keinen Ausschüttungen der Betriebsstätte an das Stammhaus kommen. Ausschüttungen des Stammhauses an die Aktionäre des Gesamtunternehmens wiederum lösen deshalb keine Anrechnung aus, weil es am Merkmal einer Körperschaftsteuer einer unbeschränkt steuerpflichtigen Körperschaft oder Personenvereinigung fehlt (§ 36 II Nr. 3 Satz 1 EStG). Die Anrechnung wäre ja nicht einmal möglich, wenn die Auslandsgesellschaft einen Gewinn ausschüttete, der aus der Beteiligung an einer inländischen Tochtergesellschaft stammt, worauf noch einzugehen ist (ab P 90). Im übrigen betrifft die Anrechnung des § 36 II EStG die zweite Stufe, in der die Entlastung von der Körperschaftsteuer erfolgt. Auch bzw. bereits die Voraussetzungen der ersten Stufe – Herstellen der Ausschüttungsbelastung – liegen nicht vor, weil die Rechtsfolge des § 27 I KStG, Herstellen der Ausschüttungsbelastung von 30%, u.a. davon abhängig ist, daß die ausschüttende Kapitalgesellschaft unbeschränkt steuerpflichtig ist.

**35**     (2) Doch ist auf eine besondere Rechtslage im Zusammenhang mit **Gewinnausschüttungen** einer inländischen Tochtergesellschaft hinzuweisen, die **von einer inländischen Betriebsstätte vereinnahmt** werden. Unterstellen wir im Vorgriff auf den Fall der Beteiligung an einer inländischen Tochtergesellschaft (P 90), daß diese an ihren ausländischen Anteilsinhaber eine Dividende ausschüttet: Die Dividendeneinkünfte unterliegen nach § 49 I Nr. 5a i.V. mit § 20 I Nr. 1 EStG der beschränkten Steuerpflicht, und zwar gem. § 43 I Nr. 1 EStG im Wege des Kapitalertragsteuerabzugs (§ 43 I Nr. 1 EStG: 25%), der auch dann gilt, wenn wegen anderer Einkünfte eine Veranlagung erfolgt; damit verbunden ist auch ein Ausschluß der Anrechnung und Vergütung von Körperschaftsteuer. Die ESt bzw. KSt des Gesellschafters ist damit abgegolten (§ 50 V Satz 1 EStG, § 50 I Nr. 3 KStG) – es sei denn, die Dividendeneinkünfte fallen im Rahmen eines inländischen gewerblichen Betriebes (Betriebsstätte) an. Für diesen Fall gilt alsdann eine **Ausnahme vom Grundsatz, daß die Körperschaftsteueranrechnung beschränkt Steuerpflichtiger ausgeschlossen ist.** Soweit die Gewinnausschüttungen als Betriebseinnahmen einer inländischen Betriebsstätte zuzurechnen sind, entfällt die Abgeltungswirkung der Kapitalertragsteuer (§ 50 V Sätze 1 und 3 EStG, § 50 I Nr. 2 KStG und erfolgt eine **Körperschaftsteueranrechnung** (§ 50 V Satz 3 EStG, § 51 KStG). Damit wird der Inlandsbezogenheit dieser Einkünfte Rechnung getragen, der beschränkt Steuerpflichtige tritt in diesem Fall in einen direkten Wettbewerb mit inländischen Konkurrenten. Die abgeltende Erhebung einer linearen Quellensteuer und das KStAnrechnungsverbot würden zu erheblichen Wettbewerbsverzerrungen, zu einer Verletzung gebotener Kapitalimportneutralität, führen (*Kumpf* in *H/H/R* § 50 EStG Rz 250). Zwischen dem Betrieb des beschränkt Steuerpflichtigen und den Kapitaleinkünften muß ein Zusammenhang bestehen, um das KSt-Anrechnungsverbot auszuschließen. Das bloße Halten einer Beteiligung ist für einen solchen Zusammenhang nicht ausreichend (s. BSt-Verwaltungsgrundsätze 2.4); in Anknüpfung an *BFH* BStBl. 1972 II, 374 hat die Zurechnung in der Weise zu erfolgen, „daß der Betriebsstätte im Inland sämtliche Wirtschaftsgüter dienen, die ein selbständiger Gewerbebetrieb am gleichen Ort und unter gleichen oder ähnlichen Bedingungen zur Erzielung eines vergleichbaren Geschäftserfolges benötigt". Soweit die Anrechnung deutscher Körperschaftsteuer für den Fall der Beteiligungszurechnung zum Vermögen einer inländischen Betriebsstätte einer ausländischen Spitzeneinheit (s. auch P 94).

(3) Die **Anrechnung ausländischer Ertragsteuern** (außerhalb des **36** KSt-Anrechnungssystems) in einem Sonderfall ist schließlich noch zu erwähnen: Beschränkt Steuerpflichtige haben die Möglichkeit, ausländische Steuern vom Einkommen auf die deutsche Steuer anzurechnen oder bei der Ermittlung des Gesamtbetrags der Einkünfte abzuziehen (§§ 50 VI, 34c I–III EStG, 26 VI KStG). Der Ausnahmecharakter dieser Norm besteht darin, daß Maßnahmen zur Vermeidung der Doppelbesteuerung zu treffen grundsätzlich Sache des Wohnsitzstaates ist, da dieser einen weltweiten Besteuerungsanspruch geltend macht. Es bedurfte aber dieser an sich systemfremden Steueranrechnung, weil die inlandsbezogenen Anknüpfungen auch ausländische Einkunftsquellen erfassen, die ihrerseits in Drittstaaten einer beschränkten Steuerpflicht unterliegen. Die Be-

rücksichtigung ausländischer Einkommensteuern in der durch § 34c I–III EStG vorgesehenen Weise setzt voraus, daß es sich um Einkünfte aus Gewerbebetrieb oder Land- oder Forstwirtschaft oder selbständiger Arbeit handelt, für die im Inland ein Betrieb unterhalten wird (§ 50 VI EStG). Die Berücksichtigung der ausländischen Steuer ist ausgeschlossen, wenn der beschränkt Steuerpflichtige aus seinem Wohnsitzstaat Einkünfte hat, die Einnahmen des inländischen Betriebs sind, und er im Wohnsitzstaat mit den aus dem inländischen Betrieb stammenden Einkünften in einem der unbeschränkten Steuerpflicht ähnlichem Umfang zu einer Einkommensteuer herangezogen wird. Hier ist es Aufgabe des Wohnsitzstaates, die Doppelbesteuerung zu beheben. Im Ergebnis wird damit die Doppelbesteuerung in den Fällen vermieden, in denen ein beschränkt Steuerpflichtiger mit seinen Einkünften einerseits der deutschen Besteuerung nach § 49 I Nr. 1–3 EStG, andererseits ausländischer Besteuerung unterliegt, diese Besteuerung aber keinen der unbeschränkten Stpfl. vergleichbaren Umfang hat (s. dazu auch Q 25).

37    (4) Während die Einbeziehung **der Beteiligungserträge einer inländischen Betriebsstätte** gem. § 50 V Sätze 1 und 3 EStG in das körperschaftsteuerliche Anrechnungssystem einen allgemeinen wettbewerbspolitischen Hintergrund hat, sind andere Regeln für die inländische Betriebsstätte auf dem Hintergrund einer durch europäisches Recht gebotenen Gewährleistung der Niederlassungsfreiheit zu verstehen: Regeln, die eine Angleichung an die Besteuerung der inländischen Tochtergesellschaft bewirken. Das betrifft zum einen die **Vereinnahmung DBA-steuerbefreiter Gewinnausschüttungen** ausländischer Kapitalgesellschaften durch die beschränkt steuerpflichtige Betriebsstätte und Gewinne aus der Veräußerung von Auslandsbeteiligungen **durch diese inländische Betriebsstätte** gem. § 8b IV KStG und die **indirekte Steueranrechnung** der bei einer ausländischen Körperschaft erhobenen ausländischen Körperschaftsteuer gem. § 26 II, III durch § 26 VII KSt, wenn die Gewinnanteile an einer ausländischen Tochtergesellschaft zu den Gewinnen einer **inländischen Betriebsstätte** gehören. Wenngleich die darauf bezogenen Regelungen §§ 8b IV, 26 VII KStG nicht nur auf EU-Beteiligungsbesitz beschränkt sind, sollen sie hier in den Zusammenhang mit europarechtlichen Erfordernissen der Betriebsstättenbesteuerung gestellt werden (dazu ab P 39).

*e) Betriebsstättenbesteuerung: Betriebsstätte als ausländischer Organträger (§ 18 KStG)*

38    Ein ausländisches Unternehmen wird nach § 18 KStG mit einer in Deutschland im Handelsregister eingetragenen **Zweigniederlassung als Organträger** anerkannt, wenn unter der Firma der Zweigniederlassung ein Gewinnabführungsvertrag abgeschlossen ist, die für die finanzielle

Eingliederung erforderliche Beteiligung zum Betriebsvermögen der Zweigniederlassung gehört und die wirtschaftliche und organisatorische Eingliederung im Verhältnis zur Zweigniederlassung selbst gegeben ist. Der ausländische Anteilseigner ist mit seiner inländischen Zweigniederlassung als Betriebsstätte (§ 12 AO) nach § 49 I Nr. 2a EStG beschränkt einkommen- oder körperschaftsteuerpflichtig. Ihm wird der an die Betriebsstätte abgeführte Gewinn einer Organgesellschaft zugerechnet. Die Organschaft erfordert ein ausländisches gewerbliches Unternehmen, so daß jede Rechtsform in Betracht kommt. Aus der Sicht des ausländischen Anteilseigners ist unter Liquiditätsgesichtspunkten vor allem die **sofortige Nutzung von Verlusten innerhalb des Organkreises** als Folge der Zurechnung eines negativen Einkommens der Organgesellschaft interessant: Ohne Organschaft könnten Verluste einer Kapitalgesellschaft körperschaftsteuerlich nur mit vergangenen oder künftigen Gewinnen dieser Gesellschaft selbst verrechnet werden. Somit läßt sich für einen ausländischen Anteilseigner über die deutsche Betriebsstätte hinweg ein innerkonzernlicher Gewinn- und Verlustausgleich zwischen verschiedenen inländischen Tochtergesellschaften oder einer bereits bestehenden Betriebsstätte und einer Tochtergesellschaft gestalten. Bei einer Betriebsstätte mit Organschaft zu einer deutschen Tochterkapitalgesellschaft geht die organschaftliche Einkommenszurechnung dem körperschaftsteuerlichen Anrechnungsverfahren vor: Gewinne der Tochtergesellschaft werden nicht mehr ausgeschüttet, sondern an die Betriebsstätte abgeführt und von dieser wie eigene gewerbliche Gewinne bei beschränkter Steuerpflicht seit dem 1. 1. 1999 mit 40% versteuert (Kapitalertragsteuer fällt mangels einer Ausschüttung nicht an). Der Vergleich zu einer Direktbeteiligung an inländischen Tochtergesellschaften zeigt, daß eine solche Organschaft nennenswerte Vorteile nur bringt, wenn Verluste ausgeglichen werden sollen (zum Ganzen s. die Gesamtdarstellung von *Walter* IWB 3 Gr. 4, 403). Zur Vereinnahmung DBA-steuerbefreiter Schachteldividenden und zu § 15 Nr. 2 KStG s. die europarechtliche Fragestellung im folgenden Abschnitt.

*f) Europäisches Recht und deutsche Betriebsstättenbesteuerung (§§ 8b IV, 23 III, 26 VII KStG)*

(1) Seit der *EuGH*-Enscheidung avoir fiscal (s. K 39) wird in der Literatur die Auffassung vertreten, daß die **unterschiedliche körperschaftsteuerliche Behandlung** von in Deutschland belegenen **Betriebsstätten** von Kapitalgesellschaften mit Sitz in einem anderen EU-Staat im Vergleich **zu den im Inland ansässigen Kapitalgesellschaften** gegen das Diskriminierungsverbot des Art. 43 i.V. mit Art. 48 EG verstoße. Denn an eine **EU-Muttergesellschaft ausgeschüttete Gewinne** einer deutschen Kapitalgesellschaft unterliegen im Vergleich hierzu nur einer deut-

schen Körperschaftsteuer in Höhe von 30% statt der einheitlichen 40%igen Besteuerung inländischer Betriebsstättengewinne (s. *Rädler/Lausterer* DB 1994, 699). Der *EuGH* hat in der Sache Royal Bank of Scotland (K 54) eine Regelung des griechischen Einkommensteuergesetzes mit einer unterschiedlichen steuerlichen Belastung zum Nachteil der ausländischen Gesellschaften durch einen Steuersatz von 40% im Gegensatz zu den inländischen Gesellschaften mit 35% als einen Verstoß gegen die Niederlassungsfreiheit bewertet, weil eine an den Sitz anknüpfende Ungleichbehandlung ohne Rechtfertigung vorläge. Die Literatur hat ein Ende der Steuersatzungleichbehandlung prognostiziert (s. *Eicker/* WB 11a, 347ff.); nunmehr zur Mindestbesteuerung in Höhe von 25% der Vorlagebeschluß *FG Düsseldorf* EFG 2000, 70 (Zweifel wegen Art. 43 EG).

**40**      (2) Fragen der deutschen **Betriebsstättendiskriminierung** sind Gegenstand der *EuGH*-Entscheidung in Sachen Saint-Gobain nach Vorabentscheidungsersuchen des *FG Köln* (IStR 1997, 557 m. Anm. *Lausterer*). Die Steuersatzproblematik ist nicht Gegenstand des Verfahrens, doch könnten aus der Entscheidung Gesichtspunkte gegen die geltend gemachten Rechtfertigungsgründe folgen (dazu *Saß* DB 1999, 2382). Soweit Gegenstand des Verfahrens die Folgen des direkten Bezugs von DBA-steuerbefreiten ausländischen Dividenden durch die inländische Betriebsstätte sind (die deutsche Betriebsstätte einer in Frankreich ansässigen S. A. als eine im Handelsregister eingetragene Zweigniederlassung bezieht Dividenden aufgrund einer Schachtelbeteiligung an einer US-Corporation), hat der Gesetzgeber im StandOG 1993 ab VZ 1994 „der Niederlassungsfreiheit nach Art. 52 EGV Rechnung getragen und eine nach dieser Bestimmung untersagte Diskriminierung ausschließen" wollen (BR-Drucks. 1/93 S. 40). Mit § 8b IV KStG werden daher die DBA-Schachtelvergünstigungen für Dividenden auch inländischen Betriebsstätten ausländischer Körperschaften (weltweit) gewährt, wenn ihnen bei fiktiver unbeschränkter Steuerpflicht die Begünstigung zustände, ohne dies auf Betriebsstätten von EU-Stammhäusern zu beschränken (daher bereits P 33). Da die DBA-Schachtelprivilegien bei unbeschränkter Steuerpflicht i. d. R. inländischen Kapitalgesellschaften gewährt werden, die an einer ausländischen Kapitalgesellschaft wesentlich beteiligt sind, muß die beschränkt steuerpflichtige Körperschaft daher eine Rechtsform haben, die nach deutschem Recht als Kapitalgesellschaft anzusehen ist; bei Vorschaltung einer Kapitalgesellschaft und Weiterausschüttung ausländischer und steuerbefreiter Dividenden an die inländische Betriebsstätte geht die Freistellung verloren, denn die sinngemäße Anwendung des § 8b I KStG ist nicht vorgesehen (zur Wiederholung: § 8b I KStG stellt darauf ab, daß eine unbeschränkt steuerpflichtige Körperschaft EK 01 Dividenden von einer inländischen Tochtergesellschaft bezieht) – in dem damit verbundenen Ausschluß inländischer EU-Betriebsstätten sieht *Lausterer* IStR 1997, 560 ebenfalls eine Diskriminierung, die aber nicht Gegenstand des *EuGH*-Verfahrens Saint-Gobain ist. Der Vollständigkeit halber ist jedoch auf § 8b IV Satz 2 KStG zu verweisen, wonach der inländischen Betriebsstätte auch hinsichtlich der Gewinne aus der Veräußerung, Auflösung oder Nennkapitalherabsetzung aus ausländischen Beteiligungen die Steuerbefreiung gewährt wird (s. § 8b II KStG, dazu P 200 und – unter Einziehung des DBA-Rechts – S 331); auch insofern ist damit eine **Gleichstellung mit inländischen Tochtergesellschaften** erfolgt. Im Saint-Gobain Fall ging es bezüglich der DBA-Privilegien nur noch darum, ob das Betriebsstättenprivileg schon vor 1994 Anwendung findet. Schließlich bezieht die Saint-Gobain-Vorlage auch ein *Organschaftsproblem* mit ein: Der inländischen Betriebsstätte wurden zwei Beteiligungen an inländischen Kapitalgesellschaften zugerechnet, mit denen jeweils ein Organschaftsverhältnis gem. § 18 KStG bestand (s. P 38). Über diese Organgesellschaften erhielt die inländische Betriebsstätte Schachteldividenden von ausländischen Enkelkapitalgesellschaften aus Staaten, für die teils ein DBA-Schachtelprivileg eingreifen würde, teils aber nur eine indirekte Steueranrechnung gem. § 26 II KStG in Betracht käme. Zunächst zur Frage steuerfreier DBA-Schachteldividenden: Hier ist auf § 15 Nr. 2 KStG zu verweisen. Danach sind DBA-Bestimmungen zu steuerbefreiten Schachteldividenden nur anzuwenden, „wenn der Organträger zu den durch diese Vorschriften begünstigten Steuerpflichtigen gehört". Das bedeutet, daß bei der Gewährung des Schachtelprivilegs für Auslandsbeteligungen der Organgesellschaft (Organe sind in diesem Falle die deutschen Tochtergesellschaften) nicht auf deren eigene Rechtsform, sondern auf die des Organträgers abgestellt wird – damit aber entfällt das Schachtelprivileg, da die inländische Betriebsstätte die Voraussetzungen nicht erfüllt. Ohne diese Regelung würden Gewinnanteile einer ausländischen Kapitalgesellschaft endgültig steuerfrei belassen, wenn der Organträger keine Kapitalgesellschaft ist, weswegen *Lausterer* (IStR 1997, 560) darauf verweist, für die Begünstigung sei nach § 15 Nr. 2 KStG nur erforderlich, daß die Dividende im körperschaftsteuerlichen Bereich verbleibe; bei gewerblichen EU-Betriebsstätten wie im vorliegenden Fall bestünde mithin kein Grund, die Abkommensvergünstigung zu versagen. Das *FG Köln* hatte aber von einer solchen Auslegung abgesehen, statt dessen § 15 Nr. 2 KStG an der Niederlassungsfreiheit des Art. 43 EG gemessen und Zweifel an der Vereinbarkeit hiermit geäußert: Der deutsche Gesetzgeber hat die beiden Niederlassungsformen mittels inländischer Tochtergesellschaft und inländischer Betriebsstätte im Rahmen der Besteuerung der von ihnen erzielten Gewinne gleich behandelt – der Grundsatz habe dann auch nicht nur für innerstaatliches Recht, sondern auch für Vergünstigungen zu gelten, die aufgrund von DBA mit Drittstaaten gewährt werden (Hinweis auf *EuGH* in Sachen avoir fiscal und Commerzbank).

Die Frage der indirekten Steueranrechnung (§ 26 II KStG) ist durch das StandOG 1993 für VZ ab 1994 geklärt, da für beschränkt steuerpflichtige Körperschaften mit der Einfügung des § 26 VII KStG die Möglichkeit einer indirekten Steueranrechnung geschaffen wurde, wenn die Beteiligung an einer ausländischen Tochtergesellschaft und deren Gewinnausschüttungen einer inländischen gewerblichen Betriebsstätte zuzurechnen sind und im übrigen die Voraussetzungen des § 8 b IV KStG für den Beteiligungsbesitz erfüllt sind – ohne dies aber auf EU-Stammhäuser zu beschränken (daher bereits P 33). Auch hier stand der mögliche Diskriminierungsvorwurf im Vordergrund, die Norm ist wie § 8 b IV KStG im Gesetzgebungsverfahren begründet worden (BR-Drucks. 1/93 S. 40). Und auch hier weist *Lausterer* aaO zutreffend darauf hin, daß die Ungleichbehandlung der Betriebsstätte insoweit nicht beseitigt ist, als sie von einer inländischen Tochtergesellschaft (ohne Organschaft) EK 01 Dividenden bezieht, die aus der indirekten Steueranrechnung nach § 26 II KStG bei dieser resultieren.

Zur *EuGH*-Entscheidung Saint-Gobain ist auf K 55 zu verweisen. Daß die Verweigerung der indirekten Anrechnung für eine inländische Betriebsstätte mit der Niederlassungsfreiheit nicht zu vereinbaren ist, hat keine Überraschung mehr ausgelöst. Die eigentliche Bedeutung der Entscheidung liegt darin, daß sich die inländische Betriebsstätte auf Drittstaaten-Abkommen berufen darf (s. dazu ab R 93).

**41–49**  *(einstweilen frei)*

### 3. Erwerb, Veräußerung; Umstrukturierung der Betriebsstätte

**50**    (1) Die Entscheidung des ausländischen Investors, statt der Neuerrichtung einer inländischen Betriebsstätte bzw. des stetigen Hineinwachsens in eine organisatorische Einheit, die die Betriebsstättenbedingung erfüllt, eine solche mittels Unternehmenskaufs **zu erwerben,** wird sicherlich nur beiläufig von steuerlichen Motiven bestimmt. Eine ganze andere Frage ist die nach den sich heraus ergebenden steuerlichen Problemen.

Aus der Sicht der betriebswirtschaftlichen Steuerlehre *Otto H. Jacobs* S. 675 f.:
„Mit der Entscheidung zugunsten der Akquisition eines deutschen Unternehmens entstehen auch zahlreiche steuerliche Fragestellungen. Die Funktion des steuerlichen Beraters in Akquisitionsfällen sind vielschichtig, Besteuerungsaspekte beeinflussen sowohl die Strukturierung der Transaktion als auch die Vertragsverhandlungen und nicht zuletzt die Preisvorstellungen der Vertragsparteien." Die Steuerberatungsaspekte sind vom Grundsatz her für einen ausländischen Investor keine anderen als für einen inländischen Investor, der den Erwerb eines ausländischen Unternehmens plant und durchführt. Die Interessenlage besteht darin, durch geeignete Strukturierung die künftige deutsche Steuerbelastung zu reduzieren. Das bedeutet
– den *Kaufpreis* für das Unternehmen (die Anschaffungskosten) möglichst vollständig und zeitnah *in steuerwirksame Betriebsausgaben* aufzuteilen; insoweit ist

keine besondere Interessenlage eines ausländischen Erwerbers gegeben, da dies auch für einen inländischen Erwerber gilt;
– sicherzustellen ist die *Abzugsfähigkeit von Zinsen*, denn für ausländische Käufer eröffnen sich besondere Möglichkeiten für die künftige Ergebnisbesteuerung durch die Fremdfinanzierung des Unternehmenskaufs bei vorhandenem Steuergefälle zugunsten des Auslands: Es ist generell zu unterstellen, daß aufgrund der im Vergleich zum Ausland immer noch höheren Ertragsteuerbelastung auch der Finanzierungsaufwand im Inland geltend gemacht werden soll; die Mehrbelastung aus der hälftigen Zurechnung für Zwecke der Gewerbeertragsteuer tritt hierbei in der Regel in den Hintergrund. Zu beachten sind die aus der Betriebsstättenbesteuerung bekannten Regeln (s. P 32): Es bedarf der Zurechnung eines tatsächlichen Aufwandes, da eine fiktive Verzinsung von Mitteln zwischen Stammhaus und Betriebsstätte nicht möglich ist, eine „Gesellschafterfremdfinanzierung" im Sinne einer Stammhausfremdfinanzierung" der Betriebsstätte folglich ausscheidet; die Ausstattung der Betriebsstätte mit einem erforderlichen Dotationskapital ist zu beachten (zum Ganzen *Stefan Köhler* in Forum-Nr. 17, S. 55 ff.).

Der Erwerb eines inländischen Betriebs, Teilbetriebs als Betriebsstätte  **51** des ausländischen, beschränkt steuerpflichtigen Unternehmers ist nur als Sachkauf möglich (asset deal): Gegenstand der Übertragung ist die Gesamtheit der Wirtschaftsgüter. Ein share deal scheidet aus, weil dieser nur beim Erwerb von Anteilen an Kapitalgesellschaften möglich ist. Der Erwerber bilanziert die erworbenen Wirtschaftsgüter mit ihren Anschaffungskosten, so daß der Gesamtkaufpreis auf alle materiellen und immateriellen Wirtschaftsgüter im Verhältnis der Verkehrswerte aufzuteilen ist; ein Differenzbetrag ist als Ausgleichszahlung für einen Geschäftswert anzusetzen.

(2) Wird die inländische Betriebsstätte eines Steuerausländers als  **52** Ganzes **veräußert oder aufgelöst,** so ist zu unterscheiden: Bei einer Veräußerung als Ganzes durch ein ausländisches Unternehmensstammhaus fällt der Gewinn aus dieser Veräußerung (§ 16 EStG) unter § 49 I Nr. 2a EStG; dies ergibt sich aus dem Klammerhinweis in § 49 I Nr. 2 EStG. Wird die inländische Betriebsstätte aus einer beschränkt steuerpflichtigen Körperschaft, Personenvereinigung oder Vermögensmasse veräußert, gilt ebenfalls § 49 I Nr. 2a EStG – es bedarf keines Rückgriffs auf § 12 II KStG. Wird die inländische Betriebsstätte aufgelöst (Einzelveräußerungen, Übertragung von Wirtschaftsgütern in das Ausland), ist über § 49 I Nr. 2 EStG der § 16 III EStG anzuwenden, der die Aufgabe eines Gewerbebetriebs der Veräußerung gleichstellt. In der für die Betriebsstätte aufzustellenden Schlußbilanz sind die auf das ausländische Stammhaus übergehenden Wirtschaftsgüter mit den gemeinen Werten anzusetzen. Für § 12 II KStG gelten die besonderen Merkmale der Auflösung bzw. der Verlegung in das Ausland, wobei Auflösung den Aufgabebegriff des § 16 III EStG umfaßt, aber auch den Fall der Schrumpfung mit dem Ergebnis, daß die Voraussetzungen des Betriebsstättenbegriffs entfallen (*Streck* § 12 KStG Rz 9). Zwar endet mit einer Schlußbesteuerung die beschränkte Einkommen- und Kör-

perschaftsteuerpflicht. Nachträgliche Betriebseinnahmen und Betriebsausgaben gem. § 24 Nr. 2 EStG unterliegen aber nach der beschränkten Steuerpflicht, wenn sie bei der Schlußbesteuerung nicht oder nicht ausreichend berücksichtigt werden konnten (*FG München EFG* 1976, 187).

53    (3) Wird die inländische Betriebsstätte eines Steuerausländers **in eine Kapitalgesellschaft** gegen Gewährung neuer Gesellschaftsrechte **eingebracht** (tauschähnlicher Vorgang als Veräußerung), so ist nach deren Ansässigkeit zu unterscheiden:

54    – Einbringung der inländischen Betriebsstätte in eine inländische, mithin unbeschränkt steuerpflichtige Kapitalgesellschaft. Die grundlegende Vorschrift für die Einbringung in übernehmende, unbeschränkt steuerpflichtige Kapitalgesellschaften ist § 20 UmwStG. Nach bisheriger Ansicht fallen aber ausländische Kapitalgesellschaften mit Geschäftsleitung im Inland nicht darunter, weil sie selbst dann, wenn sie wie deutsche Kapitalgesellschaften strukturiert sind, nur als unbeschränkt körperschaftsteuerpflichtig i. S. des § 1 I Nr. 5 KStG gelten. Die Einbringung deutscher Betriebsstätten von Steuerausländern ist – mit dem Ausnahmefall einer EU-ansässigen beschränkt steuerpflichtigen Körperschaft – nur unter Realisierung der in den Wirtschaftsgütern der Betriebsstätte enthaltenen stillen Reserven möglich, wenn das deutsche Besteuerungsrecht gefährdet ist (§ 20 III UmwStG). Ausgeschlossen ist das deutsche Besteuerungsrecht, wenn der einbringende Steuerausländer (Stammhaus) in einem DBA-Staat ansässig ist und die inländische Betriebsstätte durch den Einbringungsvorgang untergeht – denn das Besteuerungsrecht bezüglich der stillen Reserven in den „einbringungsgeborenen Anteilen" liegt dann regelmäßig (s. Art. 13 IV OECD-MA, dazu S 252) beim Sitzstaat des Einbringenden. Gegenüber einem Steuerausländer, der in einem Nicht-DBA-Staat ansässig ist, ist das deutsche Besteuerungsrecht ausgeschlossen, wenn die Betriebsstätte durch den Einbringungsvorgang untergeht und die gewährten Anteile an der übernehmenden Gesellschaft keine wesentliche Beteiligung i. S. des § 17 EStG repräsentieren. § 20 III UmwStG bezweckt, steuerfreie Veräußerungen inländischen Betriebsvermögens seitens beschränkt Steuerpflichtiger über den Umweg einer Einbringung und einer daran anschließenden Anteilsveräußerung zu verhindern (s. dazu die Übersicht bei *Kuhlmann* S. 172). Wird dagegen nur ein Teilbetrieb der inländischen Betriebsstätte eingebracht und gehen die hierfür gewährten Anteile in das verbleibende Teilbetriebsvermögen einer als organisatorische Einheit fortbestehenden Betriebsstätte über, verbleibt es bei einer Steuerverstrickung im Inland. Daß nun als Rechtsfolge bei Gefährdung des deutschen Steueranspruchs die aufnehmende Kapitalgesellschaft das eingebrachte Betriebsstättenvermögen mit dem Teilwert (§ 20 III Satz 1 UmwStG) anzusetzen hat, gilt als herrschende Meinung (*Siegfried Schröder* in *Mössner* u. a., S. 341). Allerdings ist auf

*Dieterlen/Schaden* IStR 1999, 1 ff. hinzuweisen, die diesen Fall mit einer überzeugenden Argumentation dem Anwendungsbereich des § 12 II KStG (dazu bereits M 80) zuweisen, sofern die Bedingung einer beschränkten Körperschaftsteuerpflicht gegeben ist. Der letzte Halbsatz des § 12 II KStG enthält zwar einen Anwendungsvorbehalt zugunsten des Umwandlungssteuergesetzes; aber es sollte nach der Vorgeschichte lediglich sichergestellt werden, daß die begünstigende Vorschrift des § 23 II UmwStG zur Anwendung gelangt. Vom Gesetzgeber war ganz offensichtlich nicht bezweckt worden, weiteren Regelungen des Umwandlungssteuergesetzes Vorrang vor § 12 II KStG einzuräumen. Auch eine am Wortlaut und Sinnzusammenhang orientierte Auslegung bestätigt dies: Das Umwandlungssteuergesetz verfolgt nicht das Ziel, eine den allgemeinen Vorschriften gegenüber verschärfte Regelung zur Anwendung zu bringen. Der Anwendungsvorbehalt des § 12 II KStG bezieht sich daher trotz des mißverständlichen Wortlauts nur auf die EU-Fälle des § 23 II UmwStG, nicht aber auf § 20 III UmwStG. Folglich ist der gemeine Wert, also der Verkehrswert der einzelnen Wirtschaftsgüter maßgebend, selbst geschaffene immaterielle Wirtschaftsgüter bleiben außer Ansatz.

– Einbringung der inländischen Betriebsstätte in eine inländische, **55** mithin unbeschränkt steuerpflichtige Kapitalgesellschaft, aber mit der Besonderheit, daß es sich bei dem **einbringenden Steuerausländer** (das Stammhaus) um **eine EU-Kapitalgesellschaft** handelt: § 23 II UmwStG regelt die Einbringung einer inländischen Betriebsstätte durch eine beschränkt steuerpflichtige EU-Kapitalgesellschaft in eine unbeschränkt oder beschränkt steuerpflichtige EU-Kapitalgesellschaft; die als Gegenleistung erworbenen Gesellschaftsanteile unterliegen – abweichend von dem erwähnten § 20 III UmwStG – nicht der inländischen Besteuerung, sondern ggf. der Besteuerung durch einen EU-Mitgliedsstaat. Daß die Schlußbesteuerung nach § 12 II KStG unterbleibt, war als Kernaussage des § 12 II 2. Halbsatz KStG bereits klargestellt worden. Das deutsche Besteuerungsinteresse ist insoweit teilweise geschützt, als die spätere Auflösung der stillen Reserven im Ergebnis zu einer Definitivbelastung mit deutscher Körperschaftsteuer führt (*van Lishaut* S. 127): Ist in Anwendung des § 23 II Alt. 2 UmwStG die inländische Betriebsstätte in eine beschränkt steuerpflichtige Übernehmerin eingebracht worden, unterliegt der Gewinn bei Ausschüttung an die nicht anrechnungsberechtigte, beschränkt steuerpflichtige EU-Kapitalgesellschaft der Definitivbelastung in Höhe des Ausschüttungssteuersatzes von 30%. Einer steuerfreien Nutzbarmachung der stillen Reserven durch Anteilsverkauf wirkt die 7-JahresFrist des § 26 II Satz 2 UmwStG entgegen. Wird durch Einlage oder Anteilsverkauf ins Inland die Anrechnungsberechtigung hergestellt, ist § 50c EStG (Sperrbetragsregelung, s. dazu P 136) anwendbar;

**56**      – Einbringung der inländischen Betriebsstätte in eine ausländische, aber außerhalb der EU-ansässige Kapitalgesellschaft gegen Gewährung von Gesellschaftsrechten: Das ist kein Fall, der das UmwStG berührt, sondern ausschließlich unter § 12 KStG fällt (Schlußbesteuerung auf der Grundlage des gemeinen Wertes der Wirtschaftsgüter).

**57**      (4) Wird die inländische Betriebsstätte eines Steuerausländers **in eine Personengesellschaft** gegen Einräumung eines Mitunternehmeranteils (was im Wege der Gesamtrechtsnachfolge nach den Vorschriften des UmwG möglich ist) **eingebracht,** kommt es nach § 24 UmwStG allein darauf an, daß die stillen Reserven des eingebrachten inländischen Betriebsstättenvermögens der Besteuerung durch die Bundesrepublik erhalten bleiben. § 24 UmwStG kennt keine Beschränkung für beschränkt Steuerpflichtige: Aufnehmende Gesellschaft kann eine inländische, aber auch eine ausländische Personengesellschaft sein; für die ausländische Personengesellschaft kommt es darauf an, daß sie als Mitunternehmerschaft i. S. des § 15 I Satz 1 Nr. 2 EStG anzuerkennen ist und die Einbringung in eine inländische Betriebsstätte der Personengesellschaft erfolgt oder eine inländische Betriebsstätte durch den Einbringungsakt begründet wird. Einbringender kann eine unbeschränkt oder beschränkt steuerpflichtige Person sein; die Rechtsform des Einbringenden ist ohne Belang – es kann eine Kapitalgesellschaft, eine Personengesellschaft, aber auch ein Einzelunternehmen sein.

**58–69**  *(einstweilen frei)*


## II. Die Gründung einer Kapitalgesellschaft im Inland

Schließlich kann das ausländische Unternehmen im Inland eine Kapitalgesellschaft gründen oder sich an einer solchen beteiligen und damit seine wirtschaftlichen Interessen in der Bundesrepublik rechtlich verselbständigen.


### 1. Die inländische Tochtergesellschaft: Anerkennungsfrage

**70**      (1) Das Grundproblem ist hier zunächst, ob das deutsche Steuerrecht die rechtliche Selbständigkeit der nach deutschem Recht gegründeten Gesellschaft anerkennt oder wegen der Beherrschung durch ein ausländisches Unternehmen über deren rechtliche Selbständigkeit hinweggeht und die Tochtergesellschaft als Betriebsstätte des Auslandsunternehmens ansieht. Die Folge der zweiten Betrachtungsweise wäre die beschränkte Steuerpflicht des ausländischen Unternehmens mit der Konsequenz, daß die Tochtergesellschaft als Betriebsstätte entsprechend den geschilderten Einschränkungen der Selbständigkeitsfiktion durch die Rechtsprechung

Vertragsentgelte wie Zinsen, Lizenzgebühren u.ä., die sie der Auslandsgesellschaft gezahlt hat, nicht mehr gewinnmindernd geltend machen könnte) (*Debatin* DStZtg 1966, 214). Tatsächlich hat der *RFH* in den sog. **Shell- und Citroën-Urteilen** aus dem Jahre 1930 deutsche Tochtergesellschaften ausländischer Kapitalgesellschaften als deren Betriebsstätten angesehen (RStBl. 1930, 148, 757; s. *Bühler* S. 104 f.; *Weißenborn* DStR 1966, 108), also einen Fall der Organschaft zwischen ausl. Mutter und inl. Tochter angenommen.

Begründet wurde dies im Shell-Urteil mit der bloßen Zugehörigkeit zu einem ausländischen Konzern unter Anwendung des § 34 EStG 1925 (diese Vorschrift existiert im geltenden EStG nicht mehr). § 34 EStG 1925 gestattete der Finanzverwaltung, bei Steuerausländern, die im Inland eine Zweigniederlassung ihres ausl. Unternehmens betrieben, statt des deklarierten und nach den steuerrechtlichen Vorschriften nicht zu beanstandenden Gewinns der Zweigniederlassung den Gewinn, wie er bei einem der Zweigniederlassung gleichen oder ähnlichen, aber selbständigen Betrieb erzielt worden wäre, mindestens aber die übliche Verzinsung des der Zweigniederlassung gewidmeten Kapitals, anzusetzen. Die Anwendung dieser Vorschrift setzte zwar eine Zweigniederlassung eines ausländischen Unternehmens im Inland voraus: der *RFH* entschied jedoch, daß als Zweigniederlassung in diesem Sinne auch eine inländische juristische Person in Betracht käme. Im Citroën-Urteil wurde die Betriebsstätteneigenschaft mit der sog Organtheorie begründet: Wegen einer Eingliederung verliere sie ihre steuerliche Selbständigkeit und sei als unselbständige Betriebsstätte zu behandeln.

Diese Grundsätze werden jedoch nicht mehr angewendet: Zwar läßt sich die Ablehnung der Grundsätze des Shell-Urteils nicht allein mit der Streichung des § 34 EStG 1925 begründen, weil bei einer Qualifizierung der inländischen Tochtergesellschaft als Zweigniederlassung der Auslandsgesellschaft die Betriebsstätteneigenschaft unmittelbar aus § 12 AO folgte (*Ahrndsen* AWD 1969, 386). Als entscheidender Gesichtspunkt wird aber nunmehr hervorgehoben, daß der Begriff der Zweigniederlassung im handelsrechtlichen Sinn auch für das Steuerrecht verbindlich ist (*Mersmann* S. 175). Auch die internationale Organtheorie kann nach ganz einheitlicher Meinung keine Verbindlichkeit beanspruchen: Ob eine inländische Betriebsstätte gegeben ist, richtet sich allein nach § 12 AO. Eine inländische Tochtergesellschaft erfüllt die dort genannten Voraussetzungen nicht schon wegen ihrer Eingliederung in einen internationalen Konzern. Andere Anerkennungsprobleme (die sich beispielsweise aus der alternativen Anknüpfung – Ort der Geschäftsleitung eines Unternehmens in einem anderen Staat als dem des Unternehmenssitzes – ergeben können) bleiben hier zunächst außer Betracht. Erinnert sei schließlich noch an das Problem der unbeschränkten KStPflicht einer ausländischen Kapitalgesellschaft aufgrund des inländischen Ortes der Geschäftsleitung.

Im Falle *FG Köln* GmbHRdsch 1991, 42 hatte eine Kapitalgesellschaft einen ausl. Sitz, aber eine inl. Geschäftsleitung. Für eine Beteiligung an einer inl. Kapitalgesellschaft wurden die Voraussetzungen der Organschaft geltend gemacht. *FG Köln:* Eine körperschaftsteuerliche Organschaft setzt voraus, daß der Organträger Geschäftsleitung und Sitz im Inland hat. Das ist eine bewußte Entscheidung des Gesetzgebers, wonach die qualifizierten Inlandsbeziehungen es ermöglichen sollen, die Organschaftsvoraussetzungen im Inland nachzuprüfen. § 18 KStG läßt als Organträgerin in einem Ausnahmefall die inl. Zweigniederlassung eines ausl. Unternehmens zu, damit aber nicht das Auslandsunternehmen selbst. Auch dies zeigt das früher gefundene Ergebnis, daß im Wege einer Organschaft nach internem Recht ein grenzüberschreitender Verlustausgleich nicht möglich ist (s. P 38). So *BFH* BStBl. 1992 II, 263, der an die Verwaltungssitzverlegung in das Inland ohne Registereintragung anknüpft (s. L 14) und diese nicht durch eine Organschaft gefördert sehen will.

**71**      (2) Abweichend vom Plan der Darstellung ist die Situation eines ausländischen Investors zu betrachten, der **zwecks Direktinvestition im Inland** statt eine Kapitalgesellschaft unmittelbar im Inland zu gründen eine solche im Ausland gründet und diese **ausländische Gesellschaft zwischenschaltet.** Zwei Entscheidungen des *BFH* führen zu der Frage, ob eine solche Zwischenschaltung als Rechtsmißbrauch mit der Folge angesehen werden kann, daß aus der Direktinvestition resultierende inländische Einkünfte dem ausländischen Investor (also beispielsweise einer ausländischen Muttergesellschaft) direkt zuzurechnen sind. Es handelt sich mithin um eine Gestaltung, die in das Schema des Inländertätigwerdens im Ausland und in das des Ausländertätigwerdens im Inland nicht direkt hineinpaßt. Klar ist jedenfalls, daß die Gründung einer inländischen Kapitalgesellschaft – wäre sie denn erfolgt – keine weitere Aufmerksamkeit beansprucht hätte.

Im Falle *BFH* BStBl. 1998 II, 163 hatte eine niederländische Stiftung zum Zwecke des Erwerbs und der Vermietung eines in Deutschland belegenen bebauten Grundstücks **zwei niederländische Kapitalgesellschaften** gegründet, **die** als BGB-Gesellschaft **das Inlandsgeschäft vollzogen.** Der Grundstückskaufpreis wurde von der Stiftung als Darlehen zur Verfügung gestellt. Die GbR errechnete einen Verlust aus Vermietung und Verpachtung, weil die Mieterträge die Zinsverbindlichkeiten nicht deckten. Im Falle *BFH* BStBl. 1998, 235 hatte eine niederländische Kapitalgesellschaft Beratungsleistungen im Bereich der Sportveranstaltungsvermarktung und der Sportlervermarktung gegenüber einer deutschen GmbH erbracht. Alleiniger Gesellschafter war ein in einem Drittstaat Ansässiger. Der BFH hätte in beiden Fällen die Leistungsbeziehungen unter dem Gesichtspunkt einer verdeckten Gewinnausschüttung einer Prüfung unterziehen können. Statt dessen hat der *BFH* die Frage einer Anwendung des § 42 AO auf beschränkt Steuerpflichtige geprüft. Diese Frage wird in einem umfassenderen Zusammenhang im DBA-Recht erörtert (s. S 138). Hier ist lediglich vorwegzunehmen, daß der *BFH* unter Abkehr von früherer Rechtsprechung (Monaco-Urteil) klargestellt hat, daß die von der Rechtsprechung zur Zwischenschaltung ausländischer Basisgesellschaften entwickelten Kriterien auch für zwischengeschaltete ausländische Gesellschaften beschränkt Steuerpflichtiger gelten. Das bedeutet nun nicht etwa, daß Outsourcing innerhalb eines ausländischen Konzerns mit deutscher Belegenheit grundsätzlich einem Mißbrauchsvorwurf ausgesetzt ist. Die Nichtanerkennung droht in solchen Fällen aber, in denen die Gesellschaften ohne eigene personelle und materielle Ressourcen nur auf dem Papier als sog. Anlagegesellschaften bestehen. Die Gesellschaft muß, auch wenn sie in ihrer Zweckbestimmung eng angelegt ist, einen eigenständigen wirtschaftlichen Zweck tatsächlich auf eigene Rechnung verfolgen (*Stoschek/Sommerfeld* RIW 1998, 952).

## 2. Die inländische Tochtergesellschaft: Besteuerungsfragen

*a) Grundsätze zur Gewinnermittlung*

Die inländische Tochtergesellschaft ist also ein selbständiges Steuer-  72
subjekt und unterliegt der unbeschränkten Steuerpflicht gem. § 1 I Nr. 1
KStG; sie wird nach dem Welteinkommensprinzip besteuert. Ihre **Gewinnermittlung** ist prinzipiell **anderer Natur als die der inländischen
Betriebsstätte eines ausländischen Unternehmens** (s. P 21): Es bedarf
weder einer Aussonderung aus einem einheitlichen Gewinn noch der
Selbständigkeitsfiktion. Die steuerlich relevanten Aufwendungen und
Erträge ergeben sich unmittelbar aus der Tätigkeit der Inlandsgesellschaft selbst. Sie führt darüber Aufzeichnungen und erstellt Bilanzen
nach den Vorschriften des Handelsgesetzbuchs wie jede andere inländische Kapitalgesellschaft; nach § 238 I HGB ist sie als Kaufmann kraft
Rechtsform unabhängig vom Betrieb eines Handelsgewerbes zur Buchführung verpflichtet. Gemäß § 140 AO gilt diese Buchführungspflicht
gleichermaßen als steuerliche Verpflichtung. Fiktive Verrechnungen sind
grundsätzlich nicht erforderlich, Geschäfte aller Art mit steuerlicher
Wirkung zwischen der Inlandsgesellschaft und der Auslandsgesellschaft
grundsätzlich möglich. Für Gewinnausschüttungen an die ausländische
Muttergesellschaft gelten keine besonderen Regeln. Schüttet sie Gewinne in **Fremdwährung** aus, ist für die Herstellung der Ausschüttungsbelastung eine DM-Umrechnung nach dem Währungskurs im Zeitpunkt der
Ausschüttung vorzunehmen (*BFH* BB 1999, 944).

Wie bei den erörterten Wirtschaftsbeziehungen zwischen einer in-  73
ländischen Unternehmung und der von ihr beherrschten ausländischen
Tochtergesellschaft ist auch in dem hier erörterten umgekehrten Fall
darauf zu achten, daß die beiden miteinander verbundenen Gesellschaften ihre Leistungsbeziehungen so gestalten, wie wenn sie von
einander unabhängig wären; anderenfalls hätten es die Gesellschafter
in der Hand, den in der Bundesrepublik entstandenen Gewinn der
Tochtergesellschaft in das Ausland zu verlagern. Zentrale Bedeutung
kommt hier dem Institut der verdeckten Gewinnausschüttung zu, das
die geeignete Rechtsgrundlage für die Erfassung von Gewinnverschiebungen innerhalb des vielfältigen Leistungsaustauschs zwischen
inländischer Tochtergesellschaft und dem sie beherrschenden Auslandsunternehmen bietet; ein Leistungsungleichgewicht zu Lasten der inländischen Tochter führt bei dieser zu einer Gewinnkorrektur nach
§ 8 III Satz 2 KStG. Außerdem greifen subsidiär § 1 AStG und unabhängig davon die **Regeln der verdeckten Einlage** (ausländische
Muttergesellschaft liefert an ihre inländische Tochtergesellschaft zu
einem unangemessen niedrigen Preis, die inländische Tochtergesellschaft
liefert an ihre ausländische Muttergesellschaft zu einem unangemessen
hohen Preis) s. bereits N 257.

*b) Gewinnkorrekturen: Die verdeckte Gewinnausschüttung; § 1 AStG*

**74**     (1) Rechtssystematisch stehen die verdeckte Gewinnausschüttung
(§ 8 III Satz 2 KStG) und die Berichtigung von Einkünften (§ 1 AStG)
auf einer Ebene: Es handelt sich um Gewinnkorrekturvorschriften (zur
Begründung *Wassermeyer* in *Schaumburg* (Hrsg. 1998), S. 364 ff. und
StbJb 1998/99 S. 158 f.). Dabei sind hinsichtlich der Voraussetzungen
eine Reihe von Unterschieden festzustellen: Einerseits ist der Anwendungsbereich der verdeckten Gewinnausschüttung weiter, da § 1 AStG
eine Geschäftsbeziehung voraussetzt, die verdeckte Gewinnausschüttung
hingegen jede Beziehung der Gesellschaft zu den Gesellschaftern oder
ihnen nahestehenden Person erfassen kann. Andererseits ist er gegenüber
§ 1 AStG enger: Denn die verdeckte Gewinnausschüttung erfaßt nur
Vorteilsgewährungen der Gesellschaft an Gesellschafter aufgrund gesellschaftsrechtlicher Beziehungen: eine Veranlassung im Sinne des § 8 III
Satz 2 KStG kann durch jedes unmittelbare oder mittelbare Gesell-
schafts- oder beteiligungsähnliches Rechtsverhältnis begründet werden
(*Sturm* S. 109; *Wassermeyer* in *F/W/B* § 1 AStG Rz 81 ff.). Hinsichtlich
des Maßstabs für die Gewinnkorrektur trifft nur § 1 AStG eine eindeutige Aussage im Hinblick auf einen erforderlichen **Fremdvergleich:** Danach sind Einkünftekorrekturen bei Leistungsbeziehungen vom Inland in
das Ausland gestattet, wenn sie auf Gesellschaftsbeziehungen mit einer
dem Steuerpflichtigen nahestehenden Person beruhen, die von den Bedingungen abweichen, die voneinander unabhängige Dritte unter gleichen oder ähnlichen Verhältnissen vereinbart hätten. Aus dem Wortlaut
des § 8 III Satz 2 KStG ist dieser Fremdvergleich als Maßstab nicht zu
entnehmen, doch wird er von der Rechtsprechung des *BFH* herangezogen, um die Veranlassung durch das Gesellschaftsverhältnis zu konkretisieren; für die nicht dem Fremdvergleich entsprechenden Leistungen
wird dann widerlegbar vermutet, daß sie durch das Gesellschaftsverhältnis veranlaßt sind (*Wassermeyer* StbJb 1998/99, S. 160). *BFH*/NV 1999,
673 zum Verhältnis des dealing-at-arm's-length-Maßstabs zum Verhalten eines ordentlichen und gewissenhaften Geschäftsleiters am Beispiel
einer vGA durch Verlagerung von Einkaufsrabatten in das Besitzunternehmen: Eine Vereinbarung hält dem arm's-length-Maßstab bereits dann
nicht mehr stand, wenn sie dem widerspricht, was ein ordentlicher und
gewissenhafter Geschäftsleiter vereinbart hätte. Die Rechtsgrundlage
dieses Fremdvergleichs ist aber nicht etwa aus § 1 AStG auf die verdeckte Gewinnausschüttung übertragen worden; der Fremdvergleich ist
auf das Veranlassungsprinzip zurückzuführen: In § 8 III Satz 2 KStG
geht es – nicht anders als in § 1 AStG und bei der Frage der Abgrenzung
von Werbungskosten zu Kosten der privaten Lebensführung um eine
einheitliche Fragestellung: um die Bestimmung des tatsächlichen Veranlaßtseins einer Leistung durch eine Einkunftsquelle (*Wassermeyer* aaO

S. 161). Bestimmt der Fremdvergleich somit den Tatbestand, so gelangt er ein zweites Mal zur Anwendung bei der Rechtsfolge einer Gewinnkorrektur. Auch insoweit ist eine ausdrückliche Voraussetzung dem § 8 III Satz 2 KStG nicht zu entnehmen. Zur Frage, ob der Fremdvergleich nur aus der Sicht der Gesellschaft oder auch aus der Sicht ihres jeweiligen Vertragspartners durchzuführen ist, s. *Wassermeyer* GmbHR 1998, 157.

(2) Allerdings haben schon die Ausführungen zur verdeckten Einlage **75** (N 257) am Beispiel *BFH* BStBl. 1998 II, 321 verdeutlicht, daß ein **einheitlicher Fremdvergleichsmaßstab auf der Rechtsfolgenebene** nicht möglich ist. Sind verdeckte Gewinnausschüttungen und Einkünftekorrekturen *Wassermeyer* folgend dem Fremdvergleich und damit dem Marktgeschehen unterworfen, findet die Übertragung dieses Maßstabs auf Einlagen und Entnahmen seine Grenzen auch nach dem Steuerentlastungsgesetz 1999/2000/2002 im Teilwertbegriff.

Dazu *Wassermeyer* (StbJb 1998/99, S. 169): „Häufig werden die genannten Bewertungsmaßstäbe zu vergleichbaren Ergebnissen führen. Dies gilt z.B dann, wenn eine GmbH ein Wirtschaftsgut des Anlagevermögens zu einem unangemessen niedrigen Preis an ihren Gesellschafter verkauft oder zu einem unangemessen hohen Preis von ihrem Gesellschafter erwirbt. In diesen Fällen werden der Teilwert und der Fremdvergleichspreis gleichermaßen vom Verkehrswert des Wirtschaftsgutes geprägt. Durch den Verkehrswert werden etwaige stille Reserven realisiert. Etwas anderes gilt jedoch, wenn Dienstleistungen oder Nutzungen entnommen werden. Betrifft die „Entnahme" eine Kapitalgesellschaft einerseits und ihren Gesellschafter andererseits, so sind die Dienstleistungen oder Nutzungen als verdeckte Gewinnausschüttungen mit dem Fremdvergleichspreis zu bewerten, der regelmäßig einen Gewinnaufschlag einschießt In der Regel wird die Kostenaufschlagungsmethode anzuwenden sein. Betrifft die „Entnahme" dagegen eine Mutterkapitalgesellschaft einerseits und ihre Tochtergesellschaft andererseits, so wird nach dem Beschluß der Großen Senats vom 26. 10. 1987 (BStBl. 1988 II, 318) auf jede Gewinnkorrektur verzichtet … Für mich ist deshalb der Beschluß des *BFH* vom 17. 12. 1997 Beleg dafür, daß einerseits nur ein einheitlich praktizierter Fremdvergleichsmaßstab rechtlichen Bestand haben kann und daß andererseits dem deutschen Gesetzgeber dies nicht jederzeit bewußt war" (s. auch P 202).

(3) Für verdeckte Gewinnausschüttungen und § 1 AStG gilt, daß die **76** Rechtsfolgen außerhalb der Steuerbilanz ansetzen; das ist jetzt unbestritten (*BFH* BStBl. 1990 II, 879 zu § 1 AStG; *BFHE* 175, 347 zur verdeckten Gewinnausschüttung). § 1 AStG begründet aber keine Beteiligungserträge, anders als die verdeckte Gewinnausschüttung (§ 20 I Nr. 1 Satz 2 EStG). Aufgrund der teilweise identischen Tatbestandsvoraussetzungen stellt sich mithin wie bei der verdeckten Einlage auch hier das Konkurrenzverhältnis. Vertreten werden eine Subsidiaritätstheorie (Nachrangigkeit des § 1 AStG wegen des Wortlauts des § 1 AStG „unbeschadet anderer Vorschriften"), eine Spezialitätstheorie (Vorrang des § 1 AStG, weil nach der Gesetzesbegründung BT-Drucks. VI/2882 ein umfassender Maßstab für Gewinnberichtigungen bei grenzüberschreitenden Leistungsbeziehungen geschaffen werden sollte) und eine Idealkonkur-

renz (*Sturm* S. 106, 107 mit Nachw.). Idealkonkurrenz ist nicht möglich; die verdeckte Gewinnausschüttung erfüllt die Voraussetzung einer „anderen Ausschüttung" in § 27 III Satz 2 KStG – wie soll hier Idealkonkurrenz möglich sein? Gegen die Spezialitätstheorie spricht der Wortlaut des Gesetzes. Er gebietet eine subsidiäre Anwendung des Gesetzes (*Bianca Lang* in *Arthur Anderson* Rz 1040 zu § 8 KStG)

77     (4) **Grundfälle der verdeckten Gewinnausschüttung** im Verhältnis der ausländischen Muttergesellschaft zur inländischen Tochtergesellschaft sind (*Lang* aaO, Rz 369 zu § 8 KStG):

– Der ausländische Anteilseigner erbringt an die inländische Tochtergesellschaft eine Lieferung/Leistung zu einem unangemessen hohen Preis.

– Die inländische Kapitalgesellschaft erbringt an den ausländischen Anteilseigner eine Lieferung/Leistung zu einem unangemessen niedrigen Preis.

Im Falle einer verdeckten Gewinnausschüttung der inländischen Tochtergesellschaft an ihre ausländische Muttergesellschaft

– ist die verdeckte Gewinnausschüttung bei der **Ermittlung des Einkommens** der inländischen Tochtergesellschaft außerhalb der Bilanz hinzuzurechnen (Steuerbilanzgewinn und verdeckte Gewinnausschüttungen § 8 III Satz 2 KStG); s. dazu den amtlichen Vordruck zur Körperschaftsteuererklärung in Zeile 27 (dazu: Verdeckte Gewinnausschüttungen einschließlich der Hinzurechnungen nach § 8 a KStG). Denn: In der Handelsbilanz und Steuerbilanz hat eine vGA den Bilanzgewinn gemindert, sei es durch den Abfluß von Vermögen, sei es bei der nicht abgeflossenen vGA durch Bildung einer Rückstellung oder sei es durch eine unterbliebene Vermögensmehrung (im einzelnen *Frotscher* S. 17). Bei der Tochterkapitalgesellschaft ist alsdann die Ausschüttungsbelastung herzustellen (§ 27 I KStG), ungeachtet der Tatsache, daß die ausländische Muttergesellschaft grundsätzlich nicht zur Ausschüttung berechtigt ist (§ 50 II Satz 2 EStG, § 51 KStG).

– hat die inländische Tochtergesellschaft für Rechnung der ausländischen Muttergesellschaft **Kapitalertragsteuern** abzuführen (§ 43 I EStG), falls bei dieser ein Zufluß eines Vermögensvorteils bejaht werden kann. Dies ist auch bei Nutzungsvorteilen der Fall, so daß bei Nutzungsüberlassungen der Tochtergesellschaft von einem kapitalertragsteuerpflichtigen Zufluß an das Mutterunternehmen auszugehen ist (*Otto H. Jacobs* S. 594).

– und erzielt die ausländische Muttergesellschaft **beschränkt steuerpflichtige Einkünfte** (§ 49 I Nr. 5 i. V. mit § 20 I Nr. 1 EStG), wobei die Steuer mit der Erhebung der Kapitalertragsteuer als abgegolten gilt (§ 50 V Satz 1, 2 EStG); zu einer in einem EU-Staat ansässigen Muttergesellschaft s. P 97, zu einer in einem DBA-Staat ansässigen Muttergesellschaft s. S 173. Die Zurechnung einer verdeckten Gewinnausschüttung ist nicht auf Gewinneinkünfte beschränkt. *BFH* IStR 1995, 330 hat die

Anwendung des § 8 III Satz 2 KStG auf Überschußeinkünfte aus Vermietung und Verpachtung einer ausländischen Stiftung erstreckt. § 8 III Satz 2 KStG erfaßt danach jede Form der Einkommensverwendung zugunsten ihres Gesellschafters. Deshalb war im Streitfall zu prüfen, ob geltendgemachte Werbungskosten Einkommensverwendung gegenüber den beherrschenden Gesellschaft darstellen.

Einige *Beispiele* aus der Rechtsprechung zur Verdeutlichung: Im Falle *BFH* BStBl. **78** 1967 III, 495 befanden sich die Geschäftsanteile einer inländischen GmbH ausschließlich in den Händen einer schweizerischen AG. Die GmbH vertrieb allein und ausschließlich die pharmazeutischen Erzeugnisse der AG. Seit mehreren Jahren hatte die GmbH im wesentlichen **auf eigene Kosten Werbemaßnahmen** durchgeführt, die auch der AG zugute kamen (z.B. Kosten der Einführung von Erzeugnissen der AG übernommen); die von der GmbH beschäftigten wissenschaftlichen Mitarbeiter beschränkten sich auf die Ausarbeitung von Gutachten und Empfehlungen zur Einführung von Arzneimitteln der AG. – Der *BFH* (der die Sache an das Finanzgericht zurückverwies) machte die Annahme einer verdeckten Gewinnausschüttung der GmbH an die AG von der Beantwortung der Fragen abhängig, ob es (a) insbesondere in der pharmazeutischen Branche unüblich ist, daß im Verhältnis zwischen gesellschaftsrechtlich einander nicht verbundenen Unternehmen – die inländische Vertriebsgesellschaft eines ausländischen Industrieunternehmens als Alleinvertreterin den mit der Werbung im Inland verbundenen Aufwand ganz oder überwiegend trägt, obgleich sie damit zugleich dem Interesse des Herstellungsunternehmens dient, und wenn nein, ob (b) die durch die Abzugsfähigkeit der Werbeaufwendungen entstandenen Verluste der GmbH durch besondere Bedingungen der AG im gegenwärtigen Geschäftsverkehr entstanden sind, die sich nur aus dem Beteiligungsverhältnis erklären lassen. Im Falle des *Hess. FG* EFG 1989, 200 vertrieb die inländische Tochtergesellschaft X einer holländischen Muttergesellschaft Y deren Produkt. X erwirschaftete 3 Jahre lang **Verluste:** Die Betriebsausgaben überstiegen die Rohgewinne. Das FA behauptete als Ursache des Verlustes überhöhte Einkaufspreise und schätzte den Gewinn bei X, in dem es die angefallenen Verluste zuzüglich einer Kapitalverzinsung der jeweiligen Verlustvorträge in Höhe von 15% als verdeckte Gewinnausschüttung ansetzt. Das *Hess. FG* folgte dieser Argumentation: X seien von Y Produkte geliefert worden, die wegen der besonderen Marktlage zu den geforderten Preisen nicht mit Gewinnen weiterzuveräußern waren. Das Urteil ist von *Bellstedt* (IWB 2, 429) ausführlich analysiert worden: Das FG gehe davon aus, die Vertriebstochter X hätte unter kaufmännischen Gesichtspunkten entweder niedrigere Preise zahlen oder ihren Betrieb liquidieren müssen; da sie keines von beiden tat, habe sie verdeckt Gewinne ausgeschüttet. Die angezeigte Fragestellung aber wäre stattdessen gewesen: Stellen die Kosten der Aufrechterhaltung eines – aus der Sicht der Y – Brückenkopfes in der Bundesrepublik betrieblich bedingten Aufwand der X oder stellen sie Vorteilszuwendungen an Y dar? Lag das „Durchhalten" im überwiegenden Interesse der Mutter- oder der Tochtergesellschaft? Die Annahme des FG, die Rohgewinnspannen hätten X nicht das Erwirtschaften von Gewinnen ermöglicht, also haben sie an Y überhöhte Preise bezahlt und das habe zu einer verdeckten Gewinnausschüttung geführt, hält *Bellstedt* für „archaisch", es „ignoriert die Rechtsentwicklung der letzten 25 Jahre". Nach geltendem Recht hätte ein Fremdvergleich angestellt werden müssen: Hat X höhere Preise bezahlt, als andere deutsche Vertriebsgesellschaften im gleichen Zeitraum für gleiche Produkte an die Hersteller zahlten? Entsprach die Gewinnspanne der Vertriebsgesellschaft derjenigen anderer inländischer Vertriebsgesellschaften derselben Branche im gleichen Zeitraum? Zum Fall einer nach 17 Jahren ihrer Geschäftstätigkeit erstmals einen Gewinn erzielenden **inländischen Vertriebstochtergesell-**

**schaft** *Spensberger* IStR 1999, 561. Die Frage nach der **Angemessenheit der Einkaufspreise** gemessen an den Einkaufspreisen des Wettbewerbs wurde vom FG überhaupt nicht gestellt. Im Falle *FG Saarland* EFG 1996, 48 erfolgte unter Anwendung des § 1 I, III AStG eine Schätzung auf der Grundlage, daß inländische und zu einem international tätigen Konzern gehörende Kapitalgesellschaften ertragsmäßig so auszustatten sind, als würden die Geschäftsbeziehungen wie unter unabhängigen Dritten bestehen. Verbleibt einer den Zwischenhandel mit landwirtschaftlichen Produkten betreibenden inländischen Kapitalgesellschaft bei einem durchschnittlichen Jahresumsatz von 72 Mio. DM ein durchschnittlicher Jahresgewinn von 27 300 DM, so sei dies nicht der Fall: „Die Klin. ist eine juristisch selbständige Person, die jedoch in vielfältiger Weise und auf verschiedenen Ebenen mit der Mutter- und mit anderen Konzerngesellschaften verflochten ist. Eine ins Einzelne gehende Überprüfung der gegenseitigen Wirtschaftsbeziehungen ist tatsächlich weder im Zuge einer Außenprüfung noch sonst möglich … Ein ordentlicher und gewissenhafter Geschäftsleiter wird für seine GmbH nur in Bereichen tätig, in denen er innerhalb eines überschaubaren Zeitraums mit einem angemessenen Gesamtgewinn rechnen kann. Hiergegen ist im zu entscheidenden Fall – aus welchen Gründen auch immer – in eklatanter Weise verstoßen worden". Im *BFH*-Urteil BStBl. 1993 II, 457 hatte die inländische Vertriebstochtergesellschaft eines ausländischen Spirituosenherstellers die **Werbe- und Einführungskosten** bei der Einführung eines neuen Produkts übernommen. In den Folgejahren waren ihr aus dem Vertrieb dieses Produkts erhebliche Verluste entstanden. Der *BFH*: Der ordentliche und gewissenhafte Geschäftsführer wird ein neues Produkt einführen und vertreiben, wenn er einen angemessenen Gesamtgewinn erwarten kann; die Gewinnerwartung ist betriebswirtschaftlich zu belegen. Vermögensminderungen wegen zu hoher Einführungspreise oder wegen des Aufwandes der Markteinführung und Werbung würde er nicht hinnehmen, wenn dieser Aufwand üblicherweise vom Hersteller oder Lieferanten getragen wird: „Das FG wird unter Beachtung der oben dargelegten Voraussetzungen festzustellen und zu würden haben, ob die Klin. im Streitfall bei der gebotenen kaufmännischen Prognose einen angemessenen Gewinn aus dem Vertrieb des Produkts erwarten durfte, ersatzweise, ob es in der Branche der Klin. üblich war, daß der Vertriebspartner die Markteinführungs- und Werbekosten trug". Muß der Fremdvergleich alle zwischen den verbundenen Unternehmen bestehenden Verbindungen auflösen oder muß er auf bestimmten Verbindungen aufbauen? Muß/soll der Fremdvergleich bestimmte Konzerneffekte berücksichtigen? Ansatzpunkte hierfür im *BFH*-Urteil IStR 1995, 330, in dem es um die **Darlehensbedingungen** für das Darlehen eines beherrschenden Gesellschafters an seine Gesellschaft geht und besondere Bedingungen für einen Fremdvergleich anerkannt werden (unübliche Besicherung solcher Darlehensforderungen, deshalb kann als angemessener Zins nur derjenige angesetzt werden, der für besicherte Darlehen gilt, weil die Besicherung ja schon in den Einflußnahmemöglichkeiten liegt). Zur Frage einer verdeckten Gewinnausschüttung bei der **Aufgabe von Vertriebsgebieten** *FG Rheinland Pfalz* EFG 1990, 296, das eine steuerliche Korrektur bei dem abgebenden Unternehmen mangels zivilrechtlichen Schadensersatzanspruchs verneinte; ein solcher Anspruch sei aber Voraussetzung für den vom FA angenommenen Verzicht hierauf. Das Urteil ist von *Kuckhoff/Schreiber* (S. 79 ff.) kritisiert worden: Die verdeckte Gewinnausschüttung besteht in einer verhinderten Vermögensmehrung – diese ist unabhängig davon anzunehmen, auf welche Weise das immaterielle Wirtschaftsgut „Vertriebsgebiet" in das Eigentum des verbundenen Vertriebsunternehmens gelangt ist; zum Problem auch *Roser* FR 1996, 577 und *Haarmann* (IDW-Steuerfachtagung 1996, S. 59 ff.). *Haarmann* diskutiert den Fall einer **Produktionsverlagerung in das Ausland:** Eine verhinderte Vermögensmehrung könnte nach der sog. Geschäftschancenlehre dann angenommen werden, wenn im Rahmen der Verlagerung Geschäftschancen unentgeltlich auf die ausländische Gesellschaft übergehen.

Die besondere Problematik der Geschäftschancenlehre besteht in der Feststellung, „wann eine Geschäftschance konkret entstanden ist und wann von einer noch nicht entstandenen Gewinnchance gesprochen werden kann. Darüber hinaus ist es für die Annahme einer vGA notwendig, daß eine konkret existente Geschäftschance der betreffenden Gesellschaft zugeordnet werden kann … Soweit die Gesellschaft jedoch durch die Liquidation Geschäftschancen verliert, die sie ohne die Übertragung der Produktion und der sich anschließenden Liquidation erworben hätte, liegen die Voraussetzungen für eine vGA nicht vor …, da es sich bei dem Entschluß zur Liquidation der Gesellschaft um eine unternehmerische Entscheidung der Gesellschafter handelt. Derartige organisationsrechtliche Akte stehen jedoch im Belieben der Gesellschafter". Im Falle *FG Rheinland-Pfalz* EFG 1999, 499 hatte die inländische GmbH mit einer britischen Plc einen Warenzeichenlizenzvertrag abgeschlossen, wonach die Klägerin als Lizenznehmerin ein Recht zur Benutzung des Konzernnamens und des Firmenlogos als Warenzeichen für die im Gebiet angebotenen Produkte eingeräumt erhielt. Gemeinsame Muttergesellschaft: eine niederländische Holding. Das *FG Rheinland-Pfalz:* Die Überlassung von immateriellen Wirtschaftsgütern kann entgeltfähig sein (Fremdpreis). In diesem Fall geht es aber um Entgelte der Tochtergesellschaft für einen **Rückhalt im Konzern.** Die hierfür geltenden Grundsätze haben Vorrang vor der warenzeichenmäßigen Bedeutung. Dem Warenzeichengebrauch waren wirtschaftliche Vorteile nicht zuzuordnen. Die Überlassung hat daher ihre Veranlassung im Gesellschaftsverhältnis (zum nrkr. Urteil s. die Anmerkung von *Baumhoff* IStR 1999, 534). Zur Thematik der **grenzüberschreitenden Funktionsverlagerung** s. *Kuckhoff/Schreiber* IStR 1999, 321 ff. und 353 ff. Die Aussage der Autoren, daß jede Funktion mit Geschäftschancen und damit mit einem Gewinnpotential verbunden ist und die Möglichkeit eines künftigen Vermögensvorteils beinhaltet, im Falle ihrer konkreten Verkehrsfähigkeit mithin eines Fremdvergleichs im Übertragungsfall bedarf, erweist sich als fragwürdig – aber den Autoren ist zu konzedieren, daß sie erstmals einen systematischen Ansatz wagen. Eine **Abgrenzung** zu den **organisationsrechtlichen Maßnahmen** auf gesellschaftsrechtlicher Grundlage ist den Autoren mit der Formel der Verlagerung einer konkreten Geschäftschance, die durch einen organisationsrechtlichen Akt verdeckt wird, nicht gelungen; s. dazu die Gegenposition bei *Sieker* (*Debatin/Wassermeyer* Art. 9 MA Rz 140), nach der die bloße Verlagerung nicht ausreichend ist; der gegenwärtige Diskussionsstand ist von *Raupach* (*Raupach* Hrsg. 1999, S. 127) unter dem Stichwort „Gewinnrealisierung durch Funktionsverlagerung ins Ausland" durch **Verlagerung von Markt- bzw. Geschäftschancen, Übertragung von Kundenstämmen, von Produktionsverfahren und Vertriebs-Know-how** zusammengefaßt worden.

*(einstweilen frei)*    **79–89**

## 3. Der ausländische Gesellschafter und das deutsche Körperschaftsteuersystem

### a) Rechtsentwicklung und Kritik (Europatauglichkeit)

(1) Die Besteuerung des **ausländischen Anteilseigners** nach dem **90** KStG 1977 sollte vor dem Hintergrund der bis zum Inkrafttreten des KStG 1977 geltenden Rechtslage verstanden werden. Nach dem alten KStG versteuerte die inländische Tochtergesellschaft ihr steuerpflichtiges Einkommen mit 51% (sog. Normal-Körperschaftsteuersatz nach § 19 I Nr. 1 KStG a.F.). Soweit sie berücksichtigungsfähige Ausschüttungen vornahm, ermäßigte sich der Körperschaftsteuersatz insoweit auf

15% (§ 19 I Nr. 1 i.V. mit § 19 III KStG a.F.). Das im Ausland ansässige herrschende Unternehmen war beschränkt steuerpflichtig, sofern das Inlandsunternehmen Dividenden ausschüttete (§ 49 I Nr. 5 EStG). Für die ausgeschütteten Dividenden wurde ein Quellensteuerabzug in Höhe von 25% (sog. Kapitalertragsteuer) erhoben.

Diese Besteuerung konnte zu Vorteilen einer ausländischen gegenüber einer inländischen Muttergesellschaft führen. Die berücksichtigungsfähigen Ausschüttungen einer inländischen Tochtergesellschaft wurden mit 15% besteuert, gleichgültig, ob die Empfängerin im Inland oder im Ausland ansässig war. Handelte es sich bei der Empfängerin um eine inländische Kapitalgesellschaft, so griff bei dieser hinsichtlich der erhaltenen Dividenden grundsätzlich das Schachtelprivileg des § 9 KStG a.F. ein. Da Voraussetzung für die Inanspruchnahme des Schachtelprivilegs die unbeschränkte Steuerpflicht der Muttergesellschaft war, kam es einer ausländischen Kapitalgesellschaft nicht zugute. Die inländische Muttergesellschaft unterlag jedoch der Nachsteuer in Höhe von 36%, es sei denn, sie schüttete die empfangenen Dividenden an ihre Aktionäre aus. Anders ausgedrückt: Thesaurierte die Muttergesellschaft die empfangenen Dividenden – weil sie z.B. Investitionen vornehmen wollte und den dafür erforderlichen Kapitalbedarf aus Fremdmitteln nicht decken wollte bzw. konnte – wurde die Nachsteuer in Höhe von 36% fällig, so daß die im Konzern verbleibenden Gewinne letztlich einer 51%igen Besteuerung unterlagen (15% bei der Tochter, 36% bei der Mutter). Die ausländische Muttergesellschaft unterlag dieser Nachsteuer nicht. Auch wenn sie die aus der Bundesrepublik empfangenen Dividenden thesaurierte, fiel lediglich die Quellensteuer (Kapitalertragsteuer) in Höhe von 25% an. Damit entstand der sog. **Ausländereffekt:** Bei Thesaurierung der Gewinne der Tochtergesellschaft durch die Muttergesellschaft wurde die ausländische Mutter mit 25%, die im Inland ansässige Mutter aber mit 36% besteuert. Zwecks rechnerischer Vereinfachung ist dabei außer acht gelassen, daß die echte Körperschaftsteuerbelastung höher ist, weil die KSt bei der Ermittlung des Einkommens der Gesellschaft nicht abzugsfähig ist (sog. Schattenwirkung). Der Vorteil in Höhe von 11% der von der Tochter vorgenommenen berücksichtigungsfähigen Ausschüttungen an die Muttergesellschaft konnte durch die Besteuerung der empfangenen Dividenden in dem Staat, in dem die Muttergesellschaft ansässig ist, zwar vermindert oder ausgeglichen werden; genausogut konnte der ausländische Staat aber auf eine körperschaftsteuerliche Erfassung dieser Dividenden durch Gewährung des Schachtelprivilegs über die Grenze hinweg verzichten.

**91**     Die Wirkung des positiven Ausländereffektes trat nur unter bestimmten Prämissen ein (*Garber* BB 1974, 1479, 1570): Vollausschüttung an die ausländische Muttergesellschaft, die den Ertrag thesauriert; Vergleichsobjekt stellte eine inländische Kapitalgesellschaft dar, die den ausgeschütteten Gewinn ihrer inländischen Tochtergesellschaft thesaurierte. Schon wenn man beim Vergleichsobjekt eine Weiterausschüttung unterstellt, kehrte sich dieser Vorteil – je nach Ausschüttungsquote – um: Nachsteuer in Höhe von 36% entfiel, während die Kapitalertragsteuer in Höhe von 25% als endgültige Belastung verblieb. Ob also im alten KStRecht ein Wettbewerbsvorteil für ausländische Kapitalgesellschaften bestand, hing von der Gewinnverwendungspolitik der Muttergesellschaft ab. Jedenfalls war es ein Ziel der Körperschaftsteuerreform 1977, diesen „Vorteil" abzubauen.

(2) Das KStG 1977 hat – entgegen manchem Reformvorschlag – am **92** **gespaltenen Steuersatz** für einbehaltene und ausgeschüttete Gewinne festgehalten. Der Steuersatz für ausgeschüttete Gewinne beträgt 30%, der für einbehaltene Gewinne bis zum VZ 1990 56%, seit VZ 1991 50%, seit VZ 1994 45% und seit VZ 1999 40%. Die ursprüngliche Differenz in Höhe von 20 Punkten hatte seinen Grund in DBA-Regelungen, weswegen schon die Änderung ab VZ 1991 (wie noch zu zeigen sein wird) erhebliche Einflüsse auf das Abkommensrecht hatte (S 175). Nach dem KStG 1977 werden auf der Ebene der Kapitalgesellschaft ausländische und inländische Anteilsinhaber formal gleichgestellt; es kommt auch nicht auf die Höhe der Beteiligungsquote an – es ist also bedeutungslos, ob es sich um Anteile einer Muttergesellschaft oder um Streubesitz handelt: Ausgeschüttete Gewinne sind stets mit 30% vorbelastet. Aber: **Beschränkt steuerpflichtige Anteilseigner** sind durch §§ 51, 50 I Nr. 2 KStG, § 50 V Satz 2 EStG **von der Anrechnung** – also der 2. Stufe des Anrechnungsverfahrens – **ausgeschlossen,** die auf ausgeschütteten Gewinnen lastende KSt wird damit definitiv. Die ESt des beschränkt stpfl. Anteilseigners ist durch die im Inland einbehaltene Kapitalertragsteuer in Höhe von 25% abgegolten. Das ist nach dem Ausschluß der Steuerinländer von der Anrechnung einer ausländischen Steuer (s. N111) nun die **zweite binnenwirtschaftliche** und damit begrenzte **Funktion des körperschaftsteuerlichen Anrechnungsverfahrens.** Die Folgen: Grenzüberschreitend gilt immer noch das alte klassische System einer definitiven Körperschaftsteuer. Auf den hier vorgestellten Fall einer Ausländerbetätigung im Inland bezogen bedeutet dies, daß Gewinne deutscher Kapitalgesellschaften mit deutscher Körperschaftsteuer und ausländische Einkommensteuer, also doppelt, belastet werden (*Thiel* StbJb 1998/99, S. 73). Daher ist zunächst festzustellen:

Für jeden Anteilseigner ist durch die Reform die körperschaftsteuerliche Vorbelastung ausgeschütteter Gewinne gestiegen. Bei einem Einkommen von 100 betrug sie unter der Geltung des früheren Rechts unter Einschluß der Ergänzungsabgabe und der sog. Schattenquote rund 24,6%; gegenwärtig beträgt sie 30% (§ 27 I KStG) (*Manke* StbJb 1977/78, 271). Nur bei unbeschränkt steuerpflichtigen Anteilseignern wird diese Körperschaftsteuer auf die Einkommen- oder Körperschaftsteuer der Anteilseigner angerechnet (§ 36 II Nr. 3 EStG). Beschränkt steuerpflichtige Anteilseigner sind vom Anrechnungsverfahren ausgeschlossen, falls die Ausschüttungen – worauf bereits hingewiesen wurde – nicht zu den Betriebseinnahmen eines inländischen Betriebs (Betriebsstätte) zählen. Für die ausländischen Gesellschafter hat die Körperschaftsteuerreform mithin eine Verschlechterung gegenüber dem bisherigen Zustand gebracht. Die für die deutschen Gesellschafter gegebene Möglichkeit, die Körperschaftsteuer der Gesellschaft auf die eigene Steuerschuld anzurechnen, ist für die ausländischen Gesellschafter uninteressant. Für sie wird die

Verringerung der Gewinnausschüttung nicht durch die Steuergutschrift kompensiert, jede geschuldete KSt wird zur definitiven Steuerbelastung. Der oben skizzierte Ausländereffekt des früheren Rechts ist weitgehend beseitigt. Die Belastung der Ausschüttung mit 30% KSt bewirkt zusammen mit der unverändert beibehaltenen Kapitalertragsteuer, daß der Vorsprung einer ausländischen Muttergesellschaft selbst im Thesaurierungsfall (keine Weiterausschüttung durch die Muttergesellschaft) nicht mehr besteht; für Gewinnausschüttungen an EU-Muttergesellschaften gilt dies jedoch wegen der Mutter-Tochter-Richtlinie nicht mehr (dazu P 97; zum DBA-Recht S 18).

**93**     (3) Ob die Anrechnung der nach Herstellen der Ausschüttungsbelastung verbleibenden KSt auf beschränkt Steuerpflichtige ausgedehnt werden soll, war und ist umstritten. Der Begründung des Regierungsentwurfs zur KSt-Reform 1977 ist zu entnehmen, daß die Anrechnung als Maßnahme zur Beseitigung der Doppelbelastung nur gewährt werden soll, wenn anderenfalls eine zweimalige volle Belastung der ausgeschütteten Gewinne bei der Körperschaft und bei dem Anteilseigner eintreten würde. Diese Wirkungen stellen sich aber hiernach nicht ein, wenn die Einnahmen bei dem Anteilseigner im Inland entweder überhaupt nicht der Besteuerung unterworfen oder lediglich mit der im Abzugswege erhobenen Kapitalertragsteuer belastet werden (BT-Drucks. 7/1470, S. 332, 380).

Im Urteil des *BFH* BStBl. 1987 II, 682 erfolgt eine eingehende Auseinandersetzung mit der **verfassungsrechtlichen Problematik des Ausschlusses** beschränkt Steuerpflichtiger **vom Anrechnungsverfahren**. An den ausländischen Anteilseigner war eine Bardividende in Höhe von 119 700,– DM ausgeschüttet worden, hiervon 29 925,– DM Kapitalertragsteuer einbehalten. Die ausschüttende Gesellschaft führte diesen Betrag ab und zahlte auf die ausgeschüttete Dividende eine anteilige KSt in Höhe von 9/16 = 67 331,– DM. Der Kläger beantragte die Vergütung dieser Steuer. § 36 b I Satz 1 EStG setzt eine unbeschränkte Steuerpflicht voraus, an der es fehlt. Für eine Vergütung gem. § 36 e EStV i. V. mit § 52 KStG fehlt es an einer Bescheinigung gem. § 44 bzw. § 45 KStG. Der Kläger berief sich nunmehr auf eine Ungleichbehandlung. Der *BFH* verneinte einen Verstoß des § 36 b EStG gegen Art. 3 I GG: Unter dem Gesichtspunkt des Art. 3 I „mußte der deutsche Gesetzgeber die Möglichkeit in seine Überlegungen einbeziehen, daß der beschränkt Stpfl. die Kapitalerträge z. B. aufgrund eines Schachtelprivilegs im Ausland steuerfrei vereinnahmt. In diesem Fall bestünde für eine Vergütung der KSt keine Veranlassung. Im Gegenteil würde ein Vergütung zu einer ungleichen Begünstigung des beschränkt Stpfl. gegenüber dem unbeschränkt Stpfl. führen. Um die Ungleichbehandlungen sich nicht unangemessen auswirken zu lassen, konnte der Gesetzgeber nur von einer geschätzten mittleren Steuerbelastung im Ausland ausgehen. Es blieb und bleibt den Vereinbarungen in den einzelnen DBA vorbehalten, im Verhältnis zu bestimmten Staaten regelmäßig auftretende Härtefälle auszuschließen. Darüber hinaus entstehende Härtefälle sind durch Billigkeitsmaßnahmen auszugleichen. Die Tatsache, daß Härtefälle entstehen können, erklärt sich aus der Notwendigkeit der gesetzlichen Typisierung bei der Besteuerung beschränkt Stpfl. und berührt nicht die Verfassungsmäßigkeit des § 36 b EStG. Der Kläger wurde auch im Verhältnis zu anderen beschränkt EStpflichtigen nicht ungleich besteuert. § 36 b EStG sieht insoweit die einheitliche Behandlung aller beschränkt Stpfl. vor.“ Zur verfassungsrechtlichen Problematik ferner *Kl. Vogel*, Der ausländische Aktionär in den Gesetzentwürfen zur KStReform (1973) und *Grasnick,* StuW 1973, 131. Zu dem BFH-Urteil s. *BMF*-Schreiben BStBl. 1987 I, 721: Es ist nicht zutreffend, daß für die verfassungsrechtliche Beurteilung auch die Belastung durch ausländische Steuer zu berücksichtigen sei. Es gelten auch in diesen Fällen lediglich die allgemeinen Anwendungsgrundsätze für Billigkeitsmaßnahmen nach § 163 AO. Eine sachliche Härte scheidet aus, der Ausschluß beschränkt steuerpflichtiger Anteilseigner von der Vergütung deutscher KSt entspricht dem erklärten Willen des Gesetzgebers. Über Anträge auf Billigkeitsmaßnahmen, die auf persönliche Härte gestützt werden, ist nach §§ 163, 227 AO zu entscheiden.

(4) Unter Hinweis auf die Ausführungen zu P 35 (Betriebsstättenbe- **94** steuerung) sei nochmals auf folgende Unterscheidung verwiesen: Der Steuerausländer ist vom Anrechnungsverfahren in den Fällen ausgeschlossen, in denen die inländischen Dividenden nicht in die deutsche Veranlagung einzubeziehen sind, weil die deutsche ESt durch die Kapitalertragsteuer als abgegolten anzusehen ist (§ 50 V Satz 2 EStG). Gehören die Dividenden jedoch zu den Betriebseinnahmen eines inländischen Betriebs des beschränkt Steuerpflichtigen, so greift die Abgeltungswirkung des Kapitalertragsteuerabzugs nicht Platz (§ 50 V Satz 3 EStG, § 50 I Nr. 2 KStG). In diesem Fall sind die Dividenden und damit das ihnen anhaftende Körperschaftsteuerguthaben bei der Gewinnermittlung des inländischen Betriebs zu berücksichtigen („konsequente Ausnahmeregelung", denn insoweit liegen gewerbliche Gewinne vor, die nach § 49 I Nr. 2a der beschränkten Stpfl. voll unterliegen). Die inländische ESt auf den Gewinn wird im Veranlagungsverfahren festgesetzt; auf die sich dabei ergebende ESt (KSt) ist das KSt-Guthaben ebenso anzurechnen wie die von den Dividenden einbehaltene Kapitalertragsteuer.

*Beispiel:* X aus Liechtenstein ist zu 10% an der deutschen M-AG in Düsseldorf und zu 20% an der deutschen S-AG. München beteiligt. Die Aktien an der M-AG gehören zum Betriebsvermögen seiner Düsseldorfer Metallwarengroßhandlung. Die Aktien an der S-AG hält X in seinem Privatvermögen. Im Kalenderjahr 1999 hat X bezogen:
– aus den M-Aktien eine Bruttodividende von 80000 DM (Kapitalertragsteuer 20000 DM, KSt-Guthaben 45000 DM)
– aus den S-Aktien eine Bruttodividende von 120000 DM (Kapitalertragsteuer 30000 DM, KSt-Guthaben 67500 DM).
Die Bruttodividenden aus den M-Aktien zuzüglich des auf sie entfallenden KSt-Guthabens von 45000 DM sind Bestandteil des Gewinns der inländischen Metallwarengroßhandlung von X; das zuständige deutsche Finanzamt hat bei der ESt-Veranlagung des Steuerpflichtigen das KSt-Guthaben und die Kapitalertragsteuer von 20000 DM auf die deutsche ESt anzurechnen. Das auf die S-Aktien entfallende deutsche Steuerguthaben (KSt-Guthaben von 67500 DM und Kapitalertragsteuer von 30000 DM) kann X nicht realisieren, weil insoweit die Abgeltungswirkung des Steuerabzugs Platz greift (§ 50 V EStG).

(5) Die derzeitige Rechtslage für den ausländischen Anteilseigner, die **95** Differenzierung zwischen beschränkt und unbeschränkt Steuerpflichtigen Anteilseignern beim Anrechnungsverfahren, wird in der Diskussion (s. bereits N 111) zunehmend als **europarechtlich unzulässige Diskrimi-**

**nierung** bezeichnet. Nichts vermag den Wandel der Anschauungen besser zu verdeutlichen als die beiden folgenden Zitate:

Zunächst eine schon fast rechtshistorisch einzuordnende Stellungnahme, die auf europarechtliche Vorgaben noch nicht einzugehen hatte, von *Manke* StbJb 1977/78, 278: „Gegenüber diesem Vorwurf muß man zunächst an das Ziel der Körperschaftsteuerreform erinnern – nämlich im Inland die Doppelbelastung ausgeschütteter Gewinne mit Körperschaftsteuer bei der Gesellschaft und mit Einkommensteuer oder Körperschaftsteuer beim Anteilseigner zu beseitigen. Andererseits sollte eine **Einmalbelastung im Inland** weiterhin **gewährleistet** bleiben. Der Gesetzgeber hat dies dadurch erreicht, daß er das Anrechnungsverfahren nur auf die Anteilseigner erstreckt hat, die mit den an sie ausgeschütteten Beträgen im Inland voll der Besteuerung unterliegen. Ausgeschlossen vom Anrechnungsverfahren sind alle Anteilseigner, bei denen die ausgeschütteten Beträge nicht steuerpflichtig sind oder nur dem Kapitalertragsteuerabzug unterliegen (§ 51 KStG, § 50 Abs. 5 EStG). Dazu zählen die öffentliche Hand, die gemeinnützigen Körperschaften, Kirchen, Berufsverbände – und eben die ausländischen Anteilseigner. Diese werden also zwar anders behandelt als die Masse der inländischen Anteilseigner, aber ebenso wie durchaus gewichtige Sondergruppen der Inländer. ... In der Auseinandersetzung mit dem Vorwurf einer Benachteiligung der Ausländer darf schließlich eines nicht vergessen werden: Die Beseitigung der Doppelbelastung wird nicht – wie ursprünglich geplant – durch ein reines Anrechnungssystem mit einheitlicher Körperschaftsteuer für ausgeschüttete und für nichtausgeschüttete Gewinne erreicht, sondern in zwei Stufen: durch Absenkung der Steuer für ausgeschüttete Gewinne von (damals) 56 auf 36 vH und durch Anrechnung dieser Steuer beim Anteilseigner. Die erste der beiden Stufen kommt auch den Ausländern und den zur Anrechnung nicht berechtigten Inländern zugute. Vor allem wegen dieser Gruppen wurden die ursprünglichen Pläne bei der Vorbereitung der Reform geändert. Wirtschaftlich bedeutet das neue Recht nichts anderes, als wenn man bei einem Steuersatz von (damals) 56 vH den Ausländern und den Inländern in gleicher Situation eine Anrechnung von 20 vH-Punkten gewährt hätte. Durch die eine wie die andere Maßnahme wird erreicht, daß die körperschaftsteuerliche Belastung für die ausländischen Anteilseigner sich in – international gesehen – recht bescheidenem Rahmen hält und sie im Wettbewerb nicht benachteiligt. Deshalb war es von Anfang an die Auffassung der Bundesregierung, daß eine Einbeziehung der ausländischen Anteilseigner in das jetzige Anrechnungsverfahren nicht gerechtfertigt und nicht notwendig ist. Die Entschließung des Deutschen Bundestages v. 10. 6. 1976, der eine Anhörung und eingehende Ausschußberatungen vorausgegangen sind, hat diesen Standpunkt voll bestätigt. Sie bezeichnet die Körperschaftsteuer als nicht erstattungsfähig und weist darauf hin, daß durch die Ermäßigung auf 36 vH – sowie durch die zwischenstaatliche Gestaltungsfähigkeit der Kapitalertragsteuer – den wettbewerbs- und investitionspolitischen Gesichtspunkten in befriedigender Weise Rechnung getragen wird."

Dagegen nun die gegenwärtige Sicht am Beispiel *Thiels* (StbJb 1998/99, S. 76 f.: Die **klassischen Körperschaftsteuersysteme** sind im Unterschied zum Anrechnungsverfahren **harmonisierungsfreundlich**: „Bei ihnen genügt zur Gleichbehandlung der Dividendeneinkünfte, daß auf diese – ungeachtet ihrer unterschiedlichen Herkunft aus dem Inland oder Ausland – der gleiche Einkommensteuersatz angewendet wird. Da die Körperschaftsteuer als Definitivbelastung im jeweiligen Sitzstaat erhoben wird, ergeben sich keine grenzüberschreitenden Umstrukturierungs- und Kooperationshemmnisse. Zudem führt der Verzicht auf die Anrechnung der Körperschaftsteuer zu einer deutlich größeren Steuertransparenz. Diese ist für das Funktionieren des Binnenmarktes unverzichtbar. ... Bei einer Rückkehr zum klassischen System muß – wie bisher schon international – auch national ein Schachtelprivileg eingeführt werden, um zu verhindern, daß es bei Gewinnausschüttungen innerhalb eines Konzerns zu einer Mehrfachbelastung mit Körperschaftsteuer kommt ... Auf der Gesellschaftsebene muß das leidige Problem der Doppelbelastung der Dividenden mit Körperschaftsteuer und Einkommensteuer gelöst werden", was *Thiel* mit einem Hinweis auf den Vorschlag einer Mehrheit des Ruding-Ausschusses für das System der gemeinschaftsweiten Anteilseigner-Entlastung verbindet. Umfassend ist die Europatauglichkeit des Anrechnungsverfahrens aus der Sicht eines ausländischen Anteilseigners und der Nichtanrechnung inländischer Körperschaftsteuer zuletzt von *Mössner/Kellermann* DStZ 1999, 512 untersucht worden: Es ist vom Grundsatz her nichts gegen das bestehende System einzuwenden – Bedenken bestehen im Hinblick auf unterschiedliche Quellensteuersätze im Verhältnis zu unterschiedlichen Staaten (DBA-Recht – allerdings unter Berücksichtigung der Mutter-Tochter-Richtlinie, s. P 97). Die Gewährung der inländischen Steuergutschrift an EU-ausländische Muttergesellschaften für den weiter ausgeschütteten Gewinn inländischer Tochtergesellschaften ist auch bereits Gegenstand der bei dem *EuGH* anhängigen Verfahren **Metallgesellschaft** und **Höchst**. In diesen Verfahren geht es um weiter ausgeschüttete Dividenden von britischen Tochtergesellschaften. Die Steuergutschrift wurde nach dem früheren britischen Recht und nach einigen DBA in pauschalierter Weise z.T. auch ausländischen, nicht aber deutschen Muttergesellschaften gewährt. Dazu *Saß* (DB 1999, 2383): Nach den Grundsätzen des *EuGH*-Urteils in Sachen Saint-Gobain zur Betriebsstättenbesteuerung (K 54, P 39) haben beide Gesellschaften „gute Karten, gleichermaßen die Steuergutschrift auf ihre britischen Tochterdividenden zu erhalten". Ein neues Körperschaftsteuerrecht auf der Grundlage der Brühler Empfehlungen würde auch diesen Mangel beseitigen.

*b) Der ausländische Gesellschafter: Besteuerung der Gewinnausschüttungen (Übersicht)*

Damit gelten für den ausländischen Anteilseigner und Eigenkapitalgeber als Dividendenbezieher folgende Belastungsfaktoren – was dann zugleich ab P 110 zur Problematik der Gesellschafter-Fremdfinanzierung (§ 8a KStG) überleitet (vgl. die Zusammenstellung bei *Schaumburg* S. 1262):   **96**

– Kein Abzug der Dividenden als Betriebsausgaben bei der ausschüttenden inländischen Tochtergesellschaft (§ 8 III Satz 1 KStG).

– Ausschüttungsbelastung in Höhe von 30% des sich vor Abzug der Körperschaftsteuer ergebenden ausgeschütteten Gewinns bzw. $^{3}/_{7}$ des ausgeschütteten Gewinns (§ 27 I KStG), soweit für die Ausschüttung kein Teilbetrag i.S. des § 30 II Nr. 1 KStG (Ek 01, Ek 04) als verwendet gilt (§ 40 Nr. 1, 2 KStG).

– Zwischen 5% und 25% Kapitalertragsteuer für Schachteldividenden an ausländische Kapitalgesellschaften aufgrund DBA-Rechts (§ 8b V KStG, s. dazu S 175) und zwischen 10% und 25% Kapitalertragsteuer auf Streubesitzdividenden in Abkommensfällen (s. dazu S 177) und 25% Kapitalertragsteuer in allen übrigen Fällen (§§ 43 I, 43a I Nr. 1 EStG) – und die im Anschluß hieran dargestellte Befreiung der Schachteldividenden an EU-Muttergesellschaften von der Kapitalertragsteuer.

– Abgeltung der beschränkten Steuerpflicht durch die Kapitalertragsteuer, soweit die Dividenden nicht Betriebseinnahmen einer inländischen Betriebsstätte sind (§ 50 V Sätze 1, 3 EStG, § 50 I Nr. 2 KStG) oder im Rahmen der erweiterten beschränkten Einkommensteuerpflicht zu erfassen sind (§ 2 V Satz 2 AStG).

– Keine Körperschaftsteueranrechnung (§ 50 V Satz 2 EStG, § 51 KStG), es sei denn die Dividenden sind Betriebseinnahmen einer inländischen Betriebsstätte (§ 50 V Satz 3 EStG, § 51 KStG) oder der Gläubiger der Dividenden ist erweitert beschränkt steuerpflichtig (§ 2 V Satz 2 AStG).

## 4. Die EU-Muttergesellschaft (Mutter-Tochter-Richtline und § 44d EStG)

97   Die Wirkungsweise der Mutter-Tochter-Richtlinie auf die inl. Muttergesellschaft wurde bereits gezeigt: Ergänzung des § 26 KStG um einen neuen § 26 II a KStG, der bei EU-ansässigen Tochtergesellschaften eine umfassende Steueranrechnung der in das Inland fließenden Dividenden sichert (s. N 220). Im nun erörterten Fall der inl. Tochtergesellschaft muß für deren Ausschüttungen an eine EU-ansässige Muttergesellschaft im Empfängerland der dort ansässigen Mutter ein entsprechendes Privileg (Befreiung oder Anrechnung) gewährt werden. Doch auch die Abschaffung der **zu Lasten der Muttergesellschaft** bei der Tochter **erhobenen** und abgezogenen **Quellensteuer auf den Dividendenbezug** ist verpflichtend vorgesehen; die Verabschiedung der Mutter-Tochter-Richtlinie drohte genau in diesem Punkt an der Haltung der Bundesregierung zu scheitern, da sich diese wegen des ohnehin schon niedrigeren Ausschüttungssteuersatzes zunächst weigerte, auf die Quellensteuer überhaupt zu verzichten. Die gefundene Kompromißlösung sah für die Bundesrepublik eine Übergangsregelung bis Mitte 1996 mit einem Quellensteuersatz in Höhe von 5% vor. Die Umsetzung in internes Recht ist mit dem Steueränderungsgesetz 1992 in einem neuen § 44d EStG erfolgt (Bemessung der Kapitalertragsteuer bei bestimmten Kapitalgesellschaften): Bei einem Zufluß der Ausschüttung nach dem 30. 6. 1996 wird hiernach Kapitalertragsteuer unabhängig von bestehendem DBA-Recht (Quellensteuerregelungen) auf Antrag nicht erhoben (kein Abzug, keine Abführung und keine Haftung); zum Verfahren s. *BMF*-Schreiben BStBl. 1994 I, 203. Ausschüttende muß eine im Inland unbeschränkt steuerpflichtige Kapitalgesellschaft, die Muttergesellschaft eine Gesellschaft der in Anlage 7 zu § 44d EStG aufgeführten Rechtsformen mit Ansässigkeit in einem anderen EU-Staat sein. Die Mindestbeteiligung muß 25% betragen (§ 44d II EStG), bei gegenseitiger Begünstigung entsprechend § 26 II a KStG 10% (§ 44d III EStG). Hinzuweisen ist zudem auf § 50d Ia EStG, wonach die Steuerentlastung des § 44d EStG bei zwischengeschalteten ausländischen Gesellschaften versagt wird, wenn für die Zwischenschaltung wirtschaftliche oder sonst beachtliche Gründe

fehlen und diese zudem keine eigene Wirtschaftstätigkeit entfalten (Umsetzung der Mißbrauchsregelung Art. 1 II der Mutter-Tochter-Richtlinie – sie wird im systematischen Zusammenhang mit dem DBA-Mißbrauchsproblem behandelt werden, s. R 120).

Der *EuGH*-Sache Denkavit (IStR 1996, 526) lag ein Vorabentscheidungsersuchen   **98** des *FG Köln* zugrunde: Die Denkavit BV hielt am 14. 7. 1992 99,4% der Anteile an einer deutschen Tochtergesellschaft. Im Zeitpunkt der Dividendenausschüttung der deutschen Tochter bestand die Beteiligung in dieser Höhe etwa 3 Monate. Am 6. 10. 1992 beantragte Denkavit bei der deutschen Finanzverwaltung, den Steuerabzug an der Quelle gem. § 44 d I EStG (Übergangsregelung) zu ermäßigen. Die Finanzverwaltung lehnte die beantragte Freistellung ab, da die im Gesetz vorgesehenen Zwölfmonatsfrist für die Beibehaltung der Beteiligung nicht eingehalten sei. Nach Art. 3 II der Richtlinie hat die Muttergesellschaft nur dann einen Anspruch auf die Steuervergünstigung, wenn sie während eines Zeitraums von mindestens zwei Jahren eine Beteiligung an der Tochtergesellschaft halte. Denkavit hatte den Finanzbehörden erklärt, ihre Beteiligung werde während eines ununterbrochenen Zeitraums von 2 Jahren bestehen bleiben. Das *FG Köln* hatte Zweifel am Erfordernis eines zurückliegenden Mindestzeitraums geäußert. Der *EuGH*: es ist nicht erforderlich, daß der Mindestzeitraum bei Gewährung der Steuervergünstigung bereits abgelaufen ist. Dies wird auch durch den Zweck der Richtlinie bestätigt, nämlich „durch Schaffung eines gemeinsamen Steuersystems jede Benachteiligung der Zusammenarbeit zwischen Gesellschaften verschiedener Mitgliedstaaten gegenüber der Zusammenarbeit zwischen Gesellschaften desselben Mitgliedstaats zu beseitigen und so die grenzüberschreitende Zusammenarbeit zu erleichtern." Die Ermächtigung zur Festsetzung eines Mindestzeitraums sei eng auszulegen, da sie eine Abweichung vom Grundsatz der Quellensteuerbefreiung darstelle und dürfe nicht zum Nachteil der begünstigten Unternehmen und über den Wortlaut hinausgehend ausgelegt werden. Entscheidend sei eine spätere Einhaltung der Mindestbeteiligungszeit – wobei es Sache der Mitgliedstaten ist, diese Mindestbeteiligungszeit auch einzuhalten. Dazu die Urteilsanmerkung von *Wassermeyer* (IStR 1996, 529): „Der *EuGH* gibt dem deutschen Gesetzgeber eine „Nachhilfestunde in Sachen „Umsetzung von Richtlinien". Er stellt fest, daß der Wortlaut von Art. 3 II … eindeutig und klar ist, auch wenn dies eine Reihe von Mitgliedstaaten offenbar nicht wahrhaben wollen. Der Rechtsanwender kann sich eigentlich nur wundern, wie der deutsche Gesetzgeber eine klar formulierte Regelung in ihr Gegenteil verkehren kann. Irgendetwas stimmt hier nicht." Zur Möglichkeit, sich in einem nationalen Verfahren direkt auf die durch die Richtlinie gewährten Rechts berufen zu können, s. bereits J 3.

*(einstweilen frei)*   **99–109**

## 5. Sicherung der Einmalbesteuerung: Gesellschafter-Fremdfinanzierung § 8 a KStG)

### *a) Steuerausländer und Gesellschafter-Fremdfinanzierung: der Vorteil*

(1) Schon für die inländische Muttergesellschaft einer ausländischen   **110** Tochtergesellschaft hatte sich die Frage der Deckung des Finanzmittelbedarfs der Tochtergesellschaft auch unter steuerlichen Gesichtspunkten gestellt, wobei Fragen eines körperschaftsteuerlichen Anrechnungssystems im Ausland ausdrücklich ausgeklammert worden waren. Es war

dargelegt worden, von welchen Bedingungen eine Entscheidung für oder gegen Eigenkapital/Fremdkapital abhängen kann und es ist auf ausländische Maßnahmen gegen Gesellschafter-Fremdfinanzierungen hingewiesen worden; wirtschaftliche Grundlage aller Finanzierungsüberlegungen ist hierbei, daß es einen betriebswirtschaftlich zu begründenden „Standardbedarf" an Eigen- oder Fremdmitteln, ein bestimmtes Verhältnis zwischen ihnen, nicht gibt. Innerhalb der gesetzlichen Kapitalaufbringungs- und Kapitalerhaltungsregeln gilt der Grundsatz der Finanzierungsfreiheit (*Prinz* JbFSt 1998/99, 288). Dies leitet nun zur Rechtslage aus der Sicht eines **Steuerausländers** über, der eine deutsche Kapitalgesellschaft gründet oder an ihr beteiligt ist und nach den **steuerlichen Folgen wechselnder Eigenkapital-Fremdkapital-Verhältnissen** fragt. Dabei ist vorab darauf hinzuweisen, daß die Überschrift und Bezugnahme der § 8 a-Problematik auf die Sicherung der Einmalbesteuerung eher plakativ ist, aber doch in einem Zusammenhang mit dem zuvor erörterten Ausschluß von Anrechnungssystem steht und zugleich einen Zusammenhang mit dem anderen Schwerpunkt der Sicherung der Einmalbesteuerung (nämlich den im Anschluß daran erörterten § 50 c EStG) herstellt, der jedenfalls tatbestandsmäßig wie schon der Grundsatz der Einmalbesteuerung selbst durchaus problematisch ist. Worum es geht, soll ungeachtet der Hinweise schon bei der Inländertätigkeit im Ausland (N 144) nochmals an einem einfachen Beispiel aus der Sicht des deutschen Rechts und ohne Beachtung des § 8 a KStG gezeigt werden. Das Beispiel basiert auf extremen und unrealistischen Bedingungen, es wird zudem unterstellt, daß die Alternative einer Fremdfinanzierung und einer Zinszahlung an den Anteilseigner statt einer Gewinnausschüttung nicht einmal den gewerbesteuerrechtlichen Tatbestand einer Hinzurechnung von Dauerschuldzinsen erfüllt. In einem solchen Fall könnte sich für den Steuerausländer folgendes ergeben (s. auch das Beispiel bei *Zehetmair/Hedel* IStR 1997, 108 mit dem Ergebnis einer Steuerbelastung 59,35 für Dividenden und 40 für Zinsen):

| **Eigenkapitalfinanzierung** | | **Fremdfinanzierung** | |
|---|---:|---|---:|
| Jahresüberschuß vor Steuern | 100,00 | Jahresüberschuß vor Zinsen | 100,00 |
| ./. Gewerbesteuer (H = 400%) | – 16,67 | Zins (Aufwand) | 100,00 |
| Jahresüberschuß nach GewSt | 83,33 | Jahresüberschuß vor Steuern | 0,00 |
| ./. KSt (Ausschüttungsbelastung) | – 25,00 | ./. Gewerbesteuer | 0,00 |
| Dividende | 58,33 | Jahresüberschuß nach GewSt | 0,00 |
| ./. KapESt | – 14,58 | ./. KSt (Ausschüttungsbelastung) | 0,00 |
| Auszahlung | 43,75 | Dividende | 0,00 |
| | | ./. KapESt | 0,00 |
| | | Auszahlung | 0,00 |
| | | Zins | 100,00 |
| | | ./. KapESt | 0,00 |
| | | Auszahlung | 100,00 |

Hiervon ausgehend ist eine Fremdkapitalfinanzierung steuerlich solange vorteilhaft, solange die bei einer Gewinnausschüttung im Inland
anfallenden Steuern (Ausschüttungsbelastung, Kapitalertragsteuer, Gewerbesteuer) höher sind als die an die Fremdkapitalvergütung anknüpfende Besteuerung im Ansässigkeitsstaat des Anteilseigners. Diese Aussage behält auch unter der Geltung des § 8 a KStG ihre Bedeutung für die
Freigrenzenunterschreitung.

(2) Das Beispiel zeigt, daß von der Grundstruktur des deutschen **111**
Steuerrechts ausgehend **Vorteile der Fremdfinanzierung für einen
Steuerausländer** zu verzeichnen sind (zu den Vorteilen aus der Sicht
eines Steuerinländers *Siegel* StuW 1989, 340). Der Kern dieser Vorteile
gegenüber der unter P 96 zusammenfassend dargestellten steuerlichen
Situation eines nicht ansässigen Dividendenbeziehers (deutsche Körperschaftsteuer als definitive Belastung) besteht darin

– daß die Zinszahlungen für die Gesellschaft Betriebsausgaben darstellen (§ 8 II KStG),
– daß bei einer Zinszahlung statt einer Gewinnausschüttung die gesamte,
 bei einer entsprechenden Gewinnausschüttung fällige und mangels
 Anrechnungsanspruchs gem. §§ 50 I Nr. 2, 51 KStG definitive Körperschaftsteuer entfällt,
– daß der Gesellschafter zudem mit den Zinszahlungen nicht der beschränkten Steuerpflicht unterliegt (§ 49 I Nr. 5 c EStG).

Daß dieser Vorteil für eine Reihe von Einkunftsarten genutzt werden
kann, hat *Janssen* (S. 4) gezeigt: Inlandsinvestitionen mit der Folge beschränkter Steuerpflicht der Einkünfte werden durch eine ausländische
Gesellschaft finanziert, die ihrerseits vom Gesellschafter überwiegend
fremdfinanziert wird. Den positiven inländischen Einkünften werden Refinanzierungskosten gegenübergestellt und die Ertragsteuerlast dadurch
gemindert. Die Darlehenszinsen sind nicht beschränkt steuerpflichtig (s.
*BFH*/NV 1990, 161; wie dieses Beispiel zeigt, sind die Wirkungen einer
Fremdfinanzierung für die inländische Besteuerung eines Steuerausländers nicht ausschließlich auf den begrenzten Anwendungsbereich des
Körperschaftsteueranrechnungssystems beschränkt). Überhaupt hat *Grotherr* (IStR 1995, 52) darauf hingewiesen, daß eine Gesellschafter-Fremdfinanzierung durch einen Steuerausländer eine Reihe anderer Vorteile
nach sich ziehen könne; so sie in einem Falle, in dem die inländische
Tochtergesellschaft zwar Gewinne erwirtschafte, die ausländische Muttergesellschaft oder der Gesamtkonzern aber Verluste, ein grenzüberschreitender Ergebnisausgleich eher möglich, da anderenfalls die deutsche Körperschaftsteuerbelastung der Tochtergesellschaft mangels eines
grenzüberschreitenden Verlustausgleichs definitiven Charakter habe.

(3) Die Versagung des körperschaftsteuerlichen Anrechnungsverfah- **112**
rens für Ausländer, die Binnenbezogenheit des Anrechnungsverfahrens,
wird damit begründet, daß Gewinnausschüttungen einer deutschen Ka-

pitalgesellschaft entweder auf der Ebene der Gesellschaft oder auf der Ebene der Anteilseigner zumindest einmal der inländischen Einkommen- oder Körperschaftsteuer unterliegen sollen. Für Gewinnausschüttungen an **Gebietsfremde** wird diese **Einmalbesteuerung** auf der Ebene der Gesellschaft durchgeführt (s. dazu eingehend bereits P 90 ff.). Einzubeziehen in die Finanzierungsproblematik ist jedoch auch ein anderer Vergleich: Fällt nämlich der Systemvergleich zu Lasten des ausländischen Anteilseigners aus, so verändert sich dies unter der Prämisse der beabsichtigten Selbstfinanzierung der Tochtergesellschaft. Es kommt zum sogenannten **Ausländereffekt** zugunsten deutscher Kapitalgesellschaften mit ausländischen Gesellschaftern, wenn die Gewinne im inländischen Unternehmen verbleiben sollen. Denn bei einer Vollausschüttung der Gewinne und anschließender Rückführung der Mittel als Eigenkapital (Kapitalerhöhung) oder als Gesellschafterdarlehen (Schütt-aus-hol-zurück-Politik) bleibt es bei der ursprünglichen Belastung des ausländischen Anteilseigners, während bei einer Selbstfinanzierung durch einbehaltene Gewinne der höhere Thesaurierungssatz zur Anwendung gelangt (die Schütt-aus-hol-zurück-Politik gegenüber Steuerinländern stellt grundsätzlich wegen der Dividendenbesteuerung beim Empfänger keine Alternative dar). Unter Hinweis auf diese Situation hat *Bader* in *Maßbaum* u.a. (S. 312) bereits für den bis VZ 1998 geltenden Thesaurierungssatz in Höhe von 45% im EU-Bereich die Vorteilhaftigkeit einer Gesellschafter-Fremdfinanzierung bezweifelt.

**113**    Seit 1973 waren verschiedene Entwürfe zur Lösung des Problems des Steuerausfalls durch Gesellschafterfremdfinanzierung vorgelegt worden. Regierungsentwürfe 1979, 1988, Bundesratsentwurf 1979, Referentenentwürfe 1982, 1986. Mit dem *BMF*-Schreiben BStBl. 1987 I, 373 wurde versucht, das Problem auf der Verwaltungsebene mit Hilfe des § 42 AO zu lösen. Mit der Entscheidung *BFH* BStBl. 1992 II, 532 war klar, daß die Verwaltungskompetenz hierzu nicht ausreichte. Der *BFH*-Entscheidung lag der Fall einer inländischen, von Steuerausländern beherrschten GmbH zugrunde: Das Eigenkapital lag unter 10% der Aktiva, das Verhältnis von Eigenkapital zu Gesellschafter-Fremdkapital verhielt sich 9300 : 130 000. Das FA unterstellte ein an sich erforderliches Eigenkapital in Höhe von 54 400 und behandelte die Differenz in Höhe von rund 45 000 als „verdecktes Stammkapital" und hierauf an die Gesellschafter gezahlte Zinsen als verdeckte Gewinnausschüttung. Das *FG Düsseldorf* (EFG 1991, 147) gab einer hiergegen gerichteten Klage statt, der *BFH* folgte seiner Sicht in dem hier allein interessierenden Punkt der Anwendung des § 42 AO: Für den Streitfall enthalte auch § 42 AO keine ausreichende Grundlage, um die von der Klägerin gezahlten Zinsen steuerrechtlich in verdeckte Gewinnausschüttungen i. S. des § 8 III Satz 2 KStG umzuqualifizieren. Die eigene Rechtsprechung zu § 42 AO faßt der *BFH* dahin zusammen, daß der Mißbrauch eine zweckgerichtete Handlung zur Umgehung eines Steuergesetzes erfordert. Es bestehe aber **kein Grundsatz** des deutschen Steuerrechts, daß die **Vergütung,** die eine inländische Kapitalgesellschaft an ihren ausländischen Gesellschafter leistet, **einer bestimmten inländischen Mindeststeuer unterliegen soll.** Ein solcher Grundsatz gelte nur für Einnahmen i. S. des § 20 I Nr. 1 EStG, aber nicht für Zinsen. Die Abgrenzung aber zwischen Zinsen und Gewinnausschüttungen richte sich nach der zivilrechtlichen Vorfrage, ob die Kapitalgesellschaft Eigenkapital oder Fremdkapital nutze. Keiner

Bestimmung des KStG könne insoweit eine Finanzierungsvorgabe entnommen werden. Die **Finanzierungsfreiheit des Gesellschafters** sei zivilrechtlich nur hinsichtlich der Haftungsfolgen beschränkt – „die Entscheidung eines Gesellschafters, nur Fremdkapital zur Verfügung stellen zu wollen, ist deshalb in der Regel auch unter dem Gesichtspunkt des § 42 AO hinzunehmen". Der *BFH* nennt auch wirtschaftliche Gründe, die ausländische Anteilseigner für die Zuführung von Fremdkapital geltend machen können, so daß eine Regelannahme, die Zuführung von Fremdkapital werde nur zur Umgehung der inländischen Dividendenbesteuerung gewählt, auszuscheiden habe. Sei dies im Einzelfall ausschlaggebend, müßte die Umgehungsabsicht konkret festgestellt werden. Darlehen, die ein Gesellschafter seiner Gesellschaft gewähre, lösen im Regelfall kein steuerliches Eigenkapital der Gesellschaft aus: „Zwar ist es vom Ergebnis her unbefriedigend, daß als Folge dieser Rechtsprechung Gesellschafter, die Eigenkapital zuführen (und sich damit, wie § 32 a I GmbHG formuliert, als „ordentliche Kaufleute" erweisen) steuerlich schlechter behandelt werden als diejenigen, die nur Fremdkapital zuführen. Es erscheint dem Senat jedoch ausgeschlossen, eine Gleichbehandlung mit Hilfe des § 42 AO sicherzustellen. Insoweit hat das Schreiben des *BMF* vom 16. März 1987 (BStBl. 1987 I, 373) keine Rechtsgrundlage. Sollte rechtspolitisch die Gleichbehandlung gewünscht sein, so ist eine ausdrückliche gesetzliche Regelung erforderlich."

Mit dem Standortsicherungsgesetz 1993 wurden die Konsequenzen **114** aus dieser Entscheidung gezogen und erstmals eine gesetzliche Regelung zur **Gesellschafter-Fremdfinanzierung** eingeführt. Grundlage des § 8 a KStG war der Bericht der nach ihrem Vorsitzenden benannten *Herzig*-Arbeitsgruppe, die vom Finanzausschuß des Bundestages beauftragt worden war, Eckwerte für eine konsensfähige Regelung zu schaffen. *Herzig* selbst hat seine Stellung später klargestellt (Forum Nr. 12, S. 163): „Lassen Sie mich zunächst deutlich machen, daß ich nicht für die Regelung des § 8 a KStG verantwortlich bin. Ich hatte die Aufgabe, bei den Beratungen der Regelung mitzuwirken. In diesem Zusammenhang stellte sich lediglich die Frage, im Rahmen der Vorgaben eine konsensfähige Lösung zu entwickeln. Dies war deshalb durchaus von Bedeutung, weil – wenn Sie sich das Gesamtszenario vor Augen führen – die politische Seite nur bereit war, die Absenkung des Ausschüttungssatzes auf 30 Punkte hinzunehmen, sofern eine Regelung für die Gesellschafter-Fremdfinanzierung gefunden werden könnte." (s. auch *Herzig* StuW 1993, 237ff.). Die Regelung auf den Kern reduziert besagt, daß unter bestimmten Voraussetzungen – Überschreiten bestimmter Sicherheitsbereiche, sog. save havens – bei der Einkünfteermittlung der Körperschaft – nicht etwa bei der Gewinnermittlung – **Vergütungen für Fremdkapital** aufgrund einer Rechtsfolgenverweisung **als verdeckte Gewinnausschüttungen** gelten. Das Kapital selbst nicht umqualifiziert (anders als im *BMF*-Schreiben 1987), bleibt mithin eine Verbindlichkeit, so daß § 8 a KStG sich auf die Gliederung des verwendbaren Eigenkapitals nicht auswirkt. § 8 a KStG unterscheidet zwei Arten von Vergütungen: erfolgsabhängige (hybride) und nicht erfolgsabhängige Vergütungen für Fremdkapital. An diese Unterscheidung knüpfen unterschiedliche Bedingungen für eine Umqualifizierung, weil hybride Vergütungen eine größere Nähe zu Vergütungen für Eigenkapital aufweisen als nicht erfolgsabhängige Vergütungen; hinsichtlich der Rechtsfolgen spielt diese Unterscheidung jedoch keine Rolle mehr. Sonderregelungen wurden für das Zusammentreffen von hybriden und nicht erfolgsabhängigen Vergütungen, für Holding-Gesellschaften und für hybride Altkredite (Stichtag 9. Dezember 1992) getroffen. Für den Fall einer Zwischenschaltung inländischer Betriebe wurde eine Sonderregelung zur Vermeidung von Umgehungen getroffen.

**115**    Die Gesetzesbegründung (BT-Drucks. 12/4158, S. 37) bezieht sich auf die **Durchsetzung des Grundsatzes der Einmalbesteuerung:** Ausgeschüttete Gewinne von Kapitalgesellschaften müssen in jedem Fall einmal endgültig der deutschen Einkommensbesteuerung unterliegen. Aber das ist eine problematische Erklärung, wie der Grundsatz der Einmalbesteuerung überhaupt, wenn man mit ihm eine Tatbestandsmäßigkeit verbindet. Die Gesellschaft hat nur ihren Gewinn zu versteuern. Darlehenszinsen aber stellen keinen Gewinn dar, sondern mindern ihn. Da der Grundsatz der Einmalbesteuerung mithin erst nach der Umqualifizierung gem. § 8 a KStG wirksam werden kann, soll er in diesem Punkt seinen eigenen Anwendungsbereich definieren (*Janssen* S. 12: petitio principii); das verdeutlicht aber zugleich, daß diese Variante der Beziehung Gesellschaft – Geschafter mit der herkömmlichen Abgrenzung zwischen Einkommenserzielung und Einkommensverwendung einschließlich der verdeckten Gewinnausschüttung nicht ohne weiteres zu erfassen ist, wie *Frotscher* (IStR 1994, 201) es zutreffend ausdrückt. Die Gesetzesbegründung geht auch von einer Mißbrauchsverhütung aus (BT-Drs. 12/4158, S. 36), im übrigen zieht sich dieser Gedanke durch alle Vorarbeiten; in der Literatur ist der überwiegend anerkannte Zweck des § 8 a KStG: Es handelt sich um den *Mißbrauch der Gesellschaftsform der Kapitalgesellschaft* – durch eine Unterkapitalisierung deutscher Tochtergesellschaften durch ihre nicht anrechnungsberechtigten Anteilseigner wird die deutsche Besteuerung umgangen. Man könnte auch an den Zweck einer Erweiterung der in diesem Punkt als unzureichend erkannten beschränkten Steuerpflicht inländischer Zinseinkünfte (§ 49 I Nr. 5 EStG) denken, aber die Umqualifizierung von Fremdkapitalvergütungen mit der Folge der beschränkten Steuerpflicht ist „reine Regelungstechnik" – gleiches gilt für die Einschränkung des Betriebsausgabenbegriffs (§ 4 IV EStG i. V. mit § 8 III KStG) und für eine Erweiterung des Begriffs der verdeckten Gewinnausschüttung als Folge des § 8 a KStG –, wäre es nur darum gegangen, hätte ein Verbot, die von § 8 a KStG betroffenen Zinsen als Betriebsausgaben abzuziehen, genügt (*Janssen* S. 14 ff.). Maßstab für die Auslegung ist daher die Mißbrauchsverhütung, orientiert nicht am Prinzip eines (nicht bestehenden strengen) Tatbestandes einer Einmalbesteuerung, sondern orientiert an der Vorstellung von einer mit dem Körperschaftsteuerrecht verbundenen Zielsetzung einer möglichst umfassend zu realisierenden Einmalbesteuerung: Der ausländische Anteilseigner umgeht einen Ausschluß vom Anrechnungsverfahren, indem er kraft Gesellschaftseinflusses eine Fremdfinanzierung statt einer Eigenkapitalzuführung bewirkt. Der Gesetzgeber billigt die Finanzierungsentscheidung als solche, aber nicht deren Rechtsfolgen, soweit damit eine unbegrenzte Ergebnisminderung verbunden wäre. Fügt sich dies in die Systematik des Steuerrechts ein? *Janssen* (S. 23 ff.) hat unter mehreren Gesichtspunkten erörtert und bejaht. Mit § 8 a KStG werde nicht gegen das Trennungsprinzip als grundlegendes körperschaftsteuerliches Ordnungsprinzip verstoßen, weil der Umgehungszweck des Gesellschafters Durchbrechungen des Trennungsprinzips rechtfertige. Daß § 8 a KStG den ansonsten bei § 8 III KStG üblichen steuerbegründenden Drittvergleich durch eine definitorische Erweiterung des Begriffs der verdeckten Gewinnausschüttung ersetze, steht im Belieben des Gesetzgebers und stelle auch keinen Systembruch dar. § 8 a KStG stellt sich wegen seines auf Darlehen eingeschränkten Anwendungsbereichs als die spezielle Norm dar; werde beispielsweise bereits die Darlehenshingabe nicht anerkannt, sei § 8 III KStG anzuwenden. Zum Verständnis zu § 42 AO knüpft *Janssen* an *BFH* BStBl. 1992, 332 an, wonach die für § 8 a KStG typische Gestaltung nicht unter § 42 AO falle. Wegen der bestehenden Finanzierungsfreiheit könne eine Umqualifizierung von Zinsen in eine verdeckte Gewinnausschüttung nicht erfolgen; aber § 8 a KStG sei nicht mit dem Anspruch geschaffen worden, die einzige Mißbrauchsregelung im Bereich der Finanzierung von Kapitalgesellschaften durch ihre Gesellschafter zu sein – es handele sich um eine spezielle Norm für den durch seine Tatbestandsmerkmale eng abgegrenzten Bereich –, im übrigen schließe § 8 a KStG die Anwendung des § 42 AO nicht aus (so auch das *BMF*-Schreiben betr. Gesellschafter-Fremdfinanzierung BStBl. 1995 I, 25 Rz 4). **Europarechtliche Bedenken** wegen einer versteckten Diskriminierung bei *Blumenberg* S. 378 ff.

### b) *Voraussetzungen der Umqualifizierung: Geber des Fremdkapitals*

Betroffene Gesellschafter sind nur nicht zur Körperschaftsteueran- **116** rechnung Berechtigte, von denen hier nur beschränkt steuerpflichtige Gesellschafter interessieren (§ 50 V Satz 2 EStG, §§ 51, 50 KStG). Im Hinblick auf diesen Personenkreis wird auch § 8 a KStG von Teilen der Literatur an den EG-Grundfreiheiten gemessen und teilweise für europauntauglich gehalten (zuletzt unter Hinweis auf *EuGH*-Eurowings *Wachter* IStR 1999, 690). Es sind zu unterscheiden:

(1) Nichtanrechnungsberechtigte wesentlich beteiligte Anteilseigner: **117** Anteilseigner ist, wer unmittelbar oder mittelbar an der Kapitalgesellschaft beteiligt ist (*BMF*-Schreiben Rz 7); gegen die Einbeziehung auch eines mittelbaren Gesellschafters allerdings *Wassermeyer* IStR 1995, 105 ff., ihm folgend *Kröner* in *Arthur Anderson* § 8 a KStG Rz 58 und *Janssen* IWB 3 Gr. 4, 414: Der Anteilseignerbegriff des KStG (§§ 8 a, 51 KStG) richte sich nach den Vorschriften des EStG und damit nur auf die Zurechnung unmittelbar gehaltener Anteile (§ 20 II a EStG) – für mittelbar Beteiligte könne es nur darum gehen, ob sie als Dritte in Betracht kämen; die daraus zu ziehende Folge einer Zwischenschaltung einer inländischen Kapital- oder Personengesellschaft, die ja zur Anrechnung berechtigt ist, zwischen ausländischem Fremdkapitalgeber und unbeschränkt steuerpflichtigem Gesellschafter bezeichnet *Wassermeyer* als „kalten Schlag" des § 8 a KStG. Eine wesentliche Beteiligung liegt nach § 8 a III Satz 1 KStG vor, wenn der Anteilseigner am Grund- oder Stammkapital der Kapitalgesellschaft zu mehr als einem Viertel unmittelbar oder mittelbar über eine Kapitalgesellschaft oder eine Personengesellschaft beteiligt ist. Aus dem Hinweis auf eine auch mittelbare Beteiligung folgt nur, daß die mittelbare Beteiligung für die Feststellung der Wesentlichkeit einer Beteiligung mitzurechnen ist, *Wassermeyers* Verständnis von § 8 a I KStG also nicht entgegensteht. Gegen eine Beschränkung des § 8 a KStG auf wesentliche Beteiligte sind verfassungsrechtliche Bedenken geltend gemacht worden; dazu ablehnend *Janssen*

S. 48 ff. Auf einen maßgeblichen Gesellschaftereinfluß wird nicht abgestellt; es kommt in zeitlicher Hinsicht auch nur darauf an, daß der Anteilseigner die Voraussetzungen einer wesentlichen Beteiligung zu irgendeinem Zeitpunkt im Wirtschaftsjahr erfüllt. Die Rechtsfolgen des § 8 a KStG treten mithin auch dann ein, wenn zum Zeitpunkt der Zahlung der Vergütungen eine wesentliche Beteiligung nicht (nicht mehr, noch nicht) gegeben ist. Da § 8 a III Satz 1 KStG nach seinem Wortlaut jede mittelbare Beteiligung bei der Berechnung der Wesentlichkeit eines Anteils einbezieht, muß die Beteiligung des Anteilseigners an der Gesellschaft, durch die die Beteiligung an der kapitalnehmenden Gesellschaft vermittelt wird, nicht wesentlich sein. Gegen eine Zurechnung bei fehlendem wesentlichen Einfluß *Janssen* (S. 53 ff.): Wenn § 8 a KStG dem Mißbrauch entgegentreten wolle, den nicht anrechnungsberechtigte Anteilseigner mit Hilfe einer Kapitalgesellschaft ausüben können, müßten sie wesentlichen Einfluß ausüben können, anderenfalls die Darlehensaufnahme nicht von der Motivation getragen werden könne, ihm ungerechtfertigte Steuervorteile verschaffen zu wollen. Doch kann dies kein Argument für eine Tatbestandskorrektur sein, weil es mit der speziellen Tatbestandsbildung im Einzelfall nicht mehr darauf ankommt, ob es um eine Steuervermeidung geht. Der Gesellschafter ohne wesentlichen Einfluß muß auf die Fremdkapitalzuführung verzichten, wenn er deren Rechtsfolgen vermeiden will. Von einer wesentlichen Beteiligung ist nach § 8 a III Satz 2 KStG auch auszugehen, wenn der Anteilseigner zwar nicht alleine, aber zusammen mit anderen zu mehr als einem Viertel beteiligt ist: Die Gruppe muß dabei einen bestimmten Zusammenhalt aufweisen, indem sie etwa eine Personenvereinigung bildet oder von einem Mitglied beherrscht wird (s. die Vorbilder für die Regelung in Art. 10 III DBA-Schweiz und § 1 II AStG). Es geht hierbei mithin um die Feststellung, wann die Verhältnisse von zwei oder mehr selbständigen Personen rechtlich so gewürdigt werden können, als habe man es nur mit einer Person zu tun (so *Janssen* S. 59, dort auch im einzelnen zu den Varianten). Schließlich die Einbeziehung nicht wesentlich beteiligter Gesellschafter mit einem beherrschenden Einfluß in § 8 a III Satz 3 KStG.

**118**  (2) Nahestehende Personen im Sinne des § 1 II AStG (§ 8 a I Satz 2 1. Alt. KStG): Auch Vergütungen für Fremdkapital, die die Gesellschaft an eine dem Anteilseigner nahestehende nichtanrechnungsberechtigte Person leistet, gelten unter den Voraussetzungen des § 8 a KStG als verdeckte Gewinnausschüttungen. Eine Umqualifizierung findet nach dem *BMF*-Schreiben zu § 8 a (Rz 19) auch statt, wenn der Anteilseigner selbst anrechnungsberechtigt ist; hiergegen *Wassermeyer:* § 8 a I Satz 2 KStG übernehme den Anteilseignerbegriff von § 8 a I Satz 1, dort aber sei von einem „nicht anrechnungsberechtigten Anteilseigner" die Rede (IStR 1995, 106); ergänzend *Janssen* (S. 75): Es könne nicht davon ausgegan-

gen werden, daß außer in § 8 a I Satz 1 KStG auch anrechnungsberechtigte Anteilseigner gemeint sein sollen, was insbesondere aus der Regelung der Wesentlichkeit folge. Legt man aber den Anteilseignerbegriff
in § 8 a I Satz 2 KStG wie im voranstehenden Satz 1 aus, so wird eine
Fallgruppe nicht in § 8 a KStG einbezogen, die nach Sinn und Zweck
einbezogen werden müßte (Anteilseigner anrechnungsberechtigt, nahestehende Person nichtberechtigt).

(3) Dritter mit Rückgriffsmöglichkeit (§ 8 a I Satz 2 2. Alt. KStG):  **119**
Vergütungen, die die Kapitalgesellschaft an einen Dritten zahlt, gelten
unter den Voraussetzungen des § 8 a KStG als verdeckte Gewinnausschüttungen, soweit der Dritte auf den Anteilseigner oder eine diesem
nahestehende Person (z. B. als Sicherungsgeber) zurückgreifen kann. Der
Dritte kann zugleich Gesellschafter sein (z. B. ohne wesentliche Beteiligung), er kann nahestehende Person sein (z. B. anrechnungsberechtigt) –
klargestellt werden muß nur, aus welchem Grunde eine Umqualifizierung erfolgt (*Janssen* S. 89). Ein konkreter und rechtlich durchsetzbarer
Anspruch etwa aufgrund einer Garantieerklärung oder einer Bürgschaft,
eine Vermerkpflicht in der Bilanz, eine dingliche Sicherheit oder eine
harte oder weiche Patronatserklärung reichen nach dem *BMF*-Schreiben
(Rz 21, 22) für die Anwendung des § 8 a KStG aus, sind aber nicht erforderlich. Es genügt bereits faktisches Einstehen für die Erfüllung der
Schuld. Insbesondere würden auch Gestaltungen erfaßt, bei denen eine
Bank der Kapitalgesellschaft ein Darlehen gewährt und der Anteilseigner
seinerseits bei der Bank eine Einlage unterhält (sog. back-to-back-
Finanzierung), ohne daß es auf eine Abtretung ankomme (zur back-to-
back-Finanzierung *Zehetmair/Hedel* IStR 1997, 111); in Konzernfällen
sei regelmäßig davon auszugehen, daß die Muttergesellschaft für die
Verbindlichkeiten der Tochtergesellschaft einzustehen habe. *Janssen*
(S. 90ff.) hält die Interpretation des *BMF* für unrichtig und von falschen
Voraussetzungen ausgehend, soweit faktisches Einbeziehen genügen
solle. Verbunden waren aus der Sicht des Gesetzgebers mit der Einbeziehung des Dritten Bürgschaftsfälle und die back-to-back-Finanzierung
– doch müsse auch bei letzterer eine Rückgriffsmöglichkeit der Bank bestehen. Die Frage der Anrechnungsberechtigung oder des Ausschlusses
hiervon stellt sich nach dem Wortlaut des § 8 a nicht, doch ist Anwendung auf Dritte, die anrechnungsberechtigt sind, nicht vertretbar. Denn in
diesem Fall unterliegen die Zinseinnahmen der deutschen Besteuerung.
Daher *BMF*-Schreiben zu § 8 a KStG Rz 23: Ist der Dritte, der auf den
nichtanrechnungsberechtigten Anteilseigner oder eine ihm nahestehende
Person zurückgreifen kann, selbst anrechnungsberechtigt (z. B. inländische Bank), wird eine verdeckte Gewinnausschüttung nicht angenommen, wenn die Kapitalgesellschaft nachweist, daß die Vergütungen bei
dem Dritten im Rahmen der deutschen Besteuerung erfaßt werden und
bei diesem nicht mit Ausgaben in Zusammenhang stehen, deren unmit-

telbarer oder mittelbarer Empfänger der Anteilseigner oder eine ihm
nahestehende Person ist (back-to-back-Finanzierung); später ist der Kreis
der einbezogenen Personen erweitert worden, so daß auch anrechnungsberechtigte inländische Betriebsstätten ausländischer Kreditinstitute hierzu zählen (*OFD Frankfurt* DB 1995, 2448).

*c) Voraussetzungen der Umqualifizierung: Empfänger des Fremdkapi-
tals*

**120**     (1) § 8a KStG gilt insoweit für unbeschränkt steuerpflichtige Kapitalgesellschaften, soweit sie nicht von der Körperschaftsteuer befreit sind;
damit ist die Anwendung schon auf die Vorgesellschaft möglich. Ausländische Gesellschaften mit Geschäftsleitung im Inland und statuari-
schem Sitz im Ausland fallen unter § 8a KStG, wenn sie nach dem
notwendigen Typenvergleich einer Kapitalgesellschaft im Sinne des
§ 1 Nr. 1 KStG entsprechen (*BMF*-Schreiben zu § 8a KStG Rz 6; zu
dem damit gegebenen Widerspruch zu *BFH* BStBl. 1992 II, 972 (§ 1
Nr. 5 KStG) s. *Janssen* S. 99). Damit fallen aus dem Anwendungsbereich des § 8a KStG die Betriebsstätten ausländischer Körperschaften
heraus, da die ausländische Körperschaft nur der beschränkten Steuerpflicht unterliegt. Die Einbeziehung von beschränkt steuerpflichtigen
Körperschaften in den Anwendungsbereich des § 8a KStG wäre – trotz
verfassungsrechtlicher Bedenken gegenüber der geltenden Rechtslage
(s. dazu *Schaumberg* S. 1281) – wegen des Ausschlusses vom körperschaftsteuerlichen Anrechnungsverfahren nicht gerechtfertigt. Das Anrechnungsverfahren kann hier durch eine Gesellschafter-Fremdfinanzierung nicht umgangen werden. Ohnehin kommt für die inländischen
Betriebsstätten ausländischer Gesellschaften nur ein beschränkter Zins-
abzug in Betracht (s. bereits P 32), da eigene Darlehen des ausländischen
Stammhauses als Dotationskapital keinen Zinsaufwand zur Folge haben
können (*Janssen* S. 99).

**121**     (2) Da eine Fremdfinanzierung inländischer Personengesellschaften
nicht unter § 8a KStG fällt, bietet sich die Umwandlung als „Radikal-
lösung" zur Vermeidung des persönlichen Anwendungsbereichs des § 8a
KStG an: Zinsen für refinanzierende Gesellschafterdarlehen an Personengesellschaften sind steuerlich abzugsfähige Sonderbetriebsausgaben der
beschränkt steuerpflichtigen Gesellschafter. Gleiches gilt für eine Fremdfinanzierung durch eine Holding-Personengesellschaft: Empfangene
Fremdmittel von beschränkt steuerpflichtigen Gesellschaftern werden als
Eigenkapital an ihre Kapital-Untergesellschaften weitergegeben, die Refinanzierungskosten sind bei diesen Gesellschaften als Sonderbetriebsausgaben abzugsfähig (*Schaumburg* S. 1280; *Herzig* StuW 1993,
256; zu weiteren Möglichkeiten, dem persönlichen Anwendungsbereich
des § 8a KStG auszuweichen, s. *Janssen* S. 101ff.).

## d) Sachliche Voraussetzungen: Kapitalgrößen und Kapitalrelationen

(1) Die **Rechtsfolge** einer **Umqualifizierung** von Fremdkapitalver- **122**
gütungen in **verdeckte Gewinnausschüttungen** setzt voraus, daß das
Gesellschafter-Fremdkapital zu einem Zeitpunkt des Wirtschaftsjahres
den maßgebenden **safe haven** übersteigt (§ 8 a I Satz 1 Nr. 1 und 2 KStG
mit der Formulierung „soweit das Fremdkapital ... übersteigt). Der Begriff „safe haven" steht für nicht Nichtbeanstandungsgrenzen. Maßgebend hierfür ist eine gesellschafterbezogene Betrachtung: Das von jedem
einzelnen Gesellschafter, der die persönlichen Voraussetzungen erfüllt,
zur Verfügung gestellte Kapital ist mit seinem anteiligen Gesellschafter-
Eigenkapital zu verknüpfen, bevor die safe-haven-Regelungen als Maßstab angelegt werden. Das ist der Sache nach zwar problematisch, weil es
für die Beurteilung einer unangemessenen Kapitalausstattung im Prinzip
auf die Situation der Gesellschaft insgesamt ankommt (*Bader* aaO, S. 32;
*Brigitte Knobbe-Keuk* DB 1993, 64), andererseits aber mit Blickrichtung
auf den vom Anrechnungsausschluß Betroffenen und auf ihn zielenden
§ 8 a I KStG eine sicherlich vertretbare Entscheidung. Zentrale Bedeutung kommt damit den Begriffen des anteiligen Eigenkapitals des Anteilseigners und seines Fremdkapitals zu.

(2) Ausgangspunkt für die **Ermittlung des anteiligen Eigenkapitals** **123**
des Anteilseigners ist das Eigenkapital der Gesellschaft. § 8 a II KStG
knüpft an das Handelsrecht und an die Handelsbilanz an: Eigenkapital ist
danach „das gezeichnete Kapital abzüglich der ausstehenden Einlagen,
zuzüglich der Kapitalrücklagen, der Gewinnrücklagen, eines Gewinn-
vortrags und eines Jahresüberschusses sowie abzüglich eines Verlustvortrags und eines Jahresfehlbetrags (§ 266 III Abschn. A, § 272 HGB) in
der Handelsbilanz zum Schluß des vorangegangenen Wirtschaftsjahres;
Sonderposten mit Rücklagenanteil (§ 273 HGB) sind zur Hälfte hinzuzurechnen". Diese Aufteilung ist abschließend und führt dazu, auch Positionen, die handelsrechtlich als Eigenkapital behandelt werden (z. B. Genußrechtskapital, partiarische Darlehen, Kapital des stillen Gesellschafters), dem Fremdkapital zuordnen zu müssen (dazu *BMF*-Schreiben zu
§ 8 a KStG Rz 28; *OFD Hannover* DB 1996, 2259). Für Neugründungen
stellt das *BMF-Schreiben* Rz 29 „ausnahmsweise auf das Eigenkapital in
der Eröffnungsbilanz" ab. Probleme anläßlich der Neugründung (auch
durch Unternehmenskauf) ergeben sich aus der Sicht des § 8 a KStG einfach deswegen, weil die Eröffnungsbilanz nur selten aussagekräftig ist.
Die mit der Gründung zusammenhängenden Fragen der Eigenkapitaler-
mittlung sind eingehend auf der Podiumsdiskussion „Praktische Erfahrungen mit § 8 a KStG" (Forum Nr. 12, S. 176 ff.) erörtert worden. Vor
allem *Herzig* (S. 178) hat das Problem beschrieben: § 8 a KStG bildet für
ihn immer dann ein Problem, wenn zu einem bestimmten Zeitpunkt viel
Fremdkapital benötigt wird. Dann verbessere sich in der Folgezeit zwar

die Situation, doch bleibe das Problem für das Übergangsjahr bestehen. Die Anlehnung an die Eröffnungsbilanz sei problematisch, weil in der Regel nur das Mindestkapital aufgebracht und damit kein nennenswerter safe-haven-Schutz geschaffen werde. Eine besondere Regelung trifft § 8 a II Satz 3 KStG für Eigenkapitalminderungen durch vorübergehende Verluste; denn in einer Krisensituation auftretende bilanzielle Verluste vernichten das für eine Freibetrags-Nutzung zur Verfügung stehende Eigenkapital des Anteilseigners. Nach der Öffnungsklausel sind solche Eigenkapitalminderungen unbeachtlich, „wenn bis zum Ablauf des dritten auf das Wirtschaftsjahr des Verlust folgenden Wirtschaftsjahres das ursprüngliche Eigenkapital durch Gewinnrücklagen oder Einlagen wieder hergestellt wird" (dazu *BMF*-Schreiben zu § 8 a KStG Rz 33–38 mit dem Hinweis auf eine vorläufige Festsetzung der Steuer der Kapitalgesellschaft und des Anteilseigners gem. § 165 I AO und mit Verrechnungshinweisen). Schwierigkeiten bereitet das Verständnis des „vorübergehenden" Verlustes und des genannten Dreijahreszeitraums. Nach dem Wortlaut des § 8 a KStG bezieht sich der Dreijahreszeitraum nur auf die Ausgleichsfrist, nicht auf den Zeitraum der entstehenden Verluste überhaupt. Die Konsequenz wäre (beispielhaft), daß ein vorübergehender Verlust des fünften Jahres noch im achten Jahr ausgeglichen werden könnte (zur teleogischen Reduktion des § 8 a KStG in diesem Punkt *Bader* aaO, S. 323; *Herzig* DB 1994, 168; zur Anrechnung der Öffnungsklausel unter Gestaltungsaspekten *Prinz* JbFSt 1998/99, S. 294).

**124** (3) Für die Bemessung der Höhe einer steuerlich unschädlichen Fremdfinanzierung stellt § 8 a II Satz 1 KStG auf den **Anteil des Gesellschafters am gezeichneten Kapital** der Gesellschaft zum Schluß des vorangegangenen Jahres ab. Diese Regelung gewährleistet Rechtssicherheit bezüglich der prozentualen Höhe des Anteils, nicht aber bezüglich der absoluten Höhe des Gesellschafteranteils. Denn die absolute Höhe hängt vom absoluten Kapital der Gesellschaft ab, und diese muß zu jedem Zeitpunkt des Jahres der safe-haven-Bedingung genügen (*Janssen* S. 120). Erwirbt ein Anteilseigner im Laufe eines Wirtschaftsjahres einer bereits bestehenden Gesellschaft einen Gesellschaftsanteil, dann ist ihm ein anteiliges Eigenkapital im Vorjahr nicht zuzurechnen (*BMF*-Schreiben zu § 8 a KStG Rz 41). Ausstehende Einlagen werden den einzelnen Gesellschaftern bei der Ermittlung ihres anteiligen Eigenkapitals nicht individuell zugeordnet, sondern nach Rz 40 vom gesamten Kapital der Gesellschaft abgezogen. Das kann zur Folge haben, daß wesentlich beteiligte Gesellschafter trotz Einlagenleistung wegen ausstehender Einlagen von anderen Gesellschaftern einen geringeren Fremdfinanzierungsspielraum haben (s. dazu auch das in Rz 40 enthaltene Beispiel). Jedoch ist eine Kontroverse hierüber nicht möglich, weil die Frage ja bereits mit der Bestimmung des Eigenkapitals in § 8 a II Satz 3 KStG gelöst wird.

Das *BMF*-Schreiben zu § 8 a KStG weist in Rz 34 ausdrücklich darauf hin, daß bei der anteiligen Eigenkapitalbezifferung „nicht auf den Umfang der Stimmrechte" abzustellen ist. Das scheint nur widersprüchlich zu sein; denn durch § 8 a III Satz 3 KStG ist sichergestellt, daß jeder Gesellschafter, der einen beherrschenden Einfluß auf die Gesellschaft ausüben kann, auch in den persönlichen Anwendungsbereich des § 8 a KStG fällt. Darunter aber fällt auch ein Gesellschafter, der nur wegen der ihm zustehenden Stimmrechte einen beherrschenden Einfluß ausüben kann, ohne wesentlich beteiligt zu sein. Bei der Berechnung des anteiligen Eigenkapitals sind auch Anteile einzubeziehen, die durch Vorzugsaktien ohne Stimmrecht vermittelt werden, ebenso sind die Anteile einer unmittelbaren Beteiligung mit denen aus einer mittelbaren Beteiligung zusammenzurechnen (*Janssen* S. 123). Wird die Wesentlichkeit einer Beteiligung durch eine Zusammenrechnung gem. § 8 III Satz 2 KStG oder wegen einer Beherrschung gem. § 8 III Satz 3 KStG bestimmt, so bemißt sich dessen ungeachtet das anteilige Eigenkapital des Anteilseigners nur nach seinem Anteil am gezeichneten Kapital (Beteiligungsquote am Schluß des vorangegangenen Wirtschaftsjahres). Folglich kann ein Gesellschafter mit einer Beteiligung von 2% wegen Beherrschung wesentlich beteiligt sein – hat aber nur dessen ungeachtet einen Fremdfinanzierungsspielraum, der der Beteiligungsquote entspricht. Dazu *Janssen* (S. 123): „Jede andere Handhabung müßte zu insgesamt überhöhten Freibeträgen führen. Man könnte nämlich den Inhabern der Kapitalanteile ihre Freibeträge nach dem eingezahlten Kapital nicht verwehren und müßte also dem beherrschenden Anteilseigner einen zusätzlichen Freibetrag einräumen. Der insgesamt überhöhte Freibetrag würde dann genau den Mißbrauch herbeiführen, der vermieden werden sollte." Daß die Maßgeblichkeit des Anteils (Beteiligungsquote) zur Folge hat, daß Zinsen für Fremdkapital auch in Fällen umqualifizierbar sind, in denen die Gesellschaft ein „ausreichendes" Eigenkapital-Fremdkapital Verhältnis ausweist, ist bereits eingangs erwähnt; anderenfalls hätte allein auf die Gesellschaftsverhältnisse insgesamt abgestellt werden müssen. Der Gestaltungsspielraum für die Höhe des Eigenkapitalanteils wird durch die absolute Höhe des Eigenkapitals einerseits und den quotalen Betrag andererseits bestimmt (Kapitalerhöhungsmaßnahmen bei unveränderter und veränderter Quote, Umgründungsmaßnahmen als Beispiele).

(4) Der **Begriff des Fremdkapitals** wird in § 8 a KStG nicht näher **125** bestimmt. Das *BMF*-Schreiben zu § 8 a KStG geht von einem steuerrechtlichen Begriff aus („alle als Verbindlichkeit passivierungsfähigen Kapitalzuführungen in Geld, die nach steuerrechtlichen Grundsätzen nicht zum Eigenkapital gehören") und nennt „insbesondere fest und variabel verzinsliche Darlehen, partiarische Darlehen, typische stille Beteiligungen, Gewinnschuldverschreibungen und Genußrechtskapital"

mit Ausnahme des im Sinne von § 8 III Satz 2 KStG genannten Kapitals. Doch ist für Grenzfälle zu bedenken, daß das Eigenkapital gem. § 8 II nach handelsrechtlichen Grundsätzen zu bestimmen ist, so daß das Gebot folgerichtiger Rechtsanwendung auch eine Fremdkapitalbestimmung nur nach den Grundsätzen des Handelsrechts gestattet. Ausgeklammert bleiben Sachdarlehen (Nutzungsüberlassungen), womit die Vorstellung verbunden ist, daß nur Gelddarlehen als Fremdkapital und passivierungspflichtiger Kapitalzuführung in Betracht kamen. Dazu *Janssen* (S. 31): Daß im Falle einer Nutzungsüberlassung keine Kapitalzuführung erfolge, sei kein tragender Grund für eine Differenzierung. Denn bei § 8 KStG gehe es nicht um die Substanz des Darlehens, sondern um dessen Vergütung. Durch die Nichtversteuerung der Zinsen verschaffte sich der Gesellschafter einen Vorteil, und nur darin sei die Umgehung des Steuerrechts zu suchen. Dafür sei die Unterscheidung zwischen Geld- und Sachdarlehen belanglos, jedoch stünde es dem Gesetzgeber frei, wie weit er den Rahmen abstecke; durch grenzüberschreitende Leasing-, Miet-, Pacht- und Lizenzüberlassungen als finanzierungsähnliche Instrumente läßt sich § 8a KStG daher vermeiden (eingehend *Prinz* JbFSt 1998/99, S. 295 ff.). Unverzinsliche Darlehen werden nach dem *BMF*-Schreiben zu § 8a KStG Rz 44 in das Fremdkapital des Gesellschafters einbezogen, wirken sich also zum Nachteil des Gesellschafters aus. Das ist nicht zutreffend: Da § 8a auf die Begrenzung der Zinszahlungen und damit überhaupt nur auf verzinsliches Fremdkapital abstellt, müssen unverzinsliche Darlehen außen vor bleiben, anderenfalls dem Begriff eine zweifache Funktion innerhalb des § 8a zukäme (als Bezug für gezahlte Vergütungen, als Bestimmungsfaktor des save haven). Für kurzfristig überlassenes Kapital bestimmt *BMF*-Schreiben zu § 8a KStG Rz 47: Kurzfristig überlassenes Kapital aus Waren- und Lieferkrediten, die der Anteilseigner oder eine ihm nahestehende Person der Kapitalgesellschaft gewähren, gehört nicht zum Fremdkapital, wenn Lieferant und Kreditgeber identisch sind; von einer kurzfristigen Kapitalüberlassung ist bei einer Laufzeit bis zu sechs Monaten auszugehen. Warum damit nur kurzfristige Waren- und Lieferkredite statt kurzfristiges Kapital überhaupt vom Zugriff des Fremdkapitals auszunehmen sind, ist nicht ersichtlich – die Entstehungsgeschichte ist insoweit eindeutig (BT-Drucks. 12/5016 S. 91). Krit. zur Auffassung der FinVerw *FG München* FR 1998, 72 m. Anm. *Prinz* am Beispiel einer durch einen Dritten erfolgenden kontokorrentähnlichen laufenden Kreditfinanzierung einer inländischen GmbH, die über den ausländischen Alleingesellschafter abgesichert ist: Ist es sachgerechter, die Regelungen über gewerbesteuerliche Darlehensschulden gem. § 8 Nr. 1 GewStG heranzuziehen? Durchlaufende Posten gehören ebenfalls nicht zum Fremdkapital (so *BMF*-Schreiben zu § 8a KStG Rz 45; kritisch hierzu *Janssen* S. 136).

(5) Steht fest, welche Beträge dem Fremdkapital zuzuordnen sind, ist **126** der **Umfang der Vergütungen zu klären,** um deren Umqualifikation es geht. Vergütungen sind Gegenleistungen aller Art, die die Kapitalgesellschaft für die Überlassung des Fremdkapitals gewährt. Hierzu gehören (*BMF*-Schreiben zu § 8a KStG Rz 38) insbesondere Zinsen zu einem festen oder variablen Zinssatz, Gewinnbeteiligungen (Vergütungen für partiarische Darlehen, Genußrechte und Gewinnschuldverschreibungen) und Umsatzbeteiligungen; Vergütungen im Sinne des § 8a KStG sind auch Vergütungen, die zwar nicht als Zins berechnet werden, aber Vergütungscharakter haben (z.B. das Damnum, das Disagio, Vorfälligkeitsentschädigungen, Provisionen und Gebühren, die an den Geber des Fremdkapitals gezahlt werden). Allgemein gilt: Da § 8a KStG als Einkünftekorrekturnorm eine verdeckte Gewinnausschüttung als Rechtsfolge statuiert, können nur die Aufwendungen als Vergütung angesehen werden, die das Einkommen gemindert haben (*Janssen* S. 138). Für das Verständnis des § 8a KStG ist nunmehr eine Differenzierung erforderlich, weil § 8a KStG **zwei unterschiedliche Freibeträge (safe haven)** kennt. Abzugrenzen ist zwischen nicht in einem Bruchteil des Kapitals und in einem Bruchteil des Kapitals bemessenen Vergütungen (§ 8a I Satz 1 Nr. 1 und Nr. 2 KStG), zwischen gewinnabhängig verzinsten (stille Beteiligung) und gewinnunabhängig (festverzinsliche Darlehen) verzinsten Darlehen. *Janssen* (S. 141ff.) hat hierzu einige Zweifelsfälle untersucht: Teilweise gewinnabhängige Zinsen führen zur Behandlung eines einheitlich gewährten Darlehens als insgesamt gewinnabhängig; in Fällen einer vereinbarten Mindestverzinsung oder Höchstverzinsung hängt der Zins teilweise vom Gewinn ab, es handelt sich folglich um gewinnabhängige Darlehen ohne die Möglichkeit, die Beurteilung vom Wirksamwerden der Höchst- oder Mindestverzinsung abhängig zu machen; ist vereinbart, einen nicht erwirtschafteten Teil des Zinses auf Folgejahre vorzutragen, ist keine gewinnabhängige Vergütung gegeben, die Vereinbarung betrifft nur die Fälligkeit (Fälligkeit und Stundung fallen nicht in den Anwendungsbereich des § 8a KStG – anders im *BMF*-Schreiben zu § 8a KStG die beiden Beispiele a.E. der Rz 55); Vereinbarungen, bei denen sich der Zins nach dem Diskont- oder Lombardzins richtet, Zinseszinsen bei Zinsaussetzungen vereinbart werden oder es sich um Zinsen bei Tilgungsstreckungen handelt, erfüllen die Voraussetzung eines gewinnunabhängigen Zinses, da eine Orientierung am überlassenen Kapital gegeben ist und nur das Ergebnis offen ist.

(6) Die Differenzierung wirkt sich durch **unterschiedliche Freibe- 127 träge** aus, womit das Gesetz aus Gründen der Praktikabilität einen *safe haven* schafft. Dabei ist die Bevorzugung einer gewinnunabhängigen Vergütung auffallend. Bei gewinnabhängig verzinsten Darlehen wird ein Freibetrag in Höhe von 50% des anteiligen Eigenkapitals des Gesellschafters gewährt, bei nicht gewinnabhängigen verzinsten Darlehen ein

solcher in Höhe von 300% des anteiligen Eigenkapitals. Dem liegt eine
Vorstellung zugrunde, nach der eine Einmalbesteuerung bei einer gewinnabhängigen Vergütung den sechsfachen Umfang verglichen mit dem
Fall einer gewinnunabhängigen Vergütung hat (Gewinnabsaugung, s.
*Janssen* S. 146 f., der – wie *Herzig* StuW 1993, 244 – darauf verweist,
daß bei den Vorarbeiten und Entwürfen zu § 8 a KStG zwischen einer
Gewinnbeteiligung aufgrund einer Eigen- und aufgrund einer Fremdfinanzierung nicht differenziert wurde und die dem Gesetz zugrundeliegende Auffassung der Ähnlichkeit gewinnunabhängiger Vergütung mit
einer Gewinnbeteiligung schon im Ansatz falsch sei; daß die „nicht in
einem Bruchteil des Kapitals bemessene Vergütung" auch Zinsberechnungen erfaßt, die sich am Gewinn anderer als der leistenden Gesellschaft erfassen lassen, zeige letztlich die mangelnde Vergleichbarkeit
zwischen dem jeweils zugrundeliegenden Kapital). Dabei ist die Umqualifizierung von gewinnunabhängigen Vergütungen in bestimmten
Situationen eher problematisch: Sie sind auch in Verlustjahren zu zahlen,
erfüllen also gerade in Krisensituationen nicht die Funktion eines Eigenkapitals (dazu *Frotscher* IStR 1994, 204; *Prinz* JbFSt 1998/99 S. 292 f.).
Die unterschiedliche Sicht wird an anderer Stelle fortgesetzt: erfolgsabhängig vergütetes Kapital wird nicht nur hinsichtlich der Höhe der zulässigen Eigen- und Fremdkapitalrelation, sondern auch hinsichtlich der
Möglichkeit zu Drittvergleichsbeweisen und hinsichtlich der Erweiterung des safe haven in Holdingfällen (§ 8 a IV Sätze 1 und 2) gegenüber
dem erfolgsunabhängig vergüteten Fremdkapital benachteiligt. Die Freibetragsregelungen bedeuten konkret: Bei **erfolgsabhängigen Vergütungen** tritt eine Umqualifikation ein, wenn das Fremdkapital mehr als die
Hälfte des anteiligen Eigenkapitals beträgt; hält sich die Fremdfinanzierung in diesem Rahmen, werden Vergütungen auch dann nicht umqualifiziert, wenn die Fremdmittel kapitalersetzenden Charakter haben –
ebensowenig ist bei Überschreiten der Grenzen im Einzelfall der Nachweis möglich, das Darlehen habe keinen kapitalersetzenden Charakter.
Bei **erfolgsunabhängigen Vergütungen** erfolgt eine Umqualifizierung,
wenn das Fremdkapital das Dreifache des anteiligen Eigenkapitals übersteigt; doch enthält dieser Tatbestand die Ausnahmen eines „Drittvergleichs" und die Finanzierung banküblicher Geschäfte.

*Beispiel* (*Zehetmair/Hedel* IStR 1997, 108): Eine ausländische Muttergesellschaft
gewährt ihrer 100%igen Tochtergesellschaft mit Sitz im Inland, deren Eigenkapital 100
beträgt (1) ein mit 8% festverzinsliches Darlehen in Höhe von 400, für das ein Drittvergleich möglich ist. Unschädliches Fremdkapital (3:1) 300, aber: Drittvergleich.
Abziehbare Zinsen 32, verdeckte Gewinnausschüttung 0; (2) ein mit 8% festverzinsliches Darlehen in Höhe von 400, für das kein Drittvergleich möglich ist. Unschädliches Fremdkapital (3:1) 300, abziehbare Zinsen 24, verdeckte Gewinnausschüttung
8; (3) ein mit 8% zu verzinsendes Darlehen in Höhe von 400, wobei die Zinsen nur
bei ausreichendem Gewinn des Tochterunternehmens zu zahlen sind. Unschädliches
Fremdkapital 50 (0,5:1), abziehbare Zinsen 4, verdeckte Gewinnausschüttung 28.

(7) Wie für die Anwendung von § 8 a I KStG selbst auf die Beteili- **128**
gung des Gesellschafters zurückgegriffen wird, so muß dies auch für die
Freibetragsregelungen geschehen. Der nahestehenden Person stehen auch
die Freibeträge des Anteilseigners zur Verfügung, soweit dieser sie noch
nicht ausgenutzt hat. Umstritten ist die Berücksichtigung eigener Anteile
der nahestehenden Person (Freibeträge addieren? Nur der eigene Freibetrag? Freibetrag des wesentlich Beteiligten?), die Frage einer Beteili-
gungskumulation, wenn die nahestehende Person mehreren Gesellschaftern nahesteht, und die Frage der zeitlichen Reihenfolge bei Nahestehen
mehrerer Personen gegenüber einem Anteilseigner (dazu *Janssen*
S. 153 ff.).

(8) Die verschiedenen Gesellschaftsdarlehen werden einzeln betrachtet **129**
und entweder den gewinnabhängigen oder den gewinnunabhängigen
Vergütungen zugeordnet. Maßgeblich für die steuerliche Beurteilung
(Umqualifikation) innerhalb dieser beiden Arten des Fremdkapitals ist
die zeitliche Reihenfolge der Entstehung der Darlehensverbindlichkeiten
(*BMF*-Schreiben zu § 8 a KStG Rz 71 mit zwei Beispielen). Das Gesetz
selbst bestimmt nur, daß umzuqualifizieren ist, soweit Vergütungen auf
Gesellschafter-Fremdkapital eine bestimmte Quote übersteigen. Das Gesetz regelt aber nicht, von welchem Teil dieses Fremdkapitals die Vergütungen umzuqualifizieren sind, weswegen eine Vielzahl von Lösungen
angeboten wird: Die Lösung nach der zeitlichen Reihenfolge der Darlehen im *BMF*-Schreiben ist unzutreffend, weil nur die Reihenfolge belegt,
ab welchem Punkt der safe-haven-Bereich verlassen wurde; ein Rückgriff auf frühere Darlehen scheidet aus (*Janssen* S. 160). Ergibt sich nun,
daß Fremdkapital nach beiden Alternativen vorliegt, so können die beiden Freibeträge nicht kumuliert in Anspruch genommen werden. Es ist
vorrangig zu prüfen, in welcher Höhe der Freibetrag für das gegen eine
gewinnabhängige Vergütung hingegebene Fremdkapital ausgeschöpft ist
(„sind durch Vergütungen im Sinne der Nummer 1 vereinbart worden
und übersteigt das dort bezeichnete Fremdkapital die Hälfte des anteiligen
Eigenkapitals des Anteilseigner nicht …"); ein bei gewinnabhängig verzinsten Darlehen nicht verbrauchter Fremdfinanzierungsspielraum kann
bei der Freibetragsermittlung nach § 8 a I Nr. 2 KStG berücksichtigt
werden; entsprechend der Wertigkeit für beide Freibetragsregelungen ergibt sich ein Verhältnis von 1:6.

*Beispiel* (*Zehetmair/Hedel* IStR 1997, 109): Ausländische Muttergesellschaft
gewährt der inländischen Tochtergesellschaft (100%-Anteil) Darlehen in Höhe von
insgesamt 200. Eigenkapital der Tochter: 100. Die Darlehen setzen sich aus einem
gewinnabhängig vergüteten Teil (20) und einem festverzinslichen Teil (180) zusammen. Die Verzinsung ist angemessen.

| | |
|---|---:|
| Eigenkapital | 100 |
| Unschädliches Fremdkapital (0,5 : 1) | 50 |
| Gewinnabhängig vergütetes Fremdkapital | 20 |
| Verbleibendes unschädliches Fremdkapital | 30 |

Umrechnung auf unschädliches gewinnabhängig vergütetes Fremdkapital (1:6)    180
Gewinnunabhängig vergütetes schädliches Fremdkapital    180

Fremdkapital    0

### e) Rechtsfolge: anteilige Umqualifizierung

**130**    (1) Eine Umqualifizierung in eine verdeckte Gewinnausschüttung erfolgt anteilig
– soweit die Freibeträge (safe haven) überstiegen sind,
– solange die Freibeträge überstiegen sind,
– solange der Darlehensgeber an der Gesellschaft beteiligt ist.

Dies ist abzugrenzen gegenüber der Wesentlichkeit der Beteiligung, die „zu einem Zeitpunkt im Wirtschaftsjahr" vorliegen muß, also auch nur einmal vorzuliegen braucht, ohne daß eine zeitanteilige Aufteilung erfolgt (*BMF*-Schreiben zu § 8a KStG Rz 78). § 8a verweist hinsichtlich der Auswirkungen der verdeckten Gewinnausschüttung auf § 8 III Satz 2 KStG (Rechtsfolgenverweisung). Dennoch ist strittig, ob sich die Rechtsfolgen lediglich auf die Ebene der Kapitalgesellschaft oder auch auf die Ebene des Gesellschafters beziehen. Von einer umfassenden Verweisung geht das *BMF*-Schreiben zu § 8a KStG Rz 76 aus.

**131**    (2) Auf der Gesellschaftsebene sind die umqualifizierten Vergütungen dem Gewinn der Kapitalgesellschaft außerbilanziell hinzuzurechnen (s. den Vordruck KSt 1 A Erklärung zur gesonderten Feststellung der in § 47 II KStG gennanten Besteuerungsgrundlagen in Zeile 27). Der Rechtsfolgenverweis schließt auch die Anwendung der §§ 27 ff. KStG ein; umqualifizierte Vergütungen unterliegen (deren Abfluß unterstellt) der Ausschüttungsbelastung.

**132**    (3) Zuzurechnen ist die Ausschüttung dem Gesellschafter, der sie bezogen hat. Der nicht anrechnungsberechtigte Anteilseigner hat kein Anrechnungsguthaben. Diese Zurechnungsgrundsätze gelten auch für Vergütungen an nahestehende Personen oder an rückgriffsberechtigte Dritte: Dem Gesellschafter wird die vGA zugerechnet (was der Behandlung einer vGA an eine nahestehende Person gem. § 8 III KStG entspricht) – s. *BMF*-Schreiben zu § 8a KStG Rz 77. Zugerechnet wird die vGA dem Anteilseigner nur für den Zeitraum, in dem er Gesellschafter ist; aber hierfür genügt es, wenn er zu irgendeinem Zeitpunkt eine wesentliche Beteiligung hält. Veräußert der wesentlich beteiligte Gesellschafter während des Wirtschaftsjahres einen Anteil und ist nur noch geringfügig beteiligt, so genügt doch für die Anwendung des § 8a KStG eine Darlehensgwährung nach dem Tag der anteiligen Beteiligungsveräußerung. Veräußert der Gesellschafter späte die restliche Beteiligung, ist ab diesem Zeitpunkt eine Umqualifizierung nicht mehr möglich (s. das Beispiel zu Rz 78 im *BMF*-Schreiben zu § 8a KStG). Zur Kapitalertragsteuerpflicht Rz 76 (ebenda): Die vGA unterliegt ihr „nach den allgemeinen Vorschriften." Dagegen *Frotscher* (IStR 1994, 208), der die Rechtsfolgenverweisung des § 8a KStG auf § 8 III KStG nur für das KStG gelten lassen will – die Kapitalertragsteuer sei eine Steuer des Anteilseigners, und auf dessen Ebene erfolge keine Umqualifizierung. Differenzierend *Janssen* (S. 205 f.): Für gewinnabhängige Vergütungen i.S. von § 8a I Nr. 1 KStG folgt die Kapitalertragsteuerpflicht aus §§ 43 I Satz 1, 43 I Nr. 2 und 3, 20 I Nr. 1 und 2 EStG. Erträge aus der Überlassung von festverzinslichem Fremdkapital unterliegen gem. §§ 20 I Nr. 7, 43 I Nr. 7b EStG nicht der Kapitalertragsteuer, es sei denn, der Darlehensschuldner sei eine Bank. Denn: § 8a KStG qualifiziert die Zinsen auf bestimmte Darlehen in vGA um, nicht aber die Darlehen selber. Zur Einbehaltung einer Kapitalertragsteuer auf die festverzinslichen Darlehen i.S. des § 8a I Satz 1 Nr. 2 KStG geben die „allgemeinen Vorschriften", auf die das BMF-Schreiben Bezug nimmt, daher nichts her. Zur problematischen Anwendung in DBA-Fällen s. S 197, S 218.

*f) Sonderfälle: Konzernregelungen, Umgehungsproblematik*

(1) **Inländischen Holdinggesellschaften** wird nach § 8a IV KStG ein  **133** erweiterter safe haven in Höhe des neunfach anteiligen Eigenkapitals im Zeitpunkt der Mittelzuführung gewährt (1:9), wenn für die Zurverfügungstellung des Fremdkapitals die Vergütung in einem Bruchteil des Kapitals erfolgt. Holdinggesellschaften sind nach § 8a IV Satz 1 KStG Kapitalgesellschaften, deren (1. Alternative) Haupttätigkeit darin besteht, Beteiligungen an Kapitalgesellschaften zu halten und diese Kapitalgesellschaften zu finanzieren, oder (2. Alternative) ihr Vermögen besteht zu mehr als 75% ihrer Bilanzsumme aus Beteiligungen an Kapitalgesellschaften (zu den Risiken dieser Alternative bei einem vorübergehenden Ausweis eines nicht durch Eigenkapital gedeckten Fehlbetrages in der Handelsbilanz s. *Pyszka* IStR 1997, 298). Der erhöhte safe haven geht aber mit dem Verlust der Freibeträge für die nachgeordneten Konzerngesellschaften einher. Dazu Rz 86 des *BMF*-Schreibens zu § 8a: „Ein zulässiges Fremdkapital besteht für nachgeordnete Gesellschaften nicht, an denen die Holdinggesellschaft unmittelbar oder mittelbar beteiligt ist. Auf die Höhe der Beteiligung der Holdinggesellschaft an dieser Gesellschaft kommt es nicht an. Dadurch wird verhindert, daß durch das Hintereinanderschalten von Gesellschaften der Fremdinanzierungsrahmen für den nichtanrechnungsberechtigten Anteilseigner vervielfältigt wird, ohne daß dem eine entsprechende Eigenkapitalausstattung gegenübersteht (Kaskadeneffekt)." Zur Möglichkeit unschädlicher Gesellschafter-Fremdfinanzierung durch ausschließlich nach einem Bruchteil des Kapitals vergütetes Fremdkapital im Bereich nachgeordnete Gesellschaften s. § 8a IV Satz 2 KStG: Nur im Rahmen eines Drittvergleichs oder von Mittelaufnahme zur Finanzierung banküblicher Geschäfte. Zur Ver-

meidung des Kaskadeneffekts bei einer Beteiligungskette ohne Holding-Voraussetzungen durch Buchwertkürzung s. § 8 a IV Satz 3 KStG und das dazu erläuternde Beispiel Rz 89 im *BMF*-Schreiben zu § 8 a KStG.

134     (2) Der **Verhinderung von Umgehungsmöglichkeiten** durch Zwischenschaltung von Betriebsstätten und Personengesellschaften dient § 8 a V KStG. Die Anwendung des § 8 a KStG könnte vermieden werden, wenn der ausländische Gesellschafter sich die Erweiterung des körperschaftsteuerlichen Anrechnungsverfahrens bei beschränkter Steuerpflicht als Folge der Beteiligungszurechnung zum Vermögen einer inländischen Betriebsstätte (s. P 35) zunutze machen könnte. Der ausländische Gesellschafter könnte im Falle einer Darlehensgewährung an die inländische Tochtergesellschaft geltend machen: die von der Kapitalgesellschaft ausgeschütteten Dividenden sind Einkünfte einer inländischen Betriebsstätte (oder eines inländischen gewerblichen Betriebs einer Personengesellschaft) und die ausländische Muttergesellschaft damit im Rahmen ihrer beschränkten Steuerpflicht nach § 50 I Nr. 1 KStG anrechnungsberechtigt. Auf einen solchen Fall ist § 8 a I–IV KStG entsprechend anwendbar (§ 8 a V Nr. 1 KStG). Daraus folgt, daß die unmittelbar von der inländischen Tochtergesellschaft an die ausländische Muttergesellschaft gezahlten Zinsen als verdeckte Gewinnausschüttungen an die mittelbar beteiligte ausländische Muttergesellschaft gelten; Betriebseinnahmen im Inland sind damit nicht verbunden, die für die verdeckte Gewinnausschüttung von der inländischen Tochtergesellschaft herzustellende Ausschüttungsbelastung wird für die ausländische Muttergesellschaft definitiv. Letztere kann sich nicht auf die über die inländische Zurechnung der Beteiligung vermittelte Anrechnungsberechtigung berufen.

*Beispiel* Rz 94 BMF-Schreiben zu § 8 a KStG: Inländische X-OHG ist an inländischer I-GmbH zu 100% beteiligt. An der X-OHG ist der Steuerausländer A zu 50% beteiligt. A gewährt der I-GmbH ein Darlehen in Höhe von 450, das Eigenkapital der I-GmbH beträgt 100. Zulässiges Fremdkapital bei Anwendung der 1 : 3 Regelung = 3 × 50 = 150, übersteigendes Fremdkapital 300. Eine darauf entfallende Vergütung in Höhe von 30 stellt eine verdeckte Gewinnausschüttung dar, die das Einkommen der I-GmbH erhöht. Aber sie ist dem A zuzurechnen, nicht der X-OHG. A kann sich nicht auf die durch die X-OHG vermittelte Anrechnungsberechtigung berufen, da die Vergütung als Folge des Durchgriffs nicht zu den Einkünften eines inländischen gewerblichen Betriebs gehört.

135     Schließlich die Finanzierung über eine zwischengeschaltete Personengesellschaft in § 8 a V Nr. 2 KStG: Dieser Regelung liegt eine Gestaltung zugrunde, bei der eine ausländische Muttergesellschaft über eine inländische Personengesellschaft an einer inländischen Personengesellschaft beteiligt ist und nunmehr eine Darlehensvergabe auf dem Wege ausländischer Anteilseigner – inländische Personengesellschaft – inlän-

dische Kapitalgesellschaft erfolgt. Grundsätzlich wäre § 8 a KStG nicht anwendbar: denn die von der Kapitalgesellschaft an die Personengesellschaft gezahlten Zinsen erhöhen bei dieser den gewerblichen Gewinn, der Gewinnanteil des ausländischen Gesellschafters unterliegt gem. § 49 I Nr. 2 a EStG der beschränkten Steuerpflicht. Die von der Mitunternehmerschaft an den ausländischen Gesellschafter gezahlten Zinsen erhöhen dessen Gewinnanteil (§ 15 I Nr. 2 EStG). Der ausländische Gesellschafter kann aber eine Belastung vermeiden, wenn er sich im Ausland refinanziert, da diese Zinsaufwendungen als Sonderbetriebsausgaben den inländischen Gewinnanteil mindern (so die Zusammenhänge bei *Herzig* StuW 1993, 247 und Rz 97 *BMF*-Schreiben zu § 8 a KStG). In diesem Fall bewirkt die entsprechende Anwendung von § 8 a I–IV KStG, daß die Vergabe des Fremdkapitals und der darauf fallenden Vergütungen als unmittelbar zwischen dem Anteilseigner und der inländischen Kapitalgesellschaft vereinbart gelten (Fiktion unmittelbarer Darlehensgewährung; s. dazu auch *Herzigs* Hinweis auf den von § 8 a KStG nicht erfaßten Fall, in dem der ausländische Anteilseigner zwar der inländischen Personengesellschaft Fremdkapital überläßt, diese Gesellschaft aber die inländische Kapitalgesellschaft nur mit Eigenkapital ausstattet).

*Beispiel* Rz 98 *BMF*-Schreiben zu § 8 a KStG: Steuerausländer A – 50%ige Beteiling an inländischer X-OHG – X-OHG hält 100%ige Beteiligung an inländischer I-GmbH (Eigenkapital 100). A gewährt der X-OHG ein Darlehen 600 zu 10%, den A bei der niederländischen N-BV, deren Alleingesellschafter er ist, refinanziert (10%). X-OHG gewährt der I-GmbH Darlehen 450 zu 12,5% Zinsen (5625). Die Zwischenschaltung der X-OHG bleibt „in einem gewissen Rahmen" außer Betracht, denn der Durchgriff ist beschränkt auf 450: A hat der X-OHG zwar 600 gewährt, diese hat aber nur 450 an I-GmbH weitergeleitet. X-OHG erhält von I-GmbH zwar 12,5% Zinsen, leitet aber nur 10% weiter. Die nach § 8 a KStG umzuqualifizierende Vergütung knüpft an das weitergeleitete Kapital in Höhe von 450 an, davon das zulässige Fremdkapital (3 × 50) übersteigendes Fremdkapital 300, darauf entfallende umzuqualifizierende Vergütung 30, die unmittelbar dem A zugerechnet wird. A kann sich nicht auf die durch die X-GmbH vermittelte Anrechnungsberechtigung berufen, die von der I-GmbH herzustellende Ausschüttungsbelastung wird für A zur Definitivbelastung; diese Vergütung bleibt bei der Gewinnermittlung der X-OHG außer Betracht.

## 6. Sicherung der Einmalbesteuerung: Ausschluß vom Anrechnungsverfahren (§ 50 c EStG)

### a) Problem, Grundfälle

(1) Zunächst ist an zwei bekannte Grundsätze anzuknüpfen: Als **136** Grundsatz des körperschaftsteuerlichen Anrechnungsverfahrens erwies sich das Erfordernis der **Einmalbelastung im Inland erwirtschafteter Körperschaftsgewinne:** Nicht mehrfach (also nicht sowohl bei der Kapitalgesellschaft als auch bei ihren Anteilseignern) – aber auch nicht eine unbesteuerte Vereinnahmung durch ihre Anteilseigner. Aufgrund

ausdrücklichen Gesetzesbefehls sind Steuerausländer von der Anrechnung und Vergütung der Körperschaftsteuer ausgeschlossen (§ 50 V EStG, § 51 KStG). Diese beiden für das Anrechnungsverfahren bestimmenden Aussagen muß man bedenken, wenn man § 50c EStG (Wertminderung von Anteilen durch Gewinnausschüttungen – dazu *Dötsch* (S. 3): Auch der zur Zeit modische Begriff des „Dividenden-Stripping" würde als Überschrift passen) verstehen will. Es liegt nämlich unter den beiden genannten Voraussetzungen nahe, nach folgenden Gestaltungsmöglichkeiten zu suchen: Da der Ausschluß des Steuerausländers vom Anrechnungsverfahren nur zeitpunktbezogen sein kann, wäre die Zurechnung ausschüttungsberechtigter Anteile zu einem zur Anrechnung berechtigten Steuerinländer im Ausschüttungsfall eine erste und auch zunächst ausreichende Voraussetzung, diesen Ausschluß zu überwinden. Das Körperschaftsteuerrecht erzwingt keine Deckungsgleichheit zwischen der Gewinnentstehungsphase und dem Zeitpunkt der Ausschüttung. Warum auch – der dem Anrechnungsschluß vorangehende Grundsatz der Einmalbesteuerung wird nicht davon berührt, ob die spätere Ausschüttung an einen zur Anrechnung Berechtigten erfolgt oder nicht, da sie allein die Sphäre der Gesellschaft selbst berührt. Und daß Anteilsübertragungen zwischen Nichtanrechnungsberechtigten und zur Anrechnung Berechtigten möglicherweise und im Einzelfall auf den Vergleich und die Nutzung unterschiedlicher Steuerfolgen zurückzuführen sind, interessiert das Steuerrecht ebenfalls nicht. Daher müßte zur Anteilsübertragung auf einen zur Anrechnung eines Körperschaftsteuerguthabens Berechtigten eine weitere Steuerfolge hinzutreten: Der Erwerber müßte in der Lage sein, Gewinne der Körperschaft einschließlich vorhandener Körperschaftsteuerguthaben zu vereinnahmen und sie zugleich durch eine anteilsbezogene Gewinnminderung zu kompensieren. Gelänge dies, könnte er mit dem Nichtanrechnungsberechtigten eine Vergütungsabrede für den Anteilserwerb treffen, die das Körperschaftsteuerguthaben einschließt. Die Gestaltung wäre vollends gelungen, wenn der Nichtanrechnungsberechtigte den Erlös steuerfrei vereinnahmen könnte. Wenn auf diese Art und Weise Gewinne der zunächst ausländerbeherrschten Körperschaft einschließlich darauf lastender Körperschaftsteuer von einem inländischen Erwerber ohne eine entsprechende Einkommen- oder Körperschaftsteuerbelastung vereinnahmt würden und dem Veräußerer zugleich eine steuerfreie Vereinnahmung eines Veräußerungserlöses einschließlich eines damit vergüteten Körperschaftsteuerguthabens möglich wäre, könnte von einer Einmalbesteuerung des Gewinns einer Körperschaft keine Rede mehr sein. Entscheidend wird damit sein, ob dem Erwerber eine kompensatorische Gewinnminderung möglich ist.

**137**    (2) Worum es hierbei konkret geht, sollen zunächst 2 Beispiele demonstrieren:

Der ausländische Anteilseigner A verkauft vor dem Dividendentermin seine Aktien an den Steuerinländer B zum Kurswert von 100 DM, nach Ausschüttung der Dividende erwirbt er die Aktien von B zu 92,50 DM zurück. Er hält alsdann einen unveränderten Beteiligungwert von 100 DM in den Händen, hat aber hierfür nur 92,50 DM aufgewendet. B wiederum hat zwar einen Kursverlust in Höhe von 100 DM Ankaufspreis ./. 92,50 DM Verkaufspreis = 7,50 DM erlitten. Er hat aber aufgrund der Dividendenausschüttung eine Nettodividende von 5,25 DM und eine Steuergutschrift von 4,75 DM (KSt 30% und KapESt 25%) erlangt, mithin 92,50 + 4,75 + 5,25 = 102,50. Der nichtanrechnungsberechtigte A hat also statt einer „systemgerechten" Zahlung in Höhe der Nettodividende von 5,25 DM einen Vermögenszufluß von 7,50 DM; der Steuerinländer statt eines scheinbaren Vermögensverlustes von 7,50 einen Ertragszufluß in Höhe von 10 DM, wobei für die anrechnungsbeteiligten inländischen Anteilsinhaber die Steuerfolgen im Inland offen bleiben (Grundfall zum sogenannten Dividenden-Stripping mit Kassageschäften, s. *Unfried* S. 29 ff.).

Der ausländische Anteilseigner A veräußert sämtliche Anteile an einer inländischen GmbH im Nennwert von 100 000 DM an den Steuerinländer B. Beide haben dem Veräußerungspreis in Höhe von 200 000 DM folgende Kalkulation zugrundegelegt:

| | |
|---|---|
| Nominalkapital | 100 000,00 DM |
| Rücklagen (EK 40) | 60 000,00 DM |

B will die Rücklagen nach dem Beteiligungserwerb an sich ausschütten. Daher kalkuliert er weiter:

| | |
|---|---|
| Körperschaftsteuerguthaben der GmbH nach Herstellung der Ausschüttungsbelastung 40/60 + 60 000,00 DM | 40 000,00 DM |
| Steuerpflichtige Betriebseinnahme für B (die Anteile befinden sich in einem inländischen Betriebsvermögen): | |
| Gewinnausschüttung | 70 000,00 DM |
| Rücklage 60 000,00 DM zzgl. Körperschaftsteuerminderung 10/60 + 60 000,00 DM = 10 000,00 DM | |
| Anrechnung der Körperschaftsteuer | 30 000,00 DM |
| ./. Teilwertabschreibung wegen der Rücklagen-Ausschüttung | 100 000,00 DM |
| Steuerbilanzgewinn | 0,00 DM |

B macht wegen der anzurechnenden Körperschaftsteuer (30 000 DM) unter der Bedingung, über weitere Einkünft nicht zu verfügen, einen Erstattungsanspruch gegenüber dem Finanzamt in Höhe von 30 000,00 DM geltend; § 36 b EStG ist nicht anwendbar, da es nicht um den Fall einer Nichterfüllung einer GmbH-Zahlungsverpflichtung geht. Ergebnis: Der neue Anteilseigner hat aus den zuvor gebildeten Rücklagen einen Nettozufluß in Höhe von 100 000 DM zu verzeichnen, er kann mit diesem Betrag dem Nichtanrechnungsberechtigten A den Rücklagenerwerb finanzieren. Im Ergebnis erlangte A damit über den Kaufpreis den Gewinn der GmbH vor Körperschaftssteuerbelastung (100 000 DM) – der Grundsatz der Einmalbesteuerung des Gewinns der Körperschaft wäre – wenn auch nur mittelbar – aufgehoben.

(3) Aus diesen Beispielen wird deutlich, daß ein Nichtanrechnungsbe- **138** rechtigter entgegen § 51 KStG, § 50 V EStG das Anrechnungsguthaben wirtschaftlich ohne inländische Steuerbelastung vereinnahmen könnte (Unterstellung hierbei: § 49 I Nr. 2 EStG ist durch Abkommensrecht Art. 12 OECD-MA ausgeschlossen), sofern ihm der Erwerber das An-

rechnungsguthaben im Kaufpreis vergütet. Das Ergebnis – entspräche es
der Rechtslage – stünde im Widerspruch zu den Besteuerungsfolgen der
inländischen Gewinnausschüttung an einen ausländischen Beteiligten,
wie es der bisherigen Darstellung zugrundelag: Gegenüber diesen und
hier bereits bekannten Steuerfolgen wird nunmehr dem **Steuerausländer**
ein in der Gesellschaft **vorhandenes Körperschaftsteuerguthaben folgenlos vergütet,** eine ausgleichende inländische Besteuerung findet
nicht statt. Über das Anrechnungsverfahren wird damit einerseits die
körperschaftsteuerpflichtige Vorbelastung der ausgeschütteten Gewinne
der Gesellschaft abgebaut – der gewünschte wirtschaftliche Effekt für
den Nichtanrechnungsberechtigten setzt aber andererseits die Bedingung
voraus, daß zugleich die Gewinnausschüttung zu kompensieren ist: Nur
hierdurch werden die zur Vergütung für den Nichtanrechnungsberechtigten erforderlichen Mittel frei.

Im erstgenannten Beispiel geht es bei der Gewinnminderung um eine ausschüt-
tungsbedingte Verringerung eines Veräußerungsgewinns, um Veräußerungsverluste:
Solche Veräußerungsverluste können innerhalb eines Betriebsvermögens (§§ 4, 5
EStG) oder bei Veräußerung einer zum Privatvermögen gehörenden wesentlichen
Beteiligung oder bei der Veräußerung einer zum Privatvermögen gehörenden Beteiligung innerhalb der Spekulationsfrist nach § 23 I Nr. 2 EStG (1 Jahr) anfallen. Die
Voraussetzung einer Gewinnminderung wird im zweiten Beispiel durch das Tatbestandsmerkmal einer „ausschüttungsbedingten Teilwertabschreibung" beschrieben
(vgl. das bereits bekannte Verbot einer ausschüttungsbedingten Teilwertabschreibung
in § 8b I Satz 3 EStG s. N 205 – mit der Regel des § 50c I EStG allerdings nicht
deckungsgleich): Während eine „normale Teilwertabschreibung" Folge einer Fehl-
maßnahme oder eines Verlustes ist, beruht die ausschüttungsbedingte Teilwertabschreibung auf der Ausschüttung erworbener Rücklagen (*Weber-Grellet* BB 1999,
289: Die **Teilwertabschreibung als ein Kind der Not, die ausschüttungsbedingte
Teilwertabschreibung als ein Kind des Überflusses**). Der Erwerber holt in dem
zweiten Beispiel nach, was der Veräußerer noch hätte tun können: Er nimmt Ausschüttungen vor und verringert damit die Geldbestände. Waren die Rücklagen offen
ausgewiesen, findet eine Bilanzverkürzung statt. Werden zunächst stille, aber im
Kaufpreis vergütete Reserven ausgelöst und dann ausgeschüttet, gilt dies ebenfalls.
Die Ausschüttung reduziert den Bilanzinhalt auf den eigentlichen Bestand übernom-
mener Wirtschaftsgüter. Erst ihre zeitliche Verschiebung vom Nichtanrechnungsberechtigten zum Anrechnungsberechtigten verdeutlicht den Sinn.

Bei der Veräußerung unwesentlicher Privatanteile durch Anrechnungsberechtigte ist der Effekt einer Umwandlung thesaurierter Gewinne
in nicht steuerbare Veräußerungsgewinne längst bekannt. Deswegen ist
in der Literatur der Problembereich des insoweit als unzureichend beschriebenen Anrechnungsbereichs § 50c EStG regelmäßig neben Besteuerungslücken im Bereich des § 17 EStG genannt worden (dazu vor
allem *Thiel* StbJb 1997/98 S. 79ff.) und hat den Gesetzgeber bemüht: einerseits (1997) die Erweiterung des § 50c EStG um § 50c XI EStG, andererseits die Herabsetzung der Höhe einer wesentlichen Beteiligung in
§ 17 EStG von 25% auf 10% durch § 17 I Satz 4 EStG im Steuerentlastungsgesetz 1999/2000/2002.

(4) Es geht darum, **Schwachstellen des Anrechnungsverfahrens** 139
überhaupt auszunutzen: Hierzu gehören dann vor allem die Fragen der
bereits erörterten Gesellschafter-Fremdfinanzierung (nichtabziehbare,
der deutschen KSt unterliegende Gewinnausschüttungen an nichtanrechnungsberechtigte Anteilseigner werden durch abziehbare Zinszahlungen
ersetzt (und führen zur § 8a KStG-Problematik); sie sind zwar gegen die
hier erörterten Gestaltungen außerhalb laufender Gesellschafter-Gesell-
schaft-Beziehungen abzugrenzen, aber doch unter der einheitlichen
Überschrift einer „Sicherung der Einmalbesteuerung" in Beziehung gesetzt worden.

(5) Der Gesetzgeber könnte auf mehrere Arten verhindern, daß der 140
Grundsatz der Einmalbesteuerung auf die beschriebene Art verletzt wird
– Besteuerung des Veräußerungsgewinns beim Nichtanrechnungsbe-
rechtigten,
– Verbot der KSt-Anrechnung beim anrechnungsberechtigten Erwerber,
– Verbot der ausschüttungsbedingten Teilwertabschreibung beim an-
rechnungsberechtigten Erwerber.
Der Gesetzgeber hat sich für die dritte Möglichkeit entschlossen. Das hat
zur Folge, daß der Erwerber diese „Zusatzsteuer" durch einen niedrigeren
Kaufpreis ausgleichen wird, weswegen im Zusammenhang mit § 50c EStG
Fragen der Anteilsbewertung erörtert werden, auf die hier aber nur Litera-
turhinweise möglich sind (*Herzig/Förster* DB 1998, 443; *Ringling* DStR
1998, 1612; *Hundsdoerfer* WPg 1999, 269). In einem an die **Brühler
Empfehlungen** anknüpfenden System ist § 50c EStG gegenstandslos.

### b) § 50c EStG: Grundtatbestand, Ersatztatbestand

(1) Zunächst hatte der Gesetzgeber die Umgehung des Anrechnungs- 141
verbots auf der Ebene der Kapitalgesellschaft geregelt: § 39 aF KStG
versuchte, die Einmalbesteuerung des vor dem Erwerb der Anteile erzielten Gewinns der Kapitalgesellschaft sicherzustellen. Unterblieb im
Falle einer Anteilsveräußerung eine Besteuerung vereinnahmter Rücklagen als Veräußerungsgewinn, ordnete § 39 KStG aF die Definitivbelastung der auf den Rücklagen der Kapitalgesellschaft ruhenden Körperschaftsteuer an (zur Gesetzestechnik der Fiktion einer Einlage des über
den Nominalbetrag hinaus bezahlten Kaufpreises durch den Erwerber,
*Engl/Raupach* (H/H/R) Rz 12 zu § 50c – die Vorschrift erwies sich aber
als mängelbehaftet, da sich die Einlagefiktion des § 33 aF auf das Aus-
schüttungspotential und damit mittelbar auch auf andere Anteilseigner
auswirkte (s. dazu im einzelnen BT-Drucks. 8/3648).

(2) Nunmehr **knüpft § 50c EStG** (Wertminderung von Anteilen durch 142
Gewinnausschüttungen) seit VZ 1980 **beim Erwerber an.** Es soll verhindert werden, daß Gesellschafter inländischer Kapitalgesellschaften,
die – wie die Steuerausländer – nach dem System des körperschaftsteuer-

lichen Anrechnungsverfahrens nicht zur Anrechnung von Körperschaftsteuer berechtigt sind, mittelbar dadurch in den Genuß einer Körperschaftsteuergutschrift gelangen, daß sie – wie die beiden Beispiele zeigen – ihre Anteile an einen anrechnungsberechtigten Erwerber auf der Grundlage einer Preisbildung veräußern, bei der der Wert der Steuergutschrift für die von der Kapitalgesellschaft gebildeten offenen oder stillen Rücklagen einkalkuliert wird. Die Vergütung eines Steuerguthabens für Nichtanrechnungsberechtigte im Kaufpreis wird dann hinfällig, wenn der Erwerber die Ausschüttung zuzüglich des darauf entfallenden Körperschaftsteueranrechnungsguthabens selbst zu versteuern hat. Gelingt es dem Veräußerer dagegen, im Kaufpreis anläßlich der Veräußerung einschließlich der Rücklagen mehr zu erlösen als bei einer vorangehenden Ausschüttung, wäre dieses Ergebnis nicht erzielbar. Deswegen ist der Ansatz des § 50c I EStG auch nur konsequent: Eine ausschüttungsbedingte Gewinnminderung ist nicht gerechtfertigt, wenn ein Nichtanrechnungsberechtigter seinen Anteil steuerfrei veräußert. § 50c EStG schließt damit die oben genannte Lücke (*Weber-Grellet* BB 1999, 290): Gegenüber den bekannten Steuerfolgen der Gewinnausschüttungen an einen Steuerausländer läßt sich bei einer Anteilsveräußerung der Steuerausländer das in der Gesellschaft vorhandene Körperschaftsteuerguthaben vergüten, der Erwerber kann die Körperschaftsteuer anrechnen und sie durch eine Gewinnminderung kompensieren – diese Gewinnminderung wird durch § 50c EStG verhindert. Was sich rechtstechnisch als das Verbot des Ansatzes einer Gewinnminderung wie eine nichtabziehbare Betriebsausgabe darstellt, ist der Sache nach „die Nachholung der vom Veräußerer unterlassenen Besteuerung. § 50c läuft unter falscher Flagge; der wahre Regelungsinhalt wird versteckt. § 50c EStG statuiert eine Nachsteuer: die Steuer, die vom Veräußerer erhoben werden müßte, wird unter bestimmten Voraussetzungen auf den Erwerber verlagert" (*Weber-Grellet* BB 1999, S. 294): § 50c EStG hat damit **Mißbrauchsvermeidungscharakter,** da er hinsichtlich der Steuerfolgen bei dem Steuerausländer typisierend unterstellt, daß der von ihm erzielte Veräußerungserlös im Inland nicht steuerpflichtig ist. Dem § 50c EStG liegt mithin die Annahme zugrunde, daß die Rechtsfolge des § 49 I Nr. 2e EStG durch Abkommensrecht ausgeschlossen ist – wird davon abweichend der Veräußerungsgewinn besteuert und dem Grundsatz der Einmalbesteuerung doch entsprochen, kommen Billigkeitsmaßnahmen in Betracht (weswegen *Dötsch* in *D/E/J/W* Rz 21 zu § 50c EStG plastisch von dessen „nicht punktgenauer" Wirkung in Höhe des KSt-Guthabens spricht; s. R 227d III Satz 2 EStR).

**143**　　(3) § 50c EStG enthält in Abs. 1 den Grundtatbestand, im übrigen Ersatztatbestände (Abs. 2, 3, 6–8), bestimmt in Abs. 4 den Sperrbetrag, regelt in Abs. 5 die Beteiligung mehrerer Personen, enthält in Abs. 9 eine Bagatellregelung und in Abs. 10 die Börsenklausel. Hier ist nur der Vollständigkeit wegen auf § 50c XI EStG hinzuweisen, der nunmehr generell die Besteuerung eines Erwerbs von Anteilen an inländischen Kapitalgesellschaften regelt und den Grundsatz der Einmalbesteuerung sicherstellen soll; § 50c XI EStG hat keinen Auslandsbezug (zur Systematik und Kritik *Weber-Grellet* BB 1999, 289ff.).

(4) Den **Grundfall regelt § 50c I EStG:** Vorausgesetzt werden    **144**

– ein nichtanrechnungsberechtigter, hier ausländischer Anteilsveräußerer (natürliche Person, ausländische Körperschaft),
– ein anrechnungsberechtigter Anteilserwerber (natürliche Person, Körperschaften, beschränkt steuerpflichtige Ausländer, bei denen die Anteile zum Betriebsvermögen einer inländischen Betriebsstätte gehören (§ 50 IV Satz 3 EStG, s. dazu N 35); vom letztgenannten Sonderfall abgesehen kommt ein Steuerausländer nicht in Betracht, da er als Erwerber nicht zur Anrechnung berechtigt ist,
– ein Erwerbsvorgang (Anteilskauf, Anteilstausch); Erwerb eines Anteils an einer unbeschränkt steuerpflichtigen Kapitalgesellschaft, denn nur unbeschränkt steuerpflichtige Kapitalgesellschaften nehmen am Anrechnungsverfahren (§ 27 KStG) teil, nur bei ihnen steht eine „Minderung der Körperschaftsteuer", mithin eine „Ent-Steuerung" als notwendiger Bestandteil der „Umgehungsgestaltung" an.

§ 50c I EStG setzt einen Anteilserwerb voraus, bei dem *im Zeitpunkt des Erwerbes* oder in dem *Zeitpunkt der Gewinnminderung* der Anteil an einer unbeschränkt steuerpflichtigen Kapitalgesellschaft gegeben sein muß – so der Wortlaut seit StandOG 1993; zuvor lautete der Wortlaut „ein zur Anrechnung von KSt berechtigter Stpfl. einen Anteil an einer unbeschränkt steuerpflichtigen Kapitalgesellschaft ... erworben." Damit hatte *FG Rheinland-Pfalz* (EFG 1998, 664) die Frage einer Anwendung des § 50c I EStG auf einen Fall vor Inkrafttreten des StandOG 1993 zu klären, in dem im Zeitpunkt des Erwerbs nur die Voraussetzungen der beschränkten Steuerpflicht gegeben waren. In einer methodisch sorgfältigen Vorgehensweise lehnt das FG dies ab: Die Neuregelung hatte insoweit nicht nur klarstellende Funktion – der frühere Tatbestand war eindeutig und nicht auslegungsfähig.

Unter diesen Voraussetzungen greift § 50c EStG ein, wenn eine Gewinnminderung auf einer Gewinnausschüttung der Kapitalgesellschaft beruht; beruht die Gewinnminderung auf anderen Ursachen, wird sie steuerlich anerkannt. Der Steuerpflichtige müßte konkrete Gründe für eine Gewinnminderung darlegen, die verschieden von der Ausschüttung sind (Beispiel R 227d II EStR einer Aufteilung wegen einer ausschüttungsbedingten Teilwertabschreibung und einer Teilwertabschreibung wegen nicht unter § 50c EStG fallender Verluste der Gesellschaft). Als Rechtsfolge des § 50c I werden ausschüttungsbedingte Gewinnminderungen steuerlich nicht anerkannt: Der durch die ausschüttungsbedingte Gewinnminderung verringerte Bilanzgewinn wird außerhalb der Bilanz durch eine Hinzurechnung korrigiert; ein im Privatvermögen entstandener steuerlich nicht zu berücksichtigender Veräußerungsverlust darf nicht mit anderen positiven Einkünften ausgeglichen werden. Das Verbot der Anerkennung der ausschüttungsbedingten Gewinnminderung entzieht der eingangs dargestellten Konstruktion die Grundlage, die Vergütung der Gewinnausschüttung einschließlich des Anrechnungsguthabens verliert ihre Attraktivität (*Unfried* S. 106).

Die Rechtsfolge des § 50c ist zeitlich und betragsmäßig abgegrenzt: Die **Gewinnkorrektur** erfolgt betragsmäßig **bis zur Höhe des Sperrbetrages** im Sinne des § 50c IV EStG, der die in dem erworbenen Anteil enthaltenen offenen Rücklagen und stillen Reserven erfassen soll – denn beide Bestandteile könnten vom Nichtanrechnungsberechtigten über den erhaltenen Kaufpreis mit den gezeigten Folgen vereinnahmt werden (zur Kritik an der Einbeziehung auch der stillen Reserven *Füger/Rieger* IStR 1995, 261 Fußn. 31). In zeitlicher Hinsicht muß die Gewinnminderung, um deren Rechtsfolge es geht, im Jahr des Erwerbs oder in einem der folgenden 9 Jahre (Sperrzeit) entstehen (Praktikabilitätsgründe).

Werden Anteile durch Gesamthandsgemeinschaften oder Bruchteilsgemeinschaften erworben, kommt eine Anrechnung von Körperschaftsteuer nicht in Betracht – zu den Voraussetzungen, unter denen gleichwohl § 50c EStG anwendbar ist, s. § 50c V EStG. Eine Ausnahme von den Rechtsfolgen enthält § 50c IV EStG (Bagatellklausel).

Zum Grundtatbestand des § 50c I EStG das folgende Beispiel (*Lammersfuß/Mielke* S. 71): Der Steuerinländer B hat 1994 von dem Steuerausländer A 100% der Anteile an der deutschen D-GmbH für 1 250 000 DM erworben; Stammkapital 625 000 DM. Die Bilanz weist als Aktivposten ein Grundstück mit einem Buchwert 625 000 DM aus; tatsächlicher Wert 1 125 000 DM; Firmenwert 125 000 DM. B bilanziert die Anteile im eigenen Betriebsvermögen mit 1 250 000 DM. A selbst hatte die Anteile 1990 vom Steuerinländer C erworben, der einen Veräußerungsgewinn (§ 17 EStG) in Höhe von 250 000 DM versteuert hatte. 1996 stellt B den Betrieb der GmbH ein: Er nimmt eine Teilwertabschreibung wegen des nicht mehr vorhandenen Firmenwerts in Höhe von 125 000 DM vor, veräußert das Grundstück an sein eigenes Unternehmen zu einem Kaufpreis in Höhe von 1 125 000 DM und schüttet den aus der Veräußerung entstandenen Gewinn (1 125 000 ./. 625 000) in Höhe von 500 000 an sein Unternehmen aus. Auf den Wert der Beteiligung nimmt er eine Teilwertabschreibung in Höhe von 500 000 vor, neuer Beteiligungswert mithin 625 000 DM. Sperrbetragsermittlung Anschaffungskosten der GmbH-Anteile 1 250 000 DM abzüglich Nennwert der Anteile 625 000 DM. Da der Veräußerer selbst bereits 250 000 DM Veräußerungsgewinn versteuert hatte, greift eine Billigkeitsregelung ein, so daß der Sperrbetrag auch um diesen Betrag zu mindern ist. Sperrbetrag mithin 375 000 DM. Die Teilwertabschreibung auf den Firmenwert (125 000 DM) fällt nicht unter § 50c – anders die ausschüttungsbedingte Teilwertabschreibung in Höhe von 500 000,00 DM: Sie ist dem Sperrbetrag in Höhe von 375 000 DM gegenüberzustellen, die darüber hinausgehende ausschüttungsbedingte Teilwertabschreibung in Höhe von 125 000 DM ist gleichfalls anzuerkennen. Der Gewinn des Einzelunternehmens des B ist um 375 000 DM zu erhöhen.

**145**    (5) Die Ersatztatbestände des § 50c EStG betreffen

– die Kapitalabsetzung nach dem Anteilserwerb (§ 50c II EStG) – eine Aufstockung des Sperrbetrags verhindert eine Umgehung in Fällen der Kapitalherabsetzung, Gewinnminderungen infolge von Kapitalrückzahlungen werden nicht berücksichtigt,
– die Liquidation der Kapitalgesellschaft (§ 50c III EStG) – ein beim Erwerber entstehender Liquiditätsgewinn wird um den Sperrbetrag erhöht, ein durch Auflösung entstandener Verlust wird verringert,

– die Einbringung erworbener Anteile in den steuerpflichtigen Bereich des Erwerbers (§ 50c IV EStG), womit insbesondere Fälle erfaßt werden, in denen ein nichtanrechnungsberechtigter Anteilseigner den Anteil in seine inländische Betriebsstätte einbringt oder der Gesellschafter aus dem Ausland in das Inland umzieht, die Begründung einer Anrechnungsberechtigung im Rahmen einer Umwandlung – in solchen Fällen könnte sich ein bislang nichtanrechnungsberechtigter Anteilseigner anderenfalls durch den Wechsel in die Stellung eines Anrechnungsberechtigten in den Genuß des Körperschaftsteuerguthabens der Gesellschaft bringen – was für sich genommen nicht systemwidrig wäre. Erst wenn im Wertansatz der Anteile bei Eintritt in die Anrechnungsberechtigung diese gespeicherten Beträge enthalten sind, ist die Einmalbesteuerung bedroht (*Herzig/Förster* DB 1998, 440).

– mittelbare Erwerbe (§ 50c VII EStG): Auch ausschüttungsbedingte Gewinnminderungen aus Anteilen an einer Tochtergesellschaft, die ihrerseits Erwerber i.S. des Grundtatbestandes ist, werden erfaßt. Denn anderenfalls könnte eine anrechnungsbedingte Muttergesellschaft die Anteile nicht selbst, sondern sie von einer anrechnungsberechtigten Tochtergesellschaft erwerben lassen und dieser Tochtergesellschaft hierfür Einlagen gewähren (sog. Doppel-Holding-Modell). Bei der Muttergesellschaft könnte eine ausschüttungsbedingte Gewinnminderung ohne die Erwerbereigenschaft realisiert werden (dazu *Unfried* S. 101, 206; zur Vermeidung des § 50c VII EStG durch Verschmelzung auf eine Zwischengesellschaft *Bogenschütz* in *Herzig* (Hrsg.), S. 222ff.: § 50c VII EStG sieht keinen allgemeinen Durchgriff vor und hat § 50c nicht ganz allgemein auf mittelbare Beteiligungen ausgedehnt).

– den Übergang des bestehenden Sperrbetrags auf einen Rechtsnachfolger (fortdauernde Verhaftung sperrbetragsbelasteter Anteile) gem. § 50c VIII EStG.

### c) Der Börsentatbestand: Dividenden-Stripping (§ 50 X EStG)

**(1)** Bei einem Anteilserwerb über die Börse war § 50c EStG zunächst **146** nicht anzuwenden. Der Gesetzgeber schätzte die Gefahr eines über die Börse abgewickelten Anteilserwerbs mit dem Ziel der Umgehung des Grundsatzes der Einmalbesteuerung gering ein. Worum es bei solchen Geschäften geht, zeigt das eingangs genannte erste Beispiel. Es wird als Dividenden-Stripping bezeichnet (zur Herleitung vom englischen Verb „to strip" *Unfried* S. 5) und steht stellvertretend für Gestaltungsmodelle, bei denen eine **Übertragung des Gewinnanteils einer Aktie** vom ursprünglichen Dividendeneigner auf den Dividendenerwerber stattfindet, der den Gewinnanteil von der Kapitalgesellschaft bezieht und diesen ganz oder teilweise an den ursprünglichen Dividendeneigner wirtschaftlich vergütet. Dies aber unter dem Gesichtspunkt des genannten steuerlichen Vorteils, das Körperschaftsteuerguthaben für einen Nichtanrechnungsberechtigten über einen entsprechend höheren Kauferlös zu realisieren, während der anrechnungsberechtigte Inländer die Dividende nebst Anrechnungsguthaben realisiert und durch Veräußerung leergeschütteter („gestrippter") Anteile zu einem niedrigeren Kurswert einen Veräußerungsverlust geltend macht (*Unfried* S. 8ff.; *Sorgenfrei* IStR 1997, 705; *Dötsch* S. 33ff.). Daß die Nutzung von Börsengeschäften zu solchen Gestaltungen zunächst unbrauchbar erschien, hängt mit deren Besonderheiten zusammen: Die Geschäfte werden anonym abgewickelt, es gilt das Prinzip der Neutralität – mithin ist fraglich, woher der beispielsweise mit einer inländischen Bank auf dem Parkett kontrahierende Börsenmakler wissen soll, daß die von ihm erworbenen Aktien von einem nichtanrechnungsberechtigten Anteilseigner stammen; schon Schwierigkeiten eines Nachweises standen mithin einer Börsenklausel entgegen.

Bis einschließlich 1993 ist daher mit *Sorgenfrei* (IStR 1997, 707) klarzustellen: Der Gesetzgeber hatte die Börsenprinzipien der Anonymität und der Neutralität und die hieraus resultierenden faktischen Gegebenheiten des Börsenhandels klar erkannt und von der mangelnden Identifizierbarkeit der an der Börse veräußerten Anteile gewußt (§ 50c VIII Satz 2 EStG aF).

**147**    Dessen ungeachtet hat das *Hess.* FG EFG 1997, 825 auf derartige Börsengeschäfte bis 1993 § 42 AO angewendet: Bei einem Aktiverwerb durch einen Anrechnungsberechtigten nahe dem Dividendenstichtag von einem Nichtanrechnungsberechtigten und einer anschließenden Rückveräußerung „ex Dividende" sei der durch das Geschäft erlittene Verlust bei der Gewinnermittlung nicht zu berücksichtigen. Damit aber setzte sich das *Hess.* FG über die frühere Börsenklausel in § 50c VIII Satz 2 EStG hinweg, der einschlägige Geschäfte vorbehaltslos von den Rechtsfolgen des § 50c I EStG befreite und lediglich voraussetzte, daß solche Geschäfte unter Beauftragung eines Kreditinstituts über die Börse abgewickelt werden. Der *BFH* hatte zunächst durch Gerichtsbescheid das Urteil des *Hess.* FG aufgehoben. Dazu die SZ am 10. 12. 1998, S. 28: „Vorweihnachtliche Bescherung für Börsenmakler" – der *BFH* sanktioniert per Gerichtsbescheid Dividenden-Stripping-Geschäfte der 80er und früheren 90er Jahre – erspart „den Maklern wohl Steuernachzahlungen in dreistelliger Millionenhöhe", und: „In der Vergangenheit waren die Finanzverwaltungen massiv gegen diese Art der Steuerumgehung vorgegangen. Der *BFH* hat die Behörden jetzt ausgebremst und entschieden, daß An- und Verkäufe um den Dividendenstichtag grundsätzlich nicht als rechtsmißbräuchlich im Sinne des § 42 AO angesehen werden können … Einer früheren Hochrechnung aus dem Ministerium zufolge belaufen sich die insgesamt entgangenen Steuergelder einschließlich 1993 auf 176 Millionen DM." Nach Antrag auf mündliche Verhandlung ist diese Ansicht durch *BFH*-Urteil bestätigt worden (Vorabmitteilung FAZ 2000 Nr. 59, S. 26) (zur Frage eines Rechtsmißbrauchs vor Inkrafttreten des § 50c X EStG *Sorgenfrei* IStR 1997, 737 ff.).

**148**    (2) Ungeachtet der Auseinandersetzung um die Frage eines Mißbrauchs trotz der Börsenklauseln im früheren § 50c VIII Satz 2 EStG galt der Börsenhandel als Schwachstelle des § 50c EStG überhaupt. Das Stand-OG ersetzte diese Regelung durch § 50c X EStG, die **Privilegierung des Börsenerwerbs** wurde eingeschränkt. Es ist dies die Reaktion des Gesetzgebers auf **Techniken des Dividendenstrippings** (dazu der Hinweis auf FAZ 21. 2. 1998, S. 18: Das Dividenden-Stripping nimmt exotische Formen an – LZB Hessen: Ausgeklügelte Methoden machen den Finanzbehörden den Nachweis schwer). In § 50c X werden drei verschiedene Strategien umschrieben und in Tatbestände umgesetzt; die Norm hat hohe Anforderungen zu erfüllen, die sich einerseits aus dem verfassungsrechtlichen Bestimmtheitsgebot und andererseits aus den flexiblen Techniken des Börsenhandels ergeben (*Siegemund* in *Arthur Andersen* Rz 157 zu § 50c EStG). Diejenigen Börsenfälle, bei denen die erworbenen

Aktien nicht innerhalb von 10 Tagen weiterveräußert werden oder der Erwerber für den Fall späterer Weiterveräußerung das volle Kursrisiko trägt, bleiben von der Rechtsfolge des § 50c EStG verschont. In den Fällen, in denen ein Nichtanrechnungsberechtigter seine Aktien zur Realisierung des Körperschaftsteuerguthabens an einen Anrechnungsberechtigten veräußert und die Aktien unter Ausschluß des Kursrisikos zurückerwirbt, unterstellt § 50c X EStG in drei eigenständige Tatbeständen typisierend einen Gestaltungsmißbrauch mit der Rechtsfolge des § 50c EStG:

– 10tägige, nicht mindestens erreichte Behaltefrist als Grundfall des Dividendenstrippings, womit der Gedanke verbunden ist, daß bei einer längeren Behaltefrist ein für den Erwerb beachtliches Kursrisiko gegeben ist, das einen Mißbrauch ausschließt; diese Regelung ist heftiger Kritik insbesondere seitens der Banken und Börsen ausgesetzt (nachteilige Regelung für den Finanzplatz Deutschland);
– Beschränkung des Kursrisikos auf andere Weise (Rückveräußerung der Anteile zu „Bedingungen, die allein oder im Zusammenhang mit anderen Vereinbarungen dazu führen, daß das Kursrisiko beschränkt ist"); dazu das Beispiel von *Dötsch* (S. 22): Ausländer A verkauft ein Aktienpaket der inländischen X-AG an der Börse, zugleich erwirbt der inländische Börsenmakler M gemäß besonderer Vereinbarung ein entsprechendes Aktienpaket der inländischen X-AG an der Börse. Abredegemäß soll A die Aktien nach sechs Wochen zu einem bereits jetzt festgelegten und unter Berücksichtigung der zwischenzeitlichen Dividendenausschüttung niedrigeren Preis zurückkaufen. M geht hierbei kein echtes Kursrisiko ein, er kann keinen ausschüttungsbedingten Veräußerungsverlust geltend machen.
– Geschäfte mit jungen Aktien: Junge Aktien nehmen an der nachfolgenden Dividendenausschüttung normalerweise nicht teil, sie sind billiger als solche Aktien. Somit könnte sich folgendes Geschäft anbieten: Erwirbt der nichtanrechnungsberechtigte Veräußerer von dividendenberechtigten Altaktien junge Aktien zu einem niedrigeren Kurs und erfolgt spätere Lieferung, so unterscheiden sich die ehemals jungen Aktien nicht mehr von den leergeschütteten Altaktien: Der nichtanrechnungsberechtigte Altaktionär verfügt im Ergebnis über den ursprünglichen Aktienbestand. Statt einer steuerpflichtigen Dividende hat er einen steuerfreien Kursgewinn vereinnahmt; sein anrechnungsberechtigter Vertragspartner macht die Körperschaftsteuer-Anrechnung geltend und saldiert steuerpflichtige Dividende und Kursverlust (*Dötsch* S. 23; zur Kritik an der Bezeichnung „Börsenklausel" s. *Kerssenbrock/Strunk* BB 1999, 398).

(3) In der Verschärfung des § 50c EStG durch Einführung einer Bör- **149** senklausel erblickt *Sorgenfrei* einen Verstoß gegen die Kapitalverkehr-Richtlinie zur Durchführung der EG-Kapitalverkehrsfreiheit: Insbesondere die durch § 50c X a EStG bewirkte faktische Börsenhandelssperre für Aktien von 10 Tagen vor und nach einem Dividendenstichtag beeinträchtigt die Freiheit des Kapitalverkehrs ohne hinreichende Rechtfertigungsgründe (IStR 1998, 741). Doch wird man die Einzelregelung nicht aus dem Gesamtzusammenhang lösen können: Nicht um § 50c X EStG geht es, sondern um den Ausschluß von der Körperschaftsteueranrechnung (§ 51 KStG, § 36 II Nr. 3 EStG) auch für EU-Ausländer überhaupt, s. dazu ab P 90.

## 7. Sicherung der Einmalbesteuerung: Ausschluß von Anrechnungsverfahren (§ 36 II Nr. 3 Satz 4 EStG)

**150**   Wie § 50c EStG verfolgt auch § 36 II Nr. 3 Satz 4g EStG das Ziel, die Einmalbesteuerung der im Inland erzielten Körperschaftsgewinne sicherzustellen. Während aber § 50c EStG die Körperschaftsteueranrechnung beim Anteilserwerber unberührt läßt und stattdessen die steuerliche Anerkennung einer ausschüttungsbedingten Gewinnminderung verbietet, setzt § 36 II Nr. 3 Satz 4 EStG direkt bei der Anrechnung an. Die Körperschaftsteuer wird nicht angerechnet, wenn sie auf Einnahmen aus Kapitalerwägungen im Sinne des § 20 I Nr. 1 oder Nr. 2 entfällt, soweit diese Einnahmen „nicht zur Festsetzung einer Einkommensteuer führen, weil ihnen damit zusammenhängende abziehbare Aufwendungen mit Ausnahme marktüblicher Kreditkosten gegenüberstehen, die bei dem Empfänger nicht der deutschen Besteuerung unterliegen." Die hierbei zugrundegelegte und bekämpfte Ausweichstrategie ist ebenfalls dem Dividendenstripping zuzuordnen (*Brenner* in *Kirchhof/Söhn* EStG, E 200 zu § 36): Der nur zwischengeschaltete unbeschränkt steuerpflichtige Anteilserwerber versteuert die Kapitalerträge ganz oder teilweise nicht, da er aufgewendete Entgelte (Nutzungsgebühr, Optionsgebühr) als Werbungskosten oder Betriebsausgaben von den Dividendeneinnahmen absetzt; über das gezahlte Entgelt führt er die Steuererstattung an den Steuerausländer ab. Beispiel (*Dötsch* S. 30): Der Anrechnungsberechtigte A vereinnahmt eine Dividende in Höhe von 700000 DM und ein Körperschaftsteuerguthaben in Höhe von 300000 DM, zahlt hierfür an den Nichtanrechnungsberechtigten N eine nicht der deutschen Besteuerung unterliegende Wertpapier-Leihgebühr in Höhe von 900000 DM. Zu versteuern sind danach 100000 DM, es kann eine KSt in Höhe von nur 30000 DM angerechnet werden, Kapitalerträge dementsprechend 730000 DM. Damit wirkt § 36 II Nr. 3 Satz 4 EStG auch betragsmäßig anders als § 50c EStG. Die Steuerfolge des § 50c EStG ist mit der persönlichen Steuerbelastung des Anteilserwerbers verbunden, während § 36 II Nr. 3 EStG immer konstant in Höhe des Körperschaftsteuerguthabens wirkt (3/7 der Dividende) und mit zu einer Definitivbelastung eines mitbezahlten Körperschaftsteuerguthabens führt (zu Einzelfragen des § 36 II Nr. 3 Satz 4 EStG *Dötsch* S. 30 ff.).

**151–159**   *(einstweilen frei)*

## 8. Beteiligungserwerb, Beteiligungsveräußerung; Umstrukturierung der inländischen Tochtergesellschaft

### a) Beteiligungserwerb und Käuferinteressen

**160**   (1) Der **Erwerb von Kapitalgesellschaftsanteilen** durch Steuerausländer führt zur Entstehung einer auslandsbeherrschten Tochterkapitalgesellschaft. Während aber bei dem direkten Erwerb einer inländischen Betriebsstätte nur ein solcher von Einzelwirtschaftsgütern (asset deal) möglich ist und sich für den Erwerb von Anteilen von Personengesellschaften nichts anderes ergibt (s. N 330), stehen für den Erwerb einer inländischen Kapitalgesellschaft an sich beide **Grundmodelle eines Unternehmenskaufes** zur Verfügung: Es ist neben dem Anteilserwerb auch ein Erwerb von Einzelwirtschaftsgütern möglich. Soweit aber der Erwerb die Gesamtheit der Wirtschaftsgüter einer inländischen Kapitalgesellschaft betrifft, führt dies in aller Regel zur Entstehung einer inländischen Betriebsstätte, d.h. die rechtliche und steuerliche Selbständigkeit der Kapitalgesellschaft bleibt für den Erwerber nicht aufrechterhalten, oder noch genauer: In dem Rahmen, in dem sie erhalten bleibt, hat dies keinen Bezug zum ausländischen Erwerber. Statt dessen hat der Veräußerer die Mühen und Kosten der Abwicklung auf sich zu nehmen. Reduziert man das Interesse anläßlich eines Unternehmenskaufs auf Fälle einer ununterbrochenen fortgesetzten Existenz als inländische Kapitalgesellschaft auch für den ausländischen Erwerb, ist dies nur im Wege des share deal möglich. Für beide Formen des Unternehmenskaufs gelten aus der Sicht des Erwerbers weitgehend identische steuerliche Ziele; wie bei dem Erwerb einer inländischen Betriebsstätte steht die Transformation von Anschaffungskosten in Abschreibungspotential und die Sicherstellung der Abziehbarkeit von Finanzierungskosten des Erwerbs im Vordergrund. Ergänzt wird dies durch die Ziele der Realisierung gekaufter Körperschaftsteuer-Guthaben und der steuerlichen Nutzung von Verlusten, ferner wird der Erwerber auch Möglichkeiten einer steuerlich günstigen Gewinnrepatriierung einschließlich einer Gesellschafterfremdfinanzierung bedenken. Die Frage einer Repatriierung von Gewinnen kann bestimmend sein für die Auswahl der zu erwerbenden Gesellschaft innerhalb eines Unternehmensverbundes (Zwischenschaltung einer anderen Gesellschaft zur Nutzung günstigerer nationaler Regelungen oder DBA-Rechts?). Daß die Interessenlage der bei Übernahme einer Kapitalgesellschaft bestehenden Alternativen (Erwerb von Gesellschaftsanteilen/Erwerb der einzelnen Wirtschaftsgüter) vom Käufer von anderen Kriterien als denen des Veräußerers abhängig ist, ist bereits für den Fall des Erwerbs einer ausländischen Tochtergesellschaft durch einen Steuerinländer kurz angesprochen worden (s. N 272); nunmehr sind jedoch präzisere Hinweise möglich, da innerstaatliches und damit bekanntes Recht herangezogen werden kann.

(2) Grundsätzlich wird aus der Sicht des Käufers – nicht anders als **161** beim Erwerb einer inländischen Betriebsstätte – das Interesse in den Vordergrund gerückt, die **Anschaffungskosten** möglichst schnell über Abschreibungen **als Betriebsausgaben** geltend zu machen, um aus den damit verbundenen Ertragsteuerersparnissen eine Liquiditätsentlastung zu erzielen: **Ziel ist ein step-up** (Aufstockung), d.h. eine Abschreibung

der Wirtschaftsgüter der erworbenen Gesellschaft um die Differenz zwischen dem bezahlten Kaufpreis und dem Buchwert der erworbenen Wirtschaftsgüter (*Otto H. Jacobs* S. 681). Damit verbunden wäre der Weg des Erwerbs von Einzelwirtschaftsgütern (asset deal), denn für erworbene Anteile als nicht abnutzbare Wirtschaftsgüter scheidet eine Transformation von Anschaffungskosten in Abschreibungsvolumen grundsätzlich aus; auch Zinsen aus einer Fremdfinanzierung könnten – wie im Zusammenhang mit dem Erwerb inländischen Betriebsstättenvermögens gezeigt – steuermindernd berücksichtigt werden, sofern es sich um „Außenaufwand" handelt. Empfehlenswert wäre im Falle eines asset deal durch einen Steuerausländer möglicherweise der Erwerb durch eine deutsche Tochtergesellschaft, da die Begründung einer Betriebsstätte die spätere Besteuerung eines Veräußerungsgewinns im Inland zur Folge hätte – andererseits könnten Gründe der Gesellschafter-Fremdfinanzierung gerade dagegen sprechen. Der Erwerb von Einzelwirtschaftsgütern – mit oder ohne Zwischenschaltung einer deutschen Kapitalgesellschaft – weist aber auch Nachteile auf: Zunächst besteht aus der Sicht des Zivilrechtlers keine Frage der Präferenz, da sich wegen der vielfältigen Anknüpfungsfragen aus kollisionsrechtlicher Sicht nur ein share deal empfiehlt (*Dürig* S. 146 als Ergebnis einer IPR-Untersuchung). Es ist ferner zu bedenken, daß mit dem Erwerb der Einzelwirtschaftsgüter ein Bruch in der Unternehmensgeschichte erfolgt: Es kann im Einzelfall ja gerade Gründe geben, an die rechtliche und steuerliche Selbständigkeit der Kapitalgesellschaft anzuknüpfen (dazu *Rosenbach/Rieke* RIW 1999, 5095; *Otto H. Jacobs* S. 685).

– Die Verstrickung der im Betriebsvermögen enthaltenen stillen Reserven wird zwar in beiden Formen des Unternehmenserwerbs bewahrt – aber der ausländische Investor kann die erworbenen Anteile nach Maßgabe seines nationalen Steuerrechts ggf. steuerfrei veräußern, weil das Besteuerungsrecht in DBA-Fällen fast ausschließlich dem Wohnsitzstaat des Investors zugewiesen ist (s. dazu S 253); demgegenüber schlägt sich die Realisierung stiller Reserven im Rahmen einer Betriebsstätte unmittelbar im inländischen Ergebnis nieder.
– Steuerliche, personenbezogen gestaltete Vergünstigungen oder solche, die an bestimmte Verbleibefristen anknüpfen, gehen bei einem share deal nicht verloren.
– Ein Verlustvortrag der Kapitalgesellschaft kann im Rahmen von § 8 b IV KStG weiterhin genutzt werden.
– Liegt der Kaufpreis unter der Summe der Buchwerte, kann bei der Anteilsübertragung die bilanzielle Anbwertung der Wirtschaftsgüter vermieden werden.
– In den Fällen, in denen die erworbene Gesellschaft über nachhaltige Verluste verfügt, ist eine Buchwertaufstockung und damit eine künftige Belastung unter Liquititätsgesichtspunkten nicht gewünscht.

**162**      (3) Können die Vorteile eines share deal im Einzelfall den Nachteil der unterbliebenen Buchwertaufstockung ausgleichen, so ist zu ergänzen: Auch der Finanzierungsaufwand für den Beteiligungserwerb ist Sache des Wohnsitzstaates und kann – Zuordnung zum Vermögen der ausländischen Muttergesellschaft vorausgesetzt – im Inland nicht berücksichtigt werden (anders, wenn die Beteiligung einer inländischen Betriebsstätte des Steuerausländers zurechenbar ist: deutsches Akquisitionsvehikel). Auch die **Nutzung** eines **vorhandenen Körperschaftsteuerguthabens** ist nur teilweise möglich: Lediglich das auf verwendbarem Eigenkapital i.S. des § 30 I Nr. 1 KStG (EK 40) lastende körperschaftsteuerliche Minderungspotential kann durch Gewinnausschüttung realisiert werden; das Anrechnungsguthaben ist für den ausländischen Beteiligten nicht nutzbar. Daher *Herzig* in Festschrift *Lutz Fischer* S. 623: „Führt man sich vor Augen, daß ein Körperschaftsteuer-Anrechnungsguthaben für den Anteilseigner ebenso eine Einnahme darstellt wie eine bar ausgezahlte Dividende und demnach in seine Zahlungsreihe einfließt, aus der er (und der Markt) die Bewertung der zugrundeliegenden Anteile ableitet, dann wird klar, daß sich durch Beeinträchtigungen des Anrechnungspotentials auf direktem Wege erhebliche Beeinträchtigungen für den Marktwert eines Unternehmens ergeben können bzw. müssen."

(4) Nun liegt es nahe, nach Wegen zu suchen, auch im Rahmen eines **163** share deal den Kaufpreis für die erworbenen Anteile in Abschreibungspotential umzuwandeln. Da es wegen des Trennungsprinzips nicht möglich ist, im Zusammenhang mit dem Kauf von Gesellschaftsanteilen an Kapitalgesellschaften den Wert der Wirtschaftsgüter der erworbenen Gesellschaft aufzustocken, bedarf es zusätzlicher Gestaltungen in der Sphäre des Erwerbers; denn bei einem share deal ist ein step-up aus den genannten Gründen regelmäßig ausgeschlossen. Die hierbei erörterten Gestaltungsmodelle stellen keinen besonderen Bezug zur Person des Erwerbers der Anteile als einer beschränkt steuerpflichtigen Person her; der besondere grenzüberschreitende Aspekt wird erst durch die (spätere) Veräußerung der Gesellschaftsanteile durch den Steuerausländer an einen Steuerinländer hergestellt (Anwendung des § 50c EStG, s. dazu ab P 136). Die zur Erreichung des step-up erörterten Modelle sind

– das **Kombinationsmodell:** Der Steuerausländer A erwirbt die Gesellschaftsanteile **164** der B über eine im Inland zwischengeschaltete Kapitalgesellschaft C, der zugleich die einzelnen Wirtschaftsgüter der erworbenen Kapitalgesellschaft B im Rahmen eines asset deal übertragen werden. B realisiert einen Veräußerungsgewinn, der der Körperschaftsteuer und der Gewerbesteuer unterliegt. B schüttet diesen Gewinn an C aus, C vereinnahmt körperschaftsteuerpflichtige Beteiligungserträge (Gewerbesteuerfreiheit aufgrund § 9 Nr. 2a GewStG) nebst Körperschaftsteuerguthaben. Die C-GmbH neutralisiert den körperschaftsteuerlichen Beteiligungsbetrag durch eine ausschüttungsbedingte Teilwertabschreibung in gleicher Höhe. Die Steuerbelastung der erworbenen Gesellschaft B wird mit der Steuerentlastung der übernehmenden Gesellschaft C verrechnet und im Ergebnis werden die Buchwerte der übernommenen Wirtschaftsgüter steuerneutral aufgestockt. Der BFH ist dem Vorwurf mißbräuchlicher Gestaltung nicht gefolgt (BStBl. 1993 II, 426; DStR 1994, 1688). Als Nachteil wird von allen Autoren die Gewerbesteuerbelastung als Folge der Auflösung der stillen Reserven in den Einzelwirtschaftsgütern genannt; denn die ausschüttungsbedingte Teilwertabschreibung bei der B wird nicht für Zwecke der Gewerbesteuer anerkannt, soweit bei ihr die Beteiligungserträge aufgrund des Schachtelprivilegs gewerbesteuerfrei bleiben ( § 8 Nr. 10 GewStG). Die Nachteile des Kombinationsmodells haben wegen der durch das Umwandlungssteuergesetz eröffneten Möglichkeiten zu seinem Aussterben geführt. Zum Kombinationsmodell grundlegend *Herzig* in *Schaumburg* (Hrsg. 1997), S. 123; zur Anwendung auf einen internationalen Unternehmenskauf *Otto H. Jacobs* S. 687 f. mit einem Beispiel zur Steuerbelastung und zum erforderlichen Kapitalbedarf (Erhöhung wegen definitiver Gewerbesteuerbelastung gegenüber dem grundliegenden Kaufmodell als asset deal), *Bogenschütz* in *Schaumburg* (Hrsg. 1997), S. 270.

**165**  – das **Umwandlungsmodell:** Durch Umwandlung der zuvor erworbenen Kapitalgesellschaft in eine Personengesellschaft oder eine natürliche Person im Wege einer Verschmelzung ( §§ 39–45 UmwG) oder eines Rechtsformwechsels ( §§ 190 ff. UmwG) wird der Erwerber so gestellt, als hätte er die abschreibungsfähigen Wirtschaftsgüter direkt erworben. Maßgebend für dieses Ergebnis ist die Technik des Umwandlungsgesetzes (*Bogenschütz* aaO, S. 271 f.): Zwar hat die übernehmende Gesellschaft die in der steuerlichen Schlußbilanz der übertragenden Gesellschaft angesetzten Werte unabhängig davon fortzusetzen, ob es sich bei der übernehmenden Gesellschaft um eine Kapitalgesellschaft handelt ( §§ 4 I, 12 I Umw-StG). Nur bei der Umwandlung in eine Personengesellschaft kann jedoch die Differenz zwischen den Buchwerten der übertragenden Gesellschaft und dem Buchwert der untergehenden Beteiligung durch eine Buchwertaufstockung für Abschreibungszwecke nutzbar gemacht werden ( § 4 VI UmwStG). Die im Rahmen des Kaufpreises für die Gesellschaftsanteile bezahlten stillen Reserven haben im Zuge der Umwandlung einen Übernahmeverlust (Wertansatz übergangener Wirtschaftsgüter ./. Kaufpreis der Anteile) zur Folge, der als zusätzliches Abschreibungsvolumen der einzelnen Wirtschaftsgüter nach Aufstockung in der Bilanz der übernehmenden Personengesellschaft berücksichtigt werden kann. Gegenüber dem Kombinationsmodell war hervorgehoben worden, daß sich die Buchwertaufstockung gewerbesteuermindernd auswirke (gewerbesteuerliches step-up). Mit dem Steuerentlastungsgesetz 1999/2000/2002 ist in § 18 II GewStG für den Fall eines Formwechsels geregelt worden, daß neben einem Übernahmegewinn auch ein Übernahmeverlust nicht zu erfassen ist; eine Aufstockung der Buchwerte nach § 4 VI UmwStG findet für die Gewerbesteuer mithin nicht statt. Damit ist ausgeschlossen, daß bei späteren Abschreibungen und Veräußerungsverlusten als Folge eines step-up Gewerbesteuerminderungen eintreten. Zu den Einzelheiten des Verschmelzungsfalles und des Formwechselfalles s. *Bogenschütz* aaO, S. 272 ff.; *Otto H. Jacobs* S. 689 ff.; *Kroppen* in Forum Nr. 17, S. 22 ff. mit Erörterung der Aussagen des Umwandlungssteuererlasses (BStBl. 1998 I, 268); *Rosenbach/Rieke* RIW 1999, 504.

**166**  (5) Aus der Sicht des Steuerausländers als Veräußerer eines inländischen Unternehmens besteht ein vorrangiges Interesse, aus Gründen des DBA-Rechts ein inländisches Unternehmen als Tochterkapitalgesellschaft statt als Personengesellschaft zu führen. Denn im Hinblick auf die Besteuerung eines Veräußerungsgewinnes gilt zwar aus der Sicht des Außensteuerrechts, daß Veräußerungsgewinne aus dem Betrieb einer inländischen Betriebsstätte (mit der die Personengesellschaft hier aus Vereinfachungsgründen gleichgesetzt wird) und Gewinne aus der Veräußerung einer wesentlichen Beteiligung der beschränkten Steuerpflicht unterliegen ( § 49 I Nr. 2a, Nr. 2e EStG), abkommensrechtlich jedoch auf der Grundlage des Art. 13 IV OECD-MA (s. S 253) die Bundesrepublik in der Regel das Besteuerungsrecht für Gewinne aus der Veräußerung wesentlicher Beteiligungen verliert. Unterbleibt im Wohnsitzstaat des Anteilseigners zudem die Besteuerung solcher Veräußerungsgewinne (Niederlande als Beispiel), wird das Interesse an der Veräußerung von Gesellschaftsanteilen statt an Einzelwirtschaftsgütern (bzw. Anteilen an Personengesellschaften) noch einsichtiger. Im Hinblick auf die körperschaftsteuerlichen und gewerbeertragsteuerlichen Folgen der Veräußerung von Gesellschaftsanteilen kann es aber gerade Gestaltungsziel sein, die Gewerbesteuer durch Umwandlung der zu veräußernden Kapitalgesellschaft in eine Personengesellschaft zu vermeiden, da die Veräußerung von Mitunternehmeranteilen grundsätzlich nicht der Gewerbeertragsteuer unterliegt; zu denkbaren Umwandlungsmodellen *Bogenschütz* aaO, S. 308 ff.

*b) Beteiligungsveräußerung und Verkäuferinteressen (Sperrbetragsproblem)*

Werden Anteile an inländischen Kapitalgesellschaften von Steuerausländern veräußert, so ist für sämtliche Gestaltungen im Anschluß an diese Veräußerung die Schrankenwirkung des bereits vorgestellten § 50 c EStG zu beachten. Denn innerhalb der in § 50 c III EStG genannten 10jährigen Sperrfrist ist die Geltendmachung von Gewinnminderungen durch Ansatz des niedrigen Teilwerts oder durch die Veräußerung oder Entnahme der Anteile aus dem Betriebsvermögen partiell ausgeschlossen; auch die Möglichkeiten der Umwandlung im Anschluß an den Unternehmenskauf werden unter steuerlichen Gesichtspunkten geschmälert, weil der für das Umwandlungsmodell typische Übernahmeverlust in Höhe des Sperrbetrags gemindert wird (§ 4 V UmwStG). Als Regelungsgegenstand eines **Kaufvertrages über Anteile an Kapitalgesellschaften** gilt deshalb im Rahmen steuerrechtlicher Gewährleistungen und Garantien auch **das § 50 c-Problem** (vgl. das Formulierungsbeispiel bei *Mueller-Thuns* in *Schaumburg* (Hrsg. 1997), S. 367: Der Verkäufer gewährleistet und garantiert, daß die nach diesem Vertrag verkauften und abgetretenen Geschäftsanteile nicht unter § 50 c EStG fallen). § 50 c EStG verbietet die sog. ausschüttungsbedingte Teilwertabschreibung in zwei Grundfällen: bei der Veräußerung von Anteilen durch einen nichtanrechnungsberechtigten Veräußerer an einen anrechnungsberechtigten Erwerber – Fall des § 50 c I EStG, der Gegenstand des Abschnitts ab P 136 ist; bei der Veräußerung von nicht wesentlichen, im Privatvermögen gehaltenen Anteilen von einem anrechnungsberechtigten Veräußerer an einen anrechnungsberechtigten Erwerber – Fall des § 50 c XI EStG, der hier als Binnensachverhalt nicht weiter interessiert. Die ausschüttungsbedingte Teilwertabschreibung ist (vom Grundsatz her) berechtigt, sofern der Veräußerer seinen Veräußerungsgewinn versteuert; sie ist

**167**

nicht berechtigt, wenn ein Nichtanrechnungsberechtigter seinen Anteil steuerfrei veräußert. Das alles ist bekannt – wenn es nun an dieser Stelle nochmals aufgegriffen wird dann deswegen, weil im Schrifttum verschiedene **Unternehmenskaufmodelle** entwickelt wurden, für die es im Kern darauf ankommt, die vom Erwerber (einem Steuerinländer) bezahlten stillen Reserven und Rücklagen zu realisieren: Im Kapitel zu § 50c EStG wurde hierfür immer der Fall einer anschließenden Gewinnausschüttung genannt; nach Kenntnis der Grundstrukturen von Unternehmenskaufmodellen ist er um die **Aufstockung (step-up)** zum Zwecke eines erhöhten Abschreibungspotentials zu ergänzen. Ob die Verwirklichung solcher „Modelle" die Anwendung des § 50c EStG vermeiden kann, ist nunmehr zu fragen.

**168**     Im **Kombinationsmodell** veräußert der beschränkt Steuerpflichtige A die Anteile an der inländischen Kapitalgesellschaft B an den unbeschränkt steuerpflichtigen C. Am Anschluß daran veräußert B die Einzelwirtschaftsgüter des Betriebsvermögens an C (step-up). B schüttet die durch die Veräußerung der Wirtschaftsgüter erzielten Gewinne an C aus, aber § 50c EStG verhindert die Teilwertabschreibung bei C; C versteuert mithin die Ausschüttung gekaufter Rücklagen. Im **Umwandlungsmodell** erwirbt der beschränkt steuerpflichtige A die Anteile an der inländischen Kapitalgesellschaft B; in der Schlußbilanz der Kapitalgesellschaft werden deren Wirtschaftsgüter zu den Buchwerten ausgewiesen. A strukturiert die Kapitalgesellschaft B in eine Personengesellschaft C um: Übernahme der Buchwerte durch C, Aufstockung um die Differenz zwischen Anschaffungskosten, die in der Person des Anteilserwerbers A entstanden, und dem Buchwert der Beteiligung (Übernahmeverlust). Zwar wirkt § 50c EStG in erster Linie bei Gewinnausschüttungen. Aber auch ohne Ausschüttungen muß der Sperrbetrag i. S. des § 50c IV EStG spätestens bei der Umwandlung der Kapitalgesellschaft in ein Personenunternehmen zum Tragen kommen. Denn § 50c I EStG würde ins Leere stoßen, da die sperrbetragsverhafteten Anteile des A an der B im Rahmen der Umwandlung untergehen. Daher § 4 V UmwStG: Der Übernahmegewinn ist um den Sperrbetrag nach § 50c EStG zu erhöhen, ein Übernahmeverlust verringert sich um den Sperrbetrag und verringert damit den Aufstockungsbetrag des § 4 V Satz 2 UmwStG. Für einen nichtanrechnungsberechtigten ausländischen Anteilseigner wie in unserem Fall den A ist dieses Ergebnis (s. dazu den UmwSt-Erlaß 1998 Rz 04.27) aber problematisch (*van Lishaut* S. 44): A wird durch seine Beteiligung an der Umwandlung zum Mitunternehmer einer inländischen Personengesellschaft und damit über §§ 49 I Nr. 2a, 50 V Satz 3 Nr. 1 EStG anrechnungsberechtigt (s. dazu P 35). Durch die Umwandlung wird A nicht „mit einem Anteil an der Kapitalgesellschaft" anrechnungsberechtigt (§ 50c VI EStG), vielmehr geht der Anteil an der Kapitalgesellschaft unter und die künftige Anrechnungsberechtigung besteht hinsichtlich der Einkünfte aus der Mitunternehmerschaft. Deswegen kann man auf einen anderen Gedanken kommen: Zur Vermeidung einer Anwendung des § 50c EStG bei der Umwandlung einer Kapitalgesellschaft in eine Personengesellschaft wird eine Verschmelzung der erwerbenden und der zu erwerbenden Gesellschaft – also von A und B – vorgeschaltet. Das wäre mit einem ersatzlosen Untergang der § 50c EStG-verhafteten Anteile verbunden – diese Anteile gibt es im Zeitpunkt der nunmehr durchzuführenden Umwandlung in eine Personengesellschaft nicht mehr (*Rödder* FR 1999, 13); dagegen jedoch UmwSt-Erlaß 1998 Rz 04.25, wonach der Sperrbetrag nicht im nachhinein entfällt. Nunmehr ist durch das Steuerentlastungsgesetz 1999/2000/2002 in § 13 IV UmwStG klargestellt worden, daß sich ein Sperrbetrag i. S. des § 50c EStG, der den Anteilen an der übertragenden Körperschaft anhaftet, auf die

Anteile an der übernehmenden Körperschaft verlagert. Zur Thematik: *Weber-Grellet* in Forum Nr. 17, S. 123 ff.; *Otto H. Jacobs* S. 699 ff.; zu § 13 IV UmwStG *Dötsch/Pung* DB 1999, 932.

## c) Umstrukturierungen

(1) Im Abschnitt zur Inländerbetätigung im Ausland in der Form der **169** Gründung bzw. des Erwerbs einer ausländischen Tochtergesellschaft bezogen sich Umstrukturierungsfälle auf die ausländische Tochtergesellschaft. Der grenzüberschreitende Bezug ergab sich aus dem Begriffspaar ausländische Gesellschaft/inländischer Gesellschafter. Der weitere denkbare Bezugspunkt der Belegenheit der Wirtschaftsgüter im Inland oder im Ausland spielte nur eine beiläufige Rolle, da er den hier vorgegebenen Rahmen überschreitet. Gegenstand einer **Umstrukturierung** ist nunmehr die **inländische aber ausländerbeherrschte Tochterkapitalgesellschaft.** Für Beteiligungen beschränkt Steuerpflichtiger an inländischen Kapitalgesellschaften gibt es keine dem § 8 b KStG (Auslandbeteiligungen von Steuerinländern) entsprechende Norm, mithin auch keinen § 8 b II KStG (Steuerbefreiung von Veräußerungsgewinnen). § 8 b II KStG bezieht sich auf Umstrukturierungen ausländischer Gesellschaften und hat hierbei die Privilegierung der im Inland ansässigen Muttergesellschaft zur Folge; das ist ja auch Sache des Staates der Ansässigkeit. Natürlich könnte sich die Bundesrepublik auch Privilegien für die ausländische Muttergesellschaft einer inländischen Tochtergesellschaft überlegen – nur sind die Regeln der beschränkten Steuerpflicht beispielsweise für die im Inland erzielten Gewinne aus der Veräußerung von Beteiligungen an inländischen Kapitalgesellschaften (§ 49 I Nr. 2 EStG) ohnehin durch Abkommensrecht weitgehend gegenstandslos (Art. 13 IV OECD-MA, dazu S 253). Hinzu kommt folgendes: Umstrukturierungen stehen allesamt unter der Frage nach einem möglichen **Transfer stiller Reserven** statt ihrer Auflösung (Realisierung). Grundlage hierfür aber ist das Umwandlungssteuerrecht. Gewiß: es gab in der Literatur immer wieder Überlegungen zur Buchwertverknüpfung als einem „verallgemeinerungsfähigen Rechtsprinzip" auch in Fällen der Umstrukturierung, also in Fällen eines Übergangs stiller Reserven auf andere Steuersubjekte (ausf. zur Problematik *Schaumburg* S. 1072). Aber mit § 6 III–VII EStG (Steuerentlastungsgesetz 1999/2000/2002) hat der Gesetzgeber zum Ausdruck gebracht, daß weitere, gesetzlich nicht beschriebene Begünstigungen über den Rahmen des UmwG und des UmwStG hinaus nicht gewollt sind. Das Umwandlungssteuerrecht wiederum will mit dem Prinzip der Buchwertverknüpfung Steuerneutralität verwirklichen (Besteuerungsaufschub durch Eintritt in eine steuerliche Rechtsstellung), enthält aber neben den gesetzlich normierten Entstrickungsklauseln (§§ 11 I Nr. 1, 20 III, 21 II Nr. 2, 23 IV Satz 2 UmwStG) „keine allgemeine Entstrickungsklausel, die einen Export stiller Reserven insbesondere bei

inländischen Umwandlungen mit Auslandsbezug und grenzüberschreitenden Umwandlungen verhindert. Da es ein **allgemeines Entstrikkungsprinzip** nicht gibt, ist eine Schlußbesteuerung stiller Reserven über die gesetzlich geregelten Entstrickungsfälle hinaus ausgeschlossen, obwohl hier eine ultima ratio-Besteuerung mit dem Leistungsfähigkeitsprinzip ohne weiteres vereinbar wäre", so *Schaumburg* S. 1073 f. mit dem Hinweis, daß die in § 23 UmwStG auf der Grundlage der Fusionsrichtlinie geregelten Einbringungen in eine EU-Kapitalgesellschaft und ein dabei bewußt erfolgter Verzicht auf die Schlußbesteuerung stiller Reserven „außerhalb" der Wertungen des EStG steht. Ob man nunmehr § 6 IV EStG (Übertragung von Wirtschaftsgütern zwischen verschiedenen Betriebsvermögen eines Steuerpflichtigen) als allgemeine Entstrikkungsklausel interpretieren kann, wird bereits erörtert (s. *Kroppen* in Forum Nr. 17, S. 25 unter Hinweis auf den UmwSt-Erlaß 1998 Rz 03.09 für den Fall des § 3 UmwStG, der keine eigene Entstrickungsklausel enthält, für den der Erlaß aber Grundsätze der Steuerentstrickung gem. *BMF*-Schreiben BStBl. 1990 I, 72 anwendet).

**170**     (2) Umstrukturierungen „in" eine inländische Kapitalgesellschaft (die man auch unter dem Oberbegriff des Beteiligungserwerbes behandeln kann) waren als Einbringung von Betriebsstätten bereits in den Grundzügen, und werden als Umstrukturierungen von Personengesellschaften mit dem Ziel einer Kapitalgesellschaft in den Grundzügen noch vorgestellt werden. Hier geht es um die Umstrukturierung einer bestehenden inländischen, von Steuerausländern beherrschten Kapitalgesellschaft.

**171**     – Grundfall ist die **Verschmelzung** der inländischen, ausländerbeherrschten Kapitalgesellschaft auf eine andere inländische Kapitalgesellschaft (§§ 2 ff. UmwG). Gem. § 1 V UmwStG müssen übertragende wie übernehmende Körperschaft unbeschränkt körperschaftsteuerpflichtig (§ 1 KStG) sein – eine Bedingung, die im Parallelfall der Inländerbetätigung im Ausland wegen der beschränkten Steuerpflicht der Auslandsgesellschaft nicht erfüllt sein konnte. Gemäß § 11 I UmwStG darf die übertragende Kapitalgesellschaft in ihrer steuerlichen Schlußbilanz wahlweise Buchwerte, Teilwerte oder Zwischenwerte ansetzen. Das Wahlrecht steht aber unter dem Vorbehalt einer Entstrickungsklausel: Die übergehenden stillen Reserven unterliegen im Auflösungszeitpunkt bei der übernehmenden Kapitalgesellschaft (§ 12 UmwStG) der Körperschaftsteuer (Sicherstellung der späteren Besteuerung). In dem hier zugrundeliegenden Fall wird die spätere Besteuerung schon dadurch sichergestellt, daß die übernehmende Körperschaft gem. § 1 V UmwStG der unbeschränkten Steuerpflicht unterliegen muß. Geht – im einfachsten Fall – inländisches Betriebsstättenvermögen über, bleibt die Besteuerung der stillen Reserven im Rahmen der Köperschaftsteuer der übernehmenden Gesellschaft gesichert. Die Ansässigkeit des Gesellschafters der übertragenden Gesellschaft spielt hierbei keine Rolle. Probleme entstehen nicht einmal dann, wenn man auch die Belegenheit des Vermögens als Kriterium eines grenzüberschreitenden Sachverhaltes miteinbezieht: Ist nämlich Betriebsstättenvermögen der übertragenden Kapitalgellschaft im Ausland vorhanden, entscheidet die Frage eines vorhandenen oder nicht vorhandenen DBA-Rechts nicht über die Sicherstellung der in diesem Vermögen vorhandenen stillen Reserven, weil ein deutscher Zugriff im Nicht-DBA-Fall in jedem Fall gesichert ist, und ein deutscher Zugriff im DBA-Fall aufgrund des Betriebsstättenprinzips und unter Annahme der Freistellung im Wohnsitzstaat auch vor der Verschmelzung keiner „sicherzustellenden" Besteuerung unterlag. Anders als für die Gesellschaftsebene gem. § 11 I Nr. 1 UmwStG enthält der für die Gesellschafterebene maßgebliche § 13 UmwStG keine Entstrickungsklausel: Es findet ein steuerneutraler Anteilstausch ohne Rücksicht darauf statt, ob die eingetauschten Anteile an der übernehmenden Kapitalgesellschaft einem beschränkt oder unbeschränkt steuerpflichtigen Anteilseigner zuzurechnen sind, oder ob die eingetauschten Anteile zu einem inländischen oder ausländischen Betriebsstättenvermögen gehören; s. dazu *Henkel* in *Mössner* S. 919 ff. mit der Differenzierung fehlender Steuerpflicht der alten und neuen Anteile, und der Steuerpflicht nur der alten Anteile.

 – Die **grenzüberschreitende Verschmelzung** zweier Kapitalgesell- **172** schaften ist im UmwStG nicht geregelt. Ging es bei der Frage der Inländerbetätigung im Ausland um eine Hineinverschmelzung der ausländischen Tochtergesellschaft auf die inländische Mutterkapitalgesellschaft, so geht es nunmehr um die Herausverschmelzung aus der inländischen Tochtergesellschaft in die ausländische Muttergesellschaft. Auf welchem Weg die Übertragung der Wirtschaftsgüter auch erfolgt (d. h. ist Gegenstand der Verteilung im Liquidationsverfahren Anteilsbesitz oder sind es Einzelwirtschaftsgüter, s. *Herzig* in Forum Nr. 11, S. 147), eine erfolgsneutrale Übertragung ist nicht möglich; es findet eine Schlußbesteuerung statt. Jedoch ist der Anwendungsbereich der Fusionsrichtlinie zu beachten: Die Einbringung eines inländischen Betriebs (das ist das Betriebsvermögen der inländischen Tochtergesellschaft) in eine beschränkt steuerpflichtige Gesellschaft gegen Gewährung von Gesellschaftsanteilen kann erfolgsneutral durchgeführt werden, wenn es sich bei der übernehmenden Gesellschaft um eine EU-Kapitalgesellschaft handelt (§ 23 I UmwStG bei der Inländerbetätigung im Ausland N 289). Die Aussagen zur fehlenden Steuerneutralität und zur EU-Einbringung gelten gleichermaßen für inlandsbelegenes und auslandsbelegenes Vermögen. Aber insoweit kann auf die Ausführungen zur Umstrukturierung der inländischen Betriebsstätte eines Steuerausländers (s. ab P 50) verwiesen werden.

 – Als **grenzüberschreitende Spaltung** wäre hier der Fall der inländi- **173** schen Spaltung mit einem Auslandsbezug einzuordnen: Die Ursprungsgesellschaft als inländische Tochtergesellschaft mit ausländischen Gesellschaftern. Auf der Grundlage der Spaltungsregelung im UmwStG wird der zu spaltenden Ursprungsgesellschaft grundsätzlich die Möglichkeit der Buchwertfortführung gewährt und damit eine Verlagerung stiller Reserven ermöglicht. Dabei ist die Steuerneutralität des Spaltungsvorgangs an eine Kombination von Voraussetzungen geknüpft, die zweistufig aufgebaut sind (zu den Einzelheiten *Leila Momen* S. 138 ff.). Grundvoraussetzungen der Steuerneutralität für die Spaltung von Kapitalgesellschaften sind der Vermögensübergang durch Aufspaltung oder Abspaltung und die Teilbetriebsbedingung. Unter diesen Voraussetzungen sind die Verschmelzungsvorschriften der §§ 11–13 UmwStG anzuwenden (§ 15 I UmwStG). Damit wird die Möglichkeit einer steuerneutralen Spaltung auf der Ebene der Ursprungsgesellschaft, der Nachfolgegesellschaften und der Gesellschafter der Ursprungsgesellschaft geschaffen. Eine gewinneutrale Spaltung ergibt sich, wenn die Ursprungsgesellschaft das übergehende Vermögen zum Buchwert ansetzt und die Nachfolgegesellschaften die Buchwerte fortführen (§ 12 I Satz 1 i. V. mit § 4 I UmwStG); ergänzend hierzu § 11 I Satz 1 Nr. 1, 2: Die stillen Reserven in den übergegangenen Wirtschaftsgütern müssen bei der übernehmenden Kapitalgesellschaft der Körperschaftsteuer unterliegen – zudem muß gewährleistet sein, daß eine Gegenleistung nicht gewährt wird oder nur in Gesellschaftsrechten besteht. Ursprungs- und Nachfolgegesellschaften müssen unbeschränkt körperschaftsteuerpflichtig sein (§ 1 V i. V. mit §§ 1 I, 4 UmwStG). Auf der Ebene der Gesellschafter der Ursprungsgesellschaft sind die in den Anteilen an der Ursprungsgesellschaft enthaltenen stillen Reserven sicherzustellen. Im Gegensatz zur Gesellschaftsebene (§ 11 I Satz 1 Nr. 1 UmwStG) ist auf der Gesellschafterebene keine Entstrickungsklausel vorgesehen. Die Sicherstellung der stillen Reserven soll durch die Regelung in § 15 I i. V. mit § 13 UmwStG gewährleistet werden. § 13 UmwStG unterscheidet aber nicht zwischen inländischen und ausländischen Gesellschaftern, so daß die dort geregelten Fälle auch für beschränkt steuerpflichtige Gesellschafter gelten; s. dazu die Fallübersicht bei *Leila Momen* S. 197, die nach der Qualität der Anteile vor und nach der Spaltung unterscheidet und jeweils die Sicherungsvoraussetzung beschreibt. Beispiel: Zugehörigkeit der Beteiligung zu einer inländischen Betriebsstätte (§ 49 I Nr. 2a EStG) vor und nach der Spaltung; Veräußerung und Anschaffung der Anteile zum Buchwert (§ 13 I Satz 1 UmwStG); oder: Beteiligung außerhalb einer inländischen Betriebsstätte in einer DBA-Situation vor der Spaltung, gleiche Situation nach der Spaltung; eine Sicherung stiller Reserven ist nicht erforderlich, weil vor der Spaltung wegen Art. 13 IV MA (dazu S 253) ohnehin keine inländische Steuerverhaftung gegeben war.

**174**     – Schließlich die **Umstrukturierung** der ausländerbeherrschten inländischen Tochtergesellschaft **in eine Personengesellschaft;** hierzu waren im Zusammenhang mit der Veräußerung der inländischen Tochtergesellschaft (Umwandlungsmodell) schon einige Hinweise erfolgt. Die Umstrukturierung ist als Rechtsformwechsel gem. §§ 190 ff. UmwG und als Verschmelzung gem. §§ 2 ff. UmwG möglich – die Rechtsfolgen sind jedoch gleich (*Henkel* in *Mössner* S. 921): Auf der Gesellschaftsebene gilt für die übertragende Körperschaft § 3 UmwStG: Wahlrecht, die übergehenden Wirtschaftsgüter in ihrer steuerlichen Schlußbilanz mit ihrem Buchwert, dem Teilwert oder einem Zwischenwert anzusetzen, die stillen Reserven mithin beizubehalten oder ganz oder teilweise aufzulösen. Ist im Vermögen der übertragenden Gesellschaft eine Auslandsbeteiligung vorhanden (§ 8 II KStG), könnte die Personengesellschaft als übernehmende Gesellschaft einen Veräußerungsgewinn nicht mehr steuerfrei vereinnahmen. Wird ein höherer Wert in der Schlußbilanz der übertragenden Gesellschaft angesetzt, ist nach Umwandlungssteuererlaß 1998 Rz 03.11 eine Steuerfreiheit nicht gegeben; die Vergünstigung des § 8b II KStG soll im Rahmen von Umwandlungen nicht zum Tragen kommen, weil § 8b II KStG nur für Veräußerungen und andere abschließend benannte Tatbestände gelte. Der Ansatz der Wirtschaftsgüter mit ihren Buchwerten und damit die Vermeidung der Realisation stiller Reserven ist zulässig, sofern das Vermögen der übertragenden Kapitalgesellschaft Betriebsvermögen der übernehmenden Personengesellschaft wird (Sicherstellung der Besteuerung). Auf der Ebene der übernehmenden Personengesellschaft wird nach § 4 IV UmwStG ein Übernahmegewinn oder Übernahmeverlust als Unterschiedsbetrag zwischen dem Buchwert der Anteile und dem Buchwert der übernommenen Wirtschaftsgüter ermittelt. Ein Übernahmegewinn unterliegt bei der übernehmenden Personengesellschaft bzw. deren Gesellschaftern der Steuerpflicht. Das übernehmende Personenunternehmen muß wegen § 1 I UmwG seinen Sitz im Inland haben. Zwischen beschränkt und unbeschränkt steuerpflichtigen Anteilseignern wird nicht differenziert – ebensowenig wie nach der Belegenheit des übergehenden Vermögens im Inland oder im Ausland. Sofern inländisches Betriebsvermögen der übertragenden Kapitalgesellschaft auf die Personengesellschaft übergeht, ist die spätere Besteuerung der stillen Reserven auch bei dem ausländischen Anteilseigner gewährleistet (§ 49 I Nr. 2a EStG). Geht ausländisches Betriebsstättenvermögen über, kommt es mit Blickrichtung auf die ausländischen Anteilseigner zum Verlust des deutschen Besteuerungsrechts, da anders als vor der Umwandlung für sie kein Welteinkommensprinzip mehr gilt (*Henkel* aaO, S. 908). Ganz anders unbeschränkt steuerpflichtige Gesellschafter, da für sie – nicht anders als zuvor für die inländische Tochtergesellschaft – das Welteinkommensprinzip gilt. Dennoch wird einhellig die Auffassung vertreten, daß für beschränkt steuerpflichtige Anteilseigner keine umwandlungsspezifischen Besonderheiten gelten, weil für die Verschmelzung von Kapitalgesellschaften auf Personenhandelsgesellschaften (§§ 3 ff. UmwStG) hinsichtlich der Rechtsfolgen nicht nach unbeschränkter und beschränkter Steuerpflicht der Gesellschafter unterschieden wird (*Schaumburg* S. 1079). Auf Gesellschafterebene gilt: Gehören Anteile an der übertragenden Gesellschaft zu einem inländischen Betriebsvermögen des beschränkt steuerpflichtigen Gesellschafters, gelten diese gem. § 5 III UmwStG zum Übertragungszeitpunkt in die übernehmende Personenhandelsgesellschaft als zum Buchwert eingelegt; ein Übernahmegewinn bzw. Übernahmeverlust fällt damit unter § 49 I Nr. 2a EStG. Für eine wesentliche Beteiligung eines beschränkt Steuerpflichtigen, der diese Anteile privat oder in einem ausländischen Betriebsvermögen hält, gilt die Einlagefiktion des § 5 II UmwStG: Die steuerverstrickten Anteile nehmen an der Übernahmegewinnbesteuerung teil und sind insoweit mit ihren Anschaffungskosten anzusetzen. Voraussetzung hierfür ist, daß für Gewinne aus der Veräußerung bzw. der Umwandlung der Anteile das deutsche Besteuerungsrecht gegeben ist, so Umwandlungssteuererlaß 1998 Rz 05.04, 05.12 – allerdings umstritten; dazu *van Lishaut* S. 46 f.; zur Anwendung von § 50c EStG s. bereits P 167.

### d) Umstrukturierungen (Fusionsrichtlinie)

Es sind im Anwendungsbereich der in nationales Recht umgesetzten Fusionsrichtlinie zu unterscheiden:

**175**     – Als **Varianten einer Einbringung** war im Abschnitt der Inländerbetätigung im Ausland der **Fall des § 23 III UmwStG** behandelt worden: Einbringung einer in einem anderen EU-Mitgliedstaat belegenen Betriebsstätte durch eine unbeschränkt körperschaftsteuerpflichtige Kapitalgesellschaft in eine beschränkt körperschaftsteuerpflichtige EU-Kapitalgesellschaft (s. N 113, 290). Im Abschnitt der Inländerbetätigung im Ausland war alsdann (s. N 289) der **Fall des § 23 I UmwStG** behandelt worden: Einbringung eines Betriebs oder Teilbetriebs durch eine unbeschränkt körperschaftsteuerpflichtige Kapitalgesellschaft in eine inländische Betriebsstätte einer EU-Kapitalgesellschaft (s. auch P 172); daran anschließend die Einbringung einer inländischen Betriebsstätte durch eine beschränkt körperschaftsteuerpflichtige EU-Kapitalgesellschaft in eine unbeschränkt oder beschränkt körperschaftsteuerpflichtige EU-Kapitalgesellschaft gem. **§ 23 II UmwStG** (s. P 55). Damit kam zum Ausdruck, daß die am Einbringungsvorgang beteiligten Gesellschaften in ihrem rechtlichen Bestand unberührt blieben – deswegen die **Zuordnung zur Betriebsstättenbesteuerung.** Insoweit bedarf es hier auch keiner weiteren Ergänzung mehr – Einbringungsvorgänge lassen die restliche Struktur der ausländerbeherrschten deutschen Tochtergesellschaft unangetastet.

– Anders als bei nationalen Verlagerungsvorgängen stehen bei grenz- **176**
überschreitenden Vorgängen die Möglichkeiten der Verschmelzung und
der Spaltung noch nicht zur Verfügung. Dies folgt aus § 1 I UmwG, der
den Kreis der umwandlungsfähigen Gesellschaften auf solche mit Sitz im
Inland beschränkt, parallel hierzu begrenzt § 1 V UmwStG den Anwendungsbereich der steuerlichen Vorschriften zur Verschmelzung und Spaltung von Körperschaften auf unbeschränkt steuerpflichtige Körperschaften. *Herzig/Förster* halten diese Beschränkung vor dem Hintergrund der
Fusionsrichtlinie für gegenstandslos, wenn zivilrechtlich eine grenzüberschreitende Verschmelzung oder Spaltung möglich wäre (StuW 1998,
108; zu einem solchen Vorgehen am Beispiel der Spaltung *Leila Momen*
S. 218 ff.).

– **Grenzüberschreitender Anteilsaustausch** als Übertragung von **177**
Anteilen an einer EU-Kapitalgesellschaft auf eine andere EU-Kapitalge-
sellschaft in Form einer offenen Sacheinlage gegen Gewährung von Ge-
sellschaftsrechten an der übernehmenden Gesellschaft und damit als ein
Spezialfall einer Einbringung: § 23 IV UmwStG regelt die Einbringung
von Anteilen an einer EU-Kapitalgesellschaft in eine andere EU-
Kapitalgesellschaft, versteht sich mithin als Erweiterung zu § 20 I Satz 1
UmwStG, da damit auch die Einbringung in eine nicht unbeschränkt
steuerpflichtige Kapitalgesellschaft möglich ist (zu Verstößen gegen die
Fusionsrichtlinie *Engl* in Festschrift *Rädler* S. 186 ff.). Das betraf bei der
Inländerbetätigung im Ausland (s. N 291) Anteile an einer EU-Toch-
terkapitalgesellschaft in den Händen einer inländischen Muttergesellschaft, die von dieser Muttergesellschaft (ohne daß es auf Rechtsform
und Ansässigkeit aber entscheidend ankäme) in eine andere EU-Kapitalgesellschaft eingebracht wurden (wobei es nicht erforderlich ist, daß
der Anteilstausch zwei Staaten berühren muß, es auch nicht einmal auf
die Ansässigkeit der übernehmenden Kapitalgesellschaft ankommt).
Nunmehr wären die Anteile an einer deutschen Tochtergesellschaft als
einer EU-Kapitalgesellschaft betroffen, die vom ausländischen Anteilsinhaber (ohne daß seine Rechtsform oder seine Ansässigkeit eine Rolle
spielt) in eine andere EU-Kapitalgesellschaft eingebracht werden; dabei
kann es sich auch um eine andere deutsche Kapitalgesellschaft handeln.
Für die Person des Einbringenden ist aber von Bedeutung, daß er mit den
Anteilen, die er in eine EU-Kapitalgesellschaft einbringt, der deutschen
Besteuerungshoheit unterliegt, da das UmwStG anderenfalls für ihn keine Bedeutung haben könnte. Der Fall des Beteiligungsverbleibs im inländischen Betriebsvermögen eines unbeschränkt Steuerpflichtigen ist
hier gerade nicht Gegenstand der Darstellung, da es sich um die bereits
behandelte Variante der Inländerbetätigung im Ausland handelt; deswegen kommt es nunmehr für den Steuerausländer, der die Beteiligung an
einer deutschen Tochtergesellschaft in den Händen hält, darauf an, daß
die Beteiligung der inländischen Betriebsstätte der beschränkten Steuer-

pflicht (Zugehörigkeit zu einem inländischen Betriebsstättenvermögen) unterworfen ist. Wie im Falle der Inländerbetätigung im Ausland (Anteile an einer ausländischen EU-Kapitalgesellschaft) zeigt sich auch für den Fall der Beteiligung des einbringenden Steuerausländers an einer inländischen Kapitalgesellschaft, daß das Besteuerungsrecht der Bundesrepublik an den eingebrachten Anteilen ggf. verlorengeht, sich jedoch gem. § 23 IV Satz 2 UmwStG an den als Gegenleistung erlangten Anteilen an einer EU-Kapitalgesellschaft als Übernehmerin fortsetzen muß. Nunmehr kann die Systematik N 291 zum Einbringungsgegenstand (dort: Anteile an einer ausländischen EU-Kapitalgesellschaft) um den Einbringungsgegenstand der Anteile an einer inländischen Kapitalgesellschaft erweitert werden – unter Beschränkung auf inländische Kapitalgesellschaften und EU-Kapitalgesellschaften als Einbringende (was keine Bedingung ist) und als übernehmende Gesellschaft (was zwingend erforderlich ist). Dann ergibt sich (s. die Gesamtübersicht bei *Leiderer* S. 343):

**178**  Einbringende Gesellschaft ist eine inländische Kapitalgesellschaft, übernehmende Gesellschaft ist eine ausländische EU-Kapitalgesellschaft: Wertansatzwahlrecht § 23 IV UmwStG bezüglich der eingebrachten Anteile (wobei hinsichtlich der Zuordnung der eingebrachten Beteiligung zu einem ausländischen Betriebsvermögen und der darauf folgenden Probleme auf *Leiderer* S. 328 f. zu verweisen ist); Anschaffungskosten für die inländische Kapitalgesellschaft als Einbringende bemessen sich nach dem Wertansatz für die eingebrachten Anteile bei der übernehmenden EU-Kapitalgesellschaft.

Einbringende Gesellschaft ist eine ausländische EU-Kapitalgesellschaft (eingebrachte und erhaltene Anteile in deutscher Betriebsstätte), übernehmende Gesellschaft ist eine inländische Kapitalgesellschaft: Wertansatzwahlrecht § 20 I Satz 2 UmwStG. Einbringende Gesellschaft ist eine ausländische EU-Kapitalgesellschaft, die eingebrachten Anteile sind aber nach der Einbringung keinem inländischen Betriebsvermögen mehr zuzordnen; auch bei inländischer Kapitelgesellschaft als Übernehmerin zwingender Ansatz der eingebrachten Anteile zum Teilwert § 20 III UmwStG.

Einbringende Gesellschaft ist eine ausländische EU-Kapitalgesellschaft, die die eingebrachten und die erhaltenen Anteile in einer deutschen Betriebsstätte hält; Übernehmerin ist eine ausländische EU-Kapitalgesellschaft: Lösung wie im Fall der Übernahme durch eine inländische Kapitalgesellschaft § 23 IV UmwStG, mithin Wertansatzwahlrecht.

Einbringende Gesellschaft ist eine ausländische EU-Kapitalgesellschaft, die die eingebrachten Anteile in einer inländischen Betriebsstätte hielt, aber nicht mehr die erhaltenen Anteile. Übernehmende Gesellschaft ist eine ausländische EU-Kapitalgesellschaft: Wie im Falle der Übernahme durch eine inländische Kapitalgesellschaft ist der Teilwert der eingebrachten Anteile als maßgeblicher Wert für den Einbringenden zwingend (§ 23 IV Satz 2 UmwStG).

Schließlich die ausländische EU-Kapitalgesellschaft ohne deutsche Betriebsstätte, die die Anteile an einer inländischen Kapitalgesellschaft in eine inländische Gesellschaft als Übernehmerin einbringt: § 20 I Satz 2 UmwStG ohne deutsche Steuerhoheit für den Einbringungsgewinn; nicht anders als im Falle von Anteilen an einer ausländischen EU-Kapitalgesellschaft als Einbringungsgegenstand.

**179–199**  *(einstweilen frei)*

### III. Die Gründung einer Personengesellschaft im Inland

(1) Für Personengesellschaften nach deutschem Recht, die beschränkt **200** steuerpflichtige Mitunternehmer haben, gelten folgende Grundsätze: Die Personengesellschaften unterliegen auch bei internationalen Beteiligungen allein auf der Ebene der Gesellschafter der Besteuerung. Wie bereits oben ausgeführt wurde, **fehlt es an einem einheitlichen außensteuerlichen Status der Personengesellschaft,** so daß zwischen inländischen und ausländischen Gesellschaftern unterschieden werden muß. Ob ein ausländischer Gesellschafter Mitunternehmer ist, bestimmen die Regeln des deutschen Rechts. Dazu das Beispiel *BFH* BStBl. 1981 II, 602 zur vertraglichen Gestaltung zwischen einer deutschen KG und einer schweizerischen AG über eine Beteiligung der AG an „sämtlichen zur Herausbringung des Films erforderlich werdenden Kosten" und einer Beteiligung an den Einspielergebnissen. Hinsichtlich des Anteils von Steuerausländern greifen die Regeln der beschränkten Steuerpflicht ein. Aus dem Verweis auf § 15 EStG in § 49 I Nr. 2 EStG folgt für eine gewerblich tätige bzw. eine gewerblich geprägte Personengesellschaft, daß Gewinnanteile der im Ausland ansässigen Gesellschafter einer inländischen Personengesellschaft zu den beschränkt steuerpflichtigen Einkünften gehören, sofern sie mittels einer Betriebsstätte erzielt werden. Aus dem Mitunternehmerkonzept folgt in einem solchen Falle, daß dem einzelnen Gesellschafter über dessen Beteiligung an der Gesellschaft eine Betriebsstätte vermittelt wird (*Schaumburg* Stbg 1999, 102). Eine Betriebsstätte wird im Falle einer inländischen Personengesellschaft wohl regelmäßig gegeben sein. Allerdings ist die Aussage, die Beteiligung eines Ausländers an einer inländischen Personengesellschaft begründe für diesen eine Betriebsstätte in der Bundesrepublik, falsch (zutreffend BSt-Verwaltungsgrundsätze 1.1.5.1). Diese Gleichsetzung ist unzulässig, weil eine nach deutschem Recht errichtete Personengesellschaft nicht notwendigerweise eine Betriebsstätte im Inland hat. Die Voraussetzungen des § 12 AO müssen vorliegen. Die beschränkte Steuerpflicht der ausländischen Gesellschaft ist daher nur gegeben, wenn die Personengesellschaft für ihr Gewerbe eine inländische Betriebsstätte unterhält. Als Beispiel sei auf *FG München* EFG 1991, 328 zur Frage einer inländischen Betriebsstätte bei gewerblicher Verpachtung durch eine BGB-Gesellschaft verwiesen; s. im übrigen *Piltz* S. 208. Soweit eine nicht gewerblich geprägte inländische Personengesellschaft ausschließlich vermögensverwaltend tätig ist, unterliegen die ausländischen Gesellschafter mit ihren Einkünften der beschränkten Steuerpflicht nur, soweit Anknüpfungen nach § 49 I EStG möglich sind. Das oben für ausländische Gesellschaften erörterte Qualifikationsproblem existiert hier nicht, da die Qualifikation der deutschen Personengesellschaft durch das deut-

sche Steuergesetz eindeutig geregelt ist. Das Problem entsteht erst, wenn es um die beschränkte Einkommen- *oder* Köperschaftsteuerpflicht der ausländischen Gesellschafter geht. Denn der ausländische Gesellschafter kann auch eine ausländische Gesellschaft sein. Dann ist nach den Grundsätzen des deutschen Steuerrechts zu entscheiden, ob es sich bei ihr um eine ausländische Körperschaft oder um eine nicht steuerrechtsfähige Personenvereinigung handelt. Im ersten Fall ist der ausländische Gesellschafter beschränkt körperschaftsteuerpflichtig, im zweiten Fall sind die Gesellschafter der ausländischen Personenvereinigung, wenn sie natürliche Personen sind, beschränkt einkommensteuerpflichtig; wenn sie ihrerseits Köperschaften aus der Sicht des deutschen Steuerrechts sind, beschränkt körperschaftsteuerpflichtig (*Piltz* S. 209).

**201**     (2) Anders als beim Erwerb von Beteiligungen an ausländischen Personengesellschaften durch Steuerinländer gibt es keine besondere steuerrechtliche Meldepflicht für den Erwerb von Beteiligungen an inländischen Personengesellschaften durch Steuerausländer. Sie ist wegen der allgemeinen Anzeigepflicht für inländische Gewerbebetriebe entbehrlich (s. § 138 I AO). Die **Buchführungspflicht** ergibt sich aus §§ 140, 141 AO. Der Gewinn für einen beschränkt Steuerpflichtigen aus einem Gewerbebetrieb, für den er im Inland eine Betriebsstätte unterhält oder einen ständigen Vertreter bestellt hat, wird bei Buchführungspflicht (z. B. Zweigniederlassung § 13 d HGB) nach § 5 EStG ermittelt. Zur Erstreckung der Buchführungspflicht auch auf den Bereich der Sondervergütungen s. *BFH* BStBl. 1991 II, 401. Nach § 146 II 1 AO sind Bücher und die sonst erforderlichen Aufzeichnungen im Geltungsbereich der AO zu führen und aufzubewahren, also im Inland. Hiervon machen § 146 II Satz 2 und 3 Ausnahmen für ausländische Betriebsstätten und ausländische Organgesellschaften. „Dies ist als numerative Aufzählung zu verstehen, die die Zulässigkeit der Buchführung im Ausland in anderen Fällen ausschließt, wenn der Gesetzgeber ausländische Betriebsstätten inländischer Unternehmen ausdrücklich erwähnt hat, so war ihm die Regelungsbedürftigkeit des umgekehrten Falles – inländische Betriebsstätten ausländischer Unternehmer – zweifellos ebenso bekannt. Wenn er für sie keine Ausnahme von der Buchführungspflicht im Inland statuiert hat, hat es damit sein Bewenden. Die Bücher einer deutschen OHG/KG sind daher immer im Inland zu führen" (*Piltz* S. 213).

**202**     (3) Die **Einkünfte der ausländischen Gesellschafter,** bestehend aus Gewinnanteil und Sondervergütungen, sind grundsätzlich ebenso zu ermitteln als wenn die Gesellschafter Steuerinländer wären. Sondervergütungen sind mithin beschränkt steuerpflichtige Einkünfte aus Gewerbebetrieb und nicht anderen Einkunftsgruppen des § 49 I EStG (also beispielsweise nicht Vermietung und Verpachtung) zuzuordnen. Diese Rechtslage führt zu einer erheblichen Ausweitung der beschränkten Steuerpflicht gegenüber Rechtsbeziehungen mit ausländischen Nicht-

Gesellschaftern (*Piltz* in *Mössner* u.a., S. 796 am Beispiel der Darlehensgewährung durch einen Gesellschafter und am Beispiel der angestellten im Ausland ausgeübten Tätigkeit eines Gesellschafters). Die Auslandsansässigkeit der Gesellschafter ist ohne Bedeutung für die Gewinnermittlung nach deutschem Recht. Die Einkünfte der Personengesellschaft werden einheitlich festgestellt und auf die einzelnen Gesellschafter (beschränkt/unbeschränkt Steuerpflichtige) aufgeteilt (§§ 180 I Nr. 2a, 179 II 2 AO). Über die Frage der beschränkten ESt-Pflicht ist im Gewinnfeststellungsverfahren zu entscheiden (*FG München* EFG 1991, 328). Für ausländische Mitunternehmer erfolgt die Besteuerung im Rahmen eines Veranlagungsverfahrens – das Steuerabzugsverfahren nach §§ 50a, 39d oder 43 EStG ist nicht anzuwenden. Für natürliche Personen gilt § 32a I EStG mit einem Mindeststeuersatz von 25% (§ 50 III EStG) und unter Berücksichtigung der Tarifbegrenzung bei gewerblichen Einkünften (§ 32c EStG). Für juristische Personen beträgt der Steuersatz 40% (§ 23 KStG). Bei einer Besteuerung im Verlustfall müssen die Voraussetzungen des § 50 I Satz 3 EStG beachtet werden (s. bereits zur Betriebsstättenbesteuerung P 33), die Verlustverrechnungsbeschränkungen der §§ 2a, 15a EStG sind zu berücksichtigen (hierzu ausf. *Otto H. Jacobs* S. 370ff.). Zur Frage der Beteiligung eines Steuerausländers an einer inländ. Personengesellschaft, die zugleich eine ausländ. Betriebsstätte unterhielt, *BFH* BStBl. 1988 II, 663: Ist der insoweit auf den Steuerausländer entfallende Gewinnanteil überhaupt steuerbar? Der *BFH* verneinte dies: Ob ein Teil des von der Personengesellschaft erzielten Gewinnes nicht steuerbar ist, ist aus der Sicht des einzelnen Mitunternehmers zu beurteilen. Zwar setzt § 49 I Nr. 2a EStG seinem Wortlaut nach nur einen Gewerbebetrieb voraus, für den im Inland eine Betriebsstätte gegeben ist; diese Voraussetzung ist gegeben. Doch daraus kann nicht der Schluß gezogen werden, der Steuerausländer sei nunmehr mit allen Einkünften aus diesem Gewerbebetrieb, also auch den aus einer ausländischen Betriebsstätte erzielten, steuerpflichtig. Dem § 49 I Nr. 2a liegt das Quellenprinzip zugrunde; daraus folgt die Beschränkung auf die Einkünfte, die durch die inländische Betriebsstätte erzielt werden. Der aus der ausländischen Betriebsstätte erzielte Gewinn ist auch nicht deswegen als inländische Einkunft zu qualifizieren, weil das Stammhaus in der Bundesrepublik liegt und Betriebsstätteneinkünfte stets auch durch das Stammhaus erzielt werden: „Zwar bilden das im Inland gelegene Stammhaus eines Unternehmens und dessen im Ausland belegene Betriebsstätte ein untrennbares Ganzes in dem Sinne, daß nur beide zusammen das Gesamtunternehmen sind. Auf diese Überlegungen stellt jedoch § 49 I Nr. 2a EStG nicht ab. Vielmehr ist es Sinn und Zweck der Vorschrift, aufbauend auf dem Ursprungsprinzip für Zwecke der Besteuerung die Einkünfte zu bestimmen, die durch eine bestimmte Form wirtschaftlicher Betätigung im Inland erzielt werden. Aus dieser Zielsetzung ergibt sich die Notwendigkeit, die im Inland erzielten Einkünfte von den im Ausland erzielten abzugrenzen. Für Zwecke der Abgrenzung hat sich der Gesetzgeber des Betriebsstättenprinzips bedient …"

Zur Anwendung des § 1 AStG bei einer inländischen Personengesellschaft, die gegenüber einer nahestehenden ausländischen Kapitalgesellschaft Sach- und Dienstleistungen erbracht hatte, *BFH* BStBl. 1998 II, 321: Die inländische AG & Co. KG hatte Geschäftsbeziehungen zur schweizerischen CH-AG unterhalten, eine im Verhältnis zum Kommanditisten K nahestehende Person. Die erbrachten Leistungen waren nicht angemessen honoriert worden. Steuerpflichtiger im Streitfall war der K als Kommanditist als beschränkt Steuerpflichtiger mit Gewinnanteilen aus der AG & Co. KG. Die Tatsache des Nahestehens zwingt an sich dazu, den Gewinnanteil des K unter Anwendung der Rechtsfolge des § 1 I AStG zu ermitteln. Es ist jedoch nach Ansicht des *BFH* ernstlich zweifelhaft, ob nicht die Rechtsfolge des § 4 I EStG, soweit sie sich auf Sach- und/oder Leistungsentnahmen bezieht, die Anwendung des § 1 AStG ausschließt. Ernstlich zweifelhaft ist ferner, ob sich die Annahme einer Entnahme i.S. des § 4 I und einer Geschäftsbeziehung i.S. des § 1 I AStG wechselseitig ausschließen. Zu der damit verbundenen Bewertungsfrage s. bereits P 75. Hier geht es vor allem um die Frage einer Personengesellschaft als Steuerpflichtige für die Anwendung des § 1 AStG, die der *BFH* verneint. Anders in dieser Frage *Baranowski* IWB 3a Rechtsprechung Gr. 1, 673.

**203**     (4) Zu erinnern ist an das **deutsche Mitunternehmerkonzept:** Der Personengesellschaft fehlt es an der Steuersubjekteigenschaft, als partielles Steuerrechtssubjekt verwirklicht sie aber Merkmale des Besteuerungstatbestandes – dies muß bei der Zwischenschaltung einer Personengesellschaft immer bedacht werden (s. dazu N 305) aus der Sicht des deutschen Investors; aus der Sicht eines ausländischen Investors im Inland wäre ebenfalls auf die § 8 b-Problematik zu verweisen oder – um ein anderes Beispiel zu nennen – auf die EU-Mutterkapitalgesellschaft, die zur Anwendung der Mutter-/Tochter-Richtlinie (§ 44 d EStG) unmittelbar an einer deutschen Tochtergesellschaft beteiligt sein muß; eine Zwischenschaltung einer Personengesellschaft – ob im Inland oder im Ausland – steht einer Anwendung des § 44 d EStG entgegen. In einem solchen Fall erzielt die ausländische Muttergesellschaft Einkünfte gem. § 49 I Nr. 2 a EStG, die zur Anrechnung einbehaltener Körperschaftsteuer berechtigen (*Strunk* in *Arthur Anderson* Rz 5 zu § 44 d EStG).

**204**     (5) **Erwerbs-** und **Veräußerungsvorgänge** bezüglich einer inländischen Personengesellschaft mit ausländischen Gesellschaftern werfen gegenüber der inländischen Betriebsstätte eines ausländischen Unternehmers als Stammhausinhaber keine Besonderheiten auf (daher ist auf P 50 zu verweisen). Die **Einbringung einer inländischen Betriebsstätte** in eine inländische Personengesellschaft ist gem. § 24 UmwStG auch für Steuerausländer gewinneutral möglich; gleiches gilt für eine **Verschmelzung** einer deutschen Personengesellschaft mit ausländischen Gesellschaftern mit einer anderen deutschen Personengesellschaft. Zur **Veräußerung** ist auf § 49 I Nr. 2 a EStG zu verweisen, der alle im § 16 EStG geregelten Fälle erfaßt; zur DBA-Problematik s. S 253. Zur **Um-**

**strukturierung** einer ausländerbeherrschten inländischen Tochtergesellschaft in eine Personengesellschaft s. bereits P 174. Wird eine inländische Personengesellschaft gegen Gewährung von Gesellschaftsrechten in eine inländische Kapitalgesellschaft eingebracht, so gilt § 20 III UmwStG: Aufdeckung stiller Reserven, wenn das deutsche Besteuerungsrecht „hinsichtlich des Gewinns aus einer Veräußerung der dem Einbringenden gewährten Gesellschaftsanteile im Zeitpunkt der Sacheinlage ausgeschlossen ist." Das beinhaltet einen DBA-Bezug, so daß ein Veräußerungsgewinn zu realisieren ist, wenn ein Gewinn aus einer späteren Anteilsveräußerung (§ 49 I Nr. 1 e EStG) dem Wohnsitzstaat des ausländischen Gesellschafters zusteht (zu Art. 13 IV MA s. S 252). Diese Rechtsfolge können die beschränkt steuerpflichtigen Gesellschafter vermeiden, wenn es sich bei den erworbenen Anteilen um Betriebsvermögen einer inländischen Personengesellschaft handelt, bei der die Gesellschafter als Mitunternehmer anzusehen sind und Gewinne aus der Veräußerung dieser einbringungsgeborenen Anteile der deutschen Besteuerung unterliegen, wird die Personengesellschaft in eine beschränkt steuerpflichtige EU-Kapitalgesellschaft eingebracht, darf die aufnehmende Kapitalgesellschaft die Buchwerte auch dann fortführen, wenn bei einer Anteilsveräußerung der Wohnsitzstaat einen Veräußerungsgewinn besteuert. Das deutsche Besteuerungsrecht für die eingebrachten Wirtschaftsgüter bleibt bestehen (Buchwertverknüpfung). § 23 II UmwStG nennt als Voraussetzung „Einbringung eines Betriebs oder Teilbetriebs" – die Einbringung eines Mitunternehmeranteils ist nicht genannt (s. dazu bereits N 337). Damit ist die **Umwandlung** einer deutschen Personengesellschaft in eine deutsche Kapitalgesellschaft zu Buchwerten auch dann nicht möglich, wenn die Gesellschafter EU-Kapitalgesellschaften sind. Allerdings ist die Buchwertfortführung durch § 23 II UmwStG nur ausgeschlossen, wenn die Personengesellschaft als Tochtergesellschaft der Kapitalgesellschaft, in die die Mitunternehmeranteile eingebracht wurden, fortbesteht. Führt der Einbringungsvorgang zum Untergang der Personengesellschaft, liegt die Einbringung eines Betriebs vor, nämlich des Betriebs der Personengesellschaft, und § 23 II UmwStG ist anwendbar (*Piltz* in *Mössner* S. 826).

# Q. Ausländerbetätigung im Inland: Sonstige Einkünfte

## I. Die verbleibenden Einkünfte (§§ 49 I Nr. 3–9 EStG)

### 1. Einkünfte aus selbständiger Arbeit (§ 49 I Nr. 3 EStG)

**1**  (1) Inländische Einkünfte im Sinne der beschränkten Steuerpflicht sind auch „Einkünfte aus selbständiger Arbeit (§ 18), die im Inland ausgeübt oder verwertet wird oder worden ist." Anders als bei den gewerblichen Einkünften (Grundfall des § 49 I Nr. 2a EStG) stellt § 49 I Nr. 3 EStG nicht auf eine inländische Betriebsstätte ab, nicht einmal auf eine nachhaltige Tätigkeit; statt einer organisatorischen Inlandsbeziehung kommt es nur auf die **Ausübung oder Verwertung als Inlandsmerkmale** an (im DBA-Recht wird sich eine wesentliche Einschränkung dieser Merkmale zeigen). Näher liegt ein Vergleich mit dem Tatbestand des § 49 I Nr. 2d EStG (dazu P 12). Dort wird auf Darbietungen im Inland abgestellt. Im Verhältnis zum Begriff der Ausübung ist zweierlei klarzustellen: Der Begriff der Darbietung ist insoweit enger, als er mit einer „Wahrnehmung" verbunden ist. Aber er ist auch in einem weiteren Sinne zu verstehen, da es auf eine Identität zwischen Ausübenden und Darbietenden nicht ankommt. Die Frage, ob Einkünfte aus selbständiger Arbeit durch eine ausländische Kapitalgesellschaft erzielt werden können, wird mit der Reichweite der isolierenden Betrachtung in § 49 II EStG und mit dem Grundsatz in Verbindung gebracht, eine Kapitalgesellschaft könne schlechterdings keine Einkünfte aus freiberuflicher Tätigkeit erzielen. Beides ist nicht richtig – s. dazu ab Q 15. Hier genügt der Hinweis, daß eine Kapitalgesellschaft solche Einkünfte erzielen kann: Außer Betracht bleibt nur, daß die Kapitalgesellschaft qua Rechtsform (§ 8 II KStG gilt nur für eine inländische Kapitalgesellschaft) oder der Art nach im Ausland gewerbliche Einkünfte erzielt. Entscheidend ist der Bezug zu einem Katalogberuf und seinen Merkmalen (Künstler, Ingenieur usw.).

*Grams* (FR 199, 767) hat das an einem Beispiel aus der Gegenwart demonstriert: Es gibt Diskjockeys „alter Schule", die im herkömmlichen Sinne nur Platten bzw. CDs abspielen und hierdurch das Publikum animieren. Und es gibt eine neue Spezies, die zu ihrer Tätigkeit regelmäßig Vinyl Schallplatten mit Stücken anderer Interpreten verwenden und verschiedene dieser Werke unter Zuhilfenahme technischer Einrichtungen mischen; neue Kompositionen und Klangbilder entstehen. Ist dies eine selbständige (künstelerische) Arbeit? Für den Diskjockey herkömmlicher Art sicherlich nicht, da keine **persönliche Individualität** im Wege kreativer Ausdrucksweise zum Tragen kommt. Für ihn zeigt sich daher bereits die Bedeutung des Darbietungsbegriffs in § 49 I Nr. 2d EStG (dazu P 12): Er verwendet zur Ausübung seiner Tätigkeit künstlerische Darbietungen anderer, wozu auch Aufnahmen in Tonstudios gerechnet werden. Es gehört zum Inhalt des **Darbietungsbegriffs,** keine Identität mit dem Ausübenden (in diesem Fall dem Sänger) zu fordern. Der moderne Diskjockey dagegen zeigt Individualität. *Grams* aaO, S. 750: DJ aus der Techno- und House-Szene schafft durch das Zusammenmischen von verschiedenen Stücken anderer Interpreten ein neuartiges Klangbild. Der interessierte Besucher „erkennt seinen DJ gerade an dieser Eigenart aus der Vielzahl anderer „Mitbewerber" wieder ... Der kunstinterssierte Laie, auf der ja bei der Beurteilung der schöpferischen Leistung abzustellen ist, sieht in dieser Form des Schaffens eine eigenständige Gestaltungshöhe ... § 49 I Nr. 3 EStG." Zur eigenschöpferischen Leistung s. auch *BFH* IStR 1999, 466 zur **Talkshowteilnahme ausländischer Künstler** und Schriftsteller: deren Auftritte als Interviewpartner stellen keine solche Tätigkeit dar, diese „Selbstdarstellungen" erfolgen isoliert und stehen nicht mit der Präsentation bestimmter künstlerischer Leistungen in Zusammenhang. Zur Verwertung selbst entwickelter **System- oder Individualsoftware** an inländische Abnehmer s. *Lüdemann* FR 2000, 85 – anders als bei Standardsoftware (s. auch Q 10).

(2) **Ausübung** setzt persönliche Tätigkeit im Inland voraus (dazu *BFH* **2** BStBl. 1987 II, 372; *BFH*/NV 1991, 143; das häufig zitierte *BMF*-Schreiben BStBl. 1996 I, 89 zur Abzugssteuer gem. § 50a IV EStG unter Rz 2.3). Als Beispiel für eine Ausübung ohne Anwesenheit nennt *Kumpf* in *H/H/R* Rz 670 zu § 49 EStG den Einsatz von Mitarbeitern durch denjenigen, der die Einkünfte erzielt. Jedoch ist die persönliche Tätigkeit im Inland in Beziehung zur Art der Tätigkeit zu setzen. Der Schriftsteller, der auf einer Deutschlandreise Eindrücke sammelt – aber erst in seinem Heimatstaat das Manuskript verfaßt, übt hier keine Tätigkeit aus. Beispiele: Konzert des Musikers, Auftritt des Amateursportlers, Operation des Arztes, Prozeßvertretung des Anwalts, Komposition eines Musikstücks, Verfassen eines Textes, Korrespondententätigkeit *BMF*-Schreiben IStR 1998, 248, Erfindung im Inland, Filmschauspieler am Filmort, Aufsichtsratstätigkeit, Vermögensverwaltung, technische Beratungstätigkeit (wo Beratung erfolgt, wohl auch, wo wesentliche Vorarbeiten geleistet werden), Vortragstätigkeit am Vortragsort, Leistungen passiver Natur (Rufbereitschaft) werden am Aufenthaltsort erbracht; Veräußerung oder Aufgabe einer inländischen, der selbständigen Arbeit dienenden Praxis wird ohne Einschränkungen besteuert (s. dazu die Beispiele bei *Schmidt/Heinicke* § 49 EStG Rz 46; *Kumpf* in *H/H/R* § 49 EStG Rz 674).

(3) Das Gesetz verwendet den **Verwertungsbegriff** in § 49 I Nr. 2 d, **3** 3, 4 und in § 50a EStG. Der Ursprung liegt in § 49 I Nr. 3, 4 EStG. Kennzeichnend für die Rechtsentwicklung ist die zunehmende Einengung des Begriffs. Wurde der Begriff zunächst garadezu ausufernd und konturenlos verwendet (zur Entwicklung *Schrettel* S. 193ff.), so hat der *BFH* (BStBl. 1987 II 377, 379, 381; *BFH*/NV 1987, 761 und 1988, 298) folgende Merkmale genannt: Der Anknüpfungspunkt der Ausübung ist der Grundtatbestand; d.h. bei Ausübung der Tätigkeit im Inland tritt der Verwertungstatbestand zurück; nur der Selbständige (bzw. der Arbeitnehmer in § 49 I Nr. 4 EStG), nicht jedoch Dritte, können den Verwer-

tungstatbestand erfüllen. Der Vorrang des Ausübungstatbestandes ergibt sich aus der Entstehungsgeschichte; das Merkmal der Verwertung ist später in das Gesetz eingefügt worden, um Unzulänglichkeiten abzuhelfen. Zur Person des Verwerters als der in eigener Person *Schrettel* (S. 197): Die Besteuerung beschränkt Steuerpflichtiger hat das Prinzip der Notwendigkeit von Inlandsbeziehungen zu beachten. Konkret bedeutet dies, daß der Sachverhalt neben wirtschaftlicher Zugehörigkeit zum Inland auch ausreichende rechtliche Relevanz besitzen muß. Ein Verwertungsbegriff, der ermöglicht, daß ein Dritter im Inland die im Ausland vom Ausübenden erworbenen Rechte an dessen Tätigkeit „verwertet", also selbst Einkünfte nach § 49 I Nr. 3 EStG erzielt, erfüllt nicht mehr die völkerrechtlichen Voraussetzungen. Das **Dazwischentreten des Dritten,** der auf eigene Rechnung die Verwertung vornimmt, nimmt dem Sachverhalt die wirtschaftliche Zugehörigkeit zum Inland. Die Tatsache, daß der Verwerter im Inland ansässig ist oder im Inland verwertet, besitzt nicht die nötige rechtliche Relevanz, denn entscheidend für die beschränkte Steuerpflicht ist der Inlandsbezug eigener Tätigkeit und nicht der Dritter. Verwertet jemand die selbständige Arbeit eines anderen, so kann für ihn § 49 I Nr. 2a, d, Nr. 6 oder Nr. 9 EStG einschlägig sein (zu § 49 I Nr. 2 d s. P 12). Der Vorrang des Ausübungstatbestandes besagt, daß bei einer Verwertung einer im Inland ausgeübten Tätigkeit „für den Verwertungstatbestand kein Raum verbleibt (*BFH* BStBl. 1987 II, 372) – der Tatbestand hat also nur Bedeutung für die inländische Verwertung einer im Ausland ausgeübten Tätigkeit.

Deutlich *BMF*-Schreiben zur Abzugsteuer gem. § 50a IV EStG BStBl. 1996 I, 89 Rz 2.3): „Die Tätigkeit wird **im Inland verwertet,** wenn das Ergebnis einer im Ausland ausgeübten Tätigkeit im Inland genutzt wird. Unter Verwerten ist der Vorgang zu verstehen, durch den der Inhaber der Nutzungsrechte sich das Ergebnis der Tätigkeit als Künstler oder Berufssportler durch eine zusätzliche Handlung nutzbar macht. Unter die Regelung fällt nur die Verwertung durch denjenigen, der selbst die Leistung erbracht hat. Ausübenden Künstlern, die bei der Herstellung eines Filmwerks mitwirken, stehen hinsichtlich der Verwertung des Filmwerks im Regelfall keine Urheberrechte zu (§ 92 UrhG), so daß der Verwertungstatbestand meist nicht erfüllt ist. Auch bei Live-Fernsehsendungen wird die Gage der Künstler üblicherweise nicht für die Übertragung der Urheberrechte, sondern für die künstlerische Tätigkeit gezahlt." Weitere Beispiele zur Verwertung: Verwertung des Erfinders durch Lizenzvergabe (*BFH*/NV 1991, 143); Verwertung der Tätigkeit des Filmschauspielers am Sitz des Filmherstellers, sofern ein Urheberrecht verblieben (*BFH* BStBl. 1972 II, 281, BStBl. 1987 II, 352; 171); schriftstellerische Tätigkeit verwertet, wo der Autor dem Verleger die Autorenrechte überläßt (Ort der Geschäftsleitung des Verlags) und nicht wo das Buch hergestellt oder verkauft wird, da dort der Verleger das ihm selbst zustehende Recht verwertet (*BFH* BStBl. 1989 II, 87), Verkauf selbst geschaffener Kunstwerke (*FG Baden-Württemberg* EFG 1978, 546). Verwertung setzt einen über die bloße Arbeitsleistung hinausgehenden Vorgang voraus, erfordert ein körperliches oder geistiges Arbeitsprodukt, das der Steuerpflichtige dem Inland zuführt: Lieferung von Marktanalyseberichten (*BFH* BStBl. 1987 II, 179), Forschungsberichten (*BFH*/NV 1987, 761). Als Beispiel für den **Vorrang des Ausübungstatbestandes** *BFH* BStBl.

1987 II, 372 zur Vergabe von Verfilmungsrechten an einem Buch, das der Schriftsteller vor 13 Jahren im Inland geschrieben hatte. Mithin: Die Ausübung einer persönlichen Tätigkeit soll jeden späteren hierauf bezogenen Verwertungstatbestand in
sich aufnehmen mit der Folge, daß der Steuerpflichtige aus jeder Art der Verwendung im Inland nur noch Ausübungseinkünfte erzielt, so *Schmidt/Heinicke* Rz 49 zu
§ 49 EStG mit dem weiteren Hinweis auf Fälle wie inländische Schallplattenaufnahmen – die Grenze liegt bei Rechtsüberlassungen im Ausland, „die sicher nicht zu
nachträglichen inländischen Ausübungseinkünften führen. Dies alles ist zweifelhaft,
nicht zwingend und dürfte die wirtschaftlichen Gegebenheiten, die nach EStG und
DBA vorgesehene und bei Auslandstätigkeit durchschlagende Abgrenzung der Ausübung von der Verwertung von Lizenz- und Nutzungsrechten ... nicht ausreichend
beachten."

Die Bedeutung des problematischen „Merkmals der „Verwertung"
wird dadurch relativiert, daß im DBA-Recht das Arbeitsortprinzip herr-
schend ist (s. S 170).

## 2. Einkünfte aus nichtselbständiger Arbeit (§ 49 I Nr. 4 EStG)

(1) Der beschränkten Steuerpflicht gem. § 49 I Nr. 4 EStG unterliegen **4**
„Einkünfte aus nichtselbständiger Arbeit (§ 19), die im Inland ausgeübt
oder verwertet wird oder worden ist, und Einkünfte, die aus inländischen
öffentlichen Kassen einschließlich der Kassen des Bundeseisenbahnver-
mögens und der Deutschen Bundesbank mit Rücksicht auf ein gegenwärtiges oder früheres Dienstverhältnis gewährt werden, ohne daß ein
Zahlungsanspruch gegenüber der inländischen öffentlichen Kasse bestehen muß". Die Frage der Abgrenzung der selbständigen von der
nichtselbständigen Arbeit ist ein Problem allein auf der Ebene des inländischen Rechts (§§ 18, 19 EStG). Der Vorrang unternehmerischer
Betätigung in den IStR-Veröffentlichungen darf über die praktische Bedeutung der Einkünfte aus nichtselbständiger Tätigkeit nicht täuschen.
Wirtschaftlich handelt es sich um einen Themenverbund, da internationale Engagements zumeist einhergehen mit der **Entsendung des Personals** an den Betätigungsort; einige Grundfragen hierzu werden unter
S 280ff. zum DBA-Recht behandelt.

Zur Abgrenzung bei **beschränkt einkommensteuerpflichtigen Künstlern** s.
*BMF*-Schreiben BStBl. 1990 I, 638; *OFD Berlin* IStR 1997, 438. *BFH* BStBl.
1996 II, 493 zur Frage der selbständigen oder nichtselbständigen Tätigkeit einer gastspielverpflichteten Opernsängerin: „Das FG hat den maßgeblichen Sachverhalt umfassend ermittelt; es hat den Inhalt der Gastspielverträge und ihre tatsächliche Durchführung festgestellt; nach dem Gesamtbild der Verhältnisse hat es die Selbständigkeit
der Klägerin bejaht ... Die Klägerin führt eine künstlerische Tätigkeit aus, die ihrer
Natur nach den Weisungsbefugnissen eines Arbeitgebers Grenzen setzt. Sie konnte
den Ort und die Zeit ihrer Tätigkeit weitgehend selbst bestimmen; nur während der
Proben und Aufführungen war sie in den Theaterbetrieb eingebunden. Wie das FG in
revisionsrechtlich nicht zu beanstandender Weise ausgeführt hat, entwickelte die
Klägerin Unternehmerinitiative. Sie entschied frei, ob sie sich zur Übernahme einer
bestimmten Rolle für ein einmaliges Gastspiel oder für mehrere Aufführungen ver-

pflichtete. Das FG hat auch rechtsfehlerfrei ein Unternehmerrisiko der Klägerin bejaht ..."

Die übrigen Besteuerungsmerkmale, insbesondere die Inlandsanknüpfungen (**Ausüben und Verwerten**) stimmen überein. Ausüben setzt mithin eine persönliche Tätigkeit des Arbeitnehmers im Inland voraus, ohne daß es auf deren Dauer ankommt. Eine Tätigkeit, die in der Erteilung von Weisungen liegt (Organmitglieder), wird grundsätzlich dort ausgeübt, wo das Organmitglied sich persönlich aufhält – die frühere Rechtsprechung ging vom Sitz der Gesellschaft aus, weil dort die Weisung zugänglich gemacht wird (ausf. Nachweise bei *Roth* in *H/H/R* § 49 EStG Rz 742). Verwertet wird nichtselbständige Arbeit dort, wo ihr Ergebnis dem Arbeitgeber zugeführt wird.

*Beispiele* zur **Verwertung in Inland** (*Roth* in *H/H/R* Rz 751 zu § 49 EStG): Auslandskorrespondenten (Verwertung am Sitz des inländischen Arbeitgebers durch Zuführung der Arbeitsergebnisse), Filmschauspieler (verwertet wird die Tätigkeit dort, wo der Film als Gesamtwerk entsteht, *BFH* BStBl. 1972 II, 281; BStBl. 1987 II, 377); Marktbeachtung und Erstellung von Marktanalysebereichten für inländischen Arbeitgeber, *BFH* BStBl. 1987 II, 379; keine Verwertung im Inland liegt vor bei Tätigkeit auf ausländischen Baustellen bzw. Montagen, bei Zahlungen an einen Arbeitnehmer in ausländischer Haft (*Hess.* FG EFG 1975, 11); die Tätigkeit eines Entwicklungshelfers erschöpft sich im Ausland; Kundenbetreuung, Auftragsakquisation für inländische Arbeitgeber stellen keine Verwertung dar (*BFH* BStBl. 1987 II, 379); dies gilt auch für einen technischen Kundendienst bei der Abwicklung von Garantien; das Personal in ausländischen Büros inländischer Flug- und Touristikunternehmen führt zu keiner Verwertung im Inland, ebensowenig wie die Tätigkeit des Schiffpersonals eines unter ausländischer Flagge fahrenden Schiffes (*BFH* BStBl. 1987 II, 377); die Tätigkeit als Vermessungsingenieur im Rahmen der Errichtung eines Gebäudes im Ausland ist einer Verwertung im Inland nicht zugänglich, da das Ergebnis dem inländischen Arbeitgeber nur an Ort und Stelle des errichteten Bauwerks zugeführt werden kann (*BFH* BStBl. 1987 II, 383); ein im Rahmen eines ausländischen Forschungsprojekts bei einem inländischen Arbeitgeber beschäftigten Wissenschaftler verwertet seine im Ausland ausgeübte Tätigkeit nur dann, wenn er seine Forschungsergebnisse in Form eines Forschungsberichts an seinen inländischen Arbeitgeber aushändigt (*BFH*/NV 1987, 761); eine Verwertung von Forschungsergebnissen im Rahmen wissenschaftlicher Publikationen führt nicht zur Verwertung der nichtselbständigen Tätigkeit im Inland, sondern allenfalls hinsichtlich der selbständigen schriftstellerischen Tätigkeit in Höhe des Autorenhonorars.

5    (2) Um einen weiteren selbständigen Tatbestand handelt es sich bei der Zahlung aus einer inländischen öffentlichen Kasse. Die beschränkte Steuerpflicht knüpft an die Gewährung der Einkünfte aus einer inländischen Kasse als den inländischen Anknüpfungspunkt an. Dies muß mit Rücksicht auf ein Dienstverhältnis erfolgen; man sollte annehmen, daß auch dies einen Inlandsbezug bedeutet. Das ist jedoch nicht der Fall, die Rechtsprechung sieht das Tatbestandsmerkmal der Gewährung „mit Rücksicht auf ein Dienstverhältnis" auch bei einem Dienstverhältnis mit einem ausländischen Arbeitgeber als gegeben an (*BFH* BStBl. 1989 II, 351; BStBl. 1998 II, 21). Ob dies dann auch gilt, wenn ein un-

mittelbarer Zahlungsanspruch nur gegen den ausländischen Dienstherrn (Auslandsschule) besteht, ist im Tatbestand klargestellt worden. Der Anwendungsbereich des § 49 I Nr. 4 EStG ist im Zusammenhang mit § 1 II, III EStG für deutsche Diplomaten im Ausland und ihre zu ihrem Haushalt gehörigen Angehörigen zu sehen (in begrenztem Umfang unbeschränkte Steuerpflicht). Für den Begriff der Kasse einer inländischen juristischen Person des öffentlichen Rechts ist entscheidend, daß sie der Dienstaufsicht und der Prüfung ihres Finanzgebarens durch die öffentliche Hand unterliegt, ohne daß erforderlich ist, daß der Kassenträger selbst eine öffentlich-rechtliche Person ist (dazu im einzelnen *Roth* aaO, Rz 761).

### 3. Einkünfte aus Kapitalvermögen (§ 49 I Nr. 5 EStG)

(1) Der beschränkten Steuerpflicht unterliegen Einkünfte aus Kapital- **6** vermögen i. S. des § 20 I EStG – mit Ausnahme der in § 20 I Nr. 8 EStG genannten Diskontbeträge von Wechseln und Anweisungen einschließlich der Schatzwechsel (die aber der beschränkten Steuerpflicht aufgrund der Subsidiaritätsklausel in § 20 III EStG beispielsweise als Einkünfte i. S. des § 49 I Nr. 2a EStG unterliegen können, wie überhaupt sämtliche Einschränkungen des § 49 I Nr. 5 nur gelten, wenn nicht die Voraussetzungen des § 49 I Nr. 1–3 EStG gegeben sind). Die der beschränkten Steuerpflicht als „Einkünfte aus Kapitalvermögen" unterliegenden Einkünfte teilt § 49 I Nr. 5 EStG in drei Gruppen ein, wobei diese Gruppenbildung mit einem **jeweils unterschiedlichen Inlandsbezug** verbunden ist: Darin liegt die Kernaussage des § 49 I Nr. 5 EStG. Deswegen sind zunächst zu unterscheiden:

– Einkünfte aus Kapitalvermögen i. S. des § 20 I Nr. 1 (Bezüge, verdeckte Gewinnausschüttungen aus der Beteiligung an Kapitalgesellschaften und sonstigen Körperschaften), i. S. des § 20 I Nr. 2 (Bezüge aufgrund einer Kapitalherabsetzung oder nach Auflösung einer Körperschaft oder Personenvereinigung), i. S. des § 20 I Nr. 4 (Einnahmen aus stiller Gesellschaft und partiarischen Darlehen), i. S. des § 20 I Nr. 6 (Zinsen aus Sparanteilen von Kapitallebensversicherungen), Erträge aus Wandelanleihen und Gewinnobligationen (die unter § 20 I Nr. 7 EStG fallen) und Kapitalerträge aus Investmentfonds, die zu den Einkünften i. S. des § 20 I Nr. 1 EStG fallen. Für diese Fälle setzt die Steuerpflicht als **Inlandsbezug** voraus, daß der Schuldner Wohnsitz, Geschäftsleitung oder Sitz im Inland hat;

– Einkünfte aus Kapitalvermögen i. S. des § 20 I Nr. 3 EStG, wonach die **anzurechnende oder zu vergütende Körperschaftsteuer** zu den Einnahmen aus Kapitalvermögen gehört; dies stellt keine Fiktion dar, da der Anteilseigner durch die Anrechnung einen geldwerten Vorteil und im Falle der Vergütung einen Vorteil in Geld erlangt – wenn mithin einem beschränkt Steuerpflichtigen ein solcher Vorteil zufließt, bedarf es keines besonderen Inlandsbezuges mehr. Eine Anrechnung von KSt kommt nur in Betracht, wenn die Einkünfte in eine Veranlagung einbezogen worden sind (§§ 51, 50 I Nr. 2 KStG);

– Einkünfte aus Kapitalvermögen i.S. des § 20 I Nr. 5 Zinsen aus Hypotheken und Grundschulden sowie Renten aus Rentenschulden und Zinsen aus Tilgungshypotheken und Tilgungsgrundschulden) und i.S. des § 20 I Nr. 7 (Erträge aus sonstigen Kapitalforderungen). Für diese Fälle wird der **Inlandsbezug** hergestellt entweder durch eine inländische dingliche Sicherung, oder wenn das Kapitalvermögen aus Genußrechten besteht, die nicht in § 20 I Nr. 1 genannt sind, oder aber Tafelgeschäfte vorliegen.

**7**     (2) Zu den Einkünften aus Kapitalvermögen i.S. des § 49 I Nr. 5a EStG ist im Hinblick auf den Verweis auf § 20 I Nr. 1, 2, 4 und 6 an dieser Stelle nichts weiter auszuführen, da hiermit besondere grenzüberschreitende Probleme nicht verbunden sind (zu Steuerausländern mit Erträgen aus inländischer Lebensversicherung *OFD Düsseldorf* DB 1995, 504). Interessant kann nur der Inlandsbezug sein. Der Inlandsbezug wird durch die Ansässigkeit des Schuldners hergestellt (Wohnsitz, Geschäftsleitung oder Sitz im Inland); auf die Zahlstelle (auszahlende Bank) kommt es nicht an. Der maßgebliche Zeitpunkt ist der des Zuflusses (*Martin Klein* in *H/H/R* § 49 EStG Rz 831 unter Hinweis auf *BFH* BStBl. 1984 II, 620 und *BFH*/NV 1985, 104, die allerdings zur inländischen Sicherung mittels Grundbesitzes ergangen sind). Für ausländische Erträge i.S. des §§ 17, 18 des Auslandsinvestment-Gesetzes knüpft § 49 I Nr. 5a EStG allerdings an einen besonderen Inlandsbezug an: „... oder wenn es sich in den Fällen des § 44 I Satz 4 Nr. 1 Buchstabe a Doppelbuchstabe bb um ausländische Erträge im Sinne der §§ 17 und 18 des Auslandsinvestment-Gesetzes handelt." Die genannte Vorschrift des § 44 I Satz 4 Nr. 1 EStG bestimmt als eine die Kapitalerträge auszahlende Stelle das inländische Kreditinstitut, das die Kapitalerträge gegen Aushändigung der Zinsscheine einem anderen als einem ausländischen Kreditinstitut auszahlt oder gutschreibt. Damit soll sichergestellt werden, daß in einem Tafelgeschäft erzielte Erträge aus Investmentfonds inländische Einkünfte sind (s. im einzelnen *Martin Klein* aaO, Rz 832). Durch den daran anschließenden weiteren Halbsatz „dies gilt auch für Erträge aus Wandelanleihen und Gewinnobligationen" wird der Inlandsbezug (inländischer Schuldner) auch hierauf erstreckt (im Rahmen des § 20 EStG gehören Wandelanleihen und Gewinnobligationen zu den sonstigen Kapitalforderungen i.S. des § 20 I Nr. 7 EStG – an der damit verbundenen Zuordnung zu § 49 I Nr. 5c EStG wird durch diesen Inlandsbezug auch nichts geändert, s. *Martin Klein* aaO, Rz 833). Die in einem daran anschließenden und letzten Halbsatz geregelte Ausnahme vom Inlandsbezug nimmt die „in den Fällen des § 37n, des § 38 sowie der

§§ 43a, 43c, 44 Satz 1 bis 3, des § 50a und des § 50b in Verbindung mit § 38b des Gesetzes über Kapitalanlagegesellschaften" geregelten Erträge mit der Folge aus, daß diese grundsätzlich nicht zu inländischen Einkünften beschränkt Steuerpflichtiger führen. Im Zusammenhang mit der im letzten Halbsatz genannten Ausnahme von Tafelgeschäften als „Ausnahme von der Ausnahme" bedeutet dies nach einer Ansicht, daß Einnahmen aus Anteilscheinen an Investmentfonds mit der Ausnahme derer aus Tafelgeschäften nicht zu inländischen Einkünften aus Kapitalvermögen führen (so beispielsweise *Schmidt/Heinicke* Rz 61 zu § 49 EStG); einschränkend dagegen *Martin Klein* aaO, Rz 934 i.V. mit Rz 822 für Ausschüttungen eines inländischen Aktienfonds: Der Steuerausländer unterläge in diesem Fall nicht der beschränkten Steuerpflicht und stünde sich besser als bei einer Direktinvestition, bei der eine Steuerpflicht gem. § 49 I Nr. 5a i.V. mit § 20 I Nr. 1 EStG und abgeltendem Steuerabzug gegeben wäre.

(3) Zu den Einkünften i.S. des § 20 Nr. 3 EStG (anzurechnende oder **8** zu vergütende Körperschaftsteuer) ist in systematischer Hinsicht zunächst daran zu erinnern, daß die Anrechnung von Körperschaftsteuer einer unbeschränkt steuerpflichtigen Körperschaft auf die Einkommensteuer eines beschränkt einkommensteuerpflichtigen Anteilseigners durch § 50 V Satz 2 EStG grundsätzlich ausgeschlossen ist, so daß § 49 I Nr. 5b EStG insoweit keine Bedeutung hat (bei beschränkter Körperschaftsteuerpflicht folgt dies aus § 51 KStG) – s. zur Körperschaftsteuer auf ausgeschütteten Gewinn als einer Definitivbelastung bereits P 94 und nochmals im Zusammenhang mit § 50 EStG im folgenden Abschnitt zur Veranlagung beschränkt Steuerpflichtiger. Es ist aber auch bereits darauf hingewiesen worden, daß es von diesem Anrechnungsausschluß eine Ausnahme gibt: Wenn die der Körperschaftsteuer unterlegenen Gewinnanteile Betriebseinnahmen eines inländischen Betriebes sind (§ 50 V Sätze 2, 3 i.V. mit § 36 II Nr. 3 EStG bzw. § 50 I Nr. 2 KStG). Angerechnet wird dann die Körperschaftsteuer auf die veranlagte Einkommensteuer (§ 36 II Nr. 3 EStG) bzw. auf die veranlagte Körperschaftsteuer (§ 49 I KStG i.V. mit § 36 II Nr. 3 EStG). Daß die anzurechnende oder zu vergütende Körperschaftsteuer ihrerseits zu inländischen Einkünften aus Kapitalvermögen führt, ohne daß über § 36e EStG und § 52 KStG hinaus ein besonderer Inlandsbezug besteht, ist bereits einleitend unter (1) klargestellt worden.

(4) Die in § 49 I Nr. 5c EStG erfaßten Einkünfte aus Kapitalvermö- **9** gen betreffen Zinsen (§ 20 I Nr. 5 EStG) und Erträge aus sonstigen Kapitalforderungen jeder Art, wenn die Rückzahlung des Kapitalvermögens oder ein Entgelt für die Überlassung zur Nutzung zugesagt oder gewährt worden ist (Auffangtatbestand des § 20 I Nr. 7 EStG). Der Inlandsbezug wird dadurch hergestellt, daß das Kapitalvermögen in bestimmter Weise gesichert wird (durch inländischen Grundbesitz, durch

inländische Rechte, die den Vorschriften über Grundstücke unterliegen, durch Schiffe, die in ein inländisches Schiffsregister eingetragen sind). Eine der wenigen Entscheidungen hierzu betrifft die Sicherung einer Forderung durch ein Pfandrecht an einer Grundschuld, die der *BFH* BStBl. 1994 II, 744 zum Anlaß nahm, in Übereinstimmung mit der RFH-Rechtsprechung klarzustellen, daß es nicht auf eine formalrechtlich wirksame dingliche Sicherung ankäme, sondern eine tatsächliche Sicherung ausreichend sei. Für Genußrechte, die nicht unter § 20 I Nr. 1 EStG fallen, enthält das Gesetz nicht das Erfordernis eines bestimmten Inlandsbezugs; darin wird ein Redaktionsversehen gesehen, so daß entweder auf einen inländischen Schuldnersitz oder auf eine inländische dingliche Sicherung abzustellen ist (*Martin Klein* aaO, Rz 850). Für Tafelgeschäfte macht § 49 I Nr. 5 c eine weitere Ausnahme von der grundsätzlichen Befreiung der Steuerausländer vom Zinsabschlag; damit erfaßt werden nur bestimmte Kapitalerträge (insbesondere i. S. des § 20 I Nr. 7 EStG), während Schuldner der Kapitalerträge kein im Inland Ansässiger sein muß.

## 4. Einkünfte aus Vermietung und Verpachtung (§ 49 I Nr. 6 EStG)

**10**     Einkünfte aus Vermietung und Verpachtung (§ 21 EStG) unterliegen der beschränkten Steuerpflicht, „wenn das unbewegliche Vermögen, die Sachinbegriffe oder Rechte im Inland belegen sind oder in ein inländisches öffentliches Buch oder Register eingetragen sind oder in einer inländische Betriebsstätte oder in einer anderen Einrichtung verwertet werden." Die Vermietung einzelner beweglicher Sachen wird nicht erfaßt, s. dazu § 49 I Nr. 9 EStG. Nicht erfaßt werden von § 49 I Nr. 6 Einkünfte aus der Veräußerung von Vermögenssubstanz – das gilt auch für § 49 I Nr. 9 EStG. Erforderlich für Nutzungseinkünfte i. S. des § 49 I Nr. 6 EStG ist daher die zeitlich begrenzte Überlassung eines Wirtschaftsguts; s. als Beispiel *BFH/NV* 1989, 393, in dem eine inländische GmbH mit einer nach panamaischem Recht errichteten Gesellschaft einen Händlervertrag abgeschlossen hatte und von dieser ausländischen Gesellschaft zum Alleinhändler für den Vertrieb von Waren mit dem Warenzeichen X im Inland bestellt wurde. Der *BFH:* Nur die entgeltliche Nutzungsüberlassung von Rechten, nicht dagegen die entgeltliche Übertragung von Rechten führt zu inländischen Einkünften; es ist zwischen **Nutzungsüberlassung von Rechten** und einer **Rechtsübertragung zu unterscheiden.** Das Alleinvertriebsrecht wird als eigenes und nicht als fremdes Recht genutzt (s. auch *BFH* BStBl. 1989 II, 101 zu einem Alleinvertriebsrecht zur Verpachtung und zum Verkauf von Bausätzen aufgrund eines Lizenzvertrags). Weil sich bestimmte Rechtspositionen möglicherweise einer zeitlichen Nutzungsbegrenzung überhaupt entziehen (eine gewerbliche Erfahrung, die zur allgemeinen

Kenntnis gelangt, unterliegt insoweit keiner zeitlich begrenzten Nutzung mehr), erklärt sich die Know-how-Regelung in § 49 I Nr. 9 EStG (siehe dort). Der sachliche Inlandsbezug in Nr. 6 wird durch drei Anknüpfungspunkte hergestellt: Die Belegenheit im Inland für Grundstücke und Sachinbegriffe, die Eintragung in ein inländisches öffentliches Buch (mithin Grundbuch, Schiffsregister, Patent-, Markenschutz- oder Gebrauchsmusterregister) bei Rechten, die Verwertung überlassener Sachen und Rechte in einer inländischen Betriebsstätte oder in einer anderen Einrichtung eines in- oder ausländischen Unternehmens. Inländische Einkünfte aus Vermietung und Verpachtung sind wegen § 21 III EStG anderen inländischen Einkünften untergeordnet – zur Bedeutung der isolierenden Betrachtungsweise s. ab Q 15. Abgrenzungsfragen folgen aufgrund des Verwertungstatbestandes aus dem Merkmal der Verwertung in einer inländischen Betriebsstätte. Damit ist aber eine fremde Betriebsstätte gemeint – Verwertung in der eigenen Betriebsstätte fällt unter § 49 I Nr. 2a EStG. Ob die Rechte in der fremden inländischen Betriebsstätte eines Steuerinländers oder eines Steuerausländers verwertet werden, ist gleichgültig. Vorrangig anzuwenden ist § 49 I Nr. 2d EStG, so daß die Übertragung der Vermarktungsrechte von Film-, Video-, Fernseh-, Rundfunk- oder Schallplattenaufnahmen nur dann unter § 49 I Nr. 6 EStG fällt, wenn beispielsweise das Merkmal der Gewerblichkeit nicht erfüllt ist. Zu den Abgrenzungsfragen bei Künstlern und Sportlern s. *Martin Klein* in *H/H/R* § 49 EStG Rz 902; *Schauhoff* IStR 1997, 8. Der Verweis auf § 49 I Nr. 6 EStG in § 49 I Nr. 2f EStG hat keine andere Bedeutung als die der Vermögensbezeichnung. Zum Verhältnis zu § 49 I Nr. 5 und zu § 49 I Nr. 9 EStG s. unter § 49 I Nr. 9 EStG.

Zur Frage der Tatbestandsverwirklichung des § 49 I Nr. 6 EStG s. *FG Köln* EFG 1998, 881: Inländischer Unternehmer A hatte von einer ausländischen Kapitalgesellschaft B durch **Lizenzvertrag** das Recht erhalten, deren **Markennamen zu nutzen**. Dem A war entgegen seiner Einschätzung kein Alleinvertriebsrecht übertragen worden; ihm war lediglich das Recht eingeräumt worden, ihren Namen im Rahmen eines Betriebs zu nutzen; mithin sei die B mit ihren Einkünften aus einem Lizenzvertrag nach § 49 I Nr. 6 EStG steuerpflichtig: Einkünfte aus der zeitlich befristeten Überlassung eines Rechts zur Verwertung in einer inländischen Betriebsstätte. A hätte einen Steuerabzug nach § 50a IV Satz 1 EStG vornehmen müssen. *FG Köln* IStR 1997, 242 zur Frage, wem Einkünfte aus Vermietung und Verpachtung zuzurechnen sind: Erwerb eines Vermarktungsrechts des Namens eines Tennisspielers von der ausländischen Y-GmbH durch eine ausländische Gesellschaft B, wenn jeder Unterlizenzvertrag der Y-GmbH vorzulegen und von ihr zu genehmigen war und 95–98% des Nettovertragseinkommens abzuziehen war? Das *FG Köln*: B ist nicht zum Zwecke der Vermarktung des Namens, sondern wegen ihrer Dienstleistungen eingeschaltet worden, statt Lizenzeinnahmen erzielt sie inländische Einkünfte i.S. des § 49 I Nr. 2d EStG. Keine inländischen Einkünfte i.S. des § 49 I Nr. 6 EStG, wenn ein ausländischer Erfinder A mit einem Inländer B einen Vertrag über später mit Dritten abzuschließende Lizenz- oder Nutzungsverträge vereinbart und B hieran beteiligt sein wird (*FG Münster* EFG 1998, 1583 – s. auch zu § 49 I Nr. 9 EStG). *BFH* IStR 1993, 228 zur Abgrenzung der Einkünfte aus Vermietung und Verpachtung gegenüber beschränkt steuerpflichtigen Einkünften aus selbständiger Arbeit: **Überläßt ein im Ausland wohnhafter Erfinder selbst entwickelte Arzneimittelrezepturen** einem inländischen Unternehmen zur Nutzung gegen Lizenzgebühren, so handelt es sich um das Ergebnis einer qualifizierten ähnlichen Berufstätigkeit i. S. des § 18 I Nr. 1 Satz 2 EStG, die dann auch im Inland verwertet wird. Hatte aber der Erfinder die Rezepturen und Verfahren von einem Dritten erworben, so sind die von ihm bezogenen Lizenzgebühren Einkünfte i. S. des § 21 I Nr. 3 EStG und damit inländische Einkünfte i. S. des § 49 I Nr. 6 EStG: Der „ausländische Erfinder überließ der Klägerin fertige Rezepturen für Medikamente und ein entwickeltes Herstellungsverfahren auf eine begrenzte Dauer zur Nutzung. Es ist insoweit ohne Bedeutung, daß die Rezepturen noch nicht geschützt waren. Im wesentlichen Gehalt unterscheiden sich die Lizenzverträge des Streitfalls nicht von Lizenzverträgen über patentierte Entwicklungen. In beiden Fällen ist Gegenstand des Vertrages ein fertig entwickeltes Produkt und das dazugehörige Produktionsverfahren ... Zweifel an der Möglichkeit zeitlicher Überlassung fortlaufender Beratungspflichten und der Verpflichtung zum Sammeln technischer Unterlagen greifen im Streitfall nicht, da abgeschlossene Entwicklungen für einen klar abgegrenzten Zeitraum überlassen und nicht lediglich laufende Unterstützungspflichten begründet wurden. Die der Klägerin zur Nutzung überlassenen Rezepturen und Herstellungsverfahren wurden auch in einer inländischen Betriebsstätte verwertet." Dementsprechend zur **grenzüberschreitenden Überlassung von Software:** Bei zeitlich begrenzter oder unbegrenzter Überlassung kommen Einkünfte aus Vermietung und Verpachtung (§ 49 I Nr. 6 EStG) – aber auch aus selbständiger Arbeit (§ 49 I Nr. 3 EStG – s. dazu Q 1) oder aus Gewerbebetrieb in Betracht. § 49 I Nr. 6 EStG erfaßt nur Einkünfte aus der Nutzung, nicht solche aus der Veräußerung oder der endgültigen Rechtsübertragung; aus dem vorangehenden Beispiel des Erfinders folgt, daß es sich um seinerseits durch den Überlassenden erworbene Rechte handeln muß; Einkünfte aus Vermietung und Verpachtung scheiden mithin aus, wenn selbstentwickelte Software Gegenstand der Überlassung ist. Hat der Überlassende Software seinerseits erworben, scheiden wiederum dann nur V+V-Einkünfte aus, wenn Gegenstand der zeitlich begrenzten Überlassung eine vom Überlassenden erworbene Standardsoftware ist; sie fällt unter § 21 I Nr. 3 EStG, weil eine Rechtsüberlassung wegen nur routinemäßiger Auswertung und Anwendung (§§ 69 ff. UrhG) ausscheidet – der urheberrechtliche Schutz allein ist nicht ausreichend; s. dazu und zu den weiteren Fragen der Überlassung von Standardsoftware *Lüdemann* FR 2000, 83 ff.; der Autor arbeitet an diesem Beispiel das insgesamt unabgestimmte, undurchsichtige und mit vielen Zufallsergebnissen belastete Anknüpfungssystem heraus. *FG Köln* EFG 1999, 897 zur **Satellitenbetreibergesellschaft** mit ausländischem Sitz, die Einkünfte aus der Überlassung von Transpondern auf einem Satelliten von inländischen Rundfunkanstalten erzielt: wird ein ausländisches Unternehmen durch die einheitliche Leistung unter Einsatz eigener Wirtschaftsgüter gegenüber Kunden im Inland gewerblich tätig, so scheidet eine Überlassung der Wirtschaftsgüter aus: „Es kommt nicht zu einer Nutzung des Transponders durch den Kunden, sondern einer Nutzung durch die Satellitenbetreiber für den Kunden" – Dienst- oder Werkvertrag statt Sachmiete oder Rechtspacht. Zu weiteren Beispielen (Autorenrechte, Firmenzeichnung, Know-how, Korrespondenten, Rundfunk- und Fernsehübertragungsrecht, Namensrecht, Urheberrecht, Verfilmungsrecht, Verlagsrecht und Warenzeichen) s. *Martin Klein* aaO, Rz 939 zu § 49 EStG. Fragen einer **Betriebsaufspaltung über die Grenze** ergeben sich, wenn ein ausländisches Betriebsunternehmen als Verpächterin einer inländischen Betriebsgesellschaft als Pächterin wesentliche Betriebsgrundlagen überläßt und eine personelle Verflechtung besteht: Wäre eine Betriebsaufspaltung zu bejahen, hinge die tatsächliche Besteuerung der Einkünfte der ausländischen Besitzgesellschaft statt gem. § 49 I Nr. 6 EStG nunmehr gem. § 49 I Nr. 2 a EStG davon ab, ob im Inland eine Betriebsstätte oder ein ständiger Vertreter unterhalten wird. Die

Besitzgesellschaft unterhält aber regelmäßig am Ort der Betriebsgesellschaft keine Betriebsstätte. Die Frage der inländischen Betriebsgesellschaft als ständiger Vertreter wäre unter Rückgriff auf das Hotelpächter-Urteil des *BFH* BStBl. 1978 II, 494 zwar rechtlich denkbar, aber durch entsprechende Vertragsgestaltung zu vermeiden. Dagegen wird die isolierende Betrachtungsweise geltend gemacht (*Schaumburg* S. 224) – doch hat *Günkel* (StbJb 1998/99, S. 153) darauf hingewiesen, daß es sich bei der Verflechtungsfrage um einen reinen Inlandssachverhalt handele, der aus dem Anwendungsbereich des § 49 Nr. 2 EStG falle (s. dazu ab P 20). Zu weiteren Fragen der Einschaltung ausländischer Besitzgesellschaften als Kapitalgesellschaften und als gewerblich geprägte Personengesellschaften, s. *Günkel* aaO, S. 143 ff.

### 5. Sonstige Einkünfte im Sinne des § 22 Nr. 1 EStG (§ 49 I Nr. 7 EStG)

Zu den beschränkt steuerpflichtigen Einkünften gehören Einkünfte i. S.   **11** des § 22 Nr. 1 EStG, mithin Einkünfte aus wiederkehrenden Bezügen – aber § 49 I Nr. 7 EStG nennt die weitere Voraussetzung „soweit sie dem Steuerabzug unterworfen werden". Sonstige Einkünfte i. S. des § 22 Nr. 1 EStG werden aber weder einem Steuerabzug in einer Form einer Lohnsteuer noch in Form einer Kapitalertragsteuer unterworfen. Ein besonderer Steuerabzug im Rahmen allein der beschränkten Steuerpflicht (§ 50 a EStG) ist ebenfalls nicht vorgesehen – folglich ist diese Norm gegenstandslos.

### 6. Sonstige Einkünfte im Sinne des § 22 Nr. 2 EStG (§ 49 I Nr. 8 EStG)

§ 22 Nr. 2 EStG besteuert als sonstige Einkünfte auch Einkünfte aus   **12** privaten Veräußerungsgeschäften im Sinne des § 23; § 23 EStG bestimmt im einzelnen, was private Veräußerungsgeschäfte sind. Mit dem durch das Steuerentlastungsgesetz 1999/2000/2002 erfolgten Verzicht auf den Begriff des Spekulationsgeschäftes wollte der Gesetzgeber zum Ausdruck bringen, daß nicht nur Geschäfte mit Spekulationsabsicht der Besteuerung unterliegen, sondern allgemein Veräußerungsgeschäfte, bei denen das Tatbestandsmerkmal der Veräußerung innerhalb einer bestimmten Frist nach Anschaffung erfüllt ist. Daran knüpft nunmehr die Neufassung des § 49 I Nr. 8 EStG durch das Steuerbereinigungsgesetz 1999 an. Sie bezieht bestimmte Geschäfte des § 23 EStG in die beschränkte Steuerpflicht ein (soweit es sich um private Veräußerungsgeschäfte mit inländischen Grundstücken, mit inländischen Rechten oder mit Anteilen an inländischen Kapitalgesellschaften bei wesentlicher Beteiligung handelt).

Zunächst hatte sich aufgrund der unterbliebenen Anpassung des § 49 I Nr. 8 EStG im Steuerentlastungsgesetz 1999/2000/2002 die Frage gestellt, ob im Inland erzielte Einkünfte aus betrieblichen Veräußerungsgeschäften der genannten Art nun nicht mehr zur deutschen Einkommensteuer herangezogen werden konnten (s. *Baranowski* IWB Editorial 1999 Nr. 8). Nicht erfaßte private Veräußerungsgeschäfte sind danach solche Geschäfte mit Wirtschaftsgütern, die keine Grundstücke, grundstücksgleichen Rechte oder wesentlichen Beteiligungen an inländischen Kapitalgesellschaften sind. Termingeschäfte nach § 23 I Nr. 4 EStG (Steuerentlastungsgesetz 1999/2000/2002) unterliegen nicht der beschränkten Steuerpflicht. Veräußerungen ausländischer Grundstücke/ grundstücksgleicher Rechte fallen ebenfalls nicht unter § 49 I Nr. 8 EStG, da es an der Inlandsbelegenheit fehlt. Veräußerungen von Anteilen an einer inländischen Kapitalgesellschaft innerhalb der 10-Jahres-Frist, aber unterhalb der Wesentlichkeitsschwelle (§ 17 I Satz 4 EStG: 10%) fallen nicht unter § 49 I Nr. 8 EStG, können aber unter § 49 I Nr. 2a EStG fallen; völlig aus dem Anwendungsbereich des § 49 I Nr. 8 EStG fallen Anteile an ausländischen Kapitelgesellschaften. Auf einen weiteren Punkt des Verweises auf § 23 EStG ist hinzuweisen (*Lüdicke* IStR 1999, 195): Der letzte Halbsatz des § 49 I Nr. 8 EStG verweist auf § 23 I, II EStG, aber nicht auf § 23 III EStG, der die grundlegenden Vorschriften enthält, die die Ermittlung des Veräußerungsgewinns einschließlich der Minderung der Anschaffungskosten durch in anderen Einkunftsarten abzogenen AfA und das Verlustausgleichsverbot regeln (redaktionelles Versehen; *Lüdicke* bezeichnet die Neufassung des § 49 I Nr. 8 in der Fassung des Steuerentlastungsgesetzes 1999/2000/2002 als „völlig mißglückt und ein weiteres Beispiel für die handwerkliche Unzulänglichkeit" dieses Gesetzes).

### 7. Sonstige Einkünfte im Sinne des § 22 Nr. 4 EStG (§ 49 I Nr. 8a EStG)

**13**    § 49 I Nr. 8a EStG unterwirft sonstige Einkünfte im Sinne des § 22 Nr. 4 EStG der beschränkten Steuerpflicht. Das sind Entschädigungen, Amtszulagen, Zuschüsse zu Kranken- und Pflegeversicherungsbeiträgen, Übergangsgelder, Überbrückungsgelder, Sterbegelder, Versorgungsabfindungen, Versorgungsbezüge, die aufgrund des Abgeordnetengesetzes oder des Europaabgeordnetengesetzes gezahlt werden, sowie vergleichbare Bezüge aufgrund Landesrechts. Für die beschränkte Steuerpflicht dürfte fast ausschließlich die Besteuerung von Versorgungsbezügen von ehemaligen Abgeordneten nach ihrem Wegzug aus dem Inland von Bedeutung sein.

### 8. Sonstige Einkünfte im Sinne des § 22 Nr. 3 EStG (§ 49 I Nr. 9 EStG)

**14**    § 49 I Nr. 9 erfaßt sonstige Einkünfte i. S. § 22 Nr. 3 EStG; hierbei handelt es sich um **Einkünfte aus Leistungen,** soweit sie weder zu den anderen Einkunftsarten (§ 2 I Nr. 1 bis 6) noch zu den Einkünften im Sinne des § 22 Nr. 1, Nr. 1 a, Nr. 2, Nr. 4 gehören, z. B. Einkünfte aus gelegentlichen Vermittlungen und aus der Vermietung beweglicher Gegenstände (so § 22 Nr. 3 Satz 1 EStG). Doch § 49 I Nr. 9 EStG verweist nicht hierauf insgesamt, sondern schränkt die Verweisung der Sache nach zunächst auf § 22 Nr. 3 EStG dahingehend ein, „soweit es sich um Einkünfte aus der Nutzung beweglicher Sachen im Inland oder aus der Überlassung der Nutzung oder des Rechts auf Nutzung von gewerblichen, technischen, wissenschaftlichen und ähnlichen Erfahrungen, Kenntnissen und Fertigkeiten, z. B. Plänen, Mustern und Verfahren handelt, die im Inland genutzt werden oder worden sind." Die Anwendung des § 49 I Nr. 9 EStG erfolgt unabhängig von der Subsidiaritätsregelung in § 22 Nr. 3 Satz 1 EStG – das Verhältnis zu anderen inländischen Einkunftsarten bei beschränkter Steuerpflicht wird selbständig dadurch geregelt, daß diese Zuordnung zu sonstigen Einkünften im Sinne § 22 Nr. 3 gilt, „auch wenn sie bei Anwendung dieser Vorschrift einer anderen Einkunftsart zuzurechnen wären". Jedoch wird in § 49 I Nr. 9 letzter Teilsatz angeordnet, daß die Einkünfte des § 49 I Nr. 9 den Einkünften des § 49 I Nr. 1–8 nachgeordnet sind (eigene Subsidiaritätsregeln des § 49 I Nr. 9 EStG, s. *Martin Klein* in *H/H/R* § 49 EStG Rz 1053). Der Zusammenhang mit § 22 Nr. 3 EStG ist hiernach wie folgt zu lesen: Es sind nicht alle dort genannten Einkünfte erfaßt – es fallen aus der beschränkten Steuerpflicht heraus Einkünfte aus gelegentlichen Vermittlungen und Vermögensumschichtungen im privaten Bereich. Nur Nutzungsentgelte, nicht aber ein Entgelt für eine Veräußerung oder für einen veräußerungsähnlichen Vorgang, werden erfaßt. Beispielhaft hierzu *FG München* EFG 1983, 353, bei dem eine ausländische Gesellschaft einer inländischen GmbH Schutzrechte, Schutzrechtsanmeldungen einschließlich des Warenzeichens und das gesamte Know-how, darin eingeschlossen das unbeschränkte Recht der Verwertung für bestimmte Staaten, übertragen hatte; keine Überlassung des Rechts auf Nutzung wie bei einem Lizenzvertrag oder bei sonstigen Verwertungsverträgen, vielmehr endgültige Übertragung aller Rechte. Dem Know-how kam keine eigenständige Bedeutung zu. Eine zeitliche Begrenzung für eine Übertragung ist nicht erforderlich. Die Nutzung der beweglichen Gegenstände und des Know-hows muß im Inland erfolgen, eine Verwertung im Inland ist nicht ausreichend. Die besondere Bedeutung des § 49 I Nr. 3 EStG liegt in den Fällen der Überlassung gewerblichen Know-hows durch Unternehmen ohne inländische Betriebsstätten/Vertreter.

Zum Anwendungsbereich des § 49 I Nr. 9 EStG zunächst *FG Münster* EFG 1998, 1589: Vertrag zwischen dem ausländischen Erfinder A und dem Inländer B, durch den B eine **Beteiligung an der Lizenzauswertung** oder dem Patentverkauf für einen von A entwickelten Motor erwarb. Leistungen des B an A seien für A weder solche aus einer Verwertung selbständiger Arbeit noch solche i. S. des § 49 I Nr. 6. Unter

§ 49 I Nr. 9 EStG könnten sie als Einkünfte aus dem Recht des A auf Nutzung fallen – A hatte aber durch den Vertrag gerade keine Berechtigung für eine inländische Nutzung oder Verwertung der Erfindertätigkeit erhalten, er war lediglich an künftigen Erträgen beteiligt. Ob selbständige Beraterleistung erbracht (§ 49 I Nr. 3 EStG) oder Know-how überlassen wird (§ 49 I Nr. 9 EStG), kann nur auf der Grundlage der Tätigkeit des Beraters bzw. Vermittlers entschieden werden; der Berater wendet eigenes Erfahrungswissen selbst an. Der ausländische Gesellschafter, der zur Vermeidung einer Rechtsfolge des § 8 a KStG Sachkapital zur Verfügung stellt, erzielt je nach Gegenstand der Überlassung inländische Einkünfte i. S. des § 49 Nr. 6 oder Nr. 9, jedoch keine Einkünfte i. S. § 49 I Nr. 5 EStG. Die zur zeitweiligen Nutzung überlassenen Sachen müssen bewegliche Sachen sein, unbewegliches Vermögen und Sachgesamtheiten werden von § 49 I Nr. 6 erfaßt. Nutzung ist als Gegensatz zur Veräußerung zu verstehen – § 49 I Nr. 9 EStG erfaßt ebensowenig wie § 22 Nr. 3 EStG Veräußerungsgewinne und veräußerungsähnliche Vorgänge im privaten Bereich; Einnahmen aus der Nutzung beweglicher Sachen setzen also den Ausschluß eines Veräußerungsgeschäfts voraus (*BFH* BStBl. 1991 II, 300). *Schmidt/Heinicke* Rz 93 zu § 49 EStG: Der Gesetzgeber wollte das Entgelt für die Vermietung aus dem Ausland erfassen. Ob ihm das für die Leasingfälle gelungen ist, erscheint zweifelhaft, da es sich häufig um einen Veräußerungsvorgang handelt; *FG München* EFG 1990, 242 zum **Leasingnehmer als wirtschaftlicher Eigentümer,** der Kaufpreisraten zahlt, die nach *BMF*-Schreiben BStBl. 1971 I, 264 in einen Tilgungsanteil und in einen Zinsanteil aufzuspalten sind. Vergütungen, insbesondere Einmalvergütungen für die **Überlassung von Standardsoftware** führen mangels Nutzungsentgelts nicht zu Einkünften gem. § 49 I Nr. 9 EStG (*OFD München* FR 1998, 755). Die bewegliche Sache muß im Inland genutzt (eingesetzt) werden, auf die Verwertung kommt es nicht an. Ein **ausländischer Satellitenbetreiber,** dessen Dienste im Inland in Anspruch genommen werden, erzielt daher keine Einkünfte i. S. des § 49 I Nr. 9, da im Inland keine bewegliche Sache genutzt wird (dazu *Rabe* RIW 1992, 137; *FG Rheinland-Pfalz* EFG 1998, 562; zur Transponderüberlassung durch eine ausländische Satellitenbetreibergesellschaft *FG Köln* EFG 1999, 897). Die **Know-how-Beschreibung** in § 49 I Nr. 9 EStG (gewerbliche, technische, wissenschaftliche und ähnliche Erfahrungen, Kenntnisse und Fertigkeiten), ohne daß der Begriff des Know-how selbst verwendet wird, geht auf *BFH* BStBl. 1971 II, 235 zurück. Zu den Grenzen des Know-how-Begriffs am Beispiel des ausländischen, im Inland **Einnahmen aus Werbung erzielenden Sportlers** *Schauhoff* IStR 1993, 365: Ein Berufssportler, der im Inland sein Image vermarktet, überläßt nicht gewerbliches Know-how. Konzernumlagen, die in einem international verbundenen Unternehmen für die Know-how-Nutzung gezahlt werden, gehören zu den Einkünften § 49 I Nr. 9 EStG; Grenze hierfür, wenn eine Umlage nach den Verwaltungsgrundsätzen erfolgt (dazu s. S 156). Wie für die Nutzung beweglicher Sachen gilt auch hier: Mit § 49 I Nr. 9 EStG werden nur Nutzungseinkünfte erfaßt, Vergütungen für die Veräußerung von Know-how können nur unter § 49 I Nr. 2 a und Nr. 2 f bzw. § 49 I Nr. 3 fallen. Die Frage, ob eine zeitlich unbegrenzte Überlassung stets eine Veräußerung von Know-how bedeutet und § 49 I Nr. 9 EStG in diesen Fällen nicht anwendbar ist, wird kontrovers behandelt: In diesem Sinne *Flies* DStZ 1995, 434; anders *Martin Klein* in H/H/R Rz 1111 zu § 49 EStG: Ausgenommen von Nr. 9 (wie von § 22 Nr. 3) sind nicht dauerhafte Nutzungsüberlassungen als solche, sondern Vorgänge, bei denen ein Entgelt dafür erbracht wird, daß ein Veräußerungswert in seiner Substanz endgültig aufgegeben wird – also kommt es darauf an, ob es „exklusiv" übertragen oder lediglich zur Nutzung überlassen wird, so daß im letzteren Fall der Anbieter es auch anderweitig verwerten kann.

## II. Einkunftsarten und Inlandskriterien: Isolierende Betrachtungsweise (§ 49 II EStG)

(1) Es geht um das Verständnis des § 49 II EStG: „Im Ausland gege-   **15**
bene Besteuerungsmerkmale bleiben außer Betracht, soweit bei ihrer Berücksichtigung inländische Einkünfte im Sinne des Absatzes 1 nicht
angenommen werden könnten." Der Wortlaut dieser Norm vermittelt
überhaupt nichts, bestenfalls dies, daß eine stärkere Gewichtung des inländischen Sachverhaltes erfolgen soll. Daß die Norm in einem Zusammenhang mit Subsidiaritätsregeln der Einkunftsarten (§§ 20 III, 21 III,
22 Nr. 1 Satz 1, 22 Nr. 3 Satz 1, 23 III EStG) steht, daß diese Subsidiaritätsregeln unter bestimmten Voraussetzungen keine Rolle spielen sollen
(*Schaumburg* S. 179), kann sich im Ergebnis als zutreffend erweisen, aus
dem Wortlaut folgt hierfür nichts. Von § 49 II EStG läßt sich wie nur
selten von einer Norm sagen, daß sie ohne Kenntnis der Vorgeschichte
und praktischer Problemfälle nicht zu verstehen ist. Man könnte § 49 II
EStG in der Darstellung vorziehen und vor die Klammer setzen, die die
einzelnen Einkunftsarten des § 49 I EStG miteinander verbindet. Doch
ohne Kenntnis der Tatbestände des § 49 I EStG bliebe eine solche Darstellung leblos und abstrakt.

(2) Es ist noch einmal an die Regeln zu erinnern, die der beschränkten   **16**
Steuerpflicht zugrunde liegen, soweit es um die **Bestimmung** (Qualifizierung) **inländischer Einkünfte** geht (s. bereits L 19). Auf einen kurzen
Nenner gebracht knüpfen die Einkünfte des § 49 I Nr. 1–9 EStG allesamt
an die sieben Einkunftsarten des §§ 13 ff. EStG an: Es gibt weder eine
zusätzliche Einkunftsart noch gibt es uneingeschränkte Tatbestandsüber-
nahmen. Weder gibt es eine Norm, nach der für einen Steuerausländer
auch ein Lotteriegewinn den sonstigen Einkünften zuzuordnen wäre,
noch gibt es eine Norm, deren ganzer Inhalt darin bestünde, einen Tatbestand der §§ 13 ff. EStG für anwendbar auch auf Steuerausländer zu erklären. Soweit die Anknüpfung reicht, bedeutet dies, daß zugleich alle
Tatbestandsvoraussetzungen der §§ 13–23 EStG vorliegen müssen: Eine
Land- und Forstwirtschaft im Sinne des § 49 I Nr. 1 EStG unterscheidet
sich von der in § 13 EStG nicht – ebensowenig wie sich die im Ausland
belegene und von § 13 EStG im Rahmen der unbeschränkten Steuerpflicht erfaßte Land- und Forstwirtschaft hiervon unterscheidet. Völlig
unproblematisch erweist sich der jeweilige Tatbestand der beschränkten
Steuerpflicht letztlich auch, soweit er den Tatbestand der unbeschränkten
Steuerpflicht aus anderen Gründen als denen einer Ortsbezogenheit einschränkt. Wenn mithin § 40 I Nr. 9 EStG nur einen Teilbereich der mit
§ 22 Nr. 3 EStG erfaßten Einkünfte der beschränkten Steuerpflicht unterwirft, also Einkünfte aus gelegentlicher Vermittlung ausschließt, so ist
kaum denkbar, daß § 49 II EStG dies in irgendeiner Weise beeinflussen

könnte. Der Sinn des § 49 II EStG kann sich mithin nur erschließen, wenn man sich jene Tatbestandsmerkmale vor Augen führt, die den Inlandsbezug herstellen (im Inland betriebene Land- und Forstwirtschaft, im Inland eine Betriebsstätte unterhalten, im Inland selbständige Arbeit ausüben oder verwerten, ein Schuldner, der im Inland Wohnsitz, Geschäftsleitung oder Sitz hat, unbewegliches Vermögen, das im Inland belegen ist usw.). Diese Inlandskriterien sind es gerade, die den Regelungsgehalt des § 49 I EStG bestimmen – ansonsten ist dem § 49 EStG nur bereits Bekanntes zu entnehmen. *Mössner,* dessen Verständnis des § 49 II EStG hier vollständig gefolgt wird, bezeichnet diese **Inlandskriterien** als „Kollisionsnormen, d.h. solche Normen, die über die Anwendbarkeit der einzelnen Einkunftsarten des EStG bei Ausländern entscheiden" (in Festschrift *Flick* S. 949) – was eine unnötige Differenzierung einer zusammenhängend beschriebenen Norm zur Folge hat; es sind Tatbestandsmerkmale, unlösbare Bestandteile der Sachnorm (was der Fall des § 49 I Nr. 4 EStG und des darin genannten Dienstverhältnisses bezüglich öffentlicher Kassen zeigt, in dem gerade strittig war, ob nur ein inländisches Dienstverhältnis gemeint ist). Aber von der Terminologie abgesehen steht damit fest: Welche Bedeutung § 49 II EStG auch immer hat – sie kann sich nur auf das jeweilige Kriterium der Inlandsbezogenheit beziehen. Das hat eine beachtliche Konsequenz, die Irrwege vermeidet. Mit den Worten *Mössners:* „Pointiert kann man es so formulieren: Bei der beschränkten Steuerpflicht muß und kann nur ein von einem Ausländer verwirklichter Sachverhalt unter eine der Normen der Einkunftsarten subsumiert werden, für die die Inlandskriterien durch § 49 I EStG vorliegen. Es ist gleichsam von einem „Rumpf-EStG" auszugehen."

**17**     (3) Von dieser Sichtweise ausgehend ist anhand einiger Beispiele aus der Rechtsprechung zu klären, mit welchen Problemen sich diese konfrontiert sah, solange die Erkenntnis der Tatbestände der beschränkten Steuerpflicht als eines „Rumpf-EStG" noch nicht gegeben war (zur Rechtsprechung *Mössner* aaO, S. 940ff.; *Clausen* in *H/H/R* § 49 EStG Rz 1201).

*RFH* RStBl. 1929, 193 (Sachverhalt als Grundsituation für das Verständnis überhaupt) hatte über den Fall einer ausländischen AG zu entscheiden, die von einem Inländer **Zinseinkünfte** aufgrund eines Hypothekendarlehens bezogen hatte. Die ausländische AG bezog sich darauf, als Bank gewerbliche Einkünfte zu erzielen – sie unterlägen aber nur der beschränkten Steuerpflicht, wenn sie im Inland eine Betriebsstätte unterhalte. Die Gewerblichkeit der Zinseinnahmen folge im übrigen auch aus § 20 III EStG. Der *RFH* folgte dem nicht und bejahte eine beschränkte Steuerpflicht wegen vereinnahmter inländischer Einkünfte aus Kapitalvermögen. Der *RFH* verweist zur Begründung auf einen Ausländer, der im Ausland keinen Gewerbebetrieb unterhalte und vergleicht ihn mit der ausländischen Bank als Gewerbetreibender. Um eine ungleiche Behandlung zu vermeiden, müsse „für die deutsche steuerliche Beurteilung lediglich das Vorhandensein des ausländischen Gewerbebetriebes unbeachtet bleiben." Andere *RFH*-Entscheidungen haben sich bei gleicher Überlegung auf andere Einkünfte bezogen: Vermietung und Verpachtung (RStBl. 1931, 234; 1936, 1132), Zinsen (RFHE 39, 245) und Optionen (RStBl. 1945, 43). Zur *RFH*-Rechtsprechung *Mössner:* Es fehlt an einer Begründung dafür, daß für die Zuordnung zu einer Einkunftsart im Ausland vorhandene Tatbestandselemente wie hier der des Gewerbebetriebes unbeachtlich bleiben müssen – die Behauptung, es dürfe keinen Unterschied machen, sei nicht ausreichend. Mit der Entscheidung des *BFH* BStBl. 1959 III, 133 wurde an die *RFH*-Rechtsprechung angeknüpft. Eine US-amerikanische Kapitalgesellschaft **verwaltet im Inland belegenes eigenes Grundvermögen.** Die Auslandsgesellschaft als Kapitalgesellschaft hält ihre Einkünfte in vollem Umfang für Einkünfte aus Gewerbebetrieb – dies habe sowohl für die unbeschränkte als auch für die beschränkte Steuerpflicht zu gelten. Der BFH stellt fest, daß die Einkünfte nicht unter § 49 I Nr. 2 EStG fallen, jedoch ihrer Art nach Einkünfte aus Vermietung und Verpachtung darstellen, die unter § 49 I Nr. 6 EStG fallen – an der „in diesem Sinne ergangenen Rechtsprechung des Reichsfinanzhofs ... hält der Senat fest." Was darüber hinaus als Erklärung erfolgt, ist unzulänglich. Der wesentliche Unterschied zwischen der unbeschränkten und der beschränkten Steuerpflicht im Hinblick auf die „weitgehend außer Betracht" bleibenden persönlichen Verhältnisse berührt das Thema überhaupt nicht. Die seitdem unangefochten gebliebene Auffassung, daß ausländische Kapitalgesellschaften nicht schon wegen ihrer Rechtsform nur gewerbliche Einkünfte haben können, wird mit der Annahme verbunden, insoweit handele es sich um eine persönliche Eigenschaft des Steuerpflichtigen, auf die es für die beschränkte Steuerpflicht nicht ankäme. Das ist nicht zutreffend – schon bei der Frage einer beschränkten Einkommen- oder Körperschaftsteuerpflicht muß auf diese „persönliche Eigenschaft" zurückgegriffen werden. Die Frage nach der Bedeutung der Rechtsform für die Qualifikation der Einkünfte ist einer Frage nach der Reichweite des § 8 II KStG. Überhaupt: Die Frage der Gewerblichkeit ist keine Eigenschaft des Steuersubjekts wie die Zahl der Kinder – die Gewerblichkeit ist vielmehr Teil des Steuertatbestandes (*Mössner* aaO, S. 942) – es wird hier mithin einiges vermengt, jedenfalls kein tragfähiger Grundsatz genannt, warum es nicht auf eine inländische Betriebsstätte ankomme. *BFH* BStBl. 1962 III, 85 hat eine niederländische Kapitalgesellschaft zum Gegenstand, für die streitig war, ob die **Veräußerung einer wesentlichen Beteiligung** an einer inländischen GmbH der beschränkten Steuerpflicht unterliege. Die ausländische Gesellschaft hatte geltend gemacht, die Anteile gehörten zu einem ausländischen Betriebsvermögen. Der *BFH* hielt dem entgegen, insoweit knüpfe § 49 I Nr. 2 EStG weder an eine inländische Betriebsstätte noch an einen inländischen ständigen Vertreter an, für die Anwendung des § 49 I EStG sei es insoweit unerheblich „welche Tätigkeit der ausländische Bezieher der in § 49 EStG bezeichneten Einkünfte außerhalb des Inlandes entfaltet ... kann es somit auch nicht darauf ankommen, daß die veräußerte Beteiligung zu dem nicht im Inland belegenen Betriebsvermögen einer ausländischen Kapitalgesellschaft gehört. Diese Auslegung entspricht dem Zweck des Gesetzes, im Inland erzielte Einkünfte solcher Personen, die nicht unbeschränkt steuerpflichtig sind, der deutschen ESt/KSt zu unterwerfen" – eine für sich genommen nichtssagende, in diesem Zusammenhang auch überflüssige Aussage. Es bedurfte in Anbetracht des Wortlauts der Norm keiner allgemeinen Aussage mehr zum Gesetzeszweck der Besteuerung von Steuerausländern. *BFH* BStBl. 1964 III, 165 hatte über die beschränkte Steuerpflicht einer US-amerikanischen Körperschaft wegen **inländischer Lizenzeinnahmen** zu entscheiden. Diese Gesellschaft war zudem an einer inländischen Personengesellschaft beteiligt. Hinsichtlich der letztgenannten Einkünfte gab es für den *BFH* kein Zweifel; doch einen wirtschaftlichen Zusammenhang zwischen den damit erzielten gewerblichen Einkünften und den Lizenzeinnahmen verneinte der *BFH*. Damit stellt sich die Frage von Einkünften aus der zeitlich begrenzten Überlassung von Patentrechten (§ 49 I Nr. 6 EStG) – ohne

daß der *BFH* hier ein Konkurrenzproblem zu § 49 I Nr. 2 EStG sah. *BFH* BStBl.
1967 III, 400 hatte den Fall einer schweizerischen Kapitalgesellschaft X zu entscheiden, die mit einer amerikanischen Filmherstellerin einen Vertrag geschlossen hatte,
mit dem sie den **Schauspieler Z „auslieh"** und sich verpflichtete, dafür zu sorgen,
daß Z seine Obliegenheiten erfüllen werde. Zwischen Z selbst und X bestand ein
Dienstvertrag, wonach X über die Dienstleistungen frei verfügen konnte und auch befugt war, die Rechte auf die Dienstleistungen einem anderen zu übertragen. Für Film-
aufnahmen mit Z im Inland zahlte Y an X eine Vergütung. Wäre die Vergütung den
gewerblichen Einkünften zuzuordnen, entfiele mangels inländischer Betriebsstätte
aufgrund des damals geltenden Rechts (§ 49 I Nr. 2 e erst ab VZ 1986) die beschränkte Steuerpflicht. Allerdings blieb zu klären, ob die X Einkünfte aus selbständiger Arbeit (§ 49 I Nr. 4 EStG) bezogen hatte: Die persönlichen Eigenschaften des
Steuerpflichtigen und damit die Eigenschaft einer ausländischen Kapitalgesellschaft
und die Art ihres ausländischen Betriebs beeinflussen die beschränkte Steuerpflicht
grundsätzlich nicht; Einkünfte sind nicht schon deshalb gewerbliche Einkünfte im
Sinne des § 49 I Nr. 2 EStG, weil sie von einer ausländischen Kapitalgesellschaft bezogen werden. Andererseits wird dadurch aber nicht überhaupt ausgeschlossen, daß
eine ausländische Gesellschaft gewerbliche Einkünfte im Inland erzielt. „Die beschränkte Steuerpflicht knüpft an die Quelle an, aus der die inländischen Einkünfte
fließen. Es kommt auf das Wesen der inländischen Einkünfte an, wie sie sich vom
„Inland aus darstellen." Im Streitfall bildet die Quelle für die Einkünfte der X deren
Leistungen aufgrund des Gestellungsvertrages zwischen ihr und Y. Diese Einkünfte
sind „ihrem Wesen nach gewerbliche Einkünfte. Der Gestellungsvertrag, aus dem
sich gerade das Wesen der Einkünfte ergibt, kann nicht – wie das FA meint – als von
Ausländern im Ausland geschlossen einfach beiseite geschoben und das Arbeitsverhältnis zwischen dem Stpfl. X und dem Schauspieler Z an seine Stelle gesetzt werden. Dieses Arbeitsverhältnis war die Quelle für die Einkünfte des Schauspielers Z.
Sie waren ihrem Wesen nach Einkünfte aus nichtselbständiger Arbeit. Um ihre Besteuerung handelt es sich hier nicht." Mit diesem Urteil war klargestellt, daß es nicht
darum gehen konnte, den im Ausland abgeschlossenen Sachverhalt vollständig zu negieren. Ohne
Kenntnis des im Ausland abgeschlossenen Vertrages zwischen X und Y war der Fall
überhaupt nicht zu lösen; wenn das FA die Folgen für den Fall zugrunde legen wollte, daß Z direkt den Vertrag mit X abgeschlossen hätte, so war das keine Frage der
beschränkten Steuerpflicht, sondern eine glatte Sachverhaltsverfälschung, der der
*BFH* zu Recht widersprach. Gegen ein solches Ansinnen der Verwaltung auch *FG
Köln* im Urteil zur **ausländischen Satellitenbetreibergesellschaft** EFG 1999, 898:
§ 49 II EStG erlaubt es nicht, im Interesse einer steuerlichen Erfassung Teile des inländischen Sachverhalts zu unterdrücken. Die Entscheidung trägt letztlich zum Verständnis des § 49 II EStG wie überhaupt zur Qualifikationsfrage nichts bei. Ihr liegt
das besondere Problem zugrunde, ob eine ausländische Kapitalgesellschaft Einkünfte
aus selbständiger Tätigkeit erzielen kann – s. bereits Q 2. In diesem Sinne hatte der
*BFH* den Fall des ausgeliehenen Künstlers Z richtig entschieden. Im folgenden Urteil
*BFH* BStBl. 1970 II, 428 hatte eine englische Kapitalgesellschaft mit deutschen
Unternehmen Verträge abgeschlossen und sich in ihnen verpflichtet, technische,
praktische und kaufmännische Informationen und **Kenntnisse ihren Vertragspartnern zur Verfügung zu stellen.** Als Tatbestände einer beschränkten Steuerpflicht
waren in Betracht zu ziehen: gewerbliche Einkünfte, Einkünfte aus selbständiger
Tätigkeit und Einkünft aus Vermietung und Verpachtung. Gewerbliche Einkünfte
schieden mangels einer inländischen Betriebsstätte aus. Einkünfte aus Vermietung
und Verpachtung schieden mangels einer zeitlich begrenzten Überlassung von Rechten oder Erfahrungen aus – hieraus erklärt sich der mit dem 2. StÄndG 1973 in das
Gesetz aufgenommene § 49 I Nr. 9 EStG – nach Auffassung mancher Autoren eine
zweifelhafte Regelung, da ohne zeitliche Begrenzung der Nutzungsüberlassung diese

als Veräußerung zu werten ist, § 22 Nr. 3 EStG auch nicht die Veräußerung oder veräußerungsähnliche Vorgänge erfaßt (deswegen *Flies* DStZ 1995, 434: Die Gesetzesänderung ist verfehlt, es hätte die Steuerpflicht gem. § 22 Nr. 3 EStG dahin erweitert
werden müssen, daß auch die dauernde Nutzungsüberlassung von als Know-how zu
wertenden Erfahrungen als sonstige Einkünfte zu erfassen sind).

Die verbliebene
Möglichkeit, Einkünfte aus selbständiger Arbeit anzunehmen und damit die *RFH*-
Rechtsprechung zur Außerachtlassung ausländischer Sachverhaltsteile fortzusetzen,
lehnte der *BFH* ab – und hier wie in der folgenden Entscheidung ist der Anlaß für die
Normierung des § 49 II EStG zu suchen. Durch **Erfahrungshingabe** (so der *BFH*)
können Einkünfte im Sinne des § 18 und des § 15 EStG erzielt werden. Gewerbliche
Gewinne werden erzielt, wenn ein gewerbliches Unternehmen die in seinem Betrieb
gesammelten Erfahrungen im Rahmen seines Gewerbebetriebes Dritten überläßt:
„Eine andere rechtliche Beurteilung ist auch nicht aufgrund der sogenannten isolierenden Betrachtungsweise möglich. Diese Betrachtungsweise knüpft an den objektsteuerartigen Charakter der beschränkten Steuerpflicht an und zieht darauf die Folgerung, die Zuordnung bestimmter Einkünfte zu einer der in § 49 EStG genannten
Einkunftsarten können nur an Hand der Verhältnisse im Inland vorgenommen werden ... Diese Betrachtungsweise, an der der Senat grundsätzlich festhält, kann indes
nur in den Fällen zu sinnvollen Ergebnissen führen, in denen die Verhältnisse im Inland eine abschließende Beurteilung gestatten, ob die in Frage stehenden Einkünfte
einer der in § 49 EStG genannten Einkunftsarten zuzuordnen sind. Ist dagegen nur
ein Teil des gesetzlichen Steuertatbestandes im Inland verwirklicht, der nicht erkennen läßt, ob der zu beurteilende Sachverhalt unter eine der sieben Einkunftsarbeiten –
ggf. unter welche von diesen – subsumiert werden kann, so müssen die im Ausland
bestehenden Verhältnisse insoweit in die Betrachtung miteinbezogen werden, als dies
erforderlich ist, um die Einkünfte ihrem objektiven Wesen nach zu bestimmen. Die
isolierende Betrachtungsweise besagt in der vom *RFH* vertretenen Form lediglich,
daß die Verhältnisse im Ausland nicht dazu führen dürfen, Einkünfte, die nach ihrem
objektiven Wesen einer bestimmten Einkunftsart zuzurechnen sind, in Anwendung
einer Subsidiaritätsklausel den Einkünften aus Gewerbebetrieb zuzuordnen, nur weil
sie einem im Ausland befindlichen Gewerbebetrieb zugeflossen sind ... Diese Betrachtung ist auf Fälle der vorliegenden Art jedoch schon deshalb nicht anwendbar,
weil die Tatbestände des § 18 EStG und des § 15 EStG zueinander nicht im Verhältnis der Subsidiarität stehen. Beide Tatbestände schließen sich vielmehr gegenseitig
aus, so daß die isolierende Betrachtungsweise gar nicht dazu führen kann, anstelle
des einen den anderen als Besteuerungsgrundlage heranzuziehen". Und hieran anknüpfend *BFH* BStBl. 1970 II, 567: Eine Kapitalgesellschaft nach US-amerikanischem Recht hatte sich gegenüber einer inländischen GmbH dazu verpflichtet, Informationen über die durch sie angewandte Methoden, Verfahren und Rezepte bei der
Fabrikation solcher Erzeugnisse zu geben, die auch sie selbst herstellte. Unter Hinweis auf das vorangehend genannte Urteil werden Einkünfte aus selbständiger Arbeit
ausgeschlossen, da die **Erfahrungshingabe aus einer gewerblichen Tätigkeit** folgt;
mangels inländischer Betriebsstätte scheide eine beschränkte Steuerpflicht insoweit
aus. Und zu einer US-amerikanischen Kapitalgesellschaft, die für ein inländisches
Unternehmen **Designerleistungen** erbrachte, *BFH* BStBl. 1974 II, 511: Die Zuordnung zu den Einkünften aus selbständiger Tätigkeit ist insoweit ausgeschlossen, „als
es in der Person des Tätigwerdenden in Ansehung dieser Einkünfte an der Erfüllung
des Begriffs der selbständigen Arbeit fehlt, an den § 49 I Nr. 3 EStG durch den Hinweis auf § 18 EStG anknüpft. An dieser Beziehung zum Begriff zur selbständigen
Arbeit fehlt es, wenn ein Dritter im Ausland das Recht auf Verwertung des Produkts
selbständige Arbeit erworben hat und dieses Recht durch entgeltliche Übertragung
auf einen anderen im Inland verwertet ... als auch hier die in § 49 I Nr. 3 EStG enthaltene Verknüpfung mit dem Begriff der selbständigen Arbeit ausschließt, da eine

Kapitalgesellschaft schlechterdings keine Einkünfte aus freiberuflicher Tätigkeit erzielen kann." Die damit letzte vor dem 2. StÄndG 1973 und damit vor Einfügung des § 49 II EStG ergangene BFH-Entscheidung bestätigte – wiederum am Beispiel einer Zurverfügungstellung von Erfahrungen und Kenntnissen durch eine ausländische Kapitalgesellschaft – daß sich der *BFH* insoweit von der *RFH*-Rechtsprechung gelöst hatte, als er doch auf den im Ausland verwirklichten Sachverhalt zurückgriff. Damit verbunden war die Unsicherheit über die Reichweite einer solchen Aussage: Klar abgegrenzt erschien die Betrachtung der Einkünfte aus selbständiger Tätigkeit: Einbeziehung des ausländischen Sachverhalts – im übrigen klare Stellungnahme gegen eine Tatbestandsverwirklichung durch eine Kapitalgesellschaft. Die *RFH*-Rechtsprechung wurde allein unter dem Gesichtspunkt verstanden, Subsidiaritätsklauseln zu überwinden und gewerbliche Einkünfte zu vermeiden.

**18**    (4) Legt man zum Verständnis des § 49 II EStG diese Entwicklung zugrunde, so kann die Bestimmung, daß „im Ausland gegebene Besteuerungsmerkmale außer Betracht bleiben, soweit bei ihrer Berücksichtigung inländische Einkünfte im Sinne des Absatzes 1 nicht angenommen werden können", in zweifacher Hinsicht verstanden werden: Als eine Bestätigung der bisherigen Rechtsprechung – aber auch zugleich und insoweit auch weitergehend als Korrektur der zuletzt genannten *BFH*-Entscheidungen. Der *BFH* selbst sieht seine Rechtsprechung durch § 49 II EStG bestätigt (BStBl. 1983 II, 213) – damit ist der Gesichtspunkt der ausländischen Kapitalgesellschaft und der fehlende Bezug von Einkünften aus selbständiger Tätigkeit gemeint – insbesondere die seit VZ 1986 geltende Erfassung von Einkünften aus künstlerischer und sportlicher Tätigkeit in § 49 I Nr. 2d EStG würde dies bestätigen: Denn wenn eine Körperschaft keine Einkünfte aus selbständiger Arbeit erzielt, wäre die Besteuerung ausländischer Körperschaften, die **Künstler in das Inland verleihen,** nur möglich, wenn die Körperschaft eine inländische Betriebsstätte (Vertreter) unterhält. Dagegen *Flies* (DStZ 1995, 433): Der Zweck der Gesetzesänderung besteht darin, die Rechtsprechung (wie durch *BFH* BStBl. 1970 II, 428 repräsentiert) zu korrigieren – wenngleich er zutreffend ergänzt, daß die auch zugleich erfolgende Regelung in § 49 I Nr. 9 EStG damit in einem Zusammenhang steht. Die eingeschränkte Verwertung eines ausländischen Sachverhalts nur auf die Subsidiaritätsklausel und damit nur auf den Ausschluß gewerblicher Einkünfte wegen einer fehlenden Betriebsstätte zu beziehen, ist aber mit § 49 II EStG mangels jedweden Hinweises hierauf nicht zu vereinbaren.

In Kenntnis des § 49 II EStG, nur einen Fall eines früheren Verlängerungszeitraums betreffend *BFH* 1983 II, 213 zu einem geradezu klassischen **Künstlersachverhalt.** Eine inländische GmbH hatte mit einer schweizerischen Kapitalgesellschaft M vereinbart, daß auf einer von der GmbH durchgeführten Veranstaltung die Sängerin X sowie deren Orchester auftreten sollten. Das Finanzamt forderte die GmbH durch Haftungsbescheid zur Zahlung des Steuerabzugs auf. Der *BFH*: Gläubigerin der Vergütung war die ausländische Kapitalgesellschaft M, diese hat den Auftritt der X in seiner Gesamtheit „verkauft" und die Leistungen der X durch ihre Begleitung zur Verfügung gestellt. Die M erhielt dieses Entgelt nicht für die Ausführung einer Tätigkeit als Künstler: „Der Senat teilt die Auffassung des FG, daß sie sog. isolierende Betrachtungsweise ... keine Steuerpflicht der M i. S. des § 49 I Nr. 3 EStG begründet. Die Ausübung einer Tätigkeit als Künstler durch die X ... führt nicht zu Einkünften der M aus selbständiger Arbeit. Das folgt aus § 49 I Nr. 3 EStG, der, wie der Klammerzusatz ausdrücklich bestimmt, an § 18 EStG anknüpft. Der M kann weder die von der X ausgeübte Tätigkeit als Künstlerin zugerechnet werden noch kann sie als Kapitalgesellschaft Einkünfte aus selbständiger Arbeit erzielen ... Ob dies auch für einen Fall wird gelten können, in dem § 49 II EStG in der ab 1974 geltenden Fassung anzuwenden ist, kann offenbleiben. Für den im Streitfall maßgebenden Veranlagungszeitraum 1970 galt diese Vorschrift noch nicht". *BFH* BStBl. 1983 II, 367 hatte alsdann im Geltungsbereich des § 49 II EStG im Aussetzungsverfahren einen Fall vorzuliegen, in dem eine inländische GmbH von einer ausländischen Kapitalgesellschaft durch „Urheber- und Verwertungsvertrag" im Zusammenhang mit der Verwirklichung eines **Filmvorhabens sämtliche urheberrechtlichen Nutzungs-, Leistungs- und sonstigen Schutzrechte** an einem Drehbuch erworben hatte. Das Finanzamt erließ wegen der Vergütung hierfür einen Haftungsbescheid gegen die inländische GmbH (§ 49 I Nr. 3 EStG). Der *BFH:* Das FG hat zutreffend darauf hingewiesen, daß ausländische Kapitalgesellschaften bis zum Inkrafttreten des 2. StÄndG 1973 mit Vergütungen, die sie aus der Überlassung von Rechten an inländischen Unternehmen bezogen, nicht nach § 49 I Nr. 3 EStG beschränkt steuerpflichtig waren. Ob diese Rechtsprechung durch § 49 II EStG „obsolet geworden ist, scheint zweifelhaft. Nach § 49 II EStG n. F. bleiben danach im Ausland gegebene Besteuerungsmerkmale außer Betracht, soweit bei ihrer Berücksichtigung inländische Einkünfte im Sinne des Absatzes 1 nicht angenommen werden könnten. Entgegen der Ansicht der FA ist der mögliche Wortsinn der Vorschrift nicht eindeutig. Er läßt die vom FG vertretene Auslegung zu, daß die Zuordnung von Einkünften, die ein beschränkt Steuerpflichtiger aus inländischen Quellen bezogen hat, allein nach den im Inland gegebenen Besteuerungsmerkmalen vorzunehmen sind, und zwar auch dann, wenn ein Teil des gesetzlichen Tatbestandes im Ausland verwirklicht wurde ... Möglich ist aber auch die im Schrifttum überwiegend vertretene Ansicht, daß § 49 II EStG n. F. die isolierende Betrachtungsweise im Sinne der oben dargestellten *BFH*-Rechtsprechung gesetzlich verankert werden sollte ... Für die Auffassung der herrschenden Meinung spricht der Sinnzusammenhang, in den die Vorschrift hineingestellt ist ... Bei summarischer Beurteilung ist § 49 II EStG somit dahin zu verstehen, daß nur die Priorität des inländischen Sachverhalts bei der Bestimmung der Einkunftsart sichergestellt werden soll: Ausländische Besteuerungsmerkmale sind nur insoweit unbeachtlich, als ihre Berücksichtigung eine nach den Verhältnissen im Inland begründete Steuerpflicht ausschließen würde." Jedoch im Streitfall sah der *BFH* die Voraussetzungen des § 49 I Nr. 6 EStG als erfüllt an, weil die Vergütung für die „zeitlich begrenzte Überlassung von Rechten", die in der inländischen Betriebsstätte der GmbH verwertet worden sind, erfolgen (insoweit s. bereits Q 10).

(5) Damit ist ein erstes Zwischenergebnis möglich. Trotz des eher un-  **19** verständlichen, jedenfalls nicht eindeutigen Wortlauts des § 49 II EStG gestattet die Entstehungsgeschichte die Aussage, daß ungeachtet der Subsidiaritätsklausel eine beschränkte Steuerpflicht gegeben ist, wenn der – an sich – subsidiäre Tatbestand mit seiner inländischen Anknüpfung nach § 49 I EStG aufgrund der innerstaatlichen Sachverhaltsbestandteile erfüllt ist. Die nach den Subsidiaritätsklauseln vorrangige gewerbliche Einkunftsart ist nicht erfüllt – aber das steht der beschränkten Steuerpflicht wegen erzielter Kapitaleinkünfte usw. nicht entgegen. Die

isolierende Betrachtungsweise kann aber auch dann angewendet werden, wenn es sich um Einkunftsarten handelt, die nicht im Verhältnis der Subsidiarität stehen. Einer ausländischen Kapitalgesellschaft können Einkünfte aus einer selbständigen Tätigkeit hiernach zugerechnet werden – *Flies* (DStZ 1995, 434) hat dies aus der Entstehungsgeschichte des Gesetzes überzeugend abgeleitet. Es wäre auch unverständlich gewesen, nur die Geltung von Subsidiaritätsklauseln sicherstellen zu wollen, ohne in Anbetracht des vorliegenden und umstrittenen Fallmaterials hierauf im Gesetzestext Bezug zu nehmen. Man kann dann noch die Bedeutung der weiteren Ergänzungen des § 49 I heranziehen: § 49 I Nr. 9 EStG (Knowhow-Überlassung) steht mit der isolierenden Betrachtungsweise in keinem Zusammenhang, soweit es um die Möglichkeit einer zeitlichen Nutzung geht, im übrigen stünde wegen § 49 II EStG die Eigenschaft der Know-how-Überlasserin als ausländische Kapitalgesellschaft der beschränkten Steuerpflicht nicht entgegen. § 49 I Nr. 2d EStG korrigiert ausdrücklich die entgegenstehende *BFH*-Rechtsprechung (s. *BFH* BStBl. 1983 II, 213 zum Auftritt der Sängerin aufgrund eines Überlassungsvertrags), so daß es auf § 49 II EStG insoweit nicht ankäme (dazu die Bedenken bei *Krabbe* in *Blümich* § 49 EStG Rz 33, eine künstlerische Tätigkeit könne nicht unter § 49 II EStG fallen). Es gibt insoweit mithin zwei ganz unterschiedliche, entgegengesetzt wirkende Gesichtspunkte: einerseits den, ob § 49 II EStG geeignet sei, eine ausländische juristische Person beiseitezuschieben, andererseits den, deren Existenz zwar nicht in Frage zu stellen, ihr aber möglicherweise wesensfremde Tätigkeiten zuzurechnen. § 49 I Nr. 2f EStG steht nicht mit der Auslegung des § 49 II EStG in einem Zusammenhang, sondern verfolgt ein davon unabhängiges Ziel: Gleichbehandlung ausländischer vermögensverwaltender Körperschaften mit inländischen vermögensverwaltenden Körperschaften. *Flies* aaO, S. 436 in einer zusammenfassenden Sicht: Nur um die im Ausland erfolgte gewerbliche Prägung bestimmter Einkunftsarten auszugestalten, bedarf es des § 49 II EStG. Soweit Sonderregelungen nicht greifen (freiberufliche Leistungen außerhalb künstlerischer und sportlicher), könne nur über § 49 II EStG eine Steuerpflicht hergeleitet werden.

**20**      (6) Ganz anders dagegen und insoweit noch einmal auf eingangs bereits angestellte Überlegungen zurückkommend *Mössner* in Festschrift *Flick* S. 947 ff.: § 49 I EStG verweist auf die Sachnormen der §§ 13 ff. EStG zur Bestimmung der Steuergegenstände; daran ändert sich im Kern auch dadurch nichts, daß in einzelnen Tatbeständen eine nähere Beschreibung des Steuergegenstands erfolgt. Aber der eigentliche Regelungsgehalt besteht – wie unter (1) bereits dargelegt – in den verschiedenen Tatbeständen die Inlandskriterien zu bestimmen. Erst wenn diese gegeben sind, kann die Frage nach dem aus den §§ 13 ff. EStG abgeleiteten Steuergegenständen abgeleitet werden. *Mössner* benutzt dazu wie erwähnt die Unterscheidung von Kollisionsnorm und Sachnorm; aber dieser Unterscheidung bedarf es nicht, um anzuerkennen, daß eine solche Sicht der vorrangigen Bestimmung der Inlandskriterien zutreffend ist. Ganz plastisch läßt sich dies an zwei Möglichkeiten demonstrieren, Einkünfte aus Kapitalvermögen eines ausländischen Gewerbetreibenden A in § 49 I EStG einzuordnen: A bezieht diese Einkünfte als gewerbliche Einkünfte, sofern er im Inland eine Betriebsstätte unterhält; oder A unterhält im Inland weder eine Betriebsstätte noch einen ständigen Vertreter – er kann folglich keine gewerblichen Einkünfte i. S. des § 49 I Nr. 2 a EStG beziehen.

Der Unterschied liegt auf der Hand: Nach der zweiten Fragestellung bedarf es keiner weiteren Prüfung der Gewerblichkeit, § 15 EStG steht zur Beurteilung des Sachverhalts erst gar nicht zur Verfügung. Folglich kommt nur § 49 I Nr. 5 EStG in Betracht: Zu diesem Ergebnis gelangt man nicht deshalb, weil man von irgendeinem im Ausland gegebenen Besteuerungsmerkmal abgesehen oder weil man die Verhältnisse im Inland isoliert betrachtet hat, sondern weil es an dem erforderlichen Inlandsbezug einer Betriebsstätte bzw. eines ständigen Vertreters fehlt *(Mössner:* weil keine Kollisionsnorm auf die gewerblichen Einkünfte verwiesen hat) – ohne daß daraus aufgrund irgendeines Tatbestandsmerkmals auf eine damit verbundene Sperrwirkung zu schließen wäre. Dahingestellt bleiben kann bei dieser Betrachtungsweise, wer den Tatbestand erfüllt (natürliche oder juristische Person), ob der Vermögensgegenstand einem Betriebs- oder einem Privatvermögen zuzurechnen ist und was die Subsidiaritätsklausel in § 20 III EStG besagt. Es gibt keine Normkonkurrenz. Es ist das **Inlandskriterium, das den anwendbaren Tatbestand bestimmt.** *Mössner* an anderer Stelle (Diskussionsbeitrag in Forum Nr. 2): Man muß § 49 EStG anders lesen. Er besagt: Nur wenn eine Betriebsstätte vorliegt, dann kommt § 15 EStG zur Anwendung. Wenn ein inländisches Grundstück Anknüpfungspunkt ist, dann gilt § 21 EStG. Das alles schließt nicht etwa die Subsidiaritätsregeln von vornherein aus – sie behalten ihren Platz, sofern hauptsächlich eine Normkonkurrenz gegeben ist (einer inländischen Betriebsstätte ist ein Darlehen, ein Wertpapier usw. anzurechnen). Nach dieser Sicht erweist sich § 49 II EStG als überflüssig.

Gegensätzlich hierzu der Inhalt der isolierenden Betrachtungsweise, wie er von *Clausen* in *H/H/R* Rz 1215 zu § 49 EStG vorgestellt wird (ohne daß dies zu nennenswerten Abweichungen bei der Fallösung führt): Führt die Berücksichtigung des gesamten im In- und Ausland verwirklichten Sachverhalts zu einer Einkunftsart, bei der die für diese Einkunftsart relevanten inländische Anknüpfungsmerkmale nicht vorliegen, so gibt § 49 II EStG die Rechtsgrundlage dafür, im Ausland gegebene Besteuerungsmerkmale außer Betracht zu lassen, um auf diese Weise zu einer anderen Einkunftsart zu kommen, deren inländische Anknüpfungsmerkmale vorliegen – aber das ist eine überflüssige Umwegkonstruktion; und wie wenig sie auf einem überzeugenden Gesetzesverständnis beruht, wird aus der weiteren Formulierung *Clausens* deutlich, die Betrachtungsweise gestatte, „soviel ausländischen Sachverhalt bei der Einkunftsqualifizierung wegzulassen, wie erforderlich ist, um zu einer anderen Einkunftsart zu gelangen ...".

Macht man sich *Mössners* Sicht zu eigen, bedarf es auch keines besonderen Verständnisses der „Besteuerungsmerkmale" als „einkunftsqualifizierende Sachverhaltselemte" wie bei *Clausen:* Die inländische Anknüpfung wird tatbestandsmäßig durch einen inländischen Sachverhalt bestimmt – ausländischer Sachverhalt trägt hierzu nicht bei. Inwieweit er in die Prüfung der Voraussetzungen des Steuergegenstandes einzubeziehen ist, bestimmen die Tatbestandsmerkmale. Die Frage, ob eine Kapitalgesellschaft Kunst ausüben, Gesang darbieten, als Inhaber von Nutzungs- und Schutzrechten an einem Drehbuch eine selbständige Tätigkeit ausüben oder verwerten, eine Beratungsleistung erbringen kann: Das hängt nicht von der Frage ihrer ausländischen Ansässigkeit ab, und ebensowenig kann darüber hinweggegangen werden, daß es sich um eine Kapitalgesellschaft handelt. Für die inländische Kapitalgesellschaft gilt § 8 II KSt, für die ausländische Kapitalgesellschaft ist die Verwirklichung eines der Tatbestände des § 49 I EStG zu prüfen, ohne daß die Gewerblichkeitsfiktion (vom Fall des § 238 HGB abgesehen) hierbei eine Rolle spielen kann und ohne daß sich die **Prägung selbständiger Arbeit durch die Person des Ausübenden** als eine immer unüberwindbare Schranke zeigt. Es wird auch insoweit nichts negiert, eine ausländische Kapitalgesellschaft bleibt auch bei inländischer Betätigung eine ausländische Kapitalgesellschaft. Nur ist nicht entscheidend, was die im Ausland tut – das zu berücksichtigen schließt nicht erst § 49 II EStG aus –, der jeweilige Tatbestand des § 49 I EStG gibt dafür nichts her. Die Entscheidung des *BFH* BStBl. 1983 II, 213 zur Künstlerzurverfügungstellung im Inland war richtig, weil die Vermittlungstätigkeit nicht unter § 49 I Nr. 3 EStG fallen konnte und kann. Die Entscheidung des *BFH* BStBl. 1970 II, 428 war unrichtig, weil gewerbliche Tätigkeit mangels inländischer Betriebsstätte ausschied und nicht entscheidend sein konnte, worauf die Erfahrungen und Pläne zurückzuführen waren. Der englische Rechtsanwalt, der auf den Kanalinseln in größerem Umfang auch als Trustee, Vermögensverwalter, Geschäftsführer von Off-shore-Unternehmen tätig wird und in einem Rechtsstreit vor dem OLG Hamburg einen Deutschen berät (Fall nach *Clausen* aaO, Rz 1221) ist mit seinem Anwaltshonorar gem. § 18 I Nr. 3 EStG beschränkt steuerpflichtig, da sein Beratungsergebnis im Inland verwertet wird; daß seine auf den Kanalinseln ausgeübte Tätigkeit teils freiberuflich, teils gewerblich ist, interessiert überhaupt nicht und bleibt auch nicht erst als Folge des § 49 II EStG außer acht. Gleiches gilt für den Steuerausländer, der ein Gebäude zur Unterbringung von Asylanten an eine Stadt vermietet, wobei der Mietvertrag die Gestellung von Bettwäsche, Essen, Heimaufsicht u. ä. vorsieht (Fall nach *Clausen* ebenda): Es bedarf keines Umkehrschlusses aus § 49 II EStG, wonach im Inland verwirklichter Sachverhalt vollständig zu berücksichtigen ist. Denn eine andere Subsumtion als die unter § 49 I Nr. 2a EStG ist nicht möglich. Der Fall des schweizerischen Rezitators, der in der Schweiz nur Verluste erzielt, während deutsche Auftritte zu Gewinnen führen (*Crezelius* in Forum Nr. 2, S. 100), ist schon deswegen kein Fall des § 49 II EStG, weil das Liebhabereiproblem keine Frage der Einkünftequalifikation ist, sondern ein Problem der Einkünfteerzielungsabsicht als zwingendes Tatbestandsmerkmal jeder Einkunftsart. Richtig daher *Clausen* aaO, Rz 1230: Tatbestandsmerkmale einer Einkunftsart können mit Hilfe der isolierenden Betrachtungsweise weder unterdrückt noch fingiert werden. Ob das *BMF*-Schreiben DStR 1990, 151 betr. ausländische Gestüte und Rennställe dem entgegensteht, ist fraglich, da es möglicherweise auf die Frage einer abzugrenzenden, weil organisatorisch verselbständigten Inlandtätigkeit ankommt. Der Rezitatorenfall führt zur Liebhaberei, insoweit gilt das Gebot „offener Grenzen"; in diesem Sinne auch der Fall des Briefmarkensammlers bei *Clausen* Rz 1230. Der ausländische Landwirt, der im Inland im Interesse eines ausländischen Hauptbetriebs einen gewerblichen Nebenbetrieb führt, ist nach den im Inland gegebenen Merkmalen zu beurteilen – welche Verbindung mit dem Auslandshof besteht, ist nicht relevant.

Und schließlich der kontrovers diskutierte Fall der **Betriebsaufspaltung über die Grenze** (s. bereits Q 10), der nach der Sicht *Mössners* problemlos einzuordnen ist: Die ausländische Besitzgesellschaft als Gewerbebetrieb, der mangels einer inländischen Betriebsstätte keine Einkünfte zugerechnet werden könnten. Die Diskussion hierüber (s. Forum Nr. 2, S. 102 ff.) hat gezeigt, zu welchen Ergebnissen ein an einer verselbständigten Interpretation des § 49 II EStG ausgerichtetes Verständnis führt. Im Grunde genommen ist zu dieser Frage nicht mehr auszuführen als das, was *Wassermeyer* (S. 103) hierzu erklärte: Es wird im Inland eine Vermietung und Verpachtung vorgenommen. Die Gewerblichkeit fehlt nur deshalb, weil die Geschäftsleitung dieses Vermietungsunternehmens und die Betriebsstätte im Ausland liegen: „Wenn ich Geschäftsleitung und Betriebsstätte im Inland wegdenke, bleibt im Inland die Vermietung und Verpachtung, d. h. eine nicht unternehmerische Tätigkeit. Warum soll ich dann nicht mit Hilfe des § 49 II EStG zu einer Besteuerung gelangen?" Die Vertreter einer Betriebsaufspaltung über die Grenze sagen dazu: Damit blieben im Inland gegebene „richterliche Sachverhaltselemente" außer Betracht (*Crezelius* aaO, S. 101); betrachtet man nur den Sachverhalt im Inland (§ 49 II EStG), gelange man zur Betriebsaufspaltung (*Haarmann* aaO, S. 107). Daß eine Diskussion der Frage, ob der „einheitliche geschäftliche Betätigungswille" ein im Ausland oder ein im Inland gegebenes Tatbestandsmerkmal erstellt, zur Lösung überhaupt nichts beitragen kann, liegt aber auf der Hand: Führt nämlich das Ergebnis hieraus zur Gewerblichkeit des ausländischen Unternehmens, scheitert deren Maßgeblichkeit an der fehlenden Betriebsstätte im Inland; im Inland liegt ein reiner Vermietungstatbestand vor – der Fall ist mit § 49 I Nr. 6 EStG gelöst. Da ja über das Außerachtlassen der Gewerblichkeit eines Steuerausländers bei der Vermietung eines inländischen Grundstücks kein Zweifel besteht: Auf welchem Weg soll dann die über das Merkmal des „einheit-

lichen geschäftlichen Betätigungswillen" herbeigeführte Gewerblichkeit des Steuerausländers nun doch bestimmend werden? Ohne den Wortlaut des § 49 II EStG
würde eine solchen Gedanken niemand ernsthaft verfolgen.

## III. Sondervorschriften; Steuerabzug und Steuerveranlagung
## (§§ 50, 39d, 43, 50a EStG)

**21**  Systematik, Wesen und Abgrenzung gegenüber der unbeschränkten
Steuerpflicht waren bereits Gegenstand der Betrachtung (s. M 24). Für
das weitere Verständnis der beschränkten Steuerpflicht und ihrer Rechtsfolgen ist nun von entscheidender Bedeutung, zwischen dem Steuerabzugsverfahren und seiner verfahrensrechtlichen Abgeltungswirkung (mit
Ausnahmen) und dem Veranlagungsverfahren zu unterscheiden. Diese
Unterscheidung bestimmt die folgende Darstellung. Die Inanspruchnahme des inländischen Vergütungsschuldners als zum Steuerabzug
Verpflichteten, seine Haftung für den Steuerschuldner und die Neuregelung des § 50a VII EStG durch das Steuerentlastungsgesetz 1999/2000/
2002 (Steuerabzugspflicht bei Zahlungen an ausländische Werkvertrags-
unternehmen) stellen einen Schwerpunktbereich des IStR dar.

### 1. Übersicht: Beschränkt steuerpflichtige Einkünfte (Steuerabzug oder Veranlagung)

**22**  Um in dem Gewirr und den zunächst völlig undurchschaubaren, weil
sich als ein Produkt mannigfacher Ergänzungen, Erweiterungen und
Lückenschließungen darstellenden Regeln zur Durchsetzung des Steueranspruchs gegenüber beschränkt Steuerpflichtigen Strukturen sichtbar zu
machen oder, einfacher ausgedrückt, den roten Faden nicht zu verlieren,
ist zunächst an **die Einkünfte gem. § 49 I EStG** anzuknüpfen. Sie **unterliegen durch das Verfahrensrecht keiner Veränderung mehr:**
Weder werden weitere Steuerpflichten begründet noch bestehende erweitert – was man sich in Anbetracht der Verselbständigung der insbesondere mit § 50a EStG verbundenen Probleme durchaus bewußt machen sollte. Auch die umstrittene, nicht zur Durchführung gelangte und
nunmehr aufgehobene (Steuerbereinigungsgesetz 1999) Neuregelung in
§ 50a VII EStG, die sich als Steuerabzug „auf Verdacht" erwies, ändert
daran nichts. Der *BFH* hatte im Urteil DB 1984, 1977 Anlaß, am Beispiel des Kapitalertragsteuerabzugs den Vorrang des § 49 I EStG klarzustellen. Da die Unterscheidung zwischen einer Steuerveranlagung und
einem Steuerabzug aus dem Recht der Besteuerung unbeschränkt Steuerpflichtiger bekannt ist, wird zunächst nicht grundsätzliches Neuland
betreten. Geht man die Einkünfte in der Reihenfolge des § 49 I EStG
durch, so zeigt sich folgendes Bild:

– Einkünfte aus Land- und Forstwirtschaft gem. § 49 I Nr. 1 EStG: Steuererhebung erfolgt durch eine Veranlagung. Denn: das Gesetz sieht einen Steuerabzug mit abgeltender Wirkung und damit den Ausschluß einer Veranlagung in bestimmten Fällen vor – soweit solche Sonderregeln nicht bestehen erfolgt ein Veranlagungsverfahren (und zwar nach den materiell-rechtlichen Besteuerungsnormen des § 50 EStG). Es gibt für die Land- und Forstwirtschaft keinen Bezug zu einem Steuerabzugsverfahren.

– Einkünfte aus Gewerbebetrieb gem. § 49 I Nr. 2a EStG: Es erfolgt eine Veranlagung.

– Einkünfte aus dem Betrieb von Seeschiffen oder Luftfahrzeugen gem. § 49 I Nr. 2b EStG: Unwiderlegbare Vermutung des § 49 III EStG (Gewinnfiktion).

– Einkünfte aus dem Betrieb von Seeschiffen oder Luftfahrzeugen im Rahmen einer Betriebsgemeinschaft oder eines Pool-Abkommens gem. § 49 I Nr. 2c EStG: Veranlagung, die Gewinnfiktion des § 49 III EStG ist nicht anwendbar.

– Ausübung und Verwertung gewerblicher Inlandstätigkeit durch künstlerische, sportliche, artistische oder ähnliche Darbietungen gem. § 49 I 2d EStG: Es erfolgt gemäß §§ 50a IV, 50 V Satz 1 EStG ein Steuerabzug (Bruttosteuerabzug) durch den inländischen Vergütungsschuldner mit grundsätzlich abgeltender Wirkung.

– Besteuerung stiller Reserven gem. § 49 I Nr. 2e, f EStG: Veranlagung.

– Einkünfte aus selbständiger Arbeit gem. § 49 I Nr. 3 EStG: Veranlagung erfolgt, soweit kein Steuerabzug vorgesehen ist; Steuerabzug mit abgeltender Wirkung bei Aufsichtsratsvergütungen (§ 50a I–III EStG), bei Einkünften aus der Ausübung oder Verwertung einer Tätigkeit als Künstler, Schriftsteller, Journalist, oder Bildberichterstatter (§ 50a IV Satz 1 Nr. 3) und bei Einkünften für die Überlassung der Nutzungen oder des Rechts auf Nutzungen von Rechten (§ 50a IV Satz 1 Nr. 3). Aber: der Einbehalt nach § 50a IV EStG hat dann keine abgeltende Wirkung, wenn die Einkünfte Betriebseinnahmen eines inländischen Betriebs sind (§ 50 V Satz 3 Nr. 1 EStG).

– Einkünfte aus nichtselbständiger Arbeit gem. § 49 I Nr. 4 EStG: Lohnsteuerabzug nach §§ 38 I 1 Nr. 1, 39d EStG – abweichend hiervon für EU-Arbeitnehmer eine Veranlagung nach § 50 V EStG. Rechtsgrundlage für einen pauschalen Lohnsteuerabzug für bestimmte unselbständige beschränkt steuerpflichtige und nur kurzfristig beschäftigte Auslandskünstler ist § 50 VII EStG.

– Einkünfte aus Kapitalvermögen gem. § 49 I Nr. 5 EStG: Steuerhebung nach §§ 43 ff. EStG im Wege des Kapitalertragsteuerabzugs, weitgehend ohne Veranlagungsmöglichkeit, ohne Steuerabzug. Werden die Kapitaleinkünfte durch eine inländische Betriebsstätte vereinnahmt: § 50 V Satz 3 EStG als Veranlagungsfall und damit als Ausnahme vom Abgeltungsgrundsatz.

– Einkünfte aus Vermietung und Verpachtung (Nutzungseinkünfte) gem. § 49 I Nr. 6 EStG: Steuererhebung durch Steuerabzug gem. § 50a IV Satz 1 Nr. 3, wobei § 50a IV Satz 1 Nr. 3 einerseits bestimmte Einkünfte i.S. von § 49 I 2, 3, 6 und 9, andererseits aber – bezogen auf die Einkünfte aus Vermietung und Verpachtung – wiederum nicht alle Einkünfte des § 49 I Nr. 6 erfaßt. Für Einkünfte aus der Vermietung und Verpachtung von unbeweglichem Vermögen und von Sachinbegriffen erfolgt eine Veranlagung, für Einkünfte aus der Überlassung der Nutzung oder des Rechts auf Nutzung von Rechten ist der Steuerabzug vorgesehen.

– Sonstige Einkünfte i.S. des § 22 Nr. 2 EStG gem. § 49 I Nr. 8 EStG: Veranlagung, da kein Steuerabzug vorgesehen.

– Bestimmte sonstige Einkünfte i.S. des § 22 Nr. 4 EStG gem. § 49 I Nr. 8a EStG: Veranlagung, da kein Steuerabzug vorgesehen.

## 2. Veranlagung (§ 50 EStG)

**23**    (1) Nur in den Fällen, in denen das Gesetz nicht einkunftsbezogen einen abgeltenden Steuerabzug vorsieht, ist für beschränkt Steuerpflichtige ein Veranlagungsverfahren zur Einkommen- oder Körperschaftsteuer durchzuführen. Im Veranlagungsfall sind die materiellen Besteuerungsvorschriften des § 50 EStG zu beachten (zur Bedeutung für die Besteuerung bei inländischer Betriebsstättenbedingung s. bereits P 33). Systematisch in die Veranlagungsfälle einzubeziehen ist auch das Steuererstattungsverfahren auf Antrag gem. § 50 V Satz 4 Nr. 2, 3 EStG, weil es den abgeltenden Steuerabzug, wie er sich aus § 50 V Satz 1 ergibt, überwindet; ebenso die Steuererstattung nach einem Steuerabzug gem. § 50 VII, VIII EStG, sofern sich der Abzug als „rechtsgrundlos" erweist. Man kann nunmehr als **Veranlagungsfälle zusammenfassend nennen** (*Schaumburg* S. 229):

– Fälle, in denen ein Steuerabzug an der Quelle nicht vorgesehen ist (s. dazu die einzelnen Einkunftsarten in der vorangestellten Übersicht),

– Fälle, in denen an sich und nach dieser Übersicht Einkünfte einem Steuerabzug unterliegen, diese Einkünfte aber zu den Betriebseinnahmen eines inländischen Betriebs gehören und damit in die „Veranlagungsmasse" eingehen (§ 50 V Satz 3 EStG); hierzu sind auch die Fälle eines vorläufigen Steuerabzugs (Steuerabzug auf Verdacht) des § 50a VII, VIII EStG zu zählen, soweit ein solcher Betrieb vorhanden ist – ist aber ein solcher Betrieb nicht vorhanden, erweist sich der Steuerabzug als vorläufiger Abzug, als Abzug „auf Verdacht".

– Fälle, in denen sich später herausstellt, daß die Voraussetzungen der erweiterten unbeschränkten (§ 1 II EStG) oder der fingierten unbeschränkten Steuerpflicht (§§ 1 III; 1a EStG) nicht vorlagen (§ 50 V Satz 4 Nr. 1 EStG).

– Fälle, in denen eine Steuerveranlagung/Steuererstattung gem. § 50 V Satz 4 Nr. 2, 3 EStG beantragt wird.

**24**    (2) Im Grundsatz wird das zu **versteuernde Einkommen bei beschränkt steuerpflichtigen Personen** nach den gleichen Regeln ermittelt wie bei unbeschränkt steuerpflichtigen Personen. Sieht man wiederum von der Besonderheit der Abzugsteuer mit Abgeltungswirkung ab, gibt es keine steuersystematisch besonders abzugrenzende inländische Bemessungsgrundlage bei beschränkter Steuerpflicht. Da die Einnahmeseite ohnehin im Zusammenhang mit den Einkunftsarten des § 49 I EStG ausreichend dargestellt wurde, kann es nunmehr nur noch um die Aufwandsseite bei inländischen Einkünften von Steuerausländern gehen. Dazu die Grundregel des § 50 I Satz 1 EStG, wonach Betriebsausgaben oder Werbungskosten nur insoweit abziehbar sind „als sie mit inländischen Einkünften in wirtschaftlichem Zusammenhang stehen." Das besagt nicht mehr und nicht weniger, als daß zwischen einer bestimmten steuerbaren Einkunftsquelle und Aufwendungen ein Veranlassungszusammenhang bestehen muß; damit ist zugleich sichergestellt, daß gegenüber den für unbeschränkt Steuerpflichtige geltenden Regeln keine Abweichungen bestehen, denn das Veranlassungsprinzip ist vor allem in § 4 VI EStG verankert (*Wassermeyer* in Forum Nr. 16, S. 41, 83). *Prinz* (Forum Nr. 16, S. 164): Grundsätzlich bestehen keine Besonderheiten bei Steuerausländern, abgesehen von § 8a KStG für Fremdfinanzierungskosten; double-dip-Überlegungen sind möglich zur „doppelten Geltendmachung von Aufwendungen" in unterschiedlichen Steuerordnungen, „vagabundierender Aufwand", der in ein steuerliches „Niemandsland" fällt, ist gestalterisch zu vermeiden. Das Thema der Einkünfteermittlung von Steuerausländern reduziert sich praktisch auf die Gewinnermittlung für inländische Betriebsstätten von Steuerausländern (dazu bereits P 20), ansonsten gibt es – soweit ersichtlich – keine aktuelle Rechtsprechung im Anwendungsbereich des § 50 I Satz 1 EStG zu anderen Einkunftsarten. § 50 II Satz 1 EStG schränkt für Steuerausländer den Verlustausgleich ein; versagt wird ein Ausgleich „mit Verlusten aus anderen Einkunftsarten" bei positiven Einkünften, die dem Steuerabzug unterliegen (Beispiel: gewerbliche Verluste und positives Arbeitseinkommen aus nichtselbständiger Tätigkeit) – ferner bei Einkünften i.S. des § 20 I Nr. 5 (Zinseinkünfte) und Nr. 7 (Erträge aus Kapitalforderungen jeder Art). Der Fall negativer Einkünfte, die dem Steuerabzug unterliegen, fällt ebenfalls unter das Ausgleichsverbot, wird aber aus § 50 V abgeleitet (*Schaumburg* S. 230: Der Ausschluß des Verlustausgleichs in beiden Richtungen ist eine Folge der Abgeltungswirkung des § 50 V Satz 1 EStG – was aber zugleich bedeutet, daß der Verlustausgleich nicht eingeschränkt ist, wenn die Abgeltungswirkung wie im Falle des § 50 V Satz 3 EStG entfällt). Zu beachten ist auch bei beschränkter Steuerpflicht die Mindestbesteuerung (§§ 2 III, 10d EStG) soweit inländische Einkünfte erzielt werden, die verschiedenen Einkunftsarten zuzuordnen sind und soweit positive Einkünfte für einen Ausgleich mit Verlusten aus anderen Einkunftsarten zur Verfügung stehen. Dazu *Herzig/Briesemeister* DB 1999, 1475 und zur Benachteiligung insbesondere ausländischer Objektgesellschaften: Vorgetragene Verluste aus V+V i.S. des § 49 I Nr. 6 EStG können infolge der an Einkunftsarten anknüpfenden Verrechnungssystematik der §§ 2 III, 10d EStG mit einem als gewerblich fingierten Veräußerungsgewinn aus demselben Objekt lediglich in den Grenzen der §§ 2 III, 10d EStG verrechnet werden. Ansonsten aber gilt der Grundsatz, daß Verlustausgleich und Verlustabzug bei beschränkter Steuerpflicht möglich sind, da auch für sie vom „Gesamtbetrag der Einkünfte" i.S. des § 2 III EStG auszugehen ist; es handelt sich eben nur um inländische Einkünfte i.S. des § 49 EStG. Zur systematischen Stellung des § 50 II insoweit *Kumpf/Roth* in *H/H/R* Rz 79 zu § 50 EStG: Als

Folge des Abgeltungsprinzips in § 50 V ist § 50 II überflüssig und Satz 1 im Wortlaut verunglückt; eigenständige Bedeutung hat § 50 II EStG nur insoweit, als er das Ausgleichs- und Abzugsverbot auch auf Kapitaleinkünfte i. S. des § 20 I Nr. 5, 7 EStG erstreckt. Die dem Verlustausgleichsverbot unterliegenden Einkünfte dürfen gem. § 50 II Satz 2 EStG auch nicht bei einem Verlustabzug (§ 10d EStG) berücksichtigt werden. § 10d EStG ist wiederum nach § 50 I Satz 2 EStG „nur anzuwenden, wenn Verluste in wirtschaftlichem Zusammenhang mit inländischen Einkünften stehen und sich aus Unterlagen ergeben, die im Inland aufbewahrt werden." Daraus folgt nicht der Ausschluß ausländischer Verluste, da sich dies bereits aus § 49 EStG ergibt. *Kumpf/Roth* aaO, Rz 60: Sinn und Zweck des § 50 I Satz 2 EStG ist der Ausschluß solcher Verluste vom Abzug, für die im Fall positiver Einkünfte keine Steuerpflicht besteht, weil es sich nicht um inländische Einkünfte handelt. Zur Voraussetzung der „Inlandsunterlagen" und der damit verbundenen gemeinschaftsrechtlichen Problematik (*EuGH* in Sachen Futura) s. K 50, P 26).

25  Was § 50 EStG im übrigen zur **Veranlagung bei beschränkter Steuerpflicht** aussagt, ist als Einschränkung gegenüber den Regeln zur unbeschränkten Steuerpflicht zu verstehen und ist in diesem Buch vorrangig bei dem Vergleich beider Steuerpflichten bereits dargestellt worden (s. ab M 28). Insoweit ist hier – dem § 50 I Sätze 3, 4 und der Systematik bei *Schmidt/Heinicke* Rz 27 ff. zu § 50 EStG folgend – nur noch zusammenfassend darzustellen, daß (1) für Sonderausgaben der Abzug grundsätzlich ausgeschlossen ist, § 10b (steuerbegünstigte Zwecke), § 34g (Steuerermäßigung bei Mitgliedsbeiträgen und Spenden) anwendbar sind, aber eine Eigennutzung von Inlandsobjekten voraussetzen (2) für außergewöhnliche Belastungen i. S. der §§ 33–33c grundsätzlich Tarifeinflüsse ausgeschlossen sind – mit den Ausnahmen für Grenzpendler und im Anwendungsbereich des § 1a EStG der fiktiven unbeschränkten Steuerpflicht, (3) Freibeträge und Freigrenzen nur in einem ganz eingeschränkten Umfang gelten, (4) im Bereich der sonstigen Tarifvergünstigungen der Ermäßigung nach § 34 I, II EStG nur noch eingeschränkt gilt. Zum Steuertarif § 50 III EStG: Die Einkommensteuer bemißt sich nach § 32a EStG, sie beträgt mindestens 25% (s. aber § 1a 1 Nr. 2 EStG); die Mindeststeuer wird für europarechtswidrig gehalten, s. den Vorlagebeschluß *FG Düsseldorf* EFG 2000, 70. In den Fällen der Antragsveranlagung gem. § 50 V Satz 4 Nr. 2 (dazu sogleich) ist ein positiver Progressionsvorbehalt nach § 32b I Nr. 3 EStG zu beachten (zum Progressionsvorbehalt aber erst im DBA-Recht S 338). Die Nichtanwendung des Splittingtarifs bei Steuerausländern verstößt nicht gegen Art. 3 I GG (s. *BFH* BStBl. 1965 II, 352), aber ob die Beschränkung der Vergünstigung bei überwiegend inländischen Einkünften auf Unionsbürger und EWR-Angehörige (§§ 1 III; 1a I Nr. 2a EStG) mit Art. 3 I GG vereinbar ist? § 50 VI EStG sieht – über § 34c EStG und eine Grundposition im IStR hinausgehend – zum Zwecke der Vermeidung der Doppelbesteuerung auch bei beschränkter Steuerpflicht die **Anrechnung ausländischer Steuern** auf die deutsche Einkommensteuer oder den Abzug ausländischer Steuern bei der Ermittlung des Gesamtbetrags der Einkünfte vor (§ 34c I–III EStG). Abweichend von der Regel, daß einseitige Maßnahmen zur Bekämpfung der Doppelbesteuerung Sache des Wohnsitzstaates sind, beschränkt das deutsche Steuerrecht diese weitergehende Maßnahme auf Einkünfte aus Land- und Forstwirtschaft, Gewerbebetrieb und selbständige Arbeit unter der weiteren Voraussetzung, daß im Inland ein Betrieb unterhalten wird. Die Anwendung des § 34c I–III EStG ist auf jene aus dem Ausland stammen-

den Einkünfte beschränkt, die im Quellenstaat beim beschränkt Steuerpflichtigen nicht nach den Maßstäben der unbeschränkten Steuerpflicht erfaßt werden.

Das wird im Gesetz in der Weise zum Ausdruck gebracht, daß die ausländische Besteuerung dieser Einkünfte keinen „der unbeschränkten Steuerpflicht ähnlichen Umfang" haben dürfen (zur Rechtslage vor Inkrafttreten des § 50 VI EStG (VZ 1980) s. *Bode* RIW 1976, 327; zur praktischen Bedeutung s. *Kumpf/Roth* aaO, Rz 302). Die Beschränkung auf die Einkünfte § 49 I Nr. 1–3 EStG (s. dazu auch bereits P 36) unter der Betriebsbedingung hat *Schaumburg* erklärt (S. 233): Die inlandsbezogenen Qualifikationsmerkmale des § 49 I Nr. 1–3 sind kollisionsbegründend, insbesondere durch Zuordnung zum inländischen Betriebsvermögen wird der Kreis der Inlandseinkünfte über die inländischen Quellen hinaus gezogen. Sachgerecht wäre es gewesen – so *Schaumburg* – „die inländischen Einkünfte auf inländische Einkunftsquellen zu beschränken und auf die ausländischen Quellen in die inländischen Betriebsstätteneinkünfte zu verzichten" – was aber ganz und gar unverständlich ist und für beschränkt Steuerpflichtige einen Betriebsvermögensbegriff zugrunde legt, der zum Mißbrauch geradezu einladen würde.

(3) Die Regelung des § 50 V Satz 3 EStG bedarf hier nur noch bei- **26** läufiger Erwähnung, da sie der Sache nach bereits bekannt ist (s. P 94). § 50 V Satz 3 EStG schließt die Anwendung des § 50 V Satz 1 (Abgeltungswirkung des Steuerabzugs) und die des § 50 V Satz 2 (Körperschaftsteueranrechnungsverbot) aus „wenn die Einkünfte Betriebseinnahmen eines inländischen Betriebs sind". Grund: Wegen ihres besonderen Inlandsbezugs und der damit verbundenen Wettbewerbssituation sollen Betriebseinnahmen bei beschränkter und unbeschränkter Steuerpflicht grundsätzlich gleich besteuert werden. Das bedeutet für den **Steuerabzug** (Arbeitslohn, Kapitalertrag, § 50a EStG), daß dieser durchgeführt wird – lediglich seine **abgeltende Wirkung wird beseitigt.** Die dem Steuerabzug unterliegenden Einkünfte sind mithin in die Veranlagung einzubeziehen, werden damit zugleich uneingeschränkt dem Nettoprinzip unterworfen (Berücksichtigung von Betriebsausgaben), die im Wege des Abzugs erhobenen Steuern werden angerechnet.

(4) Ebenfalls nur kurz zu erwähnen ist der Fall des § 50 V Satz 4 Nr. 1 **27** EStG: Die **abgeltende Wirkung des Steuerabzugs entfällt** danach, wenn nachträglich festgestellt wird, daß die Voraussetzungen der unbeschränkten Steuerpflicht i. S. des § 1 II, III oder des § 1a EStG nicht vorgelegen haben. Die Pflichtveranlagung soll in diesem Fall die Nacherhebung von ESt bei unrichtigem Lohnsteuerabzug nach §§ 39b, c EStG statt nach § 39d EStG (das ist die Durchführung des Lohnsteuerabzugs für beschränkt einkommensteuerpflichtige Arbeitnehmer) sicherstellen.

(5) Während mithin § 50 V Satz 4 Nr. 1 EStG eine Pflichtveranlagung **28** vorsieht, regelt § 50 V Satz 4 Nr. 2 EStG eine **neue Antragsveranlagung für beschränkt steuerpflichtige EU-/EWR-Arbeitnehmer** einschließlich der Auslandsdeutschen.

(6) Einen dritten Fall der **Ausnahme vom Abgeltungsprinzip** des **29** Steuerabzugs regelt § 50 V Satz 4 Nr. 3 EStG für beschränkt Steuerpflichtige, deren Einnahmen dem besonderen, nämlich nur für be-

schränkt Steuerpflichtige geltenden Steuerabzug des § 50 a EStG unterliegen – beschränkt auf Fälle des § 50 a IV Nr. 1, 2 EStG und ebenfalls
als Antragsveranlagung gestaltet – darauf wird im Rahmen des § 50 a
EStG (s. Q 41) noch zurückzukommen sein.

**30**    (7) Der Steuerabzug nach § 50 a VII EStG (Steuerbereinigungsgesetz
1999) stellt keine Ausnahme vom Abgeltungsprinzip dar: er versteht sich
ja gerade deswegen als **vorläufiger Abzug, weil die beschränkte
Steuerpflicht noch nicht sicher ist.** Daran anknüpfende Veranlagung
oder Steuererstattung erklärt sich mithin folgerichtig aus seiner Rechtsnatur und nicht als Ausnahme vom Abgeltungsprinzip.

## 3. Steuerabzug

*a) Abgeltende Wirkung des Steuerabzugs (§ 50 V EStG)*

**31**    Das Verhältnis des Steuerabzugs zur Veranlagung ist geklärt. Nunmehr steht im Mittelpunkt die Regelung in § 50 V Satz 1 EStG: „Die
Einkommensteuer für Einkünfte, die dem Steuerabzug vom Arbeitslohn
oder vom Kapitalertrag oder dem Steuerabzug aufgrund des § 50 a EStG
unterliegen, gilt bei beschränkt Steuerpflichtigen durch den Steuerabzug
als abgegolten." Daraus folgt materiell-rechtlich, daß es **drei Einzelfälle
des Steuerabzugs** gibt. Sie sind mit ihren wesentlichen Merkmalen wie
folgt zu beschreiben (*Schmidt/Heinicke* Rz 6 zu § 50 EStG):
– Lohnsteuerabzug nach §§ 38 I Nr. 1, 39 d EStG nach einem eingeschränkten Nettoverfahren und teils abgeltend,
– Kapitalertragsteuerabzug nach §§ 43 ff. EStG für alle Bruttoeinnahmen, die unter § 49 I Nr. 5 EStG fallen – dies gilt auch für veranlagte
  Arbeitnehmer (§ 50 V Satz 4 Nr. 3), aber nicht mit abgeltender Folge
  im Falle der bereits erwähnten Betriebseinnahmen,
– Einkommensteuerabzug nach § 50 a für Bruttoeinnahmen, aber nicht
  mit abgeltender Wirkung im Falle der bereits erwähnten Betriebseinnahmen und nicht mit abgeltender Wirkung in den Fällen des
  § 50 a VII EStG (Steuerbereinigungsgesetz 1999).
Die Abgeltungswirkung hat zwei Aspekte: Den einen Aspekt verdeutlicht vor allem § 50 II Satz 1 EStG mit dem Ausschluß vom Verlustausgleich; es wird eine Einkunftsquelle isoliert. Der andere Aspekt betrifft
das Bruttoprinzip, mit dem der Ausschluß von Werbungskosten oder
Betriebsausgaben verbunden ist. Damit wird das Prinzip der Leistungsfähigkeit berührt, denn dieses ist mit einer Besteuerung nach dem Nettoprinzip verbunden (zur Kritik hieran s. bereits M 31).

*b) Lohnsteuerabzug*

**32**    Daß für den Lohnsteuerabzug ein **eingeschränktes Nettoprinzip** gilt,
folgt aus § 50 I Satz 6 EStG. Denn dort heißt es, daß – abweichend von

dem genannten § 50 I Satz 5 EStG – bei beschränkt steuerpflichtigen Arbeitnehmern, die Einkünfte aus nichtselbständiger Arbeit i. S. des § 49 I Nr. 4 beziehen, § 9 a Satz 1 Nr. 1 a (Pauschbeträge), § 10 c I (Sonderausgaben-Pauschbetrag) mit der Möglichkeit, die tatsächlichen Aufwendungen i. S. des § 10 I Nr. 5 und des § 10 b nachzuweisen, sowie § 10 e II, III ohne Möglichkeit, die tatsächlichen Aufwendungen nachzuweisen, anzuwenden sind. Beschränkt steuerpflichtige Arbeitnehmer können grundsätzlich zwar keinen Splitting-Tarif in Anspruch nehmen, doch entfällt dafür der Mindeststeuersatz in Höhe von 25%. Da auch der Lohnsteuerabzug – trotz Geltung eines eingeschränkten Nettoprinzips – grundsätzlich Abgeltungswirkung hat (die Ausnahmen des § 50 V Satz 1 EStG wurden genannt), können die Umstände, die die persönliche Leistungsfähigkeit auch bei diesem Personenkreis zum Ausdruck bringen, nur als Freibetrag in einer vom zuständigen Betriebsstättenfinanzamt (§ 41 a I Nr. 1 EStG) erteilten Bescheinigung eingetragen werden. Rechtsgrundlage hierfür ist § 39 d EStG (Durchführung des Lohnsteuerabzugs für beschränkt einkommensteuerpflichtige Arbeitnehmer). Hinzuweisen ist auf R 125 VII (Bescheinigungsverfahren) der LStR und auf die *BMF*-Schreiben betr. Besteuerung der Einkünfte aus nichtselbständiger Arbeit bei beschränkt einkommensteuerpflichtigen Künstlern (BStBl. 1996 I, 55), auf *OFD Berlin* IStR 1997, 439 – ebenfalls zur Künstlerbesteuerung (pauschal zu besteuernder Personenkreis) – und auf *OFD Berlin* IStR 1997, 438 zur Abgrenzung der selbständigen von der unselbständigen Tätigkeit und den Voraussetzungen einer Pauschalbesteuerung.

*c) Kapitalertragsteuerabzug*

Sofern inländische Einkünfte aus Kapitalvermögen dem Kapitalertragsteuerabzug unterliegen und die Abgeltungswirkung des § 50 V Satz 1 EStG greift, unterliegen dem Steuerabzug die vollen Kapitalerträge ohne jeden Abzug (§ 43 a II Satz 1 EStG). Die Kapitalertragsteuer beträgt i. d. R. 25% oder 30% und entsteht in dem Zeitpunkt des Zuflusses (§ 44 I Satz 2 EStG). Zur Rechtslage bei Anwendung der Mutter/Tochter-Richtlinie und DBA-Recht s. P 97. Nicht erfaßt vom Kapitalertragsteuerabzug und damit durch Einnahme-Überschußrechnung zu ermitteln sind Einkünfte aus Zinseinnahmen gegen ausländische Gläubiger, die durch inländischen Grundbesitz gesichert sind und Zinsen aus Hypotheken usw. i. S. des § 20 I Nr. 5 EStG. Der **Bruttobesteuerung bei abgeltendem Kapitalertragsteuerabzug** unterliegen damit vor allem die Gewinnanteile gem. § 20 I Nr. 1 und 2 einschließlich der nach § 8 b KStG bei der Kapitalgesellschaft steuerfreien Auslandserträge (§ 43 I Satz 1 Nr. 1 EStG), einzelne Zinserträge i. S. des § 20 I Nr. 7 EStG aus Wandelanleihen oder Gewinnobligationen (§ 43 I Satz 1 Nr. 2 EStG), die Einnahmen aus der Beteiligung an einem Handelsgewerbe als stiller Gesellschafter und Zinsen aus partiarischen Darlehen gem. § 20 I Nr. 4 EStG (§ 43 I Satz 1 Nr. 3 EStG) usw. Soweit ein Steuerausländer mit seinen im Inland erzielten Zinserträgen nicht der beschränkten Steuerpflicht unterliegt, muß die die Kapitalerträge auszahlende Stelle im Zeitpunkt der Auszahlung keine Kapitalertragsteuer (Zinsabschlag) einbehalten und abführen. Die Rechtslage ist mithin und auch nur folgerichtig nicht mit dem Fall steuerbarer, aber z. b. DBA-befreiter Quellensteuern zu vergleichen. Kapitalertragsteuer (Zinsabschlag) ist zu erstatten, wenn ein Abzug erfolgte (§ 44b EStG). Hinzuweisen ist auf *FM Hessen* IStR 1993, 525 zum Kapitalertragsteuerabzug bei einer inländischen Betriebsstätte wegen der Subsidiaritätsklausel (§ 43 IV EStG), *OFD Frankfurt a. M.* IStR 1995, 240 zur Erstattung des Zinsabschlags bei Steuerausländern, *BMF*-Schreiben BStBl. 1994 I, 139 zur Erstattung einbehaltenen Zinsabschlags in Treuhandfällen bei Steuerausländern, *OFD Köln* RIW 1995, 168 zur fehlenden Abführung von Kapitalertragsteuer bei einer verdeckten Gewinnausschüttung an beschränkt Steuerpflichtige und dem Haftungsanspruch gem. § 44 V Satz 1 EStG.

### d) Besonderer Steuerabzug gem. § 50 a EStG

**34** (1) Der **Steuerabzug gem. § 50 a EStG** zeigt die objektsteuerartigen Züge der beschränkten Steuerpflicht in besonderer Weise, da er – anders als der Lohnsteuerabzug und der Kapitalertragsteuerabzug – **ohne Parallele im Recht der unbeschränkten Steuerpflicht** ist. Der Abzug erfolgt auf der Grundlage der Bruttoeinnahmen (d. h. einschließlich der USt – auch dann, wenn USt aufgrund der sog. Null-Regelung nach § 52 II UStDV nicht zu entrichten ist: *BFH* BStBl 1992 II, 172; ausf. zum Streitstand *Grams* S. 134 ff.) und hat wiederum grundsätzlich abgeltende Wirkung; ausgenommen ist diese Folge unter den Voraussetzungen des § 50 V Satz 3 EStG und in dem Fall eines Steuerabzugs „auf Verdacht" gem. § 50 a VII EStG (Steuerbereinigungsgesetz 1999), bei dem – wie erwähnt – die Abgeltungswirkung aus der Natur der Sache heraus nicht greifen kann. Auch auf den besonderen, nur auf § 50 a IV Satz 1 Nr. 1 oder 2 bezogenen Fall des § 50 V Satz 4 Nr. 3 EStG wurde bereits hingewiesen. Dies dient der Sicherung der Besteuerung, so die Gesetzesbegründung BR-Drucks. 13/1558 S. 150, 158. Der *BFH* hat daher die verfahrensrechtlich wirkende Ungleichbehandlung von unbeschränkt und beschränkt Steuerpflichtigen wegen der eingeschränkten Hoheitsbefugnisse gegenüber Ausländern gerechtfertigt (*BFH*/NV 1994, 865). Die abzugspflichtigen Einkünfte werden daher auch bei der Veranlagung von Arbeitnehmern (unabhängig davon, daß der Lohnsteuerabzug ohnehin Vorrang hat) nicht besteuert, sondern nur über den Progressionsvorbehalt (dazu erst S 338) berücksichtigt (§ 50 V Satz 4 Nr. 2 Satz 6 EStG). Im Verhältnis zum Kapitalertragsteuerabzug gibt es keine

Überschneidungen (alleinige Anwendung der §§ 43 ff. EStG); im Verhältnis zum Lohnsteuerabzug gilt, daß dieser seit VZ 1996 vorrangig ist (§§ 38 ff./39 d EStG); dazu *BMF*-Schreiben zur Abzugsteuer gem. § 50 a EStG BStBl. 1996 I, 89 Rz 2.6; kann die Lohnsteuer nicht erhoben werden, weil kein inländischer Arbeitgeber vorhanden ist, hat – als Ausnahmefall – der ausländische Vergütungsschuldner (Veranstalter usw.) den Steuerabzug nach § 50 a IV Satz 1 Nr. 2 EStG vorzunehmen (R 125 V Satz 2 LStR). **Zu unterscheiden sind** für die Anwendung des § 50 a EStG die in § 50 a I–III EStG geregelte **Aufsichtsratsteuer;** die **Tätigkeitsvergütungen gem. § 50 a IV Satz 1 Nr. 1, 2 EStG; Vergütungen aus Nutzungsüberlassung gem. § 50 a IV Satz 1 Nr. 3 EStG;** insoweit gilt – vom Erstattungsfall des § 50 V Satz 4 Nr. 3 EStG und der Regelung in § 50 V Satz 3 EStG abgesehen – uneingeschränkt der Abgeltungsgrundsatz. Einen weiteren Abzugsfall beinhaltet § 50 a VII EStG (Steuerbereinigungsgesetz 1999), der es dem zuständigen Finanzamt gestattet, über die gesetzlich vorgesehenen Fälle hinaus **zur Sicherstellung des Steueranspruchs** einen Steuerabzug von der Bruttovergütung zu verlangen, ohne daß dies mit einer Abgeltungswirkung verbunden wäre. Mit dem Steuerbereinigungsgesetz 1999 wurde § 50 VII EStG wieder beseitigt (s. dazu auch *BMF*-Schreiben BStBl. 1999 I, 728). § 50 a VII EStG i. d. Fassung des Steuerentlastungsgesetzes 1999/2000/2002: Die Abzugsbesteuerung von **Vergütungen für Werkleistungen** ausländischer Unternehmen; auch hier sollte die Bruttovergütung als Bemessungsgrundlage gelten, ohne mit endgültiger Abgeltungswirkung verbunden zu werden (s. die knappen Anmerkungen Q 42).

(2) Die in § 50 a I–III EStG genannte **Aufsichtsratsteuer** knüpft an   **35** Vergütungen an, die einer beschränkt steuerpflichtigen Person als Mitglied eines Überwachungsorgans von einer der genannten inländischen Körperschaften „für die Überwachung der Geschäftsführung" gewährt werden. Als beschränkt steuerpflichtige Einkünfte fallen solche Vergütungen unter § 49 I Nr. 3 EStG (selbständige Arbeit). Andere als Überwachungstätigkeiten (Beratung, Geschäftsführung) werden nicht erfaßt, doch ist der Begriff der Überwachungstätigkeit eines Aufsichtsrats in der Rechtsprechung weit ausgedehnt worden (hierzu ausf. *Krabbe* in *Blümlich* § 50 a EStG Rz 16). Die Vergütungen, die der Stpfl. für seine Überwachungstätigkeit erlangt, fallen unter § 50 a I EStG – ggf. müssen sie von Zahlungen, die auf einem anderen Rechtsgrund wie beispielsweise dem besonderen Leistungsersatz beruhen, abgegrenzt werden (Beispiel *BFH* BStBl. 1976 II, 155; zum Aufwendungsersatz nach Auftragsrecht). Die Aufsichtsratsteuer beträgt 30% der Vergütungen; die in ihre enthaltene Umsatzsteuer ist Teil dieser Vergütung und unterliegt ebenfalls dem Steuerabzug (BStBl. 1992 II, 172).

(3) § 50 a IV Satz 1 Nr. 1 EStG knüpft den Steuerabzug direkt an   **36** die beschränkte Steuerpflicht gem. § 49 I Nr. 2 d EStG an: **Ausübung**

**und Verwertung gewerblicher Inlandstätigkeit durch Darbietungen** (künstlerische, sportliche, artistische und ähnliche Darbietungen). Der Tatbestand ist bereits erörtert worden, hierauf ist zu verweisen (s. P 12). Das bedeutet zugleich, daß alle materiall-rechtlichen Abgrenzungsfragen nunmehr unter dem (weiteren) verfahrensrechtlichen Gesichtspunkt zu betrachten sind, ob der Vergütungsschuldner einen Abzug von der Bruttovergütung vorzunehmen hat. (Liegen Darbietungen vor oder werden solche verwertet? Handelt es sich um gewerbliche Einkünfte – s. jedoch sogleich § 50a IV Satz 1 Nr. 2, 3 EStG? Hängen mit diesen Darbietungen oder deren Verwertung andere Leistungen wie Ausrüstungsverträge, Werbeverträge usw. zusammen? Dritte als Darbietende?). § 50a IV Satz 1 Nr. 2 EStG läßt keinen direkten Bezug zu einer bestimmten Einkunftsart des § 49 I Nr. 2 EStG mehr erkennen. Der abgeltende Steuerabzug knüpft hier an Einkünfte „aus der **Ausübung oder Verwertung einer Tätigkeit als Künstler, Berufssportler,** Schriftsteller, Journalist oder Bildberichterstatter einschließlich solcher Tätigkeiten für den Rundfunk oder Fernsehfunk (§ 49 I Nr. 2–4), es sei denn, es handelt sich um Einkünfte aus nichtselbständiger Arbeit, die dem Steuerabzug vom Arbeitslohn nach § 38 I Satz 1 Nr. 1 unterliegen" (Vorrangverhältnis, s. Q 32), an. Denkt man sich § 49 I Nr. 2d EStG und damit folgerichtig auch § 50a IV Nr. 1 EStG weg (Rechtslage bis VZ 1986), dann wird die frühere Besteuerungslücke nochmals deutlich – diesmal aus der Sicht des Verfahrensrechts (s. dazu das anschauliche Beispiel *BFH/NV* 1994, 864 zur Kapitalgesellschaft englischen Rechts, die eine Konzerttournee im Inland durchführte). Denn der Verweis auf § 49 I Nr. 2–4 schloß Berufssportler, Künstler und Artisten als Gewerbetreibende zwar ein, aber den Mangel einer inländischen Betriebsstätte glich – jedenfalls in einem Teil der Fälle – erst der materiell-rechtlich eine Steuerpflicht begründende § 49 I 2d EStG aus – es sei denn, man hätte mangels einer inländischen Betriebsstätte von vornherein § 49 I Nr. 2 EStG ausgeschlossen und § 49 I Nr. 3 EStG angewendet (s. zur Diskussion hierüber *Krabbe* in *Blümlich* § 50a EStG Rz 33). Für die Anwendung des § 50a IV Nr. 2 EStG bleiben übrig freiberufliche Tätigkeiten, sonstige und noch nicht von § 50a IV Nr. 1 EStG erfaßte gewerbliche Tätigkeiten, vorausgesetzt, die Steuerpflicht folgt aus § 49 I Nr. 2–4 EStG; unselbständige Einkünfte können – wie erwähnt – nur hierunter fallen, wenn ein Lohnsteuerabzug nicht erfolgen kann. Anders als bei § 50a IV Nr. 1 EStG kommt es hier nicht auf eine Darbietung an, sondern auf eine Ausübung/Verwertung, deswegen ist die Unterscheidung nochmals in Erinnerung zu rufen.

**37**  Aus dem **Verhältnis des § 50a EStG zu § 49 EStG** folgt daher, daß es Fälle gibt, in denen zwar die beschränkte Steuerpflicht unstrittig, strittig aber die Frage des Steuerabzugs nach § 50a EStG ist. Beispiel *FG Nürnberg* EFG 1998, 951 zur Verpflichtung ausländischer Fotomodelle durch eine inländische Werbeagentur. Das FA sah hierin „ähnliche Darbietungen" i.S. des § 49 I Nr. 2d EStG und nahm den inländischen Auftraggeber als Haftungsschuldner in Anspruch. Das FG: Fotomodelle erbringen bei Aufnahmen für Modehersteller keine ähnliche Darbietung; „Darbietungen liegen z.B. vor, wenn etwas aufgeführt, gezeigt oder vorgeführt wird, z.B. Ausstellungen, Konzerte, Theateraufführungen, Shows, Turniere, Wettkämpfe ... (der Begriff) knüpft an die persönliche Ausübung einer Tätigkeit an und umfaßt eine i.d.R. unterhaltende Präsentation vor oder für ein Publikum ... Ein Ähnlichkeit könnte sich allenfalls zu künstlerischen Darbietungen ergeben. Während für Teilnehmer an Modeschauen eine künstlerische Darbietung für möglich gehalten wird ..., ist nach Auffassung des Senats der hierzu notwendige künstlerische Freiraum bei Fotoaufnahmen nicht gegeben." Im Streitfall ging das FG offensichtlich vom Anknüpfungspunkt eines ständigen Vertreters aus, so daß wohl eine beschränkte Steuerpflicht sicher war – aber eben nur im Veranlagungsweg. Daher die – selbstverständliche – Klarstellung: Der Hinweis des FA auf den ausländischen Wohnsitz der Fotomodelle rechtfertigt i.d.R. ohne weitere Begründung die Inanspruchnahme eines inländischen Haftungsschuldners, wenn ein gegen den Steuerschuldner zu richtender Nachforderungsbescheid im Ausland vollstreckt werden müßte – aber solche Überlegungen scheiden aus, wenn das FA wegen des inländischen ständigen Vertreters eine Veranlagung der beschränkt Steuerpflichtigen durchführen muß. Bleibt zu ergänzen: Fehlt es auch an einem ständigen Vertreter, entfällt die beschränkte Steuerpflicht, wenn man in der Tätigkeit eine gewerbliche sieht – sie ergäbe sich aus § 49 I Nr. 3 EStG, würde man sie als selbständige Arbeit einordnen können.

Auf die Abgrenzung der selbständigen von der unselbständigen Arbeit **38** wurde bereits hingewiesen (s. Q 4); ging es hierbei zunächst um ein bloßes Qualifikationsproblem, so geht es nunmehr um die konkreten Folgen, da der **Lohnsteuerabzug zu anderen Ergebnissen als die Quellensteuer nach § 50a IV EStG** in Höhe von 25% der Bruttovergütung führt und auch führen soll, denn der Vorrang des Lohnsteuerabzugs soll auch eine angemessene Besteuerung bei Wegzugsfällen und anschließenden Inlandsaktivitäten sichern. (Progressiver Steuersatz – aber Tageslohnsteuer? Pauschale Lohnbesteuerung? s. hierzu *Schauhoff* IStR 1997, 9.) Was die einzelnen Tätigkeiten und Abgrenzungen betrifft, ist auf *Krabbe* aaO, Rz 31 ff. zu verweisen.

Hierzu der Fall des Fußballtrainers einer DFB-Bundesligamannschaft, der im Inland weder Wohnsitz noch seinen ständigen Aufenthalt hatte (*FG Köln* EFG 1998, 744): Sein Arbeitgeber hatte Lohnsteuer nach § 39d I Satz 1 EStG einbehalten, er selbst beantragte unter Hinweis auf § 50a IV Satz 1 Nr. 2 EStG Erstattung der den Quellensteuersatz übersteigenden Lohnsteuer. Das *FG Köln:* Der von dem Arbeitgeber durchgeführte Lohnsteuerabzug war zutreffend, der Kläger übte keine Tätigkeit als Berufssportler i.S. des § 50a IV EStG aus. „Da weder im Gesetz noch in Rspr. und Literatur definiert ist, was i.S. des § 50a IV EStG ein Berufssportler ist, ist bei der Auslegung von dem allgemeinen Sprachgebrauch auszugehen. Danach ist Berufssportler („Profi") ein Sportler, der seinen Sport berufsmäßig mit Gewinnerzielungsabsicht betreibt ... Aus den (im Vertrag) aufgeführten Pflichten eines Cheftrainers ... ist ersichtlich, daß der Kl. als Fußballtrainer nicht für die Erbringung eigener sportlicher Leistungen bezahlt wurde, sondern im wesentlichen unterrichtende, erzieherische sowie organisatorische Aufgaben neben der Pflege der Beziehungen zur Presse wahrzunehmen hatte." Seit VZ 1996 gilt ohnehin der Vorrang des Lohnsteuerabzugs.

Schließlich der Steuerabzug gem. § 50a IV Satz 1 Nr. 3 EStG bei Ein- **39** künften, „die aus **Vergütungen für die Nutzung beweglicher Sachen** oder für die **Überlassung der Nutzung** oder **des Rechts auf Nutzung von Rechten,** insbesondere von Urheberrechten und gewerblichen Schutzrechten, von gewerblichen, technischen, wissenschaftlichen und ähnlichen Erfahrungen, Kenntnissen und Fertigkeiten, z. B. Plänen, Mustern und Verfahren, herrühren (§ 49 I Nr. 2, 3, 6 und 9)." Man begreift die Norm am ehesten vom Klammerzusatz her: Dann erfaßt sie gewerbliche Einkünfte, Einkünfte aus selbständiger Arbeit, Einkünfte aus Vermietung und Verpachtung und sonstige Einkünfte i. S. des § 22 Nr. 3 EStG – sofern bestimmte Sachen (bewegliche Sachen) oder bestimmte Rechte (geschützte und ungeschützte) überlassen wurden. Vergütungen für die Nutzung beweglicher Sachen fallen unter § 49 I Nr. 9, Vergütungen für die Nutzung von Sachgesamtheiten unter § 49 I Nr. 6 (zu beachten sind die unterschiedlichen inländischen Anknüpfungen, da § 49 I Nr. 9 EStG eine Nutzung im Inland erfordert, während § 49 I Nr. 6 EStG bereits an die Verwertung in einer inländischen Betriebsstätte anknüpft, was auch eine Nutzung im Ausland umfassen kann). Urheberrechte sind nach § 73a II EStDV Rechte, die nach Maßgabe des Urheberrechtsgesetzes geschützt sind; damit unterliegen dem Steuerabzug die den beschränkt steuerpflichtigen Autoren, Komponisten, Verlegern, Übersetzern, Bearbeitern, Schallplattenherstellern, Filmherstellern und ausübenden Künstlern gezahlten Vergütungen (*Krabbe* in *Blümlich* Rz 55 zu § 50a EStG). Gewerbliche Schutzrechte sind nach § 73a III EStDV Rechte, die geschützt sind nach Maßgabe des Geschmacksmustergesetzes, des Patentgesetzes, des Gebrauchsmustergesetzes und des Warenzeichengesetzes. Unter Know-how ist die Vermittlung von Kenntnissen und Erfahrungen zu eigener Nutzanwendung durch den Know-how-Nehmer zu verstehen, also insbesondere von Beratungsleistungen abzugrenzen, auch wenn diese auf eigenem Know-how beruhen (das ist bereits am Tatbestand des § 49 I Nr. 9 EStG geklärt worden). Fallen auch Veräußerungen von Sachen und Rechten unter § 50a IV Satz 1 Nr. 3 EStG? Bejahend im Rahmen des § 49 I Nr. 2, 3 EStG *Krabbe* aaO, Rz 48 und *Schmidt/Heinicke* § 50a EStG Rz 9; R 227a II EStR; hiergegen mit Recht *Lüdicke* DB 1994, 952, da der Veräußerungsbegriff eine „Nutzung zur Überlassung" ausschließt. Für die Einbeziehung von Veräußerungsvorgängen bei der Übertragung von Urheberrechten im Rahmen gewerblicher und selbständiger Einkünfte *BMF*-Schreiben zu § 50a ESt BStBl. 1996, 89 Rz 2.4: Es kommt nicht darauf an, ob die Urheberrechte zeitlich begrenzt oder unbegrenzt (Rechtskauf) übertragen werden; liegen Einkünfte nach § 49 I Nr. 2a, 3 EStG vor, hat Steuerabzug nach § 50a IV Satz 1 Nr. 2 oder 3 EStG, bei Einkünften nach § 49 I Nr. 2d EStG hat eine solcher nach § 50a IV Satz 1 Nr. 1 EStG zu erfolgen.

**40**     (4) Der **Steuerabzug** ist nach § 50a V Satz 2 EStG durch den **Schuldner der Vergütung** vorzunehmen. Dem Steuerabzug unterliegt der volle Betrag der Einnahmen einschließlich der Beträge i. S. der § 3

Nr. 13 und Nr. 16 EStG. Der Steuersatz beträgt 25% (zu den maßgeblichen Berechnungssätzen auch unter Berücksichtigung der Umsatzsteuer mit und ohne Übernahme der Abzugsteuern nach § 50a IV EStG s. *BMF*-Schreiben zu § 50a Rz 3.3). Steuerschuldner ist der beschränkt Steuerpflichtige, der in der Regel Vergütungsgläubiger ist. Der Vergütungsschuldner ist der Haftungsschuldner; in der Regel ist es der Veranstalter, der die organisatorische und finanzielle Vorbereitung und Durchführung unternimmt und das Unternehmenrisiko trägt. Die Rechtslage entspricht damit der beim Lohnsteuer- und Kapitalertragsteuerabzug.

Damit stellt sich die Frage der **Durchführung eines Steuerabzugs durch einen** **41** **ausländischen Vergütungsschuldner.** *FG München* EFG 1998, 1266 zum Fall eines im Ausland ansässigen Weltsportverbandes, der im Inland seit mehreren Jahren eine Sportveranstaltung durchführt (Grand-Slam-Cup). Die Rechte zur Durchführung der Veranstaltung wurden an eine niederländische Kapitalgesellschaft B übertragen, während der Weltsportverband W die Preisgelder an die teilnehmenden Sportler bezahlte. Das Finanzamt nahm W als Haftungsschuldner in Anspruch, weil er gem. § 50 IV EStG zum Steuerabzug verpflichtet war. Das *FG München*: Steuerpflicht der Sportler aufgrund § 49 I Nr. 2d EStG, Steuererhebung erfolgt nach § 50a IV Nr. 1 EStG durch Steuerabzug. Eine über die rechtliche Position eines „Vergütungsschuldners für eine inländische Darbietung i.S. des § 49 I Nr. 2d EStG" hinausgehende Inlandsbeziehung des Vergütungsschuldners ist nicht vorausgesetzt. Anders als für das Lohnsteuerabzugsverfahren gem. § 38 I Satz 1 Nr. 1 EStG, das nur im Rahmen eines Arbeitsverhältnisses mit einem „inländischen Arbeitgeber" ein Steuererhebungsverfahren vorsieht. Das *FG München*: „Bedenken gegen eine Inspruchnahme ausländischer Rechtssubjekte im inländischen Steuererhebungsverfahren, die in älteren Urteilen des RFH und des BFH … aufgrund der staatlich begrenzten Finanzgewalt ausgedrückt werden, werden in späteren Urteilen nicht mehr aufrechterhalten bzw. auf die Prüfung eines ausreichenden Inlandsbezugs relativiert … Ob die Mindestforderungen an diesen auch nach Ansicht des Senats erforderlichen Inlandsbezug gegeben sind, ist nach den tatsächlichen Umständen des Einzelfalls zu entscheiden. Im Streitfall liegen nach Auffassung des Senats ausreichende Anhaltspunkte für einen die Abzugsverpflichtung und die Haftung begrenzenden Inlandsbezug vor. Die Organisation und Durchführung des Turniers erfolgte im Inland und ist dem Vergütungsschuldner aufgrund der entgeltlichen Vergabe der Rechte an B anzurechnen. Die Preisgeldschecks wurden den Sportlern im Auftrag des Klägers im Inland ausgehändigt. Abgesehen davon bestanden durch die Mitgliedschaft des deutschen Fachsportverbandes im Verband der Klägerin zusätzliche Möglichkeiten zur problemlosen Erfüllung der inländischen steuerrechtlichen Verpflichtungen." Aus der Zuständigkeitsregelung in § 50a V Satz 3 EStG i.V. mit § 73e Sätze 1, 2 EStDV (das für „seine" Besteuerung nach dem Einkommen zuständige FA) können keine weitergehenden Anforderungen wie etwa die des § 38 I Satz 1 Nr. 1 EStG abgeleitet werden. Es sind die Grundsätze der Zuständigkeit durch potentielle inländische Steuerpflicht anzuwenden (§§ 24, 25 AO). *Friedrich Hey* RIW 1999, 236 hat an dieser Entscheidung Kritik geübt, weil es an einer „Verwurzelung im Inland" fehle. Im übrigen hat er auf einen weiteren, vom *FG München* nicht erörterten Aspekt aufmerksam gemacht: Selbst wenn man eine Abzugsverpflichtung dem Grunde nach bejahe, so ist damit über die Inanspruchnahme des Ausländers als Haftungsschuldner noch nicht endgültig entschieden. Das FA nach pflichtgemäßem Ermessen darüber zu entscheiden, ob es den Haftungsschuldner oder den Steuerschuldner in Anspruch nimmt. Zwar entspreche es ständiger Rechtsprechung, daß das FA in der Regel nicht ermessenswidrig handelt, wenn es sich sogleich an den Vergütungsschuldner als Haftenden wendet, doch basiere diese Rechtsprechung auf dem Regelfall, daß der Vergütungsschuldner im Inland, der Steuerschuldner im Ausland ansässig ist. Sind beide im Ausland, verfange dieser Rechtfertigungsgedanke nicht. Möglicherweise spielte aber insoweit die Tatsache eine Rolle, daß es wohl um die Zahlungen an 16 Spieler ging.

**42**     (5) Für den von § 50a IV Satz 1 Nr. 1 und Nr. 2 EStG betroffenen Personenkreis gibt es seit dem Jahressteuergesetz 1997 ein **besonderes Einkommensteuer-Erstattungsverfahren** nach § 50 V Satz 4 Nr. 3 EStG. Das Verfahren soll dazu dienen, Übermaßbesteuerungen der vom Steuerabzugsverfahren insoweit betroffenen Personen möglichst zeitnah zu begegnen und zuviel erhobene Ertragsteuer zu erstatten. Die Einführung dieses besonderen Erstattungsverfahrens, vorrangig für Künstler und Sportler geltend, steht in einem engen Zusammenhang mit der Steuersatzanhebung von 15% auf 25% durch das Jahressteuergesetz 1996; es zeigten sich alsbald Fälle vorgetragener Überbesteuerung, denen nur im Wege einer Billigkeitsregelung abgeholfen werden konnte (dazu am Beispiel ausländischer Opernsänger *Baisch/Schüppen* DStR 1996, 1545). Von einer zunächst erwogenen antragsgebundenen Veranlagung wurde aus Gründen der Praktikabilität abgesehen. Das nunmehr geregelte Erstattungsverfahren stellt auf den konkreten Steuerabzug für eine Veranstaltung bzw. Veranstaltungsreihe ab. Die Abgeltungswirkung des Steuerabzugs wird mithin beseitigt, sofern die mit den Einnahmen „in unmittelbarem wirtschaftlichen Zusammenhang stehenden Betriebsausgaben oder Werbungskosten höher sind als die Hälfte der Einnahmen." Die Steuer wird erstattet, „soweit sie 50 vom Hundert des Unterschiedsbetrags zwischen den Einnahmen und mit diesen in unmittelbarem wirtschaftlichen Zusammenhang stehenden Betriebsausgaben oder Werbungskosten übersteigt."

*Beispiel (Reiffs* IWB 3 Gr. 3, 1165): Einnahmen für Auftritt 50 000 DM, einbehaltene Steuer 12 500 DM; angefallene Aufwendungen 30 000 DM, tatsächlicher Überschuß 20 000 DM, festzusetzende Steuer 10 000 DM; Erstattungsbetrag 2500 DM. Eine weitere Verringerung unter den nach § 50 V Satz 4 Nr. 3 EStG genannten Satz ist möglich nach § 163 AO, so *Grams* IStR 1997, 548 unter Hinweis auf *FG Hamburg* IStR 1997, 342. Das *FG Hamburg* nahm den Fall einer Überbesteuerung zum Anlaß, die Frage einer verfassungsrechtlichen Rechtfertigung der Abgeltungswirkung des Steuerabzugs nach § 50 V Satz 1 EStG zu klären: Keine Beanstandung, wenn die überwiegende Zahl der Fälle durch diese Besteuerung begünstigt statt belastet wird. Dagegen *Grams* IStR 1997, 346: Es ist geboten, nach einzelnen Gruppen von Steuerschuldnern zu unterscheiden. *Grams* hat im übrigen in seiner Dissertation zur **Besteuerung von Künstlern** (S. 346ff.) auf eine Reihe von Rechtsproblemen hingewiesen, die einer „zügigen Erstattung" entgegenstehen könnten. Sind auf ein alternatives Erhebungsverfahren im Wege einer pauschalen Staffel verwiesen.

**43**     (6) Um eine **Besteuerung ausländischer Werkvertragspartner** zu gewährleisten, hatte der Gesetzgeber mit dem Steuerentlastungsgesetz 1999/2000/2002 dem Schuldner für die von § 50a VII EStG erfaßten Vergütungen „für die Herstellung eines Werks im Inland" eine generelle

Verpflichtung zum Steuerabzug auferlegt; zur Aufhebung dieser Norm s. Q 34. Die vielbeachtete Norm unterlag scharfer Kritik: *Johanna Hey/ Bettina Lieber* sprachen sarkastisch von einer „Glanzleistung" des Gesetzgebers, die dieser „nahezu gefahrlos" plazieren konnte, weil wegen des betroffenen Kreises insbesonderer ausländischer Bauunternehmen keine Lobby drohte (IWB 3 Gr. 3, 1211): *Wolf-Dieter Hoffmann* rügte eine Verfahrensweise, die mit rechtsstaatlichen Grundsätzen „wenig gemein" hat und bei der es für nicht wenige der betroffenen ausländischen Unternehmer „um das finanzielle Überleben" gehe (DStR 1999, 1061); es wurde ein Verstoß gegen das Verbot der Übermaßbesteuerung und ein Verstoß gegen EU-Recht geltend gemacht (*Kumpf* DB 1999, 817; *Stapperfend* FR 1999, 742; *Thömmes/Scheipers* DStR 1999, 615; *Lüdicke* IStR 1999, 197).

(7) Zum Steuerabzu bei beschränkt Steuerpflichtigen nach § 50a VII **44** (Steuerbereinigungsgesetz 1999) s. *BMF*-Schreiben BStBl. 1999 I, 687: Hierbei **wird der Vergütungsschuldner angewiesen, 25% des Vergütungsanspruchs** nicht an den ausländischen Vergütungsgläubiger, sondern **als Steuerabzug** an das Finanzamt **abzuführen.** Dennoch ging und geht der deutsche Fiskus „häufig leer aus", weil eine Abzugsanordnung nach Vergütungszahlung nicht mehr möglich ist und strittig bleibt, ob die beschränkte Steuerpflicht bereits im Zeitpunkt der Anordnung vorliegen muß (das Schreiben *BMF* BStBl. 1999 I, 687 geht offensichtlich von einer entsprechenden Feststellung aus). Um den wieder beseitigten § 50a VII gem. Steuerentlastungsgesetz 1999/2000/2002 zu verstehen, muß man sich insbesondere die Schwierigkeiten im Zusammenhang mit dem Baugewerbe vor Augen führen: § 12 Nr. 8 AO und DBA-Recht bestimmen die Betriebsstätteneigenschaft unabhängig vom Vorliegen einer festen Geschäftseinrichtung nach Zeitablauf (Bauausführungen oder Montagen, die länger als sechs Monate dauern, in den meisten deutschen DBA statt 6 Monate 12 Monate). Kann eine entsprechende Feststellung getroffen werden, ist das Unternehmen bisweilen in den Heimatstaat zurückgekehrt. Auf diesem Hintergrund wird klar, daß – vom Sicherungsbedürfnis des Gesetzgebers ausgehend – eine andere Lösung als die eines pauschalen Steuerabzugs „auf Verdacht" kaum denkbar war – aber wie es das *BMF*-Schreiben BStBl. 1995 I, 728 eben ausdrückte: „Nach den bisher gewonnenen Erkenntnissen hat sich die neue Vorschrift zur Erreichung des erwünschten Zieles nicht bewährt". Zu den weiteren Hintergründen, insbesondere zur europarechtlichen Kollision mit der Dienstleistungsfreiheit *de Weerth* IStR 1999 Heft 15 III.

(8) **Verfahrensrechtliche Fragen,** die einheitlich für alle Abzugsfälle **45** des § 50a EStG zu klären sind: Das ist zunächst die Frage nach dem Inhalt und den Rechtswirkungen einer Steueranmeldung gegenüber dem Vergütungsgläubiger (§§ 50a V EStG, 73a–g EStDV) – dies ist aber auch die Frage nach der Rechtsstellung des Vergütungsgläubigers im

Verfahren; schließlich – sofern der Abzug unterbleibt, die Frage nach dem Inhalt eines Haftungsbescheids.

Grundlegend zunächst *BFH* IStR 1997, 660: Eine US-amerikanische Kapitalgesellschaft A als Vergütungsgläubigerin schloß mit einer inländischen, für einen Automobilhersteller Marketingaufgaben wahrnehmenden GmbH B einen Vertrag über das Sponsoring der Deutschlandtournee einer Rockgruppe ab. Der Vertrag sah die werbemäßige Nutzung des Namens der Band durch den inländischen Autohersteller vor, in dem konkret vorgesehen war die Durchführung von 20 Konzerten und deren Marketing an Werbespots des Autoherstellers. Die inländische GmbH B behielt von dem Honorar Körperschaftsteuer gemäß §§ 49 KStG, 50 a IV EStG ein. Sie meldete die KSt an und führte sie an das FA ab. Hiergegen legte A Einspruch mit der Begründung ein, nur ein Teilbetrag unterliege der KSt; sie beantragte alsdann AdV. Zu den materiell-rechtlichen Fragen, die Gegenstand der Vorinstanz waren (*FG Hamburg* IStR 1997, 177) s. bereits P 14. Der *BFH* zur verfahrensrechtlichen Problematik: Nach § 73 e EStDV hat der Schuldner von Vergütungen i. S. der §§ 49 KStG, 50 a IV EStG jeweils bis zum 10. des dem Kalendervierteljahr folgenden Monats an das für seine Besteuerung zuständige FA eine **Steueranmeldung** über den Gläubiger, über die Höhe der Vergütungen und des Steuerabzugs zu übersenden. Steueranmeldung in diesem Sinne ist die Erklärung des Vergütungsschuldners, daß er von näher bezeichneten Vergütungen eines namentlich benannten Gläubigers den Steuerabzug vorgenommen habe und zur Ausführung der Abzugsbeträge verpflichtet sei: „Damit erschöpft sich die Steuerfestsetzung i. S. des § 168 AO in der Festsetzung abzuführender Steuerbeträge gegenüber dem Vergütungsschuldner. Sie betrifft Steuerbeträge, die der Vergütungsschuldner einbehalten hat und für die er eine Abführungspflicht bejaht. Die **Steuerfestsetzung** hat gegenüber dem Vergütungsgläubiger insoweit Drittwirkung, als sie den Vergütungsschuldner berechtigt, nicht die gesamte Vergütung an den Vergütungsgläubiger, sondern einen Teil davon an das FA abzuführen. Wegen dieser Drittwirkung hat die Rspr. dem Verfügungsgläubiger das Recht zugebilligt, aus eigenem Recht die Steueranmeldung anzufechten … Dennoch kann aufgrund eines entsprechenden **Rechtsbehelfs des Vergütungsgläubigers** nur darüber entschieden werden, ob der Vergütungsschuldner berechtigt war, die Steuerabzugsbeträge einzubehalten, anzumelden und abzuführen. Dies gilt auch dann, wenn der Vergütungsgläubiger einen Antrag auf Aussetzung der Vollziehung der Steueranmeldung stellt … die Vollziehung einer Steueranmeldung des Vergütungsschuldners kann nicht mit der Maßgabe ausgesetzt werden, daß die ausgesetzten Steuerbeträge an den Vergütungsgläubiger zu erstatten sind. Die Aussetzung der Vollziehung einer Steueranmeldung bedeutet nur, daß der anmeldende Steuerpflichtige i. S. des § 33 AO die Steuerbeträge einstweilen nicht an das FA abzuführen verpflichtet ist … Ein FA muß jedenfalls die abgeführten Beträge, für die die Vollziehung ausgesetzt wird, an die Person erstatten, der gegenüber die Steueranmeldung (erneut) zu vollziehen ist, wenn die Aussetzung der Vollziehung (wieder) aufgehoben werden oder auslaufen sollte." Im Verhältnis zum Vergütungsgläubiger stellt der *BFH* klar, daß die Steueranmeldung keine Festsetzung einer Steuerschuld ihm gegenüber beinhaltet; denn die Steueranmeldung ist nicht zugleich als Steuerfestsetzung diesem gegenüber vollziehbar. Nach § 50 a V Satz 6 EStG kann der Vergütungsgläubiger nur unter bestimmten engen Voraussetzungen in Anspruch genommen werden: Dies setzt den Erlaß eines **Nachforderungsbescheids** voraus. Im übrigen: Das Anmeldeverfahren setzt keine Steuerfestsetzung gegenüber dem Vergütungsgläubiger voraus – die nach § 73 e Satz 2 EStDV erforderliche namentliche Bezeichnung dient nur der Konkretisierung und dem Nachweis der Abführung im Falle eines sich anschließende Erstattungsverfahrens in DBA-Fällen nach § 50 d I EStG (s. dazu S 373). Das Steuerabzugsverfahren dient – worauf der *BFH* schließlich hinweist – nicht ausschließlich „der Sicherung des Steueranspruchs": „Zumindest in den Fällen, in denen der Steuerabzug die ESt bzw. KSt auf die dem Abzug unterliegenden Einkünfte abgilt, dient das Steuerabzugsverfahren unmittelbar der Abgeltung der Steuerschuld des Vergütungsgläubigers. Deshalb setzt jedoch die Abgeltung keine Festsetzung der Steuerschuld gegenüber dem Vergütungsgläubiger notwendigerweise voraus. Nur so ist die Regelung in § 46 II EStG zu verstehen." Wie einer Urteilsanmerkung von *Schauhoff* IStR 1997, 662 zu entnehmen ist, hat die Frage eines AdV-Antrags seitens des Vergütungsgläubigers Mißverständnisse verursacht. Deswegen ist anzuschließen die Entscheidung *BFH* IStR 1999, 366 zur Stellung des Vergütungsgläubigers im AdV-Verfahren: Eine portugiesische Kapitalgesellschaft A führte im Auftrag der inländischen Firma C in der Bundesrepublik Bauarbeiten aus. Ob sie eine inländische Betriebsstätte unterhielt, ist streitig. Mit einer an C gerichteten Verfügung ordnete das FA den Steuerabzug nach § 50a VII EStG (Fassung des Steuerbereinigungsgesetzes 1999) an. Sowohl die ausländische Kapitalgesellschaft A als auch C beantragen AdV. C erbringt eine geforderte Sicherheitsleistung – A fordert Aussetzung ohne Sicherheitsleistung. Der *BFH:* A ist als der ausländische Vergütungsgläubiger in den Fällen des § 50a IV, VII EStG berechtigt, Verwaltungsakte anzufechten, deren unmittelbarer Adressat der inländische Vergütungsschuldner ist. Dieses Anfechtungsrecht schließt die Befugnis zum AdV-Antrag (§ 361 II AO, § 69 II AO) ein, da nicht erkennbar ist, daß diese Befugnis personell enger begrenzt ist als die Rechtsbehelfsbefugnis in § 350 AO, § 40 II AO. Die Rechtsprechung des *BFH* zu § 50a IV EStG geht auch nicht etwa dahin, dem Vergütungsgläubiger diese Befugnis zu nehmen; vielmehr ist „dem Vergütungsgläubiger „lediglich die Möglichkeit versagt, durch einen Antrag auf AdV der vom Vergütungsgläubiger abgegebenen Steueranmeldung (§ 73a EStDV) zu bewirken, daß der vom Vergütungsschuldner an das FA abgeführte Steuerbetrag ohne Zustimmung des Vergütungsschuldners an ihn – den Vergütungsgläubiger – ausgezahlt wird." Dadurch, daß C die Sicherheitsleistung erbracht hat, ist auch nicht das erforderliche Rechtsschutzbedürfnis der A entfallen, da C den hierfür erforderlichen Betrag der A gegenüber einbehalten hat. Zu den Voraussetzungen einer **Aussetzung der Abzugsanordnung** in Fällen des § 50a VII EStG (ähnliche wie im Zusammenhang mit § 50a IV EStG): C müßte als Vergütungsschuldnerin ausdrücklich dem Begehren der A zugestimmt haben; nur durch eine Aussetzung ohne Sicherheitsleistung könnte die Existenz der C gerettet werden; oder aber die streitbefangene Abzugsordnung ist ohne jeden Zweifel und ohne Heilungsmöglichkeit rechtswidrig. Der Unterschied gegenüber der vorübergehenden Rechtslage aufgrund des Steuerentlastungsgesetzes 1999/2000/2002 besteht darin, daß der kurzzeitig in Kraft getretene § 50a VII EStG bei Werkverträgen mit ausländischen Unternehmen eine gesetzliche Einbehaltungs- und Abführpflicht begründete und es einer besonderen Anordnung nicht mehr bedurfte. Nunmehr ist wiederum von der **konstitutiven Abzugsanordnung** auszugehen.

Nach § 50a V Satz 4 EStG ist der beschränkt Steuerpflichtige beim **46** Steuerabzug von Aufsichtsratsvergütungen oder von Vergütungen Steuerschuldner, nach § 50a V Satz 5 EStG haftet aber der Schuldner dieser Vergütungen „für die Einbehaltung oder Abführung der Steuer". Das FA kann sich wahlweise unmittelbar (§ 219 Satz 2 AO) an den Schuldner als Haftungsschuldner halten (zu den Einzelheiten *Schmidt//Heinicke* § 50a Rz 22). Gleiches gilt für den Steuerabzug nach § 50a VII EStG. Das Verfahren richtet sich nach § 73g EStDV, die Bestimmtheit und Form des Bescheides nach §§ 191, 119 AO.

Zum hinreichend bestimmten Inhalt eines **Haftungsbescheids wegen der Künstlerabzugsteuer** aus einem Vertrag mit einer ausländischen Kapitalgesellschaft *FG*

*Hamburg* EFG 1998, 1412. Der Haftungsschuldner wird für eine fremde Steuerschuld in Anspruch genommen; folglich ist ein Haftungsbescheid nur dann hinreichend bestimmt, wenn er erkennen läßt, wofür einzustehen ist: Steuerschuld, Steuerart, Erhebungszeitraum. Bezeichnung bei Künstlerabzugsteuer: Hinweis auf § 50a IV EStG, der Lebenssachverhalt ist ausreichend durch die Benennung des Künstlervertrags konkretisiert. Einschlägige Steuerart? In der Praxis ist die Rechtsform des Vergütungsgläubigers schwer zu ermitteln: die Bezeichnung ist häufig unvollständig. Die ausländische Gesellschaft unterlag in diesem Fall der Körperschaftsteuer, im Haftungsbescheid war nur die Einkommensteuer genannt. Jedoch erwies sich die Bezeichnung der Steuerart insoweit als zutreffend, als unabhängig von der Haftung für die Körperschaftsteuer auch für die Einkommensteuer des Künstlers selbst gehaftet wurde: Eine vertragliche Gestaltung, bei der der ausländische Künstler durch einen Vertrag mit einer ausländischen Künstlerverleihgesellschaft von dem inländischen Veranstalter engagiert wird, hat zur Folge, daß auch der ausländische Künstler mit seinen Einkünften der beschränkten Steuerpflicht unterliegt (Hinweis auf *BMF*-Schreiben BStBl. 1997 I, 89 Beispiel).

47 (9) Schließlich die **europarechtliche Problematik:** *Grams* hat in einer beachtlichen Untersuchung dargelegt, daß das Steuerabzugsverfahren nach § 50a IV EStG eine besondere Form der Umsatzsteuer darstellt und damit gegen die 6. USt-RL verstößt; denn bereits eine bloße Charakterisierung als Umsatzsteuer reiche nach der *EuGH*-Rechtsprechung aus, um einen Verstoß gegen Art. 33 I der 6. USt-RL zu begründen. Die Einstufung der Abzugsteuer als Umsatzsteuer basiert nach *Grams* (S. 47) zum einen auf der Tatsache, daß die Erhebung der Ertragsteuer als Abzugsteuer ohne Berücksichtigung der persönlichen Leistungsfähigkeit erfolgt, zum anderen aber auch auf dem Zusammenspiel der im EStG verankerten Rechtsvorschriften; nur durch die Verknüpfung der einzelnen Vorschriften wird die Steuererhebung in Form des Steuerabzugs zu einer Objektsteuer, die dem Ertragsteuerrecht fremd ist; die Einstufung als USt entfällt – *Grams* –, wenn die Abgeltungswirkung durch das Steuerabzugsverfahren modifiziert wird. Soweit ersichtlich hat sich bislang nur das *Nds. FG* EFG 1998, 473 hierzu geäußert: Wortlaut der Regelung, systematische Stellung und Kontext der Gesamtregelung stehen einer Umsatzbesteuerung entgegen, eine einkünftebezogene Differenzierung sei der Umsatzbesteuerung fremd; die Abgeltungswirkung gem. § 50 V EStG berücksichtige typisierende Betriebsausgaben.

# 4. Teil.
# Doppelbesteuerungsabkommen

## R. Allgemeiner Teil

## I. Einführung

Gegenstand der vorangegangenen Abschnitte war die Frage nach den 1
einkommen- und körperschaftsteuerlichen Wirkungen grenzüberschreitender Sachverhalte. Dabei ist deutlich geworden, daß eine der Haupt-
aufgaben des internationalen Steuerrechts, die Vermeidung von Doppelbesteuerungen, in Teilbereichen schon vom Außensteuerrecht erfüllt
wird: Die Doppelbesteuerung wird aufgrund der hierfür erlassenen Gesetze in bestimmten Fällen durch einseitige Steuerermäßigung/Steuerbe-
freiung ausgeschlossen oder wenigstens gemildert. Die Doppelbesteuerung kann aber nicht nur einseitig, sondern auch durch vertragliche Vereinbarungen mit anderen Staaten aufgehoben oder beschränkt werden.
Derartige vertragliche Vereinbarungen zweier Staaten mit dem Ziel der
Vermeidung der Doppelbesteuerung bezeichnet man als Doppelbesteuerungsabkommen.

Doppelbesteuerungsabkommen sind **völkerrechtliche Verträge,** de- 2
ren Zustandekommen sich nach den Regeln im „Wiener Übereinkommen
über das Recht der Verträge (WÜRV)" vom 23. 5. 1969 richtet (BGBl
1985 II, 926). Dem Abschluß eines Abkommens gehen Verhandlungen
voraus; in den Verhandlungen wird ein Abkommenstext erarbeitet, zu
dem auch vereinbarte Protokolle und Briefwechsel gehören; zum Abschluß der Verhandlungen werden zwei Exemplare des Textes von den
beiden Delegationsleitern Blatt für Blatt mit ihren Namenszeichen versehen und dadurch als authentisch festgelegt (Paraphierung); der Abschluß
erfolgt regelmäßig in den Landessprachen beider Vertragsstaaten. Die
Paraphierung verpflichtet die Staaten noch nicht zum tatsächlichen Abschluß. Erst mit der Unterzeichnung des Abkommenstextes gehen die
Staaten die Verpflichtung ein, das nach innerstaatlichem Recht erforderliche Verfahren einzuleiten, um den verbindlichen Vertragsabschluß herbeizuführen. Der Vertrag bedarf der parlamentarischen Zustimmung
(Art. 59 II GG); hierzu legt die Bundesregierung den Entwurf des Zustimmungsgesetzes den gesetzgebenden Körperschaften zusammen mit
dem Abkommenstext sowie etwaigen Protokollen und Briefwechseln
vor; das Zustimmungsgesetz wird gem. Art. 82 GG vom Bundespräsi-

denten ausgefertigt und im Bundesgesetzblatt verkündet. Völkerrechtlich kommt das Abkommen durch Austausch besonderer Urkunden, die sog. Ratifikation, zustande. In der Ratifikationsurkunde gibt der Bundespräsident (er ist nach Art. 59 I GG für die Erklärung der Zustimmung zu dem Vertrag seitens der Bundesrepublik zuständig) die formelle Erklärung ab, daß die verfassungsmäßigen Voraussetzungen für die Anwendung des Abkommens innerstaatlich erfüllt sind. Damit ist der Vertrag völkerrechtlich bindend (eingehend *Ipsen* S. 104 zum Abschluß, Inkrafttreten und Geltungsgrund völkerrechtlicher Verträge).

3    Als völkerrechtlicher Vertrag ist ein DBA zugleich eine selbständige Quelle des Völkerrechts auf der Ebene der Staaten untereinander. In welchem **Verhältnis Völkerrecht zum Landesrecht** steht, ist immer noch strittig: Monistische Theorien gehen von einer Einheit aus; dualistische Theorien betrachten sie als getrennte Rechtskreise. Rechtshistorisch eine Diskussion, die mit großen Namen verbunden ist (*Kehlsen, Guggenheim, Triepel*); für die Zwecke dieses Buches ist das Ergebnis ausreichend, von dem erkennbar alle Interpreten des DBA-Rechts ausgehen. Ausgangspunkt ist danach die Souveränität der einzelnen Staaten; sie legt der staatlichen Hoheitsgewalt Schranken aufgrund des Völkerrechts auf, was zur Folge hat: Staaten können tun was sie wollen, wenn das Handeln vom Völkerrecht nur nicht verboten ist. Damit vereinbar ist ein gemäßigter Dualismus, nur er begründet eine dem Völkerrecht logische und historisch vorausgehende Souveränität der Staaten. Völkerrecht und staatliches Recht sind getrennte Rechtsordnungen (*Kerath* S. 2 ff. mit Nachw.). Hieraus ergeben sich zwangsläufig die immer wieder erörterten Grundfragen der **Geltung völkervertragsrechtlicher Normen** im innerstaatlichen Recht, konkret

– die Frage nach der Übernahme,
– die Frage nach ihrer unmittelbaren Anwendbarkeit,
– die Frage ihres Ranges.

Als völkerrechtliche Quellen, die in irgendeiner Weise die internationale Doppelbesteuerung berühren, sind außerdem zu nennen: (a) *Kollektivverträge*, z. B. das Abkommen vorn 30. 3. 1931/18. 5. 1956 über die Besteuerung von Straßenfahrzeugen, dem zahlreiche europäische Staaten, darunter auch die Bundesrepublik, beigetreten sind. Als Kollektivvertrag ist auch der EG-Vertrag mit seinen steuerrechtlichen Vorschriften zu nennen. (b) *Nicht speziell die Doppelbesteuerung regelnde zweiseitige Verträge*, die in begrenztem Umfang Vorschriften zur Vermeidung von Doppelbesteuerungen enthalten. In Frage kommen insbesondere Handels-, Niederlassungs-, Freundschafts- und Konsularverträge in Betracht. Regelungen des internationalen StR in zwischenstaatlichen Handelsabkommen hat *Fischer-Zernin* (RIW 1988, 286) am Beispiel bilateraler Abkommen für den Bereich des Handels- und Investitionsschutzes und des GATT-Vertrages untersucht. Aufsehen hat die *WTO*-Entscheidung zu amerikanischen Exportvergünstigungen als illegale Steuerrabatte erregt (FAZ 2000 Nr. 47, S. 13).

## II. Übernahme des Völkervertragsrechts in innerstaatliches Recht

Aus Art. 59 GG folgt: Die Erklärung des völkerrechtlich verbindlichen **4** Willens der Bundesrepublik gegenüber den ausländischen Staaten erfolgt durch den Bundespräsidenten (Art. 59 I); durch das parlamentarische Zustimmungsgesetz (Art. 59 II) wird das Staatsoberhaupt innerstaatlich zum Abschluß des Vertrages ermächtigt. Aber die Wirkung dieser Zustimmung ist weitergehend: Mit dem **Zustimmungsgesetz** wird der Inhalt des völkerrechtlichen Vertrages nach traditioneller Sicht in das innerstaatliche Recht transformiert (Transformationswirkung des Zustimmungsgesetzes) – es ist damit ein Gesetz im Sinne der Verfassungsgerichtsbarkeit und kann zum Gegenstand einer Verfassungsklage gemacht werden. Abschluß des völkerrechtlichen Vertrages und Zustimmungsgesetz nach Art. 59 II GG sind voneinander zu unterscheiden, was auf das DBA Recht bezogen konkret heißt (*Wassermeyer* IStR 1992, 103): Bei der Besteuerung im Inland wird nur das Zustimmungsgesetz angewendet; das DBA selbst wirkt dagegen unmittelbar nur auf völkerrechtlicher Ebene; es verpflichtet die Staaten als Völkerrechtssubjekte, begründet jedoch für den einzelnen Steuerpflichtigen keine Rechtsfolgen. Man hüte sich jedoch davor, aus dieser unmittelbar aus der Verfassung folgenden Trennung bereits weitergehende Folgen für das Verhältnis beider Rechtskreise, etwa bei der Auslegung des Zustimmungsgesetzes, abzuleiten. Oder anders ausgedrückt: Mit der Unterscheidung des Völkerrechtsvertrages vom Zustimmungsgesetz ist über die grundsätzliche Regelung der Verbindlichkeit der Texte hinaus noch nichts gewonnen. Deswegen stehen auch die Fragen nach der innerstaatlichen Geltung, der innerstaatlichen Anwendbarkeit und nach der Hierarchie in einem unlösbaren Zusammenhang (*Kerath* S. 25: Zwischen diesen Aspekten besteht nicht das Verhältnis der Alternativität, sondern das der Kumulation). Weil die Sichtweise einer Transformation die wechselseitige Abhängigkeit des völkerrechtlichen Vertrages vom Zustimmungsgesetz nur unzureichend erklärt, versteht die neuere deutsche Völkerrechtslehre das Zustimmungsgesetz als einen Anwendungsbefehl (Adoptionstheorie): Nicht ein dem Vertrag gleichlautender Text wird innerstaatlich anwendbar, sondern der Vertrag als solcher (*Kl. Vogel* Einl. Rz 42; aus der Rechtsprechung wäre als Beispiel für die Adoptionstheorie *FG Köln* DStR 1997, 686 zu nennen). Das Transformationsgesetz (bzw. der Anwendungsbefehl) kann auch zusätzliche Fragen, wie beispielsweise die erstmalige Anwendung des Gesetzes, regeln. Zu weitergehenden, aber mit der Transformation verknüpften Fragen der Veränderung von Doppelbesteuerungsabkommen ohne Änderung des Vertragsgesetzes s. *Widmann* und *Pöllath* in *Mössner/Blumenwitz* u. a., S. 47 ff., S. 55 ff.).

## III. Unmittelbare Anwendbarkeit

**5** Die Feststellung innerstaatlicher Geltung eines Abkommens ist eine Seite; ob die geltende Norm des völkerrechtlichen Vertrages im Wege der Transformation bzw. des Vollzugsbefehls aber auch unmittelbar anwendbares innerstaatliches Recht geworden ist (werden kann), ist eine davon zu trennende andere Seite des Problems. Nicht jeder Vertrag, der innerstaatliche Geltung erlangt hat, muß unmittelbar anwendbar sein. Das Vertragsgesetz Art. 59 II GG bezieht sich auf den Vertrag in seiner Gesamtheit und nicht allein auf unmittelbar anzuwendendes Recht; der Frage nach dem unmittelbar anzuwendenden Recht liegt die Frage nach der Anwendung mit oder ohne weitere Ausführungsvorschriften zugrunde. § 2 AO – der im Zusammenhang mit der Rangfrage zu behandeln ist – weist hierauf hin, denn dort ist von einem Vorrang völkerrechtlicher Vereinbarungen die Rede, „soweit sie unmittelbar anwendbares innerstaatliches Recht geworden sind." Im Mittelpunkt steht mithin die **self-executing-Frage** (zur Begriffsvielfalt *Gloria* S. 46); ob es Ausführungsnormen bedarf oder nicht, hängt von den Unterscheidungskriterien ab, mit denen self-executing-Recht und non-self-executing-Recht voneinander abzugrenzen sind. Übereinstimmend werden hierzu objektive und subjektive Kriterien für erforderlich gehalten. In subjektiver Hinsicht (Wille der Vertragspartner) spricht im Recht der Doppelbesteuerungsabkommen alles für eine unmittelbare Anwendung der Beschränkungen des innerstaatlichen Rechts (*BVerfG* 72, 265f.). In objektiver Hinsicht muß die Vertragsbestimmung der Voraussetzung genügen, Grundlage für die Durchführung der Besteuerung zu sein, so daß sich Staat und Bürger hierauf unmittelbar berufen können. Die zuständigen Gerichte wenden dieses Völkervertragsrecht dann wie nationales Recht an – jedoch haben sie die besondere Auslegungsproblematik zu lösen, die bei der Anwendung international – und sei es nur zwischen zwei Staaten – vereinheitlichter Norm entsteht.

### IV. Zur Rangfrage; treaty-overriding-Problem

**6** (1) Wir wissen nun, wie dem **Völkervertragsrecht** im innerstaatlichen Recht Geltung verschafft wird und daß diese Geltung auch die unmittelbare Rechtsanwendung zur Folge haben kann –, was im Bereich der Doppelbesteuerungsabkommen insoweit auch als Regelfall zu unterstellen ist. Nicht beantwortet ist damit aber die Frage, **wie sich dieses Recht in das innerstaatliche Normengefüge einordnet.** Sowohl nach der Transformations- als auch nach der Vollzugslehre nehmen die Normen des durch Zustimmungsgesetz (Art. 59 II GG) überführten völkerrechtlichen Vertrages einfachen Gesetzesrang ein; das ist gänzlich unbestritten (*Brünink* S. 9 mit Nachw.). Daraus folgt: sie gehen gleichrangigen früheren innerstaatlichen Gesetzen vor, können aber nach der Regel „lex posterior derogat legi priori" grundsätzlich mit innerstaatlicher Wirksamkeit durch ein späteres Gesetz aufgehoben bzw. eingeschränkt werden (weswegen Gemeinschaftsrecht nicht völkervertragsrechtlichen Regeln unterstellt werden konnte, wie G 136, 137 erläutert wurde). Diese Rechtsfolge soll zunächst losgelöst von der DBA-Problematik aus völkerrechtlicher Sicht problematisiert und relativiert werden. Denn naheliegend wäre es, von einem besonderen Rang völkerrechtlichen Vertragsrechts auszugehen. Das aber ist nicht der Fall: Zwar ist eine umfassende Sicherung völkerrechtlicher Verträge im deutschen Recht mit dem Ziel, ihre Stellung als dem einfachen Gesetz überzuordnen, auch für Doppelbesteuerungsabkommen vielfach befürwortet worden (*Kerath* S. 116 mit Nachweisen); aber Völkervertragsrecht als „bevorzugtes Bundesrecht" umzusetzen, ist nicht durchsetzungsfähig. Auch die Vorrangwirkung aus der direkten Anwendung des Satzes „pacta sunt servanda" abzuleiten, hat kaum Anhänger gefunden: Die Bestimmung des Ranges von transformiertem Völkerrecht ist nach allgemeiner Ansicht Sache jedes einzelnen Staates. Völkerrechtliche Verträge nehmen auch nicht am Rang der allgemeinen Regeln des Völkerrechts teil (Art. 25 GG), weil zu diesen Regeln der Grundsatz „pacta sunt servanda" gehört: Jedwede Einflußnahme über Art. 25 GG auf den Rang des Vertragsgesetzes scheitert daran, daß für völkervertragliche Regelungen Art. 59 II GG als speziellere Norm vorgeht (dazu *BFH* BStBl. 1990 II, 6; *FG Hamburg* EFG 1987, 161). Daß eine allgemeine völkerrechtliche Regel des Verbots der Doppelbesteuerung nicht besteht, ist bereits erläutert worden. Schließlich wird eine verfassungsrechtlich gesicherte Vorrangwirkung aus einer völkerrechtsfreundlichen Auslegung nationaler Gesetze abgeleitet und hieraus gefolgert, ein mit einem früheren Vertrag kollidierendes Gesetz sei verfassungswidrig (*Bleckmann* S. 289ff.) – durchgesetzt hat sich diese Sicht nicht.

(2) Es scheint, als werde aber im DBA-Recht aus innerstaatlicher Sicht 7 von diesen Grundsätzen zugunsten der „pacta sunt servanda"-Regel abgewichen. Denn nach § 2 AO gehen Verträge mit anderen Staaten i.S. des Art. 59 II GG über die Besteuerung den Steuergesetzen vor: lex specialis-Charakter der (überwiegend angesprochenen) DBA. Doch die AO ist nur ein einfaches Bundesgesetz und kann daher einem anderen einfachen Bundesgesetz (hier dem Gesetz gem. Art. 59 II GG) keinen höheren Rang bzw. Vorrang einräumen. Die Anordnung eines höheren Rangs für eine bestimmte Normengruppe kann nur durch eine Bestimmung erfolgen, die selbst einen höheren Rang als die Norm einnimmt, deren Rangverhältnis sie regeln will; um den DBA-Vorrang sicherzustellen, hätte § 2 AO mit der nach § 79 II GG erforderlichen Mehrheit in das Grundgesetz eingefügt werden müssen (*Brünink,* S. 19). DBA stehen nicht schon

wegen ihres völkerrechtlichen Charakters auf einer höheren Ebene; sie
sind innerstaatlich vollziehbares Völkerrecht, von der Verwaltung und
den Gerichten wie jedes andere Steuergesetz anzuwenden (*Wassermeyer*
StuW 1990, 411). Daher erweckt § 2 AO einen mißverständlichen Eindruck, als solle eine Rangreihenfolge von Gesetzen hergestellt werden,
was wohl die Intention des Gesetzgebers war, s. BT-Drucks. 7/4292, 15.
Wegen der Gleichrangigkeit der Gesetze vermag § 2 AO mehr als den
lex specialis-Charakter und damit auch die Eigenschaft des Vorrangs des
späteren Art. 59 II – Gesetzes nicht anzuordnen. Aber § 2 AO kann nicht
generell anordnen, wie spätere Gesetze auszulegen sind. § 2 AO kann
mithin nicht verhindern, daß das nach Art. 59 II GG transformierte Vertragsrecht durch spätere innerstaatliche Gesetze abgeändert oder gar aufgehoben wird (*Weigell* RIW 1987, 125; *Sauren/Schultze* RIW 1989,
554). Dazu hätte es einer Art. 25 Satz 2 GG entsprechenden Bestimmung
für das völkerrechtliche Vertragsrecht bedurft; die Völkerrechtsregel
„pacta sunt servanda" bezieht sich nur auf das völkerrechtliche Außen-
verhältnis, schließt aber Vertragsbrüche durch abweichendes internes
Handeln nicht aus (*Tipke/Kruse* § 2 AO Rz 1). Daraus folgt, daß die lex
posterior-Regel im Verhältnis des internen Rechts zum transformierten
Völkerrecht nach beiden Richtungen, also auch im Verhältnis der Ver-
tragsgesetze zu späterem abweichenden Gesetzesrecht, gilt (*Rudolf*
S. 213). Es ist jedoch anerkannt, daß der Geltungsbereich der lex posterior-Regel insoweit Einschränkungen unterliegt, wobei man sich entweder auf einen Grundsatz „völkerrechtsfreundlicher Auslegung", die „lex
posterior generalis non derogat legi priori specialis"-Regel (*Debatin* DB
1972, 1941) oder aber auf einen ausdrücklichen oder ungeschriebenen
Vertragsvorbehalt im Abkommen beruft, wonach die innerstaatliche
Geltung eines Vertrags durch den Erlaß eines den gleichen Gegenstand
regelnden Gesetzes nicht berührt wird (*Schröcker* DVBl. 1958, 372). Für
ein hieran anknüpfendes Verständnis des § 2 AO ist entscheidend, daß
den Rangregeln „lex specialis" und „lex posterior" zur Lösung von Konflikten zwischen gleichrangigen Normen selbst kein besonderer Rang
zukommt, so daß auch ein einfaches Gesetz besondere Kollisionsregeln
enthalten kann. Dann ist **§ 2 AO als eine Klarstellung** zu verstehen, daß
die **DBA-Normen** im Verhältnis zu späteren nationalen Steuergesetzen
**im Zweifel als die spezielleren Normen vorgehen,** sofern das Gesetz
das Gegenteil nicht ausdrücklich anordnet (*Brünink* S. 19 mit Nachw.).
Im Ergebnis ebenso *Birk* (in *H/H/Sp* Rz 167 ff. zu § 2 AO; *Seer* IStR
1997, 484 f.): Ersatz der „lex-posterior-Regel" zugunsten einer „lex-
prior-Regel" für DBA. Der frühere Gesetzgeber könne zwar den späteren
Gesetzgeber auf diese Kollisionsregel nicht verbindlich festlegen, jedoch
müsse das nachfolgende Gesetz die Durchsetzung des aus § 2 AO folgenden Vorrangs eines früheren DBA ausdrücklich anordnen. Zur Kritik
an beiden Auffassungen *Kerath* S. 131: Auch dieses Verständnis des § 2

AO sei mit der Verfassung nicht in Übereinstimmung zu bringen, denn eine Betrachtungsweise des § 2 AO, die den nationalen Gesetzgeber dazu zwinge, bei jedem zu erlassenden Steuergesetz zu prüfen, ob sein Anwendungsbereich mit dem eines DBA kollidiere und sich ggf. zu äußern, ob diese nationale Regelung DBA-Recht derogieren solle, deutet die einfache gesetzliche Norm § 2 AO in ein legislatorisches Formerfordernis um; *Kerath* hat daher den lex specialis-Chrarakter der DBA geltend gemacht, aber den Grund hierfür nicht in § 2 AO gesucht, sondern ihn aus dem Verhältnis des innerstaatlichen Rechts zum Abkommensrecht abgeleitet; dem bestehenden innerstaatlichen Recht gegenüber setzt sich Abkommensrecht dann nach den beiden Regeln „lex posterior derogat legi prioro" und „lex specialis derogat legi generalis" durch – späteres innerstaatliches Recht hat aufgrund der Regel „lex posterior generalis non derogat legi priori speciali" keinen Vorrang. Älteres, spezielleres Recht wird hiernach nur verdrängt, wenn das jüngere Recht eine Kodifikation im Sinne einer vollständigen und abschließenden Regelung eines ganzen Rechtsgebietes enthält; diese Voraussetzung sieht *Kerath* nur für die Körperschaftsteuerreform 1977 gegeben. Im Kern erweist sich der Streit um die Bedeutung des § 2 AO jedenfalls dann als bedeutungslos, wenn der Gesetzgeber dem „Formerfordernis" genügt und damit die Rangfolge bestimmt; denn in einem solchen Fall stellt sich die Frage eines möglicherweise von der Verfassung nicht mehr gedeckten Verständnisses des § 2 AO erst gar nicht: Das Problem wird dann in zulässiger Weise auf der Ebene des einfachen Rechts gelöst, ohne daß es noch auf die Rechtsaussage des § 2 AO ankäme.

(3) **Treaty-Override** nennt man die Möglichkeit, das Abkommen auf- **8** grund seiner Gleichrangigkeit mit innerstaatlicher Steuergesetzgebung durch nachfolgende Akte des Gesetzgebers auch inhaltlich zu verändern und somit eine Steuerbefreiung bzw. Steuerermäßigung durch innerstaatliches Recht wieder zu beseitigen oder einzuschränken. Die amerikanische Auffassung geht grundsätzlich hiervon aus – doch darauf kann die zutreffende Interpretation des § 2 AO im Ergebnis auch hinauslaufen. Nur: Die Amerikaner machen dies offen geltend (was fast zum Scheitern des DBA-USA 1990 geführt hätte, s. *Debatin/Endres* S. 148). Berühmtheit erlangte im Steuerrecht der „Melford-Fall" – der kanadische Supreme Court ließ späteres nationales Recht für die Auslegung des DBA-Kanada nicht relevant werden; dazu mit Nachw. *Schalast* FR 1990, 218. Hierzu im übrigen Beispiele des deutschen Rechts:

– Nach § 50d EStG sind die **Vorschriften über die Einbehaltung, Abführung 9 und Anmeldung der Steuer** durch den Schuldner von Kapitalerträgen oder Vergütungen im Sinne des § 50a EStG ungeachtet eines DBA und auch dann anzuwenden, wenn Einkünfte nach einem solchen Abkommen nicht oder nur nach einem niedrigeren Steuersatz besteuert werden können. Im Falle *BFH* IStR 1995, 30 hatte der Kläger Konzerte mit polnischen Künstlern veranstaltet; er zahlte die mit den Künstlern vereinbarten Honorare ohne Quellensteuerabzug gem. § 50a IV Nr. 1 und 2 EStG. Das FA erließ gegen ihn einen Haftungsbescheid über 17,64% der an die Künstler ausgezahlten Honorare, die mutmaßlich in Polen ansässige Personen gem. § 50a IV schulden. Das DBA-Polen ist zu ihren Gunsten anzuwenden und es kann auch davon ausgegangen werden, daß Art. 16 II des DBA die Steuerfreiheit in der Bundesrepublik zur Folge hat. Ob aber die Voraussetzungen überhaupt vorliegen, ist für den Haftungsbescheid nicht relevant: § 50d I Satz 2 EStG zwingt auch die in Polen ansässigen Künstler, in der Bundesrepublik eine solche Steuerbefreiung entweder in einem Freistellungsverfahren oder in einem Erstattungsverfahren geltend zu machen (s. dazu S 373). Der *BFH* zur Vereinbarkeit mit dem Abkommen: Zwar weiche § 50d damit von Art. 16 II DBA-Polen ab; „In der Bundesrepublik wird jedoch das DBA-Polen nicht unmittelbar, sondern nur mittelbar in der Form des Zustimmungsgesetzes vom 24. 4. 1975 abgewendet. Das Zustimmungsgesetz ist ein einseitiger Akt des deutschen Gesetzgebers, der mit Vorbehalten versehen, aufgehoben oder geändert werden kann. Ob ... Völkerrecht verletzt würde, ist eine andere Frage, die die Wirksamkeit des Vorbehaltes bzw. der Aufhebung oder Änderung nicht berührt. Aus § 2 AO ergibt sich nichts anderes, weil die Vorschrift nicht den Fall betrifft, daß der Gesetzgeber – wie in § 50d I Satz 1 EStG geschehen – ausdrücklich eine vom Zustimmungsgesetz abweichende Regelung trifft ... Art. 25 GG ist insoweit nicht berührt, weil das DBA-Polen nicht zu den allgemeinen Regeln des Völkerrechts gehört ... Schließlich gilt im Bereich des Art. 59 II GG kein „Alles-oder-nichts-Prinzip". Der innerstaatliche Gesetzgeber ist frei, im Zustimmungsgesetz Vorbehalte gegenüber der Anwendung bestimmter Abkommensvorschriften zu verankern."

**10**     – Nach § 20 I 1. Alternative AStG werden die Vorschriften der §§ 7–18 AStG durch ein Abkommen zur Vermeidung der Doppelbesteuerung nicht berührt. Legte man der **Hinzurechnungsbesteuerung** die Ausschüttungstheorie zugrunde (s. N 393), bliebe das Verständnis dieser Norm als einer treaty-Overriding-Norm problematisch, da der deutsche Gesetzgeber in bezug auf die Hinzurechnungsbesteuerung für Zwischeneinkünfte ohne Kapitalanlagecharakter die Bindungen des Abkommensrechts durch die Einfügung des § 10 V AStG hinreichend beachtet haben könnte (*Brünink* S. 110; anders *Wassermeyer* MA Art. 1 Rz 78: echtes treaty-overriding). § 20 II AStG sieht eine Anrechnung statt der Freistellung für Betriebsstätteneinkünfte mit Kapitalanlagecharakter vor – wozu § 20 I 2. Alternative ergänzend erklärt, daß auch dies durch DBA-Recht nicht berührt wird. Mit dieser Regelung wird die Abschirmwirkung der DBA durchbrochen und das zur Steuerbefreiung ausländischer Betriebsstättengewinne führende Betriebsstättenprinzip einseitig suspendiert (s. dazu N 453); es handelt sich zweifellos um eine treaty-overriding-Klausel (so zuletzt *Seer* IStR 1997, 482). Die Regierungsbegründung berief sich auf den Gesichtspunkt des „mißbräuchlichen Unterlaufens unter Berufung auf ein DBA" (BT-Drucks. 12/1506, S. 163, 181). Die nähere Bestimmung des Inhalts des § 20 II AStG in ihrem Verhältnis zum Abkommensrecht würde sich erübrigen, wenn mit dieser Regelung – unter dem treaty-overriding-Gesichtspunkt – in zulässiger Weise Bestimmungen ratifizierten Abkommensrechts mit Wirkung für das innerstaatliche Recht geändert würden. Dies ist mit dem Wortlaut des § 20 I 2. Alternative AStG ausreichend erfolgt (so *Seer* IStR 1997, 484ff.; *Brünink* S. 144f., der darauf hinweist, daß objektiv der Wortlaut an der Vorrangregelung keinen Zweifel aufkommen lasse; anders wenn die Formulierung (umgekehrt) lautete, nämlich „DBA werden durch die Vorschriften der §§ 7 bis 18 und der Absätze 2 und 3 nicht berührt"; zur DBA-Problematik auch R 145, S 199, S 204.

**11**     – Nach § 32b I Nr. 2 EStG ist auf das nach § 32a I EStG zu versteuernde Einkommen ein besonderer Steuersatz (**Progressionsvorbehalt**) anzuwenden, wenn bei zeitweiser unbeschränkter Steuerpflicht ausländische Einkünfte nicht der ESt unterlegen haben; es kommt – anders als nach früherem Recht – in solchen Fällen seit VZ 1996 nicht mehr zu mehreren Ermittlungszeiträumen für ein Kalenderjahr. Erfaßt wird auch ein Fall, in dem in einem Teil des VZ unbeschränkte Steuerpflicht bestand, in dem anderen Teil des VZ – mangels eines inländischen Anknüpfungspunktes – aber überhaupt keine inländische Steuerpflicht. Auch in diesem Fall sollen die ausländischen Einkünfte, die während der Zeit erzielt wurden, in den Progressionsvorbehalt einzubeziehen sein. *Mössner* (IStR 1997, 227 ff.) hält diese Form des steuerlichen Zugriffs nicht nur für überzogen, sondern für einen Verstoß gegen DBA-Recht (s. hierzu auch bereits M 71).

Das **Steuerbereinigungsgesetz 1999 fingiert in § 8 b VII KStG nicht abzieh-** **12** **bare Betriebsausgaben** in Höhe von 5% einer nach DBA-Recht steuerfreien Auslandsdividende. Dabei versteht sich das Gesetz insoweit als bereinigt gegenüber dem Steuerentlastungsgesetz 1999/2000/2002, als es aus europarechtlichen Gründen den Prozentsatz von 15% auf 5% reduzierte und eine Verknüpfung zu § 3 c EStG beseitigte. § 8 b VII KStG wird damit verstanden als Fiktion von stets 5% der Einnahmen als Betriebsausgaben, für die die Rechtsfolge des § 3 c EStG gilt (dazu S 332). Dann sieht § 8 b VII KStG zwar nicht ausdrücklich eine Besteuerung der Gewinnausschüttungen vor; durch den Abzug eines Teilbetrags vom steuerwirksamen Aufwand wird aber derselbe Effekt erzielt. Weil im Ergebnis damit 5% der Einnahmen der Besteuerung unterworfen werden und 95% der Einnahmen als Dividendeneinkünfte gelten, ist die Frage der Vereinbarkeit mit DBA-Recht zu klären. Da § 8 b VII KStG nicht die steuerbefreiten Dividenden der Besteuerung unterwirft, sondern nicht abziehbare Aufwendungen fingiert, könnte man eine Berührung des Abkommensrechts verneinen und das Problem allein im innerstaatlichen Recht angesiedelt sehen. Dagegen *Fischer-Zernin* (IWB Editorial 1999, Nr. 6); nach ihm wird es zur Auslegung „zwar wieder spitzfindige Diskussionen geben; der Gesetzgeber hat sich den Trick mit den fiktiven, nicht abziehbaren Aufwendungen bei Schachteldividenden schließlich ausgedacht, um keine offenen DBA-Verstöße zugeben zu müssen. Man sollte sich davon aber nicht beirren lassen. Wenn die Abkommen sagen, daß bestimmte Einkünfte in Deutschland steuerfrei bleiben, kann es nicht angehen, daß sie mit Hilfe von etwas „Regelungskosmetik" doch wieder der deutschen Besteuerung unterworfen werden". Doch der Hinweis des Gesetzgebers ist klar und eindeutig, er bezieht sich ausdrücklich auf DBA-befreite Dividenden: zulässiges treaty overriding.

*(einstweilen frei)* **13–19**

## V. Rechtsfolgen eines Abkommens (Funktion, Wirkungsweise)

Die Normen eines Abkommens setzen voraus, daß jeder Staat sein ei- **20** genes Recht anwendet, daß aber das Abkommensrecht eine inhaltliche Beschränkung bei der Anwendung des innerstaatlichen Rechts zur Folge hat. Aus diesem Grunde ist der **Begriff der Kollisionsnorm zu vermeiden;** denn als Kollisionsnormen werden herkömmlich nun einmal – im Gegensatz zu den Sachnormen – jene Normen bezeichnet, die darüber bestimmen, welches Recht anzuwenden ist (dazu bereits ausführlich unter A 13). Wenngleich der Begriff der Kollisionsnorm noch immer vereinzelt auf das DBA-Recht angewendet wird, so besteht doch über diesen Kern der Rechtsfolgen des Abkommensrechts überhaupt kein Streit.

Deswegen könnte man es auch hierbei belassen. Um aber die Wirkungsweise des DBA-Rechts zu verdeutlichen, waren und sind Interpreten des
Rechts immer wieder um die Konkretisierung dieser Wirkungsweise bemüht. Es kann dabei immer nur um Verdeutlichung des Kerns gehen –
der Kern selbst und damit die inhaltliche Beschränkung des innerstaatlichen Rechts als Rechtsfolge, steht außer Frage. Man kann die vielfältigen Versuche, auf diese Art und Weise die Abkommenswirkungen zu
verdeutlichen, nicht als bloße Semantik abtun. Die Bemühungen – oft
aus didaktischen Zwecken heraus zu erklären – haben die Strukturen des
Abkommensrechts klargestellt.

**21**    (1) Von der **Aufteilung der Steuerquellen** zwischen den beiden Vertragsstaaten war ursprünglich die Rede (*Dorn* VJSchrStuFR 1927, 207);
zugrunde lag ihr eine finanzwissenschaftliche Abkommenskonzeption,
bei der die souveränen Staaten die betreffenden Steuerquellen dem einen
oder dem anderen Staat mit der Auflage zuteilten, daß nur der Zutei-
lungsempfänger besteuern dürfe. Ihren Niederschlag fand diese Sichtweise in der Rechtsprechung des *RFH*: Die Zuteilung eines Steuerguts
wurde als sachliche Steuerbefreiung verstanden, die Steuerquelle scheide
im verzichtenden Staat völlig aus der Steuerbemessung aus (*RFH* RStBl.
1932, 124; RStBl. 1936, 1182; RStBl. 1937, 627; EFG 1970, 214; zur
Entwicklung *Kerath* S. 56 ff.). Aus dieser Sichtweise erklärt sich auch
die Verwendung des Begriffs der Kollisionsnorm – er sollte zum Ausdruck bringen, daß eine Kollision zweier aufeinandertreffender Souverä-
ne zu lösen war. Die Vorstellung einer Aufteilung der Steuerquellen mag
finanzwissenschaftlich (makro-ökonomisch) immer noch einen Sinn haben – steuerrechtlich ist sie deswegen problematisch, weil sie mit dieser
Vorstellung keine Rechtsfolge zum Ausdruck brachte – die Konsequenz
einer „sachlichen Befreiung" im Sinne der *RFH*-Rechtsprechung kann
mit einer solchen Vorstellung aber nicht begründet werden, folgt auch
aus ihr nicht einmal zwingend (dazu *Kl. Vogel* in *Vogel/Wassermeyer*
u. a., S. 57). Aus einer ganz grundsätzlichen Erwägung heraus können juristisch solche Vorstellungen wie die einer **Aufteilung und Zuteilung
von Steuergütern** keinen Bestand haben: Die Staaten sind nach Staats-
recht und Völkerrecht zur Besteuerung originär zuständig; weil sie kraft
ihrer Souveränität in der Bestimmung des Steuergegenstandes frei sind,
kann ihnen nicht erst etwas zugeteilt werden (*Vogel* in Festschrift *Franz
Klein* S. 361 ff.), sie haben insoweit auch nichts „Gemeinsames", was sie
untereinander aufteilen könnten. Das Wort „Besteuerungsrecht" ist theoretisch und auch praktisch verfehlt, die Souveränität des modernen Staates läßt sich nicht in einzelne „Rechte" aufspalten – Steuergesetzgebung
ist wie die gesamte Gesetzgebung Ausfluß einer einheitlichen souveränen Staatsgewalt); aber diese Vorstellung ist um so verfehlter, als sie mit
Rechtsfolgen verbunden ist, für die es im Recht selbst keine Grundlagen
gibt. Da die Vorstellung von einer Verteilung von Steuergütern mittels

Abkommensrechts staatsrechtlich unzutreffend und steuerrechtlich (im Sinne der Einzelfallregelung) ohne jede Aussage ist, ist ihr zu entsagen. Das ist auch unstreitig. Der *BFH* hat übrigens die moderne Terminologie aufgegriffen; was für *Kl. Vogel* zunächst allein eine Frage des richtigen Normenverständnisses ist, verbindet er mit einer Rechtsfolge: „Die Klägerin geht davon aus, daß die Bundesrepublik aufgrund des DBA-Österreich kein Besteuerungsrecht habe. Diese Gesetzesinterpretation beruht auf einem zu engen Normenverständnis und widerspricht dem – zumindest modernen – Abkommensverständnis (Hinweis auf *Kl. Vogel* Einl. Rz 45 b). Danach hat jeder Staat staatsrechtlich ein originäres Besteuerungsrecht. Dieses wird ihm durch solche Abkommensregelungen, die für bestimmte Einkünfte die Steuerfreistellung vorschreiben, nicht genommen ... Die vom Abkommen von der Steuer freigestellten Einkünfte werden wie steuerfreie Einkünfte behandelt ... Insoweit wird nur die Ausübung des Besteuerungsrechts eingeschränkt" (*BFH* BStBl. 1998 II, 114 zur DBA-Vereinbarkeit des § 50d EStG); nun hat sich *Kl. Vogel* verschiedentlich zur Bedeutung der Freistellungsmethode geäußert, insbesondere zur Frage, ob sie als ein Verbot zu verstehen ist, Verluste im Vertragsstaat von der inländischen Steuerbemessungsgrundlage abzuziehen. Daß er aber aus der Souveränität und dem Hoheitsrecht die Rechtsfolge ableitet (so Leitsatz 3): „DBA lassen das jedem Vertragsstaat originär zustehende Besteuerungsrecht unberührt. Das gilt auch für solche Einkünfte, die nach dem DBA freizustellen sind" – ist nur zutreffend, wenn man sogleich ergänzt: „Er verletzt damit zwar eine Vertragspflicht und muß mit einem Protest, wenn nicht mit Sanktionen des Vertragspartners rechnen. Innerstaatlich ist das betreffende Gesetz aber wirksam ..." (so *Kl. Vogel* in Festschrift *Franz Klein* S. 363f.). Der *BFH* hätte also seinen Leitsatz anders fassen müssen: DBA lassen das jedem Vertragsstaat originär zustehende Besteuerungsrecht mit innerstaatlicher Wirkung unberührt; ob im Falle freigestellter Einkünfte die Inanspruchnahme dieses originären Rechts völkerrechtlich eine Vertragspflichtverletzung darstellt, mag dahingestellt bleiben. Aber das war vom *BFH* doch nicht gewollt!? Wie sollte ein solches Verständnis auch mit dem Grundsatz zu vereinbaren sein, daß der Gesetzgeber grundsätzlich in Erfüllung völkerrechtlicher Verträge gesetztes Recht (Art. 59 II GG) nicht aufheben und sich völkerrechtskonform verhalten wolle?

(2) Steht die Souveränität außer Frage, ist daher ein Hoheitsrecht nicht **22** zu verteilen, schon gar nicht zuzuteilen, so kann man statt dessen die **Einschränkung im innerstaatlichen Recht** als Folge des Abkommensrechts betonen. Dies wiederum ist der Kern aller modernen Erklärungsversuche; Ausgangspunkt ist die originäre Berechtigung der beiden beteiligten Staaten, den eignen Steueranspruch auch bei grenzüberschreitenden Sachverhalten geltend zu machen; Abkommensrecht stellt sich dann als Folge einer Begrenzung dar; in welcher Weise dies erfolgt,

ist eine Frage der Steuertechnik (Rechtsfolgenbestimmung). Wenn man dann das Bild einer „Verteilung von Steuergut" verwendet (*Kl. Vogel* Einl., Rz 45c; DB 1986, 508; *BFH* BStBl. 1976 II, 662), dann bringt der Begriff zum Ausdruck, daß die Begrenzung des beiderseitigen Rechts auf einem Zusammenwirken beruht, daß sie wechselseitig ist und daß sie sich auf eine Steuermasse bezieht, auf die sich der räumliche Geltungsbereich des jeweiligen innerstaatlichen Sachrechts bezieht bzw. beziehen kann. Die Vorstellung, daß dies ein gemeinsames Gut voraussetzt, das es zu verteilen gilt, wäre hiergegen abzugrenzen, ebenso wie die Vorstellung einer Verteilung von Bemessungsgrundlagen (*Wassermeyer* IStR 1992, 103). Hiervon ausgehend hat es zwar einen Sinn, von **Schrankennormen** zu sprechen: Danach liegt der Kern des Abkommensrechts darin, der Souveränität der beiden Vertragspartner Schranken zu setzen, die sich sowohl auf die Besteuerungsgrundlage als auch auf die Steuerhöhe richten können (*Debatin* RIW 1989, 551). Zur Kritik daran jedoch *Wassermeyer* MA Art. 1 Rz 9: Es wäre ein Widerspruch in sich, wenn ein Staat Schranken gegen seine eigene Steuererhebungskompetenz aufbauen müßte oder wollte, die ohnehin für den betroffenen Bürger unverbindlich wären, weil der Gesetzgeber zum Instrument des *treaty override* greifen könnte. Nun geht es *Debatin* gar nicht um Schranken gegen eine „Steuererhebungskompetenz" aus der Sicht des Gesetzgebers; es geht ihm erkennbar um die damit errichteten Schranken im gegenwärtigen Recht; bei der Rechtsanwendung ist – wenn die Regel des § 2 AO greift – der Vorrang des Abkommens als Schranke zu beachten. Die Problematik dieses Begriffs liegt eher darin, daß die „Schrankenziehung" keine konkrete Rechtsfolge zum Ausdruck bringt: an welcher Stelle genau setzt die Schrankenwirkung ein?

**23**      (3) Schließlich kann man die Wirkung der Abkommensvorschriften als **sachliche Steuerbefreiung** oder **sachliche Steuerermäßigung** bezeichnen und sie in einen Zusammenhang mit innerstaatlichen Regelungen stellen. Dann enthält Abkommensrecht die völkervertragsrechtliche Verpflichtungsvereinbarung, bestimmte Steuerbefreiungs- und Steuerermäßigungsvorschriften nach der Art und Weise der Beschränkungen in den §§ 3 und 34c EStG zu erlassen (*Wassermeyer* MA Art. 1 Rz 9) – während für den anderen Staat dessen materielles Steuerrecht hiervon unberührt bleibt, allenfalls der Höhe nach begrenzt wird (*Kl. Vogel* Einl. Rz 48: doppelte Rechtsfolge); konkretisiert wird diese allgemeine Aussage durch die Bezugnahme auf den Wohnsitzstaat einerseits (**Steuerinländer mit Auslandsbeziehungen**) und den Quellenstaat andererseits (**Steuerausländer mit Inlandsbeziehungen**), wobei aber klarzustellen ist, daß zunächst das Verständnis als „Steuerbefreiungs- und Steuerermäßigungsvorschriften" einer zwingenden Verbindung mit den Eigenschaften der Staaten als Quellenstaaten oder Wohnsitzstaaten nicht bedarf. Dieser Sicht wird hier deswegen gefolgt, weil sie am deutlichsten

die zunächst beabsichtigte, später verwirklichte Rechtsfolge des Abkommensrechts zum Ausdruck bringt; soweit ersichtlich hat sich ausdrücklich hiergegen nur *Wolff* (Rz 9 zu Art. 1 DBA-USA) mit dem Hinweis gewandt, DBA-Bestimmungen ließen sich nicht als Teile gesetzlicher Tatbestände verstehen – nur läuft die Sichtweise darauf gerade
nicht heraus: *Wassermeyer* hat dies durch seine Bezugnahme auf die
„Art und Weise der §§ 3c, 34c EStG" klar abgegrenzt und bei *Kl.* *Vogel*
folgt dies aus den Tatbestandselementen der „Verteilungsnormen" (ebenda). Ob man nun wie *Debatin* diese Rechtsfolgen auf die völkervertragsrechtliche Verpflichtungsvereinbarung (oder im Anschluß daran auf den
Anwendungsbefehl) zurückführend mit dem Begriff einer Schranken-
norm verbindet, kann letztlich dahingestellt bleiben. Die Gefahr bei der
Verwendung dieses Begriffs liegt weniger in einer mißverständlichen
Aussage zur Souveränitätsfrage – sie liegt eher darin, daß mit ihr Vorstellungen bei der konkreten Rechtsanwendung etwa im Sinne eines Vorrangs völkerrechtlicher Auslegungsmethoden verbunden sind – dazu aber
kann eine allgemeine Aussage zur Funktion und Wirkung eines Abkommens überhaupt nichts beitragen.

(4) Bleibt noch zu fragen, ob Wirkungen und Funktionsweise des Ab- **24**
kommensrechts auf solche Steuerbefreiungs- und Steuerermäßigungsvorschriften beschränkt sind. Ganz unbefangen möchte man meinen, es sei
allein Sache der Vertragspartner, den Inhalt eines Abkommens zu
bestimmen; wenn zwei Staaten meinen, eine vollständige Steuerordnung
miteinander vereinbaren zu sollen und darin auch die Steueransprüche
selbst zu regeln: So unwahrscheinlich dies ist – was sollte dem entgegenstehen? „Welchen Inhalt ein Doppelbesteuerungsabkommen bekommt,
ist nicht eine Rechtsfrage, sondern Ausdruck wirtschaftlicher Erwägungen" (*Fichtelmann* StuW 1966, 161; auch *Hintzen* StuW 1974, 324).

Anders *Kerath* (S. 78ff.): Daß aus dem Abkommensrecht keine Steueransprüche
folgen, sondern nur Steuerbeschränkungen, sei kein bloßer Tatsachenbefund und kein
bloßer Programmsatz. Es handele sich statt dessen um den Ausdruck der alle Normen
durchziehenden Abkommensschutzrichtung; durch die Begründung einer Steuerpflicht würde das „Wesen" eines Abkommens verändert, sie wäre „ein Fremdkörper
in dem Aussage- und Funktionsgehalt" der DBA. Eine steuerbegründende Norm
würde die Benutzung des in den übrigen Vertragsnormen zum Ausdruck kommenden, gemeinsamen Wollens der DBA-Staaten als Interpretationshinweise für die Auslegung bei Zweifeln über die genaue Aussage einer DBA-Norm in Frage stellen. Es
würde ein in sich geschlossenes, aufeinander abgestimmtes System von „Steuerver-
zichten" gesprengt werden. Das sind Überlegungen, die den derzeitigen Rechtszustand zutreffend wiedergeben – als Aussagen zum Wesen eines Abkommens sind sie
untauglich; die von *Kerath* angeführten Belege (BVerfG 72, 268; *BFH* BStBl. 1983
II, 268) geben hierfür auch nichts her.

(5) Bestehen also zur Frage der Begründung neuer Steuerpflichten **25**
durch Abkommensrecht unterschiedliche Meinungen, so kann es keinen
Dissens darüber geben, daß es den Vertragsstaaten unbenommen bleibt,

durch innerstaatliches Recht weitergehende Steuererleichterungen zu schaffen als im Abkommen vorgesehen ist. In Art. 29 I DBA-Kanada ist das sogar ausdrücklich verankert worden: Das Abkommen ist nicht so auszulegen, „als beschränke es in irgendeiner Weise die Befreiung, den Abzug, die Anrechnung oder sonstige Vergünstigungen, die gewährt werden nach dem Recht eines Vertragsstaats bei der Ermittlung der von diesem Staat erhobenen Steuer. Beispiele hierzu: die Erweiterungen der DBA-Schachtelprivilegien durch § 8b IV, V KStG.

**26**     (6) Können aus bestehendem Abkommensrecht **nachteilige Rechtsfolgen** für den Steuerpflichtigen abgeleitet werden? Anders als die Frage nach der Begründung neuer Steuerpflichten durch DBA-Recht ist die Frage nicht nur theoretischer Natur. Sie wird an zwei Beispielen erörtert.

Nach der **Freistellungsmethode für Betriebsstätten** bleiben positive Ergebnisse von der inländischen Steuerbemessungsgrundlage ausgenommen; das hat aber nach der ständigen Rechtsprechung zur Folge, daß auch ausländische Betriebsstättenverluste die inländische Steuerbemessungsgrundlage nicht beeinflussen. Ohne Abkommensrecht wären die Verluste im Inland abzugsfähig, so daß der Ausschluß des Verlustabzugs zu einer höheren inländischen Steuerbelastung führt. Die herrschende Auffassung sieht die Folgerichtigkeit dieses Ergebnisses bedingt durch das Verständnis der Befreiung für Gewinne und Verluste gleichermaßen; andere Autoren beziehen sich hierfür aber nicht auf das Abkommensrecht selbst, sondern auf eine Regelung des deutschen innerstaatlichen Steuerrechts (s. dazu S 323). Dagegen folgt unmittelbar aus Abkommensrecht, daß ausländische Gewinne nicht gegen inländische Verluste verrechnet werden können – dies ist völlig unbestritten. Hinsichtlich des **Progressionsvorbehalts** wird ebenfalls die Auffassung vertreten, der Vorbehalt erweitere bestehende Steuerpflichten auf abkommensrechtlicher Grundlage – während andere Autoren in ihm lediglich einen unselbständigen Teil der im DBA für den Ansässigkeitsstaat vorgesehenen Steuerbefreiung sehen (s. dazu S 338).

**27**     (7) Zutreffend ist es, aus der veränderten Sicht der Abkommenswirkungen auch Rückschlüsse auf einen **Funktionswandel** zu ziehen. Knüpfte die alte staatswirtschaftliche Sicht an die gegenseitige Abgrenzung der Steuergewalten an, stellt die moderne Abkommenskonzeption die gemeinsame Frage nach der noch möglichen, noch vertretbaren Steuerbelastung in das Zentrum. Daraus folgt die moderne Grundstruktur, die einen Ausgleich zwischen der Personalbesteuerung im Staat der Ansässigkeit und der Quellenbesteuerung im anderen Vertragsstaat zum Gegenstand hat. Das geschieht durch eine Abgrenzung der Quellenbesteuerung – soweit die aufrechterhalten bleibt, muß zur Vermeidung der Doppelbesteuerung im Wohnsitzstaat die Steuerlast ausgeglichen werden (*Kerath* S. 60ff.); zugleich aber wird aus dieser Sicht die Parallele zum innerstaatlichen Recht verdeutlicht.

**28, 29**  *(einstweilen frei)*

## VI. Auslegung von Doppelbesteuerungsabkommen

## 1. Übersicht: Voneinander abzugrenzende Fragestellungen

Wie auch immer das Verhältnis des Abkommensrechts zum inner- **30** staatlichen Recht zu verstehen ist, so bedarf es doch einer vorangehenden Klarstellung – die nun aber für sich genommen wiederum so selbstverständlich ist, daß ihre Hervorhebung nur im Zusammenhang mit der Auslegungsfrage zu verstehen ist: Die Abkommen verkörpern jeweils **einen Regelungskreis** für sich, der sich in eigenen, von denjenigen des innerstaatlichen Rechts abzugrenzenden Begriffen artikuliert (*Debatin* DStZ 1989, 421). Als eigener Regelungskreis führen die Abkommen auch ihre eigene Begriffssprache – auch dann, wenn sie Begriffe des innerstaatlichen Rechts verwenden. Dann besteht keine Begriffsidentität, sondern allenfalls Begriffsparallelität; daraus wiederum folgt, daß ein Abkommensbegriff seine eigene Auslegung beansprucht – ob es diesen Anspruch dann zu erfüllen vermag, ist eine andere Frage. Denn mit der Anerkennung des Grundsatzes eines eigenen Regelungskreises (*Debatin* DStZ 1987, 211) ist nichts darüber gesagt, wo der eigenständige Bereich beginnt, und wo er aufhört. Klar formuliert dies *Wassermeyer* (StuW 1990, 405): „Vor allem aber schließt der eigenständige Regelungsbereich des DBA es nicht aus, daß dasselbe einen von ihm verwendeten Begriff bewußt nicht regeln will, sondern daß es mit dem verwendeten Begriff nur an Besteuerungsfolgen anknüpfen will, die sich aus dem innerstaatlichen Recht ergeben. Um dies an einem Beispiel zu verdeutlichen, kann ein DBA den von ihm verwendeten Begriff „Dividende" oder „Lizenzgebühren" selbst definieren. Es kann aber auch mit dem Begriff an das anknüpfen, was die Vertragstaaten nach ihrem nationalen Steuerrecht jeweils unter Dividenden und Lizenzgebühren verstehen."

Deswegen ist die richtige Vorstellung vom „eigenen Rechtskreis" **31** nicht zu strapazieren und ihr kein Gehalt zuzuweisen, den sie – nachdem das Verhältnis zum innerstaatlichen Recht geklärt ist – nicht haben kann. Beispielhaft hierfür – an *Debatin* anknüpfend – *Kerath* (S. 191), wenn er vom Abkommen als ein „wesensmäßig in sich geschlossenes Vorschriftensystem zur Vermeidung der Doppelbesteuerung" spricht – was der Sache nach nicht zutrifft, inhaltlich auch ohne Erkenntniswert und geradezu kontraproduktiv ist, wenn mit solchen „Wesensbeschreibungen" Rechtsfolgen verbunden werden. Denn der fatale Schluß läge dann nahe, einen Streit wie etwa „Dividende oder Lizenzgebühr" auf die Qualifikationsfrage in der Steuererklärung durchschlagen zu lassen. Ausgehend von der zutreffenden These des eigenen Regelungskreises bleibt im Ergebnis festzuhalten, daß die meisten Begriffe der DBA entsprechend dem jeweils anzuwendenden nationalen Steuerrecht zu interpretieren sind; einfach deswegen, weil der gesamte Bereich der Einkünfteermittlung und der Einkünftezurechnung und große Teile der sachlichen Einkünftezuordnung keine Definition im DBA erfahren haben. Wir werden sehen, daß andererseits aber gerade die Rechtsprechung oft genug Fälle zu entscheiden hatte, in denen das DBA-Recht selbst Vorrang beanspruchen durfte und in § 8b VII KStG der Gesetzgeber immerhin mit dem Tatbestandsmerkmal „Dividenden aus Anteilen an einer ausländischen Gesellschaft" einen DBA-Begriff im internen Recht verwendet. Wenn die moderne Abkommenspraxis in Anlehnung an das OECD-Musterabkommen im Abkommen eigene Begriffsdefinitionen voranstellt, so sollen damit Auslegungskonflikte zwischen den Staaten vermieden werden. Alle diese Überlegungen führen zur Frage, **nach welchen Regeln die Abkommen auszulegen sind.** Die Frage des Verhältnisses zum innerstaatlichen Recht bildet dabei nur einen Ausschnitt aus der Gesamtproblematik. Sie bildet einen Schwerpunkt des wissenschaftlichen Interesses am Abkommensrecht (*Kl. Vogel* StuW 1982, 111ff. und 286ff.; *Mössner/Blumenwitz* u. a., insbesondere die Beiträge von *Blumenwitz* (S. 55ff.) und *Wassermeyer* (S. 19ff.); *Brünink* S. 23ff.; *Mössner* (*Lang/Mössner/Waldburger*), S. 19ff.).

32   Auslegen heißt, einen Text zum Verständnis zu bringen – als allgemeiner Erkenntnisvorgang (hermeneutischer Prozeß) nicht regelbar, kodifizierbar aber das Gewicht der Faktoren des Verstehensvorganges (*Mössner* aaO, S. 24; so ist wohl auch *Kl. Vogel* Einl., Rz 61) zu verstehen). Um das Gewicht einzelner Faktoren wird auch im DBA-Recht gestritten – wobei dieser Streit kaum jemals eingeordnet wird in die moderne Auslegungsmethodik; die grundlegenden **Denkmodelle zur juristischen Argumentation** würden solche Fronten wie die zwischen landesrechtlichen und völkerrechtlichen Theorien (s. R 52) überhaupt nicht aufgreifen können, sie würden die damit verbundenen Fragestellungen und Gegensätze als belanglos abtun – aber hiervon unabhängig sollte man ohnehin den praktischen Nutzen der Grundlagendiskussion nicht überbewerten. Die aus methodischer Sicht unter dem Gesichtspunkt der gewählten Auslegungsmethode erörterten Fälle werden im Ergebnis nur selten erkennbar durch die angewandte Methodik entschieden. *Mössner* (aaO S. 25ff.) hat zur Verdeutlichung der Methodik die Rechtsprechung des *BFH* zur Frage der Zuweisung ausländischer Verluste bei DBA mit Freistellungsmethode (dazu S 323), zum Ausgabenabzug bei freigestellten Dividenden (dazu S 331), zu den Zinsen für Gesellschafterdarlehen (dazu S 219) und zum Progressionsvorbehalt untersucht und ist zu dem Schluß gelangt, daß es dem *BFH* primär um die Wahl einer Methode gehe, „die eine möglichst nahtlose Einpassung in das nationale Recht ermöglicht" – was aber die eine oder andere Methodik kaum jemals von vornherein ausgeschlossen hätte. Die Relativität des Auslegungsproblems vor die Klammer gezogen ergeben sich – sichtet und ordnet man Literatur und Rechtsprechung – folgende Fragen:

– Hat sich bei der **Auslegung** des Abkommens die **völkervertragliche** 33
Herkunft auszuwirken? Die Antwort lautet: ja – unbestritten und ohne daß es darauf ankäme, der Transformationslehre oder der Lehre
vom Anwendungsbefehl zu folgen. Nur: es bleibt eine innerstaatliche
Rechtsanwendung.

– Gibt es überhaupt besondere **Regeln** für das Verständnis eines **völkerrechtlichen Textes,** die die Unterscheidung erforderlich machen? Bedarf der Savignysche Auslegungskanon überhaupt einer Ergänzung:
Die Antwortet lautet: Es gibt solche besonderen Regeln – auch dies ist
unbestritten.

– Verbleibt – hiervon ausgehend – für das **innerstaatliche Recht** dann
überhaupt eine **Bedeutung?** Jedenfalls für die Doppelbesteuerungsabkommen kann die Frage nur mit „ja" beantwortet werden.

– Welche Bedeutung kommt dem innerstaatlichen Recht zu? An welcher
Stelle des Verstehensprozesses hat sich der Rechtsanwender diesem
Recht zuzuwenden? Das ist der **Kern des Methodenstreits** – darauf
kann es keine verbindliche Antwort geben.

– Welche Bedeutung hat hierbei **Art. 3 II OECD-MA?** Das ist umstritten. Manche Autoren sagen: Die Norm hat überhaupt keine Bedeutung, sie bringt – und auch das nur mangelhaft – über die allgemeinen
Anwendungsregeln für das innerstaatliche Recht hinaus (siehe die
Vorfrage) nichts Eigenständiges mehr zum Ausdruck.

– Gibt es – in Anlehnung an das Internationale Privatrecht – eine **besondere Qualifikationsfrage** und damit auch die Möglichkeit eines
besonderen, hervorzuhebenden Qualifikationskonfliktes? Die Antwort
lautet: Es gibt nur eine einheitliche Auslegungsfrage und damit Auslegungskonflikte (zwangsläufig); Gründe für die Hervorhebung eines
besonderen Qualifikationskonflikts können darin gesehen werden, einen markanten Problembereich aus der Auslegungsfrage hervorzuheben.

## 2. Völkervertragsrechtliche Herkunft und Auslegungsmethode, Be-
deutung des OECD-MA

(1) Mit der Transformation des Völkervertragsrechts in deutsches 34
Recht (Art. 59 II GG) ist über **Geltung, Anwendbarkeit und Rang** entschieden – aber es bleibt dessen ungeachtet bei der Feststellung eines eigenen Regelkreises; dies gilt für jeden völkerrechtlichen Vertrag und
stellt keine DBA-Besonderheit dar. Hierauf ist auch bei der Auslegung
Rücksicht zu nehmen – diese allgemeine und für sich genommen noch
folgenlose Feststellung ist vorab zu treffen – und von ihr läßt sich sagen,
daß sie gänzlich unbestritten ist. „Der alte Streit, ob bei seiner Anwendung in der Form des Vollzugsbefehls die Auslegung nach völkerrechtlichen Interpretationsregeln oder nach den bei der Interpretation nationa-

len Rechts üblichen Grundsätzen erfolgen solle, ist beigelegt: Der Richter darf seine gewohnten nationalen Auslegungsregeln anwenden, muß diese aber um die Auslegungsnormen des Übereinkommens mit ihren speziellen Interpretationsanweisungen beachten" – so (wenn auch speziell zum zivilrechtlichen Einheitsrecht) *Staudinger/Reinhart* Art. 36 EGBGB Rz 10. Die Rücksichtnahme auf die völkervertragsrechtliche Herkunft ist in der Rechtsprechung der Finanzgerichte von jeher grundsätzlich anerkannt worden: Der *RFH* hob von Beginn seiner Rechtsprechung an den besonderen Charakter als den eines völkerrechtlichen Vertrags hervor; gleiches gilt für die Rechtsprechung des *BFH* und der *Finanzgerichte.* Nur: Ausführliche Auseinandersetzungen mit der Auslegungsmethodik von DBA sucht man vergebens. *Mössner* (aaO, S. 22) hat die Rechtsprechung des *BFH* bis zum Beginn des Jahres 1994 ausgewertet und ist zu dem Ergebnis gelangt: „Zur Auslegung von Doppelbesteuerungsabkommen sind ca. 280 Urteile des *BFH* publiziert. In keinem dieser Urteile setzt sich der *BFH* ausführlich mit der Auslegungsmethodik von DBA auseinander. In elf Urteilen bekennt er sich zur völkerrechtlichen Auslegungsmethode von DBA, vertieft diese aber kaum". In der weiteren Rechtsprechung des *BFH* seit dieser Feststellung setzt sich dies fort, insoweit ist zu verweisen auf eine repräsentativ zu verstehende Auswahl aus der finanzgerichtlichen Rechtsprechung.

**35**    (2) Daß die Auslegung eines völkerrechtlichen Vertrages nicht nach innerstaatlichen Auslegungsregeln zu erfolgen hat, entspricht der h. M.; überzeugend hat dies *Klaus Vogel* begründet: „Für die Auslegung des Vertrages durch ein internationales Forum ist das klar. Für die Auslegung durch ein nationales Gericht kann nichts anderes gelten, weil sonst die innerstaatliche Handhabung des Vertrages mit den völkerrechtlichen Verpflichtungen des Staates nicht übereinstimmen würde. Es muß demgemäß für Verträge ein vermittelnder Weg zwischen den verschiedenen nationalen Auslegungsmethoden gefunden werden. Die Bindung an den Wortlaut muß strenger sein, als es deutscher Übung bei innerstaatlichen Gesetzen entspricht" (StuW 1982, 119). DBA-Frankreich verweist in Art. 25a für Entscheidungen einer Schiedskommission auf „Grundsätze des Völkerrechts" und die DBA-Bestimmungen – was der Sache nach bedeutet, daß in diesem Verfahren das nationale Recht sicherlich nicht bedeutungslos wird, aber eher in den Hintergrund treten soll. Anders dagegen DBA-USA: Im Notenwechsel zu Art. 25 (Schiedsverfahren) heißt es: „die Schiedsstelle entscheidet jeden Einzelfall auf Grund des Abkommens unter gehöriger Beachtung des innerstaatlichen Rechts der Vertragsstaaten und der Grundsätze des Völkerrechts." Aber es ist nochmals einem Mißverständnis vorzubeugen: Die Auslegung eines völkerrechtlichen Vertrages nach den völkerrechtlichen Grundsätzen stellt keine Entscheidungsharmonie sicher. Denn auch als völkerrechtliche Auslegung von Abkommensrecht bleibt es dabei, daß es sich um eine autonome Auslegung auf der innerstaatlichen Ebene handelt (*Wasser-meyer* IStR 1995, 49). Zutrifft, ungeachtet dessen jedoch mißverständlich könnte man sagen, daß und inwieweit völkervertragsrechtliche Ausle-gung greife, bestimme letztlich immer nur innerstaatliches Recht. Erst wenn – wie im DBA-Österreich vorgesehen – **ein internationales Fo-rum** (hier: *EuGH*) **in Zweifelsfragen entscheidet,** wäre die autonome Auslegung im genannten Sinne aufgegeben (s. bereits G 4).

Nun ist die Geltung vieler **Auslegungsregeln im Völkerrecht** nicht 36 anders als im internen Recht umstritten – und die Auseinandersetzung um die subjektive und objektive Lehre (Parteiwille oder Ziel und Zweck des Vertrages) bestimmt die Völkerrechtslehre seit Jahrhunderten (*Bern-hardt* S. 6) Aber mit Inkrafttreten der **Wiener Vertragsrechtskonven-tion** (WÜRV) 1969, seit 1987 innerstaatliches Recht (BGBl. 1985 II, 926), kann der dieser Konvention zugrundeliegende objektive Ansatz für verbindlich erklärt werden. Die WÜRV enthält in den Art. 31 ff. Regeln für die Auslegung völkerrechtlicher Verträge (eine ausführliche Dar-stellung bei *Ipsen (Gloria)* S. 122). Der Grundsatz hierfür ist in Art. 31 niedergelegt: Ein Vertrag ist nach Treu und Glauben auszulegen, ent-sprechend der gewöhnlichen Bedeutung, die den Begriffen des Vertrages in ihrem Zusammenhang und unter Berücksichtigung seines Zieles und Zweckes beizulegen ist (general rule of interpretation). Der Vertragstext in seinem „Zusammenhang" bedeutet nach Art. 31 II, daß außer dem „Vertragswortlaut samt Präambel und Anlagen" die sich auf den Vertrag beziehenden Übereinkünfte sowie Urkunden, die von einer oder mehre-ren Vertragsparteien anläßlich des Vertragsabschlusses abgefaßt und von der (oder den) anderen Vertragsparteien als solche angenommen wurden. Dazu gehören bei den DBA vor allem Briefwechsel oder Noten aus An-laß der Unterzeichnung.

Am Beispiel des DBA-USA (s. *Wolff* Rz 7 zu Art. 1): Vertrag und das Protokoll vom 29. 8. 1989, ferner der Notenwechsel zur Frage des Schiedsverfahrens nach Art. 25 V sowie das Verständigungsmemorandum (Briefwechsel) zur Versagung der Abkommensvorteile beim sog. Treaty Shopping gem. Art. 28 des DBA – beide eben-falls vom 29. 8. 1989 – und weiter die deutsche Note vom 3. 11. 1989 zum Übergang auf das Anrechnungsverfahren bei Dividenden von Regulated Investment Companies nach Nr. 21 Buchst. B des Protokolls; sämtliche Dokumente waren Gegenstand des deutschen Zustimmungsgesetzes (BGBl. 1991 II, 355 ff.; BStBl. 1991 I, 95 ff.). Die Note vom 3. 11. 1989 ist eine völkerrechtlich verbindliche einseitige Erklärung, die durch das Zustimmungsgesetz gültiges innerstaatliches Recht wurde. Bestandteil des Abkommens ist außerdem die Vereinbarung (Notenwechsel) vom 21. 8. 1991 zur Erstreckung des Abkommens auf das Gebiet der neuen Bundesländer (BGBl. 1992 II, 236; BStBl. 1992 I, 264).

Der Vertragstext „im Lichte seines Zieles und Zweckes" heißt, diese 37 aus dem Vertrag selbst, nicht aber aus allgemeinen Überlegungen abzu-leiten. Eine Lösung mit dem Hinweis auf den allgemeinen Zweck, die Doppelbesteuerung vermeiden zu wollen, ist nicht zu begründen. Durch diesen Grundsatz wird die subjektive Lehre zurückgedrängt. „Die Rückbindung an den Text des Vertrages ist gerade bei einer ziel- und zweckorientierten Auslegung um so mehr erforderlich, als sonst der Auslegungsvorgang in Gefahr gerät, zu sehr einem reinen Zweckdenken verhaftet zu bleiben", *Gloria* (S. 73) in Auseinandersetzung mit dem insbes. von *Kl. Vogel* vertretenen Gebot der Entscheidungsharmonie (für die Auslegung eines DBA gilt diejenige Auslegung anzustreben, die am ehesten Aussicht hat, in beiden Staaten akzeptiert zu werden). Der Streit, in welchem Verhältnis die 3 Auslegungsmerkmale Wortlaut, Zusammenhang und Zweck stehen (*Gloria* S. 73 gegen *Klebau* RIW 1985, 127), geht um bloße Worte. Wer wie *Klebau* den Wortlaut voran stellt, ist sich völlig klar, daß damit die Interpretation nicht ihr Ende finden darf, daß lediglich ein starkes Indiz für die Bedeutung des auszulegenden Begriffes gesetzt ist.

**38**     Art. 31 III WÜRV läßt daneben („außer dem Zusammenhang") berücksichtigen – und zwar „in gleicher Weise" – spätere Übereinkünfte zwischen den Vertragsparteien über Auslegung und Anwendung des Vertrages, spätere Übungen bei der Anwendung, aus denen Auslegungsübereinstimmungen hervorgehen, und anwendbare einschlägige Völkerrechtssätze. Gerade im DBA-Bereich sind mit der bereits erwähnten Verständigungsklausel Mechanismen gefunden, Konsens oder Dissens der Vertragspartner niederzulegen: Denn die Verständigungsvereinbarungen sind als Übereinkünfte gemäß Art. 31 III a anzusehen (*Gloria* S. 77).

**39**     Art. 32 WÜRV läßt die Heranziehung „ergänzender Auslegungsmittel" zu (vorbereitende Arbeiten, Umstände des Vertragsabschlusses): Entweder zur Bestätigung des nach Art. 31 gefundenen Ergebnisses oder aber „um die Bedeutung zu bestimmen, wenn die Auslegung nach Art. 31 a) die Bedeutung mehrdeutig oder dunkel läßt oder b) zu einem offensichtlich sinnwidrigen oder unvernünftigen Ergebnis führt." Die von der Bundesregierung mit dem Entwurf des Zustimmungsgesetzes zu einem DBA den Gesetzgebungsorganen vorgelegte Denkschrift (Ziele und Bedeutung des Abkommens, Verhandlungsanlaß und -ablauf, Einzelerläuterungen usw., vgl. nur zum DBA-USA *Debatin/Endres* S. 96 ff.) gehört nicht zu den Materialien, da sie nur die subjektiven Vorstellungen des einen Vertragspartners enthält. Allerdings ist *Gloria* (S. 83) zuzustimmen, der aus dem Gesichtspunkt der Transformation eine Einbeziehung der Denkschrift über die historische und teleologische Auslegung rechtfertigt. Soweit die Denkschrift aber den Inhalt von Noten- oder Briefwechseln aus Anlaß der Paraphierung oder Abkommensunterzeichnung mitteilt, handelt es sich um solche Materialien (zum DBA-USA s. das Protokoll „anläßlich der heutigen Unterzeichnung" mit „Bestimmungen, die Bestandteil des Abkommen sind" und den „Notenwechsel" zu zwei Vorschriften (*Debatin/Endres* S. 58 ff., S. 72 ff.). Art. 33 WÜRV handelt von der Auslegung von Verträgen mit zwei oder mehr authentischen Sprachen und bestimmt, daß „der Text in jeder Sprache in gleicher Weise maßgebend" ist (Art. 33 I); gem. Art. 33 III wird vermutet, daß die Ausdrücke des Vertrages in jedem authentischen Text dieselbe Bedeutung haben. Gerade die Mehrsprachigkeit ist eine DBA-Eigenschaft. Regelmäßig werden die Verträge in den Landessprachen beider Vertragspartner abgefaßt (Ausnahmen bestehen, z.b. DBA-Luxemburg); in einzelnen Fällen kommt es zur Abfassung in drei Landessprachen (DBA-Kanada als Beispiel), oder nach Vereinbarung zur Abfassung in einer dritten Sprache (DBA – Indien, Japan als Beispiele). Der Umstand, daß alle Fassungen in gleicher Weise verbindlich sind, hat zur Folge, daß sich beispielsweise der deutsche Rechtsanwender nicht mit der deutschen Fassung zufrieden geben darf. Stellt sich eine Bedeutungsdifferenz heraus, so soll dieser zunächst nach Art. 31, 32 ausgeräumt werden; gelingt dies nicht, ist diejenige Bedeutung zugrunde zu legen, „die unter Berücksichtigung von Ziel und Zweck des Vertrags die Wortlaute am besten miteinander in Einklang bringt" (Art. 33 IV). Zum Rückgriff auf einen Urtext bei ursprünglicher Verhandlung in einer dritten Sprache als authentischen Text *Gloria* S. 79: Die Verbindlichkeit aller Fassungen verbietet diese Hervorhebung, auch wenn ihm im Hinblick auf Parteiwillen größte Authentizität zukommen mag.

(3) Einen besonderen Stellenwert innerhalb einer am Völkervertrags-  **40** recht orientierten Abkommensauslegung wird dem **OECD-Musterabkommen** und seinem **Kommentar** zugewiesen. Um die Bedeutung dieses Punktes zu verstehen, bedarf es eines kurzen historischen Rückblickes. Die ersten vertraglichen Regelungen auf dem Gebiet des Steuervölkerrechts stellten die 1843 und 1845 von Belgien mit Luxemburg, Frankreich und den Niederlanden abgeschlossenen Verträge dar. Sie gewährten eine gegenseitige Amtshilfe in Steuersachen. Das erste echte, d.h. Schranken der Besteuerung setzende DBA, stammt aus dem Jahre 1872 (Großbritannien und der Schweizer Kanton Waardt); in der Folgezeit wurde das Netz der Verträge zunehmend dichter. 1925 ließen sich etwa 40 Verträge nachweisen (zur „Frühgeschichte" der DBA *Gloria* S. 123). Internationale Bemühungen um eine Vereinheitlichung gib es seit 1921. Damals beauftragte der Finanzausschuß des Völkerbundes Sachkenner mit einer Erstattung eines Gutachtens über Doppelbesteuerungsfragen. Am Ende einer Entwicklung wurden 1943 das Abkommensmuster von Mexiko und 1946 das von London vorgelegt. An diese Vorarbeiten knüpften OECD-Bemühungen an und führten zunächst 1963 und 1977 zu sogenannten Musterabkommen (MA 1963, MA 1977); aus der Erkenntnis, daß die Revision des MA und seines Kommentars ein ständig fortschreitender Prozeß ist, ist der OECD-Fiskalausschuß nunmehr zum Konzept „eines laufend zu verändernden Musterabkommens, das periodisch und zeitnah überarbeitet und geändert wird, ohne daß jeweils eine Gesamtrevision abzuwarten ist" übergegangen – es wurde da-

her entschieden, 1992 eine überarbeitete Revision zu veröffentlichen. Dieses MA 1992 ist „als erster Schritt eines ständigen Revisionsprozesses anzusehen" (so die Einleitung zum Musterabkommen Nr. 9, 11); zur Bedeutung einer jeweils jüngeren Fassung des Kommentars für die Interpretation älteren Abkommensrechts s. *Lang* IWB 10 Gr. 2, 1201 ff., der eine solche Bedeutung unter Bezug auf die WVK-Regeln zurückweist und die neuere OECD-Praxis scharf kritisiert (drohende Rechtszersplitterung). Einen Überblick über die Revisionsarbeiten 1994, 1995 und 1997 gibt *Lüthi*. Daneben sind das UNO-Modell (1980) und das Anden-Modell (1971) zu nennen, ferner das USA-Muster (1996); zur Bedeutung und zu den Einzelheiten der internationalen Entwicklung *Gloria* S. 131; *Kl. Vogel* Einl. Rz 17 ff. Bei der Formulierung der Abkommen wird in der neueren Praxis fast ausschließlich auf das OECD-MA zurückgegriffen. Daraus folgt fast zwangsläufig die Bedeutung dieses Vorschlages (Text und Kommentar) für die Auslegung der später vereinbarten Verträge.

**41**     *Kl. Vogel* (Einl. Rz 81 ff.) leitet daraus für den Fall unveränderter Übernahme des MA-Textes ab, grundsätzlich davon auszugehen, für die Auslegung neben dem eigentlichen Vertragstext – je nachdem in einer oder zwei Sprachfassungen – auch das Modell in seinen beiden authentischen Fassungen (Englisch und Französisch) heranzuziehen. Ebenso sollte der MA-Kommentar in der Fassung zugrunde gelegt werden, in der er bei Vertragsabschluß galt. Wurde das Modell nicht wörtlich übernommen, wohl aber eine Formulierung, die eine Auslegung im Sinne des Modells gestattet, so spricht nach *Kl. Vogel* eine Vermutung für eine Auslegung im Sinne des Modells. Gleiches soll bei wörtlicher Übernahme gelten, selbst wenn eine andere, vom MA abweichende Vorschrift eine veränderte Auslegung nahelegt. Erst wenn eine Wortlautabweichung und eine Zusammenhangsabweichung zusammenkommen, scheidet danach eine Heranziehung des OECD-MA aus. *Gloria* (S. 86) hält dies für zu weitgehend: Bei verändertem Wortlaut spricht eine Vermutung eher gegen die Berücksichtigung des Modells. Im übrigen fehlt es seiner Ansicht nach an einer dogmatischen Einordnung ihrer Einbeziehung in den Auslegungsvorgang. Denn bei dem MA handelt es sich um eine im Völkerrecht sonst unbekannte Erscheinung. Einen Nachweis der Berücksichtigung im internationalen Steuerrecht aufgrund Völkergewohnheitsrecht hält *Gloria* (S. 90) für nicht gegeben („Bei genauerem Hinsehen stellt sich jedoch heraus, daß diese Gerichte das MA und seinen Kommentar lediglich zur Bestätigung eines bereits auf anderem Wege gefundenen Ergebnisses heranziehen"). *Gloria* ordnet die Heranziehung von MA einschließlich des Kommentars als ergänzende Auslegungsmittel i. S. des Art. 32 WÜVK ein (S. 223); ob dies nun aber mit der Prüfungsreihenfolge des Art. 32 WÜVK vereinbar ist, erscheint zweifelhaft. Denn dann können sie nur herangezogen werden, um eine Bedeutung, die nach

Art. 31 WÜVK gefunden wurde, zu bestätigen oder um in Zweifelsfällen
weiterzuhelfen.

In der **neueren Abkommenspraxis** ist eine „immer weiter fortschreitende Abwei- **42**
chung der DBA von den OECD Musterabkommen" zu verzeichnen: „Zu erkennen ist
allenfalls noch die formale Anlehnung an die Struktur der OECD-MA. Vom Inhalt
her gehen die real existierenden DBA mehr und mehr eigene Wege. Das gilt vor allem auch für das neue DBA-USA, das dem DBA-Schweiz von 1971/78 wohl den
Ruf, das komplizierteste DBA der Welt zu sein, abgenommen hat. Diese Tatsache
ergibt sich naturgemäß in erster Linie daraus, daß mit den Regelungen zur branch
profits tax, zum treaty shopping oder zum Schiedsverfahren Bestimmungen vereinbart worden sind, die grundsätzlich bislang im OECD-MA nicht vorgesehen sind.
Dies folgt aber auch daraus, daß in vielen Abkommensbestimmungen Detailregelun-
gen für bestimmte besondere Gegebenheiten enthalten sind. So sieht etwa der
„klassische" Artikel 10 zu Dividendenbesteuerung Sondervorschriften für Regulated
Investment Companies und für Real Estate Investment Trusts vor. Die OECD-MA
und ihre Kommentierungen können dementsprechend überhaupt nicht mehr oder nur
noch sehr bedingt für die Auslegung der neueren DBA herangezogen werden. Jedenfalls ist hierbei äußerste Vorsicht und Kontrolle geboten, ob das jeweilige DBA nicht
eine Sonderbestimmung enthält. Vor diesem Hintergrund sind die seit Jahren laufenden Bemühungen des OECD-Steuerausschusses, ein neues OECD-MA „für die 90er-
Jahre" zu erarbeiten, mit großer Skepsis zu betrachten," so *Wingert* (S. 10f.), der die
Tendenz zu einer zunehmenden Bilateralisierung bzw. Individualisierung im DBA-
Recht erkennt. An dieser Tendenz hat das MA 1992 nichts ändern können. Am Beispiel des DBA-USA 1989 *Wolff* Rz 2 zu Art. 1: In den Abweichungen vom MA äußern sich z.T. grundsätzliche Unterschiede zwischen deutschem und amerikanischem
Abkommensverständnis. Die auf der Grundlage des MA für die Auslegung und Anwendung der DBA entwickelten Prinzipien lassen sich daher auf das DBA-USA nur
mit Einschränkungen übertragen.

(4) Vor dem Hintergrund der zunächst getroffenen Feststellung, daß **43**
die Auslegungsmethode nur selten reflektiert wird, sollen – über die bisherigen Einzelbeispiele hinaus – einige Beispiele für die – wenngleich
autonome, so aber doch – **völkervertragsrechtliche Abkommensauslegung** vorgestellt werden.

Die **Berücksichtigung der WÜRV** steht außer Zweifel. Nach *BFH* BStBl. 1990 II, **44**
5 gilt sie jedoch nur für Verträge, die von Staaten abgeschlossen werden, nachdem
das Abkommen für sie in Kraft getreten ist. Für die Bundesrepublik ist das Abkommen erst ab 20. 8. 1987 in Kraft getreten. Soweit es sich um zuvor bereits allgemein
anerkanntes ungeschriebenes Völkergewohnheitsrecht handelt, kann dieses Art. 59 II
1 GG nicht außer Kraft setzen, wonach der Inhalt eines völkerrechtlichen Vertrages
nur aufgrund eines Zustimmungsgesetzes Bestandteil der innerstaatlichen Rechtsordnung wird. Art. 25 GG hindert nicht völkerrechtlich zulässige vertragliche Abma-
chungen, die den allgemeinen Völkerrechtsregeln nicht voll entsprechen. Im Streitfall
ging es um eine Übereinkunft zwischen den deutschen und den italienischen Finanzbehörden über den Geltungsbereich des Art. 7 II DBA-Italien 1925, die mit dem Inhalt dieser Norm nicht zu vereinbaren war. Diese Übereinkunft kann nicht an Art. 59
II 1 GG vorbei in das innerstaatliche Recht überführt werden, sie steht zum Zustimmungsgesetz im Widerspruch. Selbst wenn man also Art. 31 IIIa WÜRV (jede spätere Übereinkunft) als Völkergewohnheitsrecht ansähe: das Zustimmungsgesetz konnte
damit nicht verändert werden. Es ist also zu beachten, daß dieses Verständnis des
Art. 31 IIIa WÜRV vom Zeitpunkt des Inkrafttretens der WÜRV gänzlich unab-

hängig ist. Insoweit hätte sich der BFH sehr kurz fassen können: Die Vereinbarung hätte die Auslegung des DBA auch dann nicht bestimmen dürfen, wenn das Zustimmungsgesetz nach Inkrafttreten der WÜRV erlassen worden wäre. Ohne jede Bezugnahme auf das Inkrafttreten des Zustimmungsgesetzes *BFH* BStBl. 1988 II, 575. In diesem Sinne auch *FG Köln* EFG 1987, 230 zum DBA-Italien 1925: Die Frage ergänzender Auslegungsmittel wird anhand Art. 32 WÜRV beantwortet (nur vorbereitende Materialien und Umstände des Vertragsschlusses), weil insoweit Völkergewohnheitsrecht gegeben sei. Ein Konflikt zu Zustimmungsgesetz bestand in diesem Fall nicht.

Art. 31 I WÜRV stellt entscheidend auf den **Wortlaut** ab. Dem folgt *BFH* BStBl. 1988 II, 575: „Von dieser Auslegungsregel darf nach Art. 32 b WÜRV nur abgewichen werden, wenn sie zu einem offensichtlich sinnwidrigen oder unvernünftigen Ergebnis führt. Die wörtliche Auslegung ... steht weder im Widerspruch zum erkennbaren Zweck dieser Vorschrift, noch führt sie zu einem offensichtlich sinnwidrigen oder unvernünftigen Ergebnis. Es braucht deshalb im Streitfall auch nicht geprüft zu werden, welche Folgen sich aus der im Vergleich zur deutschen Übung im innerstaatlichen Gesetzen strengere Bindung von völkerrechtlichen Verträgen an den Wortlaut ergeben". Selbst wenn eine DBA-Norm auf dem Hintergrund einer bestimmten Rechtsentwicklung in einem Vertragsstaat zu verstehen sei, die im konkreten Fall gerade keine Rolle spiele, so sei dies nicht maßgeblich, wenn es im Abkommen selbst keinen erkennbaren Niederschlag gefunden habe. Eine Korrektur kann dann bestenfalls wegen eines „offensichtlich sinnwidrigen Ergebnisses" erfolgen. Für den eindeutigen Wortlaut gegen einen möglicherweise weitergehenden Zweck *BFH* BStBl. 1990 II, 953: „Die Anrechnung einer höheren maltesischen Steuer kommt im Streitfall nicht deshalb in Betracht, weil von der ausschüttenden Gesellschaft keine maltesischen Steuern auf den Gewinn erhoben wurden, der der Ausschüttung zugrunde lag. Der Wortlaut der Vorschrift des Art. 23 Ic DBA-Malta begrenzt die Anrechnung der fiktiv angefallenen maltesischen Steuer ... Es trifft zwar zu, daß durch die fiktive Anrechnung maltesische Steuer die wirtschaftliche Entwicklung in Malta gefördert werden sollte. Der Umfang der Förderung, nämlich die Anrechnung fiktiver maltesischer Steuer, ergibt sich jedoch aus dem DBA. Den Vertragsstaaten der DBA stand es frei, den Umfang der anzurechnenden maltesischen Steuer zu bestimmen ...". Und schließlich in diesem Sinne *FG Köln* RIW 1990, 851 (Quellensteuer auf stille Beteiligungserträge): „Der insoweit eindeutige Wortlaut des Art. 9 VI DBA-Frankreich läßt es nicht zu, dem Begriff Dividenden in Absatz 2 und Absatz 5 des Art. 9 DBA-Frankreich eine unterschiedliche Bedeutung beizumessen ... Eine Auslegung gegen den eindeutigen Wortlaut ... kommt nicht in Betracht". Zum Verhältnis Wortsinn und Zweck auch *BFH* BStBl. 1989 II, 601: „Der Zweck des Art. X DBA-Indien erfordert keine über den Wortsinn der Vorschrift hinausgehende Auslegung. Dazu läßt der Senat dahinstehen, ob eine solche Auslegung überhaupt zulässig ist oder ob sie als Form der teleologischen Extension ähnlich dem Analogieverbot jedenfalls nicht zu Lasten des Steuerpflichtigen angewendet werden darf".

Die **Mehrsprachigkeit des Abkommens** (Art. 33 WÜRV) spielt in mehreren Entscheidungen eine Rolle, auf die Maßgeblichkeit einer Originalfassung hat *BFH* IStR 1998, 696 zur Auslegung des Abkommens über Vorrechte und Befreiungen des Europarats verwiesen. Beispielhaft *BFH*, BStBl. 1989 II, 601 (Teilwertabschreibungsurteil): „Art. V DBA-Indien verwendet in seiner englischen Fassung den Begriff „capital gains". Dieser Begriff mag für sich genommen mehr als nur Gewinne aus dem Verkauf, Tausch oder der Übertragung von Vermögenswerten umfassen. Jedoch wird der Begriff auch in der englischen Fassung des Art. X DBA-Indien auf solche „capital gains" eingeschränkt, die „arising from the sale, exchange or transfer of a capital asset", d.h. die sie durch den Verkauf, den Tausch oder die Übertragung von Vermögenswerten entstehen. Die entsprechende Einschränkung auch in der englischen Fassung des DBA-Indien schließt es aus, unter die Begriffe auch Teilwertabschreibungen zu fassen". Vgl. ferner *BFH* BStBl. 1986 II, 6 („Auf welchen Umständen eine mögliche Ungenauigkeit der spanischen Fassung beruht, kann dahingestellt bleiben. Da beide Vertragstexte authentisch sind, wird vermutet, daß die verwendeten Ausdrücke in beiden Fassungen dieselbe Bedeutung haben") und *BFH* BStBl. 1986 II, 515 („Art. 13 IV Nr. 2 DBA-Frankreich spricht in der deutschen Fassung von dem ... im erstgenannten Staat ansässigen Arbeitgeber und in der französischen Fassung vom en employeur resident du premier Etat. Unter diesen Formulierungen kann nur eine Person verstanden werden, die im Sinne des Art. 2 I Nr. 4 DBA-Frankreich die Fähigkeit besitzt, in einem der beiden Vertragsstaaten ansässig zu sein. Eine Betriebsstätte erfüllt diese Voraussetzung nicht". Schließlich *BFH* BStBl. 1990 II, 382: „Aus der englischen Fassung des Art. IX DBA-Kanada 1956 folgt nichts anderes. Wenn dort von had a substantial interest die Rede ist, dann erklärt sich die verwendete Vergangenheitsform aus der Rückschau von dem Besteuerungszeitpunkt aus auf den Veräußerungszeitpunkt". Zur Berücksichtigung des OECD MA 1977, insbesondere des Kommentars, soll hier nur kurz darauf hingewiesen werden, daß *Glorias* Befund von der lediglich bestätigenden Heranziehung der Materialien zutreffend ist. Beispielhaft *BFH* BStBl. 1986 II, 515: „Diese Auslegung wird durch Art. 4 I 2 des OECD MA 1977 bestätigt ... Zwar wurde das DBA-Frankreich rd. 18 Jahre vor dem OECD-MA 1977 formuliert. Jedoch hat die Bundesrepublik sowohl in den Jahren von 1959 bis 1977 als auch später zahlreiche DBA mit einer gleichlautenden Vorschrift abgeschlossen, ohne daß ein Anhaltspunkt für eine Auslegung gegen den Wortlaut des Art. 4 I 2 MA 1977 zu erkennen wäre".

*BFH* BStBl. 1997 II, 17 verweist auf eine **Verständigungsvereinbarung** (dazu R 80) der Finanzverwaltungen, hält diese für völkerrechtlich verbindlich – für innerstaatlich jedoch unverbindlich, weil sie nicht das nach Art. 59 II GG zwingend vorgeschriebene Zustimmungsgesetz ändern können. Das ist für sich genommen richtig: Zwar handelt es sich bei den Verständigungsklauseln der DBA um unmittelbar anwendbares innerstaatliches Recht – aber die Verständigungsvereinbarung hat nur den Rechtscharakter eines schlichten Verwaltungsabkommens – die Normenhierarchie läßt kein anderes Ergebnis zu, man kann dies mithin unter keinen Umständen als Votum gegen einen völkervertragsrechtlichen Abkommensinhalt verstehen. *BFH* BStBl. 1997 II, 680 verweist auf die sachgerechte Überlegung, „das Besteuerungsrecht dem jeweiligen Quellenstaat vorzubehalten", was – wenn man den weiteren Zusammenhang einbezieht – wohl auch heißen könnte „mit Rücksicht auf die völkervertragsrechtliche Herkunft" – nur wird das nicht zum Ausdruck gebracht. Deswegen, um Mißverständnisse zu vermeiden: Es geht hier zunächst nicht darum, ob Auslegungsmethoden nachweisbar sind, die der völkervertragsrechtlichen Methode entsprechen. Es geht hier einzig und allein darum, ob eine besondere Methodik ausdrücklich zugrunde gelegt wird. Und dafür lassen sich nur wenige Belege finden; in diesem Sinne wäre wohl auch *BFH* BStBl. 1998 II, 24 zu verstehen: „Da die deutsche und die spanische Fassung gleichermaßen verbindlich sind, und einerseits nicht feststellbar ist, aus welchen Gründen das in englischer Sprache paraphierte Abkommen in spanischer und deutscher Sprache unterschiedliche Wortfassungen erhalten hat, und andererseits nach den beim *BMF* noch vorhandenen Unterlagen diesbezüglich unterschiedliche Standpunkte der Verhandlungsdelegationen nicht feststellbar sind, geht der Senat davon aus, daß mit beiden Fassungen trotz gewisser Abweichungen im Wortlaut dasselbe gemeint ist. Dem Wortlaut bei der Abkommenssprache wird am besten gerecht ...". Das ist natürlich die **Methodik der völkervertragsrechtlichen Auslegung** – aber sie wird nicht herausgestellt. Im übrigen hat es keinen Sinn, immer schon dann, wenn umfangreiche Wortlauterwägungen erfolgen, von einer Anerkennung der völkerrechtlichen Auslegung zu sprechen – wenn nicht zugleich klargestellt wird, daß eine andere Auslegungsmethode zu einem anderen Ergebnis führte, aber zurückzutreten hätte. Wenn es beispielsweise bei *Kerath* (S. 169) heißt: „So hat der BFH in zahlreichen Entscheidungen den Wortlaut des DBA als Ausgangspunkt für seine Auslegung genommen", dann ist zu fragen, woran er denn ansonsten anknüpfen solle (dazu *Wassermeyer* in *Mössner/Blumenwitz* u. a., S. 21).

Oder um es noch deutlicher abzugrenzen: Wenn der *BFH* in einer Entscheidung zur Anrechnung ausländischer Quellensteuern auf Dividenden (IStR 1996, 336) feststellt, daß der in Art. XV Abs. 1 Buchst. b Nr. 1 bb DBA-USA 1954/65 verwendete Ausdruck „Einkünfte aus Quellen innerhalb der Vereinigten Staaten" abkommensrechtlich auszulegen ist, so bedeutet das keineswegs zwangsläufig (und folgt auch nicht aus den Entscheidungsgründen), daß damit einer besonderen völkervertragsrechtlichen Auslegung gefolgt und ggf. der Vorrang eingeräumt worden ist. Der *BFH* hat das Zustimmungsgesetz ausgelegt und ist zu dem Ergebnis gelangt, daß es weiterer Quellen zur Auslegung nicht bedarf. Schließlich *BFH* BStBl. 1998 II, 649 zum Quellenbesteuerungsrecht nach dem DBA-USA 1994/65 bei einer ausschüttenden doppelt ansässigen Kapitalgesellschaft. Es ging um die Frage, ob Art. XIV Abs. 2 abweichend von seinem klaren Wortlaut einschränkend auszulegen war und die Bundesrepublik an der Erhebung einer Quellensteuer gehindert war. Die Frage einer teleologischen Reduktion der Norm stellte sich für den *BFH* nicht – aber eben nicht als Folge einer naheliegenden ausdrücklichen Bezugnahme auf die vorrangige völkervertragsrechtliche Auslegung nach dem Wortlaut: „Der klare Abkommenswortlaut geht weiter. Er macht auch Sinn, weil mangels Steuerabrechnung in den USA nur auf diese Weise eine Doppelbesteuerung vermieden wird. Deshalb kann auch der Hinweis … auf die angeblich fiskalisch untragbaren Folgen der vom Senat vertretenen Auffassung kein anderes Ergebnis rechtfertigen. Die Bundesrepublik ist ein Rechtsstaat. Sie muß sich an das von ihr selbst gesetzte Recht halten lassen. Dieses ist nicht schon wegen seiner fiskalischen Auswirkungen im Einzelfall unverbindlich". Die oben erwähnte Entscheidung des *BFH* BStBl. 1998 II, 113 zur Bedeutung des „originären Besteuerungsrechts" trotz der Freistellungsmethode, die konsequent weitergedacht zum völkerrechtswidrigen Umgang mit Abkommensrecht führt, ist hier nicht einzuordnen: Es geht hierbei allein um die Auslegung innerstaatlichen Rechts – alsdann um eine Rangfrage. Zu den Grenzen der völkerrechtlichen Auslegung *BFH*/NV 1998, 1571 am Beispiel des Zuflußzeitpunktes von Dividenden an einen schweizerischen Aktionär: Die Möglichkeit der autonomen Abkommensauslegung versagt in Bereichen, zu denen die Abkommen regelmäßig schweigen, wie namentlich im Hinblick auf die Fragen nach Steuersubjekt und Steuerzurechnung, nach der Ermittlung der Besteuerungsgrundlagen, aber auch der Art und Weise, in der der Steueranspruch durchzusetzen ist; dafür, daß die Zuflußfiktion des § 44 II Satz 2 EStG suspendiert sein sollte, ist nichts ersichtlich; der völkerrechtlich ausgerichtete Rechtsanwender wäre solcher Vorgehensweise gegenüber skeptisch – die Argumentation der Klägerin in diesem Streitfall lief ja gerade auf eine Auslegung aus dem Zusammenhang des Abkommens hinaus – und er würde den Schluß von einem generellen „Versagen" der autonomen Abkommensauslegung in Bereichen, „zu denen die Abkommen regelmäßig schweigen" nicht ziehen. Und tatsächlich hätte sich der *BFH* auch innerhalb eines solchen Fragenbereichs („regelmäßig schweigen") bei entsprechenden Anhaltspunkten einer autonomen Auslegung mit Sicherheit nicht verschlossen. Zur Frage der Auslegung des Begriffs der ständigen Wohnstätte i. S. des Art. 4 DBA-Schweiz hat der *BFH* BStBl. 1999 II, 207 nunmehr allerdings die Methodik beim Namen genannt: ein Begriff als „spezifisch abkommensrechtlicher", er „ist nach allgemeinen völkerrechtlichen Regeln" auszulegen – und darüber hinaus „scheidet eine Heranziehung innerstaatlichen Rechts" aus, weil das deutsche Steuerrecht diesen Begriff nicht kennt. Richtig – aber dies ist als **autonome Auslegung** eines Vertragsstaats zu kennzeichnen.

(5) Das alles ist im Kern unstreitig; strittig ist, ob als Besonderheit für 45
das DBA-Recht das **Gebot der Entscheidungsharmonie** gilt. *Staudinger/Reinhart* (Art. 36 EGBGB Rz 12) hat das Gebot (am Beispiel des
EVÜ) wie folgt gekennzeichnet: Der Rechtsanwender muß das Interpretationsinstrumentarium seines nationalen Rechts, beispielsweise den Savignyschen Auslegungskanon, um eine Methode bereichern, die als
funktionale „rechtsvergleichende Auslegung" bezeichnet wird; nach ihr
hat der Richter zu berücksichtigen, zu welchem Ergebnis Rechtsprechung und Lehre in den anderen Vertragsstaaten bei der Auslegung und
Anwendung der streitigen Norm gelangt sind. Befürworter einer solchen
Rücksichtnahme ist *Kl. Vogel* (Einl. Rz 74) und leitet dies aus dem
Abkommenszweck ab, die Besteuerungsbefugnisse unter den Vertragsstaaten gleichmäßig zu verteilen; dieses Ziel kann hiernach nur erreicht
werden, wenn es von den Behörden und Gerichten übereinstimmend
angewandt wird: Aus dem Gebot, Doppelbesteuerungsabkommen im
Lichte ihres Gegenstands und Zwecks auszulegen (Art. 31 I WÜRV), ergäbe sich daher die Aufforderung, jeweils diejenige Auslegung anzustreben, die am ehesten Aussicht habe, in beiden Vertragsstaaten akzeptiert
zu werden; praktisch setzt dies voraus, einschlägige Entscheidungen der
Gerichte und Behörden des anderen Vertragsstaats und gegebenenfalls
dritter Staaten zur Kenntnis zu nehmen und sich mit ihnen auseinanderzusetzen. Dagegen *Henkel* (in *B/H/G/K* Grundlagen I Abschnitt 4 Rz 45,
46): Für ein solches Gebot bestehe kein Raum, da es weder eine völkerrechtliche noch eine innerstaatliche Rechtsgrundlage für ein solches Gebot gäbe; allenfalls könne es im Rahmen der systematischen und/oder
teleologischen Auslegung Bedeutung haben, wenn sich aus dem objektiven Vertragsinhalt ergäbe, daß die Vertragspartner bei der Auslegung
Entscheidungsharmonie befolgen sollen. *Wassermeyer* bezeichnet ein
solches Gebot der Entscheidungsharmonie schlicht und einfach als
„rechtlich nicht existent" (IStR 1998, 491); jeder Vertragsstaat wendet
das Abkommen in eigener Zuständigkeit und autonom an, eine Bindung
an Rechtsauffassungen gibt es nicht, Meinungsverschiedenheiten könnten nur in einem Verständigungsverfahren ausgetragen werden (Anm. 47
zu Art. 1 MA). Die Frage kann ja nur lauten, ob Entscheidungsharmonie
als *Gebot* zu verstehen ist. Denn daß ihr als ein Gesichtspunkt unter anderen methodische Bedeutung zukommen kann, steht außer Frage und ist
auch zwanglos mit dem Verständnis eines autonomen Rechtskreises zu
vereinbaren. In diesem Sinne sind auch Nachweise in der Rechtsprechung möglich, insbesondere dann, wenn die Bedeutung des Musterabkommens hervorgehoben wird. Nur kann der Auffassung nicht gefolgt
werden, eine solche Rücksichtnahme sei geboten, die Außerachtlassung
der Rechtsprechung des Vertragsstaats zu einer bestimmten DBA-Problematik stelle bereits deswegen eine fehlerhafte Anwendung des Gesetzes dar. Nochmals: auch im Anwendungsbereich völkervertraglicher

Auslegung bleibt die Auslegung eine autonome durch den Anwendestaat. Sie ist unabhängig davon autonom, in welcher Weise und ob überhaupt auf innerstaatliches Recht zurückgegriffen wird, s. S 44 a. E.

Der Vertragszweck gibt für ein solches Gebot nichts her, weil fehlende Rücksichtnahme auf das Vertragsverständnis des Partnerstaats immer nur Teilaspekte berühren kann, aber nicht den Vertragszweck in Frage stellt. Daß dem Vertragszweck ein einheitliches Verständnis in beiden Staaten nutzt und ihn fördert, gilt für jeden Vertrag. *Kl. Vogel* verweist auf die Anerkennung des Ziels der Entscheidungsharmonie auf die Vereinheitlichung von Privatrechtsvorschriften (aaO, Rz 74 a) – aber gerade die Normierung dieses Gebots in einzelnen (modernen) Einheitskodifikationen zeigt, daß es darüber einer besonderen Verständigung der Vertragspartner bedarf. Für das UN-Kaufrechtsübereinkommen (CISG) enthält Art. 7 I eine insoweit ganz klare Regelung, der sich kein Gericht eines Vertragsstaats entziehen kann, denn bei der Auslegung sind hiernach „sein internationaler Charakter und die Notwendigkeit zu berücksichtigen, seine einheitliche Anwendung und die Wahrung des guten Glaubens im internationalen Handel zu fördern". Oder Art. 36 EGBGB in Umsetzung des EVÜ-Übereinkommens, wonach bei der Auslegung und Anwendung zu berücksichtigen ist, daß das Recht „einheitlich ausgelegt und angewendet" werden soll, was zur Folge hat, die gerichtliche Praxis bei der Auslegung der einheitlichen Kollisionsnormen auch in anderen Staaten zu berücksichtigen.

### 3. Die Bedeutung des innerstaatlichen Rechts: Lex-fori-Klausel Art. 3 II MA

**46**   (1) Damit ist dem Umstand eines **eigenen Regelungskreises** erst einmal Tribut gezollt worden: Die völkervertragsrechtliche Herkunft des Anwendungsbefehls wird anerkannt durch Rücksichtnahme auf eine besondere Methodik der Auslegung, deren vorrangiges Ziel es ist, den eigenen Regelungskreis nicht voreilig durch rein innerstaatliches Recht zu beeinflussen; daß diese Methodik zu anderen Ergebnissen führt als das für innerstaatliches Recht ansonsten gültige Instrumentarium, ist nur in wenigen Fällen zu erkennen; deswegen empfiehlt es sich, die (selbstverständliche) Anerkennung eines autonomen Rechtskreises von der Methode der Auslegung zu trennen. Das Gebot einer Entscheidungsharmonie ist nicht anzuerkennen, Rücksichtnahme auf das Vertragsverständnis des anderen Staates in die Methodik aber problemlos einzuordnen. Aber was ist damit nun konkret gewonnen? Das Abkommensrecht löst – an grenzüberschreitende Sachverhalte anknüpfend – Einzelfragen, aber es regelt nicht die Besteuerung selbst. Während das innerstaatliche Recht ohne Abkommensrecht nichts von seiner Bedeutung verliert, ist das Abkommensrecht bedeutungslos, denkt man sich das innerstaatliche Recht fort. Bestenfalls könnte man an dieser Stelle das Verbot auch bereits der **virtuellen Doppelbesteuerung** anführen: Abkommensrecht schließt für Einkünfte, für die die Freistellungsmethode vereinbart ist, auch dann die Freistellung nicht aus, wenn der Vertragsstaat seinerseits vom Besteuerungsrecht keinen Gebrauch macht. Aber das ist bestenfalls ein Einzelaspekt bei der Frage nach der Bedeutung des innerstaatlichen Rechts.

Damit stellt sich – die Vorstellung vom eigenen DBA-Regelungskreis damit zwar nicht einschränkend, in seiner praktischen Bedeutung aber relativierend – das innerstaatliche Recht als Vorgabe für das Abkommensrecht dar. Es wäre auch anders möglich; die Staaten könnten echtes internationales Steuerrecht miteinander vereinbaren: gemeinsame Regelungen, die den gesamten Inhalt des Steuerschuldverhältnisses zum Gegenstand haben. Aber das wäre unrealistisch; deswegen wird lediglich auf innerstaatliches Recht aufgebaut (*Wassermeyer* Art. 3 MA Rz 72). Man muß sich diesen einfachen Zusammenhang zunächst nochmals verdeutlichen, um die Frage des Verhältnisses von Abkommensrecht und dem innerstaatlichen Recht zueinander nicht sogleich mit der Frage der Rangordnung zu belasten. Ehe sich irgendeine Konfliktfrage stellt, ist klarzustellen: Ob das Abkommen eine Verweisung auf innerstaatliches Recht enthält oder nicht, ist völlig belanglos. Das Abkommensrecht ist ohne Verweisung auf innerstaatliches Recht nicht denkbar, dieser Bezug ist dem Abkommensrecht immanent (*Kl. Vogel* spricht von „Rückverweisung auf innerstaatliches Recht" (Einl. Rz 77a) – aber dies legt einen IPR-Bezug nahe, um den es nicht geht; vgl. dazu den Hinweis *Kl. Vogel* Einl. Rz 91). Nach dem Abkommensrecht bleiben Kernpunkte des Steuerschuldverhältnisses von seinem Inhalt unberührt (s. das genannte BFH-Urteil BFH/NV 1998, 1571: Bereiche, zu denen die Abkommen regelmäßig schweigen; vgl. *Menck*, in *B/H/G/K* Grundlagen I 2 Rz 65):

– Welcher Steuerstatus besteht: Unbeschränkte oder beschränkte Steuerpflicht?
– An welche Tatbestände ist anzuknüpfen?
– Wie sind Steuerbemessungsgrundlagen (insbesondere die Einkünfte) und Steuerhöhe zu berechnen?
– Wem sind Einkünfte zuzurechnen?

Ordnet man hierin die Rechtsfolgen eines Abkommens ein, so ergibt **47** sich deren Anknüpfung an die nach dem jeweiligen innerstaatlichen Steuerrecht beider Staaten ermittelte Bemessungsgrundlage, soweit es sich um Steuerbefreiungsnormen handelt; soweit es sich um Steuerermäßigungsnormen handelt, wird an den nach dem innerstaatlichen Recht ermittelten Tarif angeknüpft. Der Abkommenskern, die Befreiungs- und Ermäßigungsnormen in den Art. 6ff. (MA), stellt sich so gesehen als die Einkünfte nach innerstaatlichem Recht (§ 2 II EStG) in ihrer Art, in ihrer Ermittlung und in ihrer Höhe unberührt lassend dar – ob sich aus Art. 7, 9 MA für besondere Fälle Abweichungen feststellen lassen, soll dahingestellt bleiben. Die **Rechtsfolge des Abkommens** erschöpft sich jedenfalls grundsätzlich damit entweder in einer Steuerbefreiung dieser Einkünfte in der Art und Weise des § 3 EStG oder in einer Ermäßigung der deutschen Steuer auf die Einkünfte nach Art des § 34c EStG (*Wassermeyer* Vor Art. 6–22 Rz 55); die restlichen Abkommensvorschriften bestimmen die Voraussetzungen dieser Rechtsfolge, vor allem die Frage

4. Teil. Doppelbesteuerungsabkommen

der Abkommensberechtigung. Aus dem **Verhältnis des Abkommensrechts zum innerstaatlichen Recht** wird zweierlei deutlich: einerseits
die Zweckmäßigkeit des entscheidend durch *Wassermeyer* geprägten
Verständnisses der DBA-Normen als Steuerermäßigungs- und Steuerbe-
freiungsvorschriften; andererseits die notwendige Korrektur des Bildes
von den beiden getrennten Regelungskreisen, wenn man nicht zugleich
klarstellt, daß der autonome Abkommensbereich damit zwangsläufig eine beschränkte Anwendung hat: Im wesentlichen autonom bestimmt
werden Voraussetzungen für die Abkommensberechtigung und Voraussetzungen, unter denen die innerstaatlichen Rechtsfolgen der Befreiung
oder Ermäßigung greifen – aber auch in diesen Kernbereichen des Abkommensrechts kann von vollständiger Autonomie keine Rede sein.

**48**     (2) Von **Konflikten** zwischen autonomer Auslegung des Abkommensrechts und der Auslegung innerstaatlichen Rechts war bislang keine Rede. Ganz im Gegenteil: Der Nachweis einer speziellen völkervertragsrechtlichen Auslegungsmethode war gerade nicht als Ausdruck einer
Divergenz zum innerstaatlichen Recht und ihre Anwendung nicht grundsätzlich als Vorrangsregel zu verstehen. Das könnte damit zusammenhängen, daß es auch nur um das Verständnis rein abkommensrechtlicher
Begriffe geht, das könnte seine Ursache aber auch darin haben, daß das
Zusammenspiel des Abkommensrechts und des innerstaatlichen Rechts
weitaus geringer konfliktbelastet ist, als es die Literatur bisweilen vermuten ließe. Für die weitere Darstellung wird daher zunächst unterstellt,
daß die völkervertragsrechtliche Auslegungsmethode in dem bisher vorgestellten Rahmen einen autonomen Regelungsbereich zum Gegenstand
hatte und Rückgriffe auf innerstaatliches Recht ohnehin nicht erforderlich waren. Das trifft vorrangig auf besondere Abkommensdefinitionen
zu: Enthält das Abkommen eine klare Definition, so ist grundsätzlich nur
sie maßgebend; allerdings ist das nicht als Ausschluß eines Rückgriffs
auf innerstaatliches Recht zu verstehen (so aber *Schaumburg* S. 970 am
Beispiel der Lizenzgebühren i. S. des Art. 12 MA) – man kann über die
Reichweite einer jeden abkommensrechtlichen Definition im Zweifel
sein, aber es gibt keinen „Rückgriffsausschluß" im Sinne einer völkerrechtswidrigen Auslegungsmethode. Ein zweiter eindeutiger Fall wäre
dann der einer direkten Verweisung auf das innerstaatliche Recht (Beispiel Art. 6 II MA: Der Ausdruck „unbewegliches Vermögen" hat die
Bedeutung, die ihm nach dem Recht des Vertragsstaats zukommt, in dem
das Vermögen liegt). Hier sind aber auch alle Fälle zuzuordnen, in denen
das Abkommensrecht von vornherein auf innerstaatliches Recht aufbaut,
ohne dies durch eine besondere Verweisung hervorzuheben (s. dazu die
wesentlichen, vom innerstaatlichen Recht bestimmten Besteuerungsfra-
gen R 46). Diese Fälle liegen grundsätzlich außerhalb jeder Frage nach
der Reichweite eines autonomen Vertragsverständnisses. Niemand wird
beispielsweise auf den Gedanken kommen, die Technik einer Anrech-

nungsmethode oder die Rechtsnatur einer Freistellung dem Abkommenstext entnehmen zu wollen. Dennoch – um nochmals an *BFH/NV* 1998, 1571 anzuknüpfen: Daß das Abkommen zu bestimmten Fragen „regelmäßig schweigt", schließt – entgegen der *BFH*-Formel vom „Versagen" der autonomen Auslegung des Abkommens in diesen Fällen – nicht von vornherein aus, nach Anhaltspunkten im Vertrag mit einer Folge auch für grundsätzlich ungeregelte Bereiche zu suchen (und interessanterweise hat der *BFH* trotz der vorangestellten Formel genau dies getan).

(3) **Konflikte** zwischen einer völkerrechtsorientieren, jedoch autono- **49** men Auslegung des Abkommensrechts und dem Verständnis aufgrund des innerstaatlichen Rechts können danach beruhen:
– auf einer identischen Begriffswahl sowohl im Abkommensrecht als auch im innerstaatlichen Recht, ohne daß das Abkommen diesen Begriff abschließend bestimmt,
– auf der fehlenden Verwendung eines Begriffs im Abkommen selbst, obwohl das Abkommen eine damit zusammenhängende Frage regelt.
Um das an Beispielen zu verdeutlichen:
– Art. 7 MA spricht von dem „Gewinn eines Unternehmens", regelt aber nicht, wer der Unternehmer ist bzw. wem der Gewinn des Unternehmens zuzurechnen ist, vor allem bleibt offen, wann überhaupt Unternehmereinkünfte gegeben sind.
– Art. 8 MA spricht von Gewinnen „aus dem Betrieb von Seeschiffen oder Luftfahrzeugen im internationalen Verkehr", definiert aber keinen der drei Begriffe.
– Art. 9 MA hat ein Verbot einer bestimmten Form wirtschaftlicher Doppelbesteuerung zum Gegenstand und bezieht sich unmittelbar auf Unternehmensgewinne. Sind die Grundsätze des Art. 9 I MA auch bei der Abgrenzung verdeckter Beteiligungserträge (Art. 10 III MA) anwendbar, ist auch hier der „dealing at arm's length – Grundsatz anzuwenden?

(4) Gäbe es zur **Lösung solcher Konfliktfälle** keine Regel, würde sich **50** mit hoher Wahrscheinlichkeit weder eine feste Rangfolge noch ein Ausschluß eines der beiden Rechtskreise durchsetzen. Die Rechtsfindung würde aller Voraussicht nach von den Regeln der Pragmatik bestimmt werden: Dabei wäre nicht einmal der allgemeine Zweck des Abkommens, die Doppelbesteuerung zu vermeiden, von entscheidender Bedeutung, weil z.B. Doppelfreistellungen im Interesse einer einfachen und praktikablen Abkommensregelung in Kauf genommen worden sein können. Man wird – tendenziell – unterstellen können, daß der Rechtsanwender die Suche nach einer eigenen Abkommensaussage zwar nicht von vornherein verwerfen würde, daß er aber auf der Ebene des Abkommens mit systematischen und/oder teleologischen Überlegungen eher zurückhaltend wäre – vor allem dann, wenn ihm die zu lösende Pro-

blematik im innerstaatlichen Recht vertraut wäre und vertretbar gelöst erschiene. Das alles würde die üblichen Kontroversen nach sich ziehen, es stünden alsbald zwei „Schulen" einander gegenüber, denen eine vermittelnde Lösung folgte, von diesem „Schulenstreit" würde die Rechtsprechung auch – ein gewisses Zeitmaß einhaltend – pflichtgemäß Kenntnis nehmen, sich einmal mehr dieser, einmal mehr jener Auffassung zuwenden und die anstehenden Fälle unverändert „pragmatisch" lösen. Es würden anhaltende Kontroversen geführt werden – und alle diese Kontroversen, so klug und überlegen die Argumente auch vertreten wären, würden einen Mangel aufweisen: Sie würden nicht jenes Fallmaterial aufzuzeigen wissen, bei denen tatsächlich die Hinwendung zur einen oder anderen Auffassung entscheidungserheblich wäre. Es spräche daher eine Vermutung für ein Ergebnis wie bei der Anwendung der völkervertragsrechtlichen Auslegungsmethode: Jeder fordert ihre Beachtung und rügt, daß ihr nicht ausdrücklich Beachtung geschenkt werde. Aber niemand vermag Fallmaterial zu nennen, bei dem eine vertretbare Lösung unterbliebe, weil diese von ihm präferierte Methode nicht zur Anwendung gelangte. Das ist nicht etwa ein Plädoyer gegen methodische Auseinandersetzungen, aber ein Appell zur gelassenen Betrachtung. In diesem Sinne ist die Rechtsprechung des *BFH* nicht nur bei der Anwendung der passenden Methode überhaupt, sondern auch bei der Lösung von Konfliktfällen zwischen dem Abkommensrecht und dem innerstaatlichen Recht bewundernswert pragmatisch und frei von jeder Rechthaberei.

**51**      (5) Die Besonderheit der Doppelbesteuerungsabkommen besteht darin, daß sie eine **Regel zur Lösung solcher Konflikte** enthalten – da der Inhalt und das Verständnis dieser Regel nun aber wiederum umstritten ist, wird sich letztlich erweisen, daß mit ihr konkret überhaupt nichts gewonnen ist. Stellt man diese Regel (Art. 3 II MA) vor, so kann man schon durch vorrangige Herausstellung des einen oder anderen Satzteils seine Auffassung zum Verständnis bekunden. Nach Art. 3 II MA hat bei der Anwendung des Abkommens durch einen Vertragsstaat, „wenn der Zusammenhang nichts anderes erfordert, jeder im Abkommen nicht definierte Ausdruck die Bedeutung, die ihm im Anwendungszeitraum nach dem Recht dieses Staates für die Steuern zukommt, für die das Abkommen gilt …" Auf den Kern gebracht wird dies gelesen entweder als:

– Jeder im Abkommen nicht definierte Ausdruck hat die Bedeutung, die ihm im innerstaatlichen Recht zukommt – es sei denn, der Zusammenhang erfordere anderes oder
– Dieses Abkommen ist bei seiner Anwendung durch beide Vertragsstaaten übereinstimmend aus sich selbst heraus auszulegen. Ein in diesem Abkommen nicht definierter Ausdruck hat jedoch dann die Bedeutung, die ihm nach dem Recht des anwendenden Staates zukommt, wenn der Zusammenhang dies erfordert und die zuständigen Behörden sich nicht auf eine gemeinsame Auslegung geeinigt haben. Das ist – zugegeben – vielleicht etwas weitergehender als die andere, aus Art. 3 II MA folgende Lesart; sie hat aber den Vorteil, daß sie einem konkreten, von der

Wortlautreihenfolge des Art. 3 II MA abweichenden Vertragstext entspricht (Art. 3 II DBA-Schweden 1992).

Man bezeichnet die erstgenannte Auffassung als **landesrechtliche** 52 **Theorie,** weil sie den Vorrang des innerstaatlichen Rechts betont, die zweitgenannte Auffassung als **völkerrechtliche Theorie,** weil nach ihr der Rückgriff auf das innerstaatliche Recht nur nachrangig zulässig sein soll. Vertreter der landesrechtlichen Theorie ist vor allem *Kl. Vogel* (Art. 3 Rz 64 ff.), Vertreter der völkerrechtlichen Theorie *Debatin* DStZ 1987, 212; beide Theorien sind eingehend dargestellt worden von *Kerath* (S. 177 ff.), aber gerade diese 25 Seiten umfassende Darstellung vermag zwar – an *Debatin* anschließend – dem einen oder anderen Autor seine „bereits im Ansatz" verfehlte Argumentation vorzuhalten, trägt aber zu keiner Fallösung konkret etwas bei.

Fast schon symptomatisch erscheint es, wenn der Autor am Ende seiner „Theorieabhandlung" und der Zurückweisung der Landesrechtler sich auf *BFH* BStBl. 1982 II, 377 dafür bezieht, nur als ultima-ratio dürfe auf nationales Recht zurückgegriffen werden (hiergegen der *BFH* zuletzt IStR 1998, 605 m. Anm. *Wassermeyer*): Eine Schweizer Kapitalgesellschaft war mit ihren Einkünften aus typischer stiller Beteiligung am Handelsgewerbe einer inländischen Kommanditgesellschaft beschränkt steuerpflichtig; die deutsche KG hätte als Schuldner der Kapitalerträge Kapitalertragsteuer einbehalten und abführen müssen (§ 49 I Nr. 5 i. V. mit § 20 I Nr. 2, § 43 I Nr. 2, § 44 I, III, IV EStG), sofern das DBA Schweiz dem nicht entgegenstand. Hierbei war zu klären, ob es sich um Dividenden im Sinne des Art. 10 DBA-Schweiz mit der Folge handelte, daß der inländische Schuldner dieser Einkünfte die darauf entfallende Kapitalertragsteuer einzubehalten und abzuführen hat, oder ob die Einkünfte dem Art. 21 DBA-Schweiz (in den vorhergehenden Artikeln nicht behandelte Einkünfte) zu unterwerfen waren mit der Folge einer inländischen Steuerbefreiung. Der Kläger hatte sich auf Art. 3 I e des Abkommens bezogen, wonach als „Gesellschaft" im Sinne des Abkommens juristische Personen oder Rechtsträger, die für die Besteuerung wie juristische Personen behandelt werden, gelten. Art. 10 I, II DBA-Schweiz gilt für die Dividendenbesteuerung, „die eine in einem Vertragsstaat ansässige Gesellschaft an eine in dem anderen Vertragsstaat ansässige Person zahlt", so daß zu klären war, ob die Definition der Gesellschaft in Art. 3 I zu gelten habe. Der *BFH* wandte diese Definition nicht an, weil die in dem Katalog des Art. 3 I DBA-Schweiz gebrauchten Definitionen verschiedener vom Abkommen verwendeter Ansprüche oder Begriffe nach dem Einleitungssatz nur dann uneingeschränkt eingreifen, „wenn der Zusammenhang nichts anderes erfordert". Dies entspricht dem MA-Wortlaut, so daß in der Tat damit eine Vorbehaltsklausel wie in Art. 3 II MA gegeben ist – nur hat sie mit dem *Anwendungsbereich der Vorbehaltsklausel in Art. 3 II MA nichts zu tun.* Der Rückgriff auf innerstaatliches Recht steht in Art. 3 I zunächst überhaupt nicht zur Debatte – und in der *BFH*-Entscheidung spielte die Frage einer etwaigen Verweisung auf innerstaatliches Recht auch überhaupt keine Rolle. Es ging nicht um eine Begriffsidentität Abkommensrecht/innerstaatliches Recht mit Vorrang innerstaatlichen Rechts, sondern um eine Auslegung ausschließlich auf der Ebene des autonomen Rechts. Daß nun die durch Auslegung allein des autonomen Rechts gefundene Lösung letztlich auch noch mit dem innerstaatlichen Recht übereinstimmt, nimmt dem Fall jedwede Beispielfunktion für das ultima-ratio-Verständnis in dem von *Kerath* verstandenen Sinn. Damit kein Mißverständnis aufkommt: Es geht nicht darum, einem Autor einen Fehlgriff bei der Auswahl von Entscheidungsmaterial vorzuhalten; es geht darum, anhand dieses Fehlgriffs die an der bloßen Wortwahl an-

knüpfende Präferierung einer Auslegungsmethode, eben der völkerrechtlichen, zu zeigen. Schon die bloße Wortwahl „aus dem Zusammenhang" scheint von jeder weiteren Überprüfung zu entbinden, worum es eigentlich im Kern geht.
Bei der Darstellung *Keraths* läßt sich übrigens noch ein ganz grundsätzliches Mißverständnis gegenüber Art. 3 II MA aufzeigen. *Kerath* meint, die sprachliche Fassung des Art. 3 II (und damit dann auch die landesrechtlichen Vertreter) „dreht das Regel-Ausnahme-Verhältnis zwischen völkerrechtlichen und innerstaatlichen Auslegungsmaximen zumindest dem ersten Anschein nach um" – nur geht es nicht um das Verhältnis der beiden Auslegungs*methoden*; solange das autonome Abkommensrecht ausgelegt wird, steht die Anwendung völkerrechtlicher Auslegungsregeln nicht in Frage – und daß mit der Verweisung und Anwendung des innerstaatlichen Rechts grundsätzlich andere „Auslegungsmaximen" gelten, ist ohnehin auszuschließen, zumal kein methodischer Grundsatz verbietet, in das nationale Recht die Völkerrechtsordnung einzublenden (*Blumenwitz* aaO, S. 69). Der **Schnittpunkt Vertragsrecht/innerstaatliches Recht** hat nur indirekt etwas mit dem **Verhältnis der Auslegungsmethoden** zu tun, es könnte sich bestenfalls um eine mittelbare Rechtsfolge handeln.

**53**        (6) Die Klausel wird auch, da sie eine Verweisung auf das innerstaatliche Recht enthält, als **Lex-fori-Klausel** bezeichnet (*Gloria* S. 92) – man kann hiergegen schlecht einwenden, Art. 3 II verankere nicht das lex-fori-Prinzip als subsidiäre Anwendungsregelung in den DBA, denn „grundsätzlich hat jeder Ausdruck eben nicht die Bedeutung, die ihm die lex-fori beilegt, sondern diejenige, die sich aus der Begriffswelt des Vertrages selbst ergibt, die der lex causae" (so *Kerath* S. 178). Die Gegenüberstellung einer lex fori mit einer lex causae hat ohnehin keinen Sinn – lex causae ist die Rechtsordnung, die auf den Sachverhalt zur Anwendung kommt – so gesehen stellen beide Kreise die lex causae dar. Nur: Niemand behauptet, daß Fragen des Abkommensrechts (verstanden als die nach der eigenen (autonomen) Begriffswelt) nach einem lex-fori-Prinzip zu lösen sind; lex-fori-Klausel heißt nicht mehr und nicht weniger, daß die Möglichkeit einer Heranziehung innerstaatlichen Rechts auch dort möglich ist, wo das Abkommen zwar eine Regelung trifft, aber nicht Voraussetzungen und Grenzen autonom klar und eindeutig bestimmt. Der so verstandene Art. 3 II *kann* dann zur Anwendung innerstaatlichen Rechts führen, so wie andere vom Abkommen nicht geregelte Fragen von vornherein nur nach der lex-fori bestimmt werden. Man kann die lex-fori-Anwendung dann – von den Ursachen ausgehend – zweiteilen: Als dem Abkommensrecht immanent, weil außerhalb seines Regelungskreises, und als Folge einer an Art. 3 II als „Wegweiser" anknüpfenden Auslegung.

**54**        (7) Die unterschiedlichen Auffassungen kommen sehr deutlich in zwei Diskussionsbeträgen von *Mössner* und *Wassermeyer* (in *Mössner/Blumenwitz* u. a.) zum Ausdruck:

*Mössner* (S. 66): „Die Frage bleibt aber, ab welchem Moment der Ausleger … die Anstrengung der Auslegung … nach dem Abkommen aufgeben und zum nationalen Recht übergehen darf? … Die offenen Fälle, die nicht die Masse darstellen, aber doch die neuralgischen Punkte der Vertragsanwendung sind, müßten doch dann so gelöst werden, wie sie am ehesten mit den beiderseitigen Vorstellungen, die sich auch gemeinsam in die gleiche Richtung entwickelt haben können, vereinbar sind. Auf den Punkt gebracht, könnte man vielleicht die beiden Standpunkte so charakterisieren: Herr *Wassermeyer* greift ohne weiteres, wenn im Abkommen jeder Anhalt für die Ausfüllung eines Begriffes fehlt, auf das eigene Recht des Anwenderstaates zurück, weichen die nationalen Rechte voneinander ab, so daß es zu Auslegungsdifferenzen kommt, so steht für ihn der Weg des Verständigungsverfahrens offen. Dies ist sicher eine praktische Vorgehensweise, die den nationalen Rechtsanwender entlastet. Mein Ansatz ist demgegenüber theoretischer und – wie ich zugebe – in der praktischen Handhabung komplizierter. Ich sehe in den im DBA benutzten Begriffen „Hülsen" des gemeinsamen Willens der Vertragsstaaten. Es ist die Aufgabe des Interpreten, diesen gemeinsamen Willen, der das Abkommen ausmacht, zu ermitteln. Meine Kritik, oder besser: meine Frage lautet, ob nicht bei der nationalen Methode der Ausleger vorzeitig die gemeinsame Basis verläßt, ohne genügend das Abkommen zu befragen.

*Wassermeyer* (S. 64): „Es verpflichtet sich jeder Staat für sich genommen, das Abkommen so anzuwenden, wie es sich als Konsequenz aus seiner eigenen Steuerrechtsordnung ergibt. Das ist eine positive Regelung. Richtig ist allerdings, daß damit nicht notwendigerweise die Doppelbesteuerung vermieden wird … Aus meiner Auffassung ergibt sich das Problem, daß häufiger Verständigungsverfahren anfallen. Die Verpflichtung zur Verständigung müßte deshalb stärker betont werden. Mir ist theoretisch völlig unklar, wie die Zuordnung des EDV-Beraters autonom aus dem Abkommen unter Art. 7 oder 14 erfolgen kann. Ich weiß nicht, wie das technisch vor sich gehen soll. Der Unternehmensbegriff ist im DBA in keiner Weise definiert. Das DBA sagt üblicherweise mit keinem Wort, was es unter einem Unternehmen versteht. Woher sollen die Kriterien zur Auslegung des Begriffs genommen werden? Im Bereich des Artikels 14 existiert regelmäßig eine gewisse Aufzählung, die aber unvollkommen ist … Ich stehe im Prinzip vor dem Problem, daß der Begriff „Unternehmen" nicht im DBA geregelt und auch kein sonstiger Auslegungshinweis zu erkennen ist. Die Verfahrensregelung des Verständigungsverfahrens als Bestandteil der DBA kommt gerade in solchen Fällen zur Anwendung, die auf der Grenze liegen, d. h. die man so oder so beurteilen kann. Letztlich spricht deshalb alles dafür, daß die Frage überhaupt nur aus dem nationalen Recht heraus gelöst und beantwortet werden kann. Hätten die Vertragsstaaten etwas anderes gewollt, dann hätten sie die Frage auch regeln müssen".

(8) Ein wenig seltsam nimmt sich die Sichtweise der Anhänger des **55** völkerrechtsfreundlichen Verständnisses des Art. 3 II MA dann aus, wenn man sie an den eigenen bevorzugten Regeln mißt. *Kerath* (S. 178) legt die Regel – nach eigener Sicht – gegen den Wortlaut aus, da er ihm ja gerade entnimmt, daß „diese sprachliche Fassung" das Regel-Ausnahme-Verhältnis umdrehe; und auch die von ihm herangezogene Geschichte ist nicht klar: Die Vertragspartner wollten ihre eigene Souveränität soweit wie möglich wahren? Aber das sind Gesichtspunkte, die – aus völkervertragsrechtlicher Auslegungsmethodik gesehen – dem völkerrechtsfreundlichen Verständnis dieser Norm eigentlich jede Grundlage entziehen. Deswegen kann ein Abkommen im Einzelfall dies auch ausdrücklich anders gestalten, s. das oben zitierte DBA-Schweden. Richtig ist allerdings, **daß der Wortlaut des Art. 3 II MA die erforderliche Klarheit vermissen läßt.** Wie man das „Gewollte" in einem solchen Fall klar zum Ausdruck bringen kann, läßt sich beispielhaft an einem gänzlich anderen Rechtsgebiet, aber wie das Steuerrecht ebenfalls auf Mas-

senvorgänge bezogenem Haager Übereinkommen über das auf Straßen-
verkehrsunfälle anzuwendende Recht (1971) zeigen: Nach Artikel 3 ist
anzuwendendes Recht „das innerstaatliche Recht des Staates, in dessen
Hoheitsgebiet sich der Unfall ereignet hat", dem dann in Artikel 4 klar
definierte Abweichungen der Tatortregel folgen. Eine ganz andere – davon aber zu trennende – Frage ist die der Kritik an der Fassung des Art.
3 II wegen der gegebenen Gefahr einer fortbestehenden Doppelbesteuerung oder auch Doppelfreistellung (siehe dazu die Nachweise bei *Kerath*
(S. 180) und *Kl. Vogels* Fazit (Art. 3 MA Rz 60): „Angesichts dieser
doch eher negativen Auswirkungen mag man es erstaunlich finden, daß
die Klausel in ihrer relativ starren Fassung Eingang in das Muster gefunden hat und auch bei den neueren Abkommensrevisionen darin gelassen
wurde".

**56** (9) Deswegen ist es nicht möglich, der völkerrechtsfreundlichen These
zu folgen und dem Art. 3 II MA einen methodisch gesicherten Vorrang
der Auslegung aus dem Zusammenhang gegenüber der Bezugnahme auf
das nationale Recht zu entnehmen, mithin auf innerstaatliches Recht erst
dann zurückzugreifen, „wenn sich trotz aller methodischen Möglichkeiten der völkerrechtlichen Auslegungsregeln aus dem Sinn- und Vorschriftenzusammenhang keine wesensmäßig bestimmte oder bestimmba-
re Abkommensaussage ermitteln läßt" (so *Kerath* S. 202). Andererseits
gestaltet die Voraussetzung „wenn der Zusammenhang nichts anderes erfordert" größtmögliche Beachtung autonomen Abkommensrechts. Diesen Weg hat *Kl. Vogel* gewiesen (Rz 72 zu Art. 3): Für eine weite Auslegung spricht zunächst die Herkunft der Klausel aus dem britischen
Recht, das unter „context" selbst die Entstehungs- und Vorgeschichte
versteht; über die Vertragsurkunde und etwaige Zusatzdokumente hinaus
gehören danach in den „Zusammenhang" auch die einschlägigen Vorschriften bei den Rechtsordnungen, ferner das MA und der MA-
Kommentar. Soweit der „Zusammenhang" in diesem weiten Sinne gewichtige Gründe dafür ergibt, kann von einer Auslegung nach Maßgabe
des innerstaatlichen Rechts abgewichen werden. Das bedeutet

**57** – eine **Lösung aus dem Zusammenhang,** wenn die Anwendung des innerstaatlichen Rechts zu keiner eindeutigen Rechtsaussage führt. Beispiel: *FG Köln* EFG
1996, 836 zur Frage der Rechtsnatur von Genußrechten und der Abgrenzung gegenüber einer Forderung: Eine Abgrenzung, die sich ggf. auf die abkommensrechtliche
Problematik übertragen ließe, fehlt – das führt zum DBA zurück; oder: *FG Köln* zur
Frage der Tätigkeit eines Berufssportlers unter Anwendung des Betriebsstättenprinzips – Vorschriftenzusammenhang und Regelungsaufbau sprechen dagegen (EFG
1999, 707).

**58** – eine **Lösung aus dem Zusammenhang,** wenn das innere staatliche Steuerrecht
die Frage überhaupt nicht berührt (*BFH* BStBl. 1993 II, 318 zum Begriff der Fälligkeit von Dividenden); hinzuweisen ist in diesem Zusammenhang auf die Neufassung
des Art. 3 II MA, „wobei die Bedeutung nach in diesem Staat anzuwendendem Steuerrecht den Vorrang vor einer Bedeutung hat, die der Ausdruck nach anderem Recht
dieses Staates hat" – dies soll nach wie vor keinen anderen Inhalt als den haben, ge-

rade das Recht über diese Steuern für das Begriffverständnis maßgeblich zu bestimmen (so *Kl. Vogel* Art. 3 Rz 62 – allerdings gegen MA-Kommentar Nr. 13.1 zu Art. 3 II).

– eine **Lösung aus dem Zusammenhang,** wenn sich trotz fehlender Begriffsdefinition die „Abkommensgrundstruktur" (*Blumenwitz* aaO, S. 68) klar präsentiert. Beispiele: *BFH* BStBl. 1994 II, 218 zur Frage einer Unternehmergemeinschaft eines Seeleute-Verleihers i. S. von Art. 15 III DBA-Zypern, was ein Besteuerungsrecht Zyperns für Gehaltszahlung und Steuerbefreiung im Land zur Folge gehabt hätte; der *BFH* anerkennt diese Eigenschaft nur für den Reeder; schon die Verwendung des Begriffs Unternehmer statt Arbeitgeber spreche hierfür; dieses Indiz „findet seine Bestätigung in dem gewollten Sinnzusammenhang zwischen Art. 15 III und Art. 8"; noch deutlicher das erwähnte Genußrechteurteil *FG Köln:* Das Abkommen gibt definitionsmäßig für die entscheidungserhebliche Frage nichts her – ebensowenig wie das deutsche recht: „Der Senat teilt indessen nicht die Einschätzung … daß mangels hinreichend eindeutiger positiv-rechtlicher Begriffsbestimmung auf die von den Vertragsparteien gewählte Bezeichnung abzustellen sei … zunächst daran orientiert werden muß, ob nach dem Sinnzusammenhang …" (EFG 1996, 838) – was das FG dann auf 2 Seiten entwickelt, ist die Begriffsklärung aus der Struktur zweier abkommensrechtlicher Artikel heraus (Dividendenartikel, Zinsartikel). **59**

– eine Lösung **nicht bereits deswegen gegen den Zusammenhang,** weil der Begriff im Abkommen nicht definiert ist – was nach den vorangegangenen Überlegungen eine pure Selbstverständlichkeit ist; einen Verstoß hiergegen sieht *Mössner* (in *Lang/Mössner/Waldburger,* S. 27) in der Rechtsprechung des *BFH* zur Bedeutung ausländischer Verluste bei DBA mit Freistellungsmethode; *Wassermeyers* Hinweis auf die Kommentierung des DBA-USA 1989 von *Ulrich Wolff* als Beispiel landesrechtlichen Verständnisses in dem eingangs genannten Sinne (jeder nicht vom Abkommen definierte Ausdruck ist nach dem Recht des Anwenderstaates auszulegen) trifft nicht zu, weil auch für *Wolff* sich dieses nur versteht „mangels ausdrücklicher Regelung und anderer Auslegungshinweise" (Art. 7 Anm. 98). Im übrigen ist auf den gegenüber Art. 3 II MA veränderten Wortlaut im Art. 3 II DBA-USA 1989 zu verweisen: „Bei der Anwendung dieses Abkommens durch einen Vertragsstaat hat, außer wenn es der Zusammenhang anders erfordert, jeder im Abkommen nicht definierte Ausdruck …" statt „wenn der Zusammenhang nichts anderes erfordert"; **60**

– eine Lösung **nicht deswegen noch für den Zusammenhang offenhalten zu müssen,** weil ein Ergebnis bei weiterer Suche nicht völlig ausgeschlossen ist, weil ein völliges Ausschöpfen des Abkommens (in dem von *Kl. Vogel* genannten Umfang) noch nicht dargelegt werden kann. Denn der Wortlaut des Art. 3 II MA „wenn der Zusammenhang nichts anderes erfordert" hat „Gründe besonderen Gewichts" zur Voraussetzung (*Kl. Vogel* Art. 3 Rz 71) – was zugleich den Punkt allen Unbehagens beschreibt und auch erklärt, warum die von *Mössner* gestellte Frage nach der Gefahr des „vorzeitigen" Verlassens der gemeinsamen Basis (das autonome Recht) nicht eindeutiger zu beantworten ist. Man sehe die Sache wiederum aus der Sicht einer innerstaatlichen Rechtsanwendung ganz pragmatisch: Es ist niemandem verwehrt, in den Vorgang der Rechtsfindung alle jene Argumente einzubringen, die er – einen internationalen Gerichtshof unterstellt – dort zur Lösung im völkerrechtlichen Rechtskreis geltend machen würde. Deswegen sind die Zitate aus der Rechtsprechung, die für die eine oder andere Auslegung angeführt werden, in der Regel für eine Bestätigung für oder gegen die völkervertragsrechtliche oder landesrechtliche Auslegung belanglos. Wenn *Mössner* also beispielsweise rügt, daß der *BFH* aus der Nichtdefinition des Begriffs im Abkommen sofort auf seine Bedeutung im nationalen Sinne schloß, kann das auch heißen: Es gab keine brauchbaren Hinweise auf einen „Zusammenhang" des Abkommens. Ein insoweit einschlägiges Beispiel bietet *BFH* BStBl. 1995 II, 95 zum Tätigkeitsort eines im Inland wohnhaften Vorstandes einer kanadi- **61** schen Kapitalgesellschaft. Zu klären war einmal die Qualifikation der Einkünfte und die Frage ihrer DBA-Einordnung. Zur Einkünftequalifikation führte der *BFH* aus: Einkünfte aus unselbständiger Tätigkeit: da dieser Begriff im DBA-Kanada nicht definiert ist, ist der Begriff nach dem Recht des jeweiligen Anwenderstaates auszulegen (Art. 3 II); nach deutschem Steuerrecht ist die vergleichbare Tätigkeit des Vorstands einer Aktiengesellschaft eine nichtselbständige Tätigkeit, auch wenn er kein Arbeitnehmer im arbeitsrechtlichen Sinne ist. Daran anknüpfend *Henkel* in *B/H/G/K* Grundlagen Teil 1 Abschnitt 4 Rz 70, offenbar habe der *BFH* damit die Prüfungsreihenfolge wieder umgekehrt. Das ist unverständlich: Was soll einem DBA zu dieser Qualifikationsfrage überhaupt „im Zusammenhang" entnommen werden? Der *BFH* meint mithin: Der Begriff ist nach dem deutschen Steuerrecht als dem des Anwenderstaats auszulegen, weil aus dem Zusammenhang nichts folgt. Wäre nun irgendein bei der Auslegung auch nur entfernt denkbarer Punkt für den Zusammenhang bekannt gewesen; dann hätte der *BFH* sicherlich formuliert „dagegen sprach in diesem Falle auch nicht ...", aber wohl unter keinen Umständen „es war dem nicht zu folgen, weil es nur nach dem Recht des Anwenderstaats zu entscheiden war ...". Bestätigt wird diese Sicht durch die Auseinandersetzung im selben Urteil, aber an anderer Stelle, an der es sich anbot: War Art. 16 DBA (Aufsichtsrats- und Verwaltungsratsvergütungen) anzuwenden? Dazu der *BFH:* „Zwar könnte aus der englischen Fassung der Vorschrift ... abgeleitet werden, daß die gesamten Bezüge der Mitglieder des board of directors unter Art. 16 DBA-Kanada zu subsumieren seien. Sowohl die deutsche Fassung ... als insbesondere auch der französische Text ... bestätigen jedoch die auch im Schrifttum vertretene Auffassung, daß nur die für eine Kontrolltätigkeit gezahlten Vergütungen der Sondervorschrift des Art. 16 DBA-Kanada unterliegen." Die Entscheidung spricht weder für noch gegen eine Methode, sie greift naheliegende Argumente auf und prüft ihre Brauchbarkeit, wo welche vorhanden sind, und geht direkt zur Lösung dort über, wo es nichts zu problematisieren gibt. Ein in seinem – wenn auch vergeblichen – Bemühen um eine Auslegung aus dem Zusammenhang sehr weit gehendes Urteil ist *FG Köln* EFG 1996, 1108 zum DBA-Philippinen (Besteuerung von Luftfahrzeugen eines in seinem Staatsgebiet nicht ansässigen Unternehmens); und einzuordnen wäre hier die bereits genannte Entscheidung *BFH*/NV 1998, 1571 zum Zuflußzeitpunkt von Dividenden an einen schweizerischen Aktionär: Dem Grundsatz einer „verwehrten" autonomen Abkommensauslegung in Fragen, zu denen die Abkommen „regelmäßig schweigen" folgt eben doch das Bemühen, ungeachtet des Grundsatzes nach Anhaltspunkten im Vertrag (hier: im Protokoll) zu suchen.

**62**     – daß es **methodisch** aber durchaus richtig, jedenfalls **vertretbar sein kann,** Art. 3 II MA und damit innerstaatliches Recht anzuwenden, **ohne** die Möglichkeit einer **Auslegung aus dem Abkommenszusammenhang auch nur zu erörtern** (Beispiel: *BFH* BStBl. 1989 II, 599) – nur ist das wiederum nicht als eine Auslegung gegen einen etwaigen Zusammenhang zu verstehen: Dafür kann man zunächst ganz praktikable Gründe anführen, insbesondere dann, wenn typischerweise eine innerstaatliche Erklärung zu erwarten ist, eine Verweisung gewollt ist (*Wassermeyer* Art. 3 MA, Rz 81; StuW 1990, 412). Dafür läßt sich aber auch die Folgerichtigkeit anführen (*Kl. Vogel* Tz 70 zu Art. 3): Die Frage, ob der Zusammenhang des Abkommens „anderes erfordert" – nämlich anderes als den Rückgriff auf das innerstaatliche Recht – ist erst zu beurteilen, wenn zuvor die Bedeutung des Ausdrucks nach innerstaatlichem Recht festgestellt worden ist – eben jene Folge, die die Anhänger der völkervertragsrechtlichen Auslegung nicht mittragen, weil sie es für sie das Regel-Ausnahme-Verhältnis umkehrt. Dabei ist klar, daß das vorrangig ermittelte innerstaatliche Ergebnis ggf. zu korrigieren ist. Gibt es nichts zu korrigieren, muß das nicht hervorgehoben werden. Mit einem landesrechtlichen Vorrang hat das nichts zu tun – erst die Zurückweisung für einen Zusammenhang sprechender Umstände könnte hierfür geltend gemacht werden.

– daß es aber **methodisch fehlerhaft** ist, sich auf einen Rückgriff auf das Abkom- **63** men zu beziehen, **der Sache nach** aber nur bzw. **vorrangig Merkmale aus der innerstaatlichen Rechtsanwendung** zu nennen. Als Beispiel sei auf die Kommentierung des Art. 14 MA von *Wilke* in *B/H/G/K* zur „sonstigen selbständigen Tätigkeit" verwiesen (Rz 31). Der Begriff ist im Abkommen nicht definiert, es müsse gem. Art. 3 II MA zunächst auf das Abkommen zurückgegriffen werden. Der „Kontext des Art. 14 mit Art. 15–17 MA einerseits und Art. 7 MA andererseits" ist zu sehen, und der zeige, daß die sonstige Tätigkeit durch Merkmale wie Selbständigkeit der handelnden Person, grundsätzlich untergeordnete Bedeutung von Kapital, nachhaltig angelegte Tätigkeit usw. charakterisiert sei. Aber alle Merkmale werden alsdann – nach der Art eines Kommentars zu § 18 EStG – mit Rechtsprechung zum nationalen Steuerrecht ausgefüllt; die autonome Auslegung erweist sich der Sache nach als Auslegung innerstaatlichen Rechts. Anders bei *Kl. Vogel* Rz 14, 15 zu Art. 14: Auslegung „aus dem Zusammenhang des Abkommens" – aber damit wird dann auch „Ernst" gemacht und anstelle der von *Wilke* genannten sich angeblich aus dem Zusammenhang ergebenden 5 Merkmale werden zwei Merkmale anerkannt. Ganz anders *Wassermeyer* Rz 26 zu Art. 14 MA: Die Tätigkeit umfaßt die Tätigkeit sog. Staatlicher Lotterieeinnehmer (§ 18 I Nr. 2 EStG) und die sonstige selbständige Arbeit (§ 18 I Nr. 3 EStG).

(10) Im Zusammenhang mit Art. 3 II MA werden noch erörtert: **64**
– Die Qualifikationsproblematik; da aber ihr Verhältnis zu Art. 3 II fraglich und umstritten ist, wird die Frage im folgenden gesondert behandelt,
– die unterschiedliche Einkünftequalifikation in beiden Staaten und der mögliche Vorrang der Sichtweise eines der beiden Vertragsstaaten hierbei; diese Frage wird in den Zusammenhang der Verteilungsnormen Art. 6 bis 22 gestellt.

## 4. Qualifikation, Qualifikationskonflikt und Auslegungsfrage

(1) **Qualifikationsfrage** und **Qualifikationskonflikt** sind voneinander **65** zu unterscheiden. Das scheint eine überflüssige Feststellung zu sein; nur läßt sich anders als durch diese klare Trennung überhaupt nicht verstehen, warum es zu gravierend unterschiedlichen Darstellungen in der Literatur und zu unterschiedlichen Bezugnahmen auf die DBA-Auslegungsfrage im allgemeinen und Art. 3 II MA im besonderen kommt. Es gibt Autoren, die sogleich den Qualifikationskonflikt als Fall einer fortbestehenden Doppelbesteuerung einerseits und als Fall einer doppelten Nichtbesteuerung andererseits herausstellen, also mit dem Ergebnis einer Auslegung beginnen. Die dann erörterten Lösungsmöglichkeiten knüpfen wiederum – rückwärts gerichtet – an den Auslegungsvorgang an, stellen mithin die Entstehung eines Konflikts im Prinzip in Frage, hätte man nur die zutreffende Auslegungsmethode gewählt. Beispielhaft hierfür die Darstellung *Mencks* in *B/H/G/K* Teil I Abschnitt 6): einem einleitenden Hinweis, daß „meist als Qualifikation" die Einkünftezuordnung gem. Art. 6–22 MA bezeichnet wird, folgt die Darstellung von Qualifikationskonflikten im Bereich der Einkünftezuordnung; zur Lö-

sung solcher Konflikte wird – im Vorfeld eines ansonsten erforderlichen Verständigungsverfahrens im Falle doppelter Besteuerung – auf eine autonome Auslegung verwiesen. Damit bleibt offen, warum es dann überhaupt einen solchen Konflikt gibt, wenn eine – zulässige – Auslegungsmethode ihn verhindern kann. Jedenfalls ist bei dieser Sicht ein besonderes Problem außerhalb der Auslegungsthematik, das mit einem speziellen Begriff zu verbinden wäre, nicht erkennbar. Daß die Auslegung zu „Konflikten" zwischen den Vertragsstaaten, d.h. zu einem der DBA-Zweckbestimmung entgegengesetzten Ergebnis führen kann, liegt auf der Hand. Die Frage ist nur, ob aus einer Menge denkbarer Konflikte besondere Konflikte – sei es wegen ihrer Ursache, ihrer Folgen oder ihrer Lösung – hervorzuheben sind; ist dies nicht der Fall, dann ist mit der Bezeichnung eines Qualifikationskonflikts nicht mehr gewonnen als eine zusammenfassende Beschreibung eines unerfreulichen Auslegungsergebnisses. Zu klären ist daher die Qualifikationsfrage überhaupt: Gibt es innerhalb des Bereichs aller denkbaren Auslegungsfragen im Zusammenwirken des Abkommensrechts und des innerstaatlichen Rechts eine besondere Gruppe von Fragestellungen, die möglicherweise besonderen Bedingungen unterworfen ist und zu besonderen, abzugrenzenden „Konflikten" führt? Um an die erwähnte Darstellung *Mencks* nochmals anzuknüpfen: Wenn *Menck* die Zuordnung jeweils in Frage stehender Einkünfte zu den Art. 6–22 als Qualifikation bezeichnet, folgt daraus auch zugleich die hierauf bezogene Beschränkung des Qualifikationskonflikts. Die Frage ist dann nur: Warum soll beispielsweise die kontrovers diskutierte Anerkennung einer Personengesellschaft als eine ansässige Person im Sitzstaat und deren Beurteilung im jeweils anderen Vertragsstaat als eine denkbare Ursache einer Doppelbesteuerung außerhalb des Anwendungsbereichs der Art. 6–22 aus dem Konfliktbereich ausscheiden und nur Folgen unterschiedlicher steuerlicher Behandlung auf der Ebene der Einkünfte hierin einzuordnen sein? *Wassermeyer* unterscheidet bei den Fällen unterschiedlicher Abkommensanwendung Auslegungskonflikt (Rechtsbegriffe des Abkommens werden unterschiedlich ausgelegt), Qualifikationskonflikt (unterschiedliche Sicht auf der Ebene der beiden innerstaatlichen Rechtsordnungen) und Subsumtionskonflikt (abweichende Sachverhaltssubsumtion) – hat die Unterscheidung zwischen **Auslegungs- und Qualifikationskonflikt** materielle Bedeutung – oder es geht es nur um Klassifizierung?

**66**    (2) Zur Qualifikationsfrage im internationalen Steuerrecht liegen zwei ausführliche Darstellungen vor: *Kl. Vogel* widmet ihr in seinem DBA-Kommentar (Einl. Rz 90ff.) einen eigenen Abschnitt und unterscheidet die Qualifikation und das sich daraus ergebende Qualifikationsproblem; *Berthold Hannes* unterscheidet ebenfalls die Qualifikation als Fragestellung (S. 37ff.) vom Qualifikationskonflikt (S. 129ff.). Für *Kl. Vogel* setzt die Verwendung des Qualifikationsbegriffs voraus, daß ein Abkommen „Ausdrücke aus dem innerstaatlichen Recht der Vertragsstaaten übernimmt (besonders, wenn der Ausdruck in den Rechtsordnungen der Vertragsstaaten eine unterschiedliche Bedeutung hat). Diese können dann entsprechend ihrer Bedeutung im Staat A oder der in Staat B verstanden werden oder aber von beiden unterschiedlich ausgelegt werden" (Einl. Rz 91). *Hannes* dagegen bezieht die Auslegung von Begriffen allein auf Abkommensebene in die Qualifikationsfrage mit ein. Dementsprechend ist auch bei beiden Autoren die Grenzziehung zu Art. 3 II klar: Für *Hannes* ist die **Qualifikationsfrage die Auslegungsfrage,** „die Qualifikation im Abkommensrecht reduziert sich vielmehr auf die Auslegung der DBA" – unabhängig davon, ob die Auslegung nur autonomes Recht oder auch innerstaatliches Recht betrifft. Für *Kl. Vogel* (Art. 3 Rz 59) steht die **Qualifikationsfrage** in einem direkten Zusammenhang mit dem **Lex-fori-Verständnis des Art. 3 II:** Diese Norm „befaßt sich mit der Auslegung von Abkommensausdrücken, die zugleich Ausdrücke des materiellen Rechts der Vertragsstaaten sind, dem sog. „Qualifikations"-Problem … Sie behandelt einen Ausschnitt aus dem Problem: diejenigen Begriffe, die ihre Entsprechung im Steuerrecht der Vertragsstaaten haben. Für diese Begriffe schreibt sie als Regel vor, daß jeder der beteiligten Staaten sie nach Maßgabe seines eigenen innerstaatlichen Steuerrechts auszulegen habe (nach der sog. „lex fori"). Eine abweichende Auslegung wird jedoch zugelassen, wenn der Zusammenhang des Abkommens sie verlangt". Damit ist der Kreis geschlossen: Solange sich der Rechtsanwender im Bereich des autonomen Abkommensrechts bewegt (weil es überhaupt keinen vergleichbaren innerstaatlichen Rechtsbegriff gibt – oder weil vollständige Identität von Begriffen gegeben ist – oder weil die Heranziehung des innerstaatlichen Rechts folgenlos bleibt), sprechen wir danach von einer Abkommensauslegung, aber nicht von einer Qualifikationsfrage (*Kl. Vogel*, Einl. Rz 91 a: Keine Qualifikation ist die Auslegung von Abkommensbegriffen, die nicht zugleich Rechtsbegriffe im Recht der Vertragsstaaten sind wie z. B. der Begriff des Sportlers in Art. 17 MA). Erst die Lex-fori-Anwendung führt zur Klassifikation einer Auslegungsfrage, die zugleich eine Qualifikationsfrage ist.

(3) Das kann man so stehen lassen – nur müßte der Ertrag einer solchen Differenzierung einsichtig sein: Fügt sie sich in ein System von Begriffen ein und dient damit der Klassifizierung? Oder geht es um unterschiedliche Rechtsfolgen? Vom Ergebnis einer Auslegung ausgehend ist klar, daß gleichermaßen auf der Ebene der Auslegung autonomer Abkommensbegriffe und auf der Ebene der Lex-fori-Anwendung ungewollte verbleibende Doppelbesteuerungen und doppelte Freistellungen erfolgen können. Will man dies verhindern, kann das heißen, seine angewandten Auslegungsmethoden (nochmals) kritisch zu überprüfen, ehe im Falle der Doppelbesteuerung der Weg einer Verständigung gesucht wird. Gewiß: Die Lex-fori-Klausel kann zu einer voreiligen Anwendung

innerstaatlichen Rechts und dadurch zur fortbestehenden Doppelbesteuerung geführt haben – was auf der Ebene der Auslegung autonomer Begriffe keine Parallele hat. Nur: Daß ansonsten unterschiedliche Regeln zur Anwendung gelangen, je nach dem Standort der Auslegung, ist nicht ersichtlich. Die Frage eines Vorrangs der Qualifikation des Quellenstaats oder des Anwendestaats als Lösungsmöglichkeiten (dazu ist auf die Einkünftequalifikation als eigentlichen Anwendungsbereich für diese Frage, s. S 10, zu verweisen) hat mit der Frage des Ursprungs eines Konflikts überhaupt nichts zu tun. Gar kein Bezug mehr zur eingeschränkten Sicht der Qualifikationsfrage ist bei *Kl.* *Vogel* zu erkennen, wenn er als einzig vertretbare Lösung die „autonome Qualifikation", die Herausbildung „einer den nationalen Sprachgebrauch übergreifenden internationalen Steuersprache" fordert, weil sie am ehesten der erwünschten Entscheidungsharmonie entspricht: Warum sollen unterschiedliche Auslegungen auf einer solchen Ebene, warum soll ein unterschiedliches Verständnis einer „internationalen Steuersprache" – das es ja zweifellos geben wird – aus der Qualifikationsfrage ausgeschieden, jedenfalls ihr gegenüber abgegrenzt werden? Hinzuweisen ist auf den Begriff der Qualifikation in Art. 25 III DBA-USA – aber unter dem Oberbegriff des „Anwendungskonflikts" (Beilegung von Anwendungskonflikten einschließlich der Qualifikation bestimmter Einkünfte, der Qualifikation von Personen, der Anwendung von Regelungen über die Quelle bestimmter Einkünfte).

**68**    (4) Warum also ein eingeschränktes Verständnis der Qualifikationsfrage – wenn Rechtsfolgen damit nicht verbunden sind (folgt man der Sicht von *Tobias Wetter* zum Begriff des Qualifikationskonflikts im Zusammenhang mit der sogenannten „Switch-over Klausel" zur Beseitigung solcher Konflikte, dann setzen solche Konflikte in diesem Zusammenhang sogar ausschließlich Auslegungsunterschiede auf der Abkommensebene voraus, erfassen also Unterschiede in den staatlichen Rechten erst gar nicht, vgl. IStR 1997, 652; zur „Switch-over-Klausel" s. S 131); wenn jedenfalls methodische Unterschiede bei der Lösung nicht bestehen und auch nicht geltend gemacht werden? *Kl.* *Vogel* geht es um eine „saubere begriffliche Abgrenzung": Der Begriff der Qualifikation ist aus dem Internationalen Privatrecht „unkritisch in das Internationale Steuerrecht übernommen. Seine Verwendung wird sich nicht mehr ausmerzen lassen ... Gibt es schon „Qualifikations'-Probleme im strengen Sinne des Internationalen Steuerrechts nicht, so sollte doch der Ausdruck auf diejenige Problematik beschränkt werden, die der im Internationalen Privatrecht unter diesem Stichwort behandelten noch am nächsten steht" – und das ist eben für *Kl.* *Vogel* der Fall der Übernahme von Ausdrücken aus dem innerstaatlichen Recht der Vertragsstaaten. Kann das die Unterscheidung tragen?

**69**    Im **Internationalen Privatrecht** versteht man unter der Qualifikation die Subsumtion unter den Tatbestand einer Kollisionsnorm und bestimmt

auf diese Weise den sachlichen Anwendungsbereich einer Kollisionsnorm. Ursächlich für ein spezifisches IPR-Qualifikationsproblem ist deren hoher Abstraktionsgrad, der die Verwendung weiter Sammelbegriffe
in den Kollisionsnormen erfordert – anderenfalls man sich beispielsweise
das EGBGB als umfangreiches zweites BGB vorstellen müßte. Qualifikation und Auslegung sind zu unterscheiden – bei der Qualifikation wird
ein bereits bekannter Inhalt der Kollisionsnorm vorausgesetzt. Es handelt
sich insoweit um korrelative Begriffe wie Subsumtion und Auslegung
(*Kropholler* § 14 I). Knüpft man an den Bezug zur Kollisionsnorm an,
sind *Kl. Vogels* Bedenken gegen eine Verwendung des Qualifikationsbegriffs im internationalen Steuerrecht zutreffend: Eine solche Qualifikationsfrage gibt es hier nicht, es hat auch keinen Sinn, den einheitlichen
Auslegungsvorgang im internationalen Steuerrecht aufzuspalten. Wer
den Begriff der „ständigen Wohnstätte" in Art. 4 auszulegen hat, nähert
sich der Frage nicht einmal ansatzweise vergleichbar dem eines nach der
Reichweite des Deliktsstatuts im IPR suchenden Rechtsanwenders: Wer
fragt, ob eine Ehrverletzung durch ein ausländisches Presseorgan in den
Bereich des Art. 38 EGBGB fällt, knüpft an eine ihm bekannte Kollisionsnorm an – deswegen ist eine Subsumtion erforderlich; wer fragt, ob
ein ständig wechselnder Aufenthalt eine ständige Wohnstätte im Sinne
des Art. 4 DBA begründen kann, subsumiert nicht, sondern legt Art. 4
aus (daß Auslegung und Subsumtion natürlich miteinander auch untrennbar verbunden sind, soll der Vollständigkeit halber betont werden,
ändert aber nichts an der Möglichkeit einer gedanklichen Trennung): **Es
fehlt im IStR der Bezug zwischen einer Sachnorm und einer Kollisionsnorm.** Und diese Sicht gestattet nochmals, den Verzicht auf den Begriff der Kollisionsnorm um der Klarheit der Problemstellung willen zu
billigen.

So gesehen wäre es sicherlich sinnvoll gewesen, den Begriff der Qua- 70
lifikationsfrage erst gar nicht in das internationale Steuerrecht zu übertragen. Da er aber nun einmal benutzt wird, kann die Frage nur lauten:
Geht es um Auslegung, oder geht es um einen Teilbereich der Auslegung? Legt man das Anliegen der Qualifikationsfrage im IPR zugrunde:
Ob eine international-einheitliche Auslegung gleichlautender Kollisionsnormen verschiedener Staaten möglich ist, dann ließe sich sagen: An die
Stelle der IPR-Kollisionsnorm tritt die Sachrechtsnorm des Abkommensrechts; bei der Auslegung dieses Sachrechts sind Auslegungskonflikte zu
vermeiden – unabhängig davon, ob sie durch ein unterschiedliches Verständnis autonom bestimmter Begriffe oder durch eine Heranziehung
gleichlautender Begriffe des innerstaatlichen Rechts verursacht werden.
Das kann man dann als Qualifikationsfrage bezeichnen; aber es handelt
sich um den Kernbestand an Auslegungsfragen im Abkommensrecht.
Damit ist dann auch der Begriff des Qualifikationskonflikts bestimmt: Es
handelt sich nicht um einen Teilbereich aus der Gruppe denkbarer Aus-

legungskonflikte, er umfaßt vielmehr im eingangs erwähnten Sinne von *Wassermeyer* (Art. 1 MA Rz 48) den Auslegungs- und den Qualifikationskonflikt (was auch *Wassermeyer* an anderen Stellen gleichsetzt) gleichermaßen. Daß solche „Qualifikationskonflikte" nur bei der Anwendung des Abkommensrechts, nicht aber bei der reinen Anwendung des Außensteuerrechts ohne vertraglichen Bezug entstehen, jedenfalls hier die Verwendung des Begriffs völlig unangebracht ist, war bereits am Beginn der Darstellung – wenn auch nur beiläufig – erwähnt worden (s. B 4); insoweit gibt es auch keine Meinungsverschiedenheiten (*Kl. Vogel* Einl. Rz 91 a: Keine Qualifikation, soweit es sich um die Subsumtion ausländischer Rechtsinstitute unter Vorschriften des internen materiellen Steuerrechts wie die der Einordnung einer oHG, KG venezolanischen Rechts handelt). Und letztlich bleibt auch zur Qualifikationsfrage festzustellen: Solche Diskussionen tragen sicherlich dazu bei, das Normenverständnis zu klären; entscheidende und Rechtsfolgen betreffende Divergenzen sind damit nicht verbunden.

71      (5) Legt man einen weit verstandenen Begriff des Qualifikationskonflikts zugrunde, bedarf es keiner weiteren Differenzierung. Dann lassen sich – beispielhaft – aufzählen

– Konflikte aufgrund des **territorialen Geltungsbereichs** beispielsweise bei der Einkünfteerzielung im Bereich des Festlandsockels (*BFH* BStBl. 1978 II, 50 zum Fall eines unter liberianischer Flagge fahrenden Schiffs, das für mehrere Jahre fest auf dem Wasser oberhalb des Festlandsockels des Nicht-DBA-Staats Nigeria belegen war, gegen *FG Bremen* EFG 1976, 61; dazu auch *Hannes* S. 204);

– Konflikte aufgrund des **sachlichen Geltungsbereichs** (erfaßte Steuern): Es kann zu divergierenden Auffassungen bei der Einordnung neu eingeführter Steuern kommen; zum Beispiel bei der in Frankreich von 1982 bis 1986 erhobenen Vermögensteuer *Hannes* S. 205);

– Zur **unterschiedlichen Ansässigkeit einer Person** muß differenziert werden (*Wetter* IStR 1997, 651): Sieht keiner der beiden Staaten sich selbst oder den anderen Staat als Ansässigkeitsstaat im Sinne des Abkommens an, wird das Abkommen von beiden Staaten übereinstimmend so verstanden, daß keine Abkommensberechtigung besteht. Das kann auf fehlerhafter Tatsachenwürdigung beruhen, kann aber auch Ausdruck eines Auslegungskonflikts sein; können sich die Parteien nicht darüber einigen, welcher Staat Ansässigkeitsstaat einer doppelt ansässigen Person ist, liegt eine auf einem Auslegungskonflikt beruhende Vertauschung von Ansässigkeits- und Quellenstaat vor;

– Qualifikationskonflikte bei der **Besteuerung von Personengesellschaften** bilden – jedenfalls nach der Literatur – den häufigst genannten Fall. Zwar werden die DBA-Folgen für die Besteuerung von Personengesellschaften ab S 70 behandelt, hier ist aber der Kern der Qualifikationsfrage voranzustellen. Das ist einmal der Konflikt aufgrund unterschiedlicher Subjektqualifikationen. Das ist zum anderen der Konflikt aufgrund der unterschiedlichen steuerrechtlichen Würdigung der Gesellschaft-Gesellschafterbeziehungen.

– Konflikte aufgrund **unterschiedlicher Zuordnungen innerhalb ein- und derselben Verteilungsnorm** (Art. 6–22 MA), etwa unterschiedliche Auffassungen über das Vorliegen einer Betriebsstätte, einer festen Einrichtung für Einkünfte aus selbständiger Arbeit, unterschiedliche Auffassungen über den Arbeitsort bei Einkünfte aus unselbständiger Arbeit, über den Ort der Geschäftsleitung eines Schiffsunter-

nehmens, unterschiedliche Auffassungen über die Unangemessenheit von Zinsen und Lizenzgebühren. Allen Beispielen ist gemeinsam, daß Auslegungsdifferenzen zu Unterschieden im Besteuerungsergebnis führen, ohne daß die Zuordnung zu einer bestimmten Einkunftsart strittig wäre;
– Konflikte aufgrund **unterschiedlicher Bestimmung der Einkünfteart** im Sinne der Art. 6–22 MA: Einkünfte des atypischen stillen Gesellschafters; Vergütungen als Lizenzgebühren oder als Entgelt für selbständige Arbeit; Vergütungen für technische Dienstleistungen als Betriebsstätteneinkünfte oder als Lizenzgebühren; das oben erwähnte Problem der Einordnung von Sondervergütungen eines Personengesellschafters; eine Arbeitnehmerabfindung als Einkunft aus selbständiger Arbeit oder als sonstige Einkunft; Einordnung eines Kommissionärs oder Handelsvertreters als gewerblicher Unternehmer oder Bezieher selbständiger Einkünfte (zu den Beispielen *Kl. Vogel* Einl. Rz 92).

*(einstweilen frei)* **72–79**

## VI. Verständigungsverfahren/EG-Schiedskonvention

(1) Diplomatischer Schutz besteht im Schutz gegenüber völkerrechts- **80** widrigen Handlungen einer fremden Hoheitsgewalt; für den Bereich der DBA haben die Staaten eine besondere Form der Ausübung diplomatischen Schutzes geschaffen: Das Verständigungsverfahren. Der Schutz, der damit einem Steuerinländer gewährt wird, der von einer abkommenswidrigen Besteuerung des anderen Vertragsstaates betroffen wird, besteht in der Aufforderung dieses anderen Staates, mit ihm über die Beseitigung der abkommenswidrigen Besteuerung in nähere Verhandlungen einzutreten (*Gloria* S. 207).

Art. 25 I des Musterabkommens 1997 besagt: „Ist eine Person der Auffassung, daß Maßnahmen eines Vertragsstaats oder beider Vertragsstaaten für sie zu einer Besteuerung führen oder führen werden, die diesem Abkommen nicht entspricht, so kann sie unbeschadet der nach dem innerstaatlichen Recht dieser Staaten vorgesehenen Rechtsmittel ihren Fall der zuständigen Behörde des Vertragsstaats, in dem sie ansässig ist …" Art. 25 II: „Hält die zuständige Behörde die Einwendung für begründet und ist sie selbst nicht in der Lage, eine befriedigende Lösung herbeizuführen, so wird sie sich bemühen, den Fall durch Verständigung mit der zuständigen Behörde des anderen Vertragsstaats so zu regeln, daß eine dem Abkommen nicht entsprechende Besteuerung vermieden wird." Art. 25 III: „Die zuständigen Behörden der Vertragsstaaten werden sich bemühen, Schwierigkeiten oder Zweifel, die bei der Auslegung oder Anwendung des Abkommens entstehen, in gegenseitigem Einvernehmen zu beseitigen. Sie können auch gemeinsam darüber beraten, wie eine Doppelbesteuerung in Fällen vermieden werden kann, die im Abkommen nicht behandelt sind." Das DBA-USA enthält im Art. 25 III Satz 2 eine beispielhafte Aufzählung der Fragen, zu denen sich die zuständigen Behörden konsultieren können.

Schon die Auffassung, daß Maßnahmen eines oder beider Vertragsstaaten für sie zu einer dem Abkommen nicht entsprechenden Besteuerung führen oder führen werden, eröffnet der abkommensberechtigten Person nach dem Musterabkommen mithin die Befugnis, den **Antrag auf Einleitung** eines Verständigungsverfahrens zu stellen. Der Nachweis einer Doppelbesteuerung ist nicht erforderlich. Eine dem Abkommen nicht entsprechende Besteuerung liegt auch dann vor, wenn ein zu hoher Steuersatz erhoben wird oder die richtige Anwendung des Abkommens zu einer Doppelfreistellung führen würde.

**81**    Hat der Steuerpflichtige einen **Rechtsanspruch auf Durchführung** eines Verständigungsverfahrens gem. Art. 25 II? Dagegen könnte die Zwecksetzung der Doppelbesteuerungsabkommen sprechen, die durch den Abbau besonderer Belastungen den wirtschaftlichen Verkehr zwischen den Vertragstaaten liberalisieren sollen. Von hier aus ließe sich argumentieren, Zweck des Verständigungsverfahrens sei es, die angestrebte Liberalisierung zu vervollkommnen, dieser Zweck gehöre der Wirtschaftspolitik an, das Verfahren sei also bestimmt, Allgemeininteressen (und nicht der Verwirklichung subjektiver Rechte) zu dienen (*Teichner* StuW 1965, 346). Hiergegen hat sich jedoch *Tipke* mit überzeugenden Argumenten gewandt. Zwar sei die wirtschaftspolitische Zielsetzung der Abkommen unbestreitbar; daneben müßten aber zumindest die einschlägigen Transformationsgesetze „im Lichte verfassungsrechtlicher Grundwertungen auch als Versuch verstanden werden, die individuelle steuerliche Belastung gerecht auszugestalten. Wenn sich ein Steuerpflichtiger auf die Verständigungsklausel beruft, kann ihm daher nicht entgegengehalten werden, es handele sich um eine Regelung, die keine Individualinteressen schützen wolle, kein subjektives Recht gewähre" (AWD 1972, 590). Der *BFH*, das *BMF* und der überwiegende Teil der Literatur vertreten die Auffassung, wie sie im Schreiben des *BMF* RIW 1997, 794 zum Ausdruck kommt: Entscheidungen, durch die die Eröffnung eines Verständigungsverfahrens abgelehnt wird, können von den Finanzgerichten darauf überprüft werden, ob die zuständige Behörde – das BMF – ihr Ermessen fehlerfrei ausgeübt hat (*BFH* BStBl. 1982 II, 583)."

**82**    Zur **Praxis des Verständigungsverfahrens** folgendes: Das Verfahren erstreckt sich auf „abkommenswidrige Besteuerungen", ist vom antragsberechtigten = abkommensberechtigten Steuerpflichtigen an die zuständige Behörde des Staates zu richten, in dem der Antragsteller ansässig ist und hat nach einer Reihe von Abkommen Fristen zu beachten. Der Antrag ist nur zulässig, wenn geltend gemacht wird, daß eine abkommenswidrige Besteuerung vorliegt oder droht. Eine Doppelbesteuerung braucht nicht nachgewiesen zu werden, es sei denn, das Abkommen erfordert einen solchen Nachweis wie Art. 22 I DBA-Luxemburg (praktischer Leitfaden zur Antragstellung bei *Lasars,* IWB 3 Gr. 2, 665). Das Vorbringen des Steuerpflichtigen muß begründet sein, der Antragsteller hat darzulegen, daß Maßnahmen eines Vertragsstaates oder beider Vertragsstaaten für ihn zu einer Besteuerung führen, die diesem Abkommen nicht entspricht; die deutschen Steuerbehörden prüfen seine Einwendungen und entscheiden nach pflichtgemäßem Ermessen, ob das Vorbringen berechtigt ist, ob sie eine unilaterale Maßnahme zur Abhilfe treffen oder ein Verständigungsverfahren einleiten. Leiten die deutschen Steuerbehörden ein Verständigungsverfahren ein, stehen die beteiligten Staaten unter keinem Einigungszwang; eine Doppelbesteuerung kann im Ergebnis bestehen bleiben. Der Verkehr zwischen den nach dem Abkommen zuständigen Behörden erfolgt unmittelbar: eine Form ist nicht vorgeschrieben; dazu 3.1.1 des *BMF*-Schreibens: „Das BMF führt das Verständigungsverfahren in unmittelbarem Verkehr mit der zuständigen Behörde des anderen Staates nach internationaler Staatenpraxis. Die Einzelheiten richten sich nach den Verhältnissen des Einzelfalles und dem Gebot der Zweckmäßigkeit. Es gelten die allgemeinen Verfahrensgrundsätze." Der Steuerpflichtige muß seinen Fall der zuständigen Behörde vollständig unterbreiten. Er kann unmittelbar aber nicht auf den Verlauf des Verständigungsverfahrens einwirken. Nach der Rechtsnatur des Verfahrens ist er weder Partei noch hat er ein Recht auf Gehör oder sonstige Beteiligung. Das Verfahren dient nur dazu, Steueransprüche zwischen den Vertragstaaten abzugrenzen und eine zwischenstaatliche Vereinbarung zu erzielen. Daß der Steuerpflichtige in der Praxis regelmäßig über den Verlauf des Verfahrens unterrichtet wird und Stellungnahmen abgeben kann, ist eine andere Seite des Verfahrens. Zur innerstaatlichen Verbindlichkeit von Verständigungsvereinbarungen ist auf *BFH* IStR 1996, 589 hinzuweisen: Derartige Vereinbarungen mögen völkerrechtlich verbindlich sein – sie können jedoch für sich genommen das nach Art. 59 II GG zwingend vorgeschriebene Zustimmungsgesetz nicht ändern und sind deshalb innerstaatlich gesehen unverbindlich. Im Verständigungsverfahren besteht kein Einigungszwang. Deswegen tritt in der neueren DBA-Praxis der Gedanke eines verbindlichen Schiedsspruchs in den Vordergrund, nachdem ein Verständigungsverfahren gescheitert ist (vgl. dazu Art. 25 III DBA-USA, Art. 25a DBA-Frankreich und Art. 41 DBA-Schweden). Die beteiligten Steuerverwaltungen können prüfen, ob sie nach einer unterbliebenen Einigung bereit sind, unilaterale Maßnahmen zur Beseitigung der Doppelbesteuerung zu treffen. Hinsichtlich des Verhältnisses zu Rechtsbehelfen des innerstaatlichen Rechts gilt folgendes: Verständigungsverfahren und Rechtsbehelfsverfahren sind voneinander unabhängig; diese können nacheinander oder nebeneinander durchgeführt werden. Eine Verständigungsvereinbarung braucht bei einer späteren Entscheidung im Rechtsbehelfsverfahren nicht berücksichtigt zu werden. Die deutsche Finanzverwaltung ist jedoch bestrebt, einen Widerspruch zwischen Verständigungslösung und nationaler Rechtsentscheidung zu vermeiden. Sie verlangt daher vom Steuerpflichtigen, daß er die vorgesehene Verständigungslösung akzeptiert und Rechtsbehelfe zurücknimmt, soweit die Besteuerungsgrundlagen für das Verständigungsverfahren von Bedeutung sind. Durch §§ 354 II, 362 II AO sowie die §§ 50 Ia, 72 Ia FGO ist die Möglichkeit eröffnet, daß Rechtsmittelverzicht und Rücknahme auch wegen eines Teilkomplexes als Gegen-

stand eines Verständigungsverfahrens möglich ist. Führt der Steuerpflichtige den Rechtsbehelf weiter, wird die Verständigungsvereinbarung
nicht umgesetzt. Aufgrund der Verständigungsvereinbarung können bereits durchgeführte Veranlagungen oder Feststellungen geändert oder
aufgehoben und Steuern erstattet werden. Das gilt auch dann, wenn die
Steuerbescheide rechtskräftig sind. Die Erstattung von Steuern wird
durch die Verjährung des Steueranspruchs nicht eingeschränkt. Die Verständigungsvereinbarung gibt mithin eine eigenständige Rechtsgrundlage
für die Steuererstattung ab: § 175 a AO (dazu *Krabbe* DStZ 1995, 628;
kritisch zum Verfahrensrecht bei der Umsetzung einer Verständigungs-
entscheidung *Dehnen* DB 1998, 540).

**83**     Neben dem Verständigungsverfahren existiert das **Konsultationsverfahren** (Art. 25 III MA). Es erstreckt sich nicht wie das Verständigungsverfahren auf Einzelfälle; es dient vielmehr der ergänzenden Rechtsfindung oder der abändernden Rechtsfindung. Hier sollen Schwierigkeiten
oder Zweifel bei der Auslegung oder Anwendung eines DBA durch eine
allgemeine Vereinbarung behoben werden. Die Bundesrepublik benutzt
das Verfahren auch zur Lückenausfüllung. Die Doppelbesteuerung soll
auch in Fällen, die im Abkommen nicht berücksichtigt sind, nach Möglichkeit vermieden werden. Das Konsultationsverfahren ermöglicht den
Vertragspartnern, das Abkommen für Fallgruppen oder für einzelne Fälle
mit materiell-rechtlicher Wirkung im Verwaltungswege zu ergänzen. Der
Regelungsgehalt kann von rein verwaltungstechnischen Angelegenheiten
(z.B. Benutzung abgestimmter Vordrucke) bis zur Beseitigung von Aus-
legungsdivergenzen reichen.

**84**     (2) Als Fortführung des Verständigungsverfahrens versteht sich das
„EG-Abkommen über die Beseitigung der Doppelbesteuerung (*Schlichtungsverfahren*) im Falle einer Gewinnberichtigung bei Geschäftsbeziehungen zwischen verbundenen Unternehmen" (s. K 16). Dieses Thema
knüpft an die Ausführungen zur Verrechnungspreisproblematik S 120
an: Liefert ein Produktionsunternehmen eines Staates Waren zu einem
bestimmten Preis an ein verbundenes Unternehmen in einem anderen
Staat, in dem der Absatz der Ware erfolgt, so mag die FinVerw anläßlich
einer Prüfung des Produktionsunternehmens den Preis zu steuerlichen
Zwecken erhöhen, weil er nicht einem arm's-length-Maßstab entspricht.
Erkennt aber die FinVerw des Ortes des verbundenen Unternehmens diesen erhöhten Preis nicht zugleich als erhöhten Einkaufspreis an, ergibt
sich hieraus eine teilweise doppelte Besteuerung des Verkaufsgewinnes.
Mit den DBA-Normen entsprechend Art. 25 OECD MA ist eine Beseitigung nicht garantiert. Mit dem EG-Abkommen ist nunmehr für die Mitgliedstaaten ein **verbindliches Schlichtungsverfahren** gegeben, das die
Doppelbesteuerung zu beseitigen hat. Die Konvention übernimmt einen
großen Teil der Regelungen der zweiseitigen DBA und stellt eine Verlängerung des klassischen Verständigungsverfahrens dar: Der Fall ist in-

nerhalb von zwei Jahren nach Einleitung des Verständigungsverfahrens, falls bis dahin keine Verständigung erzielt werden konnte, dem Schlichtungsausschuß (Beratender Ausschuß) vorzulegen. Das Abkommen ist anzuwenden, wenn Gewinne, die zur Besteuerung in die Bemessungsgrundlage eines Unternehmens einbezogen sind, nochmals in die Bemessungsgrundlage eines anderen EG-Vertragsstaates gewinnerhöhend einbezogen werden, woraus sich die wirtschaftliche Doppelbelastung der Gewinne ergibt. Das Abkommen ist auf die Kontrakte selbständiger Unternehmen, aber auch im Verhältnis Stammhaus-Betriebsstätte anwendbar. Maßstab ist der Fremdvergleich. Das Verfahren wird eingeleitet durch das Unternehmen, das den Fremdvergleichsgrundsatz in seinem Fall für falsch angewendet hält. Das Verfahren steht in Parallele zu nationalen Rechtsbehelfen; das Verständigungs- und das Schlichtungsverfahren findet zwischen den „zuständigen Behörden" statt. Das *BMF* hat im Schreiben RIW 1997, 794 einheitliche Regeln zum Verständigungs- und Schiedsverfahren niedergelegt; zum Schiedsverfahren nach der Schiedskonvention s. Nr. 9 des Schreibens. Zur Entscheidung: Stellungnahme des Beratenden Ausschusses – von ihr können die zuständigen Behörden abweichen, sofern die Doppelbesteuerung vermieden wird. Können sie sich auf eine abweichende Regelung nicht einigen, sind sie an die Stellungnahme des Beratenden Ausschusses als Schiedsspruch nach Art. 12 gebunden. Zum Verhältnis zum nationalen Finanzgerichtsverfahren s. *Krabbe* in Forum Nr. 13, S. 91; § 175a AO ist nach Sinn und Zweck Grundlage, die Bindungswirkung nach § 110 FGO durch einen Verständigungs- bzw. Schiedsspruch zu beseitigen.

## VIII. Anmerkungen zur deutschen Vertragspolitik/Stand der DBA 1. 1. 2000

(1) Die Heranziehung des OECD-Musterabkommens führt nicht au-  85 tomatisch zur Einigung zwischen den Verhandlungspartnern. Das Musterabkommen stellt den Verhandlungsrahmen dar, der in den Verhandlungen auszufüllen ist, seine Vorbildfunktion auch für die deutsche Vertragspraxis ist völlig unbestritten (*Lang* IStR 1996, 201). Das schließt nicht aus, daß es in Teilbereichen zu unabhängigeren Texten gekommen ist; Beispiel: Der Methodenartikel (Vermeidungsnorm) Art. 23 A/23 B, zu dem die deutsche Vertragspraxis „eine gewisse Eigenkreation entwikkelt", so *Grotherr* in *B/H/G/K* Tz 27). Zum US-Modell für Doppelbesteuerungsabkommen (überarbeitete Fassung 1996) s. *Zschiegner* (IWB 8 USA Gr. 2, S. 845; zur Berücksichtigung beim DBA-USA 1989 s. *Wolff* Rz 2 zu Art. 1. Die wichtigsten in den Verhandlungen auszufüllenden Gestaltungsspielräume sind bei den gewerblichen Einkünften die Betriebsstättendefinition einschließlich Gewinnermittlungsmethode, bei den Einkünften Dividenden, Zinsen und Lizenzgebühren die Festlegung der

Quellensteuersätze, bei den Einkünften aus selbständiger und unselbständiger Arbeit der Zugriffszeitpunkt bzw. der Zugriffsumfang des Quellenstaates und bei den Problemen der Gleichbehandlung, des Verständigungsverfahrens und des Informationstausches (Art. 24–26 des Musterabkommens) die Frage nach dem Umfang überhaupt. Die Schwierigkeiten, zu brauchbaren Aussagen über die Vertragspolitik eines Landes zu gelangen, liegen auf der Hand: **Ziele einer Vertragspolitik** werden von offizieller Seite nicht eindeutig genannt, sie müssen durch Analyse der Verhandlungsergebnisse und durch Auswertung späterer Äußerungen der Verhandlungsteilnehmer abgeleitet werden. Es ist ferner angesichts des komplexen Inhalts eines Abkommens ein Zielbündel mit vertragsnormspezifischen Besonderheiten statt eines dominierenden Zieles zu erwarten. Dabei ist ferner zu beachten, daß mit dem Abkommen nicht nur Doppelbesteuerungen vermieden, sondern auch andere Ziele erreicht werden. *Prang* hat folgende 4 Ziele unterschieden (*Prang* S. 100):

**86**   – **Wettbewerbsneutralität** der Besteuerung. Von Wettbewerbsneutralität im Sinne einer Kapitalexport- und Kapitalimportneutralität wird – wie unter A 19 ff. eingehend dargestellt – dann gesprochen, wenn der Ort der Einkommensentstehung oder der Ort, zu dem entstandenes Einkommen fließt, keinen Wettbewerbseinfluß ausübt. Die bekannten und auch im Vertragsrecht verwendeten Methoden zur Vermeidung der Doppelbesteuerung sind orientiert an den Zielen der Kapitalimportneutralität oder Kapitalexportneutralität.

**87**   – Berücksichtigung **fiskalischer Auswirkungen.** Da sich die Vertragsparteien wechselseitig zur Beschränkung der Besteuerung verpflichten, sinkt das absolute Steueraufkommen nach Wirksamwerden des Vertrages. Sofern der eingeschränkten Besteuerung durch den Quellenstaat eine entsprechende weitere Besteuerung in seiner Funktion als Wohnsitzstaat gegenübersteht, führt es zu keiner Ungleichverteilung. Liegt dieses Gleichgewicht in den bilateralen Wirtschaftsbeziehungen nicht vor, werden ungleiche Opfer erbracht. Um dieses Opfer zu errechnen, bedürfte es umfangreicher statistischer Erhebungen, wobei auch künftige, möglicherweise gerade vom Abkommen ausgehende Wirkungen einzubeziehen wären. In der Praxis wird auf eine Ermittlung verzichtet. Die Beschlußempfehlungen des Finanzausschusses des Deutschen Bundestages enthalten dementsprechend unter der Rubrik „Kosten" den Hinweis, daß „keine wesentlichen Auswirkungen" zu erwarten seien. Lediglich in Ausnahmefällen, in denen nur eine Einkunftsart angesprochen wird, werden Schätzungen vorgelegt (*Prang* S. 120).

*Prang* hat dies Problem verdeutlicht: „Diese Tatsache führt zu dem kuriosen Ergebnis, daß bei den Einkunftsarten Dividenden, Zinsen und Zinsgebühren einerseits in den Vertragsverhandlungen die Höhe des Quellensteuersatzes zur Kompensation ungleicher Aufkommensminderungen bestimmt werden soll, andererseits aber Unklarheit über das Volumen der Ausfälle herrscht ... Unklar bleibt insbesondere, nach welchen Kriterien deutscherseits entschieden wird, ob z.B. bei der Einkunftsart Zinsen 10% oder 20% Quellensteuer noch akzeptabel sind, wenn Informationen über die fiskalischen Auswirkungen fehlen. Wann in das Beharren des Verhandlungspartners auf einem bestimmten Quellensteuersatz für die deutsche Verhandlungsdelegation Anlaß, die Vertragsverhandlungen abzubrechen? ... Fragwürdig ist auch jene Argumentation, wonach die Aufrechterhaltung einer Quellenbesteuerung insbesondere bei Lizenzgebühren zur Erhöhung der Lizenzaufnahmekosten führen würde, so daß gesamtwirtschaftlich betrachtet eine Quellenbesteuerung eher von Nachteil wäre. Da die Zusammensetzung der Lizenzgebühren jedoch ohnehin nicht nachprüfbar ist, können auch die Wirkungen der Quellensteuer auf die Höhe der Lizenzgebühren nicht beurteilt werden, so daß die Reaktion der Staaten mit negativer Lizenzbilanz verständlich ist, statt vager Vorteile bei Wegfall, auf demgegenüber konkretere Wirkungen bei Aufrechterhaltung der Quellenbesteuerung zu vertrauen."

Im Hinblick auf die Situation innerhalb der EU ist ergänzend darauf hinzuweisen, daß das Gemeinschaftsrecht zwar geeignet wäre, in das Abkommensrecht der Staaten einzuwirken. Aber wie der *EuGH*-Fall *Gilly* zeigt, war sich das Gericht durchaus bewußt, daß von den Zuteilungsnormen auch die Verteilung der Einnahmen zwischen den Mitgliedstaaten abhängt: Angesichts der Tatsache, daß die Staaten selbst bei der weitgehend harmonisierten Umsatzsteuer ein Clearing-Verfahren bislang nicht akzeptiert haben, wäre ein Eingriff in die Einnahmeverteilung als empfindlicher Eingriff in die Souveränität der Mitgliedstaaten angesehen worden (*Dautzenberg* FR 1998, 851).

– Diskriminierungsverbot, Verständigungsverfahren und Informations- **88** austausch dienen der **Sicherung der Besteuerungsgerechtigkeit,** wobei insbesondere die Frage nach einem über die Zwecke des jeweiligen Abkommens hinausgehende Informationsaustausch von den Bedingungen im Lande des Vertragspartners abhängt. Der Sicherung der Besteuerungsgerechtigkeit dienen aber vor allem die zunehmend verbreiteten Mißbrauchsklauseln (s. dazu eingehend ab R 100).

– Schließlich ist auf die Normgestaltung unter **Berücksichtigung von** **89** **Entwicklungsländerinteressen** hinzuweisen. Im Spektrum deutscher Investitionsförderungsmaßnahmen für Entwicklungsländer kommt dem Ausbau der Doppelbesteuerungsabkommen zusammen mit steuerlichen Maßnahmen nach dem Entwicklungshilfegesetz und Bundesgarantien gegen politische Risiken von deutschen multinationalen Unternehmen ein hoher Rang zu. Das OECD-Musterabkommen setzt einen etwa ausgeglichenen Wirtschaftsverkehr zwischen den Vertragspartnern voraus; daran fehlt es im Verhältnis zu den Entwicklungsstaaten; Regelungsbereiche mit Berücksichtigung von Entwicklungsländerinteresse sind ausgeprägte Aufrechterhaltung der Quellensteuerstaatsberechtigung, die Höhe der Quellensteuersätze, hier vor allem die Einkunftsarten Zinsen und Lizenzgebühren, die Betriebsstättendefinition, wobei es vor allem um eine Reduzierung der Zeitgrenze zur Begründung einer Betriebsstätte durch Bauausführungen und Montage geht, die Quellenbesteuerung bei den Einkünften aus selbständiger Arbeit soweit die fiktive Steueranrechnung, bei der auch nicht gezahlte, ohne Steuervergünstigung normalerweise aber angefallene, Steuern des Entwicklungslandes in der Bundesrepublik als Wohnsitzstaat angerechnet werden. Beispielhaft in der neueren Vertragsentwicklung das DBA-Türkei 1989, dazu *Debatin* DStR 1991, 933, 965 und – auch wegen des „Alt-Neu-Vergleichs" – das DBA Indien 1995, dazu *Schieber* IStR 1997, 12; *Grotherr* IWB 6 Indien Gr. 2, S. 59: Indien bietet dem Investor eine breite Palette steuerlicher Vergünstigungen, die mit dem Abkommen größtenteils dem investierenden deutschen Unternehmen im Rahmen der deutschen Besteuerung erhalten bleiben.

**90**    (2) Hinsichtlich der in die Betrachtungen einzubeziehenden Zielvorstellungen der deutschen Verhandlungspartner unterscheidet man 3 Gruppen von Staaten, die Industrieländer, die Entwicklungsländer und die Staatshandelsländer. Die Bundesrepublik hat im Jahre 1959 die ersten Abkommen mit Entwicklungsländern (Indien und Ägypten), im Jahre 1972 das erste Abkommen mit einem (damaligen) Staatshandelsland (Polen) vereinbart. Auch Vertragsabschlüsse mit Niedrigsteuerländern werfen, worauf bereits verwiesen wurde, besondere Probleme auf. Unterschiede im Steuergefälle zweier Staaten können Ursache für die Verlagerung von Steuergütern sein, in dessen Folge das hochbesteuernde Steuerfluchtland fiskalische Nachteile erleidet, während das niedrigbesteuernde Zuzugsland entsprechende Vorteile erzielt. Hochsteuerländer können mithin am Abschluß von Doppelbesteuerungsabkommen grundsätzlich nicht interessiert sein, da hier noch wegen der Einschränkungen weitere Anreize zur Steuerflucht gegeben werden. Ausnahmen sind denkbar, wie das Verhältnis der Bundesrepublik zur Schweiz zeigt. Die Schweiz ist unstreitig ein Niedrigsteuerland, mit dem jedoch anders als mit im internationalen Vergleich unbedeutenden Niedrigsteuerländern ein umfangreicher wirtschaftlicher Austauschverkehr existiert. Hier waren beide Staaten an einer vertraglichen Regelung interessiert; doch mußten zur Verhinderung einer verstärkten Steuerfluchtbewegung eine Reihe unüblicher Modifizierungen des OECD-Musterabkommens vorgenommen werden.

Soweit es die Zielvorstellungen industriell entwickelter Verhandlungspartner angeht, ist von einer grundsätzliche Parallelität der Zielvorstellungen auszugehen; gerade die Entstehung des OECD-Musterabkommens ist sichtbarster Beweis hierfür. Dies schließt nicht aus, daß durch Zusammentreffen zweier hochkomplizierter Steuersysteme Kontroversen in Detailfragen ausgelöst werden. Gegenstand steuersystembedingter Detailkonflikte kann die Wahrung der Einheitlichkeit des bisherigen Vertragsnetzes, die Verhinderung der Gefahr nationaler Rechtsprechungsrisiken und – wohl seit Inkrafttreten des Außensteuergesetzes – die bilaterale Absicherung bestimmter Grundsatzentscheidungen des nationalen Gesetzgebers sein (*Prang* S. 157). Im Laufe der Entwicklung nach Abschluß eines Abkommens kann insbesondere eine Reformierung des innerstaatlichen Rechts eines Vertragspartners eine Revision des Vertrags erforderlich machen. Zu erwähnen ist hier die Körperschaftsteuerreform des Jahres 1977 und die Tarifsenkungen im KSt-Recht ab VZ 1990, auf die bereits hingewiesen wurde und deren Auswirkungen auf bestehende Verträge noch erläutert werden wird.

Verhandlungsgrundlage mit den Entwicklungsländern ist seitens der Bundesrepublik ebenfalls das OECD-Musterabkommen. Der Interessengegensatz zwischen den Industriestaaten und Entwicklungsländern beruht auf dem chronischen Kapitalbedarf der Entwicklungsländer; Entwicklungsländer sind daher bemüht, alle Quellen zur Beschaffung von Auslandskapital auszuschöpfen, darunter die private Hilfe in Form von Direktinvestitionen. Die Ungleichgewichtigkeit in den Wirtschaftsbeziehungen hat zu dem oben erwähnten UN-Modellabkommen geführt, das im formalen Aufbau dem des OECD-Musterabkommens, inhaltlich jedoch z.B. durch den Vorrang des Quellenstaates andere Akzente setzt. Aus der Sicht der Entwicklungsländer konsequent, denn die Entwicklungsländer befinden sich in der Mehrzahl der Fälle in der Rolle des Quellenstaates. Dazu auch das 1971 erarbeitete Modell der Anden-Gruppe – als Gegenentwurf zum OECD-MA konzipiert.

Daß es Verträge mit Staatshandelsländern gibt, zeigt nach den Worten *Prangs*, „daß das Problem der Doppelbesteuerung nicht ein marktwirtschaftlich systemimmanentes ist, sondern ebenfalls bei Kontakt zwischen marktwirtschaftlichen und planwirtschaftlichen Wirtschaftsformen auftaucht und deshalb als Systemdifferenz bezeichnet werden kann". Staatshandelsländer weisen wegen anderer Haushaltsfinanzierung ein eher geringeres Steuerniveau auf. Vereinzelt wurde eine besondere Besteuerung für Ausländer normiert. Im übrigen ist Rücksicht auf Abgaben der sozialistischen Wirtschaft genommen worden; Abgaben, die keine Steuern sind, werden zum Zwecke der Beseitigung der Doppelbelastung den deutschen Steuern gleichgestellt (*Prang* S. 230). Das Ungleichgewicht der Steuersysteme im Vergleich war auch der Anlaß zur Aufnahme von ersten Abkommensverhandlungen mit Polen und Rumänien noch vor deren Systemveränderung (am Beispiel des DBA-Polen und des nunmehr erforderlichen Anpassungsbedarfs s. *Ulrich Klier*, Diss. 1999). In den Verhandlungen zeigte sich, daß auch die Staatshandelsländer das Grundschema des OECD-Modells für die Zuteilung der Besteuerungsrechte zwar in einigen Punkten in Frage stellen, daß es aber als Verhandlungsgrundlage akzeptiert wurde (*Manke* StuW 1976, 98). In Teilbereichen verlangen die Staatshandelsländer eine weitgehende Einschränkung der Besteuerungsrechte des Quellenstaates; insbesondere gilt dies für Bauausführungen und Montagestätten von Unternehmen der Staatshandelsländer in der Bundesrepublik.

(3) Die früheren Abkommen kannten lediglich die Methode der Steu- 91 erbefreiung: Einkünfte und Vermögenswerte, für die der andere Ver-

tragsstaat steuerberechtigt blieb, wurden im Rahmen der deutschen Steuerpflicht sachlich steuerbefreit. *Debatin* hat hierin eine systematisch-doktrinäre Betrachtung erkannt, die auf der heute überholten Vorstellung der „Zuteilung von Steuergütern" beruhte. Der Wandel des Verständnisses für die Aufgabe eines Abkommens führte dazu, die Frage der **Methode zur Vermeidung der Doppelbesteuerung** als sachliche Wertentscheidung darüber zu begreifen, ob sich die Steuerbelastung in ihrem Gesamtergebnis auf den Quellenstaat oder auf den Wohnsitzstaat ausrichten soll. Im ersteren Fall hat der Wohnsitzstaat die Freistellungsmethode, im zweiten Fall die Anrechnungsmethode anzuwenden; das alles ist aber bereits aus dieser Sicht als Grundlagenproblem des IStR erkannt und behandelt worden (s. ab B 64); wie es sich konkret im sogenannten Methodenartikel zur Vermeidung des Doppelbesteuerung auswirkt s. ab S 320. Man wird in der **Einschränkung der Freistellungsmethode** – sei es aus grundsätzlichen Erwägungen heraus, sei es aus Gründen der Mißbrauchsbekämpfung – tatsächlich eines der Hauptprobleme des Abkommensrechts sehen müssen.

92    (4) *Menck* hat die Entwicklung des Abkommensrechts – die er selbst in den letzten Jahrzehnten maßgeblich als deutscher Verhandlungsleiter bestimmte – in einen weiteren Zusammenhang gestellt (Festschrift *Debatin*, S. 305 ff.: Offener Steuerstaat und internationale Koordination – Gedanken zur Entwicklung). Er hat Zölle, Umsatzsteuern und direkte Steuer unter dem Gesichtspunkt einer weltweiten Koordinierung, hierbei beachteter allgemeiner Koordinierungsgrundsätze und der EU-Erweiterung miteinander verglichen. Für DBA-Regelungen stehen, um deren Ordnungswirkungen zu verstehen, drei Maßstäbe der Beurteilung zur Verfügung. Entspricht die Gestaltung klassischen Besteuerungsgrundsätzen wie dem der Leistungsfähigkeit? Sind die Interessen der beteiligten Fisci ausgeglichen? Ist Effizienz im internationalen Raum gegeben? Klassische Besteuerungsgrundsätze – so *Menck* – sind meist rein binnenstaatlich formuliert, negieren den internationalen Raum, bedürfen mithin einer Neubestimmung. Sein Befund wird bestätigt, wenn man bedenkt, wie unterschiedlich die Auffassungen zur Frage eines Zusammenhangs der Besteuerung nach der Leistungsfähigkeit und der Reichweite der Besteuerung sind. Tragfähige Grundlage internationaler Beziehungen wie denen im DBA-Recht ist der **Grundsatz der Gegenseitigkeit:** DBA-Recht ist an sich stets aufkommensneutral – „was ein Staat in DBA-Verhandlungen an Besteuerungsanspruch wahrt, muß er dem anderen zugestehen. Die Aufkommensasymmetrien kommen durch Ungleichgewichte der wirtschaftlichen Beziehungen zustande und sie können wechseln."

   (5) Aus Schreiben des *BMF* (zuletzt *BMF*-Schreiben BStBl. 2000 I, 37) jeweils zu Beginn eines Jahres ergibt sich der Abkommensstand. Danach sind auf dem Gebiet der Steuern vom Einkommen und vom Vermögen gegenwärtig rd. 75 Abkommen in Kraft.

### IX. Abkommensrecht und Gemeinschaftsrecht

**1. Übersicht**

Nachdem das Verhältnis des Abkommensrechts zum Außensteuer-   **93**
recht geklärt ist (ab R 6), ist das Verhältnis des Abkommensrechts zum
Gemeinschaftsrecht zu klären. Hierbei geht es zunächst um die **Rangfrage.** Da sich das Zustimmungsgesetz als Teil des innerstaatlichen
Rechts einordnet, geht das Gemeinschaftsrecht aufgrund seines Vorran-
ges folgerichtig auch diesem Recht gegenüber grundsätzlich vor. Allerdings müssen zwei Fragestellungen und zwei unterschiedliche Kollisionen unterschieden werden. Zum einen stellt sich die **Kompetenzfrage:**
Wer ist zum Abschluß von Abkommen zuständig? Zum zweiten stellt
sich die Frage materieller **Vereinbarkeit des Gemeinschaftsrechts mit
dem Abkommensrecht.** Und für beide Fragestellungen ist zu unterscheiden: Kompetenzfrage und Wirksamkeitsfrage bei Abkommen mit
Drittstaaten, Kompetenzfrage und Wirksamkeitsfrage bei Abkommen
mit EU-Staaten (Inter-se-Abkommen) Die Frage der Wirksamkeit wird
bestimmt durch Erfordernisse des Binnenmarktkonzepts. Hier wird sich
zeigen, daß auf nur wenig geklärte Grundlagen zurückgegriffen werden
kann.

**2. Abkommen zwischen EU-Mitgliedstaaten**

Für Doppelbesteuerungsabkommen zwischen Mitgliedstaaten (Inter-   **94**
se-Abkommen) ist zunächst auf die Kompetenznorm des Art. 293 EG
hinzuweisen, aus der sich die **Abkommenssouveränität der Mitgliedstaaten** ergibt. Alsdann folgt aus Art. 293 eine Verpflichtung der Mitgliedstaaten zur Einleitung solcher Verhandlungen. Allerdings könnte
problematisch sein, ob auf bilateraler oder auf multilateraler Grundlage.
*Scherer* (S. 87 ff.) geht im Hinblick auf das Binnenmarktkonzept davon
aus, daß nur ein multilaterales Abkommen in der Lage ist, eine binnenmarktkonforme Beseitigung der Doppelbesteuerung in der Gemeinschaft
mit der erforderlichen Effizienz sicherzustellen; da die Verpflichtung des
Art. 293 aber nur unter dem Vorbehalt der Erforderlichkeit steht, anerkennt *Scherer* eine Sperrwirkung für ein weiteres Tätigwerden der einzelnen Mitgliedstaaten nur für den Fall, daß die Gemeinschaft von ihrer
Kompetenz in Art. 94 EG Gebrauch machte. *Wassermeyer* (DB 1998,
28 ff.) geht davon aus, daß sowohl das verfassungsrechtliche Gebot steuerlicher Gleichbehandlung als auch das EG-rechtliche Diskriminierungsverbot für den Abschluß multilateraler Abkommen sprechen (jedenfalls
aber die Bundesrepublik zu einer strikt einheitlichen DBA-Politik veranlassen sollte). Mit dem Gilly-Urteil hat der *EuGH* bestätigt, daß der
bislang eingeschlagene Weg der Kompetenz für die einzelnen Mitglied-

staaten gemeinschaftskonform ist. Art. 293 EG bietet danach keine hinreichende Grundlage für eine Verpflichtung, multilaterale Abkommen bzw. gleichlautende bilaterale Abkommen anzustreben. Damit ist die *Kompetenzfrage* geklärt. Die weitere Frage ist die nach *inhaltlichen Beschränkungen der bilateralen Abkommen* durch Gemeinschaftsrecht. Unbestritten ist der Vorrang des Gemeinschaftsrechts in diesem Fall sowohl für Altverträge (Art. 234 EG-Vertrag: argumentum e contrario) als auch für Neuverträge (a fortiori). Dem Gemeinschaftsrecht widersprechende Verträge sind schon völkerrechtlich nicht mehr gültig (*Kl. Vogel* Einl. Rz 143). An dieser Grundposition hat zwar der Fall Gilly nichts geändert – nur haben der Fall Gilly (K 52) und der Fall Saint-Gobain (K 55) Klarstellungen hinsichtlich des Diskriminierungstatbestandes gebracht.

Es ist zu unterscheiden:

**95**   – Ein EU-Bürger bezieht sich auf ein Abkommen zwischen zwei Mitgliedstaaten, ohne die Abkommensberechtigung geltend machen zu können; er macht wegen einer günstigeren Abkommensfolge aber eine Diskriminierung geltend; hierzu wurden gemeinschaftsrechtliche Bedenken bei *Wassermeyer* geltend gemacht (DB 1998, 31), während *Dautzenberg* (S. 660 ff.) dem EG-Vertrag das Verbot einer unionsbezogenen Diskriminierung und damit die Forderung nach einer **Meistbegünstigungsklausel** entnimmt: In Anbetracht der Tatsache, daß der Wohnsitz in ständiger Rechtsprechung als verdecktes Merkmal für die Staatsangehörigkeit angesehen werde, erscheine es „kaum wahrscheinlich", daß der *EuGH* den fehlenden Wohnsitz im anderen Vertragsstaat als hinreichenden Grund gegen eine Diskriminierung ansehen werde; eine Aushöhlung der nationalen Steuerautonomie sei damit ebensowenig wie ein unkalkulierbares Risiko für die öffentlichen Haushalte verbunden; de facto würde ein EU-Mitgliedstaat damit gezwungen, gegenüber allen Partnerstaaten aus der Union gleiche Abkommensbedingungen zu vereinbaren, ohne daß dies einer DBA-Harmonisierung gleichzusetzen wäre (schon vor *Dautzenberg* hatte *Bieg* (S. 337 ff.) eine Meistbegünstigung aus dem EG-Vertrag abgeleitet; s. auch *Lang* in Festschrift *Rädler* S. 436). Dagegen eine klare Verneinung bei *Kl. Vogel* (Einl. Rz 143) und die Diskussionsbeiträge von *Thömes* („Ich fürchte fast, daß man doch auch sehen muß, daß ein Doppelbesteuerungsabkommen eine sehr komplexe Sache ist und einzelne Elemente daraus schwer herausgelöst werden können, wie zum Beispiel unterschiedliche Quellensteuern auf Dividenden") und *Vedder* („Nichtdiskriminierung bedeutet nicht Meistbegünstigung") in *Lehner/ Thömmes* u. a. S. 64.

Der *EuGH* hat diese Sicht im Fall Gilly zunächst bestätigt: Die Mitgliedstaaten regeln ihre Steuerbeziehungen autonom (Rz 30, 31 der Entscheidung). Es wäre auch nicht zu vertreten, im nicht geklärten Spannungsverhältnis zwischen der begrenzten Harmonisierungsaufgabe auf der Ebene des Gemeinschaftsrechts einerseits und der

Umsetzung der EGV-Grundfreiheiten diesen auch dort uneingeschränkten Vorrang verschaffen zu wollen, wo ein Regelungsgegenstand wie das Abkommensrecht ausdrücklich in einzelstaatlicher Autonomie verblieben ist. Im *EuGH*-Urteil Saint Gobain hat der Gerichtshof die Grundposition beibehalten, aber zugleich darauf verwiesen, daß hierbei Gemeinschaftsrecht zu beachten sei. Allerdings bezieht sich die daraus abgeleitete **Forderung nach Ausdehnung von Vergünstigungen** auf Drittstaaten-Abkommen; das *EuGH*-Ergebnis zutreffend prognostizierend *Lang* in Festschrift *Rädler* S. 432.

Eine ganz andere Frage ist die unter Verzicht auf prinzipielle Aussa- **96** gen notwendige Klärung nach Unterschieden in den DBA-Regelungen, die sachlich nicht mehr zu erklären sind. Hier ist *Wassermeyer* (DB 1998, 30f.) zu folgen, der am Beispiel der ungleichen Besteuerung von Bauausführungen und Montagen im Vergleich DBA-Luxemburg und DBA-Frankreich eine Rechtfertigung daraus folgender ungleicher Steuerbelastungen nicht erkennen kann und daraus die Forderung nach einer „strikt einheitlichen DBA-Politik" in einem solchen Punkt fordert. *Dautzenberg* (S. 672) geht noch weiter und fordert auch den Ausschluß der Benachteiligung eines EU-Angehörigen gegenüber einem Angehörigen eines beliebigen Drittstaates: Im Gemeinschaftsrecht könnte eine „Gemeinschaftspräferenz" enthalten sein, nach der die Mitgliedstaaten stets ein Anrecht auf die vorteilhafteste Behandlung haben, die ein EU-Staat irgendeinem anderen Staat gewährt; *Dautzenberg* verweist auf die grenzüberschreitende Gewährung von KSt-Anrechnungs- und Erstattungsansprüchen im Art. 10 III DBA-Schweiz (partielle deutsche KSt-Gutschrift für Aktionäre in der Schweiz) – eine Forderung, die sich für den Einzelfall der Betriebsstättenbesteuerung immerhin auf *EuGH*-Saint Gobain stützen kann, aber im Kern den Vorgaben des Art. 293 EG auch nicht mehr Folge leistet. Auch den Fall der Ausklammerung von Ausländern aus der Abkommensberechtigung sieht *Dautzenberg* (S. 680ff.) kritisch, weil es zu einer Quellenstaatenkollision kommen kann; insoweit ist hier mit der Klarstellung des *EuGH*-Falles Gilly zur Bedeutung der Anknüpfung zum Ausdruck gekommen, wo die Grenzen einer Grundfreiheitenverwirklichung liegen – die Bezugnahme auf Art. 220 a.F. in Rz 31 des Urteils läßt weitergehende Überlegungen gegenwärtig noch zur bloßen Spekulation werden: Es geht im Abkommensrecht – man muß wohl bisweilen an Selbstverständlichkeiten erinnern – um Festlegung von Kriterien für die Aufteilung der Steuerhoheit „untereinander".

– Im Kern der Gilly-Entscheidung geht es aber primär nicht um die **97** Meistbegünstigungsproblematik. In der Gilly-Entscheidung geht es um die Frage, ob aus dem Gemeinschaftsrecht auch Grenzen dafür abgeleitet werden können, wie die Zuteilungsnormen (Steuerbefreiungen und Steuerermäßigungen in beiden Staaten) ausgestaltet werden können. Hier sieht der *EuGH* keine Diskriminierung aufgrund der Staatsangehörigkeit (und gleiches gilt natürlich für Anknüpfungen ohne das Staatsangehörigkeitsmerkmal wie im Falle der Frau Gilly): Belastungsdifferenzen folgen aus der Unterschiedlichkeit der nationalen Steuergesetze – letztlich also sind sie eine Folge noch nicht gegebener Harmonisierung. *Dautzenberg* (FR 1998, 852) hat daraus gefolgert: Wenn man so wie der *EuGH* argumentiert, ist ein Mitgliedstaat immer dann für die Beseitigung von Störungen des Binnenmarktes nach Art. 10 EG nicht verantwortlich, wenn das Problem bei einer Vollharmonisierung der nationalen Gesetze nicht existieren würde – was nun wiederum letztlich zur Ermächtigung der Gemeinschaft zur Vollharmonisierung führen mußte. Diesem Verständnis der *EuGH*-Entscheidung kann nicht gefolgt werden: Es geht dem *EuGH* eindeutig und ausschließlich darum, nicht in das gewachsene System der zwischen den Staaten bilateral ausgehandelten Steuerermäßigungen und Steuerbefreiungen einzugreifen – nur auf diesem Hintergrund wird eine etwaige Störung des Binnenmarktes hingenommen. Auch die Frage, ob die **Freistellungsmethode** oder die **Anrechnungsmethode** die **Binnenmarktkonzeption verwirklichen,** hat *Dautzenberg* in seine Untersuchung einbezogen (S. 685 ff.): Er sieht mit dem Binnenmarkt vereinbar nur die Freistellungsmethode, sofern eine Abweichung nicht durch zwingende Belange des Allgemeininteresses gerechtfertigt ist. Auch hier dürfte die Gilly-Entscheidung eine Klarstellung bewirkt haben: Der *EuGH* anerkennt zwar die nachteiligen Auswirkungen eines Anrechnungssystems, so wie es im Rahmen des Steuersystems des Wohnsitzstaates angewendet wird, zieht aber in diesem Fall die Grenzen anhand der fortbestehenden Souveränität der Mitgliedstaaten: Denn die nachteiligen Folgen des Steueranrechnungsverfahrens werden auf unterschiedliche Steuersätze der Mitgliedstaaten zurückgeführt, „deren Festsetzung in Ermangelung einer Gemeinschaftsregelung in die alleinige Zuständigkeit der Mitgliedstaaten fällt". Sicherlich kann man die Frage anschließen, ob eine solche Aussage beispielsweise mit den Aussagen im Fall Asscher deckungsgleich ist – nur führt das einerseits wiederum zum nicht geklärten Verhältnis des Harmonisierungsrechts zu den Grundfreiheiten zurück, ist aber andererseits durch Art. 293 nachvollziehbar.

### 3. Drittstaaten-Abkommen

**98**     Für Altverträge (Bezugspunkt: EWGV oder Beitritt) mit Drittstaaten kann sich die Kompetenzfrage nicht mehr stellen. Aber Art. 307 EG enthält eine Aussage zu ihrer Wirksamkeit (sog. Unberührheitsklausel): Danach sind Altverträge mit Drittstaaten wirksam geblieben. Über Neuverträge mit Drittstaaten sagt Art. 307 EG nichts. Das EG-Recht beschränkt nicht die Zuständigkeit der einzelnen Mitgliedstaaten zu solchen Abschlüssen; denn eine Kompetenz der EU im Sinne einer Außenzu-

ständigkeit für Verträge mit Dritten setzt voraus, daß der Vertragsgegen-
stand dem Bereich einer „gemeinsamen Politik" des Tätigkeitskatalogs
in Art. 3 EG zuzuordnen ist. Das gilt für die gemeinsame Handelspolitik und den Zolltarif, nicht aber für die direkten Steuern (insoweit ist
auf die eingehende Untersuchung von *Scherer* S. 61 ff. zu verweisen).
Aus einer Stellungnahme der Kommission zu den Vorschlägen des
Ruding-Ausschusses folgt im Ergebnis auch nichts Gegenteiliges (BR-
Drucks. 540/92). Harmonisiertes Recht wie die Mutter/Tochter-Richt-
linie und die Fusionsrichtlinie erfordern auch kein einheitliches Aus-
senverhältnis zu Drittstaaten. Die materielle Frage der **Vereinbarkeit
von Drittstaaten-Verträgen mit Gemeinschaftsrecht** ist im Prinzip
durch Art. 307 EG (Umkehrschluß) gelöst. Solche Verträge unterliegen
den Anforderungen des Gemeinschaftsrechts. Im Falle eines Verstoßes
hiergegen, etwa indem das EU-Mitglied zu einem gemeinschaftswidri-
gen Verhalten verpflichtet wird, ist ein solcher Vertrag zwar völkerrechtlich gültig, könnte jedoch im innerstaatlichen Recht des EU-
Vertragsstaates mit besonderen Folgen für andere EU-Bürger verbunden
sein.

Die Frage, ob eine steuerliche Diskriminierung von EG-Auslän- 99
dern durch Drittstaaten-DBA möglich ist, ist in der Literatur am Beispiel
des Art. 28 I lit. e) DBA-USA 1989 untersucht worden: Die Vorschrift
bezieht sich auf die Inanspruchnahme von Abkommensvergütungen im
Quellenstaat und schränkt den Kreis der hierfür abkommensberechtigten
Personen ein (allgemein zur Mißbrauchsfrage s. ab R 100). Es geht um
Gesellschaften, die zwecks Einkünfteerzielung zwischengeschaltet werden und bei denen die Anteilseigner bei einem Direktbezug solcher Einkünfte keine Abkommensberechtigung geltend machen könnten. Das
kann zur Folge haben, daß deutsche Tochtergesellschaften von im EG-
Ausland ansässigen Personen von der Abkommensberechtigung aus-
geschlossen werden; daraus folgt die Frage, ob eine in Ausübung der
Niederlassungsfreiheit in Deutschland gegründete Tochtergesellschaft
eine Diskriminierung geltend machen kann: Sie ist im Vergleich zu
Sitzgesellschaften ohne solchen EU-Bezug von einer DBA-Begün-
stigung ausgeschlossen. Die Frage ist überwiegend bejaht worden
(*Scherer* S. 138 ff.), dagegen ablehnend *Wolff* (DBA-USA, Art. 1 Rz 58):
Tatsächlich geht es hier nicht um die Frage eines Verstoßes gegen
EG-Recht, sondern um die Forderung nach Ausdehnung von Vergünstigungen der Abkommen mit Drittstaaten auf EU-ansässige Personen;
s. auch *Wassermeyer* (Rz 12 zu Art. 28 DBA-USA), der auf die fehlende Möglichkeit der Gesellschaft verweist, sich gegenüber den USA auf
den EGV zu berufen – es geht aber um das Verhältnis zur Bundesrepublik. *Wassermeyer* hat seine Sicht einer potentiellen Diskriminierung
durch die Nichtanwendung von Drittstaaten-DBA inzwischen offensichtlich revidiert, jedenfalls einer differenzierten Sichtweise unterwor-

fen; im *EuGH*-Urteil Saint Gobain (K 55) heißt es in bezug auf Betriebsstättenvergünstigungen in Drittstaatenabkommen, daß diese Vorteile den Betriebsstätten ausländischer Gesellschaften unter den gleichen Voraussetzungen wie den inländischen Gesellschaften zu gewähren sind (Rz 58) – Verpflichtungen gegenüber Drittstaaten werden damit auch nicht in Frage gestellt (Rz 59). Daher *Lang* in Festschrift *Rädler* S. 442: Rechtsfolge der jeweils günstigsten DBA-Regelung auch im Verhältnis zu anderen EU-Mitgliedstaaten – Maßstab kann jedes DBA sein; deswegen ist es naheliegend, an **Abkommen durch die EU selbst** zu denken. *Dautzenberg* (S. 740 ff.) hat die Fragen nach den Bedingungen für die Tätigkeit drittländischer Unternehmen in der EU und den Bedingungen für die Tätigkeit von EU-Unternehmen im Drittstaat unter der Geltung des Binnenmarktkonzepts untersucht: Für die Tätigkeit drittländischer Unternehmen hat die Ausklammerung von EU-fremden Unternehmen von den Grundfreiheiten nur den Effekt, daß diese sich für ihre Tätigkeiten im Binnenmarkt durch Gründung einer Zwischenholding dem Gesellschaftsrecht eines Mitgliedstaates unterstellen müßten; ein einheitlicher DBA-Abschluß mit dem Drittstaat ist nach *Dautzenberg* ebensowenig erforderlich wie die Harmonisierung einzelstaatlicher Abkommensbeziehungen. In der *EuGH*-Sache Saint Gobain geht es insoweit um die Drittstaatenproblematik, als die inländische Betriebsstätte eines ausländischen, EU-ansässigen Unternehmens von Abkommensprivilegien im Verhältnis zu einem Drittstaat mangels Ansässigkeit ausgeschlossen ist. Der Generalanwalt – auf den die *EuGH*-Entscheidung sich in Rz 59 bezieht – hatte hierzu ausgeführt (IStR 1999, 181): Hierbei handelt es sich um kein Problem „einer Kollision zwischen den Verpflichtungen, die das Gemeinschaftsrecht der Bundesrepublik auferlegt, und denen stellt, die sich für die Bundesrepublik aus ihren Verpflichtungen gegenüber verschiedenen Drittstaaten ergeben, mit denen sie DBA geschlossen hat." Denn – so der Generalanwalt – dadurch sei die Bundesrepublik nicht gehindert, die Regeln zugunsten nicht ansässiger EU-Gesellschaften anzuwenden. Der Generalanwalt grenzt diesen Fall gegenüber dem Begehren einer in einem Mitgliedstaat ansässigen Gesellschaft ab, auf sie ein mit einem anderen Mitgliedstaat geschlossenes Abkommen anzuwenden (zur Abgrenzung gegenüber der Frage der Meistbegünstigung *Toifl*, IStR 1999, 184).

## X. Mißbrauch von Doppelbesteuerungsabkommen

### 1. Mißbrauchsursache

**100**     Wann immer ein Gesetz eine – in einem Vergleich zu einer anderen Regelung oder in einem Vergleich zu einem ungeregelten Zustand – günstigere Rechtsposition (sie kann in einer geringeren Belastung bestehen) verschafft, werden Begehrlichkeiten geweckt, diese Rechtsfolgen für sich herbeizuführen. Das kann durch eine Gestaltung des Sachverhalts erfolgen, die auf das Gesetz und dessen Ziel hin ausgerichtet ist und Beifall findet. Das kann durch einen vorgetäuschten Sachverhalt geschehen – dann handelt es sich um ein bloßes Problem der Sachaufklärung; es kann aber auch die Rechtsfolge unter Berufung auf eine tatsächlich vollzogene, rechtlich wirksame Gestaltung begehrt werden, für die diese Rechtsfolge nicht gedacht war. Der Fall, an den der Gesetzgeber nicht dachte, den er – rückblickend betrachtet – ausdrücklich von der begünstigenden Rechtsfolge ausgeschlossen hatte: Nicht deswegen, weil ungewöhnliches Neues geschehen wäre, sondern weil Unangemessenheit bezüglich der Rechtsfolge vorliegt. Im innerstaatlichen Steuerrecht geht es um ein Ausweichen oder eine Reduzierung vor der Steuerlast dieses Staates – im Falle der grenzüberschreitenden Sachverhaltsgestaltung um die Vermeidung innerstaatlicher Anknüpfungen: das Steuerfluchtproblem, wie es im 1. Teil genannt wurde, und dem im Kern ja auch immer ein Vergleich zugrunde liegt (zur Steuerumgehung unter Einbeziehung auch grenzüberschreitender Gestaltungen zuletzt *Oberheide* insbes. S. 77 ff., S. 235 ff.). Mit der Einbeziehung des Abkommensrechts und den damit verbundenen Rechtsfolgen der Steuerbefreiung und der Steuerermäßigung liegen solche Vergleiche auf der Hand: Das Abkommen schafft eine günstigere Besteuerungsfolge – und auch unter Einbeziehung der anderweitig anwendbaren unilateralen Maßnahmen der Staaten ist vom Vorteil eines Abkommens grundsätzlich auszugehen. Es kann mithin vom Abkommensrecht – nicht anders als von jedem anderen Recht – ein Anreiz ausgehen, den **Sachverhalt auf die Inanspruchnahme von DBA-Rechtsfolgen hin zu planen** und zu gestalten. Der Vergleich aus der Sicht eines den Abkommensschutz Suchenden knüpft an zwei Umstände an. Er vergleicht die internationalen Steuerbelastungen und stellt ein Gefälle fest; schon allein dieses Gefälle kann Anstoß für eine „Wanderungsbewegung" und Verlegung von Anknüpfungen sein – tritt nun zu einem solchen Gefälle noch Abkommensschutz hinzu, so kann dies nur weitere Vorteile zur Folge haben. Ergibt der Vergleich kein Steuergefälle, fällt er unter Einbeziehung des Abkommensrechts immer noch günstiger aus: Man kann dann von einem Regelungsgefälle sprechen (*Schaumburg* S. 823). Versetzt man sich in die Lage eines Steuerpflichtigen, der – von einem gegebenen oder von einem geplanten Sachverhalt ausgehend – feststellen muß, daß er keinen Abkommensschutz, folglich auch – als Beispiel – keine Quellensteuerermäßigung für Dividendenausschüttungen beanspruchen kann: Dann wird er überlegen, wie er die Voraussetzungen dafür schaffen kann, um in den Anwendungsbereich des Abkommens zu gelangen. Die Fragestellung ist vergleichbar der des **Internationalen Privatrechts**: Was kann ich tun, um die Anknüpfung und damit die Rechtsfolge einer Kollisionsnorm zu beeinflussen? Es ist sogleich klarzustellen, daß es bei der Mißbrauchsfrage nicht allein um die Frage der Herbeiführung eines Abkommensschutzes überhaupt geht – nur ist dies der für das Verständnis erforderliche Grundfall. Auch das IPR-Problem der Gesetzesumgehung (fraus legis) ist vielfältiger und umfaßt nicht nur Fälle noch zulässiger Gestaltung oder Manipulation von Anknüpfungen. Allgemein wird mithin von einer Mißbrauchsproblematik des Abkommensrechts gesprochen, wenn Gestaltungen ausschließlich darauf abzielen, Steuerbefreiungen und Steuerermäßigungen, die ein Vertragsstaat aufgrund eines DBA gewährt, in Anspruch zu nehmen, ihnen der steuerlich anzuerkennende wirtschaftlichen Hintergrund aber fehlt. Die Mißbrauchsfrage ist mit dem Bezug auf das Abkommensrecht hinreichend abgegrenzt und beschrieben. Eine solche allgemeine Formel vermag natürlich nicht mehr als dies zum Ausdruck zu bringen: daß es auch im Anwendungsbereich eines Abkommens statt auf die äußere Form auf den wirtschaftlichen Gehalt eines Rechtsgeschäfts ankommt (daß dieser Gedanke den nationalen Steuerrechten weitgehend übereinstimmend im Wege eines Rechtsvergleichs entnommen werden kann, hat *Kl. Vogel* Rz 78 ff. zu Art. 1 nachgewiesen). Konkretisiert werden kann dies aber nur anhand von Fallgruppen. *Oberheide* beispielsweise (S. 191) ordnet das Fallmaterial nach Grundtypen und unterscheidet 7 Fälle des Vorgehens. Bevor daher Rechtsquellen und Rechtsfolgen zu klären sind, sollten die Fallgruppen vorgestellt werden. Denn es wird sich – wie für § 42 AO überhaupt typisch – auch hier ergeben, daß nur **einzelfallbegründete Entscheidungen** zu erwarten sind und Pauschalierungen – soweit sie nicht in Gesetzesform erfolgen – ausscheiden (dazu *Füger/Rieger* IStR 1998, 359 Fn 55).

## 2. Mißbrauchsformen

### a) Übersicht

**101**     Es besteht weitgehende Übereinstimmung in der Gruppierung: Unterschieden werden *treaty shopping* und *rule shopping*; die bisweilen hier eingeordneten Doppelbefreiungen aufgrund *negativer Auslegungskonflikte* (Qualifikationskonflikte) – haben ihren Tatsachenkern nicht im Verhalten der Steuerpflichtigen; s. dazu am Beispiel sogenannter weißer Einkünfte S 131. Ob die Begriffe ein im Grenzbereich zulässiger Gestaltung/unzulässiger Mißbrauch agierendes Verhalten wertneutral beschreiben sollen oder ob mit ihnen bereits das Ergebnis eines Mißbrauchs zum Ausdruck kommt, die Begriffe also ergebnisorientiert sind, wird nicht immer deutlich. Um so wichtiger, sich vorab nochmals zu verdeutlichen, daß Steuergestaltung im Zusammenhang mit Abkommensrecht vom Grundsatz her überhaupt keine Bedenken hervorrufen kann. Wer Anknüpfungen sucht, weil er in den Anwendungsbereich eines ihm gegenwärtig verschlossenen Abkommens gelangen will, der handelt nicht nur im eigenen Interesse, sondern auch im Interesse beider Vertragsstaaten – im Gleichklang jedenfalls mit der Art und Weise, wie sie ihre Interessen abgegrenzt haben. Wer unter den Abkommensschutz fällt und seine Rechtsverhältnisse zielgerichtet auf den Inhalt einer Abkommensnorm ausrichtet (Beispiel: statt Dividenden Zinseinnahmen vereinnahmt), kann nicht schon wegen dieser Gestaltung an sich mit dem Mißbrauchsvorwurf konfrontiert werden; deswegen benutzt *Kl. Vogel* die Begriffe mit Recht ausschließlich in einem wertneutralen Sinne, Rz 83 zu Art. 1). In diesem Sinne bringen zum Ausdruck

– **treaty shopping:** Sich-Einkaufen („Abkommenskauf") in die Schutzwirkung eines Abkommens (überflüssig, von einem „fremden" Abkommen zu sprechen, wie dies immer wieder zu lesen ist, da dies bereits mit dem Begriff klargestellt ist): Durch Zwischenschaltung einer abkommensberechtigten durch eine nichtabkommensberechtigte Person wird die Abkommensberechtigung (Schutzwirkung) in Anspruch genommen, die anderenfalls – mangels einer Anknüpfung – nicht gewährt würde (so mit geringfügigen, aber materiell wohl bedeutungslosen Unterschieden im Kern *Schaumburg* S. 824; *Kl. Vogel* Art. 1 Rz 83; *Wassermeyer* Art. 1 MA Rz 65; der Kommentar zum OECD-MA 1997 nennt den Begriff nicht, bezieht aber Anm. 8 bis 11 zu Art. 1 MA hierauf („… durch meist künstliche Rechtskonstruktionen die Steuervergünstigungen … auszunutzen");

– **rule shopping:** Sich-Einkaufen in eine Regel, in eine Einzelregelung: Bei unstreitig gegebener Abkommensberechtigung werden Maßnahmen rechtlicher und/oder tatsächlicher Natur getroffen, um Einkünfte umzuqualifizieren und damit in einer Genuß einer bestimmten Abkommensfolge (Steuerbefreiung als Regelfall) zu gelangen. Eine kurze, prägnante und rechtsfolgenbezogene Formel für einen Teilbereich nennt *Pross* (S. 179): Durch synthetische Zinsinstrumente, also mittels einer Kombination von Finanzinstrumenten, läßt sich statt des Zinsartikels ein anderer Artikel in Anwendung bringen, der – wie beispielsweise Art. 21 MA – keine Quellenbesteuerung kennt.

## b) treaty-shopping

Sie ist die zweifellos das Schrifttum beherrschende Form – was auch **102** ihrer praktischen Bedeutung und der Aufmerksamkeit im innerstaatlichen Recht und anläßlich der Vertragsverhandlungen entspricht. Da die Gestaltungen der nichtabkommensberechtigten Steuerpflichtigen erhebliche tatsächliche Unterschiede aufweisen, sind für das treaty-shopping Fallgruppen gebildet worden, um deren weitgehend neutrale Vorstellung es zunächst geht.

**103**    – **Durchlaufgesellschaften:** Eine inländische Gesellschaft beherrscht eine ausländische, in einem Nicht-DBA-Land ansässige Tochtergesellschaft; sie gründet eine Zwischenholding in einem dritten Staat, der sowohl mit dem Inland als auch dem Staat der Tochtergesellschaft durch ein DBA verbunden ist. *Becker* in *B/H/G/K* Grundlagen Teil 1 Abschn. 5, Anm. 207) nennt ihn den Standardsachverhalt. Beispiel (*Küsell* RIW 1998, 217): Inländische AG hält 100%ige Beteiligung an einer niederländischen Kapitalgesellschaft als „aktiver Holding", die wiederum 100% an einer Finanzierungsgesellschaft auf den niederländischen Antillen (dazu Art. 27 I DBA-Niederlande) hält. Bei der Ausschüttung an die niederländische Mutter fällt keine Quellensteuer an, in den Niederlanden greift ein Schachtelprivileg. Bei Weiterausschüttung an die deutscher Mutter fällt keine Quellensteuer an (Mutter/Tochter-Richtlinie), in Deutschland greift das Schachtelprivileg DBA-Niederlande. Damit ist auch zugleich der Zweck der Gestaltung klar: in den Genuß dieses Schachtelprivilegs zu gelangen. „Lohnenswert" ist diese Gestaltung, weil es im Sitzstaat der Holding eine Steuervergünstigung gibt.

**104**    – Eine Abwandlung dieses Falles – **stepping-stone-Gesellschaften** (Sprungbrettgestaltungen) – bezieht die Besteuerung der Holding in ihrem Sitzstaat ein, der aber durch eine entsprechende Gestaltung der Bemessungsgrundlage entgegengewirkt wird (oder fügt dem Standardsachverhalt eine weitere Gesellschaft in einem vierten Staat hinzu, s. *Carlé* KÖSDI 1999, 12058). Im Zwischenstaat werden von der Mutter (oder deren Gesellschaftern) Zinsen, Entgelte usw. in Rechnung gestellt. Beispiel (*Küsell* RIW 1998, 218): Eine in einem Nicht-BDA-Land ansässige Person vergibt Filmlizenzen nach Deutschland. Sie gründet dazu eine Verwertungsgesellschaft in den Niederlanden – zwischen beiden Staaten besteht ein DBA. Der deutsche Lizenznehmer zahlt 1 Mio. DM Lizenzgebühren an die zwischengeschaltete Verwertungsgesellschaft. Die Verwertungsgesellschaft zahlt 900 000,00 DM Lizenzgebühren an den Stpfl. im Nicht-DBA-Staat. Sinn und Zweck ist die Erlangung der reduzierten Quellensteuer gemäß DBA-Niederlande bei nur geringer Steuerlast in den Niederlanden – statt der beschränkten Steuerpflicht ohne Abkommenswirkung; hierzu der Kommentar zum MA Art. 1 Nr. 20.

**105**    – Eine weitere Abwandlung dieses Falles bezieht **nichtabkommensberechtigte Steuerausländer** ein: Ein Monegasse ist über Treuhänder an einer GmbH schweizerischen Rechts beteiligt. Diese hält Anteile an einer deutschen GmbH – Zweck der Gestaltung ist die Inanspruchnahme der Quellensteuerreduktion aufgrund des DBA-Schweiz. Die Besonderheit dieses Falles gegenüber dem Standardfall liegt darin, daß treaty shopping nicht mehr von einem Steuerinländer, sondern von einem nichtabkommensberechtigten Steuerausländer betrieben wird (sog *Monaco*-Fall, s. dazu R 138).

**106**    – **Quintettgestaltungen** werden als eine Form des treaty shopping genannt und zielen auf die Umgehung der Quellensteuer für Dividendenzahlungen ab: Solange der Unterschied zwischen dem Ausschüttungs- und dem Regelsteuersatz der deutschen Körperschaftsteuer 20% oder mehr betrug, konnte Deutschland für Gewinnausschüttungen deutscher Tochtergesellschaften die Absenkung der deutschen Kapitalertragsteuer auf 15% auf den Personenkreis nicht wesentlich beteiligter Gesellschafter beschränken, bei Anteilseignern mit mindestens 25% dagegen 25% Kapitalertragsteuer erheben (sogenannte Suspensionsklauseln). Um den Abkommensschutz in sachlicher Hinsicht beanspruchen zu können, konnte diese Regelung durch die Beteiligung von 5 ausländischen Gesellschaften zu je 20% an einer inländischen Kapitalgesellschaft „unterlaufen" werden; ob dieser Fall seit dem 1. 1. 1990 überhaupt noch von Bedeutung ist, ist strittig. Das Steuerreformgesetz 1990 senkte den Körperschaftsteuersatz für einbehaltene Gewinne von 56% auf 50% und verringerte damit die Differenz auf 50–36% für ausgeschüttete Gewinne von 20 auf 14 Prozentpunkte. Zwischen dem 1. 1. 1994 und dem 31. 12. 1998 ergab sich aber

wieder eine Satzdifferenz von 15 Prozentpunkten (Tarifbelastung von 45%, Ausschüttungsbelastung von 30%); ob damit Suspensionsklauseln mit einer solchen
Satzdifferenz wieder aufleben können, ist hier nicht weiter darzustellen: Der Sach-
und Streitstand ist bei *Kl. Vogel* (Rz 148 a zu Art. 10) eingehend dargestellt worden; doch ist der Quintettsachverhalt unter dem Gesichtspunkt Mißbrauchsfrage unabhängig von seiner aktuellen Bedeutung unverändert als Beispiel geeignet (dazu
R 139).

*(einstweilen frei)* **107–109**

c) *rule-shopping*

Die Gestaltungen sind darauf gerichtet, bei gegebener Abkommens- **110**
berechtigung die Voraussetzung für die Anwendung einer speziellen
DBA-Norm und deren günstigeren Rechtsfolgen zu schaffen; so die
neutrale Beschreibung bei *Küsell* RIW 1998, 218 gegenüber engeren
Voraussetzungen wie etwa bei *Wassermeyer* (Rz 68 zu Art. 1 MA) und
*Kl. Vogel* (Rz 83 zu Art. 1), die entsprechende Umqualifizierungsstrate-
gien der Steuerpflichtigen in die Definition einbeziehen. Richtig ist, daß
es besonderer Gestaltungen bedarf, um eine bestimmte Einkünftequalifizierung herbeizuführen. Als Grundfall wäre *Küsells* Beispiel zu nennen,
in dem eine natürliche, an einer ausländischen und in einem DBA-Staat
ansässige Kapitalgesellschaft beteiligte Person diese Beteiligung in eine
inländische Kapitalgesellschaft einbringt, um die Voraussetzungen für
die Inanspruchnahme eines DBA-Schachtelprivilegs herbeizuführen: Mit
der Thesaurierung der Beteiligungserträge vermeidet er die Ausschüttung einer Dividende ohne Körperschaftsteuer-Gutschrift (s. § 36 II
Nr. 3, 2. Halbsatz EStG). Oder das Beispiel *Kesslers* (S. 99) aus einem
Standortfaktorenkatalog für Holdinggestaltungen: Umformung von
Zinsen in Gewinnausschüttungen auf Ebene der Holding in einem
Niedrigsteuerland unter der Bedingung eines günstigen DBA-Netzwer-
kes.

– In dem unter der Bezeichnung **Holländische Brüder** (zur Lösung s. R 140) be- **111**
kanntgewordenen Fall waren zwei Brüder mit Wohnsitz in den Niederlanden Gesellschafter einer inländischen oHG. Gleichzeitig hielten sie Anteile einer schweizerischen Kapitalgesellschaft, die ihrerseits als typische stille Gesellschafterin an der
deutschen oHG beteiligte und die ihr zustehenden Gewinnanteile dieser oHG darlehensweise der oHG wieder zur Verfügung stellten: Auszahlungen aufgrund der stillen
Beteiligung als Betriebsausgabe – oder Gewinnanteile auf die stille Beteiligung als
Sonderbetriebseinnahmen der Gesellschafter nach dem Betriebsstättenprinzip im Inland zu versteuern. Oder: Bankguthaben werden in eine ausländische DBA-
Betriebsstätte mit dem Ziel eingebracht, die Zinsen der ausländischen Betriebsstättenbesteuerung zu unterwerfen und der inländischen Besteuerung zu entziehen; oder:
Gesellschafterfremdfinanzierung durch einen ausländischen Gesellschafter mit dem
Ziel, anstelle quellensteuerpflichtiger Dividenden aufgrund der Eigenkapitalfinanzierung quellensteuerfreie Zinsen entstehen zu lassen.
– **Künstlerverleihgesellschaften:** Das DBA-Niederlande – wie auch eine Reihe **112**
anderer Abkommen – enthält keine dem Art. 17 II MA entsprechende Klausel, wonach Einkünfte einer Gesellschaft, die Sportler oder Künstler verleiht, in dem Staat

besteuert werden können, in dem der Sportler oder Künstler seine Tätigkeit ausübt (s. ab S 301). Folge: In den Niederlanden werden Gesellschaften gegründet, deren Zweck in dem Verleih von Sportlern oder Künstlern besteht. Fall des *BFH* IStR 1998, 274 (dazu R 138): Eine GbR ohne Sitz und Geschäftsleitung im Inland unterstützt Ausrichter von Sportveranstaltungen; die Personalausstattung ist gering, in den Streitjahren hat die GbR 90% ihrer Einnahmen als „operating expenses and charges für secondment services" an Dritte gezahlt. Mit einem inländischen Veranstalter trifft sie eine Vereinbarung, nach der die GbR diesen Veranstalter berät und unterstützt, insbesondere Sportler zur Verfügung zu stellen und für Fernsehübertragungen zu sorgen; da sie ihren Sitz in einem DBA-Staat hat, beantragt sie beim Bundesamt für Finanzen Freistellungsbescheinigungen für ihre Einnahmen.

**113** – **Koordinierungsstellen** (in der Bundesrepublik: s. B 54) werden in die Gruppe des rule-shoppings eingeordnet (*Wassermeyer* Art. 1 MA Rz. 70; *Schaumburg* S. 826). So hat beispielsweise Belgien eine besondere Pauschalregelung für Koordinierungsstellen geschaffen (10-Jahres-Frist), die Anreize zur Schaffung von Tätigkeitszentren der Verwaltung, der Finanzgeschäfte und der Forschung zur Folge haben soll und auch hat (dazu *Malherbe* IStR 1997, 74). Indem eine deutsche Gesellschaft eine ausländische Betriebsstätte oder eine ausländische Tochtergesellschaft gründet, werden für die dort erzielten Einkünfte einerseits die besonderen Steuervorteile in Anspruch genommen, andererseits – und hierin liegt der Kern des rule shoppings – erfolgt mittels des DBA eine Abschirmung vor der inländischen Besteuerung (im Ausschüttungsfall soll ein DBA-Schachtelprivileg greifen). An dieser Stelle wird sich die Frage der Vereinbarkeit der deutschen Hinzurechnungsbesteuerung mit Abkommensrecht stellen. Für solche Gesellschaften bestehen im übrigen länderspezifische Besonderheiten, die in der Literatur umfassend behandelt werden (zu den Europäischen Konzernverwaltungsstellen ist insbesondere auf die Länderübersicht bei *Buhl* S. 29 ff., hinzuweisen); einzuordnen ist hier auch das **Dutch-Swiss-Sandwich-Modell**, bei dem eine inländische Muttergesellschaft in den Niederlanden eine Finanzdienstleistungsgesellschaft gründet und eine schweizerische Betriebsstätte Konzernfinanzierungsaufgaben in Richtung des nachbesteuernden Sitzes der Muttergesellschaft übernimmt (dazu *Dreßler* S. 90, 91; *Otto H. Jacobs* S. 852).

**114** – Auch **Dublin-Dock-Gesellschaften** gelten als Form des rule-shoppings (*Wassermeyer* Art. 1 MA Rz 69): Tochterkapitalgesellschaften inländischer Unternehmen mit ihrem Sitz in Dublin schütten ihre dort privilegiert besteuerten Einkünfte unter Inanspruchnahme des DBA-Schachtelprivilegs steuerfrei in das Inland aus (s. R 137).

**115–119** *(einstweilen frei)*

*d) directive-shopping (EU-Tochtergesellschaften)*

**120** *Direktive-shopping* liegt vor, wen eine in einem EU-Staat ansässige Kapitalgesellschaft zwischengeschaltet wird, um in den Genuß einer Quellensteuerreduzierung gem. § 44 d EStG zu gelangen (zu § 44 d EStG als Umsetzung der EG-Mutter/Tochter-Richtlinie Art. 5 in deutsches Recht s. P 97). Da bei Zufluß einer Dividende nach dem 30. Juni 1996 Kapitalertragsteuer unabhängig von einer DBA-Steuerpflicht auf Antrag „nicht erhoben" wird (kein Abzug, keine Abführung, keine Haftung), ist die Einordnung eines directive-shopping in die DBA-Mißbrauchsproblematik zwar systematisch angreifbar; die **gegen treaty-shopping gerich-**

tete Vorschrift § 50d Ia EStG erfaßt aber auch Fälle des directive-
shopping („... hat keinen Anspruch auf Steuerentlastung (Steuerbefreiung oder -ermäßigung nach § 44d oder nach einem Abkommen zur
Vermeidung der Doppelbesteuerung), soweit Personen an ihr beteiligt
sind ...“). Vom Grundsatz der einem jeden Rechtskreis eigenen Mißbrauchsabwehr wäre zu fragen, ob insoweit dem Gemeinschaftsrecht eigene Maßstäbe zu entnehmen sind. Während jedoch die Fusionsrichtlinie
einen eigenen Mißbrauchstatbestand (Art. 11 Ia) enthält, ist eine solche
eigenständige Regelung der Mutter/Tochter-Richtlinie nicht zu entnehmen (zur Anwendbarkeit des § 50d Ia EStG s. R 141).

### 3. Mißbrauchsbekämpfung

*a) Übersicht*

Der methodische Weg zur Lösung der genannten Fälle hat davon aus-    **121**
zugehen, daß es eine **rechtskreisspezifische Mißbrauchsabwehr** gibt
(*Peter Fischer* DB 1996, 645). Dementsprechend sind zu unterscheiden
das innerstaatliche Recht, das Europäische Recht und – natürlich in diesem Zusammenhang – das Abkommensrecht selbst. Zu den Lösungsstu-
fen hierbei ist auf *Kl. Vogels* Darstellung in Rz 89 zu Art. 1 zu verweisen:
sie ist als die gegenwärtig umfassendste Sicht überhaupt zu betrachten.
In dem Zusammenhang dieses Buches kann es nur um die Vermittlung
eines Grundverständnisses unter Einbeziehung vorliegenden Fallmaterials zur Lösung der genannten bzw. vergleichbarer Fälle des treaty shopping und des rule shopping gehen.

*b) Abkommensrechtliche Grundlagen: Besondere Regeln (Mißbrauchs-
klauseln, Vorbehalts- und Aktivitätsklauseln)*

*Peter Fischer* schreibt hierzu (aaO S. 645): „Nach h.M. beurteilt sich    **122**
die Frage, ob ein Abkommensmißbrauch vorliegt, nach innerstaatlichem
Recht. Diese Auffassung ist abzulehnen. Es gelten die Grundsätze für die
Auslegung völkerrechtlicher Vereinbarungen; ein Rückgriff auf das nationale Recht zur Verhinderung der Gesetzesumgehung ist hier nicht ohne weiteres möglich“. Zunächst: Eine h.M. mit dem genannten Inhalt ist
nicht nachweisbar (s. dazu die unterschiedlichen Grundpositionen bei
*Schaumburg* S. 828 Fußn. 470). Im übrigen ist die h.M. – wäre sie denn
diesen Inhalts – nicht schon deswegen abzulehnen, weil die Grundsätze
für die Auslegung völkerrechtlicher Vereinbarungen gelten. Hier muß
kein Widerspruch bestehen – es sind Methode und Ergebnis voneinander
zu unterscheiden. Selbstverständlich gelten für die Auslegung völkerrechtlicher Vereinbarungen besondere Regeln, aber die Frage eines
Rückgriffs auf innerstaatliches Recht hat ja nichts mit der – selbstverständlichen – Anwendung solcher Regeln zu tun, sondern stellt sich als

Ergebnis eines Auslegungsprozesses dar. Man könnte also bestenfalls das Problem – und dann ist es nach der unter R 56 behandelten Auslegungsfrage hinreichend bekannt – so beschreiben: Es kann auch bei der Lösung eines Mißbrauchsproblems die Frage einer eigenen Aussage des Abkommens zu früh abgebrochen werden und – in zulässiger oder in unzulässiger Weise – auf innerstaatliches Recht zurückgriffen werden. Enthält ein **Abkommen eigene Mißbrauchsvorschriften**, stellt sich im Anwendungsbereich dieser Normen die Frage nach der Reichweite innerstaatlichen Rechts erst gar nicht.

**123**  – Hierin einordnen kann man vorab den Fall eines ausdrücklichen Vorbehalts im Abkommen für die **Anwendung innerstaatlicher Mißbrauchsklauseln**. So heißt es im Art. 43 II lit. a) DBA-Schweden, daß dieses Abkommen nicht so auszulegen sei, „als könne nach ihm die Steuerpflicht in einem Vertragsstaat durch den Mißbrauch von Gestaltungsmöglichkeiten des Rechts umgangen werden" – was übereinstimmend als eine Bezugnahme auf das innerstaatliche Recht des Anwenderstaates verstanden wird, obwohl dies noch klarer zum Ausdruck zu bringen wäre; in diesem Sinne das Protokoll DBA-Belgien zu Nr. 17: „Keine der Bestimmungen dieses Abkommens ist so auszulegen, als hindere sie einen Vertragsstaat, seine innerstaatlichen Rechtsvorschriften zur Verhinderung der Steuerumgehung und Steuerhinterziehung anzuwenden" (so auch zuletzt Art. 28 DBA-Kasachstan 1997).

**124**  – **Einschränkungen der Abkommensberechtigung** (ausdrücklich geregelte Fälle des treaty shoppings) enthalten beispielsweise das DBA-Schweiz: Sonderregelungen für den Fall der Bundesrepublik als Quellenstaat im Art. 23 mit einer Entlastungsversagung wegen unangemessener Abkommensnutzung durch Gesellschaften und Stiftungen (dazu die 36 Seiten (!) umfassende Kommentierung in *Debatin/Wassermeyer*); Art. 28 des DBA-USA schränkt den Kreis der Personen ein, die nach vorangegangenen Abkommensvorschriften Vergünstigungen beanspruchen könnten: „Im Grundsatz sollen die Personen keinen Abkommensschutz genießen, die dasselbe mißbrauchen", so *Wassermeyer (Debatin/Wassermeyer)* Rz 5 zu Art. 28 USA; ein erstes Urteil zur Auslegung des Art. 28 DBA-USA liegt mit *FG Köln* EFG 1998, 927 vor; zu einer noch weitergehenden Regelung nach der Art und Weise der Beschränkung der Abkommensberechtigung im DBA USA-Niederlande 1993 (Art. 26) s. *Galavazi* IStR 1994, 225. Einseitige Einschränkungen der Abkommensberechtigung sieht beispielsweise das DBA – Vereinigte Arabische Emirate (Art. 23) vor: Vorteilsbegrenzung aus der Sicht der Bundesrepublik. In einem solchen Sinne auch das Protokoll zu DBA-Finnland Nr. 6, wonach die Bundesrepublik durch das Schachtelprivileg, in Art. 23 V lit. c) für eine inländische Muttergesellschaft nicht daran gehindert wird, „ihre Vorschriften gegen die Steuerumgehung auf Einkünfte anzuwenden, die aus einem dritten Staat stammen oder dort zugeflossen sind, auch wenn die Einkünfte unter Zwischenschaltung einer in der Republik Finnland ansässigen Person aufgefangen oder über sie geleitet worden sind". Als Sonderregelung wäre hier einzuordnen der vollständige DBA-Ausschluß luxemburgischer Holdinggesellschaften (Schlußprotokoll Nr. 1) – eine Regelung, „die der radikalsten Form der im Art. 1 Nr. 15 MK zur Verhinderung von sog. Durchlaufsituationen vorgeschlagenen „Ausschluß-Klausel" (entspricht), da eine ganze Art von Gesellschaften aus der Abkommensanwendung im Ganzen ausgeschlossen wird" (*Siegers* in *Debatin/Wassermeyer* Vor Art. 1 Luxemburg Rz 28).

– **Beneficiary-Klauseln** stellen sicher, daß Empfänger von Dividen- **125** den, Zinsen und Lizenzen die Reduzierung oder die Nichterhebung von Quellensteuern im Quellenstaat nur dann beanspruchen, wenn sie Nutzungsberechtigte sind und nicht nur aufgrund einer formalen Rechtsposition – beispielsweise aufgrund einer Vertretungsberechtigung – die Abkommensvergünstigung beanspruchen.

– Die **Künstlerklausel** des Art. 17 II MA (s. S 301) wird als Fall einer **126** Mißbrauchsabwehr verstanden: Das Quellensteuerrecht nach Art. 17 I (Besteuerung gem. Ort der Tätigkeit) wird nach Art. 17 II auf Personen ausgedehnt, die nicht selber als Künstler oder Sportler tätig werden, denen aber Einkünfte aus einer von einem Künstler oder Sportler in dieser Eigenschaft persönlich ausgeübten Tätigkeit zufließen. Bis zum MA 1992 wurde diese Vorschrift hauptsächlich unter dem Gesichtspunkt der Erfassung von Mißbrauchsgestaltungen durch Zwischenschaltung einer sogenannten Künstlergesellschaft und damit der Vermeidung des Art. 17 I gesehen (Fall des Boxweltmeisters Ingemar Johansson, s. *Kl. Vogel* StuW 1996, 248). Der Kommentierung des MA 1992 ist allerdings der weitergehende Gedanke zu entnehmen, die Besteuerung dem Quellenstaat in allen Konstellationen zuzuweisen, in denen die Einkünfte aus der Tätigkeit eines Künstlers oder Sportlers einer ausländischen juristischen Person zufließen; der Umgehungsfall wird im Kommentar nunmehr als einer von drei Hauptfällen genannt.

– Einen besonderen Stellenwert in der deutschen Vertragspraxis neh- **127** men die sogenannten **Vorbehaltsklauseln** ein; sie sind auf dem Hintergrund der Freistellungs- statt der Anrechnungsmethode entstanden: Es ist bereits mehrmals auf den Zusammenhang zwischen der Steuerfluchtproblematik und der sie tendenziell verhindernden Steueranrechnungsmethode (Hochschleusungseffekt) hingewiesen worden (s. vor allem B 67). Da die Freistellungsmethode unter dem Gesichtspunkt der Interessen eines Hochsteuerlandes wie der Bundesrepublik problematisch ist, macht die Bundesrepublik die Gewährung dieser Methode von der Erfüllung bestimmter Zusatzbedingungen abhängig, die als „Vorbehaltsklauseln" zusammengefaßt werden: Aktivitätsklausel, subject-to-tax-Klausel (Rückfallklausel), switch-over-Klausel (Gesamtdarstellung bei *Grotherr* IWB 3 Gr. 2, 643 ff.):

**128**    – **Aktivitätsklauseln** in Doppelbesteuerungsabkommen (der Kommentar zum MA
Art. 1 Nr. 21 rechnet sie zu den Bona-fide-Klauseln: Abkommensvorteile setzen
echte wirtschaftliche Tätigkeiten voraus) stellen besondere Einzelregelungen dar mit
dem Ziel, ausländische Einkünfte nur dann von der deutschen Besteuerung freizustellen, wenn sie fast ausschließlich durch aktive Tätigkeit (produktive Tätigkeit) erzielt
werden. Betroffen sind hiervon Unternehmensgewinne aus ausländischen Betriebsstätten und Schachteldividenden. Der Kernbestand aktiver Tätigkeiten (*Kl.Vogel*
Art. 23 Rz 89) wird mit „Herstellung und Verkauf von Gütern und Waren, technische
Beratung und technische Dienstleistung oder Bank- und Versicherungsgeschäfte" beschrieben – im übrigen ist auf die Variationsbreite der Klauseln in den einzelnen
DBA zu verweisen, *Wassermeyer* (IStR 2000, 65) kritisiert sie als überkompliziert,
nicht aufeinander abgestimmt und weist 7 Typen nach („Wirrwarr"). Sind die Voraussetzungen für die Behandlung von Einkünften als „aktive" nicht gegeben, so tritt
an die Stelle der Freistellung die Anrechnung. Die Einordnung der Aktivitätsklauseln
in die Mißbrauchsproblematik darf nicht dazu verleiten, in jedem Fall die Voraussetzungen einer allgemeinen Mißbrauchsformel als gegeben anzunehmen. Es können im
Einzelfall auch beachtliche Gestaltungsgründe zugrunde liegen. Aber darauf kommt
es eben bei der Anwendung von Spezialklauseln nicht an; sie sind anwendbar, ohne
daß im konkreten Fall ein Anlaß zur Annahme eines Mißbrauchs vorliegen muß und
entfalten ihre Wirkung daher vor allem bei der vorbeugenden Abwehr.

**129**    – **Rückfallklauseln (subject-to-tax-Klauseln)** sind ebenfalls nur auf dem Hintergrund der Freistellungsmethode verständlich und sollen sog. weiße Einkünfte verhindern: Stellt die Bundesrepublik beispielsweise Betriebsstättengewinne von der
Besteuerung beim inländischen Stammhaus frei, so steht diese Befreiung vom Grundsatz her in keinem Zusammenhang mit einer Besteuerung im Vertragsstaat (Vermeidung schon der virtuellen Besteuerung). Unterbleibt die Besteuerung des Betriebsstättengewinns im Vertragsstaat, findet überhaupt keine Besteuerung statt und
wird der Wettbewerbseffekt der Freistellungsmethode auf die Spitze getrieben. Deshalb ist Deutschland in neueren Abkommen dazu übergegangen, eine Rückfallklausel
vorzusehen, nach der eine Freistellung in Deutschland als Wohnsitzstaat nur dann erfolgt, wenn die Einkünfte im Quellenstaat tatsächlich besteuert wurden. Ist dies nicht
der Fall, würde im Inland die Anrechnungsmethode greifen, was zur Steuerpflicht
dieser Einkünfte im Inland führt; dazu *OFD Frankfurt a.M.* RIW 1999, 639 unter
Aufzählung einzelner Abkommen und BSt-Verwaltungsgrundsätze 1.2.6. Der Kommentar zum MA (Art. 1 Nr. 18) ist eher skeptisch und spricht von Vor- und Nachteilen solcher Klauseln; s. im übrigen die Hinweise des Kommentars zum MA in Art. 10
Nr. 20, Art. 11 Nr. 10, Art. 12 Nr. 6, Art. 27 Nr. 2; zur Entwicklung solcher Klauseln
mit rechtsvergleichenden Hinweisen *Lampe* IWB 3 Gr. 2, 775. *Kl. Vogel* hat allerdings bestritten, daß es **Rückfallklauseln als eine einheitliche Kategorie von Abkommensbestimmungen** im deutschen DBA gibt, er spricht insoweit von einer
„Mär" (IStR, Beihefter zum Heft 24/1997): Die Regelungen, die von der Finanzverwaltung mit diesem Ausdruck im Zusammenhang mit dem Methodenartikel bezeichnet werden, definieren die „Quelle" von Einkünften – daß solche Bestimmungen aber
den „Rückfall" bewirkten, könne nicht nachvollzogen werden, abzugrenzen seien
vielmehr „Quellendefinitionen" im Zusammenhang mit der Anrechnungsmethode –
nur im DBA-Italien folge eine solche Klausel aus dem Protokoll zum DBA-Nr. 16
lit. d): Für die Zwecke des Art. 24 III a) – der den Grundsatz der Freistellung italienischer Einkünfte für Ansässige Deutschlands aufstellt – gelten die Einkünfte einer in
einem Vertragsstaat ansässigen Person „als aus dem anderen Vertragsstaat stammend,
wenn sie im anderen Vertragsstaat in Übereinstimmung mit diesem Abkommen effektiv
besteuert worden sind". Auf den ursprünglichen Zweck der „Rückfallklausel" hatte
auch *Grotherr* (IWB 3 Gr. 2, 691) bereits aufmerksam gemacht, sieht allerdings –
anders als *Kl. Vogel* – neben der Sicherstellung der Anrechenbarkeit auch die Ver-

hinderung einer doppelten Nichtbesteuerung von Einkünften als Funktion der abkommensrechtlichen Quellenregel.

Die Klausel – näher betrachtet – besitzt hiernach sowohl einen positi- **130** ven als auch einen negativen Anwendungsbereich. Die positive Anwendung folgt aus dem Wortlaut der Norm, die negative aus einer Auslegung e contrario (*Lampe* aaO, 775): Einkünfte gelten statt aus dem anderen Vertragsstaat aus dem Ansässigkeitsstaat stammend, wenn sie im anderen Vertragsstaat nicht in Übereinstimmung mit dem Abkommen effektiv besteuert worden sind. Auf diese negative Anwendungsrichtung bezieht sich der Begriff **Rückfallklausel,** und dies ist der problematische Teil der Klausel, den auch ein Teil der Literatur nicht anerkennt, s. nur die kurze Zurückweisung eines solchen Umkehrschlusses bei *Wolff* zum Art. 23 II DBA-USA (Rz 13 zu Art. 1). Die Hinweise in der Rechtsprechung geben zu den Voraussetzungen einer Rückfallklausel und damit zu der Kernfrage der „Besteuerung im anderen Staat" kein einheitliches Bild. *BFH* BStBl. 1992 II, 660 legte Art. 23 III DBA-Kanada im Sinne einer Rückfallklausel mit der Begründung aus, daß durch dieses Abkommen „nicht mehr die sog. virtuelle, sondern nur die tatsächliche Doppelbesteuerung vermieden" werden solle. Im ebenfalls zum DBA-Kanada ergangenen Urteil *BFH* BStBl. 1998 II, 58 heißt es, es komme nicht darauf an, in welchem Umfang Gewinne oder Einkünfte von der kanadischen Besteuerung erfaßt werden oder ob dort alle Einkunftteile im Rahmen der ausländischen Steuerveranlagung auch zu einer konkreten Steuerzahlungspflicht führen; jedenfalls läge eine Besteuerung vor. Der *BFH* scheint hier klarstellen zu wollen, daß Rückfallklauseln nicht auf Einkunftteile angewendet werden können, sondern Einkünfte insgesamt betrachtet werden müssen. Im Urteil des *BFH* IStR 1996, 536 wird Art. 23 II Satz 2 DBA-USA als Rückfallklausel verstanden und in einem Fall angewendet, in dem in den USA steuerpflichtige Einkünfte deshalb dort nicht versteuert wurden, weil der Kläger keine Steuererklärung abgegeben hatte (s. dazu die Urteilsanmerkungen von *Wassermeyer* IStR 1996, 537 und *Hey* RIW 1997, 82 mit Hinweisen auf die zahlreichen und ungeklärten Fragen). *Lampe* hat in seiner Darstellung (IWB aaO, 781) unter Hinweis auf die Entstehungsgeschichte die Rückfallklausel in einen Zusammenhang mit abkommensbezogenem Mißbrauch gestellt und diesen Anwendungsfall um den Fall von den Abkommensparteien nicht vorhergesehener Doppelfreistellung ergänzt (wobei für diesen Fall Switch-over-Klauseln eingreifen können). Entscheidend ist damit die negative Abgrenzung: Rückfallklauseln sind unanwendbar, wenn die Vertragsstaaten Einkünfte nach ihrem nationalen Recht verschiedenen DBA-Einkunftsartikeln oder unter unterschiedlichen Personen zuordnen. Bei der Auslegung – so *Lampe* – sollte die Tatsache Berücksichtigung finden, daß die Bundesrepublik grundsätzlich eine Freistellung vorgesehen hat – und diese respektiere nun einmal „in höherem Maße als die Anrechnungsmethode die Besteuerungsentscheidung des anderen Staates. Findet sich in einem DBA Deutschlands eine Rückfallklausel … so kommt darin nicht der Wille der Abkommensparteien zum Ausdruck, über Umwege zur Anrechnungsmethode überzugehen; sonst hätten sie die Anrechnungsmethode vereinbart." Zur Frage einer Anrechnung ausländischer Steuern s. *OFD Düsseldorf* IStR 1997, 53: Es handele sich insoweit um inländische Einkünfte, denn § 34c VI EStG verweise insoweit auf das jeweilige DBA, und die Rückfallklausel fingiere, daß Einkünfte nur dann aus dem anderen Staat stammen, wenn sie dort besteuert werden; eine unhaltbare Annahme und weder mit Wortlaut noch mit dem Sinn solcher Klauseln zu vereinbaren (*Baranowski* IWB Editorial 1998, Nr. 18: die Wirkung der Rückfallklausel erschöpft sich eindeutig darin, inländische Besteuerungsfolgen zu ändern, aber die betroffenen Einkünfte bleiben das, was sie aufgrund des Standorts der Quelle sind, nämlich ausländische). Richtig daher nur die weiteren Ausführungen *OFD Düsseldorf* zur Anwendung des § 2a EStG. Die Frage der „Nichtbesteuerung im anderen Staat" als Kernfrage ist jedenfalls nicht geklärt. *OFD Düsseldorf* hält Gründe für die Nichtbesteuerung für gegenstandslos, erkennt lediglich eine Besteuerung an, wenn im anderen Staat nach dem dort geltenden Tarif auch unter Einbeziehung der fraglichen Einkünfte keine Steuer festzusetzen ist. Weitergehend nunmehr BSt-Verwaltungsgrundsätze 1.2.6: Eine „Besteuerung" wird auch anerkannt, wenn es durch Ausschöpfung eines Freibetrags, Verlustausgleichs oder Verlustabzugs oder wegen negativer Größe nicht zu einer Steuerzahlungspflicht kommt. Der Kommentar zum MA (Art. 1 Nr. 17) hat festgestellt, daß sich solche Klauseln für „typische Durchlaufsituationen" eignen – davon ist die Verwaltungsauffassung weit entfernt. Deswegen zutreffend *Lampe*: Jedwede Besteuerung im anderen Staat ist anzuerkennen, solange nicht ein abkommensbezogener Mißbrauch oder eine nicht vorgesehene Doppelfreistellung vorliegt.

Auch in diesem Zusammenhang ein Hinweis auf das Gemeinschaftsrecht: Der genannte Richtlinienentwurf über die Besteuerung von Zins- und Lizenzgebührenzahlungen (s. N 226) wird die DBA-Vorschriften der EU-Staaten über die Quellenbesteuerung von Zinsen und Lizenzgebühren neu gestalten wie dies die Mutter/Tochter-Richtlinie bereits für den Dividendenartikel tat. Multilateral wird sie eine Form der Rückfallklausel einführen. Der Quellenstaat erhält das Recht der Quellenbesteuerung von Zins- und Lizenzzahlungen innerhalb eines Unternehmensverbundes zurück, wenn die empfangende Gesellschaft oder Betriebsstätte „in den Genuß einer Verringerung der Steuerbemessungsgrundlage kommt, die bei Gesellschaften und Betriebsstätten anderen Staates sonst üblicherweise nicht anwendbar ist", so Art. 7 Ib) des Richtlinienvorschlags.

**131**    **– Übergang von der Freistellungs- zur Anrechnungsmethode,** wenn infolge von Auslegungs- oder Zurechnungskonflikten eine Nichtbesteuerung erfolgen würde: **Switch-over-Klauseln** unter dem Vorbehalt eines Verständigungsverfahrens; Deutschland beseitigt in einem solchen Fall nur die effektive Doppelbesteuerung; Beispiel: Art. 23 II lit. b) gg) in Verbindung mit Protokoll Nr. 21 DBA-USA. Zur ei-

gentlichen Problematik der switch-over-Klauseln in Fällen, in denen auf eine Minderbesteuerung Bezug genommen wird, s. *Grotherr* (aaO, S. 655): In Formulierungen
wie „unbesteuert blieben oder zu niedrig besteuert wurden bzw. unangemessen niedrig besteuert werden bzw. nur ermäßigt besteuert würden" kommt jeweils ein unbestimmtes quantitatives Element zum Ausdruck, mit dem eine Steuerverkürzung bzw.
eine Minderbesteuerung bekämpft werden soll, jedoch: „Die Tücke derartiger Formulierungen besteht darin, daß es hierüber keinen allgemeinen Konsens gibt, wann
dies vorliegt, so daß die Abkommensanwendung mit einer relativen Rechtsunsicherheit behaftet wird". Die Vfg. *OFD Düsseldorf* zu den Rückfallklauseln (IStR 1997,
53) grenzt switch-over-Klauseln als „ähnliche Regelung" hiergegen ab. Doch sollte
klar unterschieden werden: Rückfallklauseln knüpfen an tatsächliche Gegebenheiten
an, die völlig unstreitig sind (die ausländische unzureichende bzw. fehlende Besteuerung) – während der switch-over-Klausel ein Auslegungsproblem und als Folge davon eine bestimmte Besteuerungssituation zugrunde liegt.

   – Schließlich ist auf eine besondere Gruppe von Abkommen hinzuweisen mit **Ab-**    **132**
**weichung von der Regelbesteuerung** (so *Kl. Vogel* Art. 1 Rz 118) – beispielhaft
DBA-Singapur Protokoll Nr. 2: Freistellung von Einkünften in der Bundesrepublik
„... nur dann Anwendung, wenn diese Gesellschaft nachweist, daß die auf die Einkünfte entfallende singapurische Steuer der Höhe nach der singepurischen Steuer entspricht, die auf diese Einkünfte entfallen wäre, ..."

## c) Abkommensrechtliche Grundlagen: Allgemeiner Mißbrauchsvorbehalt

   Damit stellt sich – unter zunächst immer noch völliger Außerachtlas-   **133**
sung allgemeiner und spezieller Mißbrauchsregeln des innerstaatlichen
Rechts – auf der **Ebene des Abkommensrechts** die Frage, ob neben den
ausdrücklichen Mißbrauchsklauseln eines Abkommens die Anwendung
einer Vertragsbestimmung wegen eines **allgemeinen Mißbrauchsge-
dankens** scheitern kann. Voraussetzung hierfür wäre, daß ein Abkommen unter einem allgemeinen, ungeschriebenen, aus einem völkerrechtlichen Vorbehalt herzuleitenden **Umgehungsvorbehalt** steht. Soweit das
Abkommen keine Regeln enthält und mangels abkommensrechtlichen
Normenbestandes von vornherein innerstaatliches Recht greift (Beispiel:
Zurechnung von Einkünften), stellt sich die Frage nicht. Das bestätigt
auch der Kommentar zum MA in Nr. 23 zu Art. 1: Solche Regeln werden
von dem Abkommen nicht angesprochen und deshalb nicht berührt – gegen den „Geist des Abkommens" werde allerdings verstoßen, wenn das
innerstaatliche Recht in solchen Fällen zu einer wirtschaftlichen Doppelbelastung führe. Soweit aber der Vertragstext auszulegen ist, kann der
Frage nach einer ungeschriebenen Mißbrauchsregelung nicht ausgewichen werden.

   (1) Die Frage stellt sich ja schon dann, wenn die Voraussetzungen ei-   **134**
ner speziellen Mißbrauchsbestimmung eines Abkommens für einen konkreten, einschlägigen Fall nicht gegeben sind. Ist die Mißbrauchsfrage
damit aus der Sicht des Abkommensrechts gegenstandslos geworden? Es
hängt davon ab, ob die Vertragsstaaten mit einer speziellen Mißbrauchsvorschrift eine abschließende Regelung treffen wollten. Ein brauchbares
Unterscheidungskriterium: Ist eine Einzelfrage geregelt (Art. 9 MA; be-

neficiary-Klauseln), spricht einiges gegen eine abschließende Lösung –
regelt ein Abkommen aber wie Art. 28 DBA-USA unter der Überschrift
„Schranken für die Abkommensvergünstigungen" detailliert und umfas-
send Grenzen der Anerkennung von Gestaltungen, spricht dies für den
Willen der Vertragsparteien, die damit verbundenen Fragen (in Art. 28
DBA-USA: die Abkommensberechtigung) abschließend zu regeln
(*Kl. Vogel* Art. 1 Rz 92).

135    (2) Sind aber keine abkommensrechtlichen Spezialregelungen zu beachten, oder wirken solche im Einzelfall nicht als Sperre, dann ergibt
sich – nach Nr. 24 des Kommentars zu Art. 12 MA sogar nach „Auffassung der großen Mehrheit" – noch keine Notwendigkeit, auf Regeln
des innerstaatlichen Rechts zurückzugreifen: Nach Auffassung des Mu-
sterkommentars ist vielmehr davon auszugehen, daß die vereinzelt anzutreffenden ausdrücklichen Regelungen und die ihnen zugrundeliegenden
Prinzipien „zu ihrer Anwendung keines bestätigenden Vorbehalts im
Abkommenstext bedürfen". Daraus folgt die Erkenntnis in Nr. 26 zu
Art. 1 unter der Überschrift „Geist des Abkommens": „Die Mehrheit der
Mitgliedstaaten der OECD akzeptiert Maßnahmen gegen die Steuerumgehungen als notwendige Instrumente, um Gleichmäßigkeit und Neutralität der nationalen Steuerrechte in einem internationalen Umfeld zu sichern, das durch sehr unterschiedliche Steuerbelastungen gekennzeichnet
ist; solche Maßnahmen sollten jedoch nur zu diesem Zweck ergriffen
werden. Es verstieße gegen die dem MA zugrunde liegenden allgemeinen Grundsätze und gegen den Geist der Abkommen im allgemeinen,
diese Maßnahmen gegen Steuerumgehungen auf die Produktion, die
normale Erbringung von Dienstleistungen und den Handel von Gesellschaften mit echter gewerblicher oder kaufmännischer Tätigkeit zu
erstrecken, wenn diese Tätigkeiten auf das wirtschaftliche Umfeld des
Landes bezogen sind, in dem die Gesellschaften ansässig sind, und die
Situation nach der Art dieser Tätigkeit den Verdacht der Steuerumgehung nicht aufkommen lassen kann. Maßnahmen gegen die Steuerumgehung sollten sich nicht auf Länder mit ähnlich hohem Steuerniveau wie
im Wohnsitzstaat des Steuerpflichtigen erstrecken". Das sind durchaus
klare Grenzziehungen für einen allgemeinen Mißbrauchserwägungen zugänglichen Abkommenstext: Bonafide-Klauseln zuzüglich Steuergefälle.
   Aber ungeachtet der Stellungnahme des MA-Kommentars: Die Frage
wird kontrovers diskutiert und ist insbesondere unter dem Gesichtspunkt
einer Vereinbarkeit von späteren innerstaatlichen Regeln mit DBA-Recht
(treaty overriding) durchaus von praktischer Bedeutung (allerdings ist
vorab klarzustellen, daß die Frage einer DBA-Nichtanwendung in einem
Mißbrauchsfall nichts mit der Frage eines treaty-overriding zu tun hat,
dazu *Kl. Vogel* in Forum Nr. 4, S. 91). Einerseits wird vertreten, daß
DBA unter einem allgemeinen ungeschriebenen, aus einem völkerrechtlichen Vorbehalt herzuleitenden Umgehungsvorbehalt stehen – anderer-

seits wird hiergegen geltend gemacht, wegen der Unterschärfe eines solchen Vorbehalts verstöße dies gegen die Prinzipien der Gesetzmäßigkeit der Besteuerung und der Gesetzesbestimmtheit (vgl. die Nachweise hierzu bei *Füger/Rieger* IStR 1998, 355 Fußnote 17). Macht man sich klar, daß die praktischen Folgen eines solchen Konflikts nur auf die Rechtsfragen des Abkommens selbst bezogen sind und daß ein „Übergriff' eines ungeschriebenen völkervertragsrechtlichen Mißbrauchsvorbehalts wegen der Grenzziehung des Art. 3 II MA ohnehin ausgeschlossen ist; billigt man die Erkenntnis *Kl. Vogels* (Art. 1 Rz 96), nach der künstliche, unangemessene Rechtsgestaltungen nicht nach Maßgabe ihrer Form, sondern allein nach der Substanz zu beurteilen sind und daß diese zunächst innerstaatliche Regel als ein „allgemeiner Rechtsgrundsatz der zivilisierten Nationen" auch im Verhältnis der Vertragsstaaten eines DBA zueinander gilt; anerkennt man, daß die Völkerrechtslehre den Begriff der sog. allgemeinen Rechtsgrundsätze der zivilisierten Nationen kennt und dieser in Art. 38 I lit. c) des Statuts des Internationalen Gerichtshofs formuliert ist (dazu *Merthan* RIW 1992, 931), dann heißt dies folgerichtig die **Anerkennung eines allgemeinen völkerrechtlichen Umgehungsvorbehalts.** Die Bonafide-Klauseln, Substance-over-form-Regelungen unter Einbeziehung des Steuergefälles zwischen den beiden Staaten könnten dann Eckpunkte bilden, sofern es sich bei ihnen um **allgemein anerkannte Standards** handelt. Denn mit der Anerkennung eines allgemeinen Mißbrauchsvorbehalts ist nicht etwa die Geltung des jeweils nationalen Mißbrauchsverständnisses gemeint. Das Mißbrauchsverbot als völkerrechtlich allgemeiner Grundsatz soll zur Anwendung gleicher Standards führen (*Kl. Vogel*, aaO, S. 93). Anders und strikt nach landesrechtlichem Vorrang *Wolff* Rz 57 zu Art. 1 DBA-USA. Für eine eigenständige vertragsrechtliche Grundlage auch *Becker* in *B/H/G/K* Rz 50ff. zu Teil 1, Abschn. 5) mit weiteren Argumenten und Nachweisen, der sich auch um Konturen einer „ungeschriebenen Mißbrauchsregelung" bemüht: Nicht mehr wie im innerstaatlichen Recht der Gerechtigkeitsgedanke steht im Vordergrund, sondern der Abgrenzungszweck eines DBA im Verhältnis beider Vertragsstaaten zueinander: Vermeidung von Mißbrauch soll in erster Linie verhindern, daß durch Gestaltungsmaßnahmen die DBA-Abgrenzungsregeln unterlaufen werden. Bedeutung haben die Überlegungen zu einem eigenständigen Mißbrauchsvorbehalt auf der Abkommensebene vorrangig in Fällen des rule shoppings.

*d) Innerstaatliches Recht: § 42 AO*

(1) Es ist zu unterscheiden: die Frage der Anwendung des innerstaatlichen Rechts überhaupt – alsdann, welche Rechtsgrundlagen insoweit vorhanden sind. Die Frage der **Anwendung innerstaatlichen Rechts** ist bereits beantwortet worden: Fragen der Einkünftezurechnung und der 136

Einkünfteermittlung stehen ohnehin außerhalb der Regelung eines Abkommens. Sie werden durch Normen des innerstaatlichen Rechts bestimmt, innerstaatliches Recht der Mißbrauchsbekämpfung ist anzuwenden; für treaty shopping und rule-shopping folgt daraus: **treaty-shopping** ist aus der Sicht des innerstaatlichen Rechts zu beurteilen; existieren hierzu DBA-Sonderregelungen, ist die Frage ihrer abschließenden Regelung zu klären (vgl. Art. 23 I DBA Schweiz, wonach weitergehende Maßnahmen zur Vermeidung der mißbräuchlichen Inanspruchnahme von Entlastungen vorbehalten bleiben). Einen Abkommensmißbrauch durch treaty-shopping lehnt beispielsweise *Becker* aaO, Rz 233 ff. ab, der in der Mißbrauchsfrage in diesem Punkt offensichtlich von einem einzigen und nur vom DBA repräsentierten Rechtskreis ausgeht, mithin das innerstaatliche Recht übergeht. Fälle des **rule-shoppings** sind dagegen wegen ihres direkten Bezuges zu den Einkünfteregelungen im Vertrag nicht mehr einfach durch Rückgriff auf innerstaatliches Recht zu lösen, weil ihre Fragen den Rechtskreis „Abkommensrecht" betreffen. Man kann mithin nicht mehr einfach argumentieren, das Abkommen regele die Frage selbst nicht. Deswegen sind solche Fragen in der Regel mit Überlegungen zur Änderung geltenden Rechts verbunden, wie beispielsweise die Überlegung einer allgemeinen Quellenbesteuerung für alle Finanzinstrumente zeigt (*Pross* S. 179). Die oben wiedergegebene Diskussion zur Frage eines eigenen ungeschriebenen völkervertragsrechtlichen Vorbehalts hat an dieser Stelle ihre eigentliche Bedeutung (*Füger/Rieger* IStR 1998, 358). Innerstaatliche Regeln sind anzuwenden, wenn das Abkommen einen Verweis hierauf erhält (s. S 123). Im übrigen wäre aus der Sichtweise eines eher völkervertragsfreundlichen Standpunktes bei der Auslegung des innerstaatlichen Rechts der Abgrenzungsgedanke des Abkommens zu beachten und zu klären, inwieweit von einem übereinstimmenden Mißbrauchsverständnis beider Vertragsstaaten auszugehen ist. Jedenfalls wären das Gesichtspunkte, hätte ein internationales Gericht solche Abkommensprobleme zu lösen.

**137**    (2) Für die Praxis sind die Abgrenzungen und die Methodenfragen nur bedingt von Interesse: Der vorliegenden **Rechtsprechung** ist zu entnehmen, daß **§ 42 AO auch im Abkommensrecht uneingeschränkt gilt**, daß jedenfalls keine abkommensrelevanten Argumente seinen Anwendungsbereich einschränken. Ansätze zu einem abkommensbezogenen Verständnis des § 42 AO gibt es nicht, teilweise wird selbst in speziellen Untersuchungen zur Mißbrauchsfrage keine Kollisionsproblematik im Verhältnis zum Abkommensrecht anerkannt (beispielsweise *Oberheide* S. 240 ff.). So hat *FG Münster* (EFG 1997, 1196) kurz und bündig klargestellt, daß zu den Steuergesetzen (§ 42 AO) auch Regelungen aus DBA gehören und diese umgangen werden können (was im konkreten Fall mangels einer DBA-Regelung nicht möglich war). Die Bedenken anderer Teile der Literatur gegen eine uneingeschränkte Anwendung des

§ 42 AO lassen nicht immer erkennen, auf welcher Rechtsebene argumentiert wird. Forderungen, für die Mißbrauchsprüfung einzelne Normen der Abkommen zum Maßstab bei der Anwendung des § 42 AO zu erheben, bleiben unbestimmt. In keinem der vorliegenden und von den Finanzgerichten und dem *BFH* getroffenen Entscheidungen wäre mit einer solchen „Maßstabsfrage" etwas zur Fallösung beizutragen gewesen; und daß die Anwendung des § 42 AO eine „Störung der abkommensimmanenten Regelungshomogenität" darstellt (*Schaumburg* S. 832), kann aus dem vorliegenden Fallmaterial auch nicht geschlossen werden. Richtig ist, daß die Entscheidungen des *BFH* zur Zwischenschaltung einer Gesellschaft im niedrig besteuerten Ausland durch Steuerinländer einerseits und durch Steuerausländer andererseits **die Frage nach der niedrigeren deutschen Steuer** aufwirft. Danach gilt jede zwischengeschaltete Gesellschaft eines Steuerinländers ohne wirtschaftliche oder sonst beachtliche Gründe im niedrig besteuerten Ausland als Mißbrauch (*BFH* BStBl. 1993 II, 84 als Grundlagenentscheidung, s. N 378) – erschließt sich aber ein Ausländer seine Investition durch eine Einschaltung einer an sich abkommensberechtigten Gesellschaft in einem Drittstaat, kommt es auf einen Vergleich mit einem Direktbezug an. Dem Kriterium der niedrigen Besteuerung kommt hier mangels Geltung des Welteinkommensprinzips keine entscheidende Bedeutung zu, die Voraussetzungen des Mißbrauchs sind ausdrücklich festzustellen (*Füger/Rieger* aaO, S. 359; am Beispiel einer zwischengeschalteten Gesellschaft eines inländischen und eines ausländischen Künstlers hat *Kl. Vogel* die Methodik zur Frage der Vorteilserlangung erläutert, StuW 1996, 249). Daß für die Beurteilung der **Basisgesellschaften** von Steuerinländern in einem niedrig besteuerten DBA-Staat vom Abkommen überhaupt keine Schrankenwirkungen ausgehen, konnte zuletzt den beiden Entscheidungen des *Finanzgerichts Baden-Württemberg* zu irischen Kapitalanlagegesellschaften (EFG 1997, 1442) entnommen werden (bestätigt durch die Sicht der Betriebsprüfung bei *Bosch* IStR 1998, 392); zur **europarechtlichen Problematik** der Anwendung des § 42 AO auf die „Irlandfälle" ausf. *Höppner* in Festschrift *Rädler* S. 306, 312 ff.; s. auch R 145.

(3) Im **Monaco-Urteil** des *BFH* (BStBl. 1982 II, 150) waren die Voraussetzungen **138** des Gestaltungsmißbrauchs bei Zwischenschaltung einer Schweizer Kapitalgesellschaft in die Beteiligung eines in Monaco ansässigen Investors an einer deutschen Kapitalgesellschaft nicht als erfüllt angesehen. Die bisweilen vertretene Auffassung, der *BFH* habe damit die Einschaltung ausländischer Basisgesellschaften in Rechtsbeziehungen von beschränkt Steuerpflichtigen zum Inhalt generell dem Anwendungsbereich des § 42 AO entzogen (sie hängt auch mit der Einführung des § 50 d I a EStG ab 1994 zusammen, wie noch zu zeigen sein wird), läßt sich dem Urteil nicht ohne weiteres entnehmen. Doch muß dies nicht mehr vertieft werden. Die Frage, ob das Urteil fehlinterpretiert wurde oder nicht ist inzwischen ohnehin durch neuere Entscheidungen gegenstandslos geworden. Im *BFH*-Urteil BStBl. 1998 II, 163 (s. bereits P 71) hatte eine ausländische Stiftung zwei ausländische Kapitalgesellschaften gegründet,

die als eine GbR ein inländisches Grundstück erwarben; der Kaufpreis wurde von der Stiftung im Wege eines Darlehens an die GbR finanziert, die GbR errechnet hieraus im Hause einen Verlust aus Vermietung und Verpachtung. Beruht der Zinsaufwand – so die Finanzverwaltung – auf einer mißbräuchlichen Gestaltung? Der BFH geht einen Schritt weiter und hält eine Prüfung erforderlich, ob die **Einschaltung der GbR einen Rechtsmißbrauch** darstelle: „Der Senat hatte keine Bedenken, bei der Beurteilung dieser Rechtsfrage auf die Kriterien abzustellen, die von der höchstrichterlichen Rechtsprechung zur Zwischenschaltung ausländischer Basisgesellschaften entwickelt worden sind ... Das *BFH*-Urteil *(„Monaco-Urteil")* steht dem nicht entgegen, weil die Kläger sich in kein DBA „eingekauft haben". Im Falle des *BFH* IStR 1998, 113 – im zweiten Rechtszug nach diesem Urteil – wurde dann klargestellt, daß eine zwischengeschaltete vermietende niederländische Kapitalgesellschaft, die eigenwirtschaftlich funktionslos ist und treuhänderisch für ihren niederländischen Gesellschafter (die Stiftung) handelt, wegen des ausschließlichen verfolgten steuerlichen Zwecks einen Mißbrauchsfall mit der Folge darstelle, daß die Vermietungstätigkeit dem Gesellschafter zuzurechnen ist (§ 42 Satz 2 AO); **Outsourcing innerhalb eines ausländischen Konzerns** könne vom deutschen Steuerrecht im allgemeinen nicht mißbilligt werden – etwas anderes gelte jedoch, wenn das Outsourcing vornehmlich der Einziehung einer endgültigen Steuerersparnis diene und damit wirtschaftliche oder sonst beachtliche Gründe für die gewählte Gestaltung fehlten. Klargestellt hat der *BFH* mit dieser Entscheidung, daß § 42 AO nicht danach unterscheidet, ob ein Steuerinländer oder ein Steuerausländer eine ausländische Basisgesellschaft mißbräuchlich einsetzte – und dies alsdann in IStR 1998, 274 im Falle der *Veranstaltungs-GbR* bestätigt – aber nun noch deutlicher die beiden Fragestellungen § 42 AO und beschränkte Steuerpflicht einerseits und § 42 AO und DBA andererseits unterschieden. Beide Fragen sind damit geklärt; § 42 AO erfaßt dem Grunde nach auch beschränkt Steuerpflichtige, für eine Differenzierung zwischen unbeschränkt und beschränkt Steuerpflichtigen bieten weder Wortlaut noch Teleologie des § 42 AO einen Anhaltspunkt. Soweit Steuerpflicht im Inland besteht, ist grundsätzlich „auch Raum für Steuervermeidung. Soweit den Ausführungen des Senats im sog. Monaco-Urteil Entgegenstehendes entnommen werden könnte, hält der Senat nicht mehr fest. ... Die Anwendung des § 42 AO ist auch nicht ... auf die Auslandssachverhalte beschränkt, über die der BFH bisher entschieden hat. So setzt ein Gestaltungsmißbrauch nicht notwendigerweise eine Beteiligung von Inländern voraus. Die an der vertraglichen Gestaltung Beteiligten müssen nicht sogenannte nahestehende Personen sein". Und die andere Frage nach dem Verhältnis des § 42 AO zu den DBA: „Der BFH hat in nunmehr ständiger Rechtsprechung auch bei Bestehen von DBA die Einschaltung ausländischer Basisgesellschaften in Rechtsbeziehungen zum Inland anhand des § 42 AO überprüft. Zwar ist in der Literatur die Frage nach der Geltung nationaler Mißbrauchsbestimmungen im Rahmen von DBA nach wie vor streitig ... Der Anwendung nationaler Mißbrauchsregelungen stehen die DBA aber jedenfalls dann nicht entgegen, wenn es um Fragen der Einkünftezurechnung geht und einzelne Abkommen keine Sonderregelungen enthalten. Die Einkünftezurechnung ist grundsätzlich nicht Gegenstand der DBA. Insoweit gehen die jeweiligen nationalen Zurechnungsvorschriften und damit auch § 42 AO vor ... Die von der Klägerin in den Vordergrund gestellte Frage, ob die Abkommensberechtigung durch § 42 AO wieder entzogen werden kann, stellt sich aus systematischen Gründen erst, wenn der Einkommenserzieler und damit der von einer Doppelbesteuerung durch das Abkommen zu entlastende Steuerpflichtige feststeht". In diesem Sinne auch *FG Köln* IStR 1997, 242: Die Frage, wem Einkünfte zuzurechnen sind, ist nach nationalem Recht zu beantworten.

**139**          (4) Zu den **Quintettgestaltungen:** *BFH* BStBl. 1973 II, 57; 1975 II, 584 anerkannte sie, doch hat *BFH* BStBl. 1984 II, 607 darauf hingewiesen, es habe sich in diesen Fällen nicht um Domizilgesellschaften gehandelt. Nach Abkommensrecht werden mittelbare Beteiligungen nicht unmittelbaren Beteiligungen für die Frage der Quellensteuerreduktion gleichgesetzt; deswegen wird im Grundsatz die Entscheidung respektiert, eine Beteiligung aufzuspalten: „Es ist nach dem Abkommen unerheblich, wenn mehrere zwischengeschaltete Gesellschaften dieselbe Muttergesellschaft haben. Die fehlende abkommensrechtliche Gleichstellung von unmittelbaren und mittelbaren Beteiligungen kann nicht unter Rückgriff auf § 42 AO überwunden werden. Dies liefe auf eine einseitige Abkommenskorrektur hinaus, insofern ist dem BFH zuzustimmen, wenn er feststellt, daß das deutsche Steuerrecht eine entsprechende Gestaltung durch den Steuerpflichtigen zu respektieren habe. Etwas anderes könnte nur dann gelten, wenn die zwischengeschalteten Gesellschaften wirtschaftlich funktionslos sind und nur zum Zwecke der Quellensteuerreduktion bestehen sollten" (*Schauhoff* in *Debatin/Wassermeyer* Vor Art. 1 DBA-Niederlande, Rz 29). Daher ist *FG Köln* (RIW 1996, 520) zuzustimmen: Eine Quintettbildung ist unangemessen, weil es für eine Alleingesellschafterin, die vor einer Gewinnausschüttung an vier niederländische Kapitalgesellschaften Gesellschaftsanteile nebst Gewinnbezugsrechten veräußerte, „außer der Haftung, Steuererstattungsansprüche zu begründen, keinen plausiblen Grund gab, Teilgeschäftsanteile wie geschehen zu bilden und zu übertragen. Zwar macht eine rein steuerliche Motivation eine Gestaltung nicht bereits unangemessen, nur muß sie einen vernünftigen wirtschaftlichen Zweck haben. Hieran aber fehlt es im Streitfall, denn bei den vier Erwerbern der Teilgeschäftsanteile handelt es sich um reine Domizilgesellschaften ohne eigene wirtschaftliche Funktion.

(5) Das bereits mehrmals zitierte **Holländische-Brüder**-Urteil des *BFH*, BStBl. **140** 1984 II, 605 hat in der Einschaltung der schweizerischen AG in den Erwerb der stillen Beteiligung an der deutschen oHG einen Rechtsmißbrauch gesehen, weil diese Gesellschaft keine eigene wirtschaftliche Tätigkeit entfaltete. Mit dem Monaco-Urteil hat es im Kern nichts zu tun, denn die Zwischenschaltung der schweizerischen AG diente nicht der Ausnutzung eines DBA-Schweiz, sondern sollte vermeiden, daß die Einkünfte aus der stillen Beteiligung und die Darlehenszinsen als Mitunternehmerbezüge den Holländischen Brüdern im Rahmen der Betriebsstättenbesteuerung zuzurechnen wären. *Becker* hat das Urteil insoweit zutreffend analysiert (*B/H/G/K*, Grundlagen Teil Abschn. 5, Anm. 232): Das Ziel der beiden Brüder hätte auch über eine Kapitalgesellschaft in Deutschland erreicht werden können – aber es ging um die Nutzung des Steuergefälles Deutschland/Schweiz. Mit dem DBA-Schweiz hat es nichts zu tun, so daß es letztlich nicht um ein treaty shopping ging (anders *Schaumhoff* aaO, Vor Art. 1 Niederlande Rz 30, der davon ausgeht, daß auf das DBA-Schweiz Umgehungsgrundsätze angewandt wurden – tatsächlich wird das DBA-Schweiz nicht einmal erwähnt; zum Urteil auch *Marion Winkelmann* S. 230ff., nach der es in erster Linie um die Vermeidung einer bestimmten Einkünftequalifikation, danach aber um die Anwendung einer günstigen DBA-Regelung ging – doch um welche?).

*e) Innerstaatliches Recht: § 50d Ia EStG*

(1) § 50d Ia versagt eine Steuerentlastung, die an sich nach den Re- **141** geln eines DBA zu gewähren wäre, bei Zwischenschaltung bestimmter ausländischer Gesellschaften (treaty shopping); die Vorschrift ist durch das StMBG 1993 eingefügt worden und war als Reaktion auf das Monaco-Urteil des *BFH* verstanden worden. Daß § 50d Ia EStG ein treatyoverriding zur Folge haben kann, steht außer Frage (s. R 9), doch bliebe immerhin offen, ob sich die Norm mit einem ungeschriebenen abkommensrechtlichen Mißbrauchsvorbehalt vereinbaren ließe. Jedenfalls wird

die Norm als innerstaatliche Ausführung eines solchen allgemeinen Mißbrauchsvorbehalt verstanden (BT-Drucks. 12/5630 S. 65 unter Hinweis auf den Kommentar zum MA), so daß es unter Umständen nicht einmal des Bezugs hierauf bedürfte (so *Wolff* Rz 57 zu Art. 1 DBA-USA). So wiederholen sich für § 50d Ia EStG alle bekannten Fragestellungen: Allgemeiner Mißbrauchsvorbehalt? Wie verhält sich die Norm zu besonderen DBA-Regelungen, insbesondere zu engeren Regelungen? (dazu *Mössner* in Forum Nr. 8, S. 105; *Schaumburg* S. 840). § 50d Ia EStG richtet sich gegen den Mißbrauch durch ausländische Gesellschaften, soweit (kumulativ)

– Personen an ihr beteiligt sind, denen die Steuerentlastung nicht zustände, wenn sie die Einkünfte unmittelbar erzielen, und

– für die Einschaltung der ausländischen Gesellschaft wirtschaftliche oder sonst beachtliche Gründe fehlen

und

– sie keine eigene Wirtschaftstätigkeit entfalten.

**142**   (2) Nun hat sich – wie eingehend erörtert – die Rechtsprechung von der Monaco-Entscheidung getrennt, vom „Ende des Mythos der Monaco-Entscheidung" sprechen *Füger/Rieger* (IStR 1998, 353) – womit zu klären ist, **ob** und unter welchen Voraussetzungen nunmehr **§ 50d Ia EStG der Anwendung des § 42 AO entgegensteht.** Die eine Auffassung besagt: § 50d Ia hat nur eine begrenzte Reichweite, sie ist keine allgemeine „anti-treaty-shopping-Vorschrift" für Steuerausländer, sie erfaßt nur Ermäßigungen und Befreiungen beim Quellensteuerabzug (eingehend *Lüdicke* in Forum Nr. 9, S. 109) – woraus dann folgte, daß beispielsweise in Fällen der Zurechnung eines Veräußerungsgewinns (Art. 13 MA) § 50d Ia EStG nicht anwendbar wäre. Dagegen *Kl. Vogel* (Rz 100 zu Art. 1), *Thömmes* (Jahresarbeitstagung 1998, S. 68f.), *Füger/Rieger* (aaO, S. 357) und – vorrangig hier zu nennen – *Marion Winkelmann* S. 253ff., die die Tatbestände und Rechtsfolgen miteinander verglichen hat und zum Ergebnis eines Spezialitätsverhältnisses gelangt: § 50d Ia EStG ist danach die im gemeinsamen Anwendungsbereich beider Normen anzuwendende Norm, die § 42 AO verdrängt; § 42 AO bleibt anwendbar auf treaty-shopping-Gestaltungen außerhalb des Anwendungsbereichs des § 50d Ia EStG. In der Tat: Der Wortlaut des § 50d Ia EStG läßt eine Beschränkung der Vorschrift auf bestimmte Einkünfte nicht erkennen; die Norm soll sich nach der Absicht ihrer Urheber allgemein gegen das Erschleichen von Abkommensvorteilen richten, sie wird als Konkretisierung des Grundsatzes des Umgehungsvorbehalts gesehen – vor allem aber spricht für eine spezielle Mißbrauchsverhinderungsvorschrift die von § 42 AO abweichende Rechtsfolge: die ausländische Zwischengesellschaft wird nicht als solche negiert, ihr werden lediglich die Abkommensvorteile verweigert. Im Anwendungsbereich des § 50d Ia EStG ist § 42 AO mithin ab dem 1. 1. 1994 nicht mehr anwendbar – unabhängig davon, ob im konkreten Fall dessen Voraussetzungen vorliegen (hierzu auch *Crezelius* StuW 1995, 322: je spezieller die kodifizierte Mißbrauchsverhinderungsnorm gefaßt ist, desto weniger kann § 42 AO in Betracht kommen, da das Tatbestandsmäßigkeitsprinzip zu einer Vermutung für den abschließenden Charakter des Anwendungsbereichs führt; vgl. auch die Parallele im Verhältnis §§ 7 ff. AStG und § 42 AO, die *Füger/Rieger* aaO, Fußn. 42, S. 357 ziehen). Und auch hier ist nochmals daran zu erinnern, daß § 50 d I a EStG Fälle des treaty-shoppings, nicht des rule-shoppings erfaßt, so daß für letzere Fälle die Frage einer innerstaatlichen Spezialvorschrift gegenüber § 42 AO nicht zu klären ist. An die Monaco-Entscheidung zur Frage der differenzierten Anwendung des § 42 AO auf Steuerausländer/Steuerinländer anknüpfend bleibt zur Anwendung des § 50a I a EStG festzustellen, daß die Ansässigkeit jener Personen, denen die Steuerentlastung bei direktem Bezug nicht zustünde, unerheblich ist. Mithin werden auch Fälle erfaßt, in denen Steuerinländer Anteile an anderen inländischen Kapitalgesellschaften über eine ausländische Zwischenholding halten (*Schaumburg* S. 842: sog. Mäander-Strukturen). Die Rechtsfolge besteht in der Versagung der Steuerentlastung – aber damit stellt sich die Frage, ob eine Berufung auf eine DBA-Berechtigung möglich ist, die bei einem unmittelbaren Bezug der Einkünfte durch den Gesellschafter möglich wäre (so *Schaumburg* und *Wolff* in Forum Nr. 9, S. 205).

(3) Bleibt die Frage der Anwendung des § 50d I a EStG in Fällen des **143** **directive shopping** zu klären. Wie bereits erwähnt, enthält die Mutter/ Tochter-Richtlinie keine eigenständige Mißbrauchsregelung. Statt dessen heißt es in Art. 1 II, daß diese Richtlinie der Anwendung einzelstaatlicher oder vertraglicher Bestimmungen zur Verhinderung von Steuerhinterziehungen und Mißbräuchen nicht entgegensteht. Das kann methodisch nicht zur Folge haben, schrankenlos nationales Mißbrauchsrecht zur Anwendung gelangen zu lassen; denn Art. 1 II stellt selbst eine gemeinschaftsrechtliche Regelung dar, ihrer Interpretation sind also die vom EuGH vertretenen Auslegungsregeln zugrunde zu legen. Danach ist jede einzelne gemeinschaftsrechtliche Bestimmung in ihrem Kontext zu sehen und im Licht der Bestimmungen des Gemeinschaftsrechts insgesamt zu interpretieren; die Richtlinie ist darauf gerichtet, steuerliche Benachteiligungen zu beseitigen, denen eine gemeinschaftsweit operierende Unternehmensgruppe im Vergleich zu einer nationalen Unternehmensgruppe bislang ausgesetzt war. Die Zusammenarbeit von Gesellschaften auf der Gemeinschaftsebene soll erleichtert werden; vom Standpunkt der Gemeinschaft aus gesehen ist es dann auch unerheblich, in welchem Staat letztlich Steuern zu zahlen sind. Aus dieser Sicht ist mit der Richtlinie vereinbar, Gestaltungen für mißbräuchlich zu erklären, in denen die EU-Muttergesellschaft ohne jeden wirtschaftlichen vernünftigen Grund nur zum Zwecke zwischengeschaltet worden ist, die richtlinienbedingte

Ermäßigung/Befreiung zu beanspruchen (zum Ganzen eingehend – allerdings vor Inkrafttreten des § 50d Ia EStG – *Jutta Meerpohl* S. 1 ff.; s. auch – ebenfalls vor Inkrafttreten des § 50d Ia EStG – *Thömmes* in Forum Nr. 4, S. 32 ff., der neben Fällen des directive shopping noch die Mißbrauchsfälle des kurzfristigen Beteiligungserwerbs (dazu der *EuGH* in Sachen Denkavit, s. P 98), der steuerfreien Holdinggesellschaften im Ausland (Klarstellung, daß beispielsweise luxemburgische, vom DBA-Luxemburg ohnehin ausgeschlossene Holdinggesellschaften nicht unter die Mutter/Tochter-Richtlinie fallen) und des sog. Ausländer-Effektes (woraus sich die Übergangsregelung bis zum 30. Juni 1996 in der Form einer Quellensteuer in Höhe von 5% erklärte) nennt. Zu Bedenken gegen § 50d Ia EStG aus gemeinschaftsrechtlicher Sicht (Mutter/Tochter-Richtlinie, Niederlassungsfreiheit) s. *Höppner* in Festschrift *Rädler* S. 334 ff.: kein Verstoß gegen EG-Recht.

*f) Innerstaatliches Recht: § 15 Nr. 2 KStG*

**144** Bei der Ermittlung des Einkommens einer Organgesellschaft, das dem Organträger zuzurechnen ist (§ 14 KStG), sind besondere Vorschriften des § 15 KStG zu beachten. Nach § 15 Nr. 2 KStG ist für die von der Organgesellschaft an den Organträger aufgrund der Zurechnung weitergeleiteten **DBA-steuerbefreiten Schachteldividenden** darauf abzustellen, daß der **Organträger zu den hierdurch begünstigten Steuerpflichtigen gehört:** Der Organträger müßte also bei direkter Beteiligung an der ausländischen Kapitalgesellschaft selbst das DBA-Schachtelprivileg beanspruchen können. § 14 I KStG bestimmt als möglichen Organträger ein „inländisches gewerbliches Unternehmen" – also jeden Rechtsträger. Rechtsträger für das DBA-Schachtelprivileg kann aber nur eine unbeschränkt steuerpflichtige Körperschaft sein (dazu *BMF* DB 1989, 1165). Zurückzugreifen ist auf den oben genannten treaty-shopping-Fall der in Deutschland von einem Inländer gegründeten Kapitalgesellschaft, um sich darüber an einer aktiven Kapitalgesellschaft in einem DBA-Land zu beteiligen: Qualifizierung für das Schachtelprivileg. Hiergegen ist – wie § 14 IV AStG – auch § 15 Nr. 2 KStG gerichtet. Verhindert werden soll, Vorteile aus dem internationalen Schachtelprivileg mittels der Begründung einer Organschaft auf den sonst nicht berechtigten Anteilseigner der sich für das Schachtelprivileg qualifizierenden Gesellschaft zu übertragen: Ein sich nicht für das Schachtelprivileg qualifizierender Organträger kann die ohne Organschaft von der Organgesellschaft erlangbaren Vorteile aus dem Schachtelprivileg nicht in Anspruch nehmen, eine organschaftliche Zurechnung auf nicht begünstigte Steuerpflichtige (Organträger-Personengesellschaft) ist nicht möglich (*Grotherr* in Festschrift *Flick* S. 762). Die Vereinbarkeit mit einem von den Vertragsstaaten vorausgesetzten Mißbrauchsverständnis scheidet hier im Ergebnis ebenso aus wie im Falle des sogleich vorzustellenden § 20 II AStG: Daß die Begründung einer Organgesellschaft unter § 42 AO fällt, ist auch dann kaum denkbar, wenn die Erlangung eines DBA-Schachtelprivilegs eine entscheidende Rolle spielt. Die Normen der Organgesellschaft stellen aber besondere Zurechnungsregeln außerhalb des Abkommensrechts dar, so daß auch hier wiederum bestätigt wird: Vorschriften gegen treaty-shopping scheitern nicht am Abkommensrecht (zweifelnd *Streck* Rz 17 zu § 15 KStG).

*g) Innerstaatliches Recht:* §§ *7 VI, 10 VI, 20 I AStG*

Auch hier ist zunächst zu wiederholen und an bereits Bekanntes (s. **145** N 450) anzuknüpfen: Das Steueränderungsgesetz 1992 hatte zu einer gravierenden Änderung des Außensteuergesetzes geführt, indem es die DBA-Rücksichtnahme des § 10 V AStG für „Zwischeneinkünfte mit Kapitalanlagecharakter" suspendierte. Die im Zusammenhang mit der DBA-Mißbrauchsproblematik gestellte Frage lautet, ob die Einschränkung des § 10 V AStG durch § 10 VI AStG unter dem Aspekt „ungerechtfertigter Steuervorteile" abkommensrechtlich zu legitimieren ist, so daß das treaty-override-Problem erst gar nicht entstünde (§ 20 I 1 Alt. AStG, dazu bereits R 10). § 10 VI AStG ist ergänzt worden um den neuen § 11 IV AStG; danach wird der Hinzurechnungsbetrag nicht um Gewinnausschüttungen der ausländischen Gesellschaft gekürzt, soweit dafür Zwischeneinkünfte mit Kapitalanlagecharakter Verwendung finden, auf die § 10 VI AStG anzuwenden ist. Ohne diese Ergänzung wären die Wirkungen des § 10 VI AStG aufgrund des DBA-Schachtelprivilegs bei Abkommen ohne Aktivitäts-Klauseln durch Ausschüttungen ausgleichbar gewesen. Die Belastung der Zwischeneinkünfte mit Kapitalanlagecharakter durch die §§ 7 ff. AStG ist damit definitiv, Doppelbesteuerung wird gem. § 11 IV AStG dadurch vermieden, daß die ausgeschütteten Gewinne im Inland steuerfrei bleiben. Damit ist durch das Zusammenwirken der §§ 10 VI, 11 IV AStG der durch ein einschlägiges DBA-Schachtelprivileg gewährte Steuervorteil bei Zwischeneinkünften mit Kapitalanlagecharakter neutralisiert (*Brünink* S. 123 f.). Die Motivation des Gesetzgebers ist die einer **Mißbrauchsbekämpfung** (BT-Drucks. 12/1506, 181). Steuervergünstigungen auf Kapitalerträge. die im Ausland gewährt werden und die dann aufgrund eines einschlägigen DBA-Schachtelprinzips in der Bundesrepublik zu einer insgesamt unangemessen niedrigen bzw. sogar zu einer „Keinmal"-Besteuerung dieser Einkünfte führen, widersprechen der Gleichmäßigkeit der Besteuerung; § 10 VI AStG wahrt diesen Grundsatz und die Neutralität der deutschen Besteuerung. Hiergegen haben sich manche Kritiker mit erheblicher Vehemenz ausgesprochen (*Ritter* DB 1992, 364; *Leisner* RIW 1993, 1017; *Köhler* RIW 1994, 668), während andere Autoren (*Debatin* DB 1992, 2160) auf die starre Verhaltensweise etwa Irlands verweisen (im Abkommen fehlt einerseits eine Aktivitätsklausel für Schachteleinnahmen, andererseits privilegiert gerade Irland solche Gesellschaften; hiergegen allerdings die beachtlichen Hinweise aus völkervertragsrechtlicher Sicht bei *Brünink* S. 126).

Als **rule shopping-Gestaltung** hat *Menck* (in *Blümich* EStG, § 10 AStG Rz 74) die Funktion solcher Auslandsgesellschaften dargestellt: Die Kapitalanlagegesellschaft qualifiziert die ihr zufließenden Erträge durch ihren Charakter als Zwischengesellschaft in Dividenden um – was aber zugleich den Mangel einer Zuordnung solcher Fälle zu rule-shopping-Gestaltungen insgesamt zeigt, denn damit sind Wesensmerkmale jeder zwischengeschalteten Kapitalgesellschaft in den Vorgang einer Einkünfteerzielung aus der Sicht deren Anteilseigner geschildert. Die Frage ist, ob der Gesetzgeber abkommensrechtlich dazu legitimiert war, von ihm objektiv als unangemessen angesehene Steuergestaltungen über die Grenze mit einer typisierenden Regelung zu begegnen, ohne daß es auf die Frage eines Mißbrauchs (§ 42 AO) im Einzelfall ankommt. Der mögliche Vertragsverstoß liegt auf der Hand, die Dividendenbestimmungen werden suspendiert. *Brünink* (S. 132) beruft sich auf den Kommentar zu Art. 1 MA und darauf, daß nach der Meinung der großen Mehrheit der OECD-Mitgliedstaaten Maßnahmen nach Art der deutschen Hinzurechnungsbesteuerung ein Teil der grundlegenden innerstaatlichen Regelungen über das Entstehen des Steueranspruchs sind, die von dem DBA nicht angesprochen und deshalb auch durch die DBA nicht berührt werden; aber alle Erläuterungen zu Art. 1 MA, auf die sich *Brünink* bezieht, stammen aus dem Jahr 1992 – das hauptsächlich betroffene DBA-Irland aber datiert aus dem Jahr 1962. Ein treatyoverride ist daher nur auszuschließen, wenn die deutsche Hinzurechnungsbesteuerung abkommensrechtlich vorbehalten bleibt: DBA-USA Protokoll Nr. 1 lit. a); DBA-Schweiz (Verhandlungsprotokoll vom 29. 9. 1971). Inzwischen hat das *FG Baden-Württemberg* in den beiden Entscheidungen EFG 1997, 1442 in der **Zwischenschaltung irischer Finanzanlagegesellschaften** (Irland I, Irland II) mißbräuchliche Gestaltungen erkannt (die ab 1992 geltende Neuregelung nach § 10 VI war noch nicht anwendbar, die spätere Einfügung in das AStG aber für das FG auch kein Grund, insoweit den § 42 AO zuvor als durch das AStG verdrängt anzusehen). Im Verhältnis zum Abkommensrecht gibt es für das FG überhaupt keine Probleme – möglicherweise entgegenstehendes Abkommensrecht wird nicht einmal erwähnt (s. bereits R 137). Lediglich zum Gemeinschaftsrecht führt das Gericht aus, die generelle Genehmigung der steuerlichen Begünstigung der International Finance Service Center (IFSC) durch die EU-Kommission werde von der Einordnung als Rechtsmißbrauch nicht berührt: Das wettbewerbsrechtliche Einverständnis der Kommission nach Art. 88 EG sei eine Entscheidung, die nach Art. 249 EG nur verbindlich gegenüber dem Staat ist, der sie getroffen hat, also allein Irland. Im übrigen sei auch zu bezweifeln, ob der Zweck der IFSC-Förderung (Schaffung qualifizierter Arbeitsplätze) durch solche Gestaltungen tatsächlich gefördert werde; zur Dublin-Docks-Problematik eingehend *Raupach/Burwitz* in Festschrift *Rädler* S. 539ff.; *Höppner* ebenda, S. 306, 312ff.

### h) Innerstaatliches Recht: § 14 IV AStG

Hierbei geht es um treaty-shopping-Gestaltungen, die beabsichtigen, **146** ein anderenfalls nicht anwendbares DBA zur Freistellung des Hinzurechnungsbetrages gem. § 10 V AStG zur Anwendung kommen zu lassen. Zur Erinnerung (s. bereits N 388, 427): Gemäß § 10 V AStG sind auf den anzusetzenden Hinzurechnungsbetrag DBA-Bestimmungen so anzuwenden, wie wenn der anzusetzende Betrag tatsächlich an den unbeschränkt stpfl. Anteilseigner ausgeschüttet worden wäre. Damit wird der anzusetzende Hinzurechnungsbetrag auch für Zwecke der DBA-Anwendung als Dividende qualifiziert. Bei dieser Qualifikation bleibt es auch dann, wenn – wie im Falle des DBA-USA durch das Protokoll Nr. 1 lit. d) Satz 2 – die Hinzurechnungsbesteuerung §§ 7ff. AStG ausdrücklich vorbehalten bleibt. Ziel des § 14 IV AStG ist es nun, diese begünstigende Folge dann zu beseitigen, wenn **Zwischengesellschaften ausländischer Obergesellschaften nachgeschaltet sind,** die in **DBA-Vertragsstaaten ansässig** sind. Beispiel (*Küsell* RIW 1998, 220): Eine deutsche KapGes ist Gesellschafterin einer Finanzierungsgesellschaft (keine Einkünfte mit Kapitalanlagecharakter) auf den niederländischen Antillen, deren Einkünfte werden thesauriert. Die Hinzurechnungsbesteuerung (§§ 7ff. AStG) greift, da keine Einkünfte i.S.d. § 8 I u. II AStG vorliegen und kein DBA anwendbar ist. Sie soll durch die Zwischenschaltung einer niederländischen Gesellschaft verhindert werden. Dieser werden dann die Einkünfte der Finanzierungsgesellschaft gem. § 14 I AStG zugerechnet. Nach § 10 V AStG wäre das Schachtelprinzip des DBA-Niederlande auf den Hinzurechnungsbetrag anwendbar, was Steuerfreiheit in Deutschland zur Folge hätte, § 14 IV AStG versagt aber die DBA-Anwendbarkeit, wenn bei direktem Halten der nachgeschalteten Gesellschaft auf den niederländischen Antillen keine DBA-Vorteile greifen würden. Zur DBA-Vereinbarkeit ist zunächst daran zu erinnern, daß nach einzelnen Abkommen die Anwendung innerstaatlicher Umgehungsvorschriften ausdrücklich vorbehalten bleibt – in den Fällen DBA-Finnland und DBA-Neuseeland sind diese Öffnungsklauseln auf Einkünfte aus Drittstaaten beschränkt (Protokoll Nr. 6 DBA-Finnland, Nr. 7c DBA-Neuseeland). In solchen Fällen steht die Anwendbarkeit des § 14 AStG nicht mehr in Frage. Sind im Abkommen keine Mißbrauchsklauseln enthalten, ist § 14 IV anwendbar, ohne daß das Abkommensrecht dem entgegenstünde: Durch die Zwischenschaltung der Brückenkopfgesellschaft" in einem DBA-Staat (Niederlande) soll die Rechtsfolge des § 10 V AStG vermieden werden, der nur die Dividendenbestimmungen eines DBA mit dem Sitzstaat der Untergesellschaft (Niederländische Antillen) für anwendbar erklären würde; zutreffend die Untersuchung *Brüninks* S. 116 f.: Auf die Frage eines ungeschriebenen DBA-Mißbrauchsvorbehalts kommt es nicht an, denn hier wird eine innerstaatliche Norm umgangen. Es ist im übrigen der Fall, auf den der Kommentar in Nr. 9 zu Art. 1 MA verweist: „Dies wäre beispielsweise der Fall, wenn sich eine Person eines Rechtsträgers bedient, der in einem Staat in erster Linie dazu geschaffen wurde, Abkommensvergünstigungen in Anspruch nehmen zu können, die der Person selbst nicht zustünden". Die Vereinbarkeit billigend auch *F/W/B* Rz 136a zu § 14 AStG: Der deutsche Gesetzgeber konnte die in § 10 V AStG getroffene Entscheidung zurücknehmen oder einschränken.

*i) Innerstaatliches Recht: § 20 II AStG*

**147**      Auch die Gestaltung, die § 20 II AStG zugrunde liegt, war bereits Gegenstand der Darstellung: als Beispiel eines treaty-overridings. An dieser Stelle ist der andere Gesichtspunkt der Norm herauszustellen und zu fragen, ob sie sich als Mißbrauchsfall einordnen läßt. Ein unbeschränkt Steuerpflichtiger erzielt **ausländische Betriebsstätteneinkünfte mit Kapitalanlagecharakter** – sofern mit dem Belegenheitsstaat ein DBA besteht und auch solche Betriebsstätteneinkünfte im Inland steuerbefreit sind (fehlende Aktivitätsklausel), kann die Hinzurechnungsbesteuerung, die ausländische Kapitalgesellschaften voraussetzt, vermieden werden. Solche Gestaltungsmöglichkeiten bestehen insbesondere im Verhältnis zu den DBA-Staaten Belgien, Luxemburg, Irland und den Niederlanden, die eine partielle niedrige Besteuerung vorsehen und in deren Abkommen eine Aktivitätsklausel fehlt. Dazu BT-Drucks. 12/1506, 181: „Die Regelung des § 10 VI AStG kann umgangen werden, indem zur Umqualifizierung nicht ausländische Gesellschaften, sondern ausländische Betriebsstätten (einschließlich Personengesellschaften) eingesetzt werden. Ein solches mißbräuchliches Unterlaufen unter Berufung auf DBA schließt § 20 II AStG aus; dies folgt dem Grundsatz, daß Abkommen nicht mißbräuchlich beansprucht werden können". Hier also die **ausdrückliche Bezugnahme auf die mißbräuchliche DBA-Inanspruchnahme,** anders als im Zusammenhang mit § 10 VI AStG. Doch dürften solche rule-shopping-Gestaltungen (Betriebsstättengewinne statt Dividenden) weder allgemein noch in der wohl überwiegenden Anzahl konkreter Einzelfälle die Voraussetzungen einer Steuerumgehung gem. § 42 AO erfüllen (*Tulloch* DB 1992, 1444 ff.). *Brünink* (S. 136 ff.) hat daher überzeugend begründet, daß § 20 II AStG grundsätzlich gegen das Abkommensrecht verstößt, da nicht einmal dem offenbar einen weiteren Umgehungsbegriff zugrundeliegenden OECD-MA Anhaltspunkte dafür entnommen werden können, daß die Erzielung von Einkünften im Sinne

des § 10 VI 2 AStG in einer ausländischen Betriebsstätte als tatbestandsmäßiger Anknüpfungspunkt für die einseitige Suspendierung der
Abkommensfreistellung auf der Rechtsfolgenseite dient – zumal es in
Nr. 25 des Kommentars zu Art. 1 MA ausdrücklich heißt: „Es besteht jedoch Einvernehmen darüber, daß in den Abkommen verankerte besondere Verpflichtungen solange sorgfältig zu beachten sind, als nicht klarge-
legt ist, daß die Abkommen mißbräuchlich benutzt werden". Die oben
erwähnten „Switch-over-Klauseln" (in Mißbrauchsfällen Übergang von
der Freistellungs- auf die Anrechnungsmethode) haben für ein Miß-
brauchs-Verständnis des § 20 II AStG keine Bedeutung, da die Freistellung von Betriebsstätteneinkünften und Dividenden in den entsprechenden Abkommen grundsätzlich an Aktivitätsvorbehalte geknüpft ist (zur
besonderen Rechtslage im DBA-Dänemark 1995, s. Art. 45 I: dort wird
die Freistellung nicht durch eine Aktivitätsklausel eingeschränkt, jedoch
Übergang zur Anrechnungsmethode bei Keinmal- oder zu niedrigeren
Besteuerung). Die am Beginn dieser Darstellung (ab S 122) genannten
allgemeinen Umgehungsklauseln (DBA-Belgien, Finnland, Neuseeland)
sowie die „Regelbesteuerungsklauseln" (Beispiel: DBA-Marokko, Protokoll Nr. 1) sind ebenfalls nicht einschlägig – die allgemeinen Umgehungsklauseln können nicht als Verweis auf Typisierungen wie die des
§ 20 II AStG verstanden werden (im einzelnen *Brünink* S. 142 f.). Deswegen: Die Wirksamkeit des § 20 II AStG gegenüber geltendem Abkommensrecht folgt nicht daraus, daß damit eine abkommensrechtlich
zulässige Mißbrauchsabwehr gegeben ist, sondern allein aus dem **Gesichtspunkt des treaty-overriding.**

*(einstweilen frei)* 148–159

## XI. Abkommensaufbau: Übersicht

Das OECD-MA – ihm folgend die moderne Vertragspraxis – gliedert 160
sich in sieben Abschnitte. Im folgenden soll der wesentliche Gehalt der
einzelnen Abschnitte (die jeweiligen Rechtsaussagen) herausgestellt
werden, um damit einen in sich geschlossenen Gesamtüberblick zu vermitteln. Dabei wird – im wesentlichen an den Kommentar zum MA anknüpfend – auf die vorrangig in Rechtsprechung und Literatur erörterten
Probleme bei der Auslegung hingewiesen.

## 1. Der Geltungsbereich

Den Geltungsbereich eines Abkommens (I. Abschnitt) bestimmen die 161
Vorschriften, die die persönliche Abkommensberechtigung klären und
bestimmen, für welche Steuern das Abkommen Steuerermäßigungen und
Steuerbefreiungen vorsieht (als einen Teil des sachlichen Abkommensschutzes; wie weit er der Sache nach tatsächlich reicht, wird in den Ab-

schnitten III–V bestimmt). Den **persönlichen Anwendungsbereich** bestimmt Art. 1: Abkommensschutz für Personen, die in einem oder in beiden Vertragsstaaten ansässig sind, also Bestimmung der persönlichen Abkommensberechtigung; wer die Voraussetzungen nicht erfüllt, ist auf die Anwendung des Außensteuerrechts der Vertragsstaaten beschränkt. Eine nähere Bestimmung der „Person" erfolgt durch den Art. 3, eine nähere Bestimmung der „Ansässigkeit" durch Art. 4. Nicht abkommensberechtigt sind die „Betriebsstätte" und „das Unternehmen" – das soll einfach vorweg klargestellt werden, weil sie als zentrale Themen des internationalen Steuerrechts eine solche Annahme zunächst nahelegen.

Unproblematisch ist dies nicht, wie die sog. **Dreiecksfälle** zeigen: A im Staate A 1 ansässig, verfügt über eine Betriebsstätte B im Staate B 1 und bezieht über diese Betriebsstätte aus dem Staate C 1 eine Dividende. Eine Quellensteuerreduzierung kann im Verhältnis DBA B 1–C 1 nicht in Anspruch genommen werden, weil die Betriebsstätte nicht abkommensberechtigt ist. Die Quellensteuer C 1 ist auch nirgends anrechenbar, denn die Betriebsstätteneinkünfte sind in A 1 freigestellt, in B 1 fehlt es an der Abkommensberechtigung. Allerdings kann das innerstatliche Recht in B 1 eine Anrechnung vorsehen; s. dazu Rz 51, 52 des Kommentars zu Art. 24 MA. Die Bedeutung des *EuGH*-Urteils Saint Gobain (K 55) liegt auch darin, daß aus abkommensrechtlicher Sicht und zur Inanspruchnahme von Vergünstigungen in Drittstaaten-DBA eine EU-Betriebsstätte wie eine Person behandelt wird.

Der Kommentar zu Art. 1 OECD-MA behandelt in diesem Zusammenhang die Fragen der Anwendung des Abkommens auf Personengesellschaften und des Abkommensmißbrauchs; zu den Personengesellschaften s. die Darstellung S 70; Fragen des DBA-Mißbrauchs wurden vorab vorgestellt, s. R 100. Den **sachlichen Anwendungsbereich** (Steuerarten) bestimmt Art. 2 und bezieht sich hierbei auf das jeweils geltende innerstaatliche Recht der beiden Staaten in dem oben erörterten Sinne – was auch durch Art. 3 II zusätzlich klargestellt wird (Verweisung auf das Recht des Anwenderstaates). Aus der Sicht des Abkommensanwenders hätte also hier das Verhältnis zum innerstaatlichen Recht – das als Problem ab R 46 vor die Klammer gezogen wurde – seinen Platz. Aus praktischer Sicht ist zunächst an Art. 2 III anzuknüpfen. Danach ist ein Verzeichnis der bestehenden Steuern vorgesehen, für die das Abkommen insbesondere gelten soll. Solch eine Aufzählung ist auch in allen deutschen DBA enthalten; sie ist nicht abschließend und kann nur die im Zeitpunkt der Unterzeichnung geltenden Steuern benennen. Die Einbeziehung von später erhobenen „Steuern gleicher oder im wesentlichen ähnlicher Art" ist in Art. 4 IV vorgesehen; Änderungen der Steuergesetze führen mithin nicht zur Unanwendbarkeit des Abkommens; dazu auch die Änderungsmitteilung in Art. 2 IV Satz 2. Eine Reihe von Abkommen beläßt es bei der an Art. III anknüpfenden Einzelaufzählung. Überwiegend wird die in Art. 2 I, II MA vorgesehene allgemeine Beschreibung der Steuerarten vorangestellt. Art. 2 I bestimmt die unter das Abkommen fallenden Steuerarten im Grundsatz; „ohne Rücksicht auf die Art der Erhebung, für Steuern vom Einkommen und vom Vermögen, die für Rechnung eines Vertragsstaates oder seiner Gebietskörperschaften erhoben werden" und Art. 2 II bestimmt „Steuern vom Einkommen und vom Vermögen" als „Steuern, die vom Gesamteinkommen, vom Gesamtvermögen oder von Teilen des Einkommens oder des Vermögens erhoben werden, einschließlich der Steuern vom Gewinn aus der Veräußerung beweglichen oder unbeweglichen Vermögens, der Lohnsummensteuer sowie der Steuern vom Vermögenszuwachs." Mit dem Merkmal der Steuererhebung „für Rechnung eines Vertragsstaats oder seiner Gebietskörperschaften – einer näheren Bestimmung des Steuergläubigers – werden nichtstaatliche Abgaben wie die deutsche Kirchensteuer ausgeschlossen (ungeachtet mittelbarer DBA Auswirkungen). Die Bedeutung des Tatbestandsmerkmals „ohne Rücksicht auf die Art der Erhebung" ist – wie überhaupt Art. 2 I, II – im Hinblick auf Art. 2 III (Aufzählung) aus deutscher Sicht zu relativieren. Denn ohnehin ist mit der Einbeziehung der Einkommensteuer das Abkommen auch auf die Erhebung der Kapitalertragsteuer einschließlich der Zinsabschlagsteuer (§§ 43 ff. EStG), der Lohnsteuer (§§ 38 ff. EStG), der Quellensteuer im Sinne des § 50 a IV EStG, der Festsetzung von ESt- oder KSt-Vorauszahlungen und dem vom Arbeitgeber durchzuführenden Lohnsteuer-Jahresausgleich (§ 42 b EStG) anzuwenden (*Wassermeyer* Art. 2 MA Rz 16). Nicht von Bedeutung ist auch die nähere Gestaltung der Steuerbemessungsgrundlage über den erforderlichen Bezug zum Einkommen hinaus – auch das ist mit dem Tatbestandsmerkmal „ohne Rücksicht auf die Art der Erhebung" zum Ausdruck gebracht – folgt aber auch aus der näheren Bestimmung in Art. 22 II. Die noch häufig anzutreffende Frage nach dem Einkünftebegriff im Abkommensrecht (Bruttoeinkommen oder Saldo zwischen Einnahmen und Ausgaben, vgl. beispielsweise S 17) hat mit der Frage nach dem sachlichen Anwendungsbereich allerdings nichts zu tun. Der zur näheren Bestimmung der „Steuern vom Einkommen und vom Vermögen" dienende Art. 2 II bestimmt nicht den Begriff der Steuer selbst – jedenfalls kann dem Abkommensrecht für Zweifelsfragen (Nebenabgaben, außerordentliche Steuern, Sozialversicherungsabgaben Geldbußen und Geldstrafen) hierfür nichts entnommen werden; mithin ist aus deutscher Sicht auf § 3 I AO zurückzugreifen. Dagegen sind die Begriffe „Einkommen" und „Vermögen" abkommensrechtlich auszulegen, weil die Verteilungsnormen Art. 6–22 MA zwar nicht von einer vollzähligen Quellenbestimmung = Einkommenszusammensetzung ausgehen, aber doch von ihren wesentlichen Bestandteilen. Deswegen: Es gibt ein „in der Basis einheitliches Verständnis" davon, was Einkommen (income, revenue) ist (*Kl. Vogel* Art. 2 Rz 30) – aber dessen ungeachtet hat eine solche Feststellung kaum praktische Bedeutung, denn die Staaten orientieren sich an den tatsächlich von ihnen erhobenen Steuern als an einer gemeinsamen Vorstellung über den Inhalt des Einkommensbegriffs

(*Wassermeyer* Art. 2 MA Rz 29). Auch daran wird die geringe Bedeutung deutlich: Die nach Art. 2 III ausdrücklich genannten deutschen Steuern werfen auch unter den allgemeinen Voraussetzungen des Art. 2 betrachtet keine Probleme der Abkommensanwendung auf (zur Gewerbesteuer s. T 19). Die ausdrückliche Hervorhebung der „Steuern vom Gewinn aus der Veräußerung beweglichen oder unbeweglichen Vermögens" bestätigt nur die deutsche Sicht, nach der steuerbare Veräußerungsgewinne ohnehin in die Bemessungsgrundlage eingehen (§§ 16, 17, 23 EStG, §§ 11, 12 KStG). Aus deutscher Sicht muß man daher Art. 2 II so verstehen: Gäbe es eine vom EStG, KStG gesonderte gesetzliche Grundlage für die Besteuerung solcher Veräußerungsgewinne, wäre damit der Geltungsbereich des Abkommens auch hierfür klargestellt. Der **räumliche Geltungsbereich** ergibt sich regelmäßig aus der näheren Bestimmung der „Vertragsstaaten", anderenfalls bestimmt das jeweilige innerstaatliche Recht für sich selbst den räumlichen Geltungsbereich des Abkommens. Zum geographischen Vertragsstaatenbereich Deutschlands zählen Küstenmeer, Festlandsockel, Zollausschlüsse, Handelsschiffe, die zum Führen der deutschen Flagge berechtigt sind; Zollanschlußgebiete sind Ausland. Sonderregelungen sind zu beachten: So gehört Hongkong staatsrechtlich zur Volksrepublik China, doch gilt dort das allgemeine Steuerrecht der VR China nicht – damit ist das DBA-China in Hongkong nicht anwendbar (im Verhältnis zu Hongkong besteht ein Abkommen über den Fluglinienverkehr mit Art. 8 A Vermeidung der Doppelbesteuerung, s. BStBl. 1998 I, 1157).

## 2. Begriffsbestimmungen

**162**     Der II. Abschnitt des MA umfaßt Art. 3 mit den **allgemeinen Begriffsbestimmungen,** Art. 4 mit der **Bestimmung der Ansässigkeit,** Art. 5 mit der Bestimmung des **Betriebsstättenbegriffs.** Es handelt sich um eine Auswahl aus den im Abkommen verwendeten Begriffen; verwiesen sei auf weitere Begriffsbestimmungen (Art. 6 II, 10 III, 11 III, 12 II zu Einkünften); andere Begriffe werden im Abkommen nicht definiert, darunter ein zentraler Begriff wie der des Unternehmens (Art. 7 MA), oder der Betriebsbegriff in Art. 8.

Art. 3 Abs. 1 bestimmt „im Sinne dieses Abkommens, wenn der Zusammenhang nichts anderes erfordert":

**163**     – den Ausdruck **Person:** Er umfaßt natürliche Personen, Gesellschaften und alle anderen Personenvereinigungen; die Einbeziehung der „anderen Personenvereinigungen" ist in der deutschen Abkommenspraxis überwiegend unterblieben. Damit ist ihnen der Abkommensschutz versagt, es sei denn, sie werden durch ausdrückliche Bezeichnung in den Schutzbereich einbezogen (DBA-Belgien, DBA-Japan als Beispiele) – oder das Abkommen wählt eine „offene" Begriffsbestimmung bzw. nimmt Bezug auf „alle anderen Rechtsträger, die im Vertragsstaat als Steuersubjekte behandelt werden" oder „für die Besteuerung als Rechtsträger behandelt werden" usw.

Keine Person i. S. des Art. 3 sind Betriebsstätten und Unternehmen, sie müssen mithin Personen zugeordnet werden (siehe aber K 55 *EuGH* in Sachen Saint-Gobain).

Der Definitionsartikel löst natürlich nicht die Problematik der Besteuerung von Personengesellschaften im IStR (weswegen der Kommentar zum MA die damit zusammenhängenden Fragen im Zusammenhang mit Art. 1 behandelt). Rechtsstreitigkeiten um die Voraussetzungen einer „Person" und damit einer persönlichen Voraussetzung der Abkommensberechtigung sind kaum nachweisbar. *FG Köln* EFG 1998, 927 hatte über die Abkommensberechtigung eines in den USA ansässigen Vereins zu entscheiden (non-profit corporation ohne Aktionäre) – aber es ging ausschließlich um die Frage der Abkommensberechtigung i. S. der Mißbrauchsabwehr auf der Grundlage des Art. 28 DBA-USA.

– den Ausdruck **Gesellschaft** als „juristische Personen oder Rechtsträger, die für **164** die Besteuerung wie juristische Personen behandelt werden"; für die Auslegung der Begriffe „Juristische Personen" und „Rechtsträger" ist das interne Steuerrecht des Anwenderstaates maßgebend („für die Besteuerung"): § 1 I Nr. 1–4 KStG für juristische Personen, § 1 I Nr. 5–6 KStG für die sonstigen Rechtsträger; Grundsätze des deutschen Rechts für die Beurteilung ausländischer Rechtsträger (Typenvergleich). Aus der Sicht der Bundesrepublik als Anwenderstaat heißt das: Die Einordnung als „selbständiger Rechtsträger" (dahingestellt bleibt: § 1 I Nr. 1–4 oder Nr. 5–6 KStG) aufgrund des Typenvergleichs scheitert nicht daran, daß der Vertragsstaat nur eine Mitunternehmerschaft anerkennt – und umgekehrt bestimmt die ausländische Einordnung als juristische Person nicht die Sicht des deutschen Rechts, wenn hiernach eine Personengesellschaft gegeben ist (zu beiden Fällen mit Hinweisen *Wassermeyer* Art. 3 MA Rz 18 und hier unter S 82). Nicht zu vermengen ist die Personenbestimmung mit der Frage der Ansässigkeit – aber die Ansässigkeitsfrage stellt sich eben erst mit der Klärung der „Person" (s. R 170).

– die Ausdrücke **Unternehmen eines Vertragsstaates** bzw. **Unternehmen des** **165** **anderen Vertragsstaates** – sie bedeuten, „je nachdem, ein Unternehmen, das von einer in einem Vertragsstaat ansässigen Person betrieben wird, oder ein Unternehmen, das von einer im anderen Vertragsstaat ansässigen Person betrieben wird"; es handelt sich also nicht etwa um eine materielle Aussage zum Unternehmensbegriff oder gar zum Unternehmerbegriff – wohl aber stellt der Wortlaut klar, daß nicht das „Unternehmen" abkommensberechtigt ist, sondern die in dem einen oder anderen Staat ansässige Person – was aber wiederum abzuleiten ist allein aus Art. 1 in Verbindung mit Art. 3 I a). Daß es auf die Ansässigkeit dieser Person ankommt und nicht darauf wo diese Person ihre Tätigkeit ausübt; das ist die Aussage dieser Begriffsdefinition, aber es ist nur eine Klarstellung. Wenn es also in Art. 7 I MA heißt: „Gewinne eines Unternehmens eines Vertragsstaates können nur in diesem Staat besteuert werden", dann ist das unter Einbeziehung des Art. 3 I c) zu lesen als: „Gewinne eines Unternehmens, das von einer in einem Vertragsstaat ansässigen Person betrieben wird, können nur in diesem Staat besteuert werden" – was aber der Sache nach ohnehin aus dem Prinzip der Besteuerung des Welteinkommens im Wohnsitzstaat folgt. Daß ein in einem Vertragsstaat betriebenes Unternehmen, betrieben durch eine in keinem Vertragsstaat ansässige Person, keinen Abkommensschutz genießt und allein den Regeln des Außensteuerrechts unterworfen ist, folgt nicht aus Art. 3 I c und auch nicht aus Art. 3 I c in Verbindung mit Art. 7 I; es folgt aus Art. 1, Art. 3 I a). Zu einem Fall, bei dem es trotz Ansässigkeit an einer Abkommensberechtigung fehlen kann, s. Art. 4 III DBA-USA (doppelte Ansässigkeit). Zwanglos einzuordnen ist bei dieser Sichtweise auch – von allem später zu erörternden Problemfällen abgesehen – die Besteuerung der Personengesellschaften: Da jeder Gesellschafter – von abkommensrechtlichen Sonderbestimmungen abgesehen – nach dem Trennungsprinzip auch abkommensrechtlich ein eigenständiges Unternehmen betreibt und dies durch die anteilige Zurechnung des Gesamtgewinns zu den einzelnen Gesellschaftern dokumentiert, ist der einzelne Gesellschafter die Person, die den Abkommensschutz beanspruchen kann. Im Sinne des Art. 3 I c ist mithin als „Unternehmen eines Vertragsstaates" der Ansässigkeitsstaat des einzelnen Gesellschafters zu bestimmen, das Unternehmen wird vom Abkommen als solches ihrer Gesellschafter bestimmt (zu den Schwierigkeiten bei unterschiedlicher Qualifikation Mitunternehmerschaft einerseits, Körperschaft andererseits s. S 70). Alles das bestätigt: der abkommensrechtliche Unternehmensbegriff hat nichts mit dem Ort des Betreibens zu tun – das setzte gerade seine Verselbständigung zum Zwecke des Abkommensschutzes voraus; eine Personengesellschaft kann mithin nur als eine Person im Sinne des Abkommens gelten und damit eine „eigene" Ansässigkeit aufweisen, wenn die oben genannten besonderen Vereinbarungen getroffen wurden; dann kann sie auch „Unternehmen eines Vertragsstaates" sein. Der Ort einer Tätigkeit ist erst im Zusammenhang mit den Verteilungsnormen von Bedeutung (Betriebsstättenprinzip).

**166**    – den Ausdruck **internationaler Verkehr:** Er ist vorrangig bedeutsam für die Besteuerung des laufenden Gewinns der Verkehrsunternehmen gem. Art. 8, im übrigen wird auf ihn Bezug genommen in Art. 13 III, 15 III und 22 III; es ist daher auch auf die Verteilungsnorm Art. 8 (Seeschiffahrt, Binnenschiffahrt, Luftfahrt) unter S 110 zu verweisen.

**167**    – den Ausdruck **zuständige Behörden:** Der Begriff wird für die beiden Vertragsstaaten getrennt durch die Behördenbezeichnung bestimmt. Für die Bundesrepublik ist dies das Bundesministerium für Finanzen, das im Einzelfall oder generell seine Zuständigkeit delegieren kann.

**168**    – der Ausdruck **Staatsangehöriger,** der in Art. 4 II für die Bestimmung der Ansässigkeit und in Art. 24 I bei dem Verbot der Diskriminierung verwendet wird; das Abkommen verweist auf das Staatsangehörigkeitsrecht der Vertragsstaaten für natürliche Personen, für nicht-natürliche Personen auf das Gründungsstatut (zum Verständnis der Aufzählung „Juristische Person, Personengesellschaft und andere Personenvereinigung" – abweichend von der Aufzählung in Art. 3 I a), b) s. *Kl. Vogel* Art. 3 Rz 46 h).

**169**    – Art. 3 II befaßt sich mit einer **Teilfrage der Auslegungsproblematik** und ist bereits in diesem Zusammenhang gestellt und erörtert worden (s. R 46).

## 3. Die Ansässigkeit als Grundlage der Abkommensberechtigung

**170**    Art. 4 bestimmt die **Ansässigkeit der Person:** Im Abkommenssinne bedeutet der Ausdruck „eine in einem Vertragsstaat ansässige Person" hiernach „eine Person, die nach dem Recht dieses Staates dort auf Grund ihres Wohnsitzes, ihres ständigen Aufenthalts, des Ortes ihrer Geschäftsleitung oder eines anderen ähnlichen Merkmals steuerpflichtig ist". Die persönliche Abkommensberechtigung wird also einerseits durch die Eigenschaft als „Person" in Art. 1, ergänzt aber durch die mindestens zu einem Vertragsstaat bestehende persönliche Bindung der Person bestimmt. Hieraus ergibt sich eine Gesetzeslücke, wenn der Quellenstaat eine Gesellschaft abweichend von ihrem Sitzstaat als Steuersubjekt behandelt (*Wassermeyer* IStR 1999, 483 und zum Recht der Personengesellschaften S 70). Ist hiernach eine natürliche Person in beiden Vertragsstaaten ansässig, bestimmt Art. 4 II eine Rangfolge der Ansässigkeitsmerkmale: Ständige Wohnstätte, Mittelpunkt der Lebensinteressen, gewöhnlicher Aufenthalt, Staatsangehörigkeit, Verständigungsregelung beider Staaten; für eine andere als eine natürliche Person ist der „Ort ihrer tatsächlichen Geschäftsleitung" entscheidend. Die Staatsangehörigkeit spielt – in Übereinstimmung mit dem OECD-MA – keine Rolle; auf den Sonderfall DBA-USA ist hinzuweisen: Das Schlußprotokoll enthält in Absatz 1 lit. a) eine „saving clause", nach der die USA die gem. Art. 4 in den USA ansässigen Personen sowie ihre Staatsbürger so besteuern können, als sei das Abkommen nicht in Kraft getreten; s. dazu eingehend *Wolff* Rz 38 ff. zu Art. 1 USA.

Wie verhält sich die „Ansässige Person" im abkommensrechtlichen **171** Sinne zur „unbeschränkten Steuerpflicht" nach dem innerstaatlichen Recht? Für Art. 4 I heißt es bei *Wilke* in *B/H/G/K* Anm. 5 zu Art. 4 MA: „Unbeschränkte Steuerpflicht als Anknüpfungspunkt für die Ansässigkeit"; bei *Kl. Vogel* (Art. 4 Rz 10) heißt es – inhaltlich übereinstimmend – „eine in einem Vertragsstaat i. S. des Abkommens ansässige Person ist also eine Person, die nach dem innerstaatlichen Recht eines Vertragsstaats in diesem Vertragsstaat ansässig ist, ohne nach dem Recht des anderen Vertragsstaats im anderen Vertragsstaat ansässig zu sein". *Wassermeyer* (Art. 4 MA Rz 2) trennt: Die **Ansässigkeit** ist ein Begriff des Abkommensrechts – sie ist Tatbestandsvoraussetzung der Abkommensberechtigung. Die **unbeschränkte Steuerpflicht** ist dagegen ein Begriff des innerstaatlichen Steuerrechts – mit beiden Ausdrücken verbinden sich unterschiedliche Rechtsfolgen; zwischen beiden Begriffen bestehe insoweit eine Verwandtschaft, „als beide auf die Umschreibung einer besonderen ortsbezogenen Beziehung zu einem Vertragsstaat abstellen". Das ist in Anbetracht der klaren Verweisung auf das innerstaatliche Recht in Art. 4 I nicht zutreffend; es geht nicht um eine bloße „Verwandtschaft": Nicht sowohl Ansässigkeit als auch unbeschränkte Steuerpflicht stellen auf eine besondere ortsbezogene Beziehung ab – vielmehr wird die Identität der Ansässigkeit mit der unbeschränkten Steuerpflicht zum Ausdruck gebracht, soweit letztere an die vier genannten Ortsmerkmale anknüpft. Die Trennung beider Begriffe mag aus Gründen der Darstellung gerechtfertigt sein, der Sache nach kann Art. 4 I aber wie folgt gelesen werden: Im Sinne dieses Abkommens bedeutet der Ausdruck „eine in einem Vertragsstaat ansässige Person" eine Person, die nach dem Recht dieses Staates dort auf Grund ihres Wohnsitzes … unbeschränkt steuerpflichtig ist. Und aus dieser Sicht besteht auch hinsichtlich der „Funktion des Ansässigkeitsstaates als Wohnsitzstaat mit der Folge, daß ihm abstrakt und abkommensrechtlich gesehen ein umfassenderes Besteuerungsrecht zugestanden wird" – so *Wassermeyer* aaO – kein Bedürfnis, Ansässigkeit und unbeschränkte Steuerpflicht wegen voneinander zu unterscheidender Rechtsfolgen abzugrenzen, weil die Terminologie des Art. 4, die zweifellos die Verteilungsnormen bestimmt, auch an den Begriff der unbeschränkten Steuerpflicht anknüpft. Die Ansässigkeit einer natürlichen Person in einem Vertragsstaat „soll in Übereinstimmung mit den innerstaatlichen Vorschriften über die sog. Inländerbesteuerung beurteilt werden" (*Wassermeyer* aaO, Rz 31) – nach dem hier vertretenen Verständnis ist *dies* in diesem Sinne zu beurteilen, sofern es ortsbezogene Beziehungen sind. Sind es ortsbezogene Beziehungen, ist für Art. 4 I die Ansässigkeit der unbeschränkten Steuerpflicht nach innerstaatlichem Recht gleichzusetzen. Bestätigt wird diese Sicht durch *Wolffs* Kommentierung des DBA-USA (Rz 2 zu Art. 4): Danach gibt es keine Regelübereinstimmung zwischen unbeschränkter Steuerpflicht und abkommensrechtlicher Ansässigkeit natürlicher Personen in den USA, weil die USA die unbeschränkte Steuerpflicht außer an ortsbezogene auch an personenbezogene Merkmale knüpfen.

Im Falle BFH v. 31. 10. 1990, BStBl. 1991 II, 562, war über die Frage des **Mittelpunktes der Lebensinteressen** nach DBA-Großbritannien zu entscheiden. Der Mittelpunkt wird im DBA als das Gebiet definiert, zu dem die betroffene Person die engeren persönlichen und wirtschaftlichen Beziehungen hat (s. auch Art. 4 Nr. 2 a MA 1977). X, britischer Staatsangehöriger, war im Streitjahr Vorstandsvorsitzender einer AG im Inland. Ehefrau und Kinder hielten sich in England auf, dort war auch ein Haus erworben worden. X mietete im Inland ein Hotelzimmer. An 237 Tagen des Streitjahres war er für die AG tätig, davon 137 Tage in der Bundesrepublik, 60 Tage in England, der Rest verteilte sich auf 7 Staaten. Sein Bruttogehalt betrug 484 169,– DM. In seiner Steuererklärung beantragte er, nur 137/237 des Bruttogehaltes (279 878,– DM) als im Inland steuerpflichtige Einnahmen zu erfassen. Er stellt sich auf den Standpunkt, den Mittelpunkt seiner Lebensinteressen in Großbritannien zu haben; die Bundesrepublik dürfe nur den Teil der Einkünfte besteuern, der auf die hier ausgeübte Tätigkeit entfällt. Dazu der *BFH*: Bei der Abwägung der persönlichen und wirtschaftlichen Beziehungen des Klägers zur Bundesrepublik einerseits und zu Großbritannien andererseits sprechen alle erkennbaren Umstände dafür, daß seine ständige Wohnstätte in Großbritannien der für ihn bedeutungsvollere Ort war. Bestehen zu einem Vertragsstaat die deutlich engeren persönlichen Beziehungen und außerdem noch ins Gewicht fallende wirtschaftliche Beziehungen und zu dem anderen Vertragsstaat praktisch nur gegenwartsbezogene wirtschaftliche Beziehungen, so liegt der Mittelpunkt im erstgenannten Staat. Der *BFH* folgert insbesondere aus der Hotelunterbringung, daß keine besonders enge Beziehung zur Bundesrepublik vorliegt.

172      Der Staat, der nach dieser Abgrenzungsregel als Wohnsitzstaat anzusehen ist, behält die Besteuerung in dem Rahmen, den das Abkommen dem Wohnsitzstaat zuerkennt. Er darf also unter Anwendung der Regeln seiner unbeschränkten Steuerpflicht die Einkünfte besteuern, die das Abkommen diesem Staat zur Besteuerung zuweist (*Debatin*, AWD 1966, 315). Aber auch der andere Staat, der i.S. des Abkommens nicht als Wohnsitzstaat gilt, ist nunmehr nicht etwa gezwungen, die nach dem internen Recht innerhalb seiner Grenzen Ansässigen nach den Regeln der beschränkten Steuerpflicht zu besteuern. Dieser Staat gilt zwar nicht als Wohnsitzstaat i.S. des Abkommens; seine Steuerberechtigung ist vielmehr auf die Grenzen eingeschränkt, die das Abkommen dem „anderen Vertragsstaat", in dem der Steuerpflichtige nicht ansässig ist, also dem Quellenstaat, zieht (*Debatin*, AWD 1966, 315). Aber über diese Begrenzung hinaus setzt das Abkommensrecht dem Staat keine Schranken. Die

Funktion eines Abkommens wäre „gesprengt", wenn man der Wohnsitzdefinition des Abkommens den Sinn beilegen wollte, den durch das interne Steuerrecht bestimmten „Steuerstatus" des Steuerpflichtigen (unbeschränkt oder beschränkt steuerpflichtig) zu ändern (*BFH*, BStBl. 1965 III, 738).

Die Ausführungen zum *DBA-Mißbrauch* müssen an dieser Stelle insoweit ergänzend in Erinnerung gerufen werden, als sie zum Teil als Einschränkungen zur Abkommensberechtigung nach Art. 4 einzuordnen sind.

# S. Besonderer Teil

## I. Steuerermäßigungen, Steuerbefreiungen: Verteilungsnormen (Art. 6ff. MA) und Vermeidung der Doppelbesteuerung (Art. 23 MA)

### 1. Übersicht

1    Man kann die bisherigen DBA-Ausführungen unter dem Gesichtspunkt einer Einleitung zum nun folgenden **Hauptteil** betrachten – wenngleich unschwer zu erkennen war, daß sich die vorbereitenden Themen wie die Auslegungs- und Mißbrauchsfragen längst verselbständigt haben. Aber klar ist: Im Mittelpunkt des Abkommensrechts stehen jene Normen, die im OECD-MA in den Unterabschnitten III (Besteuerung des Einkommens) und V (Methoden zur Vermeidung von Doppelbesteuerung) behandelt werden. Zentraler Punkt dieser Darstellung ist weniger die isolierte Erörterung des DBA-Rechtskreises, sondern vor allem der Einfluß des DBA-Rechts auf das innerstaatliche Recht, so wie er vom *BFH* BStBl. 1998 II, 602 zuletzt nochmals zum Ausdruck gebracht wurde: Die Funktion eines DBA besteht nur darin, „einen nach deutschem innerstaatlichen Steuerrecht bestehenden Steueranspruch steuerfrei zu stellen oder zu ermäßigen. So gesehen bauen die DBA auf einem nach innerstaatlichen Recht bestehenden Steueranspruch auf" – mithin konnte das Finanzamt in diesem Fall nicht mehr – für den Zweck einer Abkommensanwendung – entgegen einer bindenden Feststellung im Veranlagungsverfahren die Gewerblichkeit von ausländischen Einkünften geltend machen, sondern mußte negative Einkünfte aus einer typischen stillen Beteiligung bei der Einkommensermittlung berücksichtigen. Die vom *BGH* gewählte Formel bringt zugleich unmißverständlich zum Ausdruck, auf welcher Ebene ein Abkommen wirkt und mithin einen Steuertatbestand nach innerstaatlichem Recht unberührt läßt.

Der Einfluß der DBA-Normen auf das interne Recht wird unter zwei unterschiedlichen Aspekten in seinen Grundlagen vorgestellt. Zunächst werden in einem 1. Abschnitt (S 2) die Verteilungsprinzipien allgemein beschrieben. Das einzelne Steuergut (etwa: Dividenden) steht hier nicht im Mittelpunkt, sondern dient nur als Beispiel. Im Anschluß daran – in einem 2. Abschnitt (S 40) erfolgt eine am Abkommensaufbau orientierte und um Hinweise auf die deutsche Abkommenspraxis ergänzte Darstellung der Steuerbefreiungen, Steuermäßigungen des Quellenstaates bei den einzelnen Einkünften, ergänzt um die Methode der Vermeidung der Doppelbesteuerung (S 320) (Methodenartikel Art. 23 A/B-MA) im

Wohnsitzstaat; vorangestellt werden im II. Abschnitt (S 10) – themenübergreifend – 5 Vorfragen: Die Qualifikationsfrage allgemein (nach welchem Recht werden Einkünfte bestimmt), die örtliche Zurechnung von Einkünften, die Einkunftsermittlung, die Einkunftszurechnung und die den Inhalt der Verteilungsnormen beherrschende „Vertragssprache".

Bei der Darstellung der DBA-Einkünfte muß berücksichtigt werden, daß es eine reichhaltige Literatur hierzu gibt, wobei zu allererst die 3 Kommentare zum MA *(Kl. Vogel, Wassermeyer, Becker/Höppner/Grotherr/Kroppen)* zu nennen sind. Deswegen konzentriert sich die Ausführung jeweils auf Schwerpunkte, insbesondere das Verhältnis der MA-Einkunftsart in ihrer Abgrenzung und in ihrem Verhältnis zum innerstaatlichen Recht und zeigt – ggf. an einigen Beispielen aus der Rechtsprechung – die hauptsächlichen und aktuellen Auslegungsprobleme. Großes Gewicht liegt auf der Vermittlung der Abkommenssprache (wie erfolgt die „Verteilung", dazu auch die 5. Vorfrage) und auf dem Zusammenspiel der „Verteilungsnormen" und der Methode der Vermeidung der Doppelbesteuerung. Hier bestehen bisweilen Mißverständnisse.

## 2. Verteilungsprinzipien: Das Verhältnis Wohnsitzstaat/Quellenstaat

Die zentrale Ursache der Doppelbesteuerung liegt, wie bereits mehr- **2** fach hervorgehoben, in der Besteuerungskollision zwischen dem Wohnsitzstaat (Ansässigenstaat) und dem Quellenstaat: Der Staat, in dem der Steuerpflichtige seine persönlichen Anknüpfungspunkte hat, besteuert auch dessen ausländische Einkünfte (Universalprinzip), während der Staat, aus dem diese ausländischen Einkünfte stammen, dem Ursprungsprinzip entsprechend diese Einkünfte an der Quelle besteuert. Diese Kollision läßt sich dadurch lösen, daß die Staaten soweit ihre Steueransprüche einschränken, daß keine Überschneidungen mehr bestehen. Folglich sind Doppelbesteuerungsabkommen darauf gerichtet, daß der eine oder andere Staat die nach innerstaatlichem Recht gegebene sachliche Steuerpflicht durch **Steuerermäßigung und Steuerbefreiung** in der Form einer Verpflichtung gegenüber dem Vertragsstaat begrenzt.

Drei Möglichkeiten bieten sich grundsätzlich an, die Doppelbesteue- **3** rung zu verhindern: Ein System gegenseitiger Begrenzungen in der Besteuerung, generelle Besteuerung im Wohnsitzstaat oder aber Aufrechterhaltung der Besteuerung im Quellenstaat unter Festlegung der Steuererleichterungen des Wohnsitzstaates; ein reines Ursprungsprinzip wird nicht erörtert. Die Notwendigkeit der Steuererleichterungen im letzteren Fall ergibt sich aus folgender Überlegung: Wenn die Besteuerung zwischen Wohnsitzstaat und Quellenstaat aufgeteilt wird, muß der Wohnsitzstaat, der berechtigt bleibt, das weltweite Gesamteinkommen seiner Bewohner aufgrund der unbeschränkten Steuerpflicht zu besteuern, jene Maßnahmen ergreifen, die notwendig sind, um die Doppelbesteuerung zu vermeiden. Die Doppelbesteuerungsabkommen der Industriestaaten wie auch die deutsche Abkommenspraxis verfolgen das Ziel, der Besteuerung im Wohnsitzstaat den Vorrang einzuräumen. Doch ist dieses Prinzip durch eine aufrechterhaltene Besteuerung nach dem Ursprungsprinzip erheblich relativiert. Klarzustellen ist hierbei: Die Kernfrage im IStR nach der **Anrechnungsmethode oder der Freistellungsmethode** weist zwar schon aufgrund ihres Wettbewerbsaspektes zu den grundsätzlichen Möglichkeiten der Staaten, wie sie im Verhältnis zueinander die Doppelbesteuerung lösen können, Berührungspunkte auf. Ihre zentrale Bedeutung im DBA-Recht entfaltet sie aber erst auf einer zweiten Stufe: Wenn der Wohnsitzstaat die Frage zu beantworten hat, wie er mit der Doppelbesteuerung seiner Ansässigen umgeht.

### 3. Der Vorrang der Wohnsitzbesteuerung

4    Sucht man im System der DBA-Normen nach einer positiven Aussage zum **Vorrang der Besteuerung im Wohnsitzstaat,** kann man einmal auf Art. 21 MA verweisen: Danach ist die Besteuerung von Einkünften, die von den Verteilungsnormen Art. 6 ff. nicht erfaßt werden, dem Wohnsitzstaat zugewiesen. Nun gibt es aber auch deutsche Abkommen, die eine solche Auffangklausel nicht enthalten, ohne daß damit der Vorrang des Wohnsitzstaates zu relativieren wäre. Auch die Technik der Vermeidung der Doppelbesteuerung durch den Methodenartikel beantwortet die Frage noch nicht: Wenn nämlich die internationale Doppelbesteuerung bereits auf der Ebene der Verteilungsnormen gelöst wird (das war die alte Abkommensmethodik insgesamt), bedarf es nicht mehr der Anwendung eines Methodenartikels; schließt eine Verteilungsnorm einen der beiden Staaten von der Verwirklichung des innerstaatlichen Steuerrechts aus, bedarf es keiner Methode mehr zur Vermeidung der Doppelbesteuerung. Der Vorrang des Wohnsitzstaates ergibt sich auch nicht daraus, daß das Abkommen (von Art. 21 und dort in einem anderen Zusammenhang genannt abgesehen) keine Aussage zur Besteuerung von Einkünften enthält, die eine in einem Vertragsstaat ansässige Person aus einer Quelle in diesem Staat oder aus einem Drittstaat erzielt, sie mithin unangetastet beläßt: Darin kommt nur der selbstverständliche Gesichtspunkt zum Ausdruck, daß bilateral nur zu regeln ist, was einen bilateralen Bezug hat; der bilaterale Bezug besteht aber allein darin, daß eine in einem Staat ansässige Person Auslandsbeziehungen zum anderen Staat als dem Quellenstaat hat. Der Vorrang des Wohnsitzstaates folgt vielmehr aus einer **Gesamtschau der abkommensrechtlichen Einkunftsarten,** bei denen die Begrenzung des Quellenstaates die vorrangige Abkommensaussage ist: Sie beziehen sich nicht auf die Besteuerung im

Wohnsitzstaat, sondern setzen diese voraus: Sie setzen – wenn zur Besteuerung im Wohnsitzstaat eine Aussage getroffen wird – dies in Beziehung zum Quellenstaat (*Menck:* Wortführung des OECD-MA bezüglich des Steueranspruchs des Quellenstaates, *B/H/G/K,* Grundlagen Teil 1 Abschn. 2, Anm. 86); der Wohnsitzstaat wird also grundsätzlich nicht nur nicht von der Besteuerung ausgeschlossen (Ausnahmefälle Art. 8 I, Art. 13 III, Art. 19, 20) sondern seine Besteuerung wird überhaupt nicht berührt, sie wird vielmehr vorausgesetzt und bleibt insoweit auch grundsätzlich unangetastet. Deswegen ist es so bedeutsam, sich mit der Sprache der Verteilungsnormen vertraut zu machen. Man verdeutliche sich dies an einem der Artikel, die Einkünfte „aufteilen" – am Beispiel des Dividendenartikels Art. 10 MA zeigt sich: Der Wohnsitzstaat kann Dividenden aus einer im Vertragsstaat ansässigen Gesellschaft besteuern; diese Dividenden können aber im Quellenstaat besteuert werden. Der grenzüberschreitende Bezug ergibt sich daraus, daß der Empfänger einer Dividende in dem einen, die ausschüttende Gesellschaft in dem anderen Vertragsstaat ansässig ist. Das legt natürlich auf den ersten Blick eine Zuweisung auch an den Wohnsitzstaat nahe; aber es gibt Abkommen (Beispiel: DBA-USA), die nur den Quellenstaat ansprechen. Es besteht völlige Übereinstimmung darüber, daß damit kein materieller Unterschied gegeben ist. Art. 10 eröffnet daher nicht erst dem Wohnsitzstaat die Anwendung seines innerstaatlichen Rechts, aus dem DBA-Vertragsstaat vereinnahmte Dividenden besteuern zu können – er läßt dies unberührt: Art. 10 MA hat den Quellenstaat vor Augen und hebt mit der Erwähnung auch des Wohnsitzstaates nur das Prinzip der Steueraufteilung hervor (zur Abkommenssprache im übrigen S 30). Das läßt sich im Hinblick auf Art. 10 noch an anderer Stelle klarstellen: Die ausschüttende Gesellschaft selbst mit ihrer Ansässigkeit in einem Vertragsstaat weist – aus der Sicht des Art. 10 auf der Ausschüttungsebene – überhaupt keinen Bezug zum anderen Vertragsstaat auf; wie sie ihren Gewinn erzielt, ist auf dieser Ebene uninteressant. Wenn es nun in Art. 10 II a.E. heißt: „Dieser Absatz berührt nicht die Besteuerung der Gesellschaft in bezug auf die Gewinne, aus denen die Dividenden gezahlt werden", so hat das nicht einmal „allenfalls klarstellende Bedeutung" (*Wassermeyer* Art. 10 Rz 84). Die Aussage im MA-Text ist deplaziert – das Abkommen kann auf der Ausschüttungsebene bezüglich des im Wohnsitzstaat erwirtschafteten Gewinns nichts regeln; wenn Gewinne aus internationaler Tätigkeit erzielt werden und hierbei der „andere Vertragsstaat" berührt wird: dann kann wiederum Abkommensrecht auf der Ebene der Unternehmensgewinne eingreifen (dazu auch das Verbot einer extraterritorialen Besteuerung in Art. 10 VI MA). Der zitierte Satz in Art. 10 II hat also nur eine didaktische Funktion. An ihm ist ein Mißverständnis zu zeigen, daß den Verfassern selbst unterlaufen ist.

## 4. Einschränkungen des Grundsatzes

*a) Aus Wettbewerbsgründen*

5    Die Vorteile des Vorrangs der Besteuerung im Wohnsitzstaat liegen in folgendem: Die Besteuerung des gesamten Einkommens in einem Lande führt zur vollen Berücksichtigung der steuerlichen Leistungsfähigkeit und damit zur gleichmäßigen Besteuerung, denn die Steuer bleibt gleich, gleichgültig, ob das Einkommen aus dem Inland oder aus dem Ausland stammt. Außerdem hat es der Steuerpflichtige nur mit dem Steuerrecht und den Steuerbehörden des Inlands zu tun (*Debatin* StbJb 1964/65, 421). Das „Wohnsitzprinzip" führt bei konsequenter Verwirklichung jedoch auch zu Nachteilen. Diese ergeben sich insbesondere aus dem „Wettbewerbsgesichtspunkt" und sind im einleitenden Teil ausführlich behandelt worden.

Akzeptiert man den „Wettbewerbsgesichtspunkt" als Orientierungsgedanken für die Besteuerung, so ist es nur folgerichtig, wenn man für Einkünfte, die einem solchen Wettbewerb unterliegen, das **Steuerniveau des ausländischen Staates als Belastungsniveau** gelten läßt. Die deutsche Vertragspraxis, die den Wettbewerbsgesichtspunkt als Leitlinie akzeptiert (Debatin FR 1970, 13) sieht die Aufrechterhaltung der Besteuerung im Quellenstaat in Übereinstimmung mit dem OECD-MA regelmäßig bei den folgenden Einkünften vor, weil bei ihnen eine unmittelbare und nachhaltige Teilnahme am Wirtschaftsverkehr gegeben ist:

(1) bei *Einkünften aus Gewerbebetrieb,* wenn diese durch eine im Quellenstaat befindliche Betriebsstätte erzielt werden;

(2) bei *Einkünften aus selbständiger und unselbständiger Arbeit,* wenn die Arbeit im Quellenstaat ausgeübt wird; regelmäßig wird dabei jedoch vorausgesetzt, daß dem selbständig Tätigen eine ständige Einrichtung zur Berufsausübung im Quellenstaat zur Verfügung steht und daß der unselbständig Tätige nicht nur vorübergehend tätig wird;

(3) bei *Einkünften aus im Quellenstaat* belegenen *unbeweglichen* Vermögen.

Auf welche Weise berücksichtigt nun der Wohnsitzstaat, der ja grundsätzlich von einem weltweiten Besteuerungsanspruch ausgeht, die dem Quellenstaat zugewiesene Besteuerungskompetenz? Es ist dies die bereits eingehend erörterte Frage nach der **Freistellungs- und der Anrechnungsmethode** und sie wird letztlich durch den Methodenartikel § 23 MA beantwortet. Die grundsätzlichen Prinzipien sind schon hier zu nennen:

(1) Bei dem sog. „*Befreiungssystem"* darf der Wohnsitzstaat die dem Quellenstaat zugeteilten Einkünfte nicht mehr besteuern. Daß die Einkünfte wegen des Progressionsvorbehalts nicht völlig unberücksichtigt bleiben, wird sich sogleich zeigen (s. S 338); im übrigen ist die Wirkung der Freistellungsmethode umstritten, wie insbesondere die Diskussion um die Berücksichtigung von Verlusten im DBA-Vertragsstaat zeigen wird.

(2) Bei Anwendung des *„Anrechnungssystems"* bezieht der Wohnsitzstaat entsprechend seinem innerstaatlichen Recht die dem Quellenstaat verbliebene Steuersub-

stanz in die Bemessungsgrundlage unverändert ein, rechnet aber ausländische Steuer an. In beiden Fällen ist der Wohnsitzstaat angesprochen: Das ist der Inhalt des Methodenartikels Art. 23 MA.

Es bedarf keiner weiteren Darlegung, daß beide Verfahren zu unterschiedlichen Ergebnissen führen können. Das ist in den wesentlichen Grundlagen auch bereits im einleitenden Teil erörtert worden (s. ab B 64). Ist das Steuerniveau im Quellenstaat höher als im Wohnsitzstaat, ergeben beide Verfahren dieselbe Gesamtsteuerbelastung, da dem Wohnsitzstaat auch bei Anwendung des Anrechnungsverfahrens infolge der Steueranrechnung kein Anspruch verbleibt. Ist das Steuerniveau im Quellenstaat niedriger als im Wohnsitzstaat, dann wird beim Befreiungssystem der Steuerpflichtige mit seinen aus dem Quellenstaat stammenden Einkünften dessen Steuerniveau entsprechend belastet, während beim Anrechnungsverfahren der Steuerpflichtige dem Steuerniveau des Wohnsitzstaats angepaßt wird. *Dücker* (S. 250) hat die Steuerbelastungen bei der Anrechnungs- und der Freistellungsmethode rechnerisch miteinander verglichen und gelangt zu dem Ergebnis, daß im Gewinnfall die Freistellungsmethode (mit Progressionsvorbehalt) immer der **Anrechnungsmethode** vorzuziehen ist; sie kann höchstens zu einer gleich hohen Gesamtsteuerbelastung führen.

Soll es wie bei den unilateralen Maßnahmen auch im Verhältnis der 6 Vertragsstaaten zueinander nur um die Vermeidung der Doppelbesteuerung gehen, dann wäre die Anrechnungsmethode vorzuziehen, denn sie bringt „das absolute Minimum", das „zur Beseitigung einer Doppelbesteuerung wirklich erforderlich ist: Die Doppelbesteuerung ist in dem Augenblick beseitigt, in dem der Steuerpflichtige von seinen aus dem Ausland stammenden Einkünften insgesamt nicht mehr an Steuern zu zahlen hat, als jener Staat verlangt, der das höhere Steuerniveau hat" (*Philipp* S. 28). Die Abkommen „haben nur zu verhindern, daß jemand, der mit seiner Wirtschaftstätigkeit mehrere Staaten berührt, einer zusätzlichen Belastung unterworfen wird, einer höheren Belastung als wenn dieselben Einkünfte nur in einem Staat erzielt worden wären" (*Philipp* S. 28). Das **Befreiungssystem** geht insofern weiter, als es eine Anpassung der Steuerbelastung an das möglicherweise niedrigere Steuerniveau des Quellenstaats mit sich bringt. Nun wurde aber bereits oben darauf hingewiesen, daß jedenfalls in der Vertragspraxis der Bundesrepublik der sog. „Wettbewerbsgesichtspunkt" maßgeblich für die Aufrechterhaltung der Besteuerung bestimmter Steuergüter im Quellenstaat ist. Von hier aus ist es nur folgerichtig, nicht nur die Verteilung der Steuergüter, sondern auch die Methode der Vermeidung der Doppelbesteuerung im Wohnsitzstaat unter diesem Gesichtspunkt zu sehen. Im Ergebnis kann das nur bedeuten, die fraglichen Einkünfte im Wohnsitzstaat von der Besteuerung freizustellen. Denn würden die genannten Einkünfte in die Steuerbemessungsgrundlage einbezogen und die im Ausland gezahlten

Steuern lediglich angerechnet, wäre im Ergebnis ja doch das inländische Steuerklima maßgeblich (Debatin FR 1970, 13).

7 Scheint nach alledem die **Methode der Steuerbefreiung unter dem Aspekt des Wettbewerbs** konsequent zu sein, so dürfen die steuerpolitischen Nachteile nicht übersehen werden. Wenn die Steuer im Partnerstaat eines Doppelbesteuerungsabkommens wesentlich niedriger ist als in der Bundesrepublik, kann die Steuerbefreiung für Steuerinländer ein Anreiz sein, Investitionen in diesem Staat nur vorzunehmen, um das Steuergefälle auszunutzen; u. U. werden dabei bloß formale Anknüpfungen zum Ausland hergestellt. Nun wurde bereits oben bei der Erörterung der Steuerflucht festgestellt, daß solche Erscheinungen im Gefolge unterschiedlicher Steuerbelastungen von Staat zu Staat fast zwangsläufig auftreten. Hier zeigt sich nun, daß derartige Erscheinungen durch das Vorhandensein eines Doppelbesteuerungsabkommens noch verstärkt auftreten können. Der Grund dafür liegt in der Wirkung der Abkommen: Da diese Erleichterungen der inländischen Steuerpflicht beinhalten, können sich die aus grenzüberschreitenden Sachverhalten erzielten Steuervorteile vergrößern. Grundsätzlich wird daher ein hochbesteuernder Staat wie die Bundesrepublik kein Interesse am Abschluß eines Doppelbesteuerungsabkommens mit einem niedrig besteuernden Staat haben. Wird dennoch aus wirtschaftlichen Erwägungen heraus ein solches Abkommen geschlossen, müssen besondere Vorkehrungen getroffen werden, um eine Ausnutzung des Abkommens als Instrument der Steuerflucht auszuschließen. Damit sind bereits die wesentlichen Probleme bei der Anwendung des Methodenartikels zur Vermeidung der Doppelbesteuerung vorgegeben (s. zu Art. 23 A/B MA S 320).

*b) Aus Gründen des Kapitalverkehrs*

8 Eine weitere Einschränkung des Prinzips der Wohnsitzbesteuerung ist aus folgender Überlegung erforderlich: Ist im Verhältnis zweier Staaten der eine Staat Kapitalexporteur, der andere Kapitalimporteur, so fließen die entsprechenden Kapitalerträge (Dividenden, Zinsen, Lizenzgebühren) nur in die eine Richtung; eine konsequente Verwirklichung des Wohnsitzprinzips mit entsprechender Aufhebung der Besteuerung im Quellenstaat würde sich eindeutig zu Lasten des kapitalaufnehmenden Landes auswirken. Andererseits könnte eine hohe Quellenbesteuerung die Kapitalzufuhr beeinträchtigen. Aus dieser Interessenlage erklärt sich die entsprechende Regelung in den von deutscher Seite in Anknüpfung an das OECD-MA abgeschlossenen Doppelbesteuerungsabkommen: Für die aus einem Staat abfließenden Dividenden, Zinsen und Lizenzgebühren bleibt das Besteuerungsrecht des Wohnsitzstaates unangetastet, oder wiederum besser ausgedrückt: es wird bestätigt, ohne daß dem eine weitergehende materielle Bedeutung zukäme. Aber daneben bleibt der Quellenstaat steuerberechtigt; doch ist die Steuerberechtigung der Höhe nach be-

grenzt. Damit erfolgt als besonderer **Kompromiß zwischen der Quellen- und der Wohnsitzbesteuerung die Steuerteilungslösung.** Sie ermöglicht es, „sowohl den Ansprüchen des Wohnsitzstaats gerecht zu werden, der auf die Herkunft der investierten Kapitalien, bzw. der zur Nutzung eingeräumten Wirtschaftsgüter aus seinem Volksvermögen verweisen wird, wie denen des Quellenstaats, der seine Infrastruktur, seine Arbeitskräfte usw. zur Verfügung stellt. Dieser Interessengegensatz ist naturgemäß zwischen typischen Kapitalgläubigerländern (etwa der Mehrzahl der OECD-Staaten) und typischen Kapitalschuldnerländern (insbesondere den Entwicklungsländern) besonders ausgeprägt. Die Entwicklungsländer können es sich oft schon aus fiskalischen Gründen gar nicht leisten, auf die Besteuerung der von Nichtansässigen empfangenen Dividenden, Zinsen und Lizenzgebühren zu verzichten" (*Kl. Vogel* vor Art. 10–12 Rz 3). In diesen Kontext gehören alsdann Besonderheiten des Anrechnungsverfahrens, die unter dem Stichwort „fiktive Steueranrechnung" den Maßnahmen einer Wirtschaftspolitik Rechnung tragen sollen; sie sind im Zusammenhang mit dem Methodenartikel zu erörtern. Das Steuerteilungsmodell ist im Anschluß an das MA auf die Kapitalanlageerträge bzw. die Nutzungserträge Dividenden, Zinsen und Lizenzgebühren beschränkt, erfaßt insoweit unternehmerische und private Betätigung unter Beachtung des Betriebsstättenvorbehalts.

## II. Quellenstaat und Verteilungsnormen (Art. 6 ff. MA)

Eben wurde von den Methoden gesprochen, durch deren Anwendung 9 die Doppelbesteuerung vermieden wird. Hiervon zu unterscheiden sind die Prinzipien, nach denen die Schrankenziehung für die beiden Staaten erfolgt. Hiervon war in den Grundzügen bereits die Rede (im Zusammenhang mit der Frage, bei welchen Steuergütern der Quellenstaat das Besteuerungsrecht beibehalten soll). Nunmehr ist diese Schrankenziehung für die einzelnen Steuergüter in Form einer Übersicht, die von dem einzelnen Steuergut ausgeht, darzustellen. Dabei sind zwar einige Wiederholungen nicht zu vermeiden, andererseits können aber notwendige Ergänzungen zum Außensteuerrecht (Kapitel L–Q: Besteuerung ohne Beachtung von Doppelbesteuerungsabkommen) erfolgen. Die Darstellung schließt sich an die Normen des OECD-Musterabkommens an, denen die neueren deutschen Abkommen inhaltlich angepaßt sind. Vorab sind jedoch **5 Vorfragen** im Zusammenhang zu klären.

### 1. Vorfragen

*a) Die Einkünftequalifikation*

Im Verhältnis zu Nicht-DBA-Staaten richtet sich bei aus dem Ausland 10 bezogenen Einkünften die Einordnung in die Einkunftsarten des EStG

ausschließlich nach deutschem Recht. Es ist Frage des Einzelfalles, ob
und inwieweit sich ausländisches Recht bei der Auslegung der innerstaatlichen Norm bei grenzüberschreitenden Sachverhalten auswirkt (s.
die Subsumtionsbeispiele unter B 4), ob also beispielsweise bei der Qualifikation ausländischer Einkünfte (§ 34 d EStG) auch ein abweichender
Betriebsstättenbegriff des ausländischen Rechts Beachtung finden kann.
Ist Abkommensrecht zu beachten, hat die Zuordnung nicht mehr vorrangig den Zweck der Begründung der Steuerpflicht zu erfüllen, sondern sie
bezweckt die gegenseitige Abgrenzung von Besteuerungskompetenzen –
nachdem der innerstaatliche Steuertatbestand geklärt ist. Die Einkunftsarten des EStG und der DBA – wiederum ausgehend vom OECD-Musterabkommen – sind nicht kongruent. Das EStG kennt Einkünfte aus
Land- und Forstwirtschaft, Gewerbebetrieb, selbständiger Arbeit, nichtselbständiger Arbeit, Kapitalvermögen, Vermietung und Verpachtung
und sonstige Einkünfte. Das OECD-Musterabkommen kennt Einkünfte
aus unbeweglichem Vermögen, Unternehmensgewinnen (Gewerbebetrieb), Seeschiffahrt, Binnenschiffahrt, Luftfahrt, Dividenden, Zinsen,
Lizenzgebühren, Gewinne aus der Veräußerung von Vermögen, selbständiger Arbeit, unselbständige Arbeit, Aufsichtsrats- und Verwaltungsratsvergütungen, Künstler und Sportler, Ruhegelder, öffentlicher Dienst,
andere Einkünfte. Damit ergibt sich die Frage, ob auch im Verhältnis zu
DBA-Staaten die Einordnung ausländischer Einkünfte (in der Systematik
*Kl. Vogels* Einl. Rz 48, handelt es sich um die Tatbestandsvoraussetzungen des Metatatbestandes) nach dem innerdeutschen Recht vorzunehmen ist (ausf. *Piltz* S. 123). Grundlage für die Beurteilung sind die für
DBA geltenden Auslegungsregeln, nämlich: Definitionen im Abkommen
– Sinnzusammenhang des Abkommens – nationales Recht. Solange eine
Auslegung aus dem Sinnzusammenhang des Abkommens möglich ist, ist
ein Rückgriff auf die Begriffsbedeutung im nationalen Recht ausge-
schlossen. Klar kommt in dieser Reihenfolge zum Ausdruck, daß Defini-
tionen wie Art. 10 III (Dividenden), Art. 11 III (Zinsen), Art. 12 II
(Lizenzgebühren), Art. 14 II (selbständige Arbeit) Vorrang haben; daß
mangels einer Definition (Teildefinition) nach einer Auslegung aus dem
Zusammenhang heraus zu fragen ist; zum letzteren vgl. das anschauliche
Beispiel der Einkünfte aus einer in Australien betriebenen Plantage als
Unternehmenseinkünfte auf der Abkommensebene und der nach anderen
Prinzipien vorzunehmenden Bestimmung der Einkünfte im Sinne des
§ 2 a EStG (*BFH* IStR 1994, 78). Die isolierende Betrachtungsweise (s.
Q 15) zur Bestimmung der Einkunftsart des innerstaatlichen Rechts bei
internationalen Sachverhalten ist zur Bestimmung ungeeignet und kann
erst dann herangezogen werden, wenn die Abkommensberechtigung der
Bundesrepublik geklärt ist. Zu beachten ist, daß die DBA eigene Abgrenzungsregeln enthalten: Die abkommensrechtlichen Normen stehen
zueinander in einem **Verhältnis der Spezialität** – nicht anders, als die

Einkunftsarten im innerstaatlichen Recht. Zahlreich sind aber die Beispiele, in den die speziellere Vorschrift einen **Vorbehalt zugunsten der allgemeinen Norm** enthält: Art. 10 bis 13, 17 sind vorrangig vor Art. 7, 14 anzuwenden – treten aber unter den Voraussetzungen der Art. 10 IV, 11 IV, 12 III wieder hinter Art. 7, 14 zurück (das wird am Beispiel des Art. 10 noch näher erläutert). Entsprechend der Systematik der DBA mit ihrer Abgrenzung von Quellenstaat- und Wohnsitzstaatbesteuerung ist diese Zuordnung immer von beiden beteiligten Staaten vorzunehmen, wobei natürlich Abweichungen erfolgen können. Dabei ist zunächst im Quellenstaat nach der oben wiedergegebenen Reihenfolge vorzugehen. An ihn – an den Quellenstaat – richten sich zunächst die Verteilungsnormen. Ob der Wohnsitzstaat eine vom Quellenstaat getroffene Qualifikation für die Abkommensanwendung durch ihn übernehmen muß, ist umstritten (zum Streitstand umfassend *Schuch* S. 51 ff.). Eine ausdrückliche Anordnung der Verbindlichkeit der Qualifikation nach dem Recht des Quellenstaates auch für den Wohnsitzstaat enthält Art. 6 OECD-MA für das unbewegliche Vermögen. Für Dividenden, Zinsen und Lizenzgebühren sind sehr weitreichende abkommensrechtliche Definitionen zu verzeichnen. *Piltz* begründet die Bindung des Wohnsitzstaates bei der DBA-Anwendung an die Qualifikation der Einkünfte durch den Quellenstaat mit der Bezugnahme des Artikels über die Vermeidung der Doppelbesteuerung (Methodenartikel Art. 23 A/B). Zwar sei eine solche Auslegung vom Wortlaut her nicht zwingend; die Auslegung aus dem Sinnzusammenhang erfordere aber, daß wenn der Wortlaut nicht eindeutig ist, einem Auslegungsergebnis der Vorzug zu geben sei, das zu einer Vermeidung der Doppelbesteuerung statt zu doppelter Besteuerung führt. Genau dies werde aber erreicht, wenn der Wohnsitzstaat die Qualifikation des Quellenstaates übernähme. Diese Auffassung wird aber weder dem grundsätzlichen Verhältnis des Abkommensrecht zum innerstaatlichen Steuerrecht als dem eines vorgegebenen Rahmens, den auszufüllen mangels anderer Anhaltspunkte Sache des einzelnen Vertragsstaates ist, gerecht; noch wird er dem Inhalt des Methodenartikels selbst gerecht, der – ausdrücklich – die Vorgaben des Quellenstaates nennt, die im Wohnsitzstaat anzuerkennen sind: Es sind die Quellendefintionen in DBA, die so zu verstehen sind, daß immer dann, wenn der Quellenstaat besteuert, der Ansässigkeitsstaat die Einkünfte als aus dem Quellenstaat stammend behandeln muß (und die die weitere Frage aufwerfen, ob es sich um Rückfallklauseln handelt, s. dazu bereits R 129; vgl. *Wassermeyer* Forum Nr. 14, S. 27). Weitergehende Hinweise zur Qualifikation nach dem Recht des einen oder anderen Staates gibt es nicht.

Als Frage auch nach der **Maßgeblichkeit der Qualifikation eines Vertragsstaa-** **11** **tes** erweist sich das vielfach erörterte Problem der **Besteuerung von Sondervergütungen eines Personengesellschafters.** Unter der Voraussetzung übereinstimmender transparenter Besteuerung der Personengesellschaft in beiden Vertragsstaaten ist nach der Besteuerung solcher Sondervergütungen gefragt, die ein im Inland ansässiger Personengesellschafter von der ausländischen Personengesellschaft vereinnahmt (s. auch S 101). Der ausländische Sitzstaat der Personengesellschaft kann Sondervergütungen nach seinem nationalen Steuerrecht im Gegensatz zur Wertung in der Bundesrepublik wie Leistungen an einen außenstehenden Dritten betrachten (Beispiel USA). Soweit der Quellenstaat solche Vergütungen bei der Gesellschaft als abzugsfähige Betriebsausgaben und beim Gesellschafter als Einkünfte (beispielhaft) aus nichtselbständiger Arbeit behandelt, stellen sich die Fragen: Wie qualifiziert der Quellenstaat die Sondervergütungen für Zwecke des Abkommens? Wie qualifiziert die Bundesrepublik diese Vergütungen als Wohnsitzstaat – ist sie dabei an die Quellenbesteuerung gebunden? Für die **Maßgeblichkeit** des Steuerrechts **des Anwenderstaates** *Wolff* (DBA-USA, Rz 98 zu Art. 7): Die Qualifikation von Sondervergütungen richtet sich nach dem Steuerrecht des jeweiligen Anwenderstaats, weil das DBA die Einkünfteermittlung weder ausdrücklich regelt noch den Zusammenhang der Vorschriften etwas für eine einheitliche Qualifikation zu entnehmen ist; das Abkommen geht implizit davon aus, daß die Vertragsstaaten für die Einkünftequalifikation auf ihr nationales Recht zurückgreifen und daß etwaige Doppel- und Nichtbesteuerungen im Verständigungsverfahren geregelt werden. Dies war auch zunächst herrschende Auffassung, so daß Sonderbetriebseinnahmen DBA-rechtlich den Vergütungen über Unternehmensgewinne gleichgestellt wurden; am deutlichsten *Kl. Vogel* Art. 1 Rz 27 f: Der Gesellschafter ist im Verhältnis zur ausländischen Personengesellschaft als Betriebsstätte das Stammhaus, es gelten die Grundsätze der Gewinnabgrenzung Stammhaus/Betriebsstätte. Hiernach bleiben die Sondervergütungen wie insbesondere Zinsen Teil des Betriebsstättengewinns. Gestattet der ausländische Staat deren Abzug von der Bemessungsgrundlage (was ihm freisteht), folgt daraus noch nichts für den Wohnsitzstaat. Eine Trendwende hierzu brachte die *BFH*-Rechtsprechung seit *BFH* BStBl. 1991 II, 444 (Zinszahlungen von US-Partnerships an inländische Gesellschafter) – alsdann *BFH* BStBl. 1992 II, 937; *BFH* BStBl. 1995 II, 683; *BFH* BStBl. 1997 II, 313. Der *BFH* geht nunmehr davon aus, daß die Einheit von Gewinnanteil und Sondervergütungen im Abkommensrecht aufgelöst sei; auf die Sondervergütungen müßten nach Art. 7 VII MA vorrangig abkommensrechtliche Spezialartikel wie Art. 11 MA (Zinsen) auch dann angewendet werden, wenn die Sondervergütungen abkommensrechtlich Bestandteil des Unternehmensgewinns sind (zu der dann maßgeblichen Frage der Zugehörigkeit etwa einer Beteiligung zur Betriebsstätte s. S 200). Diese Rechtsprechung beruht auf der Auslegung der DBA aus sich selbst heraus (*Lüdicke* StbJb 1997/98, S. 473), ist aber wiederum abzugrenzen gegenüber einer übereinstimmenden Qualifikation, sei es nach dem Recht des Quellenstaates, sei es nach dem Recht des Wohnsitzstaates. Denn auch eine autonome Begriffsbestimmung kann Voraussetzungen enthalten, die bereits im Steuerrecht der Vertragsstaaten besetzt sind und unterschiedliche Bedeutungsinhalte haben. Fraglich kann bei der autonomen Auslegung jedoch sein, ob das Abkommen besondere Bindungen bei der Einkunftsqualifikation bezüglich der Qualifikation des Vertragsstaates kennt. Am Beispiel der Sondervergütungen hat dies *Mittermaier* (S. 278 ff.) im DBA-USA nachzuweisen versucht und ist u. a. zu folgendem Ergebnis gelangt: Deutschland ist für Zinsen an die Qualifikation als Zinsen nach US-Recht gebunden; für Tätigkeitsvergütungen sind aus deutscher Sicht gewerbliche Gewinne gegeben (Teil des Gesamtgewinns) – beanspruchen die USA kein Besteuerungsrecht, kann es zu einer doppelten Nichtbesteuerung kommen (Frage der Anwendung der Switch-over-Klausel Nr. 21 des Protokolls i. V. mit Art. 23 II lit. b, gg) DBA-USA).

**12**    Ein Beispiel für eine Qualifikation aus der **Sicht des Wohnsitzstaates** unter Einbeziehung der Interessen des Quellenstaates ist *BFH* BStBl. 1997 II, 679 (dazu die Urteilsanmerkung von *Hensel* IStR 1997, 562) zur Anwendbarkeit des Art. XI Abs. 6 DBA-Großbritannien zu entnehmen, wobei ein ganz pragmatischer Gesichtspunkt maßgeblich war. Einzuordnen war ein **selbständiger, in der Bundesrepublik als Theater- und Opernregisseur Tätiger,** der in der Funktion als Regisseur Einkünfte in Großbritannien erzielte. Art. XI sieht ein Quellenbesteuerungsrecht vor für Einkünfte, die berufsmäßige Bühnenkünstler aus ihrer in dieser Eigenschaft persönlich ausgeübten Tätigkeit beziehen. *BFH:* Dies gilt nur für vortragende Künstler, die unmittelbar oder allenfalls mittelbar über die Medien in der Öffentlichkeit auftreten. Dies folgt zwar nicht bereits aus dem Begriff des berufsmäßigen Künstlers, doch ließe sich das aus dem Sachzusammenhang der Regelung schließen, „eine einkunftsartunabhängige Zuweisung des Besteuerungsrechts für eine bestimmte Berufsgruppe vorzunehmen, deren steuerliche Erfassung im Wohnsitzstaat infolge spezifischer Mobilität und vielfacher Einnahmemöglichkeiten oftmals besonderen praktischen Schwierigkeiten ausgesetzt ist. Es erweist sich deshalb als sachgerecht, das Besteuerungsrecht dem Quellenstaat vorzubehalten. Damit geht aber einher, den Personenkreis nicht zu weit zu fassen und allgemein auf jegliche künstlerischen Berufe auszudehnen, sondern nur auf diejenigen vortragenden Künstler, die im Tätigkeitsstaat in der Öffentlichkeit in Erscheinung treten." Pragmatisch auch *BFH,* BStBl. 1997 II, 17 zur Frage der **Auslegung der 183-Tage-Klausel,** wenn der im Ausland ansässige Arbeitnehmer an 223 Tagen in das Ausland zurückkehrt. Eine Besteuerung nur im Wohnsitzstaat wäre Folge einer zusammen nicht mehr als 183 Tage im Laufe des Kalenderjahres ausgeübten Tätigkeit (Art. 10 II Nr. 1 DBA-Niederlande). Der *BFH:* Die dieser Vorschrift innewohnenden Vereinfachungs- und Praktikabilitätsüberlegungen können nicht außer Betracht lassen, daß die steuerliche Erfassung der im anderen Vertragsstaat (Quellenstaat) erzielten Einkünfte um so leichter ist, je länger der Arbeitnehmer dort arbeitet. Aus der Sicht des Quellenstaates auch *BFH* BStBl. 1998 II, 21: Kommt es für das Recht einer Quellenbesteuerung für **Zahlungen aus einer inländischen öffentlichen Kasse** an eine Lehrerin an einer deutschen Auslandsschule in Spanien darauf an, ob die Lehrerin in einem Dienstverhältnis zum Kassenträger steht? Im Streitfall bestand dieses nicht, zur beschränkten Steuerpflicht in diesem Fall s. § 49 I Nr. 4, 50 d IV EStG. Abgestellt wird letztlich auf den „Grundsatz der internationalen Courtoisie", wonach das ausschließliche Besteuerungsrecht dem die Vergütung zahlenden Staat zuerkannt werden soll – allerdings mit dem zusätzlichen Hinweis, der Wohnsitzstaat Spanien habe im vorliegenden Fall auch kein Besteuerungsrecht geltend gemacht. Nichts zu tun mit einer grundsätzlichen Vorrangfrage der Einkünftequalifikation hat die Entscheidung *BFH* BStBl. 1998 II, 58 zur Rückfallklausel (hierzu S 130) – sie ist nur auf den Hintergrund der Herkunft der Quelleneinkünfte zu verstehen (in diesem Falle Art. 23 II DBA-Kanada): „Belassen die hiernach maßgeblichen Besteuerungsgrundlagen Besteuerungslücken, so ändert dies an der Herkunft der Einkünfte und Quellen aus Kanada solange nichts, wie diese Kanada in Übereinstimmung mit dem DBA-Kanada zugeordnet sind. Die Richtigkeit dieses Abkommensverständnisses erweist sich nicht zuletzt daran, daß anderenfalls – im Falle einer Einkünfteaufteilung – schwierige Abgrenzungen drohten und daß dies überdies Eingriffe des einen Vertragsstaates in die Steuersouveränität des anderen zur Folge hätte."

Aus alledem folgt: Enthält das Abkommen zur inhaltlichen Bestimmung einer Einkunftsart keine Aussage und legt auch der Qualifikation eines Staates keinen Vorrang bei, dann gibt es für eine **Qualifikation** nach einem der beiden Staaten (sei es als Quellenstaat, sei es als Wohnsitzstaat) **keinen Vorrang** – jedenfalls keinen rechtlichen; richtig ist, daß der Quellenstaat eine nähere Beziehung aufweist und daß der Wohnsitzstaat nicht mit leichter Hand über dessen Qualifikation hinweggehen wird, und schon gar nicht, wenn die Qualifikation auf einer Ausle- **13**

gung des autonomen Abkommens beruht. Rechtlich ist jedenfalls nach
dem Recht des Anwenderstaates zu qualifizieren, was nichts anderes bedeutet als die Beachtung des Art. 3 II MA mit dem Verweis auf das innerstaatliche Recht (Anwendung des Rechts des Anwenderstaates heißt
Verweisung auf dessen jeweils geltendes Steuerrecht, schließt aber die
Möglichkeit einer Lösung auf der Ebene des Abkommens ein). Inwieweit dann bei der Qualifikation nach dem *Recht des Anwenderstaates*
besondere Umstände dafür sprechen können, *eher Gesichtspunkte des*
*Quellenstaates* oder *eher solche des Wohnsitzstaates* zur Geltung kommen zu lassen – und zwar unabhängig von der Rolle des Anwenderstaates – ist wiederum Sache dessen Rechts, jedenfalls eine andere Frage.
Und genau dieses Verständnis legt der *BFH* seinen Entscheidungen
zugrunde: Es gibt keine prinzipielle Festlegung außerhalb dieses pragmatischen Rahmens. Richtig ist, daß sich in der Literatur zur inhaltlichen
Bestimmung der Einkunftsarten – von dieser Grundposition ausgehend –
dann noch zwei Auffassungen gegenüberstehen, die bei übereinstimmender Methode der Rechtsfindung die Schwerpunkte anders bestimmen: Da ist die Sichtweise *Kl. Vogels* zu nennen: (Einl. Rz 101 a, 101 b)
„sämtliche Möglichkeiten einer autonomen Qualifikation auszuschöpfen" mit dem Ziel der Herausbildung einer internationalen Steuersprache
– und ihr ist die Sichtweise *Wassermeyers* (zuletzt in Forum Nr. 14,
S. 28 f.) gegenüberzustellen: „Soweit das Abkommen keine Definition
bzw. Teildefinition enthält, gehe ich davon aus, daß jeder Vertragsstaat
die Einkunftsarbeiten gem. Art. 3 II OECD-MA nach seinem innerstaatlichen Recht bestimmt." Erschließen kann sich aber diese unterschiedliche Betrachtung nur am Einzelfall – und da zeige sich eben, daß der
Konfliktstoff begrenzt ist (vgl. als Beispiel zum Unternehmensbegriff
des Art. 7 MA *Wassermeyer* aaO, S. 30 einerseits, *Kl. Vogel* Art. 7
Rz 22 c–25).

*b) Zur Herkunft von Einkünften*

**14**    (1) Der grundlegende Sachverhalt, an den das Abkommen anknüpft,
ist ein bilateraler: Eine im Wohnsitzstaat wegen ihrer Ansässigkeit steuerpflichtige Person bezieht Einkünfte aus dem anderen Vertragsstaat; der
Wohnsitzstaat einerseits und der Quellenstaat andererseits besteuern
nach Maßgabe ihres innerstaatlichen Rechts nach den Regeln der unbeschränkten bzw. der beschränkten Steuerpflicht – darauf folgt eine Doppelerfassung von Steuergütern. Dieses Schema gilt für beide Staaten
spiegelbildlich, da **jeder Vertragsstaat Wohnsitz- und Quellenstaat**
ist. Die Doppelbesteuerung wird vermieden, indem dem Quellenstaat
grundsätzliche Schranken bei der Anwendung seines innerstaatlichen
Rechts gesetzt sind, der Wohnsitzstaat aber in den Fällen, in denen eine
Quellenbesteuerung fortbesteht, einen Ausgleich gewährt: Steuerfrei-

stellung oder Steueranrechnung. Auf der Ebene des Abkommensrechts geht es mithin um Einkünfte, die sachlich dem anderen Vertragsstaat als dem der Ansässigkeit zuzordnen sind. Einkünfte, die im Staat der Ansässigkeit selbst erzielt werden, fallen genausowenig in den Anwendungsbereich eines Abkommens wie Einkünfte aus Drittstaaten – es fehlt an einem Bezug zum anderen Vertragsstaat. Abzugrenzen sind Fragen der Herkunft von Einkünften von Fragen der Zurechnung dieser Einkünfte. Bei back-to-back-Geschäften steht nicht der Ort in Frage, an dem Zinsen oder Lizenzgebühren erwirtschaftet werden, sondern der Ort ihrer Vereinnahmung aufgrund einer Durchlaufkonstruktion. Zunächst erscheint Art. 21 MA daher eine lediglich bestätigende, letztlich aber überflüssige Klarstellung vorzunehmen, denn danach können Einkünfte einer ansässigen Person, die in den vorstehenden Artikeln nicht behandelt werden, „ohne Rücksicht auf ihre Herkunft" nur im Wohnsitzstaat besteuert werden. Der Kommentar hebt in Nr. 1 hierzu noch ergänzend hervor, daß der Anwendungsbereich des Art. 21 sich nicht auf Einkünfte beschränke, „die aus einem Vertragsstaat stammen; er erstreckt sich auch auf Einkünfte aus dritten Staaten." Diese Aussage erhält dann Konturen, wenn man sie unter dem Gesichtspunkt eines Konfliktes beider Staaten als Wohnsitzstaaten betrachtet (Fall der Doppelansässigkeit nach Art. 4). Dann kommt der Zuweisung in Art. 21 für solche Einkünfte eine materielle Bedeutung zu. Sieht man von den Fällen doppelter Ansässigkeit ab, kann es für Einkünfte im Wohnsitzstaat selbst und aus Drittstaaten keinen abkommensrechtlichen Bezug geben.

(2) Die einzelnen Verteilungsnormen knüpfen an einen grenzüber- **15** schreitenden Sachverhalt an, der durch die Belegenheit einer Einkunftsquelle bestimmt wird. Sie könnten das mit einer minimalsten Anknüpfung tun, indem sie einfach Tatbestandsmerkmale wie „stammen aus" oder „beziehen aus" verwendeten. Schon aus dem innerstaatlichen Recht wissen wir, daß das Tatbestandsmerkmal „aus dem die Einkünfte stammen" in § 34c I EStG einer näheren Präzisierung bedarf (§ 34d EStG). Würden die Abkommen es mithin bei einem solchen Merkmal belassen, wäre für die Anwendung des Abkommens wenig gewonnen; die Heranziehung des Recht des Anwenders würde zu einer Fülle verbleibender Überschneidungen führen. Auf eine nähere Bestimmung der Herkunft aus dem Quellenstaat kann offensichtlich nur dann verzichtet werden, wenn nur dem Wohnsitzstaat die Besteuerung möglich ist. In den anderen Fällen wird man eine präzisere Beschreibung erwarten können, zumal die Herkunftsfrage nicht nur auf eine Bruttogröße, sondern auch auf eine Nettogröße bezogen werden kann und dann die Zuordnung von Werbungskosten und Betriebsausgaben einschließt (s. dazu das *BFH*-Urteil IStR 1997, 495 zur Ermittlung ausländischer Einkünfte zwecks Höchstbetragsberechnung).

– Art. 6 knüpft für das unbewegliche Vermögen an dessen Belegenheit im Quellenstaat an.

– Art. 7 beläßt es nicht nur bei dem Merkmal „übt seine Tätigkeit im anderen Vertragsstaat aus", sondern „übt seine Tätigkeit im anderen Vertragsstaat durch eine dort gelegene Betriebsstätte aus"; einzubeziehen ist auch die hieraus abgeleitete Aussage, daß damit ein Attraktionsprinzip im Quellenstaat nicht verbunden ist, so daß auch Geschäfte an der Betriebsstätte vorbei im Quellenstaat möglich sind.

– Art. 8 bestimmt den erforderlichen grenzüberschreitenden Bezug für Einkünfte aus Seeschiffahrt, Binnenschiffahrt und Luftfahrt durch die Bezugnahme auf einen Betrieb „im internationalen Verkehr" (dazu Art. 3 I lit. d. MA) – stellt damit klar, daß beide Staaten den reinen Binnenverkehr besteuern können und der Staat der Geschäftsleitung außerdem noch den internationalen Verkehr zwischen dritten Staaten.

– Art. 10 (Dividenden), Art. 11 (Zinsen), Art. 12 (Lizenzen): Art. 10 bestimmt die Herkunft aus dem Quellenstaat durch Anknüpfung der Dividendenzahlung durch „eine in einem Vertragsstaat ansässige Gesellschaft"; Art. 11 V bestimmt dies durch die Regelung „Zinsen gelten dann als aus einem Vertragsstaat stammend, wenn der Schuldner eine in diesem Staat ansässige Person ist"; Art. 12 spricht lediglich den minimalsten grenzüberschreitenden Bezug an, wonach Lizenzgebühren aus einem Vertragsstaat „stammen" und an eine im anderen Vertragsstaat ansässige Person gezahlt werden – aber das hat seine Ursache in der geringen Bedeutung der Frage nach der Lokalisierung der Quelle in Art. 12 MA, da die Besteuerung ausschließlich dem Wohnsitzstaat verbleiben soll. Auf die Lokalisierung kommt es dann an, wenn auch dem Quellenstaat die Möglichkeit einer Besteuerung verbleibt, was in der Abkommenspraxis häufig der Fall ist. Dann wird regelmäßig der Gedanke des Art. 11 V übernommen und an die Ansässigkeit des Schuldners angeknüpft (und nicht an den Ort der Verwertung, s. § 49 I Nr. 6 EStG).

– Gewinne aus der Veräußerung von Vermögen nach Art. 13 MA bestimmen den Ort der Herkunft durch die Belegenheit des veräußerten Vermögensgegenstandes. Für den Ort beweglichen Vemögens gilt die engere Voraussetzung der Eigenschaft als „Betriebsvermögen einer Betriebsstätte".

– Für Einkünfte aus selbständiger Arbeit (Art. 14 MA) gelten zur Herkunft keine anderen Regeln als die für Unternehmensgewinne, statt von einer Betriebsstätte wird von einer festen Einrichtung gesprochen.

– Für unselbständige Einkünfte bestimmt Art. 15 MA die Herkunft zunächst lediglich durch das Merkmal des „Beziehens von Vergütungen" und bestätigt hierfür die Wohnsitzbesteuerung. Eine Präzisierung des Herkunftsortes erfolgt durch das Prinzip des Arbeitsortes – dieses wird wiederum durch einen zeitlichen Bezug (183-Tage-Regel) und durch einen Ursprungsort für die Vergütung eingeschränkt. Herkunftsbestim-

mend dagegen – anders als in anderen Zusammenhängen – nicht die Bezüge, da Art. 15 auch für Bezüge aus Drittländern gilt.

– Für Aufsichtsrats- und Verwaltungsratsvergütungen wird die Herkunft durch den Sitz der Gesellschaft bestimmt; anders aber als Art. 16
MA erfordert das DBA-USA die physische Anwesenheit des Aufsichts-
ratsmitglieds bei Sitzungen im Quellenstaat.

– Für Künstler und Sportler wird die Herkunft von Einkünften durch
die „persönlich ausgeübte Tätigkeit" im Quellenstaat bestimmt, was nach
zwei Seiten abgrenzt: Fehlt es am Zusammenhang mit einer konkreten
öffentlichen Darbietung, genügt der bloße grenzüberschreitende Bezug
einer Einkünfteerzielung aus dem Quellenstaat nicht; liegt eine solche
Darbietung aber vor, kommt es auf einen intensiveren Auslandsbezug
(Betriebsstätte, feste Einrichtung) nicht an.

– Für private Ruhegehälter bedarf es nach Art. 18 MA keiner weiteren
Herkunftsbestimmung, weil nur die Wohnsitzbesteuerung unangetastet
bleibt – selbst die Ausübung früherer selbständiger Tätigkeit im Quellenstaat ändert daran nichts.

– Für Vergütungen und Ruhegehälter des öffentlichen Dienstes gilt
das Kassenstaatprinzip als Grundsatz. Die Herkunft der Einkünfte wird
durch den Staat der zahlenden Kasse bestimmt; für den Wohnsitzstaat
verbleibt die Besteuerungsmöglichkeit in den Fällen der sogenannten
Ortskräfte.

– Für Studenten, Praktikanten und Lehrlinge bestimmt Art. 20 MA eine Steuerbefreiung im Gastland; es kommt darauf an, daß die Zahlungen
aus Quellen außerhalb des Gastlandes stammen (aus dem anderen Vertragsstaat, aus Drittstaaten).

(3) Für die Art. 6–21 geht es um eine **Herkunftsbestimmung mit** **16**
**Blickrichtung auf den Quellenstaat.** Der Methodenartikel, der für den
Wohnsitzstaat die Regeln zur Vermeidung einer Doppelbesteuerung enthält, knüpft in Art. 23 im Hinblick auf die Freistellungsmethode und auf
die Anrechnungsmethode an das „Einkünfte beziehen" aus dem Quellenstaat an. Das kann sich nur auf die abkommensrechtlich relevante Herkunft von Einkünften in dem Umfang beziehen, in dem ihn Art. 6–21
MA bestimmt haben; dazu BFH BStBl. 1996 II, 261 am Beispiel des
Art. 24 I Nr. 2 DBA-Schweiz: Einkünfte stammen dann aus der Schweiz,
wenn sie im DBA-Schweiz entweder als solche definiert werden oder
wenn der Schweiz für sie ein Quellenbesteuerungsrecht zusteht – eine
Steuerfreiheit wie die nach Art. 11 für Zinsen im Quellenstaat Schweiz
ändert daran nichts; allerdings muß man den Zusammenhang beachten,
in dem sich aus dieser Feststellung Rechtsfolgen ergeben: Es ging um die
Anwendung des § 34c I Satz 2 EStG und die Einbeziehung solcher aus
dem Ausland stammenden Einkünfte, die im Ausland keiner Besteuerung
unterliegen – hieraus erklärt sich die Kritik *Wassermeyers* und *Krabbes*
IStR 1996, 172. Zu der Frage, ob Quellenbestimmungen in diesem Zu-

sammenhang als Rückfallklauseln interpretierbar sind und ob Rückfallklauseln ausländische Einkünfte in inländische Einkünfte umqualifizie-
ren, s. bereits R 129; zur Anwendung *FG Münster* EFG 1999, 706 im
Falle des DBA-Italien: die Besteuerung in Italien als Tatbestandsmerkmal für „Einkünfte aus Italien".

### c) Die Einkünfteermittlung

**17**    Die abkommensrechtlichen Einkünfte werden der Höhe nach durch
das Abkommensrecht nicht bestimmt. Abkommensrecht enthält – von
wenigen Ausnahmen abgesehen – keine Vorschriften, die die Einkünfteermittlung auch nur beeinflussen könnten. Das Verhältnis der Art.
6–22 zum innerstaatlichen Recht wird durch die Funktion der Normen als
Steuerermäßigungs- und Steuerbefreiungsnormen bestimmt. Als **Befrei-
ungs- und Ermäßigungsnormen** knüpfen sie an die nach dem jeweiligen innerstaatlichen Steuerrecht der Vertragsstaaten ermittelte **Bemessungsgrundlage** bei den Steuerbefreiungsnormen oder an den **ermittelten Steuertarif** bei den Steuerermäßigungsnormen an. Unter dem
Ausdruck Einkünfte ist dann der Betrag zu verstehen, der ohne die Anwendung der Art. 6–22 als Einkünfte aus einer der sieben Einkunftsarten
die innerstaatliche Bemessungsgrundlage erhöhen bzw. eine innerstaatliche Steuer auslösen würde (*Wassermeyer* vor Art. 6–22 MA Rz 55; Art. 6
MA Rz 12; *BFH* IStR 1992, 103; am Beispiel der Berücksichtigung von
Währungsverlusten bei der Einkünfteermittlung *FG Hamburg* EFG
1995, 870). Das hat beispielsweise zur Folge, daß das innerstaatliche
Recht der Bundesrepublik als Anwenderstaat den Dualismus der Einkünfteermittlung ebenso beachtet wie die einschlägigen Einkünfteermittlungsvorschriften (§§ 2 II, 4 ff., 8 EStG)

**18**    – die **vom Abkommen nicht berührten Einkünfte im Wohnsitzstaat** aus Quellen des Wohnsitzstaates und aus Drittstaaten: Mangels
einer grenzüberschreitenden Beziehung im Verhältnis beider Vertragsstaaten zueinander ohnehin außerhalb des Anwendungsbereich des Abkommens liegend;

**19**    – die **vom Abkommen unberührte Quellenbesteuerung,** die – aus
der Sicht der Bundesrepublik – im Regelfall zur direkten Anwendung der
Regeln für die beschränkt steuerpflichtigen Einkünfte führt: Für die Unternehmensgewinne (Art. 7 MA) bedeutet dies die Anwendung der Gewinnermittlungsvorschriften §§ 4 ff., 15 EStG, allerdings unter Beachtung der Art. 7 II–VI MA; für den einen Sonderfall regelnden Art. 9 MA
zur Einkünfteberichtigung bei Geschäftsbeziehungen zwischen verbundenen Unternehmen (Fall einer wirtschaftlichen Doppelbesteuerung) allerdings eine Beschränkung einer nach dem Steuerrecht des Anwenderstaates bestehenden Berichtigungsmöglichkeit der Gewinne verbundener
Unternehmen insoweit, als sie mit dem Maßstab nach dem „dealing-at-

arm's-length" nicht zu vereinbaren ist. Die daraus resultierende Frage, in welchem Konkurrenzverhältnis innerstaatliches Veranlassungsprinzip und der dealing-at-arm's-length-Grundsatz stehen, ist wohl eine der zentralen Gegenwartsfragen im IStR (dazu S 121). Für Veräußerungsgewinne im Sinne Art. 13 und Einkünfte aus unselbständiger Arbeit, für Aufsichtsrats- und Verwaltungsvergütungen (Art. 16 MA) und für Künstler und Sportler (Art. 17 MA) beispielsweise lassen sich Einflüsse auf die Höhe der Quellensteuereinkünfte überhaupt nicht nachweisen;

– die vom Abkommen **begrenzte Quellenbesteuerung** bei den Dividenden (Art. 10) und den Zinsen (Art. 11) wirft die Frage auf, auf welchen Betrag sich die **Höchststeuersätze** beziehen: Art. 10 III bzw. 11 IV MA bestimmen, daß sich die Höchststeuersätze auf Bruttobeträge beziehen, womit abkommensrechtlich vorgegeben ist, daß Dividenden und Zinsen im Quellenstaat bei Anwendung der Quellensteuersätze nicht durch Werbungskosten/Betriebsausgaben zu kürzen sind. Im übrigen aber bleibt es dem Quellenstaat überlassen, was er als Bruttobetrag nach seinem innerstaatlichen Recht bestimmt (wie es dem Quellenstaat auch freisteht, die Steuer im Abzug an der Quelle oder im Veranlagungsweg zu erheben); **20**

– die vom Abkommen an den Wohnsitzstaat gerichtet Aufforderung zur Vermeidung der Doppelbesteuerung durch die **Anrechnung ausländischer Steuern** wirft die Frage auf: Bezieht sich die Steuerermäßigung auf Einkünfte oder auf Einnahmen? Dazu ist auf die Ausführungen S 325 und zunächst auf die *BFH*-Urteile BStBl. 1994 II, 799 und BStBl. 1997 II, 657 zu verweisen: Die Ermäßigung bezieht sich auf Einkünfte, also auf einen Nettobetrag – aber es ist Sache des innerstaatlichen deutschen Steuerrechts, die Anrechnung ausländischer Quellensteuern (um die es in beiden Fällen konkret ging) betragsmäßig auf die Höhe der in der Bundesrepublik auf die ausländischen Einkünfte entfallenden ESt/KSt zu begrenzen (s. dazu zuletzt auch *OFD Frankfurt a. M.* RIW 1998, 657). Zur Kritik an der Methodik des *BFH* s. *Schuch* S 57ff.: Der *BFH* stellt eine autonome Auslegung in den Mittelpunkt – tatsächlich aber wird der abkommensrechtliche Einkünftebegriff nur nach innerstaatlichem Recht verstanden. **21**

– die vom Abkommen an den Wohnsitzstaat gerichtete Aufforderung zur Vermeidung der Doppelbesteuerung durch die **Steuerbefreiung ausländischer Einkünfte** stellt den Rechtsanwender vor die Frage: Welcher Betrag ist freizustellen? Das scheint auf den ersten Blick eine überflüssige Fragestellung zu sein – und doch ist sie zu klären, denn **22**

– die Höhe dieser freigestellten Einkünfte ist zu klären, wenn ein Progressionsvorbehalt zur Anwendung gelangt (dazu S 338) und **23**

– aus der Sicht des innerstaatlichen Steuerrechts stellt sich die Frage, inwieweit Ausgaben zu berücksichtigen sind, die mit solchen steuerbefreiten Einnahmen in einem Zusammenhang stehen? Kaum eine Frage des IStR hat in den vergangenen Jah- **24** ren eine solche Fülle von Veröffentlichungen zur Folge gehabt wie die zur Ermittlung einer freizustellenden Schachteldividende und ihre Auswirkungen auf die Abziehbarkeit von Ausgaben bei der die Schachteldividenden vereinnahmenden inländischen Muttergesellschaft. Man kann sie als Frage nach den Einkünften im Sinne des Abkommenrechts als **Brutto- oder Nettobetrag** völlig verselbständigen (so *Wassermeyer* Forum Nr. 14, S. 23); man kann sie auf den konkreten Zusammenhang mit der Freistellungsmethode reduzieren (so die Darstellung bei *Krabbe* S. 3) und man kann das Problem auf eine Reichweite des Welteinkommensprinzips zurückführen (so *Mössner* IWB 3 a Gr. 1, 519; *Wassermeyer* IStR 1996, 338). *BFH* BStBl. 1997 II, 57 hat allgemein festgestellt, daß für jede abkommensrechtliche Einkunftsart zu entscheiden ist, ob sich Rechsfolgen auf Einkünfte i. S. des § 2 II EStG oder auf Einnahmen i. S. der §§ 4 III Satz 1, 8 I EStG bezieht. Zum speziellen Fall steuerbefreiter Dividenden hat der *BFH* die Auffassung vertreten, aus dem Sprachgebrauch und aus dem Zusammenhang, in dem der Dividendenbegriff (Art. 10) gebraucht sei, folge, daß Einnahmen gemeint seien (Bruttobetrag) – hiergegen ganz grundsätzlich *Krabbe* (S. 5 f.), der die Lösung nur dem innerstaatlichen Recht entnommen wissen will: Ausdrücke wie Dividenden, Zinsen oder Lizenzgebühren, aber auch Einkünfte aus unbeweglichem Vermögen oder Unternehmensgewinne bezeichnen jeweils den Betrag, mit dem sie nach nationalem Recht in die Bemessungsgrundlage eingehen – ob dem Quellenstaat ein Besteuerungsrecht eingeräumt sei, habe hierfür keine Bedeutung. Aus dieser Gegenüberstellung wird deutlich, daß der *BFH* einer völkervertragsfreundlichen Auslegung folgt, weil ihm hierfür das Abkommen genügend Anhaltspunkte bot (dazu *Wassermeyer* Forum Nr. 14, S. 23; Forum Nr. 16, S. 47). Daraus folgt dann die weitergehende Frage: Wenn Einnahmen freigestellt sind, wie ist aus abkommenrechtlicher Sicht dann das **Abzugsverbot des § 3 c EStG** zu verstehen? Hierzu und unter Einbeziehung des § 8 b VII KStG s. S. 332. Wird aber die steuerbefreite Einkunftsart in ihrer „Zusammensetzung" auf der Abkommensebene selbst wie im Fall befreiter Betriebsstättenergebnisse bestimmt, entstehen solche Zuordnungsprobleme nicht.

## d) Die Einkünftezurechnung

25      (1) Auch hier kann auf eine Reihe bereits bekannter Umstände verwiesen werden: Die Frage der Zurechnung als Grundlage der Prüfung einer Abkommensberechtigung wird vom Abkommensrecht grundsätzlich nicht geregelt, sie ist Sache des Rechts des jeweiligen Anwenderstaates zuletzt am Beispiel des Beziehens von Einkünften aus Forderungen DBA-Niederlande a. F. Art. 4 III *BFH* BStBl. 1999 II, 514). Ausnahmen hiervon: Die Bestimmung des Nutzungsberechtigten in Art. 10 II, IV, Art. 11 II, IV, VI und Art. 12 I, III, IV MA; die Quellensteuerreduzierung bei Dividenden, Zinsen und Lizenzgebühren setzt voraus, daß diese Einnahmen einem Nutzungsberechtigten zufließen und dieser Nutzungsberechtigte in dem anderen Vertragsstaat ansässig ist. Es ist dies eine Regelung im Zusammenhang mit der Bekämpfung des Abkommensmißbrauchs – wie überhaupt die problematischen Zurechnungsfälle mit der **Fallgruppe des treaty shoppings** bereits in einem für die Zwecke dieses Buches ausreichendem Umfang beschrieben wurden. Als Folge solcher Zurechnungen kann es zu wirtschaftlichen Doppelbesteuerungen kommen, die vom Abkommen nicht mehr erfaßt werden. Versagt der Quellenstaat eine Reduzierung, weil er im Empfänger keinen Nutzungsbe-

rechtigten anerkennt, ist im Wohnsitzstaat grundsätzlich die höhere Quellensteuer über § 34c EStG anrechenbar – soweit kann es mithin nur um die Frage einer Besteuerung zu Lasten des Ansässigkeitsstaates gehen. Erkennt der Wohnsitzstaat aber einen Mißbrauch und sind die ausländischen Steuern von einer anderen Person erhoben als jener, der er die Einkünfte im Inland zurechnet, ist die Anrechnungsfrage problematisch. Formal ist der Doppelbesteuerungsbegriff nicht erfüllt (s. daher zur Anrechnung ablehnend *BFH* BStBl. 1977 II, 265) – dagegen Wassermeyer unter Hinweis auf den Musterkommentar zur Art. 1 Nr. 23 (in Forum Nr. 14, S. 35). Die Frage, ob denn in einem solchen Mißbrauchsfall der im Ausland angefallene Aufwand einschließlich dort entrichteter Steuern als Betriebsausgaben dem inländischen Anteilseigner zugerechnet werden können, hat das *FG Baden-Württemberg* in den Entscheidungen Irland I und II (s. N 378) bejaht: Wenn schon irische Steuern in Deutschland nicht korrigiert bzw. angerechnet werden können, sind sie als (vergebliche) Aufwendungen, d. h. als Betriebsausgaben abzugsfähig. Die Voraussetzungen der Nichtabzugsfähigkeit liegen nach dem angemessenen (fingierten) Sachverhalt nicht mehr vor. § 42 AO gestattet nicht, Betriebsausgaben in Kosten der Lebensführung umzudeuten, zumal eine Kapitalgesellschaft keine Privatsphäre hat – hiergegen allerdings *Höppner,* IWB 3a Gr. 1, 134. *F/W/B* Rz 7e zu § 7 AStG stellen die **Zurechnungsfrage** in einen Zusammenhang mit dem **Besteuerungsrecht der Vertragsstaaten:** DBA stellen nur darauf ab, wer die Einkünfte erzielt – nicht darauf, wem sie zugerechnet werden. Der Hintergrund dieser Differenzierung leuchtet auch ein, da anderenfalls Abkommensrecht durch abweichende Einkünftezurechnungen nach dem jeweiligen nationalen Recht unterlaufen werden können. Daraus könnte man dann als Konsequenz folgern: Es müsse sich für die Steuerfreistellung und Steuerermäßigungen nicht um dieselben Einkünfte bei demselben und nach dem nationalen Recht zu bestimmenden Steuersubjekt handeln. Für die DBA-Anwendung ist unerheblich, ob dieselben Einkünfte nach dem nationalen Steuerrecht der beteiligten Vertragsstaaten verschiedenen Steuersubjekten zugerechnet werden. *Kl. Vogel* (IStR 1999, 7) hat daraus – mit gleicher Zielsetzung – eine entgegengesetzte Konsequenz gezogen: Beide Vertragsstaaten haben das in Frage stehende Einkommen für die Anwendung des Abkommens (und nur hierauf begrenzt) derselben Person zuzuordnen. Doch wird man dem widersprechen müssen: Zunächst einmal wäre das mit dem herkömmlichen Begriff der Doppelbesteuerung nicht zu vereinbaren, zumal das Abkommensrecht Fälle, in denen es um die Beseitigung einer wirtschaftlichen Doppelbesteuerung geht, ausdrücklich regelt (Art. 9 MA, Freistellung von Schachteldividenden). Wäre die strikte Trennung *(F/W/B)* oder die strikte Kongruenz *(Kl. Vogel)* zwischen der Durchführung der Steuerbefreiungen und Steuerermäßigungen auf der Ebene der Einkünfteerzielungen und Einkünfteermittlung gegenüber der Zurechnung gewollt, bedürfte es einer abkommensrechtlichen Aussage – und diese gibt es nicht. Daß Art. 14 I MA nur darauf abstellt, ob Einkünfte aus einem freien Beruf oder aus selbständiger Arbeit bezogen werden, aber unerheblich sein läßt, wer diese Tätigkeit ausübt (*F/W/B* Rz 7e zu § 7 AStG), bestätigt doch nicht mehr und nicht weniger als die Lösung dieser Frage nach nationalem Recht – und nur so wird von *Wassermeyer* auch die Aussage im Kommentar zu Art. 14 MA Nr. 14 verstanden. Die weitergehende Rechtsfolge hätte geregelt werden müssen. Deswegen kann nur richtig sein, die Steuerfreistellungen und Steuerermäßigungen in Bezug zu setzen mit einer Einkunft und einem Steuerpflichtigen – dessen Bestimmung durch das Recht des Anwenderstaates erfolgt (*Brünink* S. 86 mit einer umfassenden Abwägung und Quellenübersicht). Ob damit auch das Problem der Vereinbarkeit der Hinzurechnungsbesteuerung gem. §§ 7ff. AStG mit Abkommensrecht bereits abschließend gelöst ist, weil es nur um eine wirtschaftliche Doppelbesteuerung gehe, mag hier zunächst dahingestellt bleiben (dazu unter S 199).

**26**      (2) Eine spezielle Norm enthält das DBA-Schweiz. Von der Maßgeblichkeit der Zurechnung nach dem innerstaatlichen Recht geht Art. 4 XI des Abkommens aus: „Nicht in einem Vertragsstaat ansässig gilt eine Person in bezug auf Einkünfte und Vermögenswerte, die nicht ihr, sondern einer anderen Person zuzurechnen sind" – niemand kann weiterhin Abkommensvorteile für Einkünfte beanspruchen, die einer anderen Person zuzurechnen sind; die Bestimmung abweichender Zurechnung ist dem Recht des Anwenderstaates überlassen. Dazu *Wassermeyer* IStR 1999, 484: eine schon vom Ansatz her verfehlte Norm, weil sie die **Begriffe der Ansässigkeit und der Zurechnung** unzulässigerweise miteinander vermengt. Die Zurechnungsfrage „ist logischerweise stets vor der Abkommensberechtigung zu prüfen. Erst die Beantwortung der Zurechnungsfrage erlaubt eine Aussage darüber, auf wessen Ansässigkeit es abkommensrechtlich ankommt."

**27–29**      *(einstweilen frei)*

### e) Die Abkommenssprache

**30**      (1) Die Abgrenzung der beiden Vertragsstaaten im Hinblick auf die zu gewährenden Steuerbefreiungen und Steuerermäßigungen erfolgt nach den bisherigen Erkenntnissen durch den Vorrang des Wohnsitzstaats einerseits und durch die Regelungen der Quellenstaatskompetenzen andererseits. Zu klären ist nun, wie das Abkommensrecht im formalen Abkommensaufbau diesen Vorgaben Rechnung trägt. Es wird sich zeigen, daß die **Abkommenssprache** die **Beziehungen zwischen Wohnsitzstaat und Quellenstaat** zwar zum Ausdruck bringt, daß aber einige mißverständliche Formulierungen hierbei unterlaufen. Zunächst ein

Rückblick: Eine gleichberechtigte Stellung beider Vertragsstaaten verfolgte die alte Abkommenstechnik: Aufgrund bestimmter Anknüpfungen wurde Steuersubstanz nacheinander aufgeteilt; Wohnsitzstaat und Quellenstaat erscheinen gleichberechtigt, das Abkommen läßt äußerlich nicht erkennen, daß zum einen ein weltweiter Besteuerungsanspruch, zum anderen nur die jeweils sachlichen Anknüpfungspunkte eingeschränkt werden (*Freudling* AWD 1973, 16). So konnte man einem Artikel bezüglich eines Steuergutes ein vollständiges Regelwerk entnehmen: Art. 6 des alten DBA-Schweiz 1931 sah hinsichtlich des Kapitalvermögens in Art. 6 I für das dort genannte Vermögen eine ausschließliche Besteuerung im Wohnsitzstaat; Art. 6 II regelte aber ein davon unberührt bleibendes Quellenbesteuerungsrecht und Art. 6 V die Anrechnung dieser Quellensteuern im Wohnsitzstaat. Die Technik des Musterabkommens und damit auch deutsche Vertragspraxis ist eine andere – sicherlich auf den ersten Blick kompliziertere, doch dafür der Systematik innerstaatlichen Rechts entsprechende Technik. Denn erst in ihr kommt die Vorrangstellung des Wohnsitzstaates zum Ausdruck, aber nicht etwa primär in einem auf den Einnahmenvorrang bezogenen Sinne – hier müssen die Staaten eher um einen Ausgleich bemüht sein, was natürlich wiederum nicht heißen kann, wirtschaftliche Realitäten zu mißachten – sondern im Sinne einer „Federführung" für die Umsetzung des DBA-Zweckes.

(2) Daher knüpfen die Abkommen schon auf der Ebene der einzelnen **31** Einkünfte (Verteilungsnormen) an die Unterscheidung der unbeschränkten und der beschränkten Steuerpflicht an und regeln aus der Sicht der beiden Vertragsstaaten: Inwieweit befreien sie von einer innerstaatlichen Steuerpflicht oder ermäßigen diese bei grenzüberschreitender Tätigkeit?
– für unbeschränkt Steuerpflichtige, soweit sie aus dem anderen Vertragsstaat Einkünfte beziehen, ist dies aber der Ausnahmefall: Von wenigen Fällen abgesehen, in denen der Wohnsitzstaat von der Besteuerung ausgeschlossen wird, bleibt die Besteuerung im Wohnsitzstaat zunächst unberührt;
– für beschränkt Steuerpflichtige und im anderen Vertragsstaat Ansässige, soweit sie auf dem eigenen Territorium tätig werden: Das ist der eigentliche Abkommenskern Art. 6–21 MA, die „Wortführung bezüglich des Quellensteuerstaates".
Nur soweit nach dieser Klärung die **Feststellung einer verbleibenden Doppelbesteuerung** zu treffen ist, ist einer der beiden Vertragsstaaten in bezug auf einen konkreten Einzelfall als Wohnsitzstaat dazu aufgerufen, eine Methode zur Vermeidung einer Doppelbesteuerung anzuwenden. Daß dies nur der Wohnsitzstaat sein kann, ergibt sich aus grundsätzlichen Erwägungen, die mit den Regeln der unbeschränkten Steuerpflicht verbunden sind. Aber es folgt auch aus dem Abkommensaufbau, der zunächst die Quellenstaatsbefugnisse regelt – es wäre dann ein Wider-

spruch in sich, dem Quellenstaat auch die Vermeidung einer Doppelbesteuerung aufzuerlegen.

Daraus folgt ein **Abkommensaufbau in zwei Teilen:** Ein erster Teil stellt Einkünfte aus grenzüberschreitender Tätigkeit in den Mittelpunkt (das ist der Inhalt der 2. Vorfrage nach der Herkunft der Einkünfte) und bezieht die Abkommenserleichterungen auf einen der beiden Staaten, vorrangig auf den Quellenstaat – deswegen muß sich der Rechtsanwender mit der dabei üblichen Sprache der Vertragspartner vertraut machen. Ein zweiter Teil beginnt mit der Feststellung, daß die Abkommenserleichterungen noch nicht zur Vermeidung der Doppelbesteuerung geführt haben und regelt nunmehr das Verfahren zu ihrer Vermeidung im Wohnsitzstaat, der einen grundsätzlich weltweiten Besteuerungsanspruch erhebt. An sich ist diese Struktur einfach und einsichtig, wenn man sich die Sichtweise des Wohnsitzstaates zu eigen macht. Es geht aber deswegen Übersichtlichkeit verloren, weil der **Ausgangspunkt einer noch bestehenden Doppelbesteuerung** als Voraussetzung für die Anwendung des zweiten Teils (der Vermeidung dieser Doppelbesteuerung) mit einer Ausnahme verbunden ist: Er ist für den Fall zutreffend, daß der Quellenstaat eine Steuerbefreiung zu gewähren hat. Für den Unternehmer des Staates A, der sich im Staat B gewerblich betätigt und hierbei nicht die Voraussetzungen einer Betriebsstätte im Sinne des Abkommensrechts erfüllt, ist kein Abkommensrecht mehr zu beachten. Er ist aber nicht für den Fall zutreffend, daß der eigene Wohnsitzstaat eine Steuerbefreiung zu gewähren hat, weil nur der Quellenstaat einen nach innerstaatlichem Recht gegebenen Steueranspruch verwirklichen darf: Dann ist im Wohnsitzstaat dessen ungeachtet ein Progressionsvorbehalt zu beachten. Daraus folgt

– Art. 6–22 MA, in denen die Besteuerung bestimmter Einkunftsarten einer in einem der beiden Vertragsstaaten ansässigen Person mit Blickrichtung auf und aus der Sicht des Quellenstaates geregelt wird.

– Art. 23 A/B MA zur Methodik der Vermeidung der Doppelbesteuerungsabkommen: Anrechnungsmethode und Freistellungsmethode mit der Besonderheit eines Progressionsvorbehaltes für im Wohnsitzstaat steuerbefreite Einkünfte.

**32** (3) Der III. Abschnitt (Art. 6 bis 22) enthält die Vorschriften, die – anknüpfend an die Darstellung der Funktionsweise der DBA – als Steuerbefreiungs- und Steuerermäßigungsnormen im Quellenstaat den Abkommenskern bilden, ohne daß aber mit den Begriffen Verteilungsnormen (*Kl. Vogel* vor Art. 6–22 Rz 1) oder Schrankennormen (*Debatin* Systematik I Anm. 39) abweichende Rechtsfolgen zum Ausdruck gebracht werden. Die Normen teilen die Einkünfte nach Einkunftsarten auf und treffen eine Aussage über den Fortbestand, die Beschränkung und den Ausschluß eines Quellenbesteuerungsrechts; in wenigen Fällen treffen sie eine Aussage über den Wegfall einer Wohnsitzbesteuerung, was dann als „ausschließliches Quellenbesteuerungsrecht" zu verstehen ist. Ob man hierbei von einem einheitlichen Rechtsfolgesystem sprechen kann, ist fraglich (verneinend *Wassermeyer* vor Art. 6–22 Rz 51). Man wird wohl sagen müssen: Es ist ein einheitliches Rechtsfolgesystem im Kern gegeben – nur ist es nicht ohne weiteres zu durchschauen. Jedenfalls ist ein einheitliches System nicht in dem Sinne gegeben, daß jede Einkunftsart nach Art einer Matrix eine identische Zuweisung erhielte: Der Wohnsitzstaat darf/darf nicht; der Quellenstaat darf/darf nicht. Dann ergäbe sich nämlich folgendes Grundschema, wobei der Quellenstaat nun-

mehr vorangestellt wird, um der in seine Richtung gehenden Abkommensaussage Rechnung zu tragen
1. Der Quellenstaat darf nicht, der Wohnsitzstaat darf,
2. Der Quellenstaat darf, der Wohnsitzstaat darf,
3. Der Wohnsitzstaat darf nicht, der Quellenstaat darf.

Daß man diese „Abkommenssprache" so nicht nachweisen kann, hat zwei Gründe: Zum einen ist die Ausdrucksweise „der Wohnsitzstaat darf besteuern" nach allen vorangegangenen Überlegungen nicht nur inhaltlos, er ist auch unrichtig: Da das Abkommensrecht von seinem Vorrang ausgeht, kann ein entsprechender Wortlaut wie der in Art. 10 I, Art. 11 I und Art. 12 I „können im Wohnsitzstaat besteuert werden" nur als Bestätigung einer ohnehin vorausgesetzten Rechtsposition gelesen und verstanden werden; mit **Blickrichtung auf den Wohnsitzstaat** kommt materielle Bedeutung nur dem Ausschluß des Wohnsitzstaates von einer Besteuerung zu, was auch nur als Ausnahmefall zu gelten hat (Art. 8 I, daran anknüpfend Art. 13 III, alsdann Art. 18, 19). Deswegen verstehen sich positive Wohnsitzaussagen nur in ihrer Beziehung zum Quellenstaat, deswegen bleiben sie in einigen Verteilungsnormen auch außen vor (vgl. Art. 10 I einerseits, Art. 6 I andererseits – ohne daß damit eine unterschiedliche Rechtsposition des Wohnsitzstaates zum Ausdruck gebracht wird). Zum anderen ist das Grundschema deswegen nicht nachzuweisen, weil die Aufrechterhaltung der Quellenbesteuerung differenzierter zu sehen ist: Hinter der Formel **der Quellenstaat darf besteuern** muß man sich drei Fälle denken: Er darf unbeschränkt besteuern, er darf dem Grunde nach beschränkt und er darf der Höhe nach beschränkt besteuern. Unter Einbeziehung dieser Varianten gibt es dann die Fälle 1, 2a, 2b, 2c, 3. Damit gelangt man zu einer die Art. 6–22 (Einkunftsarten) erschöpfend wiedergebenden Gesamtübersicht, aus der sich zugleich die Diktion des Abkommens ergibt:

1. Der Quellenstaat ist gänzlich ausgeschlossen; die Besteuerung im Wohnsitzstaat **33** bleibt unberührt. Beispiele: Art. 7 I Unternehmensgewinne ohne Betriebsstättenbedingung; Art. 8 I Seeschiffahrt usw. (wobei hier vereinfacht der Ort der tatsächlichen Geschäftsleitung mit dem Sitz des Unternehmens gleichgesetzt wird). Art. 12 Lizenzen, Art. 13 III, IV, Art. 18 Ruhegehalt für frühere unselbständige Arbeit, Art. 21 sonstige Einkünfte.
2a. Der Quellenstaat kann seine Besteuerung in vollem Umfang aufrechterhalten; die Besteuerung im Wohnsitzstaat bleibt von Art. 6–21 unberührt, Art. 23 regelt den Ausgleich einer Doppelbesteuerung. Beispiele: Art. 6 I Einkünfte aus unbeweglichem Vermögen, Art. 6 I, II Gewinne aus der Veräußerung von Vermögensgruppen, Art. 16 Einkünfte aus Aufsichtsratsvergütungen.
2b. Der Quellenstaat kann seine Besteuerung in vollem Umfang aufrechterhalten, wenn nähere Bedingungen erfüllt sind: Dazu wäre die Besteuerung von Unternehmensgewinnen unter der Bedingung einer vorliegenden Betriebsstätte zu nennen, die Besteuerung sonstiger Einkünfte unter der Bedingung einer festen Einrichtung, die Besteuerung von Künstlern und Sportlern unter der Bedingung persönlich ausgeübter

Tätigkeit im Quellenstaat, ferner die Besteuerung unselbständiger Arbeit unter der Bedingung des Ortes der Arbeitsausübung (Art. 7, 14, 17).

2 c. Der Quellenstaat kann seine Besteuerung aufrechthalten, ist aber der Höhe nach begrenzt: Art. 10 Dividenden, Art. 11 Zinsen (zu einem solchen Fall der Quellensteuerbegrenzung der Höhe nach bei Untenehmensgewinnen s. *BFH* IStR 1998, 504).

3. Der Ausschluß als Wohnsitzstaat, das damit verbundene aufrechterhaltende und zugleich ausschließliche Besteuerungsrecht im Quellenstaat als Ausnahmefälle in Art. 19, 20; Art. 8 I läßt sich bedingt hier einordnen: Wenn man Sitz des Unternehmens und den Ort der Geschäftsleitung getrennt und den Ort der Geschäftsleitung als Ort einer Betriebsstätte ansieht.

**34–39**      *(einstweilen frei)*

## 2. Einkünfte aus unbeweglichem Vermögen

**40**      (1) Art. 6 I MA ermöglicht dem Quellenstaat, die Besteuerung dieser Einkünfte seinem innerstaatlichen Recht entsprechend uneingeschränkt aufrechtzuerhalten. Dem Abkommensaufbau entsprechend bleibt die Rechtsfolge im Wohnsitzstaat von den Verteilungsnormen unberührt; es ist nicht sinnvoll, von einer im Wohnsitzstaat „offenen Rechtsfolge" zu sprechen (so *Ellsel* in *B/H/G/K* Anm. 158 zu Art. 6 MA), denn „offen" bleibt die Rechtsfolge auch bezüglich des Quellenstaates, solange nicht dessen innerstaatliches Recht bekannt ist. Auf der Abkommensebene wird jedenfalls – hier wie in anderen Fällen – der Wohnsitzstaat erst im Methodenartikel angesprochen. Art. 6 II–IV erläutern Begriffe und bestimmen das Verhältnis zu anderen Normen. Art. 6 I verwirklicht das **Belegenheitsprinzip,** worin eine enge wirtschaftliche Beziehung zum Staat des dort belegenen Vermögens zum Ausdruck kommt – so wie das Internationale Privatrecht mit der lex rei sitae die Sachenrechtsstrukturen aus dem Recht des Belegenheitsstaates ableitet. Wie diese Einkünfte ermittelt werden, bestimmt das innerstaatliche Recht dieses Staates. Aus dem verwendeten Begriff der Einkünfte kann nicht darauf geschlossen werden, es müsse sich um eine saldierte Größe handeln (*Eimermann* in *Debatin/Wassermeyer* zum DBA-USA, Rz 14; anders *Ellsel* aaO, Rz 76).

**41**      (2) Für die Definition des Begriffs „unbewegliches Vermögen" verweist Art. 6 II auf die Qualifikation dieses Staates. Einem solchen Verweis (vgl. auch § 10 III MA) kommt die Bedeutung einer Qualifikation nach dem Recht des Belegenheitsstaates auf der Ebene des Abkommensrechts zu. Man kann sich den Text des Art. 6 II somit jeweils ergänzt denken um die dem innerstaatlichen Recht entnommenen Tatbestandsmerkmale – was zugleich bedeutet, daß der Wohnsitzstaat dies hinzunehmen hat. Er kann sich nicht darauf berufen, daß er unbewegliches Vermögen im Quellenstaat nach seinem eigenen Recht als einer anderen Verteilungsnorm unterworfen sieht. Dies zeigt sogleich die Begrenzung, denn über die Begriffsdeutung durch den Quellenstaat geht der Verweis auf dessen innerstaatliches Recht nicht hinaus: Die Einkunftseinstufung nach innerstaatlichem Recht bleibt davon unberührt; inwieweit mithin aus der Sicht der Bundesrepublik als Quellenstaat die Einkunftsart durch

die isolierende Betrachtungsweise beeinflußt wird, bestimmt allein
§ 49 II EStG. Der Fall der unentgeltlichen Zurverfügungstellung einer
Ferienwohnung in Österreich durch den deutschen Arbeitgeber löst nach
deutschem Steuerrecht keine Einkünfte aus, sondern inländische Lohn-
aufwendungen (*BFH* RIW 1997, 711). Nach Art. 6 II Satz 2 umfaßt der
Begriff in jedem Falle Zubehör; Rechte, für die Vorschriften des Privatrechts über Grundstücke gelten, also grundstückgleiche Rechte, im deutschen Recht das Erbbaurecht; Nutzungsrechte an unbeweglichem Vermögen (Nießbrauch, Grunddienstbarkeiten, Reallasten); Rechte auf
veränderliche oder feste Vergütungen für Ausbeutungsrechte (der Aus-
beutende selbst erzielt Unternehmensgewinne). Schiffe und Luftfahrzeuge gelten nach Art. 6 II ausdrücklich nicht als unbewegliches Vermögen
(s. dazu Art. 8). Zinsen aus grundpfandrechtlich gesicherten Forderungen
fallen nach einigen Abkommen darunter; zu einem solchen Fall unter
Mißbrauchsgesichtspunkten wegen einer veränderten Abkommensregelung (DBA-Niederlande) *FG Münster* EFG 1997, 1196 und *BFH* BStBl.
1999 II, 514. Nach Art. 6 III gilt die allgemeine Regel ohne Rücksicht
auf die Art der Nutzung dieses Vermögens, will also alle Formen einer
Einkunftserwirtschaftung abdecken (Eigennutzung, Untervermietung
usw.). Abzugrenzen ist sie jedoch von der Veräußerung, da diese unter
Art. 13 MA fällt. Nach Art. 6 IV hat das Belegenheitsprinzip Vorrang
gegenüber anderen Abkommensvorschriften. Damit ist sichergestellt,
daß Einkünfte aus unbeweglichem Vermögen auch dann im Belegenheitsstaat besteuert werden, wenn sie Teile von Unternehmensgewinnen
darstellen, ohne daß der Quellenstaat in diesem Fall für Unternehmensgewinne die Anknüpfung des Art. 7 geltend machen könnte. Oder anders
ausgedrückt (*Debatin/Wassermeyer* DBA-Schweiz, Art. 6): Dem Unternehmen ist damit der Einwand versagt, wegen Fehlens einer Betriebsstätte im Quellenstaat könne es wegen Art. 7 über die Unternehmensbesteuerung Befreiung für Einkünfte aus hier belegenem unbeweglichen
Vermögen verlangen. Ist aber das unbewegliche Vermögen einer Betriebsstätte zuzurechnen, werden Regeln der Besteuerung des Unternehmensgewinns im Quellenstaat von Art. 6 nicht etwa berührt (zu denkbaren Fallgestaltungen *Wassermeyer* Art. 6 MA Rz 105, 106); zum
Sonderbetriebsvermögen, das einer ausländischen Betriebsstätte einer
inländischen Personengesellschaft dient, *BFH* BStBl. 1994 II, 91 zum
DBA-Schweiz: Vorrang des Art. 6; zum Verhältnis der Hinzurechnungsbesteuerung §§ 7 ff. AStG zu Art. 6 *Ellsel* aaO, Rz 320 ff.).

### 3. Einkünfte aus Unternehmensgewinnen

*a) Die Qualifikationsfrage*

Art. 7 behandelt „Unternehmensgewinne" aus der Sicht des Quellen- **42**
staates. Er sucht nach einer „angemessenen Begrenzung der Steuerho-

heit" dieses Staates (s. MA-Kommentar Nr. 7,8 zu Art. 7). Seine materielle Bedeutung liegt im Ausschluß einer Quellenbesteuerung, solange keine Betriebsstätte gegeben ist, und in der Aufrechterhaltung innerstaatlichen Rechts, wenn eine solche Betriebsstätte gegeben ist. Kann – an die Gliederung des Außensteuerrechts anknüpfend – die dort erörterte unternehmerische grenzüberschreitende Tätigkeit (Direktgeschäft, Betriebsstätte, Gründung einer Personen- bzw. einer Kapitalgesellschaft) aus der DBA-Sicht mit „Einkünften aus Unternehmensgewinnen" gleichgesetzt werden?

Dazu die folgenden Beispiele aus der Sicht der Bundesrepublik als Quellenstaat. Der Steuerausländer, in einem Vertragsstaat ansässige A,

1. sendet Waren gegen Entgelt in die Bundesrepublik, nutzt zur Werbung und Vertriebsunterstützung auch Mittel des „Electronic Commerce",
2. errichtet hier eine Verkaufsniederlassung,
3. gründet hier – mit einem Geschäftspartner – eine Personengesellschaft,
4. gründet hier eine Kapitalgesellschaft,
5. erwirbt hier einen Betrieb der Landwirtschaft,
6. errichtet eine Zweigniederlassung, die ein Luftfahrzeug zu Charterzwecken betreibt,
7. errichtet eine Zweigniederlassung, die sich der Lehre und Vermittlung deutscher Sprache für Ausländer widmet,
8. beteiligt sich schließlich am Gewerbebetrieb eines inländischen Unternehmers, als stiller Gesellschafter,
9. erwirbt hier mehrere Grundstücke und veräußert diese unter den Voraussetzungen eines gewerblichen Grundstückshandels,
10. erzielt hier als Sportler Einkünfte.

Die Beispiele sind einfacher Natur und führen bei der Bestimmung der Einkunftsart kaum zu Abgrenzungsproblemen des nationalen Steuerrechts. Wie aber hat die DBA-Zuordnung der entsprechenden Einkünfte zu erfolgen? Zunächst ist festzustellen, daß der Begriff des Unternehmens (und der Unternehmensgewinne) nicht definiert ist, wohl aber dem Betriebsstättenbegriff eine wichtige Rolle zukommt. Es gibt nur eine plausible Erklärung: Man ging von einem gemeinsamen Verständnis aus (*Kl. Vogel* Rz 23 zu Art. 7). Gibt es, um anders zu beginnen, Spezialregelungen, die eine oder andere klare Zuordnung ermöglichen? Man stößt auf Art. 8 (Seeschiffahrt, Binnenschiffahrt und Luftfahrt) und auf Art. 14 (selbständige Arbeit) – damit sind die Zuordnungen 6, 7 geklärt. Liest man Art. 6 Nr. 1 (unbewegliches Vermögen), erledigt sich die Zuordnung 5, denn dort heißt es „einschließlich der Einkünfte aus land- und forstwirtschaftlichen Betrieben". Art. 13 nennt „Gewinne aus der Veräußerung von Vermögen" – ein uns unbekannter Oberbegriff, aber auf den Fall 9 anwendbar. Hinsichtlich der Gründung und Beteiligung an einer inländischen Gesellschaft gehen wir mit unserem Rechtsverständnis an die Fallösung heran: Der Aktionär erzielt nach unserem Rechtsverständnis keinen „Unternehmensgewinn", der ihm direkt zuzurechnen ist, auch nicht als sogenannter Unternehmensaktionär. Art. 10 des MA bestätigt dieses Ergebnis, der Artikel über die „Dividenden" knüpft an das Trennungsprinzip an – was zur Folge hat, daß der Dividendenbezug zur Anwendung der speziellen Regelung gegenüber Art. 7 führt (Ausnahme: Betriebsstättenvorbehalt – A „hält" die Aktien über eine inländische Betriebsstätte, s. Art. 10 IV). Für die Beteiligung an der Personengesellschaft ist bereits eine „Vorwarnung" erfolgt: stiefmütterliche DBA-Behandlung, von allen besonderen DBA-Regelungen abgesehen unterstellen wir eine übereinstimmende Qualifikation in beiden Staaten (Gewinnerfassung anteilig bei den Gesellschaftern), dann paßt Art. 7 zwar immer noch nicht seinem Wortlaut nach, weil das Unternehmen von der Personengesellschaft als solcher betrieben wird, aber es besteht zwischen den Staaten Übereinstimmung, daß dies der Gesellschafterzuordnung nicht im Wege steht. Ausgehend von einem nicht unnötig komplizierten Vorverständnis dürfte es für die Tätigkeiten 1 und 2 keine Probleme geben: Unternehmensgewinne, mithin sind 1–3 Art. 7 zuzordnen; ob der Quellenstaat Bundesrepublik Erträge aus diesen Geschäften besteuern darf? Nach der Kenntnis der Regeln der beschränkten Steuerpflicht wird dies zu Punkt 1 auszuschließen sein, zu Punkt 2 wird es darauf ankommen, ob die Voraussetzungen einer Betriebsstätte im abkommensrechtlichen Sinne gegeben sind. Bleibt die stille Beteiligung (8): Nach unserem Rechtsverständnis erzielt der atypische stille Beteiligte gewerbliche Einkünfte – so daß die Anwendung des Art. 7 jedenfalls naheliegt. Für den typischen stillen Gesellschafter gehen wir von einem Forderungsrecht aus – das könnte Art. 11 (Zinsen) zur Folge haben – aber hier beginnen Mutmaßungen, es ist daher auf die Erläuterungen Art. 10, 11 zu verweisen. Schließlich der Sportler: Innerstaatlich würde sich die Frage einer gewerblichen oder einer unselbständigen Tätigkeit stellen, ggf. auch die Frage der Bedeutung eines zwischengeschalteten, ihn „vermarkenden" Unternehmensträgers. Abkommensrechtlich stoßen wir auf Art. 17 als eine spezielle Norm.

Nun könnte man alle diese Fälle noch aus der Sicht der Bundesrepublik als Wohnsitzstaat betrachten: Aber das ist nicht das Problem des Art. 7 – es ist dies die Frage der Beseitigung einer etwaigen Doppelbesteuerung – mithin Art. 23. Die Frage, inwieweit hierbei die Bundesrepublik als Wohnsitzstaat an die Qualifikation der ausländischen Einkünfte im Quellenstaat gebunden ist, ist eine andere Frage und hat nichts mit Art. 7 MA zu tun. Nur wird sich wie für Art. 7 MA für alle Verteilungsnormen ergeben, daß sie zwar **vorrangig an den Quellenstaat gerichtet** sind, der Verständlichkeit wegen aber manches Problem des Wohnsitzstaates in die Quellenstaatssicht mit einbezogen werden muß.

*b) Grundsatz: Geltung des Betriebsstättenprinzips*

Übt ein Unternehmen eines Vertragsstaates (zur Begriffsbestimmung **43** Art. 3 I c MA) im anderen Vertragsstaat eine gewerbliche Tätigkeit aus, müssen sich die Behörden des zweiten Staates zwei Fragen stellen, bevor sie die Gewinne dieses Unternehmens einer Quellenbesteuerung unterwerfen. Zunächst müssen sie prüfen, ob das Unternehmen eine **Betriebsstätte** in diesem Staat hat (wobei die vorrangige Frage natürlich die nach den **Merkmalen des internen Rechts** sein muß – liegt danach keine Betriebsstätte vor, erübrigt sich eine weitere Prüfung). Denn alle deutschen Doppelbesteuerungsabkommen – übereinstimmend mit der internationalen Abkommenspraxis – verfahren bei den Einkünften aus gewerblicher Betätigung nach dem **Betriebsstättenprinzip**. Danach dürfen gewerbliche Einkünfte (von „gewerblichen Gewinnen" spricht z.B. das DBA-USA), die ein in der Bundesrepublik nicht ansässiges Unternehmen im Inland erzielt, hier erst besteuert werden, wenn damit eine nachhaltige und dauernde Tätigkeit verbunden ist. Art. 7 Nr. 1 drückt das so aus: „Gewinne eines Unternehmens eines Vertragsstaates können nur in diesem Staat besteuert werden, es sei denn …" – was zunächst nichts anderes als die **bestätigende Feststellung des Wohnsitzprinzips** beinhaltet. Wie nach dem Außensteuerrecht der meisten Staaten löst auch nach der Praxis der Doppelbesteuerungsabkommen eine bloß sporadische und lockere gewerbliche Betätigung im Quellenstaat keine ertragsteuerlichen Folgen aus. Der Kommentar in Nr. 3 zu Art. 7 relativiert die abkommensrechtliche Lösung dadurch, daß er auf das „Herkommen" in diesem Punkt verweist. Man möge sich das insbesondere unter dem Eindruck der voluminösen DBA-Kommentare zu Art. 7 verdeutlichen (397 Anmerkungen bei *Wassermeyer,* 153 bei *Kl. Vogel*): „Die wesentlichen Grundsätze, auf denen das einheitliche Schema beruht, sind anerkanntermeise wohlbegründet, und es war daher ausreichend, diese Grundsätze mit einigen kleinen Ergänzungen und Änderungen, die in erster Linie der Verdeutlichung dienen sollen, zu übernehmen." Gleiches gilt im umgekehrten Fall, wenn also ein in der Bundesrepublik ansässiges Unternehmen im Vertragsstaat gewerblich tätig wird. Wird die Frage nach dem Vorhandensein einer Betriebsstätte bejaht, muß als zweite Frage die nach dem der **Betriebsstätte zuzurechnenden Teil eines gegebenen Unternehmensergebnisses** (s. P 22) gestellt werden. Zu beiden Fragen nimmt das OECD-Musterabkommen 1997 wie seine Vorgänger Stellung.

*c) Begriff der Betriebsstätte*

**44**     In den Doppelbesteuerungsabkommen ist regelmäßig eine **eigenständige Begriffsbestimmung der Betriebsstätte** vorhanden, die in der neueren Vertragspraxis in Anschluß an Art. 5 des OECD-Musterabkommens erfolgt. Nach Art. 5 I bedeutet der Ausdruck Betriebsstätte „eine **feste Geschäftseinrichtung,** durch die die Tätigkeit eines Unternehmens ganz oder teilweise ausgeübt wird". Liegen diese Merkmale vor, dann gelten aufgrund des Art. 5 II, III als Betriebsstätte insbesondere die folgenden möglichen Erscheinungsformen: Ort der Leitung, Zweigniederlassung, Geschäftsstelle, Fabrikationsstätte, Werkstätte, Bergwerk, Öl- oder Gasvorkommen, Steinbruch oder eine andere Stätte der Ausbeutung von Bodenschätzen, eine Bauausführung oder Montage, deren Dauer zwölf Monate überschreitet. Diese Begriffsbestimmung wird nach Art. 5 IV durch Ausnahmebestimmungen eingeschränkt. Diese Ausnahmen sind es vor allem, die den Betriebsstättenbegriff des § 12 AO verändern (zum Verhältnis DBA-Recht und § 12 AO BSt-Verwaltungsgrundsätze 1.2). Nach Art. 5 IV gelten nämlich nicht als Betriebsstätten:

(1) Einrichtungen, die ausschließlich zur Lagerung, Ausstellung oder Auslieferung von Gütern oder Waren des Unternehmens benutzt werden;

(2) Bestände von Gütern oder Waren des Unternehmens, die ausschließlich zur Lagerung, Ausstellung oder Auslieferung unterhalten werden;

(3) Bestände von Gütern oder Waren des Unternehmens, die ausschließlich zu dem Zweck unterhalten werden, durch ein anderes Unternehmen bearbeitet oder verarbeitet zu werden;

(4) eine feste Geschäftseinrichtung, die ausschließlich zu dem Zweck unterhalten wird, für das Unternehmen Güter oder Waren einzukaufen oder Informationen zu beschaffen;

(5) eine feste Geschäftseinrichtung, die ausschließlich zu dem Zweck unterhalten wird, für das Unternehmen andere Tätigkeiten auszüben, die vorbereitender Art sind oder eine Hilfstätigkeit darstellen;

(6) eine feste Geschäftseinrichtung, die ausschließlich zu dem Zweck unterhalten wird, mehrere der unter 1–5 genannten Tätigkeiten auszuüben, vorausgesetzt daß die sich daraus ergebende Gesamttätigkeit der festen Geschäftseinrichtung vorbereitender Art ist oder eine Hilfstätigkeit darstellt.

Art. 5 V erweitert den Betriebsstättenbegriff um **abhängige Vertre-** **45** **ter,** die auf der Grundlage einer Vollmacht auch dann eine Betriebsstätte begründen können, wenn sie über keine feste Geschäftseinrichtung verfügen, ihre Tätigkeit jedoch eine gewisse Intensität erreicht: Die Vollmacht reicht aus, um eine hinreichende Teilnahme des (im anderen Vertragsstaat ansässigen Unternehmens am Wirtschaftsverkehr im Quellenstaat zu bewirken (so der MA-Kommentar zu Nr. 131). Zur Tätigkeit eines gesetzlichen Vertreters und die Abgrenzung zu Art. 5 I MA *Wassermeyer* IStR 1999, 406. Die Tätigkeiten unabhängiger Vertreter (Makler, Kommissionäre als Beispiele) führen nicht zu einer Betriebsstätte – solange es am Abhängigkeitserfordernis fehlt (Art. 5 VI). Und Art. 5 VI enthält eine sogenannte „Anti-Organ-Klausel" – deren Inhalt ist aber bereits an anderer Stelle erörtert worden (Problematik des Shell- und des Citroën-Urteils des *RFH* s. P 70).

Freilich ist dies nur der **Regelungsvorschlag** des Musterabkommens. **46** Erst eine genaue Untersuchung des in den einzelnen Abkommen enthaltenen Betriebsstättenbegriffs kann präzise Auskunft über die Abweichungen vom internen Recht der Vertragspartner geben. Die im Abkommen enthaltene Betriebsstättendefinition hat Vorrang vor den deutschen Begriffsbestimmungen; doch kann die Abkommensdefinition diese nur einschränken, nicht aber erweitern. Andernfalls käme es zu einer unzulässigen Erweiterung inländischer Steuerpflicht. Die deutsche Abkommenspraxis folgt dem MA-Modell. Man kann dies beispielhaft an zwei zuletzt (22. 7. 1998) verabschiedeten Gesetzen zu den DBA-Litauen und DBA-Kasachstan nachvollziehen. Die Abweichungen zu Art. 5 I fallen überhaupt nicht ins Gewicht; gegenüber Art. 5 II ist bisweilen eine Erweiterung der betriebsstättenbegründenden Einrichtungen erfolgt (ständige Verkaufsausstellungen, Verwaltungsbüros, land- und forstwirtschaftliche Plantagen, Lagerhäuser usw.); gegenüber Art. 5 III sind häufig andere Fristen zur Betriebsstättenbegründung vereinbart (im Verhältnis zu Entwicklungsländern Sechs-Monats-Frist, zuletzt: DBA-Litauen 9 Monate); in der Praxis zu Art. 5 IV (Betriebsstättenausnahmen) ist die Regelung des Zusammentreffens – s. (6) – oft verändert und nicht nur auf Vorbereitungs- und Hilfstätigkeiten beschränkt. Eine Reihe von Abkommen variieren – bezüglich Art. 5 VI – die Vollmachtserfordernisse;

es besteht die Gefahr, daß hierbei der Betriebsstättenbegriff, der ohnehin schon durch Art. 5 VI ausgehöhlt ist, weiter dahingehend aufgelöst wird, „daß praktisch jede Geschäftsbeziehung, die über ein einfaches Versendungsgeschäft hinausgeht, zu einer Betriebsstätte führen kann" (*Kl. Vogel* Art. 5 Rz 157); Art. 5 VII ist praktisch uneingeschränkt vereinbart.

**47**      Auf einige **Unterschiede** zwischen dem **internen Recht** und der Begriffsbestimmung des **OECD-MA** sei hingewiesen (*Kumpf* S. 55). So gelten für **Bauausführungen und Montagen** unterschiedliche Mindestfristen (s. Anlage II BSt-Verwaltungsgrundsätze), wobei für die Auslegungspraxis die Fristberechnung von entscheidender Bedeutung ist: dazu *BFH* IStR 1999, 601 und *Buciek* IStR 1999, 629. **Beschaffungstätigkeiten** eines Unternehmens können gem. § 12 Nr. 6 AO grundsätzlich eine Betriebsstätte begründen, während sie gem. Art. 5 IV des Musterabkommens nur eine Hilfstätigkeit darstellen. Stätten zur **Erkundung und Erschließung** von Bodenschätzen (Exploration, Versuchsbohrungen, Aufbau einer Bohrinsel) stellen nach Auffassung der deutschen Finanzverwaltung Bauausführungen dar; dagegen besteht nach dem MA (Kommentar Nr. 15 zu Art. 5) auf internationaler Ebene bisher noch keine Einigkeit, wie Stätten zur Erkundung von Bodenschätzen zu behandeln sind. Eine gesonderte Regelung für **kaufmännische oder technische Dienstleistungen** enthalten weder das nationale Recht noch das MA. Somit wird durch die Verrichtung von Dienstleistungen grundsätzlich dann eine Betriebsstätte begründet, wenn die allgemeinen Betriebsstättenvoraussetzungen erfüllt sind (s. dazu die Verständigungsvereinbarung DBA-Rumänien BStBl. 1999 I, 957), also beispielsweise Verwaltungsbüros und Orte der Verwaltung als Geschäftsstellen i. S. des Art. 5 II lit. c) gegeben sind, im übrigen die Tätigkeit als die eines Unternehmens zu bestimmen ist. Sondertatbestände sind für **langfristige Dienstleistungen** nachweisbar, wobei nicht das OECD-MA, sondern das UN-MA Vorbild ist, da es Tendenzen für eine weitergehende Besteuerung im Tätigkeitsstaat aufgegriffen hat. Der Ausdruck Betriebsstätte umfaßt dann „das Erbringen von Dienstleistungen, einschließlich von Leistungen auf dem Gebiet der Beratung, durch Angestellte oder anderes Personal eines Unternehmens eines Vertragstaats, wenn diese Tätigkeiten im anderen Vertragsstaat (für das gleiche oder ein damit zusammenhängendes Projekt) länger als insgesamt sechs Monate innerhalb eines beliebigen Zwölfmonatszeitraums dauern" – so das Beispiel DBA-China Art. 5 III (Ausweitung der Betriebsstättenvoraussetzung). Für die Bundesrepublik als Quellenstaat hat dies keine Bedeutung, solange nicht die Voraussetzungen der §§ 12, 13 AO erfüllt sind, es sei denn, die isolierende Betrachtungsweise ermöglicht im Einzelfall einen Rückgriff auf den Ausübungstatbestand des § 49 I Nr. 3 EStG (*Amann* S. 117 mit Einzelheiten zu den Sondertatbeständen für langfristige Dienstleistungen und zu weiteren Sonderfällen fachlicher und technischer Dienstleistungen als Ausnahmen vom Betriebsstättenprinzip). Doch wird es sich bei **Dienstleistungen** häufig um vorbereitende und unterstützende Tätigkeiten (Art. 5 IV e MA) handeln, wofür der Geschäftszweck des Gesamtunternehmens und Tätigkeiten zugunsten des Unternehmens erforderlich sind. Sind diese Voraussetzungen gegeben, fehlt es an einer Betriebsstätte, auch wenn die vorbereitenden und unterstützenden Tätigkeiten in einer festen Geschäftseinrichtung ausgeübt werden. Nach nationalem Recht ist eine der **Forschung** dienende Geschäftseinrichtung eine Betriebsstätte, nach internationalem Recht handelt es sich um eine Hilfstätigkeit, die keine Betriebsstätte begründet, solange die Forschungsergebnisse nicht an Dritte verkauft werden. Ein **Informations- bzw. Kontaktbüro** gilt nach nationalem Recht als Betriebsstätte, sofern die entsprechenden Voraussetzungen erfüllt sind; dagegen hängt die Annahme einer Betriebsstätte auf Abkommensebene von der ausgeführten Tätigkeit ab (typische Hilfstätigkeit oder nicht). Das **Warenlager** gehört nach § 12 AO zu den Betriebsstättenbeispielen. Für das Abkommensrecht ergibt sich aus Art. 5 IV MA, daß Warenlager grundsätzlich keine Betriebsstätte begründen.

Gerade der **Negativkatalog des Art.** 5 IV MA trägt zum Verständnis des Abgren- **48** zungszieles bei. Der Sinn dieses Negativkatalogs besteht darin, Tätigkeiten der Geschäftseinrichtung von der Besteuerung im Quellenstaat auszuschließen, die der tatsächlichen Gewinnerzielung des Unternehmens so weit vorausgehen, daß ihr ein Gewinn nicht zugerechnet werden kann: „Anzuerkennen ist zwar, daß derartige Geschäftseinrichtungen sehr wohl zur Produktivität des Unternehmens beitragen können, jedoch sind die Dienste, die sie leisten, so weit von der tatsächlichen Gewinnerzielung entfernt, daß es schwierig ist, der betreffenden festen Geschäftseinrichtung irgendeinen Gewinn zuzurechnen. Als Beispiele seien feste Geschäftseinrichtungen genannt, die ausschließlich zu dem Zweck unterhalten werden, um Werbung zu betreiben, Informationen zu erteilen, wissenschaftliche Forschung zu betreiben oder Auskünfte über die Verwertung eines Patents oder eines technischen Verfahrens (know-how) zu erteilen, wenn diese Tätigkeiten vorbereitender Art sind oder Hilfstätigkeiten darstellen" (MA-Kommentar Nr. 23 zu Art. 5). Dies grenzt der Kommentar in Nr. 24 am Beispiel eines **Management-Büros** ab: „Jedenfalls wird durch eine feste Geschäftseinrichtung, deren allgemeiner Zweck mit dem des Gesamtunternehmens übereinstimmt, nicht eine Tätigkeit vorbereitender Art oder Hilfstätigkeit ausgeübt ... Eine feste Geschäftseinrichtung, deren Aufgabe es ist, ein Unternehmen oder auch nur einen Teil des Unternehmens oder eine Unternehmensgruppe zu leiten, kann nicht als Einrichtung gelten, durch die eine Tätigkeit vorbereitender Art oder eine Hilfstätigkeit ausgeübt wird, da diese leitende Tätigkeit auf einem höheren Niveau steht. Wenn international verzweigte Unternehmen ein „Management-Büro" in Staaten errichten, in denen sie Tochtergesellschaften, Betriebsstätten, Vertreter oder Lizenznehmer haben, und diese Büros für die Überwachung und Koordinierung der Tätigkeiten aller Abteilungen des Unternehmens innerhalb der betreffenden Gebiets zuständig sind, wird in der Regel eine Betriebsstätte anzunehmen sein, da das „Management-Büro" als Geschäftsstelle im Sinne des Absatzes 2 anzusehen ist." Daß die Tätigkeit auch für andere Unternehmen eine Hilfstätigkeit ausschließt, versteht sich von selbst (s. MA-Kommentar zu Nr. 26). Bei der Anwendung des Negativkatalogs des Art. 5 III ist umstritten, ob es für die Qualifikation einer Hilfstätigkeit nur auf die Art einer im Hinblick auf die Gesamttätigkeit des Unternehmens nicht ins Gewicht fallenden oder auch auf den Umfang dieser Tätigkeit ankommt. Nach dem

MA-Kommentar (Nr. 24 zu Art. 5) ist dann kein Hilfscharakter mehr gegeben, wenn die Tätigkeit quantitativ ins Gewicht fällt („an sich einen wesentlichen und maßgeblichen Teil der Tätigkeit des Gesamtunternehmens ausmacht").

**49** Der **Positivkatalog des Art. 5 II MA** umfaßt einen Ort der Leitung, eine Zweigniederlassung, eine Geschäftsstelle, eine Fabrikationsstätte, eine Werkstätte und ein Bergwerk, ein Öl- oder Gasvorkommen, einen Steinbruch oder eine andere Stätte der Ausbeutung von Bodenschätzen. Art. 5 III MA bestimmt die Betriebsstätteneigenschaft im Falle von Bauausführungen und Montagen nach einem zeitlichen Element; während § 12 Satz 2 Nr. 8 AO eine Zeitgrenze von 6 Monaten bestimmt, sieht das OECD-MA eine Zeitspanne von 12 Monaten vor. Die deutsche Vertragspraxis reduziert insbesondere gegenüber den Entwicklungsländern die zeitliche Grenze regelmäßig auf 6 Monate. In einer Reihe von Abkommen wird der Tatbestand der Bauausführungen und Montagen auf damit zusammenhängende, überwachende Tätigkeiten ausgedehnt, wenn die Dauer dieser Tätigkeit sechs bzw. neun Monate überschreitet (hierzu *Amann* S. 113).

**50** Auch bezüglich der Beispiele des Positivkatalogs ist jeweils abzugrenzen gegenüber den Hilfstätigkeiten des Art. 5 IV MA. Beispielhaft *Otto H. Jacobs* (S. 318) zu **Kontroll- und Koordinierungsstellen** (dazu BSt-Verwaltungsgrundsätze 4.4) als Geschäftseinrichtungen, die dann keine Hilfstätigkeit mehr ausüben, wenn es sich um Koordinierungsaufgaben im Bereich zentraler Unternehmensfunktionen handelt; zu Verbindungsbüros, die dann keine Hilfstätigkeit mehr ausüben, wenn sie speziell auf Kundenwünsche zugeschnittene Konstruktions- und Anwendungspläne erstellen; zu Büros für technische Hilfeleistungen (Koordinierungsfunktionen gegenüber Lizenz- und Know-how-Partnern), die generell Hilfstätigkeiten ausüben, sofern es sich nicht um Büros von Dienstleistungsunternehmen handelt, deren Geschäftszweck die Lizenz- oder Know-how-Vergabe ist.

### d) Ermittlung des Betriebsstättengewinns

**51** Das soeben erörterte Betriebsstättenmerkmal dient in den DBA der Feststellung, ob bestimmte Einkünfte, die dem Quellenstaat als dem Staat der Betriebsstätte zuzuordnen sind, von diesem besteuert werden dürfen oder nicht. Das ist keine andere Vorgehensweise als im Außensteuerrecht. Eine Lösung des Doppelbesteuerungsproblems bei den Unternehmensgewinnen ist damit noch nicht gegeben. Die Abgrenzung gegenüber dem Staat des Unternehmers selbst als Wohnsitzstaat setzt eine **Einkunftsabgrenzung zwischen den Unternehmensteilen und Stammhaus** voraus, die auf beiderseits akzeptierten Regeln beruht. Ihr liegen einerseits aus dem innerstaatlichen Recht bekannte Grundregeln der Zurechnung zugrunde (Veranlassungszusammenhang). Andererseits wird natürlich der interne Leistungsverkehr zwischen Stammhaus und Betriebsstätte und damit wiederum die Frage nach der Reichweite der Selbständigkeitsfiktion auch im DBA-Recht ein zentrales Problem darstellen. Es ist die Frage nach besonderen Regeln für die Einkunftsabgrenzung solcher Beziehungen, die nicht auf der Rechtssubjektqualität beider Seiten beruhen, und die daher vom Problembereich verbundener Unternehmen abzugrenzen ist. Die Ausgangssituation ist mithin keine andere als bereits im Außensteuerrecht erörterte: Auch Abkommensrecht verleiht der Betriebsstätte keine Subjekteigenschaft, so daß eine (wenn auch eingeschränkte) Selbständigkeitsfiktion das Ausgangsergebnis (Regeln zur Ergebnisermittlung) grundsätzlich nicht beeinflussen kann. Regeln hierzu enthält Art. 7 des Musterabkommens, in seinem Kommentar werden Zweck und die Grenzen dieser Vorschläge klar ausgedrückt (Vorbem. Nr. 2).

„Das Problem, nach welchen Merkmalen die Gewinne einer *Betriebsstätte zuzurechnen* sind und wie solche *Gewinne aufgeteilt* werden sollen, die aus Geschäften zwischen den unter gemeinsamer Kontrolle stehenden Unternehmen stammen, stellte sich bereits in vielen Doppelbesteuerungsabkommen, und man kann wohl sagen, die vereinbarten Regelungen haben im allgemeinen zu einem einheitlichen Schema geführt. Die wesentlichen Grundsätze, auf denen das einheitliche Schema beruht, sind anerkannterweise wohlbegründet, und es war daher ausreichend, diese Grundsätze mit einigen kleinen Ergänzungen und Änderungen, die in erster Linie der Verdeutlichung dienen sollen, zu übernehmen." „Wie wegen der Art der Probleme nicht anders zu erwarten, enthalten sie keine eingehende Regeln für die Behandlung sämtlicher Probleme, die sich ergeben können, wenn ein Unternehmen eines Staates in einem anderen Staat Gewinn erzielt. In der heutigen Zeit wickelt sich die Geschäftstätigkeit unter vielfältigen Formen ab, und es wäre völlig ausgeschlossen, für alle möglicherweise auftauchenden Fragen innerhalb des begrenzten Rahmens eines Artikels eines Doppelbesteuerungsabkommens eine erschöpfende Regelung zu bieten. Solche Probleme können aber dazu führen, daß für bestimmte Einkünfte die Doppelbesteuerung nicht vermieden wird oder daß es zur doppelten Nichtbesteuerung kommt; deshalb sollten sich die Steuerverwaltungen eher auf beiderseits annehmbare Methoden einigen, nach denen solche Probleme – gegebenenfalls mit Hilfe des in Artikel 25 vorgesehenen Verständigungsverfahrens – behandelt werden können, als die Vertragsgrundsätze einseitig auszulegen und auch bei Meinungsverschiedenheiten mit anderen Staaten an der eigenen Auslegung festzuhalten." Man kann davon ausgehen, daß dies auch den praktischen Umgang der Staaten miteinander bestimmt. Über abweichende Erfahrungen wird im *BMF*-Schreiben vom 25.8.1997 zum DBA-Pakistan (Beck DBA-Textausgabe, Pakistan 0.1) berichtet. Seitens Pakistans wird offensichtlich das Verständigungsverfahren verkannt und auf den Problemfall der Verrechnungspreise nicht angewendet. In anderen Fällen wird der Sache nach eine Besteuerung eines Lieferungsgewinnes praktiziert. Fazit: „Aus deutscher Sicht muß hieraus der Schluß gezogen werden, daß damit der vom Abkommen bezweckte steuerliche Schutz deutscher Investitionen in Pakistan zukünftig nicht mehr in vollem Umfang gewährleistet sein dürfte."

Was folgt aus Art. 7 des OECD-MA für die Gewinnermittlung der **52** Betriebsstätte? Werden damit die im Außensteuerrecht der Bundesrepublik aufgeworfenen Fragen (s. S. 174 ff.) gelöst?

*Art. 7 I* geht für grenzüberschreitende Tätigkeit wie bereits dargelegt **53** vom Wohnsitzprinzip aus; greift das Betriebsstättenprinzip ein, dann kann eine Quellenbesteuerung im Betriebsstättenstaat erfolgen, „jedoch nur insoweit, als sie (die Gewinne des Unternehmens) dieser Betriebsstätte zugerechnet werden können", Art. 7 I Satz 2. Deswegen heißt es bei *Kl. Vogel* (Art. 7 Rz 5) zutreffend, genauer müßte man von einem „Wohnsitz- und Betriebsstättenprinzip" sprechen; macht man sich aber konsequent die Sichtweise zu eigen, daß Art. 6ff. den Quellenstaat vor Augen hat, dann heißt die Beschränkung auf das Betriebsstättenprinzip nichts anderes als daß zunächst die (vorrangige) Besteuerung im Wohnsitzstaat nur von mittelbarer Bedeutung ist. Der Wortlaut des Art. 7 I Satz 2 bedeutet zugleich eine klare **Absage an das Attraktionsprinzip,** d. h. gegen das Prinzip, bei Bestehen einer Betriebsstätte im Betriebsstättenstaat den Standpunkt zu vertreten, nunmehr müßten diesem Staat sämtliche Einkünfte des Unternehmens aus Quellen innerhalb dieses Staates zur Besteuerung überlassen werden, unabhängig von einem Zusammenhang mit der konkreten wirtschaftlichen Tätigkeit, die in dieser Betriebsstätte für das Stammhaus ausgeübt wird. Geltung des Attraktionsprinzips würde bedeuten: Stammhausunternehmer A produziert 2 Produkte; für den Vertrieb des einen Produktes im Lande X gründet er eine Betriebsstätte; für das andere Produkt ist dies mangels Nachfrage dort nicht erforderlich. Kommt es aber nun zu einem einzelnen Liefergeschäft dieses zweite Produkt betreffend in das Land X, kann X in die Gewinnermittlung für die Betriebsstätte dieses Geschäft ohne weiteres einbeziehen. Daß die Zurückweisung des Attraktionsprinzips den Anreiz zu dem einen oder anderen Mißbrauch geben kann, liegt auf der Hand, kann aber die Richtigkeit des Prinzips nicht in Frage stellen. Art. 7 I grenzt damit die Besteuerung der beiden Vertragsstaaten dem Grunde nach ab. Zu ergänzen ist Art. 7 I durch Art. 24 IV MA, der beiden Vertragsstaaten verbietet, Betriebsstätten von Unternehmen des anderen Vertragsstaates gegenüber gleichartigen eigenen Unternehmen steuerlich schlechter zu stellen. Die Reichweite dieses Verbotes ist auf die Betriebsstätte selbst beschränkt, ihre Träger fallen nicht in den Schutzbereich. Deswegen stellt die Versagung der Körperschaftsteueranrechnung aus der Sicht der Bundesrepublik als Quellenstaat keine DBA-Diskriminierung dar, da sie nicht gegen die Betriebsstätte als solche gerichtet ist (*Schaumburg* S. 105).

**54**    *Art. 7 II* versucht im Zusammenwirken mit Art. 7 III–VI die Frage der **Gewinnzurechnung durch konkrete Zuordnungsregeln** zu lösen. Dabei ergibt sich die Grundregel aus Art. 7 II: Danach werden, sofern ein Unternehmen eines Vertragsstaats seine Tätigkeit in einem anderen Vertragsstaat durch eine dort gelegene Betriebsstätte ausübt, „in jedem Vertragsstaat dieser Betriebsstätte die Gewinne zugerechnet, die sie hätte erzielen können, wenn sie eine gleiche oder ähnliche Tätigkeit unter gleichen oder ähnlichen Bedingungen als selbständiges Unternehmen ausgeübt hätte und im Verkehr mit dem Unternehmen, dessen Betriebsstätte sie ist, völlig unabhängig gewesen wäre." Damit geht auch das Musterabkommen von einer nur hypothetischen Gleichsetzung mit einem fremden Unternehmen aus; ein fremdes Vergleichsunternehmen mit deckungsgleichen Voraussetzungen kann es nicht geben – ebensowenig wie eine Betriebsstätte denkbar ist, die den Fremdvergleich von vornherein besteht. Die Regelung geht von der Feststellung des wirtschaftlichen Ergebnisses der Betriebsstätte aufgrund einer eigenständigen Gewinnermittlung aus (direkte Methode), s. *Bellstedt,* S. 229; *Kramer* StuW 1991, 153. Dabei befaßt sich Art. 7 II im Kern mit dem **Grundsatz der arm's length-Klausel.** Das bedeutet: Die Bestimmung der Höhe des Betriebsstättengewinnes ist am Fremdvergleich auszurichten. Wie im Bereich des Art. 9 MA für die Gewinnermittlung miteinander verbundener, jedoch selbständiger Unternehmer basiert damit die Gewinnverteilung eines gegebenen Gesamtergebnisses von Stammhaus und Betriebsstätte auf dem Fremdvergleich und wird damit im Kern durch das allgemeine Veranlassungsprinzip bestimmt (*BFH* BStBl. 1989 II, 140 faßt die Grundsätze in 4 Leitsätzen zusammen; zur Rechtsgrundlage des Fremdvergleichs *Wassermeyer* StbJb 1998/99, S. 161). Der Betriebsstätte sind diejenigen Gewinne zuzurechnen, die sie „hätte erzielen können", wenn sie unter den genannten näheren Bedingungen (gleiche oder ähnliche Tätigkeit unter gleichen oder ähnlichen Bedingungen) als unabhängiges Unternehmen tätig geworden wäre. Was damit aus Art. 7 II ganz zweifelsfrei folgt ist dies: Andere Zumessungsmaßstäbe sind nicht zulässig. Der Betriebsstättenstaat kann also beispielsweise nicht den außerordentlich großen wirtschaftlichen Erfolg des Stammhauses nehmen und an diesen anknüpfend „seinen Anteil" fordern. Er muß und darf nur an die in seinem Land wirtschaftende Betriebsstätte anknüpfen, braucht sich aber dann auch nicht auf „ausbeuterisches Stammhausverhalten" einzulassen. Über diese Grundsätze gibt es auch keinen Streit. Nicht anders als bereits nach innerstaatlichem Recht ist aber die **Reichweite der Selbständigkeitsfiktion** in Art. 7 II umstritten: Ist die Betriebsstätte für die Gewinnabgrenzung nicht anders als eine rechtlich selbständige Tochtergesellschaft bei deren Ergebnisermittlung zu behandeln oder hat nach Art. 7 II der Fremdvergleich dort zu enden, wo Betriebsstätte und Stammhaus als Teile ein und desselben Unternehmens eben nicht wie Dritte miteinander verkehren könnten? (Zur Gegenüberstellung beider Auffassungen *Kl. Vogel* Art. 7 Rz 64 ff.; zur eingeschränkten Auffassung *BFH* BStBl. 1989 II, 140; *Wassermeyer* Art. 7 Rz 324; *Schaumburg* S. 902). Die überwiegend vertretene eingeschränkte Selbständigkeitsfiktion bedeutet im Ergebnis einerseits, daß es gegenüber der innerstaatlichen Sichtweise zu § 49 I Nr. 2a überhaupt keinen Unterschied gibt – daß mithin andererseits für eine Reihe von Entgelten für Leistungen im Verhältnis Stammhaus – Betriebsstätte ein Ansatz nicht möglich ist (s. dazu P 32), auch wenn die Leistungsbeziehungen Abkommensrecht unterliegen; die **BSt-Verwaltungsgrundsätze** legen – bei grundsätzlicher Differenzierung – ein einheitliches Verständnis zugrunde.

**55**　　*Art. 7 III* zieht für eine Einzelfrage eine folgerichtige Konsequenz aus Art. 7 I, II, wenn es für die **Aufwandszurechnung und damit für die Abzugsfähigkeit** bei der ausl. Betriebsstätte den Entstehungsort der Aufwendungen nicht maßgeblich sein läßt. Ein Aufwand ist der Betriebsstätte zuzuordnen, wenn er durch sie veranlaßt ist. Hierzu genügt ein mittelbarer wirtschaftlicher Veranlassungszusammenhang (*BFH* BStBl. 1989 II, 140; BSt-Verwaltungsgrundsätze 2.7). Schon die Existenz einer Betriebsstätte reicht aus, um ihr zumindest anteilig Aufwendungen zuzurechnen (*Jürgen Schmidt* in Forum Nr. 16, S. 55). Eine dem Gesamtunternehmen nutzbringende Tätigkeit – etwa eine Rechts- oder Steuerberatung, ein Organisationsgutachten o. ä. – muß anteilmäßig den Gliederungseinheiten zugerechnet werden, auch wenn das Stammhaus ohne Mitwirkung der ausl. Betriebsstätte die Aufträge vergeben und honoriert hat. Jedoch: Auch diese „allgemeine Aufwandsabgrenzungsregel" ist unter dem Gesichtspunkt der eingeschränkten Selbständigkeitsfiktion zu verstehen: Das Stammhaus kann also der Betriebsstätte keine verzinslichen Eigendarlehen mit steuerlicher Wirkung zur Verfügung stellen – wohl aber Zinsaufwendungen aus von Dritten aufgenommenen Darlehen; auch das entspricht dem innerstaatlichen Recht (§ 4 IV EStG). Damit erweist sich das Verhältnis zwischen Art. 7 II und Art. 7 III als grundlegend für das Verständnis der Betriebsstättenbesteuerung, zugleich ist damit die Gewinnermittlung gegenüber zwar verbundenen, aber rechtlich selbständigen Unternehmen abzugrenzen: **Einheitlichkeitsgrundsatz in Art. 7 III MA** im Hinblick auf die Aussage der Verteilung „entstandener Aufwendungen", was den Ausschluß eines Gewinnaufschlags beinhaltet (ein Unternehmen darf an sich selbst nicht verdienen) – **Selbständigkeitsgrundsatz in Art. 7 II MA für die Frage der Gewinnzurechnung.** Art. 7 II ist dabei dem Art. 7 III untergeordnet – im Bereich der Gewinnzurechnung nach Art. 7 II ist aber dem Prinzip des einheitlichen Unternehmens der Vorrang vor dem Fremdvergleichsgrundsatz eingeräumt (*Jürgen Schmidt* aaO, S. 56).

**56**　　*Art. 7 IV* ermöglicht eine **Gewinnaufteilung zwischen Stammhaus und Betriebsstätte** unter den beiden Voraussetzungen, daß die Methode in dem betreffenden Betriebsstättenstaat üblich ist und das Ergebnis der Gewinnaufteilung mit den Grundsätzen des Art. 7 übereinstimmt. Also: Der Fremdvergleich darf durch die indirekte Methode nicht unterlaufen werden; die indirekte Methode gibt eben keine Legitimation dafür her, vom Gesamtertrag einen Anteil mit letztlich anderem Ergebnissen als den im Falle eines Fremdvergleichs zu fordern.

**57**　　*Art. 7 V* verhindert die Zurechnung eines Gewinns zur Betriebsstätte „auf Grund des bloßen Einkaufs von Gütern oder Waren für das Unternehmen". Auszugehen ist zum Verständnis von Art. 5 IV e) des MA, wonach eine feste Geschäftseinrichtung nicht als Betriebsstätte gilt, wenn sie ausschließlich zu dem Zweck unterhalten wird, für das Unternehmen Güter oder Waren einzukaufen. Scheidet daher in solchen Fällen eine Betriebsstätte von vornherein aus, dann greift Art. 7 V in den Fällen ein, in denen eine Betriebsstätte gegeben ist und neben ihrer sonstigen gewerblichen Tätigkeit auch Einkünfte für das Unternehmen vornimmt. Dann darf der Betriebsstättenstaat aus dieser Tätigkeit keinen Gewinn zurechnen. Notwendig ist mithin eine Gewinnspaltung (*Kl. Vogel* Art. 7 Rz 127), die den **Gewinn aus der Einkaufstätigkeit** einschließlich der dafür angefallenen Aufwendungen aus dem Betriebsstättenergebnis herausrechnet.

*Art. 7 VI* stellt klar, daß von der einmal **angewendeten Zurech-** **58** **nungsmethode** (direkt oder indirekt) nur bei Vorliegen ausreichender Gründe abgegangen werden darf, nicht aber aus Gründen der Erzielung eines günstigeren Ergebnisses (wobei natürlich die Erkenntnis, daß die Methode die Wirklichkeit nicht hinreichend wiedergibt, einen ausreichenden Grund für einen Wechsel darstellt).

*Art. 7 VII* grenzt Art. 7 gegenüber anderen Artikeln ab, die eine **59** bestimmte Einkunftsart betrefffen: Vorrang anderer Artikel, also beispielsweise der über Dividenden, Zinsen und Lizenzen **(Grundsatz der Spezialität).** Daneben aber sind wiederum ausdrückliche Zuordnungsregeln in anderen Artikeln zu beachten, ebenfalls beispielhaft Dividenden, Zinsen, Lizenzgebühren. So verweist Art. 10 IV für Dividenden unter den dort genannten Voraussetzungen zurück zu Art. 7; der Zusammenhang zwischen Art. 7 VII und Artl 10 IV ist im Zusammenhang mit Art. 10 erläutert (s. S 200). Man muß Art. 7 VII auf dem Hintergrund sehen, daß eine Zuordnung spezieller Einkünfte zu den Unternehmensgewinnen dem Stammhaus die Möglichkeit offenließe, auf eine fehlende Betriebsstätte im Quellenstaat zu verweisen: Aufgrund des Art. 7 VII bleibt eine Quellenbesteuerung auch dann zulässig, wenn Unternehmenseinkünfte ohne Betriebsstätte erzielt werden – es muß nur eine andere Einkunftsart einschlägig sein. Der Sportler als Gewerbetreibender kann mithin im Quellenstaat nicht geltend machen, er verfüge über keine Betriebsstätte, da Art. 17 MA als lex specialis anzuwenden ist. Für die Anwendung des Art. 7 trotz speziell geregelter Einkunftsarten wie Dividenden, Zinsen, Lizenzgebühren ist dann von Bedeutung, daß der Vermögenswert, der diesen Einkünften zugrundeliegt, tatsächlich zu einer Betriebsstätte gehört (s. *BFH* BStBl. 1991 II, 444; BStBl. 1992 II, 937; BStBl. 1995 II, 683; DStR 1999, 1896; BSt-Verwaltungsgrundsätze 2.4).

Mit diesen Regeln ist ein brauchbares Konzept in seinen Grundlagen **60** geschaffen. Insbesondere der **Verzicht auf ein Attraktionsprinzip** und der **Maßstab des Fremdvergleichs** beseitigen anderenfalls unüberwindbare Divergenzen in der zwischenstaatlichen Auseinandersetzung um den zutreffenden Steueranteil. Andererseits muß man ganz klar sehen, daß eine Vielzahl bekannter Probleme des Außensteuerrechts auch durch die Regeln des DBA-Rechts durch klare Schrankenziehung nicht eindeutig gelöst werden: Da wäre die Kernfrage der Reichweite der Selbständigkeitsfiktion – sie ist auch nicht dadurch eindeutig beantwortet, daß über ihre eingeschränkte Geltung und den Vorrang des Art. 7 III MA Übereinstimmung besteht. Dazu zusammenfassend *Jürgen Schmidt* aaO, S. 77: Das Hauptproblem des Widerspruchs zwischen **Einheitlichkeitsgrundsatz** und der **Verselbständigung,** „solange dieser Spagat besteht, werden sich immer wieder Unzulänglichkeiten bzw. Ungerechtigkeiten bei der Betriebsstättenbesteuerung ergeben. Die Tendenz in Wirtschaft und Verwaltung geht zur Verselbständigung. Eine Lösung kann aber letztlich nur im internationalen Einklang erfolgen."

**61**      Sieht man von den Spezialvorschriften wie Art. 7 V MA ab, gibt es zum Außensteuerrecht keine abweichenden Regeln und Ergebnisse: Deswegen überschneidet sich der folgende Text mit den Hinweisen im Außensteuerrecht P 31, stellt aber hier nicht die **BSt-Verwaltungsgrundsätze,** sondern den **MA-Kommentar** in den Mittelpunkt. Lediglich die mit der Entstrickungsproblematik verbundene **Überführung von Wirtschaftsgütern** in einen DBA-Staat mit Freistellung (s. bereits M 75, P 32) einschließlich einer Rückführung führt zur besonderen Rechtsfolge der Aufdeckung stiller Reserven mit der Möglichkeit aufgeschobener Besteuerung: BSt-Verwaltungsgrundsätze 2.6; kritisch zu der danach gegebenen Rechtslage *Pfaar* IStR 2000, 45. Werden Wirtschaftsgüter der Betriebsstätte **zur Nutzung überlassen,** ist die tatsächliche Zugehörigkeit zum Stammhausvermögen oder zum Betriebsstättenvermögen zu klären (*BFH* BStBl. 1987 II, 550 stellt auf den erkennbaren Willen der Geschäftsleitung ab). Der Aufwand und Ertrag dieses Wirtschaftsguts ist entsprechend der tatsächlichen Nutzung zwischen Stammhaus und Betriebsstätte aufzuteilen, verrechnet werden hierbei aber nur tatsächlich angefallene Kosten, ein Gewinnaufschlag ist nicht möglich (*BFH* BStBl. 1966 III, 24). Zu den immateriellen Wirtschaftsgütern MA-Kommentar Nr. 17.4: Regeln für Beziehungen zwischen nahestehenden Unternehmen z. B. für die Zahlung von Lizenzgebühren oder Umlageverträge lassen sich nicht auf die Beziehungen zwischen den Teilen desselben Unternehmens anwenden. Es besteht hier ein gewisses Dilemma; die Zurechnung des Wirtschaftsgutes nur zu einem Teil wird den tatsächlichen Bedingungen nicht gerecht, auch die rechtliche Stellung kann nicht einem Teil zugewiesen werden: „Deshalb lassen sich die Entwicklungskosten immaterieller Wirtschaftsgüter eher so ansehen, als seien sie allen diese Rechte nutzenden Unternehmensteilen zuzurechnen und als seien diese Kosten für alle dafür in Frage kommenden Unternehmensteile entstanden. In solchen Fällen sollten die tatsächlichen Kosten für die Erstellung immaterieller Wirtschaftsgüter ohne jeden Gewinn- oder Lizenzaufschlag aufgeteilt werden" (zurückhaltend *Jürgen Schmidt* aaO, S. 60, die die Verrechnung von Lizenzgebühren präferiert). Im Bereich der **Dienstleistungen** unterscheidet der MA-Kommentar in Nr. 17.5, 17.6 und 17.7 allgemeine Dienstleistungen (Dienstleistungen als Gegenstand der Unternehmenstätigkeit mit standardisierten Entgelten: Verrechnung zu dem unter Fremden berechneten Entgelt), spezifische Dienstleistungen als Haupttätigkeit der Betriebsstätte dem Unternehmen gegenüber (Gewinnaufschlag als Regelfall), allgemeine Managementleistungen (Umlage ohne Gewinnaufschlag). Doch ist für den Dienstleistungsbereich in der Literatur von keinem einheitlichen Verständnis auszugehen. Einerseits *Wassermeyer* Art. 7 MA Rz 287: Keine Verrechnung wie unter Fremden, wenn die Dienstleistung von einem Unternehmensteil erbracht wird, der speziell für solche Leistungen eingerichtet wurde (Forschung, Entwicklung, Rechts- und Steuerabteilung); anders *Kl. Vogel* Art. 7

Rz 104: Auch die „spezialisierte Dienstleistungsbetriebsstätte" kann zu Marktpreisen verrechnen; nach den BSt-Verwaltungsgrundsätzen 3.1.2 käme es auf die Haupttätigkeit an (s. P 32). Keine Diskrepanzen bestehen für Leistungen, die am Markt erbracht werden und wenn ein „abgrenzbarer Anteil am Außenerfolg" möglich ist. Die BSt-Verwaltungsgrundsätze haben in Tz 4.4 zur Behandlung von **Kontroll- und Koordinierungsstellen ausländischer Konzerne** solche speziell eingerichteten Betriebsstätten zum Gegenstand; ihr gebührt hiernach „ein angemessener Gewinn". Bei der Abgrenzung ihrer Einkünfte sind in der Regel kostenorientierte Entgelte zu berücksichtigen. Es ist daher nicht zu beanstanden, wenn der Gewinn der Betriebsstätte nach der Kostenaufschlagsmethode unter Berücksichtigung eines Gewinnzuschlags von 5 bis 10% ermittelt wird. Zinsaufwand bei der ausländischen Betriebsstätte kann nicht auf der Grundlage „tatsächlich nicht gezahlter Zinsen" verrechnet werden; die Aussage des MA-Kommentars in Nr. 18 ist eindeutig. Zur Frage des **Dotationskapitals,** bis zu dessen Höhe auch eine an die Betriebsstätte weitergereichte Fremdfinanzierung nicht anerkannt wird, ist gegenüber dem Außensteuerrecht nichts mehr hinzuzufügen (s. als Beispiel *BFH*/NV 1994, 690). **Gründungskosten** der ausländischen Betriebsstätte werden von der Verwaltung der (noch nicht vorhandenen) Betriebsstätte zugeordnet – mit der Folge, daß sich bei vereinbarter Freistellungsmethode ein hieraus resultierender Verlust auch bei fehlgeschlagener Gründung im Inland nicht auswirkt. Dem liegt die Überlegung zugrunde, daß der Zurechnungszeitraum grundsätzlich unabhängig vom Zeitpunkt des Entstehens der Betriebsstätte ist; die Fiktion der Selbständigkeit der Betriebsstätte bestimmt die zutreffende Gewinnabgrenzung, ausschlaggebend für die Zuordnung ist allein der Veranlassungszusammenhang. Daß der Betriebsstättenstaat ab dem Zeitpunkt des Entstehens der Betriebsstätte in jedem Fall zu tragen hat, ist unbestritten (s. *Jürgen Schmidt* aaO, S. 68; zu den BSt-Verwaltungsgrundsätzen *Strunk/Kaminski* IStR 2000, 38). Zum Sonderfall der **Akquisitionskosten** s. bereits N 100; vergebliche Akquisitionskosten wie die der vergeblichen Teilnahme an Ausschreibungen für ausländische Großprojekte können keiner bestimmten Betriebsstätte zugeordnet werden, sie können nur das Stammhausergebnis mindern. Aber auch wenn die Teilnahme an der Ausschreibung erfolgreich war: Kosten zur Erlangung eines Auftrags, der eine Betriebsstättenerrichtung nach sich ziehen kann, fallen zeitlich noch vor den Gründungskosten an und sind ebenfalls dem Stammhaus zuzurechnen (nach *Jürgen Schmidt* S. 70 entspricht dies der Verwaltungspraxis). **Nachträgliche Betriebsausgaben** einer aufgelösten Betriebsstätte werden nach den Verwaltungsgrundsätzen dem Stammhaus zugeordnet werden. Dies geschieht über eine Liquidationsbilanz, in der das auf das Stammhaus übergehende Vermögen mit dem gemeinen Wert angesetzt wird und fortan Wertveränderungen unterliegt. **Währungsgewinne und Währungsverluste** als Sonderproblem berühren Wohnsitzstaat und Quellenstaat; es geht um Fremdwährungsgeschäfte der Betriebsstätte. Dabei ist zwischen Geschäften zu unterscheiden, die sich bereits während einer Rechnungsperiode auswirkten, und Geschäften, die sich erst mit der Übernahme des Betriebsstättenteilergebnisses in das Stammhausergebnis auswirken. Die letztgenannten Geschäfte sind nach einer insbesondere von *Schröder* (in *Mössner* u. a., S. 293 ff.) vertretenen Ansicht dem Stammhaus zuzurechnen; nach den Regeln des „arm's-length-Prinzips" handelt es sich hierbei nicht um Betriebsstättenergebnisse, denn die Betriebsstätte als unabhängiges Unternehmen hätte sie nicht erwirtschaften können – sie hat durch ihre Tätigkeit nur die in ihrem Jahresabschluß ausgewiesenen Drittwährungsgeschäfte verursacht. Daraus folgt für die Bundesrepublik als Quellenstaat: Währungsgewinne und -verluste der inländischen Betriebsstätte aus Geschäften in der Währung eines Drittstaates und in der Währung des Staates, zu dem die inländische Betriebsstätte gehört, sind Teil des im Inland der beschränkten Steuerpflicht unterliegenden Betriebsstättenergebnisses; erst im Jahresabschluß durch eine Umrechnung realisierte Gewinne und Verluste fallen nicht in den Geschäftsbereich der

Betriebsstätte. *BFH* BStBl. 1997 II, 128 am Beispiel von Währungsverlusten, die das Stammhaus am Dotationskapital einer Betriebsstätte erleidet: Es handelt sich um standortbedingte Vermögensänderungen, die den Wert des Betriebsstättenvermögens betreffen und entsprechend zu lokalisieren sind. Ohne Bedeutung ist hierbei, daß der Betriebsstättenstaat die betreffenden Währungsverluste regelmäßig nicht berücksichtigen wird, weil sie dort nicht in Erscheinung treten: „Zwar ist einzuräumen, daß Sinn und Zweck der bilateralen Doppelbesteuerung, nämlich die Vermeidung der doppelten Besteuerung, sich hierdurch in Einzelfällen in ihr Gegenteil verkehren können. Die Währungsverluste können gerade als (mittelbare) Folge der Freistellung ausländischer Betriebsstätten in ein steuerliches „Niemandsland" fallen … Die Freistellung in dem einen Vertragsstaat ist grundsätzlich nicht davon abhängig, ob im anderen Staat eine tatsächliche Besteuerung erfolgt oder nicht" – das Urteil wird von *Schröder* (S. 298) trotz erkennbarer Divergenzen gebilligt, da es aus seiner Sicht hierbei ausschließlich um Bewertungsfragen aufgrund von Wechselkursänderungen und nicht um die Zuordnung von Währungsergebnissen aus Fremdwährungsgeschäften gehe.

**62–69** *(einstweilen frei)*

*e) Exkurs: Personengesellschaften als „Unternehmen eines Vertrags-*
*staates"?*

**70**    Nach Kenntnis des Inhalts des Art. 7 I MA wissen wir, daß es für den **Abkommensschutz eines Unternehmens** auf die Ansässigkeit der Person ankommt, die das Unternehmen betreibt, und nicht auf den Ort, an dem das Unternehmen betrieben wird. Bevor man sich dem Betriebsstättenprinzip als einer an den Quellenstaat gerichteten Aussage widmet, muß daher die Bedeutung des „Unternehmens eines Vertragsstaates" für den Wohnsitzstaat erkannt werden. Betreibt ein in einem Vertragsstaat ansässiger Unternehmer sein Unternehmen ausschließlich im anderen Vertragsstaat, dann ist auch ohne geschäftliche Aktivitäten der Vertragsstaat der Ansässigkeit jener Staat, dem das Unternehmen zuzurechnen ist. Es ist mithin nicht erforderlich, das in diesem Vertragsstaat auch nur eine noch so geringfügige Betätigung stattfindet; die das Unternehmen betreibende Person (Art. 3 I MA) bestimmt mit ihrer Ansässigkeit zugleich das „Unternehmen eines Vertragsstaates". Das Stammhaus – von dem immer wieder gesprochen wurde – bringt das mit seiner Zugehörigkeit zum Stammland zum Ausdruck (*Mittermaier* S. 213). Die **Person des Unternehmens,** die das Stammland bestimmt, ist für Kaufleute als Einzelunternehmer, überhaupt für gewerbliche Unternehmer als Einzelgewerbetreibende ebenso einfach zu bestimmen wie für eine juristische Person – das **ist mit den Anknüpfungen geklärt worden.** Offengeblieben ist die Bestimmung der Person des Unternehmens für Personengesellschaften. Wer bestimmt hier die Ansässigkeit und damit die Zuordnung eines Unternehmens zu einem Vertragsstaat: Die Gesellschaft oder die Gesellschafter? Und wenn diese Frage geklärt ist: Ist damit zugleich die Frage der Abkommensberechtigung in dem Sinne geklärt, daß nur die eine oder nur die andere Lösung möglich ist?

## 1. DBA-Problematik: divergierende Rechtsordnungen

(1) Erkenntnis folgt auch aus Vergleichen. Daher – zur ersten Orien- **71**
tierung – zunächst eine **Gegenüberstellung von Personengesellschaften und Kapitalgesellschaften.** Das berührt einmal die Frage von Besteuerungsdifferenzen und damit die der Rechtsformneutralität. Die
Frage ist in diesem Buch an mehreren Stellen berührt worden, es handelt
sich aber eher um ein Problem der internationalen betriebswirtschaftlichen Steuerlehre. Zum anderen berührt es die Frage nach den zugrundeliegenden Rechtsstrukturen und ihrer Bedeutung im IStR: Wie wirken
sich die nationalen Gesellschaftsstrukturen aus, ist Konformität gegeben?
Für die **Kapitalgesellschaft** kann das bejaht werden: International ist die
Strukturhomogenität sowohl in Gesellschafts- als auch in steuerrechtlicher Sicht weitgehend gewährleistet, weswegen bei internationalen Konzernen die Rechtsform der Kapitalgesellschaft auch im Vordergrund
steht. Konkret wird dies durch die Ausstattung der Kapitalgesellschaft
mit eigenständiger zivilrechtlicher und steuerrechtlicher Rechtsfähigkeit
deutlich, was wiederum im grenzüberschreitenden Leistungs- und Kapitaltransfer übereinstimmende Wertungen statt Qualifikationskonflikte
zur Folge hat. Ein davon abweichendes Bild im internationalen Vergleich bieten **Personengesellschaften:** Statt internationaler Strukturhomogenität gilt für Personengesellschaften, daß sie schon im Zivilrecht
dualen Rechtsstrukturen unterworfen sind und sie entweder wie Kapitalgesellschaften als rechtsfähige Personen anerkannt werden oder ihnen
die Rechtsfähigkeit ganz oder teilweise versagt wird. Aber das Steuerrecht reagiert darauf nicht konsequent – das erschwert die Rechtslage zusätzlich. Bisweilen erkennt das Steuerrecht die Personengesellschaften
als eigenständige Steuersubjekte an, bisweilen verneint es diese Eigenschaft, sieht die Gesellschaft als transparent an und besteuert auf der Gesellschaftsebene, ohne daß dies schon innerhalb einer nationalen Rechtsordnung immer zu einem zivilrechtlich und steuerrechtlich übereinstimmenden Ergebnis führen müßte. So ist es nur zwangsläufige Folge, daß
sich divergierende nationale Besteuerungskonzeptionen auf der Ebene
des Abkommensrechts auswirken und Qualifikationskonflikte nach sich
ziehen können; solche Qualifikationskonflikte sind mithin im Recht der
Kapitalgesellschaften weitgehend ausgeschlossen, da das Trennungsprinzip (Gesellschaftssphäre/Gesellschaftersphäre) sowohl auf nationaler
als auch auf internationaler Ebene verwirklicht ist – und wie zu zeigen
sein wird (ab S 170) selbst dann fortbesteht, wenn es sich um verbundene
Unternehmen handelt, die wirtschaftlich eine Einheit darstellen (zum
Ganzen *Schaumburg* in *Schaumburg* (Hrsg. 1998), S. 4 ff.

(2) Ordnet man die **Personengesellschaft im DBA-Recht** ein, wäre es **72**
ein bloßes Definitionsproblem, wenn von einem übereinstimmenden
Rechtsverständnis beider Staaten auszugehen wäre. Aber die DBA-

Schwierigkeiten bestehen gerade deswegen, weil es ein übereinstimmendes Rechtsverständnis nicht in jedem Fall gibt. Um eine Vorstellung von den auftretenden Divergenzen zu erhalten, sollen einige grundlegende Sachverhalte im Verständnis zweier Staaten A und B unterschieden werden.

Im Staat A als Sitzstaat der Personengesellschaft C wird die C als Steuersubjekt anerkannt; C erzielt Einkünfte im Staat B, der ebenfalls die C als – nach ausländischem Recht gegründetes – Steuersubjekt anerkennt.

Im Staat A als Sitzstaat der Personengesellschaft C wird C als Steuersubjekt anerkannt. C erzielt Einkünfte im Staat B, für den die Gesellschaft C steuerlich nur auf der Ebene der Gesellschafter anerkannt wird. Der Gesellschafterbestand ist international: Die Gesellschafter sind in den Staaten A und B und in weiteren Drittstaaten ansässig.

Im Staat A als Sitzstaat der Personengesellschaft C werden nur deren Gesellschafter als Steuersubjekte anerkannt. Dem entspricht in einem Fall die Behandlung im Staat B; in einem anderen Fall sieht aber gerade der Staat B (als Quellenstaat) die Personengesellschaft als Steuersubjekt an. Der Gesellschafterbestand ist wiederum international.

**73** (3) Die Beispiele zeigen, daß eine Darstellung der abkommensrechtlichen Folgen einer Personengesellschaft sich nicht mehr nur – wie bei der Kapitalgesellschaft und ihren Anteilseignern – darauf beschränken kann, beiden Staaten jeweils die Eigenschaft eines Wohnsitz- und eines Quellenstaates zuzuordnen; es bedarf jeweils einer Zusatzinformation, die eine Aussage über die Subjekteigenschaft der Personengesellschaft bzw. ihrer Gesellschafter trifft; diese Aussage kann auf innerstaatliches Recht zurückzuführen sein, sie kann aber auch ihre Grundlage im Abkommensrecht selbst haben. Diese zusätzlichen Parameter muß man sich vor Augen führen, um zu verstehen, warum bestimmte Themenstellungen für das Recht der Personengesellschaften ohne Parallele im Recht der Kapitalgesellschaften sind. Beispiel: Die Beurteilung der „Abkommensberechtigung ausländischer Gesellschaften" ist nicht nur aus deutscher, sondern – rechtsvergleichend – auch aus der Sicht anderer Staaten als Problem nur bezüglich „ausländischer Personengesellschaften" von Interesse und insoweit im Recht der Kapitalgesellschaften ohne Parallele, wenn man Spezialgebiete wie Mißbrauchsfragen usw. ausklammert.

*2. Grundfälle: Übereinstimmung deutschen und ausländischen Rechts (Transparenzprinzip)*

**74** (1) Aus der Sicht der Bundesrepublik als Wohnsitzstaat eines Gesellschafters, der an einer ausländischen, aufgrund eines Typenvergleichs als Personengesellschaft qualifizierten Gesellschaft beteiligt ist, stellt sich für die Anwendung eines Abkommens die Frage, welche Quellensteuerbefugnisse des Vertragsstaates ggf. bei der unbeschränkten Steuerpflicht durch Freistellung oder Anrechnung zu beachten sind. Das erfordert auf der Ebene des Abkommensrechts die Bestimmung der Einkünfte. Da im einfachsten Fall das Recht des Vertragsstaates für die Gewinnermittlung und die Einkünftezuordnung nicht vom deutschen Recht abweichen soll (wobei hier völlig dahingestellt bleibt, ob und wenn ja welche Bedeutung eine Abweichung überhaupt hätte), wäre die Frage zu konkretisieren: Was folgt für die Bundesrepublik daraus, daß nach ihrem Recht die von Personengesellschaften erzielten Gewinne anteilig den Gesellschaftern zugerechnet und von diesen versteuert werden? Es folgt zunächst daraus, daß abkommensrechtlich i.S. des Art. 7 I MA die Personengesellschaft nicht „Unternehmen eines Vertragsstaates" sein kann, da nicht sie, sondern **jeder Gesellschafter ein eigenständiges Unternehmen betreibt.** *Wassermeyer* Art. 7 MA Rz 66: Das „Unternehmen der Personengesellschaft" wird abkommensrechtlich als Unternehmen der Gesellschafter behandelt, wobei jeweils so viele Unternehmen bestehen, wie Gesellschafter vorhanden sind. Jedes Gesellschafterunternehmen ist mithin i.S. des Art. 3 Abs. 1c MA ein solches des Vertragstaates, in dem der Gesellschafter ansässig ist. Auf dieser Grundlage sagt Art. 7 I für Personengesellschaften mit Blickrichtung auf den Wohnsitzstaat als Staat des Unternehmens aus, daß der Gesellschafter mit seinen Einkünften aus seinem Anteil an der Personengesellschaft nur in seinem Ansässigkeitsstaat besteuert werden darf. Wird jedoch die Aktivität der Personengesellschaft in dem anderen Vertragsstaat durch eine dort belegene Betriebsstätte i.S. des Art. 5 ausgeübt, so darf der Betriebsstättenstaat diese Einkünfte des Gesellschafters besteuern, soweit sie der Betriebsstätte zuzurechnen ist: Trotz des insoweit nicht aussagesicheren Wortlauts des Art. 7 I ist dieses Verständnis für Personengesellschaften allgemein anerkannt. In das bisherige Betriebsstättenverständnis eingebunden könnte man auch sagen: Das Stammhaus des Art. 7 I MA ist bei einer Personengesellschaft, die steuerlich transparent ist, nicht diese – im Ausgangsfall nach ausländischem Recht – gegründete Personengesellschaft, sondern die Anzahl der Gesellschafter bestimmt die Anzahl der Stammhäuser. Wandelt man nun den Grundfall um und betrachtet eine nach deutschem Recht gegründete Gesellschaft, an der (ausschließlich) im Ausland ansässige Gesellschafter beteiligt sind, ergibt sich für die Anwendung des Art. 7 I MA kein anderes Ergebnis. Die deutsche Personengesellschaft kann nicht „Unternehmen eines Vertragsstaates" sein, es gibt dafür keine Rechtsgrundlage; dies kann nur der im Ausland ansässige Gesellschafter sein – die Bundesrepublik ist nicht Staat der Ansässigkeit, sondern kann nur – sofern die Betriebsstättenbedingung erfüllt ist – Quellenstaat sein. Wohnsitzstaat kann sie nur sein, soweit ein Steuerinländer beteiligt ist.

Es wäre durchaus verständlich, Zweifel bezüglich des Wortlauts des Art. 7 I MA zu äußern: Trifft Art. 7 I MA überhaupt eine Aussage zur Besteuerung von Personengesellschaften? Hätte es nicht in Art. 7 I MA wenigstens einer Klarstellung bedurft nach der Art: Dies gilt auch dann, wenn nach dem Recht eines Vertragsstaates Gesellschafter einer Personengesellschaft als Unternehmen anzusehen sind? Man kann das auf sich beruhen lassen – nicht nur, weil das Ergebnis uneingeschränkt gebilligt wird, sondern weil eine andere Einordnung als die unter Art. 7 (Unternehmensgewinne) in diesen beiden Grundfällen nicht möglich wäre. Einige Abkommen stellen dies klar: Art. 5 I DBA-Niederlande, nimmt Bezug auf eine „Person mit Wohnsitz in einem der Vertragsstaaten als Unternehmer oder Mitunternehmer. Art. III DBA-Großbritannien, der in Abs. II bestimmt, daß auch der Anteil an den gewerblichen Gewinnen eines Unternehmens, der auf einen in einem der Gebiete ansässigen Mitunternehmer entfällt, nur in diesem Gebiet besteuert wird, es sei denn ... (es folgt das Betriebsstättenprinzip). Art. 7 VII Satz 1 DBA-Schweiz bestimmt die Anwendung der Regeln zu den Unternehmensgewinnen „auch für Einkünfte aus der Beteiligung an einer Personengesellschaft."

**75**    (2) Für die zwei Grundfälle folgt aus alledem: Die Personengesellschaft wird in beiden Fällen ungeachtet ihres Sitzes (im Vertragsstaat bzw. in der Bundesrepublik) nach den Regeln der Mitunternehmerschaft besteuert. Das bedeutet, daß Unternehmensgewinne eines Vertragsstaates und der Abkommensschutz gegenüber dem Quellenstaat aus der Person des einzelnen Gesellschafters abzuleiten sind. Auf ihn ist das in Art. 7 I MA geregelte Betriebsstättenprinzip anzuwenden (ohne daß die Beteiligung an einer Personengesellschaft einer Betriebsstätte gleichzusetzen ist). Im Grundfall der Beteiligung eines inländischen Gesellschafters an einer ausländischen Personengesellschaft folgt die Anwendung des Art. 7 MA daraus, daß die ausländische Personenvereinigung nach deutschem Steuerrecht als Mitunternehmerschaft und damit der inländische Beteiligte als Unternehmen des eigenen Staates anzusehen ist. Im Grundfall der Beteiligung eines Steuerausländers an einer inländischen Personengesellschaft handelt es sich um ein Unternehmen des anderen Vertragsstaates; Besteuerung im Inland setzt nach Art. 7 I MA eine inländische Betriebsstätte voraus. Wäre die Qualifikationsfrage im Sinne einer Körperschaft zu beantworten, käme für einen Anteilseigner mangels einer Unternehmenseigenschaft eine Anwendung des Art. 7 MA nicht in Betracht, da die Unternehmensgewinne von der Körperschaft erzielt werden. Jedoch ist zu beachten, daß die Qualifikation als Personengesellschaft durch abkommensrechtliche Spezialregelungen beeinflußt werden kann. Typisches Beispiel hierfür ist die **atypisch stille Beteiligung.**

**76**    Der Gewinnanteil eines Steuerinländers, der an einer im Ausland ansässigen Kapitalgesellschaft atypisch still beteiligt ist, fällt unter Art. 7 I MA. Denn die atypische stille Beteiligung führt zu einer Mitunternehmerschaft nach § 15 I Satz 1 Nr. 2 EStG, so daß für diese der Steuerinländer als „Unternehmen eines Vertragsstaates" gilt; anders die typische stille Beteiligung, die nur einen Anteil am Gewinn oder Verlust (§ 231 I HGB) vermittelt und zu Einkünften aus Kapitalvermögen (§ 20 I Nr. 4 EStG) führt. Der Gewinnanteil des atypischen stillen Gesellschafters ist als Gewinn eines deutschen Unternehmens nach Art. 7 I nur im Inland zu versteuern, es sei denn, der Gewinn wird durch eine im Sitzstaat der ausländischen Kapitalgesellschaft gelegene Betriebsstätte erzielt. Nicht das Rechtsverhältnis begründet eine Betriebsstätte; es ist vielmehr eine feste Geschäftseinrichtung erforderlich, die dem atypischen stillen Gesellschafter zuzurechnen ist. Bis zu diesem Punkt unterscheiden sich die Überlegungen nicht gegenüber denen zur Betriebsstätte im allgemeinen. Sie sind auch grundsätzlich auf jeden Personengesellschafter zu übertragen. Die Schwierigkeiten im Umgang mit der atypischen stillen Beteiligung beruhen darauf, daß der Teilhaber nach außen nicht in Erscheinung tritt (Innengesellschaft), mit seiner Beteiligung möglicherweise gar keine Betriebsstätte begründen kann und diese ihrer Art nach lediglich als Forderungsrecht anzusehen ist. Die Betriebsstätte wird nach außen nur von der ausländischen Kapitalgesellschaft betrieben, diese ist regelmäßig Eigentümerin der Wirtschaftsgüter. Doch für die abkommensrechtliche Zurechnung einer Betriebsstätte an den Gesellschafter einer Personengesellschaft spielt dies keine Rolle; weder die Eigentumsverhältnisse noch die Verfügungsmacht ist entscheidend, es kommt allein auf die wirtschaftliche Berechtigung an, die durch die vermögensmäßige Beteiligung vermittelt wird. Zur Gegenmeinung, auf den Gewinnanteil des aytpischen stillen Beteiligten Art. 10 MA oder Art. 11 MA (Dividenden/Zinsen) anzuwenden, s. S 217. Es gibt eine Reihe von DBA, die den Gewinnanteil ausdrücklich zuordnen (Luxemburg, Niederlande, Österreich, Tunesien). Andere Abkommen enthalten eine Erweiterung der Dividendendefinition um Einkünfte eines stillen Gesellschafters, so daß zu klären bleibt, ob hierunter auch der atypisch stille Gesellschafter fällt; dies ist zu verneinen, da der erforderliche Rückgriff auf deutsches Recht zur Auslegung im Sinne der Unternehmensgewinne führt (s. nunmehr i.d. Sinne *BFH* IStR 1999, 721 und *BMF*-Schreiben BStBl. 1999 I, 1121; dort auch zu Qualifikationskonflikten (s. auch S 217); zum Ganzen *Schnieder* IStR 1999, 392 ff.).

Im Beispiel der Beteiligung eines ausländischen Gesellschafters an ei- **77** ner inländischen Personengesellschaft spielt die Ansässigkeit für die Qualifikation der Einkünfte als Unternehmensgewinne keine Rolle. Entscheidend ist, ob die Voraussetzungen des § 49 I Nr. 2 a i. V. mit § 15 I Nr. 2 EStG gegeben sind. Ist der ausländische Gesellschafter an einer inländischen Personengesellschaft mit einer nicht gewerblichen Tätigkeit beteiligt, entfällt Art. 7 MA, weil es – aus deutscher Sicht – an Unternehmensgewinnen fehlt. Dann ist zu klären, ob andere abkommensrechtliche Einkunftsarten anwendbar sind.

*Beispiel:* (*Wassermeyer* Art. 7 MA Rz 88): Steuerausländer X und Y als Gesellschafter einer KG deutschen Rechts, die nicht gewerblich tätig ist. Sie verwaltet Grundbesitz (§ 49 I Nr. 6 EStG), vereinnahmt Dividenden aus der Beteiligung an einer Kapitalgesellschaft deutschen Rechts (§ 49 I Nr. 5 a EStG), erzielt Zinsen für ein ungesichertes Darlehen von einem inländischen Schuldner (mangels Besicherung keine beschränkte Steuerpflicht) und vereinnahmt Lizenzgebühren (keine beschränkte Steuerpflicht nach § 49 I Nr. 9 EStG, weil es an einem Inlandsbezug der Patentnutzung fehlt. Abkommensrechtlich sind Einkünfte i. S. des Art. 6 MA (Grundbesitz), des Art. 10 MA (Dividenden) und des Art. 11 MA (Zinsen) anzunehmen. Für die Anwendung des § 49 EStG spielt die Rechtsform der KG keine Rolle (hierzu *Piltz* in *Mössner* u. a., S. 798: Es gelten dann auch nicht die Regeln zu den Sondervergütungen – „noch wenig" erforschter Bereich).

(3) Man spricht im Hinblick darauf, daß für den Abkommensschutz **78** allein auf den Gesellschafter abgestellt wird, auch von einer **Durch-**

**griffslösung.** Hat der Gesellschafter im Sitzstaat einen Abkommens-Wohnsitz, so ist er für Einkünfte aufgrund des DBA Sitzstaat/Quellenstaat abkommensberechtigt. Daß dessen ungeachtet in tatsächlicher Hinsicht die **Personengesellschaft Einkünfte** wie Zinsen und Dividenden bezieht, während dem **Gesellschafter** ein **Gewinnanteil zuzuordnen ist,** steht einer Erstattungsberechtigung eines Gesellschafters nicht entgegen (im einzelnen *Wassermeyer* IStR 1999, 482). Ist der Gesellschafter in einem dritten Staat ansässig, käme es grundsätzlich auf das DBA Wohnsitzstaat/Quellenstaat an: Die Durchgriffslösung wird zu einer Dreieckslösung (*Menck* IStR 199, 147). In **Dreiecksverhältnissen** zeigt sich die Problematik, die Doppelbesteuerung bei fehlender eigener Abkommensberechtigung der Personengesellschaft zu beseitigen: Ist ein Steuerinländer an einer ausländischen Personengesellschaft beteiligt, die ihrerseits ihr zuzuordnende quellensteuerpflichtige Zinseinkünfte aus einem Drittstaat erzielt, so kann eine Doppelbesteuerung dadurch eintreten, daß die auf den Zinseinnahmen lastende Quellensteuer nirgends zur Anrechnung gebracht werden kann (*Schaumburg* Stbg 1999, 159 f.; im Rahmen des folgenden Abschnitts ist hierauf zurückzukommen). Jedoch ist zu beachten, daß auch ein einheitliches Mitunternehmerkonzept in beiden Staaten zu Qualifikationskonflikten führen kann: Es muß nicht jeder Staat von einer gewerblichen Prägung der Einkünfte ausgehen, es kann eine gesonderte Anknüpfung von Sondervergütungen erfolgen (s. die Beispiele bei *Wassermeyer* Art. 7 MA Rz 127 m, 128).

Der *BFH* hatte in der Entscheidung DStR 1999, 889 Gelegenheit, Steuerfolgen der Beteiligung eines Steuerinländers (GmbH & Co. KG) an einer österreichischen GmbH & Co. KG klarzustellen. Die Entscheidung ist in die hier genannten **Grundfälle beiderseitiger Besteuerung nach dem Transparenzprinzip** einzuordnen, weil *für Deutschland und Österreich gleiche Rechtsgrundsätze* gelten; es gibt weder Probleme der Gesellschaftsqualifikation (Typenvergleich) noch solche einer Steuersubjektqualifikation (beiderseitige Anwendung des Mitunternehmerkonzepts). Die inländische GmbH & Co. KG (Klägerin) hatte der österreichischen GmbH & Co. KG (A-KG) Darlehen gewährt und für sie Bürgschaften übernommen. Die Klägerin begehrte nach dem Vermögensfall der A-KG eine gewinnmindernde Abschreibung des Darlehens, eine gewinnmindernde Abschreibung der Beteiligung an der Komplementär-GmbH und eine gewinnmindernde Berücksichtigung von Bürgschaftsaufwendungen, Avalgebühren und Zinsen. Der *BFH:* Alle genannten Positionen sind in der Steuerbilanz der A-KG zu berücksichtigen, deren Einkünfte nach Art. 1, 15 I i.V. mit Art. 4 I DBA-Österreich im Inland nicht besteuert werden können. Der *BFH* knüpft an die Regeln einer doppelstöckigen gewerblich tätigen Personengesellschaft an, nach deren Vorgabe, die das aktive oder passive Sonderbetriebsvermögen eines Mitunternehmers betreffen und bei der Ermittlung des Gewinns der Muttergesellschaft – das ist die A-KG – zu berücksichtigen sind, nicht noch einmal in der Steuerbilanz des Mitunternehmers angesetzt werden können: „Diese Grundsätze gelten auch, wenn die mitunternehmerische Beteiligung vom Mitunternehmer – wie im Streitfall – in einem Grundbetrieb gehalten wird. Seit der Entscheidung des erkennenden Senats ... BStBl. 1979 II, 759 entspricht es ständiger Rspr. des *BFH* § 15 I Nr. 2 EStG nicht nur als Qualifikationsnorm, sondern als Zurechnungsnorm zu beurteilen ... Die zu § 15 II Nr. 2 EStG aufgezeigten Gewinnermittlungsgrundsätze gelten auch bei grenzüberschreitenden mitunternehmerischen Beteiligungen ... Aus dem Abkommensrecht (hier: DBA-Österreich) ergeben sich keine abweichenden Gewinnermittlungsgrundsätze. Die Art und Weise, in der die Einkünfte der im Inland ansässigen Stpfl. zu ermitteln sind, bestimmt sich ausschließlich nach inl. Recht. Das Abkommensrecht befaßt sich „nur" mit der Vermeidung der Doppelbesteuerung (vgl. Art. 1 I DBA-Österreich). Nicht zum Regelungsgegenstand der DBA gehören grundsätzlich die Zurechnung der Einkünfte ..., die Einkünfteermittlung ... und die inl. (subjektive oder objektive) Steuerpflicht." Mit den Regeln der Bestimmung der tatsächlichen Zugehörigkeit eines Vermögenswertes zu einer Betriebsstätte wie z.B. in Art. 10 V, Art. 11 V, Art. 12 III MA habe dies nichts zu tun. Eine Herauslösung von Einkünften aus Unternehmensgewinnen wie in Art. 7 VIII DBA-Schweiz, die in anderen Abkommensartikeln geregelt sind, komme für das DBA-Österreich nicht in Betracht. Diese unterschiedliche Betrachtung hat ihre Grundlage in der Tatsache, daß in Österreich bei Mitunternehmerschaften mit dem deutschen Recht vergleichbare Gewinnermittlungsgrundsätze gelten und folglich anderenfalls der Verlust von (verdecktem) Eigenkapital sowohl in Österreich (als Minderung des Aufgabengewinns) als auch in Deutschland (als Minderung der laufenden Gewinne) berücksichtigt würde. *Baranowski* (IWB 3 a Gr. 1, 819) hat in einer Urteilsanmerkung darauf hingewiesen, daß die abkommensrechtliche Bestimmung über die Zuordnung des Besteuerungsrechts an einem Steuergut (also beispielsweise über die Darlehenszinsen der Klägerin gegenüber der A-KG) prinzipiell keine Bedeutung für die nach deutschem Steuerrecht zu erstellende Steuerbilanz hat; das hat auch dann zu gelten, wenn Einkünfte aus einer Beteiligung an einer ausländischen Personengesellschaft zu ermitteln sind. Denn: Abkommensrecht ist „erst anschließend in einem zweiten Schritt zu berücksichtigen, um der im Abkommen geregelten Steuerberechtigung der Vertragsstaaten Rechnung zu tragen." Aber (so *Baranowski*): Im Streitfall ist der Behandlung der Wertminderung und Bürgschaftsaufwendungen zuzustimmen, weil diese „wegen der Vergleichbarkeit der österreichischen mit den deutschen Gewinnermittlungsgrundsätzen ausschließlich bei der Ermittlung des österreichischen Mitunternehmensgewinns zu berücksichtigen sind: Das DBA-Österreich enthält anders als das DBA-Schweiz in Art. 7 VII keine spezielle Regelung für jene Sondervergütungen des im anderen Staat ansässigen Mitunternehmens, die nach dem Steuerrecht des Sitzstaates der Gesellschaft nicht zum unternehmerischen Gewinn zählen und damit Betriebsausgaben sind; die Zinsen usw. sind auch nach österreichischem Recht Teil des Unternehmensgewinns, konnten also bei der Ermittlung der in Deutschland steuerpflichtigen Einkünfte der Klägerin nicht gewinnmindernd berücksichtigt werden."

(4) Als Grundfälle waren behandelt worden die ausländische Perso- **79** nengesellschaft mit inländischen Gesellschaftern sowie die inländische Personengesellschaft mit ausländischen Gesellschaftern. Aufgrund des **beiderseits angewendeten Transparenzprinzips** steht aus der Sicht beider Staaten als Anwenderstaaten zugleich fest, daß an die Gesellschafter Unternehmensgewinne i.S. des Art. 7 I MA vermittelt werden. Als einen dritten Grundfall könnte man die Personengesellschaft in einem Drittstaat einbeziehen, an der Gesellschafter beteiligt sind, die in beiden Vertragsstaaten ansässig sind. Der Sitz der Personengesellschaft spielt in keinem Fall eine Rolle. Allen Grundfällen liegt eine Anwendung innerstaatlichen Rechts durch die Bundesrepublik zugrunde, ohne daß Abkommensrecht damit in Konflikt stünde.

### 3. Ausländischer Sitzstaat: Personengesellschaft als Steuersubjekt (Körperschaft)

#### a) Der Streitpunkt: Die Reichweite der Eigenschaft als Steuersubjekt

**80**   (1) Besteuert der ausländische Sitzstaat die Personengesellschaft als solche und behandelt sie mithin wie eine Körperschaft, so ist sie damit in diesem Staat (grundsätzlich) ansässig. Kann die Personengesellschaft als solche damit unabhängig vom Wohnsitz ihrer Gesellschafter vom Quellenstaat DBA-Schutz mit dem Hinweis beanspruchen, Unternehmen des anderen Vertragsstaates zu sein? Kann sie für den Fall aus dem Inland bezogener Dividenden bei dem Bundesamt für Finanzen eine Kapitalertragsteuererstattung beantragen? Können sich Gesellschafter, die im anderen Vertragsstaat ansässig sind, auf den Abkommensschutz der Gesellschaft berufen? Oder kann – auf Deutschland als Quellenstaat bzw. als Wohnsitzstaat eines Gesellschafters bezogen – auch in diesem Fall nur die Durchgriffslösung (Wohnsitz des Gesellschafters) praktiziert werden? Die damit gestellte **Frage nach der Abkommensberechtigung** ist strikt von der Qualifikationsfrage zu trennen, die sich an dieser Stelle nicht mehr stellt, weil sie gelöst ist: Es geht um eine nach den Wertungen des deutschen Steuerrecht vorliegende ausländische Personengesellschaft, die nach den Regeln des deutschen Steuerrechts an sich dem Transparenzprinzip zu unterwerfen wäre. Es geht um eine ausländische Personengesellschaft, weil sich für eine inländische Personengesellschaft nach innerstaatlichem Recht die Frage ihrer Besteuerung als Körperschaft nicht stellt. Das schließt nicht aus, auch für sie DBA-Sonderrecht zu schaffen; es schließt nicht einmal aus, für eine deutsche Personengesellschaft wegen des Rechts des Vertragsstaates eine Abkommensberechtigung als Ausnahmefall zu fordern (dazu *Piltz* in *Mössner* u. a., S. 833). Nur geht es um letzteres zunächst nicht.

**81**   (2) Es ist daher klarzustellen, daß das Abkommen hierzu eine besondere Regelung treffen kann, die einer autonomen Abkommensanwendung entgegensteht – dazu aber erst unter S 92. Es ist mithin zunächst von einem Fall auszugehen, in dem das DBA keine eigenständige Regelung zur Abkommensberechtigung einer Personengesellschaft trifft, eine Personengesellschaft aber nach dem Recht des Vertragsstaates als Sitzstaat nach den Regeln für Kapitalgesellschaften besteuert wird. Für die der Frage nach einer Abkommensberechtigung vorgelagerte Qualifikationsfrage (Typenvergleich) steht fest: Die Einordnung als deutsche Personengesellschaft wird nicht dadurch in Frage gestellt, daß die Gesellschaft in ihrem Sitzstaat als Körperschaft besteuert wird. Im Falle fehlenden Abkommensrechts bestünde mithin an der Einordnung als Mitunternehmerschaft kein Zweifel. Es besteht jedoch Streit darüber, ob Art. 3 I b MA so zu verstehen ist, daß die Existenz einer Gesellschaft nach dem Recht des Sitzstaates zu beurteilen ist; das würde zur Folge

S. Besonderer Teil 82 S

haben, daß die Gesellschaft selbst über Art. 4 MA (Wohnsitzdefinition) vom Quellenstaat für ihre Einkünfte DBA-Schutz beanspruchen kann. Die Frage lautet mithin, **ob der Quellenstaat auf die Personeneigenschaft des Sitzstaates autonom oder flexibel zu reagieren hat** und ob der Wohnsitzstaat eines Gesellschafters unter dieser Voraussetzung von der Annahme abgehen muß, der Gesellschafter sei Unternehmer des eigenen Staates. Es geht – um dies immer wieder zu betonen – allein um Fragen der Abkommensanwendung; eine Disposition über innerstaatliches Recht steht nicht zur Diskussion.

Die Frage gehört zum **Kernbestand ungelöster IStR-Probleme.** Sie wird im Sinne einer Abkommensberechtigung auch gegenüber dem Quellenstaat Bundesrepublik bejaht von *Kl. Vogel* (IStR 1999, 5 ff.). Er trennt zwischen der Frage nach der Abkommensberechtigung und der nach der Körperschaftsteuerpflicht (Qualifikationsfrage); es komme nicht auf die Qualifikationsfrage (Typenvergleich) und daraus zu ziehende Konsequenzen für oder gegen ein Transparenzgebot an; es komme für Art. 3 MA – also für die Personeneigenschaft – einzig und allein auf die Auslegung des Begriffs der juristischen Person an. Das deutsche Steuerrecht definiert diesen Begriff aber nicht eigenständig; wo das Steuerrecht von „juristischen Personen" spricht, setzt es deren Existenz voraus; juristische Personen sind für das Steuerrecht diejenigen Gebilde, denen das Zivilrecht oder das öffentliche Recht diese Eigenschaft verliehen haben. Und auf ausländische Gesellschaften übertragen: „Das deutsche Zivilrecht ebenso wie das deutsche öffentliche Recht, auf das die Steuergesetze durch die Verwendung des Ausdrucks Bezug nehmen, bestimmen nun aber die juristische Persönlichkeit ausländischer Gebilde nicht – wie das Steuerrecht die Körperschaftsteuerpflicht – nach der strukturellen Übereinstimmung solcher Gebilde des Inlands, sondern sie bestimmen sie nach den Regeln des deutschen internationalen Privatrechts ... Alle deutschen Autoren sind sich darin einig, daß sich die **Rechtsfähigkeit von Gesellschaften nach dem für sie maßgebenden Recht,** also je nachdem nach ihrem Sitz- oder ihrem Gründungsrecht richtet. Gesellschaften, die ihren Sitz im Ausland haben (bzw. nach ausländischem Recht gegründet worden sind) und die nach dem am Ort ihres Sitzes geltenden Rechts (bzw. nach ihrem Gründungsrecht) juristische Personen sind, sind auch in Deutschland juristische Personen, sie werden als solche „anerkannt", können alle Rechte juristischer Personen in Anspruch nehmen. Auf die Vergleichbarkeit mit deutschen juristischen Personen kommt es nicht an. Es steht außer Streit, daß dies auch für Personengesellschaften aus den romanischen Ländern gilt, die dort juristische Personen sind, obwohl sie möglicherweise nicht körperschaftsteuerpflichtig sind. Damit sind sie abkommensberechtigt ..." Die Gegenposition hierzu nimmt *Wassermeyer* ein (IStR 1998, 489 ff.; IStR 1999, 8 f.; IStR 1999, 481 ff.): Er hält im DBA-Recht und damit für die Frage der Abkommensberechtigung nicht wie *Kl. Vogel* die Frage der Rechtsfähigkeit (IPR) für entscheidend, sondern ausschließlich Kriterien der Besteuerung; für ihn bestimmt die Qualifikationsfrage des Außensteuerrechts die Frage nach der Abkommensberechtigung: Wendet man diese Kriterien an, kann es im Bereich des Art. 3 I a–c MA nicht zur Bindung des einen Vertragsstaates an das Verständnis des anderen Vertragsstaates kommen. Es gelte auch im Bereich des Art. 3 I a–c MA der **Grundsatz der autonomen DBA-Auslegung** durch jeden einzelnen Vertragsstaat. Die Ausführungen von *Kl. Vogel* zeigen jedoch, daß der Streit im Kern nicht einmal um die Zulässigkeit einer autonomen Auslegung geführt wird, da sein Ergebnis ja gerade aus einer Wertung (auch) des innerstaatlichen Rechts folgt. Im Ergebnis ist jedoch *Wassermeyer* zu folgen: Das OECD-MA hat durch den Kommentar zu Art. 1 Rz 2–6 hinreichend klar zum Ausdruck gebracht, daß die Fragen der Abkommensanwendung auf Personenge-

82

sellschaften durch den vorliegenden MA-Text nicht geklärt sind; es ist insbesondere auf Rz 1, 2 hinzuweisen, in denen die „Unterschiede von Staat zu Staat" genannt werden. Zur Frage der Abkommensberechtigung wird einerseits deren Möglichkeit bejaht, andererseits wird es aber auch für möglich gehalten, die Anwendung des Abkommens auf die „Personengesellschaft als solche" zu verweigern. Es gibt nicht einen einzigen Hinweis, der es gestattete, den Text des MA im Sinne *Kl. Vogel* auszulegen. Noch deutlicher der Kommentar zu Art. 3 MA Rz 2, 3, der auf die Definition der Person „in einem sehr weiten Sinne" verweist, ausdrücklich betont, „daß der Ausdruck „Person" auch Rechtsträger umfaßt, die für die Besteuerung wie juristische Personen behandelt werden" – aber nicht einen einzigen Hinweis auf die Frage der Rechtsfähigkeit nach IPR und ihrer möglichen Konsequenz für den Personenbegriff enthält. Im Gegenteil: „Bemerkungen über die Anwendung des Abkommens auf Personengesellschaften enthalten die Nummern 2 bis 6 des Kommentars zu Artikel 1" – was nur nicht weiter hilft. Und ganz im Sinne *Wassermeyers* der Hinweis des MA-Kommentars in Rz 3 zum Begriff der „Gesellschaft", der sich auf juristische Personen, aber „auch auf andere Rechtsträger, die von den Steuergesetzen des Vertragsstaates, in denen sie errichtet worden sind, wie juristische Personen behandelt werden" bezieht – was wiederum nur Kriterien des Steuerrechts sichtet und zudem zu weiteren Fragen nach der Geltung für den anderen Vertragsstaat schweigt. In Anbetracht dieser offenkundigen Zurückweisung einer Stellungnahme für (oder gegen) die Abkommensberechtigung einer im Sitzstaat als Körperschaft qualifizierten Personengesellschaft auch im Quellenstaat kann nur autonomes Recht (Steuerrecht) maßgebend sein; und so gesehen kann aus der Sicht deutschen Rechts eben doch nur entscheidend sein, ob ausländische Gesellschaften der beschränkten Körperschaftsteuerpflicht unterliegen. In diesem Sinne auch zuletzt *Lang* in Festschrift *Lutz Fischer* S. 715 ff.: Rechtspolitisch hat ein Ergebnis, wie es *Kl. Vogel* vertritt, viel für sich, allerdings fehlt ihm „auf dem Boden des OECD-MA die Grundlage."

**83**   Ein OECD-Bericht vom 21. 1. 1999 (s. IStR Länderbericht Heft 1/1999) – der bei Drucklegung noch nicht zugänglich war – befaßt sich mit den DBA-Schwierigkeiten international tätiger Personengesellschaften. Er folgt in seinen Vorschlägen den Anhängern der Maßgeblichkeit der Abkommensberechtigung im Sitzstaat: Besteuert der Sitzstaat die Personengesellschaft als solche, so ist sie wegen dieser Besteuerung im Sitzstaat ansässig und kann vom Quellenstaat ihrer Einkünfte DBA-Schutz aus eigenem Recht beanspruchen. D.h.: Quellenstaaten mit transparentem System wie Deutschland müssen Personengesellschaften in subjektbesteuernden Staaten wie z.B. Frankreich als DBA-berechtigt anerkennen. Der Vorbehalt des Anwenderstaates (autonome Auslegung Art. 3 II MA) wird abgelehnt. Die einleitend berührte Frage, ob in solchen Fällen – entgegengesetzt – und damit gegenüber subjektbesteuernden Staaten dann auch Personengesellschaften, die einer transparenten Besteuerung unterliegen wie in der Bundesrepublik, ein DBA-Schutz aus eigenem Recht zu gewähren sei, hat der OECD-Bericht nicht aufgegriffen, sondern – wenn auch reserviert – auf bilaterale Lösungen in Einzel-DBA verwiesen (s. den Überblick über den OECD-Bericht bei *Menck* IStR 1999, 147).

*b) Rechtsfolgen*

Die Besteuerung der ausländischen Personengesellschaft in ihrem **84** Sitzstaat nach Kapitalgesellschaftsgrundsätzen hat nach den beiden gegenübergestellten Ansichten zur Folge:

– Ermittlung und Besteuerung des Gewinns im Ausland, die Ansässigkeit der Gesellschafter spielt keine Rolle, es handelt sich um ein Unternehmen des Sitzstaates nach der von *Kl. Vogel* vertretenen Ansicht.

– Da die Bundesrepublik als Wohnsitzstaat des Gesellschafters nach dem Transparenzgebot vorgeht, rechnet sie nach der von *Wassermeyer* vertretenen Ansicht dem inländischen Gesellschafter anteilig den von der Gesellschaft erzielten Gewinn zu; auf eine Ausschüttung kommt es nicht an. Anders die Gegenposition, die von einer Abkommensberechtigung des Unternehmens selbst ausgeht, und damit die Bundesrepublik auf die Position eines Quellenstaates (Betriebsstättenprinzip) verweist. In diesem Sinne beispielsweise *Greif* in *Mössner* u.a., S. 559: Besteuerungsrecht lediglich hinsichtlich ausgeschütteter Gewinne der ausländischen Personengesellschaft, nicht im Hinblick auf thesaurierte Gewinne. Hinsichtlich der ausgeschütteten „Dividenden" liegen aus der Sicht des Sitzstaates tatsächlich Dividenden (Art. 10 MA), jedoch aus deutscher Sicht „Entnahmen" aus einer ausländischen Personengesellschaft vor, für die das deutsche Einkommensteuerrecht keine Besteuerung vorsieht. Bei Beteiligungen an solchen ausländischen Personengesellschaften, die in ihrem Sitzstaat als Kapitalgesellschaft besteuert werden, ergibt sich nach dieser Auffassung mithin im Inland eine Steuerfreistellung der ausländischen Gewinnanteile nicht etwa aufgrund des Betriebsstättenprinzips, sondern kraft fehlendem Besteuerungstatbestandes im nationalen Steuerrecht. In diesem Sinne auch *Schaumburg* Stbg 1999, 158: Die Personengesellschaft bezieht Unternehmensgewinne, und im Falle der Ausschüttung haben die Gesellschafter Dividendeneinkünfte, die allerdings in dem anderen Vertragsstaat, in dem die Gesellschafter ansässig sind, etwa in der Bundesrepublik Deutschland, nach innerstaatlichem Steuerrecht nicht steuerbare Entnahmen darstellen.

Von diesen Grundsatzpositionen ausgehend bleiben immer noch zahl- **85** reiche Einzelfragen zu klären: Dies soll im folgenden an einer der Darstellung *Wassermeyers* (IStR 1998, 492) entnommenen Anzahl von Fällen geschehen, die zugleich der Konkretisierung beider Positionen dienen soll.

Steuerinländer A beteiligt sich zu 50% an der in dem anderen Vertragsstaat ansässigen X-OHG, die dort wie eine Körperschaft besteuert wird. Die X-OHG erzielt einen Gewinn in Höhe von 100, den sie nicht ausschüttet. Darf Deutschland den anteilig auf A entfallenden Gewinn (50) besteuern? Nach Auffassung der hier zitierten Autoren *Kl. Vogel/Greif/Schaumburg* handelt es sich bei der X-OHG um ein Unternehmen des anderen Vertragsstaates, so daß die Bundesrepublik den Gewinn auch nicht anteilig besteuern darf (es fehlt in der Bundesrepublik als Quellenstaat an einer

Betriebsstätte). Dagegen *Wassermeyer:* Die X-OHG wird anteilig von den Gesellschaftern betrieben, die Beteiligung des A an der X-OHG bildet ein eigenständiges Unternehmen mit der Folge, daß Deutschland die anteilig erzielten Einkünfte besteuern kann – ob sie diese Einkünfte freistellt (unter Progressionsvorbehalt) oder ausländische Steuern anrechnet, hängt vom Methodenartikel ab.

86     Die **Differenzen zwischen beiden Auffassungen sind ganz grundsätzlicher Natur,** was im Tatbestandsmerkmal „Unternehmen eines Vertragsstaates" zum Ausdruck kommt. Auch die Bewertung bringt dies zum Ausdruck: *Wassermeyer* IStR 1998, 492: Das Ergebnis ist nicht zuletzt mit Blick auf Art. 3 GG zwingend, da nicht zu erkennen ist, weshalb Gesellschafter im Inland anders als in dem Fall besteuert sein sollen, in dem der andere Vertragsstaat die Personengesellschaft ebenfalls als transparent behandelt. Aber *Kl. Vogel* IStR 1999, 7: Die Gewinne der im anderen Vertragsstaat als intransparent behandelten Gesellschaft werden dort in der Regel in vollem Umfang einer der deutschen Körperschaftsteuer entsprechenden Steuer unterliegen. Besteuert werden dort also vor allem auch in Drittstaaten erzielte Gewinne, und diese nach dem Abkommen auch zu Recht. Ferner wird der andere Vertragsstaat die Entnahmen des deutschen Gesellschafters als Dividenden nach Art. 10 MA besteuern. Ist die Gesellschaft dagegen transparent, besteuert der andere Vertragsstaat nach Art. 7 MA nur den Gewinnanteil des A an den in seinem Gebiet belegenen Betriebsstätten – „Wenn das kein vor Art. 3 GG gerechtfertigter Anlaß ist, den Gesellschafter der im Ausland als intransparent besteuerten Personengesellschaft steuerlich anders zu behandeln als den einer dort als transparent besteuerten, dann weiß ich nicht, wie überhaupt ein solcher Anlaß aussehen sollte." Ein Wort noch zu *Wassermeyers* Lösung: Er hält sie mit Recht für konsequent und hält den Vertretern der anderen Meinung vor, sie betrachte die X-OHG gerade nicht konsequent als ein Unternehmen eines anderen Vertragsstaates. Das trifft – wie an den ausgewählten Autoren gezeigt – nicht zu. Richtig ist jedoch, daß die Finanzverwaltung eine inkonsequente Haltung vertritt. Beispielhaft zum DBA-Spanien *BMF*-Schreiben BStBl. 1998 I S. 557: Personengesellschaften spanischen Rechts sind juristische Personen und werden auch als solche in Spanien besteuert. Gleichwohl sind sie bei der Anwendung des deutschen Steuerrechts als Personengesellschaften einzustufen. Das DBA-Spanien knüpft an diese Einstufung an. Im einzelnen gilt folgendes:
1. Spanische Gesellschaften sind für Zwecke des DBA als in Spanien ansässige Personen anzusehen (Art. 4 i.V. mit Art. 3e und f DBA-Spanien), die als solche in Deutschland als dem Quellenstaat die Vorteile des DBA in Anspruch nehmen können. 2. Die Anteile unbeschränkt steuerpflichtiger Gesellschaften an den laufenden Gewinnen spanischer Personengesellschaften sind nach Art. 23 I a DBA-Spanien von der Bemessungsgrundlage der deutschen Steuer auszunehmen, dabei ist ggf. der

Progressionsvorbehalt nach § 32 b I Nr. 3 EStG anzuwenden ... Gewinn-ausschüttungen spanischer Personengesellschaften werden als Dividenden angesehen (Art. 10 IV DBA-Spanien), aus deutscher Perspektive handelt es sich nicht um steuerbare Einnahmen ... 6. Knüpft das deutsche Steuerrecht an die Rechtsform einer ausländischen Gesellschaft an, so ist die spanische Personengesellschaft nicht als Kapitalgesellschaft, sondern als Personengesellschaft einzustufen. Dies gilt insbesondere für die Anwendung des AStG sowie des § 26 II bis V KStG und des § 9 Nr. 7 GewStG. Soweit in dieser Verwaltungsauffassung die Qualifikationsfrage berührt wird (Vorspann und Punkt 6), ist das Ergebnis zutreffend, weil aus dem Typenvergleich folgend. Was die Befugnisse in Deutschland als Quellenstaat betrifft, vertritt die Verwaltung in Punkt 1 die Auffassung von *Kl. Vogel* u. a. und anerkennt die Sitzstaatlösung (intransparente Gesellschaft). Dann folgt in der Tat der Bruch: denn folgerichtig müßte damit die spanische Personengesellschaft als Unternehmen des Vertragsstaates Spanien gelten – dann aber darf sich für „die Anteile unbeschränkt Steuerpflichtiger Gesellschafter an den laufenden Gewinnen spanischer Gesellschaften" nicht die Frage des Methodenartikels (Wohnsitzbesteuerung) stellen – die Bundesrepublik dürfte lediglich nach Art. 7 DBA-Spanien (Art. 7 MA) eine deutsche Betriebsstätte besteuern. Konsequent wiederum die Bewertung der Dividendenausschüttungen als nicht steuerbar unter Punkt 2, was zur Folge hat, daß eine Quellensteuer hierauf nicht anrechenbar ist und zur Definitivbelastung wird. Im einzelnen s. die *BMF*-Schreiben BStBl. 1997 I, 97, 796, 863 und *Christian Schmidt* IWB 10 Gr., 2, 1331 ff. sowie in Forum Nr. 14, S. 70 ff.

*Abwandlung des Beispiels:* Die X-OHG verfügt über eine Betriebsstätte in **87** Deutschland. Der Betriebsstättengewinn soll 100 betragen. Wer ist im Inland unbeschränkt oder beschränkt steuerpflichtig? *Wassermeyer:* A ist unbeschränkt steuerpflichtig mit seinem Anteil am Gesamtgewinn, der das deutsche Betriebsstättenergebnis beinhaltet; die übrigen und nicht in der Bundesrepublik ansässigen Gesellschafter (und nicht die X-OHG) sind mit ihren anteiligen Einkünften aus der inländischen Betriebsstätte steuerpflichtig. Die Gegenposition kann nur die Einkünfte aus der deutschen Betriebsstätte in die unbeschränkte bzw. beschränkte Steuerpflicht der Gesellschafter einbeziehen – aber da ergibt sich ein Widerspruch: A ist unbeschränkt steuerpflichtig – wie soll sein Wohnsitzstaat zur Anwendung einer gegen sich selbst gerichteten Quellensteuerbegrenzung gelangen (Art. 7 MA)? *Schaumburg* Stbg 1999, 157: Im Wohnsitzstaat des Gesellschafters können in einem solchen Falle die abkommensberechtigten Gesellschafter selbst den Abkommensschutz beanspruchen, da anderenfalls die Abkommensberechtigung der Personengesellschaft ins Leere geht; die Abkommensberechtigung aus der Sicht des Ansässigkeitsstaates schlägt auf den anderen Vertragsstaat mit der Folge durch, daß dort ansässige Gesellschafter den Abkommensschutz als „Reflexwirkung der abkommensberechtigten Personengesellschaft in Anspruch nehmen können". A nimmt mithin die Position der X-OHG ein und schränkt die Bundesrepublik auf den im Inland erzielten Anteil am Betriebsstättengewinn ein; oder *Krabbe* IWB 3 Gr. 2, 755: Wenn der Quellenstaat in dieser Lage jegliche Entlastung verweigerte, würde er treuwidrig handeln.

**88**     *Weitere Abwandlung des Beispiels:* Die X-OHG verfügt über eine Betriebsstätte im Drittstaat D, mit dem die Bundesrepublik kein DBA unterhält. Der hierauf entfallende Betriebsstättengewinn beträgt 50; darf die Bundesrepublik den hierauf bei A anteilig entfallenden Betrag von 25 besteuern? Für die Anhänger der durchgehend transparenten Lösung keine Frage: Die Beteiligung des A an der X-OHG als eigenständiges Unternehmen schließt die anteilige Zurechnung der im Drittstaat D erzielten Einkünfte ein. Für *Kl. Vogel* ergeben sich Anrechnungsprobleme: Erhebt der Sitzstaat der Gesellschaft selbst auf Einkünfte aus Drittstaaten Steuern, wie können diese im Wohnsitzstaat des Gesellschafters angerechnet werden?

**89**     *Weitere Abwandlung des Beispiels:* Die X-OHG erzielt in ihrem Sitzstaat Einkünfte, die bei der Besteuerung des A in der Bundesrepublik nicht freigestellt sind (Problem des Methodenartikels: Die Voraussetzungen einer Aktivitätsklausel sind nicht erfüllt): Beide Auffassungen stehen vor dem Problem der Steueranrechnung, die eine Gleichheit der Steuersubjekte erfordert, d. h. es kann im Inland nur eine solche Steuer angerechnet werden, zu der der Steuerpflichtige selbst im Ausland herangezogen wurde. Im Ausland ist die X-OHG und nicht A Steuerpflichtiger – daran kann auch das Transparenzgebot in der Bundesrepublik nichts ändern – daher *Kl. Vogel:* Es ist einzuräumen, daß die Anerkennung der intransparenten ausländischen Gesellschaft als abkommensberechtigt für sich allein die doppelte Besteuerung des Gewinnanteils des deutschen Gesellschafters nicht vermeidet. *Kl. Vogel* sucht die Lösung über die Zurechnung der Einkünfte: Wenn der Sitzstaat das Einkommen als solches der Gesellschaft behandelt, sollte für Zwecke der Abkommensanwendung der andere Vertragsstaat dies ebenfalls tun, die Anerkennung der Abkommensberechtigung der Personengesellschaft im Sitzstaat mithin die Folge haben, „daß das Einkommen in beiden Vertragsstaaten abkommensrechtlich als solches der Gesellschaft zu behandeln ist", was zur Steuerfreiheit im Inland (Art. 21 MA) führt (IStR 1999, 7 – dazu bereits die Zurechnungsfrage unter S 25). *Wassermeyer* (IStR 1998, 492): Die Lösung folgt aus der MA-Kommentierung zu Art. 1 Rz 23 (Bezugnahme auf den Geist des Abkommens): Der Grundsatz der Gleichheit des Steuersubjekts muß durchbrochen werden, wenn die Nichtanrechnung ausländischer Steuern gegen den Geist des Abkommens verstößt; schließlich folge die Nichtanrechnung ausländischer Steuern aus einer unterschiedlichen rechtlichen Betrachtung der beiden Vertragsstaaten, Deutschland „muß deshalb alle Konsequenzen aus seiner innerstaatlich transparenten Behandlung der Personengesellschaft ziehen und die tatsächlich von dieser gezahlte und geschuldete ausländische Steuer so behandeln, als sei sie anteilig von den Gesellschaftern erhoben worden."

**90**     Der Steuerinländer A ist an der in ihrem Sitzstaat (Vertragsstaat) als Körperschaft besteuerten X-OHG zu 50% beteiligt: Die X-OHG schüttet im Jahr 02 ihren Gewinn des Jahres 01 aus: A erhält eine „Dividende" in Höhe von 50: Kann der Vertragsstaat auf die „Dividende" eine Quellensteuer erheben und Deutschland die „Dividende" besteuern? Der andere Vertragsstaat wendet sein innerstaatliches Recht an und besteuert in seiner Eigenschaft als Quellenstaat gem. Art. 10 II MA den A mit Einkünften aus Kapitalvermögen. Zur Maßgeblichkeit des Rechts des Vertragsstaates, in dem die ausschüttende Gesellschaft ansässig ist s. Art. 10 III MA. Aus deutscher Sicht handelt es sich um eine nicht steuerbare Einnahme aus einer transparenten Gesellschaft. Die Frage, ob im Inland die Quellensteuer des A auf den Gewinnanteil anrechenbar ist, wird dennoch bejaht. Dieser Auffassung *Wassermeyers* steht die Auffassung *Kl. Vogels* u. a. entgegen, die die Subjekteigenschaft auch im Inland anerkennt. Sie führt dazu, daß die Gewinne der X-OHG als Unternehmensgewinne nur im Sitzstaat der Gesellschaft besteuert werden (Art. 7 I MA); Übereinstimmung besteht hinsichtlich der Quellenbesteuerung der ausgeschütteten Dividenden, für die aber im Inland keine Steuerbarkeit gegeben ist. Die Frage der Steueranrechnung stellt sich nach dieser Auffassung nicht, da keine ausländischen Einkünfte, sondern nur nicht steuerbare Einnahmen vorliegen. Die Finanzverwaltung folgt in diesem Punkt dem Transparenzgebot, nach dem jeder Gesellschafter ein ihm zuzurechnendes Unternehmen führt – es bedarf alsdann der Anwendung des Methodenartikels (Steuerfreistellung mit Progressionsvorbehalt oder – nicht erfüllte Aktivitätsklausel – Steueranrechnung).

*Abwandlung:* An der X-OHG sind A zu 20% und die in Deutschland ebenfalls un-  **91** beschränkt steuerpflichtige A-GmbH zu 30% beteiligt. Die X-OHG erzielt Dividenden von einer im Vertragsstaat (Sitzstaat der X-OHG) ansässigen Kapitalgesellschaft, von einer in Deutschland ansässigen X-AG und von einer in einem dritten Staat ansässigen Kapitalgesellschaft (Beteiligungen jeweils 100%). Darf Deutschland die auf A und die A-GmbH entfallenden anteiligen Einkünfte besteuern? Zunächst die Auffassung von *Kl. Vogel:* Die Anerkennung der X-OHG als Steuersubjekt wirft keine Probleme auf, die Dividenden sind Bestandteil des Unternehmensgewinns der X-OHG; soweit Dividenden aus dem Inland vereinnahmt werden, folgt dies aus Art. 10 I MA, sofern sie aus Drittstaaten vereinnahmt werden, aus Art. 21 MA, *Wassermeyer:* Soweit nicht die Voraussetzungen des Art. 21 II MA bzw. des Art. 10 IV MA vorliegen (beide sollen hier ausgeschlossen sein), ist ein Besteuerungsrecht der Bundesrepublik gegeben (Zuordnung zu den ansässigen Gesellschaftern); die damit drohende Doppelbesteuerung kann nur im Verständigungsverfahren beseitigt werden: „Eine Einigung im Verständigungsverfahren konnte dahin gehen, daß Deutschland sowohl die im Staat der ausschüttenden Gesellschaft erhobene Quellensteuer als auch die im anderen Vertragsstaat erhobene Ertragsteuer auf seine Steuer anrechnet, die vom Gesellschafter erhoben wird. Deutschland wird der A-GmbH kein Schachtelprivileg einräumen, weil die Zwischenschaltung einer Personengesellschaft die Annahme einer unmittelbaren Beteiligung an der ausschüttenden Kapitalgesellschaft ausschließt." Die Auffassung der Finanzverwaltung knüpft wiederum – in diesem Punkt – an das Transparenzgebot an. Im oben zitierten *BMF*-Schreiben zur „Steuerlichen Behandlung spanischer Personengesellschaften nach dem DBA-Spanien" (BStBl. 1998 I, 557) heißt es unter Punkt 2: „Die Anteile unbeschränkt steuerpflichtiger Gesellschafter an den laufenden Gewinnen spanischer Personengesellschaften sind nach Art. 23 I a DBA-Spanien von der Bemessungsgrundlage auszunehmen, soweit nicht Deutschland als Quellenstaat ein Besteuerungsrecht hat. Dabei ist ggf. der Progressionsvorbehalt nach § 32 b I Nr. 3 EStG anzuwenden". Damit sind offensichtlich die Drittstaateneinkünfte (hier Dividenden) gemeint, die der Betriebsstätte zugerechnet werden statt direkt dem Gesellschafter.

### c) DBA-Sonderregelungen

Da es auf der Ebene des Abkommensrechts, repräsentiert durch das  **92** OECD-MA, eine umfassende Lösung nicht gibt, sind in einer Reihe deutscher DBA Sonderregelungen vereinbart worden. Man kann das Erfordernis für solche Sonderregelungen schon für den Fall bejahen, daß – wie im Grundfall – beide Staaten Personengesellschaften als Mitunternehmerschaften behandeln: Sei es aus Gründen vereinfachter Quellenbesteuerung, sei es aus Gründen vereinfachter Wohnsitzbesteuerung kann ein Interesse an der Steuersubjekteigenschaft der Personengesellschaft bestehen. So wird im Verhandlungsprotokoll DBA-Schweiz zu Art. 10– 12 Personengesellschaften „aus Vereinfachungsgründen" ein Anspruch auf Quellensteuererstattung eingeräumt, wenn mindestens $\frac{3}{4}$ der Gewinne der Gesellschaft Personen zustehen, die in dem Sitzstaat der Personengesellschaft ansässig sind. So wird aufgrund des *BMF*-Schreibens

BStBl. 1986 I, 74 eine deutsche Personengesellschaft, die aus Frankreich Dividenden bezieht, im Ergebnis als abkommensberechtigt behandelt, soweit sämtliche Gesellschafter im Inland ansässig sind. Die Maßnahme läßt sich mithin als vereinfachende Zusammenfassung des Gesellschafterkreises charakterisieren (ablehnend zu solchen Regelungen *Wassermeyer* IStR 1999, 483).

Ist die Steuersubjekteigenschaft nur in einem Staat gegeben (das kann der Sitzstaat sein, das kann aber auch der Quellenstaat sein), ist die Begründung der Steuersubjekteigenschaft noch einleuchtender – vor allem aus der Sicht der Anhänger der Maßgeblichkeit einer Subjekteigenschaft im Sitzstaat auch für den Quellenstaat, da nur auf diese Art und Weise eine Ungleichbehandlung deutscher Personengesellschaften zu vermeiden ist.

*Beispiele:*

93 – **DBA-Italien:** Personengesellschaften unterliegend in beiden Vertragsstaaten den Regeln der Mitunternehmerschaft, allerdings betrachtet Italien eine in Deutschland ansässige Personengesellschaft als eigenständiges Steuersubjekt, so daß Gewinne für einen in Italien ansässigen Gesellschafter erst im Ausschüttungsfall und dann als sonstige Einkünfte Bedeutung erlangen. Im Abschnitt 2 des Protokolls heißt es: „Eine Personengesellschaft gilt im Sinne des Artikels 4 I als in dem Vertragsstaat ansässig, wenn sie nach dem Recht dieses Staates gegründet worden ist oder sich der Hauptgegenstand ihrer Tätigkeit in diesem Staat befindet. Die in den Artikeln 6 bis 23 vorgesehenen Beschränkungen des Besteuerungsrechts des anderen Vertragsstaates gelten jedoch nur insoweit, als die Einkünfte aus diesem Staat … der Besteuerung im erstgenannten Staat unterworfen sind." Das bedeutet gegenüber dem Quellenstaat, daß die Beschränkungen nicht mehr nur Gesellschafter beanspruchen können, die im Sitzstaat der Gesellschaft ansässig sind – wie es sich eigentlich aus dem Transparenzprinzip ergäbe. Die Personengesellschaft kann – das ist eine besonders hervorzuhebende Konsequenz – als Folge der Fiktion auch eine in einem Vertragsstaat ansässige Person sein, die ein Unternehmen betreibt – die Gewinne dürfen nicht deshalb in dem anderen Vertragsstaat besteuert werden, weil dort ein Gesellschafter ansässig ist, der nach dem Transparenzprinzip als Unternehmen gelten würde. Die Gewährung der Abkommensvorteile steht unter dem Vorbehalt der Steuerpflicht im Ansässigkeitsstaat der Gesellschaft; gemeint ist damit eine Steuerpflicht auch der nicht ansässigen Gesellschafter (zur Bedeutung aus deutscher und aus italienischer Sicht *Krabbe* in *Debatin/Wassermeyer* DBA-Italien Art. 4 Rz 24). Die Fiktion wirkt nur gegen einen Vertragsstaat als Quellenstaat, denn sie bezieht nicht den Methodenartikel (Art. 24) und damit die Wohnsitzbesteuerung ein; insoweit wird jedenfalls in der Bundesrepublik den Gesellschaftern selbst das Ergebnis der Personengesellschaft zugerechnet – für die Bundesrepublik ergibt sich das schon aus dem innerstaatlichen Recht. Der nicht im Staat der

Personengesellschaft, sondern in einem Drittstaat ansässige Gesellschafter – der Steuerausländer, der an einer deutschen Personengesellschaft beteiligt ist – kommt mithin auch nicht in den Genuß einer Freistellung oder Steueranrechnung (ggf. sind die Voraussetzungen des § 50 VI EStG zu prüfen). Soweit zur Besteuerung der Gesellschafter im Ansässigkeitsstaat der Gesellschaft. Bleibt zu klären, wie sich die Protokollvereinbarung auf einen im Vertragsstaat Bundesrepublik ansässigen Gesellschafter einer in Italien ansässigen Personengesellschaft auswirkt. In seiner Eigenschaft als Ansässigkeitsstaat wendet die Bundesrepublik und kann auch nur anwenden ihr eigenes und auf dem Transparenzprinzip basierendes Steuerrecht: Danach wird eine in Italien ansässige Personengesellschaft nicht anerkannt, ihre Einkünfte werden den hier Ansässigen zugerechnet, ohne daß dies der Protokollvereinbarung widerspräche. Problematisch ist hierbei die sich anschließende Frage einer Freistellung des deutschen Steuerpflichtigen mit seinem anteiligen Gewinn aufgrund des Methodenartikels (hier Art. 24 III); es handelt sich zwar um eine Frage der Anwendung des Methodenartikels, soll aber hier kurz angeschnitten werden: Da der Gewinn der italienischen Personengesellschaft nach der Protokollvereinbarung ihr selbst als dem Unternehmen des anderen Vertragsstaates zusteht, könnte man darauf folgern, daß der Methodenartikel und damit dann auch der Progressionsvorbehalt nicht mehr anwendbar ist – das Doppelbesteuerungsproblem mithin bereits auf der Ebene der Verteilungsnorm gelöst ist; in diesem Sinne *Christian Schmidt* (wenn auch in einem anderen Zusammenhang) in Forum Nr. 14, S. 65, der auf den Wortlaut „können nur" in Art. 7 verweist – anders *Krabbe* aaO, Rz 30: Die Ansässigkeitsfiktion ist auf das Verhältnis des Ansässigkeitsstaates der Personengesellschaft zum anderen Vertragsstaat in seiner Eigenschaft als Quellenstaat beschränkt.

– **DBA-Belgien** als besondere Vereinbarung mit einem Staat, nach **94** dessen Recht Personengesellschaften Steuersubjekte sind. Belgische Personengesellschaften werden in Belgien als Steuersubjekte behandelt; in Art. 3 (Definitionen) heißt es u. a., daß der Ausdruck „Gesellschaft" jede juristische Person oder jeden anderen Rechtsträger umfaßt …, „der als solcher mit seinen Einkünften oder seinem Vermögen in dem Staat, in dem er ansässig ist, besteuert wird, sowie die offenen Handelsgesellschaften, Kommanditgesellschaft und Partenreedereien des in der Bundesrepublik Deutschland geltenden Rechts." Es ist ferner Art. 4 I zum steuerlichen Wohnsitz zu beachten. Danach bedeutet der Ausdruck „eine in einem Vertragsstaat ansässige Person" eine Person, die nach dem Recht dieses Staates dort aufgrund ihres Wohnsitzes, ihres ständigen Aufenthalts, des Orts ihrer Geschäftsleitung oder eines anderen ähnlichen Merkmals steuerpflichtig ist; er bedeutet ferner die oHG, KG und Partenreedereien des deutschen Rechts, „deren tatsächliche Geschäftsleitung sich in diesem Staat befindet …" Das Abkommen stellt damit die

Abkommensberechtigung der Personengesellschaft in beiden Staaten sicher: zum einen durch die Definition der Personen im Sinne des Abkommens, zum anderen durch die Regelung der Ansässigkeit. Belgische Personengesellschaften werden als Steuersubjekte durch die Bezugnahme auf das Tatbestandsmerkmal „als solche besteuert" einbezogen, deutsche Personengesellschaften durch eine Aufzählung. Für belgische Personengesellschaften wird die Ansässigkeit aus dem innerstaatlichen Recht abgeleitet (Art. 4 I Satz 1), für deutsche Personengesellschaften aufgrund einer Sonderregel im daran anschließenden Satz „deren tatsächliche Geschäftsleitung sich in diesem Staat befindet." Damit können diese Gesellschaften als solche und unabhängig vom Wohnsitz ihrer Gesellschafter die Quellenstaatsbeschränkungen geltend machen. Ergänzt werden diese Regeln durch Abschnitt 12 Nr. 2a, b des Schlußprotokolls über die Geltung des Methodenartikels. Obwohl die genannten deutschen Personengesellschaften als ansässige Personen anerkannt werden, geht Nr. 2a davon aus, daß der Methodenartikel für die ansässigen und für die nichtansässigen belgischen Gesellschafter zur Anwendung kommt, soweit die Einkünfte „bei diesen Gesellschaftern besteuert werden können" – was sich für die unbeschränkt steuerpflichtigen Gesellschafter von selbst versteht und für die beschränkt steuerpflichtigen Gesellschafter über eine inländische Betriebsstätte erfolgt. Damit gelangt der beschränkt steuerpflichtige Gesellschafter zugleich in den Genuß der im Abkommen vorgesehenen Anrechnung. Für Steuerinländer als Gesellschafter einer in Belgien ansässigen oHG oder KG verweist Art. 2b auf Art. 23 I Nr. 1 (Freistellung unter Progressionsvorbehalt) für den Teil der Gesellschaftsgewinne, der in Deutschland nach deutschem Recht besteuert werden kann und in Übereinstimmung mit dem DBA und nach belgischem Recht bei der Gesellschaft oder bei diesem Gesellschafter besteuert werden kann (ausf. *Krabbe* IWB 3 Gr. 2, 765 – die Darstellung *Krabbes* ist auch deswegen lesenswert, weil sie die Rechtslage mit dem Fall einer unterbliebenen Regelung – wie in anderen Abkommen – vergleicht). Im übrigen sind die Kernaussagen auch für diese Form der Sonderregelung gleich: Für die Abkommensanwendung aus deutscher Sicht ist nicht mehr der belgische Gesellschafter der Personengesellschaft ein Unternehmen seines Staates, das in Deutschland eine Betriebsstätte hat; vielmehr wird das deutsche Unternehmen der Personengesellschaft von einem Unternehmen Deutschlands betrieben, weil es von einer im Sinne des DBA in Deutschland ansässigen Person, nämlich der Personengesellschaft selbst statt der Gesellschafter, betrieben wird. Und die Konsequenz für Art. 7 I MA: Die Gewinne dieses deutschen Unternehmens können nur in Deutschland besteuert werden (*Piltz* in *Mössner* u.a., S. 804; problematisch die Interpretation als „Reflexwirkung" gegenüber Gesellschaftern bei *Debatin/Wassermeyer* DBA-Belgien Art. 7 zu Rz 26).

– In dem **DBA-Finnland** und in dem **DBA-Island** werden Personen- 95
gesellschaften für beide Staaten ausdrücklich als Personen im abkommensrechtlichen Sinne eingestuft. Art. 3 I b DBA-Finnland: Der Ausdruck Person „umfaßt auch Personengesellschaften“ – mithin stellt sich
die Personengesellschaft als unmittelbar abkommensberechtigtes Subjekt
neben der natürlichen und juristischen Person dar. Auch ihre Ansässigkeit ist besonders geregelt: Gem. Art. 4 Nr. 4 gilt sie als in einem Vertragsstaat ansässig, „wenn sie nach dem in diesem Vertragsstaat geltenden Recht errichtet worden ist.“ Wie die Gesellschaft einer in einem
Vertragsstaat ansässigen Personengesellschaft besteuert werden, folgt
aus dem Protokoll zu Nr. 1, in dem sehr detailliert für beide Staaten die
Folgen einer Gesellschafteransässigkeit für deutsche bzw. finnische Personengesellschaften behandelt werden. Für das DBA-Island bestimmt
Art. 3 I d, daß der Begriff der Person „auch Personengesellschaften“ umfaßt, womit das innerstaatliche Recht Islands (wie auch im Falle des
DBA-Finnland) berücksichtigt wird. Nach Art. 4 IV gilt eine Personengesellschaft als in dem Staat ansässig, „in dem sich der Ort ihrer tatsächlichen Geschäftsleitung befindet.“ Nach Art. 4 IV Satz 2 finden die
Art. 5 bis 22 jedoch nur auf das Einkommen einer Personengesellschaft
Anwendung, das in dem Vertragsstaat der Besteuerung unterliegt, in dem
sie als ansässig gilt. Diese Regelung berücksichtigt die Folgen einer
transparenten Besteuerung eines beschränkt steuerpflichtigen Gesellschafters. Beispiel: (*Klaus-Dieter Müller* in *Debatin/Wassermeyer* DBA-
Island Art. 4 Rz 5): Bezieht eine deutsche Personengesellschaft mit einem nicht in Deutschland ansässigen Gesellschafter Gewinn aus Island,
so bleiben diese Gewinne außerhalb der deutschen Steuerpflicht des Gesellschafters, wenn sie nicht einer deutschen Betriebsstätte zuzurechnen
sind; folglich bedarf es insoweit auch keines Schutzes gegen eine Doppelbesteuerung. Nach Art. IV Satz 2 DBA-Island soll dem Rechnung
getragen werden und die Gesellschaft selbst in solchen Fällen keine Abkommenserleichterungen beanspruchen können. Auf die Wohnsitzbesteuerung der Gesellschafter hat die Regelung keinen Einfluß, s. dazu
*Müller* aaO, Rz 6: Für die Besteuerung der als transparent zu behandelnden Personengesellschaft wie in Deutschland ist die Aufteilung der Einkünfte auf die einzelnen Gesellschafter unumgänglich.

– Im **DBA-USA** ist der Begriff der Person sehr weit gefaßt; er umfaßt 96
(Art. 3 I d) „unter anderem“ natürliche Personen und Gesellschaften und
wird umfassend in dem Sinne verstanden, daß er auch Personengesellschaften umfaßt, die keine eigenen Steuersubjekte sind. Durch Art. 4 I b,
der die Frage der Ansässigkeit für die Abkommenszwecke regelt, wird
zudem deren Personeneigenschaft klargestellt. Die Abkommensberechtigung hängt davon ab, wo und wie die Einkünfte, die sie erzielen, besteuert werden. Wird eine Personengesellschaft in einem Vertragsstaat als
Steuersubjekt und als eine in diesem Staat ansässige Person besteuert, so

gilt sie als in diesem Staat ansässig. Ist sie nicht selbständig steuerpflichtig, so gilt sie in dem Maße als in diesem Staat ansässig, in dem ihre Einkünfte in den Händen der Gesellschafter dort wie die Einkünfte einer in diesem Staat ansässigen Person besteuert werden. Eine Personengesellschaft kann mithin „in toto abkommensberechtigte Person", oder „partiell abkommensberechtigte Person" sein. Daraus folgt (im einzelnen *Mittermaier* S. 203 ff.): (1) US-amerikanische Personengesellschaft als Steuersubjekt: Abkommensberechtigung. (2) US-amerikanische Personengesellschaft, besteuert in den USA als Personengesellschaft: partielle Abkommensberechtigung bezüglich in den USA ansässiger Gesellschafter; kein Abkommensschutz, soweit keine ansässigen Gesellschafter vorhanden sind. Nicht in den USA ansässige Gesellschafter gelangen gegen deutsche Quellenbesteuerung nicht in den Abkommensschutz. Soweit die Ansässigkeitsbedingung erfüllt ist, steht der Abkommensschutz der Gesellschaft selbst zu. (3) Eine in Deutschland ansässige Personengesellschaft ist – ungeachtet des Gesellschafterbestandes – nicht abkommensberechtigt, da keine Steuersubjekteigenschaft gegeben ist (die Steuersubjekteigenschaft bezüglich der Gewerbesteuer wirkt sich nicht aus. (4) Daher ist für eine deutsche Personengesellschaft nur maßgeblich, inwieweit ansässige Gesellschafter beteiligt sind; insoweit partielle Abkommensberechtigung. Somit führ die Anwendung des DBA-USA einerseits zu Fällen, in denen die **Personengesellschaft übereinstimmend transparent** behandelt wird: Jeder Gesellschafter bildet alsdann für die Abkommensanwendung mit seinem Gesellschaftsanteil ein eigenes Unternehmen desjenigen Staates, in dem er ansässig ist (Unternehmen eines Vertragsstaates). Für die in Art. 7 enthaltene Zuordnung der Besteuerungsrechte gilt der Staat des Gesellschafters als Ansässigkeitsstaat, der Sitzstaat der Personengesellschaft als Quellenstaat. Andererseits führt die Anwendung des DBA-USA zu **einer intransparenten Besteuerung der Gesellschaft im Sitzstaat USA** und **zu einer transparenten Besteuerung in Deutschland** und damit zurück zur Streitfrage der Maßgeblichkeit einer Sitzstaatqualifikation. Die von der US-Gesellschaft in ihrem Sitzstaat USA sowie in Drittstaaten erzielten Einkünfte unterfallen aus der US-Sicht als Gewinn eines Unternehmens dem Art. 7 DBA-USA. Nach dem Abkommensrecht könnte sie aber auch für den Quellenstaat ein Unternehmen eines Vertragsstaates sein, da es von einer in einem Vertragsstaat ansässigen Person betrieben wird. Ob aber das deutsche Steuerrecht an diese Sicht gebunden ist, ist wiederum fraglich. Lehnt man eine abkommensrechtliche Bindung Deutschlands ab, dürfte der von der US-Gesellschaft erzielte Gewinn nach Art. 7 zu einem Betriebsstättengewinn im Sitzstaat der Gesellschaft führen – in der Bundesrepublik wäre die Anwendung des Methodenartikels zu klären. *Mittermaier* S. 329: Es ist der Zusammenhang zwischen dem abkommensrechtlichen Begriff der „ansässigen Person" und dem „Unternehmen eines Vertragsstaates" zu beachten. Dagegen mit striktem Vorrang deutschen Rechts *Wolff* DBA-USA Art. 7 Rz 76: Ist eine in den USA gewerblich tätige Personenvereinigung amerikanischen Rechts mit in ländischen Gesellschaftern nach deutschem Steuerrecht eine Mitunternehmerschaft, so sind deren Gewinnanteile gewerbliche Gewinne i. S. des Art. 7. Bei dieser Beurteilung bleibt es auch dann, wenn die USA das Rechtsgebilde als dort ansässige Gesellschaft i. S. des Art. 3 I e, Art. 4 I behandelt, „denn Deutschland nimmt gemäß Art. 3 II die Personenqualifikation unabhängig von der amerikanischen Wertung vor. Das Rechtsgebilde ist eine in den USA ansässige Person nur nach Maßgabe des Art. 4 I b; es ist also auf die Ansässigkeit der Gesellschafter abzustellen. Deshalb ist auch das Unternehmen den Gesellschaftern und nicht der Gesellschaft zuzurechnen." Zur Qualifikation einer Ausschüttung als Dividende: Unstreitig ist die Bundesrepublik an die Einkünftequalifikation bezüglich der US-Berechtigung zur Erhebung einer Quellensteuer wegen Art. 10 IV Satz 1 DBA-USA gebunden. Nur: Gilt dies auch für die Einkünfteeinordnung zum Zwecke der deutschen Wohnsitzbesteuerung? *Mittermaier* (S. 339): Damit ist auch der Ansässigkeitsstaat bei seiner Abkommensanwendung gebunden, es handelt sich um Dividendeneinnahmen und nicht um Entnahmen (so auch *OFD Frankfurt* RIW 1993, 605). Anders *Wolff* aaO: Die Einkünftezuordnung durch Deutschland für Zwecke der Wohnsitzbesteuerung bleibt unberührt, die Dividendendefinition des Art. 10 wirkt nicht auch gegen den Wohnsitzstaat. Schließlich führt die Anwendung des DBA-USA zu einem dritten Fall, zur **transparenten Besteuerung der Gesellschaft im Sitzstaat USA** und **intransparenten Besteuerung in der Bundesrepublik** – dazu den folgenden Absatz.

*(einstweilen frei)* 97–99

### 4. Ausländischer Sitzstaat: Körperschaft als Personengesellschaft

Nach dem Plan der Darstellung handelt es sich insoweit um eine Abweichung; denn bislang wurde regelmäßig unterstellt, daß aus deutscher Sicht die Qualifikationsfrage (Typengleich) zur Annahme einer Personengesellschaft führt. Des Sachzusammenhangs wegen soll nun hiervon abgewichen und unterstellt werden, daß bei intransparenter Besteuerung in Deutschland (Körperschaft) der Vertragsstaat von einer ansässigen Personengesellschaft ausgeht. *Mittermaier* (S. 348) nennt hierfür zwei Beispiele: Im Verhältnis zu den Vereinigten Staaten kann eine solche unterschiedliche Einordnung für die Rechtsform der Limited Liability Company (LLC) möglich sein; soweit ersichtlich ist die Frage, ob die LLC nach deutschem Steuerrecht als Personengesellschaft oder wegen ihrer Eigenschaft als juristische Person und der beschränkten Haftung aller Gesellschafter einer GmbH vergleichbar ist, ungeklärt (*Wolff* DBA-USA Art. 3 Rz 23). Im Verhältnis zur griechischen Etaeria Periorismenis Erthynis (EPE) war bis 1991 eine solche Besteuerungssituation gegeben, 100 da die EPE trotz körperschaftlicher Struktur nach dem griechischen Steuerrecht nicht als Steuersubjekt angesehen wurde. Im übrigen können solche Besteuerungsunterschiede auftreten, wenn juristische Personen Optionsmöglichkeiten für eine transparente Besteuerung eingeräumt erhalten (zur Wahlmöglichkeit der Gesellschafter einer LLC s. *Mittermaier* S. 87 ff., 129). Ist ein deutscher Gesellschafter an einer transparent besteuerten ausländischen Körperschaft beteiligt, wird er im Sitzstaat der Gesellschaft nach den Regeln der beschränkten Steuerpflicht mit seinem anteiligen Gewinn an der Gesellschaft besteuert; daß es sich insoweit um einen Art. 7 MA unterliegenden Unternehmensgewinn handelt, ergibt sich aus der Sicht beider Staaten, solange es nur um einen thesaurierten Gewinn geht. Die entscheidende Frage ist die nach dem Unternehmen eines Vertragsstaates: Wird das Unternehmen von der Gesellschaft selbst oder anteilig von den einzelnen Gesellschaftern betrieben? Davon hängt ab, ob ein „Unternehmen eines Vertragsstaates" in Gestalt der ausländischen Gesellschaft oder ein „deutsches Unternehmen" vorliegt, weil die Ansässigkeit des Gesellschafters entscheidend ist. Hierzu *Riemenschneider* S. 219 ff., *Mittermaier* S. 349 ff. jeweils mit zahlreichen Nachweisen: Wird eine Gesellschaft nach dem Recht ihres Staates als bloße Mitunternehmerschaft behandelt, während sie aus der Sicht des anderen Vertragsstaates ein Steuersubjekt darstellt, fehlt es an einer Gesellschaft i. S. des Art. 3 I a MA; selbst wenn diese Bedingung aber gegeben wäre („sonstige Personenvereinigungen"), würde es an der Ansässigkeit im Sitzstaat i. S. des Art. 4 I MA fehlen, weil die Gesellschaft nach dem nationalen Recht ihres Sitzstaates gerade kein Steuersubjekt darstellt und damit dort keiner eigenständigen Steuerpflicht unterliegt. Folge hieraus: Das Unternehmen wird abkommensrechtlich aufgrund der fehlenden Ansässigkeit der Gesellschaft in ihrem Sitzstaat nicht von der Gesellschaft selbst betrieben, so daß es sich auch nicht um ein Unternehmen dieses Sitzstaates handeln kann. Das Unternehmen ist statt dessen dem **Transparenzprinzip entsprechend den einzelnen Gesellschaftern zuzurechnen.** Auf den im Inland ansässigen Gesellschafter bezogen bedeutet dies, daß die von der ausländischen „Körperschaft" erzielten Einkünfte für die Abkommensanwendung solche eines „deutschen Unternehmens" darstellen, für die nunmehr zu klären ist, ob sie in einer ausländischen Betriebsstätte erwirtschaftet wurden. Auf der **Abkommensebene** sind damit die Schranken geklärt: Würde es im Sitzstaat der ausländischen „Körperschaft" an einer Betriebsstätte fehlen, könnte der Gesellschafter einen Zugriff des Vertragsstaates auf seinen Anteil unter Hinweis auf Art. 7 MA abwehren. Nur ist aus der Sicht des innerstaatlichen deutschen Steuerrechts eine ausländische Körperschaft mit der Folge gegeben, daß der von der Gesellschaft thesaurierte Gewinn auch nicht im Inland den Gesellschaftern zugerechnet werden kann. Schüttet die ausländische „Körperschaft" Gewinne aus, so könnte man daran denken, auf der Abkommensebene Dividenden i. S. des Art. 10 MA anzunehmen. Nur: Es wirkt sich auch im Anwendungsbereich des Art. 10 MA aus, daß keine „Gewinnausschüttungen" durch eine „in einem Vertragsstaat ansässige Gesellschaft" erfolgen, folglich kann auch abkommensrechtlich im Vertragsstaat kein Quellensteuerabzug erfolgen. Das ist nur konsequent, da es eine Unterscheidung zwischen den „ausgeschütteten" und „nicht ausgeschütteten" Gewinnen nach der vorangegangenen Klärung des „Unternehmens eines Vertragsstaates" nicht mehr geben kann. Auf der **Ebene des innerstaatlichen Rechts** ist der deutsche Gesellschafter an einer ausländischen Kapitalgesellschaft beteiligt und bezieht Einkünfte aus Kapitalvermögen gem. § 20 I Nr. 1 EStG. Dem steht der Vorrang des Abkommens entgegen: Sind die Gewinne ausschließlich einer ausländischen Betriebsstätte zuzurechnen, erfolgt grundsätzlich deren Freistellung im Inland. Zur Alternative statt Art. 7 MA sonstige Einkünfte gem. Art. 21 MA mit der Folge uneingeschränkten Besteuerungsrechts des ausgeschütteten Gewinns *Lüdicke* StbJb 1997/98, S. 465: damit wird der wirtschaftliche Gehalt der Ausschüttung verfehlt.

*5. Sondervergütungen*

(1) Nach innerstaatlichem Steuerrecht gehören die Sondervergütungen **101** sowohl des inländischen Gesellschafters einer ausländischen Personengesellschaft als auch die des ausländischen Gesellschafters einer inländischen Personengesellschaft zu den Einkünften aus Gewerbebetrieb (§§ 15 I Nr. 2, 49 I Nr. 2a EStG). Würde sich die beiderseitige Besteuerung der Vertragsstaaten nach dem Transparenzprinzip unter Einschluß übereinstimmender Regelung der Sondervergütungen verstehen, bedürfte es insoweit keiner ergänzenden Darstellung. Aber abgesehen davon, daß solche Sondervergütungen in vielen Rechtsordnungen unbekannt sind, werden sie in anderen Staaten auch anders qualifiziert als in Deutschland (dazu *Riemenschneider* S. 17 f.). Der einfachste Fall einer fehlenden steuerlich übereinstimmenden Regelung solcher Sondervergütungen wäre der eines Abzugs der Sondervergütung von der ausländischen Bemessungsgrundlage trotz transparenter Besteuerung der Personengesellschaft. Kann der **deutsche Gesellschafter als Empfänger** einer solchen Sondervergütung geltend machen, es handele sich um Vergütungen wie für Dritte, für die mithin die jeweils einschlägige Einkunftsart (Zinsen, Lizenzen, Einkünfte aus unselbständiger Arbeit usw.) des DBA zu bestimmen sei? Oder handelt es sich um eine Frage der zutreffenden Ermittlung des Betriebsstättengewinns? (Zur allgemeinen Auslegungsfrage s. bereits S 11.) *Riemenschneider* S. 149: Subsumtion der Sondervergütungen unter eine DBA-Einkunftskategorie setzt voraus, daß zwischen der ausländischen Personengesellschaft und dem inländischen Gesellschafter ein Schuldverhältnis anzuerkennen sei; hierfür komme es auf die Abkommensebene an. Stellt die ausländische Personengesellschaft auf

der Abkommensebene keine eigenständige, in ihrem Sitzstaat ansässige
Person dar, stufe das Abkommen **Gesellschaft** auf der einen **und Gesellschafter** auf der anderen Seite nicht als voneinander getrennte Personen,
sondern **als ein zusammengehöriges Unternehmen ein;** für eine Subsumtion dieser Einkünfte unter besondere Einkunftskategorien ist danach
kein Raum – die Zahlung einer Sondervergütung stellt sich als Gewinnverwendung dar. Vereinfacht ließe sich auch sagen (*Wassermeyer* Art. 7
MA Rz 108): Mangels ausdrücklicher abkommensrechtlicher Regelung
und mangels anderen Sinnzusammenhangs ist das Recht des Anwenderstaates maßgebend, nach ihm rechnen aus deutscher Sicht Sondervergütungen zu den Unternehmensgewinnen. Die Frage ist dann, ob der Quellenstaat dessen ungeachtet eine eigene Auslegung auf der Grundlage
seines innerstaatlichen Rechts vornehmen darf und die Sondervergütungen abweichend (und ggf. mit der Folge eines Quellensteuerabzugs)
qualifizieren darf. Die h.A. hält dies für zutreffend (*Riemenschneider*
S. 152 mit Nachw.; s. auch *BMF*-Schreiben DB 1988, 680), wonach der
Wohnsitzstaat sich der Quellenstaatsregelung anschließt.

**102**  (2) Die steuerliche Behandlung der **Sondervergütung** inländischer
Gesellschafter ausländischer Personengesellschaften **als Teil des Unter-
nehmensgewinnes** ist durch *BFH* BStBl. 1991 II, 444 aufgegeben worden. Danach stellen **Sondervergütungen** nicht Teile des Unternehmensgewinns dar, sondern **sind in die speziellen Abkommensregelungen**
z.B. für Zinsen oder Lizenzen **einzuordnen** (s. dazu S 219); erhält ein
Gesellschafter eine Vergütung für seine Tätigkeit, so sind hiernach abkommensrechtlich Einkünfte aus selbständiger oder unselbständiger Arbeit gegeben. Kommt hiernach eine spezielle Einkunftsart in Betracht, so
ist zu prüfen, ob damit die Rechtsfolgen des Art. 7 MA (Unternehmensgewinne) ausgeschlossen sind oder ob Rückverweisungen auf Art. 7
MA zu beachten sind. Ausgeschlossen ist Art. 7 MA für den Bereich
der Art. 6, 8, 13–18 MA; eine Rückverweisung auf Art. 7 MA ist möglich für Dividenden, Zinsen, Lizenzgebühren und sonstige Einkünfte
(Art. 10 IV, 11 IV, 12 III, 21 II MA). In diesem Fall ist darauf abzustellen, ob die den Dividenden, Lizenzen oder Zinsen zugrundeliegenden
Vermögenswerte tatsächlich zu der Betriebsstätte ihres Gesellschafters
gehören (BSt-Verwaltungsgrundsätze 1.2.3; s. auch S 59, S 202); zum
Ganzen *Wassermeyer* Art. 7 MA Rz 109 ff.

**103–109**   (*einstweilen frei*)

### 4. Einkünfte aus Seeschiffahrt, Binnenschiffahrt und Luftfahrt

**110**   Im Anschluß an Art. 8 I des OECD-Musterabkommens gilt der Grundsatz, daß die Gewinne aus dem Betrieb von Seeschiffahrt und Luftfahrt
im internationalen Verkehr **nur** in dem Vertragsstaat besteuert werden,
in dem sich der **Ort der tatsächlichen Geschäftsleitung** des Unterneh-

mens befindet. Damit wird sichergestellt, daß die Gewinne nur in einem Staat und nicht überall dort besteuert werden, wo Betriebsstätten in Form von Agenturen, Anlegeplätzen usw. bestehen. Es handelt sich mithin um eine Spezialnorm für Gewinne aus einer gewerblichen Tätigkeit (Art. 7). Einige Abkommen (DBA-USA Art. 8 I) verwirklichen das Wohnsitzprinzip (Sitz des Unternehmens) – in beiden Fällen handelt es sich um eine Aufhebung des Betriebsstättenprinzips, jedenfalls aber dessen Modifizierung. Zum Begriff des „internationalen Verkehrs" s. den Definitionsartikel (Art. 3 I lit. e). Internationaler Verkehr kann nur dann vorliegen, wenn der Ort der tatsächlichen Geschäftsleitung eines Unternehmens in einem der beiden Vertragsstaaten liegt. Betreiber von Seeschiffen und Luftfahrzeugen im internationalen Bereich verfügen nach der Anknüpfung an den tatsächlichen Ort der Geschäftsleitung jeweils nur über eine Betriebsstätte. Der Grund ist der einer Vereinfachung: Denn anderenfalls käme es zu einer unübersehbaren Aufsplitterung des Ergebnisses auf Betriebsstätten in den verschiedenen Staaten (international operierende Luftverkehrsgesellschaften mit ihren zahlreichen Niederlassungen). Der **Geschäftsführungsstaat** hat die Funktion eines **Quellenstaates;** zu seiner Bestimmung am Beispiel eines Schiffahrtsunternehmens *Kreutziger* DStR 1998, 1122. Zu den Begriffen „Betrieb von Seeschiffahrt, Binnenschiffahrt und Luftfahrt" ist auf die Kommentierung des Art. 8 von *Lippel/Wilden* in *B/H/G/K* zu verweisen. Dem Betreiber eines Seeschiffs oder Luftfahrzeugs steht die Alternative zur Gründung einer selbständigen Tochtergesellschaft zur Verfügung. Die Regelung in Art. 8 ist abschließend: Der Quellenstaat selbst wird trotz Vorliegens von Betriebsstätten von der Besteuerung ausgeschlossen („können nur ... besteuert werden"). Außerhalb des Anwendungsbereiches des Art. 8 bleibt der Vertragsstaatenverkehr (nicht-internationaler Verkehr). Die deutsche Abkommenspraxis folgt überwiegend dem MA-Modell (zuletzt DBA-Kasachstan, siehe aber das Wohnsitzprinzip im DBA-Litauen). Besondere Schiffahrt- und Luftfahrtübereinkommen regeln die Besteuerung nur beiläufig, sie sind primär auf die Ordnung des Verkehrs zwischen den Vertragsstaaten ausgerichtet (s. zuletzt Art. 8 A zur Vermeidung der Doppelbesteuerung im Abkommen mit Hongkonk, BStBl. 1998 I, 1157). Soweit eine Besteuerung nicht nur im Staat des Unternehmens (Sitz, Ort der tatsächlichen Geschäftsleitung), sondern auch im anderen Vertragsstaat besteuert werden kann, sind regelmäßig Einschränkungen zu beachten. Zum DBA-Philippinen Art. 8 II (diese Gewinne können jedoch auch im anderen Vertragsstaat besteuert werden; diese Steuer darf aber den geringeren Betrag nicht übersteigen, der ...) hat das *Hessische FG* abgewogen, ob damit auf die Grundsätze der Ermittlung eines Betriebsstättengewinns nach Art. 7 oder auf Besonderheiten des § 49 III EStG (Gewinnfiktion für Seeschiffahrt- oder Luftfahrteinkünfte) verwiesen wird und letzteres bejaht; darin aber hat der *BFH* IStR 1998, 504 (mit

Anm. *Wassermeyer*) eine Betriebsstättendiskriminierung gesehen, die durch die Regelung in Art. 8 II DBA-Philippinen nicht zu rechtfertigen ist. Bei einem in Form einer Personengesellschaft betriebenen Unternehmen ist die Aussage des Art. 8 I auf den einzelnen Gesellschafter zu beziehen, was bei Auseinanderfallen des Wohnsitzes und der tatsächlichen Geschäftsleitung zur Besteuerung nur im letztgenannten Staat führt. Daraus erklärt sich die besondere Regelung in Art. 8 V DBA-Schweiz – womit der Wohnsitzstaat sein Besteuerungsrecht behält: Ein Fremdkörper im System der primär an den Quellenstaat gerichteten Verteilungsnormen Art. 6–21 MA, erklärbar aber aus der Rechtsfolge des Art. 8 I, die den Wohnsitzstaat ausschließen kann (was ansonsten nur noch in Art. 19, 20 MA der Fall ist).

Mit Einkünften, die ein Inländer als Aktionär und atypischer stiller Gesellschafter einer schweizerischen AG bezieht und deren **Unternehmensgegenstand die Seeschiffahrt in internationalen Gewässern** ist, hatte sich *BFH* BStBl. 1997 II, 313 zu befassen. Nach Art. 8 DBA-Schweiz sind grundsätzlich die Einkünfte am Ort der tatsächlichen Geschäftsleitung des Unternehmens zu besteuern, also in der Schweiz. Für Personengesellschaften gilt die Sonderregelung des Art. 8 V: Ist einer der Teilhaber im anderen Vertragsstaat ansässig, so kann dieser Staat diese Beteiligungseinkünfte besteuern, gewährt aber Entlastung im Rahmen des Art. 24. Zu klären war damit der Begriff Personengesellschaft – hierzu stellte der *BFH* auf deutsches Steuerrecht ab, subsumierte mithin auch die atypische stille Gesellschaft unter Art. 8 DBA-Schweiz. Anderenfalls wäre eine Freistellung von deutscher Besteuerung eingetreten. Dazu der *BFH*: Das würde Sinn und Zweck des Art. 8 im allgemeinen, Art. 8 V im besonderen „zuwiderlaufen. Art. 8 I DBA-Schweiz sieht eine ausschließliche Besteuerung des Schiffahrtseinkommens in dem Staat vor, in dem sich der Ort der tatsächlichen Geschäftsleitung befindet. Dies gilt auch, wenn der im Inland ansässige Steuerpflichtige in Deutschland und in Drittstaaten Betriebsstätten unterhält. Während im Regelfall bei einem Einzelunternehmer Wohnsitz und Ort der Geschäftsleitung identisch sind und damit im Verhältnis zwischen den Abkommensstaaten eine Einmalbesteuerung der Seeschiffahrtseinkünfte gewährleistet ist, ist dies bei Personengesellschaften nicht notwendigerweise der Fall. Dort können durchaus Ort der tatsächlichen Geschäftsleitung und Wohnsitz der Gesellschafter auseinanderfallen. Für diesen Fall sieht Art. 8 V DBA-Schweiz zur Vermeidung von Besteuerungslücken für jeden der beiden Vertragsstaaten eine vollumfängliche, also nicht nur auf einzelne Betriebsstättengewinne beschränkte Besteuerung vor."

**111–119** *(einstweilen frei)*

### 5. Unternehmensgewinne: Sondervorschrift für verbundene Unternehmen (Art. 9 MA)

*a) Systematische Stellung des Art. 9 MA; Verhältnis zum innerstaatlichen Recht*

**120** (1) Die bisherige Darstellung der Unternehmensbesteuerung knüpfte an ein grenzüberschreitend tätiges Unternehmen an. Die Begriffe Stammhaus und Betriebsstätte bringen zum Ausdruck, daß es sich um ein **einheitliches Unternehmen** handelt, das insgesamt einer Person zuzurechnen ist. Dies gilt – wie zu zeigen war – auch für Personengesellschaften – wenn auch in vielfältigerer Form. Da der Begriff der Doppelbesteuerung die Besteuerung ein und derselben Person in beiden Staaten voraussetzt, steht das **Konzept der Unternehmensbesteuerung in Art. 7 MA** damit auch in völliger Übereinstimmung. Art. 9 MA befaßt sich mit einem Teilaspekt der Gewinnermittlung (genauer: der Gewinnberichtigung), jedenfalls nicht der Aufteilung eines gegebenen Ergebnisses wie bei der Betriebsstättenbesteuerung – was ohnehin schon nach den bisherigen Feststellungen Anlaß zur Aufmerksamkeit gibt, da doch **Gewinnermittlungsgrundsätze** aufzustellen eher Sache des nationalen Rechts des Anwenders ist. Dieser Punkt ist jedoch nach dem Wortlaut des Art. 9 MA sehr schnell zu relativieren. Denn es geht nicht etwa um Gewinnermittlungsvorschriften überhaupt, sondern um die Möglichkeit eines Vertragsstaates, Unternehmensgewinne zu berichtigen. Solche Gewinnberichtigungen – und nun wird statt des MA-Wortlauts die einfacher zu lesende Umschreibung im MA-Kommentar zu Rz 1 zitiert – sind möglich, wenn in den Büchern eines Unternehmens wegen der besonderen Beziehungen zwischen den Unternehmen die tatsächlich in diesem Staat entstandenen steuerlichen Gewinne nicht ausgewiesen werden. Daß unter diesen Umständen jeder Vertragsstaat bereits nach seinem innerstaatlichen Recht und auch ohne autonome Abkommensregelung eine Gewinnberichtigung vornehmen darf, versteht sich von selbst, so daß der MA-Kommentar zu diesem Punkt auch nur ausführt, daß dies „keiner besonderen Erläuterung bedarf". Erst wenn man die weiteren Bedingungen näher betrachtet, die Art. 9 MA an eine solche Berichtigung fehlerhaft ausgewiesener Gewinne knüpft und darüber hinaus Rechtsfolgen einer solchen Berichtigung einbezieht, erschließt sich der Inhalt des Art. 9. **Art. 9 MA verläßt den Bereich eines einheitlichen Unternehmens** und handelt dementsprechend auch nicht von den Gewinnen eines Unternehmens eines Vertragsstaates; nicht mehr von Stammhaus und Betriebsstätte ist die Rede, sondern von verbundenen Unternehmen und davon, daß es sich um Unternehmen eines Vertragsstaates und Unternehmen eines anderen Vertragsstaates handelt. Zur Erinnerung: In Art. 7 I MA ist vom Unternehmen eines Vertragsstaates die Rede, ebenso in Art. 8 MA. Art. 9 MA verläßt mithin den Rahmen, innerhalb dessen Doppelbesteuerungen bisher interessierten und legt einen **wirtschaftlichen Begriff der Doppelbesteuerung** zugrunde; es bleibt auch bei dieser Ausnahme, wie die folgenden Art. 10 bis 22 MA zeigen, die mit der Identität des Steuerpflichtigen in beiden Staaten immer nur den rechtlichen Begriff der Doppelbesteuerung zugrunde legen. Art. 9 setzt statt dessen zwei Unternehmen voraus, die – darüber hinaus – in verschiedenen Vertragsstaaten ansässig sein müssen (was nicht ganz verständlich ist, s. *Wassermeyer* Art. 9 MA Rz 24). Für die Zwecke dieser Darstellung ist es völlig ausreichend, von **rechtlich selbständigen Unterneh-**

**men auszugehen, die miteinander verbunden sind;** im einfachsten Fall handelt es sich um eine Beziehung zwischen Mutter- und Tochtergesellschaft. Art. 9 MA muß das verständlicherweise differenzierter sehen und unterscheidet zwei Fallgruppen verbundener Unternehmen: Beteiligung an der Geschäftsleitung, der Kontrolle oder dem Kapital einerseits (Art. 9 I a) und Unternehmen unter gemeinsamer Kontrolle andererseits (Art. 9 I b). Die Einzelheiten hierzu interessieren nicht, weil sie zum Verständnis des Art. 9 MA nichts beitragen. Die Antwort auf die damit verbundene Frage nach der Abgrenzung gegenüber Gewinnberichtigungen im Verhältnis Stammhaus und Betriebsstätte ist bereits gegeben worden (s. S 51, S 54). Art. 7 MA geht von einer Gewinnaufteilung aus, die ohnehin nicht an Bücher des Unternehmens gebunden ist und auf die der Begriff der Gewinnberichtigung nicht paßt. Deswegen ist der Satz bei *Kl. Vogel* Art. 9 Rz 22 „Im Verhältnis zwischen Betriebsstätte und Stammhaus gilt nicht Art. 9, sondern die Spezialvorschrift des Art. 7" wenigstens mißverständlich, weil **Art. 7 und Art. 9 in keinem Konkurrenzverhältnis** zueinander stehen. In beiden Abgrenzungsfällen gilt ein **Veranlassungsprinzip** und wird durch den Fremdvergleich konkretisiert – es bleibt aber die Unternehmenseinheit Stammhaus-Betriebsstätte und damit das einheitliche Gesamtergebnis zu berücksichtigen. Deswegen läßt sich die Verrechnungspreisproblematik nicht deckungsgleich übernehmen. Der Stammhausunternehmer steht nicht vor der Frage, ob er auf der Ebene des Schuldrechts oder der des Gesellschaftsrechts handeln soll – dies bleibt der Muttergesellschaft vorbehalten. Art. 9 MA stellt für die Gewinnberichtigung die Voraussetzung auf, daß „die beiden Unternehmen in ihren kaufmännischen oder finanziellen Beziehungen an vereinbarte oder angefertigte Bedingungen gebunden sind, die von denen abweichen, die unabhängige Dritte miteinander vereinbaren würden." Auch die Tatbestandsmerkmale der „kaufmännischen oder finanziellen Beziehungen" sollen hier nicht weiter untersucht werden: Sie beschreiben Folgen des „Unternehmensverbundes" – den hieraus resultierenden Einfluß. Mit Gewinnminderungen aus anderen Gründen (BFH BStBl. 1993 II, 351 zur Unterschlagung durch einen Gesellschafter-Geschäftsführer und zur Frage einer Gewinnberichtigung (als ein Beispiel hierfür) hat Art. 9 MA nichts zu tun. Die zwischen den beiden verbundenen Unternehmen vereinbarten oder auferlegten Bedingungen rechtfertigen nur dann eine Gewinnkorrektur, wenn ein Vergleich der Beziehungen zwischen einander fremden Personen eine Abweichung ergibt. Das ist die **zentrale Aussage des Art. 9:** Maßstab für eine Gewinnberichtigung ist der **Fremdvergleich.** Sind diese Voraussetzungen gegeben, eröffnet Art. 9 MA dem Vertragsstaat die Möglichkeit zu einer Gewinnberichtigung. Aus der Sicht der Vermeidung einer Doppelbesteuerung enthält Art. 9 II MA den Kern der Norm. Auch hier bringt der MA-Kommentar in Rz 5 den Inhalt der

Norm klar und verständlich zum Ausdruck: „Die Berichtigung der Bücher bei Geschäften zwischen verbundenen Unternehmen in dem in Absatz 1 behandelten Fall kann insoweit zur wirtschaftlichen Doppelbesteuerung (Besteuerung derselben Einkünfte bei verschiedenen Personen) führen, als ein Unternehmen des Staates A, dessen Gewinne erhöht wurden, mit einem Gewinnbetrag steuerpflichtig wird, der bereits bei dem mit ihm verbundenen Unternehmen in Staat B besteuert worden ist. Absatz 2 sieht vor, daß in diesen Fällen der Staat B eine entsprechende Berichtigung vornimmt, um die Doppelbesteuerung zu vermeiden." **Es geht mithin um die Gegenberichtigung,** zu der der MA-Kommentar u. a. noch ergänzend bemerkt, daß diese Verpflichtung vom berichtigenden Staat sowohl dem Grunde als auch der Höhe nach für gerechtfertigt angesehen werden muß (Rz 6), und daß Art. 9 die Methode, nach der die Berichtigung vorzunehmen ist, nicht bestimmt (Rz 7). Wenn man die Aussagen des Kommentars in ihrer Gesamtheit zu den Absätzen 1 und 2 zugrunde legt, wird erkennbar, daß das Schwergewicht der Regelung auf zwei Punkten liegt. Zum einen geht es der MA-Regelung darum, Gewinnberichtigungen nicht beliebigen Voraussetzungen im innerstaatlichen Recht unterliegen zu sehen, sondern sie dem **Fremdvergleichsgrundsatz** zu unterwerfen (arm's-length-Prinzip). Und zum anderen ist es das **Prinzip der Gegenberichtigung.** Auf einen einfachen Nenner gebracht bringt Art. 9 den Maßstab des Fremdvergleichs zur Geltung und fordert Rücksichtnahme durch Gegenberichtigung.

(2) Wie verhält sich Art. 9 MA zum innerstaatlichen Recht? Damit **121** sind zwei Fragen angesprochen: **Ist Art. 9 MA** von einem Vertragsstaat gegenüber seinen Steuerpflichtigen **unmittelbar anwendbar** – unabhängig von bestehenden Gewinnberichtigungsvorschriften des innerstaatlichen Rechts? Die Frage war einst umstritten, es lohnt sich aber nicht mehr, auf die damit verbundene Diskussion einzugehen. Sie gilt als geklärt: Art. 9 ist nur eine Erlaubnisnorm ohne self-executing-Wirkung, so *BFH* BStBl. 1980 II, 531 und BStBl. 1981 II, 517 und ihm folgend die gesamte Literatur zum IStR. Es bedarf mithin – jedenfalls nach deutschem Abkommensverständnis – Gewinnkorrekturvorschriften des innerstaatlichen Rechts. Umgekehrt hat aber dieses innerstaatliche Recht die Voraussetzungen des Art. 9 MA zu beachten. Die zweite Frage ist daher diejenige nach der **Schrankenwirkung des Abkommens.** Nimmt ein Vertragsstaat eine Gewinnkorrektur aufgrund seines innerstaatlichen Rechts vor, dann muß er die Vorgaben des Art. 9 MA beachten. Art. 9 I MA entfaltet mithin eine Sperrwirkung. Auch in dieser Frage besteht (fast) völlige Übereinstimmung (vgl. dazu die Nachweise bei *Sturm* S. 117 ff.). Die *Verwaltungsgrundsätze* (Grundsätze für die Prüfung der Einkunftsabgrenzung bei international verbundenen Unternehmen) führen hierzu in Rz 1.2 (Abgrenzungsklauseln der DBA) aus: Die DBA ent-

halten am Grundsatz des Fremdvergleichs ausgerichtete Klauseln über die Einkunftsabgrenzung; sie begründen unmittelbar keine Steuerpflicht: „Sie erlauben aber, daß der Maßstab des Fremdvergleichs international übereinstimmend angewendet wird. Die Abgrenzungsregelungen des nationalen deutschen Steuerrechts (insbesondere § 1 AStG) bleiben auch in den Fällen der Interessenverflechtung anwendbar, die in den Abgrenzungsklauseln der DBA nicht genannt sind. Dem Sinn und Zweck der DBA entspricht es nicht, Berichtigung von Einkünften, die sachlich geboten sind, für bestimmte Fälle zu verbieten." Dieses **Verständnis der Verwaltungsgrundsätze vom DBA-Verhältnis zum innerstaatlichen Recht** mag problematisch sein, wenn man den letzten Satz aus dem Zusammenhang löst. Doch im Zusammenhang mit dem voranstehenden Satz besagt er zutreffend, daß außerhalb des Anwendungsbereichs des Art. 9 unabhängiges innerstaatliches Recht zur Geltung gelangt. Wenn also Art. 9 kaufmännische oder finanzielle Beziehungen zwischen einander verbundenen Unternehmen voraussetzt, so erweist sich die Norm damit als enger gegenüber § 1 AStG und § 8 III Satz 2 KStG. Sie kann insoweit auch keine Beschränkungen nach sich ziehen. Als gegen die wirtschaftliche Doppelbesteuerung gerichtet und damit als Ausnahme vom allgemeinen Grundsatz ist sie eng auszulegen und auf den Personenbereich zu beschränken, den sie selbst umgrenzt. Für nicht verbundene Unternehmen oder für andere Formen des Nahestehens als in Art. 9 MA genannt schränkt Art. 9 MA das innerstaatliche Recht nicht ein. Es ist beispielsweise unschädlich, daß § 1 II AStG ein Nahestehen über die in Art. 9 MA angesprochenen Beteiligungen hinaus annimmt. Es hat auch der Art. 9 MA für die Anwendung des § 8 III Satz 2 KStG nicht die Bedeutung, daß jegliche Beziehungen zu einem nicht unternehmerisch tätigen Gesellschafter und zusätzlich auch solche zu einer dem Gesellschafter nahestehenden Person erfaßt werden (*Wassermeyer* Art. 9 MA Rz 62). Im DBA-USA Protokoll Nr. 7 ist dies zum Ausdruck gebracht worden, soweit es dort heißt: Art. 9 ist nicht so auszulegen, als beschränke er einen Vertragsstaat bei der Aufteilung von Einkünften zwischen Personen, die auf andere Weise als durch mittelbare oder unmittelbare Beteiligung im Sinne des Absatzes 1 miteinander verbunden sind (zum Beispiel durch kommerzielle oder vertragliche Beziehungen, die zu beherrschendem Einfluß führen) – doch weitergehend das innerstaatliche Recht bindend dann durch den anschließenden Satz, wonach die Aufteilung aber „sonst den allgemeinen Grundsätzen des Art. 9 I" entsprechen müsse. Anders *Otto H. Jacobs* S. 610, der in Art. 9 „seinem Wesen nach" eine Besteuerungsschranke sieht, die den Steuerpflichtigen vor Gewinnkorrekturen schützt, deren Berechtigung nicht in einem Abweichen vom Drittverhalten liegt – dies offensichtlich über einen durch Art. 9 bestimmten Verbund hinaus als Grundsatz verstehend.

*b) Fremdvergleichsmaßstab: Art. 9 MA und innerstaatliches Recht*

Daß der Fremdvergleichsmaßstab als Instrument zur Einkunftsabgren- **122** zung international verbundener Unternehmen – wenn auch mit Einschränkungen – seinen Niederschlag in den innerstaatlichen Gewinnberichtigungsvorschriften gefunden hat, ist bereits erläutert worden (s. N 257, P 74). Es zeigte sich,

– daß die Höhe der verdeckten Gewinnausschüttung trotz fehlender gesetzlicher Definitionen aus einem Fremdvergleich abzuleiten ist
– daß bei der verdeckten Einlage der Fremdvergleich als Beurteilungskriterium dient,
– daß die Regelung des § 1 AStG ausdrücklich auf dem Prinzip des dealing-at-arm's-length beruht.

Während im Anwendungsbereich des Art. 9 MA über die Fremdvergleichsformel als „Geschäfte zwischen diesen Unternehmen unter den Bedingungen des freien Marktes" hinaus keine weiteren Hinweise auf die Maßstabsproblematik zu finden sind (die Rz 3 des MA-Kommentars verweist im übrigen auf den OECD-Bericht zur Verrechnungspreisproblematik), hat die **Figur des ordentlichen und gewissenhaften Geschäftsleiters des innerstaatlichen Rechts** bei der Beurteilung von verdeckten Gewinnausschüttungen und verdeckten Einlagen Anlaß zur Frage nach Unterschieden und Gemeinsamkeiten im Vergleich zu Art. 9 MA gegeben. Es war bereits geklärt worden, daß dem Fremdvergleich das Veranlassungsprinzip zugrunde liegt. Das **Veranlassungsprinzip** bringt den im Steuerrecht maßgeblichen Kausalitätsgrundsatz zum Ausdruck und trennt damit die **Gewinnentstehung von der Gewinnverwendung;** dem hat sich die Geschäftsleiterfigur unterzuordnen. Wie *Baumhoff* in Festschrift *Flick* S. 638 ff. erläutert hat, liegt das Problem darin, daß sich der Maßstab der Sorgfalt eines ordentlichen Geschäftsleiters auf eine betriebsinterne Betrachtungsweise nur aus der Sicht der vom Geschäftsleiter vertretenen Gesellschaft bezieht. Will man aber das Kriterium des ordentlichen Geschäftsleiters im Interesse der Erhaltung eines flexiblen Fremdvergleichsmaßstabs retten, so reicht es nicht aus, nur auf das Verhalten des ordentlichen Geschäftsleiters der inländischen Gesellschaft abzustellen, man kommt nicht umhin, „auch den Vertragspartner, der ja auch von einem ordentlichen Geschäftsleiter vertreten wird, in das Angemessenheitskriterium mit einzubeziehen." Das ist auch in der Rechtsprechung des *BFH* geschehen, s. *BFH* BStBl. 1996 II, 204; *BFH* DStZ 1996, 374; kritisch zur Figur überhaupt *Wassermeyer* in Forum Nr. 6, 126. Der ordentliche Geschäftsleiter ist damit zu „verdoppeln", um der Tatsache Rechnung zu tragen, daß Verträge notwendigerweise von mindestens zwei Rechtssubjekten ausgehandelt und abgeschlossen werden. *Baumhoff* gelangt daher zu dem Ergebnis, daß der in Art. 9 MA verwendete Begriff „unabhängige Dritte" durch die Figur

„zweier ordentlicher und gewissenhafter Geschäftsleiter" konkretisiert wird, ohne daß ein Widerspruch festzustellen wäre. Mit der Anwendung dieser Figur wäre auch zugleich für die Auslegung des Fremdvergleichsmaßstabs ein wesentliches Problem gelöst: Weil damit kein „punktmäßig vorgegebener Maßstab" verbunden sein kann, ist bei der Verwirklichung des Fremdvergleichsmaßstabs von vornherein „ein gewisser Spielraum kaufmännischen Ermessens" einzuräumen. Ist es überhaupt noch zweckmäßig, zwischen dem Fremdvergleich als Grundsatz und dem Maßstab der Sorgfalt zweier ordentlicher und gewissenhafter Geschäftsleiter zu unterscheiden? *Baumhoff* (S. 642) und *Wassermeyer* (StbJb 1998/99, S. 167) halten dies für erforderlich. *Wassermeyer:* Betrachtet man die *BFH*-Rechtsprechung zur verdeckten Gewinnausschüttung, so wird dort teilweise auf die Unangemessenheit des Entgelts (*BFH* BStBl. 1997 II, 230), teilweise auf die Unüblichkeit einer bestimmten Vereinbarung (*BFH/NV* 1995, 548), teilweise auf die fehlende Ernstlichkeit (*BFH/NV* 1997, 622), auf das Verhalten eines ordentlichen und gewissenhaften Geschäftsleiter (*BFH* BStBl. 1997 II, 577) und auf das Fehlen klarer, von vornherein abgeschlossener, rechtswirksamer und tatsächlich vollzogener Vereinbarungen (*BFH* BStBl. 1997 II, 138) abgestellt; für *Wassermeyer* geht es hierbei darum, „die genannten Hilfskriterien nicht als selbständige Maßstäbe, sondern jeweils als Teilaspekte des Fremdvergleiches zu verstehen." Es sind Zweifel angebracht, ob sich mit dem Hinweis auf einen jeweiligen Teilaspekt des Fremdvergleichs die Übereinstimmung mit Art. 9 MA „retten" läßt. Darauf kommt es hier nicht an; entscheidend ist die damit jedenfalls in der Dogmatik hergestellte Übereinstimmung.

**123**    Die **Folgen des Fremdvergleichsgrundsatzes auch für das innerstaatliche Recht und dessen Auslegung herauszuarbeiten** ist im wesentlichen *Wassermeyers* Verdienst. Daher ist es durchaus von Interesse, auch die Weiterentwicklung seiner Überlegungen nachzuvollziehen. Wenn sich im persönlichen Anwendungsbereich des Art. 9 – also zwischen verbundenen Unternehmen in dem durch Art. 9 beschriebenen Umfang – die *Sperrwirkung des Art. 9 gegenüber dem innerstaatlichen Recht durch die Maßgeblichkeit des Fremdvergleichsgrundsatzes* zeigt, weil Art. 9 MA nur von vereinbarten und auferlegten Bedingungen spricht, die auch fremde, voneinander unabhängige Geschäftspartner akzeptiert hätten; auch der Zeitpunkt der getroffenen Vereinbarung nicht angesprochen wird: Dann stellt sich vor allem die Frage nach der Anwendbarkeit der *BFH*-Rechtsprechung, wonach von einer verdeckten Gewinnausschüttung auszugehen ist, wenn eine Kapitalgesellschaft Leistungen an einen beherrschenden Gesellschafter ohne im voraus getroffene klare Vereinbarungen erbringt. Einer Gewinnkorrektur auf einer solchen Grundlage steht Art. 9 MA entgegen, da in einem solchen Fall nicht mehr der Fremdvergleich als Tatbestandsvoraussetzung bestimmend ist. Anders *Wassermeyer* noch in der seinem Aufsatz im StbJb 1998/99 vorangehenden Darstellung zu Art. 9 MA Rz 103: Art. 9 gibt den Fremdvergleich als Vergleichsmaßstab vor, füllt ihn aber nicht näher aus. Aus diesem Grunde ist die Bundesrepublik nicht gehindert, die *BFH*-Rechtsprechung zur verdeckten Gewinnausschüttung aufgrund nicht ernstlich gemeinter Vereinbarungen auch abkommensrechtlich durchzusetzen; der Fremdvergleich kann sich auch auf den Abschluß der

Vereinbarung dem Grunde nach beziehen. *Wassermeyer* meint, die Kritik an der *BFH*-Rechtsprechung im Lichte des Art. 9 MA beruhe auf einem Mißverständnis (aaO, Rz 128): „Man muß dieselbe vor dem Hintergrund verstehen, daß der *BFH* beim Fehlen einer klaren, von vornherein abgeschlossenen, zivilrechtlich wirksamen und tatsächlich durchgeführten Vereinbarung deren Ernstlichkeit bezweifelt. Dies hat insoweit Auswirkungen auf den Fremdvergleich, als unabhängige Unternehmen keine Leistungen aufgrund nicht ernstlich gemeinter Vereinbarungen erbringen werden." Das ist mit *Wassermeyers* neuerer Sicht der Hilfskriterien ohne Maßstabsfunktion wohl nicht deckungsgleich – wenngleich es die dogmatische Lösung unberührt läßt. Hiergegen zuletzt jedenfalls auch *Schnieder* IStR 1999, 65 ff.: Das Kriterium der Ernstlichkeit hat mit dem Fremdvergleich nichts zu tun, da aufgrund einer fehlenden vorherigen Vereinbarung vermutet wird, das Geschäft sei insgesamt nicht ernstlich gewollt. Bei dieser Sicht kommt es auf die Frage, ob voneinander unabhängige Unternehmen das Geschäft genauso durchgeführt hätten, gar nicht erst an. Im Rahmen des Art. 9 MA ist dies jedoch die entscheidende Frage und der allein zulässige Maßstab. Ohnehin zeige die Erfahrung, daß im geschäftlichen Alltag unklare und teilweise unwirksame Vereinbarungen unter fremden Dritten keine Ausnahme bilden oder die tatsächliche Anführung vom vertraglich Vereinbarten abweicht. Bei mangelhaften Vereinbarungen sind die tatsächlichen Verhältnisse nach ihrem wirtschaftlichen Gehalt für die Einkunftsabgrenzung maßgebend. Erst wenn der Fremdvergleich ergibt, daß das in Frage stehende Geschäft überhaupt nicht zur Durchführung gelangt wäre, ist eine Anerkennung ausgeschlossen (Anwendung des § 8 III Satz 2 KStG dem Grunde nach).

Ein Vorgriff auf die Konkretisierung des Fremdvergleichsmaßstabs ist **124** an dieser Stelle erforderlich. Als eine der Kernaussagen des Fremdvergleichsmaßstabes gilt seine Unvereinbarkeit mit globalen Gewinnaufteilungsmethoden statt der Anwendung transaktionsbezogener Standardmethoden, die ab S 131 vorgestellt werden. *Kleineidam* in Festschrift *Flick* S. 857 ff. hat im Hinblick auf die Globalisierungstendenzen auf **Grenzen der am Fremdvergleich orientierten Standardmethoden** verwiesen: Er geht von der Zielrichtung globaler Unternehmenspolitik aus, mit der über die bekannten, ganz dem Gedankengut der Außenwirtschaftslehre verhafteten komparativen Vorteile hinaus vor allem Verbundeffekte erzielt werden, „die sich aus einer integrations- und koordinierungsorientierten Internationalisierungspolitik für standortdiversifizierte Unternehmensteileinheiten des Unternehmensverbundes insgesamt ergeben" – dann aber „verliert die sachliche Transaktionsorientierung der Fremdvergleichspreisbildung und der ihr zugrundeliegende Bezugsrahmen an Relevanz. Die Möglichkeit, die sich einstellenden Verbundeffekte transaktionsbezogen zutreffend verteilen zu können, vermindert sich zunehmend. Die Ergebniswirkungen der Verbundvorteile entfernen sich sozusagen von den Ergebnisbeiträgen der Geschäftsvorfälle. Geschäftsvorfallbezogene Fremdvergleiche führen zu eher zufälligen Verteilungen." *Kleineidam* verbindet dies nicht mit einer Forderung, den „Fremdvergleichsmaßstab – als internationaler Konsens" verstanden – aufzugeben. Es muß jedoch überlegt werden, ob die transaktionsbezogene Einkunftsabgrenzung bei globalen Strukturen im Hinblick auf Verbundgewinne ergänzt wird; dem liegt die Vorstellung zugrunde, einen Gesamtgewinn in Basisgewinnbestandteile und in Zusatzgewinnbestandteile aufteilen zu können und die letztgenannten Gewinnbestandteile global aufzuteilen. *Kaminski/Strunk* IStR 1999, 217 haben am Beispiel der Verrechnungspreisaspekte von Geschäften im Internet verdeutlicht, wo die Grenzen eines transaktionsbezogenen Ansatzes liegen, aber ebenfalls davor gewarnt, diesen Ansatz grundsätzlich zu verwerfen, bevor neue Lösungsmöglichkeiten gefunden werden.

*c) Fremdvergleichsmaßstab: Konkretisierung durch Verrechnungspreise*

**125**    Nach den Grundlagen des Fremdvergleichsprinzips ist nach der Konkretisierung zu fragen. Diese Thematik ist unter der Bezeichnung der **Verrechnungspreisproblematik** bekannt. Es ist klarzustellen, daß es sich insoweit nicht etwa um ein Sonderrecht handelt, das nur auf Leistungsbeziehungen zwischen konzernverbundenen Unternehmen Anwendung findet; die Verrechnungspreisproblematik basiert auf den Rechtsgrundlagen für verdeckte Gewinnausschüttung, verdeckte Einlage und Einkünfteberichtigung nach § 1 AStG – allerdings muß bei der Anwendung dieser Rechtsgrundlagen auch die internationale Verrechnungspreisproblematik zur Kenntnis genommen werden und Beachtung finden. Damit wird die Verrechnungsproblematik vor einer Isolierung bewahrt – zugleich aber wird ihre rechtliche Einbindung auch dazu führen, deutsches internationales und nationales Steuerrecht als zusammengehörig zu betrachten (*Wassermeyer* StbJb 1998/99 S. 158); zur Anwendung im Stammhaus-Betriebsstätten-Verhältnis s. die Einschränkung unter P 32.

**126**    (1) Da der Fremdvergleichsmaßstab eine der beiden Kernaussagen des Art. 9 MA ist, lag es nahe, daß die OECD auch hierzu eine interpretierende Stellungnahme abgab. Sie tat dies auch – allerdings in einer besonderen Form, nämlich außerhalb des Kommentars zum MA. Man kann sich aber die Veröffentlichungen hierzu als Teil des Kommentars zum MA denken: Die **OECD-Leitlinien von 1995** stellen eine Überarbeitung des OECD-Berichtes „Verrechnungspreise und Multinationale Unternehmen" aus dem Jahre 1979 dar. Der Anhang zu diesen Leitlinien enthält eine Empfehlung des zuständigen Rates, die hier vorgezogen wird. Sie ist an die Regierungen der Mitgliedstaaten gerichtet und lautet, deren Steuerverwaltungen mögen „bei der Überprüfung sowie bei der ggf. erforderlichen Berichtigung von Verrechnungspreisen zwischen verbundenen Unternehmen für Zwecke der Ermittlung der steuerpflichtigen Einkünfte die Grundsätze im Bericht 1995 in der revidierten Fassung befolgen, um Fremdpreise für Geschäfte zwischen verbundenen Unternehmen zu erhalten"; die Steuerverwaltungen mögen „die Steuerpflichtigen dazu anhalten, die Grundsätze im Bericht 1995 in der revidierten Fassung zu befolgen". Schließlich wird die Empfehlung ausgesprochen,

„die Zusammenarbeit zwischen ihren Steuerverwaltungen in Verrechnungspreisfragen auf bilateraler oder multilateraler Ebene weiter auszubauen. Die OECD-Leitlinien beruhen wie das OECD-MA (einschließlich des Kommentars) auf Art. 5, 18 des **OECD-Statuts, wonach Empfehlungen den Mitgliedstaaten vorgelegt werden,** damit diese deren Durchführung veranlassen können, falls sie es für angebracht halten. Das scheint zwar nicht für eine verpflichtende Bindung zu sprechen, doch läßt das Verhalten einzelner Mitgliedstaaten die (wie zum OECD-MA einschließlich des Kommentars) zu einzelnen Leitlinien Bedenken angemeldet haben, eher auf eine insgesamt verpflichtende Beurteilung schließen. *Becker* in *B/K* Rz 9 ff. zu den Erläuterungen der OECD-Leitlinien ist unter Heranziehung von Materialien und Stellungnahmen im Schrifttum zu dem Ergebnis gelangt, „daß sich die Mitgliedstaaten grundsätzlich an die OECD-Leitlinien zu halten haben. Bei der Beurteilung der Verrechnungspreise zwischen verbundenen Unternehmen ist deshalb von den OECD-Leitlinien auszugehen. Die Vorschriften des nationalen Rechts dürfen keine höheren Anforderungen stellen, als dies nach den OECD-Leitlinien zulässig ist. Tun sie es dennoch, müssen sie entweder im Wege der Auslegung oder einer Gesetzesänderung auf das OECD-Maß zurückgeführt werden. Die OECD-Leitlinien sind deshalb Ausgangspunkt aller Überlegungen bei der Beurteilung von Verrechnungspreisen." Kapitel I erläutert den **Grundsatz des Fremdvergleichs.** Es weist in Rz 100 auf Schwierigkeiten des Fremdvergleichsgrundsatzes hin, wenn verbundene Unternehmen Geschäftsbeziehungen eingehen, die unabhängige Unternehmen nicht eingehen würden. So wird beispielsweise ein unabhängiges Unternehmen nicht bereit sein, ein immaterielles Wirtschaftsgut (z.B. das Recht auf Nutzung der Früchte der gesamten zukünftigen Forschungstätigkeit) zu einem festen Preis zu verkaufen, wenn das Gewinnpotential dieses Wirtschaftsgutes nicht hinreichend geschätzt werden kann und wenn andere Möglichkeiten zu seiner Verwertung bestehen. Wo unabhängige Unternehmen selten Geschäfte jeder Art tätigen, die von verbundenen Unternehmen abgeschlossen werden, ist die Anwendung des Fremdvergleichsgrundsatzes schwierig, da es dann weniger oder gar keine direkten Anhaltspunkte dafür gibt, welche Bedingungen unabhängige Unternehmen vereinbart hatten. Die Schwierigkeiten der Beschaffung hinreichender Informationen für die Anwendung des Fremdvergleichsgrundsatzes stellen die OECD-Leitlinien Rz 1.12 in einen Zusammenhang mit der Erkenntnis, „daß die Verrechnungspreisgestaltung keine exakte Wissenschaft ist, sondern Urteilsvermögen abverlangt, und zwar sowohl auf seiten der Steuerverwaltung als auch auf seiten des Steuerpflichtigen." In Rz 1.13, 1.14, werden noch einmal die tragenden Gründe genannt, die für die **Beibehaltung des Fremdvergleichsgrundsatzes als internationalen Konsens** sprechen und hieraus gefolgert: „Tatsächlich ergibt sich keine legitime oder realistische Alternative zum Fremdvergleichsgrundsatz. Das globale formelhafte Aufteilungsverfahren, das manchmal als mögliche Alternative genannt wird, wäre weder in der Theorie noch in der Durchführung, noch in der Praxis annehmbar." Nach Rz 1.36 sollte eine Prüfung hinsichtlich eines Geschäftes zwischen verbundenen Unternehmen „vom tatsächlich abgewickelten Geschäft ausgehen, und zwar so, wie es von ihnen gestaltet worden ist, unter Verwendung der vom Steuerpflichtigen angewendeten Methoden, soweit diese mit den in den Kapiteln I und II beschriebenen Methoden im Einklang stehen." Umstände, unter denen von diesem Grundsatz abgewichen werden kann: Wenn sich der wirtschaftliche Gehalt von seiner äußeren Form unterscheidet (Beispiel: ein Darlehen wird als Zeichnung von Eigenkapital behandelt) oder wenn sich Form und Geschäftsinhalt zwar entsprechen, „aber die im Zusammenhang mit dem Geschäft getroffenen Vereinbarungen in ihrer Gesamtheit betrachtet von jenen abweichen, die unabhängige Unternehmen in wirtschaftlich vernünftiger Weise getroffen hatten, und wenn die tatsächlich gewählte Gestaltung der Steuerverwaltung im Ergebnis die Möglichkeit nimmt, einen angemessenen Verrechnungspreis zu bestimmen (Beispiel: Korrektur einer langfristigen Vereinbarung über den uneingeschränkten Rechtsanspruch auf geistiges Eigentum in eine laufende Forschungsvereinbarung). Der Fremdvergleichsgrundsatz sollte nach Rz 1.42 „im Idealfall auf jedes einzelne Geschäft gesondert Anwendung finden", doch kann es auch erforderlich sein, getrennt voneinander abgeschlossene Geschäfte gemeinsam zu beurteilen: langfristige Verträge über Warenlieferungen und Dienstleitungen, Rechte auf Nutzung immaterieller Wirtschaftsgüter; Preisgestaltung bei einer Palette eng miteinander verbundener Produkte; Lizenzvergabe von Herstellungs-Know-how und die Lieferung von wichtigen Bestandteilen an einen verbundenen Hersteller; Durchleitung eines Geschäfts durch ein anderes verbundenes Unternehmen als Gesamtgeschäft. Unter Rz 1.45 ff. wird das bereits erwähnte Bandbreitenproblem behandelt. Jede Methode kann zu einem Ergebnis oder zu einer Bandbreite von Ergebnissen führen, die aufgrund der Methodenunterschiede voneinander abweichen, dennoch läßt sich „jeder dieser einzelnen Bandbreiten für die Bestimmung eines akzeptablen fremdvergleichskonformen Bereichs verwenden." Auf laufende Verlustsituationen gehen die Leitlinien Rz 1.52 ein. Natürlich können verbundene Unternehmen in gleicher Weise wie abhängige Unternehmen echte Verluste erleiden (hohe Anlaufkosten, ungünstige wirtschaftliche Bedingungen usw.), doch sollten in einem solchen Fall die Verrechnungspreise „besonders eingehend überprüft werden". Ein unabhängiges Unternehmen wäre nicht bereit, über eine unbestimmte Zeit hinweg ausdauernde Verluste hinzunehmen. Die Auswirkungen staatlicher Eingriffspolitik behandelt Rz 1.55, Vorteilsausgleichsvereinbarungen 1.60 und die Verwendung von Zollwerten 1.65.

(2) Die **Verwaltungsgrundsätze zur Einkunftsabgrenzung bei inter-** 127
**national verbundenen Unternehmen** (*BMF*-Schreiben BStBl. 1983 I,
218; zu einer Änderung s. S 158) unterschieden sich von den OECD-
Leitlinien – auch unter Einbeziehung der Leitlinien Stand 1995 – nicht
fundamental, sondern lediglich in einzelnen Punkten. Die Frage, ob solche Verwaltungsgrundsätze neben den OECD-Leitlinien überhaupt eine
Berechtigung haben, ist strittig. Der Kommentar von *Becker/Kroppen* zu
den Internationalen Verrechnungspreisen (zuvor Band IV *F/W/B*) widmet
den Verwaltungsgrundsätzen eine „erläuternde Stellungnahme", die –
wenngleich auf den Zeitpunkt September 1983 – die Diskussion hierüber
ausführlich darstellt. Der Fremdvergleich als Maßstab der Einkunftsabgrenzung wird in Rz 2 der Verwaltungsgrundsätze behandelt. Sichtet
man die hierzu anzutreffenden kritischen Einwendungen, so kann nur die
These weitgehender Übereinstimmung vertreten werden. So verweist
*Becker* in den Erläuterungen des Fremdvergleichsmaßstabs der OECD-
Leitlinien (in *B/K*), in die er die Verwaltungsgrundsätze einbezieht, lediglich auf das in Rz 3.1.3 genannte Beispiel der verlängerten Werkbank
und auf das in Rz 2.1.9 angesprochene Problem der Bandbreiten.

(3) Hilft ein Blick auf eine andere Disziplin? In der **Betriebswirt-** 128
**schaftslehre sind Verrechnungspreise ein Problem dezentraler Or-**
**ganisationen.** Sie stellen Wertansätze für Lieferungen und Leistungen
dar, die für unternehmensinternen Austausch vorgesehen sind. Es kann
sich um innerbetriebliche, zwischenbetriebliche Verrechnungspreise und
um Konzernverrechnungspreise handeln. Bei den Konzernverrechnungs-
preisen handelt es sich um solche zwischen rechtlich selbständigen Konzernunternehmen. Die Aufgaben, unter denen die Betriebswirtschaftslehre die Verrechnungsproblematik sieht, sind die Abrechnungsfunktion
(Ermittlung von Inventurwerten), die Erfolgsermittlungsfunktionen (der
Gesamterfolg wird in Bereichserfolge zerlegt), die Kalkulationsfunktion
(Preisbestimmung). Ein breiteres und über das Problem des Rechnungswesens hinausgehendes Verständnis stellt Verrechnungspreise als orga-
nisationstheoretisches Problem dar. Verrechnungspreise sollen hier zur
Koordination dezentraler Entscheidungen verwendet werden. Daß sich
die Betriebswirtschaftslehre in jüngster Zeit mit der Verrechnungspreisproblematik intensiv beschäftigt, hat seine Ursache in starken **Dezentra-**
**lisierungstendenzen:** Konzeptionen wie Lean Management, Business
Reengineering, Geschäftssegmentierung, virtuelle, fraktale, modulare
und atomisierte Unternehmen sind im Gespräch – alle Konzeptionen
zeichnen sich durch eine Abkehr von einer zentralen Planung ab. Die bedeutendste Rolle spielen hierbei die Organisationsansätze „Geschäftssegmentierung" und „Profit-Center-Konzept". Verrechnungspreise sind
Ausdruck dessen, daß in allen Center-Organisationen die einzelnen
Center nicht beziehungslos nebeneinander stehen; es gibt praktisch immer einen innerbetrieblichen Leistungsaustausch. Nach Maßgabe des

Grades einer Marktorientierung werden unterschieden Kostenumlagen (die Kosten eines Centers werden auf mehrere andere Center verteilt), Kostenaufschlagsmethoden (die als marktorientierte Verrechnungspreise gelten, weil mit einem Gewinnaufschlag eine Annäherung an einen Marktpreis erreicht werden soll) und Verrechnungspreise auf der Basis von Marktpreisen; allen diesen Verrechnungspreisen liegen Festlegungen zugrunde. In Betriebs- und Unternehmensverbindungen ist es aber auch möglich, Verrechnungspreise auszuhandeln; damit wird das Ziel verfolgt, eine marktorientierte Steuerung des Unternehmens zu bewirken; zur Kritik aber gerade an diesem für Art. 9 MA interessanten Ansatz *Baldenius/Reichelstein* ZfbF 1998, 237: **Hold-up-Problem der Investitionsphase,** da verhandelte Preise nicht die erwünschten Anreize zu spezifischen Investitionen bieten. Die Betriebswirtschaftslehre interessiert sich für die Entscheidungsprobleme. Sie untersucht Verrechnungspreisbildung aus operativer Sicht: Dem Verrechnungspreis kommt die Aufgabe zu, die innerhalb der Unternehmung zu beziehenden und abzusetzenden Sach- und Dienstleistungen möglichst so zu bewerten, daß die Maximierung der Gewinne der Teileinheiten zu einer Maximierung des Gesamtgewinns führt. Maßgeblich sind dafür Marktbedingungen. Interessendivergenzen zwischen einzelnen Centern können zur Verfolgung eigener und Zurückstellung übergeordneter Interessen/Gesamtgewinn führen (diese zusammenfassende Skizzierung folgt *Buscher* S. 1–99). Geht man von diesem theoretischen Ansatz aus, kann die Verrechnungsproblematik im Sinne des Fremdvergleichsprinzips damit nicht gelöst werden – der Fremdvergleichsgrundsatz schließt für verbundene Unternehmen Rücksicht auf den Gesamtgewinn des Konzerns zwar nicht aus (die Verbindung wird durch die Verdoppelung des ordentlichen Geschäftsführers hergestellt), vermag einen solchen Grundsatz aber auch dann nicht als Leitmotiv anzuerkennen, wenn Marktbedingungen beachtet werden. Aber das ist eben nur die theoretische Seite. Praktisch wird das Problem der betriebswirtschaftlichen Bestimmung von Verrechnungspreisen eben doch vorwiegend unter steuerrechtlichen Gesichtspunkten betrachtet „und damit auf die im externen Rechnungswesen zum Ansatz kommenden Verrechnungspreise verkürzt" – so *Kotschenreuther* in *Vögele* u.a., S. 446, der dies aufgrund seiner praktischen Erfahrungen zutreffend beurteilen kann.

### d) *Fremdvergleichsmaßstab: Tatfrage oder Rechtsfrage?*

129 Handelte es sich bei der Frage nach abweichenden Bedingungen gegenüber denen, die unabhängige Unternehmen miteinander vereinbaren, nur um eine Frage des zutreffenden realen Vergleichs, läge eine Tatfrage vor, zu der der Tatrichter die tatsächlichen Feststellungen zu treffen hätte. Er hätte sie nämlich durch Erforschen der Wirklichkeit zu ermitteln,

es ginge um ein Beweisproblem. Natürlich gibt es Fälle, die auf diese Art und Weise lösbar sind. Aber die Voraussetzung eines identischen Sachverhalts zwischen einander unabhängigen Unternehmen ist die Ausnahme; solche Fälle werden auch keinen Streit nach sich ziehen. Gibt es den identischen Leistungsaustausch nicht, kann die Realität auch nicht mehr die Lösung anbieten – die Grenze zur Rechtsfrage ist überschritten. Selbst wenn es nur darum ginge, eine Vergleichbarkeitsanalyse durchzuführen, würde sich die Tätigkeit des Richtens vom Ermitteln zum Nachdenken verschieben; man lese dazu Rz 1.15 ff. der OECD-Leitlinien zur Vergleichbarkeitsanalyse und wird feststellen, welche Fülle von Bewertungen statt bloßer Beobachtungen erforderlich sind. Sind aber Bewertungen erforderlich, muß deren Maßstab aus Rechtssätzen ableitbar sein. Wenn mithin **mit Hilfe der Funktionsanalyse** geklärt werden soll, ob freie und konzerninterne Geschäfte überhaupt verglichen werden können, dann kann nur aus einem abstrakten Rechtssatz gefolgt werden, warum bestimmte Funktionen in einem Streitfall berücksichtigt werden (etwa der Risikofaktor) und andere (etwa eine Transportproblematik) nicht. Nun könnte man noch auf den Gedanken kommen, daß mit der Bestimmung der Vergleichsfaktoren die Rechtsfrage erschöpft wäre und die daran anschließende Preisbestimmung wieder zur Tatfrage zurückführte. Aber auch das trifft nicht zu. Ob die Formel *Wassermeyers* (Art. 9 MA Rz 67) zutreffend ist, daß es auf das Sollverhalten untereinander unabhängiger Unternehmen ankomme, ist zweifelhaft – es relativiert den vorgegebenen Maßstab des Verhaltens unabhängiger Unternehmen, kann sich allerdings auf den Konjunktiv in Art. 9 stützen. Nur: Wiederum können die OECD-Leitlinien (Rz 2.6 ff.) herangezogen werden um zu zeigen, daß es im nächsten Schritt einer Suche nach einer „geschäftsfallbezogenen Standardmethode" **nicht um Fragen der Empirie, sondern der Bewertung, der Beurteilung und der Auswahl geht.** Über Bewertungen als Grundlage der Anwendung des Fremdvergleichsmaßstabs gibt es in der Literatur auch keinen Streit. Niemand behauptet, daß die Anwendung der Standardmethoden eine bloße Frage des Messens, Zählens und Wiegens und erst der fehlende Vergleichsmarkt zu einer weitergehenden „Denkmethode" führe.

*Wassermeyer* in Forum Nr. 6, S. 129 ff. hat die **Frage justitiabler Verrechnungspreise** anhand praktischen Vorgehens des Richters am Beispiel dreier Einzelfälle gezeigt: BFH BStBl. 1990 II, 649 zur Frage banküblicher Habenzinsen oder Schuldzinsen als Grundlage eines Fremdvergleichs umschreibt allgemeine Grundsätze, wie der angemessene Zins zu ermitteln ist, hat diesen aber nicht zahlenmäßig bestimmt; es wurden nur Kriterien vorgegeben, die bei der Ermittlung zu berücksichtigen sind. Das Ausrechnen selbst – so *Wassermeyer* – ist Sache des Tatrichters, der *BFH* überprüft dessen Rechnung nur auf ihre innere Schlüssigkeit: „Man kann zu der zitierten Entscheidung die Auffassung vertreten, daß der BFH allgemeine Grundsätze wirtschaftlich vernünftigen Verhaltens zu Ende gedacht und auf den konkreten Streitfall übertragen hat." *BFH* BStBl. 1993 II, 457 zur Frage, ob im Verhältnis zwischen einer

produzierenden ausländischen Muttergesellschaft zu ihrer inländischen Tochterver-
triebsgesellschaft die Kosten für die Einführung eines ausländischen Markenartikels
auf dem inländischen Markt Sache der Mutter- oder der Tochtergesellschaft ist (zu
diesem Fall s. bereits P 78). Vielleicht hätte dieser Fall Anlaß sein können, einen
Sachverständigenbeweis über Marktusancen zu fordern. Der BFH hat mit einem
(vermeintlichen) Erfahrungssatz gearbeitet: Werbung für ein Produkt ist grundsätzlich Sache des Herstellers; ein Vertreiber wird Kosten einer Markteinführung nur
übernehmen, wenn er anderweitige Vorteile übernimmt, die die übernommenen Kosten ausgleichen. Daraus leitet der BFH ab: Aus einer vorzulegenden Kalkulation
muß sich ein Ausgleich in der Weise ergeben, daß der Vertreiber innerhalb von drei
Jahren mit einem angemessenen Vertriebsgewinn rechnen konnte. *Wassermeyer:* Der
*BFH* rechnet nicht in Mark und Pfennigen, er sucht „nach Hilfsüberlegungen, die es
ihm erlauben, Regelsätze und Ausnahmen von den Regelsätzen aufzustellen. Aus
dem Verhältnis zwischen Regelsatz und Ausnahme zum Regelsatz ergeben sich Konsequenzen für die Mitwirkungspflicht der Beteiligten. Die Verletzung dieser Mitwirkungspflicht löst die Möglichkeit aus, eine Entscheidung auch unter Beweislastver-
teilungsgesichtspunkten zu treffen." Zu den praktischen Auswirkungen dieser
Entscheidung in der steuerlichen Betriebsprüfung ist auf *Hoffmann/Schnitzer* IStR
1999, 69 ff. zu verweisen, die an den *BFH* appellieren, sich zu überlegen, wie bestimmte Formulierungen in der Spruchpraxis in die Steuererhebungspraxis umgesetzt
werden: „Speziell im vorstehenden Problembereich kann es nicht genügen, ein Urteil
auf betriebswirtschaftlichen Platitüden (ein ordentlicher Geschäftsleiter erzielt Gewinn, Prognosen treffen in der Regel ein) zu stützen. Die Finanzgerichtsbarkeit sollte
sich nicht scheuen, bei der Rechtsfindung auch so grundlegende betriebswirtschaftliche Schlüsselgrößen wie fixe und proportionale Kosten, Deckungsbeiträge etc. zu berücksichtigen." Und schließlich *BFH* BStBl. 1993 II, 801 zum Verrechnungspreis für
die Steuerberatungstätigkeit einer konzernangehörigen Steuerberatungsgesellschaft
gegenüber anderen konzernangehörigen Gesellschaften: Maßgeblich für den Fremdvergleich ist die nach dem Standesrecht anzusetzende Gebühr (s. dazu S 157). *Wassermeyer:* Hier geht es dem *BFH* darum, den Fremdvergleich auf einen objektiven
Maßstab abzustellen.

**130**   Sieht man das Problem des dem Fremdvergleichsprinzip entsprechenden Verrechnungspreises aus der Sicht der betroffenen Unternehmen, kann es gar keinen Zweifel über das Schwergewicht geben:
Nicht Rechtsfragen, sondern tatsächliche Fragen stehen im Vordergrund
(Sachverhaltsaufklärung). So nennt *Vögele* die Durchführung einer
Funktionsanalyse, die Auswahl der richtigen Methode, die Dokumentie-
rung darstellbarer Ergebnisse, Verrechnungspreisanalysen, Auswertung
von Datenbanken, um Vergleichsmargen zu finden für die Wiederverkaufspreismethode, die Kostenaufschlagsmethode und für Lizenzgebühren und Fragen einer Gewinnaufteilung bei der Anwendung anderer
Methoden als der Standardmethoden (Skript Grundlagen der Verrechnungspreisermittlung als eine Seminarunterlage 1999).

*e) Verrechnungspreismethoden: Standardmethoden; andere Methoden*

**131**   (1) Um den in der Literatur immer wieder hervorgehobenen **Gegensatz zwischen Standardmethoden und anderen Methoden zur Gewinnaufteilung** im Verhältnis von verbundenen Unternehmen zu verstehen, muß man sich verdeutlichen, daß für eine solche Gewinnaufteilung

grundsätzlich zwei Verfahren zur Verfügung stehen: Man kann den Gewinn miteinander verbundener Unternehmen nach einheitlichen Grundsätzen ermitteln und ihn alsdann auf der Grundlage eines Aufteilungsschlüssels auf die einzelnen Unternehmen verteilen: Verfahren einer globalen Methode. Bei der zweiten Methode geht es nicht um Gesamtgrößen. Es geht um einen Ausschnitt aus dem gesamten Unternehmensgeschehen, nämlich den zwischen verbundenen Unternehmen berechneten Preisen und den daran ansetzenden Korrekturen: Verfahren zur Konkretisierung des „arm's-length-Preises", die man unter dem Begriff der Standardmethoden zusammenfaßt.

Das Verrechnungspreisproblem wird hier im Zusammenhang mit der Anwendung **132** des Art. 9 behandelt. **Art. 9 MA ist der Rahmen für die Frage der Methodenwahl.** Es ist aber daran zu erinnern, daß Fragen der Konzernbesteuerung, insbesondere Fragen eines reformierten Konzernbesteuerungssystems, die Frage des Verrechnungspreisproblems in einem anderen Zusammenhang aufwarfen (s. bereits N 250). *Die Verrechnungspreisbildung hat hier nur und ausschließlich einen abkommensrechtlichen Hintergrund.* Deswegen ist auch weniger die Frage einer zutreffenden Verrechnungspreisbildung überhaupt, sondern die Frage eines an dem Fremdvergleichsmaßstab orientierten Verrechnungspreises zu klären. **Der Inhalt des Art. 9 MA grenzt die Methodenwahl ein.** In den zahlreichen Veröffentlichungen zur Körperschaftsbesteuerung nationaler/internationaler Konzerne geht es darum, ohne solche Vorgaben nach einem System von Zuordnungsregeln zu suchen. Wenn im folgenden von der Kritik an globalen Gewinnaufteilungsregeln die Rede ist, dann hat das für die *Frage eines reformierten Konzernbesteuerungsrechts* überhaupt keine Bedeutung. Es hat zunächst nur eine Bedeutung mit Blickrichtung auf Art. 9 MA. *Bökelmann* hat beispielsweise die Frage untersucht, ob eine **Worldwide Unitary Taxation** nach dem Modell US-amerikanischer Einzelstaaten für die Europäische Union denkbar wäre. Ein Argument für ein solches Besteuerungssystem, das eine aufzuteilende Gesamtbemessungsgrundlage in den Mittelpunkt stellt, ist ja gerade die Kritik am Nutzen eines Fremdvergleichs (S. 45 ff.), und in der Vermeidung der Verrechnungsproblematik wird der „größte praktische Vorteil" für eine Worldwide Unitary Taxation gesehen. Nur: Aus abkommensrechtlicher Sicht steht einem solchen System Art. 9 MA entgegen. *Bökelmann* (S. 299): „Die Anwendung der **Worldwide Unitary Taxation** wäre nur zulässig, wenn man die Festlegung des Fremdvergleichsmaßstabs wegen des Wortlautes des Art. 9 I MA, der von „dürfen" spricht, als nicht verbindlich ansehen würde. Dann würde die Vorschrift allerdings ihren Sinn verlieren. Eine Zurechnung durch die direkte Methode entsprechend dem individuellen Leistungsbeitrag jeder Teileinheit ist – trotz der Schwierigkeit des Systems – überhaupt nur sinnvoll, wenn beide beteiligten Staaten zu einer Anwendung des Arm's-Length-Maßstabes verpflichtet werden … Damit läßt die Vorschrift keinen Raum für eine Anwendung der Worldwide Unitary Taxation als Form der indirekten Zurechnung." Skeptisch gegenüber solchen Überlegungen dagegen *Pullen* S. 214: „Auch eine international abgestimmte Zerlegung des Gesamtergebnisses würde, wie anhand der Zerlegungsformeln der „unitary business taxation" gezeigt wurde, keine Verbesserung gegenüber dem Fremdvergleich bedeuten, da lediglich eine Verlagerung des Zurechnungsproblems vom Einzelgeschäft auf das Gesamtergebnis stattfände." Aus der Sicht des deutschen Steuerrechts und damit des an den Veranlassungsgrundsatz anknüpfenden einzelnen Geschäftsvorfalls stellen sich solche Methoden nur als **Schätzmethoden** dar.

(2) Die **Standardpreismethoden** dienen der Ermittlung und Überprü- **133** fung von Verrechnungspreisen für eine einzelne Geschäftsbeziehung;

deswegen werden sie als **transaktionsorientierte Methoden** bezeichnet. Aber als transaktionsorientierte Methoden sind nicht nur die Standardmethoden einzuordnen. Als **andere Methoden gelten transaktionsorientierte Gewinnmethoden** – bei ihnen ist aber bereits die Beziehung zum Fremdvergleich problematisch; überschritten wird die Beziehung zum Fremdvergleich mit der Anwendung von **Globalmethoden** – hier wird mithin nicht mehr von einer mit Art. 9 MA übereinstimmenden Methode gesprochen. Die Literatur zur Beschreibung und Technik der Verrechnungspreismethoden ist in ihrer ganzen Breite nur noch von Spezialisten wahrnehmbar und überschaubar. Die folgende Darstellung beschränkt sich auf einige Kernaussagen. Deswegen folgende Hinweise: Alle DBA-Kommentare verbinden die Erläuterungen zu Art. 9 MA mit einer Darstellung der Verrechnungspreismethoden. Sie ist relativ knapp, doch aussagekräftig genug bei *Kl. Vogel* Rz 33 ff. ausgefallen; dies gilt auch für *Beckers* Kommentierung in *B/H/G/K* Rz 156 ff.; den Charakter einer Monographie haben die Erläuterungen von *Sieker* in *Debatin/Wassermeyer* Rz 97 ff. Außerhalb der DBA-Kommentierungen ist auf *Baumhoff* in *F/W/B* Rz 376 ff. zu § 1 AStG zu verweisen. Das Handbuch der Verrechnungspreise (*Vögele* u. a.) versteht sich mit über 1000 Seiten reinen Textes eher als Nachschlagewerk. Mit 150 Seiten reinen Textes äußerlich bescheiden *Kuckhoff/Schreiber,* ein ausgesprochenes Lesevergnügen aber gerade durch Beschränkungen vermittelnd. Daß die großen Standardwerke von *Mössner* u. a. und von *Schaumburg* verläßliche Darstellungen enthalten, versteht sich von selbst. *Otto H. Jacobs* stellt die Verrechnungspreisproblematik in einen Zusammenhang mit der Steuerplanung (S. 863 ff.). Die jüngste Veröffentlichung (*Raupach* Hrsg. 1999) stellt **Verrechnungspreissysteme von 10 multinationalen Unternehmen** vor. Schließlich die deutschen Verwaltungsgrundsätze (Grundsätze für die Prüfung der Einkunftsabgrenzung bei international verbundenen Unternehmen) mit einer knappen Darstellung der Standardmethoden in Rz 2.2 und – im Vergleich dazu – von epischer Breite die OECD-Leitlinien 1995: Das Kapitel II zu den geschäftsfallbezogenen Standardmethoden und das Kapitel III zu anderen Methoden als geschäftsfallbezogene Gewinnmethoden einschließlich einer Darstellung des nicht mehr auf den Fremdvergleich gestützten Ansatzes der globalen formelhaften Gewinnaufteilung; dazu wiederum die Erläuterungen von *Schuch/Toifl* in *B/K* (allerdings bislang nur zu den anderen Methoden) und die Gesamtdarstellung unter Einbeziehung der OECD-Diskussion bei *Werra* (IStR 1995, 457 ff., 511 ff.).

**134**    (3) Als herkömmliche Standardmethoden gelten die Preisvergleichsmethode als Methode des Vergleichs mit unbeeinflußten Preisen, die Wiederverkaufs- bzw. Absatzpreismethode und die Kostenaufschlagsmethode. Alle **Methoden beruhen auf einem Vergleich** – nur die Maßstäbe für die Vergleichbarkeit sind unterschiedlich.

– Die **Preisvergleichsmethode** (comparable uncontrolled price method) vergleicht **135**
Verrechnungspreise mit Preisen für vergleichbare Geschäfte, entweder des Steuerpflichtigen selbst mit Dritten (das ist der innere Preisvergleich) oder zwischen Dritten
(das ist der äußere Preisvergleich). Unterschiede zwischen diesen Preisen gelten als
Indiz dafür, daß die Vereinbarungen zwischen den verbundenen Unternehmen von
denen zwischen Dritten abweichen und der vereinbarte Preis zu ersetzen ist. Probleme: Die Voraussetzungen für die Anwendung der Preisvergleichsmethode liegen –
darin stimmen alle Autoren überein – nur selten vor; denn eine in jeder Hinsicht gegebene Vergleichbarkeit der Geschäfte ist praktisch die Ausnahme. Das zeigt die Gesamtheit der Merkmale für ein gleichartiges Geschäft (*Otto H. Jacobs* S. 874): Vergleichbare Marktverhältnisse (wirtschaftlich vergleichbare Märkte und vergleichbare
Handelsstufen); Vergleichbarkeit der gehandelten Güter bezüglich des Grades der
Homogenität, des Fertigstellungsgrades und der Faktoren, die wie Qualität und Design das Abnehmerverhalten beeinflussen; Vergleichbarkeit der jeweiligen Transaktionsvoraussetzungen (Leistungsmenge, Leistungsumfang, Zahlungsbedingungen,
Lieferungstermine). Die Verwaltungsgrundsätze Rz 2.2.2 zu diesem Problem: Ungleichartige Geschäfte können herangezogen werden, wenn der Einfluß der abweichenden Faktoren eliminiert und der bei diesen Geschäften vereinbarte Preis auf
einen Preis für das verglichene Geschäft umgerechnet werden kann; so auch Rz 2.8
der OECD-Leitlinien.

– Die **Wiederverkaufs- bzw. Absatzpreismethode** (resale price method) geht von **136**
einem Preis aus, zu dem eine von einem verbundenen Unternehmen bezogene Ware
an einen fremden Dritten weiterverkauft wird. Von diesem Marktpreis bei Wiederverkauf an Fremde wird eine marktübliche Handelsspanne des Wiederverkäufers abgezogen, die sich aus dem Fremdpreis unter Berücksichtigung von Abschlägen errechnet, und damit der angemessene Verrechnungspreis auf retrogradem Weg
bestimmt. Im Gegensatz zum **konkreten Fremdvergleich** bei der Preisvergleichsmethode handelt es sich um einen **hypothetischen Fremdvergleich**. *Sieker* aaO,
Rz 234: Der bei der Weiterveräußerung erzielte Preis entzieht sich einer Angemessenheitsprüfung, da zwischen Dritten vereinbart; er ist damit als Datum vorgegeben:
„Der angemessene Verrechnungspreis für die Vorlieferung zwischen den verbundenen Unternehmen wird deshalb ausschließlich von der Handelsspanne des Wiederverkäufers determiniert. Das Ziel der Wiederverkaufsmethode besteht somit in der
Bestimmung der angemessenen Handelsspanne. Die Einkünfte der verbundenen Unternehmen sind zu korrigieren, soweit die tatsächlich erzielte Handelsspanne von der
angemessenen Handelsspanne abweicht." Für die Ermittlung der angemessenen Handelsspanne kommt es mithin auf eine zutreffende Reduzierung des Verkaufspreises
um marktübliche Abschläge an, für deren Höhe die vom Wiederverkäufer übernommenen Funktionen bestimmend sind. Wie bei der Preisvergleichsmethode kann ein
innerer Vergleich (der verbundene Wiederverkäufer vertreibt die Waren auch für
fremde Dritte) oder ein äußerer Vergleich (konzernfremde Handelsunternehmen liefern von fremden Dritten bezogene Waren an fremde Abnehmer) der Ermittlung dienen. Probleme: Die Vorstellung der Marge als die eines festen Prozentsatzes vereinfacht die Realität und kann bei Konjunkturschwankungen zu völlig verfehlten
Ergebnissen führen; ausf. zu ihren Problemen *Gundel* in Festschrift *Flick* S. 794 ff.
am Beispiel von Dauerverlusten bei Vertriebsgesellschaften; *Otto H. Jacobs* S. 876
zu Endverkaufspreisen, die keine ausreichende Gewinnmarge gewährleisten.

– Die **Kostenaufschlagsmethode** (cost plus method) ermittelt den angemessenen **137**
Verrechnungspreis auf der Grundlage der Kosten des Lieferanten einer Ware oder eines Erbringens von Dienstleistungen – wie die Wiederverkaufsmethode beruht sie
mithin auf einem **hypothetischen Fremdvergleich**. Die Kosten werden um einen angemessenen Gewinnaufschlag erhöht. Die theoretische Grundlage dieser Methode beruht auf der Annahme, daß ein marktwirtschaftlich geführtes Unternehmen dauerhaft

nur funktionsfähig sein kann, wenn die vollen Kosten gedeckt werden und ein bestimmter Mindestgewinn erzielt wird, womit zugleich eine langfristige Preisuntergrenze bestimmt ist (*Otto H. Jacobs* S. 877). Verwaltungsgrundsätze Rz 2.2.4: Kosten werden nach den Kalkulationsmethoden ermittelt, die der Liefernde oder Leistende auch bei seiner Preispolitik Fremden zugrunde legt oder – wenn keine Drittbeziehungen bestehen –, die betriebswirtschaftlichen Grundsätzen entsprechen. Ob damit auch die Gemeinkosten (allgemeine Verwaltungs-, Vertriebs- und Finanzierungskosten) gemeint sind, ist fraglich; daher *Kuckhoff/Schreiber* S. 49: Die praktische Umsetzung dieser Methode bereitet erhebliche Schwierigkeiten, weil es an einer exakten Kostendefinition fehlt. Auf die damit möglichen Bandbreiten kann hier nicht eingegangen werden – die umfassendste Darstellung bietet *Baumhoff* in *F/W/B* Rz 466 ff. zu § 1 AStG. Aber auch in der Frage des angemessenen Gewinnaufschlags sind keine klaren vorgegebenen Konturen ersichtlich. Die Verwaltungsgrundsätze Rz 2.2.4 gehen von betriebs- oder branchenüblichen Gewinnaufschlägen aus; die OECD-Richtlinien sind von erstaunlicher Unverbindlichkeit: „Die Bruttogewinnaufschläge müssen beim verbundenen und beim unabhängigen Unternehmen einheitlich bemessen werden. Außerdem können zwischen den Unternehmen Unterschiede in der Behandlung jener Kosten bestehen, die sich auf den Bruttogewinnaufschlag auswirken …" (Rz 2.39) – womit die Frage eines Rohertrags angesprochen wird, ob also aus dem Gewinnaufschlag noch die Gemeinkosten zu bestreiten sind. Die unterschiedlichen Verständnismöglichkeiten einer „Branchenüblichkeit als Korrekturmaßstab" haben *Kuckhoff/Schreiber* S. 34 anschaulich beschrieben: arithmetische Durchschnittszahl – wesentlicher Teil der Unternehmen – nahezu alle vergleichbaren Unternehmen? Anpassungen an die konkreten Unternehmensverhältnisse? *BFH* BStBl. 1993 II, 457 hat auf die Möglichkeit verwiesen, einen Fremdvergleichsmaßstab aus einer repräsentativen Zahl von Vergleichsbetrieben abzuleiten, sofern einheitliche Branchenverhältnisse gegeben sind. Zur Anwendung der Kostenaufschlagsmethode eines der seltenen Urteile zur Verrechnungspreisproblematik überhaupt *FG Saarland* EFG 1997, 485: Die Methode sei sinnvoll, wenn interne und externe Fremdvergleichsmöglichkeiten nicht bestünden; sie stütze sich auf den kaufmännischen Grundsatz, wonach ein unabhängiges Fremdunternehmen nur Preise akzeptieren und seiner Kalkulation zugrunde legen würde, die eine Kostendeckung sowie einen Gewinnzuschlag ermöglichen; kritisch zur Entscheidung *Kuckhoff/Schreiber* (S. 52), die Ansätze zu einer fragwürdigen Pauschalschätzung des Nettogewinns erkennen, indem es Bezug nimmt „auf eine Globalschätzung, nämlich den Reingewinnsatz des deutschen Großhandels, die auf das Gröbste gegen Rz 1.16 der OECD-Guidelines verstößt." Zur Betriebsstättenbesteuerung s. P 32.

**138**  (4) Als andere Methoden, die mit dem Fremdvergleichsprinzip noch vereinbar sind, gelten gewinnabhängige (gewinnorientierte) Methoden, sofern sie geschäftsvorfallbezogen sind statt Gewinne global aufzuteilen. Man muß sich aber zunächst verdeutlichen, worin die Unterschiede zu den Standardmethoden bestehen, weil nur so verständlich wird, warum auch geschäftsvorfallbezogene Gewinnmethoden z.T. abgelehnt bzw. kritisiert werden. Nach Art. 9 MA geht es bei dem arm's-length-Prinzip um den Vergleich von Bedingungen von Geschäften, die auf Gewinne der verbundenen Unternehmen Einfluß nehmen – Gewinne können aber nicht selbst als vergleichbare Geschäftsbedingungen angesehen werden, da sie ja gerade das Folgeprodukt hieraus bilden. Den Gewinn eines fremden Unternehmens oder den durchschnittlich erzielten Gewinn eines ganzen Bereiches, in dem Unternehmen tätig werden, als Maßstab zu wählen bedeutet: Nicht mehr ein Fremdvergleich nach bisherigem Verständnis ist entscheidend, sondern eine Ausrichtung an Gesamtgrößen. Der Fremdvergleich im bisher verstandenen Sinne versucht trotz aller Schwierigkeiten zu objektivieren; er nimmt nicht einfach Daten hin, sondern gewichtet sie – die **Funktionsanalyse** bringt das am treffendsten zum Ausdruck (ein praktisches Beispiel zu einer tief gegliederten **Funktionsanalyse,** die den Betrieb zunächst in Hauptfunktionen aufteilt und alsdann einzelne Leistungsbereiche zerlegt, in diesem Fall Marketing und Katalogerstellung, bei *Pühler* in *Raupach* (Hrsg. 1999), S. 255).

Werden Gesamtgrößen verteilt, mag man ebenfalls die Gesamtbemessungsgrundlage und die Aufteilungsformel problematisieren: Es gibt mangels transaktionsbezogener Zurechnungen keine Beziehung mehr zu den Ertragsquellen eines Unternehmens, jede Individualität und Spezialität verschwindet in der Gesamtgröße. Die OECD-Leitlinien haben sich daher bemüht, zwar solchen anderen Methoden als den Standardmethoden zu einer gewissen Akzeptanz zu verhelfen, jedoch gleichzeitig Grenzen zu ziehen: Es gestattet andere Methoden als „geschäftsfallbezogene Gewinnmethoden" und schließt eine „globale formalhafte Gewinnaufteilung" aus. Das *FG Düsseldorf* IStR 1999, 311 hat **anonyme Vergleichsdaten** bei der Prüfung von Verrechnungspreisen aus verfahrensrechtlichen Grundsätzen ausgeschlossen. *Borstell/Prick* IStR 1999, 306 haben Zweifel, ob solche Methoden damit überhaupt noch wendbar sind.

– Als erste geschäftsfallbezogene Gewinnmethode wird in den OECD-Leitlinien **139** Rz 3.5 die **Gewinnteilungsmethode** (profit split method) genannt, bei der ein tatsächlicher Nettoerfolg einer Markttransaktion aufzuspalten ist. „Wenn zwischen Geschäften eine sehr enge wechselseitige Beziehung besteht, kann es sein, daß eine gesonderte Beurteilung eines jeden Geschäfts nicht möglich ist. Unter diesen Umständen können unabhängige Unternehmen durchaus eine Art Mitunternehmerschaft vereinbaren und hierbei eine Gewinnteilung beschließen. Die Gewinnteilungsmethode versucht demnach den Einfluß von den bei einem konzerninternen Geschäft vereinbarten oder auferlegten Bedingungen auf den Gewinn zu beseitigen, indem eine Teilung jener Gewinne vorgenommen wird, die unabhängige Unternehmen aus einem solchen Geschäft oder aus solchen Geschäften erwartet hätten." Die Methode ist transaktionsbezogen, weil sie einen konkreten Geschäftsvorfall behandelt; es gibt keinen globalen profit split. Sie ist in zweifacher Art möglich: Als Beitragsmethode und als Restgewinnmethode: Der gemeinsame Gewinn als Ausgangsgröße ist der erwartete Gewinn zum Zeitpunkt des Geschäftsabschlusses; die OECD-Leitsätze weisen in Rz 3.12 darauf hin, daß nur damit dem Fremdvergleichsgrundsatz Rechnung getragen werde, weil auch unabhängige Unternehmen ihre Bedingungen nur auf Erwartungen stützen könnten. Daher wird auf seiner Grundlage eine Gewinnaufteilung simuliert. Die Verteilung erfolgt entweder „nach wirtschaftlich vernünftigen Gesichtspunkten" oder zweistufig durch Zurechnung einer Grundrente und eines Restgewinns, „der nicht sofort einer der Parteien zugerechnet werden kann, wie etwa Gewinne, die auf hochwertige, oft einzigartige immaterielle Wirtschaftsgüter zurückzuführen sind." Auch hier ist wiederum die besondere Bedeutung einer Funktionsanalyse hervorzuheben, da nur sie überhaupt klären kann, welchen Beitrag jedes Einzelunternehmen leistet. Im Ergebnis wird – insoweit darf die Anknüpfung an Gewinnerwartungen natürlich nicht mißverstanden werden – ein tatsächlich erwirtschaftetes Ergebnis aufgeteilt. Die Methode wird sehr praxisnah vorgestellt bei *Kuckhoff/Schreiber* S. 57 ff. Zur Frage einer Anerkennung nach den Verwaltungsgrundsätzen wird einerseits auf eine *BMF*-Erklärung DStR 1995, 500 nach der Bekanntgabe der OECD-Leitlinien 1995 verwiesen, nach der aus der Sicht des deutschen Steuerrechts gewinnorientierte Methoden außer in Fällen der Schätzung oder Verprobung nicht anzuwenden seien. Andererseits heißt es in den Verwaltungsgrundsätzen 2.4.6: „In besonderen Fällen ist es nicht möglich, die tatsächlichen Verhältnisse mit einer gleichartigen Situation unter Fremden zu vergleichen, vor allem, wenn die Geschäftsbeziehungen dieser Art zwischen Fremden nach Maßgabe der Rz 2.2.1 (Standardmethoden) nicht oder nur mit einem wesentlich anderen wirtschaftlichen Gehalt zustande gekommen wären. In solchen Fällen ist der Einkunftsabgrezung eine angemessene Aufteilung der Einkünfte aus den Geschäftsbeziehungen zugrunde zu legen, wie sie ordentliche Geschäftsleiter vereinbart hätten" – insoweit ist die Methode anerkannt. Zur Problematik der „verlängerten Werkbank" s. S 150; zur funktionsorientierten Gewinnzerlegung in der US-amerikanischen Steuerrechtspraxis *Otto H. Jacobs* S. 882 ff.; zur Anwendung auf Geschäfte in einem weltweit verbundenen System: Fremdwährungsoptionsgeschäfte im **Global Banking/Global Trading** (Verrechnungspreissystem Dresdner Bank) s. *Menzel* in *Raupach* (Hrsg. 1999), S. 175 ff.

**140**    – Als zweite geschäftsfallbezogene Gewinnmethode wird die **Nettomargenmethode** (transactional net margin method) genannt. Hierzu Rz 3.26 der OECD-Leitlinien: „Die geschäftsfallbezogene Nettomargenmethode untersucht die Nettogewinnspanne in bezug auf eine geeignete Grundlage (z. B. Kosten, Umsatz, Kapital), die ein Steuerpflichtiger aus einem konzerninternen Geschäft erzielt. Eine Nettomargenmethode funktioniert somit ähnlich wie die Kostenaufschlags- oder die Wiederverkaufspreismethode ... Dies bedeutet insbesondere, daß die vom Steuerpflichtigen aus dem Geschäft erzielte Nettogewinnspanne im Idealfall entsprechend jener Nettogewinnspanne zu ermitteln wäre, die derselbe Steuerpflichtige bei vergleichbaren Fremdgeschäften erzielt." Auch hier geht es nur um die Nettomarge aus einem Geschäftsvorfall, es werden nicht Rendite-Kennziffern eines Gesamtunternehmens oder auch nur bestimmter Geschäftsbereiche gesucht. Nettomargen sind vor allem aus Transaktionen abzuleiten, die der Steuerpflichtige mit Dritten getätigt hat – ansonsten dienen auch hier Fremdgeschäfte als Anhaltspunkt (innerer und äußerer Betriebsvergleich). Der Funktionsanalyse soll hier keine entscheidende Bedeutung zukommen: „Unterschiede bei den von den Unternehmen wahrgenommenen Funktionen schlagen sich vielfach in unterschiedlich hohen betrieblichen Aufwendungen nieder. Die Bandbreite der Buttogewinnspannen mag daher bei den Unternehmen sehr groß, ihre erzielten Nettogewinne können aber dennoch ähnlich hoch sein." Zur Kritik an dieser Methode ist auf *Werra* IStR 1995, 463 f. zu verweisen; er hält das Konzept des Nettomargenansatzes als einer eigenständigen Methode für nicht überzeugend, zumal die Grenzen zu einer Sollgewinnbesteuerung schnell überschritten werden können. *Kuckhoff/Schreiber* (S. 64 ff.) sehen das Erfordernis der Produktvergleichbarkeit bei dieser Methode als gering an (Produkt- und Funktionsunterschiede beeinflussen den operativen Gewinn nicht so stark wie den Produktpreis oder den Rohgewinn – eine Aussage, die auch für die profit split method gilt) und weisen auf die Möglichkeit hin, sie in die Wiederverkaufspreismethode oder Kostenaufschlagsmethode zu transformieren.

**141**    (5) Nicht mehr mit dem Fremdvergleichsgrundsatz vereinbar sprechen die OECD-Leitlinien eine **globale formelhafte Gewinnaufteilung** an. Bei ihr werden die konsolidierten weltweiten Gewinne eines multinationalen Konzerns den verbundenen Unternehmen in den verschiedenen Staaten mit Hilfe einer im voraus festgelegten Formel zugerechnet. Die Leitlinien grenzen ab (Rz 3.60): Die Aufteilungsmethoden verwenden

eine Formel, während die Gewinnmethoden „im Einzelfall die Gewinne
eines oder mehrerer verbundener Unternehmen den Gewinnen gegen-
überstellen, die vergleichbare unabhängige Unternehmen unter vergleichbaren Verhältnissen angestrebt hätten." Aber wie problematisch
die Abgrenzung sein kann, folgt aus dem daran anschließenden Hinweis
auf Fälle, in denen eine Formel ausgewählt und angewendet wird, die
von beiden Steuerverwaltungen in Zusammenarbeit mit dem jeweiligen
Steuerpflichtigen oder multinationalen Konzern nach sorgfältiger Analyse des konkreten Sachverhalts erarbeitet wurde, wie dies bei einem Verständigungsverfahren, bei einer Vorausvereinbarung über Verrechnungspreise oder bei einer anderen bilateralen oder multilateralen Abmachung
der Fall sein kann. Eine derartige Formel leitet sich aus den für den Steuerpflichtigen maßgebenden konkreten Gegebenheiten und Umständen ab
und vermeidet dadurch den global-vorausbestimmten und starren Charakter globaler formelhafter Aufteilungsmethoden."

Damit stehen Methoden wie die in den USA angewandte Gewinnvergleichsmethode (comparable profit methods) nicht im Einklang mit den OECD-Leitlinien. In welchem Zusammenhang die US-Rechtsentwicklung mit der Revision der OECD-
Verrechnungspreisgrundsätze 1979 und dem Inhalt der OECD-Leitlinien 1995 stehen, ist nachzulesen bei *Schuch/Toifl* in *B/K* Erläuterungen der Leitlinien 1995 zu
Rz 3.1. Die US-amerikanischen Verrechnungspreisrichtlinien zu Section 482 International Revenue Code sind von *Bick (Vögele* u.a.) S. 957ff. erläutert worden, darunter die Gewinnvergleichsmethode (comparable profit method) S. 1000ff.

*(einstweilen frei)*                                                    **142–149**

## f) Verrechnungspreismethoden: Lieferungen von Waren und Gütern

Die Verwaltungsgrundsätze verweisen für den Fremdpreis von Liefe-  **150**
rungen von Waren und Gütern in Rz 3.1.1 auf denjenigen Preis, den
**Fremde für Lieferungen gleichartiger Güter oder Waren** in vergleichbaren Mengen in den belieferten Absatzmarkt auf vergleichbarer
Handelsstufe und zu vergleichbaren Lieferungs- und Zahlungsbedingungen unter den Verhältnissen wirtschaftlich vergleichbarer Märkte vereinbart hätten. Hieran schließt sich der Verweis auf die Anwendung der
Standardmethoden in Rz 2.4.1 an: „Eine für alle Fallgruppen zutreffende
Rangfolge der Standardmethoden für die Prüfung von Verrechnungspreisen gibt es nicht." Die maßgebenden Verhältnisse, die die Vergleichs-
preisbildung bestimmen, sind nach Rz 3.1.2.1 „alle Umstände des Einzelfalles", aber besonders zugrunde zu legen sind besondere Beschaffen-
heitsbedingungen der Ware sowie der Innovationsgehalt, die für das
spätere „Warenschicksal" maßgeblichen Märkte, Funktionen und Handelsstufen der beteiligten Unternehmen, Liefervereinbarungen, Vorteile
und Risiken längerfristiger Lieferbeziehungen, besondere Wettbewerbs-
situationen, besondere Finanzierungsleistungen.

Die Verwaltungsgrundsätze nennen drei Beispiele: (1) Ein Konzernunternehmen liefert an ein verbundenes Vertriebsunternehmen Fertigwaren, für die ein Fremdpreis nicht zu ermitteln ist. Das Vertriebsunternehmen als Eigenhändler vertreibt die Produkte als Alleinvertreter: „In diesem Fall wird im allgemeinen die Wiederverkaufspreismethode anzuwenden sein, wenn die Beteiligten bei Fremdverkäufen den beiderseitigen Preisvorstellungen einen bestimmten Funktionsrabatt an Alleinvertreter zugrunde legen. Vertriebsunternehmen sind Unternehmen, die die Ware ohne wesentliche Be- oder Verarbeitung weiterveräußern." (2) Ein Konzernunternehmen liefert Halbfertigfabrikate an ein verbundenes Herstellungsunternehmen auf einer nachgeordneten Herstellungsstufe, ein Markt für derartige Produkte besteht nicht: „In diesem Fall wird im allgemeinen die Kostenaufschlagsmethode anzuwenden sein, wenn Fremde unter gleichartigen Verhältnissen bei ihren Wertvorstellungen von den Kosten der Ware, zuzüglich eines entsprechenden Gewinnaufschlags ausgehen." (3) Auslagerung spezieller Teile der Fertigung auf eine ausländische Tochtergesellschaft; Produktion und Vertrieb durch die ausländische Gesellschaft erfolgen in enger Anbindung an den Betrieb des inländischen Unternehmens, die ihr auch die Produktion langfristig abnimmt, Problem mithin der **verlängerten Werkbank** (s. auch P 32): „Die Tochtergesellschaft mit ihrer eingeschränkten Produktionsbreite wäre als unabhängiges Unternehmen auf Dauer nicht lebensfähig. Unter Fremden wäre die Produktion in Lohnfertigung übertragen worden. Dementsprechend kann der Verrechnungspreis durch die Kostenaufschlagsmethode ermittelt werden." Zur Kritik an dieser Lösung *Otto H. Jacobs* S. 882: Hier wird eine Umqualifizierung vorgenommen mit der Konsequenz, anstelle eines Verrechnungspreises die Kostenaufschlagsmethode anzuwenden; eine solche Umqualifizierung setze einen Mißbrauch voraus, der durch die eigenständige Funktion der Tochtergesellschaft aber ausgeschlossen sei: „Der Einsatz von Produktionsgesellschaften im internationalen Konzern ist zuallererst Konsequenz der Ausnutzung komparativer Standortvorteile im Rahmen der internationalen Arbeitsteilung und somit anzuerkennen." Zu diesem Fall auch *Kuckhoff/Schreiber*: Über einen niedrigen Verrechnungspreis wird der Produktionsgewinn weiterhin im Inland erfaßt, die Produktionsverlagerung läuft von der Wertschöpfung und damit von der Gewinnzurechnung her „ins Leere" (S. 100); *Baumhoff* in Festschrift *Lutz Fischer* S. 487 ff., der die Funktionen, Risiken und eingesetzten Mittel eines Lohnfertigers bestimmt. Zwingende Merkmale eines Lohnfertigers sind geringes Absatzrisiko, Produktentwicklung und Eigentumsverbleib an den wesentlichen immateriellen Wirtschaftsgütern bei dem Auftraggeber, Disposition über die Produktion liegt in den Händen des Auftraggebers, geringes unternehmerisches Risiko für den Auftragnehmer. Die Bedingungen im Beispielsfall (3) reichen hiernach nicht aus, um eine Lohnfertigung anzunehmen. Zuletzt *Raupach* (*Raupach*, Hrsg. 1999, S. 141): **Zusammenhang** zwischen **gewinnrealisierender Funktionsverlagerung und Verrechnungspreisgestaltung**. Die OECD-Leitlinien bringen alle Methoden (Standardmethoden, andere Methoden) mit Lieferungen von Waren und Gütern in Verbindung: Die Preisvergleichsmethode erweist sich besonders dann als verläßlich, wenn ein unabhängiges Unternehmen dasselbe Produkt verkauft, das auch zwischen zwei verbundenen Unternehmen verkauft wird (Rz 2.11 zum Verkauf von Kaffeebohnen). Als Beispiele für Anpassungserfordernisse werden unterschiedliche Lieferbedingungen und Mengen genannt. Die Wiederverkaufspreismethode wird am Vergleich zweier Lieferungen durch zwei Handelsunternehmen erörtert: Dasselbe Produkt auf demselben Markt unter demselben Handelsnamen – aber mit und ohne Garantieleistung; Rz 2.29: Margenvergleich erst nach einer Anpassung. Oder: Die Tochtergesellschaft übernimmt für eine Produktvermarktung technische Applikationen für die Kunden – anders als im Falle unabhängiger Vertriebsunternehmen. Es ist zunächst Vergleichbarkeit herzustellen. Hinsichtlich der Kostenaufschlagsmethode nennt Rz 2.47 einen wohl als verlängerte Werkbank einzuordnenden Fall, da die

Tochtergesellschaft nur ein Qualitäts- und Mengenrisiko bei Abweichungen trägt. Im Zusammenhang mit der Gewinnteilungsmethode Rz 3.17: Tätigt beispielsweise ein multinationaler Konzern weltweit eng vernetzte Handelsgeschäfte mit verschiedenen Wirtschaftsgütern, wird es zwar möglich sein, die Unternehmen zu identifizieren, bei denen Aufwendungen angefallen sind; die einzelnen jeweiligen Handelsaktivitäten, denen diese Aufwendungen zuzurechnen sind, dürften kaum zu ermitteln sein: „In einem solchen Fall kann es zweckmäßig sein, die aus jeder einzelnen Handelstätigkeit resultierenden Bruttogewinne aufzuteilen und sodann von den ermittelten Bruttogewinnsummen die dem einzelnen Unternehmen erwachsenen oder ihm zuzurechnenden Aufwendungen abzuziehen. Und zur Nettomargenmethode verweisen die Leitlinien auf Lieferungsbeispiele im Zusammenhang mit der Kostenaufschlagsmethode. *Sieker* in *Debatin/Wassermeyer* behandelt als Sonderprobleme die Verrechnung von mit einer Warenlieferung zusammenhängenden Leistungen, die ggf. durch Anpassungsrechnungen auszugleichen sind (Art. 9 MA Rz 292), Kosten der Markterschließung und der Marktverteidigung, bei denen zu klären ist, wer Gewinnrückgänge zu tragen hat (Art. 9 MA Rz 293), Werbungskosten (Art. 9 MA Rz 295) und Währungsschwankungen (Art. 9 MA Rz 296).

### g) Verrechnungspreismethoden: Dienstleistungen

(1) Dienstleistungen sind von Sachleistungen abzugrenzen. Eine ver- **151** rechnungsorientierte Differenzierung von Sach- und Dienstleistung verlangt eine handhabbare Abgrenzung: Dienstleistungen sind von immaterieller Natur – sie müssen wie Sachleistungen produziert werden – besitzen aber keine oder nur eine begrenzte Lagerfähigkeit. Dienstleistungen können ebenso für den unternehmensinternen als auch für den externen Markt produziert werden, wobei Produktion und Verbrauch der Dienstleistungen vornehmlich am gleichen Ort und zum gleichen Zeitpunkt erfolgen. Lassen sich bei Sachleistungen Menge und Qualitäten spezifisch bestimmen, so fällt diese Beurteilung bei Dienstleistungen meist weg. Deswegen kann die Messung des Ergebnisses oft nur über Ausweichkriterien wie Zeiteinheiten erfolgen (zum Begriff und zur Abgrenzung der Dienstleistung *Scherz* S. 78 ff.).

(2) Die Verwaltungsgrundsätze legen keinen einheitlichen Dienst- **152** leistungsbegriff (ebensowenig wie die BSt-Verwaltungsgrundsätze in Tz 3.1) zugrunde. In Rz 3.2 werden **gewerbliche Dienstleistungen** behandelt – aber nur durch Beispiele abgegrenzt. Während für gewerbliche Dienstleistungen auf die Verwaltungsgrundsätze für Warenlieferungen Rz 3.1.2/3.1.3 verwiesen wird, ist in Rz 3.2.2 von zwei Sonderbereichen die Rede: für Dienstleistungen im Bereich der **Forschung und Entwicklung** wird auf Rz 5 (Nutzungsüberlassung von Patenten, Know-how oder anderen immateriellen Wirtschaftsgütern, Auftragsforschung); für **verwaltungsbezogene Leistungen** wird auf Rz 6 verwiesen. Die Frage nach der begrifflichen Abgrenzung dieser Gruppen von Dienstleistungen ist (jedenfalls aus der Blickrichtung der Verwaltungsgrundsätze) von erheblicher Bedeutung, da für Dienstleistungen im Bereich der Forschung und Entwicklung und für verwaltungsbezogene Leistungen statt einer Einzel-

abrechnung eine Verrechnung durch eine Umlage (Kostenumlage) möglich ist – siehe dazu den folgenden Abschnitt. Zu zwischenstaatlichen Abgrenzungsproblemen der Dienstleistung gegenüber der Lieferung eines Gegenstandes und ihrer Bedeutung für die Lohnfertigung und Auftragsfertigung s. bereits S 150. Wie in anderen Bereichen ist auch im Dienstleistungsbereich ein zunehmender Trend zum sogenannten Outsourcing zu beobachten: Es werden Dienstleistungen im Finanzbereich, im Personalbereich und im Produktionsbereich auf konzernfremde oder konzernzugehörige Unternehmen und Berater verlagert (*Engler* in *Vögele* u. a. S. 589). Die grundsätzliche Unterscheidung in bezug auf die Verrechnungsproblematik ist die Trennung zwischen Leistungen, die der Wahrnehmung der Gesellschafterfunktion dienen, und solchen, die im Interesse bzw. zum Vorteil anderer Konzernunternehmen erbracht werden. Ausgeschlossen von einer Verrechenbarkeit ist der Gesellschafteraufwand (Kontrolleistungen): Leistungen, die ausschließlich der Anschaffung, Verwaltung, Ausübung, Strukturierung und Veräußerung von Beteiligungsrechten an Konzerngesellschaften dienen, Tätigkeit des Vorstands bzw. des Aufsichtsrates einer Muttergesellschaft für diese sowie für die Wahrnehmung von Gesellschafterrechten in Gesellschafterversammlungen von Tochtergesellschaften und für die rechtliche Organisation des Konzerns, die Produktions- und Investitionssteuerung im Gesamtkonzern sowie die Konzernführung; Management nachgeordneter Gesellschaften durch die Konzernspitze, sofern die Konzernspitze das Management an sich gezogen hat, um ihre eigenen Führungsmaßnahmen besser vorzubereiten, durchzusetzen und zu kontrollieren (Beispiele nach *Sieker* in *Debatin/Wassermeyer* Art. 9 MA Rz 329, 330; s. a. OECD-Leitlinien Rz 7.9: shareholder acitivity und Verwaltungsgrundsätze Rz 6.3.2).

**153**     (3) **Gewerbliche Dienstleistungen** zeichnen sich im wesentlichen durch zwei Merkmale aus: Es handelt sich um marktgängige Leistungen, d. h. sie werden auch von fremden Personen an fremde Dritte in dieser Form erbracht; sie vermitteln dem Empfänger einen wirtschaftlichen Nutzen, geraten also auch mit Gesellschafteraufwand in Konflikt. Hierzu werden genannt (*Sieker* aaO, Rz 326; *Baumhoff* in Forum Nr. 6, S. 37): Versicherungs-, Speditions-, Transport-, Werbe- und Beratungsleistungen, der Kundendienst, die Wartung, EDV-Leistungen, Marketingleistungen wie Marktforschung, Vertriebsberatung, PR-Aktionen, Messe- und Kongreßorganisationen. Ist eine Einzelabrechnung solcher gewerblicher Dienstleistungen möglich (anderenfalls Kostenumlage), so sind nach Rz 3.2.3 der Verwaltungsgrundsätze die Preisvergleichs-, Wiederverkaufspreis- und Kostenaufschlagsmethode anwendbar. Die Preisvergleichsmethode kommt grundsätzlich für alle marktfähigen Dienstleistungen in Betracht. Allerdings berichten *Stock/Kaminski* IStR 1997, 449ff. über Tendenzen in der Finanzverwaltung, auch bei feststellbarem Fremdvergleichspreis nur eine Verrechnung der Kostenaufschlagsmethode zuzulassen, wenn die Erbringung einer solchen Dienstleistung nicht zugleich der Hauptzweck des Unternehmens ist. Für den freiberuflichen Leistungsbereich (die Übergänge zwischen gewerblichen Dienstleistungen und verwaltungsbezogenen Dienstleistungen sollen hier nicht berücksichtigt werden) hat *BFH* BStBl. 1993 II, 801 entschieden, daß diese Dienstleistungen grundsätzlich einzeln, und zwar nach den allgemein angewendeten Gebührengrundsätzen abzurechnen sind. Eine Verrechnungspreisbestimmung mittels der Wiederverkaufspreismethode scheidet wegen der Immaterialität der Leistung grundsätzlich aus (kritisch *Engler* aaO S. 638ff.). Die Verrechnungsbestimmung mittels der Kostenaufschlagsmethode ist mithin insbesondere im Bereich nicht marktfähiger, konzernspezifischer Dienstleistungen anwendbar; vgl. dazu die Beispiele bei *Engler* aaO S. 641ff.: Technische Installationsleistungen für ein innovatives Produktionssystem, das nur in diesem Konzern zur Anwendung gelangt; Qualitätskontrollen, da der Umfang, aber auch die Art der Kontrolle von individuellen Gegebenheiten abhängt. Weder den Verwaltungsgrundsätzen noch den OECD-Leitlinien sind zur Kostenaufschlagsmethode bei gewerblichen Dienstleistungen besondere Regeln zu entnehmen, es wird auf die allgemeinen Grundsätze verwiesen. Die OECD-Leitlinien verweisen darauf, daß die berücksichtigten Kostenarten zwischen konzerninternen Geschäften und den Fremdgeschäften übereinstimmen; s. a. *Engler* aaO S. 342: Nur die Einbeziehung der Kalkulationsmethoden gegenüber Fremden entspricht dem Grundsatz des Fremdvergleichs; die Kalkulationsmethoden können unterschiedliche Kostenbegriffe und unterschiedliche Geschäftsstrategien berechtigen. In Rz 7.33 heißt es, es müsse nicht immer zutreffen, daß ein Fremdpreis für ein verbundenes Unternehmen zu einem Gewinn führt: „So ist beispielsweise der Marktwert von konzerninternen Dienstleistungen möglicherweise nicht höher als die dem Dienstleistungserbringer entstandenen Kosten. Dies könnte etwa eintreten, wenn es sich bei der Dienstleistung nicht um eine gewöhnliche oder wiederkehrende Tätigkeit des Dienstleistungserbringers handelt, sondern wenn diese Tätigkeit bloß gelegentlich zum Vorteil des Konzernangebotes wird."

(4) **Finanzdienstleistungen** innerhalb eines Konzerns haben in den **154** Verwaltungsgrundsätzen keine ausdrückliche Berücksichtigung gefunden. Aus einem Teilausschnitt aus der Gesamtproblematik ist jedoch Rz 4 mit der Überschrift „Zinsen und ähnliche Vergütungen" zu nennen; der aufgehobene OECD-Bericht Verrechnungspreise 1979 enthielt einen Abschnitt zu den Darlehensbeziehungen im Konzern außerhalb „des Finanz- und Banksektors" Rz 182ff., der ihn ersetzende Bericht (Leitlinien) 1995 enthält bisher keine vergleichbare Darstellung. Das Thema hat dadurch eine besondere Bedeutung erlangt, daß die Finanzbereiche der großen Konzerne Aufgaben innerhalb des Konzerns übernehmen, die ursprünglich den Geschäftsbanken vorbehalten blieben.

*Nieß* – auf dessen lesenswerte Darstellung insgesamt zu verweisen ist – hat dies anschaulich beschrieben (Forum Nr. 4, S. 49): „Die Treasuries großer Unternehmen übernehmen i. d. R. als konzerninterne Service-Center bisher den Banken vorbehaltene Finanzgeschäfte selbst, um die innerbetrieblichen Finanzfunktionen zu optimieren und neue Ertragsquellen zu erschließen. Die Erstellung von Bankenleistungen in Eigenregie ohne Inanspruchnahme der Banken wird „In-House-Banking" oder auch „Corporate Banking" genannt. Den Banken werden lediglich Ergänzungs- und Ausgleichsfunktionen übertragen bzw. belassen, sog. „Lender of last-resort-Funktionen". Für dieses „Do-it-yourself-Banking" kommen bekanntlich nur internationale Unternehmen mit einem erstklassigen Standing in Frage. *Das Thema der Finanzdienstleistungen und ihrer Verrechnungspreise ist abzugrenzen.* Soweit sich insbesondere die betriebswirtschaftliche Steuerlehre mit der **Finanzierung international tätiger Konzerne** beschäftigt hat, stehen Optimierungsfragen im Mittelpunkt. Analysiert werden die Steuerfolgen einer direkten Finanzierung einer ausländischen Tochtergesellschaft durch die inländische Muttergesellschaft im Vergleich zur Finanzierung durch besondere Finanzierungsgesellschaften (Beispiel *Potthof* S. 169 ff.; *Steven* S. 47 ff.). Im Rahmen solcher Untersuchungen geht es um die Gesamtheit der steuerlichen Bedingungen, unter denen die Preisbildung für gewährte Leistungen nur einen Teilaspekt darstellt. Das Thema ist in Teilbereichen aber auch gegen die **Regeln für Gesellschafter-Fremdfinanzierungen** (in der Bundesrepublik § 8 a KStG) abzugrenzen. Die Gesellschafter-Fremdfinanzierung von Kapitalgesellschaften ist als Teilbereich der Finanzierungsleistungen im Konzern einzuordnen. Die Regeln hierzu schränken die Gestaltungsfreiheit ein und betreffen das Volumen der Kreditaufnahme selbst – die Gewinnberichtigung setzt nicht an der Verrechnungspreisbildung an, wenn man von der Möglichkeit eines Drittvergleichs für den Bereich der gewinnunabhängigen Vergütungen absieht. Die Frage ist aber, ob Art. 9 I MA eine Sperrwirkung ausüben kann. Hierzu werden zwei Auffassungen vertreten: *Menck* (IStR 1994, 569 ff.) geht davon aus, daß die Fremdfinanzierungsproblematik einen Interessengegensatz von Heimatstaat und Tätigkeitsstaat aufdeckt: Beide haben ein Interesse an einer möglichst hohen Ausstattung der bei ihnen tätigen Konzerne mit Eigenkapital (im Tätigkeitsstaat zeigt sich dies wie in § 8 a KStG in Maßnahmen gegen den Abzug der geschuldeten Zinsen als Betriebsausgaben, im Heimatstaat kann es darum gehen, Regeln gegen den vom ansässigen Gesellschafter geltend gemachten Abzug von Finanzierungsaufwendungen zu schaffen). Die DBA-Praxis behandelt diesen Konflikt – so *Menck* – als eine Frage nationaler Gewinnermittlungsvorschriften, die nicht Gegenstand des Abkommensrechts sind. Zur Konfliktlösung wären spezifische Regelungen erforderlich gewesen, nämlich ein vertraglicher Maßstab für die Zuordnung von Kreditaufnahme und Kreditverwendung im Konzern. *Menck* verweist auf Rz 2 des MA-Kommentars, wonach Art. 9 der Anwendung innerstaatlicher Regelungen über die Unterkapitalisierung nicht entgegensteht, soweit sie im Ergebnis dazu führen, „die Gewinne des Darlehensnehmers denen anzugleichen, die unter den im freien Markt vereinbarten Bedingungen angefallen wären"; damit aber – so *Menck* – sei es nicht gelungen, das Fremdverhaltensmerkmal des Art. 9 so zu formulieren, daß es ein abgrenzendes Merkmal für den Finanzierungsvorgang als solchen biete. Damit steht die Ansicht des Gesetzgebers in Übereinstimmung, da er auf die Anordnung eines treaty override verzichtete. Überwiegend wird jedoch die Auffassung vertreten, daß § 8 a KStG die Sperrwirkung des Art. 9 zu beachten habe. Wenn die inländische und von ihrem ausländischen Anteilseigner fremdfinanzierte Tochtergesellschaft den Nachweis führen kann, daß entweder das Verhältnis zwischen dem gesamten Fremdkapital und dem gesamten Eigenkapital an sich angemessen ist oder sie ein Darlehen zu vergleichbaren Bedingungen auch von einem unabhängigen Dritten erhalten hätte, ist jedenfalls nicht ersichtlich, warum die Schrankenwirkung des Art. 9 MA nicht wirken soll (so *Wassermeyer* Art. 9 MA Rz 107) mit Hinweisen auf den OECD-

Bericht zur Unterkapitalisierung 1986). Die Gesellschafter-Fremdfinanzierung als
solche ist mithin der Fremdvergleichsproblematik nicht entzogen; sie ist nur nicht als
solche Frage des Verrechnungspreises – erst wenn die Verzinsung überprüft wird,
gelangt der Arm's-length-Grundsatz unter Einbeziehung der Standardmethoden zur
Anwendung. Man kann daher geteilter Meinung darüber sein, ob die Regeln zur Gesellschafter-Fremdfinanzierung einen Platz innerhalb einer Darstellung der Verrechnungspreise einnehmen sollten. Im „Handbuch der Verrechnungspreise" von *Vögele*
u. a. ist dies durch den Beitrag von *Borstell* (S. 913 ff.) geschehen, der auch auf internationale Usancen und darauf verweist, daß auch die OECD-Richtlinien die Thematik aufnehmen werden. In einer Gesamtdarstellung des IStR ist der Standort innerhalb
der Grundsätze des Körperschaftsteuerrechts und damit bei der Verwirklichung einer
Einmalbesteuerung vorzuziehen (zur weiteren DBA-Problematik S 197, 218).

(5) **Verwaltungsbezogene Dienstleistungen** werden in den Verwal-   **155**
tungsgrundsätzen in Rz 6.1 als zentral oder regional für den Gesamtkonzern wahrgenommene Aufgaben der Verwaltung, des Managements, der
Kontrolle, der Beratung beschrieben und – worauf aber bereits hingewiesen wurde – vom Gesellschafteraufwand abgegrenzt. Voraussetzung für
eine Verrechnung ist eine Entgeltlichkeit auch zwischen Fremden: „Vom
zahlenden Unternehmen muß die Verrechnung von vornherein vereinbart
sein und nachgewiesen werden. Sie ist nicht möglich, wenn der Aufwand
bzw. die Leistungen dieser Einrichtungen den empfangenden Unternehmen in anderer Form weiterbelastet werden, z. B. durch die Verrechnung
des konzerninternen Waren- oder Leistungsverkehrs zu Fremdpreisen,
die diesen Aufwand bereits berücksichtigen." Die Leistungen müssen,
damit sie entgeltfähig sind, eindeutig abgrenzbar und meßbar sein und im
Interesse der empfangenden Person erbracht werden. Sind Marktpreise
nicht feststellbar, ist der Fremdpreis in der Regel nach der Kostenaufschlagsmethode zu ermitteln. Auf die Entscheidung des BFH BStBl.
1993 II, 801 zur Abrechnung von Steuerberaterleistungen auf der Grundlage nach der maßgebenden Gebührenordnung wurde bereits hingewiesen. Die Verwaltungsgrundsätze nennen unter Rz 6.3 Beispiele: Übernahme von Buchhaltungsleistungen und spezifischen Beratungsleistungen, zeitlich begrenzte Überlassung von Arbeitskräften, Aus- und
Fortbildung, Leistungen der Muttergesellschaft zum Zwecke der Waren-
beschaffung und Inanspruchnahme von Dienstleistungen, marktübliches
Bereitstellen von Dienstleistungen auf Abruf, aber nur unter der Voraussetzung, daß die Tochtergesellschaft diese benötigt und daß sie tatsächlich in angemessenem Umfang Dienstleistungen abgerufen hat.

*h) Verrechnungspreismethoden: Dienstleistungen (Kostenumlage)*

(1) Unter der Voraussetzung verrechenbarer Dienstleistungen, die   **156**
Mitglieder eines Konzernverbundes einander erbringen, stellt sich **neben
einer Verrechnung über Lieferpreise die Frage einer sogenannten
Kostenumlage.** Obwohl sie in der Praxis ein verbreitetes Abrechnungs-
instrument darstellt, ist man über die mangelnde theoretische Fundie-

rung, insbesondere im Hinblick auf ihre Einordnung in die bisher genannten Methoden erstaunt. Deswegen ist vorab klarzustellen: Als eigenständige Methode innerhalb der Gruppierung der Standardmethoden ist sie nicht einzuordnen – schon durch das Merkmal der Umlagevereinbarung steht sie außerhalb. Wohl aber hat sie mit ihnen das **Prinzip des Fremdvergleichsmaßstabs** gemeinsam. Wenn die Kostenumlage hier im Zusammenhang mit Dienstleistungen genannt wird, ist das nicht als eine andere Leistungen ausschließende Zuordnung zu verstehen – sie wird nur in diesem Zusammenhang besonders verständlich. Und immer muß bedacht werden, daß den Beteiligten auch andere Möglichkeiten verbleiben: Einzelabrechnung auf der Grundlage der Standardmethoden, Lizenzmodell, Rechtsübertragung (dazu S 161). Scheint es sich – vom Begriff ausgehend – um eine unkomplizierte Form einer Verrechnung zu handeln, so ist in den Grundfragen keine Übereinstimmung nachzuweisen. Es ist nicht einmal klar darzulegen, daß es sich überhaupt um eine Verrechnungspreisproblematik handelt. Der mit einer Kostenumlage verbundene Gedanke liegt auf der Hand: Er verbindet Gerechtigkeitsüberlegungen (alle haben einen Nutzen, alle sollen im Verhältnis ihres Nutzens Beiträge leisten) mit Praktikabilitätsüberlegungen (es werden keine Preise gesucht, sondern Aufwendungen verteilt). Ist eine solche Methode beliebig anwendbar? Geht es tatsächlich nur um eine Verteilung entstandener Kosten – oder ist die Verbindung mit der Verrechnungspreisproblematik durch einen Fremdvergleich und damit durch das Erfordernis eines Gewinnaufschlags herzustellen?

**157** (2) Da es um die Abrechnung von Leistungsbündeln geht, ist zu den Grenzen einer solchen Umlage zunächst nochmals auf *BFH* BStBl. 1993 II, 901 hinzuweisen: Selbst wenn die Steuerberatungstätigkeit noch als verwaltungsbezogene Leistung einzuordnen wäre, käme eine zusammengefaßte Bewertung nicht in Betracht – Dienstleistungen eines Steuerberaters werden nur einzeln abgerechnet. Zunächst zu den internationalen Vorgaben für die Zulässigkeit einer Umlage: Kapitel VIII der OECD Leitlinien (Kostenverteilungsvereinbarungen, Cost Contribution Arrangements) bezieht sich in Rz 8.3 auf Kosten für Entwicklung, Produktion und Beschaffung von Wirtschaftsgütern, Dienstleistungen oder Rechten und grenzt in Rz 8.5 dies gegenüber den Transfer von immateriellen Wirtschaftsgütern sowie die Einbringung konzerninterner Dienstleistungen ab, die zu marktüblichen Fremdpreisen abzurechnen sind, weil sie meßbar sind. Der mit den Leitlinien gegebene Rahmen wird in der Literatur eher als großzügig gegenüber den bisher geltenden Verwaltungsgrundsätzen bewertet (*Sieker* in *Debatin/Wassermeyer* Rz 278 zu Art. 9 MA).

**158** (3) Mit dem *BMF*-Schreiben BStBl. 1999 I, 1122 ist erstmals eine Aktualisierung der Verwaltungsgrundsätze 1983 erfolgt; es betrifft ausschließlich das hier behandelte Thema der Einkunftsabgrenzung international verbundener Unternehmen durch Umlageverträge; das Schreiben versteht sich als eine Grenzziehung zur Einzelabrechnung und stellt mithin an den Anfang die Fragen nach den erforderlichen Leistungsbedingungen hierfür und damit zugleich nach den „Teilnehmern" an einem solchen Umlagesystem. Das *BMF*-Schreiben basiert auf dem **Poolgedanken als einer Innengesellschaft der beteiligten Unternehmen** – ohne damit zugleich eine Mitunternehmerschaft oder eine Betriebsstätte am tatsächlichen Leistungsort auszulösen. Umlageverträge werden in Rz 11 als Verträge definiert, „die international verbundene Unternehmen miteinander abschließen, um im gemeinsamen Interesse, in einem längeren Zeitraum, durch Zusammenwirken in einem Pool Leistungen zu erlangen bzw. zu erbringen" – damit wird die **Umlage als Kostenverteilung, nicht als Leistungsaustausch** bestimmt. Die Leistungen müssen im Interesse der empfangenden Unternehmen erbracht werden und einen Vorteil wie den einer Aufwandsersparnis usw. erwarten lassen. Solche Leistungen beziehen sich auf Hilfsfunktionen der Poolmitglieder. Hinsichtlich der Mitglieder stellt Rz 1.2 das Erfordernis gleichgerichteter Interessen auf, d. h. die Leistungen für die Interessengemeinschaft müssen für die Mitglieder in „wirtschaftlich gleicher Weise" genutzt werden. Dies wird wie folgt verdeutlicht: „Die Leistungen werden zum Zwecke der gemeinsamen Beschaffung, Entwicklung oder Herstellung von Wirtschaftsgütern, Dienstleistungen oder Rechten gebündelt, um von der damit verbundenen Zusammenlegung ihrer Ressourcen oder Fähigkeiten wechselseitig Nutzen zu ziehen. Damit ist der Teilnehmerkreis eines Umlagevertrages auf Unternehmen beschränkt, die aus den Leistungen, die sie gegenüber der Innengesellschaft erbringen, für sich selbst Vorteile ziehen, d. h. ihren Anteil an den Ergebnissen der gemeinsamen Tätigkeit nutzen. Bei einem Forschungs- und Entwicklungspool verfolgen z. B. Holding- und Patentverwertungsgesellschaften andere Interessen als Produktionsgesellschaften, sie können deshalb nicht Mitglieder eines Forschungs- und Entwicklungspools sein." Hieran anknüpfend im Abschnitt „Dokumentation und Nachweise" (Rz 5) zur Dokumentation des zu erwartenden Nutzens: „Der Ermittlung des zu erwartenden Nutzens kommt besondere Bedeutung zu. Der zu erwartende Nutzen kann durch Problemanalysen, Projektberichte, Zielvorgaben und ähnliche Unterlagen dargelegt werden. Aus den Unterlagen muß sich auch ergeben, in welchem Umfang andere Konzernmitglieder Nutzen aus dem Umlagevertrag ziehen können" – diese eher als extrem einzustufenden Anforderungen könnten im Einzelfall abschreckend wirken und für die – dann nachzuweisende – Einzelleistung sprechen (s. dazu *Menck* IWB Aktuell 2000 Nr. 1).

Wollen die Poolmitglieder auf dieser Grundlage Leistungserbringung abrechnen, bedarf es eines Umlagevertrages. Für ihn besteht „nach Handelsbrauch" Schriftformerfordernis, er muß „Mindestanforderungen genügen und mit einer sachgerechten Dokumentation verknüpft sein" (so

Rz 1.3), wobei Rz 5.1.1 für die Mindestanforderungen 12 Punkte aufführt. Man mag diese Voraussetzungen gewichten wie man will: deutlich wird damit, daß der Anwendungsbereich auf einer klaren und planbestimmten Grundlage zu beruhen hat und spontanen Einfällen der Mitglieder betr. der Zusammenfassung von Einzelleistungen und einer daran anknüpfenden Aufwendungsumlage eine Absage erteilt (genaue Leistungsbeschreibung, Ermittlung der umzulegenden Aufwendungen, Nutzenermittlung usw.).

**159**    Nunmehr stellt sich die bislang ungelöste Kernfrage für die Konzernumlagen nach der **Ermittlung der Umlagen.** Verbreitet ist eine differenzierende Ansicht wie die von *Stock/Kaminski* IStR 1998, 7 ff.: Einem Leistungsaustauschkonzept liegt zugrunde die Erkenntnis, daß Einzelabrechnungen nicht möglich sind. Und es kann sich um ein Pool-Konzept handeln, bei dem der Pool im Rahmen für die im Interesse aller Unternehmen liegenden Interessen bildet und damit die Voraussetzungen schafft, Nutzung und Abrechnung von Poolleistungen zu bewirken. Die Vereinfachungsfunktion habe keine einfache Kostenumlage zur Folge, sondern eine Verrechnungspreisermittlung (Gewinnaufschlag). Eine Poolungsfunktion erfordere zwar keinen Gewinnaufschlag, doch müsse dem die Leistung erbringenden Unternehmen über die Erstattung der Kosten hinaus ein zusätzliches „Incentive" gegeben werden, um dafür zu sorgen, daß die Leistung überhaupt erbracht wird und das sog. Freerider-Problem dadurch überwunden wird." Nunmehr das den **Pool-Gedanken** zugrunde legende *BMF*-Schreiben in Rz 2.2: „Ein Gewinnaufschlag auf die umzulegenden Aufwendungen kann im Hinblick auf den gemeinsamen Zweck des Pools und das Fehlen eines unternehmerischen Risikos für das leistungserbringende Unternehmen steuerlich nicht anerkannt werden" – man muß zum Verständnis hierfür die engen Voraussetzungen bedenken, unter denen die Umlage nach alledem überhaupt nur möglich ist und sehen, daß eins das andere bedingt. *Menck* (ebenda) hat dies treffend beschrieben: Auf intensive gesondert verrechenbare Leistungen angewendet erhielte eine solche Methode den Charakter einer materiell eigenständigen Verrechnungsart, die im Grunde genommen außerhalb des Standards der arm's-length-Klausel stünde. Die Frage nach dem damit dann umlagefähigen Aufwand beantwortet Rz 2.1: Ausgangsbasis sind die „tatsächlichen direkten und indirekten Aufwendungen, die im wirtschaftlichen Zusammenhang mit der erbrachten oder zu erbringenden Leistung stehen„ – grundsätzlich zu ermitteln nach den Vorschriften des Landes, in dem das die Leistungen erbringende Unternehmen tätig ist; hierbei kann eine Verzinsung des eingesetzten Kapitals berücksichtigt werden. Aufteilungsmaßstab ist nach Rz 3.1 der Nutzen, den jedes Poolmitglied für sich erwartet. Dieser wiederum ist „anhand betriebswirtschaftlicher Grundsätze und unter Berücksichtigung aller Umstände und Entwicklungen, die vernünftigerweise im Zeitpunkt des Vertragsabschlusses vorhersehbar sind, zu ermitteln". Und damit wird zugleich der **Fremdvergleichsmaßstab** in den Mittelpunkt gerückt: „Ein ordentlicher und gewissenhafter Geschäftsleiter wird sich an einer Umlage dann nicht beteiligen, wenn von vornherein absehbar ist, daß er vergleichbare Leistungen im Wege der Einzelabrechnung leichter und günstiger erlangen kann, als durch den Umlagevertrag", und: „Eine aufgrund eines Umlagevertrages geleistete Umlage kann steuerlich nur insoweit anerkannt werden, als sie den Fremdpreis für die erbrachten Leistungen auf Dauer nicht überschreitet. Eine Umlage durch einen von den Aufwendungen unabhängigen Vomhundertsatz des leistungsempfangenden Unternehmens oder einer ähnlichen Bezugsgröße ist steuerlich nicht anzuerkennen"; nicht quantifizierbare Vorteile als Folge der Konzernzugehörigkeit bleiben unberücksichtigt.

**160**    (4) Kostenumlagen sind abzugrenzen von **Kostenfinanzierungsverfahren.** Kostenumlagen beruhen auf dem Gedanken, daß ein Konzernmitglied Dienstleistungen für den Gesamtkonzern oder Teile davon erbringt. Kostenfinanzierungen beruhen auf pauschalierten Bezuschussungen der dienstleistungserbringenden Konzerngesellschaft durch die partizipierenden Mitglieder, wobei die dem leistungsbringenden Unternehmen tatsächlich entstehenden Kosten unberücksichtigt bleiben; s. dazu Verwaltungsgrundsätze Rz 7.2.1, wo auf das Erfordernis von „Kosten verwaltungsbezogener Leistungen, die im Interesse des steuerpflichtigen Unternehmers tatsächlich erbracht werden" Bezug genommen wird und Rz 7.2.1, wo von „im Abrechnungsjahr tatsächlich" entstandenen Kosten die Rede ist, womit Kostenfinanzierungsverfahren ausgeschlossen werden (*Otto H. Jacobs* S. 922 f. mit der Einschränkung, eine Zulässigkeit sei gegeben, wenn die verwendete Bezugsgröße im Durchschnitt zu einem Kostenausgleich führe).

(5) *Becker* (*B/K* Rz 19 zu OECD-Leitlinien Rz 8.3) hat **Kostenumla-** **161**
**gevereinbarungen** mit den beiden anderen maßgeblichen **Verwertungsmöglichkeiten verglichen: Verkauf** der mit einem entstandenen Vermögenswert verbundenen Rechte einerseits, **Lizenzvergabe** andererseits (s. dazu auch den Vergleich eines Umlagemodells mit einem Lizenzmodell am Beispiel von Forschungs- und Entwicklungsaktivitäten unter dem Gesichtspunkt tauglicher Finanzierungsmodelle bei *Otto H. Jacobs* S. 935; zum Lizenzvertragssystem *Raupach* in *Raupach* (Hrsg. 1999), S. 158 ff.; s. auch die Hinweise bei S 232).

– Maß der Verfügbarkeit: Bei einer Kostenumlage geben die Teilnehmer nichts weg, ihnen verbleiben alle Rechte und Nutzungen. Der Verkauf als einmaliger und abschließender Vorgang, die Lizenzvergabe als Nutzungsübertragung.

– Fehlentwicklungen: Kosten werden umgelegt. Verkauf und Lizenzvergabe setzen erfolgreich abgeschlossene Entwicklung voraus.

– Finanzierung: Laufende Finanzierung durch Kostenumlage, mithin flexibel. Bei Verkauf und Lizenzvergabe ist Produktfertigstellung erforderlich, um Mitteleingang kalkulieren zu können.

– Entgeltberechnung: In jedem Fall Fremdvergleichspreis.

– Quellensteuer: Kostenbeiträge als ausgelagerte Betriebsausgaben unterliegen keiner Quellensteuer beim „Empfänger", s. Rz 4.4 zum *BMF*-Schreiben zu den Umlageverträgen. Das ist zutreffend, weil bei der Durchführung des Umlagevertrages eine gesonderte Verrechnung für die Nutzungsüberlassung immaterieller Wirtschaftsgüter, für die Überlassung von Know-how sowie für Leistungen, auf die das steuerpflichtige Unternehmen aus dem Umlagevertrag einen Anspruch hat, entfällt. Eine Aktivierung dieser Wirtschaftsgüter kommt nicht in Betracht, s. Rz 1.6 des *BMF*-Schreibens.

*i) Verrechnungspreismethoden: Immaterielle Wirtschaftsgüter*

Die Verwaltungsgrundsätze regeln **Nutzungsüberlassungen von Pa-** **162**
**tenten, Know-how oder anderen Wirtschaftsgütern;** Auftragsfor-

schung unter Rz 5. Die Nutzungsüberlassung an ein nahestehendes Unternehmen erfordert einen Ansatz zum Fremdpreis. Die Fremdpreise sind grundsätzlich durch den Ansatz von Nutzungsentgelten aufgrund einer sachgerechten Bemessungsgrundlage (z. B. Umsatz, Menge, Einmalbetrag) zu verrechnen; Hinweis in Rz 5.2.2 auf die Ermittlungstätigkeit des Bundesamts für Finanzen betr. „verkehrsübliche Vergütungsspanne für die Überlassung immaterieller Wirtschaftsgüter." Ist nach der Preisvergleichsmethode keine Beurteilung möglich, ist die Position eines ordentlichen Geschäftsleiters erforderlich: Eine Lizenzgebühr wird von ihm regelmäßig nur bis zu der Höhe gezahlt, bei der für ihn ein angemessener Gewinn am lizensierten Produkt verbleibt. Die OECD-Leitlinien enthalten in Kapitel VI besondere Überlegungen zur Anwendung des Fremdvergleichsgrundsatzes für immaterielle Wirtschaftsgüter, auf die hier lediglich zu verweisen ist: Frage der Identifizierung von Vereinbarungen über eine Übertragung (Verkauf oder Nutzung, Kaufpreis oder Lizenzgebühr, Frage anderweitiger Abgeltung, Leistungspakete); Berechnung fremdvergleichskonformer Vergütung mit Hinweisen insbesondere zur Vergleichbarkeitsanalyse; Bestimmung von Fremdpreisen, deren Wertansatz im Zeitpunkt des Geschäfts höchst ungewiß ist – wie ist der Unsicherheitsfaktor bei der Preisgestaltung zu berücksichtigen? Schließlich widmen die Leitlinien einen letzten Abschnitt der Frage der Marketingaktivitäten von Unternehmen, die nicht Eigentümer von Marken oder Firmennamen sind: Wie ist das Marketingunternehmen zu entschädigen – ist es mit der Vergütung für eine Dienstleistung getan oder gibt es Fälle, in denen das Marketingunternehmen an zusätzlichen Erträgen aus den immateriellen Marketingwerten zu beteiligen ist? Die Frage stellt sich, wenn ein Vertriebsunternehmen Kosten seiner Marketingtätigkeit selbst trägt. Die Verwaltungsgrundsätze haben Kosten der Werbung und Kosten der Markterschließung dem Bereich der gewerblichen Dienstleistungen zugeordnet (Rz 3.3 und 3.4).

*j) Funktionsverlagerung und Verrechnungspreisbemessung*

**163** Unter N 350 war auf das Problem der **Gewinnrealisierung durch Funktionsverlagerungen** in das Ausland verwiesen worden: Verlagerung von Markt- bzw. Geschäftschancen, Übertragung von Kundenstämmen, von Produktionsverfahren und Vertriebs-Know-how; entscheidend erwies sich die Frage nach der Übertragung von Wirtschaftsgütern, ob Wirtschaftsgüter unversteuerte stille Reserven enthalten. Es stellt sich weder ein Problem der Einlage noch das einer verdeckten Gewinnausschüttung, wenn keine werthaltigen Wirtschaftsgüter, nicht einmal Geschäftschancen, übertragen werden. Wird kein Wirtschaftsgut übertragen, sondern eine Nutzung ermöglicht oder eine Geschäftschance eingeräumt, der keine Wirtschaftsguteigenschaft zukommt, ist § 1 AStG oder eine verdeckte Gewinnausschüttung zu prüfen. Auf der Grundlage einer

Funktionsverlagerung bieten nunmehr daran anknüpfende Verrechnungspreisbestimmungen die Möglichkeit einer Ergebnisverlagerung. *Raupach* in *Raupach* (Hrsg. 1999), S. 139 ff. beschreibt dies als eine Wechselwirkung zwischen Funktionsverlagerung und Verrechnungspreisbestimmung: Als Folge der Gestaltung der Funktionen sind auch die Verrechnungspreise gestaltbar. *Raupach* zeigt am Beispiel der Schaffung zusätzlicher Produktionskapazitäten im Lande A nach Auslastung der Kapazitäten in B und der 90%igen Abnahme der Produktion in A durch Spartengesellschaften die dabei entstehenden Fragen: Eigenfertigung und Anwendung der Preisvergleichsmethode aus den Verkäufen der restlichen 10% der Produktion an unabhängige Unternehmer? Oder Lohnfertigung mit der Folge der Kostenaufschlagsmethode, d. h. Eigenkosten der Gesellschaft im Lande A zuzüglich eines branchenüblichen Gewinnzuschlags? Es kommt hier nicht darauf an, wo nach den Verwaltungsgrundsätzen in einem solchen Fall die Lösung zu suchen ist. Entscheidend sind die Gestaltungsmöglichkeiten für die eine oder die andere Lösung, denn es liegt ja in der Hand der Konzernmutter, der Tochtergesellschaft unterschiedliche Risiken zuzuweisen – und damit gelangt wiederum die Verlagerungsgestaltung als solche in den Blickpunkt. Daher *Raupach:* Jedenfalls besteht ein Zusammenhang zwischen gewinnrealisierender Funktionsverlagerung und Verrechnungspreisgestaltung. Wird die Gesellschaft im Lande A bei der Berechnung der Verrechnungspreise als Eigenhändler mit eigener Gewinnchance behandelt, dann wäre anzunehmen, daß eine Verlagerung von Gewinnchancen vorausgegangen ist (aaO, S. 141 f.).

*(einstweilen frei)* **164–169**

## 6. Einkünfte aus Dividenden

*a) Übersicht*

(1) Dividenden, Zinsen und Lizenzen bilden einen Schwerpunkt eines **170** jeden Abkommens – als Erträge aus der Anlage von Kapital ist ihre Bedeutung im internationalen Wirtschaftsverkehr der Unternehmensbesteuerung in Art. 7 MA gleichzusetzen. Für Dividenden und Zinsen ist das Prinzip einer Steuerteilung vorgesehen, was eine – wenn auch begrenzte – Aufrechterhaltung der Quellenbesteuerung bedeutet; für Lizenzen sieht das OECD-MA eine ausschließliche Besteuerung im Wohnsitzstaat vor – dem folgt die Staatenpraxis nicht in jedem Falle. Jedenfalls für die hier zunächst zu behandelnden Dividenden erfolgt als Kompromiß aufgrund des oben vorgestellten Interessengegensatzes eine Aufteilung der Höhe nach: Der Quellenstaat – der Vertragsstaat, in dem die die Dividenden zahlende Gesellschaft ansässig ist – kann nach Art. 10 II MA eine der Höhe nach begrenzte Quellensteuer erheben; unterschieden werden im Hinblick auf die **Höhe der Quellensteuerbegrenzung Streubesitzdividenden** (MA: höchstens 15% des Bruttobetrages) **und**

**Schachteldividenden** (MA: höchstens 5% des Bruttobetrages). Voraussetzung für die Steuerreduzierung ist die Eigenschaft des Dividendenempfängers zugleich als die eines Nutzungsberechtigten. Art. 10 I MA begründet seinem Wortlaut nach („… können im anderen Staat besteuert werden") ein Besteuerungsrecht – richtig und dem Abkommensaufbau und der DBA-Systematik entsprechend – ist aber lediglich von einer Bestätigung des Rechts des Wohnsitzstaates zur Dividendenbesteuerung auszugehen (sie fehlt in einigen Abkommen), die dann näher durch Art. 23 MA bestimmt wird (Vermeidung der Doppelbesteuerung im Wohnsitzstaat): Art. 10 I, II MA beziehen sich nur auf Dividenden aus dem Vertragsstaat der zahlenden Gesellschaft; stammt die Dividende aus einem Drittstaat oder aus dem Ansässigkeitsstaat des Anteilseigners, liegt kein Fall vor, der in die Reichweite des Abkommens fällt (zu besonderen Fallkonstellationen Art. 21 MA Nr. 4–6 des Kommentars). Während Art. 10 I, II MA keinen Bezug zum Verhältnis der Gesellschaftsbesteuerung zur Besteuerung der Gesellschafter ausweist (Problemkreis des Körperschaftsteuersystems und der wirtschaftlichen Doppelbelastung), nimmt der Kommentar zum MA Nr. 45 ff. zu abkommensrechtlichen Konsequenzen aufgrund von Besonderheiten des innerstaatlichen Steuerrechts Stellung und gelangt zu dem Ergebnis (Nr. 49 i): „Alles in allem hat es den Anschein, daß sich das Problem nur durch zweiseitige Verhandlungen lösen läßt, bei denen sich Zugeständnisse und Vorteile, die das Abkommen für jeden Staat beinhaltet, besser abwägen lassen." Art. 10 III definiert „Dividenden" – denn daß es aufgrund der **Vielfalt schuld- und gesellschaftsrechtlicher Konstruktionen bezüglich der Teilhabe an Unternehmensergebnissen** im internationalen Vergleich einen übereinstimmenden Standard steuerrechtlicher Folgen gibt, kann ausgeschlossen werden. Unterschiedliche Qualifikationen von Rechtsträgern, abweichendes Verständnis bei der Abgrenzung von bloßen Forderungsrechten gegenüber Anteilsrechten, Folgen einer Umqualifizierung von Erträgen wie im Falle der Gesellschafter-Fremdfinanzierung gem. § 8 a KStG, überhaupt hybride Finanzierungen sind mit dem Problem einer Dividendendefinition verbunden. Art. 10 IV MA enthält den sogenannten Betriebsstättenvorbehalt gegenüber Art. 7 bzw. Art. 14: Liegen die Voraussetzungen des Betriebsstättenvorbehalts vor, gelten nach der einen Sicht nicht mehr die Quellensteuerbeschränkungen (Konkurrenzproblem) bzw. wird – nach einer anderen Sicht – die Nichtanwendung des Art. 10 I, II angeordnet. Art. 10 V MA sieht ein Verbot einer extraterritorialen Besteuerung vor, bei dem die Reichweite strittig ist (für ausgeschüttete und nicht ausgeschüttete Gewinne?). Art. 10 V ist somit ein Standort, an dem die Vereinbarkeit der §§ 7 ff. AStG (Hinzurechnungsbesteuerung) mit Abkommensrecht erörtert wird.

**171**      (2) Zur Darstellung: Dem Abkommensaufbau und der Bedeutung des Art. 10 I MA folgend wird an dieser Stelle vorrangig die **Besteuerung aus**

**der Sicht des Quellenstaates** erörtert: Abfluß der Kapitalerträge in das Ausland. Die Besteuerung eines inländischen Anteilseigners an einer ausländischen und an ihn Gewinnanteile ausschüttenden Gesellschaft hat ihren systematischen Platz allein in Art. 23 (Vermeidung der Doppelbesteuerung im Wohnsitzstaat) – nur wo der Zusammenhang die Sichtweise auch des Wohnsitzstaates zu berücksichtigen hat oder eine strenge Trennung nicht durchzuführen ist (es kann beispielsweise für die Einordnung von hybriden Formen nicht der gesamte Stoff der Art. 10, 11 in Art. 23 – ohnehin praktisch identisch – wiederholt werden), sind die Hinweise an beide Staaten gerichtet.

*b) Die Besteuerung im Quellenstaat*

*aa) Grundlagen: Streubesitz, Schachtelbeteiligungen*

(1) Die Bundesrepublik erhebt wie alle anderen Staaten – in der Regel im **172** Rahmen einer beschränkten Steuerpflicht – eine Quellensteuer: Beschränkte Einkommensteuerpflicht oder Körperschaftsteuerpflicht (§ 49 I Nr. 5 EStG, Kapitalertragsteuer §§ 43 I Nr. 1, 43 a I Nr. 1 EStG. Dazu ist auf die Darstellung Q 33 zu verweisen). Die Quellensteuerermäßigung wirkt sich entweder im Rahmen der Abgeltung oder der Veranlagung aus: In welcher Form die Dividende im Quellensteuerstaat zu besteuern und wie die Steuerermäßigung verfahrensrechtlich gewährt wird, ist die Sache des innerstaatlichen Rechts. Bei der anspruchsberechtigten Person handelt es sich um den Anteilseigner im Sinne des inländischen Steuerrechts (siehe z. B. § 20 II a EStG), der zugleich Nutzungsberechtigter im abkommensrechtlichen Sinne ist; dazu Nr. 12 des MA-Kommentars: Die Begrenzung gilt nicht, wenn zwischen Empfänger und Schuldner ein Dritter, wie z. B. ein Vertreter oder sonstiger Beauftragter, eingeschaltet ist. Der Zweck dieser abkommensrechtlichen Voraussetzung ist es, zur Verhinderung des Abkommensmißbrauchs beizutragen (treaty-shopping, s. bereits R 101; im übrigen ist auf die Kommentierung bei *Kl. Vogel* Art. 10–12 Rz 9 ff. zu verweisen).

(2) Art. 10 II unterscheidet zwischen **Schachteldividenden** (direct in- **173** vestment) und **anderen Dividenden** (*Streubesitz,* portfolio investment). Die beiden Höchststeuersätze 5% bzw. 15% beziehen sich jeweils auf den Bruttobetrag der Dividende (keine Kürzung um Betriebsausgaben oder Werbungskosten). Das Musterabkommen bezieht die **Differenzierung zwischen Schachtel- und Streubesitzdividenen nur auf den Quellenstaat:** Der Quellenstaat soll die wirtschaftliche Mehrfachbesteuerung in Konzernverhältnissen mildern; es ist daran zu erinnern, daß im Falle einer Tochtergesellschaft als Grundeinheit, einer Holding und einer Muttergesellschaft als Spitzeneinheit in 3 Ländern grundsätzlich auf die Dividendenausschüttung der Tochtergesellschaft an die Holding und auf die Dividendenausschüttung der Holding an die Muttergesellschaft (Weiterausschüttung) jeweils eine Quellensteuer für Rechnung der emp-

fangenden Kapitalgesellschaft im Rahmen ihrer beschränkten Steuerpflicht einzuhalten ist (Zahlenbeispiel zur potentiellen Steuermehrbela-
stung durch Zwischenschaltung einer Holding bei *Kessler* S. 26). Dieser
Zusammenhang ist uns aus dem Außensteuerrecht auch bereits bekannt.
Es ist aber, um den Zusammenhang schon an dieser Stelle herzustellen,
über das Musterabkommen hinausgehend auch fester Bestandteil deutscher
Vertragspraxis, als **Wohnsitzstaat** der Anteilsinhaber für ausländische
Schachteldividenden – wenn auch ggf. unter Anwendung von Vorbehalts-
klauseln – eine Freistellung von der deutschen Besteuerung herbeizufüh-
ren. Man muß diesen Zusammenhang beachten, aber zugleich vor Augen
haben, daß Schachteldividenden im Sinne der Verteilungsnorm des Art. 10
MA durchaus gänzlich andere Voraussetzungen als für die Zwecke der
Vermeidung der Doppelbesteuerung im Wohnsitzstaat haben können.
Man sollte **beide Schachtelprivilegien auch strikt trennen,** weswegen
Vergleiche wie „Art. 10 setzt für die Annahme einer Schachtelbeteiligung … voraus. Nach deutschem Steuerrecht wird für die Gewährung
des Schachtelprivilegs durch den Wohnsitzstaat Deutschland eine Mindestbeteiligung von einem Zehntel vorausgesetzt (§ 8 I KStG)", so *Rosemarie Portner* in *B/H/G/K* Rz 26 zu Art. 10 MA, nur Mißverständnisse
hervorrufen können: § 8b KStG hat mit der Sichtweise der Bundesrepublik als Quellenstaat nichts zu tun, deswegen gehört eine Bezugnahme
auf § 8b KStG in den Bereich des Art. 23 MA und nicht in den Bereich
des Art. 10 MA (richtig *Grotherr* in *B/H/G/K* Rz 97 zu Art. 23 MA). Nur
wenn man **beide Schachtelprivilegien trennt,** erschließen sich auch andere Zusammenhänge: Im DBA-Luxemburg sind Holdinggesellschaften
nach dem luxemburgischen Holdingsteuergesetz von 1929 aus dem persönlichen Anwendungsbereich ausgenommen. Folge: Keine Quel-
lensteuerentlastung für Ausschüttungen an deutsche Anteilseigner – was
wegen der weitgehenden Steuerbefreiung ohnehin bedeutungslos ist. Es
hat aber weiterreichende Bedeutungen für die Behandlung der Ausschüttungen an Dividendenempfänger mit Sitz in der Bundesrepublik, da
auch das Schachtelprivileg des Art. 20 III DBA-Luxemburg (Wohnsitzstaat) nicht anwendbar ist: Es sind Einkünfte ohne DBA-Folgen nach
§ 20 EStG zu versteuern (unabhängig von der Möglichkeit einer Hinzurechnungsbesteuerung; zu neueren Entwicklungen des luxemburgischen
Holdingrechts mit DBA-Folgen bzw. Anwendung des § 10 VI AStG s.
*Siegers* in *Debatin/Wassermeyer* Luxemburg Vor Art. 1 Rz 30).

**174**      (3) Damit kommt der **Unterscheidung zwischen Schachteldividenden
und anderen Dividenden** für die Höhe der Quellensteuerabgrenzung
entscheidende Bedeutung zu (zu Schachteldividenden s. auch N 160).

**175**      – Der **für Schachteldividenden vorgesehene Quellensteuersatz** in Höhe von 5%
der Bruttodividende setzt eine unmittelbare Beteiligung (Verfügung über mindestens
25% des Kapitals) voraus. Damit wird der Zweck des Schachtelprivilegs deutlich: Er
setzt eine unternehmerische Teilhabe voraus, die ein bestimmtes Maß an Einfluß er-

fordert. Die Situation aus der Sicht der Bundesrepublik als Quellensteuerstaat wird bezüglich der Schachteldividenden durch die Geltung von „Suspensionsklauseln" bestimmt, wobei unklar ist in welchem Umfang solche Klauseln in einigen DBA-Fällen noch von Bedeutung sind: solche Klauseln sehen vor, daß der ermäßigte Steuersatz für Schachteldividenden (5%) von einer bestimmten Differenz der Steuersätze zwischen ausgeschütteten und nicht ausgeschütteten Gewinnen im KStG abhängt: Solange diese Differenz 20 Prozentpunkte oder mehr beträgt, bleibt es bei dem für Steuerdividenden geltenden Quellensteuerhöchstsatz auch für Schachteldividenden. Begründet wurde dies mit einem anderenfalls verstärkt und wettbewerbsverzerrend wirkenden Ausländereffekt, der wiederum ein wesentliches Motiv für die Körperschaftsteuerreform 1977 war. Mit der Körperschaftsteuerreform 1977 änderten sich die Verhältnisse grundsätzlich (siehe dazu R 106) – ohne daß dies aber zum Fortfall der Suspensierungsklauseln führte – dies bewirkte erst die Steuersatzänderung zum 1. 1. 1990: 50%/36% (Steuerreformgesetz 1990) – mit abkommensrechtlich wohl eher versehentlichen Folgen. Mit Wirkung ab 1. 1. 1994 (Standortsicherungsgesetz 1993) beträgt das Verhältnis 45%/30% – zunächst also eine Satzdifferenz von 14, gegenwärtig von 15 Prozentpunkten. Da eine Reihe von Abkommen eines Satzdifferenz von 15% genügen läßt, könnte dies zur Folge haben, daß zunächst (31.12.1989) außer Kraft getretene Suspensionsklauseln wieder anwendbar geworden wären (das Steuerentlastungsgesetz 1999/2000/2002 sieht seit VZ 1999 einen tariflichen Steuersatz von 40% vor). Die Entwicklung ist sehr eingehend und detailreich bezüglich der Abkommenspraxis bei *Kl. Vogel* (Art. 10 Rz 136ff.) dargestellt; danach ist die Lösung differenziert und hängt vom Wortlaut der **Suspensionsklauseln** ab: Das Wort „wenn" wird als zeitlich unbegrenzt geltendes Tatbestandsmerkmal, das Wort „solange" als auflösende Bedingung für die zunächst geltende Suspensionsklausel verstanden. Ob man aber solche Zufälligkeiten – es kann nicht ernsthaft ein entsprechender unterschiedlicher Wille der Vertragsparteien bezüglich der Wortwahl „wenn" und „solange" behauptet werden – mit einer Methode der Abkommensauslegung überzeugend in Übereinstimmung bringen kann? Alles läuft in dieser Frage deswegen im die Tat darauf hinaus, der Finanzverwaltung zu empfehlen, durch einen einseitigen Verzicht rückwirkend auf den 1. 1. 1994 „das Problem in rechtlich und faktisch befriedigender Weise zu bereinigen" (*Kl. Vogel* Art. 10 Rz 148b).

– Zu beachten sind in diesem Zusammenhang die europarechtlichen Begrenzungen **176** der Dividendenbesteuerung und ihr Verhältnis zu den Doppelbesteuerungsabkommen: Die **Mutter/Tochter-Richtlinie** verpflichtet die EU-Mitgliedstaaten, in ihrer Eigenschaft als Quellenstaaten (Außensteuerrecht: s. P 97) Ausschüttungen einer Tochtergesellschaft an ihre in einem anderen EU-Mitgliedstaat ansässige Muttergesellschaft vom Quellensteuerabzug freizustellen (und – um auch insoweit wiederum nicht den Zusammenhang aus den Augen zu verlieren – verpflichtet den Wohnsitzstaat der Muttergesellschaft, diese Ausschüttungen freizustellen oder auf die Ausschüttungen der Tochtergesellschaft entfallende Körperschaftsteuer anzurechnen: Aber der Sache nach gehört diese Steuerfolge in einen Zusammenhang mit Art. 23 MA). In diesem Zusammenhang ist nur noch das Verhältnis der Doppelbesteuerungsabkommen zu den in nationales Recht umgesetzten Richtlinienbestimmungen zu klären: Danach hat in einem Kollisionsfall die Richtlinie den Vorrang und verdrängt die DBA-Bestimmungen (Vorrang des Gemeinschaftsrechts), wenn steuerliche Vorteile gegenüber dem Abkommensrecht geltend gemacht werden; im umgekehrten Fall gilt aber günstigeres Abkommensrecht, weil die Mutter/Tochter-Richtlinie sich als Kompromiß hinsichtlich der erforderlichen Minimalforderungen darstellt. Die Richtlinie steht also weiteren Erleichterungen in bilateralen Verhältnissen nicht entgegen: Art. 7 II der Richtlinie bringt dies zum Ausdruck (*Jutta Meerpohl* S. 78ff.).

– Liegen die Voraussetzungen für die Schachteldividenden nicht vor, gilt die **177** Quellensteuerbegrenzung für Streubesitzdividenden („in allen anderen Fällen"): Einkünfte aus unternehmerischen Beteiligungen werden somit gegenüber Beteiligungen aus einer Kapitalanlage begünstigt; Streubesitz-Dividenden werden wirtschaftlich eher als Zinsen verstanden.

### bb) Weitere Besonderheiten in der Abkommenspraxis

**178**      Neben der Unterscheidung Streu- und Schachtelbesitz müssen Besonderheiten beachtet werden, die über diese Einteilung hinausgehen und zugleich die **Kompliziertheit des Dividendenartikels** bewirken. Sinnvollerweise ist an die Unterscheidung bei *Kl. Vogel* Art. 10 Rz 87 anzuknüpfen, der als dritte Gruppe nach Streubesitz- und Schachteldividenden die uneingeschränkte Besteuerung im Quellenstaat und als vierte Gruppe andere Besonderheiten nennt.

**179**      – Eine uneingeschränkte Besteuerung im Quellenstaat ist in der deutschen Abkommenspraxis in Fällen vorgesehen, in denen die **Dividende beim Schuldner abzugsfähig** ist. Das scheint zunächst widersprüchlich zu sein, da doch für Dividenden eine Abzugsfähigkeit von der Besteuerungsgrundlage gerade ausgeschlossen ist (§ 8 III KStG). Der Grund für die besondere Regelung solcher Zahlungen ist im Dividendenbegriff auf der Ebene des Abkommens zu suchen. Der Begriff der Dividenden kann danach Zahlungen umfassen, die nach innerstaatlichem Recht abzugsfähige, gewinnabhängige Vergütungen umfassen: Einkünfte aus **typischen stillen Beteiligungen**, partiarischen Darlehen u. ä. Sind solche Einkünfte in den Dividendenbegriff einbezogen, so gilt für sie auch die Quellensteuerbegrenzung (wobei die Streubesitzregelung zur Anwendung gelangt) – der in Art. 10 verwendete Begriff „zahlende Gesellschaft" steht dem nicht entgegen, weil der Gesellschaftsbegriff für Art. 10 abweichend von Art. 3 I b MA aus dem Zusammenhang heraus interpretierbar ist (*BFH* BStBl. 1992 II, 377 zu den Einkünften einer Schweizer Kapitalgesellschaft aus ihrer typischen stillen Beteiligung am inländischen Handelsgewerbe einer KG als Dividenden, für die der inländische Schuldner darauf entfallende Kapitalertragsteuer einzubehalten und abzuführen hat). Sieht man von einigen Regelungen in der deutschen Abkommenspraxis ab, eigenständige Steuersatzbegrenzungen festzulegen (DBA-Schweiz: 30%), ist die eindeutige Tendenz in der weiteren Abkommenspraxis nachweisbar, für solche Beteiligungen die Steuersatzbegrenzungen im Quellenstaat aufzuheben. Voraussetzung ist in jedem Fall, daß die Einkünfte des stillen Gesellschafters aus seiner stillen Beteiligung vom Schuldner (das ist die Quelle) abgezogen werden können. Beispiel: Nach Art. 10 V DBA-USA können Einkünfte aus Rechtsbeziehungen, die ein Recht auf Gewinnbeteiligung verleihen (in der Bundesrepublik Deutschland einschließlich der Einkünfte aus einer stillen Gesellschaft, aus partiarischen Darlehen, Gewinnobligationen oder Genußrechten oder Genußscheinen), in dem Vertragsstaat, aus dem sie stammen, nach dessen Recht besteuert werden, wenn die Einkünfte bei der Ermittlung des Gewinns der zahlenden Person abzugsfähig sind; zur jüngsten Abkommenspraxis vgl. einerseits DBA-Kasachstan (Art. 10 III: Stille Beteiligung, Partiarisches Darlehen, Gewinnobligationen), andererseits DBA-Litauen (Regelung statt in Art. 10 im Protokoll Nr. 5). Sinn und Zweck dieser Regelungen ist die **Sicherstellung einer angemessenen Besteuerung sog. hybrider Finanzierungsinstrumente** (dazu näher im Zusammenhang mit den Zinseinkünften S 220) im Quellenstaat zu ermöglichen, wenn dieser die Finanzierungsform als Fremdkapital einstuft und die Zahlungen deshalb beim Schuldner nicht besteuert (*Rosemarie Portner* IStR 1996, 409; *Wolff* DBA-USA Art. 10 Rz 143). Solche Finanzierungsinstrumente bedürfen einer eigenständigen Regelung, weil sie in die vom MA vorgegebene Einkünfteordnung nur schwer einzuordnen sind; sie resultieren vor allem aus der Tatsache, daß die Einkunftsarten, insbesondere die Zins- und Dividendeneinkünfte, auf der Grundlage von Vermögenswerten definiert werden, in die moderne, aus mehreren Elementen bestehende Rechtsbeziehungen nicht passen (*Jürgen Haun S.* 147, der die Besteuerungsfolgen hybrider Finanzierungsinstrumente insbesondere im Verhältnis DBA-USA untersucht hat).

– Schließlich ist auf eine Reihe **spezieller Regelungen aus der Sicht des Quel- 180 lensteuerstaates** hinzuweisen:
– – In einigen Abkommen ist eine „subject-to-tax clause" enthalten (Beispiel: DBA-Großbritannien, Art. VI Abs. 1 Satz 2 HS 2, dazu *Mettenheimer* in *Debatin/Wassermeyer* Großbritannien Art. VI Rz 23).
– – Zwei Abkommen knüpfen eine Quellensteuerbegrenzung im Vertragsstaat als Quellenstaat an einen Aktivitätsvorbehalt (DBA-Brasilien Protokoll Nr. 8, 9, DBA-Philippinen Protokoll Nr. 7), er ist wiederum nicht zu verwechseln mit dem Aktivitätsvorbehalt aus der Sicht der Bundesrepublik als Wohnsitzstaat des Empfängers von steuerbefreiten Schachteldividenden – und zwar als Regelfall.
– – Bisweilen wird für den Vertragsstaat als Quellenstaat die Quellensteuerbegrenzung auf Null bestimmt, grundsätzlich aber in einer status-quo-Verbindung mit dem innerstaatlichen Steuerrecht (dazu *Kl. Vogel* Art. 10 Rz 103).
– – Besondere Mißbrauchsklauseln sind beispielsweise für die Abkommen mit Großbritannien, Mauritius, in besonders umfangreicher Form für das DBA-Schweiz nachweisbar: Art. 23 Entlastungsversagung wegen unangemessener Abkommensausnutzung durch Gesellschaften und Stiftungen, z. B. wegen unangemessener Geschäftsgebaren nach Art. 23 I.

*cc) Körperschaftsteuersystem und Quellenbesteuerung*

(1) Zur Frage *grenzüberschreitender Körperschaftsteuer-Gutschriften* **181** ist zunächst klarzustellen, daß ebensowenig wie im Außensteuerrecht (P 92) auch die deutschen DBA solche Gutschriften vorsehen. Demgegenüber bildet die Gewährung grenzüberschreitender Körperschaftsteuer-Gutschriften des Quellenstaates einen festen Bestandteil der Abkommenspolitik von Großbritannien und Frankreich (Einzelheiten hierzu bei *Kessler* S. 268 ff.; zu hieran anknüpfenden Gestaltungsmöglichkeiten für deutsche Kapitalgesellschaften durch Holding-Zwischenschaltung s. *Kessler* IStR 1995, 405). Das DBA-Frankreich stellt deutsche und französische Anteilseigner in Frankreich ansässiger Gesellschaften hinsichtlich der seit 1993 erfolgten Vollanrechnung französischer Körperschaftsteuer gleich: Für Schachteldividenden s. Art. 9 IV DBA-Frankreich, für Streubesitzdividenden s. Art. 9 II i. V. mit Art. 20 I bis b) (avoir-fiscal-Gutschrift). Folge ist eine Gleichstellung in der Gesamtbelastung deutscher und französischer Anteilseigner an französischen Kapitalgesellschaften mit französischen Steuern; zu den Einzelheiten, insbesondere zum Anspruch auf eine Steuergutschrift in Höhe der Hälfte der Bardividende gegen den deutschen Fiskus *Kl. Vogel* Art. 10 Rz 160; *OFD Magdeburg* FR 1996, 330. Demgegenüber hat die Bundesrepublik als Quellenstaat die Nachteile für Steuerausländer als **Folge des Ausschlusses vom Anrechnungsverfahren** bisher lediglich im Verhältnis zu den USA und der Schweiz berücksichtigt: Art. 10 III DBA-USA mit einer Zusatzentlastung in Höhe von 5% des Bruttobetrages der Dividende für US-Streubesitzer von der deutschen Quellensteuer als Teilausgleich für eine fehlende Körperschaftsteuervergütung; Art. 10 III, Art. 24 II Nr. 1 bis b,

Nr. 3 DBA-Schweiz. Zur Durchführung der Zusatzentlastung im Verhältnis zu den USA s. *Wolff* DBA-USA Rz 35 ff. zu Art. 10.

**182**     (2) Auch der zweite Aspekt des Körperschaftsteuersystems bei grenzüberschreitenden Beziehungen, der unter dem Stichwort der *„Ausschüttungskörperschaftsteuer"* bekannt ist (s. ab N 57), bleibt folgerichtig ohne DBA-Auswirkungen, gehört auch systematisch aus deutscher Sicht nicht hierher. Dennoch – des Zusammenhangs wegen: Nach § 8 b I KStG wird bei Weiterausschüttung steuerfreier ausländischer Vermögensmehrungen auf eine Nachversteuerung verzichtet, der Vorteil der Steuerfreiheit dieser Bezüge bleibt auch auf der Ebene nachgeschalteter Körperschaften erhalten. Grundlage hierfür wiederum ist die Regelung, nach der eine Verwendung von EK 01 (aus steuerfreien ausländischen Einkünften § 30 II Nr. 1 KStG) zur Ausschüttung gem. § 40 Satz 1 Nr. 1 KStG nicht zur Herstellung der Ausschüttungsbelastung im Sinne des § 27 KStG führt, d. h. es kommt nicht zu einer Körperschaftsteuererhöhung. Die steuerfreie Ausschüttung ist an die Voraussetzung einer unbeschränkt steuerpflichtigen Körperschaft gebunden. Für **ausländische Dividendenempfänger** bleibt es bei den Regeln der beschränkten Steuerpflicht; ein DBA ändert hieran nichts, auch nicht an der Wirkung des § 8 b, die möglicherweise für ausländische Anteilseigner per Saldo zu einem weiteren Nachteil führt (dazu *Kessler* S. 243). Das besondere Schachtelprivileg des § 8 b IV KStG für die inländische Betriebsstätte einer beschränkt steuerpflichtigen Körperschaft gehört nicht in den Zusammenhang einer Quellenstaatsbetrachtung – sie gehört in den Bereich der Wohnsitzbesteuerung.

*c) Der Dividendenbegriff*

**183**     (1) Der Dividendenbegriff – er löst nicht die Frage der ihm konkret zurechenbaren Einkünfte – wird in der Abkommenspraxis im Anschluß an das MA durch eine „dreigliedrige Umschreibung konkretisiert" – eine Legaldefinition gibt es nicht und ist wohl auch nicht möglich (so *Schaumburg* S. 943; anders *Wassermeyer* Art. 10 Rz 91). Dazu der MA-Kommentar zu Art. 10 Nr. 23: Wegen der großen Unterschiede zwischen den Rechtsordnungen oder Mitgliedstaaten der OECD ist der Ausdruck nicht abschließend zu bestimmen, daher beschränkt sich die Definition auf Beispiele, die in den Rechtsordnungen der meisten Mitgliedsstaaten zu finden sind und die dort nicht unterschiedlich behandelt werden. Eine vom innerstaatlichen Recht unabhängige Definition ist jedenfalls nicht möglich: „Die Vertragsstaaten können bei den zweiseitigen Verhandlungen die Besonderheiten ihres innerstaatlichen Rechts berücksichtigen und in die Dividendendefinition auch andere Zahlungen von Gesellschaften einbeziehen, die unter den Artikel fallen sollen. Nach Art. 10 III gehören zu den Dividenden Einkünfte aus

– Aktien, Genußaktien oder Genußscheinen, Kuxen, Gründeranteilen,
– anderen Rechten, ausgenommen Forderungen mit Gewinnbeteiligungen,

– sonstigen Gesellschaftsanteilen, soweit die Einkünfte nach dem Recht des Staates, in dem die ausschüttende Gesellschaft ansässig ist, den Einkünften aus Aktien steuerlich gleichgestellt sind.

(2) Die **Schwierigkeiten des Dividendenbegriffs** sind schon bei der 184 Darstellung der Quellenbesteuerung am Beispiel der Einordnung der typischen stillen Gesellschaft und hybrider Finanzierungen zum Ausdruck gekommen; solange aber das Abkommen solche besondere Gestaltungen ausdrücklich zuordnet, kommt es auf Differenzen im innerstaatlichen Recht der Vertragsstaaten nicht an. Fehlt es an einer für Zwecke der Abkommensanwendung übereinstimmenden Sicht, müßte an sich die Regel greifen, daß Einkünfte nach dem Recht des Anwenderstaates zu qualifizieren sind. Das könnte zur Folge haben, daß der Quellenstaat als Dividende qualifiziert, was aus der Sicht des Wohnsitzstaates den Zinseinnahmen oder dem Unternehmensgewinn zuzurechnen ist. Die dritte Gruppe des Art. 10 III nimmt aber ausdrücklich auf das Recht des Quellenstaates Bezug. Daraus zieht die überwiegende Auffassung einen allgemeinen Schluß und läßt die Bestimmung des Quellenstaates auch in den beiden anderen Gruppierungen maßgeblich sein (hiergegen *Wassermeyer* Art. 10 MA Rz 92 mit Recht, denn solange nicht die Auslegung des Art. 23 über die Vermeidung der Doppelbesteuerung im Wohnsitzstaat dies bestätigt – wie beispielsweise im Falle des DBA-USA Art. 23 II b –, gibt Art. 10 III in der Tat für eine generelle Qualifikation nach dem Recht des Quellenstaates nichts her).

(3) Der **zentrale Begriff des Art. 10 III ist der der Gesellschaftsan-** 185 **teile** (3. Gruppe: … sowie aus sonstigen Gesellschaftsanteilen stammende Einkünfte). Es ist **abzugrenzen** einerseits **gegenüber Forderungsrechten,** deren Erträge als Zinsen nach Art. 11 zu behandeln sind; er ist andererseits **gegenüber Mitunternehmerschaften** abzugrenzen, deren Erträge zu den Unternehmensgewinnen zählen. Beide Abgrenzungsfälle greift der Kommentar zum MA auf: In Nr. 25 geht es um die Abgrenzung der Zinsen von den Dividenden auf den Grundlagen eines für den Kapitalgeber mitzutragenden Unternehmerrisikos; in Nr. 27 geht es um Anteile am Gewinn von Personengesellschaften: Sie sollen unter den Dividendenartikel fallen, wenn sie am Ort ihrer tatsächlichen Geschäftsleitung steuerlich im wesentlichen wie Aktiengesellschaften behandelt werden. Im übrigen verweist der Kommentar auf Klarstellungen der Vertragsparteien. Die abkommensrechtlichen Probleme der Personengesellschaften wurden zusammenfassend im Spiegel des deutschen Außensteuerrechts ab S 70 behandelt. Denn im Zusammenhang mit Art. 10 könnte bezüglich der Personengesellschaft ja bestenfalls ein Teilaspekt behandelt werden, bei dem eine als Körperschaft behandelte Personengesellschaft Gewinnausschüttungen vornimmt und deren Dividendeneigenschaft zu klären wäre.

(4) Ausdrücklich nennt **Art. 10 III folgende Einzelfälle,** wobei je- 186 weils beide Staaten als Quellenstaaten angesprochen und in dieser jewei-

ligen Funktion aus der Sicht des Anwenderstaats zur Auslegung zuständig sind; inwieweit bei dieser Auslegung der Zusammenhang des Abkommens zu beachten ist, ist Sache des Einzelfalls. Auch eine generelle Maßgeblichkeit einer Quellenstaatsqualifikation besagt noch nichts darüber, wie der Quellenstaat einen Begriff bestimmt: Eine Verweisung auf das innerstaatliche Recht eines Vertragsstaates bedeutet nicht, daß der Abkommenstext bei der Auslegung bedeutungslos ist. Daher ist *Wolff* DBA-USA Art. 10 Rz 101 zu widersprechen, wenn er am Beispiel der Aktie ausführt: Der Begriff ist nach dem Recht des Quellenstaates auszulegen, Art. 10 IV DBA-USA gäbe keinerlei Hinweise auf eine abkommensrechtliche Auslegung. Die Frage hat zu lauten: Ist in Grenzfällen (Beispiele Wandelschuldverschreibungen, Gewinnanteilscheine) eine Lösung auch unter Einbeziehung des Zusammenhangs des Begriffs in Art. 10 III MA möglich, z.B. nach der Art und Weise, wie das Abkommen Dividenden und Zinsen abgrenzt? Die Antwort liegt auf der Hand – schon deswegen, weil es in zahlreichen Fällen auch an einer Eindeutigkeit des innerstaatlichen Rechts fehlt. Jedenfalls nennt das MA

**187**    – Aktien: bestimmend ist die Beteiligung am Gewinn und am Liquidationserlös der Gesellschaft, ohne daß es auf Gattung und nähere Ausgestaltung dann ankäme.

**188**    – Genußrechte, Genußscheine: auch hier ist die Beteiligung am Gewinn und am Liquidationserlös entscheidend – die Unterscheidung gegenüber den Aktien besteht darin, daß sie keinen Anteil am Grundkapital und damit keine mitgliedschaftlichen Verwaltungsrechte vermitteln; gegenüber Forderungsrechten unterscheiden sie sich durch das Verlustrisiko in der Art des Eigenkapitals einer Gesellschaft.

Am Beispiel des Urteils des *FG Köln* EFG 1996, 836 zur Frage von **Genußrechten** (am Beispiel des DBA-Großbritannien, ohne daß es darauf entscheidend ankäme) läßt sich demonstrieren, daß eine Auslegung nach dem innerstaatlichen Recht mit einem Rückgriff auf den Abkommenstext zu vereinbaren ist: Eine ausländische GmbH hatte einer in Großbritannien ansässigen Kapitalgesellschaft Genußrechte erteilt und hierfür eine Verzinsung zugesagt, solange die GmbH Erträge erwirtschaften werde. Die Genußrechtsforderung sollte anderen Gläubigern im Rang nachgehen, aber vor den Rechten der Gesellschaft bedient werden; Anteile am Liquidationserlös vermitteln sie nicht, ebensowenig irgendwelche Mitgliedschaftsrechte. Die inländische GmbH führte von den Genußrechtszinsen, Kapitalertragsteuer ab. Die britische Gesellschaft forderte vollständige Erstattung, da nach dem DBA-Großbritannien Zinseinkünfte in der Bundesrepublik keiner Quellensteuer unterliegen; einer Quellensteuer unterliegen Dividenden, aber die Zahlungen auf die Genußrechte erfüllten nicht den Dividendenbegriff. Das Finanzgericht ist dem gefolgt: Das DBA definiert den Terminus Genußrecht nicht – es läßt auch keine Abgrenzung zum Forderungsrecht erkennen. Der Rückgriff auf deutsches Recht führt nicht weiter – es läßt eine eindeutige und insbesondere den Streitfall erfassende Abgrenzung zwischen Genußrechten und Forderungen nicht erkennen. Im Steuerrecht wird grundsätzlich danach unterschieden, ob sie einen Anteil sowohl am Gewinn als auch am Liquidationserlös gewähren (z.B. § 20 I Nr. 1 EStG; § 8 III Satz 2 KStG) oder nicht (§ 43 I Nr. 2 EStG). Eine Abgrenzung insbesondere gegenüber dem partiarischen Darlehen sei aber damit noch nicht möglich. Der Dividendenempfänger ist – anders als der Darlehensgläubiger – in einer intensiveren Beziehung zum Quellenstaat zu sehen, eher unternehmerähnlich. Solche Würdigung ließe sich jedenfalls mit der Lösung im DBA-Großbritannien vereinbaren, Zinsen in einer Quellenbesteuerung freizustellen. Ob schon aus der geltenden Beteiligung am Liquidationserlös allein der Mangel einer Dividendenzugehörigkeit folge, läßt das Finanzgericht Köln dahingestellt. Eine Gesamtwürdigung ergäbe jedenfalls, daß es sich eher um eine Gewinnschuldverschreibung als um ein Genußrecht handele. Im Anschluß an die Entscheidung des *FG Köln* sind abkommensrechtliche Fragen der Genußrechte als Finanzierungsinstrumente intensiv erörtert worden, vgl. *Altehoefer/Landendinger* IStR 1997, 321; *Laule* IStR 1997, 577. Zu Genußrechten als Zinsen i. S. des DBA-Niederlande *FG Köln* EFG 1999, 1034.

– Kuxe, Gründeranteile, für die keine anderen Kriterien als die bisher **189** genannten gelten.

– Andere Rechte mit Gewinnbeteiligung – ausgenommen Forderungen: **190** Aus der Kommentierung des MA zu Nr. 24 ergibt sich das Verständnis „verbriefter Rechte", sie stellt den Aktien „alle von Gesellschaften ausgegebenen Wertpapiere gleich, die, ohne Forderungen zu beinhalten, ein Recht auf Beteiligung am Gewinn der Gesellschaft verleihen." Das bedeutet: Unverbriefte Rechte wie GmbH-Geschäftsanteile und Anteile an Genossenschaften fallen nicht darunter (erst unter die folgende Gruppe).

Kl. Vogel Art. 10 Rz 198 erinnert in diesem Zusammenhang an zahlreiche Vorkriegsabkommen, die Kapitaleinkünfte und Unternehmenseinkünfte danach unterschieden, ob Wertpapiere das Recht verkörperten – deswegen kann man wie *Wolff* zum DBA-USA Rz 121 zu Art. 10 die Auffassung vertreten, daß dieses Verständnis nur dort gelte, wo es im Abkommensrecht eine entsprechende historische Grundlage gebe; zu erinnern ist an das insbesondere mit dem alten DBA-Schweiz 1931 verbundene, daraus folgende „GmbH-Privileg": Anwendung des Betriebsstättenprinzips auf GmbH-Beteiligungen mit der Folge der Befreiung der darauf anfallenden Erträge im Staat der Gesellschaft.

– Aus sonstigen Gesellschaftsanteilen stammende Einkünfte, die nach **191** dem Recht des Staates, in dem die ausschüttende Gesellschaft ansässig ist, den Einkünften aus Aktien steuerlich gleichgestellt sind: Alle nicht benannten Rechte, die Beteiligungscharakter im oben genannten Sinne aufweisen. Hierunter fallen vor allem nicht verbriefte Rechte an selbständigen juristischen Personen (GmbH, Genossenschaft) – darunter fallen auch Personengesellschaften aus der Sicht eines Quellenstaates, der diese wie juristische Personen besteuert. Die methodisch überzeugende Lösung einer solchen Zuordnung aus der Sicht der Bundesrepublik als Quellenstaat findet sich bei *Kl. Vogel* Art. 10 Rz 207, 207 a durch die Verbindung mit dem körperschaftsteuerlichen Anrechnungsverfahren (so auch *Schaumburg* S. 949): Hier werde – wenn auch im Ergebnis auf unbeschränkt Steuerpflichtige bezogen, ohne daß es bei der Abgrenzung des Art. 10 III darauf ankäme – eine Abgrenzung der Beteiligungserträge vorgenommen, da nur diese in das körperschaftsteuerliche Anrechnungsverfahren einbezogen sind: §§ 36 II Nr. 3 EStG in Verbindung mit § 20 I Nr. 1, 2 EStG. Außer den in Art. 10 III genannten Anteilen – und nur um diese geht es hier, nicht was alsdann konkret zu den Bezügen gehört – werden hier aufgeführt:

– GmbH,

– Erwerbs- und Wirtschaftsgenossenschaften,

– bergbautreibende Vereinigungen,

   die die Rechte einer juristischen Person haben

aber

**192**   – die Aufzählung der Anteile in § 20 I Satz 1 EStG ist nicht erschöpfend (*Wrede* in *H/H/R* Rz 150 zu § 20 EStG): Zu diesen Einnahmen zählen auch Gewinnanteile, die aus Ausschüttungen korporationsähnlicher Gebilde stammen, wenn diese Mitgliedschaftsrechte gewähren, die einer kapitalmäßigen Beteiligung gleichstehen (Realgemeinden, wirtschaftliche Vereine).

Damit ist der subjektive Geltungsbereich des Anrechnungsverfahrens konkretisiert und zugleich die Verbindung zur Dividendendefinition hergestellt. Das Anrechnungsverfahren findet Anwendung auf alle unbeschränkt steuerpflichtigen Körperschaften, deren Ausschüttungen unter § 20 Nr. 1 EStG fallen. Aufgrund des Verweises in Art. 10 III gelten die Ausschüttungen dieser Rechtsformen als Dividenden – ohne daß dem Umstand des Ausschlusses von Steuerausländern vom Anrechnungsverfahren hierfür an dieser Stelle – um dies nochmals hervorzuheben – eine Bedeutung beizumessen wäre (dies liegt auf einer anderen Ebene als die der Definitionsebene).

**193**   (5) Auf eine Besonderheit in einer Reihe von Abkommen, beispielsweise im DBA-USA Art. 10 VI, ist hinzuweisen. Sie führt zur weiteren, im folgenden Unterabschnitt behandelten Frage nach dem **Verhältnis des Dividendenbegriffs zu den davon umfaßten Einkünften:** Im DBA-USA heißt es – anders als im MA – „aus sonstigen Rechten stammende andere Einkünfte" und nicht „aus sonstigen Gesellschaftsanteilen stammende Einkünfte" – in der Abkommensübersicht zu Art. 10 III heißt es dazu bei *Kl. Vogel* (Rz 203) jeweils „keine ausdrückliche Beschränkung auf Einkünfte aus Gesellschaftsanteilen": Damit ist aber – jedenfalls aus deutscher Sicht als Quellenstaat – keine Erweiterung des Kreises der Dividenden ausschüttenden Gesellschaften verbunden: Es werden aber nunmehr im Verhältnis Gesellschaft/Anteilseigner auch Forderungen erfaßt, soweit der Quellenstaat die Erträge daraus nach seinem Steuerrecht den Einkünften aus Aktien gleichstellt. Hierdurch werden insbesondere die Regelungen des innerstaatlichen Rechts des Ansässigkeitsstaates der zahlenden Gesellschaft über die Umqualifizierung von Einkünften aus Forderungen in Gewinnausschüttungen abkommensrechtlich abgesichert (*Wolff* DBA-USA Art. 10 Rz 124) – diese Wortlautveränderung zeigt zugleich, wie scharf zwei Fragestellungen (nicht nur im Zusammenhang des Art. 10) auseinander zu halten sind: Abgrenzung der Einkunftsart – Umfang der Einkünfte. Es gibt nur keine zweite Einkunftsart, die dies so verdeutlicht wie die Dividendeneinkünfte (wie wenig auf diese Unterscheidung bisweilen geachtet wird, ist an der Kommentierung des Art. 10 durch *Rosemarie Portner* (in *B/H/G/K*) insbesondere an der „Nahtstelle" der Anm. 204, 205 nachzulesen).

(6) Damit wird zugleich klar, warum Einkünfte aus einer Beteiligung **194** als typischer stiller Gesellschafter, Einkünfte aus partiarischen Darlehen, Gewinnobligationen, Wandelschuldverschreibungen und Investmentzertifikationen usw. – wenn nicht eine besondere Einbeziehung in das Abkommen erfolgt – nicht in den Anwendungsbereich des Art. 10 fallen (vgl. die Aufzählung bei *Wassermeyer* Rz 115 ff. zu Art. 10 MA; *Schaumburg* S. 945): **Es fehlt jeweils an der Voraussetzung eines Gesellschaftsanteils** – gleichgültig, welche der 3 Gruppen des Art. 10 III als Maßstab dient. Ob Ausschüttungen auf die Anteilsscheine von Kapitalanlagegesellschaften (Investmentfonds) zu Dividendeneinkünften führen können, ist vom Grundsatz her umstritten. Das Thema ist Gegenstand des IFA-Kongresses 1997 in Neu-Dehli gewesen, vgl. dazu den deutschen Nationalbericht von *Täske* IWB 1 IFA-Mitteilungen, 1437 ff.; *Wassermeyer* Art. 10 MA Rz 118: Der Anteilsscheininhaber muß die Erträge des Fonds anteilig als eigene unmittelbare Einkünfte versteuern – mithin scheiden Dividendeneinkünfte aus; *Kl. Vogel* Art. 10 Rz 209: Es hängt wiederum davon ab, ob die Einkünfte bei einem Zufluß bei unbeschränkter Steuerpflicht zur Körperschaftsteueranrechnung berechtigen. Die überwiegende Zahl von Abkommen bezieht Ausschüttungen auf Anteilsscheine von Kapitalgesellschaften ausdrücklich in den Dividendenbegriff ein – es ist dann unerheblich, ob es sich bei solchen Fonds um Gesellschaften im Sinne des Art. 3 MA handelt – ebensowenig kommt es auf die Art der vom Fonds bezogenen Einkünfte an (*Wolff* DBA-USA Art. 10 Rz 135 gegen *Wassermeyer* Art. 10 MA Rz 118; zur Besteuerung ausländischer Fondsvermögen *Bölter/Linner/Otto* S. 55 ff.). Für die eindeutig nicht unter die Aufzählung in Art. 10 III subsumierbaren Einkünfte eines stillen Gesellschafters, Einkünfte aus partiarischen Darlehen, Einkünfte aus Gewinnobligationen und daran anknüpfende besondere DBA-Vereinbarungen s. *Kl. Vogel* Art. 10 Rz 229 ff.; diese Rechtspositionen werden auch aus der Sicht der Zinseinkünfte noch behandelt werden.

*d) Dividendenbegriff und Einkünftezuordnung*

(1) Mit der Klärung des Dividendenbegriffs ist noch nicht die Einkünftezuordnung abschließend geklärt, weswegen bei *Kl. Vogel* Art. 10 Rz 187 eine strikte Unterscheidung beider Fragestellungen vorgenommen wird, die in weiten Teilen der Literatur unterbleibt. Das macht das Verständnis bisweilen schwierig, weil nicht nachvollziehbar ist, inwieweit die Kriterien des Dividendenbegriffs – soweit sie sich auf das Erfordernis von Gesellschaftsanteilen beziehen – auch für die Bestimmung des Umfangs der Dividendeneinkünfte selbst maßgeblich sein sollen. Wenn die Kriterien auch im Kern übereinstimmen, so ist schon aus

Gründen des Verständnisses, im übrigen aber auch aus methodischer Sicht, eine solche Trennung erforderlich; man könnte zur Verdeutlichung an die aus der Prozeßpraxis bekannte Unterscheidung eines Anspruchs dem Grunde und der Höhe nach erinnern. Konkret: Es ist eine Seite des Problems, die Beziehungen zwischen Aktionär und Aktiengesellschaft, zwischen Gesellschafter und GmbH Art. 10 MA zuzuordnen – eine andere Seite des Problems, ob Vergütungen für verdecktes Nennkapital, verdeckte Gewinnausschüttungen, Bezüge aus Kapitalerhöhungen, Kapitalherabsetzungen, Einlagenrückzahlungen, Bezüge aus Liquidationen, Gratisaktien usw. als Dividendenbezüge und damit – aus der Sicht der Bundesrepublik als Quellenstaat – den Quellensteuerbegrenzungen des Art. 10 II unterliegen. Anders offensichtlich *Wassermeyer* Art. 10 MA Rz 94: Der Einkünftebegriff des Art. 10 III umfasse auch „geldwerte Vorteile" – hierbei handele es sich um eine abkommensrechtliche Bestimmung; es könne lediglich die Frage einer Einschränkung durch Art. 9 MA gestellt werden. Wie hier *Wolff* (DBA-USA Art. 10 Rz 111) – allerdings ohne Bezugnahme auf das Anrechnungsverfahren. Trotz dieser Unterschiede scheint es im Ergebnis über die Reichweite des Dividendenbegriffs kaum Diskrepanzen zu geben.

**196** (2) Welche **Einnahmen aus Gesellschaftsanteilen** vom **Dividendenbegriff** erfaßt werden, richtet sich nach dem Recht des Quellenstaates (in seiner Eigenschaft als Anwenderstaat) – wobei es eine Frage des Einzelfalles ist, inwieweit die innerstaatliche Rechtsfindung auch den Zusammenhang des Abkommens zu beachten hat, bzw. Abkommenswertungen in den Auslegungsprozeß einbezieht. Das ist auch unbestritten, strittig ist lediglich die Reichweite dieses Ergebnisses, die Geltung auch für den Wohnsitzstaat des Dividendenempfängers (dazu einerseits *Wassermeyer* Art. 11 MA Rz 96 am Beispiel der Gesellschafter-Fremdfinanzierung, andererseits hierzu *Wolff* Art. 10 DBA-USA Rz 125). Jedenfalls ist auch bei der Frage der Zuordnung einzelner Zahlungen an den Anteilseigner der Auslegung *Kl. Vogels* zu folgen und davon auszugehen, daß dies alle jene Einnahmen sind, die gemäß § 36 II Nr. 3 i.V. mit § 20 I Nr. 1, 2 EStG am körperschaftsteuerlichen Anrechnungsverfahren teilzunehmen (so *Kl. Vogel* Art. 10 Rz 212); *Schaumburg* S. 949). Wegen der Zweistufigkeit, in der sich im Rahmen des Anrechnungsverfahrens die steuerliche Entlastung vollzieht (einerseits Herstellung der Ausschüttungsbelastung gem. § 27 KStG, andererseits Anrechnung auf der Ebene des Ausschüttungsempfängers in Höhe von 30% gem. § 36 II Nr. 3 EStG) folgt daraus (beispielhaft):

– Für eine **verdeckte Gewinnausschüttung,** die als Beteiligungsertrag einem ausländischen Anteilseigner zuzurechnen ist, greifen die Quellensteuerbegrenzungen ein (denn: Verdeckte Gewinnausschüttungen sind grundsätzlich in das Anrechnungsverfahren einbezogen, nur darauf kommt es an; dazu *Bianca Lang* in *Arthur Anderson* Rz 967 ff. zu § 8 KStG.

– **Einlagenrückzahlungen,** sofern handelsrechtlich zulässig, sind von der Besteuerung ausgeschlossen (*Wrede* in *H/H/R* Rz 190 ff. zu § 20 EStG).

– Bezüge aufgrund einer **Kapitalherabsetzung** oder einer **Liquidation** fallen im Sinne des § 20 I Nr. 2 EStG nur an, soweit für die Leistungen der Körperschaft für Ausschüttungen verwendbares Eigenkapital als verwendet gilt – nur insoweit ist wiederum der Bezug zu § 36 II Nr. 3 EStG gegeben (*Wrede* in *H/H/R* Rz 337 zu § 20 EStG; *Kl. Vogel* Art. 10 Rz 215); zur Konkurrenzproblematik Art. 10 MA (Dividenden) oder Art. 13 MA (Veräußerungserlöse) in diesem Fall einerseits *Schaumburg* S. 952 (Qualifikation des jeweiligen Quellenstaates ist maßgeblich, hierbei differenzierte Rechtslage in Deutschland), andererseits *Wassermeyer* Art. 10 MA Rz 105: autonome Qualifikation für die beiden ersten Gruppen des Art. 10 III.

– Für beschränkt steuerpflichtige Anteilseigner im Geltungsbereich des § 52 KStG, § 36 e EStG: **Körperschaftsteuer-Vergütungsbetrag,** der zu den Einkünften aus Kapitalvermögen auch beschränkt Steuerpflichtiger gehört (s. Q 6); damit ist dieser Vergütungsbetrag Teil der Dividenden im Sinne des Art. 10 MA.

(3) Hervorzuheben sind die abkommensrechtlichen Folgen der **Gesell-  197 schafter-Fremdfinanzierung** (§ 8 a KStG, dazu P 132, S 154, 218). Das vom Gesellschafter zur Verfügung gestellte Kapital wird nicht in verdecktes Nennkapital umqualifiziert, es bewahrt auch steuerrechtlich seinen Fremdkapitalcharakter; Zinsen und Entgelte für die Nutzungsüberlassung werden als verdeckte Gewinnausschüttungen fingiert: Die Vergütungen sind nicht abzugsfähig, nach § 27 KStG ist die Ausschüttungsbelastung herzustellen und nach § 43 I Nr. 1 EStG Kapitalertragsteuer abzuziehen. Ein treaty-overriding ist vom Gesetzgeber nach der Gesetzesgeschichte nicht beabsichtigt, dementsprechend geht die Finanzverwaltung davon aus, daß DBA-Grundsätze in Konfliktfällen Vorrang besitzen (*BMF*-Schreiben BStBl. 1995 I, 25 ff., Rz 63). Die Frage, ob von Art. 9 MA eine Sperrwirkung ausgeht, ist hier nicht zu klären (s. dazu S 122); hier geht es um die Frage der abkommensrechtlichen Einkünftequalifikation: Dividenden oder (weiterhin) Zinsen?

In der neueren deutschen Abkommenspraxis hat – wie bereits eben  198 erwähnt – die dritte Beispielsgruppe in Art. 10 III insoweit eine Änderung erfahren, als die Beschränkung auf Einkünfte aus Gesellschaftsanteilen entfallen ist. Daraus folgt, daß solche Zinsen auch abkommensrechtlich und nur für Zwecke der Quellenbesteuerung als Dividenden gelten; anders *Janssen* (S. 226), der hierunter nur Forderungen aus stiller Beteiligung versteht; § 8 a KStG ist hiernach nur anwendbar, wenn vorgesehen ist, daß „sonstige Einkünfte … nach dem Recht des Staates, in dem die ausschüttende Gesellschaft ansässig ist, den Einkünften aus Aktien steuerlich gleichgestellt sind" – wie z. B. Kanada, Italien, Frankreich. *Janssen* hält auch eine Heranziehung der lex-fori-Definition in Art. 10 III MA nicht für möglich, da dort Gesellschaftsanteile vorausgesetzt werden, § 8 a das Darlehensverhältnis als solches aber nicht umqualifiziert. Zu prüfen bliebe nach dieser Auffassung noch im Einzelfall, ob das DBA ein unbeschränktes Quellenbesteuerungsrecht in einem solchen Fall regelt. Am Beispiel der Art. 10 IV, V DBA-USA ist daher als

Ergebnis eine Einschränkung der Behandlung von Erträgen aus Gesellschafter-Fremdfinanzierungen als Dividenden nicht festzustellen (dazu
noch die ergänzende Regelung in Art. 11 II Satz 3 DBA-USA: Der Ausdruck „Zinsen" umfaßt jedoch nicht Einkünfte, die in Art. 10 behandelt
sind – inzwischen weitgehende Abkommenspraxis, zuletzt DBA-Kasachstan Art. 11 IV Satz 3 – unterblieben im DBA-Litauen, beide Gesetze
zum jeweiligen Abkommen am 22. 7. 1998 verabschiedet); zu Art. 10
DBA-USA *Wolff* (Rz 123); ablehnend *Rosemarie Portner* (in *B/H/G/K*
Anm. 202 zu Art. 10 MA) und *Rademacher* (in *B/H/G/K* Anm. 13 zu
Art. 10 DBA-USA) – es fehle an Einkünften aus „Gesellschaftsanteilen";
aber damit wird der veränderten Dividendenbestimmung der dritten
Gruppe nicht Rechnung getragen.

**199**    (4) Schließlich noch eine knappe Anmerkung zur Frage, ob der **Hinzurechnungsbetrag** (§§ 7ff. AStG) als Dividende im abkommensrechtlichen Sinne anzusehen ist (zur DBA-Vereinbarkeit s. bereits R 10 und
oben S 204). Da es in diesem Abschnitt ausschließlich um die Quellenbesteuerung am Sitz der ausschüttenden Gesellschaft geht, die Bundesrepublik mit §§ 7ff. AStG aber gerade eine Wohnsitzbesteuerung geltend macht, liegt die Frage außerhalb des Anwendungsbereiches des
Art. 10 II; man kann die Frage hier nur systematisch einordnen in
Art. 10 I/Art. 23 MA (Wohnsitzbesteuerung: zu den daraus zu ziehenden
Folgerungen für das DBA-Schachtelprivileg s. § 10 V AStG). Aber: Es
wäre ja möglich, daß Art. 10 III eine Sperrwirkung des Inhalts entfaltet,
wonach Dividenden im Sinne des Abkommensrechts einen weitergehenden Umfang als den des Quellenstaates ausschließen: Was im Staate A
nicht als Dividende anerkannt wird und folglich nicht das Abkommen
berühren kann, kann im Staate B – auf Einkünfte aus dem Staat A bzw.
im Staat A bezogen – auch nicht als Dividende qualifiziert werden. Diese
Lösung wird allerdings – soweit ersichtlich – nicht geteilt, weil von
Art. 10 III zum Wohnsitzstaat und dessen Auslegung überhaupt keine
rechtliche Beziehung herzustellen ist – die Frage der Anerkennung von
Quellenstaatdefinitionen auch im Wohnsitzstaat hat mit ihr auch nichts
gemein. Die Frage kann also nur lauten, ob der Wohnsitzstaat Grenzen zu beachten hat, die aus dem Dividendenartikel folgen. Das ist der
Streit um die Bedeutung der fehlenden Ausschüttung des Hinzurechnungsbetrages: Ist dieser Umstand noch mit der Vorstellung einer
„Dividendenzahlung" zu vereinbaren, wie sie die Vertragspartner in
Art. 10 III niederlegten? Ordnet man den Hinzurechnungsbetrag trotz der
unterbliebenen Ausschüttung dem Dividendenartikel zu (dies ist der Inhalt der sogenannten Ausschüttungstheorie), könnte man an eine Umgehung der DBA-Bestimmungen über die Unternehmensgewinnbesteue-
rung denken. Doch die Alternative (vertreten durch die Anhänger der
Repräsentationstheorie mit dem Hinweis auf Art. 21 MA) wäre, die Hinzurechnungsbesteuerung außerhalb des Abkommensbereichs einzuord-

nen: Denkbaren abkommensrechtlichen Bindungen trägt aber allein die
Ausschüttungstheorie Rechnung, indem sie den Hinzurechnungsbetrag
auf der Ebene des Abkommensrechts als Dividende qualifiziert – jedenfalls solange nicht besondere Vereinbarungen dem entgegenstehen (zur
Gegenüberstellung beider Auffassungen mit Nachweisen und zur Bedeutung für § 10 V AStG s. *Brünink* S. 102 ff.).

*e) Der Betriebsstättenvorbehalt*

(1) Art. 7 MA (Betriebsstättenprinzip) gilt nach Art. 7 VII nicht für **200**
Einkünfte, die in anderen Artikeln des Abkommens behandelt wird
(Subsidiaritätsregel): Sie bedeutet, daß aus dem anderen Staat (der Un-
ternehmensspitze) stammende Einkünfte auch dann in diesem Staat besteuert werden dürfen, wenn es an einer Betriebsstätte fehlt – sofern nach
anderen Artikeln eine Quellenbesteuerung möglich ist. Die Bedeutung
des Art. 7 VII erschließt sich für Dividenden, Zinsen und Lizenzen, die
das Unternehmen aus dem Quellenstaat bezieht und die sie mit dem
Hinweis
– es handele sich um Teile des Unternehmensgewinns (Art. 7 I)
– mangels einer Betriebsstätte im Quellenstaat entfalle aber aufgrund
   des Betriebsstättenprinzips eine Quellenbesteuerung
quellensteuerfrei beziehen könnte. Nach Art. 7 VII ist den spezielleren
Einkunftsartikeln der Vorrang eingeräumt. Bezüglich Art. 10 II MA
kann der Quellenstaat dies mithin wie folgt lesen: Diese Dividenden
können auch in dem Quellenstaat als dem Vertragsstaat, in dem die die
Dividende zahlende Gesellschaft ansässig ist, nach dem Recht dieses
Staates besteuert werden; dem steht nicht entgegen, daß diese Dividenden Bestandteile des Gewinns der in dem anderen Vertragsstaat ansässigen Person sind.

(2) Hiervon ausgehend ist Art. 10 IV MA zu verstehen: Übt das Un- **201**
ternehmen im Quellenstaat „eine gewerbliche Tätigkeit durch eine dort
gelegene feste Einrichtung aus" (Voraussetzung einer abkommensrechtlichen Betriebsstätte) und gehört „die Beteiligung, für die die Dividenden
gezahlt werden, tatsächlich zu dieser Betriebsstätte oder festen Einrichtung", dann (Rechtsfolge) „ist Artikel 7 beziehungsweise Artikel 14 anzuwenden", was nun bedeutet, daß es sich bei den Ausschüttungen abkommensrechtlich um Unternehmensgewinne handelt, nicht mehr um
Dividenden (so *Wolff* Art. 10 Rz 162 DBA-USA gegen *Wassermeyer*
Art. 10 MA Rz 139: Es bleibt begrifflich eine Dividende). Jedenfalls:
Der Betriebsstättenstaat ist nicht auf die vereinbarte Begrenzung beschränkt, es gelten auch insoweit das Betriebsstättenprinzip und die
damit verbundenen Besteuerungsfolgen im Quellenstaat. Daher zusammenfassend: Der Mangel einer vorhandenen Betriebsstätte steht der
Quellenbesteuerung nicht deswegen entgegen, weil es sich um Unter-

nehmensgewinne handelt (Art. 7 VII); die vorhandene Betriebsstätte und damit gegebene Unternehmensgewinne lassen die Frage nach einer Quellenbesteuerung ohnehin nicht mehr zu, aber sie schließen das nur begrenzte Quellenbesteuerungsrecht aufgrund des speziellen Artikels von vornherein aus.

**202**  (3) Damit ist die Frage der **tatsächlichen Zugehörigkeit einer Beteiligung zu einer Betriebsstätte** zu klären. Hierzu ist auf die BSt-Verwaltungsgrundsätze 1.2.3 mit zahlr. Nachw. zu verweisen: Es ist zwischen einer rechtlichen und einer tatsächlichen Zugehörigkeit zu unterscheiden, die nur rechtliche Zugehörigkeit begründet noch nicht die Anwendung des Art. 7 MA. Im Urteil IStR 1996, 81 zum DBA-Schweiz hat der BFH auf einen funktionalen Zusammenhang zu der in der Betriebsstätte ausgeübten Unternehmenstätigkeit abgestellt und auf eine sinngemäße Anwendung der zu § 8 AStG entwickelten Grundsätze verwiesen. Abzustellen ist auf die Tätigkeit, der nach der allgemeinen Verkehrsauffassung das Schwergewicht innerhalb der Betriebsstätte zukommt. Zur Frage der Verlagerung von Vermögenswerten auf eine schweizerische Betriebsstätte siehe auch die Urteilsanmerkung von *Wassermeyer* IStR 1996, 83. Mit der Entscheidung *BFH* BStBl. 1991 II, 444 ist klargestellt worden, daß die Frage des „tatsächlichen Gehörens" nicht mit der rechtlichen Zugehörigkeit aufgrund des § 15 I Nr. 2 EStG zu beantworten ist (Beteiligungen, Darlehensforderungen im Sonderbetriebsvermögen eines Personengesellschafters, gehalten von einer gewerblich tätigen Personengesellschaft); zum abweichenden Wortlaut Art. 10 VI DBA-USA s. *Wolff* in *Debatin-Wassermeyer* DBA-USA Art. 10 Rz 157.

### f) Das Verbot extraterritorialer Besteuerung

**203**  (1) Art. 10 V MA untersagt die extraterritoriale Besteuerung ausgeschütteter Gewinne: Bezieht eine ansässige Gesellschaft A Gewinne aus einer im Vertragsstaat B unterhaltenen Betriebsstätte, aus Liefergewinnen usw., so darf der Staat B weder die von A ausgeschütteten Dividenden besteuern noch Gewinne der Gesellschaft A einer Steuer für nichtausgeschüttete Gewinne unterwerfen, selbst wenn in beiden Fällen die im anderen Staat erzielten Gewinne zugrunde liegen (die Einschränkung in der 1. Alternative bleibt zunächst unbeachtet). Was damit zum Ausdruck kommen soll, ergibt sich aus Nr. 34 des Kommentars zu Art. 10 MA: Ausgeschlossen ist damit eine Praxis, „nach der Staaten die von einer nichtansässigen Gesellschaft gezahlten Dividenden nur deshalb besteuern, weil die den Ausschüttungen zugrundeliegenden Geschäftsgewinne nur aus ihrem Gebiet stammen (z.B. von einer dort gelegenen Betriebsstätte erzielt wurden)." Es geht hier mithin um eine Situation, in der der Staat B weder die Position eines Wohnsitzstaates noch die eines Quellenstaates im Sinne des Art. 10 II MA geltend machen kann; soweit er nämlich die Position eines Wohnsitzstaates einnimmt, weil Dividendenausschüttungen der Gesellschaft an hier in B Ansässige erfolgen, steht seine Besteuerungshoheit außer Frage. Deswegen die Einschränkung hinsichtlich der gezahlten Dividenden „es sei denn, daß diese Dividenden an eine im anderen Staat (B) ansässige Person gezahlt werden" – was wiederum im Hinblick auf Art. 10 I eine Selbstverständlichkeit zum Ausdruck bringt (zu den Abweichungen des OECD-MA gegenüber dem US-MA zugunsten der in den USA erhobenen „second level withholding tax" als Gegengewicht gegen die Vermeidung von US-Quellensteuern durch Betätigung mittels unselbständiger Niederlassungen statt Tochtergesellschaften, deren gegenwärtiger Bedeutung nach Einführung einer „branch profits tax" s. *Wolff* DBA-USA Art. 10 MA Rz 170; zur Vereinbarkeit dieser „branch profits tax" mit dem DBA-USA aaO, Rz 185). Würde ein Staat in dem genannten Sinne verfahren, hieße das ein Quellenbesteuerungsrecht in Anspruch zu nehmen, das auf einer „eher losen" Anknüpfung beruhte. Zum Inhalt des Verbots der extraterritorialen Besteuerung im einzelnen ist auf die Literatur zu verweisen (*Wassermeyer* Art. 10 MA Rz 173 ff.; *Kl. Vogel* Art. 10 Rz 258 ff.): Hier ist insoweit lediglich festzuhalten, daß es im deutschen Recht keine Regelungen gibt, die eine an die 1. Alternative anknüpfende extraterritoriale Besteuerung vorsieht.

(2) Das Verbot der Erhebung einer Sondersteuer auf nichtausgeschüt-  **204** tete Gewinne betrifft die „thesaurierende Gesellschaft" – jedenfalls nach dem Inhalt des Kommentars Nr. 36 zu Art. 10. Das Verbot richtet sich nur gegen den Nichtansässigkeitsstaat – im Ausgangsfall den Staat B. Folge (*Wassermeyer* Art. 10 MA Rz 158): Der Ansässigkeitsstaat der Gesellschaft ist nicht gehindert, z. B. thesaurielle Gewinne mit einem höheren Körperschaftsteuersatz zu belegen – man wird diesen Fall überhaupt nicht aus der Sicht des Art. 10 V betrachten dürfen. Die Frage, ob die **Hinzurechnungsbesteuerung** gem. §§ 7 ff. AStG den Anwendungsbereich des Art. 10 V berührt, war lange strittig (zur DBA-Problematik s. auch R 10, 145, S 204). Doch besteht inzwischen wohl Übereinstimmung über die fehlende Anwendbarkeit wegen unterschiedlicher Steuersubjekte. Es geht nicht um eine Ausdehnung des Quellenprinzips vom Quellenstaat in den Wohnsitzstaat hinein, es geht bei der Hinzurechnungsbesteuerung umgekehrt um Maßnahmen des Wohnsitzstaates; zur Frage, ob der Wohnsitzstaat des Anteileigners wegen dessen erfolgreichen, aber abgeschirmten Betätigung im ausländischen Quellenstaat diesem nichtausgeschüttete Gewinne zurechnen darf, sagt Art. 10 V überhaupt nichts. Eine solche Methodik mag problematisch sein, weil sie wohl vermag, Rechtswirkungen des Abkommens in Teilbereichen auszuhöhlen: Aber inzwischen kann eine solche Praxis verschiedener Staaten auf Jahrzehnte der vom Vertragsstaat akzeptierten Anwendung verweisen, es stellt sich letztlich als vom DBA ausgeklammertes Zurech-

nungsproblem dar (siehe 4. Vorfrage): so *Kl. Vogel* Art. 10 Rz 260; umfassend zur Diskussion *Brünink* S. 74 ff.). Soweit daher im DBA-USA (Art. 10 VII) das Verbot der Erhebung einer extraterritorialen Besteuerung nicht ausgeschütteter Gewinne unterblieben ist, sollte man dies mit der Hinzurechnungsbesteuerung gem. §§ 7 ff. AStG nicht in Verbindung bringen, zumal – wie schon erwähnt – diese wegen des Protokolls Nr. 1 lit. e ohnehin nicht durch das Abkommen berührt wird; im Verhältnis zur Schweiz ist die zutreffende Auslegung des Art. 10 VIII durch ein Verhandlungsprotokoll klargestellt worden (dazu *Brünink* S. 75).

**205–209**    *(einstweilen frei)*

## 7. Zinseinkünfte

*a) Zinsbegriff und Quellenbesteuerung*

**210**    (1) Wie die Dividendeneinkünfte unterliegen auch die **Zinseinkünfte** aus grenzüberschreitenden Beziehungen nach dem OECD-MA-Modell **einer Steuerteilung:** Die Besteuerung im Wohnsitzstaat wird vorausgesetzt (Art. 11 I ist nicht anders zu lesen als Art. 10 I); der Quellenstaat kann – seinem innerstaatlichen Recht entsprechend – die Zinsen besteuern, allerdings ebenfalls der Höhe nach begrenzt. Die Steuer des Quellenstaates rechnet der Wohnsitzstaat an (Art. 23), wobei schon an dieser Stelle ein Hinweis auf die Anrechnung fiktiver Quellensteuern bei ausländischen Zinseinkünften durch deutsches Abkommensrecht zu erwähnen ist (s. dazu S 366). In einer erheblichen Anzahl von Abkommen ist ein Quellensteuerrecht nicht vorgesehen (eines der wenigen entwickelten Länder mit einer Quellenbesteuerung ist Italien, s. dazu *Olaf Schmidt* IStR 1998, 681). Dann lautet Art. 11 I: Zinsen, die eine in einem Vertragsstaat ansässige Person als Nutzungsberechtigter bezieht, können nur in diesem Staat besteuert werden – dann hat Abs. 1 durch den Ausschluß des Quellenstaates eine eigene materielle Bedeutung. Die Quellensteuerbeschränkung nach Art. 11 II setzt die Ansässigkeit des Nutzungsberechtigten in dem anderen Vertragsstaat voraus; ein Strohmann oder eine sonstige Mittelsperson kann Empfänger der Zinsen sein, aber er scheidet als Nutzungsberechtigter aus; entsprechendes gilt im Falle ausschließender Besteuerung im Wohnsitzstaat. Der nach Art. 11 II MA vorgesehene ermäßigte Quellensteuersatz beträgt 10% und bezieht sich auf einen Bruttobetrag. Dazu der Kommentar zum MA Nr. 23: „Dieser Höchstsatz erscheint vertretbar, wenn man sich vergegenwärtigt, daß der Quellenstaat bereits Gewinne oder Einkünfte besteuern kann, die die in seinem Gebiet mit dem Darlehen finanzierten Investitionen abwerfen". In Nr. 13 des MA-Kommentars wird das Problem einer aus der Bruttobesteuerung folgenden Überbesteuerung erörtert: „Mußte der Gläubiger der Zinsen zur Finanzierung der Transaktion, aus der er die Zinsen bezieht, selbst Geld aufnehmen, so wird der Gewinn weit geringer sein als der von ihm vereinnahmte Nominalbetrag der Zinsen; ist der Zinsaufwand gleich dem Zinsertrag, so entsteht überhaupt kein Gewinn". Der Kommentar weist auf die Schwierigkeiten bei der Anrechnung im Wohnsitzstaat hin und auf die deswegen drohende Gefahr einer verbleibenden Doppelbesteuerung. In Nr. 15, 16 des MA-Kommentars wird auf Probleme, vor allem bei Kreditverkäufen von Anlagegütern (Zinsen eher als Teil des Verkaufspreises) und Banken verwiesen und es werden für solche Fälle Sonderregelungen vorgeschlagen. Hieraus erklären sich zahlreiche Sonderregelungen für den Quellenstaat, einerseits für Bankkredite (Steuersatzdifferenzierung), andererseits Befreiungen für Zinsen an staatliche Stellen (zuletzt DBA-Litauen und Kasachstan jeweils in Art. 10 III: Regierungen, Zentralbanken, besondere Bankinstitute wie die KfW).

An die Quellensteuerreduzierung bzw. an die Befreiung von einer Quellensteuer **211** knüpfen – u. a. – die Vorteile bei der Einschaltung von Finanzierungsgesellschaften an: **Ausländische Finanzierungsgesellschaften,** die an internationalen Kapitalmärkten Kapital aufnehmen mit dem Zweck der anschließenden Weitergabe an andere Einheiten der Unternehmung; zu den außersteuerlichen Gesichtspunkten solcher Gesellschaften *Otto H. Jacobs* S. 636; die steuerliche Vorteilhaftigkeit knüpft an die Abschirmung von der deutschen Besteuerung (Problem insbesondere des § 10 VI AStG, dazu N 450) und – das ist der abkommensrechtliche Bezug – an die Minimierung der Quellenbesteuerung an: Der Sitz-Staat der Finanzierungsgesellschaft sollte in seinen Abkommen keine oder nur geringe Quellensteuersätze zulassen; das Thema ist allerdings eng mit der Frage eines Abkommensmißbrauchs verbunden (*Potthof* S. 70, 71). Als vorteilhafte Standorte aus der Perspektive einer deutschen Spitzeneinheit gelten Niederlande, Belgien und Irland: Zinsen (wie auch Dividenden) können ohne Quellensteuerbelastung an deutsche Spitzeneinheiten gezahlt werden (hierzu ausf. *Potthof* S. 88 ff.; am Beispiel des bevorzugten Standortes Niederlande s. *Ammelung/Schneider* IStR 1996, 504).

(2) Art. 11 III bestimmt **Zinsen als Einkünfte aus Forderungen jeder** **212** **Art** – wozu ergänzend der Kommentar Nr. 50 heranzuziehen ist „... auch wenn sie durch Pfandrechte an Grundstücken gesichert oder mit einer Gewinnbeteiligung ausgestattet sind". Zins ist das, was aus einem Forderungsrecht über die Erfüllung hinaus erworben wird. Damit ist die **Abgrenzung gegenüber Dividenden** in der Gegenüberstellung von Forderungsrechten und Gesellschaftsbeteiligungen zu sehen. Kapitalüberlassung zur Nutzung und Rückzahlung einerseits, Kapitalüberlassung mit Unternehmerrisiko andererseits, ohne daß es bei den Forderungsrechten um vollständigen Risikoausschluß und bei den Beteiligungsrechten um die Notwendigkeit einer unbeschränkten Haftung ginge. Vereinfacht ausgedrückt stehen sich Eigenfinanzierung und Fremdfinanzierung gegenüber: Nicht vom Gewinn abzugsfähige Dividenden einerseits, gewinnmindernde Zinszahlungen andererseits. Doch diese eindeutige Abgrenzung ist bei einer Vielzahl moderner Finanzierungsformen nicht mehr gegeben; zwischen der Aktienbeteiligung, dem GmbH-Anteil einerseits und dem unabhängig vom Unternehmensertrag verzinslichen Darlehen gibt es Mischformen: Vorzugsanteile, Genußrechte, Wandelan-

leihen, Optionsanleihen, Besserungsvereinbarungen, Rangrücktrittsdarlehen, typische stille Gesellschaft, atypische stille Gesellschaft (vgl. die Aufzählung bei *Piltz* in *Piltz/Schaumburg* S. 127) – **hybride Finanzierungsinstrumente** (kein rechtstechnischer Begriff, sondern eine schlagwortartige Kurzbezeichnung für jede seiner Mischformen, s. *Jürgen Haun* S. 10). Auf solche Mischformen sind zahlreiche Abgrenzungsprobleme bei der Einkünftezuordnung zurückzuführen. Eine weitere Eingrenzung der „Einkünfte aus Forderungen jeder Art" erfolgt durch die **Zahlung als Zins,** d. h. als Vergütung für die Nutzungsüberlassung von Kapital (Wortlaut des Art. 11 I); die Bezüge dürfen also nicht Bestandteil einer Kaufpreiszahlung sein wie im Falle eines Ratenverkaufs (anders *Wolff* zum DBA-USA, Rz 66 zu Art. 11; kritisch auch *Pross* S. 178, der hierin eine Benachteiligung des Quellenstaates sieht, da dieses Verständnis des Art. 11 seine Anwendbarkeit in das Ermessen des Steuerpflichtigen stellt). Das OECD-MA definiert nicht den Begriff des Forderungsrechts, weswegen eine Aussage wie die, daß der abkommensrechtliche Zinsbegriff aus sich heraus auszulegen ist (*Wassermeyer* Art. 10 MA Rz 31) auf Skepsis stoßen muß; die dem Zinsbegriff zugrundeliegende Frage nach dem Vorliegen einer Kapitalforderung ist nach innerstaatlichem Recht zu beantworten, wobei an die Unterscheidung zwischen Gesellschaftsbeteiligungen, Unternehmensgewinnen und Forderungsrechten anzuknüpfen ist. Nr. 18 des Kommentars zu Art. 11 MA nennt beispielhaft verschiedene als Forderungen anzusehende Finanzierungsformen: Bareinlagen, Barkonditionen, öffentliche Anleihen und Obligationen. Der **Begriff der Forderung** wird weiter durch den Vorschriftenzusammenhang des Art. 11 bestimmt: Zwar setzt das Abkommen zwei getrennte Parteien voraus, doch muß es sich hierbei nicht notwendigerweise um zwei getrennte Zivil- oder Steuerrechtssubjekte handeln (Betriebsstätte als Schuldner). Der Forderungsbegriff ist daher weit auszulegen und nicht auf zivilrechtliche Forderungen beschränkt (*Jürgen Haun* S. 129; daher *Wassermeyers* Charakterisierung als „Forderungen jeder Art, die zivil-, bilanz- oder öffentlich-rechtlichen Charakter haben können, Rz 79 zu Art. 11 MA). Es kommt für den weiten Forderungsbegriff auch nicht darauf an, ob eine grundpfandrechtliche Sicherung gegeben ist, auch die Gewinnausstattung steht diesem Forderungsbegriff nicht entgegen. **Abgrenzungsprobleme** grundsätzlicher Art treten auch **gegenüber den Veräußerungsgewinnen** (Art. 13 MA) auf. Hierzu enthält der Kommentar in Nr. 20 zu Art. 11 den Hinweis: „Im allgemeinen ist alles als Zins aus einer Anleihe anzusehen und kann dementsprechend im Quellenstaat besteuert werden, was die Anleihe ausgebende Institut über den vom Zeichner entrichteten Betrag hinaus zahlt, d. h. die laufenden Zinsen und ggf. das Rückzahlungs- und Emissionsaufgeld ... Andererseits gilt der Gewinn oder Verlust, der dem Inhaber einer Obligation durch Verkauf an einen Dritten entsteht, nicht als Zins. Je nachdem kann es sich um einen Unternehmensgewinn, einen Gewinn oder Verlust aus der Veräußerung von Vermögen oder um Einkünfte im Sinne des Artikels 21 handeln". Es kommt mithin darauf an, ob das Recht untergeht oder den Inhaber wechselt. **Gegenüber den Unternehmensgewinnen** (Erzielung von Zinseinnahmen innerhalb eines Unternehmens) ist auf der Grundlage des Art. 7 VII und des Betriebsstättenvorbehalts abzugrenzen. Ist das Forderungsrecht geklärt, bleibt die Frage der Zinseigenschaft (Zahlung als Zins) zu klären. Art. 11 III Satz 2 MA schließt Verzugszinsen von der Zinsdefinition aus (sie werden als Schadensersatz bewertet) – doch ist aus deutscher Sicht an der Zugehörigkeit zum Zinsbegriff nicht zu zweifeln. Für den Zinsbegriff ist – neben dem Erfordernis der Zahlung als Zins – die **Vergütung für die Nutzungsüberlassung von Kapital** – Gegenseitigkeitserfordernis – entscheidend, was eine strikte Trennung bedingt: Kapitalrückzahlungen und Wertveränderungen haben keinen Zinscharakter (*Wassermeyer* Art. 11 MA Rz 73, 75). Aus dem Zinsbegriff scheiden aus Bearbeitungsgebühren, Avalprovisionen, Kreditvermittlungsprovisionen, Schadensersatzleistungen wegen Nichtinanspruchnahme eines zugesagten Kredites, Mahngebühren usw. Darunter fallen Damnum und Vorfälligkeitsentschädigung; zu daraus folgenden Gestaltungsmöglichkeiten (beispielsweise für Bankleistungen, die aus dem Zins „herausgerechnet" werden), s. *Kl. Vogel* Art. 11 Rz 69; deswegen DBA-Brasilien Protokoll zu Art. 11: Provisionen, die eine in Brasilien ansässige Person an eine Bank im Zusammenhang mit deren Leistungen zahlt, gelten als Zinsen.

Während in der 3. Gruppe der Anteilsrechte des Dividendenartikels **213** Art. 10 III eine Verweisung auf das innerstaatliche Recht der ausschüttenden Gesellschaft erfolgt, fehlt es an einer solchen Bestimmung im OECD-MA – die deutsche Vertragspraxis enthält aber in zahlreichen Abkommen diesen Verweis, beispielsweise Art. 11 II DBA-USA: „... sowie alle sonstigen Einkünfte, die nach dem Steuerrecht des Vertragsstaates, aus dem sie stammen, als Einkünfte aus Darlehen behandelt werden". Ob in einem solchen Fall Art. 11 auch auf Beträge anzuwenden ist, die nach dem Steuerrecht des Quellenstaates erst aus dem Kaufpreis herausgerechnet werden müssen, also nicht „als Zins" gezahlt werden, hängt davon ab, ob eine solche Verweisung auch Art. 11 I („Zinsen ... gezahlt werden") beeinflußt (ablehnend *Kl. Vogel* Art. 11 Rz 57).

*b) Beispiele und Abgrenzungen*

Grundsätzlich besteht Übereinstimmung darüber, daß zu den Forde- **214** rungsrechten als Grundlage von Zinseinkünften hiernach zählen

– **Spareinlagen, Anleihen und ähnliche Rechte,** Industrieobligationen, Options- **215** anleihen, ab- und aufgezinste Wertpapiere und Forderungen (Zerobonds), Optionsscheine, Investment-Zertifikate (wenn zu dem Sondervermögen Forderungsrechte gehören), Genußrechte als Forderungsrechte, patiarische Darlehen, grundpfandrechtlich gesicherte Zinsen aus Finanzinnovationen, wie sie mit dem durch das StMBG 1993 neu eingeführten § 20 I Nr. 7 EStG erfaßt werden (Kombi-, Gleitzins- oder Indexanleihen, step up/step down Anleihen (s. im einzelnen *Harenberg* in *H/H/R* Rz 800 ff. zu § 20). Aus der Sicht der Bundesrepublik als Quellenstaat muß immer bedacht werden, daß es sich in der Regel um die Besteuerung beschränkt Steuerpflichtiger handelt und § 20 EStG nur im eingeschränkten Umfang gilt – also beispielsweise § 20 I Nr. 7 EStG nur unter den Voraussetzungen des § 49 I Nr. 5 c.

**216**    – In die Liste der eher unproblematischen Forderungsrechte müßte auch die **typische stille Beteiligung** eingeordnet werden: Der Stille Gesellschafter bezieht Einkünfte aus Kapitalvermögen, aber aufgrund eines Forderungsrechts und nicht aufgrund einer Gesellschaftsbeteiligung. Daß aber statt dessen in zahlreichen Fällen der Dividendenartikel zur Anwendung gelangt, ist auf die Abkommenspraxis zurückzuführen, die Einkünfte des stillen Gesellschafters abkommensrechtlich den Dividenden zuzuordnen und damit die Erhebung deutscher Kapitalertragsteuer auf die Gewinnanteile (§ 43 I Nr. 3 EStG) abzusichern (anderenfalls s. bereits S 194).

**217**    – andererseits kann eigentlich kaum überraschend sein, daß die **atypische stille Gesellschaft** nicht in Art. 11 eingeordnet wird: Inhaber und stiller Gesellschafter sind Mitunternehmer, die Einkünfte des Stillen sind Art. 7 zuzuordnen, sofern nicht besondere Regeln vereinbart werden (s. S 76). Ist der stille Gesellschafter besonders geregelt, geschieht dies häufiger ohne Differenzierung zwischen typischer und atypischer Form – woraus eine Auffassung auf ein einheitliches Verständnis schließt (dies betrifft insbesondere die Einbeziehung in den Dividendenartikel, s. *FG Hamburg* EFG 1996, 240 am Beispiel des DBA-Schweiz). Jedenfalls ist eine ausdrückliche Regelung der atypischen Form nur vereinzelt erfolgt (Hinweis auf die Besteuerung als Unternehmer etwa im DBA-Niederlande, Schlußprotokoll Nr. 11). Die Sichtweise der Finanzverwaltung ist unterschiedlich (wobei klarzustellen ist, daß sie die Wohnsitzbesteuerung betrifft): *OFD Düsseldorf* DB 1989, 1700 hat aus der Gewerblichkeit der atypischen stillen Beteiligung die Unternehmensqualität im abkommensrechtlichen Sinne abgeleitet, *OFD Düsseldorf* DB 1991, 308 die steuerliche Beurteilung des Quellenstaates (Schweiz) als bindende abkommensrechtliche Qualifikation für beide Vertragsstaaten zugrunde gelegt und die Einkünfte als Dividenden behandelt (folglich keine Freistellung im Inland). *FG Rheinland-Pfalz* EFG 1999, 175 hat dagegen die Qualifikation der Schweiz nicht für maßgeblich erklärt und Unternehmensgewinne angenommen (s. dazu im übrigen Art. 24 I Nr. 1 a Satz 2 DBA-Schweiz seit 1. 10. 1993). *Wassermeyer* Art. 11 MA Rz 88; IStR 1997, 273 im Anschluß an eher beiläufig geäußerte Zweifel des *BFH* an der herrschenden Auffassung in BStBl. 1997 II, 313: Qualifikationskonflikte und mithin weiße Einkünfte sind lösbar, wenn man an den zivilrechtlichen Charakter der stillen Gesellschaft als Schuldverhältnis anknüpft: Dann ist Art. 11 anwendbar, es sei denn, das Abkommensrecht ordne die Einkünfte ausdrücklich Art. 7 (u. a. Österreich, Niederlande, Luxemburg) oder Art. 10 (Dividenden) zu. Gegen *Wassermeyer* zutreffend *Christian Schmidt* IStR 1996, S. 213 ff.: Das Unternehmerrisiko geht dem Gläubigerrisiko vor, das Mitunternehmerrisiko führt zur Anwendung des Art. 7. Nunmehr im Anschluß an *BFH* IStR 1999, 721 die Klärung durch das *BMF*-Schreiben BStBl. 1999 I, 1121: Einkünfte eines inländischen Gesellschafters aus einer atypischen stillen Beteiligung an einem im DBA-Ausland ansässigen Unternehmen stellen Einkünfte aus Gewerbebetrieb dar; die Betriebsstätte des ausländischen Unternehmens ist als Betriebsstätte des stillen Gesellschafters anzusehen; Gewinne der Betriebsstätte werden dann im Inland freigestellt, sofern der Methodenartikel eine Freistellung vorsieht. Qualifiziert der Vertragsstaat die Einkünfte als Zinsen (Qualifikationskonflikt), so folgt daraus eine vollständige Steuerfreistellung – es sei denn, eine subject-to-tax-Klausel greife. Das *BMF*-Schreiben will aber die Freistellung dann grundsätzlich versagen – ohne eine Rechtsgrundlage zu nennen.

– zur **Gesellschafter-Fremdfinanzierung** s. bereits S 197; wenn Zinsen für **218**
Fremdkapital, das der Gesellschafter einer Kapitalgesellschaft der Gesellschaft zuführt, wegen der von Art. 10 MA abweichenden Dividendendefinition unter den Dividendenbegriff fallen (Beispiel: Art. 10 V DBA-USA) – ist die Anwendung des
Art. 11 ausgeschlossen. Ansonsten aber sind die aus Fremdkapitalzuführungen eines
Gesellschafters resultierenden Zinsen abkommensrechtlich grundsätzlich Art. 11 zuzuordnen (*BFH* BStBl. 1992 II, 532). Regelungen wie die des Quellenstaates
Deutschland in § 8 a KStG führen dazu, daß Zinszahlungen wie Dividendenausschüttungen behandelt werden. Abkommensrechtlich hat dies aber – wie im Zusammenhang mit dem Dividendenartikel erläutert – nur dann mangels einer DBA-
Regelung in Art. 10 Bestand, wenn das Darlehen nach den Grundsätzen des Fremdvergleichs als verdeckte Kapitalzuführung zu beurteilen ist.

– **Sondervergütungen,** die der Gesellschafter von seiner Personengesellschaft **219**
aufgrund schuldrechtlicher Beziehungen – hier: Zurverfügungstellung von Darlehensmitteln gegen Zinsen – erhält, werden nach deutschem Steuerrecht als Gewinn-
vorab behandelt (§ 15 I Nr. 2 2. HS. EStG). Zweck solcher Regelung ist die Gleichstellung zwischen Mitunternehmer und Einzelunternehmer. Abkommensrechtlich
stellt sich damit die Frage, ob die Sondervergütungen entsprechend ihrer schuld-
rechtlichen Qualifikation unter die einschlägigen Abkommensbestimmungen (hier
also Art. 11 MA) einzuordnen sind oder ob die Qualifizierung als gewerbliche Einkünfte (Art. 7) auf das Abkommen durchschlägt. Konkret ist die Frage im letztgenannten Sinne im Art. 7 III DBA-Schweiz geregelt worden: Danach erstreckt sich
Art. 7 (Unternehmergewinne) auch auf Vergütungen, die ein Gesellschafter von der
Gesellschaft u. a. für die Gewährung von Darlehen erhält, „wenn diese Vergütungen
nach dem Steuerrecht des Vertragsstaates, in dem die Betriebsstätte belegen ist, den
Einkünften des Gesellschafters aus dieser Betriebsstätte zugerechnet werden (zum
DBA-Schweiz *Brenner* in Forum Nr. 7, S. 66ff.; in diesem Sinne auch zuletzt
Art. 7 VI DBA-Kasachstan). Im übrigen hat der *BFH* BStBl. 1991 II, 444; *BFH*/NV
1992, 385 und BStBl. 1994 II, 91 die bis dahin vertretene Auffassung (wie sie der
Regelung im DBA-Schweiz entspricht), die Sondervergütungen den Unternehmens-
gewinnen zuzuordnen, aufgegeben (s. dazu bereits S 101). Das Verhältnis zwischen
Gesellschafter und Gesellschaft entspreche dem Forderungsrecht, wie es Art. 11 III
zugrunde liegt. Bejaht man die Voraussetzung eines Forderungsrechts und damit eine
Zinszahlung, bleibt allerdings Art. 11 IV zu prüfen (tatsächliche Zugehörigkeit der
Darlehensforderung zur Betriebsstätte?), mithin wird es als Folge dieser Sichtweise
bei der Bestimmung der tatsächlichen Zugehörigkeit zur Betriebsstätte bei der Zuordnung zu Art. 11 als Regelfall verbleiben; zusammenfassend daher *Wassermeyer*
Art. 3 MA Rz 109: Die neuere BFH-Rechtsprechung bedeutet, daß Sondervergütungen immer dann, wenn sie auch die Voraussetzungen einer anderen abkommensrechtlichen Einkunftsart erfüllen, grundsätzlich losgelöst vom Gewinnanteil des
Personengesellschafters unter das Abkommensrecht zu subsumieren sind (zu weiteren Abkommensregelungen *Kl. Vogel* Art. 7 Rz 44ff.; zum Gedanken der Vermeidung einer Null-Besteuerung *Brenner* aaO, S. 70; kritisch *Wolff* DBA-USA, Rz 83 zu
Art. 11).

– **Finanzderivate** sind Verträge, bei denen Verpflichtungen und Ansprüche der **220**
Parteien zumindest teilweise von einer zugrundeliegenden Bezugsgröße (z.B. ein
Aktienindex) abhängen; entsprechend verändert sich der Wert der vertraglichen Position während der Vertragsdauer in Abhängigkeit zur Entwicklung der Bezugsgröße.
Alle Derivate haben ein Terminmoment, d.h. der Schwerpunkt der Leistungsver-
pflichtung liegt in der Zukunft. Bei Fälligkeit wird Lieferung der Bezugsgröße oder
ein Barausgleich geschuldet. Unterschieden werden Forwardverträge und Optionen:
Der Forwardvertrag begründet eine bindende Kaufverpflichtung, eine bestimmte Bezugsgröße zu einem vorher vereinbarten Preis zu einem bestimmten zukünftigen

Zeitpunkt zu kaufen bzw. zu verkaufen; bei der Option hat eine Partei das Recht, eine bestimmte Menge einer zugrundeliegenden Bezugsgröße in der Zukunft zu einem vorher vereinbarten Preis zu erwerben oder zu veräußern. Future, Forward Rate Agreement und Swap sind Verträge vom Typ „Forward" zuzurechnen (zu diesen begrifflichen Grundlagen, Funktionsweise, Einsatzmöglichkeiten und Zusammenhängen *Pross* S. 5 ff.; *Matthiesen* S. 30 ff.). Anders als die bisher genannten Rechtspositionen handelt es sich bei den Finanzderivaten nicht um Finanzierungsinstrumente; sie dienen vielmehr zur Spekulation, zur Risikoabsicherung und zum Handel bzw. der Arbitrage. Bei Forward, Future und Forward Rate Agreement scheitert eine Zinsqualifikation schon an der fehlenden Kapitalüberlassung; gleiches gilt für Swap und Option (*Pross* S. 130 ff.; s. auch *Harenberg* in *H/H/R* § 20 EStG Rz 850). Da derivative Finanzinstrumente – in den jeweiligen, unkombinierten Reinformen – jedenfalls aus deutscher Sicht nicht unter den Begriff der Kapitalforderungen subsumiert werden, stellt sich aus der Sicht der Bundesrepublik als Quellenstaat kein Problem der Anwendung des Art. 11. Zu möglichen Zinszurechnungen bei Währungsswaps und off-market Swaps vertritt *Pross* die Auffassung, daß sie nur zu den „Anderen Einkünften" des Art. 21 MA gehören können; zu den steuerlichen Bedingungen insoweit *Wolff* (DBA-USA, Rz 77 zu Art. 11). Der Kommentar zu Art. 11 MA hat in Nr. 21.1 das Problem nunmehr angesprochen und bestätigt, daß die Zinsdefinition grundsätzlich nicht anwendbar ist, weil es an einer „zugrundeliegenden Schuld" fehlt.

### c) Betriebsstättenvorbehalt, Herkunftsbestimmung, Angemessenheitsfrage

**221**    (1) Art. 11 IV MA enthält – wie Art. 10 II die Dividenden – den Betriebsstättenvorbehalt (s. S 200); wie für Dividenden wird der Vorrang von Art. 11 gegenüber Art. 7 VII damit aufgehoben. Erträge aus Forderungsrechten, die tatsächlich zu einer im Quellenstaat belegenen Betriebsstätte oder festen Einrichtung gehören, werden dem Betriebsstättenergebnis zugerechnet; sind die Forderungsrechte im Wohnsitzstaat einer Betriebsstätte zuzurechnen, ist dies kein Fall eines Betriebsstättenvorbehalts im Sinne des Art. 11 IV. Der Betriebsstättenvorbehalt ist nicht zu verwechseln mit dem Prinzip der Attraktivkraft der Betriebsstätte: Denn Art. 11 IV sieht nicht die Zurechnung der Zinsen aufgrund einer gesetzlichen Vermutung oder einer Fiktion vor, sondern aufgrund eines wirtschaftlichen Sachverhalts. Abweichend Art. 11 III DBA-USA insoweit, als dort (wie schon bei Art. 10 VI) statt von einer tatsächlichen Zugehörigkeit des Forderungsrechts vom Forderungsrecht als „Betriebsvermögen" die Rede ist, was eine eindeutige Bezugnahme auf das innerstaatliche beinhaltet.

**222**    (2) Art. 11 V MA regelt die Herkunft der Zinsen aus einem der beiden Vertragsstaaten; grundsätzlich zur Frage der Herkunft und zu ihrer Bedeutung die Vorfrage S 14. Während Art. 10 I die Frage mit der Ansässigkeit der die Dividende zahlenden Gesellschaft beantwortet (und ergänzend ein Verbot extraterritorialer Dividendenbesteuerung aufstellt), umschreibt Art. 11 V die Herkunft durch ein Regel-Ausnahmeverhältnis: Zinsen gelten dann als aus einem Vertragsstaat stammend

– wenn der Schuldner eine in diesem Staat ansässige Person ist (Regel).

– Eine Ausnahme stellt aber die Existenz einer Betriebsstätte des Schuldners in einem Vertragsstaat dar (ohne daß es auf die Ansässigkeit des Schuldner ankäme): War die Schuld für Zwecke dieser Betriebsstätte die Zinsen, „so gelten die Zinsen als aus dem Staat stammend, in dem die Betriebsstätte liegt". Besteht aber kein solcher wirtschaftlicher Zusammenhang zwischen Darlehensinanspruchnahme und Betriebsstätte, bleibt es bei dem Erfordernis des Schuldnersitzes; zu verweisen ist auf die Kommentierung Nr. 27 zu Art. 11 MA mit Hinweis auf verschiedene Fallkonstellationen. Nicht behandelt wird der Fall, daß sowohl Gläubiger als auch Schuldner in den Vertragsstaaten ansässig sind, das Darlehen aber für Zwecke einer Betriebsstätte eingegangen worden ist, die der Schuldner in einem dritten Staat hat und die Zinsen trägt: Die Zinsen werden sowohl im Wohnsitzstaat des Schuldners als auch im Wohnsitzstaat des Gläubigers besteuert (Doppelbesteuerungsproblem in Dreiecksverhältnissen). Eine Quellenbestimmung ist nicht erforderlich, wenn dem Quellenstaat das Recht zur Besteuerung versagt ist; deswegen sucht man beispielsweise eine solche Norm im DBA-USA vergeblich (hierzu *Wolff* Rz 3 zu Art. 11).

(3) Art. 11 VI MA schränkt den Anwenderbereich der Abs. I, II ein: **223** Ein Teil der Zinszahlung wird von der Anwendung des Art. 11 ausgenommen, wenn und soweit er einen angemessenen Zins übersteigt, der auf besondere Beziehungen zwischen Schuldner und Nutzungsberechtigten zurückzuführen ist. Art. 11 VI bezieht sich nur auf unangemessen hohe Zinsen; unangemessen niedrige Zinsen fallen unter Art. 9. Der Fall der Gesellschafter-Fremdfinanzierung ist bereits erörtert worden – enthält das Abkommen hierüber eine besondere Regelung im Dividendenartikel, werden unterschiedliche Rechtsfolgen in beiden Staaten vermieden; ansonsten verweist Art. 11 VI letzter Satz auf das innerstaatliche Recht des Anwenderstaates, so daß die Angemessenheit der Zinsen auf der Grundlage eines Fremdvergleichs und die Zuordnung dieses Betrages unterschiedlich beurteilt werden können (*Piltz* in Forum Nr. 9, S. 120).

(4) Im DBA-USA (Art. 11 V) ist – über das MA hinausgehend – ein **224** Verbot der extraterritorialen Besteuerung enthalten: Zinsen einer nicht in dem Gebiet eines Vertragsstaates ansässigen Gesellschaft dürfen nicht allein deswegen besteuert werden, weil die Gesellschaft in diesem Staat Gewinne oder Einkünfte erwirtschaftet hat (zu den Gründen hierfür *Wolff* Rz 126 ff. zu Art. 11).

*(einstweilen frei)* **225–229**

## 8. Einkünfte aus Lizenzgebühren

### a) Abkommenspraxis und MA: Die Stellung des Quellenstaates

(1) Art. 12 I MA bestätigt das Recht des Wohnsitzstaates zur Be- **230** steuerung von Lizenzgebühren – die materielle Bedeutung einer Art. 12 MA übernehmenden abkommensrechtlichen Lösung liegt im Ausschluß einer Quellenbesteuerung („nur im anderen Staat"). Es ist daher zutref-

fend, hieran anknüpfend zu sagen, Art. 12 regele nicht, wie Lizenzen im Ansässigkeitsstaat des Empfängers besteuert werden, aber es ist die daran anschließende Aussage unzutreffend, dies richte sich nach Art. 23 MA (so *Rosemarie Portner* in *M/H/G/K* Rz 6 zu Art. 12 MA). Der Ausschluß der Quellenbesteuerung beseitigt das Doppelbesteuerungsproblem bereits auf der Ebene der Verteilungsnorm, so daß Einschränkungen nach Art. 23 MA für den Wohnsitzstaat nicht mehr in Betracht kommen. Begründet wird das MA-Modell des **Ausschlusses einer Quellenbesteuerung** mit der Überlegung, es sei der Wohnsitzstaat gewesen, der steuerlich bereits die Entwicklungskosten zu tragen hatte – eine vergleichbare Belastung gäbe es bei den Zinseinkünften im Wohnsitzstaat nicht – ein jedoch eher zweifelhafter Vergleich (zur Entwicklung insgesamt *Kl. Vogel* Art. 12 Rz 6 ff.). Die Mehrzahl der deutschen Abkommen folgt der Freistellung von jeder Quellenbesteuerung ohnehin nicht (vgl. dazu die Quellensteuerbegrenzungen in den beiden aktuell inkraftgetretenen DBA-Litauen und DBA-Kasachstan). Verbleibt dem Quellenstaat eine begrenzte Besteuerung (es handelt sich dann um eine Bruttobesteuerung, s. jedoch *BFHE* 114, 530 zu Art. 15 DBA-Luxemburg), wird zur dann erforderlichen Klarstellung der Herkunft dieser Einkünfte in Anlehnung an den Art. 11 (Zinsen) auf den Schuldnerwohnsitz verwiesen (zur Frage von back-to-back-Arrangements im Verhältnis von Rechtsinhaber, Lizenznehmer und Unterlizenznehmer und der Möglichkeit, die Zwischenperson und damit deren Abkommensberechtigung auszuschalten, s. *Kramer* IStR 1998, 557 und die Ausführungen zu § 50d I a unter R 141). Verbleibt dem Quellenstaat eine begrenzte Besteuerung, dann – und nur dann – stellt sich im Zusammenhang mit Art. 23 MA die Frage einer Vermeidung der Doppelbesteuerung.

**231**    (2) Art. 12 MA hat wegen eines rasant voranschreitenden Prozesses zunehmender **Immaterialisierung der Wirtschaftsgüter** und durch deren Einsatz nicht nur für eigene Unternehmen (*Götting* AG 1999, 1) hohe Bedeutung; er bereitet zugleich **erhebliche Verständnisschwierigkeiten.** Die Ursachen hierfür liegen auf der Hand: Zum einen **fehlt ein direkter Bezug zum innerstaatlichen Recht,** wie ihn bis auf Art. 13 MA zu den Einkünften aus Veräußerungsgewinnen alle anderen Verteilungsnormen vermitteln. Der Begriff kennzeichnet keine eigene Einkunftsart und ermöglicht auch keine unmittelbare Einordnung. Es gibt zwar einige Ansatzpunkte, aber sie führen entweder nicht weiter oder in die Irre. Aus der Sicht der Wohnsitzbesteuerung könnte man bei der Subsidiarität der Einkünfte aus Vermietung und Verpachtung (§ 21 III EStG) oder derjenigen aus sonstigen Einkünften (§ 22 Nr. 3 EStG) ansetzen und die Lizenzgebühren im wesentlichen als Problem gewerblicher oder freiberuflicher Tätigkeit betrachten. Abkommensrechtlich hat man sich aber von der Subsidiarität zu lösen, da Art. 12

als eine Spezialvorschrift gilt, der im Grundsatz ein Vorrang vor anderen Vorschriften zur Steuerverteilung einzuräumen ist – erst wenn diese Zuordnung geklärt ist, kann sich nach Art. 12 III MA eine vorrangige Anwendung der Art. 7, 14 ergeben (*Wassermeyer* Art. 12 MA Rz 8, 10). Weitere Verbindungen zum innerstaatlichen Recht treffen ebenfalls nicht den Gegenstand des Art. 12 insgesamt, überschneiden sich nur: Art. 34 d Nr. 8 c aus der Sicht unbeschränkter, §§ 49 I Nr. 2, 3, 6, 9, 50 a IV Satz 1 Nr. 3 EStG aus der Sicht beschränkter Steuerpflicht. Zum anderen folgen die Verständnisschwierigkeiten aus der **Aufzählung der Lizenzgegenstände** in Art. 12 II, die sich einer Kernaussage wie zu den Dividendeneinkünften (Gesellschaftsbeteiligung) und zu den Zinseinkünften (Forderungsrechte) entzieht. Plakative Formulierungen wie „Geistiges Kapital" *(Wassermeyer)* oder „Technologie-Transfer" *(IFA-Kongreß* 1997) decken jeweils nur Teilbereiche ab. Der Bezug zum Zivilrecht besteht darin, als verschiedene genannte Rechte und Vermögenswerte, deren entgeltliche Nutzungsüberlassung Lizenzgebühren auslöst, zivilrechtlich begründet und geschützt werden (Urheberrechte, Patente), während andere Lizenzgegenstände keinen Schutzrechtscharakter aufweisen (Know how). Eine völlige Loslösung vom Zivilrecht ist dadurch gegeben, daß unter Art. 12 II auch bloße wirtschaftliche Vorgänge fallen (*Wassermeyer* Art. 12 Rz 58), was aber zugleich auf weitere Abgrenzungsprobleme hinweist, inwieweit bloße Dienstleistungen als Folge eines Know-how-Bestandes unter Art. 12 MA fallen.

(3) Wenn auch nur mittelbar mit Art. 12 MA zusammenhängend, so ist doch auf **232** die **Entwicklung bzw. Entwicklungsfinanzierung der Verwertungsrechte** hinzuweisen. Die Umsätze im Patent- und Lizenzverkehr kommen im wesentlichen durch eine geringe Zahl an Großunternehmen zustande, bei denen es sich um Unternehmensverbindungen handelt; als Regelfall gilt der Finanzstrom von einem inländischen/ausländischen Tochterunternehmen zu einer Muttergesellschaft (*Macharzina/ Oesterle* zur Bedeutung von Lizenzen auf internationalen Märkten, S. 515 ff.). In Unternehmensverbindungen stellt sich bei der Entwicklung von Verwertungsrechten regelmäßig die Frage: Kostenumlage, Lizenz, Auftragsforschung und Technologiekauf (s. bereits S 161). Auftragsforschung und Technologiekauf interessieren hier nicht, wohl aber führen Kostenumlage und Lizenz zur Frage des Art. 12 MA. Im sogenannten **Lizenzmodell** sind Entwicklungsführerschaft und Verwertungsrecht bei einer Gesellschaft konzentriert, so daß dies zur Einnahme von Lizenzgebühren gem. Art. 12 führt; im sogenannten **Umlagemodell** vereinbaren Gesellschaften eine Kooperation und verteilen Kosten und Erträge nach einem Verteilungsschlüssel, die Umlagebeträge stellen keine Lizenzgebühren dar, so daß sich auch nicht die Frage eines Quellensteuerabzugs stellt (*Otto H. Jacobs* S. 935; zu den OECD-Verrechnungspreisgrundsätzen Kap. VIII (Kostenverteilungsvereinbarungen) s. *Schreiber/ Kuckhoff* IStR Beihefter zu Nr. 1/1998; *F/W/B* Band IV, Erläuterung der OECD-Richtlinien, Kapitel VIII, Rz 8.1 bis Rz 8.46; zum Lizenzmodell *Raupach* in *Raupach* (Hrsg.) 1999), S. 158 ff.).

*b) Abgrenzungen: Nutzungsüberlassung, Entgeltfrage und Lizenzgegenstand*

**233**    Im folgenden soll die Darstellung des Art. 12 auf der Grundlage gegenseitiger **Abgrenzung dreier Fragestellungen** erfolgen. Sie folgen auch direkt aus dem Wortlaut des Art. 12 II, machen aber die Regelung transparenter: Was heißt „Nutzungsüberlassung", was bedeutet „Vergütungen jeder Art" und was ist mit der Aufzählung der Lizenzgegenstände zu verbinden?

**234**    (1) Die Vergütung stellt die Gegenleistung für eine Nutzungsüberlassung dar. Die **Nutzungsüberlassung** ist mithin nach zwei Richtungen abzugrenzen: Gegenüber der **Veräußerung** einerseits (bloße Nutzung als Tatbestandsmerkmal nach Art. 12), gegenüber der **eigenen Verwertung** andererseits (Überlassung als Tatbestandsmerkmal nach Art. 12). Man kann sich den Zusammenhang auch als Abfolge denkbarer Handlungsweisen vorstellen: Der Inhaber eines Verwertungsrechts nutzt dieses selbst und erbringt auf dieser Grundlage für Dritte Dienstleistungen – er überträgt auf einer zweiten Stufe dieses Recht oder jedenfalls Teile hiervon zur Ausübung und Verwertung – und er veräußert dieses Recht schließlich. Die beiden Extremfälle werden hierbei durch die völlige Übertragung des Rechts einerseits und durch einen Dienstleistungsauftrag andererseits ohne irgendeine Zurverfügungstellung einer Rechtsposition, auch nicht in der Form eines Planes o. ä. gekennzeichnet. Doch dazwischen liegen vielfältige Abgrenzungsfragen, deren Problematik regelmäßig mit der besonderen Beschaffenheit eines bestimmten Lizenzgegenstandes verbunden ist; die Abgrenzungsprobleme wurden bereits im Zusammenhang mit den der beschränkten Steuerpflicht unterliegenden Einkünften dargestellt, da ihnen beträchtliche materiellrechtliche und verfahrensrechtliche Bedeutung im Außensteuerrecht zukommt (s. Q 14). Entscheidendes Merkmal einer Lizenzgebühr ist die **zeitlich begrenzte Überlassung einer Rechtsposition,** eines Vermögenswertes. Das Recht muß im Vermögen des Überlassenden verbleiben, weswegen sich Übertragungsakte immer nur als Teilrechtsübertragungen darstellen dürfen, wenn Art. 12 einschlägig sein soll: Ein Rechtskauf liegt vor und keine bloße Überlassung, wenn ein Schutzrecht für die gesamte Schutzdauer überlassen wird; wenn eine ausschließlich Lizenz mit einer Alleinbenutzungsklausel vorliegt, während ein Alleinvertriebsrecht nicht genügt; die Ungewißheit, wann eine Rechtsübertragung keine Folgen mehr haben kann oder soll, macht den Vorgang noch nicht zu einem Fall einer Veräußerung; Veräußerungen von Urheberrechten verstehen sich zivilrechtlich nach §§ 31 ff. UrhG als Nutzungsüberlassungen und damit grundsätzlich auch nur als Überlassung nach Art. 12; auch Know-how kann zeitlich genutzt werden, obwohl bei einer Überlassung eher an eine Übertragung eines Vermögenswertes und bei einer Anwendung im Einzelfall eher an eine Beratungsleistung zu denken ist (zu den Beispielen, überwiegend aus der *BFH*-Rechtsprechung, *Wassermeyer* Art. 12 MA Rz 58). Der Kommentar zum MA behandelt das Problem recht ausführlich am Beispiel der **Software-Überlassung.** Unter der Voraussetzung, daß Software als Lizenzgegenstand in Betracht kommt, kann diese vermietet oder veräußert werden. Von einer Überlassung im Sinne des Art. 12 MA geht der Kommentar aus, „wenn der Übertragende als Software-Urheber einen Teil seiner Rechte einem Dritten zur gewerblichen Weiterentwicklung oder Verwertung der Software als solcher übertragen hat, z. B. indem er die Software weiter entwickelt oder verbreitet"; *Wassermeyer* nimmt einen Überlassungsvorgang im Sinne des Art. 12 an, „wenn die Software eine geistige Leistung verkörpert, die dem Erwerber zur Nutzung überlassen werden soll ... Das Entgelt für die Vermietung von Individualsoftware fällt immer unter Art. 12 II (Rz 63 zu Art. 12 MA) – abzugrenzen ist das jedenfalls gegenüber einer Übertragung zwecks persönlicher oder geschäftlicher Nutzung durch den Übernehmenden in dessen Geschäftsbetrieb als gewerbliche Einkünfte (so Nr. 14 des Kommentars), ohne daß sich die **Grenzen zwischen Überlassung und Veräußerung** hieran überzeugend deutlich zeigen; es ist daher wohl richtig, in diesem Problemkreis die Lösung weniger im Bereich des Tatbestandsmerkmals der Überlassung als der des Vorliegens eines Lizenzgegenstandes zu suchen (s. *Wassermeyer* zu Standard- und Systemprogrammen, Rz 64; zur Erörterung der Frage auf dem IFA-Kongreß 1997 s. den Bericht von *Dann* IStR 1998, Heft 3 X; zuletzt unter Einbeziehung von MA-Neufassungsentwürfen *Kessler* IStR 2000, 98 ff.). Dies dürfte auch für die Annahme im *BMF*-Schreiben BStBl. 1998 I, 351 = IStR 1998, 246 zur Behandlung nicht im Inland ansässiger Korrespondenten inländischer Rundfunkanstalten, Zeitungsunternehmen gelten, wenn es für die Vergütungen heißt, es könnte sich insbesondere bei Fehlen einer festen Anstellung um Einkünfte aus der Überlassung von Verwertungsrechten handeln. Für den Schriftsteller, der ein Manuskript zwecks Veröffentlichung überläßt, ist Art. 12 II einschlägig. Der Künstler fällt mit den Einkünften aus einem Auftritt unter Art. 17, soweit es zu Aufnahmen und deren Überlassung kommt unter Art. 12.

(2) Die zweite Abgrenzungsproblematik betrifft die **eigene Nutzung.** 235 Jeder Inhaber einer vermögenswerten Position hat die Möglichkeit, die damit verbundene Technologie (verstanden in einem weitesten Sinne) im Rahmen einer Eigenverwertung zu nutzen. Die Entscheidung einer Eigennutzung oder einer Überlassung ist eine wirtschaftliche Entscheidung, die mit Sicherheit nicht von steuerlichen Bedingungen abhängig sein wird (zu den Überlegungen hierbei *Picot/Reichwald/Wigang* S. 288 ff.). Es lohnt sich auch bei dieser Abgrenzungsfrage zunächst den Kommentar zum MA als einführende Problemdarstellung zur Hand zu nehmen. Am Beispiel des **Know-how** – und es ist dieser Lizenzgegen-

stand in der Tat auch der eigentliche Problemverursacher – führt der
Kommentar aus: „Im Know-how-Vertrag verpflichtet sich die eine Par-
tei, ihre besonderen, Außenstehenden nicht zugänglich gemachten
Kenntnisse und Erfahrungen der anderen Partei mitzuteilen, damit diese
sie für ihre eigenen Zwecke verwenden kann ... Diese Art von Vertrag
unterscheidet sich somit vom Dienstleistungsvertrag, durch den sich eine
Partei verpflichtet, unter Anwendung der in ihrem Beruf üblichen
Kenntnisse eine Arbeit für die andere Partei selbst auszuführen. Deshalb
sind Vergütungen für Leistungen im Rahmen des Kundendienstes, für
Leistungen, die ein Verkäufer dem Käufer im Rahmen der Garantie erbringt, für rein technische Hilfe und für die Beratung durch einen Ingenieur, Rechtsanwalt oder Buchsachverständigen nicht Lizenzgebühren ...
(und) fallen im allgemeinen unter Artikel 7 oder 14"; hieraus erklärt sich
die Verständigungsvereinbarung DBA-Rumänien BStBl. 1999 I, 957: als
Lizenzgebühren qualifizieren sich solche Vergütungen nur, „wenn sie für
einen echten Transfer von Know-how ... geleistet werden." Der Kommentar spricht auch zugleich das Problem eines gemischten Vertrages
am Beispiel eines Franchise-Vertrages an, „durch den sich jemand verpflichtet, dem Vertragspartner sein Wissen und seine Erfahrungen zur
Verfügung zu stellen und außerdem noch gewisse technische Hilfe zu
leisten ... (dann) muß man im allgemeinen den Gesamtbetrag der vereinnahmten Vergütung auf Grund des Vertragsinhalts oder durch einen
sonstwie angemessenen Schlüssel nach den verschiedenen Leistungen
aufgliedern". Die Grenzlinie beschreibt *Amann* (S. 145) unter Rückgriff
auf *BFH*-Rechtsprechung, ob dem Dritten die Möglichkeit eröffnet wird,
mit Hilfe des ihm vermittelten Know-how die anstehenden technischen
oder wirtschaftlichen Fragen selbst zu lösen; anderenfalls geht es um ein
**Arbeitsergebnis,** das vom Auftraggeber kraft eigenen Rechts und nicht
wie im Falle der Überlassung zur Nutzung kraft abgeleiteten Rechts genutzt wird. *Wassermeyer* weist auf die Abgrenzung im Zusammenhang
mit der **Unternehmensberatungstätigkeit** hin: Es kann nicht der Sinn
des Art. 12 II sein, Einkünfte aus typischen Beratungstätigkeiten in Lizenzgebühren umzufunktionieren; Know-how, welches durch Ausübung
eines typischen Beratungsberufes übertragen wird, fällt nicht unter
Art. 12 II (Anm. 81 zu Art. 12 MA) – eine Aussage, die der Tendenz
nach richtig ist und die Mehrzahl aller Beratungsfälle auch richtig lösen
wird; sie bedarf aber der Ergänzung, daß es um ein **mit der Beratung
verbundenes Arbeitsergebnis** geht. Entschärft wird die Problematik in
der Praxis dadurch, daß eine Vielzahl von Beratern, insbesondere Unternehmensberater, ja gar kein eigenständiges Know-how vermitteln: Was
sie mitbringen und worin ihr Wert in der Praxis in der Regel liegt, ist die
Distanz zum Unternehmensgeschehen, zur Gegenwart und zur Vergangenheit, die damit verbundene Klarheit der Sicht: Aber das fällt nicht in
den Bereich des Art. 12 II. Schon an dieser Stelle ist darauf hinzuweisen,

daß sich die Abkommenspraxis insoweit von der MA-Vorlage löst, als Artikel 12 auf den Bereich **technischer Dienstleistungen** erstreckt wird. Beispiel DBA-Pakistan Art. 12 IV: Der Ausdruck „Gebühren für technische Dienstleistungen" bedeutet danach Vergütungen jeder Art, soweit sie nicht an Arbeitnehmer des Schuldners für Vergütungen gezahlt werden, für Leistungen auf dem Gebiet der Geschäftsführung, Technik oder Beratung"; den Hintergrund hierfür sieht *Amman* (S. 151) weniger in der sachlichen Nähe zu den Lizenzgebühren als vielmehr in der damit verbundenen Bruttobesteuerung im Gegensatz zu einer mit einer Betriebsstättenlösung verbundenen Nettobesteuerung begründet. Im jüngst in Kraft getretenen DBA-Litauen ist im Protokoll zu Art. 12 ausdrücklich bestimmt, daß „Vergütungen für technische Dienstleistungen oder für Beratung oder Geschäftsführung" grundsätzlich nicht unter Art. 12 fallen; es wird auf Art. 7 bzw. Art. 14 verwiesen, wobei das Protokoll zu Art. 7 nun wiederum den Bereich technischer Dienstleistungen aus der der Betriebsstätte im Quellenstaat ausklammert und dem Sitzstaat zuweist; im gleichzeitig in Kraft getretenen DBA-Kasachstan werden Vergütungen für technische Dienstleistungen im Protokoll zu Art. 7 den Betriebsstätteneinkünften uneingeschränkt zugewiesen. Daß jedenfalls damit der mit dem Begriff der Lizenzgebühr verbundene Rahmen einer Abgrenzung zur Eigenverwertung verlassen ist, ist klar. Nr. 11 des MA-Kommentars zu Art. 12 soll um einen Hinweis auf die Behandlung von **Engineering** im Rahmen internationaler Großanlagenprojekte" ergänzt werden (dazu *Sonntag* IStR 1996, 463). Es handelt sich hierbei um einen Teilbereich dessen, was im neueren Abkommensrecht mit den technischen Dienstleistungen zum Ausdruck gebracht wird. Denn im Rahmen eines **Großprojektgeschäftes** benutzt grundsätzlich der Auftragnehmer sein Wissen und Können selbst, es schlägt sich mithin anschließend in einem Arbeitsergebnis nieder, so daß von einer Know-how-Übertragung keine Rede sein kann. Das gilt auch für Teilbereiche wie Ausbildung von Personal, Zurverfügungstellung von Bedienungsanleitungen usw., bei denen sich nur die Frage stellen kann, ob sie im Rahmen einer Betriebsstätte am Ort des Anlagenbaus oder im Sitzstaat des Unternehmens erbracht werden (zum Thema Anlagenbau s. auch den von *Sonntag* für den IFA-Kongreß 1997 erstatteten deutschen Nationalbericht IWB 1 IFA-Mitteilungen, S. 1427; *Dubberke* IStR 1998, 662).

(3) Die **Vergütung** muß **als Lizenzgebühr** im Sinne des Art. 12 II eine wirtschaftliche Gegenleistung für die Benutzung der Lizenzgegenstände sein. Nach der vorangegangenen Abgrenzung darf es sich weder um ein Veräußerungsentgelt noch um ein Dienstleistungshonorar handeln (soweit es um die Einbeziehung technischer Dienstleistungen geht, werden beide Begriffe auch unterschieden, siehe wiederum Art. 12 I DBA-Pakistan „Lizenzgebühren und Gebühren für technische Dienstleistungen ..."). Der Kommentar zum MA geht in Nr. 8 zu Art. 12 von ei- **236**

nem sehr weiten, aber im Hinblick auf die Abgrenzungsfunktion des Art. 12 auch nur folgerichtigen Verständnis des Ausdrucks „Lizenzgebühren" aus, wenn es dort heißt, die Definition „schließt Vergütungen für die Benutzung oder das Recht auf Benutzung von Rechten der vorstehend erwähnten Art ohne Rücksicht darauf ein, ob sie in einem öffentlichen Register eingetragen sind oder eingetragen werden müssen. Die Definition deckt sowohl die auf Grund eines Lizenzvertrages geleisteten Zahlungen als auch die Entschädigung, die eine Person für unerlaubte Nachahmungen oder für die Verletzung des betreffenden Rechts zu leisten hat. Eine wirtschaftliche Analyse des Lizenzentgelts zeigt eine bemerkenswerte Breite von Honorargestaltungen auf (*Macharzina/ Oesterle* S. 521): Laufende Gebühren (royalties), Pauschalgebühren, Einnahmen aus dem Lizenzgeber-Verkauf von Vormaterial, Maschinen und Ausrüstung an den Lizenznehmer, Gebühren für Unterstützungs- und Serviceleistungen, Rücklieferungen an den Lizenzgeber zu Sonderkonditionen, Lizenzaustausch. Unabhängig davon, ob es sich in jedem Falle um ein nach Art. 12 II der Lizenzgebühr zuzurechnendes Entgelt handelt, ist zu beachten, daß es sich letztlich um eine Frage der steuerlich anzuerkennenden Höhe der Vergütung handelt (dazu Art. 12 IV). Zur Abgrenzung des Umlagemodells vom Lizenzmodell und damit auch der Abgrenzung von Kostenbeitragszahlungen gegenüber Lizenzgebühren siehe bereits unter (1).

**237**     (4) Die im Art. 12 II genannten Lizenzgegenstände sind hiernach

– **Urheberrechte** an literarischen, künstlerischen oder wissenschaftlichen Werken, einschließlich kinematographischer Filme, Patente, Marken: Schutz von kulturellen Geistesschöpfungen bzw. Kernbereich der absolut geschützten Immaterialgüterrechte (dazu insbesondere die Darstellung bei *Wassermeyer* Art. 12 MA Rz 61, 62);

– **Muster, Modelle, Pläne** als „mindere Ausschließlichkeitsrechte" (zu den zivilrechtlichen Grundlagen insbesondere des Geschmacksmuster- und Gebrauchsmusterrechts *Wassermeyer* Rz 70, 71);

– geheime Formeln, Verfahren, gewerbliche, kaufmännische oder wissenschaftliche Erfahrungen, **zusammenfassend als Know-how zu umschreiben:** Nicht geschütztes Spezialwissen über technische oder kaufmännische Erfahrungen, im Kommentar zum MA in Nr. 11 definiert als „die Gesamtheit des Außenstehenden nicht zugänglich gemachten technischen Wissens, das nicht unbedingt patentfähig zu sein braucht und das zur gewerblichen Nachahmung eines Erzeugnisses oder eines Verfahrens unter denselben Bedingungen notwendig ist". Hierfür kann wegen weitgehender Übereinstimmung auf §§ 49 I Nr. 9, 50a IV Satz 1 Nr. 3 EStG zurückgegriffen werden, zumal hierunter auch kaufmännische oder betriebswirtschaftliche Erfahrungen gehören (*Klein* in *H/H/R* § 49 EStG Rz 1110; anders *Wassermeyer* Art. 12 MA Rz 81;

– die **Erweiterung auf technische Dienstleistungen** ist, wie gezeigt wurde, trotz des Zusammenhangs mit Art. 12 gesondert zu betrachten, da es hierbei nicht um einen Lizenzgegenstand im Sinne des Art. 12 II geht.

Das MA 1977 umfaßte noch Vergütungen „für die Benutzung oder das Recht auf Benutzung gewerblicher, kaufmännischer oder wissenschaftlicher Ausrüstungen" – bereits die MA-Fassung 1992 gab diese Einordnung auf und begründete dies damit, im Hinblick auf die Natur der Vermietung und Verpachtung (**Leasing**) solcher Ausrüstungen sei sicherzustellen, daß diese Einkünfte den Unternehmensgewinnen zuzuordnen seien (Nr. 9 zu Art. 12). Zum eigentlichen Hintergrund *Kl. Vogel* Art. 12 Rz 47 a: Da sich nicht alle Staaten an das MA-Modell einer Quellensteuerbefreiung halten, wäre in solchen Fällen eine Quellensteuer auf Brutto-Leasinggebühren die Folge, wegen der schmalen Gewinnspannen im Leasinggeschäft würde dies leicht zu einer Überbesteuerung an der Quelle führen; daher: Betriebsstättenprinzip und dann nur noch eine Besteuerung auf der Basis von Nettoergebnissen. Damit sind jedoch die abkommensrechtlichen Folgen eines unter Art. 12 zu subsumierenden grenzüberschreitenden Leasings nicht bedeutungslos geworden, da noch eine erhebliche Zahl von Abkommen die Rechtslage vor 1992 berücksichtigt (andererseits war auch die frühere Abkommenspraxis bereits von der Einbeziehung der Ausrüstungen abgewichen, s. beispielsweise Art. 12 II DBA-USA) und im übrigen auch neuere Abkommen auf die alte Fassung zurückgreifen: s. Art. 12 III DBA-Litauen, DBA-Kasachstan, wobei im Falle DBA-Kasachstan das Protokoll zu Art. 12 in diesem Fall dem Schuldner ein Wahlrecht eröffnet, „so besteuert zu werden, als wenn die Rechte oder Vermögenswerte, für die die Lizenzgebühren gezahlt werden, tatsächlich zu einer Betriebsstätte gehören" – was statt der Bruttobemessungsgrundlage eine Nettobemessungsgrundlage zur Folge haben kann. Zur Leasing-Beurteilung in solchen Fällen *Rosemarie Portner* aaO, Rz 64 ff. zu Art. 12 MA; *Wassermeyer* Art. 12 MA Rz 84.

### c) Betriebsstättenvorbehalt, Entgeltanerkennung

(1) Wie Art. 10 V (s. S 200) und Art. 11 IV (s. S 221) enthält **238** Art. 12 III MA eine Rückverweisung auf Art. 7 bzw. Art. 14, den sogenannten Betriebsstättenvorbehalt. Der Zusammenhang mit Art. 7 VII ist kein anderer als der im Zusammenhang mit den Dividenden (S 200) beschriebene, so daß hier nur noch als Ergebnis festzuhalten ist: Wenn das Recht bzw. der Vermögenswert, der im Quellenstaat zur Verwertung übertragen wurde, tatsächlich zu einer Betriebsstätte bzw. einer festen Einrichtung gehört, dann heißt dies zunächst mit Blickrichtung auf Art. 12 I: Sollte der Quellenstaat das Besteuerungsrecht verloren haben, so ist das damit gegenstandslos geworden; ob der Quellenstaat die Lizenzgebühr nunmehr als Teil des Betriebsstättengewinns besteuert oder eine hiervon unabhängige Quellenbesteuerung aufrechterhält, ist Sache des innerstaatlichen Rechts.

(2) Schließlich ist auf Art. 12 IV MA zu verweisen: Wie Art. 11 VI **239** bezweckt auch Art. 12 IV, den Anwendungsbereich des Art. 12 zu beschränken, falls aufgrund besonderer Beziehungen zwischen dem Schuldner und dem Nutzungsberechtigten die gezahlten Lizenzgebühren

den Betrag übersteigen, den Schuldner und Nutzungsberechtigter ohne diese Beziehungen vereinbart hätten. In einem solchen Fall verdeckt die Lizenzgebühr das anderweitige Entgelt, Art. 12 I ist auf den unangemessenen Teil der Lizenzgebühren nicht anzuwenden. Auf den unangemessen hohen Teil der Lizenzgebühren ist ggf. die abkommensrechtliche Vorschrift anzuwenden, der der Betrag unter wirtschaftlichen Veranlassungsgesichtspunkten zuzuordnen ist (*Wassermeyer* Art. 12 MA Rz 115 ff.).

**240–249**      *(einstweilen frei)*

### 9. Einkünfte aus der Veräußerung von Vermögen

*a) Verteilungsnorm und innerstaatliches Recht*

**250**      (1) Die **Schwierigkeiten im Umgang mit Art. 13 I** bringt der Kommentar zum MA schon eingangs zum Ausdruck, wenn er darauf verweist, daß es erhebliche Unterschiede zwischen den Staaten gibt: „In einigen Mitgliedstaaten der OECD werden die Veräußerungsgewinne wie ordentliche Einkünfte besteuert und daher den Einkünften aus anderen Quellen hinzugerechnet. Dies gilt namentlich für die Gewinne aus der Veräußerung von Vermögenswerten eines Unternehmens. In einigen Mitgliedstaaten der OECD werden die Veräußerungsgewinne jedoch besonderen Steuern unterworfen, wie z.B. Steuern vom Gewinn aus der Veräußerung unbeweglichen Vermögens, allgemeinen Kapitalgewinnsteuern oder Steuern vom Vermögenszuwachs (Wertzuwachssteuern).“ Damit wird auch bereits der Unterschied zum innerstaatlichen Recht deutlich, das Veräußerungsgewinne als eigenständige Einkunftskategorie nicht kennt und sie anderen Einkunftsarten zuordnet (§§ 14, 16 I, 17 I, 18 III, 22 Nr. 2, 23 I EStG). Die für Art. 13 MA entscheidende und zentrale Frage ist bei dieser Ausgangslage natürlich die Beziehung zum innerstaatlichen Recht. Die eigene Einkunftskategorie könnte für ein vom innerstaatlichen Recht unabhängiges Begriffsverständnis sprechen, mithin für eine abkommensrechtliche Qualifikation. Hierbei stößt man auf zwei konträre Ansichten; *Wassermeyer* einerseits (es handelt sich um einen abkommensrechtlichen Begriff, der Begriff Veräußerung ist mit dem im innerstaatlichen Recht verwendeten Begriff nicht deckungsgleich, Art. 13 Rz 3, 21); *Schaumburg* andererseits (das jeweilige nationale Recht entscheidet, so S. 975). Unabhängig davon, mit welchen Argumenten dies jeweils zu vertreten ist, hat es wohl keinen Sinn, die Frage losgelöst von der Zuweisung des Besteuerungsrechts zu lösen. Deswegen ist zunächst der **Inhalt der Verteilungsnorm** zu klären.

**251**      (2) Art. 13 MA unterscheidet

– Gewinne aus der Veräußerung unbeweglichen Vermögens im Sinne des Art. 6 und bestimmt dafür, daß eine Quellenbesteuerung aufrechterhalten bleibt (Art. 13 I); eine Wohnsitzbesteuerung bleibt mithin unberührt, es stellt sich für den Wohnsitzstaat lediglich die Frage der Vermeidung einer Doppelbesteuerung;

– Gewinne aus der Veräußerung beweglichen Vermögens als Betriebsvermögen einer Betriebsstätte oder einer festen Einrichtung und bestimmt dafür, daß eine Quellenbesteuerung aufrechterhalten bleibt (Art. 6 II); auch hier bleibt die Wohnsitzbesteuerung zunächst unberührt;

– Gewinne aus der Veräußerung von Seeschiffen usw., die im internationalen Verkehr betrieben werden, und bestimmt dafür den Ausschluß einer Quellenbesteuerung, bestätigt dagegen das Besteuerungsrecht des Staates am Ort der tatsächlichen Geschäftsleitung des Unternehmens (Art. 13 III);

– Gewinne aus der Veräußerung des zuvor (Art. 13 I, II, III) nicht genannten Vermögens, für das eine Quellenbesteuerung ausgeschlossen wird und nur das Recht des Wohnsitzstaates bestätigt wird.

Hierbei fällt auf: Die Regelung in **Art. 13 knüpft** direkt **an die Besteuerung laufender Einkünfte** aus der genannten Veräußerungssubstanz an, indem die hierfür geltenden Verteilungsnormen inhaltlich auf Art. 13 übertragen werden; Art. 13 I folgt Art. 6, Art. 13 II folgt Art. 7, Art. 13 III folgt Art. 8 und Art. 13 IV folgt der Auffangklausel in Art. 22. Die Teilhabe des Quellenstaates ist also weder eingeschränkt noch erweitert worden, wenn man als Bezug die vor der Veräußerung aus der Steuersubstanz gezogenen Einkünfte wählt. Der Wohnsitzstaat erfährt wie in Art. 8 I einen der seltenen Ausschlüsse, ansonsten ändert sich auf der Ebene der Verteilungsnormen auch für ihn nichts. Das legt schon die **Frage** nahe, warum es dann überhaupt **einer eigenständigen Verteilungsnorm** bedurfte, warum nicht der Anwendungsbereich in den Art. 6, 7, 8 und 21 entweder auf Veräußerungsgewinne erstreckt worden ist oder – noch näherliegender – warum nicht die Qualifikation eines Veräußerungsgewinns als den genannten Einkünften zugehörig jeweils dem innerstaatlichen Recht vorgehalten bliebe. Jedenfalls gibt der Zusammenhang des Art. 13 mit anderen Verteilungsnormen nur wenig Anhaltspunkte dafür, daß die Auffassung einer abkommensrechtlichen Qualifikation richtig ist, solange man sie nicht sogleich mit der Einschränkung versieht, daß sie nur in dem Rahmen erfolgen kann, in dem dies die Art. 6, 7, 8, 21 vorgeben. Die Begründung für eine eigenständige Verteilungsnorm sucht *Wassermeyer* in der eingangs erwähnten unterschiedlichen Rechtslage im Staatenvergleich (Rz 7 zu Art. 13 MA) – aber Art. 13 läßt besondere Rücksichtnahmen auf Divergenzen weder im Wortlaut selbst noch in der Kommentierung erkennen (ganz anders als im Zusammenhang mit Art. 10, wo der Kommentar der Thematik unterschiedlicher Körperschaftsteuersysteme erhebliche Aufmerksamkeit widmet). Eher muß man hierzu einen konkreten Abkommenstext heranziehen: So beruht die Einbeziehung von Immobiliengesellschaften in das Besteuerungsrecht des Belegenheitsstaates in Art. 13 II DBA-USA auf einer besonderen US-amerikanischen Rechtslage (dazu *Eimermann* in *Debatin/Wassermeyer* DBA-USA Rz 82 zu Art. 13; s. auch DBA-Schweden Art. 13 I). Jedenfalls wird man zum Verständnis des Art. 13 im Zusammenhang mit anderen Verteilungsnormen hieraus zunächst folgern können, daß es sich erübrigt, abkommensrechtliche Anhaltspunkte für eine Abgrenzung zwischen laufenden Einkünften und Veräußerungsgewinnen zu suchen, da die Verteilung deckungsgleich ist. Das wiederum steht in Übereinstimmung mit der Auffassung des MA-Kommentars zu Nr. 4: „Es bleibt indessen dem besteuernden Staat überlassen, nach innerstaatlichem Steuerrecht zu unterscheiden, ob eine Steuer von Veräußerungsgewinnen oder die allgemeine Einkommensteuer zu erheben ist. Die Frage wird durch das Abkommen nicht präjudiziert." Von dieser Rechtslage ausgehend stellt sich nun erneut die Frage nach der inhaltlichen Bestimmung dessen, **was im Sinne des Art. 13 als Veräußerungsgewinn zu bestimmen ist** – genauer gefragt: Kann es Fälle geben, in denen der Quellenstaat nach seinem innerstaatlichen Recht einen Veräußerungsvorgang annimmt und ihn entweder aus dem Belegenheitsprinzip des Art. 6 oder aus der Zugehörigkeit zu einem Betriebsvermögen ableitet, dem aber Art. 13 mangels Voraussetzungen eines Veräußerungsgewinns entgegenstünde? Oder kann dem Wohnsitzstaat unter Verweis auf eine Begriffsbestimmung in Art. 13 die innerstaatliche Rechtsanwendung auch in anderen Fällen als den des Art. 13 III streitig gemacht werden? Letzteres nimmt *Fischer-Zernin* an (in *B/H/G/K* Rz 8 zu Art. 13 MA): Es können Tatbestände des deutschen Steuerrechts, die eine Steuerpflicht für Veräußerungsgewinne vorsehen, eingeschränkt oder ausgeschlossen werden – aber das ist schon vom Prinzip der Wirkung einer Verteilungsnorm her ausgeschlossen: Art. 13 I, II, IV MA bestätigt das Recht einer Wohnsitzbesteuerung – wie soll sich das gegen innerstaatliches Recht dieses Staates richten? Nur Art. 13 III schränkt dieses Recht ein, wenn der Ort der tatsächlichen Geschäftsleitung nicht zugleich der des Unternehmenssitzes ist. Die andere Frage ist die einer Beschränkung für den Quellenstaat. Hier nimmt *Fischer-Zernin* für Art. 13 I an, daß es „keine Einschränkung" gibt (Rz 12); gleiches wird für Art. 13 II dadurch zum Ausdruck gebracht, daß diese Bestimmung „nur klarstellende Bedeutung" habe; das wiederum steht in Übereinstimmung mit seiner Auffassung, daß der Anwendungsbereich des Art. 13 MA durch das jeweilige innerstaatliche Steuerrecht bestimmt wird. Anders insoweit nur *Wassermeyer*: Der Veräußerungsbegriff ist für ihn ein abkommensrechtlicher, der Kommentar zum MA enthalte in Nr. 5, 10 Auslegungshinweise, die zumindest vom deutschen innerstaatlichen Steuerrecht abweichen und vorrangig anzuwenden sind. Deutsches Steuerrecht kann für *Wassermeyer* deshalb zur Auslegung des Ausdrucks „Veräußerung" allenfalls ergänzend herangezogen werden: „Im Grundsatz ist davon auszugehen, daß der Ausdruck „Veräußerung" i.S.d. Art. 13 nicht mit den entsprechenden Ausdrücken in §§ 14, 16 I, 17 I, 18 III und 23 I deckungsgleich ist. So ist z.B. die Einbringung von Wirtschaftsgütern in eine Kapitalgesellschaft ohne Gewährung von Gesellschaftsrechten keine Veräußerung (*BFH* BStBl. 1989 II, 271). Abkommensrechtlich fällt sie dagegen unter

Art. 13 (so *Wassermeyer* Art. 13 Rz 3). Das alles hält einer Überprüfung nicht stand. Daß der Wortlaut des Art. 13 für eine „allenfalls ergänzende Heranziehung innerstaatlichen Rechts" nichts hergibt, ist ohnehin klar: Art. 13 MA kann wegen der Anknüpfung an andere Verteilungsnormen einen davon unabhängigen Inhalt nicht entwickeln. Die Frage kann also nur sein, ob dem Kommentar andere „richtungsweisende Auslegungshinweise" zu entnehmen sind. Sie sind dem Kommentar in der Tat zu entnehmen, aber sie führen zu einer unangefochtenen **Maßgeblichkeit des innerstaatlichen Rechts.** Kaum an einer anderen Stelle der MA-Kommentierung kommt dies so deutlich zum Ausdruck wie in Nr. 3 zu Art. 13: „Der Artikel befaßt sich nicht mit den vorerwähnten Fragen. Ob und gegebenenfalls wie Veräußerungsgewinne besteuert werden sollen, richtet sich nach dem innerstaatlichen Recht eines jeden Vertragsstaates. Der Artikel kann keineswegs dahin ausgelegt werden, daß er einem Staat das Recht zur Besteuerung von Veräußerungsgewinnen einräumt, wenn dies nicht bereits in seinem innerstaatlichen Recht vorgesehen ist. Er bestimmt auch nicht, auf welche Steuerart er anzuwenden ist. Selbstverständlich soll der Artikel für alle Arten von Steuern gelten, die ein Vertragsstaat von Veräußerungsgewinnen erhebt." Und auch aus Nr. 5 folgt nichts Anderes: „Der Artikel gibt keine eingehende Definition des Begriffs „Veräußerungsgewinn" … Mit der Verwendung der Worte „Veräußerung von Vermögen" sollen insbesondere die Gewinne aus dem Verkauf oder dem Tausch – auch aus einer Teilveräußerung – von Vermögenswerten, der Enteignung, der Einbringung in eine Gesellschaft, dem Verkauf von Rechten, der unentgeltlichen Übertragung und dem Übergang von Todes wegen erfaßt werden" – was sich als eine beispielhafte Aufzählung aus der Sicht des Kommentars bezüglich eines verbreiteten Standards in den Mitgliedstaaten versteht, sich aber im Einzelfall unter keinen Umständen gegen eine innerstaatliche Regelung durchsetzen könnte, solange diese innerhalb der Verteilungsnormen Art. 6, 7, 8 und 21 mit Abkommensrecht in Übereinstimmung steht. *Wassermeyers* Vergleich am Beispiel der Einbringung von Wirtschaftsgütern ohne Gewährung von Gesellschaftsrechten in eine Kapitalgesellschaft zwischen innerstaatlichem Recht und Art. 13 stellt sich in dieser Form überhaupt nicht – weil aus Art. 13 hierfür kein Maßstab folgt. Dies gilt auch für andere Beispiele; Art. 13 soll „andererseits die Fälle erfassen, in denen ein bloßer Wertzuwachs besteuert wird" (so *Wassermeyer* Rz 22 unter Hinweis auf den Kommentar Nr. 7, 8 und 9): Auch das ist nicht zutreffend. Dem Kommentar ist kein einziger materiell-rechtlicher Hinweis auf einen Wertzuwachs als Gewinn im Sinne des Art. 13 zu entnehmen – der Kommentar knüpft vielmehr an Regelungen des innerstaatlichen Rechts an, er setzt solche voraus und stellt dann klar, daß Art. 13 auch dem nicht entgegenstehe. Was sollte Art. 13 ohne eine innerstaatliche Vorgabe erfassen sollen und wogegen soll er sich richten?

**252**    (3) Art. 13 IV MA enthält zwar keinen ausdrücklichen Vorbehalt nach
der Art der Art. 10 IV, 11 IV, 12 III und 21 II MA, jedoch besteht ein
**Konkurrenzverhältnis zwischen Art. 13 II und 13 IV MA.** Dazu *Wassermeyer* in Forum Nr. 11, S. 119: Es liegt auf der Hand, daß für dieses
Konkurrenzverhältnis der Rechtsgedanke der tatsächlichen Zugehörigkeit aus den Spezialitätsregeln in anderen Verteilungsnormen entsprechend gilt. Auf Beteiligungsveräußerungsgewinne kann Art. 13 II MA
und damit eine Aufrechterhaltung der Quellenbesteuerung nur unter der
Voraussetzung gelten, daß die Beteiligung tatsächlich zu einem Betriebsstättenvermögen gehört. *Wassermeyers* Fazit hieraus: Beteiligungsveräußerungsgewinne fallen in der Mehrzahl der Fälle nicht unter Art. 13 II
bzw. nicht unter Art. 7 MA, sondern vorrangig unter Art. 13 IV oder
unter Art. 21 I MA (Ansässigkeitsstaat).

*b) Zur Anwendung des Art. 13 MA (Veräußerung, Einbringung, Um-
wandlung)*

Das bedeutet für die Anwendung des Art. 13 MA beispielhaft:

**253**    – Bei einem **Verkauf eines inländischen Unternehmens** (Einzelunternehmen)
oder von Anteilen an inländischen Personengesellschaften mit einer ausländischen
Betriebsstätte ist im Hinblick auf Art. 7 I, 13 II MA eine Kaufpreisaufteilung erforderlich; bei einem **Verkauf ausländischer Unternehmen** (Einzelunternehmen) oder
von Anteilen an ausländischen Personengesellschaften ist ebenfalls Art. 7 I, 13 II MA
zu beachten. Ob im Wohnsitzstaat eine Steuerbefreiung oder eine Anrechnung ausländischer Steuern erfolgt, hängt von Art. 23 ab. Steht eine Steuerbefreiung unter einem Aktivitätsvorbehalt, könnten rechtzeitige Anpassungsmaßnahmen geboten sein;
werden **Anteile an inländischen Kapitalgesellschaften veräußert,** so ist für einen
privaten ausländischen Anteilseigner § 13 IV MA (Wohnsitzprinzip) bestimmend, so
daß eine Besteuerung nach § 49 I Nr. 2e EStG nicht in Betracht (es sei denn,
§ 50d I a EStG ist anwendbar, s. Krabbe IStR 1995, 382). Art. 13 II MA ist für den
Fall der tatsächlichen Zugehörigkeit der Beteiligung zu einem Betriebsstättenvermögen einschlägig. Werden **Anteile an einer ausländischen Kapitalgesellschaft veräußert,** ist für private Anteile Art. 13 IV MA maßgebend. Bei der Veräußerung von
zu einem inländischen Betriebsvermögen gehörenden ausländischen Anteilen ist
ebenfalls Art. 13 IV MA anzuwenden. Werden die ausländischen Anteile von einer
inländischen Kapitalgesellschaft veräußert, kommt die Steuerbefreiung gem. § 8b II
KStG in Betracht (zum Inhalt dieser Norm und zum Ziel des Gesetzgebers, steuerliche Nachteile gegenüber anderen europäischen Holding-Standorten auszugleichen, s.
bereits N 201). Hierbei knüpft die Steuerfreiheit an das DBA-Schachtelprivileg
(Wohnsitzbesteuerung) bzw. an die Steuerbegünstigung des § 26 II, III KStG an (zu
den Einzelheiten dieser Verweise *Kreuz* S. 141 ff.). Abweichend von der Wohnsitzbesteuerung sehen einige Abkommen ausdrücklich vor, daß die Einkünfte aus der
Veräußerung von Gesellschaftsanteilen im Sitzstaat der Gesellschaft besteuert werden (Beispiel: Art. 13 III im DBA-Argentinien) oder halten ein Quellenbesteuerungsrecht für nicht ausdrücklich genannte Veräußerungsgewinne aufrecht (Beispiel:
Art. 13 IV im DBA-Ägypten). Schließlich gibt es Fälle, in denen überhaupt keine
Regelung vorgesehen ist (DBA-Australien). Ob dann Art. 7 (Unternehmensgewinne)
greift und den Wohnsitzstaat ausschließt, ist umstritten (s. *Pyszka/Andersen* IStR
1999, 655).

– **Einbringungen** von Betrieben in Personengesellschaften (§ 24 UmwStG) kön- **254**
nen zur Entstehung von Einbringungsgewinnen führen; entsteht ein solcher, ist er
dem eingebrachten Betriebsvermögen noch zuzurechnen (Entnahme, Betriebsaufgabe, Betriebsveräußerungsgewinn) – das Besteuerungsrecht steht dem Betriebsstättenstaat als Quellenstaat zu (Art. 13 II bzw. Art. 7 MA). Bei der Einbringung unbeweglichen Vermögens gilt vorrangig Art. 6 bzw. Art. 13 I MA. Einbringungsgewinne bei
der Einbringung in eine Kapitalgesellschaft gegen Gewährung von Gesellschaftsanteilen fallen unter Art. 13 I MA (unbewegliches Vermögen), Art. 13 II MA (Betriebsstättenvermögen, Anteile an Personengesellschaften), Art. 13 IV MA (Anteile an Kapitalgesellschaften). Zur Frage eines Ausschlusses der Besteuerung künftiger Veräußerungsgewinne in der Bundesrepublik s. §§ 20 III, 21 II Nr. 2 UmwStG: Bewertung
eingebrachten Betriebsvermögens mit dem Teilwert, wenn das Besteuerungsrecht der
Bundesrepublik hinsichtlich des Gewinns aus einer späteren Veräußerung der gewährten Anteile im Zeitpunkt der Sacheinlage ausgeschlossen ist (Art. 13 IV MA als
Begründung).

– Gewinne aus der **Umwandlung von Kapitalgesellschaften:** für die Besteuerung **255**
des Gesellschafters kommt es allein darauf an, ob gesellschaftsrechtliche Umstrukturierungen im Quellenstaat Bundesrepublik zu einer gewinnrealisierenden Veräußerung führen oder nicht (*Schaumburg* S. 977). Das bedeutet: Erfolgt bei solchen
Umstrukturierungen eine Aufdeckung stiller Reserven, handelt es sich um Veräußerungsgewinne im Sinne des Art. 13 IV MA. Beispiele zur Verschmelzung einer Kapitalgesellschaft auf eine Personengesellschaft oder auf eine natürliche Person, Verschmelzung einer Kapitalgesellschaft mit einer anderen Kapitalgesellschaft, Spaltung
einer Kapitalgesellschaft bei *Wassermeyer* in Forum Nr. 11 S. 122 ff. Es hat auch
nicht etwa eine Einordnung solcher Erlöse nach der Qualifikation im Wohnsitzstaat
des Gesellschafters zu erfolgen (sogenannte **Qualifikationsverkettung**), weil es dafür keine abkommensrechtliche Grundlage gibt (dazu mit Nachweisen *Leila Momen*
S. 457 f.). Soweit aber Ausschlußtatbestände im innerstaatlichen Recht greifen, sind
Veräußerungsgewinne im Sinne des Art. 13 damit selbstverständlich auch ausgeschlossen. Das betrifft vor allem den Fall des § 8 b II KStG mit der Freistellung von
Gewinnen aus der Veräußerung von Auslandsbeteiligungen (s. N 201), wobei aber
um der Systematik willen klar zu unterscheiden ist zwischen den begünstigten unbeschränkt steuerpflichtigen Körperschaften (das ist die Perspektive der Bundesrepublik
als Wohnsitzstaat) und den begünstigten beschränkt steuerpflichtigen Körperschaften
(das ist die Perspektive der Bundesrepublik als Quellenstaat): § 8 b IV Satz 2 KStG.
Auf die Vorschrift des § 8 b IV KStG wird im Zusammenhang mit dem Methodenartikel Art. 23 MA einzugehen sein (s. dazu S 331), weil mit der inländischen Betriebsstätte der ausländischen Körperschaft die Verbindung zum Schachtelprivileg des
Art. 23 in den deutschen Abkommenspraxis hergestellt wird. Der rechtsformwechselnde Umwandlungsvorgang fällt ebenfalls unter Art. 13 MA, sofern es zu einer
Gewinnrealisierung kommt (§§ 190 ff. UmwG als handelsrechtliche Grundlage) – eine Rechtsidentität schließt die Anwendung des Art. 13 mangels eines brauchbaren
Hinweises im Abkommenstext nicht aus (anders *Wassermeyer* Art. 13 MA Rz 24 und
in Forum Nr. 11, S. 124).

– Gewinne aus der **Umwandlung von Personengesellschaften:** Veräußerung von **256**
Anteilen an Personengesellschaften stellen abkommensrechtlich die Veräußerung einer Betriebsstätte dar, denn in der Bundesrepublik wird die Personengesellschaft
steuerlich als „transparent" behandelt, so daß die Betriebsstätte den Gesellschaftern
anteilig als deren Betriebsstätte zugerechnet wird (*Kl. Vogel* Art. 13 Rz 53 a). Wird
im Inland eine Personengesellschaft unter den Voraussetzungen des Umwandlungssteuergesetzes, der Betriebsaufspaltung, des Mitunternehmererlasses und der Real-
teilung umgewandelt, entstehen auch für einen beschränkt steuerpflichtigen Anteilseigner keine Veräußerungsgewinne (*Schaumburg* S. 979 mit zahlreichen Nachweisen);

zur Sichtweise der Bundesrepublik als Wohnsitzstaat (Formwechsel ausländischer Rechtsträger) s. *Schaumburg* GmbHR 1996, 670f.).

**257**    – Hierbei ist die **Abgrenzung zwischen Art. 13 I, Art. 13 II und Art. 13 III** zu beachten: Einerseits muß es sich um bewegliches Vermögen der Betriebsstätte handeln, andererseits muß es tatsächlich der Betriebsstätte zuzurechnen sein. Die Frage des beweglichen oder unbeweglichen Vermögens regelt Art. 6 II (Ort der Belegenheit qualifiziert die Voraussetzung des unbeweglichen Vermögens), während die Regeln der tatsächlichen Zugehörigkeit durch das Recht des Anwenderstaates bestimmt werden: Aus quellenstaatlicher Sicht für Art. 6 II ist das also das Recht der Bundesrepublik; Sonderbetriebsvermögen eines Mitunternehmers gehört also nicht schon deswegen zum Betriebsstättenvermögen, weil es der Personengesellschaft rechtlich zuzuordnen ist, es kommt vielmehr auf einen funktionalen Bezug an (s. bereits S 202; zuletzt *BFH* BStBl. 1996 II, 122 am Beispiel der Einkünfte aus dem verlegerischen Bereich), so daß anderenfalls Art. 13 IV anzuwenden ist (*Piltz* IStR 1996, 457).

**258**    – Entnahmevorgänge, Betriebsaufgabe, **Entstrickungsvorgänge** sind allein nach innerstaatlichem Recht als Fälle einer Gewinnbesteuerung (oder nicht) zu bestimmen (übereinstimmend mit *Wassermeyer* Art. 13 MA Rz 24).

**259**    – Ob **Liquidationsgewinne** unter Art. 13 oder Art. 10 fallen, bestimmt innerstaatliches Recht; vorab ist jedoch zu klären, ob das veräußerte Vermögen unter Art. 13 I (unbewegliches Vermögen) fällt. Wird eine Betriebsstätte insgesamt veräußert, so ist der Veräußerungsgewinn ggf. aufzuteilen.

**260**    – Der **Rechtskauf** fällt nicht deswegen unter Art. 13, weil er in der Kommentierung in Nr. 5 genannt wird; er wird abkommensrechtlich den Veräußerungsgewinnen zuzuordnen sein, soweit sich dies aus dem innerstaatlichen Recht ergibt (§§ 20 II Nr. 2 bis 4, 21 I Nr. 4 und 22 Nr. 3 EStG).

**261**    – Die **Teilwertabschreibung** ist dem Bereich der Unternehmensgewinne zuzuordnen und nicht als Vorwegnahme eines späteren Veräußerungsverlustes dem Art. 13 (*BFH* BStBl. 1989 II, 599 am Beispiel der Teilwertabschreibung auf die Beteiligung an einer indischen Kapitalgesellschaft).

*c) Wegzugsbesteuerung und Art. 13 MA*

**262**      Art. 13 MA ist der Standort der Diskussion um die **Vereinbarkeit der Wegzugsbesteuerung des § 6 AStG mit Abkommensrecht.** Zur Wiederholung zunächst (s. M 81): § 6 I AStG erweitert die Steuerpflicht der Veräußerung von Anteilen an Kapitalgesellschaften bei wesentlicher Beteiligung nach § 17 EStG. Im Zeitpunkt des Wegzugs einer natürlichen Person in das Ausland ist unter den bekannten Voraussetzungen § 17 EStG auch ohne Veräußerung anzuwenden (Vermögenszuwachsbesteuerung). Dieser Regelung hätte es im Verhältnis zu Nichtabkommensstaaten nicht bedurft, weil auch im Rahmen der beschränkten Steuerpflicht die Besteuerung nach § 49 I Nr. 2e gesichert wäre; die eigentliche Ursache dieser Wegzugsbesteuerung liegt aber im Abkommensrecht, die das Besteuerungsrecht für Gewinne aus der Veräußerung von Anteilen an Kapitalgesellschaften, die im Privatvermögen gehalten werden, grundsätzlich dem Wohnsitzstaat zuweist (vorbehaltlich besonderer Vereinbarungen), s. Art. 13 IV MA – eine Regelung, die von *Baranowski* IWB Editorial Nr. 3/1999 heftig kritisiert wird. Der Quellenstaat ist in einem solchen Fall ausgeschlossen. In § 6 AStG kommt (wie in § 21 UmwStG) der **Entstrickungsgedanke** zum Ausdruck. Abkommensrechtlich stellt sich bei Fehlen einer Sonderregelung die Frage, ob Art. 13 IV einer solchen, dem Entstrickungsgedanken folgenden Besteuerung, entgegensteht. Es gibt hierzu zwei Ansichten (zur Gesamtdarstellung mit Nachweisen s. *Brünink* S. 186 ff.): Eine Ansicht meint, ein Vertragsstaat, der im Abkommen auf bestimmte Steuergüter verzichtet habe, dürfe diesen Kompromiß nicht durch Schaffung eines neuen Steuertatbestandes einseitig unterlaufen, das Abkommen werde hierdurch ausgehöhlt; das für den späteren Veräußerungsfall vorgesehene ausschließliche Besteuerungsrecht des Wohnsitzstaates entfalte schon zuvor eine Schutzwirkung; eine vorweggenommene fiktive Veräußerungsgewinnbesteuerung müsse nach den Grundsätzen des konkret anzuwendenden DBA behandelt werden. Dem steht die Mehrheitsmeinung gegenüber, für die stellvertretend *BFH* (BStBl. 1977 II, 287) zu nennen ist: Bei einem steuerlichen Zugriff auf stille Reserven anläßlich einer Wohnsitzverlagerung in das Ausland greifen die DBA-Bestimmungen noch nicht ein. In diesem Zeitpunkt ist der Wohnsitz noch nicht verlegt, es gibt noch keinen grenzüberschreitenden Sachverhalt und dementsprechend kein etwaiges Besteuerungsrecht des ausländischen Staates, das sich auf Art. 13 IV stützten könnte. Die Besteuerung nach § 6 AStG stellt insoweit den letzten, vom DBA unabhängigen und nicht beeinflußbaren Eingriff der deutschen Steuerhoheit dar. Dieser Auffassung ist zuzustimmen: Es gibt keine überzeugende Begründung für eine **Vorwirkung einer Abkommensregel;** es entspricht im übrigen auch der Billigkeit, wenn bei einem Wechsel der Steuerhoheit zwischen den Vertragsstaaten grundsätzlich jedem Staat das Besteuerungsrecht für die unter seinem Regime gebildeten stillen Reserven eines Wirtschaftsgutes zusteht; eine Sichtweise, die der MA-Kommentar in Nr. 10 zu Art. 13 auch bestätigt. Der Doppelbesteuerungseinwand könnte hiergegen erhoben werden: Was geschieht, wenn der spätere Wohnsitzstaat im Veräußerungsfalle seinerseits an die historischen Anschaffungskosten anknüpft und die inzwischen erfolgte Wegzugsbesteuerung mißachtet? Dazu *Brünink:* Dann verstößt dieser Staat gegen die Besteuerungszuordnung des Abkommens und unabhängig vom Doppelbesteuerungsbegriff ist auf der Verwaltungsebene ein Verständigungsverfahren durchzuführen.

Deutsches Abkommensrecht hat inzwischen die Wegzugsbesteuerung des § 6 AStG **263** berücksichtigt, aber nicht im Sinne einer „Sanktionierung", einer ausdrücklichen Öffnung. Wie sollte das auch geschehen? Die Mindermeinung argumentiert zwar völkervertragsrechtlich, was anerkennenswert ist. Aber anzusetzen am Abkommen selbst und den Funktionen der Vertragsstaaten als Wohnsitz- oder Quellenstaat. Die Bundesrepublik ist, solange der Wegzug nicht erfolgt ist, der Wohnsitzstaat. Aber nicht einmal Wohnsitzstaat im Sinne des Abkommens, weil es einen grenzüberschreitenden Bezug noch nicht gibt. Wie will man ihr eine Quellensteuerposition zuweisen – und nur das ergäbe für die Beschränkung der Besteuerung einen Sinn? Wollte man aber allen Ernstes daran denken, sie in ihrer Position als Wohnsitzstaat zu begrenzen, dann muß man sich die Grundaussagen des Abkommens vor Augen führen: Auf der Ebene der Verteilungsnormen ist der Ausschluß als Wohnsitzstaat die Ausnahme. Macht man sich die Zusammenhänge an dieser Ausgangsposition klar, dann kann es auf der Ebene des Abkommensrechts **keine ernsthaften Zweifel mehr an der DBA-Vereinbarkeit** geben. Man sollte die Kritik auf den Kern beschränken: Der liegt nicht in der Frage der Verträglichkeit mit Abkommensrecht, sondern in der unbegreiflichen Hinnahme einer Besteuerung nicht realisierter Erträge, also bei fehlender Liquidität. Abkommensrechtlich hat die Bundesrepublik zunehmend Regelungen vereinbart, die die Wegzugsbesteuerung ihrem Umfang nach auf die Besteuerung des Wertzuwachses begrenzt, der auf Ansässigkeitszeiträume in der Bundesrepublik entfällt, und zugleich vereinbart, daß bei einer späteren Veräußerung dieser Beteiligungen zur Ermittlung des Veräußerungsgewinns der für die Zwecke der Wegzugsbesteuerung als Erlös zugrundegelegte Betrag als Anschaffungskosten anzusetzen ist. Im Falle des DBA-Schweiz folgt letzteres aus Art. 13 V, ergänzend ist auf Art. 13 V DBA-Schweiz für den Fall zu verweisen, daß in der Schweiz keine Besteuerung erfolgt; es greift alsdann eine Regelung für die Bundesrepublik als Quellenstaat ein, weil an eine Beteiligung im Sinne des § 49 I Nr. 2 lit. e angeknüpft wird; zu einer solchen Regelung s. auch DBA-USA Art. 13 VI; zur Bedeutung des **Steuerentlastungsgesetzes 1999/2000/2002** mit einer Änderung der Beteiligungsquote § 17 I Satz 4 EStG s. *Scherer* IStR 2000, 142).

*d) Ausländische Grundstücksveräußerungen und inländische Drei-Objekte-Grenze*

**264**    Für Grundstücksverkäufe in Nicht-DBA-Staaten war bereits im Zusammenhang mit dem räumlichen Geltungsbereich des innerstaatlichen Rechts und dem Welteinkommensprinzip klargestellt worden, daß die Abgrenzung der Vermögensverwaltung vom gewerblichen Grundstückshandel auf der Grundlage der Drei-Objekte-Grenze unabhängig von der Grundstücksbelegenheit zu erfolgen hat (s. B 9). Inländische Einkünfte können mithin durch einen zusätzlichen Auslandssachverhalt ihre Prägung erlangen. Art. 13 I MA beläßt dem Quellenstaat das Besteuerungsrecht für Gewinne aus der Veräußerung unbeweglichen Vermögens – damit verbunden ist eine Freistellung solcher Gewinne in der Bundesrepublik als Wohnsitzstaat (unter Beachtung eines Progressionsvorbehalts). Nach Ansicht der Finanzverwaltung ist für unbeschränkt wie auch für beschränkt Steuerpflichtige in die Prüfung der Gewerblichkeit auch im Ausland belegenes Grundvermögen einzubeziehen (für beschränkt Steuerpflichtige *BMF*-Schreiben DStR 1995, 98 Rz 1; für unbeschränkt Steuerpflichtige *OFD Nürnberg* DStR 1993, 1481). Man muß jedoch die Problematik bei unbeschränkter Steuerpflicht allein dem Methodenartikel (Art. 23 MA) zur Wohnsitzbesteuerung zuweisen – als Auslegungsfrage einer „Freistellung"; mit der aufrechterhaltenen Quellenbesteuerung hat diese Frage daher nichts zu tun, sie ist mithin auch nicht durch Art. 13 I MA zu lösen. Die möglichen hieran anknüpfenden Mißverständnisse werden durch den Hinweis *Bornheims* (DStR 1998, 1776f.) ausgeschlossen, der ausschließlich auf die Rechtsfolgen einer Freistellung abstellt und zu dem Ergebnis gelangt, daß diese als eine umfassende Zuweisung an den Quellenstaat zu verstehen ist. Für die Bundesrepublik als Quellenstaat ist entscheidend, ob einer Einbeziehung auch ausländischer Grundstücksverkäufe (§ 49 I Nr. 2 a, 2 f EStG, ohne daß dem die isolierte Betrachtungsweise entgegenstünde) Art. 7 I MA entgegensteht. Entgegen *Bornheim* (S. 1778) wirkt sich das Belegenheitsprinzip hier aber nicht aus, weil mit der Einbeziehung eines vierten, im Ausland getätigten Umsatzgeschäftes nur die Art und Weise der drei inlandsbezogenen Umsatzgeschäfte nach innerstaatlichem Recht bestimmt wird.

*(einstweilen frei)* **265–269**

## 10. Einkünfte aus selbständiger Arbeit

*a) Prinzip der festen Einrichtung; Abgrenzung*

(1) Art. 14 MA erfaßt die selbständig ausgeübte Tätigkeit in einem **270** Vertragsstaat durch eine im anderen Staat ansässige Person. Die selbständig ausgeübte Tätigkeit umfaßt die **freie Berufstätigkeit** und **sonstige selbständige Tätigkeit**. Wie für die Unternehmensgewinne des Art. 7 gilt: Grundsätzliche Besteuerung der Einkünfte nur im Wohnsitzstaat. Wie die bloße Warenbewegung gewerblicher Unternehmen nach Art. 7 kein Besteuerungsrecht des Quellenstaates begründet, schließt Art. 14 dieses aufgrund einer bloßen örtlichen Betätigung aus – und schon gar nicht kann die bloße Verwertung einer im Wohnsitzstaat ausgeübten Arbeit (s. aber § 49 I Nr. 3 EStG) ein solches Quellenbesteuerungsrecht begründen. In Anlehnung an die Besteuerung gewerblicher Gewinne ist der Quellenstaat zur Besteuerung berechtigt, wenn die selbständige Tätigkeit im Ausland unter Benutzung einer dort vorhandenen **festen Geschäftseinrichtung** ausgeübt wird. Das Besteuerungsrecht des Quellenstaats erstreckt sich auf die der Geschäftseinrichtung zuzurechnenden Einkünfte. Eine Reihe von Abkommen überläßt demgegenüber dem Staat die Besteuerung, in dem eine nicht nur vorübergehende Tätigkeit ausgeübt wird, ohne daß es dabei auf das Vorhandensein einer ständigen festen Einrichtung ankommt (Arbeitsortprinzip). Dann kommt es auf eine im Vertrag bestimmte Dauer an (vgl. dazu die beiden zuletzt inkraftgetretenen DBA Litauen und Kasachstan mit einer 183-Tages-Klausel). Anders als Art. 5 MA für den Betriebsstättenbegriff enthält das MA keine Begriffsbestimmung für die feste Einrichtung. Deswegen beschränkt sich die Literatur (wie auch die Rechtsprechung) regelmäßig auf einen Verweis auf den Betriebsstättenbegriff.

Der *BFH* hatte im Fall BStBl. 1966 III, 463 die **Frage einer Zweitwohnung** in der Schweiz **als eine feste Einrichtung** eines selbständigen Ingenieurs zu klären, der geltend gemacht hatte, er unternehme von dieser Wohnung aus geschäftliche Reisen ins In- und Ausland und beschäftige sich dort gedanklich mit den geschäftlichen Problemen. Dies war jedoch nicht ausreichend, weil diese Wohnung nach Anlage und Einrichtung nicht dazu bestimmt war, der Berufsausübung zu dienen; nicht jede örtliche Verbindung des Selbständigen zu einem ausländischen Staat reiche für eine feste Einrichtung aus. Es muß sich, wie dann vom *BFH* BStBl. 1988 II, 486 konkretisiert, um einen einzigen Stützpunkt handeln, von dem aus die Berufstätigkeit ausgeübt werde und über die der Steuerpflichtige eine eigene Verfügungsmacht besitze; ein Aufenthalt in den Geschäftsräumen einer beratenden Gesellschaft ist nicht ausreichend. *BFH* BStBl. 1993, 655 sah in der **für insgesamt 2 Monate** in einem in Italien **abgestellten Wohnwagen** erledigten Arbeit an einem juristischen Kommentar keine Begründung einer festen Einrichtung, weil es an einer besonders intensiven Verwurzelung der Arbeit mit dem Ausübungsort fehle; zwar könne dies auch aus einem Zeitmoment abgeleitet werden, aber dafür müßten mindestens 6 Monate angesetzt werden. Ähnlich der Fall eines **Bühnenmalers,** der für die Dauer von 6 Wochen in einem vom Auftraggeber bereitgestellten Raum tätig war (*BFH* HFR 1993, 295). *FG Köln* DStRE 1997, 686 hält eine feste Geschäftseinrichtung für erforderlich, die der jeweiligen Berufstätigkeit dient und von ihr geprägt ist. Für einen freiberuflichen Berater könne eine Zweitwohnung diese Bedingung erfüllen. Die gedankliche Befassung mit den Problemen der Berufstätigkeit in der Wohnung reiche noch nicht aus; doch soll bei einer **Beratungstätigkeit** die Planung und Entwicklung von Konzepten und Strategien in der Wohnung zur Begründung einer festen Einrichtung geeignet sein, weil es sich dabei um wesentliche Vorarbeiten für die eigentliche Beratungstätigkeit nach außen handelt. Kritisch hierzu *Mössner* IWB 3 a Gr. 1, 722: Beratungstätigkeit besteht im wesentlichen im Kontakt mit den Beratenen; vollzieht sich diese Tätigkeit in der Wohnung, wäre von einer festen Einrichtung auszugehen; dieser spezifische Bezug zur beratenden Tätigkeit muß gegeben sein. Insgesamt zeigen sich in der Rechtsprechung zum Begriff der festen Einrichtung im Kern kaum andere Erwägungen angestellt als zur Betriebsstätte. Im Hinblick darauf, daß sowohl Betriebsstätte als auch feste Einrichtung das Besteuerungsrecht des Quellenstaats aufrechterhalten, kann es auch nicht gerechtfertigt sein, den Begriffen unterschiedliche Merkmale beizuordnen – was allerdings noch nicht deren inhaltsgleiche Bestimmung bedeuten muß. Es gibt einen sachlichen Unterschied zwischen freiberuflicher und gewerblicher Tätigkeit: Persönliche Arbeitsleistung, persönliche Fähigkeiten des Berufsträgers, geringeres Angewiesensein auf Produktionsmittel bestimmen die selbständige Berufstätigkeit – das kann sich auf den Begriff der festen Einrichtung auswirken (*Krüger* IStR 1998, 107 ff.): Die feste Einrichtung erfordert einen Bestand an körperlichen Gegenständen, die sich nach dem objektiven Berufsbild bestimmen (ein „Palandt" macht aus einer Zweitwohnung eines Rechtsanwalts sicherlich noch keine feste Einrichtung). Die Einrichtung bedarf, um dem Merkmal „fest" zu entsprechen, der Anlage auf eine gewisse Dauer – aber die Anlehnung an innerstaatliches Recht zur 6-Monats-Frist (s. § 9 AO, § 12 II Nr. 8 AO) wird überwiegend abgelehnt; vgl. das Beispiel bei *Kl. Vogel* DBA Rz 24 a zu Art. 14): Ein Arzt, dem von einer Privatklinik für eine zweimal wöchentlich stattfindende Sprechstunde ein Behandlungszimmer zur Verfügung gestellt wird, verfügt über eine feste Einrichtung. Wie die Betriebsstätte der Tätigkeit des Unternehmens dient, steht die feste Einrichtung dem selbständig Tätigen für die Ausübung seiner Tätigkeit zu. *Kl. Vogel* (Rz 27 a zu Art. 14) leitet aus dem englischen Text des MA ein engeres Verhältnis der Einrichtung zur ausgeübten Tätigkeit ab als es die Betriebsstätte erfordert – was sich im Falle einer steuerlich wie nach deutschem Recht transparenten Personengesellschaft auswirken kann: Dem einzelnen Gesellschafter soll hiernach eine Tätigkeit in der festen Einrichtung nur zugerechnet werden, wenn sie ihn für seine – individuelle – Tätigkeit zur Verfügung steht. Aber wie soll man sich das konkret vorstellen?

**271**      (2) Abzugrenzen sind die Einkünfte aus selbständiger Arbeit zunächst gegenüber den Unternehmensgewinnen: Die selbständige Arbeit unterscheidet sich durch das qualifizierende Merkmal einer im Vordergrund stehenden persönlichen Arbeitsleistung; das Merkmal der „Selbständigkeit" bringt zum Ausdruck, daß der Einsatz von Kapital gegenüber der geistigen Arbeit und der eigenen Arbeitskraft in den Hintergrund tritt – bei aller problematischen Bestimmung im Einzelfall. Es handelt sich um einen abkommensrechtlichen Begriff, der zweigeteilt ist: Freier Beruf und sonstige selbständige Tätigkeit; der „freie Beruf" wird in Art. 14 II bestimmt (Teildefinition: Er umfaßt „insbesondere" die selbständig ausgeübte wissenschaftliche, literarische, künstlerische, erzieherische oder unterrichtende Tätigkeit sowie die selbständige Tätigkeit der Ärzte, Rechtsanwälte, Ingenieure, Zahnärzte und Buchsachverständigen); die sonstige selbständige Tätigkeit wird in Art. 14 nicht näher umschrieben, so daß es naheliegt, hierzu innerstaatliches Recht anzuwenden (so *Wassermeyer* Rz 12, 111 zu Art. 14 MA, wonach die Unterteilung in etwa der des § 18 I Nr. 1–3 EStG entspricht, wenn man § 18 I Nr. 2 und 3 zusammengefaßt als solche aus einer sonstigen selbständigen Arbeit bezeichnet; die in Art. 14 II MA genannten inhaltsbezogenen Tätigkeiten entsprechen § 18 I Nr. 1 EStG, wobei Art. 14 II weniger Katalogberufe aufzählt). Anders *Kl. Vogel* DBA Rz 14 zu Art. 14: Die sonstige selbständige Tätigkeit sei „aus dem Zusammenhang des Abkommens" auszulegen – dabei bestimme der Zusammenhang die Merkmale einer Dienstleistung einerseits und die untergeordnete Rolle des Kapitals andererseits, schließlich müsse Ähnlichkeit mit einer freiberuflichen Tätigkeit gegeben sein. Mit Recht hält *Wassermeyer* diesem Verständnis entgegen, „daß es in eine Sackgasse" führe (aaO, Rz 13) – da auch diese Merkmale sich ohne Rückgriff auch innerstaatliches Recht nicht bestimmen lassen. Die MA-Kommentierung zu Art. 14 ist denkbar dürftig, gibt aber eher eine Heranziehung innerstaatlichen Rechts Argumente (zur sonstigen selbständigen Tätigkeit führt der Kommentar nichts aus, zu den freien Berufen verweist er auf „einige Beispiele typischer freiberuflicher Tätigkeiten", die nur „veranschaulichen" sollen. Diese Diktion spricht gegen eine Auslegung aus dem Zusammenhang; daß im innerstaatlichen Recht die Abgrenzung zur „unzureichend und nur kasuistisch" erfolgt sei (*Kl. Vogel* Rz 14) ist kein Argument: Verweis auf innerstaatliches Recht ist mit keinem Qualitätsanspruch verbunden; auch eine unzureichende innerstaatliche Regelung ist zu beachten. Beispielhaft ist insoweit die Kommentierung des Art. 14 durch *Wilke* in *B/H/G/K*, der „aus dem Abkommenszusammenhang" noch weitere Merkmale ableitet, zur Konkretisierung aber dann ausschließlich *BFH*-Rechtsprechung zur innerstaatlichen Auslegung solcher Merkmale heranzieht (Rz 31 ff.). Im übrigen dürfte sich der Streit auf einige wenige Berufe begrenzen, da der Kernbereich der Ausdrücke umfassend genug ist. Soweit die Abgrenzung gegenüber den Unternehmensgewinnen; gegenüber der „nichtselbständigen Arbeit" ist die Abgrenzung eindeutig: Ausschluß aller Dienstleistungen, die im Rahmen eines Arbeitsverhältnisses erbracht werden: Art. 16 (Aufsichtsratstätigkeit), Art. 17 (Künstler und Sportler) und Art. 20 (Studenten) gehen als leges speciales vor. Dividenden, Zinsen, Lizenzen können auch innerhalb einer selbständigen Tätigkeit vereinnahmt werden. Aber es gelten hier keine anderen Grundsätze als die zur Betriebsstätte dargelegten: „Wechselspiel" zwischen Art. 10 IV, 11 IV und 12 III (s. nur S 200).

**272**    (3) Zu den **Einkünften und der Einkünfteermittlung** ist Art. 14 überhaupt nichts zu entnehmen Der MA-Kommentar betont in Nr. 3 die Parallele zu Art. 7 (Unternehmensgewinne): „Die Bestimmungen des Artikels 7 und der Kommentar dazu können als Richtlinien zur Auslegung und Anwendung des Artikels 14 dienen: So lassen sich z. b. die Grundsätze des Artikels 7 über die Aufteilung des Gewinns zwischen Hauptsitz und Betriebsstätte auch auf die Aufteilung der Einkünfte zwischen dem Wohnsitzstaat ... und dem Staat, in dem die Arbeit durch eine feste Einrichtung ausgeübt wird, anwenden. Ebenso sind die für eine feste Einrichtung entstandenen Aufwendungen einschließlich der Geschäftsführungs- und der allgemeinen Kosten bei der Ermittlung der einer festen Einrichtung zuzurechnenden Einkünfte in gleicher Weise zum Abzug zuzulassen wie derartige Anwendungen, die für eine Betriebsstätte entstanden sind." Vorbehalte finden sich insoweit bei *Kl. Vogel* DBA Rz 8 zu Art. 14): Art. 7 kann nur eine Hilfe sein bei der Auslegung – seine Grundsätze können auf Art. 14 dort nicht übertragen werden, wo sich Gewerbebetrieb und freiberufliche Tätigkeit in ihrem Wesen entscheiden: Aber ob sich diese Einschränkung nur auf die Voraussetzungen einer festen Einrichtung gegenüber einer Betriebsstätte oder auch auf die Einkünfteabgrenzung beziehen, ist nicht klar zu erkennen. Abgrenzung zwischen Art. 7 und Art. 14 dagegen bei *Töben* (IWB 10 Gr. 2, 125 ff.) mit Blickrichtung auf den speziellen Fall der Tätigkeit gewerblicher Personengesellschaften (Art. 7) einerseits und freiberuflicher Personengesellschaften mit Büros im Inland und Ausland (Art. 14) andererseits. Als Folge zahlreicher überörtlich und grenzüberschreitend tätiger Freiberufler-Sozietäten ist dieses Problem gegenwärtig zu einem Schwerpunktthema im IStR geworden.

### b) International tätige Freiberufler-Sozietäten

**273**    (1) Unterhält eine Ingenieurgemeinschaft in einem ausländischen Staat eine Niederlassung, beschäftigt dort Mitarbeiter und koordiniert vom inländischen Sitz aus diese Tätigkeit, wirft Art. 14 MA keine Probleme auf. Der Fall weist auch gegenüber Art. 7 MA keine Besonderheiten auf, die eine abweichende Regelung nach sich ziehen könnten. Beschließt die Ingenieurgemeinschaft, daß fortan einer der Gesellschafter die ausländische Niederlassung zu führen habe, scheint zunächst auch nichts gegen eine Anwendung der Grundsätze des Art. 7 zu sprechen. Unabhängig davon, daß der im Ausland tätige Gesellschafter im Quellenstaat unbeschränkt steuerpflichtig sein kann: Die Tätigkeit aller Gesellschafter – auch soweit sie in einer festen Einrichtung ausgeübt wird – wird zu-

nächst der Freiberuflergemeinschaft als solcher an ihrem Sitzort zugerechnet – die dann erfolgende Aufteilung hat den Regeln des Art. 7 zu
folgen: Der Gewinn wäre danach in so viele Teile aufzuteilen, wie es
dem Produkt der beteiligten Länder und Sozien entspricht; hierzu tritt die
richtige Zuordnung der Teilgewinnanteile nach jeweiligem DBA-Recht,
die nur „anhand akurater Betriebsstätten-Buchführung vorgenommen
werden kann" – so *Bellstedt* IStR 1995, 364 (s. auch *Wassermeyer*
Art. 14 MA Rz 50). Mit dem Inkrafttreten des § 59 a BRAO (1994) ist es
möglich geworden, daß eine Rechtsanwaltssozietät mehrere Kanzleien
unterhält, wenn in jeder dieser Kanzleien wenigstens ein Mitglied der
Sozietät tätig ist, für das dann diese Kanzlei den Mittelpunkt seiner beruflichen Tätigkeit bildet (§ 59 a II BRAO), und diese mehreren Kanzlei-
en können auch im Ausland angesiedelt sein (§ 59 a III BRAO). Die
Briefköpfe zahlreicher deutsch-ursprünglicher Anwaltspraxen belegen
längst und eindrucksvoll die Umsetzung dieser Norm. Damit stellt sich
die Frage, ob eine am Betriebsstättenprinzip orientierte Besteuerung einer solchen Organisation überhaupt noch gerecht werden kann. *Töben*
(IWB 10 Gr. 2, 125 ff.) hat die bisherige Sichtweise in Frage gestellt,
aber sie nicht wegen der unpraktikablen Handhabung, sondern aus rechtlichen Gründen für unzutreffend erklärt: Während Art. 7 mit der Qualifikation der Unternehmensgewinne keinerlei Schwierigkeiten bei der Zurechnung der Einkünfte zu einer gewerblich tätigen Personengesellschaft
aufwerfe, knüpfe Art. 14 erkennbar an die freie berufliche Tätigkeit eines
Selbständigen an. Daraus folgert *Töben*, daß eine separate Gewinnermittlung für das ausländische Büro nicht erforderlich sei. Eine Abgrenzung des Gewinns am Heimatsitz gegenüber dem Auslandsbüro hat zu
unterbleiben, die Einkünfte des steuerpflichtigen Partners im Sinne des
Art. 14 folgen aus seinem Gewinnanteil lt. Gesellschaftsvertrag: Dies sei
eine DBA-rechtliche Sichtweise, die zudem „praktikabel" und auch
„gerecht" sei.

(2) Schon im Rahmen der beschränkt steuerpflichtigen Einkünfte war **274**
auf § 49 I Nr. 3 EStG und das Problem hingewiesen worden, ob sich die
Besteuerung nach dem sogenannten **Ausübungsmodell** oder nach dem
**Betriebsstättenmodell** richte: Das Ausübungsmodell mit dem Schwergewicht auf der konkreten Anwesenheit des Berufsausübenden, das Betriebsstättenprinzip mit dem Schwergewicht auf der gemeinsamen Tätigkeit, die dazu führt, daß alle Partner ihren Beruf gemeinsam an allen
Standorten der Sozietät ausüben (s. Q 1). Bezieht man nunmehr das Abkommensrecht ein, so würde sich aus der Sicht des Ausübungsmodells
für die inländischen Freiberufler die Frage stellen, inwieweit ihnen die
Tätigkeit in der festen ausländischen Einrichtung aufgrund eigener
Ausübung zugerechnet werden kann, während sich aus der Sicht des
Betriebsstättenmodells nur die Frage des Vorliegens einer festen Einrichtung stellt (zu beiden Positionen s. *Oho* S. 8 ff.; wohl eher dem Aus-

übungsmodell folgend *Kl. Vogel* DBA Rz 27 a zu Art. 14). Die unterschiedliche Gewinnermittlung liegt auf der Hand: Gewinnermittlung nach dem Betriebsstättenmodell, wie es bei *Bellstedt* zum Ausdruck gekommen ist; Gewinnermittlung nach dem Ausübungsmodell (anteiliger Gesellschaftergewinn), wie von *Töben* vertreten. *Oho* (S. 13 ff.) hat beide Auffassungen gegeneinander abgewogen, gleichermaßen Vor- und Nachteile anerkannt und auf die Notwendigkeit eines OECD-Konzeptes verwiesen. Die BSt-Verwaltungsgrundsätze sind anzuwenden auch auf Einkünfte i. S. des Art. 14 MA (Tz 6.1). Die Sichtweise *Töbens* löst das Problem in praktikabler Weise und kann sich vor allem darauf berufen, mit der Abgrenzung der Unternehmensgewinne von den Einkünften aus selbständiger Arbeit Ernst zu machen. Denn kein Zweifel, daß nur sein Verständnis den besonderen Bedingungen der persönlichen Arbeitsausübung Rechnung trägt. Das Betriebsstättenmodell, auf Art. 14 MA übertragen, wird dieser Besonderheit nicht gerecht. Nur: Der Wortlaut des Art. 14 MA gibt für diese Sicht nichts her – er gibt genau genommen weder für das Ausübungsmodell noch für das Betriebsstättenmodell etwas her; aber der Kommentar bezieht sich für seine Dürftigkeit ja gerade auf den Verweis zum Art. 7. Man muß sich mithin über dessen Aussage hinwegsetzen – das aber ist in Anbetracht seiner Bedeutung nicht möglich. *Töben* hat somit zutreffend verdeutlicht, daß Art. 14 jedenfalls bei Freiberufler-Personengesellschaften eine Loslösung von Art. 7 dringend erfordert; aber Art. 14 bietet keine von Art. 7 abweichende Lösung an.

**275–279**  *(einstweilen frei)*

### 11. Einkünfte aus unselbständiger Arbeit

*a) Der mißglückte Normaufbau; Abgrenzungen und Einzelfragen*

**280**   (1) Art. 15 MA ist wenig „geschickt" formuliert, so daß manches Mißgeschick im Umgang mit seinen Aussagen verständlich wird. Die Wohnsitzbesteuerung wird auch im Art. 15 – entgegen dem Wortlaut – vorausgesetzt und nicht etwa begründet, auch nicht für einzelne Fälle. Deswegen bestimmt eine mit Blickrichtung auf den Wohnsitzstaat getroffene Aussage, wonach die Einschränkung des Arbeitsortprinzips, d. h. die Einschränkung einer Quellenbesteuerung, „von drei Kriterien abhängig (ist), die kumulativ erfüllt sein müssen" (*Roth* in H/H/R § 49 EStG Rz 709), die Norm aus einer unzutreffenden Sichtweise. Die Norm richtet sich, wie grundsätzlich alle Verteilungsnormen, in ihrer Aussage ausschließlich an den Quellenstaat, bringt das aber in einer wenig transparenten Art und Weise zum Ausdruck. Nicht einmal Nr. 1 des MA-Kommentars und Art. 15 I 1. HS sind aufeinander abgestimmt, weil nach dem Wortlaut des Art. 15 zunächst nicht das **Prinzip des Arbeitsortes** in den Vordergrund gestellt wird, sondern das **Wohnsitzprinzip** – was sich

aber wiederum von selbst versteht. Stellt man auf den Quellenstaat ab,
und nur um ihn geht es, dann kann er Einkünfte aus unselbständiger Arbeit besteuern, dann setzt mithin eine Quellenbesteuerung voraus
(Art. 15 I, II)

– daß unselbständige Arbeit innerhalb seiner Grenzen ausgeübt wird und
– der Arbeitnehmer sich im Quellenstaat innerhalb eines Steuerjahres (12 Monate)
  insgesamt mehr als 183 Tage aufhält;
  darüber hinaus kann der Quellenstaat Einkünfte aus unselbständiger Arbeit, die innerhalb seiner Grenzen ausgeübt wird und bei der der Arbeitnehmer sich nicht länger als 183 Tage aufhält (oder: ohne, daß es auf die Dauer einer Anwesenheit ankommt), besteuern
– wenn die Vergütung von einem Arbeitgeber oder für einen Arbeitgeber gezahlt
  wird, der im Quellenstaat ansässig ist oder
– wenn die Vergütung von einer Betriebsstätte oder einer festen Einrichtung des Arbeitgebers im Quellenstaat getragen wird.

Dann wird deutlich, daß es in Art. 15 MA primär nicht darum geht, eine Wohnsitzbesteuerung auf der Grundlage dreier kumulativ zu erfüllen-
der Voraussetzungen zu begründen, sondern daß es sich um Merkmale
handelt, die **Anknüpfungen für den Quellenstaat** beschreiben. Liegen
solche Anknüpfungen vor, bleibt das Besteuerungsrecht des Wohnsitzstaates auf der Ebene der Verteilungsnorm immer noch unberührt. Bei
dieser Sichtweise bedarf es auch keines Normenverständnisses der „Ausnahme von der Ausnahme" (*Schieber* in *Wassermeyer* Art. 15 MA
Rz 40), die Tatbestände stellen vielmehr einheitlich das Arbeitsortprinzip
in den Mittelpunkt und verknüpfen es entweder mit einer Intensitätsgrenze (183-Tage-Regel) oder verzichten wegen anderer Quellenstaatsver-
knüpfungen (weil die Vergütungen für die unselbständige Arbeit Betriebsausgaben im Quellenstaat sind) auf eine solche zeitlich bestimmte
Intensitätsgrenze. Der Sinn der 183-Tage-Regel erschließt sich leicht:
Bei einer zeitlich weniger aufwendigen Beschäftigungsdauer ist von einer mangelnden Verwurzelung im Quellenstaat auszugehen – die 183-
Tage folgen aus einer typisierenden Betrachtungsweise, die den Streit im
Einzelfall vermeiden will. Die Ratio hinter den beiden engeren Verknüpfungen, die auf einem zeitlichen Mindeststandard verzichten, ist eigenständig und einheitlich: Es soll das Ertragsteueraufkommen des Aus-
übungsstaates (des Einsatzstaates) nicht geschmälert werden, nachdem
die Lohnkosten bereits den Gewinn des in dem Einsatzstaat ansässigen
Arbeitgebers bzw. der dort belegenen Betriebsstätte gemindert haben.
Dann rechtfertigt sich die Abkehr von der Grundregel, daß eine nur
kurzzeitige Arbeitsausübung noch keine Quellenbesteuerung auslösen
kann. Für Besatzungen von Schiffen und Luftfahrzeugen wird eine der
Regelung in Art. 8 MA vergleichbare Lösung geschaffen: Die Vergütungen können in dem Vertragsstaat besteuert werden, in dem sich der Ort
der tatsächlichen Geschäftsleitung des betreffenden Unternehmens befindet. Dieser Staat gilt insoweit als Quellenstaat; die Besteuerung am

Wohnsitz der Besatzungsmitglieder bleibt wiederum unberührt. Damit erübrigt sich die schwierige Feststellung des Ortes der Arbeitsausübung bei diesem Personenkreis.

**Transparenz erlangen die Quellensteuerbedingungen,** wenn man die Tätigkeit eines ausländischen Arbeitnehmers mit den Merkmalen des inländischen/ausländischen Arbeitgebers und des inländischen/ausländischen Arbeitsortes kombiniert (*Kramer* IWB 10 Gr. 2, 1355 ff.). Bei einem inländischen Arbeitgeber und einem ausländischen Arbeitsort ergibt sich das Quellenbesteuerungsrecht unabhängig von der 183-Tages-Frist. Bei einem inländischen Arbeitgeber und einem ausländischen Arbeitsort scheidet ein Quellenbesteuerungsrecht aus, weil das Arbeitsortprinzip nicht erfüllt ist – denn das Arbeitsortprinzip ist Grundlage hierfür (mit oder ohne 183-Tage-Bedingung). Eine mögliche Verwertung der Arbeit im Inland (Auftragsbeschaffung) scheidet nach Abkommensrecht aus – anders als nach § 49 I Nr. 4 EStG. Bei einem ausländischen Arbeitgeber und einem ausländischen Arbeitsort, ist folgerichtig ein Quellenbesteuerungsrecht ausgeschlossen. Bei einem ausländischen Arbeitgeber und einem inländischen Arbeitsort setzt das Quellenbesteuerungsrecht voraus, daß sich der Arbeitnehmer entweder mehr als 183 Tage im Inland aufhält oder die Arbeitsvergütung einer inländischen Betriebsstätte zu belasten ist oder beide Voraussetzungen erfüllt sind.

**281**     (2) Art. 15 betrifft Vergütungen aus einem gegenwärtigen Arbeitsverhältnis mit einem privaten Arbeitgeber, wobei eine Vergütung für eine unselbständige Tätigkeit im Rahmen einer Aufsichtsratstätigkeit ebenso aus dem Anwendungsbereich ausscheidet wie eine unselbständige Tätigkeit mit künstlerischem oder sportlichem Inhalt. Diese Voraussetzungen und Abgrenzungen erschließen sich allesamt aus den folgenden Art. 16–19: Aus Art. 16 folgt die vorrangige Geltung für Aufsichtsrats- und Verwaltungsratsvergütungen gegenüber Art. 15; aus Art. 17 für Vergütungen der Künstler und Sportler; aus Art. 18 folgt die besondere Regelung der Ruhegehälter und aus Art. 19 die für Vergütungen im öffentlichen Dienst. Für die Auslegung des **Arbeitnehmerbegriffs** und damit der unselbständigen Arbeit ist nationales Steuerrecht entscheidend – der MA-Kommentar (zu Art. 15 ohnehin sehr dürftig) geht auf den Begriff nicht ein. Für die Bundesrepublik sind mithin §§ 19 EStG, 1 I LStDV einschlägig. Auch der **Arbeitgeberbegriff** ist nach nationalem Steuerrecht zu bestimmen (s. § 1 II LStDV). Soweit Vergütungen „von einem Arbeitgeber oder für einen Arbeitgeber gezahlt werden", der nicht im Quellenstaat ansässig ist, ist Arbeitgeber derjenige, der die Vergütungen originär trägt und von daher weisungsberechtigt ist; eine bloße Zahlstelle ist nicht ausreichend (zum Arbeitgeberbegriff nach Art. 15 II b MA *BFH* BStBl. 1986 II, 4 ff.). Der Fall des Art. 15 II c MA, der Kostentragung durch die Betriebsstätte im Tätigkeitsstaat, erklärt sich daraus, daß die Begriffe Betriebsstätte und Arbeitgeber nicht das gleiche bedeuten und deshalb eine Betriebsstätte auch nicht Arbeitgeber sein kann (*BFH* BStBl. 1986 II, 4; BStBl. 1986 II, 442). Zu Einzelheiten zur Zahlung durch einen im Tätigkeitsstaat ansässigen Arbeitgeber und zur Zahlung des Arbeitslohns zu Lasten einer Betriebsstätte des Arbeitgebers im Tätigkeitsstaat s. *BMF*-Schreiben BStBl. 1994 I, 11 und *FinMin Nordrhein-Westfalen* IStR 1997, 152; *Otto H. Jacobs* (S. 1035) zum wirtschaftlichen Verständnis des Merkmals „tragen der Vergütung", wenn der Arbeitslohn als solcher nicht von der Betriebsstätte getragen, sondern lediglich Teil von Verrechnungen für Lieferungen oder Leistungen mit der Betriebsstätte ist. Die Frage nach dem **Arbeitgeberbegriff** wird relevant, wenn man die Entsendung eines Arbeitnehmers in eine ausländische Betriebsstätte mit der Entsendung in eine ausländische Tochterkapitalgesellschaft vergleicht (dazu die Gegenüberstellung von Entsendungsfällen bei *Wienands* PISTB 1999, 22 ff.). Zum DBA-Spanien hat der *BFH* eine Gleichstellung vorgenommen („... sei es, daß er die Vergütungen unmittelbar dem betreffenden Arbeitnehmer auszahlt, sei es, daß ein anderes Unternehmen für ihn mit diesen Arbeitsvergütungen in Vorlage tritt ..."). Daran anschließend *OFD Nürnberg* DStR 1990, 39: Die Freistellung von der deutschen Besteuerung wird anerkannt, „wenn der Arbeitnehmer dem ausländischen Unternehmen seine Arbeitsleistung schuldet, unter dessen Leitung tätig wird und dessen Weisung unterworfen ist und der Arbeitslohn nicht Preisbestandteil für eine Lieferung oder Werkleistung ist."

Im Falle *FG Berlin* IStR 1999, 471 forderte der unbeschränkt Steuerpflichtige Kläger, bei der deutschen Niederlassung einer US-amerikanischen Beratungsgesellschaft tätig, Steuerbefreiung für tageweise Tätigkeiten im Ausland: 10 Tage Tätigkeit für die Niederlassung (Zweigstelle) in den USA, 4 Tage in Österreich. Hier geht es allein um das Besteuerungsrecht der beiden Quellenstaaten, die dann gegebenen Folgen aufgrund des Methodenartikels sollen dahingestellt bleiben. Da die 183-Tage-Klausel ausscheidet, war zu klären, ob die Vergütung von einem – vereinfacht ausgedrückt – **deutschen Arbeitgeber** gezahlt wurde. Als solcher kam nach Ansicht der *FinVerw* die Zweigniederlassung in Betracht. Dies lehnt *FG Berlin* unter Hinweis auf *BFH* BStBl. 1986 II, 515 ab. Die Betriebsstätte selbst hat keine Geschäftsleitung oder ein ähnliches Merkmal, aufgrund dessen eine Steuerpflicht begründet werden kann. Arbeitgeber kann hiernach nur die in den USA ansässige Gesellschaft sein. Zur Frage eines wirtschaftlichen Arbeitgeberbegriffs, bei dem auf die Zahlung abgestellt wird, *Peter* (IStR 1999, 456) – immerhin hat das *FG Berlin* unter diesem Gesichtspunkt die Revision zugelassen.

Die von Art. 15 erfaßten Einkünfte umfassen auch die Tätigkeit der **282** Vorstandsmitglieder und Geschäftsführer einer körperschaftsteuerpflichtigen Gesellschaft (*BFH* BStBl. 1975 II, 358); dies gilt auch für die Vergütungen eines Personengesellschafters für eine Tätigkeit – das DBA kann aber solche Vergütungen den Regeln der Unternehmensgewinne unterwerfen (Art. 7 MA; siehe zur Frage der Sondervergütungen S 219). Die **Wahrnehmung von Leitungsaufgaben** ist in anderer Hinsicht problematisch: Gelten für sie besondere Regeln der Bestimmung des Tätigkeitsortes, kommt es möglicherweise hier nicht mehr entscheidend auf das ansonsten maßgebliche Merkmal der persönlichen Anwesenheit (siehe dazu unter b zur 183-Tage-Regel) an? Einer früheren und auf *BFH*

*(GrS)* BStBl. 1972 II, 68 zurückzuführenden Rechtsprechung lag die Überlegung zugrunde, daß für Leitungsaufgaben nicht die persönliche Anwesenheit an einem bestimmten Ort, sondern die Durchsetzung erteilter Weisungen maßgeblich sei. Deswegen ist für die geschäftsführende Tätigkeit der Organe von Kapitalgesellschaften der Ausübungsort am Ort des Gesellschaftssitzes unabhängig von der persönlichen Anwesenheit bestimmt worden (auslandsansässiger Geschäftsführer einer inländischen GmbH im *GrS*-Fall; dazu Art. 15 IV DBA-Schweiz). Der *BFH* hat inzwischen diese Rechtsprechung am Beispiel eines inländischen Geschäftsführers einer ausländischen Kapitalgesellschaft aufgegeben (*BFH* BStBl. 1995 II, 95; im Anschluß daran *BMF*-Schreiben BStBl. 1995 I, 373; kritisch zur unterbliebenen Anrufung des Großen Senats und zum Inhalt des *BMF*-Schreibens *Neyer* IStR 1993, 33 ff., der sich mit überzeugenden Gründen dagegen wendet, den Ort der Arbeitsausübung mit den Fragen einer DBA-Rechtsfolge zu verbinden).

**283**  Zur **Sonderregelung im DBA-Schweiz** 1971/1992 für leitende Angestellte einer Kapitalgesellschaft, die in einem der beiden Vertragsstaaten ansässig ist: Art. 15 IV bestimmt, daß die Arbeitseinkünfte dieser Person im Sitzstaat der Kapitalgesellschaft besteuert werden, wenn der leitende Angestellte im anderen Vertragsstaat seinen Wohnsitz hat. Es wird also fingiert, daß der leitende Angestellte einer Kapitalgesellschaft seine gesamte Arbeit im Sitzstaat ausübt. Der Wohnsitzstaat des leitenden Angestellten kann ein Besteuerungsrecht erlangen, sofern die Tätigkeit „nicht so abgegrenzt ist, daß sie lediglich Aufgaben außerhalb dieses anderen Staates (das ist der Sitzstaat) umfaßt. Besteuert dieser andere Vertragsstaat diese Einkünfte nicht, so können sie in dem Staat besteuert werden, in dem die natürliche Person ansässig ist." *BFH* IWB 3 a Gr. 1, 791 hatte zu klären, wie der Zusammenhang zu Art. 24 I Nr. 1 a DBA-Schweiz zu bestimmen sei, wonach Vergütungen im Sinne des Art. 15 von deutscher Besteuerung freizustellen sind, „vorausgesetzt, die Arbeit wird in der Schweiz ausgeübt." Zu entscheiden war mithin – wenn auch in einem Einzelfall – über das ganz grundsätzliche Problem des einheitlichen Verständnisses eines Tatbestandsmerkmals für die Verteilungsnorm und den Methodenartikel (s. dazu S 324). Konkret zu entscheiden war über den Fall eines im Inland wohnenden Prokuristen einer schweizerischen AG, der sich an jeweils über 60 Tagen auf Dienstreise in Drittstaaten befand. Übte er damit seine Arbeit nicht in der Schweiz aus? Konnten damit die anteilig auf diese Reisetage entfallenden Einkünfte in die Bemessungsgrundlage für die deutsche Steuer einbezogen werden? Der *BFH*: In welchem Staat eine unselbständige Tätigkeit ausgeübt wird, richtet sich i. d. R. auch bei Prokuristen und anderen leitenden Angestellten nach dem tatsächlichen Tätigkeitsort. Abkommensrechtliche Begriffe sind jedoch eigenständig auszulegen und zu verstehen. Bei leitenden Angestellten schweizerischer Kapitalgesellschaften sprechen gute Gründe dafür, das Tatbestandsmerkmal „in der Schweiz ausgeübt" in Art. 24 I Nr. 1 d DBA-Schweiz 1992 (Freistellung von deutscher Besteuerung) nicht nach allgemeinen Grundsätzen zu bestimmen, sondern die für diesen Personenkreis in Art. 15 IV getroffene Sonderregelung zu berücksichtigen. Der *BFH* erinnert an die zum DBA-Schweiz 1931/1959 ergangene Entscheidung BStBl. 1972 II, 68 (GrS), nach der die Tätigkeit des Geschäftsführers einer GmbH mit Sitz im Inland stets am Sitz der Gesellschaft ausgeübt wird, wenn der Geschäftsführer seinen Wohnsitz in der Schweiz habe. Dem Regelungszusammenhang in Art. 15 IV lassen sich Anhaltspunkte für die vom Gesetzgeber beabsichtigte Übernahme dieser Rechtsprechung entnehmen: „Nach dieser Norm ist der Sitz der Gesellschaft nur im Regelfall für das Besteuerungsrecht entscheidend. Der Gesetzgeber hat das Besteuerungsrecht nicht vollständig vom örtlichen Bezug der jeweiligen Tätigkeit gelöst. Vielmehr gilt die Sonderregelung des Art. 15 IV DBA-Schweiz 1971/1992 nicht, wenn die Tätigkeit lediglich abgegrenzte Aufgaben außerhalb des Ansässigkeitsstaats der Kapitalgesellschaft umfaßt. Bei der im Aussetzungsverfahren gebotenen summarischen Betrachtung deutet dies darauf hin, daß der Ort des Sitzes der Kapitalgesellschaft letztlich nur deshalb für das Besteuerungsrecht maßgebend sein sollte, weil er – abgesehen von der normierten Ausnahme – nach der Rechtsprechung des Großen Senats den Tätigkeitsort des leitenden Angestellten bestimmte. Ausgehend von der vorgenannten ernsthaft in Betracht zu ziehenden Auslegung des Art. 15 IV DBA-Schweiz 1971/1992 könnte es geboten sein, diese Norm bei der Auslegung des Art. 24 I zu berücksichtigen. Zwar wären die Vertragsstaaten nicht gehindert gewesen, für die Regelung des Besteuerungsrechts von einem anders definierten Tätigkeitsort auszugehen als die Bestimmung der Methode zur Vermeidung der Doppelbesteuerung. Mangels gegenteiliger Anhaltspunkte im Vertragstext und ohne erkennbare Gründe für eine derartige Differenzierung liegt es aber näher, ein einheitliches Verständnis des Tätigkeitsorts leitender Angestellter von Kapitalgesellschaften im DBA-Schweiz 1971/1992 anzunehmen und auch für das Tatbestandsmerkmal „in der Schweiz ausgeübt" in Art. 24 I Nr. 1 a i. d. R. auf den Sitz der Kapitalgesellschaft abzustellen. *Baranowski* in einer Urteilsanmerkung IWB 3 a Gr. 1, 796: Der *BFH* neigt dazu, der Fiktion des Arbeitsorts entscheidendes Gewicht beizumessen und damit gegen die *BMF*-Ansicht (BStBl. 1997 I, 723) zu entscheiden, daß bei den Einkünften aus Inlands- oder Drittstaatentätigkeiten der leitenden Angestellten die Doppelbesteuerung statt durch Freistellung durch Anrechnung zu beseitigen sei.

(3) Das Quellenbesteuerungsrecht umfaßt **Gehälter, Löhne und ähn- 284 liche Vergütungen.** Da der Vergütungsbegriff im Abkommen nicht näher bestimmt ist, ist auf innerstaatliches Recht zurückzugreifen. Für die Bundesrepublik bedeutet dies die Anwendung des § 19 EStG. Wie die Vergütungen bezeichnet werden und wo sie dem Mitarbeiter zufließen, ist ohne Bedeutung. Entscheidend ist allein, ob dem Arbeitnehmer für den Zeitraum der Auslandstätigkeit eine Vergütung zufließt; ggf. ist eine Aufteilung vorzunehmen (aus der Rechtsprechung ist beispielhaft auf *BFH* BStBl. 1992 II, 660 zu einer nachträglichen Vergütung in Form einer Jubiläumszuwendung zu verweisen).

Um die Frage des Zeitpunktes der Zurechnung eines geldwerten Vorteils geht es 285 bei **Arbeitnehmer-Aktienoptionen** für eine grenzüberschreitende Tätigkeit. Hierzu hatte erstmals das *FG Köln* EFG 1998, 1634 eine Entscheidung zu treffen – durch *BFH* FR 1999, 1125 bestätigt (über früheres, jedoch nur bedingt brauchbares Entscheidungsmaterial s. *Rosemarie Portner* DStR 1997, 1876): Ein derartiges nicht übertragbares und damit nicht verkehrsfähiges Optionsrecht stellt eine bloße „Chance" zu einem preisgünstigen Vermögenserwerb dar, die darin liegt, daß der Mitarbeiter bei Optionsausübung die Aktien zu einem unter dem Marktwert liegenden Preis erwerben kann; erst bei Ausübung des Optionsrechts wird der Vermögensvorteil bewertbar konkretisiert und realisiert; erst bei Ausübung des Optionsrechts kommt es zum Zufluß des Vermögensvorteils i. S. des § 11 EStG. Anders ist die Rechtslage nur dann zu beurteilen, wenn es sich um in Optionsscheinen verbriefte Optionsrechte handelt; einem derartigen abstrakten, übertragbaren Optionsrecht läßt sich ein selbständiger Geldwert zuordnen, auch wenn es nicht an der Deutschen Terminbörse gehandelt wird. Das *FG Köln* stellt zwar kritische Stimmen hiergegen vor, die dem Optionsrecht schon vor ihrer Ausübung einen Verkehrswert zuordnen, jedoch: „Die LSt-Abzugspflicht, soweit eine solche gegeben ist, verlangt nach klaren Vorgaben. Auch für die ESt sind klare Kriterien wünschenswert. Das Abstellen auf die Differenz zwischen dem Bezugspreis und dem Börsenpreis zum Zeitpunkt der Ausübung der Option ist ein zuverlässiges Beurteilungskriterium." Zur DBA-Problematik: Hierfür kommt es nicht darauf an, zu welchem Zeitpunkt und wo die Vergütung bezahlt wird, sondern allein darauf, ob sie dem Arbeitnehmer für den Zeitraum der Auslandtätigkeit zufließt. Zur „ökonomischen Struktur" der Stock options unter Einbeziehung der Entscheidung des *FG Köln* s. *Knoll* DStZ 1999, 242; zu den einzelnen grenzüberschreitenden Sachverhalten s. *Neyer* BB 1999, 503. Vorteilhafte Gestaltung von „Entsendevereinbarungen" in DBA-Fällen untersucht eingehend *Otto H. Jacobs* (S. 1041 ff.).

**286**      (4) Der MA-Kommentar zu Art. 15 geht in Nr. 8 auf die Probleme des **internationalen Arbeitnehmer-Verleihs** ein, weil hierin Ursachen und Anlaß für Umgehungen des Quellenbesteuerungsrechts erkannt werden: „Bei diesem System wirbt ein örtlicher Arbeitgeber, der ausländische Arbeitskräfte für einen Zeitraum oder mehrere Zeiträume von weniger als 183 Tagen beschäftigen will, Arbeitskräfte durch eine ausländische Zwischenperson an, die als Arbeitgeber auftritt und die Arbeitnehmer dem sie beschäftigenden Arbeitgeber verleiht. Der Arbeitnehmer erfüllt so nach der formalen Rechtsgestaltung (prima facie) die drei Voraussetzungen des Absatzes 2 und könnte danach in dem Land, in dem er vorübergehend arbeitet, die Steuerfreistellung in Anspruch nehmen. Um bei Sachverhalten dieser Art Steuerumgehungen zu vermeiden, sollte der Ausdruck „Arbeitgeber" aus dem Zusammenhang des Absatzes 2 heraus ausgelegt werden. Hierzu ist festzustellen, daß der Ausdruck „Arbeitgeber" im Abkommen nicht definiert ist; es ist jedoch anzunehmen, daß der Arbeitgeber die Person ist, die ein Recht auf das Arbeitsergebnis hat und die damit zusammenhängenden Verantwortlichkeiten und Risiken trägt. Diese Funktionen liegen beim internationalen Arbeitnehmerverleih in großem Umfang beim Benutzer."

Mit dem **Verleiher-Entleiher-Entliehener-Verhältnis** hatte sich *Hess. FG* EFG 1998, 484 zu befassen. Als Entleiher war eine englische Limited aufgetreten, die das Finanzamt als Domizilgesellschaft qualifiziert hatte. Dem folgte das Finanzgericht unter Hinweis auf eine Auskunft des Bundesamts für Finanzen: Eintragung in das Gesellschaftsregister war zwar erfolgt, die Ltd. verfügte jedoch nicht über ausreichendes Geschäftskapital für eine aktive Geschäftstätigkeit; Mitarbeiterbeschäftigung war nicht nachweisbar; kein eigener Telefonanschluß in Großbritannien, lediglich eine deutsche Handy-Nummer. Folge: Das Finanzamt durfte zu dem Ergebnis gelangen, daß die Ltd. ausschließlich die Funktion hatte, unter diesem Namen Werkverträge bzw. Nachunternehmerverträge zum Schein abzuschließen und entsprechende Rechnungen zu stellen. Damit wurde die tatsächliche Arbeitgebereigenschaft verschleiert, sie lag bei jener Person, der die inländische Arbeitstätigkeit zuzuordnen war. Hierbei konnte das *HessFG* es offenlassen, ob diese Person als inländischer Arbeitgeber oder ausländischer Verleiher einzuordnen sei (Arrestverfahren): In beiden Fällen (§ 38 I Satz 1 Nr. 1, 2 EStG) würde sich die Verpflichtung zur Einbehaltung der Lohnsteuer ergeben – beide Alternativen eröffnen die Möglichkeit, die Voraussetzungen einer Arbeitgeberhaftung zu prüfen (§ 42 d I Nr. 1 EStG). Danach hatte diese Person als Arbeitgeber i.S. des § 38 EStG von den an die in der Bundesrepublik tätigen Arbeitnehmer gezahlten Beträge Lohnsteuer einzubehalten (§ 38 III EStG) und an das Betriebsstätten-FA abzuführen (§§ 41a I Nr. 2, 41 II EStG). Das DBA – in diesem Fall DBA-Großbritannien – steht dem nicht entgegen. Denn hiernach komme es nicht einmal darauf an, ob der Bundesrepublik tatsächlich ein Quellenbesteuerungsrecht zustünde; das DBA-Großbritannien läßt einen Steuerabzug im Quellenstaat auch dann zu, wenn die Bezüge nur in dem anderen Staat besteuert werden können (Art. XVIII A IV) – es sieht lediglich eine Erstattungsmöglichkeit vor. Sollte es sich um einen ausländischen Verleiher i.S. des § 38 I Satz 1 Nr. 2 EStG handeln, so werden damit inländische Arbeitgeberpflichten begründet, „da die Verleihtätigkeit im Inland für eine Anknüpfung solcher Pflichten innerhalb der territorialen Staatshoheit ausreicht ... Diese wirtschaftlichen und finanziellen Tätigkeiten des ASt. reichen aus, um daran solche abgabenrechtlichen Verpflichtungen gegenüber der deutschen Staatsgewalt anzuknüpfen, die mit der wirtschaftlichen Betätigung im Inland zusammenhängen ... Etwas anderes kann sich auch nicht aus dem Hinweis des ASt. ergeben, wonach in neueren DBA (z.B. mit Frankreich) ausdrücklich bestimmt sei, daß die Freistellung des Art. 15 II des MA in Fällen der Arbeitnehmerleihe nicht zur Anwendung komme, ergeben. Denn diese Abkommensregelung ist nach der Auffassung des Senats nur als Klarstellung zu verstehen, denn durch die vorherige Fassung des DBA war die Begründung innerstaatlicher Pflichten des verleihenden Arbeitgebers keineswegs ausgeschlossen. Das DBA regelt zwar auch einige Fragen im Zusammenhang mit der Erhebung der Steuern, enthält aber ansonsten keine Bestimmungen über die Art der Geltendmachung der materiellen Steuerpflicht oder über damit zusammenhängende andere öffentlich-rechtliche Verpflichtungen, wie diejenigen des Arbeitgebers." Anzumerken bleibt, daß dies nicht dem vom MA-Kommentar vorgeschlagenen Weg entspricht: Hierbei geht es ausschließlich um die Arbeitgeberqualifikation der Zwischenperson.

(5) Für die Bundesrepublik als Quellenstaat gilt zur Durchführung des  **287** Lohnsteuerabzugs § 39a EStG (s. dazu zur beschränkten Steuerpflicht bereits Q 32). Eine Freistellung vom Lohnsteuerabzug kann aufgrund einer Freistellungsbescheinigung auf Antrag des Arbeitnehmers oder Arbeitgebers erfolgen (§ 39b VI EStG i.V. mit § 39a III Satz 4 EStG).

### b) Arbeitsortbestimmung und 183-Tage-Regel

(1) Die Ausübung der Arbeit ist unlösbar mit dem persönlichen Auf-  **288** enthalt verbunden; auf das Merkmal der Erforderlichkeit eines persönlichen Aufenthalts (*BFH* BStBl. 1971 II, 804; BStBl. 1983 II, 402) kann es nicht ankommen – die Entscheidung des Arbeitnehmers auf Arbeitgeberweisung hin ist zugrunde zu legen. Es kommt auch nicht darauf an, wo der Erfolg der Arbeit eintritt oder die Tätigkeit verwertet wird (anders als § 49 I Nr. 4 EStG). Daß für Leitungsaufgaben und für Organtätigkeiten keine andere Sichtweise gegeben ist, wurde bereits dargelegt. Auch Arbeitsbereitschaft erfüllt die Voraussetzungen eines Arbeitsorts. Für den Fall eines Konkurrenz- bzw. Wettbewerbsverbots kommt es nach der Rechtsprechung auf die ursächliche Verknüpfung mit der früheren Tätigkeit an (*BFH* BStBl. 1978 II, 195). Ist eine solche Verknüpfung nicht gegeben, ist der jeweilige Aufenthaltsort des Verpflichteten der Leistungsort.

**289**     (2) Die **183-Tage-Regel** qualifiziert den Arbeitsort als Ort einer nachhaltigen Quellenstaatbetätigung; sie hat – um einen beliebigen Vergleich
zu wählen – keine andere Bedeutung für den Quellenstaat als das Betriebsstättenprinzip. Die 183-Tage-Regel wirft zahlreiche Auslegungsprobleme auf, wie eine Vielzahl von Entscheidungen belegt (im Handbuch des Außensteuerrechts 1999, bearbeitet von *Wassermeyer,* werden
für die Zeit von 1979 bis 1998 16 Entscheidungen genannt; zur praktischen Anwendung der 183-Tage-Klausel *BMF*-Schreiben BStBl. 1994 I,
11; zum besonderen praktischen Problem bei Berufskraftfahrern *OFD
Frankfurt* RIW 1998, 85). Zur Berechnung führt der Kommentar Nr. 5
zu Art. 15 aus,

daß mit dem Wortlaut der Bestimmung „nur eine einzige Zählweise vereinbar ist,
nämlich die Zählung nach den Tagen physischer Anwesenheit". Diese Zählweise ist
einfach, da die Person in einem Land entweder anwesend ist oder nicht anwesend ist
… Bei dieser Zählweise werden folgende Tage mitgezählt: Tage bloßer Teilanwe-
senheit, der Ankunftstag, der Abreisetag und alle übrigen Tage des Aufenthalts im
Tätigkeitsstaat wie Samstage und Sonntage, öffentliche Feiertage, Ferientage vor,
während und nach der Tätigkeit, kurze Arbeitsunterbrechungen (Ausbildung, Streiks,
Aussperrungen, Ausbleiben von Zulieferungen), Krankheitstage (außer wenn sie der
Abreise der natürlichen Person entgegenstehen und sie sonst die Voraussetzungen für
die Befreiung erfüllt hätte) und Arbeitsunterbrechungen aus Anlaß des Todes oder
einer Krankheit in der Familie … Nicht einzubeziehen ist nach diesen Grundsätzen
ein voller Tag, der außerhalb des Tätigkeitsstaates zugebracht wird, sei es wegen Ur-
laubs, Geschäftsreisen oder aus anderen Gründen. Ein Tag, an dem der Steuerzahler
in einem Staat – wenn auch nur kurz – anwesend ist, zählt für die Berechnung des
Zeitraums von 183 Tagen in diesem Staat als „Anwesenheitstag" – hiervon ausgehend erweist sich die vielbeachtete Entscheidung des *BFH* IStR 1996, 589 (mit
Anmerkungen *Wassermeyer*) als die Aussagen des Kommentars nur konsequent um-
setzend: Ein Niederländer war für seinen Arbeitgeber an 233 Tagen in der Bundesrepublik tätig, aber alltäglich an seinen niederländischen Wohnsitz zurückgekehrt, um
dort zu übernachten. Der *BFH* stellte mit Recht auf die körperliche Anwesenheit an
mehr als 183 Tagen ab – daß dies nur stundenweise erfolgte, sei nicht entscheidend
(zur 183-Tage-Klausel unter Berücksichtigung neuerer *BFH*-Entscheidungen s. *Ro-
che* IStR 1997, 203). Ein praktischer Anwendungsfall der 183-Tage-Klausel ist im
Zusammenhang mit der *Daimler-Chrysler-Fusion* Gegenstand allgemeiner Aufmerksamkeit geworden: Daimler-Chrysler geht in die Luft – über dem Atlantik sparen die
Mitarbeiter Steuern, der Konzern Kosten – so die SZ 1999 Nr. 44, 25: Bei dem
Konzern-Flugverkehr zwischen Stuttgart und Auburn Hills zählt bereits die gut acht-
stündige Flugzeit außerhalb der deutschen Landesgrenzen als Auslandsarbeit. Ergänzend die SZ 1999 Nr. 28, 2: Weltweites Monopoly mit Steuersätzen; von den Spit-
zensteuersätzen in beiden Staaten ausgehend heißt es: „Die Stuttgarter Manager
wollen den Vorteil nutzen, der sich ihnen daraus bietet, daß Daimler-Benz und
Chrysler fusioniert haben, also ein echtes binationales Unternehmen sind. Werden
die Vorstandsgehälter mithin aus der Konzernkasse gezahlt, so kann der amerikanische Fiskus geltend machen, daß der gesamte Konzernvorstand mit der Hälfte seiner
Bezüge in den USA steuerpflichtig sei. Nach dem Doppelbesteuerungsabkommen
bliebe dem Stuttgarter Finanzamt nichts anderes übrig, als sich mit der anderen
Hälfte zu begnügen und den Detroit zustehenden Teil von der Besteuerung freizustellen. Der Stuttgarter Vorstand hat durchblicken lassen, daß er diese Regelung an-
strebt …"

*c) Grenzgänger*

Der Kommentar zum Art. 15 MA (Nr. 10) merkt hierzu an, daß keine **290** besondere Bestimmung geschaffen worden ist und die sich aus den „örtlichen Verhältnissen ergebenden Probleme" zweckmäßigerweise unmittelbar zwischen den beteiligten Staaten zu regeln sind. Grenzgänger sind Personen, die in der Nähe einer Grenze wohnen, ihre Arbeit jedoch auf der anderen Seite der Grenze ausüben, mithin diese Grenze regelmäßig überqueren müssen. Sonderregelungen für Grenzgänger enthalten die deutschen DBA mit Belgien (Art. 15 III Nr. 1), Frankreich (Art. 13 V), Österreich (Art. 9 III i. V. mit Nr. 24 des Schlußprotokolls) und Schweiz (Art. 15 a). Es handelt sich insoweit um **vorrangige Vorschriften gegenüber Art. 15 I, II MA.** Es handelt sich bei Grenzgängern um Personen, die in einem der beiden Vertragsstaaten ansässig sind, Einkünfte aus unselbständiger Tätigkeit in dem anderen Vertragsstaat erzielen und ihren Wohnsitz und ihre Arbeitsstätte innerhalb einer vereinbarten Zone beiderseits der Grenze haben, von ihrer Arbeitsstätte arbeitstäglich zu ihrem Wohnsitz zurückkehren. Die Grenzgängerregelungen sehen regelmäßig eine Freistellung im Tätigkeitsstaat vor; Ausnahmen hierzu in Art. 15 a DBA-Schweiz mit einem Quellenbesteuerungsrecht des Tätigkeitsstaates bis höchstens 4,5% des Bruttobetrages der Vergütung. Soweit Einkünfte eines Grenzgängers aus unselbständiger Tätigkeit in der Bundesrepublik freizustellen sind oder die Ausnahmeregelung im DBA-Schweiz zu beachten ist, erteilt das Betriebsstättenfinanzamt des inländischen Arbeitgebers auf Antrag des Arbeitgebers oder des Arbeitnehmers eine Bescheinigung nach § 39 b VI Satz 1 EStG.

Grenzgängerregelungen enthalten offensichtlich erheblichen Auslegungsbedarf, da sie immer wieder die Rechtsprechung beschäftigen. Aus jüngster Zeit sei verwiesen auf *BFH* BStBl. 1997 II, 132 zur Bemessung der 30-Kilometer-Zone Grenze/Wohnsitz, wobei der *BFH* auf die Lage der Wohnung des Steuerpflichtigen abstellt statt auf den Wohnsitzbegriff des BGB als kleinste politische Einheit. *BFH* BStBl. 1997 II, 134 hat den Grenzgängerbegriff präzisiert: Es komme nicht darauf an, daß sich der Grenzgänger täglich zu seiner Arbeitsstätte begeben müsse; es komme darauf an, daß der Arbeitnehmer regelmäßig arbeitstäglich die Grenze in beiden Richtungen überquere. Grenzgänger ist auch noch, wer bis zu 45 Tage an Orten außerhalb des Grenzgebiets für seinen Arbeitgeber tätig ist; damit sind Arbeitstage des Betriebs gemeint. Zur Frage einer Zumutbarkeit der Rückkehr eines Grenzgängers in die Schweiz nach Deutschland *FG Baden-Württemberg* EFG 1998, 924: Nichtrückkehrtage sind nur dann zu berücksichtigen, wenn die Rückkehr aus beruflichen Gründen nicht möglich war. Bei einem Arbeitsende um 19.00 Uhr, einem Arbeitsbeginn um 7.00 Uhr des Folgetages und einer Fahrtstrecke von 75 km ist die Rückkehr nach Auffassung des Gerichts zumutbar (dazu aber auch der Fall *FG Baden-Württemberg* EFG 1998, 925); zum Fußballtrainer als Grenzgänger *FG Saarland* RIW 1997, 353.

*(einstweilen frei)* **291–299**

## 12. Aufsichtsrats- und Verwaltungsratsvergütungen

**300**　　Der grenzüberschreitende Sachverhalt besteht darin, daß eine in einem Vertragsstaat ansässige Person für eine Aufsichtsrats- bzw. Verwaltungsratstätigkeit (also für eine Tätigkeit in einem Gremium) von einer in dem anderen Vertragsstaat ansässigen Gesellschaft hierfür eine Vergütung erhält. Der letztgenannte Staat ist der Quellenstaat; er kann diese Vergütung besteuern. Das Recht des Wohnsitzstaates wird – wie regelmäßig – vorausgesetzt und durch Art. 16 nicht berührt. Die Anknüpfung an einen bloßen Zahlungsvorgang mag im Hinblick auf Art. 15 (oder ggf. Art. 14) überraschen, ist aber mit dem Kommentar zum MA zu erklären: Für diesen Personenkreis ist es ohnehin schwierig, einen Ort festzustellen, an die Leistungen erbracht werden. Der Begriff der Aufsichtsrats- und Verwaltungsratstätigkeit ist im Abkommen nicht bestimmt – die Auslegung hat die Abgrenzung insbesondere gegenüber Art. 14, 15 MA zu beachten und zu berücksichtigen, daß die Besonderheit gerade in der Überwachung der Geschäftsführung liegt: Sie ist mithin weder selbst Geschäftstätigkeit im Sinne fremdbestimmter Arbeit, noch ist sie Wahrnehmung eigener Beteiligungsinteressen (Unternehmerinteressen). Einige Abkommen erstrecken die Regel des Art. 16 auch auf geschäftsführende Organe (Beispiel: Art. 16 DBA-Schweden).

*BFH* IStR 1995, 31 zum Fall eines im Inland ansässigen Rechtsanwalts, der für seine Tätigkeit als „president" einer kanadischen Ltd. eine Vergütung erhielt. Eine Anwendung des Art. 16 DBA-Kanada („Aufsichts- und Verwaltungsratsvergütungen") konnte nicht in Betracht kommen, weil an der Voraussetzung der Vergütung für eine Kontrolltätigkeit fehlte. Es handelt sich um Einkünfte aus nichtselbständiger Arbeit (Art. 15). Für das Besteuerungsrecht sei danach die Frage des Tätigkeitsortes entscheidend – der GrS-Beschluß *BFH* BStBl. 1972 II, 68 zur Tätigkeit des Geschäftsführers einer GmbH mit Sitz im Inland stets am Sitz der Gesellschaft zum DBA-Schweiz 1931 ist nicht übertragbar.

## 13. Einkünfte von Künstlern und Sportlern

### a) Interessenlage des Quellenstaates; Umgehungsproblem

**301**　　Einerseits ist für jedermann erkennbar, daß internationale Sachverhalte im Tätigkeitsbereich der Künstler und Sportler bereits alltagsbestimmend sind; im Zusammenhang mit der beschränkten Steuerpflicht und insbesondere dem Steuerabzugsverfahren (§ 50a EStG) wurde die Öffentlichkeit auf spektakuläre „Verlagerungsfälle" aufmerksam gemacht. Andererseits entzieht sich eine solche Tätigkeit grenzüberschreitender Art den bisher bekannten Anknüpfungen, so daß eine Quellenbesteuerung ohne Sondervorschriften kaum denkbar bliebe. Denn **charakteristisch** für die Tätigkeit international auftretender Künstler und Sportler ist ein **kurzer Aufenthalt im Tätigkeitsstaat**. Das bedeutet für gewerbliche Einkünfte, daß es an einer Betriebsstätte fehlt; für Einkünfte aus einer selbständigen Tätigkeit fehlt es an einer festen Einrichtung und für Einkünfte aus nichtselbständiger Tätigkeit bietet ein kurzer Auftritt keine Anknüpfung. Hieraus erklärt sich die insoweit gänzlich andere Anknüpfung als einer lediglich im anderen Vertragsstaat (Quellenstaat) **persönlich ausgeübten Tätigkeit.** Voraussetzung hierfür ist die Tätigkeit eines Künstler oder Sportlers. Eine nachhaltigere Beziehung zum Quellenstaat ist nicht erforderlich. Es kommt auch nicht darauf an, ob die Tätigkeit des Künstlers/Sportlers als gewerblich bzw. als selbständige oder unselbständige Arbeit zu qualifizieren ist. Die Besteuerung im Wohnsitzstaat bleibt unberührt (weswegen es mißverständlich ist, von einer vorrangigen Besteuerung im Quellenstaat zu sprechen wie bei *Kl. Vogel* Art. 7 Rz 7). Kunst- und sportfremde Einkünfte fallen nicht unter Art. 17. Der MA-Kommentar zur Art. 17 Nr. 9 nennt Einkünfte in Form von Lizenzgebühren oder von Beiträgen aus dem Sponsoring und aus der Werbung. Art. 17 ist aber auf solche Einkünfte anzuwenden, „die in unmittelbarem oder mittelbarem Zusammenhang mit Darbietungen oder Aufführungen in dem betreffenden Land stehen." Das *BMF*-Schreiben zu § 50a IV EStG (BStBl. 1997 I, 89) schließt Einkünfte aus sportfremder Werbung und aus der Verwertung einer im Ausland ausgeübten Tätigkeit im Inland aus. Fließen Einkünfte dem einzelnen Künstler oder Sportler nicht direkt zu, sondern einem Rechtsträger, so verweist der Kommentar zu Nr. 8 auf die Durchgriffsmöglichkeit nach innerstaatlichem Recht. Ist ein Durchgriff nicht vorgesehen, kommt nur eine Besteuerung des Rechtsträgers in Betracht; das führt zu Art. 17 II, der vorrangig unter Mißbrauchsüberlegungen zu verstehen ist, daneben aber auch Praktikabilität und Gleichbehandlung berücksichtigt, und Künstler- und Sportlerverleihgesellschaften betrifft. Bliebe es insoweit bei den allgemeinen Regelungen, erwiese sich die Anknüpfung an die Ausübung der Tätigkeit in Art. 17 I als folgenlos, da es für die Quellenbesteuerung der Gesellschaft einer Betriebsstätte bedarf. Durch Art. 17 II ist die Quellenbesteuerung auch dann möglich, wenn die **Einkünfte** aus einer von einem Künstler oder Sportler persönlich ausgeübten Tätigkeit nicht dem Künstler oder Sportler selbst, sondern **einer anderen Person zufließen,** soweit diese Person in einem der beiden Vertragsstaaten ansässig ist. Damit verbunden ist die Vorstellung, daß es sich bei dieser „anderen Person" um eine zwischengeschaltete Person handelt und es letztlich zu einem Rückfluß an den Künstler bzw. Sportler kommt. Denn die **berufstypische Problematik** besteht eben gerade darin, daß sich Künstler und Sportler aufgrund einer besonderen Verflechtung von involvierten Gesellschaften der Besteuerung endgültig entziehen können (*Grams* IStR 1999, 297f.). Man hat danach für die Anwendung des Art. 17 I, II zu unterscheiden (*Kl. Vogel* Art. 17 Rz 10): Die Besteuerung des einzelnen Künstlers oder Sportlers bestimmt Art. 17 I; besteht zwischen dem Tätigkeitsstaat und dem Sitzstaat der das Entgelt vereinnahmenden Gesellschaft ein DBA, so ist entweder Art. 7 I oder – als lex specialis – eine dem Art. 17 II entsprechende Norm anwendbar. Die Bestimmung weist dem Quellenstaat die Besteuerung in allen Konstellationen zu, in denen die Einkünfte aus der Tätigkeit eines Künstlers oder Sportlers einer ausländischen Gesellschaft zufließen, ohne daß es eines Nachweises einer besonderen Beziehung zwischen dieser Gesellschaft und dem Künstler/Sportler bedarf. Der Kommentar zu Nr. 11 stellt dies lapidar so fest: Wird die Darbietung erbracht, so gestattet Art. 17 II, die Gewinne zu besteuern, die von den Einkünften des Künstlers oder Sportlers „zugunsten des Unternehmens abgezweigt werden." Es kommt mithin auch nicht etwa auf eine spätere Auszahlung an den Künstler/Sportler an. In Dreieckssachverhalten (Staat der Ausübung, Wohnsitzstaat des Künstlers, Sitzstaat der Gesellschaft) kommt es auf die innerstaatliche Zurechnung der Einkünfte an: Bei der direkten Zurechnung zu dem Künstler/Sportler: Art. 17 I. Bei Zurechnung zur Gesellschaft: Art. 17 II auf der Grundlage des DBA zwischen Quellenstaat und Sitzstaat; das DBA zwischen Quellenstaat und Wohnsitzstaat, das Art. 17 I bestimmt, ist nicht maßgeblich, da die Gesellschaft nicht ansässig ist (ausführlich *Kl. Vogel* StuW 1996, 250).

*FG Köln* EFG 1998, 1564 hatte über den Fall einer **Kapitalgesellschaft** nach US-amerikanischem Recht als Klägerin zu entscheiden, deren Geschäftsgegenstand das **Management und die Vermarktung von Künstlern** ist. Alleiniger Gesellschafter und Direktor war A, der gleichzeitig Manager der Künstlerin B war. Der Managementvertrag zwischen A und B sah eine umfassende Beratung der B bezüglich ihrer Auftritt, der Wahl der künstlerischen Mittel, der Publikation, der Vergütung und Vermarktung vor. A war vertretungsbefugt für alle Verträge und berechtigt, Beträge einzuziehen. A stand aufgrund des Managementvertrags ein Honorar in Höhe eines bestimmten Prozentsatzes der Bruttoeinnahmen der B zu. Die Klägerin schloß 2 Jahre nach Abschluß des Managementvertrags mit B einen Arbeitsvertrag, nach dem sie B als Darstellerin im Unterhaltungsbereich anstellte. Der Klägerin stand das ausschließliche Vermarktungsrecht zu. Im Anschluß hieran schloß die Klägerin mit einer deutschen Konzertagentur einen Vertrag über eine Konzerttournee der B ab. Die Vergütung der Klägerin wurde mit einem bestimmten Prozentsatz der Nettoeinnahmen festgelegt. Kann die Bundesrepublik ein Quellenbesteuerungsrecht geltend machen und einen Freistellungsantrag der Klägerin (§ 50d III Satz 1 EStG) zurückweisen? Mangels einer inländischen Betriebsstätte scheiden gewerbliche Einkünfte i. S. des Art. 7 MA aus. Aber es könnte Art. 17 II MA anwendbar sein und der Teil der Vergütung, der in der Person der Künstlerin B nicht besteuert wird, in der Person der Klägerin als Vergütung besteuert werden. Zum speziellen DBA-USA ist im Vergleich zum MA (jeweils Art. 17 II) darauf hinzuweisen, daß die Besteuerung „einer anderen Person" nur möglich ist, wenn der Künstler oder Sportler oder ihm nahestehende Personen unmittelbar oder mittelbar an den Gewinnen der anderen Person partizipieren. Art. 17 II DBA-USA setzt daher eine Zwischenschaltung zum Zwecke der steuerlichen Abschirmung voraus. Das Finanzgericht konnte eine Gewinnbeteiligung der Künstlerin B an der Klägerin nicht feststellen, insoweit konnte nur von der Gewinnbeteiligung des A ausgegangen werden. Aber das genügte, da A im Verhältnis zu B nahestehende Person gewesen ist. Hierfür muß auf deutsches Recht zurückgegriffen werden. Das Finanzgericht wandte § 1 II AStG und die von der Rechtsprechung entwickelten Grundsätze zur verdeckten Gewinnausschüttung an, wenngleich im Verhältnis zu Art. 17 II DBA-USA keine Deckungsgleichheit hinsichtlich der Zielsetzung feststellbar ist: Die beschriebenen Zielrichtungen weichen nicht derart voneinander ab, daß eine Vergleichbarkeit ausscheide; sowohl § 1 AStG als auch die Rechtsprechung zur verdeckten Gewinnausschüttung bei Zuwendungen an nahestehende Personen bezwecken die Vermeidung der Steuerumgehung durch Beteiligung eines Dritten mit verknüpften Interessen. Für Art. 17 II DBA-USA ist die Feststellung eines Umgehungstatbestandes nicht erforderlich, insbesondere müsse nicht ein Rückfluß der Einkünfte an die Künstlerin B festgestellt werden. Für die Zurechnung genügt die bloß abstrakte Gefährdung der Umgehung aufgrund einer Interessenverknüpfung zwischen dem Künstler und dem eingeschalteten Dritten. Nur wenn keinerlei Interessenverknüpfung besteht und die Umgehungsgefahr ausgeschlossen ist, kann die Zurechnung beim Dritten statt beim Künstler selbst erfolgen. Ob der Dritte eine eigene wirtschaftliche Tätigkeit ausübe und ob für seine Einschaltung wirtschaftlich sinnvolle Überlegungen maßgebend waren, ist nicht entscheidend: Auch in diesem Falle ist eine Umgehung der Besteuerung durch Rückfluß von Einkünften nicht ausgeschlossen, sofern eine entsprechende Interessenverknüpfung besteht. A erfüllt die Voraussetzungen einer nahestehenden Person als Künstlermanager. Sein Einfluß (§ 1 II Nr. 3 EStG) folgt aus dem Managementvertrag, der auch die Vertretung der B einschloß. Der Begriff der nahestehenden Person erfaßt nicht nur Fälle, in denen der Künstler Einfluß auf den Dritten ausübt: „Zwar ist die Intention des Art. 17 II DBA-USA in erster Linie, die Steuerumgehung durch unmittelbare oder mittelbare Rückflüsse der Einkünfte an den Künstler bzw. Sportler zu vermeiden. Einem Rückfluß steht es nach Ansicht des Senats jedoch gleich, wenn einer nahestehenden Person aus Gründen, die außerhalb der betreffenden Geschäftsbeziehung begründet sind, Zuwendungen aus den Einkünften erbracht werden. Insoweit handelt es sich lediglich um eine Einkommensverwendung, die nicht zu einer Einkunftszurechnung bei der nahestehenden Person führt.

Reichhaltiges **Fallmaterial zu Art. 17 MA** ist dem *BMF*-Schreiben zur Abzugsteuer bei künstlerischen, sportlichen, artistischen oder ähnlichen Darbietungen gem. § 50a IV EStG (BStBl. 1996 I, 89, dazu bereits Q 2, wobei aber auch immer die gewerbliche Tätigkeit (s. dazu P 12) mit zu bedenken ist) zu entnehmen. Eine Reihe von Fällen klärt den Ort der Ausübung (Art. 17 I) und die Frage einer Anwendung des Art. 17 II − nur auf ihn beziehen sich die folgenden Beispiele − und auch nicht auf die Frage einer davon unabhängigen Besteuerung des Sportlers persönlich nach Art. 17 I (dazu im folgenden Abschnitt): Ein ausländischer Amateurfußballverein (e. V.) erhält eine Vergütung für ein deutsches Gastspiel, die nicht an die einzelnen Spieler weitergegeben wird − Freistellungsbescheinigung gem. § 50d EStG, sofern das DBA keine dem Art. 17 II MA entsprechende Vorschrift enthält. Ein ausländischer Berufstennisspieler überträgt alle Rechte einer ausländischen Gesellschaft, die Vergütungsgläubigerin aus einem Ausrüstungsvertrag, aus einem Werbevertrag zur Verwendung von Namen und Bild des Sportlers und für bezahlte Interviews ist − Freistellungsbescheinigung für den Fall, daß das DBA keine dem Art. 17 II MA entsprechende Vorschrift enthält. Eine inländische Musik-Veranstaltungs-GmbH engagiert für Konzerte in Deutschland ein aus ausländischen Künstlern zusammengesetztes Quartett, allerdings aufgrund eines Vertrages mit einer ausländischen Künstlerverleihgesellschaft-Freistellungsbescheinigung sofern keine dem Art. 17 II MA entsprechende Regelung besteht. Ein ausländisches Orchester (rechtsfähiger Verein) mit ausländischen Musikern wird für ein Konzert von einem inländischen Unternehmen engagiert − Freistellungsbescheinigung unter der genannten Bedingung. Ein inländischer Fernsehsender erwirbt von einem ausländischen Fußballverein die Live-Ausstrahlungsrechte für ein im Ausland stattfindendes Europacupspiel. Ein ausländischer Fernsehsender überläßt dem inländischen Sender gegen Entgelt das Bildsignal. Die Vergütungen des ausländischen Senders und des ausländischen Fußballvereins für die Rechtserwerbe unterfallen grundsätzlich Art. 17 II MA. Weil die sportliche Tätigkeit nicht im Inland ausgeübt wird, sind dessen Voraussetzungen aber nicht erfüllt − eine Freistellungsbescheinigung kann nach jedem DBA erteilt werden.

*b) Künstler und Sportler; Ausübungseinkünfte*

**302**    (1) Eine „in einem Vertragsstaat ansässige Person" könnte wegen
Art. 3 I MA auch eine Gesellschaft oder eine Personenvereinigung sein.
Aus dem Wortlaut „persönlich ausgeübte Tätigkeit" folgt jedoch, daß
Art. 17 I MA nur auf natürliche Personen anwendbar ist. Auf die Durchgriffsmöglichkeit nach innerstaatlichem Recht (s. dazu den Hinweis im
MA-Kommentar zu Nr. 8) wurde bereits hingewiesen. Art. 17 I MA definiert die Begriffe Künstler/Sportler nicht; für den Begriff des **Künstlers** enthält Art. 17 lediglich eine beispielhafte Aufzählung („wie Büh-
nen-, Film-, Rundfunk- und Fernsehkünstler sowie Musiker") – die
Frage ist, ob diese Aufzählung und Sinn und Zweck des Art. 17 I MA
eine Bestimmung des Künstlerbegriffs aus dem Zusammenhang ermöglicht. *BFHE* 160, 513 hatte den Begriff auf der Grundlage innerstaatlichen Rechts bestimmt, während *BFHE* 170, 126 eine abkommensrechtliche Bestimmung für möglich hielt. Im *BMF*-Schreiben zu § 50a
EStG (BStBl. 1996 I, 89) zu Rz 5.2 heißt es: Die Definition des Abkommensrechts ist enger gefaßt als der Begriff der künstlerischen, sportlichen, artistischen oder ähnlichen Darbietungen und des Künstlers i.S.
des § 50a IV Satz 1 Nr. 1 und 2 EStG. Hiernach muß die Tätigkeit – die
des Künstlers und Sportlers gleichermaßen – im Inland persönlich ausgeübt werden (z.B. bei öffentlichen Veranstaltungen): „Unter den Begriff Künstler fallen nur vortragende Künstler, nicht jedoch Kunstaus-
übungen, die in der Herstellung eines Werkes bestehen (z.B. Maler,
Bildhauer, Komponisten, Regisseure, Bühnenbildner, Choreographen).
Auf diese nicht vortragenden Künstler sind Art. 14 oder Art. 15 MA anzuwenden." Kommt es auf ein besonderes „künstlerisches Niveau" an?
Im innerstaatlichen Steuerrecht gilt dies als Abgrenzungsmerkmal für eine freiberufliche künstlerische Tätigkeit i.S. des § 18 I Nr. 2 EStG (*BFH*
BStBl. 1992 II, 353). Soweit ersichtlich wird diesem Verständnis abkommensrechtlich nicht gefolgt; das hat *Wassermeyer* (IStR 1995, 555)
dargelegt: Mit Hilfe des Art. 17 I sollen Einkünfte aus bestimmten Tätigkeiten erfaßt werden, nicht aber das besondere Niveau einer Leistung
besonderen steuerlichen Folgen zugeführt werden; die Vorschrift ist deshalb auch dann anzuwenden, wenn das künstlerische Niveau einer Darbietung deutlich hinter ihren Unterhaltungscharakter zurücktritt. Soweit
*Wassermeyer* sich hierzu auf den MA-Kommentar bezieht, trifft dies
nicht zu. Hier ist der Kommentar eher zurückhaltend. Der von *Wassermeyer* genannte Grundsatz einer auf Unterhaltungstätigkeit bezogenen
Darbietung wird allein auf den Sport bezogen (s. Nr. 6). Folge: Die
werkschaffenden Künstler fallen nicht unter Art. 17 I MA – anders als
die Personen, die eine kunstinterpretierende Tätigkeit ausüben (Dirigent,
Solist, Schauspieler usw.).

„Auf das künstlerische Niveau der Tätigkeit kommt es nicht an, weshalb auch die Kaffeehaus-, Zirkus- und die triviale Volksmusik unter Art. 17 MA fallen. Die Mitglieder von Tanz- und Unterhaltungsorchestern üben unabhängig davon eine Tätigkeit i. S. des Art. 17 I aus, ob ihre Darbietungen eine bestimmte Qualität haben. Eine Dichterlesung ist eine künstlerische Tätigkeit i. S. des Art. 17 I MA. Dies gilt auch dann, wenn der Dichter aus eigenen Werken vorliest. Auch der Zirkusartist und der Fakir können Künstler i. S. des Art. 17 I MA sein, wenn und soweit sie eine unterhaltende Tätigkeit ausüben. Entsprechendes gilt für den Büttenredner, einen Hellseher und einen Zauberer. Ein Grenzfall ist der Verpackungskünstler „Christo", dessen Tätigkeit einerseits werkschaffend, zugleich aber auch vortragend ist ... Ein Universitätsprofessor, der einen wissenschaftlichen Kommentar z. b. zum OECD-MA schreibt, kann abkommensrechtlich schon deshalb kein Künstler sein, weil er nicht vortragend, sondern werkschaffend tätig ist. Eine andere Beurteilung käme in Betracht, wenn der Universitätsprofessor „Dichterlesungen" seines Kommentars veranstalten würde. Hält dagegen ein Universitätsprofessor in einem anderen Vertragsstaat einen Vortrag, so scheitert die Subsumtion seines Honorars unter Art. 17 MA nicht an dem fehlenden Unterhaltungscharakter seiner Tätigkeit. Jedoch wird auch die Vortragstätigkeit eines Universitätsprofessors in typischer Betrachtungsweise als wissenschaftliche und deshalb nicht als künstlerische im Sinne des Abkommensrechts beurteilt" (so *Wassermeyer* S. 557). Die Auslegung des Künstlerbegriffs durch das *BMF*-Schreiben zu § 50a EStG wird weitgehend geteilt, auch soweit Personen wie Regisseure, Kameraleute, Tontechniker, Cutter und Bühnenbildner mangels öffentlichen Auftritts die Voraussetzungen des Art. 17 I MA nicht erfüllen (*Maßbaum* IWB 10 Gr. 2, 1217 – anders noch *BFHE* 160, 513 für einen Bühnenmaler).

Auch der **Sportlerbegriff** ist auf dieses Verständnis ausgerichtet auszulegen; entscheidend ist der Auftritt vor einem Publikum. Im MA-Kommentar heißt es hierzu unter Nr. 5, daß eine „genaue Definition" des Begriffs Sportler nicht erfolgt; der Begriff soll aber nicht auf die Teilnehmer „an den herkömmlicherweise als sportlich bezeichneten Veranstaltungen" beschränkt werden, er umfaßt z. B. auch „Golfspieler, Jokkeys, Fußballspieler, Cricket- und Tennisspieler sowie Radfahrer"; nach Nr. 6 ist eine weite Auslegung des Begriffs vorzunehmen, er gilt auch „für Einkünfte aus anderen Veranstaltungen", denen üblicherweise Unterhaltungscharakter beigemessen wird, „z. B. Billard- und Snooker- oder Schach- und Bridgeturnieren."

*FG München* IStR 1995, 537 ist diesem Verständnis am Beispiel der Behandlung von **Schacheinkünften** nicht gefolgt: „Der Berufsschachspieler übt keinen Sport aus. Nach allgemeinem Verständnis ist Sport eine körperliche Tätigkeit, die um ihrer selbst willen ausgeübt wird ... da die Spieltätigkeit eines Schachspielers gegenüber den allgemeinen Tätigkeiten der Menschen keine besonderen körperlichen Aktivitäten erfordert, wird das Schachspielen nicht zu den sportlichen Aktivitäten gerechnet ... Der mit dem Turnierspiel verbundene Streß ist kein Wesensmerkmal des Sports. Entscheidend für den Erfolg eines Schachspielers ist nicht seine gute körperliche Kondition, sondern seine Konzentrationsfähigkeit." Ablehnend *Kl. Vogel* Art. 17 Rz 14a: Der geistige Wettkampf vor einem Publikum wird vom Begriff des Sportlers umfaßt.

(2) Die vortragende Tätigkeit des Künstlers und die Ausübung einer **303** sportlichen Tätigkeit durch den Sportler vermitteln einen auf die Person des Künstlers/Sportlers ausgerichteten Bezug – das schließt Hilfsperso-

nen im Hintergrund nicht aus. **Der personelle Bezug wird aber in modernen Gestaltungsformen zunehmend aufgelöst,** ohne daß es hierbei zwangsläufig um das von Art. 17 II berührte Umgehungsproblem gehen muß. *Maßbaum* (aaO, S. 1220) hat dies an einigen Beispielen verdeutlicht.

Die Besteuerung eines **Tourneetheaters** kann nach *Maßbaum* nicht nach Art. 17 I MA erfolgen. Es geht hier – stellvertretend auch für andere und vergleichbare Darbietungen – nicht mehr um eine künstlerische Einzelleistung, sondern um eine Gesamtproduktion, die über die künstlerischen Einzelleistungen hinaus auch die Bereitstellung des Hilfspersonals, der Ausstattung und der Technik umfaßt. Die Gesamtleistung erbringt das Tourneetheater – das wiederum übt nicht persönlich eine künstlerische Tätigkeit aus. Nur dann, wenn der Künstler als solcher für seine persönlich ausgeübte Tätigkeit honoriert wird, ist Art. 17 I anwendbar. Dagegen *Kl. Vogel* Art. 17 Rz 16a: Das Gesamtunternehmen wird letztlich durch die künstlerische Tätigkeit selbst dann geprägt, wenn der nichtkünstlerische Teil überwiegt; das spricht für eine vollständige Erfassung im Quellenstaat – anderenfalls ist eine Aufteilung vorzunehmen. Zum Verhältnis zur Schweiz s. *BMF*-Schreiben BStBl. 1987 I, 371 unter Hinweis auf § 49 I Nr. 2d unterschiedslose Besteuerung nach deutschem Steuerrecht. Zur Vermarktung im hochbezahlten Show- und Sportgeschäft durch ausländische Kapitalgesellschaften als **Management-, Gestellungs- oder Promotiongesellschaften** *Maßbaum* (S. 1221): Sie stellen Künstler und Berufssportler im eigenen Namen zur Verfügung und verkaufen sogleich ganze Unterhaltungsshows einschließlich der Technik ins Inland. Diese Gesellschaften üben keine persönliche Tätigkeit als Künstler oder Sportler aus, ihre Tätigkeit ist eine rein gewerbliche (Beispiele aus der Rechtsprechung *Nds. FG* RIW 1994, 440; *FG Baden-Württemberg* EFG 1995, 812). *Maßbaum* teilt sie in zwei Gruppen ein: (1) Gesellschaften, die als Vermittler oder Agent tätig werden – sie schließen nicht selbst den Vertrag mit dem Vertragspartner, sondern vermitteln ihn für den Künstler oder Sportler – Künstler und Sportler erzielen Einkünfte gem. Art. 17 I MA; (2) Gesellschaften, die auf eigene Rechnung, im eigenen Namen und folglich mit unternehmerischem Risiko bezüglich der Vermarktung des Künstlers oder Sportlers die Tätigkeit ausüben. Dem liegt i. d. R. ein **umfassender Ausschließlichkeitsvertrag** zugrunde (s. das oben genannte Beispiel des *FG Köln*). Da in solchen Fällen Künstler und Sportler dem jeweiligen Vertragspartner „nur zur Verfügung" gestellt werden, werden sie von Art. 17 I MA nicht erfaßt, da es an der persönlichen Ausübung fehlt. Sofern keine dem Art. 17 II MA vergleichbare Vorschrift im geltenden DBA enthalten ist, kommt eine Zuweisung der Besteuerungsrechte im Quellenstaat nicht in Betracht – dies zeigen die oben wiedergegebenen und dem *BMF*-Schreiben BStBl. 1996 I, 89 entnommenen Beispiele, soweit sie die eingeschaltete Gesellschaft betreffen. Doch geht die Finanzverwaltung in diesen Fällen vom Besteuerungsrecht Deutschlands für die Einkünfte des zur Verfügung gestellten Künstlers oder Sportlers nach Art. 17 I aus, da die Tätigkeit vom Künstler oder Sportler im Inland ausgeübt worden sei. Beispielhaft der Fall 3, 3 a im *BMF*-Schreiben BStBl. 1996 I, 89, in dem der Berufstennisspieler alle Rechte einer ausländischen Gesellschaft übertragen hat: Art. 17 II MA zu Lasten der Gesellschaft – falls eine solche DBA-Norm gegeben ist; die Steuerpflicht des Tennisspielers selbst etwa für das Preisgeld folgt unverändert aus § 49 I Nr. 2d – die ausländische Gesellschaft ist insoweit Vergütungsschuldnerin i.S. des § 50a V EStG, da sie mit Inlandsbezug tätig wird. Dazu kritisch *Maßbaum* IWB 10 Gr. 2, 1226: Es ist auf die Vertragsgestaltung abzustellen – liegt das unternehmerische Risiko bei der Künstler- und Sportlergesellschaft, findet Art. 17 I beim Künstler oder Sportler keine Anwendung (s. auch *Killius* FR 1995, 721).

(3) Art. 17 I MA erfaßt sowohl berufsmäßige als auch gelegentlich **304**
ausgeübte Tätigkeiten. Der MA-Kommentar äußert sich zur Intensität der
Ausübung nicht. Die „lockere Anknüpfung", die dem Quellenbesteuerungsrecht zugrunde liegt, verlangt nicht mehr als eine Ausübung – solange mithin die Vertragspartner dies nicht auf eine „berufsmäßige"
Ausübung beschränken (was in einigen Abkommen geschehen ist, Beispiel Art. 17 DBA-Belgien „berufsmäßige Künstler"), bedarf es keiner
weiteren Feststellung (Hauptberuf, Nebenberuf, Liebhaberei). Erst das
nationale Recht entscheidet dann über Begrenzungen, etwa durch Ausschluß von Liebhaberei. Art. 17 I MA definiert nur die Tätigkeiten, an
die der Quellenstaat anknüpft, nicht die damit erfaßten Einkünfte. Hierzu
heißt es im MA-Kommentar unter Nr. 10: Der Artikel sagt nichts darüber
aus, wie die betreffenden Einkünfte zu bemessen sind – es ist Sache der
innerstaatlichen Gesetzgebung, über die Abzugsfähigkeit von Ausgaben
zu befinden. Entscheidend ist für Art. 17 I MA, daß es sich um Entgelte
für die persönliche Tätigkeit handelt. Einkünfte aus der **Verwertung einer Tätigkeit im Inland** (§ 49 I Nr. 2d, 3 und 4 EStG i. V. mit § 50a IV
Satz 1 Nr. 1 und 2, s. dazu bereits Q 4, 36) werden durch Art. 17 I MA
nicht erfaßt (s. *BFH* BStBl. 1987 II, 171). Das Besteuerungsrecht für
Verwertungserlöse ist i. d. R. nach Art. 12 MA (Lizenzen) zu beurteilen.
Zur Abgrenzung zwischen Tätigkeitsvergütungen gem. Art. 17 I MA und
Lizenzgebühren gem. Art. 12 MA *BMF*-Schreiben BStBl. 1996 I, 89:
Das Entgelt ist eine Lizenzgebühr, wenn es für eine nichtöffentliche Stu-
dioaufnahme auf Bild- oder Tonträgern gezahlt wird (Übertragung von
Verwertungsrechten); das Entgelt ist aufzuteilen, wenn es für einen öf-
fentlichen Auftritt und für die Verwertung auf Bild- und Tonträgern ge-
zahlt wird.

Auf Überraschung stieß das Urteil des *FG Köln* EFG 1998, 176: Zum DBA-
Niederlande wird die Auffassung vertreten, daß **Einnahmen aus der Vermarktung
des Namens eines Sportlers** keine Lizenzeinnahmen i. S. des Art. 15 sind, wenn die
Lizenznehmerin verpflichtet ist, mehr als 95% der Einnahmen an einen Dritten abzuführen. Das Finanzgericht schloß aus dieser „Einnahmenabführung", daß es nicht um
die Vermarktung des Sportlernamens, sondern um Finanzdienstleistungen ging. Kritisch zu dem Urteil *Baranowski* IWB Editorial 1998 Nr. 8: Einkünfte aus einer solchen Rechtsüberlassung zählen nach § 49 I Nr. 6 EStG zu den beschränkt steuerpflichtigen Einkünften, sofern das Recht des Steuerausländers wie im Urteilsfall in
einer inländischen Betriebsstätte verwertet wird. Liegt ein solcher Sachverhalt vor, ist
nach Art. 15 DBA-Niederlande Freistellung vom deutschen Steuerabzug zu gewähren. Für eine Umqualifizierung der Lizenzgebühren in eine andere Einkünftekatego-
rie fehlt es an einer Rechtsgrundlage. Ob eine Entlastung wegen § 50d I a EStG versagt werden kann, ist dem Sachverhalt nicht zu entnehmen. Zur Rechteverwertung
über eine holländische B. V. als Fall eines treaty-shopping s. *Ebermann* S. 16 ff.

(4) Daß die Steuerumgehung durch Art. 17 II MA (Zwischenschaltung **305**
einer Person) vereitelt werden soll, ist bereits erläutert worden. Die Vorschrift zielt auf Gesellschaften ab, die eingerichtet werden, um unter
Hinweis auf fehlende Anknüpfungspunkte der Quellenbesteuerung zu

entgehen. Die Klausel fehlt noch immer in einer Reihe von Abkommen (Belgien, Frankreich, Großbritannien, Niederlande, Österreich und Spanien). Zwischen der „anderen Person" i. S. des Art. 17 II und dem Künstler/Sportler muß ein Rechtsverhältnis bestehen, aufgrund dessen die „andere Person" eine Leistung erbringt, für die sie ihren Künstler/Sportler als Vertragspartner einsetzt. Der MA-Kommentar unterläßt jede weitere Beschreibung dieses Rechtsverhältnisses – es bedarf auch keiner weiteren Feststellung als der, daß Einkünfte des Sportlers/Künstlers bei ihr anfallen (MA-Kommentar Nr. 11); vgl. hierzu das Beispiel der Siegprämien eines im Ausland ansässigen Pferdehalters *FinMin Sachsen* RIW 1995, 961. Die von Art. 17 II erfaßten Einkünfte sind identisch mit den unter Art. 17 I beim Künstler/Sportler direkt erfaßten Einkünften. Wie bereits erwähnt, folgt das Problem bei der Anwendung des Art. 17 II MA vor allem daraus, ob daneben auch ein Besteuerungsrecht nach Art. 17 I MA besteht, ob also auf bestimmte Einkünfte sowohl Art. 17 I als auch Art. 17 II anwendbar sind; dazu mit zahlreichen Nachweisen *Maßbaum* aaO, S. 1237. Die Quellensteuererhebung für die „andere Person" folgt aus § 50a IV Satz 1 Nr. 1 EStG (s. dazu bereits Q 36).

**306–309**   *(einstweilen frei)*

## 14. Ruhegehälter

**310**   Art. 18 MA ist insoweit eine unvollkommene Norm, als sie den anderen Vertragsstaat als den Quellenstaat überhaupt nicht erwähnt. Aber sie schließt ein Besteuerungsrecht des Quellenstaats dadurch aus, daß Ruhegehälter und ähnliche Vergütungen **nur im Wohnsitzstaat** besteuert werden: Es kommt also weder auf den Sitz der Kasse an, die die Zahlungen veranlaßt, noch auf den Staat, in dem die frühere unselbständige Tätigkeit, für die das Ruhegehalt gezahlt wird, ausgeübt wurde. Art. 18 versteht sich ausdrücklich „vorbehaltlich des Art. 19 II": Ruhegehälter, die im öffentlichen Dienst für eine zuvor geleistete unselbständige Arbeit gezahlt werden. Keine Ruhegehälter im Sinne des Art. 18 sind nachträgliche Zahlungen aus einem früheren Arbeitsverhältnis, sie fallen unter Art. 15 (*BFH* BStBl. 1972 II, 459; *BFH* BStBl. 1973 II, 758; s. aber auch *BFH* BStBl. 1976 II, 66). Renten, die aus einem Versicherungsverhältnis gezahlt werden, zählen nicht zu den Ruhegehältern im Sinne des Art. 18, ebensowenig wie Lohnersatzleistungen, die nicht zur Versorgung im Ruhestand gezahlt werden; hierzu MA-Kommentar Nr. 2; deswegen werden in einer Reihe von Abkommen Bezüge aus der Sozialversicherung gesondert genannt und im Wohnsitzstaat befreit (als Beispiel Art. 18 III DBA-Norwegen). Hinzuweisen ist in diesem Zusammenhang auf Nr. 11 des Kommentars, der sich um eine „ausgewogene Gleichbehandlung der Vorsorgeeinrichtungen" in beiden Staaten bemüht und einen Vorschlag zum Abzug von Beiträgen zur Altersvorsorge unterbreitet; würden Vertragsstaaten ihn so oder ähnlich übernehmen, könnte dies eine Erweiterung des innerstaatlichen (vorhandenen) Rechts durch das Abkommensrecht bedeuten (*Wassermeyer* Art. 18 MA Rz 6).

### 15. Öffentlicher Dienst

Für Gehälter, Löhne und ähnliche Vergütungen sowie für Ruhegehäl- 311 ter für die im öffentlichen Dienst erbrachten Leistungen gilt Art. 19: Besteuerung nur im Kassenstaat, also in dem Staat, in dem die zahlende Körperschaft (Sondervermögen) ansässig ist. Während der Kommentar zur Begründung für den Ausschluß des Wohnsitzstaates auf die Regeln „internationaler Courtoisie und gegenseitiger Achtung souveräner Staaten verweist, nennt *Wassermeyer* Art. 19 MA Rz 1 die Regelung einen „alten Zopf", der „nicht mehr in die heutige Zeit paßt. Sie beeinträchtigt die freie Wohnsitznahme von Personen, die im öffentlichen Dienst tätig sind. Ihre unter Umständen verheerenden Steuerbelastungsfolgen können nur durch flankierende Maßnahmen innerhalb des innerstaatlichen Rechts der Vertragsstaaten (vgl. § 1 II und III und § 1 a EStG) gemildert werden. Im Grundsatz darf sich eine Arbeitnehmerbesteuerung nicht an der Person des Arbeitgebers ausrichten. Es ist nicht einzusehen, weshalb die Steuerbelastung des einzelnen Bediensteten eine andere sein soll, nur weil der Arbeitgeber eine Körperschaft des öffentlichen Rechts ist. Dies entspricht weder dem Grundsatz der Besteuerung eines jeden nach seiner Leistungsfähigkeit noch dem Gebot der Gleichbehandlung. Die Berufung auf die Wiener Übereinkommen über diplomatische und konsularische Beziehungen ist deshalb verfehlt, weil der Diplomat in seinem Aufenthaltsstaat den Status eines Exterritorialen hat. Er wird dort allenfalls als beschränkt steuerpflichtig behandelt."

Während Art. 19 I lit. a dem **Kassenstaat** das ausschließliche Recht der Besteuerung zuweist, ist wiederum der Wohnsitzstaat nach Art. 19 I lit. b zur alleinigen Besteuerung berechtigt: Die die Vergütung empfangende Person besitzt die Staatsangehörigkeit des Nicht-Kassenstaates und ist im Nicht-Kassenstaat ansässig; allerdings darf die Ansässigkeit nicht auf die Leistung von Diensten zurückzuführen sein; Ort der Arbeitsausübung muß der Nicht-Kassenstaat sein. Die deutsche Abkommenspraxis erweitert das Kassenstaatsprinzip; die Formulierungen differieren, so daß sich die Frage stellt, ob damit inhaltlich abweichende Regelungen getroffen werden (dazu *BFH* RIW 1992, 85). Es sind vor allem Erweiterungen nachweisbar bezüglich „juristischer Personen des öffentlichen Rechts", der Deutschen Bundespost, Bundesbank, Bundesbahn, Entwicklungshilfeprogramme. Art. 19 II ist eine Sonderregelung für Ruhegehälter, die aus einer öffentlichen Kasse gezahlt werden. Auf Kritik stößt auch die unterschiedliche deutsche DBA-Praxis; dazu *Wassermeyer* IStR 1998, 479: Es wird das Geheimnis der deutschen Verhandlungsleiter bleiben, weshalb sich gerade in diesem Bereich so gravierende Unterschiede in den Formulierungen ergeben.

Zur **Kassenstaatsklausel** am Beispiel des DBA-Frankreich (Art. 14 I) *BFH* IStR 1998, 478: Die Entscheidung betrifft Beamte und Angestellte im öffentlichen Dienst, die Dienstleistungen im Bereich der Privatwirtschaft ausüben. Ein deutscher Beamter wohnte in Frankreich und war als Beamter im Grenzgebiet tätig. Die Anstalt – zunächst öffentlich-rechtlich organisiert, wurde in eine AG umgewandelt. Der Beamte wurde für diese AG tätig, jedoch vom Land bezahlt. Zu klären war die Anwendung der Kassenstaatsklausel und damit eine deutsche Quellenbesteuerung. Erforderlich ist eine Vergütung „für gegenwärtige oder frühere Dienstleistungen in der Verwaltung", die die Bundesrepublik, ein Land oder eine juristische Person des öffentlichen Rechts hierfür zahlt. *BFH:* Mit der Umwandlung wurden Dienste nicht mehr im Rahmen eines der öffentlichen Hand zuordenbaren Verwaltungsbereichs, sondern gegenüber einem privatwirtschaftlich strukturierten Unternehmen erbracht. Die dem Land verbliebene formale Arbeitgeberfunktion ändert daran nichts. In einer Urteilsanerkennung weist *Baranowski* im Hinblick auf die unterschiedlichen Kassenstaatsklauseln darauf hin, daß in jedem Einzelfall zu prüfen sei, welche Vergütungen von der Kassenstaatsklausel erfaßt werden: Vergütungen an Bundesbeamte, die von den Nachfolgegesellschaften, der Deutschen Bundespost und der Deutschen Bundesbahn gezahlt werden, die als privat-rechtliche AG organisiert sind, sind nach Auffassung der Finanzverwaltung nach wie vor als Bezüge aus einer öffentlichen Kasse anzusehen, auf die die Kassenstaatsklausel der DBA anzuwenden ist. Zur Frage eines Verstoßes gegen die EU-Freizügigkeit der Arbeitnehmer s. *EuGH* in Sachen Gilly: Danach kann die Kassenstaatsklausel als international anerkannt angesehen werden. *Baranowski:* Bei einem zunehmend an den Wohnortstaat und die Art der Einkünfte anknüpfenden DBA-Recht ist die Zuordnung des Besteuerungsrechts an den Vertragsstaat für die Vergütung zahlenden öffentlichen Kassen nicht mehr zeitgerecht. Daß zum Kassenträger kein Dienstverhältnis bestehen muß, hat am Beispiel des DBA-Spanien (Art. 18 I) *BFH* IStR 1998, 17 klargestellt: Es werden Dienste erfaßt, deren Ableistung im Ausland im öffentlichen Interesse liegt und für die der Steuerpflichtige aus öffentlichen Kassen bezahlt wird. Im Streitfall waren für eine Lehrerin vom Bundesverwaltungsamt Vergütungen gezahlt worden, der Dienstvertrag bestand mit einem ausländischen Schulträger.

### 16. Studenten

**312**    Art. 20 MA ist eine der wenigen Vorschriften, die den Quellenstaat (oder den Wohnsitzstaat) von der Besteuerung ausschließen und somit schon auf der Ebene der Verteilungsnormen das Doppelbesteuerungsproblem lösen. Denn Art. 20 MA sieht für Zahlungen für den Unterhalt an Studenten, Praktikanten und Lehrlinge keine Quellenbesteuerung (oder keine Wohnsitzbesteuerung) vor, sofern diese Zahlungen aus Quellen außerhalb des Quellenstaates (oder des Wohnsitzstaates) stammen. Der Ausbildungsaustausch zwischen den Vertragsstaaten soll gefördert werden und nicht durch eine Besteuerung am Ort der Ausbildung geschmälert werden. Der Aufenthaltsstaat ist von der Besteuerung ausgeschlossen, so daß erst der konkrete Fall darüber entscheidet, ob der Staat der Ansässigkeit oder der Staat des bloßen Aufenthalts ohne Wohnsitz das Besteuerungsrecht einbüßt (zu Art. 10 s. *FG Hamburg* EFG 1980, 343 und *BFH* BStBl. 1992 II, 546).

## 17. Sonstige Einkünfte

Art. 21 I MA bestimmt, daß Einkünfte, die in den voranstehenden **313**
Verteilungsnormen nicht behandelt wurden, „ohne Rücksicht auf ihre
Herkunft" nur im Wohnsitzstaat besteuert werden. Das bezieht sich (1)
auf Einkünfte, die überhaupt nicht als Steuergut genannt werden; *Wassermeyer* Rz 17 zu Art. 21 MA verweist auf § 22 EStG – mit den dort
genannten Einkünften wie wiederkehrende Bezüge werde dieser Bereich
erfaßt. Das bezieht sich aber (2) auch auf Einkünfte, die zwar genannt
sind, deren Verteilung aber mit einer Herkunftsbedingung versehen ist
(stammen aus . . .). Nicht behandelt sind folglich auch Einkünfte aus dem
Ansässigkeitsstaat und aus Drittstaaten – auch für sie gilt die Auffang-
norm des Art. 21, hier liegt die „eigentliche praktische Bedeutung"
(*Wassermeyer* Rz 51). Andererseits wird Art. 21 I MA nicht berührt,
wenn die Verteilungsnorm die Verteilung bereits abschließend regelt
(Art. 7 I Halbsatz 1, Art. 8, Art. 13 III, IV, Art. 14 I, Art. 15 I Halbsatz 1,
Art. 18, 19, 20). Der MA-Kommentar bringt dies in Nr. 1 klar zum Ausdruck: Es handelt sich um eine Auffangregel für „nicht ausdrücklich erwähnte Einkünfte" und für „Einkünfte, die aus nicht ausdrücklich erwähnten Quellen stammen." Art. 21 I MA enthält auch keine Subject-to-
tax-Klausel (MA-Kommentar Nr. 3: Art. 21 I MA gilt ohne Rücksicht
darauf, ob das Besteuerungsrecht auch tatsächlich vom Wohnsitzstaat
ausgeübt wird).

*Wassermeyer* Rz 22 ff. zu Art. 21 MA nennt als **Beispiele für nicht genannte
Einkunftsarten** u. a. Abfindungen, die weder Versorgungscharakter haben noch Entgelt für eine ausgeübte unselbständige Arbeit bzw. für das Nichtausüben einer unselbständigen Arbeit sind; Altersruhegeld, wenn die Veranlassung für seine Auszahlung in früher geleisteten Beitragszahlungen besteht; Abgeordnetenbezüge (Diäten,
Kostenpauschalen, Übergangsgelder, Altersentschädigungen); Apanage; Leistungen
einer deutschen Pensionskasse (§ 4 c EStG); Preise, bei denen kein Bezug zu einer
der in Art. 6–20 genannten Einkunftsarten gegeben ist – z. B. Verlosungspreise anläßlich einer Veranstaltung; private wiederkehrende Bezüge; Wiedergutmachungen.
Als Beispiel für den **Ausschluß von Drittstaateneinkünften** nennt *Wassermeyer* den
Falle eines in beiden Staaten unbeschränkt Steuerpflichtigen, der Unternehmensgewinne aus einem Drittstaat bezieht. Im Verhältnis der beiden Staaten darf nur der
Staat besteuern, der als Staat der Ansässigkeit gilt. Besteht mit dem Drittstaat ein
Abkommen, sind auf dieser Grundlage die Verteilungsprinzipien neu zu bestimmen,
ohne daß sich nochmals die Frage des Besteuerungsrechts zunächst gem. Art. 21
MA ausgeschlossenen Staates stellt. Als Beispiel für den **Ausschluß von Einkünften
aus dem Ansässigkeitsstaat** ist wiederum ein Fall unbeschränkter Steuerpflicht in
beiden Staaten A und B zu nennen, im Staat A erzielt der Steuerpflichtige Zinsen,
Dividenden, Lizenzen, hier ist er im Sinne des DBA ansässig. Im Sinne des Abkommens stammen diese Einkünfte nicht aus B, folglich kann A sich auf Art. 21 I beziehen. Für die beiden genannten Fälle handelt es sich nicht um eine Frage des Methodenartikels (*Wassermeyer* aaO, Rz 51 ff.; anders *Kl. Vogel* Rz 8 zu Art. 21).

Art. 21 II MA schränkt den Anwendungsbereich des Art. 21 I MA zu
Gunsten des Quellenstaats ein. Voraussetzung ist eine Betriebsstätte

(feste Einrichtung) im Quellenstaat; für bestimmte Einkünfte aus gewerblicher Tätigkeit und einer selbständigen Arbeit wird klargestellt, daß
diese Einkünfte unter Art. 7/Art. 14 MA fallen, wenn sie durch die
Betriebsstätte bezogen werden. Bei den Einkünften handelt es sich um
solche aus Rechten oder Vermögenswerten, jedoch nicht aus unbeweglichem Vermögen. Voraussetzung ist, daß die Rechte und Vermögenswerte in einem funktionalen Zusammenhang zu der in der Betriebsstätte
ausgeübten Tätigkeit in dem Sinne stehen, daß die für sie gezahlten Einkünfte jedenfalls als Nebenerträge der im übrigen aufgrund der Hauptä-
tigkeit der Betriebsstätte erwirtschafteten Erträge erscheinen (*BFH*
BStBl. 1996 II, 563; BSt-Verwaltungsgrundsätze 1.2.4). Der Betriebsstättenvorbehalt führt zur Anwendung der Verteilungsnormen Art. 7, 14
MA. Auf die weitgehend deklaratorische Bedeutung hat *Kl. Vogel*
Art. 21 Rz 32 hingewiesen: Sie folgt der Sache nach bereits aus den
Verteilungsnormen selbst; die Betriebsstättenvorbehalte regeln das Verhältnis der Art. 10–12 zu Art. 7. Art. 7 erfaßt als Betriebsstätteneinkünfte
auch der Betriebsstätte zuzuordnende Einkünfte aus dem Wohnsitzstaat
und aus Drittstaaten. In den Art. 10–12 bedurfte es daher jeweils einer
ausdrücklichen Regelung, unter welchen Bedingungen Art. 7 zu gelten
habe. Da die Art. 10–12 für Einkünfte aus dem Wohnsitzstaat und aus
Drittstaaten nicht gelten, blieb es insofern von vornherein bei der Regel
des Art. 7 I MA. Dividenden, Zinsen und Lizenzgebühren aus dem
Wohnsitzstaat und aus Drittstaaten sind im Sinne des Art. 7 VII nicht „in
anderen Artikeln dieses Abkommens behandelt". Da auf sie Art. 7 anzuwenden ist, gilt auch Art. 21 I für sie – dies stellt Art. 21 II MA mithin
nur klar.

**314–319**   *(einstweilen frei)*

## III. Die Vermeidung der Doppelbesteuerung im Wohnsitzstaat (Methodenartikel)

### 1. Überblick: Freistellung und Anrechnung

**320**   Auf der Ebene der Verteilungsnormen, die sich grundsätzlich an den
Quellenstaat und nur in Ausnahmefällen an den Wohnsitzstaat richten
(insoweit ist insbesondere nochmals an den Sprachgebrauch S 30 zu erinnern), wird die Doppelbesteuerung nur in Ausnahmefällen beseitigt:
Wenn die Verteilungsnorm die Zuweisung mit „können nur" vornimmt
(zur Wiederholung: das Beispiel der „Studenten" in Art. 20 MA). Ist das
nicht der Fall, muß der Wohnsitzstaat wegen seiner Vorrangstellung die
Doppelbesteuerung beseitigen – was aber zugleich besagt, daß die Doppelbesteuerung nicht ausschließlich im Wohnsitzstaat beseitigt wird,
sondern erst bzw. nur im Fall konkurrierender Besteuerungsansprüche
aufgrund der Art. 6–22 MA. Die bestehenden Abkommen verwenden im

Anschluß an das Musterabkommen Art. 23 A/B keine andere Methoden als jene, die auch bei den unilateralen Maßnahmen zur Verfügung stehen, beschränken sie aber zugleich: Befreiungsmethode oder Anrechnungsmethode. Der MA-Kommentar zu Art. 23 Nr. 12 ff. beschreibt beide Methoden und stellt ihre Auswirkungen dar; er wendet sich dann (Nr. 33 ff.) den Einzelheiten der Befreiungsmethode zu, in Nr. 57 ff. denen der Anrechnungsmethode. In Nr. 72 ff. untersucht er die Beziehungen zwischen der Besteuerung im Quellenstaat und der Methode der gewöhnlichen Anrechnung in bestimmten Fällen. Beide Methoden sind unter dem Gesichtspunkt ihrer Wirkungen auf den Wettbewerb bereits Gegenstand des einleitenden Teiles (s. B 59) gewesen, auch bereits unter abkommensrechtlichem Bezug. Man kann das auch nur zusammenhängend betrachten: **Ob** die Folgen einer **Steuerbefreiung** oder einer **Steueranrechnung** gewollt sind und vertretbar erscheinen, hängt nicht von ihrer abkommensrechtlichen oder unilateralen Geltung ab, sondern **spiegelt eine Grundsatzfrage des IStR wider.** Im wesentlichen zusammenfassend und wiederholend, inhaltlich an die Darstellung *Grotherrs* (*B/H/G/K* Rz 34 ff. zu Art. 23 MA) anknüpfend: Die Freistellungsmethode beruht auf der Vorstellung des vorrangigen Rechts der Besteuerung im Quellenstaat; die Anrechnungsmethode anerkennt keinen solchen Vorrang und will die Steuerbelastung auf das Steuerniveau des eigenen Staates zurückführen. Die Freistellungsmethode verwirklicht eher die Kapitalimportneutralität (Wettbewerbsneutralität am Steuerort der Betätigung), ist in der verfahrenstechnischen Durchführung – mit Vorbehalten – einfacher zu handhaben, fördert eher ausländische Direktinvestitionen und verwirklicht den Gesichtspunkt einer Selbstbeschränkung staatlicher Souveränität; die Anrechnungsmethode verwirklicht eher die Kapitalexportneutralität (Wettbewerbsneutralität von Inlands- und Auslandsinvestitionen), spricht eher für die Besteuerung nach der wirtschaftlichen Leistungsfähigkeit – wenn man diese durch inländische und ausländische Einkünfte bestimmt sieht, sichert eher das nationale Steueraufkommen, steht wegen des „Hochschleusungseffektes" eher als Maßnahme der Steuerfluchtbekämpfung zur Verfügung – was sich als Nachteil auswirkt, wenn die „Abschirmwirkung" genutzt wird und diese den Staat zu besonderen Durchbrechungen (Hinzurechnungsbesteuerung) veranlaßt, vermeidet nur die effektive statt – wie die Freistellungsmethode – vom Grundsatz her bereits die virtuelle Doppelbesteuerung. Neben diesen eher grundsätzlichen Unterschieden gibt es eine Reihe spezieller Besteuerungsfolgen, die mit der einen oder anderen Methode verbunden und die durchaus losgelöst von den mit beiden Methoden verbundenen Konsequenzen zu betrachten sind, jedenfalls nicht als insoweit nur folgerichtige Ergebnisse anzuerkennen sind: die Unterschiede bei der grenzüberschreitenden Verlustberücksichtigung, da nur die Freistellungsmethode positive und negative Ergebnisse ausschließt; die unterschiedliche

Ausgabenberücksichtigung; die Unterschiede bei der Überführung von Wirtschaftsgütern in das Ausland, da unter der Methode der Anrechnung eine Steuerverstrickung fortgesetzt wird. **Der Kommentar zum MA enthält sich einer Wertung** und stellt beide Methoden als gleichen Ranges und auch miteinander kombinierbar vor; auf die zahlreichen Hinweise zur Verwirklichung beider Methoden wird noch einzugehen sein. Beide Methoden bedürfen der näheren Ausgestaltung durch das innerstaatliche Recht. Bei der Freistellungsmethode vor allem durch die Regelung des Progressionsvorbehalts: Da – soweit er hier von Interesse ist – ausschließlich abkommensbezogen, ist er in die Darstellung des Methodenartikels einbezogen statt schon im Außensteuerrecht (3. Teil) vorgestellt. Bei der Anrechnungsmethode geht es vor allem um das Verfahren der Anrechnung, das aber – als unilaterale Maßnahme – bereits Gegenstand einer eingehenden Darstellung gewesen ist, so daß es insoweit nur noch darum gehen kann, abkommensrechtliche Besonderheiten hervorzuheben. Innerhalb der Darstellung wird – wenn auch nur der Vollständigkeit halber – nochmals auf die Ausschüttungen von EU-Tochtergesellschaften an EU-Muttergesellschaften hinzuweisen sein (Mutter/Tochter-Richtlinie). Abweichend von der Vorgehensweise bei anderen Abkommensbestandteilen hat die deutsche Vertragspraxis einen eigenen Standardtext entwickelt – für den Art. 23 A/B MA „imaginäre Grobstrukturen" darstellen, „in der konkreten Artikelformulierung nur ansatzweise wiederzufinden" – so *Grotherr* in *B/H/G/K*, Rz 4 zu Art. 23 MA; *Kl. Vogel* wählt in Rz 42 zu Art. 23 als Beispiel für den deutschen Standardtext DBA-Portugal). Die folgende Darstellung knüpft an den Text des MA und ergänzt diesen durch wenige, aber repräsentative DBA-Besonderheiten der deutschen Vertragspraxis.

### 2. Die Befreiungsmethode Art. 23 A MA

*a) Inhalt des MA-Vorschlages*

**321**    Art. 23 A I nennt die Voraussetzungen: Können Einkünfte im anderen Vertragsstaat = Quellenstaat besteuert werden, so nimmt der Wohnsitzstaat „vorbehaltlich der Absätze 2 und 3" diese Einkünfte von der Besteuerung aus. Art. 23 A II enthält eine Ausnahme hierzu, die an die Steuerteilung anknüpft (Zinsen, Dividenden, in der DBA-Praxis auch Lizenzen) und für diese Einkünfte eine Anrechnung der (begrenzten) Quellensteuerabzüge vorsieht; der Kommentar weist auf die Möglichkeit des Wohnsitzstaates hin, auch hier die Steuerbefreiung zu gewähren (Nr. 47 zu Art. 23). Art. 23 A III sieht für den Wohnsitzstaat das Recht vor, die von der Besteuerung ausgenommenen Einkünfte bei der Festsetzung der Steuer für das übrige Einkommen einzubeziehen (Progressionsvorbehalt).

*b) Rechtsfolge der Freistellung: positive Einkünfte*

Das MA bringt die Freistellungsmethode im Wohnsitzstaat durch die **322** Worte „von der Besteuerung ausnehmen" zum Ausdruck. Das entspricht der deutschen Abkommenspraxis – Wortlautabweichungen bringen keine abweichende Rechtsfolge zum Ausdruck. Mit der Steuerfreistellung verbindet sich aus der Sicht der Bundesrepublik als Anwenderstaat eine **sachliche Steuerbefreiung** nach Art der Aufzählung in § 3 EStG – dort gab es bis zum VZ 1974 auch eine ausdrückliche Befreiungsnorm § 3 Nr. 41, die ersatzlos gestrichen wurde, weil sie in Anbetracht der DBA-Regelungen als überflüssig galt (*Schmidt/Heinicke* EStG § 3 Stichwort Doppelbesteuerungsabkommen (DBA); *BFH* IStR 1992, 103 mit Anm. *Wassermeyer*). Eine sachliche Steuerbefreiung knüpft an die Ebene der Einkunftsermittlung an, ist aber nicht als ein Steuerverzicht in dem Sinne zu verstehen, daß diese Einkünfte überhaupt nicht existent sind. In diesem Verzichtsinne ist wohl *BVerfG* BStBl. 1972 II, 434 zu verstehen, wonach freizustellende Einkünfte der inländischen Einkommensbesteuerung entzogen sind, als nicht vorhanden gelten (wie die Diskussion um die Rechtsgrundlage des Progressionsvorbehaltes zeigen wird, handelt es sich nicht nur um folgenlose Begriffsklärungen). Ältere Formulierungen in den *BFH*-Rechtsprechungen wie die „Zuweisung eines Besteuerungsrechts" durch Art. 23 MA (*BFH* BStBl. 1972 II, 948) oder durch Art. 23 MA werde „ein Prinzip der Zu- und Aufteilung von Steuergütern" ausgedrückt, mögen modernem Staatsverständnis nicht entsprechen (*Wassermeyer* Art. 23 A MA Rz 52) – das Problem solcher Formulierungen liegt aber einfach in der mangelnden Konkretisierung der Rechtsfolgen (s. bereits R 20ff.). Daß die Rechtsfolge in einer sachlichen Steuerbefreiung besteht, folgt nicht bereits zwingend aus der Methode der Steuerbefreiung; diese ist auch für andere Lösungen offen; das bringt auch der Kommentar in Nr. 37, 42, 43 zum Ausdruck: Werden freigestellte Einkünfte in die Steuerbemessungsgrundlage einbezogen, um dann die hierauf entfallende Steuer im Ergebnis in Abzug zu bringen, so bedeutet dies, daß innerstaatliche Rechtsvorschriften mit solchen freigestellten Beträgen verknüpft bleiben können; ist der so ermittelte Betrag des Einkommens in einem bestimmten Staat auch für andere Zwecke maßgebend, z.B. für die Berechnung von Sozialleistungen, so kann die Befreiungsmethode in der vorgeschlagenen Form dazu führen, daß diese Leistungen Personen zugute kommen, für die sie nicht bestimmt sind (s. Nr. 37 zu Art. 23 A MA).

Wie problematisch und ungeklärt die **Reichweite der Freistellungsmethode** ist, zeigt das Beispiel der Folgen der DBA-Freistellungsklauseln auf die Einbeziehung von Grundstücksverkäufen in die Drei-Objekt-Grenze für einen gewerblichen Grundstückshandel (dazu bereits S 264). Für *Bornheim* (DStR 1998, 1776) hat die Zuweisung des Besteuerungsrechts zum Belegenheitsstaat des Grundbesitzes die Wirkung einer umfassenden sachlichen Steuerbefreiung. Dies bedeute, daß an den anderen

Staat per DBA zugewiesene Besteuerungsgrundlagen „im Inland keine Wirkung entfalten können, soweit es nicht – wie beim Progressionsvorbehalt – eine ausdrückliche gesetzliche Anordnung gibt; es finde „eine vollständige Trennung von den inländischen Besteuerungsmerkmalen statt." Doch woraus soll das folgen? Für eine Auslegung auf der Ebene des Abkommens gibt nicht einmal der MA-Kommentar – wie gezeigt – für ein solches Verständnis der Rechtsfolgen einer Freistellung etwas her. Und der umstrittene § 8 b VII KStG (Betriebsausgabenabzug im Zusammenhang mit DBA-steuerbefreiten Schachteldividenden) aufgrund des StEntlG 1999/2000/2002 (s. dazu S 332) hat sofort die Frage nach der Bedeutung der abkommensrechtlichen „Steuerfreiheit" zur Folge gehabt. *Rose* (DB 1999, 1039) läßt den Begriff der Steuerfreiheit in Anlehnung an § 3 c EStG hierfür nicht gelten: Schachteldividenden stellen „vorweg besteuerte Einkünfte" dar, die sie zahlende KapGes hat sie als Gewinn erwirtschaftet und versteuert; als Brutto-Beträge ausgeschüttet sind sie aus sachlichen Gründen bei der inländischen Körperschaftsbesteuerung außer Ansatz zu lassen, sie sind gar nicht steuerbar – von diesem Verständnis ausgehend sei § 3 c EStG auch nicht anwendbar – in der Sache zutreffend, aber das StBereinG 1999 hat den Zusammenhang zu § 3 c EStG beseitigt.

*c) Rechtsfolge der Freistellung: negative Einkünfte; § 2 a III, IV a. F. EStG*

**323**      Aus deutscher Sicht zählen zu den Einkünften positive und negative Einkünfte. Überträgt man dies auf das Abkommensrecht, scheint das „aus der Besteuerung ausscheiden" folgerichtig auch die **Nichtberücksichtigung von Verlusten** einzuschließen. Unabhängig davon, ob diese Aussage zutreffend ist, muß sie von vornherein eingeschränkt werden auf die Einkünfte, bei denen eine saldierte Größe, also ein Nettobetrag, der Besteuerung unterliegt. Für Bruttoeinkünfte kann sich die Verlustfrage in dieser Weise nicht stellen. Die Frage der Berücksichtigung von DBA-Verlusten stellt sich mithin vor allem bei den Betriebsstätteneinkünften. Der Kommentar zu Art. 23 A MA behandelt unter Nr. 44 die Verluste im Rahmen einer freigestellten Einkunftsart und löst sie nicht auf der Ebene folgerichtigen Denkens, wo sie in der Tat nicht hingehört. Schon ein Rechtsvergleich zeigt differenzierte Lösungen, weswegen der Kommentar die Möglichkeit eines Verlustabzugs nach dem innerstaatlichen Recht eines Vertragsstaates trotz freigestellter positiver Einkünfte überhaupt nicht problematisiert, die Lösung solcher Fälle aber den Vertragsstaaten überläßt. Daraus folgt, daß der Wohnsitzstaat trotz vereinbarter Freistellungsmethode abkommensrechtlich nicht etwa gezwungen ist, in seinem innerstaatlichen Recht auch Verluste aus der Bemessungsgrundlage auszuscheiden. Die entgegengesetzte Auffassung des *RFH* RStBl. 1935, 1358 („Wenn der Doppelbesteuerungsvertrag allgemein anordnet, daß Grundstücke und Gebäude sowie das Einkommen daraus nur im Belegenheitsstaat zu den Steuern herangezogen werden sollen, so muß das … dazu führen, daß auch Verluste aus diesem Einkommen in Deutschland nicht abgezogen werden können") wird nicht mehr vertreten, weil sie mit der Funktion eines Abkommens nicht vereinbar ist: Als Steuer-

befreiungsnormen mindern sie den nach dem innerstaatlichen Recht
an sich entstandenen Steueranspruch, erzwingen aber nicht seine Erhöhung (*Wassermeyer* Art. 23 MA Rz 59; zu einer umfassenden
Würdigung der Verluste im Quellenstaat bei Anwendung der Befreiungsmethode s. *Schuch* S. 168 ff.). Dann allerdings steht die Übertragung der innerstaatlichen Rechtsaussage vom Einkünftebegriff als gleich-
chermaßen positive und negative Einkünfte umfassend auf die Abkommensanwendung überhaupt zur Diskussion: Entfällt auch der Zwang
zu einer steuererhöhenden Regelung, so führt eine entsprechende
Abkommensanwendung immer noch zu einer Schlechterstellung durch
Abkommensrecht. Mit dem Ausschluß eines Verlustausgleiches als Folge einer DBA-Freistellung verliert der Steuerpflichtige einen anderenfalls nach dem innerstaatlichen Recht gegebenen Vorteil. Der *BFH*
kann in der Frage der Abkommenswirkungen auf innerstaatliches Recht
insoweit nicht festgelegt werden. Eine Aussage des Inhalts, daß eine
DBA-Anwendung in keinem Fall bei einer fiktiven Vergleichsver-
anlagung ohne DBA-Berücksichtigung zu einer Schlechterstellung führen darf, fehlt. Deswegen vertritt der *BFH* in ständiger Rechtsprechung
die Auffassung: Bei der Anwendung der Freistellungsmethode nach
einem DBA scheiden nicht nur die positiven, sondern auch die negativen ausländischen Einkünfte aus der Ermittlung der Bemessungsgrundlage aus (Beispiele: *BFH* BStBl. 1970 II, 569; *BFH* BStBl. 1990 II,
175). Möglicherweise liegt dieser Rechtsprechung die Befürchtung
zugrunde, es könnte zu einer doppelten Nutzung eines Verlustes in beiden Vertragsstaaten kommen (*Wassermeyer* Art. 23 MA Rz 59). Wie
auch immer: Im Bereich negativer Einkünfte aus freigestellten Einkunftsarten gibt es damit eine Arbeitsteilung, bei der die Rechtsprechung
solche doppelte Verlustnutzung verhindern will, dem Gesetzgeber aber
die Möglichkeit verbleibt, innerstaatliche und von dieser Rechtsfolge abweichende Regelungen zu schaffen (*BFH* BStBl. 1995 II, 580);
genau dies war mit § 2 a III, IV EStG a. F. für negative Betriebsstätteneinkünfte geschehen – inzwischen aufgrund des Steuerentlastungsgesetzes 1999/2000/2002 mit der Begründung gestrichen, daß die „systemwidrige Regelung" den Finanzämtern erhebliche Schwierigkeiten
bereitet habe und daß durch den weiterhin möglichen negativen Progressionsvorbehalt (ausschließlich natürlichen Personen zugute kommend)
Verluste ausländischer Betriebsstätten hinreichend berücksichtigt werden (BT-Drucks. 14/265 S. 168).

Der Gesetzgeber wollte durch § 2 a III, IV EStG a. F. (früher § 2 AIG) die aus
einer unterschiedlichen Berücksichtigung ausländischer Verluste resultierende **Benachteiligung von Investitionen in DBA-Staaten** mildern: Auf Antrag des Steuerpflichtigen war ein Verlust, der sich nach den Vorschriften des deutschen Steuerrechts bei ausländischen Betriebsstätteneinkünften ergeben hatte, bei der Ermittlung des Gesamtbetrags der inländischen Einkünfte insoweit abziehbar, als er nach

dem einschlägigen DBA zu befreiende positive Einkünfte aus anderen in diesem ausländischen Staat belegenen Betriebsstätten überstieg. Der Betrag, der dabei noch nicht ausgeglichen wurde, konnte unter den Voraussetzungen des § 10d EStG zurück- oder vorgetragen werden. Voraussetzung hierfür waren aktive Betriebsstätteneinkünfte i.S. des § 2a II EStG („... soweit er vom Steuerpflichtigen ausgeglichen oder abgezogen werden könnte, wenn die Einkünfte nicht von der Einkommensteuer zu befreien wären"). In der Regel führte dies zu einem Steuerstundungseffekt (provisorischer Verlustausgleich nach § 2a III Satz 3 EStG mit dem Ausnahmefall § 2a III Satz 4 EStG). Mit dem Inkrafttreten des Steuerentlastungsgesetzes 1999/2000/2002 wurden die Vorschriften des § 2a III, IV EStG ab dem VZ 1999 grundsätzlich gestrichen (§ 52 III Satz 1 EStG). Dieses Gesetz sieht die Fortgeltung der Nachversteuerungsregelung bis zum VZ 2008 vor (§ 52 III Satz 2 EStG). Das Steuerbereinigungsgesetz 1999 hat alsdann zusätzlich zu einer Steuerverschärfung geführt: ein allgemeines interperiodisches Verlustabzugsverbot im Betriebsstättenstaat stellt keinen Fall eines Nachversteuerungshindernisses mehr dar; dies folgt daraus, daß § 2a III Satz 4 EStG von der Fortgeltung der Hinzurechnungsvorschriften ausgenommen ist (zu den Folgen dieser Neuregelung *Grotherr* IWB 3 Gr. 3, S. 182, dort auch zur generellen Nachversteuerung in Umwandlungsfällen und zum ausgedehnten Katalog der Wiederhinzurechnungsfälle).

*d) Einkünftebegriff, Einkünfteumfang, Einkünfteermittlung*

**324**    (1) Zu den „zentralen Streitfragen", die mit Art. 23 A verbunden sind, gehört die nach dem **Inhalt des Einkünftebegriffs** (*Wassermeyer* Art. 23 A MA Rz 21). Damit verbunden sind zwei Fragestellungen, über deren Beantwortung grundsätzliche Divergenzen jedoch nicht mehr bestehen. Die Frage, welche Einkünfte im Wohnsitzstaat freizustellen sind, ergibt sich nicht aus Art. 6–22 (eine entsprechende Formulierung bei *Kl. Vogel* Art. 23 Rz 67 scheint lediglich eine mißverständliche Formulierung zu sein); sie folgt aus Art. 23 A selbst – die Frage ist nur, wie die mit der Befreiungsmethode verbundenen Einkünfte vom Wohnsitzstaat als dem Anwenderstaat bestimmt werden. Da der Methodenartikel den Katalog der DBA-Einkunftsgruppen nicht erweitert, sondern an Einkünfte der Art. 6–22 anknüpft, kann der hier verwendete Einkünftebegriff – auf der Ebene des Abkommens – nur deckungsgleich sein mit dem Einkünftebegriff auf der Ebene des Quellenstaates; das ist zunächst auch eine pure Selbstverständlichkeit – denn wie sollte der Methodenartikel das Ziel verwirklichen, auf der Ebene des Wohnsitzstaates eine noch verbleibende Besteuerung zu vermeiden? Es liegt in der Funktion des Methodenartikels, daß er die in den Verteilungsnormen primär an die Adresse des Quellenstaates genannten Einkünfte im Ansässigkeitsstaat regelt, so *BFH* IStR 1996, 336. Voraussetzung für diesen Zusammenhang ist die zutreffende Vorgehensweise im Quellenstaat – sowohl was die Herkunftsfrage als auch die Einkünftequalifikation betrifft; eine **Qualifikationsverkettung,** wonach der Wohnsitzstatt die Entscheidung des Quellenstaates hinzunehmen hat, gibt es nicht.

Im bereits bekannten *BFH*-Beschluß zur Besteuerung von Einkünften leitender Angestellter nach dem DBA-Schweiz (s. S 283) war zu entscheiden, ob das in der Verteilungsnorm Art. 15 enthaltene Tatbestandsmerkmal „in der Schweiz ausgeübt" mit dem im Methodenartikel verwendeten, als Voraussetzung für eine Freistellung geltenden Merkmal „in der Schweiz ausgeübt" übereinstimme. Der *BFH*: Zwar wären die Vertragsstaaten nicht gehindert gewesen, für die Regelung des Besteuerungsrechts von einem anders definierten Tätigkeitsort auszugehen als für die Bestimmung der Methode zur Vermeidung der Doppelbesteuerung. Mangels gegenteiliger Anhaltspunkte im Vertragstext und ohne erkennbare Gründe für eine derartige Differenzierung liegt es aber näher, ein einheitliches Verständnis anzunehmen.

Zur Herkunftsfrage ist schließlich auf die Problematik sog. subject-to-tax-Klauseln und deren materielle Reichweite zu verweisen; es spricht einiges dafür, daß diese Klauseln nur die Aussage beinhalten, daß im Quellenstaat erhobene Steuern im Wohnsitzstaat anzurechnen sind, ohne daß dieser Staat prüfen darf, ob der „Quellenstaat" tatsächlich der Quellenstaat ist (s. *Wassermeyer* IStR 1998, 84).

**325** Problematisch könnte die weitere Frage als Vorstufe für die nach der Einkünfteermittlung sein: Bezieht sich der Begriff der freizustellenden Einkünfte auf einen **Nettobetrag,** also auf eine saldierte Größe Ertrag ./. Aufwand, oder bezieht er sich auf einen **Bruttobetrag?** Oder erübrigt sich eine solche Fragestellung mit dem Hinweis auf die Maßgeblichkeit des innerstaatlichen Rechts des Anwenderstaates? Auch hier erweist sich, daß die Vermeidung der Doppelbesteuerung nur durch die Verknüpfung mit den Verteilungsnormen erreicht werden kann: Warum sollte sich für den Wohnsitzstaat bei der Freistellung von Betriebsstättengewinnen die Frage eines Brutto- oder Nettobetrages abweichend von Art. 7 stellen – mit der möglichen Konsequenz der Freistellung von Bruttoeinnahmen und damit einer weitergehenden Freistellung, als sie das Abkommen erfordert? Warum sollte sich für einen Wohnsitzstaat, der sich für Dividendenbezüge zur Freistellung verpflichtet, die Frage eines Brutto- oder Nettobetrages abweichend von Art. 10 stellen – mit der möglichen Konsequenz der Freistellung von Nettobeträgen und damit den Freistellungseffekt erhöhend? Der Methodenartikel nimmt mithin auf Einkünfte im Sinne eines Nettobetrages Bezug, soweit ein solcher Nettobetrag Gegenstand der Verteilungsnorm ist (Art. 6, 7, 8, 13, 14, 17 MA) – er nimmt auf Bruttoeinkünfte Bezug, soweit ein solcher Betrag Gegenstand der Verteilungsnorm ist (Art. 10–12, 15, 16, 18, 19 und 20 MA), vgl. *Schaumburg* S. 1038; *Wassermeyer* Art. 23 A MA Rz 21; *BFH* BStBl. 1997 II, 57. Der Wortlaut des MA („diese Einkünfte … im anderen Vertragsstaat besteuert werden") spricht für einen solchen Zusammenhang; nicht im Widerspruch hierzu stehen Hinweise im MA-Kommentar, wonach die Ermittlung des freizustellenden bzw. der Anrechnung zugrundeliegenden Betrages nach innerstaatlichem Recht erfolgt und daß es daher zu Abweichungen kommen kann (s. zu Art. 23 A Nr. 39, zu Art. 23 B Nr. 32). Gänzlich abweichend hierzu *Wolff* DBA-USA Rz 95 zu Art. 10: Eine abkommensrechtliche Auslegung des Begriffs Einkünfte (Netto- oder Bruttobeträge) ist nicht möglich, das Abkommen verwendet den Ausdruck „Einkünfte" in den Verteilungsnormen „nur deskriptiv" – was aus der Sichtweise des Art. 23 dann nur noch zufällige Übereinstimmungen zur Folge hätte; hiergegen daher *Wassermeyer* in Forum Nr. 16, S. 48.

**326** (2) Die eigentliche – wenn man so will, zentrale Streitfrage im Sinne *Wassermeyers* – knüpft nicht mehr unmittelbar an eine abkommensrechtliche Auslegungsproblematik, sondern an eine Auslegungsproblematik des innerstaatlichen Rechts an: **Das innerstaatliche Recht bestimmt die Ermittlung der Brutto- bzw. Nettobeträge.** Dabei erweist sich die Frage der Aufwandszuordnung zu ausländischen steuerbefreiten Vorgängen oder zu inländischen Einkünften als Problem. Während für *Kl. Vogel* (Art. 23 Rz 85) eine einheitliche Formel in Anwendung des § 3c EStG gilt und Ausgaben dann nicht von steuerfreien Einnahmen abgezogen werden dürfen, wenn sie mit den steuerbefreiten Einnahmen in „unmittelbarem wirtschaftlichen Zusammenhang stehen", differenziert *Schaumburg* nach Nettobeträgen und Bruttobeträgen (S. 1048; in diesem Sinne auch *Wassermeyer* Art. 23 A MA Rz 21: bei Bruttobeträgen direkte Anwendung des § 3c, bei Nettobeträgen analoge Anwendung der §§ 3c, 50 I EStG). Für die Nettobesteuerung (Betriebsstätte) kann es von diesem Verständnis ausgehend tatsächliche Zuordnungsfragen geben, aber keine rechtlichen, die aus dem Methodenartikel resultieren. Denn es gilt für Nettoeinkünfte – am Beispiel der Betriebsstätteneinkünfte – die Selbständigkeitsfiktion des Art. 7 II MA – auf dieser Ebene sind daher die Fragen eines Betriebsausgabenabzugs zu lösen. Probleme der Aufwandszurechnung beispielsweise im Falle erfolglos gebliebener Auslandsaktivitäten sind daher systematisch nicht als Fragen des Methodenartikels zu behandeln, sondern gehören auf der Ebene der Verteilungsnorm erörtert (s. daher zu den vorweggenommenen Betriebsausgaben in DBA-Staaten bereits S 61). Anders ist die Problematik bei der Befreiung von Bruttoeinkünften einzuordnen: Hier können Aufwendungen im Wohnsitzstaat nicht mittels einer Zuordnungsregel nach der Art des Art. 7 II MA im Quellenstaat berücksichtigt werden – die Bruttobesteuerung steht dem entgegen. Solche Fragen sind im Zusammenhang mit der Steuerfreiheit der von einer DBA-ansässigen Tochtergesellschaft ausgeschütteten Schachteldividenden an ihre deutsche Muttergesellschaft diskutiert worden (s. dazu unter S 332). Hier bei den allgemeinen, von konkreten Steuerbefreiungen losgelösten Überlegungen gilt es jedenfalls, sich darauf zu besinnen, was *BFH* IStR 1995, 335 – im Zusammenhang mit der Versagung eines Schuldenabzugs – klargestellt hat: „Der von den DBA bezweckte Abbau der – virtuellen – Benachteiligungen von Auslandsinvestitionen würde in sein Gegenteil verkehrt werden; denn der Steuerpflichtige würde schlechter gestellt, als wenn es ein DBA … gar nicht gäbe."

*e) Freigestellte Einkunftsarten (Übersicht)*

Das MA schränkt die Freistellungsmethode nicht auf bestimmte Ein-   **327**
kunftsarten ein; aus MA-Sicht ist dies auch nicht erforderlich, weil es
ohnehin eine Kombination mit der Anrechnungsmethode für möglich
hält – die Einzelheiten aber den Vertragsstaaten überlassen bleiben müssen. Deswegen ist sogleich zu fragen, wie die **deutsche Abkommens-**
**praxis,** die die Freistellungsmethode einst in den Vordergrund gestellt
hatte, nach dieser Methode die Doppelbesteuerung vermeidet. In ihrer
Anwendungsbreite schlägt sich natürlich die grundsätzliche Frage nach
dem pro und contra der Freistellung nieder: Hält man es für vertretbar,
das Steuerniveau des Quellenstaates bestimmend werden zu lassen –
oder ist eine „Hochschleusung" auf das eigene Steuerniveau angezeigt?
Dazu ist alles Erforderliche bereits im einleitenden Teil gesagt worden:
Die Anwendung der Freistellungsmethode ist geboten, wenn die im
Ausland ausgeübte Tätigkeit aus der Sicht der eigenen Volkswirtschaft
förderungswürdig unter dem Gesichtspunkt der Kapitalimportneutralität
erscheint (positive Aussage), sie ist auszuschließen, wenn sie Einkünfte
begünstigt, die „durch schädliche Praktiken" von der Auslandssteuer
entlastet worden sind (Empfehlung Nr. 3 des OECD-Verhaltenskodex
vom 7. April 1998, Harmful Tax Competition – An Emerging Global
Issue). Wie die Freistellungsmethode wirkt die Anrechnung fiktiver
Steuern – auch hier steht inzwischen die Frage ihrer sinnvollen Anwendung, ihrer Begrenzung im Mittelpunkt, weil solche Klauseln auffällig
gegen mißbräuchliche Nutzung sind (dazu „Tax Sparing – A Reconside-
ration", OECD 1998).

Hiernach ergibt eine Bestandsaufnahme der deutschen Vertragspraxis
die Anwendung der Freistellungsmethode in der Bundesrepublik als
Wohnsitzstaat (*Grotherr* in *B/H/G/K*, Anm. 61 zu Art. 23 A/B)

– **Unternehmensgewinne** (Betriebsstätteneinkünfte) – aber in einer erheblichen
Zahl von Abkommen mit Aktivitätsklauseln verbunden (zuletzt die DBA-Litauen,
Kasachstan mit Bezugnahme auf § 8 I Nr. 1–6, § 8 II AStG);
– **Dividendenzahlungen einer ausländischen Tochtergesellschaft unter den**
**Bedingungen eines Schachtelprivilegs** – wobei unabhängig von höheren Abkom-
mensquoten innerstaatlich eine Beteiligungsquote von nur noch 10% ausreichend ist
(§ 8 b V KStG); ggf. Verbindung mit einer Aktivitätsklausel wie zuletzt in den DBA-
Litauen, Kasachstan;
– Einkünfte aus **selbständiger Arbeit,** die im Rahmen einer festen Einrichtung
ausgeübt wird;
– Einkünfte aus **künstlerischer Tätigkeit:** Für eine Minderzahl von Abkommen
ist eine Freistellung nachweisbar, s. die Übersicht *OFD Köln* RIW 1999, 480;
– Einkünfte aus **nichtselbständiger Arbeit,** soweit die 183-Tage-Regelung greift;
– Einkünfte aus **unbeweglichem Vermögen** einschließlich Land- und Forstwirt-
schaft – ggf. mit einer Aktivitätsklausel für unbewegliches Vermögen einer Betriebsstätte verbunden (zuletzt DBA-Litauen, Kasachstan); s. dazu die Übersicht *OFD Köln*
RIW 1999, 479.

Zwei Einkünfte: Betriebsstättengewinne und Dividenden aus Schachtelbeteiligungen sind hier näher vorzustellen, einmal wegen ihrer Bedeutung, aber auch als Repräsentanten zweier Einkunftsgrößen (Nettoeinkünfte und Bruttoeinkünfte).

*f) Betriebsstätteneinkünfte; internationales Schachtelprivileg (§ 8b I–VII KStG)*

**328**    (1) Zunächst zur abkommensrechtlichen Freistellung der **Betriebsstätteneinkünfte**. Der Zusammenhang mit Art. 7 I MA ist dann wie folgt herzustellen: Aus Art. 7 I MA folgt ein Quellenbesteuerungsrecht erst bei Vorliegen einer landeseigenen Betriebsstätte – liegt eine solche Betriebsstätte vor, beseitigt der Wohnsitzstaat des Unternehmers die dann drohende Doppelbesteuerung dadurch, daß er den der Betriebsstätte zuzuordnenden Ertrag (Gewinn, Verlust = Einkünfte) freistellt. Die Berechnung des freizustellenden Betrages erfolgt eigenständig nach den Regeln des eigenen Rechts – wobei für diese Berechnung die Regeln des Art. 7 MA gelten, denn sie grenzen den Quellenstaat vom Wohnsitzstaat ab und wirken in beiden Richtungen (was die BSt-Verwaltungsgrundsätze in 1.2.1 wohl übersehen). Für die Befreiung ausländischer Betriebsstättengewinne im Wohnsitzstaat Bundesrepublik ist entscheidend, daß die neuere deutsche Vertragspraxis die Freistellung von der deutschen Einkommensteuer mit einem **Aktivitätsvorbehalt** verbindet: Die Betriebsstätte im Ausland muß ihre Einnahmen ausschließlich, fast ausschließlich oder zu einem festen Anteil aus sogenannten aktiven oder produktiven Tätigkeiten erzielen. Im DBA-Luxemburg 1958/73 heißt es in Art. 20 II: Von der Bemessungsgrundlage für die Steuer des Wohnsitzstaates werden die Einkünfte ausgenommen, für die nach den vorhergehenden Artikeln der andere Staat ein Besteuerungsrecht hat; mangels einer Ausnahme hiervon für Betriebsstätteneinkünfte kommt es mithin auf die Qualität der Betriebsstätteneinkünfte nicht an. Dagegen Art. 24 I Nr. 1 a) DBA-Schweiz 1971/1992: Von der Bemessungsgrundlage der deutschen Steuer werden aus der Schweiz stammende Einkünfte, die in der Schweiz besteuert werden können, ausgenommen „Gewinne im Sinne des Artikels 7 aus eigener Tätigkeit einer Betriebsstätte, soweit die Gewinne nachweislich durch Herstellung, Bearbeitung, Verarbeitung oder Montage von Gegenständen, Aufsuchen und Gewinnung von Bodenschätzen, Bank- und Versicherungsgeschäfte, Handel oder Erbringung von Dienstleistungen unter Teilnahme am allgemeinen Wirtschaftsverkehr erzielt werden ..." – wie groß der Anteil der aktiven Einkünfte ist, ist hiernach bedeutungslos, es sind die Erträge daher aufzuteilen. Im DBA-Argentinien 1978 Protokoll zu Art. 23 werden die aktiven Bezüge mit der Voraussetzung verbunden, „daß mindestens 90% der Einnahmen" aus diesen Tätigkeiten resultieren müssen. Im DBA-

Australien 1972 Protokoll zu Art. 22 heißt es, „wenn die Gewinne der Betriebsstätte oder die Einkünfte ausschließlich oder fast ausschließlich stammen ...", was im Sinne einer 90%-Grenze zu verstehen ist (s. zur Hinzurechnungsbesteuerung N 420); für jedes Abkommen sind die Voraussetzungen zu klären (*Wassermeyer* IStR 2000, 65). Sind die Voraussetzungen nicht gegeben, tritt an die Stelle der Freistellung die Anrechnung ausländischer Steuern. Dem Aktivitätsvorbehalt liegen die hinreichend erörterten Wettbewerbsüberlegungen zugrunde: Freistellung und damit Kapitalimportneutralität, solange eine genügende Verwurzelung im ausländischen Staat gegeben ist. Aus der Sicht der Kapitalexportneutralität und der damit verbundenen Anrechnungsmethode ist die Abgrenzung mit dem Kernbestand aktiver Tätigkeiten wie im genannten Beispiel DBA-Schweiz sicherlich vertretbar gelungen. Soweit der Kernbestand in zahlreichen Abkommen erweitert wurde (Dienstleistungen, Beratungen, Beförderungen, Lagerungen, Fernmeldeverkehr oder Nachrichtenübermittlung, Vermietungen, Verpachtungen usw., s. die Zusammenstellung bei *Kl. Vogel* Rz 89 zu Art. 23), scheinen lokale Bedingungen maßgeblich gewesen zu sein.

(2) Gleichrangig von der Bedeutung her ist die **Gewährung des inter-** **329** **nationalen Schachtelprivilegs** gegenüber den hier ansässigen Muttergesellschaften: die Freistellungsmethode für Dividenden, die eine ausländische Tochtergesellschaft an ihre in Deutschland ansässige Muttergesellschaft ausschüttet. Sie ist zunächst in zweifacher Hinsicht einzuordnen: in das Abkommensrecht einerseits, in das nationale Steuerrecht (Außensteuerrecht) andererseits. In den deutschen DBA als Regelfall vereinbart, weicht sie doch vom MA ab. Die MA-Behandlung der Schachteldividenden (also der Dividenden aus wesentlichen Beteiligungen einer Gesellschaft) muß nochmals an den Quellenstaat anknüpfen, also an den Wohnsitzstaat der ausschüttenden Tochtergesellschaft: Art. 10 II MA sieht ausdrücklich einen niedrigeren Quellensteuersatz für Dividenden vor, die von einer Tochtergesellschaft an ihre im anderen Vertragsstaat ansässige Muttergesellschaft gezahlt werden. Der MA-Kommentar (Nr. 30 zu Art. 10) begründet dies mit dem Argument, „eine mehrfache Steuerbelastung zu vermeiden und die Auslandsinvestitionen zu erleichtern." Zum hier behandelten Thema der Besteuerung im **Wohnsitzstaat des Dividendenempfängers** heißt es daran anschließend: „Die Verwirklichung dieses Zieles hängt von der steuerlichen Behandlung der Dividenden in dem Staat ab, in dem die Muttergesellschaft ansässig ist." Interessanterweise zeigt nun die MA-Kommentierung des Methodenartikels die Schwierigkeit einer einheitlichen Lösung – nicht mehr überraschend, da ja der Wortlaut des Art. 23 A/B auf die Schachteldividenden überhaupt keinen Bezug nimmt. Der MA-Kommentar zu Art. 23 in Nr. 121 ff. zu den „Dividenden aus wesentlichen Beteiligungen einer Gesellschaft": Erleichterungen im Wohnsitzstaat wären wünschenswert, denn auch Art. 10 II MA

vermeide nicht die Mehrfachbelastung der an die Muttergesellschaft ausgeschütteten Gewinne, zunächst bei der Tochtergesellschaft und dann bei der Muttergesellschaft: „Viele Staaten haben dies anerkannt und in ihr innerstaatliches Recht Bestimmungen aufgenommen, um diese Hindernis zu beseitigen. Darüber hinaus werden häufig entsprechende Bestimmungen in die DBA aufgenommen." Aber: „Der Fiskalausschuß hat geprüft, ob diese Frage zweckmäßigerweise durch eine Änderung des Art. 23 MA geregelt werden soll. Obwohl zahlreiche Staaten die Aufnahme einer entsprechenden Bestimmung in das MA befürworten, ergaben sich viele Schwierigkeiten im Hinblick auf die Unterschiedlichkeit der Auffassungen und die Vielzahl der möglichen Lösungen. ... Schließlich erschien es zweckmäßig, den Staaten die Lösung zu überlassen." Als Lösungsmöglichkeiten nennt der MA-Kommentar alsdann die Befreiung mit Progression, die Einbeziehung der Körperschaftsteuer in die Anrechnung und die Gleichstellung mit der Beteiligung an einer inländischen Tochtergesellschaft. Für die Bundesrepublik hat die Gewährung eines internationalen Schachtelprivilegs „als besondere Ausgestaltungsform der Freistellungsmethode" in der Vertragspolitik von jeher eine bedeutende Rolle gespielt (*Grotherr* in *B/H/G/K* Rz 82 zu Art. 23 A/B MA); für die Vertragspartner und die dort ansässigen Muttergesellschaften ist ein solches Schachtelprivileg in einigen Fällen nachweisbar (Beispiel DBA-Italien Art. 24 II) – aber insbesondere gegenüber den **EU-Staaten** ist die vom Abkommen unabhängige Mutter/Tochter-Richtlinie und deren Umsetzung (Freistellung oder Anrechnung) zu klären.

**330**  Wie der MA-Kommentar zutreffend hervorhebt, geht es nicht um ein „Doppelbesteuerungsproblem" im klassischen Sinne, sondern um die Vermeidung einer Doppelbelastung, ohne daß dies aber konsequent erfolgt (Rechtsformbegrenzung). Im Rahmen seiner Voraussetzungen verwirklicht das internationale Schachtelprivileg damit die **Kapitalimportneutralität**: Gewinne der Tochtergesellschaften sollen dem Standortklima in diesen Staaten unterliegen. In einer Reihe von Abkommen gewährt nur die Bundesrepublik dieses „Privileg", in anderen Abkommen gewährt es auch der Vertragsstaat. Die Einordnung in das innerstaatliche Recht kann sich auf bloße Wiederholungen beschränken – gerade hieraus wird aber die Bedeutung des internationalen = DBA-Schachtelprivilegs letztlich klar. Denn das körperschaftliche Anrechnungsverfahren mit dem Ausschluß im Ausland gezahlter Körperschaftsteuer (§ 36 II Nr. 3 EStG) gebietet geradezu eine solche Entlastung (zu einer Maßnahme nach Art des avoir fiscal konnte sich Deutschland nicht entschließen, s. dazu bereits N 111). Im Zusammenwirken Quellenstaat/Wohnsitzstaat bedeutet dies eine Mehrfachbelastung in Höhe einer wegen Art. 10 II MA ermäßigten Quellenbesteuerung. Zur konkreten Gestaltung des Schachtelprivilegs ist festzuhalten: Unabhängig von den in den einzelnen DBA genannten Mindestbeteiligungen an der ausländischen Tochtergesellschaft (10, 15, 20, 25 v.H.) **hat § 8 b V KStG** bestimmt: Die abkommensgeregelte Steuerbefreiung wird bereits bei einer **Mindestbeteiligung von 10% gewährt**. Auf welcher Basis (Nennkapital, Stimmrechte) die Beteiligungshöhe zu ermitteln ist, richtet sich nach dem jeweiligen DBA; bilaterale Abkommensregelungen wurden mithin unilateral zu Gunsten der Steuerpflichtigen ausgedehnt (s. dazu auch P 37 zum Mindestbeteiligungssatz für die indirekte Steueranrechnung § 26 II KStG); die weitere Frage nach

dem persönlichen Anwendungsbereich beantwortet sich ebenfalls nach Abkommensrecht – durch *BMF*-Schreiben DB 1989, 1165 wurde der inländische Anwendungsbereich auf alle unbeschränkt stpfl. Körperschaften, Personenvereinigungen und Vermögensmassen ausgedehnt. Zu den Bedingungen der ausländischen Tochtergesellschaft
s. am Beispiel des DBA-Irland (Unlimited Company) *BdF*-Schreiben BStBl. 1999 I,
698 und dazu *Häuselmann* IStR 2000, 8. Um das Verhältnis von DBA-Recht zu § 8 b
V KStG klarzustellen: Die Herabsetzung der Beteiligungsgrenze in § 8 b V KStG auf
10% stellt lediglich eine partielle Änderung des Abkommensrechts dar; zusätzliche
DBA-Voraussetzungen bleiben unberührt. Ob also eine Freistellung dem Grunde
nach in Betracht kommt, entscheidet DBA-Recht; ist im Abkommen kein Schachtelprivileg vorgesehen, kann ein solches auch nicht über § 8 b V KStG gewährt werden
(*Kreuz* S. 329). Eine bestimmte Dauer der Mindestbeteiligung (Mindestbesitzfrist)
wird im DBA-Recht anders als im innerstaatlichen Recht (§ 26 II–V KStG) nicht gefordert, es handelt sich um eine stichtagsbezogene Voraussetzung. Der maßgebliche
Stichtag wird durch § 44 II EStG bestimmt, s. *Kl. Vogel* Art. 23 Rz 105. Ob die Ausschüttungen der ausländischen Tochtergesellschaft im Quellenstaat tatsächlich besteuert wurden, ist nicht Bedingung für das Schachtelprivileg – kann es von der Systematik
her auch nicht sein, weil das Ziel der **Vermeidung einer körperschaftsteuerlichen
Doppelbelastung** gerade am besten dadurch erreicht werden würde, daß der Quellenstaat von vornherein auf eine Dividendenbesteuerung verzichtet (*Kl. Vogel* Art. 23
Rz 107 m. Hinw. auf DBA-Indien = ausdrückliche Hervorhebung und DBA-USA =
subject-to-tax-Klausel). Wie die Freistellung der Betriebsstättengewinne ist auch die
Steuerbefreiung der Schachteldividenden in den neueren deutschen Abkommen überwiegend mit einem **Aktivitätsvorbehalt** verbunden (zu den vielfältigen Formen
*Wassermeyer* IStR 2000, 65). Einerseits heißt es also z. B. im DBA-Italien in Verbindung mit der Freistellung bestimmter Einkünfte bei einer in der Bundesrepublik ansässigen Person (Art. 24 III), daß dies für Dividendeneinkünfte voraussetzt, daß diese
„an eine in der Bundesrepublik ansässige Gesellschaft (jedoch nicht an eine Personengesellschaft) von einer in der Italienischen Republik ansässigen Gesellschaft gezahlt
werden, deren Kapital zu mindestens 10% unmittelbar der deutschen Gesellschaft
gehört". Andererseits heißt es z. B. im Protokoll Absatz 8 zu Art. 24 II im DBA-
Portugal, daß für die Inanspruchnahme der Freistellung von Schachteldividenden die
in der Bundesrepublik ansässige Person den Nachweis führen muß, daß die Einnahmen der Gesellschaft (gleiches gilt übrigens in der überwiegenden Zahl der Abkommen zugleich für die Betriebsstätte – jedoch sind in einzelnen Fällen Abweichungen
nachweisbar) „ausschließlich oder fast ausschließlich aus einer der folgenden innerhalb Portugals ausgeübten Tätigkeiten, nämlich Herstellung, Verkauf oder Vermietung von Gütern oder Waren ..." stammen. Liegen diese Voraussetzungen nicht vor,
greift die Methode der Steueranrechnung. Die Aktivitätsvorbehalte in den Abkommen decken sich nicht mit § 8 II, III AStG – es kann daher bisweilen an die Stelle einer DBA-Befreiung die indirekte Steueranrechnung des § 26 II KStG (der auf § 8
AStG verweist) treten und neben der Anrechnung einer auf die Dividenden entfallenden Quellensteuer auch eine von der ausländischen Tochtergesellschaft gezahlte
Körperschaftsteuer, soweit sie den ausgeschütteten Gewinn belastet hat, auf die deutsche Körperschaftsteuer angerechnet werden. Über die Verbindungen zwischen der
Hinzurechnungsbesteuerung und dem DBA-Schachtelprivileg, insbesondere den Hintergrund der Zwischeneinkünfte mit Kapitalanlagecharakter, s. bereits N 453. Auch
der Zusammenhang mit der Mutter/Tochter-Richtlinie und dem damit verbundenen
Schachtelprivileg ansässiger Muttergesellschaften für Ausschüttungen EU-ansässiger
Tochtergesellschaften ist bereits hergestellt worden (N 221); im Verhältnis zu den
DBA geht die jeweils günstigere Regelung vor (Art. 7 II: Diese Richtlinie berührt
nicht die Anwendung einzelstaatlicher oder vertraglicher Bestimmungen, die die Beseitigung oder Minderung der Doppelbesteuerung der Dividenden bezwecken ...").

**331**    Im Zusammenhang mit der **Steuerbefreiung ausländischer Beteiligungserträge** ist nochmals auf **§ 8 b KStG** einzugehen und der bisher
bekannte Inhalt dieser Norm zu ergänzen. Zunächst ist an bekannten
Stoff anzuknüpfen. § 8 b KStG enthält Sonderregelungen für die Besteuerung ausländischer Beteiligungserträge – geht aber über diesen
Rahmen hinaus. **§ 8 b I KStG erfaßt Inlandseinkünfte, die aus weiter-
geschütteten ausländischen Einkünften bestehen.** Das hat zur Folge,
daß die Steuerbefreiung aufgrund des DBA-Schachtelprivilegs der deutschen Muttergesellschaft erhalten bleibt, wenn sie diese Einkünfte ausschüttet: Eine Herstellung einer Ausschüttungsbelastung unterbleibt
(§ 40 Nr. 1 KStG), erst auf Gesellschafterebene tritt mangels einer Körperschaftsteueranrechnung eine Nachversteuerung ein. Was mithin unter
N 65 am Beispiel eines von ausländischer Steuer befreiten oder nur geringfügig besteuerten Betriebsstättenergebnisses und unter N 174 am
Beispiel ausländischer Beteiligungserträge – jeweils ohne Berücksichtigung von DBA-Recht – demonstriert wurde, ist nunmehr weitergehend
auf die steuerbefreiten DBA-Schachteldividenden zu erstrecken (und gilt
natürlich auch für die steuerbefreiten Betriebsstättenergebnisse). Wenn
man in § 8 b I KStG somit den Kern eines inländischen Holdingprivilegs
sieht, so ist das richtig, muß aber immer dahingehend ergänzt werden,
daß auch ausländische Betriebsstätteneinkünfte erfaßt werden. Für alle
diese genannten Einkünfte gilt gleichermaßen, daß Gewinnausschüttungen aus dem Teilbetrag des § 30 II Nr. 1 KStG (EK 01) an eine unbeschränkt steuerpflichtige Körperschaft bei deren Einkommensermittlung
außer Ansatz bleibt und daß bei der ausschüttenden Körperschaft eine
Ausschüttungsbelastung oder -erhöhung für verwendetes EK 01 nicht erfolgt. Das alles ist bekannt und wird nun lediglich unter Einbeziehung
abkommensrechtlich bedingter Befreiungen als einen besonders relevanten Fall erweitert. Es ist jedoch nochmals klarzustellen: Das internationale Schachtelprivileg betrifft das Verhältnis der inländischen Muttergesellschaft zur ausländischen Tochtergesellschaft – während § 8 b I
KStG an das Verhältnis dieser inländischen Muttergesellschaft zu einer
eigenen Muttergesellschaft im Inland knüpft – ohne daß in diesem Verhältnis eine Mindestbeteiligung vorausgesetzt wird. Wiederum das Verhältnis einer inländischen zu einer ausländischen Gesellschaft betrifft
**§ 8 b II KStG: Steuerfreiheit von Veräußerungsgewinnen.** Hier wird
ein abkommensrechtlicher Bezug zum internationalen Schachtelprivileg
dadurch hergestellt, daß die Freistellung von der Fiktion abhängig gemacht wird, daß Gewinnausschüttungen der ausländischen Gesellschaft
nach dem DBA (ggf. in Verbindung mit § 8 b V KStG) oder nach den
innerstaatlichen Anrechnungsvorschriften des § 26 II, III KStG begünstigt wären. Damit werden die Voraussetzungen zur Freistellung von
DBA-Schachteldividenden unmittelbar zu Tatbestandsmerkmalen für die
Befreiung von Veräußerungsgewinnen erhoben. Auch dies ist bekannt

(s. bereits N 200) und hier nur noch zu ergänzen. Wie für die indirekte Steueranrechnung gilt auch für das DBA-Schachtelprivileg: Die Ausdehnung auf Veräußerungsgewinne beruht auf der Überlegung, daß es wirtschaftlich keinen Unterschied macht, ob die im Ausland angesammelten Rücklagen im Inland in Form von Gewinnausschüttungen oder durch Veräußerungsgewinne realisiert werden – Veräußerungsgewinne werden damit „Einmalausschüttungen" gleichgestellt (*Bruns* in *Arthur Anderson* § 8b KStG Rz 103). Für Veräußerungsgewinne hätte aber das DBA-Schachtelprivileg keine Freistellung bewirken können – insoweit schränkt der Methodenartikel das Besteuerungsrecht des Wohnsitzstaates (s. Art. 7 I, 13 IV MA) gerade nicht ein. Dagegen steht die **Mißbrauchsvorschrift des § 8b III KStG** mit Abkommensrecht in keinem Zusammenhang, insoweit ist der Anwendungsbereich der Norm nicht mehr zu ergänzen (s. N 201). Genannt worden war (unter P 39) auch bereits **§ 8b IV KStG**: das **Betriebsstättenprivileg inländischer gewerblicher Betriebsstätten** beschränkt steuerpflichtiger Körperschaften. Damit wird eine Wohnsitzregelung auf einen beschränkt Steuerpflichtigen angewendet. Inländische Betriebsstätten waren ursprünglich weder abkommensberechtigt noch nach § 26 II, III KStG begünstigt. Folge (*Kreuz* S. 238): Ausländische Dividenden, die inländischen Betriebsstätten zugeflossen und von diesen alsdann an ihre ausländischen Stammhäuser ausgekehrt wurden, wurden doppelt besteuert (§ 49 I KStG i.V. mit § 49 I Nr. 2a KStG). Die ausländischen Gewinnanteile unterlagen als Bestandteil des Betriebsstättengewinns dem für Betriebsstätten geltenden Steuersatz (bis VZ 1998 43%). Diese Steuerbelastung war endgültig und trat neben die ausländische KSt der ausschüttenden Gesellschaft. Wurde die Auslandsbeteiligung über eine inländische Tochtergesellschaft gehalten, wurde bis VZ 1993 die auf den weitergeleiteten Auslandserträgen lastende KSt auf Antrag der ausländischen Muttergesellschaft vergütet (§ 52 I KStG a.F.). Mit dem StandOG wurde durch § 8b IV Satz 1 KStG das **DBA-Schachtelprivileg auf Betriebsstätten ausgedehnt** und damit eine Gleichstellung von inländischen gewerblichen Betriebsstätten beschränkt steuerpflichtiger Körperschaften mit inländischen unbeschränkt steuerpflichtigen Tochtergesellschaften bewirkt; eine inländische Betriebsstätte wird mit einem unbeschränkt Steuerpflichtigen gleichgestellt. Die Norm führt fort, was bereits mit § 50 VI EStG (über § 8 KStG auch im KStG anwendbar) seit VZ 1980 galt: Eine direkte Steueranrechnung oder der Abzug ausländischer Steuern bei der Einkunftsermittlung (dazu N 23). § 8b IV KStG steht in enger Wechselbeziehung zu § 26 VII KStG: Sofern für die ausländischen Dividendenbezüge die DBA-Regelungen nicht zur Anwendung gelangen, wird über § 26 VII KStG unter Beachtung der übrigen Voraussetzungen des § 8b IV KStG die indirekte oder fiktive Anrechnung nach § 26 II, III KStG gewährt. Voraussetzung ist die **Anteilszurechnung zu einer inländischen gewerblichen Betriebsstätte; die**

Beteiligung ist der Betriebsstätte zuzurechnen, wenn sie ihr dient und ihr wirtschaftlich zuzuordnen ist (zur Zurechnung s. S 202; BSt-Verwaltungsgrundsätze 1.2.4, 2.4). Der Verweis auf das DBA-Schachtelprivileg bedeutet, daß in einer Parallelprüfung zu untersuchen ist, wie Gewinnanteile behandelt würden, wenn sie nicht von einer inländischen Betriebsstätte einer beschränkt, sondern von einer unbeschränkt steuerpflichtigen Körperschaft bezogen worden wären; ergibt die Prüfung, daß die Einnahmen bei der unbeschränkt steuerpflichtigen Körperschaft steuerfrei wären, sind sie es auch bei der inländischen Betriebsstätte. Durch die Verweisung auf § 8b II, III KStG soll die Gleichstellung auch hinsichtlich der Gewinne aus der Veräußerung, Auflösung und Kapitalherabsetzung erfolgen (eingehend zu § 8b IV KStG *Kreuz* S. 238ff.).

**332**    **§ 8b VI KStG** mit dem **Verbot der steuerlichen Anerkennung ausschüttungsbedingter Gewinnminderungen auf Auslandsbeteiligungen** verhindert eine gewinnmindernde Teilwertabschreibung nach Ausschüttung „gekaufter" Rücklagen. Ohne § 8b VI KStG wäre die inländische Körperschaft in der Lage, durch eine Teilwertabschreibung neben der steuerfreien Vereinnahmung der ausländischen Gewinnanteile noch zusätzlich die steuerliche Bemessungsgrundlage zu mindern. *Schaumburg* (S. 1055) sieht darin „die Rechtsfolgen des internationalen Schachtelprivilegs auf der Ebene des deutschen Steuerrechts partiell aufgehoben". Das internationale Schachtelprivileg wird aber nicht berührt, weil nicht die Einkünfte selbst eine innerstaatliche einschränkende Regelung erfahren, sondern das inländische Bilanzrecht betroffen ist (*Manke* WPg 1989, 76; *Kreuz* S. 338). Dagegen sind die Einkünfte direkt betroffen von **§ 8b VII KStG,** einer mit Wirkung ab VZ 1999 durch das Steuerentlastungsgesetz 1999/2000/2002 eingefügten und bereits mit dem Steuerbereinigungsgesetz 1999 wieder geänderten Norm. Sie steht mit der Diskussion der **Reichweite des § 3c EStG** in Verbindung mit den steuerbefreiten DBA-Schachteldividenden wie sie sich zuletzt aufgrund der BFH-Rechtsprechung (BStBl. 1997 II, 57) darstellte (s. bereits N 203).

Grundlage der Gesetzesänderung ist der gesetzgeberische Wille, das Verbot des Abzugs von Betriebsausgaben (Werbungskosten) im Zusammenhang mit steuerfreien Einnahmen, wie es aus § 3c EStG folgt, auf den besonderen Fall fremdfinanzierter ausländischer Kapitalgesellschaftsanteile zur Geltung zu bringen. Die Problematik ist schon unter S 24 in den Zusammenhang der Einkünfteermittlung bei der DBA-Anwendung gestellt worden. Worum geht es konkret? Vereinnahmt eine deutsche Muttergesellschaft aufgrund des DBA-Schachtelprivilegs (Methodenartikel) Dividenden ihrer ausländischen Tochtergesellschaft steuerfrei, stellt sich die Frage nach der Reichweite des § 3c EStG; es liegt durchaus nahe, § 3c EStG mit der Folge eines Ausschlusses jeglichen Betriebsausgabenabzugs anzuwenden. In diesem Sinne verstand das *FG Baden-Württemberg* die Rechtslage (IStR 1992, 73) und ging von einer vollständigen Nichtabzugsfähigkeit von Aufwendungen auf eine Schachtelbeteiligung aus, erstreckte dieses Abzugsverbot auch auf eine Teilwertabschreibung. Damit wären vor allem Finanzierungskosten für den Beteiligungserwerb nicht mehr abzugsfähig. Der *BFH* entschied alsdann in den Urteilen BStBl. 1997 II, 57ff., 60ff.,

63 ff., daß der in den DBA regelmäßig verwendete Dividendenbegriff als Bruttobetrag ohne Abzug von Betriebsausgaben zu verstehen sei: nicht „Einkünfte aus Dividenden", sondern Dividenden = Einnahmen sind hiernach von der deutschen Besteuerung auszunehmen, nicht um eine Quelle (dies ist die Beteiligung), sondern um Einnahmen aus einer Quelle gehe es. Der *BFH* wies alsdann auf die fragwürdige Formulierung des § 3 c EStG hin, die sich aus einem Wortlautvergleich mit § 4 IV EStG ergebe (Veranlassungszusammenhang Betrieb/Aufwendungen in § 4 EStG, unmittelbarer wirtschaftlicher Zusammenhang zwischen steuerfreien Einnahmen und Ausgaben in § 3 c EStG, obwohl es eigentlich keinen Sinn mache darauf abzustellen, mit welchen Einnahmen welche Ausgaben finanziert wurden). Der *BFH* verleiht dem § 3 c EStG daher den Sinn, daß ein unmittelbarer Zusammenhang zwischen steuerfreien Schachteldividenden und Ausgaben den Bezug einer Schachteldividende überhaupt voraussetzt. Folge: Ein Betriebsausgabenabzug für Finanzierungsaufwand ist trotz § 3 c EStG zulässig, wenn im jeweiligen Veranlagungszeitraum keine steuerfreien Dividenden zufließen. Für diese Überlegung zieht der *BFH* auch den Rechtsgedanken des § 8 b II KStG heran: „Die Regelung dient der Förderung der Bundesrepublik als internationaler Holdingstandort. Dieses Ziel würde in sein Gegenteil verkehrt, wenn die Steuerfreiheit die Nichtabziehbarkeit von Refinanzierungskosten auslösen würde, die durch den Erwerb der Beteiligung veranlaßt sind ... § 8 b KStG steht aber in einem engen Zusammenhang zu den DBA-Schachtelprivilegien. Die Vorschrift wäre in sich unverständlich, wenn für die DBA-Schachtelprivilegien etwas anderes gelten sollte." Das führte in der Praxis zu besonderen Ausschüttungsverhaltensweisen: Ausschüttungen der ausländischen Tochtergesellschaft und Betriebsausgabenabzug der inländischen Muttergesellschaft möglichst nach Veranlagungszeiträumen zu trennen; das sogenannte **Ballooning Concept** sieht vor, dies durch entsprechende Gewinnthesaurierung bei der ausländischen Tochtergesellschaft zu erreichen. Das Steuerentlastungsgesetz 1999/2000/2002 sah in § 8 b VII KStG vor, daß für die Anwendung des § 3 c EStG 15% nach einem DBA (oder nach § 8 b IV, V KStG) befreiten Gewinnausschüttungen einer ausländischen Gesellschaft als Betriebsausgaben gelten, die mit den Einnahmen in unmittelbarem wirtschaftlichen Zusammenhang stehen. Strittig war damit das **Verhältnis des § 8 b VII KStG zu § 3 c EStG:** ein den Tatbestand des § 3 c EStG umschreibender Rechtssatz oder ein auf die Rechtsfolge des § 3 c EStG bezogener ausfüllender Rechtssatz – im letztgenannten Sinne *Krabbe* IStR 1999, 366: pauschale Abgeltung des Betriebsausgabenabzugsverbots, indem 85% der Dividenden als freizustellende Reineinkünfte angesehen werden. *Rose* (DB 1999, 1038) hat auf die Klärung der Vorfrage hingewiesen, ob denn Schachteldividenden überhaupt i. S. des § 3 c EStG steuerbefreit sein können, da sie im Inland nicht mehr steuerbar seien. Schließlich wurde eine Verletzung der Mutter/Tochter-Richtlinie geltend gemacht, da der in Art. 4 II geregelte Abzug von Aufwendungen („mit der Beteiligung zusammenhängende Verwaltungskosten") pauschal festgesetzt 5% der ausgeschütteten Gewinne nicht übersteigen darf (*Thömmes* DB 1999, 500).

Das Steuerbereinigungsgesetz 1999 – rückwirkend anwendbar für den VZ 1999, so daß § 8 b VII KStG in der Fassung des Steuerentlastungsgesetzes 1999/2000/2002 niemals zur Geltung gelangt – bezieht die Bezugsgröße für das pauschale Abzugsverbot auf „Dividenden aus Anteilen an einer ausländischen Gesellschaft"; damit ist ein weiterer Anwendungsbereich gegeben als der bisher verwendete Begriff der Gewinnausschüttung, da als DBA-Dividenden auch verdeckte Gewinnausschüttungen in Betracht kommen. Zweifel an der Maßgeblichkeit des DBA-Begriffs wegen § 20 I Nr. 1 Satz 1 EStG äußert *Scheipers* (DStR 2000, 91) – doch der Wortlaut des § 8 b VII KStG ist eindeutig und hat mit der

Frage des Geltungsbereichs des jeweiligen DBA-Abkommens nichts zu tun. Bereinigt ist die Vorschrift um die Bezugnahme auf § 3 c EStG, so daß die im Schrifttum kritisierten Unklarheiten im Kern beseitigt sind. Klargestellt ist damit, daß es für die Anwendung des § 8 b VII KStG nicht auf das Vorhandensein tatsächlicher Betriebsausgaben ankommt (die subtile Kritik von *Scheipers* (DStR 2000, 92), wonach § 8 b VII KStG zwei sich gegenseitig aufhebende Fiktionen enthalte, ist unzutreffend, weil es bei der Anwendung des § 8 b VII KStG nicht um einen Bezug zu § 4 I EStG geht – die Lösung des § 8 b VII KStG erfolgt unabhängig von steuerbilanzmäßigen Auswirkungen der nichtabzugsfähigen Betriebsausgaben, es wird überhaupt kein Bezug auf die Gewinnermittlung genommen). Daher das *BMF*-Schreiben BStBl. 2000 I, 71 zur Anwendung des § 8 b VII KStG unter der Überschrift „Tragweite der Fiktion": Unabhängig vom Vorhandensein tatsächlicher Betriebsausgaben und deren Höhe „gelten stets 5% der Einnahmen (vor Abzug ausländischer Steuern) als Betriebsausgaben, die mit den Einnahmen in unmittelbarem Zusammenhang stehen. Insoweit tritt die Rechtsfolge des § 3 c EStG ein. Im Ergebnis werden damit 5% der Einnahmen der Besteuerung unterworfen und gelten 95% der Einnahmen als Einkünfte aus den Dividenden. Auf die tatsächlichen Betriebsausgaben findet § 3 c EStG daneben keine Anwendung." Für die Gliederungsrechnung bedeutet dies, daß 95% der ausländischen Dividenden als Zugang beim EK 01 erfaßt werden; verbleibende tatsächlich angefallene und abziehbare Betriebsausgaben mindern das verwendbare Eigenkapital nach den allgemeinen Regeln. Drei Beispiele im *BMF*-Schreiben verdeutlichen die Zusammenhänge, hierauf ist ebenso wie auf die erste ausführliche Gesamtdarstellung bei *Grotherr* IWB 3 Gr. 3, S. 1307, zu verweisen. Zur treaty-overriding-Problematik s. bereits R 12.

*g) Besteuerung im Quellenstaat: Virtuelle Doppelbesteuerung oder subject-to-tax-Klausel; Übergang von der Freistellungs- zur Anrechnungsmethode*

**333** (1) Die Freistellungsmethode, wie sie in Art. 23 A I MA geregelt ist, knüpft an eine Verteilungsnorm und das damit aufrechterhaltene Besteuerungsrecht des Quellenstaates an – unabhängig davon, ob der Quellenstaat nach seinem innerstaatlichen Recht hiervon Gebrauch macht. Damit wird nicht nur eine „aktuelle", nachgewiesene oder nachweisbare, sondern bereits die **virtuelle Doppelbesteuerung vermieden.** Der Kommentar bestätigt dies (Nr. 34 zu Art. 23 A): „Der Wohnsitzstaat muß also ohne Rücksicht darauf Befreiung gewähren, ob das Besteuerungsrecht vom anderen Staat auch tatsächlich ausgeübt wird. Dies dürfte die zweckmäßigste Methode sein, da sie dem Wohnsitzstaat Untersuchungen über die tatsächlichen steuerlichen Verhältnisse im anderen

Staat erspart." Die Vermeidung der Doppelbesteuerung hängt dann auch nicht von Änderungen des Rechts im Quellenstaat ab. Bisweilen – beim internationalen Schachtelprivileg – ist eine Befreiung im Quellenstaat sogar systemgerecht, weil die körperschaftsteuerliche Doppelbelastung verhindert werden soll, dazu *Kl. Vogel* Art. 23 Rz 107. Die Vertragsstaaten können aber auch eine andere Regelung treffen. Darauf weist bereits Nr. 35 des Kommentars zu Art. 23 A hin und verbindet dies mit der Zwecksetzung, die völlige Nichtbesteuerung („weiße Einkünfte") vermeiden zu wollen. Die Entscheidung des *BFH* zur atypischen stillen Gesellschaft BStBl. 1999 II, 812 hat diese Konsequenz verdeutlicht (*KB* IStR 1999, 725) – dagegen *BMF*-Schreiben BStBl. 1999 I, 1121 (s. bereits zur Kritik unter S 217). Mit der subject-to-tax-Klausel (Rückfallklausel) ist das Ziel verbunden, weiße Einkünfte zu verhindern und dementsprechend die Freistellung im Wohnsitzstaat davon abhängig zu machen, daß die Einkünfte im Quellenstaat tatsächlich besteuert wurden. Mit einer solchen Rückfallklausel sind zahlreiche Probleme verbunden, auf die hier nicht mehr einzugehen ist (R 129). Mit Blickrichtung auf den Methodenartikel ist nur noch einmal auf den eigentlichen „Standort" dieser Klausel aufmerksam zu machen.

(2) Mit der Vereinbarung einer Rückfallklausel soll eine doppelte 334 Nichtbesteuerung vermieden werden, die ihre Ursache in einer fehlenden Besteuerung im Quellenstaat hat. In Abgrenzung hierzu geht es bei switch-over-Klauseln darum, Doppel- oder Nichtbesteuerungen zu verhindern als Folge unterschiedlicher Anwendung des Abkommensrechts durch den Quellen- und Wohnsitzstaat. Es sind also die unterschiedlichen Voraussetzungen, die beide Klauseln voneinander abheben (so *Grotherr* in *B/H/G/K* Art. 23 MA Rz 163) und die deutlich werden, wenn man vergleicht

– daß die Rückfallklausel an ein Tatbestandselement anknüpft, „… wenn sie in Übereinstimmung mit diesem Abkommen im anderen Vertragsstaat besteuert werden",
– und die switch-over-Klausel an Differenzen zwischen den Vertragsstaaten bei der Zuordnung zu Abkommensbestimmungen oder der Zurechnung zu Personen anknüpft (vgl. zuletzt DBA-Litauen Protokoll Nr. 7 und DBA-Kasachstan Art. 23 II lit. d).

Für die **Rückfallklausel** ist ein Zustand maßgebend, der zwischen den Vertragsstaaten nicht diskussionsfähig ist; für die **switch-over-Klausel** ist ein Zustand maßgebend, der für beide Vertragsstaaten Anlaß zur Überprüfung der eigenen Rechtsposition geben muß. Daher – ehe die Rechtsfolge des Übergangs zur Anrechnungsmethode ansteht – ist zu klären, ob eine Verständigung möglich ist. Scheidet sie aus, hat der Wohnsitzstaat die Folgen der Differenzen zu klären und bei doppelter Besteuerung oder unterbliebener Besteuerung (das ist der hier interessante Fall) zur Anrechnung überzugehen. *Grotherr* (aaO, Anm. 162) nennt die Klausel die

„Ultima ratio" der Vermeidung der Doppelbesteuerung. Auch die switch-over-Klausel wurde bereits im Zusammenhang mit der Mißbrauchsproblematik genannt. Ursächlich hierfür ist ihre in einer Reihe neuerer Abkommen vereinbarte Geltung nicht nur bei Qualifikations- und Zurechnungskonflikten, sondern auch im Falle der Entstehung ungerechtfertigter Steuervorteile als Folge der Abkommensanwendung (dazu bereits R 131). Ihren systematischen Standort hat die switch-over-Klausel im Methodenartikel.

### h) Herstellen der Ausschüttungsbelastung/Nachversteuerungsproblematik

**335**    (1) Zunächst zur Wiederholung: Die Ausschüttungsbelastung wird in § 27 I KStG als eine Belastung definiert, die sich bei Anwendung eines Steuersatzes von 30% des Gewinns vor Abzug der Körperschaftsteuer ergibt. Der 30-%-Satz stellt keinen selbständigen Steuersatz dar; er bestimmt lediglich, daß der ausgeschüttete Gewinn vor Abzug der Körperschaftsteuer mit inländischer Körperschaftsteuer in Höhe dieser Ausschüttungsbelastung auf der Ebene der in das Abrechnungsverfahren einbezogenen Körperschaft belastet sein muß. Die Folgen für die Dividendenbesteuerung der Anteilseigner sind bekannt: Das Körperschaftsteuer-Anrechnungsguthaben wird mit der Wirkung einer Steuervorauszahlung auf die endgültige Steuerschuld des Anteilseigner angerechnet, bei ausländischen (nicht anrechnungsberechtigten) Anteilseignern stellt die Ausschüttungsbelastung definitiv eine Mindestbelastung der Dividende mit inländischer Steuer dar (von Sonderfällen § 52 KStG, § 36e EStG abgesehen).

**336**    (2) Geht man von der durch die Bundesrepublik als Wohnsitzstaat vereinbarten Freistellungsmethode für ausländische Betriebsstätteneinkünfte und ausländische Schachteldividenden in dem erörterten Umfang aus, so stellt sich damit die Frage, ob bei einer Verwendung solcher Einkünfte zur Gewinnausschüttung und der dann erforderlichen Herstellung der Ausschüttungsbelastung eine **Konfliktlage mit der Steuerbefreiung** besteht. Bei einer Thesaurierung solcher Einkünfte stellt sich die Frage nicht – sie sind freigestellt; aber die Herstellung der Ausschüttungsbelastung dieser freigestellten Einkünfte könnte mit der DBA-Freistellung kollidieren. Der *BFH* hat dies verneint (BStBl. 1991 II, 50) und hierin einen Besteuerungstatbestand sui generis gesehen: Nicht das Erzielen von Einkünften wird besteuert, sondern ein bestimmtes Ausschüttungsverhalten; *Wassermeyer* zieht einen Rechtsgedanken des Art. 21 I MA heran (Rz 58 zu Art. 23 A MA). Um aber dessen ungeachtet nicht in Konflikt mit DBA-Freistellungen zu geraten, enthalten die Abkommen seit der Körperschaftsteuerreform 1977 eine Regelung wie folgt (s. Art. 23 IV DBA-USA): „Verwendet eine in der Bundesrepublik Deutschland ansässige Gesellschaft Einkünfte aus Quellen innerhalb der

Vereinigten Staaten zur Ausschüttung, so schließt dieser Artikel die Herstellung der Ausschüttungsbelastung nach den Vorschriften des Steuerrechts der Bundesrepublik Deutschland nicht aus". Der Kommentar zu Art. 23 MA hat das Problem eher vage in Nr. 46 berührt und auf Regelung in zweiseitigen Verhandlungen verwiesen.

(3) Durch die Regelung des StandOG 1993 wirkt sich die Freistellung **337** solcher Auslandseinkünfte nicht mehr nur im Thesaurierungsfall aus: Vielmehr ist nochmals (s. bereits S 331) auf zwei besondere Rechtsfolgen hinzuweisen:

– Bei der Ausschüttung des Teilbetrags im Sinne des § 30 II Nr. 1 KStG (also von EK 01 = ausländische Einkünfte, die der deutschen Körperschaftsteuer nicht unterlegen haben, wozu u.a. Vermögensmehrungen zählen, die aufgrund von DBA-Freistellungsregelungen nicht der KSt unterliegen), wird auf eine Körperschaftsteuererhöhung verzichtet: § 40 Satz 1 Nr. 1 KStG (StandOG 1993); in diesem Fall enthalten die Anteilseigner den Ausschüttungsbetrag ohne Körperschaftsteueranrechnungsanspruch und müssen die Dividenden in vollem Umfang der Einkommensteuer unterwerfen; gem. § 43 I Nr. 1 i.V. mit § 43 I Nr. 1 EStG ist Kapitalertragsteuer in Höhe von 25% einzubehalten, die für die Anteilseigner eine vorweggenommene Einkommensteuerzahlung darstellt.

– Erfolgt nun eine Ausschüttung der steuerfreien Auslandserträge bei doppelstöckigen Konzernaufbauten durch eine die Erträge vereinnahmende inländische Gesellschaft, die von dieser Gesellschaft an ihre inländische Muttergesellschaft weiter ausgeschüttet werden, so bleibt es anläßlich der Ausschüttung bei der Regelung des § 40 Nr. 1 KStG. Zudem aber vereinnahmt die Obergesellschaft die durchgeschütteten steuerfreien Auslandserträge seit dem 1. 1. 1994 gemäß § 8 b I KStG steuerfrei (StandOG 1993). Die abkommensrechtliche Problematik der Nachversteuerung DBA-steuerbefreiter Auslandseinkünfte bei Ausschüttungen an eine im Inland ansässige natürliche Person oder an eine inländische Körperschaft, die nicht zu den von § 8 b I KStG begünstigten Rechtssubjekten gehört, bleibt nach wie vor bestehen. Ob man das beschreiben kann wie *Grotherr* in *B/H/G/K* Rz 161 zu Art. 23 MA: „Die in der Art. 23 A/23 B entsprechenden Abkommensvorschrift vereinbarten Maßnahmen zur Vermeidung der Doppelbesteuerung im Wohnsitzstaat werden im Ergebnis ignoriert, da weder die abkommensrechtliche Steuerbefreiung aufrechterhalten bleibt noch eine Anrechnung der ausländischen Körperschaftsteuer im Rahmen der Nachversteuerung der DBA-steuerbefreiten Auslandseinkünfte möglich" ist, ist allerdings fraglich. Der Verzicht auf die Erhöhung der Körperschaftsteuer bei Ausschüttungen der steuerbefreiten Auslandserträge hat den Wegfall der Vergütung der Ausschüttungsbelastung (§ 52 I KStG, § 36 e EStG) zur Folge. Für Anteilseigner in der Rechtsform einer Kapitalgesellschaft mit Sitz in einem EU-Staat ist nochmals auf § 44 d EStG zu verweisen, für Anteilseigner in Nicht-EU-Staaten kommt ggf. eine Reduktion nach den jeweils einschlägigen DBA-Vorschriften zur Quellensteuerbegrenzung in Betracht.

## i) Der Progressionsvorbehalt

Abweichend von der bisherigen Darstellung soll hier mit einem Blick auf das innerstaatliche Recht begonnen werden.

(1) Dem Progressionsvorbehalt als Anwendung eines besonderen **338** Steuersatzes auf das zu versteuernde Einkommen liegt die Unterscheidung zwischen Steuer-Bemessungsgrundlage und Steuersatz-Bemes-

sungsgrundlage zugrunde. Grundsatz: Es handelt sich um identische Größen; Einkünfte finden Eingang in die Ermittlung des zu versteuernden Einkommens – wegen der Abhängigkeit des Steuersatzes von der Höhe des zu versteuernden Einkommens (§ 32a I Satz 2 EStG) erhöhen sie den Steuersatz. Bleiben Einkünfte bei der Ermittlung der Steuer-Bemessungsgrundlage außer Ansatz, müßte folgerichtig die Anwendung eines niedrigeren Steuersatzes zu erwarten sein. Hier greift – unter bestimmten Voraussetzungen – der Progressionsvorbehalt: Er führt zur Anwendung eines gegenüber dem allgemeinen Steuersatz des § 32a I Satz 2 EStG vorrangigen besonderen Steuersatzes auf die Steuer-Bemessungsgrundlage. Die **Steuersatz-Bemessungsgrundlage weicht von der Steuer-Bemessungsgrundlage ab,** weil sie unter Einbeziehung von bestimmten, im zu versteuernden Einkommen nicht enthaltenen Einkünften zu ermitteln ist. Es gibt also keine generelle Vorbehaltsregelung – eine Steuerfreiheit aufgrund des § 3 EStG fällt nicht hierunter, für den Pauschalierungserlaß (§ 34c V) ist er nicht vorgesehen, der Auslandstätigkeitserlaß regelt einen Progressionsvorbehalt selbst (*Lüdicke* DB 1985, 78). Ist eine Steuerbefreiung nach § 3 EStG gegeben, gehen solche Beträge nur dann in die besondere Steuersatzberechnung ein, wenn § 32b solche Beträge aufführt (*BFH* IStR 1997, 302 zur Anwendung des Progressionsvorbehalts auf steuerfreie ausländische Einkünfte gem. § 3 EStG). Die Veranlagung erfolgt in diesen Fällen in zwei Stufen: Zunächst die Ermittlung des zu versteuernden Einkommens nach allgemeinen Regeln; alsdann die Berechnung und Anwendung des besonderen Steuersatzes nach § 32b EStG. Wenngleich § 32b EStG bei der Anwendung des besonderen Steuersatzes von vier Anwendungsfällen ausgeht, wird die eigentliche Bedeutung des Begriffs des Progressionsvorbehaltes nur durch § 32b I Nr. 3 erfaßt: Einkünfte, die aufgrund von Doppelbesteuerungsabkommen und/oder sonstigen zwischenstaatlichen Abkommen steuerfrei sind. Es ist der **abkommensrechtliche Progressionsvorbehalt** gemeint: Dem Wohnsitzstaat wird in Art. 23 A III und 23b II MA das Recht vorbehalten, Einkünfte und Vermögenswerte, die nach dem Abkommen von seiner Besteuerung freigestellt sind, bei der Festsetzung des Steuersatzes für das ihm zur Besteuerung belassene Einkommen oder Vermögen zu berücksichtigen (zu den Grundlagen einschließlich der Begriffsanwendung *Probst* in *H/H/R* § 32b EStG Rz 1).

**339**     (2) Den Sinn und Zweck des Progressionsvorbehaltes in § 32b EStG muß man differenziert sehen: Hier interessiert nur seine Anwendung auf die DBA-Rechtsfolge steuerfreier ausländischer Einkünfte im Wohnsitzstaat (zur Bedeutung bei Lohn- und Einkommensersatzleistungen *Probst* aaO, Rz 8). Bei diesen Einkünften, aber auch bei Grenzpendlern und EU/EWR-Angehörigen, geht es um die Verwirklichung des **Prinzips der Leistungsfähigkeit.** Die nicht befreiten Einkünfte führen zu einem Steuersatzvorteil nur aufgrund ihrer Herkunft; das Gesamteinkommen gelangt in eine niedrigere Tarifstufe als bei Erzielung im Bereich ausschließlich des Wohnsitzstaates. Deswegen wird der Steuersatz so bemessen, wie wenn die steuerfreien Einkünfte „die Steuer im Rahmen der inländischen unbeschränkten Steuerpflicht getragen hätten", so *BFH* BStBl. 1970 II, 755. Daraus folgt andererseits die Geltung auch eines negativen Progressionsvorbehaltes: Der besondere Steuersatz wird vermindert und sinkt ggf. auf Null durch Einbeziehung ausländischer Verluste (*BFH*, BStBl. 1970 II, 600; zur „irreführenden Bezeichnung" *Kl. Vogel* Art. 23 Rz 214). Zum Geltungsbereich des Progressionsvorbehaltes ergibt sich bereits aus der vorangegangenen Darstellung, daß § 32b als **Tarifvorschrift** (tarifverschärfende Norm) nur auf die Steuersatzermittlung wirkt und ohne Einfluß auf die Höhe des zu versteuernden Einkommens bleibt. Für die Körperschaftsteuer hat § 32b keine Bedeutung, weil der geltende Körperschaftsteuersatz rechtlich unabhängig vom zu verstehenden Einkommen nach einem festen Satz erhoben wird (Einzelheiten bei *Probst* aaO, Rz 18; *Grotherr* in *B/H/G/K* Anm. 144ff. zu Art. 23 MA).

(3) Zurück zum Abkommensrecht bzw. nunmehr die **Frage nach der 340 abkommensrechtlichen Bedeutung.** Die Frage nach einer Anwendung des § 32b EStG unabhängig von seiner abkommensrechtlichen Regelung stellt sich nicht mehr, da § 32b ausdrücklich das Tatbestandsmerkmal des „Vorbehalts einer Einbeziehung" enthält. Ob aber – losgelöst von diesem Tatbestandsmerkmal – die Anwendung des § 32b überhaupt einen abkommensrechtlichen Vorbehalt voraussetzt, und umgekehrt, ob ein abkommensrechtlicher Vorbehalt seine Anwendung auch ohne § 32b EStG erzwingt, das sind Grundfragen im Verhältnis Abkommensrecht zum innerstaatlichen Recht. Losgelöst vom Abkommensrecht betrachtet *Kl. Vogel* (Art. 23 Rz 69, 208) den Progressionsvorbehalt: Ein Abkommen kann dem Gesetzgeber die Berücksichtigung freigestellter Einkünfte bei der Bemessung des Steuersatzes auch dann nicht verbieten, wenn es an einem solchen Vorbehalt fehlt. Durch Einbeziehung in den Steuersatz erfolgt keine dem Abkommen widersprechende Besteuerung. Diese Auffassung wird zwar überwiegend abgelehnt (so auch durch *BVerfG* BStBl. 1973 II, 431; siehe auch *Probst* aaO, Rz 27), ihr ist aber im Ergebnis zuzustimmen, weil der DBA-Begriff der Freistellung von der h. M. mit einer Rechtsfolge versehen wird, die nicht zu begründen ist (*Kl. Vogel*: Überinterpretation). Die Freistellung soll die Doppelbesteuerung verhindern – diesen Zweck stellt auch die Anwendung des Progressionsvorbehaltes nicht in Frage. Ein Verständnis der Freistellung, das einen Progressionsvorbehalt ausschließt, weil es ihn als „verkappte Besteuerung steuerfreier Einkünfte" begreift, wird seinem Sinn nicht gerecht (*Wassermeyer* Art. 23 A MA Rz 121), wird aber auch nicht dem Vorrang des Wohnsitzstaates gerecht – wollen die Vertragsstaaten einen Progressionsvorbehalt verhindern oder einschränken, müssen sie dies vereinbaren.

Daraus folgt andererseits und zwangsläufig, daß auch ein abkommensrechtlicher Vorbehalt eine innerstaatliche Anwendung eines Progressionsvorbehaltes nicht erzwingen kann, wenn nicht dies ausdrücklich als den Willen beider Vertragsstaaten entsprechend zum Ausdruck gekommen ist. Inzwischen enthalten alle deutschen DBA einen solchen Progressionsvorbehalt, so daß auch aus abkommensrechtlicher Sicht den Fragen kaum noch praktische Bedeutung beizumessen ist; eher mögen sie noch für das Grundverständnis im Verhältnis Abkommensrecht und innerstaatliches Recht als Anschauungsmaterial taugen.

**341**    (4) Ist der **Progressionsvorbehalt im Quellenstaat** denkbar? Die Frage hat nicht nur theoretische Bedeutung: Erweitert beschränkt Steuerpflichtige unterliegen nach § 2 V Satz 1 AStG einem Steuersatz, der sich für sämtliche Einkünfte der Person ergibt; beschränkt steuerpflichtige Arbeitnehmer mit EU-/EWR-Staatsangehörigkeit können Veranlagungen zur Einkommensteuer beantragen unter Berücksichtigung eines Progressionsvorbehaltes gem. § 32b I Nr. 3 EStG in der 4. Alternative, antragsabhängige unbeschränkt Steuerpflichtige gem. § 1 III EStG, § 1a EStG unterliegen ebenfalls dem Progressionsvorbehalt, s. § 32b I Nr. 3 EStG in der zweiten und dritten Alternative. Und die im JStG 1996 erfolgte Änderung des § 2 VII EStG und Einfügung einer neuen Nr. 2 in § 32b EStG führt zur Anwendung eines Progressionsvorbehalts unabhängig davon, ob der Steuerpflichtige außerhalb des Zeitraums der unbeschränkten Steuerpflicht inländische Einkünfte i. S. des § 49 EStG bezogen hat – dazu unter Abschnitt (6). In allen diesen Fällen handelt es sich nicht um ansässige Personen, so daß die Bundesrepublik als Quellenstaat einen Progressionsvorbehalt ausübt. *Probst* (aaO, Rz 25, 46) sieht in solchen Fällen § 32b als lex-specialis-posterior-Norm vorrangig anwendbar gegenüber Abkommensrecht, ohne einen solchen Fall als treaty overriding anerkennen zu wollen (Annahme einer hypothetischen Vertragsauslegung im Falle des § 1 III EStG). Solchen gewagten Konstruktionen gegenüber Vorrang hat die Frage, ob denn das Abkommen – auf den Quellenstaat bezogen – überhaupt eine Aussage trifft. Sicher: Das Argument des Vorrangs des Wohnsitzstaates entfällt. *Kl. Vogel* Art. 23 Rz 209, 223 überträgt seine zur Wohnsitzbesteuerung vertretene Auffassung abkommensunabhängiger Regelung des Progressionsvorbehalts nicht auf den Quellenstaat: Wo der Progressionsvorbehalt eines DBA in seiner Formulierung dem MA entspricht, ist eine Steuerbemessung nach dem Gesamteinkommen im Quellenstaat unzulässig; zulässig ist er, wenn entweder das DBA keinen Progressionsvorbehalt enthalte oder wenn das Abkommen dies einräume (so im Ergebnis auch *Schuch* S. 77). Da inzwischen alle deutschen DBA einen Progressionsvorbehalt enthalten und dieser auf den Wohnsitzstaat beschränkt ist, scheide er in der Bundesrepublik als Quellenstaat aus; anders der AEAStG zu Nr. 2.0.2. Die Ansicht *Kl. Vogels* schließt also ein, daß auch mit Blickrichtung auf den

Quellenstaat eine Freistellung von Einkünften, also die ausschließliche Zuweisung zum Wohnsitzstaat, die tarifliche „Mitbestimmung" nicht grundsätzlich ausschließt. Dann hätten die Parteien mithin den Ausschluß durch die besondere Wohnsitzstaatenregelung getroffen – was aber nicht überzeugen kann. Mit der Regelung in Art. 23 sagen die Vertragsstaaten nur: Der Progressionsvorbehalt steht einer Vermeidung der Doppelbesteuerung nicht entgegen. Aus der Sicht des Quellenstaates stellt sich die Frage der Vermeidung einer Doppelbesteuerung erst gar nicht – warum also soll es sich mit Blickrichtung auf diesen Staat durch die Regelung im Methodenartikel dann um ein beredtes Schweigen handeln?

(5) Zu § 2 a I EStG (beschränkte Verlustverrechnung ausländischer **342** Einkünfte) und dem Verhältnis zu einem **negativen Progressionsvorbehalt** s. S 346. § 2 a III EStG – aufgehoben durch das Steuerentlastungsgesetz 1999/2000/2002 – gestattete den Ausgleich oder Abzug nach einem DBA steuerfreier ausländischer gewerblicher Verluste aus einer aktiven Tätigkeit bei Ermittlung der Steuerbemessungsgrundlage mit der Folge späteren Hinzurechnens positiver Betriebsstättenergebnisse gem. § 2 a III Satz 3 EStG; diese Verlustrechnung schließt die Berücksichtigung des ausländischen Verlustes nach § 32 b I Nr. 3 (also den negativen Progressionsvorbehalt) aus. Während also der positive Progressionsvorbehalt durch den Steuerpflichtigen nicht abgewendet werden kann, kommt ein negativer Progressionsvorbehalt nicht zur Anwendung, wenn gem. § 2 a III EStG ein Antrag zu dieser grenzüberschreitenden Verlustberücksichtigung bei ausländischen Betriebsstätten gestellt worden ist (zu steuerplanerischen Überlegungen *Jacobs*, S. 290 ff.).

(6) § 32 b EStG knüpft zwar an die unbeschränkte Steuerpflicht an (§ 1 I, **343** § 1 II, § 1 III, § 1 a EStG), was im Zusammenhang mit der hier allein interessierenden DBA-Steuerfreiheit als **Ansässigkeit im abkommensrechtlichen Sinne** zu verstehen ist (*BFH* BStBl. 1986 II, 133). Dies bedeutet beispielsweise für die im Ausland ansässigen Bediensteten (§ 1 II EStG), daß ein Progressionsvorbehalt nicht in Betracht kommt; das bedeutet, daß bei einem Doppelwohnsitz die Frage der Ansässigkeit im Sinne des Art. 4 II MA den Ausschlag gibt; zu den Grenzpendlern § 1 III EStG und zu den EU/EWR-Staatsangehörigen s. bereits unter (4). Ist eine Person während eines Kalenderjahres sowohl unbeschränkt als auch beschränkt steuerpflichtig, so gilt seit VZ 1996 § 2 EStG in der Weise, daß die Einkünfte des Kalenderjahres während der unbeschränkten und der beschränkten Steuerpflicht zusammengefaßt und die Veranlagung aufgrund eines einzigen Ermittlungs- und Veranlagungszeitraumes nach den für die unbeschränkte Steuerpflicht geltenden Regeln durchgeführt wird. Hierbei werden ausländische Einkünfte einbezogen, die im VZ nicht der deutschen Einkommensteuer unterlegen haben (§ 32 b I Nr. 2 EStG); damit soll dem Effekt der auf mehrere Staaten und Ermittlungszeiträume gesplitteten Einkünften aus Gründen der Gleichmäßigkeit der

Besteuerung entgegengewirkt werden; für *Mössner* (IStR 1997, 225) und
für *Hensel* (IWB Gr. 3, 1183) ein Abkommensverstoß (treaty overriding), nach der hier vertretenen Auffassung eine Regelung des innerstaatlichen Rechts außerhalb abkommensrechtlicher Grundlage. In diesem Sinne auch *OFD Berlin* RIW 1999, 477: § 32b I Nr. 2 EStG ordnet
die Anwendung des Progressionsvorbehalts unabhängig von den DBA-
Regelungen an und stellt somit die vorrangig zu beachtende Vorschrift
dar. Im Hinblick auf anhängige Verfahren werden gegenwärtig Einsprü-
che nach § 363 II Satz 1 AO behandelt (s. bereits R 11).

**344**   (7) Voraussetzung für die Anwendung des Progressionsvorbehaltes
sind nach § 32b I Nr. 3 EStG Einkünfte, die nach einem Abkommen „bei
der Berechnung der Einkommensteuer steuerfrei sind" – was die Frage
aufwirft, ob sowohl eine **Steuerbefreiung auf der Ebene des Methodenartikels** Art. 23 MA als auch eine Steuerbefreiung im Wohnsitzstaat
auf der **Ebene einer Verteilungsnorm** (Art. 19, 20 MA) erfaßt ist. Aus
§ 32b EStG ergibt sich hierzu nichts. Es sind Abkommensregelungen
nachzuweisen, die den Vorbehalt umfassend verstehen (Beispiel: Art. 23
II lit. a DBA-Kenia; Art. 23 II lit. d DBA-Schweden für Schweden als
Wohnsitzstaat); grundsätzlich wird der Vorbehalt so gefaßt, daß er sich
nur auf die Einkünfte bezieht, die in der dem Art. 22 A MA entsprechenden Vorschrift des jeweiligen Abkommens freigestellt sind – Freistellungen durch Verteilungsnormen wie beispielsweise aufgrund der Kassen-
staatsformel Art. 19 MA werden nicht davon erfaßt. In diesem Sinne legt
*Grotherr* in *B/H/G/K*, Anm. 142, 143 zu Art. 23 A/B) das Abkommensrecht aus: Im Einzelfall ist das jeweilige Abkommen sorgfältig zu analy-
sieren, ob die ausländischen Einkünfte dem Progressionsvorbehalt unterworfen sind, für die der Quellenstaat das ausschließliche Besteuerungsrecht aufgrund einer Verteilungsnorm erlangt hat. Dagegen wohl
*Wassermeyer* (Art. 23 A MA Rz 122). Bisweilen kann mit dem Streit um
die Anwendung des Progressionsvorbehalts ein Streit um die Qualifikation von Einkünften verbunden sein. Im Falle *FG Baden-Württemberg*
EFG 1999, 458 berief sich ein deutscher Beamter, der als nationaler
Sachverständiger an die EU-Kommission abgeordnet war, für den Rechtsgrund empfangener Zahlungen auf den einer Aufwandsentschädigung.
Das *FG* sah hierin eine „ähnliche Vergütung" wie Löhne und Gehälter
i. S. Art. 15 I DBA-Belgien, nach Art. 23 I Nr. 1 DBA zwar steuerfrei,
aber nach § 32b I Nr. 2 EStG dem Progressionsvorbehalt unterworfen.
Im Falle *FG Berlin* EFG 1998, 1475 traf ein nach DBA möglicher
Progressionsvorbehalt mit einer innerstaatlichen Freistellungsregelung
zusammen (Europagehalt von Lehrern an europäischen Schulen im
Ausland) – das *FG* hat einen Progressionsvorbehalt verneint, aber die
Konkurrenzproblematik nicht erörtert.

**345**   (8) **Außerordentliche Einkünfte** (§§ 34, 34b EStG) sind von der
Anwendung des Progressionsvorbehaltes ausgenommen (§ 34 II Nr. 2

EStG) – der Progressionsvorbehalt wird hier nur über die ermäßigten Steuersätze verwirklicht. Ein folgerichtiges Konzept, weil inländische außerordentliche Einkünfte auch nicht den Steuersatz auf ordentliche, sondern allenfalls den besonderen Steuersatz auf außerordentliche Einkünfte erhöhen würden (*Probst* in *H/H/R* § 32 b EStG Rz 132). Zum Falle einer Vergütung für eine mehrjährige Auslandtätigkeit *BFH* BStBl. 1993 II, 790. Daß ein Verstoß gegen Abkommensrecht hierin nicht zu sehen ist, folgt aus den Überlegungen unter (3): Der abkommensrechtliche Vorbehalt kann ohnehin nicht als Zwang interpretiert werden, ihn innerstaatlich durchzusetzen; seine abkommensrechtliche Formulierung rechtfertigt nicht eine tarifverschärfende Norm (s. auch *FG Düsseldorf* EFG 1993, 664).

(9) Zur **Ermittlung des Steuersatzeinkommens** als der zweiten Stufe **346** bei der Anwendung des Progressionsvorbehaltes – s. dazu unter (2) – ist seit VZ 1996 an die Stelle einer Schattenveranlagung eine **Hinzurechnungsmethode** getreten (§ 32 b II erster Teil). Dem als Steuer-Bemessungsgrundlage ermittelten zu versteuernden Einkommen als Ausgangsgröße (§ 32 a I, § 2 V EStG) sind die steuerbefreiten Einkünfte hinzuzurechnen (zu vermehren oder zu vermindern). Die Frage einer DBA-Vereinbarkeit stellt sich nicht aus den unter (3) genannten Gründen. Als Folge der gesetzlichen Hinzurechnungsmethode werden ab VZ 1996 Verluste beim Progressionsvorbehalt nur noch im Entstehungsjahr berücksichtigt; auch der besondere Verlustvortrag des § 2 a I Satz 3 EStG ist ausgeschlossen (zum Vergleich der früheren Rechtslage (Schattenveranlagung) mit der Hinzurechnungsmethode im einzelnen *Probst* in *F/W/B* Rz 34 ff. zu § 2 a EStG).

(10) Das Steuerentlastungsgesetz 1999/2000/2002 hat zu einer Einbe- **347** ziehung steuerfreier ausländischer Einkünfte in den **Progressionsvorbehalt bei Organschaften** geführt (§ 32 b Ia EStG). Zum Verständnis für die neue Regelung ist auf *BFH* BStBl. 1992 II, 817 hinzuweisen (das ist auch die im Gesetzgebungsverfahren genannte Grundlage der Gesetzesergänzung): Bei einer Organschaft erhält der Organträger das, was ihm insoweit zufließt, aufgrund eines Gewinnabführungsvertrages; der Charakter der Einkünfte hat sich gewandelt. Konkret: Erzielt eine deutsche Personengesellschaft (natürliche Person) Einkünfte aus einer Betriebsstätte und sind diese Einkünfte aufgrund eines DBA im Wohnsitzstaat freigestellt, so greift für die Besteuerung der Gesellschafter der Progressionsvorbehalt gem. § 32 I Nr. 3 EStG. Ist Empfängerin der steuerbefreiten Betriebsstättenerträge eine inländische Körperschaft als Organunternehmen, die ihre Gewinne an eine inländische Personengesellschaft als Organträgerin weiterleitet, so gilt: Eine Zurechnung der steuerfreien DBA-Erträge zum Einkommen des Organträgers (§ 14 KStG) findet nicht statt, weil die steuerfreien DBA-Erträge weder bei der Organgesellschaft noch beim Organträger zum Einkommen rechnen. Für den Organ-

träger folgt dieses Ergebnis daraus, daß ihm nicht mehr steuerfreie DBA-Einkünfte zufließen, vielmehr deren Charakter sich gewandelt hat: Es sind schlicht und einfach Einkünfte aufgrund eines Gewinnabführungsvertrages. Ein Anwendungsfall des § 15 Nr. 2 KStG ist nicht gegeben, da die Organgesellschaft Betriebsstätteneinkünfte und nicht Gewinnanteile aus der Beteiligung an einer ausländischen Gesellschaft bezogen hat. Hätte mithin in diesem Falle der Organträger in der Rechtsform einer Personengesellschaft die freigestellten DBA-Einkünfte direkt erzielt, wäre der Progressionsvorbehalt unmittelbar zu beachten. Die Zwischenschaltung einer Kapitalgesellschaft soll mit der Neuregelung diese Entlastungsfolge nicht mehr bewirken: Nunmehr gelten nach § 32 b Ia EStG „als unmittelbar von einem unbeschränkt Steuerpflichtigen bezogene Einkünfte" für die Anwendung des Progressionsvorbehalts (§ 32 a I Nr. 3 EStG) „auch die ausländischen Einkünfte, die eine Organgesellschaft im Sinne des § 14 oder § 17 KStG bezogen hat und die nach einem Abkommen zur Vermeidung der Doppelbesteuerung steuerfrei sind."

**348–359**   *(einstweilen frei)*

### 3. Die Anrechnungsmethode (Art. 23 B MA)

*a) Inhalt des MA-Vorschlages*

**360**   Art. 23 B I MA sieht für Einkünfte aus dem Quellenstaat und deren Besteuerung dort vor, daß der Wohnsitzstaat diese Quellenstaatssteuern auf die vom Einkommen dieser Person in seinem Staat zu erhebende Steuer mit dem Betrag anrechnet, der der im anderen Staat gezahlten Steuer entspricht. Alsdann folgt die Einschränkung: Der anzurechnende Betrag darf den Teil der vor der Anrechnung ermittelten Steuer vom Einkommen nicht übersteigen, der auf die Einkünfte entfällt, die im anderen Staat besteuert werden können: Im Anschluß daran regelt Art. 23 B II den Progressionsvorbehalt, wie er bereits in Art. 23 A II geregelt wird. Warum die Regelung auch im Zusammenhang mit der Anrechnungsmethode? In Art. 23 A III werden vom Progressionsvorbehalt die in Art. 23 A I angesprochenen – nämlich freigestellten – Einkünfte erfaßt. In Art. 23 B II sind es andere Einkünfte als die in Art. 23 B I mit der Steueranrechnung erfaßten Einkünfte – es müssen wegen der Wirkung der Anrechnungsmethode andere Einkünfte sein, denn bei der Anrechnung werden die ausländischen Einkünfte in die inländische Steuerbemessungsgrundlage einbezogen und wirken sich bereits darüber hinaus auf den Steuersatz aus. Gemeint sind die Einkünfte, die nur im Quellenstaat besteuert werden, für die der Wohnsitzstaat also ausgeschlossen ist: Selten genug, aber nach Art. 8, 13 III, 19 I lit. a, 19 II lit. a, 22 III MA möglich. Hier greift die Anrechnungsmethode nicht, weil es keine Rechengröße gibt, auf die etwas anzurechnen ist. Aber auch für diese Einkünfte ist der Progressionsvorbehalt vorgesehen. Er bedarf im Zusammenhang mit der Anrechnungsmethode auch keiner weiteren Darstellung mehr, weil der in Art. 23 genannte Progressionsvorbehalt inhaltlich keine anderen Voraussetzungen hat als der in Art. 23 B genannte und § 32b EStG an steuerfreien Einkünften ausgerichtet ist – unabhängig von der Regelung in einer Verteilungsnorm oder dem Methodenartikel. Hinzuweisen bleibt noch auf Art. 23 A II und die dort vorgesehene Anrechnungsmethode in den Fällen der Steuerteilung: Insoweit handelt es sich gegenüber der Anrechnung nach Art. 23 B I zwar um die speziellere Norm – wegen der identischen Rechtsfolgen bedurfte es aber keiner Hervorhebung im Rahmen der Befreiungsmethode.

*b) Rechtsfolge der Anrechnung für positive/negative Einkünfte*

Soweit abkommensrechtlich die Anrechnungsmethode zur Anwendung **361** gelangt, unterliegen sowohl die positiven wie auch die negativen ausländischen Einkünfte der Steuerpflicht. Anders als bei der Freistellungsmethode bedarf es keiner besonderen Überlegung der Einbeziehung auch grenzüberschreitender Verluste, da das auf der Ebene des innerstaatlichen Steuerrechts geltende Welteinkommensprinzip überhaupt nicht berührt wird. Darüber nachzudenken, ob es dem Gesetzgeber möglich wäre, die Einbeziehung negativer ausländischer Einkünfte bei Geltung der Anrechnungsmethode auszuschließen, ergibt keinen Sinn: Die Frage kann nur lauten, inwieweit er überhaupt **ausländische Einkünfte von der Einbeziehung in die Steuerbemessungsgrundlage ausnimmt** – um dann zu klären, ob von dieser Ausnahmevorschrift auch die auf Abkommensrecht zurückführende Anrechnungsmethode betroffen ist. Die Frage ist im Hinblick auf § 2a I, II EStG von Bedeutung und wird immer noch kontrovers diskutiert. *Maßbaum* in: *Maßbaum* u.a., S. 349) stellt auf den DBA-Wortlaut ab; aber eine eher durch Zufälligkeiten bestimmte unterschiedliche Wortwahl vermag keinen solchen Eingriff in die ohnehin dem innerstaatlichen Recht vorbehaltene Gestaltung der Steuerbemessungsgrundlage zu rechtfertigen, dafür bedarf es anderer Anhaltspunkte. Es geht ja nicht einmal um die Technik der Anrechnung, die ohnehin Sache des innerstaatlichen Rechts ist. Es geht um die innerstaatliche Reichweite eines Verlustabzugs, um dessen räumlichen Geltungsbereich – hierüber haben die Vertragsstaaten mit Vereinbarung der Anrechnungsmethode keine abweichende Rechtsfolge bestimmt. Richtig ist daher, die Verlustausgleichsbeschränkung des § 2a I, II EStG auch dann zur Geltung gelangen zu lassen, wenn die Freistellungsmethode für Betriebsstätteneinkünfte an einen Aktivitätsvorbehalt geknüpft und dieser nicht erfüllt ist (*Manke* DStZ 1984, 238; *Kl. Vogel* Art. 23 Rz 170). Von diesen grundsätzlichen Fragen der Einbeziehung der ausländischen negativen Einkünfte zu unterscheiden sind die mit den negativen Größen verbundenen Steuerfolgen eines Vertragsstaates: Insgesamt negative ausländische Einkünfte aus einem DBA-Staat können zu keiner Anrechnung führen – aber das berührt das konkrete Anrechnungssystem.

*c) Einkünftebegriff, Einkünfteumfang, Einkünfteermittlung*

**362**    Wie im Zusammenhang mit der Freistellungsmethode ist auch für die Anrechnungsmethode zunächst die enge Verbindung des Methodenartikels mit den Verteilungsnormen hervorzuheben. Mit den Einkünften, die „nach diesem Abkommen im anderen Vertragsstaat besteuert werden", erfolgt eine Bezugnahme auf die Art. 6–22. Damit umfaßt die Bezugnahme auch den Einkünfteumfang: als eine saldierte Größe oder als einen Bruttobetrag. Wenn der Wohnsitzstaat aber der Veranlagung des Steuerpflichtigen einen Nettobetrag statt einen im Quellenstaat besteuerten (höheren) Bruttobetrag zugrunde legt dann erfolgt eine Anrechnung der (vollen) ausländischen Steuer auch nur auf die vom (geringeren) Nettobetrag erhobene anteilige Steuer (zur Divergenz der Bemessungsgrundlage als Problem des § 34 c I EStG s. im übrigen bereits N 31).

*d) Anwendungsfälle (Übersicht)*

**363**    Die Anwendungsfälle bestimmen sich bereits im Kern durch die Abgrenzung gegenüber der Freistellungsmethode. Zu nennen sind (s. *Grotherr* aaO, Rz 217):

– **Betriebsstätteneinkünfte,** sofern im Abkommen ein Aktivitätsvorbehalt enthalten ist und die Betriebsstätte keine aktive Tätigkeit im Sinne des Abkommens ausübt,

– **Dividenden,** für die ein internationales Schachtelprivileg seitens der Bundesrepublik nicht gewährt wird (Streubesitz, nicht aktiv tätige Tochtergesellschaft, Gewinnausschüttungen nicht begünstigter juristischer Person),

– **Zinsen und Lizenzgebühren,**

– Einkünfte aus der Tätigkeit als **Künstler** (in Ausnahmefällen Freistellungsmethode, s. *OFD Köln* RIW 1999, 480), **Berufssportler,**

– Einkünfte aus der Tätigkeit eines **Aufsichtsrats- oder Verwaltungsrats.**

– Bei den eingangs erwähnten Betriebsstätteneinkünften ist wegen der grundsätzlichen Geltung der Freistellungsmethode bei Anwendung der Anrechnungsmethode von einem Methodenwechsel zu sprechen (*Schaumburg* S. 1056); zu ergänzen wären dann Rückfallklauseln (s. BSt-Verwaltungsgrundsätze 1.2.6) und switch-over-Klauseln.

– Immer ist die Voraussetzung einer Quellenbesteuerung aufgrund einer Verteilungsnorm zu beachten. Ist diese nicht gegeben, scheidet eine Doppelbesteuerungsproblematik aus. Ist die Quellenbesteuerung eine ausschließliche, steht zwar nicht eine Anrechnung ausländischer Steuern, aber ein Progressionsvorbehalt im Wohnsitzstaat an.

*e) Die Technik der Anrechnung: besonderes DBA-Recht?*

(1) Die vorliegenden Kommentierungen des Art. 23 DBA enthalten **364** allesamt umfangreiche Darstellungen der Anrechnungsmethode – es handelt sich hierbei um Kommentare der § 34c EStG, § 26 KStG. Die Anrechnungsmethode § 34c EStG, § 26 KStG ist aber als unilaterale Methode eingehend im Rahmen des Außensteuerrechts behandelt worden (ab N 20). Die Frage kann also hier nur sein, inwieweit das Abkommensrecht Ergänzungen oder Einschränkungen erzwingt. Dazu der Kommentar Nr. 60 zu Art. 23 B: „Art. 23 B enthält zwar die wesentlichen Grundsätze der Anrechnungsmethode; er enthält aber keine Einzelheiten über die Berechnung des Anrechnungsbetrages und die praktische Durchführung der Anrechnung. Dies entspricht dem Wesen des Musterabkommens." Der Kommentar behandelt in den Folgenummern die Höhe der anrechenbaren ausländischen Steuer, den Höchstbetrag der Anrechnung, die Vermeidung der Doppelbesteuerung bei niedrigem Höchstbetrag, den Anrechnungshöchstbetrag und per country limitation, Anrechnung bei Verlusten, um dann in Nr. 66 klarzustellen: „Die erwähnten Probleme werden weitgehend vom innerstaatlichen Recht und der Verwaltungspraxis bestimmt; die Lösung ist daher jedem Staat überlassen."

(2) Die zahlreichen und mit der Anrechnungsmethode verbundenen **365** Rechtsfragen könnten – worauf *Wassermeyer* in Rz 102 zu Art. 23 A MA zutreffend hinweist, in jedem einzelnen Abkommen geregelt werden – aber in der Praxis geschieht dies nicht. Beispielhaft wiederum die bei den zuletzt vereinbarten Abkommen DBA-Litauen (Art. 23 I lit. b: „Auf die von den nachstehenden Einkünften aus der Republik Litauen zu erhebende deutsche Einkommensteuer, Körperschaftssteuer wird unter Beachtung der Vorschriften des deutschen Steuerrechts über die Anrechnung ausländischer Steuer die litauische Steuer angerechnet, die nach litauischem Recht und in Übereinstimmung mit diesem Abkommen gezahlt worden ist") und DBA-Kasachstan (Art. 23 II lit. b) mit kaum abweichendem Wortlaut. Den Abkommen ist als Vorgabe zu entnehmen, daß die ausländische Steuer auf die vom Einkommen zu erhebende Steuer vorzunehmen ist – dem entspricht § 34c I EStG; für einen Abzug von der Bemessungsgrundlage (§ 34c II EStG) gibt das Abkommen dem Wortlaut nach zwar nichts her, dennoch ist die Abzugsmethode des § 34c II – anders als § 34c III – auch in DBA-Fällen zulässig (EStR 212d). Damit erweist sich Art. 23 B I – nicht anders als § 34c I EStG – als eine dem **Tarifbereich zuzuordnende Norm:** sie stellt sich als Steuerbetragsermäßigung dar, die die tarifliche ESt bzw. KSt im Wohnsitzstaat insgesamt mindert (*Wassermeyer* Art. 23 A MA Rz 101); ältere Abkommen haben dies dadurch klargestellt, daß die anzurechnende Steuer nach einem Durchschnittssteuersatz zu berechnen ist. Es ist im übrigen darauf hinzuweisen, daß die Darstellung des § 34c EStG (ab

N 20) im Vorgriff auf das Abkommensrecht einige DBA-Hinweise (insbesondere zur per-country-limitation) aufgenommen hat. Auch die näher bestimmte Höchstbetragsregelung in Art. 23 A I wirft keine Konkurrenzprobleme auf: Der anzurechnende Betrag wird abkommensrechtlich „auf den Teil der vor der Anrechnung ermittelten Steuer" begrenzt, der auf die im Quellenstaat besteuerten Einkünfte entfällt (*BFH* BStBl. 1995 II, 580). Aber hieraus folgt keine konkrete Berechnungsanweisung, es geht nur um den „Schutz" vor dem höheren ausländischen Steuerniveau und der Nutzung des Vorteils eines niedrigeren ausländischen Steuerniveaus als „Leitmotiv". Im einzelnen hierzu *Wassermeyer* (Art. 23 A MA Rz 107) mit dem Ergebnis, daß **durch § 34c I Satz 2 EStG eine Lückenfüllung** erfolgte: „Man kann aus der Sicht des deutschen innerstaatlichen Rechts sagen, daß Art. 23 einen unvollständigen Programmsatz enthält, der eine Höchstbetragsregelung grundsätzlich gestattet. Die Regelung ist jedoch ausfüllungsbedürftig. Die Ausfüllung besorgt § 34 I Satz 2 EStG". Zur Divergenz der Bemessungsgrundlagen (Bruttobasis im Wohnsitzstaat) wollte *BFH* BStBl. 1992 II, 187 eine weitere Anrechnungsbegrenzung begründen – die Rechtsprechung ist durch *BFH*, BStBl. 1994 II, 727 aufgegeben worden. *Kl. Vogel* sieht in der *BFH*-Entscheidung 1992 einen Abkommensverstoß (Rz 163a zu Art. 23, so auch *Schaumburg* S. 1959), was sie nicht ist, da die Verpflichtung zur Höhe des Höchstbetrages betragsmäßig nicht feststeht. Soweit Art. 23 B (Freistellungsmethode) die Anrechnungsmethode im Falle der Steuerteilung (Zinsen, Dividenden) nennt, gibt es zur Anrechnungsmethode des Art. 23 B keinen Unterschied. Die besondere Erwähnung in Art. 23 A – konnte lediglich Anlaß zu der Frage sein, ob hiermit eine Höchstbetragsregelung für gesondert ausgewiesene Einkünfte verbunden ist (limitation per item of income) – das ist jedoch nicht der Fall: Die Ermittlung der deutschen, auf die ausländischen DBA-Einkünfte entfallenden Steuer erfolgt einheitlich ohne Aufteilung nach Einkunftsarten (*BFH* BStBl. 1996 II, 261) – ohne daß es auf abweichende DBA-Formulierungen ankäme (s. *OFD Rostock* RIW 1995, 1051 mit einem Beispiel zu den Folgen).

*f) Anrechnung fiktiver Quellensteuern*

**366**     Zahlreiche deutsche Abkommen sehen bei Zinseinkünften, die im Inland ansässige Steuerpflichtige beziehen, eine Anrechnung ausländischer Quellensteuern auch dann vor, wenn diese effektiv – ganz oder zum Teil – nicht erhoben worden sind. Die Begründung hierfür ergibt sich bereits aus dem Kreis der einbezogenen Staaten als Entwicklungsländer: Vorteile, die diese Staaten in ihrer Eigenschaft als Quellenstaaten aus Gründen der wirtschaftlichen Entwicklung gebietsfremden Investoren gewähren, sollen vom Wohnsitzstaat bei Anwendung der Anrechnungsmethode nicht „aufgesogen" werden. Fiktive Quellensteuer bedeutet, daß diese Steuer von dem ausländischen Quellenstaat effektiv nicht oder nur zum Teil erhoben wird – der inländische Gläubiger aber durch die Anrechnung effektiv nicht gezahlter Quellensteuer einen steuerlichen Bonus realisiert (*Krumbholz* IWB 3 Gr. 3, 1193, der das Thema unter Renditegesichtspunkten aus der Sicht eines Anlegens in börsennotierten DM-Auslandsanleihen untersucht). Es sind bei der DBA-Anwendung vier Fallgruppen zu unterscheiden: (1) Anrechnung aufgrund ausdrücklich im DBA aufgeführter Rechtsvorschriften; (2) Anrechnung zur Förderung der wirtschaftlichen Entwicklung des Quellenstaats – wobei der Steuerpflichtige hierfür einen Nachweis zu erbringen hat; (3) Begrenzung der Anrechnung auf den allgemein geltenden Steuersatz; (4) Anrechnung fiktiver Quellensteuern ohne besondere Voraussetzungen. Zu den von den Fallgruppen betroffenen Abkommen im einzelnen und zur Ermittlung der Bemessungsgrundlage s. *BMF*-Schreiben FR 1998, 628; zu Zweifelsfragen ferner *Grotherr* in Festschrift *Lutz Fischer* S. 567 ff.

(*einstweilen frei*)                                        367–369

## IV. Die praktische Anwendung des Abkommensrechts

### 1. Übersicht

(1) Die Überschrift ist nach dem Thema II des IFA-Kongresses in **370** London 1998 gewählt worden; auf den deutschen Nationalbericht hierzu ist hinzuweisen (*Matthias Werra*, IWB IFA-Mitteilungen, 1473). Bei der Frage nach der DBA-Anwendung ist die Kenntnis der Rangstellung des Abkommensrechts vorauszusetzen. DBA können als unmittelbar anwendbares Recht nicht als eine vom Steuerpflichtigen in ihren Voraussetzungen darlegungs- und beweispflichtige Begünstigung gesehen werden; das hat nichts damit zu tun, ob man DBA-Bestimmungen als Teil eines gesetzlichen Steuertatbestandes ansieht oder es bei einer Schrankenziehung beläßt (*Wolff* in *Debatin/Wassermeyer* USA Art. 1 Rz 6). Als Bestandteil des innerstaatlichen Rechts gilt jedenfalls auch insoweit der Amtsermittlungsgrundsatz, allerdings auch die erhöhte Mitwirkungspflicht des Steuerpflichtigen (dazu W 3). Hat die Bundesrepublik nach den Verteilungsnormen ein Besteuerungsrecht beibehalten oder wird ein solches von den Verteilungsnormen nicht berührt, kann aber aufgrund besonderer Voraussetzungen ein vorrangiges Recht des anderen Staates und Steuerfreiheit im Inland gegeben sein, folgt aus einem solchen Regel-Ausnahme-Verhältnis, daß die Voraussetzungen vom Steuerpflichtigen zu beweisen sind (*BFH* BStBl. 1989 II, 758 zur 183-Tage-Regelung bei Einkünften aus nichtselbständiger Arbeit). Zur Auskunftserteilung der Finanzämter zu außensteuerlichen Sachverhalten s. *OFD Erfurt* (Handbuch des Außensteuerrechts 1998, S. 646) unter ausdrücklichem Hinweis auf „Anwendung von DBA". Auf verfahrensrechtliche Aspekte

von Verständigungsverfahren wurde bereits hingewiesen (s. R 80), auf verfahrensrechtliche Aspekte des internationalen Auskunftstauschs ist noch einzugehen (s. ab X 1).

**371** (2) Bezüglich des **Verfahrensrechts** können dem Abkommen als Bezugspunkte entnommen werden:

– daß bei der **Charakterisierung einer Steuer** als eine solche vom Einkommen oder vom Vermögen ihre Erhebungsform ohne Bedeutung ist; deshalb ist aus deutscher Sicht ein Abkommen anwendbar auch auf die Erhebung der Kapitalertragssteuer einschließlich der Zinsabschlagsteuer (§§ 43 ff. EStG), der Lohnsteuer (§§ 38 ff. EStG), der Quellensteuer im Sinne des § 50a IV EStG usw. Für die Abkommensanwendung ist es insoweit auch irrelevant, ob eine zu erhebende Quellensteuer die ESt bzw. die KSt abgilt (§ 50 V EStG, § 49 KStG), ob die ihr zugrundeliegenden Einkünfte zwingend in eine Veranlagung zur ESt oder zur KSt eingehen, ob für sie nur eine Antragsveranlagung (§ 46 II Nr. 8 EStG) oder aber der Lohnsteuer-Jahresausgleich durch den Arbeitgeber (§ 42b EStG) vorgesehen ist (*Wassermeyer* Art. 2 MA Rz 16);

– daß es bei der **Ermittlung der Steuerpflicht** einer Person im eigenen und im anderen Vertragsstaat (Art. 4 MA) um Fragen geht, die jeder Vertragsstaat rechtlich unabhängig zu entscheiden hat, so daß unbeschränkte, beschränkte, erweiterte unbeschränkte, erweiterte beschränkte Steuerpflicht nicht berührt werden (*Wassermeyer* Vor Art. 6–22 MA Rz 6);

– Aus dem systematischen Verständnis der Verteilungsnormen Art. 6 ff. folgt, daß der **Einkünftebetrag,** für den eine abkommensrechtliche Steuerbefreiung oder Steuerermäßigung ansteht, vor Anwendung des Abkommensrechts dem Grunde und der Höhe nach konkretisiert wurde (*Wassermeyer* Vor Art. 6–22 MA Rz 6).

– Die in Art. 9 II vorgesehene **Konsultation** eröffnet den Behörden der beteiligten Finanzverwaltungen das Verständigungsverfahren nach Art. 25, stellt also die verfahrensrechtliche Grundlage der Einigung über den Grund und die Höhe der Erstberichtigung nach Art. 9 I und damit die Voraussetzung für die Verpflichtung zur Gegenberichtigung dar.

– Die in Art. 23 MA vorgesehene **Freistellungsmethode** kann Nachweiserfordernisse mit sich bringen wie z.B. die Vorlage ausländischer Steuererklärungen und Steuerbescheide, wenn die Freistellung mit einer Rückfallklausel verbunden ist (dazu *BFH* BStBl. 1997 II, 117); die in Art. 23 MA vorgesehene Anrechnungsmethode wird inhaltlich durch das innerstaatliche Recht geregelt. Deswegen gibt es hier keine Besonderheiten, die gerade auf Abkommensrecht zurückzuführen wären.

– Das **Diskriminierungsverbot** des Art. 24 bezieht sich auf das gesamte steuerliche Pflichtenverhältnis zwischen Steuerschuldner und Fiskus (*Kl. Vogel* Art. 24 Rz 36).

(3) Legt man die Themen der Aussprache auf dem 52. IFA-Kongreß **372** zugrunde, dann wird deutlich, wo die Praktiker des IStR die Schwerpunkte sehen. Mit Blickrichtung auf den **Quellenstaat** geht es um die Nachweispflicht eines Zahlungsempfängers für die Ansässigkeit in einem Vertragsstaat, um **Ansprüche auf reduzierte Quellensteuer** geltend machen zu können; es geht ferner um die Frage einer reduzierten Quellenbesteuerung der Zahlung oder Abzug der vollen Quellensteuer mit Erstattungsanspruch und um die Beurteilung eines die Anwendung des im Abkommen vorgesehenen niedrigeren Quellensteuersatzes verweigernden Quellenstaats, verbunden mit dem Hinweis, ein Erstattungsverfahren zu beantragen. Mit Blickrichtung auf den **Wohnsitzstaat** ging es ausschließlich um Einzelfragen zur Steuerbefreiung und zur Steueranrechnung (zur Aussprache im einzelnen *Müller-Seils* IWB 1 IFA-Mitteilungen, 1487).

## 2. Erstattung und Freistellung von Quellensteuern

(1) Nach innerstaatlichem Recht werden Steuern in bestimmten Fällen **373** im Wege des Quellensteuerabzugs erhoben. In diesem Falle wird der Schuldner der Erträge verpflichtet, die Steuer einzubehalten und an das Finanzamt abzuführen. Die Rechtsgrundlagen hierfür folgen aus den §§ 43 ff., 50 a EStG, 73 a EStDV. Aus der Sicht der DBA-Verteilungsnormen und der damit verbundenen Quellensteuerfreistellungen bzw. Quellensteuerbeschränkungen stellt sich in solchen Fällen die Frage ihrer Verwirklichung: Erfolgt die Anwendung der Verteilungsnormen schon auf der Ebene des Steuerabzugs oder wird das Steuerabzugsverfahren zunächst auf der Grundlage des innerstaatlichen Rechts mit einem daran anschließenden Erstattungsverfahren durchgeführt? Es gilt nach deutschem Recht grundsätzlich das **System des Einbehaltens und Rückerstattens,** das in drei Gruppen einzuteilen ist:
– Freistellung und Erstattung von **Kapitalertragssteuer** auf Dividenden und Zinsen in einem Verfahren des Bundesamtes für Finanzen;
– Freistellung und Erstattung von Quellensteuern bei **Vergütungen aus selbständiger Arbeit und Lizenzgewährung** in einem Verfahren des Bundesamtes für Finanzen;
– Erstattung und Freistellung von **Lohnsteuer** in einem Verfahren des Betriebsstätten-Finanzamtes.

(2) Solche Regelungen werfen natürlich die Frage ihrer Vereinbarkeit **374** mit Abkommensrecht auf. Denn: Folgt aus einem Abkommen eine Freistellung oder eine Ermäßigung, so könnte dies beispielsweise für einen Schuldner von Zinsen aus einem Forderungsrecht bedeuten, daß er von vornherein von einem Abzug abzusehen oder nur einen ermäßigten Abzug vorzunehmen hat. Der Kommentar zum MA führt hierzu – am Beispiel der Dividenden – in Nr. 19 zu Art. 10 aus: „Der Absatz regelt keine

Verfahrensfragen. Jeder Staat soll das nach seinem Recht vorgesehene Verfahren anwenden können. Er kann entweder seine Steuer von vornherein auf die im Artikel vorgesehenen Sätze begrenzen oder zunächst die volle Steuer erheben und dann Erstattung leisten." Der Kommentar ist in diesem Punkt so zu verstehen, daß der Vorbehalt für das innerstaatliche Recht ohne besondere DBA-Regelungen gilt. Doch hält dessen ungeachtet die h.M. den Wortlaut der Verteilungsnorm für entscheidend, ob die Erhebung einer Quellensteuer in voller Höhe mit anschließender Erstattung ausdrücklich vorgesehen ist. Beispiel Art. 29 DBA-USA: „Werden in einem der Vertragsstaaten die Steuern von Dividenden, Zinsen, Lizenzgebühren oder sonstigen Einkünften im Abzugsweg erhoben, so wird das Recht zur Vornahme des Steuerabzugs zu dem im innerstaatlichen Recht dieses Staates vorgesehenen Satz durch dieses Abkommen nicht berührt."

Und im folgenden Absatz 2: „Diese im Abzugsweg erhobene Steuer wird auf Antrag erstattet, soweit ihre Erhebung durch dieses Abkommen eingeschränkt wird". Wo solche Regelungen fehlen, werden Schuldnerverpflichtungen zur Einbehaltung der vollen Quellensteuer (oder andere, der materiellen Rechtslage nach dem Abkommensrecht entgegenstehende Voraussetzungen) als mit dem Abkommen nicht vereinbar erklärt (Nachweise hierzu und zur Bedeutung der bislang nicht beanstandeten Verfahren durch Vertragsstaaten s. *Kl. Vogel* Vor Art. 10–12 Rz 35). **Innerstaatliche Rechtsgrundlage hierfür ist § 50 d,** die damit zugleich in den Fällen einer unterbliebenen DBA-Regelung nach dieser Auffassung als treaty override zu beurteilen ist (zum Ausschluß der Abzugsteuerentlastung gem. § 50 d Ia EStG als Mißbrauchsvorschrift s. bereits R 141). Daß der Quellensteuereinbehalt keine Diskriminierung (Art. 24 MA) und auch keine Beschränkung der Freizügigkeit bedeutet, hat *BFH* (IStR 1994, 240 ff., IStR 1995, 482 ff.) unter Hinweis auf die Möglichkeit eines rechtzeitig gestellten Freistellungsantrages klargestellt und im übrigen darauf verwiesen, daß sich Unterschiede in der Steuererhebung zwischen unbeschränkt und beschränkt Steuerpflichtigen wegen der mangelnden Möglichkeit rechtfertigten, ein Steuerverfahren im Ausland durchzuführen.

375   (3) Zur **Freistellung und Erstattung von Kapitalertragsteuern auf Dividenden und Zinsen** ist auf das „Merkblatt Entlastung von deutscher Kapitalertragsteuer von Dividenden und bestimmten anderen Kapitalerträgen gemäß § 44 d EStG, den Doppelbesteuerungsabkommen oder sonstigen zwischenstaatlichen Abkommen" (BStBl. 1994 I, 203) zu verweisen. Auf der Grundlage des § 50 d EStG ist hier nur das Erstattungsverfahren zulässig; das Freistellungsverfahren ist auf Gewinnausschüttungen an mindestens mit 10% beteiligte Anteilseigner beschränkt. Grundlage beider Verfahren ist die Klärung der persönlichen Abkommensberechtigung. Dazu heißt es im Merkblatt zu Punkt 1.2: „Bei der

Ansässigkeit handelt es sich um ein steuerrechtliches Merkmal, über dessen Voraussetzungen allein der Wohnsitzstaat verläßlich Auskunft geben kann. Die Ansässigkeit ist daher regelmäßig durch eine Bescheinigung der für den Gläubiger der Kapitalerträge zuständigen ausländischen Steuerbehörde auf den Antragsvordruck nachzuweisen." Die Entlastung erfolgt nicht in den Mißbrauchsfällen (§ 50d Ia EStG, dazu bereits R 141); zur praktischen Handhabung ist im übrigen auf *Werra* IWB 1 IFA-Mitteilungen, S. 1477 zu verweisen.

(4) Zur **Freistellung und Erstattung von Quellensteuern bei Vergütungen aus selbständiger Arbeit und Lizenzgewährung** ist – was die Abwicklung selbst betrifft – auf das „Merkblatt Entlastung von deutscher Abzugsteuer gemäß § 50a IV EStG aufgrund von Doppelbesteuerungsabkommen" (BStBl. 1994 I, 201), auf das „Schreiben betr. einkommensteuerrechtliche Behandlung der nicht im Inland ansässigen Korrespondenten inländischer Rundfunk- und Fernsehanstalten sowie inländischer Zeitungsunternehmen" (BStBl. 1998 I, 351) und auf das „Merkblatt über die Entlastung vom Steuerabzug aufgrund von Doppelbesteuerungsabkommen für Künstler- und Sportlerhonorare (Handbuch des Außensteuerrechts 1998, S. 685ff.) zu verweisen. Das Erstattungsverfahren für ausländische Künstler und Sportler gem. § 50 V EStG gilt unabhängig vom Bestehen eines DBA. Weitergehende DBA-Freistellungen führen zu § 50d III EStG. Trotz identischer Rechtsgrundlagen in § 50d EStG unterscheiden sich die Verfahren bei selbständiger Arbeit und Lizenzgewährung vom Verfahren im Kapitalertragsteuerbereich: Hier wird das Freistellungsverfahren als einziges Entlastungsverfahren praktiziert und eine Steuererstattung nur gewährt, wenn zuvor eine Freistellungsbescheinigung erteilt worden ist (Nr. 3.1 des Merkblattes „Entlastung von deutscher Abzugssteuer ..."): „Hat der Vergütungsschuldner Abzugssteuer in gesetzlicher Höhe einbehalten und abgeführt, kann der Gläubiger nach Erteilung des Freistellungsbescheides beim Bundesamt für Finanzen die Erstattung der zuviel gezahlten Steuer beantragen." Zur Künstler- und Sportlerbesteuerung verweist das entsprechende Merkblatt in 2.1 auf das grundsätzliche Quellenbesteuerungsrecht der Bundesrepublik bei den vortragenden ausländischen Künstler und hier auftretenden Sportler – in solchen Fällen scheidet ein Freistellungsverfahren aus. Ist das Besteuerungsrecht in Ausnahmefällen allein dem Wohnsitzstaat vorbehalten (Kulturaustausch, Subventionierung aus öffentlichen Mitteln) gelten Besonderheiten im Freistellungsverfahren (Nr. 3 des Merkblattes).

(5) Im Unterschied zum Kapitalertragsteuerverfahren kann im Verfahren des Steuerabzugs nach § 50a IV EStG das Bundesamt für Finanzen den Schuldner auf Antrag in Fällen geringer steuerlicher Bedeutung ermächtigen, vom Steuerabzug ohne förmliches Freistellungsverfahren abzusehen: Das ist das in § 50d III geregelte **Kontrollmeldeverfahren.** Zur Zeit gelten folgende Betragsgrenzen: die jeweilige Zahlung (Einzelzah-

lung) darf den Bruttobetrag von 10 000 DM und die während eines Kalenderjahres geleisteten gesamten Zahlungen dürfen den Bruttobetrag von
70 000 DM je Gläubiger nicht übersteigen. Zum Kontrollmeldeverfahren
s. im übrigen *BMF* BStBl. 1994 I, 4 und *Grützner* IWB 3 Gr 3, 1284.

**378** (6) Vom Freistellungs- und Erstattungsverfahren beim Bundesamt für
Finanzen ist das Verfahren zur **Freistellung oder Erstattung von Lohnsteuer** zu unterscheiden, die ein Arbeitgeber, der im Inland eine
Betriebsstätte unterhält, oder ein ausländischer Verleiher von Arbeitnehmern für seine Arbeitnehmer einzubehalten hat (§ 38 I EStG). Für
Freistellungen und Erstattungen ist das Betriebsstätten-Finanzamt zuständig. Ist nach einem DBA der Arbeitslohn von der Lohnsteuer freizustellen, so kann der Arbeitgeber vom Einbehalt der Lohnsteuer ohne
weitere Bedingung absehen (*BMF* BStBl. 1996 I, 103); ist ausnahmsweise die Steuerbefreiung von einem Antrag abhängig, muß eine Bescheinigung des FA vorliegen (*BFH* BStBl. 1989 II, 755). Hat der Arbeitgeber
Lohnsteuer einbehalten, kann der Arbeitnehmer in analoger Anwendung
des § 50d I Satz 1 EStG in einem besonderen Verfahren eine Erstattung
der Lohnsteuer beantragen (*BFH* IStR 1996, 865).

## V. Zusammenfassung: DBA-Prüfungsschema

**379** Aus allen vorangegangenen Teilaspekten des Abkommensrechts ergibt
sich folgendes Schema seiner Prüfung und seiner Anwendung aus deutscher Sicht – es ist der hervorragenden Kommentierung des Art. 23 A/B
von *Grotherr* (in *B/H/G/K*, Anm. 48 ff.) entnommen und wird hier unverändert übernommen:

– Ist die betreffende Person oder gilt sie bei Doppelansässigkeit nach
 dem Abkommen als in der Bundesrepublik ansässig (Art. 4 MA)?
– Bezieht die betreffende Person die Einkünfte bzw. sind ihr die Vermögenswerte zuzurechnen im übrigen ist hier die gesamte Mißbrauchsproblematik einzuordnen, soweit sie mit dem Stichwort des
 treaty-shoppings verbunden ist).
– Verbleibt dem Wohnsitzstaat Deutschland nach einer Norm des Abkommens (Art. 6–22 MA) für Einkünfte bzw. Vermögenswerte das
 Recht der Besteuerung?
– Verbleibt dem anderen Vertragsstaat als Quellenstaat nach einer Norm
 des Abkommens (Art. 6–22 MA) das (uneingeschränkte oder eingeschränkte) Recht der Besteuerung?
– Fallen die vom Quellenstaat und vom Wohnsitzstaat erhobenen Steuern unter das Abkommen (Art. 2 MA)?
– Wird die in Deutschland erhobene Steuer vom gleichen Steuersubjekt
 für das gleiche Steuerobjekt (für den gleichen Steuergegenstand) erhoben?

- Bei Anwendung der Freistellungsmethode (Art. 23 A MA): Wird sie durch bestimmte Vorbehaltsklauseln im Abkommen ausgeschlossen (Aktivitätsvorbehalt? Rückfallklausel (subject-to-tax-Klausel)? Switch-over-Klausel?)?
- Bei Anwendung der Freistellungsmethode (Art. 23 A MA): Progressionsvorbehalt.

# 5. Teil.
## Sonstige Steuern bei Auslandsbeziehungen (Überblick)

## T. Gewerbesteuer

Wegen ihres Charakters als Realsteuer (Realsteuern lasten auf einzel- **1** nen Gegenständen und werden von demjenigen erhoben, dem diese Gegenstände zuzurechnen sind) kennt die Gewerbesteuer (Gewerbeertragsteuer) ebensowenig wie die Verkehrsteuern und Verbrauchsteuern die Einteilung in unbeschränkte und beschränkte Steuerpflicht. Statt dessen ist die Gewerbesteuerpflicht ganz auf den Steuergegenstand hin ausgerichtet. Da der Steuergegenstand inlandsbezogen ist, wird damit wiederum – wie bei den Verkehrsteuern und Verbrauchsteuern – das **Territorialitätsprinzip** verwirklicht. Trotz dieser räumlichen Einschränkung sind aber auch im Gewerbesteuerrecht Normen anzutreffen, die den Steuertatbestand gegenüber dem Ausland abgrenzen – nicht anders als im territorial ausgerichteten Umsatzsteuerrecht, jedoch mit einem anderen Motiv. Deswegen kann man eine Betrachtung der Gewerbesteuer aus außensteuerrechtlicher Sicht auch als Frage nach der Verwirklichung des Territorialitätsprinzips verstehen. Daß eine solche Abgrenzung nach territorialen Gesichtspunkten überhaupt erforderlich ist, beruht im Kern auf der Anknüpfung an die weltweit ausgerichtete Bemessungsgrundlage der Personensteuern. Das wird vor allem bei einem Vergleich mit der Grundsteuer und der Grunderwerbsteuer deutlich, die bereits vom Steuergegenstand her inlandsbezogen sind.

## I. Inländischer Gewerbebetrieb

Steuergegenstand und damit Anknüpfungspunkt für die Gewerbesteu- **2** erpflicht ist – von den Reisegewerbebetrieben (§ 35a GewStG) abgesehen – „jeder stehende Gewerbebetrieb, soweit er im Inland betrieben wird" (§ 2 I Satz 1 GewStG). Unter Gewerbebetrieb ist ein gewerbliches Unternehmen i.S. des Einkommensteuergesetzes zu verstehen. Ob im Rahmen der inländischen Betriebsstätte eine gewerbliche Tätigkeit ausgeübt wird, beurteilt sich unter Einbeziehung der im Ausland verwirklichten Tatbestandsmerkmale, die isolierende Betrachtungsweise (§ 49 II EStG) gilt im Gewerbesteuerrecht nicht (*BFH* BStBl. 1983 II, 77). Im Inland betrieben wird ein Gewerbebetrieb, „soweit für ihn im Inland oder auf einem in einem inländischen Schiffsregister eingetragenen Kauf-

fahrteischiff eine Betriebsstätte unterhalten wird" (§ 2 I Satz 3 GewStG).
Das Vorhandensein eines ständigen Vertreters löst keine Gewerbesteuerpflicht aus (so wie andererseits der ausländische Vertreter eines inländischen Gewerbetreibenden nicht der Kürzungsvorschrift des § 9 Nr. 3
GewStG unterliegt). Da es bei Direktgeschäften (Lieferungen in das Inland) an einer Anknüpfung fehlt, kann keine Gewerbesteuer anfallen.
Gewerbesteuerliche Folgen können sich aus solchen Geschäften aber für
den Steuerinländer ergeben (zum bekannten Beispiel der Leasingge-
schäfte und § 8 Nr. 7 GewStG s. T 14). Für den Begriff der Betriebsstätte
gilt grundsätzlich § 12 AO. Bestimmte Tätigkeiten gelten aber nach
§ 2 II GewStG stets und in vollem Umfang als Gewerbebetrieb. Hierdurch gilt u. a. die Tätigkeit von Kapitalgesellschaften stets als Gewerbebetrieb (§ 2 II Nr. 2 GewStG); im Hinblick auf ausländische Kapitalgesellschaften und deren Gewerbesteuerpflicht ist zu fragen, ob im Inland
eine Betriebsstätte unterhalten wird; welche sachliche Tätigkeit ausgeübt
wird, ist gleichgültig (*BFH* BStBl. 1983 II, 77). Kapitalgesellschaften
i. S. des § 2 II Nr. 2 GewStG sind auch solche ausländische Gesellschaften, die ihrem Wesen nach inländischen Kapitalgesellschaften entsprechen (anders *Schaumburg* S. 353: Kapitalgesellschaften ausländischen
Rechts fallen nicht unter § 2 II GewStG, sondern unter § 2 III GewStG
als sonstige juristische Personen des privaten Rechts). Körperschaftsteuerlicher Organträger kann nach dem Steuerentlastungsgesetz 1999/2000/
2002 gem. § 2 II Satz 2 GewStG für Zwecke gewerbesteuerlicher Organschaft nur ein Unternehmen mit Sitz und Geschäftsleitung im Inland sein
(anders zur Rechtslage bis 31. 12. 1998 *BFH* IStR 1999, 243). Einen eigenständigen Inlandsbegriff für gewerbesteuerliche Zwecke gibt es nicht.
§ 2 VII bestimmt lediglich die Zuordnung auch des der Bundesrepublik
zustehenden Anteils am Festlandsockel, „soweit dort Naturschätze des
Meeresgrundes und des Meeresuntergrundes erforscht oder ausgebeutet
werden."

**3**      Die Gewerbesteuer knüpft an einen **im Inland betriebenen Gewerbebetrieb** an; das Betreiben setzt seinerseits voraus, daß eine Betriebsstätte „unterhalten wird", die inländische Betriebsstätte muß also tatsächlich überhaupt bestehen. Wird eine Betriebsstätte erst im Verlaufe
eines Kalenderjahres erworben, so ist für die Gewerbesteuer lediglich der
Rest des Jahres der (abgekürzte) Erhebungszeitraum (§ 14 II GewStG),
und als Gewerbeertrag ist dann nur der in diesem Zeitraum entstandene
Gewinn zu berücksichtigen (vergleichbar § 2 VII EStG).

Deswegen *FG Köln* EFG 1995, 1110: Vorweggenommene Betriebsausgaben einer
ausländischen Kapitalgesellschaft zum Erwerb einer inländischen Betriebsstätte mindern nicht den Gewerbeertrag; das Urteil betrifft aufgewendete Rechts- und Bera-
tungskosten zur Vorbereitung eines Pachtvertrages über den Betrieb eines Hotels im
Inland. Das FG versteht das Merkmal des „Unterhaltens" im Hinblick auf den Objektsteuercharakter der Gewerbesteuer dahingehend, daß die im Inland unterhaltene
Betriebsstätte einem stehenden Gewerbebetrieb im Sinne des § 2 I Satz 1 GewStG

gleichzustellen ist – vor Inbetriebnahme des Hotels war noch keine Teilnahme am Marktgeschehen im Inland gegeben; auf die ausländische Marktteilnahme kann es danach nicht ankommen, weil § 2 I Satz 3 ausdrücklich auf das Inland abstellt. Im Hinblick darauf, daß diese Grundsätze gleichermaßen für inländische und ausländische Kapitalgesellschaften gelten: Nicht schon deren Gründung, sondern erst ihre Tätigkeit erfüllt die Voraussetzungen eines Gewerbebetriebs, sieht das FG auch keinen gemeinschaftsrechtlichen Verstoß (was nur zutreffend ist, wenn man sich auf bloßes Diskriminierungsverbot stützt). Aus der Sicht eines inländischen Unternehmens gelten für die Vorbereitungsphase bei der Errichtung ausländischer Betriebsstätten entsprechende – dann vorteilhafte – Folgen, weil die inländische Steuerbemessungsgrundlage gemindert wird und § 3 c EStG nicht anwendbar ist. Das entspricht im übrigen den abkommensrechtlichen Wirkungen im Bereich der Ertragsteuern, da der Grundsatz der Betriebsstättenbesteuerung erst ab Entstehung der Betriebsstätte greift (zum Ganzen *Wassermeyer* Art. 7 MA Rz 295 unter Einbeziehung der weiteren Fragen nach der Zurechnung später erwirtschafteter Einnahmen zum Hauptsitz nach dem Veranlassungsprinzip aufgrund des zuvor übernommen Vorbereitungsaufwandes).

## II. Gewerbeertragsteuer: Universaler Ausgangspunkt

Die Gewerbesteuer knüpft bei der Ermittlung des Gewerbeertrags an **4** den nach den Vorschriften des EStG und des KStG ermittelten Gewinn aus Gewerbebetrieb (§ 7 GewStG).

Soweit es sich um Kapitalgesellschaften handelt, wirken sich damit auch Gewinnkorrekturen aus, um dem Fremdvergleich zu entsprechen. Denn für die Ermittlung des Gewerbeertrags ist es „einerlei, ob sich die Gewinnermittlungsmaßnahme bilanzmäßig oder außerhalb der Bilanz auswirkt", so Abschn. 38 I Satz 7 GewStR. Beispielsweise schlägt die Steuerbefreiung nach § 8 b I KStG über § 7 GewStG auch auf die Ermittlung des Gewerbeertrags durch; EK 01-Ausschüttungen von Tochterkapitalgesellschaften sind unabhängig von der Beteiligungsquote vom Gewerbeertrag der Muttergesellschaft ausgenommen – die Kürzung nach § 9 Nr. 2a GewSt greift nur ein, wenn die Einnahmen bei der Gewinnermittlung angesetzt wurden. Ist wegen § 8 b I Satz 3 KStG eine Gewinnkorrektur vorzunehmen, so hat diese außerhalb der Bilanz zu erfolgen – aber diese Berichtigung schlägt über § 7 GewStG auf die Ermittlung des Gewerbeertrags durch (*Kreuz* S. 93 f.). Über § 7 GewStG wirkt sich auch die Befreiung nach § 8 b II KStG auf die Ermittlung des Gewerbeertrags aus; daß sich die Kürzungsvorschrift des § 9 Nr. 7 GewStG für zwischenstaatliche Dividenden nicht auf die steuerbefreiten Veräußerungsgewinne erstreckt, steht dem nicht entgegen. § 8 Nr. 10 GewStG zur ausschüttungsbedingten Gewinnminderung weist keinen Bezug zu § 8 b VI KStG aus; denn soweit die ausschüttungsbedingte Teilwertabschreibung oder sonstige Gewinnminderung bei der Gewinnermittlung durch außerbilanzielle Hinzurechnung rückgängig gemacht wurde, wirkt sich dies bereits über § 7 GewStG aus. Einkommenskorrekturen nach § 8 a KStG erhöhen über § 7 GewStG die gewerbeertragsteuerliche Bemessungsgrundlage; da § 9 Nr. 10 Satz 1 GewStG die Kürzung der durch § 8 a veranlaßten Einkommenserhöhung anordnet und Satz 2 dieser Vorschrift die Anwendung des § 8 Nr. 1 und 3 GewStG vorschreibt, wirken sich verdeckte Gewinnausschüttungen i. S. des § 8 a KStG letztlich nur aus, wenn die zugrundeliegenden Zinszahlungen als Dauerschuldzinsen, oder als Gewinnanteile eines nicht gewerbesteuerpflichtigen stillen Gesellschafters zu qualifizieren sind (zur ratio *Kröner* in *Arthur Anderson* Rz 165 zu § 8 a KStG). Verdeckte Gewinnausschüttungen nach § 8 III Satz 2 KStG wirken sich gewerbeertragsteuerlich in vollem Umfang aus. Für die in den Gewerbeertrag eingehende Besteuerungsgrundlage nach §§ 7–14 AStG ist auf AEASTG Anlagen zu § 10 AStG (zu Rz 10.03) zu verweisen.

**5**   Der Gewerbeertrag ergibt sich sodann durch Vornahme spezifisch gewerbesteuerlicher Hinzurechnungen (§ 8 GewStG) und Kürzungen (§ 9 GewStG). Für den lediglich der beschränkten Steuerpflicht unterliegenden inländischen Gewerbetreibenden ist damit grundsätzlich das **Prinzip der Territorialität** schon mit dieser Ausgangsgröße verbunden. Anders für den unbeschränkt Steuerpflichtigen: Da dessen Gewinn unter der Geltung des Welteinkommensprinzips ermittelt wurde, ist auch die Ausgangsgröße nach § 7 GewStG weltweit ausgerichtet. Das ist zunächst klarzustellen, weil erst dann sich der Sinn hiergegen gerichteter Hinzurechnungs- und Kürzungsvorschriften, vor allem aber deren eingeschränkte Bedeutung im Hinblick auf die an sich gegebene territoriale Beschränkung erschließt. Es wird sich nämlich zeigen, daß von einer vollständigen Eliminierung auslandsbezogener Gewinnteile keine Rede sein kann (was allerdings auch für den Verlustfall gilt). Zunächst sind in der Ausgangsgröße alle auf Lieferungs- und Leistungsbeziehungen mit dem Ausland zurückzuführenden Gewinnbestandteile enthalten. Daneben sind auch Gewinnbestandteile enthalten, die einer ausländischen Betriebsstätte zuzuordnen sind. Handelt es sich um Beteiligungsbesitz, dann werden die Beteiligungserträge in einem inländischen Betriebsvermögen vereinnahmt und beeinflussen den hier ausgewiesenen Ertrag; das gilt für Beteiligungen an ausländischen Personengesellschaften ebenso wie für Beteiligungen an ausländischen Kapitalgesellschaften – nur für den Privatmann als Beteiligungsinhaber ist das Territorialitätsprinzip mangels inländischer Anknüpfung vom Grundsatz her gewahrt. Nichts anderes gilt für sonstige Einnahmen aus dem Ausland im Rahmen einer gewerblichen inländischen Betätigung (§ 2 GewStG), seien es Zinsen aus Darlehens- oder Anlagegeschäften, seien es Nutzungsentgelte für Schutzrechtsverwertungen.

### III. Gewerbeertragsteuer: Die territoriale Begrenzung

#### 1. Kürzungsvorschriften

**6**   (1) Eine konsequente Verwirklichung des Territorialitätsprinzips dürfte mithin nicht nur den Steuergegenstand auf eine inländische Belegenheit beschränken; sie müßte auch die Steuerbemessungsgrundlage auf rein innerstaatliche Sachverhalte beschränken – aber dies nur, wenn man das Territorialitätsprinzip tatsächlich auch so eng interpretieren müßte. Das ist aber nicht der Fall, es gehört geradezu zum Inhalt des Territorialitätsprinzips, daß es in Grenzbereichen unscharf ist. Es taugt als Leitlinie – und unter diesem Gesichtspunkt ist es im Gewerbesteuergesetz auch verwirklicht. Man kann das an der Einbeziehung der grenzüberschreitenden Direktgeschäfte mit dem Ausland in die Ausgangsgröße nachvollziehen. Die hieraus im Gewinn enthaltenen Erträge verbleiben in der Bemessungsgrundlage, sie werden nicht herausgerechnet. Ist das eine sachgemäße Entscheidung? Einerseits führt die Einbeziehung der Gewinne aus grenzüberschreitenden Direktgeschäften wegen der Sonderstellung der Gewerbesteuer im internationalen Bereich zu einer spürbaren Mehrbelastung der deutschen Exportwirtschaft gegenüber ausländischen Konkurrenten, was die Forderung nach einer Erweiterung gewerbesteuerrechtlicher Kürzungsvorschriften verständlich macht; andererseits beruhen die Direktgeschäfte auf einer Produktionsleistung der inländischen Betriebsstätte und stellen damit zweifellos inländische Einkünfte dar; eine Zerlegung eines Gesamtbetrages „inländische Einkünfte" mit dem Ziel, Auslandsquellen ohne Betriebsstättenqualität auszusondern, ist aber schon steuersystematisch nicht zu vertreten; der Wettbewerbsgesichtspunkt kann letztlich wegen des fehlenden ausländischen Verbundes ebenfalls nicht überzeugen (zur Diskussion *Otto H. Jacobs* S. 390). Das Territorialitätsprinzip wird für die Gewerbesteuer daher erst bei ausländischen Direktinvestitionen verwirklicht: Kürzungen des Gewerbeertrags bei Betriebsstätten (§ 9 Nr. 3 GewStG), bei Personengesellschaften (§§ 8 Nr. 8, 9 Nr. 2 GewStG) und bei Schachtelbeteiligungen an Kapitalgesellschaften (§ 9 Nr. 7 GewStG).

(2) Deutlich wird der Charakter einer auf den inländischen Gewerbe- 7 betrieb beschränkten Steuer daher zuvorderst durch die Kürzungsvorschrift des § 9 Nr. 3 GewStG. Denn hiernach ist der Teil des Gewerbeertrags eines inländischen Unternehmens abzuziehen, der auf eine **nicht im Inland belegene Betriebsstätte** entfällt. Die Norm hat (entgegen Abschn. 62 GewStR) nicht nur deklaratorische Bedeutung, da sich die Kürzung nicht bereits aus dem Wortlaut des § 2 I Satz 1 GewStG ergibt; *Glanegger/Güroff* sehen in § 9 Nr. 3 eine rechtssystematische Ergänzung und Beschreibung des Steuergegenstandes in § 2 I. Zu beachten ist bei der Kürzung, daß nicht nur der dem Betriebsstättenergebnis entsprechende Teil der Ausgangsgröße „Gewerbeertrag" (§ 7 GewStG), sondern der entsprechende Teil der durch Hinzurechnungen und Kürzungen (§§ 8, 9 GewStG) modifizierten Größe „Gewerbeertrag" abgezogen werden muß. Ist der Teil des Gewerbeertrags, der auf die im Ausland belegene Betriebsstätte entfällt, nicht aus der Buchführung festzustellen, so muß er geschätzt werden. Hierbei kann gem. Abschn. 62 II GewStR die Zerlegungsvorschrift des § 29 GewStG sinngemäß angewendet werden.

Ebensowenig wie ein inländischer Privatmann mit einer im Ausland belegenen Betriebsstätte der Gewerbesteuer unterliegt, ist die Beteiligung eines inländischen Privatmanns an einer ausländischen Personengesellschaft mit ausländischer Betriebsstätte Anknüpfungspunkt für die Gewerbesteuer. Befindet sich nun aber im letztgenannten Fall die Beteiligung in einem inländischen Betriebsvermögen, stellt sich die – einst streitige – Frage, ob die daraus im Inland vereinnahmten Gewinne unter § 9 Nr. 3 GewStG fallen. Der *BFH* hatte eine Kürzungsmöglichkeit verneint (*BFH* BStBl. 1972 II, 388). Zur Begründung führte das Gericht an, § 9 Nr. 3 GewStG ziehe für ausländische Betriebsstätten eines Unternehmens lediglich die Folgerung aus § 21

GewStG, wonach der Gewerbesteuer nur stehende Gewerbebetriebe unterliegen, soweit sie im Inland eine Betriebsstätte unterhalten. Die **Gesellschafter von Personengesellschaften** hätten jedoch keine eigene Betriebsstätte an dem Ort, an dem die Personengesellschaft eine Betriebsstätte hat. Gewerbesteuerpflichtig sei die Personengesellschaft als solche und nicht der einzelne Gesellschafter (§ 2 II Nr. 1 GewStG); dieser könne daher das Tatbestandsmerkmal der ausländischen Betriebsstätte i. S. des § 9 Nr. 3 GewStG nicht erfüllen. § 9 Nr. 2 GewStG sah bis zum Erhebungszeitraum 1971 eine Kürzung des Gewinns um die Anteile am Gewinn einer OHG vor. Auch hier sah sich der *BFH* außerstande, die Vorschrift auch auf Anteile an ausländischen Personengesellschaften auszudehnen. Wirtschaftspolitische Gründe führten aber schließlich zu einer Ausdehnung der Kürzungsvorschrift auf Gewinnanteile an ausländischen Personengesellschaften. Der Bundesregierung ging es mit dieser von ihr vorgeschlagenen Maßnahme ausschließlich um eine Gleichstellung der Beteiligungen an ausländischen Personengesellschaften mit den Beteiligungen an ausländischen Kapitalgesellschaften (s. dazu der sogleich erörterte § 9 Nr. 7 GewStG). „Die steuerliche Wettbewerbslage der deutschen Außenwirtschaft wird damit auch insoweit verbessert, als die wirtschaftlichen Aktivitäten über Personengesellschaften entfaltet werden. Im Unterschied zu der Behandlung von Gewinnanteilen an Kapitalgesellschaften, die nur bei einer Beteiligung von mindestens 25% zu einer Kürzung berechtigen, sind Gewinne aus Anteilen an ausländischen Personengesellschaften ohne Rücksicht auf die Höhe der Anteile zu kürzen. Insofern ist die Regelung für Beteiligung an ausländischen Personengesellschaften günstiger als die Regelung für Anteile an ausländischen Kapitalgesellschaften" (*Lenski/Steinberg* § 9 Nr. 2 Rz 2). Die Beteiligung an einer ausländischen Mitunternehmerschaft ist daher generell gewerbesteuerfrei; als Beteiligung im Privatvermögen nach § 2 I GewStG, als Beteiligung im Betriebsvermögen nach § 9 II GewStG.

**8**     Die Kürzungsvorschrift des § 9 Nr. 3 GewStG basiert nicht etwa auf einer „Freistellungsmethode", so daß es keiner Überlegung bedarf, ob denn aus dieser Methode auch der Ausschluß ausländischer Verluste folge (dazu grundsätzlich s. S 323); es geht hier um eine immanente territoriale Begrenzung; das Steuergesetz beschränkt seinen Anwendungsbereich generell auf das Inland (*Kl. Vogel* Rz 72 zu Art. 23). Daraus folgt: Unter dem „Teil des Gewerbeertrages" in § 9 Nr. 3 ist auch ein in einer ausländischen Betriebsstätte entstandener Verlust zu verstehen, *BFH* BStBl. 1974 II, 752. Aus § 9 Nr. 3 folgt dann die Hinzurechnung der negativen Größe. Liegt eine ausländische Betriebsstätte vor, so ergibt sich daraus nicht notwendig, daß nunmehr der gesamte, aus der ausländischen Betätigung herrührende Ertrag der Betriebsstätte zuzurechnen ist und damit aus der Gewerbesteuer ausscheidet. Der Ertrag muß durch die in der ausländischen Betriebsstätte ausgeübten oder ihr zuzurechnenden unternehmerischen Betätigungen erzielt worden sein. Dies hat der *BFH* BStBl. 1985 II, 406 am Beispiel eines Reiserveranstalters, der Auslandsreisen durchführt, dargelegt: Soweit die Reiseleistungen keinen Zusammenhang mit der Betriebsstätte aufweisen, sind sie dem inländischen Stammhaus zuzuordnen. Die tatsächliche Arbeitsteilung bestand in der Betreuung der Ferienreisenden und Durchführung örtlicher Veranstaltungen durch die ausländische Betriebsstätte, während Hotelunterbringung und Flugtransport dem Stammhaus zuzuordnen waren. Aus § 9

Nr. 3 GewStG folgt umgekehrt: Für Unternehmen mit Sitz im Ausland und Betriebsstätte im Inland wird entsprechend nur der Gewerbeertrag der Besteuerung unterworfen, der tatsächlich mit der Betriebsstätte, nicht mit der gesamten Betätigung im Zusammenhang steht. Die Abgrenzung ist nach den Grundsätzen *BFH* aaO durchzuführen. Zur Sonderregelung für den Betrieb „von eigenen oder gecharterten Handelsschiffen im Handelsverkehr" als Unternehmensgegenstand s. § 9 Nr. 3 Sätze 2–5 GewStG.

(3) Unterliegen Gewinne aus Direktlieferungen in das Ausland der 9 Gewerbesteuer, werden in ausländischen Betriebsstätten erzielte Gewinne ebenso wie Gewinne aus der Beteiligung an ausländischen Personengesellschaften von der Gewerbesteuer freigestellt, so ist nun noch die gewerbesteuerliche Behandlung der Erträge aus **Beteiligungen an ausländischen Kapitalgesellschaften** zu klären. Für den Privatmann kann es keine gewerbesteuerlichen Folgen geben. Für die Beteiligung an einer Auslandsgesellschaft in einem inländischen Betriebsvermögen greift das gewerbesteuerrechtliche Schachtelprivileg des § 9 Nr. 7 GewStG. Diese Entlastung ist zum besseren Verständnis zunächst in die Systematik des Gesetzes einzuordnen. Da das gewerbesteuerrechtliche Schachtelprivileg an bestimmte Bedingungen geknüpft ist, insbesondere an eine Mindestbeteiligung in Höhne von 10%, geht das Gesetz zunächst entgegen dem Territorialitätsprinzip von einer Gleichbehandlung inländischer und ausländischer Beteiligungserträge aus und stellt – so gesehen – die Beteiligungserträge mit den Erträgen aus Direktgeschäften auf eine Stufe. Mit § 9 Nr. 2a GewStG gibt es im Gewerbesteuergesetz seit 1962 ein eigenständiges Schachtelprivileg – aber nur auf inländische Beteiligungsbeträge bezogen – was zu der systematisch nicht einleuchtenden Ungleichbehandlung inländischer und ausländischer Erträge aus Schachtelbeteiligungen führte, die um so unverständlicher war, wenn man den Territorialitätsgedanken als Maßstab anlegte. Die Steueranrechnung des Körperschaftsteuersystems 1977 konnte sich systematisch nicht auf die Gewerbesteuer auswirken. Daraus folgt die eigenständige Funktion des **gewerbesteuerrechtlichen Schachtelprivilegs,** die – in diese Entwicklungsgeschichte eingebettet – zunächst einmal lediglich auf eine erweiterte Gleichstellung inländischer und ausländischer Beteiligungserträge ausgerichtet ist: Gehen beide von der Gesetzessystematik zunächst in die Bemessungsgrundlage ein, gilt für beide nunmehr ein Befreiungsprivileg. Mit dem gewerbesteuerrechtlichen Schachtelprivileg ist dann aber zugleich – nunmehr unter dem Gesichtspunkt der Territorialität betrachtet – eine annähernd vergleichbare Besteuerungsfolge gegeben wie für die Betriebsstätteneinkünfte und für die Gewinnanteile aus ausländischen Personengesellschaften; die Mindestbeteiligung nach § 9 Nr. 7 GewStG ließe sich dann damit rechtfertigen, daß es unterhalb einer solchen Grenze an einer genügend festen Beziehung zum Ausland fehlt – was aller-

dings den Vergleich mit der Beteiligung an einer ausländischen Personengesellschaft, für die es keiner Mindestbeteiligungsquote bedarf, schon nicht mehr trägt; hinzu kommt die Beschränkung des gewerbesteuerlichen Schachtelprivilegs grundsätzlich auf aktive Tätigkeiten. Der *BFH* BStBl. 1985 II, 160 hat zudem den Zweck des § 9 Nr. 7 wie den des § 9 Nr. 2a in der Vermeidung einer Doppelbesteuerung gesehen; das trifft für § 9 Nr. 2a zu, ist aber für § 9 Nr. 7 wegen der fehlenden Verbreitung der Gewerbesteuer in anderen Staaten kaum nachvollziehbar.

**10**  – Zu unterscheiden sind: Die begünstigten Ausschüttungen ausländischer Tochtergesellschaften nach § 9 Nr. 7 Satz 1 HS 1; die begünstigten Ausschüttungen nach § 9 Nr. 7 Satz 1 HS 2, womit die Mutter/Tochter-Richtlinie in deutsches Recht auch für die Gewerbesteuer umgesetzt wurde; die begünstigten Ausschüttungen ausländischer Enkelgesellschaften nach § 9 Nr. 7 Satz 2 für den Fall eines dreistufigen Konzernaufbaus. Im Vergleich zum Körperschaftsteuerrecht (s. N 159 ff.) entsprechen § 9 Nr. 7 Satz 1 HS 1 GewStG dem § 26 II KStG, § 9 Nr. 7 Satz 1 HS 2 GewStG dem § 26 II a KStG und § 9 Nr. 7 Satz 2 GewStG dem § 26 V KStG; die gesonderten gewerbesteuerrechtlichen Tatbestände gegenüber § 26 KStG sind erforderlich, weil sich die KStG-Vorschriften nicht direkt über § 7 GewStG auswirken: Es handelt sich nicht um eine durchschlagende Steuerbefreiung, sondern um eine indirekte Steueranrechnung; der Gewerbesteuer ist aber eine solche Steueranrechnung fremd. Außen vor bleiben hier die DBA-Schachtelprivilegien – sie sind im Zusammenhang mit der Gewerbesteuer und dem Abkommensrecht zu erwähnen. Wird auf den Hinzurechnungsbetrag Gewerbesteuer erhoben, ist § 13 I Nr. 2 AStG zu berücksichtigen (entsprechende Anwendung des § 9 Nr. 7 GewStG).

**11**  – Die Grundnorm § 9 Nr. 7 HS 1 GewStG setzt eine **zweistufige Beteiligungsbeziehung** voraus und führt zu einer Freistellung der gesamten Dividenden von der ausländischen Gewerbesteuer. Sie setzt eine ausländische Kapitalgesellschaft mit ausländischem Sitz und Ort der Geschäftsleitung, eine Beteiligung seit Beginn und während des gesamten Erhebungszeitraums in Höhe von mindestens 10% des Nennkapitals und aktive Tätigkeitsmerkmale (§ 8 I Nr. 1–6, § 8 II AStG) voraus. Es handelt sich um eine Berichtigungsvorschrift für die Ermittlung der Bemessungsgrundlage. Kürzungsberechtigt sind alle Unternehmen im Sinne des § 2 GewStG, auf die Rechtsform kommt es nicht an; im Ausland ansässige Unternehmen können die Kürzung des § 9 Nr. 7 beanspruchen, wenn sie im Inland einen Gewerbebetrieb (Betriebsstätte) unterhalten und dem Betriebsstättenvermögen die Beteiligung zuzurechnen ist (zur Zurechnung *BFH* BStBl. 1987 II, 550). Dagegen muß es sich bei der Tochtergesellschaft um eine Kapitalgesellschaft handeln (Qualifikation am Maßstab des deutschen Rechts). Da der Gewinn aus Gewerbebetrieb im Sinne des § 7 GewStG unter Einbeziehung der Hinzurechnungen und Kürzungen auch einen negativen Betrag ergeben kann, erhöht eine Kürzung um Beteiligungserträge den nach § 10a GewStG vortragsfähigen Gewerbeverlust. § 9 Nr. 7 GewStG spricht – abweichend von der Terminologie in § 26 KStG: Gewinnanteile – von „Gewinnen aus Anteilen"; damit sind zwei Fragen verbunden: Zum einen die wiederholt im internationalen Steuerrecht zu stellende Frage nach einem Brutto- oder Nettobetrag, ob also die mit dem Bezug der Beteiligungsgewinne verbundenen Betriebsausgaben wieder abzusetzen sind, wenn sie den Gewinn bereits gemindert haben; überwiegend wird der Abzugsbetrag als Nettobetrag verstanden, weil die dazugehörigen, zum Bruttobetrag führenden Ausgaben bereits nach § 7 GewStG wirksam wurden (*Odenthal* in *F/W/B* Rz 10, 11 zu § 9 Nr. 7 GewStG; *Lenski/Steinberg* Rz 37 zu § 9 Nr. 7). *Killinger* BB 1999, 500 hält den Wortlaut „Gewinne aus Anteilen" für ergebnisoffen. Den Rechtsgedanken des § 3c EStG hält er überzeugend für nicht anwendbar: Zu- und Abrechnungsvorschriften der §§ 8 und 9 GewStG enthalten Regelungen, die in dem Objektcharakter der Gewerbesteuer als Belastung einer im Inland ausgeübten Tätigkeit ihre Begründung haben – das aber sind keine eigentlichen Befreiungsvorschriften, sondern Regelungen über die sachliche Begrenzung des Steuerguts; es verbietet sich daher von der Sache her, § 3 c EStG anzuwenden. Wohl aber rechtfertigt der mit § 9 Nr. 7 GewStG verfolgte Zweck, die Kürzung als auf einen Nettobetrag ausgerichtet zu verstehen. Unter Anwendung des BFH-Urteils *BFH* BStBl. 1997 II, 57 (s. dazu S 332) setzt dies aber voraus, daß überhaupt Gewinnanteile zufließen – dies bestätigt das *BMF*-Schreiben zur Zuordnung von Betriebsausgaben zu steuerfreien Schachteldividenden BStBl. 1997 I, 99 Rz 2. Die zweite Frage ist die nach den Gewinnen aus der Veräußerung von Anteilen. Hierzu *BFH* BStBl. 1985 II, 160: Der Gewinn stellt einerseits Ertrag des laufenden Betriebs dar und unterliegt selbst dann, wenn die Veräußerung sämtliche Anteile an der Kapitalgesellschaft zum Gegenstand hat, der Gewerbesteuer. Die Ansässigkeit der Kapitalgesellschaft, deren Anteile veräußert werden, spielt keine Rolle. § 9 Nr. 7 GewStG führt auch nicht zu einer Kürzung: Unter „Gewinn aus Anteilen" ist nur der ausgeschüttete und nicht der bei der Anteilsveräußerung erzielte Gewinn gemeint. Damit eng verbunden ist die Frage einer Teilwertabschreibung auf die maßgebliche Beteiligung: Sie fällt nicht unter die insoweit klar formulierte Kürzungsvorschrift, auch dann nicht, wenn sie ausschüttungsbedingt ist. Hat sich aber die Ausgangsgröße des § 7 GewStG durch eine ausschüttungsbedingte Teilwertabschreibung bereits gemindert, hat nach § 8 Nr. 10 GewStG eine Hinzurechnung zu erfolgen. Dies wird mit der Überlegung gerechtfertigt, eine doppelte Entlastung zu vermeiden: Eine solche Gewinnminderung ist zwar formal außerordentlicher Aufwand, in der Sache aber kein wirklicher Verlust, da in gleicher Höhe die Gewinnausschüttungen nach § 9 Nr. 7 GewStG gewerbesteuerfrei sind (was natürlich auch für die Schachtelprivilegien in § 9 Nr. 7, 2 a, 8 GewStG gilt). Umgekehrt hat mithin die Gewinnminderung erfolgsneutral zu bleiben (*Lenski/Steinberg* Rz 5 zu § 8 Nr. 10 GewStG). Soweit ausschüttungsbedingte Teilwertabschreibungen nach § 8 b VI KStG bei der Körperschaftsteuer den Gewinn nicht mindern durften, kommt eine Hinzurechnung natürlich nicht mehr in Betracht. Zu den Auswirkungen des § 50 c I EStG auf die Gewerbesteuer *Fiack* IStR 1996, 505: Beim Zusammentreffen von Beteiligungserwerb von einem nichtanrechnungsberechtigten Anteilseigner und dem Zufluß einer Dividende von der erworbenen Gesellschaft bei ausschüttungsbedingter Teilwertabschreibung im gleichen Kalenderjahr führt die Anwendung des § 50 c EStG zu einer Erhöhung des Gewerbertrags und damit zu einer Belastung dieses Hinzurechnungsbetrages mit Gewerbesteuer; Ursache dieser „Systemwidrigkeit" ist die fehlende Abstimmung zwischen dem gewerbesteuerlichen Schachtelprivileg und § 8 Nr. 10 GewStG in diesem besonderen Fall.

– An dieses Schachtelprivileg knüpft § 9 Nr. 7 HS 2 GewStG an, der die **Mut- 12 ter/Tochter-Richtlinie** für den Bereich der Gewerbesteuer umsetzt, deren Zweck die Erleichterung grenzüberschreitender EU-Aktivitäten ist (s. dazu bereits N 220). Bei der Tochtergesellschaft, die „weder Geschäftsleitung noch Sitz im Inland hat" (demgegenüber der positive Wortlaut in HS 1), muß es sich um die „eines anderen Mitgliedstaates" handeln (Bezugnahme auf Anlage 7 zu § 44 d EStG).

– Ebenfalls an § 9 Nr. 7 HS 1 knüpft das für einen **dreistufigen Konzernaufbau** 13 geltende Schachtelprivileg des § 9 Nr. 7 Satz 2 GewStG an, wenngleich die ausdrückliche Verweisung fehlt: Ein partielles internationales Schachtelprivileg bei mittelbarer Beteiligung an einer aktiv tätigen Enkelgesellschaft. Die Kürzung gilt wie in den Fällen des Satzes 1 für Gewinne aus Anteilen, die bei der Ermittlung des Gewinns nach § 7 GewStG angesetzt worden sind; allerdings gelten für die Kürzung Höchstbeträge: Sie beschränkt sich auf den Teil der von der Tochtergesellschaft bezogenen Gewinne, der nach ihrer mittelbaren Beteiligung auf sie entfallenden Gewinnausschüttung der Enkelgesellschaft entspricht. Zweifelsfragen dieser Norm hat der *BFH* RIW 1997, 622 geklärt: Danach ist die Kürzung nicht zu gewähren, wenn die erforderliche Mindestbeteiligungsquote an der Enkelgesellschaft nur durch Zusammenrechnung einer unmittelbaren Beteiligung der inländischen Muttergesellschaft und einer mittelbaren Beteiligung über eine zwischengeschaltete Tochtergesellschaft erreicht wird. Das Gesetz differenziert strikt zwischen unmittelbaren und mittelbaren Schachtelbeteiligungen mit jeweils eigenen Beteiligungs- und Ausschüttungsvoraussetzungen; zudem stelle die gesetzliche Regelung die Inanspruchnahme der mittelbaren Schachtelvergünstigung nach Satz 2 unter einen Antragsvorbehalt und beläßt dem Steuerpflichtigen insoweit ein Wahlrecht – anders als nach Satz 1; dadurch schließen sich die beiden Regelungen zwar tatbestandlich nicht von vornherein aus, zu einer kumulativen Anwendung beider Regelungen kann es nach der zutreffenden Ansicht des *BFH* gleichwohl nicht kommen, weil § 9 Nr. 7 Satz 1 GewStG die volle Kürzung des Gewinns um Ausschüttungen der Tochtergesellschaft ermöglicht; für die auf den Höchstbetrag begrenzte Kürzung nach Satz 2 ist dann kein Raum. Mag auch unter dem Gesichtspunkt der Förderung von Beteiligungen an aktiv tätigen Auslandsgesellschaften gegen eine Zusammenrechnung mittelbarer und unmittelbarer Beteiligungen vom Grundsatz her nichts sprechen, sie berechtigt nicht zur Abweichung vom klaren Wortlaut des Gesetzes.

## 2. Hinzurechnungsvorschriften; europarechtliche Probleme

**14**     (1) Auch die Hinzurechnungsvorschriften nach § 8 GewStG weisen grenzüberschreitende Bezüge auf. Diese Vorschriften bezwecken nicht die Vermeidung einer Doppelbesteuerung – es soll die objektive Ertragskraft eines Gewerbebetriebs erfaßt werden. Für § 8 Nr. 1 („Entgelte für Schulden") kommt es darauf an, ob solche Entgelte „bei der Ermittlung des Gewinns abgesetzt wurden." Beschränkt sich die Steuerbemessungsgrundlage von vornherein auf einen inländischen Sachverhalt, konnten Dauerschuldzinsen, die mit solchen die Gewerbesteuer nicht berührenden Sachverhalten in Zusammenhang stehen, ohnehin nicht zum Abzug gelangen. Die Zinsen für ein Darlehen zum Erwerb einer ausländischen Betriebsstätte durch einen inländischen Unternehmer sind ohnehin nicht in der Steuerbemessungsgrundlage enthalten – wohl aber die zur Finanzierung von Außenhandelsgeschäften (Exportkredite, Importkredite), aufgewendeten Zinsen; erfüllen sie die Voraussetzungen des § 8 Nr. 1 GewStG (dazu *Lenski/Steinberg* Rz 129, 149 zu § 8 Nr. 1 GewStG), hat eine Hinzurechnung zu erfolgen. Werden diese Zinsen von einer ausländischen Tochtergesellschaft gezahlt, stünde eine Hinzurechnungsbesteuerung (§ 8 I Nr. 7 AStG) der Hinzurechnung nicht entgegen, obwohl damit eine doppelte gewerbesteuerrechtliche Folge verbunden ist. Die Vermeidung der Gewerbesteuer durch Wegfall einer Hinzurechnung von Entgelten für Schulden gilt als erheblicher Anlaß für die Beschaffung von Fremdkapital über ausländische Finanzierungsgesellschaften durch deutsche Unternehmen (vgl. dazu *Potthof* S. 69; *Gundel* IStR 1994, 212, der eine zusätzliche Belastung von etwa 1,03% eines aufgenommenen, von § 8 Nr. 1 GewStG erfaßten Darlehens errechnet).

**15**     (2) In die Diskussion geraten war die Regelung in § 8 Nr. 7 Satz 2 GewStG zur **Zurechnung bestimmter Miet- und Pachtzinsen.** Hinzuzurechnen sind „soweit sie bei der Ermittlung des Gewinns abgesetzt sind: Die Hälfte der Miet- und Pachtzinsen für die Benutzung der nicht in Grundbesitz bestehenden Wirtschaftsgüter des Anlagevermögens, die im Eigentum eines anderen stehen. Das gilt nicht, soweit die Miet- oder Pachtzinsen beim Vermieter oder Verpächter zur Gewerbesteuer heranzuziehen sind ..." Die Miet- und Pachtzinsen sind nicht von der Hinzurechnung ausgeschlossen, wenn die Entgelte in einem ausländischen Gewerbebetrieb anfallen (zuletzt *BFH* BStBl. 1984 II, 17). Die Hinzurechnung unterbleibt also nur, wenn die Miet- und Pachtzinsen beim Empfänger der deutschen Gewerbesteuer unterliegen. Daraus folgt der **europarechtliche Aspekt** dieser Hinzurechnungsnorm: Die Hinzurechnung kommt fast ausschließlich nur bei der Anmietung von einem ausländischen Vermieter in Betracht, da jeder inländische Konkurrent wegen Betreibens eines Gewerbebetriebs der Gewerbesteuer unterliegt; betroffen ist die Leasingbranche. § 8 Nr. 7 Satz 2 GewStG wirkt sich daher wie eine Sondersteuer zu Lasten der Leasinggeber anderer Mitgliedstaaten aus; diese sieht dadurch den Zutritt zum deutschen Markt behindert (Dienstleistungsfreiheit). Das Anliegen des deutschen Fiskus ist klar: Der Gewerbeertrag aus solchen Transaktionen soll einer einmaligen Gewerbesteuerbelastung unterworfen sein. Vergleicht man einen Gewerbesteuerpflichtigen, der einen Leasingvertrag mit einem ausländischen Leasinggeber abgeschlossen hat, mit einem Gewerbesteuerpflichtigen, der mit einem der deutschen Gewerbesteuer unterworfenen Leasinggeber kontrahiert, so ergibt dies eine Schlechterstellung des Gewerbesteuerpflichtigen mit einem ausländischen Leasinggeber als Folge einer höheren Gewerbesteuerbelastung; dies könnte den deutschen Leasingnehmer bei sonst gleichen Bedingungen veranlassen, einen Vertrag mit einem deutschen Leasinggeber abzuschließen – oder der ausländische Leasinggeber wäre aus Wettbewerbsgründen gezwungen, im Inland eine gewerbesteuerliche Anknüpfung (§ 2 GewStG) zu schaffen (§ 8 Nr. 7 Satz 2 GewStG). Das Argument der Befürworter der Regelung (z.B. *Thiel* JbFSt 1997/98, S. 117) lautet: Wenn der ausländische Leasinggeber keine Gewerbesteuer zu zahlen hat, dann kann er im Inland billiger anbieten; sein Angebot erweist sich immer noch als billiger, wenn sein Abnehmer diese Hinzurechnung hinnehmen muß. Das Argument der Kritiker sieht hingegen einen Wettbewerbsnachteil (*Streu* IStR 1997, 555; *Herzig* IDW-Steuerfachtagung 1996, 155; umfassende Darstellung des Problems bei *Thömmes* JbFSt 1997/98, S. 107 und *Kaefer/Tillmann* IWB Gr. 11 a, 235): Der Gewerbesteuer werde ein fiktiver Reinertrag unterworfen, dessen Höhe bei Vermietungsgeschäften auf 50% der Entgelte fingiert werde. Das Argument, den Gewerbeertrag wenigstens einmal mit Gewerbesteuer belastet zu sehen (*BFH* BStBl. 1976 II, 220), sei bei einem ausländischen Leasinggeber nicht überzeugend, da der wesentliche Teil seiner Leistung von ihm selbst im Ausland erbracht werde

– die Ansässigkeit des Leistungserbringers ist ohnehin in allen Fällen außer der Vermietung unerheblich. Die Hinzurechnungsregelung sei für den ausländischen Vermieter immer dann nachteilig, wenn seine Betriebsausgaben unter nur hälftigem Abzug der zugehörigen Dauerschuldzinsen höher als 50% des vereinbarten Vermietungsentgelts lägen.

**16**    Der *BFH* hat einem Antrag auf Aussetzung der Vollziehung im Verfahren nach § 69 III FGO mit der Begründung stattgegeben, es sei ernstlich zweifelhaft, ob die Hinzurechnungsvorschrift in § 8 Nr. 7 Satz 2 GewStG mit dem durch Art. 49 ff. EG gesicherten freien Dienstleistungsverkehr zu vereinbaren ist. Nach Auffassung des *BFH* vermag ein Gesichtspunkt der Kohärenz die Hinzurechnungsfolge nicht zu rechtfertigen, weil es an einem unmittelbaren Zusammenhang zwischen dem Steuervorteil einerseits und der Besteuerung andererseits fehle; es gehe um zwei Steuerpflichtige und folglich auch nur um einen mittelbaren, nach der *EuGH-*Rechtsprechung nicht ausreichenden Rechtfertigungsgrund der Kohärenz. Aber auch der Objektsteuercharakter könne die Regelung nicht rechtfertigen, zumal der Objektcharakter der Gewerbesteuer wegen der Hinzurechnung beim Leistenden und dort unterschiedslos nach der Qualifikation des Empfängers hinzugerechnet werde (*BFH* BStBl. 1997 II, 466; s. jedoch auch *BFH/NV* 1998, 352 zu § 8 Nr. 7 Satz 2 GewStG, bei dem es nach Ansicht des *BFH* um einen rein inländischen Sachverhalt geht). Alsdann wurde durch das *FG Münster* (IStR 1997, 526) dem *EuGH* zur Vorabentscheidung die Frage vorgelegt, ob die Hinzurechnung mit dem Gebot der freien Dienstleistung zu vereinbaren ist; der Vorlagebeschluß ist unter Einbeziehung aller bisher ausgetauschten Argumente pro und contra umfassend erörtert worden von *Kaefer/Tillmann*. Die Regelung im deutschen Recht wurde als mit europäischem Recht vereinbar beurteilt von *Bernhard* (DStZ 1998, 652) und von *Kischel* (IWB Gr. 11a, 241). *Kischel* machte geltend: Die direkten Steuern in der EU sind nicht harmonisiert, es gibt keinen ausdrücklichen Harmonisierungsauftrag und es ist daher auch nicht zulässig, einen im Ausland ansässigen Steuerpflichtigen, der nicht der deutschen Gewerbesteuer unterliegt, einem in Deutschland ansässigen Steuerpflichtigen gleichzusetzen, der der Gewerbesteuer unterworfen ist. Man muß sich diesen Gesichtspunkt in der Tat deswegen immer wieder in Erinnerung rufen, weil der *EuGH* sich hüten wird, auf Dauer durch seine Rechtsprechung Ersatz für eine fehlende teilweise Harmonisierung der direkten Steuern zu leisten; daß er ausgerechnet das Beispiel der deutschen Gewerbesteuer für weitgehende Interpretationen der Grundfreiheiten wählen werde, schien eher unwahrscheinlich. *Bernhard* machte geltend, daß es an einer offenen Diskriminierung fehle: An den Leasinggeber werden aufgrund seiner Staatsangehörigkeit keine besonderen Anforderungen gestellt – die Vorschrift knüpfe an die Gewerbesteuerpflicht des Vermieters an. Aber das ist nicht entscheidend – es kommt nach der *EuGH-*Rechtsprechung insoweit auf die tatsächlichen Folgen an. Soweit sich *Bernhard* auf die Möglichkeit berief, Besteuerungslücken zu schließen, ist dies nach der *EuGH-*Rechtsprechung unhaltbar. Mit der nunmehr vorliegenden *EuGH-*Entscheidung in Sachen Eurowings (IStR 1999, 691 – s. bereits K 56) ist klargestellt, daß es sich um eine den freien Dienstleistungsverkehr beeinträchtigende Ungleichbehandlung ohne rechtfertigende Gründe handelt – die Entscheidung ist überraschend eindeutig ausgefallen. Danach ist die Dienstleistungsfreiheit dahin auszulegen, daß sie einem Mitgliedstaat verwehrt, durch Hinzurechnungsvorschriften auf den Ertrag und das Kapital von Gewerbebetrieben den Empfänger einer Dienstleistung mit einer höheren Abgabe auf den von ihm unterhaltenen Gewerbebetrieb zu belegen, wenn der Erbringer der Dienstleistung in einem anderen Mitgliedstaat ansässig ist, als er sie zu entrichten hätte, wenn der Erbringer der Dienstleistung im Inland ansässig wäre. Schon mit der Stellungnahme des Generalanwalts (IStR 1999, 110 zu Rz 52 ff.) waren kalkulatorische Rechtfertigungen zurückgewiesen worden – mit dem Ergebnis:

„Im übrigen bin ich der Ansicht, daß sich, selbst wenn die Vermögensgegenstände beim deutschen Leasinggeber einer Besteuerung unterlägen, daraus noch nicht folgern ließe, daß diese steuerliche Belastung automatisch und in vollem Umfang auf die Leasingzahlung in der Weise weitergegeben würde, daß der Leasinggeber die sich daraus ergebende Belastung tragen würde … In einem Wettbewerbssystem kann die Weitergabe einer steuerlichen Belastung im Preis eines Gegenstandes oder einer Dienstleistung weder als vollständig noch als automatisch angenommen werden, sondern sie ist in vollem Umfang in ihrem Bestehen und in ihrem Umfang von den auf dem Markt zu einem gegebenen Zeitpunkt herrschenden Wettbewerbsbedingungen abhängig." Der *EuGH* hat dies noch ergänzt durch den Hinweis, daß nach deutschem Recht der Leasingnehmer auch dann von den Hinzurechnungen befreit ist, wenn der Leasinggeber durch Gestaltungen der tatsächlichen Belastung mit Gewerbesteuer entgehe: „Unter diesen Umständen entspricht die in der Gewerbesteuer liegende Belastung deutscher Unternehmen, die Wirtschaftsgüter von in Deutschland ansässigen Vermietern mieten, entgegen dem Vorbringen der deutschen Regierung, nicht notwendig derjenigen deutscher Unternehmen, die Wirtschaftsgüter von in einem anderen Mitgliedstaat ansässigen Vermietern mieten" (Rz 39).

(3) Von den Folgen der *EuGH*-Entscheidung in Sachen Eurowings **17** könnte auch § 8 Nr. 3 GewStG betroffen sein: Danach sind bei der Ermittlung des Gewinns aus Gewerbebetrieb abgesetzte Gewinnanteile typischer stiller Gesellschafter dem Gewinn wieder hinzuzurechnen, wenn sie beim Empfänger nicht der Gewerbesteuer unterliegen; *Wachter* hält eine Hinzurechnung für ausgeschlossen, wenn der stille Gesellschafter im EU-Ausland ansässig ist (IStR 1999, 690) – doch wird sich der stille Gesellschafter nicht auf die Dienstleistungsfreiheit berufen können. Schließlich ist noch auf die Hinzurechnungsvorschriften § 8 Nr. 8 (Verlustanteile einer ausländischen Personengesellschaft), § 8 Nr. 10 (Hinzurechnung der Gewinnminderungen durch ausschüttungsbedingte Teilwertabschreibungen von Anteilen an ausländischen Kapitalgesellschaften) und § 8 Nr. 12 GewStG (bei der Ermittlung der Einkünfte abgezogene Steuern gemäß § 34c II EStG) hinzuweisen. Die Hinzurechnungsvorschrift für ausschüttungsbedingte Teilwertabschreibungen ist bereits im Zusammenhang mit dem gewerbesteuerrechtlichen Schachtelprivileg erwähnt worden. § 8 Nr. 8 GewStG (Verlustanteile einer ausländischen Personengesellschaft) entspricht der Kürzungsvorschrift des § 9 Nr. 2; ob es dieser Norm überhaupt bedurfte (die Einbeziehung auch ausländischer Personengesellschaften erfolgte wie die Regelung in § 9 Nr. 2 vom Erhebungszeitraum 1972 an), ist fraglich; es käme ohne diese gesetzliche Regelung wiederum darauf an, ob man den territorialen Gesichtspunkt der Gewerbesteuer in den Vordergrund stellt oder darauf abhebt, daß es bei den Hinzurechnungs- und Kürzungsvorschriften vor allem darauf ankomme, die einmalige Erfassung für gewerbesteuerliche Zwecke sicherzustellen und eine doppelte Erfassung zu vermeiden.

§ 8 Nr. 12 GewStG verlangt die Hinzurechnung ausländischer Steuern **18** im Sinne des § 34c EStG, soweit sie bei der Ermittlung der Einkünfte abgezogen worden sind und auf Gewinne entfallen, die bei der Ermittlung des Gewerbeertrags außer Ansatz gelassen oder nach § 9 GewStG gekürzt werden; der damit verbundene Gesichtspunkt liegt auf der Hand: Eine Minderung der Steuerbemessungsgrundlage wird als unvertretbar angesehen, wenn beispielsweise Gewinne aus Anteilen an einer inländischen Kapitalgesellschaft einerseits nach § 9 Nr. 7 gekürzt werden und andererseits darüber hinaus die darauf entfallenden ausländischen Steuern vom Einkommen bei der Ermittlung der gewerbesteuerrechtlichen Bemessungsgrundlage nochmals abgesetzt werden. Nicht der Hinzurechnung unterliegen ausländische Steuern, die nach § 34c I EStG auf die Einkommensteuer oder die Körperschaftsteuer angerechnet werden – es geht allein um den Abzug inländischer Steuern „bei der Ermittlung der Einkünfte" nach § 34c II EStG. Zwischen der gem. § 34c II EStG abgezogenen ausländischen Steuer und dem Gewinn bzw. Gewinnanteil muß ein unmittelbarer Zusammenhang bestehen (*Lenski/Steinberg* Anm. 4 zu § 8 Nr. 12: Sie müssen einen gemeinsamen Ausgangspunkt haben, z. B. eine im Ausland belegene Betriebsstätte, deren Gewinn nach § 9 Nr. 3 nicht der Gewerbesteuer unterliegt – ohne daß es aber darauf ankäme, ob die ausländische Steuer höher als der Gewinn ist, auf den sie entfällt; die Steuer muß also auch dann hinzugerechnet werden, wenn sie mit einem Verlust im Zusammenhang steht, der bei der Ermittlung des Gewerbeertrags außer Ansatz bleibt).

### IV. Doppelbesteuerungsabkommen

**19**     (1) Die deutschen Abkommen beziehen auch die Gewerbesteuer in den Anwendungsbereich ein. Das bedarf einer Begründung. Daß es sich bei der Gewerbesteuer (Gewerbeertragsteuer) um eine Steuer vom Einkommen im Sinne des Art. 2 MA handelt, steht außer Frage. Auch ihr Objektsteuercharakter steht einer DBA-Einbeziehung nicht entgegen. Zwar stellt das Abkommensrecht darauf ab, daß eine Person einer Steuer vom Einkommen unterworfen und in diesem Sinne persönlich steuerpflichtig ist; da aber auch die Gewerbesteuer trotz ihres Objektsteuercharakters einen Steuerschuldner kennt (kennen muß), ist der erforderliche Bezug zu einer abkommensberechtigten Person auch gegeben. Gewichtiger ist die Verknüpfung mit der Doppelbesteuerungsfrage. Die Gewerbesteuer ist – trotz aller Unzulänglichkeit – im Kern territorial ausgerichtet, und sie ist im internationalen Vergleich eher eine deutsche Besonderheit: Was rechtfertigt mithin ihre Einbeziehung? Die territoriale Einschränkung ist nur auf den Steuergegenstand bezogen konsequent durchgeführt; die Steuerbemessungsgrundlage enthält vielfältige Bestandteile aus grenzüberschreitender Betätigung, die in den Bereich des Abkommens fallen können (im Ausland vereinnahmte Zinsen, Dividenden, Lizenzgebühren, Beteiligungserträge außerhalb des Anwendungsbereichs des ge-

werbesteuerlichen Schachtelprivilegs); die **Einbeziehung der Gewerbesteuer in das Abkommen** könnte hierfür besondere Befreiungen und
Beschränkungen vorsehen, was jedoch für kein Abkommen nachweisbar
ist: Statt dessen wirken sich die Befreiungen und Ermäßigungen des Abkommens auf die Gewerbesteuer aus, d.h. Gewerbeertragsteuer und
Steuern vom Einkommen laufen in ihren Wirkungen parallel. Eine im
Abkommen vereinbarte Freistellungsmethode führt auch bei der Gewerbesteuer zur Freistellung, die Vereinbarung der Anrechnungsmethode
demgegenüber mangels eines gewerbesteuerlichen Anrechnungsverfahren zur unverändert fortbestehenden Gewerbesteuerpflicht (*Grotherr* in
*B/H/G/K* Rz 325 zu Art. 23 A/23 B mit Hinweis auf eine besondere Zu-
satzkürzung im DBA-Australien; kritisch hierzu *Kl. Vogel* Rz 63a zu
Art. 12). Die Frage nach der Notwendigkeit, eine Doppelbesteuerung für
den Bereich der Gewerbesteuer überhaupt vermeiden zu müssen, stellt
sich nach modernem Abkommensverständnis ohnehin nicht mehr. Das
Abkommen ist kein Instrument mehr „zur technisch perfekten Beseitigung der Doppelbesteuerung", sondern in den Mittelpunkt ist die Frage
beider Vertragspartner gerückt, „welche Gesamtbesteuerung können
bzw. müssen wir dem Steuerpflichtigen zumuten, der in beiden Hoheits-
bereichen steuerlich involviert ist" (*Kerath* S. 61; so auch – auf die Gewerbesteuer bezogen – *Kl. Vogel* Rz 62 zu Art. 2: „Abkommen erreichen
so einen Ausgleich der Gesamtbelastung der Steuerpflichtigen und nicht
bloß einen gegenseitigen Verzicht bei einander besonders ähnlichen
Steuern."

(2) Parallel zu dem vorangegangenen Abschnitt sind die gewerbesteu- **20**
erlichen Folgen der Kürzungen und Hinzurechnungen kurz zu skizzieren
(ausf. Darstellung bei *Grotherr B/H/G/K* Rz 327ff.):
– die Kürzungsvorschrift für ausländische Betriebsstättenergebnisse in
§ 9 Nr. 3 GewStG geht ins Leere, wenn das ausländische Betriebsstättenergebnis nach Abkommensrecht von der deutschen Besteuerung freigestellt ist; ist die Freistellung an engere Voraussetzungen geknüpft
(Aktivitätsklausel), bleibt § 9 Nr. 3 anwendbar; für Auslandsvertretungen
hat die abkommensrechtliche Freistellung eine originäre Bedeutung, dafür deren Erträge nach innerstaatlichem Recht keine Kürzung wie für die
ausländische Betriebsstätten vorgesehen ist;
– die Kürzung nach § 9 Nr. 3 GewStG für die Gewinnanteile an einer
ausländischen Personengesellschaft gelangt ebenfalls nicht zur Anwendung, wenn eine Freistellung nach dem Betriebsstättenprinzip erfolgt; ist
aufgrund eines Aktivitätsvorbehalts die Anrechnungsmethode anzuwenden, ist § 9 Nr. 2 zu berücksichtigen;
– DBA-Schachtelprivilegien und gewerbesteuerliches Schachtelprivileg können in Anwendungskonkurrenz stehen; die jeweils weitergehende
Kürzungsnorm geht vor (Abschnitt 65 II Satz 3 GewStR); das gilt vor
allem für das weiterreichende Privileg des innerstaatlichen Rechts bei

mittelbarer Beteiligung und die rechtsformunabhängige Qualifikation der Muttergesellschaft. Soweit auf Gewinnausschüttungen einer ausländischen Kapitalgesellschaft das DBA-Schachtelprivileg eine höhere Mindestbeteiligung als § 9 Nr. 7 GewStG bestimmt, kommt § 9 Nr. 8 (s. auch § 8 b V KStG) zur Geltung: Eine Kürzung erfolgt dann „ungeachtet der im Abkommen vereinbarten Mindestbeteiligung, wenn die Beteiligung mindestens ein Zehntel beträgt"; § 9 Nr. 8 läßt aber alle anderen Anwendungsvoraussetzungen unberührt – etwaige Aktivitätsklauseln, Mindestbesitzdauer und – vor allem – die Rechtsformvoraussetzungen; wird auf den Hinzurechnungsbetrag nach § 10 AStG Gewerbesteuer erhoben, so ist die Verweisung des § 13 I Nr. 2 AStG auch auf das DBA-Schachtelprivileg zu beachten;

– bei den Hinzurechnungen (Dauerschuldzinsen, Hälfte der Miet- und Pachtzinsen) scheitert eine Abkommensfolge (so wünschenswert sie gerade in diesem Bereich wäre) ganz einfach an der Subjektidentität: Wer Dauerschuldzinsen dem Gewerbeertrag hinzuzurechnen hat, kann sich nicht auf Art. 11 des Abkommens (MA) berufen, auch wenn der Sache nach für die von ihm an eine ausländische Person entrichteten Zinsen nur eine begrenzte Quellenbesteuerung oder eine Freistellung in Betracht käme. Ob darüber hinaus die Hinzurechnungen nach § 8 allein der dem inländischen Recht vorbehaltenen Durchführung der Besteuerung auch dann dienten, wenn man das Abkommen an der Objektidentität messen würde (Zinsen als aufzuteilende Masse verstanden), ist zweifelhaft (so aber *Kl. Vogel* Art. 2 Rz 65), aber letztlich belanglos. Hier ist allein entscheidend: Der hinzuzurechnende Betrag ist nicht jener Betrag, den der Empfänger als Einkünfte im Vertragsstaat zu versteuern hat;

– für Verlustanteile an einer ausländischen Personengesellschaft wird § 8 Nr. 8 GewStG anwendbar, wenn die Anrechnungsmethode zur Anwendung gelangt, weil die Aktivitätsklausel nicht erfüllt ist. Konnte in diesen Fällen ein Verlustanteil bereits aufgrund von § 2 a I, II EStG oder aufgrund § 15 a EStG bei der Ermittlung des Gewinns aus Gewerbebetrieb nicht berücksichtigt werden, kommt eine Hinzurechnung nicht mehr in Betracht, es gibt nichts mehr auszugleichen. Ein nach § 2 a III EStG auf Antrag berücksichtigter Anteil am Verlust einer ausländischen Personengesellschaft ist nicht hinzuzurechnen, da dieser Verlustabzugsbetrag nicht bei der Ermittlung des Gewinns aus Gewerbebetrieb berücksichtigt wird, an den die Gewerbesteuer anknüpft, sondern erst bei der Ermittlung des Gesamtbetrags der Einkünfte abzuziehen ist (*Grotherr* in *B/H/G/K* Rz 328). Man mag überrascht sein, warum die Verbindung mit § 2 a EStG nicht im Zusammenhang mit den Verlusten aus einer Betriebsstätte erörtert werden: Es gibt keine besondere Hinzurechnungsvorschrift für Verluste aus Betriebsstätten – für Betriebsstätten folgt die Hinzurechnung von Verlusten bereits aus § 9 Nr. 3 GewStG; hält man § 9 Nr. 2 ebenso wie § 8 Nr. 8 (Personengesellschaften) für überflüssig,

weil ohnehin aus § 2 oder § 9 Nr. 3 GewStG folgende Regelungen, wäre auch der gesamte Stoff dort zu behandeln;
  – schließlich die Hinzurechnung ausländischer Steuern: Ihr unterliegen nicht die ausländischen Steuern, die nach dem Abkommensrecht angerechnet werden, da kein nochmaliger Abzug bei der gewerbeertragsteuerlichen Bemessungsgrundlage erfolgt.

# U. Erbschaftsteuer

## I. Unbeschränkte, beschränkte und erweitert beschränkte Steuerpflicht

**1**     Auch bei der Erbschaftsteuer ist zwischen unbeschränkter und beschränkter Steuerpflicht zu unterscheiden, obwohl das Gesetz diese Terminologie nicht kennt und stattdessen von einer einheitlichen persönlichen Steuerpflicht ausgeht. Unbeschränkte Steuerpflicht tritt beim Erwerb von Todes wegen, bei Schenkungen unter Lebenden und bei Zweckzuwendungen ein, wenn der Erblasser zur Zeit seines Todes oder der Erwerber zur Zeit der Entstehung der Steuer zum Kreis der „Inländer" gehört (§ 2 I Nr. 1 ErbStG).

Zu den Inländern gehören nach § 2 I Nr. 1 Satz 2 ErbStG zunächst alle natürlichen Personen, die im Inland einen Wohnsitz oder ihren gewöhnlichen Aufenthalt haben; deutsche Staatsangehörige, die sich nicht länger als fünf Jahre dauernd im Ausland aufgehalten haben, ohne im Inland einen Wohnsitz zu haben; erweiterte unbeschränkte Steuerpflicht der Abwanderer, um zu verhindern, daß die Steuerpflicht durch vorübergehende Wohnsitzverlegung in das Ausland umgangen wird; deutsche Staatsangehörige unabhängig von einer solchen Frist, wenn sie zu einer inländischen juristischen Person des öffentlichen Rechts in einem Dienstverhältnis stehen und dafür Arbeitslohn aus einer inländischen öffentlichen Kasse beziehen (einschließlich zu ihrem Haushalt gehörende Angehörige, die die deutsche Staatsangehörigkeit besitzen: Auslandsbedienstete (s. auch § 1 II EStG); außerdem Körperschaften, Personenvereinigungen und Vermögensmassen, wenn deren Geschäftsleitung oder Sitz im Inland liegt. Unbeschränkte Steuerpflicht ist ferner für das Vermögen einer Familienstiftung oder eines Familienvereins gem. § 1 I Nr. 4 ErbStG (Ersatzerbschaftsteuer) gegeben, wenn die Stiftung oder der Verein die Geschäftsleitung oder ihren Sitz im Inland haben (§ 2 I Nr. 2 ErbStG). Zur Unterscheidung beider Formen unbeschränkter Steuerpflicht *Schaumburg* S. 327: § 2 I Nr. 1 ErbStG unterwirft den weltweiten Vermögensfall und bezieht die unbeschränkte Steuerpflicht auf die Steuergegenstände § 1 Nr. 1–3, während § 2 I Nr. 2 die unbeschränkte Steuerpflicht auf Familienstiftung und Familienverein als Subjekte bezieht.

**2**     Ist weder der Erblasser (Schenker) noch der Erwerber Inländer, greift die **beschränkte Steuerpflicht** gem. § 2 I Nr. 3 ErbStG ein. Sie ist auf den Teil des Erwerbs beschränkt, der unter das Inlandsvermögen (§ 121 BewG) fällt. War bei einem Erblasser (oder Schenker) zur Zeit der Entstehung der Steuerschuld § 2 I 1 AStG anzuwenden, so tritt bei Vorliegen der Voraussetzungen der beschränkten Steuerpflicht (§ 2 I Nr. 3 ErbStG) gem. § 4 AStG **erweitert beschränkte Erbschaftsteuerpflicht** ein, über den in § 2 I Nr. 3 ErbStG bezeichneten Umfang besteht dann Steuerpflicht für alle Teile des Erwerbs, deren Erträge bei unbeschränkter Steuerpflicht nicht ausländische Einkünfte i. S. des § 34 c I EStG wären.

Diese Unterscheidung erschließt sich nicht unmittelbar aus § 2 ErbStG. § 2 ErbStG ist nur für Literatur und Rechtsprechung Anlaß, beide Formen der Steuerpflicht zu unterscheiden (vgl. *Kapp/Ebeling* Rz 2 ff., 31 ff. zu § 2 ErbStG). Die Überschrift „Persönliche Steuerpflicht" legt solches Verständnis auch nahe – nur betrifft § 2 ErbStG nicht die Person des Steuerpflichtigen, diese folgt aus § 20 (Steuerschuldner). § 2 ErbStG engt auch nicht den Kreis der Steuerpflichtigen ein, wie § 1 EStG dies in Abgrenzung zur Körperschaftsteuer tut. § 2 ErbStG unterscheidet auch nicht eine persönliche Steuerpflicht von einer sachlichen Steuerpflicht, sondern regelt, inwieweit die nach § 1 ErbStG steuerpflichtigen Vorgänge auch dann der deutschen Erbschaftsteuer unterliegen, wenn es um Fälle mit Auslandsberührung geht (so *Meincke* ErbStG § 1 Rz 1). Der mögliche Auslandsbezug in sachlicher Hinsicht (Vermögensfall) setzt voraus, daß Erblasser oder Erwerber zur Zeit der Steuerentstehung ein Inländer ist, nur dann ist der gesamte Vermögensanfall – ortsunabhängig – der Steuer unterworfen; anderenfalls die Steuerpflicht nur einen Vermögensanfall erfaßt, der in Inlandsvermögen besteht. Bezieht man nun die Bestimmung des Steuerschuldners in § 20 ErbStG ein und ergänzt § 2 I 1 bzw. § 2 I 3, dann hat die Unterscheidung der unbeschränkten von der beschränkten Steuerpflicht (in Anlehnung an die Terminologie des Ertragsteuerrechts) auch ihren bekannte Sinn. Die grundsätzliche Entscheidung des Gesetzgebers für das **Weltvermögensprinzip statt für das Territorialitätsprinzip** steht mit einem Großteil der Staatenpraxis in Übereinstimmung (Übersicht bei *Schindhelm* ZEV 1997, 8 ff.). Daß die unbeschränkte Steuerpflicht doppelt anknüpft – in der Person des Erblassers (Schenkers) und des Erwerbers – ist im Vergleich der Staaten eher ungewöhnlich (*Schindhelm* S. 14 nennt nur noch Österreich), aus der Sicht des deutschen Erbschaftsteuerrechts als einer Erbanfallsteuer auch widersprüchlich, jedenfalls aber nicht geboten. Es ist auch nicht die vom ErbSt-MA 1982 vorgeschlagene Lösung, die nach dem Erblasser bzw. Schenker abgrenzt und nicht nach dem Erben oder dem Beschenkten. Eine Erbanfallsteuer knüpft an den Vermögenszugang beim Nachlaßbegünstigten an; sichtbar wird dies durch die Tarifgestaltung § 19 ErbStG, die auf den Anfall beim jeweiligen Nachlaßbegünstigten sowie dessen Verwandtschaftsverhältnisse abstellt, ohne daß es auf den Umfang des Gesamtnachlasses ankommt. Andere Staaten erheben eine Nachlaßsteuer auf die ungeteilte Erbmasse, die allein von deren Umfang abhängig ist. Zur Darstellung des Steuerobjektes im Falle einer unbeschränkten Nachlaßsteuerpflicht am Beispiel des US-amerikanischen Erbschaftsteuerrechts, des Brutto-Nachlasses, *Wolf Wassermeyer* S. 89 ff. Im Hinblick auf den Charakter als Erbanfallsteuer nach deutschem Recht hält *Schindhelm* (S. 18) jedenfalls eine Anknüpfung an die Erblasserverhältnisse nicht für sachgerecht, zumal unter Berücksichtigung der weiten Voraussetzungen, unter denen Anknüpfungen möglich sind ⟨Wohnsitz, gewöhnlicher Aufenthalt). Dies erscheint in der Tat bedenklich, weil bei der Erbschaftsteuer keine Begrenzung der steuerlichen Auswirkungen durch das Perioditätsprinzip eintritt, so daß es zu einer Besteuerung des während des gesamten Lebens aufgebauten Vermögens kommt. Auch der Charakter der Erbschaftsteuer als einer Bereicherungssteuer ist mit dieser Regelung nicht abgestimmt (*Meincke* ErbStG § 2 Rz 8). Problematisch ist die Erstreckung der erweiterten unbeschränkten Steuerpflicht (§ 2 I Nr. 1 b ErbStG) nur auf deutsche Staatsangehörige; während *Schaumburg* (S. 334) einen Verstoß gegen Art. 3 GG sieht, weil deutsche Staatsangehörige unter sonst gleichen Bedingungen schärfer besteuert werden als Ausländer, hat *Dautzenberg* (EWG 1998, 89) diese Beschränkung als verbotene Diskriminierung und damit als gemeinschaftswidrig dargestellt: Zwar sei es sachgerecht, Maßnahmen gegen eine Abwanderung und damit gegen eine Aufhebung der unbeschränkten Steuerpflicht kurz vor Eintritt eines Erbfalls oder vor einer Schenkung zu treffen. Aber das deutsche Erbschaftsteuerrecht bezieht auch fremde Staatsangehörige in die unbeschränkte Steuerpflicht ein – so daß sich das Abwanderungsproblem bei ihnen ebenso stellt. Der deutsche Staatsangehörige, der von seinen EG-Grundfreiheiten Gebrauch macht und wegzieht, wird trotz objektiv vergleichbarer Lage mit einem abwandernden Ausländer benachteiligt. Eine erlaubte Inländerdiskriminierung (dazu oben K·43) scheidet aus, da der Inländer von EU-rechtlich garantierten Grundfreiheiten Gebrauch macht, seinem Staat mithin den EG-Vertrag entgegenhalten kann. Die Beschränkung des § 2 I c ErbStG auf „Auslandsbeamte" mag ebenfalls problematisch sein, aber eine Anwendung auf Personen, die von deutschen privaten Unternehmen in das Ausland entsandt werden (offengelassen bei *Kapp/Ebeling* Rz 9 zu § 2 ErbStG) scheidet wegen des klaren Wortlauts aus.

## II. Steuerpflichtige Erwerbsvorgänge

### 1. Übersicht

3      Ob ein steuerpflichtiger Erwerbsvorgang vorliegt, ist aufgrund §§ 3–8 ErbStG zu beurteilen. Die deutsche Erbschaftsteuer stellt sich wie dargelegt als **Erbanfallsteuer** dar, erst die mit dem Steuerentlastungsgesetz 1999/2000/2002 eingeführte „ausländische Vermögensmasse" durchbricht dieses Prinzip. Während Nachlaßsteuern als letzte Vermögensteuer die Nachlaßmasse als solche besteuern, besteuern Erbanfallsteuern die Bereicherung der Erben. Während im System der Nachlaßsteuer die Form der Übertragung des Nachlasses auf die Erben irrelevant ist, verlangt die Erbanfallsteuer die Klärung, wer wann welche Zuwendung ohne eigene Gegenleistung empfangen hat. Hierbei wird der Vermögenszufluß durch die Form des Transfers bestimmt (*Schindhelm/Stein* StuW

1999, 35). Um die steuerpflichtigen Tatbestände zu beschreiben, benutzt das Erbschaftsteuergesetz Begriffe wie „Erbe", „Erbanfall", „Vermächtnis", „Vorerbe", „Zweckzuwendungen" usw. Da sich aus § 2 ErbStG ergibt, daß eine persönliche Steuerpflicht für einen nach fremdem Recht vollzogenen Vermögensfall entstehen kann, stellt sich das Problem, ob und inwieweit die vom Erbschaftsteuergesetz verwendeten Begriffe auf fremde Rechtsinstitute anwendbar sind. Ist deutsches Erbschaftsteuerrecht anzuwenden, kann es selbstverständlich auch einen Erwerb nach ausländischem Recht erfassen; denn daß ein Auslandssachverhalt Erbschaftsteuerpflicht auslösen kann, folgt aus den Regeln der Steueranknüpfung in § 2 ErbStG, nicht erst aus dem Grundsatz der Gleichmäßigkeit der Besteuerung. Die immer wieder aufgeworfene Frage nach der **Reichweite des deutschen Erbschaftsteuerrechts** (liegt ein steuerpflichtiger Erwerb auch vor, wenn er sich nach einem fremden Erbstatut vollzieht?) hat ihre Ursache darin, daß sich das Erbschaftsteuerrecht in den §§ 3 und 7 ErbStG auf Erwerbe nach Maßgabe des deutschen Zivilrechts bezieht. Doch selbst wenn man die Regeln über die persönliche Steuerpflicht (§ 2 ErbStG) nicht bereits für entscheidend halten will: *Schaumburg* (S. 330) weist mit Recht darauf hin, daß „die Erfassungsbreite der Steuerobjekte ... nicht durch die konkretisierenden Tatbestände der §§ 3 und 7 ErbStG, sondern durch die Grundtatbestände des § 1 I Nr. 1 und 2 ErbStG bestimmt wird. Die dort aufgeführten Tatbestände enthalten keinen spezifischen Bezug zum deutschen Zivilrecht. Sie erfassen daher auch Erwerbsvorgänge, die dem Regime eines ausländischen Rechts unterworfen sind. Im Hinblick darauf enthalten die §§ 3 und 7 ErbStG eine erschöpfende Aufzählung nur für die dem deutschen Zivilrecht unterliegenden Erwerbsvorgänge" (so auch *BFH* BStBl. 1972 II, 462). Ebenso unproblematisch ist die weitere Frage, ob bei der Anwendung des deutschen Erbschaftsteuerrechts überhaupt zu beachten ist, daß sich ein Erbfall nach ausländischem Recht richtet. Das Erbschaftsteuerrecht knüpft als Erbanfallsteuer an die Bereicherung, die der einzelne Erwerber von Todes wegen oder durch Schenkung unter Lebenden erfährt. Die Frage eines bereichernden Rechtsakts kann nur an den Rechtsakt selbst anknüpfen; ist für diesen ausländisches Zivilrecht maßgeblich, hat das Erbschaftsteuergesetz auch ihn zugrunde zu legen. Deswegen: Wann ausländisches Recht anwendbar ist, ist keine steuerrechtliche Frage, es ist eine zivilrechtliche Frage (*Martiny* StKR 1997, 435) – und zwar in dem Sinne, wie ihn der zu beurteilende Lebenssachverhalt vorgibt. Die erbrechtliche Rechtslage wird nach den IPR-Regeln bestimmt, aus deutscher Sicht also prinzipiell nach dem Heimatrecht des Erblassers zum Zeitpunkt seines Todes (Art. 25 II EGBGB). Daß sich damit die Regeln über den räumlichen Anwendungsbereich des ErbStG und des Erbrechts nicht decken, weil das ErbStG an den Wohnsitz, den gewöhnlichen Aufenthalt, die deutsche Staatsangehörigkeit oder an die Belegenheit von Nachlaßgütern im Inland anknüpft, ist vollkommen belanglos. Zivilrechtliche und steuerrechtliche Bewertung brauchen sich damit nicht nur nicht zu decken (so *Martiny* aaO, S. 436), sie können sich nicht decken, weil die IPR-Anknüpfung andere Interessen zu berücksichtigen hat als die Besteuerung. Für die Anknüpfung an die Staatsangehörigkeit des Erblassers auch nach der IPR-Reform 1986 sprachen ganz praktikable Überlegungen, für einen Übergang zum (eher dem Steuerrecht angenäherten) Aufenthaltsprinzip bestand kein Bedürfnis (*Staudinger/Dörner* Rz 17 Vorbem. zu Art. 25f EGBGB).

**4**    Der problematische Bezug des deutschen internationalen Erbschaftsteuerrechts auf ausländisches Zivilrecht beginnt, nachdem die Erbfolge geklärt ist und konkretes ausländisches Recht unter die Regeln des deutschen Erbschaftsteuerrechts zu subsumieren ist, weil eine Form der persönlichen Steuerpflicht gegeben ist: Wie vermag das deutsche Steuerrecht – ausgehend vom eigenen Zivilrechtshorizont – die Subsumtion zu bewältigen? Es handelt sich um eine **Qualifikationsfrage:** Nach welchen Kriterien ist unter die Tatbestände des deutschen Steuerrechts zu subsumieren (ausf. und mit Rechtsprechungshinweisen *Flick/Piltz* Rz 1245 ff.)?

**5**    Der *RFH* hat in seiner Rechtsprechung von Anfang an den Standpunkt eingenommen, daß das Erbschaftsteuergesetz nicht nur solche Rechtsvorgänge treffen wolle, die sich genau in den Rechtsformen des BGB abspielen (*RFH* StuW 1929, Nr. 309). Zwar sei bei der Besteuerung von Erbfällen nach deutschem Recht regelmäßig auf das BGB zurückzugreifen, da den Bestimmungen des Erbschaftsteuergesetzes Rechtsbegriffe des bürgerlichen Rechts zugrunde liegen (*Möller* S. 38). Dagegen sei bei Rechtsvorgängen nach ausländischem Recht vom Sinn und Zweck der deutschen Besteuerungsvorschriften auszugehen und anhand der Tatbestände des Erbschaftsteuergesetzes zu prüfen, ob und inwieweit die ausländischen Rechtsvorgänge von diesem Gesetz betroffen werden. Nicht die formalrechtliche Ausgestaltung des ausländischen Erbrechts, sondern die tatsächliche „wirtschaftliche Bedeutung" des betroffenen Rechtsinstituts sei für die Besteuerung maßgebend (*RFH* StuW 1929, Nr. 996). Begründet wurde diese Ansicht zunächst mit der wirtschaftlichen Betrachtungsweise, später mit dem Grundsatz der Gleichmäßigkeit der Besteuerung (*RFH* StuW 1929, Nr. 996). Bei der Frage, ob ein ausländischer Rechtsvorgang unter das Erbschaftsteuergesetz fällt, haben nach Ansicht des *RFH* Vergleiche zwischen deutschem und ausländischem bürgerlichen Recht zu unterbleiben.

**6**    Der *BFH* hat diese Rechtsprechung fortgeführt, ohne am Verbot des Privatrechtsvergleichs festzuhalten (BStBl. 1956 III, 363; 1960 III, 385). Danach läßt sich bei der **steuerlichen Erfassung ausländischer Erbrechtsvorgänge** folgendes Schema aufstellen (*Möller* S. 105; *Schindhelm* S. 27):

Zunächst wird in einem ersten Schritt der ausländische Rechtsvorgang auf der Grundlage der ausländischen Rechtsordnung festgestellt und analysiert. Zu den Anforderungen *BFH* BStBl. 1995 II, 541: Es genügt nicht, wenn sich das Finanzgericht für die Feststellung des Inhalts des ausländischen Rechts auf einen kursorischen Überblick über die steuerliche Erfassung von Erbschaften nach diesem Recht in einem Kommentar beschränkt. In einem zweiten Schritt wird dann durch Vergleich des ausländischen mit dem deutschen Privatrecht nach einer Entsprechung im deutschen Recht gesucht. Läßt sich dabei eine Parallele finden, wird auf dieser Grundlage der Fall entschieden. Läßt sich im deutschen Recht keine Parallele finden, folgt als dritter Schritt eine wirtschaftliche Analyse des ausländischen Rechtsvorgangs. Der *BFH* untersucht, was „tatsächlich und wirtschaftlich" vorliegt. In einem vierten Schritt schließlich wird der „wirtschaftlich analysierte ausländische Rechtsvorgang" unter die Tatbestände des Erbschaftsteuergesetzes subsumiert. Die vom Gesetz verwendeten Begriffe des deutschen Erbrechts werden dabei nach ihrer wirtschaftlichen Bedeutung ausgelegt, um zu klären, ob nach dem Sinn und Zweck des Erbschaftsteuergesetzes der ausländische Rechtsvorgang wegen seines gleichen wirtschaftlichen Gehalts steuerpflichtig ist (*Martiny* aaO, S. 437: Gleichwertigkeit der jeweiligen Rechtsfigur; *Kapp/Ebeling:* Übereinstimmung in den tragenden Rechtsprinzipien (Rz 80 zu § 1 ErbStG); *Crezelius:* Sperrfunktion des § 3 ErbStG). Das Privatrecht entfaltet mithin eine Sperrwirkung, wenn selbst bei funktionaler und wirtschaftlicher Betrachtung nicht mehr ein Erwerbsvorgang infolge einer freigebigen Verfügung oder einer Verfügung von Todes wegen angenommen werden kann; insoweit „besteht ein auch ökonomisch vorgegebener Einfluß des ausländischen Rechtssystems, der nicht ignoriert werden kann" (*Schindhelm/Stein* StuW 1999, 41).

*Beispiel:* Im Urteil der *BFH* BStBl. 1956 III, 363 lebte die Beschwerdeführerin mit dem dänischen Erblasser, ihrem verstorbenen Ehemann, in einer Gütergemeinschaft nach dänischem Recht. Dieses Rechtsinstitut gestattete der Witwe, das Gesamtgut ohne Teilung mit ihren Kindern zu übernehmen (Sitzenbleiben im ungeteilten Gut, sog. Konsolidation). Da diese dänische Rechtskonstruktion dem deutschen Recht unbekannt ist, untersuchte der *BFH,* ob die Witwe unter Berücksichtigung von Sinn und Zweck des Gesetzes einen steuerpflichtigen Erwerb von Todes wegen (§ 1 I Nr. 1 ErbStG) gemacht hatte. Aus § 1 I Nr. 1 ErbStG folgerte der *BFH,* daß im Fall der mit dem Tod einer Person zusammenhängenden endgültigen Vermögensmehrung bei einer anderen Person Steuerpflicht auch dann eintrete, wenn diese Vermögensmehrung nicht unter einen der in § 3 I Nr. 1 ErbStG bezeichneten Rechtsvorgänge des deutschen bürgerlichen Rechts zu subsumieren sei. Entscheidend sei die endgültige Vermögensvermehrung; eine solche sei im Falle des sog. Sitzenbleibens im ungeteilten Gut anzunehmen. Denn wirtschaftlich gesehen habe die Witwe die Stellung einer Alleineigentümerin des ungeteilten Guts, sie könne darüber wie eine Eigentümerin verfügen, ohne durch eine Verfügungsmöglichkeit der Kinder über deren Anteile beschränkt zu sein.

*Möller* hat dieses Urteil als Vorstoß gegen den Grundsatz der Tatbestandsmäßigkeit der Besteuerung charakterisiert: Aus der Übersicht über die drei Grundtatbestände in § 1 ErbStG könne nicht die Steuerpflicht aller mit dem Tode einer Person zusammenhängenden Vermögensvermehrungen bei einer anderen Person gefolgert werden, da die Aufschlüsselung der Grundtatbestände in den §§ 3–8 ErbStG dann größtenteils überflüssig wäre. Der *BFH* habe daher einen ausländischen Rechtsvorgang für erbschaftsteuerpflichtig erklärt, obwohl feststehe, daß der maßgebliche Erbschaftsteuertatbestand des § 3 I nicht erfüllt sei (*Möller* S. 109). Unverständlich, weshalb über den Fall *FG München* EFG 1997, 1401 gestritten wurde: Daß bei einer Abwicklung nach einem ausländischen Erbstatut und dem daraus folgenden höheren Erbanteil als bei einer Abwicklung nach deutschem Pflichtteilsrecht der höhere Wert als Nachlaßverbindlichkeit vom Erwerb des deutschen Alleinerben abzuziehen ist, müßte sich eigentlich von selbst verstehen.

7     Als Schenkung unter Lebenden gilt nach § 7 I Nr. 8 ErbStG „der Übergang von Vermögen auf Grund eines Stiftungsgeschäfts unter Lebenden". Daß auch der Vermögensübergang auf eine ausländische Stiftung hierunter fallen kann, steht außer Frage. Zum Fall der Vermögensübertragung auf eine liechtensteinische Stiftung durch einen inländischen Stifter *FG Rheinland-Pfalz* RIW 1998, 474. Die Familienstiftung mit ihrer Aufgabe, durch die Verwaltung des Stiftungsvermögens Einkünfte zu erzielen und diese an die Destinatäre als Familienmitglieder auszuschütten, ist nur in § 15 II AStG ausdrücklich genannt; zu deren steuerlichen Aspekten *Werkmüller* ZEV 1999, 138. Zur Frage einer aufschiebend bedingten Erbeinsetzung nach § 9 I Nr. 1a ErbStG, weil auf Antrag eines Nachlaßbeteiligten Nachlaßverwaltung nach schwedischem Recht angeordnet worden ist, *Nds. FG* EFG 1992, 144: Maßgeblichkeit ausländischen Rechts für die Rechtsstellung des Betroffenen, Anpassung dieser Rechtsstellung an das deutsche Recht. Hieraus folgt: Eine schwedische Nachlaßverwaltung entspricht einer deutschen Testamentsvollstreckung; daß der gesamte Nachlaß zunächst an den Nachlaßverwalter als Vermögensinstitut besonderer Art fällt, ist dem ausländischen Recht nicht zu entnehmen. Ein Vergleich mit dem Trust als Zwischenerwerber scheidet aus.

## 2. Das Steuerentlastungsgesetz 1999/2000/2002: Die Vermögensmasse ausländischen Rechts

8     Als Beispiel für die Schwierigkeiten der Einführung ausländischer zivilrechtlicher Institute dient der Literatur regelmäßig der **Trust des anglo-amerikanischen Rechts** (*Schindhelm* S. 30; *Schindhelm/Stein* StuW 1999, 31, die spezielle Regeln für einzelne Grundtypen vorstellen und erläutern; *Götzenberger* S. 344 ff.; *Watrin* S. 162 ff.; zum US-amerikanischen Recht *Wolf Wassermeyer* S. 25). Doch läßt sich die rechtsvergleichende Untersuchung erweitern, s. *Manfred Klein* IStR 1999, 381 mit dem Ergebnis, daß sich der Variantenreichtum der Gestaltungen und Steuervermeidungstechniken, die weltweit nachweisbar sind, überhaupt kein deutsches Rechtsinstitut konstruktiv vergleichen läßt. Die Analyse dieses ausländischen Rechtsinstituts ergibt, daß die Einrichtung des

Trusts nicht zum Zwecke seiner Bereicherung erfolgt; es sind vielmehr die Begünstigten, die unmittelbar aus dem Trustvermögen die Bereicherung erlangen, als Bezugs- und/oder als Anfallsberechtigte. Aus deutscher Sicht folgt daraus: Ein Vergleich mit einer rechtsfähigen Stiftung (§ 7 I Nr. 8 ErbStG) ist nicht möglich, weil der Trust keine Rechtspersönlichkeit aufweist, ihm kein Vermögen als Rechtsträger zuzuordnen ist. Auch eine Zweckzuwendung (§ 8 ErbStG) scheidet aus, weil der bedachte Personenkreis beim Trust namentlich bestimmt werden kann; die Zweckzuwendung zeichnet sich aber gerade durch den objektiv bestimmten Zweck statt der persönlichen zurechenbaren Begünstigung aus (sog. Pudel-Urteil des *BFH* BStBl. 1993, 161). Eine Einordnung in die Reihe der steuerpflichtigen Erwerber im Sinne des § 2 I Nr. 1d ErbStG ist als Zweckvermögen möglich, sofern die Zweckbindung nicht widerrufbar ist (Irrevocable Trust, dazu *BFH* BStBl. 1993, 388). Aber auch in einem solchen Falle fehlt es an einer unmittelbaren Bereicherung des Begünstigten. Diese erwerben das Trustvermögen aufschiebend bedingt im Sinne des § 4 BewG, die Wirkung des Vermögenserwerbs tritt erst mit Bedingungseintritt ein: Auflösung des Trust und Auskehrung des Vermögens, weswegen der *BFH* (aaO) den Irrevocable Trust als „aufschiebend bedingten Zwischenerwerber des Trustvermögens" qualifiziert. Während des Bestehens fällt zwar eine Anwartschaft hierauf in den Nachlaß des Berechtigten, ist aber nicht als steuerpflichtiger Erwerb zu bestimmen (so auch *BFH* BStBl. 1986 II, 615). Durch die Übertragung von Vermögen auf einen Trust konnte mithin bis zum Inkrafttreten des Steuerentlastungsgesetzes 1999/2000/2002 die Fälligkeit der Steuerschuld hinausgeschoben werden, wobei jedoch unter dem Gesichtspunkt der Anrechnung einer ausländischen Steuer § 21 I Satz 4 ErbStG zu beachten war (dessen vorrangige Bedeutung auch im Trust zu suchen ist, s. *Kapp/Ebeling* Rz 14 zu § 21 ErbStG). Unabhängig von einer Bedeutung als Instrument einer internationalen Erbschaftsteuergestaltung ist auf die Grenzen des deutschen IPR zu verweisen (die Ausnahmevorschrift des Art. 3 III EGBGB ermöglicht eine Nachlaßspaltung für unbewegliches Vermögen trotz er durch Art. 25 EGBGB vorgegebenen Nachlaßeinheit (deutsches Erbstatut); zur Trustbildung durch Rechtsgeschäft unter Lebenden eingehend *Götzenberger* S. 348 ff.

Das Steuerentlastungsgesetz 1999/2000/2002 hat in der Hoffnung auf **9** Steuermehreinnahmen von 150 Mio. DM jährlich (s. *Schindhelm/Stein* FR 1999, 880) im § 3 II Nr. 1 Satz 2 ErbStG den steuerpflichtigen Erwerb von Todes wegen erweitert um den Tatbestand einer „vom Erblasser angeordneten Bildung oder Ausstattung einer Vermögensmasse ausländischen Rechts, deren Zweck auf die Bindung von Vermögen gerichtet ist", und sie der Besteuerung von Stiftungen (§ 3 II Nr. 1 Satz 2 ErbStG) gleichgestellt. Gleiches gilt für Schenkungen unter Lebenden (§ 7 I Nr. 8, 9 ErbStG). Die Regierungsbegründung führt hierzu aus, daß

in den letzten Jahren steuerliche Gestaltungen unter Verwendung sogenannter „Trust" zur Erbschaftsteuer-/Schenkungsteuerersparnis eine erhebliche Bedeutung erlangt haben, weil bei dieser Konstruktion keine
Steuerpflicht oder erst mit zeitlicher Verzögerung eine Steuerpflicht ausgelöst wird. Mit der Neuregelung des ErbStG werden sowohl die Erst-
ausstattung als auch nachfolgende Dotierungen steuerpflichtig. Der Trust
selbst wird nicht genannt, statt dessen wird an das Merkmal einer
„Vermögensmasse ausländischen Rechts" angeknüpft, deren Zweck auf
die Bindung von Vermögen gerichtet ist. Das Gesetz enthält hierzu keine
Legaldefinition. Auf deren Ansässigkeit kommt es nicht an. Gem. § 7 I
Nr. 9 ErbStG gilt als Schenkung unter Lebenden auch „der Erwerb bei
Auflösung einer Vermögensmasse ausländischen Rechts, deren Zweck
auf die Bindungen von Vermögen gerichtet ist, sowie der Erwerb von
Zwischenberechtigten während des Bestehens der Vermögensmasse."
Nach altem Recht erwarb der Zwischennutzungsberechtigte nach seinem
Verhältnis zum Trusterrichter, regelmäßig unter Kapitalisierung des
Zwischennutzungsrechts bei feststehenden Ansprüchen (*BFH* BStBl.
1972 II, 464). Nach § 20 I Satz 2 ErbStG ist nunmehr die Vermögensmasse als Erwerber und Steuerschuldner definiert; in den Fällen des § 7 I
Nr. 8 Satz 2 ErbStG ist Steuerschuldner auch derjenige, der die Vermögensmasse gebildet oder ausgestattet hat. Auf den Trust als Vermögensmasse mit begrenzter Rechtspersönlichkeit und dessen Steuerschuldner-
schaft bei Erwerben nach § 3 II Nr. 1 bzw. § 7 I Nr. 8 ErbStG mußte
zurückgegriffen werden, da die Trustbegünstigten zumeist keine Ansprüche gegen den ausländischen Trustee auf Begleichung etwaiger Steuerschulden haben; ein Steueranspruch gegen sie wäre mit dem Bereiche-
rungsgrundsatz unvereinbar. Zuwendungen an den Trust unterliegen der
Steuerklasse III (*Jülicher* IStR 1999, 107). Die Frage eines Inlandsbezugs des Merkmals „Vermögensmasse ausländischen Rechts" ist zu klären. Daß die Vermögensmasse für den inländischen Bezug nichts hergeben soll, belegt zwar nicht der Wortlaut des Gesetzes, wohl aber die
Gesetzesbegründung, da es nach dem Bericht des Finanzausschusses auf
deren Sitz oder Ort der Geschäftsleitung nicht ankommt. Das schließt
andererseits aber auch nicht aus, schon für die Vermögensmasse ausländischen Rechts eine Anknüpfung für eine persönliche Steuerpflicht zu
begründen. Zur unbeschränkten Trustbesteuerung wäre mithin ein inländischer Sitz oder eine inländische Geschäftsleitung (§ 2 I Nr. 1 d ErbStG)
erforderlich. Wo befinden sich Sitz und Geschäftsleitung des Trust?
*Manfred Klein* IStR 1999, 378 hat alle denkbaren Anknüpfungen untersucht und ist zu dem Ergebnis gelangt, daß die Begriffe für die Trustbesteuerung ungeeignet sind. Eine unbeschränkte Steuerpflicht bei Errichtung oder Auflösung eines Trust kann rechtssicher nur von den an der
Trustgründung beteiligten Personen hergeleitet werden; bei Auflösung
ist der Erwerber des Vermögens Steuersubjekt. Die praktische Bedeu-

tung der Gesetzesänderung bleibt daher hinter dem ersten Anschein zurück (*Jülicher* IStR 1999, 107): Auch für den Vermögensübergang auf eine Vermögensmasse ausländischen Rechts bedarf es des Inlandsbezugs, sei es aufgrund unbeschränkter Steuerpflicht des Erblassers/Schenkers oder des Erwerbers nach § 2 I Nr. 1 Satz 1 ErbStG, sei es aufgrund beschränkter Steuerpflicht wegen Übergangs von Inlandsvermögen nach § 2 I Nr. 3 ErbStG. Für die unbeschränkte Steuerpflicht kann der Tatbestand daher auch nur Bedeutung erlangen, insoweit das Erbstatut die Errichtung nicht bereits verwehrt. Auch die beschränkte Steuerpflicht erlangt nur insoweit Bedeutung, als deutsches Recht als Sachstatut einer Rechtsinhaberschaft des Trust nicht entgegensteht. Zur Frage einer Vollstreckung gegen ausländische Vermögensmassen als Steuerschuldner *Manfred Klein* FR 1999, 1110. *Schindhelm/Stein* FR 1999, 880 ff. halten die Regelung mangels Bestimmtheit für verfassungswidrig.

### III. Zur Unterscheidung der Steuerpflichten

(1) Die **unbeschränkte Erbschaftsteuerpflicht** gilt für den gesamten **10** Vermögensfall (§ 2 I Nr. 1 ErbStG), so daß Inlands- und Auslandsvermögen erfaßt werden. Doch ist der Umfang des Vermögensanfalls unterschiedlich: Ist der Erblasser ein Inländer, ist der gesamte Erbfall (§ 3 ErbStG) steuerpflichtig. Ist nur der Erwerber (Erbe, Schenkungsempfänger) Inländer, erstreckt sich die uneingeschränkte Steuerpflicht nur auf das Vermögen, das auf inländische Erwerber übergeht; der „gesamte Vermögensanfall" (§ 1 I Nr. 1 ErbStG) hat daher in beiden Fällen unterschiedlichen Umfang. Das ergibt sich bereits aus dem Wortlaut des § 2 I, es bedarf nicht erst einer einschränkenden, Sinn und Zweck berücksichtigenden Norm: Der „gesamte Vermögensanfall" schließt in einem solchen Fall nicht „weltweit belegenes Vermögen" ein; ist der Erblasser im Ausland ansässig und nur einer seiner beiden zur Hälfte erbenden Rechtsnachfolger im Inland ansässig, bezieht sich das Tatbestandsmerkmal „für den gesamten Vermögensanfall" nur hierauf, ohne daß es erst einer zur Reduktion führenden Auslegung bedarf. Die andere Hälfte des Vermögensanfalls liegt außerhalb der Reichweite des § 2 I ErbStG. Die **erweiterte unbeschränkte Steuerpflicht** des § 2 I Nr. 1 b ErbStG (Abwanderer) unterscheidet sich von der unbeschränkten Steuerpflicht nicht hinsichtlich des Umfangs der Steuerpflicht; gleiches gilt für den Kreis der Auslandsbeamten.

(2) Die **beschränkte Steuerpflicht** erstreckt sich nur auf das Inlands- **11** vermögen im Sinne des § 121 BewG, wobei § 121 Nr. 4 (Beteiligungen an inländischen Kapitalgesellschaften) ergänzt werden muß um die Qualifikationsmerkmale, die § 2 I Nr. 3 Satz 2, 3 ErbStG nennt. Der Katalog des § 121 BewG entspricht im wesentlichen dem Einkünftekatalog des

§ 49 I EStG. Ausgenommen sind Bank- und Sparguthaben, Hausrat, Bargeld, Schmuck, Kunstgegenstände, Wertpapierdepots bei inländischen Kreditinstituten, nicht dinglich gesicherte Forderungen gegen inländische Schuldner, Fahrzeuge, Flugzeuge, Schiffe außerhalb des betrieblichen Bereichs (§ 121 II Nr. 3 BewG; dazu *Bellstedt* IWB 3 Gr. 9, 97); zur alten Streitfrage mittelbar gehaltener Anteile als Inlandsvermögen s. *FinVerw Baden-Württemberg* RIW 1997, 892).

**12**    (3) Die **erweiterte beschränkte Steuerpflicht** (§ 4 AStG) gelangt nur zur Anwendung, wenn weder der Erblasser noch der Erwerber Inländer i. S. des § 2 ErbStG sind. Auswanderer kann nur der Erblasser oder ein Schenker sein, nicht der Erwerber. Der Zusammenhang mit § 2 I Nr. 1b ErbStG ist zu beachten. Dementsprechend fällt ein Deutscher, der nach seiner Wohnsitznahme im Ausland die deutsche Staatsangehörigkeit beibehält, erst in den zweiten fünf Jahren nach seinem Wegzug unter die erweitert beschränkte Steuerpflicht; vor Ablauf von fünf Jahren kann die erweitert beschränkte Steuerpflicht nur eintreten, wenn der Erblasser die deutsche Staatsangehörigkeit zuvor aufgibt (*Schindhelm* S. 24). Über den Katalog des § 121 BewG hinaus sind alle Teile des Erwerbs, deren Erträge bei unbeschränkter Steuerpflicht nicht ausländische Einkünfte i. S. d. § 34c I EStG wären, der Besteuerung unterworfen: Kapitalforderungen gegen Schuldner im Inland, Aktien und Anteile an Kapitalgesellschaften im Inland, auch wenn sie die Mindestbeteiligungsquote im Rahmen der beschränkten Steuerpflicht nicht erreichen, Ansprüche auf Rechte und wiederkehrende Leistungen gegen Schuldner im Inland sowie sämtliche beweglichen Wirtschaftsgüter, die sich im Inland befinden; Vermögen, dessen Erträge nach § 5 AStG der erweiterten beschränkten Steuerpflicht unterliegen und Vermögen, das nach § 15 AStG zuzurechnen ist (AEAStG Rz 4.1.1.). Nicht erfaßt werden u.a. ausländisches land- und forstwirtschaftliches Vermögen, im ausländischen Staat belegene Betriebsstätten, Kapitalvermögen, wenn der Schuldner Wohnsitz, Geschäftsleitung oder Sitz in einem ausländischen Staat hat oder das Kapitalvermögen nur durch ausländischen Grundbesitz gesichert ist (*Schindhelm* S. 26).

**13**    (4) Eine Reihe **unterschiedlicher Regelungen für unbeschränkte und beschränkte Steuerpflicht** sind festzustellen. Hierbei sind an erster Stelle Unterschiede zwischen der Bewertung inländischen und ausländischen Vermögens gegeben: Während bei inländischem Grundbesitz die Erbschaftsteuer auf einen speziell berechneten Grundbesitzwert erhoben wird (§§ 12 III ErbStG, 138ff. BewG), wird bei ausländischem Grundbesitz immer der tatsächliche Verkehrswert zugrunde gelegt (§§ 12 VI ErbStG, 31 BewG). Begründet wird die unterschiedliche Bewertung mit Ermittlungsproblemen (s. *Nds. FG* EFG 1992, 145), die in Anbetracht der erhöhten Nachweispflicht des Steuerpflichtigen (§ 90 II AO) nicht überzeugen können. *Dautzenberg* (EWS 1998, 90) hält die Regelung, wie schon die Anknüpfung an die deutsche Staatszugehörigkeit des Abgewanderten, für eine Diskriminierung einer ausländischen Wohnsitznahme: Benachteiligt werde der in das Ausland umziehende Deutsche oder der zuziehende EG-Ausländer, der seinen bisherigen Wohnsitz beibehält. Auslandsbeteiligungen (Anteile an ausländischen Kapitalgesellschaften) sind wie Beteiligungen an inländischen Gesellschaften nach § 11 BewG mit dem gemeinen Wert zu bewerten; auch die Grundsätze des Stuttgarter Verfahrens können herangezogen werden (hierzu *Watrin* S. 70ff.). Ausländisches Betriebsvermögen wird gegenüber dem inländischen Betriebsvermögen in zweifacher Hinsicht benachteiligt. Zwar sind die Steuerbilanzwerte auch für die Steuerbilanzwerte und für die Bewertung des ausländischen Betriebsvermögens maßgeblich: Einführung der sogenannten verlängerten Maßgeblichkeit durch das StÄndG 1992; s. dazu FG Düsseldorf RIW 1997, 882; aber der durch das StandOG eingeführte Freibetrag in Höhe von 500000 DM für Betriebsvermögen (§ 13a ErbStG) – durch das Jahressteuergesetz 1996 auch auf wesentliche Beteiligungen an Kapitalgesellschaften erweitert – und der Bewertungsabschlag – durch das Jahressteuergesetz 1997 ebenfalls auf Anteile an Kapitalgesellschaften erweitert – gilt nur für inländisches Betriebsvermögen, inländisches land- und forstwirtschaftliches Vermögen und Anteile an Kapitalgesellschaften, die zur Zeit der Entstehung der Steuer ihren Sitz oder die Geschäftsleitung im Inland haben; Auslandsvermögen ist weiterhin mit dem vollen Wert anzusetzen. Auch der ausländische Teil eines inländischen Betriebes bleibt hiervon ausgenommen (*Kapp/Ebeling* Rz 40 zu § 13a mit weiteren Nachweisen und Abgrenzungen). Den Schuldenabzug begrenzt § 10 VI Satz 3 ErbStG bei beschränkter Steuerpflicht auf solche Schulden und Lasten, die mit den der beschränkten Steuerpflicht unterliegenden Gegenständen im wirtschaftlichen Zusammenhang stehen. Die Schuld darf also nur für Zwecke des belasteten Vermögensgegenstandes eingegangen werden (Einzelheiten bei *Schindhelm* S. 34ff.). Während § 16 ErbStG Freibeträge staffelt, wird beschränkt Steuerpflichtigen nur ein Freibetrag in Höhe von 2000 DM gewährt, sie kommen auch nicht in den Genuß der besonderen Versorgungsbeträge des § 17 ErbStG. Durch das Jahressteuergesetz 1997 ist eine Tarifbegrenzung beim Erwerb von inländischen Kapitalgesellschaften eingeführt worden (§ 19a ErbStG). Der Entlastungsbetrag gilt nur unter der Voraussetzung einer Inlandsbelegenheit.

## IV. Doppelbesteuerungsprobleme

### 1. Ursache

Mit der auch im Erbschaftsteuerrecht verbreiteten Einbeziehung welt- **14** weiten Erwerbs ist zwangsläufig das Doppelbesteuerungsproblem verbunden: Überschneidungen aufgrund der Besteuerung durch den Wohnsitzstaat einerseits und den Belegenheitsstaat andererseits. Das Ausmaß hängt jeweils von der Reichweite des Inlandsvermögens ab; hier sind im internationalen Vergleich außerhalb des Bereichs des Grundvermögens erhebliche Unterschiede festzustellen (Beispiele bei *Schindhelm* S. 40). Eine mit der Frage der Belegenheit verbundene Problematik folgt aus der Notwendigkeit der Zurechnung des Vermögens von Personengesellschaften. Aus deutscher Sicht kommt es – nicht anders als im Ertragsteuerrecht – auf die Zugehörigkeit der Wirtschaftsgüter zu einer Betriebsstätte an: sei es zur inländischen Betriebsstätte einer ausländischen Personengesellschaft, sei es zur ausländischen Betriebsstätte einer inländischen Personengesellschaft. Im niederländischen Erbschaftsteuerrecht setzt eine solche unmittelbare Zuordnung des Vermögens zum Gesellschafter eine Beteiligung an den stillen Reserven voraus; für den deutschen Kommanditisten, einer Kommanditgesellschaft nach niederländischem Recht, der in diesem Sinne nicht als Unternehmer zu qualifizieren ist, bedeutet dies mithin, daß nach dem Tode kein steuerbarer Erwerbsvorgang gegeben ist (*Hoog* S. 134 ff.; zu weiteren rechtsvergleichenden Hinweisen und Ursachen doppelter Besteuerung: Belegenheitsprobleme, mehrfache subjektive Anknüpfung, unterbliebener Schuldenabzug in beiden Staaten s. *Schindhelm* S. 42 ff.). Die wesentliche Ursache für Doppelbesteuerungen bei grenzüberschreitenden Erbfällen folgt – ungeachtet der Ursachen im Einzelfall – jedenfalls wie im Ertragsteuerrecht aus einer mehrfachen Anknüpfung; was die Erbschaftsteuer insoweit vom Ertragsteuerrecht unterscheidet, sind die zweifachen Anknüpfungen (Erblasser/Erbe), die immer dann fast zwangsläufig eine Doppelbesteuerungsfolge nach sich ziehen müssen, wenn nicht der Erblasser, jedoch der Erbe die Voraussetzungen eines Steuerinländers aufweist.

## 2. Anrechnung ausländischer Steuern

**15**     (1) Unter welchen Voraussetzungen und in welchem Umfang eine Anrechnung im Ausland gezahlter ausländischer Erbschaftsteuer auf die deutsche Steuer in Betracht kommt, regelt in Anlehnung an § 34c EStG § 21 ErbStG: Die Anrechnung, die auf Antrag erfolgt, greift in allen Fällen ein, in denen zu einem unbeschränkt steuerpflichtigen Erwerb Auslandsvermögen gehört, welches auch der deutschen Besteuerung unterliegt. Bei beschränkter oder erweitert beschränkter Erbschaftsteuerpflicht ist eine Anrechnung der ausländischen auf die inländische Erbschaftsteuer ausgeschlossen. Die auf dieses Auslandsvermögen gezahlte und keinem Ermäßigungsanspruch unterliegende Erbschaftsteuer wird unter den Voraussetzungen des § 21 ErbStG auf die deutsche Steuer angerechnet. Was als Auslandsvermögen gilt, regelt § 21 II ErbStG abschließend. Der Gesetzgeber hat eine **unterschiedliche Abgrenzung des**

**Auslandsvermögens** vorgenommen; je nachdem, ob der Erblasser ein Steuerinländer oder ein Steuerausländer ist, ist der Begriff des Auslandsvermögens enger oder weiter gefaßt (Übersicht bei *Flick/Piltz* Rz 1355 ff.). Ist Auslandsvermögen i. S. dieser Bestimmung gegeben, so ist jede der deutschen Erbschaftsteuer entsprechende ausländische Steuer anrechenbar, die von einem ausländischen Staat auf dies Vermögen erhoben worden ist. Höchstbetrag für die Anrechnung der ausländischen Erbschaftsteuer ist derjenige Teilbetrag der deutschen Steuer, der auf das Auslandsvermögen entfällt. Die Anrechnung erfolgt gem. § 21 I Satz 4 ErbStG nur, wenn die deutsche Erbschaftsteuer für das Auslandsvermögen innerhalb von 5 Jahren seit dem Zeitpunkt der Entstehung der ausländischen Erbschaftsteuer entstanden ist.

Über die Anrechnung US-amerikanischer Nachlaßsteuer auf die deutsche ErbSt gem. § 21 ErbStG hatte *BFH* BStBl. 1990 II, 786 zu entscheiden: Aus der Bezeichnung der anrechenbaren Steuer als einer der deutschen ErbSt entsprechenden Steuer kann nicht geschlossen werden, daß nur Erbanfallsteuern anrechnungsfähig seien. Eine ausländische Steuer entspricht immer dann der deutschen ErbSt, wenn sie auf den Übergang des Nachlasses gelegt ist, sei es **als Erbanfallsteuer**, sei es **als Nachlaßsteuer**. An der Gleichartigkeit mit der deutschen Erbschaftsteuer fehlt es, wenn aus Anlaß des Todes eine Form der Einkommensteuer erhoben wird: *BFH* BStBl. 1995 II, 540 zur kanadischen gains tax; nach ihr fällt eine Vermögensgewinnbesteuerung so an, als hätte der Erblasser zum Todeszeitpunkt Nachlaßgegenstände zum Marktwert veräußert. Der *BFH* stellt klar, daß für die Anrechenbarkeit nach § 21 I Satz 1 ErbStG nicht allein entscheidend sei, ob die ausländische Steuer an den Vermögensübergang von Todes wegen anknüpft; es komme auf die Nachlaßbelastung an: Anrechenbar ist eine ausländische Steuer danach nur, „wenn durch sie der Wert des Nachlaßvermögens im Sinne einer auf die Nachlaßmasse als solcher liegenden Nachlaßsteuer oder der Erbanfall, also die Bereicherung beim einzelnen Erben, erfaßt wird. ... Diese Voraussetzung erfüllt die anläßlich des Todes erhobene kanadische capital gains tax nicht ..., denn sie ist weder als Nachlaßsteuer noch als Erbanfallsteuer ausgestaltet, sondern wird als Einkommensteuer beim Erblasser nach dessen persönlichen Verhältnissen erhoben ... Vielmehr wird eine fiktive Veräußerung durch den Erblasser, und zwar unmittelbar vor seinem Tod, unterstellt und ein angenommener Veräußerungsgewinn des Erblassers bei diesem der Einkommensteuer im Todesjahr unterworfen" (Die Entscheidung ist kritisch aufgenommen worden, vgl. *Wacker* IStR 1998, 36 und *Jülicher* ZEV 1996, 295). Übernimmt der Erbe auf Geheiß des Erblassers die Steuer eines Vermächtnisnehmers oder Pflichtteilsberechtigten, wird die auf den Bruttoerwerb entfallende ausländische Steuer beim Begünstigten angerechnet (*FM Nordrhein-Westfalen* DB 1991, 418).

(2) Die **Anrechnung ist der Höhe nach begrenzt.** Gemäß § 21 I **16** Satz 1 ErbStG ist die ausländische Steuer auf die deutsche Steuer anzurechnen, soweit das Auslandsvermögen der deutschen Besteuerung unterliegt; mithin muß – nicht anders als im Ertragsteuerrecht – die nach deutschem Erbschaftsteuerrecht an den gesamten Vermögensanfall anknüpfende Steuer aufgeteilt werden: Welcher Teil entfällt auf das Inlandsvermögen, welcher auf das Auslandsvermögen. Der Höchstbetrag folgt dann aus der Formel deutsche Erbschaftsteuer x steuerpflichtiges Auslandsvermögen: steuerpflichtiges Gesamtvermögen. Dieser Höchst-

betrag ist für jeden Staat gesondert zu ermitteln (§ 21 I Satz 3 ErbStG, per-country-limitation). Damit wird verhindert, daß die nicht mehr anrechenbare Steuer eines Staates mit hoher Erbschaftsteuerbelastung mit einem nicht maximal ausgenutzten möglichen Anrechnungsbetrag eines Niedrigsteuerlandes verrechnet wird (*Schindhelm* S. 48). Auf die besondere Regelung des Auslandsvermögens in § 21 II ErbStG wurde bereits hingewiesen; es ist zu unterscheiden: Ist der Erblasser Inländer, gilt als Auslandsvermögen – spiegelbildlich – § 121 BewG; was in die deutsche beschränkte Steuerpflicht eingezogen wird, bestimmt – spiegelbildlich – also das Anrechnungsvolumen. War aber der Erblasser im Zeitpunkt seines Todes kein Inländer, gelten als Auslandsvermögen „alle Vermögensgegenstände mit Ausnahme des Inlandsvermögens im Sinne des § 121 BewG sowie alle Nutzungsrechte an diesen Vermögensgegenständen." Folge: Die weite Fassung des Begriffs des Auslandsvermögens für den Fall eines nichtansässigen Erblassers (Schenkers) begünstigt den Erwerber in einem zweifachen Sinne: Mit einem weiteren Bereich erfaßten Auslandsvermögens wächst der Betrag anrechenbarer ausländischer Steuer; zugleich erhöht sich der Höchstbetrag anrechenbarer Steuer. Warum räumt das Gesetz dem inländischen Erben eines ausländischen Erblassers ein? *Meincke* § 21 ErbStG Rz 27 führt den Gesichtspunkt an, „daß bei einem Erblasser, der kein Inländer war, der Erwerb schon voll der ausländischen Steuer unterlegen hat und insoweit (vom inländischen Fiskus) nur noch die Steuer erhoben werden soll, die auf Inlandsvermögen entfällt."

**17**      (3) Die Parallelen zur **Steueranrechnung nach § 34c EStG** sind unübersehbar, doch ist zur Unterscheidung hervorzuheben: § 21 ErbStG sieht im Gegensatz zu § 34c EStG weder einen Steuerabzug noch eine Steuerpauschalierung vor; § 10 VIII ErbStG schließt einen Steuerabzug – wenn auch in einem anderen systematischen Gesetzeszusammenhang – sogar aus. Obwohl § 21 I ErbStG darauf abstellt, daß der Erwerber selbst zur ausländischen Steuer herangezogen wird, ist eine Steuersubjektidentität in dem uns bekannten Sinne nicht erforderlich; das insoweit erforderliche weitere Verständnis der Subjektidentität folgt aber nicht aus einer Interpretation als eigenständiges Tatbestandsmerkmal. Es folgt vielmehr – jedenfalls nach dem oben zitierten *BFH*-Verständnis – als folgerichtige Konsequenz aus dem Verständnis „einer der deutschen Erbschaftsteuer entsprechenden ausländischen Steuer"; erfaßt dieses Merkmal auch eine Nachlaßsteuer, die noch für die Person des Erblassers festgesetzt wird, dann ist damit auch zugleich die Frage der Subjektidentität geklärt. Hiervon zu unterscheiden ist die Frage der Übernahme der Steuer durch einen anderen: Die Anrechnung ist seit *BFH* BStBl. 1990 II, 786 dadurch nicht ausgeschlossen. Der Anrechnungsvorteil wird jedoch dadurch reduziert, daß entsprechend den Grundsätzen des § 10 II ErbStG die von einem Dritten im Ausland übernommene Steuer dem

Wert des steuerpflichtigen Erwerbs hinzuzurechnen ist. Schließlich – im Unterschied zur Einkommensteuer – ist die ausländische Erbschaftsteuer ohne Rücksicht darauf anrechenbar, ob deutsche oder ausländische Steuerschuld zeitübereinstimmend entstanden sind. Entscheidend ist die Identität des Erbfalls; zu beachten ist lediglich § 21 I Satz 4 ErbStG, wonach nur diejenige ausländische Steuer anrechenbar ist, die bis zu fünf Jahre vor der deutschen Erbschaftsteuer entstanden sind – die Gründe hierfür wurden bereits genannt. Allerdings ist eine nach Eintritt der Bestandskraft des deutschen Erbschaftsteuerbescheids erfolgte Festsetzung und Zahlung einer nach § 21 I ErbStG anrechenbaren ausländischen Steuer kein rückwirkendes Ereignis gem. § 175 I Satz 1 Nr. 2 AO, so daß eine Anrechnung nicht mehr möglich ist (*FG Düsseldorf* EFG 1998, 1605).

(4) Zum Umrechnungskurs *BFH* BStBl. 1995 II, 540; BStBl. 1991 II, **18** 521: Danach ist der amtliche Devisenkurs des Todestages des Erblassers maßgeblich. Dies kann zu erheblichen Nachteilen führen, da die ausländische Steuer erst nach dem Todestag des Erblassers zu zahlen ist. *Jülicher* (ZEV 1996, 299) hat mit Recht gegenüber der Anwendung des Stichtagprinzips auf den Wortlaut des § 21 I ErbStG hingewiesen, der die Anrechnung der „gezahlten" Steuer zuläßt. Er schlägt eine vernünftige und differenzierte Lösung vor, die darauf abstellt, ob ausländische Steuern aus ausländischem Vermögen bezahlt wurden oder ob ein Devisengeschäft erforderlich war.

(5) Nach alledem können **Doppelbesteuerungen verbleiben.** Die per- **19** country-limitation schließt eine Anrechnung der den Höchstbetrag übersteigenden ausländischen Steuer aus; der damit verbundene steuerpolitische Zweck ist aus der Ertragsbesteuerung hinreichend bekannt: Hier soll die Höhe der deutschen Erbschaftsteuer nicht in Abhängigkeit vom ausländischen Steuertarif gelangen. Systematisch schwerer wiegen die Probleme, die sich aus fehlender Identität des besteuerten Vermögens ergeben. Voraussetzung für eine Vermeidung der Doppelbesteuerung ist die Identität des nach deutschem Recht definierten Auslandsvermögens mit dem nach ausländischem Recht der beschränkten Steuerpflicht unterworfenen Gesichtspunkt des Bruttovermögens als auch des Nettovermögens (*Watrin* S. 92); aber wie sichtbar wurde, ist eine solche Identität aus verschiedenen Gründen nicht immer gegeben: Im einfachsten Fall bestimmen die Staaten die Belegenheit so aneinander vorbei, daß die Doppelbesteuerung bestehen bleibt. Daher *Schaumburgs* grundsätzliche Kritik an der Anknüpfung an § 121 BewG als wegen des Weltvermögensprinzips „konzeptionell verfehlt" (S. 749). Gleiche Folgen treten wegen der Vielzahl von Regelungen zum Abzug vom erbschaftsteuerpflichtigen Erwerb auf; werden Schulden unterschiedlich zugeordnet, kann es bei einer Doppelbesteuerung verbleiben. Dies beruht dann auf der Kappung der anrechenbaren ausländischen Steuer auf den Betrag, der die deutsche Steuer nicht übersteigt (im einzelnen *Watrin* S. 105).

**20**      (6) Deswegen ist im **Einzelfall eine sorgfältige Analyse** erforderlich, in deren Mittelpunkt nach der Anknüpfungsfrage die Belegenheit des Vermögens, die unterschiedliche Bestimmung des Inlandsvermögens und die daraus folgenden Anrechnungskonsequenzen stehen. Wie schwierig dies ist, weil detaillierte Kenntnisse fremden Rechts gegeben sein müssen, wie lehrreich dies aber zugleich sein kann, zeigt eine Untersuchung von *Bärtels* zu deutsch-französischen Unternehmensnachfolgen und dabei entstehenden erbschaftsteuerlichen Doppelerfassungen (RIW 1999, 22 ff.). So zeigt schon der 1. Fall der Vermögensabgrenzung bei beschränkter Steuerpflicht in Frankreich und unbeschränkter Steuerpflicht in der Bundesrepublik, daß die unbeschränkte Steuerpflicht des Erblassers nur mit eingeschränkten Anrechnungsmöglichkeiten einhergeht: Das in Frankreich beschränkt erbschaftsteuerpflichtige Vermögen geht über den Vermögensbereich hinaus, dessen Erbschaftsteuerbelastung anrechenbar ist. Die Situation ist günstiger, wenn in der Bundesrepublik eine unbeschränkte Erbschaftsteuerpflicht statt an die Ansässigkeit des Erblassers an die des Erben anknüpft – dieser Fall ist wie bereits erwähnt mit weiterreichenden Anrechnungsmöglichkeiten verbunden (§ 21 II Nr. 2 ErbStG); aber auch hier stellt *Bärtels* ein Bündel von Vermögensbestandteilen fest, die eine nichtanrechenbare Erbschaftsteuerbelastung in Frankreich zur Folge haben. Treffen deutsche und französische beschränkte Steuerpflicht aufeinander, sind Doppelbesteuerungen insoweit möglich, wie die jeweiligen Belegenheitsregelungen Überschneidungen aufweisen, da in keinem der beiden Staaten Regelungen zur Vermeidung oder Minderung der internationalen Doppelbesteuerung bei beschränkter Erbschaftsteuerpflicht bestehen. Im Falle einer unbeschränkten Erbschaftsteuerpflicht in Frankreich (nur an den Erblasserwohnsitz anknüpfend) und einer an den Wohnsitz des Erben im Inland anknüpfenden unbeschränkten deutschen Erbschaftsteuerpflicht, kann es zu Doppelbesteuerungen kommen, wenn weder Frankreich noch Deutschland eine Anrechnung für diejenige ausländische Steuer gewähren, die auf das in beiden Staaten zum jeweiligen Inlandsvermögen zählende Vermögen entfallen. Nach französischem Recht ist das im Ausland befindliche Vermögen mit dem Auslandsvermögen identisch, dessen – in diesem Fall deutsche – Steuerbelastung anrechenbar ist. In der Bundesrepublik dagegen kann bei unbeschränkter Steuerpflicht des Erben (des Schenkers) auch ein Teil des im Inland befindlichen Vermögens eine Anrechnungsfolge auslösen (§ 21 II Nr. 2 ErbStG i. V. mit § 121 BewG); im Inland ist in diesem Fall nur die auf das deutsche Inlandsvermögen i. S. des § 121 BewG entfallende französische Erbschaftsteuer von der Anrechnung ausgeschlossen, während sich Frankreich das Besteuerungsrecht für ein vergleichsweise umfangreicheres Inlandsvermögen vorbehält. Und schließlich die unbeschränkte Steuerpflicht in Frankreich und die beschränkte Steuerpflicht im Inland: Wie im – seitenverkehrten – Ausgangsfall erweist es sich als problematisch, daß der Inlandsvermögensbegriff des Belegenheitsstaats über denjenigen des Erblasserstaates hinausgeht, so daß der Anrechnungsumfang hinter der Reichweite der beschränkten Steuerpflicht zurückbleibt.

### 3. Doppelbesteuerungsabkommen

**21**      (1) Zur Vorgeschichte, Entwicklung und Bedeutung des OECD-MA für ein Abkommen zur Vermeidung der Doppelbesteuerung auf dem Gebiete der Nachlaß-, Erbschaft- und Schenkungssteuern (OECD-MA ErbSt 1982) s. die Kommentierung von *Wassermeyer* in *Debatin/Wassermeyer* Vor Art. 1 ErbSt-MA. Der persönliche Anwendungsbereich wird durch einen Erblasser (bzw. Schenker) bestimmt, der im Zeitpunkt seines Todes (bzw. im Zeitpunkt der Schenkung) einen Wohnsitz in einem Vertragsstaat oder in beiden Vertragsstaaten hatte. Eine Erbschaftsteuerpflicht, die nur an einen inländischen Erbenwohnsitz anknüpft, ist DBA-rechtlich irrelevant, wenn der Erblasser in einem Nicht-DBA-Staat ansässig war. Inwieweit bei abweichenden Besteuerungsgrundsätzen in den Mitgliedstaaten (als Beispiel die Bundesrepublik mit der Anknüpfung an den Wohnsitz des Erben) dessen ungeachtet eine Doppelbesteuerung zu vermeiden ist, erläutert der MA-ErbSt-Kommentar Nr. 6 ff. zu Art. 1. Das MA-ErbSt sucht daher allein den Ausgleich von Überschneidungen zwischen dem **Wohnsitzstaat des Erblassers** und dem **Belegenheitsstaat des Vermögens** – dem Wohnsitz des Erben kommt hierfür keine Bedeutung zu. Wohl aber kann die Person des Erben – ebenso wie die Belegenheit des Vermögens – die Internationalität des Sachverhalts und damit die Frage des anwendbaren Abkommens lösen (Erblasser A verstirbt im Land B und hinterläßt ausschließlich in B belegenes Vermögen; es kommt nunmehr auf die Ansässigkeit des Erben C an). In sachlicher Hinsicht gilt das MA-ErbSt für Nachlässe, Erbschaften und Schenkungen, ohne daß nach Anknüpfungspunkten des innerstaatlichen Rechts zu forschen ist. Da auch die Begriffe Nachlaß, Erbschaft und Schenkung nicht bestimmt sind, kann man den sachlichen Anwendungsbereich als durch das innerstaatliche Recht bestimmt sehen; daher *Wassermeyer* aaO, Art. 1 Rz 12: Letztlich will das MA-ErbSt alle Nachlässe und Erbschaften besteuern, die das innerstaatliche ErbStG besteuert. Art. 3 MA-ErbSt enthält allgemeine Begriffsbestimmungen und die Auslegungsregel des Art. 3 II MA (s. bereits R 46). Hier ist lediglich von Interesse die Erklärung des Begriffs „Vermögen, das Teil des Nachlasses oder einer Schenkung einer Person mit Wohnsitz in einem Vertragsstaat ist" als „alle Vermögenswerte, deren Übergang oder Übertragung nach dem Recht eines Vertragsstaates einer Steuer unterliegt, für die das Abkommen gilt." In den Folgeartikeln wird auf den Vermögensbegriff Bezug genommen, etwa in Art. 5 MA-ErbSt für unbewegliches Vermögen „das Teil des Nachlasses einer Person mit Wohnsitz in einem Vertragsstaat ist …" Dann versteht sich das unter Einbeziehung des Art. 3 als eine umfassende Verweisung auf das innerstaatliche Recht – ohne daß es darauf ankommt, ob übertragenes Vermögen zivilrechtlich überhaupt Nachlaßbestandteil ist, ob der Charakter einer Erbanfallsteuer dem entgegenstünde usw. (MA-ErbSt-Kommentar Nr. 6 zu Art. 3). Die Wohnsitzregelung in Art. 4 grenzt Nachlässe, Erbschaften und Schenkungen ab, für die das MA-ErbSt gilt und löst das Problem der Doppelwohnsitze.

(2) Das MA-ErbSt räumt dem **Belegenheitsprinzip absoluten Vor-** **22** **rang ein.** Nach Art. 5 I kann die Vererbung oder Verschenkung von unbeweglichem Vermögen in dem Vertragsstaat der Belegenheit besteuert werden; der Wohnsitzstaat kann besteuern, ist aber zum Ausgleich der Besteuerung des Belegenheitsstaates verpflichtet. Damit wäre – für sich genommen – nicht viel gewonnen, wenn nicht zugleich Klarheit über den Begriff des „unbeweglichen Vermögens" bestünde. Denn rechtsverglei-

chend lassen sich zahlreiche Unterschiede bei der Bestimmung des Umfangs des Grundvermögens feststellen. Art. 5 II MA-ErbSt verweist zur Bestimmung auf das Recht des Belegenheitsstaates und führt zugleich bestimmte Vermögenswerte und Rechte auf, die stets als unbewegliches Vermögen zu behandeln sind (Zubehör, Nutzungsrechte – nicht aber Grundpfandrechte, die wie bewegliches Vermögen zu behandeln sind) – damit löst das Abkommensrecht Doppelbesteuerungsprobleme, die von der einseitigen Anrechnungsregel des § 21 I ErbStG nicht bewältigt werden (so *Watrin* S. 114). Für Betriebsstättenvermögen folgt das MA dem Betriebsstättenprinzip, jedoch wird die Zurechnung auf das bewegliche Vermögen beschränkt. Bei der Abgrenzung des Vermögens wird nicht auf die Belegenheit der Wirtschaftsgüter abgestellt. Damit wird ein Problem vermieden, das sich – worauf bereits hingewiesen wurde – aus § 21 I ErbStG mit der Durchbrechung des Betriebsstättenprinzips bei im Inland belegenen Vermögen im Sinne des § 121 BewG ergibt (z. B. kann eine wesentliche Beteiligung an einer inländischen Kapitalgesellschaft hiernach nur dem Inlandsvermögen zugerechnet werden). Eine Regelung der Personengesellschaftsanteile sieht auch das MA 1982 nicht vor, so daß Qualifikationskonflikte auch hier unvermeidbar sind. Die Kommentierung zum MA-ErbSt nennt Möglichkeiten, den Konflikt zu vermeiden: Recht des Belegenheitsstaates – Recht des Sitzstaates – grundsätzliches Recht des Belegenheitsstaates, die Gesellschaft (wie im deutschen Recht) als transparente Einheit zu verhandeln. Für Vermögenswerte, die nicht einer Besteuerung am Ort ihrer Belegenheit unterliegen (private Wertpapiere, Forderungen, Vermögen in Drittstaaten), ist das ausschließliche Besteuerungsrecht dem Wohnsitzstaat zugewiesen. Art. 8 stellt den Schuldenabzug in einen Zusammenhang mit bestimmten Vermögenswerten. Gegenwärtig gelten Doppelbesteuerungsabkommen auf dem Gebiet der Erbschaft- und Schenkungsteuern der Bundesrepublik (s. *BMF*-Schreiben BStBl. 2000 I, 40) mit Griechenland, Österreich, Schweden (als sog. Großes Steuerabkommen hat letzteres die Steuern vom Einkommen und vom Vermögen sowie bei den Erbschaft- und Schenkungsteuern zusammengefaßt), Dänemark (ebenfalls als Großes Steuerabkommen), Schweiz, USA; mit Finnland, Frankreich und Großbritannien stehen Vereinbarungen bevor; s. dazu die Inhaltsangaben bei *Flick/Piltz* Rz 1415 ff. Zu der bisher kaum diskutierten Frage eines Harmonisierungsbedarfs innerhalb der EU auf der Grundlage des Binnenmarktkonzepts s. *Watrin* S. 192.

## V. Nachlaßplanung

**23**     (1) Aus der Sicht des internationalen Steuerrechts ist auch die Frage der **Erbschaftsteuer als ein Standortfaktor** zu beachten und zu klären, ob von ihr Wettbewerbswirkungen ausgehen. Zum Wesen der Erbschaftsteuer gehört, daß sie in jedem Zeitabschnitt nur einen kleinen Teil der Vermögensinhaber trifft. Während eine **Überwälzung** bei fast allen Steuern nicht ausgeschlossen werden kann, ist dies bei der Erbschaftsteuer, wenn man von monopolistischen Strukturen absieht, einzelwirtschaftlich nicht möglich; denn in den einzelnen Perioden hat nur ein Bruchteil der konkurrierenden Wettbewerber Erbschaftsteuer zu zahlen, so daß Überwälzungschancen ausscheiden (*Watrin* S. 203, Fußn. 77).

Doch daß der Wettbewerb der Steuersysteme inzwischen auch die Erbschaftsteuer umfaßt, ist gerade auf diesen Umstand zurückzuführen: Deswegen gilt die Erbschaftsteuer als „strategischer Faktor": Demographische Entwicklung, umfangreiche Vermögensübergänge bei Betriebs- und Privatvermögen in den nächsten Jahren sowie die zunehmende Vernetzung werden dazu führen, daß erbschaftsteuerliche Gestaltungsüberlegungen in den folgenden Jahren nicht mehr nur wie bisher gegenüber den ertragsteuerlichen Diskussionen eine unbedeutende Randposition einnehmen (eine Übersicht über die international relevanten Fragestellungen mit rechtsvergleichenden Hinweisen bei *Wacker* IStR 1998, 33 ff.). Symptomatisch für die steigende Aufmerksamkeit der Erbschaftsteuer gegenüber ist die Tätigkeit des deutschen Gesetzgebers seit 1992: StÄndG 1992 (verlängerte Maßgeblichkeit), StandOG 1993 (neuer Erbschaftsteuerfreibetrag für das Betriebsvermögen), StMBG 1993 (Mißbrauchsbeseitigung), JStG 1996 (Ausweitung des Betriebsvermögensfreibetrags auf wesentliche Beteiligungen an Kapitalgesellschaften), JStG 1997 (erhöhter Bewertungsabschlag auf unternehmerisches Vermögen) – eine Entwicklung, die bereits in Anbetracht des begünstigten betrieblichen Vermögens neue Fragen nach der Gleichmäßigkeit der Besteuerung zur Folge hat. Für die Nachfolgeplanung stellt die Frage einer steuerorientierten Gestaltung nur einen Teilausschnitt dar. Steuerorientierte Gestaltung bedeutet, den Abfluß von Finanzmitteln infolge der Erbschaftsteuerzahlung so gering wie möglich zu halten, um den Fortbestand des Unternehmens zu sichern (vgl. zur Zielsetzung im einzelnen *Watrin* S. 8 ff.; *Wacker* IStR 1998, 41; *Schindhelm* S. 60 ff.). Die einschneidenden Steuerbelastungen als Folge des international z. T. sehr hohen Steuerniveaus, die Besteuerung der Unternehmensnachfolge zwar als aperiodisches, nicht aber typischerweise seltenes Ereignis und die Möglichkeit des Zwischenerwerbs des überlebenden Ehegatten sowie der Unwägbarkeiten des Generationenwechsels und damit verbundener mehrfacher Unternehmensübertragungen innerhalb weniger Jahre, denkbare Liquiditätsgefährdungen und Gefährdung der Unternehmenskontinuität überhaupt als Folgen hiervon werden als Gründe genannt, schon in die Planung des internationalen Standorts Nachfolgefragen aus steuerlicher Sicht einzubeziehen (*Bärtels* RIW 1999, 22).

**24**    (2) *Wacker* hat eine Check-Liste erstellt, welche erbschaftsteuerlichen Fragestellungen bei einem Vergleich mit ausländischem Steuerrecht und bei Gestaltungsüberlegungen zu bedenken sind:
– Anknüpfungsfragen
– Art des Vermögens
– Art der Schulden
– Tarife und Freibeträge
– Erbanfallsteuer oder Nachlaßsteuer
– Berücksichtigung verwandtschaftlicher Beziehungen
– Wertermittlung
– DBA
– Doppelbelastung, Doppelbesteuerung
– Ertragsteuerliche Auswirkungen erbschaftsteuerlich bezogener Gestaltungen
– Meldepflichten, Fristen

Diese Punkte finden sich in der **Erörterung von Gestaltungsmöglichkeiten** wieder, wenngleich mit unterschiedlicher Gewichtung. Erörtert werden der **Wohnsitzwechsel** in ein niedriger besteuerndes Land bei gleichzeitiger Aufgabe des inländischen gewöhnlichen Aufenthalts und der Vorteil eines Verzichts auf die deutsche Staatsangehörigkeit. Sind die Bedingungen einer wirksamen Wohnsitzverlegung gegeben, kann damit nur das Auslandsvermögen der deutschen Erbschaftsteuer entzogen werden; die beschränkte Steuerpflicht ließe sich nur vermeiden bei einer Vermögensverlagerung in das Ausland. Um den Sondertatbeständen der erweiterten unbeschränkten und erweiterten beschränkten Steuerpflicht auszuweichen, müßte die **deutsche Staatsangehörigkeit aufgegeben** werden: Die erweiterte unbeschränkte Steuerpflicht läßt sich innerhalb der ersten fünf Jahre nach dem Umzug vermeiden; erforderlich ist, daß sowohl der künftige Erbe als auch sein Nachfolger die deutsche Staatsangehörigkeit vor dem Vermögensübergang aufgeben. Besteht die deutsche Staatsangehörigkeit im Zeitpunkt des Vermögensübergangs bei beiden unter der gegebenen zeitlichen Bedingung nicht mehr, entfällt die erweiterte unbeschränkte Steuerpflicht. Die erweiterte beschränkte Steuerpflicht nach § 4 AStG kann nur vermieden werden, wenn die deutsche Staatsangehörigkeit mindestens fünf Jahre vor der Auswanderung aufgegeben wird. Bezieht man sämtliche Bedingungen und Folgen ein (IPR, Staatsangehörigkeitsrecht, ertragsteuerliche Folgen, Auslandsbesteuerung), zeigt sich, daß mit einer Wohnsitzverlagerung aus erbschaftsteuerlichen Überlegungen heraus hohe Mobilitätskosten und möglicherweise nur geringe Steuereffekte verbunden sind; bedenkt man auch die lange Zeit bis zum Eintritt in die gewünschte beschränkte Steuerpflicht und die damit verbundenen Planungsunsicherheiten, ist im Anschluß an die Darstellung *Watrins* festzustellen, daß der Wegzug in das Ausland als erbschaftsteuerliches Gestaltungsinstrument einer internationalen Nachfolgeplanung grundsätzlich ausscheidet (*Watrin* S. 156 ff.). Die Wohnsitzverlegung kann sich anbieten, wenn der Erblasser im Inland keine wesentlichen Tätigkeiten ausübt und auch nicht ausüben möchte und sein Vermögen vor allem aus Kapitalanlagen besteht (*Schindhelm* S. 64 mit Hinweis auf die Alternative eines Wegzugs nach Österreich; die Erbschaftbesteuerung nach einem Wegzug in die Schweiz haben *Füger/Rieger* IStR 1998, 460 ff. untersucht). Als weiteres Gestaltungsinstrument wird die **Umschichtung und räumliche Verlagerung** von Nachlaßgegenständen genannt (*Schindhelm* S. 65): sowohl unter dem Gesichtspunkt der auf bestimmte Wirtschaftsgüter beschränkten Steuerpflicht (Inlandsvermögen § 121 BewG) als auch der Folgen für das innerstaatliche Anrechnungsverfahren (Zusammenhang § 121 BewG/§ 21 ErbStG). Das bloße Verbringen von Nachlaßgegenständen in das Ausland führt regelmäßig zu keiner Senkung der Steuerlast, solange der Erblasser inländische Anknüpfungspunkte beibehält; es bleibt dann stets das höhere Steuerniveau bestehen. Als gesellschaftsrechtliche Gestaltungsinstrumente werden genannt: Steuerminimierung durch Einschaltung von Kapitalgesellschaften und Personengesellschaften. Mit der **Rechtsformwahl** als dem wichtigsten Instrument internationaler Erbschaftsteuerplanung hat sich vor allem *Watrin* (S. 161 ff.) befaßt: Die Rechtsformwahl bestimmt die Vermögensbelegenheit und die Entstehung von beschränkten Steuerpflichten; Vermögensbelegenheit, die auf Gesellschaftsanteile abstellt oder auf konkrete Wirtschaftsgüter eines Betriebsvermögens. Für das Einzelunternehmen als inländische Spitzeneinheit geht es im DBA-Fall wie im Nicht-DBA-Fall um die Vermeidung der Doppelbesteuerung; das setzt voraus, daß die im Ausland einer Erbschaftsteuer unterworfenen Wirtschaftsgüter Auslandsvermögen im Sinne von § 21 II Nr. 1 ErbStG, § 121 BewG darstellen; ggf. ist die Begründung einer ausländischen Betriebsstätte zu erwägen. Als weitergehendes Ziel neben der Vermeidung der Doppelbesteuerung ist eine höhere Erbschaftsteuerbelastung zu vermeiden. Das hängt im Nicht-DBA-Fall davon ab, inwieweit der ausländische Staat Vermögensgegenstände in seine beschränkte Steuerpflicht einbezieht. Im DBA-Fall ist die ausländische beschränkte Steuerpflicht regelmäßig auf Grundvermögen und Betriebsvermögen begrenzt. Für eine inländische Personengesellschaft als Spitzeneinheit kommt es darauf an, ob das ausländische Steuerrecht dem Gesellschafter oder der Gesellschaft die Wirtschaftsgüter zuweist. Im erstgenannten Fall entsprechen die Folgen dem einzelkaufmännischen Unternehmen als inländischer Spitzeneinheit, im letztgenannten Fall sind alle Wirtschaftsgüter der Personengesellschaft zuzuordnen, es kommt zu keiner Erbschaftsbesteuerung im Falle des Todes eines Gesellschafters. Das Auslandsvermögen kann im Inland nach den Steuerbilanzwerten bewertet werden, sofern dies im Einzelfall nicht zu unangemessenen Ergebnissen führt und deshalb eine besondere Wertermittlung nach § 12 II,

VI ErbStG vorzunehmen ist (R 39 ErbStR). *Watrin* nennt daher, da ein großer Teil der ausländischen Erbschaftsteuerrechte von der nichttransparenten Sichtweise einer Personengesellschaft ausgeht (dazu seine Länderübersicht S. 216), den Erwerb ausländischer Vermögenswerte über eine deutsche Personengesellschaft als „erbschaftsteuerlich äußerst interessante Gestaltungsmöglichkeit", an anderer Stelle als „Königsweg" (S. 185). Gleiches gilt bei einer Kapitalgesellschaft als einer inländischen Spitzeneinheit, so daß bei einer Übertragung der Anteile im Wege der Erbschaft oder der Schenkung die im Ausland belegenen Wirtschaftsgüter außerhalb des Geltungsbereichs einer ausländischen Erbschaftsteuer bleiben. Doppelbesteuerungsprobleme, Fragen eines Anrechnungsüberhangs, Gefahr nicht in die Anrechnung einbezogener Vermögensgegenstände spielen hier ebenfalls keine Rolle. Der Nachteil im Vergleich zur Beteiligung an einer Personengesellschaft ist die Bewertung auf der Grundlage des Stuttgarter Verfahrens (dazu die Tabelle zu erbschaftsteuerlichen Belastungsstufen Einheitswert – Stuttgarter Verfahrenswert – Kurswert bei *Watrin* S. 66). Als **weitere Gestaltungsmöglichkeiten** nennt *Schindhelm* (S. 71) die Einbringung in ein inländisches Betriebsvermögen, die Änderung des Güterstandes, Rechtswahlmöglichkeiten und Verfügungen unter Lebenden, die auch bei internationalen Erbfällen steuerrechtlich zu bedenken sind.

# V. Umsatzsteuer und sonstige Verbrauchsteuern

## I. Allgemeiner Teil

### 1. Anknüpfung an die Territorialität

Anders als die bisher untersuchten Besitz- und Ertragsteuern verwirk- 1
lichen Verkehrsteuern und Verbrauchsteuern ebenso wie die Realsteuern
grundsätzlich das **Territorialitätsprinzip:** Der Steuertatbestand erfaßt
nur Sachverhalte innerhalb des eigenen Staatsgebietes – so unscharf diese Formel zur Abgrenzung auch immer geeignet ist. Damit ist eine Differenzierung zwischen einer unbeschränkten und einer beschränkten Steuerpflicht nicht mehr erforderlich, statt dessen wird an eine **einheitliche
persönliche Steuerpflicht** angeknüpft, die unabhängig davon eintritt,
wo der Steuerpflichtige ansässig ist. Da der Steuertatbestand an einen
inländischen Sachverhalt anknüpft, liegt der Schwerpunkt in der Bestimmung des territorialen Bezuges. Es zeigt sich hierbei, daß das Territorialitätsprinzip nicht schon zwangsläufig die Ausklammerung grenzüberschreitender Vorgänge zur Folge hat. Dementsprechend kann man den
international ausgerichteten Fragenkreis bei der Umsatzsteuer und den
besonderen sonstigen Verbrauchsteuern unter dem Gesichtspunkt ihrer
territorialen Abgrenzung bei grenzüberschreitenden Sachverhalten betrachten.

Für die Umsatzsteuer und für die besonderen Verbrauchsteuern soll im
folgenden gezeigt werden, wie der Gesetzgeber die hier aus grenzüberschreitenden Vorgängen folgenden Probleme gelöst hat. Waren und
Dienstleistungen, die im Wege des Imports bzw. Exports Grenzen überschreiten, verlassen damit das Gebiet der Steuerhoheit des einen Staats
und gelangen in das eines anderen Staats. Grundsätzlich kann man davon
ausgehen, daß jeder Staat eine Umsatzsteuer neben besonderen Verbrauchsteuern erhebt, d.h. die wirtschaftliche Kraft besteuert, die sich
darin äußert, daß eine Ware oder eine Dienstleistung einen Abnehmer gefunden hat. Die Steuersysteme, die Steuerbemessungsgrundlagen und die
Steuersätze werden jedoch in den einzelnen Staaten unterschiedlich sein.
Würden die einzelnen Staaten bei der Umsatz- und Verbrauchsteuerbelastung keine Rücksicht darauf nehmen, daß eine Ware in einem anderen
Land entweder bereits mit einer (vom Verbraucher zu tragenden) Umsatzsteuer belastet worden ist oder wegen des bevorstehenden Grenzübertritts mit einer solchen belastet wird, so würde der internationale Handels-
und Dienstleistungsverkehr außerordentlich erschwert, in vielen Fällen
sogar unmöglich gemacht werden. Die durch mehrmalige Umsatzsteuer-
und Verbrauchsteuerbelastung im Preis erhöhte Ware wäre gegenüber

Inlandserzeugnissen nicht konkurrenzfähig, es käme aufgrund unterschiedlicher Besteuerungen zu Wettbewerbsverzerrungen (*Bauer* S. 93).

Im Interesse des Welthandels ist man sich daher darüber einig, daß jede an den Endverbraucher gelangende Ware oder Dienstleistung nur mit der Umsatzsteuer bzw. der Verbrauchsteuer *eines* Staats belastet sein darf. Je nachdem, wessen Umsatzsteuer das ist, unterscheidet man das **Prinzip des Bestimmungsorts von dem des Ursprungsorts.** Jedoch ist – weil für das Gemeinschaftsrecht und seinem Verständnis von entscheidender Bedeutung – zu beachten, daß Besteuerungsprinzipien und Verteilung des Steueraufkommens verschiedene Wege gehen können.

**2**　　　(1) Das Prinzip des **Ursprungsorts** verlangt, daß die Besteuerung des grenzüberschreitenden Warenverkehrs durch den Staat erfolgt, dessen Grenzen die Ware, Dienstleistung usw. verläßt. Nur mit seiner Steuer ist die Ware belastet. Ein Steuerausgleich an der Grenze ist nicht erforderlich. Die Wirtschaftstheorie präferiert das Ursprungslandprinzip, allerdings müssen zur Vermeidung von Wettbewerbsverzerrungen die Steuersätze angeglichen werden; Steuerumgehungen und Steuerhinterziehungen sind in diesem System besser zu kontrollieren (zu den verschiedenen Beurteilungskriterien und einer Gesamtwürdigung *Sapusek* Teil 1, S. 99 ff.). Zwischen export- und importorientierten Staaten entsteht zwangsläufig ein Aufkommensgefälle – unabhängig von der Beseitigung des Steuersatzgefälles (*Wolfgang Jakob* S. 137).

**3**　　　(2) Beim **Bestimmungslandprinzip** wird die Ware allein mit der Steuer belastet, die in dem Staat erhoben wird, in dem sie an den Endverbraucher gelangt. Dieses Prinzip verlangt, daß die am internationalen Handel teilnehmenden Staaten beim Grenzübergang verschieden hohe Steuerbelastungen, die durch abweichende Steuersysteme bedingt sind, durch ein System der Steuerrückvergütung bei der Ausfuhr und der Neubelastung bei der Einfuhr ausgleichen. Der Vorteil dieses Systems liegt darin, daß Wettbewerbsverzerrungen im Endverbraucherland vermieden werden; das System des Grenzausgleichs stellt den Nachteil dar. Die Wirtschaftstheorie steht dem Prinzip skeptisch gegenüber, erkennt aber erhebliche Schwierigkeiten bei einem Systemübergang an.

**4**　　　Die internationale Umsatzbesteuerung wird ebenso wie die gegenwärtige EU-Binnenmarktkonzeption durch das **Bestimmungslandprinzip** bestimmt. Dieses Prinzip verstößt nicht gegen das Allgemeine Zoll- und Handelsabkommen (GATT), das in Art. III die Gleichstellung ausländischer mit inländischen Waren auf dem Gebiet der inneren Abgaben und Rechtsvorschriften vorschreibt. Die Endbelastung der Ware ist unabhängig davon, ob es sich um eine in- oder ausländische Ware handelt. Die erforderliche gleichmäßige umsatzsteuerliche Endbelastung der Waren und Leistungen auf dem inländischen Markt war ein Grund für die Umsatzsteuerreform zum 1. 1. 1968, da das frühere System der deutschen Allphasenbruttoumsatzsteuer nur selten die exakte Belastung einer Ware mit Umsatzsteuer auf ihren Weg bis zur Grenze erkennen ließ. Daher mußten für Ausfuhrvergütungen und Ausgleichsteuer Durchschnittsätze gebildet werden, die im Einzelfall eine volle Ent- bzw. Belastung an der Grenze nicht zuließen. Und zum europäischen Recht: Art. 90 EG zielt darauf ab, durch Beseitigung jeder Form des Schutzes, die aus einer die

Waren aus anderen Mitgliedstaaten diskriminierenden inländischen Besteuerung folgen könnte, den freien Warenverkehr zwischen den Mitgliedstaaten unter normalen Wettbewerbsbedingungen zu gewährleisten und Wettbewerbsneutralität der inländischen Besteuerung für inländische und eingeführte Erzeugnisse zu sichern (s. bereits J 4, K 20).

Insgesamt gesehen kommen dem **Bestimmungslandprinzip drei** 5 **Funktionen** zu (*Mesenberg* S. 9):

(1) Es stellt das steuerliche Gleichgewicht zwischen eingeführten und inländischen Gütern auf der Basis des jeweils geltenden Steuerrechts her und schafft damit gleiche steuerliche Wettbewerbsbedingungen für ausländische und inländische Waren (*wirtschaftliche* Seite des Prinzips).

(2) Der *steuerpolitische* Aspekt des Prinzips liegt darin, daß kein Verbraucher außerhalb der eigenen Staatsgrenzen die Folgen der eigenen Steuergesetzgebung zu spüren bekommt. Mit anderen Worten: Die Steuerbelastung wird effektiv auf den Verbrauch von Waren in dem Land beschränkt, das die Entscheidung über das Ausmaß dieser Belastung politisch zu vertreten hat.

(3) Der für unsere Thematik interessanteste Aspekt ist die *steuerrechtssystematische* Aufgabe des Prinzips: Seine Beachtung schaltet Doppelbesteuerungen im zwischenstaatlichen Wirtschaftsverkehr beim Verbrauch von Waren fast vollständig aus, so daß Doppelbesteuerungsabkommen zwischen den einzelnen Staaten nicht erforderlich sind. Die von der Bundesrepublik abgeschlossenen Abkommen erstrecken sind daher auch nicht auf die Umsatzsteuer (ebensowenig wie auf andere Verkehrs- und Verbrauchsteuern).

## 2. Abgrenzung der Steuerarten

Die **Umsatzsteuer** als allgemeine Verbrauchsteuer muß aus Gründen 6 des innerstaatlichen Rechts (u. a. aus verfahrensrechtlichen Gründen, s. als Beispiel § 169 II Nr. 1 AO), aber auch aus Gründen des Gemeinschaftsrechts (den Mitgliedstaaten ist untersagt, neben der harmonisierten Umsatzsteuer andere indirekte Steuer mit Umsatzsteuercharakter zu erheben, wohl aber ist es ihnen gestattet, Verbrauchsteuern oder andere indirekte Steuern ohne den Charakter von Umsatzsteuern beizubehalten oder neu einzuführen, sofern ihre Erhebung nicht mit Grenzformalitäten verbunden ist) **von den besonderen Verbrauchsteuern abgegrenzt** werden. Die Umsatzsteuer knüpft an den Kauf von Waren oder Dienstleistungen an, lehnt sich also an Akte des Rechtsverkehrs an, deswegen ist sie als Verkehrsteuer verstanden worden (*BFH* BStBl. 1989 II, 582; *Bayer* S. 359). Für die praktische Rechtsanwendung ist die Frage einer Zuordnung zu den Verkehrsvorgängen oder als Verbrauchsteuer nur von geringer Bedeutung; immerhin spielte sie eine Rolle in den vom *EuGH* entschiedenen Verfahren auf Vorlage des *BFH*, ob die unentgeltliche Beförderung von Bauarbeiten zur Baustelle durch den Arbeitgeber als Sachzuwendung der 6. EG-RL unterliegt (hierzu *Wielmann* DB 1998, 26). Doch die Anknüpfung an Akte des Rechtsverkehrs ist technischer Natur und läßt die Anknüpfung auch an den Eigenverbrauch des Unternehmens unberücksichtigt (*Wolfgang Jakob* S. 3). Nicht – wie bei der

Grunderwerbsteuer – der Rechtsvorgang steht im Mittelpunkt, sondern der Verbrauch, die Einkommensverwendung durch den Endverbraucher. Die besonderen Verbrauchsteuern geben dies deutlicher zu erkennen, indem sie nicht rechtliche Vorgänge oder Positionen belasten, sondern den tatsächlichen Verbrauch einer Ware (in der Belastung des Massenkonsums sah der *Reichsfinanzhof* (3, 161) das gesetzgeberische Motiv, womit diese Steuern gegenüber der Umsatzsteuer abzugrenzen waren). Beide Steuerarten gehen von der Belastung des Endverbrauchers aus: Auf ihn sollen die Umsatzsteuer ebenso wie die besonderen Verbrauchsteuern abgewälzt werden. Es handelt sich mithin um Steuern auf die Einkommensverwendung. Dies ist auch die europarechtliche Vorgabe; denn die Umsatzsteuer-Richtlinien – vor allem die 6. USt-RL, s. *Birkenfeld/ Forst* S. 203 – qualifizieren die Umsatzsteuer ausdrücklich als Verbrauchsteuer – das geltende deutsche Umsatzsteuergesetz hat das folgerichtig in den Vorschriften über den Vorsteuerabzug, den Eigenverbrauch und die Einfuhrumsatzsteuer umgesetzt (*Streng* StuW 1999, 156). Dementsprechend scheidet auch das Merkmal der Abwälzung als Abgrenzungskriterium aus. **Umsatzsteuer und besondere Verbrauchsteuern stimmen in ihren wirtschaftlichen Wirkungen und dem Belastungsgrund überein.** Abzugrenzen sind die Steuern nach dem Tatbestand, an den das Gesetz das Entstehen der Steuer knüpft (s. § 38 AO i. V. beispielsweise mit § 9 MinöStG, § 7 SchaumwStG), ohne daß dies einer einheitlichen systematischen Zuordnung entgegensteht: Die Umsatzsteuer besteuert umfassend alle Lieferungen, die ein Unternehmen im Rahmen seines Unternehmens gegen Entgelt ausführt. Der Endverbraucher wird schlechthin belastet. Die besonderen Verbrauchsteuern belasten nur einzelne, präzise definierte Waren, wobei angeknüpft wird an einen tatsächlich (objektiv) eingetretenen Vorgang oder Zustand – Dienstleistungen und Rechte scheiden von vornherein aus. Auch die Erhebungstechnik ist verschieden: Die Umsatzsteuer wird auf jeder Handelsstufe erhoben; besondere Verbrauchsteuern auf nur einer Stufe ohne die Möglichkeit eines Vorsteuerabzugs. Eine vom Gesetzgeber als wertabhängige Verbrauchsteuer und auf jeder Handelsstufe erhobene Abgabe wäre als Umsatzsteuer nach Art. 33 der 6. RLEWG unzulässig, auch wenn sie lediglich bestimmte Waren oder Güter belasten würde (*Jatzke* S. 55). Mit den **Zöllen** haben die Verbrauchsteuern gemeinsam, daß sie nur einzelne bestimmte Waren belasten. Deswegen ist es auch verständlich, daß eine Trennung von Zöllen und Verbrauchsteuern erst spät (1922) erfolgte. Bei der Abgabenentstehung durch Einfuhr (zum verbrauchsteuerrechtlichen Begriff der Einfuhr s. V 41) wird in den Verbrauchsteuergesetzen auf die sinngemäße Anwendung der Zollvorschriften in der jeweils geltenden Fassung verwiesen. Da die EU-Staaten seit dem 1. 7. 1968 die Zollunion verwirklicht haben (Abschaffung interner Zölle, Einführung einheitlicher und gemeinsamer Außenzölle), kann eine Abgrenzung nur aus gemeinschaftsrechtlicher Sicht einen Sinn haben. Innerhalb des Binnenmarktes sind Zölle und zollgleiche Abgaben verboten (Art. 25 EG) – während inländische, an die Einfuhr geknüpfte Abgaben im Rahmen des Art. 90 zulässig sind. Nach der Rechtsprechung des *EuGH* werden Zölle und zollgleiche Abgaben ausschließlich auf das eingeführte Erzeugnis als solches erhoben – während die besonderen Verbrauchsteuern als inländische Abgaben – im Sinne des Art. 90 EG gleichermaßen inländische und ausländische Produkte belasten (zur Auslegung des Art. 90 zuletzt *EuGH* HFR 1998, 597: Gemeinschaftswidrigkeit einer finnischen Verbrauchsteuer auf Elektrizität wegen unterschiedlicher Steuersatzbelastung eingeführter Elektrizität; die Frage der Europatauglichkeit der am 1. 4. 1999 in Kraft getretenen deutschen Stromsteuer haben *Bongartz/Schröer-Schallenberg* DStR 1999, 962; *Jatzke* DStZ 1999, 520 und *Bloehs* BB 1999, 1845 unter dem Gesichtspunkt der Ausgestaltung des Erhebungsverfahrens und dabei gegebener Unterschiede zwischen inländischen und ausländischen Stromlieferungen und *Frenz* DStR 2000, 137 im Lichte des Beihilfeverbots untersucht). Dabei wäre nach Art. 90 EG die diskriminierende Besteuerung importierter Waren im Rahmen eines allgemeinen inländischen Steuersystems (*Emmert* S. 342) unzulässig. Der Belastungsgrund der Zölle kann aus dem Zollkodex der Europäischen Gemeinschaft nur als System eines Wirtschaftszolls abgeleitet werden. Danach sind Zölle als Instrument der Wirtschaftsgestaltung, um den inländischen Güterumsatz und die Preisbildung zu beeinflussen, die Absicht der Einnahmenerzielung tritt dahinter zurück. Die Verbrauchsteuern belasten den Verbrauch dagegen vorwiegend aus fiskalischen Interessen (*Dirk Müller* S. 142). Allerdings können auch andere Gründe die Erhebung der Verbrauchsteuern bestimmen (etwa gesundheits- oder umweltpolitische Lenkungseffekte) – ohne daß dies zu einem vollständigen Austausch des steuerlichen Belastungsgrundsatzes durch außerfiskalische Zielsetzungen führen darf (*Jatzke* S. 62).

### 3. Besteuerungsprinzipien: Bestimmungslandprinzip, Ursprungslandprinzip

Anders als die Besitz- und Ertragsteuern verwirklichen Verbrauchsteuern – wie eingangs erwähnt – das Territorialitätsprinzip, so daß eine Differenzierung in eine unbeschränkte und beschränkte Steuerpflicht entfällt. Die Frage der Ansässigkeit des Steuerpflichtigen stellt sich nicht. Es besteht eine einheitliche persönliche Steuerpflicht – sie knüpft an inländische Umsätze (Umsatzsteuer) oder an den – im Inland gegebenen – Übergang verbrauchsteuerpflichtiger Waren aus der steuerlichen Bindung in den freien Verkehr an. Klarzustellen ist, ob das **territoriale Tatbestandselement** der Steuerbarkeit gegeben ist.

### 4. Binnenmarktkonzept und Harmonisierungsstand (Übersicht)

*a) EG-Grundlagen*

**8**    Aus Art. 90 EG folgt für den Warenverkehr ein steuerrechtliches Diskriminierungsverbot; aus Art. 93 EG für indirekte Steuern ein Harmonisierungsgebot, soweit dies für die Verwirklichung des Binnenmarktgesetzes erforderlich ist. Art. 90 EG setzt die Existenz von Steuergrenzen zwischen den Mitgliedstaaten voraus; der Schaffung eines Binnenmarktes ohne Grenzen und Grenzkontrollen dient Art. 93, lex specialis zur Rechtsangleichungsermächtigung in Art. 94, 96 EG. Die Harmonisierungskompetenz ist beschränkt, weil sie nur im Hinblick auf die Errichtung oder das Funktionieren des Binnenmarkts zugelassen ist. Das bedeutet entgegen einer verbreiteten Fehleinschätzung: Natürlich bestehen nach wie vor **Steuergrenzen als Hoheitsgrenzen.** Hoheitsgrenzen bestimmen die Zuordnung der Steuereinnahmen – daran hat sich überhaupt nichts geändert und daran wird sich auch vorerst nichts ändern. Wenn mithin in diesem Zusammenhang vom Wegfall der Steuergrenzen die Rede ist, dann heißt dies nur: Hoheitsgrenzen dürfen keinen Ansatz mehr für die verwaltungsmäßige Erfassung und Entlastung darstellen – weswegen der „Abbau von Steuergrenzen" in einem materiell verstandenen Sinn nach wie vor nur auf das *Zollrecht* bezogen einen Sinn ergibt. **Wegen des Binnenmarkts** sind mithin – von diesem Verständnis ausgehend – **die Grenzkontrollen** für die Erhebung nationaler Verbrauchsteuern **ausgeschlossen.** Ist dies gewährleistet, können einzelne Staaten auch den Verbrauch von solchen Waren besteuern, die nicht in die Harmonisierung einbezogen worden sind s. Art. 3 III der EWG Sytem-RL – eine weitere Umsatzsteuererhebung ist jedoch nicht möglich. Anders als bei den direkten Steuern kann man die bisher verabschiedeten Gemeinschaftsrechtsakte auf dem Gebiet der Umsatzsteuer und der besonderen Verbrauchsteuern – für sich genommen – jeweils als ein Steuersystem verstehen. Zwar bestimmen auch nach der Harmonisierung die nationalen Umsatzsteuer- und Verbrauchsteuergesetze den rechtlichen Tatbestand, an dessen Verwirklichung das Gesetz die Leistungspflicht knüpft (§ 38 AO). Aber der Tatbestand unterliegt gemeinschaftsrechtlichen Vorgaben. Treffend *Wolfgang Jakob* (S. 10) zur Umsatzsteuer, doch gilt dies entsprechend auch für die Verbrauchsteuern, soweit sie harmonisiert worden sind: „Alles in allem: USt-Recht ist heute „Gemeinschaftsrecht". Freilich verwendet die 6. USt-RL als Überbau über die Steuerordnungen der Mitgliedstaaten und deren Rechtssprache häufig abstrahierende Begriffe, so daß sich ein Rechtsanwender schwertun mag. Es wäre im übrigen verfehlt, einen USt-Fall mit Richtlinien-Artikeln (i. V. m. dem UStG) lösen zu wollen. Nach wie vor gilt deutsches Recht. Die Richtlinien sollen nur bei Zweifelsfragen zu einer richtlinienkonformen Auslegung des anzuwendenden nationalen Rechts herangezogen werden." Bleibt aber zu ergänzen, daß jeweils auch unmittelbar geltende EU-Verordnungen zu beachten sind.

### b) Umsatzsteuer

Auf der Grundlage des Art. 93 EG erfolgt die Harmonisierung der  9
Umsatzsteuer in der Europäischen Union unter dem Gesichtspunkt von drei Teilabschnitten: Harmonisierung des Umsatzsteuersystems, Vereinheitlichung der Umsatzsteuerbemessungsgrundlage und Angleichung der Umsatzsteuersätze. Die Harmonisierung des Umsatzsteuersystems ist mit der 1. und 2. Richtlinie im Bereich der Umsatzsteuer verbunden: Das heutige Netto-Allphasensystem mit Vorsteuerabzug hat hier seine Grundlage. Dessen Einführung war der erste innerhalb der Europäischen Union und auch im Hinblick auf alle späteren Harmonisierungserfolge der bisher bedeutendste Gemeinschaftserfolg. Wie *Walter Hahn* in seiner immer noch lesenswerten Monographie (1988) eingehend darlegt, war von Anbeginn der Harmonisierungsbestrebungen der USt neben der erstrebten Wettbewerbsneutralität die Abschaffung der Steuergrenzen eines der Hauptziele, wobei von Anfang an klar war, daß ein Bestimmungslandprinzip diesem Ziel nicht gerecht werden könnte. Nach umfangreichen Vorarbeiten, Diskussionen, Fortschritten und Rückschritten (für die insbesondere die Niederlande verantwortlich waren), wurden 1967 durch den Ministerrat die Erste und Zweite Richtlinie zur Harmonisierung der Rechtsvorschriften der Mitgliedstaaten über die USt (1. und 2. RLEWG) verabschiedet. Die 1. USt-RL verlangte von den Mitgliedstaaten, ihre nationale Gesetzgebung bis zum 1. Januar 1970 an das neu erlassene Gemeinschaftsrecht anzupassen und ihre alte USt durch ein **gemeinsames Mehrwertsteuersystem** zu ersetzen, also **Einführung einer Allphasen-Nettoumsatzsteuer** in der Ausgestaltung des Vorsteuerabzugsverfahrens. Die 2. USt-RL stellte auf das obligatorische Bestimmungslandprinzip ab, bestimmte den Anwendungsbereich der Steuer, definierte einige zentrale Begriffe und gestattete erhöhte und ermäßigte Steuersätze sowie Sonderregelungen für Kleinunternehmen und die Landwirtschaft. Alle Mitgliedstaaten haben dieses System verwirklicht; rechtsvergleichende Hinweise (Bezeichnung der Umsatzsteuer, Vergleich der Steuersätze bei *Sapusek* Teil 2, S. 353 ff.). Die in den einzelnen Staaten erforderlich gewesenen Anpassungen sind bei *Hahn* (S. 127 ff.) eingehend dargestellt. Ursprüngliche EG-Vorstellung war, zu Beginn der 70er Jahre mit einer Dritten Richtlinie die noch fehlenden Voraussetzungen für eine Beseitigung der Steuergrenzen zu schaffen und damit die USt-Harmonisierung abzuschließen. Dies gelang nicht, an Stelle der Angleichung der Steuersätze wurden stattdessen alle Harmonisierungsbestrebungen auf die Vereinheitlichung der Bemessungsgrundlage konzentriert; den Mitgliedstaaten sollte nur noch die Steuersatzfest-

legung verbleiben. Die Widerstände hiergegen zeigten die jeweiligen Interessen der Mitgliedstaaten geradezu überdeutlich, die Vorgeschichte der letztlich erfolgten Annahme der – inzwischen – Sechsten Richtlinie (diesmal entschieden durch die Holländer gefördert; die 3., 4. und 5. USt-RL hatten im Kern Terminverschiebungen zum Gegenstand gehabt) durch den Ministerrat am 17. Mai 1977 ist, wie sie von *Walter Hahn* (S. 195 ff.) dargestellt wird, ein Lehrstück praktischer Politik (einen Überblick über ihre Hauptprobleme gibt *Faltlhauser* StuW 1991, 329). Der Durchsetzungstermin hierfür wurde später (durch die 9. USt-RL) auf den 1. 1. 1979 hinausgeschoben, da 7 Mitgliedstaaten die vorgesehene Anpassung zum 1. 1. 1978 nicht bewältigten. Weite Bereiche der Mehrwertsteuergesetze der Mitgliedstaaten wurden vereinheitlicht, insbesondere Vorbehalte für Sonderregelungen (z.B. Nullsätze und reduzierte Steuersätze) abgegrenzt. *Hahn* (S. 219) interpretiert die 6. USt-RL als ein Stillhalteabkommen: Ein Auseinanderdriften der Mehrwertsteuergesetze war weitgehend verschlossen – wo aber eine Einigung noch nicht möglich war, sollten weitere Harmonisierungsbestrebungen folgen. Gerade die 6. USt-RL hat immer wieder und wirft immer noch die Frage ihrer Übereinstimmung mit den nationalen Rechten sowie die der richtlinienkonformen Auslegung auf. Für Teilbereiche wird geltend gemacht, daß das Umsatzsteuergesetz noch immer nicht die Vorgaben der 6. USt-RL umgesetzt hat; Beispiel die Besteuerung des Eigenverbrauchs, die sich nach der Darstellung und Analyse von *Robisch* (S. 110 ff.) auf eine Vorsteuerkorrektur beschränken müßte. Die Vielzahl der dabei auftretenden europarechtlichen Fragen behandelt *Probst* (Hrsg. *Woerner*), S. 138 ff.; eine – zudem aktuelle – Gesamtübersicht bei *Birkenfeld/Forst* S. 119 ff.; über neue Verfahren zur Mehrwertsteuer vor dem *EuGH* und ihre Bedeutung für das deutsche Umsatzsteuerrecht berichtet seit 1995 regelmäßig *Huschens* (zuletzt RIW 1998, 377 ff., RIW 1999, 326 ff., 830 ff.).

**10** Mit der bereits (H 2) erörterten Veröffentlichung des Weißbuchs der EG-Kommission zur Vollendung des Binnenmarktes (1985) und der Einheitlichen Europäischen Akte (1987) trat neben das Ziel der Wettbewerbsneutralität der Umsatzbesteuerung das einst vergeblich in Augenschein genommene Ziel der Abschaffung der Steuergrenzen (Binnenmarktkonzept) in den Vordergrund. Das Weißbuch ging hierbei vom **Gemeinsamen-Markt-Prinzip** aus: Danach werden grenzüberschreitende Transaktionen wie inländische Verkäufe von Waren und Dienstleistungen behandelt; es werden Prinzipien des Ursprungslandes (beim Direktimport durch Endverbraucher) und des Bestimmungslandprinzips (bei Weiterveräußerung importierter Waren) berücksichtigt. Um Steuerhinterziehungen und Wettbewerbsverzerrungen zu vermeiden, ist hiernach zu einer umfassenden Annäherung der Steuersätze zu kommen, doch sollten Differenzen bis zu 5% hingenommen werden (krit. zum

Weißbuch insoweit *Hahn* S. 235 ff.). Doch die Besteuerung nach dem Ursprungsprinzip wirft ein Verteilungsproblem auf. Baut man den Grenzausgleich ab und läßt alle Waren im Gemeinschaftsgebiet wie im Binnenland zirkulieren, ziehen die exportstarken Länder daraus Vorteile, während die Importstaaten Nachteile hinnehmen müssen. Ihnen ginge nicht nur das Aufkommen aus der Einfuhrumsatzsteuer verloren, sie müßten auch den Vorsteuerabzug für die Lieferungen aus dem anderen Staat zulassen (*Klezath* in *Woerner* S. 171). Auch nach der Aufhebung der Steuergrenzen soll die Umsatzsteuer aber dem Land zufließen, in dem der **Endverbrauch** stattfindet. Das gegenwärtige Bestimmungslandprinzip verwirklicht diese Forderung durch den dargestellten Grenzausgleich und die weitgehende Verlagerung des Leistungsortes in das Bestimmungsland bei sonstigen Leistungen gem. Art. 9 II der 6. USt-RL bzw. § 8 a II–IV UStG (*v. Wallis* EWS 1990, 256). Die Vorschläge der EG-Kommission von 1987 (dazu *Faltlhauser* StuW 1991, 329 f.) sahen daher vor, den umsatzsteuerpflichtigen Unternehmen die Möglichkeit zum Vorsteuerabzug der in anderen Mitgliedstaaten gezahlten USt einzuräumen, zum Ausgleich der dadurch entgangenen Einnahmen im Endverbraucherland aber ein **Clearing-System** einzuführen. Darunter ist ein Modell zu verstehen, das einen Ausgleich für Steueraufkommensverschiebungen als Folge der Durchführung des Gemeinsamen-Markt-Prinzips vorsieht (grds. dazu *Meyding* S. 151 ff.). Doch das Clearing-System ist wegen befürchteter Kompliziertheit und daraus folgendem Bürokratismus sehr umstritten – wenngleich wissenschaftliche Untersuchungen eher zu dem Ergebnis gelangen, daß der Wegfall der Steuergrenze ohne ein solches System nicht möglich ist, wenn dem Verbrauchslandprinzip entsprochen werden soll (bes. deutlich *Meyding:* Alle anderen Alternativlösungen stehen im Widerspruch zu dem Grundsatz, daß die USt dem Staat zustehen soll, in dem der Verbrauch stattfindet). Auf die seit der Veröffentlichung des Weißbuchs geführte Diskussion und die weiteren Kommissionsvorschläge (u. a. auch in Form bloßer Mitteilungen) kann hier im Detail nicht eingegangen werden (dazu *Meyding* S. 122 ff.; *Faltlhauser* StuW 1991, 331 ff. und mit vollständigem Nachweis der Richtlinien und Richtlinienentwürfe bis zum 30. 6. 1997 *Birkenfeld/Forst* S. 115 ff.). Als Änderungs-Richtlinie bzw. Binnenmarkt-RL (nämlich: Ergänzung der 6. USt-RL) vom 16. 12. 1991 hat sie eine seit dem 1. 1. 1993 bestehende Übergangsregelung geschaffen und führte zum 1. 1. 1993 zum **Wegfall der steuerlichen Grenzen im Bereich der Umsatzsteuer.** Zu den Zielvorgaben und zur weiteren Entwicklung – es geht im Kern im Hinblick auf die Verwirklichung des Ursprungslandprinzips zunächst um eine Übergangslösung – ist die Richtlinie zu zitieren:

„Art. 8 a des Vertrages definiert den Binnenmarkt als einen Raum ohne Binnengrenzen, in dem der freie Verkehr von Waren, Personen, Dienstleistungen und Kapital gemäß den Bestimmungen des Vertrages gewährleistet ist. Die Verwirklichung des Binnenmarktes setzt die Beseitigung der Steuergrenzen zwischen den Mitgliedstaaten voraus; daher müssen die Besteuerung bei der Einfuhr und die Steuerbefreiung bei der Ausfuhr im Handelsverkehr zwischen den Mitgliedstaaten endgültig abgeschafft werden. Ab dem 1. Januar 1993 werden somit die Kontrollen zu steuerlichen Zwecken an den Binnengrenzen für alle Umsätze zwischen Mitgliedstaaten endgültig abgeschafft. Die Besteuerung bei der Einfuhr und die Steuerbefreiung bei der Ausfuhr müssen infolgedessen auf die Umsätze mit Gebieten beschränkt werden, die vom Geltungsbereich der gemeinsamen Mehrwertsteuerregelung ausgeschlossen sind … Die Festlegung der endgültigen Einzelheiten, mit denen die Verwirklichung der Ziele der gemeinsamen Mehrwertsteuerregelung für die Lieferung von Gegenständen und die Erbringung von Dienstleistungen zwischen Mitgliedstaaten gewährleistet wird, setzt jedoch voraus, daß die Bedingungen erfüllt sind, die am 31. Dezember 1992 nicht schon in vollem Umfang erfüllt werden können."

Dementsprechend wird **mit der Richtlinie vom 16. 12. 1991 ein Übergangsrecht** geschaffen, das zwar durch den Wegfall der Grenzkontrollen, aber durch den noch nicht vollständigen Übergang zum Ursprungslandprinzip bestimmt wird. Die Übergangsregelung trat für eine Laufzeit von 4 Jahren (31. 12. 1996) in Kraft; die zeitliche Begrenzung war jedoch vorsorglich mit einer „Ewigkeitsklausel" versehen worden, so daß man auch von einer dauernden Übergangsregelung spricht. Man muß deshalb gegenwärtig unterscheiden: **Einerseits die Übergangsregelung als geltendes Recht** – die Änderungs-Richtlinie ist im deutschen Umsatzsteuergesetz durch das USt-Binnenmarktgesetz 1992 im UStG 1993 umgesetzt worden; für innergemeinschaftliche Lieferungen wurde die bisherige Erhebung der Einfuhrumsatzsteuer an der Grenze weitgehend durch die Besteuerung des innergemeinschaftlichen Erwerbs ersetzt und damit der bisherige Grenzausgleich in die Betriebe verlagert – **das sind die „a-Paragraphen" im UStG; andererseits die Diskussionen** und Vorstellungen **um ein endgültiges Mehrwertsteuersystem** im Binnenmarkt.

11    Für die seit dem 1. Januar 1993 geltende Übergangsregelung ist zunächst in materiell-rechtlicher Hinsicht klarzustellen, daß die gegenseitige Abgrenzung der Mitgliedstaaten mit der Folge einer Steuereinnahmenzuweisung und der Anwendung eines bestimmten nationalen Rechts durch die Bestimmungen über Anknüpfungen erfolgt. Es geht hierbei um die **Bestimmung des Ortes von Umsätzen.** Von der 6. USt-RL ausgehend bedeutet dies zusammengefaßt für Warenumsätze den Ort der Lieferung (was den Charakter der Mehrwertsteuer als Verbrauchsteuer und das Bestimmungslandprinzip besonders verdeutlicht) und für Dienstleistungen als Grundregel, die nur die Funktion einer Auffangklausel hat, den Sitz des Dienstleistenden, was wiederum dem Ursprungslandprinzip entspräche. Doch ist für Dienstleistungen auf die besonderen Bestimmungen in Art. 9 II der 6. USt-RL hinzuweisen, die im Ergebnis wiederum auch hier zur Verwirklichung des Bestimmungslandprinzips führt (Einzelheiten hierzu bei *Kirsten Borgsmidt* FR 1999, 13). Von dieser

Grundstruktur für das IStR im Bereich der Umsatzsteuer zu unterscheiden sind die charakteristischen Merkmale der Übergangsregelung:

– Abschaffung der Grenzkontrollen, jedoch für den Preis der Abwicklung des steuerlichen Grenzausgleichs durch ein umfassendes Meldesystem in den Unternehmen; Voraussetzung für eine steuerfreie innergemeinschaftliche Lieferung ist die Vorlage der Umsatzsteuer-Identifikationsnummer durch den Abnehmer an den Verkäufer;

– Verwirklichung des Ursprungslandprinzips für den „nicht kommerziellen innergemeinschaftlichen Warenverkehr"; der private Verbraucher kann Waren grundsätzlich ohne Grenzformalitäten in sein Heimatmitgliedsland mitbringen – womit in Grenznähe das Problem des „Cross-Border-shopping" verbunden ist;

– Fortgeltung des Bestimmungslandprinzips im grenzüberschreitenden Warenverkehr zwischen Unternehmen, womit zugleich die Entstehung eines homogenen Marktes als Binnenmarkt ausgeschlossen ist – denn in einem solchen dürfte es nur Umsätze mit Drittländerbeteiligung und inländische innergemeinschaftliche Umsätze geben, nicht aber Preise von Lieferbeziehungen zwischen Deutschland und Drittländern, Lieferbeziehungen zwischen Deutschland und einem EG-Staat und Lieferbeziehungen als Inlandsumsätze (zu den insgesamt 5 Steuerkreisen s. V 24);

– Lieferungen an Abnehmer in Drittstaaten sind wie bisher von der Umsatzsteuer befreit. Exporte unterliegen dem Exportland der Umsatzsteuerbefreiung, während Importe mit der Einfuhrumsatzsteuer belastet sind.

– Grenzkontrollen im EU-Bereich bestehen mithin im Übergangssystem weiter; nur finden sie beim innergemeinschaftlichen Warenverkehr und bei grenzüberschreitenden sonstigen Leistungen abseits des Grenzübertritts statt. Die Übergangsregelung verursacht erhebliche Kosten und stellt eine komplizierte Regelung dar; modernen Transaktionen wird sie nicht gerecht, da sie immer noch auf der physischen Erfassung der Güterbewegungen beruht (zur Kritik *Sapusek* S. 575 ff.; *Dziadkowski* StuW 1997, 147 ff.; zur Gesamtdarstellung der geltenden Übergangsregelung ist zur verweisen auf *Birkenfeld/Forst*, insbesondere S. 180 ff.)

Zur abschließenden Beschreibung der Übergangsregelung auch hier **12** *Wolfgang Jakob* S. 140: „Herausgekommen ist das, was die Mitgliedstaaten 1993 in ihren nationalen Rechtsordnungen umgesetzt haben: Ein Mixtum compositum. Mißtrauen gegen eine Clearing-Formel und Unlust, die Besteuerungskompetenzen im Einfuhrbereich aufzugeben, gaben den Ausschlag. Und so ist das alte UStG, das noch als eine Art urwüchsige Ordnung begriffen werden konnte, zu einem Regelungsdickicht („a-Paragraphen") entartet: materiell ein hochtechnisiertes Geflecht von Grundsätzen, Annahmen von Gegenausnahmen und verfahrensrechtlich ein weites Feld, von dem niemand weiß, ob und inwieweit damit steuerrechtliche „Tatbestandsgerechtigkeit" herzustellen ist." Und *Birkenfeld/Forst* S. 202: Als einen wesentlichen Schritt **in Richtung einer Besteuerung nach dem Ursprungslandprinzip** habe die Übergangsregelung ihren Zweck erfüllt, doch ist es an der Zeit, „diese Notlösung durch ein überzeugendes und einfaches Besteuerungssystem zu ersetzen, das den Anforderungen des europäischen Binnenmarktes gerecht wird, wobei nicht verkannt werden darf, daß eine endgültige Lösung mit erheblichen Problemen verbunden ist, die von den Mitgliedstaaten große Kompromißbereitschaft abverlangen wird."

Besteht mithin am Charakter der derzeitig geltenden Regelung als einer bloßen Übergangsregelung Übereinstimmung, so bleibt der voraussichtliche Inhalt und der voraussichtliche Zeitpunkt des Inkrafttretens eines endgültigen Mehrwertsteuersystems zu klären:

**13**　– Die Europäische Kommission selbst hat keinen Zweifel daran gelassen, daß es ein reformiertes und dem Binnenmarkt entsprechendes System einzuführen gilt, daß mithin die Übergangsregelung diese Voraussetzungen nicht erfüllt sind: (Mitteilung der Kommission „Ein gemeinsames Mehrwertsteuersystem – ein Programm für den Binnenmarkt"; BR-Drucks. 637/96 – dazu auch die Beschlußfassung des Bundesrats vom 19. 12. 1996 (UR 1997, 97);

– auf der Grundlage des Ursprungslandprinzips und in Übereinstimmung mit der deutschen Sicht im Anschluß an ein entsprechendes deutsches Gutachten (als Heft 52 der Schriftenreihe des BdF (1994) erschienen, dazu *Dziadkowski/Robisch* BB 1994, 1605) soll das Binnenmarktkonzept den Bedingungen eines einfachen Steuersystems, der Steuerneutralität, der Rechtssicherheit und der effektiven Unternehmenskontrolle, aber auch der Aufrechterhaltung des Steueraufkommens der Mitgliedstaaten genügen; die Besteuerung nach dem Ursprungslandprinzip ändert aber nichts am Verbrauchsteuercharakter der Umsatzsteuer, die dort erhoben werden soll, wo diese an den Verbraucher gelangen. Deswegen ist die praktische Binnenmarktkonzeption, am künftigen Ursprungslandprinzip ausgerichtet, nicht mit dem Ziel zu verwechseln, daß die Steuer dem Fiskus des Verbrauchslandes zufließen soll; zum Zusammenspiel des Ursprungslandprinzips mit dem Leistungsort, dem Besteuerungsort und der Steuergläubigerschaft *Langer* DB 1998, 21;

– wobei der Schwerpunkt in der Beseitigung sämtlicher Unterschiede zwischen inländischen und innergemeinschaftlichen Umsätzen liegt, so daß nur zwei Regelungen für Unternehmer übrigbleiben, nämlich Umsätze mit Drittlandsbeteiligung und innergemeinschaftliche Umsätze;

– hierbei das Einzelortprinzip (Sitzortprinzip) verwirklicht werden soll, wonach sämtliche Umsätze nur noch an einem Ort (Sitzort) steuerlich erfaßt werden sollen, an dem auch alle Vorsteuern aus dem Gemeinschaftsgebiet geltend zu machen wären (dazu Widmann IStR 1997, 1558: Verbunden sind mit dem Sitzortprinzip teilweise nahezu unübersichtlich erscheinende Probleme materieller und verfahrensrechtlicher Art);

– weil die direkte Zuordnung des Mehrwertsteueraufkommens aber nicht möglich ist, ist ein Clearing-Mechanismus als Umverteilungsmechanismus erforderlich – was aber wiederum erhebliche Zweifel an der Durchsetzbarkeit zur Folge hat (Ablehnung durch den genannten Bundesratsbeschluß); nach den Vorstellungen der Kommission soll die Umverteilung des Steueraufkommens nicht aufgrund von Steuererklärungen, es soll vielmehr ein Clearing auf Makroebene erfolgen: Das Mehrwertsteueraufkommen eines Mitgliedstaates entspricht dem besteuerten Verbrauch auf seinem Territorium und wird durch das Verfahren statistischer Ermittlung des Verbrauches festgestellt;

– was wiederum die Harmonisierung auch der Steuersätze erforderlich macht, denn unterschiedliche Steuersätze gefährden die Wettbewerbsneutralität; zwar würde ein Normalsteuersatz als einheitlicher Steuersatz sicherlich die optimale Lösung darstellen, aber eine Annäherung im Rahmen einer Bandbreitenregelung könnte ausreichend sein; im Bereich ermäßigter Steuersätze ist nach Ansicht der Kommission eine Harmonisierung der (begrenzten) Zahl und der Anwendungsgebiete erforderlich;

– die Modernisierung des Umsatzsteuersystems hat zugleich zur Prüfung von der Besteuerung bisher angenommener Bereiche zu führen: Es ist ein möglichst großer Anwendungsbereich der Steuer zu gewährleisten – womit zugleich Neutralität, Einfachheit und Sicherheit des Besteuerungssystems herbeizuführen ist;

– konkret hat die Kommission hierzu ein Arbeitsprogramm mit fünf Etappen verbunden: Vorbereitungsphase (Steuersatzvorschläge, Vorschläge zur Statusveränderung des bisher nur beratend tätigen Ausschusses für Mehrwertsteuer, Vorschlag zur Verbesserung gegenseitiger Amtshilfe, Vorschläge zur Zusammenarbeit im Verwaltungsbereich; Übermittlung der Grundsatzentscheidungen und des Arbeitsprogramms als 2. Etappe; Vorschläge zu allgemeinen Grundsätzen der Mehrwertsteuer (so sachlicher Anwendungsbereich, Begriffsbestimmung des Mehrwertsteuer-Pflichtigen, Besteuerungsgrundlage, Steuerbefreiungen, Recht auf Vorsteuerabzug) als 3. Etappe; Vorschläge zur Bestimmung des Besteuerungsorts, Bestimmung des territorialen Anwendungsbereichs der Steuer, Bestimmung der gemeinschaftlichen Feststellung der Kontrolle des Steuerpflichtigen als 4. Etappe und Vorschläge zur Umverteilung des Aufkommens unter den Mitgliedstaaten mit statistischen Methoden zur Verteilung entsprechend dem Verbrauch auf dem jeweiligen Territorium als der 5. Etappe (zu den Etappen *Sapusek* Teil 2, S. 585 ff.; *Dziadkowski* in Festschrift *Rädler* S. 158 ff.).

Kurz und lapidar zu den Perspektiven *Wolfgang Jakob* S. 140: Dies **14** alles liegt heute in weiter Ferne. Inzwischen hat die Kommission als Gegenstand der Vorbereitungsphase vorgelegt: Den Vorschlag eines gemeinschaftlichen Aktionsprogramms zur wirksamen Anwendung der Vorschriften über die indirekten Steuern (FISCALIS-Programm); damit soll dem endgültigen System (Ursprungslandprinzip) ein Programm „vorgeschaltet" werden, das vor allem die Zusammenarbeit der Mitgliedstaaten fördert – steuersystematisch also ohne Bedeutung. Sie hat ferner vorgelegt einen Richtlinienvorschlag für die Änderung der Rechtsstellung des Mehrwertsteuer-Ausschusses, dessen Leitlinien rechtlich und verbindlich sind und auch nicht veröffentlicht werden. Die vorgeschlagene Neufassung des Art. 29 der 6. USt-RL sollte den beratenden Ausschuß in einen Regelungsausschuß umwandeln; ihr stimmt die Bundesrepublik nicht zu (*Dziadkowski* BB 1998, 1664; zu den beiden Kommissionsvorschlägen *Schlienkamp* UR 1997, 365). Das Schrifttum ist sich darüber einig, daß das geltende Übergangssystem nicht von Dauer sein darf, da es keiner Belastungsprobe (Binnenmarktkonzeption, Wirtschafts- und Währungsunion, geordnete Haushaltsfinanzierung, veränderte Wirtschaftsstrukturen) standhält. Das Hauptproblem des neuen Systems, **der einheitliche Ort der (Ursprungs-)Besteuerung,** gilt als lösbar, in seiner Bedeutung ist es jedoch zu relativieren; denn entscheidend ist die weitere materielle Rechtsangleichung einschließlich einer Steuersatzänderung. Bei der Abgrenzung der steuerpflichtigen Tätigkeiten wird das Kommissionsprogramm gebilligt, das Konzept einer allgemeinen Verbrauchsbesteuerung zu verwirklichen und alle Aktivitäten zu besteuern, denen Einkommen der Bürger als Mittelverwendung für Konsumzwecke zufließt; Ausnahmen (hoheitliche Tätigkeiten beispielsweise) müssen eng gefaßt werden. Steuerbefreiungen und Steuerermäßigungen müssen auf Gemeinschaftsebene festgelegt werden – wobei die vorwiegend sozialpolitischen Gründe die Steuerermäßigung oder Steuerbefreiung unter vollem Erhalt der Vorsteuerabzugsberechtigung bedingen soll. Die besondere Bedeutung von Finanzdienstleistungen ist zu berücksichtigen, da die

Entgelte hierfür nur teilweise die „konsumierbaren Dienstleistungen" des Finanzdienstleisters abgelten. Die Steuersatzfrage hat davon auszugehen, daß es einer punktgenauen Harmonisierung nicht bedarf, wohl aber einer starken Annäherung. Das bedingt immer noch erhebliche Anpassungsprobleme: In Staaten wie der Bundesrepublik, deren Steuersätze sich erheblich unterhalb der künftigen Bandbreite bewegen, wird sich das bisherige Verhältnis von direkten und indirekten Steuern zueinander verändern müssen. In Staaten wie Dänemark, deren Steuersätze sich erheblich oberhalb der zukünftigen Bandbreite befinden, wird sich die Frage der Erschließung neuer Einnahmequellen stellen. Nach der im Dezember 1996 insoweit geänderten 6. USt-RL darf der Normalsteuersatz gegenwärtig nicht niedriger als 15% sein; einem Kommissionsvorschlag, einen Höchststeuersatz von 25% festzusetzen, ist der Rat nicht gefolgt. Zum Stand am 1. 4. 1997 s. die BMF-Übersicht (UR 1997, 363): Der Normalsteuersatz schwankt zwischen 25% (Dänemark, Schweden) und 15% (Luxemburg) – mit einem breiten Mittelfeld um 20% herum. Das Hauptproblem – wie die bisherigen Stellungnahmen zeigen – wird aus der Verteilung des Steueraufkommens außerhalb des harmonisierten Steuererhebungssystems folgen, um dem System einer Verbrauchsteuer zu entsprechen und die Einnahmen dem Verbrauchsland zuzuweisen (zu umfassenden Würdigungen der Kommissionsvorschläge vgl. vor allem *Keil* UR 1997, 368 und *Laser* UR 1997, 376, die – sorgfältig abwägend – die Kommissionsinitiative billigen und sie (*Keil* UStR 1997, 375) als „zukunftsweisendes und binnenmarktkonformes Konzept für ein gemeinsames Mehrwertsteuersystem ... zu dem es als Zielvorstellung keine tragfähige Alternative gibt", beschreiben und darauf verweisen, daß die jetzige „Scheinbinnenmarktlösung" politisch alsbald nicht mehr vermittelbar und volkswirtschaftlich mit hohen Risiken verbunden ist.

*c) Besondere Verbrauchsteuern*

**15**   Wie bei der Umsatzsteuer ist auch hier zwischen dem aktuellen Stand und künftigen Rechtsentwicklungen zu unterscheiden. Die **gegenwärtige gemeinschaftsrechtliche Grundlage** ist wie folgt zusammenzufassen, wobei schon an dieser Stelle und nicht anders als für die Umsatzsteuer hervorzuheben ist: Systemgerecht, nämlich verbrauchsteuerbezogen, ist nur eine Besteuerung nach dem Bestimmungslandprinzip, da dort der Verbrauch stattfindet. Und weil für die besonderen Verbrauchsteuern gemeinschaftsrechtlich – jedenfalls gegenwärtig – keine vollständige Verwirklichung des Ursprungslandprinzips ansteht, gibt es auch keine Verteilungsdiskussion und keine Clearing-Programme.

– Bis zur Harmonisierung der Verbrauchsteuern waren in den EU-Staaten u. a. Tabaksteuer, Mineralölsteuer, Biersteuer, Schaumweinsteuer, Alkoholsteuer, Kaffeesteuer, Teesteuer, Salzsteuer, Zuckersteuer, Spielkartensteuer, Zündwarensteuer,

Süßwarensteuer, Steuer auf elektrische Energie, Kakaosteuer, Steuer auf Geräte der Unterhaltungselektronik usw. erhoben (zum Stand 1991 *Sapusek* Teil 2, S. 178).

– Der Ist-Bestand an unterschiedlichen Verbrauchsteuern innerhalb der EU erwies sich Mitte der 80er Jahre als Indikator für die Notwendigkeit einer Verbrauchsteuer-Harmonisierung; doch die Harmonisierungsbestrebungen waren von Anfang an auf die nach ihrem Steueraufkommen wichtigsten Verbrauchsteuerarten beschränkt. Bereits in den Jahren 1966/1967 hatte man sich auf ein Arbeitsprogramm geeinigt, das die Harmonisierung der Verbrauchsteuern auf Tabakwaren, Alkohol ausschließlich Wein und Bier, Zucker und Mineralöle und die Beseitigung der anderen in der Gemeinschaft erhobenen Verbrauchsteuern vorsah. Deutschland und Italien lehnten von Anfang an die Einführung einer Weinsteuer ab; 1970 wurden in einem Grundsatzpapier der Kommission die Auswahlkriterien für die zu harmonisierenden Verbrauchsteuern festgelegt: Danach sollten unter Ausschluß der Besteuerung von lebensnotwendigen Grundnahrungsmitteln und in der Produktion eingesetzten Rohstoffen nur Waren des Massenverbrauchs erfaßt werden – für die Auswahl war der steuerliche Ertrag maßgebend. Forderungen nach einer Harmonisierung von Zuckersteuern, Kaffee- und Teesteuern wurden zurückgewiesen. Erste Richtlinienentwürfe wurden 1970, 1978 eine Richtlinie zur Tabaksteuer vorgelegt. Im Gefolge des Weißbuchs (1985) und der Einheitlichen Europäischen Akte (1986) und damit des Binnenmarktkonzepts kam es 1992 zur Verabschiedung der **allgemeinen Systemrichtlinie** (Richtlinie 92/12/EWG des Rates 1992 über das allgemeine System, den Besitz, die Beförderung und die Kontrolle verbrauchsteuerpflichtiger Waren). Noch im Jahre 1992 wurden alsdann **insgesamt sieben Verbrauchsteuerrichtlinien** verabschiedet: (1) Drei-Struktur-Richtlinien, die die Kategorie der verbrauchsteuerpflichtigen Waren nach dem Zolltarif näher spezifizieren und Steuerbefreiungen für bestimmte Erzeugnisse vorsahen (Tabakwaren, Alkohol und alkoholische Getränke, Mineralöle); und (2) in vier weiteren Richtlinien (Verbrauchsteuersatzrichtlinien), die die Mindeststeuersätze für Tabakwaren, Alkohol und alkoholische Getränke und Mineralöle festlegten. In drei Verordnungen wurden technische Details für die Beförderung verbrauchsteuerpflichtiger Waren im Steueraussetzungsverfahren geregelt (Einzelheiten mit vollständigen Fundstellen-Nachweisen bei *Jatzke* S. 26 ff.; *Susanne Schröder* S. 1 ff.).

– Die Umsetzung der EG-rechtlichen Vorgaben in nationales Recht erfolgte durch das am 1. 1. 1993 in Kraft getretene **Verbrauchsteuer-Binnenmarktgesetz** (BStBl. I, S. 2150 ff.). Das deutsche Verbrauchsteuerrecht ist gekennzeichnet durch in sich abgeschlossene und eigenständige Verbrauchsteuergesetze für Tabakwaren (Tabaksteuergesetz), Alkohol und alkoholische Getränke (Biersteuergesetz, Branntweinmonopolgesetz, Gesetz zur Besteuerung von Schaumwein und Zwischenerzeugnissen), Mineralöle (Mineralölsteuergesetz) und Kaffee (Kaffeesteuergesetz). Nicht harmonisiert sind aus deutscher Sicht die Kaffeesteuer und die in das Mineralölsteuergesetz integrierte Erdgassteuer (und natürlich auch nicht die nach Art. 105 II a GG erhobenen Verbrauch- und Aufwandsteuern auf örtlicher Ebene). Abgeschafft wurden die Steuern für Leuchtmittel, Zucker, Salz und Tee; bedauert wird, daß der deutsche Gesetzgeber die Gelegenheit ungenutzt verstreichen ließ, ein einheitliches Verbrauchsteuergesetz zu schaffen (*Jatzke* S. 31).

– Dem Gesetzgeber sind auf dem Gebiet der Verbrauchsteuern kaum Grenzen gesetzt. Wie bereits erwähnt, ist es den EU-Mitgliedstaaten zwar untersagt, Steuern mit Umsatzsteuercharakter neu einzuführen; sie sind aber nicht daran gehindert, neue Verbrauchsteuern einzuführen, sofern deren Erhebung nicht mit Grenzformalitäten verbunden und mit Art. 90 EG zu vereinbaren ist. Eine Begriffsbestimmung der Verbrauchsteuern ist dem EG-Recht jedoch nicht zu entnehmen. Die Systemrichtlinie erlaubt es jedenfalls einerseits den Mitgliedstaaten, nicht harmonisierte Verbrauchsteuern zu erheben; andererseits aus umwelt-, sozial- und gesundheitspolitischen Gründen Lenkungssteuern neu einzuführen (hinzuweisen ist auf einen Richtlinienvorschlag zur Einführung einer $CO_2$-Energiesteuer; zur Möglichkeit einer Verbrauchsbesteuerung der Dienstleistungen aus gemeinschaftsrechtlicher und verfassungsrechtlicher Sicht s. *Jatzke* S. 54 f.). Aus dieser „Kompetenzsicht" heraus bestehen daher auch gegen die deutsche Stromsteuer (Gesetz zum Einstieg in die ökologische Steuerreform 1999 BGBl. 1999 I, 378) keine Bedenken – eine davon zu trennende Frage ist die ihrer Gemeinschaftsverträglichkeit (s. dazu V 6).

– Kennzeichnend für die Entstehung einer Verbrauchsteuer ist, daß sie im Gegensatz zur Umsatzsteuer nicht an Akte des Rechtsverkehrs, sondern an tatsächliche Vorgänge anknüpft: Körperliche Entfernung aus einem Steuerlager, zweckwidrige Verwendung, Einfuhr, Verbringen in das Steuergebiet, Entziehen aus dem Steueraussetzungsverfahren, oder an einen konsumtiven Verbrauch schlechthin, Herstellung verbrauchsteuerpflichtiger Ware außerhalb eines Steuerlagers oder Warenempfang durch berechtigten Empfänger oder im Rahmen eines Versandhandels und verbunden damit die Überführung der verbrauchsteuerpflichtigen Ware in den steuerrechtlich freien Verkehr.

– Im Reiseverkehr ist das Ursprungslandprinzip verwirklicht, im übrigen das Bestimmungslandprinzip, also die Besteuerung im Verbrauchsland – was der Zielsetzung einer Verbrauchsteuer entspricht. Bedingt durch den Wegfall der Binnengrenzen und damit der Grenzkontrollen innerhalb der EU gibt es keine (im Rahmen des Steueraussetzungsverfahrens sowie – im Tabaksteuerrecht und im Kaffeesteuerrecht – im Entlastungsverfahren geregelte) Ausfuhr bzw. eine zu besteuernde Einfuhr grundsätzlich nur noch im Warenverkehr mit Drittländern (zu Konstellationen, in denen – möglicherweise unbeabsichtigt – das Ursprungslandprinzip zur Geltung gelangt s. *Jarsombeck* ZfZ 1998, 158).

– Interessant ist die Regelung einer Verbrauchsteuer auf Wein: Wein wird nach dem harmonisierten Recht in das steuerlich überwachte Beförderungssystem zwecks Sicherheit des Weinsteueraufkommens in den anderen Mitgliedstaaten miteinbezogen (§§ 26 ff. SchaumwZwStG): Damit regelt ein deutsches Steuergesetz Tatbestände, die weder eine deutsche Steuer (Null-Satz-Regelung für Wein) noch eine EG-Abgabe betreffen, sondern sich allein auf das Funktionieren des Binnenmarktes und das Verbrauchsteueraufkommen anderer Mitgliedstaaten beziehen (*Fritz Kirchhof* StuW 1993, 328; zur Gesetzgebungskompetenz und Einordnung in das Gesamtgefüge der deutschen Finanzverfassung *Jatzke* S. 301 ff. mit einer spannenden Gesamtdarstellung zur Frage einer Weinsteuer überhaupt; kritisch zuletzt *Jarsombeck* ZfZ 1998, 105 ff.).

**16**     Das Gemeinschaftsrecht ist seit 1993 fortentwickelt worden (Einigung auf die gegenseitige Anerkennung von Vergällungsmitteln zwecks Steuerbefreiung, Änderungen im Recht der Begleitdokumente, Gliederung der verbrauchsteuerpflichtigen Waren im Mineralölsteuerrecht in Mineralöle (überwachungspflichtig) und der Steuer unterliegende Mineralöle usw.; hierzu *Jatzke* mit Nachweisen, ZfZ 1995, 278 ff., auch zur besonderen Stellung des Verbrauchsteuerausschusses, dem anders als im Bereich der Umsatzsteuer eine echte Entscheidungskompetenz zukommt. Perspektiven für weitere Harmonisierungsschritte sind

– die Umstellung auf das Ursprungslandprinzip für innergemeinschaftliche Lieferungen, mit der aber – wie eingangs erwähnt – in absehbarer Zeit nicht zu rechnen ist;
– Angleichung der Mindeststeuersätze, schon weil das im Reiseverkehr verwirklichte Ursprungslandprinzip zur verstärkten Nachfrage von Produkten aus Niedrigsteuerländern führt (zur damit verbundenen Suche nach neuen Transportwegen *EuGH*-Urteil in Sachen EMU-Tabac HFR 1998, 599; Vergleich der in den Steuer-

satz-Richtlinien geforderten Mindestniveaus mit den tatsächlichen Steuersätzen in den einzelnen Mitgliedstaaten, Stand 1. 7. 1993, bei *Sapusek* Teil 2, S. 797 ff.);

– die Einführung einheitlicher Kennzeichnungsstoffe für steuerbegünstigtes Gasöl, weitere Mineralölsteuervergünstigungen, steuerliche Förderung von Biokraftstoffen, die Einführung einer $CO_2$-Energiesteuer; dazu Einzelheiten bei *Jatzke* aaO; über praktische Probleme des Nebeneinanders von Gemeinschaftsrecht und nationalem Recht am Beispiel der Mineralölsteuer *Kleiner* ZfZ 1995, 284 ff.;

– jedoch ist klarzustellen: ein in Etappen zu verwirklichendes weiteres Harmonisierungsprogramm wie bei der Umsatzsteuer besteht nicht. Wie bei der Umsatzsteuer ist auch hier festzustellen, daß eine **Binnenmarktstruktur im eigentlichen Sinne nicht verwirklicht worden ist.** Die Vorstellung einer Neutralität der Steuersysteme in bezug auf den Ursprung der Steuergegenstände hätte eine weitgehende Angleichung der Steuersätze bedingt, was aber in diesem Bereich wohl noch weniger realistisch zu erreichen ist als für die Umsatzsteuer. Sieht man den steuerlichen Binnenmarkt erst dann als verwirklicht, wenn der Grenzübertritt einer Ware keine besonderen steuerlichen Maßnahmen mehr erfordert (*Rau* ZfZ 1992, 226), ist auch hier nur von einem Teilerfolg zu sprechen. Unter dem Gesichtspunkt des Binnenmarktes ist das **Lagerverbundsystem** (dazu V 42) zwar systematisch unverständlich, praktisch aber unverzichtbar.

*(einstweilen frei)* **17–19**

## II. Besonderer Teil

### 1. Umsatzsteuer: Grenzüberschreitender Lieferungs- und Leistungsverkehr

Es ist vorab nochmals auf den begrenzten Zweck der folgenden Dar- **20** stellung zu verweisen. Es geht nur um den Nachweis der tragenden Prinzipien bei grenzüberschreitenden Vorgängen: Bestimmungslandprinzip, Ursprungslandprinzip.

(1) Den steuerpflichtigen Umsätzen des § 1 I Nr. 1–5 UStG liegt ein **21** Leistungsaustausch im Inland zugrunde, nur ein inländischer Umsatz ist steuerbar und löst die Steuer aus. Mit dieser **territorialen Beschränkung** ist aber noch nicht das Doppelbesteuerungsproblem und damit die Wettbewerbsfähigkeit bei internationalen Warenbewegungen gelöst. Für Export- bzw. Importlieferungen kann jeder der beteiligten Staaten einen Inlandsbezug geltend machen. Weltweit aus Gründen der Wettbewerbsfähigkeit wird bei internationalen Warenbewegungen das Territorialprinzip daher durch vorrangige Verwirklichung des bereits vorgestellten (s. V 4) Bestimmungslandprinzips konkretisiert. Das bedeutet: Mit einer Steuerbefreiung im Ursprungsland korrespondiert eine Besteuerung im Bestimmungsland: dies bewirkt gleiche Wettbewerbsbedingungen für importierte Waren gegenüber heimischen Waren des Bestimmungslands: Doppelbesteuerungsabkommen erübrigen sich (*Stadie* in *Mössner* u. a., S. 944). Der Exportstaat hat die Ware durch Steuerbefreiung der Ausfuhrlieferung umsatzsteuerlich entlastet, im Bestimmungsland schleust der Steuertatbestand der Einfuhr die Ware auf das dort gegebene Steuerniveau herauf; konkret heißt dies: Wird die Ware aus der Bundesrepublik

exportiert, kann sie als (steuerbare) Ausfuhrlieferung steuerbefreit sein, sofern bestimmte materielle und formelle Voraussetzungen erfüllt sind; wird sie in die Bundesrepublik importiert, hat sie als Einfuhrlieferung mit einer Steuerfolge zu rechnen.

**22**    (2) Da **alle steuerbaren Umsätze** des § 1 I UStG an Lieferungen/Leistungen **im Inland anknüpfen,** nämlich
– Lieferungen und sonstige Leistungen im Inland,
– Eigenverbrauch im Inland,
– Gesellschaftsverbrauch im Inland,
– Einfuhr von Gegenständen aus dem Drittlandsgebiet in das Inland,
– innergemeinschaftlicher Erwerb im Inland,
es mithin unerheblich ist, ob der steuerpflichtige Unternehmer Deutscher oder im Inland ansässig ist, bedarf die **Anknüpfung an inlandsbezogene Umsätze** der Konkretisierung. Ohne eine solche Ortsbezeichnung müßte bei jeder Grenzüberschreitung die Frage nach der Zurechnung offen bleiben. Den Ort der Lieferung bestimmen § 3 V a–VIII, §§ 3 c, 3 e; den Ort der sonstigen Leistung §§ 3 a, 3 b. Die Grundregel für den Lieferort enthält § 3 VI Satz 1 UStG: Liefern heißt einem Dritten Verfügungsmacht über einen Gegenstand zu verschaffen; in den wichtigsten Fällen des Beförderns und Versendens ist das der Ort, an dem die Beförderung oder Versendung des Gegenstandes an den Abnehmer beginnt. Wird der Lieferungsgegenstand nicht befördert oder versendet, kommt es auf den Ort der Verschaffung der Verfügungsmacht an: zur Bedeutung des „vordatierten" Lieferorts bei Beförderung/Versendung s. *Wolfgang Jakob* S. 144 f.; *Schaumburg* S. 367; zu den Besonderheiten bei Reihengeschäften *W. Jakob* S. 146 ff. Den Ort der sonstigen Leistung im Inland bestimmt § 3 a, den von Beförderungsleistungen § 3 b. Der Ort eines innergemeinschaftlichen Erwerbs liegt dort, wo die Beförderung oder Versendung des Liefergegenstandes endet – grundsätzlich das Bestimmungsland (§ 3 d Satz 1 UStG). Für die Lieferung eines Gegenstandes aus einem Drittlandgebiet gilt die Sonderregelung des § 3 VIII UStG: Der Ort wird in das Inland verlagert, um den gesamten Verkaufswert der Besteuerung zugrunde zu legen. Eine ausdrückliche Ortsbestimmung für den Eigenverbrauch gibt es nicht; für den Gesellschaftererwerb gelten die allgemeinen Regeln. Verknüpft man das *Bestimmungslandprinzip* mit der Frage nach dem *Ort seiner Lieferung*, zeigt sich: Nicht schon die Ortsfrage verwirklicht in jedem Fall das Prinzip (was auch möglich wäre, siehe beispielsweise § 3 VI, VII, VIII UStG); der Ort der Lieferungen ist vielmehr grundsätzlich ursprungsbedingt – dann muß gesetzestechnisch das Bestimmungslandprinzip über Befreiungsvorschriften und Regeln zu einer Vorsteuerentlastung verwirklicht werden (*Stadie* in *Mössner* u. a., S. 926).

**23**    (3) **Inland** ist nach wie vor der örtliche Zentralbegriff des UStG, denn ein Umsatz außerhalb des Inlands ist in der Regel nicht steuerbar. Für das Gebiet außerhalb des Inlands verwendet das Gesetz den Begriff Ausland. Mit Einführung des USt-Binnenmarktgesetzes (1993) ist das gegeneinander abzugrenzende Territorium mit der Trennung Inland/Ausland nicht mehr hinreichend beschrieben, das **Ausland ist nicht mehr als homogenes Gebiet** anzusehen. Zu unterscheiden sind nunmehr: Das **Inland** als Staatsgebiet der Bundesrepublik Deutschland mit Ausnahme des Gebiets von Büsingen, der Insel Helgoland, der Freihäfen als EU-Freizonen, der Gewässer und Watten zwischen der Hoheitsgrenze und der jeweiligen Strandlinie sowie deutscher Schiffe und Luftfahrzeuge in Gebieten, die zu keinem Zollgebiet gehören; allerdings sind nach § 1 III UStG bestimmte Umsätze, die in den Freihäfen und Gewässern und Watten zwischen der Hoheitsgrenze und der jeweiligen Strandlinie bewirkt werden, „wie Umsätze im Inland zu behandeln – womit in diesen Gebieten ein Letztverbrauch erfaßt werden soll. Diese durch das Jahressteuergesetz 1996 eingeführte Regelung ist europarechtlich (6. USt-RL) bedenklich, weil damit nach wie vor Freihäfen als Drittlandsgebiet behandelt werden (im einzelnen *Lange* DStZ 1996, 133 ff.; zur näheren Erläuterung der ausgegrenzten Gebiete, in denen Umsätze grundsätzlich nicht steuerbar sind s. *W. Jakob*, aaO, S. 143; zu einem praktischen Freihafenfall *FG Hamburg* EFG 1997, 508). Nicht zum Inland gehören die österreichischen Gebiete Mittelberg und Jungholz; sie sind aber dem deutschen Zollgebiet angeschlossen; daher § 1 I Nr. 4 UStG: die Einfuhr in diese Gebiete unterliegt der deutschen Einfuhrumsatzsteuer. **Gemeinschaftsgebiet** ist nach § 1 II a Satz 1 UStG das Inland und das übrige Gemeinschaftsgebiet (Gebiete der anderen Mitgliedstaaten); **Drittlandsgebiet** ist das Gebiet, das nicht Gemeinschaftsgebiet ist; **Ausland** ist das übrige (außer der Bundesrepublik) Gemeinschaftsgebiet und das Drittlandsgebiet.

(4) Die nunmehr zu unterscheidenden Territorien bedingen **verschie-** **24** **dene Steuerkreise** (*Wolfgang Jakob* S. 138):

– Inlandsumsätze;
– Lieferbeziehungen (Einfuhr/Ausfuhr) zwischen Deutschland und Drittländern (Nicht-EU-Staaten), für die das Bestimmungslandprinzip gilt;
– Lieferbeziehungen zwischen Deutschland und einem EU-Staat, bei denen zu unterscheiden ist zwischen kommerziellem Leistungsaustausch (eine innergemeinschaftliche Lieferung korrespondiert mit einem innergemeinschaftlichen Erwerb) und nichtkommerziellem Leistungsaustausch;
– Dienstleistungsbeziehungen über die Grenze, wobei für EU-Staaten und Drittstaaten die gleichen Grundsätze gelten;
– Warendurchfuhr durch ein Transitland.

(5) Inlandsumsätze als **reine Binnensachverhalte** interessieren uns **25** hier nicht; aus gemeinschaftsrechtlicher Sicht ist lediglich darauf hinzu-

weisen, daß zwar die Binnenmarktkonzeption hier bedeutungslos ist; aber die Harmonisierungsrichtlinien, insbesondere die 6. USt-RL, beeinflussen das Umsatzsteuerrecht auch bezüglich reiner Binnensachverhalte. Harmonisiertes materielles Mehrwertsteuerrecht findet auch dann Anwendung, wenn überhaupt kein Auslandsbezug vorhanden ist. Wesentliche Merkmale der Mehrwertsteuer sind vom *EuGH* zur Reichweite der Sperrwirkung von Art. 33 der 6. USt-RL aufgestellt worden. Die Rechtsprechung des *EuGH* (im Jahre 1997 wurden insgesamt 22 Mehrwertsteuerurteile gefällt) bewirkt in immer größerem Umfang Rechtskorrekturen; hierzu ist auf die periodischen Berichte insbesondere von *Huschens* zu verweisen (RIW 1998, 377; RIW 1999, 326; RIW 2000, 100). Die **Prinzipien der 6. USt-RL** aus der Sicht des *EuGH* – die Umsatzsteuer als Endverbrauchsteuer; keine verbleibende Steuerbelastung innerhalb der Unternehmenskette; Grundsatz der Neutralität des Mehrwertsteuersystems (*Wolfgang Jakob*, S. 14; *Kirsten Borgsmidt* UStR 1999, 1 ff., jeweils mit Nachweisen) – **wirken auf das Umsatzsteuerrecht insgesamt ein.** Die zahlreichen Entscheidungen insbesondere zur 6. USt-RL zeigen zugleich die Problematik der Richtlinien als Harmonisierungsinstrument überhaupt – das Risiko fortdauernder Unterschiede wäre nur mit EG-Verordnungen und ihrer unmittelbaren Verbindlichkeit zu vermeiden. *Widmann* (DStJG Bd. 19 (1996) hält es nicht für einen Zufall, daß lediglich die im Binnenmarkt zur Sicherung des Steueraufkommens für erforderlich gehaltene Zusammenarbeit der Verwaltungen in einer Verordnung geregelt wurde: VO über die Zusammenarbeit der Verwaltungsbehörden auf dem Gebiet der indirekten Besteuerung, die ein dreistufiges Informationsverfahren bis hin zu einem Einzelauskunftsersuchen vorsieht; zu einer Übersicht s. *Widmann* DB 1993, 903.

**26** (6) Zu beginnen ist mit einigen Hinweisen zum zweiten Steuerkreis (Lieferbeziehungen zwischen der Bundesrepublik und Drittstaaten). Zunächst zur **Einfuhr** von Gegenständen: Sie unterliegt einer Umsatzsteuer nur noch bei einer aus dem Drittlandgebiet in das Inland (einschließlich Jungholz und Mittelberg) erfolgenden Warenbewegung. Was unter einer Einfuhr zu verstehen ist, ergibt sich über § 21 II Satz 1 UStG aus dem Zollkodex. Es handelt sich um einen tatsächlichen Vorgang, kein Rechtsgeschäft. Die Steuer wird „als Einfuhrabgabe mit dem Zoll, durch den Zoll und wie ein Zoll erhoben ... sie zeigt dabei ein doppeltes Gesicht: Rechtstechnisch als Einfuhrabgabe aus dem Regelungszusammenhang des UStG herausgenommen führt sie auch steuerverwaltungsrechtlich ein Eigenleben – sie gilt gem. § 21 I UStG als Verbrauchsteuer i.S.d. AO. Materiell ist sie dennoch Teil der USt – sie kann beim Importeur zur Vorsteuer werden (§ 15 I Nr. 2 UStG) und der Vorsteuerabzug ist in das allgemeine Verfahren nach den §§ 16, 18 integriert (*Wolfgang Jakob* S. 161). Die „rein technische Einordnung als Verbrauchsteuer" ist zweckbedingt: Die Einfuhrumsatzsteuer sollte wie der Zoll ohne zusätzlichen

Verwaltungsaufwand und ohne wesentliche Mehrarbeit für den Importeur von einer Behörde verwaltet und in einem Verwaltungsakt festgesetzt werden; weitgehende Gleichschaltung bei den Einfuhrabgaben (vgl.
§ 1 I Satz 3 ZollVG) war das Ziel. Mit der Harmonisierung des Zollrechts durch Gemeinschaftsrecht wurde der **Gleichklang von Zoll und
Einfuhrumsatzsteuer** aber in Frage gestellt: Die Einfuhrumsatzsteuer
stellte sich einerseits nach § 21 I UStG als Verbrauchsteuer im Sinne der
(innerstaatlichen) Abgabenordnung dar – aber andererseits sollten nach
§ 21 II UStG die harmonisierten Zollvorschriften gelten (*Weymüller*, in:
*Sölch/Ringleb/List* Rz 2 zu § 21 UStG). Der *BFH* hat dieses Spannungsverhältnis zwischen dem nationalen Recht und dem Gemeinschaftsrecht
dadurch gelöst, daß er in § 21 II UStG eine Spezialvorschrift sieht und
§ 21 I lediglich als Legaldefinition bestimmt: Danach geht § 21 II vor,
die Abgabenordnung gilt mithin nur, soweit nicht die nach § 21 II sinngemäß anzuwendenden Vorschriften für Zölle etwas anderes bestimmen
(*BFH* 161, 260; 169, 261). Aufgrund der weitgehenden Harmonisierung
des Zollrechts bleibt für eine AO-Anwendung nur noch wenig Raum
(Zahlungsverjährung §§ 228 ff. AO, Festsetzungsfrist bei Vorliegen einer
Straftat § 169 II Satz 2 AO, Hinterziehungszinsen § 235 AO, Ausset-
zungs-, Prozeß und Stundungszinsen §§ 236, 237, 234 AO als Beispiele).
Die Erhebung der Einfuhrumsatzsteuer verwirklicht zugleich das Bestimmungslandprinzip – die beim Export im Drittland durchgeführte
Entlastung wird kompensiert durch ein „Heraufschleusen" auf das deutsche Steuerniveau. Ist der Einführende ein Privatmann, ist die Belastung
endgültig; der Unternehmer kann sie – wie erwähnt – unter den Voraussetzungen des § 15 I Nr. 2 als Vorsteuer abziehen, sofern sie tatsächlich
entrichtet wurde (zollamtlicher Beleg) und die Einfuhr für das Unternehmen des abzugsberechtigten Unternehmers erfolgt (zu den Einzelheiten des Vorsteuerabzugs s. *Stadie* in *Mössner* u. a., S. 995 ff.). Steuerbefreiungen bei der Einfuhr aus Drittstaaten enthalten § 5 UStG und die
Einfuhrumsatzsteuer-Befreiungsordnung. Die Steuerbefreiung des § 5
UStG dient zur Gleichstellung eingeführter Gegenstände mit den im Inland hergestellten; die Einfuhrumsatzsteuer-Befreiungsordnung knüpft
im wesentlichen an Zollbefreiungen an (Hinweis auf § 1 II Nr. 1 UStG:
Reisegerät und Reisemitbringsel); Kleinsendungen nichtkommerzieller
Art sind nach der Kleinsendungs-Einfuhrmengen-VO 1979 befreit (zum
Ganzen *W. Jakob* S. 161). Die Steuerbefreiung wirkt sich entlastend nur
bei der Einfuhr für private Letztverbraucher aus; durch einen Unternehmer eingeführt wäre die erhobene Einfuhrumsatzsteuer ohnehin als Vorsteuer abzugsfähig. Soweit die vergleichbare Warenlieferung im Inland –
um deren Gleichstellung es bei der steuerbefreiten Einfuhr geht – mit
Vorsteuern belastet ist und Umsatzsteuerfreiheit nur unter Versagung des Vorsteuerabzugs gewährleistet wird (§ 15 II Nr. 1 UStG),
erfolgt eine steuerliche Privilegierung der Importware (*Schaumburg*

S. 406). Dies leitet zugleich zur steuerbefreiten **Ausfuhr** ohne Vorsteuerverlust nach §§ 4 Nr. 1 a, 15 III Nr. 1 a UStG über: Materiell ist eine zwar steuerbare, aber steuerfreie Ausfuhrlieferung an Bedingungen geknüpft, die das Verbringen in das Ausland sicherstellen wollen (§ 6 I–III a UStG, § 6 IV i. V. m. §§ 8 ff. UStDV). Die Ausfuhr war zur Stärkung des deutschen Exports seit jeher von der Umsatzsteuer befreit. Es handelt sich um eine Steuerbefreiung mit Vorsteuerabzug: Grundsätzlich ist die Steuer für Lieferungen, die Einfuhr und den noch darzustellenden innergemeinschaftlichen Erwerb von Gegenständen sowie für sonstige Leistungen insoweit nicht als Vorsteuer abziehbar, soweit die Bezüge für steuerfreié Umsätze verwendet werden (§ 15 II Nr. 1 i. V. m. § 15 IV UStG). Dieses Abzugsverbot gilt jedoch nicht, soweit die Bezüge u. a. für Ausfuhrlieferungen verwendet werden. Folge: durch den eröffneten Vorsteuerabzug wird das Bestimmungslandprinzip verwirklicht und der Verbrauch im Ausland aus Wettbewerbsgründen nicht mit deutscher Steuer belastet (*Stadie* aaO, S. 1001). Auch der weitere Schritt ist aus der Sicht des Bestimmungslandsprinzips konsequent: Liegt der Ort der Lieferung im Ausland, fehlt es am steuerbaren Umsatz überhaupt. Berechtigte aber ein solcher Umsatz – im Inland ausgeführt – zum Vorsteuerabzug, verbleibt es hierbei (§ 15 III Nr. 2 a) UStG; dazu Abschn. 205 II UStR). Zu den Drittstaatenbeziehungen gehört noch § 7 UStG: Lohnveredelung an Gegenständen der Ausfuhr. Damit wird die Steuerbefreiung auf Bearbeitungsleistungen an der im Drittland ausgeführten Ware erstreckt. Auch dies ist wiederum nur folgerichtig, da der Importstaat seine Einfuhrumsatzsteuer an den vollen Warenwert anknüpfen wird.

27　(7) Sind Einfuhren aus Drittstaaten einfuhrumsatzsteuerpflichtig, Ausfuhrlieferungen unter Entlastung von der Vorsteuer steuerbefreit, so ist damit zugleich der **klassische grenzüberschreitende Bezug des Umsatzsteuergesetzes** beschrieben. Er ist nun – ebenfalls nur skizzenhaft und zur Verdeutlichung des bereits dargestellten gemeinschaftsrechtlichen Rahmens – zu ergänzen (praxisbezogenes Verständnis vermittelt das Handbuch zur EU-Umsatzsteuer von *Sender/Weilbach/Weilbach* S. 118 ff. mit 150 Beispielen ab S. 203). Bei den Lieferbeziehungen zwischen der Bundesrepublik und einem Mitgliedstaat (**innergemeinschaftlicher Warenverkehr**) tritt an die Stelle der Einfuhr der Tatbestand des „innergemeinschaftlichen Erwerbs im Inland gegen Entgelt" (§ 1 I Nr. 5 UStG). Einen solchen innergemeinschaftlichen Erwerb tätigt, wer als Unternehmer für sein Unternehmen einen Gegenstand gegen Entgelt im Inland abnimmt oder erwirbt (§ 1 a II Nr. 1 und 2 UStG), der von einer in einem anderen Mitgliedstaat der EU ansässigen Person in deren Eigenschaft als Unternehmer geliefert wird (§ 1 a I Nr. 1–3 UStG). Dies ist der durch das Umsatzsteuerbinnenmarktgesetz zum 1. 1. 1993 in das UStG eingefügte Tatbestand der **Erwerbsbesteuerung.** Man kann diesen Tatbestand als Sondernorm gegenüber Einfuhren aus Drittländern (Einfuhrumsatzsteuer) nur verstehen, wenn man sich die **Binnenmarktkonzeption** und den damit verbundenen **Wegfall** der innergemeinschaftlichen verwaltungsmäßigen **Grenzkontrollen** vor Augen führt. Denn mit Wegfall dieser Grenzkontrollen konnte die Einfuhrumsatzsteuer – so wie sie beschaffen ist – nicht mehr erhoben werden. Aber auf die Besteuerung solcher Umsätze war und ist nicht zu verzichten – mithin ist der Ort der Steuererfassung von der Grenze in die Unternehmen hinein verlegt worden. Oder besser ausgedrückt: verlegt worden in einen Personenkreis, der typischerweise in die Umsatzbesteuerung seines Heimatstaates eingebunden ist – womit schon vorab klar ist, daß es für eine solche Form der Besteuerung Grenzen geben muß, wo es an seiner solchen Einbindung fehlt. Einfuhrumsatzsteuer und Besteuerung des innergemeinschaftlichen Erwerbs sind unterschiedlich gestaltet; besondere Tatbestandsmerkmale sind in § 1 a, die Frage des Inlandserwerbs ist in § 3 d UStG geregelt (zu den Unterschieden *Stadie* aaO, S. 973 f.), aber den Kern bestimmen Identitäten: Die Umsatzsteuer auf den innergemeinschaftlichen Erwerb – **die Erwerbssteuer** – erfüllt den gleichen Zweck wie die Umsatzsteuer auf die Einfuhr, wie sie im vorangegangenen Abschnitt dargestellt wurde; zwar ist noch nicht die umsatzsteuerliche Behandlung im exportierenden Mitgliedstaat erörtert worden (dazu sogleich), aber die Kenntnis der gemeinschaftsrechtlichen Grundlagen und des Bestimmungslandsprinzips als „Übergangslösung" läßt eine Entlastung der exportierten Ware von einer Umsatzsteuer nicht anders als bei Drittstaaten erwarten. Es gibt Ausnahmen von der Verwirklichung des Bestimmungslandprinzips: § 1 b I UStG (innergemeinschaftlicher Erwerb neuer Fahrzeuge) – womit Ausnahme hier nicht etwa eine Abkehr vom Bestimmungslandprinzip bedeutet; die Norm bewirkt vielmehr seine Erweiterung, indem der Tatbestand der Erwerbsbesteuerung auch durch diejenigen Personen erfüllt wird, die nicht in § 1 a I 2 UStG genannt werden – vor allem Nichtunternehmen; durchgesetzt haben sich damit die fiskalischen Interessen des Importstaates (*Wolfgang Jakob* S. 184). In diesem Sinne auch die Versandhandelsregelung in § 3 c UStG, die eine besondere Bestimmung des Orts der Lieferung für Fälle trifft, in denen der Lieferer Gegenstände in einen anderen Mitgliedstaat befördert oder versendet und der Abnehmer an sich einen innergemeinschaftlichen Erwerb nicht zu besteuern hat (Privatpersonen): Dann soll eine Besteuerung des Letztverbrauchs im Bestimmungsland sichergestellt werden, wenn bestimmte Lieferschwellen überschritten werden. Fälle, in denen die Erwerbsbesteuerung nicht eingreift, sind zugleich **Fälle, in denen das Ursprungslandprinzip gilt:** § 1 a III UStG – der Abnehmer ist Nichtunternehmer oder ein Halbunternehmer, der seine Erwerbsschwelle nicht überschreitet und nicht optiert (Erwerbsschwelle Deutschland: 25 000 DM). Man kann die Tatbestände nach ihren einzelnen Voraussetzungen untersuchen und abgrenzen – aber das ist Sache eines Kommentars; entscheidend ist hier der **Gesamtzusammenhang,** der durch das **Bestimmungslandprinzip einerseits** und das **Ursprungslandprinzip anderseits** hergestellt wird – noch dazu auf dem Hintergrund einer gemeinschaftsrechtlichen Entwicklung, die letztlich das Ursprungslandprinzip verwirklichen will: Dann ist der Sinn des Ausschlusses von Privaten aus der Erwerbsbesteuerung die Verwirklichung des Ursprungsprinzips, aber der Sinn der Schwellenregelungen (nochmals: § 1 a III Erwerbsschwelle, § 3 c III Nr. 1 UStG Lieferschwelle), „das Ursprungslandprinzip zugunsten einer Besteuerung im Bestimmungslandprinzip auszubremsen und dort eine Störung des Wettbewerbs und Steuerausfälle zu vermeiden, wenn gewisse Bagatellgrenzen („Schwellen") überschritten sind" (*Wolfgang Jakob* S. 179 mit einer Gesamtschau der Fälle). Ist der innergemeinschaftliche Erwerb im Inland steuerbar, folgt die Besteuerung nach bekannten Regeln des Umsatzsteuergesetzes: § 10 (Bemessungsgrundlage), § 4 b (Steuerbefreiungen), § 12 (Steuersatz), § 13 (Steuerschuldner), § 15 I Nr. 3 (Abzug der Erwerbsteuer als Vorsteuer).

Damit sind die Voraussetzungen geschaffen, die **Erwerbsbesteuerung** (Abnehmerseite) spiegelbildlich **mit der innergemeinschaftlichen Lieferung** (Veräußererseite) **zu verknüpfen** – nicht anders als bei den Beziehungen zu Drittstaaten, wo von der Einfuhr zur Ausfuhr übergangen wurde. So wie von § 1 Nr. 4 UStG zu den §§ 4 Nr. 1 a, 6 UStG übergeleitet worden war, so ist nunmehr von § 1 a UStG auf § 6 a I Nr. 3 UStG überzuleiten. Deutlich sind auch hier die alten bekannten Strukturen (Bestimmungslandprinzip) wiederzuerkennen – aber es geht nicht nur um steuersystematische Verknüpfungen von Einfuhr und Ausfuhr, es geht nunmehr um Fragen des **Vollzugs ein und desselben Rechtsgeschäfts,** es geht um eine tatbestandliche Verknüpfung wenigstens in eine Richtung: Steuerbefreiung kann im exportierenden Mitgliedstaat nur erfolgen, wenn im importierenden Mitgliedstaat eine Besteuerung erfolgt. Das wiederum ist der Kern der im Ursprungsland steuerfreien innergemeinschaftlichen Lieferung (§ 6 a I Nr. 3 UStG). Aber eine Besteuerung im Bestimmungsland ist unabhängig von der Steuerbefreiung im Ursprungsland – dementsprechend konnte für § 1 a UStG ein solches Tatbestandsmerkmal auch nicht genannt werden. Anders § 6 a I Nr. 3 UStG: Die nach § 4 Nr. 1 b UStG steuerfreie innergemeinschaftliche Lieferung setzt voraus, daß der Erwerb des Gegenstandes der Lieferung „beim Abnehmer in einem anderen Mitgliedstaat" der Umsatzbesteuerung unterliegt. Für die mit einem innergemeinschaftlichen Erwerb korrespondierende steuerfreie innergemeinschaftliche Lieferung tritt an die Stelle des § 4 Nr. 1 a UStG in Verbindung mit § 6 UStG nunmehr § 4 Nr. 1 b UStG in Verbindung mit § 6 a UStG, wiederum unter Entlastung von der Vorsteuer. Der Tatbestand ist mit dem des „innergemeinschaftlichen" Erwerbs verknüpft. *Wolfgang Jakob:* „Einer der beteiligten Staaten will schließlich Kasse machen (S. 175)". Die Verknüpfung ist vor allem gegeben, wenn der Abnehmer ein Unternehmen ist, das den Gegenstand unternehmerisch verwendet. Hieraus folgen Nachweispflichten für den Warenweg über die EU-Binnengrenze (§ 17a I UStDV) und für die personenbezogenen Merkmale des Abnehmers (Umsatzsteuer-Identifikationsnummer als quasi-materielles Tatbestandsmerkmal für den Befreiungstatbestand: zu Ihrer Funktion, dem hierbei gegebenen Vertrauensschutz in § 6a IV UStG und zum Bestätigungsverfahren § 18e UStG *Wolfgang Jakob* S. 175ff.; *Schaumburg* S. 377, dort auch zu ihrer Bedeutung für den EDV-gestützten Informationsaustausch zwischen den Mitgliedstaaten).

Soweit der „kommerzielle Lieferungsverkehr". Ist der ausländische Abnehmer Nichtunternehmer oder ein Halbunternehmer i.S.d. § 1a III UStG, der seine Erwerbsschwelle nicht überschreitet und nicht optiert, so findet eine Besteuerung des Erwerbs im Bestimmungsland nicht statt – mithin fehlt es auch an der Voraussetzung der Steuerbefreiung für den Lieferanten. Folge: ist der Lieferumsatz im Ursprungsland steuerbar – weil er die Voraussetzungen einer Lieferung im Inland erfüllt – so ist er dort auch steuerpflichtig. In der Konsequenz muß jetzt der inländische Unternehmer statt des Erwerbers seinen Umsatz versteuern: entweder im Inland oder im Bestimmungsland, was davon abhängt, wo der die Steuerbarkeit seines Umsatzes begründende Lieferort liegt; § 3c UStG verlagert nämlich den Lieferort in das Bestimmungsland, wenn der Lieferer den Gegenstand befördert oder versendet (Versandhandelsregelung). Vgl. zur Einordnung die plastische Darstellung bei *Wolfgang Jakob* von den *zwei Drehscheiben*, die dem Besteuerungszug seine Richtung zum Bestimmungsland geben: die Erwerbsbesteuerung des Abnehmers und die Verlagerung des Lieferorts durch § 3c UStG: „Die Kunst des Rechtsanwenders besteht nun darin, diese beiden Drehscheiben durch eine Fülle von Ausnahmen und Gegenausnahmen hierdurch ineinandergreifen zu lassen" (S. 179). Damit greift die Besteuerung im Ursprungsland – d.h. insbesondere die Besteuerung nach dessen Steuersätzen im sog. privaten innergemeinschaftlichen Reiseverkehr und bei Lieferungen an einen nicht erwerbsteuerpflichtigen Halbunternehmer; holt im übrigen ein Halbunternehmer die Ware ab, wird er einem Privaten gleichgestellt (Ursprungsbesteuerung); eine Gesamtübersicht bei *Wolfgang Jakob* S. 179ff.). Einen Sonderstatus im innergemeinschaftlichen Warenverkehr genießen verbrauchsteuerpflichtige Waren (Mineralöl, Alkohol, alkoholische Getränke, Tabakwaren): Sie sind in das System integriert, aber einem Sonderstatut unterworfen. Innergemeinschaftlicher Erwerb verbrauchsteuerpflichtiger Waren durch Unternehmer und Halbunternehmer: Besteuerung im Bestimmungsland (§ 1a I Nr. 2a + b UStG); innergemeinschaftliche Lieferung verbrauchsteuerpflichtiger Waren an Unternehmer und Halbunternehmer als Folge dieser Erwerbsbesteuerung sind generell steuerbefreit (§ 6a UStG); Lieferung verbrauchsteuerpflichtiger Waren an private Abnehmer und solche, deren Erwerb nicht steuerbar ist: Bei Versandhandelsgeschäften gilt ausnahmslos das Bestimmungslandprinzip, bei Abholfällen das Ursprungslandprinzip.

**28**    (8) **Dienstleistungsbeziehungen** über die Grenze (sonstige Leistungen § 3 IV UStG): Sie sind von den Lieferungen abzugrenzen, da für sie teilweise besondere Regeln gelten (Ort der sonstigen Leistung, Steuerbefreiungen). Den wirtschaftlichen Schwerpunkt bilden Dienstleistungen, Nutzungsüberlassungen und Überlassung von Rechten; aktuell ist auf die Änderung der 6. USt-RL durch die Richtlinie im Hinblick auf das für Telekommunikationsleistungen anwendbare Mehrwertsteuersystem (1999) zu verweisen, s. dazu *Korf/Schlegel* DB 1999, 1773 ff. Bei grenzüberschreitenden Vorgängen sind sie in einem doppelten Sinne von Lieferungen geschieden (*Wolfgang Jakob* S. 142): Eine Steuergrenze wird mangels Verdinglichung nicht überschritten, die geistige Leistung ist insoweit nicht manifest zu machen; und: die Unterscheidung zwischen EU-Staaten und Nicht-EU-Staaten (von einigen unterschiedlichen Ortsbestimmungen für die Leistung abgesehen) entfällt. Steuerliche Doppelbelastungen versuchen die Staaten dadurch auszuschließen, daß der Ort der sonstigen Leistung abgegrenzt wird (zu den verschiedenen Kriterien *Stadie* aaO, S. 955 ff.; zu den Vorgaben der 6. USt-RL *Kirsten Borgsmidt* FR 1999, 13). Gesetzliche Grundlage ist der Ort, von dem aus das Unternehmen betrieben wird (§ 3a UStG). Dies entspricht mithin dem Ursprungsortprinzip. Da das Umsatzsteuergesetz für grenzüberschreitende sonstige Leistungen anders als bei den Lieferungen keinen Steuerausgleich kennt, hätte zur Beschränkung wettbewerbsverzerrender Wirkungen das Empfängerortsprinzip als Grundprinzip (dazu § 3a III, IV UStG) einem Bestimmungslandprinzip entsprochen. Dem Bestimmungslandprinzip entspricht das Belegenheitsprinzip des § 3a II Nr. 1 UStG (Grundstücksort) und der Tätigkeitsort (§ 3a II Nr. 3 UStG) für künstlerische, wissenschaftliche, unterrichtende, sportliche, unterhaltende Leistungen usw. Für Beförderungsleistungen gilt § 3b UStG mit der besonderen Bestimmung des Orts bei innergemeinschaftlicher Beförderung. Die Lösung des Gesetzgebers, vorgegeben durch die 6. USt-RL, wird als mißglückt bezeichnet, weil vom System her verwirrend gestaltet (*von Wallis* in *Bunjes/Geist* § 3a UStG Rz 2; eine zusammenfassende Darstellung der „verwickelten Reihe vorrangig geltender Ausnahmen" gegenüber dem Unternehmensort als Ausgangspunkt bei *Wolfgang Jakob* S. 151) mit lehrreichem Fallmaterial (Wimbledon und Werbung; Rock and Pops; Vercharterung; grenzüberschreitende Beförderung). Ein inländischer Empfänger von steuerbaren inländischen Leistungen eines ausländischen Unternehmers muß von seiner Gegenleistung Umsatzsteuer einbehalten und abführen, ansonsten er für diese Steuerschuld seines Partners haftet (§ 18 VIII UStG in Verbindung mit §§ 51 ff. UStDV).

(9) Die *Durchfuhr von Waren durch ein Transitland* innerhalb der EU  **29**
wirft keine Steuerbarkeitsfragen mehr auf. Zwischen zwei Unternehmen
ist das Ursprungsland und das Bestimmungsland zu unterscheiden (mit
den zu (4) genannten Konsequenzen). Durchfuhr durch einen Mitgliedstaat ist unschädlich zur Ausfuhr von Waren durch Drittstaaten als Tran-
sitstaaten, s. *Wolfgang Jakob* S. 142.

(10) Am Beispiel vier jüngerer Entscheidungen ist zu zeigen, daß die Anwendung  **30**
allgemeiner Besteuerungsprinzipien (**Mißbrauch, Scheingeschäfte**) nicht nur im Ertragsteuerrecht, sondern auch **im Umsatzsteuerrecht** bedacht wird.
*FG Hamburg* (EFG 1997, 508) hatte zu klären, ob im Freihafen durchgeführte
Umsätze als Scheingeschäfte zu qualifizieren waren und andere verdeckte Inlandsge-
schäfte verbargen: „Scheingeschäfte können auftreten bei Verschleierung der wahren
Identität des Geschäftspartners, bei Verschleierung einer Lieferkette, bei Verschleierung anderer Leistungen, bei Vortäuschungen von Warenlieferungen, bei Unvermögen
zur Leistung oder bei Vermögenslosigkeit. Bei ausbleibendem Leistungsaustausch
schützt guter Glaube nicht ohne weiteres vor der umsatzsteuerlichen Nichtanerkennung. Die überwiegend zur Versagung des Vorsteuerabzugs entwickelten Schein-
firma- bzw. Scheingeschäft-Grundsätze gelten auch im Zusammenhang mit Im- und
Exportgeschäften. Ausgehend von diesen Grundsätzen kann der Senat die S nicht als
Scheinfirma qualifizieren. Selbst das FA und die Steuerfahndung tragen bisher nicht
vor, daß S insgesamt nur gegründet und betrieben wurde, um – zwecks Steuerhinterziehung – Geschäfte vorzutäuschen oder andere Geschäfte zu verdecken, insbesondere für eine andere natürliche oder juristische Person durchgeführte Geschäfte ... Dem
Senat liegen keine konkreten Erkenntnisse darüber vor, ob und inwieweit es bei den
Zahlungen auf die eingereichten USt-Voranmeldungen der S zu Unregelmäßigkeiten
kam ... Insgesamt wird der von den Finanzbehörden im Vorverfahren eingenommene
Standpunkt, daß es sich bei S um eine Scheinfirma handele, durch das Verhalten der
Verwaltung bei der Zurückhaltung der für die diesbezügliche Gesamtschau-Prüfung
gem. § 71 II, § 86 FGO, § 30 IV Nr. 1 AO angeforderten Akten nicht bestätigt ...
Auch einzeln betrachtet sind für den Senat ... keine Scheingeschäfte erkennbar ...
Bei der vorstehenden Würdigung, daß es sich um nicht steuerbare Lieferungen im
Freihafen handelt, kommt es auf die Kriterien der Ausfuhrlieferung-Steuerbefreiung
nach § 4 Nr. 1 a), § 6 I Nr. 3 UStG nicht mehr an."
*FG Brandenburg* (EFG 1997, 1267) hatte über die Umsatzbesteuerung einer auf
der Isle of Man ansässigen privaten limited company zu entscheiden: Diese war in
Reihengeschäfte über die Lieferung von Industrieprodukten im Inland eingeschaltet,
hatte ihre Umsätze angemeldet und Vorsteuern abgezogen. Das FA sah die Gesellschaft als Domizilgesellschaft an und erließ geänderte Bescheide, in denen die dekla-
rierte Ausgangssteuer als nach § 14 III UStG geschuldete Steuer ausgewiesen wurde
(verweigerter Vorsteuerabzug). Die deklarierten Umsätze selbst wurden nicht in Frage gestellt. Das FA beruft sich aber darauf, daß wegen der Eigenschaft als Domizilgesellschaft die Besteuerungsgrundlagen ihr nicht zuzurechnen seien, sondern unbekannten, hinter der Gesellschaft stehenden Personen. Dazu das Finanzgericht: Es sei
schon zweifelhaft, ob tatsächlich eine Domizilgesellschaft vorläge, da hier Geschehensablauf und Interessenlage anders als bei den typischen Gestaltungen zur Steuervermeidung vorzufinden sind; „Selbst wenn aber die Antragstellerin als Domizilgesellschaft zu betrachten wäre, blieben die von der Finanzbehörde für die Umsatzbesteuerung gezogenen Schlußfolgerungen ernstlich zweifelhaft. Die Frage nach den bei
Domizilgesellschaften zu ziehenden umsatzsteuerrechtlichen Konsequenzen erscheint
noch ebenso ungelöst wie bei den bereits in Rechtsprechung und Literatur behandelten vergleichbaren Fällen der Scheinunternehmer oder Strohmann-Abnehmer ... Die
Fallvarianten des Scheinunternehmers/Strohmann-Unternehmers sind zu unterschei-

den von den Gestaltungen, in denen umsatzsteuerlich relevante Vorgänge als solche fingiert werden, um ungerechtfertigte Steuervorteile zu erlangen. Derartige Vorgänge sind als Scheingeschäfte und Scheinhandlungen nach § 41 II Satz 1 AO für die Besteuerung unbeachtlich. Bei Domizilgesellschaften, ebenso bei Schein- und Strohmannunternehmen, werden indes die umsatzsteuerrechtlich relevanten Vorgänge tatsächlich realisiert. Fraglich und in steuerlicher Rechtsprechung und Literatur heftig umstritten ist „lediglich" die Zurechnung der umsatzsteuerlichen Besteuerungsgrundlagen … Im Gegensatz zur entsprechenden ertragsteuerlichen Diskussion wird bei den umsatzsteuerlichen Überlegungen der Tatbestand des Mißbrauchs von Gestaltungsmöglichkeiten des Rechts nach § 42 AO weitgehend nicht erwähnt und nicht geprüft … Auch der BFH hat die gestellte Frage nach der umsatzsteuerlichen Zurechnung in seiner neueren Rechtsprechung insbesondere bei vorgeschobenen juristischen Personen uneinheitlich beantwortet … Ernstliche Rechtszweifel hat der Senat nach überschlägiger Prüfung auch an der Auffassung der Finanzbehörde, die Antragstellerin schulde die in Rechnung gestellte Steuer nach § 14 III UStG, weil sie sie als Nichtunternehmerin ausgewiesen habe. … Diese Zweifel erstrecken sich darauf, ob im denkbaren Fall des „Durchgriffs" auf hinter der Domizilgesellschaft stehende Personen als Unternehmer diesen nicht auch die ausgegebenen Rechnungen mit der Konsequenz zuzurechnen sind, daß die – nur formal als zwingend erscheinende – Rechtsfolge des § 14 III UStG für jene als verdeckte Stellvertreterin ausscheidet".

Und schließlich *FG Hamburg* IStR 1999, 47: keine Vorsteuer aus Scheinfirma- oder Scheingeschäftsrechnungen oder aus Umsatzsteuerausweis für nicht steuerbare Freihafenlieferungen. Für den Scheinfirmencharakter sprechen Briefkastenanschrift, fehlender Geschäftsleitungsort, Unstimmigkeiten und Löschung von Handelsregistereintragungen, unstimmige Gewerbe- und Kammeranmeldung, Barzahlungsverkehr, Nichterfüllung steuerlicher Verpflichtungen; in einer Urteilsanmerkung führt *Hardt* (IStR 1999, 50) aus: Es handelt sich um einen der Fahndungsfälle, bei denen die Vorsteuer aus Graumarktexporten von Luxus-Pkw mehrfach parallel gezogen wurde, länderübergreifend vorgetäuschte Rechnungsketten: „Die Finanzverwaltung wehrt sich dagegen mühsam durch Eingabe und überregionale Abgleichung der Fahrgestellnummern. Bei unaufklärbaren Sachverhalten darf der Rechnungsempfänger aufgrund seiner Beweislast keine Vorsteuer abziehen."

Zuletzt *Sächsisches FG* zur Bestimmung des Leistenden und zum Vorsteuerabzug bei Einschaltung einer liechtensteinischen Domizilgesellschaft (EFG 1999, 1105): Statt nicht rechtsfähiger Gebilde nach liechtensteinischem Recht wird deren Inhaber als inländischer Unternehmer behandelt. Dem Inhaber steht auch der Vorsteuerabzug zu, er war der Leistungsempfänger. Daß im Rechtsverkehr und gegenüber dem Finanzamt die liechtensteinischen Firmen als oder wie selbständige steuerrechtsfähige Gebilde aufgetreten sind, ist unschädlich (in der weiteren Entscheidung des *Sächsischen FG* (EFG 1999, 1108) ist ein Steuerbescheid für nichtig erklärt worden, der nicht erkennen ließ, ob eine Domizilgesellschaft oder hinter ihr stehende Personen nach § 14 III UStG in Anspruch genommen wurden).

**31–39**     *(einstweilen frei)*

## 2. Besondere Verbrauchsteuern: Grenzüberschreitender Eintritt in den freien Verkehr

**40**     (1) Welcher Steuerentstehungstatbestand nach den Verbrauchsteuergesetzen einschlägig ist, hängt entscheidend davon ab, welcher Warenverkehr gegeben ist und welchen steuerlichen Status die Ware dabei hat (*Bongartz* ZfZ 1997, 141; eine Übersicht über die Steuerentstehungstatbestände bei *Beyer* S. 393 ff.; *Susanne Schröder* S. 8 ff.). Wie bei der Umsatzsteuer sind **verschiedene Rechtskreise zu unterscheiden;** allerdings entfällt die Differenzierung Lieferung/Leistung. Zu unterscheiden sind der Warenverkehr im Steuergebiet (Ausgangs- und Bestimmungsort der Ware im Steuergebiet), der Warenverkehr mit anderen Mitgliedstaaten und mit Drittstaaten. Das Steuergebiet umfaßt wie im Umsatzsteuergesetz das Gebiet der Bundesrepublik Deutschland ohne das Gebiet von Büsingen und ohne die Insel Helgoland; zur dortigen Rechtslage bezüglich des Verbrauchsteuerrechts *Jatzke* S. 83. Der verbrauchsteuerrechtliche Sonderstatus der Freizonen und Freilager ist mit Inkrafttreten des Verbrauchsteuer-Binnenmarktgesetzes am 1. 1. 1993 aufgehoben worden. Diese sind anders als im Umsatzsteuergesetz (zur Regelung § 1 III UStG siehe *Wolfgang Jakob* S. 155) dem Steuergebiet zugeordnet. Wie im Umsatzsteuerrecht gilt für das harmonisierte Verbrauchsteuerrecht: Auch **Binnensachverhalte** werden durch gemeinschaftsrechtliche Vorgaben bestimmt. Zwar ist auch in den Beratungen zur Verbrauchsteuerharmonisierung – anders als im Zollrecht – die Wahl der allgemein verbindlichen Verordnung nicht in Erwägung gezogen worden; aber die Bedeutung des harmonisierten Rechts – auf dessen begrenzten und daher kritisierten Anwendungsbereich unter Ausschluß der Steuersatzharmonisierung nochmals hinzuweisen ist – erschöpft sich nicht in der Regelung grenzüberschreitender innergemeinschaftlicher Vorgänge. Das betrifft insbesondere die Beförderung verbrauchsteuerpflichtiger Waren; die Verpflichtung zur Sicherheitsleistung für die Beförderung gilt grundsätzlich sowohl für den innerstaatlichen als auch für den innergemeinschaftlichen Versand von verbrauchsteuerpflichtigen Waren (*Knudsen* ZfZ 1992, 221). Der in allen deutschen Verbrauchsteuergesetzen verwendete Begriff „Steuergegenstand" bezeichnet nicht die sachliche Seite des Tatbestandes wie in anderen Steuergesetzen, sondern die verbrauchsteuerpflichtigen Waren als körperliche Gegenstände, deren Dislokation, Verwendung oder Besitz die betreffende Verbrauchsteuer entstehen läßt (*Jatzke* S. 85). Das sind Tabakwaren (Zigaretten, Zigarren, Zigarillos und Rauchtabak), Alkohol und alkoholische Getränke (Bier, Schaumwein und Zwischenerzeugnisse), Mineralöle (einschließlich Erdgas) sowie Kaffee (löslicher Kaffee, Röstkaffee und in das Steuergebiet verbrachte kaffeehaltige Waren). Zur Auswahl der Steuergegenstände und zum Zusammenhang mit dem Binnenmarktkonzept ist auf die Darstellung unter V 15 zu verweisen. Die Steuergegenstände werden nach EU-weit einheitlichen Kriterien bestimmt durch Bezugnahme auf die Tarifpositionen der Kombinierten Nomenklatur des Gemeinsamen Zolltarifs – VO (EWG) 2658/87 (mit Änderungen) – auf Gemeinschaftsebene nach Tarifpositionen des Zolltarifs bestimmt, vgl. § 1 II BierStG, wonach Bier im Sinne des Gesetzes sind: die Erzeugnisse der Position 2203 der kombinierten Nomenklatur und Mischungen von Bier mit nichtalko-

holischen Getränken, die der Position 2206 der Kombinierten Nomenklatur zuzurechnen sind; zu den nachteiligen Folgen dieser Verweisung
*Jatzke* S. 95 ff. Die einer harmonisierten Verbrauchsteuer zu unterwer-
fenden Waren unterliegen einer Verbrauchsteuerpflichtigkeit sowohl bei
der Entfernung aus oder dem Verbrauch innerhalb eines Steuerlagers
(nach Herstellung bzw. Lagerung), bei der Einfuhr aus Drittländern als
auch im Verkehr zwischen den Mitgliedstaaten und bei Überführung in
den steuerlichen Verkehr. Gleichwohl wird der Eintritt der Verbrauchsteuerpflichtigkeit bereits an die Herstellung der Waren im Gebiet
der Gemeinschaft oder an die Einfuhr geknüpft, nicht erst an den Verbrauch selbst, wie es von der Systematik her geboten erscheint. Die Ware
ist mithin schon von Beginn ihrer Existenz im Gemeinschaftsgebiet an
erfaßt – nicht erst mit Beginn des Verbrauchs. Nur folgt aus der Steuer-
pflichtigkeit der Ware noch nicht, daß die Verbrauchsteuer überhaupt zu
erheben, entstanden und zu entrichten ist. Es greift statt dessen ein besonderes Verfahren für verbrauchsteuerpflichtige Waren als **verfahrensrechtlicher Kern des harmonisierten Rechts.** Dabei handelt es sich um
**das Steueraussetzungsverfahren,** das auf die Herstellung, die Verarbeitung, die Lagerung sowie die Beförderung der Waren – unter Steueraussetzung – Anwendung findet. Dabei wird keine bereits entstandene
Steuer ausgesetzt – die Waren bleiben während des Steueraussetzungsverfahrens ohne steuerliche Belastung. Die Steuer entsteht erst, wenn
sich an dieses Verfahren ein die Steuer auslösender Tatbestand anschließt (zum Steueraussetzungsverfahren s. § 4 I BierStG, § 133 I
BranntwMonG, § 5 I KaffeeStG, § 5 I MinoStG, § 4 I SchaumwZwStG,
§ 8 I TabStG, insgesamt *Dirk Müller,* S. 50). Außerhalb des Verfahrens
der Steueraussetzung, befindet sich die Ware steuerlich im freien Verkehr – zur Unterscheidung und zu den Rechtsfolgen *Bongartz* ZfZ 1997,
142. Die Steuerbemessungsgrundlage ist auf Mengeneinheiten ausgerichtet, lediglich der Tabaksteuertarif setzt sich aus einem mengenbezo-
genen und einem wertbezogenen Anteil zusammen. Im Verbrauchsteuerrecht werden in bestimmten – genau definierten – Fällen Steuerbegünsti-
gungen/Steuervergünstigungen in Form von Steuerermäßigungen bzw.
Steuerbefreiungen gewährt. Steuerermäßigungen haben zur Folge, daß
der in den Verbrauchsteuergesetzen als Regelsatz bezeichnete normale
Steuersatz aus Gründen spezifischer Lenkungswirkungen herabgesetzt
wird (etwa die Biersteuermengenstaffel, Steuerermäßigung für kleine
Brennereien, verwendungsorientierte Steuerermäßigungen im Mineral-
ölsteuerecht). Steuerbefreiungen ergeben sich warenbezogen aus den
einzelnen Strukturrichtlinien und tragen teilweise der Unmöglichkeit
Rechnung, Verbraucher wie private Hersteller ansehen zu müssen („ge-
drehte" Zigaretten); zum System der Steuerbefreiungen *Jatzke* S. 123 ff.
Zu den generellen Steuerbefreiungen beispielsweise bei Lieferungen im
Rahmen diplomatischer oder konsularischer Beziehungen s. Art. 23 der

Systemrichtlinie. Unternehmen, die mit verbrauchsteuerpflichtigen Waren handeln, herstellen, lagern, befördern, stehen unter besonderer Steueraufsicht (§§ 209 ff. AO und spezielle Regeln wie beispielsweise § 22 BierStG).

(2) **Warenverkehr mit Drittländern** liegt vor, wenn verbrauchsteu- **41** erpflichtige Waren entweder unmittelbar in das Steuergebiet eingeführt oder aus diesem ausgeführt werden. Nach dem harmonisierten Verbrauchsteuerrecht liegt eine Einfuhr nur noch dann vor, wenn Waren aus einem Drittland oder aus einem Gebiet eingeführt werden, das vom Anwendungsbereich der Systemrichtlinie ausgenommen ist; erfolgt die Einfuhr nicht unmittelbar in das Steuergebiet, sondern zunächst in einen anderen Mitgliedstaat, liegt aus innerstaatlicher Sicht keine Einfuhr vor. Durch die Überführung in den zollrechtlich freien Verkehr der Gemeinschaft erhält eine solche Ware den Status einer Gemeinschaftsware. Alle Verbrauchsteuergesetze enthalten für den Fall einer Einfuhr eine Verweisung auf die sinngemäße Anwendung der Zollvorschriften in ihrer jeweils geltenden Fassung (§ 13 I BierStG als Beispiel; zu den historischen Gründen und zur Bedeutung dieser Verweisung im einzelnen *Jatzke* S. 235). Das Verbringen von Waren – das auch unter Steueraussetzung aus Steuerlagern erfolgen kann – in Drittstaaten stellt eine **Ausfuhr** dar. Da Verbrauchsteuern ausschließlich den inländischen Konsum steuerlich belasten sollen und die Waren im Ausfuhrfall das Steuergebiet verlassen, kommt eine Verbrauchbesteuerung möglicherweise nicht in Betracht. Es gilt das Bestimmungslandprinzip gegenüber Drittstaaten. Die steuerliche Freistellung wird grundsätzlich durch die Anwendung des Steueraussetzungsverfahrens bewirkt. Danach dürfen verbrauchsteuerpflichtige Waren unter Steueraussetzung im innergemeinschaftlichen Versandverfahren – dazu sogleich unter (3) – aus dem Verbrauchsteuergebiet der EU ausgeführt werden (als Beispiel § 14 BierStG), wenn die sonstigen Voraussetzungen dafür vorliegen, z.B. der Personenkreis. Sind ausgeführte Waren aber bereits mit einer Verbrauchsteuer belastet, stellt sich die Frage einer Steuerentlastung. Eine solche – dem Bestimmungslandprinzip widersprechende – Vorbelastung wird jedoch grundsätzlich nicht ausgeglichen; Entlastungsregelungen sehen lediglich § 22 TabStG und – im nicht harmonisierten Bereich – § 20 KaffeeStV vor. Daher können die Exporteure die steuerliche Belastung nur durch Ausfuhr unter Steueraussetzung vermeiden. Zur Kritik an dieser **zur Doppelbesteuerung führenden Rechtslage** *Jatzke* (S. 256); Erforderlich ist eine allgemeine Entlastungsregelung – an einer solchen Vorgabe für das nationale Recht fehlt es allerdings in der Systemrichtlinie, die aber wiederum einer solchen Regelung auch nicht entgegenstünde. *Jatzke* schlägt daher für alle Verbrauchsteuern eine Entlastungsregelung vor: Die Steuer soll auf Antrag erlassen, erstattet oder vergütet werden für nachweislich versteuerte und nicht verwendete Waren, die zu gewerblichen Zwecken aus dem

Steuergebiet in Drittstaaten ausgeführt werden. In der verbrauchsteuer-rechtlichen Literatur wird darauf hingewiesen, daß es hierbei weniger um Wettbewerbsfragen ginge. Der Schutz der inländischen Hersteller und Exporteure sei ein bloßer Effekt des Belastungsgrundes der Ver-brauchsteuer, seine Subventionierung sei nicht das Ziel einer solchen Be-freiung (so *Dirk Müller*, S. 87).

**42**  (3) Der mit der Harmonisierung der Verbrauchsteuern neu geschaffene **innergemeinschaftliche Warenverkehr** ist gegeben, wenn die Waren-beförderung mehrere Mitgliedstaaten berührt. Das Gesetz legt das EG-Verbrauchsteuergebiet zugrunde (s. § 17 V TabStG). Den verbrauchsteu-errechtlichen innergemeinschaftlichen Warenverkehr gibt es nur für die harmonisierten verbrauchsteuerpflichtigen Waren. Nichtharmonisierte = nationale Verbrauchsteuern kennen diesen Warenverkehr nicht (*Bon-gartz* ZfZ 1997, 141). Ein Verkehr mit verbrauchsteuerpflichtigen Waren mit einem anderen Mitgliedstaat erfolgt nach den Verbrauchsteuergeset-zen entweder unter Steueraussetzung im sogenannten „innergemein-schaftlichen Steuerversandverfahren" (dazu § 12 I BierStG, § 141 I BranntwMonG, § 15 I MinöStG, § 11 I SchaumwZwStG, § 16 TabStG) oder im steuerlich freien Verkehr. Eine Ware wird in den steuerlich frei-en Verkehr überführt, wenn sie aus dem Steueraussetzungsverfahren ent-nommen, außerhalb eines Steueraussetzungsverfahrens hergestellt oder eingeführt wird; alle diese Fallgestaltungen lösen nach dem nationalen Verbrauchsteuerrecht eine Steuerentstehung aus. Bei der Entstehung des Verbrauchsteueranspruchs ist im EU-Bereich zwischen dem Erwerb durch Privatpersonen und dem Warenerwerb zu gewerblichen Zwecken zu unterscheiden: Das **Ursprungsprinzip gilt für den privaten EU-Bürger** Die einer inländischen Verbrauchsteuer unterworfene Ware wird dort besteuert, wo sie erworben wird. Damit wird allen Unionsbürgern gestattet, ihre verbrauchsteuerpflichtigen Waren für den persönlichen Bedarf in jedem beliebigen Mitgliedstaat einzukaufen und auf dem Weg zu ihrem Wohnsitz ungehindert die Binnengrenzen zwischen den Mit-gliedstaaten ohne Kontrollen zu passieren (*Stobbe* ZfZ 1993, 194; *Jatzke* S. 210). Anders als im Umsatzsteuerrecht kann im Verbrauchsteuerrecht insoweit aber nicht von einer Teilrealisierung eines im Ergebnis am be-reits in seinen Konturen programmgemäß bestimmten Ursprungsland-prinzip auszurichtenden endgültigen Harmonisierungsziels gesprochen werden (s. dazu bereits V 15, V 16); für die Anwendung des Ursprungs-landprinzips sprechen vor allem Praktikabilitätserwägungen; der auch dem gemeinschaftlichen Verbrauchsteuersystem zugrundeliegende Ge-danke, daß jedem Mietgliedstaat der Ertrag der Verbrauchsteuern für diejenigen Waren zustehen soll, die in seinem Hoheitsgebiet verbraucht werden, wird damit aber in Frage gestellt, so daß es wiederum eines Clearingsystems bedürfte.

Aber eine Erhebung der Verbrauchsteuer im Wohnsitzland des Reisenden wäre ohne Grenzkontrollen nicht zu realisieren. Erforderlich ist, daß der Reisende die Ware persönlich in sein Heimatland verbringt – die Versandhandel-Konstellation unterfällt nicht dem Privileg (über Grenzfälle des Abholens durch Dritte und Klarstellungen im nationalen Recht s. *Jatzke* S. 212). Um sicherzustellen, daß nur für einen privaten Verbrauch das Ursprungslandprinzip gilt, hat die Systemrichtlinie Richtmengen vorgeschlagen (z. B. 110 Liter Bier); ihr Überschreiten gibt einen Anhaltspunkt für die Vermutung gewerblicher Verwendung. Die Bundesrepublik Deutschland hatte solchen Richtmengen widersprochen: Sie haben zwischenzeitlich im nationalen (deutschen) Recht ihren Niederschlag gefunden, s. z. B. § 22b TabstV, § 45a BrStV, § 27a BierStV, § 31a SchaumwZwStV. Im übrigen ist auf § 210 III AG zu verweisen (mobile Kontrollgruppen der Zollverwaltung).

Für Gewerbe, Industrie und Handel, die sich mit der Herstellung und der Gewinnung, mit der Verarbeitung und dem Handel von verbrauchsteuerpflichtigen Waren beschäftigen, gilt das **Bestimmungslandprinzip** – das dem Gedanken der Verbrauchbesteuerung auch konsequent entspricht. Der Verbrauchsteueranspruch, der mit der Entfernung der Ware aus einem Steuerlager oder nach Einführung aus Drittstaaten (ohne nicht sogleich anschließenden Verfahren der Steueraussetzung) entsteht, richtet sich in Voraussetzungen und Rechtsfolgen (Steuersatz) nach den Bestimmungen dieses Staates – sie werden hierbei nicht anders als die in diesem Land hergestellten Waren behandelt. Findet aber ein solcher Übergang in den freien Verkehr nicht statt, handelt es sich innergemeinschaftlich um einen **Verkehr unter Steueraussetzung:** Das ist **der Kern der Binnenmarktkonzeption im Verbrauchsteuerrecht:** Geschaffen wird ein Steuerlagerverbund, in dem die mit Verbrauchsteuern belasteten Waren im Verfahren der Steueraussetzung zwischen Steuerlagern befördert werden. Dieses Verfahren dient der steuerlichen Kontrolle unter Verzicht auf Grenzkontrollen. Nochmals zusammenhängend: Mit der Herstellung in einem Steuerlager im Gemeinschaftsgebiet oder der Einfuhr von verbrauchsteuerpflichtigen Waren entsteht eine Verbrauchsteuerpflicht – sie führt zu einer amtlichen Überwachung (das Steuerlager als zentraler Begriff) und zu einem Verbrauchsteueranspruch durch Entfernung aus dem Lager (bzw. des sofortigen Verbringens in den freien Verkehr). Die Beförderung im Steueraussetzungsverfahren erfolgt durch zugelassene Lagerinhaber als Versender und Empfänger und durch „registrierte Wirtschaftsbeteiligte" bzw. „nicht registrierte Wirtschaftsbeteiligte" als Empfänger (die Einzelheiten hierzu sind in diesem Zusammenhang uninteressant: Es geht um einen geordneten der Kontrolle zugänglichen Rahmen) . Im Rahmen dieses Steueraussetzungsverfahrens gibt es mangels Steueranspruchs auch kein Bestimmungslandprinzip. Erst die Beförderung im steuerrechtlich freien Verkehr führt zur

Problematik hin. Hierbei geht die Systemrichtlinie von zwei Fällen aus: Bei dem einen Fall handelt es sich um die „Grund- oder Normalform" der Beförderung, bei dem ein neuer Steueranspruch im Bestimmungsmitgliedstaat begründet wird, zugleich aber ein Steuererstattungsanspruch gegenüber dem Abgangsmitgliedstaat für die zuerst dort beim Verlassen des Steuerlagers gezahlte Verbrauchsteuer besteht (s. aus deutscher Sicht als Beispiel § 19 BierStG); zu den Voraussetzungen eines solchen Steuererstattungsanspruchs *Stobbe* ZfZ 1993, 200. Damit wird versteuerte Ware von der inländischen Verbrauchsteuer entlastet, sofern sie zum Verbrauch in anderen Mitgliedstaaten vorgesehen ist. Bei dem zweiten Fall handelt es sich um den Versandhandel an eine in einem anderen Mitgliedstaat wohnende Privatperson. Der Versandhandel ist von privat veranlaßten Verbringungsfällen (Ursprungsprinzip) abzugrenzen: Wesentlich ist die Übernahme der Beförderung durch den Verkäufer. Damit wird auch nochmals deutlich, wie bemüht man war, das Ursprungslandprinzip – auch Schwellenwerte wie bei der Umsatzsteuer wurden nicht zugelassen – auf den privaten Reiseverkehr zu begrenzen und ein Ausnutzen des zwischen den Mitgliedstaaten bestehenden Steuersatzgefälles durch Fernkäufe zu verhindern. Die Steuer entsteht mit Auslieferung der Ware an den privaten Endabnehmer; Steuerschuldner ist nicht die im Steuergebiet belieferte Privatperson, sondern der im Ausland ansässige Versandhändler – anderenfalls dem beziehenden Privatkunden die Erfüllung steuerlicher Pflichten und die Steuerentrichtung auferlegt werden müßte. Der Versandhändler, der damit steuerliche Pflichten im Bestimmungsland zu erfüllen hat, kann einen Beauftragten als Empfangsbevollmächtigten nach § 123 AO bestellen (zu den Rechtsfolgen im einzelnen und der Frage einer beschränkten Steuerpflicht *Jatzke* S. 208 ff.). An der Versandhandelsregelung ist erhebliche Kritik geäußert worden: „Will also ein deutscher Wein- oder Cognacliebhaber seine auch nur geringen Mengen für den persönlichen Gebrauch bei einem in Paris ansässigen Versandgeschäft einkaufen, so geschieht das nur über die schwerfällige Regelung des Art. 10 der Systemrichtlinie. Das wird wohl den Versandhandel zwischen den Mitgliedstaaten kaum förderlich beeinflussen" (so *Stobbe* ZfZ 1993, 201).

# 6. Teil. Verfahrensrecht
## (Sachverhaltsaufklärung)

## W. Der nationale Rahmen

### I. Problemstellung:
### Die Diskrepanz Verwaltungskönnen/Verwaltungsauftrag

Aus den vorangegangenen Abschnitten ist deutlich geworden, daß das 1
deutsche Steuerrecht in vielfältiger Weise steuerliche Folgen an grenzüberschreitende Sachverhalte knüpft. Aufgabe der deutschen Finanzverwaltung ist es, die Besteuerung bei Sachverhalten mit Auslandsberührung ebenso korrekt durchzuführen wie bei reinen Inlandsvorgängen.
Dem stehen jedoch erhebliche Schwierigkeiten im Wege. Mit welchen
praktischen Problemen diese Aufgabe verbunden ist, zeigt bereits die
Sprachregelung bei grenzüberschreitenden Sachverhalten. In § 87 AO
wird zwar die deutsche Sprache als Amtssprache bestimmt, wobei sich
dies sowohl an die Finanzbehörden als auch an die Beteiligten richtet.
Aber Eingaben und Anträge in fremder Sprache sind nicht per se unbeachtlich: Sie werfen beispielsweise die Frage des „Übersetzungsverlangens" auf (§ 87 Abs. 4 AO). Zur Überprüfbarkeit eines solchen
Übersetzungsverlangens und zu beispielhaften Anwendungsgebieten
(Verbundene Gesellschaften, Vertragtexte, Künstlerveranstalter, Um-
satzsteuer-Vergütungsverfahren, Grenzpendler, Freistellungsverfahren)
*Reiffs* IWB 3 Gr. 11, 111ff. Wie andere Zweige staatlicher Hoheitsaus-
übung ist auch die deutsche Steuerverwaltung in ihrer Tätigkeit grundsätzlich auf das deutsche Territorium beschränkt. Das ist Ausfluß des im
allgemeinen Völkergewohnheitsrecht bestehenden Grundsatzes, wonach
**kein Staat auf fremdem Territorium Hoheitsakte** vornehmen darf.
Hiernach sind hoheitliche Akte im Ausland ebenso verboten wie Tat-
handlungen im Rahmen der Ausübung von Hoheitsgewalt. Auslandsbezogene Sachaufklärung vom Inland aus ist dagegen stets zulässig, sie berührt die völkerrechtlich garantierte Rechtsposition ebensowenig wie der
grenzüberschreitende Sachverhalte einbeziehende Steueranspruch an
sich. Das hat auch das Bundesamt für Finanzen zu beachten, soweit es
auf der Grundlage des § 5 I Nr. 6 FVG (Gesetz über die Finanzverwaltung) Aufgaben im Zusammenhang mit der Aufklärung von Auslandsbeziehungen übertragen erhalten hat. (Siehe hierzu *BMF*-Schreiben IStR
1997, 346 zur „Zentralen Sammlung und Auswertung von Unterlagen

über steuerliche Auslands-Beziehungen eines Steuerinländers zum Ausland und eines Steuerausländers zum Inland.) Hiernach ist bei der Übermittlung von Schriftstücken zu unterscheiden: Übermittlung von Verwaltungsakten – auch formlos – gilt als Eingriff in die Souveränität und bedarf der Zustimmung des Staates; doch sind einige Staaten mit der Bekanntgabe von Steuerverwaltungsakten durch einfachen Brief einverstanden (hierzu die Länderübersicht IStR 1997, 631). Förmliche Postzustellung ist nur mittels Ersuchen der zuständigen Behörden des anderen Staates oder über die dortigen konsularischen oder diplomatischen Vertretungen der Bundesrepublik möglich (§ 14 VwZG; zum aktuellen Stand länderspezifischer Besonderheiten *OFD Nürnberg* IStR 1997, 632, z.b.: „Schweiz und Liechtenstein gewähren weiterhin keine Amtshilfe bei Zustellungen. Deshalb dürfen die Auslandsvertretungen in Fiskalsachen keine Steuerbescheide zustellen" – oder Polen: „Zustellungen werden über die diplomatischen Vertretungen durch Weiterleitung an das Ministerium für Auswärtige Angelegenheiten in Polen bewirkt und können daher bis zu zwei Jahre in Anspruch nehmen." Dies gilt auch für die Finanzgerichte (zu deren Stellung bei Sachverhalten mit Auslandsberührung *Schaumburg/Schaumburg* in Festschrift *Flick* S. 989 ff.; *FG Hamburg* EFG 1997, 436). Aus völkerrechtlicher Sicht bestehen auch keine Bedenken, wenn das Finanzgericht ohne Belehrung und Androhung von Rechtsfolgen einen im Ausland befindlichen Zeugen formlos um eine Information oder um eine Auskunft bittet und es dem Zeugen freigestellt bleibt, ob er die Anfrage beantworten will oder nicht, so *Schaumburg/Schaumburg* FR 1997, 753). Zur Ermessensentscheidung des Finanzgerichts, von der Möglichkeit einer konsularischen Vernehmung Gebrauch zu machen (§ 363 I ZPO i.V. mit § 82 FGO), *BFH*/NV 1999, 499.

2     Das bedeutet, daß die Finanzverwaltung gegenüber dem Ausland grundsätzlich auf jene Möglichkeiten beschränkt ist, die auch Privatpersonen offenstehen. Mit Recht kennzeichnet *Menck* (DStZ 1971, 57) diese Situation so, daß bei steuerlichen Auslandsbeziehungen das Verwaltungskönnen hinter dem Verwaltungsauftrag zurückbleibt. Welche Möglichkeiten bestehen, diese Situation zu verbessern? Zum einen kann das interne Recht Steuerpflichtige mit Auslandsbeziehungen zu erhöhter Mitwirkung bei der Aufklärung des steuerlich relevanten Sachverhaltes zwingen. Zum anderen könnten internationale Vereinbarungen getroffen werden, die eine möglichst umfassende internationale Amtshilfe in Steuerangelegenheiten zum Ziel haben sollten. Die Rechtspraxis hat ein ganzes Bündel von Regelungen geschaffen, auch **bei Auslandsbeziehungen die Besteuerung zu sichern** (Übersicht bei *Ritter* RIW 1987, 165): Auskunfts- und Mitwirkungspflichten (§ 90 II AO, §§ 16, 17 AStG, §§ 138 II, 160 AO, besondere Beweis- und Nachweislastverteilungen bei Auslands-Sachverhalten (§§ 8 I Nr. 4–7, II, 13 V, 14 I, 17 AStG, § 26 IV

KStG, § 34c EStG i.V. mit § 68b EStDV, ferner Hinweis auf die Verwaltungsgrundsätze 1983 zu Verrechnungspreisen); besondere Untersuchungsmöglichkeiten der FinVerw, vor allem die Informationszentrale Ausland beim Bundesamt für Finanzen, schließlich der internationale Auskunftsverkehr (§ 117 II–V AO, EG-Amtshilfe-Gesetz, DBA, Europäisches Übereinkommen über die Rechtshilfe in Strafsachen (1959) mit seiner Bedeutung für Steuerstrafverfahren, Möglichkeiten intensiver Zusammenarbeit mit anderen Finanzverwaltungen im Rahmen der EU, der OECD, Einrichtung von Steuerreferaten bei wichtigen Auslandsvertretungen (BStBl. 1986 I, 456 zur Entsendung eines Steuerreferenten an die Botschaft in Washington) und als eine einschneidende Änderung gegenüber der bisherigen Rechtslage die Überwachung des grenzüberschreitenden Bargeldverkehrs nach §§ 12a ff. FVG aufgrund des Gesetzes zur Bekämpfung der Organisierten Kriminalität (BGBl. 1998 I, 845 ff.).

## II. Mitwirkungspflichten des Steuerpflichtigen

### 1. Allgemeine und erhöhte Mitwirkungspflichten

Das Steuerrecht legt dem Steuerpflichtigen im Rahmen des Steuer- **3** schuldverhältnisses eine Reihe von Mitwirkungspflichten auf. Diese **sachverhaltsbezogenen Mitwirkungspflichten** begrenzen die Aufklärungspflicht der Finanzbehörden (Untersuchungsgrundsatz § 88 AO) im Einzelfall; aus ihrer Verletzung können im Rahmen einer Beweiswürdigung Schlüsse gezogen werden. Sie ergeben sich im allgemeinen nicht aus einer ihm obliegenden Beweisführungslast oder aus formellen Beweisregeln. Denn im Steuerrecht gilt der Grundsatz der Amtsermittlung (§ 88 I AO). Da sich die steuerlich relevanten Sachverhalte aber in der Sphäre des Steuerpflichtigen ereignen und die Finanzbehörden von ihnen deshalb nur selten unmittelbar Kenntnis erhalten, bedarf es einer gewissen Mitwirkung des Steuerpflichtigen, um den Finanzbehörden eine möglichst genaue und umfassende Kenntnis dieser Sachverhalte zu verschaffen. Diese Mitwirkungspflicht ist ein Aufklärungs- oder Beweismittel, das gleichberechtigt neben den übrigen in § 92 AO genannten Beweismitteln steht. Die **allgemeine Mitwirkungspflicht** in § 90 I 1 AO wird in anderen Mitwirkungstatbeständen der AO (z.B. §§ 93, 95, 97, 99, 100, 135, 137 bis 139, 140ff., 149, 153, 154, 200, 208, 210) konkretisiert und gilt grundsätzlich für inländische und internationale Sachverhalte gleichermaßen. Darin kommt zum Ausdruck, daß verfahrensmäßig für nationale und internationale Sachverhalte grundsätzlich gleiches Recht gilt (zum Ganzen *Schaumburg* S. 1295; *Menck* in *Mössner* u.a., S. 498). Da die Finanzverwaltung bei internationalen Steuerfällen im Ausland keine Sachverhaltsaufklärung betreiben darf, haben in ständiger Rechtsprechung *RFH* und *BFH* dem Steuerpflichtigen bei Auslandsbeziehungen eine besondere Mitwirkungspflicht auferlegt (vgl. *BFH* BStBl. 1959 III, 233 m. Nachw.). Damit wurden nicht etwa prinzipiell andere Mitwirkungspflichten als bei nationalen Sachverhalten gefordert; vielmehr wurde im Rahmen der gesetzlich vorgesehenen Mitwirkungspflichten die Grenze des jeweils Zumutbaren zu Lasten des Steuerpflichtigen verschoben. Diese von der Rechtsprechung entwickelte **erhöhte Mitwirkungspflicht** ist in § 90 II AO gesetzlich verankert worden. Danach haben die Steuerpflichtigen **bei Auslandssachverhalten** „alle für sie bestehenden rechtlichen und tatsächlichen Möglichkeiten auszuschöpfen. Ein Beteiligter kann sich nicht darauf berufen, daß er Sachverhalte nicht aufklären oder Beweismittel nicht beschaffen kann, wenn er sich nach Lage des Falles bei der Gestaltung seiner Verhältnisse die Möglichkeit dazu hätte beschaffen oder einräumen lassen können". Der Wortlaut zeigt, daß dies sogar noch über die erhöhte Mitwirkungspflicht hinausgeht. Denn die Beteiligten haben nunmehr eine Aufklärungspflicht, müssen also den Sachverhalt aufklären und die erforderlichen Beweismittel angeben und beschaffen. Hierbei haben sie alle für sie bestehenden rechtlichen und tatsächlichen Möglichkeiten auszuschöpfen. Die Mitwirkungspflicht nach § 90 II AO wird lediglich durch die Schranke der Zumutbarkeit begrenzt. Ergibt sich trotz erhöhter Mitwirkung des Steuerpflichtigen und ggf. nach Einholung einer eidesstattlichen Versicherung nach § 174 AO immer noch kein klares Bild, muß die Finanzbehörde schätzen (§ 217 AO).

4      Erhöhte Mitwirkungspflichten sind nach § 90 II AO i. V. mit § 92 AO zu leisten, wenn

– ein konkreter Sachverhalt mit Auslandsbezug vorliegt, der für die inländische Besteuerung erheblich und deswegen in seinen Einzelheiten zu ermitteln ist,

– der Adressat des Mitwirkungsverlangens Beteiligter i. S. des § 78 AO ist und

– ein inhaltlich hinreichend bestimmtes und begründetes Mitwirkungsverlangen der Finanzbehörde vorliegt.

Die Rechtsprechung hat die erhöhten Mitwirkungspflichten des Steuerpflichtigen bei Auslandssachverhalten im wesentlichen aus folgenden tatsächlichen Gegebenheiten abgeleitet:

– aus den *Verhältnissen,* die ohne Mitwirkung des Steuerpflichtigen nicht oder nur mit unverhältnismäßigen Schwierigkeiten ermittelt werden können (*BFH* BStBl. 1976 II, 613),

– dem Scheitern der Sachaufklärung bei unterbliebener Mitwirkung (*FG Hamburg* EFG 1983, 293)

– der „Sphäre der Informationsbeschaffung", die bei Auslandssachverhalten beim Steuerpflichtigen liege, indem Tatsachen „in sein Wissen" gestellt sind, er sich „die erforderlichen Kenntnisse" beschaffen kann und deren Mitteilung schon „wegen der persönlichen Nähe" zu der zu erteilenden Information „seine Sache" sei (*BFH* BStBl. 1986 II, 318)

– der „Beweisnähe seiner Verantwortungssphäre" mit Beweisvorsorge-pflicht (*FG Münster* EFG 1986, 211)

– seiner „alleinigen Verantwortungssphäre", dem Umstand, daß der auf-zuklärende Sachverhalt im Bereich der allein dem Steuerpflichtigen zugänglichen Sphäre liege (*BFH* BStBl. 1987 II, 487)

– der Pflicht, „von sich aus" die erforderlichen Angaben zu machen, um die bestehenden Ungewißheiten auszuräumen (*BFH* BStBl. 1987 II, 481).

Daß § 90 II AO im Strafverfahren keine Anwendung findet, hat *BGH* IStR 1995, 81 klargestellt: Die im Besteuerungsverfahren hiernach gel-tende erweiterte Sachaufklärungs- und Mitwirkungspflicht, durch die die Regeln der objektiven Beweislast weitgehend zurückgedrängt werden, dürften im Falle ihrer Verletzung keine negativen Schlüsse für den An-geklagten zur Folge haben; allerdings bleibt der Schätzungsweg nach § 162 AO – in seinem Rahmen muß der Angeklagte „Unsicherheiten zu seinem Nachteil im Rahmen des Schätzungsspielraums gegen sich gelten lassen, die gerade aus der Verletzung der Mitwirkungspflicht nach § 90 II AO erwachsen."

Fast unübersehbar sind die Bezugnahmen auf § 90 II AO in Verwaltungsanwei-sungen. Beispiele: UmwSt-Erlaß Rz 23.13 zum Nachweis einer Buchwertverknüp-fung; in den Verwaltungsgrundsätzen (Einkunftsabgrenzung bei international ver-bundenen Unternehmen) zur Mitwirkung der Beteiligten insbesondere nach § 90 II AO a) Sachverhalte im Ausland selbst ermitteln, b) Beweismittel, die sich im Aus-land befinden, zu beschaffen. Nach § 90 II Satz 3 AO kann sich ein Beteiligter nicht darauf berufen, daß er Sachverhalte nicht aufklären oder Beweismittel nicht beschaf-fen kann, wenn er sich nach Lage des Falles bei der Gestaltung seiner Verhältnisse die Möglichkeit dazu hatte beschaffen oder einräumen lassen können; das kann auch dadurch geschehen, daß die Nahestehenden sich hierzu gegenseitig Ermittlungs- oder Nachweishilfe zusagen; sind für die Einkunftsabgrenzung Verhältnisse bei einer an-deren Konzerngesellschaft heranzuziehen, erstreckt sich die erweiterte Mitwirkungs-pflicht nach § 90 II AO auch auf diese Verhältnisse. AEAStG Rz 2.2.2.: Die Finanz-verwaltung kann im Einzelfall die Vorlage von Steuererklärungen, ausländischen Steuerbescheiden oder vergleichbaren Beweismitteln verlangen (§ 90 II AO). AEAStG Rz 16.0.: § 16 AStG legt eine umfassende Offenlegungspflicht des Stpfl. bei Geschäftsbeziehungen zu nicht oder nur unwesentlich besteuerten Personen im Ausland fest; hierbei ist auch § 90 II AO zu beachten. Der Stpfl. muß die Sachver-halte aufklären und alle erforderlichen Beweismittel beschaffen; er muß vor allem auch seiner Pflicht zur Beweisvorsorge nachkommen. AEAStG Rz 17.1.3.: Die Be-teiligten können sich nicht darauf berufen, daß sie ihrer Mitwirkungspflicht nicht nachkommen können, wenn sie sich nach Lage des Falles die Möglichkeit hätten ver-schaffen können (§ 90 II AO). *BMF*-Schreiben zu den Kontroll- und Koordinierungs-stellen Rz 9: Für die Voraussetzungen vorhandener Kontroll- und Koordinierungs-stellen ausländischer Konzerne gilt § 90 II AO. Merkblatt zum Verständigungs-verfahren Rz 3.2.1.: Soweit das Ziel des Verständigungsverfahrens dies erfordert, ist der Sachverhalt von Amts wegen nach den Vorschriften der AO zu ermitteln; der Antragsteller ist zur Mitwirkung (§ 90 AO) verpflichtet. In den BSt-Verwaltungs-grundsätzen 5.2 wird zu den Mitwirkungspflichten auf die Vorlage im Ausland eingereichter Steuererklärungen, empfangener Steuerbescheide verwiesen; dazu *Strunk/ Kaminski* IStR 1997, 519: Zu vermuten ist, daß die Finanzverwaltung hierdurch „vermeintliche" weiße Einkünfte entdecken und durch Zuweisung der nicht im Ausland besteuerten Einkünfte zum Inland der deutschen Besteuerung unterwerfen will – doch dürfte dies durch § 90 II AO gerechtfertigt sein.

5    Die erweiterte Mitwirkungspflicht nach § 90 II AO trifft Steuerinländer und Steuerausländer gleichermaßen; sie knüpft an einen inländischen Steueranspruch an – unabhängig von der Reichweite dieses Besteuerungsanspruchs, schon gar nicht greift sie den Unterschied zwischen beschränkter und unbeschränkter Steuerpflicht auf. Die dem Besteuerungsanspruch zugrundeliegende Sachnorm bestimmt die Mitwirkungspflicht (Inländerbehandlung im Verfahrensrecht – so *Menck* aaO, S. 501). Deswegen ist die Notwendigkeit der Einbeziehung im Ausland gelegener „Sachverhaltsteile" unabhängig von dem örtlichen Schwerpunkt grenzüberschreitender Tätigkeit. Bezogen auf international tätige Konzerne heißt dies: Bestehen Anknüpfungspunkte, kann die Sachnorm die Ausdehnung der amtlichen Prüftätigkeit auf den ausländischen Tätigkeitsbereich zur Folge haben. Dazu vergegenwärtige man sich nur nochmals die Grundsätze der Aufwands- und Ertragszurechnung im Verhältnis Stammhaus/Betriebsstätte in allen Varianten als einfaches Beispiel dafür, daß Mitwirkungspflichten nicht an die Voraussetzungen der unbeschränkten bzw. beschränkter Steuerpflicht anknüpfen bzw. hiernach differenzieren. Die erhöhte Mitwirkungspflicht gebietet dem Stpfl., alle für ihn bestehenden rechtlichen und tatsächlichen Möglichkeiten auszuschöpfen; ihn trifft nach § 90 II 1 AO eine Beweismittelbeschaffungspflicht, nach § 90 II 3 AO eine Beweisvorsorgeobliegenheit. Die Beispiele aus den Verwaltungsauffassungen haben die Bedeutung gezeigt. Eine rechtliche Unmöglichkeit der Beweismittelbeschaffung ist dem Stpfl. gegeben, wenn diese gesetzlich untersagt ist: etwa gem. Art. 273 des Schweizerischen Strafgesetzbuches und Art. 4 des Liechtensteinischen Staatschutzgesetzes. Nur wird man hierin wegen der Beweisvorsorgeobliegenheit keine Sperrwirkung gegenüber § 90 II AO anerkennen können – vgl. hierzu die Nachw. pro und contra bei *Schaumburg* S. 1293 Fußn. 43; deutlich *Tipke/Kruse* § 90 AO Rz 18: Schutzgut dieser Normen sind nicht private Interessen, sondern deren Wirtschaft und die Unversehrtheit der Gebietshoheit: „Die Vorschrift hat völkerrechtlich nicht Vorrang vor § 90 II AO. Die Prinzipien der internationalen Courtosie greifen nicht, soweit es sich um Vorschriften handelt, die – etwa aus nationalem Egoismus – tendenziell gegen andere Staaten gerichtet sind." Es geht hier um das generelle international-rechtliche Problem der Berücksichtigung und Anwendung ausländischen Rechts bei dem Erlaß sogenannter extraterritorialer Hoheitsakte; es bleibt einem Staat unbenommen, Rücksichtnahme auszuüben; aber eine Pflicht zur **Beachtung ausländischen Rechts** existiert nicht: Grundsatz der souveränen Gleichheit der Staaten (*Ipsen* S. 336).

Ausländische Mitwirkungsverbote sind damit grundsätzlich unbeachtlich. Das gilt jedenfalls selbst bei Strafandrohung im Ausland dann, wenn keine Anhaltspunkte dafür bestehen, daß eine Bestrafung tatsächlich droht (*FG Düsseldorf* EFG 1991, 148). Eine erhebliche praktische Bedeutung hat der Nachweis von Unterhaltszahlungen an Angehörige im Ausland im Rahmen der Prüfung einer außergewöhnlichen Belastung i.S. von § 33 EStG erlangt. Hierfür müssen nach ständiger *BFH*-Rechtsprechung die geltend gemachten Aufwendungen nachgewiesen oder – alternativ vom Regelfall des § 96 I 1 FGO – glaubhaft gemacht werden, wobei es in der Praxis vor allem darum geht, die Grenzen einer im Kern anerkannten Beweiserleichterung für den engsten Familienkreis zu bestimmen (hierzu *Lange* FR 1996, 815ff.). Bedeutung haben die Grundsätze des § 90 II AO im Verhältnis zu verbundenen Unternehmen. Der Steuerpflichtige muß auf seine ausländische Tochtergesellschaft im Rahmen seiner rechtlichen Möglichkeiten einwirken, daß sie beispielsweise in ihrem Besitz befindliche Unterlagen vorlegt. Umstritten ist die Frage, ob er Unterlagen von Konzernunternehmen beschaffen muß, auf die er keinen Einfluß nehmen kann (Mutter- oder Schwestergesellschaften). Die Verwaltungsgrundsätze bejahen dies, wie die Hinweise zeigten; zum Problem *Kempermann* FR 1990, 438.

Auskunftspflichten im Ausland betreffen natürlich auch deutsche Unternehmen über deren Tochtergesellschaften. Am Beispiel der USA können sehr weitgehende Auskunftspflichten dargestellt werden, die faktisch zur Herausgabe von Unterlagen der deutschen Muttergesellschaft führen können; dazu *Vögele/Thiel* RIW 1991, 849.

§ 90 II AO beseitigt weder den Untersuchungsgrundsatz noch den **6** Grundsatz der freien Beweiswürdigung einschließlich des allgemeinen Beweisrechts; er führt auch keine subjektive Beweislast ein (*Ruppel* BB 1995, 753). Stehen der Behörde andere Beweismittel zur Verfügung, muß sie diese verwenden. Wo dies nicht oder nur mit unverhältnismäßig hohem Aufwand der Fall ist, ist die Verletzung der gesteigerten Mitwirkungspflicht nach § 90 II AO frei zu würdigen; Finanzamt und Finanzgericht können dann zum Nachteil des Steuerpflichtigen von einem Sachverhalt ausgehen, für den unter Berücksichtigung der Beweisnähe des Steuerpflichtigen und seiner Verantwortung für die Aufklärung des Sachverhalts eine gewisse Wahrscheinlichkeit spricht. In *BFH*/NV 1997, 730 ging es um die Möglichkeit, daß eine behauptete, aber nicht nachgewiesene Darlehensvergabe an einen Ausländer – die aber auch nicht auszuschließen war – in Wirklichkeit die Verfolgung höchstpersönlicher Gesellschafterzwecke darstellte und mithin als verdeckte Gewinnausschüttung behandelt wurde; gleiches gilt für einen Betriebsausgabenabzug wegen einer Provisionszahlung. Für die *Finanzverwaltung* kommt es in vielen Fällen nur darauf an, Kenntnis von einem geeigneten Mosaikstein zu besitzen. Im Zusammenhang mit **ausländischen Kapitalanla-**

gen und **Steuerfahndungsermittlungen** nach Kapitalerträgen genügt die Kenntnis von einer Bankverbindung. Es bedarf dann auch keiner internationalen Amtshilfe, das FA wird stattdessen den Steuerpflichtigen auffordern, die Kontounterlagen vorzulegen – anderenfalls schätzen (*Schwedhelm/Olbing* Stbg 1999, 148).

## 2. Spezielle Mitwirkungspflichten und Meldepflichten

7     Es gibt eine Reihe von Tatbeständen, die besondere Verhaltenspflichten für einen näher umgrenzten Auslandssachverhalt nach sich ziehen (*Schaumburg* S. 1296 ff.).

8     (1) Von Zweckmäßigkeitsgründen bestimmt ist § 123 AO. Ein Beteiligter ohne Wohnsitz, gewöhnlichen Aufenthalt, Sitz oder Geschäftsleitung im Inland hat „der Finanzbehörde auf Verlangen innerhalb einer angemessenen Frist einen *Empfangsbevollmächtigten* im Geltungsbereich dieses Gesetzes zu benennen. Unterläßt er dies, so gilt ein an ihn gerichtetes Schriftstück einen Monat nach der Aufgabe zur Post als zugegangen"; zum Verfahren der Aufforderung s. StEK AO 1977, § 123 Nr. 3. In diesem Zusammenhang gehören auch die Regelungen über einen *Fiskalvertreter* (§§ 22 a bis 22 e UStG), der Meldepflichten nach §§ 14 a, b UStG zu erfüllen hat. § 138 II AO verpflichtet alle Steuerpflichtigen, *Auslandsbeteiligungen* dem Finanzamt *mitzuteilen:* Gründung und Erwerb von Betrieben und Betriebsstätten im Ausland, Beteiligung an ausländischen Personengesellschaften; Erwerb von Beteiligungen an Körperschaften usw. im Sinne des § 2 Nr. 1 KStG (Mindesthöhe 25%).

9     (2) Überwiegend wiederholend, aber der Sachverhaltsaufklärung zuzuordnen, wenn § 146 II Satz 1 AO fordert: „Bücher und die sonst erforderlichen Aufzeichnungen sind im Geltungsbereich dieses Gesetzes zu führen und aufzubewahren", was für die Inlandsbetätigung von Steuerausländern zu beachten ist. Hierbei ist von dem allgemeinen Grundsatz auszugehen, daß die Einkünfteermittlung der Steuerbarkeit der Einkünfte folgt, dementsprechend sich auch die **Buchführungsvorschriften** (§§ 141 ff. AO) nur **auf die zu ermittelnden Einkünfte** beziehen (s. dazu O 2). Folglich bezieht sich bei internationaler Aufspaltung eines ausländischen Unternehmens mittels Betriebsstätten die Buchführungspflicht in der Bundesrepublik auch nur auf diese Betriebsstätte: Es muß keine deutsche Steuerbilanz für das Gesamtunternehmen aufgestellt werden; die Frage einer Einkunftsermittlung nach § 4 I, III EStG beurteilt sich ausschließlich nach den für die inländische Betriebsstätte geltenden Verhältnissen. Eine ganz andere Frage ist es, ob in Einzelfällen die im Inland steuerbaren Einkünfte aus einer Einkünfteermittlung für den gesamten, den ausländischen Bereich umfassenden Betrieb abgeleitet werden. Aber auch hier steht die Begrenzung der steuerbaren Einkünfte und damit deren Ermittlungsgrundlage außer Frage (*BFH* IStR 1998, 212 mit

Anm. *Wassermeyer*). Erleichterungen von der Pflicht des § 146 II Satz 2 AO sieht § 148 AO aufgrund einer Bewilligung vor; zur Verlagerung der Buchführung in das Ausland aus Zweckmäßigkeitsgründen s. *OFD München* BB 1998, 741: Verlagerung bzw. Teilverlagerung ist nur unter engen Voraussetzungen möglich, da anderenfalls die Überprüfbarkeit gefährdet ist; die Möglichkeit der Auskünfte bietet hiernach keinen hinreichenden Ersatz; durch die im Inland zu erfüllenden Buchführungs-, Aufzeichnungs- und Aufbewahrungspflichten entsteht keine sachliche Härte, da die damit verbundenen Aufwendungen bei allen inländischen Gewerbetreibenden anfallen. *Thömmes* (StbJb 1998/99, S. 183) sieht hierin eine Diskriminierung, das Futura/Singer-Urteil des *EuGH* führe gemeinschaftsrechtlich zur Befreiung von belastenden Buchführungs- und Aufbewahrungsaufträgen in den jeweiligen Betriebsstättenstaaten. Aber das ist unzutreffend: Man muß die Futura-Singer-Entscheidung in den Rz 33 ff. im Zusammenhang lesen – dann ergibt sich bereits aus Rz 33, 34 die Rechtfertigung nationaler Vorschriften. Nur: Luxemburg verpflichtet Steuerausländer im Grundsatz gerade nicht zu solcher gesonderten Buchführung mit der Ausnahme der Verlustgeltendmachung – und das hält der *EuGH* nicht für unerläßlich (Rz 40). Handelt es sich um keine Diskriminierung, dann steht auch nicht die *Biehl-II-Entscheidung* des *EuGH* an, um die Erleichterungen von § 146 AO durch die Finanzverwaltung statt durch Gesetz als fehlerhaft zu werten. Betätigt sich ein Inländer im Ausland gilt ebenso, daß Bücher und Aufzeichnungen im Inland aufzubewahren sind, aber mit der Einschränkung des § 146 II Sätze 2 ff. AO: Danach gilt dieser Inlandsbezug nicht, „soweit für Betriebsstätten außerhalb des Geltungsbereichs dieses Gesetzes nach dortigem Recht eine Verpflichtung besteht, Bücher und Aufzeichnungen zu führen, und diese Verpflichtung erfüllt wird. In diesem Fall müssen die Ergebnisse der dortigen Buchführung in die Buchführung des hiesigen Unternehmens übernommen werden, soweit sie für die Besteuerung von Bedeutung sind. Dabei sind die erforderlichen Anpassungen an die steuerrechtlichen Vorschriften im Geltungsbereich dieses Gesetzes vorzunehmen und kenntlich zu machen."

(3) Als eine Art Gefährdungshaftung ist § 160 AO zu werten: Danach **10** haben Steuerpflichtige auf Verlangen der Finanzbehörden **Gläubiger oder Empfänger** von Lasten, Betriebsausgaben, Werbungskosten und anderen Ausgaben **zu benennen.** Die Bedeutung bezieht sich vor allem auf Leistungen, die über Domizilgesellschaften (Briefkastengesellschaften) abgerechnet werden (s. zur Bedeutung für diese Gesellschaften *Jürgen Schmidt* IStR 1999, 398). Die Benennung lediglich formaler Anteilseigner (wie Treuhänder) reicht nicht aus, ebensowenig wie die Erklärung des Steuerpflichtigen, nicht er, sondern ein fremder Dritter stehe hinter der ausländischen Gesellschaft, Ungewißheiten hinsichtlich der Person des Empfängers gehen zu Lasten des Steuerpflichtigen (AEAO zu § 160

AO mit Nachw. aus der Rechtsprechung). Eine Ermittlungspflicht des Finanzamts besteht im Rahmen des § 160 AO grundsätzlich nicht: Dies kommt in § 160 I Satz 2 AO zum Ausdruck, wonach das Recht der Finanzbehörde, den Sachverhalt zu ermitteln, unberührt bleibt. Der Amtsermittlungsgrundsatz (§ 88 AO) wird durch die Mitwirkungspflicht des § 160 AO eingeschränkt – mit dem Verlangen nach Benennung und den dabei eingehaltenen Grenzen des § 160 AO hat das FA alles erforderliche getan (*FG Münster* EFG 1998, 920). Zu den Rechtsfolgen einer fehlenden Empfängerbenennung *BFH* HFR 1998, 166: Es ist eine doppelte Ermessensausübung erforderlich. Zunächst ist eine Ermessensentscheidung zu treffen, ob ein Benennungsverlangen geboten ist. Voraussetzung hierfür ist die naheliegende Vermutung, „der Zahlungsempfänger habe den Bezug zu Unrecht nicht versteuert. Dies gilt auch dann, wenn einem Steuerpflichtigen mit Sicherheit Betriebsausgaben entstanden sind … Die Angabe von falschen Namen genügt zur Empfängerbenennung nicht“. In einer zweiten Stufe ist Ermessen auszuüben bezüglich der Höhe des zu versagenden Ausgabenabzugs. Maßgeblich für die anzustellenden Ermessenserwägungen ist der Zweck des § 160, einen Ausgleich für die vermutete Nichtversteuerung beim Empfänger zu schaffen, indem der Steuerpflichtige wie ein Haftender für fremde Steuern in Anspruch genommen wird. Nur soweit Steuerausfälle nicht zu erwarten sind, können Ausgaben trotz fehlender Empfängerbezeichnung zum Abzug zugelassen werden. Pauschale Berechnungen des möglichen Steuerabzugs sind zulässig; sonstige Erwägungen, die nicht im Zusammenhang mit dem möglichen Steuerausfall stehen, sind dagegen ermessensfehlerhaft … Dies kann auch dazu führen, den Abzug von Betriebsausgaben in voller Höhe zu versagen“. Dem Steuerpflichtigen ist zu empfehlen, bei Zweifeln über ausländische Geschäftspartner deren Rechtsverhältnisse rechtzeitig zu klären, s. *Dreßler* (S. 264 Fußn. 230).

*BFH* DB 1999, 311 hatte zu klären, ob die Anerkennung der Bildung einer Rückstellung wegen der drohenden Inanspruchnahme aus einer Bürgschaft von der Benennung des Darlehensgläubigers abhängig gemacht werden kann. Die Klägerin stand mit einer F-AG in Liechtenstein in Geschäftsbeziehungen, nach den Feststellungen des Bundesamts für Finanzen eine Domizilgesellschaft. Sie hatte für Darlehen gebürgt, die die F-AG anderen Firmen gewährt hatte – Kunden der Klägerin. Dem Verlangen, hinter der F-AG stehende Personen zu benennen, kam sie nicht nach. Der *BFH:* Zweck des § 160 AO ist es, **mögliche Steuerausfälle zu verhindern,** die dadurch eintreten können, daß der Empfänger geltend gemachter Betriebsausgaben die Einnahmen bei sich nicht steuererhöhend erfaßt. Hier scheidet aber ein Steuerausfall beim Gläubiger aus, so daß das Benennungsverlangen nicht ermessensgerecht ist. Der Gläubiger erzielt aus der Darlehensrückzahlung keinen Gewinn, gleichgültig, von wem der Darlehensbetrag zurückgezahlt wird. Der Bürge befreit ihn zwar nur einem ansonsten eintretenden Verlust. Der Ausgleich eines Verlusts führt aber nicht zu steuerpflichtigen Einkünften. *BFH* BStBl. 1999 II, 121 hatte über Provisionszahlungen einer inländischen GmbH an eine liechtensteinische Domizilgesellschaft X als Betriebsausgaben zu entscheiden. X war seit ihrer Gründung überwiegend in

Deutschland tätig, akquirierte hier und bebaute Grundstücke – unter Einschaltung eines Generalunternehmens. Solche Funktion übte auch die GmbH aus. Sie wurde vom FA zur Benennung der hinter X stehenden Personen aufgefordert. Der *BFH:* Als **hinter der Domizilgesellschaft stehende Personen,** die als Empfänger i. S. des § 160 I Satz 1 AO in Betracht kommen, sind Anteilseigner, aber auch Auftragnehmer der Domizilgesellschaft möglich: „Mag in einer Vielzahl derartiger Fälle zwar der Anteilseigner der Domizilgesellschaft eigentlicher Empfänger der Leistung sein, so ist jedoch nicht ausgeschlossen . . ., daß Domizilgesellschaften auch als reine „Durchleitungsgesellschaften" fungieren und auf diese Weise Zahlungen von Steuerinländern insbesondere über Domizilgesellschaften an inländische Leistungserbringer zurückfließen. Selbst wenn die Gesellschaften in derartigen Fällen formal eine eigene Geschäftstätigkeit durch Einschaltung und Beauftragung inländischer Auftragnehmer entfalten, so werden die Leistungen, für die sie bezahlt wird, tatsächlich und wirtschaftlich nicht von der Domizilgesellschaft und ihren Angestellten erbracht. Bestehen folglich Anhaltspunkte, daß der Rechnungssteller eine sog. Domizilgesellschaft ist, die mangels eigenem fachkundigen Personal im Inland durch inländische Auftragnehmer tätig wird, so ist es nicht ermessensfehlerhaft, wenn das FA zur Benennung der Auftragnehmer auffordert, die die Leistung tatsächlich gegenüber dem inländischen Steuerpflichtigen erbracht haben . . . die Aufforderung zur Benennung dieser hinter der X stehenden Personen ist auch dann nicht ermessensfehlerhaft, wenn die Klägerin die Namen der tatsächlichen Leistungsträger nicht selbst – z. B. aufgrund ihrer Generalunternehmertätigkeit für X – kennt." Der *BFH* weist auf das Risiko solcher Geschäftsbeziehungen hin – eröffnet der GmbH aber die Möglichkeit, den Nachweis eines in kaufmännischer Weise eingerichteten Geschäftsbetriebs der X zu erbringen, mit der die Aufgabenerfüllung möglich war. *BFH* BStBl. 1999 II, 434 hat ein Verlangen des FA, die Empfänger geltend gemachter Betriebsausgaben genau zu benennen, auch **bei einer Vielzahl von Geschäftsvorfällen** jedenfalls in bezug auf diejenigen Empfänger für rechtmäßig erklärt, bei denen anderenfalls nicht geringfügige Steuerausfälle zu befürchten sind; im Streitfall ging es um einen Schrotthandel und eine Lieferantenabrechnung im Gutschriftverfahren. Der Kläger hatte sich lediglich Namen und Anschriften der Anlieferer nennen lassen, sich aber nicht über deren Identität vergewissert; der *BFH:* „Identitätsprüfungen sind nicht bereits deshalb unzumutbar, weil – wie möglicherweise im Bereich des Schrotthandels – ungewöhnliche Marktbedingungen vorliegen . . . Nur in Ausnahmefällen kaum zu bewältigender tatsächlicher oder rechtlicher Schwierigkeiten kann dem Steuerpflichtigen eine Ermittlung billigerweise nicht zugemutet werden. Dies trifft für die Bezeichnung einzeln bestimmbarer Zahlungsempfänger regelmäßig nicht zu." Zum letztgenannten Gesichtspunkt schließlich noch *FG Hamburg* EFG 1999, 634: danach kann ein Benennungsverlangen wegen geringer Gefahr einer Steuerverkürzung unverhältnismäßig sein. Nach dieser Entscheidung kann die **Benennung einer Domizilgesellschaft** als Empfängerin ausreichend sein, wenn diese durch den Zahlungsvorgang erkennbar wirtschaftlich selbst betroffen ist. § 160 AO erweist sich nach den genannten Beispielen als eine außerordentlich wirksame Maßnahme gegen Basisgesellschaften – sie kann Gerechte und Ungerechte treffen; zu Praxisempfehlungen und Beratungsschwerpunkten s. *Spatscheck/Alvermann* DStR 1999, 1427ff.: einerseits unnachgiebige Anwendung, andererseits erheblicher Argumentationsspielraum.

(4) § 16 des Außensteuergesetzes legt eine umfassende Offenbarungs- **11** pflicht des Steuerpflichtigen bei Geschäftsbeziehungen zu nicht oder nur unwesentlich besteuerten Personen im Ausland fest; damit wird § 160 AO bei grenzüberschreitenden besonderen Vorgängen noch erweitert. Der Steuerpflichtige, der auf der Grundlage solcher Beziehungen einen

steuermindernden Abzug begehrt, unterliegt einer Offenlegungspflicht bezüglich aller Beziehungen (Tatsachen, die für eine steuerliche Beurteilung von Bedeutung sein können). Nach § 16 II AStG kann das Finanzamt verlangen, daß der Steuerpflichtige über die Richtigkeit und Vollständigkeit seiner Erklärungen eine eidesstattliche Versicherung abgibt. Im Falle des *Hessischen FG* RIW 1991, 353 war zu klären, ob Zahlungen einer inländischen KG an drei liechtensteinische Treuunternehmen Betriebsausgaben darstellen. FinVerw: Die Benennung der liechtensteinischen Treuunternehmen als Sitzunternehmen stelle keinen Gläubiger- und Empfängernachweis dar. Das FG billigte dies: Die liechtensteinischen Unternehmen stellen Domizilgesellschaften dar, also nach dortigem Recht Sitzunternehmen, in das Öffentlichkeitsregister eingetragene juristische Personen, die in Liechtenstein nur ihren Sitz mit oder ohne Bürohaltung haben und dort keine wirtschaftliche Tätigkeit ausüben. Eine solche Domizilgesellschaft ist als Empfängerin von Zahlungen erst dann benannt (§ 160 AO, § 16 AStG), wenn ergänzende Angaben über die Beteiligungsverhältnisse gemacht werden. § 17 AStG kann als Spezifizierung des § 90 II AO für zwischengeschaltete Gesellschaften (§ 5 AStG) und Zwischengesellschaften (§ 7 AStG) interpretiert werden (s. bereits N 459). Nach § 17 I AStG haben die Steuerpflichtigen zur Anwendung der Vorschriften der §§ 5 und 7–15 AStG „für sich selbst und im Zusammenwirken mit anderen die dafür notwendigen Auskünfte zu erteilen". Auf Verlangen sind beispielsweise nach § 17 I Nr. 2 AStG „die für die Anwendung der §§ 7 bis 14 sachdienlichen Unterlagen einschließlich der Bilanzen und der Erfolgsrechnungen vorzulegen". Auffallend ist, daß das Gesetz durch das Tatbestandsmerkmal „im Zusammenwirken mit anderen" sämtliche an einem Vorgang Beteiligten kollektiv verpflichtet. Ein Steuerpflichtiger kann daher beispielsweise nicht einwenden, er habe an einer Zwischengesellschaft nur eine Minderheitsbeteiligung, die ihm schon rechtlich nicht die Möglichkeit eröffne, von den Organen der Gesellschaft die benötigten Auskünfte und Unterlagen zu erlangen. § 17 II AStG gibt für die der Hinzurechnung nach §§ 7 ff. AStG unterliegenden Einkünfte von Zwischengesellschaften einen Schätzungsanhalt. Danach ist „mangels anderer geeigneter Anhaltspunkte bei der Schätzung als Anhaltspunkte von mindestens 20 v. H. des gemeinen Werts der von den unbeschränkt Steuerpflichtigen gehaltenen Anteile auszugehen."

### 3. Außenprüfung eines ausländischen Betriebs

12      Nach § 193 I AO ist eine Außenprüfung bei Steuerpflichtigen zulässig, „die einen gewerblichen oder land- und forstwirtschaftlichen Betrieb unterhalten oder die freiberuflich tätig sind". Fällt hierunter auch ein ausländischer Betrieb? Das *FG Baden-Württemberg* hat dies im Urteil

RIW 1991, 178 bejaht; § 193 I AO trifft keine Unterscheidung zwischen inländischen und ausländischen Rechtssubjekten; dies sei auch nur die Konsequenz aus dem Umfang der Steuerhoheit der Bundesrepublik. „In dem vom materiellen deutschen Steuerrecht vorgezeichneten Rahmen sind folglich auch dann Ermittlungsmaßnahmen der Finanzbehörden zulässig und geboten (§§ 85, 88 AO), wenn potentieller Steuerschuldner ein ausländisches Rechtssubjekt ist. Etwas anderes gilt auch nicht für die Zulässigkeit von Außenprüfungen ... Steht daher fest, daß der Stpfl. einen gewerblichen Betrieb unterhält, so ist gem. § 193 I AO eine Außenprüfung zulässig, und zwar auch mit dem Ziel, das Vorliegen oder Nichtvorliegen des Steueranspruchs dem Grunde nach zu untersuchen." Zur Prüfungsanordnung zur Klärung der inländischen Steuerpflicht einer Kapitalgesellschaft mit statutarischem Sitz im Ausland s. *BFH*/NV 1999, 1183. § 200 AO verweist zur Sachverhaltsfeststellung bei einer Außenprüfung auf die allgemeine Mitwirkungspflicht des Steuerpflichtigen; bei auslandsbezogenen Sachverhalten gilt mithin wiederum § 90 II AO. Kommt es zur Einleitung eines Steuerstrafverfahrens, bleibt der Betroffene steuerlich zur vollen Mitwirkung verpflichtet – allerdings kann die Mitwirkungs- und damit die Auskunftspflicht nicht mehr zwangsweise durchgesetzt werden (§ 393 AO); daß aus der unterbliebenen Mitwirkung im Sinne des § 90 II AO keine nachteiligen Schlüsse gezogen werden dürfen, war bereits unter Hinweis auf *BGH* IStR 1995, 81 hervorgehoben worden. Zur Problematik der Auslandsermittlungen und der hierbei bisweilen praktizierten Zusammenarbeit von Steuerfahndungsstellen ist auf die Kontroverse zwischen *Mösbauer* (DStZ 1986, 339) und *Klos* (DStZ 1986, 505) zu verweisen; zur Verbindung einer Außenprüfung mit den rechtlichen Möglichkeiten eines internationalen Auskunftsaustausches s. X 22. Wengert/Widmann BB 1998, 22 haben geltend gemacht, die in der Bundesrepublik praktizierte Außenprüfung sei als „verschärfte Kontrolle" gegenüber anderen EU-Staaten ein Standortnachteil und behindere Harmonisierungsfortschritte (dazu zwar rechtlich überzeugend, den damit verbundenen Tatsachenkern aber zu Unrecht relativierend *Michel* BB 1998, 1562; daß „deutscher Verwaltungseifer" standortmitbestimmend ist, steht außer Zweifel).

### III. Die Informationszentrale für Auslandsbeziehungen

Das Bundesamt für Finanzen, eine dem *BMF* nachgeordnete Bundes- **13** oberbehörde hat die Informationszentrale für Auslandsbeziehungen (IZA) eingerichtet. Grundlage für deren Tätigkeit bildet die Verwaltungsvorschrift vom 29. 4. 1997 (*BMF*-Schreiben) BStBl. 1997, 541. Was Gegenstand von Informationsgesuchen und Informationsangeboten an die IZA sein kann, will das *BMF*-Schreiben nicht abschließend bestimmen; es darf also grundsätzlich alles gemeldet und erfragt werden, was für wichtig gehalten wird.

Das BfF führt danach zentral die Bundesdatei für beschränkt Steuerpflichtige und für umsatzsteuerpflichtige ausländische Unternehmer; es bestimmt in Zweifelsfällen das örtlich zuständige FA (z.B. für beschränkt Steuerpflichtige, für die gesonderte und einheitliche Feststellung nach § 18 AStG). Der Informationsfluß im Rahmen der Amtshilfe unterscheidet das Informationsangebot des BfF und die Meldeobliegenheiten der Finanzämter an das BfF. Zum BfF-Informationsangebot zählen – besonders hervorgehoben – Oasendokumentationen für Niedrigsteuerländer/allgemein gemachte Erfahrungen oder Erkenntnisse zu Auslandsbeziehungen/Informationen über Rechtsträger im Ausland (Briefkastenfirmen), Überprüfung der Angemessenheit von Lizenzgebühren/Zinsen und allgemeine Informationen zu wirtschaftlichen und steuerlich relevanten ausländischen Verhältnissen. Dem BfF sind seitens der Finanzämter zu melden

a) Veranlagungsstellen:
– Auslandssachverhalte, die nach § 138 II AO meldepflichtig sind,
– juristische Personen mit Sitz in Steueroasenländern, die als beschränkt Steuerpflichtige aufgenommen werden sollen,
– Gesellschaftsbeziehungen zwischen Steuerinländern (auch juristische Personen) und Rechtsträgern aus Steueroasenländern,
– auffällige Rechtsbeziehungen mit Auslandsbezug.

b) Steuerfahndungs- und Außenprüfungsstellen:
– Auslandssachverhalte, insbesondere in Verbindung mit natürlichen oder juristischen Personen in Steueroasenländern; es genügt die Übersendung von entsprechenden Berichtsauszügen.

c) Umsatzsteuerstellen:
– juristische Personen mit Sitz in Steueroasenländern, die umsatzsteuerrechtlich geführt werden sollen.

d) Grunderwerbsteuerstellen:
– juristische Personen mit Sitz in Steueroasenländern, die im Inland Grundstücke erwerben oder veräußern.

Frühere rechtsstaatliche Bedenken gegen die Sammlung von Informationen (dies betraf insbesondere die Lizenzkartei) waren Ursache für die Einführung des § 88 a AO im Rahmen des StMBG 1993: Danach dürfen die Finanzbehörden nach § 30 AO geschützte Daten auch für Zwecke künftiger Verfahren im Sinne des § 30 II Nr. 1 AO in Dateien oder Akten sammeln und verwenden, soweit es zur Sicherstellung einer gleichmäßigen Festsetzung und Erhebung der Steuern erforderlich ist.

# X. Internationale Zusammenarbeit

## I. Übersicht

Wegen der internationalen Verflechtung des Wirtschaftsverkehrs ge- **1** ben die „in Selbsthilfe" der Staaten ermittelten Steuerdaten den steuerbaren Sachverhalt häufig nur unvollständig wieder; ohne Zuhilfenahme anderer Staaten wäre der Umfang der eigenen Besteuerungskompetenz bei internationalen Sachverhalten oft nur mangelhaft zu ermitteln.

Auch die erhöhte Mitwirkungspflicht des Steuerpflichtigen (§ 90 II AO) und spezielle, an grenzüberschreitenden Sachverhalten ausgerichtete Mitwirkungspflichten und Kontrollmitteilungen vermögen das Ungleichgewicht zwischen der Sachaufklärung im Inland und im Ausland nicht auszugleichen. Deswegen hat sich – teils bilateral, teils multilateral – ein verästeltes, in Teilen sich überschneidendes System von Formen internationaler Zusammenarbeit entwickelt. Im Anschluß an *Menck* aaO, S. 507 sollen – umfassend – hierin einbezogen werden:

– **Konsultationsverkehr und Erfahrungsaustausch:** Da es hierbei **2** um keinen konkreten Steuerfall geht, bedarf es auch keiner besonderen Rechtsgrundlage; auch Überschneidungen mit DBA-Verständigungsverfahren sind nicht möglich, solange es wiederum nur um die allgemeine Erörterung von Schwierigkeiten und Zweifeln geht. Er ist hier nicht weiter erörterungsbedürftig.

– Das einzelfallbezogene **Verständigungsverfahren** zur Beseitigung **3** einer nicht dem Doppelbesteuerungsabkommen entsprechenden Besteuerung ist hier zwar als „internationaler Informationsaustausch" der Vollständigkeit wegen zu nennen; sowohl die DBA-Verständigungsverfahren einschließlich der koordinierten Gewinnabgrenzung (Art. 9, Art. 7 OECD-MA) als auch die Schiedsstellenkonvention der EU haben aber wegen ihres „beschränkten Ziels" ihren systematischen Standort im DBA-Recht (s. daher bereits R 80); hinzuweisen ist allerdings auf § 117 III Nr. 3 als einen identischen Teilaspekt der internationalen Amtshilfe.

– Im **Internationalen Auskunftstausch** übermittelt eine Steuerver- **4** waltung der anderen Informationen, die für die Besteuerung erheblich sein können: Auskünfte an und von Staaten. Dies kann auf vertraglicher Grundlage (Völkervertragsrecht, Gemeinschaftsrecht), aber auch auf einseitiger innerstaatlicher Norm beruhen. Rechtsgrundlage hierfür ist § 117 AO, seiner Gliederung folgt auch die weitere Darstellung: Auskünfte an deutsche Finanzbehörden ohne völkerrechtliche Grundlage für einen Auskunftsaustausch gem. § 117 I AO, Auskünfte durch und an deutsche

Finanzbehörden auf vertraglicher Grundlage (§ 117 II AO), Auskünfte durch deutsche Finanzbehörden auf Grundlage einseitigen nationalen Rechts (§ 117 III AO); hierin ist auch die internationale Zusammenarbeit bei der Betriebsprüfung einzuordnen. Wenngleich künftig nur von der *Amtshilfe* die Rede ist, sind Amtshilfe und Rechtshilfe zu unterscheiden: Amtshilfe zwischen Behörden, Rechtshilfe zur Unterstützung insbesondere von Gerichten bei Rechtspflegeaufgaben, vor allem der Strafverfolgung. Für § 117 AO, der ausschließlich den Amtshilfeverkehr regelt, ist die Unterscheidung bedeutungslos, zumal die Finanzbehörden sowohl im Besteuerungsverfahren als auch im Strafverfahren (§ 393 I AO) tätig werden; bei Auskünften nach Einleitung eines Straf- oder Bußgeldverfahrens ist § 393 I 2 AO zu beachten. Wird die Finanzbehörde nur zur Aufklärung in einem solchen Verfahren tätig, sind Auskünfte ausschließlich nach den Regeln über die zwischenstaatliche Rechtshilfe in Strafsachen einzuholen (dazu X 24).

Die Materie ist weniger durch schwierige Rechtsfragen als durch mangelnde Transparenz gekennzeichnet. Man kann sie **unter verschiedenen Ordnungsprinzipien** sichten, die allesamt zu Überschneidungen führen: Richtung der Amtshilfe (in das Inland, in das Ausland), mit oder ohne Ersuchen, innerstaatliche oder völkerrechtliche (gemeinschaftsrechtliche) Grundlage, Form der Auskunft (Auskunft auf Ersuchen im Einzelfall, Spontanauskunft, automatische Auskunft) usw. Die folgende Darstellung hält sich an den Gesetzesaufbau § 117 I, II, III AO und knüpft an die Richtung der Amtshilfe an: In das Inland § 117 I, II AO, in das Ausland § 117 II, III AO. Damit steht § 117 II in seiner wechselseitigen Wirkung im Mittelpunkt.

## II. Auskünfte an, Ersuchen durch deutsche Behörden ohne Gegenseitigkeit (§ 117 I AO)

5 § 117 I AO normiert: „Die Finanzbehörden können zwischenstaatliche Rechts- und Amtshilfe nach Maßgabe des deutschen Rechts in Anspruch nehmen." Das ist an sich etwas Selbstverständliches (*Klein/Rüsken* § 117 AO Rz 2): Es ist Erscheinungsform des Amtsermittlungsprinzips und ergibt sich bereits aus der Verpflichtung der FinVerw zur Erforschung steuerlich relevanter Sachverhalte (§ 88 AO). Die **Inanspruchnahme ausländischer Amtshilfe** als Beweismittel i. S. d. § 92 AO bedarf keiner besonderen Rechtsgrundlage, schon gar nicht eines Abkommens; Rechtsgrundlage ist das deutsche Recht, mithin müssen die Voraussetzungen der nationalen Amtshilfe (§§ 111 ff. AO) vorliegen (Erforderlichkeit, Ermessensgrenzen der Verhältnismäßigkeit und der Zumutbarkeit). Vertragslose Rechtshilfe (Kulanzauskünfte) ist möglich, wenn sie der ausländische Staat zu leisten bereit ist, was aber wohl eher selten geschieht –

erforderlich ist nur, daß die Voraussetzungen für eine Auskunftseinholung überhaupt vorliegen. Erfolgt eine **Kulanzauskunft** ohne deutsches Ersuchen, handelt es sich – im Einzelfall – um eine **Spontanauskunft** – bei regelmäßiger Auskunft um eine **automatische Auskunft**. Sie kann dann wie eine auf Ersuchen erteilte Auskunft im Inland verwertet werden (*Klein/Rüsken* § 117 AO Rz 2). Dazu das *BMF*-Merkblatt Rz 4.1: Auskünfte ausländischer Finanzbehörden ohne Ersuchen gehen regelmäßig beim Bundesamt für Finanzen, teilweise auch beim BMF ein. Das BfF prüft die eingehenden Auskünfte, übersetzt sie – soweit erforderlich – und leitet sie an die zuständige Oberfinanzdirektion weiter. Die Inanspruchnahme zwischenstaatlicher Amtshilfe erfolgt grundsätzlich auf dem üblichen Dienstweg über den Bundesminister für Finanzen; zum Amtshilfeweg und zum Verfahren *BMF*-Merkblatt BStBl. 1999 I, 228 (Rz 1.6.2, Rz 2.2.3). Die Entscheidung darüber, ob die Auskunft eingeholt werden soll, ist kein Verwaltungsakt; ein Hinweis an den Stpfl. sollte ergehen. Der Stpfl. kann mit dem Argument, der Sachverhalt sei bereits geklärt oder er könnte durch andere Maßnahmen geklärt werden, vorbeugende Unterlassungsklage oder Feststellungsklage erheben (*Tipke/Kruse* § 117 AO Rz 24). Soweit es für das Verständnis des Adressaten des Auskunftsersuchens erforderlich ist, dürfen die Verhältnisse des Stpfl. offenbart werden (§ 30 IV Nr. 1 AO). Im Rahmen einer Güterabwägung ist zu klären, ob für den Stpfl. Nachteile erwachsen können, die außer Verhältnis zu dem steuerlichen Ziel stehen. Dies gilt selbst dann, wenn zwischen einem inländischen Unternehmen und dem ausländischen – in die Sachverhaltsaufklärung durch den ersuchten Staat einzubeziehenden – Unternehmen gesellschaftsrechtliche Verflechtungen bestehen (*Klein/Rüsken* § 117 AO Anm. 2). Um Amtshilfe kann auch bei einem anhängigen Steuerstrafverfahren ersucht werden – aber nur im Rahmen des Besteuerungsverfahrens; zur Abgrenzung s. *BFH* BStBl. 1987 II, 440.

Die Information an deutsche Finanzbehörden bzw. deren Ersuchen um Auskünfte kann selbstverständlich auch auf der Grundlage internationaler Vereinbarungen erfolgen; weil aber § 117 I AO für diese Fälle hierauf nicht abstellt – und dies auch wegen seiner Stellung als Beweismittel seinen Sinn hat – bleiben die internationalen Regelungen bei dieser Richtung des Informationsflusses zunächst unerwähnt. Daher auch die Differenzierung im *BMF*-Merkblatt Rz 1.4.6: Ausländische Finanzbehörden können auch um Auskunft ersucht werden, wenn die Rechtsgrundlage einer zwischenstaatlichen Amtshilfe durch Auskunftsaustausch (völkerrechtliche Vereinbarungen, EU-Recht) nicht gegeben sind oder ein Ersuchen durch diese Rechtsgrundlagen nicht gedeckt ist (§ 117 I AO). Erst im Zusammenhang mit Auskunftsersuchen anderer Staaten und dem Informationsfluß vom Inland in das Ausland führt § 117 II AO sie ein; dann aber entfalten sie ihre Wirkung auch im Anwendungsbereich des § 117 I AO.

Bezieht man die in § 117 II AO genannten Rechtsgrundlagen für eine
Erteilung zwischenstaatlicher Amtshilfe zugunsten der Bundesrepublik
ein (dazu unten) und vergleicht den sich dann ergebenden Rechtszustand
mit § 117 I AO, dann zeigt sich: Aus § 117 I AO folgt – natürlich – kein
Anspruch auf Auskunftserteilung an die Bundesrepublik. Ein solcher
Anspruch ergibt sich aber, wenn die in § 117 II AO genannten Rechtsgrundlagen einbezogen werden. Sieht man von besonderen Voraussetzungen in den „Austauschvereinbarungen" ab, bestehen aber für deutsche Ersuchen bzw. für die Entgegennahme von Auskünften ohne
Ersuchen keine Unterschiede zwischen denen auf einseitige Grundlage
und denen auf vereinbarter Grundlage. Insoweit gelten § 117 I AO und
die damit verbundenen Grundsätze, insbesondere der Grundsatz der Verhältnismäßigkeit, auch im Bereich des § 117 II AO (s. auch *BMF*-
Merkblatt Rz 2.1.1).

### III. Auskünfte an und durch deutsche Behörden auf Gegenseitigkeit (§ 117 II AO)

**6**      (1) Zwischenstaatliche Amtshilfe kann – wechselseitig – aufgrund
**völkerrechtlicher Vereinbarungen einschließlich des Gemeinschafts-
rechts** geleistet werden. Um den Zusammenhang des § 117 II AO mit
§ 117 I AO und § 117 III AO klarzustellen: So wie ausländische Finanzbehörden außerhalb zwischenstaatlichen Auskunftsaustauschs um Auskünfte ersucht werden können (§ 117 I AO), können sie auch außerhalb
zwischenstaatlichen Auskunftsaustauschs auf deren Ersuchen hin (und
nur dann) eine Auskunft erlangen (§ 117 III AO). Nach beiden Richtungen (Auskunftsaustausch) wirkt § 117 II AO. Die folgende Darstellung
beschränkt sich auf die Vermittlung wesentlicher Grundlagen. Fragen
insbesondere der Schutzgarantien und des internationalen Steuergeheimnisses können nicht vertieft werden; hierzu ist auf die AO-Kommentare,
auf *Carl/Klos* im allgemeinen, zum Auskunftsverkehr innerhalb der EU
auf *Rüdiger Brock* S. 165 ff. zu verweisen.

**7**      (2) Dem Aufbau des *BMF*-Merkblattes folgend ist zu unterscheiden
zwischen Auskunftsersuchen an ausländische Finanzbehörden und dem
Auskunftsersuchen an deutsche Finanzbehörden. Diese grundsätzliche
Unterscheidung knüpft an den **Anlaß – das Ersuchen –** an, ist aber von
der **Wirkung** her – **der Auskunft** – um eine solche auch ohne Ersuchen
(**Spontanauskunft** bzw. **automatische Auskunft**) zu ergänzen; s. insoweit X 17.

**8**      – Bei dem **Auskunftsersuchen an ausländische Finanzbehörden**
gilt der Grundsatz, daß Amtshilfe erst in Anspruch genommen werden
kann, wenn die Sachverhaltsaufklärung durch den inländischen Beteiligten (§ 90 II AO) nicht zum Ziel führt oder keinen Erfolg verspricht

(§ 93 I Satz 3 AO). Die inländische Ermittlungsmöglichkeiten sollen zunächst ausgeschöpft werden. Der Steuerpflichtige soll im Rahmen pflichtgemäßen Ermessens auf die Möglichkeit eines Auskunftsersuchens hingewiesen werden (§§ 85, 88 AO). Zur Form, zum Inhalt, der Übermittlung und Erledigung des Auskunftsersuchens s. im einzelnen *BMF*-Merkblatt Rz 2.2.

– Bei dem **Auskunftsersuchen an deutsche Finanzbehörden** be- 9
schafft die für die Ermittlung zuständige deutsche Finanzbehörde die Auskünfte, die der andere Staat benötigt – Zulässigkeitsprüfung vorausgesetzt – in derselben Weise, als wäre die deutsche Besteuerung betroffen (§ 117 IV AO). Sie bestimmt nach pflichtgemäßem Ermessen das Verfahren (§§ 92, 93, 97, 98 AO). Eine Außenprüfung nach den §§ 193, 194 AO ausschließlich zur Erledigung eines Auskunftsersuchens ist nicht zulässig (Einzelheiten s. *BMF*-Merkblatt Rz 3.2.3). Verbote für eine Auskunftserteilung ergeben sich aufgrund nationalen Rechts (Auskunfts- und Vorlageverweigerungsrechte nach §§ 101 ff. AO als Beispiel) oder als Folge einer abkommenswidrigen Besteuerung (dann ist eine Verständigung herbeizuführen). Ein Verbot kann ferner aus Geheimhaltungsgründen und aus Gründen der Wahrung von Geschäfts- und Betriebsgeheimnissen folgen; zum Ganzen *BMF*-Merkblatt Rz 3.3.1.

Der Verweis auf die die Ermittlungsbefugnisse „in derselben Weise, als wäre die deutsche Besteuerung betroffen" (§ 117 IV AO) hat eine frühere Problematik gelöst. Denn die vom ausländischen Fiskus erbetenen Auskünfte können vielfach nur erteilt werden, wenn Inländer zur Auskunft bereit sind. Ohne eine entsprechende Auskunftsverpflichtung wird es an einer solchen Bereitschaft oft fehlen. Die Praxis zeigte, daß über das Bestehen und den Umfang einer Auskunftsverpflichtung häufig Streit bestand. Der Bundesfinanzhof hatte zur Frage eines an die Bundesrepublik gerichteten Auskunftsersuchen Schwedens Stellung genommen, in dem Auskunft über Namen und Anschriften bestimmter, in Schweden ansässiger Personen begehrt wurde, die Aktien einer schwedischen Gesellschaft im Depot einer deutschen Bank hatten. Das zuständige deutsche Finanzamt ersuchte die Bank vergebens um eine entsprechende Auskunft zwecks Weitergabe nach Schweden. Der *BFH* verpflichtete die Bank hierzu (*BFH* BStBl. 1979 II, 268). Zwar bestehe eine Auskunftspflicht der Beteiligten und anderer Personen (§ 93 AO) nur im Interesse der inländischen Besteuerung, zugunsten eines ausländischen Staates bestehe sie nur dann, wenn sie ausdrücklich durch eine besondere Rechtsnorm angeordnet sei. Eine solche Rechtsnorm wurde im Verhältnis Schweden – Bundesrepublik im Deutsch-Schwedischen Abkommen über Amts- und Rechtshilfe v. 14. 5. 1935, auf das sich Schweden berief, gesehen. Bestehe aber aufgrund einer derartigen Norm eine Auskunftsverpflichtung auch gegenüber einem ausländischen Staat, könne sich der Inländer nicht darauf berufen, die Auskunft werde für die Besteuerung im Inland nicht benötigt. Die Rechtslage ist durch § 117 IV nunmehr geklärt.

**10**  (3) Die deutschen Finanzbehörden beanspruchen und gewähren zwischenstaatliche Amtshilfe durch Auskunftsaustausch auf vertraglicher Grundlage. Damit sind die Rechtsgrundlagen hierfür zu klären:

**11**  – Spezielle **Abkommen über Amts- und Rechtshilfe** in Steuersachen bestehen mit Finnland, Italien, Österreich (s. *BMF*-Merkblatt Rz 1.4.3). Deren Rechtsgrundlagen bestehen selbständig neben DBA-Auskunftsklauseln.

**12**  – Die **Auskunftsklauseln der Doppelbesteuerungsabkommen.** Die DBA sehen regelmäßig einen Auskunftsaustausch zur Ermittlung der Besteuerungsgrundlagen vor, wobei zwischen dem kleinen und dem großen Auskunftsaustausch zu unterscheiden ist. Nach einer Vielzahl von Abkommen, meistens mit Industriestaaten, können in Anlehnung an Art. 26 des OECD-Musterabkommens alle Auskünfte übermittelt werden, die zur Anwendung der DBA oder zur Anwendung der innerstaatlichen Bestimmungen eines Vertragsstaats über die unter das Abkommen fallenden Steuern erforderlich sind. Hier kann Amtshilfe auch dann in Anspruch genommen oder geleistet werden, wenn keine Doppelbesteuerung droht. Es können auch Auskünfte über rechtliche und wirtschaftliche Vorgänge ausgetauscht werden, die in dritte Staaten hineinreichen. Die große Auskunftsklausel dient mithin – über die Vermeidung der Doppelbesteuerung hinausgehend – allein den nationalen Interessen der Vertragsstaaten (*Kl. Vogel* Art. 26 Anm. 19). Auf eine besondere Praxis im Verhältnis zu Japan, Polen, Tschechien und Ungarn weist das *BMF*-Merkblatt Rz. 1.5.1.1 hin: Trotz kleiner Auskunftsklausel wird ein großer Auskunftsaustausch unter den Bedingungen des § 117 III AO gewährt. Die kleine Auskunftsklausel (Entwicklungs- und Staatshandelsländer, Japan, Schweiz) gestattet nur Auskünfte, die zur Durchführung der DBA selbst notwendig sind. Dazu gehören (*BMF*-Merkblatt Rz 1.5.1.2) Informationen über Tatsachen, deren Kenntnis für eine zutreffende Abgrenzung der Besteuerungsrechte der beiden Vertragsstaaten erforderlich ist bzw. die der Vermeidung einer dem DBA widersprechenden Doppelbesteuerung oder doppelten Steuerbefreiung dienen. Eingehend zur Reichweite der kleinen Auskunftsklausel *Duhnkrack* S. 136 ff. Der Kommentar zu Art. 26 OECD-MA erwähnt die drei hauptsächlichen Arten des Informationsaustauschs: **Auf Ersuchen** (d. h. bei konkreten Fragen einer Steuerverwaltung zu einem bestimmten Fall); **automatisch** (systematische Weitergabe von Informationen über Zahlungen in einer bestimmten Einkunftsart); unaufgefordert, also **spontan** (z. B. Weitergabe von Informationen, die bei der Prüfung von Angelegenheiten eines Steuerpflichtigen bekannt geworden sind und für den anderen Staat von Interesse sein könnten: s. *FG München* EFG 1999, 569 am Beispiel einer Spontanauskunft über Bruttoarbeitslöhne an die polnische Steuerverwaltung auf der Grundlage des Art. 23 DBA-Polen); diese drei Methoden können miteinander verbunden werden, auch ist der Informationsaustausch hierauf nicht beschränkt: Simultansteuerprüfungen eines Konzerns, Teilnahme an Steuerprüfungen im Ausland, Prüferaustausch, Besuch autorisierter Vertreter zuständiger Behörden, Austausch von Brancheninformationen. Generell ließe sich das erweitern auf die Möglichkeit, auch **Kulanzauskünfte** zu erteilen, soweit dies nach dem innerstaatlichen Recht zulässig ist. Art. 26 beinhaltet – von den Kulanzauskünften abgesehen – eine Verpflichtung zum Informationsaustausch. Ausnahmen: Im Falle fehlender Gegenseitigkeit; in Fällen, in denen ein Handels-, Industrie-, Gewerbe- oder Berufsgeheimnis gefährdet ist; in Fällen, in denen die Weitergabe von Informationen der öffentlichen Ordnung widerspräche. Einen Überblick über die derzeitige Praxis insbesondere in der Handhabung der DBA-Klauseln gibt der Bericht des OECD-Ausschusses für Steuerfragen „Steuerlicher Informationsaustausch zwischen den Mitgliedstaaten der OECD" vom Februar 1994. Im Hinblick darauf, daß **Spontanauskünfte** nicht unumstritten sind (Nachweise bei *Carl/Klos* S. 103), ist erstmals im DBA-Schweden 1992 die Spontanauskunft kodifiziert worden; in diesem DBA werden auch erstmals automatische Auskünfte genannt: Auskünfte ohne besonderes Ersuchen über gleichartige Sachverhalte; zur Praxis hierbei *Carl/Klos* S. 106.

– Die EU-Mitgliedstaaten haben nationales Recht auf der Grundlage **13** der **EG-Amtshilferichtlinie 1977** (Änderungen 1979, 1992) geschaffen, die Bundesrepublik durch Umsetzung der Richtlinie im **EG-Amtshilfegesetz** 1985 (geändert durch das Verbrauchsteuer-Binnenmarktgesetz 1992 und durch das JStG 1997). Das Gesetz gilt nur für den Auskunftsverkehr zwischen den EU-Staaten; zur Auslegung von § 117 AO und der DBA-Auskunftsklauseln kann es sich aber im Verhältnis auch zu anderen Staaten auswirken; umgekehrt schließt das EG-AHG die Anwendung des § 117 AO nicht aus (vgl. § 1 EG-AHG). § 1 I EG-AHG bestimmt den sachlichen Geltungsbereich (ESt, KSt, GewSt, USt, soweit sie nicht als Einfuhrumsatzsteuer erhoben wird, die Verbrauchsteuer auf Mineralöl, Alkohol, alkoholische Getränke und auf Tabakwaren) – die Zollverwaltung stützt sich auf andere Rechtsgrundlagen, dazu *Tipke/Kruse* § 117 AO Rz 55; für die Umsatzsteuer gilt über das EG-AHG hinausgehend die Amtshilfe – VO – als Gemeinschaftsrecht unmittelbar geltendes Recht; dazu *Widmann* DB 1993, 907. Dabei ist das EG-AHG aus der Sicht der inländischen Finanzverwaltung zu lesen, die auf ein Ersuchen einer ausländischen Finanzverwaltung zu reagieren hat. Wer die umgekehrte Frage stellt: Welche Auskunftsmöglichkeiten bestehen im EU-Bereich für die deutsche Finanzverwaltung? – muß die zugrundeliegende Amtshilferichtlinie und das daran zu messende innerstaatliche Recht des Mitgliedstaates beachten. Nach § 1 II EG-AHG erteilen die Finanzbehörden „nach Maßgabe der folgenden Vorschriften und des § 117 IV AO der zuständigen Finanzbehörde eines anderen Mitgliedstaates Auskünfte, die für die zutreffende Steuerfestsetzung sowie für die zutreffende Erhebung der indirekten Steuern in diesem Mitgliedstaat erheblich sein können." Das sich an Steuerfestsetzung und Steuererhebung anschließende Vollstreckungsverfahren ist nicht Gegenstand einer EG-AHG-Amtshilfe. Mit dem Verweis auf § 117 IV AO werden die Interessen des inländischen Beteiligten gestützt (insbesondere die vorherige Anhörung § 117 IV 3 AO). § 1 a EG-AHG regelt den Geschäftsweg (BMF, BfF, nachgeordnete Behörden). § 2 EG-AHG regelt Arten der Auskunftserteilung. Hierbei ist zu unterscheiden: Die **Auskunft auf Ersuchen** des Mitgliedstaates knüpft nur an § 1 II EG-AHG an: „Die Finanzbehörden erteilen die in § 1 II bezeichneten Auskünfte, wenn die zuständige Finanzbehörde eines Mitgliedstaates im Einzelfall darum ersucht." Ohne Ersuchen – *also* **spontan** – werden Finanzbehörden eines Mitgliedstaats informiert nur unter den besonderen Voraussetzungen des § 2 II Nr. 1–6 EG-AHG und dies nach Ermessen. Allerdings geht eine praktische Sperrwirkung hiervon nicht aus, weil *BFH* FR 1995, 448 die Spontanauskunft als Mittel betrachtet, dem Grundsatz einer Besteuerung nach der Leistungsfähigkeit zu verwirklichen.

14    Neben der **Auskunft auf Ersuchen** und der **spontanen Auskunft** ohne Ersuchen ist in § 2 III EG-AHG die Grundlage für eine **automatische Auskunft ohne Ersuchen** gegeben: Nach § 2 III EG-AHG können Finanzbehörden mit Mitgliedstaat-Finanzbehörden nach Maßgabe einer Verwaltungsvereinbarung und auf der Grundlage der Gegenseitigkeit „in einen regelmäßigen Austausch von Auskünften über gleichartige Sachverhalte" eintreten, wobei 5 Fallgruppen genannt werden, z. B. § 2 III Nr. 2 EG-AHG „Vorbringen eines Sachverhaltes, auf Grund dessen eine Steuerermäßigung oder Steuerbefreiung gewährt worden ist, die für den Stpfl. zu einer Besteuerung oder Steuererhöhung im anderen Mitgliedstaat führen könnte"; eine Anhörung ist – abweichend von § 117 IV Satz 3 AO – nicht erforderlich. § 2a EG-AHG regelt eine Datenbank über Steueraussetzungsverfahren (Verbrauchsteuern). § 3 EG-AHG bestimmt die Grenzen der Auskunftserteilung: In § 3 I Nr. 1–4 EG-AHG Auskunftsverbote (Beispiele: keine Gewährleistung eines angemessenen Datenschutzes; Gefahr eines mit dem Zweck der Auskunftserteilung nicht zu vereinbarenden Schadens für den inländischen Beteiligten aufgrund der Preisgabe „eines Handels-, Industrie-, Gewerbe- oder Berufsgeheimnisses oder eines Geschäftsverfahrens." In den Fällen des § 3 II EG-AHG brauchen Auskünfte nicht erteilt, können aber **aus Kulanz** erteilt werden (z. B. Annahme, „daß der Mitgliedstaat die eigenen Ermittlungsmöglichkeiten nicht ausgeschöpft hat", „keine Gegenseitigkeit besteht", „Auskünfte nur mit unverhältnismäßig großem Aufwand" erteilt werden können. § 4 EG-AHG regelt die Geheimhaltung empfangener

Auskünfte; zur Kritik am Geheimhaltungsgesetz *Eilers* S. 115 ff.; dagegen *Tipke/Kruse* § 117 AO Rz 64: „Denkt man sich den Rechtsstaat nicht primär als Datenschutzstaat, sondern als Staat, der dafür sorgt, daß sich das Recht – dazu gehört auch die gleichmäßige Besteuerung – durchsetzt, so ist gegen die EG-Amtshilfe-Richtlinie und gegen das EG-Amtshilfe-Gesetz m. E. nichts einzuwenden."

– Die **Zusammenarbeits-VO** (EWG-Verordnung 1992 über die Zu- **15** sammenarbeit der Verwaltungsbehörden auf dem Gebiet der indirekten Besteuerung (MWSt) – auf sie ist bereits bei der Behandlung der Umsatzsteuer verwiesen worden.

– Die *OECD* hat in Zusammenarbeit mit dem Europarat ein **multilate-** **16** **rales Übereinkommen über die gegenseitige Amtshilfe** in Steuersachen entworfen und im Jahre 1988 zur Unterschrift vorgelegt; es sieht alle Formen der Verwaltungszusammenarbeit vor, erstreckt sich nicht nur auf den Informationsaustausch, sondern auch auf die Erhebung von Steueransprüchen im Ausland. Zur Übersicht über den Abkommensinhalt und zum Stand des Ratifizierungsverfahrens s. den Bericht des OECD-Ausschusses für Steuerfragen (1995), S. 20 f. In der Bundesrepublik bestehen wegen der insgesamt verschärften Tendenz gegen den Abkommensinhalt Bedenken – ein Ratifizierungsverfahren ist daher auch nicht zu erwarten, wobei auch die Gefahr einer weiteren Rechtszersplitterung eine erhebliche Bedeutung hat (*Carl/Klos* S. 66).

(4) Neben den Auskünften auf Ersuchen ausländischer Finanzverwal- **17** tungen spielen in der Praxis die bereits unter X 12 und X 14 einbezogenen, hier aber nochmals gesondert hervorzuhebenden **Auskünfte ohne Ersuchen** an ausländische Finanzverwaltungen eine erhebliche Rolle – dies belegt auch die Aufmerksamkeit im *BMF*-Merkblatt Rz 4.2. Diese Auskunftsform hat nur für § 117 II AO und nur in die Richtung des Auslands Bedeutung. Denn: außerhalb eines Auskunftsaustauschs auf vertraglicher Grundlage gilt für Auskünfte aus dem Ausland (wie zu § 117 I AO ausgeführt), daß sie schlicht und einfach in Empfang genommen, geprüft, übersetzt und zur Auswertung (falls erforderlich) vom Empfänger weitergeleitet werden. Für Auskünfte in das Ausland gibt es außerhalb eines geregelten Austauschs für Auskünfte ohne Ersuchen keine Rechtsgrundlage (§ 117 III AO). Soweit sich **Spontanauskünfte** auf § 2 II EG-AHG stützen, ist auf die Darstellung der EG-AHG zu verweisen. Das *BMF*-Merkblatt gibt hierzu keine weiteren Informationen als die sich aus dem Text des EG-AHG ohnehin ergebenden; für die Vermutung der in § 2 II EG-AHG genannten Sachverhalte wie die der Steuerverkürzung, mangelnder Gewinnabgrenzung zwischen nahestehenden Personen usw. reicht es aus, wenn das Verhalten des Steuerpflichtigen nach der allgemeinen Lebenserfahrung den Rückschluß erlaubt, er wolle verhindern, daß die zuständigen Finanzbehörden Kenntnis von einem steuerlich relevanten Sachverhalt erlangen (Hinweis auf *BFH*

BStBl. 1995 II, 497). Zu den DBA-Auskunftsklauseln faßt das *BMF*-Merkblatt die Rechtslage wie folgt zusammen: Zulässigkeit der Spontanauskünfte bei großer Auskunftsklausel, es sei denn, das *BMF* stellt fehlende Gegenseitigkeit fest. Im Bereich der kleinen Auskunftsklausel und damit im Bereich der direkten Steuern sind Spontanauskünfte zulässig, soweit sie der Durchführung der DBA dienen (z.b. in den Fällen der Freistellung des Arbeitslohnes vom Steuerabzug aufgrund eines DBA, s. dazu das Beispiel unter X 12). Zur regelmäßigen Übermittlung gleichartiger Sachverhalte (**automatische Auskunft**) sind die Lockerungen aufgrund des JStG 1997 zu beachten. Rechtsgrundlage für eine regelmäßige Übermittlung gleichartiger Sachverhalte ist § 2 III EG-AHG auf der Grundlage einer Verwaltungsvereinbarung mit der zuständigen Finanzbehörde eines anderen Staates. Zur Zeit besteht eine entsprechende Vereinbarung mit den Niederlanden (BStBl. 1997 I, 970). Im übrigen verweist das *BMF*-Merkblatt aber auf die anzuwendenden Grundsätze des Auskunftsaustauschs bei der Spontanauskunft (letzter Satz zu Rz 4.2.2) – das deutet darauf hin, daß es nicht nur solcher Verwaltungsvereinbarungen bedarf.

**18**    (5) § 91 AO ordnet die **Anhörung eines Beteiligten** vor, wenn der Erlaß eines Verwaltungsaktes bevorsteht, der in seine Rechte eingreift; ihm wird Gelegenheit gegeben, sich zu den für die Entscheidung erheblichen Tatsachen zu äußern. § 92 II AO enthält einen Katalog von Beispielen, in denen von der Anhörung abgesehen werden kann. Zum **internationalen Auskunftsverkehr,** insbesondere auf der Grundlage des Abkommensrechts, ist strittig, ob der inländische Betroffene zuvor informiert und angehört werden muß. Für Auskunftsersuchen an ausländische Finanzbehörden sieht das *BMF*-Merkblatt zur 2.1.3 eine Unterrichtung vor, ohne daß hierfür eine Rechtspflicht anerkannt wird. Für Auskunftsersuchen durch ausländische Finanzbehörden sieht das BMF-Merkblatt eine Rechtspflicht zur Anhörung der inländischen Beteiligten vor (das ist in der Regel der, den die Vornahmebehörde nach den §§ 93–100 AO in Anspruch nimmt, aus dessen Steuerakten die erbetenen Auskünfte erfolgen, s. Rz 5.2) – wenn nicht eine Ausnahme nach § 91 II, III AO vorliegt. Eine Anhörung entfällt beispielsweise bei der Beschaffung allgemein zugänglichen Materials und in den Fällen automatischen Auskunftsaustauschs (Rz 5.1). Für den automatischen Auskunftsaustausch folgt dies aus § 91 II Nr. 4 AO und aus § 2 III letzter Satz EG-AHG. Zur gesetzgeberischen Motivation für § 2 III EG-AHG hat *Runge* in Forum Nr. 10, S. 81 darauf hingewiesen, daß der Bundesrechnungshof mehrfach gerügt habe, der Informationsaustausch werde zur Aufklärung von Sachverhalten bei international tätigen Unternehmen nicht genügend genutzt; mit der ausdrücklichen Aufgabe einer vorherigen Anhörung wolle man den automatischen Auskunftsverkehr problemlos ermöglichen. Zur gegenwärtigen rechtlichen und tatsächlichen Situation des Auskunftsverkehrs auf der Grundlage vertraglicher Vereinbarungen und des EG-AHG vgl. Aufsätze und Diskussionsbeiträge von *Bilsdorfer* und *Runge* in Forum Nr. 10, S. 1 ff., S. 33 ff.).

(6) Zum **Rechtsschutz** ist wiederum an die Richtung der Auskunft an- **19** zuknüpfen. Das *BMF*-Merkblatt unterscheidet (Rz 6.1, 6.2) Einwendungen und Rechtsbehelfe. Einwendungen gegen ein Auskunftsersuchen an eine ausländische Finanzbehörde (§ 117 I, II AO) und Einwendungen gegen die Erteilung von Auskünften – sei es in Erledigung eines Auskunftsersuchens, sei es ohne Auskunftsersuchen – können der örtlich zuständigen Finanzbehörde vorgetragen werden. Auskunftsersuchen an eine ausländische Finanzbehörde haben keinen Bescheidcharakter – hieraus erklärt sich auch die mangelnde Rechtspflicht zur Anhörung. Dem Steuerpflichtigen steht im Kenntnisfall eine vorbeugende Unterlassungsklage bzw. eine einstweilige Anordnung offen – Fallmaterial hierzu ist nicht bekannt. Anders dagegen der Fall der Erteilung von Auskünften an das Ausland. Dazu Rz 6.2 des *BMF*-Merkblatts: Ermittlungsmaßnahmen mit Außenwirkung aufgrund eines ausländischen Auskunftsersuchens, die sich gegen einen inländischen Beteiligten richten, sind Verwaltungsakte, die dieser gem. § 347 AO mit dem Einspruch anfechten kann; auch betroffene ausländische Steuerpflichtige sind rechtsmittelbefugt. Im übrigen auch hier: Vorbeugende Unterlassungsklage, einstweilige Anordnung.

**Beispiele zu Auskünften an ausländische Steuerverwaltungen:** Im Falle *BFH* BStBl. 1988 II, 412 beabsichtigte der BMF eine Mitteilung an den französischen Ministère des Finances über eine Zahlung an einen Steuerausländer A durch ein deutsches Unternehmen. Um dies zu verhindern, beantragte A beim FG Köln den Erlaß einer einstweiligen Anordnung mit dem Ziel der Unterlassung. *FG Köln* lehnte den Erlaß ebenso wie der *BFH* ab, da die Voraussetzungen des § 114 I 2, III FGO nicht vorlagen. Die Auskunft über einen Zahlungsvorgang an ihn sei kein vom Persönlichkeitsrecht geschütztes Datum; die Offenbarung i.S. des § 30 AO ergebe sich aus § 30 IV Nr. 2 AO i.V. mit § 2 II EG-Amtshilfe-Gesetz. Bloße Rechtsnachteile, die ggf. als Folge drohen, genügten als Anordnungsgrund nicht. Im Falle *BFH/NV* 1988, 313 ging es um Provisionszahlungen des inländischen Betroffenen, die durch die Finanzverwaltung in Großbritannien beim Empfänger untersucht werden sollten. Hier macht der Inländer den drohenden Abbruch der Geschäftsbeziehungen mit ausländischen Abnehmern und einen drohenden Arbeitsplatzverlust geltend. Der *BFH* hielt solche Risiken für nicht überzeugend dargelegt; doch wäre dies ohnehin eine dem Zweck der internationalen Zusammenarbeit unterzuordnende Folge. *BFH* BStBl. 1995 II, 497 bestätigt die Rechtmäßigkeit einer beabsichtigten Spontanauskunft über Zufallsfunde (Bankkonten und Depots eines niederländischen Staatsbürgers) an seine zuständige Finanzverwaltung; eine inländische Steuerpflicht bestand nicht: Als Erlaubnisnorm zur Durchbrechung des Steuergeheimnisses war § 2 II Nr. 1 EG-AHG wegen tatsächlicher Anhaltspunkte für die Vermutung nicht ordnungsgemäßer Versteuerung im Inland gegeben. Das Auskunftserteilungsverbot § 3 I Nr. 1 EG-AHG konnte nicht greifen, da Zufallsfunde gegeben, weitere Amts- bzw. Ermittlungshandlungen mithin nicht mehr nötig waren. Auch ein Verwertungsverbot schied aus. *BFH* BStBl. 1995 II, 358 hatte eine geplante Spontanauskunft nach Italien wegen eines dort erzielten und dort zu versteuernden Arbeitslohnes zum Gegenstand.

Rechtsgrundlage § 2 I Nr. 5 EG-AHG (Auskunft ohne Ersuchen über einen Sachverhalt, der für die zutreffende Steuerfestsetzung sowie für die zutreffende Erhebung der indirekten Steuern in diesem Mitgliedstaat erheblich sein könnte); in Fällen, in denen im Inland eine Steuerfreistellung nach einem DBA eingeräumt wird, ist die deutsche Finanzverwaltung aus Gründen der Steuergerechtigkeit und zur Vermeidung von Wettbewerbsverzerrungen gehalten, den anderen Staat entsprechende Auskünfte zu erteilen. Eine Übersicht über die Rechtsprechung zur *Spontanauskunft* an eine ausländische Finanzverwaltung auf der Grundlage des § 117 II AO geben *Reiffs* StBp 1996, 309 und *Stork* DB 1994, 1321.

**20**     (7) Im Zusammenhang mit den **Bankendurchsuchungen** seit 1994 auf der Suche nach **Steuerhinterziehern im Kundenbereich** und den seitdem angesammelten Datenbeständen hat sich die Frage ergeben, ob die Weitergabe von Kundendaten an ausländische Steuerbehörden möglich ist; die ausländischen Kapitalanleger unterliegen keiner Quellensteuer (Zinsabschlagsteuer), da hierfür unbeschränkte Steuerpflicht Voraussetzung ist (deswegen *Klos* IStR 1998, 142: insoweit bewegen sich bei legitimationsgeprüften Konten die Luxemburger Anleger in Deutschland genauso in einem „Steuerparadies" wie umgekehrt die deutschen Anleger mit ihren Luxemburger Anlagen). Deutsche Finanzbehörden können nach dem Erlaß *Hess. FinMin* RIW 1997, 980 Erkenntnisse über in EU-Staaten ansässige Geldanleger als Antworten auf Auskunftsersuchen und ohne Ersuchen, also als Spontanauskünfte, nach § 2 I, II EG-AHG weitergeben (zu der Frage der Weitergabe von Kontrollmitteilungen an Wohnsitz-FA im Inland s. *Nds. FG* EFG 1990, 10ff.). Das Bankgeheimnis steht dem nicht entgegen, da es sich um kein anerkanntes und geschütztes Geheimnis im Sinne des § 3 I Nr. 4 EG-AHG handelt (*Carl/Klos* S. 132; zur kritischen Beurteilung der Bankendurchsuchungen aus innerstaatlicher und gemeinschaftsrechtlicher Sicht *Ditges/Graß* BB 1998, 1390). Wegen des gesetzlich verankerten und strafrechtlich sanktionierten Bankgeheimnisses besteht im Verhältnis zu Luxemburg und Österreich keine Gegenseitigkeit, so daß die Bundesrepublik hier eine Auskunft verweigern kann (§ 3 II Nr. 2 EG-AHG); zur Gegenseitigkeit im Verhältnis zu Italien s. *BFH* FR 1995, 448, zu anderen Mitgliedstaaten die Hinweise von *Runge* in Forum Nr. 10 S. 78).

## IV. Kulanzauskünfte auf Ersuchen ausländischer Behörden (§ 117 III AO)

**21**     Während § 117 II die Auskunftserteilung auf einer sie verpflichtenden Rechtsgrundlage regelt, läßt § 117 III AO „auf Ersuchen auch in anderen Fällen" eine solche Auskunft zu; sie wird daher als **Kulanzauskunft** bezeichnet, weil es an einer Verpflichtung fehlt. Ob „auch in anderen Fällen" nur die Fälle fehlender völkerrechtlicher Vereinbarung umfaßt oder aber auch „weniger weitgehende Verpflichtungen als nach § 117 III Auskünfte erteilt werden könnten", ist nach der Gesetzesgeschichte im letzteren Sinne zu beantworten. Die kleine DBA-Auskunftsklausel wird damit nicht unterlaufen, wenn die Gegenseitigkeit gewahrt wird. Diese Amtshilfe (Kulanzauskunft) setzt voraus, daß (1) die Gegenseitigkeit verbürgt ist, (2) der ersuchende Staat gewährleistet, daß die übermittelten Auskünfte und Unterlagen nur für Zwecke seines Besteuerungs- oder Steuerstrafverfahrens (einschließlich Ordnungswidrigkeitenverfahren) verwendet werden, und daß die übermittelten Auskünfte und Unterlagen nur solchen Personen, Behörden oder Gerichten zugänglich gemacht werden, die mit der Bearbeitung der Steuersache oder Verfolgung der Steuerstraftat befaßt sind, (3) der ersuchende Staat zusichert, daß er bereit ist, bei den Steuern vom Einkommen, Ertrag und Vermögen eine mögliche Doppelbesteuerung im Verständigungswege durch eine sachgerechte Abgrenzung der Besteuerungsgrundlagen zu vermeiden und (4) die Erledigung des Ersuchens die Souveränität, die Sicherheit, die öffentliche Ordnung oder andere wesentliche Interessen des Bundes oder seiner Gebietskörperschaften nicht beeinträchtigt und keine Gefahr besteht, daß dem inländischen Beteiligten ein mit dem Zweck der Rechts- und Amtshilfe nicht zu vereinbarender Schaden entsteht, falls ein Handels-, Industrie-, Gewerbe- oder Berufsgeheimnis oder ein Geschäftsverfahren, das auf Grund des Ersuchens offenbart werden soll, preisgegeben wird." Zwischenstaatliche Rechts- und Amtshilfe darf mithin auch dann geleistet werden, wenn eine anwendbare völkerrechtliche Vereinbarung fehlt oder das Ersuchen über ein bestehendes Abkommen hinausgeht. § 117 III AO ist also selbständig neben § 117 II anwendbar, § 117 II AO ist nicht Spezialvorschrift zu § 117 III und § 117 III gilt nicht subsidiär gegenüber § 117 II. Zu den einzelnen Voraussetzungen (Rechtsfragen, über die nicht nach Ermessen entschieden werden darf) sehr eingehend *Tipke/Kruse* § 117 AO Rz 36–47. Erst wenn die Voraussetzungen des § 117 III Nr. 1–4 AO vorliegen, stellt sich für die Behörde die nach pflichtgemäßem Ermessen zu entscheidende Frage, ob die Auskunft erteilt werden soll oder nicht. Als Ermessensgrenzen sind der Gleichheitssatz und das Übermaßverbot zu beachten. Im *BMF*-Merkblatt heißt es zu den Auskünften nach § 117 III AO: „Die Aufnahme eines Auskunftsaustausches mit Ländern, mit denen kein Auskunftsaustausch vereinbart ist oder die nicht in den Anwendungsbereich der EG-Amtshilfe-Richtlinie bzw. der Zusammenarbeits-VO fallen, wird sich auf Fälle von besonderer Bedeutung beschränken" (Rz 1.4.6). Auskünfte ohne Ersuchen im Einzelfall (also **Spontanauskünfte**) sind nach § 117 III AO nicht möglich; folgerichtig gilt dies auch für automatische Auskünfte; das Ersuchen des ausländischen Staates ist Tatbestandsvoraussetzung. Das bestätigt auch der Inhalt des *BMF*-Merkblattes, der zum Auskunftsaustausch ohne Ersuchen (Rz 4) **Spontanauskünfte und automatische Auskünfte** nur auf der Grundlage des EG-AHG und der DBA-

Auskunftsklauseln behandelt. Zur praktischen Bedeutung der Kulanz-auskunft des § 177 III AO *Runge* aaO, S. 46: Solche Auskünfte „bleiben aber die Ausnahme. Von uns ist § 117 AO immer als eine Erprobung des Übergangs vom kleinen Auskunftsverkehr zum großen gedacht worden. Heutzutage wird die Vorschrift etwas mehr genutzt im Verhältnis zu den Staaten des ehemaligen Ostblocks, mit denen wir noch keine Revision des Abkommens durchgeführt haben. Wir entscheiden im Einzelfall, ob wir Ersuchen, die über die Anwendung des Abkommens hinausgehen, im Kulanzwege beantworten. Das ist manchmal eine schwierige Frage, sie wird aber nicht auf das Bundesamt für Finanzen delegiert, die Entschei-dung liegt weiterhin in den Händen des Ministeriums."

## V. Zusammenarbeit von Steuerverwaltungen

**22**     Als besondere Form eines Informationsaustauschs gilt die **internatio-nal koordinierte Außenprüfung** (Simultanprüfung). Sie wird im BMF-Merkblatt Rz 1.5.4 erstmals „offiziell" erwähnt. Der Begriff kennzeichnet eine Vorgehensweise, bei der Finanzbehörden verschiedener Länder zeit-lich aufeinander abgestimmte Betriebsprüfungen bei demselben Steuer-pflichtigen bzw. bei mehreren Steuerpflichtigen, z. B. mehreren Konzern-gesellschaften eines multinationalen Unternehmens mit dem Ziel durch-führen, die dabei gewonnenen relevanten Informationen auszutauschen. In jedem der beteiligten Staaten erfolgt die Außenprüfung als innerstaat-liche Maßnahme im jeweils eigenen Interesse, jedoch mit der Besonder-heit, daß sich die Finanzbehörden über die Auswahl der Prüffelder und die Durchführung der Prüfung laufend abstimmen. Rechtlicher Aus-gangspunkt sind die Vorschriften der AO zur Außenprüfung; sie trägt aber Elemente der internationalen Amtshilfe in sich, weil das weiterge-hende Interesse der Ermittlung und Beurteilung von Sachverhalten dient, deren Aufklärung im Rahmen einer deutschen Betriebsprüfung nicht möglich ist (hierzu eingehend *Roth* in Forum Nr. 10 S. 53 ff.; s. auch das *BMF*-Merkblatt: Für den Auskunftsaustausch mit ausländischen Finanz-behörden überträgt das BMF seine Zuständigkeit im Einzelfall auf das BfF, im übrigen gelten für den Auskunftsaustausch die allgemeinen Grundsätze). Das Institut einer Simultanprüfung ist rechtlich nicht gere-gelt, so daß eine Zusammenschau der §§ 117, 193 AO erforderlich ist: Geht man im Rahmen des § 117 II AO von der Informationspflicht der deutschen Finanzverwaltung aus, so folgt hieraus für die ersuchte Behör-de eine Informationsbeschaffungspflicht; Anordnung und Durchführung einer Außenprüfung zum Zwecke der Sachverhaltsermittlung im Rah-men eines Auskunftsersuchens sind mithin rechtlich gesichert. Grenzen könnten sich daraus ergeben, daß eine Betriebsprüfung als Simultanprü-fung nur noch den Zweck verfolgt, ein ausländisches Auskunftsersuchen

zu erledigen. Solche Bedenken kann es im Rahmen von Betriebsstätten-
fällen nicht geben, weil sich kaum ein Fall denken lassen wird, bei dem
die inländischen Besteuerungsmerkmale, die Gegenstand einer Auskunft
sind, nicht zugleich für das ausländische Besteuerungsverfahren des Beteiligten bzw. für eine DBA-Anwendung von Bedeutung sind; Beteiligter
ist hierbei das ausländische Stammhaus. Bei typischen Konzernverhältnissen hat *Roth* (aaO, S. 60) Bedenken insbesondere hinsichtlich der
Überprüfung von Verrechnungspreisen: Es muß dann zumindestens auch
ein eigenes Ermittlungsinteresse des ersuchten Staates bestehen, anderenfalls keine Subjektidentität vorläge. In der Tat sieht das *BMF*-Merk-
blatt unter Rz 3.2.3. die Möglichkeit vor, zur Erledigung eines Auskunftsersuchens eine Außenprüfung durchzuführen, allerdings nur bei
einem am ausländischen Verfahren Beteiligten (z. B. der Wohnsitzstaat
ersucht um Prüfung der deutschen Betriebsstätte eines ausländischen
Steuerpflichtigen). Strittig ist auch die Anwesenheit von Bediensteten
des ersuchenden Staates zur Erläuterung des Ersuchens, zur Entgegennahme von Ermittlungsergebnissen und Erteilung von Hinweisen; das
*BMF*-Merkblatt sieht unter Rz 3.2.4. eine solche Möglichkeit vor. Die
Grenzen einer solchen Vorgehensweise liegen auf der Hand: Die Ermittlungen auch im Rahmen einer Simultanprüfung werden selbst und
allein durch die inländischen Behörden geführt; Angehörige ausländischer Finanzverwaltungen dürfen selbständige und unmittelbare Ermittlungen im Inland nicht durchführen. Auch eine passive Teilnahme wird
jedenfalls von *Roth* ausgeschlossen (aaO, S. 64): Die Anwesenheit ausländischer Finanzbeamter an deutschen Ermittlungen, „quasi als kurzge-
schlossene Auskunftserteilung" ist nicht nur ohne gesetzliche Grundlage,
sie verstoße auch gegen zwingende Zuständigkeiten des *BMF* bzw. des
Bundesamts für Finanzen, da für die innerstaatlichen Ermittlungen vor
Ort in der Regel die örtlichen Finanzämter zuständig sind. Wo hier die
Grenzen gegenüber einem geordneten Auskunftsverkehr zu ziehen sind,
ist schwierig zu bestimmen. Man muß es wohl pragmatisch sehen und
die Bedenken dann überwinden, wenn alle Betroffenen mit solchen Verfahrensweisen einverstanden sind. Worin sollte die – mit Rechtsmitteln
anfechtbare – Rechtsverletzung im übrigen bestehen, wenn an der Ver-
antwortlichkeit des Handelns der eigenen Steuerbehörden kein Zweifel
besteht? Deswegen ist die Frage der strikt getrennten Ermittlungen in
den beteiligten Ländern unter dem Gesichtspunkt des Datenschutzes
(*Werra* BB 1988, 1162) kaum von Bedeutung. Deswegen ist *Menck* in
*Mössner* u. a., S. 545, zuzustimmen: Bei dem Verfahren wird jeder Prü-
fungsdienst im Rahmen seines Territoriums und seines nationalen Rechts
tätig, das auch die Schutzgarantien für die Betroffenen bereitstellt. Die
bereits erwähnte OECD/Europaratskonvention über die gegenseitige Amtshilfe in Steuersachen von 1986 sieht für zeitlich abgestimmte Steuerprüfungen in Art. 8 eine ausdrückliche Rechtsgrundlage vor (dazu *Carl/*

*Klos* S. 163). Auf den großen Auskunftsverkehr des Abkommensrechts kann sich auch – noch weitergehend – eine multilaterale Zusammenarbeit stützen; hierzu gehört die „Vierergruppe" mit dem „Interfisc-Programm (Deutschland, USA, Großbritannien, Frankreich). Entsprechende bilaterale Vereinbarungen bestehen u.a. mit Italien und Japan. Rechtlich sind solche Formen internationaler Zusammenarbeit als Mischung zwischen dem zwischenstaatlichen Auskunftsverkehr und einem vorweggenommenen Verständigungsverfahren einzuordnen; nach *Runge* (aaO, S. 85) würden rechtliche Bedenken im Zusammenhang mit der Simultanprüfung entfallen, wenn man diese Prüfung hierin einordnete.

## VI. Steuervollstreckung

**23**    Hier ist lediglich auf das Merkblatt zur zwischenstaatlichen Amtshilfe bei der Steuererhebung (Beitreibung) zu verweisen (BStBl. 2000 I, 102), das die Rechtsgrundlagen aufführt (DBA-Amtshilfevereinbarungen, bilaterale Amts- und Rechtshilfeabkommen, EG-Beitreibungsrichtlinie für Zölle, Verbrauchsteuern, Umsatzsteuer – durch das EG-Beitreibungsgesetz in innerstaatliches Recht transformiert) und zwischen ausgehenden und eingehenden Ersuchen unterscheidet; im übrigen ist auf *Carl/Klos* S. 214 ff. zu verweisen. Es liegt ein Kommissionsvorschlag vor, die **Beitreibungsrichtlinie** auf direkte Steuern zu erweitern.

## VII. Internationale Rechtshilfe

**24**    Zu unterscheiden sind völkerrechtliche Bestimmungen (bilaterale Rechtshilfeabkommen, multilaterale Abkommen, Europäisches Übereinkommen über die Rechtshilfe in Strafsachen 1959) und nationale Bestimmungen (Gesetz über die internationale Rechtshilfe in Strafsachen 1994); zum steuerstrafrechtlichen Bezug, zum innerstaatlichen Recht ersuchter Staaten (Schweiz, Österreich, Liechtenstein) zu deutschen Ersuchen an das Ausland (Abgrenzung Rechtshilfe von der Amtshilfe) und ausländischen Ersuchen an Deutschland *Carl/Klos* S. 223 ff.).

# Stichwortverzeichnis

Die Buchstaben bezeichnen die Kapitel, die Ziffern die Randnummern

# Stichwortverzeichnis

# Stichwortverzeichnis

# Stichwortverzeichnis

# Stichwortverzeichnis

# Stichwortverzeichnis

# Stichwortverzeichnis

# Stichwortverzeichnis

# Stichwortverzeichnis

# Stichwortverzeichnis

# Stichwortverzeichnis

# Stichwortverzeichnis

# Stichwortverzeichnis

# Stichwortverzeichnis

# Buchanzeigen